Photoshop CS6

Pour PC et Mac

Chez le même éditeur

P. Labbe. – **InDesign CS5.5 et CS5.** *Pour PC et Mac.*
N°13595, 2015, 578 pages.

P. Labbe. – **Illustrator CS5.** *Pour PC et Mac.*
N°12875, 2011, 472 pages.

M. Evening. – **Photoshop CS6 pour les photographes.**
N°13588, 2012, 672 pages.

P. Curtil. – **À la découverte de Photoshop – Spécial grands débutants.**
N°12757, 2011, 128 pages.

S. Kelby, M. Kloskowski. – **Photoshop Elements 10 pour les photographes.**
N°13446, 2012, 434 pages.

R. Ostertag. – **Cahier d'exercices Gimp 2.8 – Spécial débutants.**
N°12996, 2012, 182 pages + CD-Rom.

V. Audouin. – **Cahier d'exercices Indesign – Débutants et initiés.** *Mis à jour avec InDesign CS6.*
N°13554, 2012, 128 pages + CD-Rom.

É. Sainte-Croix. – **Cahier d'exercices Illustrator CS5 – Spécial débutants.**
N°12997, 2011, 132 pages + CD-Rom.

C. Bruneau, B. Richebé. – **Cahier n° 8 d'exercices Photoshop Elements – Spécial débutants.**
N°12666, 2010, 118 pages + CD-Rom.

P. Curtil. – **Cahier n° 7 d'exercices Photoshop – Retouche beauté.**
N°12398, 2008, 118 pages + CD-Rom.

P. Curtil. – **Cahier n° 5 d'exercices Photoshop – Trucages et photomontages.**
N°12157, 2008, 128 pages + CD-Rom.

C. Bruneau et *al*. – **Cahier n° 1 d'exercices Photoshop – Spécial débutants.**
N°11694, 2006, 136 pages + CD-Rom.

K. Tallon. – **Le dessin de mode avec Photoshop.**
N°12418, 2009, 176 pages.

Photoshop CS6

Pour PC et Mac

Pierre **Labbe**

EYROLLES

ÉDITIONS EYROLLES
61, bd Saint-Germain
75240 Paris Cedex 05
www.editions-eyrolles.com

Tous mes remerciements à

Madame ***Stéphanie Saïssay*** *d'Adobe Systems France,*

Monsieur **Denis-Pierre Guidot** *d'Adobe Systems France,*

Monsieur **Lionel Lemoine** *d'Adobe Systems France,*

Monsieur **Stéphane Baril** *d'Adobe Systems France.*

Pour ses conseils, je remercie tout particulièrement Monsieur ***Yves Chatain*** *(formateur sur les logiciels de la Creative Suite,* yves_chatain@mac.com*).*

Yves Chatain et moi-même sommes membres de l'équipe de wisibility.com*, le site gratuit d'astuces et de formation en ligne sur les logiciels de la Creative Suite.*

Nous écrivons également sur le blog experts-graphiques.com.

*Certaines photos de ce livre m'ont été fournies par Mademoiselle Camille Perrot, et Messieurs Adrien Labbe, Antoine Labbe, Yves Chatain et Emmanuel Molia (*http://www.em-photos.com/*), je les en remercie vivement.*

Avertissement Mac, PC

Photoshop fonctionne sur les environnements Windows et Macintosh. Les différences de fonctionnement entre les deux plates-formes sont uniquement dues aux environnements respectifs. Ce livre ayant été écrit sur Macintosh (avec InDesign CS6), la majorité des copies d'écran a été réalisée sur cette plate-forme. Les raccourcis clavier (personnalisables) sont indiqués d'abord pour Mac, puis entre crochets [...], *pour Windows.*

De nombreux menus contextuels sont disponibles ; ils nécessitent le bouton droit de la souris. Sur Macintosh, si vous n'avez pas encore investi dans une souris à deux boutons, vous pouvez dérouler ces menus en enfonçant la touche ctrl. *L'utilisation d'une tablette graphique facilite également grandement le travail.*

Quelques précisions sur la terminologie employée dans cet ouvrage : le mot ***cliquer*** *signifie appuyer d'un coup sec sur le bouton de la souris,* ***glisser*** *signifie maintenir enfoncé le bouton tout en déplaçant la souris, et* ***presser*** *signifie maintenir appuyé le bouton de la souris, mais sans déplacer cette dernière. Le tableau ci-dessous indique les conventions utilisées pour désigner les touches des claviers Mac et Windows.*

Touche Mac	Aspect	Touche PC	Aspect
Cmde ⌘	⌘	Contrôle	Ctrl
Option (alt)	⌥	Alt	Alt
Majuscule	⇧	Shift ou ⇧	⇧ ou ⇧
Contrôle	ctrl	Cette touche n'existe pas.	

Attention : je parlerai de l'utilisation de la touche Efface *(parfois appelée* Backspace *et située au-dessus de la touche* ↵ *) ; ne la confondez pas avec la touche* Suppr.

Dernier point à signaler : dans certains paragraphes, des cadres gris avec la marque Astuce *présenteront une remarque, une note, une astuce de travail ou un conseil. De plus, l'icône* Ps, *parfois présente dans la marge, signale une nouveauté de la version CS6.*

Introduction

Ce livre dresse un panorama complet de Photoshop, principalement dans une optique PAO, mais sans oublier la vidéo accessible avec la version classique de Photoshop. Il vous montrera qu'associé à InDesign et Illustrator, ce logiciel est incontournable dans le domaine de la retouche, de la préparation et de la distribution des images. Cette version s'est enrichie de nombreuses nouveautés qui faciliteront votre travail, aussi bien dans la gestion des fichiers (avec Bridge), que le développement des photos avec Camera Raw. Trois domaines ont été particulièrement privilégiés : le travail de calques (standards ou dynamiques, 3D, vidéo...), le détourage, le nettoyage et la retouche (correction avec le contenu pris en compte, correction de l'objectif, déformation...). À ces nouveautés s'ajoutent un très grand nombre d'améliorations très attendues qui deviendront vite indispensables et dont tous les domaines bénéficient.

À l'aide de nombreux exemples, conseils et astuces de travail, ce livre s'attache à vous proposer des méthodes et des techniques pour préparer vos travaux en vue de les publier principalement sur papier (document imprimé), mais également sur le Web (document affiché), depuis la préparation des éléments jusqu'à leur mise en place dans le document prêt à être publié. Les utilisations conjointes à d'autres logiciels sont indiquées et exploitées tout au long du livre.

Vous pouvez m'écrire pour me poser des questions sur ce logiciel à l'adresse : pierrelabbe@yahoo.com, *ou découvrir sur* experts-graphiques.com *ou* wisibility.com *les dernières astuces du moment.*

Et maintenant, bonne lecture !

Pierre Labbe

Table des matières

Partie 8 Distribuer les images

Partie 1

Photoshop et la Creative Suite 6

1 - Les nouveautés et l'interface

2 - Les formats d'images

3 - La gestion du travail (annuler et automatiser)

4 - Bridge : le gestionnaire de fichiers

5 - Camera Raw : le labo photo

Exemples d'application

1 - Les nouveautés et l'interface

Les nouveautés

Cette version de Photoshop comporte son lot de nouveautés. Elles faciliteront le travail et amélioreront votre productivité. En voici une description rapide.

L'interface

Dès sa première ouverture, Photoshop affiche une interface de travail dont les couleurs ont été modifiées mais demeurent réglables *via* les préférences. La barre de l'application a disparu et les icônes qu'elle contenait sont désormais accessibles sous forme de commandes dans les menus (notamment, le menu **Affichage**).

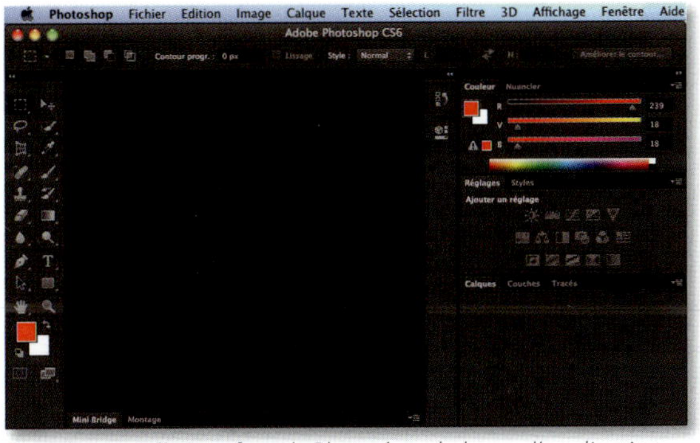

Dans la nouvelle interface de Photoshop, la barre d'application a disparu et les couleurs sont plus foncées pour que vous puissiez mieux vous concentrer sur l'image.

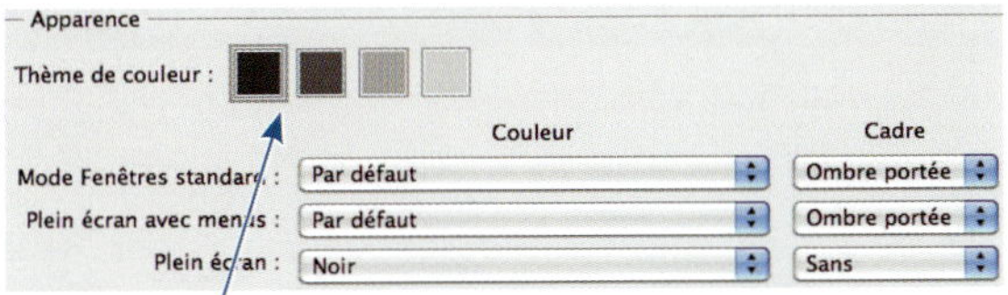

Photoshop propose plusieurs couleurs pour l'interface (du très foncé, actif par défaut, au clair de la version précédente).

Astuce *Passez d'une interface claire à foncée en tapant une ou plusieurs fois* Ctrl F1 *(ou l'inverse en tapant* Ctrl F2*).*

La gestion des fichiers

Bridge et Mini Bridge

Ces deux éléments restent des outils précieux pour la gestion de fichiers (recherche, étiquetage, classement, visualisation). Quelques traitements ont été ajoutés à Bridge (d'autres font leur retour dans Photoshop : planche-contact, présentation PDF). Mini Bridge s'intègre davantage dans Photoshop : par défaut, le panneau est ancré en bas du cadre de l'application.

Le traitement des fichiers

Les fichiers RAW

Photoshop (et Bridge) utilisent la version 7 de Camera Raw. Ce dernier bénéficie d'améliorations dans les traitements de fichiers RAW, JPEG ou TIF, ainsi que de nouvelles fonctionnalités (qu'ils partagent avec Lightroom 4). Le dématriçage de Camera Raw a été modifié de manière à réduire les problèmes de bruit et de restitution des détails dans les ombres lors de la récupération des hautes lumières. Les artefacts ont également été réduits au niveau des couleurs et dans les images d'ISO élevé, ce qui permettra d'obtenir un meilleur traitement du bruit. Les gestions de l'accentuation et de réduction du bruit bénéficient d'améliorations.

Les enregistrements des fichiers

L'enregistrement des fichiers s'effectue en tâche de fond, la progression de l'enregistrement est visible à droite du nom du document.

Les paramètres prédéfinis

Le menu **Édition** propose des commandes de gestion des paramètres prédéfinis. Ainsi vous pouvez exporter ou importer des paramètres prédéfinis tels que les scripts (.atn), espace de travail (.xml), outils (.tpl), raccourcis (.kys), réglages…

Les éléments étant placés dans un dossier, il devient facile de les distribuer ou de les réutiliser. De plus, vous pouvez récupérer les paramètres d'une ancienne version, ce qui vous évitera d'avoir à les redéfinir.

Les traitements du texte

Inspiré des fonctionnalités présentes dans InDesign et Illustrator, Photoshop se dote de deux panneaux pour gérer les styles de paragraphes et de caractères.

Les traitements d'images

Le recadrage

Le recadrage s'effectue à partir de deux outils, l'un permet le travail de la perspective. Le second propose de multiples méthodes de recadrage assistées par différents types de repère et bénéficiant d'une visualisation qui facilite la mise au point de la zone recadrée.

Le dessin et les retouches

Des options ont été ajoutées dans les réglages dynamiques sur l'écran des formes d'outils de peinture, parmi celles-ci on trouve des repères commentés et des réglages d'opacité (pour les formes sans réglage de dureté).

Au niveau des outils de retouche, un nouvel outil utilisant la fonctionnalité **Contenu pris en compte** (apparue avec CS5), a été ajouté. Il permet de déplacer un objet et de recomposer l'arrière-plan à son ancienne position. Toujours dans le domaine des retouches, la **Déformation de la marionnette** subit quelques améliorations.

Les calques

Il était possible de régler simultanément l'opacité de plusieurs calques sélectionnés ; certaines propriétés (mode de fusion, couleur d'étiquette, verrouillage…) deviennent également réglables pour une sélection multiple de calques. De plus, un filtrage de l'affichage des calques permet de ne visualiser que certains calques selon différents critères (type, nom, mode de fusion…). Un groupe de calques peut désormais servir de masque d'écrêtage.

Les paramétrages des calques de réglages ou de 3D… apparaissent désormais dans un nouveau panneau, nommé **Propriétés**. Ce dernier peut également afficher les propriétés des masques associés au calque (le panneau **Masque** à disparu). Les calques de forme subissent des changements importants et leur comportement s'apparente à celui des calques vectoriels d'Illustrator. Par exemple, au niveau de leurs attributs de coloration, il est possible d'affecter au tracé un contour en pointillé qui suit les modifications de ce dernier.

Les filtres

Quelques filtres ont été ajoutés et d'autres, améliorés.

Le filtre Grand-angle adaptatif

Ce filtre permet de corriger des distorsions d'image liées à une prise de vue au grand-angle.

Le filtre Peinture à l'huile

Avec ce filtre, vous transformerez votre photo en tableau de peinture à l'huile.

Le filtre Fluidité

Les performances d'affichage ont été améliorées et le filtre bénéficie de simplifications de fonctionnement. Par exemple, on peut désormais modifier la taille des outils directement sur l'aperçu.

Les filtres d'Atténuation

La série des filtres d'atténuation voit apparaître trois filtres permettant de créer des effets de flou localisé parmi lesquels *tilt shift* (flou de profondeur de champ).

Le filtre Éclairage

Réécrit pour la version 64 bits de Photoshop, le filtre **Éclairage** est de retour. Il gagne en facilité d'utilisation, notamment grâce à son aperçu plein écran.

Le module 3D (version Extended)

L'interface des traitements 3D a été repensée. Des fonctionnalités 3D ont été ajoutées ou modifiées pour faciliter les manipulations. Ainsi, les outils 3D ont disparu du panneau **Outils**, désormais, ils s'activent automatiquement en fonction du contexte de travail (caméra, matière, lumière…) et de l'opération réalisée. La fenêtre des réglages **Repoussé** a été supprimée pour être intégrée aux autres paramétrages 3D (accessibles dans le panneau **Propriétés**) ; certaines opérations sont directement accessibles depuis le menu **Texte**.

Le module Vidéo (version Extended)

Le panneau **Animation** devient panneau **Montage**. Un nouveau type de groupe apparaît, **Scène**, il permet de placer plusieurs clips de vidéo ou d'autres calques (images, le type, formes, etc.) sur une piste unique au sein de la timeline d'animation. Par simple glissement, des transitions (fondu, enchaînement…) sont disponibles et peuvent être appliquées directement depuis le panneau **Montage**. De même, des images clés de transformation permettent d'agir sur les calques de texte, les objets dynamiques ou sur un groupe de scène en vue de créer des transitions créatives.

L'environnement de travail

Les outils

Le panneau **Outils** se présente sous deux aspects : une colonne ou deux (*voir ci-dessous*). On passe d'une configuration à l'autre par clic sur les deux triangles situés en haut du panneau. Les outils s'y répartissent en plusieurs catégories : outils de sélection, de dessin pixellisé (pinceau, crayon) ou vectoriel (plume, forme...), de texte, de gestion de l'écran...

Certains outils sont masqués (un petit triangle noir le signale) et deviennent accessibles par clic droit sur l'outil affiché dans le panneau ou par ⌥[Alt] clic sur l'outil. Au clavier, on affiche un outil masqué en tapant la touche associée à l'outil visible avec la touche ⇧. Par exemple, en tapant plusieurs fois ⇧ L, on active respectivement : le lasso, le lasso polygonal, puis le lasso magnétique et à nouveau le lasso.

La description des outils

Les paragraphes qui suivent décrivent brièvement les différents outil de Photoshop.

Ps

Outil Déplacement

Outil [icône] destiné à déplacer un contenu de sélection, un repère ou les parties opaques d'un calque, manipuler les calques (déplacer, transformer, aligner). Des outils 3D sont disponibles depuis la **Barre d'options**.

> **Astuce** *Si vous enfoncez ⌘[Ctrl], l'outil actif se transforme en outil **Déplacement**. Vous retrouverez l'outil initial en relâchant ⌘[Ctrl]. Une activation temporaire est également possible en maintenant enfoncée la touche V.*

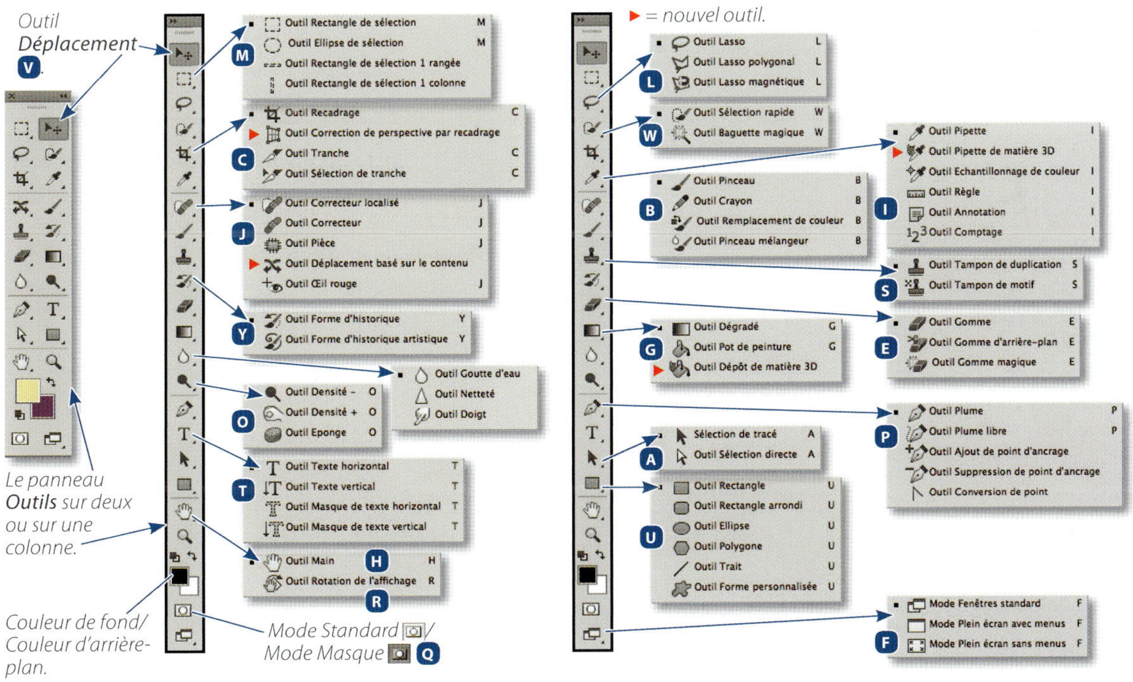

Les outils de sélection

Ensemble d'outils destinés à la sélection d'une partie du document en vue de son traitement (masquage, réglages, coloration…).

Rectangle : créer une sélection rectangulaire avec ou sans contrainte.

Ellipse : créer une sélection elliptique avec ou sans contrainte.

Rangée/Colonne : créer une sélection rectangulaire ayant une hauteur (ou une largeur) d'un pixel (le pixel est le point élémentaire d'une image).

Lasso : créer une sélection à main levée comme si l'on dessinait avec un crayon, il permet de préparer ou retoucher certains détourages.

Lasso polygonal : créer une sélection polygonale en dessinant par clics successifs.

Lasso magnétique : créer une sélection à main levée utilisant le plus fort contraste dans la zone de détection de l'outil (rayon visible si le verrouillage de majuscules est enfoncé).

> **ASTUCE** *Pendant le traçage, on passe d'un lasso à un autre avec ⌥[Alt].*

Baguette magique : créer une sélection par recherche de teintes identiques à une tolérance près dans des zones contiguës ou sur l'ensemble de l'image.

Sélection rapide : créer par glissement une sélection par détection de formes, basée sur les contraste et changement de couleurs des zones.

Les outils de découpe

Ensemble d'outils destinés à massicoter une image ou découper en morceaux pour le Web.

Ps Recadrage : supprimer (ou masquer selon le paramétrage) des parties d'une image avec ou sans contraintes de taille (de nouvelles options sont disponibles), de proportion ou de résolution et en manipulant ou non la zone recadrée.

Ps Correction de perspective par recadrage : on retrouve avec cet outil le fonctionnement de l'outil **Recadrage** des versions précédentes avec notamment le travail en perspective.

Tranche : découper une image en morceaux afin d'enregistrer pour le Web chaque morceau séparément (avec une optimisation personnalisée).

Sélection de tranche : Manipuler les tranches (sélection, changement de taille…) avant d'enregistrer le fichier pour le Web.

> **ASTUCE** *Sur une tranche sélectionnée, l'outil **Tranche** devient **Sélection de tranche**. Si la tranche n'est pas sélectionnée, enfoncez ⌘[Ctrl] pour passer à l'outil **Sélection de tranche**. Vous retrouvez l'outil initial en relâchant ⌘[Ctrl].*

Les outils de mesure et d'échantillonnage

Ensemble d'outils destinés à effectuer des mesures (couleur, distance), ajouter des notes, compter.

Pipette : prélever la couleur depuis un endroit de l'écran pour l'utiliser avec un autre outil. Des tailles de zones de prélèvement sont disponibles : ponctuelle (**1 × 1**, valeur par défaut) et de **3 × 3** à **101 × 101**.

Échantillon de couleur : placer jusqu'à quatre marques d'échantillonnage de couleurs sur la photo pour afficher leurs informations chromatiques dans le panneau **Informations** et ainsi mieux contrôler certains réglages.

Ps Règle : déterminer la longueur (ou orientation) du segment tracé ou connaître l'angle entre deux segments (l'angle est obtenu avec ⌥[Alt]). Une option permet de désincliner un calque.

Ps Pipette de matière 3D : cette pipette permet de prélever une matière sur un objet 3D pour l'appliquer sur un autre.

Annotation :créer par glissement un Post-it pour y écrire les commentaires voulus. Dans les images PDF, les notes seront lisibles dans Adobe Acrobat.

Comptage : placer des numéros sur l'image et, éventuellement, les enregistrer dans un rapport.

Les outils de retouche et de nettoyage

Ensemble d'outils destinés à éliminer localement les imperfections de la prise de vue (ou créer des effets).

Correcteur localisé : éliminer les petites taches ou les parties indésirables d'une photo (relativement isolées sur un fond plus ou moins uniforme) par simple clic ou glissement. Une nouvelle option permet des suppressions presque magiques !

Correcteur : nettoyer une photo en supprimant les rayures et les poussières. Il fonctionne à la manière du tampon mais préserve la luminosité de la zone traitée.

Ps **Déplacement basé sur le contenu** : déplacer une partie d'image et reconstruire la zone déplacée en se basant sur le contenu.

Œil rouge : supprimer l'effet œil rouge du flash par simple cliquer-glisser sur la pupille.

Pièce : reconstruire des parties d'image en sélectionnant la zone à « corriger », puis en la glissant sur la zone de référence (ou inversement). Le nettoyage préserve la luminosité.

Tampon de duplication : copier une partie d'une photo préalablement désignée sur un autre endroit du calque, sur un autre calque ou un autre fichier.

Tampon de motif : appliquer localement un motif de tampon sélectionné dans la **Barre d'options** de l'outil.

Les outils de dessin

Ensemble d'outils destinés à la création de dessin pixellisé sur un calque standard ou sur une couche.

Pinceau : dessiner avec un outil dont les réglages d'épaisseur, d'opacité, de débit de peinture… s'effectuent à partir de la **Barre d'options**.

Crayon : dessiner comme avec le pinceau mais avec un outil aux bords nets.

Remplacement de couleur : coloriser une partie d'image sans en perdre le modelé.

Pinceau mélangeur : permet de dessiner en assurant un mélange entre la couleur déposée et les couleurs des plans inférieurs.

> **ASTUCE** *Avec ⌥ [Alt], l'outil permet de prélever une couleur. Il est également possible de choisir une couleur directement à partir d'un sélecteur chromatique qui apparaît sur l'image en enfonçant les touches ctrl ⌥ ⌘ [Alt Ctrl clic droit].*

Les outils d'annulation et artistiques

Ensemble d'outils destinés à une annulation localisée et à un dessin spécial (artistique).

Forme d'historique : faire réapparaître un état antérieur du document préalablement choisi dans le panneau **Historique**.

Forme d'historique artistique : créer un effet artistique en déposant sur l'état actuel de l'image des couleurs d'un état sélectionné dans le panneau **Historique**.

Les outils gomme et détourage

Ensemble d'outils destinés à éliminer des zones de l'image en effaçant des pixels.

Gomme : effacer les parties indésirables d'une image pour les remplacer, selon le calque, par la couleur d'arrière-plan ou des pixels transparents.

> **ASTUCE** *La gomme a plusieurs formes : carrée, crayon ou pinceau ; on passe de l'une à l'autre par ⇧ ctrl clic [⇧ clic droit] ou par la **Barre d'options**.*

Gomme magique : effacer automatiquement tous les pixels similaires à ceux sur lesquels vous avez cliqué pour les rendre transparents.

Gomme d'arrière-plan : rendre transparents les pixels d'un calque par glissement dessus.

Les outils de coloration

Ensemble d'outils destinés à colorier une partie d'un calque (pixellisé) ou d'une couche.

Dégradé : créer un dégradé selon un type (linéaire, radial, incliné, réfléchi et diamant) choisi dans la **Barre d'options**.

Ps Dépôt de matière 3D : appliquer une matière à un élément 3D.

Pot de peinture : remplir une sélection ou une zone colorée avec une couleur (ou des motifs).

Les outils de retouches localisées

Ensemble d'outils destinés à retoucher localement la netteté (contraste), la luminosité et la saturation.

Goutte d'eau : créer des zones de flou en diminuant le contraste localement.

Netteté : améliorer localement la netteté (le contraste local augmente). Une nouvelle option permet à l'outil d'avoir une efficacité réelle.

Doigt : modifier la netteté par un mélange des couleurs provoqué par glissement pour adoucir les transitions.

Densité – : réduire la densité du noir sur la gamme de tons choisie pour éclaircir une zone de l'image.

Densité + : augmenter la densité du noir pour assombrir une zone de l'image, sur la gamme de tons choisie.

Éponge : augmenter ou réduire localement la saturation et/ou la vibrance des couleurs.

ASTUCE *Comme avec les outils* ***Goutte d'eau*** *et* ***Netteté****, passez de* ***Densité +*** *à* ***Densité –*** *(et réciproquement) directement sur la photo avec ⌥[Alt].*

Les outils Texte

Ensemble d'outils destinés à créer des textes.

Texte : créer un texte (ou une zone de texte par glissement ou ⌥clic [Alt clic]) dont la saisie est horizontale ou verticale.

Masque de texte : créer une sélection ayant la forme d'un texte (avec une saisie horizontale ou verticale).

Les outils vectoriels (I) : dessin et retouche d'élément

Plume : réaliser des tracés rectilignes (dessin par clics) ou curvilignes (par cliquer-glisser). Par la suite, les tracés permettront de créer une sélection, un détourage ou de colorier une zone d'un calque.

Plume libre :dessiner comme avec le crayon d'Illustrator. La **Barre d'options** de cet outil donne accès à l'outil **Plume magnétique**.

Ajout de point : ajouter un point d'ancrage sur un tracé.

Suppression de point : supprimer un point d'ancrage sur un tracé.

Conversion de point : convertir le point directeur pour créer des angles ou des courbures.

ASTUCE *L'outil* ***Plume*** *permet l'ajout ou la suppression automatique de point si on le place sur un point ou sur un segment. Il devient outil de* ***Conversion de point*** *avec ⌥[Alt] sur un point.*

Les outils vectoriels (II) : sélections

Ensemble d'outils destinés à la sélection d'une partie du document en vue de le traiter (masquage, coloration...).

Sélection d'objet : manipuler un tracé entier ou plusieurs tracés (combinaisons, alignements ou répartitions) dans la **Barre d'options** de l'outil.

Sélection directe : sélectionner ou déplacer les points d'un tracé en vue de le retoucher.

ASTUCE *On active un des outils* ***Sélection*** *à partir de l'outil* ***Plume*** *en enfonçant ⌘[Ctrl]. On passe de l'outil* ***Sélection directe*** *(flèche blanche) à l'outil* ***Sélection objet*** *(flèche noire ou blanche + sur un tracé) avec ⌥[Alt].*

Les outils vectoriels (III) : création de formes

Ensemble d'outils destinés à créer un élément vectoriel d'aspect prédéfini (avec un fond et/ou un contour).

Rectangle : créer des rectangles ou des carrés.

Rectangle arrondi : créer des rectangles ou des carrés aux angles arrondis.

Ellipse : créer des ovales ou des cercles.

Polygone : tracer un polygone (ou une étoile) dont vous définissez le nombre de côtés.

Filet : dessiner des traits ou des flèches.

Forme personnalisée : dessiner une forme sélectionnée dans la liste de la **Barre d'options**.

Les outils de gestion de l'affichage

Ensemble d'outils destinés à se déplacer dans l'image agrandie et gérer son affichage.

Main ou Défilement : déplacer l'image zoomée dans la fenêtre du document. Si H est maintenue enfoncée, on voit un cadre que l'on peut glisser jusqu'à la nouvelle zone qui sera zoomée.

Rotation de l'affichage : pivoter la surface de travail (avec ⇧ la rotation est de 15° en 15°). Désormais, si elle n'est pas circulaire, la forme de l'outil ne pivote plus avec le plan de travail.

Loupe ou Zoom : agrandir ou réduire le taux d'affichage (de 0,17 % à 3 200 %). Le zoom est continu si on maintient le bouton enfoncé. L'affichage se réduit avec ⌥ [Alt]. Une option, **Zoom variable**, permet de zoomer ou dézoomer par glissement vers la droite (zoom +) ou vers la gauche (zoom -) sans avoir à ajouter la touche ⌥ [Alt] pour dézoomer.

L'activation temporaire d'un outil

Quand vous avez activé un outil (comme l'outil **Déplacement**, par exemple), si vous maintenez enfoncée la touche correspondant à un autre outil (par exemple, la touche M pour l'outil **Rectangle**), cet outil sera temporairement activé et le restera tant que cette touche M sera maintenue enfoncée. De plus, le menu contextuel correspondra à l'outil activé temporairement. Vous retrouverez l'outil initial (outil **Déplacement**) dès que vous relâcherez la touche M.

> **Astuce** *Si vous avez coché l'option* ***Zoom variable*** *dans la* ***Barre d'options*** *de l'outil* ***Zoom****, l'activation temporaire de cet outil, en maintenant enfoncée la touche Z, vous permettra de zoomer ou dézoomer par glissement horizontal.*

Les modes de préparation des sélections

Photoshop permet de travailler une sélection de deux façons. Dans le panneau **Outils**, une icône permet de passer d'un mode à l'autre, son aspect change selon le mode actif.

Au clavier, on passe d'un mode à l'autre en tapant la touche Q. Ce passage s'effectue également par le menu **Sélection** et la commande **Mode Masque** (une coche est visible quand le **Mode Masque** est actif).

Le **Mode Standard** est l'option par défaut. Les sélections se réalisent et se travaillent de façon classique, c'est-à-dire avec les outils de sélection (rectangle, ellipse, lasso...). Quand on clique sur l'icône précédente, elle devient , c'est le **Mode Masque**. Avec celui-ci, on prépare une zone qui deviendra une sélection principalement avec les outils de dessin. Ce mode offre une meilleure anticipation des transitions telles que les contours progressifs. Par la suite, les zones colorées sont transformées en sélection en repassant au **Mode Standard**.

Les cases de couleurs

La zone **Couleur** du panneau **Outils** comporte plusieurs icônes : les deux cases superposées définissent respectivement les couleurs de premier plan et de fond.

Ces couleurs servent de base à la fabrication des dégradés. La couleur de premier plan est utilisée lors d'un remplissage (pot de peinture) ou d'un coloriage (crayon, pinceau) ; elle se définit avec la pipette par clic sur la partie de l'écran ayant la couleur à prélever. Quant à la case de la couleur d'arrière-plan, elle se remplit par ⌥clic [Alt clic] avec la pipette. Ces couleurs se définissent également en cliquant dans la case correspondante : **le sélecteur de couleurs** apparaîtra.

L'icône inverse la couleur de premier plan avec celle de l'arrière-plan ; on obtient le même résultat en tapant X. Un clic sur réaffiche les couleurs par défaut (noir et blanc), on peut aussi taper D (comme Défaut).

Quand un outil de dessin est actif, il est possible de choisir une couleur à partir d'un sélecteur chromatique qui apparaît directement sur l'image en enfonçant les touches ctrl⌥⌘ [Alt Ctrl clic droit]. L'aspect du sélecteur qui s'affiche localement (bandes de teintes ou roue de teintes) se sélectionne dans les préférences à la rubrique **Général**.

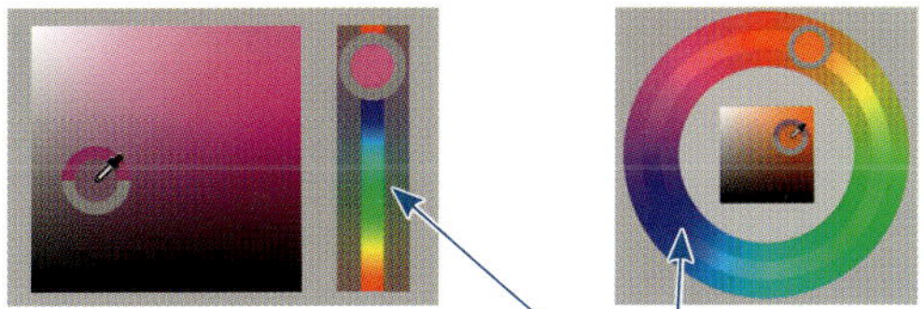

Le sélecteur local de couleurs : bandes et roue de teintes.

Le Cadre de l'application (Mac)

L'activation sur Mac

Il s'agit d'un mode de gestion de l'affichage de plusieurs documents ouverts en même temps. Actif par défaut sur PC, le **Cadre de l'application** n'apparaît sur Mac que s'il est activé par le menu **Affichage**. Comme sur Windows, des onglets apparaissent alors en haut de la zone d'affichage dès que plusieurs documents sont ouverts simultanément.

Par un clic sur l'un des onglets (c'est-à-dire sur le nom du fichier), ou par le menu local à droite (>>), on affiche le document en question. On passe ainsi rapidement d'un document à l'autre (sur Mac, l'opération se réalise au clavier en tapant ctrl ⇥, c'est le même raccourci sur Windows).

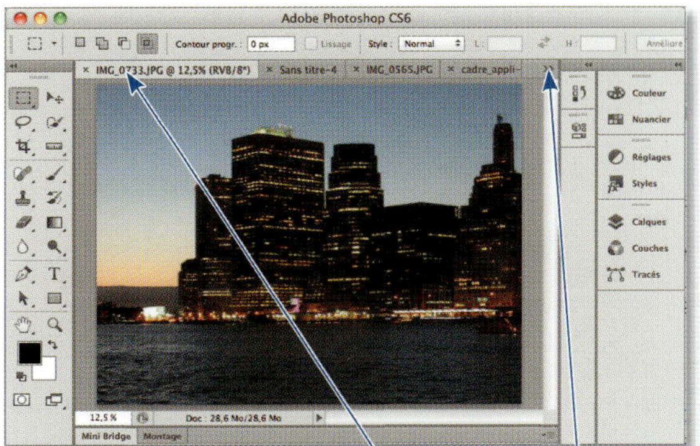

On affiche une photo par clic sur l'onglet ou à l'aide d'un menu qui apparaît ici quand il y a beaucoup de fichiers ouverts.

L'interface du cadre

Le **Cadre de l'application** montre quatre éléments : la **Barre d'options** qui figure en haut du cadre, à sa gauche, le panneau **Outils**, à sa droite, les panneaux de travail de l'image et au centre, la zone d'affichage. La **Barre de l'application** des versions CS4 et CS5 a disparu, ses fonctionnalités ont été partiellement intégrées au panneau **Options** (et au menu **Fenêtre**).

Le **Cadre de l'application** se déplace comme une seule fenêtre (sans les menus) et peut être redimensionné, voire placé sur un second écran. Par glissement d'un onglet dans le **Cadre de l'application** (ou par la commande **Déplacer vers la fenêtre suivante** affichée par clic droit sur l'onglet), on obtient une fenêtre flottante. Par la suite, on peut la réintégrer dans le cadre par glissement de son nom sur l'un des autres onglets (un cadre bleu indique l'accrochage) ou par la commande **Regrouper ici** affichée par clic droit sur l'un des onglets du cadre.

La présentation des documents

L'ouverture des documents

Plusieurs solutions sont offertes pour ouvrir un document : le menu **Fichier** et la commande **Ouvrir** ou encore un double-clic sur l'écran de Photoshop. Comme nous le verrons plus loin, Bridge et Mini Bridge (sorte de Bridge réduit à un panneau de Photoshop) proposent de nombreuses fonctionnalités pour trier, prévisualiser et ouvrir des images sélectionnées. Par défaut, le panneau **Mini Bridge** est affiché et ancré en bas de l'écran, il permettra par simple glissement l'ouverture des fichiers voulus. Vous pouvez également utiliser Bridge, auquel vous accédez par le menu **Fichier** ou encore par une icône du panneau **Mini Bridge**.

*Par glissement depuis le panneau **Mini Bridge**, on peut ouvrir plusieurs documents.*

Les outils d'affichage

Notez que l'outil **Zoom**, en plus du fonctionnement en continu (si votre ordinateur possède une carte graphique qui gère l'OpenGL), possède une option **Zoom variable**, qui permet de zoomer par glissement vers la droite, et dézoomer par glissement vers la gauche sans avoir à enfoncer de touche supplémentaire. Cette option reste active quand l'outil est activé temporairement en maintenant enfoncée la touche Z (ou ⌘ Espace [Ctrl Espace]).

La présentation des documents

L'organisation des documents

Quand plusieurs documents sont ouverts, il est possible de modifier leur présentation à l'aide du menu **Fenêtre**. En effet, celui-ci propose le sous-menu **Disposition** dont les différentes options permettront de visualiser les différents documents ouverts dans plusieurs fenêtres (comportant éventuellement plusieurs onglets si elles contiennent plusieurs documents). Ce sous-menu propose d'autres commandes de gestion de l'affichage ou encore de création d'une seconde fenêtre du document actif (**Nouvelle fenêtre**).

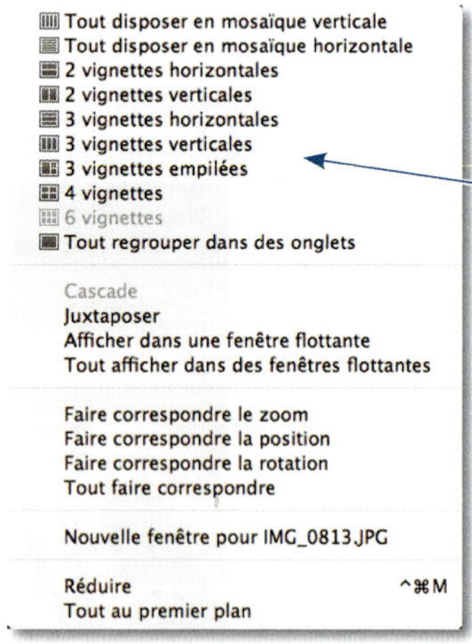

Les documents peuvent être réorganisés dans plusieurs fenêtres réparties en colonnes ou en rangées.

L'affichage en plusieurs fenêtres juxtaposées s'avère pratique pour transférer des calques (ou d'autres éléments) entre documents ou pour visualiser, côte à côte, un document comportant un calque dynamique et le contenu de ce dernier.

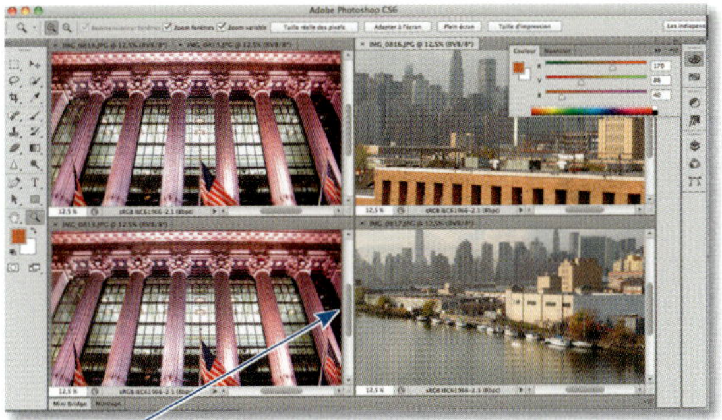

Les quatre documents sont affichés juxtaposés dans le ***Cadre de l'application*** *(on a utilisé cette icône, on les regroupe dans le cadre avec celle-ci).*

ASTUCE *Afin de passer rapidement d'un affichage sous forme d'onglets (dans le* ***Cadre de l'application****) dans lequel on ne voit qu'un seul fichier, à un affichage par juxtaposition des documents pour les voir tous, n'hésitez pas, à l'aide de la commande* ***Raccourcis*** *du menu* ***Édition****,* (voir page 17)*, à ajouter des raccourcis à ces deux commandes du menu* ***Fenêtre*** *(****Fenêtre/Disposition/Juxtaposer*** *et* ***Regrouper ici****), elles correspondent respectivement aux premières icônes et du panneau de disposition* (visible entier ci-dessus)*.*

Les modes de présentation du document

On accède aux modes de présentation du document par le menu **Affichage** et son sous-menu **Mode d'affichage** ou par l'icône du bas du panneau **Outils** (on passe aussi d'une présentation à l'autre en tapant F).

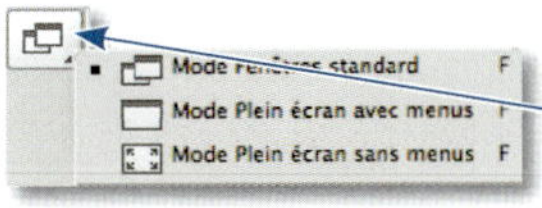

Cette icône affiche les modes de présentation du document.

Examinons ces différents modes de présentation.

Fenêtres standards

Le document est placé dans une fenêtre et il est possible de visualiser plusieurs documents s'ils sont dans des fenêtres flottantes. Si le **Cadre de l'application** est actif (menu **Fenêtre/Cadre de l'application**), la taille de la fenêtre peut être adaptée à la zone disponible sur l'écran sans couvrir les panneaux affichés contre les bords.

ASTUCE *Avec cette présentation, tapez* Tabulation *(⇥ [⇆]) pour masquer les panneaux. Une bande verticale grise apparaît contre les bords du* ***Cadre de l'application*** *(ou de l'écran), son survol réaffiche les panneaux.*

Plein écran avec menus

La fenêtre du document occupe tout l'écran ; selon le taux d'agrandissement, une partie grise entoure l'image centrée sur l'écran. Les panneaux restent visibles mais ils disparaissent en tapant Tabulation (⇥ [⇆]). Ils réapparaissent en tapant à nouveau cette touche.

Plein écran sans menus

La barre de menus et les panneaux disparaissent, la zone grise est remplacée par une zone noire ; la photo reste le seul élément visible. On quitte ce mode pour le **Mode Standard** en tapant esc [Echap].

ASTUCE *Dans les modes* ***Plein écran****, avec l'outil* ***Main****, il est possible de déplacer l'image afin qu'elle ne se trouve plus au centre de l'écran. De plus, il est possible de remplacer la couleur de l'arrière-plan (gris ou noir selon le mode) par la couleur active au premier plan par* clic droit *(un menu local permet de choisir une couleur). On retrouve cette option de coloration dans les préférences à la rubrique* ***Interface****.*

LES ESPACES DE TRAVAIL MÉMORISÉS

L'extrémité droite de la **Barre d'options** affiche un menu qui liste les espaces de travail. Ce menu comporte tous les espaces de travail prédéfinis et permet d'en mémoriser un nouveau ou d'en supprimer. Ces espaces englobent la position des différents panneaux, les raccourcis clavier et l'aspect des menus. On retrouve l'équivalent de ce menu dans le menu **Fenêtre** et son sous-menu **Espace de travail**.

Les panneaux de Photoshop

L'ASPECT DES PANNEAUX

Par défaut (espace de travail **Les indispensables**, *voir plus loin*), les panneaux sont placés sur une colonne contre le bord droit de l'écran. Leur taille horizontale est modulable de manière à ne voir qu'une icône, une icône avec le nom du panneau, ou encore la totalité du contenu du panneau (c'est le panneau développé). Des petits triangles (◂◂ ou ▸▸) permettent de passer d'une configuration réduite à une configuration développée. Quand une colonne de panneaux est développée, on y voit les différents groupes également développés (un groupe étant constitué d'un ensemble de panneaux associés horizontalement dans la forme développée, les noms d'onglets sont sur la même ligne). Un clic sur la barre grise à droite du nom réduit le groupe à sa barre de titres. Les autres groupes développés peuvent alors être redimensionnés verticalement par glissement de la ligne qui sépare deux groupes.

> **Astuce** *Un clic droit sur l'icône d'un panneau donne accès à un menu local qui permet le regroupement ou la fermeture automatique des panneaux ainsi que l'affichage des préférences.*

Chaque panneau comporte un menu local (déroulé par clic sur l'icône en haut à droite) qui propose des commandes ou options spécifiques au panneau actif.

> **Astuce** *Pour qu'un panneau reste ouvert en permanence, détachez-le des autres pour le rendre flottant (indépendant du cadre de l'application). Dans les préférences (rubrique* ***Interface****), vous pouvez définir qu'un panneau ouvert par clic sur son icône se referme automatiquement. Le panneau peut aussi rester affiché sous forme d'icône seule pour occuper le minimum de place sur l'écran.*

La description des différents panneaux

En plus du panneau **Outils** dont nous avons vu la description, Photoshop met donc à votre disposition un certain nombre de panneaux répartis en plusieurs catégories. Leur fonction est différente, mais tous s'affichent ou se masquent par l'intermédiaire du menu **Fenêtre** ou à l'aide des touches de fonction. Vous pouvez également programmer vos propres raccourcis par la commande **Raccourcis clavier** du menu **Édition**. On retrouvera la même interface dans tous les logiciels de la Creative Suite. Nous allons passer en revue les différents panneaux (ils sont examinés par ordre alphabétique).

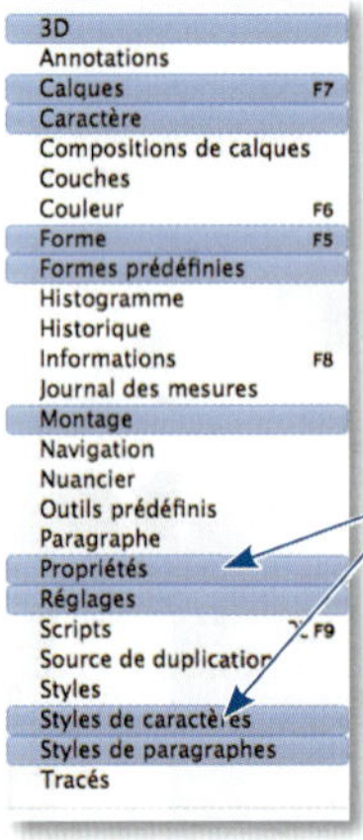

Une partie du menu ***Fenêtre****. En bleu, on distingue les nouveaux panneaux ou ceux qui ont subi des modifications.*

Panneau 3D

C'est dans ce panneau que l'on accède à des fonctions de création d'objet 3D quand un calque, un tracé, une sélection ou un calque de texte est sélectionné. Ce panneau propose des traitements de l'objet 3D tels que la gestion des vues, de l'éclairage, les modifications de textures… D'autres opérations se réaliseront dans le panneau **Propriétés**.

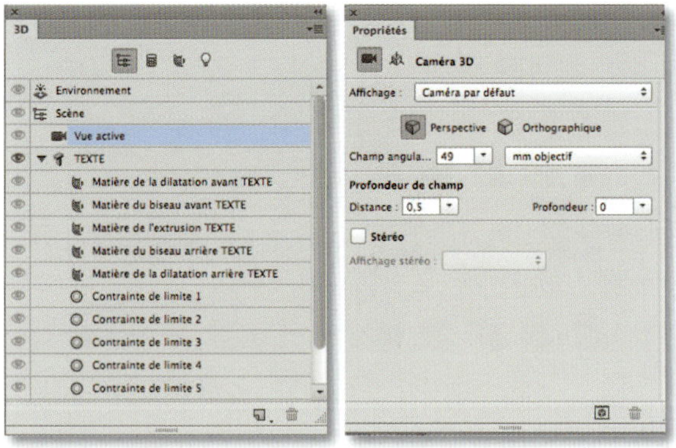

Le panneau ***3D*** *est associé au panneau* ***Propriétés*** *pour les traitements d'objet 3D.*

Panneau Annotations

C'est le panneau dans lequel apparaissent les notes (Post-it) que vous avez placées sur le document.

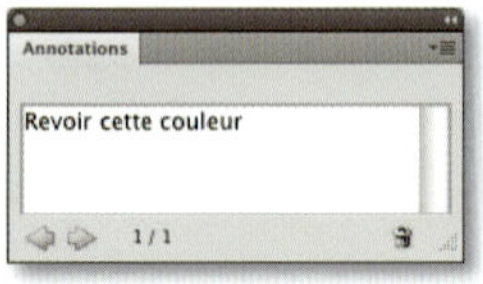

Panneau Calques

Chaque calque peut être comparé à un film transparent sur lequel on place un dessin, une partie d'une image détourée, un fond, un texte, un réglage chromatique (agissant tel un filtre d'appareil photo), et des effets dynamiques de filtre. Il est possible de travailler chaque calque séparément, puis de les combiner entre eux avec transparence afin de réaliser l'image finale. Un masque (de pixels et/ou vectoriel) peut être associé pour cacher une partie du calque.

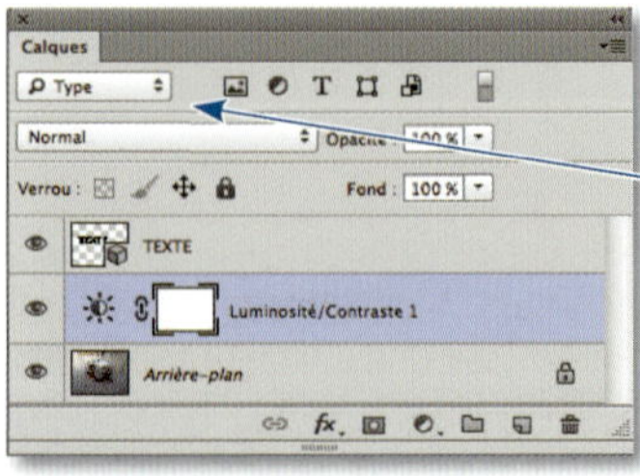

Le panneau ***Calques*** *avec de nouvelles options d'affichage par filtrage.*

Panneau Caractères

Ce panneau permet de définir les attributs de caractères d'un texte (police, corps, approche, etc.). Des options sur les glyphes des caractères OpenType font leur apparition.

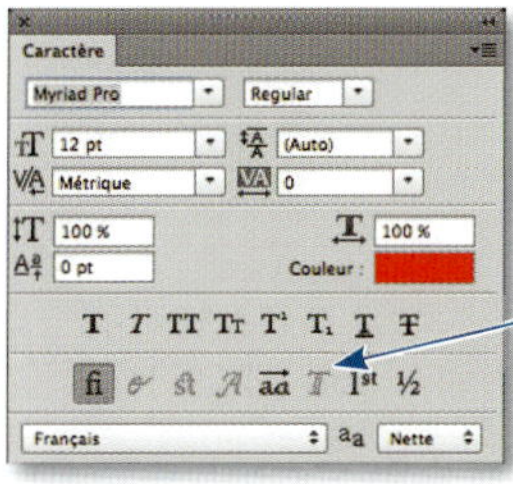

*Le panneau **Caractère** propose de nouvelles options pour les glyphes OpenType.*

Panneau Compositions de calques

Ce panneau permet de mémoriser différentes combinaisons d'affichage, de position des calques ou d'effet de calque. Un script (menu **Fichier/Script**) permettra de créer un document distinct à partir de chaque composition. De plus, si le document est importé dans InDesign (ou Illustrator), il sera possible de choisir la composition à afficher dans la page (ou la planche à dessin).

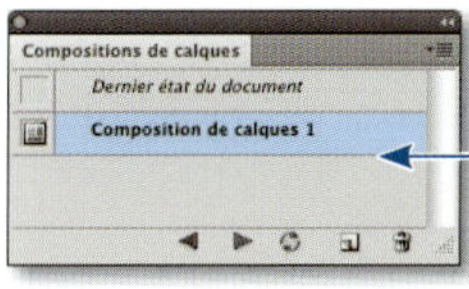

Une composition affiche un état du document.

Panneau Couches

Ce panneau assure l'affichage et la gestion des couches (création, suppression…). Les couches ajoutées (couches alpha) permettent l'élaboration (ou la mémorisation) de masques utilisés lors de la réalisation de montage ou l'ajout de couleur d'accompagnement (ton direct).

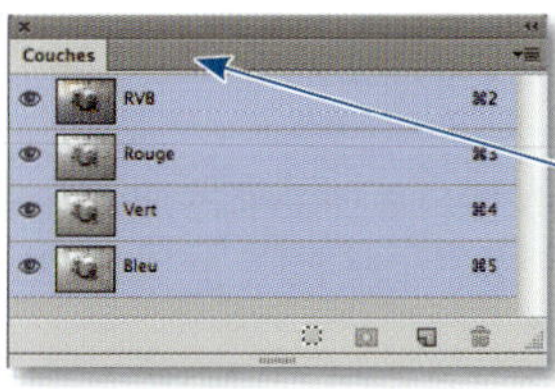

*Le panneau **Couches**. On peut y masquer une couche ou la sélectionner pour la travailler seule.*

Panneau Couleur

Dans ce panneau se définit la couleur de premier plan et celle d'arrière-plan (utilisée par l'outil **Gomme** ou **Dégradé**). Pour cela, il faut choisir un mode de définition de la couleur (RVB, CMJN, couleurs Web), puis glisser les curseurs. Vous pouvez aussi sélectionner une couleur dans la zone de prélèvement située en bas (l'icône se transforme en pipette). Par ⌥ [Alt] clic, on prélève la couleur pour l'arrière-plan.

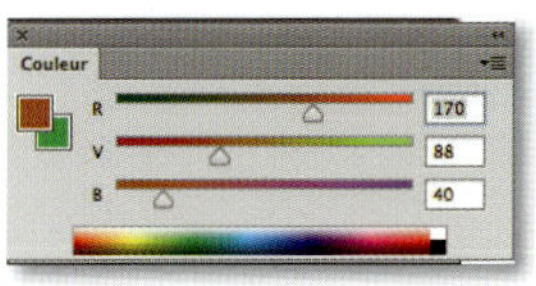

*Le panneau **Couleur** avec ses curseurs de composition (ici RVB).*

Panneau Forme

Ce panneau, également affiché par clic sur l'icône de la **Barre d'options** d'un outil de dessin ou de retouche, permet de définir la taille des brosses utilisées et de leur affecter des effets particuliers (forme, dispersion, couleur, texture…). Ce panneau propose un accès direct au panneau **Formes prédéfinies** qui est dissocié du panneau **Forme** dans Photoshop CS6.

Les réglages particuliers liés à la sensibilité des tablettes graphiques (pression, inclinaison, rotation…) se règlent dans ce panneau. La taille et l'aspect des bords de la forme de l'outil restent accessibles directement sur l'image au clavier (la variation dépend de sa taille initiale) ou par le menu contextuel (clic droit). Avec l'outil **Pinceau mélangeur**, une icône (située en bas du panneau) permet de visualiser la forme du pinceau dans un mini-panneau.

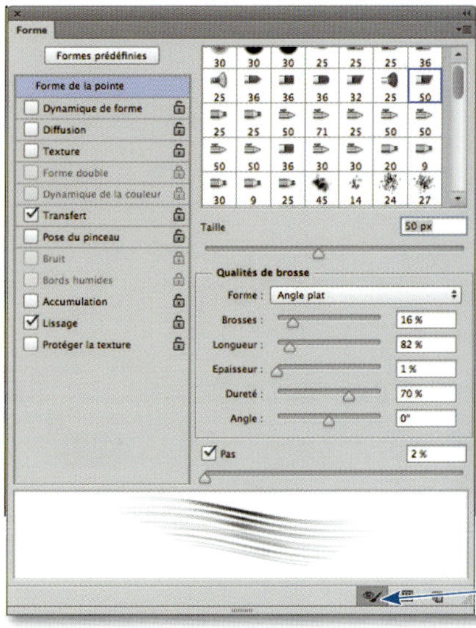

Les réglages des formes.

Ceci s'affiche avec cette icône.

Panneau Histogramme

Ce panneau montre l'histogramme du document de manière à contrôler la nouvelle répartition des pixels lors d'une intervention sur l'image avec une commande du menu **Image/Réglages** ou un calque de réglage. La visualisation peut être plus détaillée à partir des options du panneau.

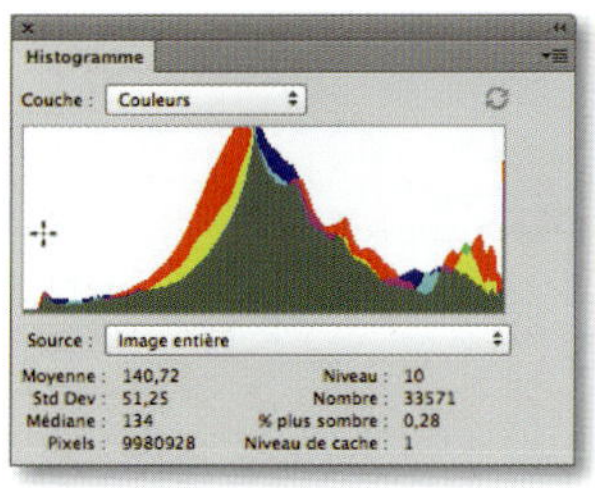

*On retrouve cet histogramme dans la fenêtre de propriétés de certains réglages (**Courbes** ou **Niveaux**).*

Panneau Historique

Ce panneau garde une trace (état d'historique) des manipulations réalisées au cours d'un travail afin de permettre éventuellement un retour en arrière, sur l'image complète (annulations multiples), ou localement avec l'outil **Forme d'historique** ou avec l'outil **Gomme** associé à la touche ⌥ [Alt] ou à un paramétrage de son panneau **Options**.

*Le panneau **Historique** affiche les différents états par lesquels le document est passé.*

Panneau Informations

Ce panneau donne des renseignements sur la composition des couleurs en 8 bits ou 16 bits, les coordonnées de la souris, la taille d'un recadrage... Le panneau affichera également, en fonction des transformations effectuées, des caractéristiques de taille, d'angle... ou de variation de composition des couleurs lors des réglages chromatiques.

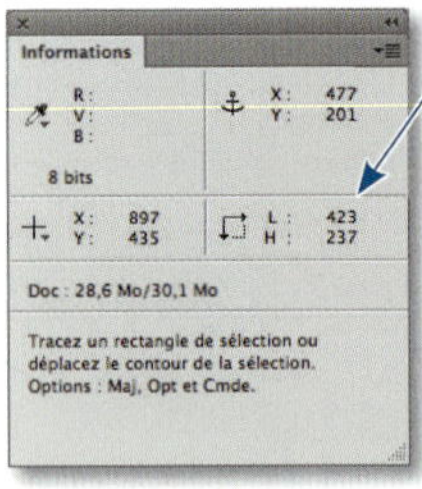

Le panneau affiche des informations mais certaines sont désormais directement visibles sur l'image.

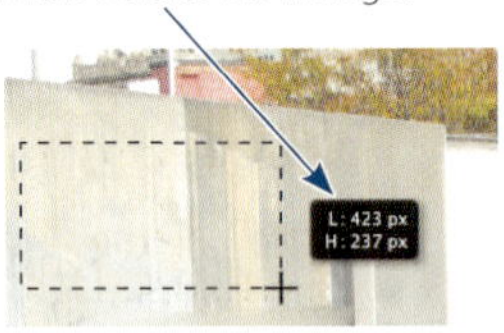

Panneau Journal des mesures

Ce panneau trouve son utilisation principalement dans les domaines de l'imagerie technique et médicale. Il se place en bas du **Cadre de l'application**. Il permet de mémoriser des mesures et des comptages réalisés sur la photo (radiographie, par exemple) après avoir défini une échelle de mesure à l'aide des commandes du menu du panneau.

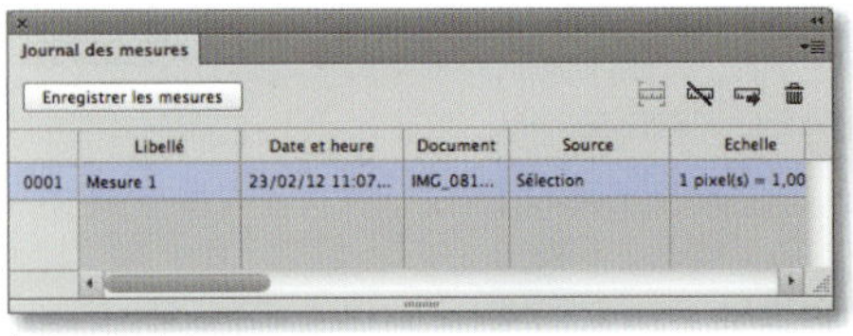

Le journal des mesures.

Panneau Masques

Ce panneau a disparu, il a été remplacé par le panneau **Propriétés** *(voir plus loin)*.

Panneau Montage

Ce panneau, appelé autrefois **Animation**, s'affiche automatiquement en bas du **Cadre de l'application**. Il permet la préparation d'animations selon deux modes : montage vidéo (avec une timeline dans laquelle on gère les transitions, l'audio...) ou animation d'images (de type GIF) ; dans ce cas, la mise au point est facilitée par des options du panneau **Calques**.

Montage vidéo ou animation d'images.

Panneau Navigation

On y gère l'affichage. Un rectangle rouge apparaît quand vous zoomez sur une partie d'un document jusqu'à une taille supérieure à celle de l'écran ; il indique la zone affichée à l'écran, déplacez-la pour en voir une autre. Vous pouvez également définir directement la zone à visualiser à l'écran en encadrant une nouvelle zone sur cette palette avec la touche ⌘ [Ctrl]. Si vous maintenez enfoncée la touche H (outil **Main**) sur un document zoomé, celui-ci passe temporairement en taille écran et un rectangle correspondant à la zone qui était zoomée apparaît ; le rectangle peut être glissé pour définir la nouvelle zone à agrandir. Cette fonction rend le panneau **Navigation** moins indispensable.

Le rectangle rouge (que l'on peut glisser) montre la zone affichée.

Panneau Nuancier

Ce panneau présente une série de nuances (échantillons de couleur). Vous pouvez y choisir une couleur : un clic sur l'une des cases sélectionne une couleur de premier plan (elle deviendra couleur d'arrière-plan en tapant la lettre X). C'est également une zone de stockage des couleurs créées ou prélevées dans une illustration. Il est possible d'afficher un nuancier référencé (Pantone, Focoltone, Trumacht…) à partir du menu local de ce panneau.

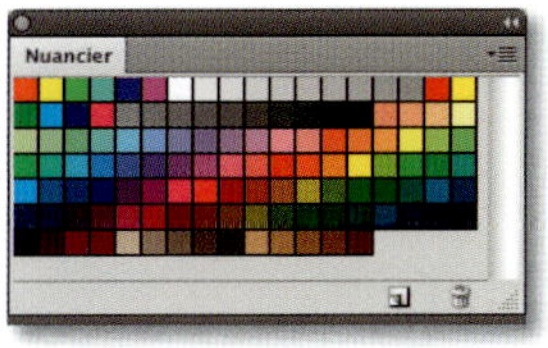

*Panneau **Nuancier**.*

Panneau Outils prédéfinis

Après avoir effectué un réglage particulier pour un outil, vous pouvez le mémoriser dans le panneau **Outils prédéfinis** afin de le réutiliser ultérieurement. Ce panneau est également accessible directement par clic sur l'icône de l'outil située à gauche dans la **Barre d'options**.

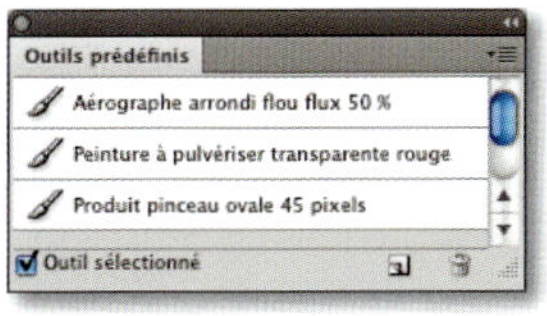

Panneau Paragraphe

On peut y définir les attributs de paragraphes tels que les alignements, les retraits (gauche, droit et de première ligne), les espaces avant et après le paragraphe ainsi que la présence ou non de césure.

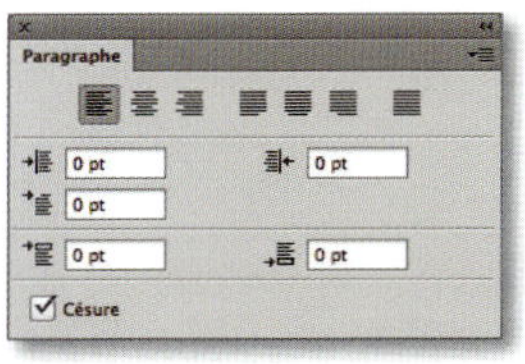

Ps *Panneau Propriétés*

Il s'agit d'un panneau contextuel qui affiche des paramètres liés à l'élément actif qui peut être un masque, un calque de réglage ou encore un objet 3D. Ainsi, on y retrouvera : les options du masque (de pixels ou vectoriel) et son menu local, les différents curseurs et options d'un réglage chromatique, ou les propriétés des composants pour un calque 3D.

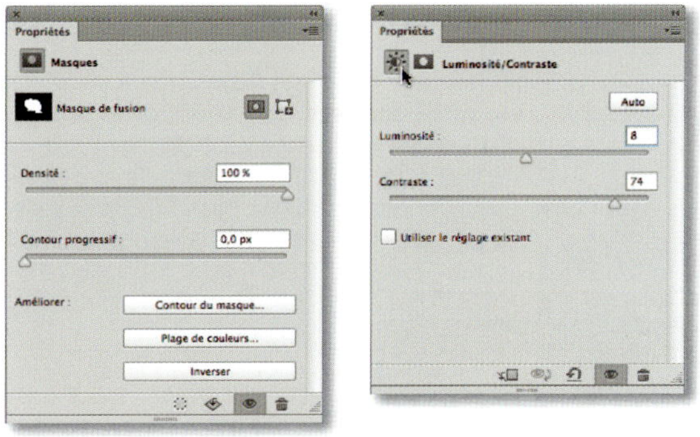

*Le panneau **Propriétés** est contextuel : il affiche les paramètres des masques et des réglages (et il est utilisé par les objets 3D).*

Panneau Réglages

Ce panneau renferme tous les réglages chromatiques applicables sous forme de calque de réglage. Une fois le type du réglage choisi, son paramétrage se réalise dans le panneau **Propriétés** qui s'affiche automatiquement (celui-ci donne également accès aux paramètres prédéfinis et au masque associé au calque).

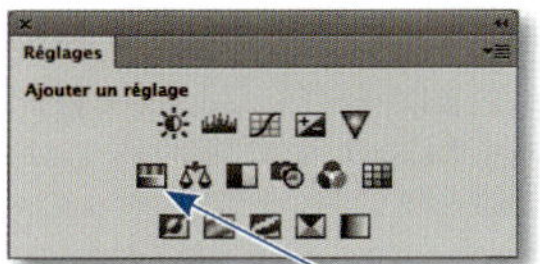

On choisit le réglage ici et ce panneau s'affiche aussitôt.

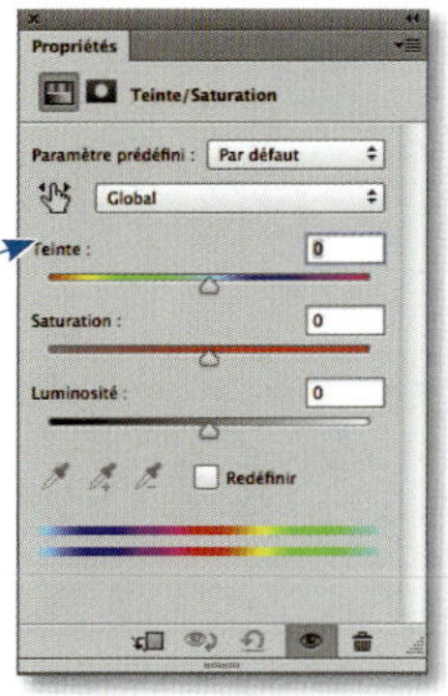

Panneau Scripts

Ce panneau stocke vos scripts. Il s'agit d'actions qui correspondent à un enchaînement de plusieurs commandes des différents menus afin de réaliser un traitement particulier. La commande **Traitement par lots** (menu **Fichier/Automatisation**) permet d'appliquer un script désigné à un ensemble de fichiers ; **Créer un droplet** crée une application contenant le script non modifiable.

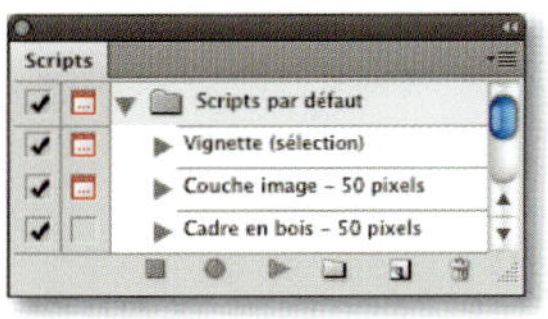

Panneau Source de duplication

On peut y définir jusqu'à cinq zones de référence pour des duplications avec l'outil **Tampon** (ou l'outil **Correction**) et associer des transformations (mise à l'échelle, symétrie et rotation) à chacune d'entre elles. Des options de prévisualisation permettent de voir ce qui va être dupliqué, cette visualisation peut être limitée à la taille de la forme de l'outil (option **Écrêtage**).

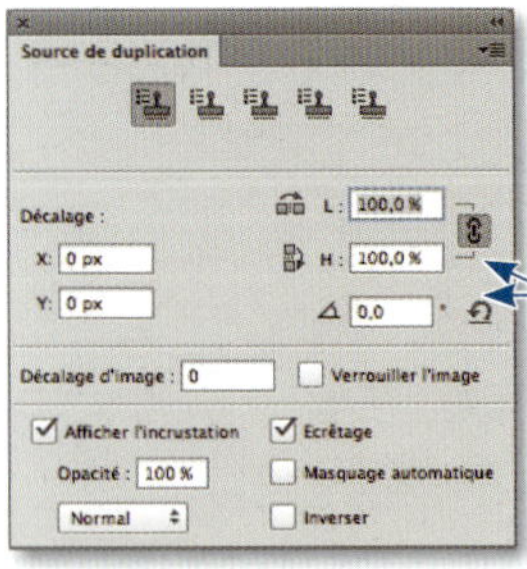

La partie dupliquée peut subir des transformations.

Panneau Styles

Ce panneau présente une série d'échantillons correspondant à des réglages d'effets de calque (fx). Le style s'applique par glissement de l'échantillon sur la fenêtre du document ou sur un calque dans le panneau **Calques**. Lors de la mise au point de l'effet de calque, un bouton vous permet de le définir comme nouveau style : il figurera alors dans le panneau **Styles** et pourra être utilisé sur d'autres calques.

Panneau Styles de caractères et de paragraphes

Photoshop propose deux nouveaux panneaux (**Styles de caractères** et **Styles de paragraphes**) qui reprennent quelques-unes des fonctionnalités issues d'InDesign afin d'automatiser la mise en forme des textes dans Photoshop. Ces panneaux sont accessibles depuis le menu **Texte**, puis **Panneaux**.

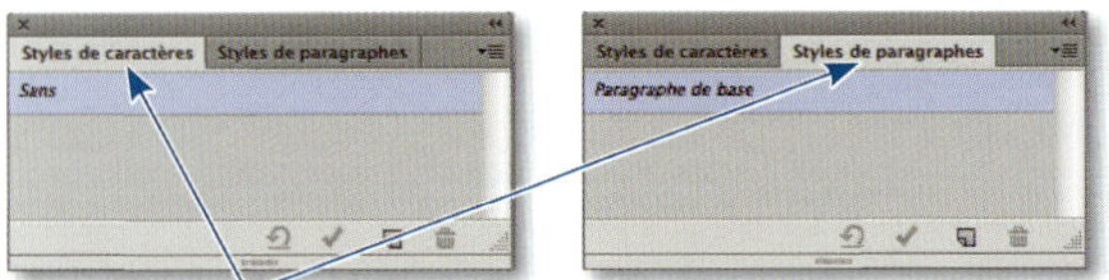

Les deux panneaux de styles pour les textes.

Panneau Tracés

Ce panneau stocke les tracés réalisés avec l'outil de dessin vectoriel. Ces tracés pourront définir des « chemins » coloriés (s'ils sont affichés sur un calque), être transformés en sélection ou masque de réglage, de remplissage ou de détourage. À l'instar des masques de pixels dans le panneau **Couches**, on distingue dans le panneau **Tracés** les tracés classiques et ceux des masques vectoriels (écriture italique).

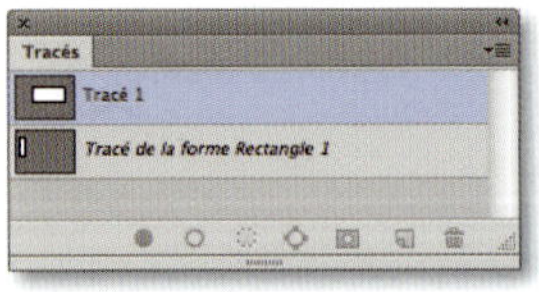

La personnalisation de l'interface

La réorganisation des panneaux

Les panneaux peuvent être réorganisés sur une ou plusieurs colonnes sur le bord droit ou gauche de l'écran ou le bas de l'écran. Certains panneaux sont associés par groupes de deux ou trois (leur nom figurera l'un à côté de l'autre quand ils seront développés). Vous pouvez modifier ces associations, cette opération s'effectue par glissement : une ligne bleue montre « l'accrochage » du panneau. Celui-ci peut se réaliser entre deux panneaux, en bas de la colonne ou contre celle-ci (voire à gauche contre le panneau **Outils**) ; dans ce cas, il y aura création d'une nouvelle colonne. Vous pouvez également rendre le panneau complètement indépendant et fermer ceux que vous n'utilisez pas ou seulement occasionnellement. Pour cela, effectuez un clic droit sur le nom du panneau pour choisir **Fermer** (vous pouvez aussi fermer le groupe). Utilisez le menu **Fenêtre** pour réafficher les panneaux fermés.

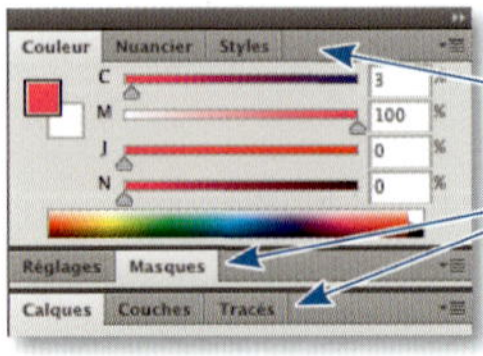

Ici, on a un groupe développé et, en dessous, deux autres groupes réduits.

L'affichage et l'espace de travail

Une option intéressante liée à l'affichage des panneaux est disponible. En effet, quand vous cachez tous les panneaux en tapant ⇥ (ou ⇧⇥ si vous souhaitez garder le panneau **Outils** visible), d'étroites bandes verticales (gris foncé) apparaissent contre les bords latéraux de l'écran.

Chacune d'elles laisse apparaître les panneaux quand elles sont survolées. Ces panneaux disparaissent quand le curseur revient sur l'image (il reste toujours possible d'afficher un panneau par le menu **Fenêtre**).

L'enregistrement de l'espace de travail

La position des panneaux sur l'écran peut être enregistrée par une commande du menu **Fenêtre/Espace de travail** ou de celui affiché en cliquant sur le nom de l'espace de travail affiché à droite dans la **Barre d'options**. Ceci vous permet de définir différents environnements de travail, en affichant ou masquant certains panneaux, de manière à les faire correspondre à diverses phases du travail. Vous passerez d'un espace à l'autre en le sélectionnant dans la liste déroulée dans la **Barre d'options** (ou dans le menu **Fenêtre/Espace de travail**). Vous pouvez aussi affecter un raccourci à chaque espace pour passer plus rapidement de l'un à l'autre.

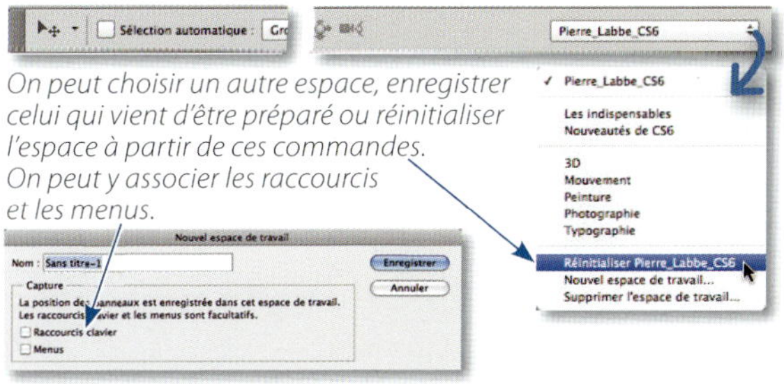

On peut choisir un autre espace, enregistrer celui qui vient d'être préparé ou réinitialiser l'espace à partir de ces commandes. On peut y associer les raccourcis et les menus.

Les raccourcis et l'aspect des menus

Lors de l'enregistrement de l'espace de travail, une fenêtre permet d'associer ou non, à cet espace, un jeu de raccourcis clavier et une personnalisation de l'apparence des menus. En effet, en plus de l'ajout de raccourcis clavier, Photoshop offre la possibilité de masquer ou de colorer certaines commandes des menus afin de personnaliser ces derniers.

Les raccourcis clavier

Les raccourcis se définissent par le menu **Édition** et la commande **Raccourcis clavier**. La fenêtre permet de définir des raccourcis clavier et de personnaliser les menus. La première étape consiste à choisir parmi trois rubriques : **Menus de l'application**, **Menus de panneau** et **Outils**.

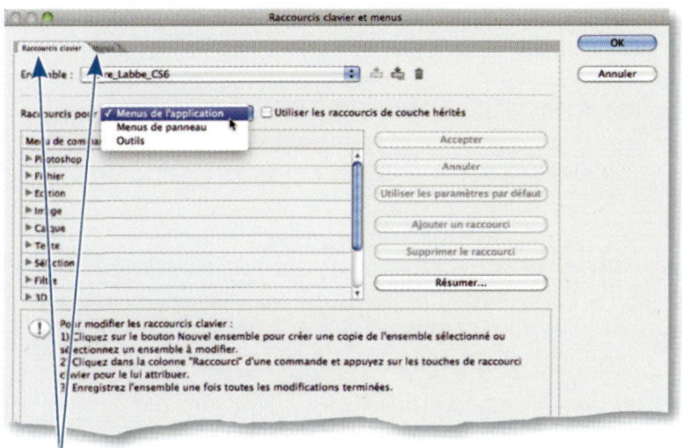

À partir de ces onglets, on personnalise les raccourcis et les menus. Cette personnalisation s'ajoute à l'espace de travail.

Chacune d'entre elles propose une liste de menus, de panneaux (ou d'outils), puis des commandes : c'est en cliquant sur cette dernière rubrique que vous pourrez définir le raccourci. S'il est déjà affecté ou s'il ne convient pas, un message le signalera. Vous pouvez affecter deux raccourcis à une même commande, pour conserver celui par défaut. Vous pourrez enregistrer le jeu de raccourcis (il apparaîtra alors dans la liste des jeux de raccourcis).

Astuce *Les raccourcis peuvent être ajoutés mais dans certains cas, il est intéressant d'en supprimer. Voici un exemple :*

- *Affichez la fenêtre **Raccourcis clavier** et choisissez la rubrique **Outils**.*
- *Commencez par supprimer les raccourcis de l'outil **Densité** + (lettre O) et de l'outil **Éponge** (O également).*
- *Maintenant, lors de l'utilisation de l'outil **Densité** + (avec des réglages voulus sur les tons et l'opacité...), il devient possible d'activer temporairement l'outil **Densité** + en maintenant la touche O enfoncée et d'en modifier les réglages (ce n'est pas le cas si on passe d'un outil à l'autre avec la touche ⌥ [Alt]). Si on relâche O, on retrouve l'outil **Densité** – avec ses réglages.*

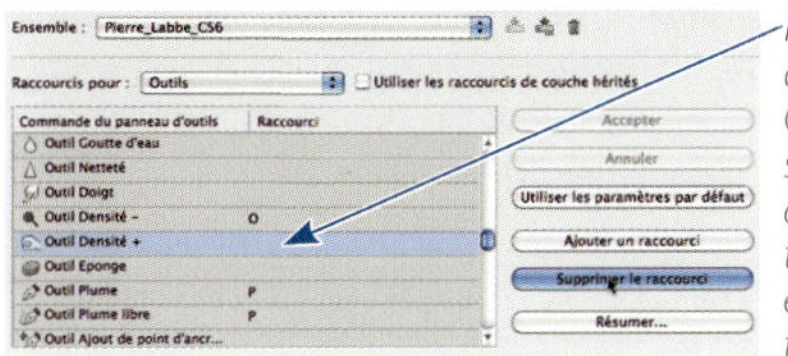

Ici, on supprime des raccourcis. On en garde un seul pour pouvoir activer l'outil temporairement en maintenant sa touche enfoncée.

La personnalisation des menus

L'opération se réalise par la commande **Menus** du menu **Édition**. Dans la fenêtre, identique à celle ci-avant, visualisez les différents jeux de menus personnalisés et créez le vôtre en modifiant les commandes des menus ou des panneaux. Le masquage de certaines commandes permet de créer des menus plus courts et ainsi de faciliter l'accès aux commandes essentielles. L'affectation d'une couleur permet de repérer plus facilement une commande ou un filtre utilisé souvent et pour lequel vous n'avez pas affecté de raccourci.

Astuce *Les commandes supprimées des menus deviennent visibles si le menu est déroulé en enfonçant ⌘ [Ctrl].*

Comme pour les espaces de travail, vous pouvez faire des séries de jeux de menus correspondant à des phases de travail (le programme en propose quelques-uns).

Ps Avec la version CS6, les raccourcis sont imbriqués dans le fichier espace de travail (situé dans le dossier **Adobe Photoshop CS6 setting/Workspace**), vous pouvez ainsi transférer ce fichier d'une machine à l'autre.

2 - Les formats d'images

Nous allons voir dans ce chapitre les formats de fichiers utilisés par Photoshop. On peut les séparer en trois catégories liées à la phase du travail.

1. **Les formats d'entrée** : ils correspondent au format choisi (ou imposé) lors de l'acquisition de la photo.
2. **Les formats de travail** : ils correspondent aux formats du document pendant la phase de préparation, de traitement et de travail de l'image.
   Utilisez le format natif de Photoshop (avec l'extension **.psd**), ce dernier constitue le format de travail ; il est directement utilisable par de nombreux programmes (*voir plus loin*).
3. **Les formats de sortie** : ils sont liés à la destination finale du document (stockage, impression...).

Dans certains cas, on peut envisager de garder le même format tout au long du flux de travail.

Les formats d'entrée

Les images que vous allez manipuler ont des sources multiples ; cependant, trois d'entre elles sont plus fréquentes : la photo issue d'un appareil numérique, le document obtenu par un scanner et l'image provenant d'une page Web.

Les photos d'appareil numérique

Les appareils photo numériques (ou APN) proposent différents types de formats selon leur capacité. On trouvè le format JPEG et le format RAW.

Le format JPEG

Quand l'appareil produit ce format, il utilise les données brutes du capteur et leur applique des traitements en vue de créer une image immédiatement exploitable par l'ordinateur sur lequel vous la transférez.

Parmi les traitements effectués par l'appareil pour produire l'image finale, figurent :

- une réduction du nombre de niveaux analysés pour obtenir une image codée sur 8 bits/couche (soit 256 niveaux au lieu de 4096) ;
- une modification du gamma (passage du gamma linéaire de 1 de tout capteur au gamma correspondant à la perception de l'œil de 2,2) ;
- une conversion des données colorimétriques vers un espace de travail sRVB ou Adobe RVB 1998 (espace plus réduit que celui de l'appareil) ;
- l'affectation d'un certain nombre de paramètres (netteté, contraste, saturation...) pour obtenir une image aussi attractive que possible.

L'application de ces différents traitements engendre la perte d'un certain nombre d'informations ; de plus, selon le réglage JPEG choisi, l'image subit une compression (plus ou moins forte mais destructive selon le taux de compression utilisé sur l'appareil). Le fichier JPEG dispose alors d'un potentiel de post-traitement réduit : les modifications de la balance des blancs seront limitées, les images surexposées montreront des hautes lumières grillées et irrécupérables, les sous-expositions risquent de transformer vos ombres en une zone sombre sans détail. Le format JPEG possède néanmoins quelques côtés pratiques : le stockage de plus d'images sur une carte mémoire et l'utilisation immédiate des fichiers.

Le format RAW

A contrario, le fichier RAW n'est pas directement utilisable ; il devra être développé dans un logiciel tel Camera Raw, capable de transformer les informations de capture en informations exploitables par Photoshop ou d'autres logiciels.

Le format RAW, n'ayant subi aucun traitement dans l'appareil, conserve intactes toutes les informations du capteur : nombre important de niveaux (4096, codage sur 12 bits/couche, espace colorimétrique large, dynamique plus étendue). Toutes ces données pourront être exploitées au mieux dans le logiciel où il sera développé. Ainsi, les réglages des balances des blancs ou de l'exposition dans le fichier RAW bénéficient d'une tolérance accrue.

En effet, l'image RAW supporte une surexposition contrôlée qui permettra de préserver davantage de détails dans les ombres et d'y réduire le bruit, pour obtenir un meilleur rendu dans les basses lumières. De même, la balance des blancs peut être ajustée lors du développement. C'est cette tolérance et cette richesse du format RAW qui permet de le considérer comme un négatif numérique.

Le format DNG

Il est souvent obtenu à partir d'images au format RAW dont il partage certaines caractéristiques (*voir plus loin*). Lightroom et le téléchargeur de photos de Bridge le génèrent à la volée. De même, DNG converter d'Adobe et certaines marques (Leica et Hasselblad, par exemple) le produisent.

Le scanner : les images numérisées

Le format du fichier créé dépend du scanner. Certains proposent par défaut le format natif de Photoshop, mais libre à vous d'en choisir un autre lors de l'enregistrement. D'autres scanners effectuent directement l'enregistrement en ne proposant que des formats standards du prépresse, EPS, PDF ou TIFF. Pour changer de format, il faudra ouvrir à nouveau le fichier et lancer **Enregistrer sous**.

Les images d'Internet

Les images que vous récupérez d'Internet, par clic droit (ou par glissement sur Mac) se présentent sous les formats GIF ou JPEG (et PNG, moins répandu). Il s'agit de formats compressés ; la résolution de telles images est basse (72 ppp) et ne permettra pas une impression de grande qualité.

- **Le format GIF** : l'image a subi une compression des couleurs afin de réduire le poids du fichier. Dans Photoshop, elle apparaît avec le mode **Couleurs indexées** (ou **Enregistrer pour le Web**). Pour manipuler ce genre d'image, il faudra d'abord la convertir en **Couleurs RVB** (menu **Image/Mode**) de manière à pouvoir utiliser toutes les commandes du programme.
- **Le format JPEG** : l'image a subi une compression des données afin d'en réduire le poids. Dans Photoshop, l'image est directement manipulable ; cependant, il est préférable de l'enregistrer avec un format natif (**.psd**, *voir ci-après*) pour que l'image ne subisse pas de nouvelle compression (qui la dégrade) à chaque enregistrement et pour pouvoir ajouter des calques.

Les formats de sortie

Les deux types de productions

Deux types d'images peuvent être produits dans Photoshop : les documents à imprimer (travaux PAO ou *print*) et les documents pour Internet (travaux pour le Web) ou les productions multimédia : images écran.

Les travaux pour l'impression ou la PAO

Le format PSD est directement utilisable dans InDesign ou dans XPress (6 et +) ; cependant, ce dernier n'accepte pas la présence de certains calques (de réglage ou dynamiques, notamment selon le numéro de la version). Si vous utilisez une version antérieure de XPress ou si le document comporte des calques non gérés par XPress, vous devrez utiliser la commande **Enregistrer sous**, une fois le travail terminé, pour créer une copie de placement dans la mise en page.

Le format PDF s'avère également très intéressant quand le document comporte des éléments vectoriels, car ces derniers garderont leur statut jusqu'à l'impression.

En effet, avec les images PSD, InDesign utilise l'image composite qui est pixellisée : les éléments vectoriels apparaîtront aussi pixellisés, ce qui n'est pas le cas avec l'image PDF. Avec les anciennes versions des logiciels de mise en page, les formats les plus courants sont : EPS ou TIFF ; le format JPEG peut être envisagé.

Dans tous les cas, la résolution devra être suffisante pour ne pas affecter la qualité du document une fois imprimé. Le plus souvent 300 ppp pour les images couleur ou en niveaux de gris. Cette valeur de 300 est une valeur de référence souvent caduque pour une impression de qualité.

Pour rappel, la résolution doit correspondre au double de la trame utilisée pour l'impression. Il est maintenant courant de trouver des documents tramés en 175 et nécessitant donc des images de 350 ppp ! En fonction du moyen d'impression utilisé, il est bon de choisir la résolution optimale. N'hésitez pas à contacter votre prestataire pour en savoir davantage sur le procédé utilisé (offset, imageur…).

Les travaux pour l'écran ou le Web

Dans le cadre d'une préparation pour le Web, c'est le plus souvent avec la commande **Enregistrer pour le Web** que vous créerez une copie dans un format lisible par le programme d'édition de pages HTML (format JPEG). Si vous devez réaliser des retouches, rouvrez le fichier PSD — il contient tous les éléments pour vous faciliter le travail —, puis une fois les retouches terminées, réenregistrez une copie pour mettre à jour le fichier d'exportation.

> **Astuce** *Quelle que soit la résolution initiale de l'image, **Enregistrer pour le Web** crée automatiquement une image à 72 ppp, c'est-à-dire que l'image prend la taille du document affiché à 100 % (sur un écran de résolution 72 ppp).*

Flash et Dreamweaver importent directement des images au format PSD. Flash proposera de choisir les calques à importer et placera leur contenu sur des calques Flash ; cependant, les calques de réglage et les calques avec des masques comportant de la transparence seront fusionnés. Dreamweaver créera lors de l'importation un fichier compressé (GIF ou JPEG) et gardera un lien avec le fichier PSD.

Dans le cas de publication numérique (ePub ou Folio) qui seront travaillées dans InDesign, les fichiers peuvent être au format PSD. En effet, c'est lors de l'exportation depuis InDesign que sera défini le format final de l'image (JPEG, GIF, PNG ou PDF).

Quel format de fichier choisir ?

Photoshop gère de nombreux formats d'images, qui peuvent être regroupés en catégories :

- le format natif (**.psd**), c'est l'un des plus intéressants ;
- les classiques de la PAO : TIFF (**.tif**), EPS et DCS (**.eps**), plus rarement JPEG (**.jpg**) avec la résolution adaptée à l'impression ;
- le format Photoshop PDF (**.pdf**) ;
- les formats du Web : GIF (**.gif**), JPEG (**.jpg**) et PNG (**.png**).

Ces formats s'obtiennent par enregistrement simple ou par la commande **Enregistrer pour le Web**. Il existe d'autres formats moins courants (Pict, Bmp, Scitex...), ils ne sont pas décrits dans les paragraphes qui suivent. Reportez-vous aux documentations des logiciels pour de plus amples informations. Avant d'examiner les différents formats, voici un tableau qui liste les formats possibles.

Utilisation	Résolution (en ppp)	Format	Mode de couleurs	8/16/32 bits	Multicalque	Couche alpha
PAO (impression)						
	300 (trame 150) ou 200 (trame100) ou 350 (trame 175)	**EPS**	Tous sauf bichromie par multicouche	8	Non	Non
		DCS	CMJN, bichromie, multicouche	8	Non	Ton direct
		PDF(1)	Tous sauf bichromie par multicouche	8/16	Oui	Oui
		PSD	Tous	8/16/32	Oui	Oui
		TIFF	Tous sauf bichromie et multicouche	8/16/32	Oui	Oui
		JPEG	Tous sauf bichromie et multicouche	8	Non	Non
Publication numérique (ePub, folio)						
	72 à 150	**PSD**(2)	RVB	8	Oui	Oui
Web (bitmap)						
	72 ppp	**GIF**	Niveaux de gris et couleurs indexées	8	Non	Oui
		JPEG	RVB, niveaux de gris	8	Non	Non
		PNG	RVB, niveaux de gris, couleurs indexées	8/16	Non	Oui

(1) Le format PDF est le seul format qui conserve le caractère vectoriel des objets (l'EPS conserve, pour sa part, le vecteur sous forme de masque).

(2) Lors de l'exportation en ePub ou folio depuis InDesign, un format exportation des images sera choisi (JPEG, PNG ou PDF). Le choix de la résolution sera lié au support (écran de la liseuse). On peut donc envisager d'utiliser le même type d'image que pour la PAO.

Le format natif de Photoshop

Pour tirer le meilleur profit de la technologie des applications de la Creative Suite, utilisez les fichiers natifs (**.psd**) dans vos compositions InDesign ou XPress. Les avantages de ces formats natifs sont nombreux : leur utilisation permet de reculer l'aplatissement nécessaire le plus tard possible dans le déroulement des opérations de conception. Ce format gère tous les espaces colorimétriques : CMJN (avec ou sans tons directs), RVB (avec ou sans tons directs), Bichromie, Niveaux de gris, Noir et blanc (bitmap 1 bit). Cependant, un fichier PSD multicouche (obtenu à partir d'une bichromie) ne peut pas être importé par InDesign. Il est particulièrement intéressant d'utiliser le format natif de Photoshop, car il vous évitera des manipulations supplémentaires. En effet, le document original conserve intacts tous les calques, ce qui facilite les retouches dans Photoshop. De plus, si le document Photoshop n'a plus de calque d'arrière-plan, mais possède un calque avec des zones transparentes (même partiellement) liées à la présence d'un masque de fusion ou d'un détourage, celles-ci apparaîtront également transparentes dans InDesign sans qu'il soit nécessaire de cocher la moindre option ou de créer le moindre tracé ou couche alpha.

Le tableau ci-dessous indique l'état (conservé ou perdu dans InDesign) des éléments Photoshop.

Élément	État	Particularités du format PSD (dans InDesign)
Transparence	Conservé	Les zones transparentes des calques sont conservées même si la transparence est partielle (zone de fondu).
Calques	Conservé	Les calques peuvent être affichés ou non dans InDesign ; de même, les compositions de calques sont disponibles.
Couches	Conservé	Les couches sont utilisables lors de l'importation (avec les options d'importation), puis pour créer un tracé de détourage (**Objet/Masque**).
Tracés	Conservé	Les tracés ne sont utilisables pour créer un tracé de détourage (**Objet/Masque**) ou un chemin d'habillage que s'ils ont été mémorisés dans Photoshop.
Tons directs	Conservé	Les tons directs de l'image (CMJN ou RVB) sont ajoutés dans le nuancier lors de l'importation.

Les formats classiques de la PAO

Il s'agit des formats TIFF, EPS et DCS ; ils devraient progressivement être remplacés par les formats natifs.

Le format TIFF

Le format TIFF (*Tag Image File Format*) est reconnu par la majorité des logiciels de mise en page et de dessin. Ce format n'est pas disponible pour les images de type bichromie. Si le document Photoshop est constitué par un calque contenant des zones transparentes, celles-ci le seront également dans InDesign (ou XPress) si vous cochez l'option **Enregistrer transparence** dans la fenêtre des options TIFF lors de l'enregistrement du fichier.

Le tableau de la colonne suivante indique l'état (conservé ou perdu dans InDesign) des éléments de l'image (transparence, calques, couches, tracés). Une image en niveaux de gris pourra être recolorée dans InDesign si elle ne possède ni transparence ni couche alpha. En revanche, toutes les images bitmap (1 bit) peuvent être recolorées ; avec de telles images, seuls les pixels noirs sont visibles, les blancs sont automatiquement transparents.

Élément	État	Particularités du format TIFF
Transparence	Conservé	Si **Enregistrer transparence** est coché dans les options d'enregistrement TIFF, les zones transparentes des calques sont conservées même si la transparence est partielle (c'est-à-dire avec zone de fondu).
Calques	Conservé	Les calques peuvent être affichés ou non dans InDesign ; de même, les compositions de calques sont disponibles.
Couches	Conservé	Les couches sont utilisables lors de l'importation (avec les options d'importation), puis pour créer un tracé de détourage (**Objet/Masque**).
Tracés	Conservé	Les tracés ne sont utilisables pour créer un tracé de détourage (**Objet/Masque**) ou un chemin d'habillage que s'ils ont été mémorisés dans Photoshop.
Tons directs	Conservé	Les tons directs de l'image (CMJN ou RVB) sont ajoutés dans le nuancier lors de l'importation.

LE FORMAT EPS

C'est un format qu'il est préférable de ne plus utiliser. L'EPS (*Encapsulated PostScript*) était l'un des formats d'images les plus répandus dans la PAO du fait de ses possibilités de masques de détourage à base de vecteurs et de son écriture en PostScript, langage utilisé par la plupart des RIP d'impression des imprimantes. L'évolution des RIP et le passage par des pages PDF dans InDesign justifient l'abandon de ce format. Si malgré tout vous continuez à l'utiliser, sachez qu'avec une image en niveaux de gris, dans la fenêtre **Options EPS** de Photoshop, si vous avez coché l'option **Gestion des couleurs PostScript**, cela entraînera, dans InDesign, la séparation des niveaux de gris en couleurs quadrichromiques lors de l'impression avec séparation. Avec les images 1 bit (noir et blanc), le blanc pourra être défini comme étant transparent.

LES FORMATS DCS

On distingue le DCS 1 et le DCS 2, variantes de l'EPS, qui permettent la séparation des couleurs et convertissent le document en CMJN. Le tableau de la page ci-dessous indique l'état (conservé ou perdu dans InDesign) des éléments Photoshop (transparence, calques, couches, tracés).

- **DCS 1** : ce format ne gère que les images CMJN. Lors de l'enregistrement, Photoshop crée cinq fichiers : quatre fichiers de séparation (un par couleur primaire : cyan, magenta, jaune et noir), plus un cinquième fichier composite pour le placement dans InDesign — lors du rassemblement des données pour l'imprimeur, InDesign regroupe les cinq fichiers. Le DCS 1 s'utilise avec les documents CMJN (ou RVB) avec ou sans tons directs ainsi qu'avec certaines bichromies.

- **DCS 2** : ce format peut produire cinq (ou plus) fichiers (comme le DCS 1) ou un seul comportant tous les éléments nécessaires à la séparation et au placement dans InDesign ou XPress — cette option est la plus intéressante, elle évite des problèmes lors du rassemblement pour le flasheur.

Élément	État	Particularités EPS et DCS
Transparence	Conservé selon l'option Photoshop	Les zones transparentes sont remplacées par du blanc. L'image apparaît automatiquement détourée si un tracé a été défini comme **Masque** dans le panneau **Tracés** de Photoshop.
Calques	Perdu	Les calques sont fusionnés sur l'arrière-plan.
Couches	Perdu	Les couches sont perdues.
Tracés	Conservé	Utilisables pour créer un tracé de détourage (**Objet/Masque**) ou un chemin d'habillage.
Tons directs	Conservé	Les tons directs des formats DCS 2 sont ajoutés au nuancier.

ASTUCE *Avec InDesign et XPress, vous pouvez importer les images en RVB car le programme convertit à la volée tous les fichiers RVB importés en CMJN lors de l'impression ou l'exportation en pages au format PDF (en utilisant les profils ICC spécifiés).*

Le format Photoshop PDF

Le format PDF (*Portable Document Format*) est un format standard de distribution et de visualisation en ligne de documents. Il conserve la majorité des éléments du document.

Le format PDF (dans sa version 1.4 ou supérieure) est intéressant au niveau de l'exportation vers InDesign ; en effet, la transparence est gérée comme avec le format PSD. Cependant, l'aspect des images n'y est correct que si vous affichez l'aperçu des surimpressions par le menu **Affichage** — par exemple, certains tons directs n'apparaissent pas ou l'image paraît pixellisée même avec l'affichage de qualité supérieure.

ASTUCE *Le format PDF s'avère très intéressant, notamment quand le document comporte des éléments vectoriels qui garderont leur statut jusqu'à l'impression. Avec les images PSD, InDesign utilise l'image composite qui est pixellisée : les éléments vectoriels apparaîtront aussi pixellisés.*

Élément	État	Particularités du format PDF
Transparence	Conservé (selon les options et la version PDF)	Les zones transparentes de l'image sont conservées dans InDesign si vous avez coché l'option **Arrière-plan transparent** dans la fenêtre d'options d'importation. Comme pour l'EPS, vous pouvez utiliser un tracé défini comme **Masque** dans le panneau **Tracés**, mais il n'y aura plus de zone de fondu.
Calques	Conservé	L'image apparaît aplatie dans InDesign mais on retrouve les calques quand elle est rouverte dans Photoshop.

Élément	État	Particularités du format PDF
Couches	Perdu	Elles n'apparaissent que dans le document rouvert dans Photoshop.
Tracés	Perdu	Ils n'apparaissent que dans le document rouvert dans Photoshop.
Tons directs	Conservé	Les tons directs des images au format PDF sont ajoutés dans le nuancier lors de l'importation.
Vecteurs	Conservé	Ce format est le seul qui conserve le caractère vectoriel des éléments.

Les formats pour le Web

Le format GIF

Le format GIF (*Graphics Interface Format*) est l'un des plus utilisés pour les images contenues dans les pages HTML sur le Web. Cependant, il ne s'applique qu'à des images aux couleurs indexées, bitmap ou en niveaux de gris, c'est-à-dire aux images comportant un nombre limité de couleurs (logos, graphes, carte, etc.).

Le GIF sera moins efficace pour l'affichage en ligne de photographies ou de dégradés — l'image RVB subissant une conversion qui entraîne souvent une dégradation de ses couleurs, ce qui rend ce format impropre à une impression commerciale. Le GIF permet de définir (sans fondu) des zones de transparence (avec une couche alpha) pour obtenir le détourage de certaines parties de l'image.

Le format JPEG

Le format JPEG (*Joint Photographic Experts Group*) est principalement utilisé pour afficher des photographies (et des images à tons continus) sur le Web. Il permet une compression importante qui conserve toutes les informations de couleur des images RVB (en 8 bits seulement). En revanche, en fonction du taux de compression, certaines données sont altérées (l'image décompressée est légèrement différente de l'original, sauf avec l'option de qualité maximale).

Note *Dans les boîtes de dialogue des enregistrements, le format JPEG est devenu accessible quelle que soit la configuration du document. Si le document n'est pas conforme au format JPEG, Photoshop enregistrera une copie convertie. Par exemple, si le fichier est en 16 bits, Photoshop pourra réaliser l'enregistrement d'une copie du document au format JPEG en 8 bits. De même, si le document comporte plusieurs calques ou des masques de fusion, Photoshop enregistrera une copie JPEG aplatie.*

Le format JPEG convient parfaitement aux images avec des tons continus (photographies), mais évitez-le avec des images unies, présentant de grandes zones d'aplat, car elles perdront de leur netteté. Le format JPEG peut servir à la fois pour les documents pour le Web et les impressions commerciales si sa résolution a été réglée en conséquence et si la compression est faible — les tracés vectoriels (pas les couches) sont conservés et pourront être utilisés dans InDesign ou dans XPress.

Le format PNG

Il s'agit également d'un format d'affichage d'images dans les pages Web. Ce format d'enregistrement s'applique aussi bien aux images RVB (24 bits) qu'aux images à couleurs indexées.

Pour les premières, choisissez le format PNG-24, pour les secondes le PNG-8 (il reprend les options du format GIF). Le PNG constitue une alternative au format GIF pour les images à couleurs indexées et au format JPEG pour les images aux couleurs RVB, qui sera exporté en conservant ses zones transparentes. Le PNG utilise une compression sans perte de qualité de la photo (cependant, les fichiers sont beaucoup plus lourds qu'en JPEG).

Le format PNG-24 conserve toutes les informations de couleur (mais le profil ICC n'est pas incorporé), la transparence (avec les zones de fondu contrairement au GIF), ainsi que les tracés (s'ils sont mémorisés).

Le format FXG

Ce format est un nouveau format de document destiné à produire des fichiers qui, par la suite, seront ouverts dans Flash Catalyst. Ce dernier permettra, à partir de votre mise en page Photoshop, d'ajouter facilement de l'interactivité ou des animations sans écrire une ligne de code. Ainsi, vous préparez des interfaces pour le Web qui pourront être présentées comme prototypes et qui seront finalisées avec Adobe Flash Builder™ (anciennement Adobe Flex® Builder™).

3 - La gestion du travail (annuler et automatiser)

Les annulations simples et multiples : l'historique

Vous disposez de deux méthodes pour annuler une opération : le « ⌘Z [Ctrl Z] » et l'utilisation de l'historique. Ce dernier offre plus de possibilités, comme nous allons le voir.

Le principe de l'historique

Le panneau **Historique** répertorie toutes les opérations réalisées durant le travail depuis l'ouverture du document.

NOTE *Un zoom ou un défilement ne sont pas des opérations car ils ne modifient pas le contenu du document.*

Chaque ligne de l'historique correspond à un état du document à un instant donné (**état d'historique**). Pour effectuer un retour en arrière, cliquez (ou tapez plusieurs fois ⌥⌘Z [Alt Ctrl Z]) sur l'état à partir duquel vous souhaitez reprendre votre travail et cela même si vous l'avez sauvegardé. L'outil **Forme d'historique** (*voir plus loin*), la commande **Remplir** avec l'option **Historique** et l'outil **Gomme** avec l'option **Effacer de l'historique** (activée également en maintenant enfoncée la touche ⌥ [Alt]), offrent la possibilité d'un retour en arrière localisé à la zone dessinée avec l'outil (**Forme d'historique** ou **Gomme**) ou à la sélection remplie.

Le nombre d'états mémorisés

Le panneau **Historique** conserve 20 états par défaut. Ce nombre peut être modifié dans la rubrique **Performances** de la fenêtre **Préférences** (⌘K [Ctrl K]) ; plus il est grand, plus il est possible de revenir en arrière.

Quand le nombre de manipulations effectuées devient plus grand que le nombre d'états conservés, les derniers chassent les premiers : l'état 21 fait disparaître l'état 1, le 22 l'état 2, et ainsi de suite. Pour éviter cela, vous pouvez supprimer des états mais, pour mieux en conserver certains, vous pourrez créer des instantanés (*voir plus loin*).

ATTENTION *Le fait de supprimer un état d'historique n'a aucune incidence sur l'aspect du document. Par exemple, ce n'est pas parce que vous supprimez un état correspondant à un flou gaussien que l'image redevient nette.*

Le réglage du panneau Historique

Avant même d'ouvrir un document, vous devez régler (au moins la première fois) les options du panneau **Historique** (affichées à partir du menu local du panneau). Une fenêtre propose quelques options intéressantes, qui ne sont pas actives par défaut.

Certaines options sont liées aux instantanés. Commençons par indiquer leur rôle (*pour leur création, voir plus loin*) : un instantané constitue la mémorisation d'un état d'historique, donc de l'aspect du document à un moment donné dans le travail. Prendre un instantané permet de conserver cet état pendant toute la durée de votre travail (jusqu'à la fermeture du fichier), et ceci quel que soit le nombre d'états affichés dans le panneau **Historique**.

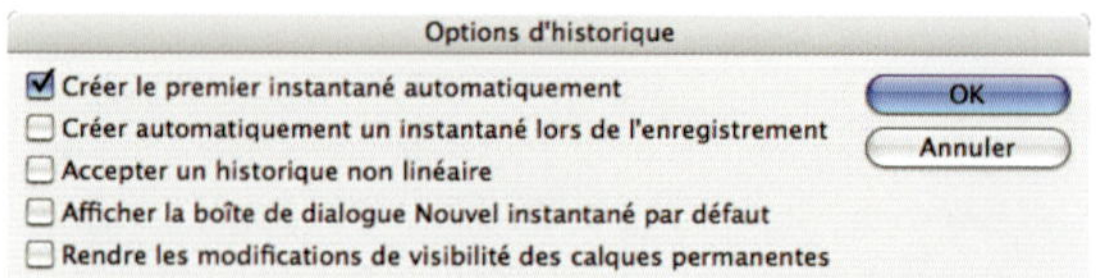

Les options du panneau ***Historique*** *(une seule option active).*

ASTUCE *Avant d'entamer un travail (tel un dessin au pinceau ou avec un outil de retouche) qui engendrera de nombreux états d'historique, avant un changement de mode ou un recadrage, il est judicieux de prendre un instantané pour faciliter le retour à l'état antérieur à ce travail.*

La création du premier instantané

Avec cette option (cochée par défaut), Photoshop prend une photo de l'état de votre document à son ouverture. La présence de cet instantané permet un retour rapide à la première version enregistrée du document, même si vous faites des sauvegardes intermédiaires. Par la suite, vous pouvez à tout instant de votre progression prendre d'autres instantanés (*voir ci-après*).

Les instantanés d'enregistrement

Chaque fois que vous enregistrez le fichier, Photoshop peut créer un instantané — son nom correspond à l'heure d'enregistrement. Cette option permet, si vous enchaînez d'autres manipulations, un retour rapide à l'état du fichier lors de cet enregistrement.

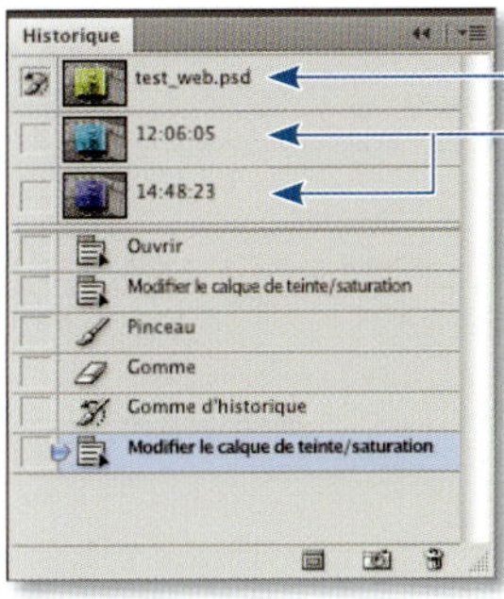

Instantané à l'ouverture.
Instantanés à l'enregistrement.

La personnalisation des instantanés

Quand vous créez un instantané, celui-ci porte un nom générique (Instantané 1...) ; en cochant l'option, **Afficher la boîte de dialogue Nouvel instantané par défaut**, vous pourrez le nommer et régler ses options lors de sa création.

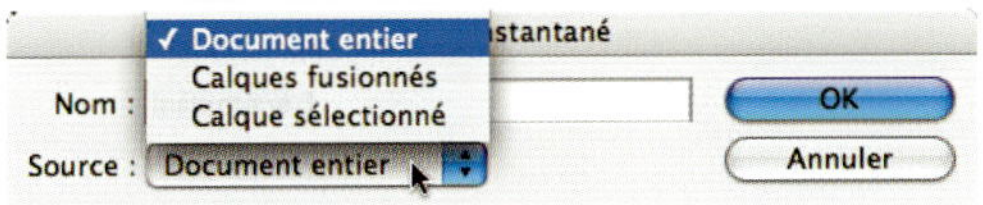

On nomme l'instantané et on définit son aspect.

L'historique linéaire ou non

Par défaut, l'historique est linéaire ; cependant, il est souvent préférable qu'il ne le soit pas. Supposons un historique comportant cinq étapes, dans lequel vous effectuez un retour en arrière (en cliquant, par exemple, sur l'instantané créé à l'ouverture) et enchaînez avec une nouvelle manipulation, examinons ce qui se passe avec un historique linéaire et un historique non linéaire.

Avec l'historique linéaire

Si vous revenez à l'instantané d'ouverture, toutes les étapes de l'historique deviennent grisées. Si vous enchaînez avec une nouvelle opération, celle-ci fait disparaître les anciennes étapes et devient la première de l'historique (vous avez perdu la possibilité de revenir sur les autres).

Avec l'historique non linéaire

Si vous revenez à l'instantané d'ouverture, les étapes suivantes demeurent encore accessibles. La nouvelle étape se place après les anciennes, elle devient l'étape n° 6.

L'annulation d'une modification d'affichage d'un calque

Quand vous affichez ou masquez un calque, Photoshop n'ajoute pas d'état dans l'historique et ne propose donc pas la possibilité d'annuler ce changement d'état par l'historique. Si vous cochez l'option dans la fenêtre de paramétrage de l'historique, l'opération devient annulable.

Note *L'état d'historique généré par l'affichage ou le masquage d'un calque ne pourra pas être utilisé pour un retour en arrière avec l'outil* ***Forme d'historique****.*

La gestion de l'historique

Les retours en arrière

Au fur et à mesure que vous travaillez, le panneau **Historique** se remplit et une nouvelle ligne, ou état d'historique, est ajoutée, correspondant à la dernière étape réalisée. Si vous souhaitez revenir en arrière, cliquez sur l'état d'historique correspondant à l'aspect voulu : Photoshop affichera le document à cet instant antérieur. Vous pouvez aussi revenir en arrière en tapant ⌥⌘Z [Alt Ctrl Z] autant de fois qu'il le faut ; si vous vous ravisez, tapez ⇧⌘Z [⇧Ctrl Z] pour « repartir » en avant d'une étape. Après une nouvelle progression, vous pouvez encore revenir en arrière dans l'historique ; cependant, vous retrouverez le document dans l'état où il était, c'est-à-dire que certains réglages peuvent avoir disparu.

Astuce *Contrairement à l'annulation par ⌘Z [Ctrl Z], le retour à une étape antérieure dans le panneau* ***Historique*** *(⌥⌘Z [Alt Ctrl Z]) peut faire l'objet d'une instruction dans un script.*

La suppression des états

Pour libérer de la mémoire, supprimez un état en le glissant sur la corbeille du panneau **Historique**. Pour tous les supprimer (les instantanés sont conservés), utilisez la commande **Effacer l'historique** du menu du panneau. Quand vous fermez un document, tous les états et les instantanés sont automatiquement effacés. Pour en conserver certains, créez des documents à partir de chacun d'eux en cliquant sur l'icône située en bas du panneau **Historique**. Par la suite, vous ferez des transferts de calques entre les différents fichiers.

Les instantanés

La création d'un instantané permet de garder un état d'historique de votre document ; il se place en haut du panneau **Historique** et ne disparaît pas quand le nombre d'états dépasse celui défini dans les préférences. Lors de la prise de l'instantané, vous pouvez choisir de mémoriser le document complet (par défaut), le calque sélectionné ou les calques fusionnés. Pour créer l'instantané, cliquez sur l'icône située en bas du panneau (selon les options du panneau, une fenêtre peut s'afficher pour paramétrer l'instantané, sinon affichez-la en cliquant sur avec [Alt]).

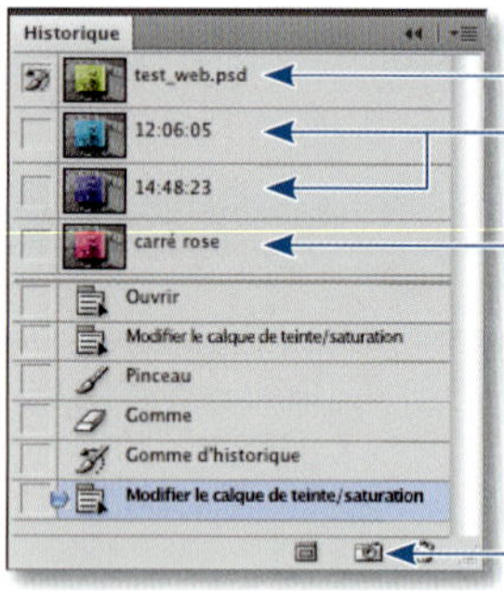

Instantané à l'ouverture.
Instantanés à l'enregistrement.
Instantané personnalisé obtenu en cliquant ici.

Astuce *Avant de créer un instantané, si votre historique n'est pas linéaire, il est possible de revenir à une étape antérieure dans le panneau **Historique** et de cacher certains calques qui ne doivent pas apparaître dans l'instantané obtenu par fusion de calques. Une fois celui-ci réalisé, cliquez sur la dernière ligne du panneau **Historique** pour retrouver le document à la dernière étape du travail.*

Les instantanés s'utilisent pour dessiner avec l'outil **Forme d'historique** (*voir ci-après*), créer des documents à part entière ou comme point de départ d'un nouveau travail.

L'enregistrement du journal de l'historique

Si vous cochez l'option **Journal de l'historique** dans la rubrique **Général** de la fenêtre de dialogue des **Préférences**, Photoshop enregistre tous les états qui apparaissent dans l'historique.

Cet enregistrement, détaillé ou concis, se réalise dans un fichier texte, dans les métadonnées du document ou dans les deux.

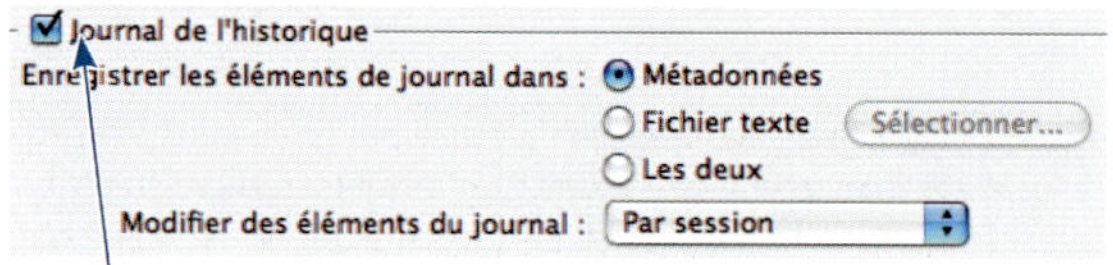

Avec cette option cochée, on garde une trace écrite de l'historique, mais pas la possibilité du retour dans l'historique, bien sûr !

- **Les métadonnées** : on accède à l'historique par le menu **Fichier/Informations**, puis la rubrique **Historique**, ou à partir de **Bridge** : sans même ouvrir le fichier, la rubrique **Historique** donne accès aux données d'historique de la vignette sélectionnée (la fenêtre **Informations** s'affiche aussi par clic droit sur la vignette dans Bridge).
- **Le fichier texte** : on indique son emplacement sur le disque dans les préférences en même temps que l'on active l'écriture du fichier historique.

Astuce *Un enregistrement concis totalise le temps passé sur un travail (de l'ouverture à la fermeture). Le journal indique l'heure d'ouverture et celle de l'enregistrement à la fermeture. Attention, le fichier qui n'est pas visible au premier plan voit son compteur de temps tourner !*

Ce fichier texte renferme toutes les manipulations réalisées dans tous les documents qui ont été ouverts lors de la session de travail — il est mis à jour à chaque fois qu'il est rouvert. Vous pouvez créer un nouveau fichier à chaque nouvelle session de travail (ou lors d'une session) en relançant les préférences générales pour y définir un nouveau fichier.

L'outil Forme d'historique

L'outil , activé en tapant Y, permet un retour en arrière localisé à la zone sur laquelle on l'applique. Pour dessiner avec l'outil **Forme d'historique** vous devez :

1. Cliquer dans la case située devant l'instantané ou devant l'état d'historique à reproduire : l'icône apparaît. Certains états sont interdits (par exemple, si un calque a été ajouté ou supprimé entre-temps), ou ne donneront aucun résultat ; c'est le cas d'un état correspondant à l'affectation d'un effet de calque qui n'est pas applicable à une partie d'image ou d'un masquage de calque.
2. Activer le calque où devra apparaître le dessin. Tous les calques ne peuvent pas être choisis — par exemple, il est impossible de dessiner sur un calque de texte (l'icône le signalera) — et certains ne donneront aucun résultat.

3. Régler l'outil dans la **Barre d'options** (aspect et opacité) ou directement sur l'écran et au clavier, puis le glisser sur la zone où doit réapparaître partiellement l'état d'historique.

Astuce *L'outil* ***Gomme*** *fonctionne comme l'outil* ***Forme d'historique*** *si vous maintenez enfoncée la touche ⌥ [Alt]. Cette option peut aussi être activée dans la* ***Barre d'options*** *de la* ***Gomme***.

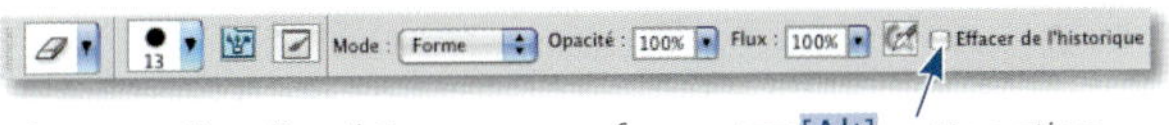

Si vous utilisez l'outil ***Gomme*** *en enfonçant ⌥ [Alt], cette option s'active temporairement.*

Le nom de certaines étapes n'indique pas toujours ce qui va apparaître lors du passage de l'outil **Forme d'historique** ; pour pallier ce problème, avant de dessiner, prévisualisez ce que donnera l'outil en cliquant sur l'état où vous avez placé l'icône , puis cliquez sur le dernier état d'historique et passez le pinceau sur les zones à modifier.

Astuce *Au cours d'un travail avec l'outil* ***Pinceau, Crayon*** *ou encore avec un outil de retouche, vous pouvez activer temporairement l'outil* ***Forme d'historique*** *en maintenant enfoncée la touche Y. Tant que cette touche est enfoncée, le glissement de l'outil provoque une annulation selon l'historique et vous retrouverez l'outil actif au début de votre travail en relâchant la touche Y.*

Au lieu d'utiliser l'outil **Forme d'historique**, vous pouvez remplir le calque (ou une sélection sur celui-ci) avec la commande **Remplir** du menu **Édition** ; celle-ci comporte une option **Historique** qui permet de remplir avec l'historique (avec l'état sur lequel se situe l'icône).

Vous pouvez aussi créer un tracé vectoriel et en dessiner le contour avec l'outil **Forme** d'historique par le menu du panneau **Tracés**. Dans tous les cas, si le résultat ne vous convient pas, vous pourrez toujours revenir en arrière avec l'historique.

Astuce *Pour placer sur un nouveau calque une copie du document tel qu'il était à l'ouverture, ajoutez un nouveau calque (au clavier ⇧ ⌘⌥N [⇧ Alt Ctrl N]), lancez la commande* ***Remplir*** *(⇧ Efface) et choisissez l'option* ***Historique*** *; vous pouvez aussi taper ⌥⌘Efface [Alt Ctrl Efface]. Cette opération s'avère utile pour retrouver l'image initiale après certains détourages destructifs (par les gommes d'arrière-plan ou magique).*

Les fichiers à partir de l'historique

À partir de n'importe quel état ou instantané sélectionné dans le panneau **Historique**, Photoshop peut créer un nouveau document dans le même état. Cette copie peut à son tour être manipulée à volonté ou simplement enregistrée. Pour obtenir ce document, activez l'état (ou l'instantané) souhaité et cliquez sur l'icône située en bas du panneau **Historique**, ou utilisez le menu contextuel déroulé sur l'état voulu.

Le retour sur des sauvegardes précédentes

Si vous avez coché l'option **Créer automatiquement un instantané lors de l'enregistrement**, Photoshop en ajoute un à chaque fois que vous lancez la commande d'enregistrement. Si, à un moment donné du travail, vous souhaitez revenir en arrière, sélectionnez l'instantané correspondant à la sauvegarde qui vous intéresse. Ils sont placés chronologiquement dans la partie supérieure du panneau **Historique**.

L'automatisation avec les scripts

Les paragraphes qui suivent indiquent comment automatiser des opérations successives que vous souhaitez appliquer à un fichier ou une série de fichiers. Si vous débutez avec Photoshop, il est préférable de passer cette partie et d'y revenir quand vous serez familiarisé avec les différentes commandes du logiciel. Cependant, vous pouvez quand même lire ce qui suit pour vous faire une première idée des scripts.

La création et la mise au point du script

La création du script

Il s'agit d'une méthode générale, nous l'appliquerons à quelques exemples. Par la suite, dans les différents chapitres du livre, nous réutiliserons la méthode dès qu'il sera intéressant de créer un script pour traiter plusieurs images. Voici les principales étapes de l'élaboration d'un script :

1. Ouvrez l'une des photos qui doit subir le traitement.
2. Dans le panneau **Scripts**, sélectionnez l'un des dossiers présents ou mieux, créez-en un pour y ranger vos futurs scripts. Pour cela, cliquez sur l'icône en forme de dossier ( ) et entrez un nom pour cet ensemble qui renfermera vos futurs scripts.
3. Cliquez sur l'icône de création de script (en bas du panneau **Scripts**) : choisissez un nom pour le script et un raccourci (utilisant les touches de fonction F1 à F15). Cliquez sur **Enregistrer** (un point rouge apparaît dans le panneau).

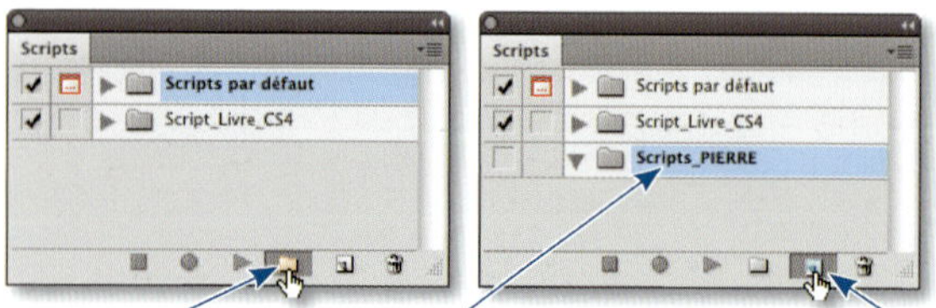

On clique ici pour créer un dossier. On crée le script en cliquant ici.

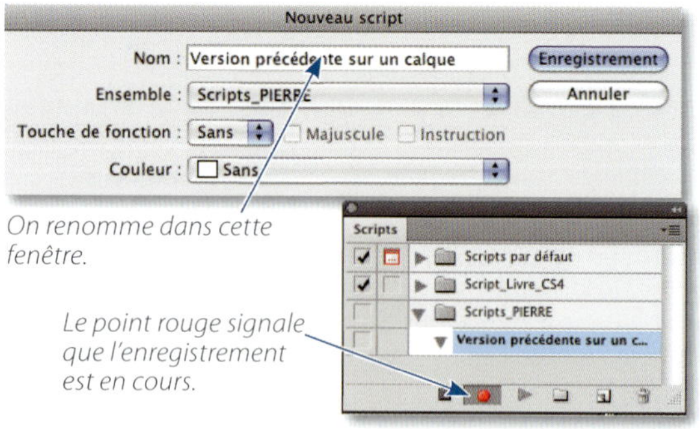

On renomme dans cette fenêtre.

Le point rouge signale que l'enregistrement est en cours.

4. Afin de tester ou d'affiner plus facilement votre script, sa première étape peut comporter la création d'un instantané du document. Celui-ci s'obtient en cliquant sur l'icône du panneau **Historique**. Cet instantané figurera dans le panneau **Historique** quel que soit le nombre d'étapes du script, et facilitera les retours en arrière lorsque vous testerez le script et en effectuerez la mise au point. De plus, il constituera une sorte d'annulation si, par erreur, vous avez affecté le script à une image.
5. Une fois l'instantané ajouté, effectuez toutes les opérations voulues sur la photo à partir des menus ou des panneaux : chaque instruction est listée sous le nom du script — si l'une d'elles n'apparaît pas, c'est qu'elle ne peut pas faire partie d'un script (par exemple, l'écriture d'un texte).

Astuce *Si vous comptez utiliser les scripts pour un traitement par lots, vous pouvez inclure une instruction de fermeture précédée de l'enregistrement du document avec un autre format et dans un autre dossier.*

Quand toutes les opérations ont été effectuées, arrêtez le script en cliquant sur le carré noir ou en tapant la touche esc [Echap.]. Si vous avez oublié une commande dans le script (dans notre exemple, la fermeture), cliquez sur l'instruction qui doit précéder la commande à ajouter et effectuez l'une des opérations suivantes :

– Cliquez sur le bouton rond du panneau **Scripts** pour relancer l'enregistrement, utilisez alors la commande voulue, puis arrêtez l'enregistrement.

– Sans cliquer sur le bouton rond, déroulez le menu local du panneau **Scripts** et lancez la commande **Insérer une commande**. Une fenêtre s'affiche, elle vous permet d'utiliser le menu voulu et d'y choisir la commande souhaitée

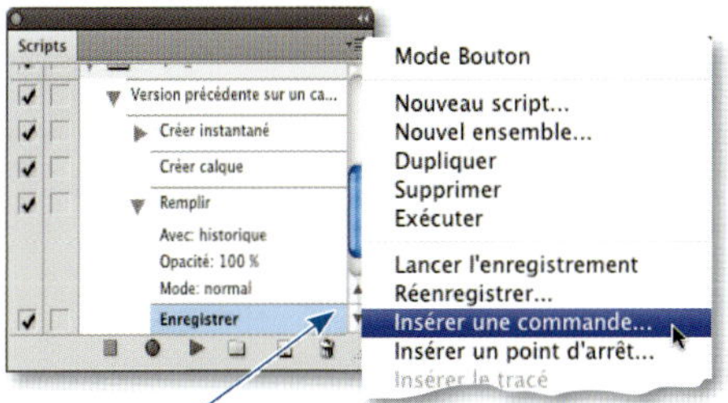

Si on utilise cette commande, on peut ajouter une instruction dans le script sans avoir à ouvrir d'image.

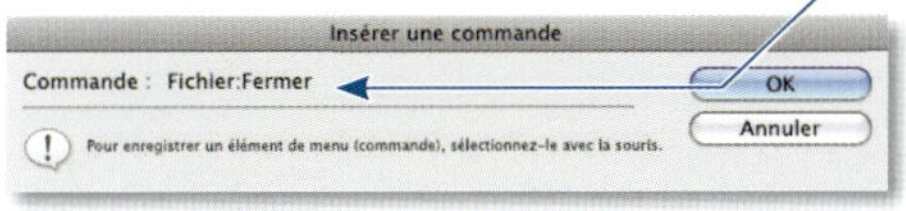

L'insertion d'une commande permet de ne pas avoir à ouvrir d'image, de n'avoir aucune valeur dans la commande qui s'affiche ou d'ajouter des commandes qui ne constituent pas des changements dans le travail de la photo, comme par exemple, un changement de la disposition des fenêtres, un zoom, etc.

LE TEST ET L'AJUSTEMENT DU SCRIPT

Dans le panneau **Historique**, remontez en arrière pour revenir à un état de la photo antérieur à la création du script, ou mieux, si vous avez créé un instantané dans la première étape du script, cliquez dessus. Rouvrez la photo si le script a provoqué sa fermeture. Dans le panneau **Scripts**, lancez le script (par un clic sur son nom puis sur le triangle ▶ situé en bas du panneau ou par ⌘double-clic [Ctrl double-clic] sur son nom) et vérifiez le bon déroulement des opérations. Si tout ce qui a été réalisé sur la photo correspond à ce que vous attendiez, c'est que le script est correct. S'il manque une instruction, vous pouvez l'ajouter en utilisant l'une des méthodes citées plus haut et en la glissant à l'endroit voulu si sa position n'était pas correcte dans la liste. Il est même possible de copier une instruction qui figurerait dans un autre script en la glissant avec la touche ⌥[Alt] ou de la supprimer en la glissant sur la corbeille du panneau **Scripts**.

> **ASTUCE** *Quand vous réalisez des scripts, prenez soin d'ajouter des commandes de réinitialisation (des couleurs par exemple), de nommer les calques s'ils doivent être resélectionnés plus loin dans le script. Insérez toutes les instructions qui rendront les scripts utilisables dans toutes les conditions.*

Le menu du panneau **Scripts** permet d'ajouter un point d'arrêt. Celui-ci permet de faire apparaître une fenêtre de dialogue qui affichera un renseignement sur le script ou une action à réaliser pour que le script soit opérationnel. Le script est maintenant au point. Sans l'enregistrer, fermez la photo qui a servi à créer le script (si ce dernier ne comportait pas de telles instructions). Vous pouvez appliquer ce script au coup par coup à un fichier ouvert ou à un ensemble de fichiers, par un traitement par lots ou par un droplet (*voir plus loin*).

> **ASTUCE** *Pour appliquer consécutivement plusieurs scripts à un fichier ouvert, effectuez les opérations suivantes :*
>
> – *dans le panneau **Scripts**, glissez les scripts pour les placer dans l'ordre selon lequel ils doivent être appliqués ;*
>
> – *sélectionnez-les par ⇧ clics (ou ⌘ clics [Ctrl clics] s'ils ne sont pas contigus) ;*
>
> – *cliquez sur le triangle ▶ situé en bas du panneau **Scripts** pour démarrer leur exécution.*

LE MODE BOUTON

Il s'agit d'un mode utilisateur simplifié activé à partir du menu du panneau. Les instructions n'apparaissent pas, seul le nom du script est visible dans un bouton (auquel on peut affecter une couleur). En cours d'exécution, si un script nécessite une intervention manuelle, son bouton devient rouge pour indiquer que le script va repartir de là où il s'est arrêté quand vous cliquerez à nouveau sur le bouton rouge.

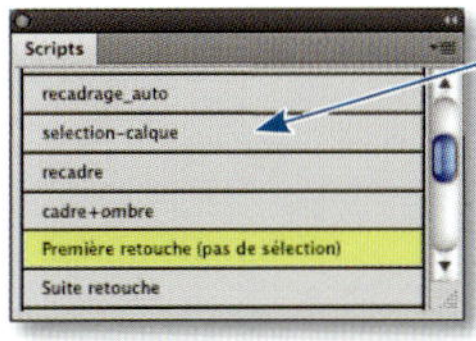

*Le panneau **Scripts** en mode bouton.*

L'ENREGISTREMENT DE L'ENSEMBLE DES SCRIPTS

Quand vous avez réalisé un ensemble de scripts, vous pouvez les utiliser sur un autre ordinateur (voire une autre plate-forme).

> **ATTENTION** *Si le script renferme une instruction du type **Enregistrer sous** ou **Enregistrer pour le Web**, comportant un chemin dans la hiérarchie du disque, celui-ci devra être redéfini quand le script sera utilisé sur un autre ordinateur.*

Pour enregistrer des scripts (en fait un dossier ou ensemble de scripts) dans le panneau **Scripts**, cliquez sur le dossier contenant vos scripts et lancez la commande **Enregistrer les scripts** (du menu du panneau) : un fichier avec l'extension **.atn** est créé.

Pour l'utiliser, placez-le dans le dossier **Actions** (dossier **Adobe Photoshop**, puis **Presets**), il sera disponible (après redémarrage de Photoshop) par le menu local du panneau **Scripts** (éventuellement par la commande **Charger** si vous l'aviez enregistré dans un autre dossier).

> **Astuce** *Si vous double-cliquez sur un fichier de scripts **.atn** présent sur le bureau, Photoshop installe automatiquement le dossier du script dans le panneau **Scripts**.*

Un fichier texte de description des scripts

Photoshop peut créer un fichier texte contenant la description des ensembles de scripts contenus dans le panneau **Scripts**. Afin de limiter la quantité d'informations dans ce fichier texte, supprimez du panneau **Scripts** les ensembles qui ne vous intéressent pas (en les ayant préalablement enregistrés), ne gardez dans l'ensemble actif que les scripts dont vous souhaitez recueillir les informations. Pour obtenir ce fichier, enfoncez les touche **⌥⌘** [Alt Ctrl] et lancez la commande **Enregistrer les scripts** : une fenêtre permet de localiser la position du fichier texte (.txt) qui sera alors créé.

Le traitement d'une série de photos : le traitement par lots

Les traitements par lots se réalisent à partir du menu **Fichier** et son sous-menu **Automatisation**, ou depuis **Bridge** et son menu **Outils**. Dans les deux cas, lancez la commande **Traitement par lots**, elle affiche la fenêtre suivante.

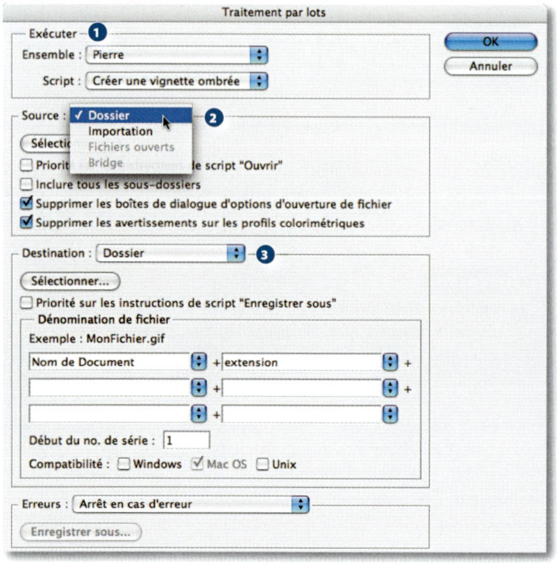

Cette fenêtre de traitement par lots comporte trois parties qui correspondent à trois questions que l'on pourrait se poser pour traiter les images :

❶ Quel script appliquer ? C'est la zone **Exécuter**.

❷ À qui appliquer ce script ? C'est la zone **Source**.

❸ Que faire des fichiers traités ? C'est la zone **Destination**.

Le script à exécuter

Choisissez le script à utiliser pour le traitement, s'il ne l'est pas. Normalement, c'est le dernier script créé qui est sélectionné mais vérifiez que c'est bien le cas.

Les fichiers sources

Vous avez le choix entre quatre types de fichiers sources :

- **Dossier** : dans ce cas, Photoshop traitera les fichiers contenus dans un dossier à spécifier. Cochez l'option **Traiter les sous-dossiers** si vous souhaitez traiter tous dossiers contenus dans le dossier source.
- **Importation** : il s'agit là des fichiers qui apparaîtront suite à une numérisation avec scanner.
- **Fichiers ouverts** : il s'agit des fichiers actuellement affichés à l'écran. Pensez à fermer ceux qui ne doivent pas être traités.
- **Bridge** : cette option n'est accessible que si le traitement par lots est lancé à partir du menu **Outils/Photoshop** de Bridge. Elle permet de traiter les fichiers sélectionnés dans Bridge ou l'ensemble des fichiers affichés si aucun n'est sélectionné. Utilisez les étiquettes ou les classements pour éliminer les fichiers qui ne doivent pas être traités.

Dans le cas de fichiers issus de Bridge ou d'un dossier, cochez l'option **Supprimer les avertissements sur les profils** pour que le traitement se réalise sans votre intervention.

Les fichiers destinations

Il y a trois possibilités : **Sans**, **Dossier**, **Enregistrer et fermer**.

Destination : Sans

Sauf indication dans les instructions du script, les fichiers restent ouverts à l'écran ; vous pouvez ainsi poursuivre certaines manipulations manuellement, voire appliquer un autre traitement par lots. Si le script comporte une commande d'enregistrement, les fichiers sont enregistrés en gardant leur nom d'origine (sauf l'extension si le format change).

Destination : Dossier

Les fichiers seront placés dans le dossier que vous indiquerez. Cette option est utile pour changer le nom des fichiers. Une rubrique comportant 6 cases permet de définir le nouveau nom. Elle permet d'ajouter un numéro (de 1 à 4 chiffres) dans le nom du fichier et une option permet de faire démarrer le numéro de série à partir d'un chiffre à spécifier, ce qui s'avère pratique pour regrouper dans un même dossier des fichiers issus de traitements par lots effectués à partir de plusieurs dossiers.

Attention *Si le script comporte une instruction* ***Enregistrer sous*** *ou* ***Enregistrer pour le Web****, il est impératif de cocher l'option* ***Priorité sur les instructions de script "Enregistrer sous"*** *pour que chaque fichier conserve son propre nom et ne prenne pas celui du premier fichier traité (ce qui provoquerait leur écrasement sans message d'avertissement).*

Destination : Enregistrer et fermer

Les fichiers originaux seront écrasés sauf s'il y a incompatibilité de format ; l'ajout d'un calque sans l'instruction **Aplatir l'image** rend impossible l'enregistrement d'une image JPEG dans son format d'origine. Avec cette option, il est préférable de faire une copie du dossier contenant les fichiers originaux afin de pouvoir recommencer les opérations.

Quand le traitement est lancé (en cliquant sur **OK**), les fichiers sont ouverts tour à tour et traités. Vous pouvez en profiter pour faire autre chose avec un autre logiciel.

Si le résultat du traitement par lots ne correspond pas exactement à vos attentes, modifiez le script et relancez le traitement par lots, il écrasera les premiers résultats.

L'automatisation avec le droplet

Il s'agit d'une variante du traitement par lots. Le droplet est une mini-application contenant le script : ce dernier est chargé dans Photoshop pour effectuer le traitement et disparaît ensuite. Dans un premier temps, vous devez créer le droplet. Cette opération se réalise dans la fenêtre de la commande **Créer un droplet** (menu **Fichier**) : la rubrique **Nom du droplet** permet de choisir un nom et une position pour le droplet (sur le **Bureau**, par exemple) ; les autres rubriques, **Exécuter** et **Destination**, sont identiques à celles de la commande **Traitement par lots**.

Pour utiliser le droplet, glissez le fichier ou le dossier à traiter directement sur l'icône du droplet. Les fichiers traités seront placés selon les instructions choisies dans le script ou dans la rubrique **Destination**. Le droplet ne fonctionne pas sans Photoshop. En revanche, s'il comporte l'extension **.exe**, il pourra être utilisé aussi bien sur un PC que sur un Mac (sauf si le script utilise un chemin particulier sur le disque).

Attention *Le script contenu dans un droplet n'est pas accessible. Dans votre panneau* ***Scripts****, pensez à conserver les scripts que vous avez utilisés dans des droplets. Ils vous seront nécessaires pour recréer le droplet si vous souhaitez modifier les traitements qu'effectue le script.*

4 - Bridge : le gestionnaire de fichiers

L'interface de Bridge

Bridge et la Creative Suite

Bridge, élément indispensable dans la gestion des fichiers (visualisation, ouverture et bien d'autres manipulations dont quelques fonctions de Photoshop), est disponible depuis Photoshop, Illustrator, InDesign… *via* la commande **Parcourir dans Bridge** du menu **Fichier** de ces programmes, ou au clavier, en tapant ⌥ ⌘ O [Alt Ctrl O], (dans Bridge, une icône permettra un retour direct à Photoshop). Le lancement de Bridge peut être simultané à celui de l'ouverture d'une session de travail sur l'ordinateur. Pour l'obtenir, il faut en faire la demande dans les préférences de Bridge à la rubrique **Avancées**.

L'espace de travail de Bridge

Bridge est constitué d'une fenêtre dont l'aspect dépend des réglages des préférences (⌘ K [Ctrl K]) et des options d'affichage choisies dans le menu **Fenêtre**. Par défaut, la fenêtre de Bridge comporte trois colonnes contenant des panneaux ou volets (*voir ci-dessous*).

❶ FAVORIS, DOSSIERS : il s'agit de panneaux de navigation.

❷ CONTENU : volet principal affichant les vignettes des éléments contenus dans le dossier en cours.

❸ FILTRE : c'est le panneau dans lequel on filtre l'affichage des fichiers qui seront présentés dans le volet CONTENU.

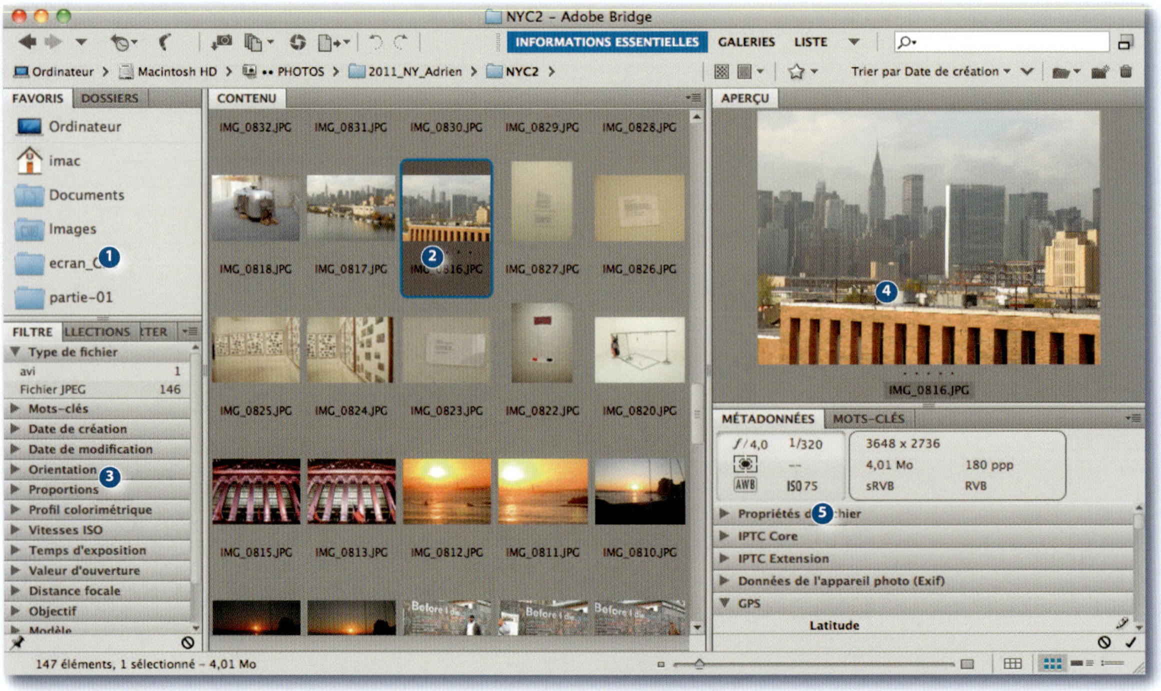

La fenêtre de Bridge.

4 APERÇU : ce panneau affiche l'aperçu du (ou des) fichier(s) sélectionné(s) dans le panneau CONTENU.

5 MÉTADONNÉES, MOTS-CLÉS : ces deux panneaux donnent des informations sur les fichiers avec les métadonnées (données EXIF, IPTC…) et les mots-clés affectés aux fichiers.

Les menus de Bridge proposent des commandes de gestion des fichiers (affichage, traitement…) ; certaines sont accessibles sous forme d'icônes (création de dossier, pivotements ou suppression) dans la **Barre de commandes** de base, ou par clic droit sur une vignette dans le panneau CONTENU.

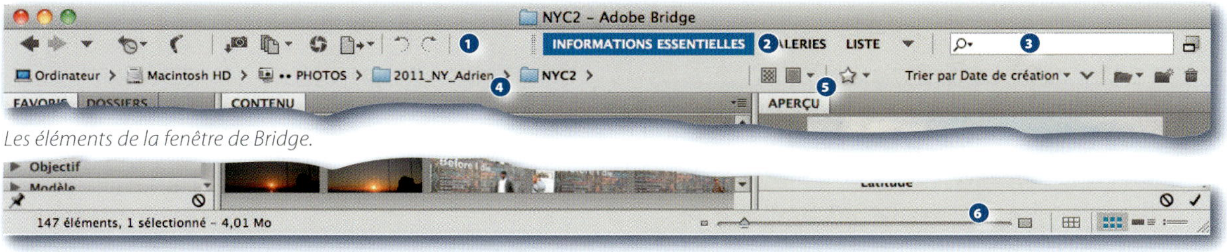

Les éléments de la fenêtre de Bridge.

LA BARRE DE COMMANDES

Dans la partie haute de la fenêtre de Bridge, la **Barre de commandes** comporte quelques éléments de gestion des fichiers et des vignettes (d'autres éléments sont situés en bas de la fenêtre). Sur la copie d'écran ci-dessus, on peut voir :

1 Les icônes de traitement des fichiers, de gauche à droite :
- affichage des éléments récents ;
- retour à Photoshop ;
- importation depuis un appareil photo (APN) ;
- quelques fonctions particulières : mode vérification, changement de nom global et informations ;
- ouverture d'une image avec Camera Raw ;
- diffusion des fichiers, elle se réalise à l'aide du module **Sortie** qui doit être activé dans les préférences de Bridge pour être utilisable ;
- rotation des images et .

2 La liste des espaces de travail et leurs commandes de gestion (affichage, suppression, enregistrement…).

3 Champ de recherche qui permet une recherche dans Bridge, Spotlight (Mac) et Windows Search. Le choix s'effectue dans un menu local dans lequel figureront les dernières recherches.

4 Le chemin d'accès au fichier sur le disque avec la possibilité d'afficher tous les éléments des sous-dossiers par clic droit pour avoir une vue complète de la composition d'un dossier et de ses sous-dossiers.

5 Les icônes de gestion des fichiers et dossiers avec, de gauche à droite : le type d'affichage des vignettes, les filtres d'affichage, les tris de fichiers (par nom, date…) et quelques icônes de gestion (ouverture des fichiers récents, création de dossier, suppression…).

6 En plus du réglage de la taille des vignettes figurent des icônes de présentation (avec une grille d'affichage, un mode d'affichage par liste…).

LES FENÊTRES DE BRIDGE

Bridge permet d'afficher plusieurs fenêtres en même temps. Elles se séparent en deux catégories : les fenêtres indépendantes et les fenêtres synchronisées.

- **Les fenêtres indépendantes** : si la fenêtre est obtenue par la commande **Nouvelle fenêtre** (menu **Fichier** ou ⌘N [Ctrl N]), elle est indépendante des autres fenêtres déjà présentes.
- **Les fenêtres synchronisées** : si la fenêtre est obtenue à partir de la commande **Nouvelle fenêtre de synchronisation** (menu **Fenêtre** ou ⌥⌘N [Alt Ctrl N]), elle sera liée à la fenêtre qui était active lors de sa création.

Quand les fenêtres sont synchronisées (leur barre de titre porte des numéros), elles affichent le même contenu. Cette option n'est intéressante que si elles ne comportent pas les mêmes panneaux (*voir ci-après leur masquage*). Par exemple, l'une d'elles (sur un écran) peut ne montrer que les panneaux CONTENU et MÉTADONNÉES alors que la seconde (sur un autre écran) affichera en grand le volet APERÇU ou encore, l'une d'elles peut être en mode réduction alors que l'autre n'affiche que l'aperçu (l'intérêt est complet si vous utilisez deux écrans).

LA GESTION DES PANNEAUX

L'affichage des panneaux

Si vous n'utilisez pas certains panneaux, vous pouvez les fermer. Cette opération se réalise à partir du menu **Fenêtre**. Leur réouverture s'obtient par le menu **Fenêtre** ou par clic droit sur le nom d'un panneau ou sur la bande sombre qui jouxte les onglets. Pour masquer tous les panneaux sauf celui au centre (par défaut CONTENU), tapez Tabulation ⇥ [⇄] (retapez cette même touche pour le faire réapparaître). Pour fermer un panneau de manière à ne plus voir son contenu et à agrandir celui du panneau de la même colonne, effectuez un double-clic sur son onglet (dans ce cas, l'onglet ne disparaît pas).

La taille des panneaux

Tous les panneaux peuvent être redimensionnés en glissant le curseur placé juste entre deux panneaux. Ces redimensionnements permettront de définir une zone d'aperçu plus grande de manière à mieux visualiser l'image. Un panneau peut également être déplacé par glissement de son onglet.

Les différents panneaux

Les panneaux de navigation

La partie navigation de Bridge est gérée par deux panneaux : DOSSIERS et FAVORIS.

Le panneau Dossiers

Cette rubrique présente la hiérarchie du disque (tel un explorateur de fichiers) dans laquelle on navigue pour choisir le dossier renfermant les photos à visualiser. Le menu **Fenêtre** propose l'option **Barre de chemin**, qui affiche le chemin d'accès sur le disque au dossier contenant les fichiers affichés dans le panneau CONTENU. Ainsi, il est possible de naviguer dans cette hiérarchie, voire d'afficher tous les éléments des sous-dossiers par clic droit sur un dossier.

> **Astuce** *Quand on clique sur le signe > qui sépare le nom des dossiers de la **Barre de chemin**, on affiche le contenu du dossier situé à droite du signe (liste déroulante), ce qui permet de naviguer rapidement dans les dossiers.*

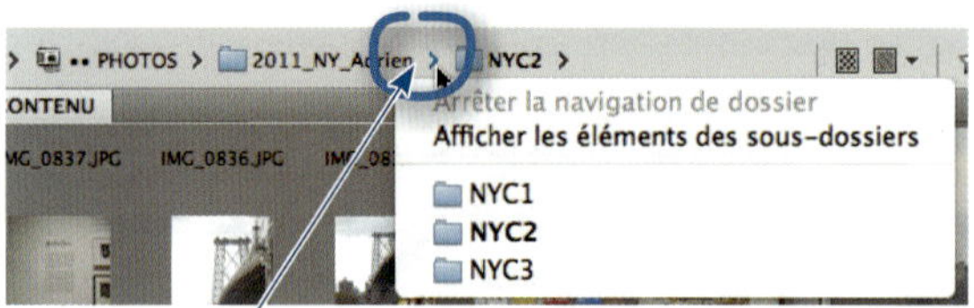

En cliquant sur ce signe, on affiche les sous-dossiers.

Le panneau Favoris

Le panneau FAVORIS présente quelques éléments par défaut. À tout moment, vous pouvez ajouter à cette liste un élément de votre choix (disque, dossier ou fichier) de manière à sélectionner plus rapidement les prochaines fois. Pour cela, sélectionnez l'élément voulu dans le panneau CONTENU et effectuez un clic droit pour choisir **Ajouter aux favoris**. L'opération se réalise également par glissement de l'élément dans le panneau FAVORIS. Les préférences de Bridge (⌘K [Ctrl K]) permettent d'ajouter des éléments à ce panneau parmi lesquels : Bureau, Documents… On les supprime par clic droit ou par glissement hors du panneau FAVORIS.

Dans les préférences de Bridge, on définit les éléments qui doivent apparaître dans les favoris. On peut en ajouter d'autres.

Le panneau FILTRE

Ce panneau propose deux options pour trier et/ou filtrer.

- **Le tri des fichiers affichés** : il se réalise sur les fichiers restés affichés dans le panneau CONTENU et se définit par clic sur le tri actif (indiqué à droite de l'onglet FILTRE).

Tous ces tris d'affichage se retrouvent dans le menu **Affichage/Trier**, dans le menu contextuel qui s'ouvre par clic droit dans le panneau CONTENU, ou encore dans le menu local situé dans la partie droite de la **Barre de commandes** et qui porte le nom du tri en cours.

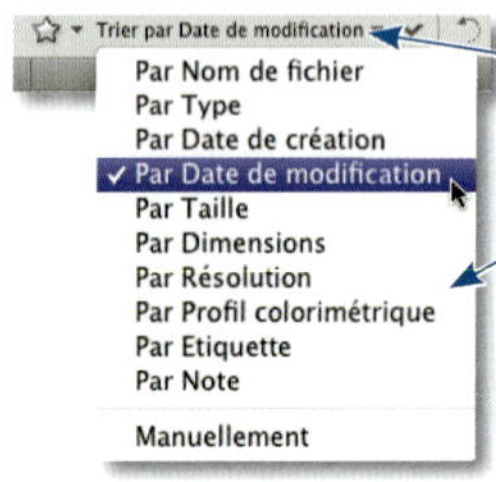

Le tri actif et la liste des tris.

- **Le filtrage de l'affichage** : plusieurs critères (rangés en rubriques : **Étiquette**, **Note**, **Type du fichier**, etc.) peuvent être retenus dans la panneau FILTRE pour filtrer l'affichage des fichiers présents dans le panneau CONTENU.

> **Astuce** *Si vous avez ajouté des notes ou des étiquettes* (voir plus loin) *à certains fichiers, une rubrique de filtres permettra de les utiliser pour filtrer l'affichage.*

Pour filtrer l'affichage, choisissez la rubrique voulue et cliquez sur le critère souhaité pour qu'il apparaisse coché — le nombre affiché à droite de son nom indique le nombre de fichiers correspondant à ce critère.

Ici, on a défini un filtre qui limite le nombre de fichiers affichés dans cette zone.

Le filtre choisi se cumule au dernier filtre actif dans la rubrique concernée (ainsi qu'à ceux des autres rubriques). Pour désactiver tous les filtres, cliquez sur le panneau interdit ⊘. Bridge propose des options d'utilisation des filtres ; le tableau de la page suivante les résume.

Options de filtrage	Obtention
Remplacer les filtres en vigueur par un nouveau filtre.	⌥clic [Alt clic] sur le nouveau filtre.
Définir l'opposé du filtre choisi dans une rubrique.	⌥clic [Alt clic] sur le filtre actif.
Conserver (verrouiller) les filtres lors d'une navigation dans d'autres dossiers.	Clic sur l'icône situé en bas du panneau.
Supprimer les filtres actifs.	Clic sur (s'il y a eu un verrouillage) ou sur ⊘ ou ⌥⌘Q [Alt Ctrl Q].(1)
Afficher/masquer tous les fichiers situés dans tous les sous-dossiers.	Clic droit sur le dossier dans la **Barre de chemin**.

(1) Bridge indique le raccourci ⌥⌘A [Alt Ctrl A], mais la lettre A fonctionne sur un clavier QWERTY, avec un AZERTY, utilisez le Q.

LE PANNEAU CONTENU

Ce panneau montre des vignettes de dossiers et de fichiers (leur taille se règle en bas de la fenêtre). Le menu **Affichage** propose des commandes pour voir ou masquer : dossiers, noms des éléments (**Vignettes seulement** ou ⌘T [Ctrl T]) ou détails (nom, date, type…). Dans les préférences ⌘K [Ctrl K], puis rubrique **Vignettes**, spécifiez le texte supplémentaire à afficher sous la vignette. Dans la **Barre de commandes**, à l'aide des icônes, définissez la qualité de l'aperçu des vignettes. C'est dans le panneau CONTENU que se sélectionnent les photos à manipuler (ouvrir, renommer, pivoter, etc.) ; pour l'afficher seul, tapez la touche ⇥ [⇆].

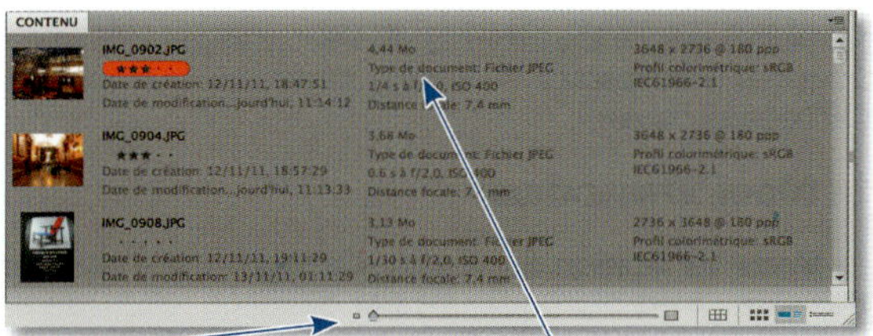

Ici, on règle la taille des vignettes affichées là avec des détails.

LE PANNEAU APERÇU

C'est dans ce panneau que s'affiche un aperçu de la sélection réalisée dans le panneau CONTENU. Sa taille dépend de celle du panneau (verticalement, il peut s'agrandir en masquant les panneaux DOSSIERS et/ou MÉTADONNÉES).

Vous pouvez afficher un panneau d'aperçu très grand pour constater rapidement la qualité d'une photo sélectionnée.

Ici, on sélectionne une image pour la voir en grand.

Dans le panneau APERÇU, Bridge est capable de montrer de nombreux types de fichiers tels que les fichiers d'animation (GIF, QuickTime, SWF, FLV…), de mise en page InDesign et PDF. De plus, si vous avez sélectionné plusieurs fichiers, Bridge montrera leur aperçu simultanément de manière à envisager une comparaison.

En outre, pour mieux visualiser certains détails de l'aperçu, le curseur devient loupe quand il se déplace sur l'aperçu. Un clic sur l'aperçu affiche une minifenêtre de zoom dont le réglage, de 100 % à 800 % se fait comme ceci : avec la touche +, on agrandit et avec la touche –, on réduit. Une main apparaît dans cette petite fenêtre pour permettre son déplacement.

On peut zoomer sur un détail de l'aperçu (le taux est indiqué ici).

LE PANNEAU EXPORTER

Ce panneau (apparu avec CS5) permet de créer des copies de fichiers dans un dossier spécifié selon des caractéristiques particulières (Bridge peut ajouter ce dossier lors de l'exportation s'il n'est pas présent sur le disque). Pour définir les critères d'exportation, cliquez sur le + situé en bas à droite du panneau, ou double-cliquez sur **Enregistrer sur le disque dur**.

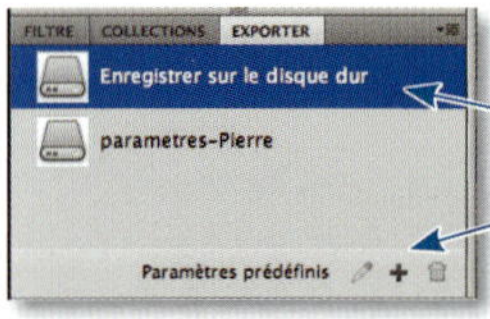

Pour définir les paramètres, double-cliquez ici ou sur le signe +.

Une fenêtre à deux onglets apparaît. Dans le premier, **Destination**, choisissez l'emplacement où doit être placée la copie (le dossier sera créé s'il n'existe pas). Dans le second, **Options d'image**, réglez les caractéristiques de l'image :

- La taille : l'image peut être redimensionnée en choisissant l'option **Taille manuelle**.
- La qualité : vous pouvez définir le taux de compression avec lequel le fichier JPEG sera écrit.
- Les métadonnées : toutes ou une partie des métadonnées du fichier initial peuvent être conservées dans l'image copiée ; vous pouvez également en ajouter d'autres (éventuellement, selon un modèle).

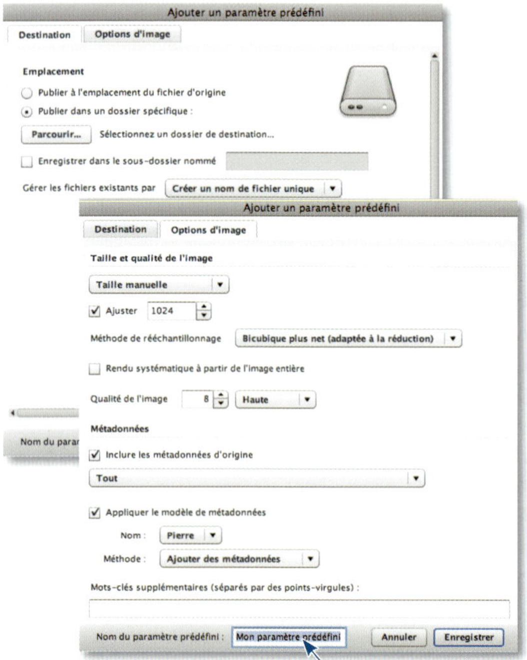

Une fois les réglages définis, on saisit ici le nom des paramètres.

Une fois les fichiers sélectionnés dans le panneau CONTENU, l'obtention des fichiers copiés se réalise de deux façons :

- de manière immédiate, si l'exportation est réalisée par le menu contextuel et sa commande **Exporter vers** qui propose les différents paramètres (par défaut ou prédéfinis) ;
- de manière différée, si vous glissez les vignettes sur le paramètre voulu dans le panneau EXPORTER : une petite flèche vers le haut apparaît et l'exportation ne s'effectuera qu'en cliquant dessus (une fenêtre d'avancement de l'exportation apparaîtra).

LES PANNEAUX D'INFORMATIONS : MÉTADONNÉES ET MOTS-CLÉS

L'utilisation des métadonnées, présentes dans certains fichiers ou ajoutées, facilite les recherches et les rangements des fichiers — les méthodes d'affectation et de recherche sont développées un peu plus loin. Le nombre de rubriques affichées dans le panneau MÉTADONNÉES (propriétés, IPTC...) se règle dans les préférences de Bridge.

*Le haut du panneau MÉTADONNÉES (appelé **pancarte des métadonnées**) reprend quelques éléments que l'on peut voir sur certains appareils photo.*

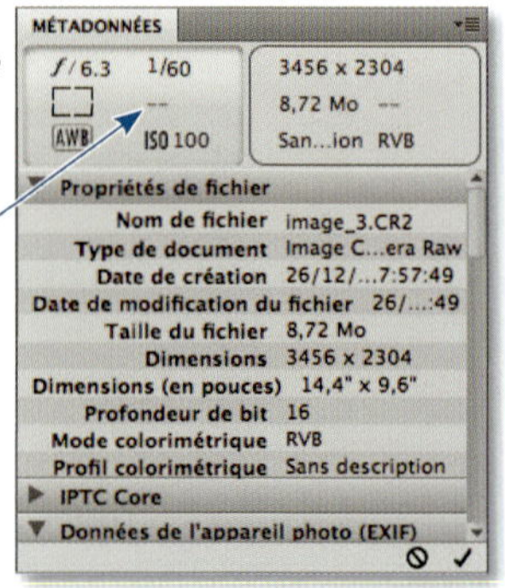

La pancarte des métadonnées avec ici une indication en cas de sur ou sous-exposition.

La gestion de l'affichage

AFFICHAGE PLEIN ÉCRAN

Bridge propose une option d'affichage très intéressante. En effet, si une vignette est sélectionnée, en enfonçant la touche **Espace**, l'image apparaît en plein écran (on retrouve cette option d'affichage dans Mini Bridge). Il est alors possible de zoomer sur l'image, jusqu'à un affichage à 100 % par **clic** sur l'image, et jusqu'à 800 % avec la touche **+** (on dézoome avec la touche **–**). Si plusieurs images sont sélectionnées, vous passez de l'une à l'autre avec les touches fléchées du clavier.

LE MODE VÉRIFICATION

Le **Mode Vérification** permet un affichage et une sélection d'images ; il est disponible à partir du menu **Affichage** ou du menu local **Affiner** : (on retrouve ce mode dans Mini Bridge dans lequel il s'appelle le **mode révision**).

Les images sélectionnées (toutes, s'il n'y a pas de sélection) s'y affichent sous forme de carrousel (celle au centre peut être zoomée comme dans la fenêtre d'aperçu de Bridge en cliquant sur l'icône).

Les flèches ◄► en bas à gauche de l'écran, permettent de passer d'une vue à la suivante ou la précédente ; la flèche ▼ permet d'éliminer de ce carrousel l'image située au centre. Ces opérations se réalisent également avec les touches fléchées du clavier (ce qui s'avère plus rapide).

Le **Mode Vérification** *: ❶ le carrousel ; ❷ les flèches d'affichage et d'élimination ; ❸ le zoom ; ❹ la fenêtre de création de la collection ; ❺ la fenêtre de zoom.*

Une fois définies les photos à garder affichées, vous pouvez les regrouper dans une collection en cliquant sur l'icône ▣. Celle-ci apparaîtra dans le panneau CONTENU de Bridge et dans le panneau COLLECTION (*voir ci-après*).

Les collections

Il y a deux types de collections : classique et smart.

La collection classique

Elle s'obtient à partir du **Mode vérification** ou directement depuis le panneau COLLECTION. En effet, en cliquant sur l'icône **Nouvelle collection** du bas de l'onglet un message apparaît s'il y a une sélection de vignettes dans la zone CONTENU, dans le cas contraire la collection vide est créée, il ne reste qu'à la renommer et à y glisser les fichiers voulus. Qu'ils proviennent du **Mode vérification** ou d'une sélection du panneau CONTENU, les fichiers n'ont pas été déplacés de leur dossier d'origine, en fait, les vignettes de la collection constituent des images virtuelles qui gardent un lien vers le fichier d'origine de manière à avoir un accès plus rapide à l'image.

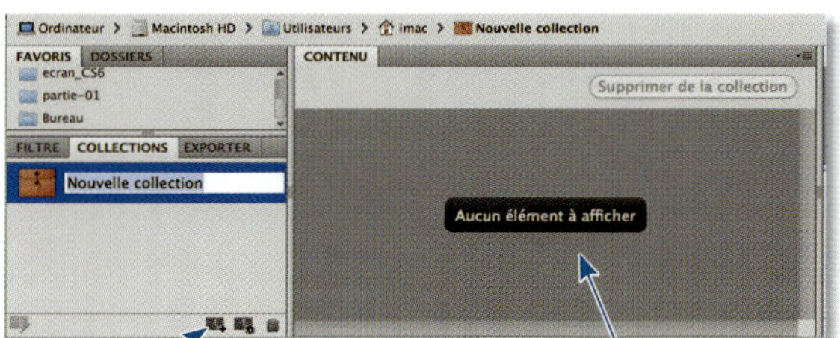

En cliquant ici, on crée une nouvelle collection (vide s'il n'y avait pas de sélection dans le panneau CONTENU*).*

Quand la collection est réalisée, il est encore possible d'éliminer une photo de la collection (ou d'en glisser une provenant d'un autre dossier). La collection (sorte de dossier virtuel) restera utilisable, *via* le panneau COLLECTIONS, tant que les fichiers n'auront pas été supprimés, renommés ou déplacés dans le dossier d'origine.

Ce dossier constitue une collection d'images à laquelle on accède rapidement (on peut en rajouter ou en éliminer).

La smart collection (collection intelligente)

Il s'agit d'une collection dont le contenu répond à certains critères de remplissage. Ils se définissent dans la fenêtre qui s'obtient en cliquant sur l'icône **Nouvelle smart collection** ▣ du bas de l'onglet collection. Elle peut devenir contextuelle et se réactualiser automatiquement si vous choisissez l'option **Utiliser le dossier actuel**.

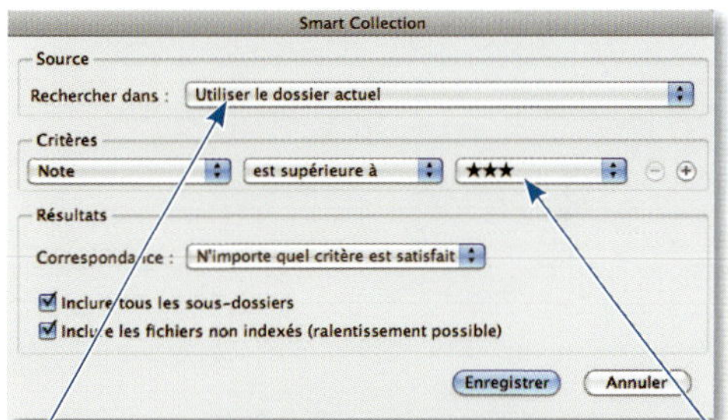

Ce dossier actif sera utilisé pour remplir la collection selon les critères définis.

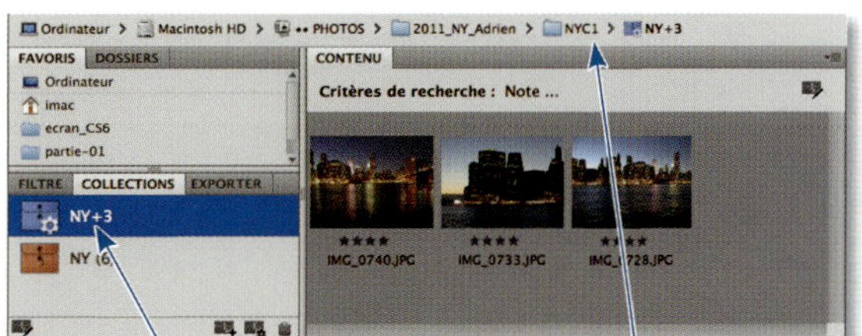

La smart collection comporte des fichiers issus de ce dossier.

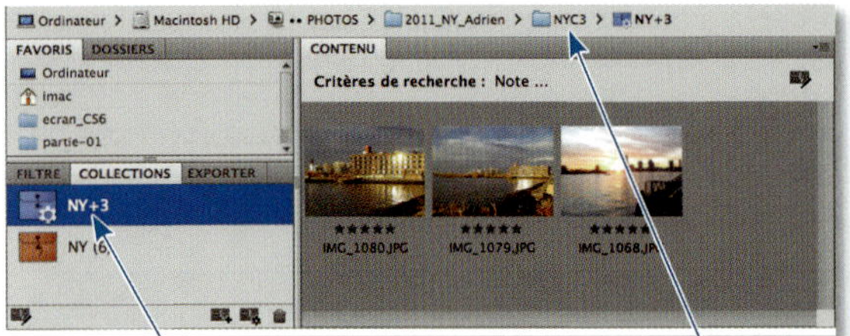

La smart collection comporte d'autres fichiers issus de ce dossier.

Le bas du panneau **Bridge** propose, dans sa partie droite, quelques façons d'afficher les fichiers parmi lesquels figurent l'affichage classique, à l'aide d'une grille de verrouillage, et par liste détaillée ou non.

La grille de verrouillage

Dans le panneau CONTENU, le nombre de vignettes visibles dépend de la taille du panneau ; il varie selon les dimensions du panneau. Si vous cliquez sur l'icône **Grille** (▦), le nombre de vignettes affichées restera le même, seules les dimensions des vignettes seront adaptées pour respecter le changement du panneau CONTENU. L'option **Grille** constitue donc une sorte de verrouillage du nombre de vignettes affichées.

Avec la grille, si on redimensionne la fenêtre de Bridge, on conserve 5 colonnes et 2 lignes d'images.

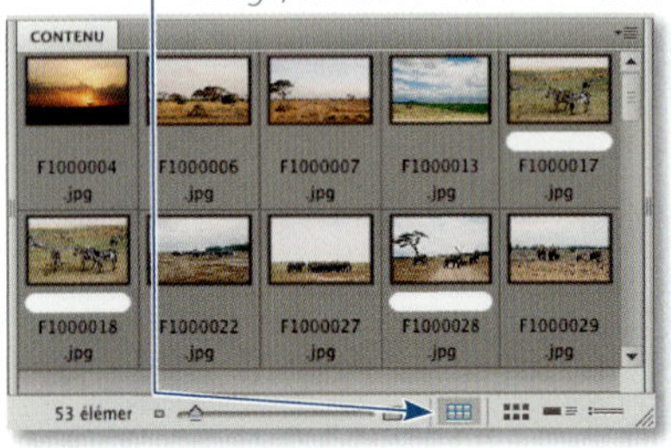

L'affichage par liste

L'affichage par liste, accessible par l'icône ☰ (ou par le menu **Affichage/Liste**), est très intéressant car il est possible d'y modifier l'ordre des colonnes (par glissement de leur nom) pour placer plus à gauche les rubriques qui vous semblent plus importantes.

En cliquant sur le nom de l'une d'elles, il est possible d'utiliser son thème comme critère de tri (il peut être ascendant ou descendant par clic sur ▲ ou ▼ à droite du nom de la rubrique).

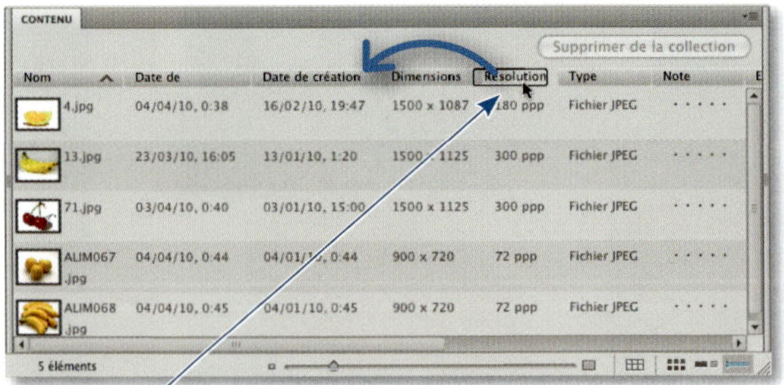

Par glissement du nom, on modifie l'ordre des rubriques.

L'affichage sous forme de pile

La pile de photos peut être créée manuellement ou de manière automatique.

La création manuelle d'une pile

Bridge propose une option pour ranger les photos dans le panneau CONTENU : elle consiste à les regrouper sous la forme d'une pile. Par la suite, on pourra ne visualiser que la première photo de la pile ou l'ensemble de ses constituants. Le panneau CONTENU peut renfermer plusieurs piles que l'on manipule par les commandes du menu **Pile** (ou par les raccourcis clavier que propose ce menu).

Pour créer la pile, sélectionnez les photos par ⇧ clic (ou ⌘ clic [Ctrl clic] si les photos ne sont pas contiguës) et lancez la commande **Grouper comme pile** du menu **Piles** (au clavier, ⌘ G [Ctrl G]). Les photos groupées s'afficheront ensemble dans le panneau APERÇU sauf si vous cliquez sous la première de la pile dans le panneau CONTENU.

On sélectionne les éléments à empiler.

Ici on crée cette pile.

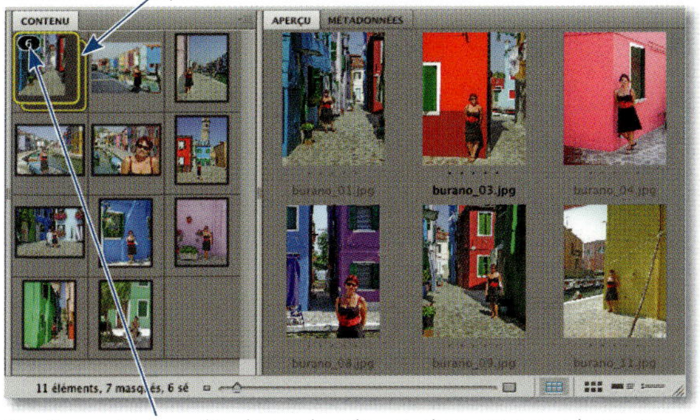

En cliquant ici, on développe la pile ; en cliquant sur sa base, on ne garde affichée que la première photo de la pile.

Vous pouvez développer la pile en cliquant sur le chiffre indiquant le nombre de fichiers qu'elle renferme, puis en changer l'ordre en utilisant les commandes du menu **Piles**. Si vous glissez un élément sur la pile, il s'intégrera à celle-ci.

La création automatique d'une pile pour les panoramas et la fusion HDR Pro

Dans un dossier de photos, sans avoir à faire de sélection, Bridge est capable de détecter quelles sont les images susceptibles d'être utilisées pour réaliser un panorama ou une fusion HDR (*High Dynamic Range*) et de les traiter en tant que telles. En effet, quand on lance la commande **Empilement auto du panorama/HDR**, Bridge scanne les fichiers du dossier, compare leur contenu, examine leurs métadonnées, puis associe les fichiers retenus dans des piles (il crée également un fichier XML contenant des informations sur les fichiers et le type du traitement panorama ou fusion HDR). Pour créer un panoramique ou une fusion HDR à partir d'une sélection de photos, utilisez la commande **Traiter les collections dans Photoshop** du menu **Outils/Photoshop**. Dans ce cas, le résultat sera ouvert dans Photoshop.

De la même manière, une sélection de photos peut être ouverte dans Photoshop sous la forme d'un empilement de calques pour réaliser du *compositing* (image composite à partir d'une série de calques). Pour cela, le menu **Outils/Photoshop** de Bridge propose la commande : **Chargement des fichiers dans les calques Photoshop**.

L'affichage en diaporama

Cette fonctionnalité permet de visualiser rapidement sous forme d'un diaporama une série de photos situées dans un même dossier — s'il y a une sélection ou une pile, le diaporama se limite aux images sélectionnées ou au contenu de la pile. Il se lance à partir du menu **Affichage** et de sa commande **Diaporama** (au clavier ⌘L [Ctrl L]). Le défilement est automatique ; la vitesse de défilement ainsi que d'autres options (légende, taille, rotation, boucle…) peuvent être réglées lors de la projection.

Pour modifier les réglages du diaporama, tapez la touche H ; un panneau s'affiche sur le diaporama pour indiquer comment utiliser toutes les options. Une fenêtre permet d'autres réglages du diaporama, elle s'affiche par la commande **Options du diaporama** dans le menu **Affichage**.

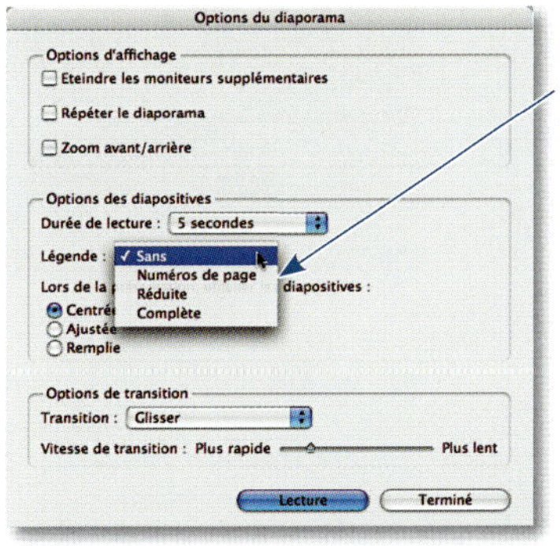

On peut afficher une légende de la photo (nom, note…).

Astuce *Lors de la visualisation, il est possible d'affecter aux vues une note (en tapant un chiffre de 1 à 5) et/ou une étiquette colorée (de 6 à 9) et d'effectuer ainsi un premier classement dans une série de photos — surexposée, sous-exposée, floue, pertinence du sujet… Par la suite, celui-ci sera affiné avec les filtres d'affichage* (voir ci-après).

L'affichage en mode réduit

Ce mode, activé par le menu **Affichage**, en cliquant sur l'icône située en haut à droite de la fenêtre de Bridge ou encore en tapant ⌘↵ [Ctrl ↵], affiche seul le panneau CONTENU. L'affichage réduit perd un peu de son intérêt dans la version CS6 par la présence du panneau **Mini Bridge** (*voir ci-après*).

Astuce *Sur Mac, si vous glissez un dossier du Finder sur l'icône de Bridge* Br *dans le Dock, celui-ci affiche le contenu du dossier dans Bridge (avec ⌘, il crée une nouvelle fenêtre superposée à la première).*

Le panneau Mini Bridge

La Creative Suite propose un panneau directement dans Photoshop, il s'agit du panneau **Mini Bridge**. Il reprend un certain nombre de fonctionnalités de Bridge avec l'avantage de s'afficher comme n'importe quel panneau dans Photoshop (également dans InDesign et Illustrator) et ainsi de faire partie de l'espace de travail de Photoshop. Pour afficher ce panneau **Mini Bridge**, lancez la commande **Parcourir dans Mini Bridge** (ou déroulez le menu **Fenêtre**, puis **Extension**). Ce panneau peut être divisé (à l'aide de l'icône) en différentes zones pour montrer une zone d'aperçu, de contenu ou de navigation.

Mini Bridge a été réduit à l'état d'icône. Si une image est sélectionnée, elle s'affiche plein écran en enfonçant Espace.

Le panneau **Mini Bridge** propose quelques fonctions de Bridge, pour y accéder effectuez un clic droit sur l'image sélectionnée. Par glissement, placez un fichier dans un document ouvert, celui-ci apparaît en tant qu'objet dynamique (selon le réglage des préférences, rubrique **Général**).

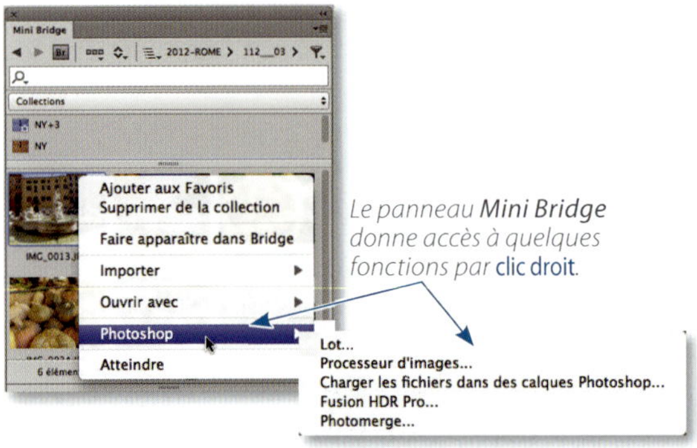

Le panneau Mini Bridge donne accès à quelques fonctions par clic droit.

La gestion des espaces de travail

LES ESPACES DE TRAVAIL PRÉDÉFINIS

Vous pouvez configurer votre espace de travail comme bon vous semble de manière à n'afficher que certains panneaux (avec la taille voulue) et l'enregistrer pour le réutiliser plus tard. Avant de voir la façon de faire cet enregistrement, examinons les espaces de travail par défaut proposés par Bridge ; ils sont accessibles par le menu **Fenêtre/Espace de travail** ou directement dans la **Barre de commandes**.

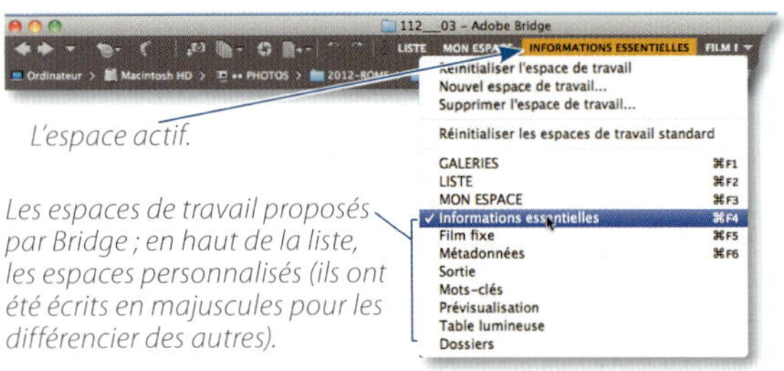

L'espace actif.

Les espaces de travail proposés par Bridge ; en haut de la liste, les espaces personnalisés (ils ont été écrits en majuscules pour les différencier des autres).

Voici la description de quelques-uns de ces espaces.

Film fixe et prévisualisation

Les vignettes (panneau CONTENU) sont affichées en bas sur une ligne au-dessus de laquelle figure le panneau APERÇU dont la dimension a été considérablement augmentée. Avec **Prévisualisation**, on obtient le même genre de configuration avec les vignettes verticales.

Métadonnées

Le panneau MÉTADONNÉES est ouvert à gauche sous le panneau FAVORIS ; à droite, on trouve le panneau CONTENU, dans lequel les vignettes sont affichées avec l'option **Liste** afin de lire toutes leurs caractéristiques.

Sortie

Cet espace de travail donne accès à des fonctionnalités (*voir plus loin*) qui permettent de créer des présentations au format PDF (planches-contacts, collection d'images, diaporama PDF), ou au format Web (galerie de photos).

Mots-clés

Le panneau MOTS-CLÉS est ouvert à gauche sous le panneau FAVORIS ; à droite, on trouve le panneau CONTENU, dans lequel les vignettes sont affichées avec l'option **Détaillée** afin de lire toutes leurs caractéristiques.

Table lumineuse

Avec cet espace de travail, seul le panneau CONTENU est visible, la taille des vignettes dépend de la taille de la fenêtre et augmente avec cette dernière. Cependant, vous pouvez modifier leur taille par glissement du curseur situé en bas de la fenêtre de Bridge et taper **⌘T** [Ctrl T] si vous ne souhaitez pas voir les noms des fichiers. L'option **Table lumineuse** permet de prévisualiser rapidement vos photos. De plus, en tapant **⌘+** [Ctrl +] (ou **⌘–** [Ctrl –]) on affiche les vignettes à une taille plus grande (ou plus petite).

Dossiers

Cet espace montre à gauche les panneaux FAVORIS et DOSSIERS superposés et, à droite, le panneau CONTENU. La navigation dans les dossiers du disque y est facilitée.

L'ENREGISTREMENT DE L'ESPACE DE TRAVAIL

Si vous souhaitez conserver un espace de travail que vous avez défini, lancez la commande **Enregistrer l'espace de travail** dans le menu **Fenêtre**, puis **Espace de travail** (ou en cliquant sur le triangle à droite de la liste des espaces). Ce nouvel espace viendra s'ajouter à la liste des espaces prédéfinis et personnalisés (il deviendra également actif).

L'organisation des fichiers

L'import de photos d'un appareil photo numérique (APN)

Quand vous reliez votre ordinateur à un appareil photo, Bridge permet d'extraire les photos qu'il contient. Pour cela, utilisez la commande **Obtenir des photos de l'appareil photo** dans le menu **Fichier** ou mieux encore, l'icône de la **Barre de commandes**. Une fenêtre de dialogue permet de définir un dossier et des sous-dossiers de rangement (par date ou autre), de renommer les photos, de les convertir au format DNG (négatif numérique). Un bouton (**Boîte de dialogue Avancé**) donne accès à une fenêtre de prévisualisation des images dans laquelle vous sélectionnez les images à importer, ainsi qu'à d'autres options permettant, par exemple, l'ajout d'un modèle de métadonnées (*voir plus loin*), d'un nom d'auteur et d'un copyright.

Une fois les photos importées, selon les réglages d'options, elles peuvent apparaître dans une fenêtre de Bridge pour y subir d'autres traitements. Dans les préférences de Bridge, le lancement du téléchargement peut être automatisé dès que le branchement de l'appareil photo est détecté.

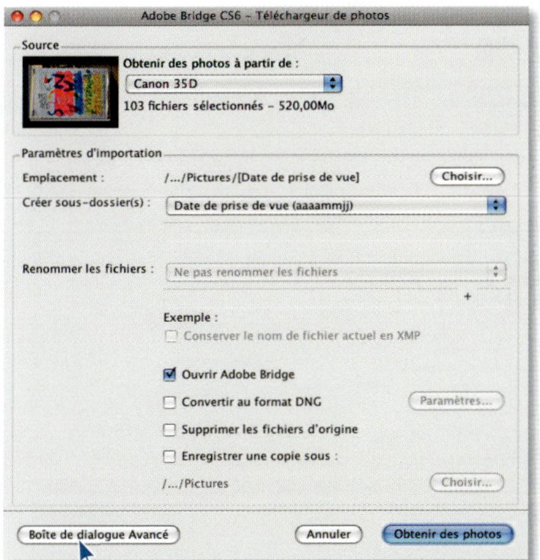

Cliquez ici pour afficher une prévisualisation et d'autres options.

> **ASTUCE** *Si vous utilisez des images RAW, n'hésitez pas à en enregistrer une copie au format DNG. Outre le gain de poids de fichier dû à la compression (non destructive), il présente l'avantage d'incorporer le fichier XMP qui sera créé lors des traitements avec Camera Raw.*

Le marquage des photos

LES ÉTIQUETTES ET LES NOTES

Dans Bridge, vous pouvez marquer certaines images. Cela consiste à sélectionner une vignette et à lui affecter une étiquette colorée et/ou une note (de 1 à 5 étoiles ou la note **Refuser**). Cette opération se réalise de différentes manières sur une sélection d'une ou de plusieurs vignettes (sélectionnez par ⇧ clics ou ⌘ clics [Ctrl clics] si elles ne sont pas consécutives) :

- par le menu **Étiquette** ;
- avec le menu contextuel dans le panneau CONTENU ou le panneau APERÇU, ou en cliquant sur la bande située entre la vignette ou l'aperçu et le nom du fichier ;
- par un raccourci clavier (modifiable dans les préférences) : ⌘[Ctrl] suivi d'un chiffre de 1 à 5 pour la note et de 6 à 9 pour les couleurs. Pour supprimer l'étiquette, tapez une seconde fois le raccourci ; pour la note, tapez ⌘0 [Ctrl 0].

Ce marquage facilitera l'affichage des images grâce à des filtrages et des tris.

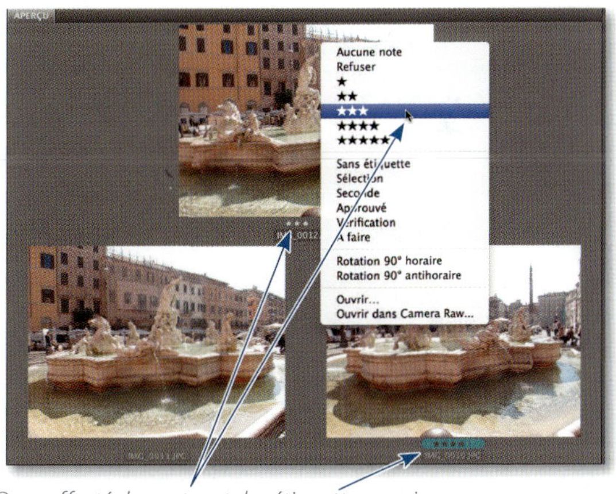

On a affecté des notes et des étiquettes aux images.

> **ATTENTION** *Quand vous affectez une étiquette ou une note à un fichier, vous changez ses métadonnées. Si ce fichier correspond à une image déjà placée dans une page InDesign, le panneau **Liens** de ce dernier indiquera une icône de fichier modifié, car Bridge réécrit une partie du fichier (sans toucher à l'image) pour y faire figurer les nouvelles métadonnées.*

Le tri des fichiers marqués

Une fois les étiquettes affectées ou les notes attribuées, le menu **Affichage** propose dans son sous-menu **Trier** des options pour classer les fichiers en fonction de leur marquage. On retrouve ces propositions de tri (avec d'autres) dans le menu contextuel ou en cliquant sur l'option de tri actif dans la **Barre de commandes**.

Le menu local de tri de la Barre de commandes.

Le filtrage de l'affichage des fichiers marqués

Comme nous l'avons vu, le panneau FILTRE offre la possibilité d'agencer la prévisualisation des photos selon différents critères tels que : nom, date de création, proportion… Si des étiquettes et des notes ont été affectées aux fichiers (lors d'une visualisation en diaporama, par exemple), de nouvelles rubriques apparaissent pour filtrer l'affichage en utilisant ces marquages.

En cliquant ici, on n'affiche que les images avec une étiquette rouge.

> **Astuce** *Il faut réafficher toutes les vignettes (⌥ ⌘ Q [Alt Ctrl Q]) pour qu'un nouveau filtre s'applique seul correctement. De plus, par ⌥ clic [Alt clic] sur la marque, on affiche les éléments qui n'ont pas cette marque.*

Un filtrage, réalisé principalement par note, peut être obtenu depuis l'icône ☆ de la **Barre de commandes**.

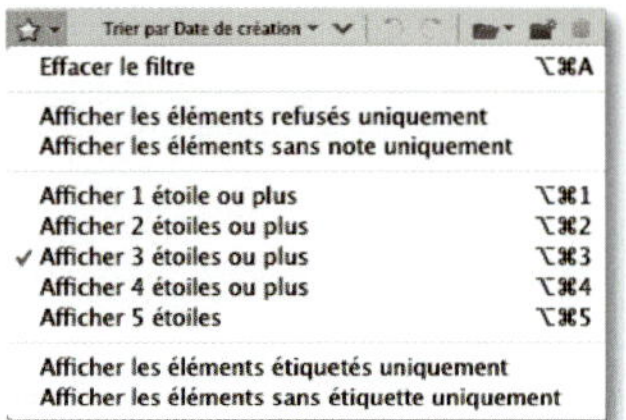

Le filtrage par note de la Barre de commandes.

La gestion des noms

Le changement de nom par fichier

Quand la vignette d'une image est sélectionnée, vous pouvez en profiter pour la renommer en cliquant sur le nom figurant sous la vignette ou par la commande **Renommer** du menu contextuel (par défaut, l'extension n'est pas incluse).

Le changement de nom global

Si des vignettes sont sélectionnées (ou affichées seules après l'utilisation d'un filtre d'affichage), leurs fichiers peuvent être renommés, déplacés et copiés dans le dossier en cours (ou à spécifier) avec la commande **Changement de nom global** du menu contextuel ou du menu **Outils** (au clavier ⇧ ⌘ R [⇧ Ctrl R]). Bridge propose quelques options telles que :

- l'enregistrement des séquences de noms sous forme de paramètres prédéfinis pour les réutiliser ultérieurement ;
- l'affichage d'une fenêtre d'aperçu (bouton **Aperçu**) à partir de laquelle il sera possible d'exporter un fichier .cvs correspondant à la liste des fichiers renommés (précédés de leur ancien nom) ;
- la substitution d'une partie du nom pour la remplacer par une autre chaîne de caractères.

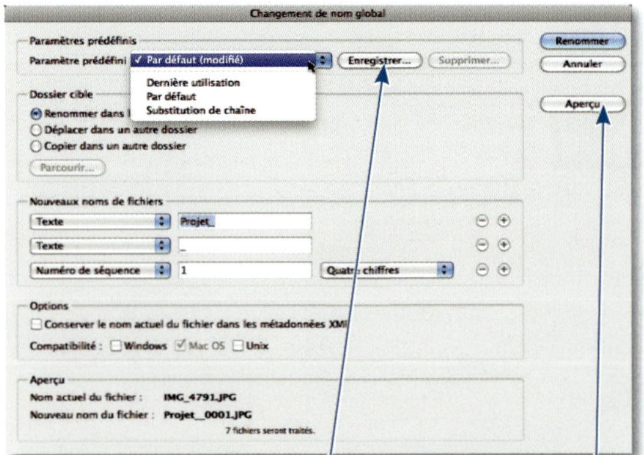

*On peut personnaliser, enregistrer (**Paramètre prédéfini**) et prévisualiser (**Aperçu**). On peut faire des substitutions.*

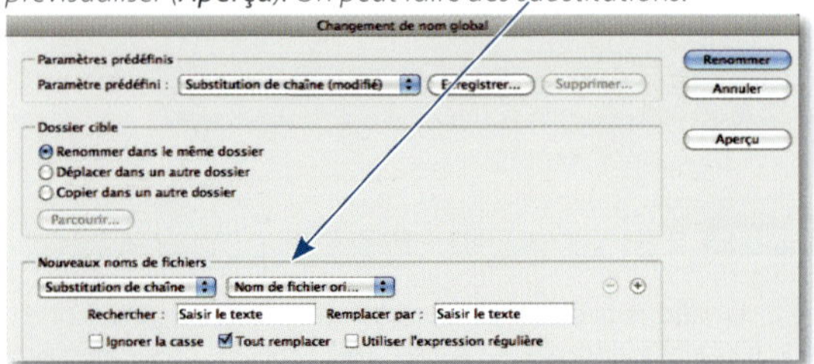

Dans les substitutions, il est possible d'utiliser des expressions régulières si la case correspondante (**Utiliser l'expression régulière**) est cochée. Dans ce cas, vous pouvez écrire des regex (*regular expression*) comme celles que vous pouvez soumettre dans la fonction **Rechercher/Remplacer** (option GREP) d'InDesign. Ainsi, il est possible de faire appel à des métacaractères de recherche. Certains d'entre eux font référence à des glyphes (génériques ou non), à leur position dans le texte (**Emplacement**), au nombre de fois où ils sont présents (**Répétition**) ou à leur environnement (**Correspondance**). Parmi les métacaractères, listés dans le tableau ci-dessous, certains ne seront que très peu utilisés car ils n'apparaîtront que très rarement dans un nom de fichier.

	Expression à rechercher	métacaractère
Symboles	Puce	~8
	Caret	\^
	Symbole de copyright	~2
	Tilde	\~
	Symbole de marque déposée	~r
Signes doubles	Parenthèse ouvrante	\(
	Parenthèse fermante	\)
	Accolade ouvrante	\{
	Accolade fermante	\}
	Crochet ouvrant	\[
	Crochet fermant	\]
Caractères génériques	Chiffre quelconque	\d
	Lettre quelconque	[\l\u]
	Caractère quelconque	. (point)
	Espace quelconque	\s
	Caractère de mot quelconque	\w
	Lettre capitale quelconque	\u
	Lettre minuscule quelconque	\l
Carac. complémentaires	Caractère autre que Chiffre	\D
	Caractère autre qu'Espace	\S
	Caractère quelconque autre que Caractère de mot	\W
	Caractère quelconque autre que Lettre capitale	\U
	Caractère quelconque autre que Lettre minuscule	\L
Emplacement	Début de mot	\<
	Fin de mot	\>
	Limite de mot	\b
	Opposé de limite de mot	\B

	Expression à rechercher	métacaractère
Répétition	Zéro ou une fois	?
	Zéro ou plusieurs fois	*
	Une ou plusieurs fois	+
	Zéro ou une fois (correspondance la plus courte)	??
	Zéro ou plusieurs fois (correspondance la plus courte)	?
	Une ou plusieurs fois	+?
	Signe répété plusieurs fois (par exemple : 3 fois)	{ 3 }
Correspondance	Sous-expression marquante	( )
	Sous-expression non marquante	(?:)
	Jeu de caractères	[ ]
	Ou	|
	Lookbehind positif	(?<=)
	Lookbehind négatif	(?<!)
	Lookahead positif	(?=)
	Lookahead négatif	(?!)
	Expression de remplacement	**métacaractère**
Trouvé	Trouvé texte	$0
	Texte trouvé 1 à 9	$1 à $9

Par exemple, avec les expressions suivantes :

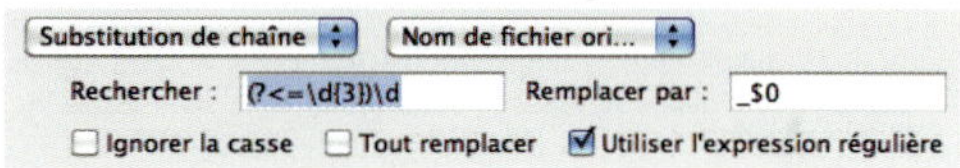

Un exemple de substitution avec des expressions régulières.

On recherche, placé après (Lookbehind positif (?<=)) trois chiffres quelconques \d{3}, un chiffre quelconque (\d). On remplace par un tiret bas, suivi de ce que l'on a trouvé ($0), c'est-à-dire ce chiffre quelconque. Les signes situés après = du Lookbehind ne font pas partie du texte trouvé.

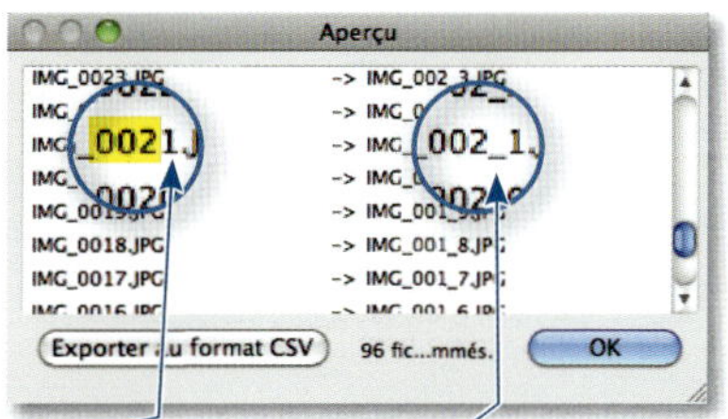

Ce chiffre, ici 1, est placé après trois chiffres quelconques (en jaune).

Le remplacement montre un tiret bas suivi du chiffre trouvé.

Les métadonnées, les mots-clés et les recherches de fichiers

Les indications du panneau MÉTADONNÉES

Les métadonnées se répartissent en plusieurs catégories : **Propriétés de fichier**, **IPTC Core**, **Données de l'appareil photo (EXIF)**, **Camera Raw**, **GPS**… Chacune d'elles donne des informations sur le fichier (certaines sont modifiables dans Bridge, d'autres ne sont que lisibles). Toutes les métadonnées sont répertoriées dans la fenêtre **Informations** (*voir plus loin*), accessible par le menu **Fichier** de Bridge (ou de Photoshop une fois l'image ouverte).

Le panneau MÉTADONNÉES *avec les propriétés du fichier.*

Les propriétés du fichier

Elles ne sont pas modifiables. Il s'agit du nom du fichier, de la date de création, du format, de la taille, du poids, de la résolution, du profil…

Les données IPTC

Les données IPTC (*International Press Telecommunications Council*) sont des données personnalisables, telles que la description de l'image, le nom de son auteur et le copyright éventuel. Certaines informations deviennent visibles sous la vignette selon les réglages des préférences de Bridge.; en effet, vous pouvez masquer certains champs si vous ne comptez pas les renseigner (*voir plus loin*).

Ces données peuvent être utilisées lors de la réalisation d'une galerie de photos pour le Web par les commandes automatisées de Photoshop (*nous en reparlerons plus loin*).

> **ASTUCE** *Si vous sélectionnez une série d'images dans Bridge (par clics avec ⇧ ou ⌘ [Ctrl] selon que les vignettes sont consécutives ou non), vous pourrez affecter un nom, un copyright… à la série dans le panneau* MÉTADONNÉES.

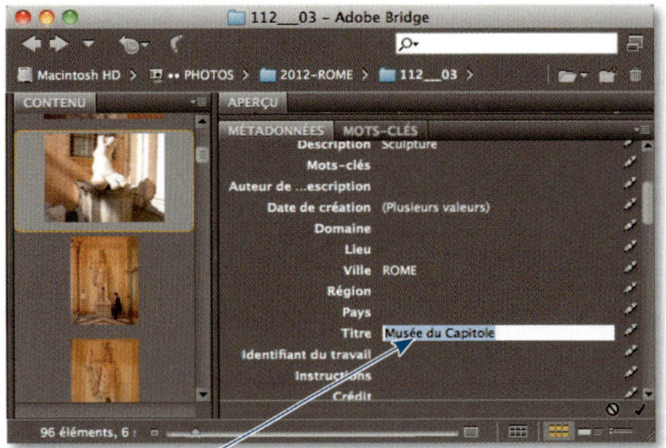

Les champs IPTC des métadonnées peuvent être renseignés.

Les données de l'appareil photo (EXIF)

Elles sont définies directement par l'appareil photo. Les données EXIF (*Exchangeable Image File Format*) donnent des renseignements sur les conditions de réalisation du cliché ; on y trouve notamment : la date de prise de vue, la vitesse, le diaphragme, la focale utilisée, la taille en pixels…

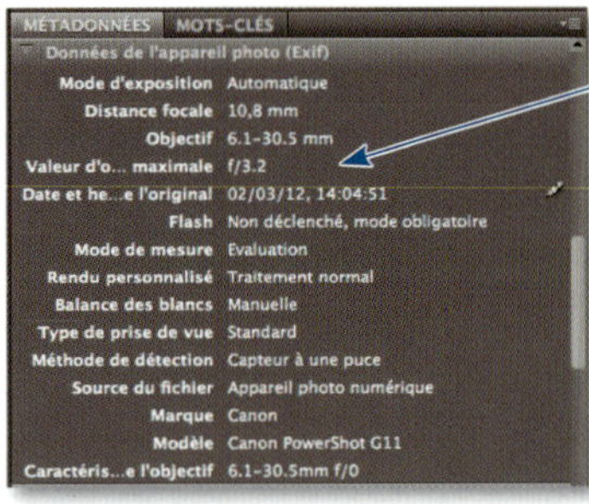

Ces métadonnées indiquent des caractéristiques techniques de la prise de vue (certaines peuvent être masquées via *les préférences de Bridge,* voir plus loin*).*

> **ASTUCE** *Pour créer une copie (format JPG) de votre fichier sans ses métadonnées, utilisez la commande* ***Enregistrer pour le Web****, une option permet d'écrire le fichier sans métadonnées. Pour les autres formats (PSD, par exemple), effectuez un copier-coller vers un nouveau document.*

Les autres métadonnées

Bridge propose d'autres types de métadonnées (**Vidéo**, **GPS**, **Camera Raw**…) dont la présence et la composition dépendent du type de fichier sélectionné.

Le panneau MOTS-CLÉS

L'attribution de mots-clés au document a pour but de faciliter les recherches ultérieures ; elle s'effectue à partir du panneau MOTS-CLÉS (ou dans la fenêtre **Informations**) par clic sur la case correspondant au mot-clé à attribuer — leur nom s'affichera sous le nom du panneau. Vous pouvez ajouter des mots-clés ou des ensembles de mots-clés.

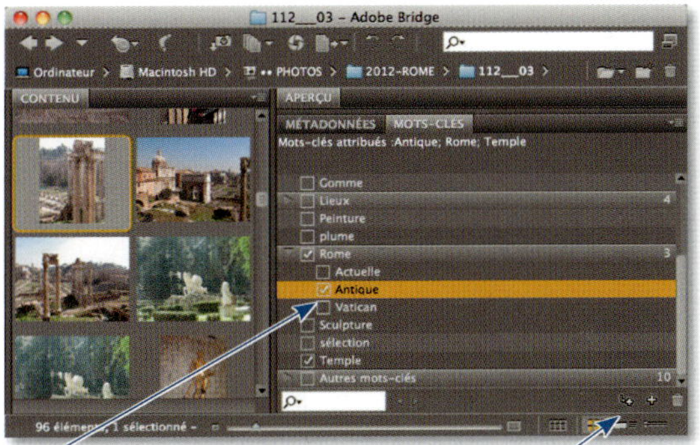

Par clic*, on ajoute le mot-clé ; on peut en créer de nouveaux.*

LES PRÉFÉRENCES D'AFFICHAGE DES MÉTADONNÉES

Le nombre de métadonnées affichées est élevé ; si vous estimez que certaines (parfois redondantes) ne doivent plus l'être, décochez-les dans la liste visible à la rubrique **Métadonnées** dans la fenêtre **Préférences** (menu **Bridge** [Édition], ⌘K [Ctrl K] ou menu local du panneau MÉTADONNÉES). Selon le type de travail que vous réalisez, vous pouvez par exemple décocher : **Audio**, **Vidéo**, **DICOM** ainsi que certains champs des autres sous-rubriques.

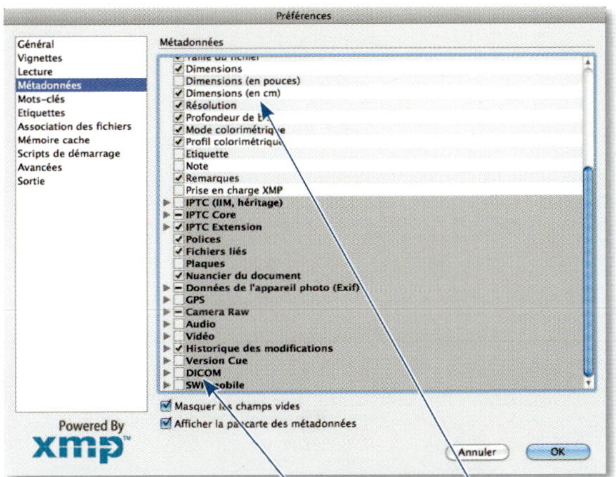

Décochez les sous-rubriques (ou les champs) dont vous jugez l'affichage inutile. Pour les dimensions, elles sont indiquées par défaut en pouces, optez pour les cm.

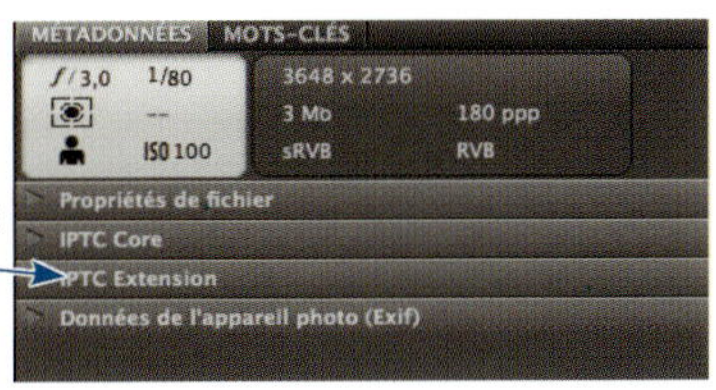

L'onglet MÉTADONNÉES *n'affiche plus que les rubriques que j'utilise.*

LES INFORMATIONS ET LES MÉTADONNÉES

Bridge propose une gestion des métadonnées qui se réalise par l'intermédiaire de la fenêtre **Informations** (affichée par le menu **Fichier** ou par clic droit dans le panneau CONTENU). Elle comporte une série d'onglets dans lesquels on trouve toutes les métadonnées depuis les éléments classiques liés à l'appareil photo (**IPTC**) ou personnalisés (**Description**), jusqu'à d'autres métadonnées moins courantes (**DICOM**, par exemple). Chaque onglet peut être déplacé dans la fenêtre (par glissement dans la ligne d'onglets) pour établir un ordre de consultation qui vous convient mieux.

La liste des onglets reste accessible dans un menu situé à droite des onglets. Le contenu de la fenêtre peut être exporté (par le menu situé à gauche de la commande **Annuler**) pour servir de modèle de métadonnées. C'est par ce menu qu'un modèle pourra être appliqué à d'autres photos (les modèles utilisables y sont listés).

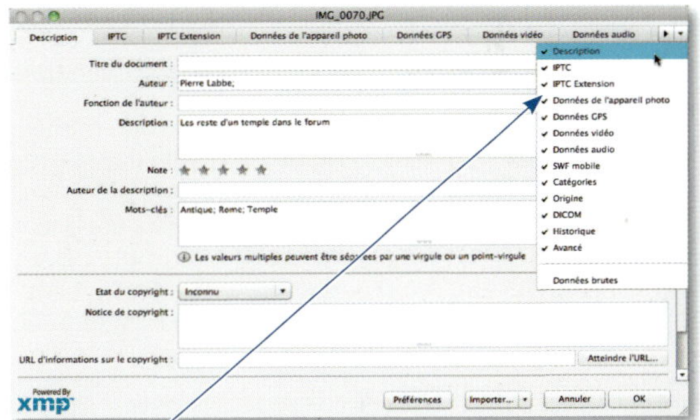

La liste des onglets de métadonnées. Leur ordre peut être modifié.

LES MODÈLES DE MÉTADONNÉES

La création d'un modèle de métadonnées

Pour créer un modèle de métadonnées, sélectionnez la vignette d'une photo dans le panneau CONTENU, déroulez le menu **Outils** jusqu'à **Créer un modèle de métadonnées** (ou par le menu du panneau MÉTADONNÉES). Dans la fenêtre qui s'affiche, remplissez tous les champs dont le contenu doit être commun à une série de photos (il peut s'agir des champs **Auteur**, **Mots-clés**, **Description**...).

Une fois les champs renseignés, nommez le modèle et enregistrez-le. Un fichier est créé, il sera visible dans le menu local. Les modèles sont des fichiers XMP placés dans un sous-dossier du programme. Ils peuvent être ouverts et modifiés dans un traitement de texte.

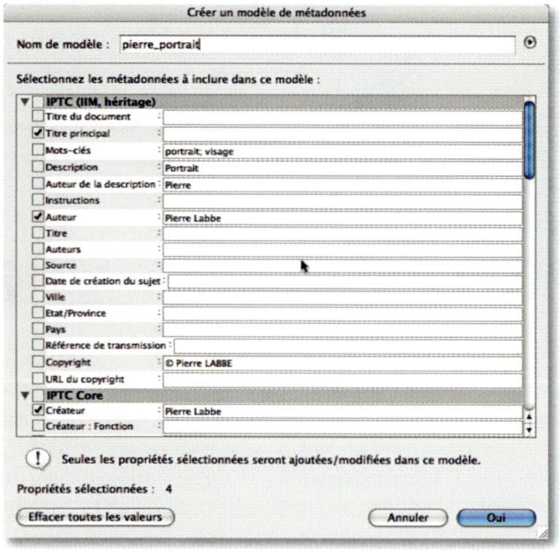

Cochez les champs voulus et remplissez-les.

L'affectation de métadonnées par modèle

Une fois les vignettes sélectionnées, l'affectation du modèle de métadonnées se réalise par le menu **Outils** (ou par clic droit sur une vignette, puis **Informations**). Il propose les commandes **Ajouter** ou **Remplacer les métadonnées** qui listent les modèles enregistrés ; l'ajout n'affecte que les mots-clés, les autres champs ne sont modifiés que s'ils sont vides. Certaines métadonnées peuvent devenir visibles sous la vignette en fonction des réglages des préférences de Bridge.

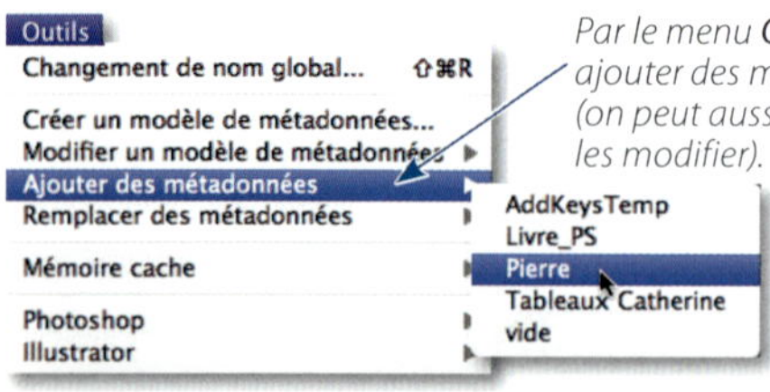

*Par le menu **Outils**, on peut ajouter des métadonnées (on peut aussi les créer ou les modifier).*

Astuce *Les modèles de métadonnées sont utilisables et accessibles pour tout fichier ouvert dans Photoshop ou créé par un programme de la Creative Suite, quand vous affichez la fenêtre **Informations** par le menu **Fichier** du programme.*

Attention *Quand vous affectez ou changez les métadonnées d'un fichier correspondant à une image déjà placée dans une page InDesign, le panneau **Liens** de ce dernier indiquera une icône de fichier modifié, car Bridge réécrit une partie du fichier (sans toucher à l'image) pour y faire figurer les nouvelles métadonnées.*

La recherche d'images et les collections

Le menu **Édition** propose une fenêtre de recherche (⌘F [Ctrl F]). Cette recherche s'effectue dans le dossier sélectionné dans Bridge ou dans celui que vous désignez dans la fenêtre. Les critères de recherche sont cumulables (par clic sur l'icône ⊕) et peuvent faire intervenir le nom du fichier, les couleurs d'étiquette, les dates de création, les mots-clés ou toute autre métadonnée (auteur, données EXIF, RAW...).

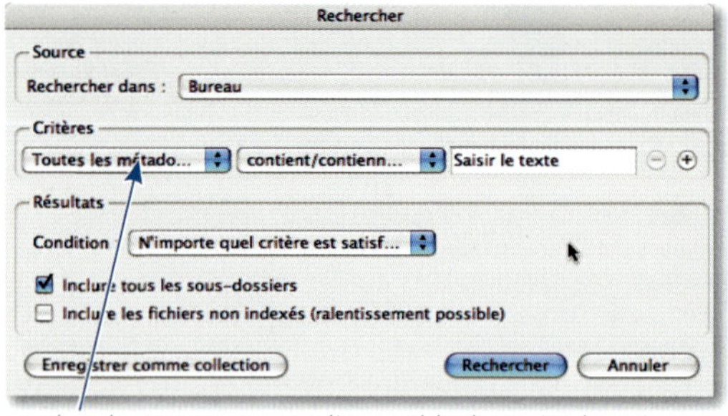

La recherche peut porter sur l'ensemble des métadonnées.

Les résultats s'affichent dans une nouvelle fenêtre, le haut du panneau CONTENU indique les critères de recherche et permet de lancer une recherche ou d'enregistrer la fenêtre en tant que **Smart Collection** (en cliquant sur l'icône) : il s'agit d'un fichier qui constitue une mémorisation de la recherche et joue le rôle de dossier virtuel regroupant des images de diverses provenances.

Toute collection apparaît dans le panneau COLLECTIONS mais peut être placée dans le panneau FAVORIS. Quand vous ouvrez l'une d'elles, la recherche mémorisée est relancée — les critères de recherche qu'elle comporte sont alors éditables. La quantité de fichiers trouvés peut varier si de nouveaux fichiers correspondent aux critères spécifiés.

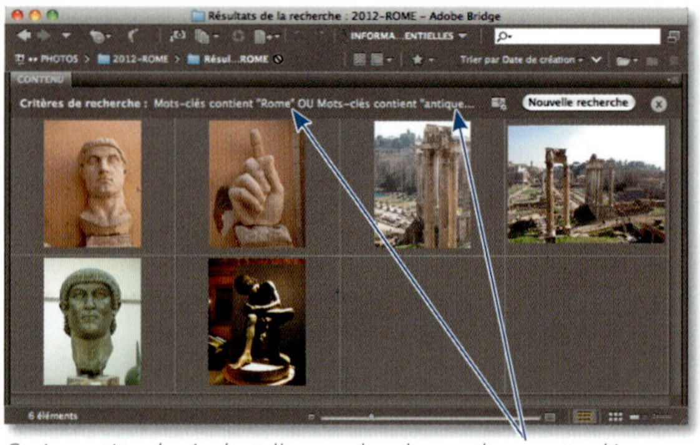

Ceci constitue le résultat d'une recherche sur deux mots-clés. On aurait pu faire une recherche sur un nom d'auteur ou un copyright.

Quelques traitements de fichiers avec Bridge

Les fonctions particulières de Bridge

LA SYNCHRONISATION DE LA GESTION DES COULEURS

Bridge offre la possibilité de synchroniser la gestion des couleurs de l'ensemble des applications de la Creative Suite. Cette opération se réalise à partir de la dernière commande du menu **Édition**. Une fenêtre (*voir ci-dessous*) liste une série de réglages de gestion des couleurs parmi lesquels vous choisissez celui correspondant aux travaux à réaliser.

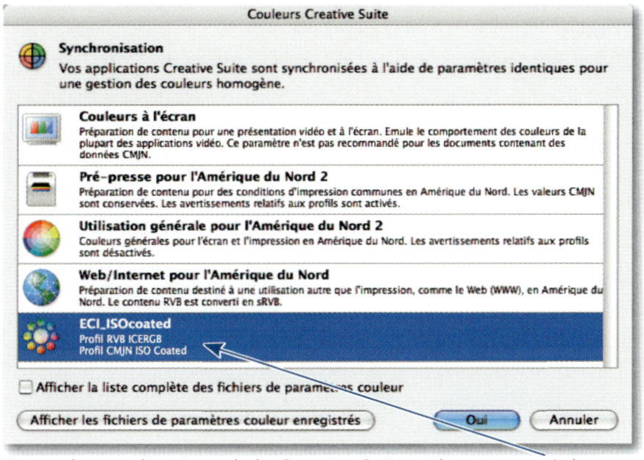

Toutes les applications de la Creative Suite utiliseront ce réglage (préparé avec la commande ***Édition/Couleurs*** *de Photoshop).*

LA PRÉPARATION D'UN RÉGLAGE DE GESTION DE COULEURS (PHOTOSHOP)

Pour préparer un réglage qui, une fois mis en place par Bridge (*comme indiqué ci-dessus*), sera utilisé par tous les programmes de la Creative Suite, démarrez Photoshop et lancez la commande **Couleurs** du menu **Édition**. Dans la fenêtre de dialogue qui apparaît, choisissez les espaces de travail RVB et CMJN, les règles de gestion des couleurs et les options de conversion (certaines options ne sont visibles que si le bouton **Plus d'options** a été activé). Une fois les réglages définis, enregistrez cet ensemble (dans le dossier proposé par défaut : Applications Support/Adobe/Color/Setting) en lui ajoutant éventuellement des commentaires dans la fenêtre qui s'affiche à cet effet. Lancez alors Bridge puis la commande **Paramètres de couleurs Creative Suite**, vous y trouverez le réglage que vous venez de réaliser.

Les traitements basiques

L'OUVERTURE DES FICHIERS

Pour ouvrir une ou plusieurs images, sélectionnez leurs vignettes et effectuez un double-clic sur l'une d'entre elles, ou lancez la commande **Ouvrir** du menu **Fichier** de Bridge. Si vous utilisez la commande **Ouvrir avec** (que l'on retrouve également dans le menu contextuel déroulé sur la vignette sélectionnée), vous pouvez choisir avec quel programme le fichier doit être ouvert. Par exemple, un fichier PDF pourra être ouvert par Photoshop alors qu'il serait ouvert dans Acrobat par double-clic sur sa vignette. De la même façon, un fichier TIFF ou JPEG peut s'ouvrir dans Camera Raw par le menu contextuel (ou le menu **Fichier**, ou au clavier en tapant ⌘ R [Ctrl R]).

ASTUCE *Vous pouvez régler les préférences de Camera Raw (menu* ***Adobe Bridge CS6*** *[Édition]) ou celles de Photoshop (menu* ***Photoshop*** *[Édition]) pour que les fichiers JPEG et TIFF s'ouvrent systématiquement dans Camera Raw par double-clic.*

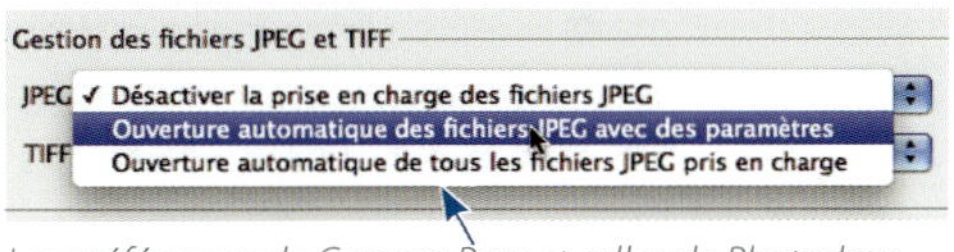

Les préférences de Camera Raw et celles de Photoshop.

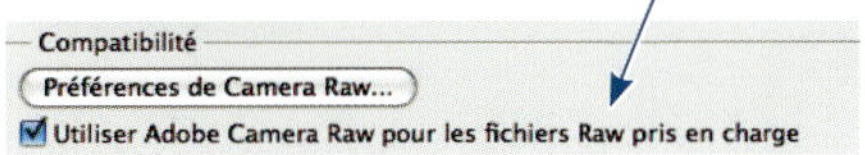

PIVOTER DES IMAGES

Si certaines images n'ont pas l'orientation voulue, sélectionnez-les dans Bridge et redressez-les par clic sur l'une des icônes situées en haut de la fenêtre de Bridge. Ces manipulations (et la rotation à 180°) sont également réalisables à partir des commandes du menu **Édition** de Bridge.

SUPPRIMER DES IMAGES

Si certaines images ne vous sont plus utiles, sélectionnez-les et supprimez-les par clic sur l'icône située en haut de la fenêtre de Bridge (au clavier, on supprime un fichier par ⌘ Efface [Ctrl Efface]).

Le déplacement d'image depuis ou vers Bridge

Pour exclure une image d'un dossier, glissez-la directement sur le Bureau (avec ⌥ [Alt], elle restera dans le dossier et il y aura une copie sur le Bureau). Inversement, si vous glissez une image du Bureau dans la fenêtre de Bridge, le fichier sera déplacé (copié avec ⌥ [Alt]) dans le dossier dont Bridge affiche le contenu.

Un fichier peut être déplacé (ou copié avec ⌥ [Alt]) par glissement de sa vignette sur un autre dossier de la zone des dossiers (sur Mac, il y aura un alias avec ⌥ ⌘).

Astuce *Une icône située dans la **Barre de commandes** de base permet la création d'un nouveau dossier pour y placer des fichiers.*

Les placements dans une autre application

Un fichier image sélectionné dans Bridge peut être placé directement dans une mise en page InDesign affichée à l'écran ou dans un document ouvert de Photoshop (ou d'Illustrator). Cette opération se réalise avec le sous-menu **Importer** du menu **Fichier** de Bridge. Dans le cas d'InDesign, ou d'XPress 8, l'opération peut se réaliser par glissement d'une ou plusieurs images (ou fichier texte). Dans InDesign, une vignette de placement avec un chiffre indiquant le nombre d'éléments importés s'affichera sur la page. XPress importe directement toutes les images glissées.

Vous placerez l'élément par clics ou glissements du curseur en ayant pris soin de le visualiser d'abord en tapant les touches fléchées pour passer de l'un à l'autre.

Dans un premier temps, on voit cette icône, puis celle-ci avec un numéro. On passe d'une image à l'autre par les touches fléchées.

Dans le cas du placement d'une image dans Photoshop, le fichier importé (qu'il vienne de Photoshop ou d'Illustrator) apparaît en tant qu'objet dynamique (avec le réglage par défaut des préférences).

Les traitements via Photoshop

Le menu Outils de Bridge

Le menu **Outils** de Bridge affiche des sous-menus parmi lesquels **Photoshop**. Ce dernier propose une série de commandes correspondant à des scripts de traitement de photos.

*Dans ce sous-menu du menu **Outils**, on peut traiter les fichiers sélectionnés.*

Attention *Les traitements indiqués dans les paragraphes qui suivent ne fonctionnent que si Photoshop est installé car ils provoqueront le lancement du programme.*

Le chargement des fichiers dans les calques Photoshop

La commande **Chargement des fichiers dans les calques Photoshop** permet de créer une pile de calques, c'est-à-dire une superposition de calques à partir desquels vous pourrez réaliser une image composite (le panoramique en est un exemple). Cette commande est également disponible *via* la commande **Charger les fichiers dans une pile** (menu **Fichier/Scripts**).

La correction de l'objectif

À partir de Bridge, il est possible de traiter un lot de fichiers (de format JPEG, RAW ou autre) de manière à supprimer des défauts liés à l'objectif (déformation géométrique, aberration chromatique, vignetage...). Lors de ce traitement, Bridge lance, dans Photoshop, le filtre **Correction de l'objectif** qui désormais détecte, dans les données EXIF de la photo, les caractéristiques de l'appareil photo et de l'objectif utilisés, et applique de manière automatique un traitement spécifique qui corrige les défauts inhérents à la configuration matérielle détectée (il est également possible de désigner le profil de correction correspondant à une configuration particulière). Quand vous lancez la commande **Correction de l'objectif** du menu **Outils/Photoshop**, une fenêtre permet de spécifier différents réglages :

1. les fichiers ou le dossier à traiter. Il est possible d'ajouter des fichiers provenant de différents dossiers ;
2. le dossier de destination et le format des fichiers créés ;
3. le profil de correction de l'objectif : automatique (adapté à chaque image) ou non ;
4. les types de correction réalisés. Par défaut, seule la correction de déformation géométrique est appliquée. Quand les corrections sont réalisées, l'image est mise à l'échelle, il est possible de l'éviter et de spécifier comment seront traités les bords de l'image.

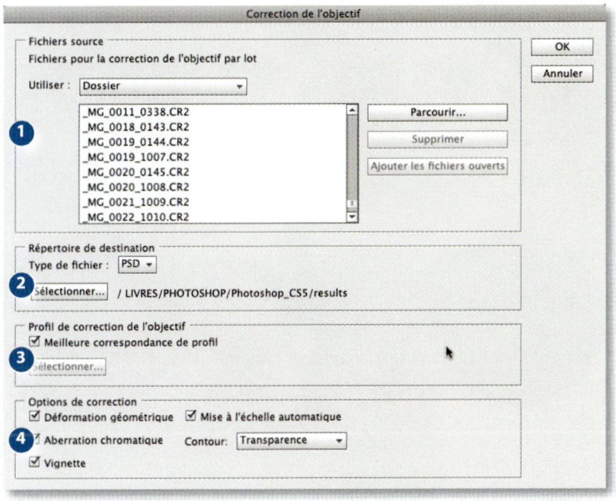

Cette fenêtre permet d'appliquer des corrections d'objectif à un lot de fichiers.

Les photos sont traitées sans qu'aucune fenêtre de réglages n'apparaisse. Si vous souhaitez personnaliser les réglages, ouvrez le fichier dans Photoshop afin de l'y traiter.

La création de photos par fusion HDR Pro

Le principe des images HDR

Photoshop permet de préparer une photo ayant une gamme dynamique étendue (*High Dynamic Range* ou HDR) à partir d'une fusion de plusieurs photos. La gamme dynamique est le rapport entre les zones foncées et les zones lumineuses. La plupart des appareils photo numériques ne sont capables de capturer qu'une gamme dynamique limitée. Ainsi, lors de la prise de vue, le photographe doit faire un choix : il ne pourra privilégier qu'une gamme de tons (clairs ou foncés) afin d'y faire apparaître davantage de détails en fonction de la scène et de l'effet souhaité. La photo obtenue, codée sur 8 ou 16 bits par couche, ne contient qu'une gamme dynamique réduite (inférieure à la perception de notre œil). L'utilisation d'images HDR (32 bits par couche) permet de restituer une gamme beaucoup plus large de la scène photographiée. Toutes les valeurs de luminance sont représentées et stockées dans une image HDR et il est possible d'y ajuster l'exposition comme aurait pu le faire le photographe lors de la prise de vue.

> **Astuce** *Avec les fichiers au format RAW, une alternative aux images HDR peut être obtenue en superposant deux images identiques avec des développements différents et des masques de fusion pour ne superposer que certaines zones. Nous en reparlerons dans la partie consacrée à Camera Raw. On peut aussi obtenir un pseudo-HDR en développant plusieurs fois la même image RAW avec des expositions différentes et en les fusionnant en HDR.*

Les images pour la fusion HDR

Lors de la création de l'image HDR, de multiples prises de vue d'une même scène avec des expositions différentes sont fusionnées. Quelques précautions doivent être respectées lors des prises de vue :

- Utilisez un trépied pour stabiliser l'appareil photo. Cependant, le programme sera capable de gérer des différences de positionnement d'éléments de l'image.
- Réalisez suffisamment de photos pour couvrir la gamme dynamique complète de la scène. Le minimum est de trois (elles peuvent être obtenues avec une fonction de bracketing associée à des prises de vue en rafale, par exemple), mais vous pouvez essayer de prendre cinq photos, voire davantage, selon la gamme dynamique de la scène.
- Changez la vitesse d'obturation pour créer différentes expositions en appliquant des variations de 1 ou 2 EV (valeur d'exposition).
- Évitez de modifier l'ouverture car elle entraîne un changement de la profondeur de champ dans chaque exposition et peut produire des résultats de qualité inférieure.
- Évitez de modifier le réglage de l'ISO, cela risque de provoquer du bruit.
- Ne changez pas l'éclairage avec, par exemple, une prise de vue avec et sans flash.
- Assurez-vous que rien ne se déplace dans la scène : la fusion ne fonctionne qu'avec des images d'exposition différentes mais d'une même scène. Toutefois, le programme de fusion propose une option qui permet de pallier le mouvement de certains éléments dans la scène.

La commande de fusion HDR Pro

Dans le panneau Contenu de Bridge, sélectionnez les fichiers à fusionner et lancez la commande de fusion (menu **Outils**, puis **Photoshop** et enfin **Fusion HDR Pro**). Celle-ci est également disponible dans Photoshop, **Fichier/Automatisation**, dans ce cas une fenêtre permet d'ajouter les fichiers à fusionner. Une fois la fusion réalisée, Photoshop affiche une image contenant une gamme de couleurs plus étendue dans une fenêtre qui propose des réglages.

On sélectionne les images à fusionner (de gauche à droite, surexposée, normale et sous-exposée) et on lance **Fusion HDR Pro**.

La nature des réglages dépend de la profondeur des couleurs choisie (8, 16 ou 32 bits). Avec 32 bits, on se limite à un réglage d'exposition par glissement du curseur sous l'histogramme. Pour les modes 8 et 16 bits, de nombreux réglages sont disponibles (lueur, gamma, exposition, détails, tonalité…), certains d'entre eux sont accessibles à partir d'un menu (**Adaptation locale**). Ces réglages pourront être mémorisés, puis listés avec les paramètres prédéfinis afin d'être facilement appliqués lors d'autres fusions d'images.

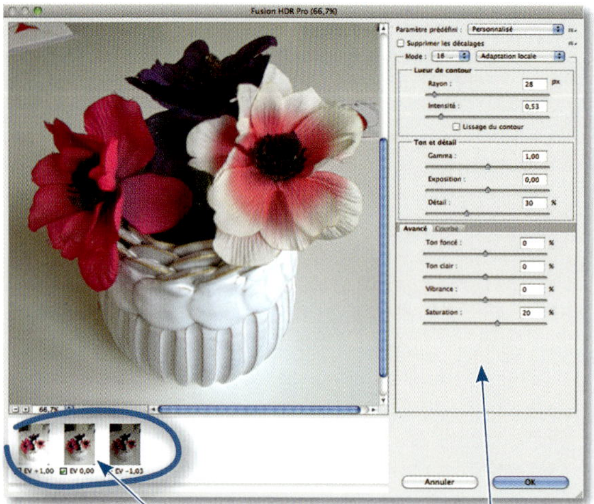

On voit les vignettes des images fusionnées et les réglages disponibles. Les conversions avec le mode 16 ou 8 bits proposent davantage de réglages.

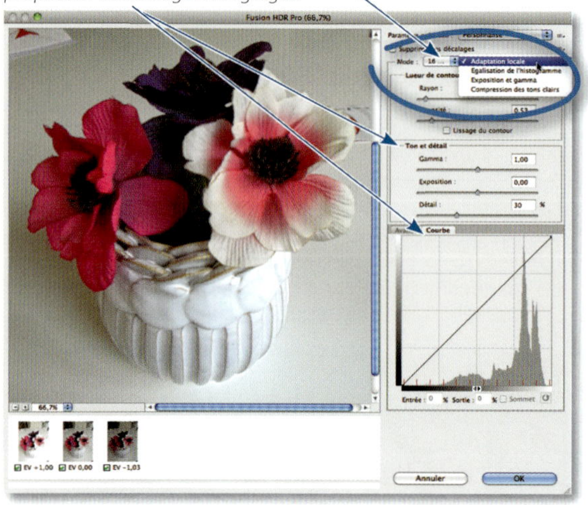

L'image finale présente davantage de détails dans les zones de lumière et des les zones d'ombre. Vous pouvez accentuer (ou amoindrir) l'effet en ajustant les curseurs **Tons foncés** et **Tons clairs**, augmenter/réduire le contraste et l'éclairage (**Gamma** et **Exposition**) ou la netteté (**Détails**) pour, par exemple, créer un effet de flou artistique.

Les détails dans les zones d'ombres sont conservés.

Les détails dans les zones de lumière sont conservés.

Parmi les réglages figure une option qui permet d'éliminer les différences de positionnement entre certains éléments (**Supprimer les décalages**). Quand l'option est activée, Photoshop choisit une image de référence (dans la partie basse de la fenêtre, sa vignette s'encadre de vert) et supprime les éléments qui apparaissaient dans l'image finale, mais pas dans celle de référence. Si le résultat ne vous convient pas, vous pouvez éventuellement choisir une autre référence en cliquant sur sa vignette.

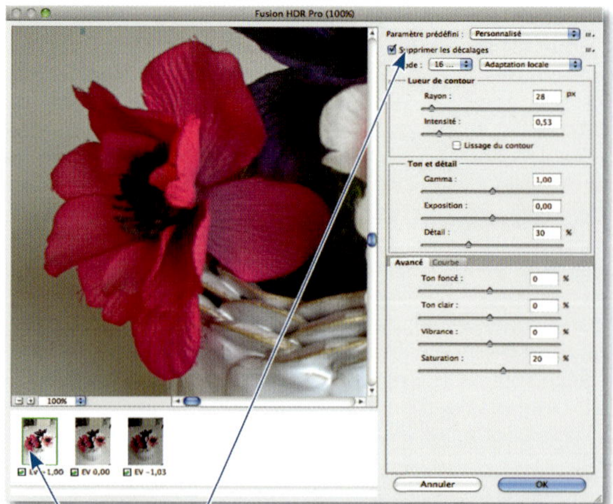

Cette option permet de pallier un défaut de superposition (bougé ou mouvement d'un élément). On choisit alors ici la photo de référence.

Si vous gardez l'image en 32 bits, vous pourrez la convertir en 8 bits (ou 16 bits) par la commande **8 bits/couche** (ou **16 bits/couche**) du menu **Image/Mode**. Lors de cette conversion, la fenêtre proposera les mêmes réglages que la fenêtre de fusion HDR.

Tous les réglages, y compris **Vibrance** et **Saturation**, sont directement accessibles. Tant que la conversion n'est pas réalisée, l'exposition demeure modifiable directement dans la barre d'état de l'image.

Un curseur permet de régler l'exposition avec le mode 32 bits, on le retrouve quand la photo traitée est affichée.

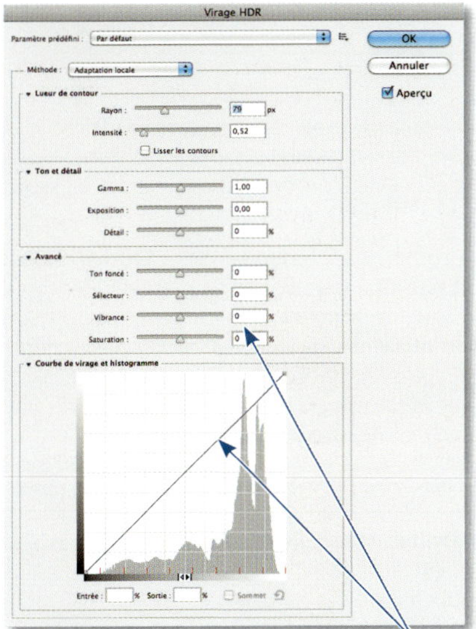

La fenêtre de conversion (16 ou 8 bits) affiche simultanément tous les réglages disponibles lors de la fusion HDR Pro.

Avec Photoshop, vous pouvez appliquer à une image unique des réglages de tonalité HDR. En effet, le menu **Image/Réglage** comporte la commande **Virage HDR** (elle affiche la même fenêtre) qui permet de créer des effets particuliers en utilisant, par exemple, des réglages que vous aurez enregistrés en tant que paramètres de fusion HDR. Certains paramètres prédéfinis (comme, par exemple, Scott5) donneront des effets intéressants avec certains types d'images (*nous en reparlerons plus loin dans ce livre*).

PHOTOMERGE : CRÉATION DE PANORAMIQUES

À partir d'une série de photos sélectionnées dans Bridge, Photoshop peut réaliser un panoramique à l'aide de la commande **Photomerge** du menu **Outils/Photoshop** de Bridge (ou du menu contextuel de Mini Bridge). Nous étudierons cette fonctionnalité plus loin dans ce livre.

LA PLANCHE CONTACT

Cette fonction, disparue dans la version précédente, est de retour dans Bridge. Elle permet, à partir d'une sélection d'images dans Bridge, la création d'une planche-contact. Pour créer la planche, sélectionnez la série de photos dans Bridge et lancez la commande **Planche Contact II** (menu **Outils/Photoshop**). Cette commande est également accessible dans Photoshop (menu **Fichier/Automatisation**), des options permettront d'utiliser les fichiers ouverts, ceux sélectionnés dans Bridge ou d'autres que vous souhaitez désigner.

On sélectionne les images et on lance Planche Contact II.

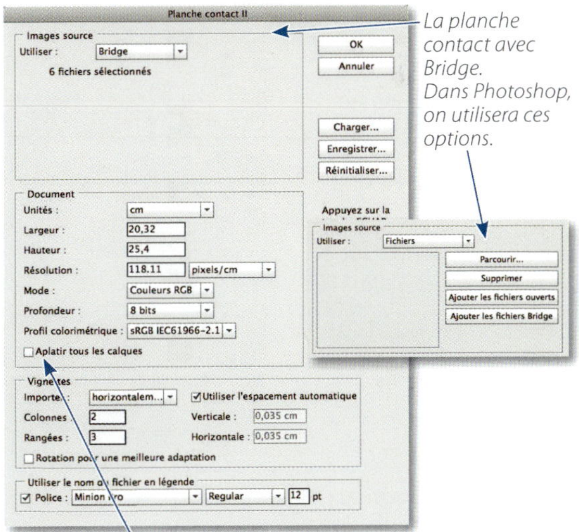

La planche contact avec Bridge. Dans Photoshop, on utilisera ces options.

Décochez cette option pour garder les calques séparés.

Dans la fenêtre de réglages de la planche, définissez la taille du document (par exemple, 21 x 29,7cm pour un A4), le nombre de colonnes et de lignes, et la présence ou nom d'une légende (exclusivement constituée du nom du fichier). Pensez à décocher l'option **Aplatir tous les calques** de manière à pourvoir sélectionner certains d'entre eux (avec la nouvelle option de filtrage) afin de leur affecter un style de calque ou un style de paragraphe.

Si les calques n'ont pas été aplatis, on peut facilement sélectionner les calques avec cette option pour leur appliquer un style de paragraphe, par exemple.

Si vous avez réalisé des réglages particuliers de planches, pensez à les mémoriser de manière à les réutiliser pour d'autres planches.

Le processeur d'images

Cette commande permet de créer des copies d'une série d'images. Trois formats sont disponibles (JPEG, PSD et TIFF) et les images peuvent être redimensionnées (en précisant une dimension maximale pour la largeur ou la hauteur). Si vous avez préparé un script, il peut être affecté à l'ensemble des images (cela peut être, par exemple, l'ajout d'un filigrane).

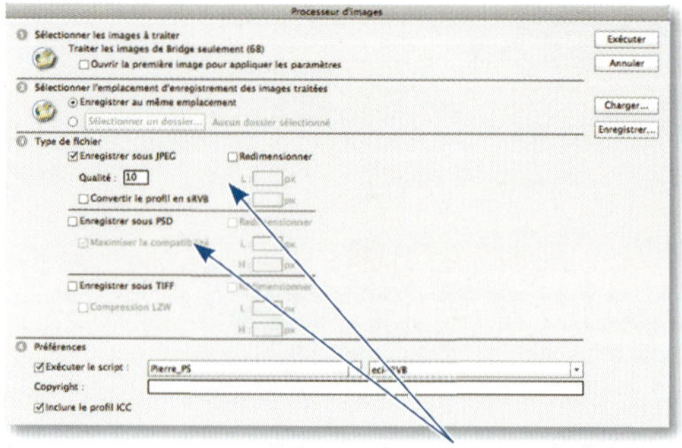

Le processeur permet d'obtenir plusieurs types de fichiers.

Les traitements par lots

Ce traitement automatisé de Bridge (menu **Outils/Photoshop/Traitement par lots**) fonctionne de manière identique à celui que l'on lance à partir du menu **Fichier**, et de son sous-menu **Automatisation**, de Photoshop. Les traitements par lots nécessitent la préparation d'un script (réalisé à partir du panneau de même nom), puis son utilisation dans le traitement par lots (*voir le chapitre précédent, page 30*).

Le traitement des collections dans Photoshop

La commande **Traiter les collections dans Photoshop** est une fonction extrêmement puissante. En effet, à partir d'une série de photos situées dans le dossier affiché par le panneau CONTENU, elle permet à Photoshop de sélectionner les photos susceptibles de faire l'objet d'un panoramique ou d'une fusion HDR, et de les traiter pour réaliser le panoramique ou la fusion HDR. De plus, selon la composition du dossier, plusieurs panoramiques ou images HDR distincts peuvent être réalisés à partir des images correspondantes. Cette commande constitue une sorte de « Photomerge » ou de « fusion HDR » automatique.

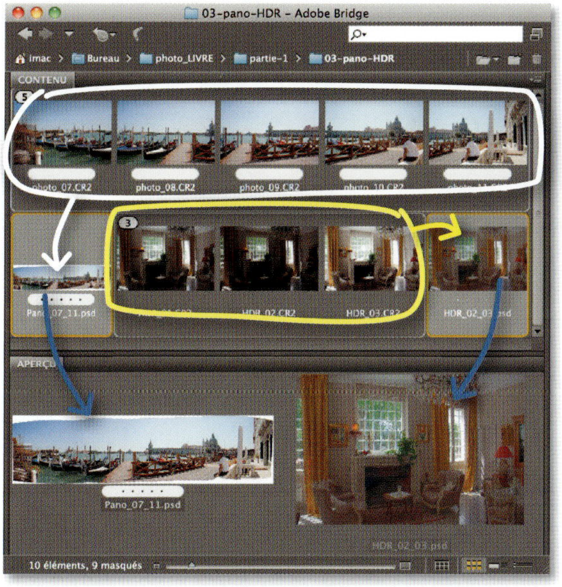

Avec ***Traiter les collections dans Photoshop****, le programme sélectionne les fichiers voulus et les traite pour réaliser des fusions HDR ou des panoramiques.*

Pour réaliser ce montage panoramique (ici, retouché sur ce calque), Photoshop lance automatiquement la fonction Photomerge et crée la pile de calques.

S'il y a plusieurs traitements à réaliser, les fichiers sont fermés. Dans le cas d'un panoramique, une fois ouvert dans Photoshop, on peut voir la pile de calques et leur masque associé.

Les présentations d'images avec le module Sortie de Bridge

La présentation PDF est de retour dans Photoshop mais elle est également accessible dans Bridge avec les galeries Web photos.

Ces fonctions sont utilisables avec tout type d'image, même celles provenant d'Illustrator (voire avec des pages PDF). C'est à partir de l'icône que l'on accède à la commande **Sortie au format Web ou PDF**. Un nouveau panneau SORTIE s'affiche alors à droite du panneau CONTENU. Il propose, dans sa partie supérieure, deux boutons (PDF et GALERIE WEB) pour créer, respectivement, une présentation PDF ou une galerie de photos pour le Web.

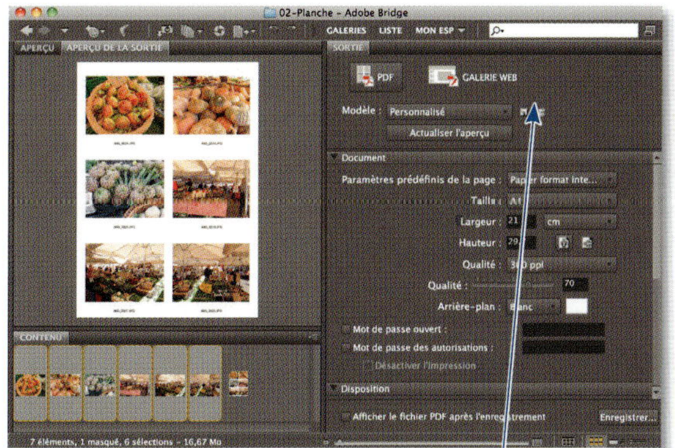

L'aperçu de la présentation PDF ou du site peut être obtenu directement dans Bridge avec ce bouton.

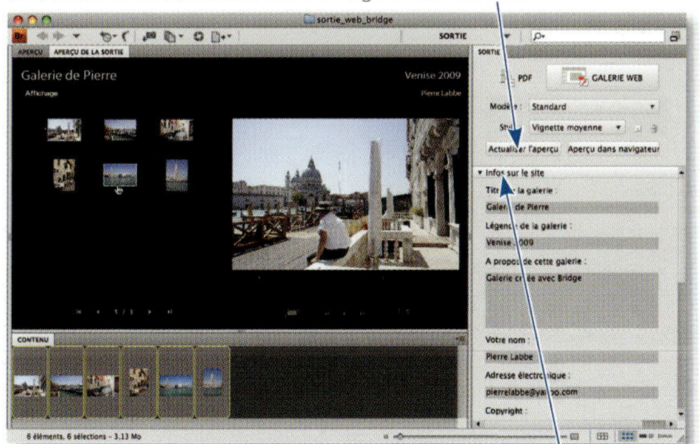

Le site peut être personnalisé grâce à ces différents onglets. Il peut aussi être mis en ligne directement depuis Bridge.

Une fois ce premier choix réalisé, vous pouvez choisir l'un des modèles prédéfinis dans la liste **Modèle**, puis éventuellement personnaliser ce mode de présentation PDF (planche-contact, agrandissement, diaporama ou autre) ou de site Web (de type HTML ou Flash) à l'aide des rubriques situées dans la partie inférieure du panneau. Avec Bridge CS6, le modèle de présentation que vous avez défini peut être mémorisé de manière à le réutiliser ultérieurement.

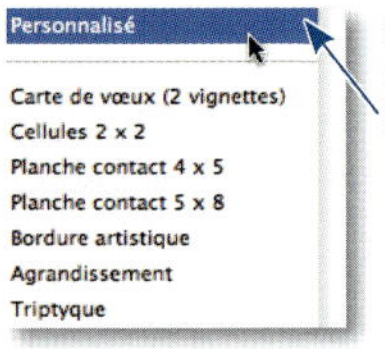

Les modèles de présentation PDF sont personnalisables.

Les modèles de sites Web.

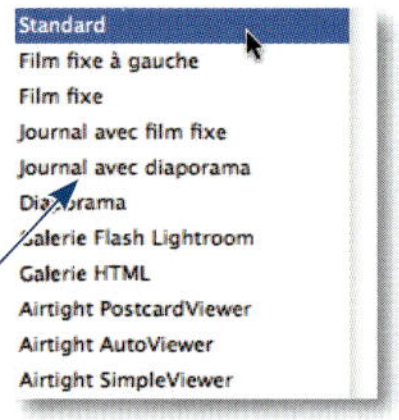

Une fois les réglages réalisés, vous pouvez visualiser le résultat dans un navigateur ou directement dans Bridge à l'aide du bouton **Actualiser l'aperçu** (un nouveau panneau APERÇU DE LA SORTIE apparaît alors).

Les présentations PDF

Les options de présentations

Quand on choisit la présentation de type PDF, la partie inférieure du panneau SORTIE propose une série de rubriques dont la première (**Document**) est développée. Vous pouvez alors consulter ces différentes rubriques et les personnaliser comme bon vous semble.

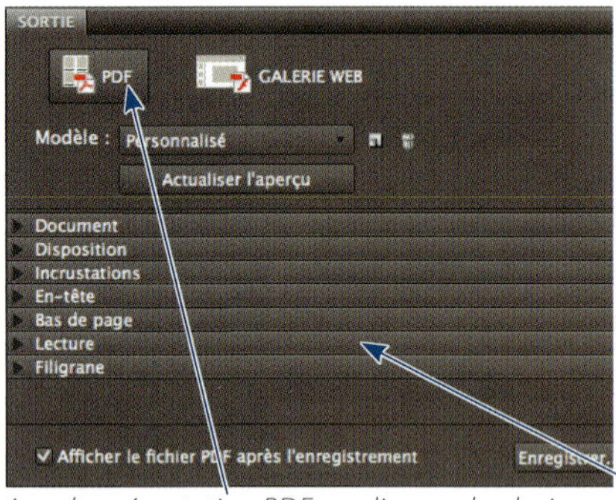

Avec la présentation PDF, on dispose de plusieurs rubriques pour personnaliser la présentation. On peut désormais l'enregistrer.

Passons en revue ces différentes rubriques dont certaines correspondent à celles que l'on trouvait lors de la création d'une planche-contact ou d'une collection d'images. Cependant, avec ce module, on peut visualiser le résultat en cliquant sur le bouton **Actualiser l'aperçu**.

> **Astuce** *Quand vous réalisez une présentation PDF destinée au Web à partir d'images CMJN, pour réduire la taille du fichier PDF, pensez à décocher l'option **Conserver le profil couleur incorporé** dans les préférences (rubrique **Sortie**).*

Document

Dans cette rubrique, on définit le format des pages, la résolution des photos et la couleur de l'arrière-plan.

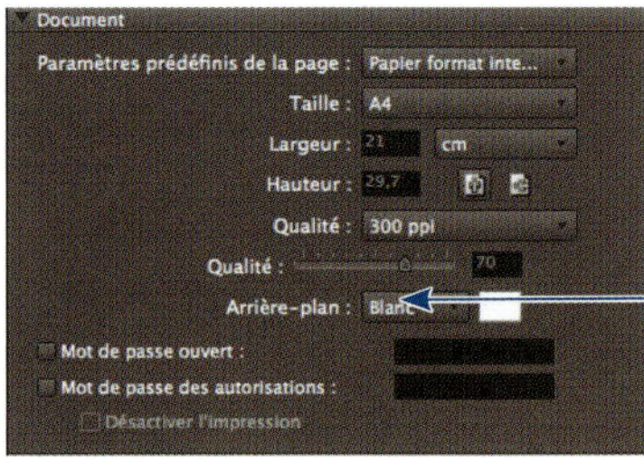

On peut protéger la présentation avec des mots de passe.

Disposition

Avec cette rubrique, on spécifie le nombre de photos par page (nombre de colonnes et de rangées). Selon le nombre de photos sélectionnées dans le panneau CONTENU, Bridge créera plusieurs pages. Avec l'option **Répéter une photo par page**, chaque page ne comportera que la même image répétée (comme dans les collections d'images).

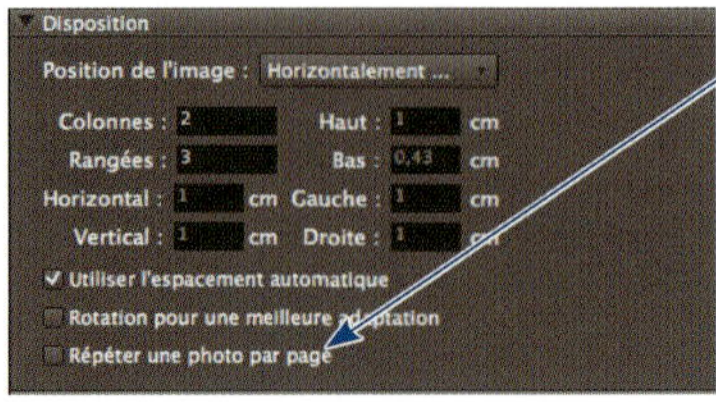

Avec cette option, on aura des photos identiques.

Incrustations

Les incrustations correspondent au placement ou non des noms des fichiers et des numéros de pages.

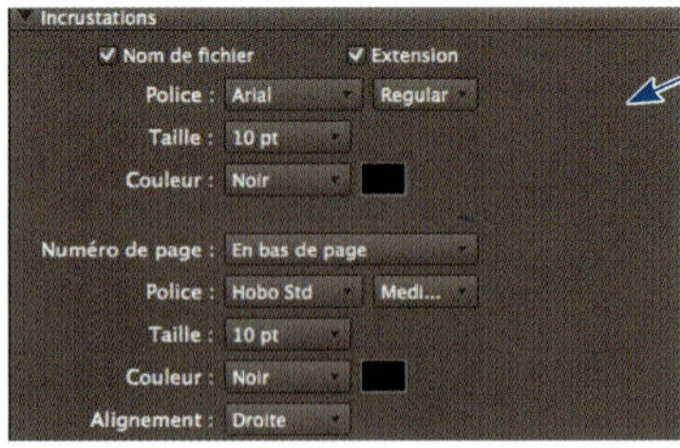

On peut faire apparaître le nom du fichier sous chaque photo ainsi que le numéro de page (en haut ou en bas de la page).

Au lieu d'inscruster le nom du fichier (sans son extension) vous pouvez le remplacer par un titre en utilisant l'astuce suivante.

1. Si cela n'a pas encore été fait, dans Bridge, dans le champ **Titre** des métadonnées (rubrique **IPTC Core**), saisissez un titre pour la photo (évitez certains signes de ponctuation, notamment « : » et la barre oblique « / »).

2. Sélectionnez les photos à incorporer dans la présentation et utilisez la commande **Changement de nom global**. Dans la zone **Nouveaux noms de fichiers**, choisissez **Métadonnées**, puis **Titre** en texte de remplacement. À l'aide de l'aperçu, vérifiez que les nouveaux noms de fichiers correspondent aux titres précédemment saisis. Choisissez de créer une copie des fichiers qui seront renommés dans un nouveau dossier afin de préserver les fichiers initiaux.

3. Si vous souhaitez garder le numéro figurant dans le nom initial de l'image, utilisez une substitution de chaîne avec les expressions régulières (*voir page 43*). Dans notre exemple, chaque nom comporte des chiffres (exemple, IMG_0023.JPG), et l'on souhaite ne conserver que les trois derniers. Ces trois chiffres, ici **023** (qui seront transcrits en \d{3} dans le champ **Rechercher**), sont précédés de l'expression IMG_0 et suivi de l'expression .JPG. Dans le champ de recherche, ces expressions sont mises entre parenthèses de manière à les distinguer et à pouvoir ne récupérer que la deuxième dans le champ **Remplacer par** à l'aide des métacaractères $2 (suivis des autres signes de remplacement, *voir ci-dessous*).

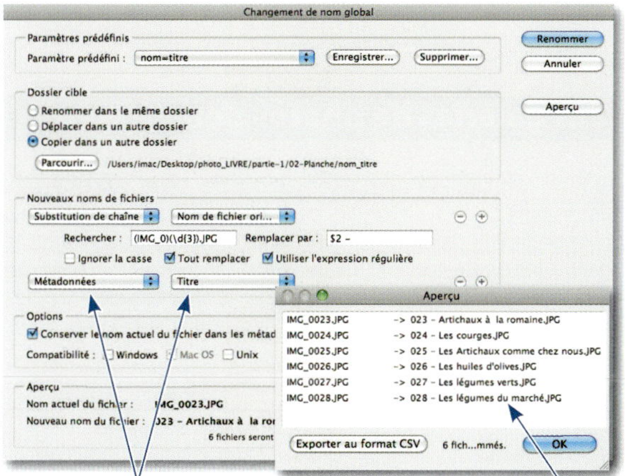

Avec les métadonnées, on définit les nouveaux noms. On vérifie dans l'aperçu le changement de noms avec l'utilisation du titre et la conservation des chiffres.

4. Dans Bridge, sélectionnez ces nouveaux fichiers et créez la présentation voulue avec l'incrustation **Nom de fichier** cochée (et **Extension** désactivée).

On crée la présentation PDF une fois les fichiers renommés. Avec l'inscrutation du nom de fichier, le titre des métadonnées apparaît comme légende de la photo.

En-tête et Bas de page

Ces deux rubriques permettent d'ajouter un texte personnalisé en en-tête ou en bas de page. L'option à utiliser se choisit dans la rubrique **Incrustations**.

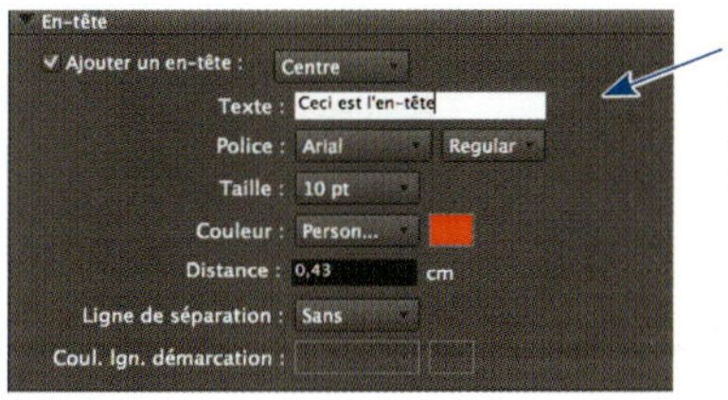

On peut saisir un texte d'en-tête qui apparaîtra avec le numéro de page.

Lecture

La présentation apparaît sous forme de diaporama, cette rubrique permet de spécifier des éléments de son aspect.

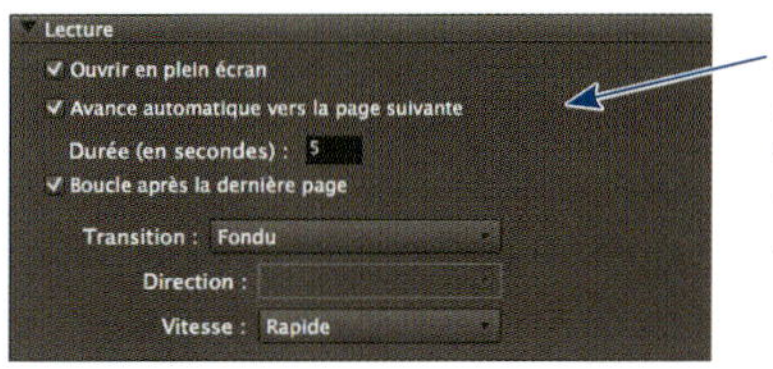

Ici, on définit l'aspect et le comportement de la présentation à son ouverture.

Filigrane

Cette rubrique permet d'ajouter un filigrane, tel un copyright. Des options permettent de saisir un texte ou de spécifier un fichier image qui sera inséré comme filigrane. Dans les deux cas, celui-ci peut être placé au premier plan ou à l'arrière-plan, sur chaque photo ou sur l'ensemble de la page avec une taille, une opacité et une orientation voulues.

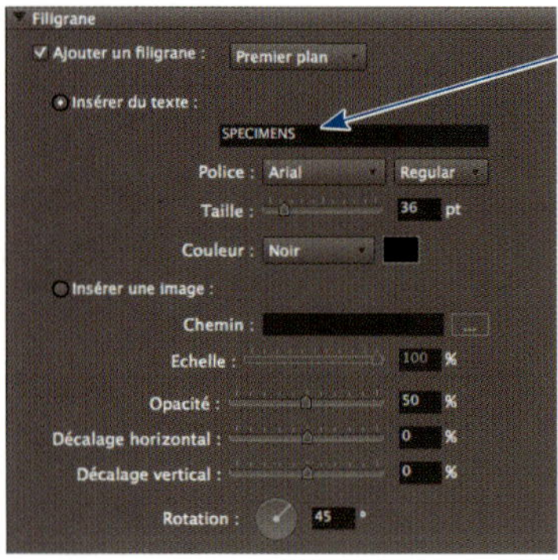

On peut saisir un texte ou utiliser un fichier image qui s'affichera sur chaque photo.

La planche-contact

Cette option vient s'ajouter à la commande du menu **Outils/ Photoshop**, **Planche Contact II** ; en effet, le module de sortie PDF de Bridge permet la création de planches et leur personnalisation. Quand vous avez configuré votre modèle, vous pouvez l'enregistrer afin de le réutiliser. Avec ce type de planche, vous devrez imprimer votre planche depuis Acrobat car Bridge ne permet pas cette opération. On retrouve ce même inconvénient avec les collections d'images décrites ci-après.

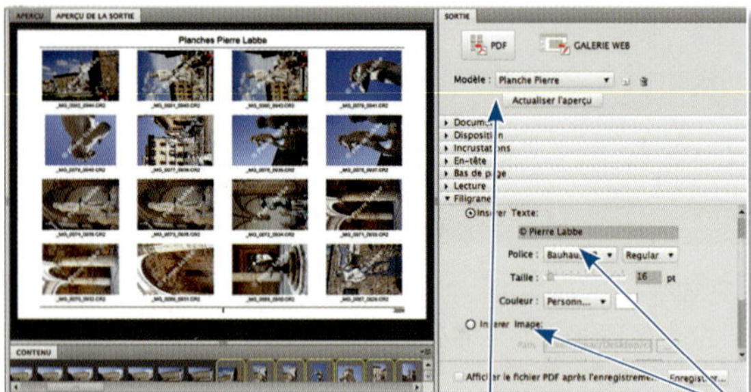

La planche-contact est personnalisable et enregistrable. On peut y ajouter un filigrane sous forme de texte ou de photo.

Dans chaque modèle vous pouvez :

- choisir un format et une orientation de page ;
- définir le nombre et la disposition des images (une option permet de faire pivoter automatiquement certaines images pour obtenir un meilleur remplissage) ;
- ajouter des en-tête ou pied de page, ainsi qu'un filigrane (à partir d'un texte ou d'un fichier Photoshop) qui apparaîtra sur la page ou sur chaque photo de la planche.

Avant de créer la planche-contact, utilisez les commandes de Bridge pour renommer les photos affichées, profitez de l'affectation d'étiquette ou de note pour ne garder visibles que certaines images. La planche est réalisée à partir de la sélection affichée dans le panneau CONTENU.

Les collections d'images

Collection d'images ne fait plus partie des fonctions de Photoshop ; cependant, à l'aide du module de sortie PDF de Bridge, on peut retrouver cette fonctionnalité. En effet, une fois le format du papier défini ainsi que le nombre de photos par page, il suffit de cocher l'option **Répéter une photo par page** dans la rubrique **Disposition** pour obtenir une collection d'images. Celle-ci peut être enregistrée en tant que modèle et bien sûr vous pouvez créer différents modèles correspondant à des collections que vous souhaiterez utiliser.

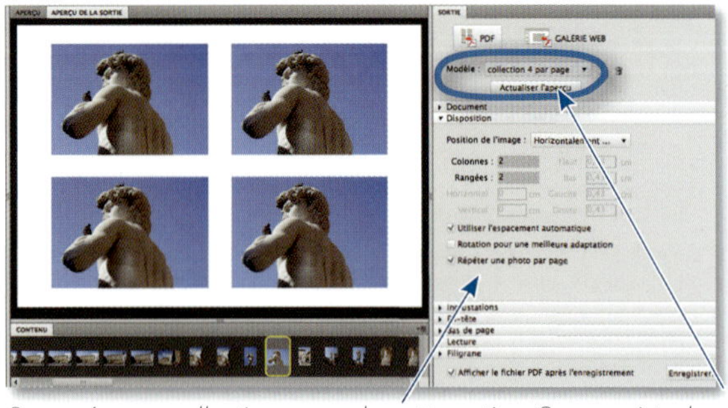

Pour créer une collection, on coche cette option. On enregistre le modèle une fois que les options ont été personnalisées.

Les galeries de photos pour le Web

Quand on choisit la présentation de type GALERIE WEB GALERIE WEB, on peut choisir un modèle de galerie puis personnaliser celui-ci et même le mémoriser. En effet, la partie inférieure du panneau SORTIE propose une série de rubriques dont la première (**Infos sur le site**) est développée. Vous pouvez alors consulter ces différentes rubriques et les modifier comme bon vous semble.

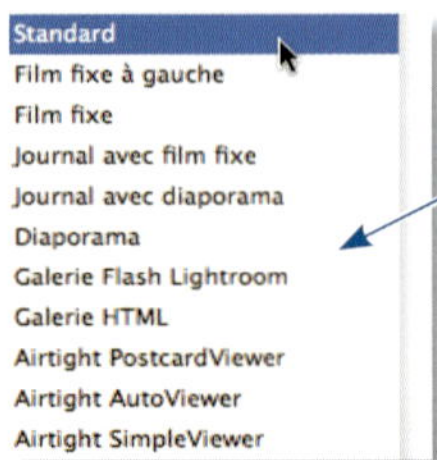

Bridge propose plusieurs modèles de galerie. Chaque modèle peut être personnalisé, puis mémorisé.

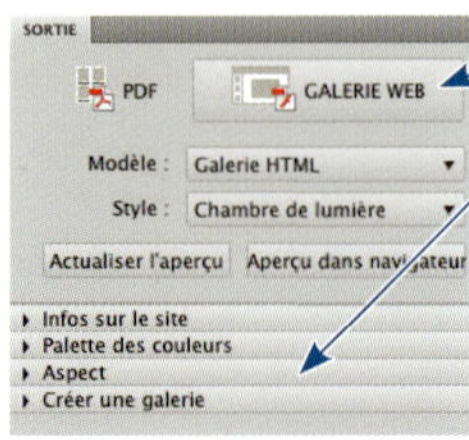

*Avec la présentation **GALERIE WEB**, on dispose de plusieurs rubriques pour personnaliser le site Web qui sera créé.*

Passons en revue ces différentes rubriques dont certaines correspondent à celles que l'on trouvait lors de la création d'une galerie Web dans les versions antérieures à CS4. Avec ce module, on peut visualiser le résultat en cliquant sur le bouton **Actualiser l'aperçu** (on peut aussi l'afficher dans un navigateur Web).

INFOS SUR LE SITE

Dans cette rubrique, on indique quelques informations sur le site, telles que son titre et sa description.

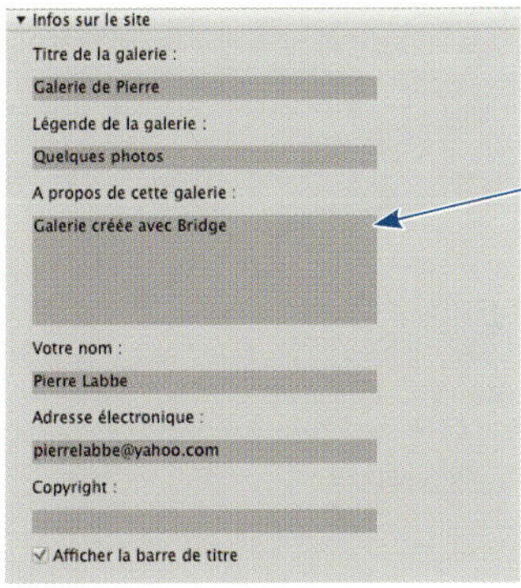

Dans cette rubrique, on spécifie quelques informations sur le site.

PALETTE DES COULEURS

Avec cette rubrique, il est possible de définir les couleurs des différents éléments de la page.

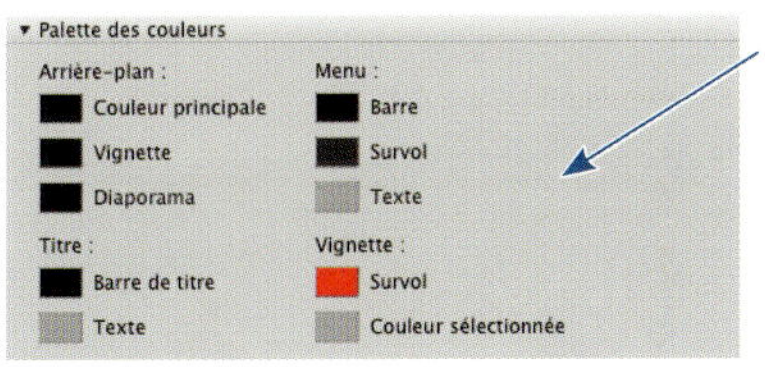

Dans cette rubrique, on affine la coloration des éléments du site.

ASPECT

Cette rubrique comporte des options différentes en fonction du type de site choisi mais, d'une manière générale, on y règle les dimensions des éléments et le diaporama.

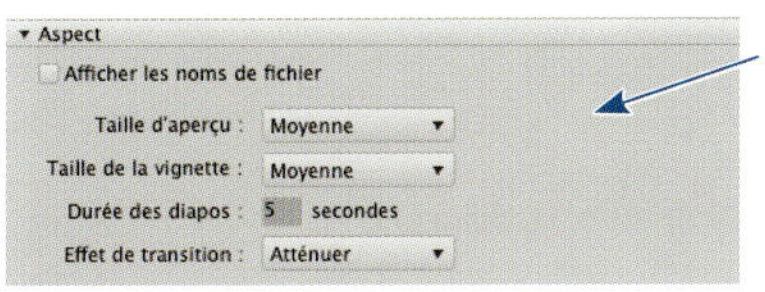

Ici, on règle les dimensions des éléments du site.

CRÉER UNE GALERIE

La galerie peut être enregistrée en local sur le disque ou être directement téléchargée par un FTP.

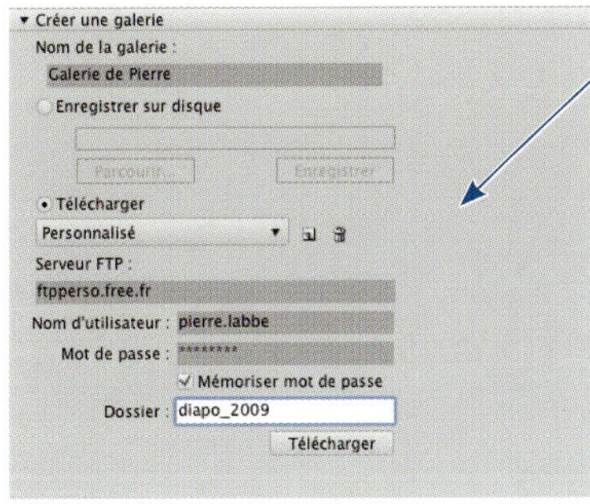

Grâce à cette zone, on enregistre en local ou sur un site distant.

L'ajout de modules externes

Il est possible d'installer des modules externes, tels que des filtres ou des scripts, à l'aide du programme nommé **Adobe Extension Manager.** Celui-ci est installé automatiquement avec Photoshop. Vous pouvez télécharger des extensions (à l'adresse **http://www.adobe.com/fr/exchange/**) et les installer. Le programme permet également de migrer des extensions installées dans les versions précédentes.

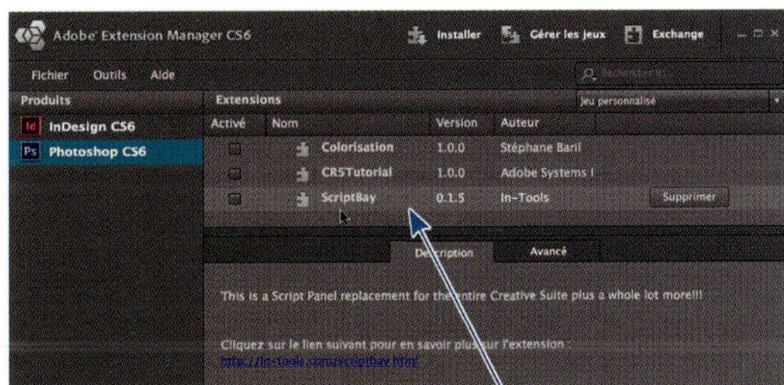

*Avec ce programme, on peut installer des modules externes (fichiers ayant l'extension **.mxp** ou **.zxp**).*

L'ajout de scripts pour Bridge

Si vous savez programmer en JavaScript ou si vous récupérez sur Internet des scripts JavaScript (fichiers **.jsx**), vous pouvez les placer dans le dossier **Startup Scripts** de Bridge pour pouvoir les utiliser. On affiche ce dossier à partir des préférences de Bridge (**⌘K [Ctrl K]**), par l'onglet **Scripts de démarrage** puis **Afficher mes scripts de démarrage**.

5 - Camera Raw : le labo photo

Les formats de fichiers traités par Camera Raw

Le module Camera Raw

Camera Raw est un plug-in de traitement d'images qui peut être utilisé indifféremment par Photoshop ou par Bridge. Ces traitements appliqués à l'image pourront être enregistrés afin d'être attribués rapidement à un ensemble de photos de manière réversible. Selon l'enregistrement du fichier, les réglages affectés ne sont pas destructifs. Camera Raw, dont le moteur de dématriçage a été revu, possède de nombreuses fonctions de traitement des fichiers graphiques.

Le format RAW : négatif numérique

De nombreux appareils photo numériques sont capables de générer des fichiers images au format RAW (l'extension varie selon l'appareil : **.NEF** pour Nikon, **.CR2** pour Canon, etc.). Des mises à jour régulières sont proposées sur le site d'Adobe quand de nouveaux boîtiers apparaissent.

Un fichier au format RAW contient les données originales prises par le capteur de l'appareil. L'image n'a subi aucun traitement interne (ni compression destructive) ; de plus, elle possède une profondeur des couleurs plus élevée (de 30 bits (3 × 10) à 48 bits (3 × 16) selon les appareils, contre les 24 bits (3 × 8) pour les images au format JPEG), ce qui permet d'obtenir une gamme de couleurs supérieure et un niveau de détails plus important. Le fichier RAW, fichier de données brutes du capteur, non dématricées et sans aucun traitement du signal, constitue ainsi une sorte de **négatif numérique**.

En contrepartie, l'image RAW n'est pas utilisable directement et, comme pour un négatif argentique, elle doit être « développée ». En effet, au lieu de laisser à l'appareil photo le soin de traiter l'image avec ses paramètres automatiques (cas de l'image JPEG), vous utilisez Camera Raw comme « labo numérique » afin d'ajuster les données de l'image (balance des blancs, température, exposition, luminosité, saturation, netteté...) de manière à obtenir l'aspect souhaité.

À la fin du traitement, Camera Raw ouvre une copie du fichier RAW ayant l'aspect voulu et associe au fichier RAW (qui reste donc intact) un fichier XMP (d'extension **.xmp**) contenant les réglages appliqués à la copie. Nous reparlerons plus loin de ce fichier XMP qui permet une certaine automatisation. En ouvrant une seconde fois le fichier RAW, le fichier XMP de « développement » peut être modifié ; ainsi, à l'instar des tirages papier obtenus avec un négatif argentique, vous pouvez créer plusieurs versions d'une même image à partir d'un seul fichier RAW afin de changer l'éclairage de la photo ou de faire ressortir certains détails de l'image (présents à la prise de vue), puis éventuellement combiner ces versions entre elles.

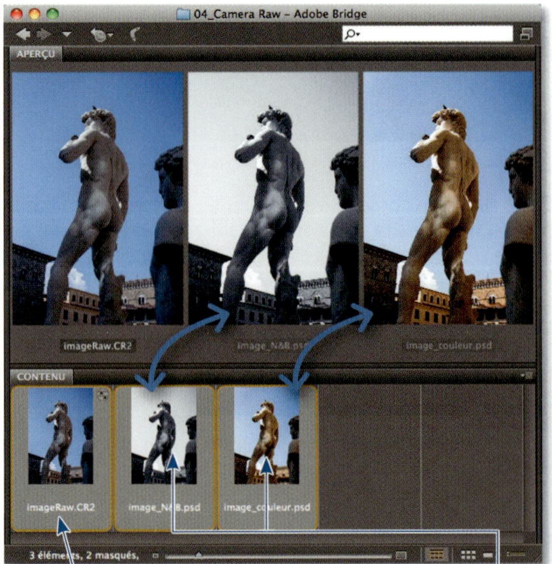

Depuis un fichier RAW et avec différents paramétrages (exposition, luminosité, etc.), on peut créer plusieurs versions.

Les fichiers JPEG et TIFF

Les fichiers JPEG et TIFF ont déjà subi les traitements définis sur l'appareil photo qui, dans la majorité des cas, donnent des résultats convenables. Ces résultats peuvent être modifiés par Camera Raw. Dans de nombreux cas, l'ouverture par Camera Raw peut s'avérer intéressante ; en effet, non seulement elle donne accès à des réglages particuliers qui n'ont pas tous leur équivalent dans Photoshop mais, de plus, les opérations peuvent être réversibles si les images sont ouvertes comme objets dynamiques.

L'OUVERTURE DE FICHIERS JPEG OU TIFF

Pour que ce type de fichier s'ouvre dans Camera Raw, vous devez définir les préférences du logiciel. Vous pouvez y accéder depuis les préférences de Photoshop (rubrique **Gestion des fichiers**) ou depuis Bridge (menu **Bridge** [**Édition**]). Dans les préférences, il y a trois choix possibles :

- **Désactiver la prise en charge des fichiers JPEG** (ou **TIFF**) : dans Bridge, un double-clic sur la vignette du fichier l'ouvre dans Photoshop sans afficher la fenêtre de Camera Raw.

- **Ouverture automatique des fichiers JPEG** (ou **TIFF**) **avec des paramètres** : ici, le double-clic n'ouvre le fichier dans Camera Raw que s'il y a déjà été ouvert et enregistré, l'icône (avec ou sans) indique la présence de traitements.

Fichiers avec et sans paramètres de développement.

- **Ouverture automatique de tous les fichiers JPEG** (ou **TIFF**) **pris en charge** : par double-clic, tous les fichiers s'ouvrent dans Camera Raw.

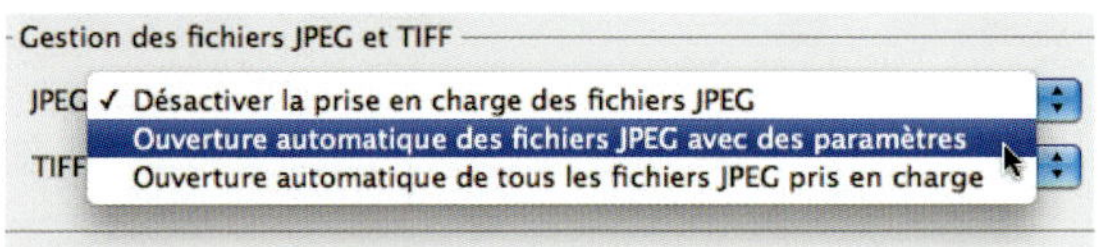

Les préférences de Bridge pour l'ouverture avec Camera Raw.

Quel que soit le réglage des préférences afin de maîtriser le programme d'ouverture (par défaut Photoshop), vous pouvez opérer de l'une des façons suivantes :

- dans Bridge, effectuez un clic droit sur le fichier de manière à choisir **Ouvrir dans Camera Raw** (au clavier, tapez ⌘R [Ctrl R]) ;

Cette commande permet d'ouvrir le fichier JPEG dans Camera Raw.

- dans Photoshop, lancez la commande **Ouvrir**, puis dans le bas de la fenêtre de dialogue, choisissez le format **Camera Raw** une fois le fichier sélectionné. Dans ce cas, c'est Camera Raw de Photoshop qui est lancé.

CAMERA RAW À PARTIR DE BRIDGE OU À PARTIR DE PHOTOSHOP

Si vous ouvrez un fichier JPEG (TIFFou RAW) par la commande **Ouvrir dans Camera Raw** de Bridge (clic droit ou ⌘R [Ctrl R]), c'est le « Camera Raw de Bridge » qui s'ouvre, c'est-à-dire que Photoshop reste utilisable pour d'autres tâches, voire l'ouverture d'autres fichiers JPEG, TIFF ou RAW dans le « Camera Raw de Photoshop ».

Si vous ouvrez un fichier JPEG (TIFF ou RAW) par double-clic sur sa vignette dans Bridge (⌘O [Ctrl O] ou menu **Fichier/ Ouvrir** de Photoshop), c'est le Camera Raw de Photoshop qui s'ouvre ; dans ce cas, c'est Bridge qui reste utilisable pour d'autres tâches. Il est même possible d'ouvrir deux fenêtres de Camera Raw (l'une de Bridge, l'autre de Photoshop).

Pour savoir dans quel programme vous travaillez, regardez l'aspect du bouton **Terminer** :

- Terminer dans Camera Raw de Bridge ;
- Terminer dans Camera Raw de Photoshop.

LES PARAMÈTRES DE TRAITEMENT DES FICHIERS JPEG (OU TIFF)

Contrairement aux images RAW pour lesquelles les paramètres XMP sont dans un fichier indépendant, avec les images JPEG (ou TIFF), ils sont intégrés dans le fichier. Une icône (*voir ci-contre*) indiquera que le fichier JPEG (ou TIFF) comporte des traitements, et les métadonnées listeront certains des réglages appliqués. Par la suite, ces réglages pourront être modifiés sans créer de nouveau fichier, à condition de refermer la fenêtre de Camera Raw en cliquant sur le bouton **Terminer** (il en est de même avec les fichiers RAW).

Bridge indique qu'il y a eu des traitements de Camera Raw (aucun fichier externe n'est associé à l'image).

Quand vous ouvrez un fichier RAW, TIFF ou JPEG avec Camera Raw, ce dernier créera une copie qui devra être enregistrée sous le format voulu. De manière à pouvoir revenir sur les paramètres de Camera Raw et donc de bénéficier d'une réversibilité totale, dans la fenêtre de Camera Raw, vous devrez ouvrir le fichier comme objet dynamique. En opérant ainsi, un double-clic sur le calque de l'objet dynamique qui apparaîtra dans Photoshop réaffichera la fenêtre de Camera Raw avec les derniers réglages. L'obtention de l'objet dynamique doit être spécifiée dans les options du flux de production de Camera Raw ou en enfonçant la touche ⇧ lors de l'ouverture du fichier (*voir plus loin*).

Attention *Pour bénéficier de la réouverture dans Camera Raw, vous devez l'autoriser dans les options d'ouverture de fichiers JPEG ou TIFF des préférences de Caméra Raw.*

La conversion de fichiers RAW en DNG

Les fichiers DNG

Tous les réglages que vous réaliserez sur le fichier RAW sont enregistrés dans un fichier de métadonnées (au format XMP). Ce fichier est situé dans le même dossier que le fichier RAW si bien que, si vous déplacez (ou copiez) le fichier RAW à l'extérieur de Bridge (c'est-à-dire par le **Finder** du Mac ou l'**Explorateur** de Windows), il faut également déplacer (ou copier) le fichier XMP contenant les réglages, sinon les traitements se seront plus appliqués au document RAW.

Note *Si vous réalisez le déplacement ou la copie depuis une fenêtre de Bridge vers une autre fenêtre de Bridge, ce dernier transfère également le fichier XMP.*

Pour éviter ce problème de fichier XMP externe, Adobe propose le format DNG (*Digital Negative Graphic*), qui permet d'englober dans le fichier de l'image les informations de traitement RAW et ses métadonnées sans avoir recours à un fichier externe XMP. De plus, du fait de ces spécifications, cela permet d'avoir un fichier qui restera encore lisible quand l'appareil qui a créé le fichier RAW sera devenu obsolète.

La méthode de conversion en DNG

Elle s'applique aussi bien aux fichiers JPEG ou TIFF qu'aux fichiers RAW. Elle comporte quelques étapes :

1. Dans Bridge, sélectionnez tous les fichiers RAW à convertir (éventuellement JPEG ou TIFF) ; utilisez le panneau FILTRE pour filtrer leur affichage, puis tapez ⌘ A [Ctrl A].
2. Par clic droit sur l'une des vignettes, lancez la commande **Ouvrir dans Camera Raw**.
3. Dans la fenêtre, cliquez sur le bouton **Tout sélectionner** (situé à gauche, au-dessus des vignettes), puis sur le bouton **Enregistrer les images**… (situé en bas, à gauche, sous les vignettes).
4. Dans la seconde fenêtre, sélectionnez un dossier de rangement et définissez le nom (séquentiel) qui sera attribué aux fichiers DNG. Ne cochez l'option **Incorporer le fichier brut d'origine** que s'il s'agit d'un archivage.
5. Lancez la conversion, elle tournera en tâche de fond avec un indicateur qui vous montrera sa progression. Fermez la fenêtre en cliquant sur **Annuler**.

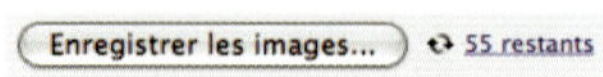

L'indicateur de conversion.

Avec ce bouton, on sélectionne toutes les images…

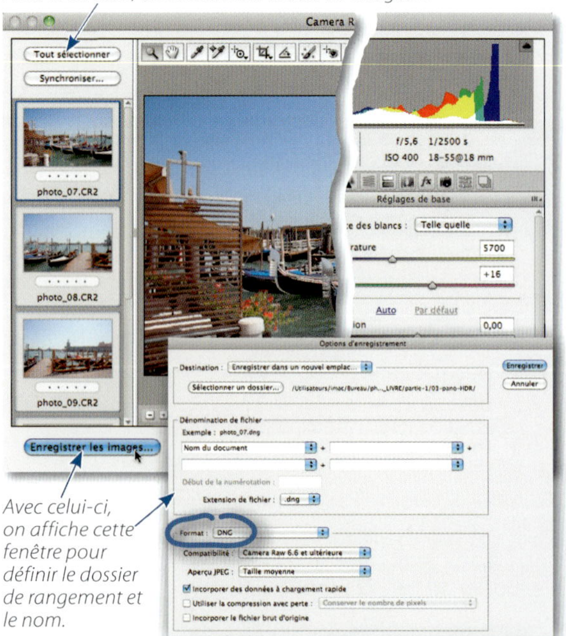

Avec celui-ci, on affiche cette fenêtre pour définir le dossier de rangement et le nom.

Astuce *Lorsque vous connectez l'appareil photo à l'ordinateur, le téléchargeur de photos de Bridge peut récupérer les photos et les convertir au format DNG (sauf les JPEG et TIFF) dans sa fenêtre de téléchargement (options avancées).*

L'interface et les outils de Camera Raw

La fenêtre de traitements Raw

La fenêtre de Camera Raw ci-dessous comporte différentes zones :

❶ Les outils de base.

❷ La zone de prévisualisation ou d'aperçu.

❸ La colonne des réglages : ils se répartissent en huit catégories ( ) et deux zones d'enregistrement des paramètres ( ) et des instantanés( ). Le haut de cette colonne affiche un histogramme de contrôle.

❹ Les options du flux de production (qui affiche une fenêtre supplémentaire) et des boutons d'ouverture et de conversion des fichiers.

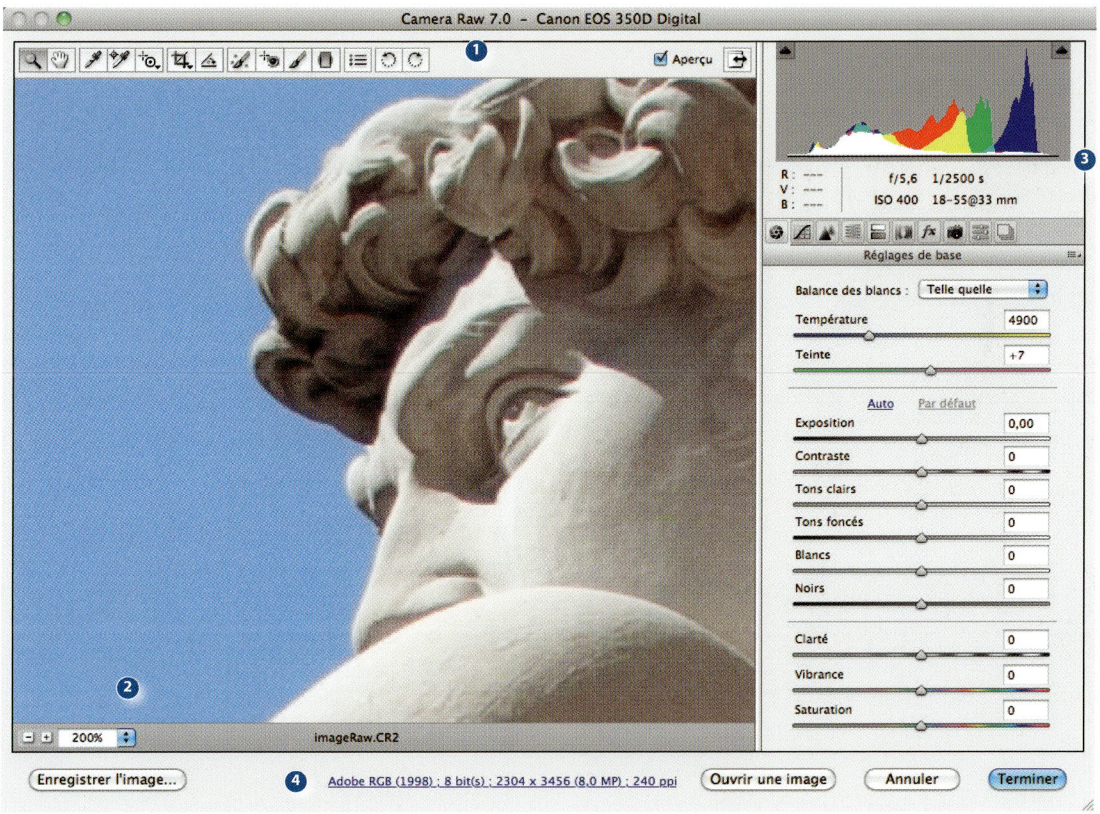

La fenêtre de Camera Raw avec ses 4 zones : ❶ les outils, ❷ la zone de prévisualisation, ❸ les zones de réglages et ❹ la zone du flux de production et des boutons d'ouverture du fichier.

Les traitements multiples

Dans Bridge (ou Photoshop), il est possible d'ouvrir plusieurs images RAW, DNG, TIFF ou JPEG en même temps. Dans ce cas, une colonne de vignettes s'affiche sur la gauche et des curseurs assurent le passage de l'une à l'autre. Vous pouvez alors traiter les images une par une différemment ou de manière identique. Pour affecter les mêmes réglages à plusieurs images, sélectionnez-les dans la liste par clics avec la touche ⇧ (⌘ [Ctrl] clic pour une sélection discontinue) ou utilisez le bouton **Tout sélectionner**.

Si vous avez réglé une première photo, puis sélectionné les autres (toutes ou quelques-unes), vous pourrez leur appliquer les réglages en cours avec le bouton **Synchroniser** (situé sous **Tout sélectionner**) : une fenêtre permettra de choisir des séries de réglages ou de personnaliser le choix.

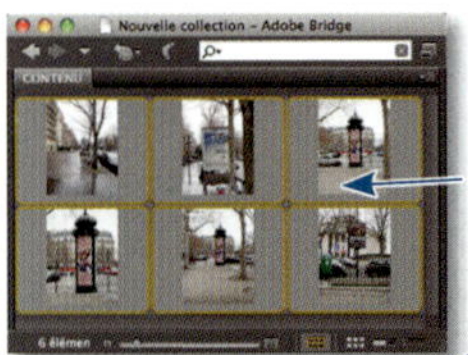

Si on sélectionne plusieurs images dans Bridge, on peut les ouvrir en même temps dans Camera Raw.

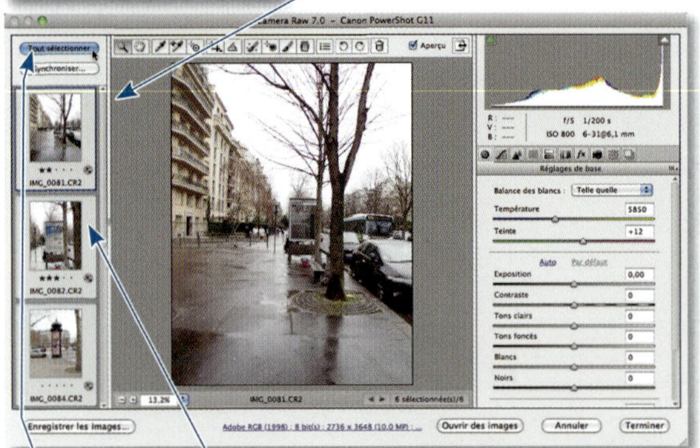

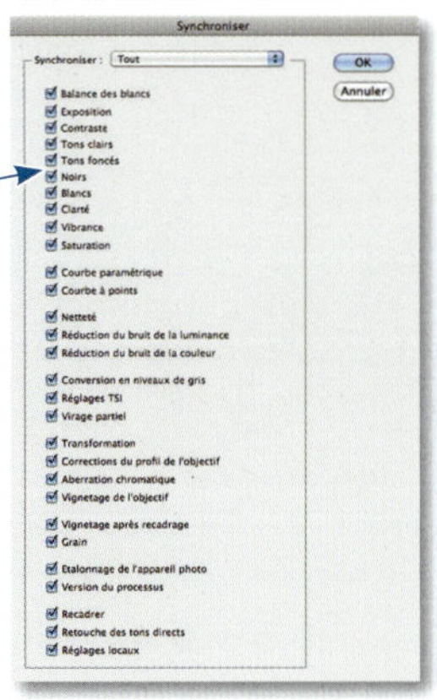

Si elles sont sélectionnées dans Camera Raw, le traitement s'applique à toutes les images. On peut aussi synchroniser un ou plusieurs réglages choisis ici, s'ils ont été réalisés sur une première photo avant la sélection des autres.

Les outils de Camera Raw

Camera Raw comporte quelques outils (série d'icônes situées en haut de la fenêtre) permettant d'assurer des fonctions simples qui seront développées plus loin.

Z H I S T C A B E K G * L R

Z	*Loupe*	B	*Retouche des tons directs*
H	*Main*	E	*Retouche des yeux rouges*
I	*Balance des blancs*	K	*Pinceau de retouche*
S	*Échantillonnage de couleur*	G	*Filtre gradué*
T	*Outil de réglage ciblé*	*	*Préférences* ⌘ K [Ctrl K]
C	*Recadrage*	L	*Rotation à gauche*
A	*Redressement*	R	*Rotation à droite*

LES OUTILS DE GESTION DE L'AFFICHAGE

Vous disposez, en plus des taux d'affichage indiqués en bas à gauche de la prévisualisation, de deux outils classiques : l'outil **Loupe** pour grossir une zone particulière (ou la réduire avec ⌥ [Alt]) et l'outil **Main** pour naviguer dans l'image zoomée. On obtient ces outils à partir d'un autre outil en enfonçant ⌘ [Ctrl] pour la loupe et Espace pour la main.

> **ASTUCE** *Un double-clic sur affiche l'image à 100 %, et un double-clic sur l'affiche intégralement. Vous pouvez aussi utiliser les raccourcis classiques : ⌘+ [Ctrl +], ⌘– [Ctrl –]...*

À droite des outils de gestion, l'icône permet d'agrandir la fenêtre à la totalité de l'écran.

LES ROTATIONS D'IMAGES

Si vous n'avez pas fait pivoter la photo avec les outils de Bridge, dans Camera Raw deux icônes, et (ou respectivement L et R) permettent de la faire pivoter de 90° dans le sens horaire ou inverse. Pour une rotation avec un angle particulier, utilisez l'outil **Redressement**.

LES PIPETTES DE CAMERA RAW

Vous disposez de deux pipettes de gestion des couleurs.

L'outil Balance des blancs

Il est activé en tapant I et sert à personnaliser la balance des blancs, ce qui équilibrera les couleurs sur la totalité de l'image (*la méthode est développée plus loin*).

L'outil Échantillonnage de couleur

Il s'active en tapant S et permet de placer jusqu'à 9 échantillons sur l'image de manière à connaître la composition colorimétrique RVB de certains points de l'image (en fonction du profil activé dans le flux de production) et de voir leur variation avec les réglages réalisés dans la partie droite.

ASTUCE *Pour supprimer un échantillon, enfoncez ⌥ [Alt] et cliquez dessus avec l'outil devenu ✂.*

Les options du flux de production

On accède à ces options en cliquant sur le lien hypertexte situé sous l'aperçu. Une fenêtre de réglage permet de spécifier l'espace colorimétrique, la profondeur des couleurs, la taille et la résolution ainsi que le réglage d'accentuation.

Les options du flux de production.

L'ouverture en objet dynamique ou en image : la réversibilité des retouches

L'option située en bas de cette fenêtre, **Ouvrir dans Photoshop comme objets dynamiques**, offre la possibilité, quand elle est cochée, d'ouvrir la photo en la plaçant dans un calque de type dynamique. Ce dernier permet, par double-clic sur sa vignette dans la palette **Calques**, de retrouver les paramètres de Camera Raw et de rendre ainsi ses réglages et ses retouches réversibles. Si cette option n'est pas cochée, le bouton d'ouverture du fichier s'appelle **Ouvrir une image** ; si elle est cochée, il devient **Ouvrir un objet**.

ASTUCE *On passe de* [Ouvrir une image] *à* [Ouvrir un objet] *et réciproquement en enfonçant la touche ⇧.*

L'espace colorimétrique

L'option **Espace** propose un menu avec quatre choix de profils colorimétriques. En règle générale, choisissez le même que celui défini dans l'espace de travail de Photoshop ; soit le plus souvent **sRVB** (ou **sRGB**(1)) pour un travail Web et **Adobe RVB** (ou **Adobe RGB)** pour un travail PAO.

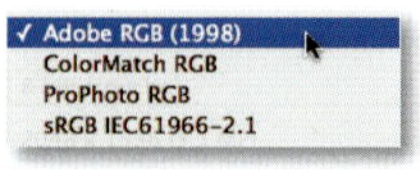

Les profils RVB proposés par Camera Raw.

Si aucun des profils proposés ne vous convient, choisissez celui qui a l'espace le plus large, **ProPhoto RGB** (avec une profondeur des couleurs de 16 bits), puis dans Photoshop, convertissez vers le profil voulu avec la commande **Convertir en profil** du menu **Édition**. En opérant ainsi, vous êtes assuré de ne perdre aucune information de couleur.

(1) Les deux terminologies, RVB et RGB, sont employées. Photoshop utilise RVB, alors que dans Camera Raw, c'est plutôt le terme RGB qui est employé.

ATTENTION *Dans Photoshop, évitez d'utiliser ProPhoto RGB comme espace de travail, car son étendue est telle que vous pouvez faire des modifications sur les couleurs sans que l'écran puisse les restituer (en raison de son espace plus réduit).*

Quand une conversion en niveaux de gris est demandée (*nous le verrons plus loin*), deux profils de type niveaux de gris s'ajoutent à la liste. Si vous choisissez l'un d'eux, cela entraînera la conversion de l'image vers ce mode colorimétrique.

La profondeur des couleurs : 8 bits ou 16 bits

Certains appareils photo numériques enregistrent en codant les couleurs sur 10, 12 ou 14 bits, ce qui correspond à 1 096 ou 16 384 valeurs de tonalités par couche. Quand vous convertissez l'image en fichier 8 bits, vous supprimez un grand nombre d'informations de couleur et réduisez ainsi les marges de corrections dans Photoshop, puisque vous ne conservez que 256 valeurs de tonalités par couche. En contrepartie, vous obtenez un fichier deux fois moins lourd qu'en 16 bits, qui plus est, capable d'utiliser la totalité des filtres de Photoshop.

Choisir un codage sur 8 bits n'a pas toujours une conséquence visible sur l'aspect de l'image (notamment celles destinées au Web). Cependant, si vous envisagez des corrections et un changement de profil colorimétrique particulier pour adapter au mieux l'image avec le profil de sortie, il est préférable de faire ces opérations à partir d'un fichier 16 bits afin d'éviter l'apparition d'effet de postérisation que pourraient donner certains fichiers 8 bits en raison de l'écrêtage de couleurs particulières.

La taille

Camera Raw propose un bon nombre de dimensions liées à l'appareil photo, parmi lesquelles se trouve la valeur native de l'appareil. Les autres sont suivies d'un signe + ou – indiquant qu'il y aura suréchantillonnage ou sous-échantillonnage. Si vous envisagez un suréchantillonnage, ouvrez l'image à la taille native. Vous manipulerez ainsi un fichier moins lourd que vous suréchantillonnerez dans Photoshop en fin de travail.

La résolution

Elle permet de définir les dimensions du pixel et donc celles de l'image à l'impression. Une résolution de 72 ppp convient pour le Web, alors qu'une résolution de 240 ppp correspond à une impression sur une imprimante jet d'encre. Si vous avez ouvert l'image dans un objet dynamique, vous pouvez à tout moment revenir dans la fenêtre de Camera Raw pour réajuster la taille et la résolution.

La netteté (ou accentuation) de sortie

L'option **Plus net pour** permet d'appliquer à l'image l'un des quatre réglages d'accentuation de sortie : **Aucun(e)**, **Écran**, **Papier brillant** et **Papier mat**. Si vous appliquez un réglage de netteté autre qu'**Aucun(e)**, vous pouvez spécifier une quantité (**Faible** ou **Élevée**) pour diminuer ou augmenter la valeur par défaut (option **Standard**).

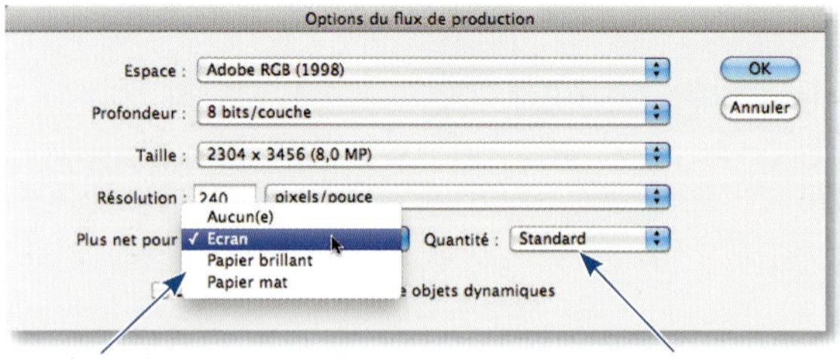

On choisit l'accentuation de sortie puis on règle la quantité.

L'histogramme et les écrêtages

L'histogramme de Camera Raw montre la répartition des pixels dans les différentes tonalités de l'image (à gauche les tons foncés, à droite les tons clairs).

Les couleurs de l'histogramme

Les couleurs de l'histogramme correspondent aux couches RVB. Elles indiquent la présence simultanée ou non des pixels rouges, verts et bleus. Ainsi, les zones banches indiquent la présence des pixels sur les trois couches (la superposition rouge, vert et bleu donne du blanc). Si une zone est rouge (ou verte ou bleue), c'est que cette tonalité ne comporte que des pixels rouges (ou que des verts ou que des bleus).

Pour une tonalité donnée, une zone cyan indique la présence de pixels verts et bleus ou l'absence de pixels ayant la couleur complémentaire du cyan donc rouge. De la même façon, le magenta montre la présence du rouge et du bleu ou l'absence du vert (complémentaire du magenta) alors que le jaune apparaît pour marquer la présence du rouge et du vert ou l'absence du bleu (complémentaire du jaune).

Les zones écrêtées

Les triangles (**Avertissement d'écrêtage des tons foncés** et **des tons clairs**) situés en haut de l'histogramme ont deux rôles : indiquer la nature et l'étendue de cet écrêtage.

La couleur des triangles indique celle des pixels qui vont être écrêtés(2) avec le réglage en cours : rouge, vert ou bleu pour les pixels écrêtés sur une couche ; cyan, magenta ou jaune pour ceux écrêtés sur deux couches et blanc pour trois couches. Les triangles restent noirs s'il n'y a pas d'écrêtage.

L'étendue des pixels écrêtés varie selon le profil colorimétrique(3) choisi dans les options du flux de production (*voir page précédente*). Elle est visible sur l'aperçu : en rouge pour les pixels clairs et en bleu pour les pixels foncés. Quand ils sont actifs, les triangles d'avertissement apparaissent encadrés de blanc. L'activation s'obtient au clavier en tapant U pour les tons foncés et O pour les clairs.

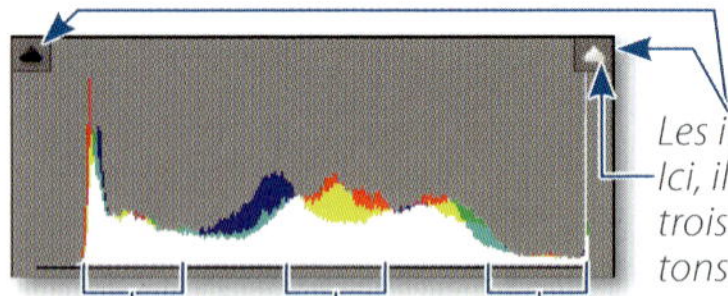

Les indicateurs d'écrêtage. Ici, il y a écrêtage sur les trois couches dans les tons clairs.

Tons foncés ou ombres. Tons moyens. Tons clairs ou hautes lumières.

L'histogramme montre la répartition des pixels selon leur tonalité.

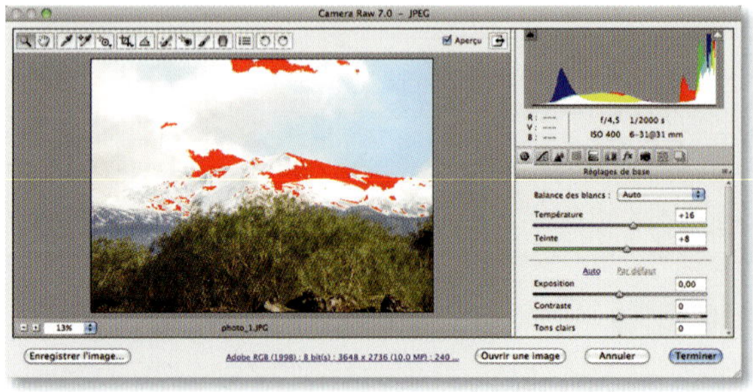

Avant de corriger la photo, on peut afficher les avertissements d'écrêtage : les zones qui s'affichent en rouge ci-dessus montrent les pixels clairs écrêtés.

Les processus de développement et les curseurs de traitement

Ps Camera Raw 7 utilise un nouveau moteur de dématriçage qui apporte quelques améliorations rendant le logiciel plus performant.

Les changements de Camera Raw 7

Il s'agit d'améliorations qui sont dues à l'utilisation d'un nouveau moteur de rendu, nommé **Processus 2012**.

(2) Une couleur écrêtée dans une zone ne montre plus les détails de l'image dans cette couleur. La composante R, V ou B est devenue égale à 0 pour les tons foncés ou 255 pour les tons clairs.

(3) L'étendue de l'écrêtage varie avec le profil : l'écrêtage est plus faible avec un profil ProPhoto RGB (gamme de couleurs étendue) qu'avec un profil sRGB (gamme plus réduite).

Les nouveaux algorithmes de dématriçage, d'accentuation et de réduction du bruit assurent une meilleure qualité des images. Celles-ci apparaissent plus détaillées avec un bruit atténué (surtout par rapport aux images développées avec le **Processus 2003**). Ces améliorations sont également visibles (avant tout traitement) dans la récupération de hautes lumières avec un meilleur respect des couleurs (le curseur **Récupération** des anciennes versions pouvait engendrer des dérives chromatiques) et dans la restitution des détails dans les ombres (le curseur **Lumière d'appoint** pouvait entraîner une montée du bruit).

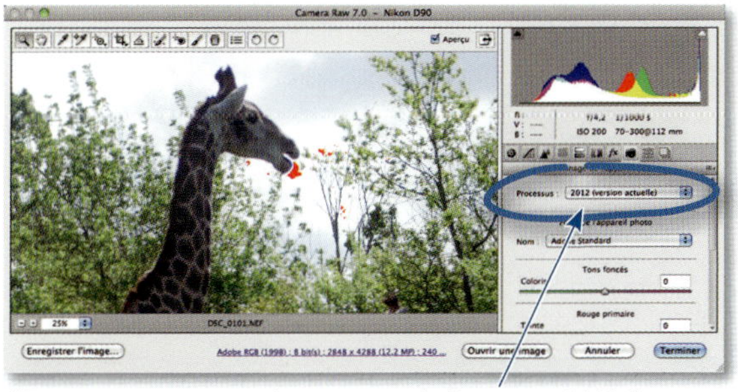

L'image ouverte sans traitement avec le **Processus 2012** *(la récupération dans les hautes lumières y est meilleure, moins de pixels écrêtés) et ci-dessous avec le* **Processus 2010**.

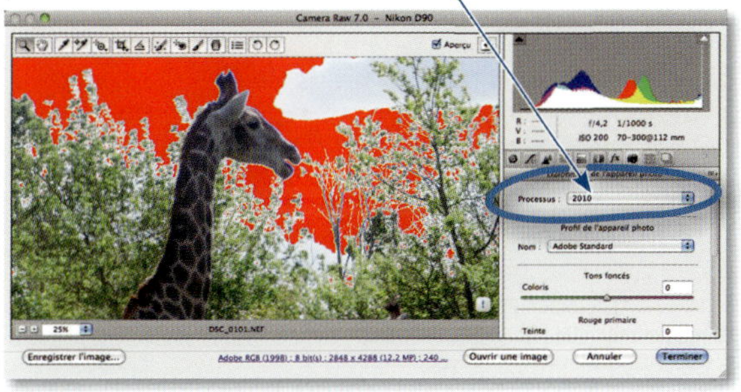

Avec ce nouveau processus, les curseurs de l'onglet **Réglages de base** et des outils **Pinceau de retouches** ou **Filtre gradué** ont été remaniés : certains sont réaffectés (**Exposition** englobe certaines fonctionnalités du curseur **Récupération** qui a disparu), d'autres sont renommés ou repositionnés.

Au niveau des outils, de nouveaux curseurs rendent les traitements plus complets. Ainsi, l'ergonomie gagne en cohérence et les traitements en efficacité.

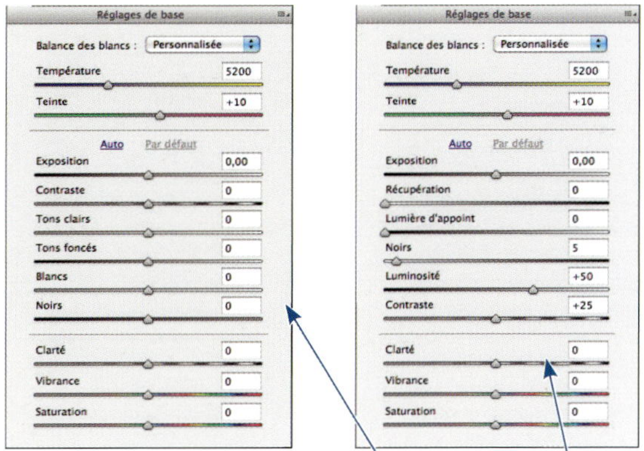

L'interface des réglages de base avec le **Processus 2012** *et avec les précédents (***2003** *et* **2010***).*

L'ordre des traitements

Ces curseurs s'utilisent désormais tout logiquement du haut vers le bas. Ainsi, dans bien des cas, avec les photos correctement exposées (ou presque), les deux premiers curseurs **Exposition** et **Contraste** (associés aux réglages par défaut) suffiront à améliorer l'exposition globale de la photo et à lui donner plus de pêche. Avec certaines photos, pour éclaircir ou assombrir les ombres et/ou les parties claires de l'image, les deux curseurs suivants, **Tons clairs** et/ou **Tons foncés**, montreront rapidement leur efficacité (notamment dans les tons moyens). Enfin, si nécessaire, les curseurs **Blancs** et **Noirs** permettront un contrôle des valeurs proches de l'écrêtage (extrémités de l'histogramme).

Le passage d'un processus à l'autre

Une photo développée pour la première fois dans Camera Raw utilise le moteur de rendu et les curseurs de la version 7. En revanche, si vous ouvrez un fichier déjà traité avec une version antérieure à Camera Raw 7, celui-ci le signale par l'icône [!] située en bas à droite de la photo ; dans ce cas, c'est l'ancienne interface qui est utilisée.

Vous pouvez continuer à traiter la photo avec le rendu des versions précédentes (appelé **2003** ou **2010**) ou utiliser le nouveau moteur et bénéficier de l'interface (**Processus 2012**). Pour l'utiliser, cliquez sur l'icône [!] (il disparaîtra), vous pouvez aussi afficher l'onglet **Étalonnage de l'appareil photo** pour choisir la commande **Processus**, puis **2012 (version actuelle)**.

Cette commande de la rubrique ***Étalonnage de l'appareil photo*** *permet de développer avec le nouveau moteur de rendu et de changer l'interface. On change de rendu avec cette icône : elle indique que la photo a été développée avec une ancienne version de Camera Raw.*

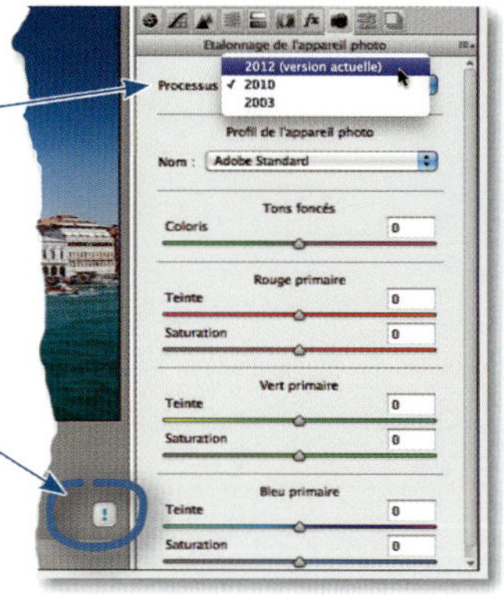

Si vous souhaitez conserver les traitements de l'ancienne version (**Processus 2010** ou **2003**), prenez un instantané avant de mettre à jour avec le rendu de Camera Raw 7 (*la technique est décrite ci-après*). Cet instantané conservera les anciens traitements auxquels vous pourrez toujours revenir quand vous rouvrirez l'image dans Camera Raw.

Ci-dessus, un détail de l'image traitée avec une version précédente de Camera Raw. L'icône (!) indique que cette photo a été développée avec un ancien processus (ici, ***2003****).*

Ci-dessus, l'image développée avec la version ***2012*** *de Camera Raw 7 (elle apparaît plus détaillée). L'icône d'avertissement n'apparaît plus.*

Les instantanés et les traitements

Cette fonctionnalité s'utilise avec des photos corrigées par certains outils de retouches ou par n'importe quel traitement réalisé dans Camera Raw. La dernière icône de la rangée des réglages **Instantanés**, permet d'enregistrer l'aspect de la photo à un instant donné avec toutes les corrections qui lui ont été affectées (recadrage, retouches, tonalité...).

On crée ainsi des instantanés, mais, contrairement à ceux de Photoshop, ils sont enregistrés dans les données XMP, c'est-à-dire qu'on les retrouve à l'ouverture du fichier traité par Camera Raw. On peut commencer par créer un instantané à l'ouverture de la photo dans Camera Raw. Il correspondra à son aspect initial, (aspect que l'on retrouve si on décoche l'aperçu après avoir fait un réglage).

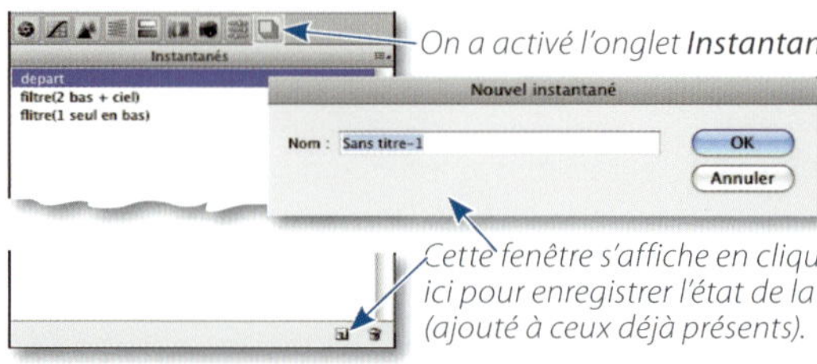

On a activé l'onglet ***Instantanés****.*

Cette fenêtre s'affiche en cliquant ici pour enregistrer l'état de la photo (ajouté à ceux déjà présents).

Après l'ajout de corrections, on peut enregistrer un autre instantané, puis un après le placement d'un nouveau réglage et ainsi de suite. Pour voir et comparer les différents aspects de la photo, il suffira de cliquer sur l'un ou l'autre des instantanés. Quand on a activé un autre onglet qu'**Instantanés** (et que l'on n'agit pas avec un outil de retouche), il est possible d'afficher l'un des instantanés à partir du menu local de la zone de paramétrage, il comporte un sous-menu **Appliquer l'instantané**.

De plus, si vous faites des modifications, la mise à jour de l'instantané s'effectue depuis l'onglet **Instantanés**, par **clic droit** sur l'instantané voulu. Avec les outils de retouche, l'instantané actif se met à jour automatiquement.

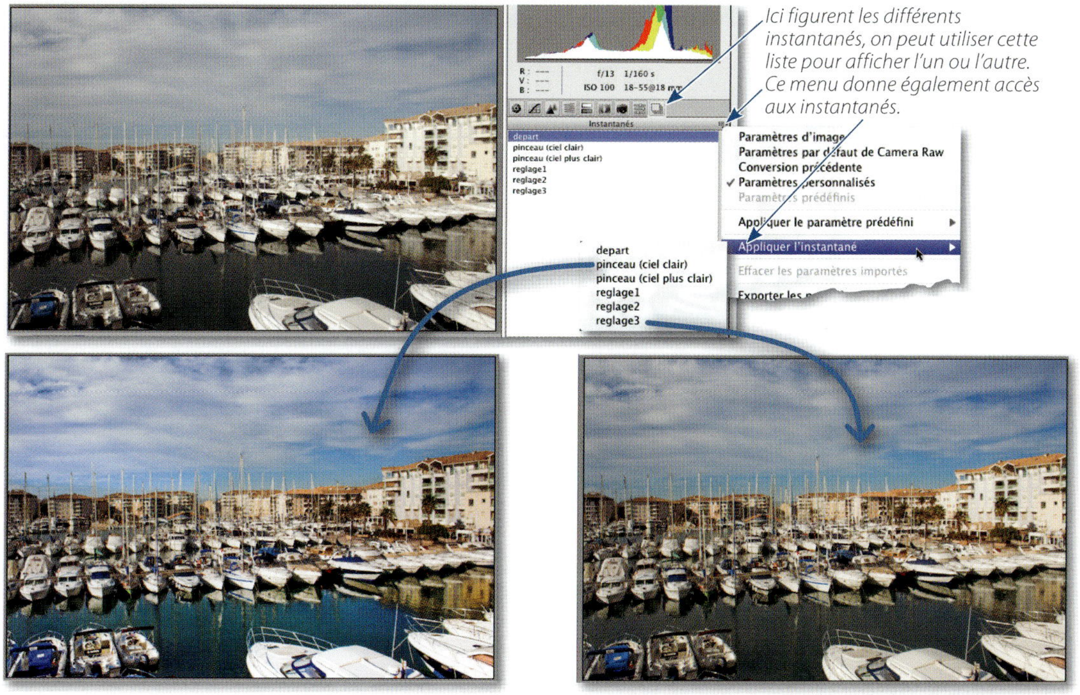

Les recadrages avec Camera Raw

L'outil Recadrage

Le traitement de base

L'outil **Recadrage** permet de ne garder qu'une partie de l'image. Pour cela, tracez un cadre avec l'outil (activé en tapant la lettre C) : les dimensions (en pixels) de la zone recadrée apparaissent en bas sous l'aperçu. Par clic droit sur l'image, un menu permet d'afficher une incrustation : il s'agit d'une grille de tiers qui devient plus fine dans le cas des rotations (*voir ci-après*).

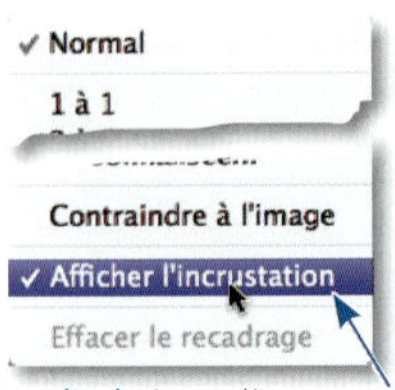

Par clic droit *sur l'image, on affiche ce menu qui permet d'incruster une grille (des tiers ou plus fine pour les rotations).*

Une fois le recadrage affiché, il peut être manipulé. Le tableau ci-dessous résume les possibilités :

Action	Icône de l'outil	Obtention
Déplacer		Glisser le cadre
Redimensionner		Glisser une poignée
Pivoter		Glisser à l'extérieur (pas de 45° avec ⇧)
Afficher plein écran		Double-clic sur l'outil
Valider (et ne voir que la zone recadrée)		Taper ↵ (ou activer un autre onglet ou outil)
Annuler		Taper esc [Echap]

Ce recadrage est paramétrable ; en effet, en cliquant sur le triangle situé sous l'outil ou par clic droit sur l'image, si un recadrage est déjà réalisé, une liste de rapports de recadrage apparaît.

L'option **Personnalisé** permet de saisir des valeurs de rapport ou une dimension. Si vous tapez des valeurs en choisissant l'unité pouces ou centimètres, il y aura recadrage avec rééchantillonnage.

La réversibilité du recadrage

Quand le fichier est ouvert, c'est en fait une sorte de copie qui est réalisée ; ainsi, le fichier original (RAW, DNG...) conserve l'image entière. De plus, à la réouverture du fichier RAW, vous retrouvez le recadrage car celui-ci a été enregistré dans les métadonnées (dans Bridge, la vignette comporte l'icône pour indiquer ce recadrage).

Si vous avez ouvert le fichier avec le bouton **Ouvrir un objet** (obtenu avec ⇧ sur le bouton **Ouvrir une image**), la palette **Calques** de Photoshop montre une vignette avec une icône d'objet dynamique ( ). En double-cliquant dessus, Photoshop réaffiche la fenêtre de Camera Raw avec le recadrage que vous pouvez alors modifier. Le changement de recadrage n'est mis à jour que dans l'objet dynamique (le fichier RAW initial, qui a permis d'obtenir cet objet dynamique, n'est pas modifié).

Cette manipulation est particulièrement intéressante, car elle est réalisable même si le fichier a été fermé puis ouvert à nouveau. C'est l'un des avantages de travailler avec des objets dynamiques.

L'outil Redressement

Pour redresser l'image, sélectionnez l'outil **Redressement** (activé en tapant A) et tracez sur l'image une ligne correspondant à ce qui devra être horizontal (ou vertical). Camera Raw affiche un cadre de recadrage incliné qui touche les bords de l'image. Le redressement n'apparaît effectif qu'en activant un autre outil (sauf l'outil **Recadrage**). Le cadre réapparaît en réactivant l'outil **Redressement** (ou **Recadrage**).

Astuce *On passe de l'outil **Recadrage** à l'outil **Redressement** en enfonçant la touche* ⌘ [Ctrl].

Les traitements globaux avec Camera Raw

Les icônes et onglets de traitement de Camera Raw

Dix onglets sont accessibles sous forme d'icônes : les huit premières, pour traiter l'image, et les deux dernières, pour l'enregistrement des réglages prédéfinis et des instantanés. L'histogramme permettra de contrôler l'évolution des tonalités de l'image en cours de traitement.

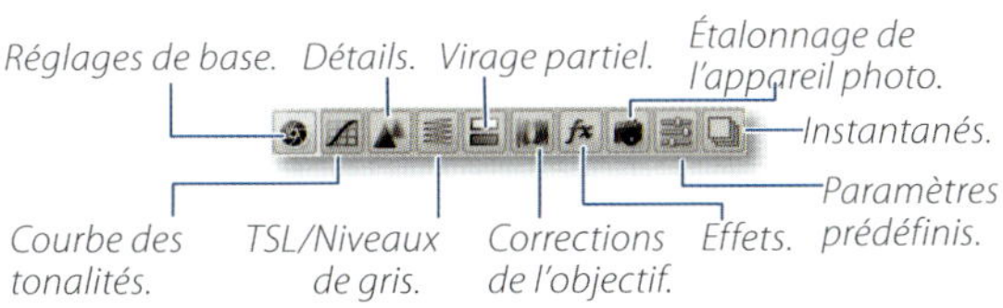

ATTENTION *Un contrôle de l'image avant et après correction s'obtient en cochant ou non **Aperçu** ou en tapant P. Gardez à l'esprit qu'en décochant l'aperçu, vous ne masquez que les modifications réalisées dans l'onglet actif. Ainsi, quand l'onglet **Détails** est actif, décocher **Aperçu** ne masquera que les réglages effectués dans cet onglet et conservera ceux réalisés dans **Réglages de base** et réciproquement.*

La balance des blancs

Dans Camera Raw, le réglage de la balance des blancs constitue l'un des premiers réglages à réaliser : il fait partie de l'onglet **Réglages de base**, mais il peut également être géré à l'aide de l'outil **Balance des blancs**.

La balance des blancs de l'appareil photo

Le réglage de la balance des blancs est une opération importante sur un appareil photo, car elle détermine la façon dont les couleurs seront perçues par le capteur. Cela consiste à indiquer au capteur quelle est la lumière ambiante. Si vous utilisez le réglage automatique de l'appareil, il analyse les couleurs qu'il reçoit et utilise une série d'algorithmes qui divisent l'image en plusieurs zones pour déterminer, par rapport à des références connues (ciel clair, ombragé, lampe tungstène...), la source de lumière qui éclaire chaque zone.

À chaque source correspond alors une température des couleurs qui sera utilisée pour définir la tonalité de la zone et sa variation avec les autres, de manière à établir une compensation sur l'ensemble. Dans beaucoup de cas, l'image capturée est correcte mais il peut arriver, pour différentes raisons, que le réglage automatique du blanc soit erroné et qu'il donne une image dont les couleurs ne sont pas aussi naturelles qu'elles le devraient.

Vous pouvez imposer une température des couleurs en sélectionnant dans l'appareil un réglage de balance de blanc prédéfini (lumière naturelle, nuageux, ombre, etc.), une référence de blanc personnalisé ou, selon l'appareil, choisir la température désirée. Un réglage mal adapté (ou automatique mais erroné) peut engendrer l'apparition d'une dominante colorée et des variations de tonalité difficiles à corriger si l'image est traitée par l'appareil et enregistrée en JPEG. En revanche, avec le format RAW, le réglage du blanc n'est pas réellement appliqué à l'image, il est seulement inclus dans les données EXIF en tant qu'information et pourra être modifié ou remplacé facilement dans Camera Raw.

Les réglages de balance des blancs de Camera Raw

Les valeurs prédéfinies

Dans le menu **Balance des blancs**, l'option **Tel quel** utilise les paramètres par défaut de Camera Raw. L'option **Auto** permet d'utiliser le réglage de balance automatique (parfois nommé **AWB**) déterminé par l'appareil photo lors de la prise de vue. Camera Raw ne peut pas lire les réglages de tous les appareils, dans ce cas, **Tel quel** est identique à **Auto**. Avec les images de type RAW, en plus de Tel quel et Auto, le menu montre une liste d'éclairages prédéfinis (identiques à ceux de l'appareil photo) disponibles pour ajuster la balance des blancs. Avec les fichiers JPEG ou TIFF, la liste ne propose pas de réglage prédéfini car celui-ci a été choisi dans l'appareil ; l'ampleur des modifications sera plus réduite.

Ci-après vous pouvez voir un exemple de photographie d'extérieur prise alors que le réglage de la balance des blancs de l'appareil photo est resté sur l'option **Tungstène**.

Cette photo a été prise avec un réglage du blanc (involontairement) inadapté ; on peut le remplacer dans Camera Raw.

Ce réglage est censé ajouter des tonalités bleues pour compenser la dominante orangée que procure un éclairage tungstène, mais ici on ne voit que cette dominante bleue, car l'éclairage réel est plutôt de type lumière du jour ou ciel peu ombragé (soit une température entre 5 500 K et 7 500 K).

Pour corriger la température des couleurs, dans le menu local **Balance de blancs**, on peut choisir **Lumière naturelle** ❶, **Nuageux** ❷ ou **Ombre** ❸ (*voir ci-dessous*), selon que l'on veut éliminer faiblement ou fortement la dominante bleue et obtenir une ambiance légèrement ou plus fortement ensoleillée.

Dans cet exemple, c'est l'option **Nuageux** qui se rapproche le plus de l'ambiance réelle. Avec ces mêmes photos au format JPEG, dans Camera Raw, il est pratiquement impossible de corriger la balance des blancs qui a été appliquée par l'appareil photo.

En dehors de ces réglages prédéfinis, vous disposez pour régler la balance des blancs de deux curseurs, **Température** et **Teinte**, que nous allons examiner dans les paragraphes qui suivent. Nous verrons également une autre possibilité que constitue l'outil **Balance des blancs**. Avant d'étudier ces réglages, faisons une petite mise au point scientifique.

Température et couleur

Tout corps suffisamment chauffé émet de la lumière, c'est une source de lumière. La couleur de la lumière émise est liée à la température du corps : plus elle est élevée (au-delà de 5 500 K), plus la couleur est bleutée ; moins elle est élevée (inférieure à 5 500 K), plus la couleur tire vers le rouge-orangé. Le blanc théorique correspond à une source dont la température est d'environ 5 500 K (il est obtenu par certaines lampes quartz).

Il y a donc là une petite contradiction de langage : une source de lumière chaude (que certains appellent lumière chaude) donne des couleurs (bleues) qualifiées de froides (par les photographes, les graphistes, les artistes peintres…), et une source de lumière froide donne des couleurs chaudes (rouge-orangé).

Le réglage de température des couleurs

La position du curseur **Température** et l'ampleur des réglages dépendent de la nature du fichier RAW ou JPEG.

- **Format RAW** : le curseur se place à une température correspondant au choix fait sur l'appareil ou déterminée par celui-ci avec le blanc AWB. Par exemple, la température sera d'environ 5 500 K pour un blanc **Lumière naturelle** et de 2 850 K pour un blanc **Tungstène**.
- **Format JPEG ou TIFF** : le curseur se place au centre (valeur nulle) et peut varier de -100 (bleu) à +100 (jaune).

Dans les deux cas, si la photo présente une dominante bleue (liée à un éclairage par une lumière trop chaude ou un mauvais réglage du blanc), réchauffez les couleurs en glissant le curseur **Température** vers la droite (vers le jaune). Inversement, glissez-le vers la gauche pour refroidir les couleurs et atténuer une dominante jaune liée à une lumière trop froide.

Pour effectuer les réglages, cliquez dans la case de valeur et tapez les touches fléchées (haute ou basse), la température se modifiera de 50 en 50 K avec le RAW, et par pas de 1 unité avec le JPEG. Dans les deux cas, l'incrément est multiplié par 10 si vous ajoutez la touche ⇧. L'utilisation des touches permet de concentrer son regard sur la photo.

> **ASTUCE** *À l'aide de la pipette* ***Échantillonnage de couleur****, placez des échantillons sur l'image pour contrôler l'évolution de leurs composantes R, V et B en fonction du réglage.*

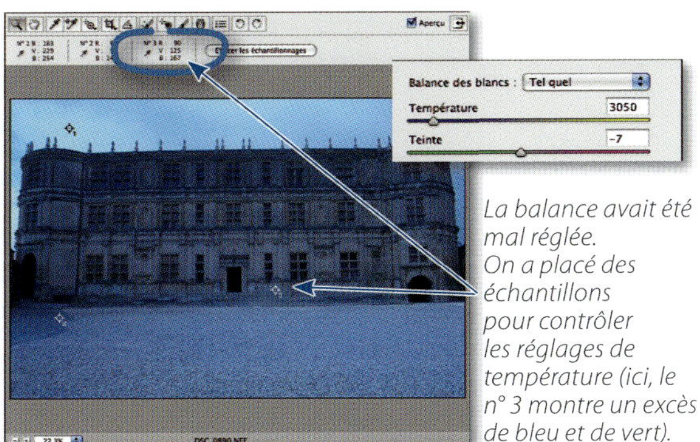

La balance avait été mal réglée. On a placé des échantillons pour contrôler les réglages de température (ici, le n° 3 montre un excès de bleu et de vert).

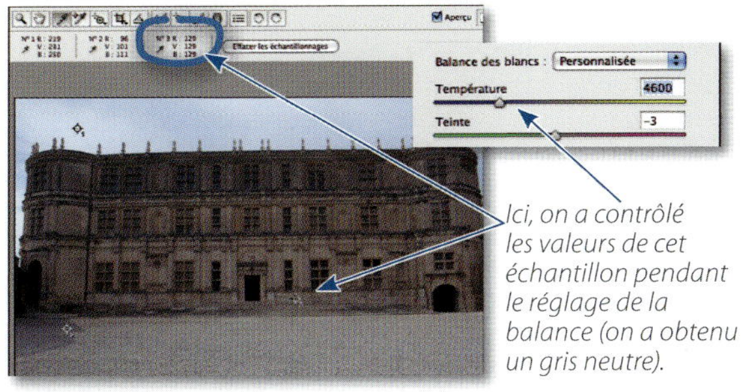

Ici, on a contrôlé les valeurs de cet échantillon pendant le réglage de la balance (on a obtenu un gris neutre).

Le réglage de teinte

On compense un excès de teintes vertes dans la photo par glissement du curseur vers la droite (valeurs positives) pour ajouter du magenta ; un glissement vers la gauche (valeurs négatives) ajoute du vert à la photo. Ici aussi un contrôle à l'aide d'échantillons placés correctement (sur une zone qui devrait être gris neutre) permet d'affiner le réglage.

> **ASTUCE** *Quand vous réalisez une série de photos, utilisez le réglage du blanc avec l'option automatique et photographiez un référentiel neutre (carte avec un gris à 18 %) dans les mêmes conditions d'éclairage que les autres photos. Une fois l'image de référence ouverte dans Camera Raw, utilisez-la pour évaluer la balance des blancs, enregistrez les réglages et appliquez-les aux autres photos de la série. Vous pouvez aussi synchroniser ce réglage si plusieurs images ont été ouvertes en même temps dans Camera Raw* (voir page suivante).

L'OUTIL BALANCE DES BLANCS (PIPETTE)

Pour ajuster la balance des blancs, vous pouvez aussi activer la pipette **Balance des blancs** et cliquer dans l'aperçu sur une zone de blanc ou de gris neutre. **Température** et **Teinte** s'ajustent automatiquement pour neutraliser la dominante présente dans la couleur sélectionnée.

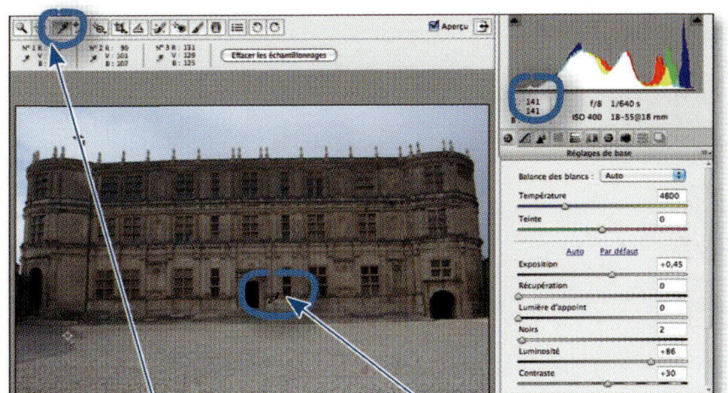

Avec l'outil ***Balance des blancs****, on clique sur une zone de l'image que Camera Raw doit définir comme neutre. Sous l'histogramme on voit les valeurs chromatiques du point sous la pipette.*

Choisissez une zone de tons clairs contenant des détails significatifs — un message vous avertit quand vous cliquez sur une zone trop claire de l'image. Comme indiqué précédemment, vous pouvez placer des échantillons pour contrôler l'outil et afficher l'avertissement d'écrêtage du blanc.

> **Astuce** *En enfonçant ⇧, l'outil actif (sauf* ***Recadrage, Pinceau de retouche*** *et* ***Filtre gradué****) devient* ***Balance des blancs*** *(ou* ***Échantillonnage de couleur*** *si l'outil actif est la pipette de balance des blancs).*
>
> – *Par double-clic sur* [pipette]*, on réinitialise la balance des blancs sur le réglage par défaut de l'appareil photo (****Tel quel****).*
>
> – *Par clic droit sur l'image avec la pipette, on affiche la liste des réglages de la balance des blancs prédéfinis (elle se réduit à* ***Tel quel*** *et* ***Auto*** *avec les fichiers JPEG).*

L'application multiple d'un réglage

Il y a plusieurs façons d'appliquer le même réglage de balance des blancs à une série d'images : par transfert de réglage, par « copier-coller » ou par ouvertures multiples.

Le transfert de réglage

Il s'effectue en deux étapes : on enregistre les réglages (en les limitant à la balance des blancs) dans l'onglet [☰] de la fenêtre de Camera Raw, puis dans Bridge, on affecte ces réglages aux images par clic droit.

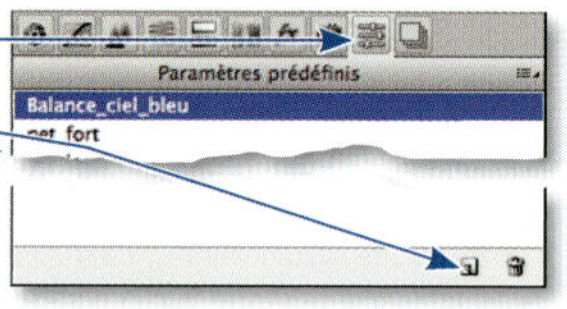

Dans cet onglet, on a enregistré les réglages en cliquant ici mais on a limité l'enregistrement à la balance des blancs.

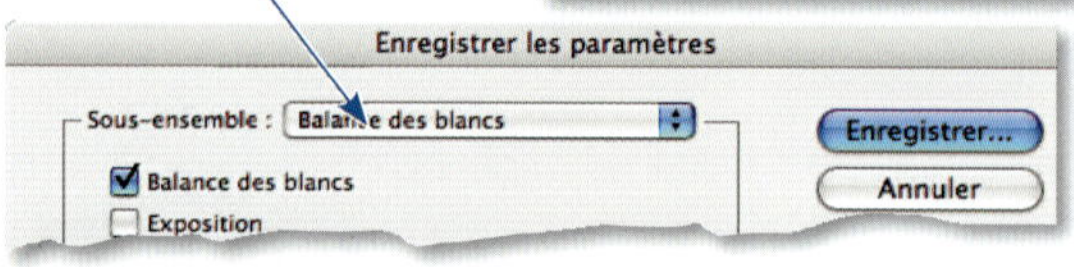

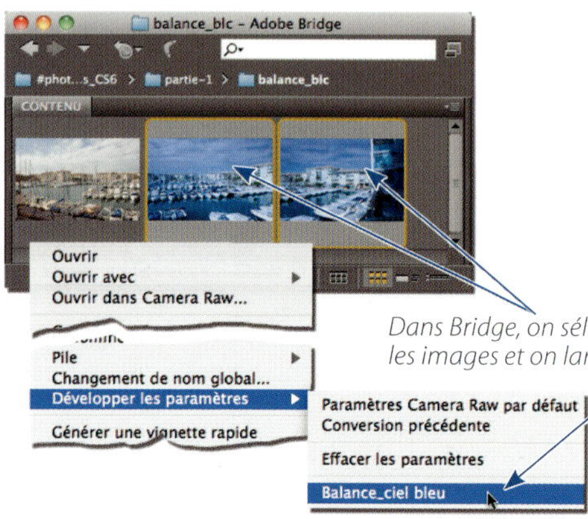

Dans Bridge, on sélectionne les images et on lance ceci…

…les images apparaissent alors réglées.

Sans enregistrer les paramètres, on peut les transférer par copier, puis coller dans Bridge avec les commandes du sous-menu **Développer les paramètres**.

Les traitements de plusieurs photos

Cela consiste à ouvrir toutes les images devant subir le même traitement en même temps dans Camera Raw, et à utiliser les deux boutons de la colonne des vignettes : **Tout sélectionner** et **Synchroniser** (*voir page 62*).

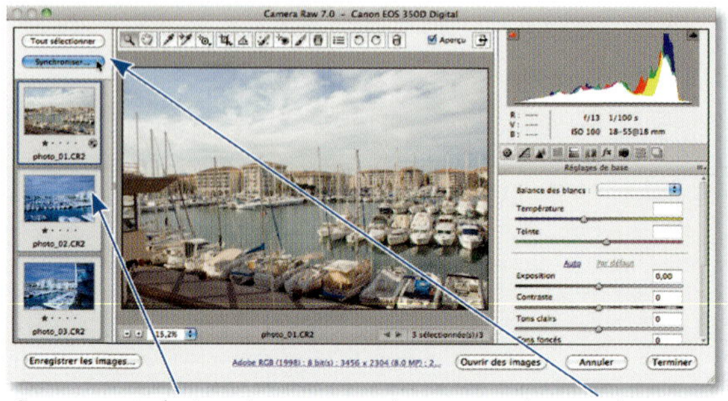

On a ouvert plusieurs images en même temps. Avec ces boutons, on les a toutes sélectionnées et on a synchronisé les réglages.

> **Attention** *Avant tout réglage, choisissez le profil correspondant à l'utilisation voulue pour le fichier. Ce choix influe notamment sur l'étendue de l'écrêtage de certains pixels.*

L'onglet Réglages de base

Cet onglet ([icône]) assure les réglages de la balance des blancs et de la température des couleurs, la gestion des tonalités et la gestion des couleurs de l'image.

Ps Parmi ces réglages si le processus 2012 est le processus actif, dans l'onglet **Réglages de base**, on distingue les paramètres suivants :

- Balance des blancs,
- Température,
- Teinte,
- Exposition*,
- Contraste*,
- Tons clairs*,
- Tons foncés*,
- Noirs*,
- Blancs*,
- Clarté,
- Vibrance,
- Saturation.

Si vous activez un ancien processus (2010 ou 2003), les réglages ci-avant marqués par * seront modifiés ou remplacés pour refléter les versions précédentes (*voir page 64*).

On peut ranger tous ces réglages en trois séries :

- La **Balance des blancs** (étudiée précédemment) ;
- Les tonalités avec **Exposition**, **Contraste**, **Tons clairs**, **Tons foncés**, **Blancs** et **Noirs** ;
- Le micro contraste (**Clarté**) et la saturation des couleurs avec **Vibrance** et **Saturation**.

Toutes les modifications sont immédiatement répercutées dans l'histogramme et l'aperçu.

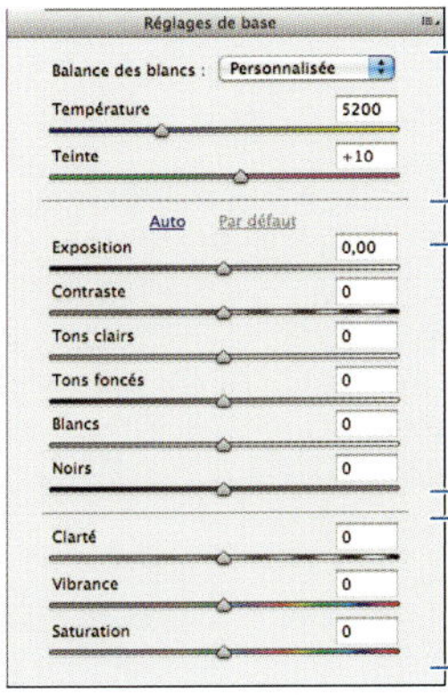

Les réglages de base :

La balance des blancs et la température des couleurs.

Les réglages des tonalités.

Le micro contraste et la saturation des couleurs.

Les réglages de tonalités

Six réglages sont disponibles : **Exposition**, **Contraste**, **Tons clairs**, **Tons foncés**, **Blancs** et **Noirs**. L'onglet **Courbes des tonalités** ( ) vient compléter ces réglages.

Quand vous ouvrez une photo dans Camera Raw, les réglages de base s'affichent avec des valeurs réinitialisées (certaines ne sont pas les mêmes pour le RAW et le JPEG), c'est-à-dire avec l'option **Par défaut** active. Vous pouvez alors effectuer vos réglages comme bon vous semble. Pour optimiser rapidement une photo, vous pouvez utiliser l'option **Auto** (à gauche de **Par défaut**), puis, éventuellement, affiner les réglages.

Astuce *Pour tout réglage, vous pouvez :*

- *Cliquer dans la case et utiliser les touches fléchées du clavier pour modifier la valeur (⇧ multiplie l'incrément par 10).*
- *Placer le curseur sur le nom du réglage, puis le glisser quand il devient (avec ⇧, l'incrément est multiplié par 10).*
- *Double-cliquer sur un curseur ( ) pour le réinitialiser.*
- *Annuler (ou rétablir) une ou plusieurs opérations que vous venez de faire en tapant ⌘ Z [Ctrl Z] ou ⌥ ⌘ Z [Alt Ctrl Z] (⇧ ⌘ Z [⇧ Ctrl Z] pour rétablir).*

Dans les préférences de Camera Raw, affichées par clic sur l'icône des outils, vous pouvez définir que l'ensemble de ces réglages s'ouvre avec l'option **Auto**. Cela correspond aux réglages réalisés automatiquement par l'appareil lors de la prise de vue.

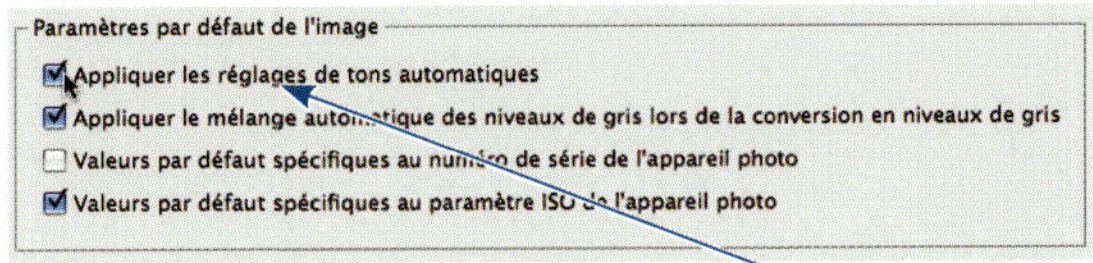

*Dans les préférences de Camera Raw, cocher cette option permet d'avoir les réglages de base sur **Auto** (au lieu de **Par défaut**).*

L'utilisation des curseurs lors du développement de l'image suit désormais un ordre logique du haut vers le bas. En fonction des images, tous les traitements ne seront pas requis.

- **Exposition** améliore l'éclairage global de la photo (principalement dans les tons moyens) et permet de récupérer des détails dans les lumières. L'action sur la photo a été étendue, les valeurs maximales étant de ± 5 EV (une valeur d'exposition, ou EV de +1, équivaut à augmenter l'ouverture d'un diaphragme).
- **Contraste** agit sur le contraste global de l'image et permet de lui donner plus de pêche.
- **Tons clairs** permet d'ajuster les hautes lumières en les accentuant ou en les atténuant dans les parties claires de l'image sans impacter (ou presque) les tons foncés et les tons moyens. Les actions sont donc beaucoup plus localisées que dans les versions précédentes.
- **Tons foncés** est utile pour déboucher les ombres (curseur vers la droite) ou les assombrir sans pour tant impacter le contraste global de l'image. Ici aussi, les actions sont localisées et n'ont d'effet que sur les tons sombres.
- **Blancs** permet un contrôle des valeurs proches de l'écrêtage (extrémité droite de l'histogramme, les pixels écrêtés sont visualisés en rouge en tapant 0). Ainsi, avec certaines photos (volontairement) surexposées, on pourra récupérer des informations dans les très hautes lumières (valeurs négatives).
- **Noirs** permettront d'accentuer davantage les ombres ou de récupérer des détails dans les noirs sur les images sombres ou sous-exposées (extrémité gauche de l'histogramme, les pixels écrêtés sont visualisés en bleu en tapant U).

Dans certains cas, si les traitements ont besoin d'être localisés à une zone particulière de l'image, vous pourrez utiliser l'outil **Pinceau de retouche** avec lequel vous retrouverez l'ensemble des réglages de base.

> **Astuce** *Si vous glissez avec ⌥ [Alt] le curseur **Exposition**, **Tons clairs** ou **Blancs** vous verrez, en blanc sur fond noir, les pixels clairs qui seront écrêtés ; ces pixels apparaissent colorés s'ils ne sont écrêtés que sur une couche, et blancs s'ils le sont sur toutes. Si vous glissez avec ⌥ [Alt] le curseur **Tons foncés** ou **Noirs**, vous verrez, en noir sur fond blanc, les pixels foncés qui seront écrêtés (ils sont colorés s'ils ne sont écrêtés que sur une couche, et noirs s'ils le sont sur toutes).*

Voici un exemple de réglages avec une image très légèrement surexposée manquant de détails dans les hautes lumières.

La photo initiale.

La photo traitée.

❶ *Avec **Exposition**, on a baissé la luminosité globale.*
❷ *Avec **Contraste**, on améliore le rendu global.*
❸ *Avec **Tons clairs**, on récupère des détails dans les hautes lumières.*
❹ *On débouche les ombres avec **Tons foncés**.*
❺ *On évite l'écrêtage des pixels extrêmes avec **Blancs** et **Noirs**.*

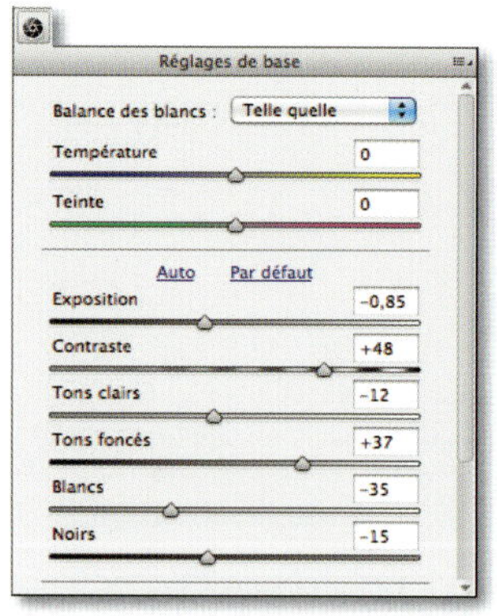

Les curseurs de réglages correspondent à l'ordre logique de traitement.

Le curseur Clarté

Ce réglage permet de donner un peu d'éclat à la photo. En effet, **Clarté** supprime le voile terne qui couvre certaines photos en améliorant le contraste principalement dans les tons moyens (on parle aussi de contraste local). Une valeur positive de **Clarté** produit un effet voisin de celui obtenu en appliquant le filtre **Accentuation** avec un gain réduit (10 à 20 %) et un rayon large (50), mais il accentue davantage le contraste sur les zones de basses fréquences (celles présentant moins de différences de contraste). Une valeur négative permet, par exemple, d'adoucir un grain de peau dans un portrait en atténuant les contrastes des tons moyens.

*On a amélioré le contraste des tons moyens avec **Clarté**, le premier plan apparaît plus net.*

Selon le type de la photo, les valeurs de **Clarté** ne doivent pas être trop poussées pour ne pas risquer de boucher les ombres ou de brûler les hautes lumières.

ASTUCE *Si le réglage affecte trop une zone de l'image, il sera possible de l'atténuer en utilisant une correction localisée avec l'outil* ***Filtre gradué*** *ou* ***Pinceau de retouche****.*

LA CORRECTION DES COULEURS

L'éclat des couleurs se règle à l'aide de deux paramètres : **Vibrance** et **Saturation**.

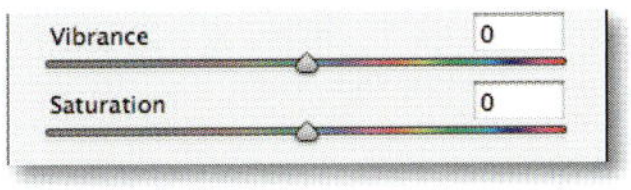

Les deux réglages pour affiner le rendu des couleurs.

Le réglage de la vibrance

Vibrance ajuste la saturation en atténuant les transitions entre les couleurs fortement saturées. La correction n'est pas linéaire : les couleurs les moins saturées subissent une augmentation plus importante et les plus saturées ne sont pas écrêtées, ce qui évite une perte de détails dans les zones aux couleurs déjà saturées. Un masque, intégré à **Vibrance,** assure la protection les tons chair et leur évite une saturation excessive. D'une manière générale, **Vibrance** préserve davantage la luminance de l'image et par conséquent son piqué.

Avec ***Vibrance****, on a augmenté la saturation dans le ciel et la végétation.*

Le réglage de la saturation

Ici, la variation est plus globale et s'applique de la même façon sur toutes les couleurs ; les plus saturées peuvent être écrêtées. Nous verrons plus loin que la saturation peut être réglée par teinte dans l'onglet **TSL/Niveaux de gris** ▤. Une valeur de **Saturation** de –100 supprime les couleurs et donne une image monochrome. Ce type de désaturation s'obtient également en cochant l'option **Convertir en niveaux de gris** dans l'onglet **TSL/Niveaux de gris** ▤ (*voir plus loin*).

De haut en bas : l'image initiale, réglée avec ***Vibrance****, et la même valeur avec* ***Saturation****. La saturation sur le bois du crayon y apparaît plus marquée.*

LA COMPARAISON DES RÉGLAGES

La comparaison des réglages peut se réaliser selon différentes méthodes : en tapant P pour afficher/masquer l'aperçu, avec les annulations (simple ⌘ Z [Ctrl Z] ou multiples ⌥ ⌘ Z [Alt Ctrl Z]) ou les instantanés (*voir page 66*).

Avec des instantanés, il est facile de comparer différentes versions de réglages.

L'onglet Courbe des tonalités

Les deux types de réglages par courbes

Les réglages **Courbe des tonalités** se séparent en deux parties : **Paramétrique** et **De points**. Dans les deux cas, il apparaît un histogramme qui affiche la répartition des pixels et sur lequel figure une courbe qui peut être modifiée indirectement ou directement par glissement de points. Dans le cas de la courbe paramétrique, Camera Raw propose une méthode de modification de la courbe à l'aide d'un outil avec lequel on agit directement sur la photo (*voir plus loin*). Ps Dans le cas d'un réglage par points, il est désormais possible d'intervenir différemment sur chaque couche de l'image à l'aide du menu local **Couche**.

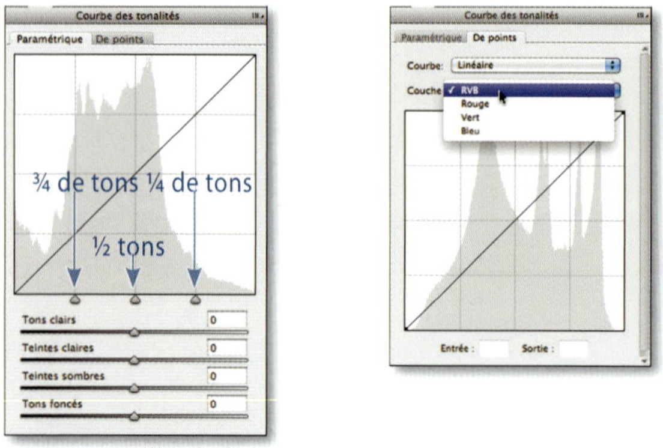

Les réglages de la courbe des tonalités s'effectuent selon deux méthodes : ***Paramétrique*** *ou par glissement* ***De points****.*

Note *Quand vous réglez le* ***Contraste*** *dans les réglages de base, Camera Raw crée une courbe en S pour modifier le contraste bien que la courbe n'apparaisse pas modifiée dans l'onglet* ***Courbe de tonalité****.*

La courbe paramétrique

La courbe représente les valeurs de tonalité en sortie en fonction de celles d'entrée. Les valeurs vont du plus sombre à gauche (0), au plus clair à droite (255). Sur l'axe des entrées (et de droite à gauche), trois curseurs (qui peuvent être déplacés) indiquent les positions des ¼ de tons, ½ tons et ¾ de tons avec les valeurs respectivement marquées 75, 50 et 25.

Les modifications par les curseurs

La courbe se modifie par glissement des curseurs **Tons clairs**, **Teintes claires**, **Teintes sombres** et **Tons foncés**. Chacun d'entre eux a une action limitée sur une zone de tonalités qui peut être étendue ou réduite par glissement des triangles ¼ de tons, ½ tons et ¾ de tons. Par défaut :

- **Tons clairs** agit sur les hautes lumières et les ¼ de tons.
- **Teintes claires** agit sur les tons moyens et les lumières : ½ tons et ¼ de tons.
- **Teintes sombres** agit sur les tons moyens et sombres : ½ tons et ¾ de tons.
- **Tons foncés** agit sur les ombres et les ¾ de tons.

Par défaut, les tonalités en entrée et en sortie sont identiques (courbe linéaire à 45°). Le glissement d'un curseur vers la droite monte la partie correspondante de la courbe et provoque un éclaircissement des tons, alors qu'un glissement vers la gauche entraîne un assombrissement et une descente de la courbe. Dans les deux cas, si la pente augmente, le contraste augmente également. Si vous double-cliquez sur un curseur, vous le ramenez à sa position initiale.

La modification par action sur la photo

Camera Raw comporte un nouvel outil, **Réglage ciblé**, qui propose une nouvelle technique de réglage (disponible dans certaines commandes de corrections chromatiques de Photoshop et de Lightroom). L'outil permet de cibler directement sur l'image les tonalités que l'on souhaite modifier. Le glissement de l'outil entraînera une modification sur la courbe paramétrique. Comme nous le verrons plus loin, l'outil peut également agir sur d'autres réglages, tels que la **Teinte**, la **Saturation**, la **Luminance**…, auxquels on accédera par un menu.

Pour mettre en œuvre ce type de correction, il n'est pas indispensable d'afficher la rubrique **Réglage**. En effet, par défaut, quand vous activez l'outil **Réglage ciblé** (en tapant T, par exemple), celui-ci agira automatiquement sur la courbe paramétrique. Un menu local, déroulé sur l'outil ou par clic droit sur l'image, l'atteste par une coche sur la commande **Courbe paramétrique**. Cependant, si vous lancez cette commande (ou tapez son raccourci : ⇧⌥⌘T [⇧ Alt Ctrl T]), la courbe s'affichera et montrera la modification réalisée.

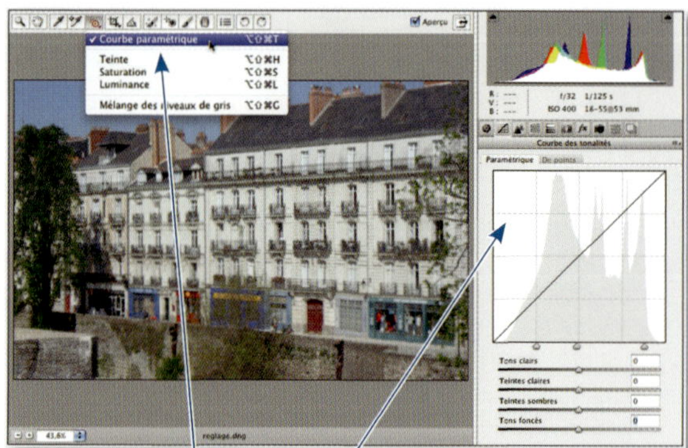

Si on lance cette commande, cette rubrique s'affiche. On peut ainsi visualiser les modifications sur la courbe mais l'outil peut agir même si cette courbe n'est pas affichée.

Pour corriger la photo, amenez l'outil (+◉) sur l'une des zones de l'image à ajuster et glissez-le (verticalement ou horizontalement) : automatiquement la courbe est modifiée localement en fonction des valeurs des pixels ciblés et de l'ampleur du glissement de l'outil.

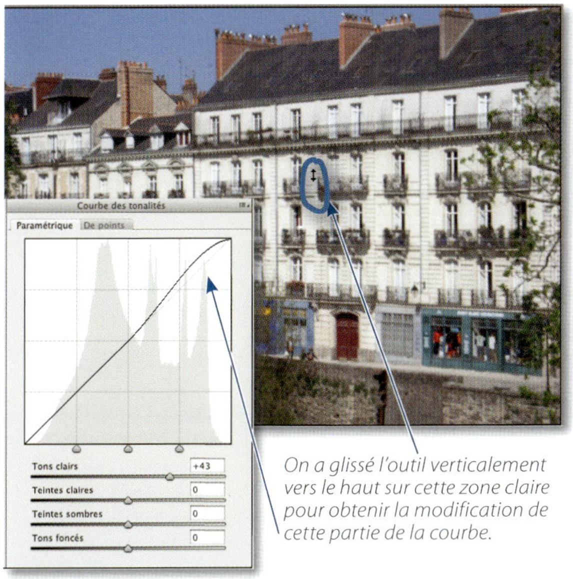

On a glissé l'outil verticalement vers le haut sur cette zone claire pour obtenir la modification de cette partie de la courbe.

Une fois la première correction réalisée, placez l'outil sur une autre zone de l'image et glissez-le pour en modifier les tonalités et donc la courbe sur la partie correspondante (seule la courbe paramétrique est redessinée, la courbe de points ne subit pas de changement).

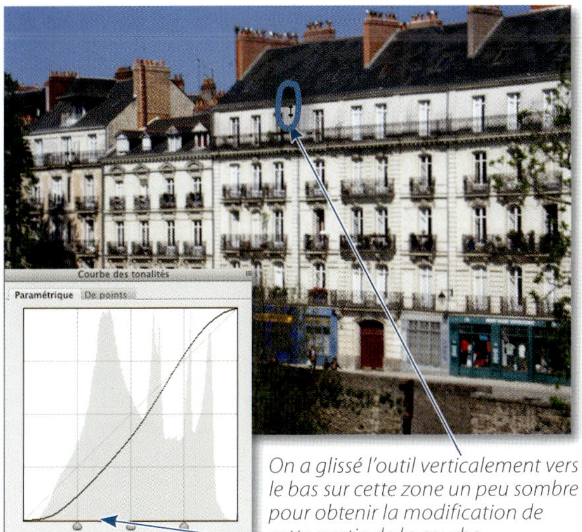

On a glissé l'outil verticalement vers le bas sur cette zone un peu sombre pour obtenir la modification de cette partie de la courbe.

LA COURBE DE POINTS

Ps Quand on active l'onglet **De points**, l'histogramme et la courbe s'affichent. Un menu local donne accès à des réglages prédéfinis (personnalisables) pour améliorer le contraste. Les opérations de paramétrage de contraste et de luminosité s'effectuent à la manière de la commande **Couches** de Photoshop, c'est-à-dire que vous pouvez agir sur la courbe en y plaçant des points (éventuellement, par couche avec Camera Raw 7).

Après les réglages de base, on veut modifier le contraste de cette zone.

Ceux-ci peuvent être placés directement sur la courbe (voire sur une couche : rouge, vert ou bleu) ou depuis la photo. Pour ce dernier cas, activez la pipette (i) et maintenez-la enfoncée ⌘ [Ctrl], repérez la tonalité que vous souhaitez modifier et placez un point correspondant sur la courbe par clic sur l'image. Ajoutez, directement sur la courbe, des points de part et d'autre du précédent pour réduire l'étendue de la zone modifiée. Resélectionnez le point initial pour modifier la luminosité et le contraste, en le déplaçant avec les touches fléchées. Recommencez sur d'autres zones de l'image.

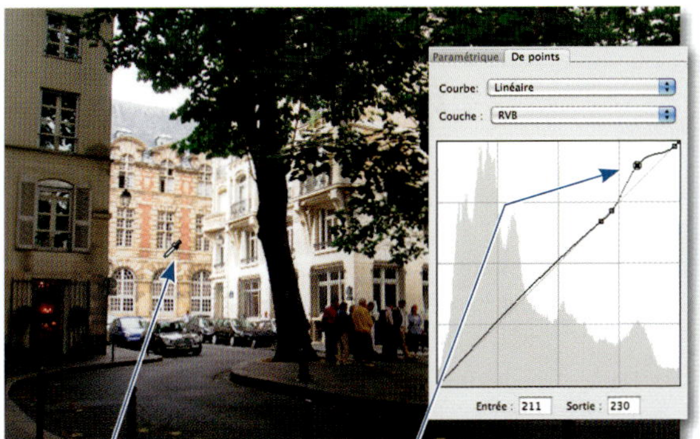

Par ⌘ clic [Ctrl clic], on a obtenu ce point, puis on l'a déplacé (pour éviter une modification trop importante, on en a placé d'autres).

Les réglages dans la rubrique **De points** ne sont pas répercutés dans la rubrique **Paramétrique** et réciproquement.

La netteté et le traitement du bruit avec la rubrique Détail

L'onglet **Détail** comporte deux rubriques : **Netteté** et **Réduction du bruit**. Si vous ouvrez un fichier qui a déjà été traité avec une version antérieure à Camera Raw 6, une icône grise apparaît en bas à droite de l'image pour signaler qu'actuellement la photo est développée avec le moteur de rendu d'une ancienne version de Camera Raw (qui utilisait le processus **2003**). Vous pouvez continuer à traiter la photo avec ce moteur, mais si vous souhaitez bénéficier des améliorations de la version 7, vous devez mettre à jour la photo en cliquant sur l'icône d'avertissement (qui disparaîtra) ou par le menu **Processus** (puis **2012**) de l'onglet **Étalonnage de l'appareil photo**.

Quand la mise à jour est réalisée, des curseurs qui étaient grisés deviennent accessibles. Cela permet d'utiliser les nouvelles fonctions de traitement du bruit (*voir plus loin*).

L'affichage des réglages

Pour visualiser les traitements du bruit et de netteté, il n'est plus nécessaire d'afficher l'image à 100 % ; cependant, vous obtiendrez un meilleur contrôle, si vous affichez l'image à ce taux voire au-delà.

> **Astuce** *Pour afficher l'image à 100 % effectuez un* double-clic *dans l'outil* ***Loupe***.

Un contrôle de l'image avant et après réglage de netteté s'obtient en cochant ou non **Aperçu** (ou en tapant P). Gardez à l'esprit qu'en décochant l'aperçu, vous ne masquez que les modifications réalisées dans l'onglet actif. Ainsi, quand l'onglet **Détail** est actif, le fait de décocher **Aperçu** ne masque que les réglages effectués dans cet onglet et conserve ceux qui avaient été réalisés dans l'onglet **Réglages de base**, par exemple. Si vous passez dans l'onglet **Réglages de base**, le fait de décocher **Aperçu** masquera les réglages de base mais conservera les réglages de **Détail**.

La netteté ou accentuation avec Camera Raw

Si des réglages de netteté sont indispensables avec les fichiers RAW, ce n'est pas le cas avec les fichiers JPEG (ou TIF) car ils ont été traités par l'appareil photo. Ces réglages s'apparentent à ceux du filtre **Accentuation** de Photoshop appliqué à la couche Luminosité ; cependant, l'effet est plus doux et ceci d'autant plus qu'il est possible d'appliquer un masque (dit **masque de contours**) pour amoindrir l'intensité de l'effet sur certaines zones de l'image.

On affiche à 100 % l'image dont on souhaite régler la netteté. Ici, un message le préconise.

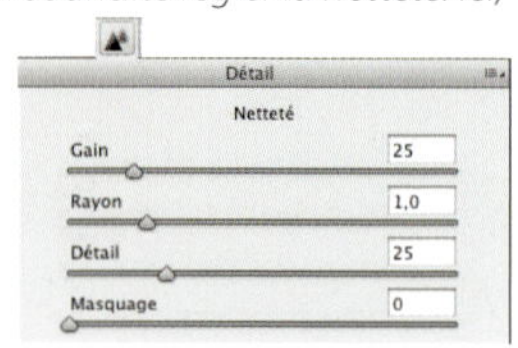

La partie ***Netteté*** *de la rubrique* ***Détail*** *comporte trois curseurs de réglages et un autre pour le masque.*

Les réglages se réalisent à l'aide de trois curseurs : **Gain**, **Rayon** et **Détail** ; le quatrième curseur, **Masquage**, règle l'aspect du masque de contours.

Les réglages du curseur Gain

Le curseur définit l'écart de contraste nécessaire pour appliquer l'accentuation, et intensifie l'augmentation du contraste au niveau des contours de l'image (zones de hautes fréquences). Les valeurs s'étendent de 0 à 150. Par défaut, le gain est de 0 pour les images JPEG ou TIFF ; en effet, ces images ne subissent pas d'accentuation car celui-ci a été appliqué par l'appareil photo. La valeur par défaut est de 25 pour les images RAW. Ici, les valeurs élevées donnent un effet moins prononcé que celles du filtre **Accentuation**.

Dans tous les cas, l'effet pourra être atténué par un réglage des curseurs **Détail** ou **Masquage**. Pour des photos de visage, pour éviter de trop renforcer le grain de la peau, des valeurs de **Gain** de l'ordre de 20 à 40 donnent des résultats convenables. On les associera à des valeurs de **Rayon** voisines de 1. L'utilisation d'un masquage (*voir plus loin*) permettra de préserver certaines zones du visage (peau) et d'en accentuer d'autres (lèvres, contour des yeux). Pour des photos ayant de nombreux détails, la valeur du **Gain** peut être plus élevée.

L'effet d'accentuation n'est appliqué que sur la couche luminance de l'image, Camera Raw propose un mode pour la visualiser et ainsi y voir le renforcement ; pour cela, enfoncez ⌥ [Alt] pendant que vous agissez sur le curseur **Gain**.

Exemples de réglages de ***Gain***

À gauche, la photo avec un ***Gain*** *de 50, à droite, le gain est de 100.*

Ci-dessus, avec la touche ⌥ [Alt], on a affiché la couche Luminance, la seule qui subit l'accentuation.

Les réglages du curseur Rayon

Cette option définit la taille du halo d'accentuation (de 0,5 à 3 pixels). Une valeur importante donne un halo qui entraîne un effet d'accentuation sur les contours de l'image. Pour un portrait, une valeur voisine de 1,2 donne des résultats satisfaisants.

Exemples de réglages de ***Rayon*** *(le gain a été réglé à 100).*

À gauche, la photo avec un ***Rayon*** *de 0,5, à droite,* ***Rayon*** *de 3.*

En enfonçant la touche ⌥ [Alt] on peut visualiser l'effet en niveaux de gris. Cet aperçu correspond à ce que l'on observe dans Photoshop si on applique le filtre **Passe-Haut** sur un calque rempli de gris moyen et auquel on affecte le mode de fusion **Incrustation**. Les éléments qui apparaissent en blanc et ou en noir correspondent aux zones de l'image qui subissent un renforcement (là où se positionne le halo d'accentuation). Les éléments en gris moyens correspondent aux pixels de l'image qui ne sont pas modifiés.

Ci-dessus, l'affichage en niveaux de gris de réglages de ***Rayons****.*

Les réglages du curseur Détail

Les valeurs fortes augmentent le gain, l'accentuation est plus marquée et on retrouve le comportement du filtre **Accentuation** de Photoshop avec une valeur de **Seuil** très faible. Ce type de réglage ne provoque aucune atténuation, alors que les valeurs faibles permettent de réduire l'effet de halo d'accentuation. Pour les portraits, des valeurs voisines de la valeur par défaut (25) permettent de ne pas trop marquer les contours du visage. Ces valeurs pourront être augmentées (40 à 60) avec des photos comportant des contours fins qui doivent être renforcés.

Exemples de réglages de ***Détail*** *(gain 50 et rayon 1).*

À gauche, la photo avec un ***Détail*** *de 0 (suppression du halo maximale). À droite, la valeur de* ***Détail*** *est de 50.*

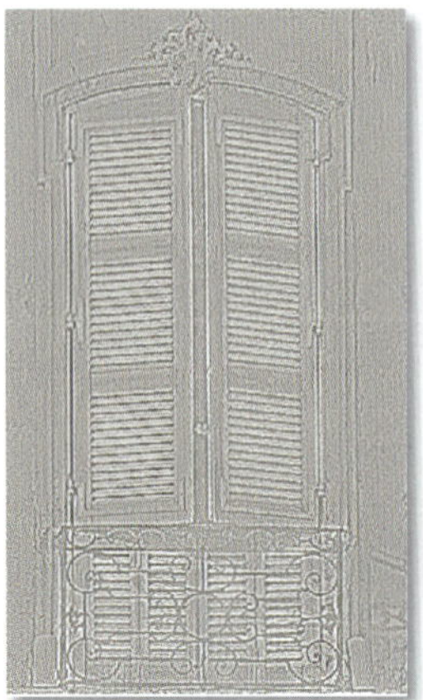

Ci-dessous, l'affichage en niveaux de gris (avec ⌥ [Alt]).

Les réglages du curseur Masquage

Cette option permet à Camera Raw de créer à la volée le masque de contours pour protéger les zones qui ne doivent pas être accentuées, et pour n'appliquer la netteté que sur les contours des éléments de l'image. Par défaut (valeur 0), le masque n'est pas créé.

Exemples de réglages de ***Masquage*** *(gain 100 ; rayon 1,2 et détail 70).*

À gauche, le ***Masquage*** *est très faible de 5 (pratiquement pas de masque). À droite, la valeur de* ***Masquage*** *est de 80.*

Comme pour les autres curseurs, si vous enfoncez la touche ⌥ [Alt], Camera Raw montre, en niveaux de gris, le masque utilisé pour atténuer le réglage. Les zones blanches correspondent aux parties de l'image sur lesquelles s'applique l'accentuation et les zones noires délimitent les zones protégées. Le masquage avec une valeur élevée (environ 80) est particulièrement intéressant sur les portraits, il permettra de ne pas affecter les zones de tonalité uniforme définissant des parties lisses comme la peau.

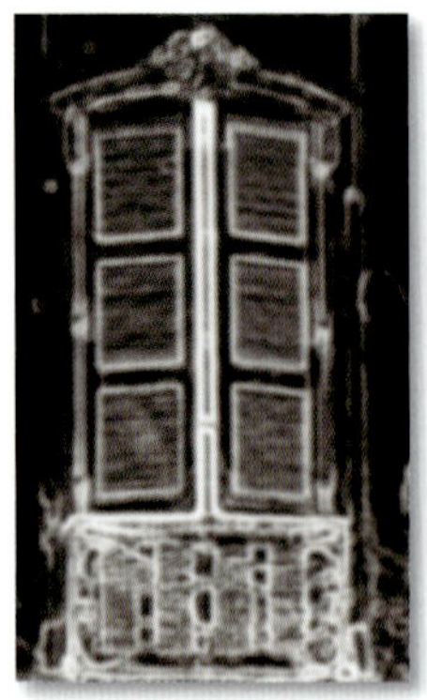

Ci-dessus, l'affichage du masque en niveaux de gris (avec ⌥ [Alt]).

Un autre exemple de réglages de ***Masquage***

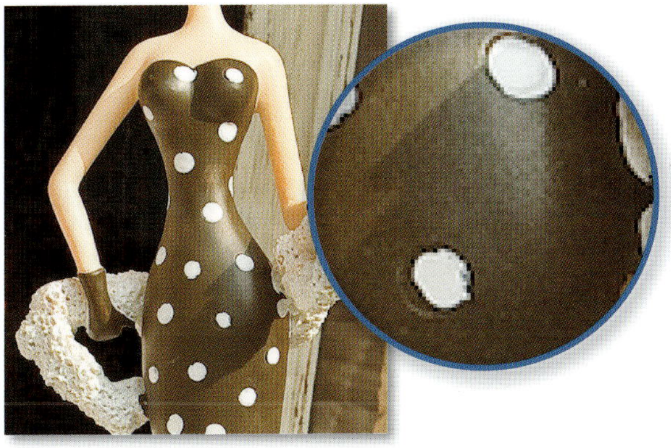

Ci-dessus, pas de masquage et ci-dessous, le masquage à 100 : l'accentuation n'est pas appliquée sur les zones qui ne constituent pas les contours de l'image.

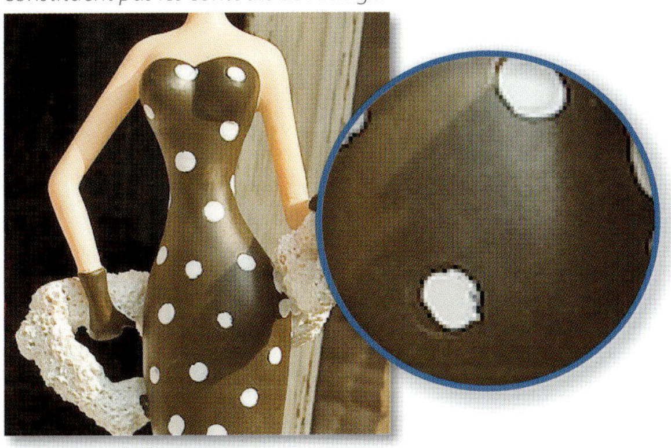

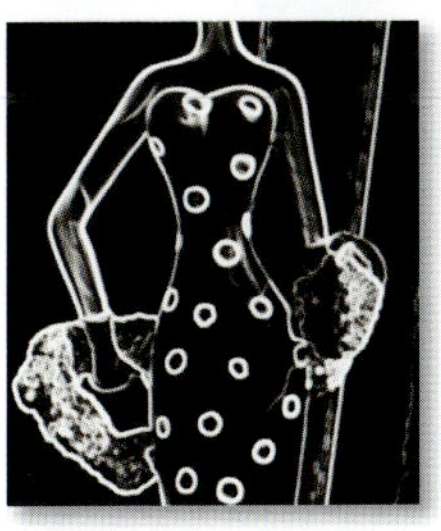

L'aperçu du masque de contours appliqué à l'image ci-dessus ; il localise l'effet sur les zones blanches (contours de l'image).

L'enregistrement des paramètres de netteté

Comme pour tous les paramètres de Camera Raw, les réglages de netteté peuvent être mémorisés (seuls ou avec d'autres paramètres) comme paramétrages prédéfinis afin d'être réappliqués plus rapidement à d'autres photos. Cette opération se réalise par la commande **Enregistrer les paramètres** du menu local situé en haut à droite de l'onglet **Détail** (ou de tout autre onglet de réglages) : une fenêtre permet de choisir quels paramètres vous souhaitez enregistrer.

Pour ne mémoriser que les réglages de netteté, décochez toutes les autres options. Par la suite, avec d'autres réglages, il sera toujours possible de faire des enregistrements de paramètres prédéfinis sans réglage de netteté.

Avec cette commande s'affiche cette fenêtre dans laquelle on ne sélectionne que le réglage à appliquer : ici, netteté.

Nommez correctement les paramètres (par exemple, avec des noms indiquant leur composition) de façon à pouvoir les utiliser plus facilement. Ces paramètres enregistrés s'appliquent de deux façons : avec Camera Raw ou avec Bridge.

L'application d'un paramètre avec Camera Raw

Ouvrez la photo à traiter dans Camera Raw et, par le menu local, choisissez la commande **Appliquer le paramètre prédéfini** puis celui que vous souhaitez affecter à la photo.

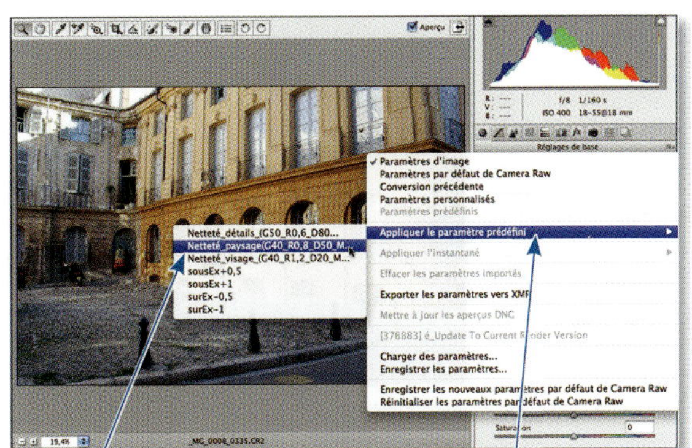

Les paramètres enregistrés s'affichent avec cette commande.

Camera Raw propose une autre façon d'appliquer (et d'enregistrer) les paramètres prédéfinis. Elle consiste à afficher l'onglet **Paramètres prédéfinis,** le panneau montrera la liste des paramètres enregistrés, il suffira de cliquer sur le réglage voulu. Si vous avez enregistré plusieurs paramètres de netteté, vous pouvez les tester, c'est le dernier appliqué qui définira l'aspect de l'image. Si le paramètre prédéfini comporte des réglages autres que netteté, ils s'ajoutent à ces derniers.

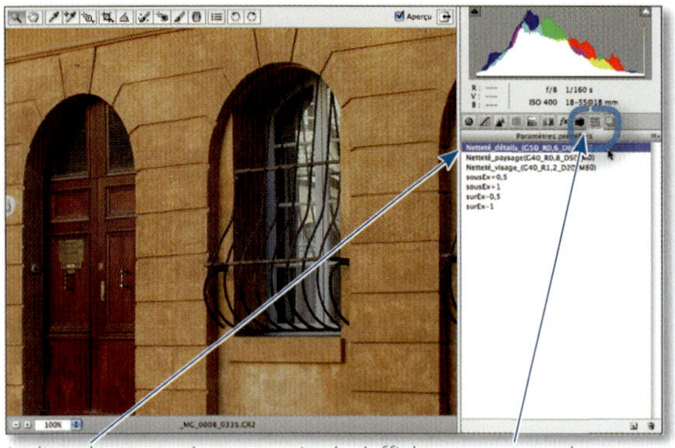

La liste des paramètres enregistrés s'affiche avec cet onglet. Attention : pour mieux voir l'effet d'un paramètre de netteté, n'oubliez pas de régler l'aperçu à 100 %.

Par la suite, si l'image est ouverte dans Photoshop en tant qu'objet dynamique, il sera possible de revenir à tout instant dans Camera Raw pour modifier les réglages de netteté et les adapter à l'utilisation finale du fichier.

L'application d'un paramètre prédéfini avec Bridge

Sélectionnez la série de photos à traiter, par clic droit (ou par le menu **Édition**), choisissez **Développer les paramètres**, puis le paramètre souhaité.

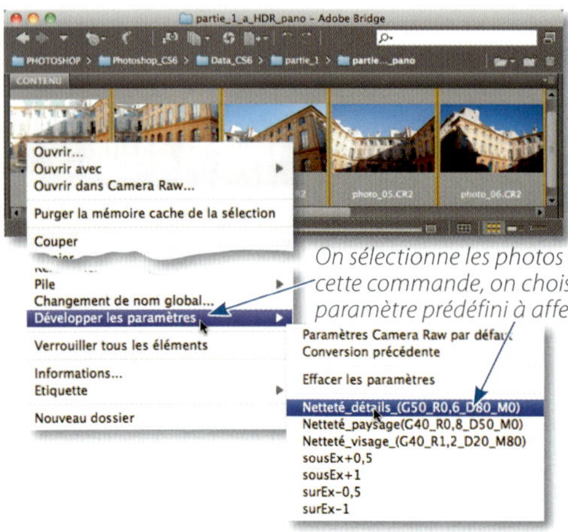

On sélectionne les photos et, avec cette commande, on choisit le paramètre prédéfini à affecter.

Vous pouvez envisager également, à l'aide de la commande **Enregistrer les nouveaux paramètres par défaut de Camera Raw**, de définir les traitements qui seront appliqués par défaut à toutes les images.

La netteté et le lissage localisés

Les réglages de netteté peuvent être associés à une application préalable de l'option **Clarté** (des **Réglages de base**). Cependant, pour obtenir un traitement localisé, vous pouvez également utiliser l'outil **Pinceau de retouche** (activé avec la lettre K). Celui-ci possède un paramètre **Netteté**. Il peut être le seul paramètre de l'outil (éventuellement associé à **Clarté**), ce qui permettra d'agir localement sur la netteté sans modifier les autres caractéristiques de l'image (ici, l'effet est visible même si l'image n'est pas affichée à 100 %).

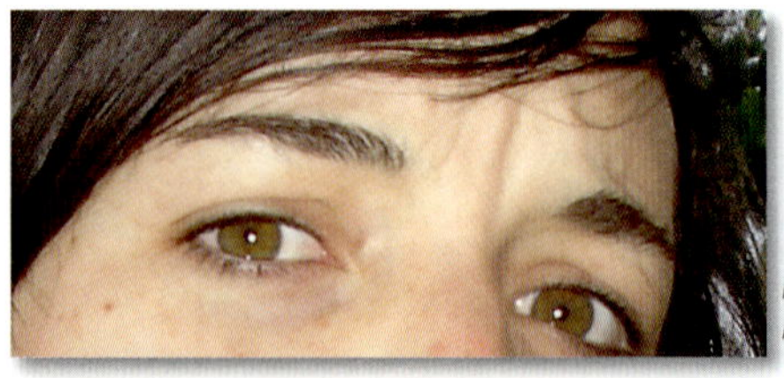

La photo initiale.

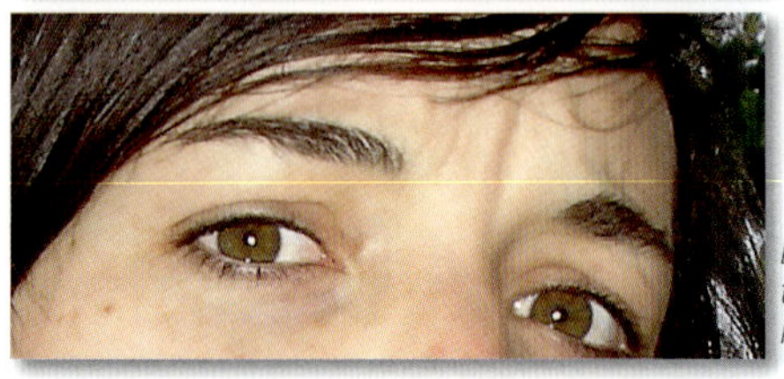

La photo traitée localement.

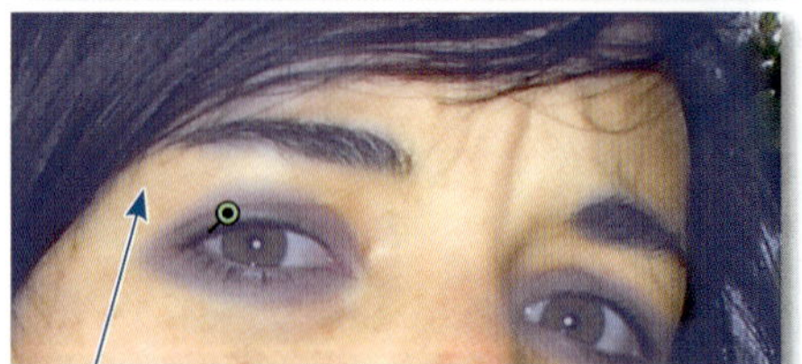

Ci-dessus, on voit en bleu les zones traitées. On a utilisé l'outil ***Pinceau de retouche*** *avec les réglages ci-contre pour accentuer les zones.*

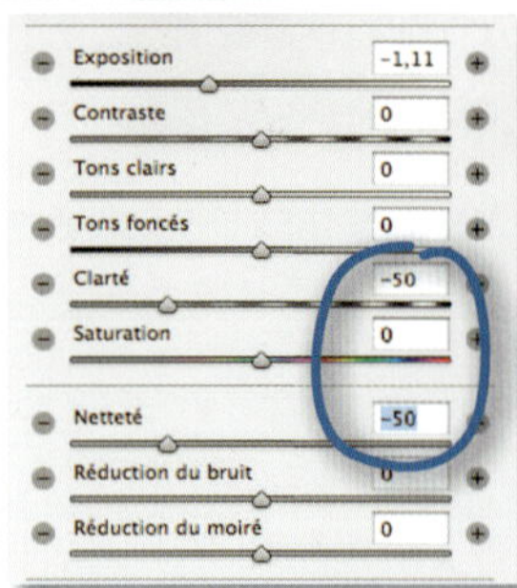

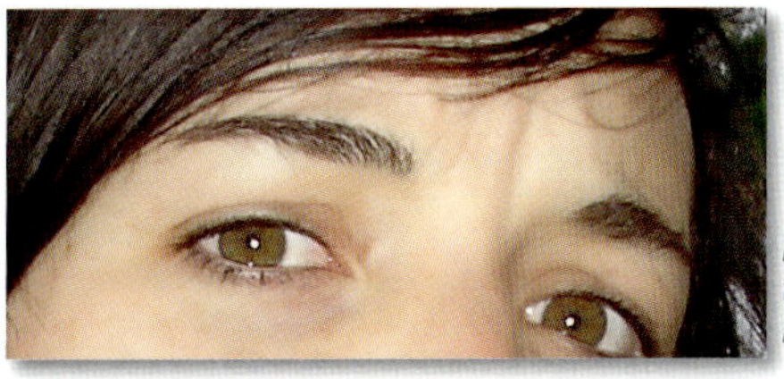

La photo traitée localement.

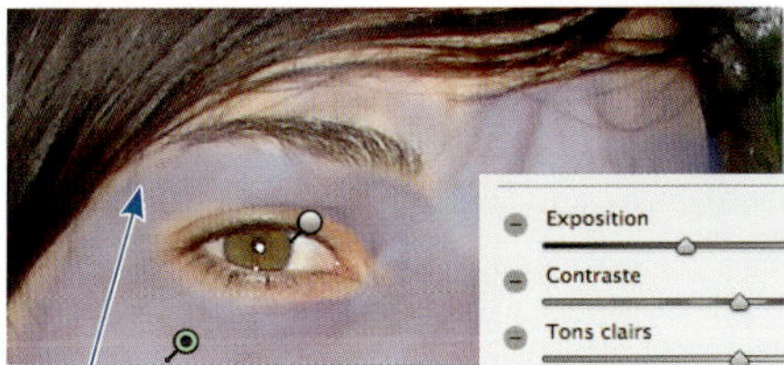

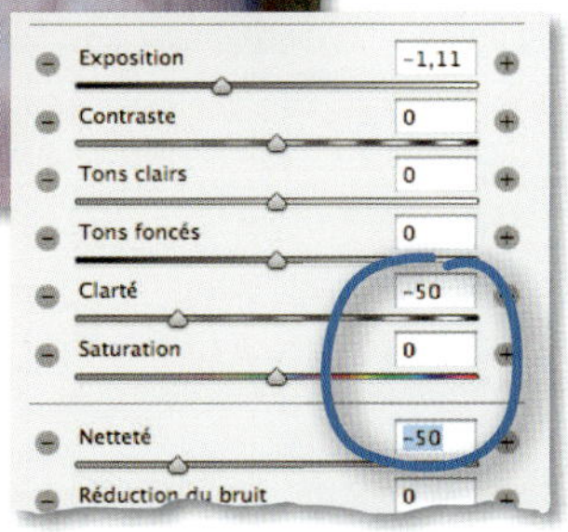

En bleu les zones traitées avec l'outil ***Pinceau de retouche*** *des réglages inversés (voir ci-contre) :* ***Clarté*** *et* ***Netteté*** *avec des valeurs négatives permettent d'adoucir la peau.*

ASTUCE *Si vous comptez rééchantillonner l'image dans Photoshop pour l'amener à sa taille finale, il est préférable d'y régler la netteté avec une combinaison des filtres* ***Accentuation*** *ou* ***Netteté optimisée*** *(série* ***Renforcement****).*

La réduction du bruit avec Camera Raw

Depuis Camera Raw 6, le traitement de la réduction du bruit a été amélioré ; les photos prises dans des conditions de luminosité faible avec des valeurs d'ISO élevées ou des photos sous-exposées affichent des résultats de bien meilleure qualité que lorsqu'elles étaient traitées avec le moteur de développement version 2003 (signalé par l'icône). Pour utiliser le dernier processus de traitement, cliquez sur cette icône d'avertissement (ou sélectionnez l'option **2012 (version actuelle)** dans le menu **Processus** de l'onglet **Étalonnage de l'appareil photo**). La réduction du bruit s'effectue à l'aide de trois curseurs pour le bruit de luminance (**Luminance**, **Détail** et **Contraste**) et deux pour le bruit de chrominance (**Couleur** et **Détail**). Le bruit dans les zones des contours colorés est modifié par le dernier curseur.

L'icône (située en bas à droite de la photo), indique que le fichier a été traité par une version antérieure de Camera Raw. Avec la version ***2012*** *de Camera Raw 7 (et 2010) les curseurs deviennent disponibles.*

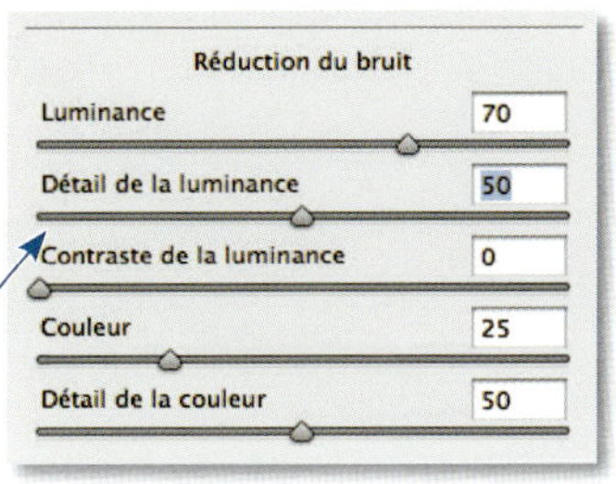

Au niveau du traitement du bruit, le processus 2012 apporte aussi la possibilité de réaliser un traitement localisé à l'aide de l'outil **Pinceau de retouche** qui propose un curseur **Réduction du bruit**.

Cette photo a été prise avec des valeurs d'ISO élevées (3200). Dans le carré bleu, une zone que l'on compare (pages suivantes) avec différents traitements du bruit (les traitements 2012 et 2010 sont sensiblement identiques).

Ci-contre, le détail de la photo ci-dessus, elle n'a pas subi de traitement de réduction du bruit.

Avant de modifier les réglages de réduction du bruit, il n'est plus indispensable d'afficher l'image à 100 % ; cependant, un taux d'affichage de 100 % ou plus permet un meilleur contrôle. En cochant ou en décochant **Aperçu** (ou en tapant P), vous verrez l'image avant et après réglages.

Ici, la réduction du bruit a été faite avec le processus version 2003 de Camera Raw de traitement de réduction du bruit. Le bruit est encore très présent et l'image granuleuse.

Ci-dessus la photo a subi le traitement de réduction du bruit du processus version 2012 (ou 2010). Le bruit est nettement moins présent ; des réglages permettront de retrouver du détail.

Luminance

Par défaut, sa valeur est nulle. Ce curseur contrôle la quantité de réduction du bruit de luminance appliquée. Une valeur de 25 permet un compromis raisonnable entre la réduction du bruit et la préservation des détails. En fonction de l'image, une valeur plus importante peut être utilisée, mais le lissage pourra alors paraître excessif ; l'utilisation du curseur **Luminance Détail** permettra de réduire cet effet.

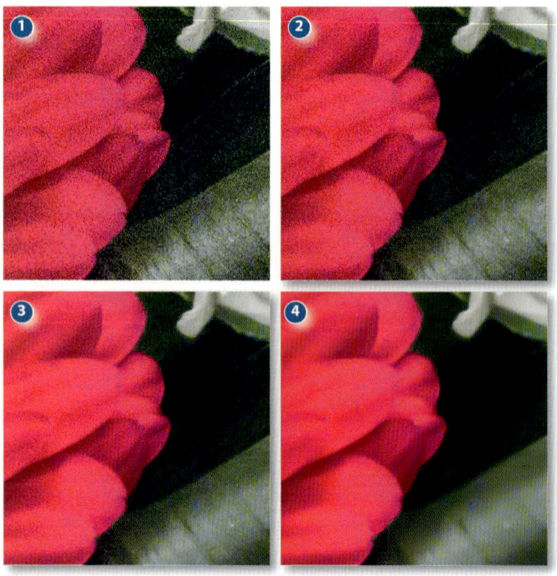

❶ *L'image initiale sans réduction du bruit.*
❷ *Réduction du bruit avec la* ***Luminance*** *à 20 : l'image est encore bruitée.*
❸ ***Luminance*** *à 60.*
❹ ***Luminance*** *à 100 : l'image est très lissée ; elle a perdu des détails.*

Détail de la luminance

Dès que **Luminance** n'est plus nulle, **Détail de la luminance** prend la valeur 50 (par défaut). Elle définit le seuil de bruit de luminance. Une augmentation permet de préserver plus de détails de l'image au détriment du bruit qui restera plus important sur les zones qui n'auront pas été détectées en tant que détails. Une réduction de la valeur augmente le lissage de l'image, qui peut engendrer un effet de flou sur l'image, plus prononcé sur les zones qui n'auront pas été détectées comme étant du bruit de l'image. Ces résultats sont observables sur des images ayant un bruit important.

❶ *L'image avec* ***Luminance*** *de 50 et* ***Détail de la luminance*** *par défaut (50).*
❷ *Réduction de la valeur de* ***Détail de la luminance*** *à 20 : l'image est moins nette (mais avec moins de bruit).*
❸ *Augmentation de la valeur de* ***Détail de la luminance*** *à 80 : l'image montre plus de détails (mais plus de bruit).*

Contraste de la luminance

Une augmentation préserve le contraste de l'image et sa texture, mais peut engendrer l'apparition de paquets de pixels ou de marbrures dans certaines images (au-dessus de 6 400 ISO). Une réduction rend l'image très lisse avec un grain plus fin au détriment d'un contraste local plus réduit. Ces réglages ne sont observables que sur les images ayant un bruit important et des valeurs ISO élevées.

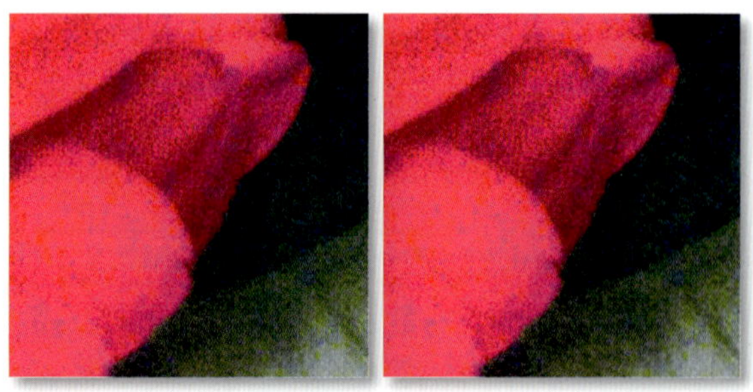

Contraste de la luminance *= 20.* ***Contraste de la luminance*** *= 100.*

Couleur

Ce curseur contrôle la quantité de réduction du bruit dans les pixels colorés (bruit de chrominance ou de la couleur). Par défaut, la valeur est de 25 pour les images au format RAW et nulle pour les autres. Cette valeur de 25 offre un bon compromis de réduction de bruit de la couleur. Il permet de supprimer le bruit coloré tout en conservant les détails des contours de couleur. Une augmentation importante provoque un lissage accompagné d'une désaturation parfois excessive des pixels des contours colorés.

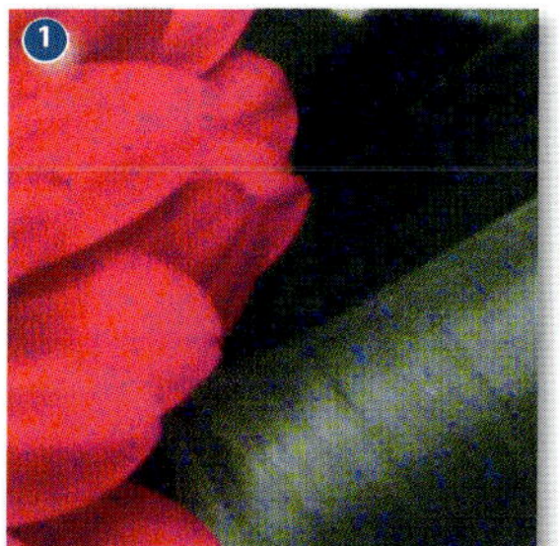

*❶ L'image avec **Luminance** de 50 et **Couleur** par défaut (25), le bruit coloré est important.*
*❷ Réduction de la valeur de **Couleur** à 50 : l'image est moins nette mais avec moins de bruit coloré.*
*❸ Augmentation de la valeur de **Couleur** à 80 : l'image a un bruit très réduit (surtout sur la feuille).*

Détail de la couleur

Cette option n'est disponible (valeur de 50, par défaut) que si **Couleur** n'a pas une valeur nulle. Elle permet d'affiner la réduction du bruit de la couleur principalement sur les contours présentant des bords détaillés colorés.

Avec des réglages élevés (de 75 à 100), Camera Raw essaie de conserver les détails sur les contours en y augmentant la saturation et le contraste ; en contrepartie, le bruit est moins réduit sur les autres zones et des petites taches isolées peuvent y apparaître.

Avec des réglages faibles (de 0 à 25), les petites taches de couleurs sont supprimées et les couleurs sont désaturées. Ces effets ne s'observent que sur des images très bruitées.

*À gauche, valeur de **Détail de la couleur** réduite et à droite, élevée.*

La mémorisation des réglages de réduction du bruit

Vous pouvez préparer des séries de paramètres prédéfinis et les enregistrer dans l'onglet de Camera Raw en ne cochant que le sous-ensemble **Détails** puis l'option **Réduction du bruit** (**de la Luminance** et/ou **de la couleur**). Si les paramètres mémorisés ne possèdent qu'un type de réglages, ils pourront être cumulés sans interaction sur ceux d'un autre type. Vous pouvez, par exemple, appliquer un paramètre 1 qui n'agit que sur la netteté, puis un paramètre 2 qui n'agit que sur la réduction du bruit, la netteté précédemment appliquée par le paramètre 1 ne sera pas modifiée. En revanche, si vous appliquez un paramètre 3 qui agit à la fois sur la réduction du bruit et la netteté, les valeurs des paramètres 1 et 2 seront remplacées par celles du paramètre 3.

L'onglet TSL/Niveaux de gris

Cet onglet **TSL/Niveaux de gris** comporte trois onglets pour régler la couleur par nuance. Une option vient s'ajouter pour convertir l'image en niveaux de gris.

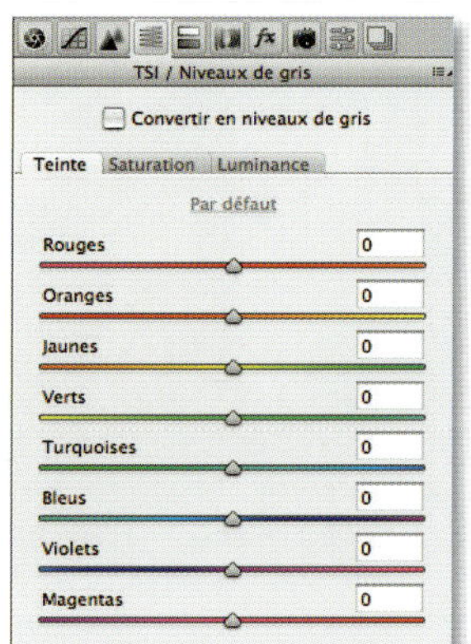

*Les réglages de l'onglet **TSL / Niveaux de gris** s'effectuent par nuances de couleur.*

Les corrections TSL globales

Chaque couleur est décrite par trois paramètres : la teinte (T), la saturation (S) et la luminance (L notée parfois Y).

Le réglage de Teinte

La **teinte** correspond à la longueur d'onde de la couleur, elle définit l'aspect de la nuance: rouge, orangé, jaune… Les nuances proposées dans la liste définissent une « roue » chromatique. Le glissement d'un curseur ajoute à la nuance celle qui lui est adjacente dans la roue chromatique.

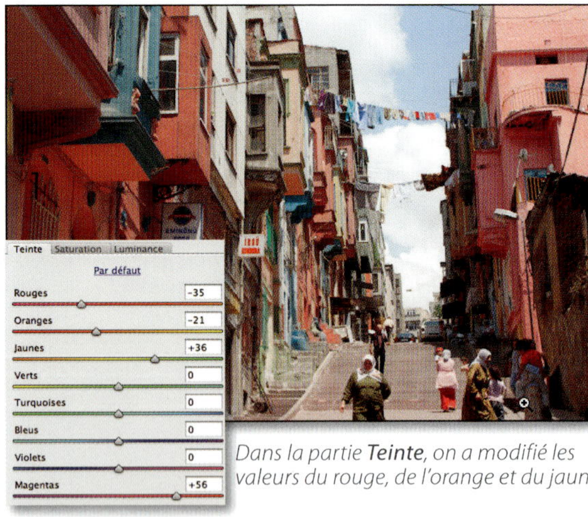

*Dans la partie **Teinte**, on a modifié les valeurs du rouge, de l'orange et du jaune.*

Le réglage de Saturation

La **saturation** décrit la vivacité ou la pureté d'une couleur. Plus une couleur est désaturée, plus elle se charge de gris (ou de blanc ou de noir selon sa luminosité). Ici, le glissement du curseur fait tendre la couleur vers le gris.

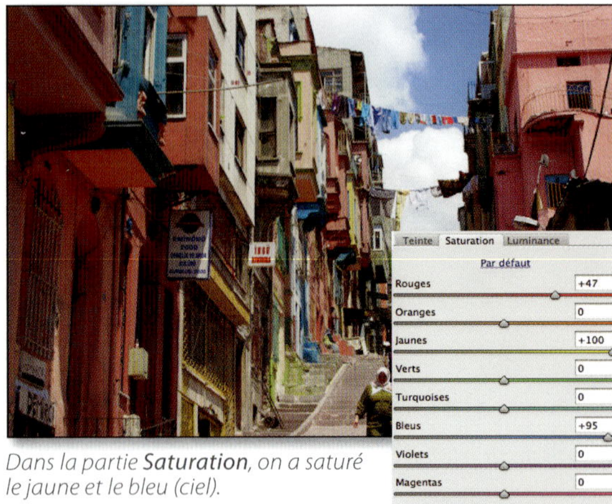

*Dans la partie **Saturation**, on a saturé le jaune et le bleu (ciel).*

Le réglage de Luminance

La **luminance** définit l'intensité lumineuse que renvoie une surface colorée. La luminance correspond à la partie « niveaux de gris » de l'image, (c'est elle qui donne le modelé). La chrominance correspond à la partie colorée et est définie par la teinte et la saturation. La majorité des réglages Camera Raw, peuvent être remplacés par des calques de réglage de Photoshop ; cependant, ici, les réglages sont plus fins (mais il n'est pas possible de limiter leur action par un masque). Voici un exemple de réglages TSL avec Camera Raw, appliqués sur une photo (ici, les valeurs ont été cumulées et sont volontairement importantes).

L'image n'a pas subi de réglage de l'onglet TSL. On veut changer la teinte, la saturation et la luminance de certaines couleurs.

*Dans la partie **luminance**, on a éclairci le rouge et assombri le bleu.*

Les corrections TSL ciblées sur l'image

Comme pour la **Courbe paramétrique** (*voir page 76*), les réglages de couleurs (**Teinte**, **Saturation**, **Luminance**) peuvent se réaliser par une action directe sur l'image (il en est de même pour la conversion en niveaux de gris, *voir plus loin*).

Pour mettre en œuvre cette correction ciblée, il n'est pas indispensable d'afficher la rubrique **TSL/Niveaux de gris**. En effet, quand vous activez l'outil **Réglage ciblé**, vous pouvez afficher sur cet outil un menu local (on peut aussi l'obtenir sur l'image par clic droit), qui, outre la commande **Courbe paramétrique** (active par défaut), propose les commandes **Teinte**, **Saturation**, **Luminance** et leurs raccourcis respectifs : ⇧ ⌥ ⌘ H [⇧ Alt Ctrl H] (en anglais *Hue* est la teinte), ⇧ ⌥ ⌘ S [⇧ Alt Ctrl S] et ⇧ ⌥ ⌘ L [⇧ Alt Ctrl L]. Le choix de l'une ou l'autre de ces commandes active automatiquement la rubrique **TSL/Niveaux de gris** et l'onglet correspondant.

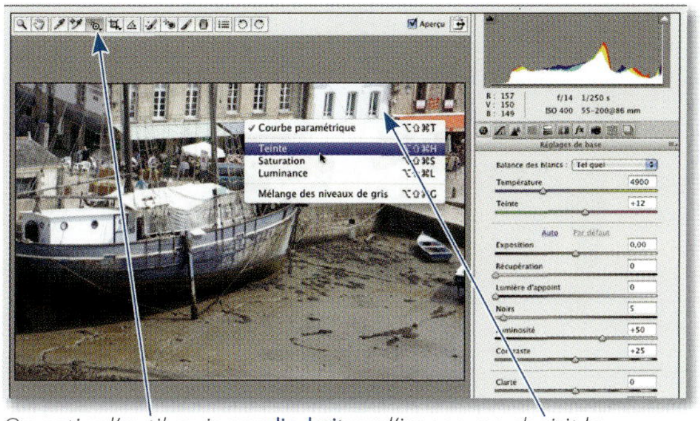

On active l'outil, puis par clic droit *sur l'image, on choisit la caractéristique colorimétrique à corriger.*

Pour corriger la photo, amenez l'outil (⁺◎) sur l'une des zones de l'image présentant les couleurs à ajuster et glissez-le (verticalement ou horizontalement) : les curseurs correspondant aux couleurs ciblées sont automatiquement modifiés en fonction de l'ampleur du glissement de l'outil.

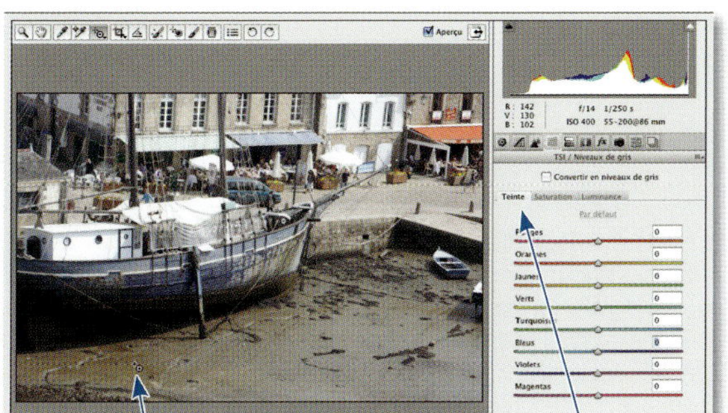

On amène l'outil sur la zone à corriger. La rubrique **Teinte** *s'est affichée avec les valeurs par défaut, la correction peut commencer.*

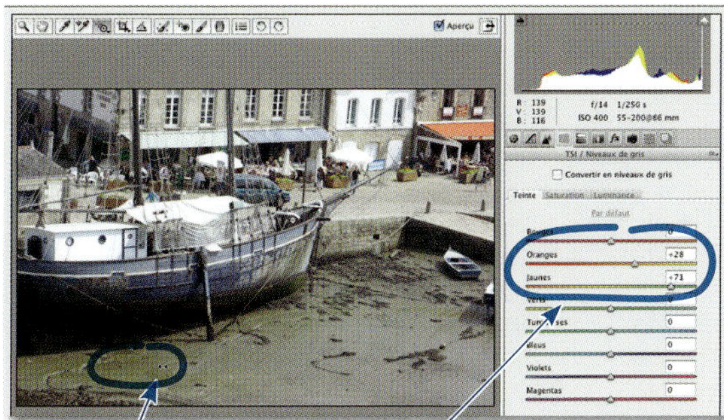

On glisse l'outil sur l'image et les curseurs correspondant aux couleurs ciblées sont modifiés.

Une fois la première correction réalisée, placez l'outil sur une autre zone de l'image ou, sans changer de place, sélectionnez par clic droit une autre caractéristique pour modifier la saturation ou la luminance des couleurs précédentes. Glissez alors l'outil pour en obtenir la modification.

La conversion en niveaux de gris

La conversion de l'image en niveaux de gris s'effectue par clic sur la case à cocher de la rubrique **TSL/Niveaux de gris** ou à partir du menu local de l'outil **Réglage ciblé** qui propose également la commande **Mélange des niveaux de gris** (au clavier, ⇧ ⌥ ⌘ G [⇧ Alt Ctrl G]). Cette conversion se réalise de manière automatique (option **Auto**), mais vous pouvez réinitialiser toutes les valeurs en cliquant sur **Défaut**, ou les personnaliser par glissement des curseurs des différentes nuances pour assombrir ou éclaircir le gris correspondant à la nuance sélectionnée.

La photo initiale en couleurs et l'image convertie en niveaux de gris. Chaque nuance peut être modifiée pour affiner l'aspect de l'image.

Si vous avez converti à partir de l'outil **Réglage ciblé** (ou s'il est actif), vous pouvez glisser l'outil directement sur l'image pour modifier les tonalités des couleurs ainsi ciblées. Bien que l'image soit en niveaux de gris, Camera Raw ne lui affecte pas automatiquement un profil de type niveaux de gris (Gamma gris 1.8 ou 2.2). Si vous souhaitez que ce dernier lui soit attribué, affichez les options du flux de production et sélectionnez le profil voulu dans la liste. Si vous restez avec le profil RVB par défaut, dans Photoshop, le document s'ouvrira avec le mode **RVB** mais il sera toujours temps de le convertir dans le mode **Niveaux de gris**.

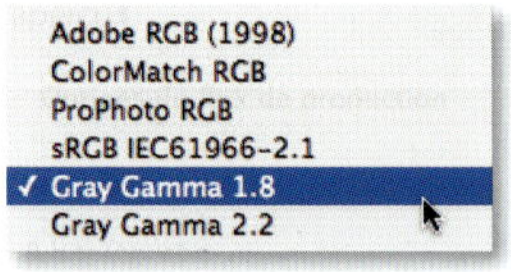

*Un des profils de niveaux de gris que l'on peut affecter par Camera Raw (dans les options du flux de production), quand **Convertir en niveaux de gris** est activé.*

L'onglet Virage partiel

Virage partiel permet d'affecter une teinte à l'ensemble de la photo. Celle-ci peut être différente dans les tons foncés et les tons clairs (teintes complémentaires, par exemple). Ces réglages permettent de créer, à partir d'une image en niveaux de gris, des effets de bichromie (l'image restant dans un espace colorimétrique RVB). Pour régler le virage, commencez par choisir une teinte et augmentez la saturation pour marquer plus ou moins l'effet de virage des couleurs.

Ici, en choisissant la même teinte pour les tons clairs et foncés, on obtient ce résultat.

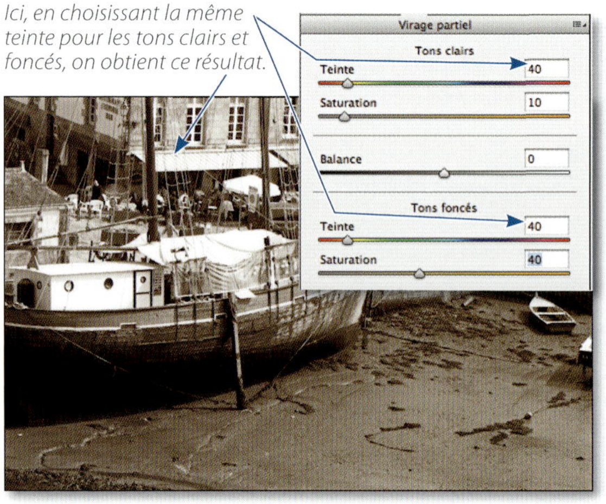

ASTUCE *En glissant le curseur **Teinte** des tons clairs avec ⌥[Alt], ces derniers prennent temporairement la teinte active avec une saturation de 100 % ; de même avec le curseur **Teinte** des tons foncés. Si vous glissez le curseur **Balance** avec ⌥[Alt], les tons clairs et foncés apparaîtront colorés avec les teintes correspondantes.*

L'onglet Corrections de l'objectif

Corrections de l'objectif reprend des réglages que l'on retrouvera dans le filtre **Correction de l'objectif** de Photoshop. Ces réglages se séparent en deux onglets : le premier, **Automatique**, permet de gérer de manière automatique les défauts inhérents à l'objectif (correction de distorsion, aberrations chromatiques, vignetage...) ; le second, **Manuel**, reprend ces diverses corrections en vous laissant la possibilité de les paramétrer complètement.

LES CORRECTIONS AUTOMATISÉES

Quand vous activez **Corrections de l'objectif** de Camera Raw, toutes les options de la rubrique sont grisées. Pour obtenir le traitement automatique, cochez la case **Activer les corrections de profils de l'objectif**.

*Ici, cette image montre une courbe de certaines lignes. Quand on sélectionne **Corrections de l'objectif** : les options sont grisées.*

À partir des métadonnées, Camera Raw détecte automatiquement quel appareil photo et quel objectif ont été utilisés à la prise de vue. Il applique alors à l'image les corrections correspondant aux éléments trouvés. En effet, une liste de profils d'objectifs et d'appareils photo est intégrée à Camera Raw, à chacun d'eux est associé un ensemble de corrections (déformations, aberrations chromatiques et vignetage) qui sont automatiquement appliquées à la photo (ou, pour certaines, peuvent l'être). L'intensité de la correction pourra être amplifiée ou atténuée à l'aide du curseur **Déformation** disponible dès que la correction est activée.

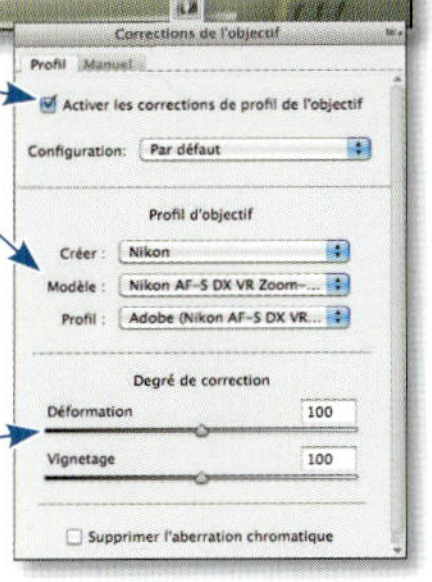

On corrige la photo en cochant cette option : Camera Raw détecte l'appareil et l'objectif, et rectifie l'image.

Il est possible d'intervenir sur les corrections avec ces curseurs.

Si aucun objectif n'est détecté, ou si celui qui a été choisi ne vous convient pas, vous pouvez en sélectionner un dans la liste **Modèle**. Il est possible de télécharger un programme (AdobeLensProfileCreator) sur le site Adobe Labs pour créer vos propres profils d'objectifs (qu'il faudra placer dans le dossier /Bibliothèque/Application Support/Adobe/CameraRaw/CameraProfiles/ ou, avec Windows, /Documents and Settings/Application Data/Adobe/CameraRaw/CameraProfiles/). Ils apparaîtront alors dans la liste des profils.

Vous pouvez, plus simplement, modifier les corrections appliquées à l'aide des curseurs de la zone **Degré de correction** (**Déformation** et **Vignetage**), et les enregistrer comme paramètres par défaut (à partir de la commande d'enregistrement du menu **Paramètres**).

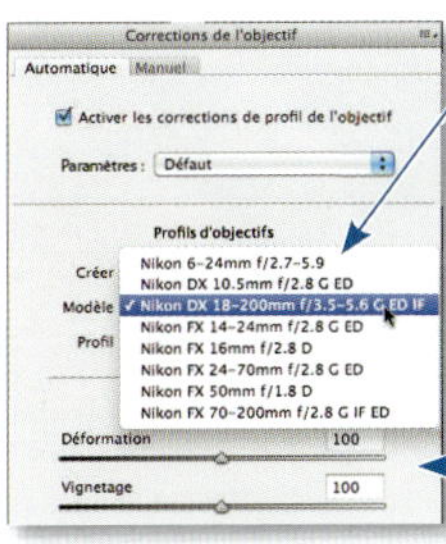

Dans cette liste on peut chercher un modèle d'objectif qui convient.
On peut atténuer ou intensifier chaque correction avec ces curseurs.
Le profil ainsi créé peut être enregistré.

LES CORRECTIONS MANUELLES

Dans cette rubrique on retrouve les mêmes éléments que dans le filtre **Correction de l'objectif** de Photoshop. Les corrections sont séparées en trois zones distinctes : **Transformation**, **Aberration chromatique** et **Vignetage de l'objectif**.

Les distorsions (transformations) de l'objectif

Dans la zone **Transformations** de l'onglet **Manuel**, vous pouvez corriger la distorsion de l'image à l'aide de quatre curseurs **Déformation**, **Verticale**, **Horizontale** et **Rotation**. Le dernier, **Échelle**, permettant d'étendre (ou réduire) la photo pour faire disparaître (ou réapparaître) les parties sur les bords de l'image. Dans tous les cas (correction automatique ou manuelle), vous pouvez contrôler avant et après en cochant ou non **Aperçu** (en haut de la fenêtre ou en tapant la lettre P).

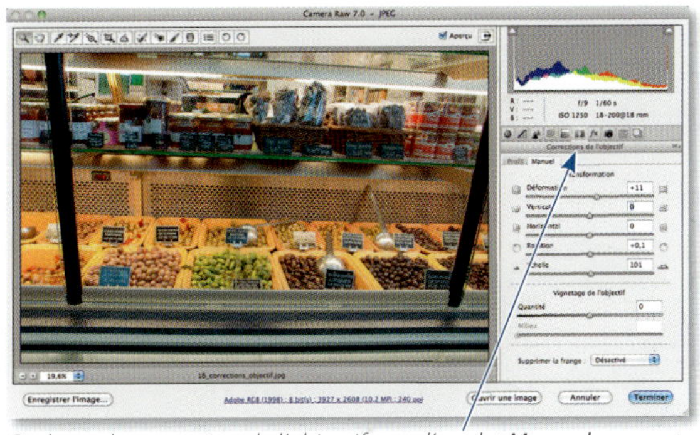

*On lance la correction de l'objectif avec l'onglet **Manuel**, on peut agir sur les curseurs pour corriger l'image.*

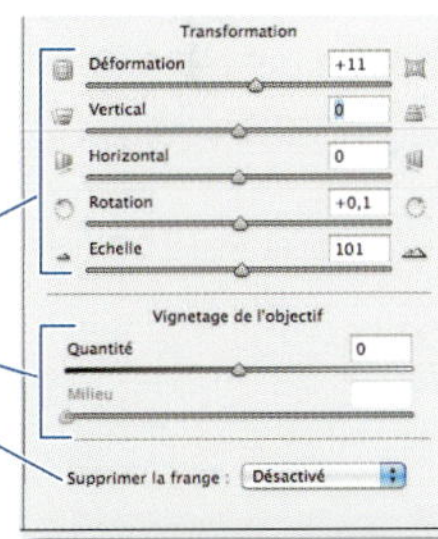

Les corrections sont séparées en trois zones :
Les distorsions ou les transformations.
Le vignetage.
Les aberrations chromatiques.

ASTUCE *À partir de Bridge (menu **Outils/Photoshop**), vous pouvez traiter une série de fichier RAW en lançant la commande **Correction de l'objectif** : elle effectuera un traitement automatisé en utilisant le filtre de Photoshop.*

Les aberrations chromatiques

Selon la qualité de l'objectif et le type de prise de vue, il peut apparaître des aberrations chromatiques qui se manifestent sous la forme de franges colorées (cyan, rouge ou les deux selon la zone de la photo). Les options du menu local **Supprimer la frange** (**Éclaircir les contours** et **Tous les contours**) permettent de les faire disparaître ou de les atténuer. Ces franges colorées peuvent également être corrigées automatiquement en cochant l'option **Supprimer l'aberration chromatique** de la rubrique **Profil**.

La correction manuelle de l'aberration chromatique.

Avant et après correction des aberrations de l'objectif ; ci-dessus à droite, la correction automatique avec la rubrique ***Profil****.*

LE VIGNETAGE DE L'OBJECTIF

À partir de l'onglet **Corrections de l'objectif** Camera Raw permet de corriger manuellement des problèmes liés aux objectifs, parmi lesquels le vignetage (zones sombres dans les angles de l'image). Ici aussi la correction peut être automatique (rubrique **Profil**) ou manuelle.

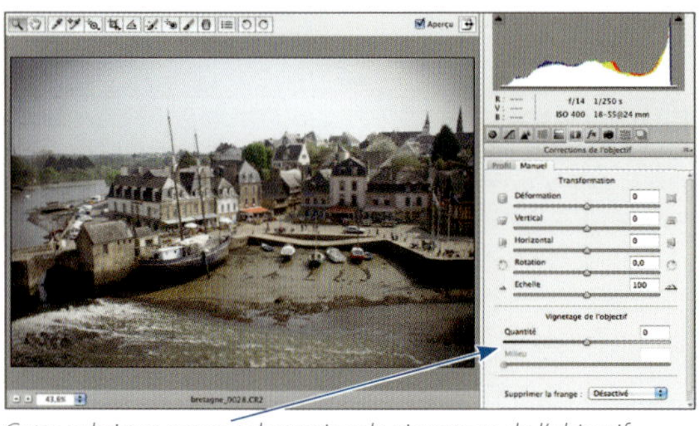

Cette rubrique permet de corriger le vignetage de l'objectif.

L'onglet Effets

Effets ( ) est une rubrique qui comporte deux types de réglage : l'ajout de grain et le vignetage après recadrage.

L'AJOUT DE GRAIN DANS CAMERA RAW

La rubrique **Grain** de l'onglet **Effets** permet d'ajouter un effet de granulation aux images, pour leur donner un peu plus de matière pour compenser un traitement de bruit poussé, ou pour des raisons artistiques (intégration dans un montage avec une image argentique). On peut régler la **Quantité**, la **Taille** du grain et sa **Cassure**.

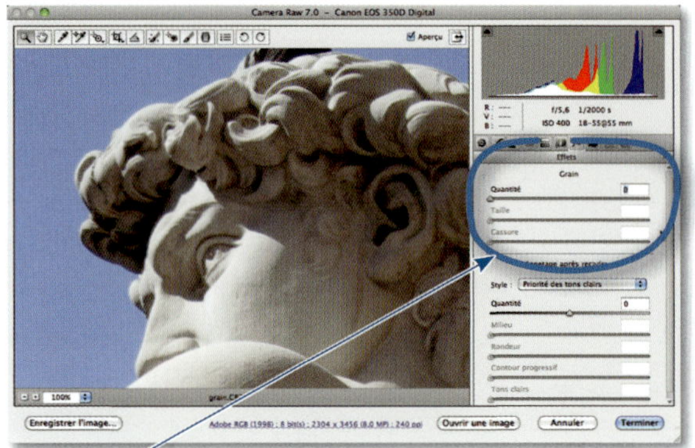

Avec cette partie de l'onglet ***Effets****, on peut ajouter du grain.*

Voici quelques exemples d'ajout de grain, celui-ci est ajouté de manière uniforme sur toutes les parties de l'image quelle que soit leur luminosité. Vous pouvez enregistrer différents paramètres prédéfinis avec la seule option **Grain** afin d'appliquer rapidement un réglage de grain, ou créer des instantanés pour comparer les effets obtenus.

La photo originale et celle avec du grain modéré.

Les copies d'écran suivantes proposent des comparaisons de réglages obtenus en utilisant des instantanés.

*À gauche, grain léger (**Quantité** = 35) et **Taille** = 0, **Rugosité** = 0 et à droite, **Taille** = 60 et **Cassure** = 0.*

*À gauche (**Quantité** = 35) et **Taille** = 60, **Rugosité** = 60 et à droite, **Taille** = 0 et **Rugosité** = 60.*

*À gauche, grain important (**Quantité** = 75) et **Taille** = 0, **Cassure** = 0 et à droite, **Taille** = 0 et **Cassure** = 50.*

*À gauche, grain important (**Quantité** = 75) et **Taille** = 60, **Cassure** = 0 et à droite, **Taille** = 60 et **Cassure** = 50.*

Les effets de vignetage après recadrage

Contrairement au vignetage de l'onglet **Corrections de l'objectif**, il s'agit ici d'un vignetage artistique (c'est pour cette raison qu'il en est séparé et figure désormais dans l'onglet **Effets**). Cet effet a été amélioré par rapport aux versions précédentes ; en effet, l'option ne se contente plus d'appliquer une simple couche de blanc ou de noir sur les bords de l'image.

Cette fois-ci, on joue sur l'exposition et la luminosité, ce qui permet de préserver les zones de hautes lumières ou colorées situées dans les angles, pour un effet plus naturel et plus esthétique. Cet effet s'applique à l'image entière si elle n'a pas subi de recadrage mais surtout, elle s'appliquera à la zone recadrée si vous en avez créé une.

Parmi les réglages (*voir la copie d'écran de la page suivante*), on trouve : **Quantité**, **Milieu**, **Rondeur** et **Contour progressif**. Un curseur supplémentaire, **Tons clairs**, permet de protéger plus ou moins les hautes lumières.

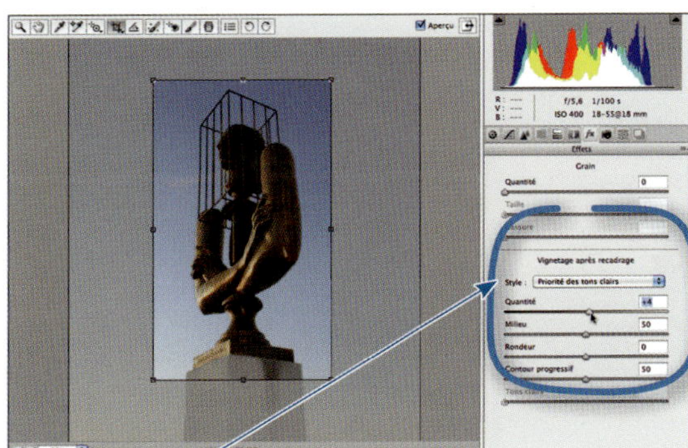

Avec cette partie, on ajoute un vignetage sur la partie recadrée.

Quantité : les valeurs positives éclaircissent les coins alors que les valeurs négatives les assombrissent.

*La vignette avec un réglage de **Quantité** à –75 et à + 75.*

Milieu : une réduction des valeurs (inférieures à 50 %) étend l'effet vers le centre de l'image, alors qu'une augmentation (valeurs supérieures à 50 %) le repousse dans les coins.

*La vignette avec les réglages **Milieu** différents : à gauche, valeur faible de 20 ; à droite, l'effet est très prononcé avec une valeur de 80, mais il reste limité aux angles.*

Rondeur : les valeurs positives rendent l'effet plus circulaire, les valeurs négatives créent une sorte de rectangle aux bords arrondis ou parfois un effet elliptique.

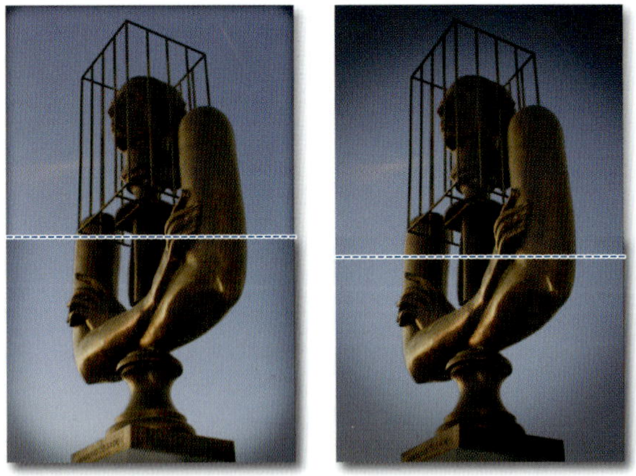

*Des réglages de **Rondeur** : à gauche, –100 (en haut) et –70 (en bas), puis, à droite, 100 et 70.*

Contour progressif : les valeurs élevées augmentent le flou des bords de l'effet ; les valeurs faibles rendent ses bords plus nets.

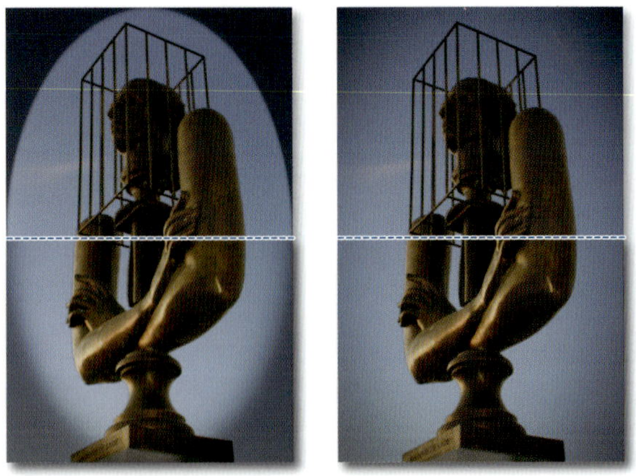

*Des réglages de **Contour progressif** : à gauche, 0 (en haut) et 25 (en bas), puis, à droite, 100 et 75.*

Un réglage, applicable aux tons clairs ou aux zones colorées, permet d'estomper l'effet sur les zones les plus claires.

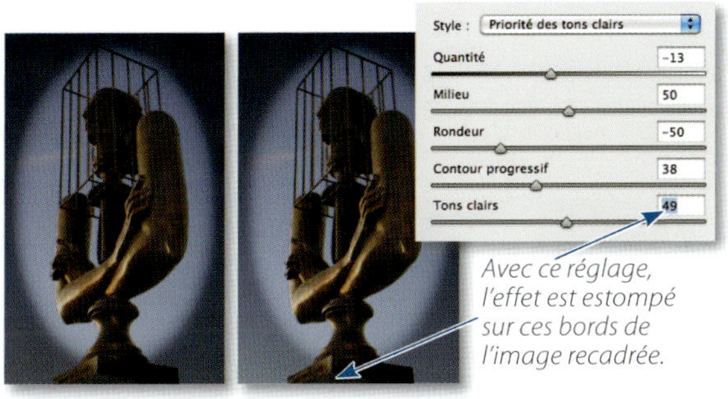

Avec ce réglage, l'effet est estompé sur ces bords de l'image recadrée.

La rubrique Étalonnage de l'appareil photo

La rubrique **Étalonnage de l'appareil photo** permet de réaliser un calibrage des couleurs de l'appareil en agissant sur leur teinte et leur saturation. Depuis la version 5.2, les profils de l'appareil photo sont disponibles dans le menu.

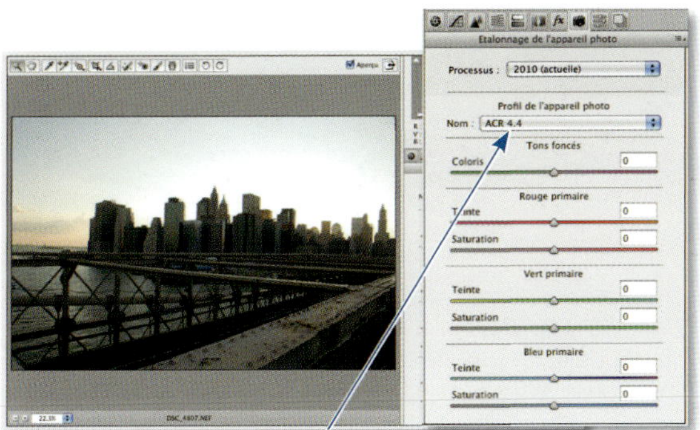

L'image s'ouvre avec le réglage par défaut.

Camera Raw détecte les profils de l'appareil photo et les liste dans ce menu. Vous pouvez aussi le créer en modifiant les réglages.

Dans le menu local lancez **Enregistrer les nouveaux paramètres par défaut de Camera Raw** si vous souhaitez que cet étalonnage soit appliqué à l'ouverture de tous les fichiers RAW.

La rubrique Instantanés

La rubrique **Instantanés** est une fonctionnalité de Camera Raw. Elle s'applique aussi bien aux retouches localisées réalisées avec les outils qu'à n'importe quel traitement exécuté dans Camera Raw. Comme cela a été signalé (*voir page 66*), l'instantané permet d'enregistrer l'aspect de la photo à un instant donné avec toutes les corrections qui lui ont été affectées (recadrage, retouches, tonalité…). Ces instantanés sont enregistrés dans les données XMP et pourront être utilisés à chaque ouverture du fichier traité dans Camera Raw.

Les traitements locaux avec Camera Raw

Les outils de retouches et de corrections localisées

Dans Camera Raw, on distingue quatre outils de retouche :

- l'outil **Retouche des tons directs** (B) ;
- l'outil **Retouche des yeux rouges** (E) ;
- l'outil **Pinceau de retouche** (K) ;
- l'outil **Filtre gradué** (G).

ASTUCE *Si vous tapez à nouveau la lettre de l'outil actif, vous réactivez l'option ou l'outil utilisé précédemment.*

Avec les outils **Retouche des tons directs** et **Retouche des yeux rouges**, Camera Raw permet de réaliser des retouches localisées que l'on pourrait également faire dans Photoshop. Les deux outils **Pinceau de retouche** et **Filtre gradué** agissent de manière plus étendue en apportant un confort de réglage que l'on ne retrouve pas dans Photoshop. Si le document est ouvert en tant qu'objet dynamique (*voir ci-après*), toutes ces retouches seront réversibles.

Certaines corrections localisées, notamment celles effectuées avec l'outil **Pinceau de retouche** et **Filtre dégradé**, peuvent être réalisées avant et/ou après des corrections globales de l'image (*décrites plus loin*) ; ces outils utilisent les mêmes fonctionnalités appliquées localement.

La suppression des taches ou des poussières

L'OUTIL DE RETOUCHE DE TONS DIRECTS

L'outil **Retouche des tons directs** peut être utilisé pour deux types de traitements :

- supprimer des taches ou défauts sur le sujet lui-même ;
- éliminer des poussières présentes sur le capteur.

LES RETOUCHES SUR LA PHOTO

Sur la photo au format Raw de la sculpture ci-dessous, on peut voir des taches. Celles-ci peuvent être éliminées dans Camera Raw avec l'outil **Retouche des tons directs**. Bien sûr, ces retouches pourront être réalisées dans Photoshop par différentes techniques (*abordées dans la prochaine partie*).

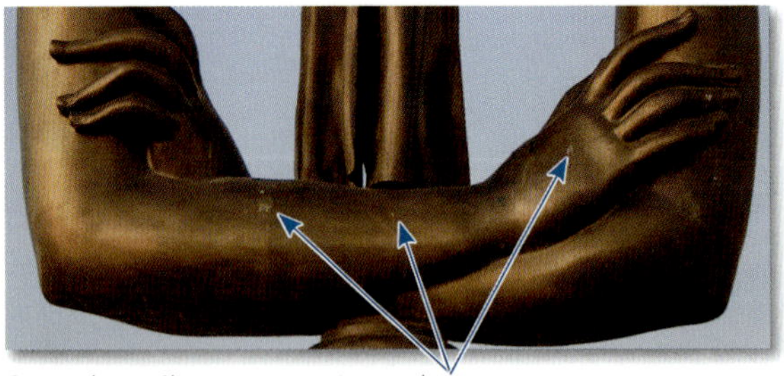

On souhaite éliminer ces petites taches.

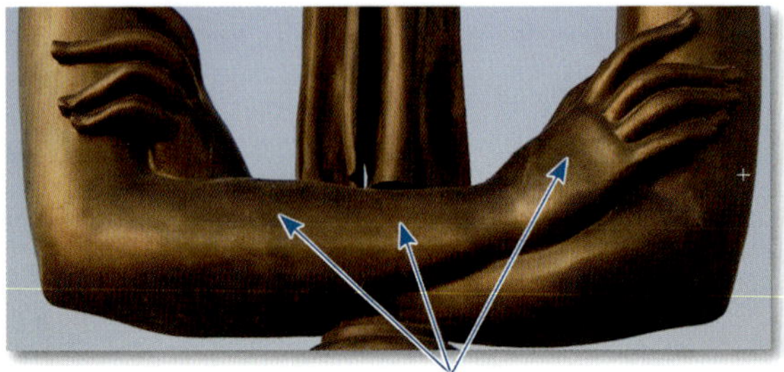

On a utilisé l'outil ***Retouche des tons directs*** *de Camera Raw.*

L'outil prend l'aspect d'un cercle en pointillé bleu et blanc. Réglez sa taille (**Rayon**) et l'intensité de sa correction (**Opacité**) à l'aide des curseurs de l'onglet **Retouche des tons directs**. Un menu local **Type** propose deux options de correction :

- **Dupliquer** : cette option correspond à une simple duplication comme avec l'outil **Tampon** de Photoshop.
- **Corriger** : l'option ressemble au comportement de l'outil **Correcteur localisé** de Photoshop. Il duplique la zone de référence en tenant compte de la luminosité et de la texture de la zone corrigée (des essais s'imposent).

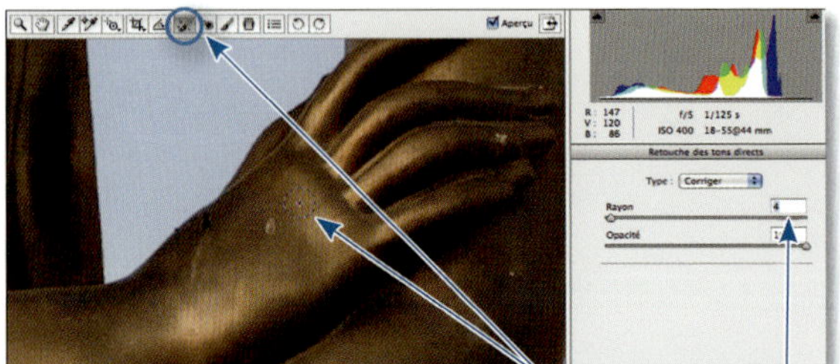

*On peut commencer par définir la taille de l'outil dans cette case et son mode de traitement (**Corriger** ou **Dupliquer**).*

1. Commencez par tracer un cercle avec l'outil **Retouche des tons directs** autour de l'élément à supprimer : il apparaît en rouge.

On trace le cercle qui entoure le bouton.

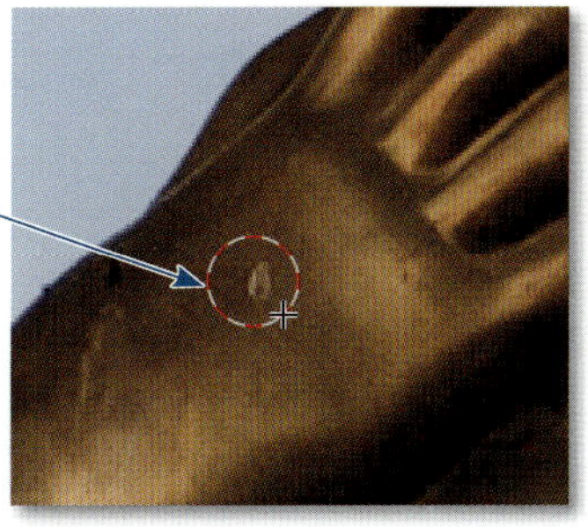

2. Dès que vous relâchez, un cercle vert apparaît. Il définit la zone qui servira de référence pour corriger l'élément indésirable.

Quand on relâche, un cercle vert indique la zone de référence.

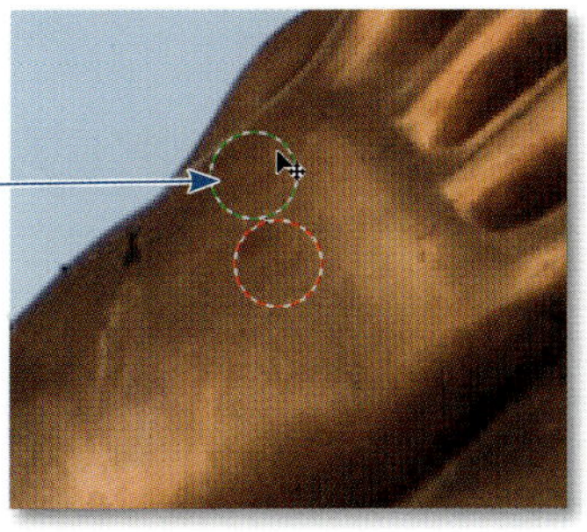

3. Vous pouvez glisser le cercle vert ou le rouge, ou le redimensionner en glissant l'outil sur son bord. Quand il a la position voulue, placez l'outil (redevenu bleu) sur une autre zone à corriger et dessinez un autre cercle par clic ou glissement si vous souhaitez en modifier la taille.

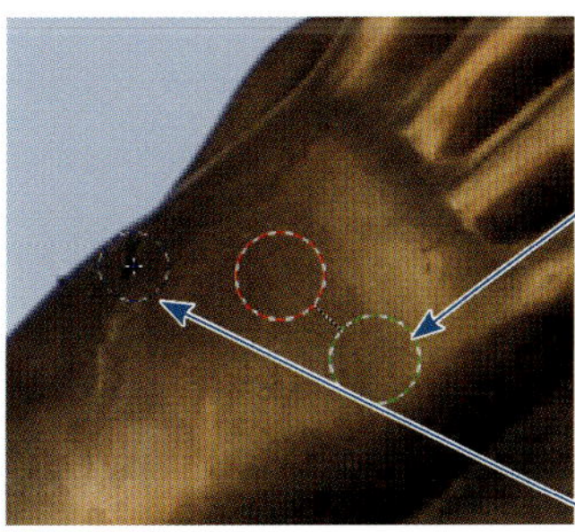

On a glissé la zone de référence (verte).

On va dessiner ici une nouvelle zone à corriger.

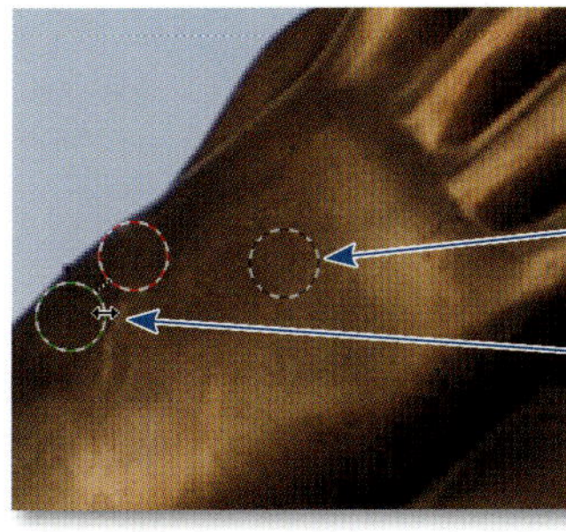

Ici, on voit la première zone traitée (non active : cercle noir et blanc).

Ici, on redimensionne le cercle vert de la zone en cours de traitement.

4. On peut recommencer le tracé à un autre endroit. Quand toutes les imperfections sont traitées, visualisez le résultat en cachant les cercles ; pour cela, décochez l'option **Afficher l'incrustation** ou tapez V (tapez à nouveau V pour les faire réapparaître). Pour supprimer une correction, cliquez dessus, puis tapez la touche Efface.

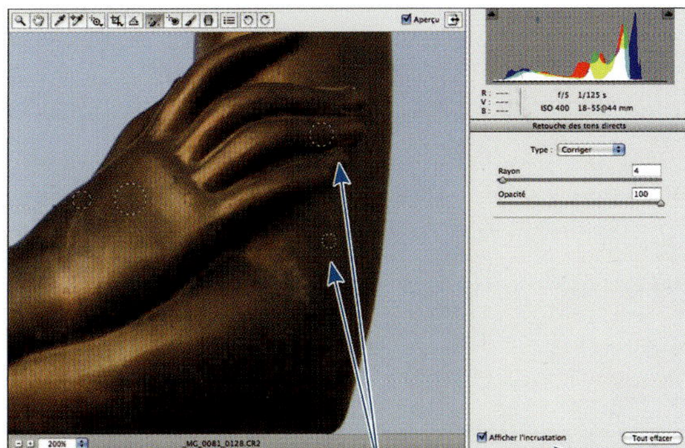

On a effectué d'autres corrections (on peut les masquer).

Note *Pour voir avant et après retouches, utilisez l'**Aperçu** (au clavier, tapez P). Pour revenir en arrière, tapez ⌘Z [Ctrl Z] ou utilisez les raccourcis de l'historique : ⌥⌘Z [Alt Ctrl Z] et ⇧⌘Z [⇧ Ctrl Z] (pour rétablir une étape annulée).*

Comme nous le verrons plus loin dans ce livre, avec ces fonctionnalités de l'outil **Correction de tons directs**, il sera également très facile de nettoyer certaines taches présentes sur une photo.

Les poussières sur le capteur

Dans le cas de poussières sur le capteur, opérez comme précédemment. Vous pouvez ouvrir plusieurs images en même temps pour toutes les traiter. Pour cela, corrigez la première et appliquez la correction aux autres en les sélectionnant toutes avec le bouton **Tout sélectionner** (de la colonne gauche) et en cliquant sur le bouton **Synchroniser** : dans la fenêtre qui s'affiche, choisissez l'option **Retouche des tons directs** dans le menu local **Synchroniser**. Vérifiez si la correction est correcte sur les différentes images.

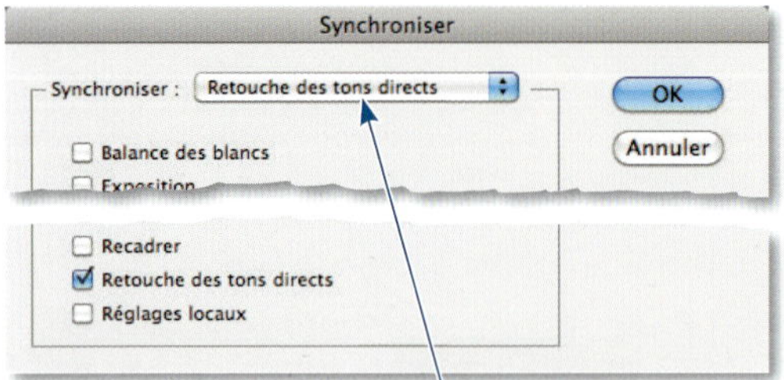

On fait la synchronisation avec cette option qui n'active que les retouches de tons directs.

Si vous effectuez une correction en ayant sélectionné toutes les images, un seul cercle apparaît : la zone de référence (rond pointillé noir) n'est plus indiquée (*voir ci-dessous*).

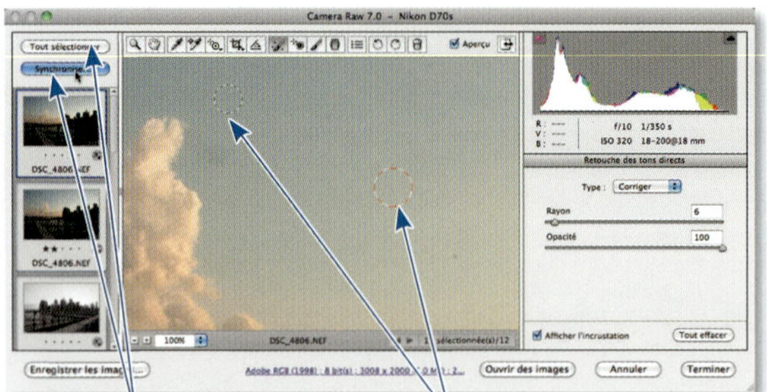

Avec ces boutons, on supprime ces poussières sur toutes les images (n'oubliez pas de contrôler le résultat sur les autres images).

L'atténuation des yeux rouges

Pour corriger les yeux rouges, activez l'outil **Retouche** des yeux rouges et tracez un cadre sur la pupille. Celle-ci perdra automatiquement sa dominante rouge. Tracez un second carré sur le second œil et affinez les réglages en agissant sur les curseurs **Taille** et **Obscurcir**. Pour visualiser le résultat final, décochez l'option **Afficher l'incrustation**.

Cet outil peut supprimer les yeux rouges qu'a provoqués le flash.

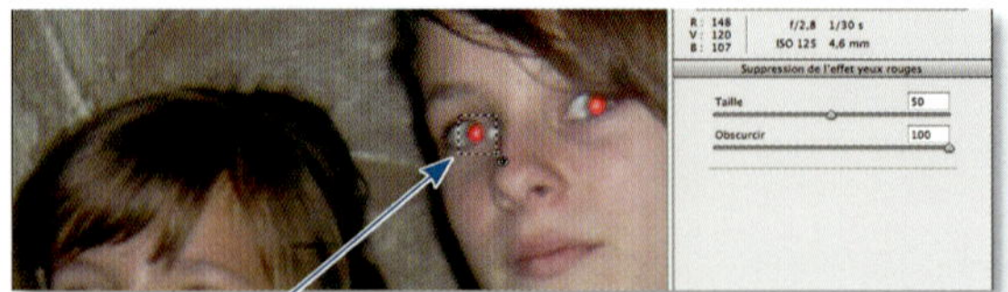

On trace un cadre sur de la pupille, on relâche et le rouge disparaît.

On peut aller tracer un autre cadre sur l'autre œil.

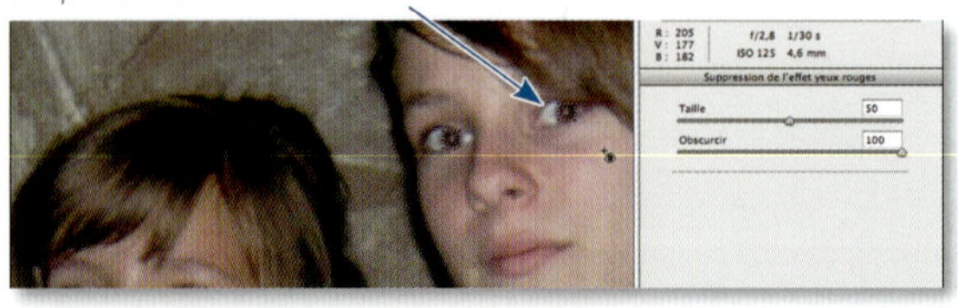

Ici, on a masqué les cadres de correction des yeux rouges.

L'outil Pinceau de retouche

L'outil **Pinceau de retouche** s'active en tapant K (si vous tapez à nouveau K, le dernier onglet de réglages utilisé réapparaît). Avant de le glisser sur l'image pour définir la zone à traiter, réglez d'une part, les effets que produira le pinceau et, d'autre part, l'aspect de l'outil.

LES RÉGLAGES DES EFFETS DU PINCEAU

Même s'ils ne sont pas définis correctement, il est préférable de commencer par changer quelques-uns des réglages, voire de les accentuer de manière à mieux visualiser les limites de la zone couverte par l'effet produit par le pinceau (il sera toujours possible de réduire l'effet par la suite). Si le processus 2012 est actif, l'outil **Pinceau de retouche** reprend tous les réglages de l'onglet **Réglages de base** auxquels s'ajoutent quatre paramètres (les derniers de la liste). Ainsi, on distingue :

- Température,
- Teinte,
- Exposition*,
- Contraste*,
- Tons clairs*,
- Tons foncés*,
- Clarté,
- Saturation,
- Netteté,
- Réduction du bruit,
- Réduction du moiré,
- Couleur.

Si vous activez un ancien processus (2010 ou 2003), les réglages de température, teinte et réduction (bruit et moiré) disparaissent et certains réglages (marqués ci-dessus par *) sont modifiés pour refléter les versions précédentes.

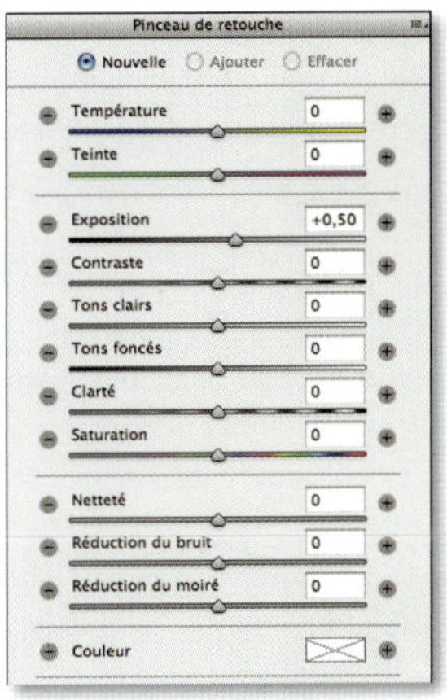

*Les réglages disponibles avec l'outil **Pinceau de retouche**. On retrouve ceux de **Réglages de base**. Ci-dessous, les paramètres de l'outil version 2003 ou 2010.*

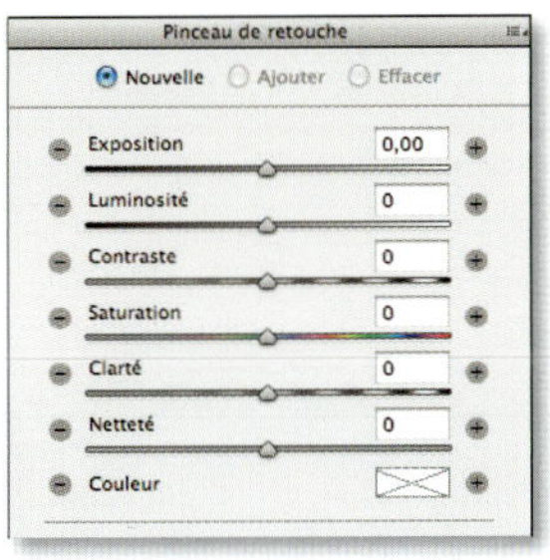

- **Température** et **Teinte** : avec le processus 2012, les réglages **Température** et **Teinte** s'appliquent localement pour assurer un réglage localisé de la balance des blancs.

- **Exposition** : elle définit l'éclairage global de l'image. Ce réglage permet ainsi d'éclaircir ou d'assombrir localement, mais plus les tons sont clairs, plus l'effet est prononcé.

> **ASTUCE** *En cliquant sur l'icône en haut à droite (ou à gauche) de l'histogramme ou en tapant O (ou U), il est possible de visualiser en rouge (ou en bleu), les zones claires (ou les zones foncées) écrêtées.*

- **Contraste** : ce curseur permet de modifier localement le contraste de l'image, l'effet étant plus important sur les tons moyens.

- **Tons clairs** : ce paramètre permet d'ajouter ou de supprimer les tons clairs.

- **Tons foncés** : ce paramètre permet d'ajouter ou de supprimer les tons foncés.

- **Clarté** : ce réglage permet d'ajouter de la profondeur à l'image en accentuant le contraste local mais principalement dans les tons moyens. Inversement, une diminution de la clarté (qui devient ainsi localisable avec ce pinceau) permettra de réduire ce contraste local, ce qui aura pour effet, sur un visage par exemple, d'adoucir le grain de la peau sans pour autant faire apparaître de zones floues.

- **Saturation** : ce réglage permet de modifier localement la pureté des couleurs.

- **Netteté** : ce réglage permet de faire ressortir les détails ou au contraire de les atténuer en créant un flou très léger.

> **ASTUCE** *Comme nous l'avons vu* (page 82)*, du fait qu'il est possible de créer plusieurs zones de retouches (appelées « broches »), les réglages **Clarté** et **Netteté** s'avèrent très intéressants pour lisser localement un grain de peau et conserver, voire renforcer, certains détails d'un visage.*

- **Réduction du bruit** (et **du moiré**) : avec ce curseur, on atténue ou on augmente le bruit (le moiré) localement.

- **Couleur** : ce réglage permet de réchauffer (couleur jaune), refroidir (couleur bleue) ou colorer une zone. Pour sélectionner la teinte souhaitée, cliquez sur la case barrée d'une croix, située à droite du nom de l'effet : une fenêtre permettra d'ajuster les options d'application.

On peut réchauffer ou refroidir une image avec ces couleurs prédéfinies. Le choix du blanc revient à supprimer l'effet de la couleur.

L'aspect du pinceau de retouche : Taille et Contour progressif

Les corrections étant spécifiées, réglez l'aspect de l'outil avec les options **Taille** et **Contour progressif** ; elles se modifient dans la partie basse de la fenêtre avec les curseurs correspondant ou directement sur l'image.

La taille du pinceau de retouche

Pour régler la **Taille** sur l'image, clic droit + glisser (ou, sur Mac, ctrl + glisser). La **Taille** définit la largeur de l'outil ; sur l'image, elle est matérialisée par un cercle en trait continu.

Le contour progressif du pinceau de retouche

Pour régler le **Contour progressif** : ⇧ clic droit + glisser (ou, sur Mac, ⇧ ctrl + glisser). Le **Contour progressif** correspond à la dureté des bords de l'outil. Sur l'image, il est matérialisé par l'écart entre les deux cercles : celui à l'intérieur (continu) indique le départ de la zone de fondu et celui à l'extérieur (en pointillé) indique la fin de cette zone de fondu.

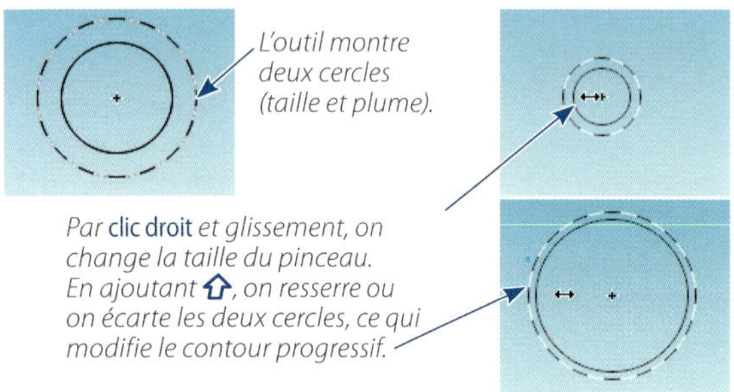

Le remplissage du masque : flux et densité

Deux autres réglages, **Flux** et **Densité**, définissent la façon dont l'outil crée ou modifie l'aspect du masque. Ce masque (*voir plus loin*) correspond à la zone sur laquelle le réglage s'appliquera.

Le flux du pinceau de retouche

Le **Flux** contrôle la vitesse de remplissage du masque. Avec une valeur de flux faible, il faudra passer plusieurs fois le pinceau pour arriver à couvrir la zone avec la densité spécifiée. Si vous utilisez une tablette graphique, le flux est contrôlé par la pression du stylet.

La densité du pinceau de retouche

La **Densité** définit la valeur d'opacité de l'effet. Avec une valeur de densité de 100 % l'effet sera appliqué complètement et il ne le sera qu'à moitié avec une valeur de 50 %. Pour obtenir des zones sur lesquelles la retouche s'applique moins fortement (ou plus fortement), il suffit de réduire (ou d'augmenter) la densité et de repasser l'outil sur les zones.

En effet, c'est la valeur de **Densité** au dernier passage de l'outil qui définit l'intensité de l'effet. N'hésitez pas, le cas échéant, à augmenter sensiblement le contour progressif pour obtenir des transitions douces sur les différentes zones de passage de l'outil. Vous pouvez également affiner ces transitions avec la gomme comme indiqué plus loin.

L'application de l'outil ou le dessin de la zone corrigée (masque)

Le pinceau s'applique par glissement sur la partie de l'image à corriger. Dès que vous relâchez le bouton de la souris, le traitement est appliqué et une icône en forme de tête d'épingle apparaît (Camera Raw la nomme **broche**).

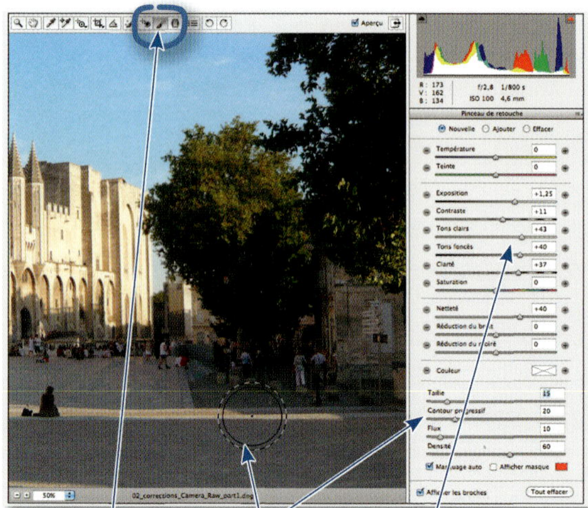

On active cet outil : on règle sa taille, puis son effet : ici, on va pouvoir l'utiliser pour éclaircir (exposition) la zone sous les arbres et y faire apparaître plus de détails (netteté et clarté).

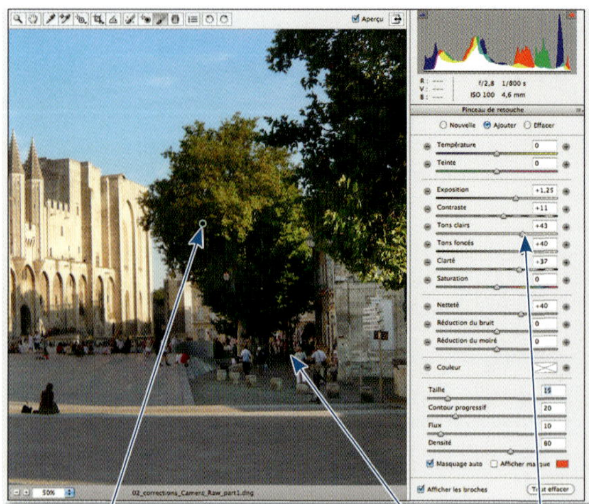

Ici on voit la broche qui agit sur différentes parties de l'image sur laquelle est passé l'outil. On peut encore régler ici.

Vous pouvez alors cliquer sur **Nouvelle** dans le panneau des réglages à droite de l'image (ou taper N) pour placer une nouvelle broche (Camera Raw lui donne les réglages de la broche précédente, mais vous pouvez les modifier). La broche active a l'icône , les autres ont l'icône . Les changements de réglage n'affectent que la broche active. Pour changer les réglages d'une autre broche, cliquez dessus pour la sélectionner (elle devient et le panneau des réglages active le bouton **Ajouter**).

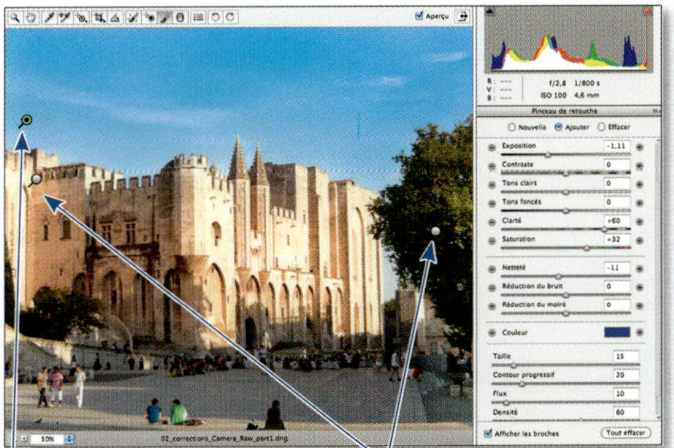

Ici la broche active (sur le ciel) et les autres broches que l'on peut réactiver pour en modifier le réglage ou l'étendue.

La zone traitée ou masque d'application

L'affichage du masque

Pour voir l'étendue de la zone retouchée (non masquée), cliquez sur l'icône **Afficher le masque** (ou tapez Y). Quand cette option est activée, Camera Raw montre en rouge la zone traitée (et garde visible la zone masquée). Au lieu d'activer cette option d'affichage, vous pouvez placer l'outil sur la broche. Pour bien visualiser l'étendue des zones traitées, n'hésitez pas à changer la couleur du masque.

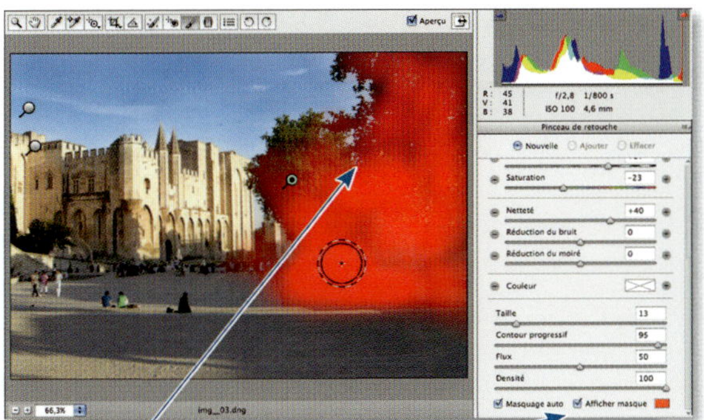

On peut visualiser le masque en cochant cette option (ou en tapant Y) ou en plaçant le pinceau sur la broche.

En effet, cette couleur peut être modifiée et le mode d'affichage peut être inversé (pour afficher en transparent les zones traitées ou affectées par le pinceau et en rouge le reste qui ne sera pas modifié). Pour cela, double-cliquez sur la case rouge, à droite de l'option **Afficher le masque**, pour afficher la fenêtre de réglage.

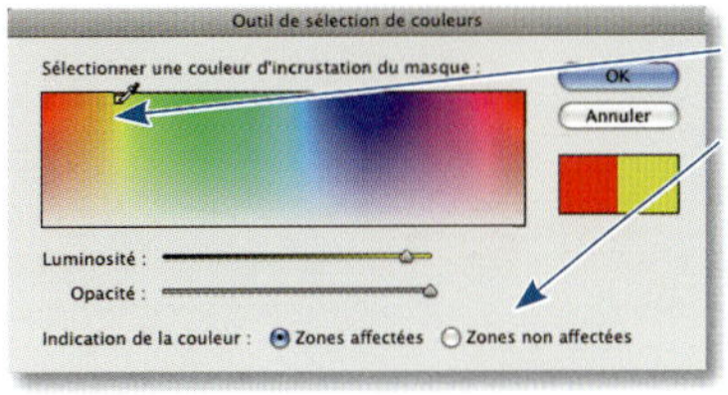

Ici, on choisit la couleur du masque. On peut inverser l'affichage pour voir les zones non affectées (ou protégées).

Le masquage automatique

Lors de son application, le pinceau peut utiliser ou non une option pour gérer la façon dont le masque s'étend. Par défaut, cette option, **Masque automatique**, est cochée ; le masque que vous dessinez s'étend alors sur toutes les couleurs identiques à celles que la croix au centre de l'outil survole, et situées à l'intérieur de l'espace défini par la taille de l'outil. Il est donc impératif que cette croix ne survole que des zones qui doivent être traitées.

Ci-dessous, on veut traiter la tête et la cage.

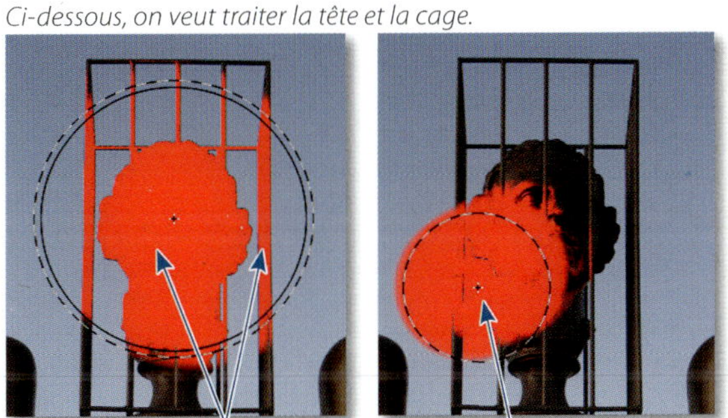

On sélectionne les zones de même couleur ; ici, la croix passe sur le ciel : une partie de celui-ci est sélectionnée.

Pour dessiner cette zone, il est tenu compte du contour progressif de l'outil, qu'il sera préférable de régler avec une faible valeur de manière à sélectionner toutes les nuances situées dans le cercle de l'outil.

Dans certains cas, du fait de l'activation de l'option **Masquage automatique,** le masque peut être clairsemé de zones qui ne seront pas traitées. Celles-ci risquent d'engendrer une mauvaise intégration de la correction dans le reste de la photo. Pour pallier ce problème, désactivez l'option de masquage automatique (en tapant M), affichez le masque et repassez le pinceau sur ces zones pour obtenir un masque plus uniforme.

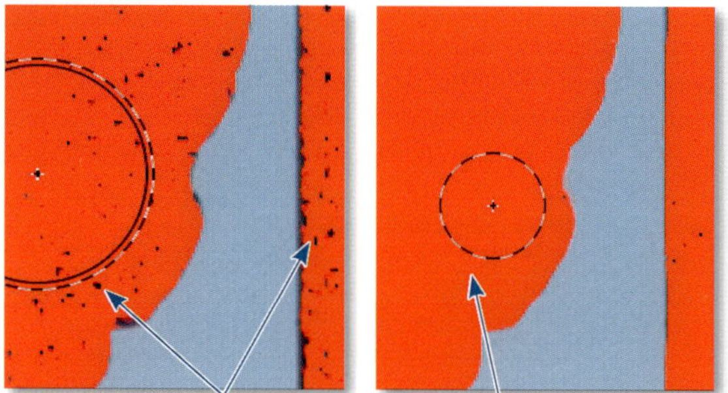

Le masque montre des imperfections. On rectifie en désactivant le masquage automatique (sauf sur les bords du masque).

Lors du dessin de certains masques, si le masque automatique est désactivé, il est préférable de régler le pinceau avec un fondu important (valeur de **Contour progressif** plus grande) pour obtenir une transition douce entre la partie corrigée et la partie non modifiée par le pinceau.

N'oubliez pas que, dans tous les cas, la dernière opération réalisée s'annule en tapant ⌘ Z [Ctrl Z] ou ⌥ ⌘ Z [Ctrl Alt Z] pour annuler plusieurs opérations successives (on les rétablit en tapant une ou plusieurs fois ⇧ ⌘ Z [⇧ Ctrl Z]).

Qu'il y ait ou non un masque automatique, il est possible d'intervenir sur le dessin du masque. C'est ce que nous allons voir avec la gomme ci-après.

La gomme ou l'effacement de l'effet

Si l'action du pinceau déborde sur une zone que vous ne souhaitez pas modifier, enfoncez la touche ⌥ [Alt] pour convertir le pinceau en gomme (le bouton **Effacer** devient actif à la place de **Ajouter**). Glissez alors l'outil sur la zone à ne plus affecter par le réglage (donc à masquer). Si le masque est affiché (en tapant Y), vous verrez son étendue se modifier.

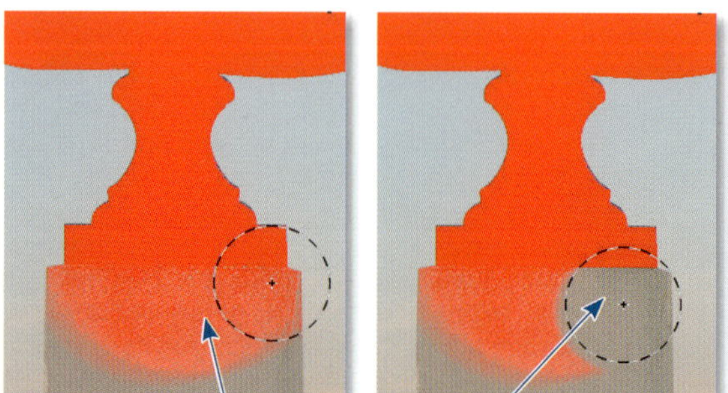

Ici, le masque a débordé, avec ⌥ [Alt], on a gommé la zone (le masquage automatique reste actif lors de cet effacement).

Quand la touche ⌥ [Alt] est enfoncée, vous pouvez régler l'aspect de la gomme : d'une part sa taille, par glissement avec le bouton droit enfoncé et, d'autre part, son contour progressif ou plume, par glissement avec ⇧ ; de plus, le masquage automatique reste opérationnel.

La gestion des broches

Pour supprimer une broche, cliquez sur son icône pour l'activer (elle passe de 🔍 à 🔍), puis tapez la touche Efface. Pour toutes les supprimer, utilisez le bouton **Tout effacer**. Vous pouvez aussi cliquer sur le bouton **Afficher les broches** pour masquer les icônes 🔍 (au clavier, tapez V). Dans tous les cas, pour voir l'aspect de l'image avant l'application du pinceau de réglage, cliquez sur le bouton **Aperçu** (en haut de la fenêtre) ou tapez la touche P. Tapez à nouveau P pour revoir l'effet des retouches au pinceau.

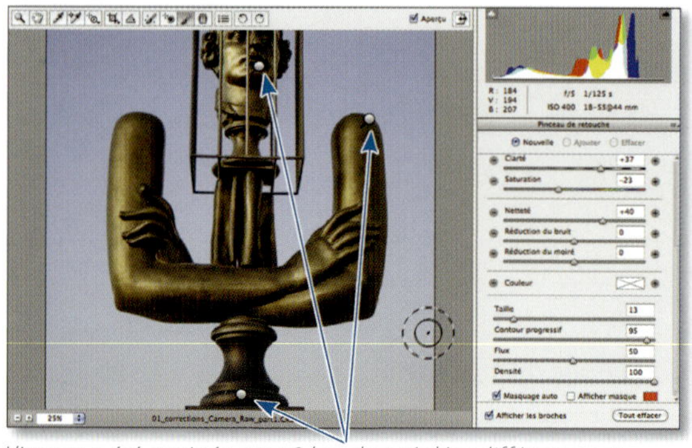

L'image a été corrigée avec 3 broches réglées différemment.

Si vous avez ouvert l'image dans Photoshop en tant qu'objet dynamique, puis l'éditez (par double-clic sur sa vignette dans le panneau **Calques**), celle-ci réapparaîtra dans Camera Raw. Vous y retrouverez les traitements de l'outil **Pinceau de retouche**. Les broches et leurs réglages seront modifiables en activant l'outil **Pinceau de retouche** (K).

Le filtre gradué

LE PRINCIPE DU FILTRE GRADUÉ

L'outil **Filtre gradué** s'active en tapant G (si vous tapez à nouveau G, l'outil disparaît et les onglets de réglages réapparaissent). Pour définir la zone à traiter, glissez l'outil sur l'image et tracez un segment. Il apparaît (*voir ci-après*) un point vert et un point rouge munis chacun d'une ligne en pointillé (vert et blanc ou rouge et blanc). Le filtre est complètement appliqué avant le point vert et ne l'est plus après le point rouge. L'espace entre les deux lignes (marqué par une ligne en pointillé noir et blanc) correspond à la zone de transition de l'effet.

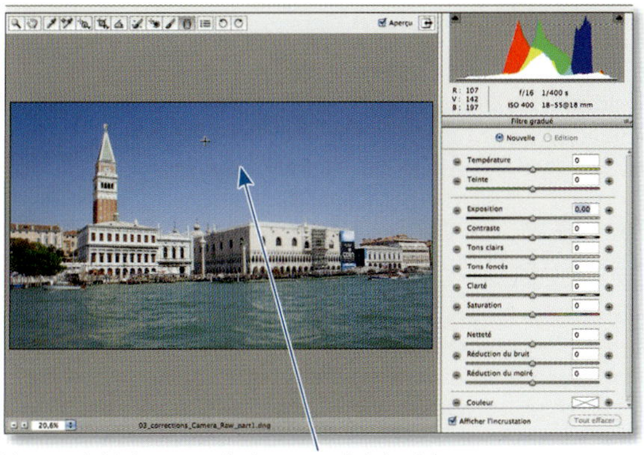

L'image initiale, on souhaite assombrir le ciel.

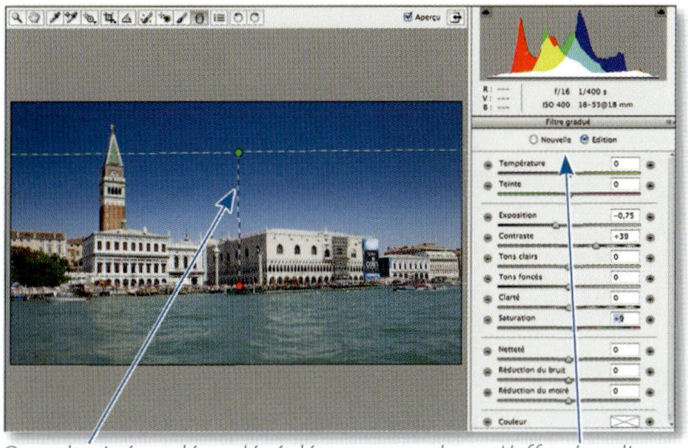

On a dessiné un dégradé réglé avec ces valeurs. L'effet s'applique jusqu'au point vert, puis en s'estompant jusqu'au point rouge.

Une fois la zone définie, vous pouvez la modifier. En effet, en plaçant le curseur sur l'une des lignes, il apparaît une double flèche qui permet de glisser la ligne. De même, en plaçant le curseur sur le point rouge ou vert (ou sur la ligne qui joint les deux points), une flèche permet de déplacer le point et de pivoter la zone de transition.

LES RÉGLAGES DU FILTRE GRADUÉ

Quand la zone à traiter est correctement positionnée, vous pouvez définir le traitement à appliquer : le bouton **Édition** doit être actif dans la partie droite de la fenêtre de Camera Raw. L'outil **Filtre gradué** reprend les réglages de l'outil **Pinceau de retouche**. Ainsi, on distingue :

- Température,
- Teinte,
- Exposition*,
- Contraste*,
- Tons clairs*,
- Tons foncés*,
- Clarté,
- Saturation,
- Netteté,
- Réduction du bruit,
- Réduction du moiré,
- Couleur.

Si vous activez un ancien processus (2010 ou 2003), certains réglages disparaissent, d'autres (marqués ci-dessus par *) sont modifiés pour refléter les versions précédentes.

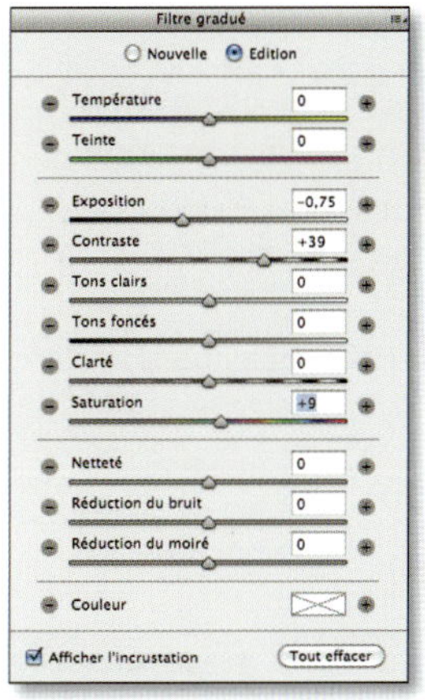

*Les effets disponibles avec l'outil **Filtre gradué**. Il reprend les paramètres de l'outil **Pinceau de retouche**.*
Ci-dessous, les paramètres de l'outil version 2003 ou 2010.

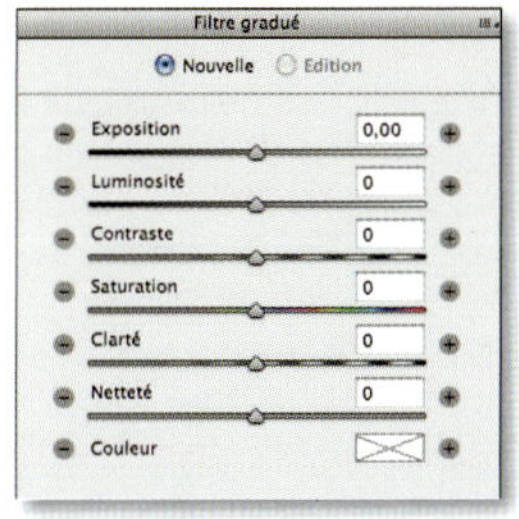

- **Température** et **Teinte** : comme pour l'outil **Pinceau de retouche**, ces réglages s'appliquent localement. Il devient donc possible de réaliser un réglage localisé de la balance des blancs et de réchauffer (ou refroidir) localement une zone de l'image.
- **Exposition** : elle définit l'éclairage global de l'image. Ce réglage permet ainsi d'éclaircir ou d'assombrir localement, mais plus les tons sont clairs, plus l'effet est prononcé.
- **Contraste** : ce curseur permet de modifier localement le contraste de l'image, l'effet étant plus important sur les tons moyens.
- **Tons clairs/Tons foncés** : ces paramètres permettent d'ajouter ou de supprimer les tons clairs/tons foncés.
- **Clarté** : ce réglage permet d'ajouter de la profondeur à l'image en accentuant le contraste local mais principalement dans les tons moyens. Inversement, une diminution de la clarté (qui devient ainsi localisable avec ce pinceau) permettra de réduire ce contraste local, ce qui aura pour effet, sur un visage par exemple, d'adoucir le grain de la peau sans pour autant faire apparaître de zones floues.
- **Saturation** : ce réglage permet de modifier localement la pureté des couleurs.
- **Netteté** : ce réglage permet de faire ressortir les détails ou au contraire de les atténuer en créant un flou très léger.
- **Réduction du bruit** (et **du moiré**) : avec ce curseur, on atténue ou on augmente le bruit (le moiré) localement.

– **Couleur** : ce réglage permet de réchauffer (couleur jaune), refroidir (couleur bleue) ou colorer une zone. Sélectionnez la teinte souhaitée en cliquant sur la case située à droite du nom de l'effet (elle est barrée d'une croix si aucune couleur n'est active) : une fenêtre permettra d'ajuster les options d'application. En cliquant sur les signes + ou – (à droite et à gauche de l'option), vous affectez une couleur de plus en plus froide (signe –) ou de plus en plus chaude (signe +).

La gestion des filtres gradués

L'ajout d'un autre filtre

Une fois le réglage terminé, vous pouvez ajouter une autre zone filtrée avec d'autres paramètres. Pour cela, cliquez sur le bouton **Nouvelle**, paramétrez les réglages et glissez l'outil pour définir la zone retouchée. La nouvelle zone montre les points rouges et verts (avec les lignes en pointillé) et les autres zones affichent des points gris (reliés par une ligne).

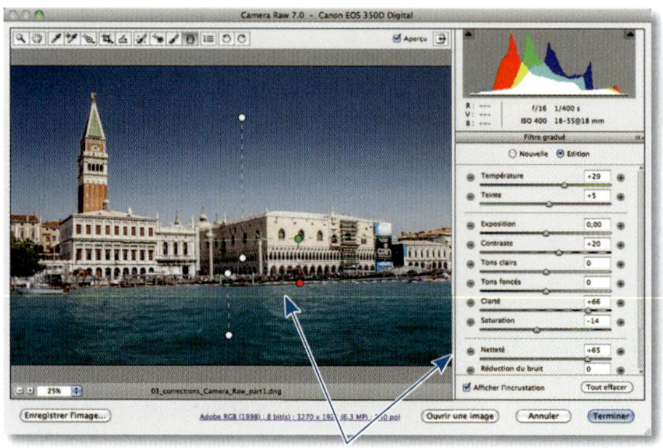

On a utilisé trois dégradés ; ici, celui au centre agit principalement sur la netteté et le contraste des bâtiments, on a aussi réchauffé localement en modifiant la balance des blancs (température).

> **Astuce** *L'outil **Filtre gradué** s'utilise pour traiter une zone d'une photo située dans une « bande », mais si une partie de cette zone ne doit pas être modifiée, appliquez-lui le **Pinceau de retouche** avec un réglage opposé au filtre gradué et utilisez son masque pour définir correctement cette partie.*

La mémorisation des outils

Camera Raw peut mémoriser les réglages de l'outil **Filtre gradué** (il en est de même pour l'outil **Pinceau de retouche**). Une fois enregistrés, ces paramètres prédéfinis pourront être utilisés pour d'autres corrections sur d'autres photos.

De plus, ils seront utilisables aussi bien pour le pinceau que pour le filtre (ils ne correspondent qu'aux réglages et n'englobent ni la taille du pinceau ni l'étendue du filtre). Pour réaliser cette mémorisation, déroulez le menu local de la zone de paramétrage du filtre ou du pinceau et choisissez **Nouveau paramètre de correction locale**. La liste des outils déjà enregistrés y apparaîtra.

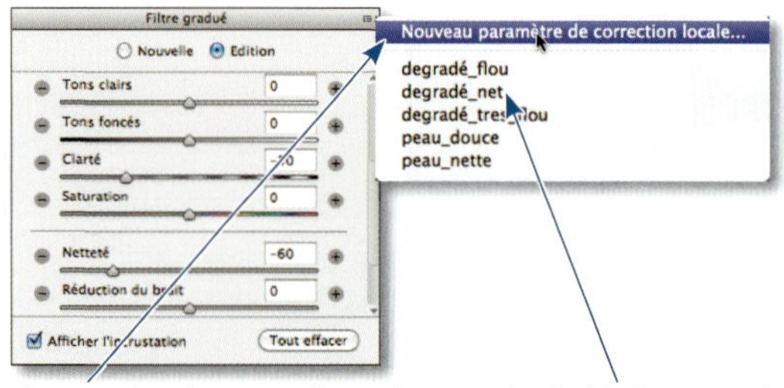

Ce menu local permet d'enregistrer ou de choisir des paramètres prédéfinis déjà enregistrés.

> **Astuce** *Les mémorisations d'outil permettent également de tester rapidement une série de paramètres sur une broche de pinceau ou sur un filtre dégradé à partir du menu local.*

La suppression des filtres gradués

Pour supprimer un filtre gradué, cliquez sur l'un des points pour activer la zone (les points s'affichent en rouge et vert) puis tapez la touche Efface. Pour supprimer tous les filtres gradués, utilisez le bouton **Tout effacer**.

L'affichage des filtres gradués

Pour cacher les points de contrôle des filtres gradués présents sur l'image, vous pouvez cliquer sur le bouton **Afficher l'incrustation** pour masquer les zones filtrées (au clavier, tapez V). Dans tout les cas, pour voir l'aspect de l'image avant l'application des filtres gradués, cliquez sur le bouton **Aperçu** (en haut de la fenêtre) ou tapez la touche P. Tapez à nouveau P pour revoir l'effet de tous les filtres.

La gestion des fichiers et des paramètres

La rubrique Paramètres prédéfinis

L'enregistrement des paramètres Camera Raw

Tous les réglages réalisés sur une photo (RAW, JPEG ou TIFF) ouverte dans Camera Raw peuvent être enregistrés dans le programme Camera Raw en affichant l'onglet **Paramètres prédéfinis** . Lors de l'enregistrement, qui s'obtient en cliquant sur l'icône , vous pourrez choisir d'enregistrer la totalité des réglages ou une partie de ceux-ci en décochant les réglages à éliminer. Cela permet de conserver les réglages appliqués « manuellement ».

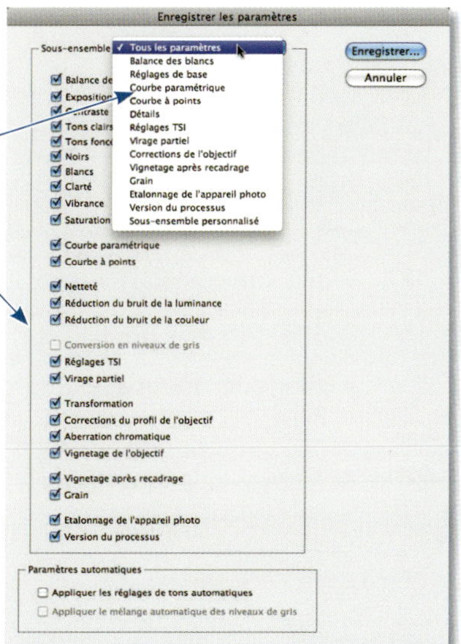

Vous pouvez choisir l'un des sous-ensembles ou le créer en décochant les options voulues.

Une fois enregistrés, ces fichiers deviendront accessibles directement dans la liste des paramètres. Ce type d'enregistrement permet d'appliquer rapidement une série de paramètres mais également de faire des tests de réglages avant de les appliquer définitivement.

Les paramètres et les instantanés

Contrairement aux instantanés (créés par la rubrique , *voir page 66*) qui sont attachés au document pour lequel ils ont été créés, les paramètres prédéfinis sont intégrés à Camera Raw et sont accessibles dans tous les documents.

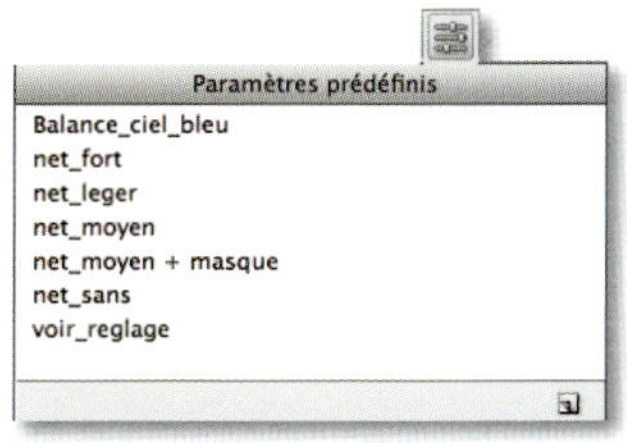

L'onglet affiche la liste des paramètres prédéfinis enregistrés.

ASTUCE *Si l'image est ouverte en tant qu'objet dynamique, l'enregistrement de différents paramètres de réglage dans Camera Raw permet de créer plusieurs versions de cette image. En effet, vous passerez d'une version à l'autre en choisissant le jeu de paramètres voulu ou l'un des instantanés à chaque fois que la photo sera ouverte dans Camera Raw, à partir de l'objet dynamique de Photoshop.*

L'affectation de paramètres de développement à d'autres documents

Depuis le menu local **Paramètres** (), vous pouvez appliquer ou enregistrer des paramètres. Dans ce cas, vous créez un fichier XMP de traitement RAW (comme par l'onglet **Paramètres prédéfinis**) mais en choisissant sa position sur le disque. Vous pouvez aussi charger un fichier XMP réalisé sur un autre ordinateur (commande **Charger**) ou définir les réglages en cours comme paramètres par défaut pour l'image affichée. Directement dans Bridge, par clic droit sur une photo, il est possible de lui appliquer (de la développer) l'un des réglages enregistrés dans les paramètres prédéfinis.

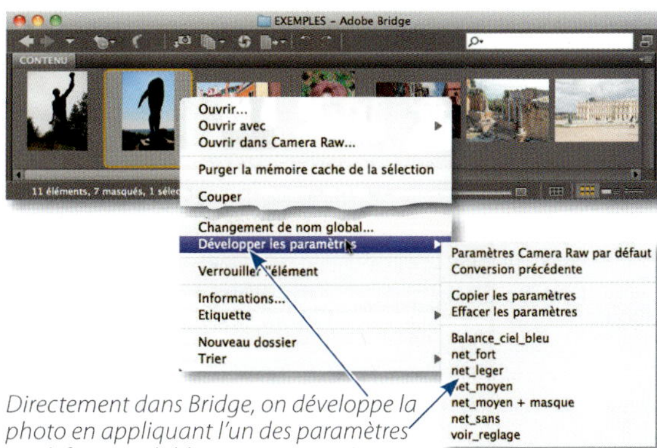

Directement dans Bridge, on développe la photo en appliquant l'un des paramètres prédéfinis préalablement enregistrés.

Le developpement automatique

Si vous souhaitez qu'une série de paramètres (par exemple, une correction d'objectif et une réduction du bruit) soit affectée à une série de photos issue du même appareil, vous pouvez utiliser l'astuce suivante :

1. Ouvrez dans Camera Raw une des photos de la série et réalisez les traitements voulus.
2. Déroulez le menu local (à droite du nom de l'onglet de traitement actif) pour choisir **Enregistrer les nouveaux paramètres par défaut de Camera Raw**.
3. Fermez la photo en cliquant sur **Terminer**.

Toutes les photos de format RAW, si le fichier ouvert avait ce format (ou JPEG s'il avait ce format), subiront automatiquement le traitement (sauf si les photos possèdent déjà des paramètres Camera Raw). Pour voir le résultat dans les vignettes de Bridge, il faut actualiser l'aperçu en tapant F5.

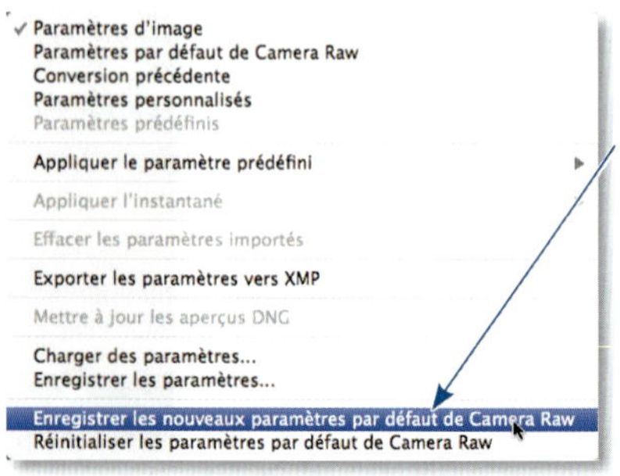

Avec cette commande, toutes les photos n'ayant pas encore été traitées subiront les réglages de la photo ouverte.

Pour limiter ce traitement automatique aux photos issues de tel appareil photo ou ayant telle valeur d'ISO, vous pouvez cocher l'une ou les deux dernières options de la rubrique **Paramètres par défaut de l'image** dans les préférences de Camera Raw.

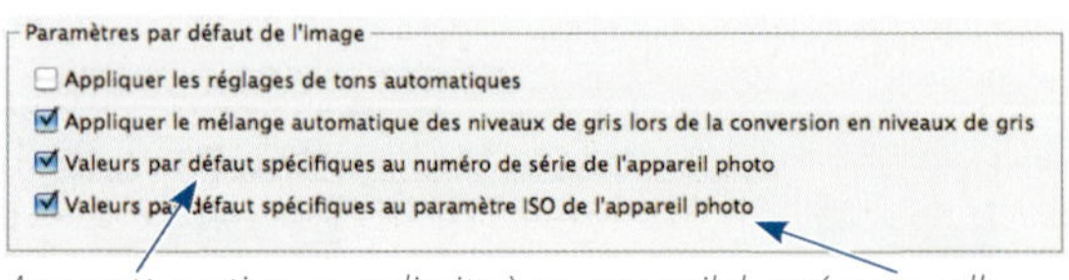

Avec cette option, on se limite à un appareil donné, avec celle-ci on n'applique le traitement qu'aux images ayant le même réglage d'ISO.

Attention : chaque fois que vous utiliserez la commande **Enregistrer les nouveaux paramètres par défaut de Camera Raw** toutes les photos seront « retraitées » avec les nouveaux paramètres par défaut, sauf si elles ont été ouvertes dans Camera Raw et que de nouveaux paramètres leur ont été affectés. Si vous souhaitez réinitialiser les réglages sur toutes les photos, ouvrez-en une et lancez la commande **Réinitialiser les paramètres par défaut de Camera Raw**.

L'enregistrement des fichiers RAW

Quand vous avez terminé les réglages de Camera Raw, utilisez les boutons du bas de la fenêtre pour quitter l'application ; cependant, leur aspect change quand on enfonce la touche ⇧ ou la touche ⌥ [Alt].

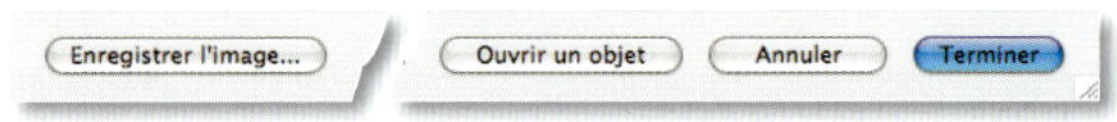

Les boutons changent de fonction, ici avec ⇧ et là, avec ⌥ [Alt].

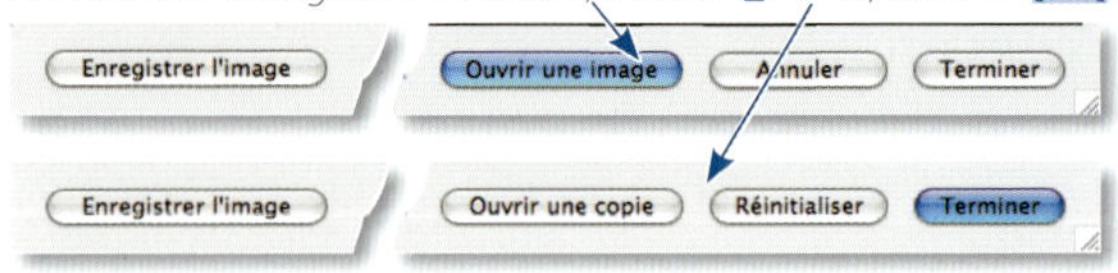

Enregistrer l'image...

Ce bouton ouvre une fenêtre qui permet de définir le nom et de choisir le format du fichier auquel seront affectés les traitements RAW (avec ⌥ [Alt], la fenêtre ne s'ouvre pas et Camera Raw prend les derniers réglages en vigueur).

Parmi ces formats, on trouve :

- DNG, avec incorporation du fichier d'origine pour créer un fichier d'archivage. Attention, dans ce cas, les changements de paramètres sur le fichier RAW se répercutent sur le fichier DNG, s'ils sont dans le même dossier.
- JPEG, avec un choix de compression destructive.
- TIFF, avec ou sans compression non destructive.
- Photoshop (format natif PSD).

Cliquer sur **Enregistrer une image...** ne ferme pas la fenêtre de Camera Raw. Cela permet juste de créer une copie du fichier, dans un nouveau format, à laquelle sont affectés les traitements RAW.

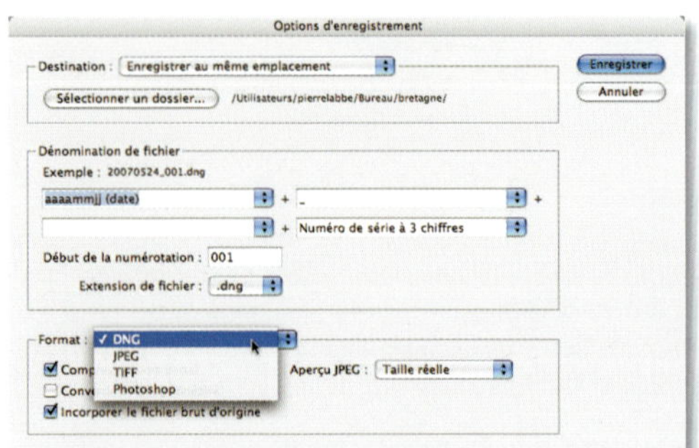

On peut choisir parmi ces formats (le DNG incorpore le fichier XMP).

Rien ne vous empêche de modifier les paramètres du traitement RAW et d'enregistrer une seconde copie avec le même format (ou un autre). Ces opérations vous permettront d'obtenir des versions d'images avec des traitements différents.

OUVRIR UN OBJET/UNE IMAGE/UNE COPIE

Le bouton d'ouverture du fichier dans Photoshop peut prendre trois aspects (*voir page précédente*) et provoquer la fermeture de la fenêtre de Camera Raw.

- **Ouvrir un objet** : en cliquant sur ce bouton, le fichier apparaît avec un calque contenant la photo dans un objet dynamique. Cette option vous permettra à tout instant de revenir sur tous les réglages (et notamment sur les réglages de netteté ou de résolution).
- **Ouvrir une image** : si vous avez cliqué sur ce bouton, l'image est dans un calque d'arrière-plan (verrouillé).

Dans Camera Raw, en cliquant sur les options du flux de production (texte bleu souligné sous l'aperçu), vous pouvez choisir si l'image s'ouvre ou non dans un objet dynamique.

- **Ouvrir une copie** : ce bouton s'obtient en enfonçant ⌥ [Alt]. Il permet de garder intact le fichier original ; c'est-à-dire que le fichier RAW garde ses réglages initiaux. Cependant, ceux-ci peuvent être réinitialisés (*voir ci-après*) ou modifiés en rouvrant le fichier RAW.

TERMINER

Avec ce bouton, les traitements sont appliqués à l'image, mais celle-ci n'est pas ouverte. Ces traitements deviennent alors accessibles dans Bridge pour d'autres fichiers par le menu **Édition**, puis **Développer les paramètres**.

La gestion des paramètres RAW

LES TRANSFERTS ET MISES À JOUR DES PARAMÈTRES

Dans Bridge, quand un fichier comporte un réglage, l'icône le signale. Par clic droit sur sa vignette ou par le menu **Édition/Développer les paramètres**, on accède à un sous-menu qui permet de copier le paramétrage (données XMP associées ou incorporées). Par la suite, il pourra être collé (intégralement ou partiellement) dans un ou plusieurs fichiers sélectionnés dans Bridge.

De la même manière, par clic droit, on peut supprimer un réglage, affecter les paramètres personnalisés déjà enregistrés — ceux par défaut de Camera Raw ou ceux de la dernière image traitée (**Conversion précédente**). Si vous souhaitez visualiser l'image, double-cliquez sur sa vignette (ou tapez ⌘ R [Ctrl R]), puis, une fois les réglages éventuellement modifiés, cliquez sur **Terminer** : l'image ne sera pas ouverte dans Photoshop.

LE TRAITEMENT D'UNE SÉRIE D'IMAGES RAW

Si une série d'images RAW ou DNG (voire JPEG) doit être traitée, puis enregistrée dans un ou plusieurs formats (tels que PSD, JPEG ou TIFF), il est possible d'utiliser une commande de traitement, **Processeur d'images**, directement dans Bridge.

Cette commande est accessible par le menu **Outils** et le sous-menu **Photoshop** ; elle affecte la série d'images sélectionnées dans la fenêtre de Bridge.

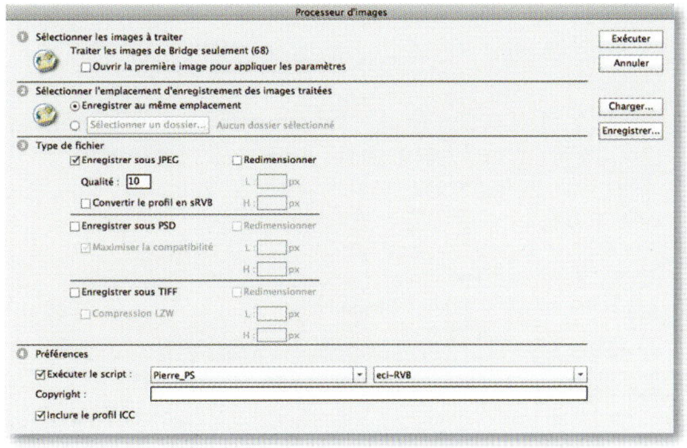

Cette commande permet de traiter une série d'images.

Une fois la commande lancée, une fenêtre apparaît (*voir ci-dessus*), elle comporte quatre zones dans lesquelles vous devez spécifier certaines options :

1. **La source et le traitement initial** : si vous cochez **Ouvrir la première image pour appliquer les paramètres**, Photoshop ouvrira dans Camera Raw la première image afin de pouvoir définir les paramètres qui seront appliqués aux autres photos de la série à traiter.

2. **La destination** : vous devez indiquer où doivent être placés les fichiers traités. À l'issue du traitement, les fichiers PSD seront placés dans un dossier nommé PSD, les fichiers TIFF dans un dossier TIFF... Ces sous-dossiers seront créés dans le dossier désigné.

3. **Le format et réglage des fichiers enregistrés** : pour chaque format choisi, vous devez spécifier un réglage propre au format et, éventuellement, une réduction de la taille de l'image. Ce changement s'effectue en affectant à la plus grande dimension la valeur que vous avez spécifiée, et en adaptant la plus petite proportionnellement.

4. **Le traitement final** : si vous avez préparé un script dans Photoshop — qui, par exemple, provoque le collage d'un filigrane (*watermark*) —, celui-ci peut être appliqué au fichier avant qu'il ne soit enregistré. De plus, un copyright et un profil ICC peuvent être affectés.

La conversion d'un calque standard en fichier traité par Camera Raw

LA CONVERSION MANUELLE EN « CALQUE RAW»

Nous avons vu dans les pages qui précèdent que les réglages de Camera Raw sont faciles à appliquer et très performants.

Si vous souhaitez les appliquer à un calque standard de Photoshop en remplacement ou en complément des réglages de ce dernier, vous pouvez avoir recours à l'astuce suivante. Elle comporte quelques étapes qui vont avoir pour effet de transformer le calque en fichier TIFF qui par la suite sera importé dans le document de départ.

1. Réglez les préférences de Camera Raw (accessibles depuis le menu **Photoshop [Édition]/Préférences/Gestion des fichiers**) pour qu'il ouvre tous les fichiers TIFF (*voir page 59*).

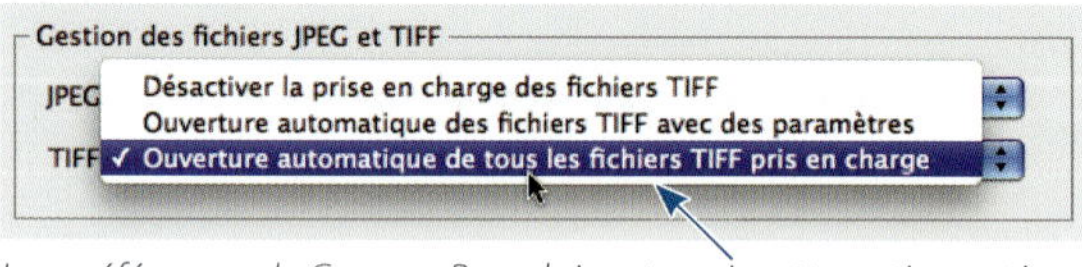

Les préférences de Camera Raw doivent avoir cette option active.

2. Dans le document de départ, affichez le panneau **Calques** et effectuez un clic droit sur le nom du calque à convertir pour accéder à la commande de duplication de calque. Dans la fenêtre de cette commande, choisissez comme destination : **Document/Nouveau**.

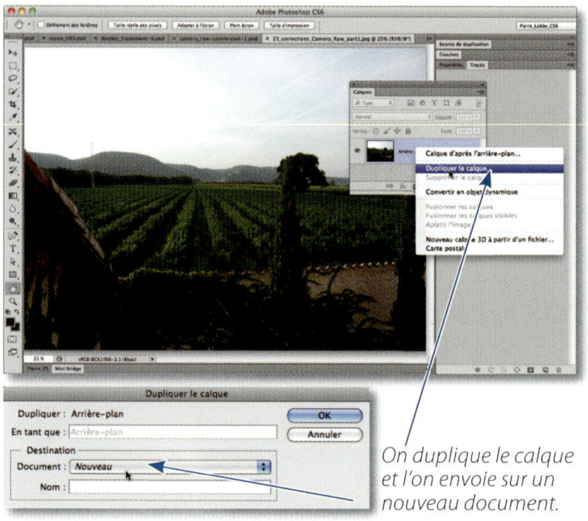

On duplique le calque et l'on envoie sur un nouveau document.

3. Convertissez ce nouveau document (sans titre) en RVB s'il n'était pas dans ce mode, enregistrez-le sur le bureau au format TIFF (en le nommant, par exemple, **Image_Raw**) et fermez-le.

4. Revenu dans le document de départ, lancez la commande **Importer** du menu **Fichier**. La fenêtre de Camera Raw apparaît. Vous pouvez y faire les réglages souhaités.

Attention *Dans les options de flux (accessibles en cliquant sur le texte souligné sous l'aperçu), réglez la résolution sur celle de l'image de départ. Cliquez sur OK quand les réglages sont satisfaisants et validez l'importation du fichier TIFF (en tapant ↵).*

Le document dupliqué est ouvert dans Camera Raw. On vérifie la résolution et on effectue les réglages voulus.

5. Par la suite, si vous souhaitez revenir sur les réglages, il suffira de double-cliquer sur la vignette du calque dynamique. Le calque initial peut être supprimé ou masqué.

On a ici un calque dynamique qui s'ouvre dans Camera Raw, on peut supprimer celui qui est devenu inutile.

La conversion en « calque RAW» par un script

Toutes les étapes peuvent être enregistrées dans un script. Pour automatiser complètement les opérations, certaines instructions devront être lancées par la commande **Insérer une commande** du menu du panneau **Scripts**.

De plus, afin de supprimer le calque initial une fois le document TIFF importé, il est impératif de commencer par le nommer afin de faciliter sa sélection lors de sa suppression.

Le détail des étapes du script (on pourrait y ajouter l'instruction qui règle les préférences de Camera Raw) :

❶ On crée un instantané (opération facultative).

❷ On renomme le calque actif (par exemple « **OD** »).

❸ On duplique le calque vers un nouveau document (que l'on nomme « **image_RAW** »).

❹ On aplatit ce nouveau document. On l'enregistre en TIFF et on le ferme.

❺ On importe le fichier précédent (**image_RAW.tiff**), on ferme Camera Raw sans faire le moindre réglage et on valide l'importation.

❻ On sélectionne le calque nommé à l'étape **2** (**OD**) et on le supprime.

❼ On sélectionne le calque correspondant à l'image importée (**image_RAW**).

❽ Dans le menu du panneau **Scripts**, on sélectionne **Insérer une commande**, puis on choisit dans le menu du panneau **Calque**, **Modifier le contenu**. Cette commande ne serait pas enregistrée dans le script si on la lançait directement sans passer par **Insérer une commande**.

On arrête l'enregistrement du script. Vous devez obtenir un script qui a l'aspect ci-dessous.

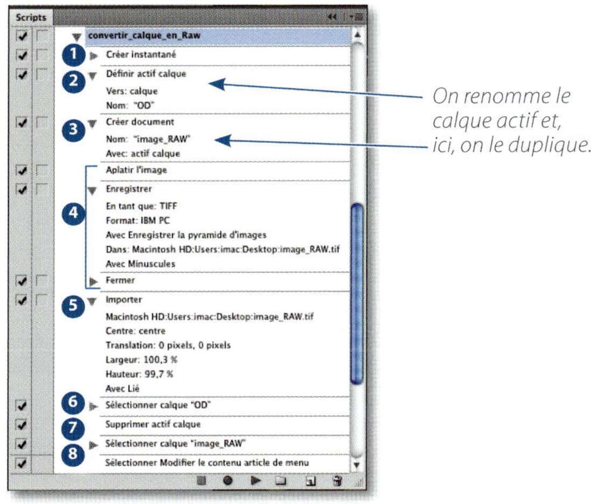

Si vous souhaitez transmettre ce script à d'autres personnes, il faudra qu'elles réenregistrent les instructions 4 et 5 pour que les chemins soient corrects. Vous pouvez aussi cliquer sur la case vide devant ces instructions pour provoquer l'affichage des fenêtres de dialogue correspondantes.

Exemples d'application

Dans les paragraphes qui suivent nous allons voir quelques procédures de traitements avec Camera Raw. Chaque image traitée correspond à un type courant : image relativement bien exposée, image surexposée (légèrement ou plus fortement) ou sous-exposée, etc. Avec certaines d'entre elles, différentes méthodes de corrections (réglages, outils…) seront utilisées afin d'établir des comparaisons. La plupart des images abordées dans ces exemples comportent des instantanés (deux ou plus) qui vous permettront une fois l'image ouverte dans Camera Raw de comparer l'image avant et après traitement.

1 Traitement d'images standards

L'image standard présente une exposition à peu près correcte, le traitement appliqué est relativement standard lui aussi. On améliore l'aspect de l'image avec quelques opérations basiques qui ont pour effet d'ajuster l'éclairage et le contraste, et de retrouver des détails dans les hautes lumières (dans le ciel pour l'exemple ci-dessous).

L'image initiale.

L'image corrigée.

Exposition (négatif) : on réduit légèrement la luminosité de l'image.

Contraste (positif) : on augmente le contraste.

Tons clairs (négatif) : on récupère des détails dans le ciel (hautes lumières de l'image).

Noirs (négatif) : on intensifie les ombres.

Clarté (positif) : on améliore la netteté.

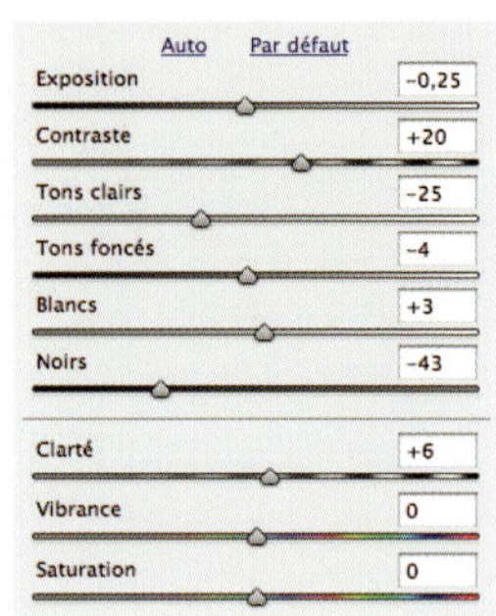

2 Image surexposée (I)

L'image ci-dessous présente une surexposition qui a entraîné la disparition de détails. Ceux-ci sont facilement récupérés à l'aide du curseur **Tons foncés** après avoir réduit la luminosité de l'image et amélioré le contraste. On retrouve certains réglages de l'exemple précédent avec des valeurs un peu plus élevées.

L'image initiale.

L'image corrigée.

Exposition (négatif) : on réduit la luminosité de l'image surexposée.

Contraste (positif) : on augmente le contraste pour donner plus de pêche à l'image qui était un peu plate.

Tons foncés (positif) : on débouche les ombres pour faire réapparaître des détails que le réglage d'exposition a atténués.

Noirs (négatif) : on intensifie les ombres.

Clarté (positif) : on améliore la netteté.

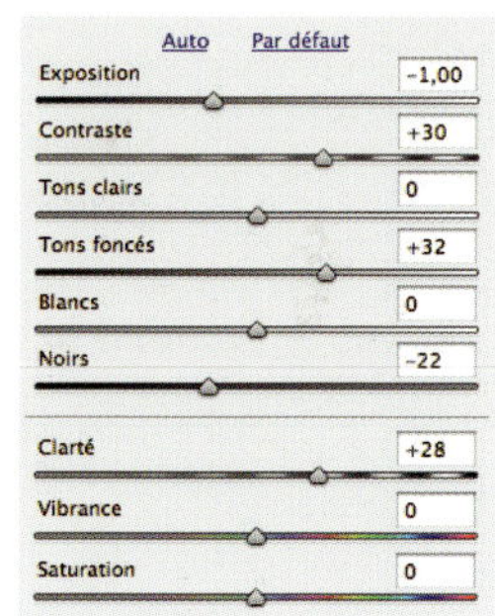

3 Image surexposée (II)

L'image de cet exemple présente également une surexposition plus marquée sur certaines zones. On a commencé par élever la température (environ 5 250) pour donner un ton plus chaud à l'image. Des détails y ont disparu dans les hautes lumières et le ciel est délavé ; un réglage d'exposition permet de récupérer des détails dans les hautes lumières et d'atténuer l'écrêtage de pixels très clairs. Il est accompagné d'une augmentation du contraste.

L'image initiale.

L'image corrigée.

Cette récupération est accentuée par un réglage des **Tons clairs**. Les ombres assombries par le réglage d'exposition sont débouchées à l'aide du curseur **Tons foncés**. L'écrêtages des pixels très clairs est atténué avec le curseur **Blancs**.

Exposition (négatif) : on réduit la luminosité de l'image pour récupérer des tons clairs.

Contraste (positif) : on augmente le contraste.

Tons clairs (négatif) : on récupère des détails dans la partie claire de l'image (hautes lumières) et dans le ciel.

Tons foncés (positif) : on débouche les ombres de la partie droite de l'image.

Blancs (négatif) : on empêche l'écrêtage des tons très clairs.

Clarté (positif) : on améliore la netteté de l'ensemble.

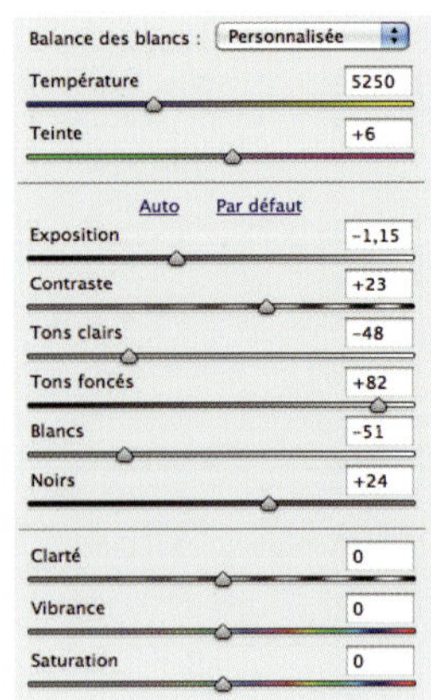

4 Image sous-exposée (I)

L'image ci-dessous présente une zone sous-exposée. Les détails dans les ombres ne sont plus discernables. On améliore l'exposition en augmentant la lumière, puis le contraste. Les détails perdus dans les hautes lumières sont retrouvés avec le curseur **Tons clairs**, et ceux qui manquent encore dans les ombres sont révélés avec **Tons foncés** (voire avec **Noirs**).

L'image initiale.

L'image corrigée.

Pour donner un ton plus chaud aux palais qui bordent le canal, on peut leur appliquer un **Pinceau de retouche** avec une température (et une vibrance) légèrement augmentée.

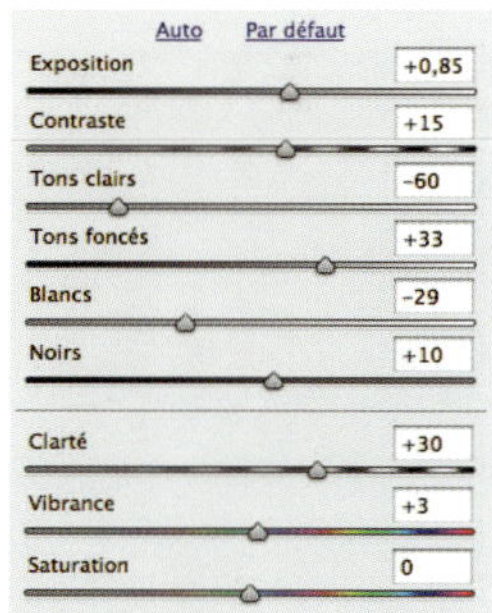

Exposition (positif) : on éclaire l'image pour récupérer des détails dans les ombres mais sans brûler les tons clairs.

Contraste (positif) : on augmente le contraste.

Tons clairs (négatif) : on récupère des détails perdus dans les hautes lumières.

Tons foncés (positif) : on améliore la récupération des détails sombres en débouchant les ombres.

Blancs (négatif) : on empêche l'écrêtage des tons très clairs.

Noirs (positif) : on fait ressortir certains détails sombres.

Clarté (positif) : on améliore la netteté.

---

5 Image sous-exposée (II) avec traitement local

L'image est sous-exposée. Les zones d'ombre manquent de détails. On augmente l'exposition pour améliorer la luminosité, puis on pousse le contraste. Les détails perdus dans les hautes lumières sont retrouvés avec le curseur **Tons clairs**, et ceux qui manquent encore dans les ombres sont révélés avec **Tons foncés** (voire avec **Noirs**).

L'image initiale.

L'image corrigée.

Les réglages sont sensiblement les mêmes que ceux de l'image précédente. Cependant, ici, on a amélioré le rendu localement avec un **Pinceau de retouche** pour éclaircir les tons foncés de certaines zones et y retrouver des détails sans perturber le reste de la photo.

*L'image corrigée localement avec l'outil **Pinceau de retouche**.*

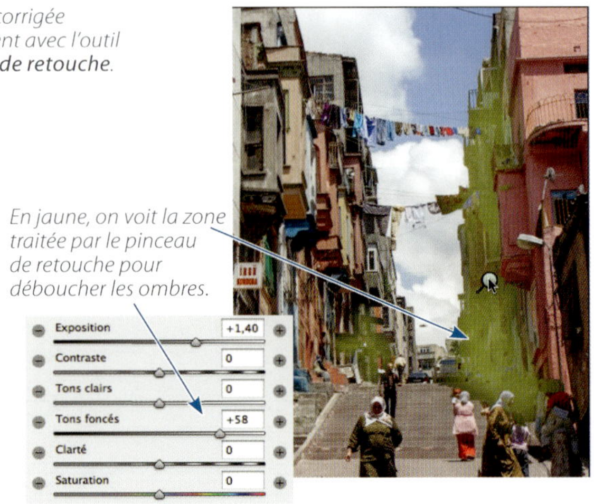

6 Image terne : utilisation de Clarté (I)

L'image montre une exposition à peu près correcte mais elle est un peu terne et apparaît recouverte d'un voile clair. Pour marquer davantage la présence de soleil et réchauffer l'image, on a choisi la balance des blancs **Nuageuse**. Afin de corriger l'aspect général, on applique une exposition légèrement négative et un contraste augmenté (épaulé par une clarté également augmentée).

L'image initiale.

L'image corrigée.

On agit sur les ombres avec une légère action sur les curseurs **Tons foncés** (pour récupérer des détails) et **Noirs** (pour marquer les ombres).

Exposition (négatif) : on réduit légèrement la luminosité de l'image.

Contraste (positif) : on pousse le contraste.

Tons foncés (positif) : on récupère des détails dans les ombres.

Noirs (négatif) : on intensifie les ombres.

Clarté (positif) : on améliore la netteté en augmentant le microcontraste.

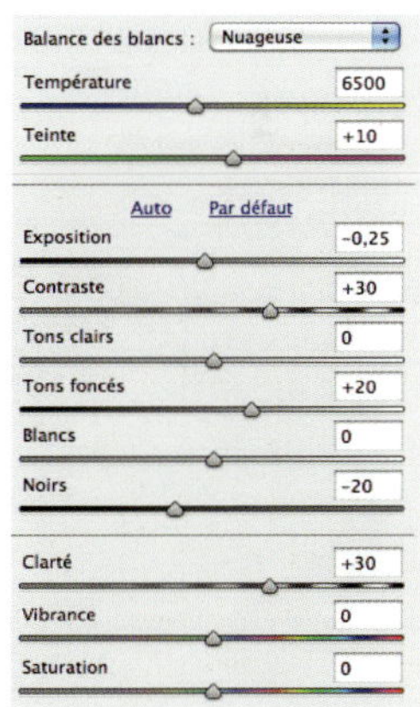

7 Utilisation du pinceau de retouche (netteté/clarté)

L'image montre une exposition à peu près correcte mais elle manque de contraste et de détails dans certaines zones. Les corrections pourront être poussées davantage dans Photosohop mais on peut, dans une certaine mesure, obtenir un résultat convenable avec un traitement de Camera Raw seul. On applique une exposition légèrement négative et un contraste légèrement renforcé (épaulé par une clarté également augmentée). Ce dernier effet marque certaines zones du visage qui ne doivent pas l'être.

L'image initiale.

L'image avec une correction basique.

L'image retouchée au pinceau.

Pour atténuer la netteté et la clarté, ou au contraire, pour l'accentuer sur certaines zones du visage, on utilise plusieurs broches de l'outil **Pinceau de retouche** avec différents réglages (*voir ci-dessous*).

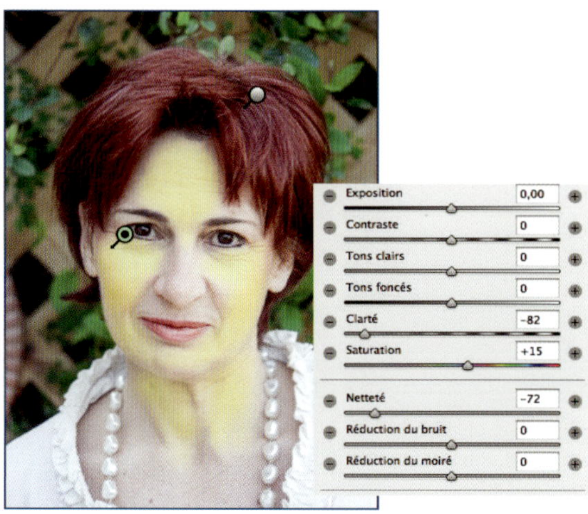

En jaune, on voit la zone traitée par le pinceau de retouche pour atténuer la netteté et la clarté sur la peau du visage.

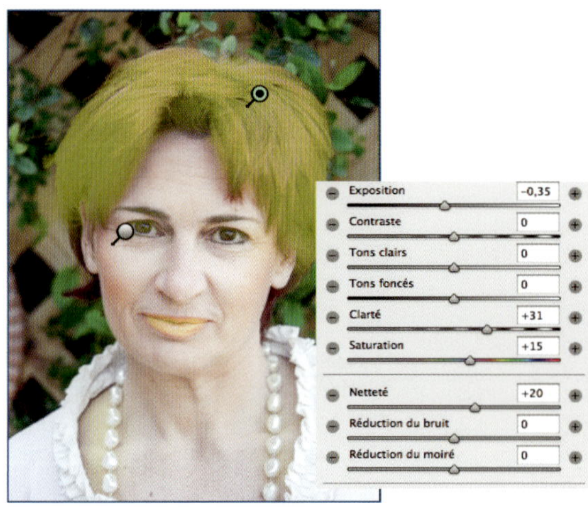

En jaune, on voit la zone traitée par le pinceau pour marquer la netteté et la clarté sur les cheveux et la bouche.

8 Utilisation du pinceau de retouche (assombrir)

L'image ci-dessous à gauche présente quelques défauts : d'une part, certaines lignes ne respectent pas l'horizontalité et des détails manquent, notamment dans le plafond et dans la partie droite de l'image.

L'image initiale.

L'image redressée et corrigée.

Le premier problème est facilement corrigé avec l'outil **Redressement** : pour cela, on a tracé avec cet outil une ligne qui devrait être horizontale (*voir ci-contre*).

Quant au second problème, une augmentation de l'exposition et un traitement des tons clairs et foncés va y pallier. Les différents paramètres de l'onglet **Réglages de base** sont indiqués ci-dessous.

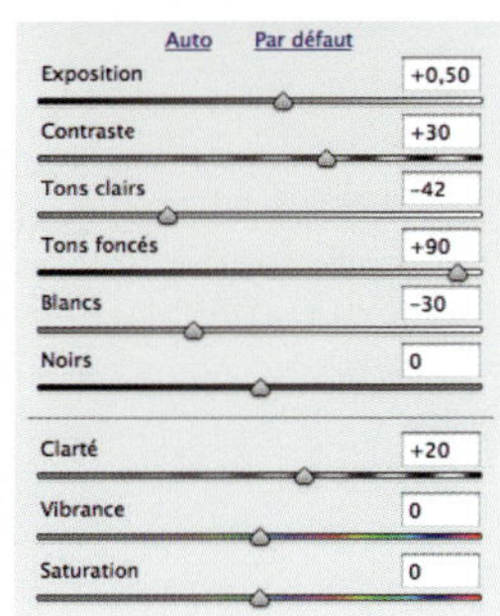

Exposition (positif) : on augmente la luminosité de l'image pour récupérer des détails dans les parties sombres.

Contraste (positif) : on pousse le contraste pour marquer les détails.

Tons clairs (négatif) : on récupère des détails hautes lumières de l'image en atténuant l'éclairage ambiant.

Tons foncés (positif) : on débouche les ombres pour récupérer les détails manquant dans les zones foncées.

Blancs (négatif) : on atténue l'écrêtage des tons très clairs.

Clarté (positif) : on améliore la netteté.

Malgré ce premier réglage de base, une zone au premier plan apparaît presque brûlée et ne montre plus de détails. Pour les faire réapparaître, on peut utiliser l'outil **Pinceau de retouche**. En effet, si on l'applique à la zone voulue avec une exposition négative et les réglages des tons clairs appropriés, on peut faire réapparaître les détails et améliorer l'aspect de l'image localement.

Avec les traitements de base et cette correction localisée (dont vous pouvez voir la zone traitée, ci-dessous à droite), l'image prend un aspect correct avec des détails dans les zones claires et les zones sombres.

L'image avec le traitement basique.

L'image corrigée avec **Pinceau de retouche**.

La zone traitée par l'outil ***Pinceau de retouche*** *avec ces réglages.*

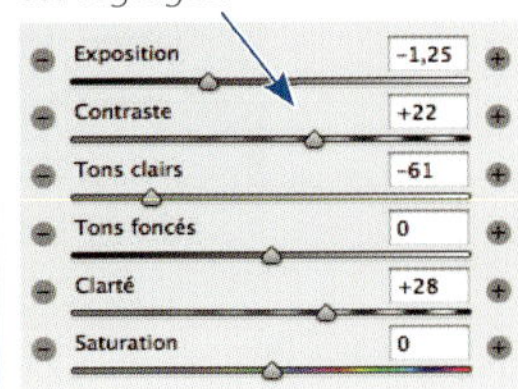

9 Courbe vs outil Pinceau de retouche

L'image ci-dessous est à contre-jour. Les éléments au premier plan (sculpture et végétation) se trouvent ainsi sous-exposés et ne montrent plus aucun détail.

On peut corriger l'aspect en utilisant les paramètres de l'onglet **Courbe de tonalités** associé à l'outil **Réglage ciblé**.

L'image initiale.

L'image corrigée.

On a modifié la plage des tons foncés en glissant le curseur situé en bas à gauche de la courbe et celle des tons clairs avec le curseur situé à droite.

On a ensuite modifié les teintes en les ciblant directement sur l'image (sur la sculpture, puis sur la végétation) avec l'outil **Réglage ciblé** (option **Courbe paramétrique**).

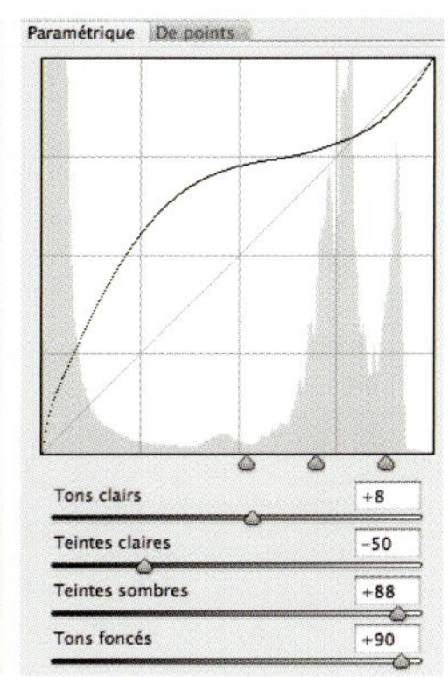

On peut aussi traiter l'image par des actions locales avec l'outil **Pinceau de retouche** sur la sculpture et la végétation, puis sur le ciel. Ci-dessous, vous pouvez comparer les deux résultats (courbe et retouche) et, à droite, voir l'étendue de l'action de l'outil sur la sculpture et la végétation. Ici, grâce à la seconde broche, on a redonné au ciel son aspect initial.

L'image corrigée avec les courbes de tonalités.

L'image traitée avec deux broches de l'outil **Pinceau de retouche***.*

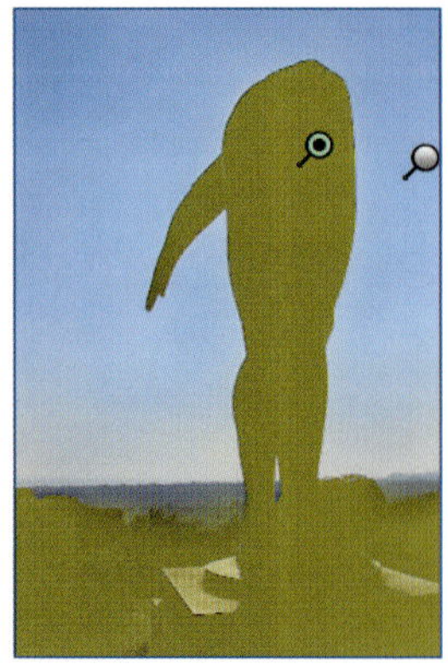

En jaune, l'étendue de la broche affectée à la sculpture et à la végétation.

10 Comparaison des traitements

L'image présente une surexposition qui a entraîné l'atténuation des détails dans les zones claires (principalement sur le sol). L'image peut être traitée de différentes manières (**Réglage de base**, **Courbes de tonalité** ou **Pinceau de retouche**). Dans certains cas, si les couleurs ont perdu leur saturation, elles pourront être rehaussées teinte par teinte à partir de l'onglet **TSL/Niveaux de gris**.

L'image initiale.

L'image corrigée avec des traitements de base.

L'image traitée avec les réglages de ***Courbes*** *et* ***TSL*** *(pour augmenter la saturation localement avec l'outil* ***Réglage ciblé****).*

L'image traitée à l'aide de l'outil ***Pinceau de retouche****. Ce traitement local permet de récupérer les détails sur le sol sans modifier le reste qui a été rehaussé par un traitement de base.*

PARTIE 2

Préparer des images : résolution et taille

1 - La résolution et la taille du document

2 - Le redimensionnement par recadrage ou ajout de matière

Exemples d'application

1 - La résolution et la taille du document

La définition d'une image et sa résolution

Les paragraphes qui suivent abordent quelques données concernant l'image et le système d'impression utilisé.

La définition et la résolution de l'image

Au niveau de l'image, deux données ne doivent pas être confondues, il s'agit de sa **définition** et de sa **résolution** :

- la **définition de l'image** : c'est le nombre de pixels[1] contenus sur la surface de l'image, autrement dit, la définition correspond aux dimensions de l'image en pixels (par exemple, 1 024 px par 768 px) ;
- la **résolution de l'image** définit la taille du pixel. Elle s'exprime en nombre de pixels par pouce[2] (ppp ou dpi pour les Anglais — *dots per inch*). Elle permet d'obtenir la taille du document à l'impression.

ASTUCE *Le menu local situé en bas à gauche de la fenêtre du document peut afficher la définition et la résolution de l'image ; vous pouvez aussi cliquer sur le contenu de la case.*

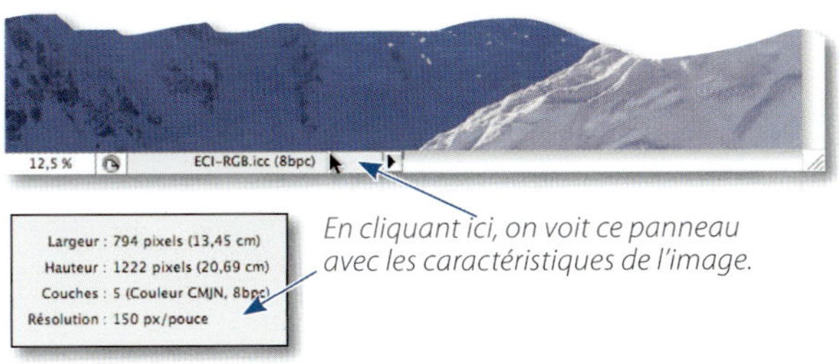

En cliquant ici, on voit ce panneau avec les caractéristiques de l'image.

(1) Un pixel (noté px) est un carré, c'est le plus petit élément d'une image. Cette dernière est donc constituée d'une grille de pixels.

(2) Le pouce (*inch*) est une unité de mesure de longueur. Il est égal à 1 douzième de pied, soit 25,4 mm.

La résolution de l'imprimante et sa trame d'impression

Au niveau de l'imprimante, deux données ne doivent pas être confondues ; il s'agit de la **résolution de l'imprimante** et de la **résolution de trame** ou **linéature** :

- la **résolution de l'imprimante**, ou de sortie, définit la taille d'un point d'impression et s'exprime en points par pouce (ppp ou dpi) ;
- la **trame** ou **linéature**[3] définit la taille d'un motif de demi-teintes utilisé lors de l'impression. Elle est exprimée en lignes par pouce (lpp ou lpi, *lines per inch*).

Chaque imprimante[4] est définie par un couple résolution/trame dont les valeurs dépendent de la qualité souhaitée.

Les réglages de la résolution de l'image

Les images de Photoshop sont constituées par une grille ou carte de pixels : on parle d'image **bitmap** (*bit* abréviation de *binary digit*, ou point binaire, et *map* pour carte. La taille du pixel (et donc la résolution de l'image) devra être spécifiée à un moment dans le flux de production. Cette opération peut s'effectuer : pour une photo, au moment où vous la scannez ; pour un dessin réalisé de toutes pièces, au démarrage avec la commande **Nouveau**.

(3) Pour imprimer des nuances de demi-teintes, les imprimantes (photocomposeuses) utilisent un tramage constitué d'une juxtaposition régulière de cellules ou de motifs dits de **demi-teintes**. Ces cellules sont réparties en lignes dont le nombre par pouce s'appelle la **fréquence de trame** ou la **linéature**.

(4) Certaines imprimantes à jet d'encre utilisent un système de tramage aléatoire, on ne parle pas de linéature.

Plus la résolution est grande, plus les pixels sont petits et plus l'image sera fine (avec plus de détails), mais plus le poids sur le disque est important (il est multiplié par quatre quand la résolution double). Si la résolution est trop faible, l'image manquera de détails et présentera une « pixellisation », c'est-à-dire que les pixels de l'image deviennent visibles et forment des escaliers.

Au cours du travail, Photoshop permet de modifier la résolution de l'image mais cette modification, appelée **rééchantillonnage** (*elle est détaillée plus loin*) s'accompagnera d'une altération de l'image si vous augmentez ou réduisez trop sa résolution.

La résolution dépend principalement de l'utilisation finale du document : image à afficher (Web ou multimédia) ou image à imprimer. Cependant, si vous devez réaliser un détourage, n'effectuez pas le réglage de résolution trop tôt dans votre flux de travail car celui-ci risque de réduire la qualité de l'image et par conséquent celle du détourage.

L'image à afficher

Pour une image destinée à être affichée, la taille du pixel de l'image doit correspondre à celle du pixel de l'écran. La résolution des écrans n'est pas la même pour tous : ainsi, pour les écrans d'ordinateur, les systèmes d'exploitation ont adopté une résolution standard de 72 ppp ou 96 ppp. Il n'en est pas de même pour les terminaux mobiles dont la résolution varie de 132 ppp (iPad 2) à 172 ppp (Sony Reader) ou encore 300 ppp (iPhone 4 et iPad 3). Une image provenant d'une page Web a une résolution de 72 ppp (résolution de l'écran). Cette valeur de résolution ne convient pas pour l'impression, c'est pour cette raison qu'une image issue d'Internet s'imprime avec une qualité médiocre. Quand vous travaillez des images destinées aux écrans, c'est la définition de l'image (taille en pixels) qui importe. Par exemple, pour une photo utilisée en couverture d'un fichier .folio, on préparera une image de 1024 px par 768 px (taille de l'écran iPad).

L'image à imprimer

Pour obtenir une impression de qualité, la cellule de trame doit contenir quatre pixels de la photo (2 x 2). Il convient donc de régler la résolution de la photo sur une valeur voisine à 2 fois la linéature. Les images de résolution 300 ppp (2 x 150) s'imprimeront avec une bonne qualité sur des photocomposeuses de résolution 2 400 ppp, lesquelles utilisent une linéature de 150 lpp. Cette valeur constitue une valeur courante qui peut être augmentée ou réduite selon la qualité souhaitée (les livres d'art peuvent être imprimés avec une linéature de 175 ou 200 lpp, alors que des magazines utilisent, le plus souvent, une linéature de 133).

> **Astuce** *Les imprimantes à jet d'encre utilisant une technique d'impression différente, une résolution de 240 ppp (voire 150 pour certaines) est suffisante.*

Il faut éventuellement multiplier la valeur de résolution par le taux d'agrandissement, si la photo doit en subir un dans le logiciel de mise en page où s'effectuera la sortie finale.

Le cas des images au trait

Les images au trait ne sont constituées que de pixels noirs et de pixels blancs (*a contrario* des images à tons continus comme les photos couleur ou en niveaux de gris). Pour que les détails demeurent visibles sur l'image imprimée, il est impératif de scanner l'image au trait avec une résolution plus importante — voisine de celle de l'imprimante (on peut la limiter à 900, voire 1 200 ppp, au-delà le gain en qualité n'est plus perceptible). Si l'image est destinée au Web, une résolution de 72 ppp reste de rigueur.

> **Astuce** *Il s'agit de la résolution de l'image finale, c'est-à-dire prête à être imprimée ou exportée pour une mise en page papier ou Web. Si, pendant le travail, la photo nécessite un détourage minutieux, vous pouvez augmenter les valeurs ci-dessus pour voir davantage de détails sur l'image.*

Le réglage de la résolution et de la taille de l'image

Le réglage de résolution s'effectue par la commande **Taille de l'image** du menu **Image**. Lors de ce redimensionnement, l'aspect général (contenu) de la photo n'est pas modifié. On ne supprime aucune partie, contrairement au recadrage que nous verrons dans le chapitre suivant ; en revanche, la résolution et/ou la définition peuvent être modifiées.

Le choix de la résolution selon la destination de l'image

La préparation d'une image pour un écran

La résolution de l'image doit être adaptée à celle de l'écran sur lequel elle va être visualisée. Vous pouvez spécifier une valeur (exprimée en ppp) pour chaque image parmi lesquelles 72, 96, 150 (moyenne pour tous les lecteurs électroniques du moment) et 300. En effet, la résolution des écrans n'est pas la même pour tous. Pour les écrans d'ordinateur, les systèmes d'exploitation ont adopté une résolution standard de 72 ppp ou 96 ppp. Il n'en est pas de même pour les terminaux mobiles dont la résolution varie de 132 ppp (iPad 1 et 2) à 172 ppp (Sony Reader) ou encore 300 ppp (iPhone 4 et iPad 3). Pour simplifier le travail, comme cela a été déjà signalé, il est plus simple de raisonner en taille d'image en pixels et laisser la résolution à 72 ppp.

Avec la commande Taille de l'image

En général, si l'image provient d'un appareil photo numérique, la résolution par défaut est de 72 ppp ; en revanche, la taille du document peut s'avérer trop grande en fonction de la définition qui a été utilisée à la prise de vue. C'est avec la commande **Taille de l'image** que vous allez spécifier les dimensions de l'image qui sera enregistrée avec un format pour le Web ; cette opération engendre un rééchantillonnage de l'image, qui s'accompagne d'une perte de qualité. Si la réduction de taille est très importante ou si vous partez d'une image de résolution plus forte (300 ppp, par exemple), pour éviter une trop grande perte de qualité lors du rééchantillonnage, effectuez la réduction ou le passage de la haute résolution à la basse en plusieurs étapes (de 300 à 250, puis 200, puis 150, puis 100 et enfin 72) en lançant plusieurs fois de suite la commande **Taille de l'image**.

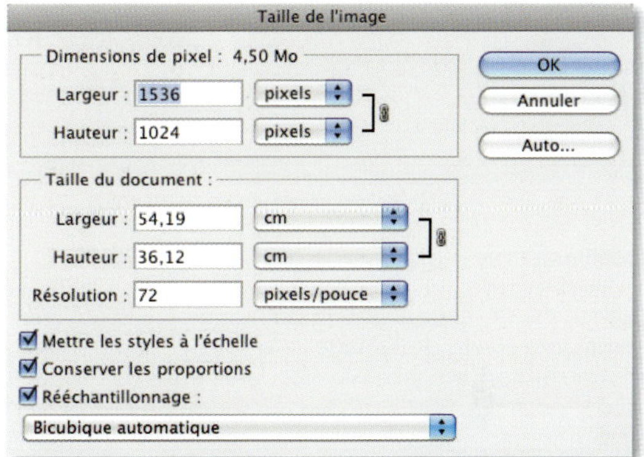

*La commande **Taille de l'image** du menu **Image**.*

> **Astuce** *Pour réaliser ces opérations, créez un script qui enchaîne les réductions successives. Quand l'image a sa résolution finale, un traitement peut être ajouté qui atténuera la perte de qualité liée aux rééchantillonnages en améliorant la netteté.*

Avec la commande Enregistrer pour le Web

Si vous utilisez **Enregistrer pour le Web** du menu **Fichier**, Photoshop crée une copie de l'image rééchantillonnée à 72 ppp. Ainsi, si sa résolution est supérieure à 72 ppp, elle apparaîtra plus grande dans la fenêtre **Enregistrer pour le Web** : elle est affichée telle que vous la verriez à 100 % dans le document (si votre écran a une résolution de 72 ppp).

Vous pouvez redimensionner l'image, afin qu'elle apparaisse sur le Web avec la même taille qu'à l'impression, directement à partir de la commande **Enregistrer pour le Web**. Pour cela, déroulez le menu **Affichage** pour choisir **Taille d'impression** : notez avec quel taux s'affiche le document. Lancez alors **Enregistrer pour le Web**, dans les cases **L** et **H** de **Taille de l'image**, entrez le pourcentage précédent, choisissez la qualité **Bicubique plus net** pour conserver les détails de l'image : l'image est redimensionnée, vous pouvez alors définir les autres paramètres d'enregistrement.

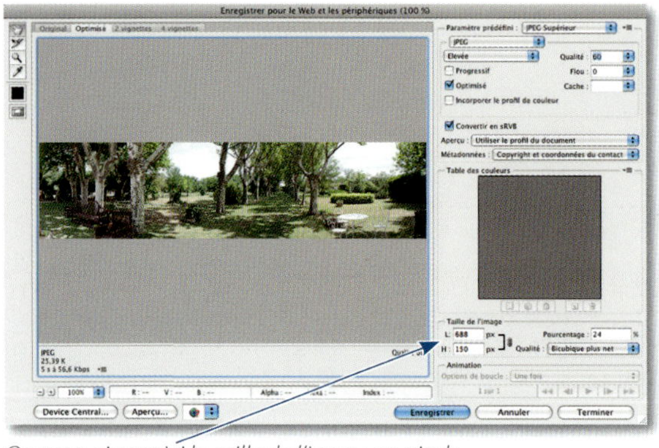

On peut ajuster ici la taille de l'image en pixels.

LA PRÉPARATION D'UNE IMAGE POUR L'IMPRESSION

Si l'image est destinée à être imprimée, c'est encore avec la commande **Taille de l'image** que vous allez amener sa résolution en concordance avec les paramètres de l'impression (par exemple, 300 ppp pour l'imprimeur et 240 ppp pour l'imprimante jet d'encre) ainsi que ses dimensions d'impression. Quand vous utilisez la commande **Taille de l'image**, vous pouvez spécifier s'il doit ou non y avoir un rééchantillonnage. C'est ce que nous allons voir maintenant.

Le rééchantillonnage de l'image

Il y a rééchantillonnage quand le nombre de pixels (donc le poids du fichier ou la définition de l'image) change au cours du redimensionnement. Quand Photoshop fait un rééchantillonnage, il supprime des pixels (**sous-échantillonnage**) ou en ajoute (**suréchantillonnage**). Il effectue ces opérations à l'aide de calculs à partir des pixels existants. On dit qu'il réalise une **interpolation** (c'est elle qui peut engendrer une perte de qualité).Le choix du rééchantillonnage ou non se programme dans la fenêtre de la commande **Taille de l'image** en décochant l'option **Rééchantillonnage**.

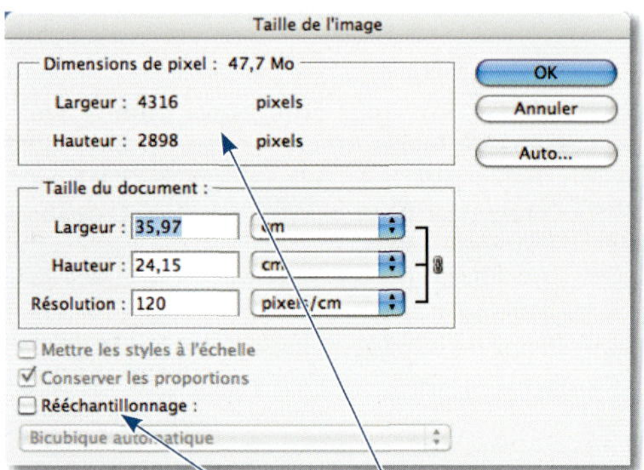

Sans rééchantillonnage, le nombre de pixels ne varie pas.

L'ABSENCE DE RÉÉCHANTILLONNAGE

Le principe

Quand il n'y a pas de rééchantillonnage, une réduction de la taille de l'image provoque une augmentation de la résolution de l'image, et inversement ; la qualité n'est pas modifiée (par exemple : une image écran de 640 × 480 pixels à 72 ppp se réduira à une image de 54 mm × 40 mm à 300 ppp).

Quand ne pas rééchantillonner ?

Dimensionner une photo numérique pour l'impression

Dans les réglages d'un appareil photo numérique, vous ne pouvez pas spécifier la résolution des photos que vous allez prendre ; la seule donnée que vous pouvez préciser est la définition (nombre de pixels). Son choix dépend de l'utilisation que vous voulez faire de la photo et des performances de l'appareil (d'environ 1 mégapixel à 22 mégapixels ou plus). Dans Photoshop, spécifier la résolution de l'image revient à donner une dimension à ces pixels, de cette valeur découlera la taille du document à l'impression.

La taille et la résolution des photos pour l'impression

Si vous souhaitez une bonne qualité d'impression, il faut une résolution suffisamment élevée (adaptée à l'imprimante) ; la taille du pixel sera d'autant plus réduite et, par conséquent, celle de l'image qui sera imprimée le sera aussi. Par exemple, pour imprimer sur la plupart des imprimantes de type jet d'encre, l'image doit avoir une résolution de l'ordre de 240 ppp et devra être de 300 ppp pour certaines impressions par un imprimeur. Les tailles d'impression possibles dépendent des performances de l'appareil ; le tableau de la page suivante vous donne quelques exemples.

Définition de l'image	Type d'APN (en mégapixels)	Taille à l'impression (en cm) Jet d'encre (à 250 ppp)	Imprimeur (à 300 ppp)
1 280 × 960	1,3	13 × 9,7	10,8 × 8,1
1 600 × 1 200	2,1	16,2 × 12,1	13,5 × 10
2 048 × 1 536	3,2	20,8 × 15,6	17,3 × 13
2 272 × 1 704	4	23 × 17,3	19,4 × 14,4
2 560 × 1 920	5	26 × 19,5	21,6 × 16,5
3 456 × 2 304	8	35 × 23	29 × 19

Pour obtenir des tailles d'impression supérieures, il faut soit avoir un appareil capable de capter davantage de pixels, soit faire un rééchantillonnage de la photo, mais celui-ci s'effectue au détriment d'une perte de qualité, comme nous allons le voir.

LE SOUS-ÉCHANTILLONNAGE

Le principe du sous-échantillonnage

Il consiste à réduire le nombre de pixels de l'image, c'est-à-dire que Photoshop supprime certains pixels (par exemple, le logiciel remplace des groupes de quatre pixels par un seul) de façon à satisfaire soit une diminution de la résolution, soit une réduction de la taille d'impression de l'image. Cette opération entraîne une perte de qualité de l'image qui se traduit selon les cas par l'apparition sur celle-ci d'une pixellisation (mosaïque plus ou moins fine) ou d'un flou plus ou moins prononcé.

Quand sous-échantillonner ?

Le sous-échantillonnage est utile si vous souhaitez :

1. Créer une image basse résolution avec une haute résolution pour :
   - réaliser des essais de réglages ou d'effets ;
   - créer une version écran pour une diffusion en ligne ;
   - créer une image pour un épreuvage sur une imprimante couleur de résolution moindre ;
   - préparer une image de placement pour une maquette à présenter à un client.
2. Créer une image de petite dimension sans modifier la résolution initiale (miniature d'une image haute résolution ou vignette d'une image diffusée en ligne et utilisée comme bouton pour le Web).
3. Adapter la résolution d'une image à celle nécessaire à l'impression. Par exemple, une image scannée à 600 ppp devra être ramenée à 300 ppp pour l'impression ou l'exportation vers InDesign ou XPress.

> **ATTENTION** *Ne rééchantillonnez pas une photo si vous devez réaliser un détourage. En effet, celui-ci risque de réduire la qualité de l'image et celle du détourage.*

LE SURÉCHANTILLONNAGE

Le principe du suréchantillonnage

Il consiste à augmenter le nombre de pixels de l'image, soit par augmentation de la taille d'impression de l'image, soit par augmentation de la résolution, soit des deux en même temps. Ce type d'opération provoque également une baisse de qualité (léger flou ou perte de détails fins). Elle ne sera pas trop visible si l'augmentation du poids de l'image n'excède pas 20 à 30 % environ.

> **ASTUCE** *Ne suréchantillonnez pas une image que vous avez précédemment sous-échantillonnée, mais ouvrez plutôt la copie ayant la résolution (ou la taille) correcte.*

Quand suréchantillonner ?

Ce genre de manipulation se réalise quand on souhaite imprimer une image issue du Web (résolution initiale de 72 ppp) avec une qualité suffisante. Si vous souhaitez l'imprimer sans réduire sa taille d'impression, vous devez la suréchantillonner ; cependant, n'attendez pas de miracle, si vous augmentez trop la taille, la qualité sera médiocre.

> **ASTUCE** *Vous pouvez toujours essayer d'amoindrir la perte de qualité en rééchantillonnant par petits paliers pour faciliter les calculs d'interpolation que doit faire Photoshop. Pour faciliter ce travail, créez un script dont l'unique instruction sera de provoquer un rééchantillonnage de la photo à 110 % (avec l'option* ***Bicubique plus lisse****), puis appliquez plusieurs fois ce script jusqu'à obtention de la taille souhaitée (dans une limite qui doit rester raisonnable).*

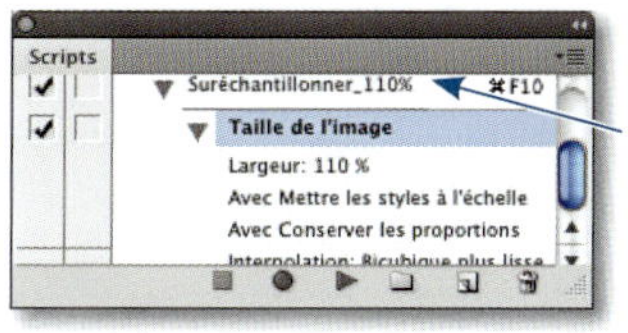

Ici, le script est lancé en tapant plusieurs fois ⌘F10 [Ctrl F10].

LES RÉGLAGES DE RÉÉCHANTILLONNAGE

La mise à l'échelle des styles

Sur un calque, vous pouvez appliquer un style de calque (par exemple, une ombre portée) dont certains réglages sont définis en pixels ; si vous effectuez un changement de résolution, les effets sont mis à l'échelle automatiquement. Si vous modifiez les dimensions de l'image, la taille des pixels change mais les effets ne sont pas mis à l'échelle automatiquement. Pour pallier ce problème, Photoshop ajoute une nouvelle option à la commande **Taille de l'image**, qui permet la mise à l'échelle (ou non) des styles de calque.

Les méthodes d'interpolation

Ps Lors d'un rééchantillonnage par recadrage ou par redimensionnement, lors d'une rotation ou de l'utilisation de certains effets (inclinaison, perspective…), Photoshop est obligé d'ajouter des informations (des pixels de couleur intermédiaire) qui lui manquent pour décrire parfaitement la nouvelle image. Il effectue une interpolation, dans la version CS6, c'est l'option **Bicubique automatique** (*voir ci-après*) qui est appliquée mais elle peut être modifiée notamment dans la **Barre d'options** de la commande **Transformation**.

Il le fait par interpolation des informations prises sur les pixels voisins. Elle s'effectue selon l'une des six méthodes choisies dans les préférences générales du programme (menu **Photoshop [Édition]**) ou par la commande **Taille de l'image** ou **Enregistrer pour le Web**.

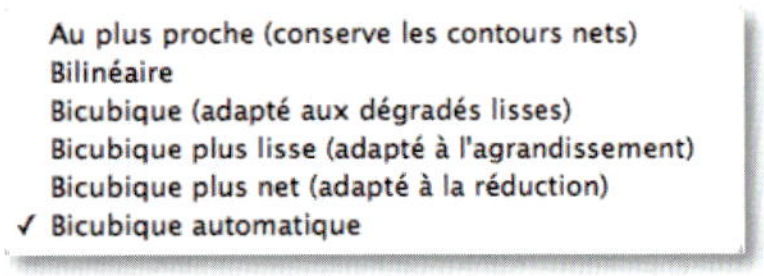

Les méthodes d'interpolation.

- **Au plus proche (conserve les contours nets)** : c'est la méthode la moins fine au niveau du rendu, mais c'est la plus rapide. Elle est systématiquement appliquée aux images à couleurs indexées, car elle ne crée pas de nouvelles couleurs.
- **Bilinéaire** : la méthode est plus rapide que la suivante mais au détriment d'une précision moins bonne. Elle constitue un bon compromis entre qualité et rapidité.
- **Bicubique (adapté aux dégradés lisses)** : c'est la méthode la plus précise mais la plus lente ; elle fait appel à des calculs très complexes. C'est elle qui est appliquée par défaut.
- **Bicubique plus lisse (adapté à l'agrandissement)** : Adobe préconise cette interpolation lorsque la taille de l'image est augmentée.
- **Bicubique plus net (adapté à la réduction)** : Adobe recommande cette méthode lorsque la taille de l'image subit une réduction.
- Ps **Bicubique automatique** : cette option est très intéressante car elle permet d'obtenir automatiquement l'interpolation la mieux adaptée au changement de taille, c'est-à-dire **Bicubique plus net** dans le cas d'une réduction et **Bicubique plus lisse** pour un agrandissement.

L'amélioration du rendu (Accentuation)

Quelle que soit l'opération de rééchantillonnage réalisée, effectuez-la sur une copie du fichier et opérez en plusieurs étapes pour limiter au maximum la perte de qualité de l'image. Pour atténuer cette perte de qualité et redonner du piqué à l'image, appliquez le filtre **Accentuation** de la série **Renforcement**.

> **Astuce** *Lors de la numérisation, certains scanners proposent d'améliorer la netteté. Vous pouvez ne pas effectuer ce traitement et le remplacer, quand l'image aura sa résolution finale, par l'application (dynamique) du filtre* ***Accentuation.***

Le filtre **Accentuation** présente une prévisualisation qui vous permet de contrôler l'évolution du rendu de l'image en fonction du réglage. Pour une image haute résolution, les réglages du filtre peuvent être : **Gain** de 100 à 200 %, **Rayon** de 1 à 1,5 et **Seuil** de 0 à 20 ; l'augmentation du seuil permet de réduire l'apparition du grain dans les zones plates de l'image. Pour de plus amples détails sur l'amélioration de la netteté, reportez-vous à la partie suivante consacrée au nettoyage et aux retouches sur les images.

Le rééchantillonnage de fichiers RAW ouverts en objets dynamiques

Quand un fichier est ouvert dans Camera Raw, vous devez choisir la taille et la résolution de l'image dans les options du flux de production. Ces options définissent les valeurs qui seront indiquées dans la fenêtre **Taille de l'image** une fois le document ouvert dans Photoshop.

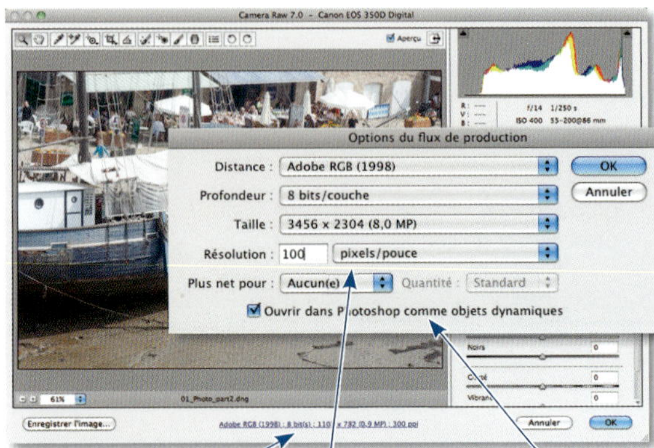

En cliquant ici, on définit la taille et la résolution de l'image.

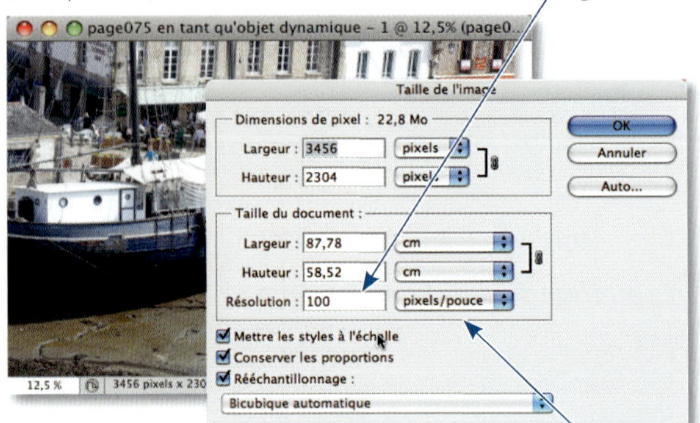

On retrouve les valeurs de Camera Raw dans la fenêtre **Taille de l'image** *une fois le document ouvert.*

Si le fichier RAW (ou JPEG) est ouvert en objet dynamique, il est possible de le réafficher dans Camera Raw (par double-clic sur la vignette du calque) pour en modifier les réglages. Quelles que soient les nouvelles valeurs saisies, la résolution du document (affichée dans **Taille de l'image**) ne sera pas modifiée. L'aspect de l'objet dynamique dans Photoshop dépend des valeurs spécifiées dans Camera Raw.

Plusieurs cas avec leurs manipulations correspondantes sont à envisager pour adapter le document aux nouvelles valeurs.

- **Résolution réduite** dans Camera Raw : l'objet déborde de la zone de travail. Vous devez lancer **Tout faire apparaître** (menu **Image**), puis **Taille de l'image** pour saisir la nouvelle résolution (sans cocher **Rééchantillonnage**).

Ci-dessus, on a réduit la résolution (72 ppp) dans Camera Raw : l'objet est plus grand (les pixels sont plus grands).

- **Résolution augmentée** : l'objet apparaît réduit dans la zone de travail. Vous devez lancer **Taille de l'image** pour saisir la nouvelle résolution (sans cocher **Rééchantillonnage**), puis lancer **Rognage** du menu **Image** pour éliminer les pixels transparents.

Ci-dessus, on a augmenté la résolution (150 ppp). L'objet apparaît plus petit que la zone de travail (les pixels sont plus petits).

- **Image rééchantillonnée** : dans Camera Raw, vous avez sélectionné une dimension se terminant par + ou par –. L'objet est plus grand (+) ou plus petit (–), il faut appliquer **Tout faire apparaître** ou **Rognage**, puis éventuellement **Taille de l'image**.

Les valeurs terminées par un signe (+ ou –) entraînent un rééchantillonnage de l'image.

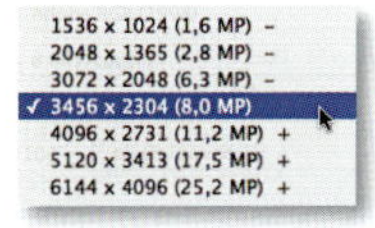

Les copies redimensionnées par exportation (Bridge)

Bridge possède un onglet EXPORTER qui permet de créer des copies de fichiers (au format JPG à 72 ppp) dans un dossier spécifié selon des caractéristiques particulières (Bridge peut ajouter ce dossier lors de l'exportation s'il n'est pas présent sur le disque). Pour définir les critères d'exportation, cliquez sur le + situé en bas à droite du panneau, ou double-cliquez sur **Enregistrer sur le disque dur**.

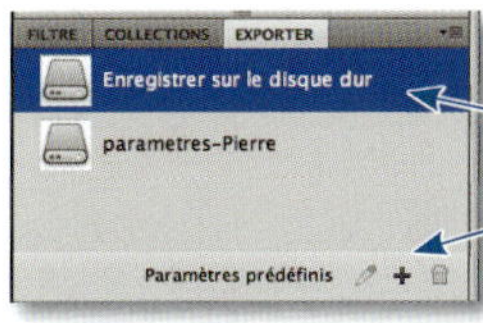

Pour définir les paramètres, double-cliquez ici ou sur le signe +.

Une fenêtre à deux onglets apparaît.

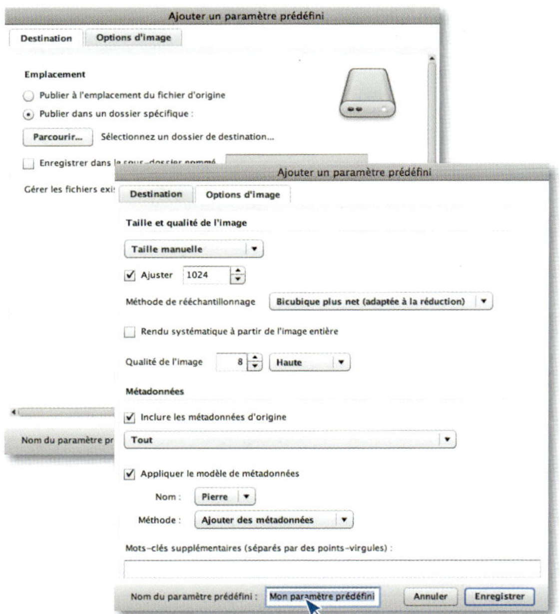

Une fois les réglages définis, on saisit ici le nom des paramètres.

Dans le premier, **Destination**, choisissez l'emplacement où doit être placée la copie (le dossier sera créé s'il n'existe pas). Dans le second, **Options d'image**, réglez les caractéristiques de l'image :

- La taille : l'image peut être redimensionnée en choisissant l'option **Taille manuelle**. Une interpolation peut être spécifiée afin d'optimiser la qualité de l'image obtenue.
- La qualité : vous pouvez définir le taux de compression avec lequel le fichier JPEG sera écrit.
- Les métadonnées : toutes ou une partie des métadonnées du fichier initial peuvent être conservées dans l'image copiée ; vous pouvez également en ajouter d'autres (éventuellement, selon un modèle).

Une fois les fichiers sélectionnés dans le panneau CONTENU, l'obtention des fichiers copiés se réalise de deux façons :

- de manière différée, si vous glissez les vignettes sur le paramètre voulu dans le panneau EXPORTER : une petite flèche vers le haut apparaît et l'exportation ne s'effectuera qu'en cliquant dessus (une fenêtre d'avancement de l'exportation apparaîtra).

On glisse la sélection sur le paramètre d'exportation.

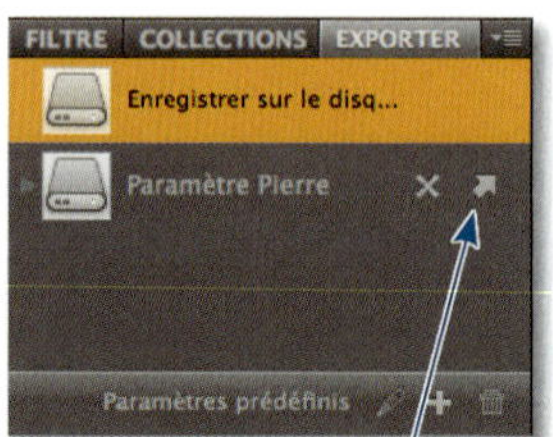

L'export se fera en cliquant sur la flèche.

- de manière immédiate, si l'exportation est réalisée par le menu contextuel et sa commande **Exporter vers** qui propose les différents paramètres (par défaut ou prédéfinis) ;

On exporte par clic droit *les images sélectionnées dans le panneau* CONTENU *de Bridge.*

Vous pouvez définir plusieurs paramètres d'exportation vers différentes destinations et ainsi préparer des séries d'images en vue d'utilisations diverses.

2 - Le redimensionnement par recadrage ou ajout de matière

Ce chapitre englobe plusieurs types de manipulations ; chacune d'elles utilise une méthode ou un outil différent.

On peut souhaiter :

- **Recadrer** (rogner), c'est-à-dire supprimer certaines parties de l'image. Pour cela, on utilisera principalement l'outil **Recadrage** ; cependant, on peut aussi intervenir avec la commande **Taille de la zone de travail** (du menu **Image**) ou une sélection et la commande **Recadrer**.
- **Redimensionner**, c'est-à-dire modifier l'espace qu'occupent les éléments visibles de la photo. On utilisera principalement la commande **Taille de l'image** du menu **Image** (*voir le chapitre précédent*). On change alors la taille des pixels (résolution) et/ou leur nombre (rééchantillonnage).
- **Ajouter de la matière**, c'est-à-dire modifier l'espace total du document pour ajouter de nouveaux éléments. On utilisera l'outil **Recadrage** ou la commande **Taille de la zone de travail**.
- **Recadrer et redimensionner**, c'est-à-dire modifier en même temps le contenu (rogner) et sa taille (redimensionner) : c'est le **recadrage programmé**. On utilisera l'outil **Recadrage** (il y aura rééchantillonnage).
- **Recadrer (ou agrandir) en fonction du contenu**. Avec la commande **Échelle basée sur le contenu**, il est possible de réduire la taille de l'image en épargnant les parties importantes de l'image.
- **Recadrer par transformation** : en utilisant un script pour automatiser les opérations, il est possible de réaliser un recadrage qui ne modifie pas la taille du document, mais permet de repositionner dans une certaine limite les éléments de l'image.

À ces techniques de redimensionnement du document, on peut ajouter la création d'un panoramique. Cette opération est automatisée, elle peut être lancée depuis Bridge ou depuis Photoshop.

Le recadrage de l'image

Le recadrage manuel avec l'outil Recadrage

L'outil **Recadrage** possède plusieurs fonctions : il agit comme un massicot pour supprimer certaines parties indésirables de l'image (**recadrage simple**) ; il permet également de pivoter l'image, d'augmenter la taille de la zone de travail en ajoutant de la matière autour de la photo (**ajout de matière**). De plus, l'outil **Recadrage** permet de combiner des opérations de recadrage simple, des modifications de résolution et de rééchantillonnage de l'image (**recadrage programmé**). Nous allons en premier lieu aborder les fonctions de recadrage simple.

Par rapport aux versions précédentes, l'outil a subi quelques évolutions, il reprend des fonctionnalités que l'on retrouve dans Camera Raw et dans Lightroom.

De plus, le mode de visualisation a été modifié (mais il est possible de retrouver le mode des versions précédentes).

*Dès que l'on active l'outil **Recadrage** un pointillé et huit poignées entourent le document.*

Pour recadrer vous pouvez agir sur les poignées affichées à l'activation de l'outil ou redessiner un cadre correspondant à la zone à recadrer. Dans ce cas, une étiquette indique, avec l'unité en cours dans les préférences du programme, la taille du cadre que l'on peut déplacer en enfonçant la touche Espace.

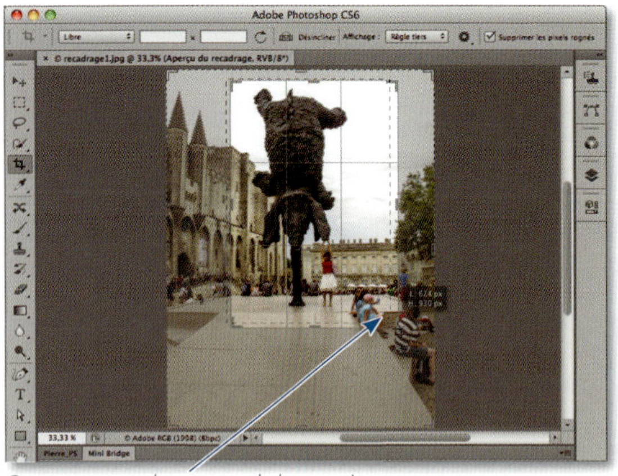

On trace un cadre autour de la zone à conserver.

Photoshop estompe la zone qui sera supprimée (avec une opacité réglable), encadre la zone de poignées. Il affiche dans ce cadre des repères de repositionnement de la zone recadrée. Vous pouvez intervenir sur le cadre ou valider le recadrage sans le manipuler en tapant ↵ ou par double-clic à l'intérieur du cadre (ou encore, en lançant la commande **Recadrer** du menu **Image**). Si le résultat ne vous satisfait pas, annulez-le en tapant ⌘Z [Ctrl Z] ou par le panneau **Historique**. Photoshop réaffichera la photo entière. Si vous souhaitez arrêter la procédure pendant le recadrage, tapez esc [Echap] pour faire disparaître le cadre.

Nous allons examiner les options d'affichage et les manipulations possibles pendant et après le traçage du cadre.

Les aides au dessin du cadre

Le contrôle de la taille du cadre

Quand vous tracez un rectangle avec l'outil **Recadrage**, Photoshop affiche ses dimensions. Avant de tracer ce dernier, vous pouvez modifier les options des unités dans les préférences (rubrique **Unités et règles**) ou, si les règles sont affichées, par clic droit sur les graduations des règles.

L'aide au positionnement : repères et grille

Pour faciliter le dessin du cadre (et ses manipulations ultérieures), placez des repères sur la photo par glissement depuis les règles (⌘R [Ctrl R]). La grille peut jouer le même rôle (elle se paramètre dans les préférences, menu **Photoshop [Édition] Préférences/Repères et grille**, et s'affiche par le menu **Affichage/Afficher/Grille**).

Ces éléments sont magnétisés et contraignent le dessin ou le placement du cadre. Vous pouvez les démagnétiser par le sous-menu **Magnétisme** du menu **Affichage** (ou temporairement, sur Mac, en enfonçant la touche ctrl)

Les limites du tracé de recadrage

Quand vous dessinez le cadre, celui-ci ne peut pas sortir de la photo ; si vous souhaitez ajouter de la matière, collez le cadre à l'un des bords de la photo, puis agrandissez-le (ou déplacez-le) manuellement en agissant sur ses poignées.

Les manipulations pendant le traçage du cadre

En utilisant certaines touches du clavier pendant le dessin du tracé de recadrage, vous pouvez imposer des contraintes. Le tableau ci-après résume les possibilités.

Touches utilisées	Action sur le cadre
Espace	Déplacement possible
⌥ [Alt]	Centrage du cadre
⇧	Cadre carré
⇧ ⌥ [⇧ Alt]	Centrage du cadre carré

D'autres contraintes pourront être imposées nous les aborterons dans la partie consacrée au recadrage programmé.

Les options d'affichage

Les repères de positionnement

Ps Le cadre dessiné avec l'outil **Recadrage** apparaît avec des lignes de repères permettant d'effectuer un recadrage en utilisant des règles de positionnement. Celles-ci consistent à glisser ou redimensionner le cadre de manière à placer les éléments clés de l'image (ou points chauds de l'image) sur des points particuliers de ces lignes. Le respect de ces règles permet de dégager les éléments importants (personnage, horizon…) du centre de la photo et d'améliorer sa dynamique.

Plusieurs types d'incrustation de repères peuvent être utilisés (diagonales, spirales, repères liés par le nombre d'or, grille…), on passe d'un type à l'autre en tapant une ou plusieurs fois la lettre O (en tapant ⇧O, on peut changer l'orientation de certaines d'entre elles) ou par le menu local **Affichage** qui liste les différentes incrustations ou permet de les masquer.

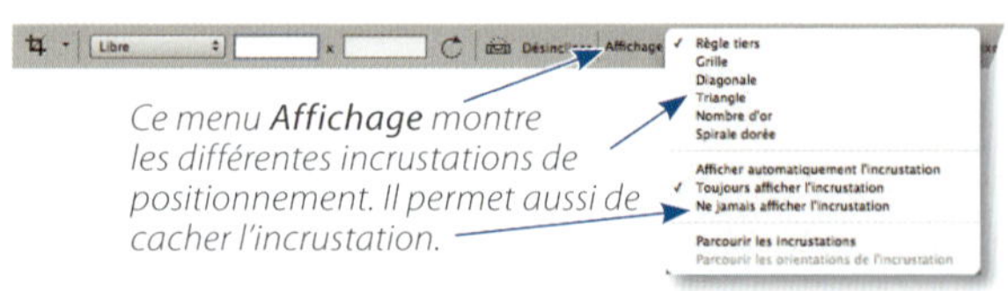

*Ce menu **Affichage** montre les différentes incrustations de positionnement. Il permet aussi de cacher l'incrustation.*

Quelques incrustations de positionnement : règles des tiers, grille, diagonales.

L'affichage de la zone recadrée

Photoshop affiche de manière estompée la partie rognée de l'image. Un menu local, déroulé en cliquant sur l'icône ⚙, permet de modifier l'opacité de cette zone ou de ne pas l'estomper (option **Activer la protection du recadrage** décochée) ; l'option **Afficher la zone recadrée**, une fois décochée, la fait disparaître (cette option s'active ou se désactive en tapant la lettre H).

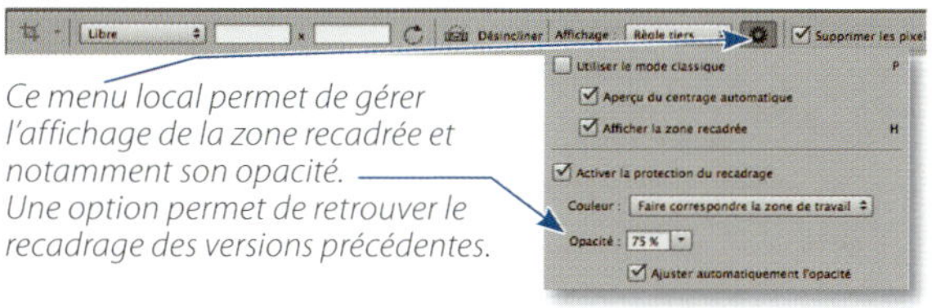

Ce menu local permet de gérer l'affichage de la zone recadrée et notamment son opacité.
Une option permet de retrouver le recadrage des versions précédentes.

La zone rognée peut être estompée et masquée.

Les manipulations du cadre avant la validation du recadrage

Ps Avant de valider le recadrage, celui-ci peut subit de nombreuses manipulations. Leur nature dépend de la position de l'outil sur le cadre et des touches enfoncées. Le tableau suivant indique les cas possibles. Avec la version CS6, lors de ces manipulations, la zone de recadrage reste fixe (centrée à l'écran selon le réglage choisi, *voir la copie d'écran ci-dessus*), c'est la photo qui se déplace dans le cadre (tapez P, si vous préférez retrouver le comportement des anciennes versions).

Position de la souris	Touches utilisées	Action possible sur le recadrage
À l'intérieur du cadre	Aucune	Déplacement par glissement
À l'intérieur du cadre	⇧	Déplacement vertical ou horizontal
Sur une poignée du cadre	Aucune	Redimensionnement libre
Sur une poignée du cadre	⇧	Redimensionnement homothétique
Sur une poignée du cadre	⌥ [Alt]	Redimensionnement centré
Sur une poignée du cadre	⇧ ⌥ [⇧ Alt]	Redimensionnement homothétique centré
À l'extérieur du cadre	Aucune	Rotation libre(1) par glissement
À l'extérieur du cadre	⇧	Rotation de 15° en 15°

(1) L'axe de rotation au centre peut être glissé ailleurs.

Astuce *Il est possible de déplacer le cadre avec les touches fléchées du clavier (de 1 pixel et de 10 pixels avec ⇧).*

Ps Une étiquette indique les valeurs du déplacement, de la rotation ou des nouvelles dimensions.

Le recadrage initial.

On glisse la photo (vers la gauche)

On a agrandi le cadre.

On l'a fait pivoter (ici, le noir est la couleur d'arrière-plan).

LA SUPPRESSION DES PIXELS ROGNÉS

Par défaut, l'outil **Recadrage** (réinitialisé par clic droit sur l'icône située à gauche de son panneau d'options) agit en supprimant les pixels extérieurs au cadre. En effet, l'option **Supprimer les pixels rognés** est cochée, celle-ci a pour effet d'éliminer (et non pas masquer, *voir ci-après*) les pixels hors du cadre, c'est-à-dire qu'à l'issue du recadrage, il ne sera pas possible de faire réapparaître les pixels rognés par un nouveau recadrage ou par la commande **Tout faire apparaître** du menu **Image** (*voir page 147*).

De plus un cadrage de taille supérieure au document ou une rotation qui déborde sur l'extérieur fait apparaître une zone remplie avec la couleur d'arrière-plan active (celle-ci pouvant être modifiée en cours de recadrage par clic sur la case correspondante du panneau **Outils**).

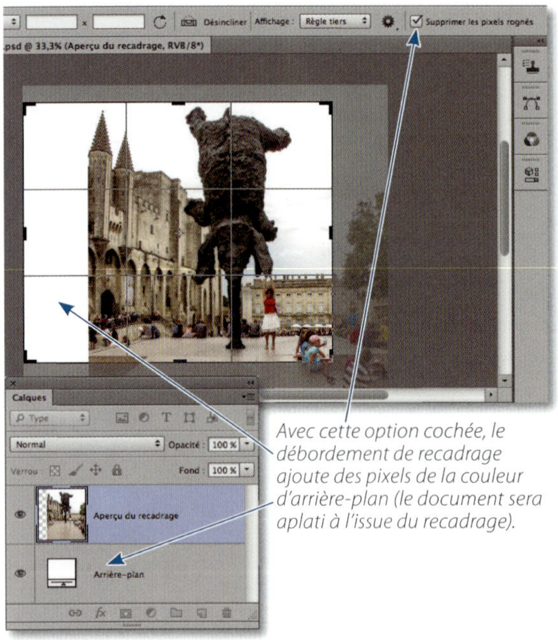

Avec cette option cochée, le débordement de recadrage ajoute des pixels de la couleur d'arrière-plan (le document sera aplati à l'issue du recadrage).

Si vous décochez l'option **Supprimer les pixels rognés**, le calque d'arrière-plan est automatiquement converti en calque standard (nommé **Calque 0**). La zone de recadrage se comporte alors comme une sorte de masque sur la photo, il sera possible de faire réapparaître les pixels masqués (ici ils n'ont pas été supprimés) par un nouveau recadrage, par déplacement du calque ou par la commande **Tout faire apparaître**. Dans ce cas, un cadrage de taille supérieure au document ou une rotation qui déborde sur l'extérieur fait apparaître une zone de pixels transparents (damier).

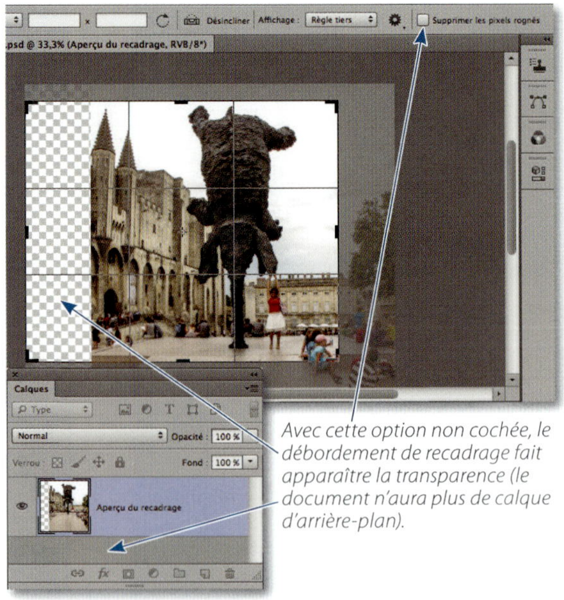

Avec cette option non cochée, le débordement de recadrage fait apparaître la transparence (le document n'aura plus de calque d'arrière-plan).

Rogner et redresser l'image avec l'outil Recadrage

LE REDRESSEMENT AUTOMATIQUE AVEC RÉDUCTION DE TAILLE DU DOCUMENT

Ps Le panneau **Options** de l'outil **Recadrage** propose un bouton, **Désincliner** pour pivoter une image et la recadrer automatiquement selon l'angle indiqué par l'outil ; ceci s'avère utile si l'horizontalité de certains éléments n'a pas été respectée à la prise de vue ou lorsque la photo n'a pas été numérisée droite. Pour redresser, effectuez les opérations suivantes :

1. Activez l'icône **Désincliner** et glissez l'outil ainsi activé le long de l'élément qui devrait être horizontal (ou vertical) : une vignette d'information indique l'angle.

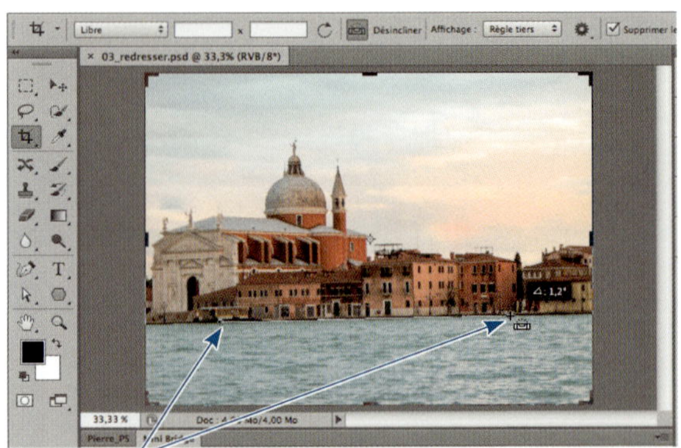

On a glissé l'outil le long de cet élément horizontal.

2. Dès que vous relâchez, un recadrage et un redressement sont réalisés. Vous pouvez les valider en tapant ↵ ou les modifier si vous ne souhaitez pas que la taille du document soit réduite (*voir ci-après*).

Le recadrage apparaît autour de l'image redressée, on peut le valider.

Astuce *En enfonçant la touche ⌘ [Ctrl] l'outil* ***Recadrage*** *se transforme temporairement en outil pour désincliner.*

Le redresssement sans réduction de taille

Le redressement et le remplissage

Le redressement automatique décrit précédemment provoque une réduction de la taille du document. Si vous ne souhaitez pas que cette réduction se produise, réalisez ce redressement en décochant l'option **Supprimer les pixels rognés** mais avant de valider le recadrage, effectuez les opérations suivantes :

1. Agissez sur les différentes poignées de recadrage pour agrandir le cadre jusqu'aux limites du document, puis validez le recadrage : le document retrouve sa taille initiale mais comporte des zones transparentes, nous allons voir comment les sélectionner et les remplir.

On agrandit le cadre de recadrage jusqu'aux limites du document.

2. Afin d'afficher la sélection de la zone transparente, dans le menu **Sélection**, lancez la commande **Récupérer la sélection** avec les paramètres par défaut et l'option **Inverser** cochée.

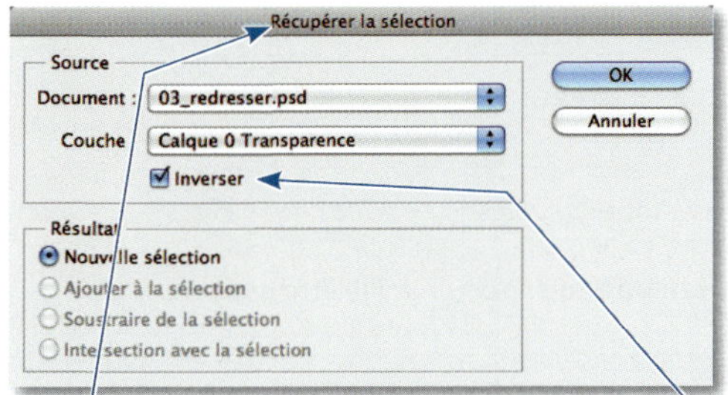

Avec cette commande on récupère la sélection en l'inversant.

3. La sélection obtenue doit être dilatée pour qu'une partie de celle-ci contienne des pixels de l'image. Pour cela, lancez la commande **Dilater** du menu **Sélection/Modifier** (avec une valeur de 10 pixels, par exemple).

On a récupéré la sélection, puis on l'a dilatée avec cette commande.

4. La sélection peut maintenant être remplie en tenant compte de l'image à l'aide de la commande **Remplir** du menu **Édition** paramétrée avec l'option **Contenu pris en compte**.

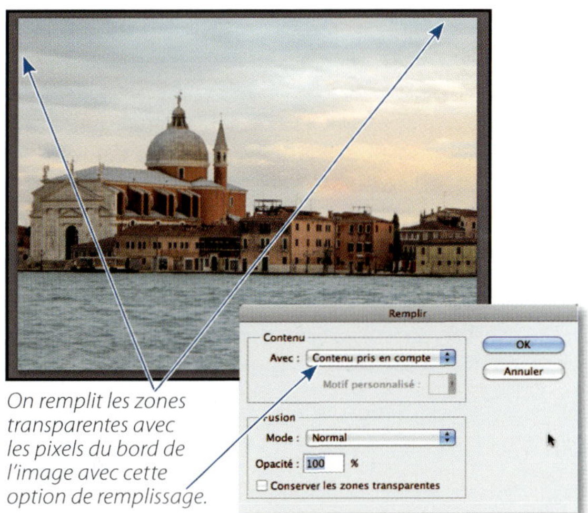

On remplit les zones transparentes avec les pixels du bord de l'image avec cette option de remplissage.

Selon la qualité du remplissage, il faudra peut-être intervenir sur la zone remplie en utilisant l'outil **Tampon** ou d'autres techniques de retouche développées dans la partie suivante du livre. Avec certaines images, cette méthode ne donne aucune satisfaction, procédez alors à un remplissage basé sur le contenu (*il est décrit page page 155*).

Le script de remplissage de zones transparentes

Cette opération de remplissage peut s'avérer fréquente ; de plus, on la retrouvera lors de certains traitements d'images à l'aide de filtres (*abordés plus loin*), ou encore de panoramique. Aussi, peut-il être intéressant de réaliser un script qu'il suffira d'appliquer à chaque fois que ce type de remplissage sera nécessaire. Ce script reprend certaines opérations réalisées dans la démarche précédente : récupérer et inverser la sélection, la dilater et la remplir. Cependant, afin de rendre ce script plus général et applicable dans des cas de figures similaires, une manipulation doit être ajoutée : il s'agit de l'ajout d'un nouveau calque suivi de la copie par fusion des calques inférieurs ; cette opération est indispendable si l'image a été traitée dynamiquement par un filtre (le remplissage ne pouvant pas se réaliser sur un calque dynamique) ou si l'image comporte plusieurs calques (cas d'un panoramique).

Voici la liste des opérations à inclure dans le script une fois son engistrement lancé par clic sur l'icône du bas du panneau **Scripts** (le bouton d'enregistrement devient rouge) :

1. Afficher la sélection des zones transparentes : menu **Sélection**, lancez **Récupérer la sélection**, cochez **Inverser** et validez.

2. Étendre la sélection sur l'image : menu **Sélection**, puis **Modifier**, lancez **Dilater**. Saisissez une valeur de 3 px et validez.

3. Ajouter un calque : panneau **Calques**, cliquez sur l'icône pour ajouter un nouveau calque (vous pouvez aussi taper ⇧⌥⌘N [⇧Alt Ctrl N]).

4. Fusionner une copie des calques sur ce nouveau calque : enfoncez la touche ⌥[Alt] et lancez la commande **Fusionner les calques visibles** du menu **Calques** (ou tapez ⇧⌥⌘E [⇧Alt Ctrl E]).

5. Remplir la sélection : menu **Édition**, lancez la commande **Remplir**, sélectionnez (si elle ne l'est pas) l'option Remplir avec : **Contenu pris en compte**.

6. Désélectionner : menu **Sélection**, lancez **Désélectionner** ou tapez ⌘D [Ctrl D].

Dans le panneau **Scripts**, arrêtez l'enregistrement du script en cliquant sur le carré gris à gauche du bouton rouge d'enregistrement. Selon les images, le résultat ne sera pas parfait mais pourra constituer une bonne base de départ.

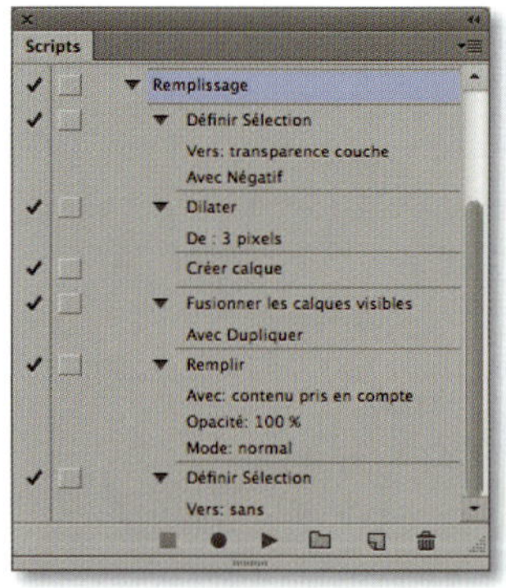

Les six étapes du script de remplissage des zones transparentes.

Le redressement réversible par un filtre ou transformation

Le redressement par le filtre Correction de l'objectif

Le filtre **Correction de l'objectif** est directement accessible en déroulant le menu **Filtre**. Bien que cela ne soit pas son rôle premier, il peut être utilisé, entre autres, pour corriger un défaut d'horizontalité des éléments d'une photo. Ici, il n'y a pas de recadrage, le document garde ses dimensions, mais l'image est légèrement étendue et certaines zones sont transformées selon un critère défini dans les options du filtre.

Afin de bénéficier de la réversibilité de l'opération, avant de lancer le filtre, convertissez le calque d'arrière-plan (ou l'ensemble des calques sélectionnés par la commande du menu **Sélection**) en calque dynamique pour que le filtre s'applique de manière réversible. En effet, par double-clic sur son nom, on réaffiche la fenêtre de réglage du filtre. Ce type de conversion s'obtient avec la commande **Convertir pour les filtres dynamiques** (menu **Filtre**).

On veut redresser cette image de façon réversible. On a converti le calque d'arrière-plan en objet dynamique.

Une fois le filtre lancé, la correction s'effectue en trois étapes :

1. Dans la fenêtre de prévisualisation, éventuellement, pour mieux voir le problème d'horizontalité (ou de verticalité) affichez la grille sur la photo en cochant l'option dans le bas de la fenêtre (vous pouvez également modifier son paramétrage), puis zoomez sur l'image.
2. Activez l'outil **Redressement** (, lettre **A**) et glissez-le le long de la partie de l'image qui devrait être horizontale : l'image se redresse aussitôt.

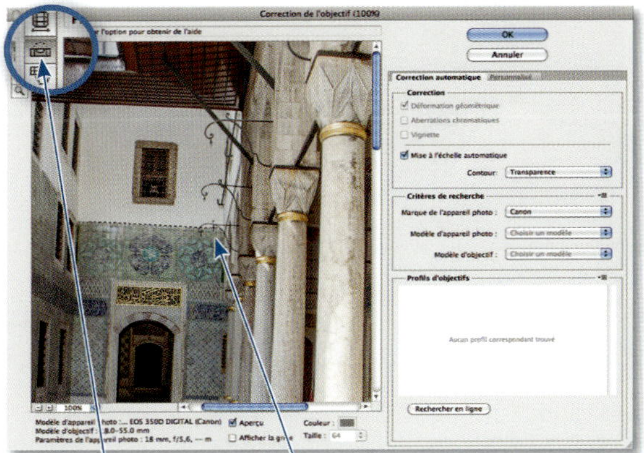

Avec cet outil, on trace une ligne qui doit être horizontale.

3. Sur les bords de l'image pivotée, il apparaît des zones transparentes mais celles-ci sont éliminées par mise à l'échelle automatique de l'image (option active par défaut). Si celle-ci est désactivée, Photoshop propose plusieurs façons pour gérer ces zones :

- les laisser transparentes (option par défaut) ;
- les couvrir par les pixels de l'image, qui laissent une sorte de traînée avec l'option **Extension du bord** ;
- les couvrir par des pixels de la couleur foncée ou claire.

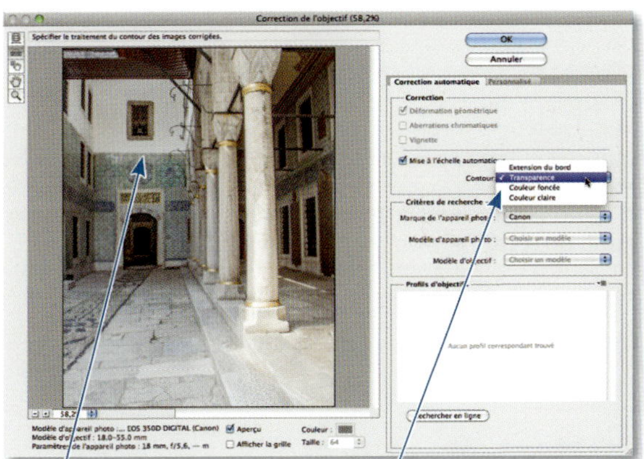

L'image est redressée ; on affine la mise à l'échelle avec ces options.

Ce redressement et la mise à l'échelle de l'image se réalisent également manuellement dans la rubrique **Transformation** de l'onglet **Personnalisé**, en réglant la valeur de la case **Angle** (avec les touches fléchées après avoir cliqué dans la case), puis celle de la case **Échelle**.

Le redressement par transformation manuelle

Ce redressement n'est intéressant que s'il est réalisé avec un calque dynamique, car cela le rend réversible. La correction s'effectue en quelques étapes :

1. Convertissez le calque d'arrière-plan en calque dynamique par clic droit sur le nom du calque.
2. Affichez les règles et glissez un repère horizontal jusqu'au bord des éléments qui doivent être horizontaux.
3. Lancez la commande **Transformation manuelle** du menu **Édition** (au clavier ⌘T [Ctrl T]), placez la souris à l'extérieur du cadre près d'un angle et glissez-la pour faire pivoter l'image. Pour une meilleure précision, cliquez dans la case **Angle** (△) de la **Barre d'options** et utilisez les touches fléchées (avec ⇧ l'incrément est de 10).

On lance la transformation une fois le calque devenu dynamique.

4. Pour faire disparaître le damier de transparence qui apparaît, agissez sur une poignée d'angle en enfonçant les touches ⇧⌥[⇧Alt] pour agrandir l'image par son centre, homothétiquement. Éventuellement, glissez l'image pour la repositionner. Validez en tapant ↵.

Si vous relancez la transformation, vous retrouverez les poignées telles que vous les aviez laissées à la dernière manipulation.

Après avoir fait pivoter l'image, on l'agrandit légèrement.

Le paramétrage de l'outil Recadrage

Photoshop, à l'instar de Camera Raw, propose quelques paramétrages prédéfinis pour l'outil **Recadrage**, ils pourront être personnalisés, puis éventuellement mémorisés.

Le paramétrage du rapport largeur/hauteur

Le paramétrage se réalise dans la **Barre d'options** de l'outil **Recadrage**. À droite de l'icône de l'outil apparaît un menu déroulant dont la commande active par défaut est **Libre** (les deux cases adjacentes, **Largeur** et **Hauteur**, sont alors vides). Par clic sur cette commande apparaît une liste de proportions de recadrage (**1 × 1 (carré)**, **4 × 5 (8 × 10)**...).

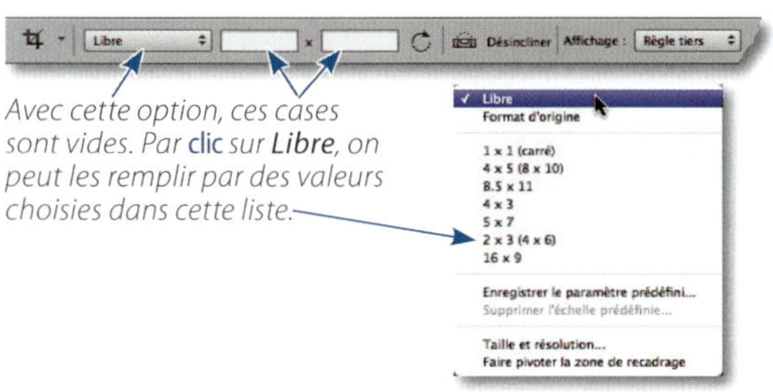

Le choix d'une des proportions proposées a pour effet de remplir les deux cases adjacentes (largeur et hauteur) avec la proportion sélectionnée et d'afficher un cadre centré sur l'image dont les dimensions reflètent cette proportion.

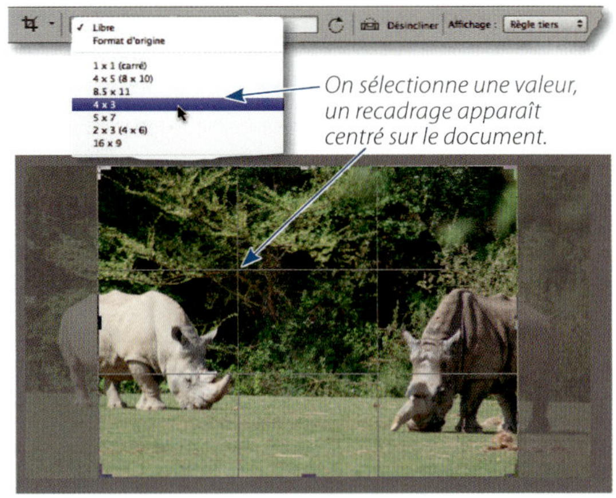

En plaçant l'outil à l'intérieur du cadre, vous pouvez glisser l'image pour la repositionner. En agissant sur les poignées du cadre, vous pouvez en modifier les dimensions mais celles-ci conservent leur proportionnalité (une étiquette indique les nouvelles dimensions avec l'unité active).

On peut glisser l'image et redimensionner le cadre (il garde les proportions, ici de 4 × 3)

Selon le redimensionnement effectué, le cadre peut pivoter automatiquement. Pour forcer la rotation, tapez la lettre X ; vous pouvez aussi cliquer sur l'icône de rotation de la **Barre d'options** ou utiliser la dernière commande **Faire pivoter la zone de recadrage** du menu local de tailles.

Selon le redimensionnement le cadre pivote.

Si vous annulez le recadrage, en tapant esc [Echap], par exemple, vous retrouverez le cadre centré à l'écran avec les proportions restées actives. Pour retrouver un dessin libre, choisissez l'option **Libre** et manipulez le cadre librement (ou créez un nouveau cadre en partant de l'intérieur de celui resté affiché ; en cours de dessin, déplacez-le en enfonçant la touche Espace).

Si vous sélectionnez l'option **Format d'origine**, les cases restent vides mais le recadrage s'effectue proportionnellement à la taille d'origine du document. Pour définir une nouvelle proportion, vous pouvez aussi saisir des valeurs dans les deux cases.

Dans tous les cas de paramétrage par proportion, une fois l'image recadrée, la taille du document correspond aux dimensions affichées dans l'étiquette de recadrage visible lors du redimensionnement du cadre (on peut les retrouver avec la commande **Taille de l'image** du menu **Image**). Ce n'est pas le cas avec les paramétrages qui suivent.

Le paramétrage de la taille et de la résolution

Pour intervenir sur les dimensions et la résolution, sélectionner l'option **Taille et résolution** (dans le menu local **Libre**). Une fenêtre s'affiche : saisissez les dimensions (**Largeur** et **Hauteur**) de la zone de recadrage avec l'unité de votre choix, puis la résolution (vous pouvez aussi ne pas la préciser). Le menu local **Source** permet de définir ces trois valeurs à celle d'un des documents ouverts ou à un tracé de recadrage qui serait encore affiché (dans ce cas, c'est la résolution du document actif qui est choisie).

Les valeurs spécifiées (sauf la résolution) apparaissent alors dans les cases de largeur et de hauteur et seront mémorisées dans le menu si vous avez sélectionné l'option correspondante dans la fenêtre **Taille et résolution**.

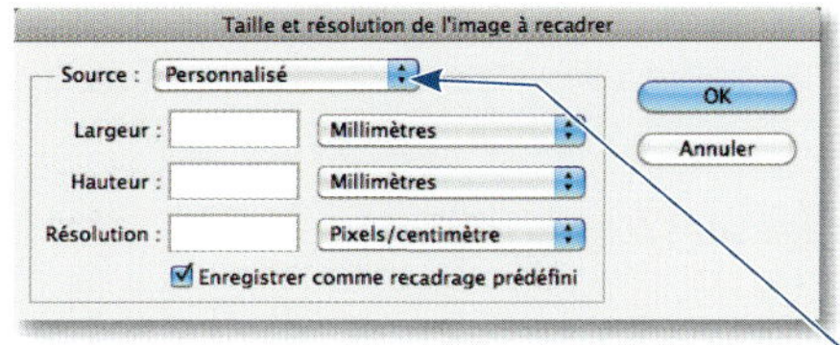

On peut saisir les valeurs ou les récupérer à partir de ce menu.

Si vous spécifiez une taille et une résolution, l'image recadrée sera probablement rééchantillonnée. En effet, si la surface recadrée contient moins de pixels que ne doit en contenir la surface finale, il y aura suréchantillonnage (ajout de pixels) ; si, au contraire, la surface recadrée contient plus de pixels que la surface finale, il y aura alors sous-échantillonnage (perte d'informations).

Note *Pendant la manipulation de la zone de recadrage, l'étiquette indique les dimensions du cadre mais dès que vous validez le recadrage, Photoshop affecte à l'image les dimensions paramétrées avec la résolution spécifiée.*

Astuce *Si les règles sont affichées (⌘R [Ctrl R]), il est possible de changer d'unité par clic droit avant de manipuler la zone de recadrage.*

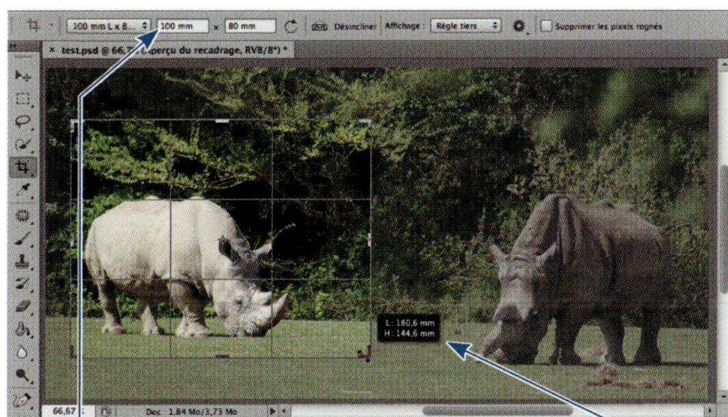

On a paramétré ce recadrage et on a ajusté avec ses dimensions (plus grandes que celles programmées).

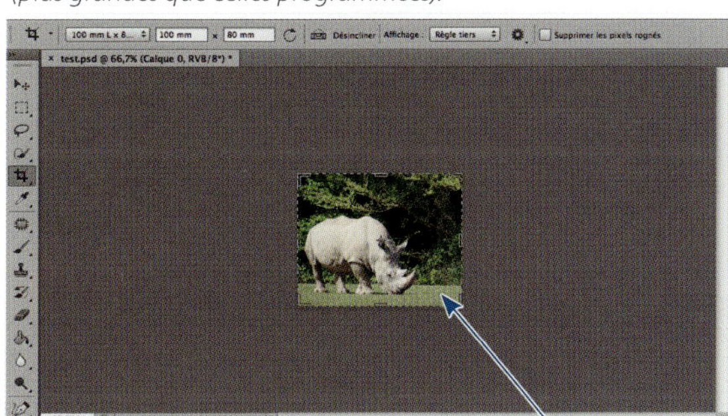

Quand on valide le recadrage il y a redimensionnement à 100 mm par 80 mm et donc rééchantillonnage.

Pour mieux contrôler le rééchantillonnage, il est préférable de séparer les opérations de recadrage et de redimensionnement avec rééchantillonnage.

Le paramétrage sans fixer la résolution

Si aucune valeur n'est indiquée dans la case **Résolution** de la **Taille et résolution** et que celles de largeur et hauteur n'ont pas été spécifiées en pixels, Photoshop détermine la nouvelle résolution en fonction de la surface du recadrage. Il n'y a pas de rééchantillonnage, mais juste un changement de la taille du pixel et donc une modification de la résolution.

Le recadrage avec correction de la perspective

La correction de perspective reprend des méthodes similaires à celles utilisées pour redresser une image :

- l'outil **Correction de perspective par recadrage** ;
- le filtre **Correction de l'objectif** ;
- la transformation du calque converti en objet dynamique.

Les deux dernières manipulations font appel à des objets dynamiques, ce qui les rend réversibles ; elles sont donc à privilégier par rapport à la première qui est irréversible.

L'OUTIL CORRECTION DE PERSPECTIVE PAR RECADRAGE

Ce nouvel outil peut s'utiliser de deux façons : à partir d'un dessin rectangulaire modifié ou directement en dessinant un polygone. Voici le détail de la seconde méthode :

1. Activez l'outil **Correction de perspective par recadrage**.

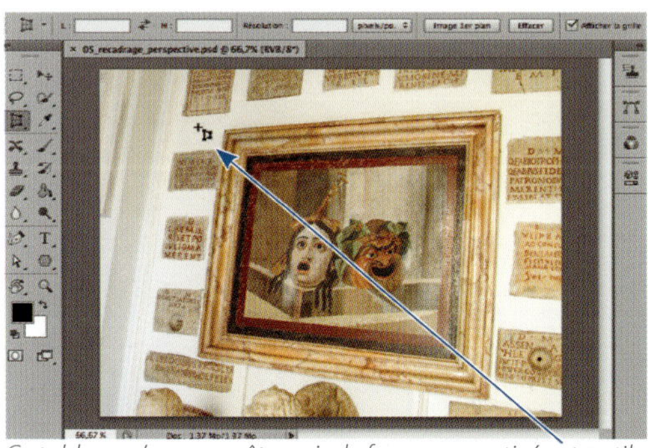

Ce tableau n'a pas pu être pris de face, on a activé cet outil pour en corriger la perspective.

2. Cliquez sur un premier point de l'image. Écartez l'outil et placez un deuxième point afin de définir une horizontale ou une verticale. Et ainsi de suite jusqu'à obtenir un polygone qui définit les horizontales et les verticales.

Avec l'outil, on clique aux angles du tableau : une grille de perspective commence à apparaître.

En plaçant le quatrième point, on a obtenu la grille de perspective.

3. Quand la grille est obtenue, selon l'image et le résultat souhaité vous pouvez valider le recadrage, le rectifier en déplaçant certaines poignées (en zoomant suffisamment) ou l'étendre mais en agissant sur les poignées latérales pour ne pas modifier le polygone. Si ce dernier sort des bords du document, de la matière sera ajoutée.

Ici on agrandit le polygone en agissant sur une poignée latérale.

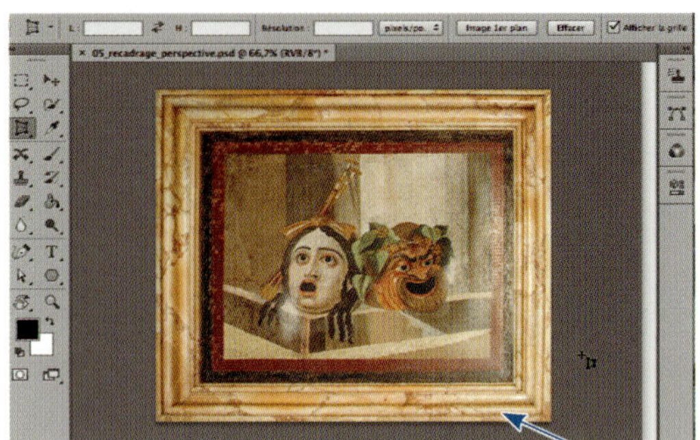

Si le polygone est correct, validez le recadrage pour redresser l'image.

Dans la **Barre d'options** de l'outil, vous pouvez définir les dimensions de l'image finale ainsi que sa résolution.

> **Astuce** *Si les bords de la zone de recadrage débordent de la photo, une zone remplie de la couleur d'arrière-plan ou des pixels transparents apparaîtra. Les pixels colorés pourront être recouverts par une copie d'une partie de l'image à l'aide du* ***Tampon duplicateur*** (il sera décrit dans la partie suivante). *Quant aux pixels transparents, ils pourront être remplis par la technique décrite page 135 (ou le script de la page 136).*

La correction de perspective (ou de distorsion) avec les filtres

Le filtre Correction de l'objectif

Le menu **Filtre** de Photoshop propose **Correction de l'objectif** dont nous avons parlé pour le redressement. Ce filtre comporte deux onglets : **Auto correction** et **Personnalisé**.

On souhaite corriger la perspective de l'image pour obtenir ceci.

Avant de lancer le filtre, convertissez le calque d'arrière-plan en calque dynamique (avec la commande **Convertir pour les filtres dynamiques** du menu **Filtre**). Une fois le filtre lancé, la correction s'effectue en quelques étapes.

Dans cette photo, le calque a été converti en calque dynamique pour rendre l'effet du filtre réversible.

L'autocorrection

Photoshop effectue des corrections automatiques de distorsion en fonction de l'objectif utilisé lors de la prise de vue. Ses caractéristiques, ainsi que la marque et le modèle du boîtier sont répertoriés dans les données EXIF de la photo. Le filtre permet, par des menus locaux, de choisir des profils de corrections selon différents objectifs, marques et modèles de boîtiers. Ce type de correction s'avère intéressant car il pourra être utilisé dans un script, voire un traitement par lots pour corriger une série de photos de manière automatique.

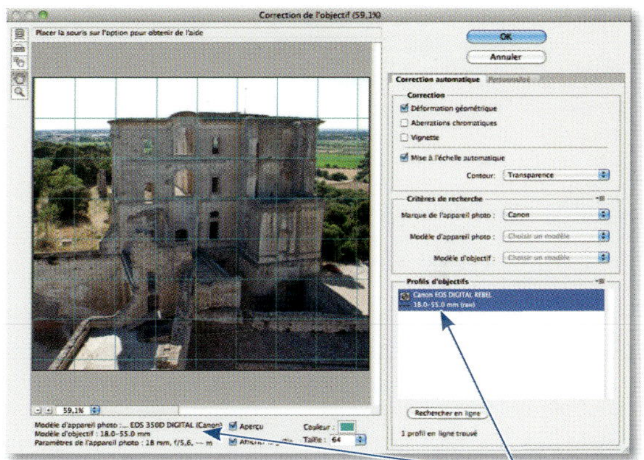

Correction automatique en fonction de l'objectif et du boîtier.

La correction personnalisée

Il est également possible de réaliser ces corrections manuellement si le défaut de perspective n'est pas trop prononcé. Dans la fenêtre de prévisualisation, pour mieux voir le problème d'horizontalité, une grille est disponible en cochant l'option dans le bas de la fenêtre — éventuellement modifiez ses réglages (taille et couleur), puis zoomez sur l'image. La correction de perspective s'effectue dans l'onglet **Personnalisé**, à l'aide du curseur **Perspective verticale** (et, éventuellement, du curseur, ou du premier outil, **Corriger la déformation** mais de manière beaucoup plus modérée).

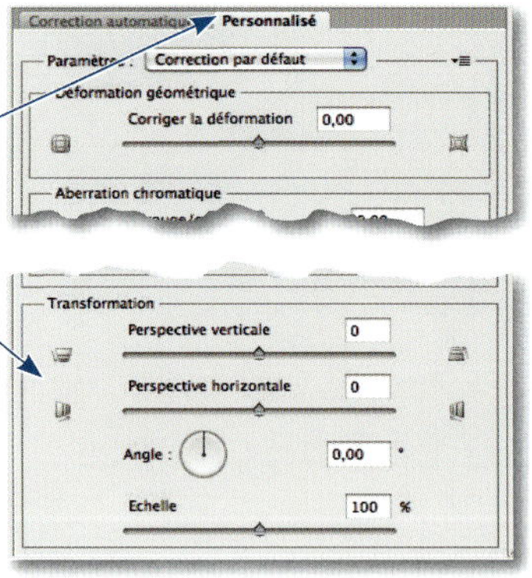

Correction manuelle à l'aide des curseurs.

Par défaut, l'option **Mise à l'échelle automatique** est cochée (dans l'onglet **Correction automatique**), c'est-à-dire que la taille de la photo est automatiquement adaptée pour combler les zones qui disparaissent. Vous pouvez décocher cette option pour gérer manuellement ces zones qui apparaîtront transparentes ou colorées en fonction du choix défini dans le menu local **Contours** (de l'onglet **Auto correction**), puis éliminer ces pixels avec le curseur **Échelle** de la rubrique **Transformation**.

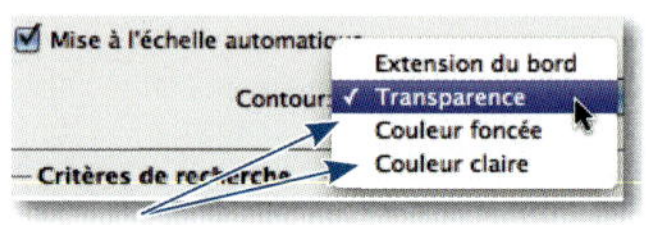

*Ces options remplacent la transparence par une couleur et la première, **Extension du bord**, par une traînée des pixels déplacés.*

Le filtre Grand-angle adaptatif

Ps Ce nouveau filtre s'avérera souvent plus intéressant que le précédent pour corriger des défauts plus marqués et pour redresser des lignes ou corriger les défauts de perspective. Comme le filtre précédent (avec lequel, éventuellement, il peut être cumulé), l'application se réalise sur un calque dynamique afin de profiter de la réversibilité de l'action.

Deux outils sont disponibles pour définir les droites de la photo.

L'outil [icône] permet de tracer le long d'une partie de la photo, une ligne qui deviendra une droite. Lors de son tracé, cette ligne peut prendre une courbure en fonction de la déformation engendrée par la focale de l'objectif mais elle deviendra rectiligne dès que le bouton est relâché (des poignées permettent d'agir sur le tracé s'il ne suivait pas exactement la courbure de la photo). Pour que cette droite devienne une horizontale en jaune (ou une verticale en magenta) enfoncez ⇧ lors de son traçage (ou faites un clic droit si le tracé est terminé). N'hésitez pas à prolonger le tracé pour étendre la correction sur une plus grande partie de l'image.

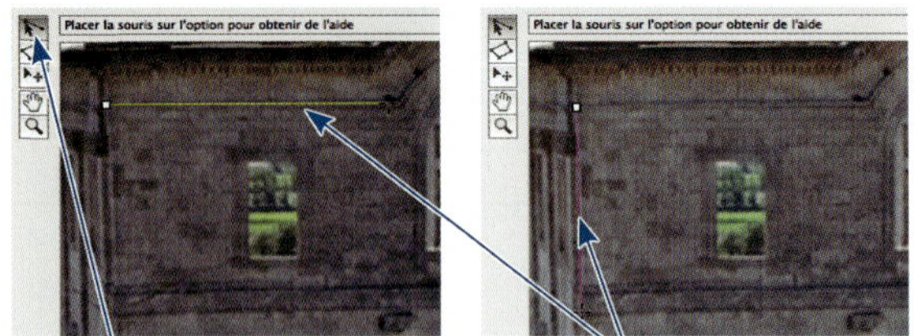

Avec cet outil et ⇧, on définit ce qui sera horizontal ou vertical.

Le deuxième outil [icône] permet de dessiner un polygone pour définir un ensemble de droites. Il sera constitué d'horizontales et de verticales en ajoutant ⇧. Avec cet outil, le redressement s'effectue quand le polygone est refermé (par clic sur le point situé à l'origine du dessin du polygone).

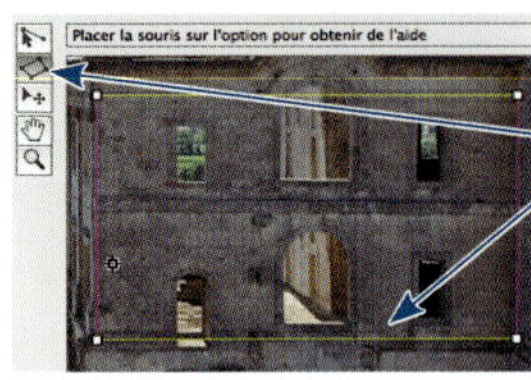

Avec cet outil et ⇧ on dessine un polygone pour définir ce qui sera horizontal ou vertical.

Quand vous avez tracé les lignes voulues pour redéfinir l'horizontalité d'une ligne d'horizon ou la verticalité d'un mur… vous pouvez agrandir l'image avec le curseur **Homothétie** et la repositionner avec l'outil [icône]. Une fois l'aperçu au point, validez le filtre pour redresser certaines parties de l'image. Si des zones transparentes apparaissent, recadrez l'image pour les éliminer (ou faites le remplissage décrit page 136).

On a placé les lignes et le polygone voulus pour corriger l'image.

Le filtre appliqué dynamiquement peut être reparamétré en double-cliquant ici.

ASTUCE *Lorsque que vous corrigez une image avec des filtres dynamiques, des pixels transparents peuvent apparaître. Pour les éliminer, utilisez la technique décrite page 135 ; cependant, pour que celle-ci puisse être utilisable vous devez pixelliser le calque dynamique par* clic droit *ou mieux, ajoutez un nouveau calque et tapez* ⇧⌥⌘E [⇧Alt Ctrl E] *pour le remplir de l'image filtrée et conserver le calque dynamique (*voir aussi le script page 136*).*

LA CORRECTION DE PERSPECTIVE PAR TRANSFOMATION MANUELLE ET DÉFORMATION

Cette correction est intéressante car elle met en œuvre un calque dynamique ce qui la rend réversible. La correction s'effectue en quelques étapes :

1. Affichez les règles et glissez depuis ces dernières des repères verticaux jusqu'au bord des éléments qui doivent être verticaux.
2. Convertissez le calque d'arrière-plan (voire l'ensemble des calques) en calque dynamique.
3. Lancez la commande **Déformation** du sous-menu **Transformation** (menu **Édition** ou au clavier ⌘T [Ctrl T] suivi d'un clic sur l'icône de la **Barre d'options**) et agissez sur les poignées d'angle, puis sur les points ronds aux extrémités des droites de déformation. Validez la transformation en tapant ↵.

On souhaite corriger la perspective de cette photo par déformation.

On agit sur les angles, puis sur les extrémités pour obtenir une déformation correcte de la photo.

ASTUCE *Pour mieux visualiser le résultat, cachez les lignes de déformation en tapant* ⌘H [Ctrl H]*. Réutilisez ce raccourci pour déformer à nouveau.*

Si vous relancez la transformation (déformation), vous retrouverez les poignées telles que vous les aviez laissées à la dernière manipulation.

Le recadrage avec Camera Raw

LE RECADRAGE RÉVERSIBLE DE CAMERA RAW

Les fichiers RAW et DNG (mais aussi JPEG et TIF selon les options) s'ouvrent dans Camera Raw. Celui-ci propose un outil de recadrage (avec moins de possibilités que celui de Photoshop) pour ne conserver que certaines parties de l'image.

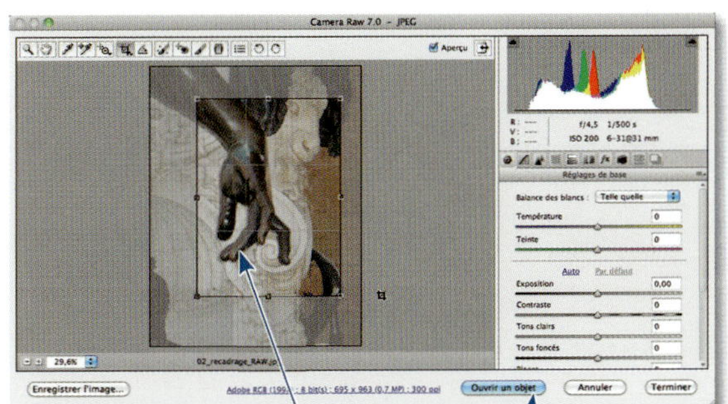

Dans Camera Raw, on recadre et on ouvre en objet dynamique.

Si le fichier est ouvert dans Photoshop en tant qu'objet dynamique, il sera possible de revenir sur la fenêtre de Camera Raw pour modifier le recadrage.

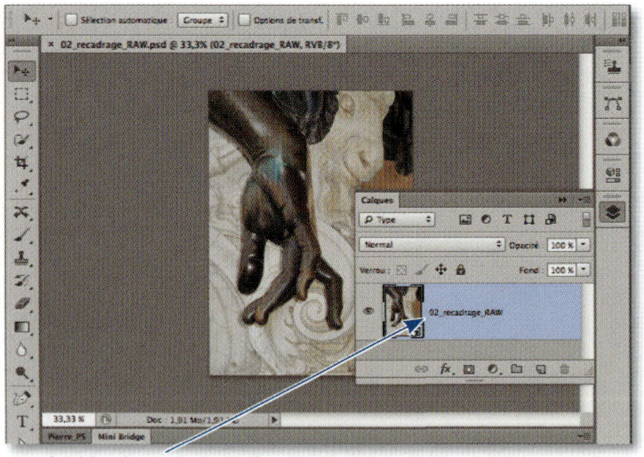

Par **double-clic** *ici, l'objet dynamique peut être rouvert.*

Une fois celui-ci réalisé et de retour dans Photoshop, il faudra utiliser les commandes **Tout faire apparaître** et/ou **Rogner** (du menu **Image**) pour ajuster la fenêtre du document et voir l'image correctement recadrée.

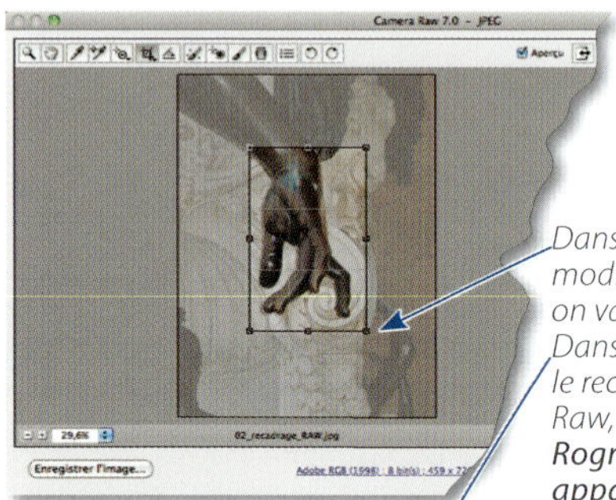

Dans Camera Raw, on modifie le recadrage et on valide.

Dans Photoshop, selon le recadrage de Camera Raw, il faudra appliquer **Rognage** *ou* **Tout faire apparaître***.*

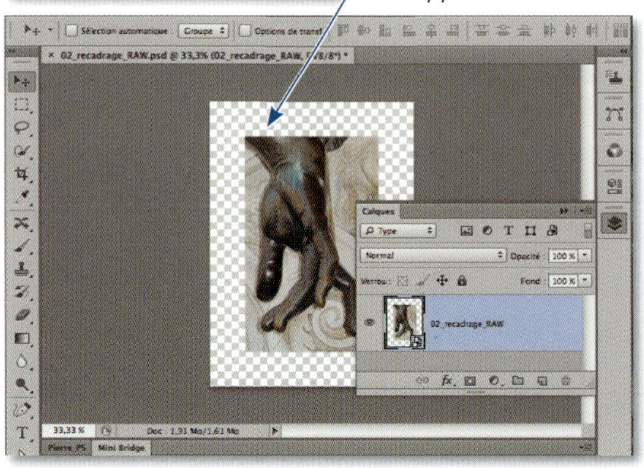

Le redressement automatique avec Camera Raw

La fenêtre de Camera Raw (affichée à l'ouverture du fichier RAW, DNG, JPEG ou TIF), possède également un outil pour redresser une image. Il suffit de glisser l'outil le long de l'élément qui devrait être horizontal (ou vertical) pour que Camera Raw trace un cadre de recadrage selon l'angle défini par l'outil ; l'image apparaît redressée en activant un autre outil (l'outil **Main**, par exemple).

On glisse cet outil le long de l'élément horizontal et Camera Raw redresse et recadre automatiquement.

Note *Avec Camera Raw, le redressement et le recadrage sont réversibles.*

Le redressement automatisé

Dans le menu **Fichier/Automatisation**, Photoshop propose la fonction **Rogner et désincliner les photos**. Elle s'utilise à partir d'une photo (ou plusieurs) que vous auriez scannée de travers (volontairement ou non), et vous évite une série de manipulations qu'il aurait fallu réaliser manuellement. En effet, non seulement cette commande redresse la photo, mais elle la recadre également pour éliminer tous les pixels qui l'entourent.

Le résultat apparaît sous la forme d'un nouveau fichier. Si le scan comporte plusieurs photos mal orientées, vous obtiendrez autant de fichiers séparés.

Les autres techniques de recadrage

LE RECADRAGE PAR TAILLE DE LA ZONE DE TRAVAIL

La commande **Taille de la zone de travail** du menu **Image** est intéressante pour recadrer un document en lui affectant une taille précise (sans changer sa résolution). En effet, elle affiche une fenêtre dans laquelle vous pouvez spécifier la nouvelle taille de l'image (avec l'unité de votre choix ou en pourcentage) ; si cette dernière est plus petite que la taille d'origine, il y aura recadrage (un message le signalera). La partie basse de la fenêtre montre une case avec neuf flèches : cliquez sur celle correspondant à la zone qui ne doit pas être rognée (la case grise prendra la place de la flèche cliquée et les autres flèches se repositionneront).

Photoshop propose une option qui permet de réduire (ou d'agrandir) les dimensions par soustraction (ou addition) d'une valeur. Cette option est particulièrement intéressante pour créer un script utilisé dans un traitement par lots qui doit opérer sur une série d'images de taille variable.

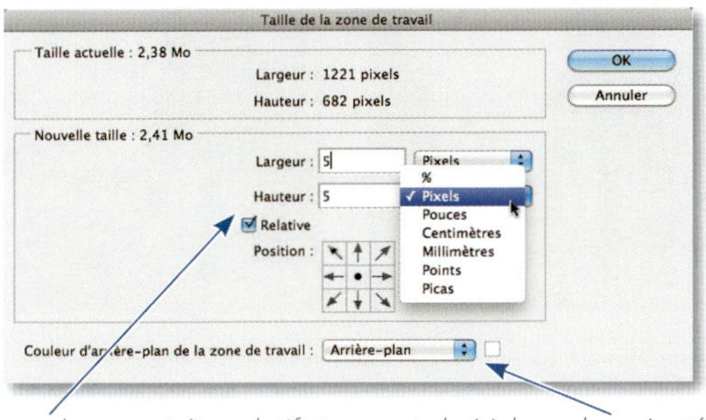

Le recadrage peut être relatif et on peut choisir la couleur ajoutée quand on agrandit la zone de travail (si l'arrière-plan est présent).

> **ASTUCE** *Si vous avez modifié les valeurs de la fenêtre* ***Taille de la zone de travail*** *et souhaitez retrouver les valeurs initiales, enfoncez la touche ⌥ [Alt] (au clavier, tapez ⌥ esc [Alt Echap]) : le bouton* ***Annuler*** *devient* ***Rétablir****.*
> *Cette commande peut s'utiliser pour recadrer sur une dimension et ajouter de la matière sur l'autre dimension.*

LE RECADRAGE PAR SÉLECTION

Si une sélection (rectangulaire ou autre) est réalisée, la commande **Recadrer** du menu **Image** devient disponible pour massicoter une photo. Quelle que soit la sélection (avec ou sans contour progressif), le recadrage s'effectue alors selon un rectangle qui correspond à l'encombrement complet de la sélection (celle-ci ne disparaît pas). Contrairement à un recadrage avec l'outil **Recadrage** paramétré, ce type de recadrage ne modifie pas la résolution de l'image et ne provoque pas de rééchantillonnage.

Le recadrage par une sélection offre quelques avantages. En effet, une fois le rectangle tracé, si vous lancez la commande **Transformer la sélection** du menu **Sélection**, un cadre de transformation s'affiche autour de la sélection pour la redimensionner en agissant sur ses poignées (comme avec le cadre de recadrage) ; vous pouvez donner une taille précise à la sélection en utilisant les cases **L** et **H** de la **Barre d'options** (avec l'unité de votre choix). Dans tous les cas, la transformation devra être validée en tapant ↵.

> **ASTUCE** *Si vous réalisez une sélection d'une partie d'une image, puis activez l'outil* ***Recadrage****, la zone de recadrage se place automatiquement autour du cadre de la sélection.*

LE RECADRAGE AUTOMATIQUE AVEC LA COMMANDE ROGNAGE

La commande **Rognage** du menu **Image** permet de supprimer automatiquement des parties indésirables d'un document. Vous devez choisir quels pixels doivent être supprimés (pixels colorés ou transparents s'il n'y a pas le calque d'arrière-plan) et spécifier à quels endroits ces pixels doivent être enlevés.

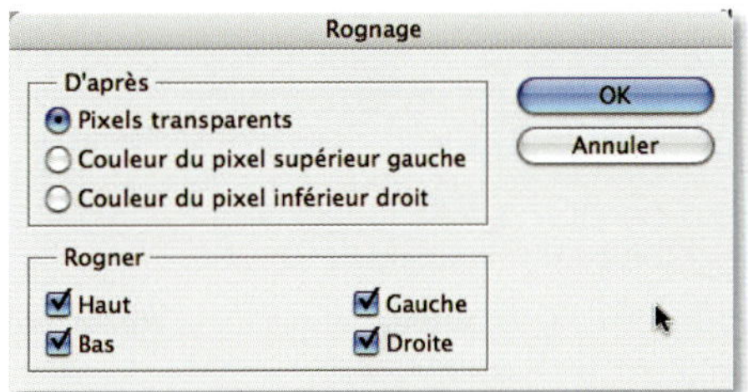

Cette commande réalise un recadrage automatique.

La commande **Rognage** s'avère particulièrement intéressante pour réduire le poids du fichier dans les cas suivants :

- avant un enregistrement pour le Web ;
- vous créez un document de toutes pièces et, une fois le travail terminé, vous constatez qu'il comporte une zone inutile autour de l'illustration réalisée ;
- vous avez scanné une image en prévoyant une zone trop importante autour de l'image et souhaitez la supprimer ;
- vous avez ajouté de la matière autour d'un document et désirez en enlever une partie sur un ou plusieurs côtés ;
- vous avez détouré une image et souhaitez limiter la photo aux pixels visibles.

L'ajout de matière autour de l'image

L'ajout de matière avec l'outil Recadrage

Avant d'ajouter de la matière avec l'outil **Recadrage**, réduisez le taux d'affichage en tapant une ou plusieurs fois ⌘- [Ctrl -] de manière à voir la zone grise qui entoure le document. Dès que l'outil **Recadrage** est activé, la zone de recadrage apparaît avec des poignées sur les bords du document. Pour ajouter de la matière, glissez l'une d'elles sur la zone grise qui entoure le plan de travail.

Les manipulations de la zone recadrée

Avant de valider le recadrage, quelques manipulations peuvent être réalisées :

- si vous enfoncez ⇧ en même temps que vous agissez sur une poignée d'angle, la zone garde des dimensions proportionnelles à celles du document ;
- si vous enfoncez ⌥ [Alt], l'agrandissement s'effectue de part et d'autre du centre du document ;
- Si vous utilisez ⇧ et ⌥ [Alt] sur un angle, l'agrandissement se fait homothétiquement par le centre.

L'aspect de la zone agrandie

L'ajout de pixels colorés

Si vous avez coché l'option **Supprimer les pixels rognés**, Photoshop ajoute des pixels de la couleur d'arrière-plan active (noir dans l'exemple ci-dessous). Si vous cliquez sur la case **Couleur d'arrière-plan** du panneau **Outils**, vous pouvez changer la couleur de remplissage.

On active l'outil : les poignées encadrent le document.

Par glissement, on a agrandi la zone de travail.

L'ajout de pixels transparents

Si vous décochez l'option **Supprimer les pixels rognés** de la **Barre d'options** de l'outil, la zone agrandie devient transparente et le calque **Arrière-plan** est converti en **Calque 0**. Cependant, si l'image ne possédait pas d'arrière-plan, c'est-à-dire si elle avait déjà été recadrée avec l'option **Supprimer les pixels rognés** décochée, un agrandissement de l'image ferait réapparaître ses pixels rognés.

On active l'outil : les poignées encadrent le document.

Par glissement, on a agrandi la zone de travail avec des pixels transparents.

Pour obtenir une zone transparente avec une image sans arrière-plan, il faut d'abord la recadrer à ses dimensions actuelles. Pour cela, activez l'outil **Recadrage**, cochez l'option **Supprimer les pixels rognés** et lancez la commande **Recadrer** du menu **Image**, puis agissez sur les poignées de recadrage pour agrandir la zone : le document n'ayant pas de calque d'arrière-plan, des parties transparentes apparaîtront (sans avoir à décocher l'option de recadrage).

L'ajout de matière avec Taille de la zone de travail

La commande Taille de la zone de travail

Cette commande du menu **Image** permet de recadrer une image selon des dimensions précises, mais également d'ajouter de la matière autour d'une image. Comme pour le recadrage, vous devez choisir, en cliquant sur l'une des neuf cases, la position finale de l'image actuelle dans le document agrandi. Par défaut, l'ajout s'effectue tout autour de l'image comme les flèches l'indiquent.

Si le document possède un calque d'arrière-plan et que l'option **Supprimer les pixels rognés** est restée cochée, la commande **Taille de la zone de travail** permet de choisir la couleur qui remplira la nouvelle zone. S'il n'y a pas d'arrière-plan, la zone se remplira de pixels transparents si vous avez effectué les manipulations décrites ci-dessus pour l'outil **Recadrage**.

Astuce *Contrairement à un recadrage manuel par l'outil, la commande **Taille de la zone de travail** peut être utilisée dans un script, notamment en employant l'option **Relative**.*

Un exemple, l'ajout d'un cadre autour d'une photo

Il est possible d'affecter un cadre (contour épais) en utilisant les objets dynamiques et un effet de calque (fx) de type **Contour**. Ce type de cadre est intéressant car sa couleur et sa taille (définie en pixels) restent modifiables à volonté.

Pour placer le cadre, effectuez les opérations suivantes :

1. Si le document comporte plusieurs calques, sélectionnez-les par ⇧ clic sur leur nom dans le panneau **Calques**.
2. Dans le menu du panneau **Calques**, lancez la commande **Convertir en objet dynamique** (la commande est accessible par clic droit sur le nom d'un calque).
3. Quand l'objet dynamique est créé, cliquez sur l'icône fx située en bas du panneau **Calques** pour sélectionner l'effet **Contour** : choisissez une couleur (blanc ou autre), une épaisseur importante, et sélectionnez l'option **Intérieur** dans le menu local **Position**.

Astuce *Une fois le contour réalisé, avant de quitter la fenêtre **Options de fusion**, vous pouvez cliquer sur le bouton **Nouveau style** et créer ainsi un style applicable rapidement à d'autres calques, directement avec le panneau **Styles** une fois la pixellisation terminée.*

*Pour ajouter un cadre autour de la photo, on a utilisé un effet de calque. On a également ajouté une ombre portée. Elle ne devient visible qu'en utilisant **Tout faire apparaître** (voir ci-après).*

L'ajout automatique avec Tout faire apparaître

La commande **Tout faire apparaître** du menu **Image** permet d'ajouter de la matière (automatiquement) en faisant réapparaître les éléments cachés par déplacement ou autre. Cette commande est particulièrement utile pour faire apparaître complètement une ombre portée ajoutée à un calque ou une partie d'image qui aurait disparu suite à un déplacement, ou en vue de réaliser un photomontage.

Astuce *Si vous ne souhaitez pas que des parties invisibles de certains calques (placés par collage ou par glissement) ne réapparaissent à l'issue de l'ajout de matière, il faut faire le recadrage suivant : tapez ⌘A [Ctrl A] pour tout sélectionner, puis lancez la commande **Recadrer** du menu **Image** et enfin procédez à l'ajout de matière.*

Le recadrage basé sur le contenu

Il vous est sans doute déjà arrivé de vouloir faire tenir les principaux éléments d'une photo dans un espace plus réduit ou plus grand sans les déformer. Photoshop offre une possibilité de recadrage qui s'avère intéressante aussi bien pour réduire la taille de l'image que pour l'agrandir sans modifier les éléments importants de l'image. Cette commande, **Échelle basée sur le contenu** (du menu **Édition**), permet de privilégier certaines zones de l'image.

Les méthodes classiques et leurs inconvénients

Pour réduire la taille d'une image, vous disposez de plusieurs méthodes : le recadrage, la transformation, le réglage de la taille de l'image. Chacune de ces méthodes présente des inconvénients. Passons-les en revue.

On souhaite réduire la taille de l'image jusqu'aux repères affichés.

> **Astuce** *Dans le document ci-dessus, on a placé des repères pour marquer certaines zones. Pour les mettre en place, affichez les règles en tapant ⌘R [Ctrl R] et glissez le repère depuis les graduations des règles jusqu'à la photo (avec ⌥[Alt], il change d'orientation). Vous pouvez aussi utiliser la commande **Nouveau repère** du menu **Affichage** pour un positionnement plus précis (selon les unités actives).*

Le recadrage

Cette opération est facile à mettre en œuvre (comme nous avons pu le voir dans ce chapitre), mais elle provoquera la disparition de certains éléments de la photo.

Si on recadre la photo, on perd des éléments.

La réduction par transformation

Pour mettre en place cette transformation, l'ensemble des calques (le calque d'arrière-plan s'il est seul) devra être converti en objet dynamique. À l'issue de la transformation (qui devra être suivie d'un recadrage), les éléments de la photo seront déformés ou réduits si la transformation a conservé le rapport largeur/hauteur (homothétie).

Si on redimensionne l'image, les éléments importants sont réduits en conséquence.

La taille de l'image

La commande **Taille de l'image** du menu **Image** s'applique directement à l'ensemble des calques (sans qu'aucun recadrage ne soit nécessaire), mais, dans ce cas, on obtiendra le même type de résultat que la transformation précédente (réduction ou déformation).

Le recadrage par mise à l'échelle basée sur le contenu

LA MISE À L'ÉCHELLE BASÉE SUR LE CONTENU

La commande **Mise à l'échelle basée sur le contenu** du menu **Édition** provoque la recomposition automatique de l'image que vous êtes en train de redimensionner tout en préservant la taille et la forme des parties essentielles (celles au premier plan ou de fort contraste, détectées par Photoshop ou que vous lui indiquez).

Avec ***Échelle basée sur le contenu****, les éléments importants ne sont pas transformés, ils sont juste rapprochés les uns des autres.*

Cette mise à l'échelle, suivie d'un recadrage, permet d'obtenir une image plus petite (ou plus grande, si vous aviez commencé par augmenter la taille de la zone de travail) sans perdre les éléments importants (comme lors d'un simple recadrage), ni les déformer ou les réduire (comme avec une transformation manuelle). En effet, seules certaines parties de l'image subissent les déformations et celles-ci ne seront pas toujours très visibles car elles n'affectent que des zones sans détail important.

> **ASTUCE** *L'image doit être aplatie et le calque d'arrière-plan converti en calque standard par double-clic sur son nom pour pouvoir subir la mise à l'échelle basée sur le contenu.*

LES OPTIONS DE MISE À L'ÉCHELLE

La commande propose des options de protection accessibles dans la **Barre d'options** :

Les deux options de mise à l'échelle basée sur le contenu.

L'intensité de déformation

Le pourcentage de la case **Valeur** définit un seuil de déformation des zones préservées. Si vous réduisez légèrement cette valeur, les déformations sont amoindries, mais en contrepartie, les éléments seront étroitisés au lieu d'être déformés.

Une valeur de 0 % revient à utiliser la commande **Échelle basée sur le contenu** comme une transformation manuelle classique.

Les protections

– **Protection par une couche** : il est possible de préparer une couche[5] correspondant aux zones à protéger des déformations (dans une limite liée à l'ampleur de la réduction) et de l'utiliser lors de la mise à l'échelle en la sélectionnant dans le menu pop-up **Protéger** de la **Barre d'options** de la commande.

On souhaite réduire cette photo dans les limites de 80%.

Sans protection, la déformation est trop visible sur les animaux.

Dans ce menu pop-up, on a sélectionné une couche alpha qui permet d'éviter la déformation des animaux.

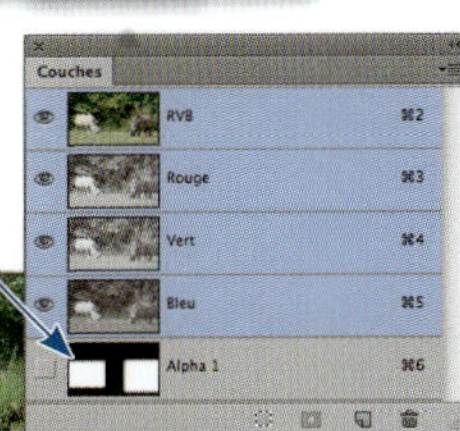

(5) Nous verrons au prochain chapitre la réalisation d'une couche alpha.

– **Protéger la coloration de la peau** : le bouton permet de protéger de manière automatique les zones comportant des éléments ayant la couleur de la peau ou des tons chair (valeurs de teinte voisines de 20 à 24°) de manière à ce qu'elles subissent moins de déformations.

LE CAS D'UN AGRANDISSEMENT DE PHOTO

Envisageons le cas d'une photo qui devrait être agrandie pour les besoins d'une mise en page. L'opération se réalise en plusieurs étapes.

1. Convertissez le calque d'arrière-plan en calque standard par double-clic sur son nom dans le panneau **Calques**. Si l'image comporte plusieurs calques, fusionnez-les par commande du menu **Calque**.

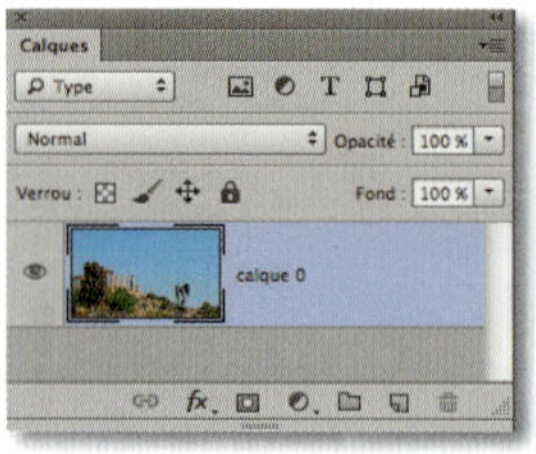

On a converti le calque.

2. Lancez la commande **Taille de la zone de travail** (menu **Image**) pour saisir la taille que devra avoir l'image finale.

3. Lancez **Échelle basée sur le contenu** et amenez les poignées de transformation sur les bords du document : la mise à l'échelle n'affecte pas certains éléments.

On a agrandi la taille de la zone de travail.

On fait une mise à l'échelle basée sur le contenu.

ASTUCE *Dans la **Barre d'options** de la commande **Échelle basée sur le contenu**, il est possible (dans les cases **L** et **H**) de saisir des valeurs de mise à l'échelle (en % ou avec une autre unité à préciser).*

Un recadrage par transformation

Quand on effectue un recadrage avec l'outil **Recadrage**, on modifie la taille du document. Dans certains cas, on souhaiterait juste repositionner légèrement quelques éléments de l'image puis recadrer cette dernière tout en conservant ses dimensions initiales. On peut réaliser cette opération en utilisant une transformation (homothétique) que l'on limitera à un maximum de 130 % pour que la modification de la taille des pixels n'engendre pas de perte de qualité à l'impression (c'est-à-dire que le rééchantillonnage reste modéré).

Sans changer les dimensions du document et dans une limite permettant de conserver la qualité, on a recadré par transformation.

Ce recadrage particulier se réalise en quelques opérations que décrivent les paragraphes qui suivent (chacune des opérations peut constituer une instruction de script).

1. Dans un premier temps, afin de faciliter le futur repositionnement de l'image (selon la règle des tiers), on place deux repères verticaux et deux horizontaux respectivement à 33,3 % et 66,6 % des bords du document. Pour obtenir ce placement, il convient de régler en pourcentage les préférences du document (rubrique **Unités** ou clic droit sur les graduations des règles si elles sont affichées), puis d'utiliser plusieurs fois la commande **Nouveau repère** du menu **Affichage**.

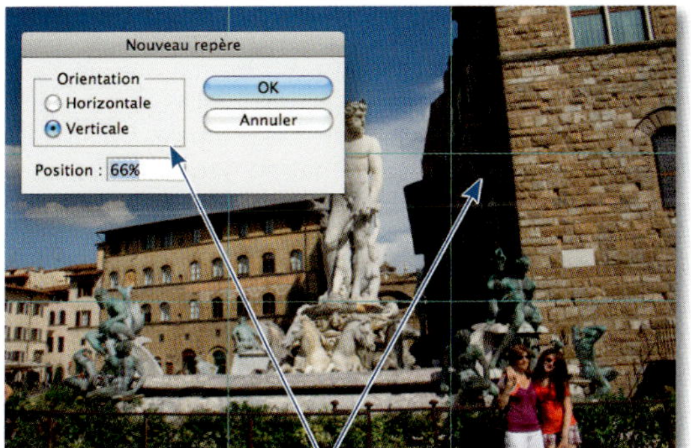

Avec les unités en %, on a placé des repères pour faciliter le positionnement et le recadrage avec la règle des tiers.

2. Avant de rendre ce recadrage réversible, convertissez le calque d'arrière-plan en objet dynamique par la commande du menu **Calque** ou par clic droit sur le nom du calque dans le panneau **Calques**.

On a converti le calque en objet dynamique.

3. On va transformer l'image à l'aide de la commande **Homothétie** du menu **Édition/Transformation**. L'agrandissement (par action sur les poignées d'angle) ne doit pas doit pas dépasser 130 % (valeur que l'on peut contrôler dans la **Barre d'options** de l'outil ou par l'étiquette qui s'affiche près de la poignée glissée).

Avant de valider, l'image peut être déplacée et positionnée au mieux par rapport aux repères qui définissent les positions des points forts de l'image.

*Quand on agrandit, les parties supprimées de l'image sont hors du document. On peut les déplacer et toujours contrôler les valeurs de transformations dans la **Barre d'options** de l'outil.*

Si par la suite vous souhaitez modifier la zone visible, vous pouvez relancer la commande **Homothétie**, la **Barre d'options** montrera les valeurs utilisées lors de la dernière transformation.

Quelques traitements particuliers

Le panoramique

Avec Photoshop, le panoramique peut s'obtenir par trois méthodes : avec la commande **Photomerge**, en ouvrant une pile de calques, ou de manière automatique à partir de Bridge. Dans tous les cas, le montage obtenu peut être affiné à l'aide d'un recadrage manuel et, éventuellement, en appliquant un filtre de correction de perspective à l'ensemble, associé dans un objet dynamique.

La commande Photomerge

La commande **Photomerge** (située dans le menu **Fichier/ Automatisation**) crée un panoramique à partir de plusieurs photos ayant une zone de recouvrement. Le panoramique peut être créé à partir d'une pile de calques et des commandes du menu **Édition**.

À partir de ces photos, on veut créer ce panoramique.

Quand on lance la commande **Photomerge**, il apparaît une fenêtre dans laquelle vous devez spécifier les fichiers à utiliser (ils peuvent être sélectionnés parmi les fichiers ouverts à l'écran ou dans un dossier) et les options de superposition.

Avec l'option **Auto**, Photoshop recherche lui-même les zones de recouvrement et crée automatiquement le panoramique qui peut aussi bien être horizontal que vertical. L'option **Fusion des images** assure une meilleure transition entre les différentes parties de l'image finale. De même, l'option **Correction de la déformation géométrique** peut corriger des problèmes inhérents aux objectifs.

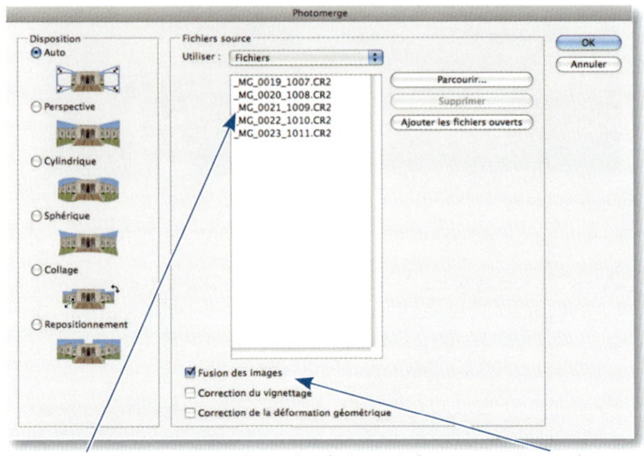

Dans cette fenêtre, on indique les fichiers à fusionner. On coche cette option pour que Photoshop ajuste les transitions.

Avec l'option ***Fusion des images*** *cochée, Photoshop ajuste les transitions à l'aide de masques de fusion.*

Si Photoshop ne détecte pas de recouvrement, il l'indique par un message et affiche une fenêtre comportant les vignettes des photos et une planche de montage sur laquelle vous glisserez les photos pour créer le montage.

La pile de photos alignées

La commande qui permet ce type de montage, **Charger des fichiers dans une pile**, s'applique par le menu **Fichier**, puis **Scripts**. Elle comporte deux options : **Tenter d'aligner automatiquement les images sources** (qui permet d'obtenir le panoramique) et **Créer un objet dynamique après le chargement des calques** (qui associe les calques dans un objet dynamique).

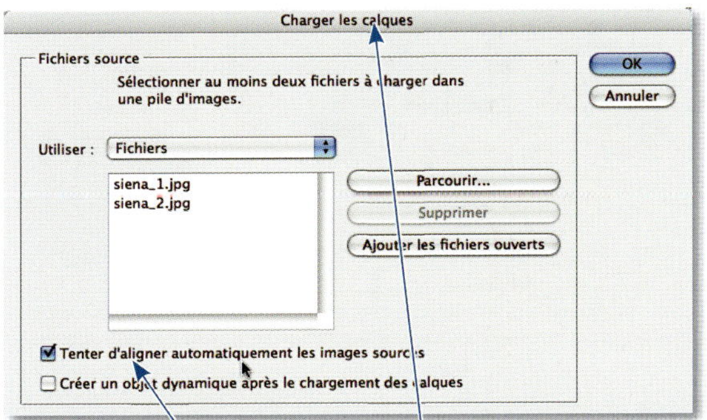

Si on coche cette option, cette commande constitue l'équivalent de Photomerge.

Dans ce cas, pour obtenir une fusion correcte des calques, il faut les sélectionner et lancer la commande **Fusion automatique des calques** du menu **Édition**. Cette commande affiche une fenêtre dans laquelle on choisit l'option **Panorama** (active par défaut).

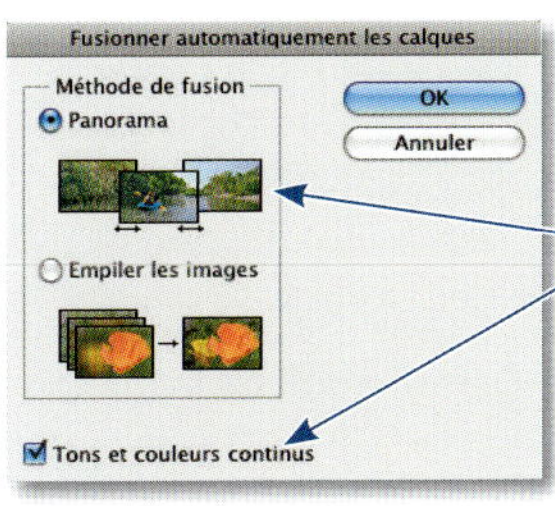

Avec ces options, Photoshop affine le panoramique.

Les corrections du panoramique

Parmi améliorer et finaliser le panoramique, il peut y avoir un recadrage, cependant cette opération peut être précédée d'une correction de perspective (par les filtres ou, éventuellement, en utilisant la fonctionnalité de **Déformation de la marionnette**).

La correction de perspective par le filtre Correction de l'objectif

Il faut parfois corriger la perspective de l'ensemble du montage. Pour que cette correction soit réversible, convertissez l'ensemble des calques en objet dynamique (cette opération peut être automatique dans le cas d'une pile de fichiers).

Pour obtenir cet objet dynamique, sélectionnez tous les calques (par la commande **Tous les calques** du menu **Sélection**) et lancez **Convertir pour les filtres dynamiques** dans le menu **Filtre** (ou avec **Convertir en objet dynamique** obtenu par clic droit sur le nom de l'un des calques).

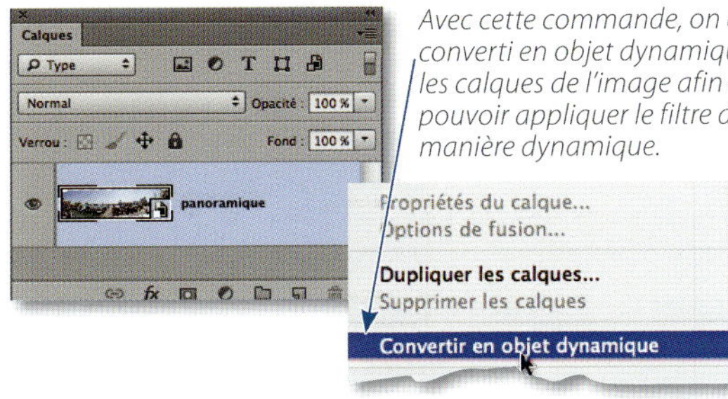

Avec cette commande, on a converti en objet dynamique les calques de l'image afin de pouvoir appliquer le filtre de manière dynamique.

Quand l'objet dynamique est obtenu, dans le menu **Filtre**, lancez **Correction de l'objectif**, affichez l'onglet **Personnalisé** et ajustez les curseurs **Corriger la déformation** ou **Perspective verticale** (et/ou **horizontale**), pour améliorer l'aspect de l'image qu'il ne restera qu'à recadrer (de manière classique ou par un remplissage spécial décrit plus loin).

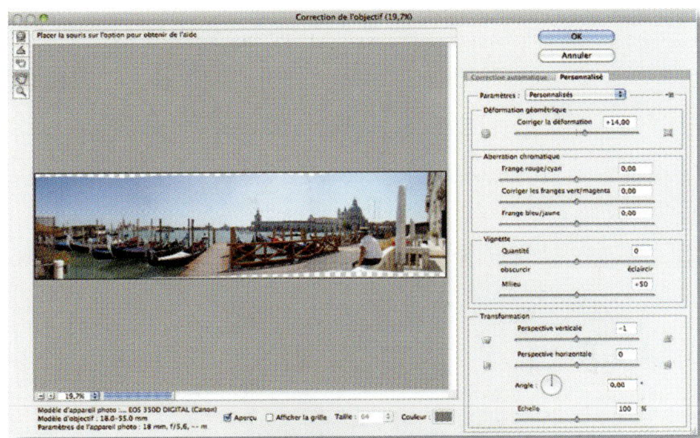

*On applique le filtre **Correction de l'objectif** avant de recadrer.*

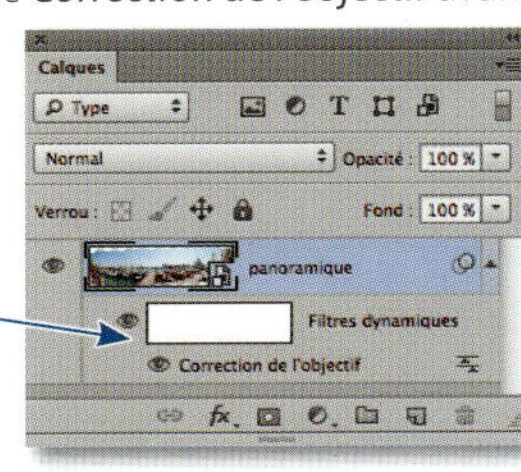

L'image avec son filtre dynamique.

La correction de perspective par le filtre Grand-angle adaptatif

Si l'image présente des lignes qui devraient être droites ou plus précisément horizontales ou verticales, corrigez-les par le filtre **Grand-angle adaptatif** (bien que plus délicates, des corrections peuvent également être réalisées par déformation de la marionnette, *elles sont décrites ci-après*).

Pour que cette correction soit réversible, convertissez l'ensemble des calques en objet dynamique (cette opération peut être automatique dans le cas d'une pile de fichiers). Comme indiqué précédemment, pour obtenir cet objet dynamique, sélectionnez tous les calques et lancez **Convertir pour les filtres dynamiques** dans le menu **Filtre** (ou avec **Convertir en objet dynamique** obtenu par clic droit sur le nom de l'un des calques).

Le filtre **Grand-angle adaptatif** (*déjà décrit page 142*) peut s'avérer plus intéressant que le précédent pour corriger des défauts plus marqués et pour redresser des lignes ou atténuer les défauts de perspective.

À partir de ces trois photos on a réalisé ce panoramique qui nécessite des corrections.

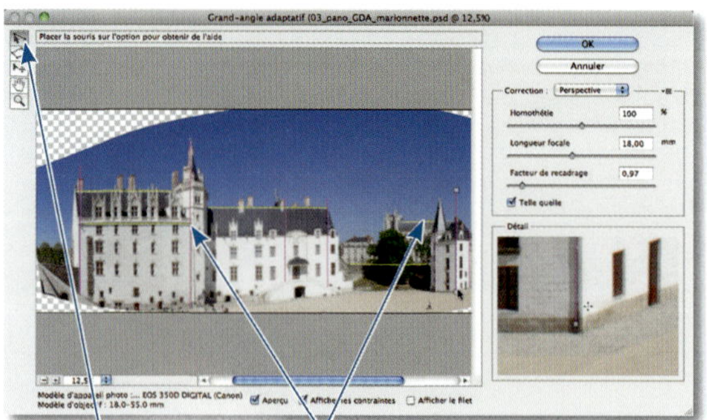

Avec cet outil on trace des lignes en enfonçant ⇧ pour qu'elles deviennent horizontales (jaunes) ou verticales (magentas).

L'outil permet de tracer le long d'une partie de la photo, une ligne qui deviendra une droite. Lors de son tracé, cette ligne peut prendre une courbure en fonction de la déformation engendrée par la focale (plus ou moins courte) de l'objectif mais elle deviendra rectiligne dès que le bouton est relâché. Pour que cette droite devienne une horizontale (ou une verticale) enfoncez la touche ⇧ lors de son traçage : elle deviendra jaune (ou magenta).

Quand vous avez tracé les lignes voulues pour redéfinir l'horizontalité d'une ligne d'horizon, la verticalité d'un mur, etc., avant de valider le filtre pour redresser certaines parties de l'image, vous pouvez agrandir l'image à l'aide du curseur Homothétie et, éventuellement déplacer l'image agrandie à l'aide du troisième outil.

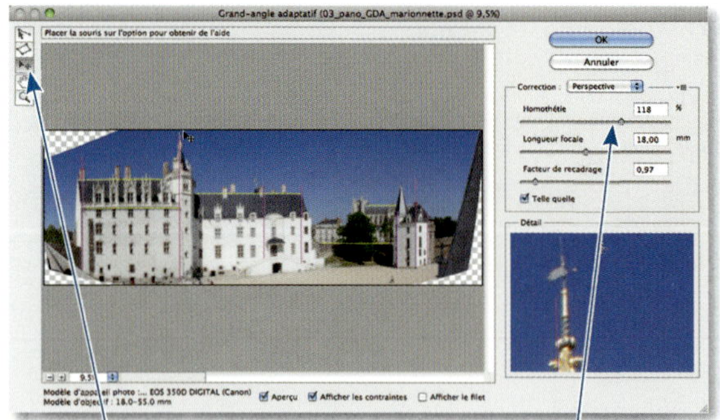

Avec cet outil, on a déplacé l'image agrandie avec cette option.

Quand les corrections sont réalisées, des zones transparentes risquent d'apparaître, l'image nécessitera un recadrage, éventuellement, précédé d'un remplissage comme celui décrit plus loin.

La correction du panoramique par déformation de la marionnette

Lors de la réalisation de certains panoramiques comportant des éléments architecturaux, il arrive qu'une partie de ces éléments ne respecte plus la perspective générale. Des corrections peuvent être réalisées par les filtres **Correction de l'objectif** ou **Grand-angle adaptatif** mais comme ils ne peuvent pas agir de façon localisée, des problèmes peuvent subsister.

Pour pallier ce problème, vous pouvez utiliser le nouveau mode de déformation nommé **Déformation de la marionnette** (*nous en reparlerons dans le chapitre consacré aux retouches*). Avant d'utiliser ce mode, comme pour les filtres, sélectionnez l'ensemble des calques afin de les convertir en un calque unique de type objet dynamique ; cette opération permettra de rendre la déformation réversible.

Quand vous activez le mode **Déformation de la marionnette** du menu **Édition**, des filets de déformation couvrent la photo (ou la sélection s'il y en avait une). En cliquant sur certaines zones de l'image, vous définissez des points de contrôle que vous pouvez glisser pour déformer la zone voisine. En ayant placé des repères, vous pouvez ainsi ramener certains éléments de la photo à des positions qui donnent un meilleur aspect général à l'image.

*On lance **Déformation de la marionnette** pour voir les filets de déformation que l'on déplace après avoir placé des points de contrôle.*

*La **Déformation de la marionnette** agit de manière réversible sur le calque (comme un filtre dynamique).*
Ci-dessous le résultat final.

Le recadrage ou le remplissage des zones vides

Parmi les finitions, il peut y avoir un recadrage simple. Cependant, au lieu du recadrage qui réduira la taille du document, vous pouvez réaliser un remplissage spécial des zones transparentes avec l'option **Contenu pris en compte**.

Le remplissage en tenant compte du contenu

Photoshop reconstitue les parties manquantes de l'image en s'inspirant des zones voisines de la sélection. Il reste parfois quelques retouches à faire ; elles se réaliseront, selon les cas, avec l'outil **Tampon** comme nous le verrons dans le chapitre suivant.

Le script de remplissage

Dans le cas d'un panoramique, cette opération de remplissage (déjà décrite précédemment) peut faire l'objet d'un script. Elle nécessite la fusion des calques ou la fusion d'une copie sur un nouveau calque (selon que vous souhaitez ou non garder les calques qui composent le panoramique). Voici la liste des opérations à inclure dans le script une fois son enregistrement lancé par clic sur l'icône ◼ du bas du panneau **Scripts** (le bouton d'enregistrement devient rouge) :

1. Ajouter un calque : panneau **Calques**, cliquez sur l'icône ◼ pour ajouter un nouveau calque (vous pouvez aussi taper ⇧⌥⌘N [⇧Alt Ctrl N]).
2. Fusionner une copie des calques sur ce nouveau calque : enfoncez la touche ⌥[Alt] et lancez la commande **Fusionner les calques visibles** du menu **Calques** (ou tapez ⇧⌥⌘E [⇧Alt Ctrl E]).
3. Afficher la sélection des zones transparentes : menu **Sélection**, lancez **Récupérer la sélection**, cochez **Inverser** et validez.
4. Étendre la sélection sur l'image : menu **Sélection**, puis **Modifier**, lancez **Dilater**. Saisissez une valeur de 3 px et validez.
5. Remplir la sélection : menu **Édition**, lancez la commande **Remplir**, sélectionnez (si elle ne l'est pas) l'option Remplir avec : Contenu pris en compte.
6. Désélectionner : menu **Sélection**, lancez **Désélectionner** ou tapez ⌘D [Ctrl D].

Dans le panneau **Scripts**, arrêtez l'enregistrement du script en cliquant sur le carré gris à gauche du bouton rouge d'enregistrement.

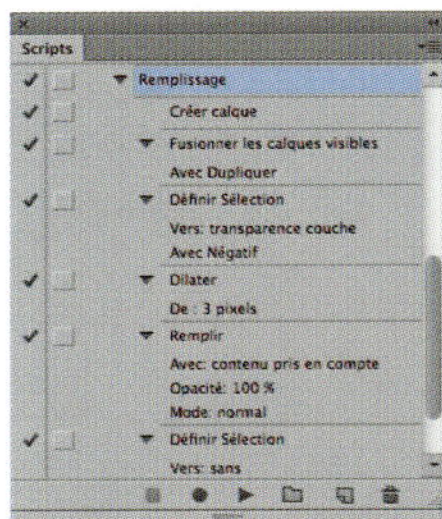

Les six étapes du script de remplissage des zones transparentes. Les deux premières peuvent être remplacées par une fusion.

L'image ajustée par remplissage.

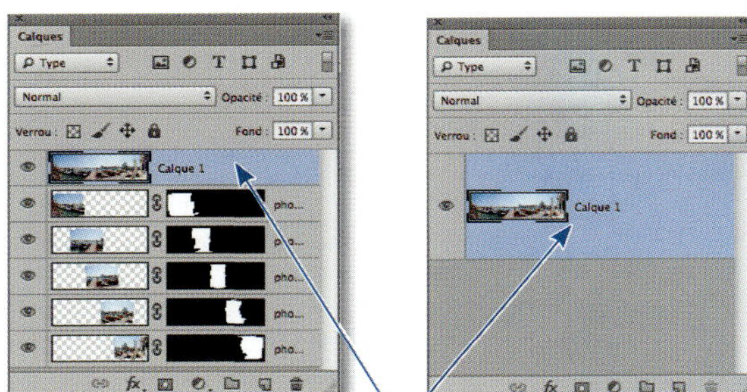

Le remplissage des bords du panoramique. À gauche, on a gardé les constituants, à droite on les a fusionnés.

Les panoramiques automatiques

Ces panoramiques se réalisent depuis Bridge. Pour les obtenir, ouvrez un dossier pour en afficher le contenu dans le panneau du même nom, puis, sans sélectionner la moindre vignette, lancez la commande **Traiter les collections dans Photoshop** du menu **Outils/Photoshop**. Bridge examine alors toutes les images du panneau CONTENU. S'il détecte que certaines d'entre elles peuvent constituer un panoramique, il le crée. Si le dossier comporte plusieurs séries de photos pour panoramique, Bridge les réalise sans les ouvrir.

Ce dossier contient deux séries d'images pour des panoramiques que l'on voit ci-dessous, dans Bridge, une fois réalisés.

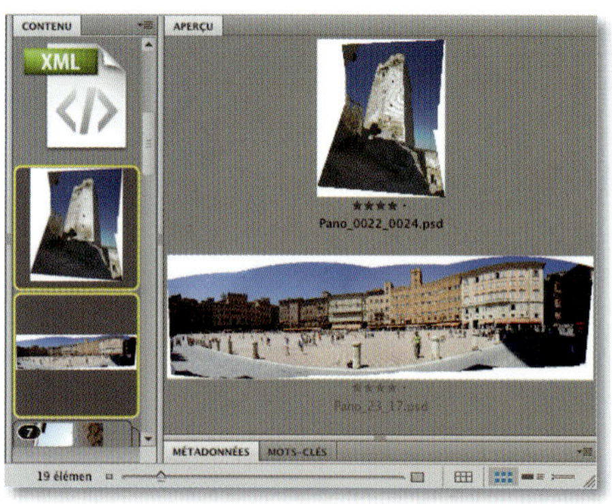

La juxtaposition de photos avec fondu

Il s'agit d'un montage dans lequel on place côte à côte deux photos (ou plus) avec un recouvrement. On crée un fondu sur la zone de recouvrement à l'aide d'un masque de fusion et d'un dégradé, puis on procède à l'ajout de matière pour voir la totalité du montage (*le travail des calques avec un masque de fusion sera développé plus loin dans ce livre*).

Voici les détails de la procédure :

1. Dans le menu **Fichier/Script**, lancez la commande **Chargement des fichiers dans une pile**. Sélectionnez les deux photos (il est souhaitable qu'elles aient une résolution identique et les mêmes dimensions).

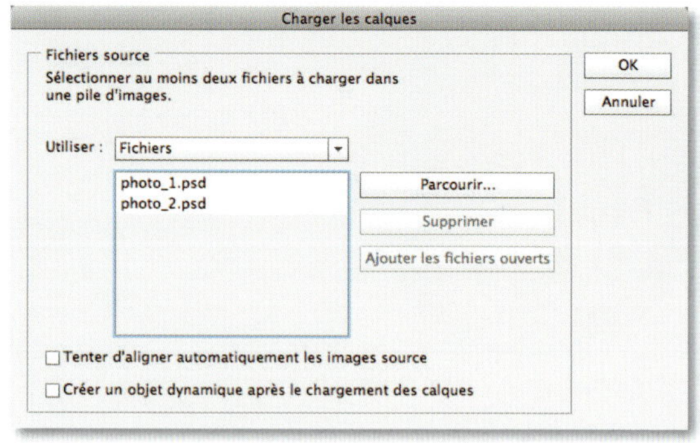

Cette commande permet de créer une pile de photos.

2. Avec l'outil **Déplacement** ( ) et la touche ⇧ enfoncée, glissez le calque de la photo au premier plan vers la droite pour faire réapparaître celle à l'arrière-plan et définir la zone de recouvrement, donc de fondu, entre les deux photos — éventuellement, ajustez avec les touches fléchées du clavier.

Les deux photos apparaissent superposées, on glisse celle au premier plan vers la droite.

3. Dans le panneau **Calques**, cliquez sur l'icône pour ajouter un masque de fusion — sa vignette (blanche) apparaît à droite de celle du calque.

*On ajoute un masque de fusion en cliquant sur cette icône (selon les options du panneau **Calques**, la vignette du calque peut apparaître entière).*

4. Activez l'outil **Dégradé** et tapez la touche D pour réinitialiser les couleurs, puis X pour obtenir le noir au premier plan et le blanc à l'arrière-plan. Avec le dégradé linéaire de base, glissez l'outil avec ⇧ depuis le bord gauche de la photo au premier plan, jusqu'au bord droit du document (fin de la zone de recouvrement) : le fondu entre les deux images doit apparaître.

On crée un dégradé sur le masque par glissement d'ici à là.

5. Lancez **Tout faire apparaître** du menu **Image** pour visualiser la totalité de la photo de droite. Si les photos n'ont pas la même hauteur, recadrez l'ensemble.

Le montage final (il peut être réalisé avec davantage de photos).

L'ajout du fond perdu à une photo d'une mise en pages

Quand vous réalisez une mise en pages dans InDesign, il se peut que certaines photos doivent être placées avec un fond perdu dans la page. Dans certains cas, ce fond perdu n'a pas toujours été prévu dans les dimensions de l'image dans Photoshop, celles-ci peuvent être ajustées dans InDesign ou dans Photoshop, mais par cette technique les éléments importants dans l'image risquent de se trouver plus près de la rogne dans la mise en pages. Les paragraphes qui suivent proposent une solution.

Dans cette mise en pages, il manque la rogne sur cette image.

LA PRÉPARATION DU DOCUMENT

Elle se réalise en deux étapes : le calque de l'image ne doit pas être un arrière-plan. Si tel est le cas, effectuez deux clics sur son nom dans le panneau **Calques** pour le convertir en calque standard. La seconde opération consiste à agrandir la taille de la zone de travail de 6 à 10 mm (pour tenir compte de la rogne qui sera alors de 3 à 5 mm). Cette opération se réalise par la commande **Taille** de la zone de travail du menu **Image** paramétrée avec l'option **Relative**.

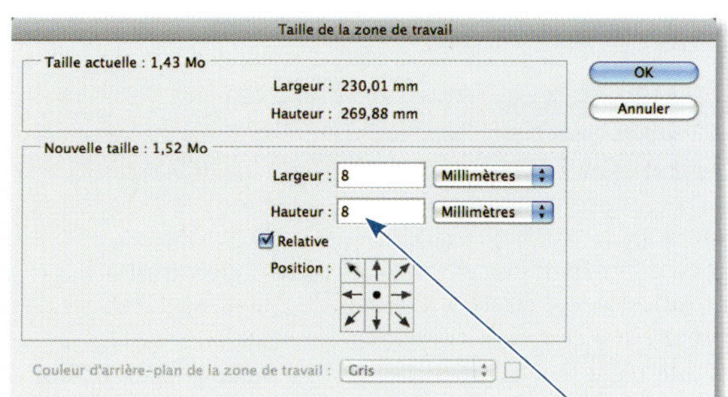

Après avoir converti le calque d'arrière-plan, on agrandit la taille de la zone de travail (du double du fond perdu souhaité)

L'agrandissement par l'échelle basée sur le contenu

Les protections

Pour ce type d'agrandissement, il faut parfois préserver une zone (partie centrale de l'image, zone présentant une ligne d'horizon...). Pour cela, effectuez les opérations suivantes :

1. Avec l'outil **Sélection rectangulaire**, tracez un rectangle qui englobe la zone à protéger (tant que vous n'avez pas relâché le bouton de la souris, vous pouvez déplacer ce rectangle en enfonçant la touche Espace ; si le rectangle ne convient pas, tapez **⌘**D[Ctrl D] et recommencez-le).

Dans le document agrandi, avec cet outil, on a tracé un rectangle pour protéger le centre et l'horizon.

2. Quand le rectangle convient, lancez la commande **Mémoriser la sélection** du menu **Sélection**. Validez avec les valeurs par défaut (une couche nommée **Alpha 1** sera créée).
3. Désélectionnez en tapant **⌘**D[Ctrl D] ou par la commande du menu **Sélection**.

La mise à l'échelle

Dans le menu **Édition**, lancez la commande **Échelle basée sur le contenu**. Des poignées encadrent le document ; avant de les manipuler, dans la **Barre d'options** de l'outil, déroulez le menu local **Protéger** pour choisir **Alpha 1**.

Avec cette option, on protège avec la couche faite précédemment.

Enfoncez les touches ⇧ et ⌥ [⇧ et Alt], et glissez une poignée d'angle pour agrandir le document jusqu'à la limite du document.

On peut agrandir jusqu'à la limite du document (⇧ et ⌥ [⇧ et Alt] donnent un agrandissement homothétique et centré).

Enregistrez l'image et effectuez sa mise à jour dans la mise en pages en ayant agrandi le bloc jusqu'aux repères de fond perdu.

La rogne de cette image est correcte.

Exemples d'application

Dans les paragraphes qui suivent nous allons voir quelques traitements qui utilisent les différentes techniques de recadrage évoquées dans cette partie du livre.

1 Recadrage simple à 66 %

Le recadrage consiste à rogner l'image pour ne conserver que 66 % de sa surface initiale et de positionner l'élément important de l'image selon la règle des tiers.

L'image initiale.

L'image recadrée à 66 %.

Voici les étapes de ce recadrage :

1. Activez l'outil **Recadrage**.
2. Déroulez le menu local des paramètres prédéfinis (**Libre**) pour choisir **Format d'origine**, ce paramètre permettra de conserver les proportions actuelles du document.
3. Affichez les règles, en tapant ⌘R [Ctrl R], et par clic droit, réglez les unités en **%**. Avec ce choix, il sera facile de recadrer en pourcentage.
4. Glissez une poignée d'angle de la zone recadrée jusqu'à afficher une taille de 66 % dans l'étiquette.
5. Dans le menu local **Affichage**, choisissez l'option **Règle tiers** si elle n'est pas active et déplacez l'image pour que la base de la coupole se place sur le croisement des repères situés à droite.
6. Validez le recadrage. Remettez les règles en pixels (**px**) ou en millimètres (**mm**).

2 Image redressée par l'outil Recadrage

L'image ci-dessous montre un élément (le pont des Soupirs) qui devrait être horizontal. Nous allons procéder à un recadrage avec redressement sans changer les dimensions du document. Ici, le remplissage des zones transparentes ne peut pas se faire selon le script de la page page 136. Il faudra avoir recours à un mélange de redimensionnement par transformation et de remplissage.

L'image initiale.

L'image redressée.

Voici les étapes de ce recadrage :

1. Activez l'outil **Recadrage**. Dans la **Barre d'options** de l'outil, décochez l'option **Supprimer les pixels rognés**.

2. Toujours dans la **Barre d'options** de l'outil, cliquez sur le bouton **Désincliner** (ou sans cliquer sur ce bouton, enfoncez la touche ⌘ [Ctrl] pour activer temporairement cette option) et tracez une ligne le long de l'élément situé dans la partie basse du pont qui devrait être horizontale. Agissez sur les poignées de la zone de recadrage pour les amener aux bords du document afin qu'il retrouve sa taille initiale. Validez le recadrage.

3. L'application du script de remplissage (décrit page 136) ou un agrandissement basé sur le contenu ne donneront pas un résultat correct (surtout sur la partie supérieure droite). Aussi, commencez par agrandir l'image à environ 110 % par **Transformation manuelle** en agissant sur une poignée d'angle en enfonçant les touches ⇧ et ⌥ [⇧ et Alt] (pour obtenir une homothétie centrée) et en contrôlant dans la **Barre d'options**. Validez la transformation.

4. Appliquez le script de remplissage de la page 136 ou réalisez l'ensemble des opérations correspondantes si vous n'avez pas créé ce script :
   - menu **Sélection**, lancez **Récupérer la sélection**, cochez **Inverser** et validez.
   - menu **Sélection**, puis **Modifier**, lancez **Dilater**. Saisissez une valeur de 3 px et validez.
   - menu **Édition**, lancez la commande **Remplir**, sélectionnez (si elle ne l'est pas) l'option Remplir avec : **Contenu pris en compte**.

3 Correction de perspective (I)

Pour éviter le reflet du flash, l'image a été prise selon un certain angle. Le cadrage avec correction de perspective permet de corriger la prise de vue.

L'image initiale.

L'image recadrée.

Voici les étapes de ce recadrage :

1. Activez l'outil **Correction de perspective par recadrage**.
2. Pour une meilleure précision, zoomez suffisamment l'image (par exemple, à 300 %). Cliquez avec l'outil dans l'angle supérieur gauche de l'affiche pour placer le premier point.
3. Glissez l'outil jusqu'à l'angle supérieur droit (l'image se déplacera automatiquement pour rester visible dans la fenêtre du document). Une fois le deuxième clic réalisé, glissez jusqu'à l'angle inférieur doit (cliquez à nouveau et ainsi de suite pour le quatrième angle de l'affiche).
4. Validez le recadrage : l'image est redressée (elle ne comporte plus que l'affiche).

4 Correction de perspective (II)

L'image montre des éléments qui n'ont pas été pris de face et présentent des défauts de perspective et d'horizontalité. La correction peut être réalisé avec l'outil **Correction de perpective par recadrage** ou avec le filtre **Grand-angle adaptatif** (dans ce cas, l'utilisation d'un calque dynamique rend l'opération réversible).

L'image initiale.

L'image corrigée.

Voici les étapes de ce recadrage :

Recadrage par l'outil

1. Activez l'outil **Correction de perspective par recadrage**.
2. Pour une meilleure précision, zoomez suffisamment l'image. À proximité de la base du panneau vert (comportant le texte), cliquez sur la gauche avec l'outil pour placer le premier point contre le montant vertical orange.
3. Glissez l'outil (presque verticalement) jusqu'à la hauteur du montant jaune. Une fois le deuxième clic réalisé, glissez le long du montant jaune jusqu'au bord orange à droite. Revenez sur la base du panneau pour placer le quatrième point.
4. Agissez sur les poignées latérales pour agrandir au maximum la zone de recadrage jusqu'au bord du document. Validez le recadrage.
5. Si vous avez débordé du document, des zones transparentes apparaîtront (si l'option **Supprimer les pixels rognés** n'était pas active) et un remplissage par le script de la page 136 est envisageable.

Recadrage par le filtre

1. Sélectionnez le calque par clic sur son nom dans le panneau **Calques** et convertissez-le en calque dynamique par clic droit.
2. Déroulez le menu **Filtre** pour choisir la commande **Grand-angle adaptatif**. Avec le premier outil et la touche ⇧ enfoncée (pour obtenir des horizontales et des verticales), tracez verticalement deux lignes le long des bords orange du panneau, puis trois lignes horizontales, l'une sur le bandeau jaune et les autres sur les bords du panneau vert (on aurait pu tracer un polygone avec ⇧ sur les bords du montant orange).
3. Glissez le curseur **Homothétie** jusqu'à 112 % pour faire disparaître les zones transparentes (l'image peut alors être déplacée avec le troisième outil du filtre). Validez le filtre.
4. L'agrandissement peut être inférieur ; dans ce cas il restera des zones transparentes qui seront éliminées par un remplissage spécial (script de la page 136).

5 Recadrage et changement d'orientation

À partir de l'image ci-dessous à gauche, on souhaite obtenir une image horizontale de même résolution (pour l'exercice, 72 ppp), mais au format A4 avec une rogne de 3 mm (soit des dimensions de 303 mm par 216 mm). Pour ce traitement, nous utiliserons **Taille de la zone de travail** et **Échelle basée sur le contenu**.

L'image initiale.

L'image recadrée.

Voici les étapes de ce recadrage :

1. Dans le panneau **Calques**, double-cliquez sur le nom du calque **Arrière-plan** pour le convertir en calque standard (**Calque 0**).

2. Lancez la commande **Taille de la zone de travail** du menu **Image** et, avec le millimètre comme unité, saisissez une largeur de 303 (297 + 3 de rogne à gauche + 3 de rogne à droite) et une hauteur de 216 (210 + 6 de rogne). Validez la commande, puis le message qui avertit de la rogne de l'image.

3. Afin de protéger certaines parties de cette image, préparez une couche alpha. Pour cela, activez l'outil **Rectangle de sélection**, tracez un rectangle partant (dans le haut dans le ciel) un peu à gauche du drapeau et s'arrêtant (dans bas dans le sable) un peu après la mouette au pied du drapeau. Si le bouton de la souris est resté appuyé, vous pouvez enfoncer la touche Espace pour déplacer le tracé actif. Quand le premier rectangle est créé, enfoncez ⇧ et tracez un second rectangle qui part (dans le ciel) un peu à gauche du couple de mouettes et s'arrête (dans le bas du sable) un peu après la dernière mouette à droite (ici aussi, le rectangle en cours de traçage peut être repositionné avec Espace).

4. Avec la sélection affichée, dans le menu **Sélection**, choisissez la commande **Modifier**, puis **Contour progressif** (avec une valeur de 3 px). Déroulez à nouveau **Sélection** pour choisir **Mémoriser la sélection** ; validez avec les paramètres par défaut (la couche créée s'appelle **Alpha 1**). Déselectionnez (⌘D [Ctrl D]).

5. Lancez la commande **Échelle basée sur le contenu**. Dans la **Barre d'options** de cette commande choisissez **Apha 1** à la rubrique **Protéger**. Agissez sur les poignées latérales (gauche, puis droite) pour les amener sur les bords du document. Validez la commande.

6 Contrôle du rééchantillonnage lors d'un recadrage paramétré

On souhaite redresser, puis recadrer une photo pour ne garder qu'une partie avec des dimensions de 10 cm par 15 cm à 300 pp. On voudrait savoir s'il y aura suréchantillonnage ou sous-échantillonnage (et éventuellement, l'ampleur du rééchantillonnage). Nous allons créer, puis utiliser un recadrage prédéfini et changer les unités des règles.

L'image initiale.

L'image recadrée (à 10 cm x 15 cm à 300 ppp). Y a-t-il eu rééchantillonnage ?

Voici les étapes de ce recadrage :

1. Activez l'outil **Recadrage**.
2. Enfoncez la touche ⌘ [Ctrl] pour activer temporairement l'option **Désincliner** et tracez une verticale le long du bâtiment en briques situé à droite dans la photo.
3. Dans la partie gauche de la **Barre d'options** de l'outil, cliquez sur **Libre** pour choisir **Taille et résolution**. Avec les unités en **Centimètres** (pour **Largeur** et **Hauteur**) et en **Pixels/pouce** pour **Résolution**, saisissez 10, 15 et 300. Avant de valider, basculez les unités de largeur et hauteur en **Pixels** (les valeurs passent à 1 181 et 1 772) ; validez avec l'option **Enregistrer comme recadrage prédéfini** cochée.
4. Affichez les règles, en tapant ⌘R [Ctrl R], et par clic droit, réglez les unités en **Pixels**.
5. Glissez les poignées de recadrage pour amener l'angle inférieur gauche de la zone de recadrage contre le haut de l'élément jaune et noir (camion) et le bord droit de cette zone de recadrage contre le bâtiment en briques (celui-ci n'étant pas inclus). Une étiquette indique la taille en pixels de la zone recadrée (par exemple, 1 370 par 2 056). Si la taille affichée est supérieure à 1 181 par 1 772, il y a sous-échantillonnage (des pixels sont supprimés) ; sinon, il y a suréchantillonnage (ce dernier est plus préjudiciable à la qualité de l'image). Dans tous les cas, l'écart de valeurs ne doit pas être trop important (inférieur à 30 %) pour ne pas altérer trop la qualité de l'image. Dans notre exemple, le rééchantillonnage est d'environ 25 %, c'est le rapport de (1 181 x 1 772)/(1 370 x 2 056).

Partie 3

Retoucher une photo : nettoyer, lisser…

1 - Le nettoyage avec les outils (suppression d'éléments indésirables)

2 - Les retouches locales : colorimétrie, déformation…

3 - Les retouches de lissage et de netteté

4 - Les traitements particuliers

Exemples d'application

Dans cette partie, nous allons voir comment préparer ou améliorer une photo en réalisant quelques retouches que l'on peut décomposer en différentes catégories :

- La suppression de certains défauts : taches, boutons, rides... éléments que nous qualifierons d'indésirables.
- Les retouches localisées affectant la luminosité, la saturation (yeux rouges, dents blanches...) ou la déformation de certaines parties.
- Les retouches de lissage et de netteté par action locale avec un outil ou plus étendue avec un filtre.
- Les traitements particuliers avec les retouches spéciales telles que celles liées à la présence de perspective dans la photo, à une modification de la profondeur de champ ou à l'utilisation d'une combinaison de photos. Et pour finir, la réduction du bruit et la gestion du grain.

Photoshop propose des outils et des filtres pour effectuer cette préparation de l'image. Les outils ont une action localisée mais de plus en plus réversible selon la technique employée. Quant aux filtres, ils se séparent en deux catégories : les filtres classiques et les filtres dynamiques. Contrairement aux derniers, les premiers agissent de façon irréversible sur les photos. C'est-à-dire que les pixels sont modifiés définitivement. Aussi, pour avoir une possibilité de revenir en arrière, il est indispensable de réaliser une copie du calque sur lequel vous souhaitez faire des retouches.

Dans la catégorie des filtres irréversibles, on trouve :

- le filtre **Point de fuite** avec lequel on corrigera des éléments qui se trouvent dans une partie en perspective ;
- le filtre **Fluidité** qui permet de déformer localement une partie de la photo.

Nous verrons, en fin de chaque rubrique consacrée à ces filtres destructifs, une alternative qui pourra rendre réversible le traitement.

Avec les filtres dynamiques, on pourra gérer :

- le flou ou le lissage (atténuation) ;
- la netteté et le piqué (accentuation) ;
- la profondeur de champ ;
- le bruit ;
- le grain.

La photo originale.

La photo retouchée avec les outils de correction, les filtres...

1 - Le nettoyage avec les outils (suppression d'éléments indésirables)

Les techniques de correction avec les outils

Pour effectuer des corrections de type nettoyage ou retouches visant à supprimer des défauts, vous disposez de quelques outils : **Correcteur localisé**, **Correcteur**, **Pièce** et **Tampon**. L'outil **Correcteur localisé** sera utilisé en premier, vient ensuite l'outil **Correcteur** (ou l'outil **Tampon**) si l'on souhaite définir une référence, puis l'outil **Pièce** si les taches sont « rebelles ». L'outil **Déplacement basé sur le contenu** permettra de repositionner un élément dans la photo.

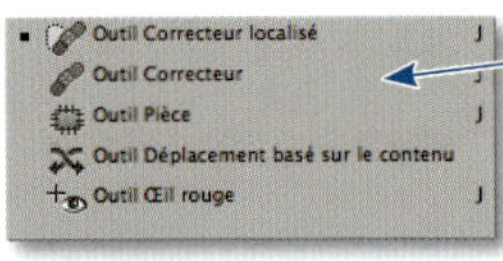

*À cette série d'outils (dont le nouvel outil **Déplacement basé sur le contenu**), il faut ajouter l'outil **Tampon**.*

Les procédures de correction

Les corrections avec les outils s'effectuent en trois étapes :

- L'ajout d'un nouveau calque pour recevoir les corrections. Si la correction ne peut se réaliser que sur la photo, effectuez une copie du calque à traiter car l'outil ne peut travailler que sur la photo.
- Le réglage de la taille de l'outil (l'outil **Pièce** utilise une sélection) et de ses options.
- L'application de l'outil. Une sélection peut permettre de limiter la correction à l'intérieur de la zone sélectionnée.

Le calque de correction

De manière à réaliser une correction non destructive, les traitements effectués avec la majorité des outils (y compris avec l'outil **Pièce** de la version CS6) peuvent être placés sur un calque vide ou une copie du calque à traiter.

- Le nouveau calque est ajouté par clic sur l'icône du panneau **Calques** (ou en tapant ⇧⌘N [⇧Ctrl N] pour pouvoir le renommer).
- La copie est obtenue en tapant ⌘J [Ctrl J] ou ⌘⌥J [Ctrl Alt J] pour pouvoir la renommer.

Pour que les corrections apparaissent sur ce nouveau calque, dans le panneau **Options** ou **Barre d'options** de l'outil, vous devez :

- cocher l'option **Échantillonner tous les calques** pour les outils **Correcteur localisé**, **Pièce** et **Déplacement basé sur le contenu** ;
- cocher l'option **Actif et inférieurs** ou **Tous les calques** (du menu **Échantil.**) pour les outils **Correcteur** et **Tampon**.

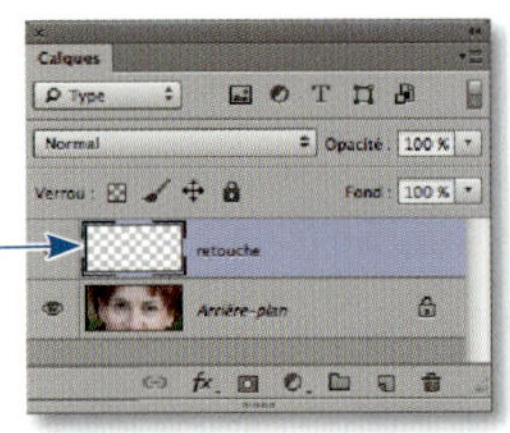

*On ajoute un calque et on active cette option (ici, outil **Correcteur**).*

> **ASTUCE** *Lors des corrections, n'hésitez pas à ajouter plusieurs calques (chacun d'eux correspondant à une zone différente de l'image sur laquelle vous devez intervenir). Vous pourrez également jouer sur le mode de fusion du calque pour ne pas faire apparaître certaines partie de la correction* (voir plus loin).

Les réglages de l'outil de retouche

L'outil **Pièce** et l'outil **Déplacement basé sur le contenu** font appel à une sélection qu'ils sont capables de créer ; en revanche, pour les autres, avant d'appliquer l'outil (puis, éventuellement, pendant son application), il convient de régler la taille et l'aspect de ses bords (flou ou net). Cette opération se réalise de différentes manières : par un paramétrage ou visuellement.

LE RÉGLAGE PARAMÉTRÉ DES OUTILS (PANNEAU)

En cliquant sur le triangle à droite de l'aperçu de l'outil dans sa **Barre d'options**, on affiche un panneau de réglages de la forme. Ce même panneau apparaît directement sur l'image par clic droit. Dans les deux cas, il faut valider en tapant ↵ pour le faire disparaître.

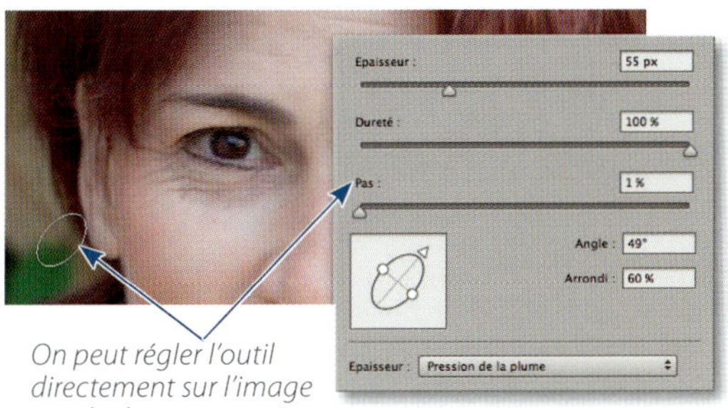

On peut régler l'outil directement sur l'image par clic droit.

LE RÉGLAGE VISUEL DES OUTILS (SUR L'IMAGE)

Le réglage au clavier

Le tableau ci-après résume les réglages possibles, certains ne sont pas fonctionnels (ils peuvent être modifiés par la commande **Raccourcis clavier** du menu **Édition**) ;

Taille	Touche	Bords	Touche
+ grande	$ [;]	+ nets (+ dur)	⇧ < (–25 %)
+ petite	(aucun sur Mac) [!]	+ flous (– dur)	< (+25 %)
Opacité (tampon)	Tapez la valeur voulue (ou le chiffre de sa dizaine)		

Le réglage par glissement direct sur l'image

Dans les différentes possibilités précédentes, il n'est pas aisé de voir rapidement la taille que prendra l'outil (compte tenu de sa dureté). Pour pallier ce problème, Photoshop propose de personnaliser l'aspect directement sur l'image et fait apparaître une vignette de contrôle qui indique la taille, la dureté et l'opacité. En effet, par un simple glissement, vous pouvez définir la taille et la dureté de vos outils tout en prévisualisant leurs contours. Le tableau suivant indique les combinaisons de touches (et de boutons) à utiliser.

Réglages par glissement sur Mac puis sous Windows		
Taille	⌥ ctrl + glisser horizontalement	[Alt] + glisser bouton droit horizontalement
Dureté	⌥ ctrl + glisser verticalement	[Alt] + glisser bouton droit verticalement

Quand vous enfoncez les touches et cliquez sur l'écran, il apparaît une zone rouge dans un cercle (blanc ou noir selon l'arrière-plan), une vignette noire affiche les paramètres de la forme (**Diamètre**, **Dureté** et **Opacité**, active pour l'outil **Tampon** seulement). Cette zone reste affichée tant que vous maintenez le bouton de la souris enfoncé (même si vous relâchez les touches). Le cercle définit la taille de l'outil si la dureté était à 100 % (avec un arrondi à 100 %), la zone rouge indique la taille réelle de l'outil compte tenu de sa dureté ; cette zone présente des bords fondus si la dureté n'est pas maximale. Le glissement horizontal modifie l'aspect du cercle et de la zone rouge pour un réglage de taille, ou de la zone rouge seule pour un réglage de dureté.

Aperçu de la forme.

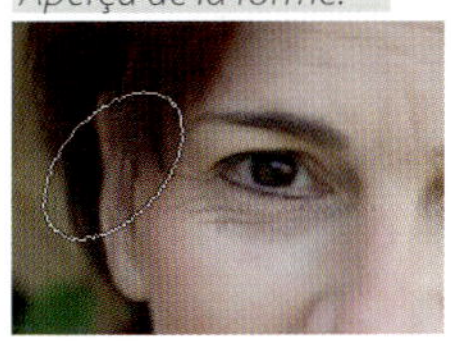

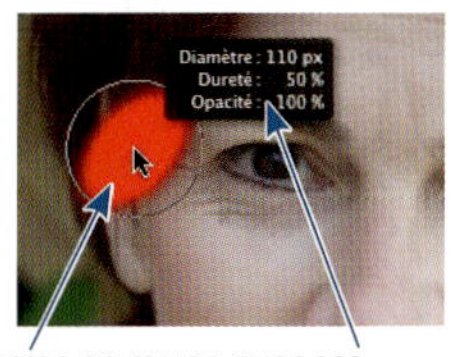

Avec ⌥ ctrl [Alt clic droit], on voit la forme en rouge avec ses caractéristiques (bouton enfoncé, les touches peuvent être relâchées).

Réglage de taille.

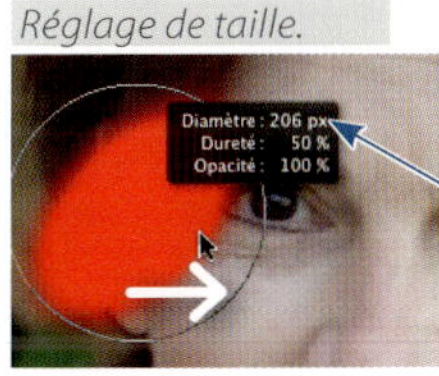

Avec ⌥ ctrl [Alt clic droit] : on glisse horizontalement pour changer la taille.

Réglage de dureté.

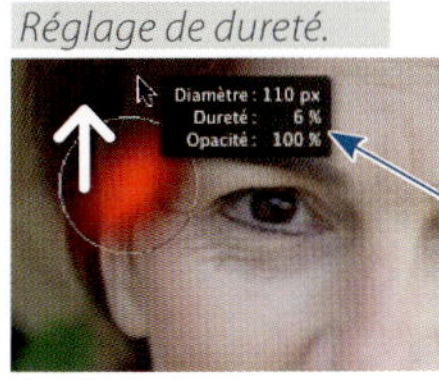

Avec ⌥ ctrl [Alt clic droit] : on glisse verticalement pour changer la dureté.

L'affichage de la zone rouge n'apparaît que si l'ordinateur possède une carte graphique qui gère l'OpenGL.

> **ASTUCE** *Dans le cas de l'outil **Tampon**, il est possible de régler l'opacité directement par glissement vertical avec ⌥ ctrl [Alt clic droit], cependant, ce paramétrage ne devient effectif que si vous avez décoché l'option **Variation de la dureté arrondie en fonction du mouvement vertical HUD** dans les préférences du programme à la rubrique **Général**.*

L'atténuation des corrections

Il y a trois façons d'atténuer une correction : avec la commande **Estomper** (si la correction vient juste d'être réalisée) ; avec un travail sur le calque de correction ; par l'application de l'outil **Forme d'historique**.

La commande Estomper

Après l'application de l'un des outils, il est possible d'atténuer la correction réalisée à l'aide de la commande **Estomper** du menu **Édition** (⇧⌘F [⇧Ctrl F]) ; cependant, cette atténuation ne s'applique qu'au dernier passage de l'outil.

Le travail sur le calque de correction

Si vous avez ajouté un calque pour les corrections, vous disposez d'une grande souplesse de travail pour atténuer la correction. En effet, vous pouvez :

- Réduire l'opacité du calque : ce réglage s'effectue dans le panneau **Calques**, il affecte l'ensemble du calque (d'où l'intérêt de placer les corrections sur plusieurs calques).
- Changer les options de fusion du calque par le panneau **Calques** pour faire disparaître certains pixels dupliqués. Par exemple, le mode **Obscurcir** enlève les pixels clairs alors que le mode **Éclaircir** supprime les pixels sombres.
- Utiliser l'outil **Gomme** (éventuellement, avec une opacité réduite) pour éliminer les pixels superflus — c'est sans risque pour l'image initiale du fait qu'elle se trouve sur un autre calque.

> **Astuce** *Quand l'outil **Correcteur** ou **Tampon** est en cours d'utilisation, vous pouvez activer temporairement l'outil **Gomme** en enfonçant la touche E et en la maintenant enfoncée. Dès que vous relâcherez cette touche vous récupérerez l'outil initial (**Correcteur** ou **Tampon**).*

- Ajouter un masque de fusion en cliquant sur l'icône ◘ du panneau **Calques** ou du panneau **Masques** et dessiner dessus avec le pinceau réglé avec une opacité réduite, et le noir comme couleur de premier plan (sa taille et ses bords se règlent comme ceux des outils de correction).

Cette méthode est plus souple que l'utilisation de la gomme car en peignant en blanc, vous réaffichez la correction alors qu'en gris vous l'atténuez.

L'annulation localisée avec l'outil Forme d'historique

Lors d'un travail sans calque ajouté, vous pouvez utiliser l'outil **Forme d'historique**, avec une opacité forte, pour effectuer un retour en arrière localisé sur une zone. Éventuellement, dans la **Barre d'options** de l'outil, réglez sur le mode **Obscurcir** pour éviter la réapparition des taches claires ou **Éclaircir** pour empêcher l'apparition des taches sombres.

> **Astuce** *Sans changer d'outil (c'est-à-dire à partir de l'outil de retouche, **Correcteur** ou autre), activez temporairement l'outil **Forme d'historique** en maintenant enfoncée la touche Y. Dès que vous relâcherez cette touche vous récupérerez l'outil initial. Vous pouvez aussi garder enfoncées les touches E et ⌥[Alt] pour activer temporairement la **Gomme** avec l'option **Effacer de l'historique**.*

Pour appliquer l'outil **Forme d'historique**, activez-le (en tapant la touche Y ou en la maintenant enfoncée, *voir la remarque ci-dessus*) et utilisez la méthode suivante :

1. Réglez l'opacité de l'outil sur une valeur faible (10 à 30 %).
2. Dans le panneau **Historique**, définissez la source sur un état antérieur à l'utilisation de l'outil de correction. Pour cela, cliquez sur la case à gauche de l'état que vous souhaitez prendre comme source.
3. Passez l'outil sur la zone à atténuer.

> **Astuce** *Dans de nombreux cas, on travaille par petites touches, ce qui engendre un grand nombre d'états dans le panneau **Historique**. Pour retrouver plus facilement un état avant correction, pensez à créer un instantané (par clic sur ◘) avant de démarrer une phase de correction.*

Nous allons maintenant passer en revue les différents outils de retouche.

L'outil Correcteur localisé

Le principe de fonctionnement

Contrairement aux outils **Correcteur** ou **Tampon**, l'outil **Correcteur localisé** (icône) élimine des éléments indésirables dans une photo sans avoir à définir de zone de référence. Cependant, ces éléments doivent être suffisamment différents par rapport à l'arrière-plan.

Les réglages de l'outil

La taille

L'efficacité de l'outil est liée à son réglage. Il est préférable de choisir une taille petite par rapport à la zone à retoucher. Selon les cas, les corrections peuvent être meilleures avec un outil réglé avec des bords nets.

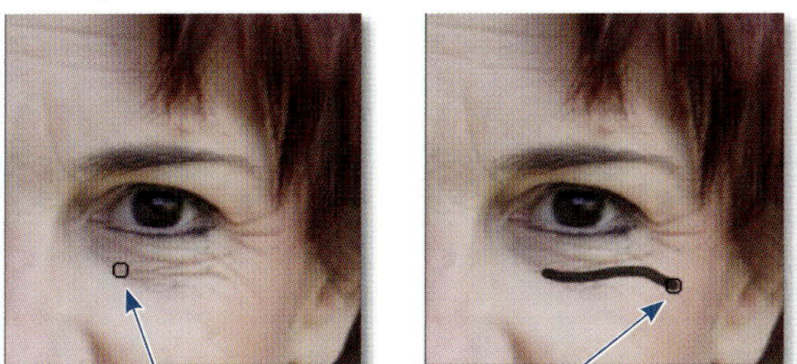

On règle la taille et on passe directement sur la zone à corriger, la correction apparaît quand on relâche l'outil, on corrige ailleurs.

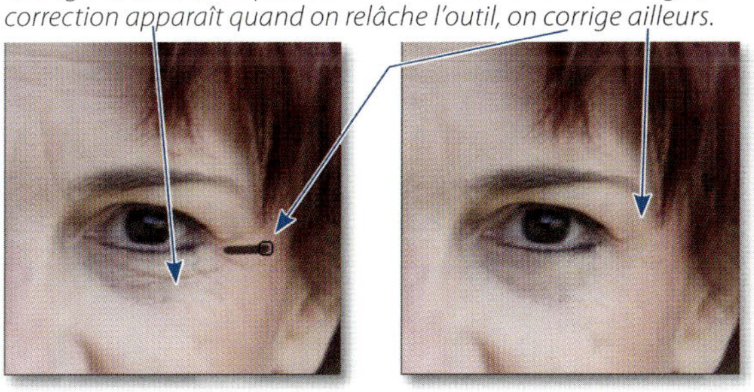

Les options de correction

Les types de correction

Par défaut, dans la **Barre d'options**, l'outil est réglé sur l'option **Contenu pris en compte** ; il en possède d'autres telles que **Similarité des couleurs**, qui donnent souvent des résultats moins intéressants (*voir ci-après*).

Les calques de correction

Avant d'appliquer l'outil, cochez **Échantillonner tous les calques** de manière à pouvoir faire apparaître la correction sur un nouveau calque que vous aurez ajouté (en tapant ⇧⌘N [⇧Ctrl N] pour renommer ce nouveau calque, et ⇧⌥⌘N [⇧Alt Ctrl N] pour garder le nom générique). Ainsi, la correction apparaîtra sur le calque ajouté, mais le résultat visuel sera le même que si la correction avait été faite directement sur l'image. Cependant, elle se gérera plus facilement : si vous souhaitez la rectifier, vous pouvez utiliser l'outil **Gomme** pour effacer certaines parties du calque, puis recommencer la correction. Vous pouvez aussi atténuer la correction en réduisant l'opacité du calque ou encore en modifiant son mode de fusion à partir du panneau **Calques**.

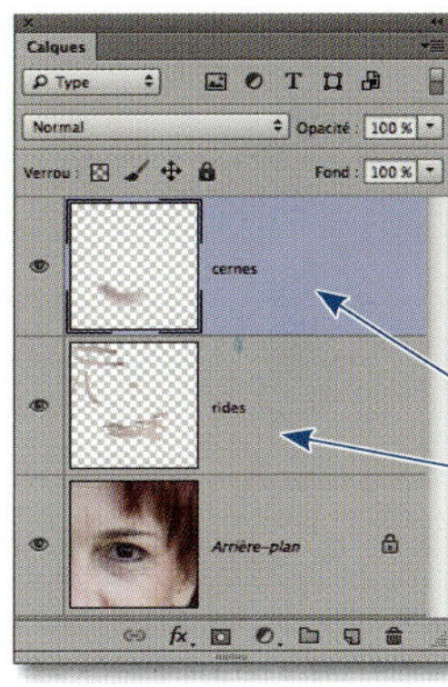

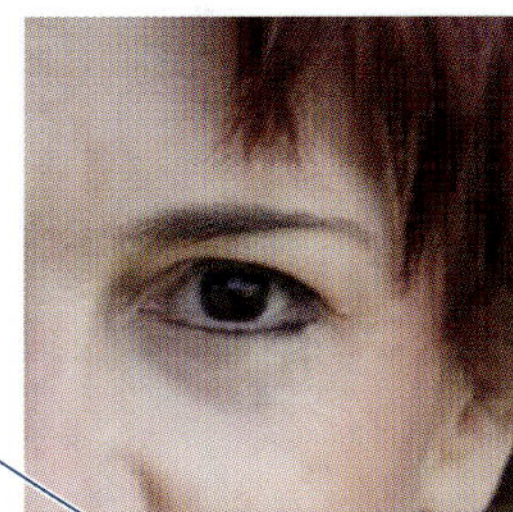

On utilise plusieurs calques pour placer les différentes corrections.

La correction et la tablette graphique

Une tablette graphique facilite le travail de retouche. En effet, la taille de l'outil s'adapte à la pression exercée par le stylet sur la tablette. Cette option est activée (icône) ou désactivée (icône) directement dans la **Barre d'options** de l'outil en cliquant sur l'icône située à droite des options.

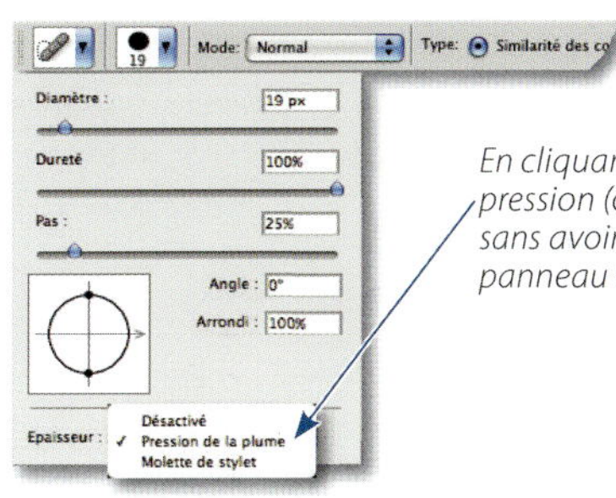

En cliquant ici on active la pression (ou on la désactive) sans avoir à afficher ce panneau local de réglages.

L'application de l'outil

L'outil **Correcteur localisé** prend lui-même une référence sur la photo. Celle-ci est souvent correcte, mais peut ne pas l'être certaines fois ; dans ce cas, annulez (par ⌘Z [Ctrl Z]) et recommencez. Vous obtiendrez de meilleurs résultats en travaillant par petites touches. N'hésitez pas à repasser sur la zone corrigée et à annuler l'opération par l'historique (en tapant ⌘⌥Z [Alt Ctrl Z]) pour tester avec une autre taille d'outil afin de voir si la correction n'est pas plus efficace.

Les types d'application

L'outil propose trois types : **Similarité des couleurs**, **Créer une texture** et **Contenu pris en compte**.

Sur cette image on souhaite supprimer ces trois bateaux.

Avec le type **Similarité des couleurs**, Photoshop analyse les couleurs de l'endroit où est positionné l'outil et utilise les pixels environnants les plus adaptés pour recréer la partie de l'image couverte par l'outil.

*Ici, on a utilisé l'outil avec le type **Similarité des couleurs** : quelques traces restent visibles sur l'image corrigée.*

Avec le type **Créer une texture**, Photoshop utilise tous les pixels couverts par l'outil pour créer une texture permettant de corriger la zone. Si cette texture ne donne pas un résultat satisfaisant, repassez l'outil une seconde fois sur la zone.

*Ci-dessus, on a utilisé l'outil avec le type **Créer une texture**, avec ce genre d'image les résultats ne sont pas satisfaisants.*

*Ci-dessus, c'est le type **Contenu pris en compte** qui a été utilisé.*

Astuce ***Le résultat diffère selon la façon dont l'outil est glissé. Si ce dernier ne convient pas, annulez-le et glissez-le dans un sens opposé à celui utilisé précédemment.***

Les modes d'application

L'outil utilise le mode de fusion **Normal**, vous pouvez également essayer avec le mode **Remplacer** qui, dans certains cas, donne de meilleurs résultats (parfois, l'outil ne donne aucun résultat si l'élément à corriger est trop grand). Pour accéder à ce mode, dans la barre d'options de l'outil, déroulez le menu local **Mode**. Si vous souhaitez que la correction n'affecte que certains tons de l'image vous pouvez sélectionner un mode de fusion dans le menu **Mode** de la barre d'options de l'outil. Par exemple, avec le mode **Éclaircir**, vous ne corrigerez que les tons foncés (la correction n'apparaît que si elle éclaircit l'image).

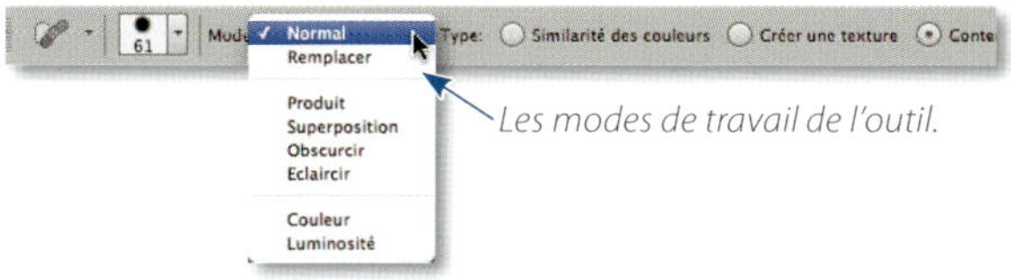

Les modes de travail de l'outil.

Pour certaines corrections, Photoshop propose **Contenu pris en compte** ; celui-ci s'utilise de deux façons : par glissement avec l'outil **Correction de tons directs** ou par remplissage avec la commande **Remplir** (du menu **Édition**).

Les corrections avec Contenu pris en compte de l'outil Correcteur localisé

Quand une photo comporte de nombreux éléments indésirables (*voir ci-dessous*), le type **Contenu pris en compte** s'avère très efficace pour les supprimer (s'ils n'ont pas de trop grandes dimensions). Avant d'appliquer l'outil, cochez l'option **Échantillonner tous les calques** de la **Barre d'options** de l'outil, et ajoutez un calque, voire plusieurs, afin d'y placer les corrections. En effet, en séparant les corrections sur différents calques (par zone, par exemple), vous les rendrez plus faciles à manipuler ou à traiter ultérieurement (réglage d'opacité, ajout d'un masque de fusion pour assurer une transition plus douce entre la partie corrigée et l'arrière-plan...).

On souhaite supprimer tous les éléments indésirables de cette image (fils, antennes, etc.).

Ci-dessus, on a corrigé toutes les zones.

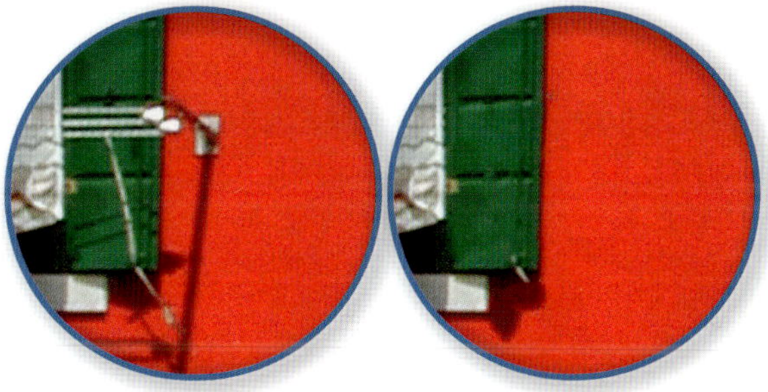

Ci-dessus, vous pouvez voir les détails des zones à corriger et des corrections réalisées.

Le réglage de l'outil

De préférence, donnez à l'outil une petite taille (à peine plus large que l'épaisseur de la zone à corriger). Pour la dureté, il est souvent recommandé d'utiliser des bords nets (pour réduire la dureté de l'outil, glissez-le vers le bas en enfonçant ⌘⌥[Ctrl Alt]) ; cependant, sur certaines zones des bords doux donneront de meilleurs résultats (faites quelques essais pour trouver le meilleur compromis).

Les manipulations de l'outil

N'essayez pas de corriger chaque élément en une seule fois, car la correction sur l'ensemble risque ne ne pas être satisfaisante si elle englobe une partie trop complexe. N'hésitez pas à couvrir la zone à corriger en plusieurs fois.

Si le résultat ne convient pas, annulez-le et glissez à nouveau l'outil (en changeant la position d'origine, la longueur du tracé, la taille de l'outil ou sa dureté). Vous pouvez également repasser l'outil sur la zone qu'il vient de corriger, le deuxième passage (et parfois le troisième) améliore le résultat.

On glisse l'outil sur une partie de la zone à corriger. Quand on relâche, la correction apparaît, on peut poursuivre sur le reste.

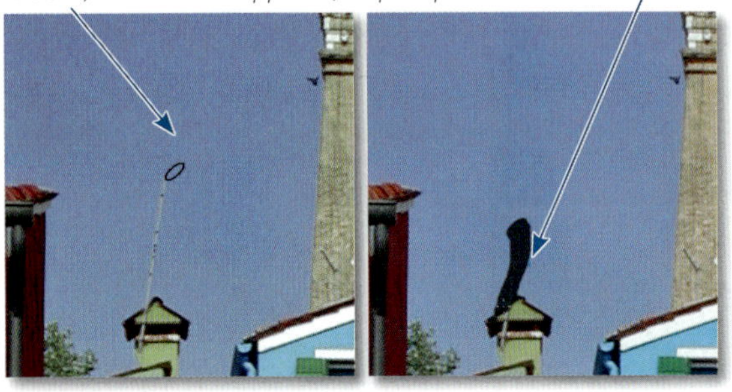

Pour toutes les opérations pendant lesquelles Photoshop réalise des remplacements, le programme a besoin de trouver une source de matière à dupliquer. En examinant l'image et en réalisant, à différents endroits, un premier essai aussitôt annulé, vous pouvez déterminer où cette dernière sera prélevée, et en déduire un ordre préférentiel pour réaliser des corrections proches les unes des autres. En effet, la première zone, une fois corrigée, pourra ainsi devenir la source pour la correction suivante et ainsi de suite.

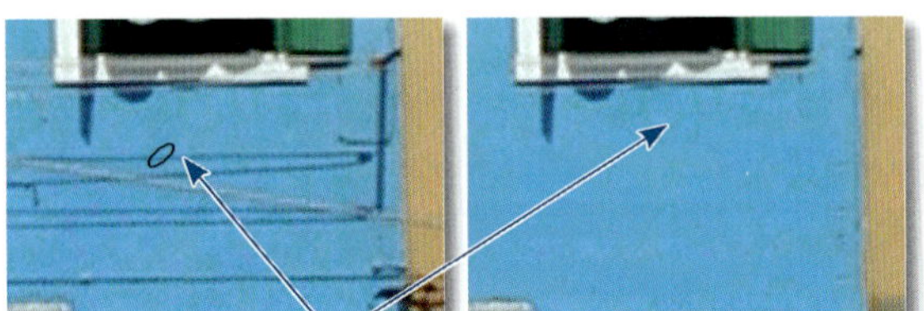

Pour faire disparaître les fils, des essais permettent d'établir qu'il est préférable de commencer par celui situé en haut.

Les traitements des retouches

Dans certains cas, si la correction ne convient pas (ou ne s'applique pas) essayez de l'améliorer en changeant le mode du correcteur (par exemple, en passant de **Remplacer** à **Normal** ou réciproquement). Si l'outil reste inefficace, c'est qu'il faut en changer : passez alors à l'outil **Correcteur** ou l'outil **Tampon** (*voir plus loin l'utilisation de ces outils*). De la même manière, le passage de ces outils sur la frontière de la correction aura pour effet de mieux intégrer cette dernière avec les éléments à l'arrière-plan.

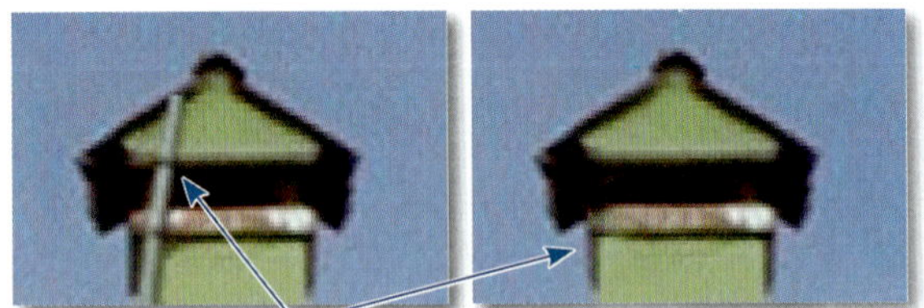

*Pour éliminer certains éléments, il est parfois préférable de travailler avec l'outil **Tampon**.*

Pour atténuer certaines corrections, il est possible (par clic sur l'icône du panneau **Calques**), d'ajouter un masque de fusion au calque sur lequel se trouvent les corrections et d'y dessiner avec le pinceau en noir (*nous en reparlerons plus loin*).

Les corrections par remplissage avec l'option Contenu pris en compte

La correction avec la commande Remplir

La commande **Remplir** du menu **Édition** comporte une option de remplissage, **Contenu pris en compte**, qui permet d'obtenir des corrections sur les éléments de plus grandes dimensions que celles que couvre l'outil **Correcteur localisé**. Attention, contrairement à l'outil, ce type de correction ne peut pas se réaliser sur un calque ajouté, mais sur une copie du calque à corriger complet (celle-ci est obtenue en tapant ⌘J [Ctrl J]). Pour pallier ce problème, vous pouvez utiliser l'outil **Pièce** qui, dans la version CS6, comporte également une option **Contenu pris en compte** (*la description de l'outil est développée plus loin*).

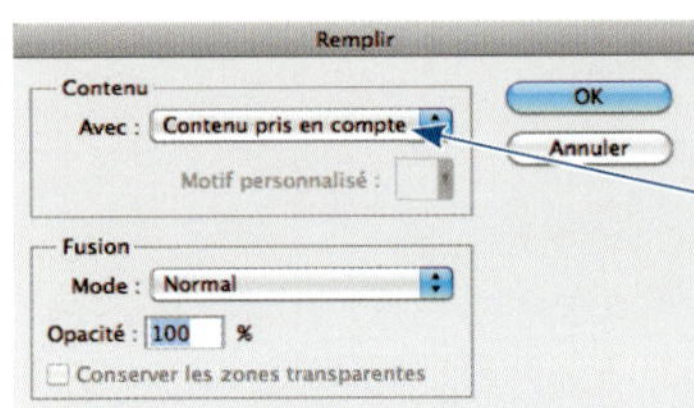

Ce nouveau type de remplissage permet de corriger des zones d'une photo (mais sur le calque actif).

Pour réaliser la correction, effectuez une sélection avec l'un des outils de sélection de votre choix (ou, comme nous le verrons ci-après et plus en détails dans un prochain chapitre, avec le **mode Masque** et les outils de dessin), et lancez la commande **Remplir** du menu **Édition**. Vous pouvez taper Efface s'il s'agit du calque d'arrière-plan ou ⇧ Efface s'il s'agit d'un autre calque.

Note *Si vous avez réalisé une sélection sur le calque d'arrière-plan et que vous tapez la touche* Efface*, Photoshop affiche automatiquement la fenêtre* ***Remplir*** *avec l'option* ***Contenu pris en compte*** *active.*

Sur cette photo, on a remplacé des éléments en réalisant des remplissages (et des retouches avec l'outil ***Correcteur localisé****)*

L'aspect de la sélection

Quand vous réalisez la sélection, il est préférable : d'une part, que celle-ci ne comporte que l'élément à corriger avec peu d'arrière-plan ; d'autre part que cette sélection n'ait pas de contour progressif (ou qu'il ne soit pas trop prononcé).

On dessine la sélection, ici au lasso, et on affine par des opérations entre sélections.

Quand la sélection a l'allure souhaitée, lancez la commande **Remplir** avec l'option **Contenu pris en compte**. Pour les corrections concernant des éléments de taille importante, les résultats par remplissage sont meilleurs qu'avec l'outil correcteur.

Quand la sélection est prête, on la remplit avec l'option ***Contenu pris en compte****, puis on désélectionne pour voir le résultat.*

Ci-contre vous pouvez voir la retouche obtenue à partir d'un traitement avec l'outil ***Correcteur localisé*** *réglé avec l'option* ***Contenu pris en compte*** *(il y a des défauts dans la partie haute de la correction).*

La découpe des retouches

La taille de sélection

Selon la photo, si la sélection est trop importante, la correction risque de ne pas donner de résultats corrects sur la totalité de la zone.

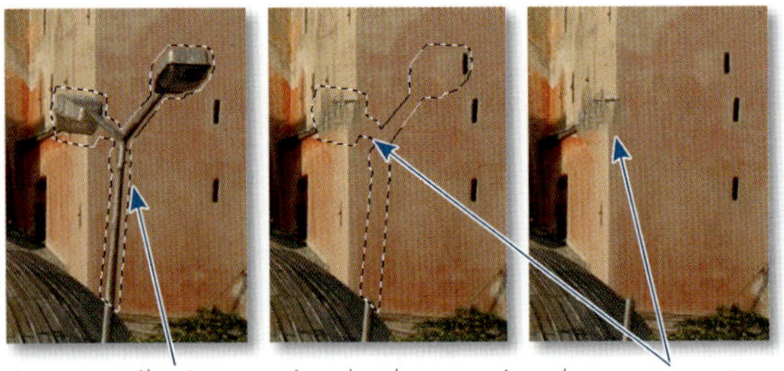

Avec une sélection trop étendue, la correction n'est pas correcte sur certaines zones.

Pour pallier ce problème, « découpez » la zone en plusieurs parties et réalisez une série de corrections.

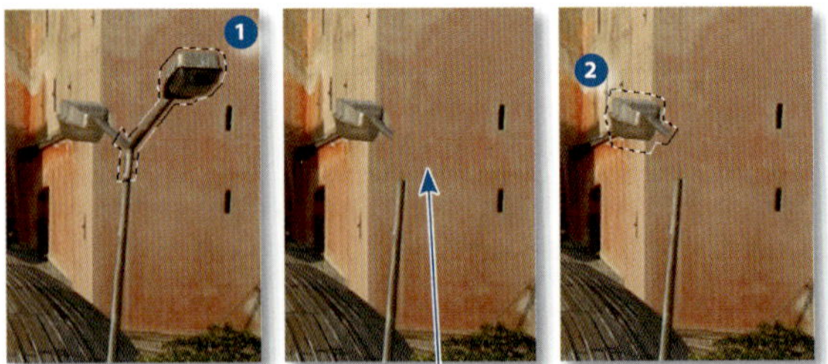

On a décomposé en trois corrections successives.

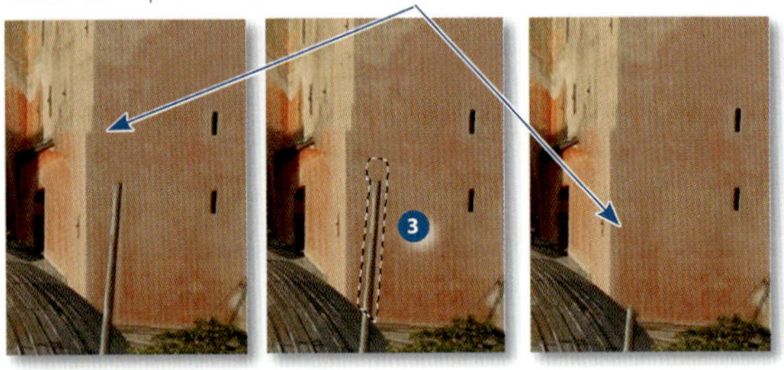

Le placement de la correction sur un calque

Une fois que la sélection vient d'être remplie avec le contenu « corrigé », il peut être intéressant de profiter que celle-ci est encore active pour en copier le contenu sur un calque séparé (un script pourra être réalisé à cet effet, *voir page 170*). L'opération se réalise par le menu **Calque/Nouveau/Calque par copier** ou au clavier en tapant ⌘J [Ctrl J]. Il deviendra alors possible de la manipuler plus facilement en modifiant l'opacité ou le mode de fusion ou encore en ajoutant un masque de fusion pour cacher (ou atténuer) localement les corrections en y dessinant en noir (ou en gris) sur les parties de correction à masquer (ou à atténuer). Par la suite, le calque (s'il s'agit d'une copie initiale de l'arrière-plan) contenant l'ensemble des corrections pourra être supprimé et certains calques de correction fusionnés pour regrouper certaines corrections.

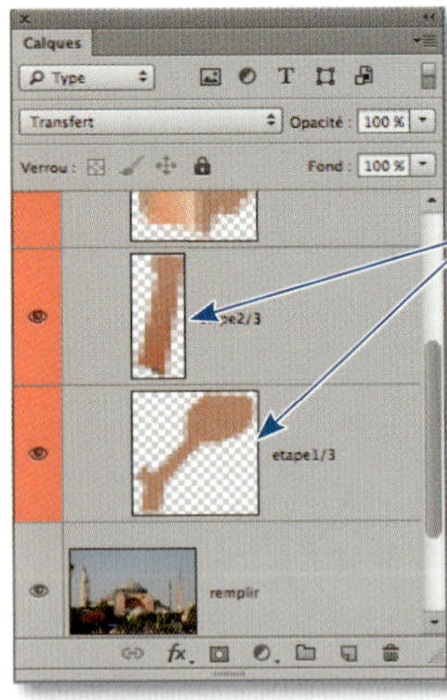

On a copié des corrections sur des calques.

Astuce *Nous verrons plus loin* (page 180) *que l'on peut créer un script pour réaliser le placement de la correction ; il permettra d'éviter la duplication du calque de départ.*

La prépation de la sélection avec les outils

Les outils de sélection

La sélection se réalise avec n'importe lequel des outils de sélection (**Sélection rapide**, **Rectangle**, **Ellipse**, **Lasso**...) ou par combinaison de ces outils en réalisant des opérations entre les sélections successives.

Les combinaisons ou opérations

Chaque opération entre la sélection affichée et celle que vous allez dessiner peut être définie à l'aide de l'une des icônes de la **Barre d'options** de chaque outil de sélection (l'aspect de l'outil changera selon l'opération, *voir tableau ci-dessous*).

Attention *L'opération activée dans la* ***Barre d'options*** *restant sélectionnée pour les utilisations suivantes de l'outil* ***Pièce****, il est préférable de définir l'opération de façon temporaire, directement sur l'image, à l'aide de certaines touches du clavier* (voir ci-après).

Opération	Touches	Indication sur l'icône de l'outil
Addition	⇧	+ (exemple : →)
Soustraction	⌥ [Alt]	– (→)
Intersection	⇧⌥ [⇧ Alt]	x (→)

Le déplacement

En cours de réalisation (bouton de la souris non relâché), la sélection (sauf avec l'outil **Lasso**) peut être déplacée par glissement en enfonçant la touche Espace. Quand la sélection est réalisée, vous pouvez ajuster sa position en la déplaçant. Pour cela, tapez une ou plusieurs fois les touches fléchées du clavier ; le déplacement est de 1 pixel et passe à 10 avec ⇧.

La sélection avec le Mode Masque

Une autre technique est envisageable pour créer une sélection (également utile pour l'affiner) ; elle consiste à utiliser les outils de dessin et le **Mode Masque**. Ceci est particulièrement intéressant quand le dessin de la sélection est trop délicat à réaliser avec l'outil **Pièce** ou les outils de sélection. Le **Mode Masque** s'utilise également pour affiner avec les outils de dessin une sélection réalisée avec l'outil **Pièce**.

La méthode est la suivante :

1. Activez le **Mode Masque** en tapant la touche Q (ou en cliquant sur l'icône ◘ du panneau **Outils**).

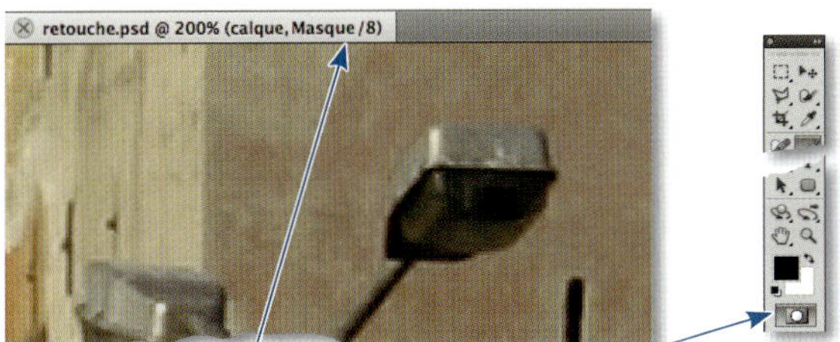

*On active le **Mode Masque** en cliquant ici.*

2. Choisissez un outil de dessin (**Pinceau** ou **Crayon**) et réglez son aspect (comme pour l'outil **Correcteur**). Des changements de taille pourront être effectués en cours d'utilisation dans la **Barre d'options** de l'outil ou, directement sur le dessin, au clavier ou par glissement.

Réglages par glissement sur Mac puis sous Windows		
Taille	⌥ ctrl + glisser horizontalement	Alt + glisser bouton droit horizontalement
Dureté	⌥ ctrl + glisser verticalement	Alt + glisser bouton droit verticalement

3. Tapez la touche D pour définir le noir comme couleur de premier plan et dessinez la zone à sélectionner (elle apparaît en rouge). Pour effacer une partie, dessinez avec le blanc ; pour cela, tapez X pour l'activer (tapez à nouveau X pour retrouver le noir).

On dessine avec le pinceau la zone que l'on souhaite sélectionner.

Astuce *Si la zone que vous avez dessinée est relativement grande (et constituée d'un tracé de pinceau fermé), vous pouvez la remplir rapidement en utilisant l'outil **Pot de peinture** (activé en tapant une ou plusieurs fois ⇧G). Pour cela, réglez sa tolérance sur une valeur élevée (200) et cliquez sur la zone à remplir.*

4. Inversez le dessin en tapant ⌘I [Ctrl I] et quittez le **Mode Masque** en tapant Q (la sélection s'affiche).

*On inverse le masque et on quitte le **Mode Masque** pour voir la sélection que l'on peut traiter par remplissage.*

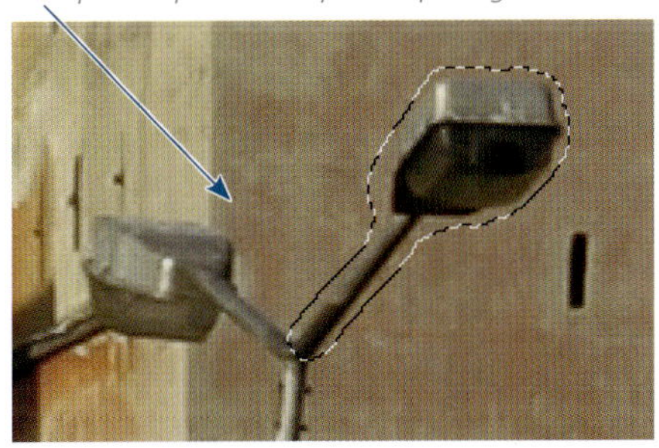

Toutes ces techniques de sélection (et d'autres, telles que les sélections avec les outils vectoriels) seront développées dans le chapitre consacré aux sélections et aux masques.

L'amélioration de la sélection

Pour affiner des sélections, Photoshop propose une commande que nous allons examiner à partir de la photo ci-dessous, dans laquelle on souhaite éliminer le chat.

Dans cette photo nous allons réaliser la sélection du chat afin de l'éliminer par remplissage avec l'option **Contenu pris en compte**.

La commande Amélioration du contour

Une fois la sélection réalisée, lancez la commande **Améliorer le contour** par le menu **Sélection**, par le bouton [Améliorer le contour...] dans la **Barre d'options** ou par clic droit dans le menu contextuel (dans les deux derniers cas, un outil de sélection doit être actif ou activé temporairement en maintenant enfoncée la touche M). Cette commande affiche une fenêtre comportant de nombreuses options pour affiner l'aspect de la sélection

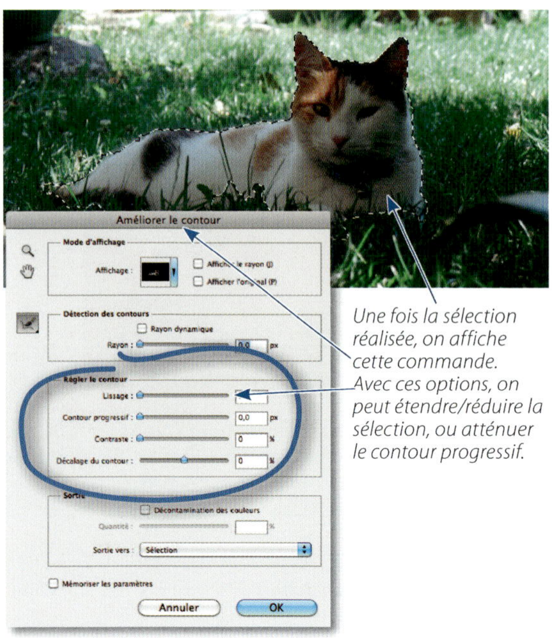

Une fois la sélection réalisée, on affiche cette commande. Avec ces options, on peut étendre/réduire la sélection, ou atténuer le contour progressif.

Le mode d'affichage de la sélection

Pour contrôler l'aspect de la sélection, vous pouvez utiliser différents modes d'aperçu. L'aperçu se choisit en haut de la fenêtre en cliquant sur le triangle de la rubrique **Vue**. On passe également d'un mode à l'autre en tapant F ou par le raccourci affecté à chaque aperçu.

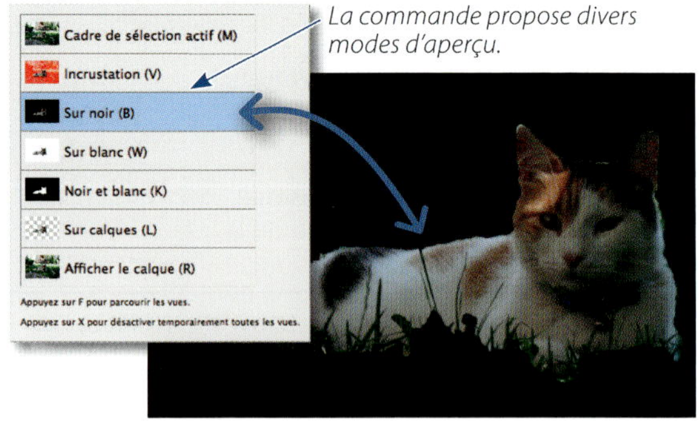

La commande propose divers modes d'aperçu.

- **Cadre de sélection actif** : la zone sélectionnée s'affiche normalement sur la photo.
- **Incrustation** : la zone sélectionnée apparaît transparente sur un fond rose. C'est le **Mode Masque**, sa couleur et son opacité sont réglables par double-clic sur l'icône.
- **Sur noir** : la zone sélectionnée s'affiche sur un fond noir.
- **Sur blanc** : la zone sélectionnée s'affiche sur un fond blanc.
- **Noir et blanc** : la zone sélectionnée s'affiche en niveaux de gris, comme sur les couches alpha.
- **Sur calques** (option par défaut) : la zone sélectionnée s'affiche seule, le reste du calque affiche le damier de transparence.
- **Afficher le calque** : cette option correspond au premier mode dans lequel la sélection est masquée. Elle est intéressante pour visualiser des détourages ou des calques de réglage chromatique ou autre.

Les traitements des contours de la sélection

Dans le cadre de l'utilisation pour un remplissage avec l'option **Contenu pris en compte**, certains traitements effectués sur une sélection sont moins indispensables. On peut les séparer en deux catégories : détection des contours et ajustement des contours.

La détection des contours

Cette rubrique est surtout utile pour les détourages. Elle permet de modifier les contours à l'aide de deux pinceaux.

Le premier, l'outil **Amélioration du rayon**, réduit la sélection et le second, l'outil **Effacement des améliorations**, l'augmente (si elle a été préalablement réduite).

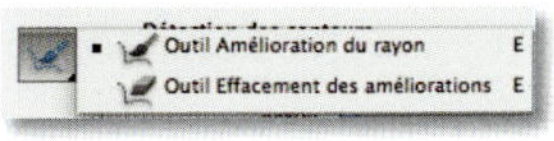

Deux outils pour redessiner les contours.

Dans les deux cas, la modification est liée à la taille de l'outil que l'on modifie directement sur l'image par glissement.

L'ajustement des contours

Ces réglages s'avèrent intéressants, notamment pour dilater ou contracter la sélection avec le curseur **Décalage du contour**, ou atténuer, voire supprimer, son contour progressif avec l'option **Contraste**.

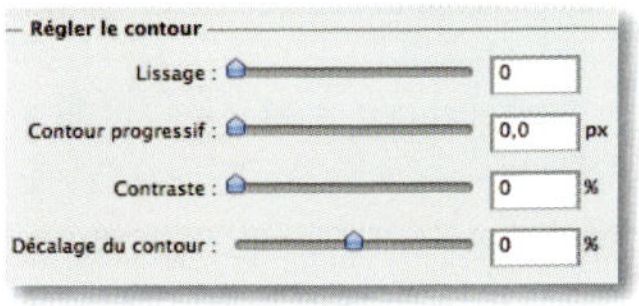

Ajustements de contours : ici, seuls les deux derniers sont utiles.

Voici une description des différents réglages disponibles :

- **Lissage** : supprime (ou ajoute) les zones isolées sélectionnées (ou non sélectionnées) afin d'obtenir une sélection plus régulière avec un contour plus lisse.
- **Contour progressif** : permet de créer un fondu entre la sélection et les pixels avoisinants pour assurer une meilleure transition entre la partie traitée et le reste.
- **Contraste** : crée une transition plus nette entre la partie sélectionnée et les pixels extérieurs (il enlève le lissage ou le contour progressif).
- **Décalage du contour** : réduit ou étend la sélection.

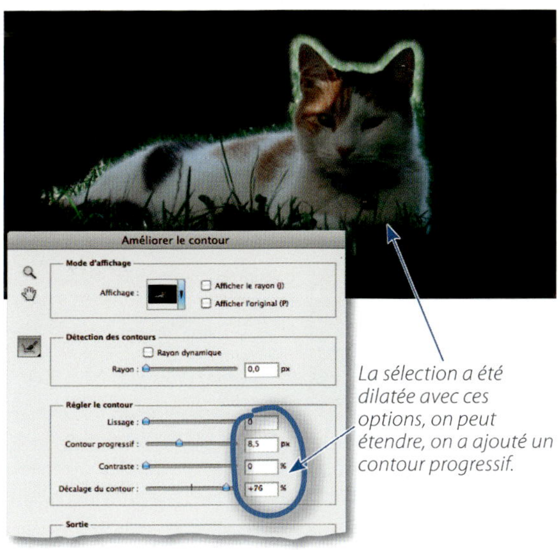

La sélection a été dilatée avec ces options, on peut étendre, on a ajouté un contour progressif.

Dans tous les cas, après avoir affiné la sélection avec la commande **Améliorer le contour**, vous pouvez toujours relancer le **Mode Masque** (en tapant Q) pour modifier le dessin de la sélection.

*On a tapé Q pour activer le **mode Masque** : la sélection a été ajustée au pinceau (noir).*

Une fois la sélection terminée on peut remplir avec l'option **Contenu pris en compte**. Ici quelques retouches au tampon on été nécessaires.

*La sélection a été remplie avec l'option **Contenu pris en compte** de la commande **Remplir**.*

Quelques retouches au tampon permettent d'affiner la correction.

La réversibilité des corrections avec l'historique

Le traitement manuel

Si vous n'avez pas dupliqué le calque initial pour y placer les corrections, il est possible de les rendre réversibles en utilisant l'astuce suivante :

1. Réalisez une sélection comme indiqué dans les paragraphes précédents (avec le **Mode Masque**, par exemple).
2. Lancez la commande **Remplir** du menu **Édition** avec l'option **Contenu pris en compte**.
3. Tapez ⌘J [Ctrl J] pour placer cette correction sur un calque, comme indiqué dans les pages précédentes.
4. Sélectionnez le calque initial et récupérez la sélection correspondant au calque précédemment créé par ⌘ clic [Ctrl Clic] sur sa vignette dans le panneau **Calques**.
5. Lancez à nouveau la commande **Remplir** en choisissant cette fois-ci l'option **Historique** : le calque retrouve son aspect initial, on peut le voir en cachant la correction qui se trouve sur le calque séparé. Ce remplissage s'obtient également en tapant ⌥⌘ Efface [Alt Ctrl Efface].

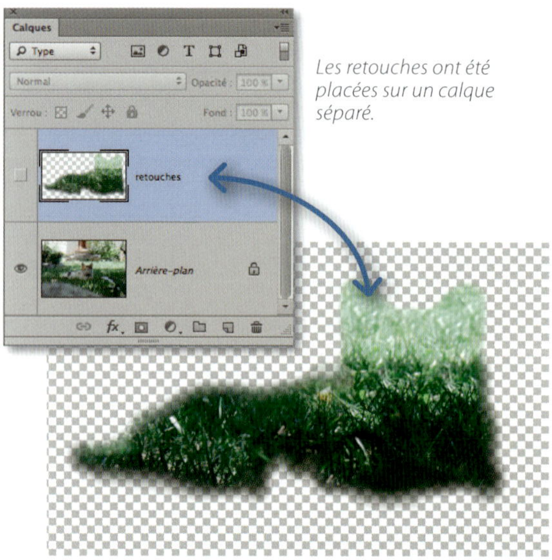

Les retouches ont été placées sur un calque séparé.

Le script de traitement réversible

Vous pouvez enchaîner les différentes étapes dans un script ; cependant, quelques opérations doivent être ajoutées pour assurer l'automatisation de l'ensemble du traitement quelle que soit la structure de calques (présence ou non d'un arrière-plan).

Une fois la sélection réalisée sur le calque à retoucher, lancez l'enregistrement du script en cliquant sur l'icône ■ située en bas du panneau **Scripts** ; voici les étapes à réaliser :

1. Copiez le contenu de la sélection dans le presse-papiers (⌘C [Ctrl C]).
2. Désélectionnez (⌘D [Ctrl D].
3. Dupliquez le calque actif en le renommant « *photo* ». Pour cela, tapez ⌥⌘J [Alt Ctrl J].
4. Récupérer la sélection initiale, par la commande **Resélectionner** du menu **Sélection** (ou ⇧⌘D [⇧Ctrl D]).
5. Dans le menu **Édition**, lancez la commande **Remplir** et choisissez l'option **Contenu pris en compte** : la sélection apparaît alors retouchée.
6. Avec la sélection toujours active, tapez ⌥⌘J [Alt Ctrl J] et nommez « *retouche* » le calque qui va être créé par copie.
7. Enfoncez la touche ⌘ [Ctrl] et cliquez sur la vignette du calque *retouche* dans le panneau **Calques** afin de récupérer la sélection qui avait disparue.
8. Sélectionnez le calque *photo* en cliquant sur sa vignette.
9. Lancez **Coller** du menu **Édition** (⌘V [Ctrl V]) pour remplir le calque *photo* avec le contenu initial de la photo (c'est-à-dire avant retouche).
10. Fusionnez le calque actif (contenant le collage) avec le calque *photo* (⌘E [Ctrl E]). Fusionnez à nouveau le calque *photo* avec celui à l'arrière-plan (⌘E [Ctrl E]).

Arrêtez l'enregistrement du script.

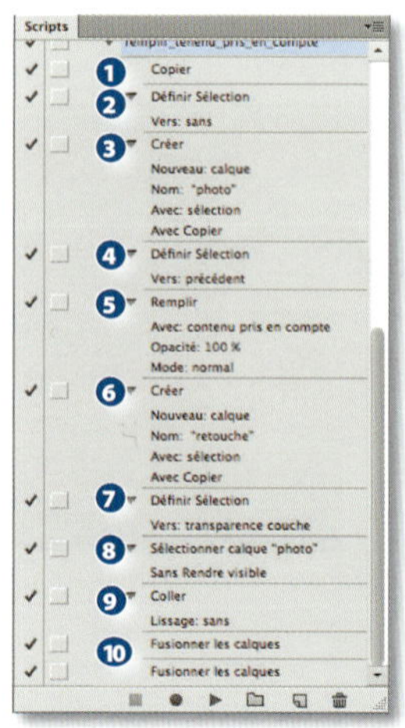

*Les différentes étapes du script de remplissage réversible d'une sélection avec le contenu pris en compte (voir le fichier **06_script_retouche.atn**).*

Ce script est à utiliser une fois la sélection réalisée et le calque à corriger activé, il palliera le fait que la correction ne peut pas se faire directement sur un calque vide ajouté à cet effet.

L'outil Correcteur

Le principe de l'outil

L'outil **Correcteur** prélève la texture sur une zone source pour la dupliquer et la fusionner avec la couleur et la luminosité de la zone sur laquelle on passe l'outil. Le correcteur analysant les pixels situés aux alentours de la forme, il n'est pas indispensable de lui affecter des bords flous. En revanche, évitez de l'approcher trop près d'un contour, car la différence de luminosité qu'il présente sera prise en compte et provoquera des résultats décevants.

ASTUCE *Avec l'outil* ***Correcteur****, du fait de sa technique d'analyse des pixels à dupliquer et à fusionner, une forme elliptique donne des retouches de meilleure qualité.*

Le mode d'emploi de l'outil Correcteur

Pour pouvoir utiliser l'outil **Correcteur**, vous devez définir une zone source que Photoshop utilisera pour y prélever les pixels. Pour cela, enfoncez la touche ⌥ [Alt] (l'outil devient ⊕) et cliquez sur la zone désirée.

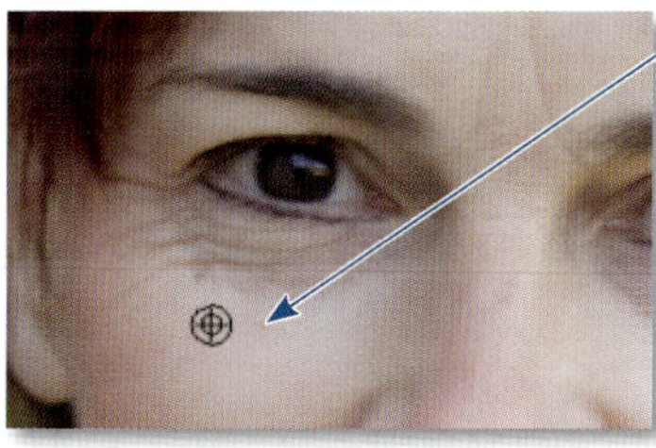

On définit la zone de référence sur la photo par ⌥ clic [Alt clic].

Dès que vous avez défini la zone source, l'intérieur de l'outil se remplit des pixels que l'outil va dupliquer. Avant de passer l'outil rectifiez éventuellement sa taille par glissement avec ctrl ⌥ [Alt clic droit].

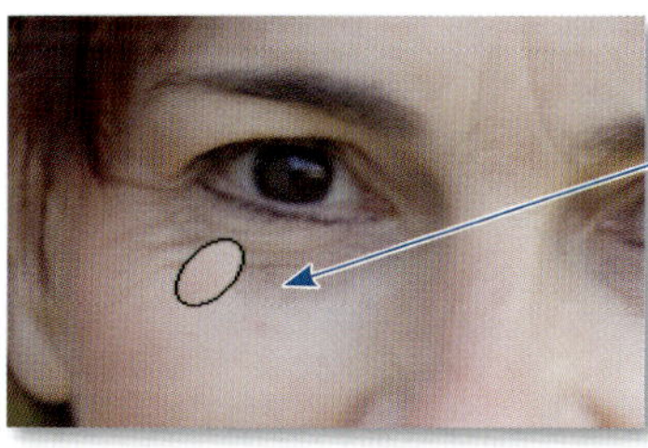

L'outil se remplit de la zone qui sera dupliquée.

Pour appliquer l'outil, glissez-le sur la zone à corriger : les pixels dupliqués ne sont fusionnés avec les pixels recouverts que lorsque vous relâchez le bouton de la souris.

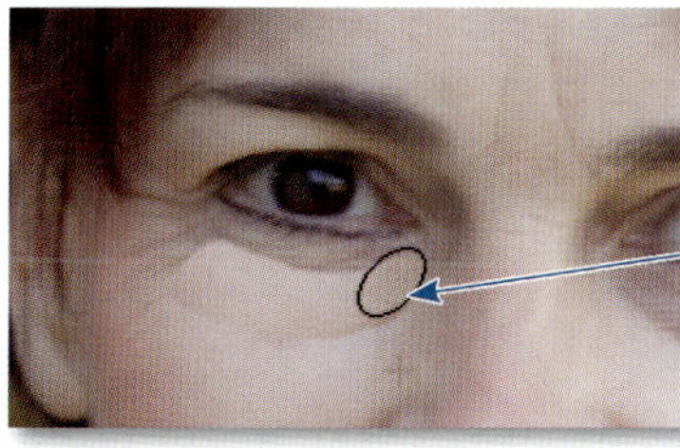

On glisse l'outil sur la zone à corriger.

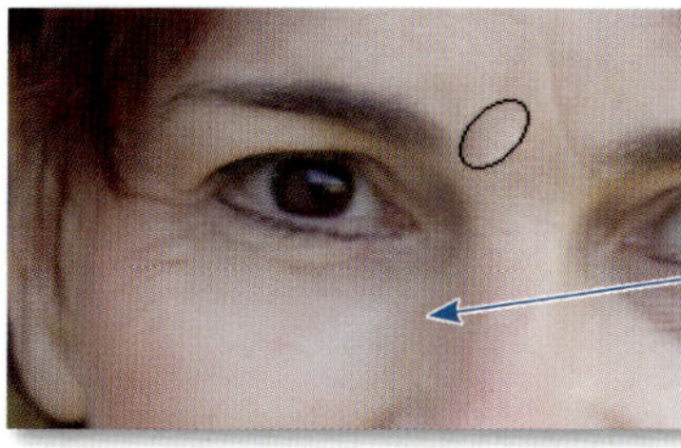

La correction n'est effective que lorsqu'on relâche l'outil. On peut éventuellement l'atténuer en réduisant l'opacité du calque.

La correction apparaît sur le calque ajouté, mais le résultat visuel est le même que si la correction avait été faite directement sur l'image. Si vous souhaitez rectifier cette correction, vous pouvez toujours utiliser l'outil **Gomme** pour effacer certaines parties du calque.

ASTUCE *Bien que cela soit moins indispensable qu'avec l'outil* ***Tampon****, n'hésitez à redéfinir la référence (par* ⌥ clic [Alt clic]*) avant une correction sur une autre zone.*

Les options de l'outil Correcteur

La **Barre d'options** permet d'autres réglages, parmi lesquels : le mode de fusion, la source et l'alignement.

LES MODES DE FUSION

Le mode **Normal** donne le plus d'efficacité à cet outil. Le mode **Remplacer** convertit l'outil **Correcteur** en outil **Tampon (de duplication)**. Si les pixels sont placés sur un autre calque, le mode de fusion du calque peut être changé pour obtenir un résultat analogue au réglage du mode de l'outil, mais avec davantage de souplesse.

LA SOURCE DE DUPLICATION

Avec l'option **Échantillon** la source (ou pixels dupliqués) est constituée par les pixels définis par la zone de référence (désignée par ⌥clic [Alt clic]). Il est possible de remplacer cette source par un motif qui prendra néanmoins la couleur de la zone sur laquelle l'outil est appliqué. L'icône donne un accès au panneau **Source de duplication**. Il permet l'affichage d'un aperçu de la correction dans la forme de l'outil (grâce à l'option **Écrêtage**, cochée par défaut), et l'intervention sur les pixels qui seront dupliqués. C'est ce que nous allons voir dans les paragraphes qui suivent (on retrouvera cette fonctionnalité avec l'outil **Tampon**).

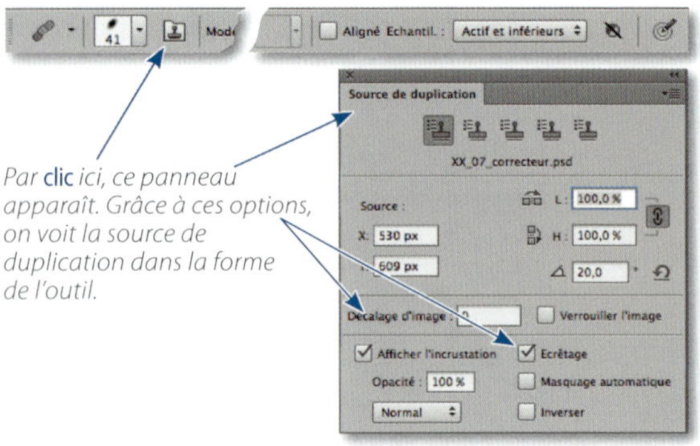

Par clic ici, ce panneau apparaît. Grâce à ces options, on voit la source de duplication dans la forme de l'outil.

L'ALIGNEMENT DES CORRECTIONS

Cette option n'intervient que si l'outil est appliqué en plusieurs fois. En effet, après la première application, si l'option **Aligné** n'est pas cochée (option par défaut), lors d'une seconde application de l'outil, la zone de référence reste inchangée. Si l'option est cochée, c'est la distance entre la zone retouchée (là où passe l'outil) et la zone de prélèvement (matérialisée par une croix) qui reste conservée.

LES AUTRES OPTIONS (CALQUE DE RÉGLAGE ET PRESSION)

Dans la partie droite de la **Barre d'options** de l'outil **Correcteur**, l'icône permet de ne pas intégrer dans la correction l'effet des calques de réglage présents dans la pile des calques. Quant à l'icône , elle permet de désactiver (ou d'activer) la pression du stylet de la tablette graphique.

Les retouches spéciales prévisualisées

Depuis le panneau **Source de duplication**, il est possible d'effectuer des transformations sur les pixels dupliqués telles que déplacement, mise à l'échelle et rotation. Toutes ces transformations sont directement affichées dans la forme de l'outil, ce qui vous assure un meilleur contrôle de la retouche que vous allez réaliser (éventuellement, pour mieux visualiser, agrandissez la forme par glissement avec ctrl ⌥ [Alt clic droit]).

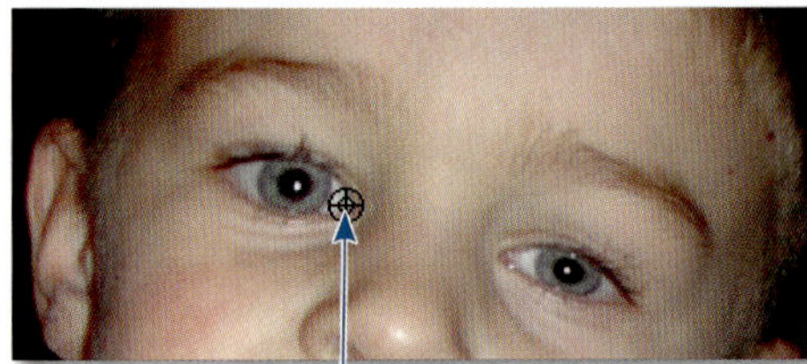

*On a défini la source ici pour dupliquer, avec l'outil **Correcteur**, l'œil gauche (correctement ouvert) sur l'œil droit (un peu fermé). L'aperçu dans la forme doit subir des transformations.*

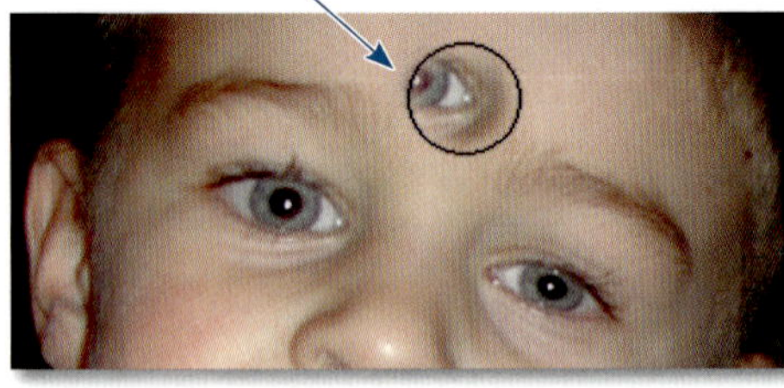

Pour faciliter davantage la mise au point des transformations, cliquez dans l'une des cases de transformation (par exemple, la case pour une rotation), utilisez les touches fléchées du clavier pour affiner les valeurs et contrôlez la transformation dans l'aperçu sur l'image (pendant cette mise au point, augmentez éventuellement la taille de l'outil pour mieux voir). Si vous souhaitez obtenir une symétrie horizontale de la source, cliquez sur l'icône de la case **L** (elle deviendra), ou pour une symétrie verticale, sur l'icône de la case **H** (elle deviendra).

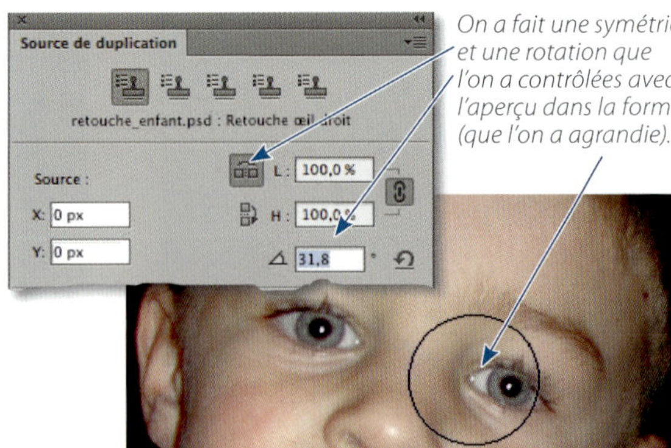

On a fait une symétrie et une rotation que l'on a contrôlées avec l'aperçu dans la forme (que l'on a agrandie).

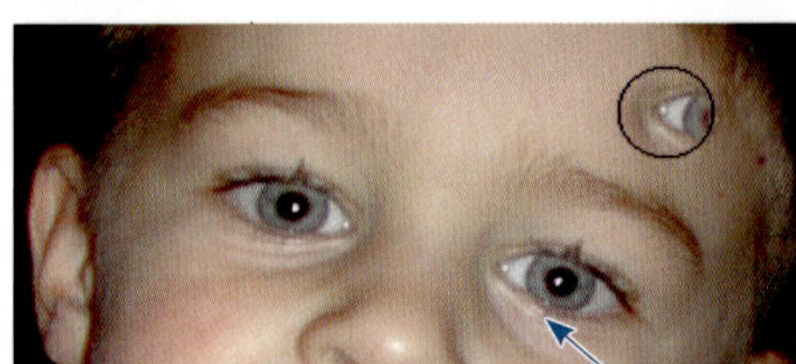

Ci-dessus, on a réduit la taille de la forme où est passé l'outil pour corriger l'œil droit avec une copie pivotée du gauche.

L'outil Pièce

Pour certaines retouches, l'outil **Correcteur localisé** (ou la commande **Remplir**), malgré l'option **Contenu pris en compte** ne donne pas toujours de résultats satisfaisants. Dans ces cas-là, vous pouvez avoir recours à l'outil **Pièce**. Il s'active en tapant ⇧J (une ou deux fois) et s'utilise pour des corrections de taille plus importante ou sur des zones présentant des différences de couleurs plus marquées.

Les réglages de l'outil Pièce

Ps La **Barre d'options** de l'outil **Pièce** propose une rubrique **Rapiécer** qui utilise deux méthodes de fonctionnement : **Normale** et **Contenu pris en compte**. Chacune d'elles possède des options différentes.

Les deux méthodes pour rapiécer une photo.

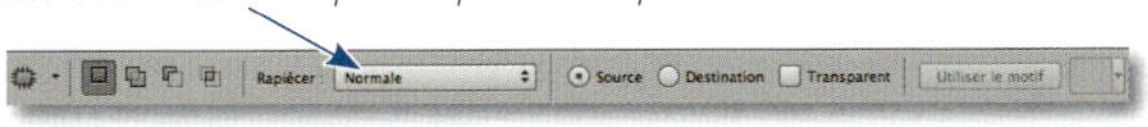

La méthode Normal

Avec cette méthode, la **Barre d'options** de l'outil **Pièce** propose quelques réglages, mais leur utilisation s'avère souvent peu intéressante.

- **Source** : c'est l'option active par défaut. Si vous cliquez sur **Destination**, c'est la zone sélectionnée qui « remplira » la zone sur laquelle la sélection est glissée.
- **Utiliser le motif** : en cliquant sur cette option, la zone « corrigée » est tramée par le motif en vigueur (il se choisit en cliquant sur son aperçu). Cette option peut s'avérer intéressante si vous avez créé des motifs correspondant à des textures de peau.
- **Transparent** : l'option a pour effet d'appliquer aux pixels déplacés avec l'outil **Pièce** un mode de fusion similaire au mode **Produit**, celui-ci provoquant la disparition des pixels les plus clairs et un assombrissement des autres couleurs.

La méthode Contenu pris en compte

Ps On retrouve ici le principe de l'outil **Correcteur localisé** mais avec la possibilité de choisir la zone de référence à la volée. De plus, comme avec ce dernier, il devient possible de placer la correction sur un calque ajouté (en cochant l'option **Échantillonner tous les calques**) ce qui permet de rendre plus manipulables les éléments de cette correction.

Lors de la correction, une rubrique **Adaptation** liste quelques options pour affiner le résultat de la correction (un décalage plus ou moins important pourra apparaître entre la source et la zone corrigée), cependant, les différentes entre les valeurs ne sont pas toujours perceptibles.

> **Astuce** *Comme pour les autres outils, il est possible de mémoriser le réglage de la **Barre d'options** dans le panneau **Outils prédéfinis**.*

La comparaison des deux méthodes

Dans de nombreux cas, la correction avec la méthode **Contenu pris en compte** donnera de meilleurs résultats. Cependant, les corrections réalisées ne sont pas toujours parfaites, elles constitueront une base de travail intéressante pour préparer l'image et vous permettront de gagner un temps précieux.

L'image originale. Ci-dessous, à gauche, la zone inférieure gauche de l'image a été corrigée avec la méthode normale (il reste des traces) et, à droite, avec le contenu pris en charge.

Dans les deux cas, pour effectuer une retouche avec l'outil **Pièce**, vous devez glisser une sélection de la zone à corriger sur une partie de l'image qui sert de référence pour « remplir » cette sélection. Cette dernière peut être réalisée directement avec l'outil **Pièce** (*voir ci-après*) ou par d'autres méthodes (*telles que l'utilisation du **Mode Masque** décrite page 177 et page suivante*). Pendant son glissement, la sélection se remplit de pixels corrigés ayant un aspect voisin de celui que prendra la zone une fois traitée. Avant d'aborder les procédures de retouche, nous allons examiner les techniques de sélection.

La réalisation de la sélection à rapiécer

Le principe de sélection avec l'outil Pièce

À l'instar de l'outil **Lasso**, l'outil **Pièce** s'utilise de deux façons : en tracé libre et/ou en tracé polygonal

- **Tracé libre** : si la sélection est réalisée par glissement (comme pour un dessin au crayon), elle a une forme quelconque.
- **Tracé polygonal** : si vous effectuez des clics successifs avec la touche ⌥ [Alt] enfoncée, la sélection a une forme polygonale. La sélection se referme automatiquement en relâchant ⌥ [Alt].

Vous pouvez combiner un tracé polygonal avec un tracé libre en glissant l'outil avec la touche ⌥ [Alt].

Astuce *Si la zone à traiter présente un arrière-plan non uniforme, faites une sélection assez serrée de la zone à rectifier.*

Les opérations sur les sélections

Avant de glisser la sélection pour obtenir la correction, vous pouvez réaliser des opérations sur cette sélection avec l'outil **Pièce**. Ces opérations, addition, soustraction et intersection, sont réalisables en ayant sélectionné l'icône correspondante parmi les quatre icônes situées sur la partie gauche de la **Barre d'options** de l'outil.

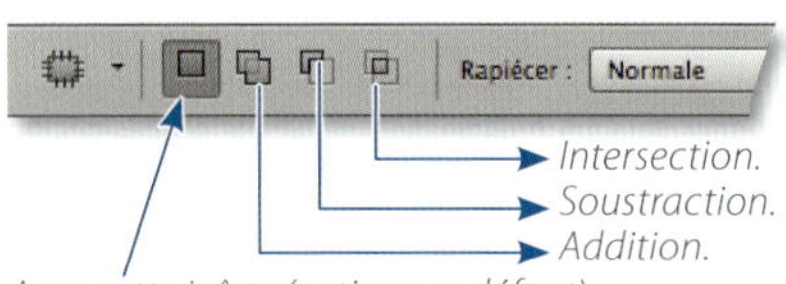

Avec cette icône (active par défaut), on crée une nouvelle sélection.

Vous pouvez réaliser ces opérations directement en ajoutant certaines touches du clavier (l'icône correspondante s'activera temporairement dans la **Barre d'options**). Le tableau ci-après vous les indique.

Opération	Touches	Aspect de l'outil
Addition	⇧	
Soustraction	⌥ [Alt]	
Intersection	⇧ ⌥ [⇧ Alt]	

Les autres techniques de sélection

Les outils de sélection

La sélection se réalise avec l'outil **Pièce** mais également avec n'importe lequel des outils de sélection (**Rectangle**, **Ellipse**, **Lasso**...). Les opérations indiquées précédemment restent valables avec tous les outils de sélection. De plus, si vous n'avez pas encore relâché le bouton de la souris, vous pouvez glisser la future sélection en enfonçant la touche Espace (sauf avec l'outil **Lasso**).

La sélection avec le Mode Masque

Une autre technique est envisageable pour créer une sélection ; elle consiste à utiliser les outils de dessin et le **Mode Masque**. Ceci est particulièrement intéressant quand le dessin de la sélection est trop délicat à réaliser avec l'outil **Pièce** ou les outils de sélection. Le **Mode Masque** s'utilise également pour affiner avec les outils de dessin une sélection réalisée avec l'outil **Pièce**.

Voici un rappel de la méthode :

1. Activez le **Mode Masque** en tapant la touche Q (ou en cliquant sur l'icône du panneau **Outils**).

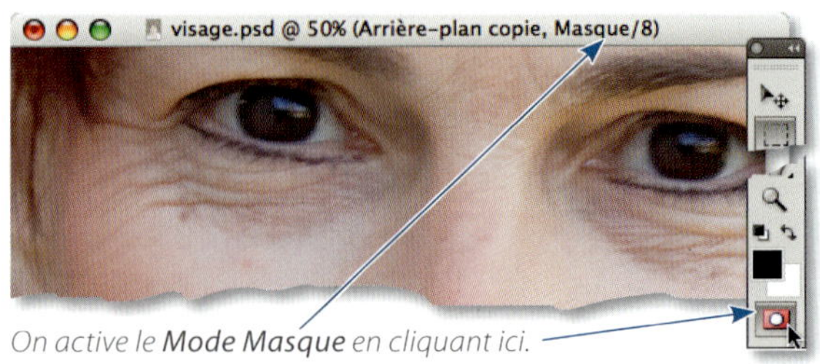

*On active le **Mode Masque** en cliquant ici.*

2. Choisissez un outil de dessin (**Pinceau** ou **Crayon**) et réglez son aspect (comme pour l'outil **Correcteur**). Des changements de taille pourront toujours être effectués en cours d'utilisation dans la **Barre d'options** de l'outil ou, directement sur le dessin, au clavier ou par glissement.
3. Tapez la touche D pour définir le noir comme couleur de premier plan et dessinez la zone à sélectionner (elle apparaît en rouge). Pour effacer une partie, dessinez avec le blanc ; pour cela, tapez X pour l'activer (tapez à nouveau X pour retrouver le noir).

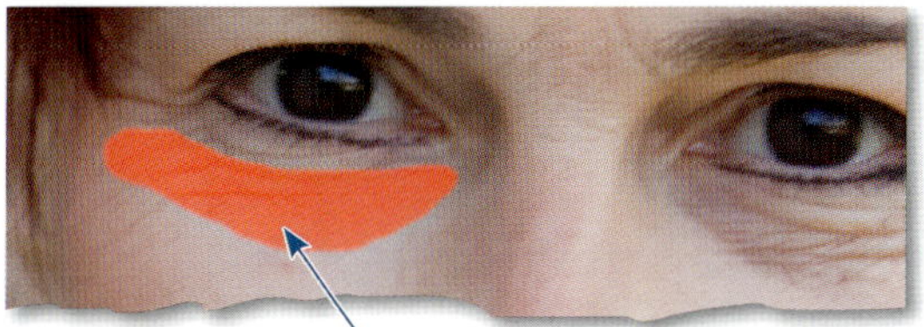

On dessine avec le pinceau la zone que l'on souhaite sélectionner.

4. Inversez le dessin en tapant ⌘I [Ctrl I] et quittez le **Mode Masque** en tapant Q (la sélection s'affiche).

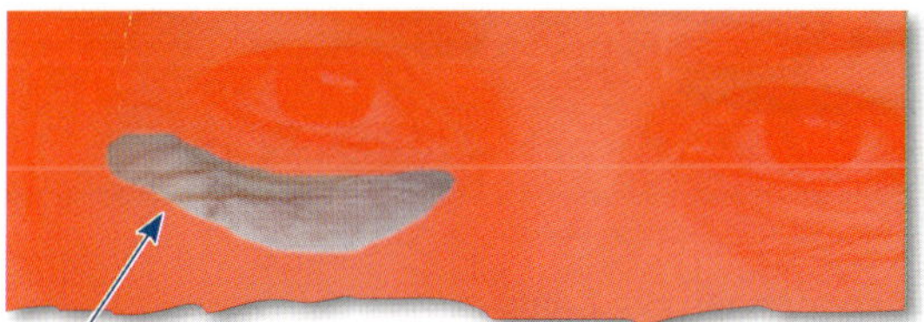

On inverse le masque pour voir en transparence ce qui restera sélectionné.

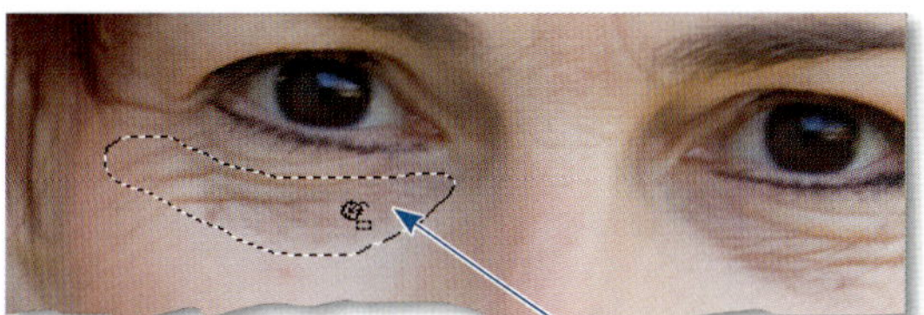

*On a quitté le **Mode Masque**, on voit la sélection que l'on peut traiter avec l'outil **Pièce**.*

Toutes ces techniques de sélection (et d'autres, telles que les sélections avec les outils vectoriels) seront développées dans le chapitre consacré aux sélections et aux masques.

LE TRAVAIL DE LA SÉLECTION AVEC LA COMMANDE AMÉLIORER LE CONTOUR

Pour travailler une sélection, Photoshop propose la commande **Améliorer le contour** (menu **Sélection** ou directement dans la **Barre d'options** [Améliorer le contour...] si un outil de sélection est actif, ou en maintenant enfoncée la touche M). *Cette commande a été décrite précédemment page 178.*

L'utilisation de l'outil Pièce avec l'option Contenu pris en compte

LA PROCÉDURE CLASSIQUE

Cette procédure de retouche comporte quelques étapes sur nous allons voir avec l'exemple de la photo ci-après dans laquelle on souhaite éliminer un élément indésirable.

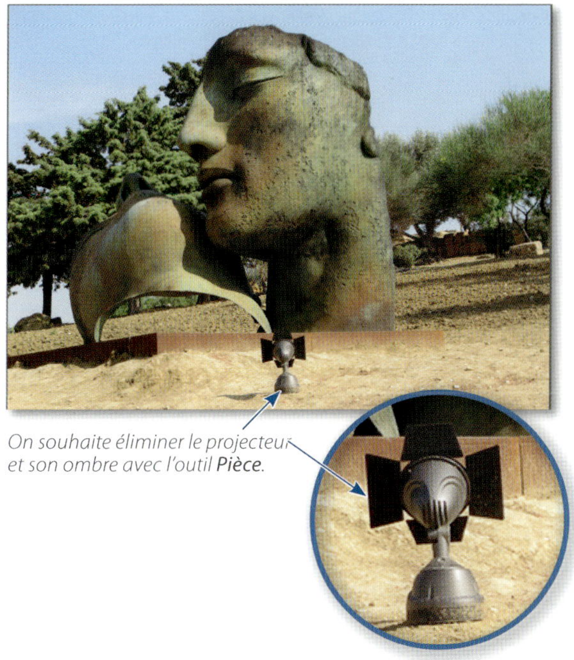

*On souhaite éliminer le projecteur et son ombre avec l'outil **Pièce**.*

1. Ajoutez un calque (en tapant ⇧⌥⌘N [⇧Alt Ctrl N] ou ⇧⌘N [⇧Ctrl N] pour renommer ce nouveau calque), puis cochez **Échantillonner tous les calques** de manière à pouvoir faire apparaître la correction sur ce nouveau calque et garder intact celui contenant la photo initiale.

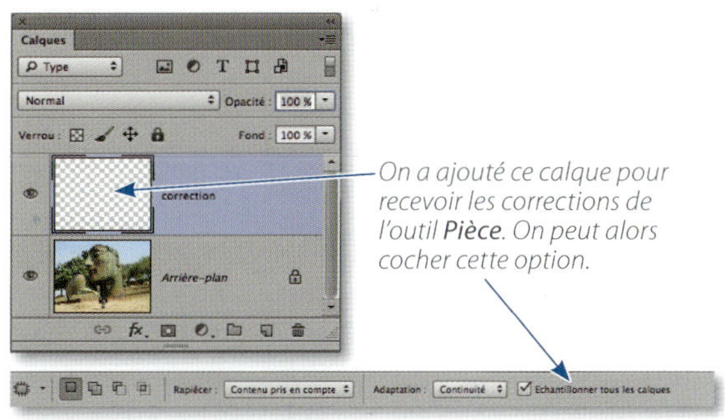

*On a ajouté ce calque pour recevoir les corrections de l'outil **Pièce**. On peut alors cocher cette option.*

2. Réalisez la sélection et glissez-la sur une zone de référence. Si cette zone se situe sur la même horizontale ou verticale, enfoncez la touche ⇧ une fois le glissement démarré.

On a réalisé une sélection de l'objet et son ombre.

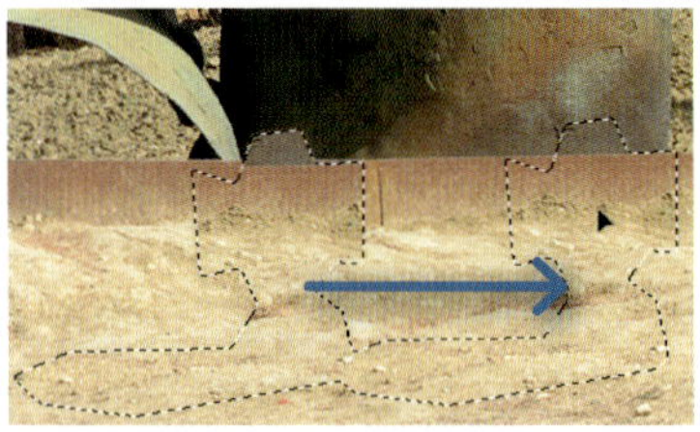

On glisse la sélection vers la zone de référence (ici avec ⇧).

3. Relâchez l'outil et désélectionnez (ou masquez les contours de sélection ⌘H [Ctrl H]) pour apprécier le résultat apparu sur le calque ajouté. Éventuellement, vous pouvez estomper les bords de la retouche avec l'outil **Gomme** réglé avec la forme et l'opacité voulues ou en ajoutant un masque de fusion et en y dessinant en noir les zones à masquer.

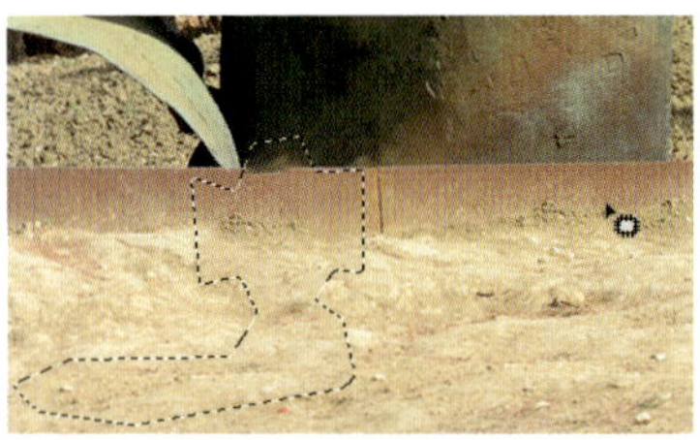

On relâche l'outil pour obtenir la retouche.

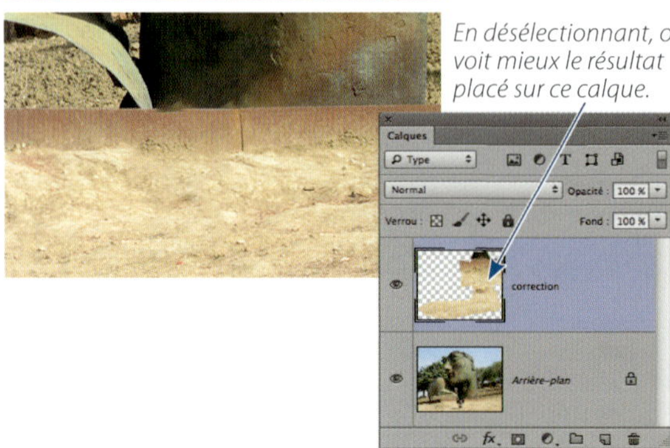

En désélectionnant, on voit mieux le résultat placé sur ce calque.

La photo finale avec la correction.

La procédure par corrections multiples

Pour certaines photos, il ne faut pas hésiter à procéder en plusieurs étapes en effectuant la sélection de chaque morceau suivie de son glissement (avec ajout éventuel d'un calque pour chaque correction). C'est le cas de l'exemple ci-après, il a été réalisé en deux étapes (et avec deux calques) : la première étape pour la canette, la seconde pour l'emballage jaune (qui a été glissé sur la partie corrigée de la canette).

Pour supprimer ces éléments indésirables, on utilise l'outil ***Pièce*** *mais en deux étapes* (voir les exemples d'application à la fin de cette partie).

La photo après suppression des éléments.

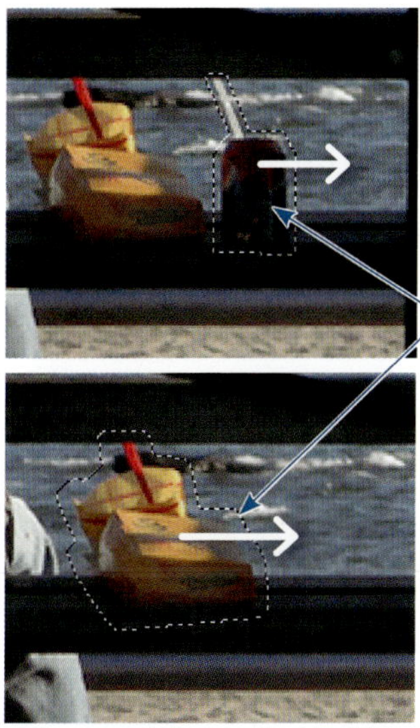

On a utilisé deux calques et réalisé successivement deux sélections pour éliminer chaque élément.

L'utilisation de l'outil Pièce avec l'option Normale

Comme dans l'exemple précédent, selon l'aspect de la zone à corriger, il peut être judicieux d'effectuer plusieurs manipulations en ne sélectionnant à chaque fois qu'une partie, afin de mieux restreindre la zone de remplacement. Ici, le remplacement des pixels s'effectue sans tenir compte (ou presque) du contenu ; de plus, il ne peut pas se réaliser sur un calque vide (nouveau calque ajouté).

On veut supprimer ce panneau qui constitue un élément indésirable sur la photo.

Pour supprimer ce panneau d'arrêt interdit, on effectue la correction en quatre étapes pour obtenir des zones de référence (en vert) mieux adaptées à la partie à corriger (en orange).

LES ÉTAPES DE LA PROCÉDURE

Les paragraphes suivants indiquent la procédure à suivre.

1. Commencez par faire une copie du calque à traiter, de manière à garder le calque original intact (s'il s'agit d'un calque dynamique, il faudra le pixelliser par clic droit sur son nom dans le panneau **Calques**).

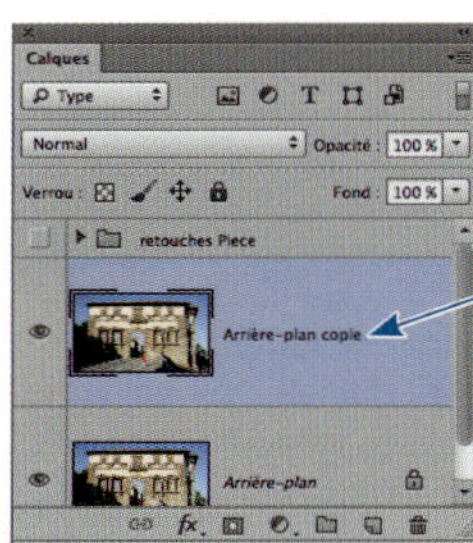

On a dupliqué le calque à traiter.

2. Avec l'outil **Pièce**, suivez approximativement les contours de la première partie à corriger.

*On trace le contour de la zone avec l'outil **Pièce**.*

3. Glissez la sélection apparue sur une zone de l'image, qui correspond à ce que devra être la zone corrigée.

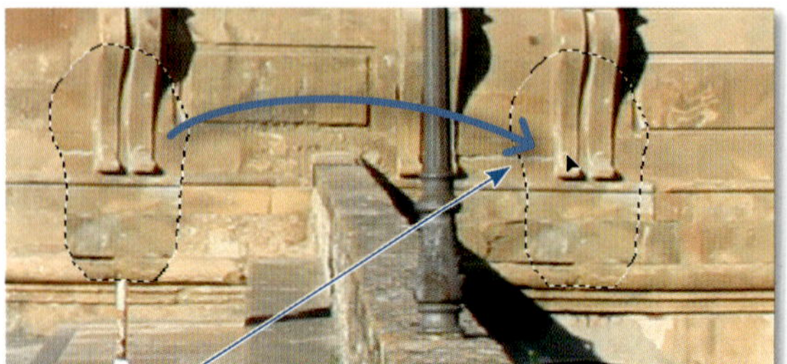

*On glisse l'outil **Pièce** vers la zone de référence et on relâche la souris pour obtenir la correction.*

*Pour mieux voir la correction, on peut aussi taper **⌘**H [Ctrl H] pour masquer la sélection.*

Astuce *Le glissement peut se réaliser avec la touche ⇧ si la source se situe sur la même horizontale ou verticale.*

4. Si certaines parties ne sont pas correctes, vous pouvez faire un second glissement ou les corriger avec l'outil **Forme d'historique** ( ). Pour cela, dans le panneau **Historique**, cliquez à gauche de l'état correspondant à l'utilisation de l'outil **Pièce**, réglez la taille de l'outil **Forme d'historique** et glissez-le sur la zone à rectifier.

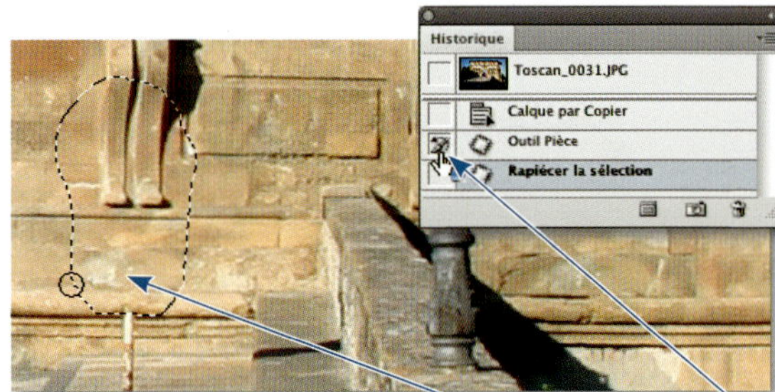

*On a passé l'outil **Forme d'historique** sur cette zone après avoir activé l'état à reproduire.*

5. Recommencez les manipulations de l'outil **Pièce** sur les autres parties à corriger.

*On recommence les manipulations avec l'outil **Pièce** (sélection, puis glissement) jusqu'à obtenir l'aspect correct.*

Astuce *Une fois les corrections réalisées avec l'outil **Pièce**, vous pouvez utiliser l'outil **Correcteur** pour mieux les intégrer dans la photo (c'est ce qui a été fait ci-dessus).*

L'ajustement d'une correction avec l'outil Pièce

Si vous venez de faire une correction avec l'outil **Pièce** avec la méthode normale et si vous avez désélectionné pour mieux voir le résultat, vous constaterez que, dans certains cas, les bords de la correction s'intègrent mal avec le reste de la sélection ou manquent un peu de réalisme.

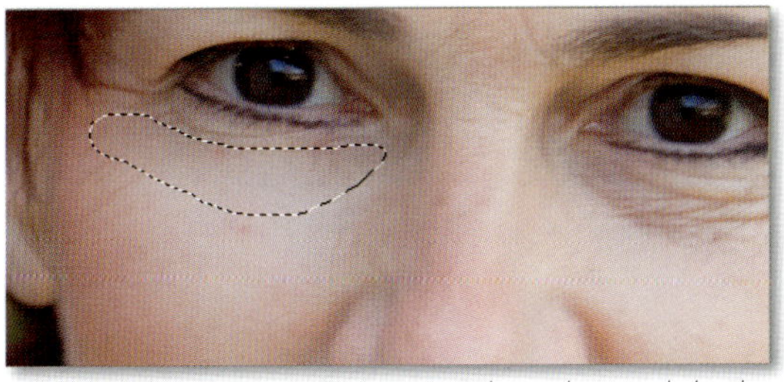

Les bords de la correction s'intègrent mal avec le reste de la photo.

Si vous avez fait cette correction sur une copie de calque, il est possible d'intervenir sur le résultat en ajoutant un masque de fusion, sur lequel vous pourrez adoucir les transitions, et en réduisant l'opacité de l'ensemble pour atténuer la correction. Pour cela, utiliser la méthode suivante :

1. Réaffichez la sélection en utilisant la commande **Resélectionner** du menu **Sélection** et cliquez sur l'icône **Ajouter un masque de fusion** du panneau **Calques**.

2. Le masque étant ajouté, cliquez sur le bouton **Contour du masque** du panneau **Propriétés** et agissez sur les options de contour progressif et, éventuellement, de dilatation décrites précédemment avec la commande **Améliorer le contour** (*voir page 178*).

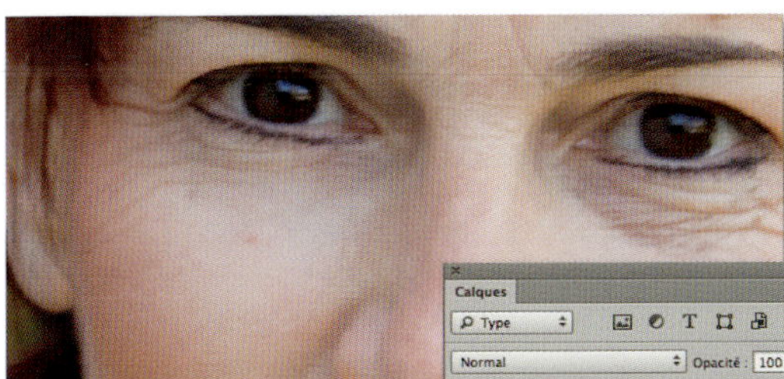

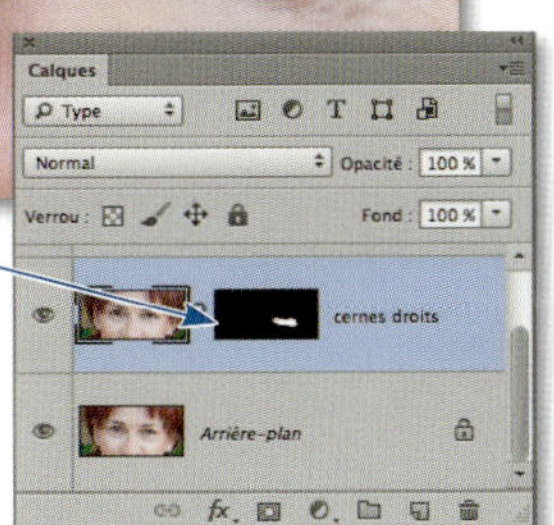

Avec la sélection, on a ajouté un masque de fusion et appliqué un flou à ce masque pour adoucir les transitions.

3. Si la correction semble trop forte, réduisez l'opacité du calque en agissant sur le curseur correspondant du panneau **Calques** (ou directement en tapant une valeur si l'outil **Déplacement** est actif).

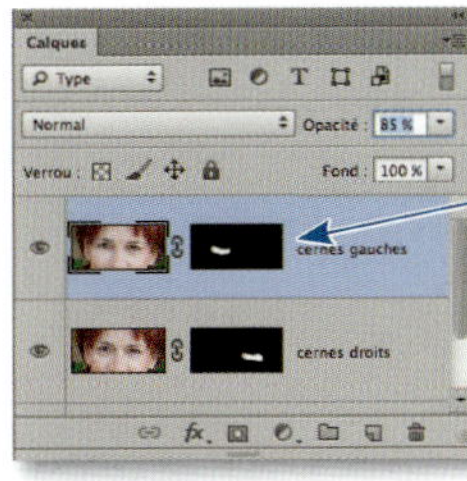

*On réduit un peu l'opacité pour atténuer la correction. On recommence les manipulations sur une autre partie à corriger (copie de l'arrière-plan, sélection, glissement avec l'outil **Pièce**…). Par la suite, on peut fusionner les calques de correction.*

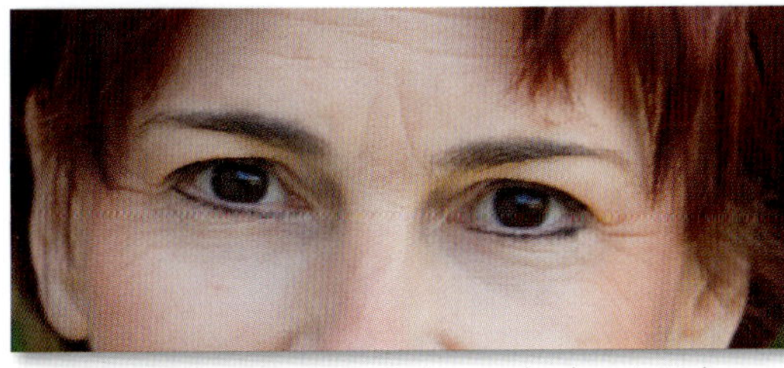

Ci-dessus, la photo corrigée. Ci-dessous, la photo initiale.

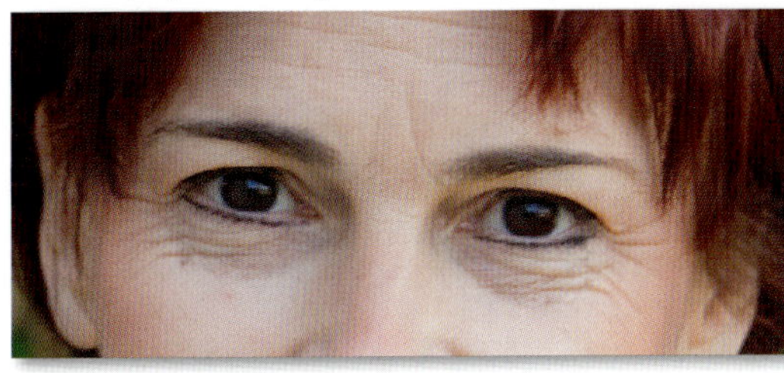

La réversibilité des corrections avec l'historique

Si vous n'avez pas dupliqué le calque initial (arrière-plan ou calque standard contenant la photo à corriger) pour y placer les corrections, il est possible de les rendre réversibles en utilisant l'astuce suivante :

1. Réalisez une sélection de toutes les zones corrigées comme indiqué dans les paragraphes précédents (avec le **Mode Masque**, par exemple).

2. Quand la sélection est terminée, tapez ⌘J [Ctrl J] pour placer une copie de ces corrections sur un calque (tapez ⌥⌘J [Alt Ctrl J] si vous souhaitez nommer ce calque).

3. Sélectionnez le calque initial et récupérez la sélection correspondant au calque précédemment créé par ⌘ clic [Ctrl Clic] sur sa vignette, dans le panneau **Calques**.

4. Lancez la commande **Remplir** (du menu **Édition**) en choisissant l'option **Historique** : le calque retrouve son aspect initial mais on ne peut le voir qu'en cachant la correction qui se trouve sur le calque séparé ajouté précédemment. Ce remplissage s'obtient également au clavier en tapant ⌥⌘ Efface [Alt Ctrl Efface].

L'outil Déplacement basé sur le contenu

Le principe et les réglages

Le déplacement suivi de la recomposition

Ps Cet outil permet de déplacer une partie de l'image et de recomposer la zone où se situait la partie déplacée en tenant compte du contenu (on peut aussi réaliser une copie). Les résultats dépendent de l'aspect de l'arrière-plan et, selon les cas, le déplacement ne devra pas être trop important sous peine d'obtenir des effets moins intéressants. D'une manière générale, si la retouche ne donne pas un résultat directement utilisable, elle constituera une base satisfaisante dans laquelle une grande partie travail est déjà bien avancée.

Les réglages de l'outil

Les réglages se définissent dans la **Barre d'options** de l'outil. On retrouve des options similaires à celles de l'outil **Pièce** : avec des options liées à l'élaboration de la sélection avec l'outil (quatre icônes d'opération) ; une liste d'adaptation de la correction. Les options qu'elle comporte donnent des résultats variables en fonction de la texture de l'arrière-plan et de l'ampleur du déplacement (*voir les copies d'écran ci-après*). On distingue : **Très stricte** (qui donnera souvent le meilleur résultat), **Stricte**, **Moyenne**, **Continuité** et **Très large**.

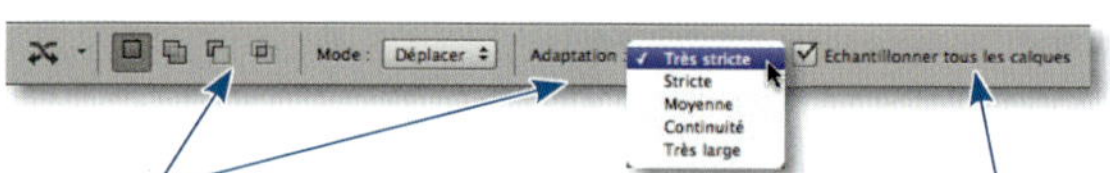

*Les options de l'outil **Déplacement basé sur le contenu**. Cochez cette option pour placer la correction sur un nouveau calque.*

On veut déplacer le personnage pour ajouter un élément à sa droite.

*Avec l'adaptation **Très stricte**, la partie déplacée n'est pas déformée ; elle l'est avec l'option **Très large**.*

Un menu local propose avec l'option **Étendre** de garder l'original sur place et d'obtenir une copie déplacée de la zone sélectionnée. On retrouve avec cette option le principe de l'outil **Tampon de duplication** (*décrit plus loin*) ou de la copie d'une partie de calque (obtenu par glissement avec ⌥ [Alt])

La procédure de traitement

Le déplacement du contenu

La procédure comporte quelques étapes :

1. Afin de pouvoir faire apparaître la partie déplacée sur un nouveau calque et garder intact celui contenant la photo initiale, ajoutez un calque (en tapant ⇧⌥⌘N [⇧Alt Ctrl N] ou ⇧⌘N [⇧Ctrl N] pour renommer ce nouveau calque).

2. Cochez **Échantillonner tous les calques** dans la **Barre d'options** de l'outil **Déplacement basé sur le contenu**.

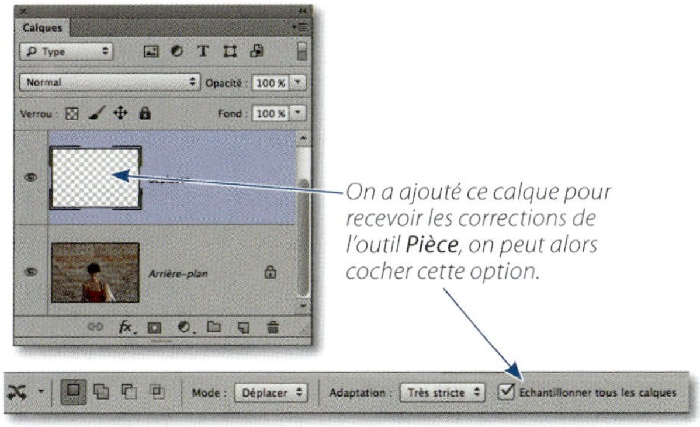

*On a ajouté ce calque pour recevoir les corrections de l'outil **Pièce**, on peut alors cocher cette option.*

3. Réalisez la sélection et glissez-la sur une zone de référence. Si cette zone se situe sur la même horizontale ou verticale, enfoncez la touche ⇧ une fois le glissement démarré.

On a réalisé la sélection de la personne à déplacer.

On glisse la sélection vers l'endroit voulu (ici avec ⇧)

> **Note** *Toutes les manipulations indiquées avec l'outil **Pièce** pour réaliser la sélection sont adaptables à l'outil **Déplacement basé sur le contenu*** (voir page 184).

4. Relâchez l'outil et désélectionnez (ou masquez les contours de sélection ⌘H [Ctrl H]) pour apprécier le résultat apparu sur le calque ajouté.

5. Éventuellement, vous pouvez estomper les bords de la zone déplacée directement sur le calque avec l'outil **Gomme** (réglé avec la forme et l'opacité voulues) ou avec un masque de fusion sur lequel vous dessinez en gris avec l'outil **Pinceau**. D'autres traitements peuvent être envisagés, certains sont évoqués plus loin.

On relâche l'outil pour obtenir la recomposition.

En désélectionnant, on voit mieux le résultat placé sur ce calque.

La création d'une copie du contenu

Le choix de la création de la copie s'effectue dans la **Barre d'options** de l'outil en sélectionnant le mode **Étendre** (à la place de **Déplacer**). Pour obtenir cette copie, comme précédemment, réalisez la sélection, puis glissez-là à l'endroit voulu (des ajustements seront parfois nécessaires pour mieux intégrer la copie).

La copie apparaîtra sur le calque actif, bien sûr, celui-ci peut être un calque ajouté à cet effet ce qui donnera plus de souplesse au travail sur la copie. Dans le cas de la copie placée sur le calque, la zone corrigée ne comporte que l'équivalent de la sélection.

Sur la photo ci-dessus, le cygne au centre a été ajouté avec l'outil ***Déplacement basé sur le contenu*** *(et quelques manipulations).*

On a réalisé la sélection de la partie à déplacer ou copier.

On a déplacé la sélection.

Le calque contient la partie qui a été déplacée et la partie qui a été recomposée.

On a copié la sélection.

Le calque ne contient que la partie qui a été déplacée.

Les traitements de la zone déplacée

Ces traitements seront plus faciles à réaliser si la zone déplacée (ou copiée) a été placée sur un nouveau calque. Ils peuvent être de différents types, on distingue l'estompage des bords de la zone déplacée (ou copiée) à l'aide d'un masque de fusion (ou d'un traitement à la gomme), la séparation des éléments déplacés et recomposés afin de pouvoir les traiter séparément, les transformations…

Le traitement des bords avec un masque de fusion

Selon la sélection réalisée et l'endroit où celle-ci a été glissée avec l'outil **Déplacement basé sur le contenu**, les bords de la partie déplacée ne s'intègrent pas toujours correctement dans l'arrière-plan. Pour pallier ce problème, désélectionnez et effectuez les opérations suivantes :

1. Dans le panneau **Calques**, cliquez sur l'icône ◘ pour ajouter le masque de fusion : une vignette blanche se placera à droite du calque contenant la correction.

Certaines parties sont mal intégrées. On a ajouté un masque de fusion pour les rectifier.

2. Choisissez l'outil **Pinceau** et réglez son aspect. Des changements de taille pourront être effectués en cours d'utilisation dans la **Barre d'options** de l'outil ou, directement sur le dessin, au clavier ou par glissement.

Réglages par glissement sur Mac puis sous Windows		
Taille	⌥ ctrl + glisser horizontalement	Alt + glisser bouton droit horizontalement
Dureté	⌥ ctrl + glisser verticalement	Alt + glisser bouton droit verticalement

On règle la taille du pinceau directement par glissement sur l'image avec ctrl ⌥ [clic droit + Alt].

3. Tapez la touche D pour définir le noir comme couleur de premier plan et dessinez sur la zone à faire disparaître. Pour faire réapparaître une partie effacée, dessinez avec le blanc (tapez X pour l'activer). Pour estomper une zone, dessinez en gris (en définissant cette couleur dans le sélecteur de couleurs par clic sur la case du noir dans le panneau **Outils**) ou réduire l'opacité de l'outil **Pinceau** dans sa **Barre d'options**.

On a ajusté la photo en dessinant sur le masque de fusion.

LA SÉPARATION DES ÉLÉMENTS DÉPLACÉS ET RECOMPOSÉS ET LEURS TRAITEMENTS

Quand on effectue une correction par déplacement basé sur le contenu, que l'on a glissée sur un nouveau calque, ce dernier comporte deux parties (distinctes ou non selon l'ampleur du déplacement) : l'une correspond à la zone déplacée et l'autre à celle recomposée. Afin de traiter différemment chaque partie, il est préférable de séparer chaque partie sur des calques.

On veut déplacer cet élément avec l'outil ***Déplacement basé sur le contenu****, on l'a sélectionné et glissé. Sur le calque on voit ceci.*

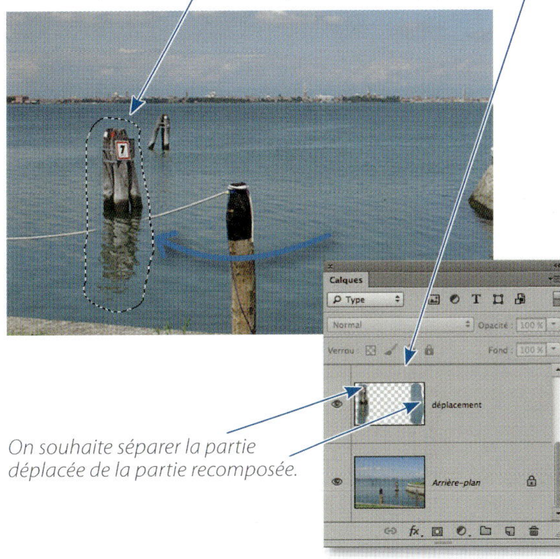

On souhaite séparer la partie déplacée de la partie recomposée.

Pour réaliser cette séparation, profitez de la sélection encore active (elle correspond à la zone déplacée), pour couper son contenu sur un nouveau calque en tapant ⇧⌘J (ou ⇧⌥⌘J [⇧Alt Ctrl J] pour renommer ce calque).

Une fois la séparation effectuée, vous pouvez, par exemple, ajouter un masque de fusion et/ou traiter le calque par des options de fusion qui ne s'appliqueront qu'à la partie concernée. Ci-dessous, pour empêcher le recouvrement de certains pixels clairs du calque inférieur, on a affiché les options de fusion du calque (par double-clic sur sa vignette) et réglé les curseurs de **Comparaison sur** (avec ⌥ [Alt], on sépare les curseurs pour obtenir une transition).

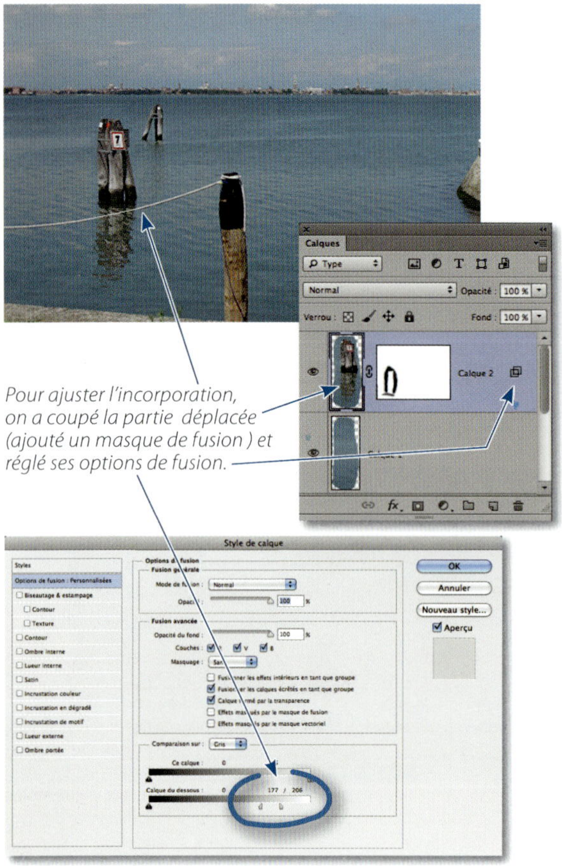

On définit la plage des pixels non recouverts (voir la partie sur le travail des calques).

Les autres traitements : transformation, déformation...

Si vous travaillez sur un calque ajouté, dans le cas d'une copie (option **Étendre**) ou d'un déplacement coupé sur un autre calque, il est possible d'appliquer différents traitements (comme pour n'importe quel calque) tels qu'une transformation, un filtre, une déformation de la marionnette... afin de mieux intégrer les éléments.

Cet élément a été obtenu avec l'outil ***Déplacement basé sur le contenu*** *(option* ***Étendre****), on la transformé pour obtenir ceci.*

Dans l'exemple précédent, pour obtenir la symétrie de la partie copiée, on a lancé la commande **Symétrie axe horizontal** du menu **Édition/Transformation**. On aurait pu utiliser la commande **Transformation manuelle** et ajuster les poignées de transformation (ou changer les valeurs des cases H ou V, dans la **Barre d'options** de la commande).

L'outil Tampon

Cet outil perd un peu de son intérêt du fait de l'efficacité de l'outil **Correcteur localisé** avec l'option **Contenu pris en compte** ou encore de l'outil **Déplacement basé sur le contenu**. Cependant, il reste indispensable dans certains cas.

Les deux types de tampons

Il faut distinguer le **Tampon de duplication** et le **Tampon de motif** . Seul le premier s'utilise pour les retouches, en complément ou non des autres outils (**Correcteur**, **Pièce**...). Il duplique une partie d'image et permet de remplacer des zones indésirables d'une image par d'autres prélevées à un autre endroit de l'image ou sur un autre fichier. Le second remplit une zone avec un motif sélectionné dans la **Barre d'options** de l'outil.

Astuce *Si l'image présente des zones en perspective, corrigez-les en gardant la perspective avec un troisième tampon disponible dans le filtre* ***Point de fuite*** (les détails page 248).

Les options des tampons

On retrouve dans la **Barre d'options** des réglages identiques à ceux des outils de dessin (certains se gèrent au clavier) :

- **Forme** : le diamètre, l'arrondi et la dureté sont accessibles par clic droit, au clavier ou par glissement sur l'image.
- **Opacité** : elle se règle au clavier (en tapant 1 pour 10 %, 2 pour 20 % ou 36 pour 36 %). Le **Flux** n'a d'effet qu'avec l'option **Aérographe** . Attention, quand cette option est active, ajoutez ⇧ pour régler l'opacité au clavier, sinon c'est le flux qui sera modifié.

Deux icônes de la **Barre d'options** permettent de contrôler l'opacité et la taille de l'outil avec la pression du stylet sur la tablette graphique (activées, elles deviennent et).

Attention *Travailler avec une opacité ou une dureté réduites peut faire disparaître le grain de l'image et générer du flou.*

- **Mode de fusion** : si l'on place les corrections sur un nouveau calque, il est plus souple de gérer le mode de fusion par le calque plutôt que par l'outil.
- **Aligné** : cette option ne doit être activée ou désactivée qu'au second glissement de l'outil (c'est-à-dire si vous ne redéfinissez pas de nouvelle zone de référence).

Si l'option **Aligné** n'est pas cochée, on duplique toujours depuis la même zone d'échantillonnage (indiquée par une croix au départ du glissement) : cette zone a donc une position initiale absolue définie par rapport au calque.

Si l'option **Aligné** est cochée, on duplique la zone située à la même distance que celle qu'il y avait entre la croix et l'outil **Tampon** à sa première duplication : la zone d'échantillonnage a une position relative à l'outil.

Astuce *Lors d'une duplication non alignée, si vous dupliquez des pixels trop éloignés de la zone initiale d'échantillonnage, relâchez le bouton et effectuez un nouveau glissement.*

- **Échantil.** : un menu local indique sur quel(s) calque(s) seront prélevés les pixels dupliqués. L'option permet de ne pas tenir compte des calques de réglage.

Les pixels apparaîtront sur un calque ajouté avec ceci.

La procédure d'utilisation du tampon

Elle comporte quelques étapes : préparer le calque de destination, définir la source d'échantillonnage et dupliquer les pixels. Éventuellement, il peut y avoir un nettoyage des débordements de l'outil **Tampon**.

Sur cette photo, on souhaite supprimer la grue avec l'outil ***Tampon*** *(les autres outils ne donnant pas de résultat intéressant).*

1. **La destination** : commencez par ajouter un nouveau calque (en cliquant sur l'icône du panneau **Calques**) pour y placer les pixels dupliqués. Choisissez l'option **Tous les calques** dans la rubrique **Échantil.** de la **Barre d'options** de l'outil **Tampon**.

Ce calque recevra les pixels dupliqués.

2. **La source (échantillonnage)** : pour dupliquer une partie de la photo sur une autre partie, vous devez indiquer où se situe cette zone à reproduire. Pour cela, activez le calque en cliquant sur sa vignette, enfoncez ⌥ [Alt] (l'outil **Tampon** devient ⊕) et cliquez sur la zone d'échantillonnage : celle-ci s'affiche dans la forme de l'outil.

On définit la source (ou échantillonnage) par ⌥ clic [Alt clic].

3. **La duplication** : positionnez l'outil **Tampon** là où doivent apparaître les pixels et glissez-le. Photoshop reproduit la partie de l'image précédemment échantillonnée, une croix indique cet endroit. La zone de référence se déplace en même temps que le tampon de telle manière que la distance entre les deux reste identique.

*On glisse l'outil **Tampon** pour dupliquer. La zone source est marquée par la croix.*

Si vous relâchez le bouton de la souris et recommencez un glissement à un endroit différent, vous avez deux possibilités, selon que vous avez coché ou non l'option **Aligné** dans la **Barre d'options** de l'outil. Il faudra parfois définir une nouvelle zone d'échantillonnage par ⌥ clic [Alt clic].

On a défini une nouvelle zone d'échantillonnage.

4. **Le nettoyage des débordements** : à la fin des manipulations de l'outil **Tampon**, il faut éliminer ses débordements sur les zones de l'image qui n'auraient pas dû être recouvertes. Pour cela, ajoutez un masque de fusion (par clic sur l'icône du panneau **Calques**) et peignez sur les débordements en noir avec l'outil **Pinceau** ou **Crayon**.

Avec le noir, on a dessiné avec l'outil ***Pinceau*** *sur le masque de fusion que l'on a ajouté pour éliminer les débordements de l'outil* ***Tampon****.*

ASTUCE *Ce nettoyage peut être évité en commençant par protéger certaines zones avant d'appliquer l'outil* ***Tampon****. Pour cela, on sélectionne (au lasso, par exemple) la zone à protéger, on inverse la sélection (⇧⌘I [⇧Ctrl I] ou menu* ***Sélection/Intervertir****), on crée un masque de fusion (par clic sur l'icône ◘ dans le panneau* ***Calques****) et on réactive le calque à traiter au tampon (par clic sur sa vignette).*

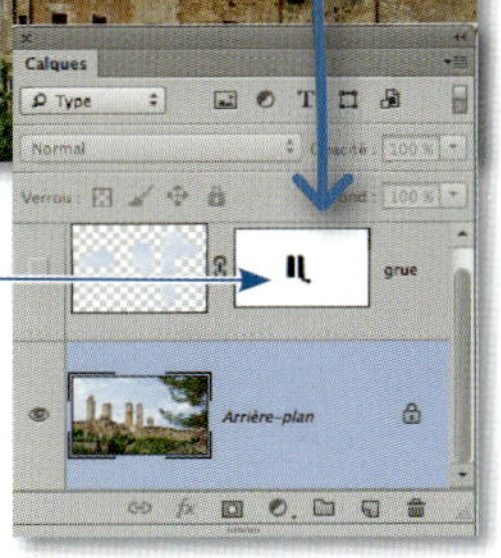

Ici, pour protéger certaines parties, on avait créé un masque de fusion avant d'appliquer l'outil ***Tampon****.*

Retoucher avec quel outil : Pièce, Tampon ou Retouche localisée ?

L'outil **Pièce** remplace parfois avantageusement l'outil **Tampon** ou **Correcteur localisé** (avec l'option **Contenu pris en compte**). En effet, alors que l'outil **Tampon** se contente de dupliquer une zone, l'outil **Pièce** combine la luminosité des pixels dupliqués et celle des pixels remplacés, ce qui assure une correction plus réaliste.

L'outil **Correcteur localisé** fonctionne également avec une fusion, mais il n'agit correctement que si l'élément à supprimer n'est pas situé sur des zones trop complexes. L'outil **Pièce** permet des corrections sur des zones plus grandes et prévisualise le remplacement. Cet outil est donc utilisable pour faire disparaître certains éléments d'une photo. Cependant, afin d'avoir une plus grande souplesse de travail, il est utile de créer une copie du calque sur lequel on souhaite faire la correction (en tapant ⌘J [Ctrl J]) car, contrairement aux deux autres outils, l'outil **Pièce** n'agit que sur le calque où il prélève les pixels.

Le panneau Source de duplication

Comme nous l'avons vu avec l'outil **Correcteur** (*voir page 182*), Photoshop propose le panneau **Source de duplication** (accessible directement par l'icône ▣ de la **Barre d'options** de l'outil **Tampon**). Il contient quelques options que nous allons examiner.

Ce panneau améliore la gestion de l'outil *Tampon**.* *Il présente des options de prévisualisation.*

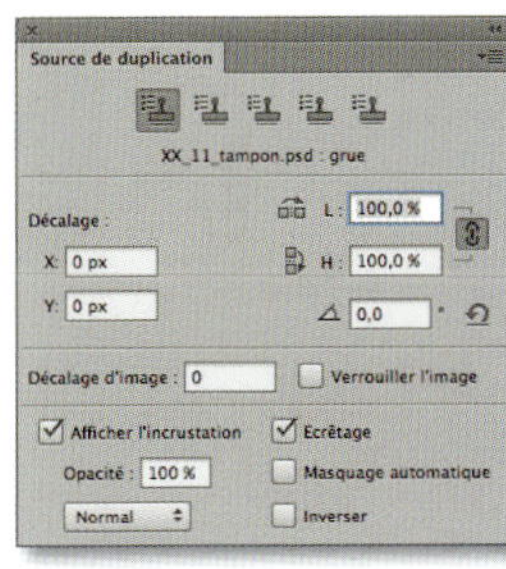

LES SOURCES DE DUPLICATION

Cette palette permet de mémoriser jusqu'à cinq sources de duplication (définies par ⌥clic [Alt clic] avec les outils **Tampon** ou **Correcteur**) et d'appliquer aux pixels dupliqués des transformations (rotation, mise à l'échelle, déplacement...).

La source de duplication peut se situer sur le même fichier ou sur un autre. Dans tous les cas, le nom du fichier est indiqué sous la rangée d'icônes de source.

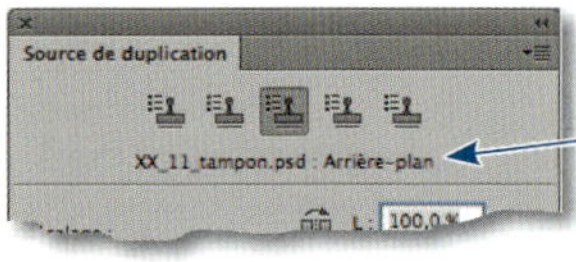

Le nom du fichier source est indiqué.

On veut dupliquer une partie du fichier ci-dessus sur celui-ci pour éliminer des parties indésirables. On définit donc le fichier du dessus comme source.

L'aperçu de l'incrustation

Pour faciliter le placement des pixels dupliqués (source) sur le calque de destination, dans le panneau **Source de duplication**, les options **Afficher l'incrustation** et **Écrêtage** sont cochées par défaut. La première permet d'avoir en incrustation un aperçu de la zone à dupliquer et la seconde de limiter ce dernier à la taille de la forme. L'opacité de l'aperçu peut être légèrement réduite pour voir l'arrière-plan.

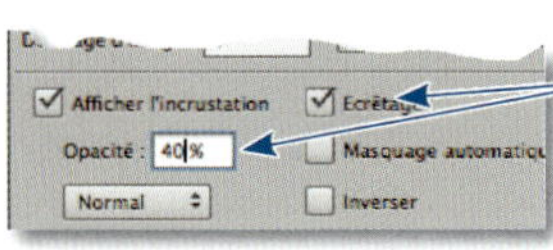

Ces options facilitent le positionnement de la zone dupliquée sur la destination.

Une fois l'outil positionné sur la zone de référence, enfoncez ⌥ [Alt] et cliquez pour définir la source de duplication. L'aperçu devient visible, il ne vous reste plus qu'à positionner l'outil **Tampon** sur l'image de destination et à glisser l'outil pour dupliquer. Cependant, des ajustements peuvent encore être réalisés au niveau de la position, de la taille ou de l'orientation de la source par rapport à la destination.

Le positionnement de la source sur la destination

Cet ajustement est différent selon que, dans la **Barre d'options** de l'outil **Tampon**, l'option **Aligné** est cochée ou non.

L'ajustement avec l'option Aligné non cochée

Dans ce cas, quelle que soit sa position, l'outil montre toujours le même aperçu. La zone de référence a donc une position fixe (ou absolue). Avant la duplication, l'ajustement de la superposition source/destination se réalise par déplacement de l'outil **Tampon**.

Quelle que soit la position du tampon, il affiche la source définie ici.

L'ajustement avec l'option Aligné cochée

Dans ce cas, l'aperçu se modifie en fonction de la position de l'outil. La zone de référence est définie de manière relative (selon un alignement par rapport à la position du tampon). Pour ajuster ce qui est affiché dans l'aperçu, vous disposez de deux méthodes : par le panneau **Source de duplication** ou directement sur l'image.

Dans la première méthode, c'est le contenu de l'outil qui se déplace. Pour cela, cliquez dans la case **X** ou **Y** de **Décalage**, ramenez l'outil sur l'image et modifiez les valeurs de **X** puis de **Y** avec les touches fléchées du clavier : le pas est de 1 pixel (10 avec ⇧) ; on passe de **X** à **Y** avec ⇥ [⇥] ou de **Y** à **X** avec ⇧ ⇥ [⇧ ⇥]).

L'aperçu change avec la position de l'outil. La source est définie ici.

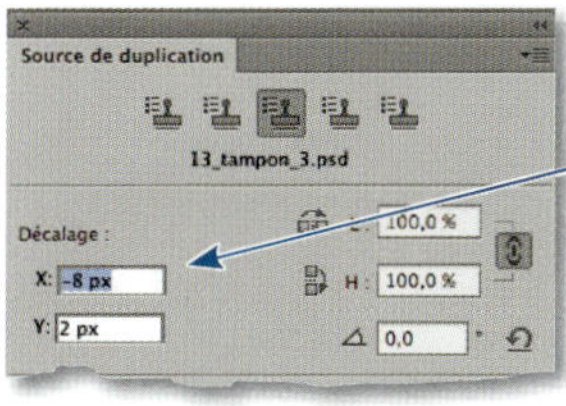

C'est en agissant sur ces cases que l'on ajuste la position de la source.

Dans la seconde méthode, c'est l'outil que l'on glisse avec son contenu pour ajuster son repositionnement. Pour cela, enfoncez les touches ⇧⌥[⇧Alt] (l'outil change d'aspect) et glissez l'aperçu sur l'endroit voulu ; relâchez quand le positionnement vous convient.

Avec les touches ⇧⌥[⇧Alt], on glisse l'aperçu pour le positionner.

Quand la source est correctement placée, il reste à glisser l'outil **Tampon** pour dupliquer les pixels (l'aperçu disparaît temporairement pendant le glissement pour ne pas vous perturber).

On glisse l'outil pour faire les corrections qui apparaissent sur le calque ajouté.

Si vous avez débordé, ajoutez un masque de fusion au calque et peignez en noir le débordement.

On peut masquer certaines retouches qui débordent en gommant sur le calque ou en dessinant en noir sur le masque de fusion.

Le réglage des transformations

Pour les transformations (ou la rotation) des pixels dupliqués sur la source, l'affichage de l'intégration et l'utilisation des cases L et H (ou ⊿) avec les touches fléchées facilitent l'ajustement, puisque chaque changement de valeur est répercuté sur l'aperçu de la source.

Quand la source est de taille différente par rapport à la destination (voir copies d'écran ci-après), on peut ajuster par transformation.

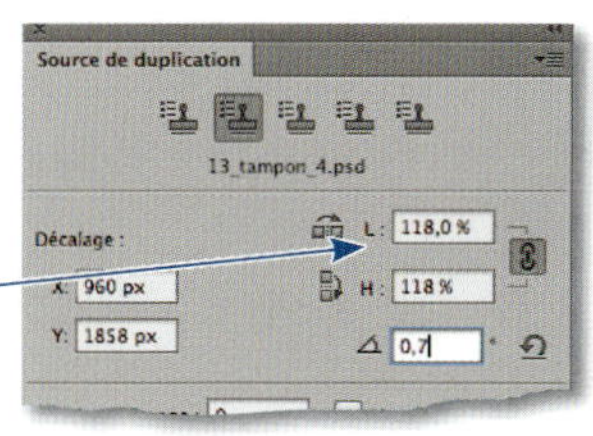

On a défini la source ici. Elle est légèrement plus petite que la destination.

Une fois l'aperçu transformé, on a glissé l'outil sur la zone à corriger pour obtenir ceci.

Pour certaines retouches, on peut aussi utiliser l'option de remplissage **Contenu pris en compte**. Dans ce cas, l'opération se réalise en deux étapes : la sélection suivie du remplissage avec la commande **Remplir** du menu **Édition**. Il faudra éventuellement, comme dans l'exemple ci-dessous, retoucher certaines parties avec l'outil **Tampon** si elles ne sont pas correctes.

On peut aussi faire une sélection et remplir avec l'option ***Contenu pris en compte****.*

2 - Les retouches locales : colorimétrie, déformation...

Les petites retouches colorimétriques

Les outils de retouche disponibles

Les techniques de correction

Il s'agit d'outils modifiant localement la luminosité et la saturation d'une image. Ils interviennent en complément des réglages chromatiques dont l'étude sera développée plus loin dans ce livre. Leur utilisation est facile mais irréversible. Pour pallier ce problème, pensez à dupliquer le calque à traiter en tapant ⌘J [Ctrl J]). Si celui-ci est dynamique, il faudra le pixelliser par clic droit sur son nom ou, selon son contenu, l'éditer par double-clic sur sa vignette, le retoucher, puis l'enregistrer.

Ces outils se séparent en deux catégories : les outils de maquillage qui agissent sur la luminosité et la saturation, et les outils de mise au point qui agissent sur le contraste.

Les réglages communs des outils : forme et force

Avant d'utiliser l'un de ces outils, vous devez le paramétrer dans la **Barre d'options** (taille, dureté, efficacité d'action...).

Le réglage de la forme

Cette opération se réalise par le menu contextuel (clic droit), au clavier ou, mieux encore, par glissement sur l'image. N'oubliez pas qu'une forme à contour flou assure une meilleure transition entre les parties traitées et celles qui les entourent.

Réglages par glissement sur Mac puis sous Windows		
Taille	⌥ ctrl + glisser horizontalement	Alt + glisser bouton droit horizontalement
Dureté	⌥ ctrl + glisser verticalement	Alt + glisser bouton droit verticalement

Le réglage de l'efficacité (intensité) de l'outil

Selon l'outil, vous devrez régler son intensité à l'aide de l'option **Exposition** (outil **Densité**), **Flux** (outil **Éponge**) ou **Intensité** (outil **Mise au point**). Il est souvent préférable d'agir par plusieurs passages avec un réglage faible, plutôt que par un seul avec une valeur plus forte. Cette option se règle directement au clavier en tapant le pourcentage voulu (par exemple, 1 ou 10 pour 10 % et 35 pour 35 %).

Astuce *Tous les réglages qui figurent dans la* ***Barre d'options*** *peuvent être mémorisés dans le panneau* ***Outils prédéfinis*** *afin d'être réutilisés. Les formes peuvent également être mémorisées dans le panneau* ***Formes prédéfinies*** *auquel on accède en cliquant sur l'icône .*

Les retouches de luminosité

Photoshop propose deux outils pour modifier la luminosité. En effet, tout comme le photographe argentique, lors du tirage sur papier, sous-expose une partie de l'image pour l'éclaircir ou la surexpose pour l'obscurcir, **Densité –** diminue la densité des noirs et donc augmente la luminosité alors que **Densité +** augmente la densité des noirs et donc réduit la luminosité.

Les retouches irréversibles sur une copie

Une fois la copie du calque à traiter réalisée, réglez l'outil. Avec les outils **Densité**, vous pouvez choisir sur quelle plage tonale (ou **Gamme** : tons foncés, clairs ou moyens) vous souhaitez agir (par défaut, **Tons moyens**). Cette **Gamme** se définit dans la **Barre d'options**, par le menu contextuel (clic droit sur l'image) ou encore au clavier : passez d'une plage tonale à l'autre en tapant une ou plusieurs fois ⇧+ ou ⇧–.

La **Barre d'options** des outils **Densité** propose l'option : **Protéger les tons** (active par défaut) qui permet d'agir avec un rendu naturel sans apparition d'un voile gris plus ou moins clair (comme avec certaines versions antérieures).

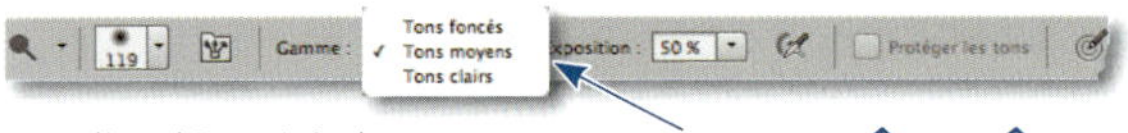

*Pour l'outil **Densité**, choisissez une gamme ou tapez ⇧+ ou ⇧–.*

Les passages d'un outil Densité à l'autre

Quand on effectue des retouches de luminosité, on peut avoir besoin de passer de l'outil **Densité +** à l'outil **Densité –**, et réciproquement. Ce passage se réalise de plusieurs façons. Il est possible de passer directement sur l'image d'un outil à l'autre, en enfonçant la touche ⌥[Alt]. L'un des inconvénients de ce passage est que l'outil garde les mêmes réglages (en taille et en gamme). Pour pallier ce problème, vous pouvez avoir recours à l'astuce suivante. Elle consiste à utiliser l'activation temporaire d'un outil, en maintenant enfoncée sa touche d'appel.

Par exemple, quel que soit l'outil actif, si vous maintenez la touche E enfoncée, vous activez temporairement (tant que la touche reste enfoncée) l'outil **Gomme** (activé avec E). Les outils **Densité** partageant la même lettre O avec l'outil **Éponge**, vous devez d'abord aller supprimer les raccourcis affectés aux outils **Densité +** et **Éponge** par le menu **Édition** et sa commande **Raccourcis clavier** (rubrique **Outils**).

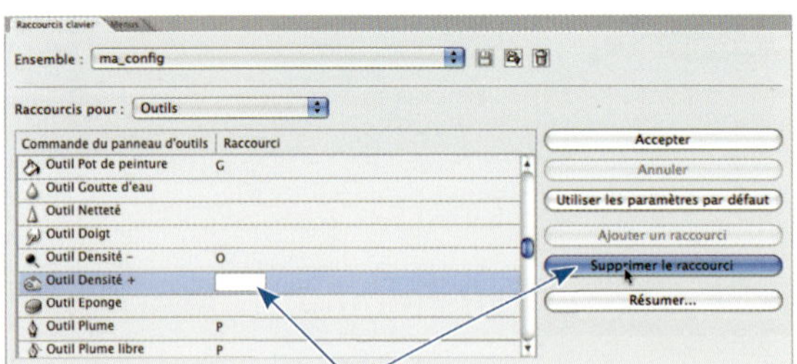

*On a supprimé les raccourcis de **Densité +** et **Éponge** pour ne garder que celui de l'outil **Densité –**.*

Pour réaliser les retouches, dans le panneau **Outils**, activez l'outil **Densité +** et commencez les opérations voulues ; pour passer à l'outil **Densité –**, maintenez enfoncée la touche O et dessinez avec l'outil qui apparaît actif dans la **Barre des options**. Tout en gardant la touche O enfoncée, il est possible de changer les réglages de l'outil. Dès que vous relâchez la touche O, vous retrouvez l'outil **Densité –** avec ses propres réglages.

Les retouches réversibles

Pour rendre réversibles les retouches de luminosité (et ne pas avoir à pixelliser les calques dynamiques), vous pouvez procéder de la manière suivante : par ⌥clic [Alt clic] sur l'icône ▣, ajoutez un calque en affichant sa fenêtre d'options, choisissez le mode **Lumière tamisée** et cochez **Couleur neutre pour le mode**.

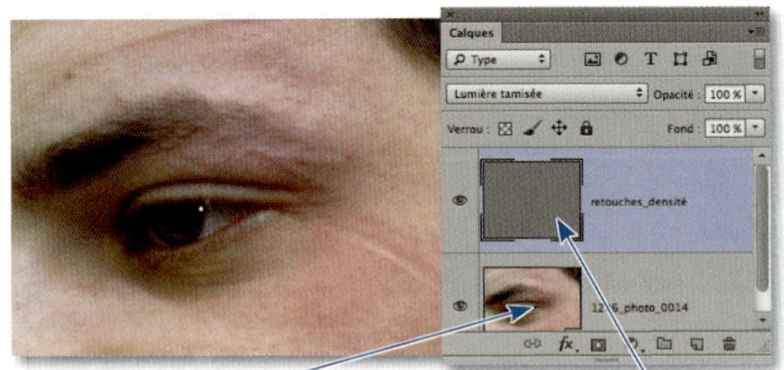

L'image originale comporte un calque dynamique. *On lui a ajouté ce calque spécial en spécifiant ces paramètres.*

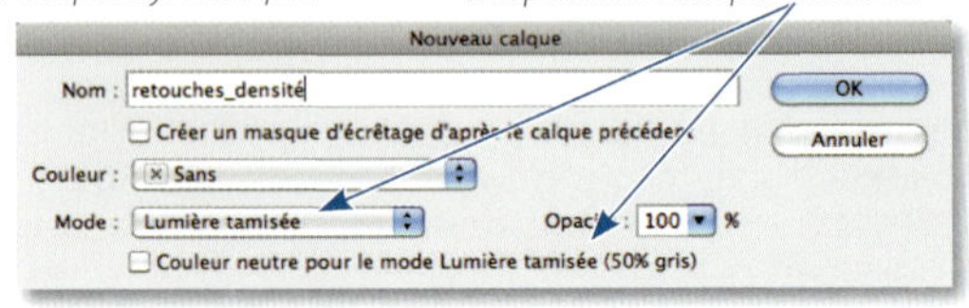

Sur ce calque (gris), appliquez l'outil **Densité** voulu avec une exposition réduite (20 %, par exemple) et la gamme **Tons moyens**. L'effet sur l'image sera le même, mais vous pourrez revenir dessus en appliquant l'outil opposé.

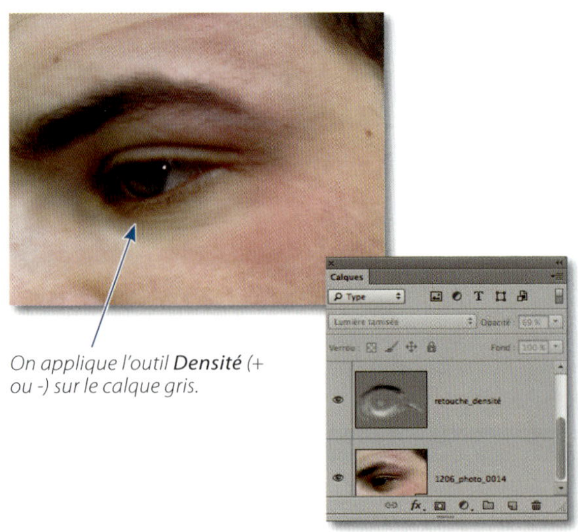

*On applique l'outil **Densité** (+ ou -) sur le calque gris.*

Ce genre de petits traitements peut s'avérer utile pour éclaircir un œil, des dents ou pour ajouter un reflet… En agissant sur ce calque spécial (rempli de gris à 50 % et avec le mode **Lumière tamisée**), on garde une souplesse de travail intéressante.

La suppression ou l'atténuation d'un reflet sur un visage

Cette opération est souvent délicate à réaliser, elle s'effectue en quelques étapes et comporte quelques calques (de réglage et autre), que l'on peut judicieusement placer dans un dossier ou groupe de calques ce qui permet de n'élaborer qu'un seul masque que l'on affecte au groupe.

La préparation du masque de traitement

Il s'agit de sélectionner les zones les plus claires du visage afin de ne traiter que ces dernières. Pour réaliser cette sélection, effectuez les opérations suivantes :

1. Dans le panneau **Calques**, sélectionnez le calque contenant le reflet à atténuer. Lancez la commande **Plage de couleurs** du menu **Sélection**. Dans le menu local **Sélection**, choisissez l'option **Tons clairs**. Validez pour afficher la sélection.

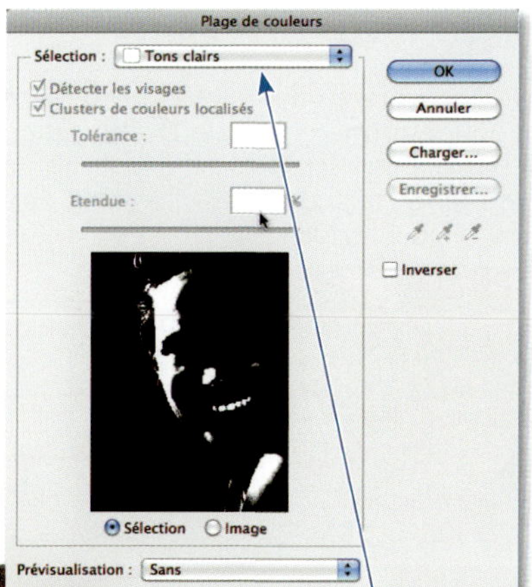

*À l'aide de cette option de la commande **Plage de couleurs** on a créé cette sélection des zones de reflets.*

2. L'étendue de cette sélection est telle qu'elle comporte sûrement des éléments qui ne doivent pas être traités en tant que reflets (dents, blanc des yeux…). Pour les éliminer de la sélection, activez le **mode Masque** (en tapant la lettre Q), puis l'outil **Pinceau** avec le noir au premier plan. Avec cet outil, couvrez les zones voulues.

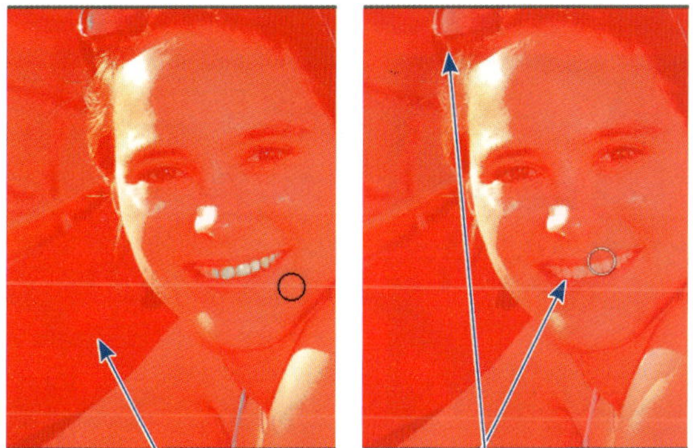

On active le mode Masque et on noircit les zones qui ne constituent pas le reflet.

3. Quand la sélection est correcte, quittez le **mode Masque** (en tapant la lettre Q) pour afficher la sélection. Celle-ci peut encore être affinée (à l'aide d'un contour progressif et d'une contraction) en utilisant la commande **Améliorer le contour** mais cette opération pourra être réalisée quand la correction sera entamée (voire finalisée) à partir du panneau **Propriétés**. Ajoutez un groupe au document en cliquant sur l'icône du bas du panneau **Calques**, sélectionnez-le et affectez-lui un masque de fusion en cliquant sur l'icône du même panneau.

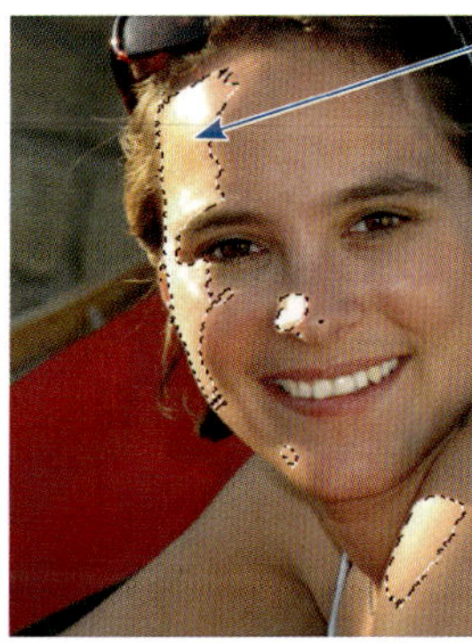

Avec la sélection affichée, on ajoute un groupe en cliquant ici et on lui affecte un masque de fusion.

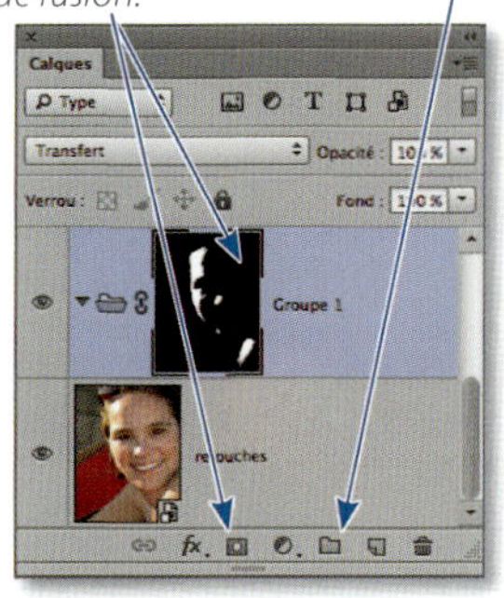

Les corrections

Pour atténuer les zones claires, des actions avec des calques de réglage faisant intervenir la luminosité risquent de faire apparaître des zones grises. Nous utiliserons donc un calque de réglage de type **Correction sélective**.

Les valeurs du réglage dépendent de l'intensité du reflet mais d'une manière générale, dans le menu local Couleurs, c'est l'option **Blancs** qu'il faut sélectionner, puis réduire fortement le cyan, plus légèrement le magenta et le jaune, et augmenter fortement le noir. L'option **Absolue** fonctionnera mieux avec des reflets très vifs, l'option **Relative** conviendra aux reflets plus légers.

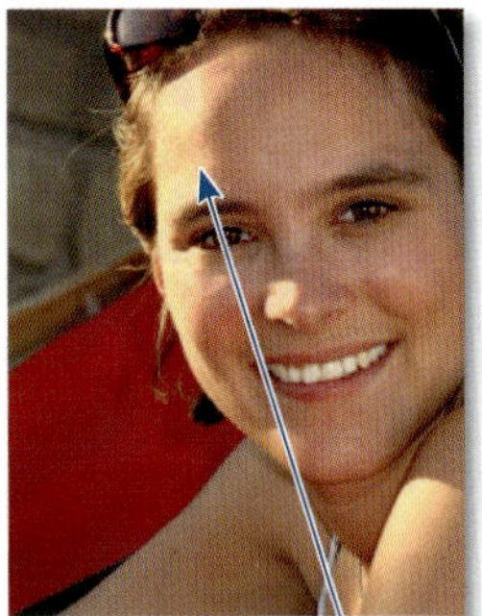

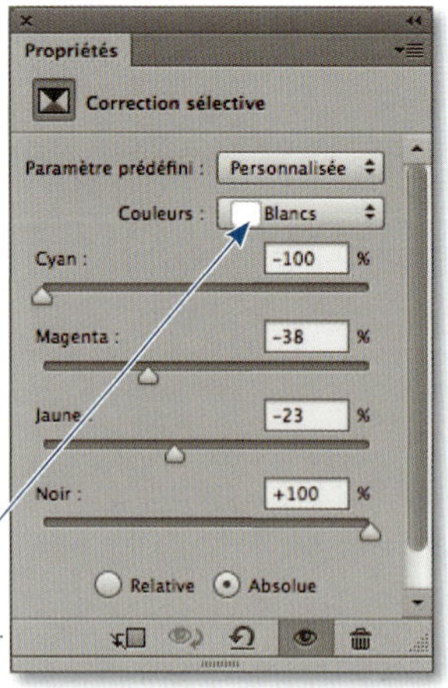

On a atténué les reflets avec ce réglage du blanc dans le calque de réglage **Correction sélective**.

En plus de ce réglage, on peut ajouter, dans le groupe pour bénéficier du masque, un réglage de type **Niveaux** qui réduira légèrement la luminosité. On ajoutera également (en tapant ⇧⌘N [⇧Ctrl]) un nouveau calque avec le mode **Lumière tamisée** que l'on remplira de gris à 50 % (couleur neutre pour le mode), auquel on appliquera le filtre **Ajout de bruit** de la série Bruit (avec une valeur de 5 %, par exemple). Ce filtre permettra d'estomper le lissage du reflet.

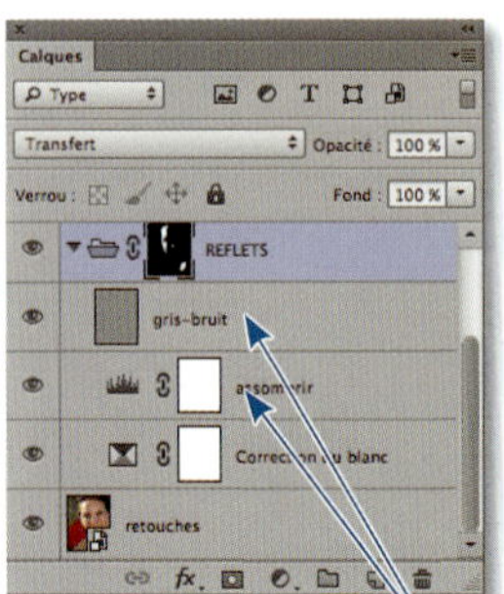

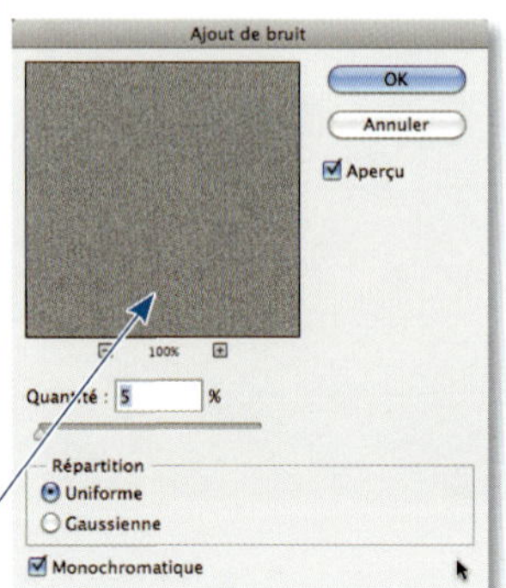

On a ajouté plusieurs calques dans le groupe dont un sur lequel on a appliqué ce filtre.

Dans tous les cas, il est possible de modifier l'opacité de chacun des calques du groupe, de modifier celle du groupe et de modifier l'aspect du masque de fusion par le panneau **Propriétés** et ses options **Densité**, **Contour progressif** ou du bouton **Améliorer le contour**.

Les retouches locales de saturation

LE TRAITEMENT AVEC L'OUTIL ÉPONGE

L'outil **Éponge** modifie la saturation (réduction ou augmentation). Le réglage de son intensité s'effectue par l'option **Flux**. Cet outil possède deux modes d'utilisation qui se spécifient dans la **Barre d'options** : **Saturation** ou **Désaturation**. Au clavier, on passe de l'un à l'autre en tapant ⇧ + ou ⇧ –. L'outil **Éponge** bénéfice d'une option, **Vibrance** (active par défaut), qui permet de saturer les couleurs tout en préservant les tons chair et sans écrêter les couleurs saturées (ce qui ferait disparaître les détails qu'elles montrent).

Dans de nombreux cas, ce type de correction peut être remplacé par l'utilisation d'un calque de réglage de type **Vibrance** associé à un masque qui cache les parties sur lesquelles le réglage ne doit pas s'appliquer. Cette technique (*développée plus loin dans ce livre*) permet d'agir de manière réversible et peut s'appliquer à un calque dynamique.

> **ATTENTION** *Quand vous désaturez une zone de l'image, elle perd progressivement ses couleurs pour devenir grise. Si vous passez l'outil en mode* ***Saturation****, elle ne retrouvera pas ses couleurs d'origine (d'où l'importance d'utiliser une copie du calque pour effectuer ce genre de traitement).*

LE BLANCHIMENT DES DENTS

Pour rendre les dents blanches, commencez par utiliser l'outil **Éponge** en mode **Désaturation** pour supprimer l'éventuelle coloration jaune, puis glissez plusieurs fois sur les dents l'outil **Densité** – avec une exposition faible (10 à 20 %) pour les blanchir.

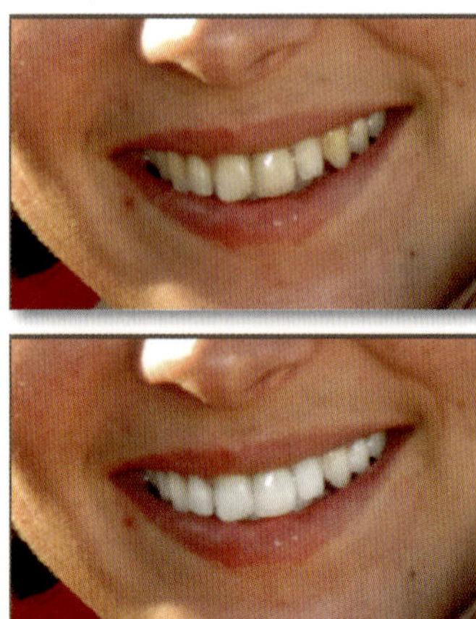

Avant et après passage de l'outil **Éponge***, puis* **Densité -**.

La suppression des yeux rouges

Photoshop propose l'outil, **Œil rouge** qui, par simple clic sur la pupille, supprime les yeux rouges visibles sur certaines prises de vue au flash. On définit éventuellement le taux d'obscurcissement et la taille de la pupille, puis on clique sur cette dernière.

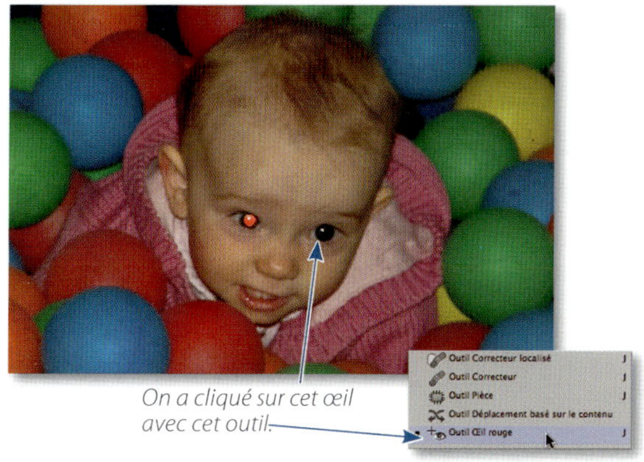

On a cliqué sur cet œil avec cet outil.

Les retouches par déformation

Les retouches par déformation, ou de type fluidité, sont des retouches dans lesquelles on souhaite déplacer des pixels pour déformer localement une zone d'une photo (comme, par exemple, déplacer les lèvres d'un visage pour obtenir une bouche souriante). Ce type d'opération se réalise de différentes manières, réversibles ou non selon la technique utilisée. Vous disposez de trois méthodes : la première, avec le filtre **Fluidité**, est irréversible, les deux autres sont dynamiques, il s'agit des transformations localisées et de la commande **Déformation de la marionnette** du menu **Édition**.

Le filtre Fuidité

La description du filtre Fluidité

Ce filtre agit de manière irréversible. Il permet de manipuler des parties d'une image du calque actif. Il peut s'agir de petites retouches afin de rendre un visage plus souriant, par exemple, ou d'en modifier légèrement la physionomie, mais on peut aller jusqu'à la caricature.

L'image originale et celle déformée par le filtre Fluidité.

Ps Avec la version CS6, le filtre qui a subi quelques améliorations (dont notamment une réactivité plus importante), propose deux modes de travail : un mode actif par défaut (mode normal qui suffira dans de nombreux cas) et un mode avancé qui permet davantage de réglages.

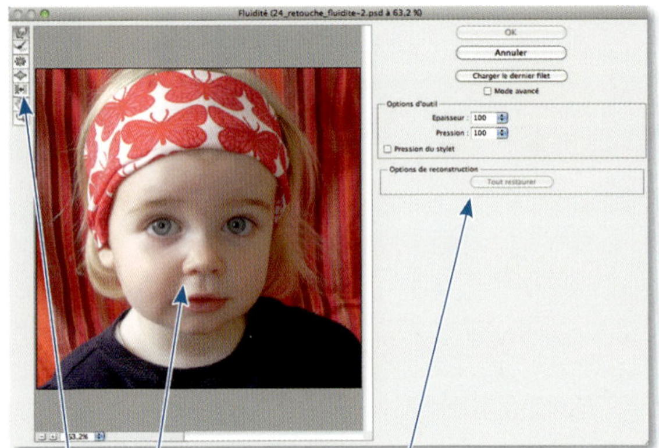

Les outils, l'aperçu et la zone de paramétrage.

Dans la partie gauche de la fenêtre du filtre, on accède à différents outils de gestion de la déformation auxquels s'ajoutent deux outils de gestion de l'affichage : l'outil **Main** qui apparaît directement en enfonçant **Espace** et l'outil **Zoom** qui apparaît en enfonçant **⌘[Ctrl]** (ou **⌥⌘[Alt Ctrl]** pour dézoomer). Voici une brève description de ces outils :

1. outil **Déformation avant** : provoque des distorsions ;
2. outil **Reconstruction** : annule localement les distorsions précédemment réalisées ;
3. outil **Contraction** : resserre les pixels vers le centre ;
4. outil **Dilatation** : écarte les pixels vers l'extérieur ;
5. outil **Décalage à gauche** : déplace les pixels.

Les trois outils qui suivent n'apparaissent qu'une fois le mode avancé activé.

6. outil **Tourbillon horaire** : enroule l'image ;
7. outil **Blocage de masque** : dessine (en rouge) un masque pour empêcher (bloquer) la déformation ;
8. outil **Libération de masque** : efface le masque précédemment réalisé.

Les outils et le paramétrage du mode normal.

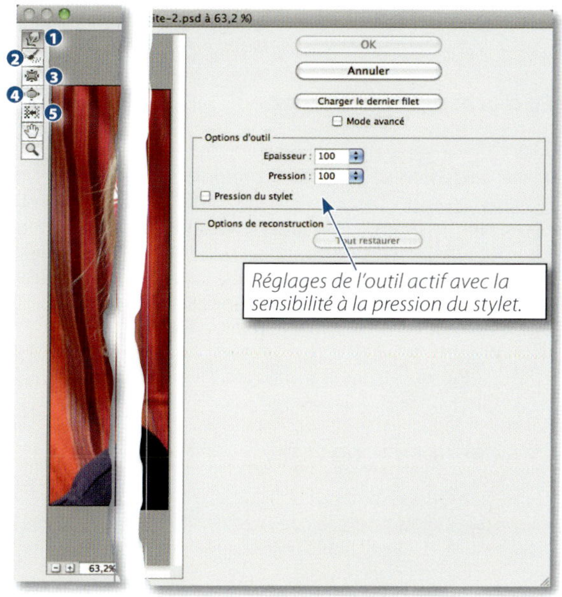

Réglages de l'outil actif avec la sensibilité à la pression du stylet.

Les outils et le paramétrage du mode avancé.

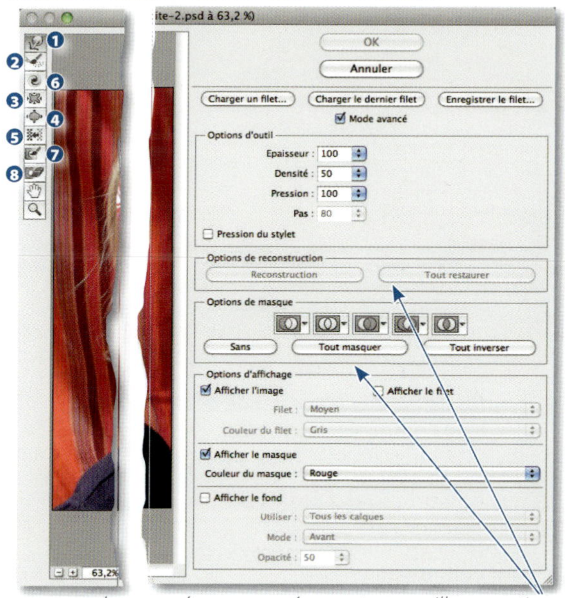

Le paramétrage avancé permet une meilleure gestion de la reconstruction et du blocage

LA PRÉPARATION DE L'IMAGE AVANT L'APPLICATION DU FILTRE

La copie du calque

Le filtre **Fluidité** ne peut pas s'appliquer de manière dynamique. À chaque fois que vous utilisez des commandes qui agissent de façon irréversible sur le calque, pour travailler avec plus de souplesse, créez une copie du calque à traiter (en tapant ⌘J [Ctrl J] ou ⌥⌘J [Alt Ctrl J] pour pouvoir le renommer). En opérant ainsi, il sera toujours possible de lui adjoindre un masque de fusion pour masquer l'effet du filtre sur certaines parties de l'image. Si le calque de départ est un objet dynamique, sa copie devra être pixellisée pour pouvoir y appliquer le filtre **Fluidité**.

Le travail sur un ensemble de calques

Si vous avez fait des retouches placées sur différents calques, le filtre n'affectera qu'un seul calque à la fois et ne pourra modifier convenablement l'ensemble de la photo retouchée. Pour pallier ce problème, il sera nécessaire de fusionner les calques en un seul. Cependant, pour ne pas perdre les calques contenant chaque retouche, vous pouvez effectuer l'opération suivante : elle consiste à ajouter le calque au premier plan dans le panneau **Calques** et à taper ⇧⌥⌘E [⇧Alt Ctrl E] (ou lancer la commande **Fusionner les calques visibles** du menu **Calques** en enfonçant la touche ⌥[Alt] pour en obtenir une copie). La copie fusionnée ainsi obtenue peut alors subir le filtre **Fluidité**.

On a retouché cette photo pour obtenir le résultat ci-contre. On a utilisé plusieurs calques (voir page suivante).

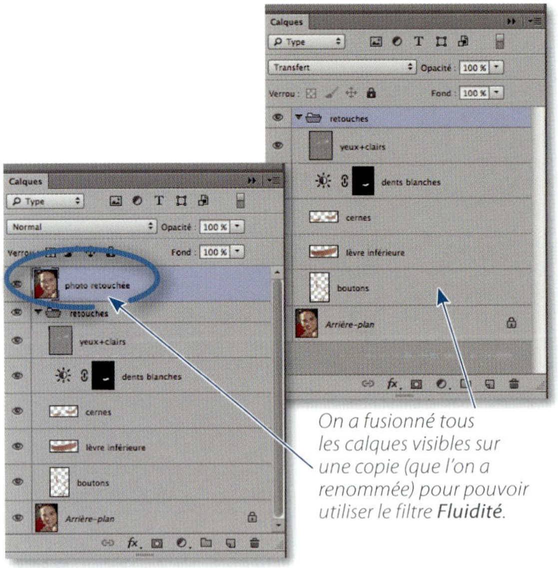

*On a fusionné tous les calques visibles sur une copie (que l'on a renommée) pour pouvoir utiliser le filtre **Fluidité**.*

Le traitement partiel

Dans le cas d'image de grande taille, il est également possible de réaliser une sélection de la partie du calque à traiter afin d'en faire une copie sur un nouveau calque (en tapant ⌘J [Ctrl J]), ainsi le filtre n'agira que sur la partie de l'image, ce qui facilitera le travail. Afin que la partie travaillée s'intègre mieux dans le reste de l'image, lorsque vous réalisez la sélection, affectez-lui un contour progressif (par la commande **Améliorer le contour** du menu **Édition**).

Le travail des grosses images

Bien que le filtre soit plus rapide que dans les versions précédentes, une image de taille importante peut le ralentir. Pour pallier ce problème, effectuez les étapes suivantes :

1. Réalisez une copie du fichier en utilisant la commande **Dupliquer l'image** du menu **Image**.

2. Réduisez la taille et la résolution du document à partir de la commande **Taille de l'image** du menu **Image** (avec l'option **Rééchantillonnage** active).

3. Appliquez le filtre **Fluidité** avec les déformations voulues sur cette image basse résolution.

4. Passez à l'image haute résolution (dupliquez le calque à traiter), lancez le filtre et cliquez sur le bouton **Charger le dernier filet** : toutes les déformations définies sur la basse résolution s'appliquent. Éventuellement, vous pouvez en atténuer certaines avec l'outil **Reconstruction** ou les accentuer avec l'outil **Déformation avant**.

5. Fermez, sans l'enregistrer, la copie basse résolution.

Astuce *Dans la fenêtre **Fluidité**, en passant au mode avancé, vous pouvez enregistrer le filet de déformation dans un fichier externe afin de le réutiliser ultérieurement*

La couche alpha de blocage

Avant de lancer le filtre, il faut parfois préparer des couches alpha qui seront utilisées pour protéger certaines zones de l'image (ou, au contraire, les traiter) lors de l'application de l'outil de distorsion dans la fenêtre **Fluidité**. Dans le filtre **Fluidité** affiché avec le mode avancé, on pourra sélectionner la couche comme blocage, puis réaliser les déformations voulues. Ces différentes manipulations seront développées avec le mode avancé du filtre **Fluidité**.

Nous allons voir comment utiliser le filtre avec le mode normal, puis avec le mode avancé.

Le mode normal du filtre

Dans de nombreux cas, l'utilisation du filtre se bornera à l'application des outils (et des options) disponibles dans le mode normal. Nous allons voir leurs effets, leurs réglages et leurs modes d'application.

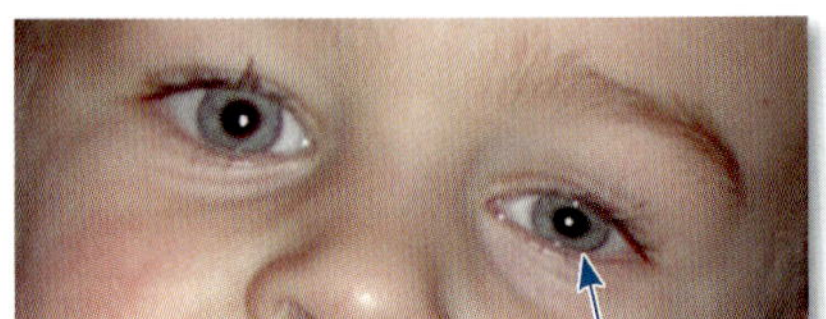

*Dans la photo ci-dessus, l'œil à droite est légèrement fermé. On peut facilement le modifier avec le mode normal du filtre **Fluidité** et obtenir le résultat ci-dessous.*

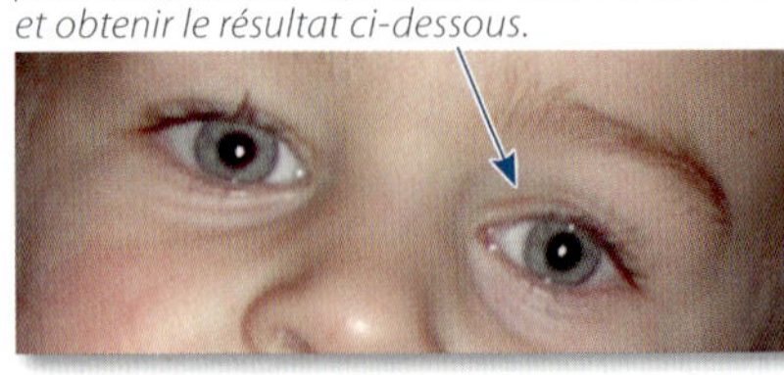

Les outils de base et leur effet de déformation

Dans son mode de base ou normal, le filtre **Fluidité** ne comporte que quatre outils de distorsion (dont les effets peuvent être cumulés) et un outil de reconstruction qui annule la distorsion.

L'outil Déformation

À l'instar de l'outil **Doigt** de Photoshop, l'outil **Déformation** du filtre **Fluidité** pousse les pixels en avant lorsque vous le glissez sur l'image.

Astuce *Si vous enfoncez ⌥ [Alt], l'outil **Déformation** devient **Reconstruction** et permet une annulation locale.*

Les outils Contraction et Dilatation

Ces outils, et , déplacent les pixels vers le centre de la forme pour **Contraction**, ou l'extérieur pour **Dilatation** lorsque vous pressez le bouton ou glissez l'outil sur l'image.

> **ASTUCE** *Si vous enfoncez ⌥ [Alt], l'outil* ***Contraction*** *devient* ***Dilatation****, et réciproquement.*

L'outil Décalage à gauche

L'outil **Décalage à gauche** est délicat à utiliser. Il provoque le déplacement des pixels, mais perpendiculairement à la direction de son déplacement. Si vous enfoncez ⌥ [Alt], le déplacement est toujours perpendiculaire, mais dans le sens opposé. Ainsi, un glissement vertical vers le bas provoque un déplacement horizontal des pixels vers la droite, alors qu'avec ⌥ [Alt], il s'effectue vers la gauche.

Le réglage des outils

Avant d'agir avec l'un des outils de déformation, il vous faut régler son aspect. Quel que soit l'outil choisi, ce réglage se réalise avec les paramètres de la rubrique **Options d'outil**, **Épaisseur** et **Pression**, par glissement ou au clavier.

- **Épaisseur** : c'est avec cette option que se gère la taille de la forme (celle-ci sera identique si vous passez d'un outil à l'autre). Ce réglage se réalise directement sur l'aperçu par glissement en enfonçant la touche ctrl ⌥ [Alt clic droit] (ici, il n'y a pas de réglage de dureté, le glissement peut donc être indifféremment vertical ou horizontal) ou au clavier en tapant < pour agrandir et $ pour réduire.

> **NOTE** *Les outils du filtre* ***Fluidité*** *acceptent désormais des tailles de 1 à 15 000 pixels. Cette taille importante permet de définir une zone de déformation suffisamment grande par rapport à l'image pour ne pas faire apparaître des ruptures dans la déformation.*

- **Pression** : elle définit la vitesse à laquelle les déformations se produisent lorsque vous glissez un outil. Si vous cochez l'option **Pression du stylet**, l'intensité d'application sera définie par la pression du stylet sur la tablette. Une pression faible assure une meilleure gestion des modifications qui s'effectueront plus lentement. La valeur par défaut est de 100 ; n'hésitez pas à la réduire.

L'application de l'outil

L'application de l'outil **Déformation** s'effectue par glissements, sur l'image. Les outils **Dilatation** et **Contraction** s'appliquent en restant appuyé sur le bouton de la souris (et éventuellement en glissant l'outil) ; il est également possible d'intervenir par clics successifs, ce qui donne souvent une meilleure souplesse d'application de l'effet.

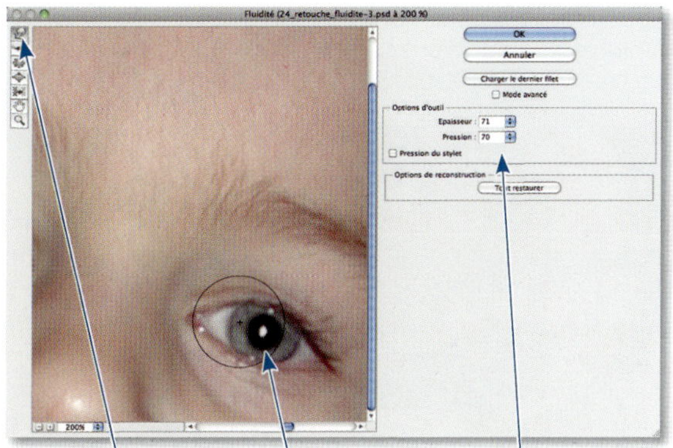

Avec cet outil, on déforme l'œil en utilisant ces réglages

La reconstruction et les annulations multiples

À l'issue du passage de l'outil, vous pouvez annuler la dernière application : annuler/rétablir s'obtient en tapant ⌘Z [Ctrl Z]. Pour annuler localement et progressivement, appliquez l'outil **Reconstruction** . Celui-ci s'utilise par glissement ou en restant appuyé sur place. Ici aussi, la valeur de pression définit la vitesse de reconstruction.

Si vous avez déformé l'image par applications multiples, vous pouvez revenir en arrière à l'aide des annulations du menu **Édition** ou en tapant ⌥⌘Z [Alt Ctrl Z] pour aller en arrière (on rétablit progressivement avec ⇧⌘Z [⇧Ctrl Z]). Il est également possible de retrouver l'image initiale par clic sur le bouton **Réinitialiser** qui apparaît à la place du bouton **Annuler** quand on enfonce ⌥ [Alt] (*d'autres reconstructions sont possibles, nous en parlerons plus loin*).

LE MODE AVANCÉ DU FILTRE FLUIDITÉ

Dans le cas d'un travail avec le mode avancé, l'utilisation du filtre **Fluidité** permet un travail plus poussé, vous pouvez réaliser les étapes suivantes :

- préparer l'image avec la protection ou le blocage de certaines zones par des **masques de blocage** ;
- régler l'outil de déformation (au nombre de cinq dans le mode avancé), puis déformer l'image en l'appliquant ;
- reconstruire les zones trop déformées ;
- éventuellement, régler l'affichage des filets de déformation pour un meilleur contrôle ;
- mémoriser les filets de déformation si une utilisation ultérieure est envisagée.

Les masques de blocage

Dans certains cas, l'outil de déformation doit avoir une taille importante pour que son action soit plus uniforme sur une zone donnée. Cependant, cette taille importante fait que l'outil couvre des zones que l'on ne souhaitait pas modifier.

Pour pallier ceci, il faut avoir recours au blocage des zones à protéger à l'aide d'un masque. Nous allons voir différentes techniques pour l'élaborer.

Pour agir sur les joues sans toucher aux yeux et à la bouche, il faut bloquer le filtre sur ces zones à l'aide d'un masque.

La sélection initiale utilisée comme masque de blocage

Si vous avez réalisé une sélection avant de lancer le filtre **Fluidité**, la fenêtre du filtre ne montrera que le rectangle correspondant à l'encombrement de cette sélection. Toutes les zones extérieures à la sélection y apparaissent bloquées (en rouge ou en une autre couleur à choisir dans le menu local **Couleur du masque**), elles sont protégées contre toute déformation.

*Si une sélection avait été réalisée, dans **Fluidité** elle définit la seule zone modifiable. Les autres zones, en rouge, sont bloquées.*

> **NOTE** *Lors d'une utilisation du mode normal, il est possible de définir une zone bloquée en créant une sélection avant de lancer le filtre ; en revanche, les modifications de cette zone ne peuvent se faire qu'avec le mode avancé.*

Si vous cliquez sur le bouton **Sans** dans la rubrique **Options de masque**, les zones rouges sont supprimées (libérées) et la totalité du rectangle devient déformable. Si vous vous ravisez, un menu local s'affiche en cliquant sur l'icône [icône], il permet de réafficher le masque issu de la sélection.

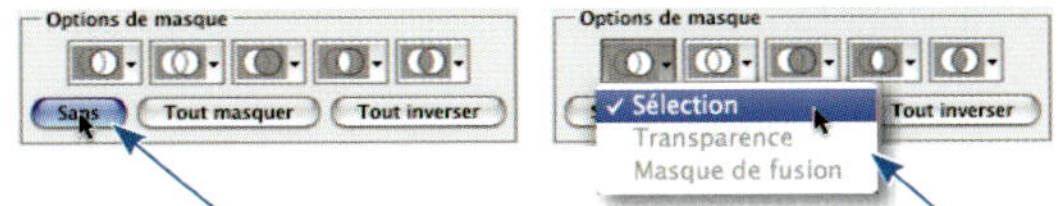

En cliquant ici, on libère les zones protégées. Par ce menu, on retrouve la sélection.

Le masque de blocage par le dessin dans la fenêtre du filtre Fluidité

Si vous n'avez pas fait de sélection, l'aperçu de la fenêtre **Fluidité** affiche l'image entière, vous pouvez y définir les zones qui doivent être bloquées. Pour cela, effectuez les opérations suivantes :

1. Activez l'outil **Blocage de masque** [icône], réglez son aspect :
   - sa taille est définie par l'option **Épaisseur**.
   - sa dureté est définie par l'option **Pression**. Une valeur réduite permettra de créer un fondu sur les bords.
2. Glissez l'outil sur les zones à bloquer : celles-ci se couvrent de rouge. Pour libérer des zones figées (et les retrouver transparentes), utilisez l'outil **Libération de masque** [icône] ou passez l'outil de blocage en enfonçant la touche ⌥ [Alt]. Pour tout débloquer, cliquez sur le bouton **Sans** dans la zone **Options de masque**.

Les outils **Blocage de masque** et **Libération de masque** se règlent aussi par glissement sur l'aperçu en enfonçant la touche ctrl ⌥ [clic droit Alt] (mais ici, il n'y a pas de possibilité de réglage de dureté).

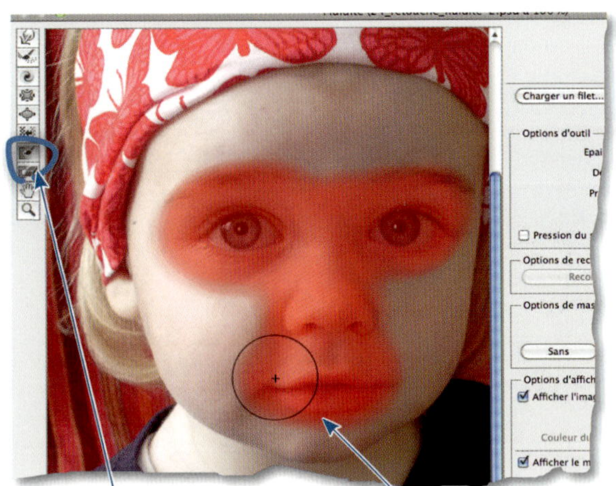

Avec cet outil, on a dessiné en rouge les zones qui ne seront pas affectées par les outils de déformation du filtre.

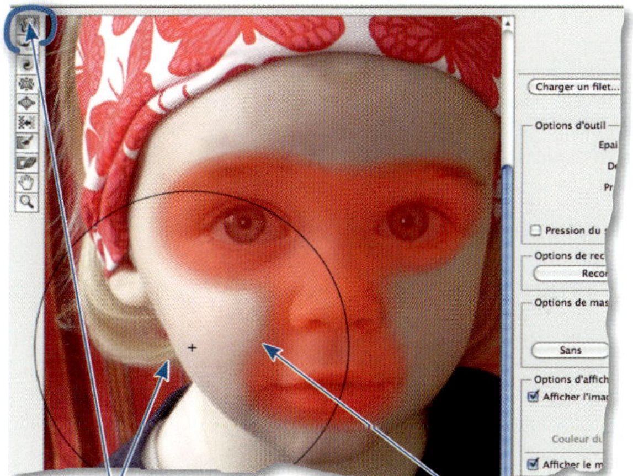

On peut déformer, les zones rouges ne sont pas modifiées.

Au lieu de dessiner les zones bloquées avec l'outil **Blocage de masque**, vous pouvez aussi bloquer toute l'image en cliquant sur le bouton **Tout masquer**, puis utiliser l'outil **Libération de masque** pour découvrir les zones qui pourront être traitées par les outils de déformation.

> **ASTUCE** *En utilisant le **Mode Masque** avant de lancer le filtre, vous préparez les zones bloquées avec davantage de facilité et de moyens.* La méthode est décrite ci-après.

Le masque de blocage avec les couches alpha

Ce type de blocage peut se préparer de deux façons : à partir du **mode Masque** et par mémorisation d'une sélection sur une couche alpha.

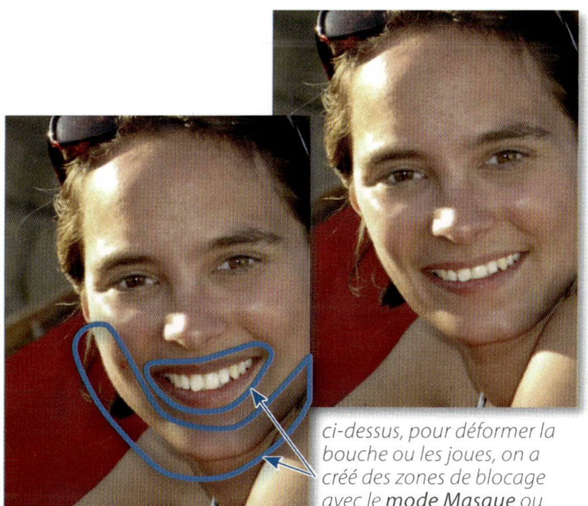

*ci-dessus, pour déformer la bouche ou les joues, on a créé des zones de blocage avec le **mode Masque** ou par des couches alpha.*

La préparation avec le mode Masque

Plutôt que de créer une sélection et de lancer le filtre, ou de dessiner les zones bloquées sur l'aperçu du filtre, utilisez la méthode décrite ci-après. Elle permet de voir l'image entière et d'intervenir plus facilement sur le dessin du masque.

1. Choisissez l'outil **Pinceau**, réglez sa taille et son opacité. Pour rappel, des changements de taille pourront être effectués en cours d'utilisation dans la **Barre d'options** de l'outil ou, directement sur le dessin, au clavier ou par glissement avec certaines touches comme l'indique le tableau suivant :

Réglages par glissement sur Mac puis sous Windows		
Taille	⌥ ctrl + glisser horizontalement	Alt + glisser bouton droit horizontalement
Dureté	⌥ ctrl + glisser verticalement	Alt + glisser bouton droit verticalement

2. Activez le **Mode Masque** (en tapant Q). Tapez ⌘I [Ctrl I] pour inverser le masque (la photo se couvre de rouge). Tapez D (puis éventuellement X), pour avoir le blanc comme couleur de premier plan. Dessinez la zone qui sera modifiable par le filtre avec le pinceau (le rouge n'en disparaîtra pas, seules les zones rouges seront bloquées).

*On sélectionne l'outil **Pinceau**.*

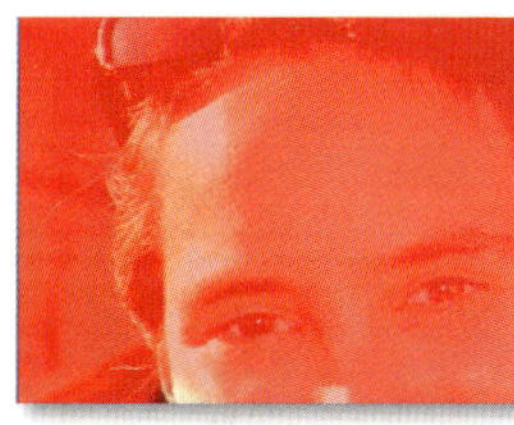

*On active le **mode Masque**, on dessine en blanc sur le masque qui a été inversé par ⌘I [Ctrl I].*

3. Vous pouvez également utiliser d'autres outils tels que le crayon, la gomme, les outils vectoriels (plume, forme), appliquer des transformations, des filtres... ou encore basculer temporairement sur la sélection (en tapant à nouveau Q) pour la retravailler avec la commande **Améliorer le contour** du menu **Sélection** (*voir page 178*).

4. Quand les zones que vous souhaitez bloquer dans le filtre **Fluidité** apparaissent correctement (dessinées en rouge), ne quittez pas le **Mode Masque** (réaffichez-le en tapant Q s'il n'était plus actif), affichez le panneau **Couches** pour y cacher la couche du **Mode Masque** (en cliquant sur l'œil à gauche de son nom) et activer la couche RVB en cliquant sur son nom dans le haut du panneau (il apparaîtra sélectionné).

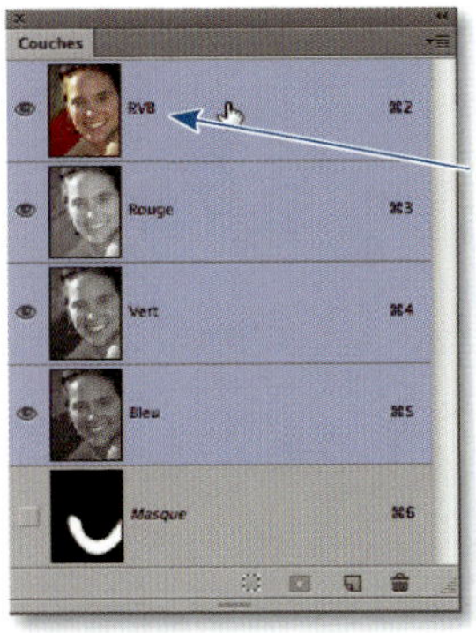

Dans ce panneau, on a activé la couche RVB et caché celle du ***Mode Masque****.*

5. Le masque de blocage étant maintenant prêt, lancez le filtre **Fluidité**. Cliquez sur l'icône **Remplacer la sélection** pour dérouler la liste des éléments de blocage, choisissez **Masque** pour voir les zones bloquées se colorer dans l'aperçu.

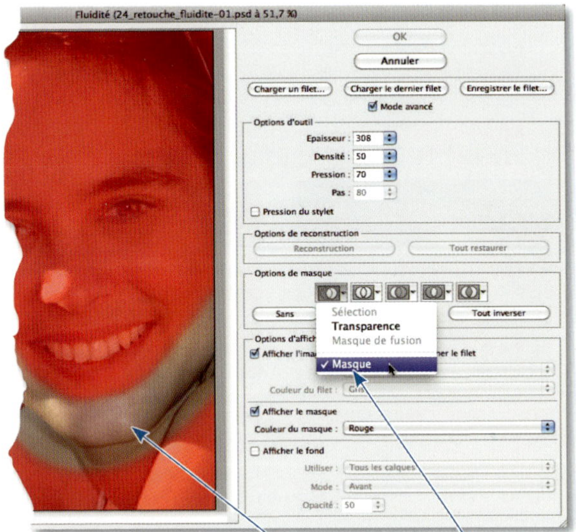

On peut déformer une fois le blocage affiché avec le masque.

La préparation du blocage par les couches alpha

Chaque couche alpha comporte des zones blanches et des zones noires ; ce sont ces dernières qui définiront les zones bloquées dans le filtre (colorées en rouge dans l'aperçu du filtre). Pour obtenir des couches alpha disponibles dans le filtre, vous pouvez réaliser une sélection (éventuellement avec le **mode Masque**), puis la mémoriser par la commande **Mémoriser la sélection** du menu **Sélection**. La zone de sélection apparaîtra en blanc sur la couche alpha. Cette opération de mémorisation peut être répétée avec d'autres sélections pour préparer plusieurs couches alpha.

Dans la fenêtre du filtre **Fluidité**, un menu affiché en cliquant sur l'icône **Remplacer la sélection** permet de sélectionner l'élément de blocage : **Sélection**, **Transparence**, **Masque de fusion** et couches alpha. En effet, Si le calque comporte des zones transparentes ou un masque de fusion, l'un de ces éléments peut être utilisé pour définir les zones à bloquer. Pour la couche de transparence, ce sont les pixels transparents (qui entourent l'image détourée) qui définissent les zones bloquées.

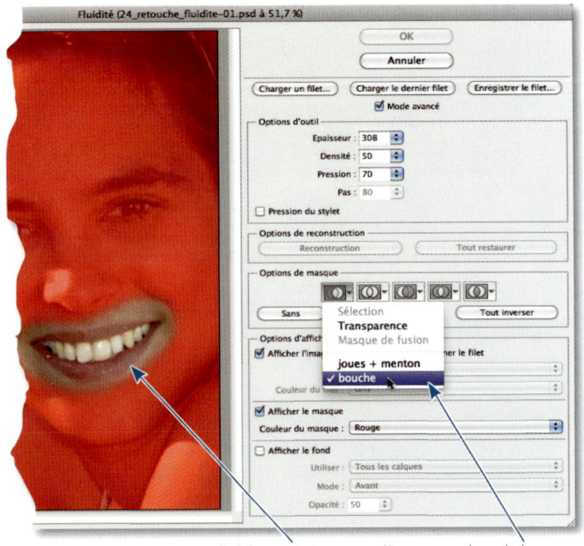

On obtient un masque de blocage à partir d'une couche alpha.

> **Astuce** *Il est souvent préférable d'utiliser les couches alpha plutôt que toutes autres méthodes de blocage. Celles-ci présentent l'avantage d'être mémorisées dans le document et facilement récupérables dans le filtre (par les menus locaux tels que celui de* ***Remplacer la sélection****), notamment si vous avez annulé le filtre et l'avez relancé.*

Les manipulations des zones bloquées

Certaines manipulations s'effectuent à partir des trois boutons : **Sans** (pour supprimer les zones bloquées) ; **Tout masquer** (pour tout bloquer) et **Tout inverser** (pour intervertir le masque de blocage).

La rubrique **Options de masque** propose également des manipulations entre les zones bloquées affichées sur l'aperçu (éventuellement avec l'un des trois boutons précédents) et celles obtenues à partir de la couche alpha, du masque de fusion ou d'une sélection choisie dans le menu local affiché par clic sur l'une des cinq icônes d'opérations (remplacer, ajouter, soustraire, intercepter et exclure). Le tableau suivant décrit les opérations possibles.

Icône	Action sur le masque de blocage
	Remplacer ou créer un nouveau masque à partir de l'élément sélectionné dans le menu local.
	Ajouter au masque existant l'élément sélectionné dans le menu.
	Soustraire au masque existant l'élément sélectionné dans le menu.
	Faire l'intersection entre le masque existant et l'élément sélectionné dans le menu.
	Exclure du masque existant l'élément sélectionné dans le menu.

Les outils de déformations et les réglages du mode avancé

Les réglages avancés

Quel que soit l'outil choisi, quand vous activez le mode avancé, le nombre de paramètres pour définir l'outil augmente avec deux nouvelles options : **Pas** et **Densité**.

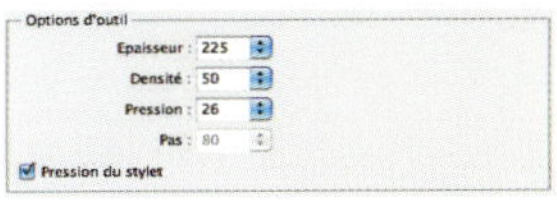

Les options avancées des outils.

- **Épaisseur** et **Pression** : leur paramétrage a été indiqué précédemment avec les outils du mode normal.

- **Pas**: certains outils continuent à agir même s'ils ne sont pas déplacés (à l'instar de l'aérographe pour le dessin); l'option **Pas** définit la vitesse à laquelle ces déformations s'appliquent. Plus il est élevé, plus les déformations s'appliquent rapidement.

- **Densité**: cette option est équivalente à l'option **Dureté** des outils de dessin de Photoshop. Plus elle est forte, plus l'intensité est atténuée sur les bords de l'outil. Une intensité nulle donne une action identique sur toute la surface de l'outil.

Les outils avancés

En dehors des outils de blocage, un seul outil de déformation apparaît : c'est l'outil **Tourbillon horaire**. Il fait pivoter les pixels dans le sens horaire lorsque vous pressez le bouton de la souris (sans la déplacer) ou si vous glissez l'outil sur l'image. Avec ⌥[Alt], l'outil **Tourbillon** les fait pivoter dans le sens antihoraire.

Chaque outil de distorsion provoque un effet particulier et vous pouvez cumuler leurs effets, voire libérer une zone bloquée pour y appliquer un autre outil.

Les reconstructions

Une fois les effets appliqués, avant de valider la commande, vous pouvez les atténuer sur certaines parties ou créer de nouvelles déformations par reconstruction de l'image — certaines zones peuvent être bloquées pour ne pas être reconstruites. Ces reconstructions s'effectuent selon deux méthodes :

- **La recontruction locale** : elle s'obtient par glissement de l'outil **Reconstruction** comme indiqué dans le mode normal de l'utilisation du filtre.

- **La recontruction globale** : ce mode de reconstruction n'est disponible que dans le mode avancé (rubrique **Options de reconstruction**). Cette reconstruction affecte la totalité de l'image et s'obtient à l'aide des boutons **Tout restaurer** (qui réinitialise l'image) ou **Reconstruction** ; ce dernier affiche une petite fenêtre pour doser le taux de reconstruction, (par défaut 100 %).

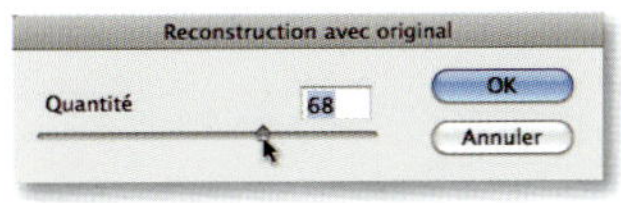

On peut doser la reconstruction.

Le réglage de l'affichage

Les filets de déformation

Une grille peut être affichée pour visualiser les lignes de déformation par rapport à l'original. On choisit sa couleur et l'espacement des lignes dans la rubrique **Options d'affichage**. Quand la grille est visible, vous pouvez cacher l'image en décochant l'option **Afficher l'image** (l'arrière-plan reste visible sauf si vous décochez **Afficher le fond**).

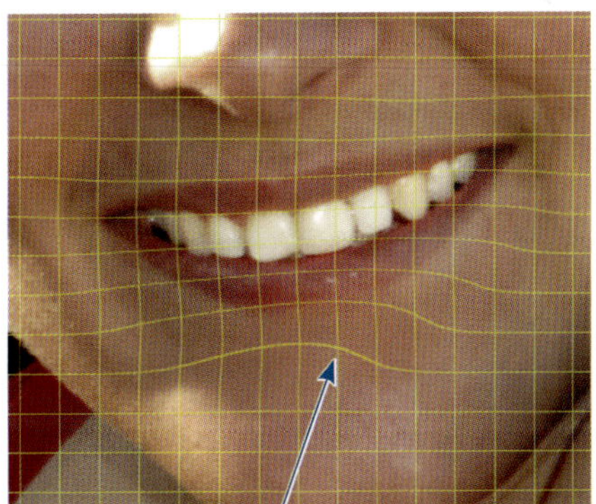

On a affiché le filet de déformation (sans le masque). On peut choisir sa densité et sa couleur.

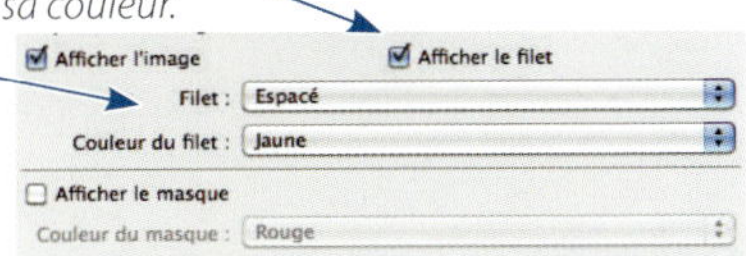

Les calques affichés

Si le document comporte plusieurs calques, seul le calque actif est visible au lancement du filtre. Si vous cochez l'option **Afficher le fond**, il est possible d'afficher les autres calques — le menu local **Utiliser** liste tous les calques.

L'option **Mode** propose des options pour afficher les autres calques avec transparence (**Avant** et **Fusion**) ou sans (**Arrière**). Avec l'option **Arrière**, Photoshop superpose au calque à traiter une copie de lui-même de manière à mieux visualiser la différence entre l'image avant et après l'action du filtre. Dans ce cas, une augmentation de l'opacité permet de mieux distinguer le calque traité de la copie à l'arrière-plan — une opacité nulle permet de ne voir que l'arrière-plan, c'est-à-dire l'image sans les déformations.

La réversibilité et l'action localisée du filtre

Une fois les réglages terminés et la déformation réalisée, avant de fermer la fenêtre du filtre **Fluidité**, enregistrez le filet de déformation dans un fichier externe (à l'aide du bouton **Enregistrer le filet**). Ainsi, si vous souhaitez revenir sur une partie des modifications, vous pouvez réaliser les opérations suivantes :

1. Réalisez une nouvelle copie du calque non modifié (en tapant ⌘J [Ctrl J]).
2. Lancez le filtre **Fluidité** et chargez le fichier du filet de transformation.
3. Activez l'outil **Reconstruction** et passez l'outil sur les zones pour lesquelles les modifications ne sont pas désirées.

Les retouches localisées avec des transformations dynamiques

Pour modifier une zone d'une image de manière dynamique, effectuez les étapes suivantes :

1. Réalisez une sélection large de la zone à déformer selon un des modes qui sera développé dans le chapitre consacré aux sélections ou encore en utilisant le **mode Masque** décrit à la page 184.
2. Ajoutez un fondu autour de la sélection avec la commande **Améliorer le contour** (menu **Sélection**) et son option **Contour progressif** (environ 10 pixels).
3. Une fois la sélection réalisée, ajoutez un nouveau calque (en tapant ⇧⌘N [⇧Ctrl N] pour le nommer, **Retouche** par exemple). Réalisez une copie fusionnée (menu **Édition** ou ⇧⌘C [⇧Ctrl C]) suivie d'un collage sur ce nouveau calque en tapant ⌘V [Ctrl V]. Convertissez le calque en objet dynamique.
4. Dans le menu **Édition**, lancez **Transformation** puis **Déformation**. Une grille de déformation apparaît sur la sélection et des poignées permettent d'agir pour obtenir une déformation.

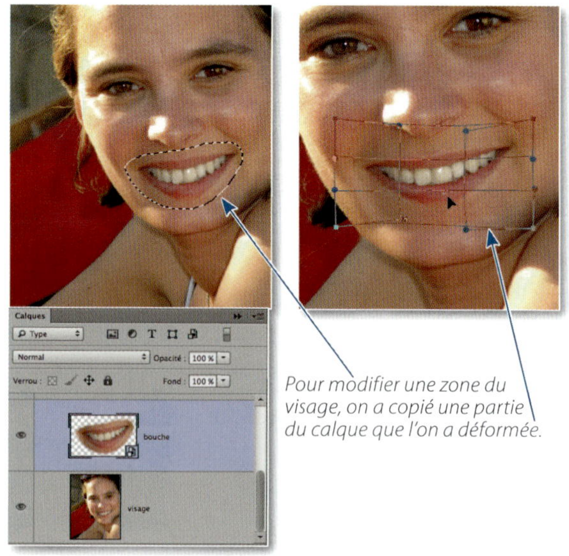

Pour modifier une zone du visage, on a copié une partie du calque que l'on a déformée.

Quand la déformation est terminée, il sera toujours possible de revenir dessus en relançant la déformation. On retrouvera la grille dans l'état où on l'avait laissée. De plus, il est possible d'ajouter un masque de fusion pour cacher une partie de la déformation.

Ce type de transformation peut faire l'objet d'un script. Les premières étapes, avant le lancement du script, seront constituées par l'activation du **mode Masque** suivie du dessin de la zone à déformer avec l'outil **Pinceau** (et le noir au premier plan). Voici l'aspect du script :

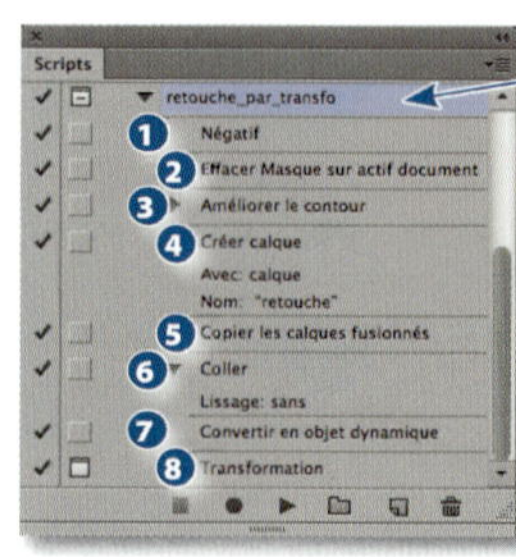

Ce script permet de transformer dynamiquement la sélection.

❶ On inverse le masque.
❷ On quitte le **mode Masque**.
❸ On ajoute le contour progressif.
❹ On ajoute un calque.
❺ On copie avec fusion.
❻ On colle.
❼ On convertit le calque en objet dynamique.
❽ On lance la déformation.

Les retouches avec la commande Déformation de la marionnette

La préparation de l'image

Il s'agit d'un mode de déformation d'une image (ou d'une partie de celle-ci s'il y a une sélection) apparu avec la version CS5. Afin d'obtenir une possibilité de revenir sur la déformation, il est possible d'agir de manière dynamique. Pour cela, convertissez le calque en objet dynamique par clic droit sur son nom dans le panneau **Calques**. Si vous ne souhaitez agir que sur une sélection, copiez cette dernière sur un nouveau calque (en tapant ⌘J [Ctrl J]) et convertissez ce calque en objet dynamique.

Les réglages de déformation de la marionnette

Le filet : réglage et affichage

Quand vous lancez la commande **Déformation de la marionnette** du menu **Édition**, un filet de maillage s'affiche. À partir de la **Barre d'options** de la commande, il est possible de modifier la taille des mailles avec le menu de l'option **Densité** : **Plus de points** pour un maillage plus serré, **Normal** affiche maillage par défaut et **Moins de point**s pour un maillage plus large. De plus ce filet peut être masqué pour mieux voir le rendu de la déformation.

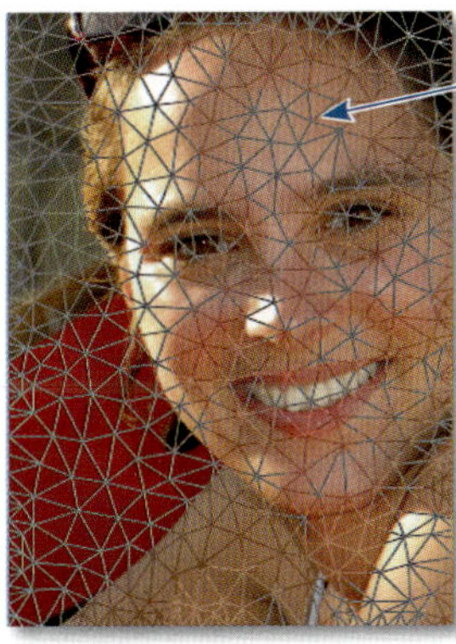

La déformation de la marionnette affiche un filet de déformation.

Les points de contrôle : blocage ou déformation

La déformation s'obtient en plaçant des points de contrôle (que Photoshop appelle des coins) et en les glissant (un par un ou plusieurs à la fois s'ils sont sélectionnés par ⇧ clic). Cependant, le glissement d'un point sélectionné (il apparaît avec un point blanc au centre) entraînera la modification des zones voisines. Pour limiter la déformation sur une zone précise, cliquez sur l'image pour y placer une série de points qui définiront le contour de la zone « protégée ». À l'intérieur de cette zone, vous pouvez alors placer les points de contrôle et les déplacer (ensemble ou non, selon la déformation voulue).

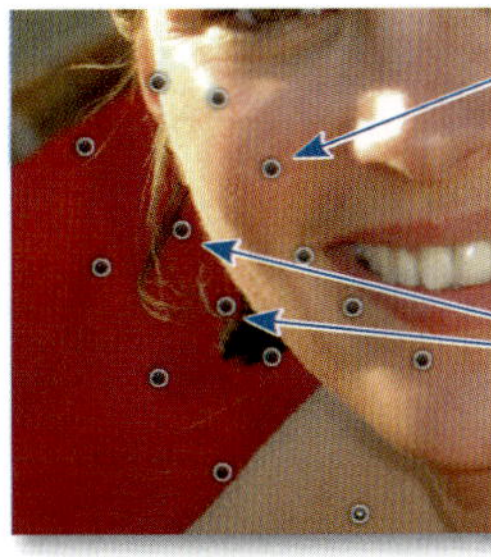

La série de points qui entourent la joue empêchent (ou atténuent) les déformations extérieures.

Ces trois points de contrôle permettent de de déformer la joue.

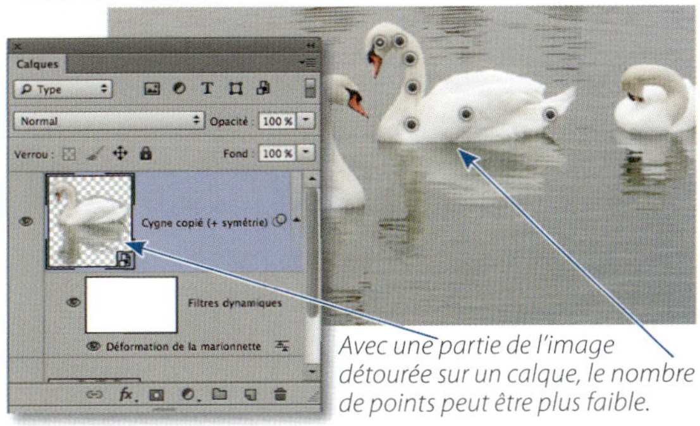

Avec une partie de l'image détourée sur un calque, le nombre de points peut être plus faible.

Pour déformer, placez le curseur sur la zone à déformer, puis cliquez et glissez le point sélectionné (il apparaît avec un point noir au centre), il peut être déplacé avec les touches fléchées du clavier (chaque frappe le déplace de 1 pixel, et de 10 avec ⇧). Quand la photo a l'aspect voulu, validez la déformation. Pour revenir sur la déformation, double-cliquez sur son nom dans le panneau **Calques**. Le maillage réapparaît avec les points précédemment placés. Vous pouvez les déplacer à nouveau, en rajouter ou les supprimer pour annuler localement la déformation. De plus, en dessinant en noir sur le masque filtrant, vous pouvez éliminer certaines déformations.

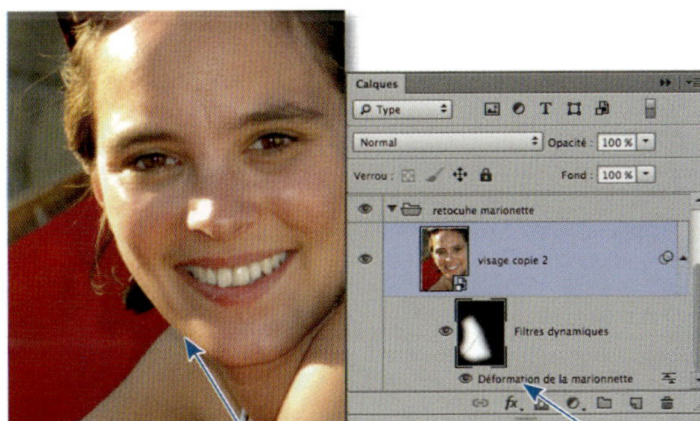

On peut revenir sur la déformation en double-cliquant sur l'effet appliqué ici de manière dynamique.

Avec un peu d'entraînement et si elles ne doivent pas être trop importantes, les déformations de la marionnette, appliquées à un calque dynamique, pourront parfois remplacer l'utilisation du filtre **Fluidité** (non dynamique).

3 - Les retouches de lissage et de netteté

Les corrections localisées avec les outils

Le lissage et la netteté localisés

Photoshop propose, dans la série **Mise au point**, deux outils dont les effets sont opposés : l'outil **Goutte d'eau** et l'outil **Netteté**. Ces outils agissent de façon destructive sur l'image. Pour éviter les modifications irréversibles sur cette dernière, cochez l'option **Échantillonner tous les calques** et créez un nouveau calque pour y faire apparaître les actions de l'outil.

L'outil Goutte d'eau et l'outil Netteté

Ces deux outils modifient localement le contraste; ce qui se répercute sur la netteté. Pour atténuer certaines zones d'une image, utilisez l'outil **Goutte d'eau**. À l'inverse, pour accentuer une zone, c'est-à-dire augmenter le contraste localement et ainsi améliorer la netteté, appliquez l'outil **Netteté**.

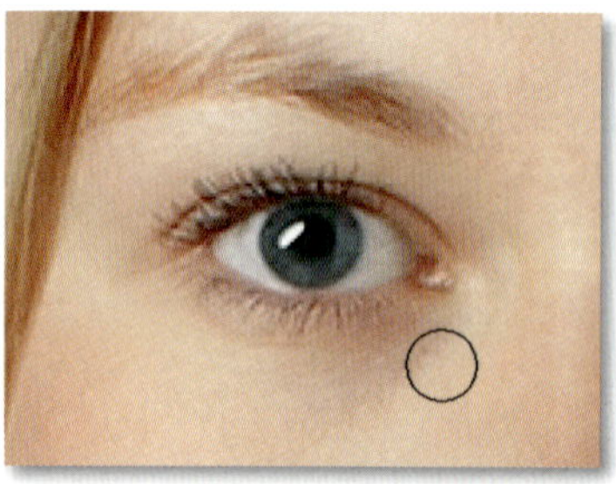

*Une fois la taille des outils définie, on a passé l'outil **Netteté** (△) sur les cils, pour augmenter la netteté, et sous l'œil, l'outil **Goutte d'eau**, ( ) pour atténuer localement le grain de peau.*

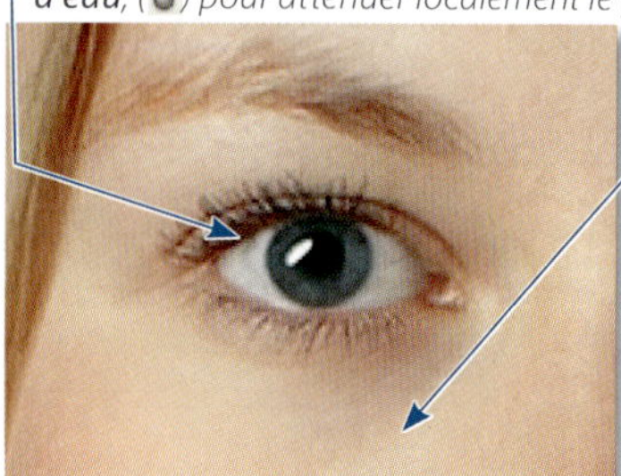

Dans les deux cas, l'application doit être réalisée avec une intensité modérée (10 à 20 %) et éventuellement des passages répétés.

ASTUCE *On passe d'un outil à l'autre directement sur l'écran en enfonçant la touche ⌥ [Alt] ; cependant, gardez à l'esprit que la netteté perdue en appliquant l'outil **Goutte** d'eau ne pourra pas être récupérée en passant l'outil **Netteté**.*

Les options des outils

L'aspect des outils (taille, opacité) se règle comme pour les autres outils : à l'aide du clavier, directement sur l'image ou en fonction de la pression exercée par le stylet sur la palette graphique. Les options sont sensiblement les mêmes pour les deux outils, elles se règlent dans la **Barre d'options**.

*Cette nouvelle option rend l'outil **Netteté** utilisable.*

Grâce à l'option **Protéger les détails**, l'outil **Netteté** devient désormais utilisable (ce n'était pas le cas avec les versions antérieures à CS5). En effet, cette option le rend plus performant et évite l'apparition de zones trop contrastées et pixellisées, comme avec les versions précédentes.

Au niveau des modes, on retrouve quelques-unes des possibilités des options de fusion des calques, avec principalement **Obscurcir** et **Éclaircir** qui permettent respectivement de conserver les corrections les plus foncées ou les plus claires. Le choix d'un mode se réalise directement sur l'écran à l'aide du menu contextuel obtenu avec ⇧ctrl [⇧clic droit].

ASTUCE *Passez d'un mode à l'autre en tapant ⇧+ (ou ⇧-) ; d'un mode au mode **Normal** avec ⇧⌥N [⇧Alt N].*

Étant donné que ces deux outils peuvent s'utiliser sur un calque ajouté (en cochant l'option **Échantillonner tous les calques** afin d'y faire apparaître les corrections), il sera plus souple de régler le mode de fusion du calque ajouté par le panneau **Calques**.

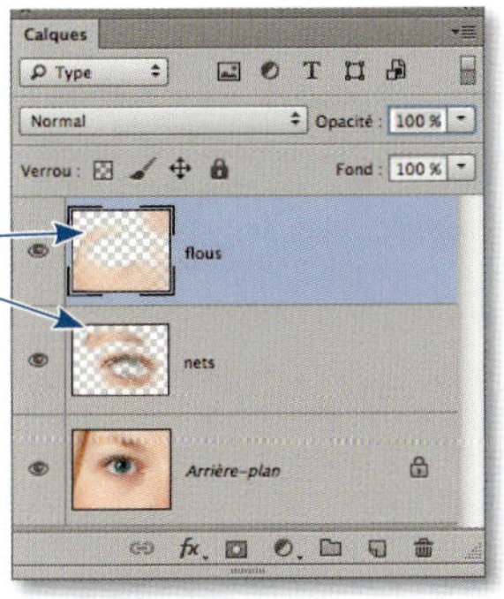

Pour les rendre réversibles, on a placé les corrections sur des calques.

De plus, les corrections seront réversibles et pourront être atténuées en jouant sur l'opacité du calque ou en ajoutant un masque de fusion pour y dessiner, en noir pour les annuler, ou en gris pour les estomper.

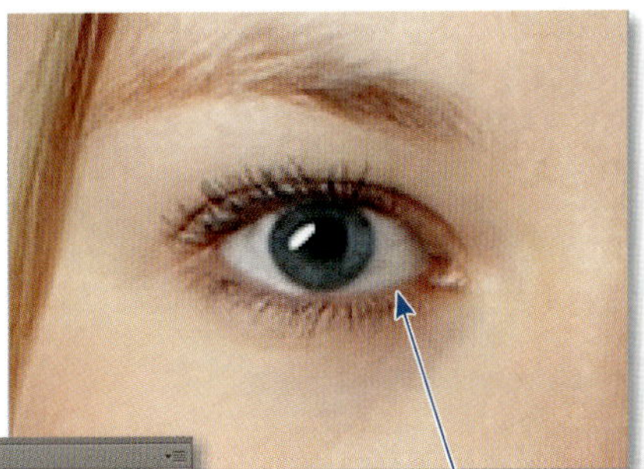

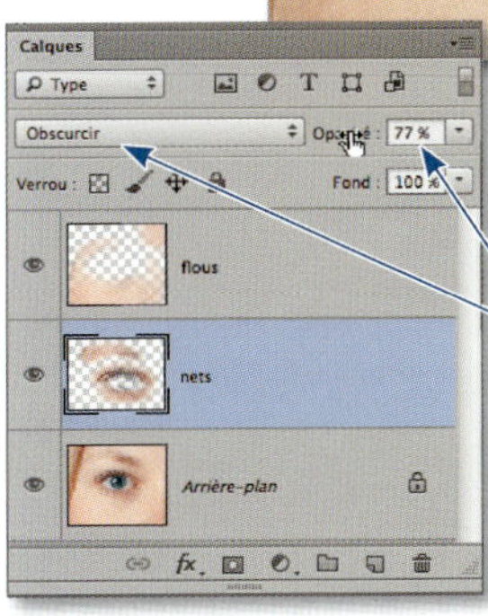

Pour modifier l'aspect de la correction, on a réduit l'opacité et changé le mode de fusion du calque.

Dans la **Barre d'options**, des modes de fusion sont disponibles. Les modes permettent des applications sur certains pixels seulement ou en préservant une ou plusieurs des caractéristiques des pixels traités. Par exemple, avec **Obscurcir**, les pixels traités deviennent plus foncés et, avec **Éclaircir**, les pixels n'apparaissent que s'ils sont plus clairs que ceux d'origine.

Les autres techniques de lissage localisé

L'outil Doigt

Cet outil permet de retoucher une image pour en supprimer certains défauts, d'adoucir les transitions entre les couleurs ou encore de créer des effets spéciaux sur une photo. L'outil **Doigt** agit comme si la photo était une toile de peinture fraîche. Cependant l'outil agit de manière extrêmement lente, ce qui le rend difficilement utilisable, l'outil **Pinceau mélangeur** donnera de meilleurs résultats.

L'outil Pinceau mélangeur

Cet outil est initialement prévu pour réaliser des effets artistiques en dessinant sur une photo, depuis un calque vierge. Il peut être utilisé pour retoucher localement ou encore pour affiner des travaux de retouches effectués avec d'autres outils. Dans le cadre de retouches localisées, commencez par ajouter un calque qui recevra les actions de l'outil ; en agissant ainsi, il sera aisé d'atténuer les retouches en réduisant l'opacité du calque, en agissant avec l'outil **Gomme** ou encore, en ajoutant un masque de fusion.

Les réglages de l'outil

La **Barre d'options** de l'outil **Pinceau mélangeur** propose de nombreuses options. Selon ses réglages, l'outil a pour effet de prendre la couleur sur une zone de l'image afin de la mélanger avec celles des pixels des zones sur lesquelles il passe. Pour obtenir des retouches pas trop prononcées et un prélèvement correct, sélectionnez les options suivantes :

- choisissez l'option **Humide** (dans le menu local **Personalisé**) pour que le mélange entre les couleurs ait lieu ;
- sélectionnez **Nettoyer la forme** pour prélever une nouvelle couleur à chaque passage (ici, des essais peuvent être utiles) ;

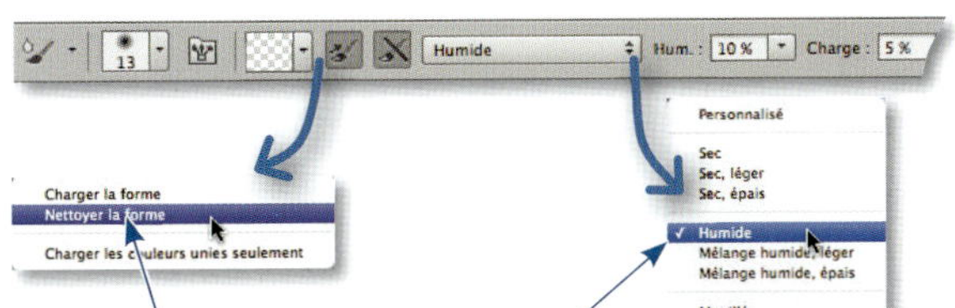

Le pinceau prélève une nouvelle couleur à chaque passage. Avec ceci, le mélange n'est pas trop prononcé.

- cochez l'option **Échantill. tout** pour que la couleur soit prélevée sur le calque à retoucher ;
- réglez les options **Hum.** (quantité de peinture récupérée…) et **Charge** (éventuellement, **Flux**) sur des valeurs faibles (5 à 10 %, par exemple).

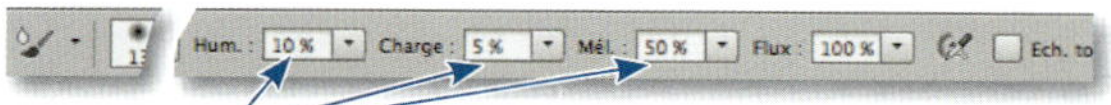

Des valeurs faibles donnent une meilleure maîtrise de la retouche.

Le réglage de la forme

Cette opération se réalise par le menu contextuel (clic droit) ou par glissement sur l'image. N'oubliez pas qu'une forme à contour flou assure une meilleure transition entre les parties traitées et celles qui les entourent.

Réglages par glissement sur Mac puis sous Windows		
Taille	⌥ ctrl + glisser horizontalement	Alt + glisser bouton droit horizontalement
Dureté	⌥ ctrl + glisser verticalement	Alt + glisser bouton droit verticalement

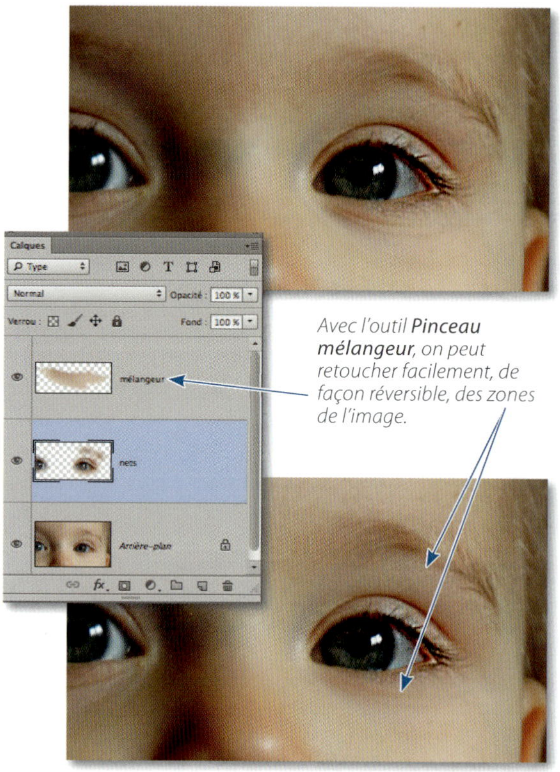

Avec l'outil ***Pinceau mélangeur****, on peut retoucher facilement, de façon réversible, des zones de l'image.*

Le réglage du calque des retouches

Pour modifier l'aspect de la correction réalisée, outre une réduction de l'opacité, vous pouvez également changer le mode de fusion du calque dans le panneau **Calques**.

Les choix les plus intéressants sont :

- **Normal** : tous les pixels ajoutés par le pinceau apparaissent.
- **Obscurcir** : les pixels ajoutés ne sont visibles que s'ils sont plus foncés que ceux du calque retouché.
- **Éclaircir** : les pixels n'apparaissent que s'ils sont plus clairs.

Le cumul des retouches et des calques

Les différentes retouches peuvent être placées sur différents calques. Ci-dessous, vous pouvez voir un exemple. Si, par la suite, vous devez agir sur l'ensemble de la photo pour lui appliquer un filtre, par exemple, vous pourrez : convertir l'ensemble des calques en un objet dynamique ; créer une copie fusionnée de l'ensemble des calques ou fusionner l'ensemble des calques.

La photo initiale.

La photo retouchée à l'aide des outils (de retouches, de colorimétrie, de netteté...).

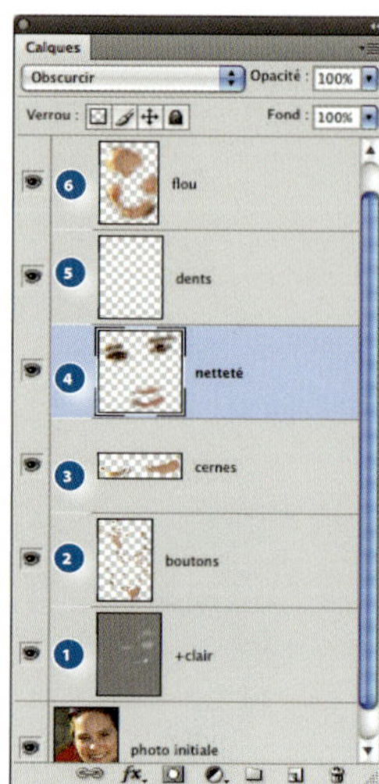

Une partie des différents calques utilisés (dans l'ordre d'exécution) :
*❶ éclaircissement des cernes, des dents... (**Densité +**) ;*
*❷ suppression des boutons, rides... (**Correcteur localisé** option **Contenu pris en compte** et **Tampon**) ;*
*❸ estompage des cernes (**Correcteur localisé** et **Densité +**) ;*
*❹ accentuation des détails (**Netteté**) ;*
*❺ blanchiment des dents (**Éponge**) ;*
*❻ adoucissement du grain de peau (**Goutte d'eau**).*

L'utilisation des filtres dynamiques

Les filtres s'utilisent de manière irréversible (donc « destructive », c'était le cas de **Point de fuite** et **Fluidité**), ou de manière dynamique (réversible). Commençons par une petite mise au point sur cette méthode d'utilisation des filtres avec l'obtention du calque dynamique, l'application du filtre, l'utilisation de son masque filtrant et de ses propriétés, et enfin l'action sur le contenu du calque dynamique. Après cette mise au point, nous verrons l'utilisation de quelques filtres pour effectuer des traitements (réduction du bruit, amélioration ou réduction de la netteté, etc.).

La mise en œuvre

Les filtres dynamiques s'appliquent à un calque dynamique ; pour obtenir ce type de calque, vous avez deux possibilités : par clic droit sur le nom du calque pour choisir **Convertir en objet dynamique**, ou par le menu **Filtre** et la commande **Convertir pour les filtres dynamiques**. Quelle que soit la voie empruntée, le résultat est le même, et la vignette de l'objet dynamique présente l'icône ▣.

Il est possible de sélectionner plusieurs calques (par ⇧clics ou ⌘clics [Ctrl clics] sur leur nom) pour n'en faire qu'un seul dynamique. Ceci est intéressant quand vous avez ajouté un ou plusieurs calques pour les retouches avec l'outil **Correcteur** ou **Tampon**. Par la suite, on peut même envisager, une fois le ou les filtres dynamiques appliqués, de convertir l'ensemble obtenu en objet dynamique pour appliquer un autre filtre avec son nouveau masque. Évidemment, conserver tous les calques crée des fichiers plus lourds ; en revanche, les convertir en objet dynamique n'accentue pas ce poids. Tout ajout de calque alourdissant le poids du fichier, il faut trouver un compromis et, le cas échéant, fusionner les calques qui ne sont plus à reprendre en utilisant la commande du menu **Calque**.

La gestion du filtre dynamique

L'APPLICATION DE FILTRES

Les filtres dynamiques (tous ne le sont pas) s'appliquent de manière classique. La seule différence est qu'une vignette de masque de fusion (le masque filtrant) apparaît sous celle du calque, ainsi que le nom du filtre suivi de l'icône ⚌. Il est possible d'appliquer plusieurs filtres : ils apparaissent listés sous le masque, et leur ordre peut être modifié par glissement.

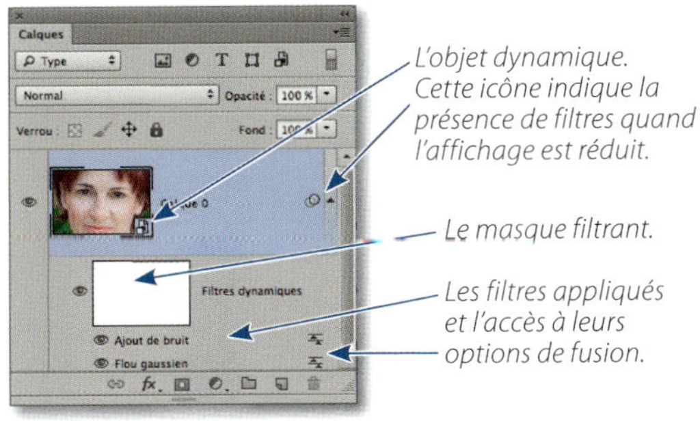

Pour qu'un filtre n'agisse plus temporairement, on peut le masquer en cliquant sur l'œil situé devant son nom. Pour désactiver l'ensemble des filtres, cliquez sur l'œil du masque filtrant (ou effectuez un clic droit sur le masque filtrant).

LE MASQUE FILTRANT

La création du masque filtrant

Si une sélection avait été réalisée avant de lancer le filtre, elle aurait défini l'aspect du masque filtrant en faisant apparaître des parties blanches pour les zones sélectionnées sur lesquelles le filtre agit, des parties noires pour les zones non affectées par le filtre, et des parties grises pour les zones de transition (contour progressif de la sélection).

> **ASTUCE** *Le masque filtrant s'applique obligatoirement à l'ensemble des filtres, il n'est pas possible d'avoir un masque filtrant par filtre.*

Le travail du masque filtrant

Sans sélection, le masque est blanc et le filtre agit sur toute l'image. Il est possible de remplir le masque de différentes façons (*nous le verrons plus loin dans ce livre*), par exemple en y dessinant. Dans ce cas, les zones peintes en noir (au pinceau ou au crayon…) empêchent le filtre de s'appliquer ; avec celles en gris l'application est partielle et elle est totale avec le blanc. Ce masque s'applique à l'ensemble des filtres s'il y en a plusieurs.

Le panneau **Propriétés** permet de modifier de manière réversible l'aspect du masque filtrant. On peut y réduire sa densité (ce qui revient à diminuer l'action des filtres), ajouter un contour progressif ou modifier son contenu.

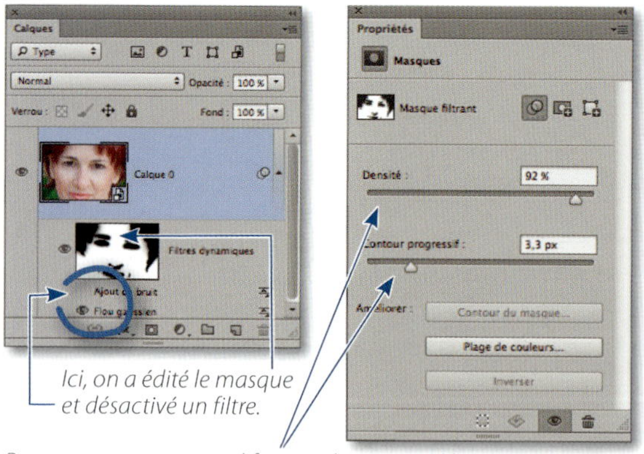

Par ce panneau, on modifie aussi le masque (densité, contour...).

> **Astuce** *Si vous utilisez l'option* ***Plage de couleurs*** *du panneau* ***Propriétés****, la modification du masque filtrant apparaîtra sous forme d'une sélection qu'il faudra mémoriser sur la couche du masque filtrant pour mettre à jour ce masque (menu* ***Sélection/Mémoriser la sélection****).*

La désactivation du masque filtrant

Pour désactiver (temporairement) le masque filtrant, enfoncez ⇧ et cliquez sur sa vignette (une croix rouge la marquera). Cliquez à nouveau avec ⇧ pour supprimer cette croix. On peut obtenir les mêmes effets par clic droit sur la vignette du masque.

Les propriétés du filtre

Il faut distinguer, d'une part, le réglage du filtre, et d'autre part, les options de fusion du calque que constitue ce filtre.

Les réglages du filtre

Par double-clic sur le nom du filtre, vous accédez à ses réglages et pouvez les modifier à volonté. C'est ce qui rend intéressante l'utilisation des filtres dynamiques : ils n'agissent plus de façon destructive.

Les options de fusion du filtre

Par double-clic sur l'icône située à droite du nom du filtre, on accède à ses options de fusion. Elles permettent de définir le mode de fusion du filtre et de réduire l'opacité du calque filtrant. Ainsi, il est judicieux d'appliquer le filtre avec un réglage un peu plus fort que prévu et de le baisser par une réduction de cette opacité. Attention, rien ne signale que vous avez changé les paramètres des options de fusion.

L'édition de l'objet dynamique

Le calque sur lequel est appliqué le filtre dynamique est un objet dynamique, c'est-à-dire que son contenu est modifiable (*il possède des propriétés qui seront étudiées dans le chapitre consacré aux calques*). Pour l'éditer, effectuez un double-clic sur la vignette du calque : un second fichier s'ouvre, il s'agit d'un fichier temporaire (d'extension **.psb**), incorporé au fichier de départ. Ce fichier présente le contenu de l'objet dynamique qui peut être un calque unique, un ensemble de calques ou encore un objet dynamique. Vous pouvez travailler ce fichier de manière classique comme dans tout autre fichier et, par exemple, lui ajouter des calques pour y faire des retouches. Une fois les modifications réalisées, enregistrez-les afin qu'elles soient répercutées dans le fichier de départ. Si l'objet dynamique est un fichier issu de Camera Raw, c'est la fenêtre de ce dernier qui s'affiche lorsqu'on édite l'objet, et il n'y a pas d'enregistrement à faire.

Les flous et le lissage

Les filtres de flou ou d'atténuation

La série **Atténuation** comporte onze filtres pour ajouter un flou plus ou moins prononcé sur la photo (ou une partie de celle-ci à l'aide du masque filtrant). À ces onze filtres, il convient d'ajouter trois nouveaux filtres (non dynamiques) qui seront utilisés pour gérer la profondeur de champ de lissage mais qui ne constituent pas des filtres de lissage.

Les filtres d'effet léger : Flou et Plus flou

Les filtres **Flou** et **Plus flou** modifient très légèrement la netteté de l'image. Ils peuvent être intéressants pour atténuer un bruit sur l'image.

Le filtre classique : Flou gaussien

Le filtre **Flou gaussien**, grâce aux réglages qu'il comporte, permet d'obtenir des effets de flou plus importants. Appliqué de façon dynamique, le filtre masquant le rend particulièrement intéressant dans de nombreux cas. Quand vous appliquez le flou gaussien, n'hésitez pas à augmenter la valeur du rayon, car il sera toujours possible de réduire l'effet en modifiant les options de fusion du filtre (par **double-clic** sur).

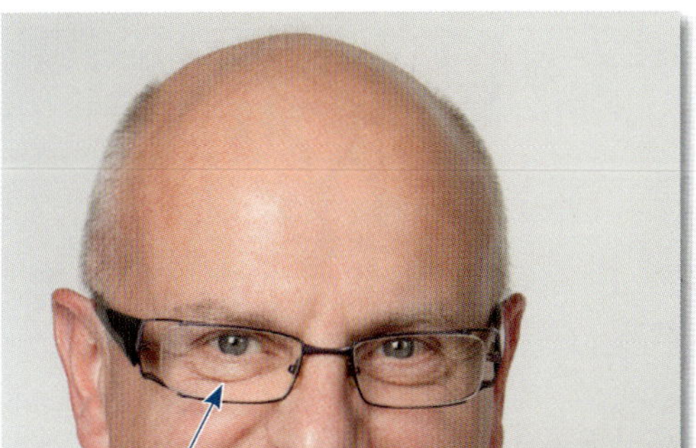

La photo initiale et le réglage de flou gaussien que l'on veut appliquer à certaines zones uniquement.

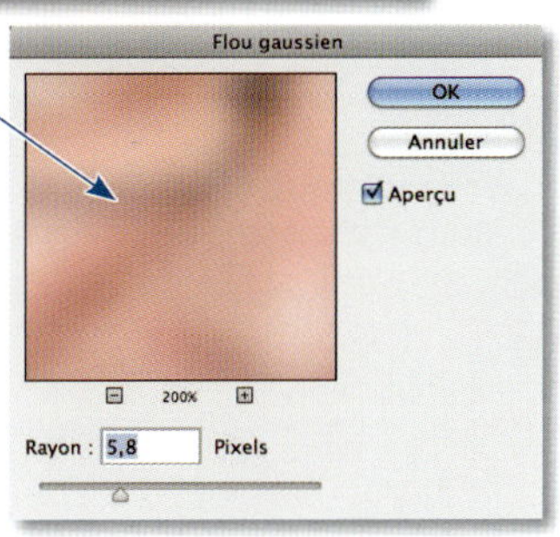

Attention *Les valeurs de flou dépendent de la résolution : un flou gaussien de 3 sur une image à 300 ppp est relativement faible ; il apparaîtra 4 fois plus fort sur une image à 72 ppp.*

Les autres filtres d'atténuation

Photoshop propose d'autres filtres d'atténuation :

- **Flou de forme** : ce filtre utilise une forme à choisir dans une liste de formes pour créer le flou — l'aspect de la forme n'a qu'une faible influence, sauf si on passe d'une forme pleine à une forme évidée. La valeur du **Rayon** détermine la taille de la forme, laquelle définit l'intensité du flou appliqué. Selon la forme et le rayon choisis, ce filtre peut simuler un bougé de l'objectif.
- **Flou de surface** : il laisse les contours de l'image intacts ; il est particulièrement intéressant à appliquer sur un visage, car il n'agira que sur la peau.
- **Flou par moyenne** : ce filtre atténue l'image d'après la valeur chromatique moyenne des pixels voisins. Le flou augmente avec le rayon ; il simule un défaut de mise au point.

Astuce *Les deux derniers filtres peuvent être utiles pour la création d'effets spéciaux, notamment en les appliquant aux couches colorées avec des réglages différents.*

En plus de ces filtres, on trouve trois nouveaux filtres liés à la profondeur de champ dont nous reparlerons plus loin.

Le lissage de peau

Le lissage dynamique

Un lissage de peau peut se réaliser de différentes façons(1). Il intervient après un nettoyage tel que l'un de ceux décrits dans les chapitres précédents ; cependant, le travail étant réalisé sur un objet dynamique, il reste possible d'ouvrir cet objet (par **double-clic** sur son nom dans le panneau **Calques**) pour peaufiner ce nettoyage de peau. Ce sera le cas de l'exemple qui suit dans lequel la partie nettoyage n'a été réalisée que partiellement.

(1) Dans la section consacrée aux exemples d'application, à la fin de cette partie (*page 268*), nous verrons une alternative de traitement dans laquelle le nettoyage (plus léger) peut être réalisé en fin d'opération.

La technique de lissage décrite utilise deux fois le filtre **Flou gaussien** appliqué de manière dynamique à travers un masque filtrant qui limite l'action à la peau. La première opération consistera donc à sélectionner l'ensemble des calques (en tapant ⌥⌘A [Alt Ctrl A]) pour les convertir en un objet dynamique à partir du menu **Filtre** et sa commande **Convertir en objet dynamique**.

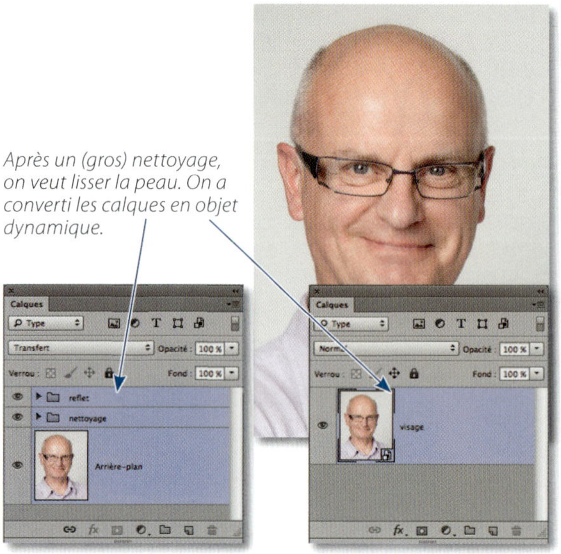

Après un (gros) nettoyage, on veut lisser la peau. On a converti les calques en objet dynamique.

Les applications du flou gaussien

Une fois l'objet dynamique obtenu, zoomez l'image à 100 % ou plus, et lancez **Flou gaussien** dans le menu **Filtre/Atténuation**. La valeur du flou, qui dépend de la résolution de l'image, doit être telle qu'elle fait disparaître le grain de peau (cette valeur pourra être affinée ultérieurement).

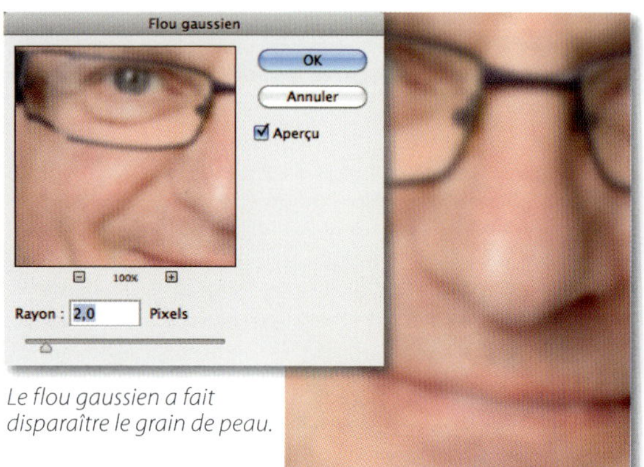

Le flou gaussien a fait disparaître le grain de peau.

Pour obtenir un lissage qui garde une peau naturelle, le flou va être appliqué deux fois : la première, qui vient d'être réalisée, agira pour flouter les points clairs de l'image ; la seconde agira pour flouter les points sombres.

Pour cela, affichez les options de fusion du filtre par double-clic sur l'icône visible à droite de son nom dans le panneau **Calques** (ou par clic droit sur le nom du filtre). Dans la fenêtre qui s'affiche, choisissez le mode **Éclaircir** (pour n'afficher floues que les zones les plus claires). Vous pouvez éventuellement, utiliser cette fenêtre pour réduire l'opacité (intensité) du filtre.

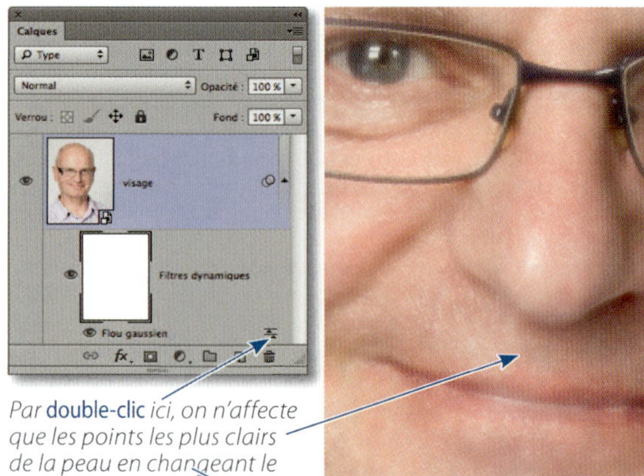

Par double-clic *ici, on n'affecte que les points les plus clairs de la peau en changeant le mode de fusion.*

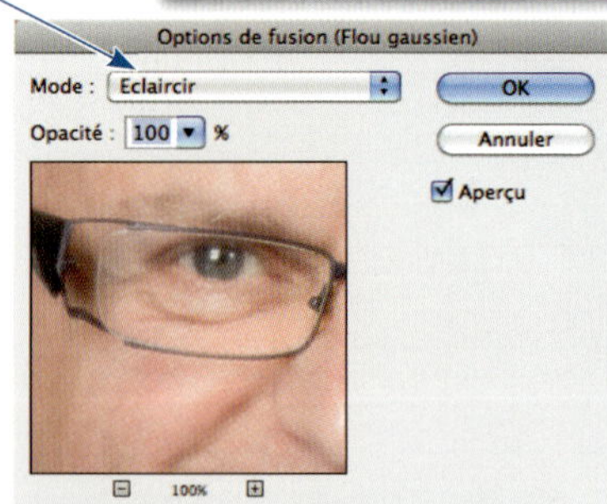

Pour appliquer le filtre une seconde fois avec des réglages identiques, tapez ⌘F [Ctrl F], ou lancez la première commande du menu **Filtre** (elle relance le dernier filtre en gardant les réglages précédents). Une fois le filtre appliqué, comme précédemment, affichez ses options de fusion par double-clic sur l'icône visible à droite de son nom dans le panneau **Calques**. Dans la fenêtre qui s'affiche, choisissez le mode **Obscurcir** (pour n'afficher floues que les zones les plus sombres).

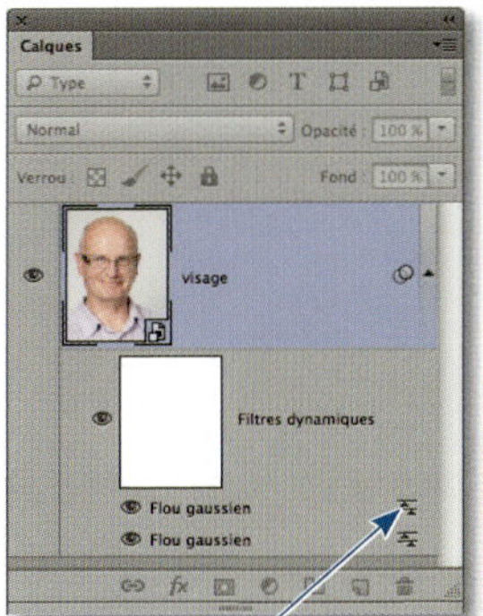

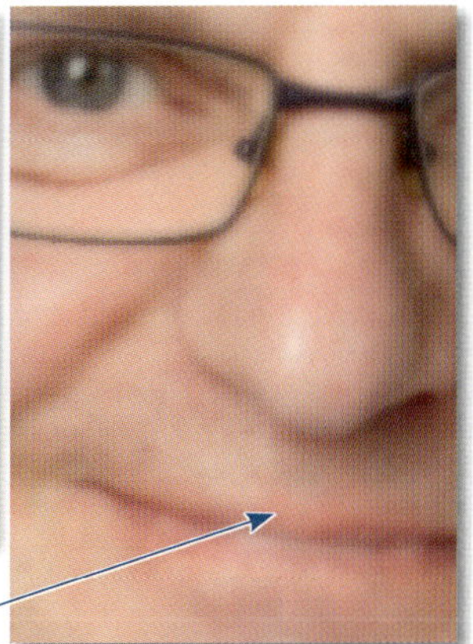

Par double-clic *ici, on n'affecte que les points les plus sombres en changeant le mode.*

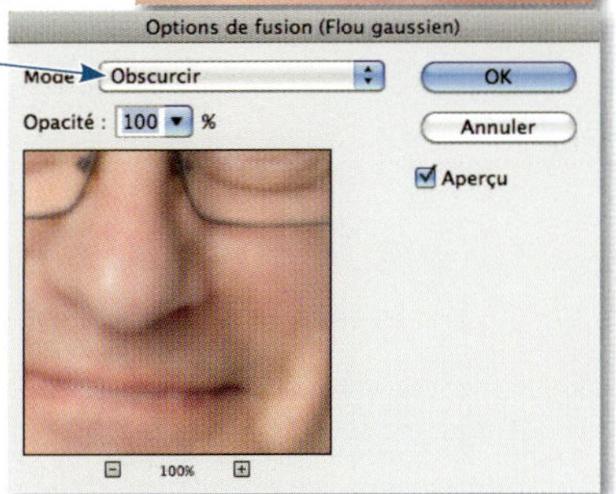

Étant donné que les deux filtres se cumulent, il faut leur opacité dans la fenêtre **Option de fusion (Flou gaussien)**. Cette réduction doit être partagée (par exemple à 60 %) sur le filtre avec le mode **Éclaircir** et sur celui avec le mode **Obscurcir**.

L'étendue du lissage

Ce lissage doit laisser intactes des zones telles que les dents, les yeux (et les lunettes)… Il convient donc de spécifier les zones à lisser à l'aide du masque filtrant.

Le flou gaussien est, pour l'instant, appliqué à la totalité de la photo, il faut préparer le masque filtrant.

Ce travail peut se réaliser de diverses façons : par un travail de sélection (qui sera mémorisée sur le masque filtrant) ou en dessinant en noir sur les zones où le filtre ne doit pas s'appliquer (ou en blanc sur le masque filtrant préalablement inversé).

La mise à jour du masque filtrant par les sélections avec Plage de couleurs

La sélection des zones à lisser peut se réaliser de deux façons à partir de la commande **Plage de couleurs :** par prélèvement avec l'option **Pipette** et avec l'option **Coloration de la peau**.

> **Attention** *Le travail de cette sélection s'effectue avec la commande* ***Plage de couleurs*** *du menu* ***Sélection*** *et non à partir du bouton* ***Plage de couleurs*** *du panneau* ***Propriétés*** *qui ne proposera pas les options de prélèvements souhaitées.*

Le prélèvement à la Pipette

1. Dans le panneau **Calques**, vérifiez que le calque dynamique est actif (en cliquant sur sa vignette), afin que la sélection se réalise à partir de ses pixels et non à partir de ceux du masque filtrant.
2. Lancez **Plage de couleurs** du menu **Sélection** ; quand la commande s'affiche, utilisez la pipette pour sélectionner directement sur l'image ou sur l'aperçu une teinte sur la peau du visage. La zone sélectionnée apparaît en blanc dans l'aperçu.

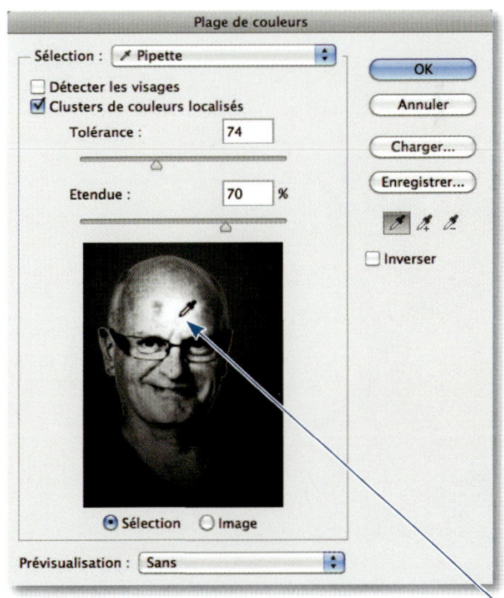

On échantillonne sur la peau sur la photo ou sur l'aperçu pour obtenir ce masque.

3. Pour étendre cette sélection (ce masque), maintenez enfoncée ⇧ (ou activez la pipette +) et glissez l'outil sur les zones du visage, que vous souhaitez ajouter à ce masque. Affinez son aspect en modifiant la **Tolérance**. Selon la configuration de l'image, cochez le bouton **Détecter les visages**, dans ce cas, il faudra peut-être réduire la **Tolérance**. Fermez la fenêtre **Plage de couleurs** en cliquant sur **OK** pour voir la sélection réalisée.

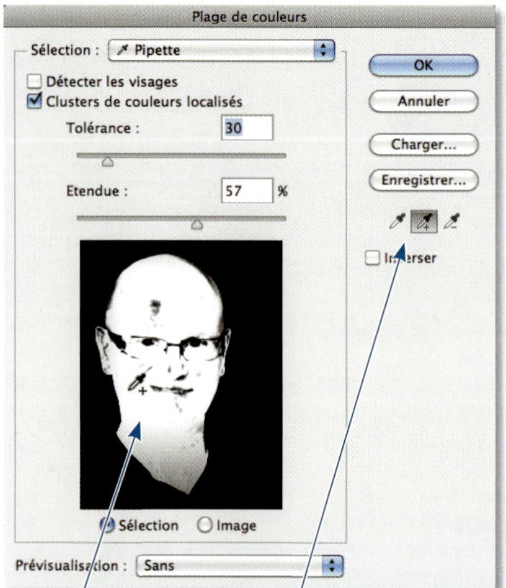

On étend le masque avec cet outil (ou la touche ⇧) en y ajoutant les teintes voisines et par un réglage de **Tolérance**.

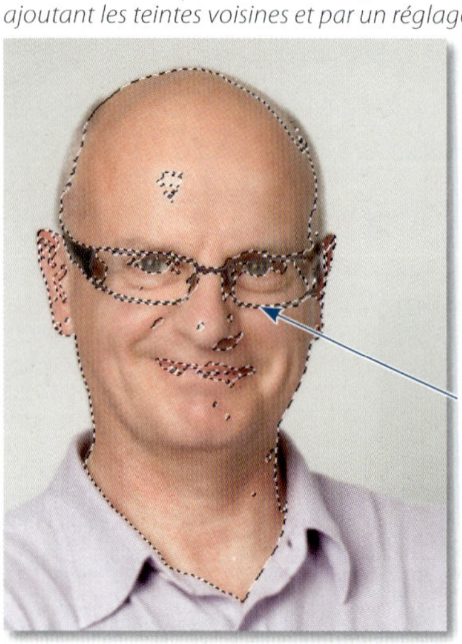

La sélection obtenue par **Plage de couleurs** *doit être mémorisée sur le masque filtrant.*

4. Pour utiliser cette sélection sur le masque filtrant, lancez la commande **Mémoriser la sélection** (menu **Sélection**) et, dans le menu local **Couche**, choisissez ***Masque filtrant Calque...*** à la place de **Nouveau**.

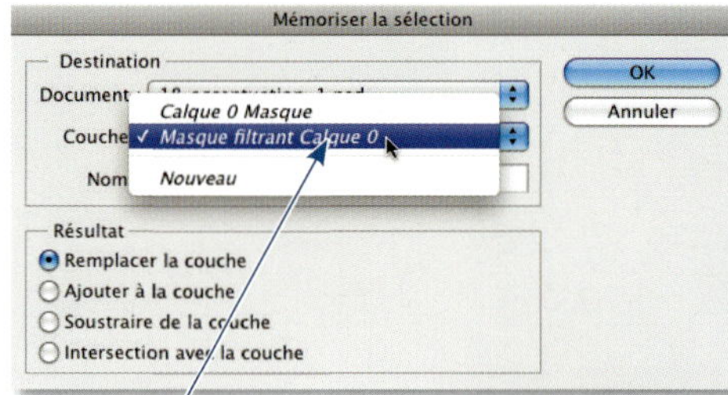

On mémorise la sélection sur le masque filtrant, celui-ci prend cet aspect.

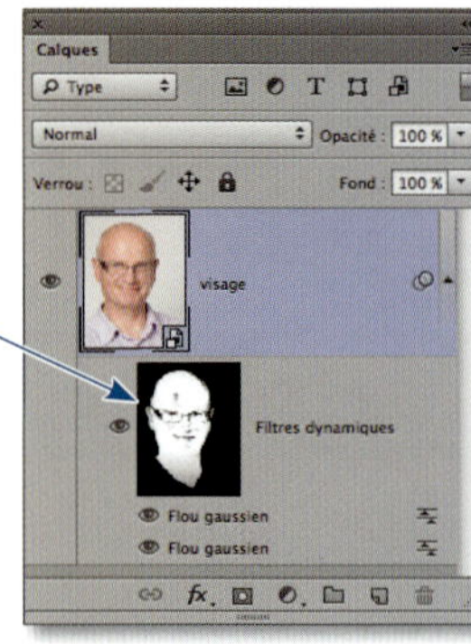

5. Le masque filtrant est en place ; afin de mieux voir le résultat, tapez ⌘D [Ctrl D] pour désélectionner.

Le prélèvement par coloration de la peau

Dans la fenêtre **Plage de couleurs** du menu **Sélection**, le menu local **Sélection** propose l'option **Coloration de la peau** qui, couplé ou non à l'option **Détecter les visages**, donnera une sélection de la peau. Celle-ci est parfois, malgré le réglage de **Tolérance**, trop étendue (des essais s'imposent) et devra être retravaillée une fois le masque filtrant mis à jour.

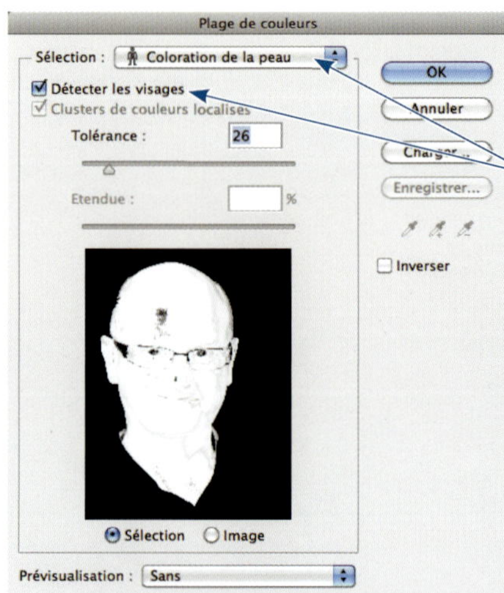

Ces options donnent aussi une sélection.

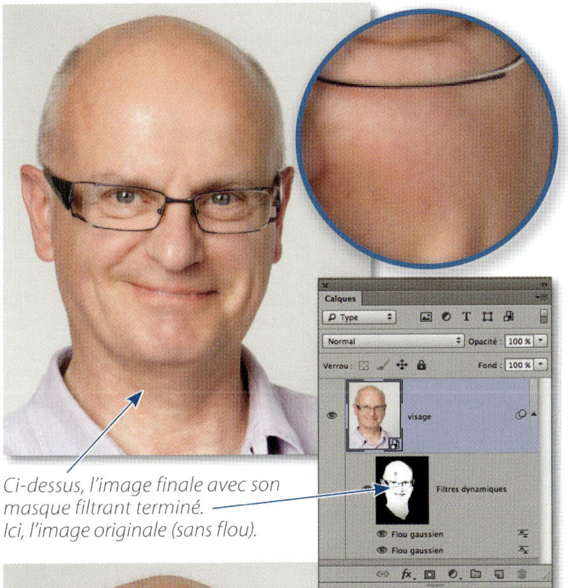

Ci-dessus, l'image finale avec son masque filtrant terminé.
Ici, l'image originale (sans flou).

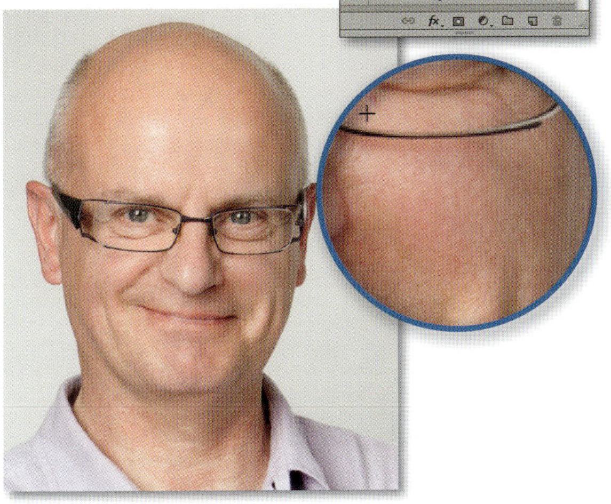

Le dessin au pinceau sur le masque filtrant

Au lieu d'utiliser la technique précédente, on peut dessiner directement sur le masque filtrant au pinceau, et en utilisant différentes opacités ou duretés selon les zones à couvrir. Vous disposez de deux façons de remplir le masque :

- dessiner en noir sur le masque filtrant blanc (couleur par défaut). Dans ce cas, la photo apparaît lissée partout et retrouve son grain à l'endroit où passe l'outil ;
- dessiner en blanc sur le masque que l'on a inversé en tapant ⌥I [Ctrl I] (le masque est alors noir). Dans ce cas, la photo n'apparaît floutée qu'à l'endroit où passe l'outil.

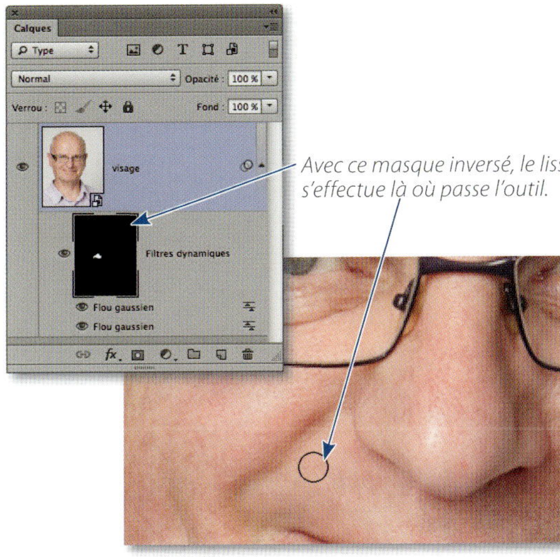

Avec ce masque inversé, le lissage s'effectue là où passe l'outil.

Pour réaliser la sélection, on peut utiliser une combinaison de techniques : commencer la sélection avec la commande **Plage de couleurs** (du menu **Sélection**), puis une fois la sélection obtenue (et affichée), on passe au **mode Masque** (en tapant Q) pour affiner le masque. On y dessine en noir avec l'outil **Pinceau**, pour éliminer des zones de la sélection et en blanc pour en ajouter (on passe d'une couleur à l'autre en tapant X à partir du moment où ces couleurs ont été réinitialisées en tapant D). Quand l'aspect du masque est correct, quittez le **mode Masque** et mémorisez la sélection qui s'affiche sur le masque filtrant comme indiqué précédemment.

Le travail du calque dynamique

Quand le lissage est terminé, il est possible d'éditer le calque dynamique pour, par exemple, reprendre le nettoyage. Pour cela, double-cliquez sur la vignette du calque pour ouvrir un fichier **.psb** contenant tous les éléments. Vous pouvez alors effectuer les opérations voulues et enregistrer le fichier à l'issue de ce travail.

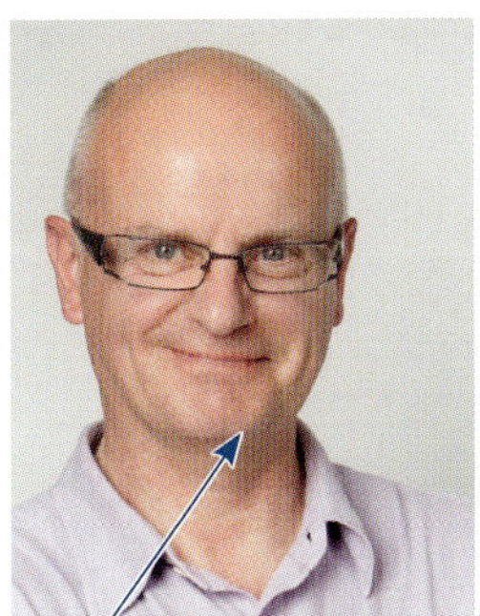

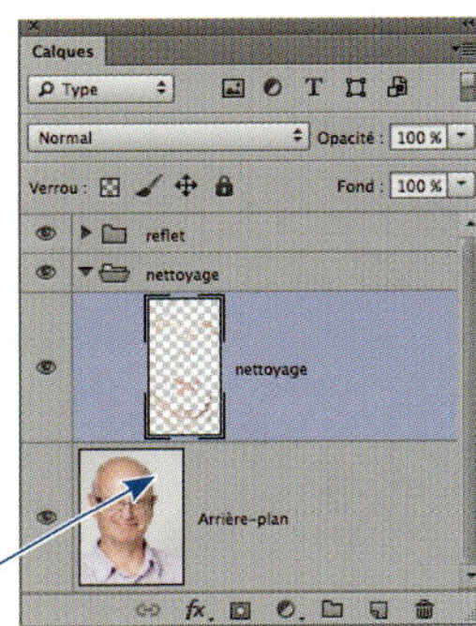

On a affiché le contenu du calque dynamique.

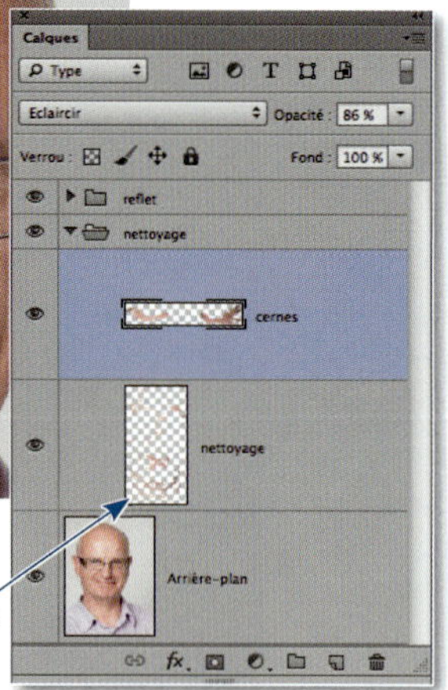

*Pour améliorer l'aspect, on peut utiliser l'outil **Correcteur localisé** sur un nouveau calque.*

L'image finale à l'issue du lissage.

Le script de lissage

Cette technique de lissage peut faire l'objet d'un script, mais, comme souvent dans les scripts, il faudra :

- ajouter quelques instructions pour le rendre opérationnel dans la majorité des cas de figure (❶).
- rendre certaines opérations personnalisables (réglage du filtre ❸, création du masque ❺...) en cliquant sur la case de dialogue à gauche du nom de l'instruction.
- terminer les opérations sur la préparation à une intervention manuelle qui permettra d'ajuster le masque ❻.

Dans le panneau **Scripts**, cliquez sur l'icône en forme de page pour créer un nouveau script, lancez son enregistrement et enchaînez les opérations suivantes :

❶ Ajouter un nouveau calque que l'on renomme **Lissage** afin de pouvoir utiliser la commande **Sélectionner tous les calques** (menu **Sélection**). On ajoute à cette sélection celle du calque d'arrière-plan.

❷ On convertit cet ensemble de calques en objet dynamique (menu **Filtre**).

❸ Dans le menu **Filtre** puis **Atténuation**, on choisit le filtre **Flou gaussien** (que l'on règle sur une valeur de quelques pixels, par exemple 2 ou 3). Une fois le filtre appliqué à l'ensemble de l'image, affichez les options de fusion du filtre en cliquant sur l'icône : réduisez l'opacité à 60 % et passez au mode **Éclaircir**.

❹ Appliquez une seconde fois le filtre **Flou gaussien** (en tapant ⌘F [Ctrl F]). Réglez ses options de fusion avec une opacité de 60 % et le mode **Obscurcir**.

❺ Préparez le masque en réalisant les opérations suivantes : dans le menu **Sélection**, lancez la commande **Plage de Couleurs** pour réaliser la préparation du masque. Mémorisez la sélection sur le masque filtrant (menu **Sélection/Mémoriser la sélection**). Désélectionnez.

❻ Préparez la personnalisation du masque à l'aide des opérations suivantes : activez le masque filtrant en cliquant sur sa vignette dans le panneau **Calques**, réinitialisez les couleurs (en tapant D), puis inversez-les (X), enfin, activez l'outil **Forme** (en tapant B), il restera à l'utilisateur à passer l'outil sur les zones à ajouter ou soustraire au masque.

Le script de lissage de peau. Pour rendre les opérations personnalisables, on a cliqué dans ces cases.

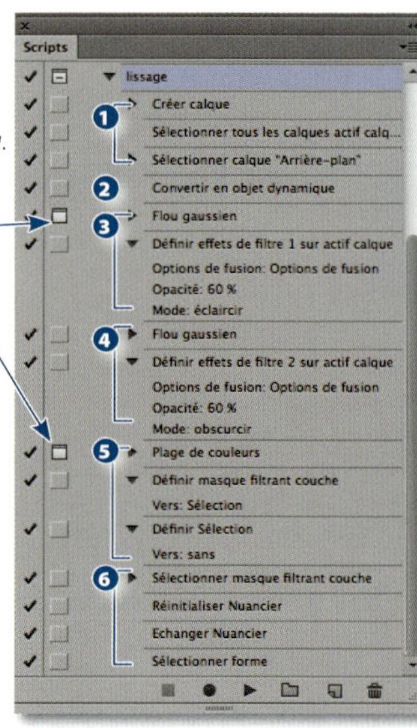

ASTUCE *Lors d'un lissage de peau, vous pouvez opérer en utilisant des copies de l'objet dynamique. Chacune d'elles étant traitée par le filtre* ***Flou gaussien*** *avec le mode de fusion affecté au calque et non plus au filtre* (voir ci-après).

LE LISSAGE DYNAMIQUE AVEC DEUX CALQUES PAR STÉPHANE BARIL

La méthode mise au point par Stéphane Baril a été développée afin d'en faire un panneau nommé **Soft Skinning**. Celui-ci est disponible sous la forme d'un fichier zxp qui permet l'installation simple par double-clic ; vous le trouverez sur le site Adobe Exchange (**http://www.adobe.com/cfusion/exchange/** avec une recherche sur le mot « soft »). Il est également disponible par le panneau **Adobe Exchange** (menu **Fenêtre/Extensions**), qui permettra de procéder à l'installation.

Avec une petite recherche sur ce site, on trouve le panneau.

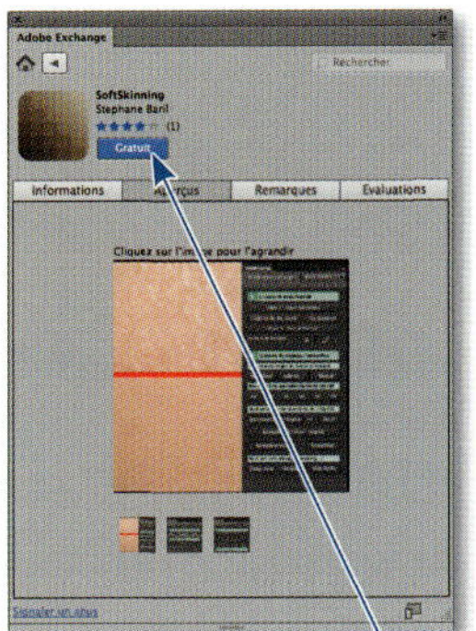

On le trouve aussi par ce panneau qui fera l'installation.

Une séquence vidéo explicative est également visible à l'adresse : **https://vimeo.com/28551116** ou **https://vimeo.com/43770740** pour la version CS6.

Ce panneau comporte deux modes : un mode pas à pas et un mode avancé. Dans les deux cas, le principe est de réaliser deux copies du calque d'origine converti en calque dynamique. Chaque copie se voit affecter le filtre **Flou gaussien** ; le mode de fusion du calque est respectivement passé à **Éclaircir** ou **Obscurcir**. Ces deux calques sont placés dans un groupe et c'est sur ce dernier qu'est réalisé le masque. Cette méthode utilise plus de manipulations que celle décrite précédemment mais dans ce cas, chaque calque est séparé, ce qui en facilite la gestion notamment au niveau des réglages du filtre ou de la gestion de l'opacité. Dans le mode avancé, des options supplémentaires de traitements ont été ajoutées afin de régler les opacités, modifier le masque ou remplacer le contenu du calque dynamique par celui d'une autre photo (de mêmes dimensions).

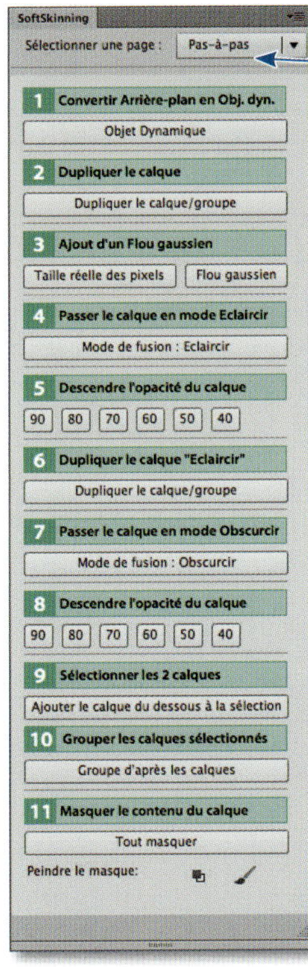

Les deux modes d'utilisation du panneau **Soft Skinning**.

Les étapes sont enchaînées dans ce mode et des options de traitement ont été ajoutées. Dans les deux cas, des bulles d'infos s'affichent en survol.

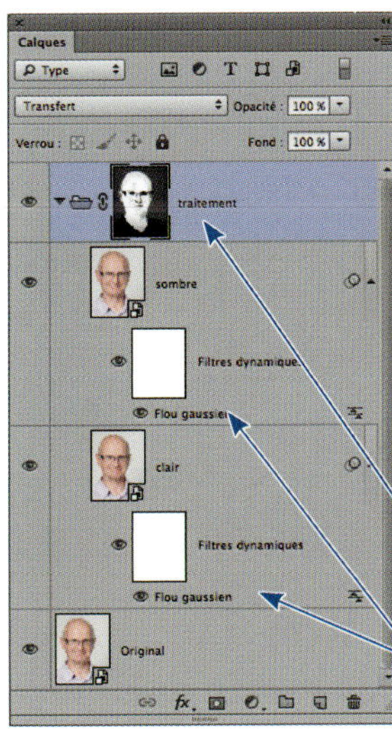

Le masque est réalisé sur le groupe qui contient deux calques dynamiques floutés (copie de l'original).

Les réglages de netteté

Les filtres de renforcement

Si l'image a perdu de son piqué suite à une numérisation, un rééchantillonnage ou un passage de RVB vers CMJN, vous pouvez utiliser l'un des filtres de renforcement de la netteté (menu **Filtre/Renforcement**).

LES FILTRES DOUX

Le filtre **Plus net** a un effet assez doux. **Encore plus net** est équivalent à trois applications du filtre précédent.

LES FILTRES CLASSIQUES

Le filtre **Contours plus nets** n'agit que sur les zones de fort contraste que constituent les contours de l'image. Le filtre **Accentuation** est souvent utilisé, car il propose davantage de réglages (*voir page suivante*).

LE FILTRE NETTETÉ OPTIMISÉE

Le filtre offre de nombreux réglages et peut constituer une alternative intéressante à l'application du filtre **Accentuation**. En effet, son application permet d'éviter, selon les réglages, l'apparition d'un halo de couleur autour des zones de fort contraste (halo de contour).

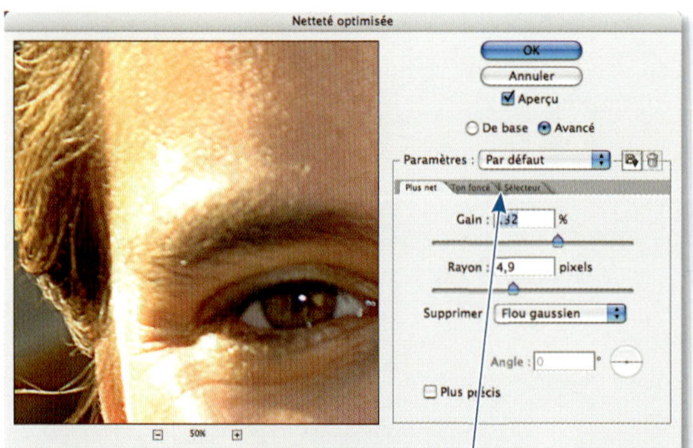

La fenêtre de réglage du filtre propose des onglets pour estomper l'accentuation dans les tons foncés et clairs.

Ce filtre permet de définir l'algorithme de renforcement (option **Supprimer**) et de spécifier une quantité de correction appliquée aux tons clairs et aux tons foncés. On distingue les options de base et les options avancées pour régler les tons foncés et clairs.

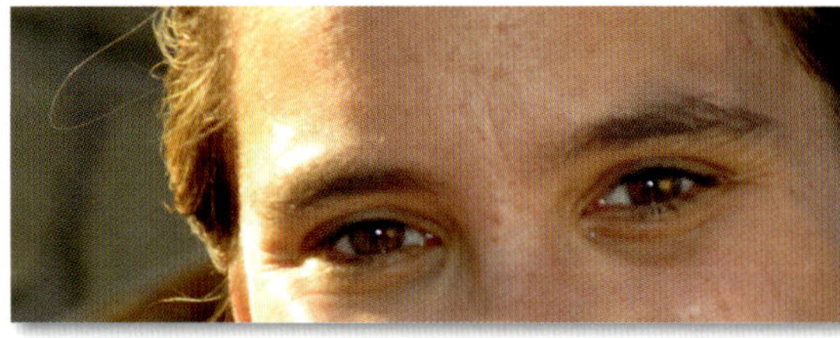

Ci-dessus, l'image originale manque de piqué.
Ci-dessous, on l'a améliorée avec les réglages de base du filtre.

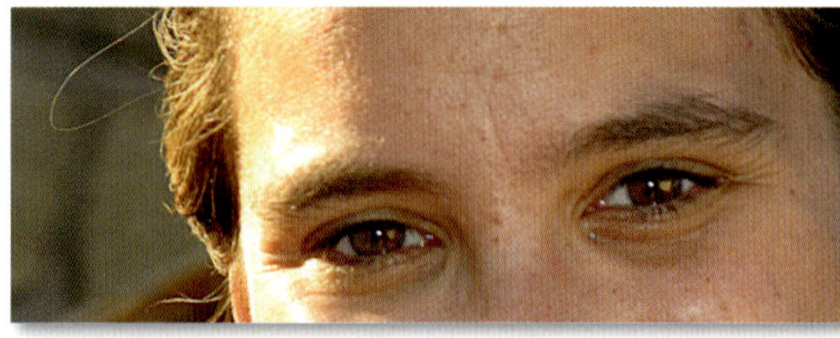

Les options de base

Il y a trois options de base : **Quantité**, **Rayon** et **Supprimer**

- **Quantité** : cette option définit l'intensité de l'accentuation. La netteté augmente par accroissement du contraste entre les pixels de contour. La valeur doit être augmentée avec la résolution de l'image.

> **ASTUCE** *L'option **Quantité** (et également **Rayon**) peut avoir une valeur élevée, car ici le filtre s'applique principalement aux contours. Cependant, une trop grande augmentation risque de faire apparaître des couleurs indésirables (halo).*

- **Rayon** : cette valeur définit l'étendue de la zone entourant les pixels de contour affectés par le renforcement. Plus le rayon est élevé, plus la largeur du contour affecté est grande, et plus le renforcement est important.

> **ASTUCE** *Vous pouvez mémoriser les réglages (par clic sur) afin de faire de rapides comparaisons. Attention, ces réglages ne sont mémorisés que si vous quittez la fenêtre du filtre en cliquant sur **OK**.*

- **Supprimer** : ce menu local permet de choisir l'algorithme de renforcement utilisé pour accentuer la netteté :
  - **Flou gaussien** : option par défaut, c'est la méthode utilisée par le filtre **Accentuation**.

- **Flou de l'objectif** : le filtre détecte les contours et le détail d'une image pour créer un détail plus net en atténuant l'effet de halo.
- **Flou directionnel** : cette option s'utilise pour réduire les effets de flou dus au déplacement de l'appareil ou du sujet. Un angle doit être spécifié.

Pour accentuer davantage, cochez l'option : **Plus précis**.

Les réglages avancés

En cochant **Avancé**, trois onglets apparaissent : **Plus net** (correspondant aux réglages de base), **Ton foncé** et **Sélecteur**.

Les deux derniers onglets permettent d'ajuster les réglages et d'atténuer les halos de renforcement foncés ou clairs qui peuvent apparaître trop prononcés. En effet, chaque onglet (**Ton foncé** ou **Sélecteur**) propose deux options complémentaires : **Estompage** qui réduit le facteur d'accentuation dans les tons foncés et les tons clairs, et **Gamme de tons** qui amplifie l'estompage quand sa valeur augmente par extension de la gamme de tons modifiés. Une troisième option (**Rayon**) est disponible, mais elle a peu d'influence sur le réglage.

Le filtre Accentuation

Les réglages du filtre

Le filtre **Accentuation** est par excellence le filtre de réglage de la netteté. Comme la majorité des filtres, le réglage (notamment du **Gain**) dépend de la résolution et doit être augmenté avec celle-ci. La valeur de **Rayon** reste souvent voisine de 1 (sauf si le gain est faible), de même le **Seuil** est très faible voire nul (une augmentation de sa valeur permet de réduire l'apparition du grain dans les zones plates de l'image et atténue la netteté dans ces zones).

Astuce *Avec un **Gain** à 10 % et un **Rayon** à 50 pixels, le filtre a pour effet de redonner un peu de piqué à la photo (par augmentation du contraste dans les tons moyens). Ce réglage peut être cumulé avec un autre réglage d'accentuation (le filtre étant appliqué deux fois).*

Selon de taux d'affichage, les effets d'accentuation ne sont pas toujours bien visibles.

- Pour une impression, ils doivent être plutôt marqués quand l'affichage est à 100 %, alors qu'ils apparaîtront faibles avec un affichage à 25 % correspondant à la taille d'impression. Une image qui n'apparaît pas accentuée à l'écran (à 100 %) risque d'être floue à l'impression.
- Pour le Web, les valeurs d'accentuation peuvent être réduites car les images ne seront pas visualisées à 100 %.

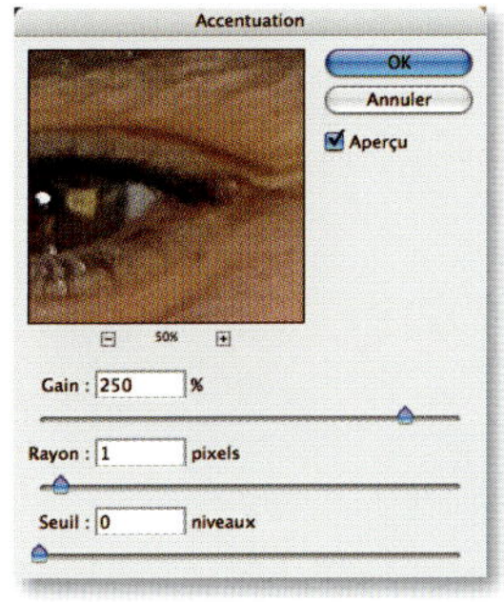

Les réglages sont liés à la résolution de l'image (mais également à l'effet souhaité et au contenu).
Ci-contre, des réglages pour une image haute résolution.

La réduction des effets de couleur

Avec certaines images, l'application du filtre **Accentuation** améliore le piqué, mais provoque l'apparition de couleurs indésirables autour des zones colorées de fort contraste (sous forme de halos). Pour pallier ce problème, une fois le filtre appliqué (de façon dynamique), modifiez ses options de fusion (par **double-clic** sur l'icône) pour choisir le mode **Luminosité** à la place de **Normal**.

Accentuation et bruit

Avant de commencer les réglages de renforcement de la netteté, il convient de traiter le bruit. En effet, ce dernier sera encore plus prononcé après l'application du filtre **Accentuation**. Avec les filtres dynamiques, ces deux filtres peuvent être appliqués sur le même objet dynamique.

L'image ne présente qu'un bruit assez léger.

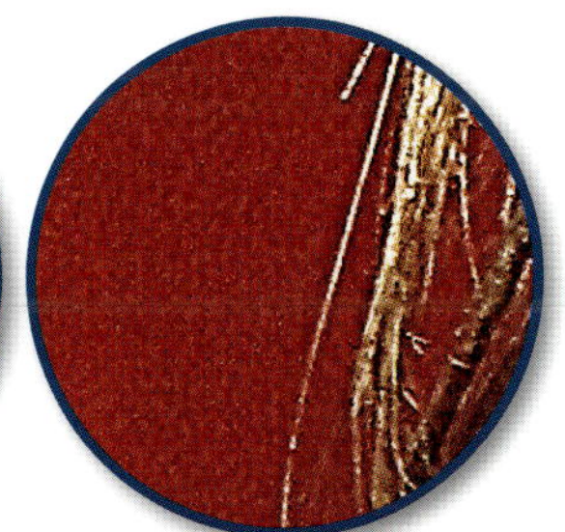

*Le filtre **Accentuation** intensifie le bruit.*

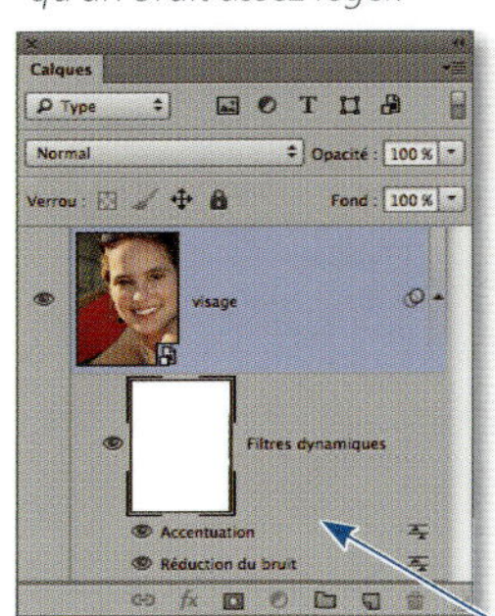

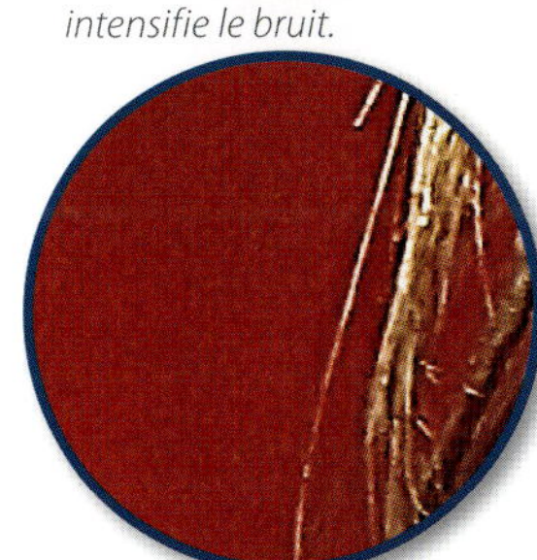

*Ci-dessus, on a traité le bruit avant l'accentuation comme le montre le panneau **Calques**.*

Ci-dessus, l'image originale manque de piqué.

Ci-dessous, l'image traitée avec les filtres ***Réduction du bruit*** *et* ***Accentuation****.*

On atténue l'effet sur la peau en peignant en noir certaines zones du masque filtrant.

Comme nous le verrons plus loin, les deux filtres (de réglage d'accentuation et de bruit) peuvent s'appliquer sur deux calques si l'on souhaite utiliser un masque de contours pour le filtre d'accentuation ou préparer l'image pour l'impression, par exemple.

Le masque filtrant et le calque dynamique

L'édition du masque filtrant : accentuation localisée

À tout instant, comme pour tous les filtres dynamiques, il est possible d'éditer le masque filtrant en dessinant dessus au pinceau noir pour que le filtre ne s'applique plus sur certaines parties.

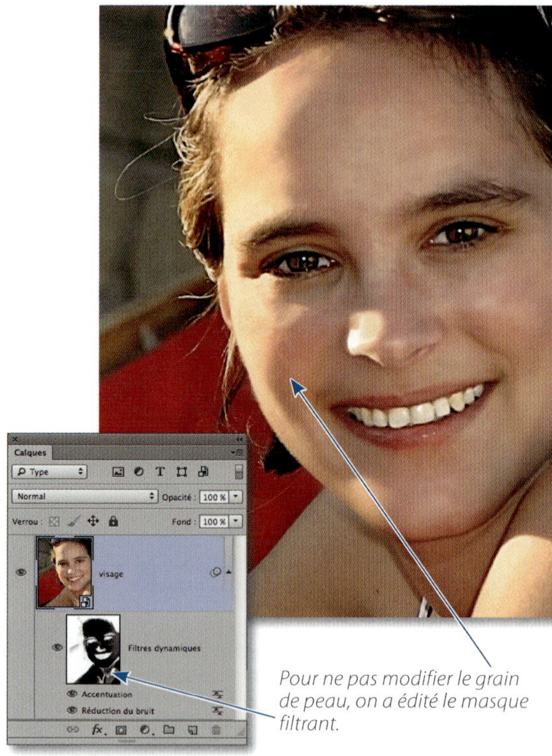

Pour ne pas modifier le grain de peau, on a édité le masque filtrant.

Utilisez de préférence l'outil **Pinceau** avec une faible opacité (10 à 20 %) et une dureté réduite (bords fondus) de façon à mieux maîtriser les transitions. Ici encore, l'utilisation d'une tablette sensible à la pression facilitera le travail. Il sera toujours possible par la suite d'augmenter les transitions en utilisant l'option **Contour progressif** du panneau **Propriétés** (avec le masque filtrant actif).

Vous pouvez également modifier le masque filtrant en utilisant la commande **Plage de couleurs** selon la méthode indiquée *page 223*.

L'édition de l'objet dynamique

Pour appliquer les filtres de manière réversible, il est indispensable de commencer par convertir le calque à traiter en objet dynamique. Cette conversion peut se réaliser (c'était le cas sur l'image précédente) à partir d'un ensemble de calques si, par exemple, vous avez fait des retouches sur plusieurs calques que vous ne souhaitez pas fusionner. Ainsi, il sera encore possible d'effectuer d'autres retouches sur l'objet dynamique en l'éditant par **double-clic** sur sa vignette marquée de l'icône dans le panneau **Calques**.

Le calque dynamique de l'image de la page précédente a été réalisé à partir d'une série de calques (ils correspondent à diverses retouches).

UN TRAITEMENT AVEC DEUX CALQUES

Pour gérer séparément certains traitements (bruit et accentuation avec des masques filtrants distincts), il faut deux calques obtenus en dupliquant le calque dynamique (en tapant ⌘J [Ctrl J]). En opérant ainsi, les deux calques contiennent le même objet dynamique et, si vous éditez ce dernier, il sera mis à jour sur les deux copies.

Le calque inférieur servira, par exemple, à gérer le bruit (il pourra être accompagné d'une accentuation de gain 10 et rayon 50 pour redonner un peu de piqué à la photo) ; le calque supérieur améliorera la netteté. Comme les calques sont superposés, on affectera un masque de fusion au calque supérieur pour voir le calque inférieur.

L'ACCENTUATION LOCALISÉE AVEC UN MASQUE DE CONTOURS

Il s'agit ici de limiter l'accentuation aux zones de hautes fréquences, c'est-à-dire au contour de l'image. Ce traitement s'effectue en deux étapes : préparation du masque de contours (sous forme de sélection) et application du filtre. Ces étapes comportent nombre de manipulations qui peuvent être automatisées dans un script.

L'image initiale et un détail de celle-ci.

Le masque de contours

Pour que cette accentuation n'affecte que les détails de haute fréquence de l'image (contour de l'image), nous allons créer une sélection qui définira le masque filtrant une fois le filtre appliqué. Cette sélection se prépare avec une couche :

1. Dans le menu **Image**, lancez **Opérations**, choisissez la couche rouge pour la source 1 et la verte pour la source 2. L'opération s'effectue avec le mode **Lumière ponctuelle** et la destination est sur une nouvelle couche.

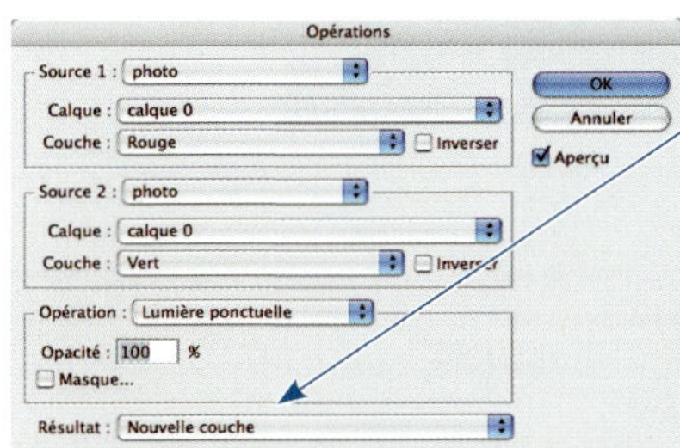

Cette première étape donne la couche pour préparer la sélection.

2. Quand cette couche apparaît, appliquez-lui un flou gaussien (**Filtre/Atténuation**) avec un rayon de 2. Cette valeur sera personnalisée (de 1 à 10) en fonction de l'image : avec une valeur faible, si l'image comporte beaucoup de détails, et élevée si elle en comporte très peu.

3. Dans l'ordre indiqué, lancez les filtres et commandes suivantes :
   - **Tracé des contours** (**Filtre/Esthétique**) ;
   - **Niveaux** (**Image/Réglages** ou **⌘L** [Ctrl L]) : amenez le curseur noir sur 140. Selon l'image, cette valeur sera personnalisée entre 140 à 180 (sur les premiers détails de l'histogramme) ;

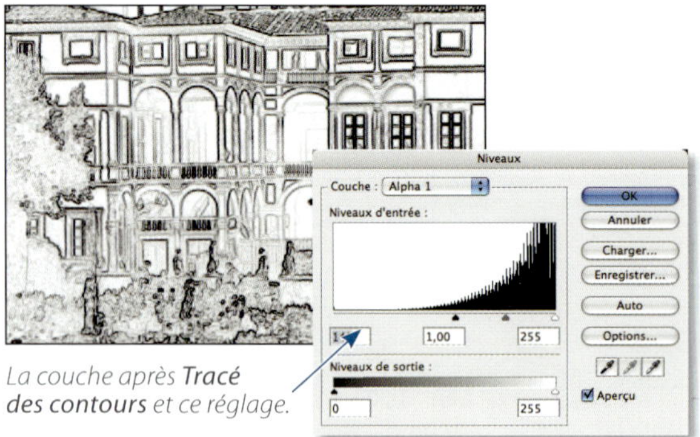

La couche après ***Tracé des contours*** *et ce réglage.*

   - **Flou gaussien** (**Atténuation**), rayon 1 ;
   - **Négatif** (menu **Image/Réglages** ou **⌘I** [Ctrl I]) ;
   - **Niveaux** (**⌘L** [Ctrl L]) : curseur noir sur 20 et blanc vers 180 (valeur personnalisée sur les premiers détails clairs de l'histogramme, entre 170 et 220 selon l'image).

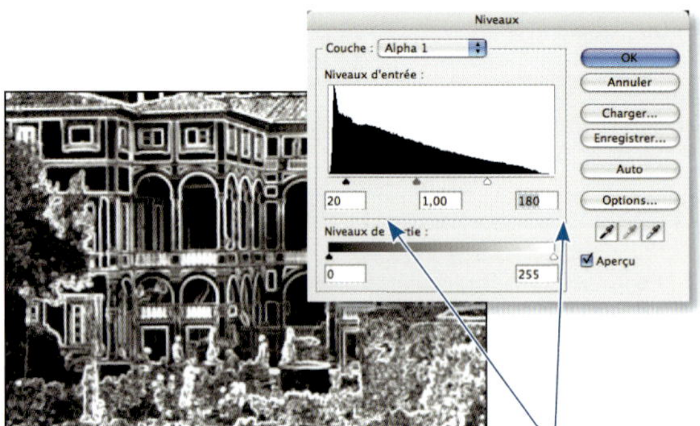

On a flouté, inversé les couleurs et appliqué ces réglages. Il reste à récupérer la sélection.

4. Les contours de l'image apparaissent en blanc sur fond noir. Récupérez la sélection correspondant à cette couche par le menu **Sélection/Récupérer la sélection/ Alpha 1**.

Par la suite, vous pouvez supprimer la couche alpha qui a servi à faire cette sélection.

On a récupéré la sélection et affiché la couche RVB du calque.

L'application du filtre Accentuation

Quand la sélection est affichée, sélectionnez le calque à traiter dans le panneau **Calques** et appliquez-lui le filtre **Accentuation** avec un gain de 150 et un rayon de 1 (seuil nul). Ces valeurs peuvent sembler élevées, mais le filtre ne sera appliqué qu'à travers le masque précédemment préparé ; de plus, l'effet pourra facilement être réduit par l'opacité du filtre. Afin que le filtre n'agisse pas sur la saturation des couleurs et ne modifie pas leur aspect, affichez les options de fusion du filtre par double-clic sur ≡ dans le panneau **Calques** et sélectionnez le mode **Luminosité**.

Le filtre est appliqué avec le masque filtrant issu de la sélection.

*On règle les options de fusion (**Luminosité**) par double-clic ici.*

Toutes les manipulations précédentes peuvent faire l'objet d'un script. Certaines commandes utilisées dans ce script devront être personnalisées en fonction de la photo. Pour cela, il suffira de cliquer dans la colonne à droite de la coche pour faire apparaître la fenêtre de dialogue de la commande.

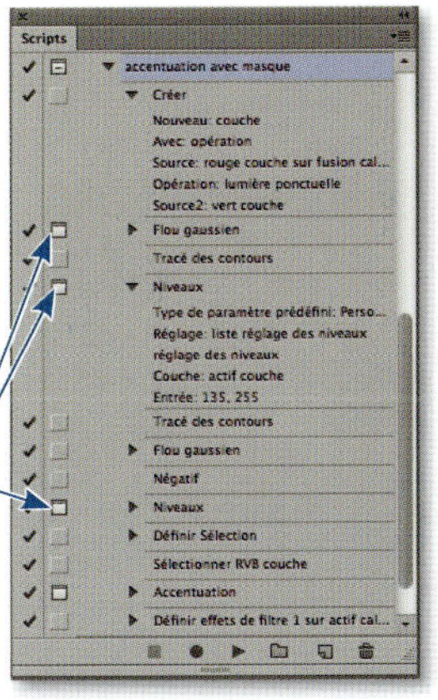

Les instructions avec cette icône laisseront apparaître une fenêtre de dialogue pour personnaliser les réglages.

La netteté avec Camera Raw

LE SCRIPT DE NETTETÉ AVEC CAMERA RAW

Comme cela avait été signalé (*voir page 78*), avec l'onglet **Détails** de Camera Raw, il est possible de régler la netteté de l'image et de lui associer un masque de contour (réalisé automatiquement par Camera Raw). Afin de transformer le calque en calque éditable dans Camera Raw, vous pouvez utiliser un script (*voir pages 106 et 107*). Voici les étapes d'un script qui donnera le même résultat :

❶ On enregistre le document et on règle les préférences de Camera Raw pour qu'elles ouvrent les fichiers TIFF (éventuellement, on convertit en Profil Adobe RVB)

❷ On renomme le calque actif (par exemple « **image_départ** »).

❸ On duplique l'image (menu **Image/Dupliquer**) vers un nouveau document (que l'on nomme « **image_RAW** »).

❹ On aplatit ce nouveau document, on l'enregistre en TIFF (sur le bureau, par exemple) et on le ferme (afin de pouvoir utiliser le script, cette opération devra être réenregistrée pour qu'elle corresponde à un chemin relatif sur votre disque).

❺ On importe le fichier précédent (**image_RAW.tiff**), on ferme Camera Raw sans faire le moindre réglage et on valide l'importation (ici aussi, afin de pouvoir utiliser le script, cette opération devra être réenregistrée pour qu'elle corresponde à un chemin sur votre disque).

❻ On sélectionne le calque dynamique (correspondant à l'image importée, **image_RAW**) et on le renomme (**calque_net**, par exemple).

❼ Dans le menu du panneau **Scripts**, on sélectionne **Insérer une commande**, puis on choisit dans le menu du panneau **Calque**, **Modifier le contenu**. Cette commande ne serait pas enregistrée dans le script si on la lançait directement sans passer par **Insérer une commande**.

On arrête l'enregistrement du script. Vous devez obtenir un script qui a l'aspect ci-dessous.

*Le script de conversion du calque en Raw : le contenu du calque sera ouvert dans Camera Raw, il restera à régler la netteté avec l'onglet **Détails**.*

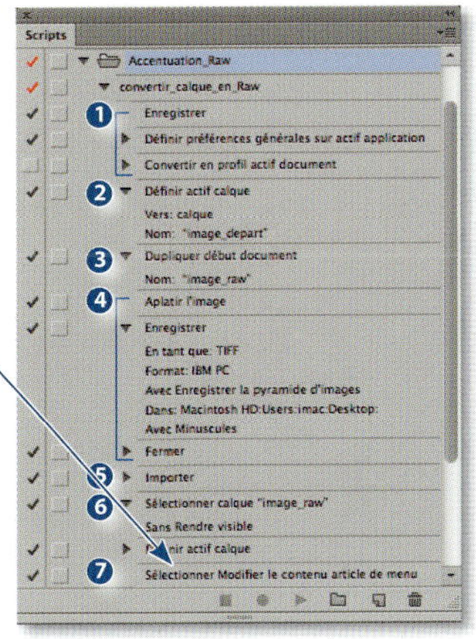

LE PANNEAU DE TRAITEMENT D'UN CALQUE AVEC CAMERA RAW

Afin de faciliter le travail de traitement d'un calque et de bénéficier des fonctions de Camera Raw, j'ai mis au point un panneau (à l'aide de Configurator) dont un des boutons enchaîne, dans un script JavaScript, les manipulations du script précédent (mais directement avec des chemins relatifs). À l'issue du traitement, un masque de fusion est ajouté, l'outil **Pinceau** est activé (avec les couleurs par défaut) de telle manière que vous pouvez masquer les zones où la netteté ne doit pas être renforcée. Ce panneau se trouve dans le dossier des ressources de ce chapitre sous la forme d'un fichier zxp (**netflou.zxp**) qui s'installe par double-clic.

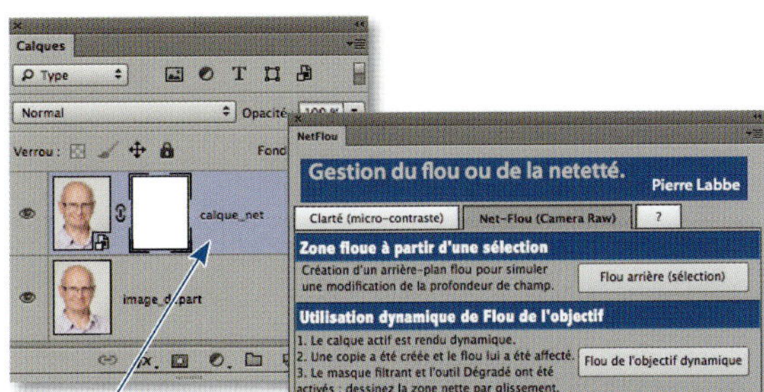

Ce calque dynamique s'ouvre dans Camera Raw grâce au bouton de ce panneau.

La netteté avec le filtre Passe-haut

Le filtre **Passe-haut** de la série **Divers**, appliqué avec le mode de fusion **Incrustation**, constitue une alternative aux filtres qui viennent d'être étudiés, notamment **Accentuation**. En effet, dans une image, les zones de fréquences élevées correspondent à des contours et donc aux détails importants de l'image. Or, quand on applique le filtre **Passe-haut** (avec un rayon de 1 à 3), celui-ci n'agit que sur les zones de fréquences élevées de l'image et en augmente le contraste ; le reste de l'image devient gris. Si on applique le mode **Incrustation** au calque ou au filtre dynamique, ces zones grises (couleur neutre du mode de fusion) disparaissent et seules les zones contrastées par le filtre restent visibles.

*L'originale et l'image filtrée avec **Passe-haut**.*

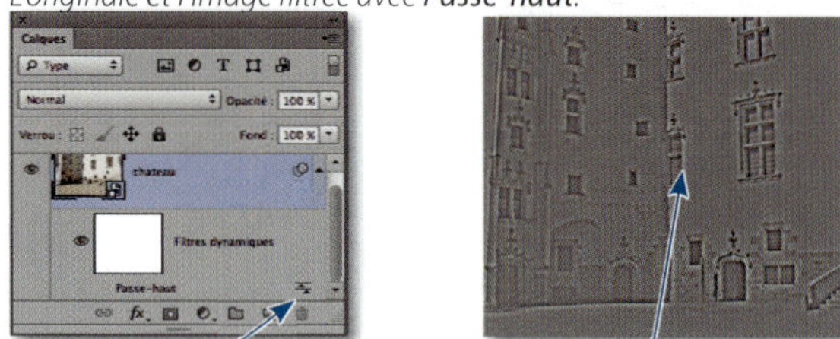

*Par **double-clic** ici, on a réglé son mode de fusion sur **Incrustation** (sans ce dernier, on voit ceci).*

4 - Les traitements particuliers

Les flous de mouvement, profondeur de champ...

Les flous de mouvement

Les filtres **Flou directionnel** et **Flou radial** créent un effet de flou de mouvement dans une direction, pour le premier, ou lié à un zoom ou une rotation, pour le second.

Pour créer un flou de mouvement, un filtre dynamique associé à un masque filtrant est nécessaire, mais pour obtenir un résultat plus réaliste, quelques opérations sont indispensables.

La préparation des calques

1. Commencez par dupliquer le calque original (une copie de sécurité qui pourra être masquée sera conservée). On réalise cette copie en tapant ⌥⌘J [Alt Ctrl J] afin de renommer la copie (par exemple, « **fond** »).

On veut créer un flou de mouvement sur le surfeur.

On a créé une copie du calque d'arrière-plan que l'on a renommée.

2. Il faut placer une copie de l'élément mobile (ici, le surfeur) seul sur un calque. Pour obtenir son détourage, qui n'a pas besoin d'être précis, utilisez l'outil **Sélection rapide** par glissement sur la zone à sélectionner.

3. Copiez ce détourage sur un nouveau calque à l'aide de la commande **Calque par copier** du menu **Calque/Nouveau** (au clavier, tapez ⌥⌘J [Alt Ctrl J] afin de le renommer « **surfeur** », par exemple). Cachez temporairement ce calque pour préparer le fond. Si l'élément en mouvement est un véhicule, copiez chaque roue détourée sur un nouveau calque (*voir les exemples d'application*).

Avec l'outil ***Sélection rapide,*** *on détoure et on copie sur un calque.*

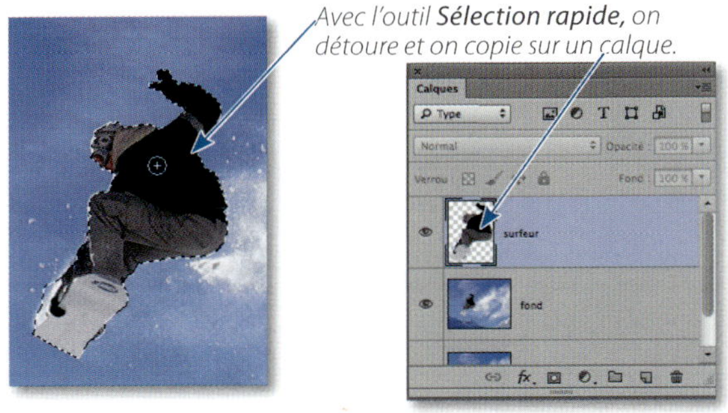

4. Activez le calque **fond** et ajoutez un nouveau calque en tapant ⇧⌘N [⇧Ctrl N] pour le renommer (par exemple, « **ciel** »). Récupérez la sélection du détourage par ⌘clic [Ctrl clic] sur sa vignette dans le panneau **Calques** et dilatez-la avec la commande **Dilater** du menu **Sélection/Modifier** (5 à 20 px selon la résolution).

On a dilaté la sélection que l'on a récupérée par ⌘ [Ctrl] clic ici.

5. Avec cette sélection qui entoure l'élément, activez l'outil **Déplacement avec contenu pris en compte** (avec l'option **Échantillonner tous les calques**) et glissez vers une zone libre de l'image. Si l'image n'en présente pas d'assez grande pour recevoir l'élément, fusionnez le nouveau calque et utilisez la commande **Remplir** (menu **Édition**) avec l'option **Contenu pris en compte**.

*Avec l'outil **Déplacement avec contenu pris en compte**, on glisse la sélection vers une zone dégagée.*

6. L'objet dans sa position initiale a disparu, il se retrouve déplacé et toujours sélectionné. Dilatez à nouveau cette sélection et effacez son contenu (en tapant la touche Efface). Vous pouvez alors désélectionner. Le calque ne comprend plus qu'une zone qui couvre l'ancienne position de l'élément en mouvement.

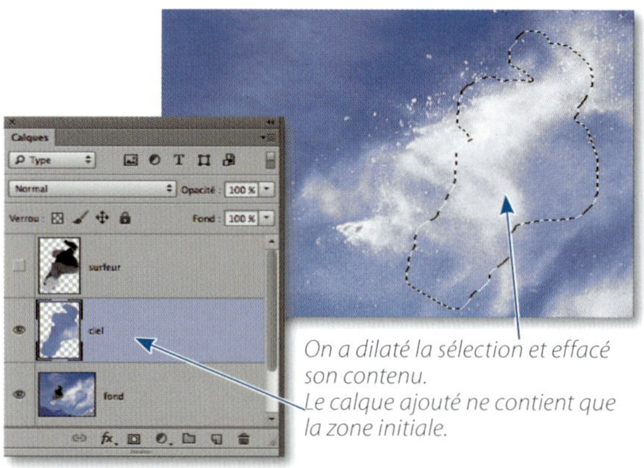

On a dilaté la sélection et effacé son contenu.
Le calque ajouté ne contient que la zone initiale.

Astuce *La technique décrite précédemment permet d'obtenir un résultat identique à celui que l'on obtiendrait par un remplissage avec l'option **Contenu pris en compte** mais ici ce remplissage s'est fait sur un autre calque.*

7. Ajoutez à la sélection du calque actif (**ciel**), celle du calque **fond** et convertissez cet ensemble de calques en objet dynamique (avec la deuxième commande du menu **Filtre**, par exemple). Dupliquez cet objet dynamique (en tapant ⌘J [Ctrl J]). Réaffichez le calque du surfeur, convertissez-le à son tour en objet dynamique et dupliquez-le également.

Les calques sont prêts, on peut leur appliquer des flous directionnels (ou autre selon l'effet désiré).

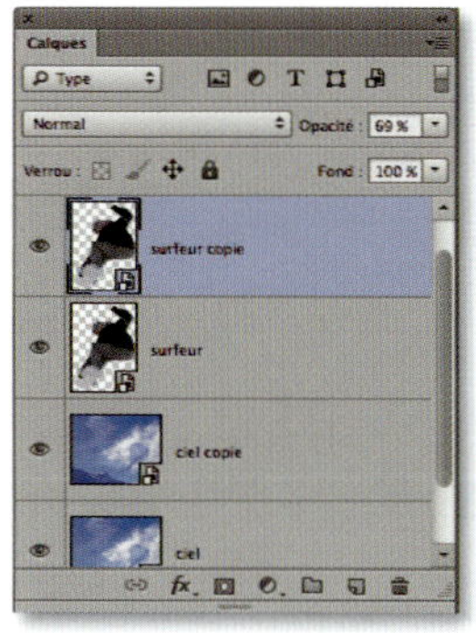

On a préparé les calques, on peut passer à l'application du flou pour certains.

L'application des flous

Voici les étapes de l'application des filtres qui seront dynamiques puisque les calques le sont.

1. Commencez par masquer (temporairement) le calque **ciel-copie** et sélectionnez celui du **ciel** pour lui appliquer le filtre **Flou directionnel** (menu **Filtre/Atténuation**). L'**Angle** doit correspondre à l'orientation du mouvement et la **Distance** (ici 100 px, par exemple) simule la rapidité du mouvement.

On a appliqué le flou dynamiquement au ciel.

2. Pour atténuer l'effet du filtre et le rendre plus réaliste, affichez le calque ciel-copie et réduisez son opacité à 30 % environ.

3. Sélectionnez maintenant le calque **surfeur** et appliquez-lui le filtre en tapant **⌘F [Ctrl F]**. La valeur d'**Angle** doit être identique mais celle de **Distance** doit être réduite.

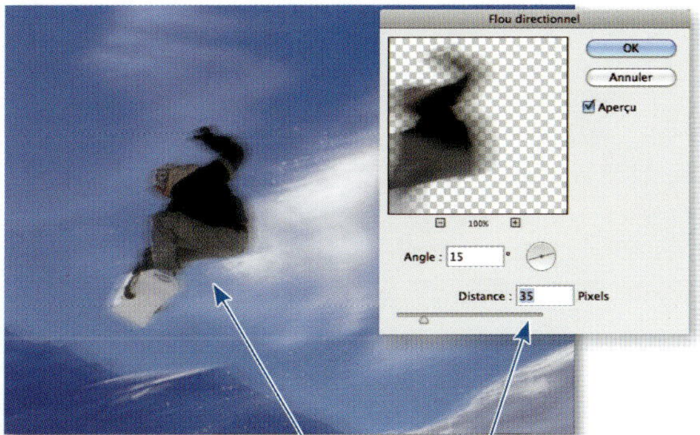

On applique le flou au surfeur avec une ***Distance*** *plus faible.*

4. Comme avec le calque du ciel, réduisez à 40 %, environ l'opacité du calque supérieur (surfeur-copie). Pour finaliser l'effet, il faut éditer le masque filtrant du surfeur. En effet, le flou ne devant pas apparaître en avant de l'objet en « mouvement », avec l'outil **Pinceau** et le noir, peignez les zones voulues sur le masque filtrant préalablement sélectionné.

On a réduit l'opacité de ce calque, puis édité le masque filtrant pour noircir certaines zones.

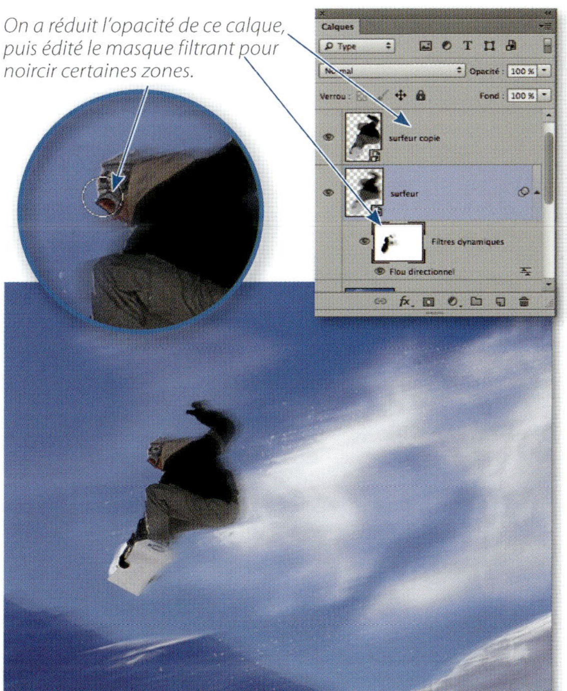

Ci-dessus, l'image finale. Les flous peuvent encore être modifiés si vous les estimez trop faibles ou trop forts.

Dans le cas du **Flou radial**, l'utilisation des filtres dynamiques s'avère particulièrement intéressante, car la mise en place du centre du zoom (ou de la rotation) peut se régler facilement en réaffichant les réglages du filtre.

On veut créer un effet de zoom sur cette image.

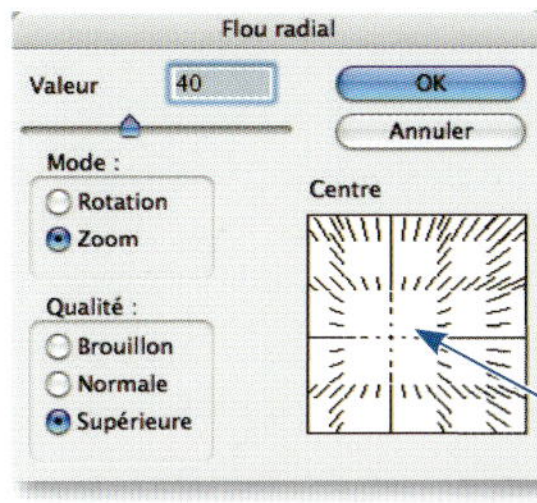

Le flou radial appliqué à l'image : on peut facilement déplacer le centre du flou.

La gestion de la profondeur de champ

Au niveau de la profondeur de champ, on peut envisager plusieurs types de corrections. En effet, il peut s'agir de retouches qui tendent à réduire cette profondeur de champ (on utilisera des filtres), mais, depuis la version CS4, il est possible d'augmenter la profondeur de champ (la mise en place de l'effet nécessitera d'avoir réalisé les prises de vue d'une série d'images).

LA RÉDUCTION DE LA PROFONDEUR DE CHAMP AVEC LE FILTRE FLOU DE L'OBJECTIF

Par défaut, le filtre **Flou de l'objectif** ne s'applique pas dynamiquement, aussi pensez à créer une copie du calque original. Il permet de simuler une réduction de la profondeur de champ en rendant floue une zone de l'image.

Cette zone peut être délimitée par une sélection ou par une courbe de transfert définie à l'aide d'une couche alpha. Cette couche peut être issue de la mémorisation d'une sélection, elle-même définie à partir des zones transparentes d'un calque ou à partir d'un masque de fusion. Dans tous les cas, il sera possible d'inverser la zone traitée en cochant l'option (**Inverser**) correspondante dans la fenêtre du filtre.

L'intensité du flou avec une courbe de transfert

Quand le filtre utilise une courbe de transfert (menu local **Source**), les zones noires de la couche alpha ou du masque définissent le premier plan (net) et les zones blanches constituent l'arrière-plan (flou). Il est intéressant d'utiliser une couche alpha comportant un dégradé vertical de noir (en bas du document) vers le blanc (en haut). Pour l'obtenir, effectuez les opérations suivantes :

1. Dans le panneau **Couches**, cliquez sur l'icône ◻ pour ajouter une nouvelle couche : elle apparaît noire.
2. Réinitialisez les couleurs par défaut en tapant D.
3. Activez l'outil **Dégradé**, réinitialisez-le par clic droit sur son icône dans la **Barre d'options**. Glissez-le verticalement (de haut en bas) avec la touche ⇧ enfoncée.

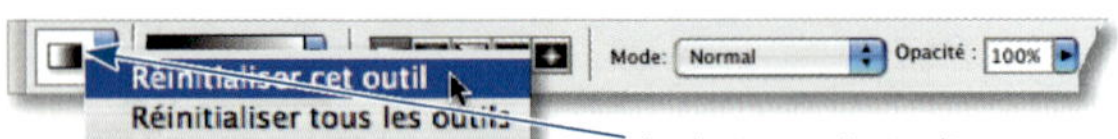

Par clic droit, on réinitialise.

4. Réactivez la couche RVB en cliquant sur son nom dans le panneau **Couches** pour y appliquer le filtre. Pensez à créer une copie du calque traité (**⌘J [Ctrl J]**).

Une fois cette couche sélectionnée dans le menu local **Source**, l'aperçu montre un flou progressif avec la zone la plus nette en bas et la plus floue en haut.

En cliquant sur une zone de cet aperçu, vous pouvez décaler le flou progressif. En effet, par ce clic, vous effectuez une sorte de nouvelle mise au point et désignez la nouvelle zone qui deviendra nette : le niveau de gris correspondant sur la couche alpha (de 0 à 255) est indiqué par le curseur **Flou de la distance focale**.

Les pixels sont d'autant plus flous qu'ils correspondent à une valeur éloignée de celle du pixel sur lequel vous avez cliqué.

Dans la fenêtre du filtre, on choisit cette couche-ci et on clique sur l'aperçu pour définir la zone qui sera nette.

Les réglages du filtre

L'intensité du flou

Pour intensifier le flou, déplacez le curseur **Rayon**. De même, pour modifier le flou, vous pouvez choisir l'une des différentes formes de diaphragme ou le faire pivoter.

Les tons spéculaires

Dans la rubrique **Tons clairs spéculaires**, **Seuil** spécifie la limite au-delà de laquelle tous les pixels plus lumineux que cette valeur sont traités comme des reflets de lumière. Le curseur **Luminosité** permet d'éclaircir les tons clairs.

Le rajout de bruit

L'application de cet effet de flou de l'objectif supprime le grain du film et le bruit de l'image. La rubrique **Bruit** permet de rajouter le bruit disparu pour rendre la retouche plus réaliste.

L'application dynamique du Flou de l'objectif

Par défaut, le filtre **Flou de l'objectif** ne peut pas s'appliquer de manière dynamique. Sur Macintosh (je n'ai pas pu tester sur PC), il existe un script, **EnableAllPluginsForSmartFilters.jsx**, (qui fonctionnait avec la version CS5 et fonctionne toujours avec la CS6), qui permet de rendre ce filtre utilisable (ou non) de manière dynamique, c'est-à-dire avec un calque dynamique sélectionné. Ce script (que vous trouverez dans le dossier des ressources correspondant à cette partie du livre) doit être placé dans le dossier **Presets/Scripts** du programme Photoshop et affiche une fenêtre (que j'ai francisée) dans laquelle le bouton **oui** active le dynamique et le bouton **non**, le désactive.

Afin de faciliter l'utilisation de ce filtre (de manière dynamique), j'ai créé un panneau dont un des boutons lance un script enchaînant quelques manipulations parmi lesquelles : l'activation du dynamisme du filtre, la duplication du calque, la conversion de cette copie en objet dynamique, l'application du filtre **Flou de l'objectif** (avec personnalisation du réglage), l'activation du masque filtrant, puis de l'outil **Dégradé** (avec l'option **Dégradé réfléchi** et les couleurs par défaut). Il ne vous reste qu'à dessiner un segment vertical pour définir la zone de l'image qui devra être nette.

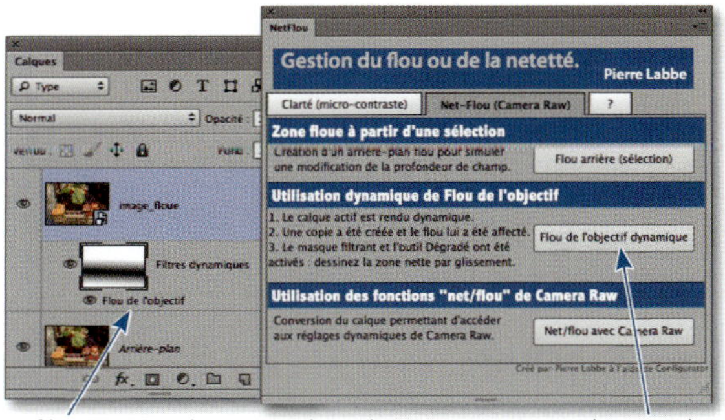

*Le filtre a été appliqué au calque dynamique grâce au bouton de ce panneau. Le masque est actif on peut y dessiner avec l'outil **Dégradé** la zone où l'image est nette.*

Ce panneau se trouve dans le dossier des ressources de ce chapitre sous la forme d'un fichier zxp (**netflou.zxp**) qui s'installe par double-clic.

LA PROFONDEUR DE CHAMP AVEC UN FLOU GAUSSIEN

Au lieu d'utiliser le filtre **Flou de l'objectif**, vous pouvez utiliser le filtre **Flou gaussien** et le masque filtrant qui apparaît lors de son application dynamique.

Pour cela, effectuez les opérations suivantes :

1. Rendez dynamique le calque sur lequel vous comptez appliquer l'effet, puis lancez le filtre **Flou gaussien** (rayon de 6, par exemple) : le flou couvre la totalité de l'image et un masque filtrant est ajouté.

On applique de façon dynamique le flou gaussien.

2. Activez l'outil **Dégradé**, tapez la touche D, puis X (pour réinitialiser les couleurs et les inverser) et choisissez le dégradé réfléchi dans la **Barre d'options** de l'outil.

3. Cliquez sur la vignette du masque filtrant et glissez l'outil verticalement depuis le centre de la zone qui doit être nette. Recommencez si la zone n'est pas bien positionnée ou mal étalée. Vous pouvez aussi la déplacer avec l'outil **Déplacement** ou la transformer : en tapant ⌘T [Ctrl T], des poignées apparaissent autour du document, il suffit d'agir dessus pour modifier le masque.

On trace un dégradé réfléchi sur le masque filtrant avec les couleurs par défaut inversées.

4. Éventuellement, pour affiner le photomontage, appliquez le filtre **Ajout de bruit** (menu **Filtre/Bruit**) avec une valeur faible de 5 à 10 % et l'option **Monochromatique**, pour rajouter le bruit qu'a fait disparaître le filtre de flou.

Si le flou gaussien est trop fort, vous pouvez changer son réglage par double-clic sur le nom du filtre.

La galerie d'effets de flou

Ps Une série de trois filtres de flou est proposée avec la version CS6. Il s'agit d'une galerie d'effets de flou (**Flou de profondeur de champ**, **Flou de diaphragme** et **Inclinaison-Décalage**), qui utilisent la même interface de réglages dans laquelle la photo apparaît plein écran et non pas dans une fenêtre d'aperçu. Les zones de flou se positionnent par glissement de points de contrôle, l'intensité du flou et son atténuation sur les bords (fondu net/flou) se règlent par glissement de curseurs, de points ou de traits directement sur l'image (ou dans la zone de paramétrage à droite de la fenêtre). Dans les trois cas, qui peuvent être cumulés sur une image, l'effet est destructif ; afin d'avoir plus de souplesse de travail, créez une copie du calque à traiter (en tapant ⌥⌘J [Alt Ctrl J] pour renommer la copie).

Les réglages communs d'affichage

Quel que soit le filtre, trois réglages d'affichage peuvent être mis en œuvre. L'un concerne le masque, le deuxième, les extras et le troisième, l'aperçu avec et sans l'effet.

L'affichage temporaire du masque

Un masque est utilisé pour régler l'étendue du flou. Ce masque est créé automatiquement par Photoshop et se modifie quand vous réglez les paramètres de l'effet. Pour voir temporairement ce masque (en noir et blanc), maintenez enfoncée la touche M (relâchez cette touche pour retrouver l'image avec son effet.

Les extras

Différents éléments tels que anneaux, traits pleins ou pointillés peuvent encombrer l'image et perturber la visibilité de l'effet. Ces éléments peuvent être masqués de plusieurs façons : en tapant ⌘H [Ctrl H] (ou menu **Affichage/Extras**), dans ce cas, les extras restent invisibles jusqu'à ce que vous tapiez à nouveau le raccourci ; de manière plus temporaire, en maintenant enfoncée la touche H (les éléments réapparaissent en relâchant la touche) : vous pouvez aussi cliquer sur le nom du filtre dans l'onglet des réglages.

L'aperçu

Pour voir la photo telle qu'elle était avant l'application de l'effet, Photoshop propose une case à cocher **Aperçu** disponible dans la **Barre d'options** du filtre. Vous pouvez accéder à cette case directement au clavier en tapant la lettre P (la case s'active ou se désactive, en tapant à nouveau P).

Pour annuler les réglages du filtre sans fermer la fenêtre, cliquez sur l'icône ↺ de la **Barre d'options** du filtre. Pour annuler et fermer, tapez esc [Echap.] ou cliquez sur **Annuler**.

L'interface commune aux trois filtres d'effets de flou (ces panneaux peuvent être détachés).

Le filtre Flou de profondeur de champ

Quand vous lancez le filtre, un anneau (partiellement blanc) se place sur le milieu de l'image, celui-ci crée une zone de flou qui couvre la totalité de l'image.

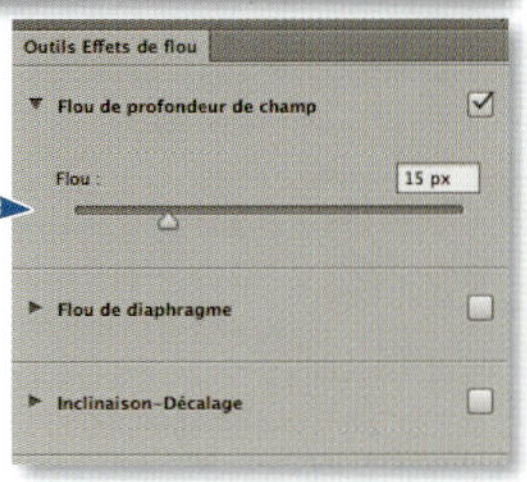

Par défaut, un anneau de contrôle apparaît au centre de la photo, il permet de régler le flou, réglage que l'on retrouve ici.

La position du flou

La zone de flou, c'est-à-dire le point de référence, peut être déplacée par glissement en pressant au centre de l'anneau ou au clavier avec les touches fléchées (le déplacement est de 1 px, il passe à 10 en ajoutant la touche ⇧).

L'intensité du flou

L'intensité du flou peut être réglée depuis le curseur **Flou** dans l'onglet **Outils Effets de flou** (*voir la copie d'écran ci-dessus*) ou en glissant l'arc de cercle blanc sur l'anneau (plus il y a de blanc, plus le flou est intense).

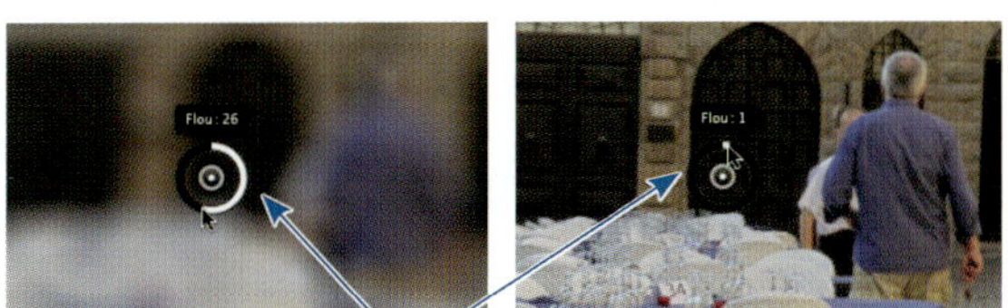

Par action sur la zone blanche de l'anneau on règle le flou.

D'autres points de contrôle peuvent être placés sur l'image par simple **clic** avec le pointeur. Par la suite, chacun d'eux peut être modifié. Le point de contrôle actif a la forme d'un anneau, les autres ne présentent qu'un gros point. Vous pouvez, par exemple, placer plusieurs points de référence avec des valeurs différentes : un flou nul à un endroit et d'autres avec des valeurs croissantes ailleurs.

On a placé plusieurs points dont celui-ci qui a une valeur de flou très forte et celui-ci qui a une valeur nulle (zone nette).

Comme indiqué précédemment, enfoncez **M** pour voir les zones d'action (ou masques) et **H** pour cacher les points.

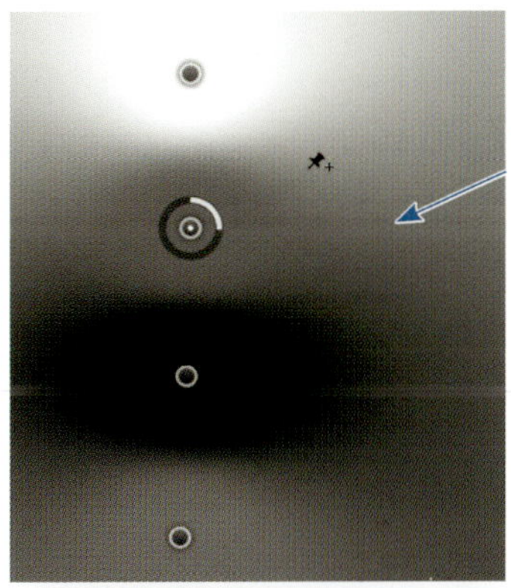

*On a enfoncé la touche **M** pour voir les masques de chaque point de contrôle.*

*Ci-dessous, on a enfoncé la touche **H** pour masquer les points de contrôle.*

L'effet lumineux du flou (bokeh)

Un bokeh est un flou d'arrière plan d'une photographie permettant de détacher le sujet de son environnement. Dans l'onglet **Effet du flou**, l'option **Bokeh** permet d'intensifier l'effet en jouant sur la luminosité et la couleur (saturation) des éléments flous. Les réglages sont communs aux différents points de référence placés et seront également identiques pour les autres types d'effet de la galerie de flous.

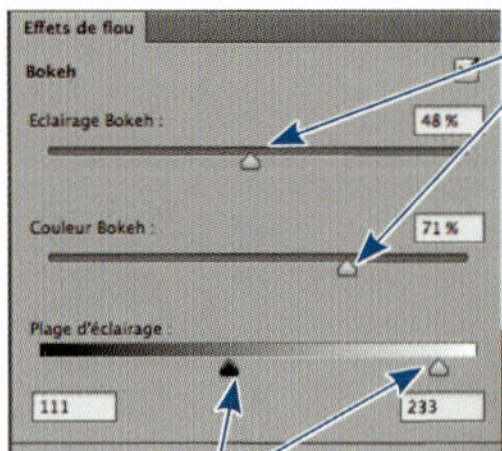

Ici on règle l'intensité de l'éclairage et avec ce curseur, on sature plus ou moins les couleurs.

En glissant ces curseurs vers les bords on étend l'éclairage (il deviendra plus clair).

Le résultat final avec l'éclairage.

Un bokeh avec plusieurs calques

La technique s'inspire de celle décrite pour réaliser un effet de mouvement mais sans calque dynamique.

La préparation du premier plan net

1. Dupliquez deux fois le calque original (puis cachez-le pour le conserver en copie de secours). On réalise ces copies en tapant ⌥⌘J [Alt Ctrl J] afin de les renommer (par exemple, « **fond flou** » et « **premier plan net** »).

On veut détacher cette fleur dans un effet bokeh.
On a créé des copies du calque d'arrière-plan que l'on a renommées.

2. Sur le calque **premier plan net**, réalisez un détourage de l'élément qui restera net. Cette opération s'effectue avec l'outil **Sélection rapide**. Il s'utilise par glissements multiples de l'outil de taille réduite sur la zone à sélectionner ; avec ⌥ [Alt], on éliminera les zones en trop.

*Avec l'outil **Sélection rapide** de petite taille, on sélectionne les éléments par glissements.*
On peut soustraire certaines parties avec ⌥ [Alt].

3. On affine ce détourage par la commande **Améliorer le contour** (du menu **Sélection** ou de la **Barre d'options** de l'outil) avec un **Contour progressif** de 1 pixel, un **Décalage du contour** négatif (d'environ –20 à –30 %). Éventuellement, avec l'outil **Amélioration du rayon**, passez sur les bords du détourage pour éliminer des parties qui ne devraient pas être sélectionnées (changez d'aperçu pour mieux contrôler). Avant de valider la commande, sélectionnez la sortie vers un **Masque de fusion** (pour obtenir le détourage réversible du calque). Une fois l'effet totalement terminé, le masque pourra encore être affiné si nécessaire.

On a choisi un aperçu sur fond blanc avec ce menu.

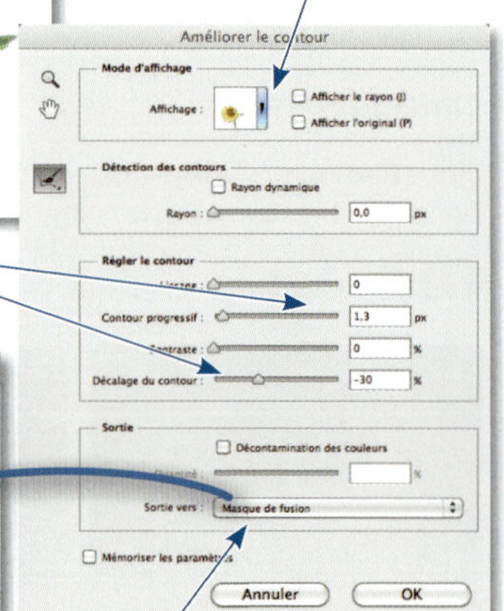

On ajoute un contour progressif et on contracte la sélection.

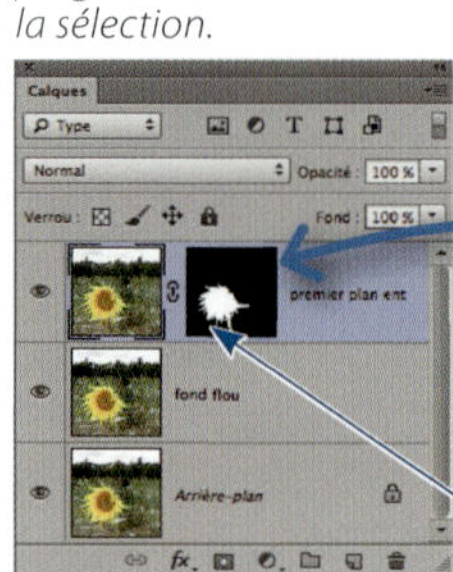

Avec cette option de sortie, on obtient le détourage du calque.

La préparation du plan flou

1. Une fois le détourage réalisé, masquez temporairement le calque actif (**premier plan net**) et activez le calque **fond flou**. Sur ce calque, il faut faire « disparaître »les éléments au premier plan. Pour cela, récupérez la sélection du détourage par ⌘clic [Ctrl clic] sur sa vignette dans le panneau **Calques**. Dilatez la sélection obtenue avec la commande **Dilater** du menu **Sélection/Modifier** (5 à 20 px selon la résolution).

On a dilaté la sélection.

On récupère la sélection par ⌘[Ctrl] clic ici.

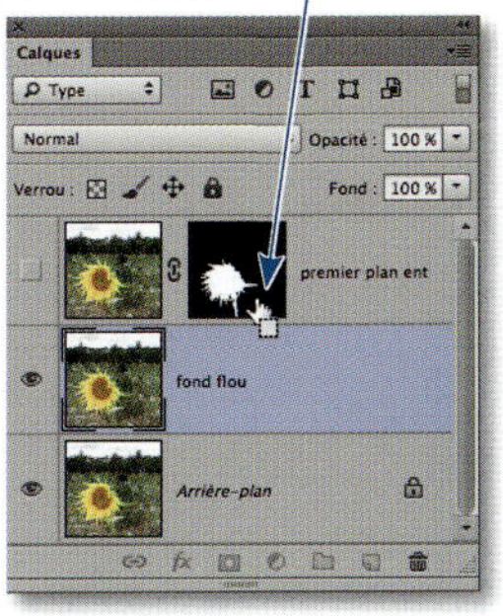

2. Avec la sélection active, lancez la commande **Remplir** (menu **Édition**) avec l'option **Contenu pris en compte**. Même si le résultat n'est pas parfait (l'arrière-plan n'est pas correctement reconstitué), il suffira pour réaliser l'effet. Désélectionnez et lancez le filtre **Flou de profondeur de champ** du menu **Filtre/Atténuation**. Réaffichez le calque du détourage pour visualiser le résultat final.

On remplit la sélection avec ***Contenu pris en compte*** *et on lance le filtre avec ces réglages*

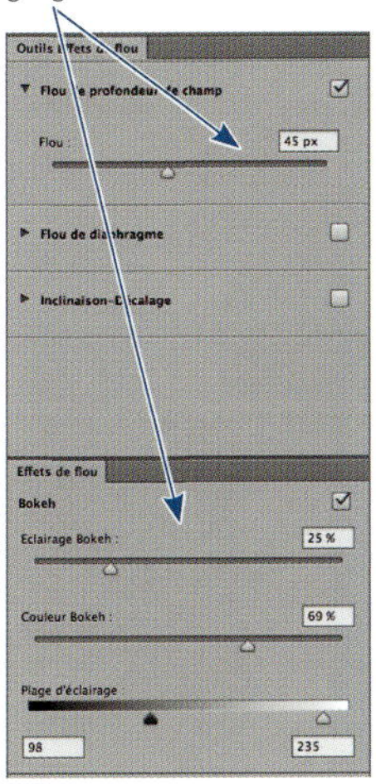

Le résultat final.

LE FILTRE FLOU DE DIAPHRAGME

Le filtre **Flou de diaphragme** permet d'ajouter sur la photo une ou plusieurs zones de mise au point. La première apparaît sous la forme d'une ellipse (cercle si la photo est carrée) munie de points de contrôle permettant d'ajuster la taille, la forme de la zone, la quantité de flou dans le reste de l'image et la transition entre les parties nettes et floues.

L'ellipse de réglages affichée avec ***Flou de diaphragme****.*

Au centre, comme pour le filtre précédent, on dispose de l'anneau noir et blanc pour ajuster la quantité de flou affecté à l'extérieur de l'ellipse (ce réglage est également disponible avec le curseur **Flou** dans l'onglet **Flou de diaphragme** du filtre). L'ellipse comporte différents éléments de paramétrage qui se règlent directement sur l'image.

- **Taille et orientation** : quatre petits points permettent de pivoter ou d'agrandir/réduire la zone nette. Par glissement du segment qui relie ces points (il devient alors plus épais), on ne modifie que la taille.

Sur un point on pivote (ou redimensionne), sur le segment on ne peut que redimensionner.

- **Forme** : un losange blanc permet de changer l'aspect de l'ellipse pour lui donner une forme de rectangle à angle plus ou moins arrondi.

- **Zone de fondu** : quatre petits cercles blancs définissent l'étendue de la zone de fondu. Elle devient réduite par glissement vers l'extérieur ou augmentée par glissement vers l'intérieur. Avec la touche ⌥[Alt], chaque cercle devient autonome.

On change la forme avec le losange et l'étendue du fondu avec ces cercles.

Dans tous les cas, en enfonçant **H**, on cache l'ellipse de réglages et avec **M** on visualise le masque.

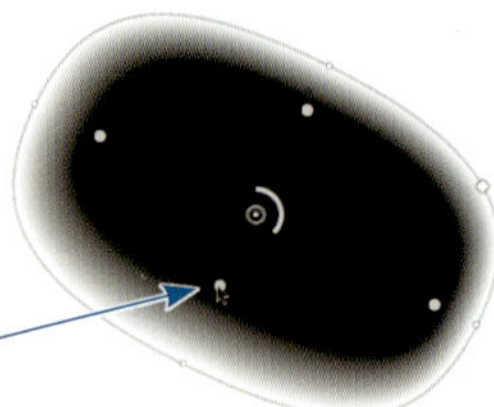

Ci-contre, on a affiché le masque en enfonçant **M**. *On peut encore modifier les réglages. Ici, on a étendu le fondu sur une dimension avec* ⌥ [Alt].

Le filtre Inclinaison-Décalage : tilt shift

Les réglages de l'effet

Ce filtre produit l'effet connu sous le nom de **tilt shift** qui a pour caractéristique de recréer artificiellement une profondeur de champ très courte donnant à la photo un aspect maquette. Cet effet fonctionne davantage avec une photo comportant beaucoup de détails et prise en plongée (car c'est la position de l'œil humain lorsqu'il regarde une maquette). Par ailleurs il est préférable que la photo comporte des plans bien distincts les uns des autres. Comme pour les deux filtres précédents, le filtre **Inclinaison-Décalage** n'est pas dynamique, aussi prévoyez la création d'une copie du calque d'origine. Celle-ci permettra d'ajouter un masque de fusion sur le calque flouté afin de retrouver la netteté sur certaines parties dévoilées par le maque.

Quand on lance le filtre, l'image se couvre d'une zone floue traversée par deux lignes blanches en pointillé et deux lignes blanches continues munies d'un point blanc. Les deux premières définissent la limite des zones floues (en haut et en bas de l'image), les deux autres marquent la limite de la zone nette (au centre). Entre les deux types de lignes figure la zone de fondu. La quantité de flou se règle avec l'anneau noir et blanc au centre (ou le curseur **Flou** dans la zone de réglages du filtre). Par glissement d'une ligne en pointillé, on étend ou réduit la zone floue, c'est l'étendue de la zone de fondu que l'on modifie par glissement des lignes continues. Enfin, on change l'orientation en agissant sur les points blancs.

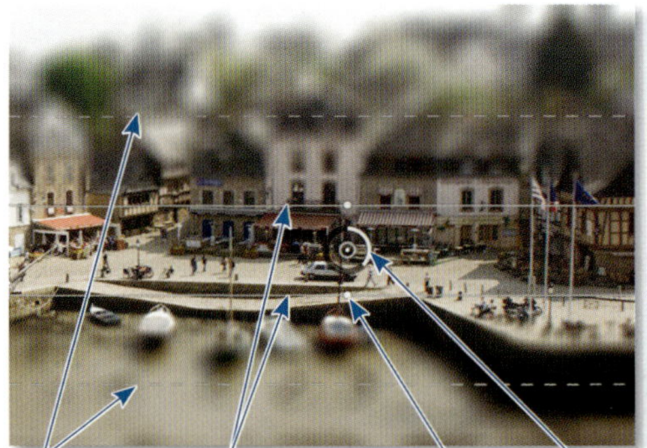

Limite du flou. *Limite du net (ou du fondu).* *Orientation.* *Réglage de la quantité de flou.*

La finition de l'effet

Quand le filtre est appliqué, ajoutez un calque de réglage de type **Vibrance** afin d'augmenter la saturation des couleurs et les faire correspondre à celles que l'on rencontre dans les maquettes. Si un élément de l'image chevauche une zone floue et une zone nette, ajoutez un masque de fusion au calque flou et dessinez avec l'outil **Pinceau** noir sur les zones qui doivent redevenir nettes. N'hésitez pas à déborder et repeindre en blanc sur ces débords.

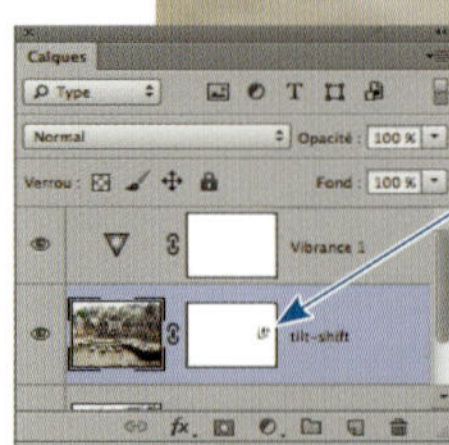

Le résultat du filtre. Ces éléments sont partiellement flous, en dessinant sur ce masque de fusion on les rend nets.

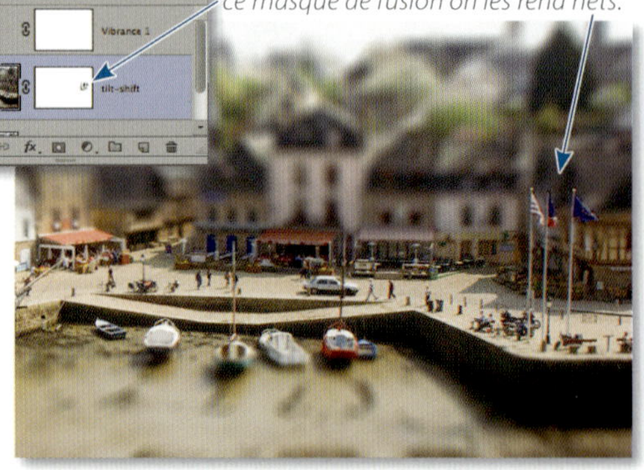

L'augmentation de la profondeur de champ avec une pile d'images

Une fonctionnalité de Photoshop permet, à partir d'une série d'images sur le même sujet (photographié avec différentes mises au point et une profondeur de champ plutôt réduite), d'obtenir une pile d'images qui montre un sujet dont la netteté est correcte en tout point. On simule ainsi une image avec une grande profondeur de champ.

Sur cette photo, la mise au point a été effectuée ici, sur l'arrière-plan (le premier plan est flou).

Sur celle-ci, la mise au point a été faite sur cette zone. L'arrière-plan est flou.

Pour créer l'image finale, effectuez les opérations suivantes :

1. Réalisez la pile de fichiers. Photoshop peut créer une pile de calques en empilant une série de photos de différentes manières :

– à partir de la commande **Chargement des fichiers dans une pile** du menu **Fichier/Scripts** : dans la fenêtre de création de la pile, cochez l'option **Tenter d'aligner automatiquement les images sources**.

– à partir de Bridge : si une sélection de fichiers est réalisée dans le panneau CONTENU, Bridge propose une nouvelle commande, **Chargement des fichiers dans les calques de Photoshop** (située dans le menu **Outils**, puis **Photoshop**). Dans ce cas, il faudra aligner les calques.

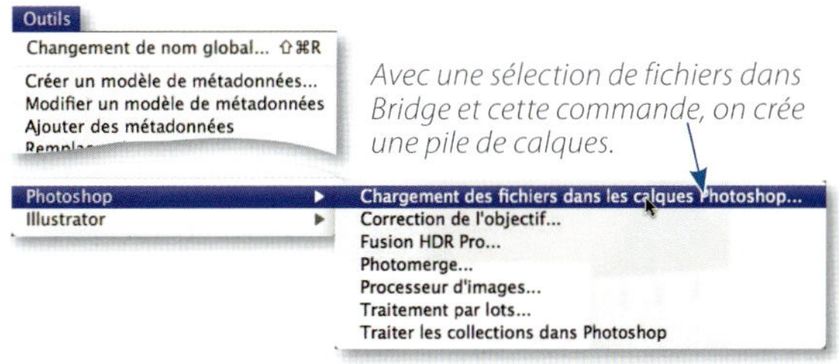

Avec une sélection de fichiers dans Bridge et cette commande, on crée une pile de calques.

2. Sélectionnez l'ensemble des calques (par le menu **Sélection** ou le panneau **Calques**).

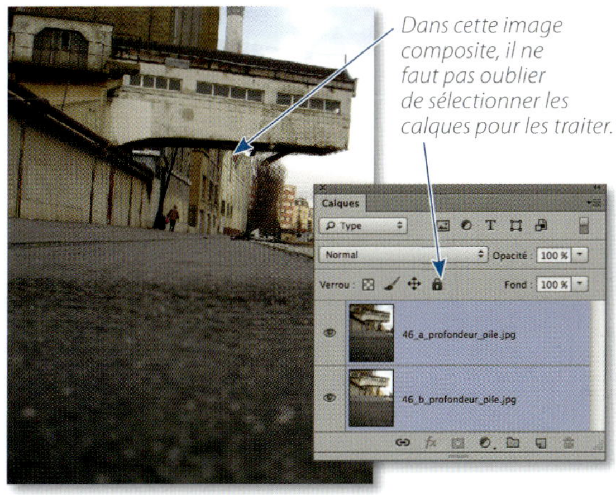

Dans cette image composite, il ne faut pas oublier de sélectionner les calques pour les traiter.

3. Si la pile a été créée à partir de Bridge, effectuez un alignement des calques avec la commande **Alignement automatique des calques** du menu **Édition**. Cochez l'option **Collage** si les images ont des tailles ou des orientations différentes.

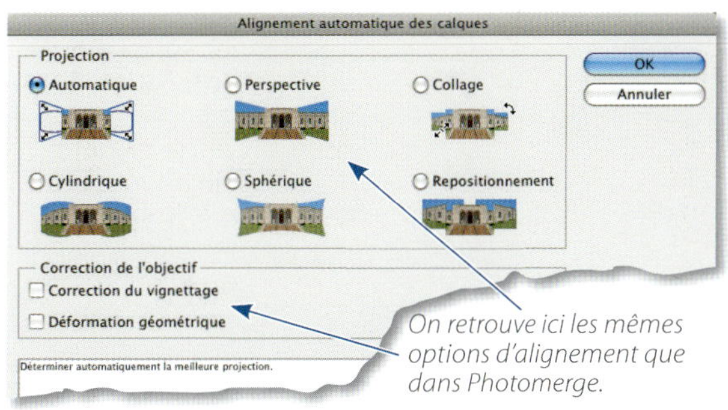

On retrouve ici les mêmes options d'alignement que dans Photomerge.

4. Lancez la fusion des calques.

Lancez la commande **Fusion automatique des calques** du menu **Édition** : les calques ne sont pas déplacés, mais ils sont traités au niveau colorimétrique de manière à obtenir une meilleure fusion. L'option **Tons et couleurs continus** optimise les transitions entre les calques en préservant les tonalités et les couleurs.

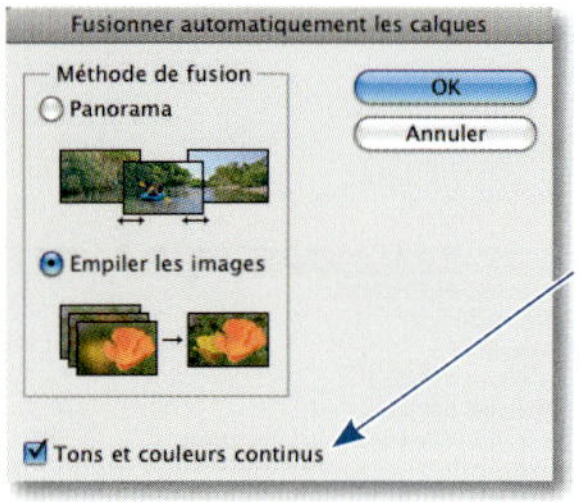

Cette option améliore très nettement la fusion des calques.

L'image composite obtenue présente alors une profondeur de champ étendue. Les parties floues de chaque calque ont été masquées à l'aide de masques de pixels et les différences colorimétriques entre chaque calque ont été atténuées ou éliminées directement sur le calque grâce à l'option **Fusion**. On ne voit ainsi que les parties nettes de chaque image contenue dans la pile de calques. Un recadrage peut être nécessaire si l'image a nécessité un alignement.

Grâce aux différents masques, l'image composite montre une grande profondeur de champ.

La retouche de perspective avec Point de fuite

Le principe du filtre Point de fuite

Quand une image comprend des éléments présentant des perspectives, les corrections avec les outils **Pièce**, **Tampon**, **Correcteur** et **Correcteur localisé** s'avèrent très délicates. Pour pallier ce problème, le filtre **Point de fuite** propose deux outils qui dupliquent les pixels en se jouant des perspectives : un outil tampon et un outil de sélection dont le fonctionnement s'apparente à celui de l'outil **Pièce**.

Le mode de fonctionnement du filtre

Pour mieux gérer les corrections avec le filtre **Point de fuite**, lancez-le deux fois : la première fois pour construire les plans de perspective et les mémoriser ; la seconde pour réaliser les corrections (avec le tampon ou par une sélection). Ainsi, les plans sont mémorisés et le restent lors de la seconde application du filtre (même si celle-ci est annulée).

La construction des plans de perspective

Le dessin du plan

Lancez le filtre, dans la fenêtre l'outil **Création de plan** ( ) est actif par défaut, placez-le sur un angle d'un plan défini par un élément de l'image, et cliquez pour placer le premier point du cadre qui définira le plan de perspective. Amenez l'outil sur un autre endroit, une ligne s'affiche pour faciliter le placement du deuxième angle ; cliquez pour placer ce point. Glissez l'outil pour définir le troisième point... De même pour le quatrième angle du cadre : le plan ainsi défini se remplira d'une grille dès que ce dernier point sera positionné.

On a placé le premier point, on placera un autre point ici.

Quand on place le quatrième point, la grille apparaît en bleu.

Astuce *Lors du placement des points du plan de perspective, si vous enfoncez la touche X, vous doublez la taille d'affichage sur la zone où se trouve l'outil. Cela permet de mieux placer le point aux angles du plan. En tapant Efface, vous supprimez le dernier point placé.*

Les retouches et modifications du plan

Quand le plan de perspective est affiché avec la grille, c'est l'outil **Modification de plan** (flèche noire) qui s'active. Avec cet outil, vous pouvez, par glissement, ajuster la position de la grille ( ) ou de l'un de ses angles ( ), ou encore l'étendre sur une plus grande partie de l'image par glissement du centre de l'un des côtés du plan (ou ↔). La couleur de la grille (bleue, rouge ou jaune, *voir ci-après*) indique si le plan est correct ou non. Si le plan n'est pas valide, utilisez cet outil flèche du filtre et déplacez un angle jusqu'à ce que le cadre et la grille deviennent bleus.

Les couleurs de la grille du plan de perspective

- **La grille bleue** : elle indique que le plan est valide, mais cela ne garantit pas que les résultats soient corrects. Vous devez vous assurer que le cadre et la grille s'alignent parfaitement (en zoomant suffisamment) sur les éléments géométriques de l'image.
- **La grille rouge** : le plan n'est pas valide et le filtre ne pourra pas calculer les proportions de l'illustration du plan et donc donner des résultats corrects. Il n'est pas possible de définir un plan perpendiculaire.

– **La grille jaune** : elle indique que le plan n'est pas valide. Il est possible de créer un plan perpendiculaire, mais les résultats ne seront pas orientés correctement.

Les plans perpendiculaires et les plans pivotés

Lors d'une extension, en enfonçant ⌘[Ctrl], il est possible de définir un plan perpendiculaire — l'outil devient ⊞. Quand un plan perpendiculaire est défini, vous pouvez le faire pivoter en enfonçant la touche ⌥[Alt] pour suivre à nouveau les lignes de perspective de l'image.

On peut même prolonger la grille dans un autre plan.

Ces grilles particulières permettront d'envisager des corrections sur plusieurs plans. À tout moment, vous pouvez annuler des manipulations effectuées sur la grille en tapant, une ou plusieurs fois, ⌘Z [Ctrl Z] (avec ⇧⌘Z [⇧Ctrl Z], on les rétablit) ou encore supprimer la grille en tapant Efface pour la redessiner.

> **Astuce** *Quand les plans sont correctement mis au point, quittez la fenêtre en cliquant sur OK, les grilles seront ainsi mémorisées dans le filtre. Il faudra bien sûr relancer le filtre pour faire les corrections mais avant cela, ajoutez un nouveau calque pour y faire apparaître ces corrections ; vous garderez ainsi l'image originale intacte et la possibilité de retravailler ce calque de retouche.*

Les corrections en perspective avec l'outil Tampon

Le principe du tampon

Une fois le nouveau calque ajouté, relancez le filtre **Point de fuite** ; le plan de perspective y est visible, les corrections peuvent commencer.

L'outil **Tampon** (activé en tapant S) se comporte, selon ses réglages, comme l'outil **Tampon de duplication** ou **Correcteur**. Il permet de reproduire des pixels prélevés sur une zone de l'image à l'intérieur de la grille. La zone de référence (zone source) se définit à l'intérieur du plan par ⌥clic [Alt clic].

La reproduction s'obtient par glissement de l'outil sur la zone à corriger ; elle s'effectue avec ou sans fusion entre les pixels copiés et les pixels remplacés ou voisins.

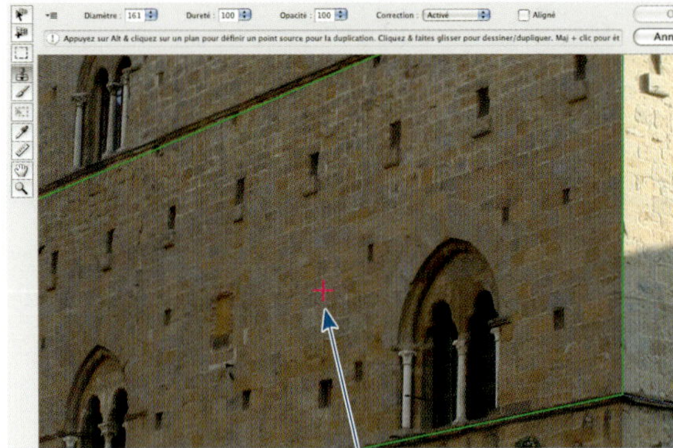

Par ⌥clic [Alt clic], on définit la source : une croix la marque (elle deviendra verte par la suite).

Une fois la zone source spécifiée, vous devez régler le tampon avant de le glisser, c'est ce que nous allons voir.

Les réglages du tampon

On distingue trois réglages : la taille, le mode de correction et l'alignement. Tous se règlent dans la **Barre d'options** en haut de la fenêtre du filtre (il n'y a pas de raccourci clavier). Les deux premiers réglages doivent être faits avant de glisser l'outil pour dupliquer ; le dernier (**Aligné**) s'effectue avant le deuxième glissement.

Les différents réglages du tampon.

L'aspect du tampon

Pour paramétrer l'aspect du tampon, vous devez spécifier un **Diamètre**, une **Dureté** (qui peut être augmentée à 80 %) et une **Opacité** ; cependant, dans la zone d'aperçu, la taille de l'outil dépend de sa position dans le plan de perspective.

> **Astuce** *Au clavier, vous pouvez activer la case* ***Taille*** *en tapant la touche ⇥, puis utiliser les touches fléchées (vers le haut ou vers le bas) pour augmenter ou réduire la valeur (avec ⇧, elle s'incrémente de 10) puis valider en tapant ↵. Passez d'une case à la suivante (****Dureté*** *puis* ***Opacité****) en tapant à nouveau ⇥ (ou à la précédente, en tapant ⇧⇥).*

Les modes de correction

Les modes de correction permettent ou non de définir une fusion entre les pixels copiés et les pixels remplacés, pour intégrer au mieux la correction. Le filtre propose trois modes : **Désactivé**, **Luminance** et **Activé**.

- **Désactivé**: ce mode duplique les pixels prélevés sans tenir compte de ceux qui sont remplacés (pas de fusion).
- **Luminance**: il permet de dupliquer les pixels prélevés mais en adaptant leur couleur en fonction de la lumière présente autour de la zone des pixels remplacés.
- **Activé**: il permet de dupliquer les pixels prélevés en les fusionnant avec la texture des pixels remplacés.

Astuce *Si, après un premier passage, vous souhaitez tester avec un autre mode de correction, annulez l'opération en tapant ⌘Z [Ctrl Z] ; changez le réglage et repassez l'outil sur la zone. Les annulations peuvent être multiples en tapant plusieurs fois ⌘Z [Ctrl Z] (pour rétablir une opération annulée, tapez ⇧⌘Z [⇧Ctrl Z]).*

L'alignement de l'échantillonnage

Après le premier passage du tampon, activez ou non l'option **Aligné** pour choisir le type de l'alignement qui sera appliqué pour les passages suivants.

- Avec l'option **Aligné** cochée: le point d'échantillonnage devient relatif. Il se déplace et conserve la distance qu'il y avait entre le point d'échantillonnage initial et le premier glissement de l'outil.
- Avec l'option **Aligné** non cochée: les pixels sont à nouveau prélevés au même endroit qu'au premier passage.

Vous pouvez également redéfinir la source, mais dans ce cas, placez correctement le tampon pour respecter l'alignement.

*Avec le filtre **Point de fuite**, on souhaite faire des « corrections architecturales » sur ce mur en perspective.*

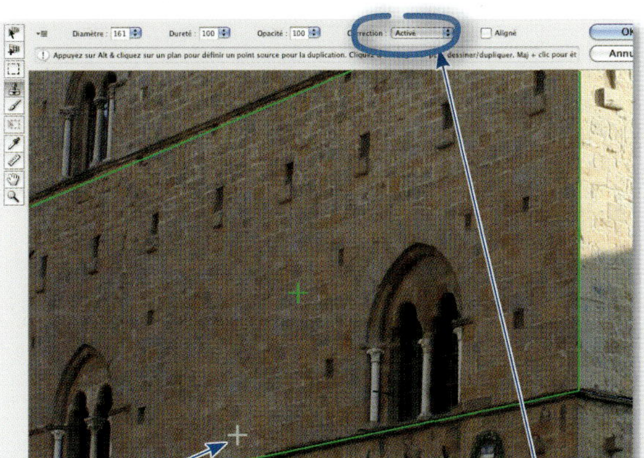

On glisse l'outil pour dupliquer. La fusion (si elle est activée) s'effectue quand on relâche la souris.

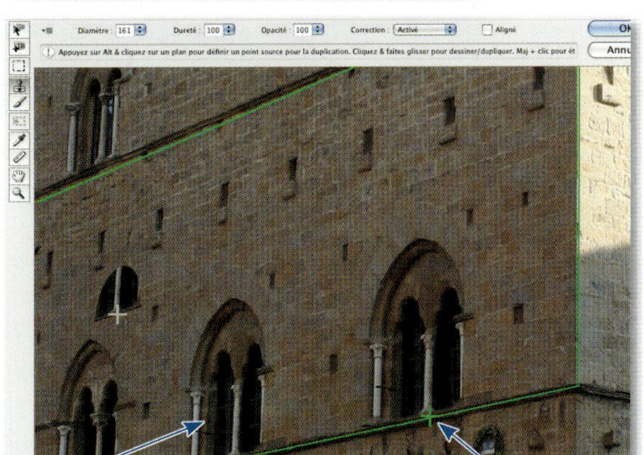

On a glissé l'outil avec une nouvelle source définie ici.

LES AJUSTEMENTS DU CALQUE DE CORRECTION

Si la correction a été réalisée sur un calque ajouté, il est possible d'ajuster l'éclairage ou la netteté de certaines parties pour donner plus de réalisme aux retouches et les intégrer davantage à l'image initiale.

L'ajustement de l'éclairage ou des teintes

Par l'intermédiaire du panneau **Réglages**, on affecte au calque comportant la correction un réglage de type **Niveaux** (pour corriger la luminosité) ou **Teinte/Saturation** (pour corriger les teintes). On limite le réglage au calque de correction en cliquant sur l'icône du panneau **Propriétés**, puis on le localise sur une zone de la correction en dessinant en noir avec le pinceau sur les zones qui ne doivent pas être modifiées (*toutes ces techniques seront développées plus loin dans ce livre*).

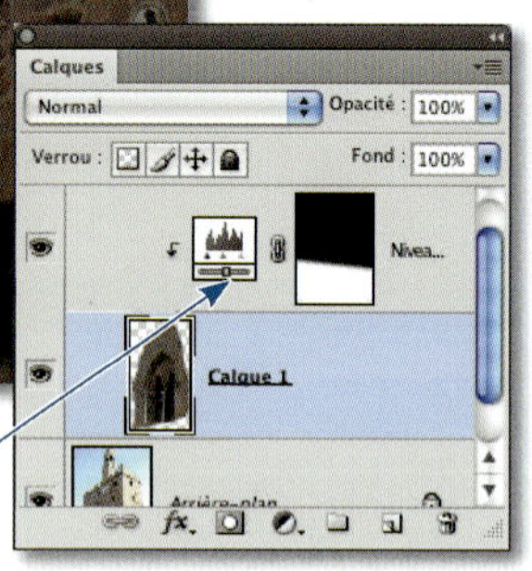

Pour mieux intégrer la correction, on a modifié sa luminosité avec ce réglage.

L'ajustement de la netteté

Cette opération consiste à appliquer localement un léger flou pour restituer le manque de netteté lié à la profondeur de champ. Pour cela, effectuez les opérations suivantes :

1. Lancez la commande **Convertir pour les filtres dynamiques** du menu **Filtre** pour obtenir un calque dynamique qui rendra l'action du filtre non destructive.

2. Dans ce même menu, choisissez **Atténuation** et **Flou gaussien** : réglez le filtre avec un rayon de 1 à 2 (si l'effet est trop fort, il pourra toujours être réduit ultérieurement). Le filtre est appliqué sur la totalité du calque de correction et un masque de fusion est disponible.

3. Sélectionnez le masque filtrant en cliquant sur sa vignette. Activez l'outil **Dégradé** et glissez-le de l'arrière-plan de l'image vers son premier plan, pour que le flou s'applique en s'intensifiant sur l'arrière-plan (redessinez ce dégradé s'il n'est pas bien placé). Si le flou reste trop fort, double-cliquez sur le nom du filtre pour réduire la valeur.

Ci-dessus, on a éliminé cet objet avec le filtre **Point de fuite**

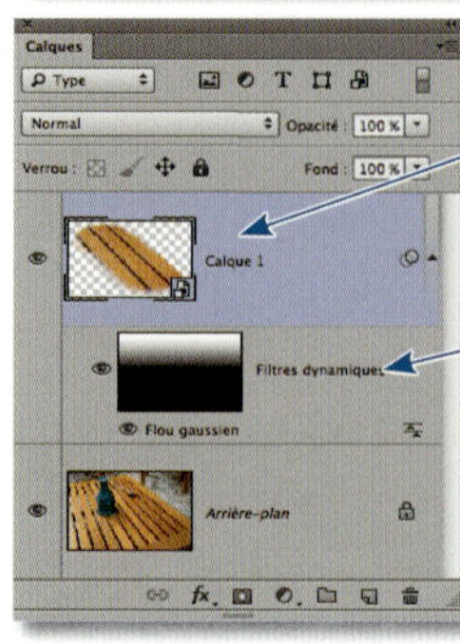

La correction a été placée sur un calque.

Avec un filtre dynamique, on a amélioré l'intégration de la retouche : on a rendu floue une partie du calque de retouche (rendu dynamique) en remplissant le masque filtrant avec un dégradé.

Les corrections avec une sélection

Pour ce type de correction (parfois plus efficace que celle réalisée avec le tampon), pensez également à ajouter un calque pour y placer les retouches. Agissez en deux étapes : lancez une première fois le filtre pour définir le plan de perspective et une seconde fois, quand les grilles sont visibles, pour effectuer les opérations suivantes :

1. Dans la fenêtre du filtre (*voir ci-dessous*), avec l'outil **Rectangle de sélection** ⬚, tracez un rectangle correspondant à la zone qui constituera la correction : il apparaît selon la perspective définie par le plan.
2. Éventuellement, définissez un **Contour progressif** (à l'aide de la case correspondante qui s'active en tapant ⇆), puis enfoncez la touche ⌥[Alt] et glissez le rectangle vers la zone à remplacer en respectant l'alignement. Relâchez le bouton de la souris quand la sélection flottante est en place sur la zone à corriger.
3. Pour obtenir la correction finale avec la fusion des pixels, choisissez un mode de **Correction** (**Désactivé**, **Luminance** ou **Activé**).

Pour affiner l'intégration de la correction, vous pouvez transformer la sélection flottante à l'aide de l'outil ⬚, faire une nouvelle sélection et la glisser avec ⌥[Alt] ou encore, sans faire de nouvelle sélection, glisser à nouveau celle en cours avec la touche ⌥[Alt].

On glisse le rectangle avec ⌥[Alt] pour faire flotter la correction.

On a défini les grilles de perspective, puis on a tracé une sélection rectangulaire (elle suit la perspective).

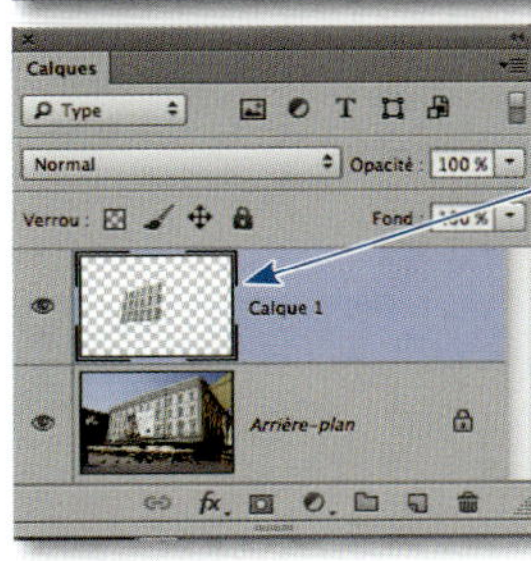

Ci-dessous la photo rectifiée et ci-contre son calque de correction.

La vignette du calque affichée avec l'option ***Écrêter les vignettes selon les limites du calque****.*

La combinaison de photos

Il s'agit de quelques retouches qui font appel à des fonctionnalités particulières de Photoshop. Nous en verrons encore d'autres lors de l'étude des calques.

L'utilisation d'une pile d'images

Photoshop possède des fonctionnalités de *compositing* par création de pile d'images sous la forme d'un fichier unique multicalque, dans lequel on supprime certains éléments manuellement à l'aide d'un masque de fusion, ou de manière automatique par comparaison. Dans l'exemple qui suit, la pile sera réalisée avec une série de prises de vue contenant des éléments semblables.

La suppression d'un élément d'une pile par un masque

Nous allons voir le cas de deux photos prises dans un même environnement et contenant chacune une personne différente. On souhaite placer ces deux personnes sur une même photo en utilisant une pile.

On veut combiner ces deux photos dans une pile pour placer les deux personnes sur la même image.

On peut utiliser ce principe avec davantage de photos (prises en rafale) comportant plusieurs visages qui ne seraient pas tous intéressants dans la même prise de vue.

La constitution de la pile

La création de la pile s'obtient par la commande **Chargement des fichiers dans une pile** du menu **Fichier/Scripts**. Dans la fenêtre qui s'affiche, on désigne les fichiers à regrouper et on coche éventuellement l'alignement pour que la superposition soit ajustée.

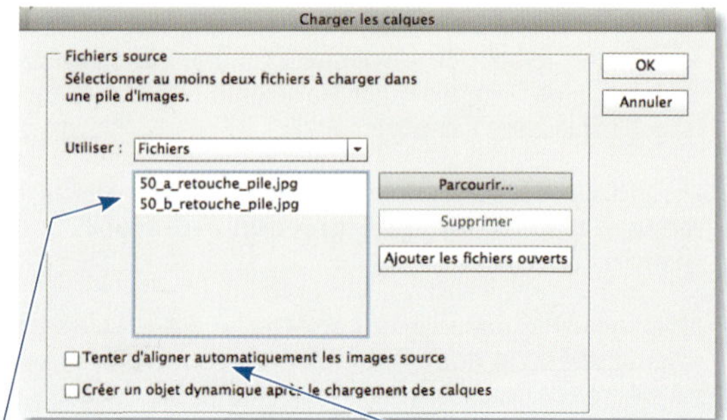

On sélectionne les photos et on coche cette option (ici, Photoshop pivotera légèrement l'une des photos pour assurer l'alignement).

À l'issue de l'ouverture de la commande, on obtient un nouveau fichier contenant des calques dans lesquels les photos apparaissent superposées. Seule l'image au premier plan de la pile est visible.

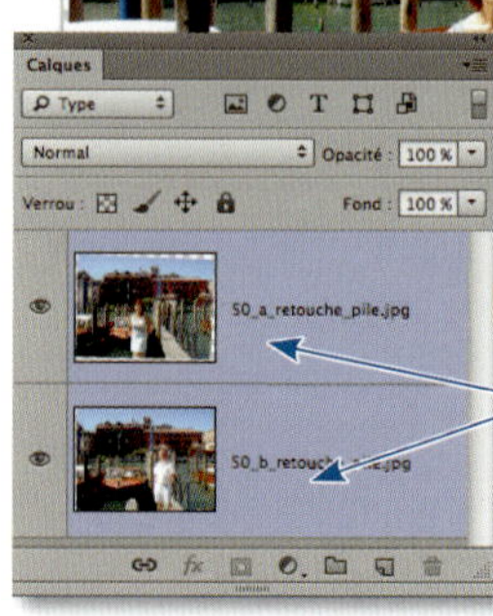

Les deux fichiers sont superposés (celui au premier plan a été pivoté pour assurer l'alignement).

LA SUPPRESSION PAR LE MASQUE DE FUSION

Pour faire apparaître des éléments de l'image à l'arrière-plan, commencez par ajouter un masque de fusion sur le calque au premier plan, par **clic** sur l'icône du panneau **Calques**. Éventuellement, tapez **D** pour avoir le noir au premier plan et dessinez en noir sur le masque, avec le pinceau ou le crayon, sur la zone où l'élément doit apparaître.

On ajoute le masque et on dessine en noir pour faire apparaître l'élément voulu.

Les débordements ne sont pas très gênants et peuvent toujours être effacés en glissant le pinceau en blanc (on passe du noir au blanc en tapant **X**). Il ne reste qu'à recadrer l'ensemble pour terminer le montage.

Voici le montage final après recadrage.

La gestion du bruit d'une photo

En plus du filtre **Antipoussière**, les filtres de la série **Bruit** permettent d'agir sur le bruit d'une photo. D'autres filtres tels que certains de la série **Atténuation** pourront sensiblement donner le même résultat.

La réduction du bruit d'une photo

Le bruit d'une image apparaît sous forme de pixels aléatoires qui ne définissent pas de détail de l'image. Il est souvent lié à un réglage d'ISO trop élevé sur un appareil photo numérique, à une prise de vue sous-exposée ou à des conditions de faible luminosité.

Cette photo réalisée dans des conditions de lumière faible présente du bruit.

Pour les images JPEG, TIFF et RAW, le bruit peut être géré de manière très efficace dans Camera Raw à l'aide de l'onglet **Détails** qui s'avère très performant, du fait qu'il peut utiliser un masque de contours créé automatiquement.

Astuce *Si vous souhaitez convertir le calque de manière à le traiter par Camera Raw, vous pouvez utiliser le script de conversion ou mieux le panneau décrit à la page 233.*

Pour les photos argentiques, lors de la numérisation, le scanner peut générer du bruit qui vient s'ajouter au grain du film présent sur ce type d'image.

Sur cette photo argentique, on voit le grain qu'a renforcé le scanner.

La suppression du bruit peut engendrer une perte de netteté qui pourra être restaurée par un filtre de renforcement. Si une photo possède du bruit, il sera renforcé par l'utilisation de filtres d'amélioration de la netteté (tel **Accentuation**). Il est donc impératif de commencer par le traitement du bruit.

Astuce *Le bruit est souvent plus important dans la couche bleue de l'image; vous pouvez l'ajuster plus particulièrement sur cette couche et préserver ainsi plus de détails sur les autres couches.*

Le filtre Réduction du bruit

Réduction du bruit est un filtre de la série **Bruit**. Il réduit le bruit de l'image en préservant les contours. Il s'applique à l'image entière (couche composite) ou à des couches particulières et selon des réglages différents.

Parmi les réglages, on distingue :

- les effets pour réduire le bruit : **Intensité** qui définit la quantité de réduction du bruit ; **Réduire le bruit de la couleur** dont la valeur peut être élevée ;
- les effets pour améliorer la netteté : **Conserver les détails** pour préserver les cheveux, par exemple ; **Accentuer les détails** pour renforcer la netteté.

Une dernière option permet de supprimer (atténuer) les artefacts qui peuvent être présents dans les images JPEG.

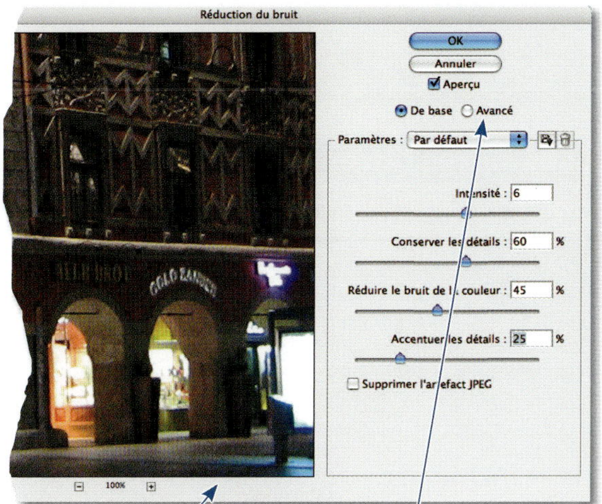

La fenêtre de réglage du filtre. En cliquant ici, on a la possibilité de paramétrer par couche et d'intensifier les réglages de la couche bleue.

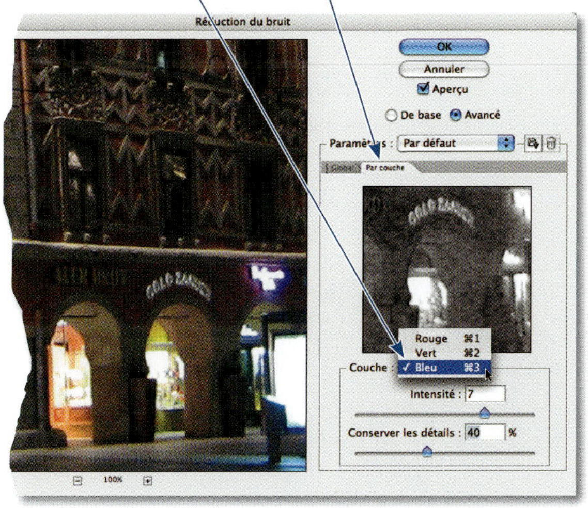

Avec le bouton **Avancé**, on accède aux réglages par couche, dans lesquels on retrouve les options **Intensité** et **Conserver les détails** ; leurs effets viennent s'ajouter à ceux des paramètres globaux (qui peuvent alors être légèrement réduits).

Détails de la photo initiale et de celle avec réduction du bruit.

Si vous avez trop réduit les bruits de la couleur, la photo peut apparaître légèrement désaturée. Pour pallier ce problème, affichez les options de fusion du filtre (par **double-clic** sur ≂) pour choisir le mode **Luminosité**.

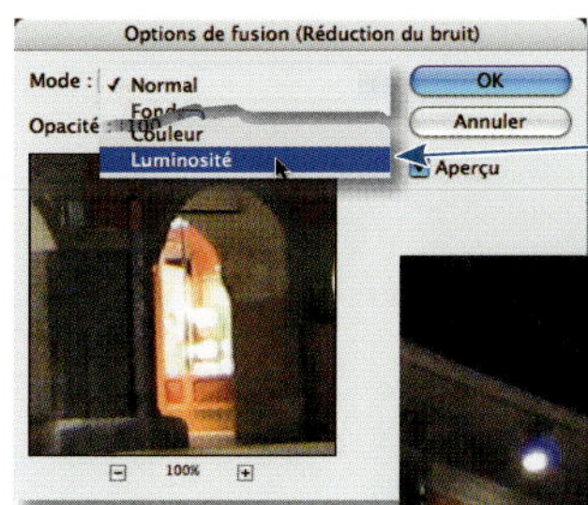

En utilisant ce mode de fusion du filtre, on restaure la saturation des couleurs.

Pour localiser la réduction du bruit sur les zones de faibles fréquences (ne correspondant pas aux détails), il est possible de remplir le masque filtrant en utilisant une sélection correspondant à ces zones.

Pour traiter le filtre en utilisant un masque, effectuez les manipulations suivantes :

1. Dans le menu **Image**, lancez **Opérations**, sélectionnez la couche rouge pour la source 1 et verte pour la source 2 ; choisissez **Lumière ponctuelle** pour l'opération. Le résultat s'affichera sur une nouvelle couche (option par défaut).

2. Quand cette couche apparaît, appliquez-lui un flou gaussien (**Filtre/Atténuation**) de rayon 2.

3. Dans l'ordre indiqué, lancez les commandes suivantes :
   - **Tracé des contours** (**Filtre/Esthétique**) ;
   - **Niveaux** (**Image/Réglages** ou ⌘L [Ctrl L]) : amenez le curseur noir sur les premiers détails de l'histogramme (noir à 150 environ) et glissez le curseur gris pour éclaircir les zones grises (gamma de 2) ;
   - **Minimum** (**Filtre/Divers**), rayon de 2 ;
   - **Flou gaussien** (**Filtre/Atténuation**), rayon 2.

4. Les contours de l'image apparaissent en noir sur fond blanc. Récupérez la sélection (menu **Sélection/Récupérer la sélection/Alpha 1**).

5. Convertissez le calque en objet dynamique et lancez **Réduction du bruit** (menu **Filtre/Bruit**) réglé avec des valeurs assez fortes : le filtre s'applique avec un masque filtrant qui limite l'effet aux zones de faible contraste.

L'image traitée et son masque filtrant.

L'ensemble des opérations réalisées pour traiter le bruit à travers un masque peuvent faire l'objet d'un script. Vous trouverez ce dernier dans le dossier des ressources correspondant à cette partie du livre (dossier **SCRIPT_&_panneau**).

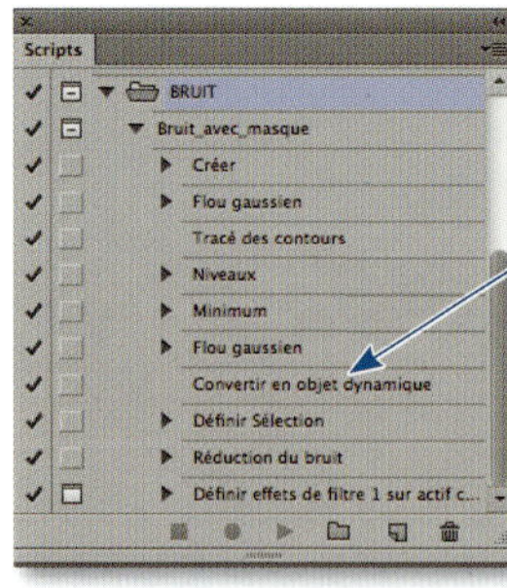

Le script de traitement du bruit à l'aide d'un masque. Supprimez cette instruction si le calque est déjà un calque dynamique.

Les autres filtres de gestion du bruit

Le filtre Flou intérieur

Ce filtre supprime les pixels parasites ; cependant, ce bruit n'est supprimé que dans les zones de teintes claires. Les parties sombres (contours ou zones présentant un fort contraste) n'étant pas modifiées, les détails s'en trouvent préservés. Pour obtenir un effet visible, il est souvent indispensable d'appliquer plusieurs fois le filtre. Ce filtre peut être utile pour adoucir le grain de peau.

Le filtre Médiane

Ce filtre a un effet plus fort que le précédent. Il est étendu à la totalité de la photo et permet d'en supprimer le bruit. Les pixels parasites sont remplacés par des pixels dont la luminosité correspond à une valeur moyenne de celle des pixels situés dans un rayon à spécifier (entre 1 et 16 pixels).

Le filtre Flou de surface

Ce filtre de la série **Atténuation** diminue le bruit de l'image tout en préservant les contours (à la manière de **Flou intérieur** mais de manière réglable). Bien que plus délicat à régler, dans certains cas il peut s'avérer une bonne alternative au filtre **Réduction du bruit** appliqué avec un masque.

Réduction du bruit sans et avec masque filtrant.

Flou de surface (avec un léger masquage de l'oiseau).

Ce filtre présente deux options : **Rayon** et **Seuil**.

- **Rayon** définit la taille de la zone échantillonnée pour appliquer le flou. Une valeur faible donne un flou important.
- **Seuil** définit un écart de valeurs chromatiques au-delà duquel les pixels situés dans la zone échantillonnée ne sont pas traités. Ainsi, plus la valeur est grande, plus le flou est intense, car il se trouve appliqué à davantage de pixels. Une valeur faible fait réapparaître des détails.

Une des photos de la pile ouverte seule, et un détail.

L'atténuation du bruit avec une pile d'images

Afin d'obtenir une image moins bruitée, vous pouvez, lors de la prise de vue, prendre l'image en rafale (éventuellement sur un trépied), puis utiliser une fonction de Photoshop pour créer une pile d'images superposées avec un mode de fusion qui permettra de réduire le bruit.

Pour mettre en place cette pile, dans le menu **Fichier** puis **Scripts**, choisissez **Statistiques** (la commande n'est disponible que dans la version Extended) : une fenêtre permet de spécifier les fichiers à empiler et le mode d'empilement qu'il faut définir sur **Moyenne**. Photoshop superpose les photos dans un même fichier (dans un calque dynamique), en leur appliquant le mode qui a pour effet d'éliminer les éléments différents sur chaque photo et, par conséquent, le bruit puisque celui-ci est constitué de pixels qui seront différents d'un cliché à l'autre. Il reste possible d'accéder aux fichiers constituant la pile par double-clic sur le nom du calque dynamique (dans le panneau **Calques**).

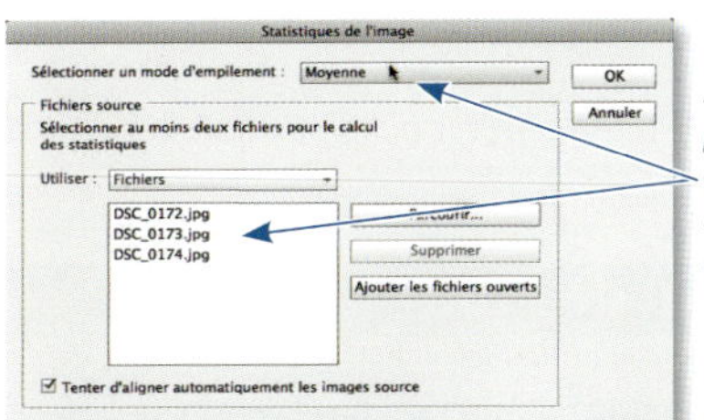

***Statistiques** permet d'empiler des fichiers avec un mode qui réduira le bruit.*

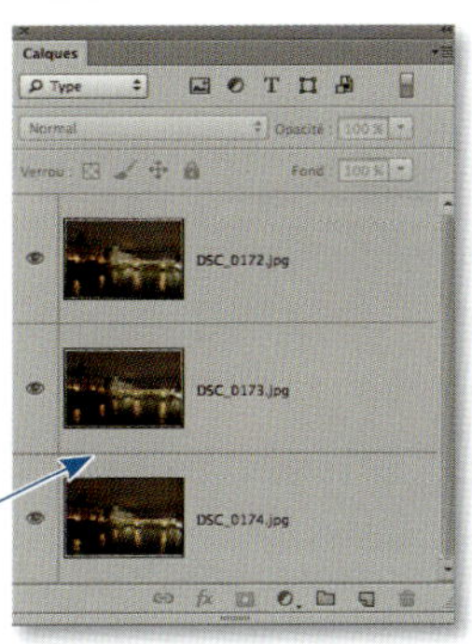

Le panneau montre le mode du calque dynamique constitué de la pile que l'on peut visualiser par double-clic.

La pile de photos, le bruit a été réduit.

Cette technique peut s'avérer intéressante dans certains cas, mais il faut avoir prévu les prises de vue multiples. Le traitement qui me semble le plus efficace pour réduire le bruit est d'ouvrir l'image dans Camera Raw (vous pouvez convertir le calque de manière qu'il s'ouvre dans Camera Raw en utilisant le panneau de la page 223).

La gestion du grain

Les filtres d'ajout de grain

Les appareils photo numériques éliminent les imperfections photographiques et produisent des photos extrêmement lisses. L'ajout de grain à une image numérique permet de créer des effets artistiques et de retrouver l'aspect de certaines photos argentiques noir et blanc tirées avec certains types de papiers.

Ci-dessus, l'image initiale et, ci-dessous, celle avec le grain ajouté uniformément.

L'ajout de grain peut également être envisagé dans le but d'incorporer, dans un montage photographique, des images argentiques et des images numériques (dépourvues de grain). Pour cela, vous disposez de quelques filtres : **Ajout de bruit** de la série **Bruit**, **Grain** de la série **Textures**, **Grain photo** de la série **Artistiques**, **Lueur diffuse** de la série **Déformation**. Comme pour les autres filtres, effectuez une application dynamique du filtre pour rendre ses réglages réversibles ; de plus, la présence du masque filtrant permettra la réalisation d'effets plus réalistes. Si l'image en niveaux de gris a été obtenue à l'aide d'un calque de réglage du type **Noir et blanc**, c'est l'ensemble qui sera converti en objet dynamique.

On sélectionne les calques et on convertit en objet dynamique par clic droit.

Comme nous allons l'examiner ci-après, de nombreux filtres permettent d'ajouter du grain ; cependant gardez à l'esprit que Camera Raw permet également d'ajouter du grain à une photo (*voir page 90*). Si l'image est ouverte en tant qu'objet dynamique, l'opération sera réversible.

Le filtre Ajout de bruit

Ajout de bruit (série **Bruit** du menu **Filtre**) provoque l'ajout de pixels colorés ou en niveaux de gris avec l'option **Monochrome**. L'ajout est plus fort avec la répartition **Gaussienne**.

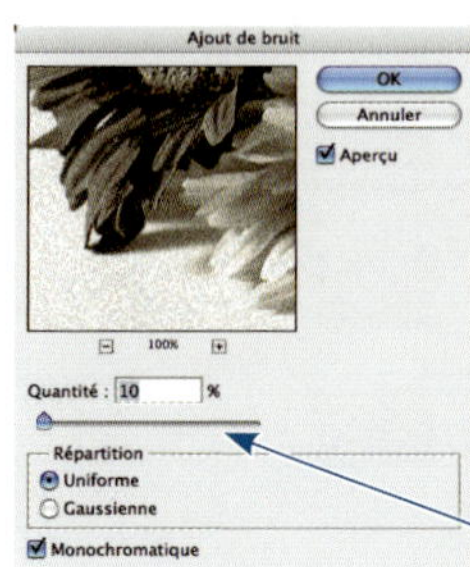

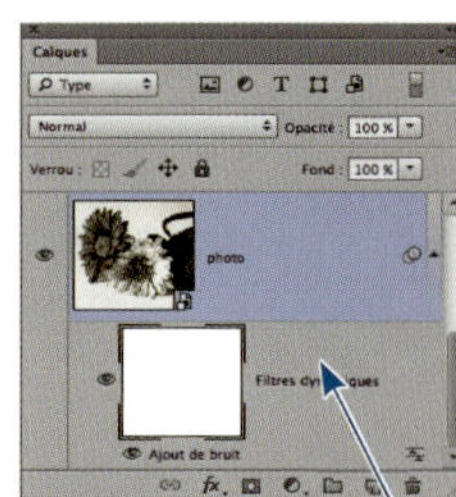

Les réglages du filtre et le panneau **Calques** *après son application.*

Ici, le grain apparaît partout ; en revanche, sur les photos argentiques, le grain est plus marqué dans les demi-tons et beaucoup moins dans les ombres et les hautes lumières. Pour créer cet effet, effectuez les opérations suivantes :

1. Lancez la commande **Plage de couleurs** (panneau **Propriétés** ou menu **Sélection**) et choisissez **Tons moyens** (à la place de **Pipette**).

On sélectionne les tons moyens.

2. Mémorisez la sélection qui s'affiche sur la couche du masque filtrant pour le mettre à jour (menu **Sélection/Mémoriser la sélection**) et désélectionnez (⌘D [Ctrl D]).
3. Dans le panneau **Propriétés**, augmentez la valeur de **Contour progressif** et réduisez celle de **Densité** pour atténuer l'effet.

Le masque présente une zone grise sur laquelle le filtre est atténué (le grain y est plus faible) ; le panneau **Calques** la montre. Vous pouvez la rectifier (foncer ou éclaircir), avec l'option **Densité** du panneau **Propriétés**.

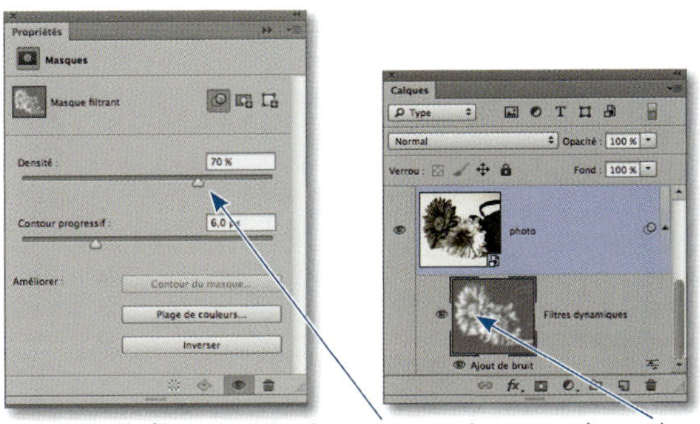

La zone où le filtre est atténué avec cette option apparaît en gris sur le masque filtrant : le grain est moins marqué sur l'image (voir la copie d'écran ci-après).

Les autres filtres d'ajout de grain

Ces filtres font partie de **Galerie de filtres** (menu **Filtre**). Appliquez-les de façon dynamique pour mieux les contrôler.

- **Grain** (série **Textures**) : le grain ajouté est uniforme et coloré (avec une image RVB), mais il deviendra monochromatique en réglant les options de fusion du filtre sur **Luminosité**.

Grain (Filtre/Textures).

– **Grain photo** (série **Artistiques**) : avec ce filtre, vous pouvez directement définir si les hautes lumières sont touchées ou non par le filtre.

Grain photo (Filtre/Artistiques).

– **Lueur diffuse** (série **Déformation**) : le filtre a tendance à blanchir la photo si le réglage **Intensité** est élevé (déjà au-delà de 1) mais l'effet peut être compensé par une augmentation de **Clarté**.

Lueur diffuse (Filtre/Déformation).

Exemples d'application

Dans les paragraphes qui suivent nous allons voir quelques traitements qui utilisent les différentes techniques de retouches évoquées dans cette partie du livre.

1 Nettoyage d'une image avec l'outil Pièce

L'outil **Pièce** avec son option **Contenu pris en compte** s'avère intéressant pour supprimer des éléments indésirables d'une photo, l'exemple ci-dessous illustre ce cas de figure.

L'image initiale.

L'image retouchée.

Le bas de la partie droite ainsi que celui de la partie gauche comportent des éléments que l'on souhaite éliminer, dans les deux cas, voici la démarche utilisée :

1. Activez l'outil **Pièce**, dans le menu **Rapiécer** sélectionnez **Contenu pris en compte** et cochez l'option **Échantillonner tous les calques**.
2. Sélectionnez l'élément à supprimer en englobant de la matière qui l'entoure (celui à gauche pourrait être sélectionné avec l'outil **Rectangle** et à droite, avec l'outil **Lasso**). Ajoutez un nouveau calque (tapez ⌥⌘N [Alt Ctl N] pour le renommer).
3. Avec l'outil **Pièce**, glissez la sélection sur une zone située au-dessus, relâchez la sélection pour voir le résultat final.

❶ et ❸ sélection ; ❷ et ❹ glissement.

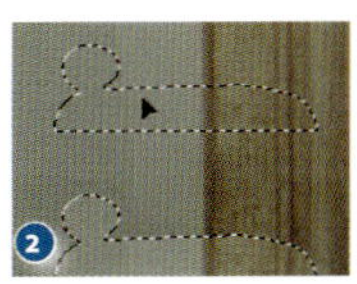

2 Suppression des éléments indésirables

Dans cet exemple, c'est encore l'outil **Pièce** et son option **Contenu pris en compte** qui permettra de supprimer facilement des éléments indésirables de la photo.

L'image initiale.

L'image corrigée.

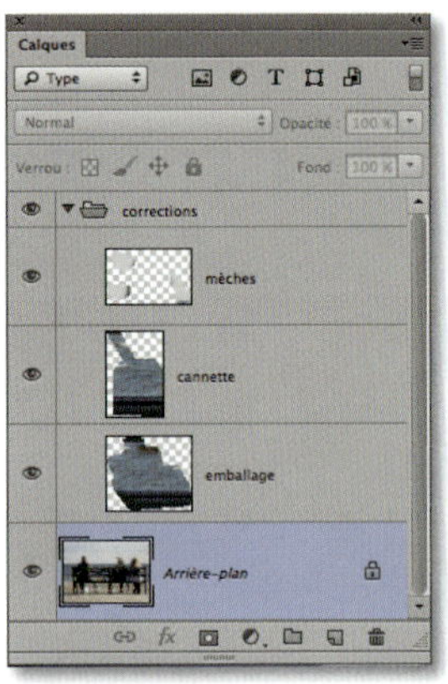

On utilisera trois calques (*voir ci-contre*) pour recevoir les corrections : un pour les trois corrections autour du personnage au centre et deux pour les deux éléments sur le banc.

1. Activez l'outil **Pièce**, dans le menu **Rapiécer** sélectionnez **Contenu pris en compte** et cochez l'option **Échantillonner tous les calques**.
2. Sélectionnez l'élément à supprimer en englobant de la matière qui l'entoure. Ajoutez un nouveau calque (tapez ⌥⌘N [Alt Ctl N] pour le renommer).
3. Avec l'outil **Pièce**, glissez la sélection sur une zone proche qui devra servir de référence, relâchez la sélection pour voir le résultat final.

1, 3, 5, 7 et 9 sélection ; 2, 4, 6, 8 et 10 glissement.

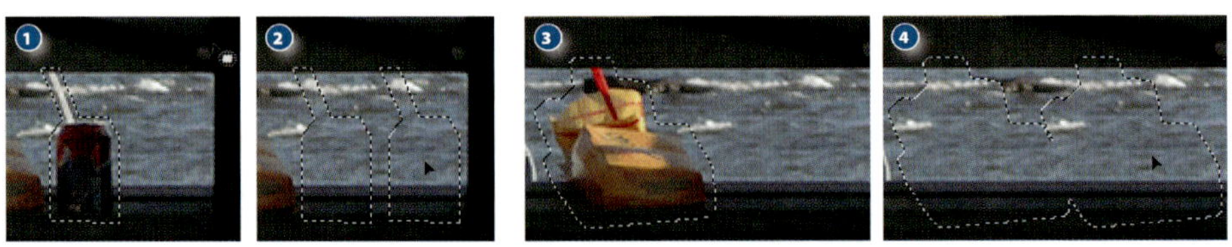

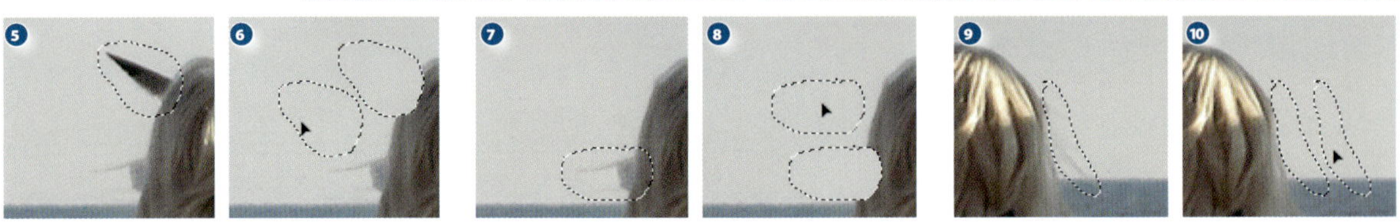

3 Effet de mouvement

Dans cet exemple, c'est encore l'outil **Pièce** et son option **Contenu pris en compte** qui permettra de supprimer facilement des éléments indésirables de la photo.

L'image initiale.

L'image corrigée.

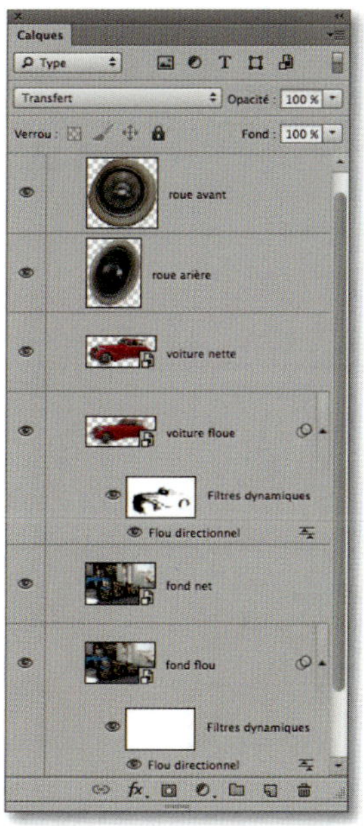

On utilisera un calque par roue, deux calques pour le flou de la voiture et deux calques pour le flou de l'arrière-plan (*voir ci-contre*).

1. Avec l'outil **Ellipse de sélection**, en partant du centre de la roue avant, avec ⇧ et ⌥ [Alt] tracez une ellipse qui couvre la partie centrale de la roue. Enfoncez la touche Espace si la sélection en cours de traçage doit être repositionnée. Lancez la commande **Contour progressif** (menu **Sélection/Modifier**) avec une valeur d'environ 3 px.
2. Tapez ⌘J [Ctrl J] pour copier le contenu de la sélection sur un nouveau calque (ajoutez ⌥ [Alt] pour renommer la copie). Récupérez la sélection de cette roue par ⌘[Ctrl] clic sur la vignette du calque et lancez le filtre **Flou radial** pour créer la rotation de la roue sur elle-même. Recommencez les opérations avec la roue arrière (activez d'abord le calque d'arrière-plan). Ici n'enfoncez que ⌥ [Alt] et lancez la commande **Transformer la sélection** (menu **Sélection**) pour ajuster cette sélection à la forme de la roue à l'aide des poignées, touche ⌘[Ctrl] enfoncée.

Sélection, copie sur un calque, puis flou radial.

Sélection avec transformation, copie sur un calque, puis flou radial.

3. Avec l'outil **Sélection rapide**, effectuez un détourage de la voiture (les techniques de sélection et de détourage sont développées dans la partie suivante du livre). Tapez ⌘J [Ctrl J] pour copier la sélection sur un calque, convertissez-le en calque dynamique et dupliquez-le en tapant ⌘J [Ctrl J]. La copie supérieure restera nette avec une opacité réduite, la copie inférieure sera floutée (filtre **Flou directionnel**) et son masque filtrant (dessiné avec l'outil **Pinceau** et le noir) cachera les parties avant du calque.

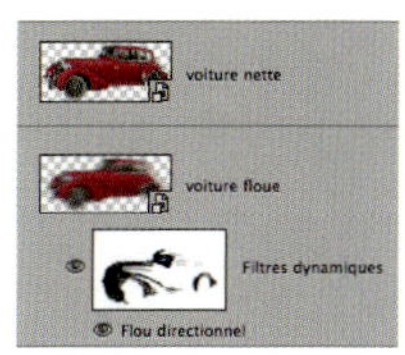

4. Récupérez la sélection du détourage (par ⌘[Ctrl] clic sur la vignette du calque). Lancez la commande **Dilater** (menu **Sélection/Modifier**) avec une valeur de 10 px. Activez le calque d'arrière-plan (ou une copie de celui-ci) et lancez **Remplir** (menu **Édition**) avec l'option **Contenu pris en compte**. Convertissez ce calque en objet dynamique et dupliquez-le. Comme précédemment, la copie supérieure restera nette avec une opacité réduite, la copie inférieure sera floutée.

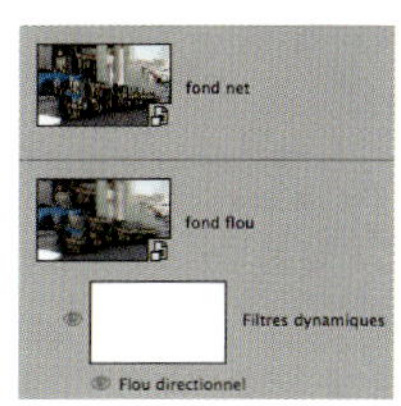

4 Corrections et lissage de peau (I)

Le visage partiellement visible ci-dessous comporte des imperfections diverses et un grain de peau que l'on souhaiterait lisser mais tout en gardant un côté naturel. Cet exemple montre une technique pour retoucher ce visage.

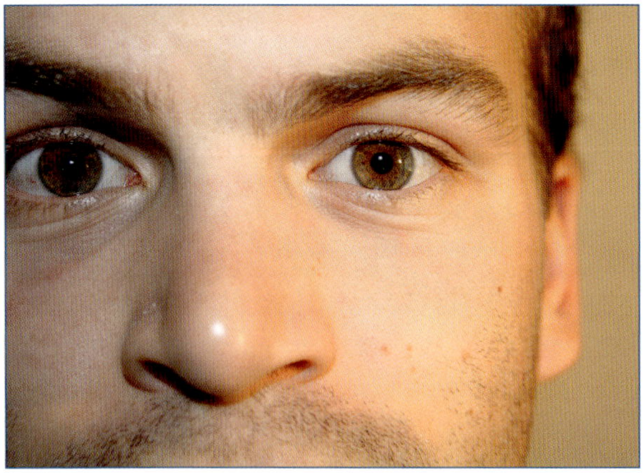

L'image initiale.

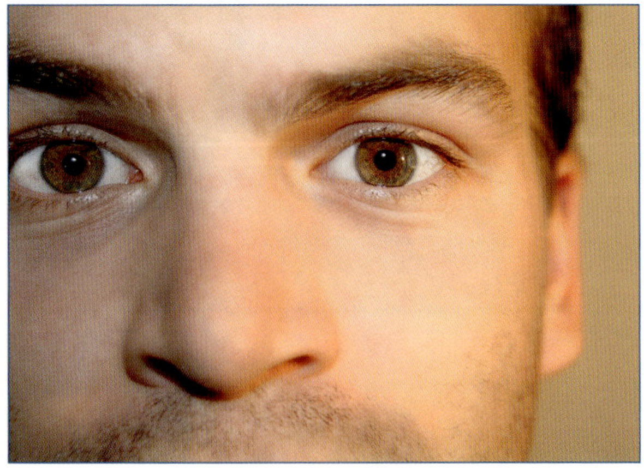

L'image corrigée.

Voici les étapes de ces retouches que l'on peut décomposer en deux parties : les corrections des imperfections et le lissage de la peau.

Les corrections des imperfections

Les corrections d'imperfections s'effectuent plusieurs étapes ; certaines se réalisent sur une copie du calque de départ, d'autres en ajoutant un nouveau calque (⌥⌘N [Alt Ctl N] pour le renommer) pour y faire apparaître les corrections.

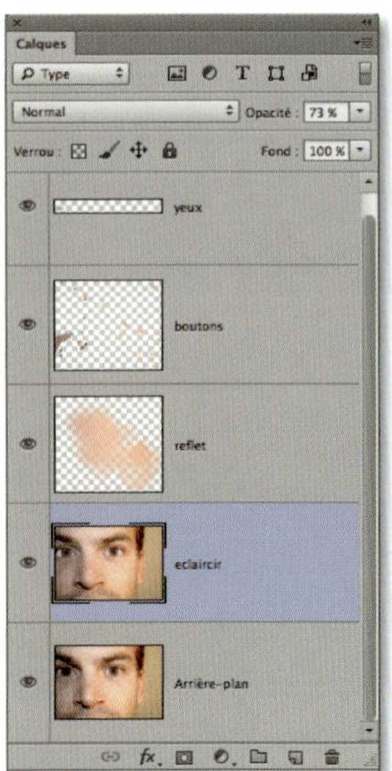

La copie d'écran ci-contre vous montre (de bas en haut) les calques utilisés dans cette correction et les paragraphes qui suivent décrivent une démarche possible.

1. **Éclaircir localement** : on duplique le calque d'origine et avec l'outil **Densité –** on éclaircit légèrement les yeux et le contour de l'œil gauche. Cet éclaircissement pourrait être réalisé de manière réversible (*voir l'exemple suivant*) en ajoutant un calque ayant le mode **Lumière tamisée** rempli de gris à 50 % (couleur neutre du mode).

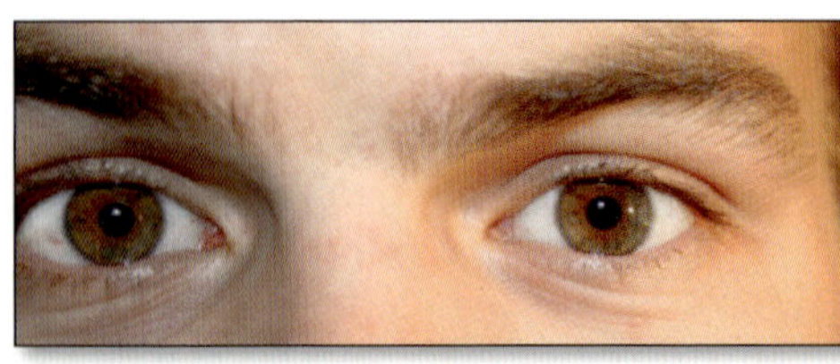

2. **Supprimer le reflet** : le bout du nez comporte un reflet que l'on peut atténuer sur un nouveau calque avec l'outil **Tampon**.

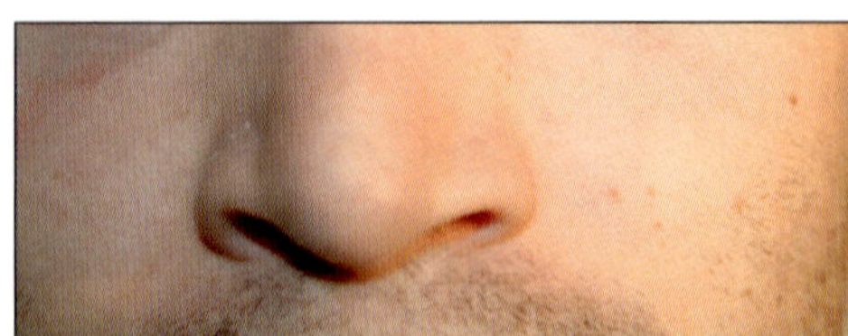

3. **Supprimer les imperfections** : sur un nouveau calque et à l'aide de l'outil **Correcteur localisé** avec les options **Contenu pris en compte** et **Échantillonner tous les calques**, on supprime les boutons, les rougeurs et imperfections de la peau. Ici, une tablette graphique facilite grandement le traitement. Adapter l'outil aux corrections, il ne doit jamais être trop grand.

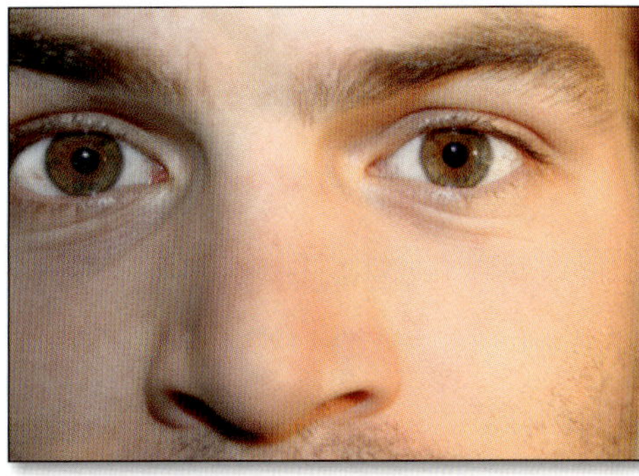

4. **Nettoyage des yeux** : sur un nouveau calque, toujours avec l'outil **Correcteur localisé**, mais avec une taille très réduite et un zoom important, on passe sur les petites veines visibles dans le blanc des yeux.

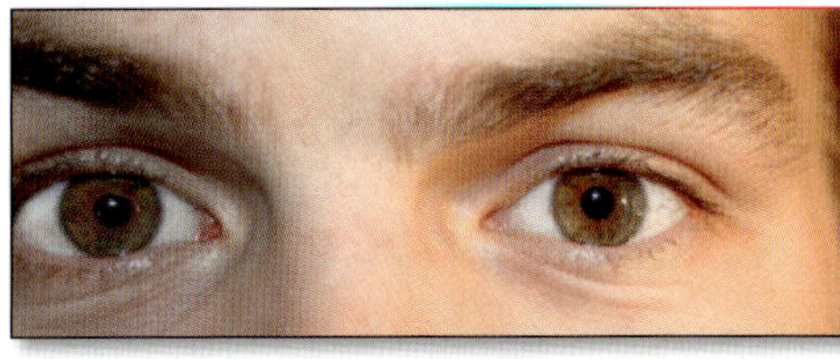

LE LISSAGE DE PEAU

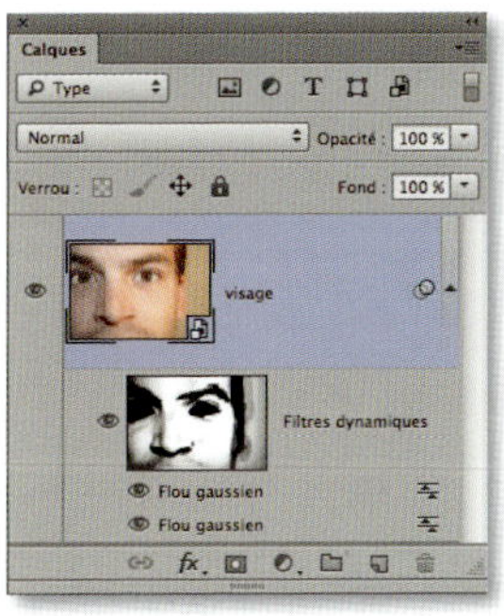

La copie d'écran ci-contre vous montre les calques utilisés dans cette correction et les paragraphes qui suivent décrivent une démarche possible.

1. **Le calque dynamique** : l'ensemble des calques précédents a été converti en objet dynamique afin de pouvoir appliquer les filtres. De plus, un retour sur les retouches réalisées dans la première partie reste toujours possible.

2. **Le lissage avec le flou** : on applique deux fois le filtre **Flou gaussien**, dans le panneau **Calques**, on règle celui du bas avec le mode **Éclaircir** et celui du haut avec **Obscurcir**. On crée le masque filtrant par mémorisation d'une sélection réalisée avec la commande **Plage de couleurs** (menu **Sélection**), puis on affine en dessinant en noir sur le masque avec l'outil **Pinceau**.

On peut aussi utiliser le script qui enchaînera toutes les opérations (*voir page 226*).

5 Corrections et lissage de peau (II)

Le visage ci-dessous comporte des imperfections diverses et un grain de peau que l'on souhaiterait éliminer pour obtenir une peau très adoucie. Cet exemple montre une technique pour retoucher ce visage.

L'image initiale.

L'image retouchée.

Voici les étapes de ces retouches, comme dans l'exemple précédent (qui présente des similitudes), on a décomposé en plusieurs parties : les corrections des imperfections, le lissage de peau et, pour finir, une amélioration de la netteté sur certaines parties (yeux, cils, bouche...).

Les corrections des imperfections

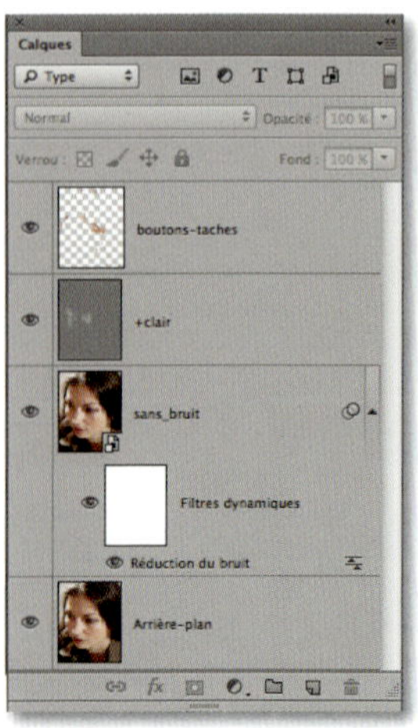

Les corrections d'imperfections s'effectuent en plusieurs étapes ; certaines se réalisent sur une copie du calque de départ, d'autres en ajoutant un nouveau calque (⌥⌘N [Alt Ctl N] pour le renommer) pour y faire apparaître les corrections. La copie d'écran ci-contre vous montre (de bas en haut) les calques utilisés dans cette correction et les paragraphes qui suivent décrivent une démarche possible.

1. Éclaircissement des yeux... : par ⌥⌘N [Alt Ctl N] on ajoute un nouveau calque, dans sa fenêtre d'options on lui affecte le mode de fusion **Lumière tamisée** et un remplissage avec la couleur neutre du mode (gris à 50 %). On éclaircit les yeux et certaines zones d'ombre avec l'outil **Densité –**.

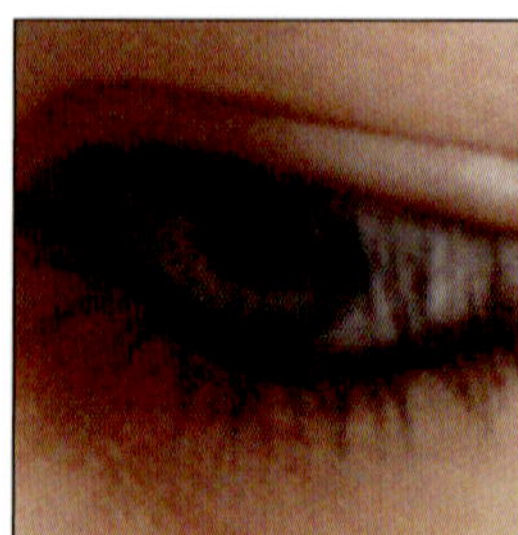

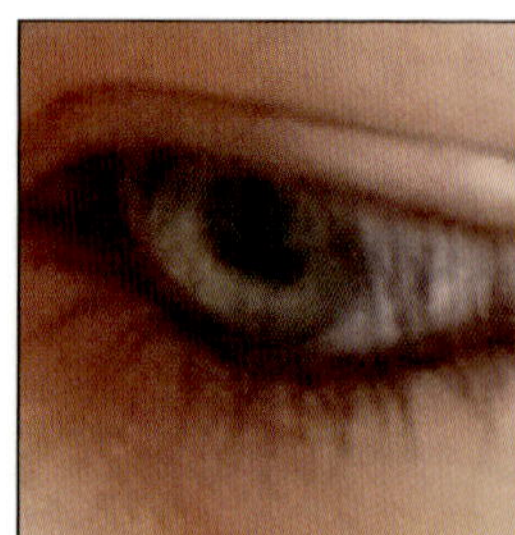

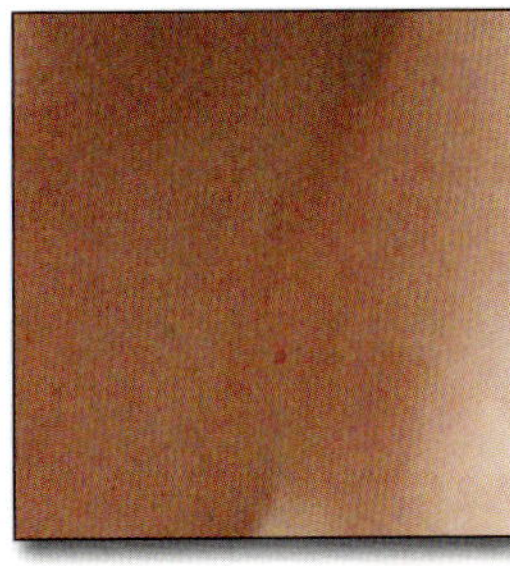
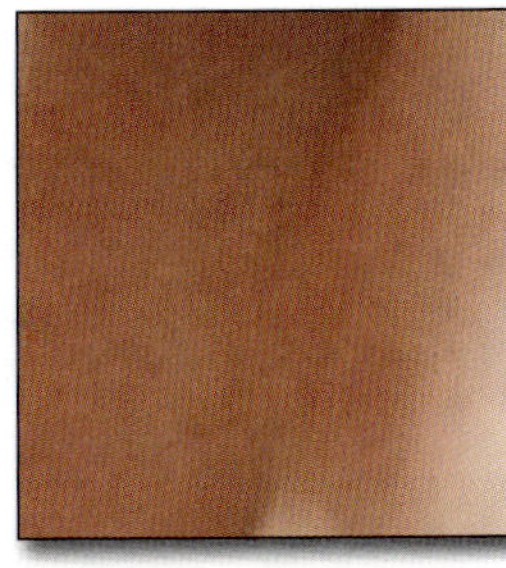

2. **Atténuation du bruit** : on duplique le calque d'origine et on le convertit en objet dynamique afin de lui appliquer le filtre **Réduction de bruit** (menu **Filtre/ Bruit**).

3. **Supprimer les imperfections** : sur un nouveau calque et à l'aide de l'outil **Correcteur localisé** avec les options **Contenu pris en compte** et **Échantillonner tous les calques**, on supprime les boutons, les rougeurs et imperfections de la peau. Ici, une tablette graphique facilite grandement le traitement. Adapter l'outil aux corrections, il ne doit jamais être trop grand.

Le lissage de peau et l'accentuation

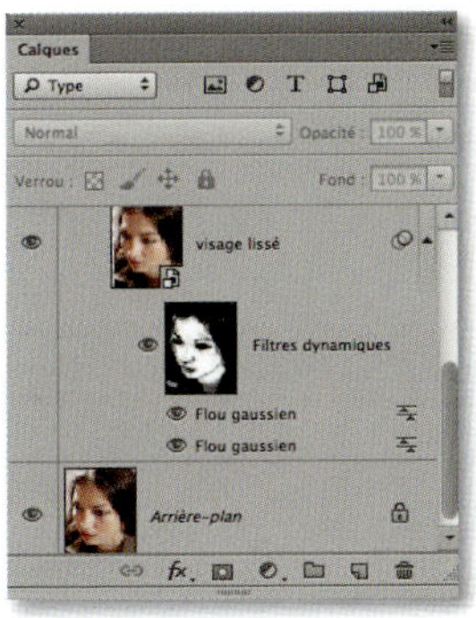

La copie d'écran ci-contre vous montre le calque et ses filtres utilisés dans ce lissage.

1. **Les calques dynamiques** : l'ensemble des calques précédents est converti en objet dynamique, puis dupliqué. Un des calques sera utilisé pour le lissage, l'autre pour l'accentuation (il est masqué pendant la mise au point du lissage).

2. **Le lissage avec le flou** : on applique deux fois le filtre **Flou gaussien** (avec une valeur plus importante que dans l'exemple précédent), dans le panneau **Calques**, on règle celui du bas avec le mode **Éclaircir** et celui du haut avec **Obscurcir**. On crée le masque filtrant par mémorisation d'une sélection réalisée avec la commande **Plage de couleurs** (menu **Sélection**), puis on affine en dessinant en noir sur le masque avec l'outil **Pinceau**. On peut aussi utiliser le script qui enchaînera toutes les opérations (*voir page 226*).

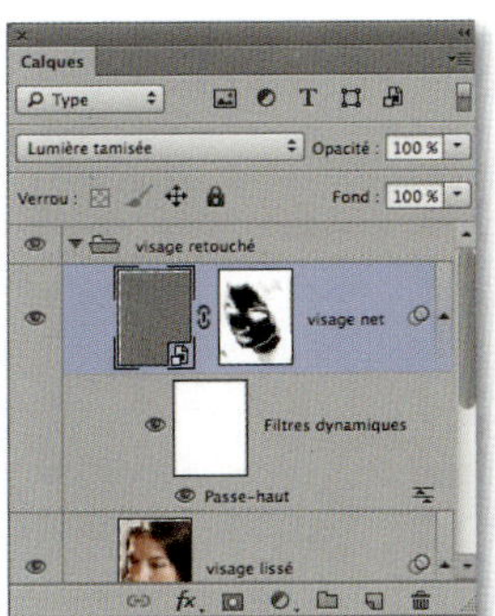

3. **L'accentuation de certaines zones** : la copie d'écran ci-contre montre le calque, le masque de fusion et le filtre utilisés dans cette accentuation.

Pour que ce calque de netteté ne couvre pas le lissage précédent, on utilise un masque. Pour cela, on ajoute un masque de fusion au calque dynamique utilisé pour la netteté. On récupère la sélection du masque filtrant du lissage (par ⌘ [Ctrl] clic sur sa vignette), on l'inverse en tapant ⇧⌘I [⇧Ctrl I] et on le mémorise sur le calque de netteté.

On applique le filtre **Passe-haut** (menu **Filtre/Divers**) et on affecte le mode **Lumière tamisée** au calque (on peut l'affecter au filtre au lieu du calque). Éventuellement, on affine en dessinant en noir (ou en blanc) sur le masque de fusion avec l'outil **Pinceau**.

Une alternative de lissage et nettoyage de peau

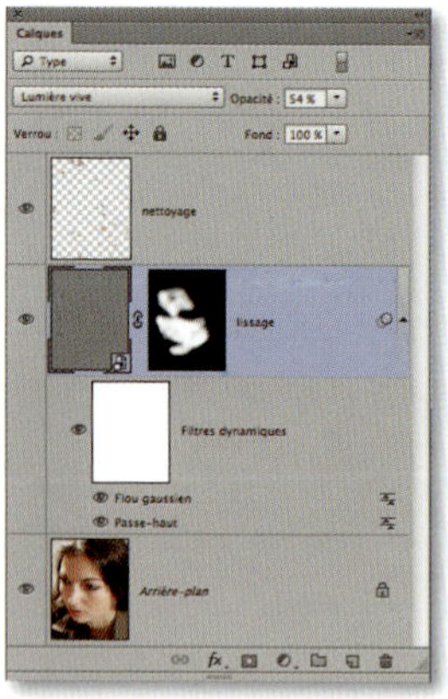

La copie d'écran ci-contre vous montre les calques et les filtres dynamiques utilisés dans cette technique de lissage et nettoyage (ici, on n'a pas atténué le bruit, ni éclairci les yeux).

1. **Le calque de lissage** : pour obtenir ce calque, dupliquez le calque d'origine (⌘J [Ctrl J] ou ⌥⌘J[Alt trl J] pour renommer) et appliquez-lui **Négatif** du menu **Image/Réglages** (⌘I [Ctrl I]). Dans le panneau **Calques**, convertissez le calque en objet dynamique (afin de pouvoir appliquer des filtres qui resteront modifiables) et affectez au résultat, le mode de fusion **Lumière vive**.

2. **Le lissage avec les filtres** : en premier, appliquez le filtre **Passe-haut** (menu **Filtre/Divers**) avec une valeur qui fait revenir l'image en positif et propose un compromis entre flou et modelé (une valeur d'environ 4 à 5 px peut convenir mais elle est fonction de la résolution de l'image). Appliquez ensuite le filtre **Flou gaussien** avec une valeur qui donne un équilibre entre la réapparition du grain de peau et un aspect trop lissé de la peau (dans notre exemple, 1,5 à 2 px). Les deux filtres provoquent un lissage de la totalité du visage, il faut donc un masque pour le limiter à certaine partie.

L'objet dynamique avant et après application des filtres.

3. **Le masque de lissage** : en enfonçant la touche ⌥ [Alt] et en cliquant sur l'icône du panneau **Calques**, ajoutez un masque qui cache complètement l'effet précédent. Avec l'outil **Pinceau** en blanc et une opacité réduite, peignez les parties du visage qui doivent être lissées. Pour terminer, vous pouvez adoucir ce lissage par réduction de l'opacité du calque ou le renforcer en modifiant les valeurs des filtres (par **double-clic** sur leur nom) : une réduction du flou ou une augmentation de Passe-haut provoque une augmentation du lissage.

4. **Le calque de nettoyage** : pour supprimer les imperfections de la peau, ajoutez un nouveau calque au-dessus du précédent et appliquez sur les zones présentant des défauts, l'outil **Correcteur localisé** dont vous aurez activé l'option **Échantillonner tous les calques**.

La photo finale après le nettoyage.

Partie 4

Détourer une image

Les préparatifs d'un détourage ou les trois états d'un masque

Dans Photoshop, le terme « masque » désigne un élément qui peut se présenter sous différents états : sélection, couche alpha et tracé. Voici une petite présentation avant de passer à leur étude complète.

Les utilisations du masque

L'un des travaux les plus fréquents dans Photoshop est la réalisation du détourage d'une partie d'une photo. Cela peut être effectué avec des objectifs divers :

- traiter la partie détourée par un réglage chromatique ;
- appliquer un filtre à la partie détourée (la sélection apparaîtra sous forme de masque filtrant si le filtre a été appliqué sur un calque dynamique) ;
- réaliser un photomontage avec d'autres photos ;
- exporter une photo détourée vers une mise en page (papier ou Web).

Dans ces différents cas, il s'agit de préparer un masque qui pourra être utilisé sous forme de sélection, de masque de fusion (ou de pixels) ou vectoriel (c'est-à-dire couche alpha ou tracé vectoriel associé à un calque) ou encore de tracé d'exportation (pour un détourage ou un habillage, par exemple). Pour la réalisation d'un masque, Photoshop propose trois techniques (qui peuvent se combiner) : la première fait appel aux outils de sélection, la deuxième aux couches alpha et la troisième aux tracés vectoriels. À ces trois méthodes s'ajoute une technique particulière pour les détourages complexes.

La sélection : masque actif temporairement

Quand une sélection est réalisée, elle s'affiche en pointillé sur la photo. Elle constitue un masque qui pourra être utilisé sur n'importe quelle couche ou n'importe quel calque. Ce masque ne protège les zones extérieures à la sélection que durant le temps où celle-ci est affichée.

> **Attention** *Les pointillés du contour de sélection n'englobent que les pixels sélectionnés à 50 % ou plus.*

Si le masque doit avoir une action permanente, la sélection devra être « convertie » en masque de fusion (ou de pixels) : on obtiendra alors une couche alpha qui joue le rôle de masque permanent, son action ne s'exerce que sur le calque auquel elle est associée. La sélection pourra également être convertie en tracé pour devenir un masque vectoriel.

La couche alpha : masque en préparation

Les couches alpha sont intéressantes à plus d'un titre. Elles présentent l'avantage de pouvoir être préparées en mettant en œuvre de très nombreuses techniques. La plupart des couches alpha n'ont pas toujours une action directe sur un calque. Parmi leurs utilisations, on peut citer :

- la coloration d'une zone de l'image avec la couche de ton direct ;
- la préparation d'une sélection : la couche du **Mode Masque** est une couche alpha qui s'utilise pour faciliter l'élaboration de certaines sélections ;
- la mémorisation d'une sélection : une couche alpha peut facilement devenir une sélection (et réciproquement) ;
- le masque permanent : le masque de fusion ou de pixels (d'un calque standard ou de réglage) est constitué par une couche alpha ;
- la couche de détourage pour l'exportation avec le format GIF ou PNG : l'effet n'est visible que dans les logiciels de mise en page Web (tels que Dreamweaver ou Flash) et dans les navigateurs Web ;
- la couche pour certains filtres qui utilisent une couche alpha pour étendre leur paramétrage.

Le tracé vectoriel : masque actif, en préparation ou potentiel

Un tracé se prépare à l'aide d'outils vectoriels. Dans la plupart des cas, les retouches seront possibles à tout moment.

Les utilisations des tracés sont nombreuses :

- un tracé peut être actif dès son apparition sous l'aspect d'un masque vectoriel ou calque vectoriel (coloré par un contour, rempli d'une couleur, d'un réglage…) ;
- il peut constituer un masque en préparation convertible à tout moment en sélection ;
- il peut aussi jouer le rôle d'une sélection et être directement rempli d'une couleur (ou servir au dessin d'un contour) ;
- le tracé peut servir de zone de détourage sur un calque standard ou de réglage (masque vectoriel) ;
- le tracé peut être exporté avec le document pour être utilisé dans un détourage ou un habillage dans InDesign, par exemple.

1 - Les détourages avec les sélections

Avec Photoshop vous disposez de différentes méthodes pour réaliser une sélection ; dans la majorité des cas, le travail commence par des manipulations avec les outils de sélection ; elles pourront être suivies par des traitements basiques (transformations ou autres), pour se terminer, selon l'utilisation souhaitée pour cette sélection, par la création d'un détourage avec la commande **Améliorer le contour** et ses fonctionnalités qui facilitent les opérations.

Les outils de sélection

Photoshop propose plusieurs outils de sélection : **Rectangle de sélection**, **Ellipse de sélection**, **Lasso**, **Baguette magique**, l'outil **Sélection rapide** et **Masque de texte**.

L'outil Rectangle et l'outil Ellipse

La sélection manuelle

L'outil **Rectangle de sélection** (ou **Ellipse**) s'utilise par glissement. La sélection apparaît sous forme de pointillés. Si elle ne convient pas, faites-la disparaître en cliquant sur l'écran, ou mieux en tapant ⌘ D [Ctrl D] (**Sélection/Désélectionner**).

Les contraintes pendant le traçage

Quand la sélection commence à apparaître, et tant que vous n'avez pas relâché le bouton de la souris, la sélection peut subir des manipulations avec certaines touches du clavier.

Touches	Contrainte sur le dessin de la sélection
Espace	Déplacer le dessin de sélection
Les touches suivantes sont à relâcher après le bouton de la souris.	
⇧	Tracer un carré ou un cercle
⌥ [Alt]	Tracer à partir du centre
⇧ ⌥ [⇧Alt]	Tracer un carré ou un cercle depuis son centre

ATTENTION *Si une sélection est déjà affichée, n'enfoncez ⇧ et ⌥ [Alt] qu'une fois que la nouvelle sélection commence à apparaître, sinon il y aura une opération entre la sélection en cours de réalisation et celle affichée : la* ***Barre d'options*** *indiquera l'opération activée avec ces icônes :* .

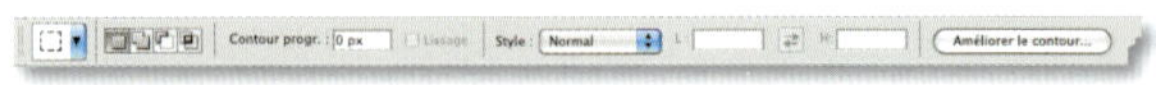

*La **Barre d'options** de l'outil **Ellipse de sélection**.*

Les contraintes par les options de l'outil

La **Barre d'options** de l'outil **Rectangle de sélection** ou **Ellipse de sélection** propose deux options communes : **Style** et **Contour progressif** ; l'outil **Ellipse de sélection** en a une troisième : **Lissage**.

Les styles : options de taille

Le menu local **Style** permet de spécifier une contrainte sur les dimensions de la sélection. On en distingue trois :

- **Normal** : la sélection est sans contrainte.
- **Proportions fixes** : la sélection s'effectue en imposant un rapport largeur/hauteur.
- **Taille fixe** : la sélection aura les dimensions indiquées (l'utilisation des transformations est souvent plus simple).

Taille fixe utilise l'unité des préférences, mais vous pouvez en préciser une autre. Le pourcentage est intéressant pour réaliser des sélections avec une taille relative (par exemple, un quart d'image **L** et **H** = 50 %).

ASTUCE *Quand une valeur est saisie, modifiez-la avec les touches fléchées (l'incrément de 1 passe à 10 avec ⇧). Ce type d'incrémentation est possible dans toutes les cases de valeurs de toutes les fenêtres de dialogue.*

Quand vous dessinez avec **Taille fixe**, le rectangle (ou l'ellipse) apparaît immédiatement avec la taille spécifiée, vous n'avez plus qu'à le positionner à l'endroit voulu en le glissant ou en utilisant les touches fléchées.

Le contour progressif

Un contour progressif établit un fondu entre la sélection et la partie extérieure (avec CS6, la valeur peut être décimale). Il est utile pour coller une partie de photo avec des bords estompés ou fondus ou, dans le cas d'un réglage chromatique, pour assurer une transition douce entre la partie traitée (intérieur de la sélection) et la partie non traitée. Cependant, n'utilisez pas l'option dans la **Barre d'options**. En effet, vous aurez une bien meilleure maîtrise du réglage du contour progressif en le rajoutant après à l'aide du bouton [Améliorer le contour...] (d'autant plus que l'effet sera prévisualisé, *voir plus loin*), et ce contour ne figurera pas dans les options de l'outil **Rectangle de sélection** ou **Ellipse de sélection** et ne réapparaîtra pas à chaque nouvelle utilisation de l'outil.

Le lissage

Avec l'outil **Ellipse de sélection**, l'option **Lissage** atténue le crénelage sur les bords de la sélection en créant une très petite zone de fondu sur la périphérie des ellipses.

Les opérations entre les sélections

La **Barre d'options** offre la possibilité d'effectuer des opérations entre la future sélection et la sélection affichée. Pour cela, cliquez sur l'icône voulue avant de tracer cette sélection : **Addition**, **Soustraction** ou **Intersection**.

Nous reparlerons de ces opérations, réalisables également avec certaines touches du clavier et communes à tous les outils de sélection.

> **Attention** *Si vous utilisez les icônes d'opération de la* ***Barre d'options****, n'oubliez pas de cliquer sur pour créer une nouvelle sélection.*

La mémorisation des réglages : outils prédéfinis

Les réglages effectués dans la **Barre d'options** (y compris les opérations) peuvent être mémorisés afin d'être réutilisés. Cette mémorisation se réalise dans la **Barre d'options** par clic sur le triangle situé à droite de l'icône de l'outil. Les outils ainsi mémorisés figureront dans le panneau **Outils prédéfinis**.

> **Attention** *Les options spécifiées dans la* ***Barre d'options*** *le restent jusqu'à leur prochain changement ; pour les réinitialiser, effectuez un clic droit sur l'icône de l'outil située à gauche dans cette barre.*

La sélection avec l'outil Lasso

Il y a trois types de lassos : le lasso normal ou main levée, le lasso polygonal et le lasso magnétique. Pour activer l'un ou l'autre, tapez une ou plusieurs fois ⇧L.

Ces trois outils possèdent des options communes (à gauche dans la **Barre d'options**) : les opérations, le **Contour progressif** pour définir la zone de fondu entre la partie sélectionnée et le reste, et le **Lissage** pour supprimer le crénelage qui apparaît sur le bord de la sélection.

Le lasso main levée : dessin par glissement

Ce lasso s'utilise comme un crayon : glissez-le sur l'écran et suivez le contour voulu. Si vous relâchez la souris, un segment droit ferme la sélection en joignant l'endroit où vous avez relâché la souris et le point de départ du tracé ; vous pouvez aussi fermer en ramenant l'outil sur ce point de départ.

> **Astuce** *Pour éviter que le tracé ne se ferme si vous relâchez la souris par erreur, maintenez ⌥[Alt] enfoncée ; en effet, la fermeture ne s'effectuera qu'en relâchant ⌥[Alt].*

Le lasso polygonal : dessin par clics

Le traçage se réalise par clics successifs ; chaque clic crée un sommet du polygone. Pour le refermer, effectuez un double-clic ou tapez ↵. Pour tracer selon des angles multiples de 45° (horizontal, vertical), enfoncez ⇧. Si un contour progressif important a été programmé, les angles du polygone seront arrondis.

> **Astuce** *Pour créer une sélection avec des segments et des tracés libres, activez l'un des deux lassos et maintenez enfoncée ⌥[Alt] jusqu'à la fin du traçage. Cliquez sur l'écran pour tracer des segments ou faites glisser la souris pour dessiner plus librement. Pour fermer, tapez ↵.*

Le lasso magnétique

Le principe du magnétisme

Cet outil utilise les différences de contraste entre deux zones adjacentes pour placer des points d'attache qui définiront par la suite un contour de sélection. Par rapport au lasso normal, le lasso magnétique offre une plus grande souplesse de travail, car il est possible de corriger immédiatement (avec la touche **Efface**) toute déviation du tracé par rapport à la frontière à suivre. Il pourra être utilisé là où l'outil **Baguette magique** ne serait pas efficace.

Les réglages du lasso

Le lasso magnétique comporte trois paramètres : **Largeur** du lasso, **Contraste** et **Fréquence**.

- **Largeur** : sa valeur (de 1 à 256) détermine la largeur de la zone d'échantillonnage des couleurs. Si les parties à détourer présentent peu de différences de teinte ou de contraste, sa valeur doit être plus faible. Des valeurs trop grandes donnent des sélections imprécises.
- **Contraste** : sa valeur définit la sensibilité du lasso en fonction de la différence de contraste. En général, une valeur élevée (100 %) donne des sélections plus précises : les points d'attache de la future sélection se positionnent alors davantage sur les zones frontières.
- **Fréquence** : lors du glissement de l'outil le long de la zone à sélectionner, Photoshop place régulièrement des points d'attache. Leur nombre augmente avec la fréquence. La valeur maximale (100) donne les sélections les plus précises.

Avant ou pendant le traçage, **Largeur**, **Contraste** et **Fréquence** sont réglables au clavier :

Largeur	Touche	Contraste	Touche	Fréquence	Touche
+ grande 256 (max.)	< ⇧<	+ grand 100 %	; ⇧;	 100 %	 ⇧`
+ petite 1 (min.)	$ ⇧$	+ petit 0 %	, ⇧,	 0 %	 ⇧ù

La technique de traçage

Une fois les réglages terminés, effectuez les manipulations suivantes :

1. Enclenchez le verrouillage des majuscules pour voir la largeur du lasso et cliquez sur la frontière pour définir le premier point d'attache.

L'ombre en bas de l'image ne favorise pas une sélection avec l'outil ***Sélection rapide****.*

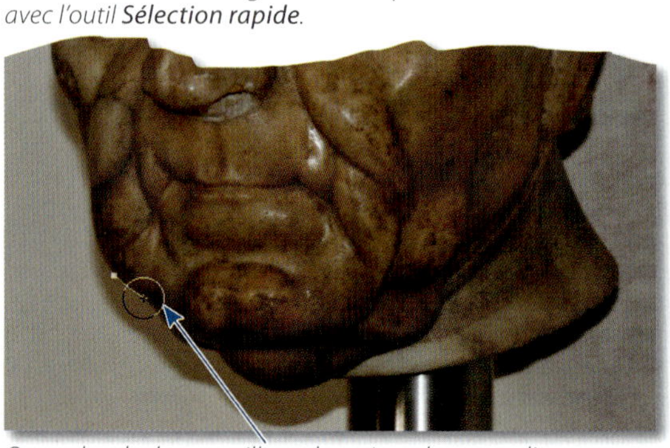

On enclenche le verrouillage de majuscules et on clique pour placer le premier point.

2. Glissez l'outil le long du contour que vous voulez tracer. Photoshop y place régulièrement des points d'attache.

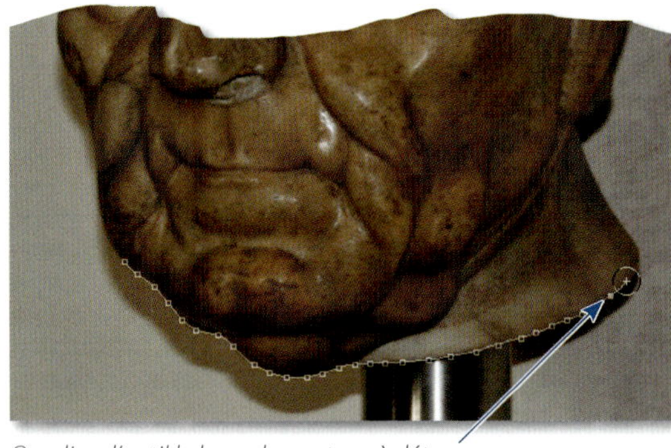

On glisse l'outil le long du contour à détourer (en changeant éventuellement la taille en chemin).

3. Fermez le tracé du lasso. Vous disposez de plusieurs méthodes pour obtenir la fermeture du tracé et par conséquent l'apparition de la sélection.
   - amenez le lasso sur le point de départ et cliquez ;
   - effectuez un double-clic (⌥ [Alt] pour une fermeture rectiligne) ;
   - tapez ↵ (⌥↵ [Alt ↵] pour une fermeture droite).

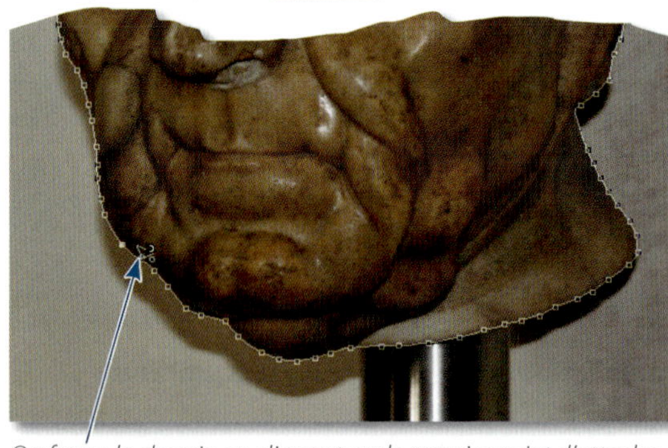

On ferme le chemin en cliquant sur le premier point d'attache.

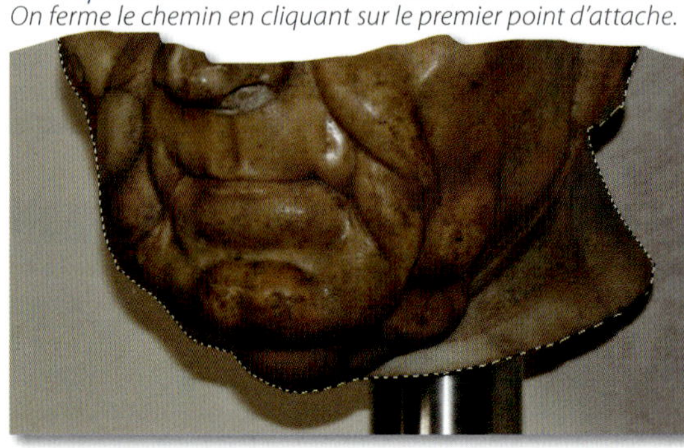

La sélection est terminée.

Les manipulations pendant le traçage

Des manipulations sont réalisables pendant le traçage avant la fermeture du chemin suivi par l'outil :

- **Placer un point** : cliquez là où vous voulez voir le point ;
- **Effacer un point** : tapez (une fois ou plus) la touche Efface pour supprimer les derniers points placés (ramenez l'outil en arrière sur le chemin suivi) ;
- **Se déplacer sans tracer** : enfoncez Espace ;
- **Zoomer** : tapez la touche + pour augmenter le taux d'affichage et utilisez la touche - pour le réduire.

Pour faire disparaître le tracé sans le convertir en sélection, tapez la touche esc [Echap]. En revanche, si la sélection a été obtenue, tapez ⌘D [Ctrl D] pour la supprimer.

Les changements de lassos

Le passage du lasso magnétique au lasso normal

Pour passer temporairement du lasso magnétique au lasso normal, enfoncez la touche ⌥ [Alt], glissez le pointeur pour continuer le tracé, relâchez la touche et cliquez pour retrouver le lasso magnétique.

Le passage du lasso magnétique au lasso polygonal

Pour passer du lasso magnétique au polygonal, enfoncez ⌥ [Alt] et dessinez par clics successifs, puis relâchez ⌥ [Alt] et cliquez pour retrouver le lasso magnétique.

Astuce *Pour réaliser une opération au clavier et passer à un autre lasso, effectuez les manipulations suivantes :*

- *Commencez par enfoncer la ou les touches d'opération (⇧ pour **Addition**, ⌥ [Alt] **Soustraction** ou ⌥⇧ [⇧ Alt] **Intersection**) et démarrez la seconde sélection.*
- *Relâchez la touche d'opération et enfoncez ⌥ [Alt] pour changer de lasso* (comme indiqué ci-dessus).

L'outil Sélection rapide

Le principe

Cet outil (activé en tapant W ou ⇧W) est simple d'utilisation et souvent très efficace. Il permet la préparation de sélection qui sera par la suite traitée par la commande **Améliorer le contour** (disponible directement dans la **Barre d'options**) dont nous reparlerons plus loin. La sélection pourra également être traitée à l'aide du **Mode Masque** et les outils de dessin (*voir le chapitre suivant*)).

Pour créer la sélection, l'outil prend en compte de nombreux critères parmi lesquels on trouve :

- l'aspect de l'outil, taille et dureté définissent la zone échantillonnée (il souvent préférable de réduire la taille) ;
- le chemin suivi par l'outil ;
- la durée d'application (la sélection continue parfois de s'étendre si on reste sur place avec le bouton enfoncé).

*Pour réaliser cet effet de coloration, l'outil **Baguette magique** est inefficace pour sélectionner la poterie ; en revanche, l'outil **Sélection rapide** donne un bon résultat.*

L'outil possède deux options sous forme de cases à cocher dans la **Barre d'options** :

- **Échantillonner tous les calques** : ceci permet d'utiliser l'outil à partir de n'importe quel calque actif.
- **Accentuation automatique** : cette option provoque une sorte de lissage de la sélection. Il est souvent préférable de le définir à partir d'**Améliorer le contour** affiché en cliquant sur le bouton [Améliorer le contour...] (d'autant plus qu'un aperçu permet de contrôler ce lissage).

La méthode de sélection

Pour sélectionner, effectuez les manipulations suivantes :

1. Commencez par régler l'aspect de l'outil (par le menu contextuel, au clavier ou encore par glissement sur l'image, *voir le tableau ci-dessous*). Utilisez de préférence une forme nette. Attention, une taille importante permet d'obtenir une sélection plus rapidement, mais celle-ci risque de contenir des couleurs indésirables.

Réglages par glissement sur Mac puis sous Windows		
Taille	⌥ ctrl + glisser horizontalement	Alt + glisser bouton droit horizontalement
Dureté	⌥ ctrl + glisser verticalement	Alt + glisser bouton droit verticalement

2. Glissez l'outil sur la zone à sélectionner en veillant à ce que le cercle de l'outil ne survole pas de zones que vous ne souhaitez pas ajouter à la sélection.

Le trajet suivi par l'outil (marqué en bleu) et la sélection correspondante (marquée en pointillé).

3. Dès que vous relâchez, Photoshop affiche une sélection que vous pouvez étendre en glissant à nouveau sur les zones manquantes (l'outil bascule en addition de sélection) ; s'il y a des zones en trop, réduisez fortement la taille de l'outil et passez sur ces zones avec ⌥ [Alt].

On a fait ici une première addition, puis une seconde là, dans le bas de l'image (avec le chemin marqué en bleu).

Il est souvent préférable d'agir en plusieurs petits glissements qu'en un seul (chaque annulation, par ⌘Z [Ctrl Z], permettra de retrouver plus facilement une sélection facilement exploitable). Par la suite, pour ajuster la sélection, cliquez sur le bouton **Améliorer le contour** ou utilisez le **Mode Masque** et les outils de dessin (*voir le chapitre suivant*).

Une sélection rapide avec préparation

Vous pouvez également obtenir une sélection plus fine et moins étendue sur les parties ne devant pas être sélectionnées en opérant de la façon suivante :

1. Commencez par réaliser une première sélection par glissement de l'outil.
2. Enfoncez la touche ⌥ [Alt] (soustraction) et glissez l'outil (réglé avec une petite taille) sur toutes les zones entourant la zone à détourer et qui ne doivent pas faire partie de la sélection finale.
3. Relâchez la touche ⌥ [Alt] et glissez alors l'outil sur les partie à sélectionner.

L'outil Baguette magique

L'intérêt de l'outil **Baguette magique** est amoindri depuis la présence dans Photoshop de l'outil **Sélection rapide**. Cependant, du fait que la maîtrise de la tolérance de ce dernier est parfois délicate, l'outil **Baguette magique** conserve sa raison d'être pour réaliser certaines sélections.

*Avec cette photo, on obtient systématiquement cette sélection avec l'outil **Sélection rapide** (elle comporte des imperfections indiquées ci-dessus en bleu : absence du sommet de l'édifice et d'une partie du toit à droite).*

*Avec l'outil **Baguette magique**, une sélection correcte est facilement réalisable.*

Le principe

Cet outil sélectionne tous les pixels contigus de teintes identiques ou voisines au pixel sur lequel vous avez cliqué. L'outil **Baguette magique** est intéressant pour sélectionner des parties d'image présentant une certaine uniformité de teinte, un fond de calque ou encore l'extérieur d'une image détourée. Pour annuler une sélection réalisée, cliquez à nouveau dans celle-ci avec l'outil ou tapez ⌘D [Ctrl D].

Les options de l'outil Baguette magique

*La **Barre d'options** de l'outil **Baguette magique**.*

L'échantillonnage des pixels séléctionnés

La **Barre d'options** de l'outil propose deux options pour gérer l'échantillonnage des pixels. Il s'agit de la taille de l'outil et de sa tolérance.

La taille ou échantillon prélevé par la baguette

Ps Photoshop CS6 ajoute une nouvelle option à l'outil **Baguette magique**, il s'agit de la taille de l'échantillon. À l'instar de l'outil **Pipettte**, quand vous cliquez sur la photo, vous définissez un échantillon de couleur des pixels. Par défaut, l'échantillon désigné par ce clic est réduit à un seul pixel (c'est l'échantillon ponctuel), mais Photoshop peut échantillonner une couleur à partir d'une moyenne réalisée sur un plus ou moins grand nombre de pixels à l'aide du menu local **Taille** ou encore du menu contextuel directement sur l'image (de 9 à, environ, 10 000, *voir ci-dessous*).

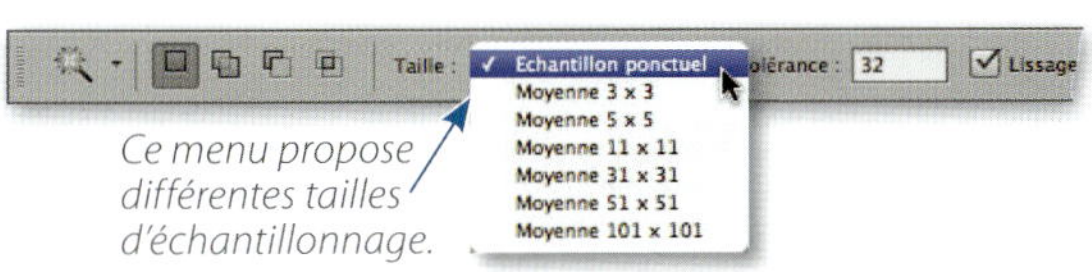

Ce menu propose différentes tailles d'échantillonnage.

La tolérance

La **Tolérance** de la baguette définit l'écart maximal entre les teintes sélectionnées (à partir de la couleur échantillonnée). Son réglage s'effectue dans la **Barre d'options** de l'outil **Baguette magique**. Vous pouvez taper Entrée (pour activer la case **Tolérance**) et utiliser les touches fléchées pour modifier la valeur (de 10 en 10 avec ⇧). La tolérance peut varier entre 0 à 255 ; plus elle est grande, plus la sélection est étendue.

*Dans les trois images ci-après, on a cliqué au même endroit avec l'outil **Baguette magique** réglé avec des tolérances différentes.*

Tolérance 20.

Tolérance 30.

Tolérance 50.

> **Astuce** *Au lieu de tâtonner pour trouver le bon réglage de tolérance, il est préférable de faire une première sélection, puis d'enfoncer ⇧ pour réaliser des additions de sélection avec l'outil qui devient . Vous pouvez également, après la première sélection, utiliser **Étendre** (accessible par clic droit).*

Les autres options

La **Barre d'options** de l'outil propose trois autres options : **Lissage**, **Pixels contigus** et **Échantillonner tous les calques**.

- **Lissage** : cette option est utile pour atténuer les irrégularités des contours de la sélection.

- **Pixels contigus** : si vous décochez cette option, la sélection comportera les pixels correspondant à la tolérance fixée, mais sur la totalité de l'image. Dans certains cas, il est préférable de faire des additions de sélection avec ⇧.

*Ci-dessus, une sélection avec l'option **Pixels contigus** cochée ne prend qu'une partie du ciel.*

*Ci-dessus, avec l'option **Pixels contigus** non cochée, tout le ciel est sélectionné (sur ce genre de sélection l'outil **Baguette magique** s'avère plus efficace que **Sélection rapide**).*

- **Échantillonner tous les calques** : avec l'option cochée, la sélection s'effectue comme si l'image ne comportait qu'un seul calque (calques fusionnés) ; si elle n'est pas cochée, elle ne se réalise qu'à partir des pixels du calque actif, sans tenir compte des autres calques.

L'outil Baguette magique et les couches

Parfois, l'outil **Baguette magique** est plus efficace sur certaines couches que sur d'autres. N'hésitez pas à visualiser les différentes couches (par le panneau **Couches**) et à utiliser celle qui présente le meilleur contraste pour une sélection à l'outil **Baguette magique**. Réaffichez la couche RVB une fois la sélection effectuée.

Sélection sur la couche RVB et sur la couche bleue.

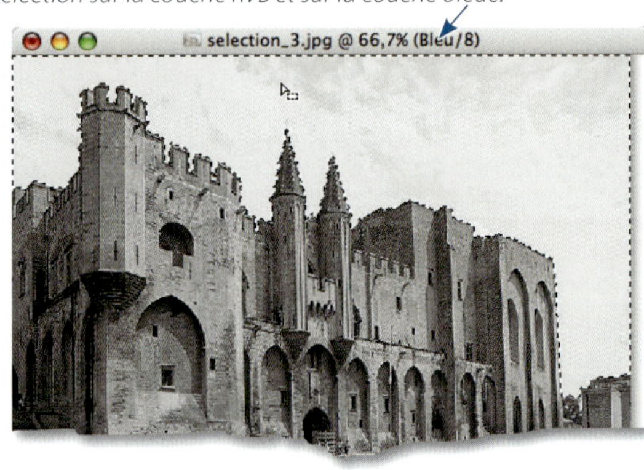

Les sélections en forme de texte

Ces sélections s'obtiennent avec les outils **Masque de texte**. Dans la majorité des cas, ces sélections pourront être remplacées par l'utilisation de calque de texte conjointement à celle d'un masque d'écrêtage.

Les réglages des outils Masque de texte

Ces outils permettent d'obtenir des sélections en forme de texte. Ils se choisissent dans le panneau **Outils** à partir de l'outil **Texte** ; deux orientations de saisie sont possibles (horizontale ou verticale).

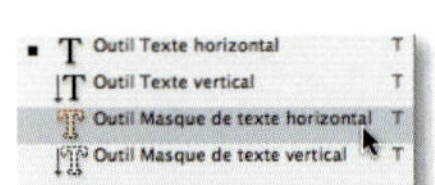

Les outils de sélection en forme de texte.

Avant de saisir le texte, dans la **Barre d'options**, réglez les attributs typographiques (police, graisse, corps, lissage...) ; affichez les panneaux (en cliquant sur l'icône ▤) pour les autres attributs (un panneau **Caractères** pour l'échelle horizontale, par exemple).

On règle la typographie, puis on saisit le texte.

Quand vous saisissez le texte, il apparaît transparent sur un fond rouge (c'est le **Mode Masque** qui a été activé). Une fois la saisie terminée, ce mode laisse place à une sélection en validant par Entrée (au clavier numérique) ou par l'icône ✓ (Barre d'options). Tant que la saisie reste affichée dans ce mode, vous pouvez encore la manipuler.

Les traitements du texte

La typographie

À l'issue de la saisie, le point d'insertion clignote à la fin du texte. Vous pouvez alors le sélectionner partiellement (par ratissage) ou totalement (par ⌘A [Ctrl A]) pour modifier les attributs des caractères sélectionnés. Pour cela, utilisez, la **Barre d'options** ou le panneau **Caractère**. Quand le texte est en forme, quittez le **Mode Masque** en tapant ↵.

La position et la transformation du texte

Tant que vous n'avez pas validé en tapant Entrée, vous pouvez déplacer ou transformer le texte (sélectionné ou non) ; pour cela, enfoncez ⌘[Ctrl] (un cadre de transformation s'affiche), puis agissez sur les poignées pour le transformer ou glissez le texte pour le déplacer. Relâchez ⌘[Ctrl] et tapez Entrée une fois le positionnement ou la taille corrects.

> **Astuce** *Quand le cadre de transformation s'affiche, il est possible d'ajouter des touches pour réaliser des transformations (centrée, homothétique, inclinée...,* voir plus loin*).*

Quand la sélection apparaît, il n'est plus possible de revenir en arrière pour modifier la saisie. Il vous faudra la recommencer (désélection, saisie du texte...).

La mémorisation des réglages : outils prédéfinis

Comme pour tous les outils, les réglages effectués avec l'outil **Masque de texte** dans la **Barre d'options** peuvent être mémorisés afin de garder une trace des typographies que vous comptez réutiliser. On mémorise dans la **Barre d'options** en cliquant sur le triangle situé à droite de l'icône de l'outil. Ces mémorisations figurent également dans le panneau **Outils prédéfinis**.

La sélection avec un calque de texte masqué

Bien que l'outil **Masque de texte** soit intéressant, il est parfois délicat de positionner un masque de texte dans une autre sélection existante en vue de faire une opération entre les deux. Pour pallier ce problème, remplacez le masque de texte par un « vrai » texte dont le calque sera caché dès que le positionnement de ce dernier est réalisé.

Voici la description des manipulations :

1. Activez l'outil **Texte horizontal** (T). Dans la **Barre d'options**, réglez sa typographie et saisissez le texte : un calque de texte est ajouté dans le panneau **Calques**. Pour reprendre la saisie (ou changer la typographie), double-cliquez sur la vignette.

On saisit le texte et on le place sur l'image.

2. Positionnez correctement le texte : activez l'outil **Déplacement** (ou enfoncez ⌘[Ctrl]) et glissez le texte (ou tapez les touches fléchées). S'il y a une sélection et que l'outil **Déplacement** est actif, vous pouvez cliquer sur l'une des six icônes d'alignement de la **Barre d'options** pour définir la position du texte par rapport à cette sélection.

3. Cachez le calque du texte en cliquant sur l'œil du calque. Pour afficher la sélection du texte, enfoncez ⌘[Ctrl] et cliquez sur la vignette du calque du texte.

Pour obtenir la sélection, on cache le calque et on clique dessus avec ⌘[Ctrl].

Les opérations entre les sélections

Les types d'opérations

En plus du remplacement, vous pouvez réaliser trois types d'opérations entre les sélections : l'**Addition**, la **Soustraction** et l'**Intersection**. Ces opérations s'obtiennent en enfonçant certaines touches du clavier ou en activant l'opération voulue à l'aide des icônes de la **Barre d'options** d'un des outils de sélection.

Opération	Icône de la Barre d'options	Touches	Aspect sur l'outil
Remplacement		Aucune	
Addition		⇧	+
Soustraction		⌥ [Alt]	–
Intersection		⇧ ⌥ [⇧ Alt]	x

Attention *Quand vous cliquez sur l'une des icônes de la* ***Barre d'options*** *pour définir une opération gardez à l'esprit que celle-ci sera appliquée par défaut lors de la prochaine utilisation de l'outil ; aussi est-il préférable de réaliser les opérations avec des combinaisons de touches du clavier.*

La mise en œuvre d'une opération

Pour réaliser une opération entre sélections :

1. Effectuez la première sélection avec l'outil de votre choix.
2. Sélectionnez un nouvel outil de sélection ou gardez celui en cours, puis cliquez sur l'une des icônes de la **Barre d'options** ou maintenez enfoncée une des combinaisons de touches indiquées dans le tableau ci-dessus (un petit signe +, – ou x en bas de l'outil indique qu'il y aura opération). Commencez la seconde sélection. Dès qu'elle apparaît relâchez la touche d'opération.

Si vous désirez faire une opération avec une troisième sélection, maintenez enfoncée la combinaison de touches voulue (la même ou une autre) et réalisez la nouvelle sélection : les sélections s'ajoutent, se soustraient ou ne montrent que leur intersection, qu'elles soient contiguës ou non.

Astuce *Avec la technique du calque de texte caché, il y a opération entre la sélection affichée et celle du texte si vous cliquez sur le calque du texte en enfonçant :*

- ⇧ ⌘ [⇧ Ctrl] *pour une addition ;*
- ⌥ ⌘ [Alt Ctrl] *pour une soustraction ;*
- ⇧ ⌥ ⌘ [⇧ Alt Ctrl] *pour une intersection.*

L'intérêt des opérations entre sélections

Les additions de sélections

Ce type d'opération permet d'agrandir (avec l'outil **Lasso**, **Rectangle de sélection** ou autre) une sélection commencée avec l'outil **Baguette magique** ou **Sélection rapide**, ou encore de dessiner des formes particulières à partir de formes simples (addition de rectangles, de cercles, etc.).

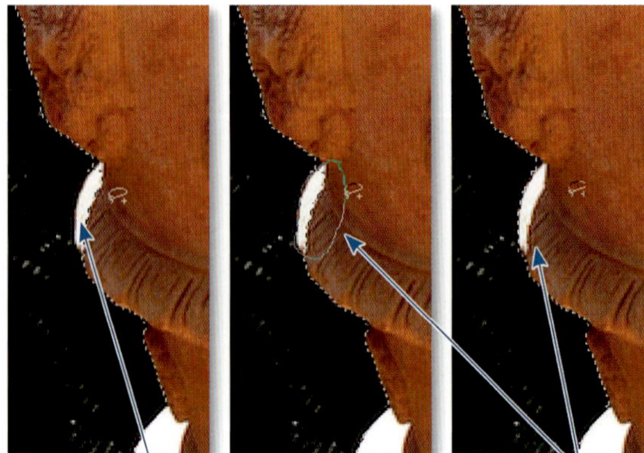

Dans cette sélection, il manque un morceau que l'on ajoute par addition au lasso.

Dans le cas d'une sélection avec l'outil **Baguette magique**, au lieu d'enfoncer ⇧, vous pouvez aussi effectuer un clic droit : le menu contextuel permet d'étendre la sélection créée avec la commande **Ajouter à la sélection**, ce qui vous évite d'avoir à augmenter la tolérance de l'outil **Baguette magique** entre deux essais, ou de décocher l'option **Pixels contigus**, qui provoque parfois une trop forte extension de sélection.

Les soustractions de sélections

Ces opérations sont intéressantes pour nettoyer une sélection qui comporte des zones isolées qui ne devraient pas être sélectionnées, ou pour affiner une sélection, au départ grossière, d'un élément.

Dans cette sélection, il y a un morceau en trop. On le supprime par soustraction au lasso polygonal.

Les intersections de sélections

Après une sélection initiale rectangulaire ou autre, une intersection permettra de limiter une sélection de l'outil **Baguette magique** avec l'option **Pixels contigus** décochée.

On a réalisé une sélection rectangulaire. Elle évitera la sélection des reflets (et des voitures claires) avec l'outil ***Baguette magique.***

On peut alors l'utiliser avec le mode ***Intersection****.*

Les contraintes sur la seconde sélection

Lorsque la seconde sélection apparaît, si vous utilisez l'outil **Rectangle** ou **Ellipse de sélection**, vous pouvez imposer des contraintes pendant que vous dessinez la sélection :

- avec Espace, la sélection pourra être déplacée ;
- avec ⇧, elle deviendra carrée ou circulaire ;
- avec ⌥[Alt], elle se centrera.

La transformation d'une sélection

Le déplacement d'une sélection

Il s'agit du déplacement de la sélection sans son contenu. Cette manipulation permet son repositionnement avant de traiter son contenu. Pour l'effectuer, commencez par activer l'un des outils de sélection, placez-le dans la sélection (il devient ▹⁚⁚) et glissez cette dernière jusqu'à l'endroit voulu.

ASTUCE *Quand le bord ou le centre d'une sélection en cours de déplacement ou de transformation coïncide avec le bord du contenu d'un calque, une ligne rose le signale si les repères commentés sont activés (**Affichage/Afficher**).*

Pour déplacer verticalement ou horizontalement, commencez à glisser la sélection, puis enfoncez ⇧. Au clavier, on déplace avec les touches fléchées (de 1 px et de 10 avec ⇧).

L'accès aux transformations

Quand une sélection est réalisée, vous pouvez la transformer manuellement en agissant sur les huit poignées qui apparaissent immédiatement après avoir lancé la commande **Transformer la sélection** du menu **Sélection** ou du menu contextuel (si aucun outil de sélection n'est actif, enfoncez la touche M avant d'afficher le menu contextuel).

ASTUCE *Il n'existe pas de raccourci pour lancer **Transformer la sélection**, mais vous pouvez en ajouter un en utilisant la commande **Raccourcis clavier** du menu **Édition**.*

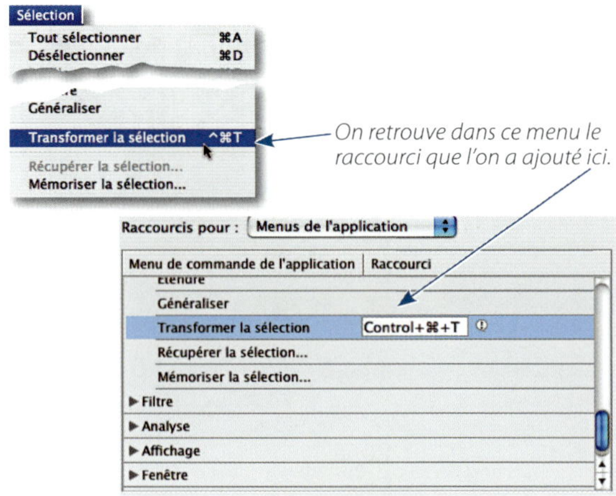

Dès que la sélection est devenue transformable, Photoshop donne accès aux autres transformations à partir du menu **Édition/Transformation** ou par le menu contextuel.

Les types de transformations

LA TRANSFORMATION MANUELLE

C'est la transformation qui devient active quand vous lancez **Transformer la sélection** du menu **Sélection**. Elle permet le passage d'une transformation à une autre en fonction de la position de la souris par rapport aux poignées (ou à leur voisinage) et des touches enfoncées (*voir le tableau ci-dessous*).

Transformation	Localisation de l'action	Touche	Aspect	Contrainte
Déplacement	À l'intérieur du cadre	Aucune	▶	⇧ déplacement vertical ou horizontal (seul)
Mise à l'échelle	Poignée d'angle ou latérale	Aucune	↕ ⤢ ↕ ⤢	⇧ rapport L/H conservé ⌥ [Alt] centrage
Inclinaison	Poignée latérale	⇧ ⌘ [⇧ Ctrl]		⌥ [Alt] centrage
Perspective	Poignée d'angle	⇧ ⌥ ⌘ [⇧ Alt Ctrl]	▶	
Torsion	Poignée d'angle	⌘ [Ctrl]	▶	⇧ déplacement vert./horiz.
Rotation(1)	Hors du cadre	Aucune	↰ ↻	⇧ angle multiple de 15°

(1) Pour les rotations, vous pouvez changer la position de l'axe de rotation (⌖) en glissant la croix jusqu'à l'endroit voulu.

Pour agir sans l'aide des touches, sélectionnez la transformation désirée dans le sous-menu **Transformation** (menu **Sélection** ou contextuel quand le cadre de transformation est affiché). Pour annuler une action sur une poignée, tapez ⌘Z [Ctrl Z]. Pour appliquer la transformation définitivement, tapez ↵ ou double-cliquez à l'intérieur du cadre de transformation. En revanche, si vous souhaitez retrouver l'aspect initial de la sélection, tapez esc [Echap].

On commence par dessiner une ellipse pour réaliser la sélection de ce CD en utilisant les transformations.

On lance la transformation de sélection pour agir sur les poignées.

Avant de faire cette torsion avec ⌘[Ctrl], on a effectué une inclinaison, une mise à l'échelle verticale et d'autres torsions.

On valide ces transformations pour obtenir cette sélection.

LES TRANSFORMATIONS PARAMÉTRÉES

Pour paramétrer de façon précise la transformation, utilisez les différentes cases de la **Barre d'options**. Cependant, commencez par définir un axe de référence ou de transformation en cliquant sur l'un des neuf points de l'icône ⁙.

Pour transformer progressivement, vous pouvez incrémenter les valeurs (de 1 ou de 10 avec ⇧) de différentes façons :

- avec les touches fléchées, une fois la case active ;
- en glissant la souris sur la lettre **X**, **Y**, **L**, **H**, ⊿..., on voit ↔ ;
- éventuellement, à l'aide de la molette de la souris.

Le déplacement paramétré

Une fois les poignées de transformation affichées, la position de la sélection se définit de façon absolue ou relative dans la **Barre d'options**. En effet, les deux premières cases (**X** et **Y**) correspondent aux coordonnées du point de référence de la sélection par rapport à l'angle supérieur gauche du document (coordonnées absolues). Pour déplacer la sélection, activez ses coordonnées relatives en cliquant sur l'icône ∆ entre les cases **X** et **Y** : leurs valeurs deviennent alors nulles et les cases **X** et **Y** indiquent maintenant la distance selon laquelle la sélection se déplacera par rapport à sa position actuelle.

ASTUCE *Si vous souhaitez changer d'unité, déroulez le menu contextuel directement dans la case **X** ou **Y**.*

Le redimensionnement précis

Quand vous agissez sur les poignées, vous pouvez contrôler les nouvelles dimensions de la sélection dans les cases **H** et **L** de la **Barre d'options**. La mise à l'échelle s'effectue en gardant fixe le point défini en référence (⁙). Si cette mise à l'échelle doit être homothétique, cliquez sur le maillon 🔗 situé entre les deux cases pour l'activer (il deviendra 🔗).

Astuce *Par défaut, la mise à l'échelle s'effectue en pourcentage. Pour changer d'unité, déroulez le menu contextuel* (clic droit) *dans la case* ***L*** *ou* ***H****.*

Les rotations et inclinaisons paramétrées

Dans la **Barre d'options**, vous pouvez programmer la valeur de rotation dans la case ⊿ et celle d'inclinaison dans les cases **H** et/ou **V**.

Les symétries

Une symétrie manuelle se réalise en glissant une poignée latérale au-delà de celle qui lui est opposée. En revanche, les symétries programmées se réalisent de deux façons :

- Par le sous-menu **Transformation** (du menu **Édition** ou contextuel). La symétrie peut être verticale (dans ce cas, l'axe est horizontal) ou horizontale (l'axe est alors vertical). On y retrouve également des rotations, trois angles sont proposés : 90°, –90° et 180°.
- Avec la **Barre d'options** : en entrant une valeur opposée à celle en cours (par exemple, –100 %) dans la case **L** ou **H** selon l'axe voulu.

La déformation d'une sélection

Il s'agit d'une transformation qui s'utilise davantage pour déformer un contenu qu'une sélection, mais qui s'avérera utile pour modifier une partie d'une sélection de manière à lui faire suivre des courbures harmonieuses.

Voici un exemple dans lequel on souhaite détourer le fruit en utilisant une soustraction avec la baguette magique à partir d'une sélection elliptique. La partie basse de la sélection comporte trop de couleurs que n'arrivera pas à sélectionner correctement l'outil **Baguette magique**.

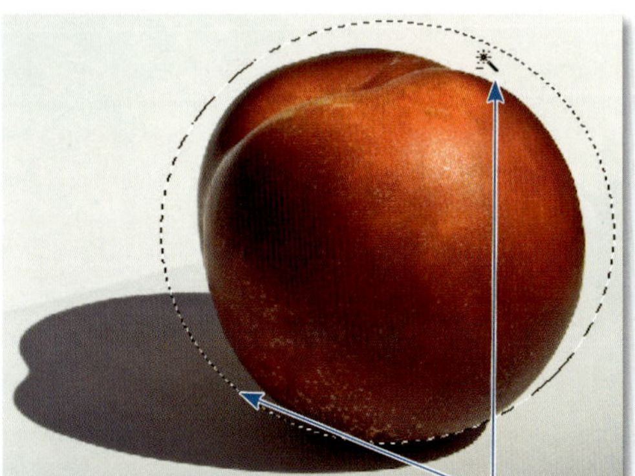

On souhaite détourer ce fruit en utilisant des soustractions.

À cause de l'ombre, les soustractions ne donnent pas un résultat satisfaisant.

Pour pallier ce problème, on peut déformer la partie basse de la sélection par transformation et **Déformation**, et ainsi faciliter la soustraction. Cette déformation se lance, quand la sélection affiche le cadre de transformation, en cliquant sur l'icône ⊞ de la **Barre d'options**, par le menu **Édition/ Transformation** ou par le menu contextuel et sa commande **Déformation**. Quand la transformation est activée, un maillage apparaît : il comporte huit points gris.

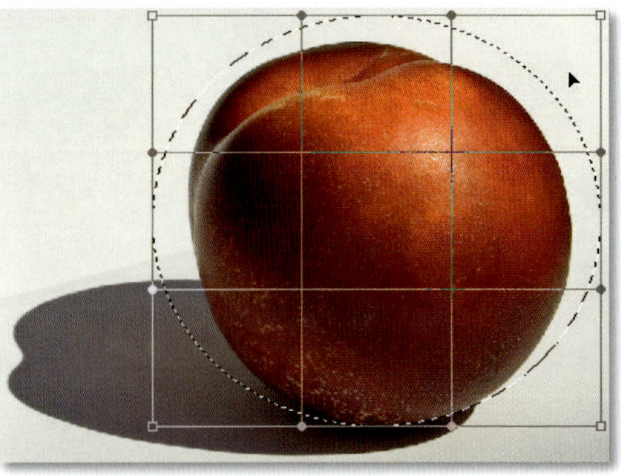

Les poignées et le maillage de déformation apparaissent.

Pour déformer la sélection, vous pouvez soit agir sur ces points (ils correspondent aux tangentes des points aux angles du cadre), soit glisser les lignes du maillage.

Quand la sélection a l'aspect voulu, validez la transformation (**Entrée**). Cependant, avant de valider, vous pouvez éventuellement combiner cette transformation avec les autres transformations. Pour cela, cliquez à nouveau sur l'icône ⊞, il y aura permutation entre les transformations. Vous retrouverez la **Déformation** en cliquant sur ⊞.

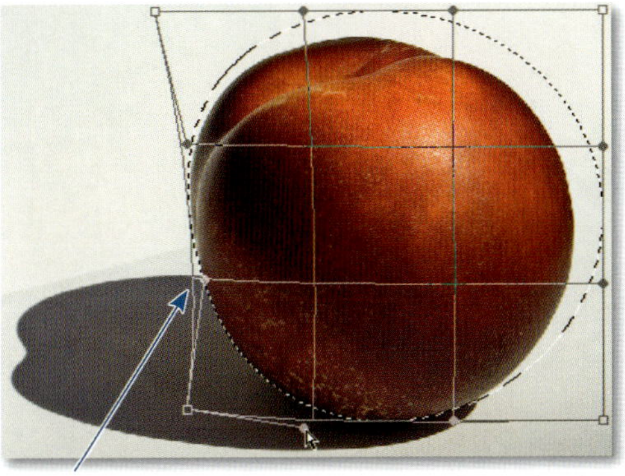

On glisse les points ou le maillage pour déformer la sélection.

Une fois la sélection déformée, on peut procéder à la soustraction avec l'outil **Baguette magique**.

Quand la déformation est validée, on peut effectuer la soustraction avec l'outil ***Baguette magique****.*

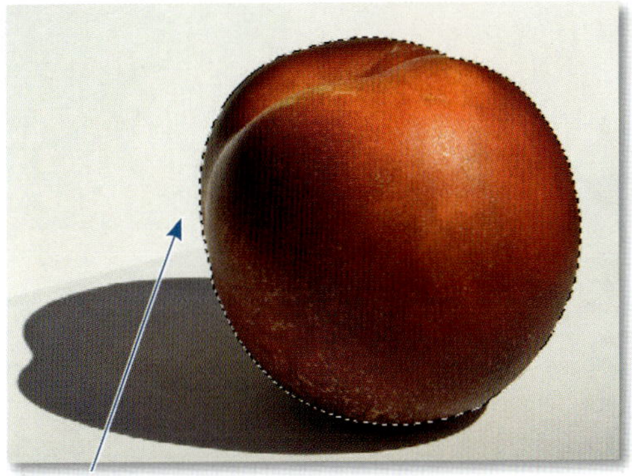

Elle donne maintenant un résultat correct.

Astuce *La transformation par* ***Déformation*** *propose d'autres options qui seront développées avec les transformations de contenu de calque.*

Les traitements basiques d'une sélection

Quand une sélection est faite, son contour clignote, ce qui peut être parfois gênant pour visualiser correctement l'effet que l'on va appliquer. Photoshop permet, à l'aide de la commande **Extras**, de cacher ce contour sans pour autant le désélectionner. Cette commande s'active ou se désactive au clavier en tapant ⌘H [Ctrl H]. Elle cache (ou affiche) simultanément les contours de sélection, les repères, la grille et les tranches.

Elle peut être lancée, même si une fenêtre de réglage (du type **Niveaux** ou **Courbes**, par exemple) est déjà affichée. Par l'intermédiaire du menu **Sélection**, vous allez pouvoir traiter la sélection afin de la modifier, l'étendre, la réduire... Nous allons voir les traitements qu'elle peut subir.

Les modifications du contour de la sélection

On retrouve ici, dans le sous-menu **Modifier** de **Sélection**, la plupart des options qui ont été regroupées dans la commande **Améliorer le contour** ; cependant, leurs fonctionnements sont différents.

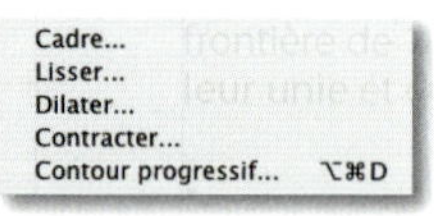

*Certaines commandes figurent dans **Améliorer le contour**.*

Le cadre de sélection

La commande **Cadre** (menu **Sélection/Modifier**) s'applique à tous types de sélections. Photoshop crée une bande de sélection présentant un contour progressif et dont l'épaisseur a la valeur spécifiée dans la fenêtre de réglage. Ces utilisations sont relativement réduites, on peut s'en servir pour créer une image aux bords fondus.

Pour cela, commencez par sélectionner l'image entière en tapant ⌘A [Ctrl A]. Lancez la commande **Cadre** et saisissez une valeur correspondant au double de la largeur de la zone estompée souhaitée (20 pixels pour une frontière de 10). Ajoutez un calque de réglage de type **Couleur unie** et choisissez la couleur désirée pour le cadre.

Le lissage de la sélection

La commande **Lisser** transforme la sélection en ajoutant ou en supprimant des pixels à l'intérieur d'une limite définie en indiquant un rayon de lissage. Photoshop examine, de part et d'autre du contour, les pixels contenus dans la zone ayant le rayon spécifié : si la majorité des pixels fait déjà partie de la sélection, ceux qui n'en font pas partie sont ajoutés ; en revanche, si la plupart des pixels ne font pas encore partie de la sélection, ceux qui lui appartiennent déjà sont supprimés de la sélection. Le lissage permet d'éliminer ou d'ajouter des pixels isolés que l'outil **Baguette magique** aurait mal sélectionnés, par exemple, et de rendre la sélection plus nette. Il provoque un arrondissement des sélections rectangulaires (ou anguleuses). Il est utile pour arrondir les contours d'un masque de texte.

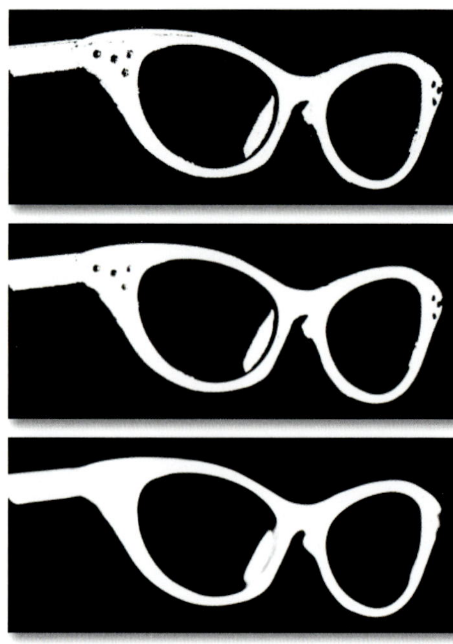

*De haut en bas et en blanc sur noir : la zone correspondant à la sélection initiale, celle obtenue avec un lissage de 60 avec l'option **Lisser** d'**Améliorer le contour** et celle avec un lissage de 10 par la commande **Lisser**.*

L'action de lissage par cette commande est beaucoup plus forte que celle d'**Améliorer le contour** (*voir plus loin*) qui agit principalement sur les contours de la sélection, alors que **Lisser** modifie la totalité de l'image.

La dilatation ou la contraction

Le principe

Les commandes **Dilater** ou **Contracter** permettent l'extension ou la réduction d'une sélection selon un nombre de pixels à spécifier. Ici aussi l'effet est plus fort qu'avec **Améliorer le contour**, mais la comparaison est plus délicate, car ce dernier utilise les pourcentages alors que la commande du sous-menu **Modifier** travaille en pixels (de 1 à 500).

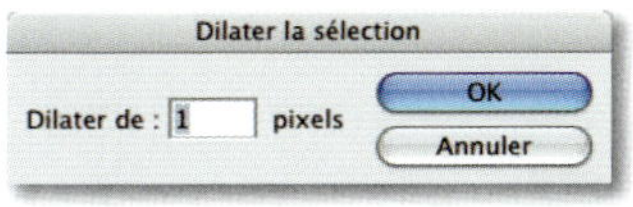

Cette commande utilise les pixels.

Les sélections et les détourages

La commande **Contracter** (ou **Dilater** si la sélection doit être intervertie) est utile pour affiner un détourage. En effet, si ce dernier a été réalisé avec l'outil **Baguette magique**, la frontière du détourage peut contenir des pixels du fond sur lequel se trouvait l'objet détouré — ces pixels risquent de devenir visibles si l'objet détouré est placé sur un fond de couleur différente. Une petite contraction de 1 ou 2 pixels (selon la résolution de l'image) permettra de les éliminer.

> **ASTUCE** *Ces commandes équivalent aux filtres **Maximum** et **Minimum** de la série **Divers**, qui permettent également d'étendre ou de réduire les zones blanches d'un masque sur une couche.*

Le contour progressif

Cette commande perd de son intérêt par rapport à **Améliorer le contour** du fait qu'elle ne possède pas d'aperçu. Cependant, les fonctionnements diffèrent un peu. En effet, **Contour progressif** (au clavier, ⌥⌘D [Alt Ctrl D]) ajoute un fondu mais ici, avec un contour de 10 pixels, le fondu démarre à 5 pixels à l'intérieur de la sélection et se termine à 5 pixels à l'extérieur de celle-ci (avec la version CS6, les valeurs décimales sont acceptées). Dans le cas d'**Améliorer le contour**, le fondu se place à l'extérieur.

L'extension de la sélection

La commande Étendre

Avec l'utilisation de l'outil **Sélection rapide**, la commande **Étendre** perd un peu de son intérêt ; en revanche, elle le conserve si l'outil **Baguette magique** est utilisé.

Après une sélection avec cette dernière (ou un autre outil), la commande **Étendre** a pour effet d'agrandir la sélection, les pixels de couleurs voisines y étant adjoints en utilisant la tolérance de l'outil **Baguette magique** (celle-ci peut être augmentée ou réduite avant de lancer **Étendre**).

La commande Généraliser

Suite à une sélection quelconque, si vous lancez la commande **Généraliser** (menu **Sélection**), Photoshop sélectionne tous les pixels de même teinte que ceux déjà sélectionnés. Ceci est intéressant pour réaliser des détourages en évitant des réglages fastidieux de tolérance de l'outil **Baguette magique**. En effet, il suffit d'effectuer une sélection (rectangulaire ou au lasso) des couleurs qui doivent être sélectionnées et de lancer **Généraliser** pour obtenir une sélection de l'ensemble de ces couleurs.

> **ATTENTION** ***Généraliser** étend la sélection en utilisant la tolérance définie pour l'outil **Baguette magique**.*

L'interversion de la sélection

Si vous réalisez une sélection et lancez **Intervertir**, la sélection en cours est inversée. On obtient le négatif du masque.

*Pour sélectionner les montagnes, on intervertit la sélection du ciel obtenue avec l'outil **Sélection rapide**.*

> **ASTUCE** *Dans de nombreux cas, on sélectionnera la zone inverse de celle désirée et on tapera ⇧⌘I [⇧ Ctrl I].*

La sélection par plage de couleurs

Le principe de la sélection avec Plage de couleurs

La commande **Plage de couleurs** peut être utilisée pour réaliser une sélection (donc depuis le menu **Sélection** ou le menu contextuel déroulé en maintenant enfoncée la touche W) ou pour modifier un masque de pixels (vierge) à partir du bouton **Plage de couleurs** du panneau **Propriétés**.

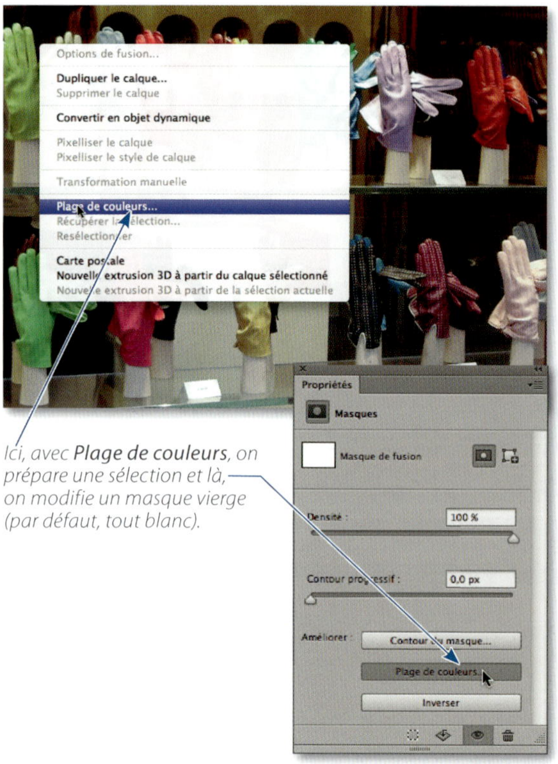

*Ici, avec **Plage de couleurs**, on prépare une sélection et là, on modifie un masque vierge (par défaut, tout blanc).*

C'est le premier cas que nous allons étudier, mais le principe sera le même pour modifier un masque appliqué à un calque (dans les deux cas, c'est la même fenêtre qui s'affiche). La sélection se réalise à partir d'une plage de couleurs définie par prélèvements sur la photo à l'aide de pipettes, d'une couleur ou d'une tonalité choisie dans une liste (rouge, jaune, vert..., tons foncés, moyens...). Une fois le masque préparé, l'option **Inverser** permet d'intervertir la sélection.

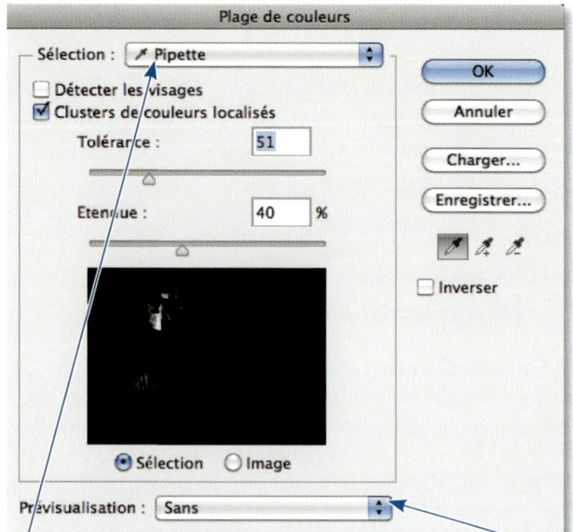

Ce menu permet de choisir le mode de sélection, celui-ci le mode de prévisualisation.

ASTUCE *Avant de lancer **Plage de couleurs**, vous pouvez réaliser une sélection grossière de la zone à détourer pour l'isoler. La sélection finale n'en sera que plus fine.*

Les aperçus du masque

L'aperçu du masque correspondant à la sélection peut s'afficher dans la fenêtre **Plage de couleurs** ou dans celle du document en remplacement de la photo.

L'aperçu dans Plage de couleurs

Il y a deux options d'aperçu : **Sélection** ou **Image**.

- **Sélection** : montre en blanc les parties qui correspondront aux zones sélectionnées, en noir les zones masquées et en gris celles qui sont partiellement sélectionnées ou masquées.
- **Image** : affiche la photo avec ses couleurs. Cette option est intéressante pour les prélèvements ; en effet, ils peuvent s'effectuer directement sur cet aperçu de l'image.

ASTUCE *On passe de **Sélection** à **Image** en enfonçant ⌘[Ctrl] et réciproquement.*

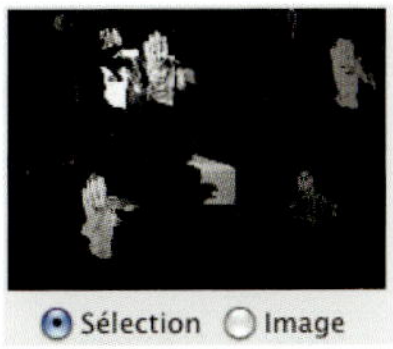

*Les deux types d'aperçus dans la fenêtre **Plage de couleurs**.*

L'aperçu dans la fenêtre du document

Si l'aperçu est affiché à la place du document, sa taille correspond à celle du document, ce qui donne une plus grande précision de travail ; d'autant plus qu'il reste possible de zoomer (⌘+ [Ctrl +]). Il y a cinq options possibles (que l'on retrouvera dans la commande **Améliorer le contour**) :

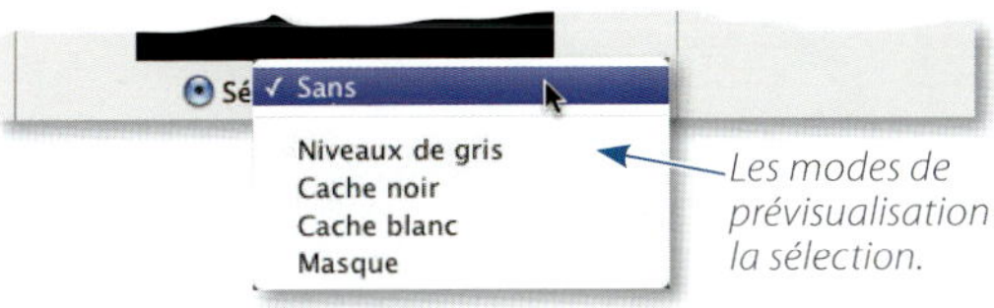

Les modes de prévisualisation de la sélection.

- **Sans** : la photo garde son aspect original.
- **Niveaux de gris** : le document s'affiche en niveaux de gris ; on y voit en blanc les parties sélectionnées, en noir celles qui ne le sont pas et en gris celles qui ne le sont que partiellement. Dans ce cas, il est préférable de cliquer sur le bouton **Image** dans la fenêtre **Plage de couleurs**.

> **ASTUCE** *En tapant la touche P, vous passez à l'aperçu **Sans**. En tapant à nouveau P, vous retrouvez l'aperçu précédent.*

- **Cache noir** : la partie sélectionnée apparaît avec ses couleurs ; les zones masquées sont noires.

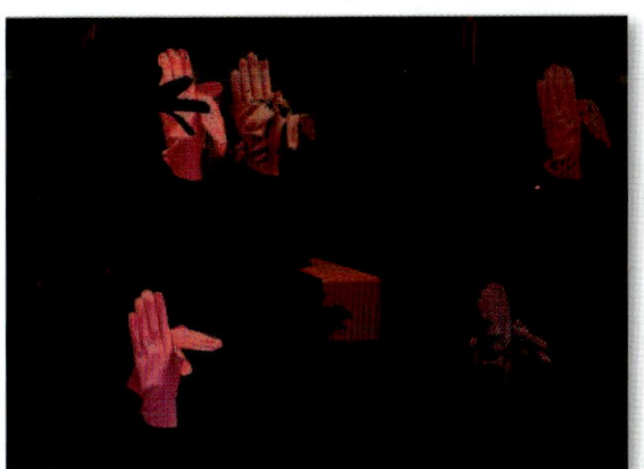

*L'aperçu avec l'option **Cache noir** sur une plage de roses.*

- **Cache blanc** : la partie sélectionnée apparaît avec ses couleurs ; les zones masquées sont blanches.
- **Masque** : l'image est visible dans les zones sélectionnées ; les parties non sélectionnées sont colorées en rouge avec une certaine transparence. Ce type d'affichage correspond à la sélection par le **Mode Masque**.

La sélection avec les pipettes

Avec l'option **Pipette**, **Plage de couleurs** (du menu **Sélection** ou du panneau **Propriétés**) fonctionne sur le principe de la baguette magique (option **Pixels contigus** décochée). L'option **Clusters de couleurs localisés**, fonctionnelle dès le premier prélèvement, permet de limiter l'étendue du masque sur une zone de couleurs contiguës proches de l'endroit où l'on a cliqué.

Cette option est plus intéressante à utiliser dans le cas de la modification d'un masque de pixels (c'est-à-dire quand **Plage de couleurs** est lancée depuis le panneau **Propriétés**). En effet, dans le cas de la préparation d'une sélection, avant de lancer **Plage de couleurs**, vous pouvez toujours obtenir une limitation à l'intérieur d'une zone en réalisant une sélection initiale de cette zone.

Pour créer la sélection, choisissez les couleurs à sélectionner en réalisant un ou plusieurs prélèvements (par clic ou glissement) dans la fenêtre du document ou de l'aperçu de **Plage de couleurs**. À chaque clic avec la pipette, l'aspect du masque change ; le dernier prélèvement réalisé s'annule en tapant ⌘Z [Ctrl Z].

Les types de pipettes

En changeant le type de pipette, il est possible d'étendre ou de réduire la sélection. Il y a trois types à votre disposition :

- **Pipette normale** : pour créer (ou recommencer) une nouvelle sélection.
- **Pipette +** : pour étendre la sélection initiale à la nouvelle teinte prélevée.
- **Pipette –** : pour réduire la sélection en cours, en soustrayant une plage de teintes prélevées.

> **ASTUCE** *En enfonçant certaines touches, passez d'une pipette à l'autre :*
> - *avec ⇧, passez de la pipette à la pipette + ;*
> - *avec ⌥ [Alt], passez de la pipette à la pipette –.*

La tolérance

L'option **Tolérance** permet d'ajouter ou d'enlever aux pixels sélectionnés, lors des prélèvements, les pixels de teintes voisines. Cette option agit de la même manière que la tolérance de l'outil **Baguette magique**.

Si on glisse la pipette + sur cette zone violette, les plumes de même couleur sont également ajoutées au masque.

La prévisualisation montre en blanc l'étendue du masque.

Une tolérance élevée étend la sélection et crée un masque plus flou (des zones grises apparaissent, la sélection présentera davantage de zones de fondu). Une réduction de tolérance provoque un assombrissement du masque ; une tolérance faible crée un masque au trait (sans zone de fondu).

Tolérance faible (10).

Tolérance de 40.

Tolérance de 110.

L'ÉTENDUE DE LA SÉLECTION

Par défaut, la valeur de l'option **Clusters de couleurs localisés** est de 100 % (ce qui équivaut pratiquement à désactiver l'option). Si, après une série de prélèvements, on réduit la valeur de l'option **Étendue**, on limite la sélection aux parties proches du point de départ de la pipette.

Si on glisse la pipette + avec l'option **Clusters de couleurs localisés** *réglée avec une étendue réduite...*

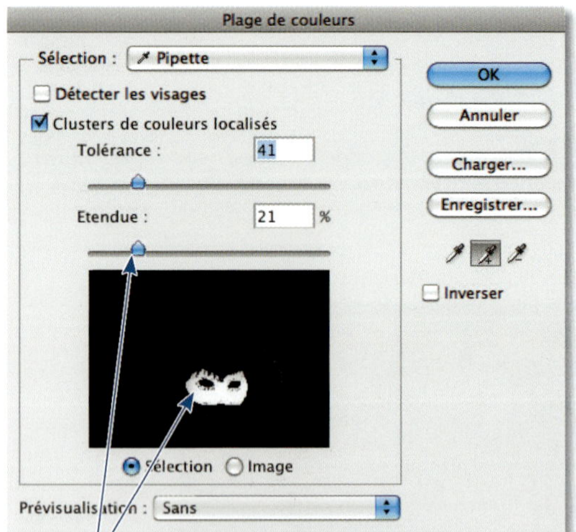

...on limite le masque à la zone voisine du point de départ de la pipette.

LA DÉTECTION DES VISAGES

Cette option permet d'ajouter au masque actif, la sélection des parties de l'image ayant des teintes voisines des teintes de la peau et qui correspondent à des visages.

Selon les photos, les résultats ne sont pas toujours concluants, cependant, ils gagneront en efficacité en partant de faibles valeurs de tolérance et d'étendue (inférieure à 30) qui seront progressivement augmentées. Pour ne garder que les visages, commencez par réaliser une sélection avec la pipette, puis éliminez cette sélection initiale avec la pipette –. Quand l'aperçu du masque est noir, cochez l'option **Détecter les visages** et augmentez la tolérance et l'étendue. Supprimez les teintes en trop avec la pipette –.

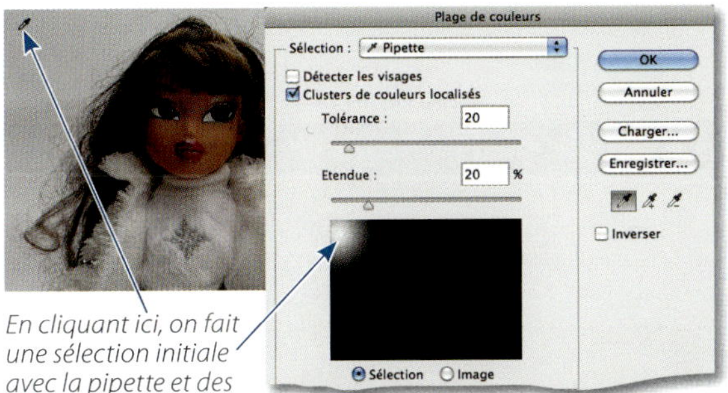

En cliquant ici, on fait une sélection initiale avec la pipette et des valeurs faibles.

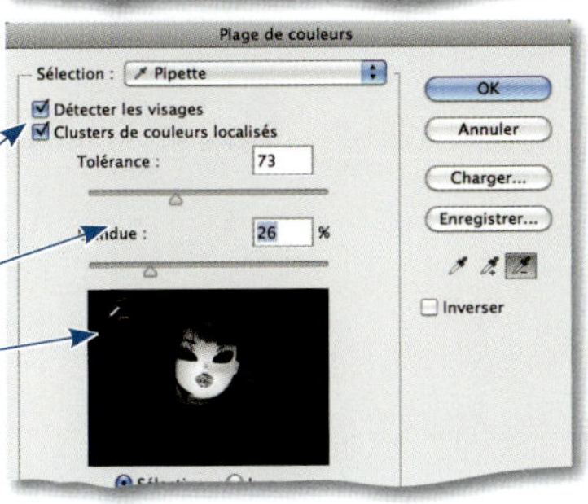

On coche cette option, on augmente ces valeurs et on supprime la sélection initiale avec la pipette –.

La sélection par couleurs prédéfinies ou par gamme de tons

L'aspect du menu **Sélection** de **Plage de couleurs** dépend du type de la photo (RVB, CMJN, Niveaux de gris...). La méthode de sélection diffère selon le mode de sélection : couleurs de base ou tons, pipettes.

En dehors de la sélection par prélèvement (active par défaut), on peut sélectionner à partir d'une nuance, d'une gamme de tons ou encore de la coloration de la peau.

Si, dans le menu **Sélection**, vous choisissez l'une des teintes ou tons à sélectionner, il n'y aura pas de réglage de tolérance à effectuer ; la sélection (ou son opposé avec l'option **Inverser**) s'affichera dès que vous cliquerez sur **OK**.

Ps L'option **Coloration de la peau** peut être utilisée conjointement ou non à l'option **Détecter les visages** ; dans tous les cas, il est préférable de commencer par une tolérance faible, puis de l'augmenter progressivement.

*On a utilisé cette option avec une prévisualisation sur fond blanc. Ci-dessous, on a coché **Détecter les visages**.*

Ce type de sélection par la **Plage de couleurs** constitue un excellent point de départ pour la réalisation de détourages. Cependant, dans de nombreux cas, vous obtiendrez des résultats équivalents avec l'outil **Sélection rapide**.

La finition s'obtiendra en passant au **Mode Masque** (*voir page 310*).

Améliorer le contour : de la sélection au détourage

Les utilisations d'Améliorer le contour

La commande **Améliorer le contour** affiche une fenêtre comportant de nombreuses options pour affiner l'aspect de la sélection. Dans Photoshop CS5, elle a subi de profondes modifications et peut s'utiliser de deux façons (qui peuvent être combinées) :

- utilisation classique ou basique (comme avec la CS4) : pour ajuster une sélection (ajouter un contour progressif, dilater, contracter...), en vue de l'utiliser avec un calque de réglage ou un filtre, par exemple ;
- utilisation avancée : pour affiner un détourage. Dans cette phase de travail, la commande bénéficie de nouvelles fonctionnalités et de nouveaux outils très performants (elle reprend certaines fonctionnalités de la commande **Extraire**).

La commande **Améliorer le contour** est disponible depuis le menu **Sélection** ou directement dans la **Barre d'options** [Améliorer le contour...] si un outil de sélection est actif.

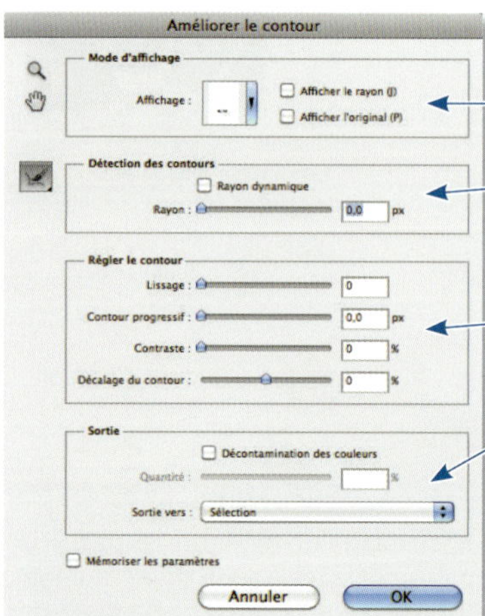

Réglage de l'aperçu.

Utilisation avancée (détourage complexe).

Utilisation basique.

Utilisation avancée (intégration et destination du détourage).

Note *Quand un masque de fusion a été créé, il est possible d'afficher la fenêtre **Améliorer le masque** à partir du panneau **Propriétés** et du bouton **Contour du masque**.*

Quelle que soit l'utilisation, basique ou avancée, il convient de choisir un mode d'affichage ou d'aperçu de la sélection (ou du masque créé).

Le mode d'affichage de la sélection

Il se définit, en haut de la fenêtre, par un menu local qui affiche une liste d'aperçus. Chacun d'eux est accessible par un raccourci.

*Une fois la sélection réalisée, à partir d'**Améliorer le contour**, la zone sélectionnée peut être affichée selon différents modes.*

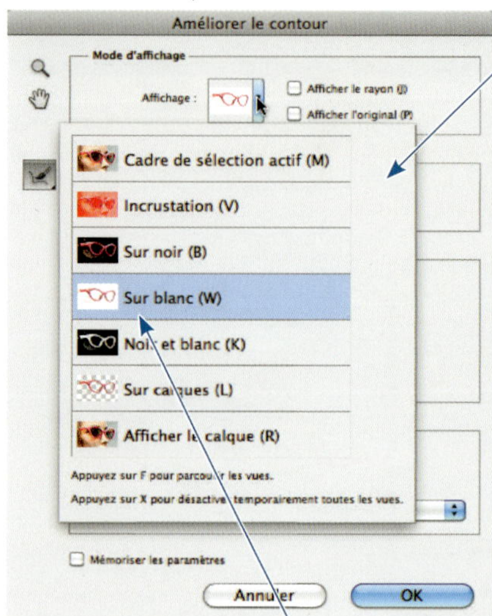

Par défaut, Photoshop affiche avec le dernier mode utilisé.

Quand la liste des modes d'affichage est visible, on passe d'un mode à l'autre à l'aide des touches fléchées ; quand elle ne l'est plus, on passe d'un mode à l'autre en tapant F. Vous pouvez désactiver temporairement le mode d'affichage en tapant X (il se réactive en tapant à nouveau X).

Cadre de sélection actif : la zone sélectionnée s'affiche normalement (en pointillé) sur la photo. Si nécessaire, la sélection peut être masquée en tapant ⌘H [Ctrl H].

Incrustation : la zone sélectionnée apparaît transparente sur un fond rose : c'est le **Mode Masque**. Sa couleur (rouge) et son opacité (50 %) sont réglables par ⌥ clic [Alt clic] sur l'icône.

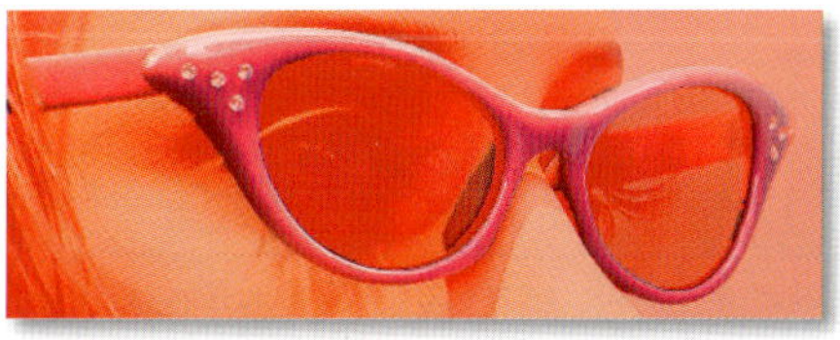

Ici, on a changé la couleur du **Mode Masque** pour obtenir un aperçu plus lisible en fonction des couleurs de l'image.

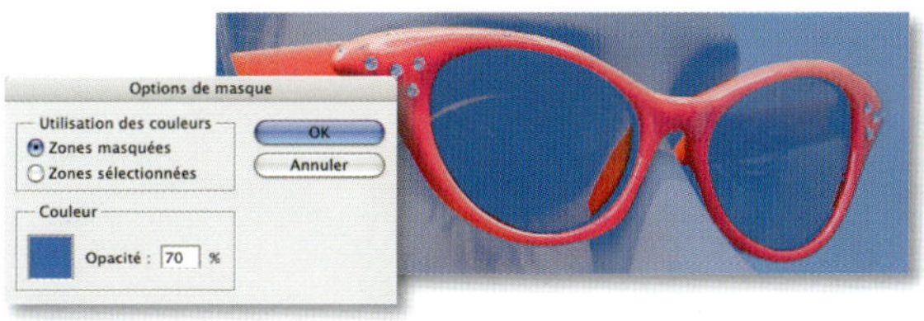

Sur noir : la zone sélectionnée s'affiche avec ses couleurs sur un fond noir.

Sur blanc : option par défaut, la zone sélectionnée (ici, les lunettes roses) s'affiche sur un fond blanc.

Noir et blanc : la zone sélectionnée s'affiche en blanc sur un fond noir comme sur les couches alpha.

Sur calques : la zone sélectionnée est détourée sur le reste du calque qui affiche le damier de transparence.

S'il y a un calque à l'arrière-plan du calque qui comporte la sélection active, celle-ci apparaît détourée sur cet arrière-plan. Cette option est très intéressante pour la mise au point de détourage car elle permet de voir immédiatement le détourage dans son contexte.

Ici, on voit la sélection détourée affichée sur le calque à l'arrière-plan du calque de sélection.

Afficher le calque : la zone sélectionnée n'est plus visible, le calque est affiché complet sans sélection ni détourage.

Selon le traitement choisi, tel ou tel aperçu peut s'avérer plus intéressant qu'un autre (n'hésitez pas à en changer, éventuellement en tapant F).

Les utilisations basiques

Les traitements de sélection par la commande **Améliorer le contour** sont particulièrement intéressants, d'autant plus qu'ils sont facilités par l'aperçu (selon le mode choisi). Dans tous les cas, il est possible de contrôler les modifications (« avant/après ») en tapant P (et de changer de mode d'aperçu en tapant plusieurs fois F).

Pour une utilisation basique, c'est principalement la zone centrale de la fenêtre, **Régler le contour**, qui sera utilisée ; cependant, la partie **Détection des contours** (en haut de la fenêtre) permettra d'améliorer les bords de la sélection de manière sensible. Au niveau du réglage **Sortie** (menu local **Sortie vers** situé en bas de la fenêtre), choisissez **Sélection**.

La sélection avant son amélioration.

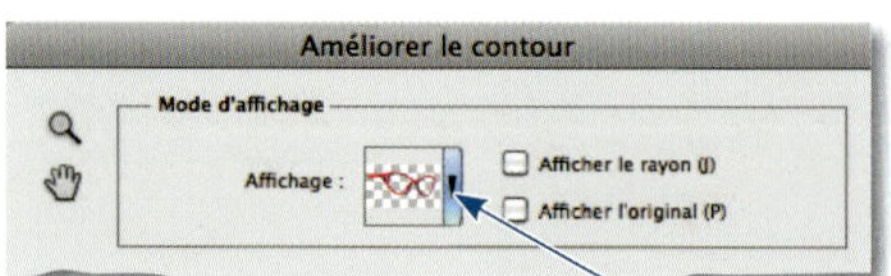

Pour un traitement basique, on choisit un mode d'affichage et ce type de sortie.

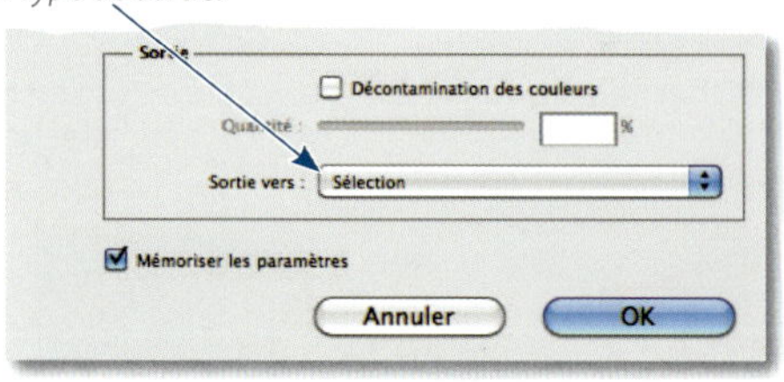

La détection des contours

En augmentant la valeur de la case **Rayon**, Photoshop améliore le contour de la sélection et récupère des détails fins dans une zone dont l'épaisseur est liée à la valeur du rayon. Pour ajuster progressivement cette valeur, cliquez dans la case **Rayon** et utilisez les touches fléchées du clavier. Pour obtenir une progression plus rapide, enfoncez la touche ⇧ (l'incrément est alors multiplié par 10). Pour voir l'épaisseur de la zone améliorée, vous pouvez taper la lettre J ou cocher la case **Afficher le rayon**).

Photoshop examine dans cette zone les couleurs voisines de celles déjà sélectionnées et les ajoute à la sélection ; le nombre de couleurs augmente avec le rayon. Dans le cas d'un détourage complexe (comportant des cheveux, par exemple, *nous le verrons plus loin*), cette valeur pourra être augmentée plus fortement et une option, **Rayon dynamique**, pourra être utilisée pour adapter la valeur en fonction de l'aspect de la zone à détourer. Des outils (de type pinceau et gomme) permettront d'ajouter ou d'éliminer certaines zones de fondu ; ils s'utiliseront, selon le cas, en début ou en fin de l'opération d'amélioration (ici, l'un d'eux sera appliqué en fin du traitement, *voir plus loin pour les détails*).

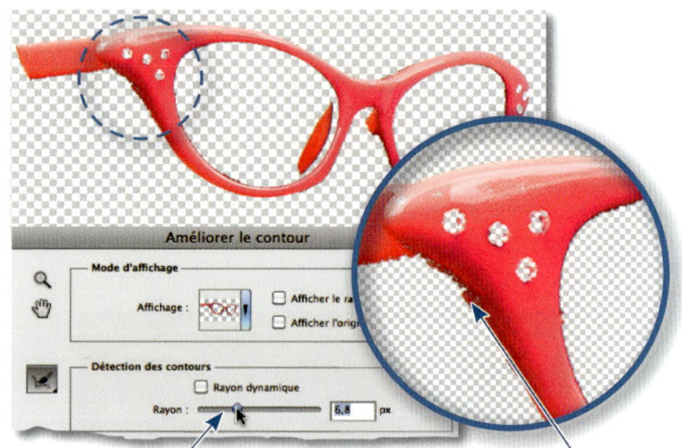

*En augmentant le **Rayon**, on améliore les bords de sélection.*

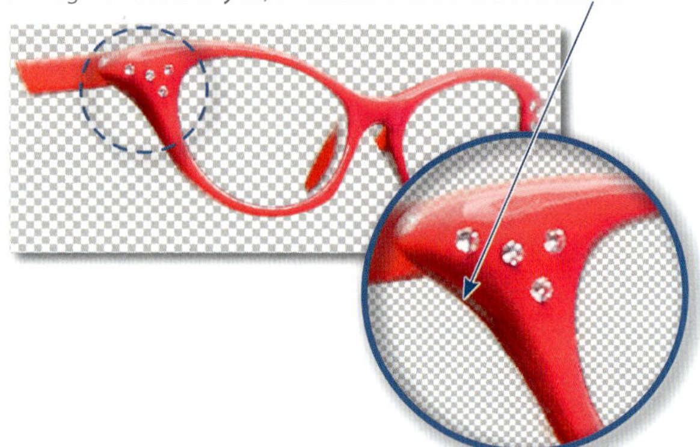

LES RÉGLAGES DU CONTOUR

Parmi ces réglages qui peuvent être cumulés, on distingue : **Lissage**, **Contour Progressif**, **Contraste** et **Décalage du contour**.

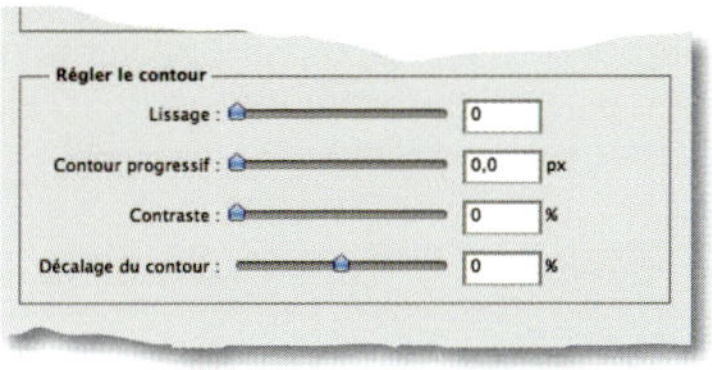

Les quatre possibilités de réglage du contour.

- **Lissage** : adoucit les bords de la sélection en supprimant (ou en ajoutant) les zones isolées sélectionnées (ou non sélectionnées). La sélection devient plus régulière avec un contour plus lisse.

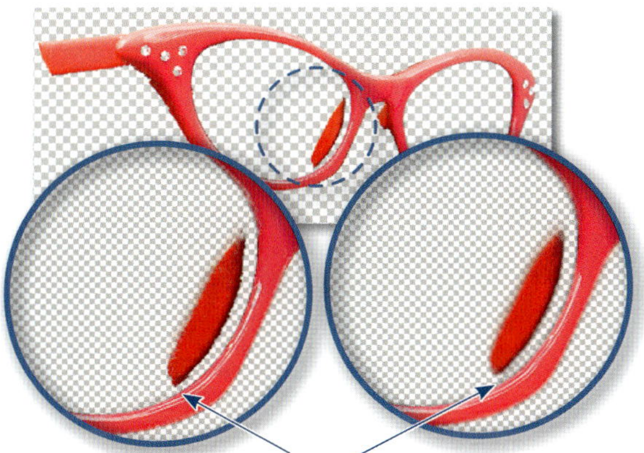

Un détail sans et avec lissage.

- **Contour progressif** : permet de créer un fondu entre la sélection et les pixels avoisinants pour assurer une meilleure transition entre la partie traitée et le reste.

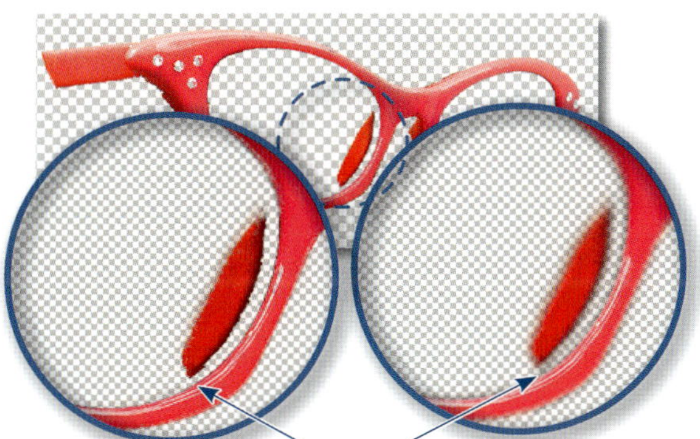

Un détail sans et avec contour progressif.

- **Contraste** : cette option crée une transition plus nette entre la partie sélectionnée et les pixels extérieurs. Elle permet d'atténuer un lissage ou un flou des contours défini par les options de l'outil de sélection.

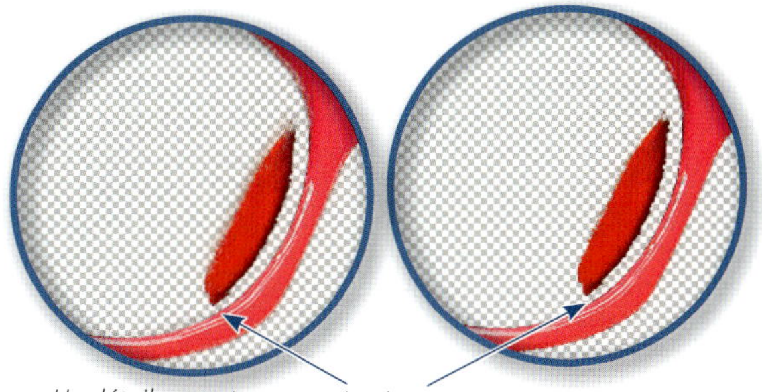

Un détail sans et avec contraste.

- **Décaler le contour** : réduit ou étend la sélection.

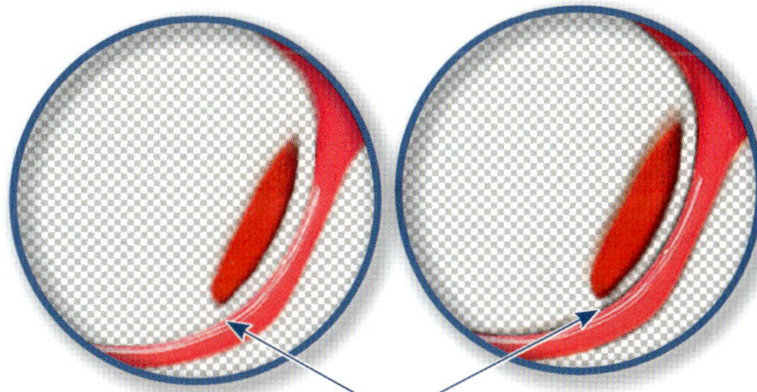

Décalage négatif et positif.

Dans cette fenêtre, n'hésitez pas à combiner les options et à les visualiser avec différents taux de zoom et mode de prévisualisation. Par exemple, l'option **Lisser** donne des résultats différents quand on la combine avec **Contraste**.

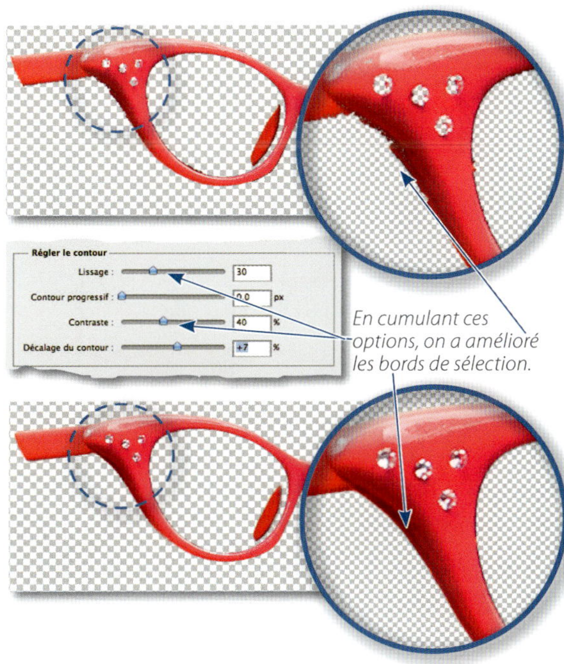

En cumulant ces options, on a amélioré les bords de sélection.

La finition des contours fondus avec les outils

Quand la sélection comporte des bords fondus (obtenus, par exemple, en augmentant la valeur du rayon dans la rubrique **Détection des contours**), il est possible d'en modifier l'aspect. En effet, dans la fenêtre **Améliorer le contour**, vous disposez de deux outils : **Amélioration du rayon** et **Effacement des améliorations** (du fondu précédemment rajouté). Ces outils sont également accessibles dans la **Barre d'options** et on passe d'un outil à l'autre en enfonçant la touche ⌥ [Alt] en en tapant ⇧E.

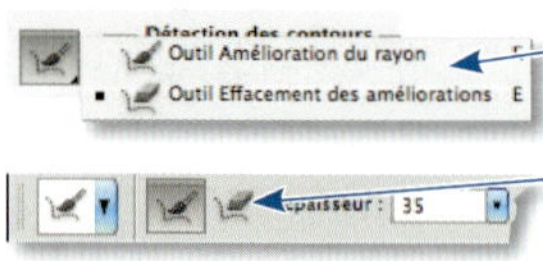

*Les outils pour améliorer le contour dans la fenêtre de la commande et dans la **Barre d'options**.*

La taille des outils se règle dans la **Barre d'options** ou directement sur l'image par glissement :

Réglages par glissement sur Mac puis sous Windows		
Taille	⌥ ctrl + glisser horizontalement	Alt + glisser bouton droit horizontalement

L'action des outils dépend de l'aspect de la sélection. Par exemple, dans le cas de la sélection précédente, l'augmentation du rayon a fait disparaître une partie de la sélection, que l'on peut faire réapparaître en glissant l'outil **Effacement des améliorations**. Avec l'aperçu **Sur les calques** : le glissement de l'outil affiche le damier qui est remplacé par la sélection quand on relâche l'outil.

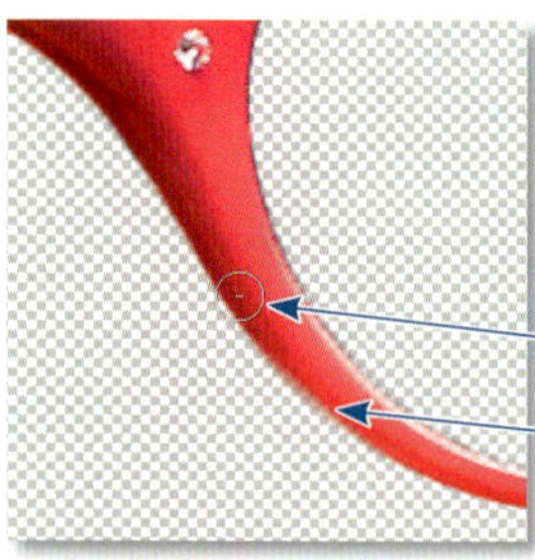

*Avec l'outil **Effacement** () on peut faire réapparaître des parties disparues.*
On glisse l'outil sur le contour : il s'efface puis réapparaît moins fondu.

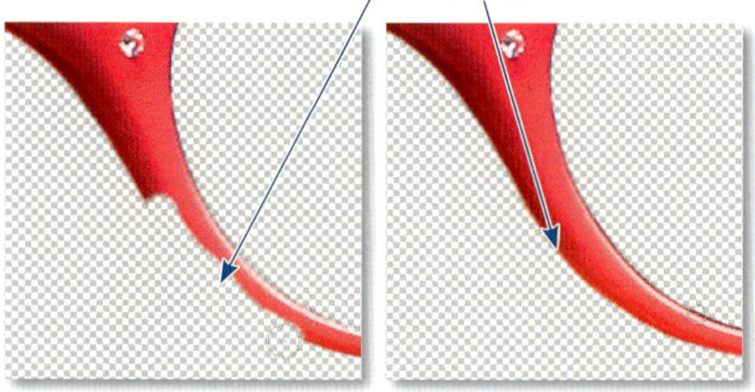

Les options de sortie

Dans le cadre d'une utilisation basique, comme cela a été signalé, c'est l'option **Sélection** qui sera utilisée ; cependant, la commande **Améliorer le contour** propose d'autres possibilités qui s'avéreront intéressantes dans le cas des détourages. En effet, il sera possible d'obtenir directement le calque détouré avec ou sans son masque de fusion (et, éventuellement, sur un nouveau document).

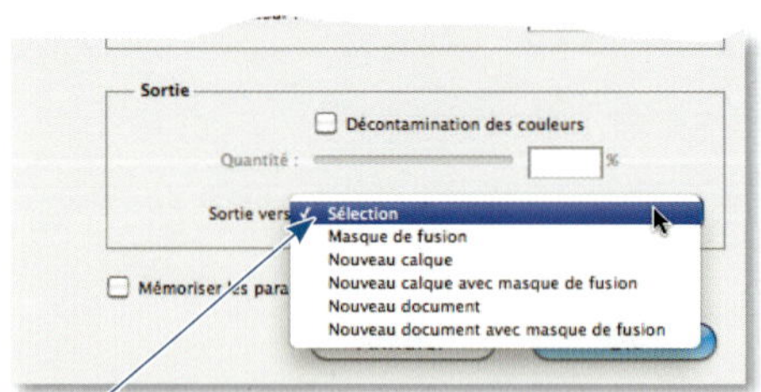

Ce mode de sortie correspond à une utilisation basique, les autres à des détourages.

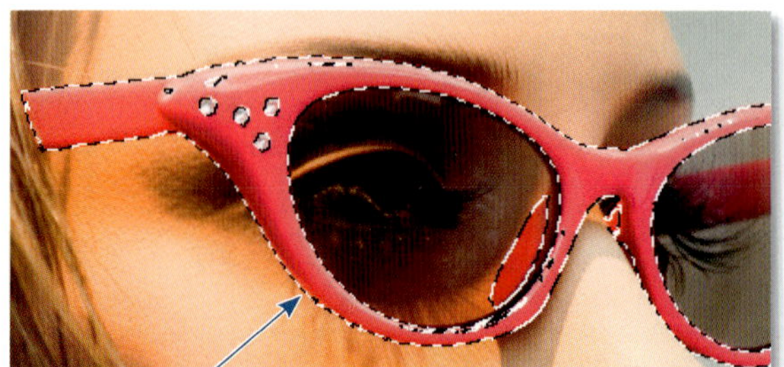

*La sélection avant et après l'utilisation **Améliorer le contour**.*

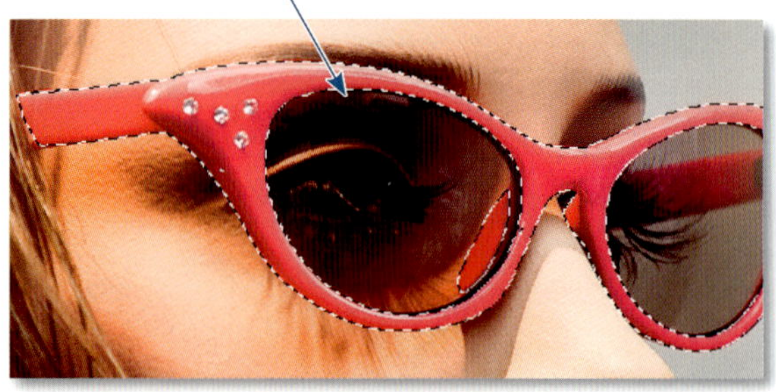

Les valeurs saisies dans la fenêtre peuvent devenir les valeurs par défaut en cochant l'option **Mémoriser les paramètres**. Pour retrouver les valeurs initiales, enfoncez la touche ⌥ [Alt] (le bouton **Annuler** devient alors **Réinitialiser**).

Les utilisations avancées : le détourage avec Améliorer le contour

La préparation de la photo

Avec certaines photos, pour rendre plus facile et performante l'utilisation de la commande **Améliorer le contour**, il peut être nécessaire (ou fortement conseillé) d'utiliser les outils de retouches (dans l'exemple ci-dessous, on a utilisé l'outil **Retouche localisée**) pour éliminer certains éléments qui risquaient de perturber le détourage par les outils **Amélioration du rayon** et **Effacement des améliorations**.

*La photo ci-dessus comporte des éléments (dont on peut voir les détails) risquant de perturber l'utilisation d'**Améliorer le contour**.*

*La photo a été préparée : les retouches ont été réalisées avec l'outil **Correcteur localisé** sur un calque ajouté à cet effet.*

Astuce *Par la suite, pour ne manipuler qu'un seul calque, vous pouvez sélectionner le calque des retouches et le calque à détourer pour les fusionner, ou encore pour convertir cet ensemble en objet dynamique par clic droit sur l'un d'eux.*

La finition de la sélection

Le plus souvent, la sélection se réalise avec l'outil **Sélection rapide**. Comme cela est indiqué dans l'étude du fonctionnement de l'outil, c'est également avec l'outil **Sélection rapide** que vous allez ajouter (ou supprimer avec ⌥ [Alt]) des zones manquantes (ou en trop) ; cependant, ces opérations peuvent être réalisées avec l'outil **Lasso** ou par le **mode Masque** (*dont la description complète sera faite au chapitre suivant*).

Astuce *Bien qu'en principe la sélection n'ait pas besoin d'être parfaite, il est préférable de prendre soin de sélectionner correctement les éléments dans les zones nettes de l'image, car il sera difficile de les ajouter ou de les soustraire avec les outils de la commande **Améliorer le contour**.*

Pour faciliter le détourage, il faut ajuster davantage la sélection surtout sur les zones nettes.

*Lors du détourage avec **Améliorer le contour**, il sera assez facile d'ajuster les zones « floues ».*

LA COMMANDE AMÉLIORER LE CONTOUR ET SES OUTILS DE DÉTOURAGE

La zone d'amélioration

Quand la zone à détourer comporte des bords flous (cheveux, poils, etc.), en augmentant la valeur de **Rayon** dans la rubrique **Détection des contours** de la fenêtre **Améliorer le contour**, il est possible de modifier l'aspect du détourage (du masque ou de la sélection… selon l'aperçu utilisé) et d'ajouter des éléments des zones floues (tels que cheveux, poils…).

> **ASTUCE** *Pour mieux visualiser l'intégration de la zone détourée, glissez, sous le calque à détourer (renommez-le si c'est l'arrière-plan), un calque correspondant au fond sur lequel devra apparaître l'image détourée, et utilisez le mode d'affichage* ***Sur calques*** *de la fenêtre* ***Améliorer le contour****.*

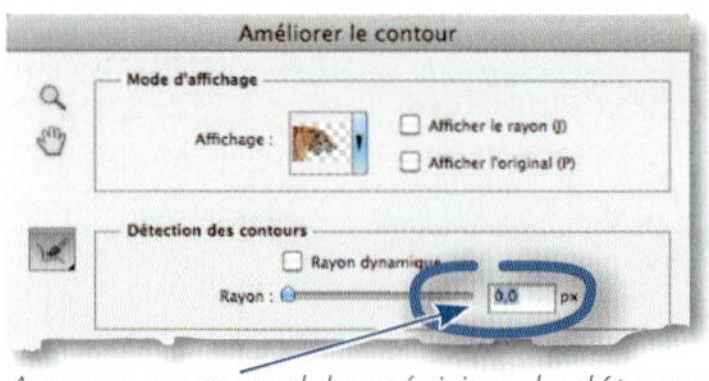

*Avec un rayon nul, la précision du détourage sur les zones floues n'est pas toujours très bonne ; ci-dessous, on le voit avec différents aperçus (**Sur noir** et **Sur calques**).*

Ci-dessus, l'aperçu montre le calque d'arrière-plan que l'on avait placé sous le calque que l'on est en train de détourer.

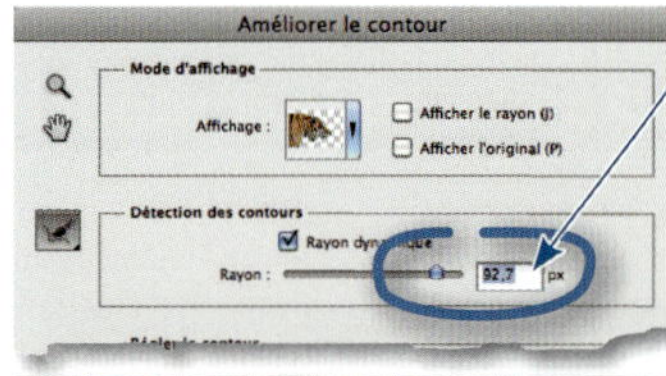

Avec un rayon plus grand, le détourage sur les zones floues est nettement amélioré, comme on peut le voir sur les détails à droite.

Les poils disparus réapparaissent grâce à cette amélioration du contour.

Une option, **Afficher le rayon**, permet de visualiser l'épaisseur de la zone d'amélioration.

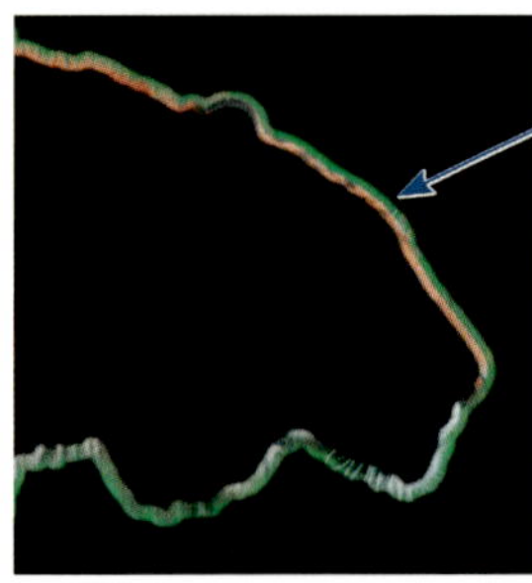

*L'option **Afficher le rayon** permet de voir l'épaisseur de la zone d'amélioration. Ci-contre on a changé le mode d'affichage pour la rendre plus visible.*

En cochant l'option **Rayon dynamique**, on optimise la largeur de la zone d'amélioration en fonction de la présence ou non de zones de flou.

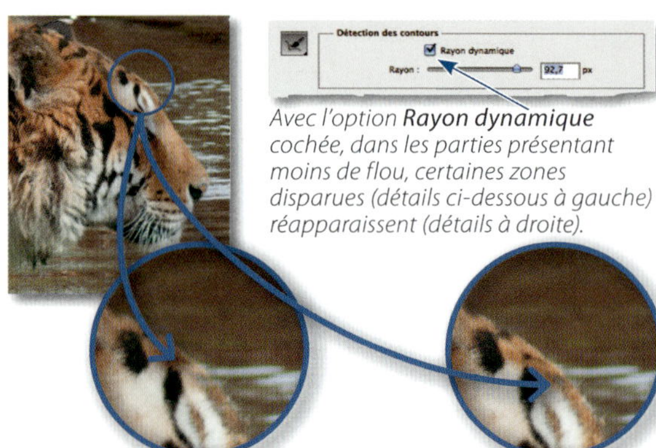

*Avec l'option **Rayon dynamique** cochée, dans les parties présentant moins de flou, certaines zones disparues (détails ci-dessous à gauche) réapparaissent (détails à droite).*

ASTUCE *À ce stade, selon l'image, il peut être intéressant, dans la rubrique* ***Régler le contour****, de réduire la valeur de* ***Décalage du contour*** *de manière à contracter le masque et éliminer certains pixels de la périphérie du détourage. Cependant, il faut éviter de trop contracter si vous souhaitez utiliser l'option* ***Décontamination*** (voir plus loin*).*

Avec le même rayon, mais une valeur négative de ***Décalage du contour****, on peut améliorer le détourage.*

Le détourage se trouve légèrement contracté.

Les outils d'amélioration

Pour affiner davantage ce détourage sur les zones très fondues, vous disposez de deux outils : **Amélioration du rayon** et **Effacement des améliorations** (du fondu précédemment rajouté). Ces outils sont également accessibles dans la **Barre d'options** et on passe d'un outil à l'autre en maintenant enfoncée la touche ⌥ [Alt] ou en tapant ⇧E.

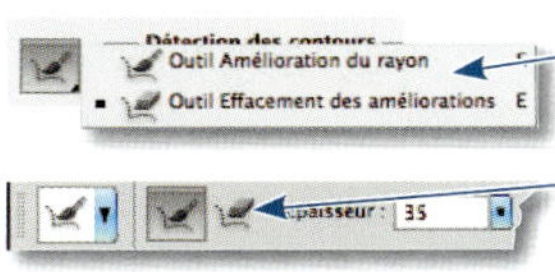

Les outils pour améliorer le contour dans la fenêtre de la commande et dans la ***Barre d'options****.*

La taille des outils se règle dans la **Barre d'options** ou directement sur l'image par glissement :

Réglages par glissement sur Mac puis sous Windows		
Taille	⌥ ctrl + glisser horizontalement	Alt + glisser bouton droit horizontalement

L'action des outils dépend de l'aspect de la zone sur laquelle vous passez l'outil.

L'ajout de zones floues : vous pouvez utiliser l'outil **Amélioration du rayon** en partant d'un réglage de rayon nul pour éviter que certaines zones (plutôt lisses) ne soient « améliorées ». Dans le cas de l'exemple de l'image du tigre, le rayon initial n'est pas nul, le passage de l'outil depuis la tête vers les moustaches du tigre les ajoute au détourage.

En effet, avec l'aperçu **Sur les calques**, le glissement de l'outil affiche l'image qui ne restera visible que sur certaines parties souhaitées (ici les moustaches) quand on relâche l'outil.

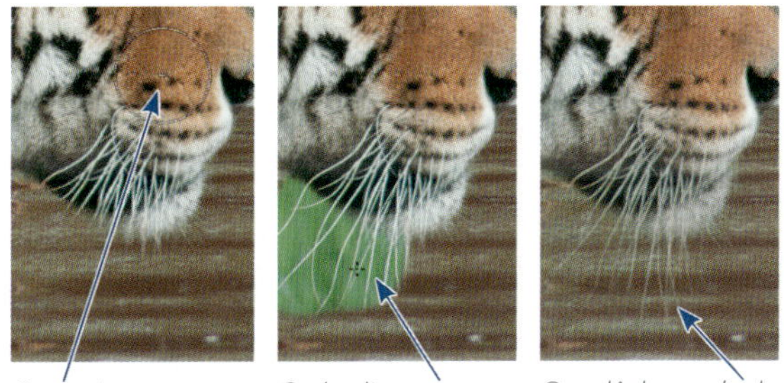

On active et on règle l'outil. *On le glisse : l'image apparaît.* *On relâche, seules les zones floues restent visibles.*

Le rajout de zones disparues : vous pouvez faire réapparaître des zones disparues en glissant l'outil **Effacement des améliorations** sur ces zones. Dans ce cas, avec l'aperçu **Sur les calques**, le glissement de l'outil affiche le damier (ou l'arrière-plan) qui est remplacé par l'image quand on relâche l'outil.

Dans tous les cas, vous pouvez afficher le rayon (en tapant J), changer le mode d'affichage (en tapant B, par exemple, pour avoir un fond noir), puis retoucher la zone d'amélioration pour faire apparaître ou disparaître certaines parties.

Si vous n'arrivez pas à retoucher certaines zones, vous pourrez toujours les reprendre sur le masque de fusion qui sera créé par la suite (en utilisant le pinceau et le blanc ou le noir, *comme nous le verrons un peu plus loin dans ce chapitre*). Ce masque peut être prévisualisé en utilisant le mode d'affichage **Noir et blanc** d'**Améliorer le contour** (au clavier K).

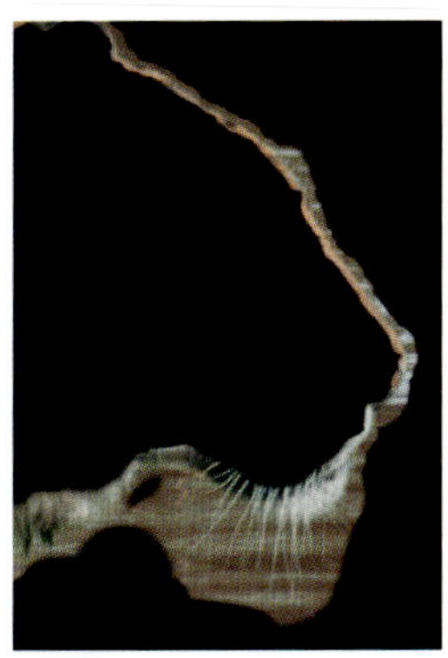

Ci-dessus, on a affiché le rayon (qui a été redessiné).

Ici, on a affiché le masque, il pourra être retouché sur certaines zones délicates (voir ci-après).

L'ajustement du masque de fusion

Quand vous avez terminé les modifications dans la fenêtre **Améliorer le contour**, le plus souvent vous allez utiliser le résultat pour détourer l'image à l'aide d'un masque de fusion (ce choix, qui permet une réversibilité, s'effectue dans la rubrique **Sortie**).

Pour créer un masque de fusion qui détoure l'image, on a utilisé la sélection avec cette option.

À ce stade, le masque peut encore être ajusté (*nous le reverrons dans le chapitre suivant consacré aux couches alpha*). Pour voir l'ampleur du travail, activez et affichez seul le masque de fusion (par ⌥clic [Alt clic] sur sa vignette, située à droite de celle du calque dans le panneau **Calques**) : il apparaît en noir et blanc (comme vous pouviez le voir dans **Améliorer le contour** avec l'option d'affichage **Noir et blanc**). Les zones blanches laissent voir l'image, les zones noires les masquent. Certaines zones sont grises, elles définissent une zone de flou ou fondu (semi-transparence). Ce sont elles qui nécessitent parfois une intervention.

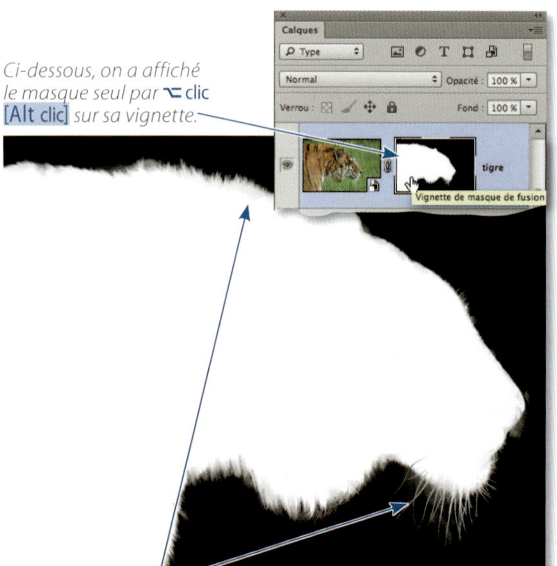

Ci-dessous, on a affiché le masque seul par ⌥clic [Alt clic] sur sa vignette.

Le masque présente des défauts à corriger.

Pour cela, effectuez les manipulations suivantes :

- Activez l'outil **Densité +** (pour assombrir) ou l'outil **Densité –** (pour éclaircir) ;
- Dans la **Barre d'options** de l'outil, réduisez l'exposition (intensité d'action de l'outil) et définissez une gamme de tons à modifier. Par exemple, pour éclaircir des zones grises situées dans les parties blanches, sans toucher aux éléments noirs du masque, avec la gamme **Tons foncés**.
- Par glissement sur le masque, réglez la taille de l'outil et sa dureté (avec des bords plutôt fondus) :

Réglages par glissement sur Mac puis sous Windows		
Taille	⌥ctrl + glisser horizontalement	Alt + glisser bouton droit horizontalement
Dureté	⌥ctrl + glisser verticalement	Alt + glisser bouton droit verticalement

- Glissez l'outil sur la zone à rectifier. Annulez en cas de débordement. Changez d'outil pour obtenir l'inversion des couleurs sur d'autres zones.

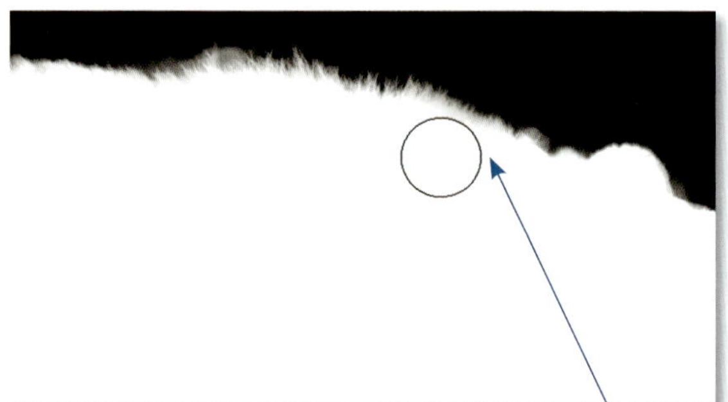

*Avec l'outil **Densité –** (gamme **Tons clairs**), on a éclairci ici.En revanche, on a assombri en utilisant l'outil **Densité +** (gamme **Tons foncés**).*

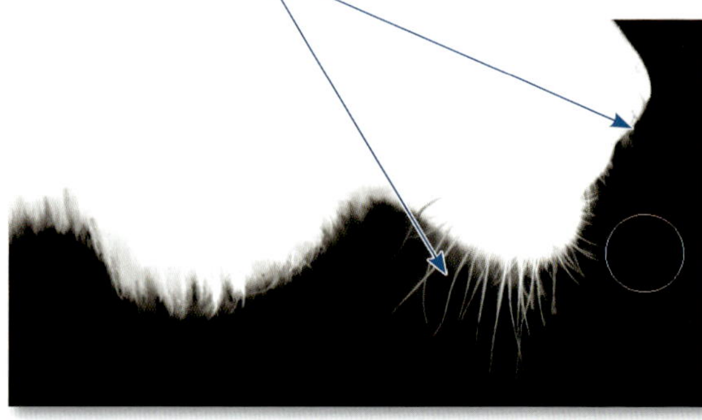

Astuce *Pour certaines de ces retouches, il est également possible d'utiliser l'outil **Pinceau** (avec le noir ou le blanc).*

Les utilisations avancées : la décontamination

Il existe plusieurs façons de décontaminer un détourage. Cette opération permet d'atténuer ou d'éliminer les couleurs des pixels situés à la périphérie du détourage, qui provoquent une mauvaise intégration de l'image détourée dans l'arrière-plan. Ces couleurs proviennent du fond sur lequel se trouvait l'image avant son détourage. Nous allons commencer par la méthode que propose Photoshop.

LA DÉCONTAMINATION PAR AMÉLIORER LE CONTOUR

Dans la rubrique **Sortie**, si vous cochez l'option **Décontamination**, Photoshop ajoutera, sur la périphérie de la zone détourée, des pixels pour l'intégrer et la fondre dans l'arrière-plan qui sera placé sous le calque détouré. La largeur de la zone occupée par les éléments ajoutés dépend de la valeur entrée dans la case **Quantité**. Des valeurs voisines de 60 à 70 donnent souvent de bons résultats.

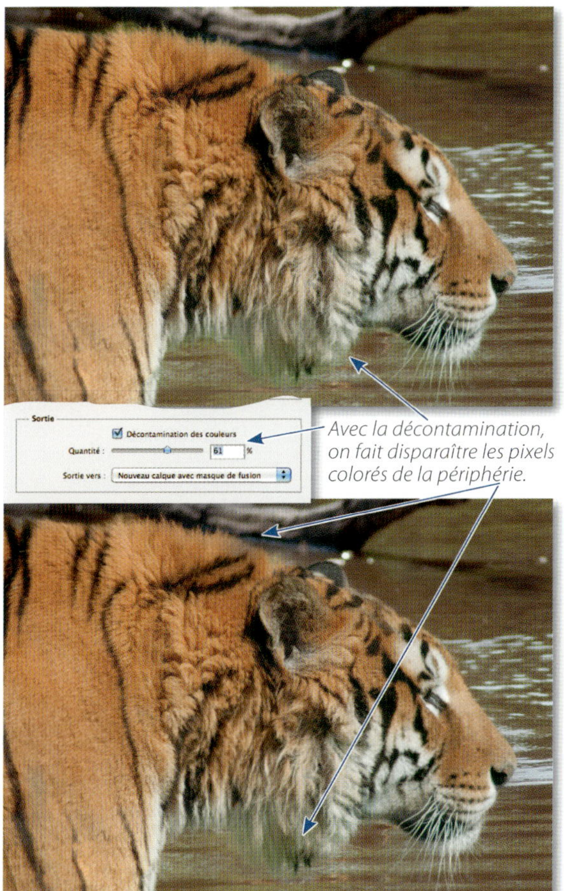

Avec la décontamination, on fait disparaître les pixels colorés de la périphérie.

ATTENTION *Dans la rubrique **Régler le contour**, la valeur de **Décalage du contour** influe sur l'aspect de la décontamination. Dans certains cas, une légère augmentation de la valeur peut être nécessaire.*

Étant donné que le contenu du calque est modifié, Photoshop effectue cette opération en plaçant ces pixels de décontamination sur une copie du calque avec un masque de fusion (l'option correspondante s'active automatiquement dans le menu **Sortie vers** de la rubrique **Sortie**). En opérant ainsi, Photoshop vous permet de conserver intact un calque sans pixels ajoutés (non décontaminé). Il est possible de choisir la destination (sortie) du calque modifié.

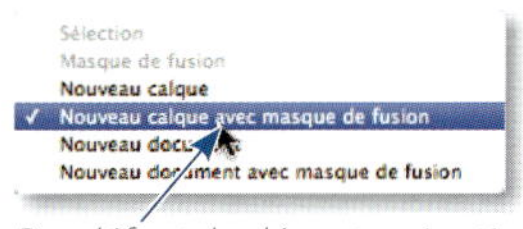

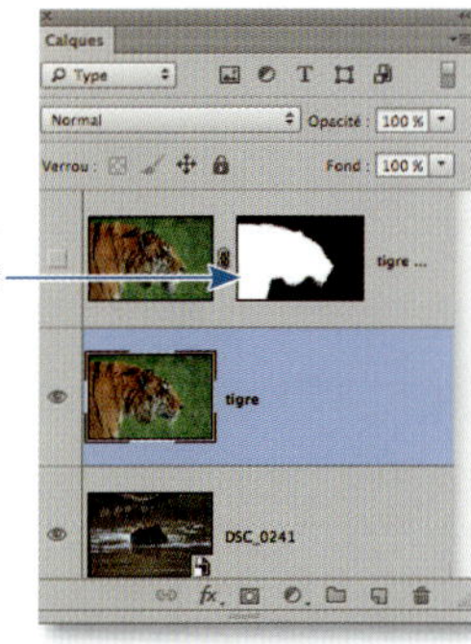

*Par défaut, la décontamination crée un nouveau calque avec un masque (ce dernier peut être appliqué définitivement avec l'option **Nouveau calque** du menu local **Sortie vers**).*

ASTUCE *Si la décontamination n'est pas suffisante sur certaines zones floues, effectuez les opérations suivantes :*

- *réalisez une sélection grossière de cette zone et affectez-lui un contour progressif (menu **Sélection/Modifier**) ;*
- *ajoutez un calque de réglage de type **Teinte/Saturation** (par le panneau **Réglages**).*
- *cliquez sur l'icône pour activer l'écrêtage du réglage qui ainsi n'agira que sur le calque détouré ;*
- *activez l'outil **Réglage ciblé** et glissez-le (horizontalement vers la gauche) sur la couleur qui contamine les bords du détourage pour la désaturer.*

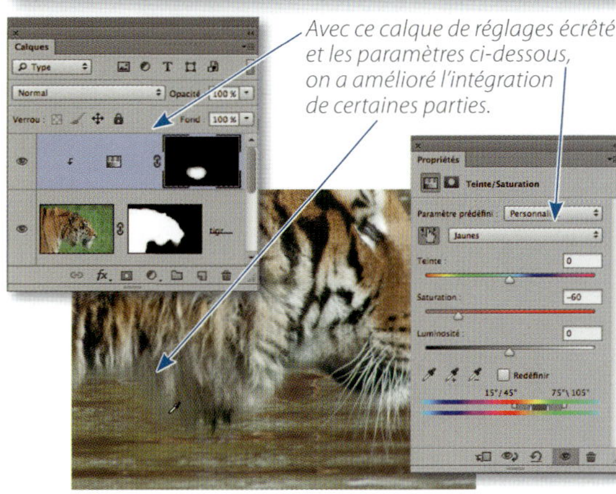

Avec ce calque de réglages écrêté et les paramètres ci-dessous, on a amélioré l'intégration de certaines parties.

Dans certains cas, il peut être nécessaire d'avoir recours à une autre méthode que la décontamination par **Améliorer le contour**. En effet, soit celle-ci ne fonctionne pas correctement, soit vous ne souhaitez pas que le résultat apparaisse sur un autre calque. Ce dernier cas correspond au détourage d'un objet dynamique pour lequel la décontamination ferait perdre le dynamisme.

LA DÉCONTAMINATION D'UN OBJET DYNAMIQUE DÉTOURÉ (AVEC DUPLICATION PARTIELLE)

Quand vous réalisez le détourage d'un objet dynamique (fichier RAW ouvert comme objet dynamique, image importée, image placée depuis Mini Bridge ou encore objet dynamique que vous avez créé dans Photoshop), si vous ne souhaitez pas perdre le dynamisme de cet objet, il est impératif que le masque de fusion reste appliqué à cet objet dynamique et non pas au calque sur lequel a été effectuée la décontamination (et qui masque cet objet dynamique, lequel n'est plus affiché).

Cette image est un objet dynamique.

Ici, on a détouré l'image puis on l'a « décontaminée » tout en gardant le dynamisme de la photo.

Pour cela vous pouvez effectuer les opérations suivantes décrites avec un exemple d'une image importée.

1. **Préparation et réalisation du détourage** : sur l'image, réalisez la sélection (avec l'outil **Sélection rapide**, par exemple). Lancez la commande **Améliorer le contour** et réalisez le détourage voulu.

On réalise une sélection (outil ***Sélection rapide****) puis on améliore le contour de la sélection avec ces paramètres et cet outil.*

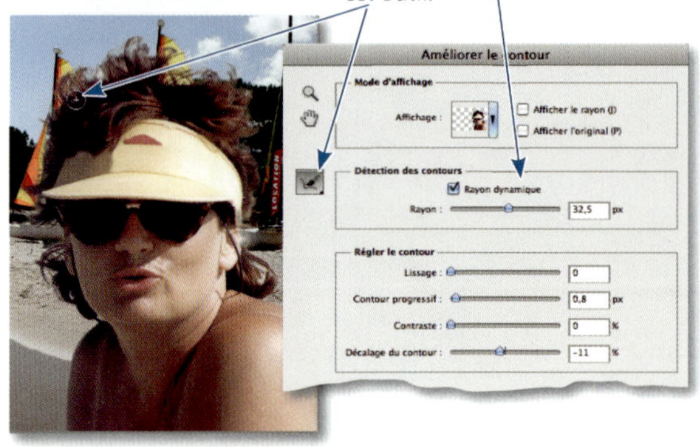

2. **Décontamination** : dans la fenêtre **Améliorer le contour**, procédez à la décontamination en choisissant **Nouveau calque avec un masque de fusion** comme option de sortie. À ce stade, l'objet dynamique n'est plus affiché et le masque de fusion est sur le calque « décontaminé ».

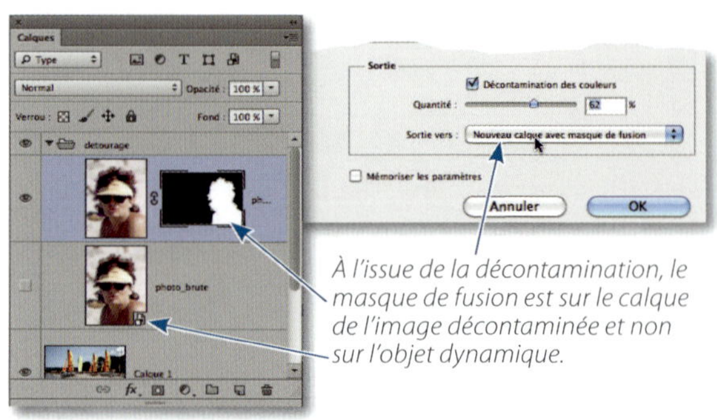

À l'issue de la décontamination, le masque de fusion est sur le calque de l'image décontaminée et non sur l'objet dynamique.

3. **Transfert du masque** : il faut réafficher le calque de l'objet dynamique et lui associer le masque de fusion. Pour cela, dans le panneau **Calques**, effectuez les trois manipulations suivantes :
   - Glissez la vignette du masque sur le calque de l'objet dynamique.

On glisse le masque du calque de décontamination sur le calque de l'objet dynamique.

   - Réaffichez ce dernier (par clic dans la case vide à gauche de la vignette du calque). À ce stade, la photo réapparaît non détourée avec son halo de décontamination.

La photo s'affiche avec sa décontamination.

   - Créez un masque d'écrêtage (avec la commande du menu contextuel affiché par clic droit sur la vignette du calque de décontamination), afin que rien du calque inférieur ne déborde du masque de fusion (la vignette du calque écrêté se décale vers la droite).

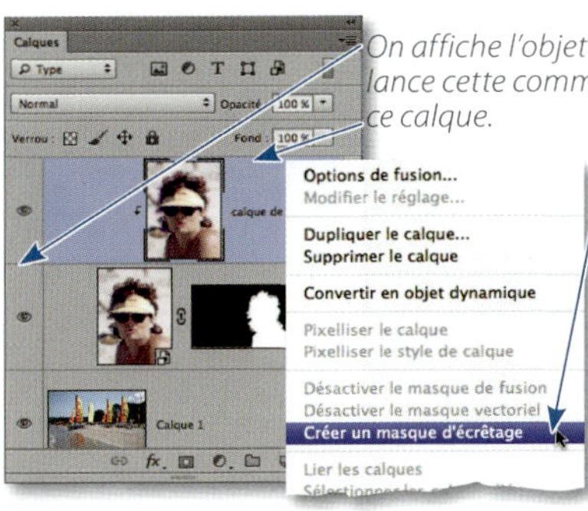

On affiche l'objet dynamique, on lance cette commande pour écrêter ce calque.

4. **Masque limité à la zone décontaminée** : actuellement, le calque de décontamination couvre l'objet dynamique. Il faut limiter son affichage à celui de la zone décontaminée. Pour cela, effectuez les opérations suivantes :
   - Récupérez la sélection du masque de fusion par ⌘clic [Ctrl clic] sur la vignette du masque.

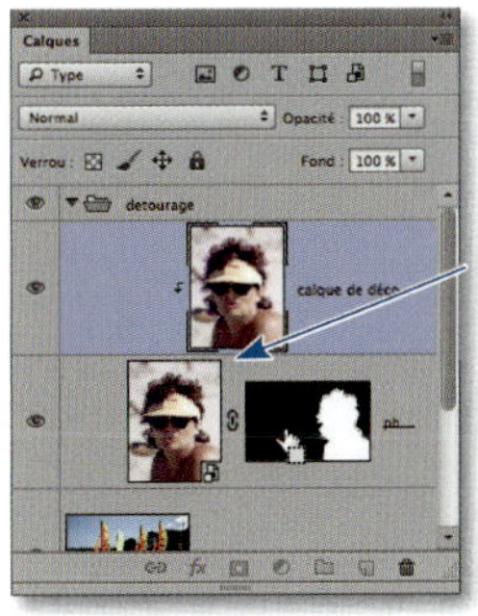

Par ⌘clic [Ctrl clic] sur cette vignette, on récupère la sélection correspondant au masque de fusion.

   - Lancez, dans le menu **Édition**, **Modifier** puis **Cadre** avec une valeur de 20 à 30 pixels.

Avec cette commande du menu ***Sélection****, on obtient cette sélection.*

   - Créez un masque de fusion sur le calque de décontamination par clic sur l'icône de masque située en bas du panneau **Calques**.

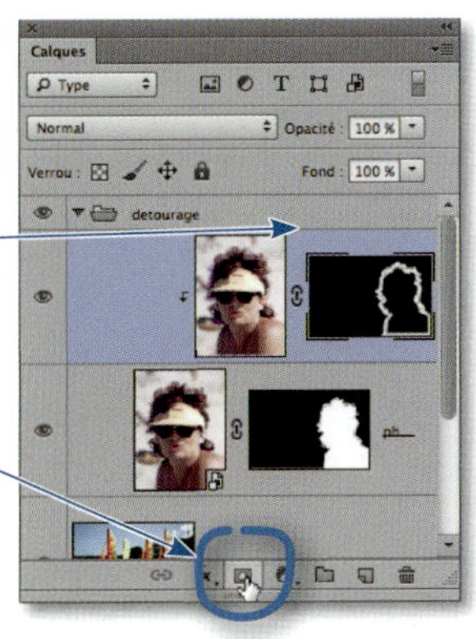

On crée ce masque de fusion à partir de la sélection précédente en cliquant sur cette icône.

5. **Finition éventuelle de la décontamination** : la zone décontaminée est maintenant limitée à une bande qui entoure le détourage. Il est possible d'intervenir sur son aspect (luminosité, contraste, couleur…) soit directement avec les outils appropriés (**Densité +**, **Densité –**, **Netteté**…), soit avec des calques de réglage sur lesquels on appliquera le même masque.

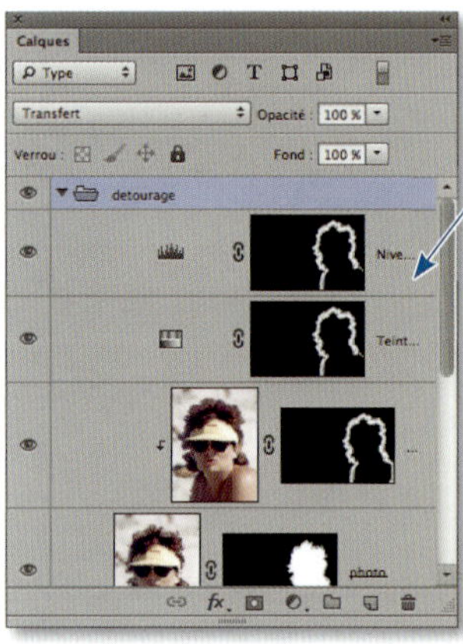

Les différents éléments du détourage de l'objet dynamique.

Un détail de l'image détourée sans décontamination.

À gauche, la décontamination par ***Améliorer le contour*** *; à droite, celle avec un effet de calque.*

Pour réaliser ce type de décontamination, activez le calque détouré et sélectionnez **Ombre interne** dans la liste d'effets de calque qui s'affiche en cliquant sur l'icône **fx** située dans le bas du panneau **Calques**.

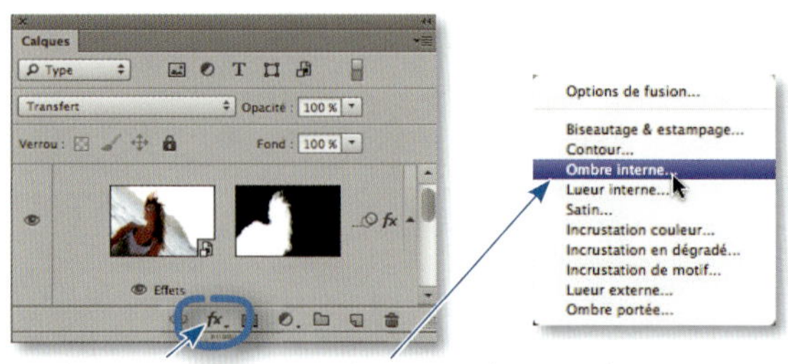

En cliquant ici, on voit cette liste ; on y choisit ***Ombre interne****.*

Cette ombre interne se paramètre avec des valeurs faibles : **Opacité** = 30 % (environ), **Angle** = 0°, **Distance** et **Taille** = 5. Ajoutez également une légère ombre portée (opacité 30 environ, angle et distance 0 et taille 2).

La décontamination par les effets de calque

Pour obtenir une décontamination, il est parfois possible d'utiliser certains effets de calque. Ils permettent de pallier l'assombrissement provoqué par la décontamination avec **Améliorer le contour** (et, le cas échéant, de conserver la nature dynamique du calque détouré).

Pour cette ombre, le noir peut être remplacé par une couleur prélevée sur une zone sombre à la périphérie du détourage.

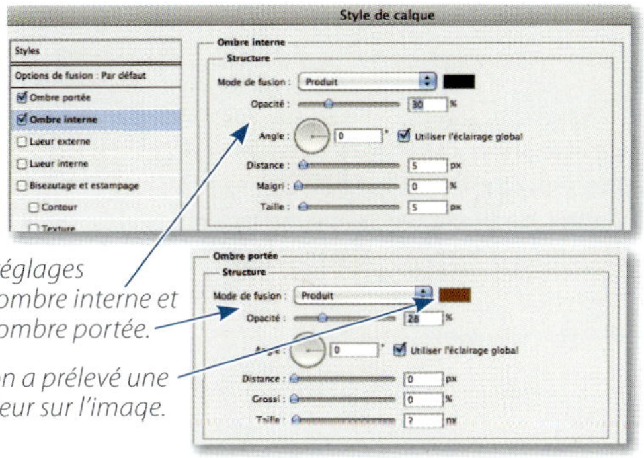

Les réglages de l'ombre interne et de l'ombre portée.

Ici, on a prélevé une couleur sur l'image.

Selon la couleur de la zone à la périphérie du détourage, le noir de l'ombre interne pourra être remplacé par une autre couleur. Si celle-ci est claire, changez le mode **Produit** de l'ombre pour **Normal** et augmentez l'opacité.

Ce type de décontamination convient quand les couleurs des bords détourés sont relativement identiques. Si ce n'est pas le cas, vous pouvez avoir recours à une décontamination manuelle comme celle décrite ci-après.

La décontamination manuelle avec l'outil Tampon

Ce type de décontamination est plus délicat. Sa mise en œuvre commence par l'ajout d'un nouveau calque que l'on écrête par le calque détouré, en lançant la commande **Créer un masque d'écrêtage** (du menu **Calques** ou au clavier ⌥⌘G [Alt Ctrl G]). Elle se poursuit par l'activation de l'outil **Tampon** et son paramétrage avec les options suivantes : **Échantillonnage** réglé sur **Tous les calques** et **Aligné** non coché. La décontamination se réalise en utilisant l'outil par petites touches pour dupliquer, sur la périphérie de la zone détourée, des prélèvements réalisés sur des parties de l'image définies comme référence (par ⌥clic [Alt clic]). Cette référence doit présenter l'aspect que devraient avoir les bords du détourage. Comme ces derniers changent en fonction de la zone travaillée, n'hésitez pas à redéfinir souvent la référence pour assurer une meilleure correspondance.

Dans certains cas, vous pouvez envisager de pivoter l'échantillon qui va être dupliqué à partir du panneau **Source de duplication** (case de rotation), voire de changer l'aspect de l'outil à partir du panneau **Formes**. Si vous avez débordé sur certaines zones de l'image, ajoutez un masque de fusion (par clic sur l'icône du panneau **Calque**) et dessinez dessus en noir avec l'outil **Pinceau**. Vous pouvez aussi préparer un masque de fusion du type de celui présenté dans l'étape 4 de la décontamination de la page précédente.

2 - Les détourages avec les couches

Dans le chapitre précédent, nous avons vu comment réaliser des détourages ou masques avec les outils de sélection. Dans certains cas, ces outils s'avèrent inadaptés au travail à réaliser, aussi il sera plus pratique de préparer un masque de pixels en utilisant les couches alpha. En effet, en plus des outils de sélection (et de leur manipulation), il deviendra possible de recourir aux outils de dessin et de mettre en œuvre des traitements (des plus simples aux plus sophistiqués) qui s'appliquent habituellement aux images.

La gestion des couches

Les types de couches

On distingue cinq types de couches : les couches de composition, les couches alpha, la couche du **Mode Masque**, les couches des masques de pixels ou des masques filtrants et celles de tons directs.

Les couches de composition

Il s'agit des couches constituant le document. Leur nombre dépend de l'échantillonnage des couleurs (appelé **mode**).

- Avec les modes **Bitmap**, **Niveaux de gris**, **Bichromie** et **Couleurs indexées**, le document ne possède qu'une seule couche. L'échantillonnage est de 1 bit par pixel pour le mode **Bitmap** et de 8 bits par pixel pour les autres, soit 256 niveaux de gris ou couleurs au maximum.
- Avec les modes **RVB** et **Lab**, le document comporte quatre couches, une pour chaque composante (R, V et B ou L, a et b) et une couche composite. Sur chaque couche, l'échantillonnage est de 8 bits par pixel, soit 24 bits pour le document.
- Avec le mode **CMJN**, le document comporte cinq couches, une pour chaque composante (C, M, J et N) et une couche composite. Sur chaque couche, l'échantillonnage est de 8 bits par pixel, soit 32 bits pour le document.

Affichée seule, une couche de composition apparaît en niveaux de gris (8 bits, soit 256 niveaux de gris) ; ce réglage peut être modifié dans les préférences de manière à afficher les couches R, V ou B (C, M, J ou N) dans leur couleur. La couche composite (RVB ou CMJN), en couleurs, montre la superposition des couches de composition (R, V et B).

La couche alpha : couche de préparation

Une couche alpha est une couche ajoutée à celles de composition. Elle est définie sur 8 bits, affichée seule elle apparaît en niveaux de gris. Visualisée en même temps que d'autres couches, elle s'affiche colorée (par défaut en rouge) avec une opacité de 50 % pour s'incruster sur les autres couches. Une couche alpha n'a aucun rôle direct dans un document ; elle sert à stocker ou préparer des éléments (en blanc sur fond noir ou en niveaux de gris) utilisés sous forme de sélection sur la couche composite du document.

Le Mode Masque : couche temporaire de travail

Il s'agit d'une couche alpha affichée temporairement. En effet, son apparition est liée à l'activation du **Mode Masque** qui permettra la préparation rapide d'une sélection en utilisant les techniques de travail liées aux couches (*décrites plus loin*). Par défaut, la couche du **Mode Masque** est toujours affichée en superposition à la couche composite et elle apparaît donc en rouge (couleur par défaut). Elle se repère dans le panneau **Couches** par son nom, **Masque**, écrit en italique.

La couche du masque de fusion ou du masque filtrant : couche de détourage

Par défaut, cette couche est active, mais invisible. Elle possède les mêmes propriétés qu'une couche alpha (son nom est écrit en italique). Elle apparaît automatiquement quand on crée :

- un masque de fusion sur un calque : la couche permettra de cacher une partie de l'image ;
- un calque de réglage : la couche limitera la correction chromatique ou la coloration sur une partie de l'image ;

Note *Une option (**Ajouter un masque par défaut**) du menu du panneau **Réglages** peut être décochée pour empêcher son apparition.*

- un filtre dynamique : la couche (masque filtrant) permettra de limiter l'effet du filtre.

La couche de ton direct : couche de coloration

Il s'agit également d'une couche alpha, mais cette fois, elle entre dans la composition de l'image afin d'ajouter une nouvelle couleur sur une zone de l'image. Affichée seule, la couche de ton direct apparaît en niveaux de gris, alors que, visualisée avec la couche composite, elle montre ses propres couleurs (les nuances du ton direct, un Pantone par exemple). Celles-ci peuvent être affichées en transparence ou non.

Note *L'étude des couches de ton direct sera abordée dans la partie consacrée à la distribution des images située à la fin de ce livre.*

Le panneau **Couches** montre chaque couche dans une vignette. Leur taille est modifiable par la commande **Options de panneau** du menu du panneau, ou par le menu contextuel affiché dans une zone vide en bas du panneau.

Les correspondances des couleurs de la couche alpha

Comme cela a été signalé, une couche ne contient que des niveaux de gris. Quand on l'utilise comme masque, les zones noires cachent les éléments du document (ou du traitement pour un réglage, de l'effet pour un filtre…), les zones blanches les laissent apparaître (ou permettent le traitement) et les zones grises constituent les zones de fondu (les éléments y sont partiellement affichés ou traités).

Si la couche est récupérée comme sélection, les zones blanches définissent les pixels sélectionnés, les zones noires, ceux qui ne sont pas sélectionnés, et les grises correspondent au contour progressif (zone de fondu). Les pointillés de la sélection correspondent à des pixels sélectionnés à au moins 50 %.

Quand une couche alpha est affichée seule, elle ne montre que des niveaux de gris ; en revanche, si elle est affichée avec d'autres couches, elle affiche des teintes de rouge.

L'ajout d'une couche alpha

Il est possible d'ajouter manuellement une couche à un document de quatre façons différentes :

- à partir du panneau **Couches** par création d'une nouvelle couche (alpha ou de ton direct) ;
- par copie ou transfert d'une couche existante ;
- par mémorisation d'une sélection ;
- par création d'un masque de fusion (*ce point sera développé dans la partie consacrée aux calques*).

La création d'une nouvelle couche

Elle s'effectue par clic sur l'icône **Créer une couche** situées en bas du panneau. La couche créée s'affiche seule, elle est remplie de noir : dans le panneau **Outils**, les couleurs par défaut deviennent le blanc au premier plan et le noir à l'arrière-plan. Par défaut, la couche s'appelle **Alpha 1** pour la première (**Alpha 2** pour la deuxième, etc.).

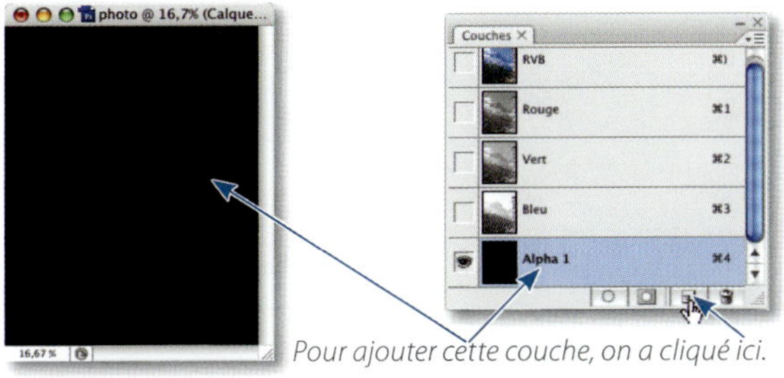

Pour ajouter cette couche, on a cliqué ici.

Astuce *Si vous cliquez sur avec ⌥ [Alt], la fenêtre d'options s'affiche : vous pouvez nommer la couche.*

La copie d'une couche

Pour copier une couche, dans le panneau **Couches**, glissez son nom sur l'icône **Créer une couche** , ou utilisez le menu contextuel déroulé sur le nom de la couche. Une couche peut être dupliquée vers un nouveau document pour être sauvegardée séparément. Pour cela, utilisez la commande **Dupliquer la couche** (menu contextuel) et choisissez **Nouveau** à la rubrique **Destination**.

Astuce *La duplication peut également se faire d'un document vers un autre en vue de transférer une sélection.*

L'obtention d'une couche à partir d'une sélection

La mémorisation de la sélection sur une couche

Dès qu'une sélection est réalisée, il est pratique d'en garder une trace sur une couche à partir de laquelle il sera facile de récupérer la sélection initiale. C'est la mémorisation de la sélection sous forme d'une couche alpha. Lors de cette opération, Photoshop crée une couche alpha dans laquelle ce qui était à l'intérieur des pointillés de sélection apparaît en blanc sur fond noir.

Pour convertir une sélection en couche (mémoriser une sélection), cliquez sur l'icône **Mémoriser la sélection sur une couche** du panneau **Couches**, ou lancez la commande **Mémoriser la sélection** (menu **Sélection** ou contextuel obtenu par clic droit en enfonçant la touche correspondant à un outil de sélection, **M** par exemple). Avec cette commande, une fenêtre permet de nommer la couche. Dans les deux cas, la sélection reste visible à l'écran, mais Photoshop crée une couche supplémentaire dont la vignette s'affiche dans le panneau **Couches**.

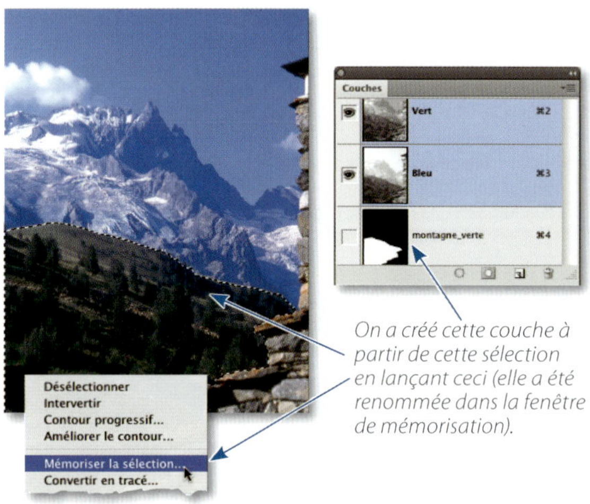

Astuce *Pour nommer la couche lors de la mémorisation par le panneau, enfoncez ⌥ [Alt] quand vous cliquez sur l'icône.*

Les opérations sur la couche lors de la mémorisation

Si vous modifiez une sélection que vous venez de mémoriser ou en créez une nouvelle, lors de la mémorisation, vous pouvez effectuer une opération (addition, soustraction, intersection ou remplacement) entre la sélection affichée et celle mémorisée afin d'obtenir un nouveau masque.

Ces opérations s'effectuent à partir de la commande **Mémoriser la sélection** (*voir ci-après*). En effet, dès que vous choisissez une destination autre que **Nouveau** (à la rubrique **Couche**), Photoshop propose quatre choix :

- **Remplacer la couche** : la couche sélectionnée dans le sous-menu **Couche** sera écrasée. Cela peut être utile, après modification, pour mettre à jour une mémorisation de sélection.
- **Ajouter à la couche** : une zone blanche apparaît sur le masque correspondant à la sélection affichée à l'écran.
- **Soustraire à la couche** : une zone noire apparaît sur le masque correspondant à la sélection affichée à l'écran.
- **Intersection avec la couche** : le masque ne garde en blanc que la partie située à l'intérieur de la sélection.

Astuce *Dans le cas d'une mise à jour d'une couche (remplacement), il est parfois plus rapide de mémoriser la sélection modifiée sur une nouvelle couche (par clic sur l'icône), puis de supprimer l'ancienne couche devenue inutile.*

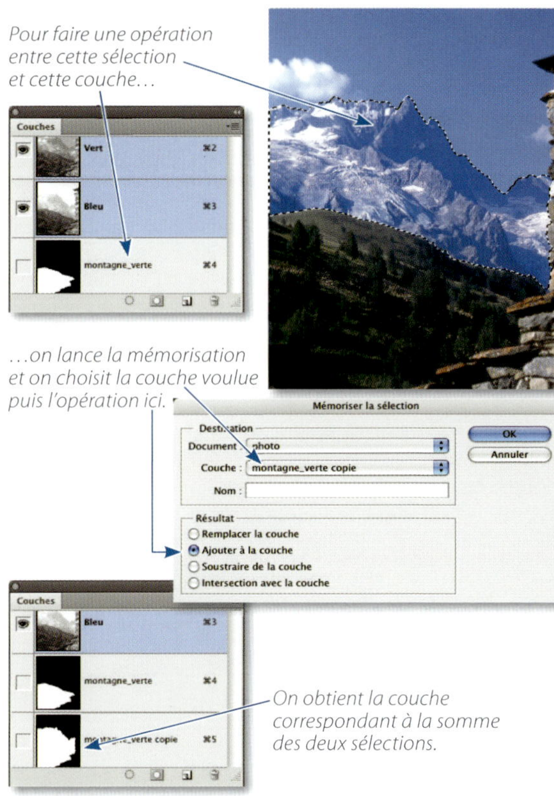

L'affichage et l'édition d'une couche

Pour qu'une couche soit visible, elle doit comporter un œil devant sa vignette. Pour qu'elle soit éditable ou active (sans forcément être visible pour les masques filtrants ou de fusion), son nom doit être sélectionné dans le panneau **Couches** (en gras dans une bande colorée) ; il apparaîtra à côté du nom du document.

Attention, ci-contre, en jaune, c'est cette couche qui est affichée avec la couche RVB, mais elle ne sera pas éditable (⊘). Ici, c'est cette couche qui est active.

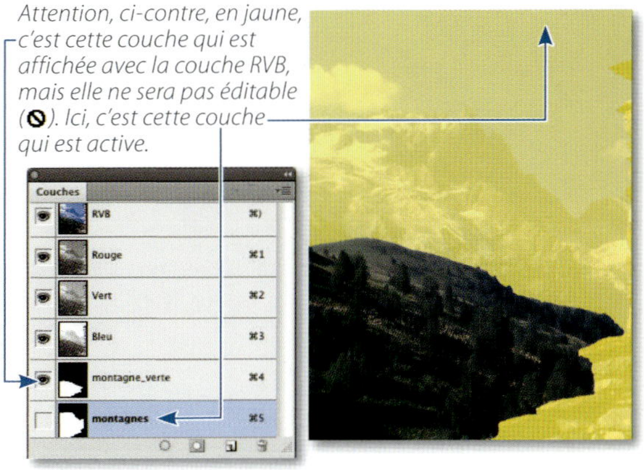

Le détourage avec le Mode Masque

Il existe deux façons de préparer un détourage ou masque : avec le **Mode Masque** (méthode rapide et efficace) ou à partir d'une couche alpha.

Dans le premier cas, que nous allons étudier dans les paragraphes qui suivent, le résultat sera directement une sélection, alors que dans le second cas, si la couche alpha n'est pas déjà définie comme masque, elle devra être convertie en sélection (*voir page 332*).

La mise au point d'une sélection avec le Mode Masque

Photoshop propose deux modes de travail : le **Mode Standard** (actif par défaut) et le **Mode Masque**.

Le principe du Mode Masque

Avec le **Mode Standard**, la sélection ne se prépare qu'avec les outils de sélection. Avec le **Mode Masque**, elle est convertie en couche et peut « subir » davantage de traitements. Quand le **Mode Masque** est activé alors qu'une sélection est affichée, il y a création temporaire d'une couche nommée **Masque** (en italique) : le dessin du masque (zone transparente) correspondant à la sélection est placé sur cette couche (colorée en rouge), vous pouvez le retravailler. La couche **Masque** disparaît dès que vous repassez au **Mode Standard** : elle est remplacée par la sélection correspondante. Quel que soit le mode actif, le travail sur une couche est le même ; cependant, avec le **Mode Masque**, la couche active au lancement du mode (en général, couche RVB) reste affichée simultanément avec la couche du masque.

L'activation du Mode Masque

Pour activer le **Mode Masque**, effectuez une sélection avec l'une des méthodes décrites au chapitre précédent, puis cliquez sur l'icône **Mode Standard** dans le panneau **Outils** (elle devient) ou tapez la touche Q. Le menu **Sélection** propose également une commande pour activer (ou quitter) le **Mode Masque**.

> **ASTUCE** *Si vous passez au **Mode Masque** sans effectuer de sélection, la couche **Masque** ne comporte pas de zones opaques (rouges) ; elles apparaîtront en dessinant en noir.*

*Dans le **Mode Standard**, on a réalisé une sélection dont on veut corriger les imperfections avec le **Mode Masque**.*

Photoshop ajoute aussitôt une couche qu'il active et affiche en superposition à la couche précédemment active (qui n'est plus que visualisée). Il lui attribue la couleur rouge avec 50 % d'opacité, sauf à la partie qui correspondait à la sélection qui, elle, est totalement transparente. La couche **Masque** devient la seule couche éditable.

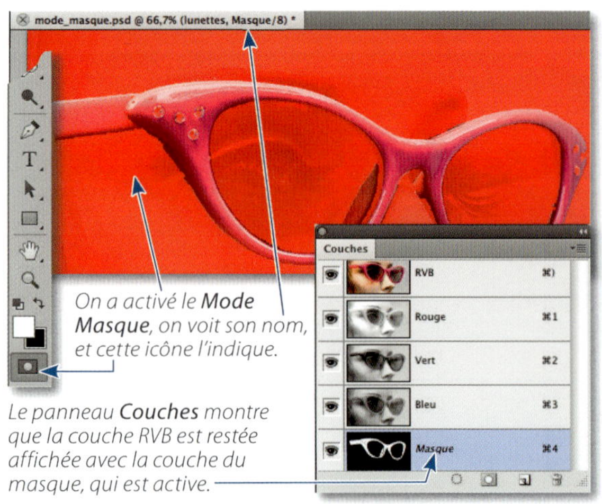

*On a activé le **Mode Masque**, on voit son nom, et cette icône l'indique.*

*Le panneau **Couches** montre que la couche RVB est restée affichée avec la couche du masque, qui est active.*

La couleur de cette couche (rouge par défaut) et son opacité peuvent être changées par double-clic sur sa vignette dans le panneau **Couches** ou par double-clic sur l'icône du panneau **Outils** ; n'hésitez pas à les modifier.

On peut régler l'apparence du masque pour le rendre plus exploitable sur la photo.

Le travail sur la couche du Mode Masque

La couche **Masque**, bien que visualisée en même temps que d'autres couches, peut subir toutes les manipulations nécessaires à la préparation d'un masque (*voir page 314*).

Pour visualiser uniquement la couche **Masque**, dans le panneau **Couches**, cliquez sur l'œil de la couche composite (RVB, CMJN ou autre) pour le masquer. Si vous cliquez à nouveau sur cet œil, la couche composite réapparaît sous la couche **Masque**.

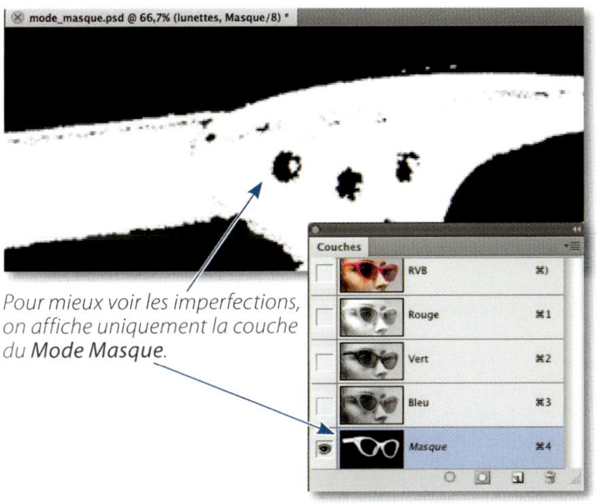

Pour mieux voir les imperfections, on affiche uniquement la couche du ***Mode Masque****.*

Le passage du Mode Masque à la sélection

Une fois le travail sur la couche terminé, récupérez la sélection sur la couche composite (ou sur une autre). Cette opération s'effectue en quittant le **Mode Masque** pour le **Mode Standard**. Pour cela, tapez Q, ou cliquez sur l'icône du **Mode Masque** ◙ (elle redevient ◙). L'apparition de la sélection provoque la disparition de la couche **Masque** dans le panneau **Couches**.

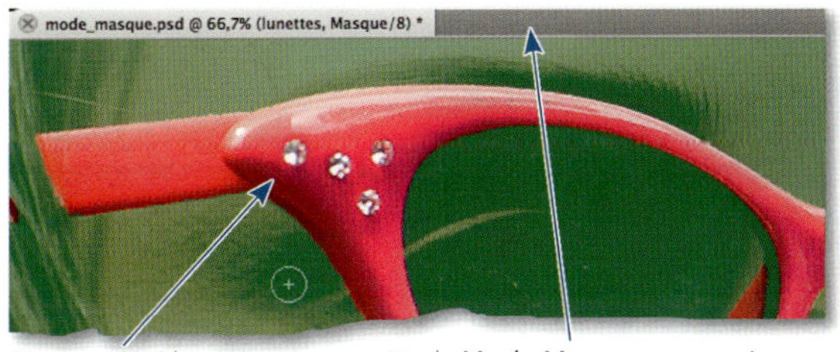

On a corrigé le masque, on quitte le ***Mode Masque*** *pour voir la sélection.*

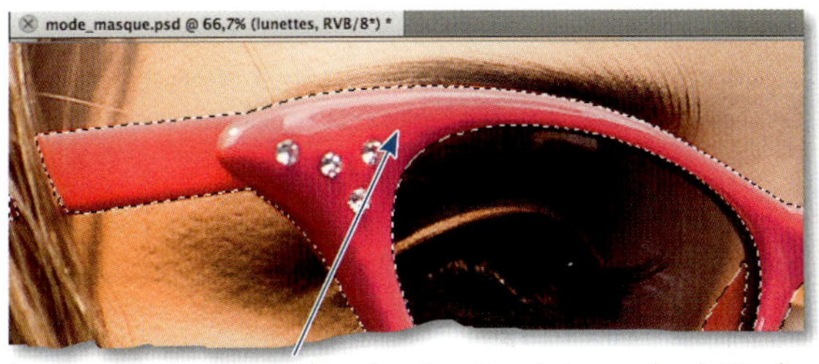

La sélection devient visible et la coloration de la couche du ***Mode Masque*** *disparaît.*

Le passage du Mode Masque à la couche alpha

Pour garder une trace de la couche temporaire créée par le **Mode Masque**, une fois la sélection affichée, mémorisez-la ou faites une copie de la couche **Masque** en glissant son nom sur l'icône ◙ du panneau **Couches**. Dans ce cas, quand vous quitterez le **Mode Masque**, la copie du masque figurera dans le panneau comme une couche alpha et vous pourrez la manipuler comme toute autre couche.

Les détourages à l'aide de la couche alpha

Un détourage, autrement dit un masque, peut être réalisé à partir d'une couche sans utiliser le **Mode Masque**. Celle-ci s'obtient de différentes manières : elle peut être créée de toutes pièces (nouvelle couche), obtenue par copie, par mémorisation d'une sélection ou par ajout d'un masque de fusion (ou de pixels)… Nous allons le voir en détail.

La couche par création

Dans certains cas, le contenu du masque n'a aucun rapport avec la photo et ne nécessite pas la visualisation de la couche composite la contenant. Comme indiqué précédemment, commencez alors le travail par l'ajout d'une couche (clic sur [icône] dans le panneau **Couches**).

La couche par copie

La réalisation d'un masque peut commencer par l'obtention d'une copie d'une couche (rouge, verte ou bleue) provenant du document actif ou de tout autre document ouvert.

En effet, il est souvent avantageux de commencer le travail du masque sur une couche obtenue par copie d'une couche existante qui présente la zone à détourer avec un bon contraste par rapport à l'arrière-plan.

Astuce *Pour visualiser rapidement chaque couche colorée (R, puis V, puis B), tapez ⌘3 [Ctrl 3], ⌘4 [Ctrl 4] ou ⌘5 [Ctrl 5], puis ⌘2 [Ctrl 2] pour revenir sur la couche RVB.*

Pour faciliter le travail, n'hésitez pas à faire une copie du document (menu **Image/Dupliquer**) et à convertir dans un autre mode (CMJN, Lab…) afin de trouver la couche la plus favorable pour préparer le masque. Une fois la couche réalisée, transférez-la par duplication vers le document original (par clic droit sur sa vignette dans le panneau **Couches**).

La couche par les opérations

L'élaboration d'une couche

Pour obtenir une couche alpha (avec un bon contraste) qui servira de base à la préparation du masque, pensez à utiliser la commande **Opérations** du menu **Image**. Dans la fenêtre **Opérations**, sélectionnez les couches (par exemple, rouge et verte) qui seront combinées en tant que sources dans une opération choisie dans une liste (par exemple, lumière ponctuelle, produit ou autre). Le résultat de cette opération s'affichera dans une nouvelle couche sur laquelle vous pourrez appliquer différents traitements (*voir plus loin*).

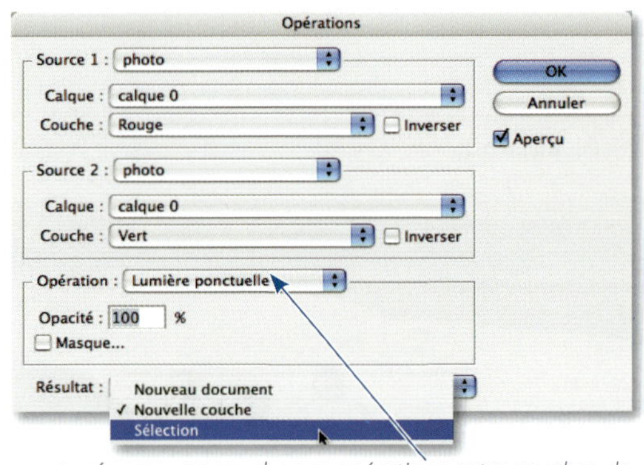

On peut préparer une couche par opérations entre couches : le résultat peut même être affiché sous forme de sélection.

La combinaison de couches

Les opérations de la commande **Opérations** peuvent être intéressantes, après avoir fractionné un détourage en plusieurs parties (mémorisées sur plusieurs couches), pour regrouper les couches correspondant aux différentes parties détourées en une seule couche.

Voici un exemple en images : pour obtenir le détourage de l'image ci-dessous, on a réalisé une opération entre deux couches (mémorisation de deux sélections réalisées par des techniques appropriées à la zone à détourer).

Ce masque a été obtenu à partir d'une combinaison de deux couches (tête et épaules).

La couche du masque de fusion

Une couche alpha particulière peut être ajoutée à un calque : il s'agit de la couche du masque de fusion. Cette couche n'est pas affichée, mais elle est active (éditable) ; dans le panneau **Calques**, sa vignette se place à droite de celle du calque. Elle est encadrée pour indiquer qu'elle est active.

Ps La couche du masque de fusion s'obtient par clic sur l'icône du panneau **Calques**. Avec la version CS6 de Photoshop, cette opération est réalisable avec tous les calques, y compris le calque d'arrière-plan. On obtient le masque inverse par ⌥clic [Alt clic] sur cette icône .

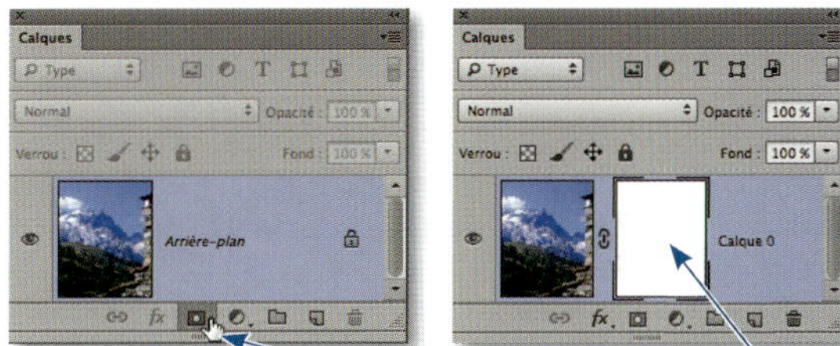

Dans ce panneau, par clic ici, on crée le masque de fusion : il apparaît à droite du calque.

Par ⌥[Alt] clic, on crée un masque de fusion qui cachera le calque entier.

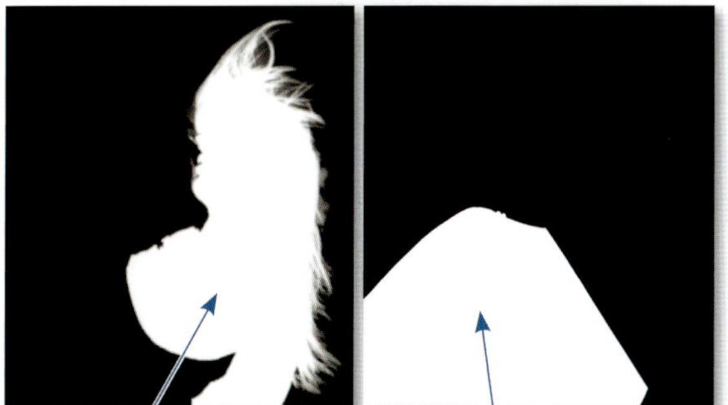

*Cette couche a été obtenue à partir de la mémorisation d'une sélection travaillée avec **Améliorer le contour**.*

Cette couche a été obtenue à partir de la mémorisation d'une sélection réalisée avec un tracé à la plume.

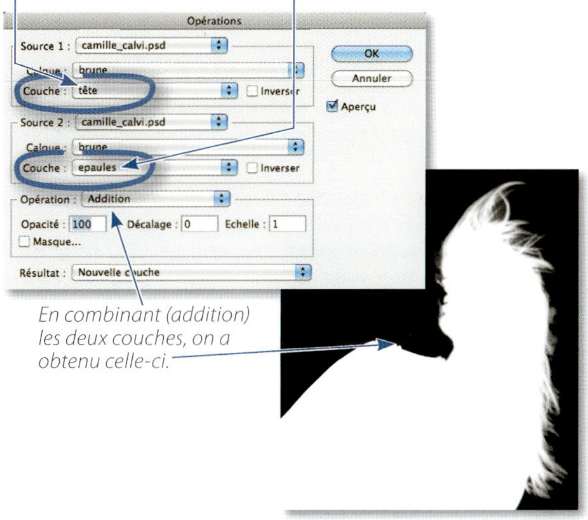

En combinant (addition) les deux couches, on a obtenu celle-ci.

Astuce ***Quand vous ajoutez un masque de fusion qui risque de subir des déplacements ou des transformations, il est préférable de partir d'un masque noir (obtenu par ⌥[Alt] clic sur) et d'en blanchir certaines parties plutôt que de démarrer avec un masque blanc et d'en noircir certaines parties. En effet, dans le premier cas, les transformations ne feront apparaître que des zones noires qui ne dévoileront pas d'éléments du calque (voir page 327).***

La couche du masque de fusion se travaille comme n'importe quelle couche alpha. Si vous voulez la voir en même temps que la couche RVB, cliquez sur son œil dans le panneau **Couches**. En revanche, pour la voir seule, cliquez sur sa vignette dans le panneau **Calques** en enfonçant ⌥[Alt] *(les particularités du masque de fusion ou de pixels seront étudiées dans le chapitre consacré aux calques).*

Le travail sur une couche de détourage

Quelle que soit la nature de la couche, **Mode Masque**, couche alpha ou masque de fusion (qui sera peut-être le cas le plus courant), qu'elle soit affichée seule ou non, les techniques pour mettre au point son contenu (et donc celui du masque) sont identiques. En effet, le remplissage partiel de la couche (de noir, de blanc ou de gris) se réalise de multiples façons : en dessinant sur la couche, par utilisation des traitements chromatiques, par placement d'objets ou par combinaisons des différentes façons. Les paragraphes qui suivent détaillent ce travail.

L'affichage et l'édition d'un masque

Si la couche sur laquelle vous préparez le masque est affichée seule, les zones blanches correspondent à la future sélection, alors que les zones noires correspondent aux zones masquées. Le gris est équivalent à un contour progressif (zone de fondu).

Si la couche est affichée en même temps que la couche composite (cas de la couche **Masque** du **Mode Masque**), les zones totalement transparentes correspondent à la future sélection, alors que les zones colorées (rouges à 50 %) correspondent aux zones masquées.

S'il s'agit de la couche d'un masque de fusion (ou d'un masque filtrant), comme elle n'est pas forcément affichée, vérifiez qu'elle est active quand vous commencez à la travailler : vous devez voir sa vignette encadrée dans le panneau **Calques**. Toutes les modifications sont répercutées sur l'aspect du calque dans la fenêtre du document, et sur la vignette de la couche dans le panneau **Calques**.

Le dessin sur un masque

Les outils pour dessiner sur le masque

Les outils de dessin (**Pinceau** ou **Crayon**), avec le noir comme couleur de premier plan, couvrent la couche de noir (rouge à 50 %) et provoquent une réduction de l'étendue de la future sélection. En revanche, l'outil **Gomme** (avec le blanc comme couleur d'arrière-plan) « dévoile » l'image et agrandit la sélection. Le même résultat s'obtient avec le pinceau ou les autres outils, à condition d'inverser les couleurs par défaut pour placer le blanc en couleur de premier plan.

Astuce *Les couleurs par défaut (noir au premier plan et blanc à l'arrière-plan) sont obtenues en tapant* D *et inversées en tapant* X. *Vous disposez également des icônes.*

Ces techniques de préparation d'une sélection en dessinant sur une couche sont très efficaces et permettront de faire de nombreux types de détourages. L'utilisation d'une tablette graphique sensible à la pression sera d'un grand secours.

Les réglages des outils

Avant d'utiliser l'un des outils de dessin pour créer ou modifier le masque, affichez les couleurs par défaut (D) et réglez ses options (taille, dureté, opacité, mode...) dans la **Barre d'options**. Ce réglage se réalise aussi par le menu contextuel (clic droit), au clavier ou mieux encore par glissement sur l'image comme le rappelle le tableau suivant.

Réglages par glissement sur Mac puis sous Windows		
Taille	⌥ ctrl + glisser horizontalement	Alt + glisser bouton droit horizontalement
Dureté	⌥ ctrl + glisser verticalement	Alt + glisser bouton droit verticalement

Si vous travaillez avec une tablette graphique, l'opacité se règle avec la pression du stylet. Elle se règle également au clavier en tapant la valeur souhaitée, sauf pour l'outil **Pinceau** avec le mode **Aérographe** où il faut ajouter ⇧.

Astuce *Vous pouvez changer le réglage des préférences (à la rubrique **Général/Variation de la dureté de la forme arrondie en fonction du mouvement vertical HUD**) en décochant l'option pour que l'opacité se règle par glissement vertical (avec les touches ⌥ ctrl [Alt clic droit]) à la place de la dureté.*

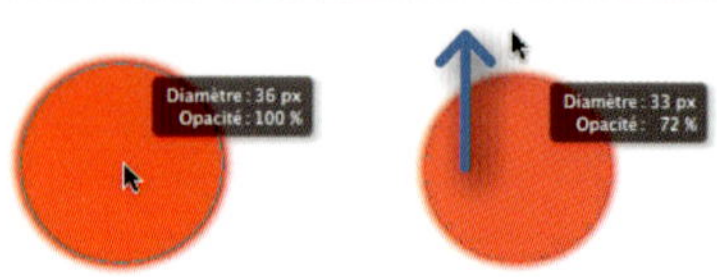

Selon les préférences, par glissement vertical, on règle l'opacité de l'outil.

Pour des réglages plus pointus de l'outil, affichez le panneau **Formes** à partir de la **Barre d'options** . Vous pourrez ainsi définir une inclinaison (option **Forme de la pointe**) et une réaction à la pression exercée de la tablette (**Dynamique de forme**) et bien d'autres options.

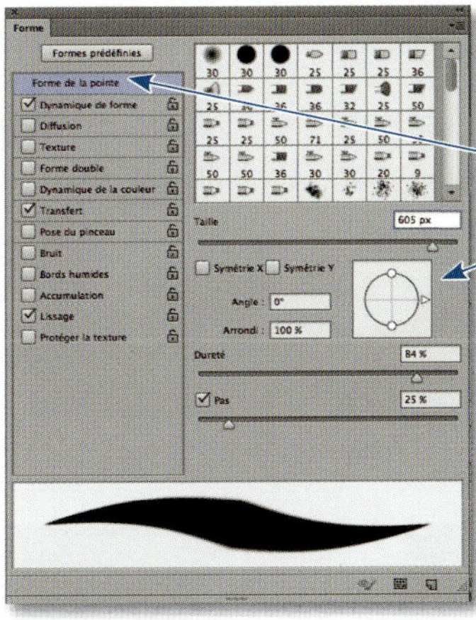

Avec cette option, on accède à ceci.

Une fois les réglages terminés, vous pouvez mémoriser l'aspect de l'outil par ⌥clic [Alt clic] sur son icône dans la **Barre d'options**. Certaines options liées à l'utilisation d'une tablette graphique (opacité et largeur) peuvent être activées (ou désactivées) à partir de la **Barre d'options**.

On active la gestion de l'opacité ou de la largeur avec le stylet ici.

Le dessin sur une couche alpha, sur la couche **Masque** du **Mode Masque** ou sur la couche d'un masque de fusion s'avère un complément idéal pour affiner certaines sélections ou pour préparer ou retoucher certains détourages ; les exemples qui suivent l'illustrent.

Les retouches d'une sélection par le dessin avec le Mode Masque

Quand vous utilisez des outils de sélection (tels que **Sélection rapide** ou **Baguette magique**), ou la commande **Plage de couleurs**, la sélection obtenue ne prend pas toujours l'aspect souhaité ; le dessin sur le masque palliera ce problème. L'outil **Sélection rapide** est un outil performant que le renfort du **Mode Masque** va rendre encore plus intéressant ; voici un exemple d'utilisation de ce tandem :

1. On a effectué une sélection avec l'outil **Sélection rapide** sur la sculpture ci-dessous. Après différents essais de chemin et de taille d'outil, la sélection englobe toujours l'ombre de la sculpture et le support que l'on ne souhaite pas sélectionner.

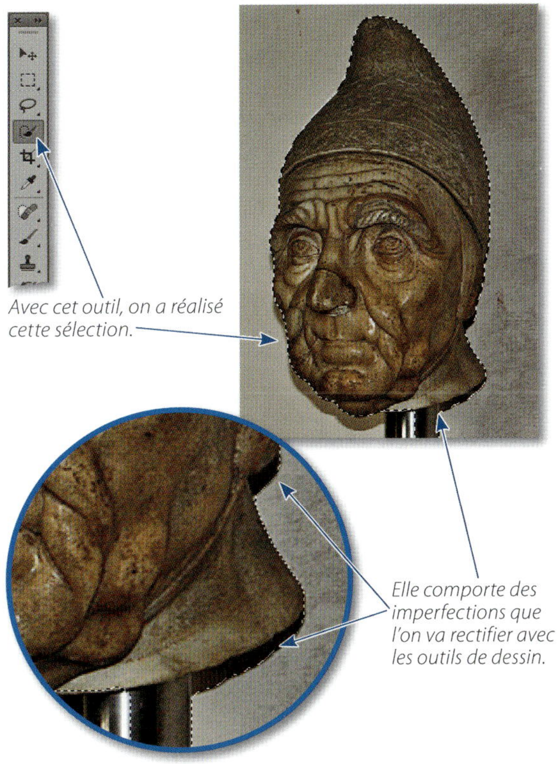

2. On active le **Mode Masque** (en tapant Q) : les zones rouges de la couche montrent les zones non sélectionnées dont l'ombre et le support ne font pas partie.

On active le ***Mode Masque****, les zones sélectionnées sont transparentes et le restent rouges.*

3. On sélectionne l'outil **Pinceau** ou **Crayon** et on règle son aspect (taille, dureté…). Avec le noir, on couvre les zones qui n'ont pas l'aspect souhaité.

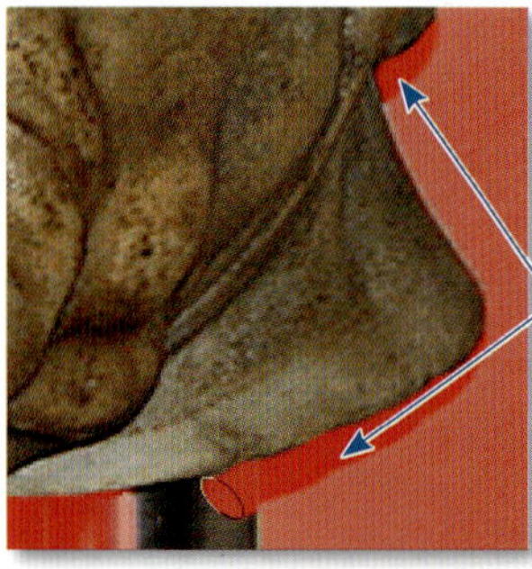

On peint au pinceau noir les zones à désélectionner.

4. Quand le masque est correct, on quitte le **Mode Masque** (en tapant Q) pour afficher la sélection de la tête seule. On peut l'utiliser dans un détourage à l'aide d'un masque de fusion, ou de pixels (*nous étudierons ces techniques en détail, plus loin dans ce livre*).

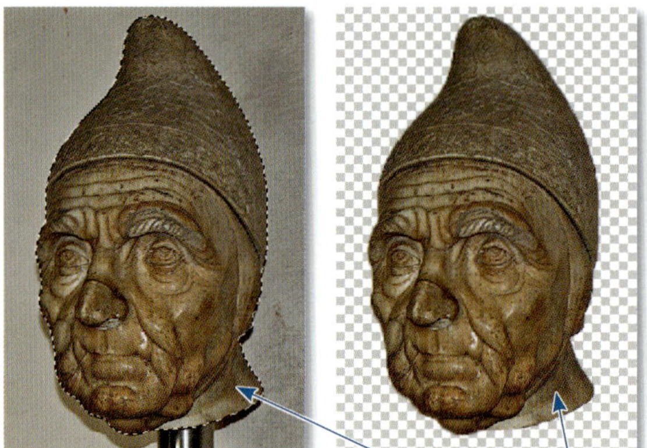

*On quitte le **Mode Masque** pour afficher la sélection et l'utiliser pour faire un masque de fusion (ou de pixels).*

La finition d'un masque réalisé par Améliorer le contour

Dans certains cas, quand vous réalisez un masque par sélection rapide, puis **Améliorer le contour** (*comme nous avons pu le voir à la page 297*), il arrive que ce masque présente quelques imperfections que la commande **Améliorer le contour** ne peut corriger (ou très difficilement). Pour pallier ce problème, affichez seul le masque de fusion obtenu (par ⌥clic [Alt clic] sur sa vignette dans le panneau **Calques** ou le panneau **Propriétés**) et dessinez en blanc ou en noir avec l'outil **Pinceau** convenablement réglé.

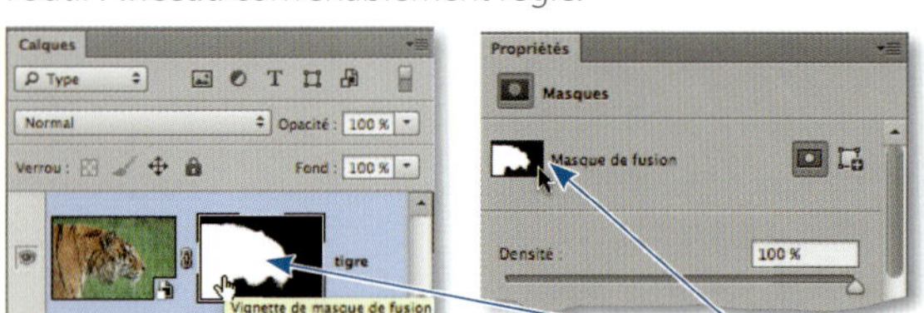

On affiche le masque seul par ⌥clic [Alt clic] sur sa vignette.

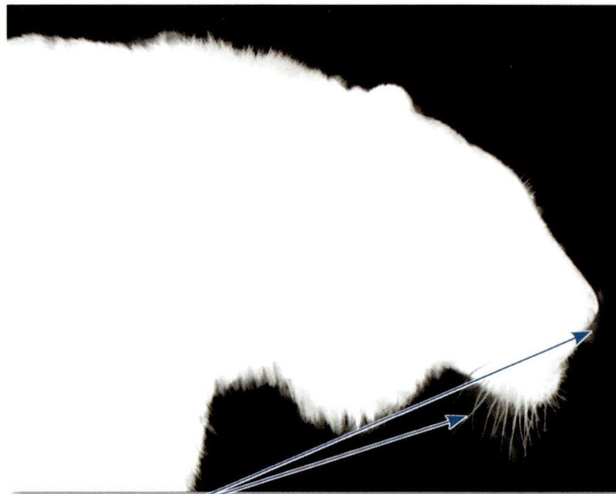

*Le masque présente des défauts que l'on peut corriger facilement avec l'outil **Pinceau**.*

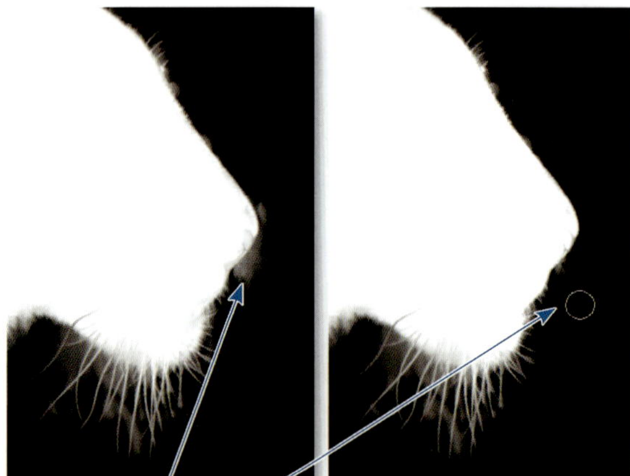

Le masque avant et après traitement au pinceau.

Pour éviter des débordements sur les zones de couleurs opposées à celles traitées, vous pouvez également utiliser les outils **Densité** et effectuer les manipulations suivantes :

- Activez l'outil **Densité +** (pour assombrir) ou l'outil **Densité –** (pour éclaircir) ;
- Dans la **Barre d'options** de l'outil, réduisez l'exposition (intensité d'action de l'outil) et définissez une gamme de tons à modifier. Par exemple, pour éclaircir des zones grises situées dans les parties blanches, sans toucher aux éléments noirs du masque, avec la gamme **Tons foncés**.
- Par glissement sur le masque, réglez la taille de l'outil et sa dureté (avec des bords plutôt fondus) :

Réglages par glissement sur Mac puis sous Windows		
Taille	⌥ ctrl + glisser horizontalement	Alt + glisser bouton droit horizontalement
Dureté	⌥ ctrl + glisser verticalement	Alt + glisser bouton droit verticalement

– Glissez l'outil sur la zone à rectifier. Annulez en cas de débordement. Changez d'outil pour obtenir l'inversion.

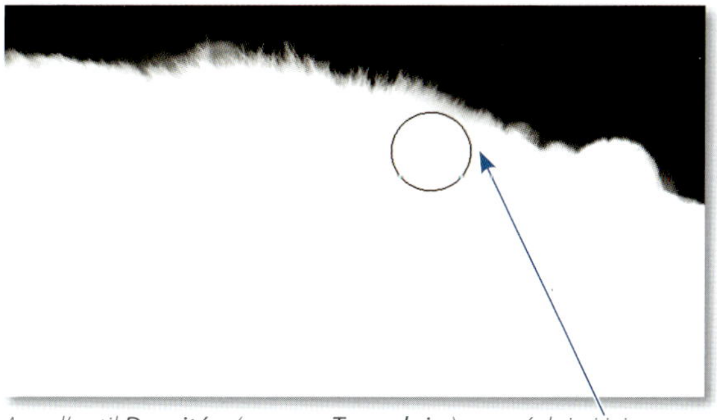

*Avec l'outil **Densité** – (gamme **Tons clairs**), on a éclairci ici.*
*En revanche, on a assombri en utilisant l'outil **Densité** + (gamme **Tons foncés**).*

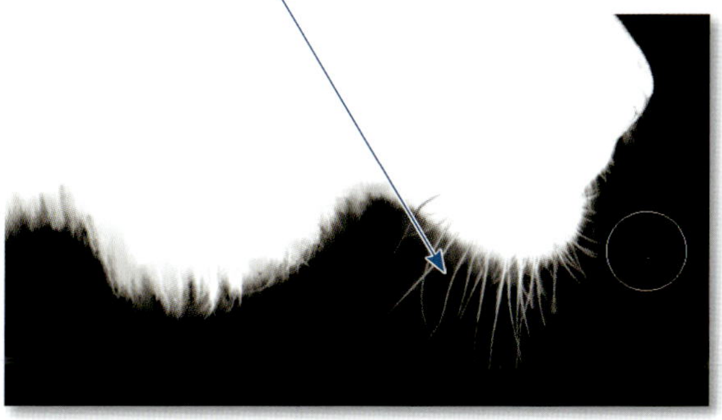

La création d'un masque par le dessin

Lors de la préparation de détourages complexes, les outils de sélection ne donnent pas toujours des résultats exploitables (ci-après, les personnages ne se détachent pas de l'arrière-plan). Pour pallier ce problème, utilisez la méthode suivante (pour ce genre de travail, la tablette graphique s'avère un outil particulièrement utile) :

1. Sans sélection initiale, activez le **Mode Masque** (en tapant Q) : le document ne change pas d'aspect.

On veut détourer les chevaliers.
*On active le **Mode Masque** : tout reste transparent car il n'y a pas de sélection.*

2. Sélectionnez l'outil **Crayon** (ou l'outil **Pinceau** réglé avec des bords nets), réglez sa taille et choisissez le noir comme couleur de premier plan.

3. Dessinez le contour extérieur de la zone à détourer en prenant soin de bien fermer le tracé (comme la couche du masque est affichée en superposition avec les couches de l'image, le tracé noir apparaîtra en rouge).

On commence à peindre avec le noir (qui apparaît en rouge) le bord extérieur de la zone à sélectionner.
Sur ce type de travail, une tablette graphique sera la bienvenue.

Pour les détails plus fins, on réduit la taille de l'outil. En cas d'erreur, on inverse la couleur du pinceau.

4. Activez l'outil **Pot de peinture** et cliquez à l'extérieur du tracé pour remplir de rouge en dehors de la zone à détourer.

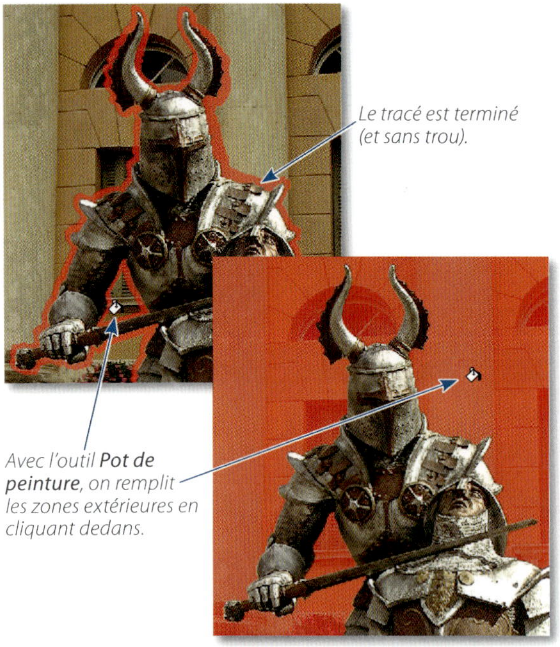

Le tracé est terminé (et sans trou).

*Avec l'outil **Pot de peinture**, on remplit les zones extérieures en cliquant dedans.*

5. Quittez le **Mode Masque** (en tapant **Q**) pour obtenir la sélection. Quand elle est affichée, elle peut être intervertie, puis utilisée comme masque filtrant avec un filtre dynamique ou avec un calque de réglage (*voir ci-dessous*).

*On quitte le **Mode Masque** et on inverse la sélection avant de l'utiliser, pour un flou et un calque de réglage.*

Plage de couleurs et dessin

Après avoir ajouté un masque de fusion par le panneau **Calques** (*comme indiqué à la page 313*), un détourage peut être élaboré en utilisant le bouton **Plage de couleurs** du panneau **Propriétés**. Cependant, il est parfois délicat de donner l'aspect voulu au masque. En effet, il peut y apparaître des zones noires qui devraient être blanches (ou inversement). Pour modifier rapidement l'aspect de ces zones, vous pouvez dessiner sur le masque avec l'outil **Pinceau** ou **Crayon**. Avant d'appliquer ces outils de dessin, assurez-vous que le masque de fusion est actif. Pour cela, cliquez sur sa vignette dans le panneau **Calques**, ou sur l'icône dans le panneau **Propriétés** (elle doit apparaître active). Nous allons voir les différentes étapes de la mise au point de ce masque.

L'ajout du masque par le panneau Calques

Dans l'exemple ci-dessous, on veut détourer le bâtiment pour éliminer le ciel. On ajoute donc un masque de fusion en cliquant sur l'icône du panneau **Calques**.

On ajoute un masque (vierge) en cliquant ici.

Le traitement par Plage de couleurs

Quand le masque de pixels vient d'être ajouté, il n'a aucun effet de masquage sur le document, mais il est actif et peut donc être édité.

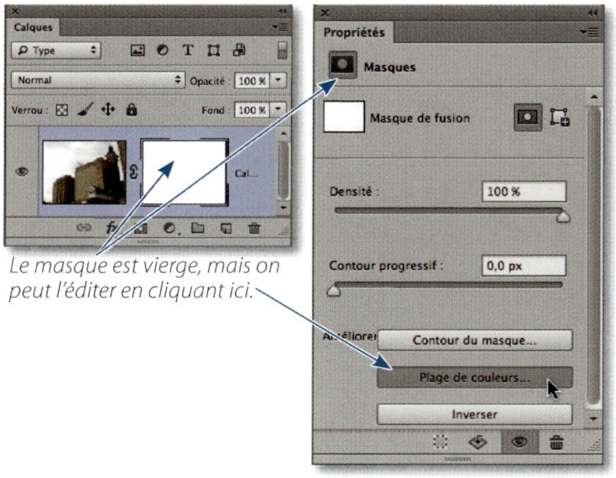

Le masque est vierge, mais on peut l'éditer en cliquant ici.

Afin de définir l'aspect du masque, on peut cliquer sur le bouton **Plage de couleurs** du panneau **Propriétés**. La commande fonctionne de la même façon que pour réaliser une sélection *(voir page 288)*. Ici on peut utiliser la pipette (normale puis +) pour sélectionner le ciel. Le bouton **Inverser** permet d'intervertir le masque.

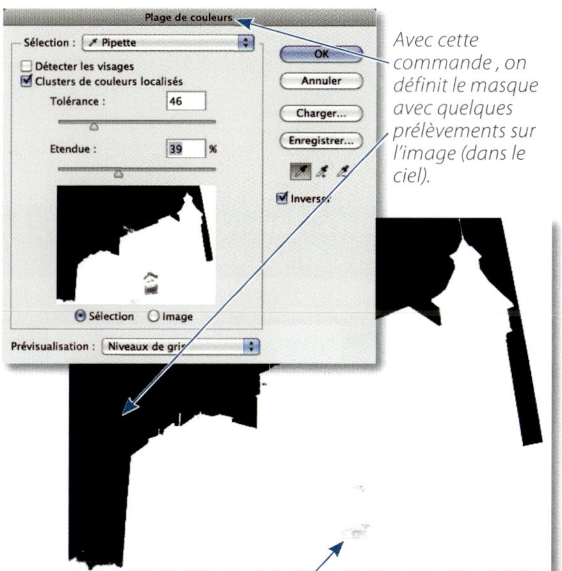

Avec cette commande, on définit le masque avec quelques prélèvements sur l'image (dans le ciel).

Le masque n'est pas parfait, ces zones ne peuvent être éliminées avec la commande ***Plage de couleurs****.*

Le dessin sur le masque

Dans l'aperçu de la commande **Plage de couleurs**, il reste des zones trop délicates à supprimer. On les élimine facilement en dessinant avec le pinceau (avec le blanc au premier plan). Pour mieux voir les zones à colorier, affichez le masque seul par ⌥clic [Alt clic] sur sa vignette.

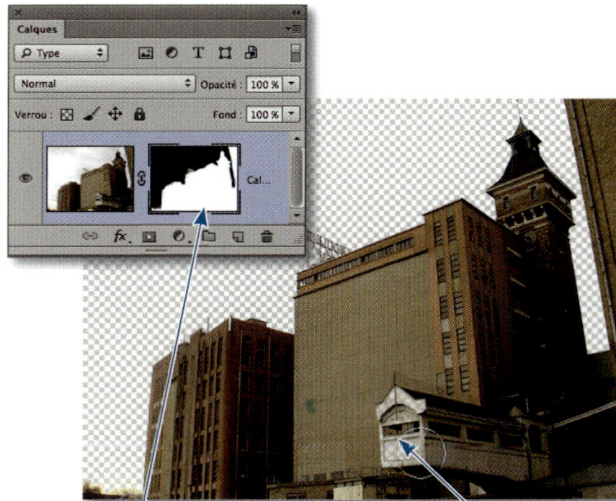

On a affiné le masque en dessinant en blanc avec le pinceau.

Le remplissage et le coloriage du masque

Le remplissage avec l'outil Pot de peinture

Pour réaliser certains détourages, vous pouvez activer le **Mode Masque** sans sélection initiale, et dessiner le contour extérieur de la partie à détourer de la photo avec le crayon (pour des contours nets) ou le pinceau (pour des contours flous) — *voir l'exemple précédent*. Quand ce contour est terminé (sans trou), il ne vous reste qu'à remplir l'extérieur de ce tracé avec l'outil **Pot de peinture**. Prenez soin de régler sa tolérance (avec une valeur suffisamment importante si le tracé a été dessiné au pinceau avec des bords flous) et de cliquer à l'extérieur du tracé (ou à l'intérieur selon la façon dont il a été réalisé) ; celui-ci doit être fermé et ne présenter aucun trou pour que le remplissage ne déborde pas.

Le remplissage d'une sélection

Sur la couche où vous préparez le masque, vous pouvez récupérer une autre sélection ou même la créer et la remplir de noir ou de blanc. Pour cela, utilisez la commande **Remplir** du menu **Édition** (au clavier ⇧Efface). Une fenêtre permettra de choisir la couleur de remplissage voulue pour le masque : le noir, le blanc ou le gris à 50 %. Vous pouvez aussi utiliser l'outil **Pot de peinture** ou faire le remplissage d'une sélection ou de la couche entière directement au clavier (*voir ci-dessous*).

Remplir avec	Touches
Couleur d'arrière-plan	⌘Efface [Ctrl Efface]
Couleur de premier plan	⌥Efface [Alt Effacel]

Le remplissage avec un dégradé

Pour obtenir une zone de fondu importante sur un masque (**Mode Masque**, masque de fusion (ou de pixels) ou filtrant), utilisez l'outil **Dégradé**.

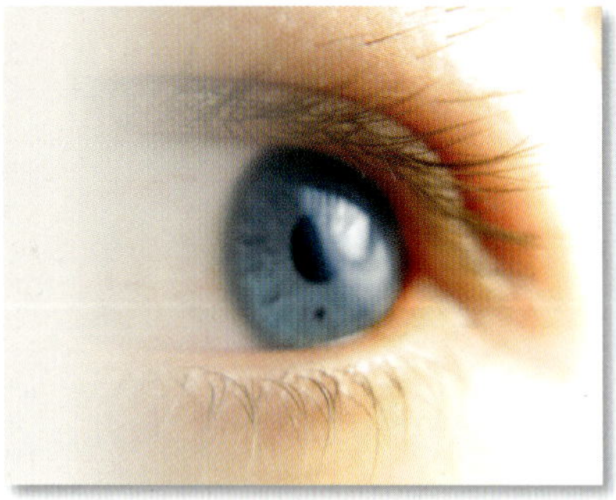

Pour obtenir ce fondu sur l'image, on a dessiné un dégradé sur le masque de fusion (ou de pixels) du calque.

Ajoutez le masque (dans l'exemple ci-dessous, il s'agit d'un masque de fusion ou de pixels). Définissez le noir au premier plan et le blanc à l'arrière-plan en tapant D (couleurs par défaut), puis ajustez les paramètres du dégradé dans la **Barre d'options** de l'outil : type, opacité…

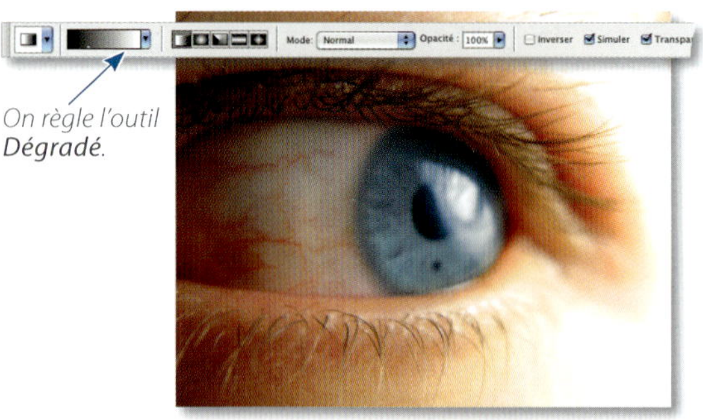

On règle l'outil ***Dégradé****.*

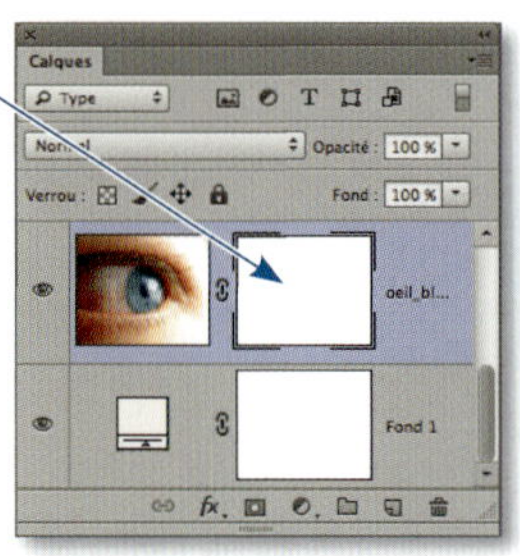

On a ajouté un masque de fusion sur le calque.

Éventuellement, pour que le dégradé ne couvre qu'une zone du masque, réalisez une sélection avant de glisser l'outil **Dégradé** sur la photo ou utilisez un mode de fusion de l'outil **Dégradé** (par exemple, le mode **Obscurcir** ne couvrira que les zones claires du masque).

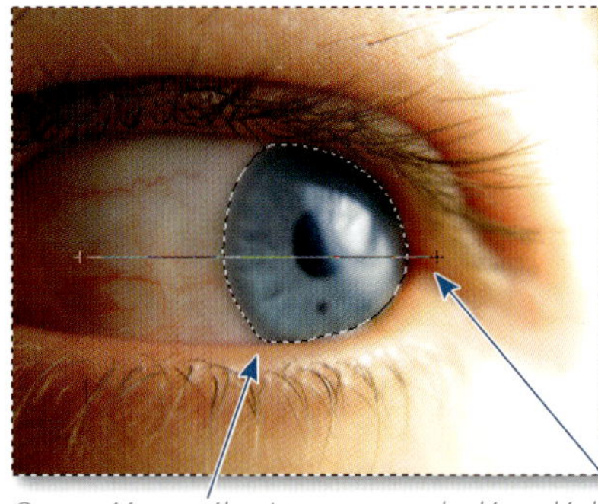

On a créé une sélection pour que le dégradé dessiné par glissement ne couvre pas l'iris de l'œil.

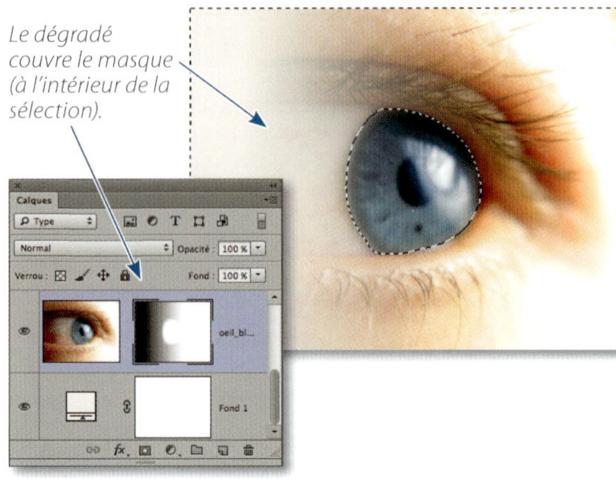

Le dégradé couvre le masque (à l'intérieur de la sélection).

Les traitements classiques d'une couche par les menus

Certains des traitements que nous allons voir ci-après peuvent désormais être remplacés par des manipulations réalisées à partir du panneau **Propriétés**. Ces dernières présentent l'avantage d'être réversibles ; cependant, certains traitements, notamment s'ils demandent une localisation sur une partie de la couche, ne pourront se réaliser qu'à partir des commandes des menus (**Image/Réglages** ou **Filtre**).

Les traitements du masque avec les commandes du menu Image/Réglages

Pour modifier l'aspect du masque localement avec une sélection ou globalement, vous disposez de commandes de traitements chromatiques (sous-menu **Réglages** du menu **Image**). Certaines, seules ou cumulées à d'autres, peuvent s'avérer très utiles. Par exemple :

- **Négatif** : cette commande (obtenue par **⌘I** [Ctrl I]) sera utilisée lorsqu'une inversion du masque est souhaitée.

- **Luminosité/Contraste** : utilisez cette commande pour pousser le contraste d'une couche, par exemple, une copie d'une couche R, V ou B afin de marquer davantage certaines parties. Une augmentation du contraste durcit le masque, alors qu'une réduction l'adoucit.

- **Seuil** : permet de durcir le masque en supprimant toutes les zones grises. Vous obtiendrez ainsi un masque au trait ne comportant que des pixels noirs ou blancs.

- **Isohélie** : lorsqu'on a créé une copie d'une couche de composition, l'isohélie marque davantage les différences entre les couleurs en réduisant leur nombre ; leur sélection avec la baguette magique en sera facilitée.

- **Niveaux** : cette commande permet, par exemple, de faire disparaître certaines zones grises en les redéfinissant comme noir ou blanc à l'aide des pipettes (noire ou blanche).

Le traitement du masque avec les filtres

Pour modifier l'aspect du masque, utilisez les filtres. Par exemple :

- **Maximum** et **Minimum** : ces deux filtres de la série **Divers** permettent d'étendre ou de réduire les zones blanches de la couche.

- **Flou gaussien** : ce filtre de la série **Atténuation** (menu **Filtre**) permet de créer un masque flou.

Pour créer des effets particuliers, appliquez des filtres des séries **Déformation** (par exemple, **Onde**) ou **Pixellisation** (par exemple, **Demi-teintes couleur**).

Les traitements spécifiques du masque par le panneau Propriétés

Le panneau **Propriétés** propose quelques traitements pour modifier l'aspect du masque. Certaines d'entre elles, **Densité**, **Contour progressif** et **Inverser**, sont réversibles, alors qu'avec les autres, **Plage de couleurs** et **Améliorer le contour**, il sera délicat de retrouver l'état initial. Pour pallier ce problème, n'hésitez pas à faire une copie de la couche du masque de fusion dans le panneau **Couches**.

La densité du masque

Le réglage **Densité** permet, en quelque sorte, de réduire l'opacité du masque afin que les zones masquées (parties noires du masque de pixels ou extérieures au tracé) laissent transparaître les éléments masqués. Une réduction de la densité a pour effet d'éclaircir les zones noires du masque de pixels (l'effet n'est pas visible sur le tracé). Ce traitement est réversible, il suffit de glisser le curseur **Densité** sur une valeur de 100 % pour retrouver le masque initial.

On a fait cette sélection pour masquer partiellement le centre du CD et retrouver la transparence avec un masque de pixels.

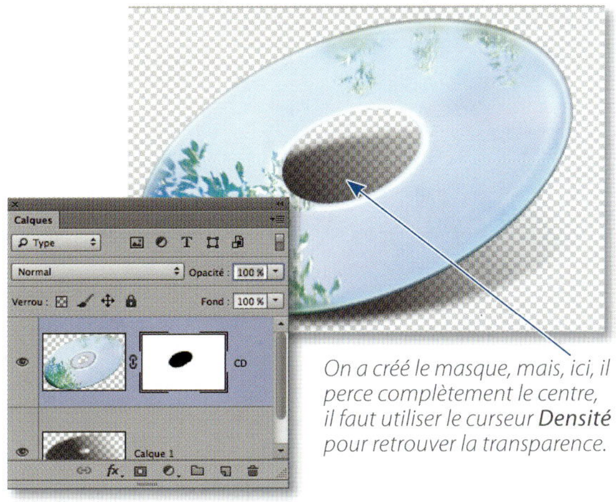

*On a créé le masque, mais, ici, il perce complètement le centre, il faut utiliser le curseur **Densité** pour retrouver la transparence.*

Pour obtenir cette transparence, on réduit la densité du masque de fusion : il apparaît gris.

> **ASTUCE** *Avec un masque filtrant (masque associé à un filtre dynamique), réduire la densité du masque revient à diminuer l'intensité des filtres appliqués à travers ce masque.*

LE CONTOUR PROGRESSIF DU MASQUE

L'option **Contour progressif** est intéressante, car elle s'applique de manière réversible au masque de fusion, au masque filtrant et également au masque vectoriel.

Il sera souvent préférable d'utiliser l'option **Contour progressif** plutôt que celle qui lui est équivalente dans la commande **Contour du masque**. En effet, cette option est directement accessible dans le panneau, les modifications seront plus rapides (de plus, le panneau **Propriétés** les montre sans avoir à lancer de commande).

LE TRAVAIL DU MASQUE AVEC PLAGE DE COULEURS DU PANNEAU PROPRIÉTÉS

L'ajout d'éléments masqués

Le panneau **Propriétés** offre la possibilité, par l'intermédiaire du bouton **Plage de couleurs**, de modifier l'aspect de la couche ajoutée pour qu'elle détoure convenablement le calque. Cependant, ici, il ne sera possible que de masquer des éléments, c'est-à-dire ajouter des parties noires au masque. Si vous souhaitez dévoiler certaines parties (donc ajouter du blanc sur le masque), il faudra y dessiner en blanc avec l'outil **Pinceau** (*comme cela a été indiqué à la page 314*), utiliser l'astuce qui sera décrite plus loin ou mettre à jour le masque (*voir également ci-après*). Voici le détail de quelques manipulations pour noircir certaines zones du masque avec **Plage de couleurs** par le panneau **Propriétés**.

1. Dans le panneau **Calques**, cliquez sur la vignette du masque pour l'activer et avoir accès au bouton **Plage de couleurs**.

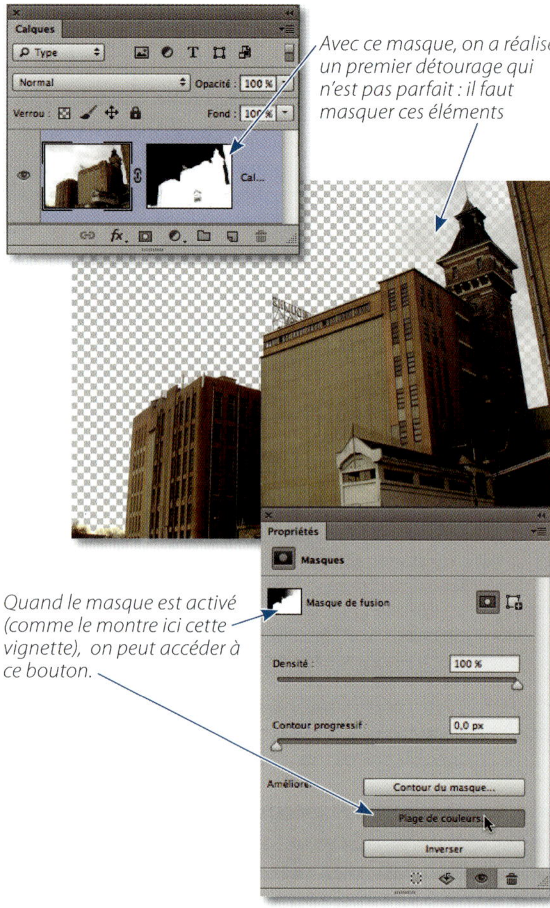

2. Dans l'aperçu avec **Sélection** de la fenêtre **Plage de couleurs** ou dans sa prévisualisation sur l'image avec **Niveaux de gris**, seule l'apparition de zones noires (ou plus foncées) aura une répercussion sur le masque. En effet, ici on ne peut agir que sur ce qui n'est pas encore masqué sur la photo (en blanc ou gris sur le masque), donc vous ne pouvez qu'étendre les zones noires avec la pipette – ou avec la pipette + si l'option **Inverser** est activée.

> **NOTE** *Quand on lance **Plage de couleurs** à partir du panneau **Propriétés** et le masque actif, la commande agit comme si l'image était réellement détourée par ce masque. Il n'est donc pas possible de blanchir une zone noire du masque car elle correspond à des pixels transparents de l'image (inexistants et qu'on ne peut donc faire réapparaître).*

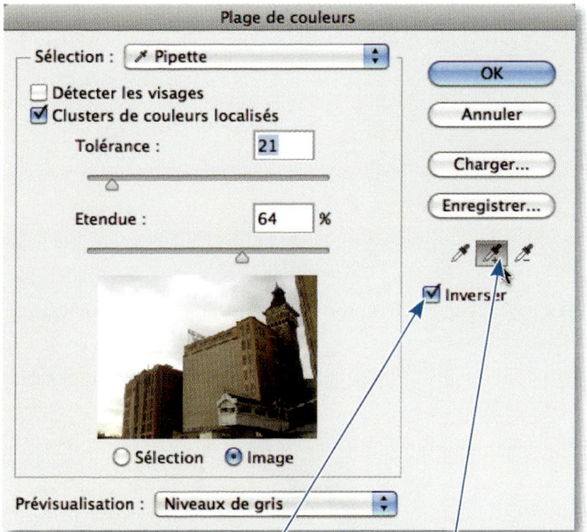

On a activé l'option ***Inverser*** *et cet outil pipette +, on peut étendre les zones noires (visibles sur la prévisualisation en niveaux de gris) par divers prélèvements sur les zones blanches ou grises.*

3. Quand l'aperçu du masque a l'aspect voulu, il n'y a plus qu'à cliquer sur **OK** pour obtenir la mise à jour du masque et donc du détourage du calque.

Le masque est mis à jour quand on valide la commande.

Le retrait d'éléments masqués avec Plage de couleurs du panneau Propriétés

Si, pour blanchir une zone noire du masque et donc faire réapparaître les pixels correspondants, vous souhaitez utiliser **Plage de couleurs** à partir du panneau **Propriétés** avec le masque actif, vous pouvez utiliser l'astuce suivante :

1. Dans le panneau **Propriétés**, sélectionnez l'icône du masque de fusion (à droite) pour l'activer, puis sur le bouton **Inverser** pour obtenir le négatif du masque : les zones que vous souhaitez faire réapparaître sont maintenant blanches sur le masque (et visibles sur la photo).

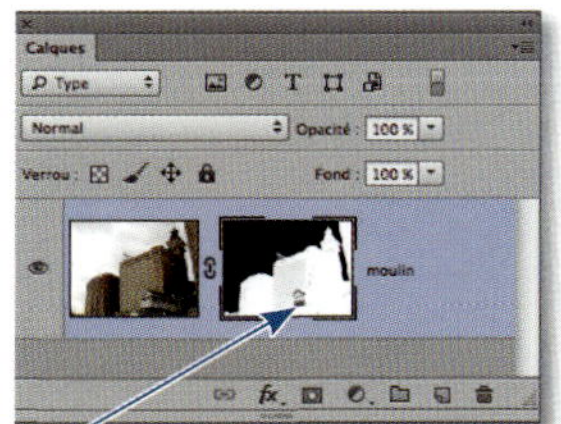

Ici, on voit en sombre des zones qui ont disparu et que l'on veut faire réapparaître.

Ces zones apparaissent en clair sur ce masque inversé.

2. Dans le panneau **Propriétés**, cliquez sur **Plage de couleurs** et utilisez la technique précédente pour noircir les zones voulues (et les faire disparaître) : pipette – ou **Inverser** et pipette +.

Avec le masque de fusion toujours actif, on affiche ***Plage de couleurs*** *avec ce bouton et on édite le masque avec cet outil.*

3. Inversez à nouveau le masque en tapant **⌘I** [Ctrl I] ou par le bouton **Inverser** du panneau **Propriétés**.

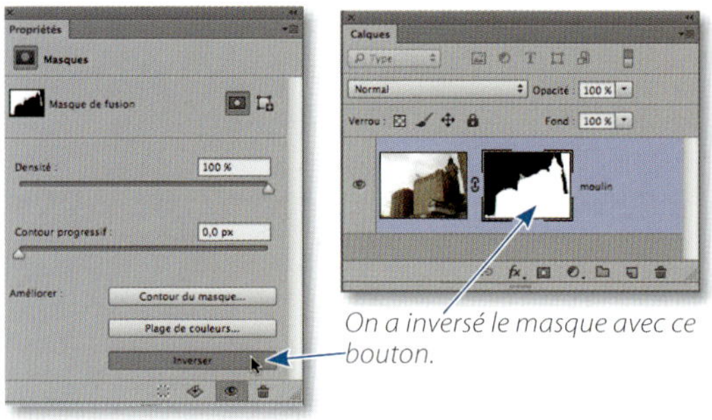

On a inversé le masque avec ce bouton.

La mise à jour par Plage de Couleurs

Comme nous venons de le voir, avec la commande **Plage de couleurs** lancée depuis le panneau **Propriétés** avec un masque actif, il est délicat de faire réapparaître et disparaître des éléments du masque de fusion. Pour pallier ce problème, vous pouvez utiliser une autre technique. Elle consiste à mettre à jour la couche du masque de fusion à partir d'une nouvelle sélection obtenue par **Plage de couleurs**. Voici le détail des opérations :

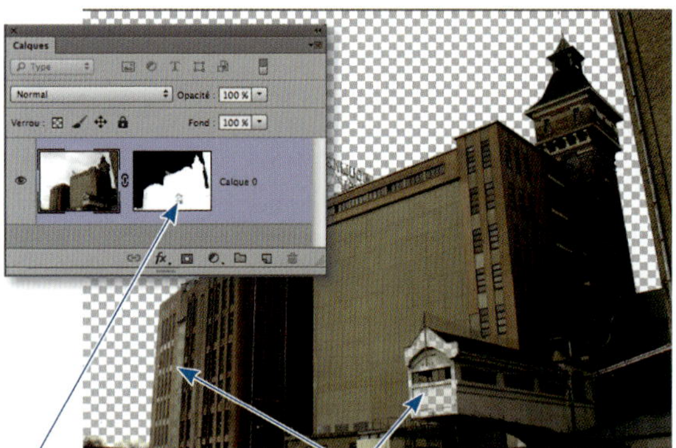

Ce masque cache ces parties d'image qui devraient être visibles, on souhaite le rectifier par mise à jour avec ***Plage de couleurs****.*

1. Activez le calque en cliquant sur sa vignette dans le panneau **Calques** et lancez la commande **Plage** de couleurs du menu **Sélection**.

2. À l'aide de la pipette, commencez une nouvelle sélection et ajoutez-lui les zones à conserver avec la pipette + (ajustez correctement les réglages **Tolérance** et **Étendue**). Validez par **OK** quand l'aperçu (ou la prévisualisation) a l'aspect voulu.

3. Une sélection apparaît affichée sur l'image détourée. Lancez la commande **Mémoriser la sélection** du menu **Sélection** et choisissez **Calque 0 Masque** (ou le nom du calque suivi de Masque) à la place de **Nouveau** (**Destination/Couche**). Le masque de fusion est mis à jour et il produit maintenant le détourage souhaité.

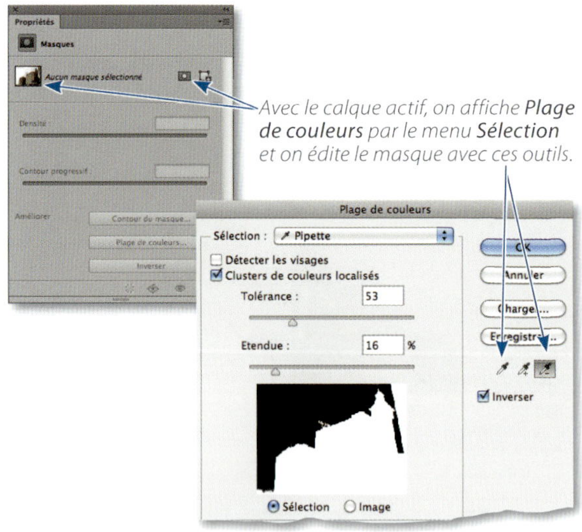

Avec le calque actif, on affiche ***Plage de couleurs*** *par le menu* ***Sélection*** *et on édite le masque avec ces outils.*

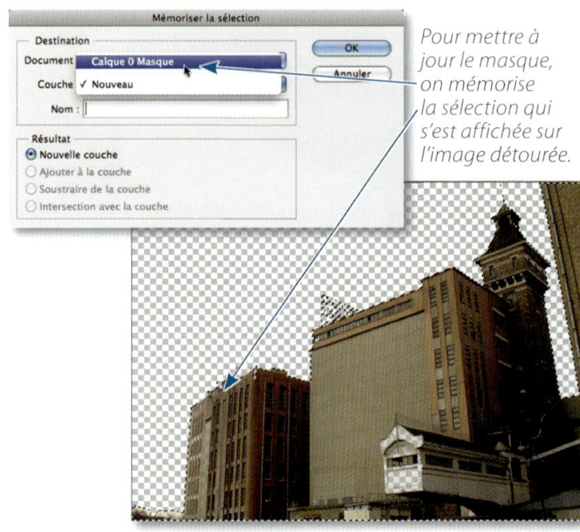

Pour mettre à jour le masque, on mémorise la sélection qui s'est affichée sur l'image détourée.

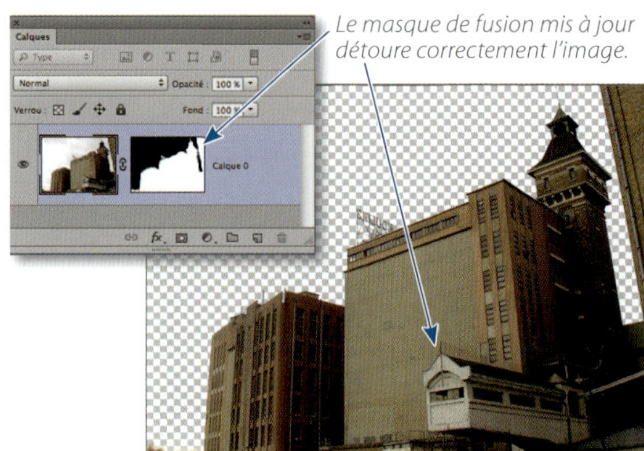

Le masque de fusion mis à jour détoure correctement l'image.

Le traitement des contours du masque

Pour un traitement global, certains réglages chromatiques ainsi que certains filtres peuvent être avantageusement remplacés par l'utilisation du traitement des contours : **Améliorer le contour** (*voir page 203*), disponible dans le menu **Sélection** ou **Contour du masque** du panneau **Propriétés**. Plusieurs méthodes sont à envisager selon la provenance du masque : masque de fusion, couche alpha, masque filtrant… Dans tous les cas, comme ce traitement doit s'appliquer à la couche, s'il y a une sélection affichée, c'est elle qui subira l'amélioration.

Le traitement du masque de fusion à partir du panneau Propriétés

L'accès à la commande s'effectue par le bouton **Contour du masque** du panneau **Propriétés**.

> **Attention** *Le bouton **Contour du masque** n'est accessible que si le masque est sélectionné dans le panneau **Calques** (par clic sur sa vignette) ou dans le panneau **Propriétés** (par clic sur l'icône qui doit apparaître encadrée).*

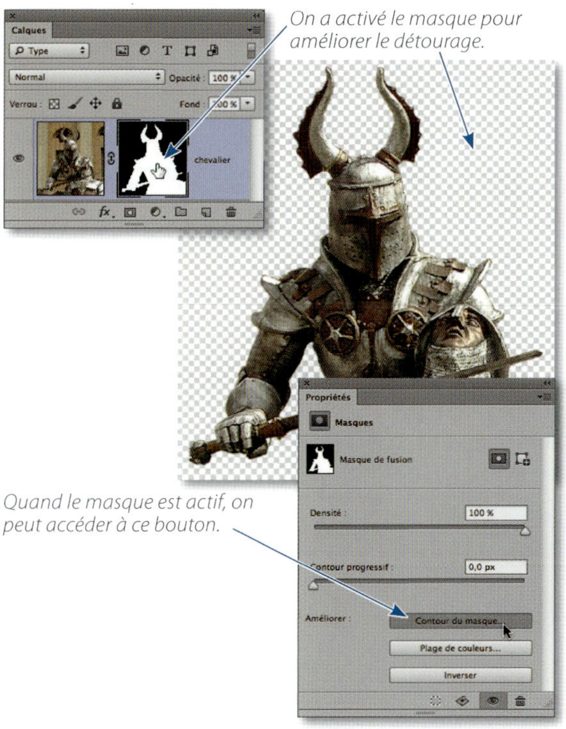

On a activé le masque pour améliorer le détourage.

Quand le masque est actif, on peut accéder à ce bouton.

Le bouton affiche la même fenêtre (*voir ci-après*) que la commande **Améliorer le contour** lancée par le menu **Sélection** ou son raccourci clavier ⌥⌘R [Alt Ctrl R].

La mise à jour est automatique sur la couche si vous avez sélectionné l'option de sortie **Masque de fusion**. De plus vous visualisez le résultat directement si le mode d'affichage est réglé sur l'option **Sur calques**.

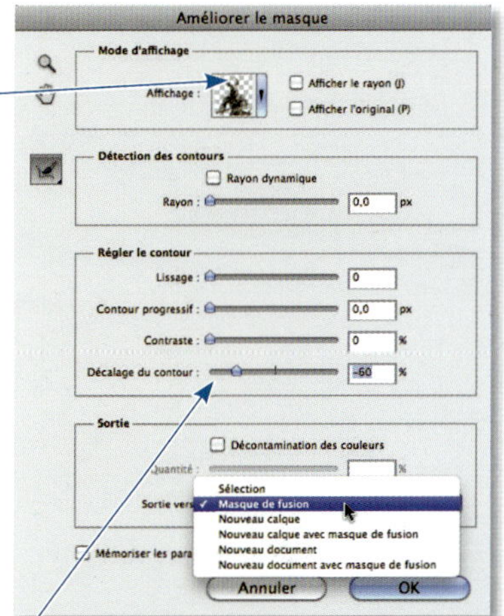

*Avec le mode d'affichage **Sur calques**, on voit le résultat directement sur le masque.*

Dans la fenêtre, on a ici contracté le masque pour éliminer le liseré coloré présent sur les bords du détourage.

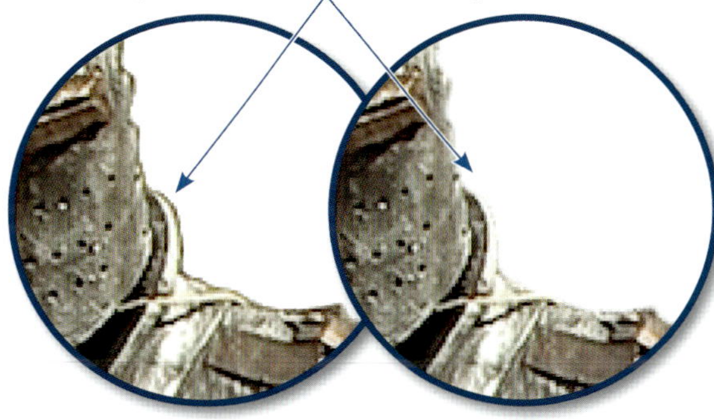

> **Attention** *Si vous prévoyez une décontamination, celle-ci ajoutant des pixels, un nouveau calque avec un masque de fusion sera automatiquement créé* (voir page 301).

Le traitement d'une couche alpha à partir du menu Sélection

L'accès n'est pas direct, l'opération s'effectue en trois étapes :

1. Commencez par récupérer la sélection de la couche à modifier par la commande **Récupérer de la sélection** (choisissez son nom dans la liste **Couche**) ou, comme nous le verrons plus loin, par ⌘clic [Ctrl clic] sur la vignette de la couche dans le panneau **Couches**.

2. Lancez **Améliorer le contour** (devenu accessible dans le menu **Sélection**) et réalisez les modifications souhaitées.

3. Une fois la fenêtre fermée, choisissez la commande **Mémoriser la sélection** (menu **Sélection**) pour y choisir le nom de la couche de départ dans la liste **Couche**, puis l'option **Remplacer la couche**.

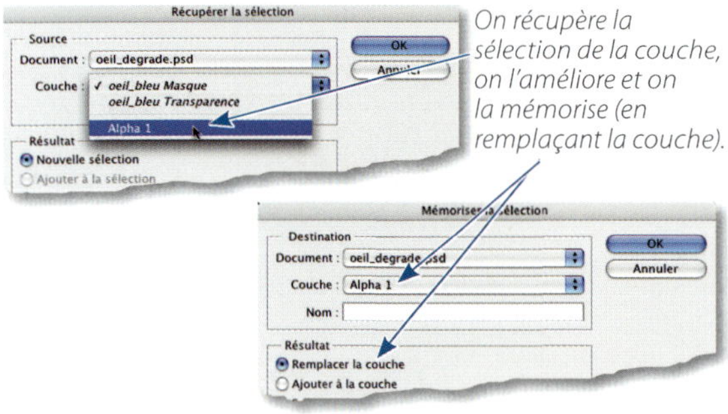

On récupère la sélection de la couche, on l'améliore et on la mémorise (en remplaçant la couche).

Le traitement du masque filtrant

Même si le masque filtrant est sélectionné dans le panneau **Calques** ou **Propriétés**, le bouton **Contour du masque** n'est pas actif. Vous devez impérativement utiliser la méthode de la couche alpha : récupérer la sélection, la modifier (menu **Sélection/Améliorer le contour**), puis la mémoriser (menu **Sélection/Mémoriser la sélection**) en remplaçant la couche du masque filtrant.

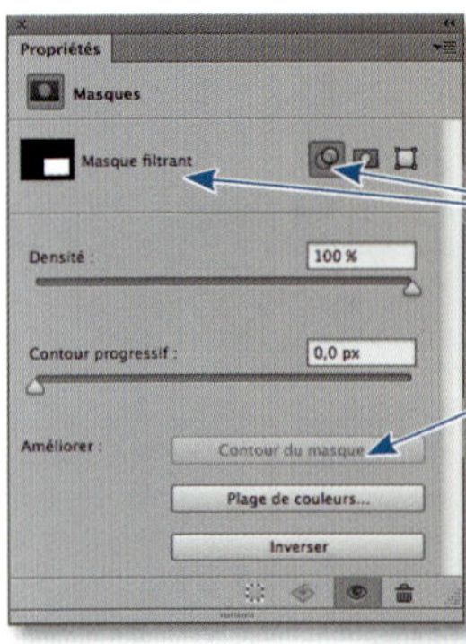

Bien que sélectionné dans ce panneau, le masque filtrant ne peut pas être modifié par cette commande de ce panneau.

Une fois traitée, on mémorise la sélection sur la couche du masque filtrant.

Le traitement de la couche du Mode Masque

L'action n'est pas directe non plus. Quittez ce mode pour afficher la sélection et lancez la commande du menu **Sélection**. Éventuellement, repassez dans le **Mode Masque** une fois les améliorations effectuées.

Le transfert de masque de fusion

Il s'effectue dans le panneau **Calques** par glissement du masque associé à un calque vers un autre calque. Cette manipulation permet de transférer un masque d'un calque vers un autre ou de le copier ; il pourra y avoir inversion du masque lors du transfert ou de la copie (la vignette reste visible pendant le transfert).

Manipulation	Glisser avec la touche
Transférer le masque	Aucune
Transférer et inverser	⇧
Copier le masque	⌥ [Alt]
Copier et inverser	⇧ ⌥ [⇧ Alt]

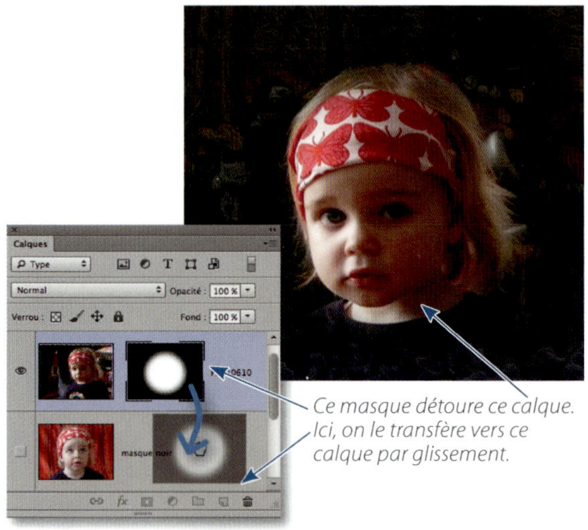

Ce masque détoure ce calque. Ici, on le transfère vers ce calque par glissement.

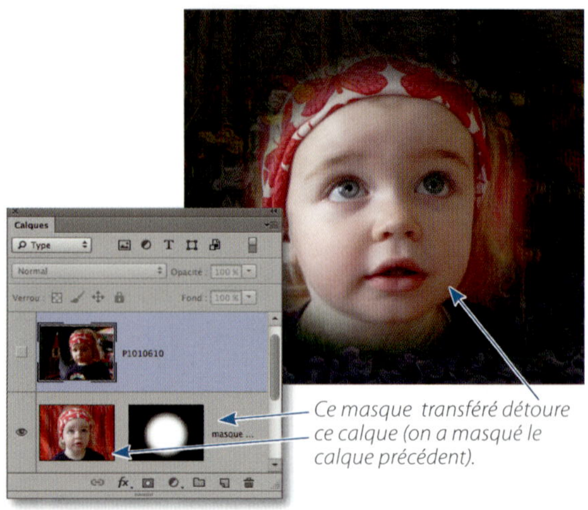

Ce masque transféré détoure ce calque (on a masqué le calque précédent).

Si le calque vers lequel on transfère ou on copie possède déjà un masque, un message demandera la confirmation du remplacement.

> **ASTUCE** *Dans certains cas, pour mettre en réserve un masque de fusion, vous pouvez ajouter un nouveau calque et y glisser le masque de fusion (ou une copie).*

Le déplacement ou la transformation du contenu du masque de fusion

LES COMPORTEMENTS DU MASQUE LORS DE DÉPLACEMENT OU DE TRANSFORMATION

L'apparition de zones blanches ou de zones noires

Le masque de fusion d'un calque est toujours constitué de deux parties : une blanche (ou claire) qui dévoile le calque et une noire (ou sombre) qui le cache ; ces parties, bien qu'invisibles, s'étendent au-delà de la limite du document.

Selon la façon dont le masque a été réalisé, ses bords extérieurs, noirs ou blancs, vont apparaître quand vous déplacez ou transformez le masque (seul ou avec son calque). Il en sera de même quand vous transférez le calque (et son masque) vers un document plus grand.

Ce calque est détouré par un masque de fusion.

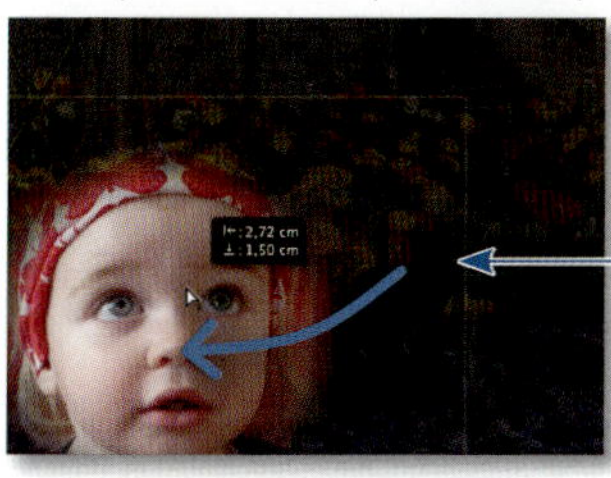

Quand on le déplace avec son masque, les zones hors de la limite du document apparaissent : elles peuvent être blanches ou noires

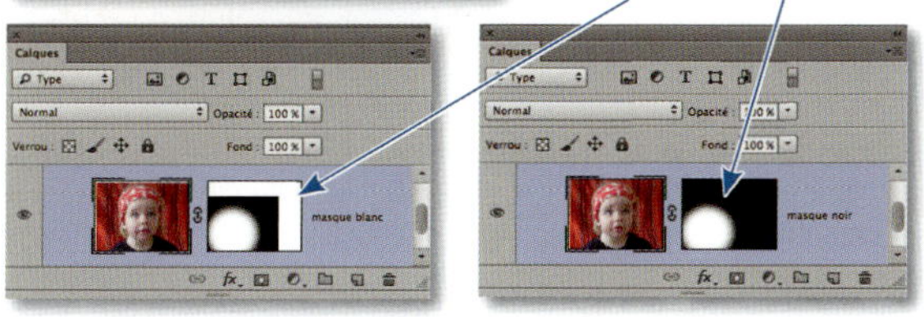

Si les bords du masque sont blancs et que le calque (sans son détourage) est plus grand que le document, ils en dévoileront certaines parties. On obtiendra le même résultat si le masque est déplacé seul.

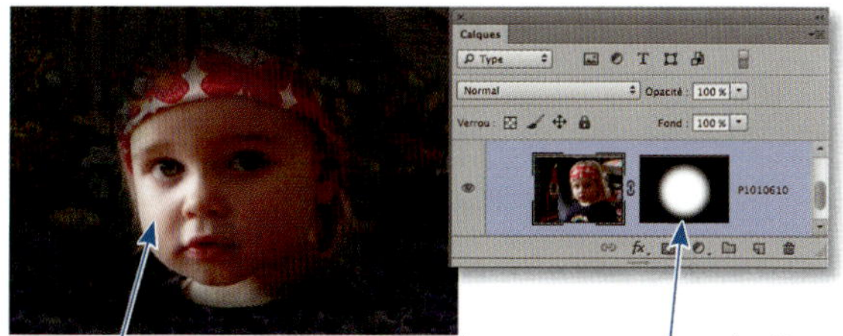

Cette image est plus grande que le document, ce masque la détoure.

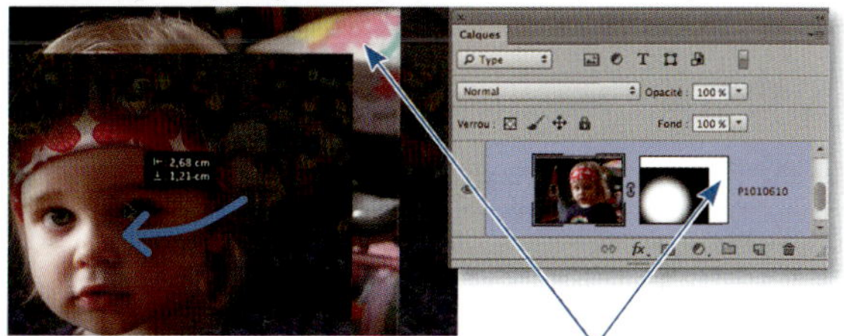

Si on déplace calque et masque, les zones blanches dévoilent certaines parties du calque.

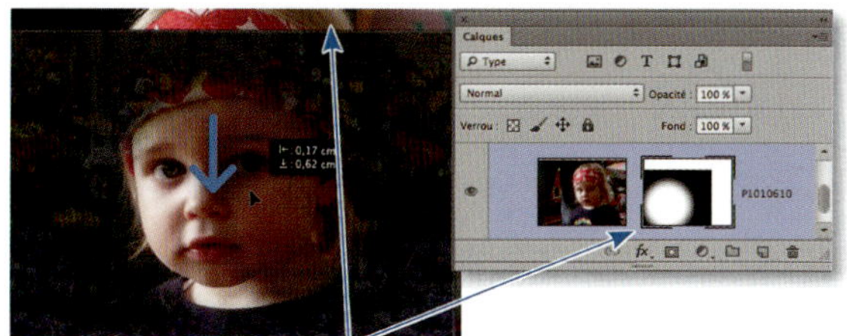

Les zones blanches dévoilent également le calque si on déplace le masque seul.

La construction du masque et son comportement

Comme nous l'avons vu au cours de ce chapitre, un masque de fusion peut être obtenu de différentes manières : à partir d'une sélection, à partir d'un masque vierge noir (qui masque tout) ou d'un masque vierge blanc (qui fait tout apparaître).

Le masque à partir de la sélection

Si le masque est réalisé en cliquant sur l'icône, **Ajouter un masque de fusion**, du panneau **Calques** en ayant une sélection affichée (quelle que soit son origine : outil de sélection, plage de couleurs...), il fera apparaître des bords noirs lors de sa manipulation de type déplacement, transformation ou transfert vers un autre document.

Le masque vierge noir

Si le masque de fusion a été élaboré à partir d'un masque vierge noir (obtenu par ⌥clic [Alt clic] sur l' icône), puis modifié en dessinant en blanc ou en le traitant pour faire apparaître du blanc, il affichera des bords noirs lors de sa manipulation (déplacement, transformation…).

Le masque vierge blanc

Si le masque de fusion a été créé en partant d'un masque vierge blanc (obtenu par clic sur l'icône), puis partiellement rempli de noir en utilisant la commande **Remplir**, l'outil **Dégradé** (avec du noir et du blanc) ou la commande **Négatif** mais avec une sélection, il fera apparaître des zones blanches lors de sa manipulation.

Le script de changement de comportement

Il est possible de changer le comportement du calque et de son masque, de manière que lors de sa manipulation, il apparaisse des zones noires sur le masque (autrement dit qu'aucune nouvelle partie du calque ne s'affiche). L'opération consiste à utiliser la sélection correspondant aux zones blanches visibles à l'intérieur du document pour créer un nouveau masque de fusion. Pour cela, vous pouvez réaliser un script dont voici les différentes instructions :

1. Sélectionnez la couche du masque de fusion en cliquant sur sa vignette dans le panneau **Calques** (cette étape est indispensable pour utiliser le script avec d'autre calque).

2. Lancez la commande **Tout sélectionner** du menu **Sélection** (au clavier, tapez ⌘A [Ctrl A]).

3. Par clic droit sur la vignette du masque, lancez la commande **Intersection du masque avec la sélection** : la sélection qui s'affiche alors correspond à la partie blanche du masque, mais limitée à l'intérieur du document.

4. Par clic droit sur la vignette du masque, lancez la commande **Supprimer le masque de fusion**.

5. Avec cette sélection affichée, cliquez sur l'icône du panneau **Calques** pour ajouter un masque de fusion qui fait apparaître la sélection.

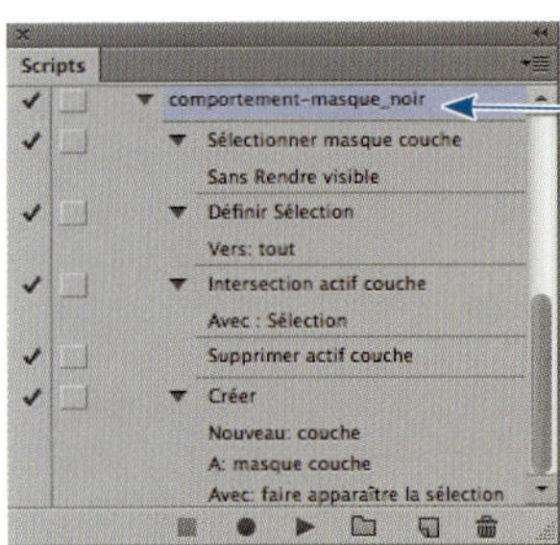

Ce script permet de faire apparaître des zones noires lors du déplacement du calque et son masque.

Le déplacement du masque

Dans certains cas, il est utile de repositionner le masque correctement sur le calque. Cette opération se réalise avec l'outil **Déplacement** par glissement du contenu de la couche ; cependant, pour que le déplacement n'affecte que le masque, effectuez les opérations suivantes :

1. Dans le panneau **Calques**, cliquez sur le maillon situé entre les deux vignettes pour le faire disparaître (il indiquait un lien entre le calque et le masque).

2. Cliquez sur la vignette du masque pour l'activer.

3. Sur la photo, glissez le curseur : c'est le masque qui se déplacera.

Pour ne déplacer que verticalement ou horizontalement, enfoncez ⇧. Au clavier, on déplace le masque avec les touches fléchées : le déplacement est de 1 pixel (il passe à 10 avec ⇧).

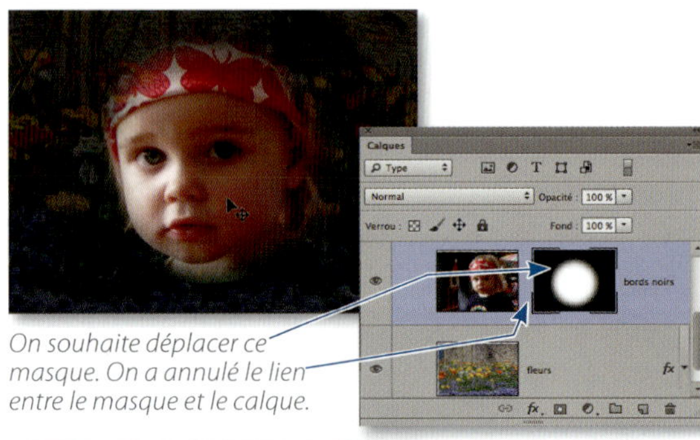

On souhaite déplacer ce masque. On a annulé le lien entre le masque et le calque.

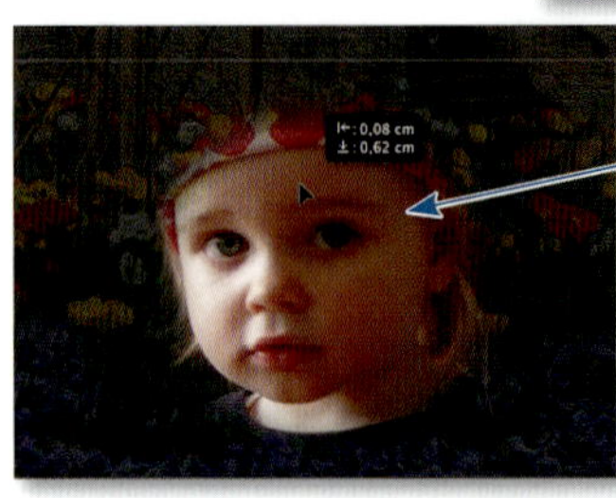

*Avec l'outil **Déplacement**, on glisse le masque, le calque reste sur place.*

Dans le cas où le déplacement a fait apparaître des zones blanches et donc a dévoilé une partie du calque, annulez-le et lancez le script décrit précédemment, puis recommencez ce déplacement.

Vous pouvez également (sans annuler ce déplacement) remplir ces zones blanches par clic avec l'outil **Pot de peinture** et choisir le noir comme couleur de premier plan (elle est obtenue en tapant D) ; dans ce cas, ces zones blanches réapparaîtront au prochain déplacement.

Les transformations du masque

La transformation manuelle du masque

Diverses transformations (mise à l'échelle, rotation, inclinaison…) sont réalisables sur le masque. Afin qu'elles ne s'appliquent qu'au masque, comme pour le déplacement, dans le panneau **Calques**, cliquez sur le maillon entre les deux vignettes pour le faire disparaître, puis activez le masque de fusion.

Pour lancer la commande de transformation manuelle, tapez **⌘**T [Ctrl T] ou utilisez le menu **Édition/Transformation manuelle**. Pour limiter à une partie du masque, il faudra en faire la sélection.

On utilise ***Transformation manuelle*** pour modifier ce masque de fusion (activé dans le panneau ***Calques***).

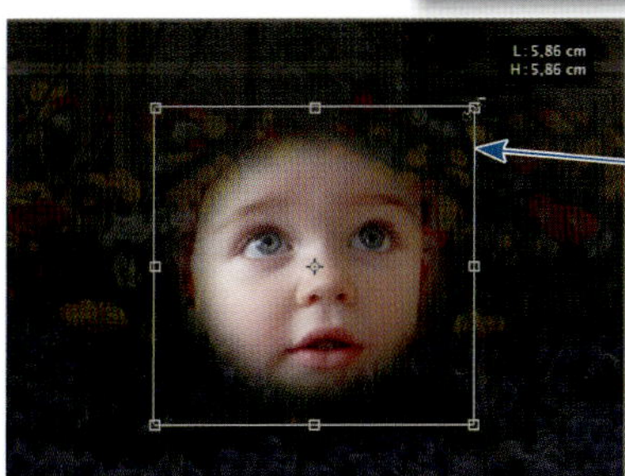

Comme on a désactivé le lien, la transformation n'affecte que le masque.

Comme pour un déplacement, si la transformation a fait apparaître des zones blanches et donc a dévoilé une partie du calque, annulez-la et lancez le script décrit précédemment, puis recommencez la transformation.

Astuce *Quand vous lancez la commande **Transformation manuelle** (⌘T[Ctrl T]), si les poignées de transformation se placent sur les limites du document, c'est que cette transformation dévoilera des parties du calque. Dans ce cas, vous pouvez l'arrêter en tapant esc [Echap.] et lancer le script de changement de comportement indiqué précédemment.*

Si les poignées de transformation se situent aux limites du document, c'est que la transformation dévoilera le calque.

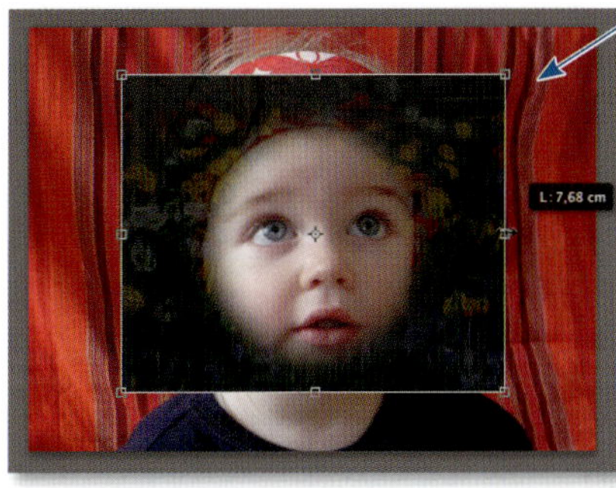

Astuce *Comme pour les transformations de sélection (voir page 282), il est possible de paramétrer la transformation avec les cases (**L**, **H**…) de la **Barre d'options**. Pour transformer progressivement, vous pouvez incrémenter les valeurs (de 1 unité ou de 10 avec ⇧) de différentes façons :*

- *avec les touches fléchées, une fois la case active ;*
- *en glissant la souris sur la lettre **X**, **Y**, **L**, **H**, ∠…, on voit ;*
- *éventuellement, à l'aide la molette de la souris.*

De nombreuses manipulations sont réalisables sur le cadre de transformation en utilisant des combinaisons de touches et en agissant sur certaines poignées du cadre. Le tableau ci-après résume les possibilités.

Transformation	Localisation de l'action	Touche	Aspect	Contrainte	Exemple
Déplacement	À l'intérieur du cadre	Aucune		⇧ déplacement vertical ou horizontal (seul)	
Mise à l'échelle	Poignée d'angle ou latérale	Aucune		⇧ rapport L/H conservé ⌥ [Alt] centrage	
Inclinaison	Poignée latérale	⇧ ⌘ [⇧ Ctrl]		⌘ [Alt] centrage	
Perspective	Poignée d'angle	⇧ ⌥ ⌘ [⇧ Alt Ctrl]			
Torsion	Poignée d'angle	⌘ [Ctrl]		⇧ déplacement vert./horiz.	
Rotation[1]	Hors du cadre	Aucune		⇧ angle multiple de 15°	

(1) Pour les rotations, vous pouvez changer la position de l'axe de rotation (⌖) en glissant la croix jusqu'à l'endroit voulu.

La déformation du masque

Cette transformation s'utilise principalement pour déformer le contenu d'un calque, mais elle peut s'avérer utile pour modifier l'aspect d'un masque. La déformation se lance, une fois le cadre de transformation affiché, en cliquant sur l'icône de la **Barre d'options**, par le menu **Édition/ Transformation** (ou menu contextuel), puis **Déformation**. Quand la transformation est active, un maillage apparaît : il comporte huit points. Pour déformer le cadre, vous pouvez agir sur ces points (ils correspondent aux tangentes des points aux angles), ou glisser les lignes du maillage.

Dans le ***Mode Masque****, on peut utiliser* ***Déformation****.*

Quand le cadre a l'aspect voulu, validez la transformation. Cependant, avant de valider, vous pouvez éventuellement combiner cette transformation avec les autres transformations ; pour cela, cliquez à nouveau sur l'icône . Il y aura permutation entre les transformations. Vous retrouverez la **Déformation** en cliquant sur .

Astuce *Quand la déformation est activée, la* ***Barre d'options*** *donne accès à une série de transformations prédéfinies du même type que celles applicables à un texte.*

Le placement d'objets pixellisés sur un masque

Pour affiner l'aspect du masque, vous pouvez placer (importer ou coller) différents types d'objets tels que du texte (saisi dans Photoshop) ou des dessins réalisés dans Illustrator.

Glissement, collage ou importation d'un dessin

Depuis Illustrator, par exemple, créez un dessin, sélectionnez-le, copiez-le et collez-le, ou glissez-le sur le document Photoshop (enfoncez ⇧ pour obtenir son centrage). Même si une couche alpha ou le **Mode Masque** sont actifs, Photoshop crée systématiquement un nouveau calque pour y placer l'élément transféré d'Illustrator.

Dans le cas d'un glissement ou d'une importation, l'élément apparaît sous forme d'objet dynamique, ce qui le rend éditable dans Illustrator si vous double-cliquez sur la vignette du calque. Pour l'utiliser sur la couche, cachez le calque et récupérez son contenu sous forme de sélection par ⌘clic [Ctrl clic] sur sa vignette. Une fois la sélection affichée, activez la couche voulue et remplissez la sélection de blanc ou de noir puis désélectionnez.

Placement d'un texte

Avec le **Mode Masque** ou sur une couche alpha, quand vous cliquez sur le document avec l'outil **Texte**, celui-ci se couvre de la couleur du **Mode Masque** et la saisie apparaît en transparent sur fond rouge. Une fois le texte saisi, vous pouvez : le déplacer ou le transformer avec ⌘ [Ctrl] ; changer sa typographie en le sélectionnant par ⌘A [Ctrl A] ; **le déformer en cliquant sur** . Quand le texte est réglé, validez sa mise en place en tapant Entrée (clavier numérique). Il apparaîtra sous forme de sélection remplie de la couleur de premier plan. Vous pouvez désélectionner et, par exemple, lui appliquer certains filtres ou l'inverser avant de l'utiliser.

Astuce *Le passage par une couche alpha pour saisir un texte n'est utile que s'il est associé à d'autres éléments. Sinon, utilisez un calque de texte comme calque d'écrêtage.*

L'ajustement du masque à l'aide d'éléments vectoriels (tracés)

Quand la couche alpha ou le **Mode Masque** sont actifs, vous pouvez utiliser les outils de dessin vectoriel pour dessiner certaines parties du masque à l'aide d'éléments vectoriels. Le dessin se réalise avec la plume (pour un dessin libre) ou des formes prédéfinies (rectangle, ellipse, polygone et autres formes choisies dans un panneau). L'étude complète des tracés vectoriels sera développée dans le chapitre suivant, mais voici quelques éléments utiles pour les masques.

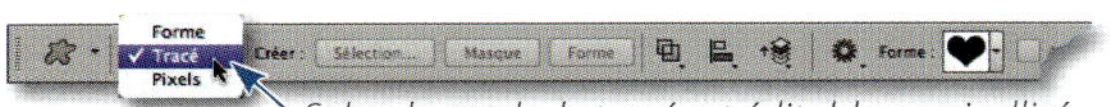

Selon le mode, le tracé est éditable ou pixellisé.

Le dessin avec l'outil Plume

Si une partie du masque doit être modifiée avec l'outil **Plume**, il faudra opérer en deux étapes :

1. Création du tracé avec l'outil **Plume** : activez le mode **Tracé** (menu local situé sur la gauche de la **Barre d'options**), puis dessinez par clics pour un polygone ou par glissements pour obtenir des courbes avec tangentes.

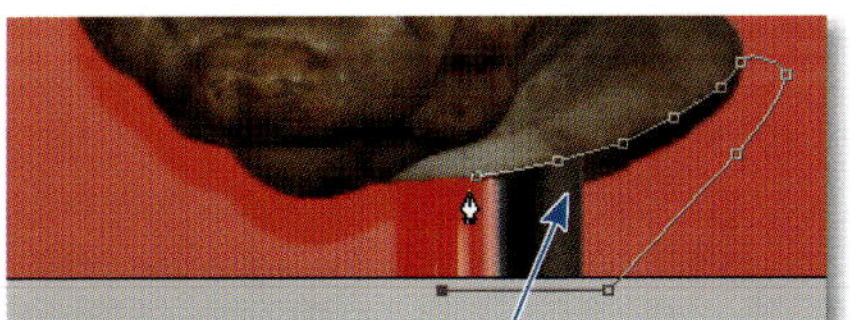
*Dans ce document (**Mode Masque**) on a dessiné la partie basse à la plume pour la supprimer du masque par coloration en noir.*

2. Coloration du tracé : elle s'effectue dans le panneau **Tracés** par ⌥clic [Alt clic] sur l'icône ● ; une fenêtre permet de choisir la couleur, l'opacité et un éventuel contour progressif ; cette fenêtre ne s'affiche pas si on fait un clic simple, c'est la couleur de premier plan qui est utilisée. Avec un outil vectoriel actif, la fenêtre **Fond du tracé** s'affiche par le menu contextuel déroulé sur l'image.

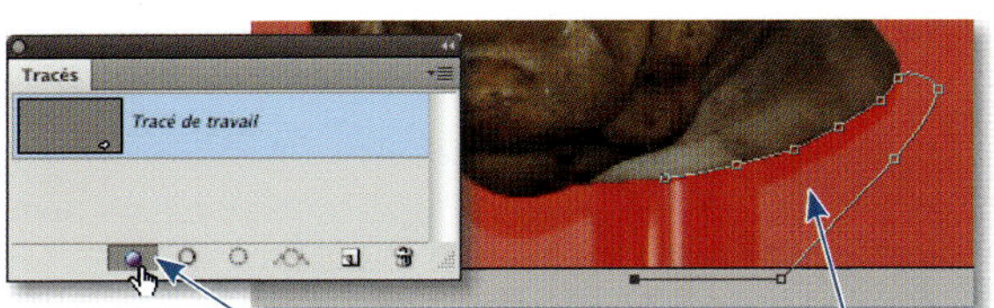

En cliquant ici, on a rempli le tracé et rectifié le masque.

Le dessin avec les outils vectoriels

Ps Avant de dessiner sur la couche, assurez-vous que la couleur de premier plan est correctement choisie — Photoshop active le noir sur une couche alpha et le blanc sur le **Mode Masque**. Vous avez deux modes de travail possibles (**Pixels** et **Tracé**) pour réaliser un dessin vectoriel sur une couche ; le choix s'effectue dans la **Barre d'options** et son menu local situé à gauche. Un troisième mode, **Forme**, permettra la création d'un nouveau calque (vectoriel) mais ne s'utilisera pas dans le travail de la couche du masque.

- **Pixels** : ce mode s'active automatiquement quand on passe au **Mode Masque** ou sur une couche alpha avec l'un des outils **Forme vectorielle** ; la forme, remplie de la couleur de premier plan, est pixellisée.
- **Tracé** : ce mode permet de créer un tracé vectoriel éditable et coloriable (dans le panneau **Tracés** par ⌥clic [Alt clic] sur ●).

En plus de la façon de dessiner (forme remplie ou tracé), vous devez choisir la forme du tracé (et son opacité, en général, 100 %). Avec la forme personnalisée, la **Barre d'options** affiche un accès à un panneau (et un menu) qui propose des formes diverses. Chaque forme possède un panneau d'options affiché par clic sur le triangle, à droite de l'ensemble des formes. Ces options concernent les contraintes de dessin et de taille (pour le polygone, elle permet sa transformation en étoile). Le dessin avec un outil vectoriel présente des similitudes avec celui exécuté avec les outils de sélection, notamment en cours de tracé :

- avec Espace, vous déplacez le dessin ;
- avec ⌥[Alt], vous centrez le dessin ;
- avec ⇧, vous imposez des contraintes de proportion.

Attention *Si le document comporte une sélection, la forme n'apparaîtra remplie qu'à l'intérieur de la sélection.*

Les manipulations de dessins vectoriels

S'il s'agit d'une forme pleine, la seule manipulation possible est son déplacement : il s'effectue avec l'outil **Déplacement**. Si aucune sélection n'est réalisée, il fera apparaître une zone noire (ou rouge avec le **Mode Masque**) qu'il faudra éliminer avec le pot de peinture. S'il s'agit d'un tracé de plume ou de forme modifiable, son déplacement s'effectue avec l'outil **Flèche noire** (↖) en glissant le tracé. Des retouches sur ses points sont également envisageables. Elles s'effectuent avec l'outil **Flèche blanche** ↖ pour déplacer un point et modifier une tangente, avec ✒+ ou ✒- pour ajouter ou supprimer un point, ou avec ✒ pour convertir le point.

Toutes les manipulations sur les tracés et les formes seront développées dans le chapitre suivant. Elles peuvent être cumulées aux traitements étudiés dans les paragraphes précédents.

Les utilisations des couches

L'obtention d'une sélection

LA COUCHE DU MODE MASQUE

L'unique utilisation de la couche du **Mode Masque** étant la préparation d'une sélection, la seule issue dont vous disposez est de quitter le **Mode Masque** en tapant Q. Si la sélection qui s'affiche correspond à l'opposé de celle voulue, intervertissez-la en tapant ⇧⌘I [⇧Ctrl I].

LA RÉCUPÉRATION D'UNE SÉLECTION MÉMORISÉE

Une couche alpha constitue une sélection mémorisée. Pour l'utiliser, c'est-à-dire agir sur la zone sélectionnée, il faut la récupérer à l'écran. La sélection s'affiche quelle que soit la couche active et reste visible sur toutes les couches (et tous les calques). La récupération s'effectue de deux façons :

- par **Récupérer la sélection** du menu **Sélection** ;
- directement par le panneau **Couches**.

La commande Récupérer la sélection

Cette commande affiche une fenêtre dont les options ressemblent à celles de la fenêtre **Mémoriser la sélection**. En effet, la sélection pourra apparaître en tant que nouvelle sélection (inversée ou non) ou subir des opérations avec la sélection déjà affichée si le document en comporte une (addition, soustraction et intersection). De plus, il est possible de récupérer des sélections provenant d'un autre document de même taille, ou encore issues d'un masque de fusion (ou de pixels). Si le document comporte plusieurs couches alpha, le sous-menu **Couche** en montrera la liste.

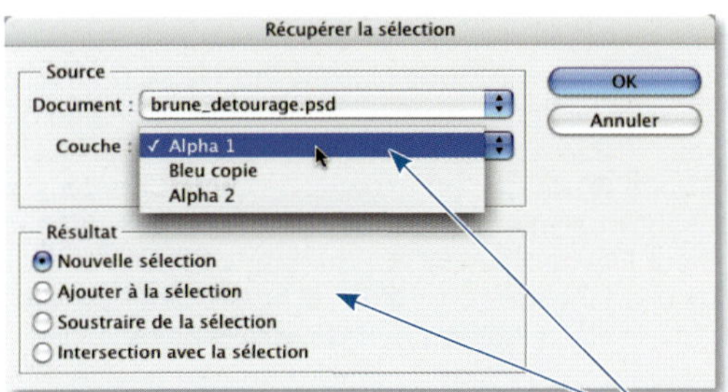

Avec une sélection affichée, il est possible de faire des opérations avec la couche désignée lors de la récupération de la sélection.

La récupération par le panneau Couches

Deux méthodes sont disponibles pour obtenir la sélection :

- **Par glissement** de la vignette de la couche sur l'icône du panneau.
- **Par ⌘clic [Ctrl clic]** sur la vignette de la couche (alpha ou de fusion…) avec le pointeur qui devient . Cette méthode, plus pratique, est commune aux trois panneaux (**Couches**, **Calques** et **Tracés**).

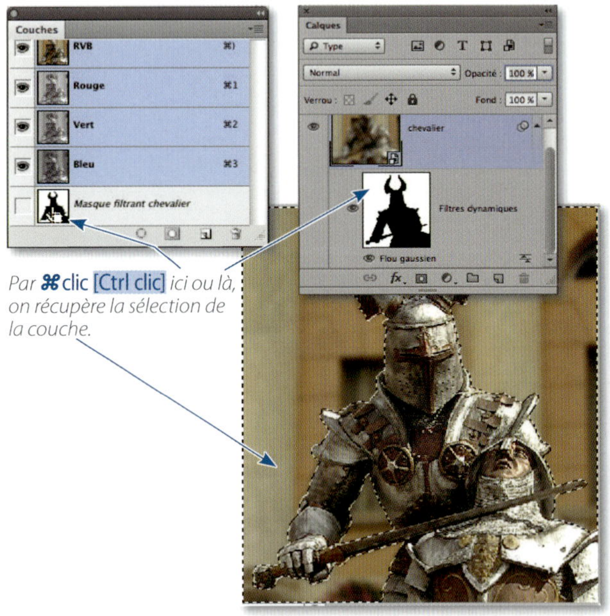

Par ⌘clic [Ctrl clic] ici ou là, on récupère la sélection de la couche.

ASTUCE *Au clavier, tapez la combinaison de touches ⌥⌘[Alt Ctrl] suivie du numéro de la couche (ou ajoutez ⌥[Alt] à son raccourci), pour en récupérer la sélection.*

LES OPÉRATIONS ENTRE SÉLECTION ET COUCHE

Il s'agit d'opérations (addition, soustraction et intersection) entre une sélection déjà affichée et celle correspondant à la couche. Ces opérations se réalisent avec **Récupérer la sélection** ou depuis le panneau **Couches**, en ajoutant à la touche ⌘[Ctrl] une ou plusieurs touches (*voir ci-dessous*).

Opération	Touches	Aspect du curseur
Addition	⇧⌘ [⇧ Ctrl]	
Soustraction	⌥⌘ [Alt Ctrl]	
Intersection	⇧⌥⌘ [⇧ Alt Ctrl]	

Astuce *Cette méthode de récupération par clic sur les vignettes est plus pratique ; de plus, elle est également commune aux trois panneaux (**Couches**, **Calques** et **Tracés**).*

La couche pour détourer

Le masque de fusion des calques de réglage ou des calques standards et des filtres dynamiques

La couche alpha devra être transformée en sélection pour être utilisée dans le document. C'est le cas pour appliquer un calque de réglage dont le masque associé localisera le traitement sur une partie de l'image : on affiche d'abord la sélection, puis on ajoute le calque de réglage dans le panneau **Réglages** ou par clic sur l'icône du panneau **Calques**.

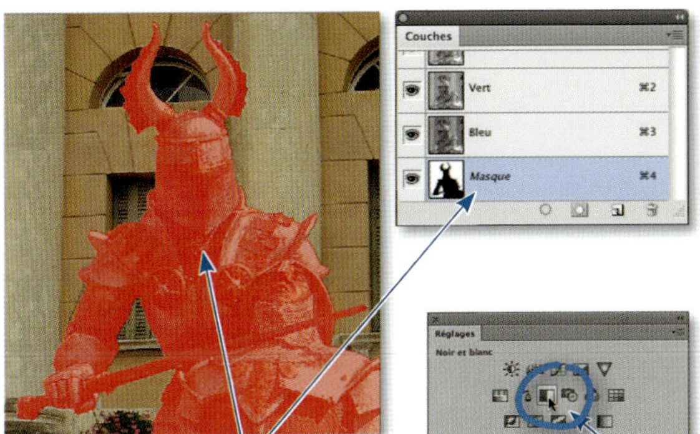

*On quitte le **Mode Masque** pour voir la sélection et dans ce panneau on clique sur le réglage souhaité.*

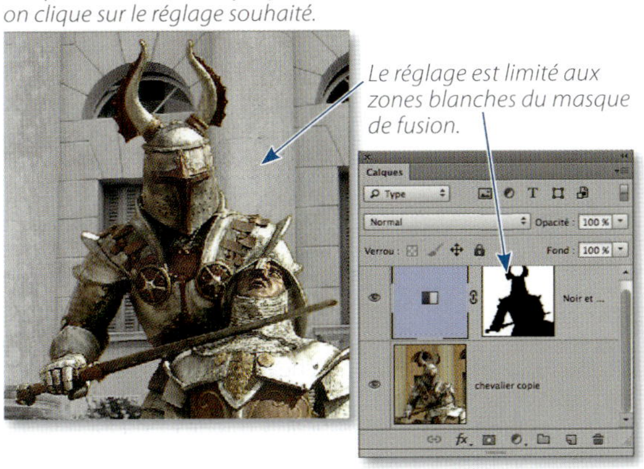

Le réglage est limité aux zones blanches du masque de fusion.

La méthode est la même pour affecter un masque de fusion à un calque (par clic sur l'icône du panneau **Calques**) ou pour en détourer une partie (*voir le chapitre Le travail avec les calques, page 523*).

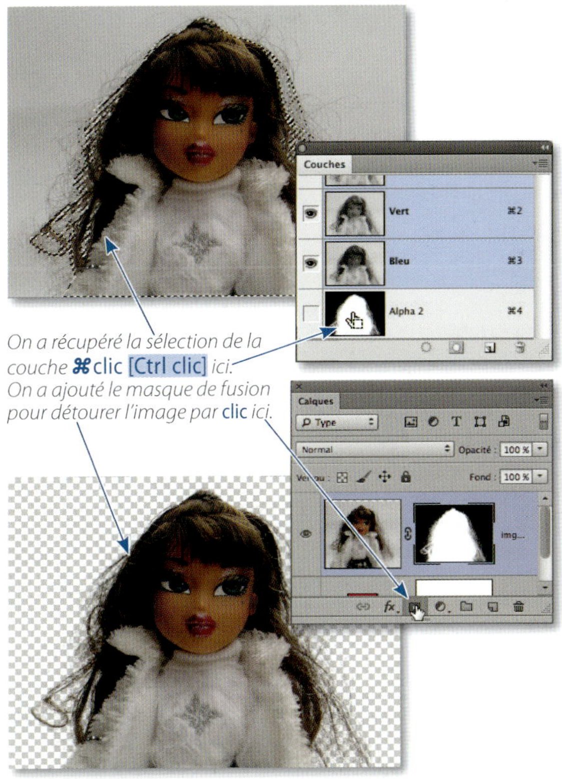

On a récupéré la sélection de la couche ⌘clic [Ctrl clic] ici.
On a ajouté le masque de fusion pour détourer l'image par clic ici.

On retrouve le même principe avec le masque filtrant du filtre dynamique : la sélection définit l'aspect du masque filtrant qui limite l'action du filtre (le calque à traiter doit être un objet dynamique).

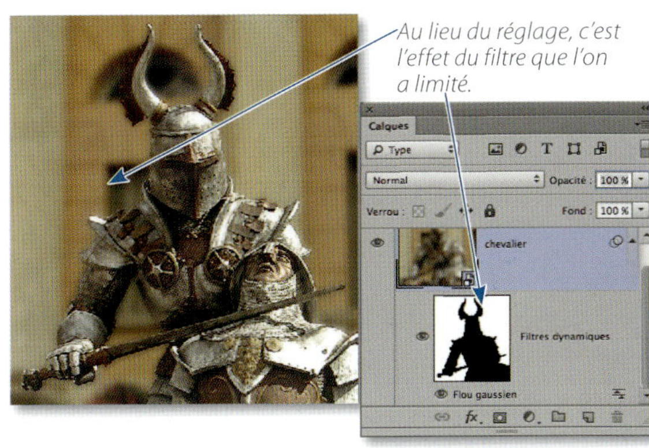

Au lieu du réglage, c'est l'effet du filtre que l'on a limité.

> **Astuce** *Si l'image comporte plusieurs calques, vous pouvez faire un masque de fusion global sur l'ensemble. Pour cela :*
>
> - *Sélectionnez l'ensemble des calques par ⇧ clic sur leur nom dans le panneau **Calques**.*
> - *Transformez cet ensemble en un objet dynamique à l'aide de la commande **Associer dans le nouvel objet dynamique** du menu du panneau **Calques** ou placez-le dans groupe de calques par ⇧⌥ [⇧ Alt] clic sur l'icône de dossier dans le panneau **Calques**.*
> - *Réalisez le masque de fusion directement sur cet objet dynamique ou sur ce groupe de calques.*

En dehors de ces exemples (qui constituent des utilisations très courantes), une couche alpha peut avoir d'autres actions de détourage qui ne pourront être observées que dans le logiciel où l'image sera exportée.

Le détourage pour InDesign

Avec InDesign, c'est la commande **Masque** (menu **Objet**) qui sert à réaliser les détourages avec une couche alpha. Cependant, il est préférable de réaliser le détourage dans Photoshop, d'enregistrer le document au format PSD (ou PDF s'il comporte des éléments vectoriels ou du texte), puis de l'importer avec ce format dans InDesign. Dans ce cas, la couche alpha qui sert à préparer le masque de fusion (ou de pixels) peut contenir des zones de fondu. Elles seront conservées dans InDesign.

> **Note** *Les versions récentes d'XPress peuvent également importer des documents au format PSD.*

Le passage d'une couche alpha à une couche de ton direct

Nous reparlerons des couches de ton direct plus loin dans ce livre, dans le chapitre sur la distribution des images. Sachez que pour convertir une couche alpha en couche de ton direct, vous devez effectuer les opérations suivantes :

1. Double-cliquez sur la vignette de la couche dans le panneau **Couches** et sélectionnez **Ton direct**.
2. Cliquez dans la case **Couleur** puis sur **Bibliothèques de couleurs** pour choisir une couleur, et cliquez sur **OK** : les zones non blanches sont colorées en ton direct.
3. Choisissez **Négatif** du menu **Image/Réglages** pour appliquer la couleur à la zone sélectionnée de la couche.

La couche alpha utilisée par le filtre

Certains filtres peuvent faire appel à une couche alpha dans leur paramétrage. C'est le cas du filtre **Fluidité** et de quelques autres encore.

Le filtre Fluidité

Fluidité utilise une sélection ou une couche alpha pour délimiter la zone dans laquelle s'effectueront les modifications. Cette couche peut même être utilisée dans une opération avec une sélection affichée sur le document.

Les autres filtres

Certains filtres (**Dispersion** et **Placage de texture**) utilisent un document en niveaux de gris, mais celui-ci peut être obtenu avec une couche dupliquée vers un nouveau document.

Le détourage des cheveux avec les couches

Les différentes possibilités

La technique du détourage à l'aide d'une couche alpha (utilisée dans un masque de fusion ou de pixels) ne s'applique pas à tous les types d'images. Cependant, elle peut donner de bons résultats lors d'un détourage dans lequel interviennent des cheveux sur un fond relativement uniforme.

Le détourage des cheveux est une opération très délicate. Elle peut se réaliser avec un travail sur les couches pour préserver certains détails.

Dans certains cas, cette technique pourra être avantageusement remplacée par l'utilisation d'une sélection traitée par la commande **Améliorer le contour** (*voir page 297*). Elle peut aussi intervenir en complément de cette dernière : une partie de l'image étant détourée par cette méthode, alors qu'une autre l'est par **Améliorer le contour** ; les deux détourages (ou couches) sont ensuite combinés par copier-coller (*ou par opération selon la méthode décrite page 312*).

La procédure par la couche alpha

La technique du détourage par les couches comporte quelques étapes : l'examen des couches, la préparation de la couche (éventuellement avec une opération), le travail sur la couche et sa finition, et enfin l'utilisation dans le détourage proprement dit.

L'examen des couches

Affichez une à une les couches R, V et B pour repérer celle qui montre le meilleur contraste (dans notre exemple, la couche bleue). Si vous estimez qu'aucune des couches ne présente un avantage, l'étape suivante s'effectuera avec la couche RVB (notée **Gris**).

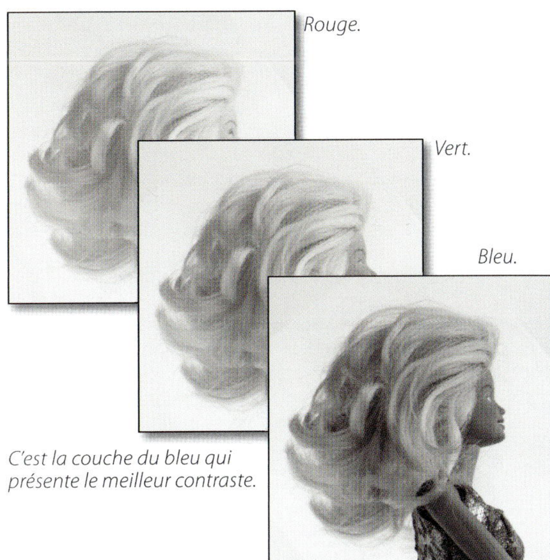

C'est la couche du bleu qui présente le meilleur contraste.

L'opération sur les couches

Il faut marquer le contraste des bords de la zone à détourer, c'est-à-dire des cheveux. Pour cela, créez une couche à partir d'opérations sur les couches du document (notamment celle ayant le meilleur contraste). C'est avec la commande **Opérations** du menu **Image** que s'effectue la manipulation.

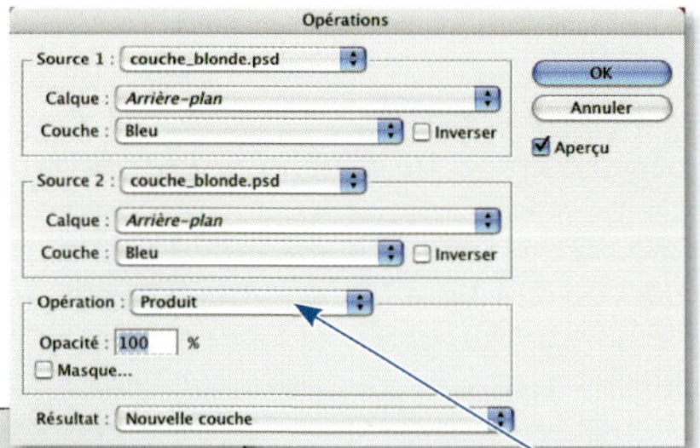

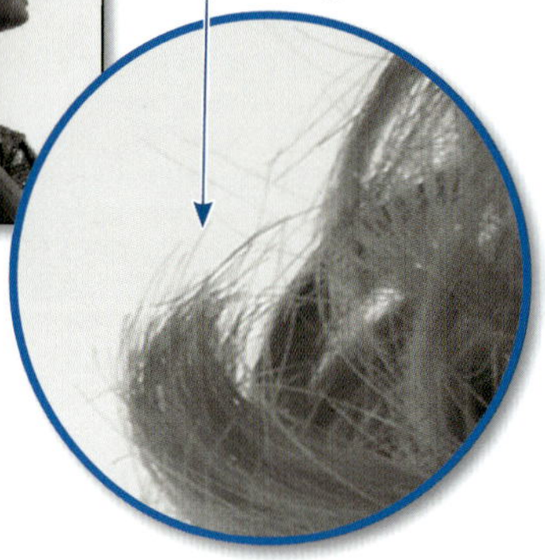

On effectue une opération pour créer une couche sur laquelle se prépare le masque. Elle marque les détails de l'image.

Dans la fenêtre qui s'affiche, les sources 1 et 2 sont constituées par la couche précédemment repérée. L'opération appliquée dépend de l'image : cela peut être **Produit** avec des cheveux blonds (ou **Incrustation** avec des cheveux bruns, ou encore une autre opération ; des essais s'imposent).

L'accentuation du contraste du masque

L'application de la commande **Niveaux** (ou **Courbes**) permet d'augmenter encore le contraste du masque, par déplacement du curseur blanc pour éclaircir les zones claires, sans toutefois perdre des détails dans les cheveux. De la même façon, un glissement du curseur noir assombrira certains cheveux pour les marquer davantage.

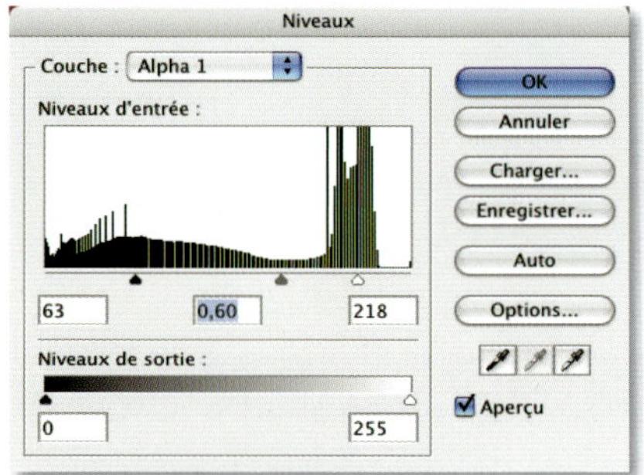

On force le contraste par glissement des curseurs.

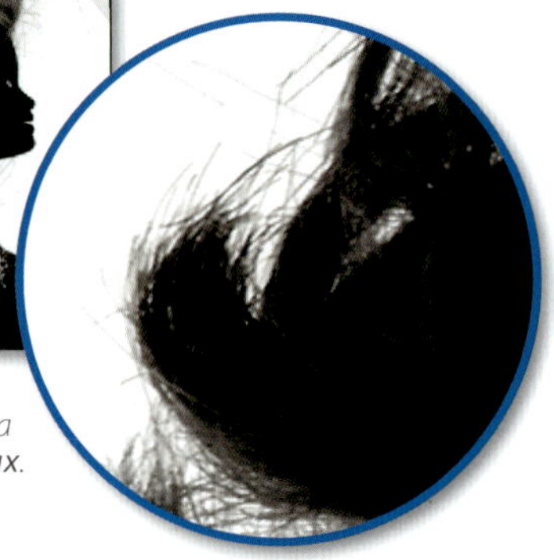

*Le contraste de la couche a été prononcé avec **Niveaux**.*

Éventuellement, selon l'image, utilisez **Accentuation** (menu **Filtre/Renforcement**) pour faire ressortir les petits cheveux sur les bords de l'image. L'utilisation de valeurs élevées permet de blanchir les zones claires autour des cheveux.

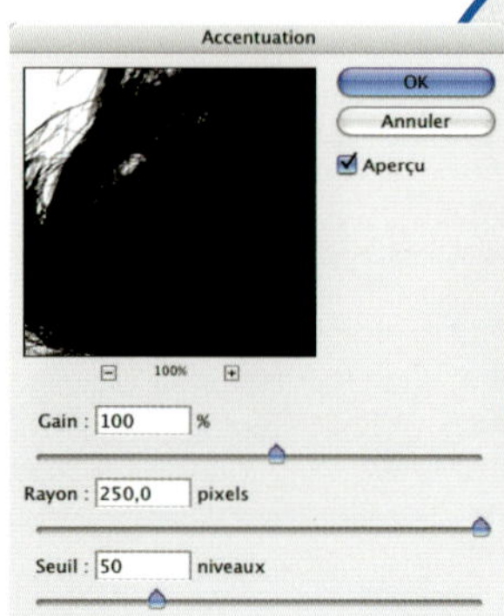

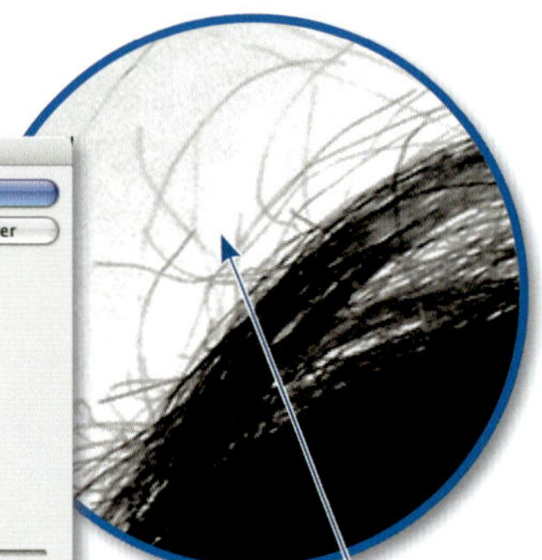

*On marque les détails avec **Accentuation** réglé sur des valeurs élevées.*

La finition : le remplissage du masque avec le pinceau et les outils Densité + et –

Il ne reste plus qu'à remplir de noir les zones intérieures. Pour cela, utilisez le pinceau en noir sur les zones éloignées des bords de la tête. Pour noircir les petits cheveux, passez l'outil **Densité +** avec la gamme **Tons foncés** et une opacité très faible (5 %, par exemple) ; pour blanchir les zones entre les cheveux, passez l'outil **Densité –** avec la gamme **Tons clairs** et une opacité très faible (5 %, par exemple). En agissant avec cette opacité très faible, on maîtrise mieux l'application que l'on peut annuler en cas de débordement. Selon la zone à traiter, il faudra parfois choisir la gamme **Tons moyens** et modifier la taille de l'outil.

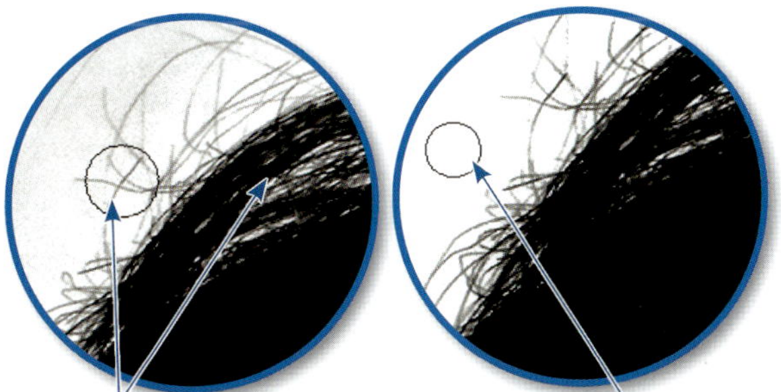

Avec l'outil ***Densité +****, on noircit, avec* ***Densité –****, on éclaircit. Pour les grandes zones intérieures, on peint au pinceau noir : on obtient ainsi le masque voulu.*

Le masque est prêt, il sera inversé lors de la récupération de la sélection.

L'image détourée par le masque de fusion (ou de pixels). Il peut encore être retouché s'il reste des imperfections.

Avec les cheveux bruns sur un fond clair, le détourage est plus facile. On l'améliore avec une ombre interne.

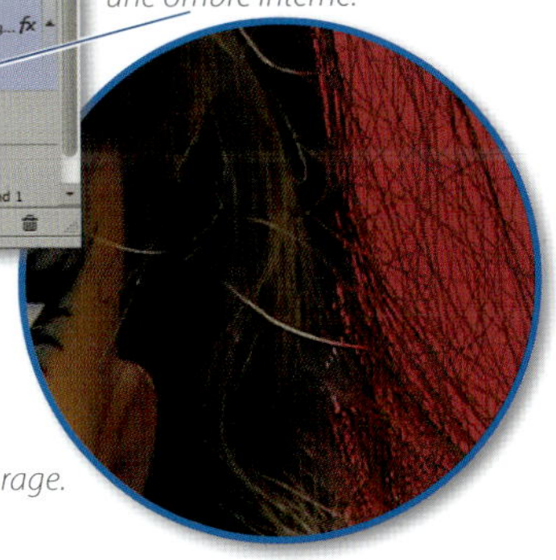

Les détails du détourage.

Le détourage et son amélioration

Le masque est maintenant prêt à l'emploi. Affichez la couche RVB du document et récupérez la sélection de la couche **Alpha 1** (par le menu **Sélection**) avec l'option **Inverser** pour l'utiliser comme masque de fusion (ou de pixels). Pour cela, cliquez sur l'icône du panneau **Calques** pour obtenir le détourage de la photo. Ce type de détourage présente toujours quelques imperfections qui seront plus ou moins visibles selon l'arrière-plan placé derrière la photo. D'une manière générale, il fonctionne un peu mieux avec des cheveux bruns (à cause de l'arrière-plan clair du départ).

Pour améliorer l'aspect de l'image détourée, selon la couleur des cheveux, il est parfois intéressant d'appliquer au calque (par clic sur l'icône du panneau **Calques**) un effet de calque de type **Ombre interne**, avec des valeurs faibles.

> **Astuce** *Quand le masque de fusion est réalisé, vous pouvez également utiliser l'option* ***Décontamination*** *de la commande* ***Contour du masque*** *du panneau* ***Propriétés****.*

3 - Les détourages vectoriels avec les tracés

Le dessin avec des vecteurs

L'intérêt et les utilisations

Cette technique de dessin utilise des fonctions mathématiques (courbes de Bézier) qui assurent une grande précision indépendamment de la résolution de l'image. De plus, les tracés peuvent être préparés ou exportés vers Illustrator afin de leur faire subir des traitements vectoriels qui n'existent pas dans Photoshop.

Le dessin vectoriel a plusieurs utilisations qui seront développées à la fin de ce chapitre :

- le dessin vectoriel, à la manière d'Illustrator, en vue d'une coloration ultérieure du tracé obtenu ;
- la préparation d'un tracé de détourage utilisé sous forme de sélection ou de masque (de fusion ou vectoriel) ;
- la création de masque vectoriel pour l'exportation vers un logiciel de mise en page (InDesign) ou de dessin (Illustrator) d'un fichier contenant une image détourée.

Les outils vectoriels

Les outils pour dessiner les tracés

Pour dessiner des tracés vectoriels, le panneau **Outils** propose deux catégories d'outils. D'une part, les trois outils issus de la plume (activés en tapant la touche P ou ⇧P).

- **Plume** : c'est l'outil classique qui fonctionne par glissements ou clics successifs.
- **Plume libre** : cet outil se manipule comme un crayon (par glissement continu sur l'image).
- **Plume magnétique** : cet outil trace de manière automatique en fonction des contours d'une image. Il s'active dans la **Barre d'options** de l'outil **Plume libre**.

D'autre part, les outils **Formes vectorielles** qui créent des objets d'aspect prédéfini (rectangle, ellipse, polygone, etc.).

Les outils pour travailler les tracés

Pour retravailler le tracé, Photoshop met à votre disposition différents types d'outils :

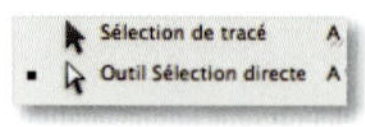

Outils de sélection et de retouche.

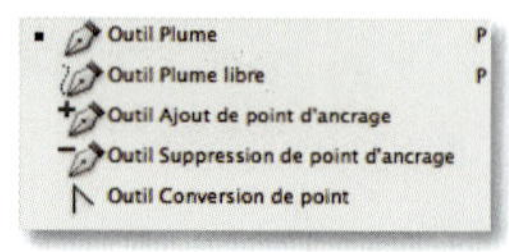

- **Outils de sélection** : **Flèche noire** ou outil **Sélection de tracé** et **Flèche blanche** ou outil **Sélection directe**. Le premier permet la sélection du tracé complet afin de le déplacer, le copier, le transformer... Le second, la sélection des points ou des tangentes du tracé pour les déplacer ou les manipuler.
- **Outils de retouche** : **Plume +** pour ajouter des points ; **Plume –** pour supprimer des points ; **Conversion de point** pour changer le type du point.

Les modes de travail du dessin

Quand vous activez un outil de dessin vectoriel, avant de l'utiliser il faut choisir dans la **Barre d'options** le mode de travail du dessin que vous comptez réaliser. Il y en a deux pour les outils **Plume** : **Forme** et **Tracé** ; trois pour les outils **Formes vectorielles** : **Forme**, **Tracé** et **Pixels**.

Pour les plumes, deux modes de travail et trois pour les formes.

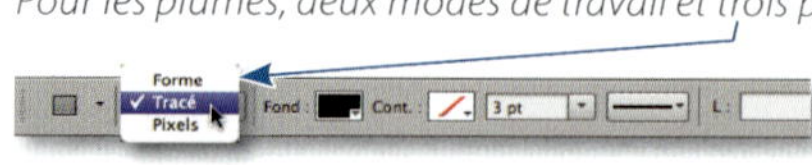

Le mode Forme

Avec le mode **Forme**, Photoshop ajoute un nouveau calque rempli d'un aplat de couleur auquel est associé un masque (on pourra également affecté un contour). Le tracé qui apparaît joue le rôle de masque vectoriel, c'est-à-dire que la couleur n'est visible qu'à l'intérieur du tracé. Le panneau **Calques** montre un aperçu de la forme avec la couleur choisie quant au tracé, il n'est accessible que *via* le panneau **Tracés**. Par la suite, la coloration peut être modifiée directement dans la **Barre d'options** à l'aide de la case **Fond** (et **Contour**).

Avec ce mode on définit une coloration (éventuellement un contour).

Avant de dessiner, vous pouvez choisir dans le sélecteur de fond de la **Barre d'options** d'appliquer ou non une coloration. L'affectation de cette coloration peut s'envisager après avoir dessiné le tracé.

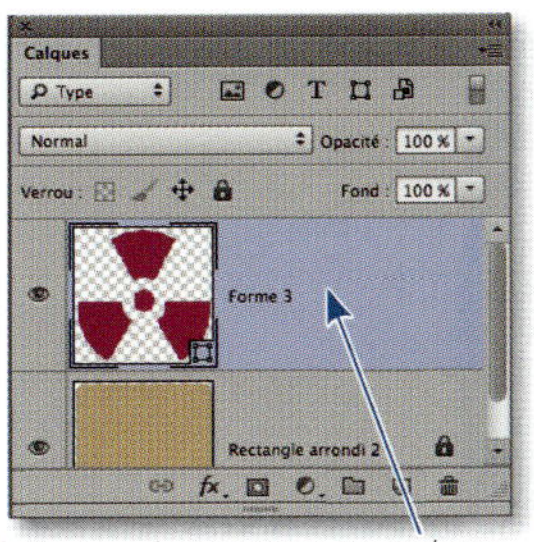

Ce tracé constitue un calque de forme : calque ajouté et rempli d'une couleur.

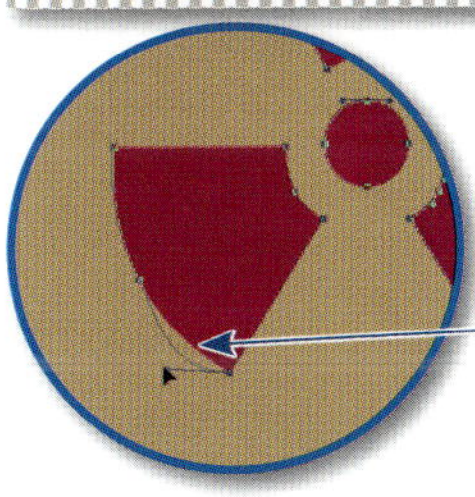

Le tracé vectoriel reste éditable.

Le mode Tracé

Avec le mode **Tracé**, Photoshop n'ajoute pas de calque, il crée un tracé de travail sans action sur le document. Une vignette du tracé s'affiche dans le panneau **Tracés**. Par la suite, ce tracé pourra être converti en sélection ou en forme dans la **Barre d'options**.

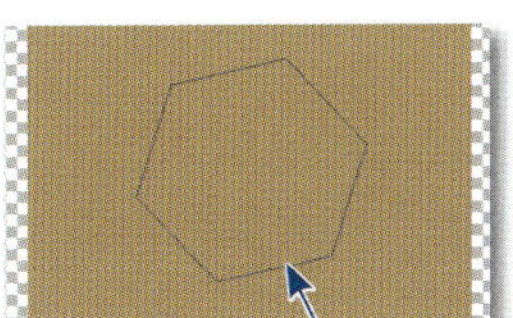

Le tracé est visible ici et dans ce panneau, il ne se colore pas.

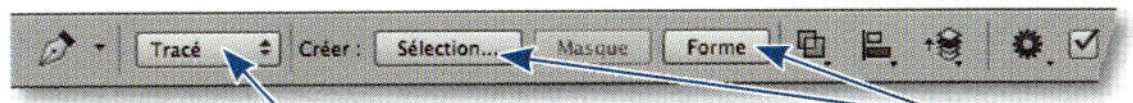

Avec ce mode on crée un tracé de travail que l'on pourra convertir en sélection ou en forme, ou utiliser comme masque sur un calque.

Le mode Pixels

Quand on utilise le mode **Pixels**, Photoshop crée une forme sur le calque actif (qui ne peut être vectoriel) ou sur la couche active (ou sur le mode masque) et la remplit d'un aplat de couleur (à l'intérieur de la sélection s'il y en a une). Cette forme n'est plus vectorielle, il s'agit d'un dessin pixelisé. Attention, il est souvent préférable de commencer par ajouter un nouveau calque avant d'utiliser ce mode ; le dessin obtenu sera ainsi manipulable plus facilement, sans risque pour l'image.

Avec ce mode on peut définir un mode de fusion et une opacité.

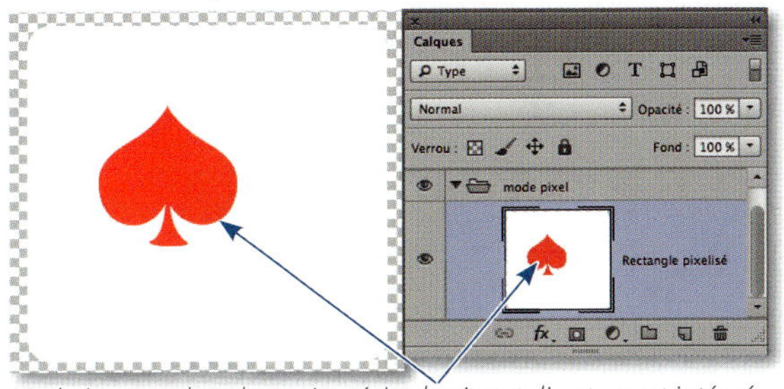

Ici, il n'y a pas de calque ajouté. Le dessin est directement intégré dans le calque actif (ici, rectangle blanc avec lequel il y a eu fusion).

> **Astuce** *Si vous utilisez souvent certains outils avec un mode spécifique, mémorisez-les comme **Outils prédéfinis** pour les réutiliser facilement. Cette opération s'effectue par ⌥clic [Alt clic] sur l'icône de l'outil dans la **Barre d'options**.*

Le stockage des tracés : le panneau Tracés

Le panneau **Tracés** affiche tous les tracés vectoriels réalisés.

Avec les modes **Tracé**, le nom (***Tracé de travail***) est écrit en italique. Il doit être renommé afin d'être conservé (mémorisé) — cette opération s'effectue par double-clic sur la vignette du tracé.

Avec le mode **Forme**, le nom est également en italique. Sa mémorisation se fera sous la forme d'une copie qui sera alors un tracé de travail (sans action) et pourra être utilisé pour d'autres traitements sur d'autres calques (ou d'autres couches) ; il sera modifiable indépendamment du tracé du masque vectoriel.

Le dessin d'un tracé

Le dessin du tracé avec les outils Formes vectorielles

Le tracé et ses options de remplissage

Quel que soit le mode activé **Forme**, **Tracé** ou **Pixels**, le principe du dessin vectoriel est le même. En effet, c'est juste le remplissage du tracé qui diffère ; il se définit avant de dessiner dans la **Barre d'options**.

Le remplissage d'un tracé de type Forme

Par défaut, lors de la création de forme, Photoshop remplit le tracé d'un aplat de couleur de premier plan (spécifiée dans la **Barre d'options**). Pour choisir une autre coloration, cliquez sur la case colorée **Fond**, il apparaîtra un sélecteur.

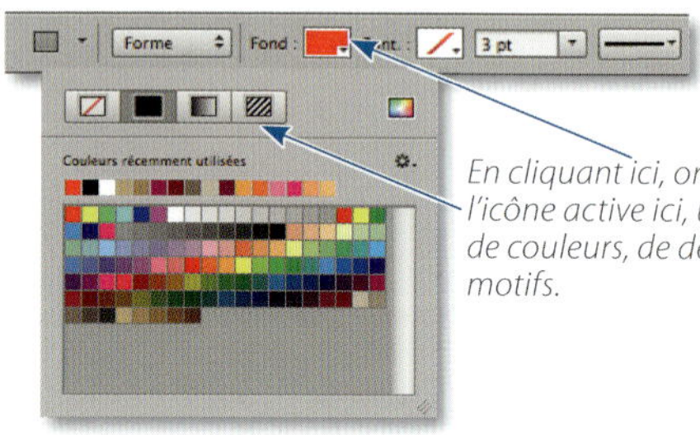

En cliquant ici, on affiche selon l'icône active ici, un sélecteur de couleurs, de dégradé ou de motifs.

Des cases de gestion du contour permettent d'affecter au tracé un contour de couleur, d'épaisseur et de type (continu ou pointillé) réglables.

Le remplissage d'un tracé de type Pixels

Avec l'option **Pixels**, vous devez choisir un mode de fusion des pixels et une opacité de remplissage. Cependant, si un calque vide a été ajouté pour y placer la forme pixellisée, réglez ses options pour ce calque (panneau **Calques**) ; ainsi, les modifications seront possibles.

Astuce *Avec le tracé de travail, il n'y a pas de remplissage et, par conséquent, pas d'options de remplissage.*

Les contraintes pendant le traçage

Comme avec la plupart des outils de Photoshop, en enfonçant certaines touches, vous imposez des contraintes sur le tracé en cours de réalisation (tant que le bouton de la souris est encore enfoncé).

Touches	Contrainte sur le dessin du tracé
Espace	Déplacer le dessin.
Les touches suivantes sont à relâcher après le bouton de la souris.	
⇧	Tracer un carré, un cercle ou de façon homothétique.
⌥ [Alt]	Tracer à partir du centre.
⇧ ⌥ [⇧ Alt]	Additionner les deux contraintes précédentes.

Ces contraintes sont parfois accessibles sans touche à l'aide des options de la forme utilisée (*voir le tableau ci-dessous*).

Formes	Particularités	Options
Rectangle, Ellipse	Avec , une case permet de spécifier le rayon de l'arrondi.	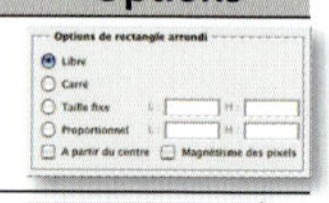
Polygone (ou **Étoile**)	Avec , une case permet de définir le nombre de côtés.	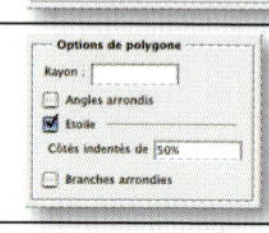
Trait, Flèche	L'épaisseur se définit dans la **Barre d'options**.	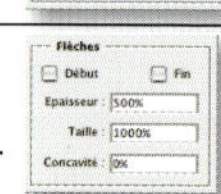
Forme variée ou **personnalisée**	Pour choisir une forme, cliquez sur le triangle de la forme active .	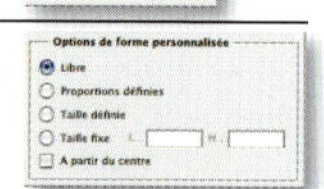

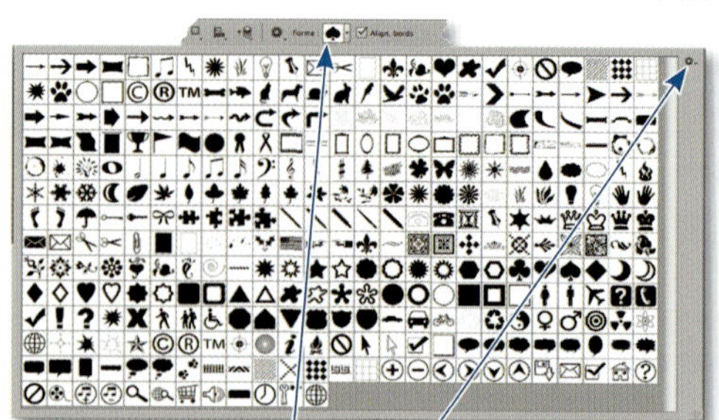

On affiche ceci par clic *ici. Par ce menu, on ajoute d'autres formes.*

Les options spécifiques à chaque forme

Les options de la forme sélectionnée s'affichent à partir de la **Barre d'options**, en cliquant sur l'icône (). Les réglages choisis et le mode de dessin peuvent être mémorisés en tant qu'outils prédéfinis.

Astuce *Pour ajouter une forme au panneau ci-dessus, dessinez-la, sélectionnez son tracé avec l'outil* ***Flèche noire*** *et lancez* ***Créer une forme personnalisée*** *(menu* ***Édition****).*

Le dessin du tracé à la plume

Les tracés avec l'outil Plume

Avec l'outil **Plume**, vous pouvez dessiner des tracés rectilignes, curvilignes (courbes) ou des combinaisons des deux. Les techniques de dessin sont les mêmes qu'avec Illustrator.

Astuce *Quand vous dessinez, si vous avez activé le mode* ***Forme****, la couleur du calque risque de masquer la photo à l'arrière-plan et vous empêcher de l'utiliser comme guide. Pour éviter cela, activez le mode* ***Tracé****. Quand le dessin sera terminé, vous obtiendrez la coloration en cliquant sur le bouton* ***Forme*** *de la* ***Barre d'options****.*

Le tracé avec segments rectilignes

Dessinez, en cliquant avec l'outil **Plume**, sur les endroits stratégiques de l'image. Photoshop joint les points par des droites (polygone). Ces points, créés en cliquant, ne possèdent pas de tangentes (par la suite, ils ne pourront être que déplacés) : ce sont des points simples. Pour tracer des droites horizontales, verticales ou à 45°, enfoncez ⇧. Il n'est pas indispensable de fermer le tracé.

Attention *Quand vous dessinez avec la plume, sa* ***Barre d'options*** *indique l'opération active.*

- *Avec le mode* ***Tracé****, l'opération par défaut est l'exclusion. Pour obtenir un nouveau tracé, tapez ↵ et dessinez un nouveau tracé (il remplacera l'ancien tracé de travail) ; pour l'associer, cliquez sur l'icône de l'opération en cours et choisissez l'option (****Addition*** *ou tapez +). Si vous commencez un dessin avec l'option* ***Soustraction*** *active (obtenue en tapant –), le tracé sera inversé (en gris sur fond blanc) ; s'il y a déjà un tracé, le nouveau en soustraira une partie.*
- *Avec le mode* ***Forme****, chaque nouveau dessin crée un nouveau calque sauf si vous spécifiez une autre opération dans la* ***Barre d'options****.*

Le tracé avec segments courbes (avec tangentes)

Au lieu de cliquer (un coup sec), glissez la souris (pressez et maintenez appuyé) pour donner aux traits qui apparaissent (temporairement) l'orientation voulue (ces traits s'appellent les **tangentes** ou **lignes directrices**). Le futur tracé leur sera tangent. Quand la tangente a la longueur et l'orientation souhaitées ❶, relâchez la souris et placez la plume plus loin sur l'image. Glissez à nouveau la plume ❷ : un segment courbe apparaît, ainsi qu'un point d'ancrage avec des tangentes.

Quand elles suivent correctement les contours de l'image, relâchez et déplacez l'outil **Plume** pour aller dessiner d'autres points (❸, puis ❹) par glissement.

On souhaite détourer cet instrument avec la plume.

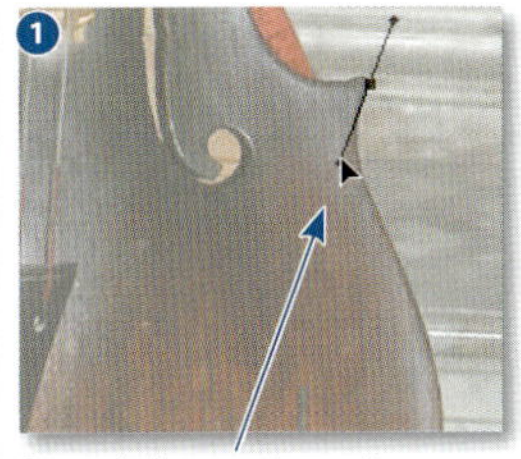

On crée le premier point par glissement le long du contour (on voit des tangentes).

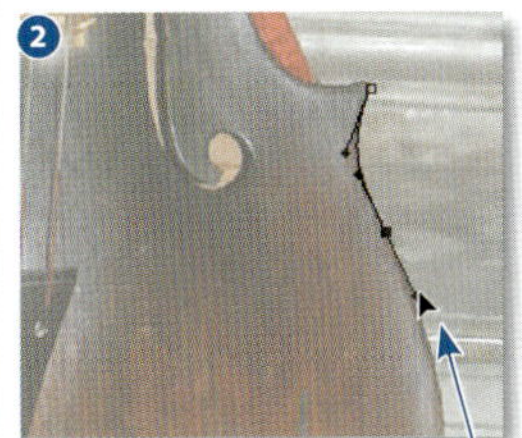

On s'écarte, on glisse le second point (un segment courbe joint les deux points).

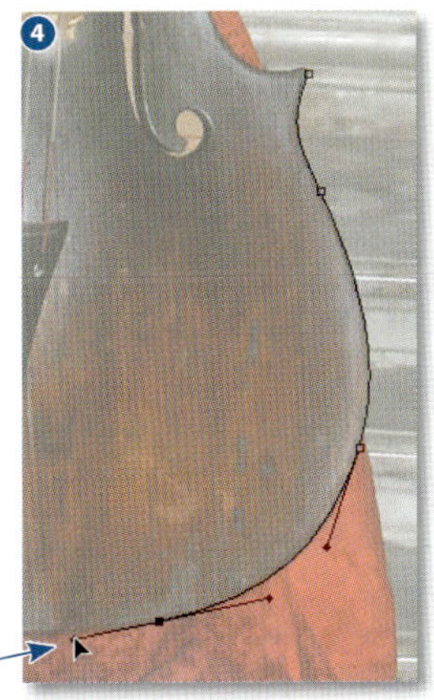

On recommence plus loin pour créer, toujours par glissement, les autres points.

Si le segment entre les points ne suit pas correctement le contour à détourer, c'est que les points sont trop rapprochés ou la tangente trop longue. Dans les deux cas, enfoncez ⌘[Ctrl] (la plume devient ↖) et glissez le point pour le repositionner, ou la tangente pour la raccourcir. Le point qui vient d'être dessiné peut aussi être déplacé (de 1 pixel et de 10 avec ⇧) avec les touches fléchées (*voir plus loin les retouches*).

ATTENTION *Les tangentes n'apparaissent que si le point d'ancrage est placé en glissant la plume.*

ASTUCE *Pour créer des tangentes selon des angles multiples de 45°, enfoncez ⇧ pendant le traçage.*

Les tracés avec sommets

Quand vous dessinez avec l'outil **Plume** par glissements, les points qui définissent les segments courbes ont des tangentes alignées (deux demi-droites de part et d'autre du point). Si vous souhaitez obtenir un angle entre les tangentes, il faudra créer un sommet, c'est-à-dire rendre les deux tangentes indépendantes, afin de pouvoir rompre leur alignement (c'est ce qui provoque la cassure de la courbe). Pour obtenir ce sommet, vous disposez de deux méthodes selon que le point est ou non fini, c'est-à-dire que vous avez ou non relâché le bouton une fois les tangentes visibles.

Sommet avec un point fini (bouton relâché)

Dessinez le point par glissement et orientez correctement la tangente sur un côté de la zone à détourer ❶. Relâchez la souris, enfoncez ⌥ [Alt] et amenez l'outil sur l'extrémité de la tangente ❷ : il devient (outil **Conversion**). Glissez la tangente devenue indépendante dans la direction souhaitée ❸. Attention, relâchez d'abord la souris, puis la touche ⌥ [Alt]. Écartez alors la souris et glissez-la à nouveau pour créer le point suivant ❹ avec de nouvelles tangentes (alignées).

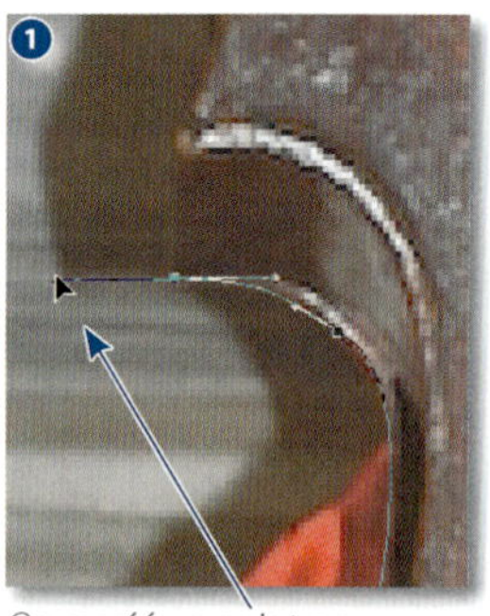

On a créé un point par glissement le long du contour.

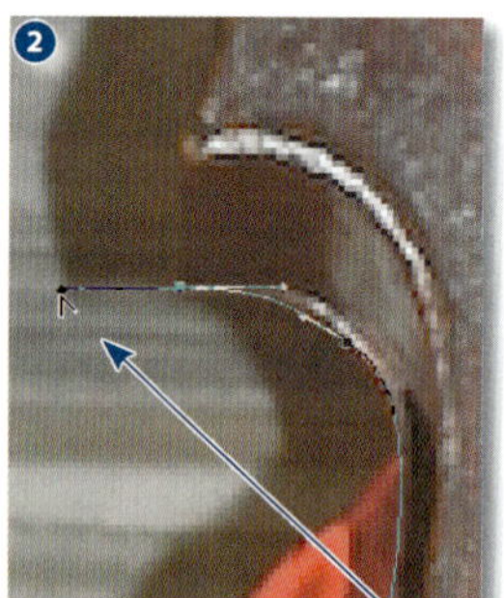

On enfonce ⌥ [Alt], l'outil change d'aspect.

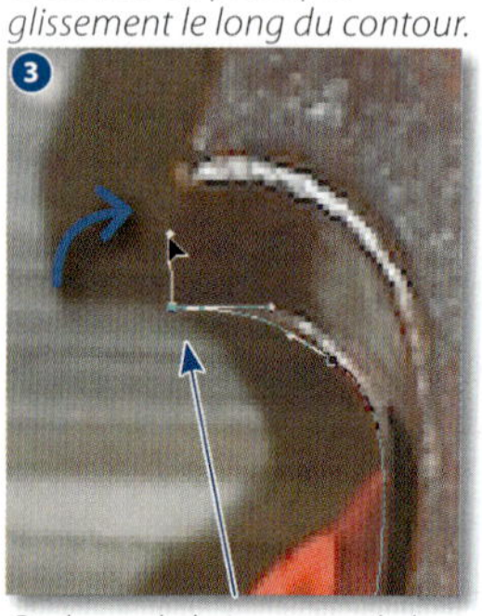

On bascule la tangente le long du contour à détourer.

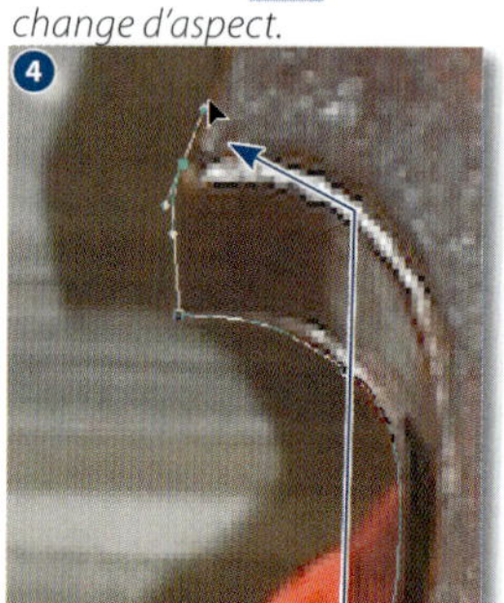

On s'éloigne et on crée un autre point par glissement.

Sommet avec un point en cours (bouton non relâché)

Quand le point apparaît avec ses tangentes ❺, sans relâcher la souris, enfoncez ⌥ [Alt] et glissez l'extrémité de la tangente dans la direction souhaitée ❻. Attention, relâchez d'abord la souris puis la touche ⌥ [Alt]. Écartez la souris et glissez-la à nouveau pour créer d'autres points ❼.

L'image présente une cassure ici : il faut un sommet.

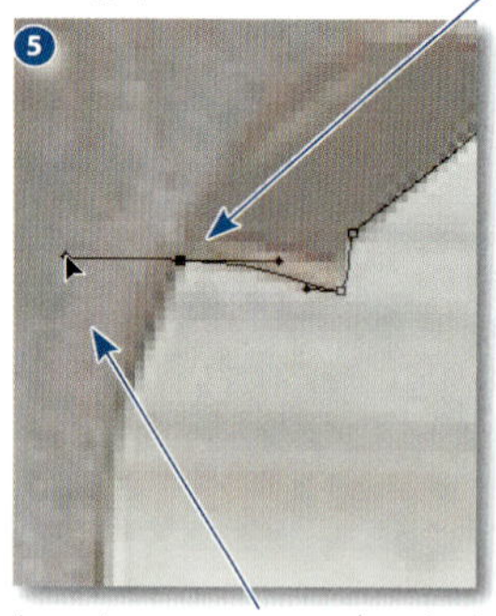

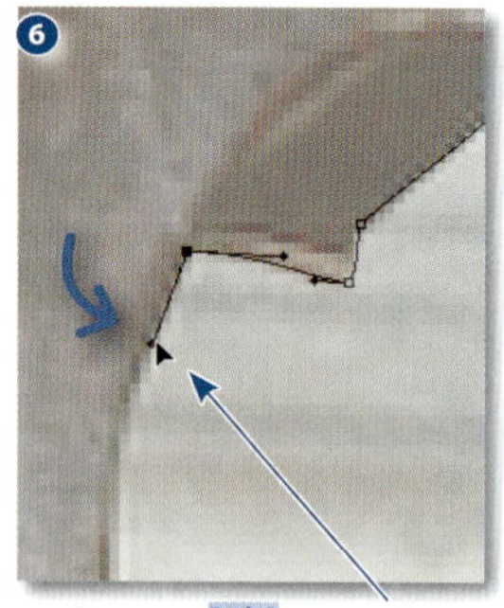

Le point est en cours de création. On enfonce ⌥ [Alt] et on glisse l'extrémité pour la réorienter.

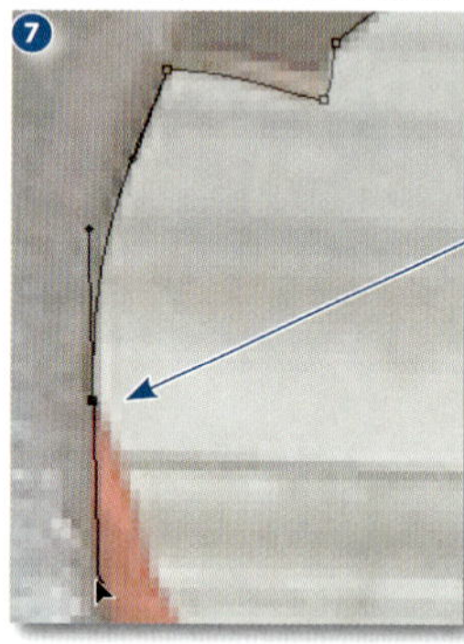

On s'éloigne et on crée un autre point par glissement.

La fermeture du tracé

La fermeture s'obtient en cliquant ou en glissant sur l'origine du tracé, avec ou sans ⌥ [Alt] si l'on veut ou non un sommet. Photoshop permet de retrouver facilement le point d'origine ; en effet, quand vous placez l'outil **Plume** sur le premier point, l'aspect de celui-ci change.

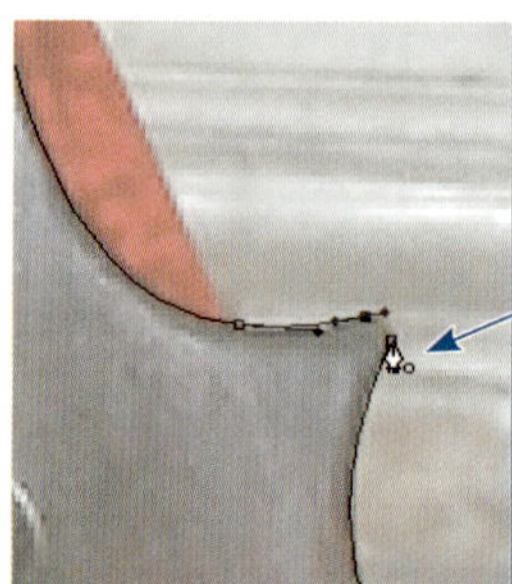

L'outil indique le point d'origine du tracé : on peut fermer (sans ⌥ [Alt] car il ne faut pas de sommet).

Les règles de traçage

Afin de faciliter les retouches ultérieures et réaliser des courbes harmonieuses, évitez de placer trop de points le long d'un tracé et des tangentes trop longues (elles seront difficiles à manipuler si vous avez besoin de zoomer). La tangente doit faire environ un tiers du segment qu'elle définit (partie de tracé entre deux points).

La préparation de l'image pour un tracé

Lors de certains détourages, les couleurs de l'image ou le manque de détails visibles dans certains tons rendent difficile le dessin à la plume. Pour pallier ce problème, ajoutez un calque de réglage de type **Couleur unie** rempli de blanc (par clic sur), et réglez l'opacité du calque à 50 % (c'est ce qui a été fait dans l'exemple précédent).

Pendant la réalisation du tracé, vous pouvez changer l'opacité du calque en fonction des couleurs de l'image d'arrière-plan. Quand le tracé est fini, supprimez ce calque.

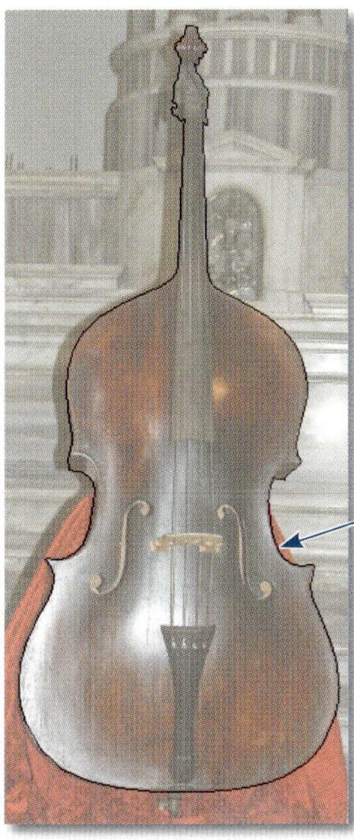

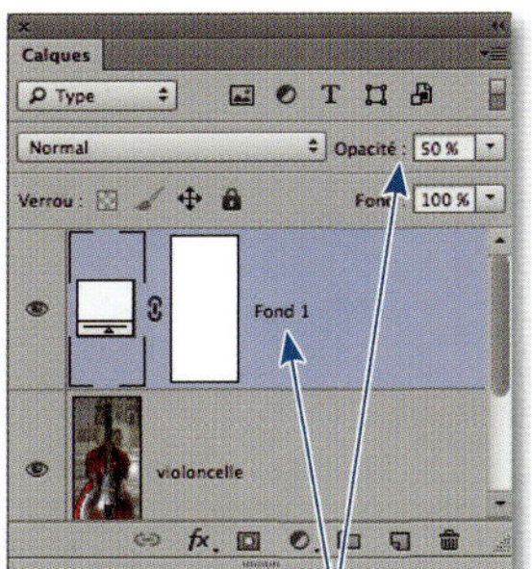

En utilisant ce calque dont on fait varier l'opacité, on peut dessiner plus facilement le tracé qui reste bien visible.

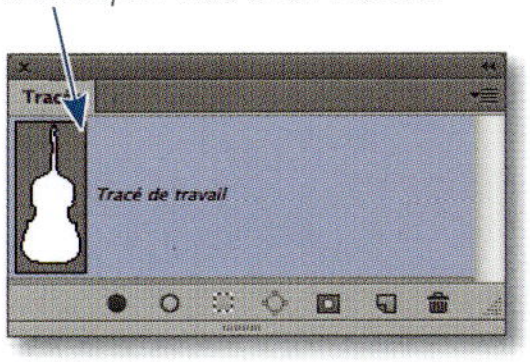

Le tracé avec l'outil Plume libre

L'outil **Plume libre** se manipule comme un crayon : par glissement, vous dessinez un chemin qui correspond à une partie de la photo à remplir d'une couleur (**Forme**) ou à détourer (**Tracé**) ; dès que vous relâchez la souris, le tracé apparaît automatiquement avec ses points d'ancrage.

Avant de dessiner, une fois le mode de dessin choisi, vous devez régler l'outil pour que le tracé final suive exactement votre chemin sur la photo ou, au contraire, pour que les hésitations de la main soient estompées. Pour cela, affichez les options de l'outil () et, à la rubrique **Adaptations des courbes**, entrez une valeur : faible pour un tracé précis ; élevée pour un tracé aux courbures arrondies.

Quand un tracé est créé, et pendant sa création, certaines manipulations sont possibles :

- **Prolongation du tracé** : amenez l'outil () sur une extrémité ; son changement d'aspect () signale qu'il y a prolongation du premier tracé.
- **Fermeture du tracé** : si l'outil repasse sur l'origine du tracé, il devient pour indiquer qu'il y aura fermeture du tracé.
- **Création de partie rectiligne** : enfoncez ⌥ [Alt] et dessinez par clics successifs.

La plume magnétique

Le principe

Cet outil, qui s'active à partir de l'outil **Plume** libre, fonctionne sur le même principe que l'outil **Lasso magnétique** : il utilise les différences de contraste (frontière) entre deux zones pour placer des points d'attache sur un contour, qui définiront par la suite le tracé. Par rapport à l'outil **Plume libre**, l'outil **Plume magnétique** offre une plus grande souplesse de travail, car il est possible de corriger immédiatement (avec la touche Effacе) toute déviation du tracé par rapport à la frontière à suivre.

Les réglages

L'outil **Plume magnétique** comporte quatre paramètres : **Adaptation des courbes**, **Largeur**, **Contraste** et **Fréquence**.

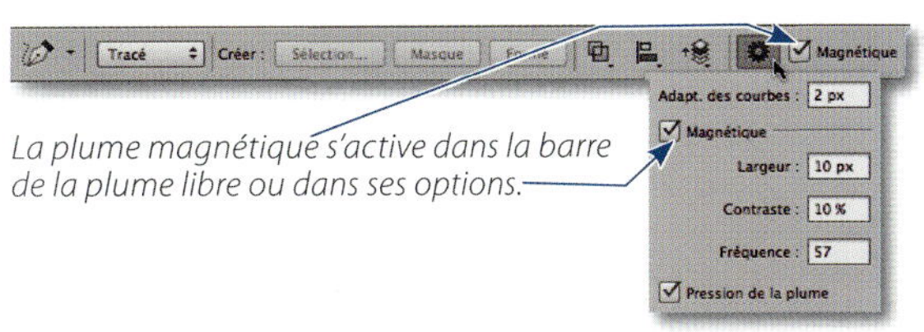

La plume magnétique s'active dans la barre de la plume libre ou dans ses options.

- **Adaptation des courbes** : elle définit la tolérance avec laquelle s'effectue le passage entre le chemin suivi et le tracé final. Une valeur faible (0,5) donne un tracé précis mais avec beaucoup de points.
- **Largeur de la plume** : sa valeur (de 1 à 256) détermine la sensibilité. Si les zones présentent peu de différences de teinte ou de contraste, sa valeur doit être plus faible (des valeurs trop grandes donnent des tracés imprécis).

Astuce *Pour visualiser la largeur de la plume, enclenchez le verrouillage des majuscules. Avant ou pendant le traçage, **Largeur, Contraste** et **Fréquence** sont réglables au clavier (attention, ces raccourcis sont différents de ceux des formes des autres outils).*

Largeur	Touche	Contraste	Touche	Fréquence	Touche
+ grande	<	+ grand	,	100	⇧` [µ]
+ petite	$	+ petit	;	0	⇧ù

- Contraste : sa valeur permet de définir la sensibilité de la plume en fonction de la différence de contraste. En général, une valeur élevée (100 %) donne des contours plus précis, c'est-à-dire que les points d'attache se positionnent davantage sur les zones frontières.
- Fréquence : au cours du déplacement de l'outil le long de la zone à détourer, Photoshop place régulièrement des points d'attache sur un chemin qui servira à dessiner le futur tracé ; leur espacement est d'autant plus faible que la fréquence est grande (elle est comprise entre 0 et 100) ; une fréquence élevée donne un chemin plus précis et permet un déplacement plus rapide de la plume.

Les techniques de dessin à la plume magnétique

Une fois les réglages terminés, cliquez sur la frontière pour définir le premier point d'attache. Déplacez l'outil le long de la zone à détourer. Photoshop place régulièrement des points d'attache le long d'un chemin. Des manipulations peuvent être réalisées sur ce chemin :

Traitement	Méthode
Placer un point d'attache	Cliquez là où vous voulez imposer le placement du point.
Effacer un point d'attache	Tapez Efface (une fois ou plus) pour supprimer les derniers points.
Se déplacer sans dessiner	Enfoncez Espace.
Zoomer	Tapez + pour augmenter le taux d'affichage (et – pour le réduire).
Obtenir le tracé final (ouvert)	Tapez Entrée.
Obtenir le tracé final (fermé)	Double-clic (fermez par une droite avec ⌥[Alt]) ou clic sur l'origine du chemin.

Astuce *Pour passer de la plume magnétique à la plume normale, enfoncez ⌥[Alt] et glissez la souris pour continuer le tracé ; relâchez ⌥[Alt] et cliquez pour retrouver la plume magnétique.*

On souhaite détourer le heaume du chevalier avec un tracé vectoriel réalisé à la plume magnétique.

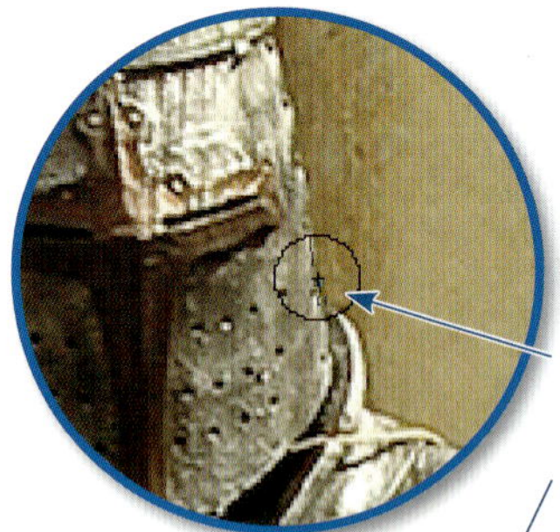

On enclenche le verrouillage des majuscules et on clique pour placer le premier point du chemin.
On suit le contour du heaume et on revient fermer le tracé sur le point de départ.

Le tracé à partir d'une sélection

Au lieu de dessiner le tracé, vous pouvez convertir une sélection en tracé. Pour cela, effectuez la sélection voulue, enfoncez ⌥[Alt] et cliquez sur l'icône de conversion en tracé du panneau Tracés, ou affichez le menu contextuel (clic droit) pour choisir **Convertir en tracé** : une fenêtre apparaît pour spécifier la précision du tracé ou **Tolérance** — comprise entre 0,5 (très précis) et 10 (peu précis).

On réalise la sélection et on lance ceci par clic droit*. Cette fenêtre de conversion apparaît, puis le tracé.*

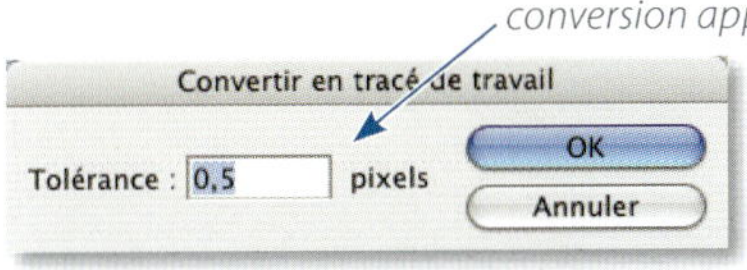

Avec ce tracé (ici sélectionné pour être visible), l'image peut maintenant être détourée par un masque vectoriel.

Astuce *Cliquez directement sur l'icône pour convertir avec la dernière valeur de tolérance utilisée.*

Le tracé à partir d'un texte

Photoshop offre deux solutions pour vectoriser un texte et obtenir un tracé : création ou conversion. La vectorisation est impossible si le texte possède les attributs **Faux gras** ou **Faux italique** (auxquels on accède par le panneau **Caractère**).

La création d'un tracé de travail à partir d'un texte

Pour vectoriser le texte, activez son calque (celui-ci peut être masqué) et lancez **Créer un tracé de travail** du menu **Calque/Texte**. Cette opération se réalise par clic droit sur le nom du calque. Le tracé s'affiche sur le calque du texte et une vignette (***Tracé de travail***) apparaît dans le panneau **Tracés**.

La conversion du texte en forme

Si vous lancez **Convertir en forme** (menu **Calque/Texte**), Photoshop ajoute un nouveau calque d'aplat qu'il remplit de la couleur du texte et lui associe un masque vectoriel dans lequel le tracé agit comme masque. Le calque initial du texte disparaît (il faut prévoir une copie avant).

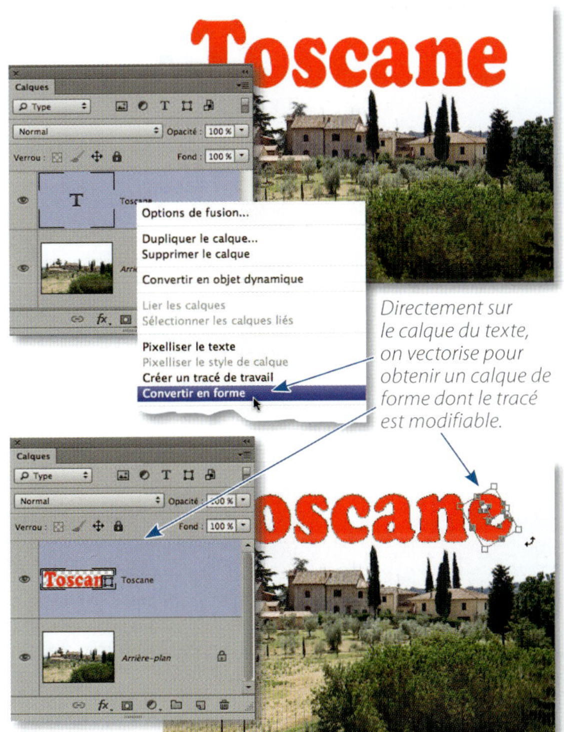

Directement sur le calque du texte, on vectorise pour obtenir un calque de forme dont le tracé est modifiable.

Les retouches du tracé

Les outils de retouche

Dans le cas d'un tracé à la plume, les retouches s'effectuent pendant ou après traçage ; dans les deux cas, vous pouvez changer d'outil ou activer l'outil **Plume** et lui adjoindre certaines combinaisons de touches du clavier (cette seconde solution permet d'éviter certaines erreurs de manipulation) :

- sans enfoncer la moindre touche, la plume se transforme en si elle est entre deux points ou en si elle est sur un point ; pour cela, il faut que l'option **Ajout/Suppr. auto** soit cochée dans la **Barre d'options** ;
- avec ⌘ [Ctrl], la plume se transforme alors en flèche pour sélectionner, déplacer ou effacer des points ;
- avec ⌥ [Alt], elle devient l'outil **Conversion de point**.

La retouche de tracé ou de segment

Cela s'effectue avec l'outil **Flèche blanche** (sélection directe), mais aussi en cours de traçage, avec l'outil **Plume** et la touche ⌘ [Ctrl] enfoncée. Différents types de retouches sont possibles : modification des tangentes, déplacement d'un point ou d'un segment.

La modification des tangentes

La modification en orientation et/ou en longueur des tangentes permet de changer l'allure du tracé. Elle s'effectue en intervenant directement sur la tangente. Pour que celle-ci soit visible, le point d'ancrage correspondant doit être sélectionné (par encadrement ou en cliquant dessus : il apparaît en noir). Pour forcer les tangentes à se placer selon des angles multiples de 45°, enfoncez ⇧.

Le déplacement d'un point d'ancrage

Le déplacement s'effectue de deux façons : au clavier (le pas de déplacement est de 1 pixel et de 10 avec ⇧) ou par glissement avec la souris (⇧ impose un déplacement horizontal ou vertical). Dans les deux cas, le ou les points doivent être sélectionnés par encadrement ou en cliquant sur les différents points, ⇧ enfoncée pour assurer une sélection multiple. Pour désélectionner, cliquez hors du tracé.

Le déplacement d'un segment

Si vous pressez sur le tracé entre deux points et déplacez la souris, le segment bouge, les tangentes aux extrémités de ce segment se déforment alors en conséquence et l'allure du tracé s'en trouve modifiée.

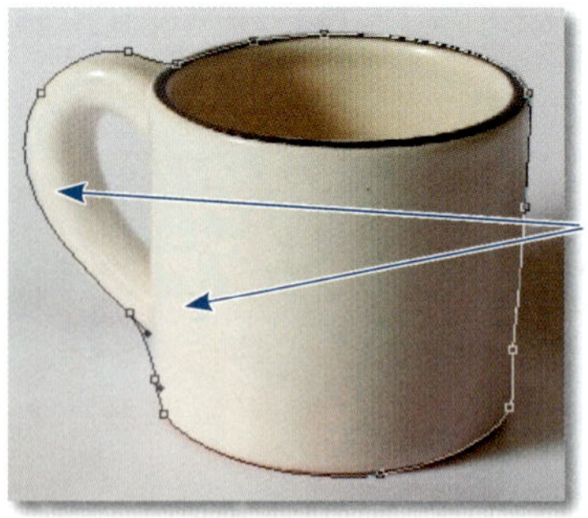

On souhaite faire quelques retouches sur ce tracé obtenu par conversion d'une sélection, avec une tolérance un peu forte.

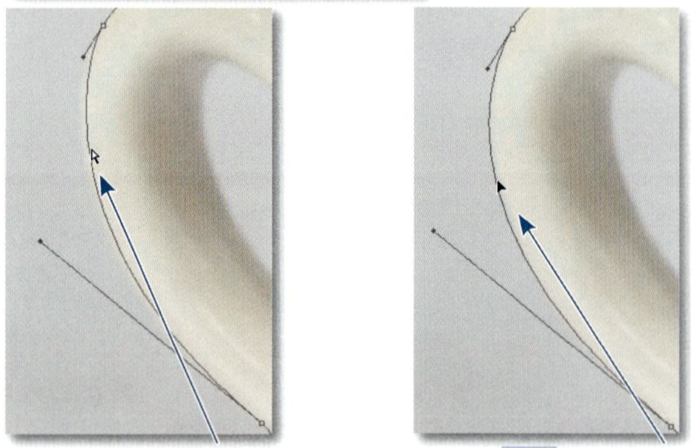

*On active l'outil **Flèche blanche** (ou **Plume** + ⌘ [Ctrl]) et on glisse le segment pour le ramener sur le bord de l'image.*

L'ajout ou la suppression d'un point

L'ajout d'un point

Une fois l'outil activé (il ne prend cet aspect que sur le tracé), cliquez sur le segment entre deux points avec l'outil devenu . Un point apparaît et l'outil redevient flèche ; le point peut être déplacé, modifié, etc.

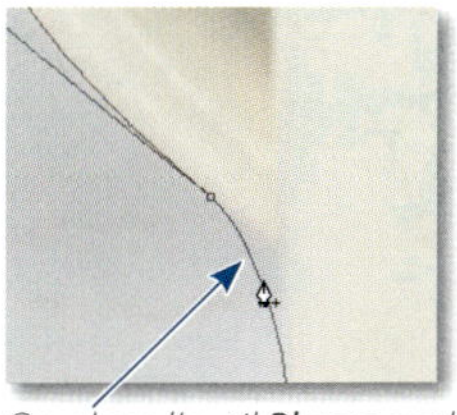

*On place l'outil **Plume** sur le tracé, il devient **Plume +**.*

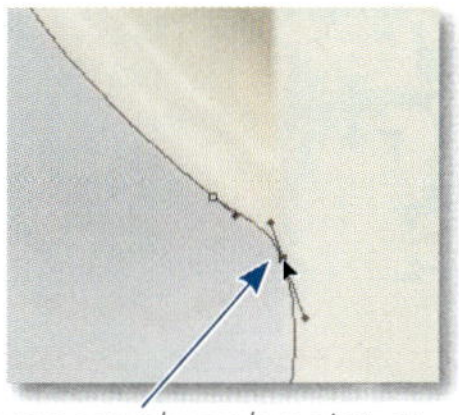

On clique pour placer le point, et on le glisse en enfonçant ⌘[Ctrl].

La suppression d'un point

Activez l'outil . Sur l'image, il prend l'aspect de l'outil **Flèche** ( ), mais devient **Plume –** ( ) dès que celle-ci arrive sur un point. Cliquez sur le point pour le faire disparaître. La suppression d'un point entraîne une modification de la forme du tracé et la réapparition de l'outil **Flèche**.

La conversion d'un point d'ancrage

Les conversions s'effectuent en activant l'outil **Conversion** de point ou avec l'outil **Plume** si la touche ⌥[Alt] est enfoncée, ou encore avec l'outil **Flèche** et les touches ⌥⌘[Alt Ctrl] ; dans les deux derniers cas, le changement d'aspect de l'outil n'apparaît que sur le point (qui ne doit pas être une extrémité de tracé).

Il y a plusieurs types de conversions à envisager selon que vous souhaitez faire disparaître ou apparaître les tangentes, ou seulement modifier celles déjà présentes sur le point. Le tableau ci-après résume les opérations.

Conversion de point	Méthode
Supprimer les tangentes	Cliquer sur le point
Modifier une tangente	Glisser la tangente
Créer des tangentes	Glisser le point

Quand vous travaillez avec l'outil **Conversion de point**, pour éviter certaines erreurs de manipulation, dès que vous venez de réaliser une conversion, changez d'outil ou enfoncez ⌘[Ctrl] afin d'activer l'outil **Flèche**. Ce dernier permettra le déplacement ou la modification du point sans risquer d'en refaire la conversion.

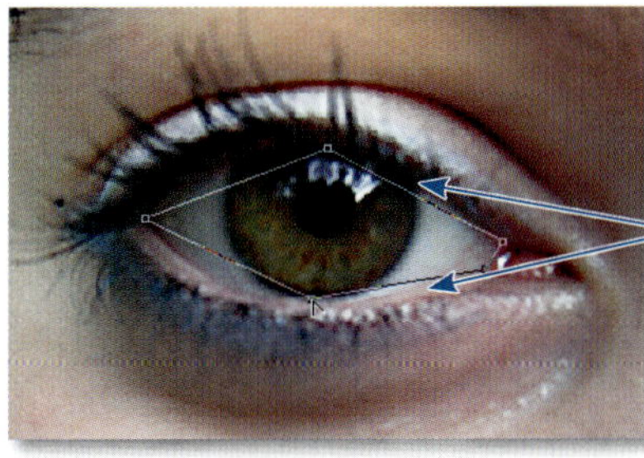

On a dessiné un tracé avec des segments droits par clics.

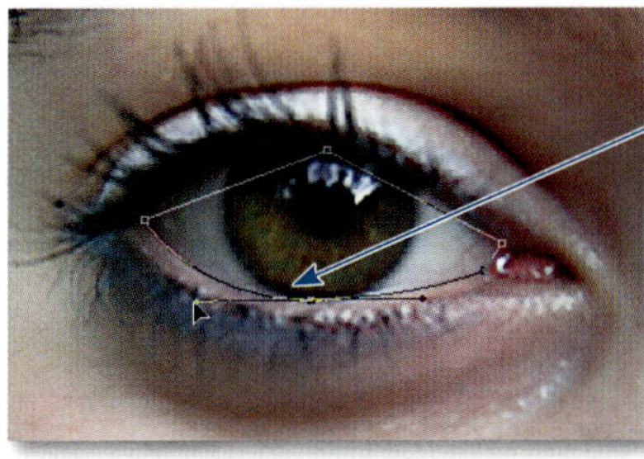

*Avec l'outil **Conversion de point** ou l'outil **Plume** et ⌥ [Alt], on glisse le point pour le convertir (faire apparaître les tangentes).*

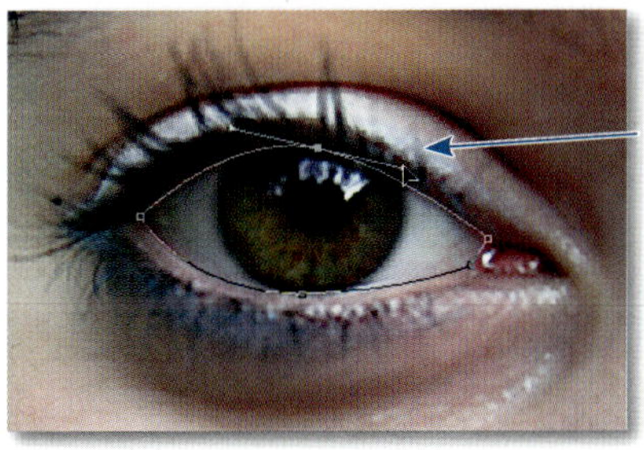

On recommence la conversion d'un autre point.

Le travail des tracés

La création de tracés successifs

LES DESSINS AVEC LE MODE FORME

Quand vous dessinez plusieurs tracés avec l'option **Forme**, chacun d'eux est placé sur un nouveau calque sans avoir à faire la moindre manipulation. Néanmoins, il est possible d'obtenir des combinaisons sur un même calque comme l'indiqueront les paragraphes qui suivent.

LES DESSINS AVEC LE MODE TRACÉS (DE TRAVAIL)

Dans le cas de dessins successifs avec l'option **Tracés**, il y a systématiquement une opération entre les tracés (par défaut **Exclure les formes se chevauchant**). Si vous souhaitez que le deuxième tracé remplace le précédent, tapez ↵ avant de le dessiner.

Les combinaisons de tracés

Vous disposez de quatre combinaisons : **Associer des formes** (ou addition), **Soustraire la forme avant**, **Intersection des zones de forme** et **Exclure les formes se chevauchant**. Chacune d'elles est réversible (sauf dans le cas d'un dessin avec le mode **Pixel** puisqu'il n'y a plus de tracé vectoriel).

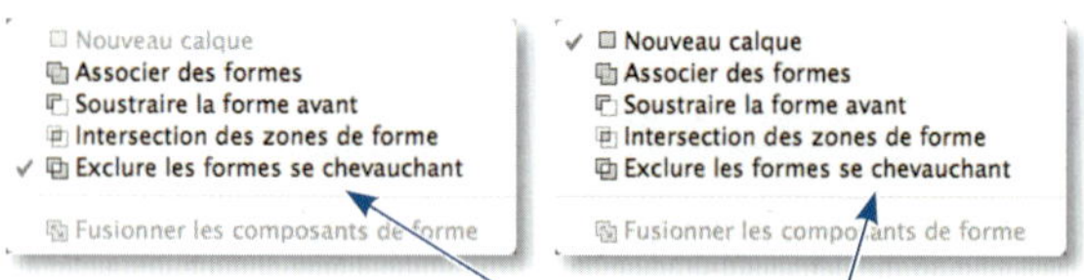

Les combinaisons avec le mode **Tracés** *et le mode* **Forme**.

LES COMBINAISONS

- **Associer des formes** : la forme résultante est constituée de la réunion des tracés. L'outil devient + pour indiquer l'opération entre les tracés. Cette combinaison s'active également en tapant +.

- **Soustraire la forme avant** : le tracé cache une partie du tracé précédent. L'outil devient + pour indiquer la soustraction des tracés. Cette combinaison s'active en tapant -.
- **Intersection des zones de forme** : la forme résultante est constituée des parties communes entre les tracés. L'outil devient + pour indiquer l'intersection des tracés.
- **Exclure les formes se chevauchant** : la partie commune des tracés est supprimée, la forme comporte un trou ; s'il n'y a pas de partie commune, il y a addition. L'outil devient + pour indiquer la combinaison.

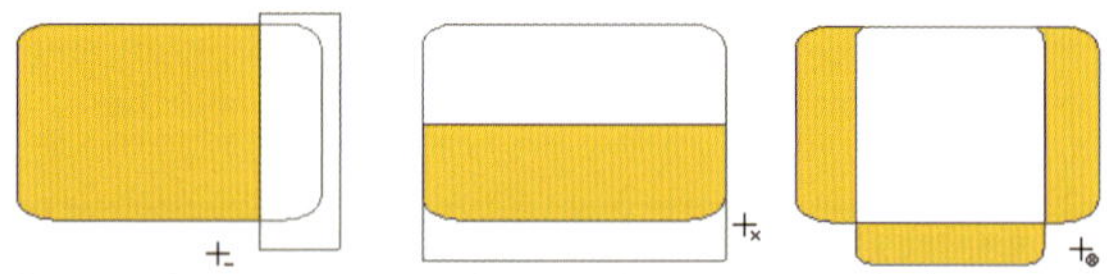
Soustraction. *Intersection.* *Exclusion.*

Avec le mode **Tracés**, le résultat des combinaisons n'est pas visible sur le document ; en revanche, il l'est dans la vignette du tracé de travail affichée dans le panneau **Tracés**.

La combinaison est modifiable à tout instant en sélectionnant l'une des formes par clic sur son tracé avec l'outil **Flèche noire** (ou ⌘clic [Ctrl clic] si un outil forme est encore actif), puis en choisissant la combinaison dans la **Barre d'options**. Pour que l'opération s'applique définitivement, cliquez sur **Fusionner les composants de forme** de la **Barre d'options** de l'outil **Flèche** ou d'un des outils de dessin vectoriel.

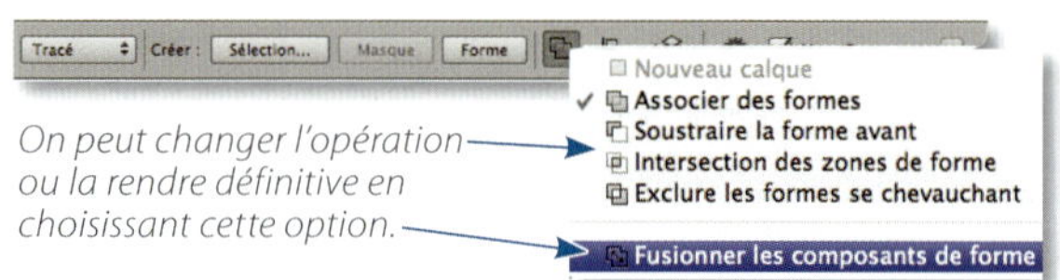

LE GROUPE DE TRACÉS

Il est possible de grouper des tracés afin qu'ils réagissent comme un seul, lors d'un alignement, par exemple. Pour cela, sélectionnez-les, activez l'option Addition et cliquez sur **Fusionner les composants de forme**.

LE REGROUPEMENT DE TRACÉS SUR UN MÊME CALQUE

Si des tracés ont été dessinés sur des calques de forme distincts, il n'est pas possible de les combiner. Il faut d'abord les placer sur le même calque. Pour cela, sélectionnez les tracés avec l'outil **Flèche noire**, coupez-les (⌘X [Ctrl X]), puis collez-les (⌘V [Ctrl V]) sur le calque de destination.

La gestion de tracés

Si un tracé a été mémorisé, vous pouvez effectuer certaines manipulations : afficher (ou activer), cacher (ou désactiver), supprimer, dupliquer... Toutes ces manipulations sont réalisables même s'il y a une sélection affichée à l'écran.

La mémorisation d'un tracé

Elle s'obtient par double-clic sur le nom du tracé (**Tracé de travail** ou **Tracé de la forme...**). Avec un masque vectoriel, une copie est réalisée ; on obtient alors un tracé (de travail) qui pourra subir des manipulations et être utilisé pour faire un masque vectoriel sur un autre calque.

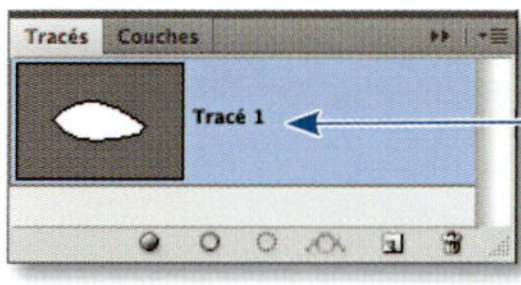

Mémoriser consiste à renommer le tracé.

L'activation ou l'affichage d'un tracé

Le tracé actif est affiché à l'écran : dans le panneau **Tracés**, son nom est situé dans une bande colorée. Pour le désactiver (et le cacher), si un outil vectoriel est actif, tapez ↵ ou cliquez sur sa vignette dans le panneau **Calques**. Pour le masquer (sans le désactiver), lancez **Extras** du menu **Affichage** (tapez deux fois ⌘H [Ctrl H]). Pour le réafficher, cliquez à nouveau sur sa vignette ou tapez ⌘H [Ctrl H] s'il avait été masqué.

Astuce *Désactiver le tracé permet de réinitialiser les opérations afin de créer de nouveaux tracés indépendants de ceux existants (nouveau calque de forme ou tracé de travail).*

La duplication ou la suppression d'un tracé

Une copie ne se réalise qu'avec des tracés mémorisés. Pour copier, glissez la vignette du tracé (son nom) sur l'icône de création de tracé ( ) située en bas du panneau. Pour supprimer un tracé, activez-le, puis déroulez le menu du panneau **Tracés** jusqu'à **Supprimer ce tracé**, ou glissez son nom sur la corbeille du panneau.

Le transfert de tracés depuis ou vers Illustrator

Le transfert de tracés d'Illustrator vers Photoshop

Dans Illustrator, sélectionnez le tracé et copiez-le (menu **Édition** ou ⌘C [Ctrl C]), passez sur Photoshop et collez-le (⌘V [Ctrl V]). Une fenêtre s'affiche pour choisir le type de collage : Objet dynamique, Pixels, Tracé ou Calque de la forme.

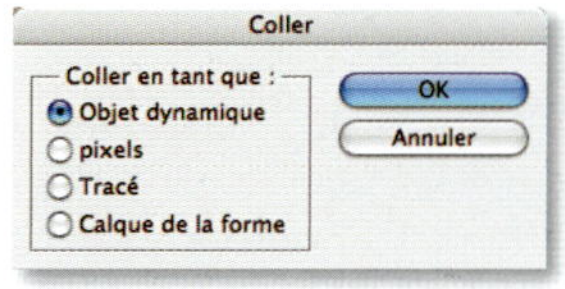

Les options de collage d'un élément issu d'Illustrator.

Dans les deux premiers cas, l'élément peut encore être redimensionné avant d'être réellement collé en validant, en tapant ↵.

- **Objet dynamique** : avec ce type de collage, l'élément conserve son aspect initial ; de plus, il peut être mis à jour dynamiquement comme avec un fichier importé possédant un lien. La liaison s'effectue par double-clic sur le calque contenant l'objet dynamique (marqué par l'icône) : un fichier s'ouvre dans Illustrator afin de faire les modifications souhaitées, l'objet ayant conservé tous ses attributs initiaux.

Astuce *Ce type de transfert s'avère pratique pour utiliser dans Photoshop des éléments d'Illustrator, tout en conservant la possibilité de les éditer dans Illustrator.*

- **Pixels** : avec ce collage, Photoshop ajoute un nouveau calque standard pour y placer le contenu du tracé sous forme de pixels. L'objet n'est plus vectoriel mais peut cependant subir des traitements classiques (filtre, transformation, correction chromatique...).
- **Tracé** : l'élément apparaît sans couleur et constitue un tracé de travail qui peut subir toutes les retouches et manipulations décrites dans ce chapitre.
- **Calque de la forme** : Photoshop ajoute un calque de forme, le tracé est utilisé comme si la forme vectorielle avait été créée dans Photoshop. Si l'objet Illustrator possédait des effets de transparence, ils sont perdus.

Attention *Pour avoir le choix lors du collage, dans Illustrator, vous devez garder cochée l'option **AICB** dans les préférences **Fichiers et Presse-papiers** du programme.*

Le transfert de tracés de Photoshop vers Photoshop

Les transferts entre deux documents ouverts s'effectuent par copier-coller (menu **Édition** ou ⌘C [Ctrl C], puis ⌘V [Ctrl V]) ou par glissement de tracés d'un document vers l'autre — ce transfert peut se réaliser par glissement de la vignette directement à partir du panneau **Tracés**.

Le transfert de tracés de Photoshop vers Illustrator

Pour transférer un tracé vers Illustrator, opérez par copier-coller ou par création d'un fichier de transfert. La seconde solution permet de voir dans Illustrator les limites du document Photoshop. Pour créer ce fichier, lancez **Tracés vers Illustrator** du menu **Fichier/Exportation**.

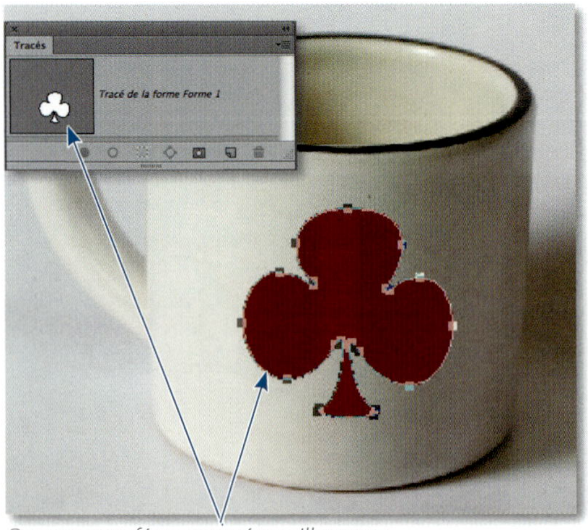

On veut transférer ce tracé vers Illustrator.

Une fenêtre de sauvegarde apparaît, le sous-menu **Écriture** permet de choisir le tracé à exporter. Le tracé actif est sélectionné par défaut, mais vous pouvez en choisir un autre. Dans tous les cas, le fichier ne comportera que les traits de coupe indiquant les limites du document.

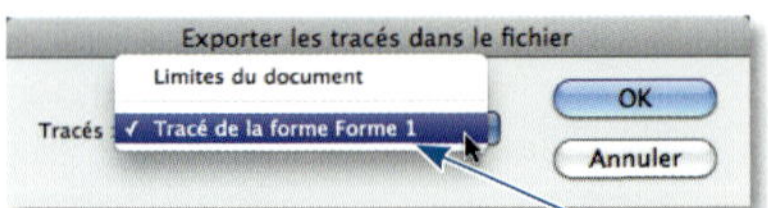

Dans cette fenêtre apparaissent les tracés mémorisés.

Ouvert dans Illustrator, une fenêtre permet de choisir une option d'ouverture. Le fichier ouvert ne montre que les traits de coupe. Le tracé ne sera visible que si vous le sélectionnez. Il peut subir les traitements souhaités ou être utilisé pour définir une silhouette.

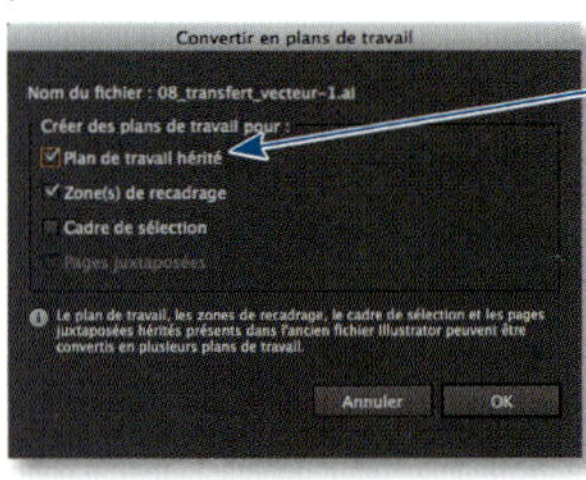

Décochez cette option pour que le document Illustrator s'ouvre à la taille du document Photoshop.

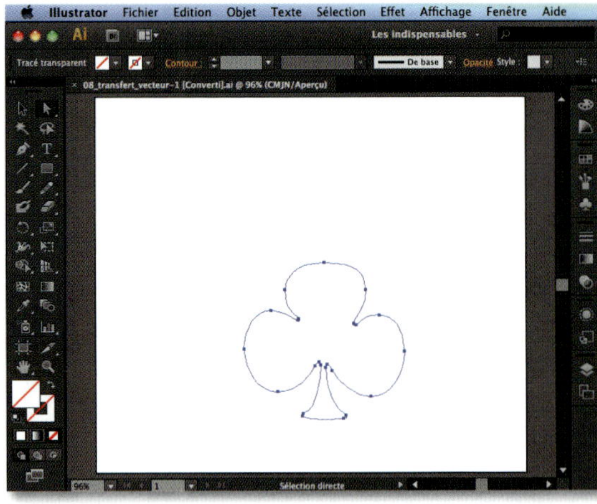

Le tracé ouvert dans Illustrator peut maintenant être modifié.

Une fois le tracé modifié, il peut être réincorporé dans Photoshop. Ce transfert se réalise par copier-coller ou en lançant Enregistrer sous du menu **Fichier** pour créer un fichier au format natif (.ai), qui pourra être placé dans Photoshop (menu **Fichier/Importer**). L'élément importé apparaîtra sous forme d'objet dynamique.

Le tracé modifié a été importé dans le document Photoshop.

Les manipulations de tracés

La sélection d'un tracé

Pour réaliser la plupart des manipulations de tracé, celui-ci doit être complètement sélectionné ; ses points apparaissent alors en noir. Pour cela, avec l'outil **Flèche noire** (ou **Flèche blanche** et ⌥[Alt]), cliquez sur le contour du tracé ou effectuez un encadrement de celui-ci.

Astuce *Pour sélectionner tous les points d'un ensemble de tracés, opérez par* ⌥clic [Alt Clic] *sur sa vignette dans le panneau* ***Tracés****.*

LA SUPPRESSION D'UNE PARTIE DU TRACÉ

Si le tracé comporte plusieurs parties, pour supprimer l'une d'elles, sélectionnez-la (avec l'outil **Flèche**) et tapez la touche Efface. Pour supprimer le tracé complet, il n'est pas utile de le sélectionner : affichez-le en cliquant sur sa vignette dans le panneau **Tracés** et tapez Efface (sa vignette disparaît).

LE DÉPLACEMENT ET LA COPIE D'UN TRACÉ

Le déplacement du tracé s'effectue soit au clavier avec les touches fléchées, soit avec la souris, selon une orientation horizontale ou verticale si vous maintenez enfoncée ⇧.
La copie du tracé se réalise par déplacement avec ⌥ [Alt] (l'aspect de la souris change). Pour copier et déplacer verticalement ou horizontalement, ajoutez ⇧.

LES ALIGNEMENTS ET LES ESPACEMENTS DE TRACÉS

Pour aligner ou répartir plusieurs tracés, sélectionnez-les avec l'outil **Flèche** noire (par clics dessus ou par encadrement). Une fois la sélection réalisée, la **Barre d'options** affiche une icône munie d'un menu local de gestion d'alignement et de distribution (que l'on retrouve pour tous les outils vectoriels).

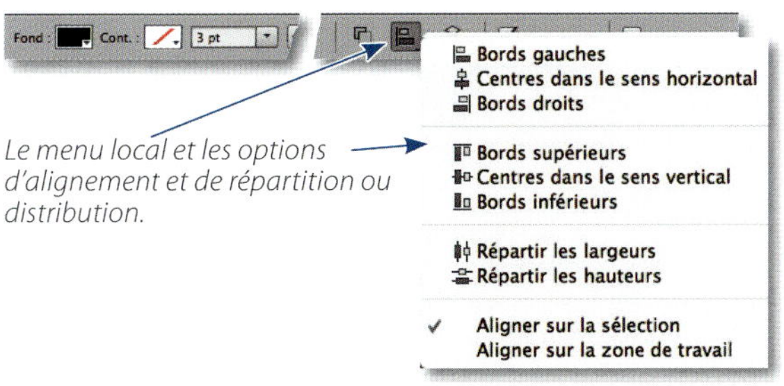

Le menu local et les options d'alignement et de répartition ou distribution.

Les alignements de tracés

Les alignements se spécifient selon un axe (horizontal ou vertical ou les deux) en sélectionnant l'option souhaitée.

> **ASTUCE** *Si vous groupez (associez) des tracés, ils se comportent comme un tracé unique lors d'un alignement.*

Les répartitions ou distributions de tracés

Si la sélection comporte au moins trois tracés, utilisez les icônes de distribution de la **Barre d'options** pour modifier cette dernière. Les tracés aux extrémités ne bougent pas et les intermédiaires se répartissent dans l'espace central selon le critère choisi : répartition des centres horizontale ou verticale, des points gauches ou droits, des points hauts ou bas des tracés intermédiaires.

LES PLANS OU SUPERPOSITION DE TRACÉS

Quand une forme comporte plusieurs tracés, il est possible de changer le plan de l'un d'eux à l'aide de l'icône et son menu local (ceci peut être utile pour les soustractions).

Les transformations de tracés

Comme pour une sélection ou le contenu d'une couche, il est possible de transformer un tracé (voire de le déformer). Si plusieurs tracés sont affichés et qu'aucun n'est sélectionné, la transformation s'applique à l'ensemble. Les manipulations s'obtiennent à partir de la commande **Transformation** manuelle du tracé (⌘T [Ctrl T] ou menu **Édition**) ou par le menu contextuel (clic droit avec un tracé affiché). Une fois le cadre de transformation visible, accédez aux différentes transformations en utilisant le menu contextuel ou en enfonçant certaines touches du clavier (le tableau ci-dessous rappelle les manipulations réalisables).

Transformation	Localisation de l'action	Touche	Aspect	Contrainte	Exemple
Déplacement	À l'intérieur du cadre	Aucune		⇧ déplacement vertical ou horizontal (seul)	
Mise à l'échelle	Poignée d'angle ou latérale	Aucune		⇧ rapport L/H conservé ⌥ [Alt]	
Inclinaison	Poignée latérale	⇧ ⌘ [⇧ Ctrl]		⌥ [Alt] centrage	
Perspective	Poignée d'angle	⇧ ⌥ ⌘ [⇧ Alt Ctrl]			
Torsion	Poignée d'angle	⌘ [Ctrl]		⇧ déplacement vert./horiz.	
Rotation(1)	Hors du cadre	Aucune		⇧ angle multiple de 15°	

(1) Pour les rotations, vous pouvez changer la position de l'axe de rotation (✧) en glissant la croix jusqu'à l'endroit voulu.

Il est également possible, si l'outil **Flèche noire** est actif, d'afficher le cadre de sélection (qui donne accès aux transformations) à partir d'une option de la **Barre d'options**.

> **Astuce** *Pour dupliquer le tracé en même temps qu'il se transformera, lancez* ***Transformation du tracé*** *avec* ⌥ [Alt] *(au clavier, tapez* ⌥⌘T [Alt Ctrl T]*).*

Rappelons qu'en cours de transformation, vous pouvez annuler la dernière manipulation en tapant ⌘Z [Ctrl Z] ou toutes les manipulations en tapant esc [Echap]. Quand le tracé a l'aspect voulu, validez la transformation en tapant Entrée.

La transformation manuelle permet de déplacer un tracé sans avoir besoin d'en sélectionner les points. Elle donne aussi accès, directement sur l'écran (avec le menu contextuel), aux autres transformations telles que: la déformation, les symétries, les rotations programmées, etc. Quant aux transformations paramétrées, elles se définissent dans la **Barre d'options**.

> **Astuce** *Comme pour les transformations de sélection, il est possible de paramétrer la transformation avec les cases (**L**, **H**...) de la **Barre d'options**. Pour transformer progressivement, vous pouvez incrémenter les valeurs (de 1 unité ou de 10 avec ⇧) de différentes façons :*
>
> - *avec les touches fléchées, une fois la case active ;*
> - *en glissant la souris sur la lettre **X**, **Y**, **L**, **H**, ∠..., on voit ;*
> - *éventuellement, à l'aide la molette de la souris.*

Si vous sélectionnez une partie d'un tracé, vous pouvez la transformer séparément; cependant, vous n'aurez pas accès à la totalité des transformations (notamment **Torsion** et **Déformation**). Pour accéder à l'ensemble des transformations, il faudra (par couper-coller) scinder les morceaux en tracés mémorisés individuellement, puis éventuellement les regrouper après transformation.

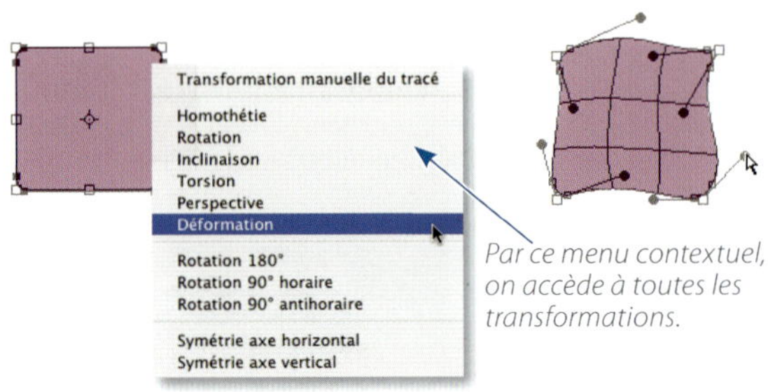

Par ce menu contextuel, on accède à toutes les transformations.

Les tracés et les sélections

La sélection à partir d'un tracé

C'est le passage obligatoire pour convertir un tracé en masque actif (sélection) de manière à traiter une partie d'image, ou encore réaliser un masque de fusion (donc pixellisé) pour un calque (de réglage ou autre).

LE PASSAGE DU TRACÉ À LA SÉLECTION

Cette manipulation s'effectue de diverses manières selon que le tracé est affiché ou non.

La sélection à partir d'un tracé affiché

Pour passer rapidement du tracé que vous venez de dessiner ou que vous venez d'afficher à la sélection, tapez ⌘↵ [Ctrl ↵]. Photoshop affiche alors la sélection correspondant au tracé ; de plus, ce dernier est désactivé, c'est-à-dire que la sélection s'affiche seule.

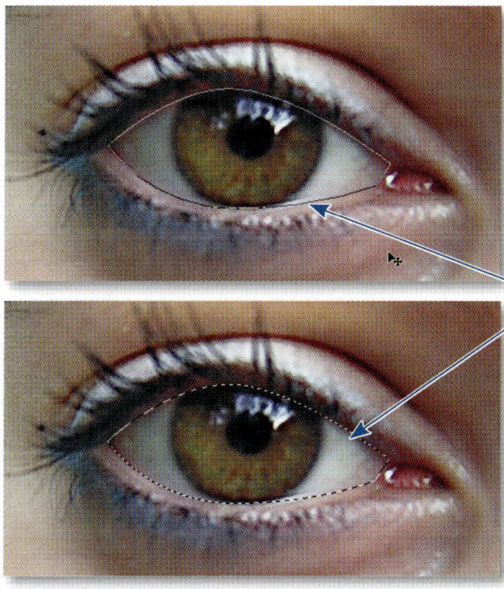

On passe de ce tracé à cette sélection par ⌘↵ [Ctrl ↵].

ATTENTION *Avec un tracé de travail affiché sur un calque et un outil de dessin actif (pinceau, crayon…), c'est un contour qui s'affiche sur le calque en tapant ⌘↵ [Ctrl ↵].*

Ps Pour obtenir la sélection, vous pouvez utiliser le bouton **Sélection** dans la **Barre d'options** d'un outil vectoriel affichée avec le mode **Tracé**.

Ce bouton affichera une fenêtre pour régler le contour progressif de la sélection qui apparaît. Vous pouvez aussi lancer **Définir une sélection** du menu du panneau **Tracés** (ou ⌥clic [Alt clic] sur l'icône de sélection de ce panneau) ou encore utiliser le menu contextuel affiché en maintenant enfoncée la touche **P** pour activer temporairement un outil vectoriel (la plume en l'occurrence).

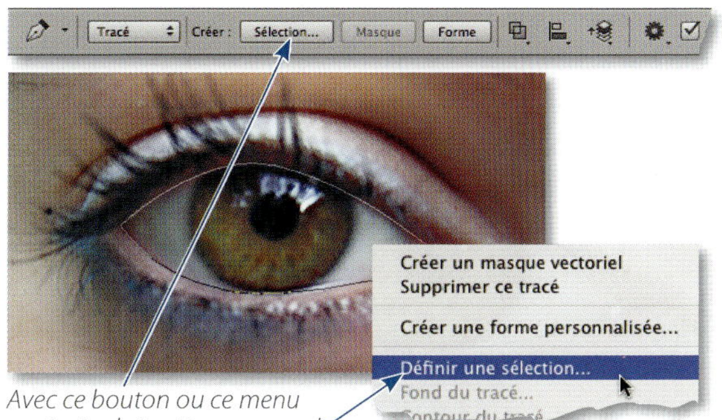

Avec ce bouton ou ce menu contextuel et cette commande, on peut ajouter un contour progressif.

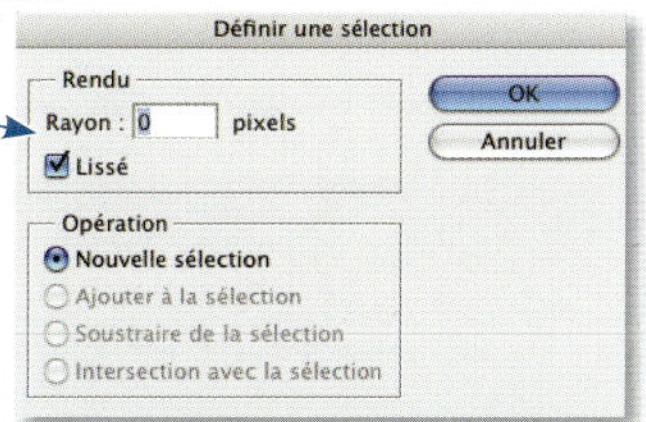

ATTENTION *Les réglages saisis dans **Définir une sélection** deviennent les réglages par défaut. Ils seront appliqués à la sélection si elle est obtenue par clic sur sans ⌥[Alt].*

La sélection à partir d'un tracé désactivé (non affiché)

Si le tracé n'est pas affiché, il reste possible de définir une sélection avec les mêmes manipulations qu'avec les couches alpha dans le panneau **Couches** : il suffit d'enfoncer ⌘[Ctrl] et, dans le panneau **Tracés**, de cliquer sur le nom du tracé à définir en sélection.

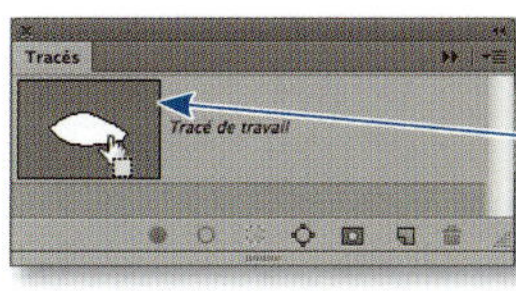

⌘clic [Ctrl clic] sur la vignette affiche la sélection.

> **ATTENTION** *La sélection s'affiche avec les derniers réglages de la fenêtre **Définir une sélection**; pour les changer, utilisez le menu contextuel déroulé sur la vignette du tracé pour accéder à **Définir une sélection**.*

LES OPÉRATIONS AVEC LA SÉLECTION AFFICHÉE

Les opérations par la commande Définir une sélection

Comme pour une sélection à partir des couches alpha, si une sélection est déjà affichée à l'écran, il est possible, dans la fenêtre **Définir une sélection**, d'effectuer son remplacement ou une opération avec la sélection définie à partir du tracé.

Les opérations au clavier

Ces opérations se réalisent directement au clavier si le tracé est affiché en même temps que la sélection.

Opération	Touches	
Addition	⇧⌘↵	[⇧Ctrl ↵]
Soustraction	⌥⌘↵	[Alt Ctrl ↵]
Intersection	⇧⌥⌘↵	[⇧Alt Ctrl ↵]

Ces manipulations sont intéressantes pour ajouter ou soustraire une partie de sélection à celle affichée. Elles permettent de peaufiner avec l'outil **Plume** une sélection (démarrée avec l'outil **Sélection rapide**, par exemple), au lieu d'utiliser le **Mode Masque** ou les outils de sélection.

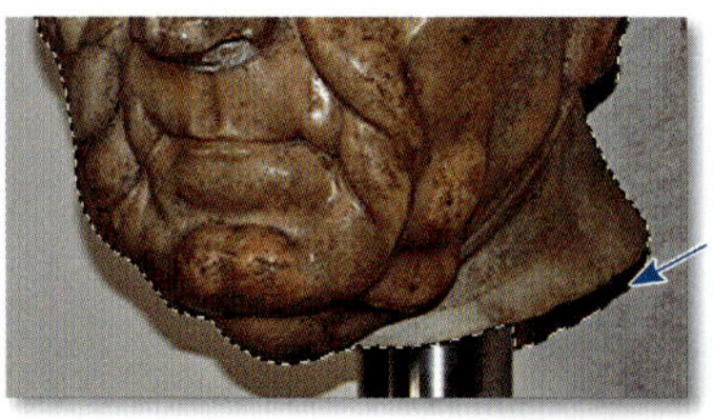

*Avec l'outil **Sélection rapide**, il y a eu un débordement de la sélection.*

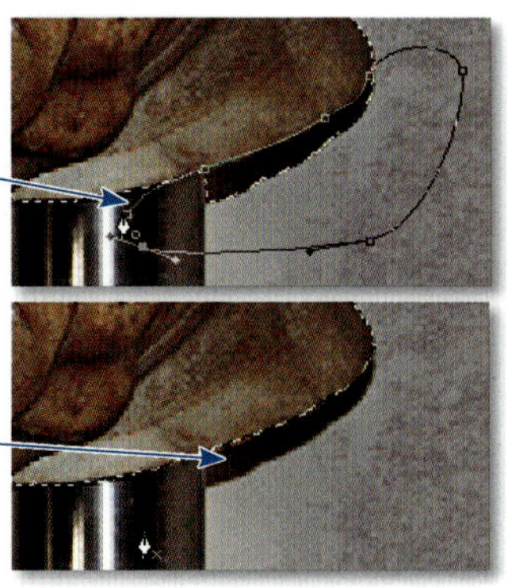

*Avec l'outil **Plume** (mode **Tracés**), on encercle ce débordement.*

On tape ⇧⌘↵ [⇧Ctrl ↵] pour ajouter l'intérieur du tracé à la sélection.

L'utilisation d'une combinaison tracé-sélection s'avère pratique dans le cas où ces deux éléments nécessitent un positionnement précis. En effet, si vous devez déplacer la sélection, activez un outil de sélection et utilisez les touches fléchées (ou utilisez la transformation de sélection); si c'est le tracé qui doit être déplacé, activez l'outil **Flèche** (en tapant A), lancez **Transformation manuelle** (⌘T [Ctrl T]), puis utilisez les touches fléchées pour bouger le tracé.

> **ASTUCE** *Dans Photoshop, vous pouvez activer temporairement un outil en maintenant enfoncée la touche correspondant à cet outil (par exemple, M donne accès à l'outil **Rectangle de sélection** et aux manipulations liées à cet outil). Dès que vous relâchez la touche, vous retrouvez l'outil initialement actif.*

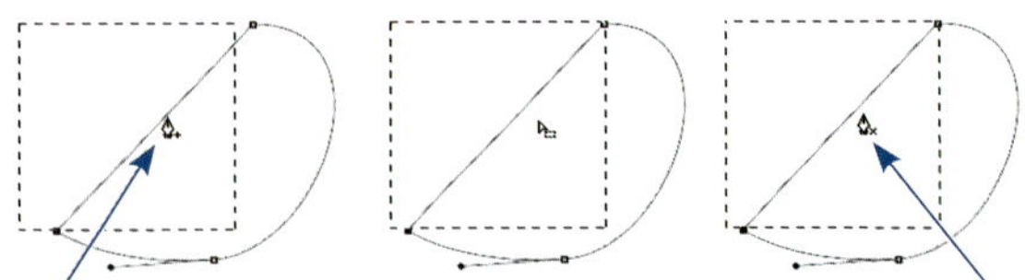

*L'outil **Plume** est actif.* *On maintient M enfoncée et on peut déplacer la sélection.* *On relâche M et on retrouve la plume.*

Les opérations depuis le panneau Tracés

Des opérations entre sélection affichée et tracé sont réalisables en cliquant sur la vignette du tracé, dans le panneau **Tracés**, avec des combinaisons de touches (*voir ci-dessous*). Attention, la sélection issue du tracé prend le contour progressif en vigueur dans la fenêtre **Définir une sélection**.

Opération	Touches	Curseur
Addition	⇧⌘ [⇧Ctrl]	
Soustraction	⌥⌘ [Alt Ctrl]	
Intersection	⇧⌥⌘ [⇧Alt Ctrl]	

> **ASTUCE** *Ces opérations par clic et leurs combinaisons de touches utilisées sont communes aux trois panneaux (**Couches**, **Calques** et **Tracés**).*

LA SÉLECTION À PARTIR D'UNE COUCHE OU D'UN TRACÉ

La seule nuance qui existe entre une sélection mémorisée sous la forme d'une couche alpha et une sélection mémorisée sous la forme d'un tracé est que, dans le cas du tracé, il n'y a pas de notion de zone de fondu (sélection partielle), alors que dans la couche alpha il est possible d'avoir des zones correspondant à des contours progressifs (ils apparaîtront en gris sur la couche).

Le tracé et le détourage d'un calque

Le détourage d'un calque par un tracé

Le tracé obtenu avec le mode **Tracé** peut être utilisé comme masque sur un calque. Sa mise en œuvre diffère selon qu'on désire un masque de fusion ou un masque vectoriel.

La conversion du tracé en masque de fusion

L'obtention d'un masque de fusion n'est pas directe. Elle s'effectue en deux étapes :

1. La conversion du tracé en sélection : elle s'obtient en tapant **⌘↵** [Ctrl ↵] si le tracé est affiché ou, s'il ne l'est pas, par **⌘**clic [Ctrl clic] sur sa vignette dans le panneau **Tracés.**
2. La création du masque de fusion : elle s'effectue par clic sur l'icône de masque du panneau **Calques** (ou la commande **Faire apparaître la sélection** du menu **Calque/Masque de fusion**).

On convertit le tracé en sélection, puis on crée un masque de fusion sur le calque.

Ps **Astuce** *Si le tracé est affiché, vous pouvez activer (temporairement ou non) un outil vectoriel, puis avec le mode **Tracé** actif, cliquez sur le bouton **Sélection** de la **Barre d'options** de l'outil pour afficher la sélection avec ses réglages de contour progressif.*

Le passage du tracé au masque vectoriel

Ps Pour créer un masque vectoriel, affichez le tracé, activez le calque voulu dans le panneau **Calques**, puis cliquez sur l'icône en enfonçant la touche **⌘**[Ctrl]. S'il ne s'agit pas d'un calque d'arrière-plan, vous pouvez affecter un masque vectoriel au calque actif par clic sur le bouton **Masque** visible dans la **Barre d'options** d'un outil vectoriel affiché avec le mode **Tracé** (cet outil peut être activé de manière temporaire en maintenant enfoncée la touche P, par exemple)

On affiche le tracé.

*On crée le masque vectoriel par clic sur le bouton **Masque** ou, dans le cas d'un calque **Arrière-plan**, par **⌘** [Ctrl] clic sur cette icône.*

Astuce *Le masque s'applique aussi à un ensemble de calques placés dans un dossier (groupe créé depuis le panneau **Calques**) ou un objet dynamique (obtenu par* clic droit *sur la sélection de ces calques dans le panneau **Calques**).*

Quand on sélectionne un calque ayant un masque vectoriel, le tracé du masque s'affiche automatiquement. Si vous souhaitez ne plus le voir, cliquez sur la vignette du masque (ou maintenez enfoncée la touche P et tapez ↵). Cliquez à nouveau sur cette vignette pour le réafficher, ou laissez la souris sur la vignette sans cliquer. Le tracé s'affichera mais disparaîtra après quelques secondes.

Astuce *Il est possible d'affecter (de manière réversible) un contour progressif au tracé du masque vectoriel par l'intermédiaire du panneau **Propriétés** (sachez qu'il n'est pas géré par XPress 8).* Nous en reparlerons dans le chapitre sur les calques.

L'exportation d'image détourée par un tracé vers un logiciel de PAO

Les logiciels de mise en page (XPress 8 et + et InDesign) sont capables de gérer les fichiers comportant les calques avec un masque vectoriel (notamment avec les formats TIFF, PSD ou PDF). La zone transparente dans Photoshop est automatiquement détourée dans la mise en page. Le tracé peut être utilisé dans les fonctions de détourage ou d'habillage à condition d'avoir été mémorisé.

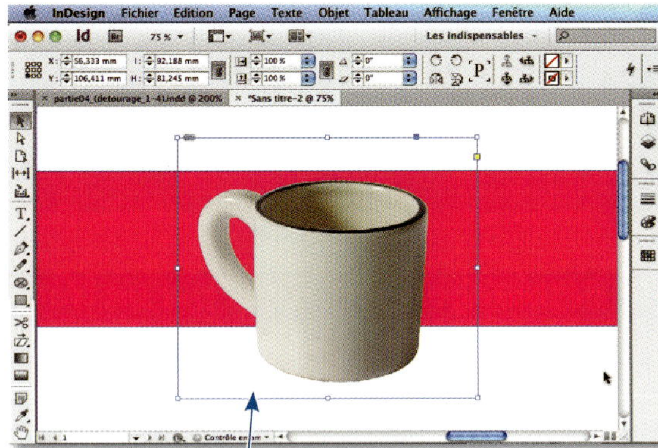

Dans InDesign, le tracé détoure l'image automatiquement (ici, au format PSD). S'il est mémorisé, il est utilisable pour l'habillage, par exemple.

Note *Lors de l'importation, XPress crée un masque de fusion sur l'image à l'aide du tracé de détourage.*

4 - Les détourages destructifs

Dans ce chapitre, nous allons étudier des techniques particulières pour détourer une image ; elles utilisent des outils, il s'agit de l'outil **Gomme magique** et de l'outil **Gomme d'arrière-plan** (la gomme normale pourra s'utiliser en complément pour rectifier certains petits défauts du détourage). Contrairement à un détourage réalisé par un masque (de fusion ou vectoriel), la disparition des pixels avec ces détourages est définitive : le détourage est donc destructif. Avant de le démarrer, des précautions doivent être prises en faisant une copie du calque à détourer (en tapant ⌘J [Ctrl J], par exemple) pour garder une photo intacte sur un calque qui sera caché. Si le calque à détourer est un objet dynamique, sa copie sera également dynamique et ne pourra être détourée que si elle est pixellisée (cette pixellisation s'effectue par clic droit sur sa vignette dans le panneau **Calques**).

Le détourage avec l'outil Gomme magique

L'outil Gomme magique

L'outil **Gomme magique** efface tous les pixels similaires à ceux sur lesquels vous avez cliqué. Si vous travaillez sur le calque d'arrière-plan, il sera converti en calque standard et le damier de transparence apparaîtra autour de la zone détourée. Cette gomme s'utilise par clic sur les parties de l'image que vous souhaitez supprimer. Mais avant d'agir, quelques réglages sont à envisager dans la **Barre d'options** de l'outil.

Les options de l'outil ***Gomme magique****.*

Les options de l'outil Gomme magique

L'étendue de l'effacement

La tolérance de l'outil Gomme magique

La tolérance définit la plage des couleurs pouvant être effacées. Si elle est faible, l'effacement se limite aux teintes très voisines de celles des pixels sur lesquels vous avez cliqué. Si elle est élevée, la plage de teintes effacées est plus grande. Quand la partie à détourer est sur un fond uni, la **Tolérance** peut être faible, mais il faut l'augmenter si l'arrière-plan présente beaucoup de nuances. La case **Tolérance** de la **Barre d'options** s'active en tapant ↵. Une fois la valeur saisie, tapez à nouveau ↵ pour la valider et utiliser l'outil.

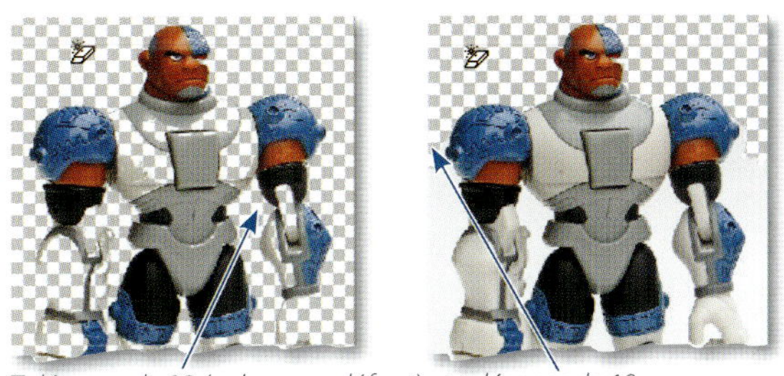

Tolérance de 32 (valeur par défaut) et tolérance de 10.

> **Astuce** *Plutôt que de choisir une tolérance trop forte, il est parfois préférable d'effectuer plusieurs clics à différents endroits de la photo n'ayant pas été supprimés, en choisissant de préférence des zones présentant des nuances moyennes.*

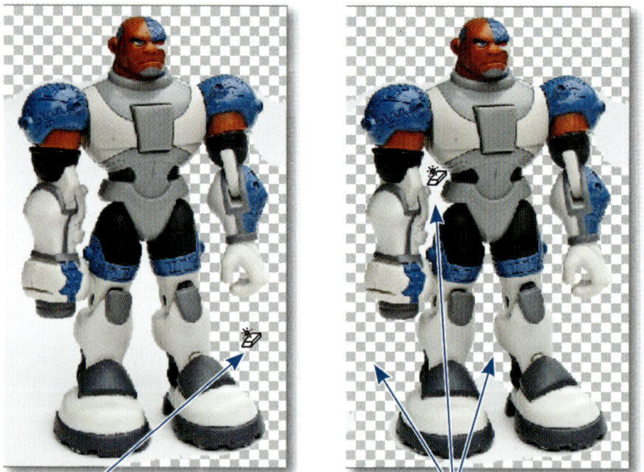

Par clics successifs avec une tolérance faible, on étend le détourage.

Le lissage de l'outil Gomme magique

L'option **Lissage** adoucit légèrement les bords du détourage.

Pixels contigus ou non

Quand l'option **Contigu** est cochée, tous les pixels qui sont supprimés sont contigus à ceux sur lesquels vous avez cliqué. Si vous décochez l'option, l'effacement sera réalisé sur les pixels de même couleur que ceux sur lesquels vous avez cliqué, quelle que soit leur position dans l'image.

On souhaite détourer cette image avec l'outil ***Gomme magique*** *: avec ou sans l'option* ***Contigu*** *?*

Décochez sans crainte l'option **Contigu** si l'intérieur de la zone à détourer ne contient aucune des teintes à effacer.

Avec l'option ***Contigu****, l'outil* ***Gomme magique*** *n'efface pas certaines zones.*

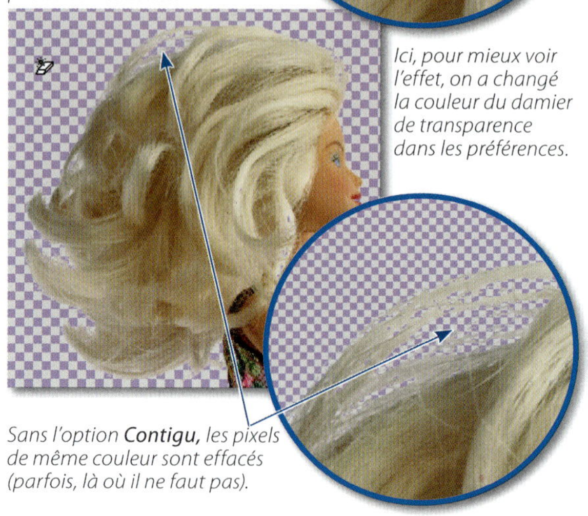

Ici, pour mieux voir l'effet, on a changé la couleur du damier de transparence dans les préférences.

Sans l'option ***Contigu****, les pixels de même couleur sont effacés (parfois, là où il ne faut pas).*

L'option Échantillonner tous les calques

Si l'option **Échantillonner tous les calques** n'est pas cochée, l'analyse de la teinte à supprimer ne s'effectue que sur le calque actif. Si elle est cochée, en cliquant sur des pixels de n'importe quel calque, vous supprimez ceux du calque actif.

L'aspect de la zone effacée : l'opacité

Une opacité de 100 % rend les pixels totalement transparents ; une opacité inférieure rend les pixels partiellement transparents. En général, c'est le premier cas qui est utilisé.

Les gommes magiques prédéfinies

Comme avec la majorité des outils, par ⌥clic [Alt clic] sur l'icône de l'outil dans la **Barre d'options**, il est possible d'enregistrer les réglages que vous avez programmés afin de les réutiliser plus tard pour d'autres détourages similaires.

La limitation par une sélection

Si vous réalisez une sélection, l'outil **Gomme magique** n'effacera pas à l'extérieur de la zone sélectionnée. Pour protéger une zone, sélectionnez-la, puis intervertissez la sélection avant d'agir avec l'outil **Gomme magique**.

Grâce à cette sélection, l'outil ***Gomme magique*** *(ici, sans l'option* ***Contigu****) n'agit pas sur la partie basse de la photo.*

> **Astuce** *Pour créer à la volée une sélection, maintenez enfoncée M (pour activer temporairement l'outil* ***Rectangle de sélection****) et dessinez un rectangle, puis relâchez M pour retrouver la gomme magique (avec L, vous activerez le lasso).*

Le travail du détourage

Ce travail se décompose en quatre parties : les retouches avec la gomme, le contrôle du détourage suivi de son amélioration, et enfin la finition (avec conversion en détourage non destructif ou masque de fusion).

Les retouches avec l'outil Gomme (normale)

Les réglages de l'outil Gomme

Activez l'outil **Gomme** normale (en tapant plusieurs fois ⇧E) et réglez l'outil. Cette gomme possède trois aspects ou modes : **Forme**, **Crayon** ou **Carré** (on change de mode dans la **Barre d'options** ou par ⇧clic droit sur l'image). Pour les deux premiers modes, vous devez régler certaines options (taille, dureté et opacité) dans la **Barre d'options**. Ce réglage se réalise aussi par le menu contextuel (clic droit), au clavier ou encore par glissement sur l'image. Le tableau suivant indique des réglages de forme (ou crayon) réalisables par glissement de la souris.

Réglages par glissement sur Mac puis sous Windows		
Taille	⌥ctrl + glisser horizontalement	Alt + glisser bouton droit horizontalement
Dureté	⌥ctrl + glisser verticalement	Alt + glisser bouton droit verticalement

Les actions de l'outil Gomme

L'outil **Gomme** a deux actions : effacer ou faire réapparaître ; le choix s'effectue à droite dans la **Barre d'options**.

Avec la gomme, on efface, et avec cette option, on fait réapparaître.

- **Pour effacer** : glissez la gomme sur les parties de l'image qui n'ont pas été supprimées par l'outil **Gomme magique**.
- **Pour faire réapparaître** : cochez l'option **Effacer de l'historique** et passez l'outil sur les zones que l'outil **Gomme magique** a effacées.

Ce détourage nécessite de grosses retouches. Ici, avec l'outil ***Gomme*** *qui efface normalement et là, avec* ***Effacer de l'historique****.*

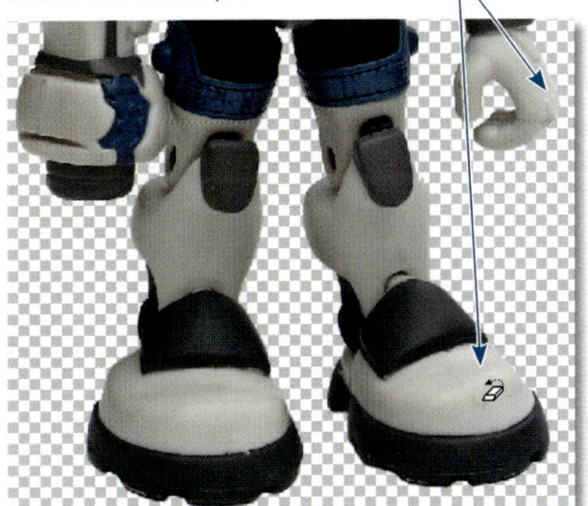

> **Astuce** *Le passage de la gomme à effacement normal à celle effaçant de l'historique se réalise directement sur l'image en enfonçant ⌥ [Alt]. L'outil ne change pas d'aspect sauf si elle était carrée (elle passe alors de* ![icône] *à* □*).*

L'activation temporaire de l'outil Gomme

Un outil peut être temporairement activé en maintenant enfoncée sa touche de raccourci (par exemple, maintenir L enfoncée affichera l'outil **Lasso**). Seulement, l'outil **Gomme magique** ayant le même raccourci que la gomme normale (E), cette fonctionnalité de Photoshop sera inopérante. Pour pallier ce problème, vous pouvez avoir recours à l'astuce suivante. Elle consiste, par l'intermédiaire de la commande **Raccourcis clavier** du menu **Édition**, à supprimer le raccourci affecté aux outils **Gomme magique** et **Gomme d'arrière-plan**. Ainsi, seul l'outil **Gomme** conserve sa touche de raccourci (E). Désormais, quand l'outil **Gomme magique** (ou **d'arrière-plan**) est actif, en maintenant enfoncée E, vous activez temporairement l'outil **Gomme** et pouvez réaliser des retouches (effacer). De plus, si vous enfoncez la touche E, puis ⌥ [Alt], c'est la gomme avec l'option **Effacer de l'historique** qui devient temporairement active et permet un autre type de retouche (faire réapparaître).

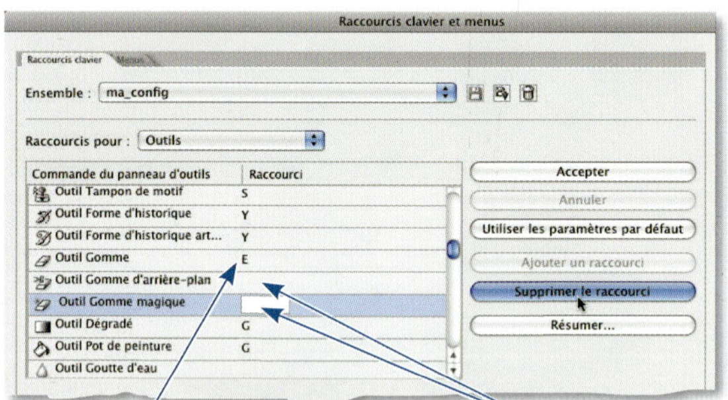

L'outil ***Gomme*** *a gardé son raccourci et on a supprimé les autres.*

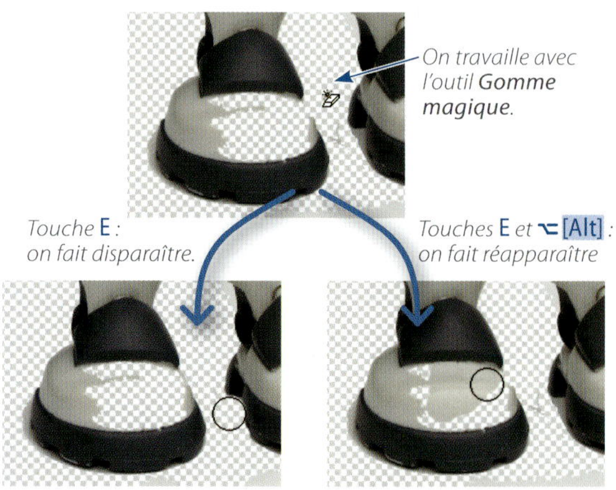

Le contrôle du détourage par le Mode Masque

Certains détourages peuvent sembler corrects, mais un examen détaillé montrera le contraire. Il est souvent nécessaire de contrôler le détourage (et, éventuellement, de l'améliorer). Pour cela, récupérez la sélection correspondant au détourage à partir du panneau **Calques** par ⌘clic [Ctrl clic] sur la vignette du calque détouré. Activez le **Mode Masque** (en tapant la touche Q) et affichez uniquement la couche du masque, en cachant la couche RVB par clic sur son œil dans le panneau **Couches**.

Les pixels parasites, qui n'ont pas été effacés ou qui n'auraient pas dû l'être, apparaissent sous forme de points (ou taches) blancs sur fond noir, ou l'inverse. En zoomant, vous allez pouvoir vérifier que les zones sombres ne présentent pas de points blancs (ou de traces blanches), ou inversement que les zones claires ne comportent pas de points sombres. Si c'est le cas, passez à l'amélioration.

L'amélioration du détourage

Elle se réalise en une ou deux étapes. En effet, pour peaufiner le détourage, utilisez le **Mode Masque**, puis la commande **Améliorer le contour**.

Le travail par le Mode Masque

Les retouches sur le détourage consistent à éliminer les pixels parasites. Quand le **Mode Masque** est affiché seul, ces pixels blancs sur fond noir (ou l'inverse) peuvent être éliminés en dessinant avec l'outil **Crayon** ou **Pinceau**.

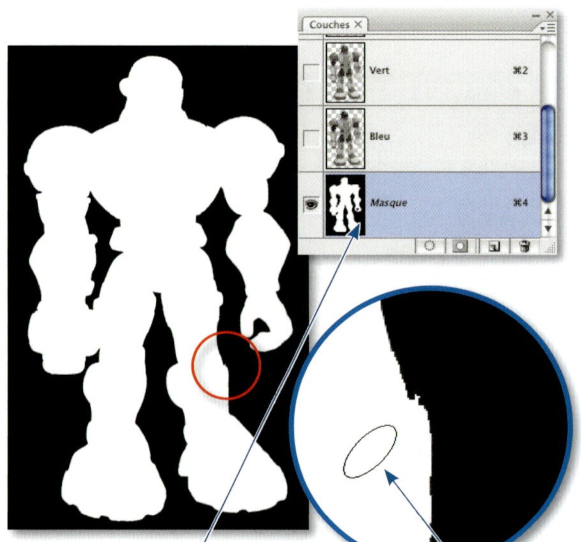

On affiche seule la couche du ***Mode Masque*** *pour voir les imperfections sur lesquelles on peint.*

Une fois cette première opération réalisée, quittez le **Mode Masque** en tapant la touche Q pour afficher la sélection, et passez à la seconde méthode d'amélioration.

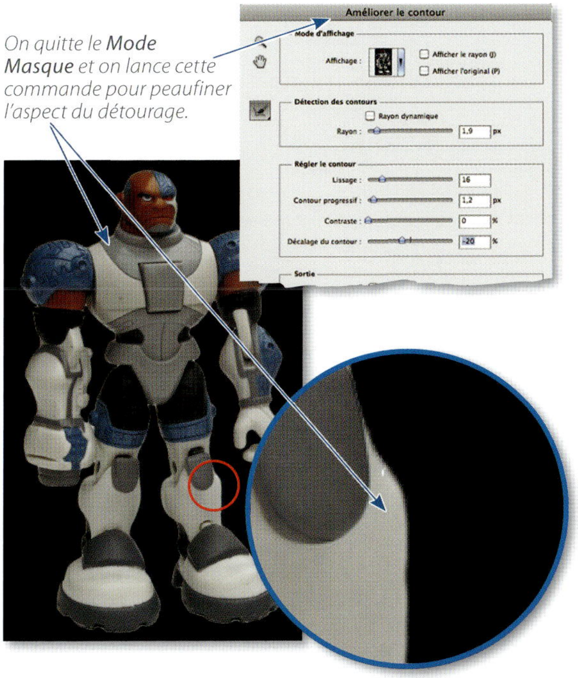

On quitte le ***Mode Masque*** *et on lance cette commande pour peaufiner l'aspect du détourage.*

Le travail avec la commande Améliorer le contour

Lancez la commande **Améliorer** le contour (menu **Sélection**) et utilisez ses différentes options (**Lissage**, **Décalage** etc.) pour affiner le masque. Quand les corrections sont réalisées, il ne reste qu'à les intégrer dans le détourage.

La finition ou l'intégration des corrections

Dans cette étape, on intègre non seulement les corrections du détourage, mais on en profite également pour le convertir en un détourage non destructif, c'est-à-dire en masque de fusion. Pour cela, quand la sélection (issue du **Mode Masque** ou d'**Améliorer le contour**) est affichée, supprimez la copie du calque (devenue inutile) et créez le masque de fusion sur le calque de départ (objet dynamique ou non), par clic sur l'icône du panneau **Calques**.

Si vous n'avez pas fait de copie de calque au début du détourage, l'intégration des corrections s'effectue en suivant les étapes suivantes :

1. Dans le menu **Calque**, choisissez **Masque de fusion** puis **À partir de la transparence** : avec cette nouvelle commande **Photoshop** crée un masque de fusion avec la zone effacée (mais le calque n'est pas correct).
2. Activez le calque en cliquant sur sa vignette et lancez la commande **Remplir** du menu **Édition** avec l'option de remplissage **Historique**: la photo réapparaît correctement à l'extérieur du masque de fusion.è

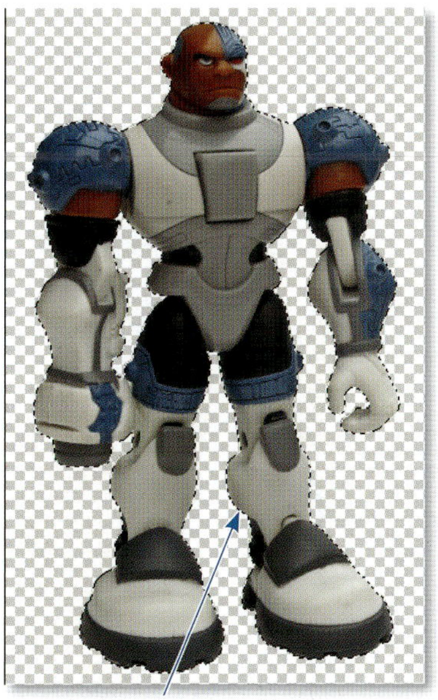

La sélection a été affinée avec ***Améliorer le contour****.*

On supprime la copie du calque pour retrouver l'image entière.

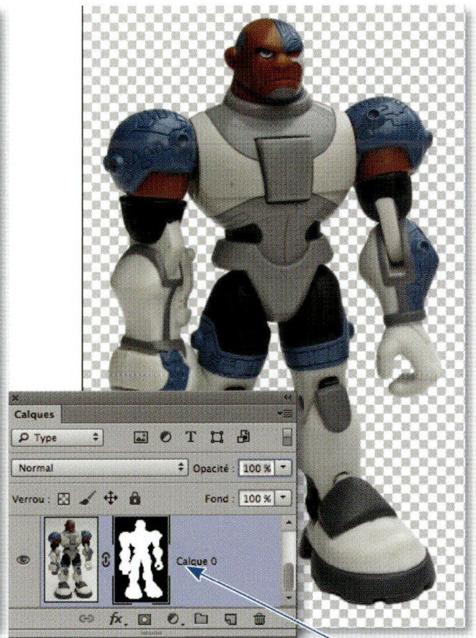

On crée le masque de fusion sur le calque initial.

Le détourage avec l'outil Gomme d'arrière-plan

L'outil Gomme d'arrière-plan

Alors que l'outil **Gomme magique** s'applique par clic, l'outil **Gomme d'arrière-plan** s'applique par glissement. Il rend transparents les pixels sur lesquels il passe. Vous pouvez spécifier la précision du détourage à l'aide des options d'échantillonnage et de tolérance de la **Barre d'options**. Cet outil fonctionne bien avec une image dont la zone à détourer comporte des bords complexes qui se détachent assez fortement sur un arrière-plan avec un mélange de couleurs; cependant, il est préférable que ces couleurs ne se retrouvent pas (ou peu) dans la zone à conserver. L'outil s'utilise en complément d'un détourage par l'outil **Gomme magique** ou encore par la commande **Améliorer le contour**.

Les options de l'outil Gomme d'arrière-plan

Vous devez régler: la taille de l'outil, l'échantillonnage les couleurs à supprimer (**Limites** et **Tolérance**). L'outil apparaît sous la forme d'un cercle (ou ellipse) avec une croix au centre. L'échantillonnage s'effectue sous la croix et s'étend à l'intérieur de la forme. Selon les réglages, il ne faut pas que cette croix passe dans une zone de l'image que vous souhaitez conserver. L'outil **Gomme d'arrière-plan** est assez délicat à régler et la qualité du détourage est fortement liée à ces réglages (qui évolueront selon la phase du détourage).

Les options de l'outil ***Gomme d'arrière-plan****.*

La tolérance de l'outil Gomme d'arrière-plan

Si la tolérance est élevée, l'effacement est plus efficace (les pixels deviennent réellement transparents), mais il affecte une plage de couleurs plus importante qui risque alors d'englober des pixels qui ne devaient pas être effacés. Choisissez une valeur importante quand l'outil est éloigné d'une partie à détourer et que son cercle ne risque pas de toucher une partie à conserver. En revanche, réduisez la tolérance (20 à 30 %) quand vous suivez les bords de la zone à détourer. Pour que le détourage soit assez efficace, déplacez l'outil lentement (ou repassez plusieurs fois).

La forme de l'outil

Pour faire le détourage, Photoshop analyse les couleurs dans un cercle qui correspond à la taille de l'outil. Celle-ci se règle comme tous autres outils, notamment par glissement.

Réglages par glissement sur Mac puis sous Windows		
Taille	⌥ ctrl + glisser horizontalement	Alt + glisser bouton droit horizontalement
Dureté	⌥ ctrl + glisser verticalement	Alt + glisser bouton droit verticalement

Pour les parties éloignées des zones à détourer, utilisez des formes larges (et une tolérance élevée). En revanche, pour les parties frontières, réduisez la taille de la forme et la tolérance.

L'échantillonnage des couleurs supprimées

Photoshop examine les couleurs à supprimer en effectuant ce qu'il appelle un **échantillonnage**. Il y a trois types d'échantillonnage (, **Continu**, **Une fois** ou **Nuancier de fond**), qui se choisissent dans la **Barre d'options**. La couleur qui va être supprimée s'affiche en permanence dans la case **Couleur d'arrière-plan** du panneau **Outils**. Selon le réglage, elle peut changer quand l'outil se déplace.

- **Continu**: l'échantillonnage des couleurs s'effectue de façon continue au fur et à mesure que vous glissez l'outil. Utilisez cette option pour effacer des zones adjacentes de différentes couleurs. Avec cette option, prenez garde que la croix au centre de la forme ne touche pas une zone à conserver.
- **Une fois**: l'échantillonnage s'effectue au démarrage. L'outil n'efface que les zones contenant la couleur sur laquelle vous avez démarré le glissement de l'outil. Utilisez cette option pour effacer des zones relativement unies.

> **Astuce** *Avec cette option et une tolérance réduite, en démarrant le glissement de l'outil dans une zone ne contenant pas les couleurs de la partie à conserver, vous pouvez glisser sur cette dernière sans crainte.*

- **Nuancier de fond**: l'échantillonnage s'effectue à l'aide d'une couleur prélevée. L'outil efface uniquement les zones contenant la couleur d'arrière-plan sélectionnée.

Quelle que soit l'option choisie, vous pouvez cocher l'option **Protéger couleur de 1er plan** pour empêcher l'effacement des zones correspondant à la couleur de premier plan, visible dans le panneau **Outils**. Cette couleur peut être prélevée avec l'outil **Gomme d'arrière-plan** par ⌥clic [Alt clic].

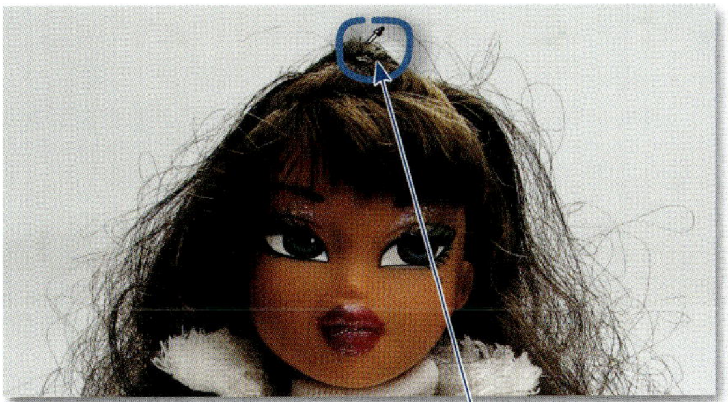

Par ⌥clic [Alt clic], on prélève la couleur que l'on souhaite protéger (ici, une couleur de cheveux).

LES LIMITES DE L'ÉCHANTILLONNAGE

L'analyse des couleurs à supprimer s'effectue à l'intérieur du cercle de la forme, les couleurs à effacer peuvent y apparaître contiguës ou non. Trois options sont disponibles :

- **Discontiguës** : efface la couleur échantillonnée à l'intérieur de la forme chaque fois qu'elle apparaît.
- **Contiguës** : efface les zones adjacentes contenant la couleur échantillonnée.
- **Aux contours** : efface les zones adjacentes contenant la couleur échantillonnée, tout en conservant la précision des contours de l'objet.

LE RÉGLAGE EN FONCTION DE LA PHASE DU DÉTOURAGE

Début du détourage : quand vous supprimez les zones éloignées de la partie à conserver, choisissez une forme nette et l'option **Continu** (), puis glissez l'outil sans que la croix ne touche des pixels à conserver.

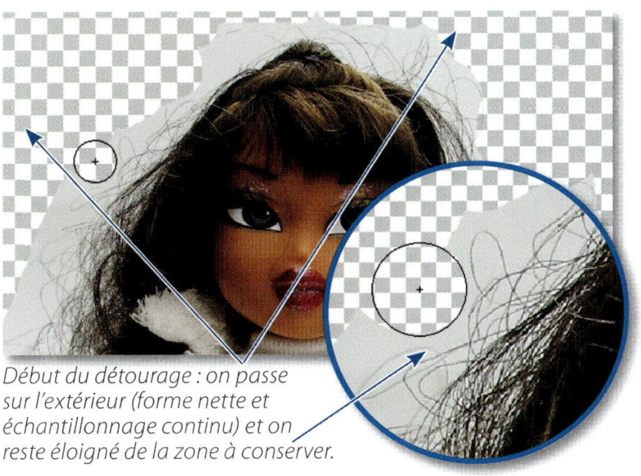

Début du détourage : on passe sur l'extérieur (forme nette et échantillonnage continu) et on reste éloigné de la zone à conserver.

Fin du détourage : choisissez plutôt une forme floue et l'option **Une fois** (). Partez d'une zone ne contenant pas les couleurs de la partie à détourer et glissez l'outil doucement. Éventuellement, restez sur place jusqu'à ce que les couleurs à supprimer disparaissent. Les bords flous permettront d'épargner les bords des zones à conserver. Quand plus aucun pixel ne s'efface, relâchez l'outil pour faire un nouvel échantillonnage sur une autre zone.

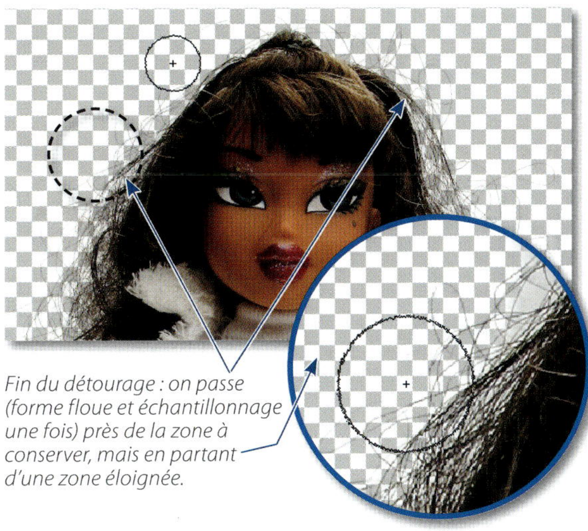

Fin du détourage : on passe (forme floue et échantillonnage une fois) près de la zone à conserver, mais en partant d'une zone éloignée.

Zones délicates : dans cette phase du détourage, utilisez les limites **Discontiguës** pour supprimer toutes les nuances situées à l'intérieur du cercle délimité par l'outil.

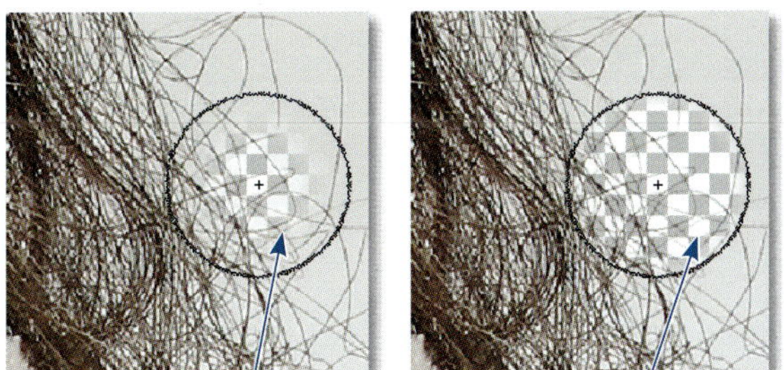

*À gauche, l'effacement est plus limité. À droite, la suppression n'est limitée que par la taille de l'outil avec l'option **Discontiguës** (il faut parfois rester sur place pour que l'effacement soit complet).*

Le travail du détourage

Ce type de détourage nécessite souvent moins de travail de finition que celui avec l'outil **Gomme magique**. Cependant, il peut subir les mêmes traitements : retouches avec la gomme, contrôle et amélioration (**Mode Masque** et **Améliorer le contour**), finition et conversion en masque de fusion.

Un récapitulatif sur les détourages

Il s'agit d'un simple rappel sur les différentes méthodes de détourage d'une image, chacune d'entre elles ayant été développée dans les chapitres précédents.

Les détourages avec les sélections

Dans de nombreux cas de figure, les outils de sélection ainsi que les commandes du menu **Sélection** permettent de faire la sélection d'une partie de l'image à détourer (*voir pages 272 à 288*).

Il peut s'agir d'une étape intermédiaire, la sélection devra subir différents traitements :

- glissement vers un autre document (avec l'outil **Déplacement**) ;
- copie puis collage dans un autre document ;
- utilisation en masque de fusion ;
- mémorisation en couche alpha ;
- conversion en tracé.

Il peut s'agir d'une phase finale, après avoir réalisé la sélection, c'est la commande **Améliorer le contour** (*voir pages 292 à 301*) qui permettra d'aboutir au détourage final (qui pourra encore être affiné par un traitement du masque de fusion obtenu par la commande d'amélioration).

Les détourages avec les couches alpha et le Mode Masque

Les techniques de détourage par la couche alpha, le **Mode Masque** ou le masque de fusion permettent d'utiliser les outils de dessin ainsi que des traitements divers (corrections chromatiques, filtres...) à la place des outils de sélection. Quand la couche a l'aspect souhaité, elle agira automatiquement dans le cas d'un masque de fusion ou devra être convertie en sélection, afin d'être utilisée dans l'un des traitements indiqués ci-dessus (*voir pages 310 à 337*).

Les détourages avec les tracés

Si aucune des techniques précédentes ne vous convient ou si les parties à détourer comportent des courbes harmonieuses, vous pouvez utiliser des outils de dessin vectoriel pour en réaliser les contours et créer un masque vectoriel.

Ce type de détourage présente l'avantage, par rapport à la couche alpha, d'être indépendant de la résolution (*voir pages 338 à 356*).

Les améliorations des détourages complexes : les décontaminations

Lors de la réalisation de photomontages, certains détourages complexes (cheveux notamment), réalisés avec l'outil **Gomme magique** ou par d'autres méthodes, montrent des imperfections quand ils sont placés sur un arrière-plan. Il est parfois nécessaire d'apporter une dernière touche pour les éliminer ; on parle aussi de décontaminer l'image.

Des imperfections apparaissent quand on place cette image détourée sur un arrière-plan.

Plusieurs techniques sont possibles : décontamination automatique, par l'outil **Tampon** (*traitée page 301*), par ajout d'une ombre, par traitement de la frange.

Les décontaminations automatiques

Ces décontaminations s'obtiennent de deux façons : par la commande **Améliorer le contour/ Contour du masque** ou par la commande **Décontamination chromatique** (menu **Calque/Cache**).

La décontamination par Contour du masque

Comme vous avez pu le voir dans les pages 301 à 309, l'option **Décontamination des couleurs** de la commande **Améliorer le contour** du menu **Sélection** permet d'éliminer les couleurs indésirables à la périphérie de l'image détourée.

Pour un masque de fusion, cette opération se réalise avec la même fenêtre de dialogue affichée avec **Contour du masque** du panneau **Propriétés**. Dans les deux cas, c'est un nouveau calque qui sera ajouté, car cette décontamination place des pixels sur l'image pour fondre les couleurs de la périphérie du détourage avec l'arrière-plan. Pour mettre en œuvre la décontamination, sélectionnez la vignette du masque dans le panneau **Calques**, puis, dans le panneau **Propriétés**, cliquez sur le bouton **Contour du masque** pour afficher la fenêtre **Améliorer le masque**.

L'image est mal intégrée à l'arrière-plan (les détails ci-dessous le montrent).

En cliquant ici, on sélectionne le masque et on lance ceci.

Cochez l'option **Décontamination des couleurs** et augmentez la quantité. Éventuellement, réduisez le décalage du contour et ajoutez un léger contour progressif.

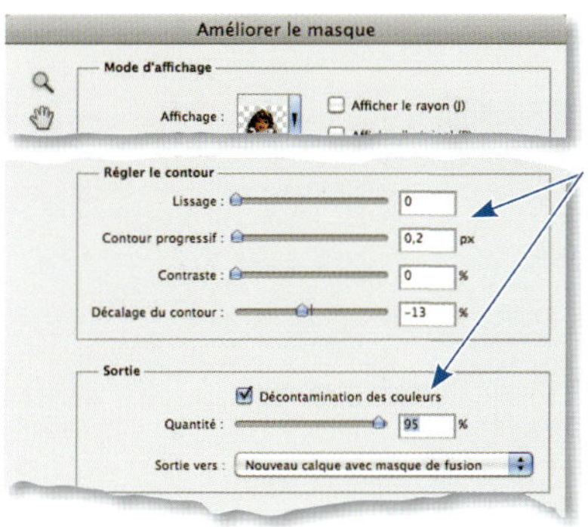

On règle la décontamination (qui ici doit être élevée) et on ajuste éventuellement par une légère contraction et un petit contour progressif.

Pour contrôler le résultat, choisissez le mode d'affichage **Sur calques**. Pour comparer avant/après, tapez la lettre P.

L'image a été décontaminée, elle s'intègre mieux dans l'arrière-plan (les détails ci-contre le montrent).

La décontamination chromatique

Ce type de décontamination s'applique à un calque (qui ne doit pas être un objet dynamique), détouré par un masque de fusion. Le contenu du calque sera modifié de façon irréversible, aussi peut-il être prudent d'en créer une copie (en tapant ⌘J [Ctrl J]), que l'on masquera avant de faire la décontamination.

Pour réaliser ce type de décontamination, c'est le calque qui doit être activé en cliquant sur sa vignette. La commande se lance par le menu **Calque** puis **Cache** et enfin **Décontamination chromatique**. La commande laisse apparaître une fenêtre de réglage (*voir ci-dessous*) dont l'option d'aperçu permet un contrôle du résultat.

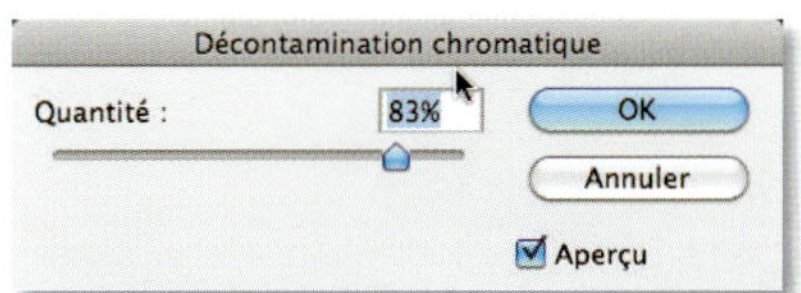

Le réglage n'est pas dynamique, il entraîne une modification irréversible du calque.

Attention *Si vous relancez la commande* ***Décontamination chromatique****, celle-ci a conservé le réglage mais celui-ci n'est pas dynamique : une réduction de la valeur affichée n'affectera pas le calque.*

La décontamination par une ombre

Cette méthode n'est pas applicable à toutes les images ; elle a été décrite page 304, mais ici on la prolonge avec une manipulation supplémentaire. Elle comporte donc plusieurs étapes : l'application d'une ombre (éventuellement suivie de son élimination sur certaines parties indésirables) et, selon l'aspect de l'image, l'application de l'outil **Densité**.

L'application de l'effet Ombre interne

Pour améliorer le détourage, appliquez au calque détouré un effet de calque (fx) de type **Ombre interne** avec les réglages suivants :

- Le **Mode de fusion** est réglé sur **Densité linéaire +** ;
- L'**Opacité** doit être relativement faible (de 20 à 50) ;
- L'**Angle**, la **Distance** et le **Maigri** sont nuls ;
- La **Taille** doit être augmentée légèrement en fonction de l'image et de l'effet désiré.

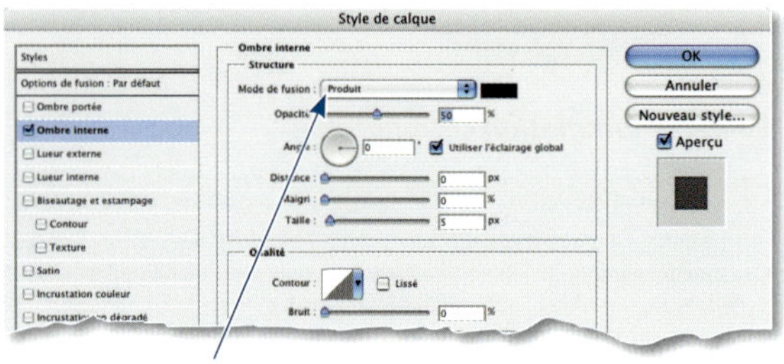

On peut aussi utiliser **Densité linéaire +** *avec une opacité plus faible.*

> **Astuce** *L'aspect dépend de la couleur de l'arrière-plan qui sera placé derrière l'image détourée, mais vous pouvez mémoriser cet effet sous forme de style en cliquant sur l'icône du panneau* ***Styles***.

Ci-dessus, l'ombre fait réapparaître des petits cheveux.

L'ajustement de l'ombre

Cette manipulation n'est pas toujours nécessaire. L'effet **Ombre interne**, comme tous les effets de calques, apparaît sur la totalité du calque ; il est donc parfois nécessaire de l'effacer sur certaines parties. Pour cela, lancez la commande **Créer un calque** du menu **Calque/Style de calque** : Photoshop décompose l'effet en ajoutant un nouveau calque sur lequel il vous suffit de passer la gomme sur les zones où vous souhaitez éliminer l'ombre interne. Une fois l'ajustement de l'ombre terminé, vous pouvez fusionner le calque d'ombre avec celui contenant le détourage (en tapant ⌘E [Ctrl E]), afin que l'image détourée figure sur un seul calque.

L'application de l'outil Densité

Lorsque le détourage comporte des cheveux, comme dans l'image ci-contre, vous pouvez utiliser l'outil **Densité +** pour assombrir certains pixels qui apparaissent encore trop clairs sur l'arrière-plan. Pour appliquer ce traitement de manière réversible et sans toucher au calque détouré, vous pouvez utiliser un calque spécial en procédant selon la méthode indiquée ci-dessous. Elle est décrite avec un calque détouré, mais demeure utilisable avec un calque qui aurait un masque de fusion.

1. Ajoutez un nouveau calque par ⌥clic [Alt clic] sur l'icône du panneau **Calques** de manière à afficher sa fenêtre d'options pour y spécifier trois options :

- choisissez le mode de fusion **Incrustation** ;
- cochez **Créer un masque d'écrêtage** pour que l'assombrissement ne déborde pas du calque détouré (il jouera le rôle de masque) ;
- cochez **Couleur neutre pour remplir le calque** ajouté de gris qui sera transparent jusqu'à l'application du traitement par l'outil.

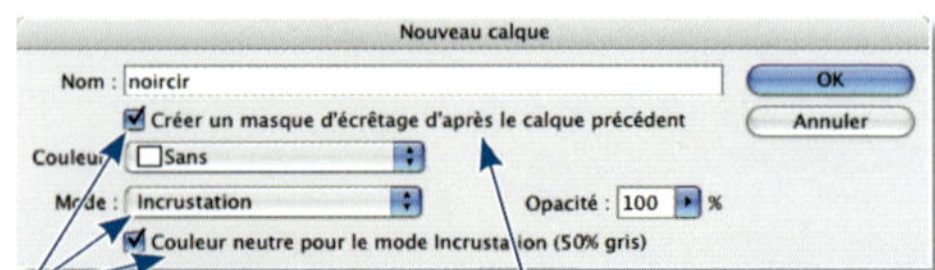

Les trois options à spécifier.

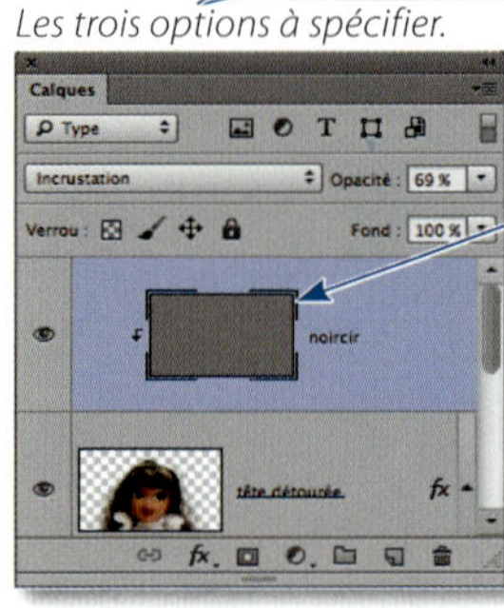

Avec cette option, le calque se décale vers la droite pour indiquer l'écrêtage par le calque inférieur qui apparaît souligné.

2. Activez l'outil **Densité +**, réglez-le avec une opacité faible (5 à 10 %) et passez-le sur les petits cheveux dans les bords du détourage pour les faire ressortir.

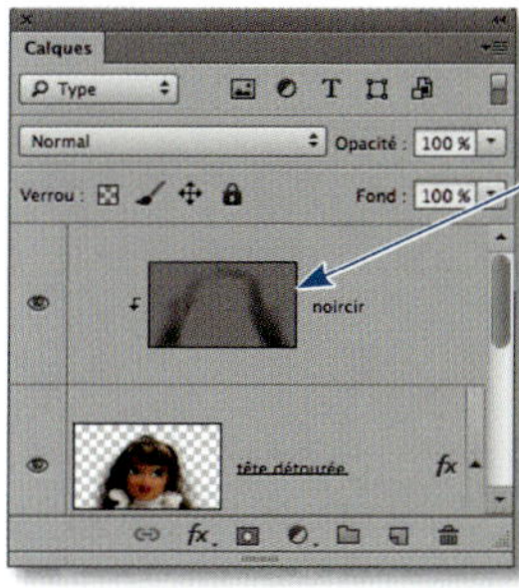

On a appliqué l'outil ***Densité****.*

Si vous trouvez que l'effet est trop fort, vous pouvez ajuster l'opacité du calque pour atténuer l'assombrissement.

L'image après et avant améliorations (effet et densité).

Ce genre de traitement ne donne pas de résultats aussi intéressants avec des cheveux blonds.

LA SUPPRESSION DE LA FRANGE

Lorsqu'une image a été détourée et qu'elle se retrouve entourée de pixels transparents, certains pixels opaques de sa périphérie peuvent devenir gênants quand l'image est placée sur un autre fond. Afin de les éliminer, à la place de la décontamination avec la commande **Décontamination chromatique**, utilisez la commande **Supprimer** la frange du menu **Calque** et du sous-menu **Cache**. Elle propose une fenêtre dans laquelle il faut spécifier la valeur du contour supprimé — cette valeur varie en fonction de la résolution de l'image.

ASTUCE *Cette commande n'est pas accessible lors d'un détourage par un masque de fusion. Dans ce cas, appliquez au masque la commande* ***Améliorer le contour****.*

Le sous-menu **Cache** du menu **Calque** propose d'autres variantes : **Retirer le cache noir**, **Retirer le cache blanc**. Elles permettent, de manière plus douce, de supprimer des pixels noirs qui proviendraient du détourage d'un objet sur un fond sombre, ou de supprimer des pixels blancs dans le cas d'un fond clair. Ces opérations sont cumulables avec la suppression d'une frange.

Exemples d'application

Dans les paragraphes qui suivent nous allons voir trois exemples de détourage qui utilisent quelques-unes les différentes techniques évoquées dans cette partie du livre.

1 Exemple de détourage vectoriel

Quand l'élément à détourer présente des contours harmonieux, il est intéressant de faire un détourage vectoriel.

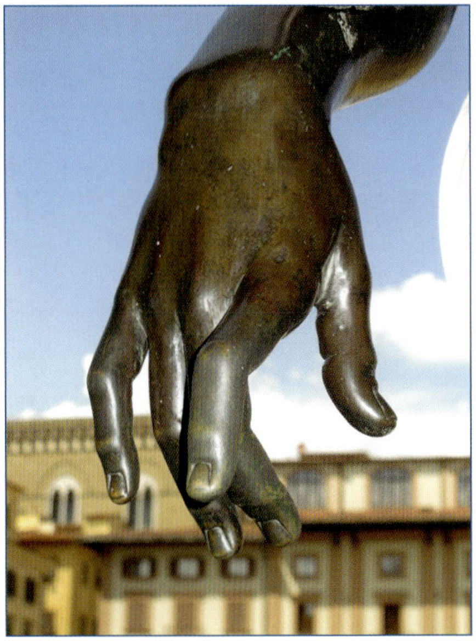

L'image initiale.

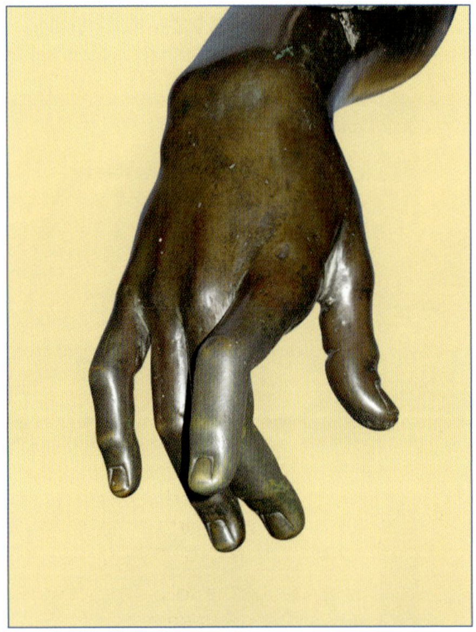

L'image détourée.

Un détourage vectoriel demande un peu d'entraînement, on peut partir d'une sélection (avec l'outil **Sélection rapide**, par exemple) que l'on convertira en tracé avec une tolérance importante et que l'on retouchera, ou on utilisera l'outil **Plume magnétique**. Voici les étapes de la démarche utilisée :

1. Activez l'outil **Plume libre**, puis l'option **Magnétique**. Réglez la fréquence à 100 et glissez l'outil de long de l'élément à détourer.
2. Activez l'outil **Plume**. Il permettra toutes les retouches :
- sélection, puis déplacement de point avec ⌘[Ctrl] ;
- ajout d'un point par clic sur le segment ;
- suppression par clic sur un point ;
- conversion par glissement avec ⌥[Alt].

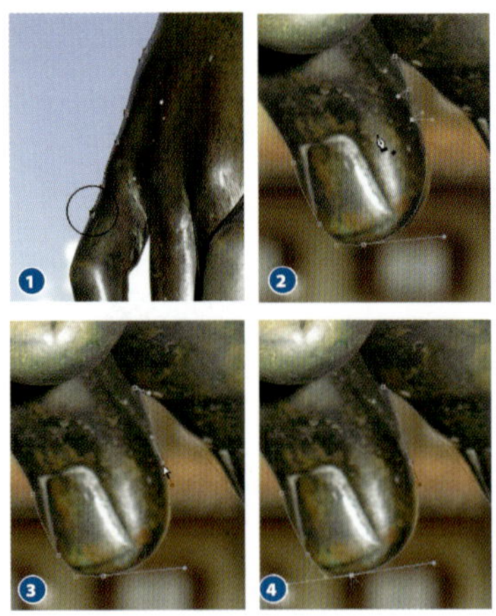

❶ Tracé à la plume magnétique.
❷ Activation de la plume,
❸ avec ⌘ [Ctrl],
❹ avec ⌥ [Alt].

2 Suppression des éléments indésirables

Dans cet exemple, on a réalisé un masque pour éliminer les couleurs des constructions et du canal.

L'image initiale.

L'image détourée pour être recolorée.

Ici le masque est élaboré à partir d'une sélection du ciel. En fin d'opération, la sélection obtenue sera intervertie pour servir de masque de fusion à un calque de réglage (**Noir et blanc**) qui ne s'appliquera qu'aux éléments voulus (constructions et canal).

1. Activez l'outil **Sélection rapide**, affectez-lui une petite taille et glissez-le dans le ciel au-dessus des toits (éventuellement en plusieurs étapes).
2. Activez le **mode Masque** (le bas de l'image devient rouge), avec l'outil **Pinceau** (et une taille adaptée) peignez en noir les parties de toits qui ne sont pas rouges.

***Sélection rapide**, puis dessin au pinceau avec le **mode Masque**.*

3. Une fois la sélection réaffichée, inversez-la et créez un masque sur le calque. À ce stade, ce masque peut encore être affiné notamment par la commande **Contour du masque** du panneau **Propriétés**.
4. Une fois le calque de réglage **Noir et blanc** ajouté, le masque de fusion de l'image peut être transféré.

On transfère le masque par glissement vers le réglage.

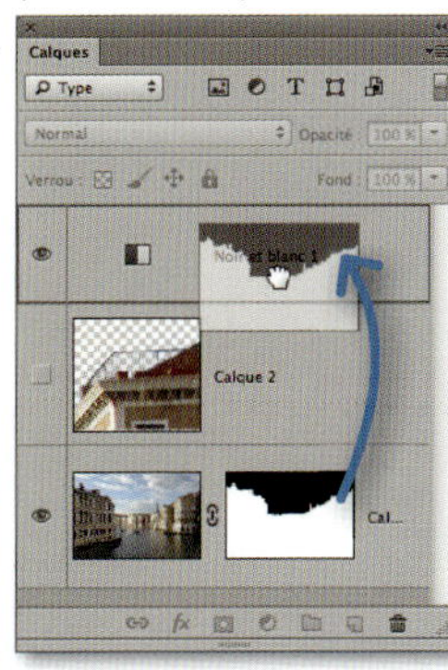

Cela n'est pas utile dans cet exemple, mais si on veut affiner le détourage de certaines parties (balcon sur le toit du premier palais à droite), on peut copier la partie voulue sans son masque (sélection, puis ⌘J [Ctrl J]) et utiliser l'outil **Gomme d'arrière-plan**. On récupérera la sélection de ce détourage que l'on mémorisera par ajout au masque de fusion précédent.

*À gauche, le balcon a disparu. À droite, on le récupère à l'aide d'un détourage avec l'outil **Gomme d'arrière-plan** d'une partie isolée sur un calque.*

3 Détourage en deux parties

Dans cet exemple, le détourage ne peut être entièrement réalisé avec les fonctions de la commande **Améliorer la sélection**. Il doit se réaliser en deux parties.

L'image initiale.

L'image détourée.

Ce détourage peut se réaliser de différentes manières, en voici une possible :

1. Avec l'outil **Sélection rapide**, réalisez une sélection qui couvre le cou et la tête de la girafe (sans trop se soucier de la crinière).
2. Lancez **Améliorer la sélection** (menu **Sélection** ou bouton de la **Barre d'options**) et affinez le détourage sur la partie droite avec les outils et les options de **Détecter les contours** (la partie crinière sera gérée différemment). Validez avec une sortie sur un masque de fusion.

On réalise une sélection rapide et on améliore la partie droite (vue ici avec un aperçu sur noir).

3. Masquez le masque de fusion (par ⇧ clic sur sa vignette) et réalisez au lasso une sélection englobant la crinière. Tapez ⌥⌘J [Alt Ctrl J] pour copier le contenu de cette sélection sur un nouveau calque.
4. Masquez le calque ayant le masque de fusion afin de ne voir que la partie comportant la crinière. Utilisez l'outil **Gomme d'arrière-plan** pour éliminer l'arrière-plan de la girafe et ne conserver que la crinière.
5. Réaffichez le calque inférieur et réactivez son masque (par clic sur sa vignette). Vous pouvez aussi récupérer la sélection de la crinière et la mémoriser par addition sur le masque de fusion.

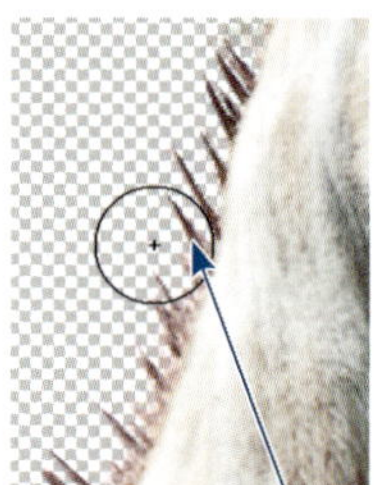

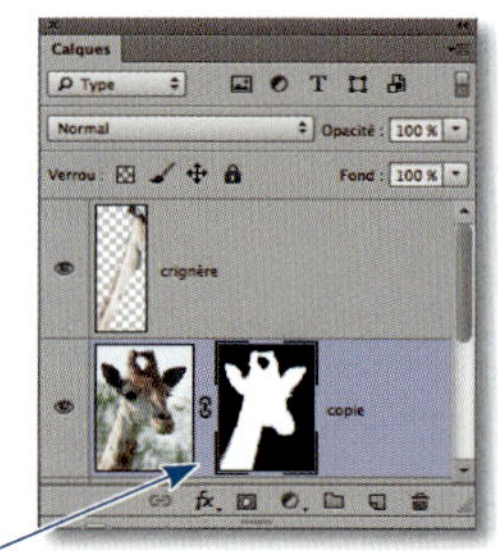

On sélectionne la crinière que l'on copie sur un calque pour la détourer. On peut alors réafficher le calque.

Partie 5

Corriger une image

1 - La gestion des couleurs

2 - Les corrections automatiques et simplifiées

3 - Les techniques de corrections avancées

4 - Le paramétrage des corrections avancées

Exemples d'application

1 - La gestion des couleurs

Avant d'aborder les corrections chromatiques, il est important de « préparer » l'écran et les préférences du programme afin que les couleurs affichées correspondent au mieux aux couleurs réelles du fichier. L'aspect d'une couleur dépend du matériel utilisé pour l'acquérir ou la numériser (appareil photo numérique ou APN, scanner), l'afficher (écran) ou la reproduire (imprimante). Ainsi, de mêmes valeurs numériques ne correspondent pas toujours aux mêmes couleurs observées. La gestion des couleurs a pour but de gérer ces différences afin d'harmoniser le rendu des couleurs et de les rendre les plus proches possible, d'un logiciel à l'autre ou d'un périphérique à un autre, tout au long d'un flux de travail, depuis l'acquisition jusqu'à l'impression, en passant par des traitements dans Photoshop.

Les modèles et les espaces colorimétriques

La couleur est une donnée très subjective. Par exemple, si on parle de la couleur « sable », elle ne sera pas perçue de la même façon par un touriste aux Seychelles, un nomade du Sahara ou encore un Parisien à Paris plage. Malgré son aspect très subjectif, la couleur peut être évaluée de manière chiffrée à l'aide de modèles colorimétriques. Les principaux sont le modèle RVB, le modèle CMJN et le modèle Lab (qui constitue une référence). L'ensemble des couleurs définies dans un modèle constitue une gamme de couleurs ou un espace colorimétrique. La gestion des couleurs par l'ordinateur fait intervenir des conversions entre les valeurs des couleurs définies dans un modèle et des valeurs de ces couleurs définies dans le modèle Lab. Il ne s'agit pas de conversions de couleurs mais de conversions de valeurs.

Le modèle RVB

Ce modèle définit les couleurs de base de la colorimétrie numérique. En effet, un écran (LCD ou CRT), un scanner ou un appareil photo numérique ont une technologie qui utilise ce modèle RVB. Chaque point coloré est obtenu par synthèse additive de trois composantes chromatiques (rouge, vert et bleu). Dans ce modèle, rouge + vert + bleu = blanc. Photoshop utilise ce modèle RVB ; chaque pixel coloré d'une image y est caractérisé par trois valeurs chromatiques R, V et B. Chaque composante rouge, verte ou bleue peut prendre une teinte parmi 256 nuances, donc R, V ou B ont des valeurs comprises entre 0 et 255. Par combinaison de ces 256 teintes par composante, on atteint environ 16,7 millions de couleurs.

Le modèle CMJN

Ce modèle correspond aux couleurs des images imprimées. Leur aspect est lié à l'absorption de la lumière par les encres (cyan, magenta et jaune) sur le papier. Ici, il s'agit d'une synthèse soustractive des couleurs. En effet, le papier éclairé par la lumière blanche (on peut la considérer comme la somme de trois composantes lumineuses R + V + B donc RVB), ne renvoie pas la totalité des couleurs car certaines sont absorbées (soustraites) par les encres imprimées. Une encre absorbe sa couleur complémentaire ; pour rappel, le rouge est complémentaire du cyan, le vert du magenta, et le bleu du jaune. S'il n'y a pas d'encre, aucune composante RVB n'est absorbée, le papier renvoie le blanc (plus exactement la couleur du papier). Avec un mélange des trois encres, le papier les absorbe toutes et n'en renvoie aucune : on voit le noir (un marron foncé à cause des impuretés d'encre ; on pallie cet effet par l'ajout d'une encre noire).

CMJN, synthèse soustractive.

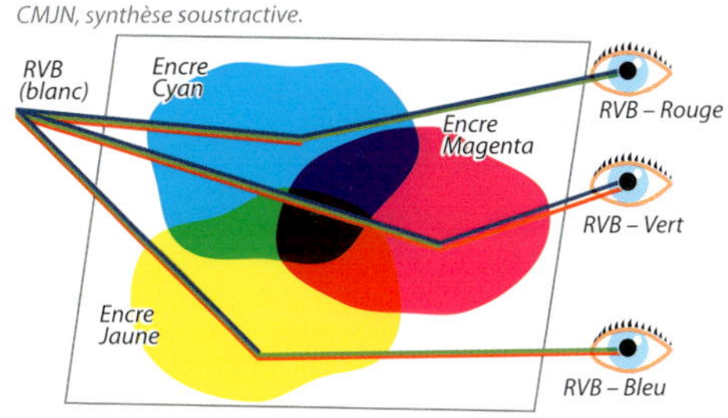

Pour simuler les couleurs CMJN à l'écran, le système convertit les couleurs dans l'espace RVB, puisque les écrans ne fonctionnent qu'avec ce modèle colorimétrique.

Les couleurs Lab, couleurs de référence

Il s'agit du modèle mathématique de représentation des couleurs vraies, développé par la CIE (Commission internationale de l'éclairage). Il permet de définir les couleurs de manière absolue (indépendamment du périphérique utilisé) à partir d'une modélisation de la vision humaine (modèle CIEXYZ de 1931), qui repose sur trois critères liés à la perception des couleurs. Par simplification, on est passé au modèle CIExyY (x et y correspondant aux axes de chromaticité, Y à l'axe de luminance), puis au modèle Lab en 1976 (l'intitulé exact étant CIEL*a*b*, noté également CIELAB). Ce modèle définit l'ensemble des couleurs visibles par l'œil d'un observateur moyen. Pour une luminance donnée, on le représente dans l'espace xyY par une surface appelée **diagramme des chromaticités** ; toutes les couleurs visibles par l'œil humain entrent dans cette surface.

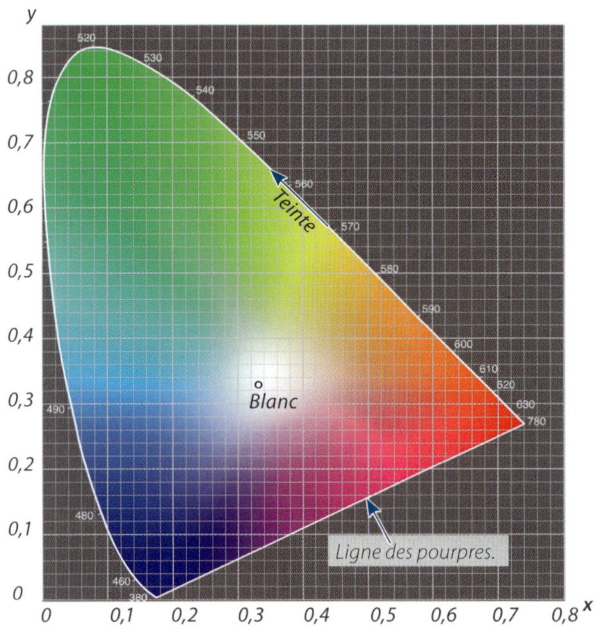

Diagramme des chromaticités : les couleurs perçues par l'homme dans un plan de chromaticité défini par une valeur donnée de Y (ou L).

Chaque couleur Lab est définie de manière unique, par trois composantes **L**, **a** et **b** :

- L est la **luminance** (ou clarté) : elle détermine la variation du clair au foncé pour une couleur donnée. Elle est comprise entre 0 (pour le noir) et 100 % (pour le blanc absolu).
- **a** et **b** correspondent à une information colorée ou **chrominance** : la composante **a** représente la gamme de l'axe rouge (valeur positive) à vert (négative) en passant par le blanc (0, si la luminance vaut 100 %) ; la composante **b** représente la gamme de l'axe jaune (valeur positive) à bleu (négative) en passant par le blanc (0, si la luminance est de 100 %).

Dans Photoshop, ces valeurs sont définies sur une échelle de 256 valeurs comprises entre –128 et +127.

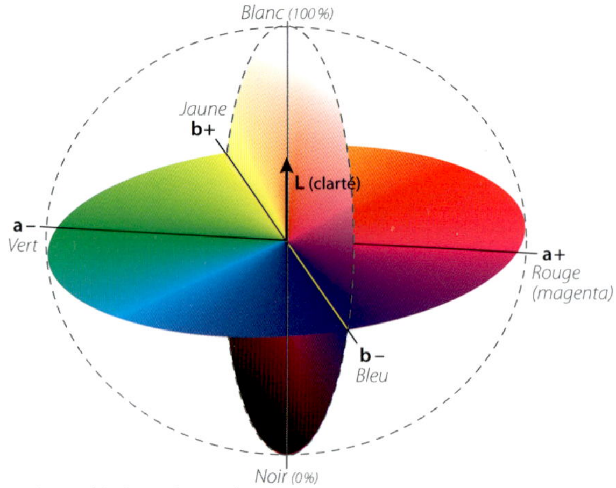

L'ensemble des couleurs Lab.

Les espaces colorimétriques

L'ensemble des couleurs défini par un modèle constitue un espace chromatique. L'étendue de cet espace s'appelle **gamut**. On distingue différents types d'espaces que l'on peut séparer en deux catégories : les espaces de référence ou de travail et les espaces dépendant du périphérique. Chacun des espaces peut être représenté dans le diagramme des chromaticités.

L'espace de référence : espace CIELAB (ou Lab)

Il correspond à l'ensemble des couleurs perçues par l'œil. C'est l'espace standard de référence ; les couleurs y sont repérées de manière absolue, c'est-à-dire que les valeurs (L, a et b) d'une couleur de l'espace CIELAB définissent une couleur unique vue par l'œil. L'espace CIELAB permettra d'établir la correspondance entre une couleur d'un espace RVB (valeurs R, V et B) et cette même couleur dans l'espace CIELAB (valeurs L, a et b).

Ce sont ces conversions RVB —> Lab (ou Lab —> CMJN) qui seront utilisées par le moteur de gestion des couleurs pour assurer une cohérence dans la représentation de la couleur.

Les espaces RGB (ou RVB) de travail

Des espaces standardisés

Un espace de travail est un espace colorimétrique indépendant de tout périphérique. Il est défini à l'aide de quatre données fondamentales : le gamma (le plus souvent 1,8 ou 2,2), la température des couleurs (par exemple, 5 000 K pour la PAO ; *voir également page 381*), les valeurs de référence du blanc et des couleurs primaires (rouge, vert et bleu). Ces données permettent de définir un espace colorimétrique standard qui le rend utilisable comme espace de travail : les échanges vers d'autres espaces (eux-mêmes standardisés) sont facilement envisageables.

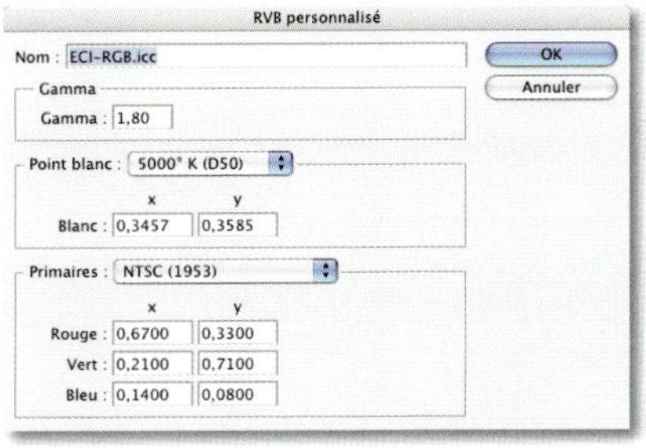

Les données utilisées pour définir un espace RVB standard.

L'espace définit donc l'ensemble des couleurs qui vont pouvoir être affichées et travaillées dans Photoshop, indépendamment des périphériques. Il s'inscrit à l'intérieur de l'espace absolu de référence CIELAB. Dans cet espace colorimétrique, les trois valeurs R, V et B d'un point d'une image peuvent être traduites par des valeurs L, a et b (la correspondance est unique).

Je limiterai cette étude à quelques espaces parmi les plus utilisés : sRGB et Adobe RGB, ainsi que ECI-RGB (plus récent) qui s'avère une bonne alternative du fait qu'il présente certains avantages (*ils seront décrits plus loin*). On peut les visualiser et comparer leur étendue (gamut) dans l'espace Lab.

L'espace sRGB : espace réduit mais universel

L'espace sRGB (ou sRVB) est un espace de taille réduite (petit gamut) à partir de laquelle il tire son universalité. En effet, la majorité des écrans (utilisés par les graphistes professionnels) est capable d'afficher toutes ses couleurs ; il est de ce fait très intéressant pour le Web. Aussi, toutes les images devront être converties en sRGB (*voir Convertir en profil, page 386*) avant d'être diffusées sur le Web. Les appareils photo numériques non professionnels produisent également des couleurs qui entrent toutes dans cet espace.

Du fait de son gamut faible, certaines couleurs saturées dans le cyan et le jaune se situent à l'extérieur de l'espace sRGB (hors gamut) et ne sont pas visibles à l'écran (elles apparaîtront à l'impression).

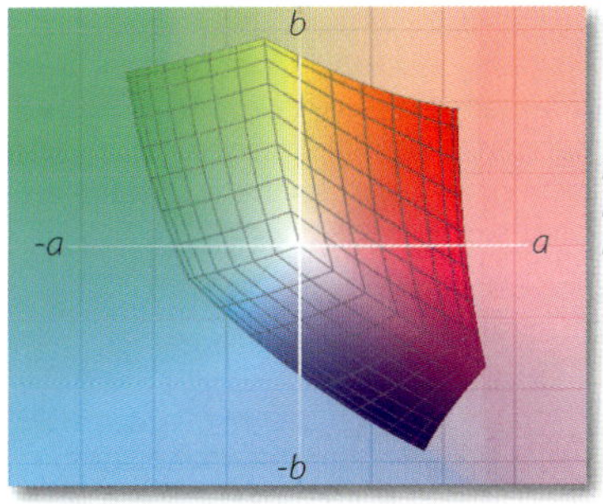

Représentation de l'espace sRGB sur l'espace Lab.

Le seul avantage du sRGB est son universalité : une image sRGB peut être visionnée correctement sur la plupart des écrans, même sans gestion des couleurs. La grande majorité des photos que l'on peut prendre ne comporte que des couleurs incluses dans l'espace sRGB.

L'espace Adobe RGB (1998) : « standard » par défaut

L'espace Adobe RGB, ou Adobe RVB, est plus large que l'espace sRGB. Son gamut offre une plage de couleurs relativement étendue appréciée des photographes. C'est l'espace de travail RVB proposé par Photoshop pour le prépresse. Cependant, il est défini avec une température des couleurs de 6 500 K qui ne correspond pas aux normes des imprimeurs, lesquels préconisent une température de 5 000 K comme standard de travail.

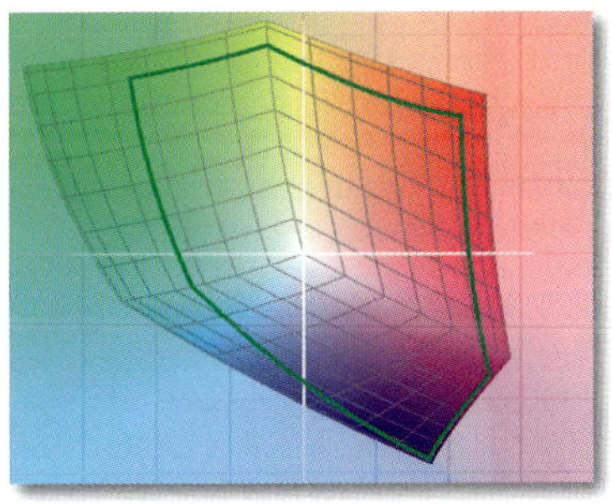

L'espace Adobe RGB (en vert l'espace sRGB).

Les appareils photo numériques professionnels (APN) proposent cet espace, offrant ainsi une dynamique plus importante qu'avec l'espace sRGB.

L'espace ECI-RGB (ou ECI RVB) : espace harmonisé

L'espace ECI-RGB est adapté au prépresse européen. En effet, son gamut (très voisin ou comparable) dépasse celui de l'Adobe RGB dans les rouges, les jaunes et les verts ; de plus, il est défini avec une température de 5 000 K. Ces points l'accordent aux espaces CMJN utilisés en Europe (ISO Coated). Il a été élaboré par le *European Color Initiative* dans cette optique (il n'est pas présent dans Photoshop mais vous pouvez le télécharger sur le site de l'ECI **http://www.eci.org/eci**).

Il constitue un espace suffisamment grand pour réaliser des corrections de couleurs dans Photoshop, notamment avec des images d'APN créées dans un espace Adobe RGB, mais également pour utiliser certaines imprimantes jet d'encre dont le gamut est supérieur à celui d'Adobe RGB dans certains domaines de couleurs.

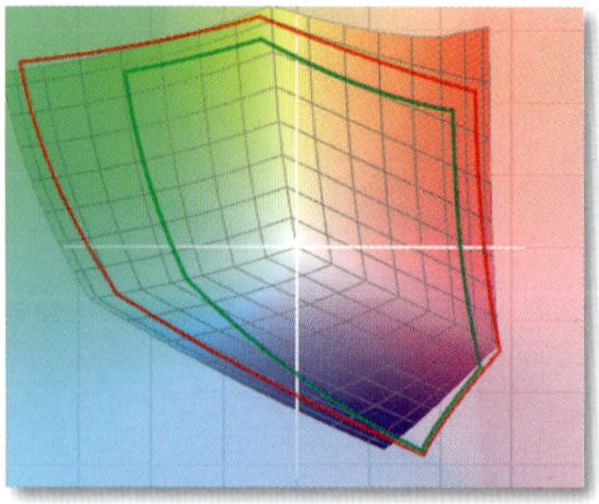

L'espace ECI-RGB (en vert l'espace sRGB, en rouge l'espace Adobe RGB).

Les espaces dépendant du périphérique

Il s'agit ici d'espaces liés à un périphérique capable de faire l'acquisition, la restitution ou l'impression d'une image. Pour des raisons techniques, non seulement les APN, les scanners, les écrans, et les imprimantes ne peuvent pas reproduire, afficher ou imprimer toutes les couleurs qu'un être humain peut distinguer, mais ils introduisent également des déviations et des limitations lors de cette restitution.

L'espace colorimétrique définit la gamme des couleurs qu'un périphérique peut reproduire (toujours plus petit que l'espace Lab à cause des limitations techniques) en tenant compte des défauts introduits par le périphérique. Cet espace (et ces défauts) se détermine lors de la création du profil ICC (*voir page suivante*) du périphérique. Tous ces espaces couleur correspondant à la transposition d'un procédé, d'une technique ou d'un appareil capable de restituer des couleurs, se classent en deux grandes catégories : les espaces en synthèse additive RVB et les espaces en synthèse soustractive CMJN.

Les espaces RVB liés à un matériel ou aux profils ICC

Sur un écran, chaque valeur Lab (couleur perçue par l'œil) correspond à un affichage unique auquel est associée une valeur RVB. En revanche, d'un écran à l'autre, cette valeur RVB peut différer (sur un autre écran, on aura R'V'B').

L'espace de l'écran (dont le gamut est souvent voisin de l'espace sRGB) définit l'étendue des couleurs affichées par l'écran. Cet espace est défini en tenant compte des défauts et limitations introduits par l'écran. L'ensemble constitue le profil de l'écran.

Les espaces CMJN (espaces de travail)

Ces espaces CMJN sont considérés dans Photoshop comme des espaces de travail. Ils sont définis à l'aide de normes ISO (donc internationales) qui respectent des contraintes liées à l'impression : type de papier et d'encre, taux d'encrage spécifique, noir maximum, etc. L'utilisation de ce type d'espace permet d'assurer une restitution quadrichromique standardisée et une possibilité d'échange vers d'autres standards ISO.

Ces espaces CMJN ne concernent que les travaux imprimés sur presse offset (donc à partir d'un RIP). Ils ne concernent pas ceux qui sont imprimés avec une imprimante jet d'encre ou tirés par les labos extérieurs (tireuses numériques). En effet, les imprimantes jet d'encre utilisent des encres CMJN, mais les images qu'elles traitent utilisent des fichiers RVB qui seront convertis en CMJN par leurs moteurs de conversion. Pour simplifier, on peut considérer qu'une imprimante jet d'encre qui fonctionne sans RIP travaille comme un périphérique RVB (tel un scanner ou un APN).

Par défaut, Photoshop propose l'espace de travail CMJN Coated FOGRA 39 ISO. Comme le FOGRA, il respecte les dernières normes ISO pour une impression sur une presse offset avec des encres européennes. Son gamut est nettement plus large que l'espace CMJN des Américains SWOP Coated, qui lui correspond aux encres américaines.

L'espace CMJN Coated FOGRA 39 ISO, peut être remplacé par l'ISO Coated V2. Le fichier de ISO Coated V2 (ainsi que celui de l'espace ECI-RGB_v2) est téléchargeable sur le site de l'ECI (**http://www.eci.org/eci**).

Une fois le fichier téléchargé, il devra être placé dans le dossier des profils pour être utilisé :

- sur Mac : **Bibliothèque/Application Support/Adobe/Color/Profiles/Recommended**
- sur PC : **C:\WINDOWS\system32\spool\drivers\color**

La gestion des couleurs avec les profils ICC

L'espace et le profil

Les différences

L'espace colorimétrique est une composante d'un profil ICC (selon une norme établie par l'*International Color Consortium*). L'espace colorimétrique (qui doit être le plus standard possible) permet de connaître la gamme des couleurs (ou gamut). Avec le profil, en plus de ce gamut, on a besoin de connaître les «déviations» colorimétriques que crée le périphérique quand il restitue les couleurs (en effet, celui-ci n'est pas toujours stable et délivre son interprétation des couleurs).

Pour simplifier : un espace colorimétrique ne définit qu'un gamut ; alors qu'un profil définit un gamut, des caractéristiques colorimétriques propres au périphérique donné ainsi que des tables de correspondance des couleurs.

La restitution des couleurs par le périphérique et l'importance du profil

Un scanner qui numérise un gris neutre peut produire un gris qui paraîtra bleuté sur un écran (calibré), du fait que le périphérique ne « respecte » pas la couleur et introduit une déviation en ajoutant cette dominante bleue. De même, un écran peut afficher avec une dominante colorée une couleur théoriquement neutre (couleur x, x ,x ; valeurs R, V et B identiques). De plus, cette même couleur peut montrer un aspect différent sur un autre écran : chaque écran traduit la couleur à sa façon (selon ses réglages ou ses performances). Lors de l'impression, une même couleur RVB (ou CMJN) imprimée sur deux systèmes différents (selon la technologie, la nature des encres et du papier…) n'apparaîtra pas identique dans les deux cas.

Il est donc impératif de connaître les « déformations » de couleur induites par le périphérique, c'est-à-dire la façon dont le scanner voit les couleurs, dont l'écran les affiche et dont l'imprimante les imprime. Ces données, ainsi que l'étendue des couleurs reproductibles par le périphérique, sont regroupées dans le profil (du scanner, de l'écran ou de l'imprimante). Elles pourront être utilisées dans un système de gestion des couleurs (CMS, *Color Management System*) qui compensera (ou atténuera) les déviations.

Le profil et le Lab

La signification des valeurs numériques R, V et B d'un pixel coloré n'est pas la même pour l'appareil photo numérique, le scanner, l'écran ou encore l'imprimante. Une traduction est donc nécessaire quand ces valeurs RVB doivent passer d'un dispositif à l'autre. Pour réaliser cette traduction, un « langage universel » est utilisé : le Lab. Chaque valeur RVB possède une traduction en Lab (couleur vraie).

Le profil contient toutes les correspondances entre les couleurs (tables de correspondance des couleurs RVB/**Lab** ou Lab/**CMJN**), répertorie toutes les couleurs et affecte à certaines d'entre elles, qui ne peuvent être affichées (couleurs hors gamme), une couleur Lab de remplacement, selon des critères définis dans un moteur de conversion (CME, *Color Management Engine*).

Pour simplifier, on pourrait dire que le profil donne une description des couleurs RVB ou CMJN en Lab. Par exemple, pour le scanner qui déviait les couleurs vers le bleu, un RVB (x, x, x') sera traduit par un Lab auquel correspondra sur l'écran un RVB neutre (x, x, x).

Le profil et la gestion des couleurs

La gestion des couleurs a pour but d'assurer (dans la mesure du possible) une uniformité d'aspect des images numériques sur tous les matériels :

- de numérisation ou d'acquisition : scanner, appareil photo numérique ;
- de traitement (Photoshop) ;
- de restitution (écran, imprimante).

La gestion des couleurs permet de rendre reproductibles et prévisibles toutes les manipulations effectuées. Pour assurer la cohérence des couleurs, le CMS traduit les valeurs RVB (ou CMJN) en Lab, ou inversement, en se servant des profils ICC.

L'obtention du profil

Selon le type du périphérique, la création du profil peut comporter deux étapes (le calibrage et la caractérisation) et nécessiter un matériel de mesure (colorimètre ou spectrophotomètre) associé à un logiciel de profilage. À l'issue de ces opérations, vous obtiendrez un fichier (**.icc** ou **.icm** sur PC), c'est le profil (il sera utilisé par le CMS).

LE PROFIL DE L'ÉCRAN

C'est l'un des éléments les plus importants dans la chaîne graphique et il est indispensable de travailler avec un écran calibré si l'on souhaite réaliser des corrections colorimétriques sur une image, tout en contrôlant l'aspect des retouches sur l'écran.

Le calibrage de l'écran

Dans le cas de l'écran, le résultat du calibrage est obtenu grâce à des réglages manuels préliminaires figés, ainsi qu'à un ensemble de corrections qui doivent être transmises à la carte vidéo au démarrage de l'ordinateur. L'enregistrement de ces corrections pour la VideoLUT (*LookUp Table*) s'effectue au moment de la génération du profil ICC, car elles sont enregistrées dans un seul et même fichier dont une partie est destinée à la carte vidéo et l'autre au système de gestion des couleurs. Les caractéristiques qui doivent être ajustées (et fixées) lors du calibrage sont : le gain (ou contraste), la luminosité, le point blanc (ou température des couleurs), le gamma et l'uniformité des gris.

Pour réaliser ces réglages, on fixe une sonde au milieu de l'écran et on lance le logiciel associé qui indique les premiers ajustements manuels à effectuer. Il affiche ensuite une série de pavés colorés sur lesquels la sonde fait des mesures. À partir de ces dernières sont calculées les corrections à appliquer à la VideoLUT pour afficher les couleurs avec le gamma choisi et une parfaite uniformité des gris. Examinons le détail des réglages.

Le gain (ou contraste)

Il se règle manuellement par le bouton de contraste. Il conditionne la capacité de l'écran à restituer un maximum de nuances depuis le noir jusqu'au blanc le plus intense. Avec une sonde, il est possible de mesurer précisément la luminance du blanc dont la valeur doit se situer à environ 100 cd/m^2 (candela par mètre carré).

La luminosité

Ce réglage influe sur la restitution des couleurs sombres. Une luminosité faible entraîne la disparition des zones sombres, alors qu'une valeur élevée rend le noir trop clair et provoque une perte de contraste dans l'image.

Le point blanc (ou température des couleurs)

Le point blanc est défini par une température dont la valeur est liée au type de travaux (Web ou PAO) et à l'éclairage ambiant. Dans une optique PAO, le point blanc idéal est celui qui permet d'obtenir facilement une comparaison avec le blanc que l'on voit sur le papier de l'épreuve placé sous un éclairage à 5 000 K (ou D50). Il est conseillé de prendre une température en correspondance avec l'espace de travail choisi (*selon le tableau suivant*).

Le gamma

Il détermine la répartition des valeurs entre le blanc et le noir (gradation). Ici aussi, il est conseillé de prendre un gamma en correspondance avec l'espace de travail choisi (*voir ci-dessous*).

Espace	sRGB	Adobe RGB	ECI-RGB	ProPhoto RGB
Point blanc	6 500 K	6 500 K	5 000 K	5 000 K
Gamma	2,2	2,2	1,8	1,8

L'uniformité des gris

Quand elle est correctement définie (pour cela, la sonde est indispensable), elle garantit qu'aucune dominante colorée n'apparaîtra dans un gris, quelle qu'en soit la luminosité. Comme le gamma, cette caractéristique est ajustée par le logiciel de calibrage au niveau de la VideoLUT.

LE PROFIL DU SCANNER

Pour réaliser la caractérisation du scanner, vous devez numériser une charte (de type IT8 au format papier ou film selon le cas), puis utiliser un logiciel de calibration qui établira le profil par comparaison du résultat de la numérisation avec un fichier de référence correspondant à cette même charte.

LE PROFIL DE L'IMPRIMANTE

S'il s'agit d'un système de prépresse, si possible, demandez à votre prestataire de vous fournir le profil du système d'impression ; dans le cas contraire, utilisez un profil standard RVB ou CMJN. Pour une imprimante d'épreuvage (jet d'encre...), utilisez le profil RVB (ou CMJN pour un RIP) élaboré avec un logiciel de profilage (à défaut celui du constructeur). Pour le créer, imprimez un fichier de référence (charte normalisée), puis effectuez des mesures à l'aide du spectrophotomètre pour établir les correspondances entre les couleurs.

L'utilisation des profils

Photoshop utilise un système de gestion des couleurs (CMS) qui compare l'espace colorimétrique dans lequel le document a été créé avec celui dans lequel il va être travaillé. Le CMS effectue des ajustements pour que les couleurs apparaissent avec le meilleur rendu et la meilleure fidélité dans les différents périphériques.

Pour cela, le CMS fait appel à un moteur de conversion (CMM, *Color Management Module*) qui traduit les couleurs de l'espace de création (source) vers l'espace de travail (destination). Cette conversion (*mapping*) s'effectue grâce aux profils : chaque couleur est traduite en Lab puis retranscrite en RVB ou CMJN selon le périphérique utilisé pour la sortie (écran ou imprimante). L'utilisation des profils s'effectue, de manière transparente ou non, dans plusieurs cas : à l'entrée dans Photoshop, pendant le travail et à l'impression.

Le profil attribué à l'entrée

À l'ouverture d'une image RVB issue d'un périphérique, vous devez lui attribuer le profil de ce périphérique ou profil source (certains APN et scanners l'attribuent automatiquement), afin que ses couleurs RVB aient une description en Lab de cette source. En effet, pour afficher une image, un écran a besoin de cette description Lab (*voir ci-après*). Cette image peut alors être enregistrée dans un fichier avec son profil. Dans cette opération d'attribution, les valeurs RVB de l'image n'ont pas été changées, on a juste établi leur correspondance en Lab.

Attribution d'un profil à l'image.

> **Astuce** *Si le scanner n'affecte pas son profil à l'image, dès l'ouverture de celle-ci dans Photoshop, utilisez* ***Attribuer un profil*** *du menu* ***Édition*** *pour associer le profil d'entrée à l'image* (voir page 384).

Espace de travail et affichage

Pour afficher dans Photoshop une image à laquelle vous avez attribué un profil, le système effectue une conversion à la volée Lab/**RVB** de l'écran à l'aide du profil de l'écran, de façon à obtenir une visualisation correcte et cohérente (éliminant les « déviations » de l'écran). Seul l'écran reçoit ces valeurs converties (que l'on pourrait noter ReVeBe) ; Photoshop utilise toujours les valeurs RVB de l'image (celles définies en fonction du profil d'entrée). L'utilisateur peut agir sur l'image, mais il utilise les couleurs de l'espace du périphérique d'entrée (qui, pour l'instant, constitue son « espace de travail »). Pour pouvoir travailler avec une meilleure souplesse (avec une gamme de couleurs plus étendue), vous devez adapter les couleurs de l'image à un autre espace de travail, de préférence un espace standard (sRGB, Adobe RGB ou encore ECI-RGB).

Cette adaptation s'effectue par la commande **Convertir en profil** (menu **Édition**). Elle s'accompagne d'une autre conversion à la volée pour obtenir un affichage correct, mais les travaux sur l'image se font cette fois dans le nouvel espace de travail choisi (on a réalisé la correspondance entre Lab et R'V'B' de l'espace de travail, mais on voit pratiquement les mêmes couleurs). Une fois ces travaux terminés, l'image sera enregistrée, mais c'est le profil de l'espace de travail qui lui sera intégré.

Affichage de l'image profilée sur l'écran profilé.

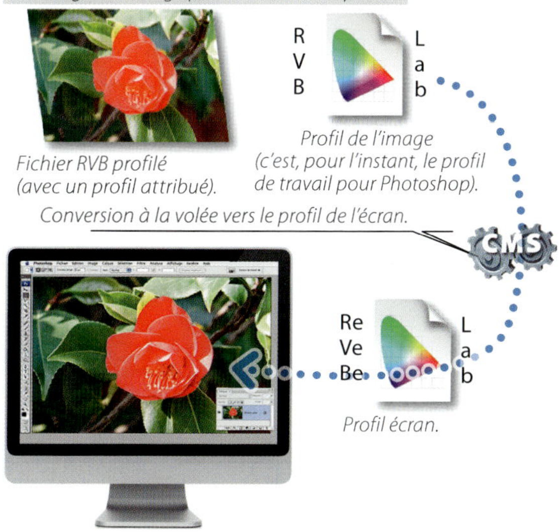

Adaptation des couleurs à l'espace de travail de Photoshop.

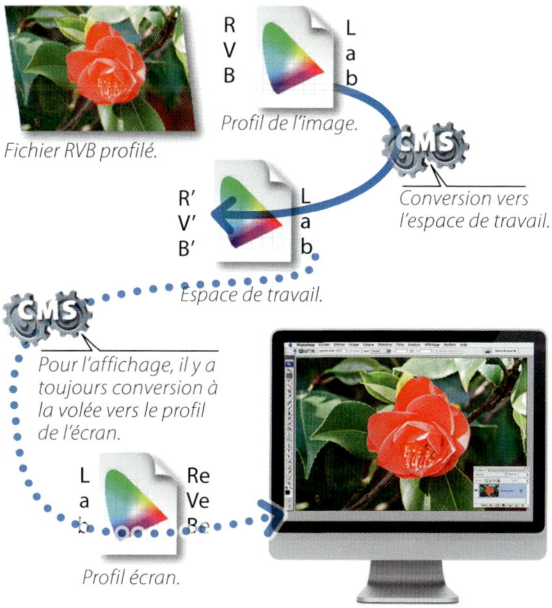

> **Astuce** *Si le scanner n'a pas affecté son profil à l'enregistrement du fichier, à l'ouverture de celui-dans dans Photoshop, avec la commande* ***Attribuer un profil****, vous pouvez : attribuer le profil d'entrée (du scanner) à l'image, puis adapter ses couleurs à l'espace de travail (convertir).*

Le profil à l'impression

Pour imprimer correctement les couleurs d'une image, une imprimante a besoin de la description de ces couleurs dans le Lab de l'imprimante. Pour cela, on utilise le profil de l'imprimante en le spécifiant dans les paramètres d'impression de Photoshop. Une conversion aura lieu depuis l'espace de travail vers l'espace de l'imprimante ; elle est réalisée par Photoshop ou par le pilote de l'imprimante (pas par les deux).

L'impression avec un profil d'imprimante.

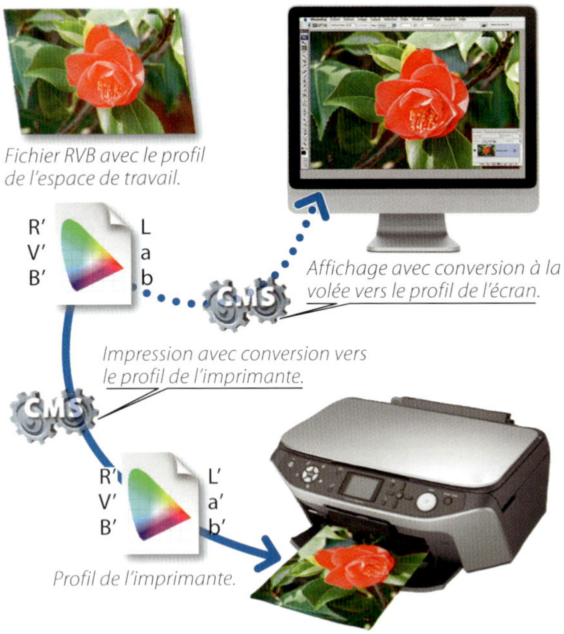

L'épreuve-écran

Photoshop peut simuler l'aspect de l'image sur un autre périphérique de sortie (imprimante, autre écran…) : c'est l'épreuve-écran (*soft proof*). Elle s'obtient en choisissant le profil du périphérique de sortie dans le menu **Affichage/Format d'épreuve**.

L'épreuve-écran est intéressante car elle permet de travailler le fichier dans un espace RVB tout en contrôlant son aspect dans un autre espace (par exemple, CMJN de l'imprimante d'épreuve ou du système d'impression de l'imprimeur). Ici aussi, les valeurs RVB ne sont pas modifiées, on a juste associé à ces valeurs de nouvelles valeurs Lab correspondant au profil de sortie.

L'épreuve-écran.

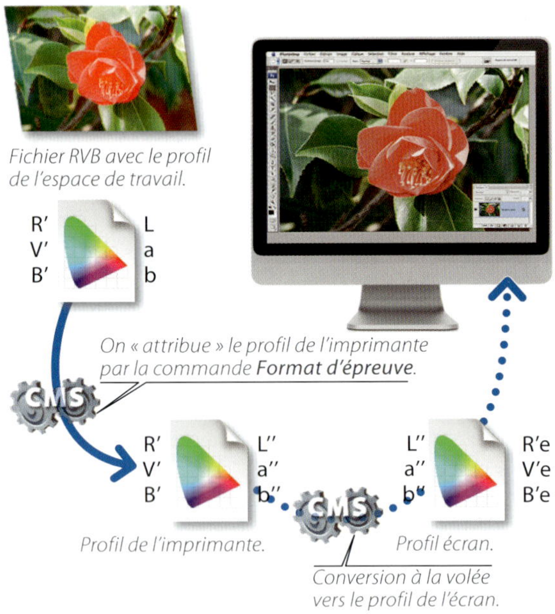

La configuration de la gestion des couleurs

Le profil écran est automatiquement affecté à l'ordinateur dès qu'il est réalisé. Pour les autres profils ou espaces de travail RVB et CMJN, il faut indiquer aux logiciels lesquels utiliser. Cette configuration s'effectue à partir de Bridge ou dans Photoshop par la commande **Couleurs** du menu **Édition**.

> **ASTUCE** *Sur PC, la sélection du profil s'effectue dans la rubrique **Gestion des couleurs**, accessible depuis l'option **Avancées** (onglet **Paramètres** de la commande **Affichage** du **Panneau de configuration**).*

La synchronisation de la gestion des couleurs

Pour obtenir une gestion des couleurs qui soit la même dans Photoshop, Illustrator et InDesign, utilisez la fonction de définition des couleurs de Bridge. Ce dernier se lance par la commande **Parcourir dans Bridge** du menu **Fichier**. Bridge permet la synchronisation de la gestion des couleurs sur tous les programmes de la Creative Suite. Cette opération se réalise avec la commande **Paramètres de couleurs Creative Suite** du menu **Édition**. Une fenêtre liste une série de configurations prédéfinies de gestion des couleurs à l'aide de profils parmi lesquels vous devez choisir celui correspondant aux travaux à réaliser — on retrouve dans Photoshop ces mêmes configurations simplifiées.

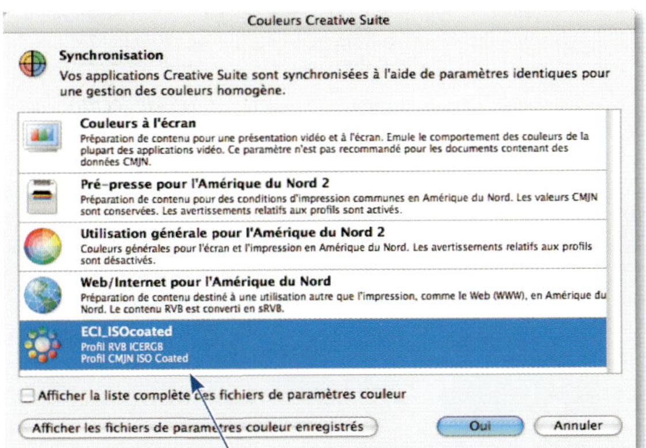

La configuration choisie ici (espace RVB, espace CMJN, etc.) est affectée à tous les logiciels de la Creative Suite.

Quelle configuration choisir ?

Bridge et Photoshop proposent des configurations d'espace de travail correspondant à des flux de production bien définis. Dans Photoshop, la liste s'affiche à partir du menu local **Paramètres**. Le choix dépend du type de travail réalisé.

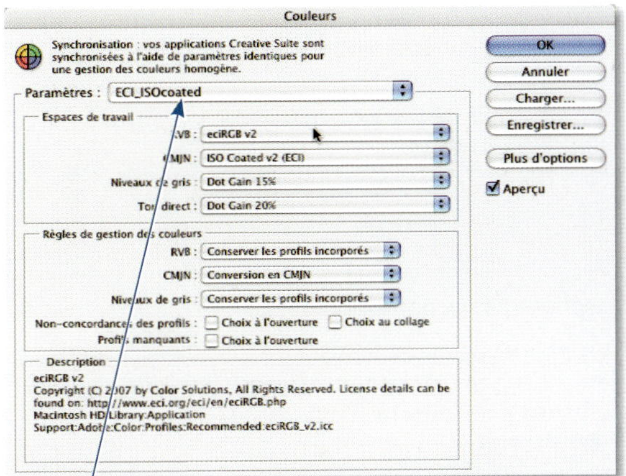

Par ce menu, vous pouvez choisir dans une liste la configuration ou la définir vous-même à l'aide des différentes rubriques.

LES DIFFÉRENTES POSSIBILITÉS

Les choix de profils s'effectuent le plus souvent dans la liste proposée par Photoshop. Cependant, vous pouvez y ajouter des profils plus appropriés à vos travaux. Il faut garder à l'esprit que les choix disponibles par défaut ne sont pas forcément les mieux adaptés, même si la plupart correspondent à des profils devenus (par manque de connaissance des utilisateurs) des standards.

La configuration des photographes

Le photographe amateur

Le meilleur choix pour un photographe amateur est le **sRGB** (ou plus exactement **sRGB IEC61966-2.1**). En effet, son flux de production est le suivant :

1. Ce photographe utilise un appareil photo numérique : les APN créent des couleurs dans l'espace sRGB (même si ce n'est pas toujours clairement indiqué).

2. Il affiche ses images à l'écran : ce profil correspond à un espace proche du profil écran garantissant ainsi un affichage voisin des couleurs réelles. Le calibrage de l'écran reste indispensable pour une restitution plus fidèle.

3. Il retouche ses images dans Photoshop : sRGB est l'espace de travail par défaut.

4. Il donne (par e-mail ou autre) ses travaux à développer chez un prestataire équipé d'un minilabo professionnel qui utilise l'espace le plus standard, donc sRGB (en correspondance avec la majorité des travaux reçus). Dans certains sites d'impression en ligne, il est possible de télécharger le profil RVB.

Tout au long du flux de travail, il y a un profil unique sRGB. Dans la fenêtre de réglage **Couleurs** (menu **Édition**), choisissez le paramètre **Web/Internet pour l'Europe** ou **Utilisation générale pour l'Europe 3** (un espace CMJN sera choisi mais vous ne l'utiliserez jamais).

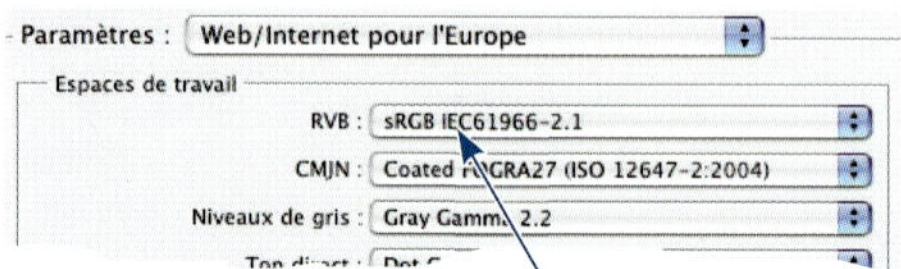

Dans tout le flux de production, ce profil (sRGB) reste le seul utilisé.

Le photographe professionnel

À la prise de vue, le photographe professionnel peut travailler avec le profil Adobe RGB (de gamut plus large que sRGB). Cependant, s'il effectue ses prises de vue avec le format RAW, il pourra, dans Camera Raw, affecter à l'image un profil à gamut très large, tel ProPhoto RGB, et l'associer à une profondeur de couleur supérieure à 8 bits (16 bits). L'utilisation de ce couple peut s'avérer intéressante dans la perspective d'un archivage qui, à plus ou moins long terme, pourra être utilisé par du matériel capable de travailler efficacement avec une telle gamme de couleurs.

Dans l'immédiat, les images ne seront pas travaillées dans ce profil d'archivage (trop large et peu adapté à la retouche et l'édition d'images), mais dans un espace de travail à gamut large du type Adobe RGB ou mieux, après conversion, en ECI-RGB (menu **Édition/Convertir en profil**).

Photoshop sera donc défini avec Adobe RGB (1998), ou ECI-RGB comme espace de travail RVB. Avec Adobe RGB, cela correspond au paramètre **Pré-presse pour l'Europe 3** sélectionné dans la fenêtre **Couleurs** (pour l'ECI-RGB, il faudra créer un paramètre personnalisé, *voir page suivante*).

La configuration PAO basique

Pour l'amélioration de la restitution des cyan, le profil sRGB est remplacé par Adobe RGB. Bien que n'étant pas idéal, le choix peut s'orienter sur le paramètre **Pré-presse pour l'Europe 3** constitué par le couple Adobe RGB (pour l'espace RVB) et Coated FOGRA39 (pour l'espace CMJN). Ce dernier remplace le FOGRA27 et utilise les dernières caractéristiques de la norme ISO. De même, il est préférable de remplacer Adobe RGB par ColorMatch RGB dont le point blanc à D50 et le gamma de 1,8 le rendent mieux adapté aux travaux d'impression.

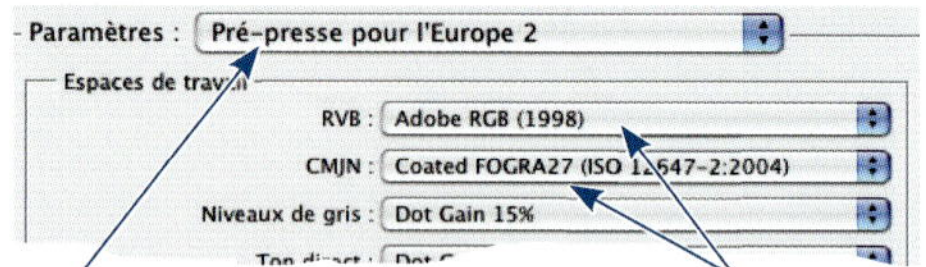

Avec ce paramètre, Adobe préconise ces deux espaces.

La configuration PAO optimisée

Un graphiste utilise, dans ses infographies et ses mises en page, des couleurs qui doivent être en conformité avec des couleurs qui seront utilisées dans le mode CMJN. Un moyen efficace de faire face à toutes les situations est de travailler avec un profil RVB qui englobe la totalité des couleurs du profil CMJN. Pour répondre à cette exigence, un couple de profils a spécialement été mis au point par l'*European Color Initiative* (ECI). Il s'agit, pour le profil CMJN, de l'**ISO Coated v1 (ECI)** (ou **v2** selon le taux d'encrage) et de l'**ECI-RGB** pour le profil RVB.

L'utilisation de ce couple de profils (à télécharger sur le site **http://www.eci.org** puis à installer) est indispensable pour effectuer des conversions de qualité et pour conserver l'intégrité des couleurs CMJN dans les images en mode RVB.

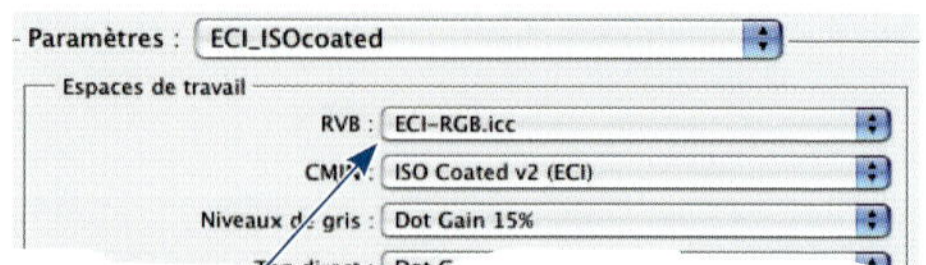

Un couple de profils mis au point par l'ECI.

La configuration du Web designer

La destination des images sur le Web étant complètement incontrôlable, la solution la plus simple consiste à choisir une cible moyenne de moniteur. Celle-ci évolue avec les progrès des matériels ; cependant, les couleurs de cette cible sont assez bien définies dans le profil sRGB. Les écrans CRT ont par défaut un point blanc à 9 300 K (donc plus bleu) ; en outre, la reproduction tonale des écrans plats dérive vers le bleu.

Forts de ces deux constats, certains Web designers préfèrent travailler leurs images avec un profil plus « froid » en décalant le point blanc du sRGB de 6 500 K vers 7 500 K. Ce changement se réalise par la commande **RVB personnalisé** qui apparaît en cliquant sur l'espace de travail RVB **sRGB IEC...** (avec **Plus d'options** activées).

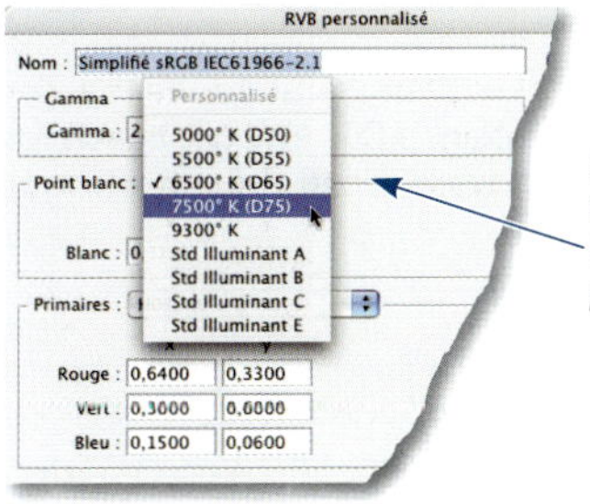

On peut changer la température des couleurs (ici, on a choisi une couleur plus froide).

AJOUTER UNE CONFIGURATION PERSONNALISÉE

La préparation de la configuration

Dans Photoshop, cliquez sur le bouton **Plus d'options** pour accéder à une liste plus importante de configurations. Chaque rubrique peut être personnalisée afin de mieux correspondre aux exigences du flux de production. Cette configuration personnalisée devra être enregistrée en tant que paramètre afin d'être réutilisée dans Bridge, de manière à synchroniser les couleurs sur toute la chaîne de travail de la Creative Suite. Pour ce faire, enregistrez le fichier dans le dossier suivant: **Bibliothèque/Application Support/Adobe/Color/Setting/Recommended** sur Mac, et **Program Files/Common Files/Adobe/Color/Setting/Recommended** sur PC. Il apparaîtra désormais dans la liste des paramètres et pourra être utilisé dans la synchronisation avec Bridge.

Les réglages RVB

Dans la rubrique **Espace de travail**, l'option **RVB** en cours affiche un menu local pour choisir un profil ICC. Par défaut, seuls les profils les plus courants sont proposés ; cependant, si l'option **Plus d'options** est activée, la liste proposera d'autres choix ainsi que l'accès à des profils personnalisés. Pour ajouter des profils, copiez les fichiers ICC ou ICM dans le dossier des profils (*indiqué ci-dessus*). Votre choix doit s'orienter sur un profil ayant une gamme de couleurs suffisamment large pour ne pas perdre trop d'informations couleur, et qui soit sensiblement commune à la plupart des écrans si vous devez assurer la portabilité de l'image sur différentes plates-formes.

Les espaces CMJN avec une table de séparation

Pour quelques cas particuliers (si vous avez les connaissances requises dans ce domaine), vous pouvez utiliser la fenêtre affichée par l'option **CMJN personnalisé** pour préciser des critères de conversion RVB vers CMJN. On y retrouve une partie consacrée aux encres et une autre aux options de séparation. Ces réglages peuvent être enregistrés afin d'être réutilisés. De plus, ils constituent une table de séparation que vous pouvez transformer en une sorte de profil ICC (il ne contient pas de table de conversion des couleurs) en cliquant sur **Enregistrer**, de manière à sauvegarder le fichier dans le dossier **Profils** du dossier système.

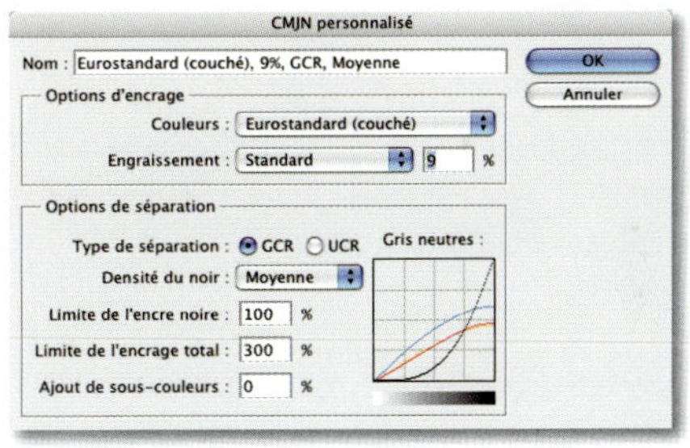

Dans cette fenêtre, on peut définir un « profil » CMJN.

Le travail des images avec gestion des couleurs

Les profils à l'ouverture de l'image

Quand vous ouvrez une image dans Photoshop, celui-ci peut convertir ou non ses couleurs dans l'espace de travail défini aux rubriques **RVB** ou **CMJN** de la fenêtre **Couleurs** (menu **Édition**). Si l'image ne possède pas de profil, Photoshop peut lui attribuer ou non celui de l'espace de travail. Si l'image possède déjà un profil, Photoshop peut conserver ce profil ou lui affecter celui correspondant à l'espace de travail. Le comportement se définit dans la fenêtre **Couleurs** à la rubrique **Règles de gestion des couleurs**.

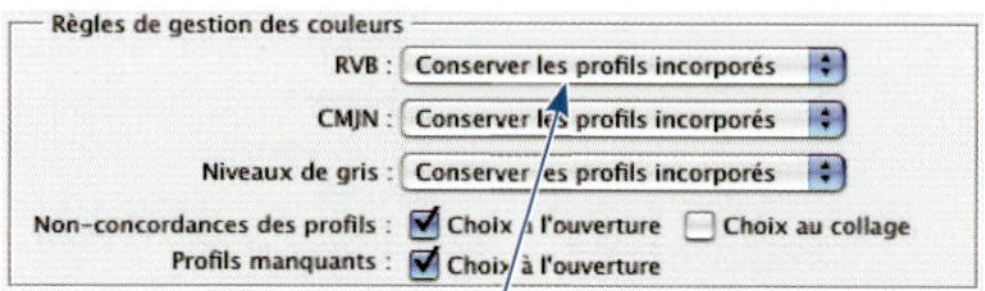

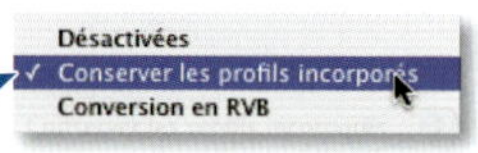

*Dans la fenêtre **Couleurs**, on définit le comportement à l'ouverture du fichier. Il y a trois choix possibles.*

> **Astuce** *Le nom du document indique la présence ou non d'un profil. On voit* (voir les copies d'écran de la page suivante)*:*
> - ***(RVB/8#)** si le document n'a pas de profil;*
> - ***(RVB/8*)** si le document a un profil différent de celui de l'espace de travail;*
> - ***(RVB/8)** s'il a le même profil que l'espace de travail.*

Les réglages de la gestion des couleurs

L'option Désactivées

Cette option n'appliquera pas la gestion des couleurs aux données chromatiques ouvertes ou importées. Aucun profil n'est enregistré dans les nouveaux documents. Cette option est intéressante quand vous connaissez la provenance de toutes vos images. Elle nécessitera une intervention pour attribuer ou convertir vers un profil.

L'option Conserver les profils incorporés

Cette option permet d'ouvrir des documents d'horizons divers possédant déjà (ou non) un profil. Au niveau des nouveaux documents, le profil de l'espace de travail (défini dans la fenêtre **Couleurs**) leur est affecté.

Cependant, il faudra, selon la destination du travail, convertir le fichier vers l'espace de travail final. Si, bien qu'elle n'ait pas été « profilée », vous savez de quel espace provient l'image (c'est-à-dire quelle est sa source), vous pouvez d'une part, lui attribuer ce profil (pour que ses couleurs aient une description correcte et donc un affichage cohérent) et d'autre part, adapter ses couleurs à l'espace de travail (convertir le document pour manipuler ses couleurs dans un espace plus approprié au travail à réaliser).

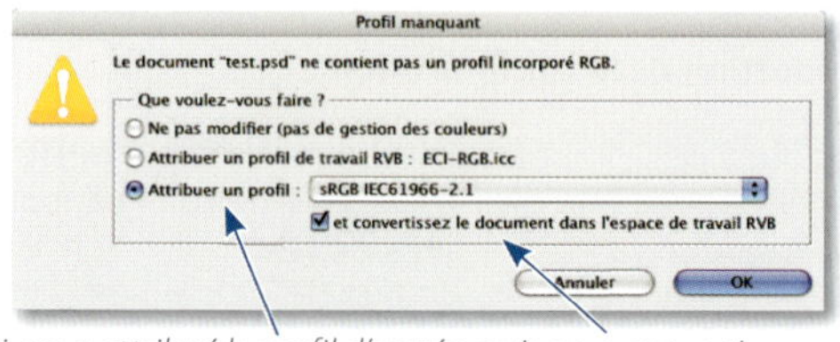

Ici, on a attribué le profil d'entrée, puis on a converti.

> **Astuce** *Les images qui proviennent d'un scanner, d'un appareil photo numérique ou d'une page Web et qui n'ont pas de profil couleur incorporé sont en principe en sRGB.*

L'option Convertir en (RVB, CMJN…)

Ce choix permet d'ouvrir directement tous les documents dans l'espace de travail défini dans la fenêtre **Couleurs**. Le profil de l'espace de travail est enregistré dans tout nouveau document. Cette option n'est intéressante que si vous connaissez la provenance de vos images et que vous souhaitez systématiquement les convertir dans l'espace de travail. Par exemple, c'est le cas des photos provenant d'un APN basique qui produit des photos en sRGB, que l'on souhaite travailler dans l'espace Adobe RGB (ou ECI-RGB) défini comme espace de travail.

Pour mieux maîtriser le comportement de la gestion des couleurs, sélectionnez **Choix à l'ouverture**. Ainsi, en cas de conflits ou d'absence de profil, une fenêtre permettra de choisir l'option voulue.

Pour des photos d'origines diverses, choisissez cette option.

Lors d'une conversion (provoquée par l'option **Choix à l'ouverture** ou automatique par l'option **Convertir selon l'espace de travail**), un mode de rendu des couleurs est sélectionné (par défaut, il s'agit de **Colorimétrie relative**). Si vous activez l'option **Plus d'options**, vous pouvez définir un autre mode de rendu et spécifier un moteur de conversion.

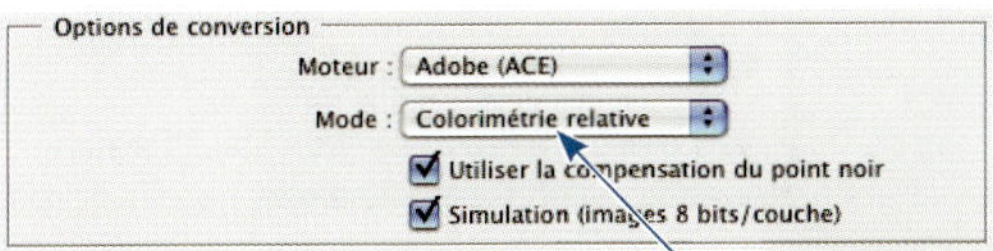

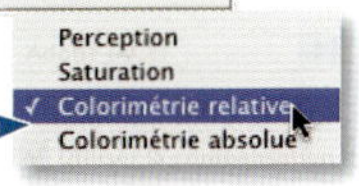

Dans la fenêtre ***Couleurs****, on définit le mode de rendu des couleurs lors de la conversion. Il y a quatre choix possibles.*

En orange l'espace ECI-RGB, en vert l'espace sRGB.

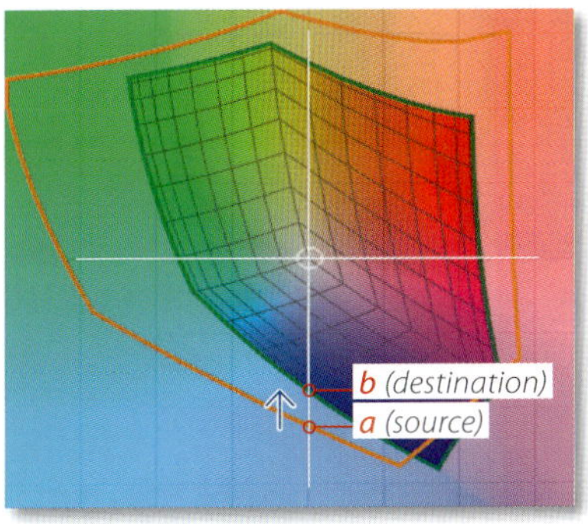

Conversion du point ***a*** *(source : ECI-RGB) vers le point* ***b*** *(destination : sRGB).*

Voici les caractéristiques de chacun des modes de rendu :

Colorimétrie relative

Le point blanc de l'espace de destination est calé sur celui de l'espace source ; il y a un écrêtage des couleurs hors gamme de la source : les couleurs écrêtées prennent la valeur de la couleur en bordure du gamut de destination (*voir schéma ci-dessus*). C'est le mode de rendu recommandé pour la plupart des conversions. Il préserve davantage les couleurs originales de l'image mais respecte moins les sensations visuelles de l'image initiale (beaucoup lui préfèrent le mode **Perception**).

Perception

Le blanc de l'espace source se cale sur le blanc de la destination. De même, la couleur en limite de gamme de l'espace source prend la valeur de celle en limite dans l'espace de destination. Les couleurs intermédiaires sont redistribuées (elles subissent une modification, certaines sont supprimées), mais les écarts relatifs de contraste sont conservés proportionnellement, ce qui permet de conserver le modelé et d'obtenir un rendu plus naturel. Ce mode convient aux images photographiques pour lesquelles on passe d'un espace donné vers un espace plus petit (par exemple, de RVB vers CMJN ou ECI-RGB vers sRGB).

Modes de rendu des conversions

Mode Colorimétrie relative.

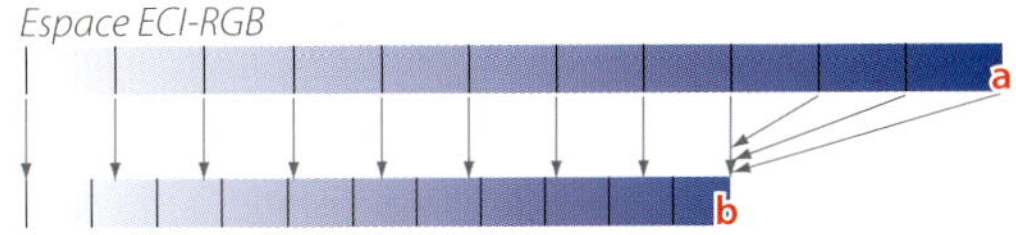

Certaines couleurs sont écrêtées vers la couleur limite (b) de l'espace de destination.

Mode Perception.

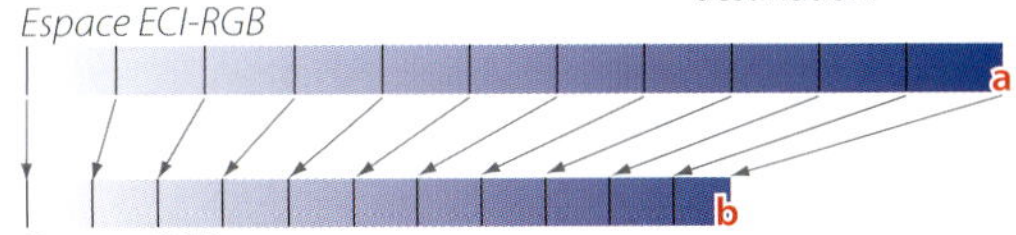

Les écarts entre les couleurs sont conservés proportionnellement.

Saturation

Ce mode s'utilise avec les images de type graphique. Il y a conservation des saturations relatives.

Colorimétrie absolue

Ce mode s'applique aux images dont les couleurs doivent être reproduites exactement (logo) ; les couleurs hors gamme sont modifiées mais gardent leur luminosité d'origine. Ce mode est utile pour les impressions d'épreuves. En effet, le blanc du profil de destination est pris en compte pour simuler le blanc du papier lors de l'épreuvage. Si vous cochez l'option **Compensation du point noir**, il y aura correspondance entre la couleur neutre la plus foncée de l'espace source avec celle de l'espace de destination, plutôt qu'avec du noir.

Les profils à l'enregistrement

Lors de l'enregistrement d'une image, selon le format, c'est le profil spécifié dans la fenêtre **Couleurs** (**Espace de travail RVB** ou **CMJN**) ou celui attribué (*voir ci-après*), qui est imbriqué dans le fichier si vous cochez l'option **Profil ICC** dans la fenêtre d'enregistrement.

Attribuer ou Convertir ?

L'attribution d'un profil : définir la source

Lors de l'attribution (**Édition/Attribuer un profil**), Photoshop établit la correspondance entre les valeurs RVB de l'image et les valeurs Lab de l'espace que vous souhaitez définir comme **source** de l'image. Photoshop ne change pas les valeurs R, V et B qu'il lit dans l'image (visibles dans le panneau **Informations**), il ne fait que leur attribuer les valeurs L, a et b du profil source choisi ; autrement dit, il fait la description des couleurs RVB en Lab de cette source.

L'écran utilise alors ces valeurs Lab (les convertit avec son profil) pour afficher l'image. Les couleurs changent donc d'aspect puisqu'il y a une nouvelle description (à une valeur Lab correspond une couleur unique affichée).

Sans cette attribution, les couleurs RVB sont sans description cohérente et n'ont pas de correspondance avec la source où elles ont été créées (sauf si vous photographiez avec un APN en sRGB et définissez un espace de travail sRGB). Si vous ne spécifiez pas de source, c'est le Lab de l'espace de travail qui est utilisé (l'image est dite **sans description**).

L'image ouverte sans profil : les couleurs RVB n'ont pas leur correspondance Lab avec la source réelle de l'image (scanner, par exemple). Les couleurs ne sont pas correctes (sans description).

Voici quelques exemples d'utilisation de la commande **Attribuer un profil** :

- Si vous venez de scanner une image et que le pilote du scanner ne lui affecte pas son profil, vous devez utiliser **Attribuer un profil** pour réaliser cette opération. Si l'image doit être retravaillée, il faudra la convertir vers l'espace de travail RVB de Photoshop (*voir ci-après Convertir en profil*).

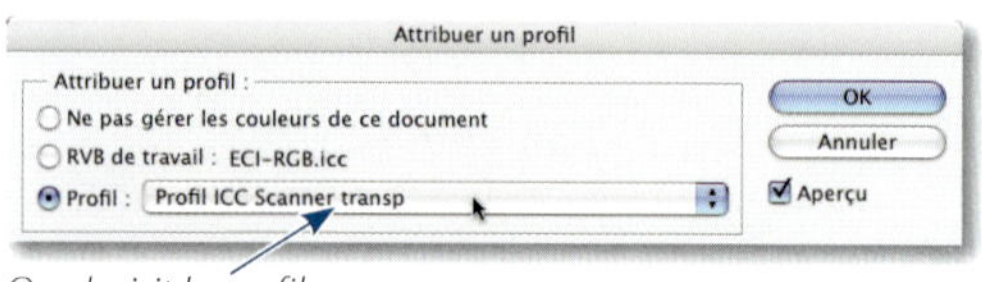

On choisit le profil par ce menu.

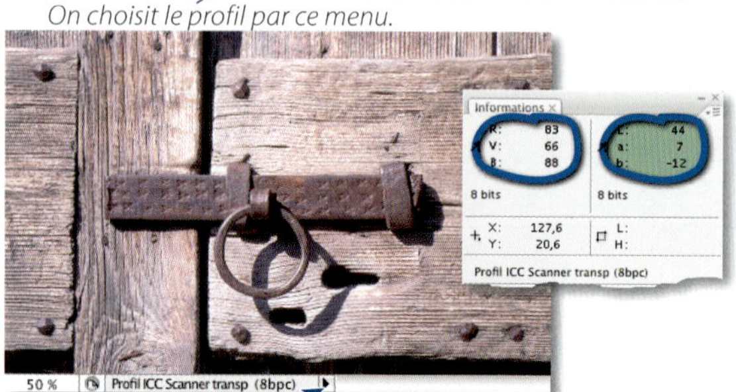

Ici, l'image est affichée avec les « vraies » couleurs du scanner car on lui a attribué le profil de sa source (profil du scanner).

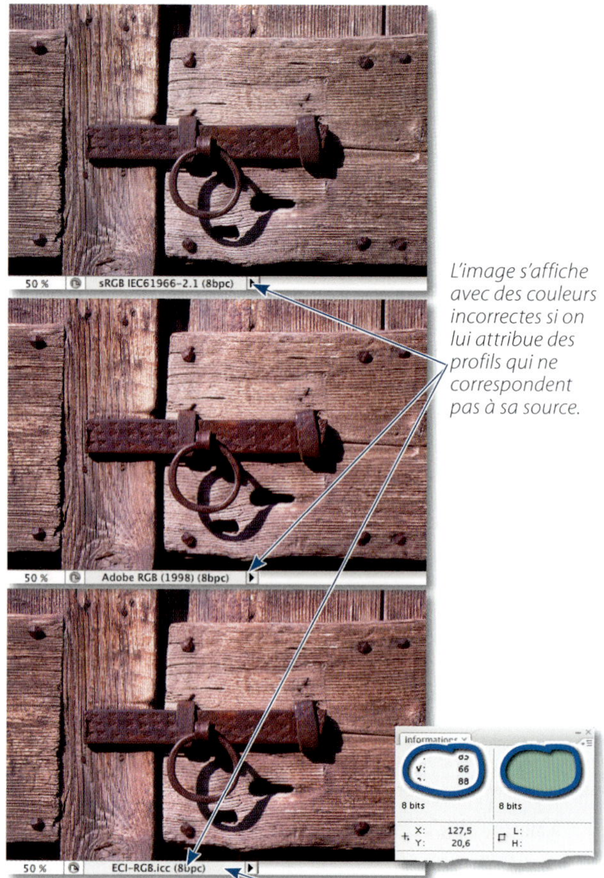

L'image s'affiche avec des couleurs incorrectes si on lui attribue des profils qui ne correspondent pas à sa source.

ECI-RGB étant mon espace de travail RVB, on retrouve l'aspect de l'image notée sans description (celle de la page précédente).

- Quand une image Web est récupérée, elle a été enregistrée en sRGB mais n'a pas ce profil incorporé. Le profil est donc manquant ; vous pouvez, une fois l'image ouverte, lui attribuer ce profil sRGB (et, si elle doit être retravaillée, la convertir vers votre espace de travail si ce n'est pas sRGB).
- On attribue à une image ECI-RGB le profil sRGB pour avoir une idée précise du rendu du tirage photo chez un prestataire qui utilise ce profil. Dans ce cas, on peut aussi utiliser **Format d'épreuve**, ce qui permet de continuer à travailler dans l'espace de travail ECI-RGB tout en voyant l'aspect du tirage sRGB (*voir Les profils d'affichage et d'impression, page 380*).

La conversion en profil : changer la destination

Cette conversion, obtenue avec **Convertir en profil** (menu **Édition**), s'effectue sans changer de modèle colorimétrique (de RVB vers RVB ou CMJN vers CMJN) ou en passant d'un modèle à l'autre (de RVB vers CMJN, par exemple).

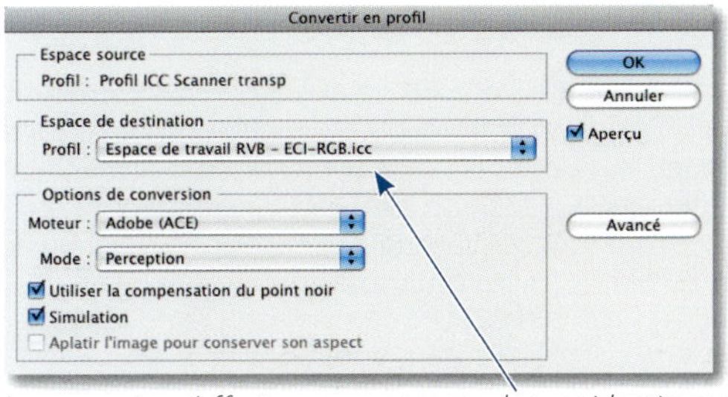

La conversion s'effectue vers un espace de type identique ou différent.

Le bouton **Avancé** affiche une fenêtre dans laquelle les espaces de destination sont séparés de manière à faciliter le choix du profil de destination. Ainsi, quand vous activez la rubrique **RVB**, le menu local **Profil** ne liste que les profils RVB (de même, la rubrique **CMJN** permettra de ne voir que les profils CMNJ). Dans tous les cas, dans la rubrique **Options de conversion**, il faut spécifier un mode de rendu de la conversion (*voir les détails à la page précédente*).

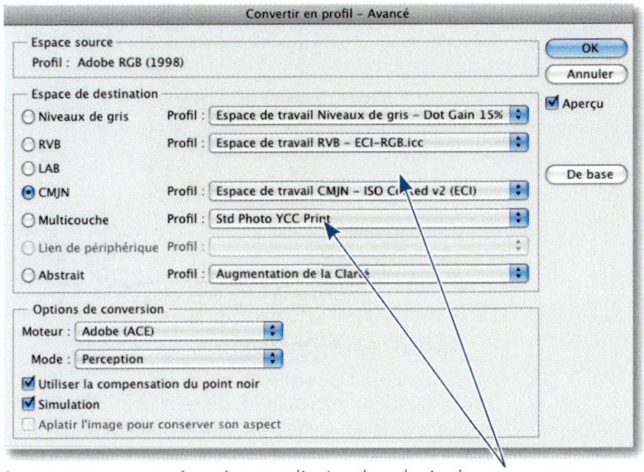

Les espaces sont séparés pour limiter les choix dans ces menus.

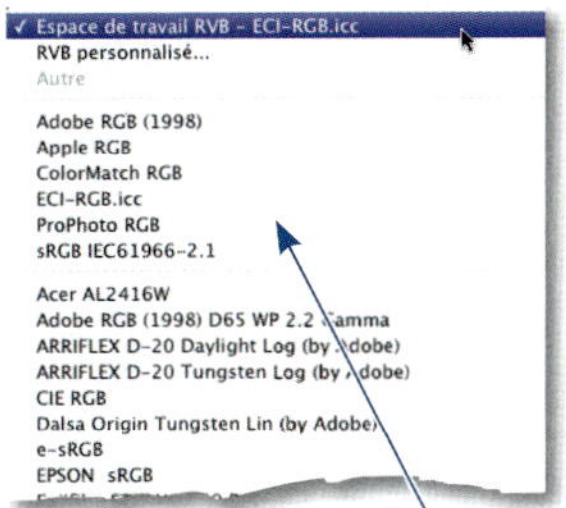

Le choix est limité aux profils RVB avec le bouton RVB.

Le choix est limité aux profils CMJN avec le bouton CMJN.

Dans le cas d'une conversion RVB vers CMJN, l'opération est du même type que celle que l'on réalise par le menu **Image/Mode** quand on choisit **Couleurs CMJN** sauf que dans ce cas, c'est le profil spécifié à la rubrique **Espace de travail CMJN** de la fenêtre **Couleurs** qui est utilisé.

La conversion par la commande **Convertir en profil** présente l'avantage de pouvoir choisir le profil CMJN de destination le mieux adapté à l'utilisation de l'image (*nous en reparlerons un peu plus loin dans ce chapitre dans les exemples d'utilisation des conversions*).

La conversion vers un espace de même type (RVB vers RVB, par exemple) permet de travailler une image dans un espace de travail offrant une gamme de couleurs plus étendue ou adaptée à la destination finale. Lors de cette conversion, c'est la correspondance entre L, a, b en R, V, B (de l'espace source) qui est basculée vers R', V', B' (de l'espace de destination).

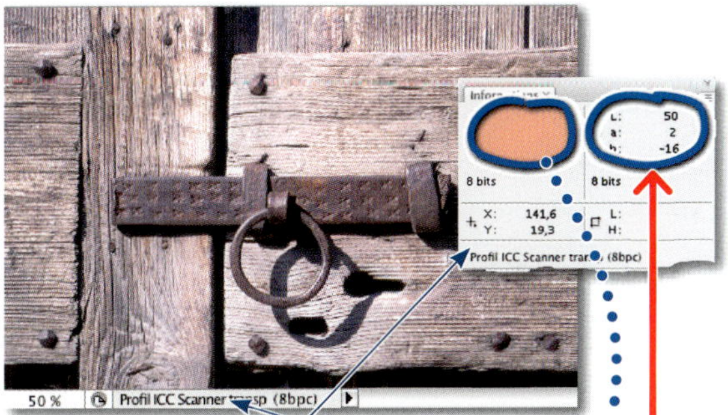

Une conversion d'un espace RVB vers un autre espace RVB plus grand ne modifie pas l'affichage (valeurs Lab identiques).

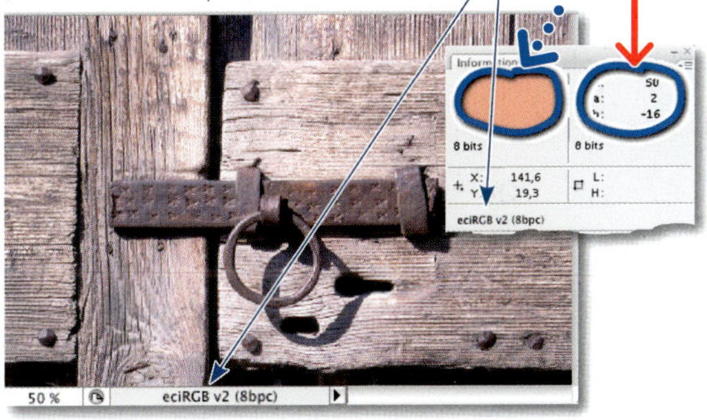

> **ATTENTION** *Contrairement à **Attribuer un profil** (qui n'altère pas les données RVB de l'image et s'avère donc réversible), **Convertir en profil** modifie de façon irréversible les données du fichier. Pensez à faire une copie du fichier afin de pouvoir réaliser des conversions vers d'autres destinations.*

Quelques exemples d'utilisation de la commande Attribuer un profil et/ou Convertir en profil

Voici des exemples d'utilisation des commandes **Attribuer un profil** et **Convertir en profil**. Elles permettent de spécifier quel est l'espace source ou de destination.

Un exemple personnel (lié à ce livre)

Cet exemple est similaire à celui de l'image issue du scanner. Lorsque je réalise (pour ce livre) une copie d'écran, le logiciel de capture n'affecte pas de profil. Quand j'ouvre cette copie d'écran qui n'a pas de profil dans Photoshop, celui-ci lui affecte d'office (selon mes réglages **Couleurs**) le profil de travail actif (ECI-RGB), ce qui ne correspond pas aux « vraies couleurs » de cette image.

Espace source : attribuer le profil d'entrée

Je dois indiquer à Photoshop que mon écran constitue l'**espace source** de l'image. Pour cela, j'attribue à cette dernière le profil de mon écran (avec **Attribuer un profil**) : Photoshop (et le système) établit la correspondance correcte RVB/**Lab** (ou la description des couleurs avec le Lab de la source), et affiche alors la copie d'écran avec son aspect original.

Espace de destination : convertir vers le profil de sortie

Une fois cette opération réalisée, j'indique à Photoshop avec quelle gamme de couleurs je vais travailler l'image (**espace de destination**). Pour cela, je convertis l'image vers mon espace de travail ECI-RGB (avec **Convertir en profil**).

Travail sur une photo issue d'un APN

Quand vous récupérez une image d'un APN, elle est en sRGB (si ce dernier ne propose pas de choix à la prise de vue), mais comme ce profil ne lui est pas forcément intégré, vous devez d'abord le lui attribuer (**Édition/Attribuer un profil**). Par la suite, l'image nécessite beaucoup de traitements. Il est préférable de la convertir vers un espace de travail plus grand que sRGB (donc Adobe RGB ou ECI-RGB) afin de pouvoir réaliser un travail plus souple et plus riche en couleurs.

Préparation d'une image pour un prestataire en ligne ou une page Web

Si vous avez travaillé votre image dans un espace Adobe RGB (ou ECI-RGB), il faudra la convertir en sRGB avant de l'envoyer à un prestataire en ligne pour un tirage photo (la plupart d'entre eux utilisent des machines ayant ce profil sRGB). De même, effectuez cette conversion vers sRGB pour mettre en page l'image dans un site Web.

Préparation d'une photo pour une impression spécifique

Convertir en profil permet de préparer un fichier pour l'impression : l'espace de destination sera réglé sur un profil d'imprimante CMJN. N'effectuez ce type de conversion qu'avec des imprimantes (PostScript ou offset, dites **périphériques CMJN**) qui fonctionnent avec un RIP. Si vous utilisez une imprimante jet d'encre (sans RIP), il ne faut pas convertir la photo avant de l'envoyer vers l'impression ; cette opération sera réalisée dans la fenêtre d'impression.

La commande Convertir en profil et les calques

Si votre document comporte plusieurs calques, **Convertir en profil** affiche une option pour aplatir ou non l'image (ce qui fusionne les calques en un seul, un message demandera une confirmation si l'option n'est pas cochée). Ne cochez pas cette option, car elle sera utilisée pour aplatir les images converties par le menu **Image/Mode**. En revanche, lors d'une conversion RVB/**CMJN** certains calques de réglage peuvent être supprimés (de même pour un passage RVB/**Niveaux** de gris).

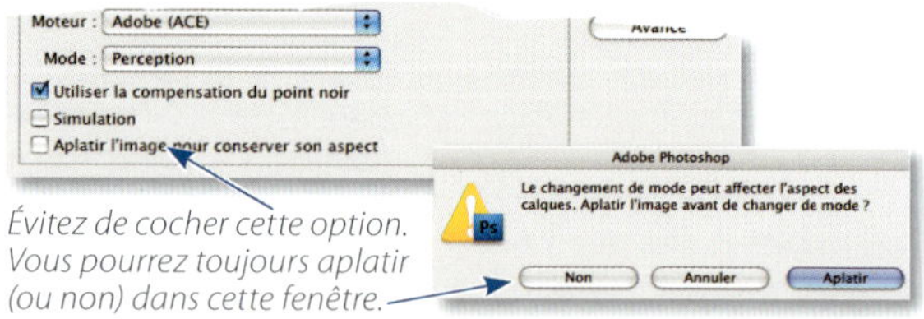

Évitez de cocher cette option. Vous pourrez toujours aplatir (ou non) dans cette fenêtre.

> **Astuce** *Pour éviter l'aplatissement, sélectionnez l'ensemble des calques (menu* ***Sélection/Tous les calques****) et associez-les en un objet dynamique (*clic droit *sur le nom de l'un d'eux). La conversion affectera les valeurs RVB du fichier, mais le contenu de l'objet dynamique restera intact ; par* double-clic *sur ce dernier, vous accéderez à ces calques.*

Les modifications des valeurs et de l'affichage avec les profils

L'attribution d'un profil à une image ne modifie pas les valeurs chromatiques RVB des couleurs de l'image ; en revanche, la composition Lab de chaque couleur est modifiée dans le fichier, ce qui entraîne un changement de l'aspect de l'image à l'écran. En effet, à chaque valeur Lab ne correspond qu'une couleur RVB affichée sur l'écran.

> ***Attribuer un profil*** = *définir la correspondance entre RVB et Lab :*
> - *les valeurs RVB sont inchangées ;*
> - *les valeurs Lab sont modifiées => L'affichage est également modifié.*

Lors d'une conversion RVB vers RVB, Photoshop adapte les couleurs vers le nouvel espace de destination. Les valeurs RVB des couleurs sont modifiées, mais les valeurs Lab restent les mêmes (sauf pour les couleurs hors gamut). Ainsi, aucune modification d'affichage n'apparaît (ou presque).

> ***Convertir en profil*** = *changer la correspondance de Lab vers RVB :*
> - *les valeurs RVB sont modifiées ;*
> - *les valeurs Lab sont inchangées => L'affichage reste identique.*

Lors d'une conversion RVB vers CMJN, les valeurs RVB et Lab sont modifiées (on change de modèle colorimétrique) ainsi que l'affichage. Quant aux composantes CMJN qui étaient affichées dans le panneau **Informations** avant conversion, elles ne changent que si l'espace CMJN choisi n'est pas celui de travail (défini dans la fenêtre **Couleurs**).

Les profils d'affichage et d'impression

Quand un document est ouvert, il est possible de connaître le profil qui lui est affecté (dans quel espace il est travaillé). Pour cela, cliquez sur le triangle noir situé à droite du taux d'affichage du document et choisissez l'option **Profil du document** : le nom du profil s'affichera dans la case d'information.

Le nom du profil attribué est visible ici.

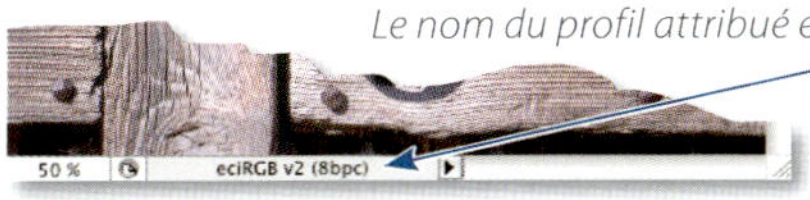

L'AFFICHAGE D'UNE ÉPREUVE-ÉCRAN (SOFT PROOF)

L'intérêt de l'épreuve

Photoshop permet d'afficher le document RVB (selon la qualité de l'écran) avec les couleurs qu'il aura lorsqu'il sera affiché ou imprimé sur tel ou tel périphérique. Cela permet de :

- Contrôler son aspect avec les couleurs de l'espace de travail CMJN, par exemple, sans avoir à le convertir dans ce mode.
- Apprécier son affichage sur un écran d'une autre plateforme (écran Windows ou Macintosh). Par exemple, vous pouvez travailler avec un espace ECI-RGB et visualiser l'aspect en sRGB.
- Voir l'aspect qu'il aura lors de l'impression d'une épreuve sur une imprimante dont vous possédez le profil.

Pour ces opérations, déroulez le menu **Affichage/Format d'épreuve** et choisissez **Espace de travail CMJN** ou **RVB...** ou **Personnalisé** pour choisir un profil de périphérique de sortie. Vous pouvez continuer à travailler avec cet affichage ou lancer **Couleurs de l'épreuve** du menu **Affichage** pour faire disparaître la coche (ou tapez ⌘Y [Ctrl Y]).

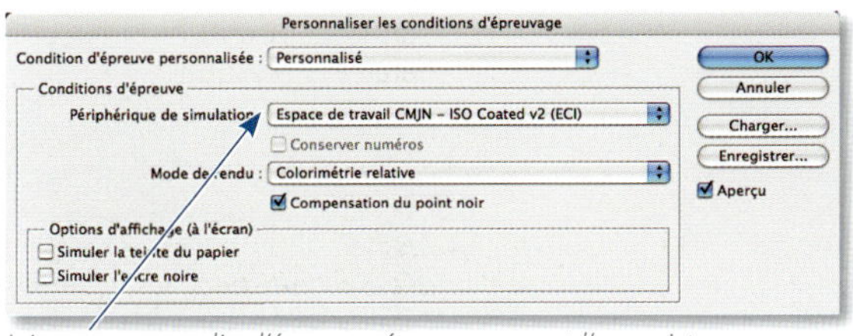

Ici, on personnalise l'épreuve-écran ; on peut l'enregistrer.

Format d'épreuve/Personnalisé propose l'option **Simuler la teinte du papier** qui permet de tenir compte de la référence du blanc (couleur du papier) incluse dans le profil.

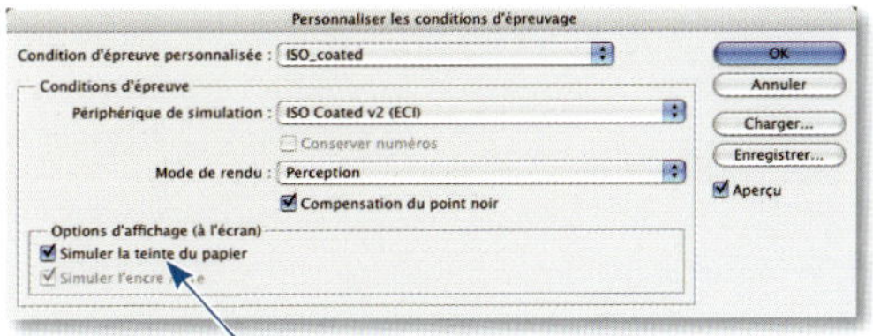

Avec cette option, on simule le blanc du papier.

La personnalisation de l'épreuve-écran

Quand vous choisissez **Personnalisé** (menu **Affichage/Format d'épreuve**), une fenêtre s'affiche : vous devez opter pour un profil dans la liste et régler certaines options avant d'enregistrer le format d'épreuve, afin qu'il apparaisse directement dans la liste des profils de format d'épreuve. L'une d'elles, **Conserver numéros RVB** ou **CMJN**, n'est disponible que lorsqu'on reste dans le même mode colorimétrique.

Si l'option n'est pas cochée, l'épreuve-écran est réalisée comme si vous aviez utilisé la commande **Convertir en profil** (comme s'il y avait une conversion). Dans le cas d'un changement de mode, il y a forcément conversion (**Conserver numéros** est grisé). Cette épreuve-écran est utile pour visualiser l'aspect d'un fichier RVB tel qu'il sera imprimé en CMJN lors d'une impression spécifique (telle que sur votre imprimante jet d'encre). Si l'option est cochée, l'épreuve est réalisée comme si vous aviez appliqué **Attribuer un profil** (sans changement des valeurs RVB ou CMJN). Cela permet de voir à quoi ressemblera l'image si elle est imprimée directement vers l'imprimante sans la conversion de ses couleurs vers l'espace de l'imprimante.

L'IMPRESSION À L'AIDE DE PROFILS

Pour définir l'impression, lancez **Imprimer** du menu **Fichier**. Vous disposez de deux types de réglages selon que les couleurs sont gérées par l'imprimante ou par Photoshop.

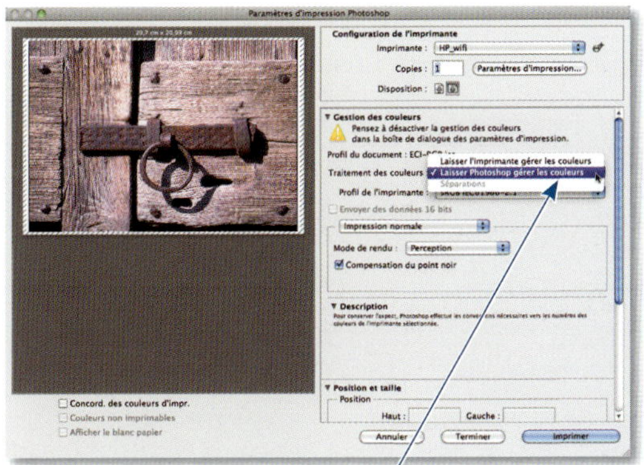

Les couleurs seront gérées par Photoshop ou par l'imprimante.

Les couleurs gérées par l'imprimante

Dans la fenêtre **Imprimer**, à la rubrique **Gestion des couleurs** et son menu **Traitement des couleurs**, sélectionnez **Laisser l'imprimante gérer les couleurs**. Éventuellement, choisissez un mode de rendu (un survol de ce dernier provoquera l'affichage des informations correspondantes dans la zone **Description**).

Dans la fenêtre de dialogue du pilote d'impression, n'oubliez pas d'activer la gestion des couleurs. Avec ce choix, Photoshop ne convertit pas les couleurs mais envoie toutes les informations de conversion nécessaires à l'imprimante. Cette méthode est utile lorsque vous imprimez vers des imprimantes photo à jet d'encre. En effet, chaque combinaison d'impression (papier, encres…) nécessite un profil différent ; c'est l'imprimante qui sélectionne celui qui est le plus approprié parmi les profils intégrés au pilote (ces derniers sont très précis dans les nouvelles imprimantes).

Si vous utilisez une imprimante PostScript, la gestion des couleurs PostScript permettra d'obtenir une sortie composite des couleurs ou leur séparation au niveau du RIP (séparations In-RIP), de sorte qu'un programme a seulement besoin de spécifier des paramètres de séparation et de laisser le périphérique calculer les valeurs de couleur finales.

Les couleurs gérées par Photoshop

Si vous possédez le profil de votre imprimante et que celui-ci décrit avec précision le comportement du périphérique de sortie selon des conditions spécifiques d'impression (type de papier, etc.), dans le menu **Traitement des couleurs**, sélectionnez **Laisser Photoshop gérer les couleurs**, puis le profil de l'imprimante dans le menu correspondant. Dans ce cas, c'est Photoshop qui procède à la conversion de toutes les couleurs et génère ainsi des données chromatiques spécifiques à un périphérique de sortie en utilisant le profil désigné. Photoshop précise que cette façon d'imprimer donne de meilleurs résultats qu'en laissant l'imprimante gérer les couleurs.

> **ATTENTION** ***Dans la fenêtre des options du pilote de l'imprimante, désactivez la gestion des couleurs pour éviter qu'elle ne remplace celle définie dans Photoshop.***

Si vous souhaitez approfondir vos connaissances sur la gestion des couleurs, vous pouvez consulter les nombreux sites existant sur Internet parmi lesquels :
http://www.gestiondescouleurs.com/ (de la Color Academy)
http://www.profil-couleur.com/
http://www.arnaudfrichphoto.com/menu.htm
et http://www.alwancolor.com/ (en anglais)

2 - Les corrections automatiques et simplifiées

Les commandes étudiées dans ce chapitre figurent directement dans le menu **Image** ou dans son sous-menu **Réglages**. Il s'agit de réglages rapides permettant d'améliorer facilement le rendu d'une photo 8 ou 16 bits (certains n'agissent pas sur les images CMJN). Ces commandes se séparent en deux catégories :

- les corrections automatiques : **Couleur automatique**, **Tonalité automatique**, **Contraste automatique** et **Désaturation** ;
- les corrections simplifiées : **Tons foncés/Tons clairs**, **Exposition** et **Correspondance de la couleur**.

En plus de ces corrections simplifiées, ce chapitre abordera quelques réglages par superposition de calques ainsi que des réglages spéciaux qui permettront une transformation plus catégorique de l'image afin d'obtenir un effet particulier.

La préparation de l'image aux corrections

La conversion pour un travail de correction avec Camera Raw

Si vous utilisez des images au format JPEG (ou TIFF), pensez à les ouvrir (systématiquement) dans Camera Raw et à utiliser ce dernier pour réaliser certaines corrections (*celles-ci ont été développées dans la partie sur Camera Raw : page 105*). Si, par la suite, le fichier est ouvert en tant qu'objet dynamique (ce qui est préférable), les corrections seront réversibles.

Les script de conversion du calque

Si la photo comporte un calque classique (arrière-plan ou calque standard), vous pouvez utiliser ce dernier pour faire un calque dynamique qui s'ouvrira avec Camera Raw (et vous permettra ainsi de bénéficier de ses outils et de ses traitements qui seront alors réversibles).

Pour cela, il faudra effectuer quelques manipulations qui peuvent faire l'objet d'un script. Les opérations qui suivent correspondent à la création d'un script pour lequel quelques manipulations supplémentaires doivent être ajoutées de manière à pouvoir automatiser les opérations.

❶ On crée un instantané (opération facultative).

❷ On renomme le calque actif (par exemple « **OD** »).

❸ On duplique le calque vers un nouveau document (que l'on nomme « **image_RAW** »).

❹ On aplatit ce nouveau document. On l'enregistre en TIFF et on le ferme.

❺ On importe le fichier précédent (**image_RAW.tiff**), on ferme Camera Raw sans faire le moindre réglage et on valide l'importation.

❻ On sélectionne le calque nommé à l'étape **2** (**OD**) et on le supprime.

❼ On sélectionne le calque correspondant à l'image importée (**image_RAW**).

❽ Dans le menu du panneau **Scripts**, on sélectionne **Insérer une commande**, puis on choisit dans le menu du panneau **Calque**, **Modifier le contenu**. Cette commande ne serait pas enregistrée dans le script si on la lançait directement sans passer par **Insérer une commande**.

On arrête l'enregistrement du script. Vous devez obtenir un script qui a l'aspect ci-après.

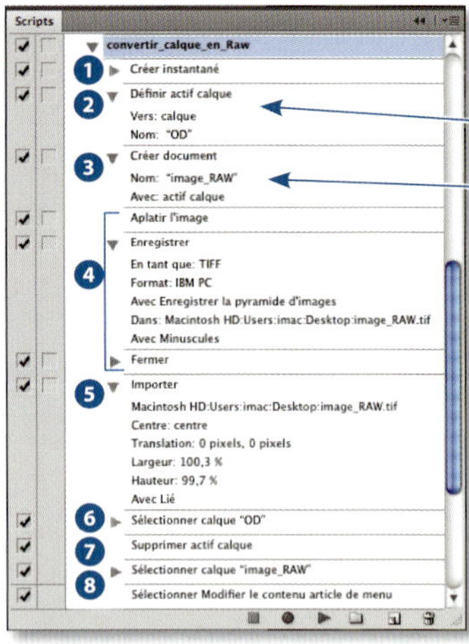

On renomme le calque actif et, ici, on le duplique. Vous trouverez le fichier de ce script (CONVERSION_Raw.atn) dans le dossier des ressources de ce chapitre.

Si vous souhaitez transmettre ce script à d'autres personnes, il faudra qu'elles réenregistrent les instructions 4 et 5 pour que les chemins soient corrects. Vous pouvez aussi cliquer sur la case vide devant ces instructions pour provoquer l'affichage des fenêtres de dialogue correspondantes.

> **Attention** *Pour que l'ouverture du fichier TIFF s'effectue dans Camera Raw, affichez les préférences de Photoshop (rubrique **Gestion des fichiers** puis le bouton **Préférences de Camera Raw**) : choisissez **Ouverture automatique de tous les fichiers TIFF pris en charge**.*

Le panneau de traitement d'un calque avec Camera Raw

Afin de faciliter le travail de traitement d'un calque et de bénéficier des fonctions de Camera Raw, j'ai mis au point un panneau (à l'aide de Configurator) dont un des boutons enchaîne, dans un script JavaScript, les manipulations du script précédent (mais directement avec des chemins relatifs). À l'issue du traitement, un masque de fusion est ajouté, l'outil Pinceau est activé (avec les couleurs par défaut) de telle manière que vous pouvez masquer les zones où le traitement ne doit pas être appliqué.

Ce panneau est initialement prévu pour les traitements de netteté et de flou (ce qui explique son nom). Il se trouve dans le dossier des ressources de ce chapitre sous la forme d'un fichier zxp (traitement_raw.zxp) qui s'installe par double-clic (ne l'installez pas si vous aviez déjà ouvert le fichier Panneau_NetFlou.zxp).

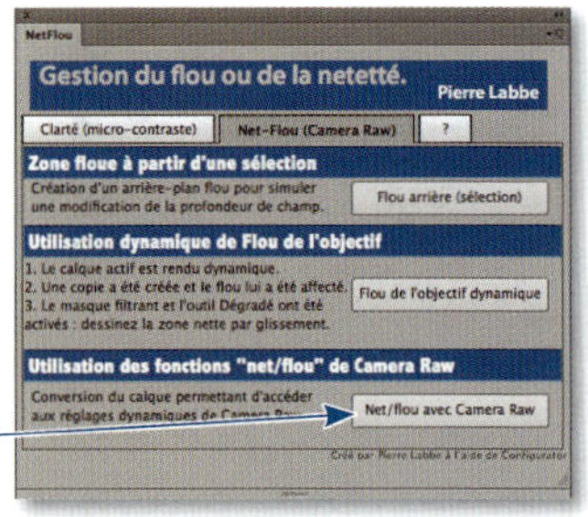

Le calque actif devient dynamique et s'ouvre dans Camera Raw grâce au bouton de ce panneau.

Le travail en RVB ou CMJN : affichage des couleurs

De nombreux réglages sont désormais accessibles aux images CMJN. Si votre image RVB est destinée à une impression sur presse (donc en CMJN), il n'est pas indispensable de la convertir en CMJN pour affiner ses réglages. Vous pouvez la travailler dans le mode RVB et afficher ses couleurs en CMJN (selon l'espace de travail CMJN ou un profil particulier) à l'aide des commandes Format d'épreuve et Couleurs de l'épreuve. Si l'image est destinée à une mise en page, la conversion en CMJN ne se fera que lors de la création du fichier PDF pour l'imprimeur, la conversion sera ainsi parfaitement adaptée au système d'impression. Le travail du document dans le mode RVB présente quelques avantages : économie de mémoire et amélioration des performances — le travail s'effectuant sur moins de couches ; préservation de davantage de couleurs après réglage — la gamme des couleurs RVB étant plus étendue que celle des espaces CMJN.

Le travail sur un calque de sécurité

Comme avec la plupart des commandes irréversibles, il est conseillé de créer une copie du calque pour y faire le traitement : elle s'obtient en tapant ⌘J [Ctrl J]. Cette méthode, applicable à de très nombreux traitements ayant un caractère définitif, vous assurera une plus grande souplesse de travail. En effet, vous pourrez :

- modifier son opacité afin de réduire l'effet ;
- ajouter un masque de fusion ou utiliser les options de fusion du calque pour limiter son action sur une zone ;
- le supprimer et recommencer avec d'autres valeurs sur une autre copie ;
- éventuellement, convertir l'ensemble des calques en un objet dynamique ou encore les fusionner.

> **Astuce** *Afin de faciliter le travail, vous pouvez créer un script qui enchaîne la création d'une copie du calque et le lancement de la commande voulue.*

Commandes automatiques et copies de calques

La correction globale de l'image : Couleur automatique

La commande **Couleur automatique** (menu **Image** ou ⇧⌘B [⇧Ctrl B]), donne des résultats intéressants (sur certaines photos). Elle règle le contraste et la balance des couleurs d'une image RVB en recherchant l'image réelle plutôt que les histogrammes des couches pour les tons foncés, moyens et clairs. Elle neutralise les tons moyens en supprimant les dominantes et écrête les pixels blancs et noirs.

> **Astuce** *Photoshop écrête les pixels noirs et blancs de 0,1 %. Vu l'amélioration des scanners et des APN, ces valeurs peuvent être réduites dans la rubrique* ***Options*** *de la fenêtre* ***Niveaux*** *ou* ***Courbes*** *; cela affectera* ***Couleur automatique, Contraste automatique*** *et* ***Tonalité automatique****.*

La correction automatique du contraste et des tonalités

La commande Contraste automatique

La commande **Contraste automatique** (au clavier, ⇧⌥⌘L [⇧Alt Ctrl L]) règle le contraste et le mélange des couleurs d'ensemble d'une image RVB (ou Lab). Étant donné qu'elle ne règle pas séparément les couches, cette commande n'introduit ni ne supprime de dominante de couleur. Sur la couche composite, Photoshop met en correspondance les pixels les plus clairs et les plus foncés d'une image avec le blanc et le noir (comme vous pourriez le faire manuellement) : les tons clairs apparaissent alors plus clairs et les tons foncés plus foncés. Pour créer des noirs et blancs à partir des valeurs de pixels plus représentatifs, Photoshop écrête de 0,1 % les pixels extrêmes, puis procède à l'identification des pixels les plus clairs et les plus foncés.

La commande Tonalité automatique

La commande **Tonalité automatique** (⇧⌘L [⇧Ctrl L]) agit sur chaque couche de couleur. Après écrêtage, le blanc et le noir sont définis sur les pixels les plus clairs et les plus foncés dans chaque couche et les autres pixels sont redistribués. Comme la commande règle chaque couche séparément, elle peut supprimer ou introduire des dominantes de couleur.

Tonalité automatique produit (parfois) de bons résultats s'il s'agit d'effectuer un simple réglage de contraste sur une image avec une répartition moyenne des valeurs de pixels ou si l'image contient une dominante de couleur.

Le réglage automatique de Luminosité/Contraste

Ps Photoshop CS6 propose une nouvelle option de réglage automatique qui provoque une augmentation de la luminosité et un ajustement du contraste (le plus souvent par augmentation). Les tons extrêmes ne sont pas touchés et il n'y a pas d'écrêtage des tons. On accède à ce réglage par un bouton (**Auto**) de la commande **Luminosité/Contraste** du menu **Image/Réglages** ou par le calque de réglages du panneau **Réglage** (dans ce cas, l'opération est réversible).

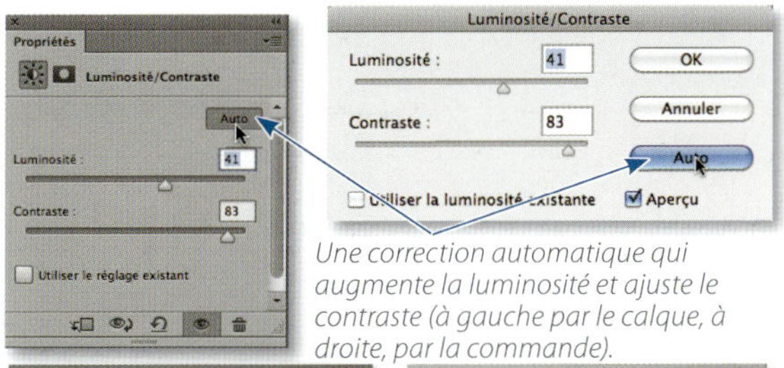

Une correction automatique qui augmente la luminosité et ajuste le contraste (à gauche par le calque, à droite, par la commande).

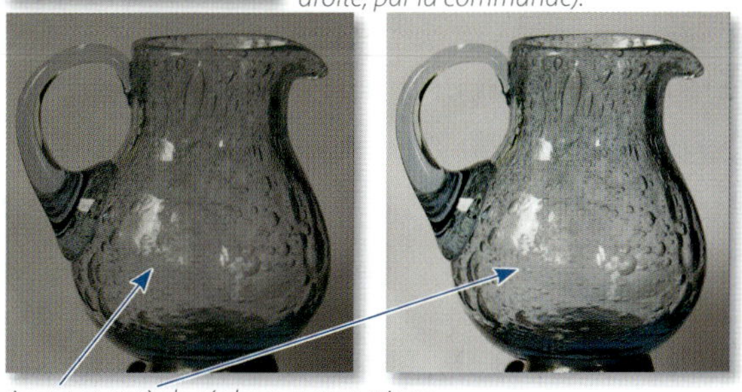

Avant et après le réglage automatique.

La suppression des couleurs : Désaturation

Quand on applique cette commande à une image (au clavier ⇧⌘U [⇧Ctrl U]), celle-ci perd ses couleurs : on obtient des niveaux de gris. Vous pouvez la remplacer par un calque de réglage de type Teinte/**Saturation** réglé avec une valeur de saturation nulle ; l'opération sera alors réversible.

Les corrections par duplication

Ces corrections, très simples à mettre en œuvre et totalement réversibles, ont des possibilités de réglage relativement réduites. Elles s'effectuent en superposant au calque à traiter sa propre copie obtenue en tapant ⌘J [Ctrl J] et sur laquelle on change le mode de fusion par le panneau **Calques**. Afin de pouvoir effectuer des retouches qui seront répercutées sur les copies du calque, avant de le dupliquer, convertissez-le en objet dynamique par clic droit sur son nom.

Avant de corriger la photo, on a converti le calque en objet dynamique.

Les modifications de luminosité

La réduction de la luminosité

Quand l'image est trop claire ou présente un voile blanc, vous pouvez la corriger en affectant au calque supérieur le mode **Produit**.

Si le réglage s'avère trop fort, réduisez l'opacité du calque supérieur ; s'il est insuffisant, tapez à nouveau ⌘J [Ctrl J] et réduisez l'opacité de la copie. Vous pouvez également envisager d'ajouter un masque de fusion (par clic sur ◘) et de le remplir pour atténuer le réglage sur une zone.

Pour corriger, on duplique le calque et on change le mode.

On a dupliqué et appliqué un masque de fusion pour ne pas agir trop sur le bas de la photo.

L'augmentation de la luminosité

Quand l'image est trop foncée, affectez à la copie supérieure le mode **Superposition** (ou **Densité linéaire –**).

*Cette image est trop sombre. Ci-dessous, on l'a éclaircie en appliquant le mode **Superposition** à la copie du calque.*

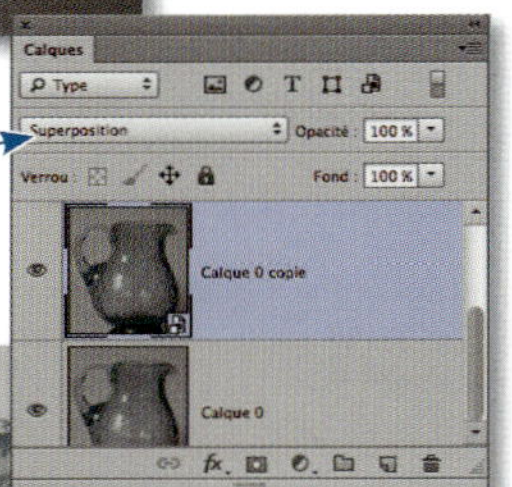

L'augmentation du contraste

Il est possible d'augmenter le contraste en plaçant une copie avec le mode **Incrustation** (le mode **Lumière vive** donne un effet plus fort). Par la suite, l'effet peut être atténué en réduisant l'opacité du calque ou en lui ajoutant un masque de fusion sur lequel vous dessinez en noir la partie à atténuer.

*Le contraste a été augmenté avec le mode **Incrustation**.
Ci-dessous, on a utilisé **Lumière vive** et on a atténué avec un masque de fusion rempli d'un dégradé et une réduction de l'opacité.*

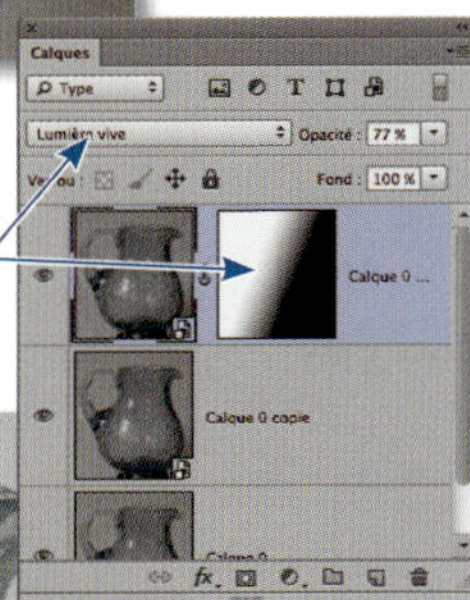

Les méthodes de correction simples

Contrairement aux commandes précédentes, ces corrections du menu **Image/Réglages** (**Tons foncés/Tons clairs**, **Correspondance des couleurs**, **Luminosité/Contraste** et **Exposition**) affichent une fenêtre pour spécifier des réglages. En outre, ces commandes ne peuvent pas faire l'objet d'un calque de réglage, c'est ce qui les différencie des commandes qui seront abordées dans les méthodes avancées.

Déboucher les ombres avec Tons foncés/Tons clairs

Le principe

Cette commande est particulièrement intéressante avec les photos en contre-jour ou comportant un sujet au premier plan trop faiblement éclairé.

Avec ***Tons foncés/Tons clairs*** *on récupère des détails dans les ombres.*

Du fait de sa facilité d'emploi et de la qualité du traitement, **Tons foncés/Tons clairs** est utilisable avec bon nombre de photos dans lesquelles des détails manquent dans les ombres et qu'il faut donc déboucher (la commande peut s'avérer intéressante pour traiter des lumières trop fortes).

La technique d'application

Il est possible d'appliquer **Tons foncés/Tons clairs** de manière réversible (de façon similaire au calque de réglage). Pour cela, commencez par transformer le calque à traiter en objet dynamique (par la commande **Convertir** en objet dynamique obtenue par clic droit sur le nom du calque dans le panneau **Calques**), puis lancez la commande **Tons foncés/Tons clairs** du menu **Image/Réglages** : celle-ci s'applique alors comme un filtre dynamique.

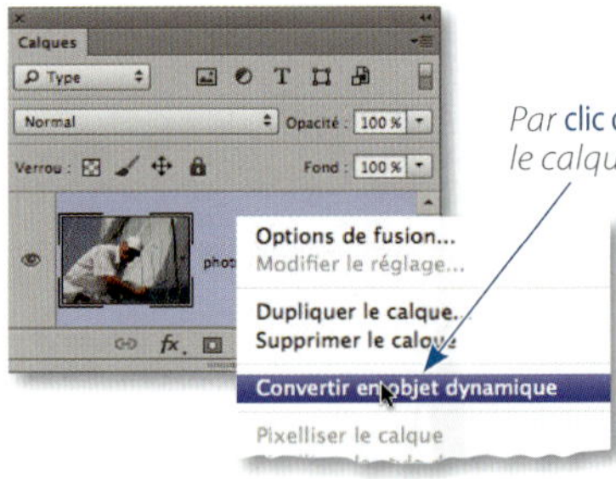

Par clic droit, on convertit le calque en objet dynamique.

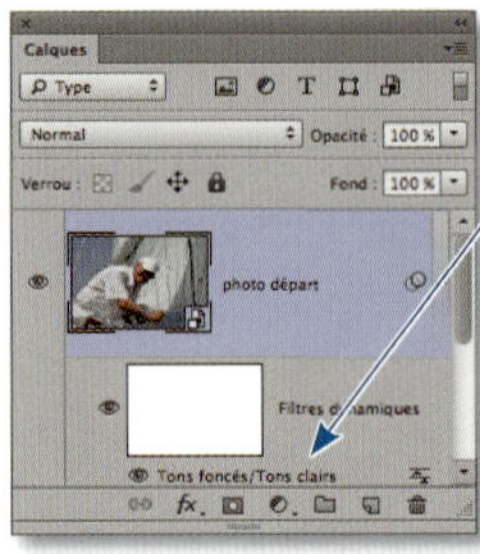

Tons foncés/Tons clairs s'applique comme un filtre dynamique : on réaffiche ses réglages par double-clic dessus.

Ainsi, il apparaît un masque filtrant sur lequel il est possible de peindre en noir pour limiter l'action du réglage, puis de réduire la densité par le panneau **Propriétés**. On accède aux réglages de la commande par double-clic sur son nom, ainsi qu'à diverses options (mode de fusion et opacité) par double-clic sur l'icône.

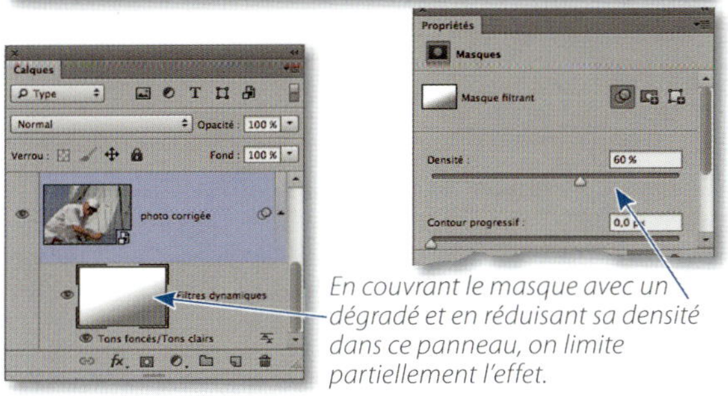

En couvrant le masque avec un dégradé et en réduisant sa densité dans ce panneau, on limite partiellement l'effet.

La commande offre deux niveaux d'utilisation. Le premier niveau, actif quand **Afficher plus d'options** n'est pas cochée, ne propose qu'un réglage simple des tons foncés et des tons clairs. Le second offre une série de réglages avancés.

Le réglage de base des tons foncés et clairs

Lors de cette correction, Photoshop éclaircit les tons foncés (et assombrit les tons clairs si le facteur est augmenté dans la zone **Tons clairs**) en préservant partiellement les tons moyens en fonction des pixels voisins. Photoshop utilise, de façon transparente pour l'opérateur, des masques pour protéger certaines zones (comme vous pourriez le faire avec la commande **Niveaux** ou **Courbes** appliquée deux fois : une première fois avec une sélection des tons foncés, et une seconde fois avec une sélection des tons clairs).

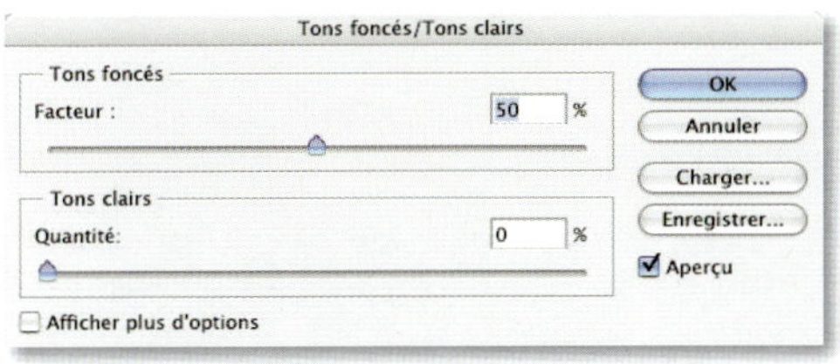

Les réglages de base de Tons foncés/Tons clairs.

L'intensité du réglage : Facteur

Un réglage du facteur est souvent nécessaire ; pour le réaliser en gardant les yeux sur l'image (et non pas le curseur de réglage), cliquez dans la case de valeur et utilisez les touches fléchées du clavier (l'incrément est de 1 % et de 10 % avec ⇧). Si votre souris possède une molette, une fois la case **Facteur** active, utilisez-la pour faire varier le facteur. Par défaut, le **Facteur** (50) s'avère souvent trop important pour les images sans zone nettement sous-exposée ; dans ce cas, commencez par régler le facteur à 0 et augmentez-le progressivement. Si vous estimez que les zones de lumière sont trop claires, assombrissez-les avec le curseur **Tons clairs**.

> **ASTUCE** ***Tons foncés/Tons clairs*** *n'affecte pas les noirs purs et les blancs purs de l'image.*

Les réglages avancés

Ils sont disponibles en cochant **Afficher plus d'options**. Le bas de la fenêtre permet même de définir comme valeurs par défaut les paramètres en cours. C'est intéressant pour démarrer le réglage **Tons foncés** avec une valeur plus faible (proche de 0, par exemple) ; en effet, les valeurs par défaut ont été définies pour corriger des images éclairées en contre-jour — vous pourrez les rétablir en enfonçant ⇧.

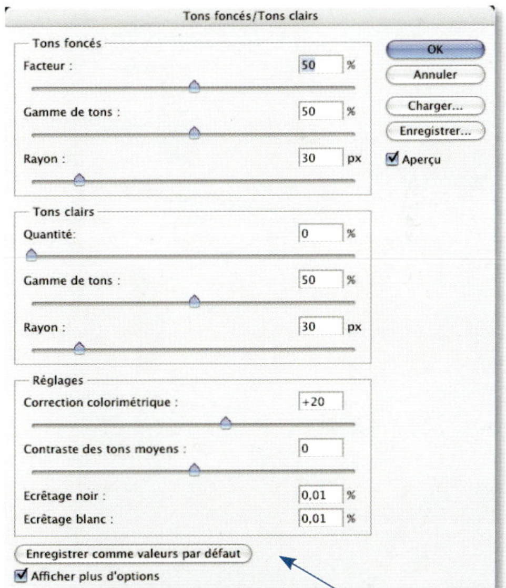

Les réglages réalisés peuvent être appliqués par défaut.

> **ASTUCE** *Si vous avez une série de photos à traiter, enregistrez les valeurs dans un fichier (par clic sur le bouton **Enregistrer**) et créez un script qui chargera ces réglages pour les appliquer lors d'un traitement par lots.*

L'image initiale comporte de nombreuses zones foncées.

On a utilisé ***Tons foncés/Tons clairs*** *pour éclairer les parties sombres de l'image sans changer le réglage des zones claires.*

Les paramètres des tons foncés/clairs

Les valeurs de Gamme de tons

Lors d'une correction des tons foncés (ou clairs), choisissez une gamme faible si la modification ne doit affecter que les pixels les plus sombres (ou les plus clairs pour une correction des tons clairs). À l'inverse, augmentez la gamme si la modification doit déborder davantage sur les tons moyens (dans tous les cas, les tons opposés ne seront pas touchés). Cette correction affecte différemment les tons : par exemple, avec une gamme de 100, les tons moyens sont deux fois moins modifiés que les tons extrêmes.

> **Attention** *Le choix d'une gamme trop élevée fait apparaître des halos sur les zones très foncées ou claires.*

Les valeurs de Rayon

Le réglage du rayon permet de rendre plus flou le masque qui agit sur les tons foncés ou clairs. Il définit donc le compromis entre le contraste du sujet en contre-jour et l'éclaircissement (ou l'assombrissement) différentiel de ce sujet par rapport à l'arrière-plan. Le rayon doit souvent rester faible (voisin de sa valeur par défaut) ; un rayon trop élevé tend à éclaircir (ou assombrir avec un réglage tons clairs) l'ensemble de l'image, plutôt que le seul sujet au premier plan, qui garde alors son aspect foncé.

Ci-dessus, on a assombri les zones claires pour récupérer des détails dans le ciel.

Les autres réglages

Correction colorimétrique

Cette correction n'agit que sur les pixels modifiés et elle augmente ou réduit la saturation. Son ampleur est liée à celle du réglage des rubriques **Tons foncés** (ou **Tons clairs**).

*Dans l'image ci-dessus, on a modifié la valeur de **Correction colorimétrique** pour accentuer la saturation.*

> **ASTUCE** *Pour modifier la teinte et la saturation des couleurs, vous pouvez utiliser un calque de réglage **Teinte/Saturation** après avoir appliqué **Tons foncés/Tons clairs**.*

Luminosité

Ce réglage n'est disponible qu'avec les images en niveaux de gris. Il permet d'ajuster la luminosité de la totalité de l'image. Il est souvent préférable d'utiliser un calque de réglage de type **Luminosité/ Contraste**, ou mieux, de type **Niveaux**.

Contraste des tons moyens

Une augmentation produit un contraste plus grand dans les tons moyens en assombrissant les tons foncés et en éclaircissant les tons clairs. Ce réglage n'agit pas sur le gris à 50 % mais sur les gris qui l'encadrent.

Le réglage de l'écrêtage noir et l'écrêtage blanc

Une augmentation des valeurs permet de pousser le contraste, mais cela entraîne la disparition des détails dans les tons foncés ou clairs.

UTILISATIONS DE TONS FONCÉS/TONS CLAIRS

En dehors des corrections classiques de contre-jour, la commande **Tons foncés/Tons clairs** s'avère intéressante dans d'autres cas.

La préparation des photos pour l'impression

Dans certains cas, selon le type d'impression envisagé, des photos risquent d'apparaître légèrement trop sombres. Pour corriger ce problème, vous pouvez créer un script qui appliquera à chacune d'elles un léger réglage de **Tons foncés/Tons clairs** (avec un facteur de 5 %, par exemple). Cependant, si le document comporte plusieurs calques, le réglage ne s'appliquera qu'au calque supérieur.

Pour pallier ce problème, avant l'application de la correction par **Tons foncés/Tons clairs**, ajoutez dans ce script trois instructions :

1. Ajout d'un nouveau calque (par clic sur [icône]). Cette instruction permettra de rendre possible l'opération suivante dans tous les cas de figure.
2. Sélection de tous les calques (menu **Sélection**/**Tous les calques**).
3. Conversion en objet dynamique (menu **Calque**/**Objets dynamiques/Convertir en objet dynamique**).

En opérant ainsi, c'est cet objet dynamique (donc l'ensemble des calques) qui subira le réglage.

*Trois instructions précèdent l'application de **Tons foncés/Tons clairs** avec une faible valeur.*

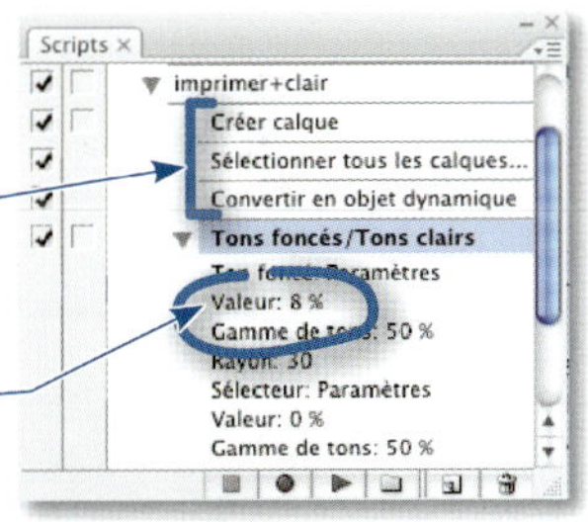

La préparation d'un détourage à la plume

Lors d'un détourage avec l'outil **Plume** (ou par le **Mode Masque**), certains détails dans les ombres de l'image ne sont pas toujours bien visibles ; dans ce cas, faites une copie du calque à détourer (en tapant ⌘J [Ctrl J]) et affectez-lui un réglage prononcé. Le travail n'en sera que plus aisé.

Si le document est déjà constitué d'un calque dynamique, appliquez-lui la commande **Tons foncés/Tons clairs** du menu **Image/Réglages** et intensifiez l'éclairage dans les zones sombres avec des valeurs élevées.

On veut détourer la voiture mais il est difficile de voir certaines parties dans les zones sombres.

On peut dessiner le tracé plus facilement dans cette zone grâce à ***Tons foncés/Tons clairs****.*

Quand le tracé sera terminé, il suffira de l'appliquer comme masque vectoriel et de masquer ou supprimer le filtre dynamique **Tons foncés/Tons clairs**.

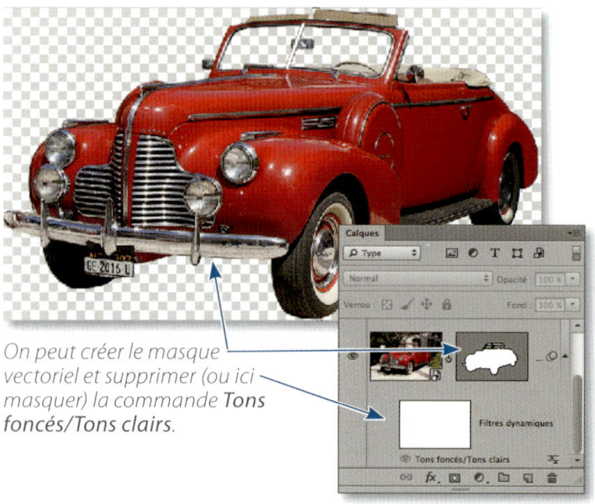

On peut créer le masque vectoriel et supprimer (ou ici masquer) la commande ***Tons foncés/Tons clairs****.*

Régler la luminosité et le contraste d'une image

Ces deux réglages classiques se réalisent à l'aide d'un calque de réglage **Luminosité/Contraste** que l'on met en place par le panneau **Calques**, par clic sur l'icône , ou à partir du panneau **Réglages** par clic sur l'icône . On peut obtenir ces mêmes réglages, mais irréversibles, par le menu **Image/ Réglages**.

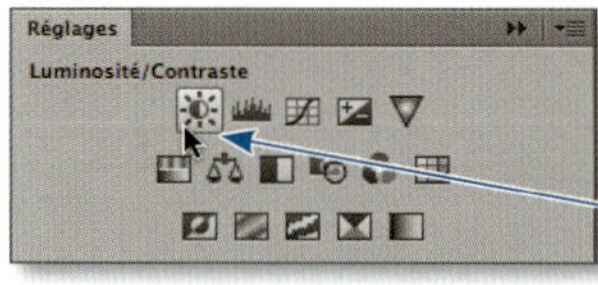

Luminosité/Contraste *du panneau* ***Réglages***

Dans les deux cas, les réglages de **Luminosité/Contraste** s'affichent dans le panneau **Propriétés** (il est séparé du panneau **Réglages** dans la version CS6). On peut les paramétrer de deux façons, selon que l'option **Utiliser la luminosité existante** est cochée ou non. Par défaut, elle n'est pas cochée, les réglages sont appliqués de façon proportionnelle (non linéaire) aux pixels.

Quand l'option **Utiliser la luminosité existante** est cochée, les corrections sont linéaires. Tout changement de luminosité s'applique de façon identique sur tous les pixels, ce qui provoque l'écrêtage des tons les plus clairs ou les plus foncés (de même pour le contraste qui affecte les tons extrêmes). Autrement dit, très rapidement on bouche les ombres ou on éclate les blancs. Cette option n'apparaîtra cochée qui si l'on ouvre un ancien document qui l'utilisait.

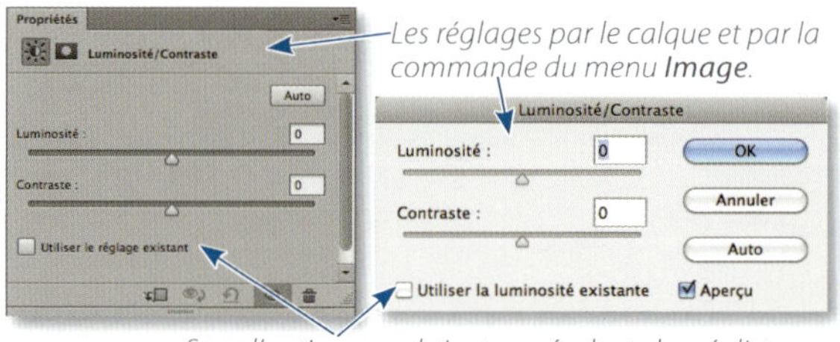

Les réglages par le calque et par la commande du menu ***Image****.*

Sans l'option, on obtient un résultat plus réaliste.

Tout glissement du curseur **Luminosité** n'affecte pas le point blanc ni le point noir de l'image. On retrouve ici l'équivalent d'une correction de l'exposition ou du gamma, comme on pourrait la réaliser avec les commandes **Courbes** ou **Niveaux**. Avec le curseur **Contraste**, on établit l'équivalent d'une courbe en « S », c'est-à-dire que l'on ajuste le contraste dans les tons moyens en préservant les points blanc et noir.

On souhaite éclaircir cette image.

*Ci-dessus, on a utilisé **Tons foncés/Tons clairs** et ci-dessous, **Luminosité/Contraste**.*

Les zones claires ont été trop éclaircies.

Si vous appliquez la correction par le panneau **Réglages**, un masque de fusion est automatiquement associé au réglage ; vous pouvez alors le remplir partiellement de noir pour limiter l'effet du réglage sur certaines zones de l'image. De plus, en modifiant la densité du masque (panneau **Propriétés**), vous atténuerez l'effet du masque.

On retrouve les couleurs dans le ciel, en remplissant correctement le masque de fusion du réglage.

L'harmonisation des couleurs entre deux images

La commande **Correspondance de la couleur** (menu **Image/Réglages**) s'utilise de plusieurs manières : pour régler une photo et pour harmoniser les couleurs entre deux documents ou entre différents calques d'une même image. Elle est irréversible, aussi, pensez à l'appliquer sur une copie du calque.

L'harmonisation des couleurs

Si deux photos sont ouvertes simultanément, il est possible d'homogénéiser leurs couleurs (en totalité ou partiellement s'il y a une sélection). Pour cela, dans la photo cible, à la rubrique **Statistiques de l'image**, choisissez le nom de la seconde photo dans le menu local **Source** (éventuellement, sélectionnez un calque).

On veut harmoniser les couleurs de cette image avec celles de ce document. On utilise la commande ci-dessous.

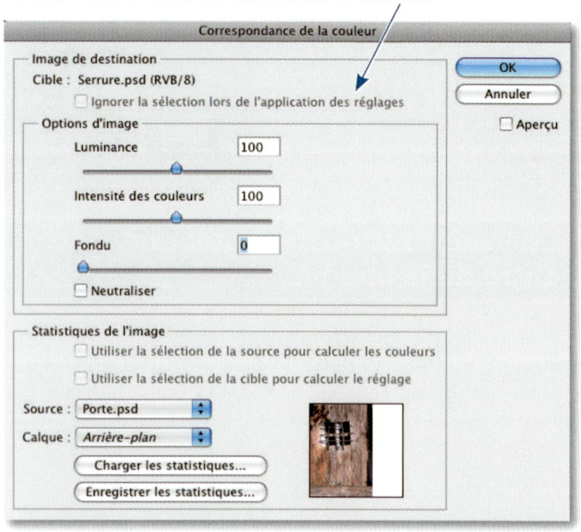

ATTENTION *Les résultats risquent de ne pas être corrects si les images n'ont pas le même profil.*

Les couleurs ont été harmonisées.

LE RÉGLAGE DES COULEURS ET LA CORRECTION D'UNE DOMINANTE

Quand vous utilisez **Correspondance de la couleur** pour harmoniser les couleurs entre plusieurs images, vous pouvez également régler la luminosité, la saturation des couleurs et neutraliser les dominantes colorées. Lors de ce réglage, l'image que vous corrigez est la cible, mais elle doit être définie en tant que source ; c'est le cas par défaut puisque le menu **Source** indique **Sans**.

Parmi les options proposées on distingue :

- **Luminance** : le curseur permet de réduire ou d'augmenter (de façon douce) la luminosité de l'image.
- **Intensité des couleurs** : ce curseur règle la saturation des couleurs. Cependant, si l'intensité est nulle, l'image qui devrait alors apparaître en niveaux de gris affiche une légère teinte orangée ; à l'inverse, une saturation excessive laisse apparaître une dominante bleue sur les tons les plus clairs.
- **Fondu et Neutraliser** : le curseur **Fondu** permet d'atténuer le réglage de correspondance. Cependant, l'atténuation affecte principalement l'option **Neutraliser**. Cette dernière a pour effet de supprimer les dominantes colorées.

La correction avec la commande Exposition

La commande **Exposition** effectue des calculs dans un espace colorimétrique linéaire (gamma de 1) et non pas dans l'espace colorimétrique de l'image active (gamma de 1,8 ou 2,2 selon le profil). Elle comporte trois options (délicates à régler, les valeurs doivent rester faibles) : **Exposition**, **Décalage** et **Gamma**.

> **Astuce** *La commande **Exposition** fait également partie des calques de réglage, ce qui la rend réversible et applicable à un calque dynamique sans avoir à le pixelliser. Elle s'obtient par clic sur dans le panneau **Calques** ou par l'icône du panneau **Réglages**.*

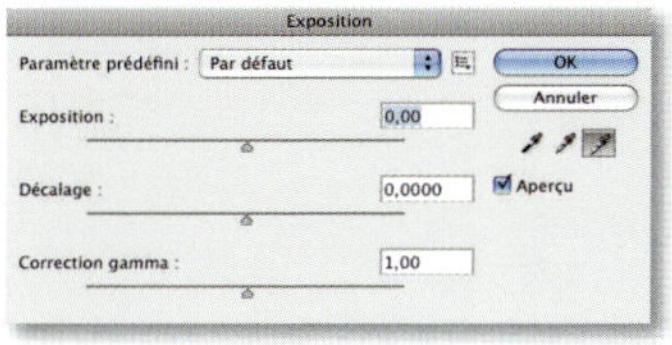

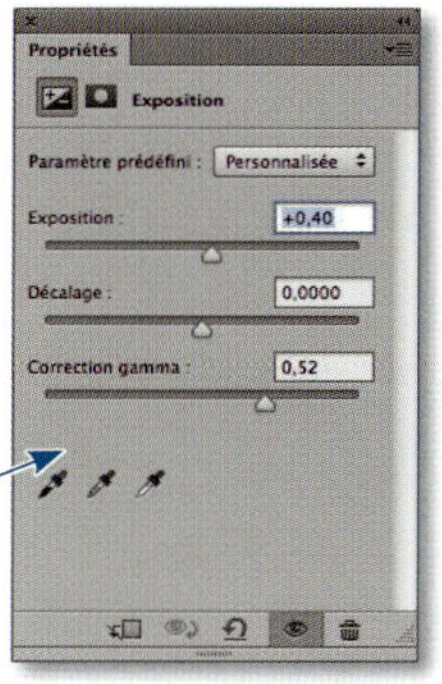

*Ci-dessus, la fenêtre de réglage de la commande **Exposition** (plutôt dédiée aux images HDR). Ci-contre, l'aspect du panneau **Propriétés** avec l'option **Exposition**. Dans les deux cas, on retrouve des paramètres prédéfinis en haut de la boîte de dialogue.*

- **Exposition** : cette option permet de régler les tons les plus clairs de la gamme, en ne modifiant que très peu les tons foncés. Elle permet de rattraper une sur ou sous-exposition de l'image.

- **Décalage** : ici, on repositionne le point noir afin qu'il apparaisse plus foncé ou plus clair. On modifie ainsi les tons moyens et foncés tout en laissant les tons clairs presque inchangés.

- **Gamma** : cette option définit, en quelque sorte, le rapport (ou la proportion) entre les tons clairs et les tons foncés (par défaut, gamma = 1, les proportions sont identiques). Une augmentation du gamma renforce la proportion des tons clairs (certains tons foncés sont écrêtés). Une réduction assombrit l'image en diminuant la proportion des tons clairs (certains sont écrêtés).

Vous pouvez utiliser les pipettes ; celles-ci n'ajustent que les valeurs de luminance de l'image sans toucher aux couches de couleur (comme celles de la commande **Niveaux**).

- **Pipette noire** (point noir) : elle définit le **Décalage**, en ramenant la valeur du pixel cliqué à zéro.

- **Pipette blanche** (point blanc) : elle modifie la valeur de l'option **Exposition** pour que le point sur lequel vous avez cliqué devienne blanc.

- **Pipette grise** (tons moyens) : elle modifie également la valeur de l'option **Exposition** de telle façon que le pixel cliqué devienne gris moyen.

> **Astuce** *Si l'image présente des parties bien distinctes à traiter, créez un premier calque de réglage de type **Exposition** (par clic sur), réglez l'image, dupliquez le calque (en tapant ⌘J [Ctrl J]), inversez le masque (par le bouton **Inverser** du panneau **Propriétés** ou en tapant ⌘I [Ctrl I]), puis modifiez le réglage de l'option **Exposition** dans le panneau **Propriétés**.*

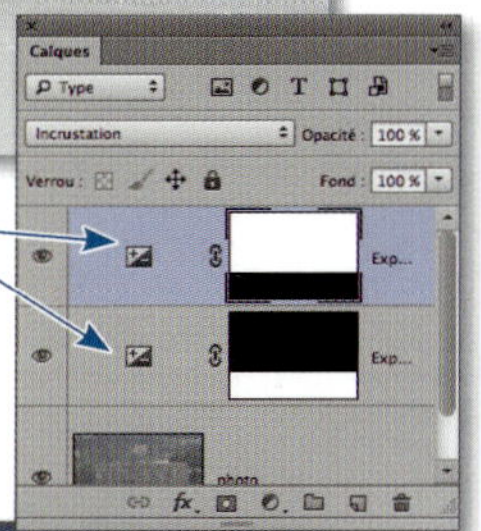

*On règle cette image avec deux calques de réglage **Exposition**. Le masque de l'un est l'inverse de l'autre. Sur chaque calque, on a fait des réglages différents et appliqué un mode de fusion pour renforcer l'effet.*

Certaines commandes vues dans les pages précédentes donnent des résultats équivalents. Leur paramétrage s'avère plus ou moins délicat selon la nature de la correction. L'utilisation des techniques de corrections avancées (*voir le chapitre suivant*) permettra une plus grande finesse et souplesse de réglage. L'utilisation des calques de réglage autorisera le transfert de ces réglages vers d'autres documents.

Les réalisations d'effets particuliers

Il s'agit de manipulations qui provoquent un changement plus ou moins prononcé de l'aspect de la photo. Elles ne constituent pas une méthode de correction colorimétrique mais permettent la création d'effets spéciaux. Ces manipulations utilisent des commandes qui, pour la plupart, se situent dans le sous-menu **Réglages** du menu **Image**. On les retrouve (sauf **Égaliser**) d'une part, dans les calques de réglage et d'autre part, dans le panneau **Réglages**. On distingue : **Noir et Blanc**, **Mélangeur de couches**, **Négatif**, **Seuil**, **Isohélie**, **Égaliser**, **Courbe de transfert de dégradé** et **Filtre photo**. À tous ces réglages on peut ajouter **Recherche de couleurs**, mais ce dernier s'adresse plus particulièrement au travail des vidéos. Avant de commencer l'étude de ces différents effets particuliers, examinons le fonctionnement du panneau **Réglages**.

Les panneaux Réglages et Propriétés

Les calques de réglage permettent de réaliser des traitements chromatiques non destructifs sur un ou plusieurs calques. Deux panneaux permettent leur gestion : le premier, **Réglages**, permet de choisir le type du réglage ; le second, **Propriétés**, permet de le paramétrer.

Le panneau Réglages

Le panneau **Réglages** s'affiche par le menu **Fenêtre/Réglages** ou en cliquant sur l'icône dans les vignettes des panneaux de Photoshop situées à droite de l'écran (selon l'espace de travail choisi). Ce panneau n'affiche que l'ensemble des icônes des réglages auxquels on accède également depuis l'icône du panneau **Calques** (les paramétrages prédéfinis ont disparu, ils s'affichent dans le panneau **Propriétés** de chaque réglage).

*Le panneau **Réglages** avec l'ensemble des réglages applicables.*

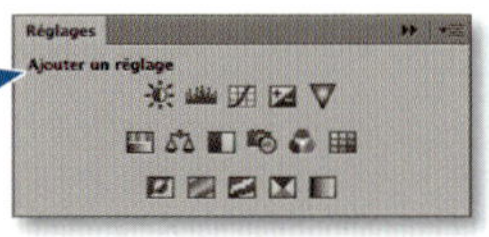

Le panneau Propriétés

Quand vous sélectionnez un réglage en cliquant sur l'une des icônes du panneau **Réglages**, aucune boîte de dialogue ne s'ouvre séparément. En effet, c'est le panneau **Propriétés** qui sert désormais de boîte de dialogue et change d'aspect pour montrer l'ensemble des paramètres du réglage choisi.

Si vous cliquez sur une icône avec la touche ⌥[Alt] enfoncée, une fenêtre permet de renommer le réglage.

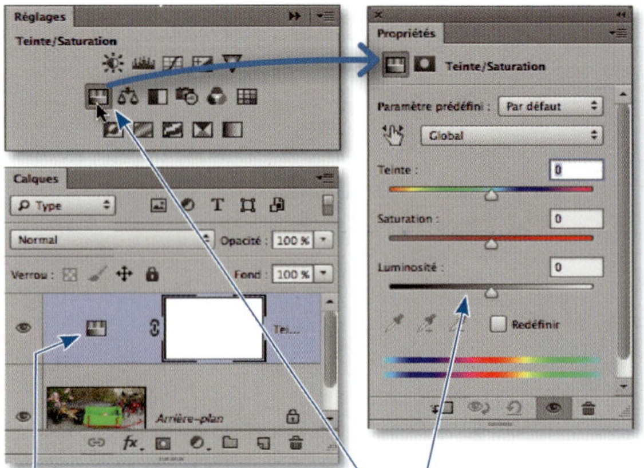

*Dès que l'on clique sur un réglage, ce panneau s'affiche et le calque est ajouté dans le panneau **Calques**.*

Contrairement aux boîtes de dialogue d'un réglage lancé par le menu **Image/Réglages**, le panneau **Propriétés** et ses paramètres demeurent accessibles directement tout au long du travail de la photo si ce panneau est resté affiché (et le calque de réglage activé). Pour qu'il soit visible en permanence, vous pouvez séparer le panneau **Propriétés** des autres panneaux ou encore tous les afficher de manière développée (par clic sur l'icône située en haut à droite des panneaux). Pour réafficher le panneau **Propriétés** d'un calque de réglage particulier, effectuez un double-clic sur l'icône du réglage dans le panneau **Calques** (par clic droit, vous accédez aussi à la commande **Modifier le réglage**).

*Par double-clic ici ou par cette commande, on affiche le panneau **Propriétés**.*

Cette commande ne possède pas de raccourci mais vous pouvez lui en ajouter un par le menu **Édition** et sa commande **Raccourcis clavier**.

L'obtention d'image en niveaux de gris

L'IMAGE EN NIVEAUX DE GRIS PAR LE MENU MODE

Pour réaliser la conversion d'une image couleur par la commande **Niveaux de gris** du menu **Image/Mode**, Photoshop utilise une formule de conversion standard qui consiste à combiner 30 % de rouge, 60 % de vert et 10 % de bleu. Ce mélange convient à certaines images, mais manque de souplesse de réglage et s'avère souvent peu performant. Nous allons voir d'autres méthodes qui donnent de bien meilleurs résultats.

> **ASTUCE** *Avec cette méthode, l'image change de mode. On obtient une image en niveaux de gris codée sur 8 bits.*
> *Avec les méthodes qui suivent, on garde une image RVB (24 bits) ; de plus, comme on utilise des calques de réglage, les modifications restent possibles à tout instant.*

LE CALQUE DE RÉGLAGE NOIR ET BLANC

Il s'agit d'une méthode de conversion très pratique avec un niveau de réglage très fin. En effet, elle permet un contrôle total de la conversion, couleur par couleur : il devient alors possible de régler les rapports de contraste entre les couleurs, ce qui permet, par exemple, de faire ressortir deux couleurs qui correspondent à la même densité de noir.

La mise en place et les réglages de base

La conversion de l'image en niveaux de gris s'obtient par un calque de réglage de type **Noir et blanc** mis en place par clic sur l'icône du panneau **Calques** ou mieux, par l'icône du panneau **Réglages**. Le panneau **Propriétés** montre alors l'ensemble des couleurs de base ; chacune d'elles est munie d'un curseur dont le déplacement définit la densité de noir produite pour représenter la couleur en niveaux de gris.

Pour régler une composante couleur particulière, cliquez sur l'icône pour activer le mode de contrôle direct sur l'image, puis faites glisser le pointeur (devenu) horizontalement pour régler le curseur correspondant à la couleur prédominante à l'emplacement sélectionné, en vue de l'assombrir ou de l'éclaircir dans l'image.

> **ASTUCE** *L'icône , appelée* ***Outil Réglage ciblé par sélection automatique****, peut être activée par défaut dans le menu local du panneau* ***Propriétés****.*

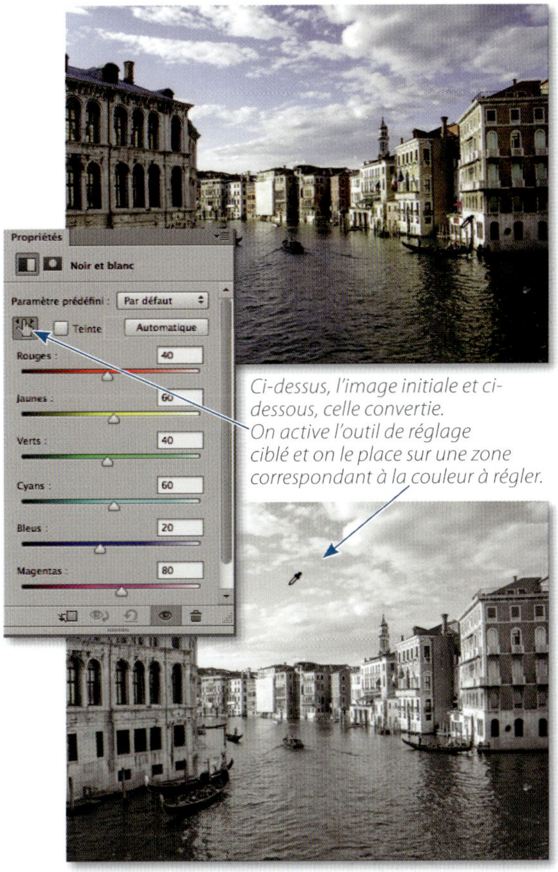

Ci-dessus, l'image initiale et ci-dessous, celle convertie.
On active l'outil de réglage ciblé et on le place sur une zone correspondant à la couleur à régler.

Vous pouvez ainsi agir couleur par couleur pour intensifier (ou atténuer) les rapports de contraste entre deux couleurs.

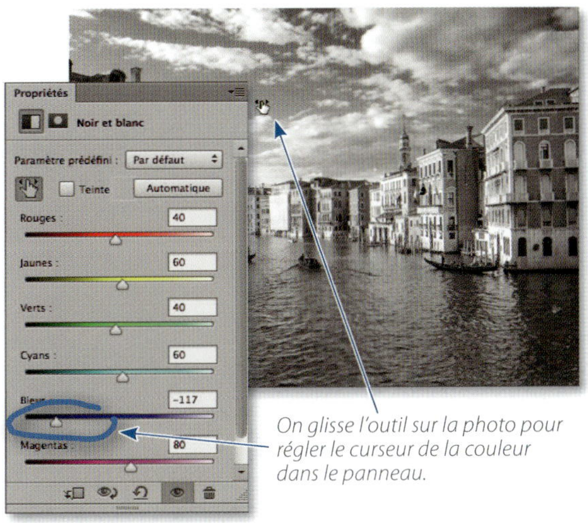

On glisse l'outil sur la photo pour régler le curseur de la couleur dans le panneau.

Le virage des couleurs

Le réglage **Noir et blanc** a subi une autre modification : désormais, pour obtenir un virage des couleurs, vous devez cocher l'option **Teinte** afin de pouvoir choisir une couleur de virage en cliquant sur la case colorée située en haut du panneau **Propriétés**.

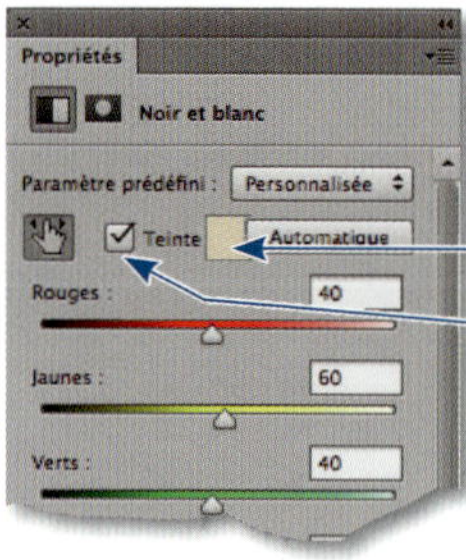

On coche ceci et on clique ici pour définir la couleur.

Pour réaliser une bichromie (en RVB) ou un virage des couleurs, une fois la couleur de virage définie, ajoutez un réglage de type **Teinte/Saturation** pour régler la densité ou la saturation afin de marquer plus ou moins sa présence.

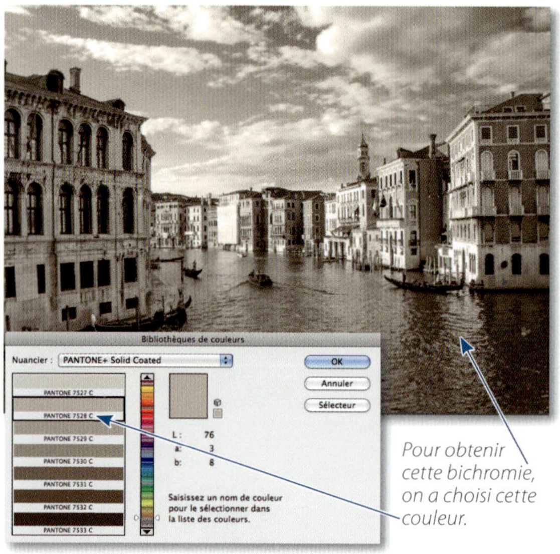

Pour obtenir cette bichromie, on a choisi cette couleur.

L'enregistrement des réglages

La fenêtre **Noir et blanc** propose un certain nombre de paramètres prédéfinis (regroupés dans la liste Paramètres prédéfinis) auxquels vous pouvez ajouter vos propres réglages (à partir du menu local). Certains paramètres simulent une prise de vue à travers un filtre (rouge, jaune…) qui permet, par exemple, d'intensifier le côté dramatique d'un ciel.

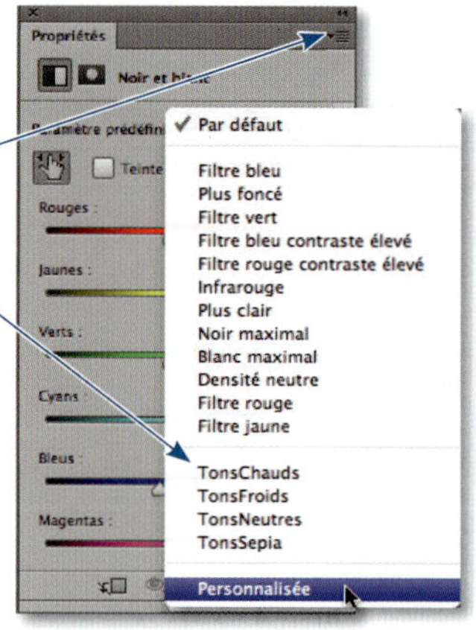

À partir des commandes de ce menu vous pouvez conserver vos réglages. Ils figureront dans la liste des paramètres prédéfinis.

Le réglage Mélangeur de couches

Ce réglage est accessible sous forme de calque de réglage et s'utilise pour la création d'images en niveaux de gris. Une fois la fenêtre du calque de réglage affichée, pour obtenir une image en niveaux de gris, cochez l'option **Monochrome** et réglez les pourcentages des couleurs pour obtenir le résultat souhaité. Un réglage standard d'images en niveaux de gris s'obtient avec un total voisin de 100 % : la fenêtre affiche ce total. Si la somme des pourcentages est supérieure à 100 % (le signe ⚠ l'indique), l'image devient plus claire ; dans le cas contraire, elle devient plus sombre. Selon l'image, les valeurs de rouge et de vert peuvent être modifiées, voire inversées. Lors des réglages, si l'image résultante est trop sombre, augmentez les pourcentages des couleurs et réduisez-les dans le cas contraire.

En cochant cette option, on crée une image en niveaux de gris.

Si le réglage que vous avez choisi ne convient pas, vous pouvez le réinitialiser en lançant la commande correspondante dans le menu local **Paramètre prédéfini** du panneau **Propriétés**. Dans tous les cas, vous pouvez enregistrer vos réglages. Ils apparaîtront dans la liste des paramètres prédéfinis. Vous pouvez modifier les réglages de **Mélangeur de couches** pour qu'ils correspondent au rendu des différentes émulsions noir et blanc, le tableau ci-après les liste.

	Type de pellicules argentiques*	Valeurs RVB
Agfa	Agfa 200X	18 - 41 - 41
	Agfapan 25	25 - 39 - 36
	Agfapan 100	21 - 40 - 39
	Agfapan 400	20 - 41 - 39
Ilford	Ilford Delta 100	21 - 42 - 37
	Ilford Delta 400	22 - 42 - 36
	Ilford Delta 400 Pro	31 - 36 - 33
	3200 Ilford FP4	28 - 41 - 31
	Ilford HP5	23 - 37 - 40
	Ilford Pan F	33 - 36 - 31
	Ilford SFX	36 - 31 - 33
	Ilford XP2 Super	21 - 42 - 37
Kodak	Kodak Tmax 100	24 - 37 - 39
	Kodak Tmax 400	27 - 36 - 37
	Kodak Tri-X	25 - 35 - 40

* Les différences entre les films ne sont pas toujours perceptibles.

L'exportation d'image en niveaux de gris vers une mise en page (InDesign ou XPress 8)

Si vous exportez les images monochromes obtenues par les méthodes utilisant les calques de réglage (**Mélangeur de couches** ou **Noir et blanc**), dans le logiciel de PAO, les niveaux de gris sont générés par un mélange d'encres CMJN au lieu de l'encre noire seule.

L'image en niveaux de gris s'imprimera en CMJN dans InDesign.

Si cela pose problème, effectuez les opérations décrites ci-après. Elles présentent l'avantage, par rapport à un changement de mode direct par le menu **Image/Mode**, de ne pas changer l'aspect du document et de garder la possibilité de revenir sur les réglages des calques de réglage.

1. Sélectionnez l'ensemble des calques du document à l'aide de la commande **Tous les calques** (⌥⌘A [Alt Ctrl A] ou menu **Sélection**).
2. Par clic droit sur l'un des calques dans le panneau **Calques**, lancez **Convertir en objet dynamique** : vous n'obtenez qu'un seul calque qui présente une icône.
3. Dans le menu **Image**, puis **Mode**, choisissez **Niveaux de gris**. Dans la fenêtre qui apparaît, choisissez l'option **Ne pas pixelliser** : cela permettra des modifications sur l'objet dynamique (par double-clic sur l'icône).

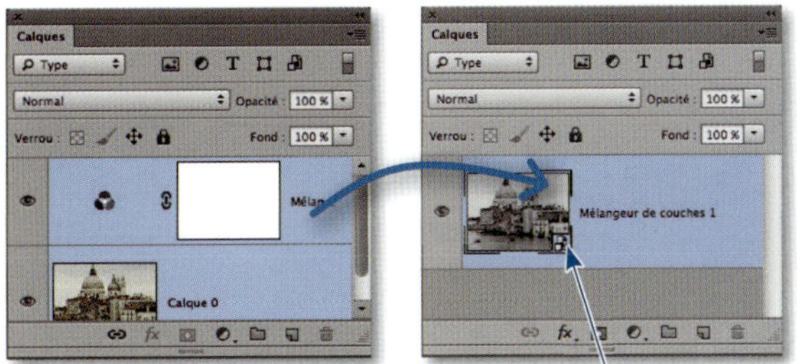

À partir des deux calques on fait un objet dynamique et on convertit en niveaux de gris.

4. Enregistrez le fichier au format Photoshop PSD (TIFF ou PDF). Dans InDesign et XPress 8, il ne s'imprimera qu'avec une encre noire.

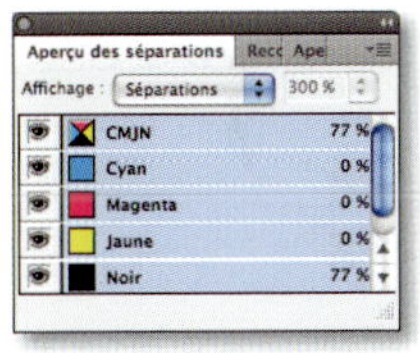

L'image n'utilise que l'encre noire.

Si vous rouvrez le document PSD en niveaux de gris à partir d'InDesign ou d'XPress, l'objet dynamique qu'il contient peut être modifié par double-clic sur l'icône : la fenêtre d'un document RVB avec les calques de réglage s'affichera.

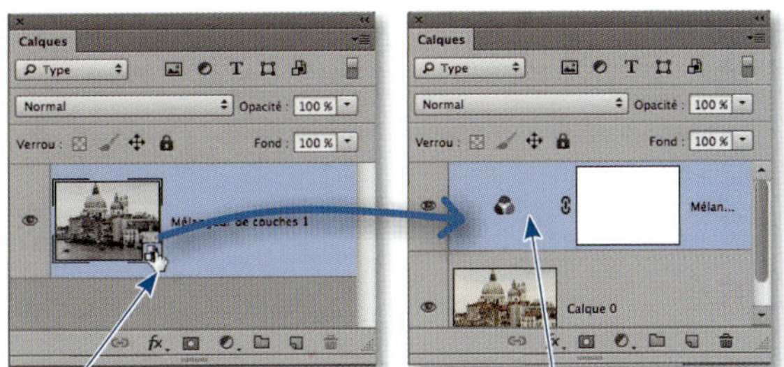

On édite l'objet dynamique et on accède aux réglages.

Le virage HDR

Photoshop propose une commande qui permet de traiter une image unique comme si elle avait été obtenue par fusion HDR d'une série d'images. Dans ce cas, la commande permettra principalement d'obtenir des effets spéciaux.

Pour afficher la fenêtre de réglage lancez la commande **Virage HDR** située dans le menu **Image** puis **Réglages**. Une fenêtre de dialogue apparaît, elle comporte différentes méthodes de réglages et une série de paramètres prédéfinis. *Ci-après vous pouvez voir quelques exemples.*

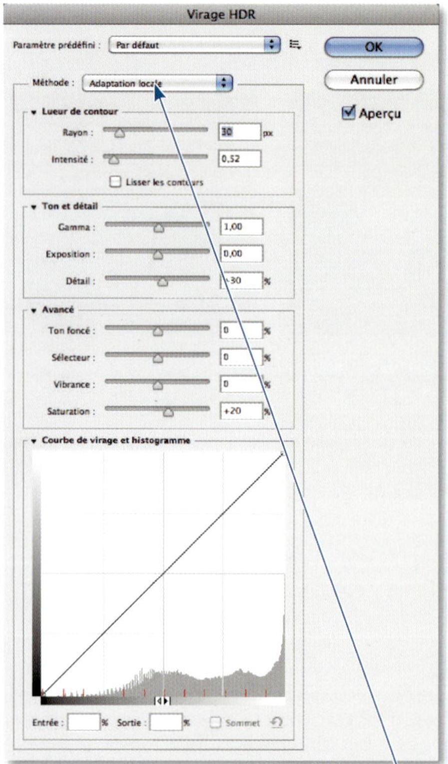

La fenêtre de virage HDR, elle propose des méthodes de virage.

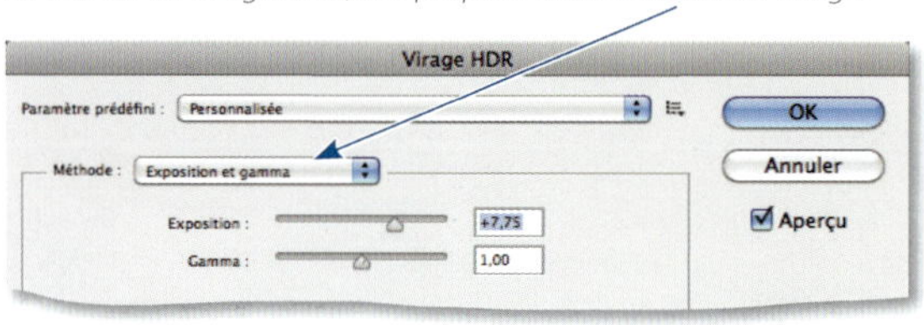

Vous pouvez enregistrer vos réglages personnalisés pour les réutiliser facilement.

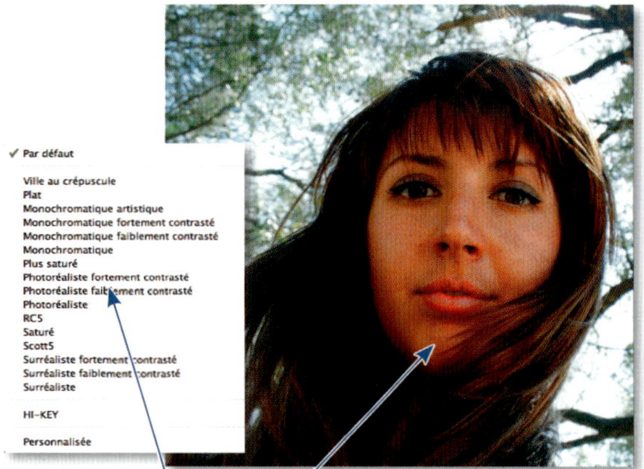

Les paramètres prédéfinis, la photo originale et quelques exemples de réglages.

Paramètre prédéfini : ***Monochromatique artistique.***

Monochromatique fortement contrasté.

Monochromatique faiblement contrasté.

Photoréaliste fortement contrasté.

Méthode ***Exposition et gamma*** *personnalisée.*

Personnalisé, type « High Key ».

L'obtention d'une image au trait (noir et blanc) avec Seuil

Le principe

Le réglage **Seuil** s'obtient sous forme de calque de réglage, à partir de l'icône du panneau **Réglages** (ou de l'icône du panneau **Calques**) ; il s'applique également de façon irréversible par la commande du menu **Image**, puis **Réglages**. Il permet de transformer une image en niveaux de gris (ou couleurs avec le calque de réglage) en image au trait (noir et blanc). La boîte de dialogue propose de définir le niveau du seuil, c'est-à-dire la valeur au-dessus de laquelle les pixels se transforment en blanc (255), et en dessous de laquelle ils deviennent noirs (0). Par défaut, cette valeur est de 128, déplacez le triangle situé sous l'histogramme jusqu'à ce que la photo prenne l'aspect voulu.

L'image initiale.

*Ci-dessous, l'image convertie avec la valeur de **Seuil** par défaut (à droite, le seuil a été augmenté).*

Astuce *Pour mieux gérer les conversions des couleurs vers le noir ou le blanc, ajoutez un calque de réglage **Noir et blanc** avant d'appliquer le réglage **Seuil**. Vous pourrez définir quelle couleur devra être blanche ou noire.*

La préparation d'une image au trait pour l'exportation

L'avantage d'obtenir l'image au trait par la commande **Seuil** plutôt que par conversion avec la commande **Bitmap** (menu **Image/Mode**) et son option **50 % seuil**, c'est que vous pouvez choisir le seuil de transition des pixels vers le noir ou le blanc.

En revanche, le document reste dans son mode initial (8 bits ou 24 bits), ce qui fait que le poids du fichier n'est pas réduit. De plus, si l'image initiale était en RVB, une fois le document importé dans InDesign (ou XPress), le noir s'imprimera en CMJN (et non pas en noir seul). Pour pallier ce problème, vous pouvez utiliser la technique de la page précédente avec l'objet dynamique et la conversion en niveaux de gris ; si vous la poursuivez par une conversion en bitmap, il y aura pixellisation de l'objet dynamique.

Les autres utilisations

La préparation d'un masque

Ce type de traitement peut être intéressant à appliquer sur une image ou une copie d'une de ses couches en vue de préparer un masque (directement par le menu **Image/Réglages**). En effet, le contraste est poussé à l'extrême.

Cela permet de donner des bords nets au masque et d'éliminer les parties grises. Une action au pinceau (noir ou blanc) permettra d'éliminer les parties indésirables à l'intérieur ou à l'extérieur du masque.

Les effets spéciaux avec le mode de fusion

Si vous appliquez **Seuil** par l'intermédiaire d'un calque de réglage, puis si vous modifiez le mode de fusion du calque, vous pouvez créer des effets spéciaux. Avec le mode **Produit** (ou **Obscurcir**), notamment, les tons foncés de l'image sont remplacés par le noir alors que les tons clairs restent intacts. Avec le mode **Superposition** (ou **Éclaircir**), les tons clairs deviennent blancs alors que les tons sombres gardent leur couleur.

L'inversion des couleurs avec Négatif

Cet effet s'obtient par la commande **Négatif** du menu **Image/Réglages**, par un calque de réglage (nommé **Inverser** dans le menu du panneau **Calques**) ou son icône dans le panneau **Réglages**. Il s'applique à la sélection, s'il y en a une, ou à la totalité de l'image s'il n'y en a pas. Chaque pixel prend une nouvelle valeur « symétrique » par rapport au niveau moyen (128), c'est-à-dire que les pixels de valeur 0 passent à la valeur 255, et réciproquement. On obtient ainsi un négatif de l'image (ou un positif si vous aviez scanné un négatif).

> **Astuce** *Cette commande (appliquée en tapant ⌘I [Ctrl I]) est très utile lors de la préparation de sélections à partir de couches alpha ou du **mode Masque** pour inverser la sélection.*

La postérisation d'une image avec Isohélie

Quand vous lancez cette commande ou ce calque de réglage (icône dans le panneau **Réglages**), la zone de paramétrage permet de spécifier le nombre de niveaux de teinte de l'image résultante. On obtient une image de type « poster ». Cet effet peut aussi s'appliquer à des images en couleurs, afin de limiter le nombre de niveaux lumineux ou créer des effets spéciaux (en utilisant un calque de réglage et en changeant son mode de fusion).

La modification du contraste d'une image avec Égaliser

Cette commande provoque la redistribution des luminosités des pixels entre les niveaux 0 et 255 ; la répartition devient plus uniforme. Un affichage de l'histogramme — qui indique la répartition des pixels des tons foncés aux tons clairs — avant et après la manipulation permet de comparer les distributions. L'image devient plus lumineuse et le contraste se trouve (parfois) renforcé. Si vous effectuez une sélection avant de lancer cette commande, une fenêtre vous permettra de choisir une égalisation sur la sélection ou sur la totalité de l'image, mais à partir des valeurs des pixels de la sélection.

> **Astuce** *Quand l'effet obtenu avec **Égaliser** paraît trop fort, vous pouvez l'estomper avec **Atténuer** du menu **Édition**.*

La création d'une bichromie avec Courbe de transfert de dégradé

Le principe : effet de bichromie en RVB

Cette commande, qui s'applique également par un calque de réglage, permet de remplacer les différents tons d'une image par ceux pris dans un dégradé de couleurs. Il y a un transfert des couleurs du dégradé sur les tons de l'image. Si le dégradé est simple (deux couleurs), l'image prend l'aspect d'une bichromie (d'un niveau de gris avec le noir et le blanc). S'il y a des couleurs intermédiaires, l'image prend un aspect particulier en fonction de la tonalité de l'image.

Les réglages du transfert : le dégradé

Avant de lancer le réglage, tapez la touche D pour réafficher les couleurs par défaut. En effet, quand vous sélectionnez l'icône **Courbe de transfert de dégradé** dans le panneau **Réglages**, celui-ci affiche un dégradé dans lequel la couleur de gauche (départ) correspond à celle choisie pour le premier plan dans le panneau **Outils**, et la couleur de droite à celle de l'arrière-plan.

Avec les couleurs par défaut, le dégradé va du noir au blanc. Le réglage utilise ce dégradé pour « remplir » l'image, c'est-à-dire que le document se transforme (avec les couleurs par défaut) en image en niveaux de gris.

Avec les couleurs par défaut, le panneau prend cet aspect : on obtient une photo en niveaux de gris.

Si vous cliquez dans la bande de dégradé, une nouvelle fenêtre s'affiche. Sa partie haute comporte une série de dégradés prédéfinis et sa partie basse permet de modifier ou de composer un nouveau dégradé.

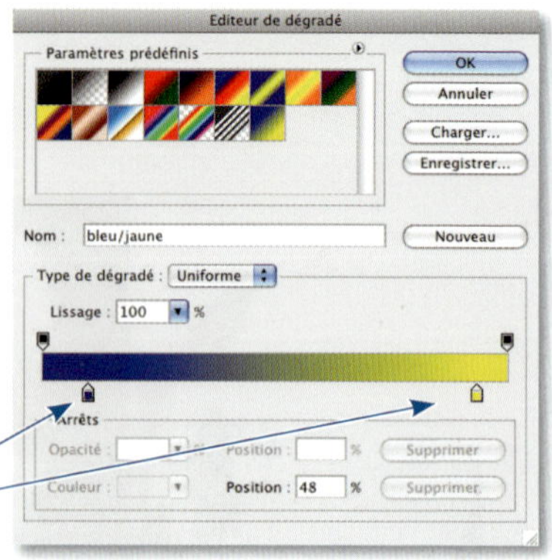

On peut modifier le dégradé. Ci-contre, on a augmenté le contraste en rapprochant les couleurs.

Le dégradé simple

Si le dégradé ne comporte que deux couleurs, celle de départ est attribuée aux tons foncés de l'image, celle d'arrivée aux tons clairs, et les tons intermédiaires prennent les teintes intermédiaires du dégradé. Par exemple, avec un dégradé du bleu au jaune, l'image prend l'aspect d'une bichromie dans laquelle l'encre noire a été remplacée par le bleu, avec les zones claires en jaune.

L'image initiale et celle obtenue avec le dégradé bleu-jaune.

Pour changer la composition de la couleur, cliquez sur l'icône (◘) de la couleur à modifier (départ ou arrivée), puis sur la case **Couleur** : le sélecteur de couleurs s'affiche. Vous pouvez y choisir la couleur en réglant sa composition ou à partir d'un nuancier (Pantone, par exemple) en cliquant sur **Autre**, ou encore par prélèvement sur l'un des documents ouverts à l'écran.

> **Astuce** *La couleur de départ étant attribuée aux tons foncés, il est préférable de la choisir plus sombre que celle d'arrivée. On peut aussi créer des effets intéressants en prenant deux couleurs complémentaires pour le départ et l'arrivée.*

Le dégradé multicolore

Si le dégradé comporte plusieurs nuances (on en ajoute par clic entre couleur de départ et d'arrivée), les couleurs intermédiaires du dégradé sont appliquées, selon leur position dans le dégradé. Par exemple, si vous placez une couleur à 75 %, elle s'applique aux ¼ de tons ; si vous la placez à 50 %, elle affecte les ½ tons, et à 25 % pour les ¾ quarts de tons. Ainsi, un dégradé symétrique avec la même couleur de part et d'autre des tons moyens peut donner un effet de solarisation ou un effet chrome selon les couleurs utilisées.

> **Astuce** *Pour mieux gérer les transferts entre les couleurs et le dégradé, ajoutez un calque de réglage **Noir et blanc** (placé sous le calque **Courbe de transfert de dégradé**). Ainsi, vous pourrez modifier le comportement de certaines couleurs.*

Les dégradés spéciaux (bruit)

À la place du dégradé uniforme, Photoshop propose une autre option dans la définition des dégradés : il s'agit de l'option **Bruit**. Elle affiche un dégradé aléatoire comportant un grand nombre de nuances. Cliquez sur **Phase initiale aléatoire** pour changer le dégradé.

Vous pouvez modifier certaines dominantes à partir des curseurs R, V et B. Le curseur noir (▲) agit sur les tons foncés de l'image : si on décale un curseur vers la droite, on ajoute la complémentaire. De la même façon, le curseur blanc (△) agit sur les zones claires de l'image ; si on le déplace vers la gauche, on y ajoute la couleur complémentaire. L'effet est souvent plus visible. Par exemple, si vous déplacez vers la gauche le curseur blanc de la composante rouge, vous ajoutez du cyan. En revanche, si vous déplacez à la fois les curseurs du vert et du bleu, vous ajoutez du magenta et du jaune, c'est-à-dire du rouge. Faites des essais : quand vous trouvez un réglage intéressant, enregistrez-le.

Le réglage de l'ambiance d'une photo : Filtre photo

Les filtres photographiques

Le calque de réglage (ou la commande) **Filtre photo** reproduit la technique utilisée par les photographes professionnels qui consiste à placer devant l'objectif des filtres de correction des couleurs et d'équilibrage de la lumière. Cette technique permet de changer la balance et la température des couleurs, et de compenser certains changements de couleur de la lumière du jour au cours de la journée, ou de modifier l'ambiance ou le rendu des couleurs d'une photo.

Les filtres photo s'appliquent sous forme de calques de réglage. En cliquant ici, on affiche cette liste.

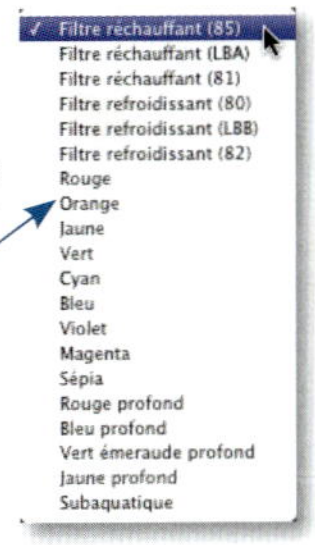

Les types de filtres

On distingue trois séries de filtres :

- **les filtres de conversion** (ou de correction de la température des couleurs) qui sont utilisés pour adapter un type de film à un autre type d'éclairage (par exemple, le film « lumière du jour » avec un éclairage artificiel) ;
- **les filtres de compensation**, utilisés pour corriger de faibles dominantes de couleur ;
- **les filtres colorés**, appliqués pour créer des effets divers ou compenser une dominante colorée.

Les filtres de conversion ou de réchauffement et de refroidissement

Photoshop propose quatre filtres (85, LBA, 80 et LBB) de correction des couleurs qui permettront un ajustement de la balance des blancs d'une image dans le cas où la photo a été prise avec une température des couleurs faible (ambiance jaunâtre) ou trop élevée (ambiance bleutée).

Les filtres 85 et LBA pour un réchauffement

De couleur orange ou ambre-orangé, ils absorbent les bleus et le cyan, et permettent d'augmenter le rendu chaud d'un lever ou d'un coucher de soleil et d'enrichir les teintes de la peau.

Les filtres 80 et LBB pour un refroidissement

De couleur bleue, ils absorbent le rouge, le vert et le jaune et permettent de corriger des images comportant de fortes teintes de jaune et d'orange provoquées par la lumière au tungstène ou des bougies.

Les filtres compensateurs ou réchauffant et refroidissant

Photoshop propose deux filtres compensateurs : le filtre réchauffant 81 et le filtre refroidissant 82.

Le filtre 81

C'est également un filtre réchauffant, mais moins fort que le 85. De couleur ambre claire, il permet de supprimer les teintes bleutées dans les photos prises par temps couvert, ou de nettoyer les ombres bleutées. Il est idéal pour ajouter de la chaleur à un portrait.

Dans le cas des ombres, celles-ci peuvent être sélectionnées avec l'outil **Baguette magique** (avec l'option **Pixels contigus** décochée et un contour progressif) afin de limiter l'action du filtre à ces dernières.

> **Astuce** *En modifiant le mode de fusion du calque, vous pouvez accentuer la correction des couleurs (avec les modes de fusion **Incrustation**, **Lumière tamisée** ou **Lumière crue**, vous obtenez d'autres résultats). Inversement, en utilisant un masque de fusion, vous pouvez limiter l'effet de la correction sur une partie de la photo.*

Le filtre 82

C'est un filtre refroidissant, moins fort que le 80. Utilisez-le dans les scènes de chutes d'eau ou de neige pour les teinter légèrement de bleu, afin de renforcer l'impression de froid.

*Pour augmenter le rendu chaud de la partie basse de la photo, on a appliqué le filtre **Réchauffant 85**.*

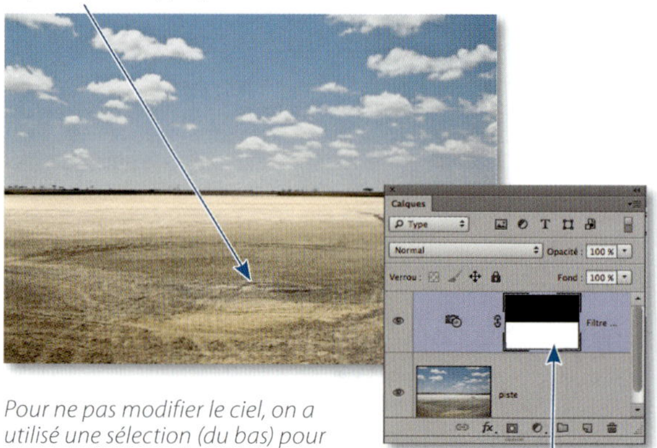

Pour ne pas modifier le ciel, on a utilisé une sélection (du bas) pour créer un masque de fusion.

Les filtres colorés

Réglez la teinte de l'image en fonction de la couleur prédéfinie de votre choix. Cette couleur dépend de la façon dont vous utilisez le calque **Filtre photo**. Si la photo présente une dominante de couleur, vous pouvez choisir une couleur complémentaire pour neutraliser cette dominante. Pour obtenir cette couleur dans la fenêtre **Filtre photo**, vous pouvez procéder selon la méthode suivante :

1. Avec la pipette, effectuez un prélèvement sur la zone de la photo présentant la dominante colorée.
2. Créez un nouveau document de taille quelconque (en RVB).
3. Remplissez l'arrière-plan du document avec la couleur précédemment prélevée en tapant ⌥ Efface [Alt Efface]. Tapez ⌘ I [Ctrl I] pour obtenir le négatif de la couleur.
4. De retour sur le document à corriger, ajoutez le calque de réglage Filtre photo, cliquez sur la case **Couleur** et prélevez la couleur sur le document coloré que vous avez créé.

3 - Les techniques de corrections avancées

Ce chapitre comporte quatre sections :

- les différentes techniques de correction ;
- la mise en œuvre de la correction (mise en place du calque de réglage avec le travail de son masque) ;
- les traitements spécifiques aux calques de réglage ou à leur masque ;
- le contenu du calque de réglage (comment définir les paramètres pour obtenir une correction satisfaisante et réaliste).

Comme je l'ai déjà signalé, si vous utilisez des images au format JPEG (ou TIFF), pensez à les ouvrir (systématiquement) dans Camera Raw et à utiliser ce dernier pour réaliser certaines corrections. Si, par la suite, le fichier est ouvert en tant qu'objet dynamique (ce qui est préférable), les corrections seront réversibles. Vous pouvez éventuellement convertir le calque actif en calque dynamique qui s'ouvre dans Camera Raw en utilisant le script indiqué *page 391*.

Les deux techniques de correction

Avant d'aborder la procédure de correction d'une image, il convient de parler des deux techniques de correction. Celles-ci sont indépendantes du travail à effectuer sur l'image.

La correction définitive ou destructive

Quand vous lancez l'une des commandes de réglage du menu **Image/Réglages**, les pixels sont traités de manière définitive. Si vous souhaitez redonner aux pixels leur aspect initial, atténuer le réglage ou le localiser, l'opération peut se révéler délicate, voire impossible, notamment lorsque plusieurs réglages ont été cumulés. Le traitement définitif est la méthode de travail la plus classique et, pour certaines commandes, vous ne disposez pas d'autre choix — c'est le cas pour les réglages (automatiques et simplifiés) vus dans le chapitre précédent et des commandes telles que **Remplacement des couleurs** et **Égaliser**.

La correction non destructive par calque de réglage

Le principe est d'utiliser un calque spécial, dit **calque de réglage**, sur lequel se spécifie un type de réglage chromatique. Ce calque fait appel à deux panneaux : le panneau **Réglages** (pour la création) et le panneau **Propriétés** (pour le paramétrage). L'effet du réglage s'étend à tous les calques placés sous le calque de réglage (sauf si vous le limitez au calque inférieur par un écrêtage). Il est possible de créer plusieurs calques de réglage, de les activer ou non, de les appliquer de manière définitive ou non, de les regrouper dans un dossier de calques, de les transférer vers d'autres images… Les manipulations sont nombreuses ; on peut y ajouter l'utilisation de compositions de calques, qui permettra de réaliser plusieurs versions d'un document avec des combinaisons de calques de réglage.

La correction selon le type du document

Le travail avec les couleurs RVB ou CMJN

Il est souvent avantageux d'effectuer les réglages sur une image travaillée dans l'espace RVB plutôt que dans l'espace CMJN. En effet, le fichier RVB est plus léger (3 couches), les filtres restent tous accessibles, les réglages sont plus efficaces et précis (sans risque d'altérer la couche du noir) et ils s'effectuent, dans un espace plus riche en couleurs, sur une image RVB qui correspond davantage à la photo originale. Enfin, l'image RVB reste utilisable pour différentes destinations : impression, Web, vidéo… Pour contrôler l'aspect CMJN pendant les réglages, utilisez les commandes du menu **Affichage/Format d'épreuve** (pour spécifier l'espace de destination) et **Couleurs d'épreuve** (pour demander sa visualisation).

Les réglages et les documents 8 bits et 16 bits

Photoshop peut travailler de manière presque semblable les images en 8 bits et 16 bits (gestion des calques, des filtres…). Les images acquises en 16 bits sont plus lourdes mais présentent l'avantage de renfermer plus de détails colorimétriques (65 000 nuances au lieu de 256). Avec certains types d'images, il peut être préférable de conserver l'image en 16 bits afin de la travailler. C'est le cas pour une photo affichant un histogramme avec une gamme restreinte de tons.

Effectués sur les images en 8 bits, les réglages de type **Niveaux** ou **Courbes** engendrent un écrêtage de certains tons qui risque d'altérer la qualité de l'image en faisant disparaître des nuances. Avec ce type de photo, un travail en 16 bits laissera suffisamment de nuances pour ne pas compromettre la qualité de l'image. De même, avec certaines images présentant des dégradés, un effet d'isohélie peut apparaître lors d'un travail en 8 bits.

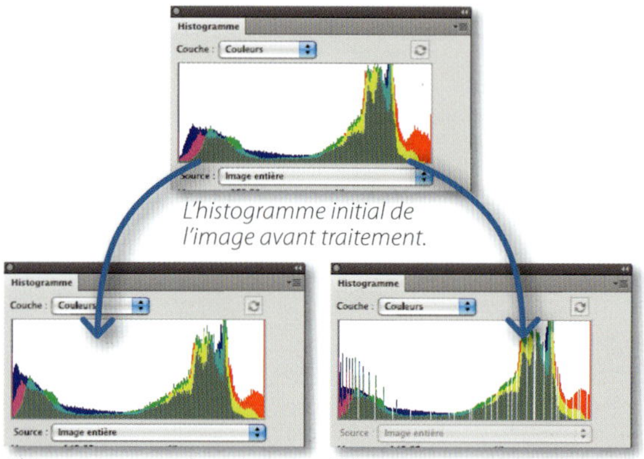

L'histogramme initial de l'image avant traitement.

L'histogramme après traitement de l'image 16 bits.

L'histogramme après traitement de l'image 8 bits : il y a écrêtage.

Cependant, avec la plupart des images 8 bits, l'histogramme subit une dégradation lors des réglages, mais celle-ci n'est pas forcément préjudiciable à la qualité de l'image.

Le contrôle des corrections

L'affichage des informations

Depuis le menu **Fenêtre**, vous pouvez afficher le panneau **Informations**. Celui-ci affiche, lors du glissement de la souris sur l'image, la valeur du pixel survolé, ainsi que ses valeurs après correction.

On place des échantillons sur l'image. Le panneau **Informations** *indique leur changement de valeur.*

Par ⇧clic, vous pouvez placer jusqu'à quatre échantillons à des points stratégiques de l'image afin d'afficher leurs valeurs chromatiques (ils s'enlèvent par ⇧⌥clic [⇧Alt clic]). Photoshop indiquera ces valeurs avant et après correction, ce qui s'avère être une aide précieuse pour certains réglages (notamment pour contrôler la neutralité d'un gris). Les valeurs sont exprimées en fonction du choix de l'espace de travail (RVB, CMJN, TSL…) ; vous pouvez en définir un autre directement dans le panneau **Informations** en cliquant sur la pipette ( ) en regard de chaque valeur de l'échantillon.

L'affichage des histogrammes

Photoshop propose le panneau **Histogramme** qui permet de visualiser en permanence l'histogramme de l'image.

Il affiche la répartition des pixels (ou plage) en fonction de leur luminosité : les pixels sombres (proches de 0) se situent à gauche, les clairs (proches de 255) à droite, au centre se situent les pixels correspondant aux tons moyens, l'axe vertical définit leur nombre. Pour les images couleur, l'histogramme peut s'afficher par couleur primaire (c'est-à-dire par couche : **Rouge**, **Vert** ou **Bleu** ou **Cyan**, **Magenta**, **Jaune** et **Noir**), en fonction de la **Luminosité** (c'est l'option par défaut) ou par superposition des couches colorées.

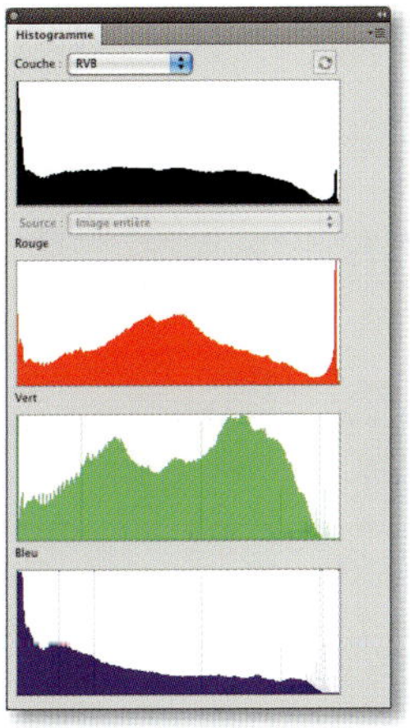

L'histogramme complet.

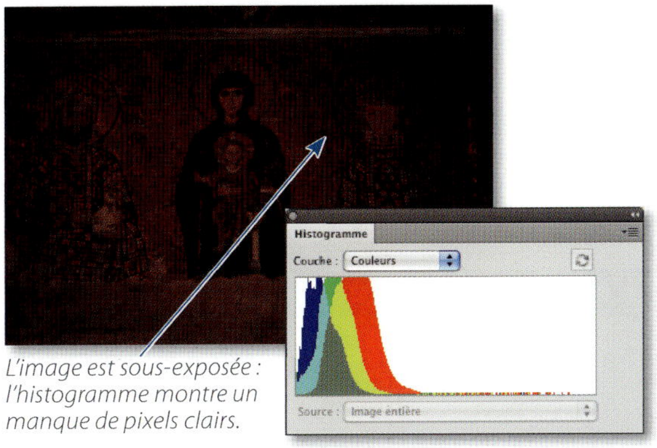

L'image est sous-exposée : l'histogramme montre un manque de pixels clairs.

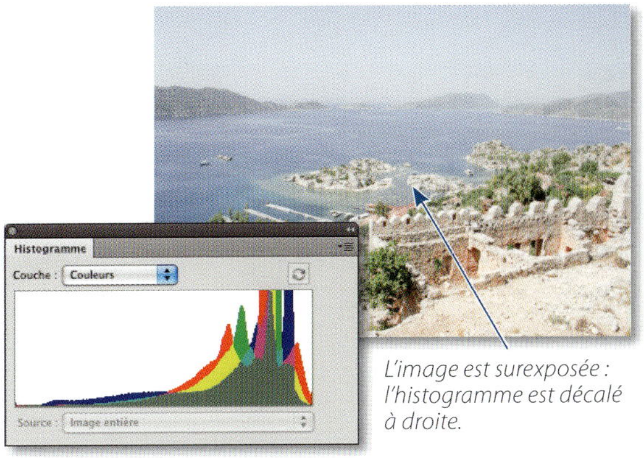

L'image est surexposée : l'histogramme est décalé à droite.

À la prise de vue, l'histogramme doit être le plus étalé possible. Son examen dans Photoshop permet de voir rapidement l'ampleur d'un problème sur une photo (image terne, claire, surexposée, sombre, sous-exposée…). De plus, cet histogramme est visible dans le panneau **Propriétés** avec un réglage de type **Niveaux** ou **Courbes**.

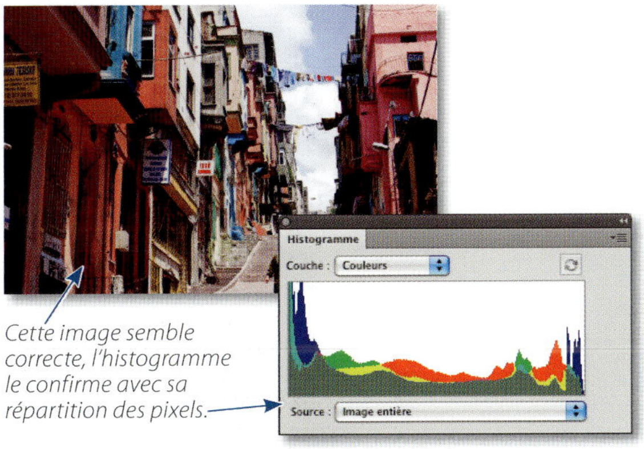

Cette image semble correcte, l'histogramme le confirme avec sa répartition des pixels.

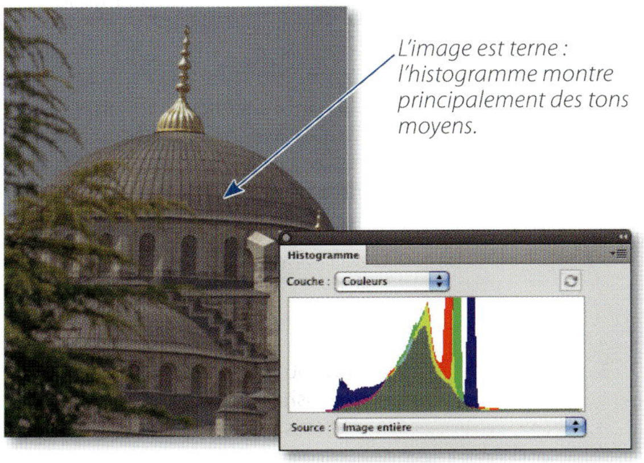

L'image est terne : l'histogramme montre principalement des tons moyens.

L'affichage multiple pour une comparaison

Lorsque vous réalisez certains réglages chromatiques (ou appliquez certains filtres), il peut être intéressant de comparer sur des copies du même fichier l'aspect du document selon les valeurs spécifiées pour le réglage. Pour effectuer cette comparaison, réalisez les opérations suivantes :

1. Créez les copies du document, par quelques clics sur l'icône du panneau **Historique**, par exemple. Selon la configuration de l'espace de travail, les documents apparaissent dans des onglets.
2. Dans le menu **Fenêtre/Réorganiser**, choisissez l'option correspondant au nombre de fenêtres à afficher.
3. Dans le menu **Fenêtre/Réorganiser**, lancez **Faire correspondre le zoom**, puis **Faire correspondre la position** afin de voir le même détail dans toutes les fenêtres, avec le même taux d'affichage pour chacune d'elles.

Dans le même ordre d'idées, vous pouvez ouvrir plusieurs fenêtres du même document (par la commande **Nouvelle fenêtre**) avec des taux d'affichage différents ou des couches particulières, puis les afficher côte à côte.

La mise en place du calque de réglage

L'ajout d'un calque de réglage

L'opération, très facile à réaliser, s'effectue de différentes manières. La technique la plus simple consiste à utiliser le panneau **Réglages**. Mais vous disposez également du menu **Calque**, puis **Nouveau calque de réglage** ou encore du panneau **Calques** et de son icône .

L'ajout par le panneau Réglages

Le panneau Réglages

Les calques de réglage permettent de réaliser des traitements chromatiques non destructifs sur un ou plusieurs calques. Les réglages se gèrent par le panneau **Réglages** et le panneau **Propriétés**. On affiche ces panneaux par le menu **Fenêtre** (**Réglages** ou **Propriétés**) ou en cliquant sur l'icône ou dans les vignettes des panneaux de Photoshop (selon l'espace de travail choisi). Le panneau **Réglages** n'affiche que l'ensemble des icônes des réglages auxquels on accède également depuis l'icône du panneau **Calques** (les paramétrages prédéfinis ont disparu, ils s'affichent dans le panneau **Propriétés** de chaque réglage). Si vous cliquez sur une icône avec la touche ⌥[Alt] enfoncée, une fenêtre permet de renommer le réglage.

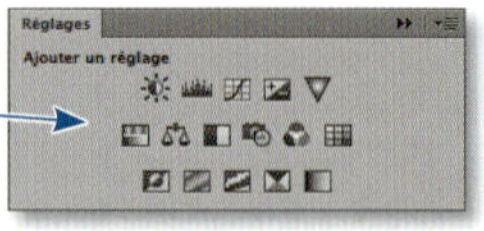

*Le panneau **Réglages** avec l'ensemble des réglages applicables.*

Le panneau Propriétés

Quand vous sélectionnez un réglage en cliquant sur l'une des icônes du panneau **Réglages**, aucune boîte de dialogue ne s'ouvre séparément. En effet, c'est le panneau **Propriétés** qui joue ce rôle et change d'aspect pour montrer l'ensemble des paramètres du réglage choisi. Le panneau **Propriétés** et ses paramètres demeurent accessibles directement tout au long du travail de la photo si ce panneau est resté affiché (et le calque de réglage activé). Pour que le panneau **Propriétés** reste visible en permanence, vous pouvez le séparer des autres panneaux ou encore tous les afficher de manière développée (par clic sur l'icône située en haut à droite des panneaux).

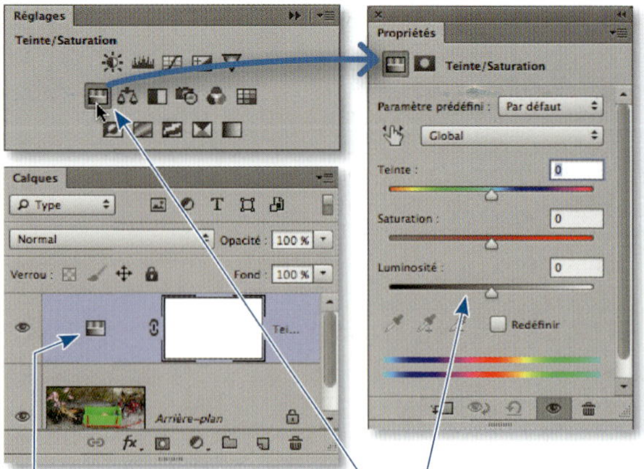

*Dès que l'on clique sur un réglage, ce panneau s'affiche et le calque est ajouté dans le panneau **Calques**.*

S'il n'est pas visible en permanence, vous réafficherez le panneau **Propriétés** d'un calque de réglage particulier, effectuez un double-clic sur l'icône du réglage dans le panneau **Calques** (par clic droit, vous accédez aussi à la commande **Modifier le réglage**). Vous pouvez également utiliser la commande **Options de calque** du menu **Calque**.

Les options du panneau Propriétés

Quel que soit le réglage choisi, le bas du panneau propose quelques options accessibles sous forme d'icônes.

*Les options proposées en bas du panneau **Propriétés**.*

– **Écrêter le réglage** : par défaut, le réglage s'applique à tous les calques inférieurs au calque de réglage. Cette option permet d'utiliser le calque inférieur comme calque d'écrêtage afin qu'il soit le seul à subir le réglage. Cette opération d'écrêtage se réalise également par ⌥clic [Alt clic] sur la ligne qui sépare les deux calques dans le panneau **Calques** ou lors de sa création depuis ce panneau avec la touche ⌥clic [Alt clic] enfoncée (*voir plus loin*).

> **Note** *L'écrêtage peut être programmé sur tous les futurs calques de réglage ajoutés en lançant la commande **Écrêter selon le calque** dans le menu local du panneau **Réglages**.*

- **Afficher le réglage précédent** : pour utiliser cette option, il faut garder le bouton de la souris enfoncé. Son intérêt n'apparaît que lorsque vous retournez dans le panneau **Réglages** pour y effectuer un nouveau réglage. Photoshop affiche temporairement le réglage précédent. Cependant, si vous n'avez pas quitté le panneau pour réaliser d'autres manipulations (sur l'image ou dans d'autres panneaux), cette option montrera l'image avec les paramètres par défaut du réglage. Cette icône reprend le principe de l'**Aperçu** des versions précédentes (ici, au lieu de cliquer, il faut garder le pointeur dessus).
- **Réinitialiser** : cette option permet de réinitialiser tous les réglages. Cependant, si vous retournez dans le panneau et y effectuez un nouveau réglage, un premier clic sur l'icône permet dans ce cas de retrouver le dernier réglage, le second clic réinitialise. Cette réinitialisation s'obtient également par l'option **Défaut** du menu **Paramètre prédéfini**.
- **Masquer/Afficher le réglage** : cette option permet de masquer ou d'afficher le réglage appliqué. Cela revient à cliquer sur l'œil situé devant le nom du calque de réglage dans le panneau **Calques**.
- **Suppression du calque de réglage** : cette option provoque la suppression du calque de réglage, comme on pourrait le faire en glissant le calque sur la corbeille du panneau **Calques**.

LES TECHNIQUES DE CORRECTION

Teinte/Saturation et **Courbes** bénéficient d'une technique particulière de réglage (vue avec **Noir et blanc** et dans Camera Raw, pour certaines corrections). Il s'agit d'un réglage ciblé qui permet un paramétrage par glissement sur l'image. Pour l'utiliser, dans le panneau **Propriétés**, cliquez sur l'icône ou . Son activation par défaut s'obtient en lançant la commande **Outil réglage ciblé par sélection automatique** du menu local du panneau **Propriétés**.

Le réglage par le panneau Calques

Pour afficher la liste des réglages, cliquez sur l'icône du panneau **Calques**. Choisissez alors celui qui vous convient.

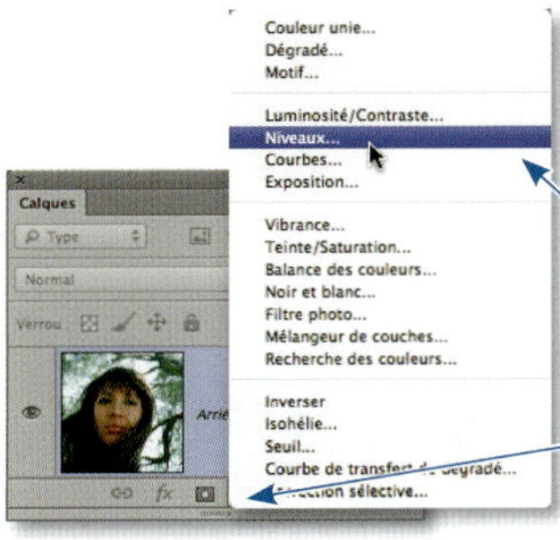

*La liste des réglages disponibles par l'icône du panneau **Calques**.*

Si vous enfoncez ⌥ [Alt] lors de la sélection du réglage, une fenêtre d'options apparaît ; elle permet de définir un nom, de limiter l'action au calque inférieur qui jouera le rôle de masque d'écrêtage, de régler l'opacité...

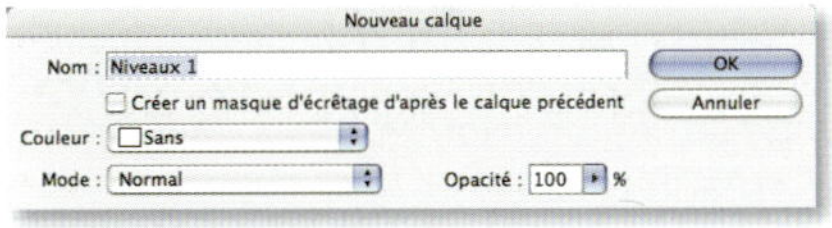

La fenêtre d'options du calque de réglage.

Quel que soit le réglage choisi (sauf **Inverser** ou **Négatif**), le panneau **Propriétés** montrera les différents paramètres que vous pourrez modifier à volonté pour donner à la photo l'aspect voulu.

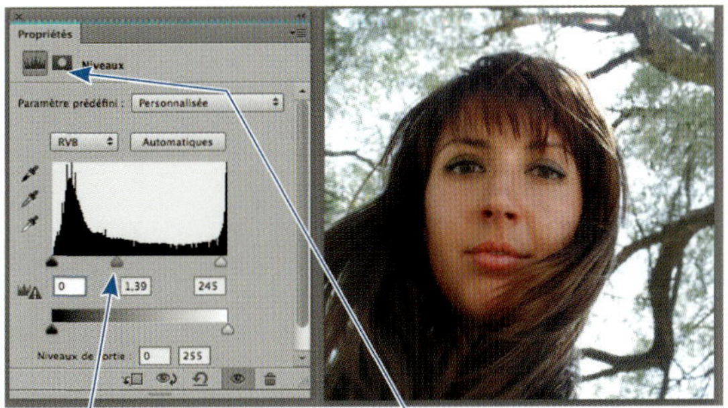

Le paramétrage du réglage n'est visible que si le calque est actif.

Cette icône permet d'activer le masque associé au réglage.

Quelle que soit la façon dont le calque de réglage a été ajouté, le panneau **Calques** montre un nouveau calque avec deux vignettes :

- **La vignette du calque de réglage** (à gauche) : elle correspond aux réglages. Son aspect diffère d'un réglage à l'autre et selon la taille spécifiée pour les vignettes dans les options du panneau **Calques**.

Les deux vignettes : à gauche, celle du réglage et à droite, celle du masque de fusion.

- **La vignette du masque** (à droite) : elle correspond au masque associé au réglage. Celui-ci permet de limiter l'action du calque à certaines zones de l'image. Par défaut, il est blanc et ne cache donc aucune zone, c'est-à-dire que le réglage s'applique à la totalité de l'image.

Les paramètres prédéfinis

Afin de pouvoir réaliser instantanément des réglages colorimétriques divers, vous pouvez utiliser les paramètres prédéfinis proposés dans Photoshop. Ces paramètres ne sont disponibles que pour certains réglages : **Niveaux**, **Courbes**, **Exposition**, **Teinte/Saturation**, **Noir et blanc**, **Mélangeur de couches** et **Correction sélective**. Pour choisir l'un des paramètres prédéfinis, déroulez le menu local **Paramètre prédéfini** (il indique **Par défaut** ou **Personnalisée**, si vous avez modifié les paramètres) pour voir la liste des réglages prédéfinis et sélectionner le paramètre souhaité.

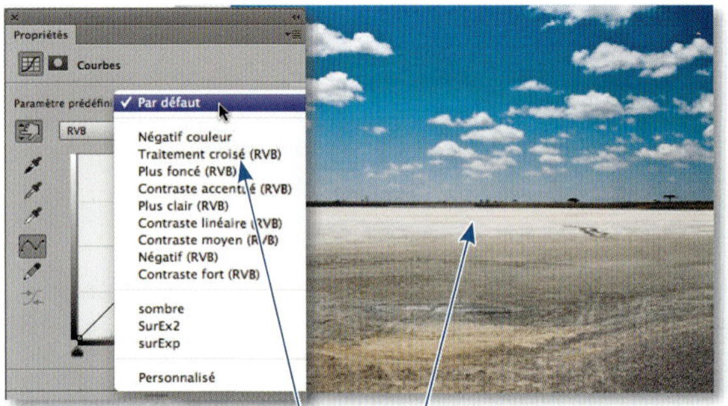

Sur cette photo, on veut essayer ce réglage : on clique dessus…

Lorsque vous cliquez sur un paramètre prédéfini, il s'applique aussitôt à l'image dans un calque de réglage et le panneau **Propriétés** montre les paramètres de ce réglage.

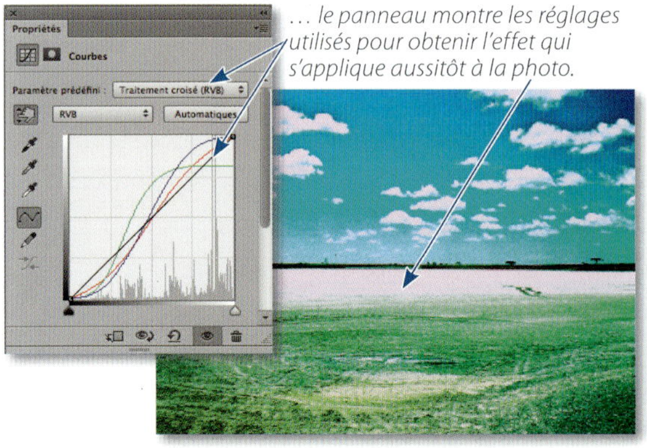

… le panneau montre les réglages utilisés pour obtenir l'effet qui s'applique aussitôt à la photo.

Quand vous modifiez des paramètres (prédéfinis ou non), l'option **Personnalisé** apparaît sous le titre du panneau **Propriétés**. Vous pouvez, par le menu local du panneau, les enregistrer en tant que **Paramètre prédéfini** pour le réglage actif (**Niveaux**, **Courbes**…) : il apparaîtra avec ceux fournis par défaut dans Photoshop (il sera également disponible en tant que fichier dans l'un des sous-dossiers du dossier **Presets** de Photoshop.

Avant de nous intéresser au paramétrage du réglage, nous allons voir comment se prépare et se travaille le calque de réglage, et la façon dont on limite son action à une zone.

L'utilisation d'un masque pour limiter l'action du réglage

À sa création, un calque de réglage comporte toujours un masque. Il permet (ou permettra) de limiter l'action du réglage à une zone particulière affichée en blanc sur fond noir ou gris dans sa vignette. Pour ne pas affecter de masque au calque de réglage, décochez l'option **Ajouter un masque par défaut** du menu local du panneau **Réglages**.

Les deux types de masques

Ce masque peut être fait de pixels ou de tracés vectoriels.

Le masque de fusion

Ce masque est une couche alpha, provenant le plus souvent d'une sélection. Son contenu est pixellisé : en blanc, s'il correspond à une partie de l'image affectée par le réglage ; en noir, pour les zones qui resteront intactes ; en gris, pour celles partiellement traitées.

Le masque vectoriel

Ce masque contient un ou plusieurs éléments vectoriels qui délimiteront la zone traitée par le calque de réglage. Ces derniers s'obtiennent avec les outils vectoriels (plume, formes vectorielles).

Astuce ***Un même calque de réglage peut avoir un masque vectoriel et un masque de fusion. De plus, le calque de réglage peut être placé dans un groupe qui lui-même possède un masque.***

Le principe du masque

Pour comprendre le principe d'un masque, on peut faire une analogie avec la lumière : un calque de réglage serait alors considéré comme un éclairage particulier envoyé sur la photo. Les parties noires du masque (ou ne comportant pas de tracé) bloquent cet éclairage alors que les blanches (ou intérieur au tracé) le laissent passer.

Ainsi, pour que le réglage agisse sur une zone, il faut qu'elle soit blanche sur le masque (ou couverte par un tracé) ; en revanche, il faut que la zone soit noire (ou sans tracé) pour que le traitement ne s'applique pas.

Les techniques de préparation du masque de fusion

Le masque de fusion est une couche alpha qui, comme nous l'avons vu dans les chapitres de la partie précédente, peut s'obtenir à partir d'une sélection (elle-même éventuellement créée avec le **Mode Masque**) ou se travailler par différentes techniques. Nous allons les rappeler brièvement.

Le masque de fusion à partir d'une sélection

Si une sélection a été réalisée avant de créer le calque de réglage, elle définira le masque de fusion de ce dernier. Pour cela, vous pouvez opérer ainsi :

1. Activez l'un des outils de sélection (**Rectangle** ou **Ellipse de sélection**, **Lasso**, **Baguette magique**, **Sélection rapide**, **Masque de texte**...) et réalisez la sélection souhaitée. Dans certains cas, vous pouvez aussi utiliser la commande **Plage de couleurs**.

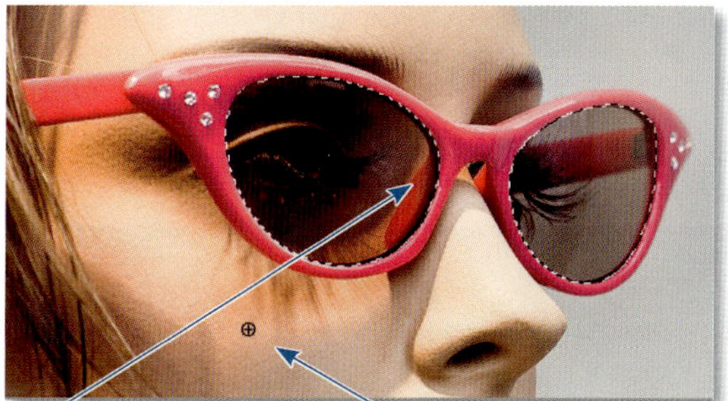

*Ici, on a fait une sélection avec l'outil **Sélection rapide**, puis on a utilisé **Améliorer le contour**.*

2. Dans le panneau **Calques**, cliquez sur le nom du calque de la photo sur lequel doit agir le calque de réglage, puis dans le panneau **Réglages**, cliquez sur le réglage souhaité et modifiez ses paramètres dans ce même panneau : le réglage ne s'applique que dans la sélection.

*Pour traiter le contenu de la sélection, on a ajouté un calque de réglage de type **Niveaux**.*

La sélection à partir du Mode Masque

Comme nous l'avons vu, il est parfois plus facile d'utiliser des outils de dessin pour réaliser certaines sélections. Pour cela, vous pouvez réaliser les opérations décrites ci-après.

1. Dans le panneau **Outils**, activez le **Mode Masque** en cliquant sur l'icône [icône] (ou en tapant **Q**).

2. Sélectionnez l'un des outils de dessin : **Crayon**, **Pinceau**, voire **Forme vectorielle** avec l'option **Pixels**.

3. Réglez l'aspect de l'outil et réalisez le dessin correspondant à la future sélection souhaitée : il apparaît en rouge.

*Avec l'outil **Pinceau**, on dessine sur le **Mode Masque**.*

4. Inversez les couleurs (**⌘I** **[Ctrl I]** ou **Négatif** du menu **Image/Réglages**) et quittez le **Mode Masque** (tapez **Q**) pour afficher la sélection.

*On inverse les couleurs (**Négatif**) et on quitte le **Mode Masque**.*

5. Ajoutez le calque de réglage voulu en cliquant sur son icône dans le panneau **Réglages** : ce dernier indique le paramétrage qui n'agit qu'à l'intérieur de la sélection.

On a ajouté un calque de réglage ***Teinte/Saturation*** *: il ne s'applique qu'à l'intérieur du masque.*

Le travail du masque de fusion

Dans le chapitre consacré aux couches, nous avons indiqué toutes les possibilités de traitements d'une couche alpha, celle associée au calque de réglage peut subir les mêmes. La seule différence réside dans le fait que la couche est active, mais elle n'est pas affichée en même temps que la couche composite (RVB…) des calques inférieurs. Rappelons les principaux traitements possibles (avant de les effectuer, assurez-vous que le calque de réglage est bien sélectionné).

Le dessin sur le masque

Photoshop met à votre disposition des outils de dessin tels que : crayon, pinceau (et aérographe), dégradé, gomme, etc.

Il faut ajouter la main à ce masque.

Voici la démarche à suivre pour retravailler le masque :

1. Choisissez la couleur de travail : en tapant D, le blanc devient la couleur active pour les outils de dessin (sauf la gomme) ; en tapant X, vous inversez et dessinerez en noir.

2. Choisissez un outil de dessin : outil **Crayon** pour ses bords nets ou outil **Pinceau** pour ses bords adoucis (flous). Réglez-le : taille, dureté, opacité… (*voir ci-dessous*).

Ici, on a activé le pinceau et réglé ses options de travail.

Réglages par glissement sur Mac puis sous Windows		
Taille	⌥ ctrl + glisser horizontalement	Alt + glisser bouton droit horizontalement
Dureté	⌥ ctrl + glisser verticalement	Alt + glisser bouton droit verticalement

L'opacité se règle également au clavier en tapant la valeur souhaitée, sauf pour l'outil **Pinceau** avec le mode **Aérographe** pour lequel il faut ajouter ⇧.

3. Dessinez sur la photo avec le noir, pour que le réglage ne s'applique plus, ou avec le blanc pour le faire réapparaître (n'hésitez pas à zoomer pour avoir une bonne précision et à changer la taille de l'outil).

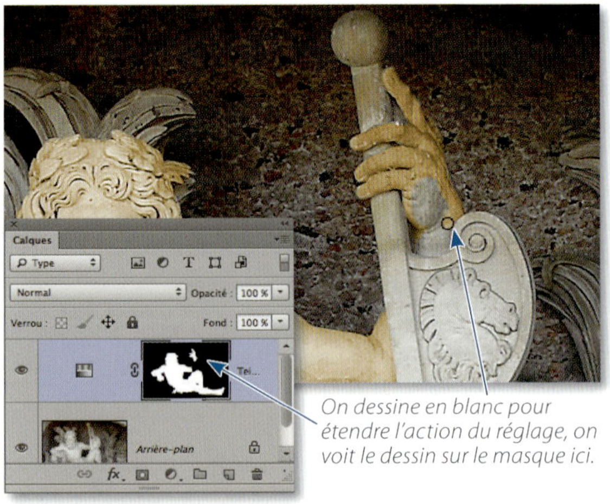

On dessine en blanc pour étendre l'action du réglage, on voit le dessin sur le masque ici.

Dans dans la vignette du masque (panneau **Calques**), apparaissent les zones assombries ou éclaircies. Si vous dessinez en gris (ou avec une opacité inférieure à 100 %), le traitement ne sera que partiel (utile pour estomper un réglage).

> **Astuce** *Pour ce genre de traitement, l'utilisation d'une tablette graphique facilite le travail ; d'autant plus que l'aspect de l'outil* ***Pinceau*** *ou* ***Crayon*** *peut s'adapter en fonction de la pression exercée avec le stylet (ou de son inclinaison).*

Pour que le calque de réglage n'agisse que sur une petite partie, au lieu de faire une sélection, appliquez le calque de réglage sans sélection, remplissez complètement son masque de noir (en tapant ⌘I [Ctrl I], **Négatif**), et enfin, dessinez en blanc sur la zone voulue avec le pinceau ou le crayon.

LE TRAVAIL DU MASQUE DEPUIS LE PANNEAU PROPRIÉTÉS

Ps Le panneau **Propriétés** affiche les paramètres du réglage et possède une icône pour basculer rapidement au travail du masque. Le panneau propose alors des options pour travailler ce masque telles que **Densité**, **Contour progressif**, **Contour du masque**, **Plage de couleurs** et **Inverser** (*voir pages 292 et 321 à 325*).

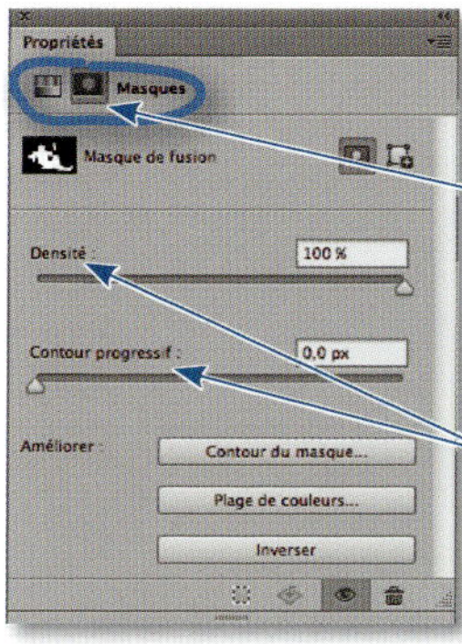

Par ces icônes on passe des paramètres du réglage à ceux du masque.

*De nombreux traitements du masque sont regroupés dans le panneau **Propriétés**. Les deux premiers s'appliquent également aux masques vectoriels.*

La densité du masque

Ce réglage réversible s'applique indifféremment aux masques de pixels et aux masques vectoriels. Il a pour effet d'éclaircir les zones sombres d'un masque de pixels et provoque une application partielle du réglage sur ces zones.

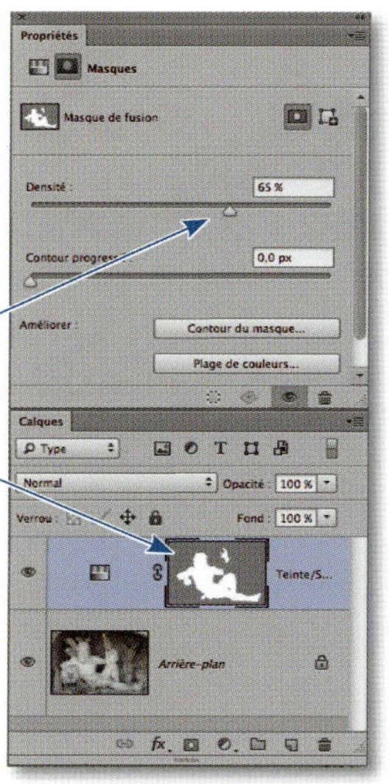

On a réduit la densité du masque, ses zones noires sont devenues grises.

Le réglage s'applique partiellement sur ces zones grises.

Le contour progressif

Ce réglage, également réversible et applicable aux masques de pixels et vectoriels, crée une zone de fondu sur les bords du masque.

La plage de couleurs

Le bouton **Plage de couleurs** affiche une fenêtre pour créer ou modifier le masque à partir de prélèvements de teintes sur l'image.

Le contour du masque

Le bouton **Contour du masque** s'applique directement sur le masque de fusion pour en affiner les bords. Toutes les manipulations possibles ont été étudiées dans le chapitre consacré aux couches alpha (*voir pages 292 et 316*).

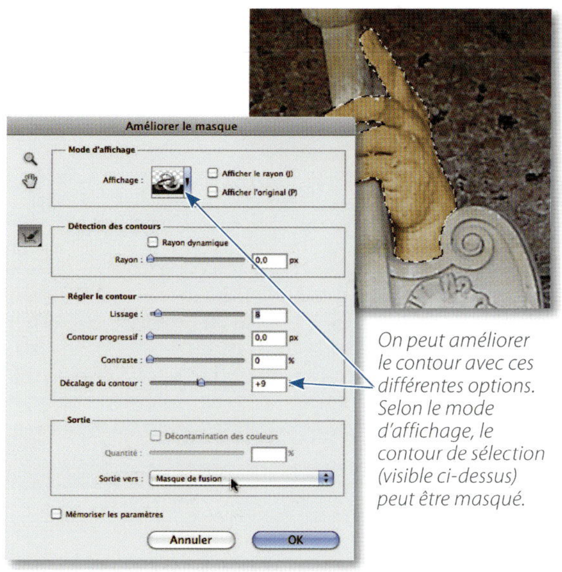

On peut améliorer le contour avec ces différentes options. Selon le mode d'affichage, le contour de sélection (visible ci-dessus) peut être masqué.

Les autres traitements du masque

Si les commandes du panneau **Propriétés** ne suffisent pas, vous pouvez effectuer d'autres traitements. Les lignes qui suivent constituent un rappel de ce qui a été abordé dans le chapitre sur les couches alpha.

Les colorations

Vous pouvez utiliser les outils tels que l'outil **Pot de peinture** et/ou **Dégradé**.

Les remplissages

Si vous réalisez une sélection sur le masque, remplissez-la de noir ou de blanc avec **Remplir** du menu **Édition** (⇧Efface). S'il y a une sélection, vous pouvez la remplir au clavier :

Remplir avec	Touche
Couleur de premier plan	⌥ Efface [Alt Efface]
Couleur d'arrière-plan	⌘ Efface [Ctrl Efface]

Les filtres

De nombreux filtres peuvent être appliqués sur le masque de fusion. Par exemple, le filtre **Flou gaussien** (série **Atténuation**) permet de créer localement une frontière douce entre la partie traitée et le reste. Les filtres **Maximum** et **Minimum** (de la série **Divers**) sont utiles pour étendre ou réduire le masque. On retrouve, avec certains de ces filtres, des fonctionnalités présentes dans la commande **Contour du masque**, cependant, l'action du filtre pourra être localisée si vous avez effectué une sélection sur le masque.

Les déplacements

Si l'outil **Déplacement** est actif, déplacez le masque par glissement ou avec les touches fléchées.

> **Astuce** *Lors du déplacement, si le bord ou le centre de l'élément déplacé est aligné avec un autre calque, un trait de couleur magenta apparaît si les repères commentés ont été activés (menu **Affichage/Afficher/Repères commentés**).*

Les transformations

Les commandes du menu **Édition** (⌘T [Ctrl T]) permettent des manipulations manuelles du masque telles que le redimensionnement, la rotation ou encore la déformation (par clic sur l'icône); ces opérations sont également paramétrables depuis les cases de valeurs de la **Barre d'options**.

On peut paramétrer la transformation ou déformer par clic ici.

Les traitements chromatiques

Des commandes du menu **Image/Réglages** permettent d'améliorer l'aspect du masque. Ainsi, **Luminosité/Contraste** peut adoucir ou durcir les zones frontières du masque et **Négatif** inverse le masque. Ici aussi on retrouve quelques fonctionnalités disponibles avec les options du panneau **Propriétés**, cependant, leur action pourra être limitée par l'utilisation d'une sélection sur le masque.

> **Astuce** *Rappelons que tous les traitements indiqués sont également applicables lors de la préparation de la sélection à partir du **Mode Masque**.*

L'affichage du masque de fusion

Par défaut, le masque de fusion du calque de réglage n'est pas visible sur le document, bien qu'il agisse sur la photo et qu'il soit éditable. Si vous souhaitez le voir seul (sans la photo sur laquelle le calque de réglage agit) pour le travailler ou le contrôler de manière plus précise, enfoncez ⌥ [Alt] et cliquez sur la vignette du masque : il s'affichera seul dans la fenêtre du document (en noir et blanc).

*Dans le panneau **Calques**, par ⌥clic [Alt clic] sur le masque, on affiche le masque seul...*

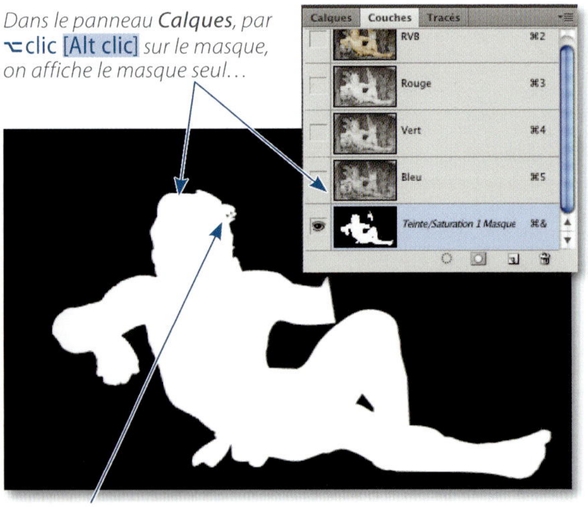

...les défauts y sont plus visibles : on peut les reprendre au pinceau, par exemple.

> **Astuce** *Pour voir simultanément le masque et la photo, affichez le panneau **Couches** et cliquez sur l'œil situé en regard de la couche RVB (ou CMJN) : vous verrez en rouge les zones noires du masque. Pour revenir au mode d'affichage par défaut, cliquez à nouveau sur la vignette avec ⌥ [Alt] enfoncée.*

La préparation du masque vectoriel du calque de réglage

Dans le chapitre consacré aux éléments vectoriels (*pages 338 à 354*), nous avons vu toutes les possibilités de travail sur les tracés. Le masque vectoriel du calque de réglage peut subir les mêmes traitements, qui peuvent avoir pour but d'obtenir le masque ou de le retravailler ; dans ce cas, avant d'effectuer ces traitements, assurez-vous que c'est le masque du calque de réglage qui est actif. Voici un bref rappel.

L'obtention du masque vectoriel

Plusieurs cas sont à envisager selon que le calque de réglage n'est pas encore créé ou qu'il l'est déjà (avec un masque de fusion). Dans ce dernier cas, il s'agit alors d'ajouter un masque vectoriel.

La création du calque avec un masque vectoriel

Si le document ne possède pas encore le calque de réglage, vous pouvez le créer avec un masque vectoriel. Pour cela, effectuez les opérations suivantes :

1. Activez un outil de dessin vectoriel (l'outil **Plume** ou l'une des **Formes vectorielles**) et sélectionnez le mode **Tracé** dans la **Barre d'options**. Dessinez le tracé souhaité.

Dans ce panneau, le dessin du tracé réalisé à la plume apparaît.

Attention *Le tracé se réalise en activant l'option **Ajouter à la zone du tracé** (▣) dans la **Barre d'options**. Vérifiez que ce ne soit pas l'option **Soustraire de la zone de tracé** (▣) qui est active, car il y aura inversion du masque.*

2. Dans le panneau **Calques**, sélectionnez le calque de la photo sur lequel devra agir le réglage et ajoutez-le en cliquant sur son icône dans le panneau **Réglages** (ou sur l'icône ▣ du panneau **Calques**). Le panneau **Propriétés** affichera les paramètres du réglage qui n'agira qu'à l'intérieur du tracé.

*Une fois le tracé terminé, on ajoute un réglage (ici, **Niveaux**) par clic sur cette icône ou dans le panneau **Réglages** : on obtient un masque vectoriel.*

Astuce *Le tracé reste visible quand la fenêtre du réglage apparaît. S'il vous gêne, cachez-le en tapant ⌘H [Ctrl H]*

L'ajout d'un masque vectoriel sur un calque de réglage

Si le calque de réglage est déjà en place (il possède un masque de fusion), vous pouvez appliquer un masque vectoriel à la place (ou en plus) du masque de fusion. Pour ajouter un masque vectoriel, utilisez la méthode suivante :

1. Sélectionnez le calque de réglage par clic sur son nom dans le panneau **Calques**.

2. Activez l'outil **Plume** (ou, selon le cas, une **Forme vectorielle**), sélectionnez les options **Tracé** et **Associer les formes** ▣ dans la **Barre d'options**, et dessinez le tracé.

3. Dans le panneau **Propriétés**, cliquez sur l'icône ▣ **Ajouter un masque vectoriel** (cette opération se réalise aussi dans le panneau **Calques** en cliquant sur l'icône **Ajouter un masque vectoriel** ▣) : une deuxième vignette de masque se place à droite du masque de fusion.

Astuce *Pour supprimer le masque de fusion devenu inutile, dans le panneau **Propriétés**, cliquez sur son icône ▣, puis sur celle de la corbeille située en bas du panneau.*

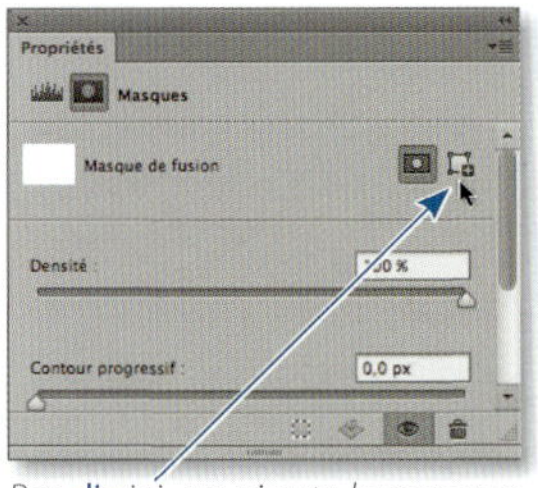

Par clic ici, on ajoute le masque.

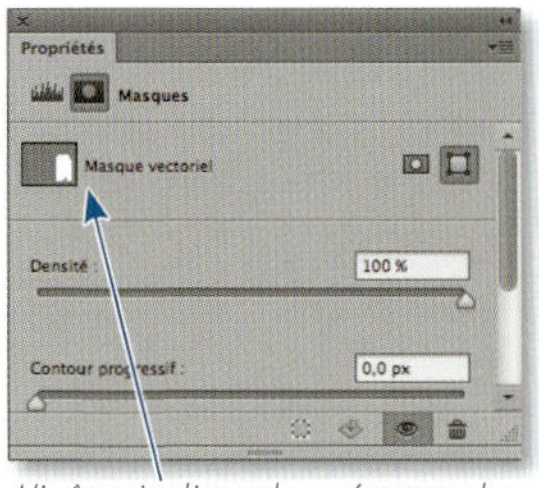

L'icône indique la présence du masque vectoriel.

Si vous avez dessiné en utilisant le mode **Forme** à la place de **Tracé**, le dessin apparaît automatiquement rempli de la couleur de premier plan et un nouveau calque s'affiche dans le panneau **Calques** : vous avez créé un calque de forme (couleur unie).

On a obtenu un calque de forme alors qu'on voulait un masque vectoriel sur le réglage.

Photoshop permet d'utiliser ce masque vectoriel pour le calque de réglage pour lequel il était destiné. Pour cela, effectuez les opérations suivantes :

1. Pour cacher cette couleur, dans un premier temps, cliquez sur l'œil du calque contenant la couleur unie avec le masque vectoriel que vous venez de réaliser.

2. Dans le panneau **Tracés**, mémorisez le tracé du calque de forme par double-clic sur son nom.

3. Le tracé étant affiché, activez le calque du calque de réglage et ajoutez le masque vectoriel à partir du panneau **Calque** ou **Propriétés** : l'aspect de la photo reflète correctement l'application du réglage à travers le tracé.

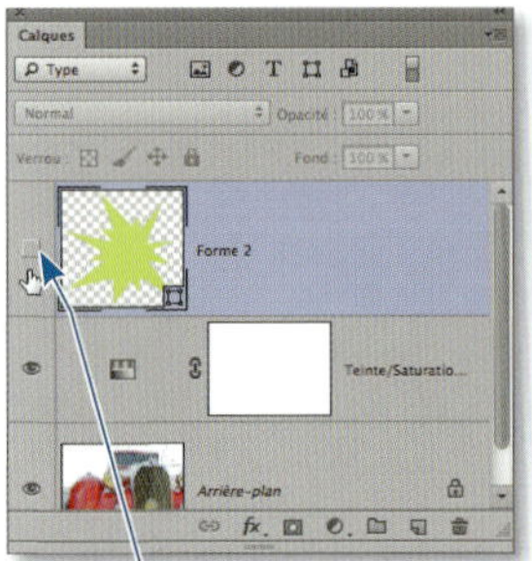

Par clic ici, on a caché le calque.

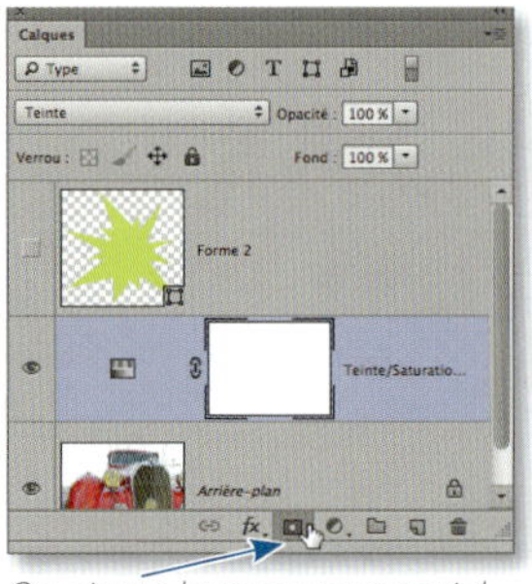

On ajoute le masque vectoriel sur le calque de réglage activé.

Désormais, le masque vectoriel est appliqué au réglage.

4. Glissez dans la corbeille du panneau **Calques** le calque de forme qui est devenu inutile.

Le travail du masque à partir du panneau Propriétés

Le panneau **Propriétés** propose deux options pour travailler le masque vectoriel : **Contour progressif** et **Densité**.

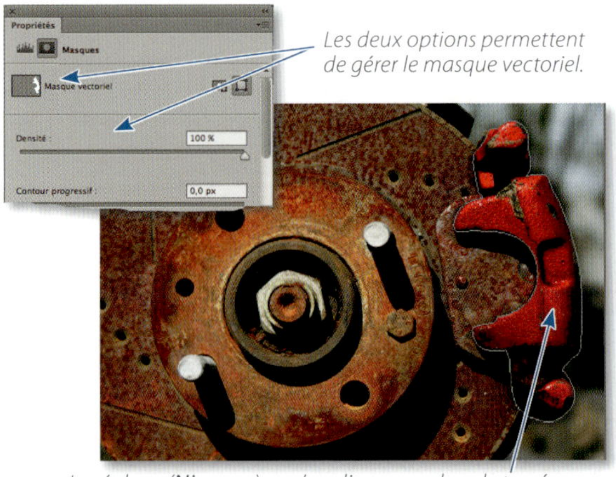

Les deux options permettent de gérer le masque vectoriel.

*Le réglage (**Niveaux**) ne s'applique que dans le tracé.*

> **Astuce** *XPress (6 à 8) ne gère pas les options **Densité** et **Contour progressif** : les images ne seront pas importées.*

La densité du masque

Ce réglage réversible a pour effet de rendre l'application du réglage partielle sur les zones extérieures au tracé.

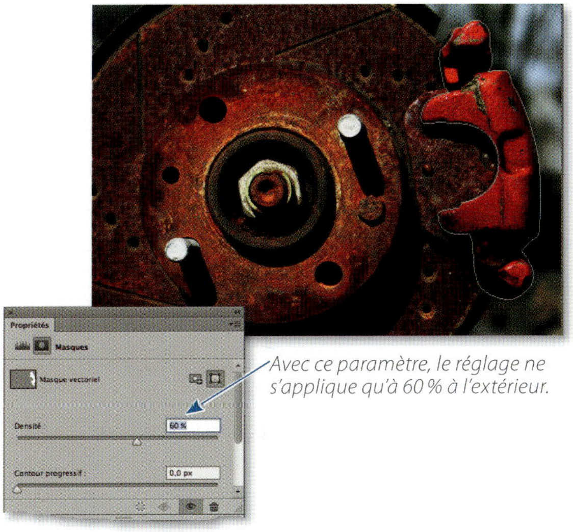

Avec ce paramètre, le réglage ne s'applique qu'à 60 % à l'extérieur.

Le contour progressif

Ce réglage est réversible et il permet de créer une zone de fondu sur les bords du masque.

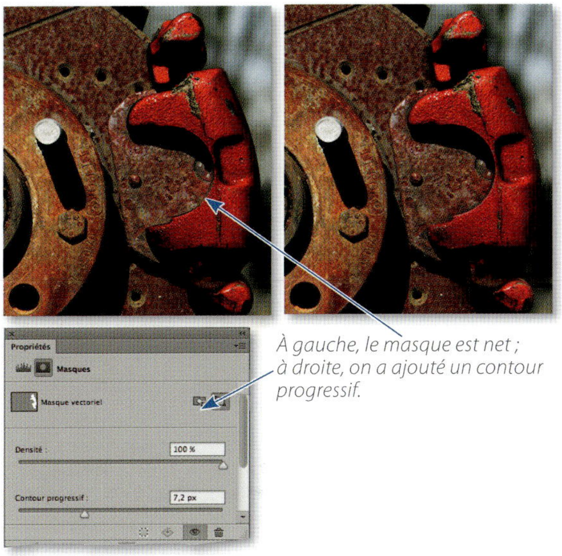

À gauche, le masque est net ; à droite, on a ajouté un contour progressif.

Le travail du tracé du masque vectoriel

Le tracé du masque doit être affiché pour être retravaillé. Si, au contraire, vous souhaitez le cacher, cliquez sur sa vignette ; cliquez à nouveau dessus pour le réafficher. Les paragraphes qui suivent rappellent des manipulations de tracés développées dans le chapitre correspondant (*pages 348 à 352*).

Les retouches vectorielles

Les possibilités sont moins nombreuses qu'avec le masque de fusion.

– **Les retouches de tracés** : avec l'outil **Flèche blanche**, vous pouvez déplacer les points du tracé ou modifier leurs tangentes. Avec les outils **Plume** et , il est possible d'ajouter des points, ou de les convertir avec l'outil .

– **Les combinaisons entre tracés** : si vous dessinez un nouveau tracé sur le masque vectoriel, la **Barre d'options** propose quatre opérations (*voir le tableau ci-après*) pour combiner les tracés entre eux. Si les tracés sont déjà dessinés, vous pouvez également les combiner (ou changer leur combinaison) en les sélectionnant avec l'outil **Flèche noire** (ou en tapant A), et en activant l'opération voulue dans la **Barre d'options**.

Opération	Icône à activer	Opération	Icône à activer
Addition		Intersection	
Soustraction		Exclusion	

Attention ***Pour toutes les opérations précédentes, le tracé initial doit être affiché pour subir l'opération ; éventuellement, cliquez sur sa vignette pour le rendre visible.***

– Les transformations : les commandes du menu **Édition** (au clavier, ⌘T [Ctrl T]) permettent diverses manipulations du tracé (redimensionner, pivoter, déformer…).

L'inversion d'un masque vectoriel

Pour inverser un masque vectoriel, la commande **Négatif** est sans effet. Vous devez effectuer les opérations suivantes :

1. Sélectionnez le tracé par ⌥clic [Alt clic] sur la vignette du tracé dans le panneau **Tracés**.

*Par ⌥clic [Alt clic] sur sa vignette dans le panneau **Tracés**, on a sélectionné le tracé*

2. Activez l'outil **Flèche noire** (ou tapez A).

3. Dans la **Barre d'options**, cliquez sur l'icône de l'opération en cours pour sélectionner **Soustraire la forme avant** (ou tapez –).

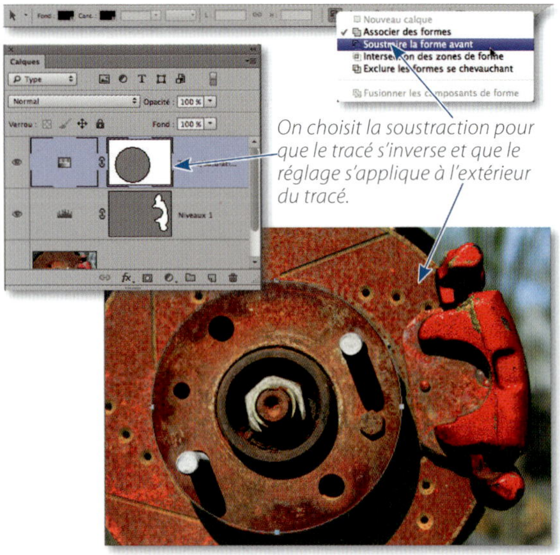

La pixellisation en masque de fusion

Si vous avez créé un masque vectoriel et souhaitez le convertir en pixels pour lui appliquer un filtre, par exemple, dans le menu **Calque**, lancez **Pixellisation**, puis **Masque vectoriel** (retrouvez cette commande dans le panneau **Calques** en déroulant le menu contextuel sur la vignette du masque). L'opération faisant perdre le tracé, pensez à le mémoriser avant la mise en œuvre avec la commande correspondante du menu du panneau **Tracés**.

Les traitements du calque de réglage

Les manipulations du calque de réglage ou de son masque

Un calque de réglage peut subir un certain nombre de modifications. Elles sont, pour la plupart, totalement réversibles, c'est ce qui fait l'attrait du calque de réglage.

LE REMPLACEMENT D'UN RÉGLAGE PAR UN AUTRE

Si vous souhaitez créer un calque de réglage ayant le même masque que l'un des calques existants, opérez en deux étapes : commencez par récupérer la sélection du masque du calque existant (par ⌘clic [Ctrl clic] sur la vignette du masque), puis ajoutez le nouveau réglage voulu (par le panneau **Réglages** ou **Calques**). Vous pouvez également ajouter le nouveau calque sans lui adjoindre de masque, puis copier celui d'un autre calque par transfert, comme indiqué ci-après.

LES MANIPULATIONS DE MASQUES (TRANSFERT ET COPIE)

Il s'agit de manipulations qui s'effectuent dans le panneau **Calques** par glissement du masque associé à un calque (excepté le masque filtrant). Ces manipulations permettent le transfert ou la copie du masque d'un calque vers un autre. Le masque de fusion pourra même être inversé à l'issue de ce transfert (ou copie). Si le calque, vers lequel on transfère (ou copie), possède un masque, un message demandera la confirmation du remplacement. Le tableau ci-après indique les touches à utiliser pour obtenir la manipulation souhaitée.

Manipulation	Glisser avec la touche
Transférer le masque	Aucune
Transférer et inverser(1)	⇧
Copier le masque	⌥ [Alt]
Copier et inverser(1)	⇧ ⌥ [⇧ Alt]

(1) Inversion uniquement avec un masque de fusion.

LES TRANSFERTS DE CALQUES DE RÉGLAGE

Si vous avez ouvert plusieurs images qui nécessitent des réglages identiques, vous pouvez transférer les réglages (ou un dossier de réglages, *voir plus loin*) d'une image à l'autre.

Si cette image comporte déjà plusieurs calques, le calque de réglage (ou le groupe) se place au-dessus du calque actif et agit sur tous les calques inférieurs. Vous pouvez le repositionner dans la liste en le glissant au-dessus du calque contenant la zone à régler. Pour qu'il n'agisse que sur cette dernière, il faudra créer un masque d'écrêtage ou un objet dynamique. Pour effectuer ce transfert, vous avez deux possibilités.

- Si les documents sont affichés côte à côte dans des fenêtres séparées (grâce à un réglage de disposition des documents obtenu par le menu **Fenêtre/Réorganiser**), glissez directement la vignette du calque de réglage (ou du groupe) depuis le panneau **Calques** vers l'autre image : le calque (ou le contenu du dossier) s'appliquera aussitôt à l'image de destination.
- Si les documents sont affichés sous forme d'onglets (avec le **Cadre de l'application** sur Mac), sélectionnez le calque de réglage (ou le groupe) dans le panneau **Calques**, puis à l'aide de l'outil **Déplacement** (▸+), glissez l'image depuis la fenêtre du document jusqu'à l'onglet correspondant du document voulu. Après quelques instants, l'image du document de destination s'affiche, vous pouvez alors poursuivre le glissement depuis l'onglet jusqu'au document. Attention, l'option **Sélection automatique** ne doit pas être cochée dans la **Barre d'options** de l'outil **Déplacement**.

ASTUCE *Quand vous transférez un calque de réglage vers un document, le masque associé au calque est également transféré. Si le document de destination est plus grand, le masque en cachera une partie et le réglage ne s'appliquera pas sur la totalité du document de destination.*

Les modifications du réglage

LE RETOUR AUX PARAMÈTRES DU RÉGLAGE

Quand un calque de réglage est sélectionné dans le panneau **Calques**, le panneau **Propriétés** (s'il est resté visible) affiche les paramètres de ce réglage.

Si le document comporte plusieurs réglages, il faut cependant cliquer sur la vignette de celui que vous voulez modifier dans le panneau **Calques**.

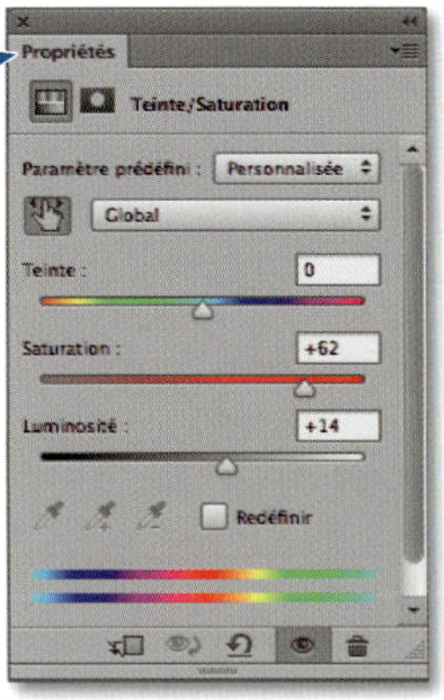

Ce panneau affiche les paramètres du réglage sélectionné dans ce panneau.

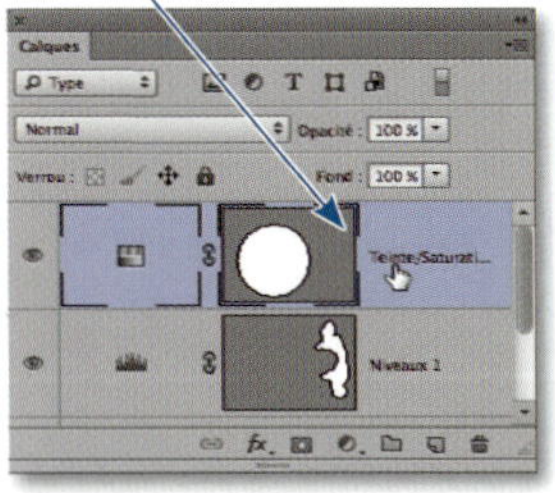

Une fois des modifications réalisées, pour revenir au réglage précédent, cliquez sur l'icône située en bas du panneau **Propriétés** ; pour obtenir un aperçu avant/après, cliquez sur et pour réinitialiser les réglages, cliquez sur , une ou plusieurs fois selon les manipulations réalisées.

> **Astuce** *Vous pouvez définir votre espace de travail pour que le panneau **Propriétés** reste affiché (sur le côté gauche, par exemple) de manière à y intervenir à tout moment.*

Comme avec les versions précédentes, vous pouvez également procéder par double-clic sur la vignette du calque de réglage dans le panneau **Calques** : le panneau **Propriétés** s'affichera et montrera alors les paramètres voulus.

L'atténuation du réglage

C'est en modifiant les **options de fusion** du calque qu'il est possible de changer la force du réglage. Dans ces options, on distingue le réglage d'**Opacité** et celui du **Mode** ; tous deux sont accessibles dans le haut du panneau **Calques** ou par le menu **Calque/Style de calque**, puis **Options de fusion** ou encore par le menu contextuel (clic droit sur la vignette du calque).

L'opacité du calque de réglage

C'est par une réduction de l'opacité, obtenue par déplacement du curseur dans le panneau **Calques**, que l'on atténue l'effet du réglage. Si l'outil **Déplacement** est actif, l'opacité se règle au clavier en tapant le pourcentage voulu. Si vous ne tapez qu'un seul chiffre, l'opacité prend la valeur de la dizaine correspondante (par exemple, en tapant 2 on obtient 20 %, avec 0 on obtient 100 %).

> **Astuce** *Pour intensifier le réglage, dupliquez le calque de réglage (en tapant ⌘J [Ctrl J]). La copie pourra être atténuée par réduction d'opacité.*

Les modes de fusion du calque de réglage

L'application de certains modes de fusion peut intensifier le réglage dans les zones sombres avec **Produit**, **Obscurcir** et **Densité** (**couleur +** ou **linéaire +**), dans les zones claires avec **Superposition** ou **Éclaircir**, empêcher une dérive des couleurs avec **Luminosité**, ou encore provoquer des effets particuliers avec **Lumière crue**, **vive**, **linéaire**... Des essais s'imposent en fonction du réglage utilisé.

À l'aide d'un calque de réglage, on a coloré les cheveux de cette poupée (à l'origine blonde).

On a changé l'effet du réglage en appliquant ce mode de fusion.

*Ci-contre, c'est l'effet du réglage **Noir et blanc** qui est totalement modifié avec ce mode de fusion.*

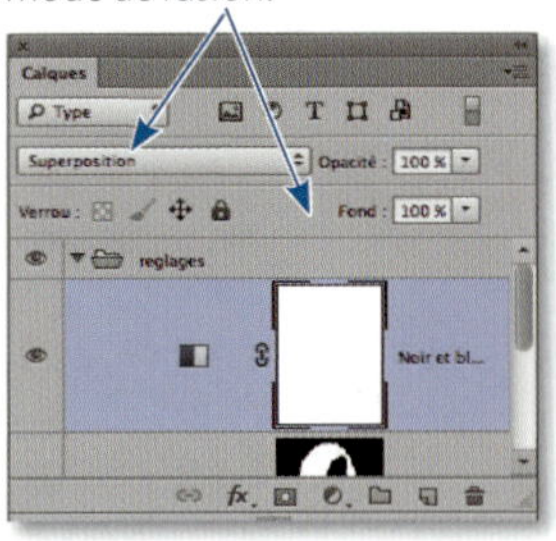

ASTUCE *Au clavier, on passe d'un mode à l'autre en tapant ⇧⌥+ (ou ⇧⌥–) [⇧Alt +] (ou [⇧Alt–]) ; on revient au mode **Normal** en tapant ⇧⌥N [⇧Alt N].*

L'ATTÉNUATION AVEC LA LUMINOSITÉ DE L'IMAGE

Cette atténuation fait appel aux options de fusion du calque, elle empêche l'action du réglage en fonction de la luminosité de l'image. Elle vient en remplacement ou en complément d'un masque de fusion qui protégerait les zones sombres (ou claires) de l'image.

Pour la mettre en œuvre, sélectionnez le calque de réglage et cliquez sur l'icône *fx* du panneau **Calques** pour choisir **Options de fusion** : dans la partie basse de la fenêtre, la rubrique **Comparaison sur** présente deux dégradés avec des curseurs. Glissez le curseur noir de la bande **Calque du dessous** pour annuler le réglage sur les pixels sombres, et le blanc pour agir sur les pixels clairs. Avec ⌥[Alt], le curseur se dédouble : si vous ramenez sa partie gauche (cas du curseur noir) vers la gauche, vous obtenez une transition plus douce.

Pour améliorer l'application du réglage, on a appliqué ces options de fusion.

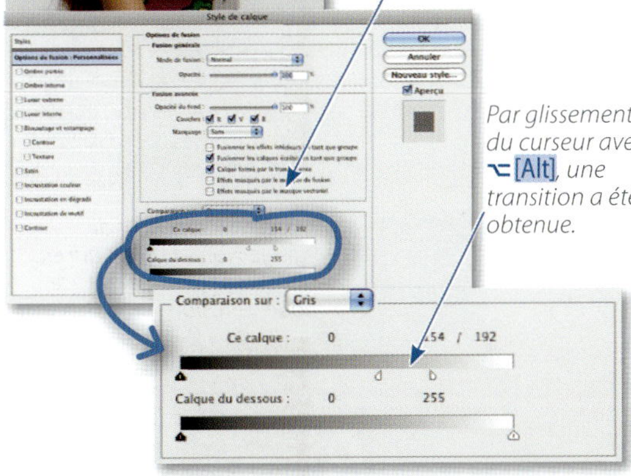

Par glissement du curseur avec ⌥[Alt], une transition a été obtenue.

NOTE *Avec la version CS6, si vous avez affecté des options de fusion, une icône ⧉ l'indique à droite du nom du réglage dans le panneau **Calques**.*

L'ACCENTUATION D'UN RÉGLAGE PAR LES EFFETS DE CALQUE

Pour créer un effet spécial ou marquer l'action d'un calque de réglage, il est possible de lui appliquer un effet de calque (tel que **Ombre portée**, **Ombre interne**...) par **clic** sur l'icône *fx* du panneau **Calques** (ou par le menu **Calque**). Dans certains cas, cet effet ne sera visible que si le calque comporte un masque (de fusion ou vectoriel).

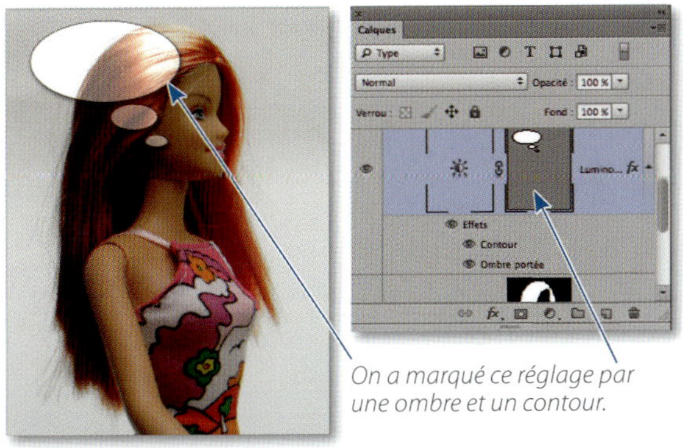

On a marqué ce réglage par une ombre et un contour.

La désactivation du masque ou du calque de réglage

LA DÉSACTIVATION DU MASQUE

Pour voir l'aspect de la photo quand le masque n'est plus actif, enfoncez ⇧ et cliquez sur la vignette du masque. Celle-ci se barre d'une croix rouge et le calque de réglage agit sur la totalité de l'image. L'opération peut se réaliser à partir du panneau **Propriétés** en activant le masque et en cliquant sur l'icône 👁 (qui devient 👁). Pour le réactiver, cliquez à nouveau la vignette du masque (avec ⇧ pour un masque vectoriel).

Le réglage agit sans masque.

Si vous glissez sa vignette sur la corbeille du panneau **Calques**, il sera possible de l'appliquer ou de le supprimer définitivement. Vous pouvez également le supprimer par clic droit et la commande **Supprimer le masque…**

La désactivation du réglage

Pour voir l'aspect de la photo sans l'action du calque de réglage, dans le panneau **Propriétés**, cliquez sur l'œil situé en bas à gauche du panneau ou sur celui en regard du nom du calque de réglage dans le panneau **Calques**. Pour le réafficher, cliquez à nouveau sur cet œil.

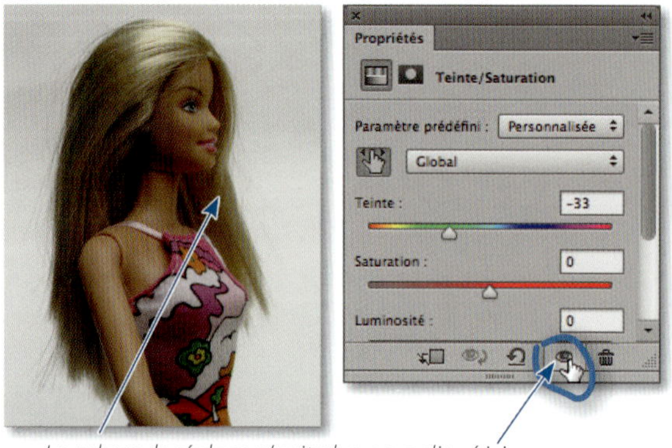

Le calque de réglage n'agit plus, on a cliqué ici.

L'application définitive du réglage : la fusion des calques

Pour appliquer de manière définitive le calque de réglage au calque de la photo au-dessus de laquelle il se trouve, il faut les fusionner. Pour cela, cliquez sur son nom pour l'activer et tapez ⌘E [Ctrl E], ou lancez la commande **Fusionner les calques** du menu **Calque** : le calque de réglage disparaît et la photo est modifiée de façon irréversible.

Si vous effectuez cette opération, vous perdez la possibilité de revenir sur le réglage. Photoshop propose une solution à ce problème : elle consiste à convertir l'ensemble en objet dynamique (*voir ci-après*).

L'écrêtage du réglage

Il est possible d'écrêter ou de limiter l'action d'un ou de plusieurs calques de réglage sur un ou plusieurs calques de multiples façons : par application définitive avec une fusion de calques comme on vient de le voir précédemment, par conversion de certains calques en objet dynamique, en définissant un masque d'écrêtage ou en utilisant un ou plusieurs groupes.

L'écrêtage et les objets dynamiques

L'objet dynamique simple

L'association de calques (réglage et calque standard) en objet dynamique peut être une alternative intéressante à la fusion, car elle permet de garder un accès aux calques ainsi « associés ». De plus, cet objet dynamique permettra d'effectuer facilement des transferts de l'image avec ses réglages vers un autre document.

Pour obtenir l'objet dynamique, effectuez ce qui suit :

1. Par ⇧clic sur leur nom dans le panneau **Calques**, sélectionnez le calque de la photo et le calque de réglage qui modifie son aspect.
2. Par clic droit (ou menu **Calque/Objets dynamiques**), lancez la commande **Convertir en objet dynamique.**

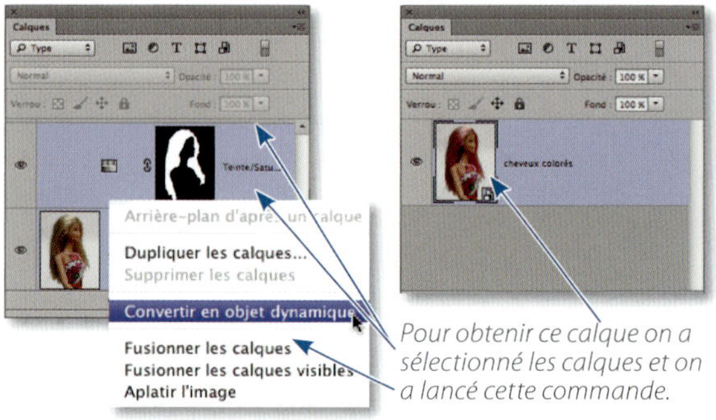

Pour obtenir ce calque on a sélectionné les calques et on a lancé cette commande.

Le calque obtenu est dit **dynamique** (l'icône dans sa vignette l'indique), car, par double-clic sur sa vignette (ou menu **Calque** puis **Objets dynamiques/Modifier le contenu**), on accède à un fichier de mise à jour (ayant l'extension **.psb**) qui montre sa composition, la photo et ses calques de réglage, et en permet la modification. Ce fichier **.psb** est imbriqué dans le document dans lequel il a été créé.

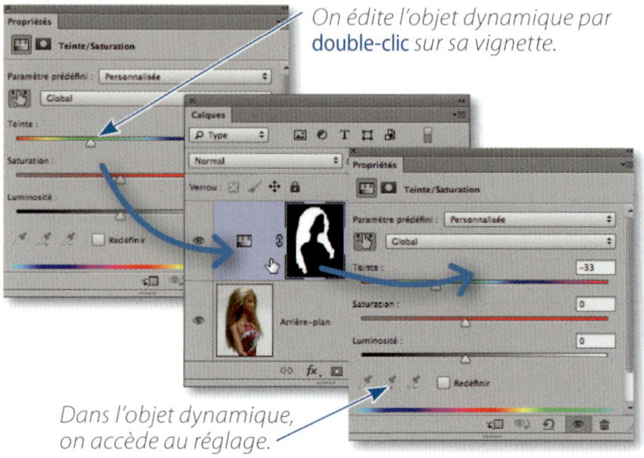
On édite l'objet dynamique par double-clic sur sa vignette.

Dans l'objet dynamique, on accède au réglage.

La conversion d'un ensemble des calques traités en objet dynamique

Au lieu de créer un objet dynamique avec deux calques, vous pouvez sélectionner une série de calques et convertir cette sélection en objet dynamique.

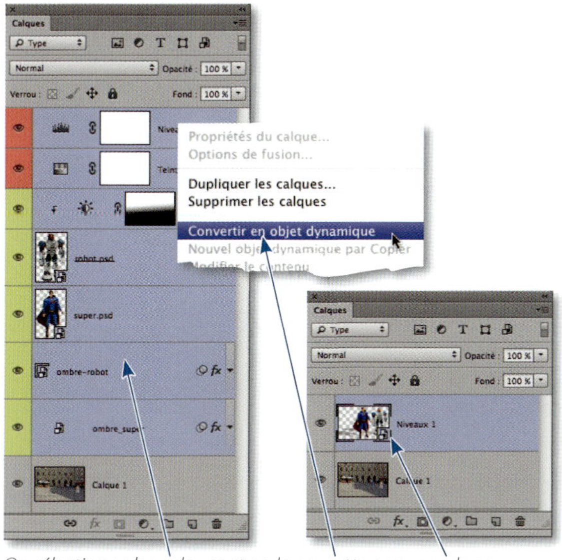

On sélectionne les calques et on lance cette commande pour obtenir ce calque qui est un objet dynamique.

Pour modifier les éléments situés à l'intérieur de l'objet dynamique, il faudra double-cliquer sur sa vignette : un fichier imbriqué apparaîtra et présentera l'ensemble des calques ; son enregistrement mettra à jour l'objet dynamique.

LE MASQUE D'ÉCRÊTAGE SUR LE RÉGLAGE

Tout calque de réglage, qu'il possède ou non un masque, peut voir son action limitée au calque inférieur en désignant ce dernier comme masque d'écrêtage. Cette opération se réalise de différentes manières, sur le calque de réglage existant ou lors de sa création.

L'écrêtage d'un réglage existant

L'opération se réalise depuis le panneau **Propriétés** ou le panneau **Calques**. Dans les deux cas, le réglage doit être sélectionné dans le panneau **Calques**.

- Pour écrêter par le panneau **Propriétés**, cliquez sur l'icône située en bas du panneau.
- Pour écrêter par le panneau **Calques**, cliquez sur le réglage pour le sélectionner et lancez la commande **Créer un masque d'écrêtage** du menu **Calque** (ou tapez ⌥⌘G [Alt Ctrl G]).

Dans ce montage, on veut éclaircir la photo incrustée sur la tasse et la passer en noir et blanc.

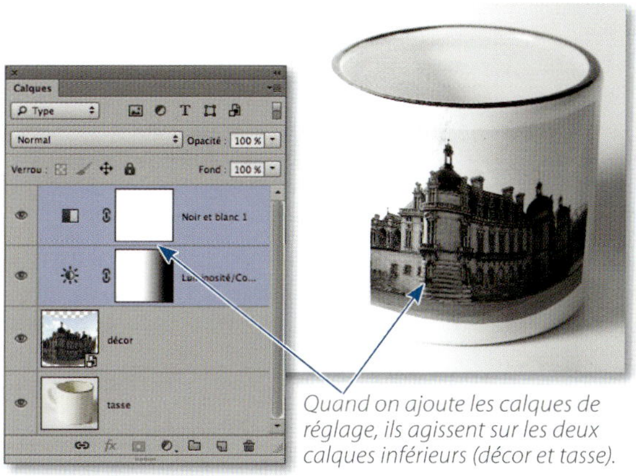

Quand on ajoute les calques de réglage, ils agissent sur les deux calques inférieurs (décor et tasse).

Le calque de réglage se décale vers la droite et une petite flèche (↲) indique qu'il est « écrêté »; le calque qui écrête a son nom qui apparaît souligné. Plusieurs calques peuvent être écrêtés par un même calque.

Avec un masque d'écrêtage, le réglage se limite à la photo.

Astuce *Pour écrêter un calque de réglage par le calque inférieur sans avoir à l'activer dans le panneau **Calques**, enfoncez ⌥ [Alt] et cliquez sur la ligne de séparation entre les deux calques avec le pointeur devenu .*

L'écrêtage à la création du réglage

Quand le réglage vient d'être paramétré dans le panneau **Propriétés**, cliquez sur l'icône située en bas du panneau, mais pour que le réglage ne s'applique qu'au calque inférieur, au moment de sa création, affichez la fenêtre d'options du calque de réglage (*voir ci-dessous*). Pour cela, dans le panneau **Réglages**, cliquez sur l'icône du réglage voulu en enfonçant ⌥ [Alt] ou, depuis le panneau **Calques**, enfoncez ⌥ [Alt] et cliquez sur l'icône pour choisir le réglage voulu.

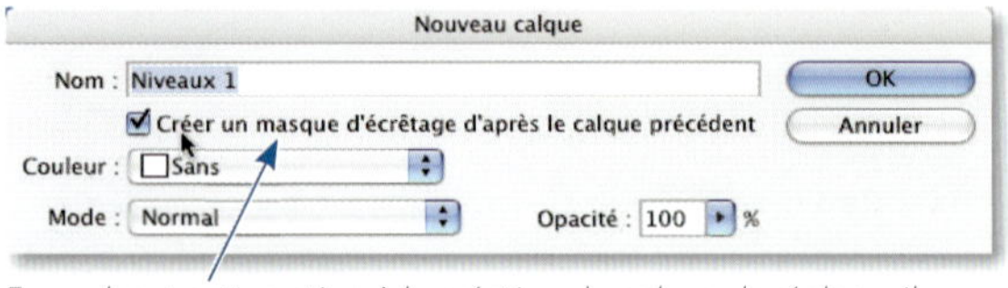

En cochant cette option à la création du calque de réglage, il y aura automatiquement écrêtage par le calque inférieur.

Pour qu'un calque de réglage soit systématiquement écrêté dès qu'il apparaît, avant de choisir le réglage, dans le menu du panneau **Réglages**, lancez la commande **Écrêter selon le calque** (la commande comportera une coche).

L'annulation de l'écrêtage

L'annulation se réalise également depuis les panneaux **Propriétés** ou **Calques**. Dans le premier, quand le réglage est sélectionné dans le panneau **Calques**, cliquez sur l'icône du panneau **Propriétés**. Dans le second, sans sélectionner les calques, enfoncez ⌥ [Alt] et cliquez sur la ligne entre les deux calques (le curseur devient).

L'opération se réalise aussi au clavier : après avoir sélectionné l'un des deux calques, tapez ⌥⌘G [Alt Ctrl G] (c'est le même raccourci qui crée ou annule le masque d'écrêtage). Vous pouvez aussi lancer la commande **Annuler le masque d'écrêtage** du menu **Calque**.

L'écrêtage dans un groupe par son mode de fusion

Quand vous ajoutez des calques de réglage, ils s'appliquent à la totalité des calques inférieurs.

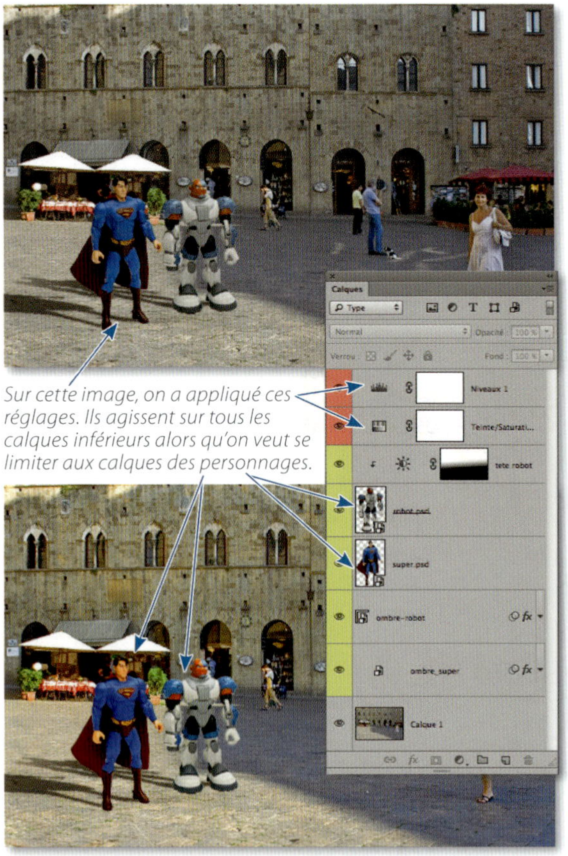

Sur cette image, on a appliqué ces réglages. Ils agissent sur tous les calques inférieurs alors qu'on veut se limiter aux calques des personnages.

Pour limiter ou restreindre leur action à quelques calques, effectuez les opérations suivantes :

1. Dans le panneau **Calques**, sélectionnez les calques de réglage et les calques sur lesquels ils doivent s'appliquer (par ⇧ clic ou ⌘ clic [Ctrl clic] s'ils ne se suivent pas dans la liste des calques).
2. Enfoncez les touches ⇧ et ⌥ [Alt] et cliquez sur l'icône **Créer un groupe** située en bas du panneau. Une fenêtre apparaît affichant les options du groupe qui va être créé. Nommez le groupe et choisissez le mode **Normal** à la place du mode **Transfert**.

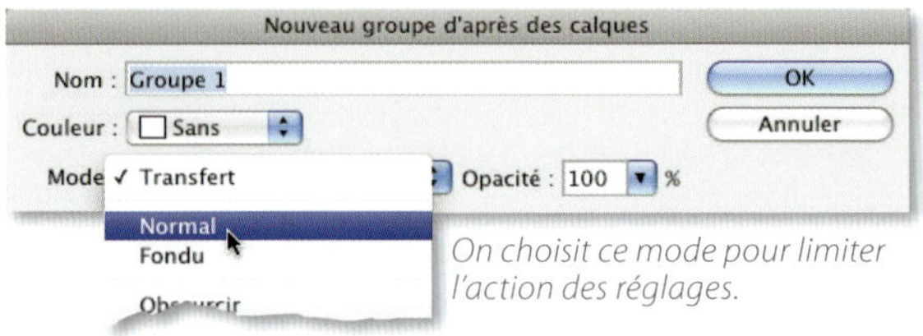

On choisit ce mode pour limiter l'action des réglages.

C'est ce changement de mode qui permet de limiter l'action des réglages aux calques situés à l'intérieur du groupe.

Astuce *Pour obtenir le groupe, vous pouvez également, une fois les calques sélectionnés, taper ⌘G [Ctrl G], puis changer son mode dans le haut du panneau* ***Calques****.*

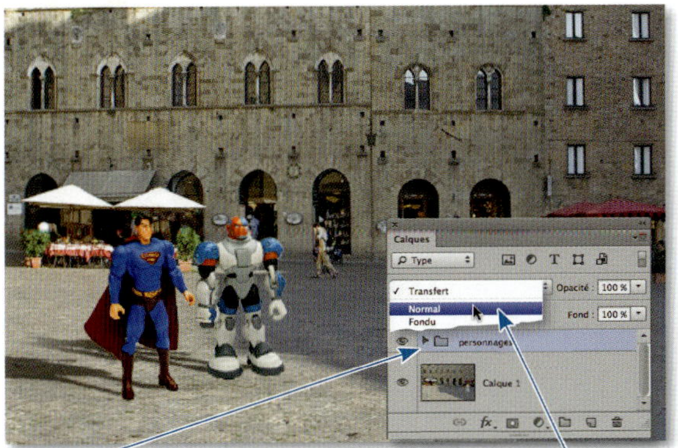

Le groupe contient les personnages et les réglages. Avec ce mode, le calque inférieur (hors du calque) ne subit plus les réglages.

Attention *Le nouveau de mode de fusion du groupe devient prioritaire sur le mode de chaque calque dans le groupe vis-à-vis des calques situés à l'extérieur du groupe. Par exemple, si un groupe a le mode Normal, tous les calques se comportent sur les calques inférieurs au groupe comme s'ils avaient le mode Normal.*

L'écrêtage d'un groupe par un réglage

Ps Au lieu de placer tous les calques dans un groupe et d'en changer le mode, vous pouvez effectuer les opérations suivantes :

1. Groupez uniquement les calques qui doivent subir les réglages.

2. Placez hors du groupe mais au-dessus de celui-ci les calques de réglage.

3. Créez le masque d'écrêtage entre le réglage et le groupe en cliquant avec ⌥[Alt] enfoncée sur la ligne de séparation entre les deux calques (le pointeur devient ↲□). Recommencez l'opération d'écrêtage avec les calques de réglages supérieurs.

En opérant ainsi, il n'est pas nécessaire de changer le mode de fusion du groupe.

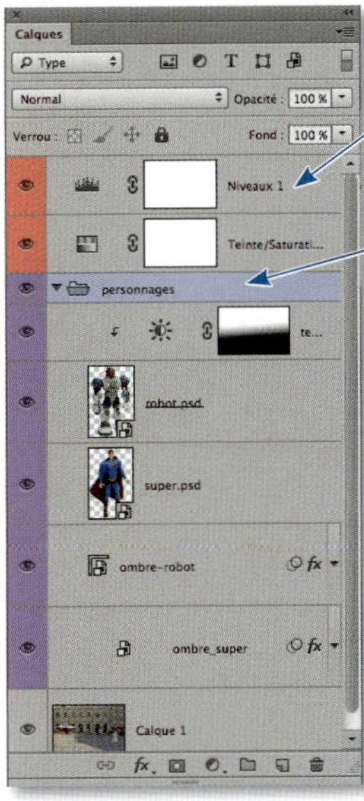

On place les réglages au-dessus de tous les calques à régler, associés dans un groupe.

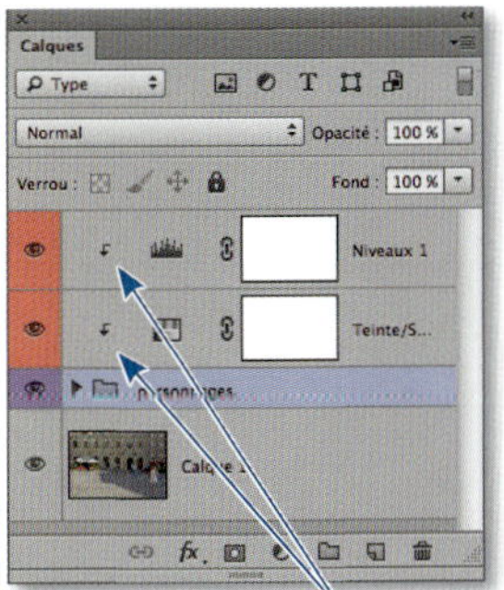

On crée l'écrêtage des réglages pour limiter leurs actions au groupe.

Les groupes de calques de réglage

La création de groupe est intéressante pour regrouper des réglages. Vous pourrez, en une seule opération :

- désactiver l'ensemble en cliquant sur l'œil du groupe ;
- crée un masque commun aux réglages situés dans le groupe ;
- dupliquer le groupe pour créer des variantes ;
- régler l'opacité du groupe (et donc de ses éléments) ;
- créer, avec une sélection (ou un tracé), un masque commun aux calques du groupe en cliquant sur l'icône ◘ du panneau **Calques** ;
- transférer l'ensemble sur un autre document en une seule opération.

Astuce *Il est possible de créer un sous-groupe dans le groupe. On peut définir une hiérarchie sur dix niveaux.*

Après cette vue d'ensemble sur les possibilités liées à l'utilisation du calque de réglage et de son masque, nous allons voir comment paramétrer les différentes options des fenêtres des commandes de corrections chromatiques. Il ne s'agit pas d'étudier toutes les commandes, mais surtout celles qui seront régulièrement employées dans le cadre de la correction d'une image.

4 - Le paramétrage des corrections avancées

Les étapes dans une procédure de correction

Les corrections tonales et colorimétriques ont pour effet d'améliorer la qualité d'une photo, tant à l'impression qu'à l'affichage. Elles engendrent des modifications des valeurs chromatiques de chaque pixel de manière à corriger une dominante de couleur, un manque ou un excès de contraste, de luminosité ou de saturation, ou encore, une mauvaise répartition des tons. Par défaut, les corrections affectent la totalité de l'image ; en revanche, les modifications ne seront que locales avec certains outils ou lorsqu'un masque protégera certaines zones de l'image. S'il s'agit de créer un effet particulier sur une photo, un seul calque de réglage peut être suffisant. S'il s'agit d'une correction plus générale, afin d'obtenir un résultat optimal, il convient de suivre une procédure, Photoshop préconise celle-ci :

1. Examen de la photo

Il a pour but de vérifier la qualité et l'étendue de la plage tonale de l'image à partir d'un examen visuel ou de la consultation de l'histogramme affiché dans le panneau **Histogramme**. Celui-ci, apportera une confirmation d'un problème visualisé sur l'image et le mettra en évidence.

2. Réglage du point blanc et du point noir

Il s'agit de définir les tons les plus clairs et les plus foncés de l'image (tons extrêmes) par la fenêtre **Niveaux** ou **Courbes**. Cette opération s'appelle également **réglage de l'écart de contraste**. Sur certains scanners, cette opération s'effectue au moment de l'acquisition ; cela permet d'avoir une meilleure plage tonale, donc une meilleure répartition des pixels.

3. La balance des gris et les corrections tonales

C'est le réglage des ½ tons et du gamma de l'image. Il peut s'accompagner, selon la qualité tonale de l'image, d'un réglage de contraste et de luminosité. Ces corrections, appelées aussi réglage de la **balance des gris**, du **contraste intérieur** ou de **gradation**, se réalisent principalement par les réglages **Niveaux** ou **Courbes**.

4. Suppression de la dominante et réglage de la balance des couleurs

Ces manipulations ont pour effet d'équilibrer les couleurs et de supprimer une dominante de teinte sur l'ensemble de l'image (et/ou sur une partie de celle-ci). Afin de les réaliser, vous pouvez utiliser les réglages du panneau **Propriétés**. Certains offrent une meilleure précision que d'autres, c'est le cas de **Courbes** ou **Niveaux** (action par couche colorée), **Balance des couleurs** (réglages sur trois tons), **Teinte/Saturation** (réglage plus intuitif), **Vibrance** (pour une action efficace sur la saturation) et **Correction sélective**.

5. Corrections locales ou sélectives des couleurs

Pour affiner certaines corrections, utilisez les outils **Densité** (luminosité), **Goutte d'eau/Netteté** (contraste), **Éponge** (saturation), appliquez la commande **Remplacement de couleurs** (**Image/Réglages**) à une sélection ou, mieux encore, utilisez un calque de réglage de type **Correction sélective** ou **Teinte/Saturation** avec un masque pour localiser l'action sur une partie de l'image.

6. Renforcement de la clarté et de la netteté de l'image

À l'issue des corrections précédentes, il faut intervenir sur la clarté qui est l'équivalent d'un microcontraste qui doit être poussé pour donner un effet de netteté artificielle, ou atténué pour un portrait. Plusieurs techniques sont utilisables, elles ont été développées dans le chapitre sur les retouches (*voir pages 216 à 231*).

Selon les cas, l'application du filtre **Accentuation** (série **Renforcement**) redonne du modelé à l'image et ravive ses couleurs ; il constitue une préparation en vue d'une impression. L'effet, plus marqué à l'écran qu'à l'impression, permet d'anticiper la perte de netteté lors de l'impression des plaques.

Les tons extrêmes : point blanc et point noir

L'intérêt du point blanc et du point noir

La définition de ces points a un double rôle : d'une part, ils permettent obtenir une meilleure répartition des pixels dans les différents tons de l'image en définissant les extrémités de la plage tonale et, d'autre part, ils assurent une impression correcte sur les presses.

LE POINT BLANC

Définir le **Point blanc** consiste à affecter aux pixels les plus clairs d'une image certaines valeurs chromatiques, de manière à ce que les premiers détails dans les tons clairs d'une image deviennent perceptibles et que leur impression puisse être réalisée avec une quantité d'encre suffisante.

Le choix du **Point blanc** est déterminant pour la qualité de la photo et conditionne la densité générale. Son choix doit répondre à certains critères. Le **Point blanc** ne devra pas être défini :

- dans un éclat ou un reflet de lumière au risque de rendre l'image terne. Ce type de zone constitue des blancs spéculaires qui ne définissent pas de matière ou de détails de l'image ;
- sur une partie surexposée de la photo, ce qui provoquerait un assombrissement de l'image dans son ensemble ;
- dans une zone trop dense au risque de « griller » les premiers détails de l'image et de perturber son équilibre chromatique.

LE POINT NOIR

Définir le **Point noir** permet de préciser les valeurs des pixels les plus sombres de l'image, de manière à rendre perceptibles les derniers détails dans les ombres de l'image et à les imprimer avec une quantité optimale d'encre (sans risquer de boucher les tons les plus foncés).

Comme pour le **Point blanc**, le choix du **Point noir** est déterminant pour la qualité de la photo et conditionne la densité générale. Les opérations de définition des points blanc et noir comportent deux étapes : la spécification des valeurs cibles du blanc et du noir, puis la désignation (pointage) des pixels sur l'image.

Les valeurs cibles des tons clairs et foncés adaptées à la presse

Les valeurs à spécifier pour le blanc et le noir sont liées à des critères d'impression. En effet, la plupart des périphériques de sortie (généralement les presses) ne peuvent pas imprimer de détails dans les valeurs de tons foncés proches du noir (du niveau 0) ni dans les valeurs de tons clairs proches du blanc (du niveau 255).

> **ASTUCE** *Dans le cadre d'une impression sur une imprimante de bureau dont vous disposez du profil, il est inutile de définir les valeurs cibles. C'est le système de gestion des couleurs qui règle automatiquement l'image pour qu'elle s'imprime correctement en fonction du profil.*

LA COULEUR DES TONS CLAIRS CIBLE

Un blanc de luminosité de 96 % produit, avec la majorité des presses, un point imprimable de taille minimale : il correspond à 3 à 4 % d'encre C, M, J et N (ou 4 % de noir seul pour les images en niveaux de gris). Une valeur supérieure de luminosité risque d'engendrer sur la plaque des points qui ne transfèrent pas d'encre sur le papier, et provoquera la disparition de détails dans les tons clairs. Pour affecter cette valeur au blanc, créez un nouveau document de taille quelconque, affichez le panneau **Réglages** et cliquez sur l'icône **Niveaux** (ou **Courbes**). Effectuez un double-clic sur la pipette blanche : la fenêtre **Couleur des tons clairs cible** s'affiche et montre un sélecteur de couleurs. Dans la case **L** (**Luminosité de TSL**), saisissez la valeur 96 %, **T** et **S** étant nuls.

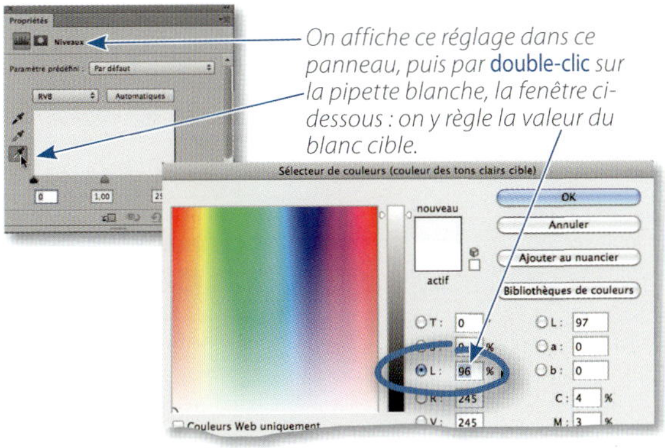

Fermez la fenêtre **Couleur des tons clairs cible** : un message apparaît, validez-le (**Oui**) pour affecter cette valeur à Photoshop. Passez au réglage du point noir cible (*voir ci-après*).

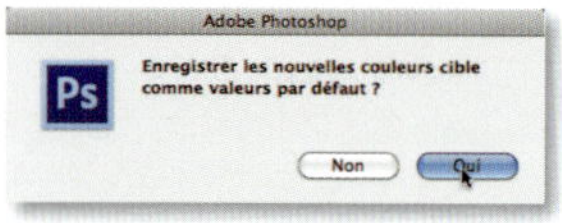

Les valeurs saisies pour le point noir et le point blanc peuvent constituer des valeurs par défaut.

La couleur des tons foncés cible

Il est inutile de régler la valeur du noir cible (laissez-les toutes nulles en RVB ou TSL). En effet, Photoshop gère de manière automatique l'écrêtage des noirs à l'impression pour tenir compte de l'engraissement de l'encre sur le papier (absorption qui provoque son étalement) et éviter ainsi le risque de perdre des détails dans les tons foncés. Il suffira de choisir sur la photo (*comme nous le verrons ci-après*) la position du noir pur, et, lorsque les données seront envoyées à l'imprimante (ou converties en CMJN), le pilote de Photoshop ou celui de l'imprimante calculera automatiquement la quantité de noir nécessaire en fonction de l'imprimante et du papier choisis.

Astuce *Si vous souhaitez voir l'écrêtage du noir réalisé par Photoshop lors de l'impression, affichez le panneau **Histogramme** (avec la couche **Luminosité**), lancez la commande **Convertir en profil** du menu **Édition**, sélectionnez un profil d'impression CMJN ou RVB et comparez les histogrammes.*

Les pointages du blanc et du noir sur l'image

Une fois les valeurs du blanc et du noir spécifiées, il faut désigner à quels pixels elles doivent être attribuées. Deux méthodes sont possibles : le pointage manuel et l'automatique ; elles s'effectuent depuis la fenêtre **Niveaux** ou **Courbes** (éventuellement, d'un calque de réglage).

Le pointage avec les pipettes blanche et noire

Cela consiste, avec la pipette blanche, à cliquer sur les pixels parmi les plus clairs de l'image pour que Photoshop les définisse comme blanc imprimé, puis, avec la pipette noire, à cliquer sur les pixels sombres à référencer comme noir. Photoshop affecte alors aux zones pointées les valeurs de blanc et de noir.

Attention *Avant d'utiliser l'une des pipettes du panneau **Niveaux**, réglez leur taille d'échantillonnage : activez l'une de ces pipettes, effectuez un clic droit sur l'image et sélectionnez l'option **Moyenne 3 × 3** dans la liste qui apparaît.*

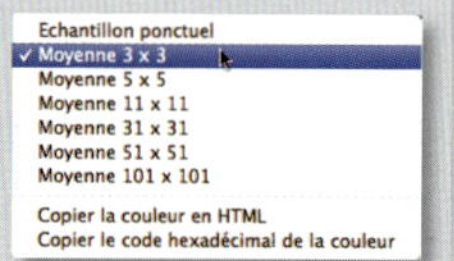

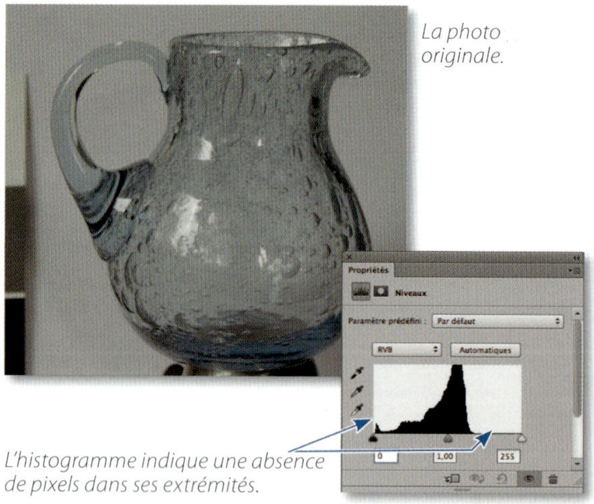

La photo originale.

L'histogramme indique une absence de pixels dans ses extrémités.

Note *L'ordre des opérations n'a pas d'importance. Si vous avez cliqué sur une mauvaise zone (provoquant un assombrissement ou un éclaircissement prononcé de l'image), tapez ⌘Z [Ctrl Z] pour annuler l'opération ou cliquez sur une autre zone pour la redéfinir comme cible.*

La photo corrigée.

On a ciblé le noir et le blanc à l'aide des pipettes : on a redistribué les tons et étalé l'histogramme (avec une image en 16 bits, ce dernier n'apparaîtra pas écrêté).

La visualisation des pixels clairs et sombres par la méthode du seuil

Il n'est pas toujours facile de déterminer la position exacte des pixels les plus clairs (ou les plus foncés). Pour cela, Photoshop propose une technique, dite **du seuil**. Elle consiste à enfoncer ⌥[Alt] et à glisser le curseur blanc des niveaux d'entrée : la photo devient noire et les pixels les plus clairs apparaissent en premier lors du glissement (il seraient écrêtés si on gardait ce réglage).

Sur cette photo, il n'est pas évident de localiser les tons les plus clairs et les plus foncés.

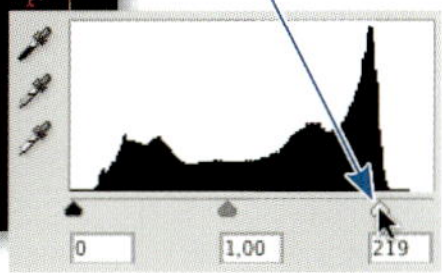

La méthode du seuil le permet : on voit les pixels les plus clairs par glissement avec ⌥[Alt] de ce curseur…

De même, le glissement du curseur noir avec ⌥[Alt] fait apparaître en premier les pixels les plus sombres sur une photo blanche.

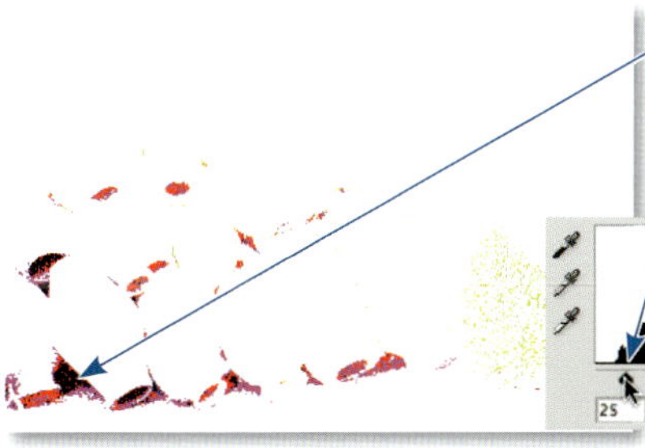

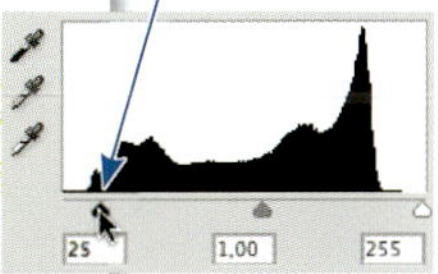

…on voit les plus foncés par glissement avec ⌥[Alt] de ce curseur.

Astuce *Photoshop permet d'activer automatiquement la méthode du seuil sans avoir à enfoncer la touche ⌥ [Alt]. Pour cela, lancez la commande* ***Zones écrêtées pour les points noirs/blancs*** *dans le menu local du panneau* ***Niveaux****.*

Une fois que vous avez repéré les zones les plus claires et celles qui sont les plus foncées, réinitialisez la photo en choisissant **Par défaut** (à la place de **Personnalisé**) dans la liste des paramètres prédéfinis (ou cliquez sur l'icône située en bas du panneau), et réalisez le pointage avec les pipettes noire et blanche.

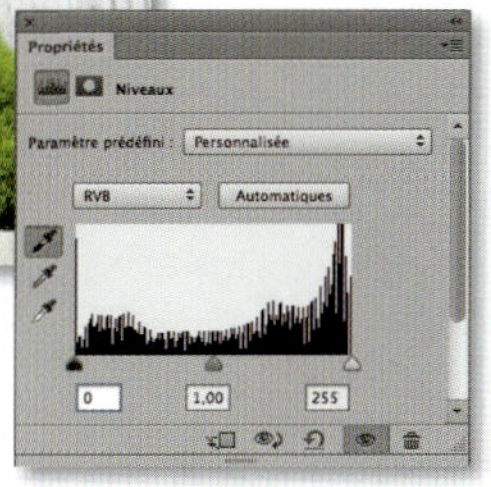

On peut pointer les zones montrées par seuil avec les pipettes (voire y placer des échantillons). On obtient la redistribution de l'histogramme.

Pour comparer les valeurs chromatiques de pixels et localiser de manière précise les plus clairs ou les plus foncés, enfoncez ⇧ et glissez la pipette sur l'image : le panneau **Informations** s'affichera et indiquera la valeur du pixel survolé. Si vous relâchez le bouton de la souris à l'intérieur de l'image, Photoshop place un échantillon de valeurs dans le panneau **Informations** (vous pouvez en placer quatre) ; vous le supprimerez par ⇧⌥clic [⇧Alt clic].

Astuce *Photoshop propose une autre solution pour visualiser les zones écrêtées. En effet, celles-ci apparaissent directement sur l'image avec la pipette blanche (ou noire) quand on enfonce la touche ⌥[Alt]. Avec ⇧⌥[⇧Alt], on peut placer un échantillon.*

La pipette grise : suppression d'une dominante colorée

Si la photo présente une dominante colorée, elle s'élimine à l'aide de la pipette grise : activez-la et cliquez sur une zone de l'image qui devrait être gris neutre (et qui ne l'est pas à cause de cette dominante) : les pixels deviendront gris (de la couleur définie par double-clic sur cette pipette). *Nous reparlerons des suppressions de dominantes page 449.*

Le point blanc et le point noir automatiques

Ils s'appliquent par le bouton **Auto** ou **Automatiques** présent dans le panneau **Propriétés** alors qu'un calque de réglage de type **Luminosité/Contraste**, **Niveaux** ou **Courbes** est ajouté, ou par les commandes **Ton automatique**, **Couleur automatique** ou **Contraste automatique** du menu **Image** (ces dernières ne font pas l'objet de calque de réglage et sont donc irréversibles).

Les options de correction colorimétrique automatique

Les boutons **Automatiques** (de **Niveaux** et **Courbes**) utilisent l'un des quatre types de réglages que l'on a spécifié dans la commande **Options automatiques** du menu du panneau **Propriétés**. En revanche, le bouton **Auto** de **Luminosité/Contraste** utilise toujours la quatrième option : **Accentuer la luminosité et le contraste**.

La photo initiale est terne, on veut la régler de manière automatique.

*L'histogramme indique l'absence de pixels dans ses extrémités. On corrige avec le bouton **Automatiques**.*

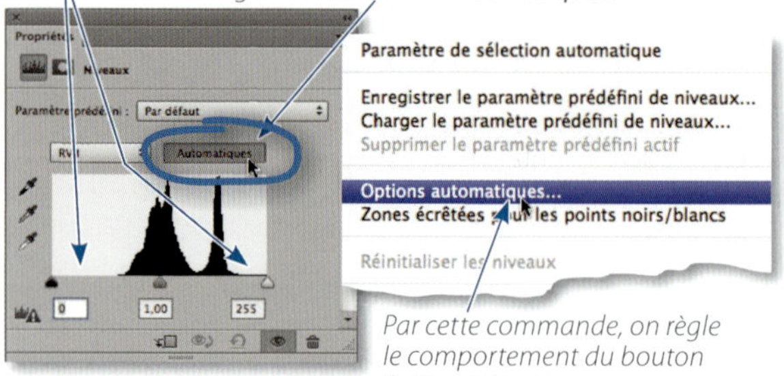

*Par cette commande, on règle le comportement du bouton **Automatiques**. Elle propose quatre réglages.*

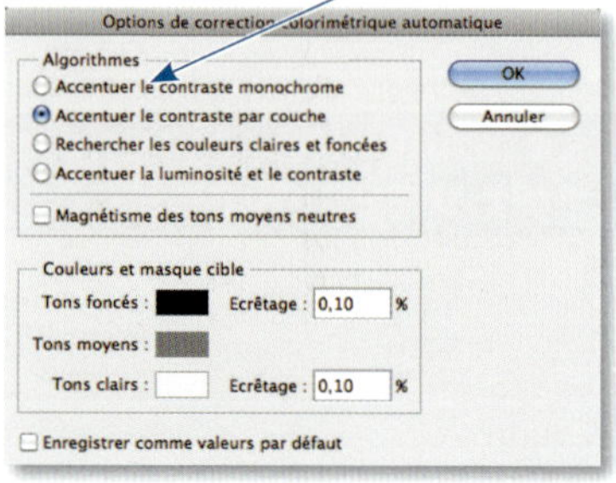

- **Accentuer le contraste monochrome** : c'est le réglage utilisé par la commande **Contraste automatique**. Il y a un écrêtage des niveaux pour augmenter le contraste, mais les couleurs sont préservées car l'écrêtage est identique sur chaque couche colorée.
- **Accentuer le contraste par couche** : ce réglage est utilisé pour **Ton automatique**. Il y a un écrêtage différent sur chaque couche pour optimiser son contraste. Chaque couche étant réglée séparément, une dominante de couleur peut être introduite ou supprimée.
- **Rechercher les couleurs claires et foncées** : c'est le réglage de la commande **Couleur automatique**. Il recherche les pixels les plus clairs et les plus foncés de l'image et les utilise pour optimiser le contraste ; cela permet de minimiser l'écrêtage.

Magnétisme des tons moyens neutres est utilisée par Photoshop pour éliminer les dominantes colorées. Le programme recherche dans l'image une couleur presque neutre, puis modifie le gamma de chaque couche pour la rendre neutre.

Ps

- **Accentuer la luminosité et le contraste** : ce réglage est utilisé pour le bouton **Auto** de **Luminosité/Contraste**. Ici il n'y a pratiquement pas d'écrêtage. La luminosité est augmentée, le contraste est adapté (le plus souvent augmenté avec une courbe en S, parfois réduit selon l'image).

Les corrections automatiques.

*L'image avec l'option **Accentuer le contraste monochrome**. La dominante qui apparaît a été supprimée (sur une moitié de l'image) avec **Magnétisme des tons moyens neutres**.*

*L'image corrigée avec l'option **Accentuer le contraste par couche** (avec cette image, on obtient le même résultat avec **Rechercher les couleurs claires et foncées**).*

Sur l'image corrigée avec **Accentuer le contraste par couche***, on a augmenté le contraste et la luminosité en passant les valeurs d'écrêtage de 0,10 % à 0,30 %.*

Sur l'image corrigée avec **Accentuer la luminosité et le contraste***. Ici, l'image initiale étant déjà plutôt claire, le résultat n'est pas intéressant.*

Le blanc et le noir par les niveaux

Les réglages des Niveaux d'entrée

Lorsque l'histogramme d'une photo montre l'absence de pixels très sombres et/ou de pixels très clairs, vous pouvez utiliser la commande **Niveaux** et ses curseurs de **Niveaux d'entrée** pour redéfinir les pixels les plus sombres comme noir, et les pixels les plus clairs comme blanc. Pour cela, déplacez le triangle noir et/ou le blanc afin de les amener sur les extrémités respectives de l'histogramme. Ce type de réglage est particulièrement utile lorsque les pixels les plus clairs (ou les plus foncés) présents sur les extrémités de l'histogramme ne sont pas représentatifs des détails de l'image.

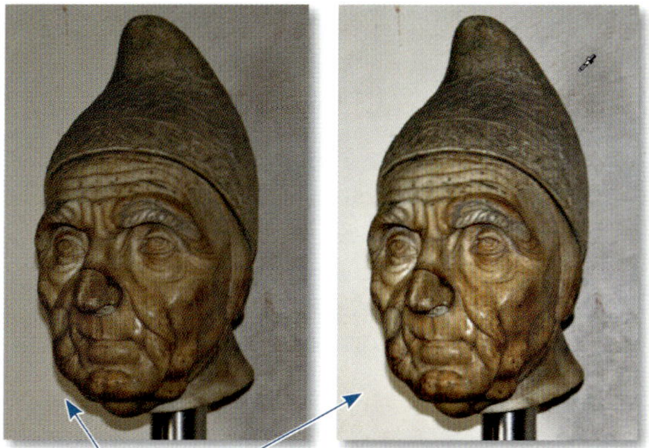

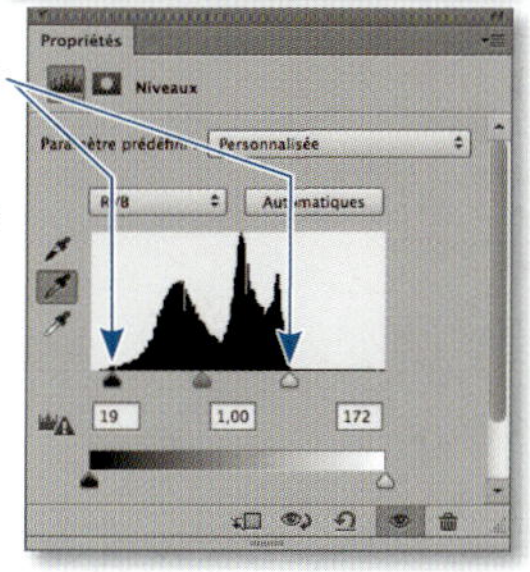

*L'image originale et celle corrigée par glissement des curseurs sur les premiers pixels foncés ou clairs de l'histogramme.
On a aussi éliminé une dominante colorée avec la pipette grise (en haut à droite de la tête).*

Les réglages des Niveaux de sortie pour l'impression

Les réglages précédents n'affectent que les **Niveaux d'entrée** et gardent intacts les **Niveaux de sortie**, contrairement aux pointages (automatiques ou avec les pipettes) qui modifient les deux.

Si l'image est destinée à l'impression offset, les valeurs chromatiques de certains pixels risquent d'engendrer des noirs bouchés (point supérieur à 95 %) et des blancs brûlés (point inférieur à 5 %). Pour éviter cela, il faut définir les valeurs du noir et du blanc dans les **Niveaux de sortie**. Ainsi, on règle les noirs avec une valeur de sortie d'environ 10 et les blancs avec une valeur d'environ 245.

> **ASTUCE** ***Dans certains cas, ce type de réglage produit une image un peu plus terne que l'on peut corriger en augmentant le contraste** (voir ci-après)*.

Les corrections tonales : Niveaux et Courbes

Les corrections tonales avec le réglage Niveaux

Il s'agit de corrections qui modifient l'équilibre tonal de la photo pour l'assombrir ou l'éclaircir, et en changer le contraste. En utilisant des masques, les corrections pourront être localisées sur certaines zones de l'image, voire n'affecter que certains tons. Les manipulations se réalisent dans la fenêtre **Niveaux**. Nous verrons plus loin qu'elles s'effectuent avec une plus grande précision, dans la fenêtre **Courbes**.

Les paramètres de **Niveaux** (panneau **Propriétés**) se rangent en deux catégories : en haut, sous l'histogramme, les **niveaux d'entrée** permettent d'augmenter le contraste et de modifier la balance de gris ; plus bas, sous la bande de dégradé, les **niveaux de sortie** permettent de le réduire. Dans les deux cas, la luminosité peut être modifiée.

L'augmentation du contraste : action sur les curseurs des niveaux d'entrée

L'augmentation du contraste s'effectue en agissant sur les curseurs noir ou blanc situés dans la rubrique des niveaux d'entrée ; elle s'accompagne d'une variation de la luminosité.

> **ASTUCE** *Pour effectuer des changements de valeur dans les différentes cases, cliquez dans l'une d'elles et utilisez les touches fléchées (l'incrément de 1 passe à 10 avec ⇧). Cette technique permet de concentrer votre attention sur la photo.*

La réduction de luminosité

Une action sur le curseur noir (▲) provoque un assombrissement dans les tons foncés (qui se répercute sur les tons voisins). On redéfinit comme pixels noirs des pixels initialement très foncés (valeurs supérieures à 0). La redistribution tonale s'effectue avec une réduction du nombre de niveaux entraînant une augmentation du contraste.

L'augmentation de la luminosité

Avec le curseur blanc (△), on éclaircit la photo, puisqu'on définit comme étant des pixels blancs des pixels qui étaient très clairs (valeurs inférieures à 255). Ici aussi, la redistribution tonale s'effectue avec une réduction du nombre de niveaux, qui entraîne une augmentation du contraste.

Les deux réglages peuvent bien sûr être cumulés puisque, dans un cas, la réduction de luminosité n'affecte que les tons foncés et dans l'autre cas, l'augmentation de luminosité concerne les tons clairs. Le cumul provoquera une augmentation de contraste plus importante puisqu'on réduit davantage le nombre de niveaux.

On veut augmenter le contraste et la luminosité de cette image.

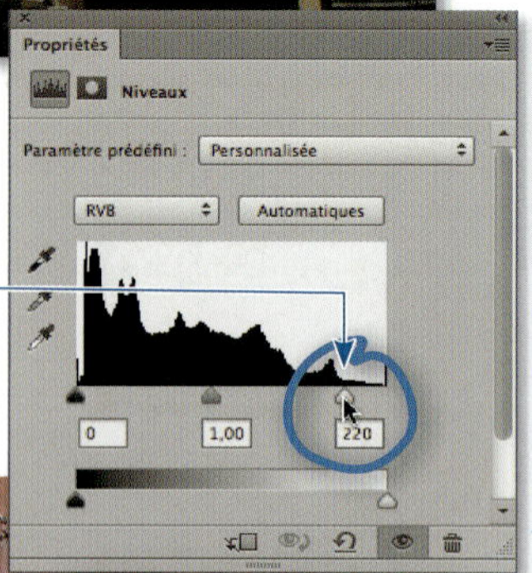

On glisse le curseur blanc vers la gauche pour obtenir ce résultat.

La balance des gris avec le réglage du gamma

Le curseur gris (▲), appelé **gamma**, définit la proportion de tons clairs par rapport aux tons foncés (balance tonale ou des gris). Par défaut, le gamma est de 1 : tons clairs et foncés en égale proportion. Le gamma permet de modifier la luminosité globale de l'image afin de récupérer des détails dans les parties foncées (on débouche les ombres) ou dans les parties claires. Ici, contrairement à la commande **Tons foncés/tons clairs**, si on n'utilise qu'un seul calque de réglage, on ne pourra agir que sur les hautes lumières ou sur les ombres. Pour agir ton par ton, il faudra utiliser deux calques de réglage avec chacun le masque de fusion approprié.

Déboucher les ombres

Une augmentation du gamma (▲ vers la gauche) accroît la proportion des tons clairs, ce qui entraîne un éclaircissement de l'image, qui se répercute jusqu'aux tons foncés, et permet de mieux y distinguer les nuances : on récupère des détails dans les zones d'ombre. Les tons clairs subissant également l'éclaircissement, il devient plus difficile d'en apprécier les nuances : on perd des détails dans les tons clairs.

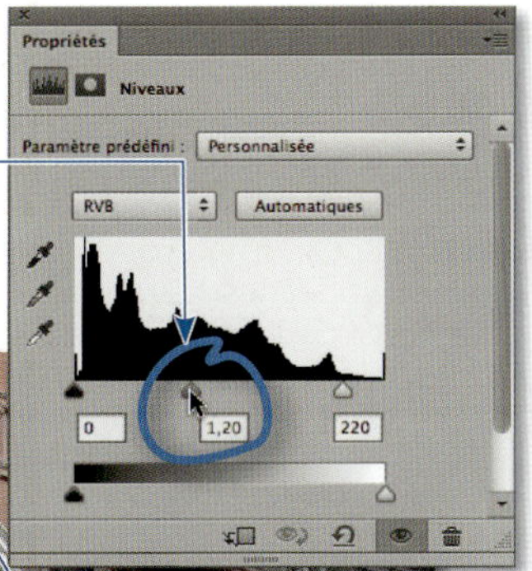

Par glissement de ce curseur, on augmente la proportion de tons clairs et on gagne du détail dans les tons foncés.

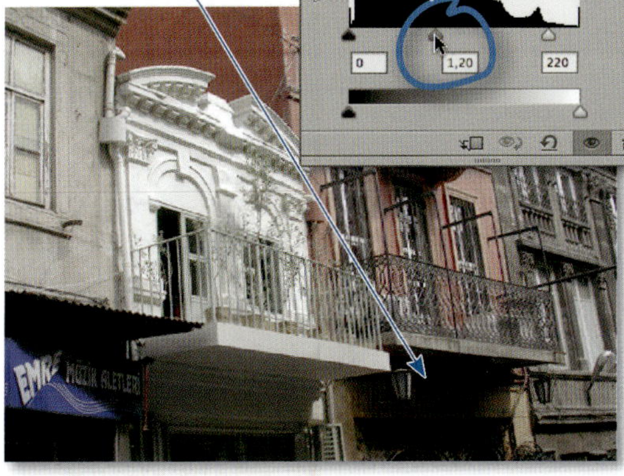

Améliorer les zones de lumière

Une réduction du gamma entraîne un assombrissement global de l'image. L'effet produit est l'inverse du précédent, l'assombrissement de l'image permet de mieux distinguer les différentes nuances claires : on récupère des détails dans les zones de lumière, mais on en perd dans les zones sombres.

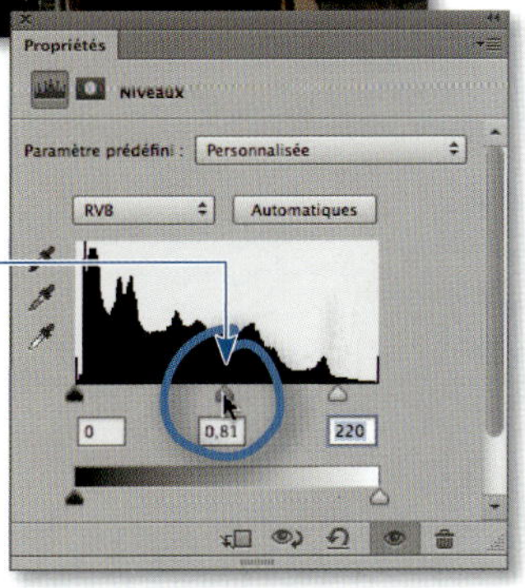

Ci-dessous, on a gagné du détail dans les tons clairs (mais on en perd dans les tons foncés) en décalant ce curseur.

La réduction du contraste : action sur les curseurs des niveaux de sortie

La réduction du contraste s'effectue en agissant sur les triangles des niveaux de sortie. Elle s'accompagne, selon le curseur (noir ou blanc), d'une variation de la luminosité dans les tons foncés ou les tons clairs, opposée à celle obtenue avec les niveaux d'entrée. Le réglage peut se réaliser en entrant une valeur dans la case correspondante.

L'augmentation de luminosité

Quand vous déplacez le triangle noir vers la droite, le noir en sortie est redéfini comme étant un gris (plus ou moins foncé), ce qui engendre un éclaircissement de la photo, principalement dans les tons foncés, et permet de récupérer quelques détails dans les tons foncés. Cependant, les différences entre les tons foncés deviennent ainsi moins importantes, ce qui provoque une réduction du contraste.

> **Astuce** *Ce réglage peut venir en complément d'un réglage du curseur noir (ou d'une réduction du gamma) des niveaux d'entrée, qui aurait eu pour effet d'assombrir un peu trop certains tons foncés et d'y faire perdre des détails.*

La réduction de luminosité

Si vous déplacez le triangle blanc, le blanc en sortie devient gris clair, ce qui provoque un assombrissement. Cette fois, les différences entre les tons deviennent moins importantes, d'où la réduction du contraste. Comme pour les niveaux d'entrée, il est possible de cumuler un déplacement du triangle noir et du triangle blanc.

Déboucher les ombres avec un masque

Cette correction consiste à améliorer les tonalités sombres pour mieux voir les détails dans les ombres. À la prise de vue, ceci peut être corrigé par l'ombre du flash ou d'un éclairage approprié.

L'image présente suffisamment de détails dans les tons clairs ; on souhaite en retrouver dans les ombres en utilisant un masque.

Pour réaliser ce type de correction qui ne doit s'appliquer qu'aux tons foncés (ombres) sans modifier les tons clairs, il y a deux possibilités : vous pouvez créer la sélection des ombres et ajouter le calque de réglage, ou commencer par créer le calque qui règle les tons foncés (sans se soucier des tons clairs), puis modifier son masque de fusion à l'aide des options **Plage de couleurs** et **Contour progressif** du panneau **Propriétés**.

La deuxième méthode présente l'avantage de rendre plus facile la mise au point du masque du fait que l'on visualise son action. Nous allons la développer.

1. Ajoutez un calque de réglage de type **Niveaux**. Glissez le curseur blanc pour éclaircir les tons clairs, puis augmentez le gamma pour éclaircir l'ensemble des tons et faire réapparaître les détails dans les zones foncées. Les zones de lumière peuvent apparaître grillées, mais elles redeviendront correctes une fois le masque en place.

On a récupéré du détail dans les ombres (mais on en a perdu dans les tons clairs) avec ce nouveau calque de réglage.

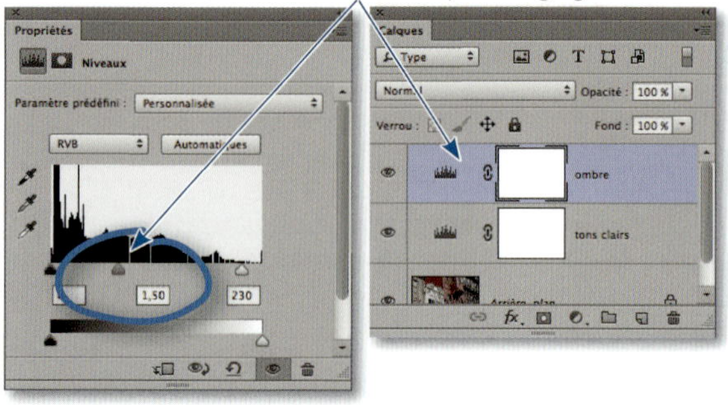

2. Dans le panneau **Propriétés**, cliquez sur **Plage de couleurs** et définissez le masque par prélèvement dans les ombres de l'image ou par l'option **Tons foncés** sélectionnée à la rubrique **Sélection**. L'ajustement du masque s'effectue avec le curseur **Tolérance**. À tout moment, vous pourrez réafficher **Plage de couleurs** (ou **Contour du masque**) pour réajuster le masque.

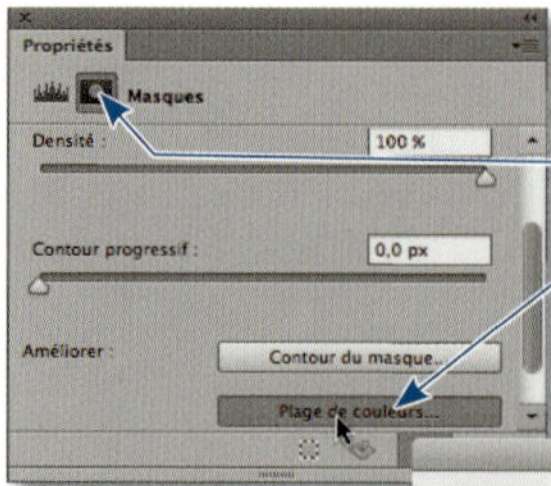

En cliquant ici, on a activé le masque que l'on va modifier en cliquant sur ce bouton.

On définit le masque par prélèvement dans l'ombre. On affine avec la tolérance.

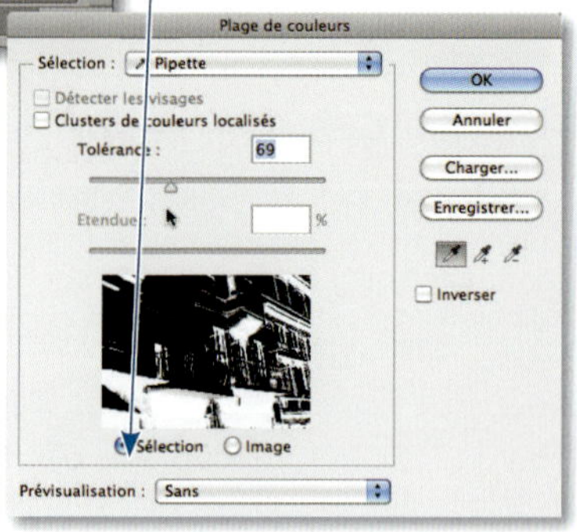

3. Pour assurer des transitions plus douces, utilisez le curseur **Contour progressif** du panneau **Propriétés**.

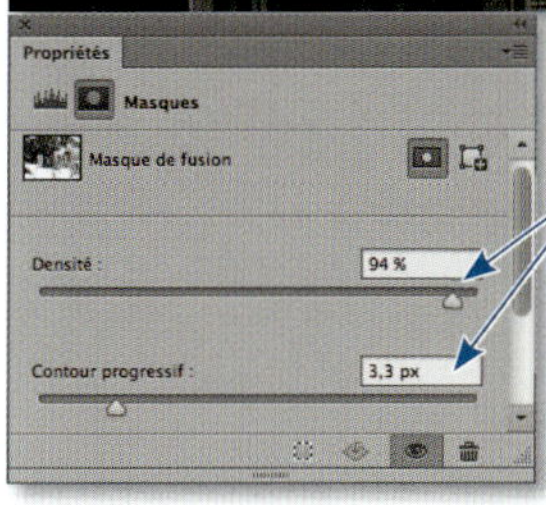

On a retrouvé du détail dans les tons clairs une fois le masque ajusté. Ici, on lui a appliqué un contour et réduit sa densité.

Une fois le masque mis au point, vous pouvez le modifier (globalement, avec le curseur **Densité** du panneau **Propriétés**, ou localement en peignant sur masque avec le pinceau convenablement réglé pour cacher certaines zones) ou réduire l'opacité du calque pour diminuer l'effet du réglage.

> **Astuce** *La technique décrite précédemment s'applique de la même façon avec un autre calque de réglage pour récupérer des détails dans les zones claires (**Plage de couleurs** avec l'option **Tons clairs** ou par la pipette).*

Les corrections tonales avec le réglage Courbes

Niveaux propose trois niveaux de réglages (tons foncé, tons clairs et gamma). **Courbes** offre une meilleure précision : il est possible d'intervenir dans les tons clairs, les demi-tons, les tons foncés, mais aussi dans les tons intermédiaires (¼ de tons…), en plaçant jusqu'à 14 points de contrôle directement sur la courbe ou à partir de l'image.

Les options d'affichage des courbes

Le panneau **Courbes** (ou la fenêtre de la commande du menu **Image/Réglages**) affiche la courbe de gradation de l'image. Des options sont disponibles par le menu du panneau **Propriétés** puis **Options d'affichage des courbes** ; elles faciliteront le travail de la courbe.

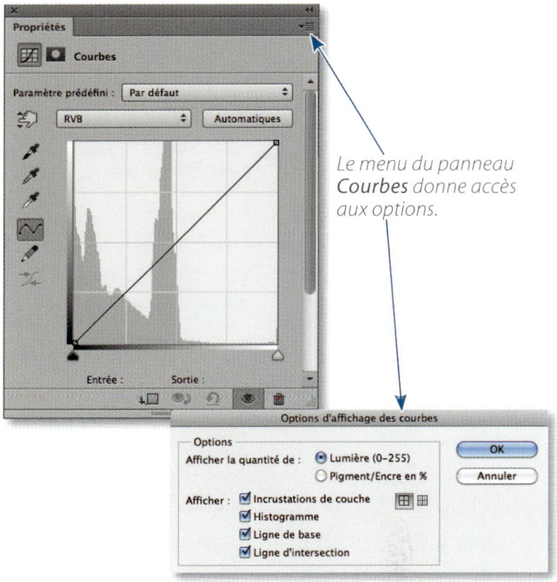

*Le menu du panneau **Courbes** donne accès aux options.*

La courbe de gradation

C'est le graphique qu'affiche la fenêtre. Il s'agit d'une courbe qui montre la distribution des valeurs de luminosité : l'axe des *x* (horizontal) correspond à la densité d'origine du pixel (**Entrée**) et l'axe des *y* (vertical) montre sa restitution, c'est-à-dire sa densité après traitement (**Sortie**). Avant correction, ***Entrée*** = ***Sortie***, la courbe est donc une diagonale à 45°. Elle le redeviendra à chaque clic sur l'icône.

Les options d'affichage de la courbe

Parmi ces options d'affichage, on trouve :

– **Pigment/encres en %** : cette option convertit l'affichage des valeurs par niveaux lumineux (avec 0, noir à gauche, et 255, blanc à droite) en pourcentage d'encrage (avec 0 %, blanc à gauche, et 100 %, noir à droite). C'est l'option par défaut des images CMJN.

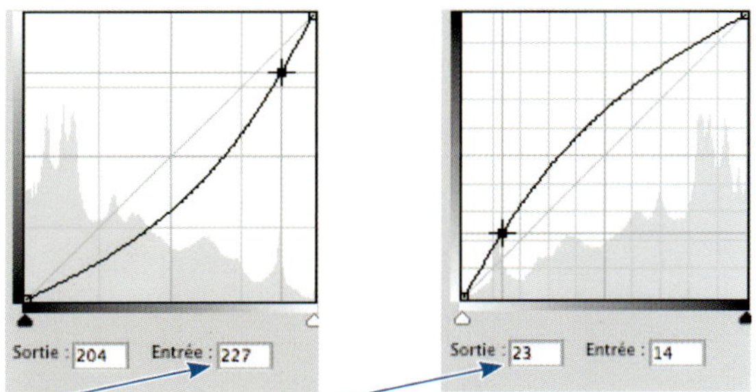

Ici valeurs en niveaux, et là en densité d'encrage (on a changé la précision du quadrillage par clic sur l'icône des options ; on obtient le même résultat par ⌥ clic [Alt clic] sur le quadrillage).

- **Incrustation de couche** : on garde visibles les courbes de chaque couche colorée quand on travaille sur la couche composite (RVB ou CMJN).

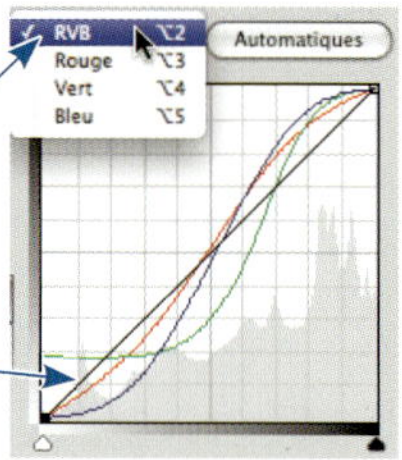

Quand on travaille la couche RVB, les changements sur les courbes colorées restent affichés en incrustation.

- **Ligne de base** : cette option permet de garder visible une diagonale à 45°.
- **Histogramme** : affiche l'histogramme à l'arrière-plan de la courbe.
- **Ligne d'intersection :** affiche un croisement d'axes lors du placement d'un point sur la courbe (*voir ci-dessus*).

Le point blanc, le point noir et les pixels écrêtés

Ils se réalisent selon les méthodes du réglage **Niveaux** : vous disposez des pipettes blanche et noire pour pointer les tons les plus clairs et foncés. Avec ces pipettes, si vous enfoncez ⌥[Alt], Photoshop visualise les zones écrêtées directement sur l'image. De plus, si vous cochez l'option **Afficher l'écrêtage** du menu du panneau, vous verrez également les zones écrêtées en glissant le curseur noir ou le blanc ; sans cette option (ce qui est préférable), glissez-les avec ⌥[Alt].

La photo initiale et celle avec le point blanc défini ici.

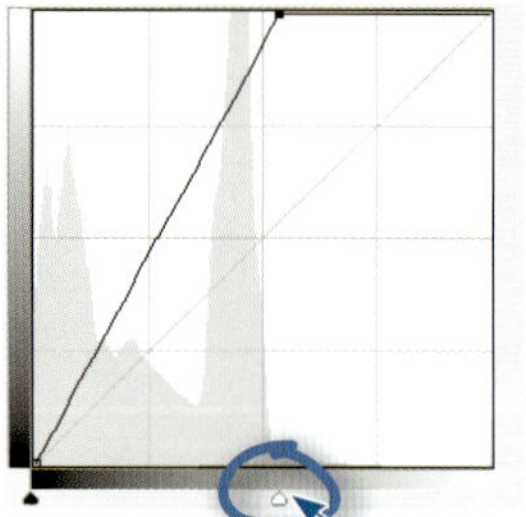

En glissant ce curseur avec ⌥[Alt], on voit que le point blanc peut être pris sur cette zone et non sur ce reflet.

Quand vous désignez les points blanc et noir avec les pipettes, Photoshop montre la couche RVB (ou CMJN).

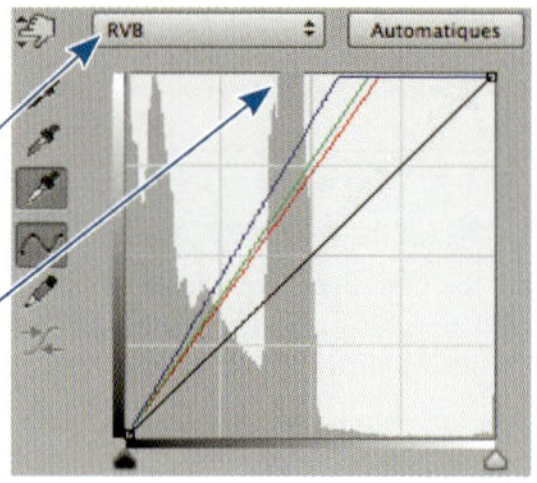

Sur la couche RVB, on peut voir les écrêtages effectués sur les couches colorées.

Vous pouvez éventuellement (comme pour tous les autres réglages), modifier séparément chacune des courbes R, V ou B. On passe d'une couche à l'autre par le menu local **RVB** (ou en tapant ⌥3 [Alt 3] pour R, ⌥4 [Alt 4] pour V...).

Le travail de la courbe

Le travail de la courbe se réalise en y positionnant des points qui seront ensuite déplacés pour modifier la courbe.

Le réglage ciblé par sélection automatique : point placé et réglé sur l'image

Une technique permet de cibler la zone à traiter directement sur l'image. Pour cela, activez l'icône dans le panneau **Courbes**, puis sur la photo, à l'endroit correspondant à une zone à corriger, cliquez pour ajouter un point sur la courbe et glissez-le aussitôt verticalement sur l'image (le pointeur devient) pour modifier le réglage sur les tons ainsi ciblés (augmentation ou réduction de la luminosité et du contraste en fonction du sens du déplacement).

Avec cet outil, on a pressé ici pour placer un point sur la courbe.

On a glissé le pointeur vers le haut pour monter le point sur la courbe et éclaircir l'image.

Quand un premier réglage est réalisé, vous pouvez placer un deuxième point sur une zone de l'image qui n'est pas correcte (ou qui ne l'est plus, suite au premier réglage), et glisser aussitôt le pointeur pour établir un nouveau réglage localisé. En opérant par placements/glissements successifs de différents points (des points peuvent également être placés juste pour bloquer certaines zones de la courbe), vous pouvez obtenir le réglage souhaité pour votre image.

Ici (sur la roue), on a placé un point et on l'a glissé pour assombrir l'image et augmenter le contraste. On peut continuer avec d'autres points pour corriger d'autres zones.

> **Astuce** *L'icône ou peut être activée par défaut en lançant, dans le menu du panneau **Propriétés, Outil réglage ciblé par sélection automatique** pour que l'option reste cochée.*

Le travail de la courbe par le panneau Courbes

La courbe et ses points de contrôle

Quand vous pointez une zone de la courbe, les valeurs d'entrée et de sortie s'affichent sous le graphe. Si vous glissez la souris sur l'image, un rond s'affiche sur la courbe : il indique les valeurs tonales d'entrée et de sortie du pixel survolé.

Le placement de points depuis le panneau

Pour placer des points de contrôle directement sur la courbe dans le panneau, cliquez sur cette dernière. Cependant, pour placer un point correspondant exactement aux tons à corriger dans l'image, utilisez la technique précédente (avec l'activation de l'icône). Le tableau suivant résume les opérations possibles sur les points placés :

Touches utilisées		Action sur la courbe ou le point
Sur la courbe	Clic	Placer un point sur la courbe
	⇧ clic sur les points	Sélectionner les points
	⌘ clic [Ctrl clic] sur le point	Supprimer le point
Sur l'image (option active)	Clic	Placer un point sur la courbe de la couche affichée
	⇧ clic	Placer un échantillon (panneau **Informations**)
	⇧ ⌥ clic [⇧ Alt clic] sur un échantillon	Supprimer l'échantillon (panneau **Informations**)
	⇧ ⌘ clic [⇧ Ctrl]	Placer un point sur chaque couche colorée, mais pas sur la couche composite
Sur la grille	⌘ D [Ctrl D] ou clic	Désélectionner tous les points de la courbe

Si, dans la fenêtre des options, vous avez coché **Ligne d'intersection**, le positionnement (ou le déplacement) d'un point est plus précis, notamment quand il doit s'effectuer par rapport à une zone de l'histogramme. De même, vous pouvez augmenter cette précision (avec quadrillage plus fin) en cliquant sur l'option dans cette même fenêtre.

Le travail de la courbe à l'aide des points

Le travail sur la courbe de gradation s'effectue par glissement de points de contrôle. Les manipulations se résument à quelques actions dont les effets s'opposent :

Action	**Conséquence** (graduations de 0 à 255)
Point monté	Augmentation de la luminosité (le point se rapproche de 255, blanc)
Point descendu	Réduction de la luminosité (le point se rapproche de 0, noir)
Courbe plus plate	Réduction du contraste
Courbe plus raide	Augmentation du contraste

ASTUCE *Vous pouvez saisir des valeurs dans les cases **Entrée** ou **Sortie**, ou encore cliquer sur le point et le déplacer avec les touches fléchées du clavier (incrément de 1 et de 10 avec ⇧).*

Plusieurs points (sélectionnés par ⇧clic) peuvent être déplacés dans des sens opposés pour augmenter (ou réduire) le contraste plus localement.

Les points de verrouillage

Il est possible de modifier certains tons sans que les autres subissent de changement (ou presque) en plaçant des points en regard des densités qui ne doivent pas être modifiées (ces points, qui en encadrent d'autres, servent à verrouiller des zones), puis un autre encore entre les deux précédents ; c'est ce dernier point que vous déplacez alors vers le haut ou vers le bas selon le réglage souhaité.

Par exemple, si vous souhaitez ne régler que les tons moyens, placez des points de verrouillage dans les ¼ de tons et les ¾ de tons, puis déplacez la courbe entre ces points en y plaçant un point pour le bouger avec les touches du clavier.

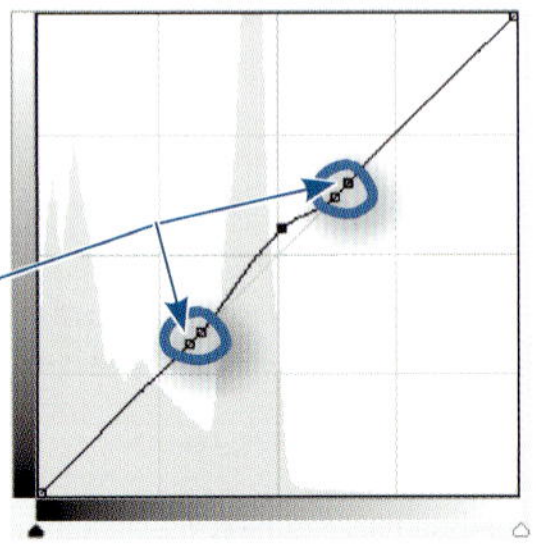

Ces points verrouillent le haut et le bas de la courbe.

ASTUCE *Comme avec **Niveaux**, pour travailler une zone sans en modifier une autre, utilisez un calque de réglage avec un masque qui préserve certaines parties de l'image.*

Les réglages courants

Il s'agit de réglages permettant de corriger certains défauts d'une image (manque de contraste, surexposition...).

LA CORRECTION D'UNE IMAGE TERNE

Une image terne a un contraste faible, les détails manquent dans les zones claires et les zones foncées, mais une courbe en « S » permet de raviver l'image. Pour cela, on verrouille les tons moyens en plaçant un point à 128 avec les graduations **Lumières** (ou 50 % avec les graduations **Pigment/encre**), on place un point dans la partie des tons clairs que l'on déplace vers le haut, et on place un point dans les tons foncés que l'on déplace vers le bas : la pente de la courbe augmente au centre et le contraste également.

L'image initiale est terne. Son histogramme montre un manque de détails dans les ombres et les hautes lumières.

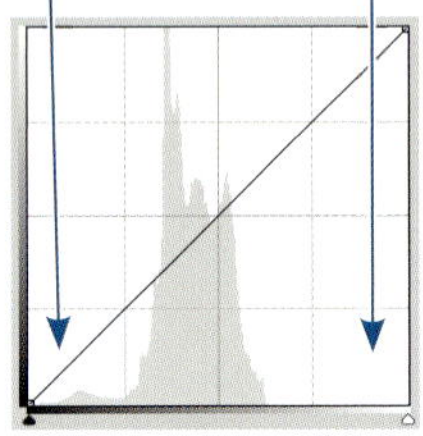

Pour la corriger (ci-contre), on a placé deux points et ajusté sa courbe avec une forme en « S » recentrée sur le pic de l'histogramme.

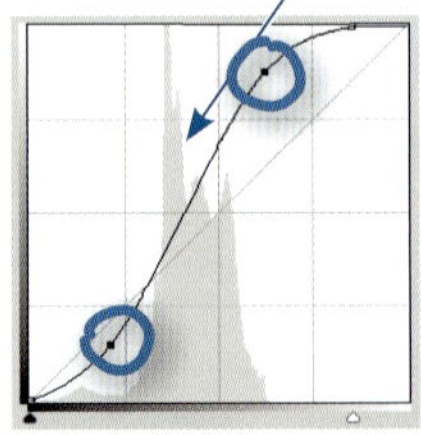

LA CORRECTION D'UNE IMAGE SOMBRE (SOUS-EXPOSÉE)

Avec ce type d'image, la luminosité est trop faible, les détails ont disparu dans les tons foncés et les ¾ de tons. Il faut donc modifier la courbe de façon à éclaircir l'image dans l'ensemble de ces tons. Si vous gonflez la courbe en montant le point, la photo s'éclaircit et retrouve des détails dans les tons foncés.

L'image initiale est sombre : son histogramme montre un manque de pixels dans les hautes lumières.

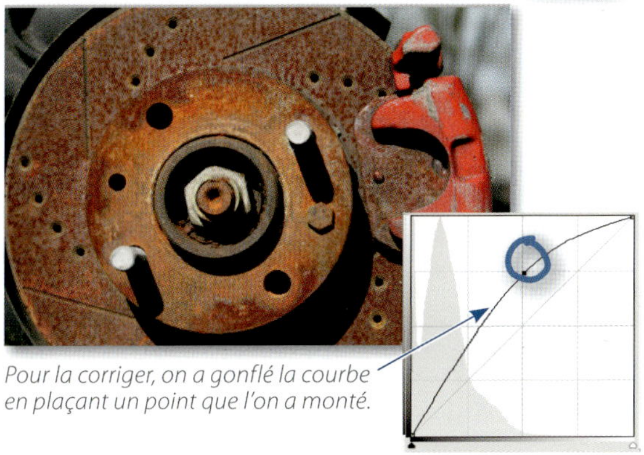

Pour la corriger, on a gonflé la courbe en plaçant un point que l'on a monté.

Avec ce type d'image, pensez également à utiliser la commande **Tons foncés/Tons clairs** en l'appliquant sur le calque converti en objet dynamique de manière à avoir un réglage réversible (appliqué comme un filtre dynamique).

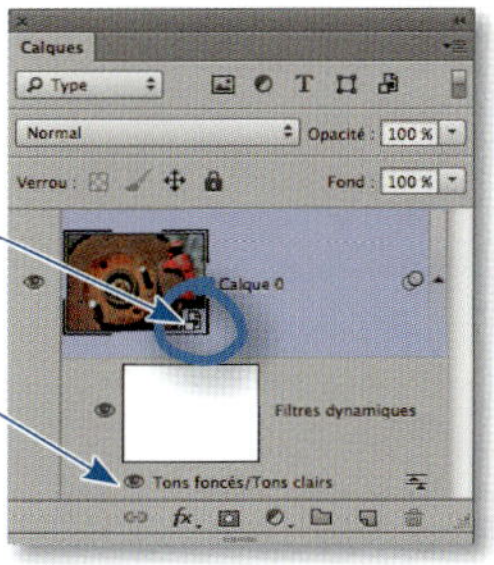

L'image a été convertie en objet dynamique et on a appliqué Tons foncés/Tons clairs.

La correction d'une image surexposée

Avec une image surexposée, la luminosité est souvent trop importante, les détails ont disparu dans les tons clairs et les ¼ de tons. Modifiez la courbe de façon à assombrir l'image dans ces zones en plaçant un point au milieu de la courbe (par clic sur celle-ci), puis en le déplaçant à l'aide des touches fléchées.

Avec les graduations de 0 à 255, si vous creusez la courbe en descendant le point vers le bas, vous assombrissez la photo et retrouvez du détail dans les zones claires où le contraste augmente ; mais en contrepartie vous en perdez dans les ombres où le contraste se trouve diminué.

Pour corriger la photo surexposée, on a placé, puis descendu, des points sur la courbe pour baisser la luminosité et augmenter le contraste dans les tons clairs.

Attention *L'allure des courbes est inversée si vous travaillez avec les graduations de type encres (en %).*

Un cas particulier : la solarisation

Ce type d'effet s'obtient avec un filtre, mais ce dernier manque de souplesse de réglage. Vous obtiendrez le même genre de résultat sur une image (réglée en niveaux de gris) avec un calque de réglage **Courbes** dans lequel la courbe a l'allure d'un « **V** » inversé ; avec un **W** ou un **M**, on en crée d'autres.

Dans le panneau **Courbe** le dessin de ces lignes droites s'obtient avec l'outil **Crayon**, en enfonçant la touche ⇧.

La photo initiale et celles avec solarisation inversée ou non.

Les paramètres prédéfinis

Le panneau **Propriétés** propose avec l'option **Courbes**, un menu local **Paramètre prédéfini** comportant quelques réglages courants de courbes. Vous pouvez les utiliser et y ajouter les vôtres avec la commande d'enregistrement du menu du panneau.

L'image initiale.
Les réglages prédéfinis.
Ci-dessous, un traitement croisé.

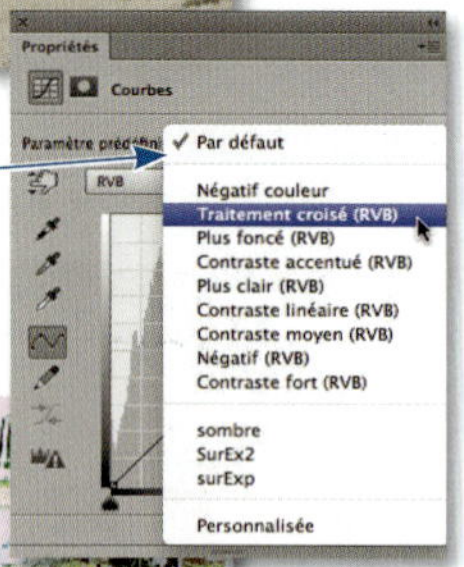

Les courbes du traitement croisé.

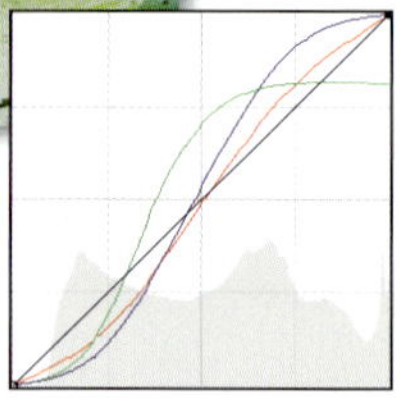

La correction des couleurs par un réglage

La précision des réglages

Les corrections de chromie d'une image se réalisent à partir de plusieurs calques de réglage (ou commandes, mais de manière irréversible) dont le choix est lié à la précision souhaitée. En effet, il est possible de retravailler les couleurs d'une image à partir du panneau de réglage de type **Courbes** et de ses couches colorées pour modifier la luminosité d'une couleur dans les différents tons de l'image. Vous pouvez également utiliser le panneau de réglage de type **Teinte/Saturation** pour réaliser un réglage global, ou par couleur, quelle que soit leur tonalité. Enfin, **Balance des couleurs** permet de corriger distinctement, dans les tons clairs, les ½ tons ou les tons foncés.

La suppression d'une dominante

La correction d'une dominante par la pipette grise

La pipette grise est une option de **Courbes** et **Niveaux**, intéressante à appliquer après un réglage du **Point blanc** et du **Point noir**. Elle permet d'éliminer rapidement une couleur dominante sans affecter la luminosité de l'image.

Avec la pipette grise, on a éliminé la dominante bleue par clic ici.

Cette pipette grise n'est accessible qu'aux images couleurs RVB ou CMJN. Pour l'utiliser dans la boîte de dialogue **Niveaux** ou **Courbes**, activez la pipette, puis cliquez sur le point de l'image que vous voulez définir en tant que gris neutre (même valeur pour les trois composantes R, V et B). Les autres pixels seront modifiés en conséquence au niveau de leur teinte et de leur saturation, mais leur luminosité n'est pas affectée, pas plus que le gamma global de l'image (en revanche, il est modifié sur chaque couche R, V ou B).

Par défaut, le gris neutre cible a une valeur de luminosité de 50 (ce qui correspond à R, V et B = 128). Cependant, il peut être défini autrement à l'aide du sélecteur de couleurs. Pour cela, comme pour le blanc ou le noir, effectuez un double-clic sur la pipette grise.

La correction d'une dominante par les courbes

Si l'utilisation de la pipette grise ne suffit pas pour supprimer la dominante, l'ajout d'un calque de réglage de type **Courbes** et le travail sur la courbe de certaines couches colorées peuvent constituer une solution intéressante. Pour ces réglages et ceux, plus spécifiques, qui vont suivre (**Teinte/Saturation** ou **Balance des couleurs**), il faut toujours avoir en tête une représentation de la disposition des couleurs à l'aide de la roue chromatique (*voir ci-dessous*).

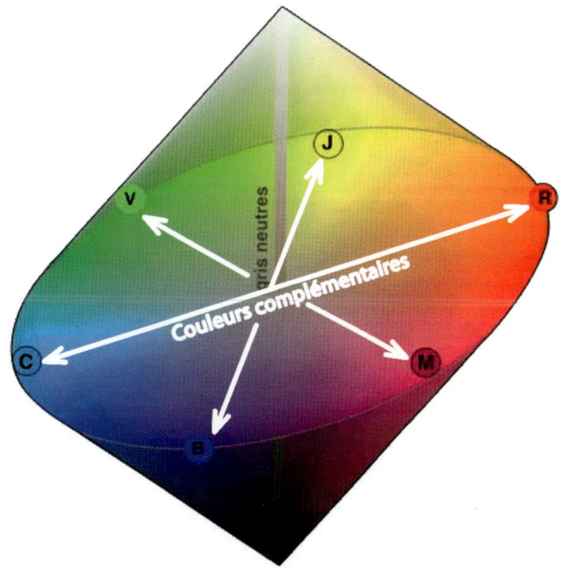

En effet, pour atténuer un excès d'une couleur (rouge, par exemple), il faut baisser sa proportion ou augmenter celle de sa couleur complémentaire, c'est-à-dire celle qui lui est opposée sur la roue chromatique (le cyan est complémentaire du rouge) ou (et) des deux voisines de sa complémentaire (le vert et le bleu encadrent le cyan dans la roue chromatique). En combinant les réglages, vous évitez d'augmenter la saturation globale de l'image.

Par exemple, si la photo présente une dominante rouge, vous devriez pouvoir l'atténuer (ou l'éliminer) en creusant (avec les graduations de 0 à 255) la courbe de la couche rouge et en gonflant un peu celle du vert pour atténuer le magenta. Gardez à l'esprit qu'il est toujours préférable de travailler sur une courbe en éliminant des couleurs existantes plutôt qu'en en ajoutant de nouvelles.

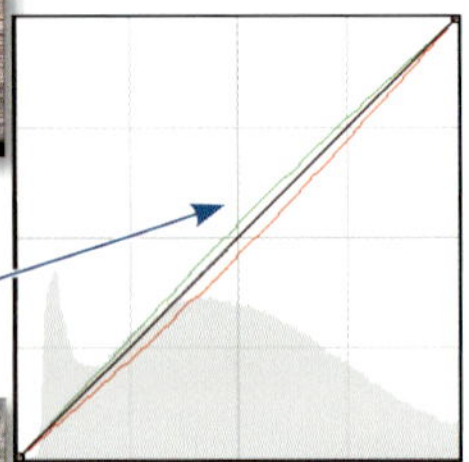

L'image initiale présente une dominante rouge. Par un travail sur les courbes du rouge et du vert, on peut l'éliminer.

Les autres méthodes de suppression de la dominante colorée

Il est possible de supprimer une dominante colorée présente dans une photo par d'autres méthodes : en utilisant la commande **Correspondance de la couleur** ou à l'aide du filtre **Moyenne** et d'un effet de calque.

Cette photo présente une dominante verte que l'on peut éliminer de différentes façons.

L'atténuation par Correspondance de la couleur

Pour éliminer ou atténuer la dominante de couleur, lancez la commande **Correspondance de la couleur** dans le menu **Image** puis **Réglages**. Dans la fenêtre de dialogue, cochez l'option **Neutraliser** puis glissez le curseur **Fondu** si l'atténuation est trop prononcée. Vous pouvez également réduire la valeur d'**Intensité des couleurs**.

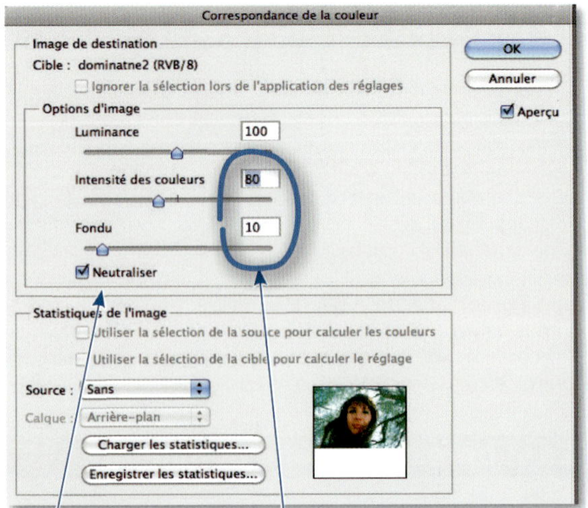

Avec cette option et ces réglages, on a atténué la dominante.

L'atténuation de la dominante par le filtre Moyenne

Le traitement de la dominante s'effectue en quelques opérations.

1. Dupliquez le calque de la photo ayant la dominante à atténuer en glissant sa vignette sur l'icône situées en bas du panneau **Calques** ou en tapant ⌘J [Ctrl J].
2. Appliquez le filtre **Moyenne** situé dans la série **Atténuation** du menu **Filtre**. Il permet de remplir le calque avec une couleur correspondant à la dominante colorée.

3. Lancez la commande **Négatif** du menu **Image/Réglages** (ou au clavier **⌘I** [Ctrl I].

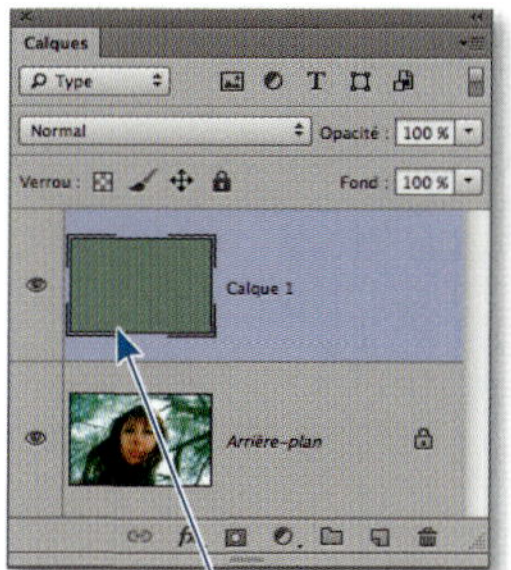

*On a appliqué le filtre **Moyenne** pour remplir de la couleur dominante.*

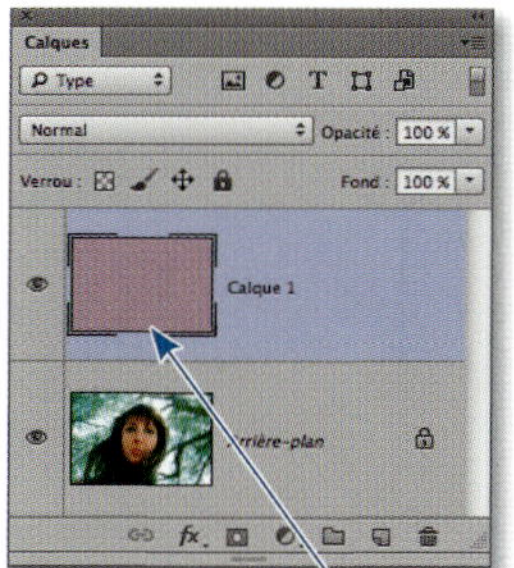

*On inverse les couleurs avec la commande **Négatif**.*

4. Réduisez l'opacité du calque (à une valeur d'environ 20 à 30 %) et choisissez le mode **Couleur** (un résultat légèrement différent peut être obtenu avec le mode **Incrustation**). Si vous ajoutez un masque de fusion sur le calque, vous pourrez y dessiner en noir (ou en gris) pour atténuer l'effet de suppression de la dominante.

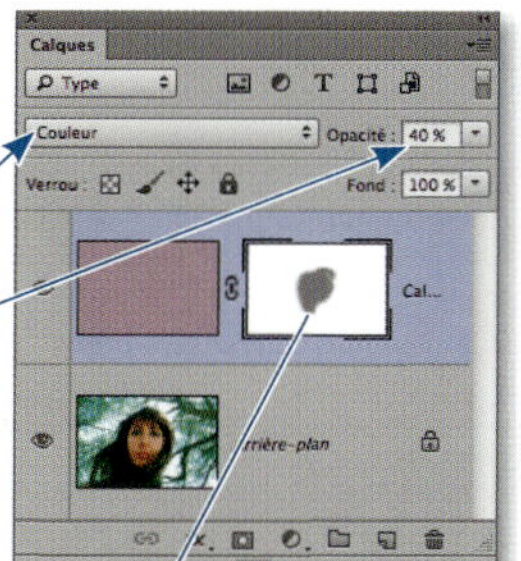

*On change le mode de fusion du calque pour **Couleur**, on réduit l'opacité du calque (entre 20 et 30) pour ajuster l'atténuation. On peut aussi dessiner en noir sur le masque.*

L'ensemble des manipulations réalisées ci-dessus peut faire l'objet d'un script de manière à automatiser les opérations.

Le réglage Teinte/Saturation

La colorimétrie TSL

Le modèle TSL constitue une façon intéressante de décrire les couleurs. Ces trois données, T, S et L, correspondent à notre perception des couleurs : la teinte (**T**) définit la nuance de la couleur (rouge, jaune, vert...), la saturation (**S**) correspond à la pureté de la couleur (l'absence ou la présence de gris) et la luminosité (**L**) à la clarté de la couleur. Le panneau de réglage de type **Teinte/Saturation** (et la commande) permet de modifier les trois paramètres d'une couleur : teinte, saturation et luminosité.

Les trois paramètres du réglage : T, S et L.

T
S
L

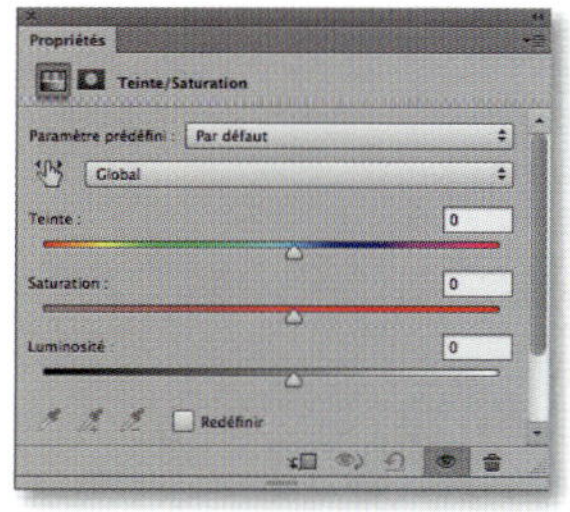

Dans la roue chromatique (*voir page précédente*), une teinte est repérée par sa position sur la périphérie de la roue ; un changement de teinte correspond à une rotation autour du centre de la roue (de + ou – 180° par rapport à la position initiale 0° qui correspond au rouge, 60° pour le jaune, 120° pour le vert, etc.). Saturer une couleur revient à lui enlever la composante colorée complémentaire ; désaturer une couleur signifie lui ajouter la couleur complémentaire.

Les trois types de réglages de Teinte/Saturation

À partir du panneau **Réglages**, avec l'option **Teinte/Saturation** ou la fenêtre de la commande **Teinte/Saturation** (menu **Image/Réglages** ou **⌘U** [Ctrl U]), vous disposez de trois types de réglages que nous allons examiner.

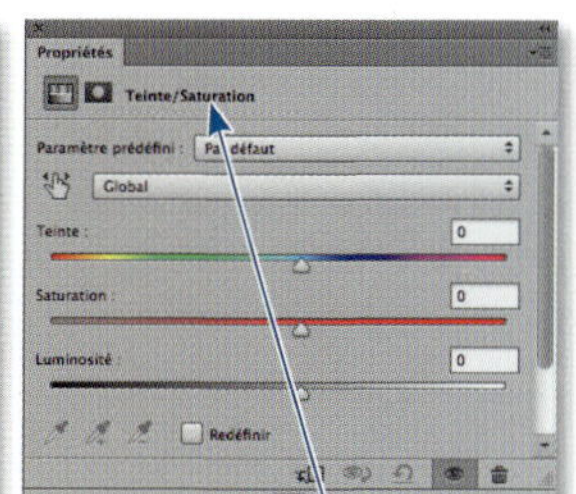

*À l'aide de ce réglage, on veut changer les couleurs de la robe (sélectionnée avec l'outil **Sélection rapide**).*

- **Le réglage global** : il affecte la teinte, la saturation et la luminosité de l'ensemble des couleurs.
- **Le réglage par nuance** (R, J, V, C, B, M) : il permet de personnaliser les options couleur par couleur. Il peut se réaliser directement sur l'image. Ce réglage peut être cumulé avec un réglage global.
- **La redéfinition** : ce type de réglage modifie toutes les couleurs pour créer une image monochrome selon une teinte à définir.

Le réglage global

Le bas du panneau montre deux bandes colorées identiques avec, au centre, le rouge : elles représentent les couleurs avant (ou couleurs initiales) et après réglages (ou couleurs finales), les changements s'effectuant à l'aide des trois curseurs de réglage T, S et L.

> **Astuce** *Au lieu d'agir sur le curseur, glissez la souris sur le nom de la case ; la valeur s'incrémente ±1 (et de ±10 avec ⇧).*

Par défaut, la position du curseur **Teinte** est à 0, c'est-à-dire qu'il n'y a aucun décalage entre couleur initiale et couleur finale (le rouge correspond au rouge, etc.). Si vous le déplacez aux alentours de 60, il y a un décalage des couleurs de la roue chromatique d'environ 60° ; la bande du bas le montre en se décalant vers la gauche, de manière à faire coïncider son jaune (couleur finale) avec le rouge (couleur initiale) ; pour un déplacement à 120°, c'est le vert qui remplace le rouge sur l'image et, à 180°, c'est le cyan. Avec un déplacement vers la gauche, le rouge est remplacé respectivement par le magenta à –60°, le bleu à –120° et le cyan (complémentaire du rouge) à –180°.

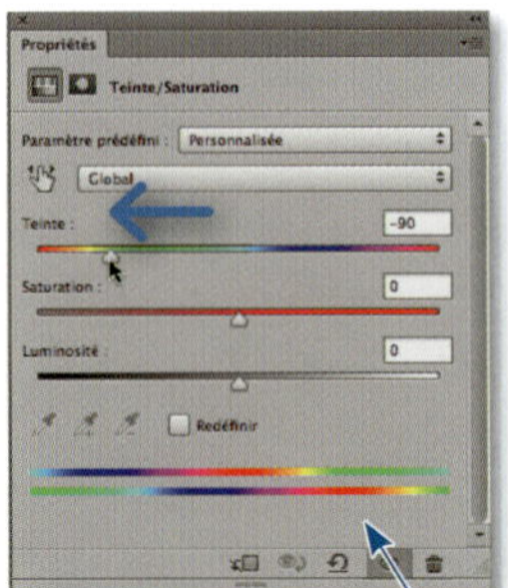

Par un réglage de ***Teinte****, on modifie les couleurs : le bas de la fenêtre montre la correspondance des couleurs.*

Au niveau de la **Saturation**, un déplacement du curseur vers la gauche désature les couleurs ; quand celle-ci est minimale (–100), l'image apparaît en niveaux de gris.

Le réglage de **Saturation** est particulièrement utile pour corriger une saturation excessive ou insuffisante d'une photo (le réglage **Vibrance**, *voir plus loin*, donne également d'excellents résultats). Au niveau de la **Luminosité**, elle augmente vers la droite et diminue vers la gauche (on lui préférera les réglages par **Niveaux** ou **Courbes**). Dans les deux cas, la bande chromatique du bas reflète les changements.

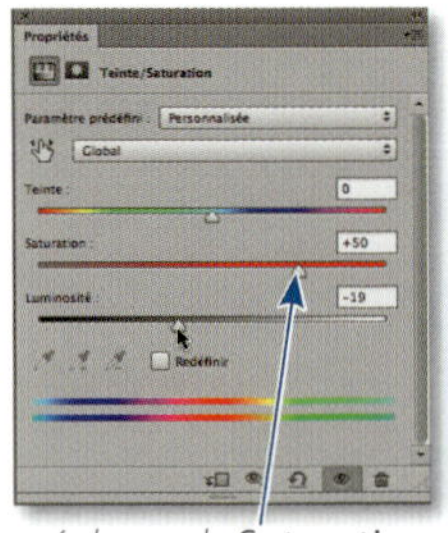

Par des réglages de ***Saturation*** *et de* ***Luminosité****, on a modifié les couleurs (sans toucher aux teintes).*

> **Astuce** *Vous pouvez utiliser l'option* ***Global*** *pour saturer l'ensemble des couleurs et désaturer l'une d'elles avec un réglage par nuance (ou inversement).*

Le réglage par nuance

Teinte/Saturation propose un réglage par nuance qui peut s'ajouter au réglage global. On choisit la couleur à modifier dans le menu local **Global** qui répertorie les couleurs de base ou par son raccourci (*voir ci-dessous*).

Les nuances listées dans le menu ***Global*** *avec leur raccourci.*

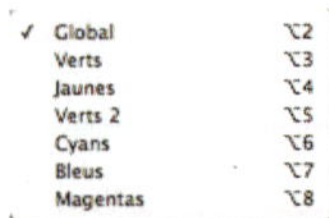

Une fois la nuance quelconque choisie, les pipettes deviennent actives, avec la première d'entre elles, vous pouvez cliquer sur l'image pour définir la nuance à sélectionner.

Le réglage par nuance définie sur l'image

Pour effectuer des réglages localisés à certaines teintes, vous pouvez agir directement sur l'image. Pour cela, effectuez les opérations suivantes :

1. Activez l'outil **Réglage ciblé par sélection automatique** en cliquant sur l'icône (ou par le menu du panneau) : sur l'image, le pointeur prendra la forme d'une pipette.

2. Cliquez alors sur l'image pour définir la teinte à modifier : elle apparaîtra entre deux barres grises dans les bandes colorées situées en bas du panneau **Propriétés**.

Pour définir l'étendue des couleurs à corriger, affichée ici, on a cliqué sur une zone colorée de l'image.

> **Note** *Si le réglage doit être étendu aux teintes voisines, dans le panneau* ***Propriétés****, activez la pipette + ( ) et glissez-la sur les teintes à ajouter ; faites de même avec la pipette – ( ) pour éliminer certaines teintes. Quand les teintes à corriger sont définies, cliquez à nouveau sur l'icône de traitement ciblé pour effectuer le réglage sur l'image.*

3. Quand l'étendue des couleurs à corriger est définie, par glissement sur l'image, vous allez modifier les réglages du panneau ; vous pouvez imposer des contraintes de réglage en ajoutant certaines touches. Voici les options possibles.

– **Saturation :** si vous glissez la souris horizontalement sur l'image, vous modifierez le curseur de saturation.

– **Teinte :** si vous enfoncez la touche ⌘[Ctrl] pendant le glissement, c'est le curseur de teinte qui sera modifié.

– **Incréments du réglage** : si vous glissez sans enfoncer de touche, l'incrément est libre. Pour obtenir une modification plus précise (et plus lente), enfoncez la touche ⌥[Alt], les valeurs se modifieront avec un incrément de 1 (il passera à 10 si vous enfoncez ⇧).

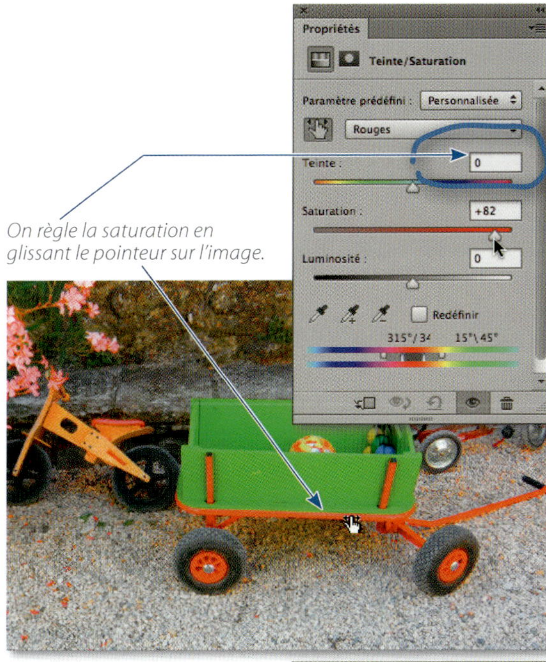

On règle la saturation en glissant le pointeur sur l'image.

On règle la teinte en glissant le pointeur sur l'image avec la touche ⌥[Alt].

4. Pour réaliser un réglage sur d'autres teintes de l'image, cliquez à nouveau sur les pixels de l'image pour échantillonner ces nouvelles couleurs à corriger (elles apparaîtront en bas du panneau) et glissez le pointeur (avec ou sans ⌥[Alt]) pour effectuer le réglage voulu.

ASTUCE *Après un premier réglage, si vous tapez ⌘Z [Ctrl Z], vous annulez le réglage en cours sans perdre l'étendue des couleurs à corriger (le mode de réglage direct reste actif). En revanche, si vous cliquez sur l'icône ⟲, vous réinitialisez le panneau **Réglages** à ses valeurs par défaut et perdez l'étendue des couleurs : vous passez à un réglage global des couleurs et le mode de réglage direct est désactivé.*

Quand vous réaffichez le panneau **Propriétés** d'un calque de type **Teinte/Saturation**, Photoshop affiche l'option **Global**. Il n'est pas évident de trouver rapidement quelle nuance a été modifiée de manière isolée (rien ne l'indique, pas même le menu local des nuances). La solution consiste à passer en revue ces nuances en tapant ⌥3 [Alt 3], ⌥4 [Alt 4], ..., ⌥8 [Alt 8] pour voir laquelle d'entre elles n'a plus ses réglages par défaut (T = S = L = 0).

Les débordements des changements de couleur peuvent facilement être éliminés en dessinant dessus en noir, grâce à la présence du masque sur le calque de réglage.

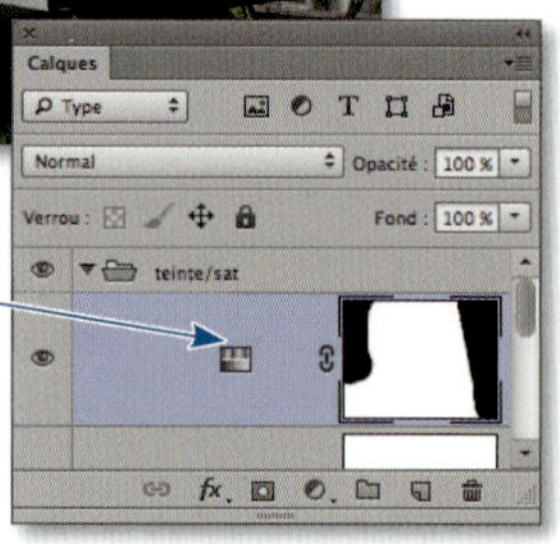

On a recoloré cette partie et supprimé les débordements en peignant sur le masque.

L'option Redéfinir : les colorations monochromes

L'option **Redéfinir** transforme l'image en image monochrome (rouge). En réglant la teinte (éventuellement, la saturation et la luminosité), vous remplacez les niveaux de rouge par une autre nuance.

Vous pouvez remplacer cette option par l'utilisation du réglage **Noir et blanc** pour lequel vous définissez une couleur de virage. Ainsi, vous aurez la possibilité de régler le contraste entre les teintes, parfois modifié par le passage en image monochrome.

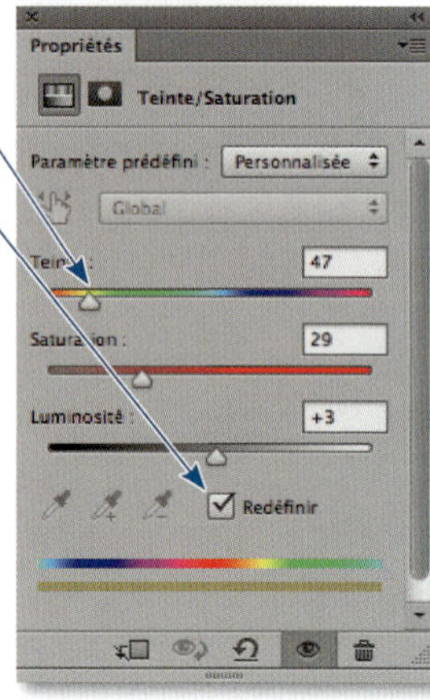

*On a recoloré cette image avec cette nuance de teinte en utilisant l'option **Redéfinir**. On obtient une sorte de bichromie RVB.*

QUELQUES RÉGLAGES PARTICULIERS DE TEINTE/SATURATION

Les colorations localisées

Si vous préparez la sélection d'une partie précise d'une image (avec le **Mode Masque**, par exemple), l'utilisation d'un calque **Teinte/Saturation** avec l'option **Redéfinir** permettra de recolorer cette partie. Si la couleur « déborde », utilisez le pinceau et le noir pour éliminer du masque la zone recolorée. Inversement, s'il manque une partie, peignez-la en blanc.

Les variations avec harmonie des couleurs

Pour colorer différentes parties d'une illustration, vous pouvez utiliser plusieurs calques **Teinte/Saturation** (et **Redéfinir**) avec sur chacun un masque pour définir la partie à colorer. Pour obtenir des variantes de ces couleurs, tout en gardant l'harmonie de l'ensemble, placez au-dessus des calques un calque **Teinte/Saturation**, la variation de son curseur **Teinte** entraînera des modifications sur toutes les teintes des calques inférieurs (un masque pourra limiter cette action).

Coloration localisée.

Pour changer la couleur du pull ci-dessous, on a utilisé un calque ***Teinte/Saturation*** *avec un masque.*

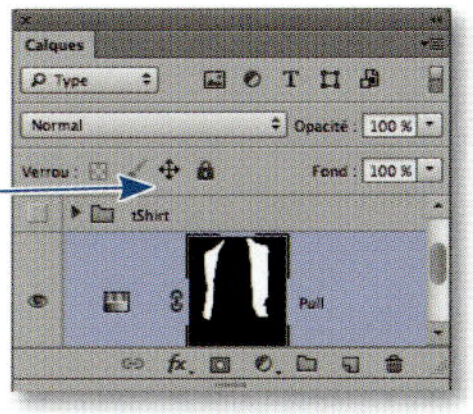

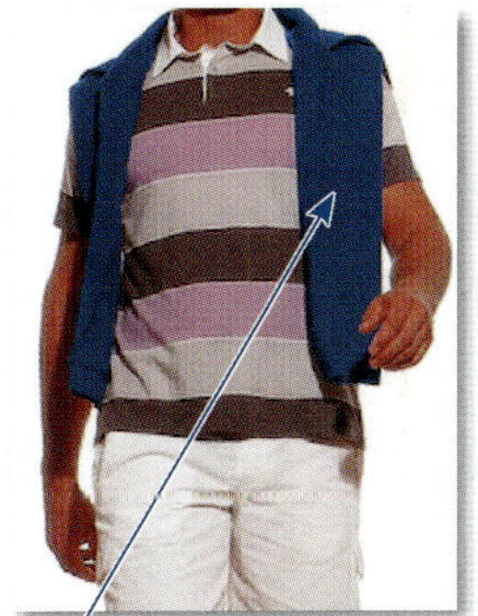

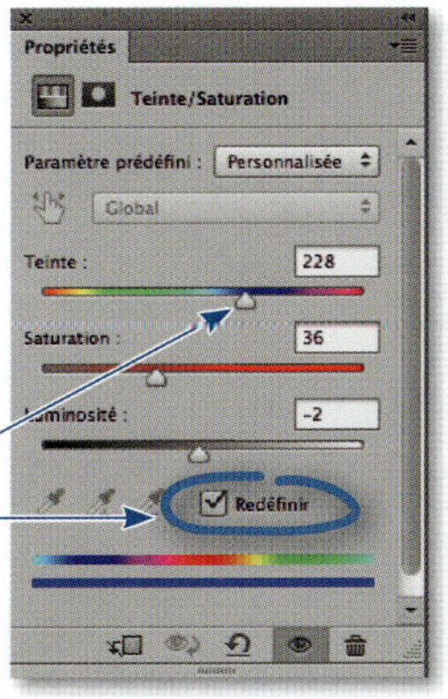

Le pull a pris la teinte définie ici avec l'option ***Redéfinir****.*

Harmonie de couleurs.

On a utilisé des calques pour colorer les parties.

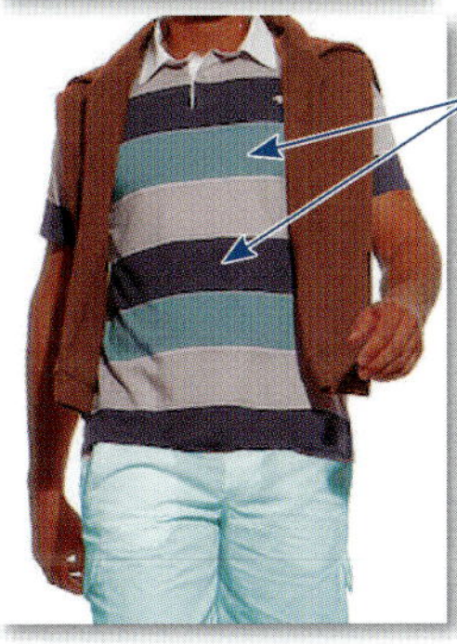

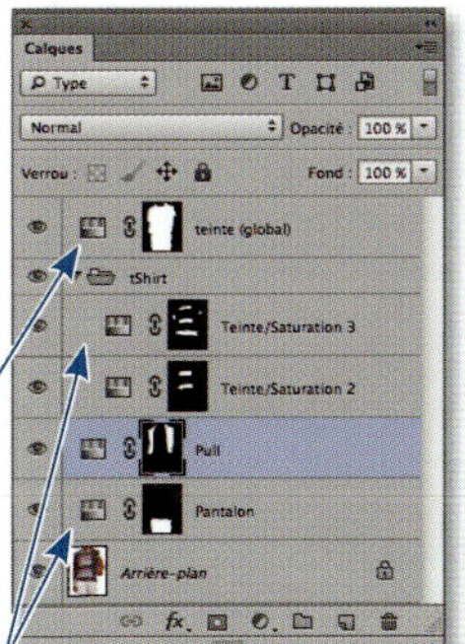

En variant la teinte dans ce calque, on modifie les couleurs de tous les autres en gardant l'harmonie entre les nuances.

Le réglage Balance des couleurs

Balance des couleurs est accessible par le menu **Image/ Réglages** (**⌘B [Ctrl B]**) ou à partir d'un calque de réglage (panneau **Réglages**, puis l'icône ⚖). Ce réglage est un peu plus délicat à mettre en œuvre, mais il assure cependant une meilleure finesse de réglage, car il permet de modifier l'équilibre des couleurs dans trois nuances de tons : foncé, moyen et clair. On y retrouve les trois couleurs primaires rouge, vert et bleu, et leurs complémentaires, cyan, magenta et jaune.

LE RÉGLAGE DES COULEURS

En approchant le triangle vers le nom d'une couleur, vous augmentez la proportion de cette couleur dans l'image. Pour réduire une composante, déplacez le triangle vers la composante complémentaire. Les valeurs affichées dans les cases (comprises entre –100 et 100) correspondent au rouge, au vert et au bleu — sauf dans le cas d'une image en mode **Lab** où il n'y aura que deux cases, l'une correspondant au **a** (magenta/vert) et l'autre au **b** (jaune/bleu).

Dans cette image, on souhaite donner à la peau une couleur plus dorée.

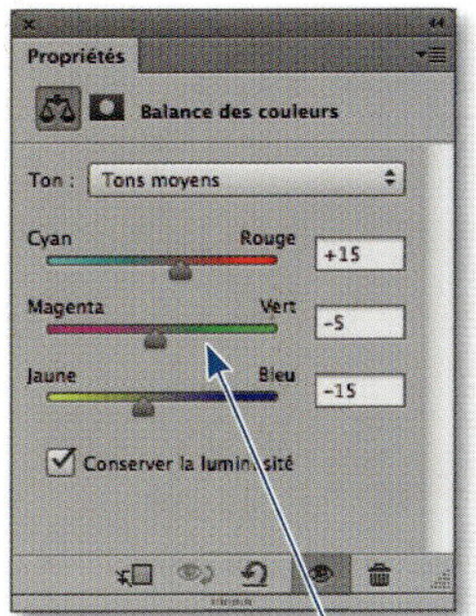

Avec ***Balance des couleurs*** *on a modifié, ton par ton, la couleur de la peau. Un masque protège certaines zones.*

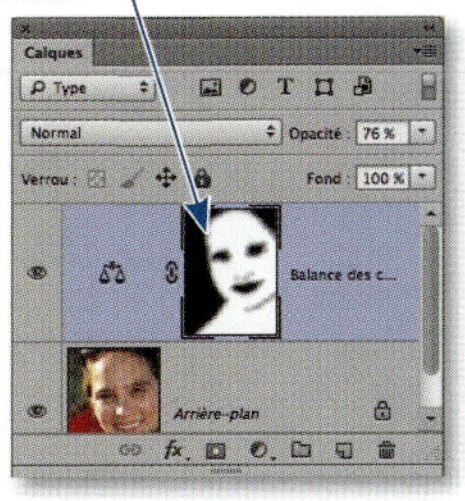

LE RÉGLAGE DE LA LUMINOSITÉ

Si vous souhaitez régler la luminosité de l'image en même temps que ses couleurs, décochez l'option **Conserver la luminosité**. Ainsi, l'ajout d'une même quantité des trois composantes R, V et B (couleurs « additives ») provoque une augmentation de la luminosité dans le ton sélectionné, alors qu'un ajout en quantité égale de C, M et J (couleurs « soustractives ») provoque une réduction de la luminosité.

Astuce *L'utilisation de la commande **Balance des couleurs** sur une image en niveaux de gris convertie en RVB (ou CMJN) permet la coloration des pixels. On pourra ainsi créer des effets particuliers : photos vieillies (ton sépia), effets de reflets métalliques (acier bleuté ou doré).*

Le réglage Vibrance

Le réglage **Vibrance** est proposé depuis le panneau **Réglages** par l'icône ▽ ou, avec une action destructive, par la commande **Vibrance** dans le menu **Image/Réglages** (ou sous forme d'option au niveau de l'outil **Éponge**).

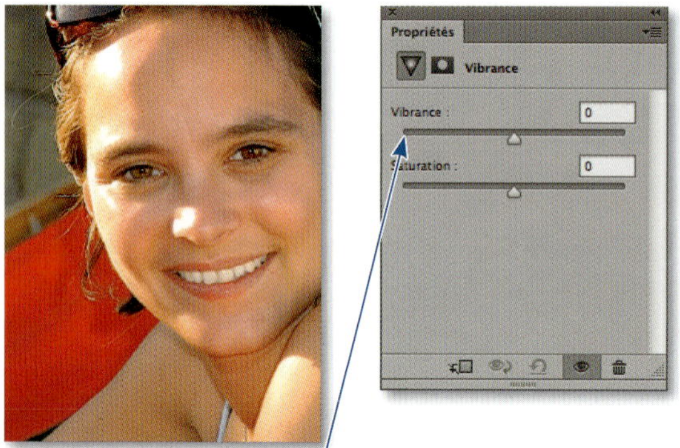

*Sur ce visage, on veut utiliser le réglage **Vibrance**.*

Ce réglage permet d'augmenter la saturation d'une image, mais sans risquer d'atteindre l'écrêtage sur les teintes les plus saturées (ou une saturation nulle lors d'une réduction).

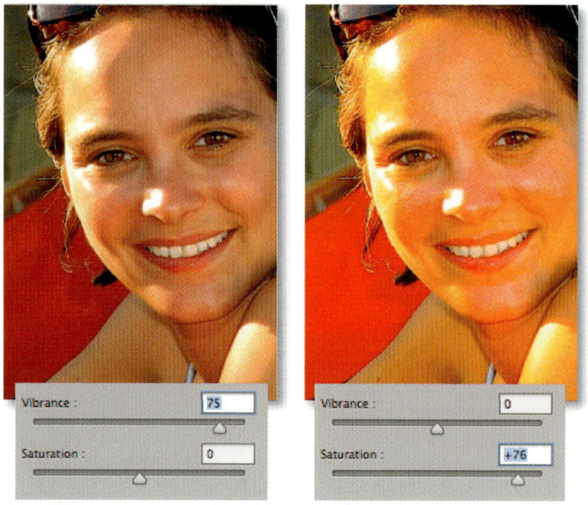

*Avec **Vibrance**, on a préservé les tons chair ; ils ne sont pas saturés avec excès comme avec l'option **Saturation***

En effet, lors d'une augmentation de la vibrance, l'accentuation de la saturation est inversement proportionnelle à la saturation initiale des pixels. Ainsi, les zones de forte saturation ne seront que peu modifiées par ce réglage. De plus, cette augmentation est très légèrement plus forte dans les tons froids que dans les tons chauds, ce qui a pour effet de préserver davantage les tons chair dans les photos.

Le réglage Correction sélective

Ce réglage (proposé dans le panneau **Réglages** avec l'icône ☒) constitue une bonne solution pour changer les couleurs d'un objet sélectionné sans trop lui faire perdre son relief (ses niveaux de gris). La boîte de dialogue permet de modifier la composition CMJN d'une couleur choisie dans une liste. L'option **Relative** limitera la correction proportionnellement au pourcentage de teinte que comporte la couleur à modifier, ce qui permet d'obtenir un rendu plus réaliste qu'avec l'option **Absolue**.

Pour donner une couleur plus attrayante aux fruits « rouges », on peut utiliser ce type de correction.

Ce réglage de correction sélective peut également être utilisé pour estomper la couleur blanche d'un reflet ou encore atténuer une dominante colorée.

En effet, si vous sélectionnez le gris dans la liste des nuances prédéfinies, vous pouvez modifier sa composition, lui ajouter une petite quantité de la couleur opposée à la dominante et/ou soustraire une partie de cette dominante. Par exemple, on élimine une dominante verte en ajoutant du magenta (complémentaire du vert) et en enlevant du cyan qui entre dans la composition du vert.

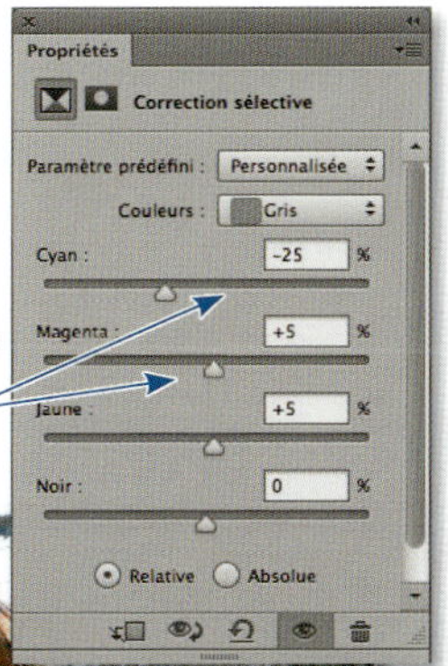

Cette photo présente une dominante verte que l'on a éliminée en modifiant la composition du gris. On obtient ceci.

La commande Remplacement de couleur

Le menu **Image/Réglages** propose une autre commande pour changer les couleurs d'une partie d'une image : la commande **Remplacement de couleur**. À la manière de **Plage de couleurs**, on y choisit la couleur à transformer à l'aide de pipettes avec des transitions plus ou moins douces (assurées grâce à l'option **Tolérance**), puis on définit la couleur de remplacement à l'aide de trois curseurs (**Teinte, Saturation** et **Luminosité**).

Cette commande, simple d'utilisation, ne présente pas la même souplesse que celles étudiées dans les paragraphes précédents, car il n'est pas possible d'utiliser un calque de réglage. Les remplacements sont irréversibles et ne sont pas modifiables facilement après réouverture du fichier. De plus l'outil **Remplacement de couleur** peut jouer le même rôle localement (*voir ci-après les retouches locales de couleurs par les outils*).

Astuce *Pour pallier l'irréversibilité de la commande **Remplacement de couleur**, travaillez sur une copie du calque (elle s'obtient, avec ou sans sélection, en tapant ⌘ J [Ctrl J]).*

Les retouches locales de couleurs par les outils

Toutes les corrections étudiées dans les paragraphes précédents peuvent être facilement localisées à une zone précise de l'image, à partir du moment où vous avez utilisé un calque de réglage. En effet, comme indiqué au début de l'étude des corrections, à un calque de réglage est toujours associé un masque de fusion que vous pouvez noircir pour limiter l'étendue de l'action. Les corrections avec les outils ont été abordées dans le chapitre sur le nettoyage des images (*voir page 201*). Elles donnent parfois un résultat plus précis qu'avec un calque associé à un masque mais présentent un caractère irréversible du fait de leur action directe sur l'image (pensez à dupliquer le calque à traiter).

Les outils de correction

Pour effectuer des corrections localisées sur une partie d'image, vous disposez de deux méthodes de travail : la correction sur la couche composite et celle sur l'une des couches colorées. Dans le premier cas, vous disposez de trois outils : **Densité +**, **Densité –** et **Éponge** ; dans le second cas, le travail par couche colorée, l'outil **Éponge** n'est d'aucun recours.

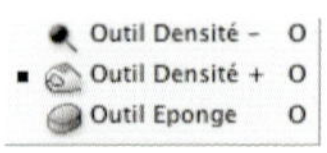

Les trois outils de correction locale.

Le paramétrage des outils

Les outils de retouche nécessitent un réglage de leur aspect (taille et dureté) qui s'effectue de différentes façons : dans la **Barre d'options** de l'outil, dans le panneau qui s'affiche par clic droit sur l'image, au clavier. Cependant, avec ces différentes possibilités, il n'est pas aisé de voir rapidement la taille que prendra l'outil. Pour pallier ce problème, Photoshop permet de personnaliser l'aspect directement sur l'image par glissement et définir ainsi la taille et la dureté de vos outils tout en prévisualisant leur contour. Le tableau ci-dessous indiquent les combinaisons de touches à utiliser.

Réglages par glissement sur Mac puis sous Windows		
Taille	⌥ ctrl + glisser horizontalement	Alt + glisser bouton droit horizontalement
Dureté	⌥ ctrl + glisser verticalement	Alt + glisser bouton droit verticalement

Rappelons que, quand vous enfoncez la combinaison de touches, il apparaît une zone rouge dans un cercle (blanc ou noir selon l'arrière-plan). Le cercle définit la taille de l'outil si la dureté était à 100 %, la zone rouge indique la taille réelle de l'outil compte tenu de sa dureté ; cette zone présente des bords fondus si la dureté n'est pas maximale. Le glissement horizontal modifie l'aspect du cercle et de la zone rouge pour un réglage de taille, ou de la zone rouge seule pour un réglage de dureté.

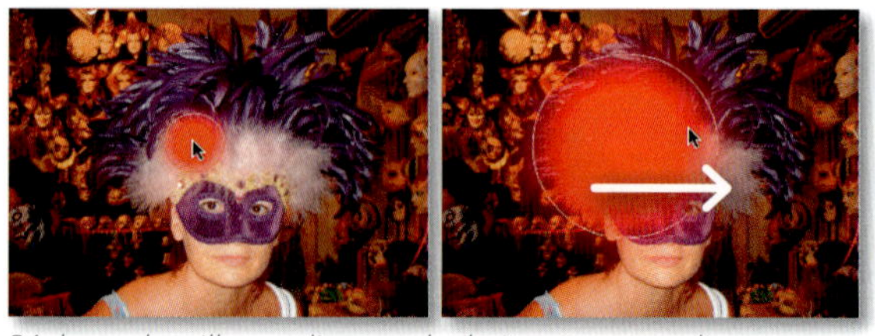

Réglages de taille, on glisse vers la droite pour agrandir (vers la gauche pour réduire).

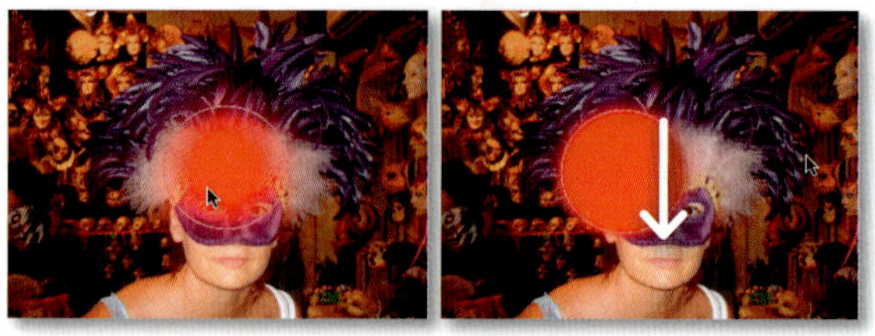

Réglages de dureté, on glisse vers la droite pour augmenter la dureté et vers la gauche pour la réduire (rendre flou).

Les formes peuvent être mémorisées dans le panneau **Formes prédéfinies** auquel on accède en cliquant sur l'icône située à gauche de la **Barre d'options** (celle-ci renferme une grande quantité de formes modifiables par différentes options).

LE RÉGLAGE DE LA FORCE DE L'OUTIL

Cette option s'appelle **Exposition** pour les outils **Densité** et **Flux** pour l'outil **Éponge** ; elle permet de réduire l'intensité de l'outil. Le plus souvent, il est préférable d'agir par plusieurs passages d'un outil avec un réglage faible (5 à 10 %) plutôt que par un seul avec une valeur plus forte. Le réglage s'effectue dans la **Barre d'options**, mais également directement au clavier en tapant le pourcentage voulu.

Astuce *Les réglages précédents, ainsi que les autres options de la* ***Barre d'options****, peuvent être mémorisés dans le panneau* ***Outils prédéfinis*** *afin d'être réutilisés.*

Le choix du type des pixels modifiés (ton) ou le mode d'action

Ce réglage s'effectue également dans la **Barre d'options** ou directement sur l'écran à partir du menu contextuel déroulé par ⇧ctrl clic [⇧clic droit] ou encore, pour changer les tons des outils **Densité**, au clavier en tapant une ou plusieurs fois ⇧+ ou ⇧–.

Sur l'image, on choisit le mode par ⇧clic droit.

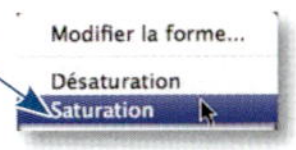

La suppression des franges colorées (aberration chromatiques)

Certaines photos comportent des aberrations chromatiques visibles sous forme de franges colorées (magenta et cyan). Ces franges risquent d'être davantage visibles à l'issue de l'utilisation de certains réglages, il convient donc de les supprimer ou de les atténuer.

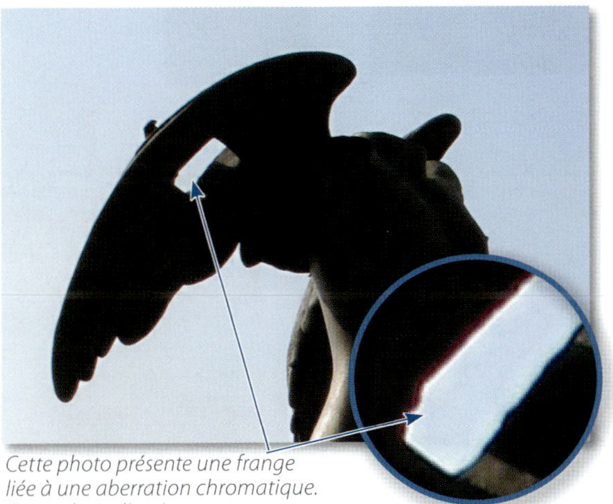

Cette photo présente une frange liée à une aberration chromatique. On souhaite l'atténuer.

La suppression de la frange par Camera Raw

Cette opération est relativement facile si l'image a été ouverte dans Camera Raw. En effet, celui-ci propose un onglet **Correction de l'objectif** et une option **Supprimer la frange** avec des paramètres pour affiner cette suppression. Dans le cas où l'image est déjà ouverte, vous pouvez utiliser le script de conversion, décrit à plusieurs endroit dans ce livre (*notamment page 391*), qui a pour effet de créer un calque dynamique qui s'ouvre dans Camera Raw afin d'y bénéficier de ses différentes fonctionnalités.

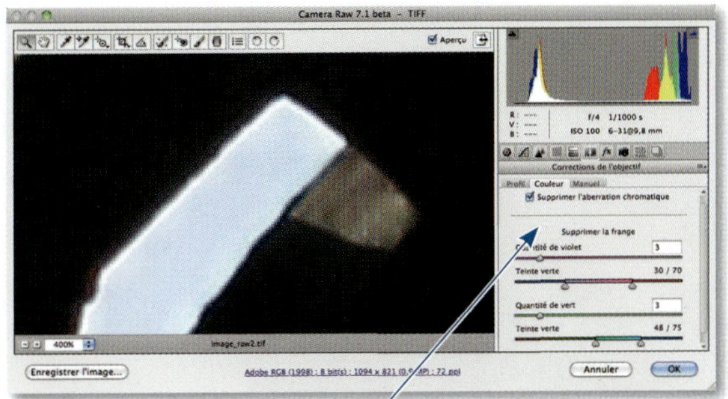

Camera Raw possède une fonction de traitement des aberrations chromatiques qui ci-dessus a éliminé les franges colorées.

La suppression de la frange avec l'outil Éponge

Il est possible d'atténuer les franges chromatiques sans passer par Camera Raw. L'opération s'effectue en quelques étapes dont la première consiste à dupliquer le calque initial en tapant, par exemple, ⌥⌘J [Alt Ctrl J] afin de pouvoir renommer la copie. Voici le reste des différentes étapes :

1. Avec l'outil **Sélection rapide** suivez les bords de la zone présentant la frange afin d'en sélectionner l'intérieur. Travaillez en plusieurs passages et en zoomant sur les bords afin d'obtenir une sélection assez nette.

2. Passez temporairement au **mode Masque**, en zoomant suffisamment et à l'aide de l'outil **Pinceau** (réglé avec des bords nets et une taille assez faible), ajoutez les parties de la frange qui se situent à l'extérieur de la sélection.

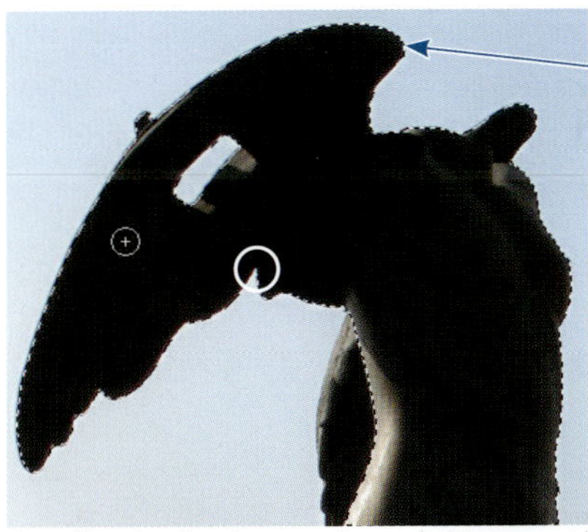

On réalise une sélection rapide de la zone entourée par la frange.

On affine la sélection avec le **mode Masque** *et l'outil* **Pinceau**.

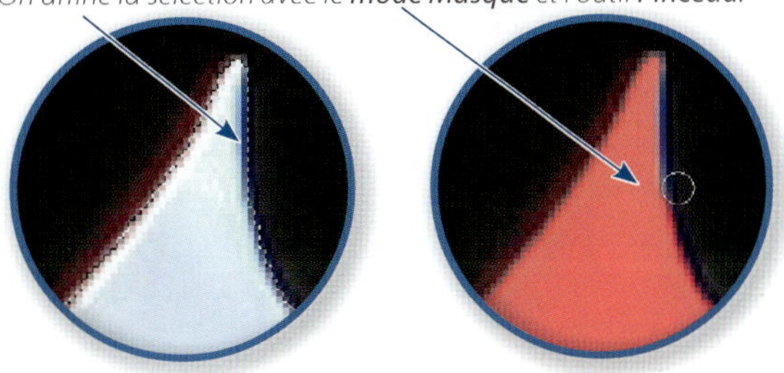

3. Quittez le **mode Masque** pour réafficher la sélection rectifiée. Convertissez-la en tracé (avec une faible tolérance) par la commande **Convertir en tracé** du menu contextuel affiché par clic droit sur la photo.

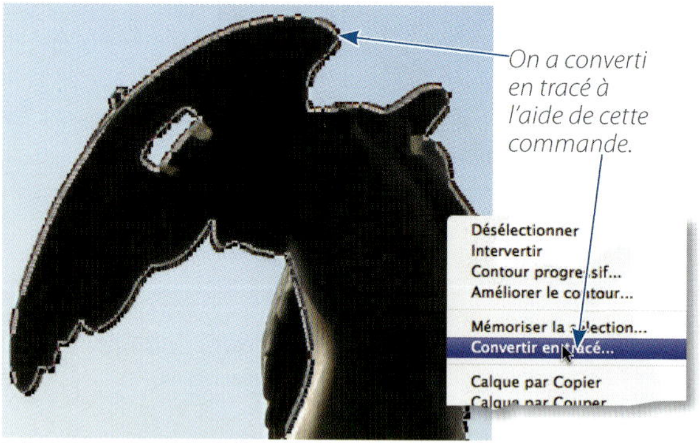

On a converti en tracé à l'aide de cette commande.

4. Sélectionnez l'outil **Éponge**, et sur l'image suffisamment zoomée, réglez sa taille par glissement (avec ⌥ctrl [Alt clic droit]) pour qu'elle couvre la frange. Activez l'option **Désaturation** (dans la **Barre d'options** de l'outil ou par ⇧ clic droit).

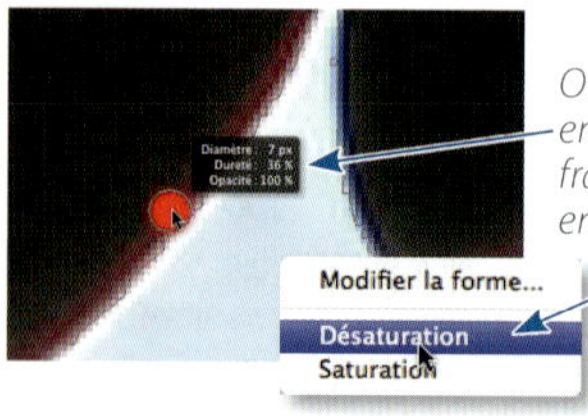

*On règle la taille de l'outil en fonction de celle de la frange et le mode d'action en **Désaturation**.*

5. Affichez le panneau **Tracés**, cliquez sur son icône **Définir une sélection** (▒), avec ⌥[Alt] sur celle du **Contour du tracé**(◙) pour choisir **Éponge** : Photoshop utilise alors l'outil **Éponge** pour suivre le contour du tracé mais uniquement à l'intérieur de la sélection. Cliquez à nouveau (éventuellement plusieurs fois) sur l'icône ◙ si la frange reste colorée.

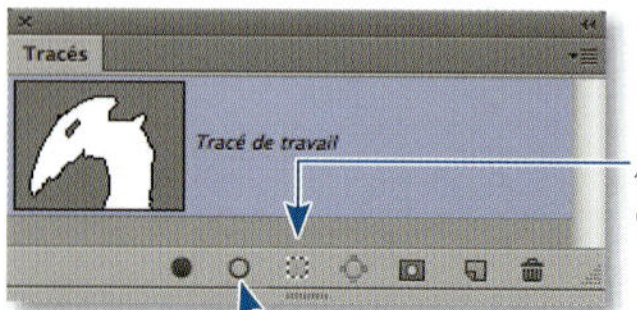

Avec cette icône, on affiche la sélection.

*Puis, avec ⌥ [Alt] et celle-ci, on dessine le contour du tracé avec l'outil **Éponge**.*

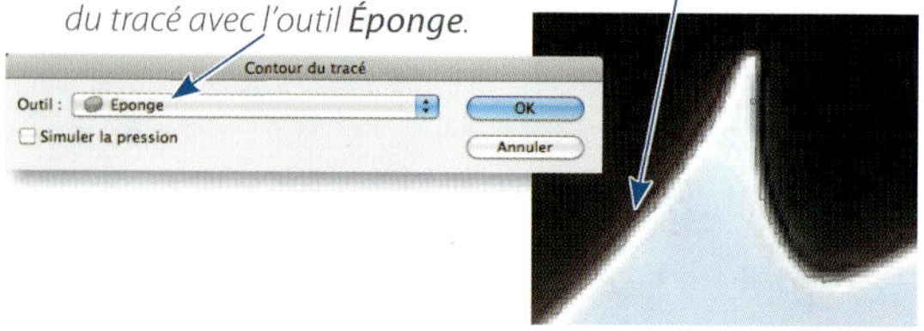

Si des zones ont été traitées alors qu'elles n'auraient pas dû l'être, vous pouvez ajouter un masque de fusion et y dessiner en noir pour les masquer.

6. Il reste parfois une frange blanche autour de certaines zones de l'image (elle est due à une accentuation faite par l'appareil photo à la création du fichier JPEG lors de la prise de vue). Sa suppression est souvent très délicate, cependant, si l'arrière-plan est relativement uniforme (cas de notre exemple), vous pouvez opérez ainsi :

   – Tapez ⌘D [CtrlD] pour ne plus avoir de sélection active. Lancez la commande **Plage de couleurs** et avec la pipette et un zoom suffisant cliquez sur cette frange blanche pour la sélectionner avec une tolérance assez faible (10 à 20).

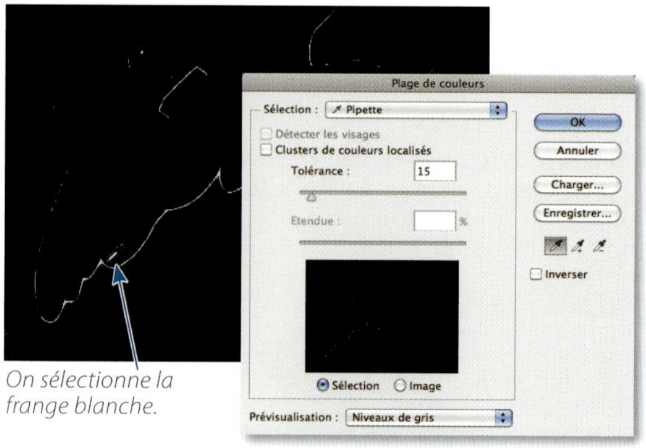

On sélectionne la frange blanche.

   – Ajoutez un calque de réglage de type **Correction sélective**, choisissez le blanc dans la liste des teintes et modifiez-en légèrement la composition pour qu'il se fonde davantage avec l'arrière-plan.

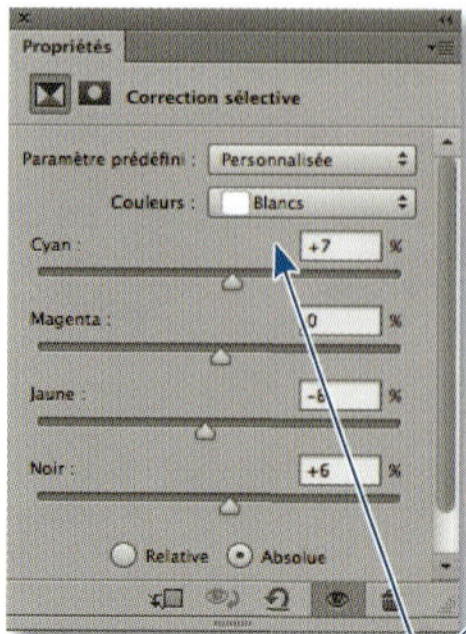

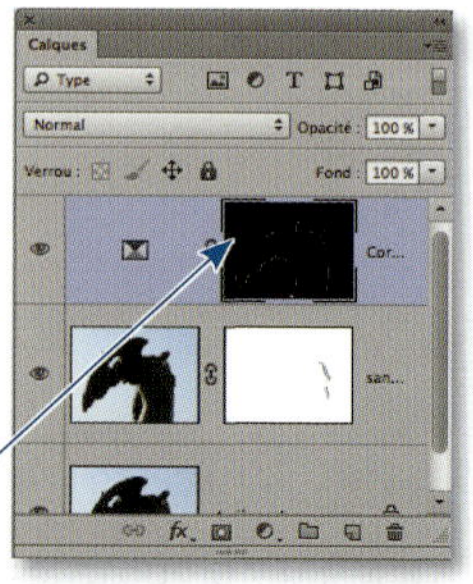

Avec ce calque de réglage, on atténue la frange blanche.

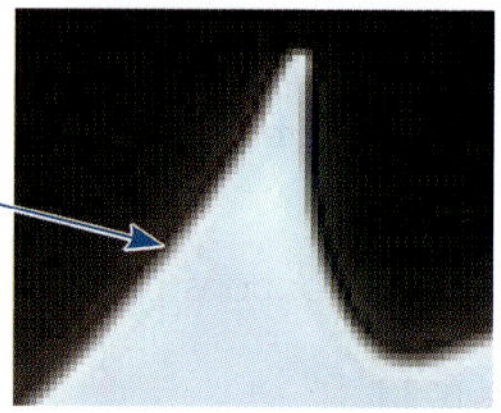

– Pour affiner le résultat, ajoutez un petit contour progressif au masque et, éventuellement, réduisez légèrement l'opacité du réglage.

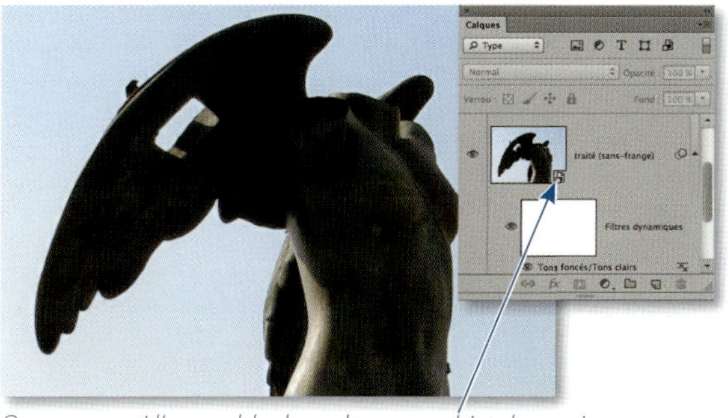

On a converti l'ensemble des calques en objet dynamique pour traiter par ***Tons foncés/Tons clairs****.*

Le travail des retouches

L'atténuation des retouches

Quand vous utilisez les outils **Densité**, **Éponge**..., leur application est irréversible. Cependant vous pouvez atténuer l'effet en utilisant **Estomper** (du menu **Édition** ou au clavier ⇧⌘F [⇧Ctrl F]). En effet, cette commande, disponible juste après l'application, affiche une fenêtre dans laquelle vous pouvez réduire l'intensité du réglage.

Les annulations multiples

Comme vous le savez, chaque opération peut être annulée si vous tapez ⌘Z [Ctrl Z]. Pour obtenir une annulation localisée, vous pouvez enfoncer la touche E, puis ⌥[Alt] pour activer temporairement l'outil **Gomme** avec l'option **Effacer de l'historique** (grâce à la touche ⌥[Alt]). Le glissement de cette gomme fera réapparaître l'image telle qu'elle était dans l'état d'historique marqué par l'icône . Dès que vous relâcherez les touches E et ⌥[Alt], vous retrouverez l'outil de retouche. Vous pouvez également utiliser le panneau **Historique** : celui-ci enregistre toutes les actions réalisées (dans une limite à spécifier dans les préférences). Vous pouvez revenir à un état antérieur (avant le passage de l'outil) en cliquant sur la ligne correspondante dans l'historique.

Les retouches colorimétriques

Photoshop propose les trois outils, **Densité -**, **Densité +** et **Éponge**. Les actions des outils **Densité** préservent les subtilités chromatiques et tonales de l'image et assurent un rendu naturel grâce à l'option **Protéger les tons** (active par défaut). Avec l'outil **Éponge**, c'est l'option **Vibrance** (active par défaut) qui permet une meilleure gestion de la saturation. Ces options permettent de réduire les changements de teintes trop importants et évitent l'écrêtage dans les tons foncés et clairs ou au niveau de la saturation.

Photoshop ajoute des options d'amélioration pour corriger localement cette photo de manière à en éclaircir certaines zones et saturer légèrement les couleurs.

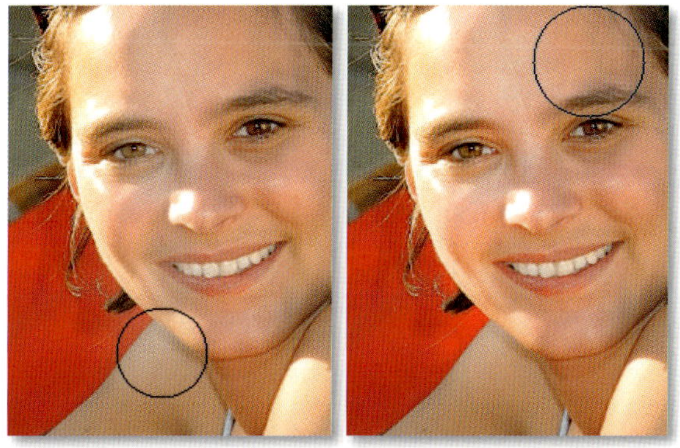

À gauche, on a passé l'outil ***Densité +*** *sans l'option* ***Protéger les tons*** *: un voile blanc apparaît. À droite, la correction avec les mêmes réglages, mais avec l'option, donne un meilleur rendu.*

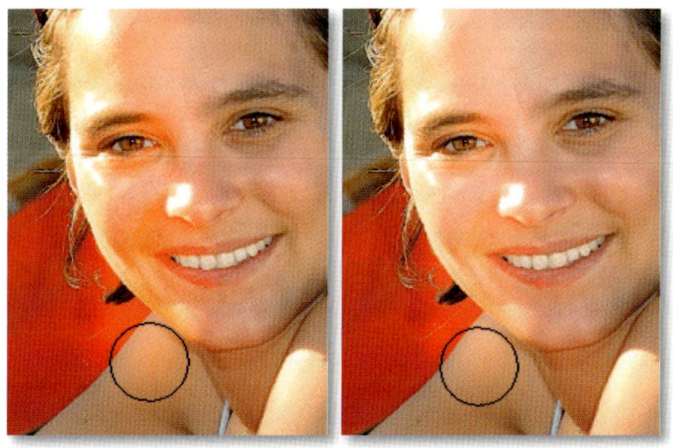

À gauche, on a passé l'outil ***Éponge*** *sans l'option* ***Vibrance*** *: la saturation est excessive. À droite, avec les mêmes réglages, mais avec l'option* ***Vibrance****, le rendu est plus naturel.*

> **Attention** *Les corrections par les outils* ***Densité*** *ou* ***Éponge*** *sont irréversibles. Aussi, afin de bénéficier d'une meilleure souplesse de travail, faites une copie du calque sur lequel vous comptez faire les corrections (en tapant ⌘J [Ctrl J], par exemple). Il sera ainsi possible de les effacer ou de les atténuer en réduisant l'opacité du calque.*

La chromie sur une image RVB

Un travail sur une couche colorée d'une image RVB fait intervenir la notion de couleurs complémentaires. Rappelons que le rouge est complémentaire du cyan, que le vert est complémentaire du magenta et le bleu du jaune.

Ainsi, lors du travail sur la couche rouge, si vous éclaircissez une zone avec **Densité –**, la proportion de rouge dans l'image augmente et, si vous assombrissez avec **Densité +**, c'est la quantité de cyan (complémentaire) qui augmente. Autrement dit, votre action sur la couche rouge d'une image RVB est équivalente au travail que ferait un photograveur sur le film cyan : s'il le noircit, l'image imprimée sera davantage cyan ; en revanche, elle apparaîtra plus rouge s'il l'éclaircit. Ce principe s'applique aux autres couleurs, le tableau ci-dessous récapitule le résultat de l'application de l'outil **Densité –** ou **Densité +** sur les différentes couches.

Couche	Outil	Effet sur l'image
Rouge	Densité +	+ cyan (– rouge)
	Densité –	+ rouge
Vert	Densité +	+ magenta (– vert)
	Densité –	+ vert
Bleu	Densité +	+ jaune (– bleu)
	Densité –	+ bleu

Pour faciliter les opérations, affichez deux fenêtres du même document (en lançant **Nouvelle vue** du menu **Affichage**), l'une d'elles montrant la couche RVB (ou sa prévisualisation en CMJN) et la seconde affichant la couche en cours de traitement (rouge, vert ou bleu). Pensez également à travailler sur une copie du calque.

La colorisation avec l'outil Remplacement de couleur

Le principe de l'outil Remplacement de couleur

L'outil **Remplacement de couleur**, qui se situe au même endroit que les outils **Pinceau** et **Crayon**, n'agit ni sur les images en mode **Bitmap**, ni sur celles en mode **Couleurs indexées** et **Multicouche**. Son fonctionnement et ses options ressemblent à ceux de l'outil **Gomme d'arrière-plan**. En effet, si cette dernière supprime les pixels, l'outil **Remplacement des couleurs**, quant à lui, applique aux pixels échantillonnés la couleur définie au premier plan.

Cette couleur peut être choisie par prélèvement sur l'image à l'aide de la pipette qui apparaît temporairement avec ⌥ [Alt]. Vous pouvez sélectionner une nouvelle nuance à partir du sélecteur de couleurs flottant qui apparaît sur l'image avec ⌥⌘ctrl clic [Alt Ctrl clic droit]. Celui-ci comporte deux parties, on passe de l'une à l'autre par glissement (ou en maintenant la touche **Espace** pour ne pas perdre la position du cercle indiquant la nuance choisie).

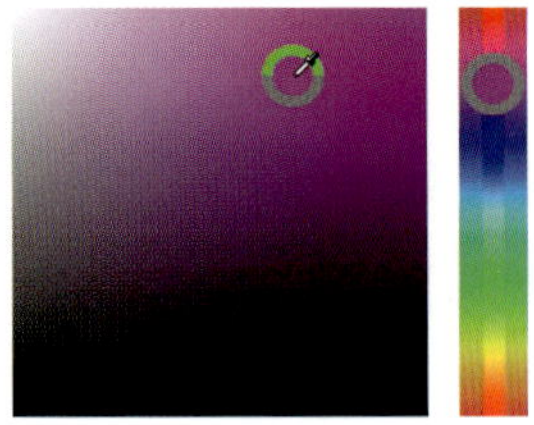

Ce sélecteur de couleur apparaît directement sur l'image avec ⌥⌘ctrl clic [Alt Ctrl clic droit].

Les réglages de l'outil Remplacement de couleur

En dehors du choix de la couleur à appliquer, vous devez régler : la taille de l'outil, la façon dont il analyse (échantillonne) les couleurs à remplacer, les limites de cet échantillonnage et sa tolérance. L'outil apparaît sous la forme d'un cercle avec une croix en son centre.

Astuce *Le noir et le blanc (ainsi que le gris) ne colorent pas l'image. Ils provoquent une désaturation complète des couleurs et créent localement des niveaux de gris.*
Pour obtenir une désaturation partielle, appliquez l'outil ***Remplacement de couleur*** *sur une copie du calque (obtenue en tapant ⌘J [Ctrl J]) et baissez l'opacité de ce dernier.*

La tolérance de l'outil Remplacement de couleur

La **Tolérance**, qui s'active en tapant ↵, s'étend de 0 à 255. Elle doit être faible pour ne remplacer que les couleurs très similaires aux pixels sur lesquels vous cliquez. Pour remplacer une plus grande plage de couleurs, définissez une tolérance plus élevée. Cependant, si elle est élevée, le remplacement des couleurs est plus efficace, mais il risque alors d'englober des pixels qui ne doivent pas être recolorés. Il convient donc de choisir une valeur importante quand l'outil est éloigné d'une partie à conserver et que son cercle ne risque pas de toucher cette partie. En revanche, il est préférable de réduire la tolérance (15 à 30 %) quand vous suivez les contours de la zone à remplacer.

La forme de l'outil

Pour remplacer les couleurs, Photoshop les analyse dans un cercle qui correspond à la taille de l'outil. Celle-ci se choisit dans un panneau accessible dans la **Barre d'options**, par glissement sur l'image ou directement au clavier comme pour les autres outils de retouche ou de dessin (*voir les tableaux de la double page précédente*).

Pour les parties à l'intérieur des zones à colorer, utilisez des formes larges (et une tolérance élevée). Pour les parties frontières réduisez la taille de la forme (et la tolérance).

L'échantillonnage des couleurs remplacées

Photoshop examine les pixels à recolorer en effectuant ce qu'il appelle un **échantillonnage**. Il y a trois types d'échantillonnages qui se choisissent à partir d'icônes dans la **Barre d'options** : **Continu**, **Une fois** ou **Nuance de fond**.

Trois icônes pour choisir l'échantillonnage de l'outil.

La couleur qui va être remplacée s'affiche en permanence dans la case **Couleur d'arrière-plan** du panneau **Outils**. Selon le réglage, elle change quand l'outil se déplace.

- **Une fois** : recolore uniquement les zones contenant la couleur sur laquelle vous avez démarré le glissement de l'outil. Utilisez cette option pour colorer des zones relativement unies. Dès que l'outil n'est plus efficace, rééchantillonnez à nouveau en relâchant le bouton puis en glissant une nouvelle fois l'outil.

> **Astuce** *Avec cette option et une tolérance pas trop forte, si l'origine du déplacement de l'outil se situe à l'intérieur d'une zone à recolorer, vous pouvez déborder sans crainte (selon la tolérance) sur les couleurs des autres zones voisines.*

On veut recolorer des parties de la robe sans faire de sélection.

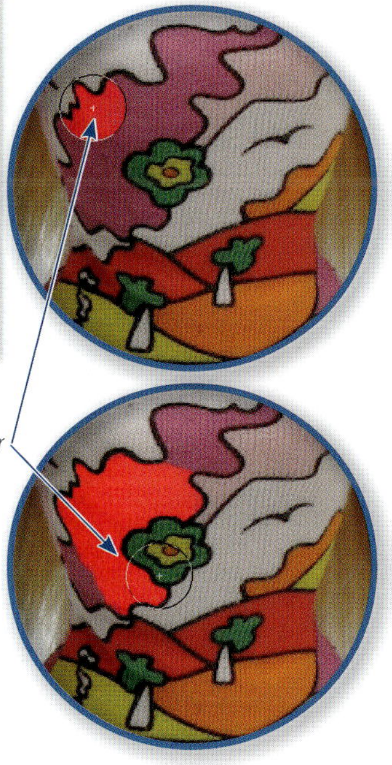

*Avec l'échantillonnage **Une fois**, on ne colore que les parties de même couleur qu'à l'origine du tracé (attention au réglage de la tolérance).*

- **Continu** : échantillonne les couleurs de façon continue au fur et à mesure du glissement de l'outil. Utilisez cette option pour remplacer des zones adjacentes de différentes couleurs.

> **Astuce** *Avec cette option, prenez garde que la croix au centre de la forme ne sorte pas de la zone à recolorer.*

- **Nuance de fond** : la nouvelle coloration ne s'applique que sur les zones contenant la couleur d'arrière-plan sélectionnée.

Les limites de l'échantillonnage

L'analyse des couleurs à remplacer s'effectue à l'intérieur du cercle de la forme, les couleurs à modifier peuvent y apparaître contiguës ou non. Trois options sont disponibles :

- **Discontiguës** : il y a coloration de la couleur échantillonnée à l'intérieur de la forme chaque fois qu'elle apparaît sur le calque.

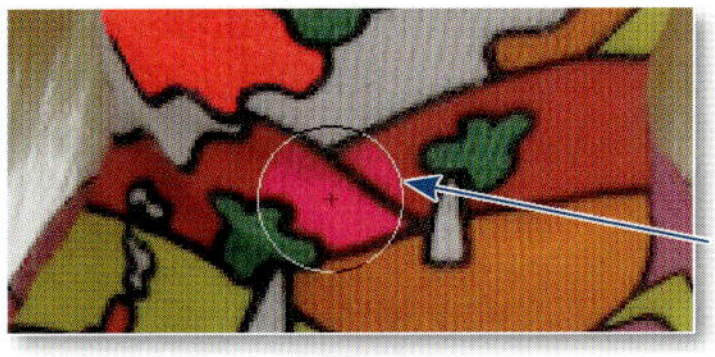

*Avec **Discontiguës**, on colore tous les pixels échantillonnés situés à l'intérieur du cercle.*

- **Contiguës** : la coloration ne s'applique que sur les zones adjacentes contenant la couleur échantillonnée.

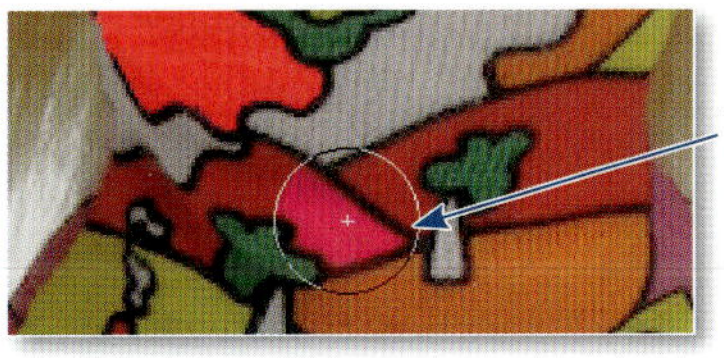

*Avec **Contiguës**, on colore tous les pixels échantillonnés qui se « touchent ».*

- **Aux contours** : il y a coloration des zones adjacentes contenant la couleur échantillonnée, mais la précision du contour de l'objet n'est pas altérée.

Le travail de colorisation

Comme pour les outils de retouche (**Densité**, **Éponge**...), l'application de l'outil **Remplacement de couleur** affecte directement l'image. Il est cependant possible d'atténuer l'effet avec la commande **Estomper** (menu **Édition** ou⇧⌘F [⇧Ctrl F]).

> **Astuce** *Commencer le travail en réalisant une copie du calque dont vous souhaitez recolorer certaines parties (en tapant ⌘J [Ctrl J]). En opérant ainsi, il sera possible d'estomper l'effet en réduisant l'opacité du calque, voire de masquer certaines zones retouchées en ajoutant un masque de fusion.*

Exemples d'application

Dans les paragraphes qui suivent nous allons voir quelques exemples qui utilisent différentes méthodes de réglages avec ou sans masque. Toutes ces techniques sont évoquées dans cette partie du livre.

1 Contre-jour

La photo ci-dessous a été prise à contre-jour ; on souhaite retrouver des détails dans les ombres et colorer le ciel qui est presque blanc.

L'image initiale.

L'image corrigée.

La photo présente des franges colorées (❶) assez marquées à certains endroits de la photo. Celles-ci risquent d'être encore plus visibles une fois les réglages terminés. Pour les supprimer, vous pouvez convertir le calque en objet dynamique qui s'ouvre dans Camera Raw (avec le script décrit la page 391) et utiliser la commande **Supprimer la frange** de la rubrique **Corrections de l'objectif** (❷). À défaut, utilisez la technique décrite pages 459 et 460.

La procédure de correction comporte deux étapes, la première pour déboucher les ombres et la seconde pour colorer le ciel.

1. Pour déboucher les ombres, ici, on a utilisé un calque de réglage de type **Niveaux** mais celui-ci nécessite un masque correspondant aux zones sombres.

   Ce masque s'obtient par la commande **Plage de couleurs** dans laquelle on coche **Inverser** et on effectue un prélèvement dans les zones claires du ciel avec une tolérance faible.

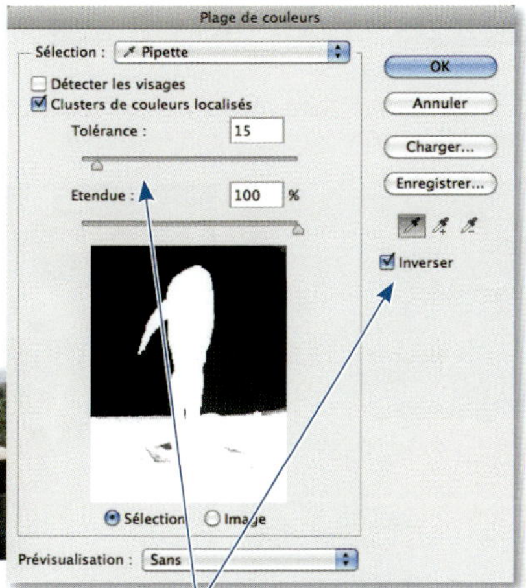

On prélève dans le ciel avec ces options pour obtenir cette sélection.

2. Quand la sélection est affichée, par le panneau **Réglages**, on ajoute un calque de type **Niveaux**. Dans le panneau **Propriétés**, on glisse légèrement Le curseur blanc à gauche et, plus fortement, le curseur gris (gamma) pour déboucher les ombres.

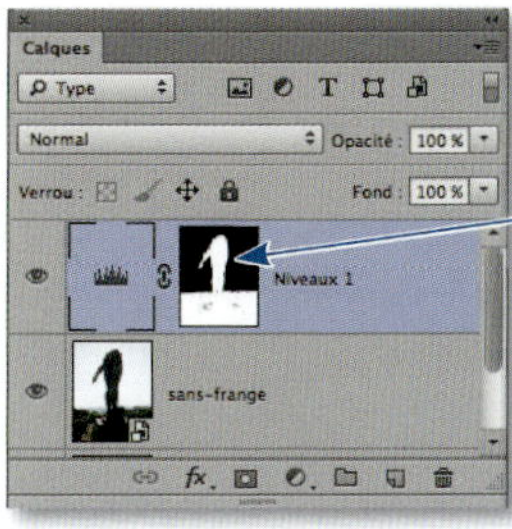

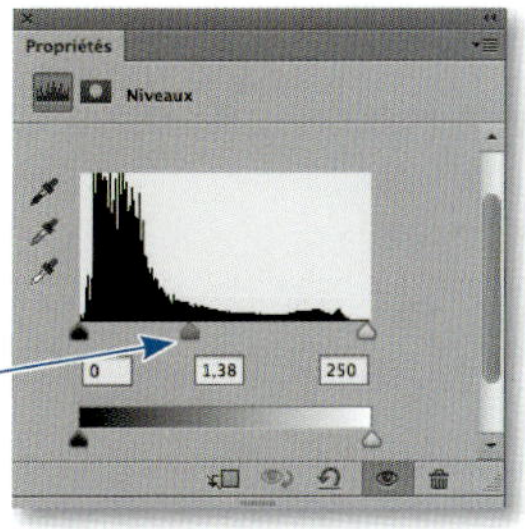

Avec ce masque, on a ajouté un réglage de niveaux qui utilise ces paramètres.

3. Pour recolorer le ciel, on utilise un calque de réglage de type **Correction sélective**. Celui-ci permet de redéfinir le blanc (sélectionné dans la liste des teintes) en un bleu correspondant à la couleur voulue pour le ciel.

4. Le réglage précédent colore le blanc sur la totalité de la photo. En remplissant son masque d'un dégradé vertical noir et blanc, on obtient la coloration progressive du ciel.

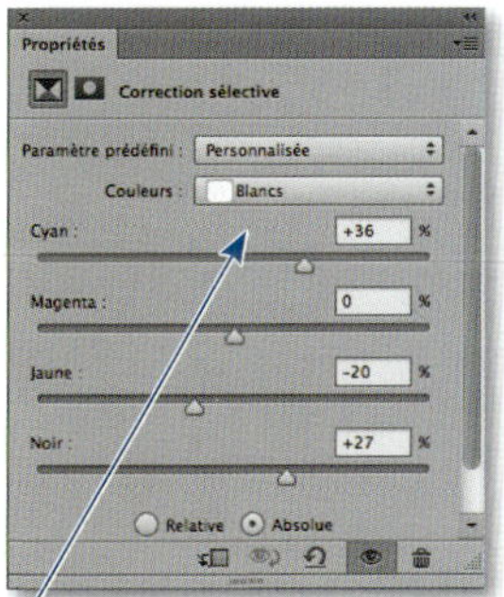

Avec ce réglage sur le blanc, on a recoloré les zones claires sur la totalité de la photo.

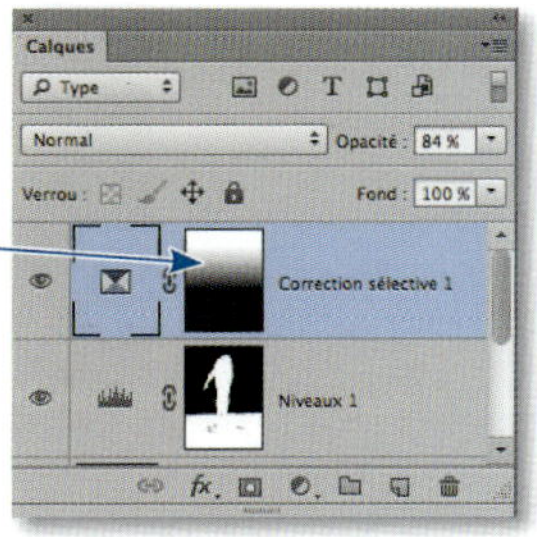

En traçant ce dégradé, on obtient ce masque qui limite progressivement la coloration sur le haut de l'image.

2 Inscrutation colorée sur noir et blanc

Dans cet exemple simple, on souhaite passer toute l'image en niveaux de gris avec un contraste légèrement accentué, excepté la voiture que l'on veut recolorer.

L'image initiale.

L'image partiellement recolorée.

Pour cette réalisation, il y aura donc trois calques de réglages : un de type **Teinte/Saturation** pour la coloration de la voiture ; un de type **Noir et blanc** pour la mise en niveaux de gris et un de type **Niveaux** pour l'accentuation du contraste. Les deux premiers réglages utilisent des masques de fusion, le dernier agit sur la totalité de l'image.

1. Bien que la coloration de cette voiture puisse se faire avec l'outil de réglage ciblé, elle est plus facile à réaliser par coloration globale à partir d'une sélection de la nuance avec **Plage de couleurs** (voire, plus grossièrement, avec l'outil **Sélection rapide**).
2. Même si la sélection déborde, les éléments seront malgré tout décolorés par le réglage **Noir et blanc**.

*On réalise la sélection de la zone à recolorer avec **Plage de couleurs**.*

Une fois la sélection affichée, la coloration de la voiture s'effectue avec un calque de réglage de type **Teinte/saturation** avec les valeurs indiquées dans la copie d'écran ci-dessous. Le masque pourra être ajusté si nécessaire avec l'outil **Pinceau** et le blanc (notamment, sur le capot).

Cette sélection, même imparfaite, convient pour le réglage.

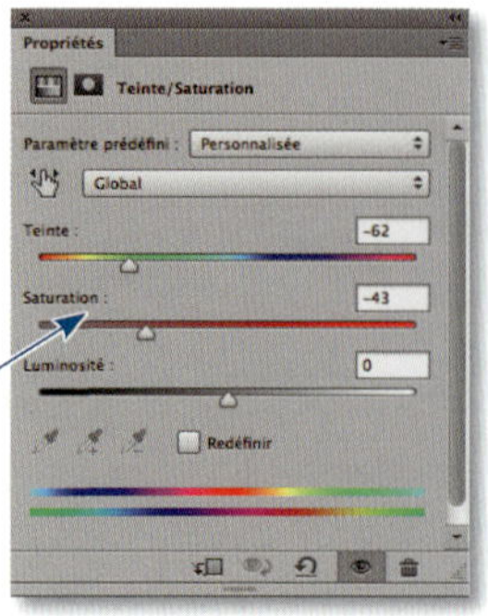

On colore avec ces paramètres et on rectifie le masque au pinceau blanc.

3. Pour passer en niveaux de gris, on ajoute un calque de réglage de type **Noir et blanc** : la totalité de l'image perd ses couleurs, les teintes sont ajustées avec l'outil de réglage ciblé de manière à obtenir un résultat satisfaisant. Pour retrouver les couleurs de la voiture, le masque de fusion de **Teinte/Saturation** peut être transféré et inversé en le glissant avec les touches ⇧⌥ [⇧Alt] (en réalité la copie n'est pas nécessaire car un masque unique sur le réglage **Noir et blanc** peut suffire).

Avec ces réglages ajustés par glissement ciblé toute l'image perd ses couleurs.

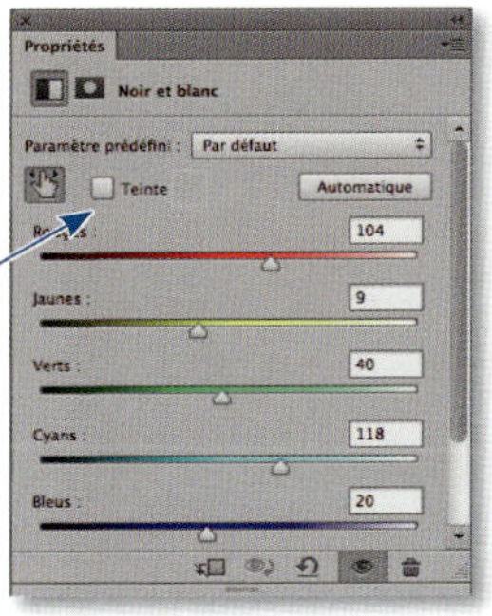

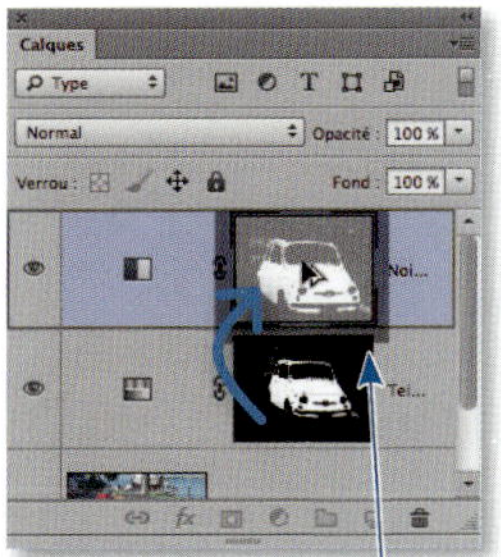

La voiture retrouve sa coloration après le transfert du masque.

4. Pour terminer cette réalisation, après avoir nettoyé avec l'outil **Pinceau** (et le blanc) les parties encore colorées autour de la voiture (éventuellement en affichant le masque seul par ⌥ [Alt] clic sur sa vignette), on ajoute un calque de réglage **Niveaux**. Dans le panneau **Propriétés**, on glisse un peu vers le centre le curseur blanc et le curseur noir pour augmenter le contraste. Cette correction aurait pu aussi être réalisée avec un calque de réglage **Courbes** ou **Luminosité/Contraste**.

Après un nettoyage du masque au pinceau blanc, on ajoute ce calque de réglage.

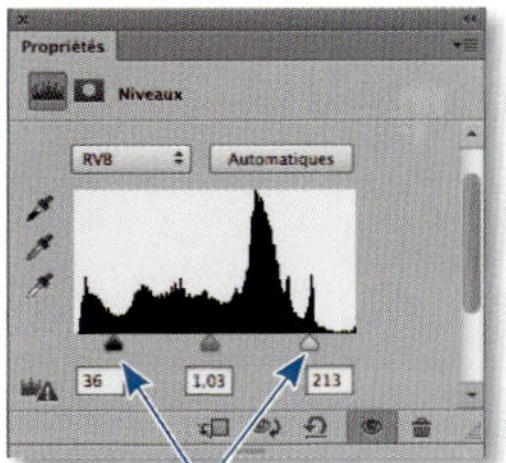

Ces paramètres permettent d'augmenter le contraste de l'image.

3 Déboucher des ombres

Dans la photo ci-dessous, certaines parties sont dans l'ombre et d'autres sont trop éclairées, ce manque ou cet excès de lumière entraîne la perte de détails. Nous allons améliorer l'éclairage de ces zones pour y retrouver des détails.

L'image initiale.

L'image corrigée.

Voici une façon de traiter cette image :

1. La première étape consiste à dupliquer le calque d'arrière-plan et à convertir cette copie en objet dynamique.
2. Afin de déboucher les ombres, lancez la commande **Tons foncés/Tons clairs** du menu **Image/Réglages**. Pour les tons foncés, les réglages par défaut sont satisfaisants ; en revanche, pour les tons clairs, augmentez la **Quantité**, la **Gamme de tons** et le **Rayon** pour retrouver des détails dans les zones fortement éclairées à l'arrière-plan de l'image. Augmentez également le microcontraste ou **Contraste des tons moyens** pour éliminer le voile terne.

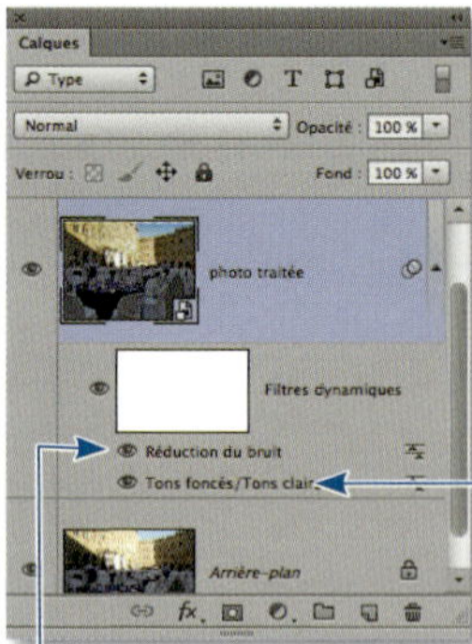

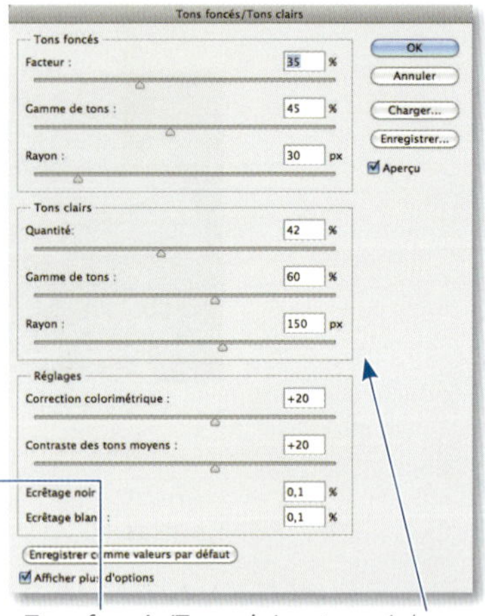

Ce filtre réduit le bruit apparu avec ***Tons foncés/Tons clairs*** *et ces réglages.*

3. Ce réglage provoque une montée du bruit qui peut être atténuée en appliquant (également de manière dynamique) le filtre **Réduction du bruit** (menu **Filtre/Bruit**).
4. Pour améliorer le contraste, éclaircir légèrement les zones d'ombre et éliminer la dominante colorée avec la pipette grise, on ajoute un calque de réglages de type **Niveaux** avec un masque de fusion sur lequel on peint en noir les zones éclairées (on peut éventuellement en réduire la densité dans le panneau **Propriétés**).

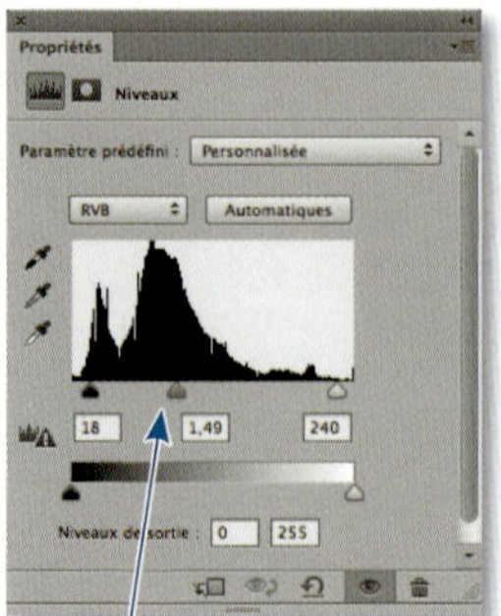

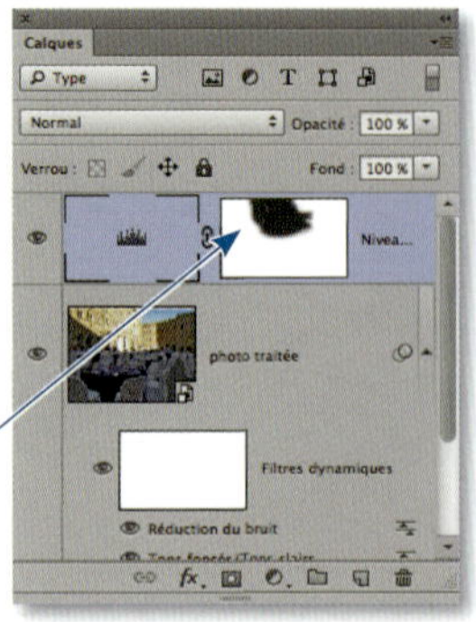

Avec ces réglages et ce masque, on améliore le contraste et la luminosité.

4 Main dorée

Dans la réalisation ci-dessous, on a changé la couleur de la main du bronze pour l'or à l'aide de quelques réglages limités par un détourage vectoriel.

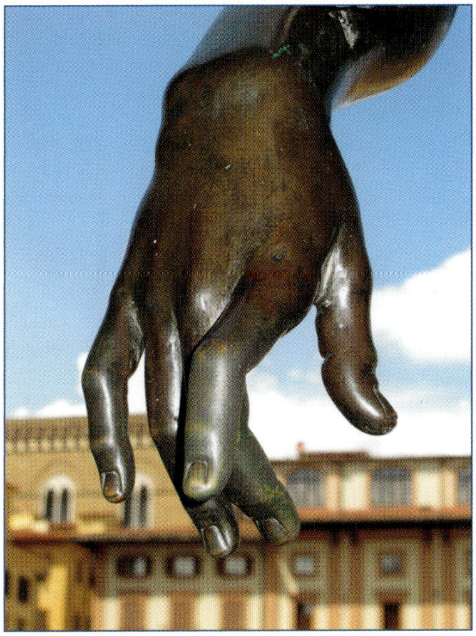

L'image initiale.

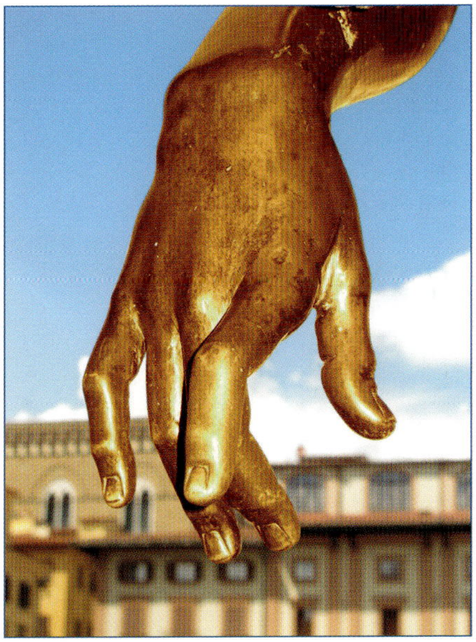

L'image modifiée.

La correction utilise trois calques de réglage qui partagent le même masque. Pour faciliter ce partage, on a créé un groupe auquel on affecte le masque et dans le dossier duquel on a placé les trois réglages. Ici, le masque est vectoriel ; il s'agit de celui réalisé dans un des exemples d'application de la partie précédente (*page 368*).

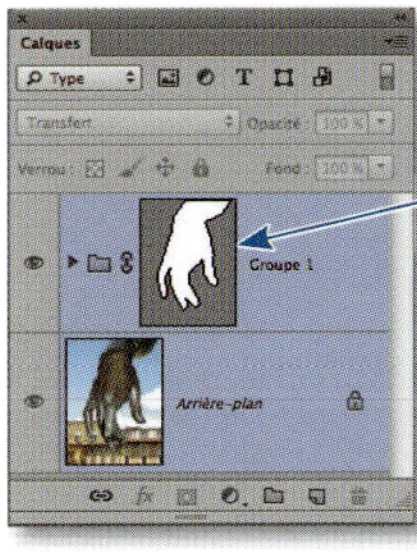

Ce groupe possède un masque vectoriel qui agira sur les trois réglages qu'il renfermera.

Concernant les trois calques de réglage, on distingue : **Noir et blanc**, **Balance de couleurs** et **Luminosité/Contraste**.

1. Le réglage **Noir et blanc** : ce réglage permettra de conserver une souplesse de paramétrage des niveaux de gris sur les différentes parties traitées.
2. Le réglage **Balance des couleurs** : ce réglage donnera un paramétrage plus précis que **Teinte/Saturation** du fait qu'il permet d'intervenir dans les trois catégories de tons (foncés, moyens et clairs).

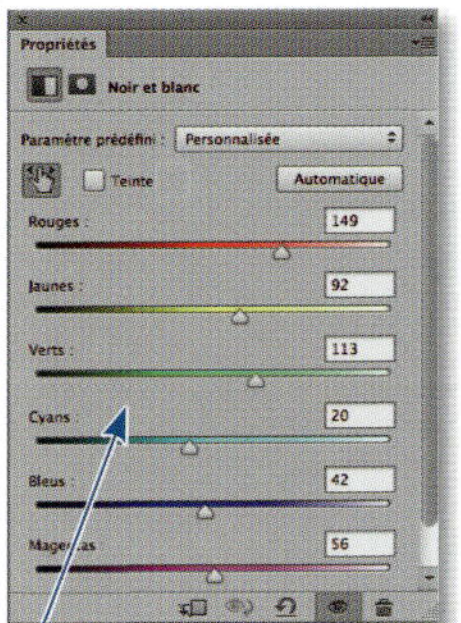

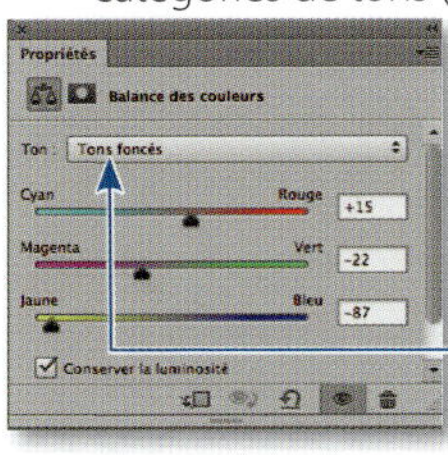

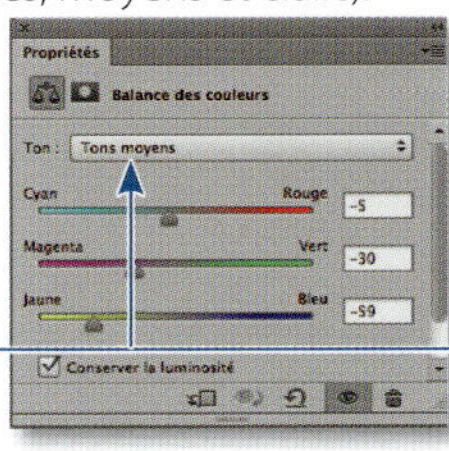

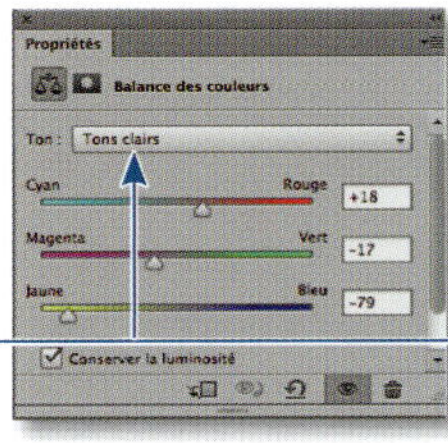

Ce réglage permet de mieux gérer les changements de couleurs provoqués par ces trois paramétrages.

3. Le réglage **Luminosité/Contraste** : avec ce réglage, on augmente légèrement la luminosité et le contraste pour accentuer l'éclat de l'or.

Partie 6

Travailler avec les calques

1 - Le travail avec les calques

2 - Les calques et les détourages

3 - Les calques dynamiques ou objets dynamiques

4 - Les calques 3D

5 - Les calques de texte

6 - Les effets de calque

7 - La vidéo dans Photoshop

1 - Le travail avec les calques

Quand vous ouvrez une photo dans Photoshop, son contenu se trouve sur un calque appelé **Arrière-plan**. Au-dessus de ce fond, vous pouvez ajouter d'autres calques (notamment des calques de réglages comme nous l'avons vu dans la partie précédente) ; chacun d'eux est une sorte de film transparent sur lequel pourront être placés des morceaux d'images détourées, des dessins, des textes, voire des images entières ou des réglages (auxquels peuvent être associés des masques permettant d'en cacher une partie). C'est la superposition de tous ces calques qui donne l'image finale.

L'utilisation des calques rend plus facile la sélection, les changements de plan et le placement de certains objets, dès lors qu'ils se trouvent isolés sur un calque, ainsi que la préparation de certains effets de détourage, de mise en page multimédia ou de photomontage où interviennent de multiples images. C'est ce que nous allons voir dans les paragraphes qui suivent.

La gestion des calques

Cette gestion se réalise par le panneau **Calques** (et/ou son menu local), par le menu **Calque** (ou ses équivalents clavier) ou à l'aide de menus contextuels affichés sur le document ou sur la vignette du calque par clic droit.

Les types de calques

Dans Photoshop, on distingue neuf types de calques :

- **Le calque standard** : c'est un calque que l'on ajoute ou qui provient d'un transfert réalisé à partir d'un autre document.
- **Le calque de texte** : il est ajouté avec une saisie de texte.
- **Le calque de réglage** : ajouté à partir de l'icône du panneau **Calques** ou par le panneau **Réglages**, il permet de faire un réglage chromatique sur les calques inférieurs. Une fois le réglage appliqué, il est possible de modifier son contenu depuis le panneau **Propriétés**.
- **Le calque de remplissage** : il s'agit de trois types de calques obtenus à partir du menu **Calque**, de l'icône du panneau **Calques**. Ils peuvent être remplis d'un aplat (couleur unie), d'un dégradé ou d'un motif. Comme pour les calques de réglage, un masque est systématiquement associé aux calques de remplissage.
- **Le calque vectoriel** : il est obtenu en dessinant avec l'outil **Plume** ou l'un des outils **Formes vectorielles**. Comme les précédents, son fond peut avoir une coloration (aplat de couleur, dégradé ou motif), mais en plus, son contour peut avoir ces mêmes attributs. Ici, c'est le tracé qui joue le rôle de masque vectoriel ; on peut lui associer un masque de fusion.
- **Le calque Objet dynamique** : ce type de calque s'obtient par importation ou par conversion. Un double-clic sur sa vignette, qui comporte l'icône, ouvre le fichier que constitue le calque. Un chapitre lui est consacré.
- **Le calque Arrière-plan** : il est présent par défaut, sauf lorsque vous créez un nouveau document rempli avec un fond transparent.
- **Le calque 3D** : Photoshop peut gérer les éléments 3D, leur gestion est facilitée dans cette version.
- **Le calque vidéo** : la version standard de Photoshop gère la réalisation de montage vidéo. Chaque séquence constitue un calque vidéo que l'on place dans des groupes vidéo.

À tous ces types de calques, on peut ajouter le groupe de calques (dossier contenant d'autres groupes, des calques ou des objets dynamiques).

La création de calque, groupe et objet dynamique

L'OBTENTION D'UN CALQUE STANDARD

L'ajout d'un calque standard

Pour ajouter un calque, cliquez sur l'icône situées en bas du panneau **Calques** ou utilisez le raccourci de la commande **Nouveau calque** (menu **Calque/Nouveau**). L'ajout de certaines touches (*voir le tableau ci-après*) modifie la façon dont le calque apparaît.

Manipulations et touches		Résultat
Au clavier	⇧⌘N [⇧Ctrl N]	Nouveau calque avec fenêtre d'options
	⇧⌥⌘N [⇧Alt Ctrl N]	Nouveau calque sans fenêtre d'options
Clic sur	Aucune touche	Nouveau calque sans fenêtre d'options
	⌥[Alt]	Nouveau calque avec fenêtre d'options
	⌘[Ctrl]	Nouveau calque (sans options) sous le calque actif
	⌥⌘[Alt Ctrl]	Nouveau calque sous le calque actif avec options

ASTUCE *Nommez les calques au moment où vous les créez ; par la suite, leur gestion n'en sera que plus facile.*

Dans tous les cas, le calque ajouté devient actif : sa vignette est encadrée. Il ne comporte que des zones transparentes que Photoshop montre par un damier dans la vignette du panneau **Calques**.

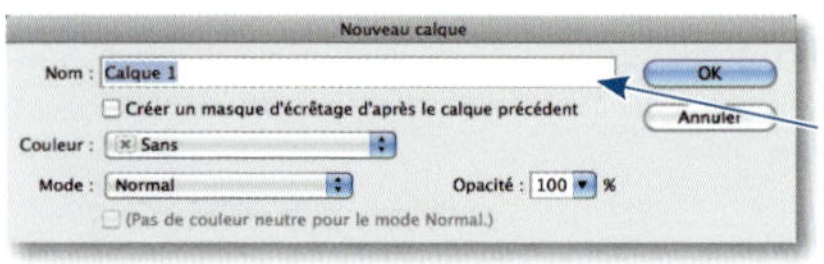

La fenêtre d'options du calque.

L'obtention d'un calque standard par conversion de l'arrière-plan

La commande **Nouveau calque d'après l'arrière-plan** (menu **Calque/Nouveau**) convertit l'arrière-plan du document en calque standard. Cette manipulation s'effectue également par double-clic sur la vignette d'arrière-plan dans le panneau **Calques**. Son intérêt réside dans le fait que le calque ainsi converti pourra changer de plan et se voir appliquer des traitements interdits à l'arrière-plan.

NOTE *Pour ajouter un masque (de fusion ou vectoriel) à un arrière-plan, il n'est plus utile de le convertir, l'opération se réalise désormais comme pour n'importe quel autre calque directement à partir du panneau* ***Calques****.*

L'OBTENTION D'UN ARRIÈRE-PLAN

Si le document a été créé sans calque d'arrière-plan ou s'il a été converti (lors d'un détourage ou pour bénéficier des options applicables aux calques standards), vous pouvez transformer un calque pour qu'il devienne arrière-plan. Il suffit de l'activer en cliquant sur son nom et de lancer la commande **Arrière-plan d'après un calque** dans le sous-menu **Nouveau** du menu **Calque**. Si vous souhaitez que les calques présents restent intacts, commencez par ajouter un nouveau calque, puis lancez la commande **Arrière-plan d'après un calque**. Le calque ajouté devient le fond et il se remplit de la couleur d'arrière-plan (le blanc, par défaut) ; il apparaît en bas de la liste des calques (à l'arrière-plan des autres calques). Si vous n'avez pas ajouté de calque vide, ce sont les zones transparentes du calque actif qui se rempliront de la couleur d'arrière-plan.

Pour éviter d'avoir à reproduire ces différentes manipulations, créez un script qui ajoute un calque et le transforme en arrière-plan rempli de blanc. Voici les étapes de son élaboration :

1. Affichez le panneau **Scripts** et cliquez sur son icône pour créer un nouveau script.
2. Nommez le script, choisissez un raccourci et cliquez sur **Enregistrer**.
3. Dans le panneau **Calques**, cliquez sur pour ajouter un calque.
4. Tapez D pour afficher les couleurs par défaut. Dans le menu **Calque**, sous-menu **Nouveau**, lancez **Arrière-plan d'après un calque**.
5. Arrêtez l'enregistrement du script en cliquant sur le carré noir situé en bas du panneau **Scripts**.

Le script est maintenant opérationnel, mais bien sûr, il ne fonctionnera qu'avec les documents sans arrière-plan.

L'OBTENTION D'UN GROUPE DE CALQUES

Les calques peuvent être regroupés dans un dossier, ou groupe, afin de les ranger par catégories et obtenir ainsi un panneau **Calques** plus facile à gérer. Il est possible de lui appliquer une option commune (mode de fusion, opacité et même un effet, telle une ombre portée), un même traitement (déplacement, transformation) ou de lui ajouter un masque qui agit sur l'ensemble des calques.

La création du groupe se réalise sans ou avec sélection des calques qu'il devra contenir (par ⇧ clic sur leur vignette dans le panneau **Calques**). L'opération s'effectue par le menu **Calque**, commande **Associer les calques** (⌘G [Ctrl G]), s'il y a une sélection de calques et, dans le cas contraire, par la commande **Groupe** du menu **Calque/Nouveau.** Le groupe s'obtient également à partir de l'icône en ajoutant ou non certaines touches (*voir tableau ci-après*).

NOTE *La commande **Groupe d'après les calques** du menu **Calque/Nouveau** a le même effet qu'**Associer les calques**, si ce n'est qu'elle affiche les options du groupe.*

Clic sur l'icône (panneau Calques) avec		Résultat
Avec calques sélectionnés	⇧	Groupe contenant les calques (par glissement, ⇧ est inutile)
	⇧⌥ [⇧Alt]	Groupe contenant les calques avec fenêtre d'options
Sans calque sélectionné	Aucune touche	Groupe vide
	⌘[Ctrl]	Groupe vide sous le calque actif
	⌥⌘ [Alt Ctrl]	Groupe vide sous le calque actif avec fenêtre d'options

NOTE *Un dossier peut contenir un sous-dossier ; on peut définir jusqu'à dix niveaux d'imbrication.*

L'obtention d'un objet dynamique

Les possibilités d'obtention et les manipulations sur ces objets dynamiques seront développées dans le chapitre consacré aux objets dynamiques (*voir pages 547 à 565*).

Les options des calques

Le nom du calque

Un calque peut être nommé au moment de sa création dans sa fenêtre d'options. Une fois présent dans le panneau **Calques**, c'est en double-cliquant sur son nom dans ce panneau que vous pourrez éditer ce nom. Pour changer le nom du calque suivant dans la liste (s'il n'est pas masqué, icône visible, *voir plus loin*), tapez la touche **Tabulation** (⇥ [⇥]). Si vous tapez ⇧⇥ [⇧⇥], vous passerez au précédent.

ATTENTION *Avec le raccourci ⇥ [⇥] (ou ⇧⇥ [⇧⇥]), si le document comporte un arrière-plan, quand vous arrivez au dernier calque de la liste (en bas ou en haut de celle-ci), ce raccourci a pour effet de masquer les panneaux ; ils réapparaissent en le tapant à nouveau.*

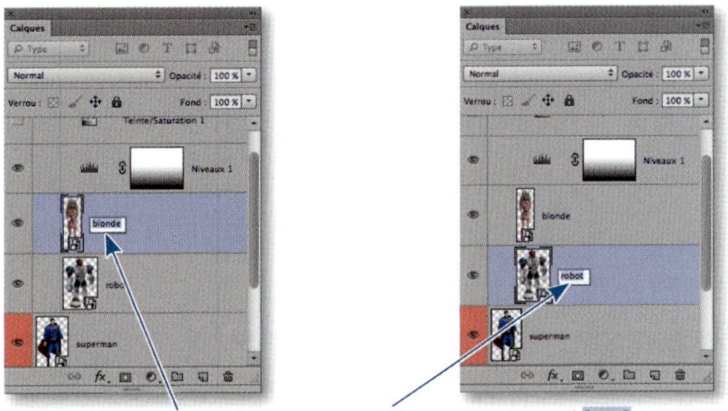

On passe du nom du calque au suivant en tapant ⇥ [⇥].

La couleur des vignettes

Vous pouvez attribuer à chaque calque une couleur pour le repérer plus rapidement dans un ensemble de calques. Cette couleur se choisit dans la fenêtre d'options du calque lors de sa création ou par le menu contextuel affiché par clic droit sur le nom du calque ou du groupe (ou de l'un des calques si la sélection en comporte plusieurs).

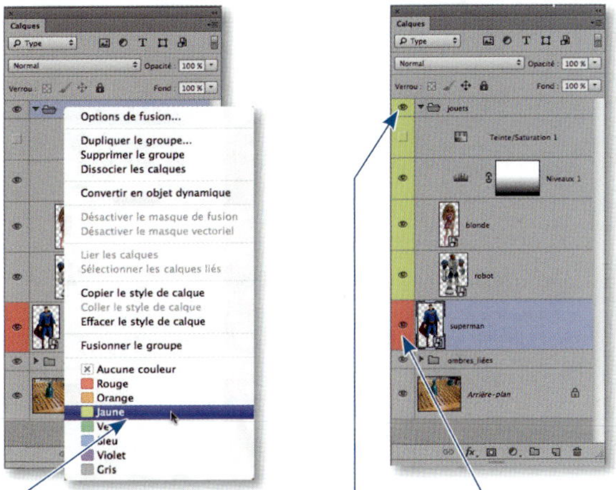

Par clic droit, on affecte une couleur au groupe ou à un calque (chaque élément du groupe peut être recoloré par la suite).

L'affichage des calques

L'affichage ou le masquage des calques

Pour masquer un calque, cliquez sur l'icône d'affichage à gauche de sa vignette. Pour afficher seul un calque ou un groupe (et donc masquer les autres), enfoncez ⌥[Alt] et cliquez sur . Cliquez à nouveau sur cet œil avec ⌥[Alt] pour réafficher tous les calques. Si vous affichez seul un calque ajouté, la fenêtre du document et sa vignette dans le panneau **Calques** montrent un damier, dont la couleur est réglable par l'option **Transparence et couleurs non imprimables** des **Préférences** (menu **Photoshop [Édition]** ou au clavier, ⌘K, puis ⌘6 [Ctrl K], puis [Ctrl 6]).

L'aspect des vignettes

La vignette d'un calque montre en réduction son contenu dans les limites du document. Une option permet de recadrer cet aperçu pour qu'il ne montre que le contenu du calque. Pour choisir le type d'affichage, déroulez le menu du panneau jusqu'à la commande **Options de panneau** ou déroulez le menu contextuel dans la zone grise sous la dernière vignette de calque.

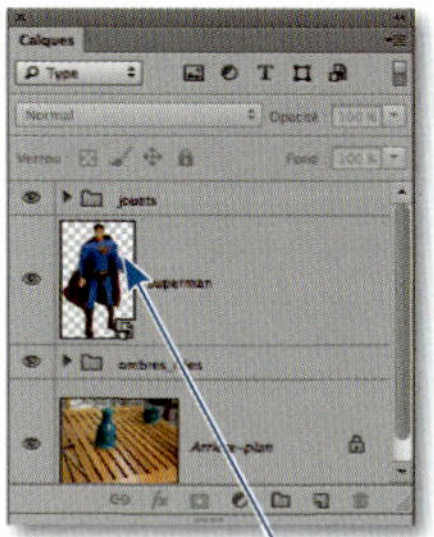

On n'affiche que la partie utile du calque avec cette option.

> **Astuce** *Quand un détourage est réalisé, les pixels oubliés autour de l'image peuvent être repérés dans la vignette qui apparaît anormalement grande.*

Le filtrage des calques

Photoshop propose une fonction de filtrage de l'affichage des calques dans le panneau selon différents critères, tels que le type, le nom, la couleur.... Ces critères peuvent être cumulés et s'avéreront pratique pour afficher certains calques quand vous en utilisez une grande quantité. La mise en place du critère s'effectue dans le haut du panneau **Calques** à partir d'un menu local et d'une série d'icônes.

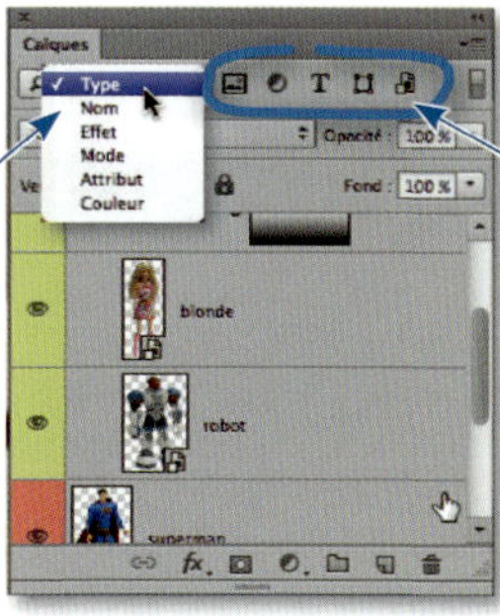

Les filtres de recherche de calques ; ces icônes définissent le type.

Le filtrage par type de calques

Par défaut le filtrage s'effectue selon le type du calque et Photoshop affiche tous les types de calques. Le haut du panneau propose cinq icônes correspondant aux types de calques les plus courants.

- calque de pixel (dont l'arrière-plan).
- calque de réglage.
- calque de texte.
- calque de forme.
- calque dynamique.

En cliquant sur l'un deux vous définissez le critère de filtrage et les calques correspondant à ce critère s'affichent aussitôt dans le panneau. La partie supérieure de l'icône située en haut à droite du panneau devient rouge pour indiquer qu'un filtre est actif. Vous pouvez temporairement désactiver ce filtre (et réafficher tous les calques) en cliquant sur le bas de l'icône qui devient alors ou supprimer ou modifier le critère de filtrage pour voir les autres calques.

On a défini ces critères : calque de pixel et calque de réglage.

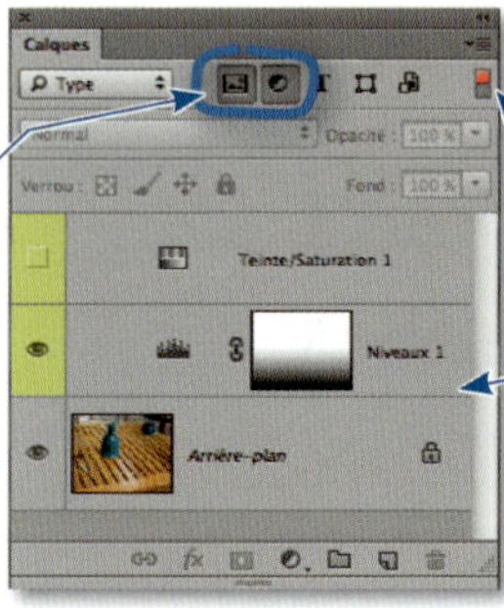

L'icône change et le résultat s'affiche ici.

Les autres filtrages

Le menu local **Type** permet de choisir une autre catégorie de filtres, chacune d'elles donnera accès à des options particulières. Pour la première, **Nom**, un champ de saisie devra être renseigné pour définir les calques à rechercher. Pour les autres, **Effet**, **Mode**, **Attribut** et **Couleur**, un second menu permettra de préciser l'option à rechercher.

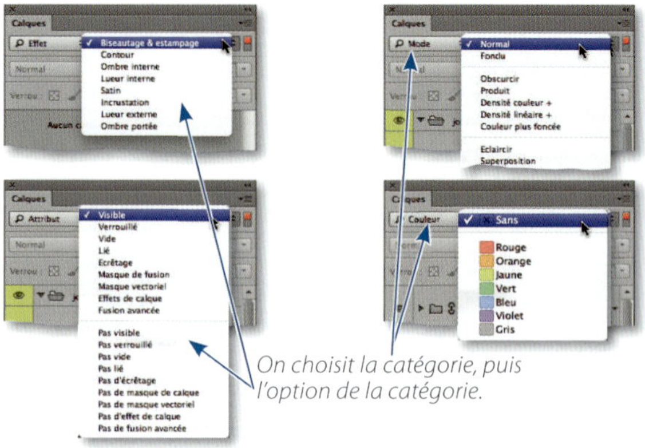

On choisit la catégorie, puis l'option de la catégorie.

Ce filtrage sera très intéressant dans de nombreux cas : par exemple, pour retrouver les calques masqués, ou pour pouvoir sélectionner facilement deux calques ayant la même couleur, situés dans des groupes différents, etc.

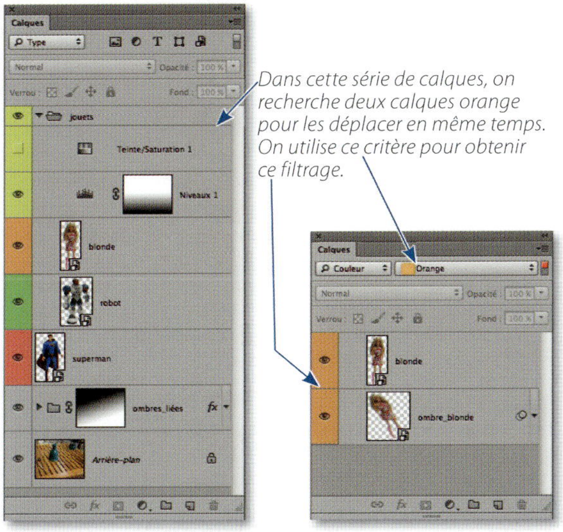

Dans cette série de calques, on recherche deux calques orange pour les déplacer en même temps. On utilise ce critère pour obtenir ce filtrage.

La sélection ou activation de calques

Pour travailler sur un calque, il doit être visible et sélectionné (ou activé) : sa vignette apparaît alors « encadrée » et son nom, en gras, est situé dans une bande colorée. Si vous sélectionnez plusieurs calques en même temps, aucune vignette de calque ne sera encadrée. Seules certaines manipulations peuvent s'appliquer à la sélection : transformations, déplacements, alignements, opérations de gestion des calques. L'icône ⦸ s'affichera sur le document pour indiquer l'impossibilité d'effectuer des opérations telles que dessiner, appliquer un filtre…

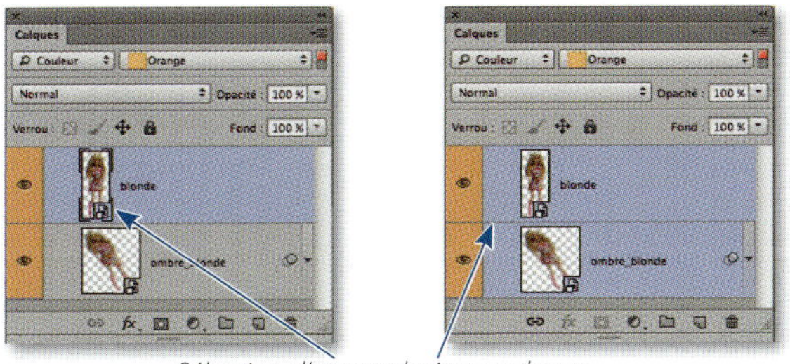

Sélection d'un ou plusieurs calques.

Cette sélection de calques s'effectue de plusieurs manières : par le panneau **Calques** ou directement sur l'image.

La sélection de calques par le panneau Calques

La sélection d'un calque s'effectue par **clic** sur son nom dans le panneau — le nom du calque actif s'affiche à côté du nom du document dans la barre de titre du document. Par **⇧clic**, vous sélectionnez les calques contigus dans la liste ; avec **⌘clic** [Ctrl clic], la sélection sera discontinue.

La sélection au clavier

Au clavier, vous pouvez sélectionner un ou plusieurs calques (calque ou groupe, sauf ceux qui sont masqués). La sélection multiple s'obtient en ajoutant la touche **⇧** à celles indiquées dans le tableau ci-dessous ; cependant, il n'est pas possible d'utiliser cette touche pour réduire le nombre de calques sélectionnés.

Sélection	Touches
Calque au premier plan	⌥; [Alt ;]
Calque à l'arrière-plan	⌥, [Alt ,]
Calque inférieur	⌥: [Alt :]
Calque supérieur	⌥= [Alt =]

La sélection de calques directement sur l'image

La sélection s'obtient, avec l'outil **Déplacement**, par **⌘clic** [Ctrl clic] sur le contenu du calque directement sur l'image. Attention, cela ne fonctionne pas avec le calque d'arrière-plan et provoque la désélection des calques. En ajoutant **⇧** aux touches précédentes, vous obtiendrez la sélection multiple des calques. En cliquant à nouveau avec **⇧⌘** [⇧ Ctrl], vous désélectionnerez le calque.

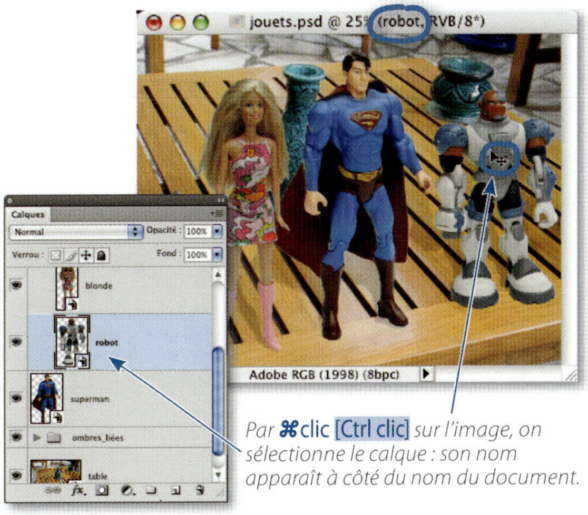

Par ⌘clic [Ctrl clic] sur l'image, on sélectionne le calque : son nom apparaît à côté du nom du document.

ASTUCE *Si l'outil **Déplacement** n'est pas actif, vous pouvez l'activer temporairement en maintenant enfoncée la touche* V *le temps de faire la manipulation voulue dans le menu contextuel (déroulé avec cette touche enfoncée).*

L'outil **Déplacement** propose des options de sélection. En effet, si vous cochez **Sélection automatique** (ce que je vous déconseille), la sélection du calque avec l'outil **Déplacement** s'effectue sans enfoncer ⌘ [Ctrl]. De plus, avec tout autre outil actif, ⌘clic [Ctrl clic] sur un objet sélectionne son calque. Cette option est pratique, mais plus souvent gênante.

Dans la **Barre d'options** de l'outil **Déplacement**, en choisissant **Calque** ou **Groupe**, vous pouvez spécifier si la sélection (automatique ou par ⌘clic [Ctrl clic]) provoque celle du calque ou du groupe si ce dernier est dans un dossier.

Avec cette option, la sélection automatique ou par ⌘clic [Ctrl clic] active toujours le groupe.

ATTENTION *Si la pile de calques contient un calque de réglage dont le masque de fusion est partiellement rempli, l'activation du calque (automatique ou par ⌘clic [Ctrl clic]) sélectionnera systématiquement ce calque de réglage. Pour pallier ce problème, il faudra utiliser le menu contextuel.*

À cause de ce masque, la sélection sur l'image ne donne pas le calque correspondant : c'est le masque qui apparaît sélectionné.

LA SÉLECTION SUR L'IMAGE PAR LE MENU CONTEXTUEL

Si l'outil **Déplacement** est actif (ou la touche V maintenue enfoncée), le menu contextuel montre une liste dans laquelle figurent tous les groupes (ou sous-groupes non masqués) présents dans le document, ainsi que les calques de réglage (même ceux situés dans les groupes), seuls les calques ayant des pixels situés sous la souris apparaissent dans cette liste. Vous pouvez choisir n'importe quel calque ou groupe de la liste pour l'activer.

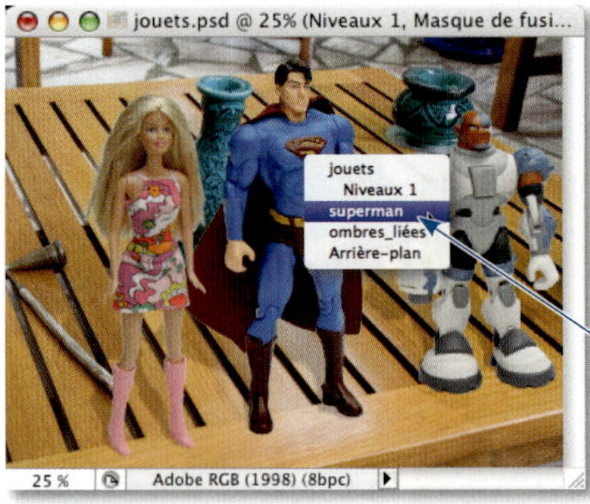

Sélection par le menu contextuel.

ASTUCE *Le menu **Sélection** propose deux commandes : l'une pour sélectionner tous les calques (au clavier ⌥⌘A [Alt Ctrl A]) et l'autre pour les désélectionner.*

Les liaisons entre calques

L'INTÉRÊT DES LIENS

Il est utile de lier un ou plusieurs calques avec le calque actif lorsque vous souhaitez soit transférer ces calques en même temps vers un autre document (*voir plus loin*), soit lorsqu'ils doivent subir le même déplacement ou la même transformation, ou encore lorsqu'ils doivent être alignés ou répartis entre eux. Le lien entre les calques est visualisé dans le panneau **Calques** par la présence d'un maillon situé à droite du nom du calque lié. Les liens restent actifs même si les calques sont placés dans des groupes différents.

LA CRÉATION DE LIENS

Pour lier les calques, vous disposez de deux méthodes :

– **Les liens par le panneau Calques** : sélectionnez les calques à lier et cliquez sur le maillon situé en bas du panneau **Calques**. Un maillon apparaîtra à droite des noms de calques ainsi liés.

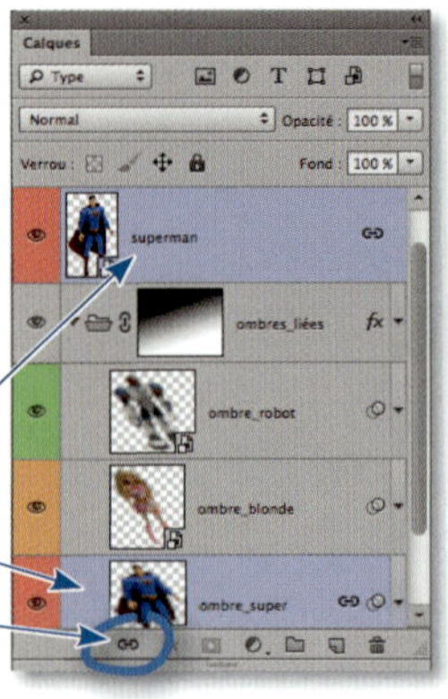

Une fois les calques sélectionnés, on les a liés en cliquant ici.

– **Les liens par le menu contextuel** : une fois les calques sélectionnés, le menu contextuel affiché sur l'image avec l'outil **Déplacement** propose la commande **Lier les calques**.

On peut lier les calques sélectionnés à partir du menu contextuel.

> **Astuce** *Pour effectuer certaines manipulations, il n'est pas indispensable de lier les calques ; en effet, leur sélection dans le panneau **Calques** est suffisante, mais elle devra être refaite chaque fois que nécessaire.*

L'annulation des liens

Vous pouvez rompre les liens en sélectionnant l'un des calques et en cliquant sur l'icône du panneau **Calques**. Si tous les calques liés sont sélectionnés, cette opération se réalise par le menu contextuel (affiché par clic droit avec l'outil **Déplacement** ou avec un autre outil si la touche ⌘[Ctrl] est enfoncée). Si vous enfoncez ⇧ et cliquez sur le maillon situé à droite du nom du calque lié, celui-ci perdra temporairement son lien avec les autres : l'icône l'attestera. Le lien sera réactivé en cliquant à nouveau sur cette icône avec ⇧.

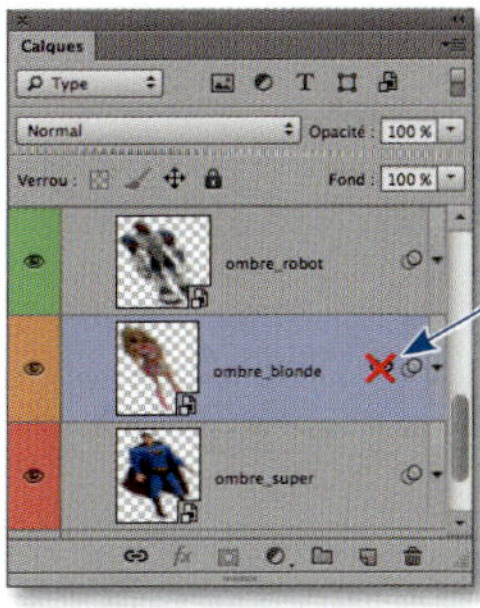

Temporairement, on a désactivé le lien entre l'ombre et l'objet (par ⇧ clic) pour transformer l'ombre seule.

La copie et le transfert de calques

La copie totale ou partielle d'un calque

Les utilisations des copies de calque

Créer une copie est souvent utile, voici quelques exemples :

- **Application de filtre** : si le filtre que vous allez utiliser ne permet pas une application dynamique (**Fluidité**, **Point de fuite**...), il est prudent de l'appliquer sur une copie d'un calque afin de garder l'original intact. Cela permet également d'associer un masque pour localiser l'effet du filtre sur certaines parties du calque.
- **Correction chromatique rapide** : on peut corriger en superposant deux calques identiques avec les modes de fusion **Produit** ou **Superposition**.
- **Création d'effets particuliers** : pour appliquer partiellement un effet de calque, une copie est nécessaire. De même, dans un montage comportant un masque d'écrêtage, une copie du fond s'avère précieuse.
- **Ajout d'un second réglage** : en dupliquant un calque de réglage (ou de remplissage), vous pouvez changer le type du contenu par le sous-menu **Modifier le contenu du calque** du menu **Calque**.

La copie de calque

La duplication depuis le panneau Calques

Dans le panneau **Calques**, vous disposez de quelques méthodes pour créer la copie d'un calque : par glissement de la vignette du calque ou du groupe sur l'icône ; par le menu contextuel sur le nom de la vignette et la commande **Dupliquer le calque** (la copie peut être envoyée vers un autre document ouvert) ; par glissement avec ⌥ [Alt] de la vignette du calque entre deux autres vignettes de la liste (cette copie peut apparaître dans un groupe ou entre deux calques, selon l'endroit où vous relâchez le bouton de la souris).

La copie de calque au clavier (ou par le menu Calque)

Elle s'obtient en tapant ⌘J [Ctrl J] ou en lançant la commande **Calque par copie** du sous-menu **Nouveau** (menu **Calque**). Si le calque comporte un masque, ce dernier est également copié (il peut être modifié par la suite).

Les copies de plusieurs calques et groupes

Ps Dans le panneau **Calques**, si vous avez activé plusieurs calques ou groupes (contigus ou non), en tapant ⌘J [Ctrl J], vous obtiendrez la copie de l'ensemble sélectionné (il se placera au premier plan des autres calques et apparaîtra activé).

La copie partielle d'un calque

Si une sélection est affichée à l'écran, seule la partie du calque à l'intérieur de cette sélection sera copiée sur le nouveau calque. En revanche, si plusieurs calques sont activés dans le panneau **Calques**, la sélection est inopérante.

> **Astuce** *Si vous tapez ⌥⌘J [Alt Ctrl J], vous pourrez nommer la copie (partielle ou totale) du calque. Ceci ne fonctionne pas si la copie concerne plusieurs calques activés.*

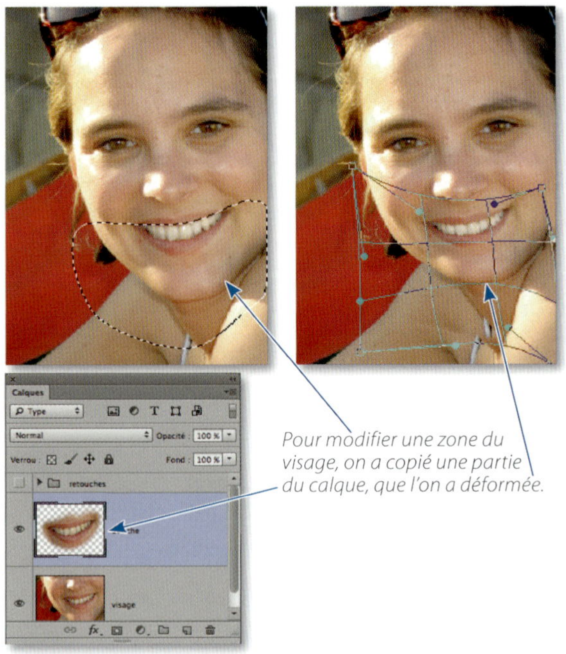

Pour modifier une zone du visage, on a copié une partie du calque, que l'on a déformée.

> **Note** *Si vous réalisez une sélection et copiez par ⌘J [Ctrl J] un calque dynamique, la copie obtenue n'est pas dynamique.*

Le transfert d'une partie d'un calque

Avec **Calque par couper** (⇧⌘J [⇧Ctrl J]), le contenu d'une sélection est transféré sur un nouveau calque (le calque d'origine présentera un trou). Cette opération n'est possible qu'avec des calques pixellisés. Tapez ⇧⌥⌘J [⇧Alt Ctrl J] si vous souhaitez nommer cette partie de calque.

Astuce *Avec le calque d'arrière-plan, en tapant* D *(couleurs par défaut),* ⌘A [Ctrl A] *(tout sélectionner) et* ⇧⌘J [⇧Ctrl J] *(calque par couper), vous obtenez un fond blanc sous l'ancien arrière-plan devenu calque standard.*

La copie par déplacement ou transformation

La copie par déplacement

Sélectionnez le calque souhaité (voire plusieurs), activez l'outil **Déplacement**, enfoncez ⌥[Alt] et déplacez, manuellement ou au clavier, le contenu du calque (le curseur devient ▶). Photoshop crée une copie du (ou des) calque(s). Si c'est un autre outil qui est actif, enfoncez ⌥⌘[Ctrl Alt].

Astuce *Si une sélection a été réalisée sur le calque, la copie réalisée par glissement avec* ⌥[Alt] *se place sur le même calque, excepté avec les calques de forme.*

La copie par transformation manuelle ou paramétrée

Elle s'obtient en lançant l'une des commandes de transformation du menu **Édition** avec ⌥[Alt] enfoncée (au clavier, ⌥⌘T [Alt Ctrl T] pour la transformation manuelle). La transformation peut aussi être paramétrée dans la **Barre d'options**, on peut aussi déplacer l'axe de transformation matérialisé par une croix (⌖) située au centre de l'objet en le glissant jusqu'à l'endroit voulu.

En lançant la transformation avec ⌥[Alt]*, on obtient une copie du calque.*

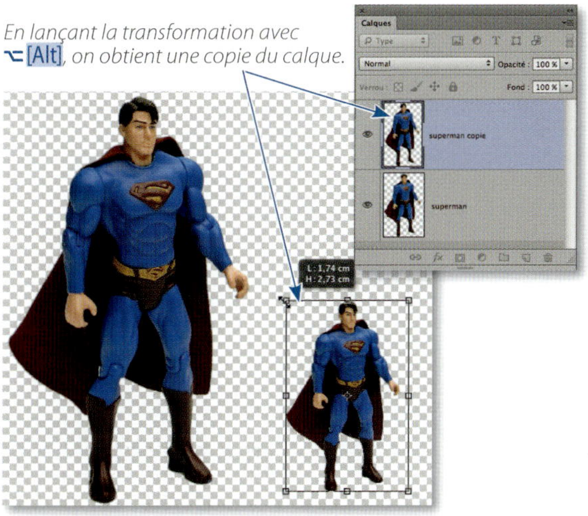

Cette opération n'est pas réalisable avec un objet dynamique, il faut d'abord en faire une copie en tapant ⌘J [Ctrl J] (ou par glissement avec ⌥[Alt]), puis réaliser la transformation sur la copie.

Astuce *Si après avoir réalisé une copie transformée, vous tapez* ⇧⌥⌘T [⇧Alt Ctrl T] *(ou lancez, avec* ⌥[Alt] *enfoncée, la commande* ***Répéter*** *du menu* ***Édition/Transformation****), il y aura répétition de la copie sur un nouveau calque avec la même transformation (sauf avec la déformation).*

On obtient la répétition de la copie et la transformation en tapant ⇧⌥⌘T [⇧Alt Ctrl T].

Les copies d'objets dynamiques

Il y a trois façons de créer une copie d'un objet dynamique :

- avec la commande **Calque par copie** (menu **Calque/Nouveau**) ou son raccourci ⌘J [Ctrl J] (ou en tapant ⌥⌘J [Alt Ctrl J] pour pouvoir renommer le calque);
- par glissement avec l'outil **Déplacement** et la touche ⌥[Alt] enfoncée ;
- par la commande **Nouvel objet dynamique par copier** du menu **Calque/Objets dynamiques.**

Pour les deux premières méthodes, l'objet dynamique obtenu fait référence au même fichier que l'objet dynamique initial. Il s'agit donc d'occurrences du même objet, c'est-à-dire que les modifications apportées sur l'un des objets dynamiques sont répercutées sur toutes les occurrences. Avec la copie créée par la commande **Objet dynamique par copier**, le calque fait référence à un autre fichier indépendant du précédent. La modification de cet objet dynamique n'affecte pas les autres (*nous en reparlerons dans le chapitre suivant consacré aux objets dynamiques*).

LA COPIE DE CALQUES FUSIONNÉS

Tout en gardant le ou les calques d'origine, cette copie par fusion permet de placer sur un nouveau calque les éléments contenus sur un ou plusieurs calques. L'opération est intéressante pour les calques de texte ainsi que pour tout calque auquel on a affecté des effets ; elle permettra d'effectuer des traitements (réglage chromatique, filtre, coloration...) impossibles à appliquer au calque d'origine. Dans certains cas, on peut remplacer cette opération par la création d'un objet dynamique à partir de cet ensemble de calques.

Pour réaliser cette copie, dans le panneau **Calques**, sélectionnez les calques voulus (éventuellement, associez-les dans un groupe en tapant ⌘G [Ctrl G]), puis enfoncez ⌥ [Alt] et, dans le menu **Calque**, lancez la commande **Fusionner les calques** (au clavier, tapez ⌥⌘E [Alt Ctrl E]). Cette copie porte le nom du calque supérieur (ou du groupe) suivi de « (fusionné) ».

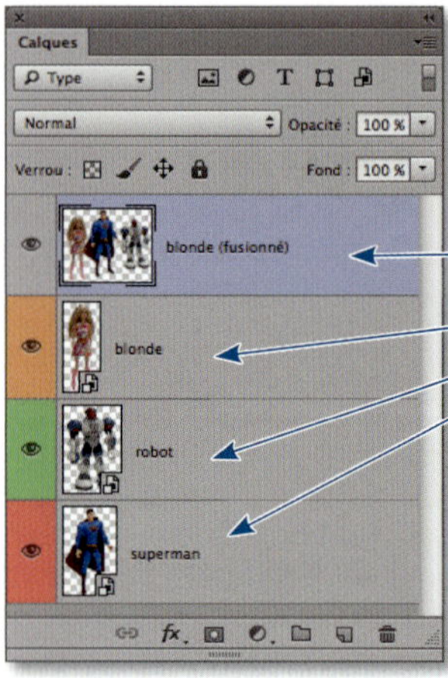

Ce calque correspond à la copie fusionnée de ces trois calques.

LE COPIER-COLLER AVEC FUSION DES CALQUES COPIÉS

La copie partielle d'un ensemble de calques

Pour réaliser la copie partielle d'un ensemble de calques, créez une sélection et lancez **Copier avec fusion** du menu **Édition** ou tapez ⇧⌘C [⇧Ctrl C] : Photoshop place dans le presse-papiers une copie fusionnée des calques affichés situés dans la sélection. Tapez ⌘V [Ctrl V] : un nouveau calque apparaît avec le contenu du presse-papiers.

La copie des calques visibles du document

En tapant ⌘A [Ctrl A] avant ⇧⌘C [⇧Ctrl C], c'est une copie du document aplati (des calques visibles) que vous collerez sur un nouveau calque en tapant ⌘V [Ctrl V].

C'est l'équivalent de l'opération décrite ci-dessus (mais avec la commande **Fusionner les calques visibles**) ; cependant, le collage peut ici s'effectuer sur un autre document.

Le transfert de calques entre documents

Ce transfert peut s'effectuer par glissement, par duplication (menu du panneau **Calques** ou menu **Calque**) ou par importation de fichiers.

ATTENTION *Avant d'effectuer des transferts de calques entre différents documents, consultez la fenêtre* ***Taille de l'image*** *(du menu* ***Image****) de chacun d'eux pour comparer leurs dimensions respectives et, éventuellement, adaptez-les les unes aux autres. Examinez également (et adaptez) leurs espaces colorimétriques.*

LE TRANSFERT PAR GLISSEMENT

La méthode dépend de la disposition des deux documents qui peuvent être visibles ou non en même temps.

Avec les documents affichés dans des fenêtres

Si les documents sont affichés dans des fenêtres distinctes, donc visibles en même temps, le transfert peut se faire indifféremment depuis le panneau **Calques** ou depuis la fenêtre du document. Dans le premier cas, le glissement de la vignette s'effectue avec n'importe quel outil. Dans le second, activez l'outil **Déplacement** ou enfoncez ⌘ [Ctrl] ou encore, maintenez enfoncée la touche V pour une activation temporaire, et glissez l'image vers la fenêtre de l'autre document (c'est le calque actif dans le panneau **Calques** qui sera transféré). Si vous enfoncez ⇧ pendant ces transferts, le calque se centre dans le document de destination.

Avec les documents affichés dans des onglets

Si les documents sont affichés sous forme d'onglets dans le **Cadre de l'application**, le transfert (toujours avec l'outil **Déplacement** actif) ne se réalise que depuis la fenêtre du document (et non pas depuis le panneau **Calques**). Dans un premier temps, le document doit d'abord être glissé sur l'onglet du document de destination (celui-ci s'affiche après quelques instants), puis, dans un second temps, jusqu'à l'endroit voulu de ce document (un rectangle indiquera son positionnement dans ce dernier). Ici aussi, il y aura centrage en enfonçant la touche ⇧.

ATTENTION *Le calque (ou la partie de calque) transféré se place toujours au-dessus du calque actif dans le document de destination.*

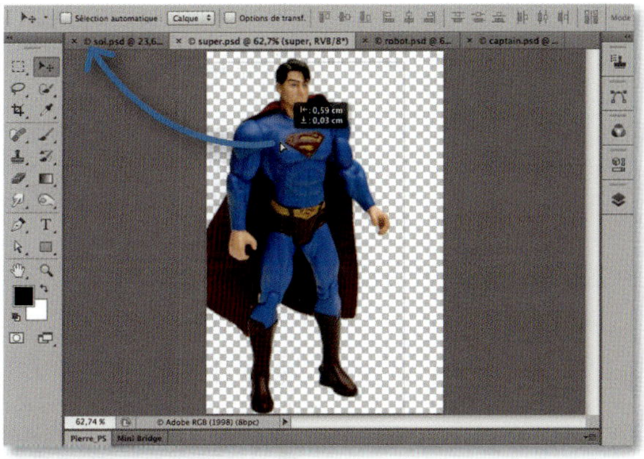

Depuis la fenêtre du document, on glisse l'image sur l'onglet du document de destination.

Après quelques instants, l'image du document de destination apparaît…

…on peut poursuivre le transfert jusqu'à l'image.

Le transfert d'une partie de calque

Si le document comporte une sélection, il n'y a que son contenu qui est transféré (le curseur devient pour l'indiquer). C'est par cette méthode que l'on peut faire des montages en ne glissant que la partie détourée de l'objet sur un autre document. Cependant, il est souvent préférable de réaliser un masque de fusion sur le document d'origine et de transférer l'image entière avec son masque.

Le collage sur place

Quand vous avez copié une partie du calque, Photoshop peut le coller aux mêmes coordonnées (x et y) sur un autre calque, voire un autre document. Pour cela, utilisez la commande **Coller sur place** (menu **Édition/Collage spécial**).

Les transferts de calques de réglage

Si vous avez traité une photo avec un calque de réglage et désirez appliquer le même réglage à une autre photo, transférez ce calque de réglage vers l'autre document pour qu'il s'applique aussitôt à l'image. S'il y a un masque de fusion ou vectoriel, il sera également transféré.

Le transfert de plusieurs calques d'un même document

Selon la disposition des documents, ce transfert se réalise depuis la fenêtre du document ou depuis le panneau **Calques**. Il nécessite des préparations: la sélection des calques à transférer, la création d'un groupe avec les calques à transférer ou leur association en un objet dynamique.

Le transfert de calques par importation

Le document apparaît sous forme d'objet dynamique, c'est-à-dire que sa structure de calques reste intacte. Nous en détaillerons les manipulations et les possibilités dans la partie consacrée aux objets dynamiques.

Le transfert depuis Mini Bridge ou le bureau

Si le panneau **Mini Bridge** (ou une fenêtre du Finder ou du Bureau) est affiché, vous pouvez glisser un ou plusieurs fichiers sur le document ouvert. Il faudra valider le placement de chaque fichier qui, par défaut, apparaît comme objet dynamique (ce réglage peut être modifié dans les préférences).

Les transferts multiples par création d'une pile

Pour transférer vers un même document des photos d'une série de fichiers (mono ou multicalques), vous pouvez utiliser la méthode suivante:

1. Ouvrez les différents fichiers, y compris celui qui devra recevoir les autres. Si l'un d'eux comporte plusieurs calques ou s'il s'agit d'un fichier ouvert depuis Camera Raw en tant qu'objet dynamique, aplatissez l'image et enregistrez (éventuellement, enregistrez sous) tous les fichiers modifiés.

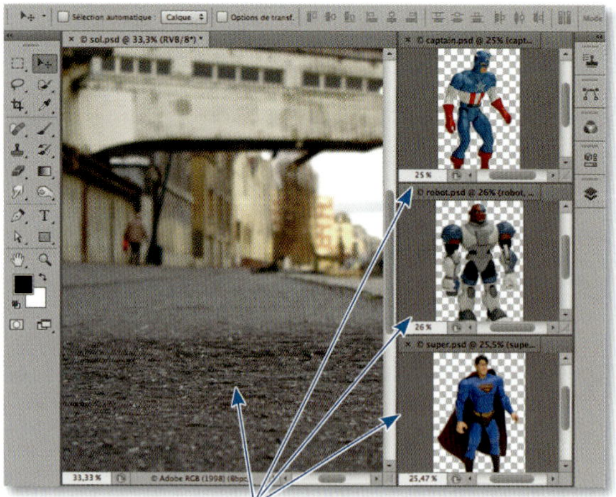

On ouvre les différents fichiers et celui de destination (pour vérifier les calques qu'ils contiennent).

2. Dans le menu **Fichier/Scripts**, lancez la commande **Chargement des fichiers dans une pile** et cliquez sur le bouton **Ajouter les fichiers ouverts**.

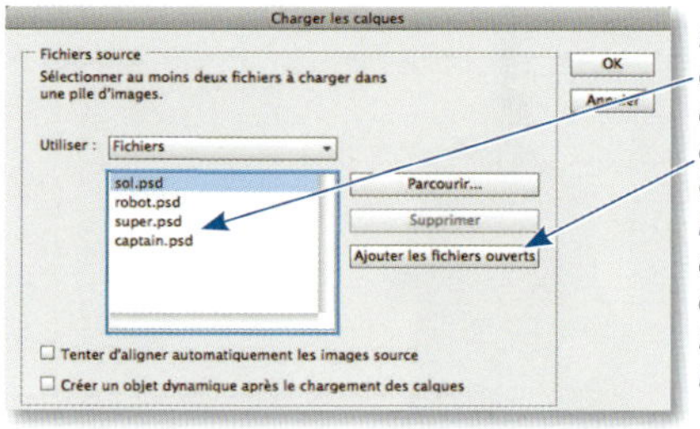

Pour obtenir cette liste, on a utilisé cette commande. On peut utiliser ***Parcourir*** *à condition d'exclure les fichiers multicalques.*

3. Cliquez sur **OK** pour obtenir un nouveau fichier comportant les calques des autres fichiers. Changez l'ordre des calques s'il ne vous convient pas.

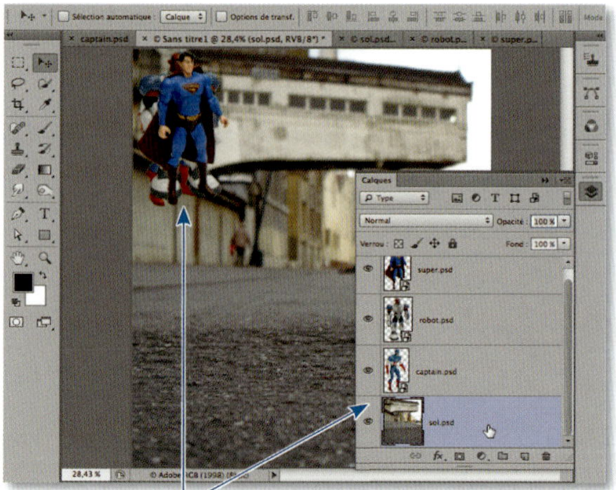

On obtient une pile de calques : on peut en changer la place et l'ordre.

Les manipulations de calques

Les aides au positionnement

Photoshop met à votre disposition des éléments pour faciliter le placement des objets contenus dans des calques différents : la grille et les repères (classiques et commentés).

Les repères

Le placement d'un repère

Cela peut se réaliser de manière classique par glissement à partir des règles que l'on affiche en tapant **⌘R** [Ctrl R] (ou menu **Affichage**). Les règles apparaissent avec l'unité en vigueur dans le panneau **Informations**. Pour en changer, double-cliquez dans les graduations de la règle pour afficher la fenêtre des préférences (rubriques **Unités et règles**) ou effectuez un clic droit pour obtenir un menu local d'unités. Pour placer un repère, cliquez dans les graduations et glissez la souris (qui prend cet aspect ⇕ ou ⇔) jusqu'à l'endroit voulu. Pour placer le repère à une position précise, utilisez la commande **Nouveau repère** du menu **Affichage**. Une fenêtre permettra de choisir l'orientation et la position du repère (sans avoir à afficher les règles).

> **Astuce** *En enfonçant ⇧ lors de son placement, le repère se positionne sur la graduation la plus proche.*

Le déplacement d'un repère

Pour déplacer un repère, activez l'outil **Déplacement**, cliquez sur le repère avec l'outil qui devient ⇕ ou ⇔ et glissez-le jusqu'à la nouvelle position. Si vous enfoncez ⌥ [Alt], le repère change d'orientation : le vertical devient horizontal, et réciproquement. Il en est de même lors de son placement.

> **Astuce** *Au lieu d'activer l'outil **Déplacement**, maintenez enfoncée la touche V pour l'activer temporairement ; vous retrouverez l'outil qui était actif en relâchant cette touche.*

La suppression d'un repère

Pour supprimer un repère, glissez-le hors du document. Pour les supprimer tous, lancez **Affichage/Effacer les repères**.

La gestion des repères

Le menu **Affichage** propose des commandes de gestion des repères. Ainsi, on peut :

- masquer les extras, au clavier, **⌘H** [Ctrl H] (on peut limiter le masquage aux repères à partir du sous-menu **Afficher**);
- magnétiser les repères (**Magnétisme**, puis **Repères**) ;
- verrouiller les repères, au clavier, **⌥⌘:** [Alt Ctrl :].

La grille

Photoshop peut afficher un quadrillage de repères appelé **grille** en lançant le menu **Affichage/Afficher**, puis **Grille**. Celle-ci est paramétrable dans la fenêtre des préférences **Repères, grille et tranches...** : l'option **Pas** permet de choisir l'espace entre deux lignes de repères, et l'option **Subdivisions** permet de choisir le nombre de « carreaux » placés dans l'espace défini par la valeur de **Pas**.

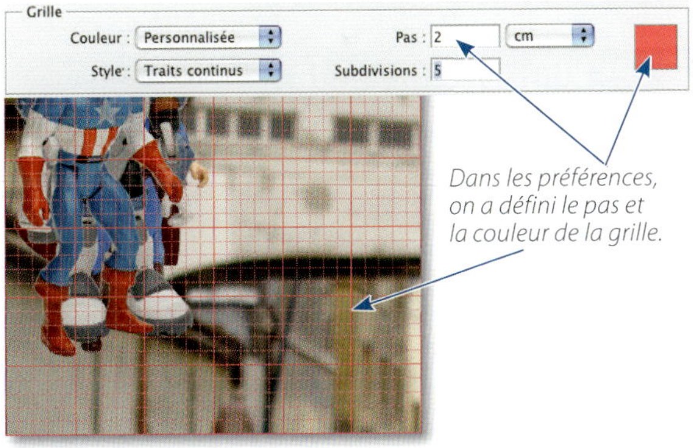

Dans les préférences, on a défini le pas et la couleur de la grille.

L'origine de la grille correspond à l'origine des règles. Celle-ci peut être déplacée en glissant le croisement des règles pour l'amener à l'endroit désiré. Pour repositionner l'origine à sa position par défaut (en haut à gauche de la photo), effectuez un double-clic sur le croisement des règles. Si la commande **Grille** est cochée dans le sous-menu **Magnétiser** (menu **Affichage**), ses lignes exercent une attraction sur les sélections (ou sur les objets que l'on déplace : élément d'un calque, tranches...).

ASTUCE *Comme les repères, la grille se cache temporairement en tapant ⌘H [Ctrl H]. Pour la cacher définitivement, décochez l'option **Grille** (menu **Affichage/Afficher**),*

La grille et les repères sont bien sûr particulièrement utiles lors de la préparation ou le positionnement de sélections, ou encore pour aligner ou vérifier l'alignement entre plusieurs objets appartenant ou non à des calques différents. Ils peuvent aussi être utilisés pour tracer un cadre de sélection ou de recadrage, ou encore pour les déplacer plus facilement selon des axes particuliers.

LES REPÈRES COMMENTÉS

Il s'agit de segments de couleur magenta qui apparaissent dès qu'un des bords, ou le centre du calque déplacé ou transformé coïncide avec ceux d'un autre calque (ou les bords du document).

Les repères commentés indiquent ci-contre les alignements de centres et la juxtaposition des calques.

Les alignements et la répartition des calques

La grille ou les repères permettent des alignements visuels par déplacement manuel d'un objet. D'autres techniques d'alignement peuvent être utilisées pour affiner le placement de certains objets, qui font appel aux sous-menus **Alignement** ou **Répartition** (menu **Calque**) ou aux icônes correspondantes dans la **Barre d'options**, quand l'outil **Déplacement** est activé (en tapant V pour une activation complète ou en maintenant cette touche enfoncée pour une activation temporaire).

Certaines options ne sont disponibles que si plusieurs calques sont sélectionnés dans le panneau **Calques**, s'ils ont été liés, ou encore si une sélection est affichée.

LES ALIGNEMENTS DES CALQUES LIÉS OU SÉLECTIONNÉS

Pour les aligner entre eux, les calques doivent être sélectionnés dans le panneau **Calques**. C'est celui situé à l'extrémité de l'ensemble de calques qui sert de référence au positionnement des autres (sauf pour les commandes de centrage).

L'ALIGNEMENT DES CALQUES SUR UNE SÉLECTION

Les alignements précédents peuvent provoquer des déplacements de calques. Pour les contrôler, vous pouvez utiliser une sélection. En effet, si vous réalisez une sélection (un rectangle, un trait vertical ou horizontal…), un calque ou un ensemble de calques sélectionnés peut être aligné par rapport à cette sélection avec l'une des commandes du sous-menu **Aligner sur la sélection** (du menu **Calque**), ou en cliquant sur l'une des icônes d'alignement dans la **Barre d'options** de l'outil **Déplacement**.

Chaque calque a été aligné séparément avec les icônes indiquées.

ASTUCE *Pour positionner un objet, dessinez une sélection d'une ligne créée avec l'outil ou . Vous pourrez ainsi placer l'élément contre cette sélection (même si elle a été cachée en tapant ⌘H [Ctrl H]).*

LA RÉPARTITION DES CALQUES

Quand l'ensemble de calques comporte au moins trois calques, les icônes (ou commandes) de **Répartition de calques** deviennent disponibles dans la **Barre d'options** de l'outil **Déplacement** (ou le menu **Calque/Répartition**). Elles permettent le positionnement des calques intermédiaires par rapport aux extrêmes selon une distribution régulière.

La gestion des superpositions de calques

L'ordre des superpositions des différents calques se règle par déplacement de leur vignette dans le panneau **Calques**. Il est possible de déplacer plusieurs calques à la fois à partir du moment où ils apparaissent sélectionnés dans le panneau.

Pour gérer les plans, le menu **Calque** propose le sous-menu **Disposition** dont les commandes **Premier plan**, **En avant**, **En arrière** et **Arrière-plan** permettent de changer le plan du calque actif. **Arrière-plan** envoie le calque au-dessus du calque d'arrière-plan s'il y en a un. Pour le placer sous le calque d'arrière-plan, ce dernier doit être converti en calque standard. L'option **Inverser** permet d'inverser l'ordre de superposition d'une série de calques sélectionnés.

La suppression de calques

Pour supprimer plusieurs calques, sélectionnez-les dans le panneau **Calques** et cliquez sur la corbeille du panneau 🗑 ou utilisez la commande **Supprimer les calques** du menu contextuel affiché par clic droit sur le nom d'un des calques sélectionnés. On retrouve cette commande (et également, **Supprimer les calques masqués**) dans le menu du panneau **Calques**.

Si l'outil **Déplacement** est actif (et qu'aucune sélection n'est affichée sur le document), la suppression peut se faire en tapant la touche Efface. Une commande du menu **Fichier/ Scripts** permet de supprimer tous les calques vides (même ceux dans des groupes).

Les fusions de calques

Plus le document comporte de calques, plus le fichier est lourd et nécessite de mémoire. Une fusion entre certains calques permet de récupérer de la mémoire. Si vous avez recours à une fusion de calques, prévoyez une copie du document (au format Photoshop PSD, PDF ou TIFF) dans laquelle les calques ne sont pas fusionnés (avec l'option **Copie** de la commande **Enregistrer sous**).

> **Astuce** *Sauf pour des raisons de poids, il est devenu inutile de fusionner les calques afin qu'ils ne figurent que sur un seul calque ; en effet, il suffira de convertir la sélection de ces calques en un objet dynamique ou selon le cas, de créer des groupes de calques.*

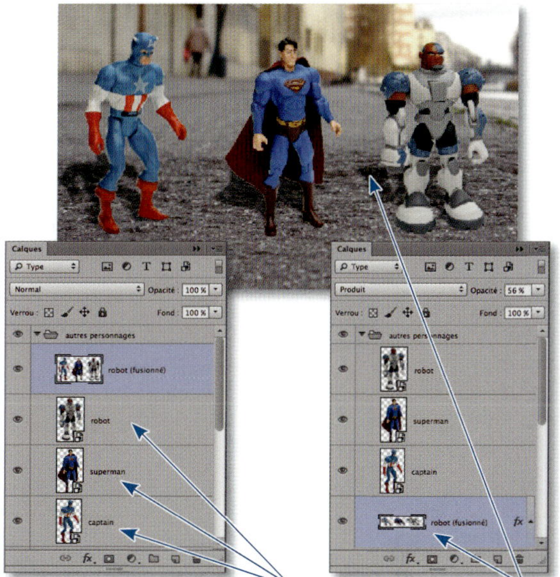

On a créé une copie fusionnée de ces calques pour réaliser l'ombre (son calque a été changé de plan).

Les fusions s'effectuent de quatre façons selon qu'il s'agit de deux calques qui se suivent, d'un groupe, d'un ensemble de calques sélectionnés, ou seulement visibles, ou de tous les calques du document.

Les calques consécutifs

Pour fusionner deux calques consécutifs, cliquez sur le calque supérieur et lancez **Fusionner avec le calque inférieur** du menu **Calque** (au clavier, tapez ⌘E [Ctrl E]).

Les calques d'un groupe

Si le calque actif est un groupe, la commande précédente prend le nom de **Fusionner le groupe** (⌘E [Ctrl E]). Elle provoque la fusion du contenu du dossier, le calque obtenu porte le nom du groupe.

Les calques sélectionnés ou visibles

Pour fusionner davantage de calques, sélectionnez ceux qui doivent l'être, ou masquez ceux qui ne doivent pas l'être, et lancez **Fusionner les calques** (ou **Fusionner les calques visibles**) du menu **Calque** (tapez ⌘E [Ctrl E] pour les calques sélectionnés ou ⇧⌘E [⇧Ctrl E] pour les calques visibles).

> **Astuce** *Pour toutes les fusions précédentes, si vous ajoutez ⌥[Alt] aux raccourcis indiqués, vous obtenez une copie des calques fusionnés.*

La commande Aplatir l'image

Si tous les calques sont affichés, l'opération précédente permet d'aplatir l'image, c'est-à-dire de les fusionner sur le fond. La commande **Aplatir l'image** (menu **Calque** ou du panneau **Calques**) permet d'obtenir ce résultat ; cependant, si des calques sont cachés, elle permet leur suppression.

L'exportation de calques en fichiers

Si votre document comporte plusieurs calques, chacun d'eux peut faire l'objet d'un fichier séparé afin d'être utilisé dans une mise en page HTML, Flash ou dans tout autre travail. Lors de l'exportation, le fichier peut garder la taille du document (exportation simple de calques pouvant être superposés) ou prendre la taille correspondant à l'encombrement du calque (découpe en tranches de calque).

L'exportation de chaque calque en fichier

Photoshop propose une série de scripts (menu **Fichier/Scripts**) parmi lesquels figure le script **Exporter calques en fichiers**. Si vous lancez cette commande, chaque calque devient un fichier dont vous choisissez la destination. Un format différent peut être spécifié pour chaque calque et un aperçu permet le contrôle de l'aspect de l'image en fonction des réglages du format.

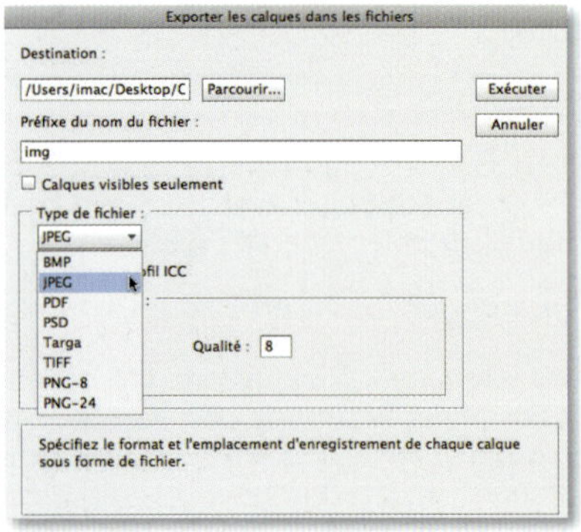

On peut créer un fichier par calque (il faudra parfois recadrer chaque fichier une fois rouvert).

L'exportation vers InDesign (ou XPress)

InDesign (et XPress selon la version et le type du calque) est capable de gérer l'affichage de tel ou tel calque directement dans sa mise en page. Cette opération s'effectue soit lors de l'importation en affichant les options d'importation, soit, une fois l'image placée, à partir de la commande **Options de calque d'objet** du menu **Objet**, ou du menu contextuel sur l'image sélectionnée dans la page (ou onglet **Calques** du panneau **PSD Import** pour XPress).

Dans les deux cas, une fenêtre présente une zone qui liste tous les calques et les groupes. C'est en cliquant sur l'œil que vous masquez un calque ou un groupe. Il est même possible de copier l'image plusieurs fois dans la page et de choisir pour chaque copie les calques à masquer ou à afficher.

Dans InDesign, on a créé une copie du bloc dans lequel on a importé la photo.

On peut alors choisir quels calques doivent être visibles ou masqués.

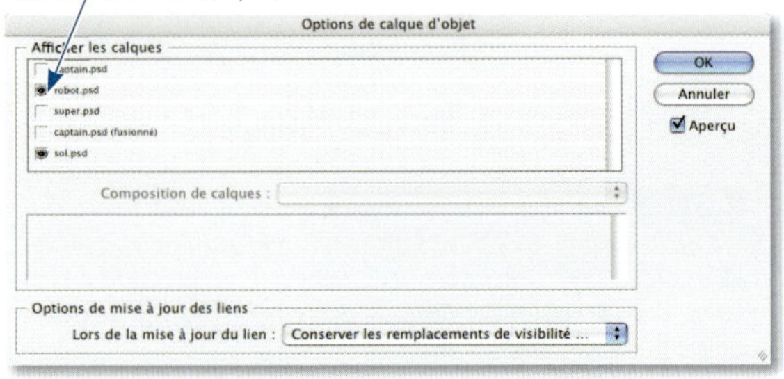

Les options de fusion des calques

Ps Ces options de fusion ne s'appliquent pas au calque d'arrière-plan (il doit être converti pour être modifié) ; en revanche, elles s'appliquent désormais aux groupes. On distingue d'une part, l'opacité et le mode de fusion (options de **Fusion générale**) et, d'autre part, les options de **Fusion avancée**. Toutes se règlent à partir de la fenêtre **Options de fusion** affichée par double-clic sur le nom du calque (ou par la commande du menu du panneau **Calques** ou son icône **Style de calque** fx) ; certaines options se règlent directement sur le panneau **Calques**.

Tous ces réglages, associés ou non à des effets de calque (**Ombre portée**...), peuvent faire l'objet d'un style. Celui-ci se définit par glissement du calque vers le panneau **Styles** ou directement dans la fenêtre **Options de fusion** (ou **Style de calque**) et son bouton **Nouveau style**. Par la suite, il s'applique à un autre calque par clic (ou glissement) depuis le panneau **Styles** ou par la fenêtre **Options de fusion** et sa rubrique **Styles** (*nous en reparlerons plus loin*).

Les réglages des opacités

Il faut distinguer l'opacité du calque, nommée **Opacité**, et l'opacité de fond, nommée **Fond**. Toutes deux se règlent depuis le panneau **Calques**. Depuis Photoshop CS5, les réglages d'opacité peuvent être appliqués à plusieurs calques en même temps s'ils ont été sélectionnés dans le panneau **Calques** (par ⇧ clic s'ils sont contigus et ⌘clic [Ctrl clic] dans le cas contraire).

Ps **Note** *Même si le calque est masqué, le panneau **Calques** montre (en grisé) les valeurs des opacités.*

L'opacité du calque

Opacité = opacité du contenu + effets de calque

Si un groupe de calques est actif dans le panneau **Calques**, le réglage d'opacité s'applique à l'ensemble des calques (chaque calque du groupe pouvant avoir sa propre opacité). Cette opacité se définit au clavier ou par le panneau.

Au clavier : avec l'outil **Déplacement** actif, tapez 3 pour une opacité de 30 % ou 85 pour 85 % ou encore 00 pour une opacité nulle... (en tapant 0, l'opacité se réinitialise à 100 %).

Astuce *Si l'outil **Déplacement** n'est pas actif, sans changer d'outil, maintenez enfoncée la touche V en même temps que vous tapez le chiffre.*

Par le panneau Calques : cliquez dans la case **Opacité** et changez la valeur avec les touches fléchées ou la molette de la souris (ou encore avec la *Touch Ring* d'une tablette Wacom si vous l'avez programmée en conséquence). La modification est de 1 %, et de 10 % avec ⇧. Vous pouvez aussi placer la souris sur le mot **Opacité** pour voir , puis glisser (sans ou avec ⇧) pour modifier la valeur.

Opacité du calque.

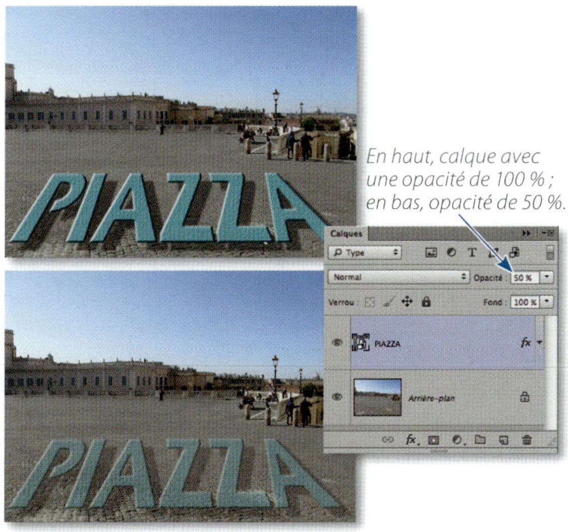

En haut, calque avec une opacité de 100 % ; en bas, opacité de 50 %.

L'opacité de fond

Fond = opacité du contenu du calque (sans les effets)

Ce réglage de l'option **Fond** permet ainsi de réduire l'opacité du contenu sans modifier celle des effets. L'opacité de fond se gère par calque par le panneau **Calques** (case **Fond**) ou au clavier (outil **Déplacement** actif) ; dans ce cas, enfoncez ⇧ (si vous tapez ⇧3, vous obtenez une opacité de Fond de 30 %, ⇧00 pour une opacité de fond nulle). Vous pouvez aussi glisser la souris sur le mot **Fond** () ou utiliser la case **Fond** et les touches fléchées.

Opacité de fond.

En haut, texte avec une ***Opacité*** *du calque de 20 % ; en bas, l'effet reste visible à 100 % avec l'opacité de* ***fond*** *à 20 %.*

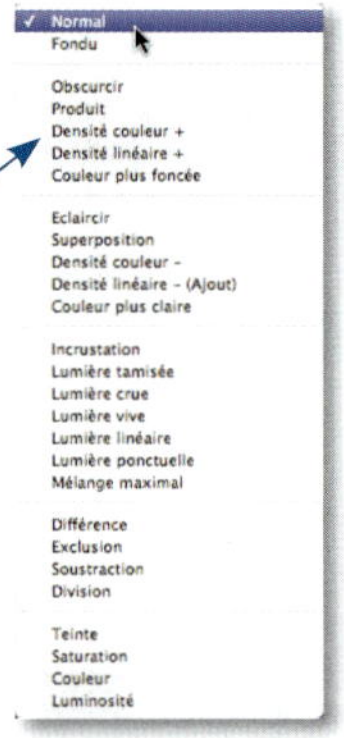

La liste des modes de fusion dans le panneau ***Calques*** *avec deux modes apparus avec CS5 :* ***Soustraction*** *et* ***Division****.*

Note *Si l'opacité de fond devient nulle, le calque ne montre plus que l'effet de calque.*

Astuce *Si l'outil* ***Déplacement*** *n'est pas actif, sans changer d'outil, maintenez enfoncées les touches ⇧ et V en même temps que vous tapez le chiffre.*

L'opacité et les styles

Si vous avez effectué des réglages d'opacité sur un calque, vous pouvez créer un style qui figurera dans le panneau **Styles**. Pour cela, affichez le panneau **Styles** et cliquez sur l'icône du panneau (avec ⌥ [Alt] la fenêtre d'options s'affiche).

Astuce *Pour supprimer un ensemble de réglages d'opacité et d'effets affectés au calque, glissez l'icône du panneau* ***Styles*** *sur ce calque (il n'est pas nécessaire de l'activer).*

Les modes de fusion des pixels

Dans le panneau **Calques**, si vous cliquez sur **Normal** (mode par défaut), il apparaît une liste de **modes de fusion**. Chaque mode détermine la façon dont Photoshop mélange les couleurs des pixels du calque actif avec ceux des calques inférieurs. Ces modes sont également utilisés par les outils de dessin, par la commande d'atténuation d'une action (menu **Édition**), par les options des filtres dynamiques ( ), ainsi que dans les réglages des effets de calque fx. Dans tous les cas, leur fonctionnement est le même.

Astuce *Avec l'outil* ***Déplacement*** *actif, si vous tapez ⇧+ vous passez d'un mode au suivant (⇧–, passe au précédent). Si l'outil* ***Déplacement*** *n'est pas actif (ni un outil de dessin), vous pouvez passer d'un mode à l'autre sans changer d'outil : commencez par maintenir enfoncée la touche V, puis tapez le raccourci précédent ; quand vous relâcherez les touches (V en dernier) vous retrouverez l'outil initial.*

Le mode de fusion d'un groupe de calques

Le mode de fusion du groupe est prioritaire sur les modes de ses constituants ; il agit comme si l'ensemble de calques constituait un calque unique sur le reste du document. En revanche, les calques du groupe gardent leur mode mais uniquement sur les calques à l'intérieur du groupe.

Le mode Transfert d'un groupe

Quand vous créez un groupe, Photoshop lui applique le mode **Transfert**. Ce mode permet aux modes de fusion des calques (classiques ou de réglage) à l'intérieur du groupe d'agir normalement avec les calques inférieurs n'appartenant pas au groupe.

Le mode de fusion du groupe et le calque de réglage

Si un groupe contient des calques de réglage, ils agissent sur les calques dans et à l'extérieur du groupe (sauf si vous avez créé un masque d'écrêtage). Si vous affectez le mode **Normal** (ou un autre) au groupe, ces calques de réglage seront sans effet sur les calques extérieurs au groupe. C'est particulièrement intéressant pour limiter l'action des calques de réglage à certains calques.

Le mode Normal

Normal est le mode par défaut (sauf pour un groupe). Tous les pixels du calque sont visibles et opaques (selon le degré d'opacité choisi) ; ils cachent les calques inférieurs (si l'opacité est de 100 %). Quand l'outil **Déplacement** est actif, on réinitialise au mode **Normal** en tapant ⇧⌥N [⇧Alt N].

> **Astuce** *Si l'outil **Déplacement** n'est pas actif, sans changer d'outil, maintenez enfoncée la touche V en même temps que vous tapez ⇧⌥N [⇧Alt N].*

Le mode Fondu

Ce mode n'a d'effet visible que si l'opacité du calque a été réduite ou si le calque comporte des parties avec une transparence partielle. Avec **Fondu**, les pixels sont affichés sous la forme de pointillés aléatoires dont la densité varie avec l'opacité du calque (on obtient un effet de « neige »).

Le cumul du Fondu avec une opacité réduite ou un autre mode

Avec le mode **Fondu**, le calque perd son effet de transparence. En effet, les pixels affichés sont dispersés mais ils sont opaques. Si vous convertissez le calque en objet dynamique ou si vous le placez dans un dossier, il devient possible de réduire l'opacité (qui est repassée à 100). De même, si vous souhaitez cumuler le mode **Fondu** avec un autre mode, convertissez le calque en objet dynamique ou créez un groupe. Le mode du nouvel objet ou du groupe peut être changé.

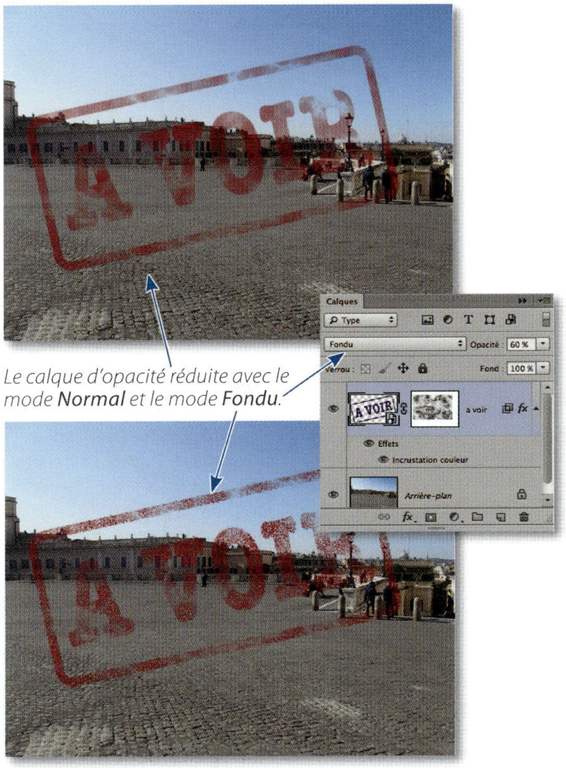

*Le calque d'opacité réduite avec le mode **Normal** et le mode **Fondu**.*

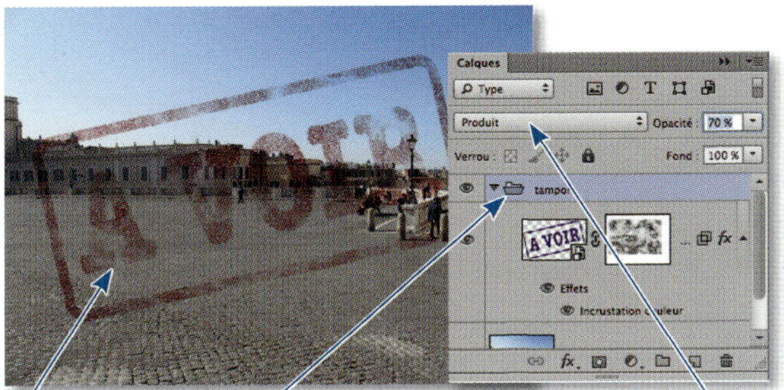

Ici, on a créé un groupe pour réduire l'opacité et changer le mode.

Les modes de fusion provoquant un assombrissement

On compte cinq modes : **Obscurcir**, **Produit**, **Densité couleur +**, **Densité linéaire +** et **Couleur plus foncée**.

Le mode Obscurcir

Avec ce mode, Photoshop ne garde que les pixels les plus foncés de chaque calque. Le mode **Obscurcir** est intéressant pour colorier un dessin au trait qui aurait été scanné. En effet, une fois le contraste du dessin poussé pour marquer et noircir ses contours, il suffit de placer un nouveau calque sur le dessin, de lui appliquer le mode **Obscurcir** et de peindre avec l'outil **Pinceau** avec les couleurs désirées. On peut aussi remplir les zones voulues à l'aide de l'outil **Pot de peinture** avec l'option **Tous les calques**.

On souhaite colorer certaines zones de cette image.

Même si le « barbouillage » n'est pas précis, le dessin au trait n'ayant que des contours noirs, l'encre de l'outil **Pinceau** ne les couvrira pas puisqu'elle ne peut pas les obscurcir.

*Avec **Normal**, les débordements du pinceau couvrent les traits noirs.*

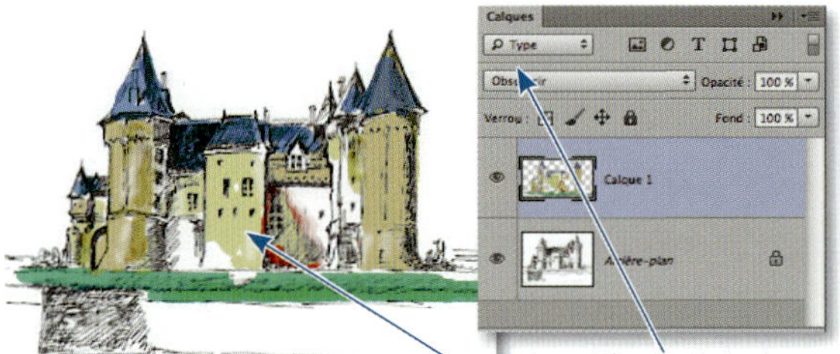

Avec ***Obscurcir****, le dessin noir n'est plus recouvert.*

Le mode Produit

L'image résultante est assombrie. Les parties blanches du calque disparaissent (le blanc est neutre), les parties noires fusionnent avec l'arrière-plan. Ce mode est intéressant quand on souhaite «incruster» un élément sur un autre.

Avec le mode ***Normal****, l'élément s'incruste mal dans l'arrière-plan.*

Avec le mode ***Produit****, l'incrustation est correcte.*

Le mode peut s'appliquer à un groupe contenant plusieurs calques à qui on souhaite affecter le même mode.

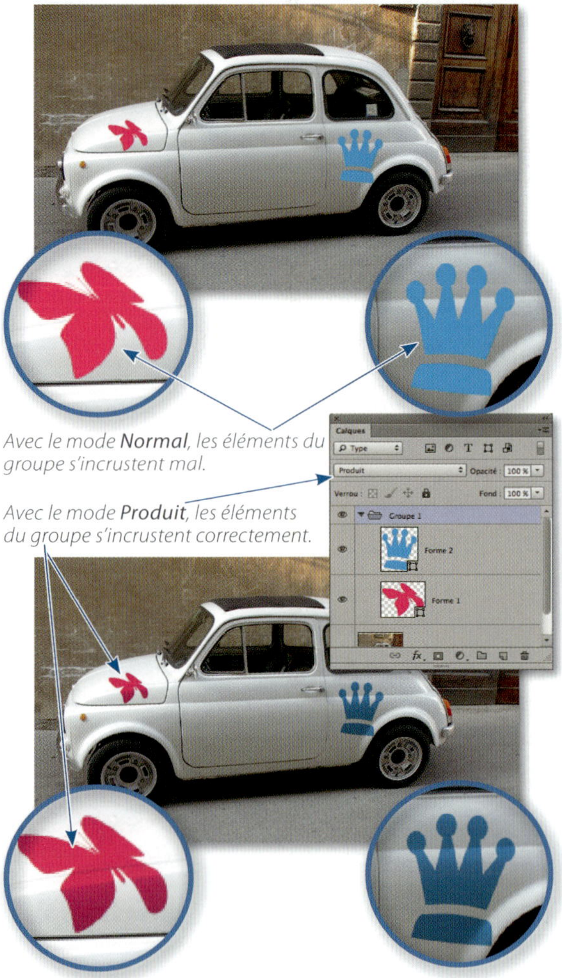

Avec le mode ***Normal****, les éléments du groupe s'incrustent mal.*

Avec le mode ***Produit****, les éléments du groupe s'incrustent correctement.*

Voici quelques utilisations du mode **Produit** :

- **Réalisation de montage** : pour superposer deux prises de vue d'un même objet, on peut affecter à l'image au premier plan le mode **Produit**.
- **Contraste/Luminosité** : si votre image initiale est un peu surexposée, vous pouvez l'assombrir par superposition d'une copie du calque ayant le mode **Produit**. Cette manipulation est équivalente à une réduction de diaphragme lors de la prise de vue — la fermeture est d'1 diaphragme si l'opacité est voisine de 40 %.

Astuce *Si le document surexposé est multicalque, convertissez l'ensemble en un objet dynamique, dupliquez-le et appliquez à cette copie le mode **Produit**.*

Avec ce mode de fusion, on supprime le blanc qu'il a fallu ajouter sous le texte (dans l'objet dynamique) pour appliquer ce filtre.

- Motifs et Dégradé : en appliquant **Produit**, vous n'afficherez que les parties sombres du motif ou d'un dégradé qui remplit un calque.

- **Filtres** : certains filtres (série **Esquisse**, **Nuage**…) appliqués avec les couleurs par défaut font apparaître des zones blanches qui disparaissent avec ce mode.

Le mode Densité linéaire +

Ce mode provoque une réduction de la luminosité qui est plus importante qu'avec le mode **Produit**. Les couleurs du calque actif disparaissent si les pixels inférieurs sont noirs, elles ne sont pas modifiées s'ils sont blancs. **Densité linéaire +** peut remplacer avantageusement le mode **Produit** dans la réalisation de certains montages par superposition de calques.

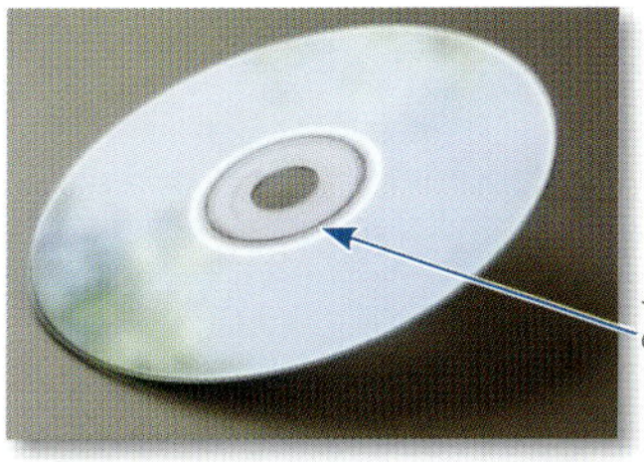

Sur cette prise de vue, le CD est net mais le reflet est flou.

Sur cette prise de vue, le reflet est net mais c'est le CD qui est flou.

*On superpose les deux calques (on les aligne avec l'icône de la **Barre d'options** de l'outil).*

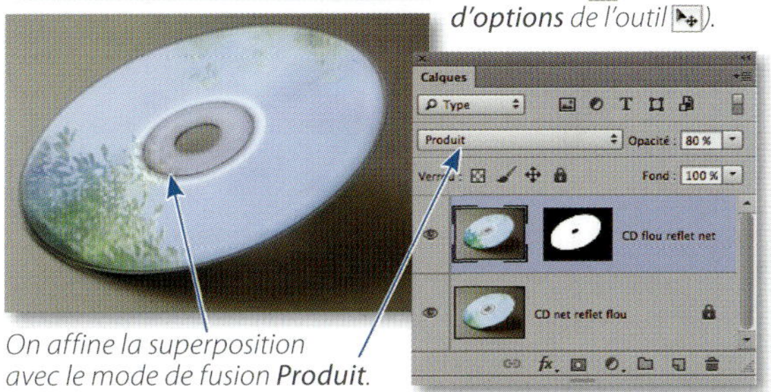

*On affine la superposition avec le mode de fusion **Produit**. On obtient ceci avec **Densité**.*

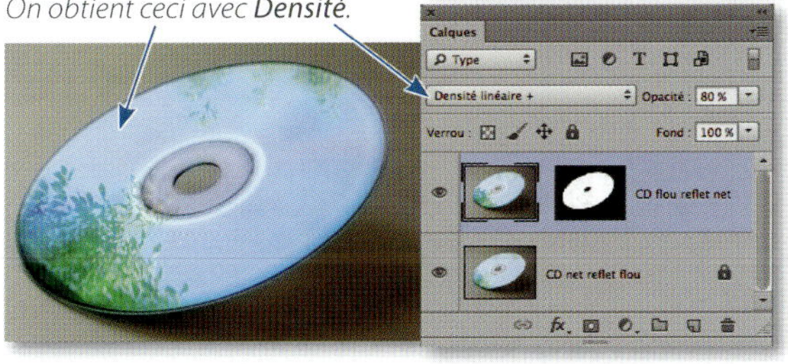

Astuce *Pour réaliser ce genre de montage, Photoshop propose l'option **Fusion automatique des calques** (menu **Édition**) qui donne de bons résultats. De plus, elle peut être précédée d'un alignement automatique (dans le même menu).*

Une ombre projetée créée à l'aide d'un dégradé de noir vers blanc, sera plus profonde qu'avec le mode **Produit** (pas de voile blanchâtre). De même, dans un effet de calque *fx* **Ombre portée** ou **Ombre interne**, le réglage utilise le mode **Produit** pour les tons foncés. Remplacez-le par **Densité linéaire +** : l'ombre sera plus pure et plus intense.

Le mode Densité couleur +

Ce mode agit sur la saturation et le contraste qui augmentent proportionnellement à la luminosité des pixels du calque inférieur. La luminosité est davantage réduite sur les zones sombres. Les pixels des calques inférieurs ne sont pas recouverts par ceux du calque actif s'ils sont noirs ou blancs.

Le mode Couleur plus foncée

Ce mode compare les couleurs des couches et affiche la couleur ayant la valeur la plus faible. Le mode **Couleur plus foncée** a une action qui se limite aux couleurs les plus foncées, contrairement à **Obscurcir** qui provoque une fusion sur certaines couleurs intermédiaires.

Avec ce mode, on crée facilement des effets spéciaux d'incrustation de couleurs dans du noir et blanc pratiquement sans avoir à réaliser de masque. Pour cela, effectuez les manipulations suivantes :

1. Ajoutez un calque de réglage **Noir et blanc** : toute la photo passe en noir et blanc.

En appliquant à cette photo ce réglage, on la passe en noir et blanc.

2. Appliquez-lui le mode de fusion **Couleur plus foncée**.
3. Dans la fenêtre de paramètrage de **Noir et blanc**, éclaircissez toutes les teintes qui doivent rester en couleurs et foncez celles qui doivent passer en noir et blanc.

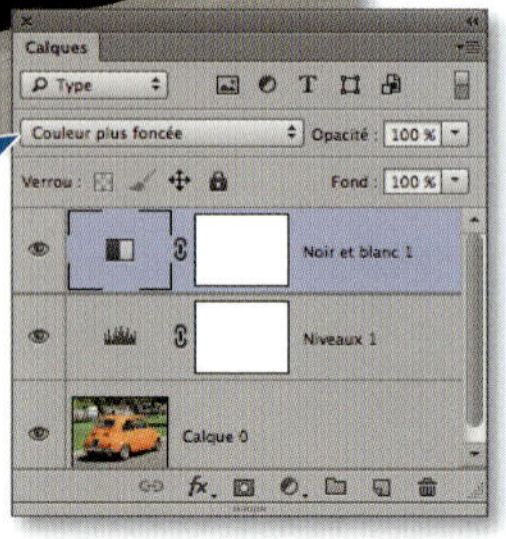

Pour obtenir cet effet, on a appliqué ce mode de fusion à ce réglage…

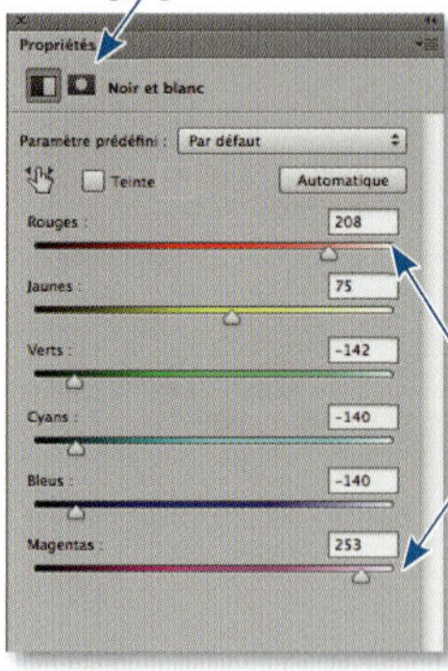

…toutes les couleurs les plus foncées (valeurs négatives) se voient attribuer le réglage et passent en noir et blanc. Celles que l'on a éclaircies (présentes dans la couleur de peau et dont la valeur est positive) sont inchangées, elles restent en couleurs.

4. Si des zones passées en noir et blanc devaient apparaître en couleurs, dessinez sur le masque de fusion du réglage avec le pinceau noir (ou gris) pour annuler (ou atténuer) le réglage. Au contraire, si des zones en couleurs ne devraient pas en avoir, ajoutez un calque de réglage **Teinte/Saturation** sous le calque **Noir et blanc**. Réglez celui-ci pour qu'il change les couleurs précédentes de manière qu'elles passent en noir et blanc. Inversez son masque et dessinez en blanc avec une opacité réduite sur les zones à faire passer en noir et blanc.

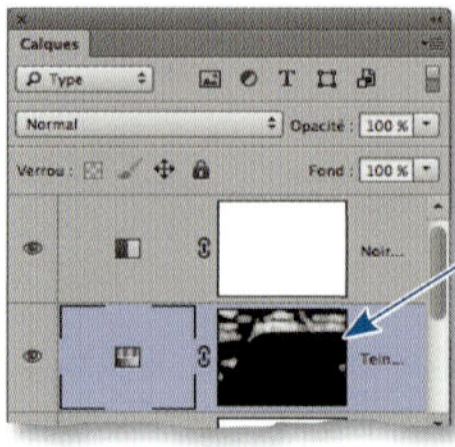

Sur la photo ci-dessus, on avait utilisé ce réglage avec ce masque pour obtenir le résultat affiché.

Les modes de fusion provoquant un éclaircissement

On compte cinq modes : **Éclaircir**, **Superposition**, **Densité couleur –**, **Densité linéaire –** et **Couleur plus claire**.

Le mode Éclaircir

Ici, Photoshop ne garde que les pixels les plus clairs de chaque calque. C'est l'opposé du mode **Obscurcir** ; ici, le noir est invisible, c'est la couleur neutre de ce mode de fusion.

Le mode Superposition

L'image résultante est éclaircie. Les parties noires du calque disparaissent (le noir est la couleur neutre du calque) ; en revanche, les parties blanches restent. On retrouve des utilisations du mode précédent mais, dans ce cas, ce sont les parties sombres qui seront supprimées. Dans certains cas, des ajustements avec les options de fusion avancée (et **Comparaison sur**, *voir plus loin*) seront nécessaires pour éliminer certains pixels intermédiaires.

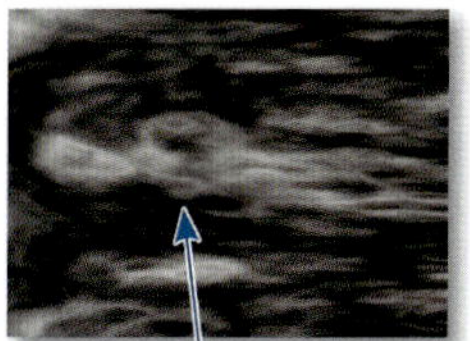

On a créé cet effet, avec ce mode les zones sombres du calque disparaissent et on obtient ceci.

Si vous superposez deux images identiques trop foncées et appliquez **Superposition** à celle du dessus, l'image résultante est éclaircie — avec une opacité de 40 %. Cela revient à l'ouverture d'1 diaphragme lors de la prise de vue. Si le document est multicalque, c'est une copie des calques fusionnés qu'il faut superposer.

Le mode Densité couleur –

Comme le mode **Densité couleur +**, ce mode agit sur la saturation et le contraste qui augmentent tous deux. Il y a un éclaircissement mais celui-ci est plus prononcé sur les zones claires du calque inférieur. L'image résultante est plus claire et plus contrastée. Les pixels noirs du calque actif deviennent invisibles (couleur neutre).

Le mode Densité linéaire –

L'augmentation de la luminosité est plus importante qu'avec le mode **Superposition** ; il n'y a pas d'augmentation de contraste comme avec le mode précédent. Le noir ne produit aucun effet sur les pixels inférieurs. Dans les réglages d'effet de calque (fx) avec **Lueur externe** (ou **Lueur interne**), le mode **Densité linéaire –** remplace avantageusement le mode **Superposition** — surtout si la lueur est blanche. L'effet sera plus vif et le blanc plus éclatant.

Le mode Couleur plus claire

C'est l'opposé du mode **Couleur plus foncée** ; ici, il y a comparaison entre les couleurs des couches pour afficher la couleur présentant la valeur la plus élevée. À l'instar du mode **Couleur plus foncée**, le mode **Couleur plus claire** a une action qui se limite aux couleurs les plus claires, contrairement à **Éclaircir** qui provoque une fusion sur certaines couleurs intermédiaires.

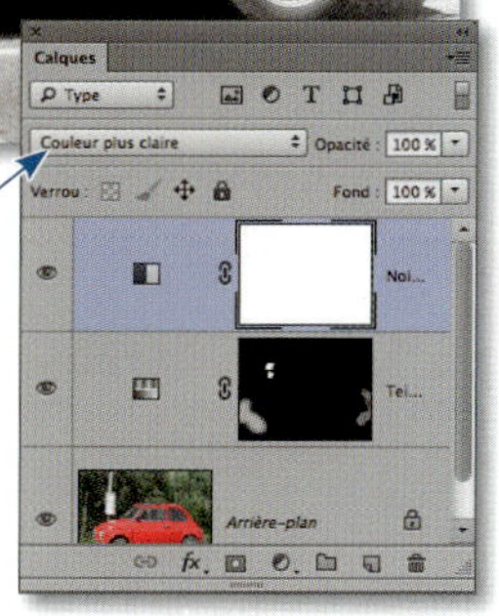

On a réalisé cet effet (sans masque) en appliquant ce mode sur le réglage **Noir et blanc**.

Le mode Incrustation

Selon la couleur du fond, Photoshop applique **Produit** ou **Superposition** ; il y a donc un mélange des couleurs du fond et du calque, mais la luminosité de la couleur du fond reste intacte. L'image résultante contient les parties les plus claires et les plus foncées des deux calques, d'où une sensation de contraste plus fort. Le gris à 50 % est une couleur neutre. Ce mode permet de réaliser de nombreux effets.

On veut superposer ces deux images.
On affecte ce mode au calque supérieur (on fusionne les pixels et on obtient cet effet intéressant).

Suppression du voile gris

Si une photo présente une sorte de voile gris, vous pouvez l'atténuer, voire le supprimer, en créant une copie de son calque (⌘J [Ctrl J]) à laquelle vous appliquez le mode **Incrustation** (selon les cas, il faut parfois réduire l'opacité).

Cette image présente un léger voile. On l'a éliminé en dupliquant le calque et en lui affectant ce mode de fusion (ici on a réduit l'opacité).

Amélioration du contraste

De même, vous pouvez utiliser ce mode sur un calque de réglage (de type **Niveaux** ou **Teinte/Saturation**, ou encore un calque de remplissage) afin d'intensifier le contraste et d'éliminer les zones grises. Pour pousser le contraste en localisant cette augmentation sur certaines couleurs, effectuez les opérations suivantes :

On souhaite pousser le contraste de cette image et accentuer le ciel.

1. Ajoutez un calque de réglage **Noir et blanc** (l'image passe complètement en noir et blanc).

2. Affectez le mode **Incrustation** au calque (au clavier, ⇧⌥O [⇧Alt O]).

3. Une fois le mode affecté, dans le panneau **Réglages**, augmentez la luminosité des couleurs dont vous souhaitez accentuer le contraste.

4. Éventuellement, ravivez les couleurs éclaircies en définissant un virage couleur (case **Teinte**) ayant une valeur voisine de celle des teintes éclaircies.

*Pour accentuer le contraste de cette image, on a appliqué le mode **Incrustation** à ce réglage avec un masque.*

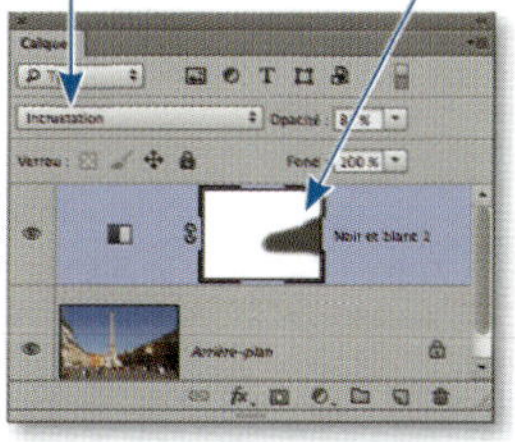

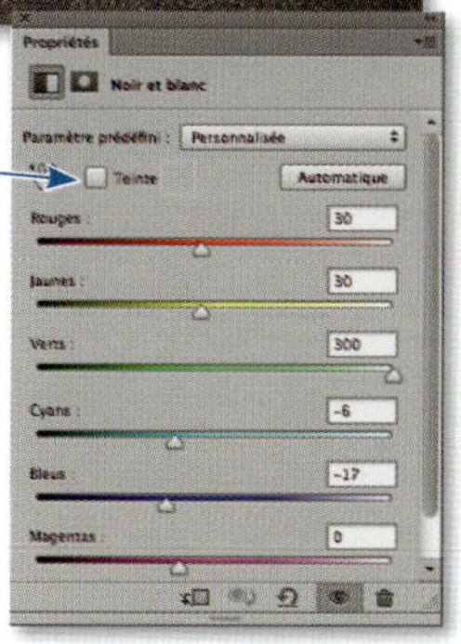

Amélioration de la netteté avec le filtre Passe-haut

Pour améliorer la netteté d'une image, on peut remplacer le filtre **Accentuation** par le filtre **Passe-haut** (série **Divers**). En effet, ce filtre (avec un réglage de 2 à 4) a pour effet d'assombrir (et de contraster) les zones de fréquences élevées, c'est-à-dire les zones correspondant aux contours de l'image. Les autres zones deviennent grises, couleur que l'on peut éliminer en affectant le mode **Incrustation** au filtre (le gris est la couleur neutre du mode).

Ainsi, ne sont marquées par le filtre que les zones de contour, ce qui améliore la netteté de l'image. L'avantage de cette méthode est que cette accentuation ne s'applique qu'aux contours (sans masque).

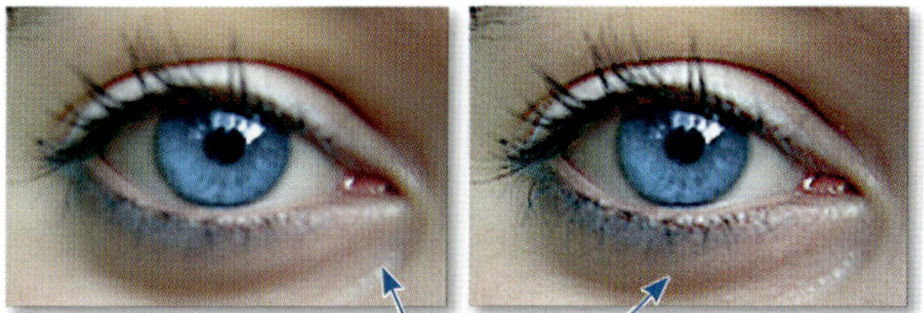

*Pour améliorer la netteté de la photo, on utilise un filtre et un mode. On applique le filtre **Passe-haut** de manière dynamique (l'image devient grise), par clic ici on règle les options du filtre avec ce mode.*

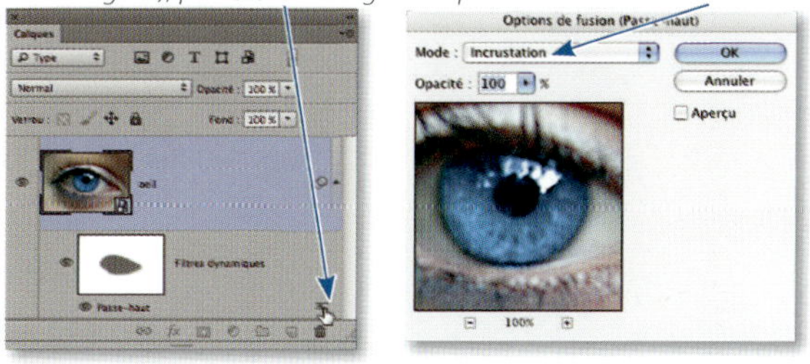

Restitution d'effets de transparence

Pour retrouver la transparence du verre (ou de l'eau) et rendre visibles les éléments à l'arrière-plan, vous pouvez utiliser des superpositions de calques avec les modes **Incrustation** et **Produit**. En jouant sur l'opacité des différents calques (notamment celui ayant le mode **Produit**), vous obtiendrez des effets réalistes (*voir ci-après*). Cependant, avant de dupliquer le calque et de lui affecter un mode, convertissez-le en objet dynamique. En opérant ainsi, une modification de l'un se répercutera sur l'autre automatiquement (*voir plus loin*).

Pour réaliser le montage ci-dessous à gauche, on a utilisé les deux photos ci-contre, mais on souhaite retrouver la transparence de la bouteille.

*Pour cela, on superpose trois objets dynamiques de cette bouteille : le premier avec **Incrustation**, le deuxième avec **Produit** (pour retrouver les zones sombres), et le troisième avec un masque pour préserver le bouchon et l'étiquette.*

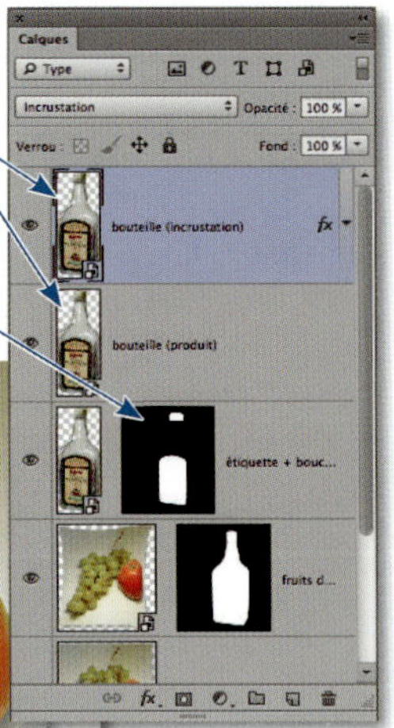

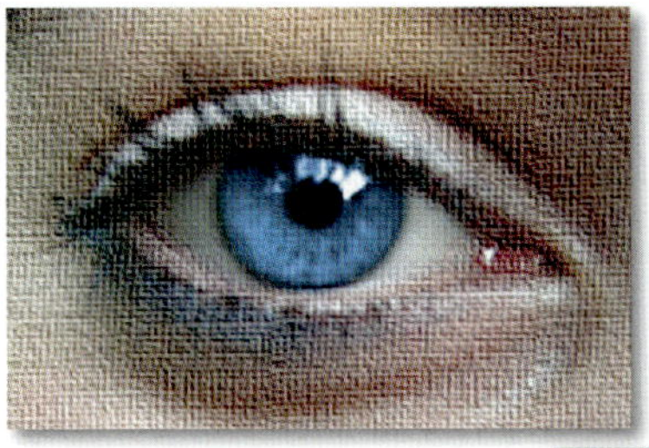

*On a appliqué de façon dynamique le filtre **Placage de texture**.*
*Ci-dessous, on a réglé son mode sur **Lumière crue** avec ce menu.*

LES MODES DE LUMIÈRE

Certains des modes décrits sommairement dans le tableau ci-dessous ont des effets qui ne sont pas toujours exploitables ; en revanche, il peut être intéressant d'utiliser un calque avec ces modes si ce dernier est complètement rempli de sa couleur neutre (gris). Ce type de calque, placé au-dessus d'une image, pourra servir à appliquer certains filtres (halo ou texture, par exemple) qui simuleront l'effet sur l'image, sans altération pour cette dernière. Ces modes s'appliquent également aux filtres dynamiques ou à des calques de réglage.

LES MODES D'INVERSION DES COULEURS

Le mode Différence

Photoshop prend le pixel ayant la valeur chromatique la plus élevée sur chaque calque et lui soustrait la valeur du pixel de l'autre calque. Les couleurs du calque au premier plan s'inversent, sauf sur les zones sombres du calque à l'arrière-plan.

Type de lumière	Effet des pixels clairs	Effet des pixels foncés	Remarque
Tamisée	Éclaircissement par effet de transparence	Assombrissement par effet de transparence	Effet très léger (lumière diffuse)
Crue	Éclaircissement par application de **Superposition**	Assombrissement par application de **Produit**	Effet plus doux qu'**Incrustation**
Vive	Éclaircissement par réduction du contraste	Assombrissement par augmentation du contraste	Effet plus fort qu'**Incrustation**
Linéaire	Éclaircissement par réduction de la luminosité	Assombrissement par augmentation de la luminosité	Éclairage plus diffus qu'avec **Lumière vive**
Ponctuelle	Éclaircissement par application d'**Éclaircir**	Assombrissement par application d'**Obscurcir**	Effet assez doux
Mélange maximal	Éclaircissement par isohélie	Assombrissement par isohélie	Effet assez fort (type image au trait)

Le mode Exclusion

Tout en étant plus doux, le résultat est semblable au précédent. Les pixels blancs créés par un calque supérieur produisent une inversion des couleurs, les noirs deviennent transparents. L'image résultante contient principalement du rouge, du vert et du bleu.

Le mode Soustraction

Sur chaque couche, les informations chromatiques sont utilisées pour créer la couleur résultante par soustraction de la couleur du calque actif à la couleur des calques inférieurs. Les valeurs négatives obtenues sont écrêtées à zéro et apparaissent donc noires.

> **Note** *Avec **Soustraction**, on obtient sensiblement le résultat du mode **Produit** mais avec en plus une inversion des couleurs (négatif).*

Le mode Division

Avec ce mode il y a division de couleur du calque actif par celle des calques inférieurs.

> **Note** *Avec **Division**, c'est sensiblement le résultat du mode **Densité couleur** – combiné à une inversion des couleurs.*

La série des colorations

Cette série comporte quatre modes, **Teinte**, **Saturation**, **Couleur** et **Luminosité**, qui modifient les caractéristiques de teinte, de saturation et de luminosité (T, S, L) des pixels. Attention, les résultats varient selon le modèle colorimétrique du document (RVB ou CMJN). Les pixels de l'image résultante gardent au moins l'une des caractéristiques T, S et L de l'un des deux calques. Si l'un des calques à l'arrière-plan possède des zones blanches, les pixels du calque supérieur n'y seront plus visibles (sauf avec le mode **Luminosité**).

Le mode Teinte

Le calque au premier plan garde sa teinte mais prend la luminosité et la saturation du ou des calques inférieurs.

Le mode Saturation

Le calque au premier plan garde sa saturation mais prend la teinte et la luminosité du ou des calques inférieurs.

Le mode Couleur

C'est le mode le plus intéressant de la série. Il n'altère pas les niveaux de gris (modelé) de l'image située dans le calque inférieur. Le calque au premier plan garde sa teinte et sa saturation mais prend la luminosité du calque inférieur. Utilisé sur un calque de réglage **Teinte/Saturation** pour recolorer une partie d'image, le mode **Couleur** donne un côté plus réaliste et plus intense aux couleurs. Ce mode est particulièrement utile pour coloriser une image en niveaux de gris par superposition de zones colorées ; en effet, l'image résultante garde la luminosité de l'image initiale (elle ne perd pas son relief) et prend la couleur du calque supérieur.

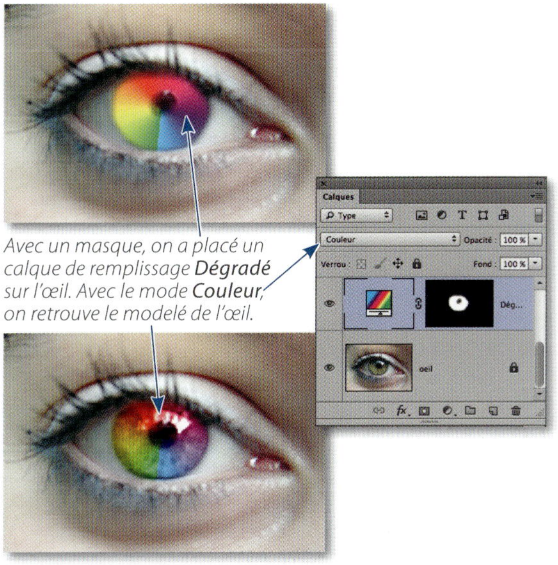

*Avec un masque, on a placé un calque de remplissage **Dégradé** sur l'œil. Avec le mode **Couleur**, on retrouve le modelé de l'œil.*

> **Astuce** *Si l'outil **Déplacement** est actif, appliquez le mode **Couleur** à partir de tout mode en tapant ⇧⌥C [⇧Alt C]. Si l'outil **Déplacement** n'est pas actif, maintenez enfoncée la touche M et tapez le raccourci indiqué précédemment.*

Le mode Luminosité

Le calque au premier plan garde sa luminosité et sa saturation. L'image résultante apparaît en niveaux de gris (ou monochrome) si les calques inférieurs sont très clairs.

> **Astuce** *Quand vous utilisez un outil de dessin, il est préférable d'ajouter un calque et de dessiner avec l'outil réglé sur le mode **Normal**, puis de modifier le mode du calque plutôt que de régler dès le départ le mode de l'outil.*

LES MODES DE FUSION DANS UN MASQUE D'ÉCRÊTAGE

Un masque d'écrêtage est un ensemble de calques associés par la commande **Créer un masque d'écrêtage** (menu **Calque**). Celui à l'arrière-plan de l'ensemble (le «calque de base», souligné dans le panneau **Calques**) joue le rôle de masque sur le groupe (ses zones transparentes écrêtent les calques supérieurs ; *nous étudierons ce type de masque page 537*). Dans un masque d'écrêtage, tous les constituants du groupe adoptent automatiquement le mode de fusion du calque de base. Pour que chaque calque garde son propre mode de fusion, double-cliquez à droite de la vignette du calque de base afin d'afficher la fenêtre **Style de calque** : décochez l'option **Fusionner les calques écrêtés en tant que groupe**.

Les options de fusion avancée

Comme les options de **Fusion générale** (opacité du calque, opacité de fond et mode de fusion) — et les effets de calque que nous verrons dans un prochain chapitre —, les options de **Fusion avancée** font partie du style du calque. Toutes se règlent dans la fenêtre **Style de calque** dont l'affichage s'effectue par **double-clic** à droite du nom du calque (ou, pour les calques standards, **double-clic** sur la vignette), ou par **clic** sur l'icône fx. (du panneau **Calques**) pour y choisir **Options de fusion** dans la liste qui s'affiche.

Dans cette fenêtre (*voir page suivante*), les paramètres de **Fusion avancée** se répartissent en quatre rubriques : ❶ **Opacité de fond** (*voir page 489*), ❷ **Couches**, ❸ **Masquage** et ses options, et ❹ **Comparaison sur** (ou plages des pixels affichés). En dehors des réglages de **Masquage** et des plages des pixels affichés, les paramètres de fusion avancée sont surtout utiles quand des effets de calque fx. sont appliqués (ombre portée, interne, etc.).

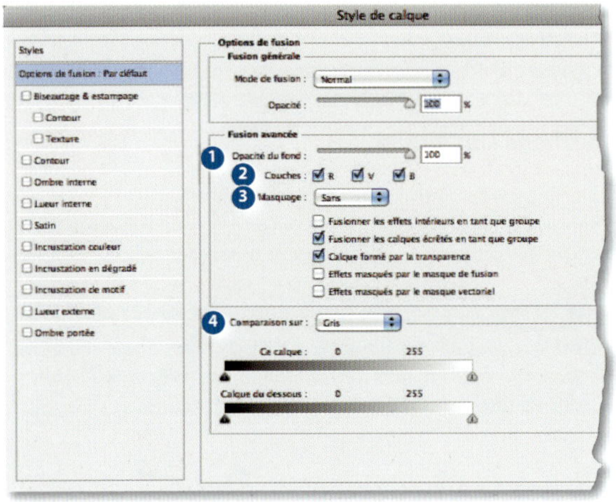

Les options de fusion des calques.

LA FUSION DES COUCHES

Toutes les couches sont utilisées lors de la fusion d'un calque ou d'un groupe. Vous pouvez exclure une couche de cette fusion en la désélectionnant dans la zone **Couches** de la fenêtre **Options de fusion**.

Les résultats diffèrent, d'une part, selon le mode colorimétrique (RVB ou CMJN) et d'autre part, selon la luminosité des couleurs de l'objet et des calques inférieurs (arrière-plan).

Dans un document CMJN

Si l'arrière-plan est clair, l'exclusion d'une couche (composante) a pour effet la suppression de cette composante, si elle est présente dans la couleur de l'objet. Si l'arrière-plan est foncé, la composante désélectionnée est ajoutée à la couleur de l'objet.

Dans un document RVB

Si l'arrière-plan est clair, l'exclusion d'une couche provoque la suppression de sa composante complémentaire si elle est présente dans la couleur de l'objet. Si l'arrière-plan est foncé, c'est sa complémentaire qui est ajoutée à la couleur de l'objet.

Couleur	Complémentaire	Ajout d'une couleur
Rouge	Cyan	Rouge + Vert = Jaune
Vert	Magenta	Vert + Bleu = Cyan
Bleu	Jaune	Bleu + Rouge = Magenta

LE MASQUAGE OU PERÇAGE D'UN CALQUE PAR UN AUTRE : DÉFONCE ENTRE CALQUES

Selon le réglage de la rubrique **Fusion avancée** dans la fenêtre **Style de calque**, un calque peut créer une défonce (un trou plus ou moins profond) sur les calques inférieurs (sauf sur l'arrière-plan). La profondeur du trou dans ces calques dépend du paramètre spécifié dans la rubrique **Masquage** (**Sans**, **Superficiel** et **Profond**). Ce type de « détourage » est développé à la fin de ce chapitre *(page 543)*.

L'ÉTENDUE DU MODE DE FUSION AVEC UN EFFET DE CALQUE INTÉRIEUR

Il est possible de colorer un calque à l'aide de certains effets de calque (nous le verrons en détail dans le chapitre sur les effets de calque). Il s'agit des effets dits **effets intérieurs**, parmi lesquels on trouve : **Lueur interne**, **Satin** et surtout les **Incrustations** (**couleur**, **en dégradé** et **de motif**).

Les effets intérieurs ajoutent un effet de coloration qui ne déborde pas du contenu du calque. Cependant, si vous appliquez un mode de fusion à un calque coloré par cet effet intérieur, ce mode semble ne pas s'appliquer. En effet, cette coloration ne subissant pas le mode de fusion, elle empêche de visualiser correctement la fusion des couleurs avec les calques inférieurs.

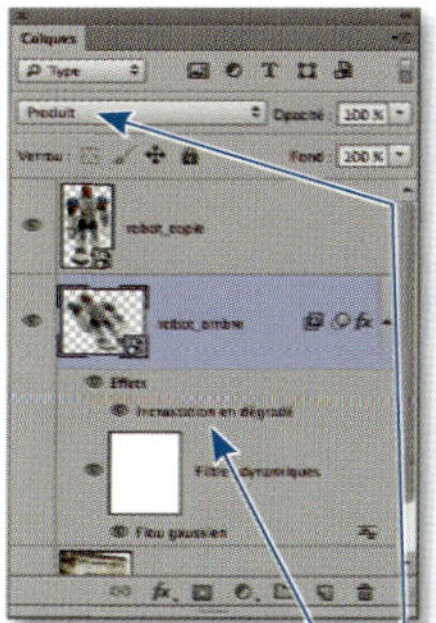

L'ombre a été créée par coloration avec un effet. Le mode du calque ***Produit*** *ne fonctionne pas (le blanc reste visible).*

Pour pallier ce problème et appliquer la fusion à cette coloration (donc aux effets intérieurs), affichez les options de fusion du calque et cochez l'option **Fusionner les effets intérieurs en tant que groupe**.

Le mode du calque ***Produit*** *s'applique correctement (le blanc disparaît) grâce à l'option* ***Fusionner les effets intérieurs en tant que groupe****. On aurait aussi pu appliquer le mode* ***Produit*** *directement à l'effet* ***Incrustation en dégradé*** *lors de son paramétrage (voir remarque ci-dessous).*

> **ASTUCE** *Pour éviter d'avoir à utiliser l'option* ***Fusionner les effets intérieurs en tant que groupe****, vous pouvez appliquer à l'effet intérieur le même mode que celui que vous comptez appliquer au calque. Vous pouvez également créer un groupe à partir de ce calque et appliquez le mode* ***Produit*** *au groupe.*

Si le calque coloré par l'effet intérieur constitue le calque de base du masque d'écrêtage (*voir plus loin leur description, page 537*), cette coloration empêchera de voir les calques écrêtés, même si vous cochez l'option **Fusionner les effets intérieurs en tant que groupe**. Si vous décochez l'option **Fusionner les calques écrêtés en tant que groupe**, le masque fonctionnera correctement, mais la coloration par l'effet intérieur ne sera plus visible (sauf si l'effet a été réglé avec une opacité réduite et un mode autre que **Normal**).

L'EFFET DE CALQUE CACHÉ PARTIELLEMENT PAR UN MASQUE DE FUSION

Dans certains cas, il peut être indispensable de cacher une partie d'un effet de calque qui apparaît à un endroit du calque où on ne souhaite pas le voir. Nous allons voir le cas où cette localisation est liée à l'image elle-même, et le cas où elle est liée à la présence d'un masque.

Un effet de calque localisé ou atténué sur une partie d'image détourée

Dans certains cas, quand on ajoute une ombre portée à une partie d'image détourée, on peut vouloir que cette ombre soit moins intense sur certaines zones (voire qu'elle n'y apparaisse pas).

On a appliqué une ombre portée mais ici, on souhaite l'atténuer pour obtenir cet effet ci-dessous.

Dans le même ordre d'idée, pour marquer un élément d'une image, on l'entoure parfois d'un halo blanc créé par une lueur externe. Cependant, si l'intérieur de l'image possède des pixels transparents, la lueur s'y placera, ce qui peut nuire au résultat d'ensemble. Dans les deux cas, la méthode pour obtenir un effet limité est un peu similaire et comporte quelques étapes.

Si on applique un effet de lueur à cette image détourée, il apparaît sur toutes les zones de l'image. Ici, on l'a supprimé.

Dans ces exemples, le calque contenant l'image détourée est un objet dynamique; il pourrait s'agir d'une image détourée avec un masque de fusion ou vectoriel.

1. **La copie du calque**: dupliquez ce calque en tapant ⌘J [Ctrl J] (ou ⌥⌘J [Alt Ctrl J] pour renommer la copie).

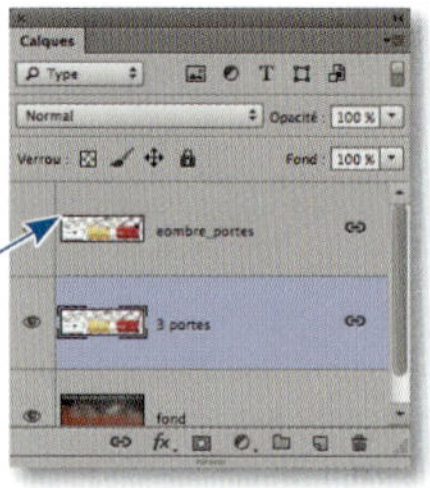

On a dupliqué le calque détouré.

2. **L'application de l'effet de calque** *fx*: ici, il s'agit d'une **Ombre portée**. Elle s'applique partout avec la même intensité.

On applique l'effet ***Ombre portée****.*

3. **Le masquage par les options de fusion**: pour cacher l'effet sur le pare-brise, affichez les **Options de fusion** (*fx*) et cochez l'option **Effets masqués par le masque de fusion**.

On active cette option de masquage d'effet.

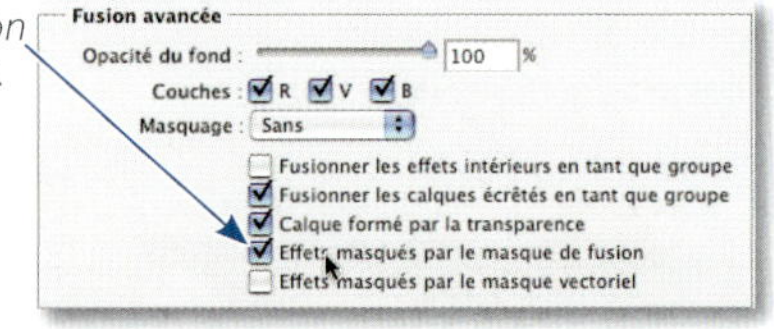

NOTE *Le panneau* ***Calques*** *indique la modification des options de fusion avec l'icône ⧉ à droite du nom du calque.*

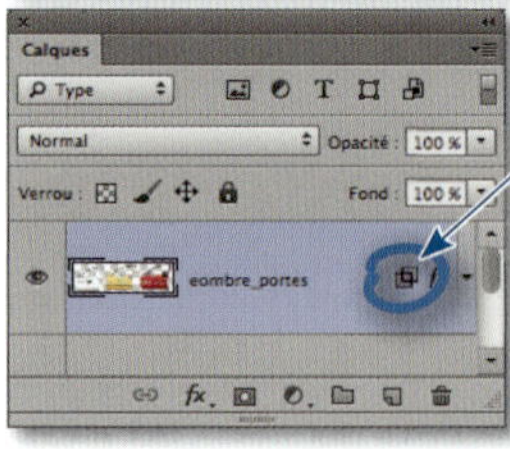

Cette icône indique que l'on a changé les options de fusion.

4. **Le dessin sur le masque de fusion**: ajoutez un masque de fusion en cliquant sur l'icône ◘ (panneau **Calques**). Passez le pinceau en noir sur les zones où l'effet doit disparaître (et en blanc s'il doit réapparaître). Vous pouvez aussi réduire la densité du masque à partir du panneau **Propriétés**.

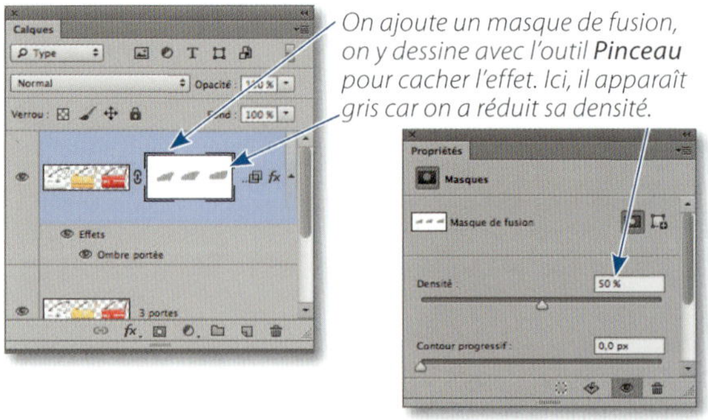

On ajoute un masque de fusion, on y dessine avec l'outil ***Pinceau*** *pour cacher l'effet. Ici, il apparaît gris car on a réduit sa densité.*

5. (Facultatif) Vous pouvez combiner les deux calques dans un objet dynamique; cependant, avant d'effectuer cette opération, augmentez l'opacité de l'effet car la conversion en objet dynamique affaiblit l'effet.

Un effet caché par le masque de fusion présent

Quand un calque possède un masque de fusion, les effets de calque *fx* sont créés à partir des pixels qui sont restés visibles, compte tenu du masque.

Photoshop permet de créer les effets à partir de ces pixels visibles, tout en cachant la partie de l'effet qui se trouve à l'extérieur des zones que laisse voir le masque (c'est-à-dire dans le noir du masque de fusion ou hors du tracé). Pour obtenir ce résultat, affichez la fenêtre **Style de calque** et cochez **Effets masqués par le masque de fusion** ou **le masque vectoriel**.

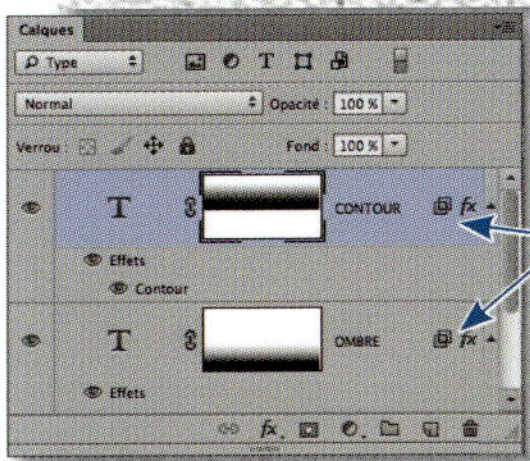

Les textes ci-dessus sont partiellement masqués par un dégradé. Ci-dessous, on a demandé avec les options de fusion que le masque cache l'effet appliqué au texte (il n'apparaît plus dans la zone de texte semi-opaque).

Les plages des pixels affichés (Comparaison sur)

Le principe : l'affichage personnalisé des pixels

Il s'agit de réglages qui s'effectuent dans la fenêtre **Options de fusion** dans la rubrique **Comparaison sur**. Ils permettent de choisir quels pixels du calque actif ne doivent pas apparaître et quels pixels des calques inférieurs ne doivent pas être recouverts. Dans le cas d'un calque de réglage, cela permet de choisir quels pixels ne seront pas traités par le réglage (*voir plus loin*).

Quand on place sur l'image initiale cette photo, elle couvre la totalité des pixels.

Photoshop propose des réglages pour définir quels pixels ne doivent pas être recouverts.

Après avoir choisi, dans le menu local, **Comparaison sur**, une couche (**Rouge**, **Vert** ou **Bleu**) ou l'ensemble des couches (**Gris**), les réglages consistent à spécifier avec les curseurs de **Ce calque** et **Calque du dessus** quelles plages de pixels contiendront l'image résultante.

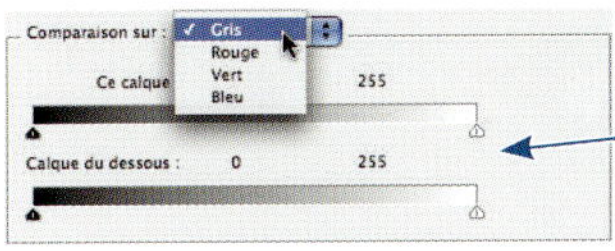

Le bas de la fenêtre des options de fusion permet de définir des plages de pixels à afficher.

- **Ce calque** : les curseurs de cette bande permettent d'éliminer de l'image finale des pixels du calque actif (dans notre exemple, celui de l'œil).

*Pour ne pas couvrir les zones claires, on règle les plages de pixels clairs sur les couches **Gris**, **Bleu** et **Vert**.*

- **Calque du dessous** : les curseurs de cette bande permettent de choisir quels pixels des calques inférieurs ne doivent pas être recouverts par ceux du calque actif. Dans notre exemple, il s'agit des pixels clairs des nuages : ils réapparaissent en décalant le triangle blanc vers la gauche et semblent s'afficher au-dessus du calque actif.

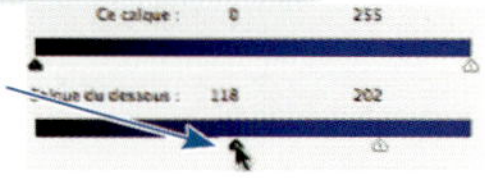

*Pour ne pas couvrir les zones foncées, on règle les plages de pixels sombres (ici, seulement sur les couches **Bleu** et **Vert**).*

- **Les transitions** : pour éviter les transitions trop brutales entre les pixels des différents calques, vous pouvez créer des zones de fondu en glissant les curseurs avec ⌥[Alt].

*On définit les transitions sur les couches **Gris**, **Bleu** et **Vert**.*

Les applications

Les changements partiels de plan

Ces réglages de plages de pixels affichés s'avèrent très intéressants pour faire passer une partie d'un objet (un texte, par exemple) sous une partie des calques inférieurs. Ils évitent d'avoir à faire certains détourages délicats. De plus, l'objet dont le plan a été partiellement modifié peut être rempli par une photo (ou un motif) en l'associant avec cette dernière dans un masque d'écrêtage (*voir leur étude plus loin, page 537*).

*Ce texte transparent est au premier plan. Après réglage des options de fusion (**Comparaison sur**), il passe partiellement sous une partie de la photo située à l'arrière-plan.*

La limitation de l'application d'un calque de réglage

Les options de plage de fusion peuvent remplacer un masque de fusion pour masquer les zones foncées ou claires du calque actif. De même, en modifiant les plages de **Calque du dessous** avec des transitions, on empêchera que les effets d'un calque de réglage ne s'appliquent ou que certains pixels (avec un calque de remplissage) n'apparaissent.

Un réglage localisé sans masque.

*Ici, on a utilisé un dégradé avec le mode **Incrustation** pour foncer le ciel, mais sans masque, il colore une partie du reste de la photo.*

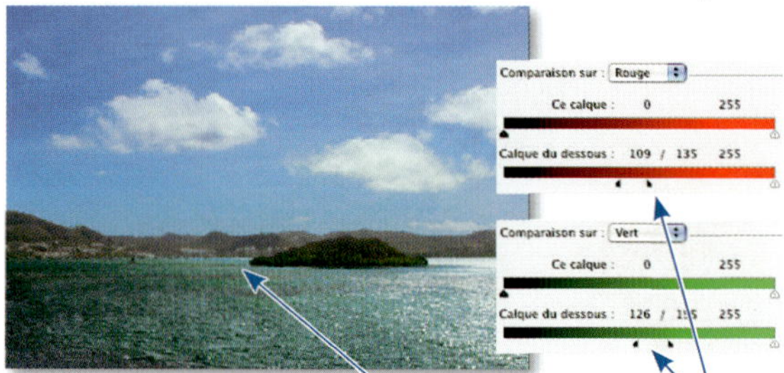

Pour obtenir une action sur la partie bleue de l'eau, on a remplacé le masque par des réglages des options de fusion.

Le travail du contenu d'un calque

Protéger ou verrouiller un calque

Le travail sur un calque, et notamment les colorations, présente des particularités liées à la présence de zones opaques et transparentes. En effet, le travail se trouve simplifié car les zones transparentes rendent souvent inutiles les sélections, facilitent leur obtention ou leur manipulation. Les zones transparentes ou les pixels du calque peuvent être protégés ou non, ce qui aura des conséquences importantes au niveau des sélections déplacées ou des colorations (remplissage par une couleur). Photoshop propose plusieurs types de verrouillages pour protéger les éléments d'un ou de plusieurs calques (liés ou sélectionnés).

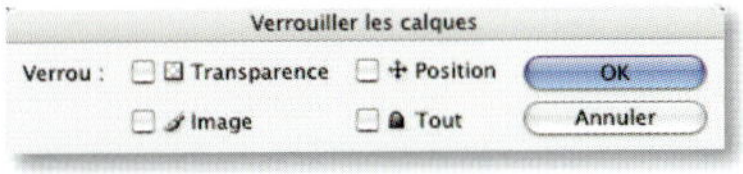

Les différents verrous possibles sur des calques.

NOTE *Avec la version CS6, cette option est disponible pour les objets dynamiques ; de plus, elle peut s'appliquer à une sélection de plusieurs calques.*

Le verrouillage des pixels transparents

Pour protéger les pixels transparents du calque, activez-le et cliquez sur l'icône du panneau **Calques** (ou tapez ⇧ :) : un cadenas clair apparaîtra à droite du nom du calque. Quand cette option est active, une coloration ou l'application d'un filtre ne provoque qu'un changement sur les pixels existants (il n'y a pas de débordement).

Certains filtres ne donnent pas de résultats corrects avec ce verrou. Par exemple, un **Flou gaussien** garde les bords de l'image nets ; **Fluidité** ne correspond pas à son aperçu ; en revanche, pour certains filtres (tels que **Placage de texture**), le résultat est identique.

L'image originale et les images floutées sans verrou et avec.

Le verrouillage des pixels de l'image

Pour protéger les pixels transparents d'un calque, activez ce dernier et cliquez sur l'icône du panneau **Calques** (un cadenas clair apparaît). Cette option protège le calque contre le dessin et le déplacement mais elle laisse la possibilité de travailler le masque de fusion. Les pixels transparents sont automatiquement verrouillés quand cette option est active. Si vous placez un outil de dessin sur l'image, Photoshop montre ce signe ⊘ pour rappeler la présence du verrou (ce signe disparaît si c'est le masque qui est actif).

ASTUCE *Les filtres sont indisponibles pour un calque dont les pixels de l'image sont verrouillés ; en revanche, ils demeurent accessibles pour son masque de fusion.*

Le verrouillage de la position

Pour fixer la position des pixels d'un calque (ou de son masque), activez ce dernier et cliquez sur l'icône du panneau **Calques** (un cadenas clair apparaît). Cette option rend inactif l'outil **Déplacement** et les transformations du menu **Édition**. Si vous lancez une transformation manuelle, aucun message ne signale que l'opération est impossible. Avec ce type de verrouillage, vous pouvez quand même éditer le calque ou son masque (dessiner, appliquer des filtres).

Le verrouillage de l'ensemble

Pour verrouiller complètement le calque (ou un groupe), activez ce dernier et cochez la case située devant l'icône (un cadenas foncé apparaît). Quand vous choisissez cette option, le calque est protégé contre toutes manipulations ou traitements et ne peut pas être supprimé.

La pixellisation d'un calque

Vous ne pouvez pas utiliser les outils de peinture ou les filtres sur des calques contenant des données vectorielles, c'est-à-dire les calques de texte, les calques de forme ou de remplissage, les masques vectoriels et les objets dynamiques (pour ces derniers, les filtres sont accessibles). Il faut pixelliser ces calques pour convertir leur contenu en une image pixellisée plate (un message le signalera). La pixellisation d'un calque s'obtient par le menu **Calque**, puis **Pixellisation** qui liste tous les éléments susceptibles d'être pixellisés.

L'opération se réalise également par le menu contextuel sur la vignette du calque, sur celle du masque ou sur le nom du calque selon la nature de l'élément.

La coloration du contenu d'un calque

Les techniques de coloration

Photoshop propose plusieurs techniques de remplissage :

- La commande **Remplir** du menu **Édition,** également affichée en tapant ⇧ Efface (sauf dans le cas des calques de texte qui se colorent directement avec le panneau **Caractère** ou la **Barre d'options** de l'outil **Texte**).

La commande ***Remplir****.*

Dans ce menu, on choisit la coloration.

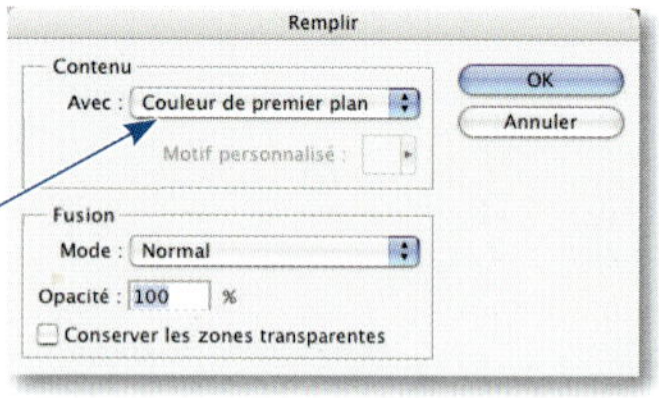

- Les outils de remplissage : **Pot de peinture** et **Dégradé**.
- Les outils de dessin : **Pinceau**, **Crayon**, **Remplacement de couleur** et **Gomme**.
- Les outils de retouche : **Densité +** (pour créer des ombres localisées), **Densité –** (pour créer des reflets), **Éponge**…

Les résultats de la coloration varient selon l'activation ou non de verrous sur les pixels transparents. Par exemple, la gomme fait apparaître la couleur d'arrière-plan (ou des pixels transparents) s'ils sont verrouillés (ou non). De plus, l'étendue de la coloration dépend de la présence ou non d'une sélection ; en effet, aucune coloration ne peut apparaître à l'extérieur de la sélection.

Les colorations au clavier

Sans cocher le verrou des pixels transparents dans le panneau **Calques**, il est possible de remplir les zones opaques avec la couleur de premier plan ou d'arrière-plan, avec la commande **Remplir** et l'option **Conserver les zones transparentes**, ou au clavier. Le tableau ci-dessous rappelle les raccourcis.

Tapez Efface avec	Pour colorier	Avec la couleur de
⌥ [Alt]	Tout le calque	Premier plan
⇧ ⌥ [⇧ Alt]	Les zones opaques	Premier plan
⌘ [Ctrl]	Tout le calque	Arrière-plan
⇧ ⌘ [⇧ Ctrl]	Les zones opaques	Arrière-plan

La protection des zones opaques

Il ne s'agit pas d'une option du panneau **Calques**, mais d'un mode de « remplissage » de certains outils de dessin ou de retouche, ou encore de la commande **Remplir**. En effet, si le verrouillage des zones transparentes n'est pas actif dans le panneau **Calques**, la plupart des outils proposent le mode **Arrière** ; activé, les zones opaques du calque sont protégées et seules les parties transparentes subissent l'effet de l'outil.

> **Astuce** *Le mode* ***Arrière*** *est intéressant dans certains cas ; cependant, il est souvent préférable d'effectuer les opérations sur un nouveau calque placé à l'arrière-plan et d'utiliser des sélections (ou un masque) pour colorer les zones voulues. En opérant ainsi, vous gardez intact le calque de départ.*

Les colorations par réglages chromatiques

La coloration d'un calque peut également se faire à partir d'un calque de réglage (ajouté depuis le panneau **Réglages**). Par exemple, un calque de type **Teinte/Saturation** (associé à un masque de fusion ou vectoriel correspondant au détourage de la zone à colorer), paramétré avec l'option **Redéfinir**, permet de changer la couleur d'une partie de calque.

Coloration localisée.

Pour changer la couleur du pull ci-dessous, on a utilisé un calque ***Teinte/Saturation*** *avec un masque.*

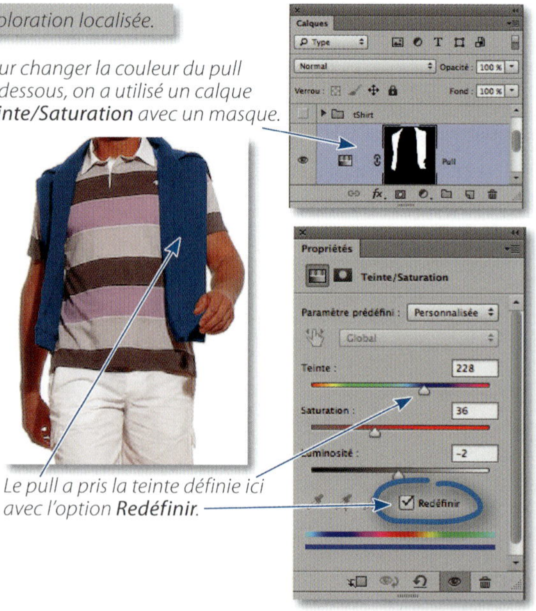

Le pull a pris la teinte définie ici avec l'option ***Redéfinir****.*

Photoshop permet également de colorer tout un calque ou une partie de celui-ci directement avec des **calques de remplissage**. Ils fonctionnent sur le même principe que les calques de réglage. C'est ce que nous allons voir maintenant.

Les colorations par calque

LES TYPES DE CALQUES DE COLORATION

Il y a deux méthodes pour créer ce type de calque : avec les calques de forme ou calques vectoriels (obtenus avec les outils **Vectoriel** et le mode **Forme**) ou avec les calques de remplissage (obtenus à partir du menu **Calque**, du panneau **Calques** et l'icône). Ils peuvent être remplis : d'un aplat de couleur , d'un dégradé ou d'un motif . Avec la Ps version CS6, les calques vectoriels peuvent avoir un contour.

S'ils sont créés comme les calques de réglage (icône), un masque (de fusion ou vectoriel) leur est associé. Le calque de remplissage prend un nom lié à l'attribut (**Fond**, **Fond en dégradé** ou **Motif**), quant au calque vectoriel son nom dépend de la nature de la forme (rectangle, ellipse...).

LE CALQUE VECTORIEL

Le dessin avec le mode Tracé

Quand vous activez l'outil vectoriel avec le mode **Forme**, tout dessin sur le document fait apparaître un calque partiellement rempli d'un aplat de couleur (il s'agit de la couleur de premier plan) ou d'un attribut de coloration (aplat, dégradé ou motif) défini à partir du sélecteur d'attributs dans la **Barre d'options**.

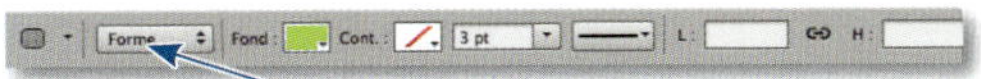

*On active l'outil, le mode **Forme** et on dessine...*

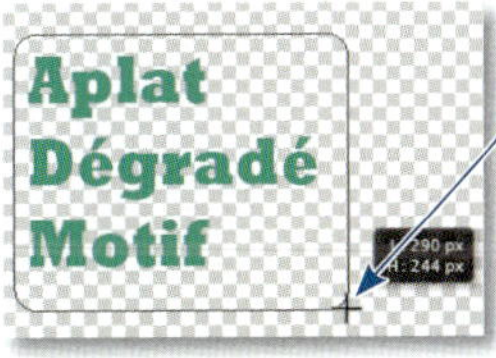

...on obtient une forme remplie d'un aplat de couleur.

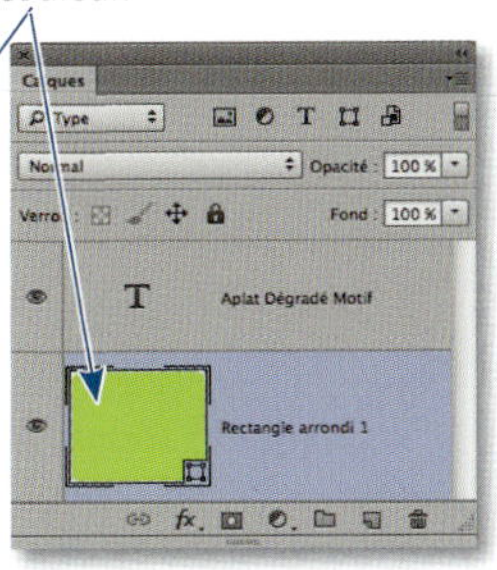

Les créations successives et la coloration

Si vous dessinez successivement plusieurs tracés avec un outil **Forme**, chacun d'eux fait l'objet d'un nouveau calque. Si vous souhaitez que le futur tracé se combine au précédent, avant de le dessiner, sélectionnez l'une des opérations souhaitées dans le menu local des opérations dans la **Barre d'options**. Quand un calque de forme est sélectionné et qu'un outil forme est actif, il est possible d'en changer la couleur dans la **Barre d'options**.

Si vous voulez en créer un nouveau avec une autre couleur, avant de la définir dans la **Barre d'options**, lancez la commande **Désélectionner les calques** dans le menu **Sélection** (ou cliquez dans la zone grise sous la liste des calques).

LE CALQUE DE REMPLISSAGE

Pour ajouter un calque de remplissage, déroulez le menu **Calque** jusqu'au sous-menu **Calque de remplissage** pour y choisir le type souhaité (une fenêtre permettra de nommer le calque...). Cette opération peut se réaliser à partir du panneau **Calques**. En effet, l'icône laisse apparaître une liste dans laquelle les trois premières commandes provoquent la création de calques de remplissage.

En haut, les trois types de remplissage.

– **Avec une sélection** : comme pour les calques de réglage, si une sélection est affichée, le masque de fusion du calque montre, en blanc sur noir, le dessin de la sélection et le remplissage se limite à cette dernière.

La sélection initiale constitue le masque de fusion du calque de remplissage.

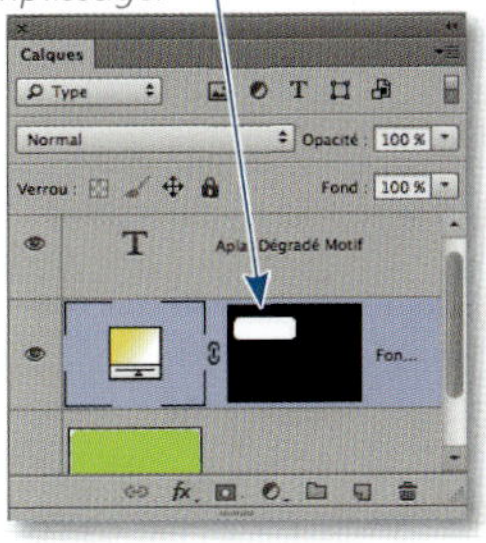

Avec un tracé : si un tracé de travail est affiché, un masque vectoriel est associé au calque de remplissage. Le tracé y apparaît en blanc sur fond gris et le remplissage se limite à son intérieur. Vous obtenez le même résultat que si vous aviez dessiné directement avec une forme vectorielle et le mode **Forme**.

LES ATTRIBUTS DU CALQUE DE REMPLISSAGE

L'affectation des attributs diffère selon qu'il s'agit d'un calque de forme ou de remplissage. Avec un calque de forme le choix de l'attribut (aplat, dégradé...) s'effectue à partir du sélecteur de la **Barre d'options** (*voir plus loin*). Pour le calque de remplissage, une fenêtre spécifique à l'attribut s'affiche en fonction du type sélectionné dans le menu de l'icône du panneau **Calques**. Par la suite, cette même fenêtre réapparaîtra par double-clic sur la vignette du calque (ou en lançant la commande **Options de contenu du calque** dans le menu **Calque**).

Le remplissage par une couleur unie

Avec le type **Couleur unie**, c'est le sélecteur de couleurs qui s'affiche. Vous pouvez y définir une couleur de remplissage ou cliquer sur **Bibliothèques de couleurs** pour sélectionner un Pantone, par exemple.

Le remplissage par un dégradé

Dans le cas d'un calque de remplissage par un dégradé, le réglage peut comporter plusieurs étapes. La fenêtre de paramétrage affiche une première fenêtre dans laquelle vous choisissez différentes options.

L'aspect du dégradé

En cliquant sur le triangle situé à droite de l'aperçu, le sélecteur de dégradés apparaît ; vous pouvez y choisir celui qui vous convient. D'autres panneaux sont disponibles à partir du menu local qui s'affiche en cliquant sur ▶.

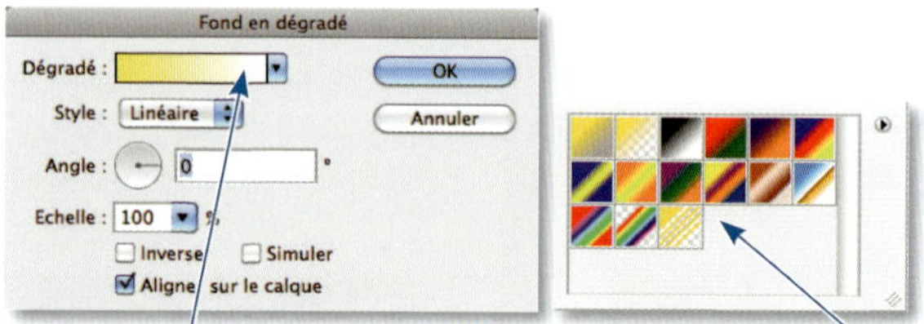

En cliquant ici, dans la fenêtre de réglage du dégradé, on affiche un sélecteur de dégradés.

Pour préparer votre dégradé, cliquez sur l'aperçu du dégradé. Une seconde fenêtre montre alors les caractéristiques du dégradé actif. Pour en créer un nouveau, commencez par sélectionner celui qui ressemble le plus à celui que vous souhaitez créer. Chacun d'eux possède une couleur de départ et une couleur d'arrivée matérialisées par les icônes (▲) situées à gauche et à droite sous la bande d'aperçu. Cliquez sur l'une d'elles pour définir la nouvelle couleur à partir de la case **Couleur**, depuis le **Nuancier** ou par prélèvement sur l'image.

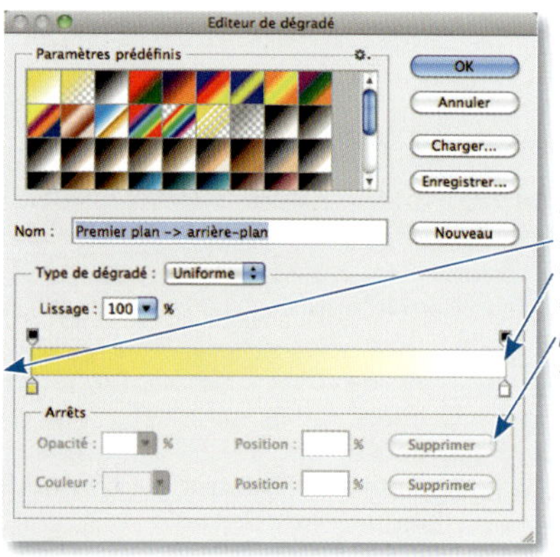

En cliquant sur cette icône (ou sur celle-ci), on accède à ces options pour personnaliser le dégradé.

Vous pouvez glisser l'icône ▲ pour réduire l'étalement de dégradé ou le décaler en glissant le point médian (◆). Pour ajouter une couleur intermédiaire, cliquez entre les couleurs de départ et d'arrivée, puis réglez la couleur. Enfin, des effets de transparence peuvent être définis. Pour cela, cliquez sur l'une des icônes situées à gauche et à droite au-dessus de la bande d'aperçu (▼) : vous pouvez glisser l'icône et changer son opacité (elle devient blanche quand l'opacité est nulle).

Quand votre dégradé est fini, avant de fermer la fenêtre et de retrouver les autres options, ajoutez-le aux paramètres prédéfinis en cliquant sur **Nouveau**. L'aperçu du dégradé s'affiche, il peut être renommé ; il sera disponible pour l'outil **Dégradé** ou un effet de calque **Incrustation en dégradé**.

Les options du dégradé : style, angle, échelle...

- **Style** : divers styles sont proposés, ce sont ceux de l'outil **Dégradé** : **Linéaire**, **Radial**, **Angle**, **Réfléchi** et **Losange**. Dans tous les cas, vous pouvez (sans fermer la fenêtre de dégradé) faire glisser le dégradé directement sur le document pour positionner son centre à l'endroit voulu.

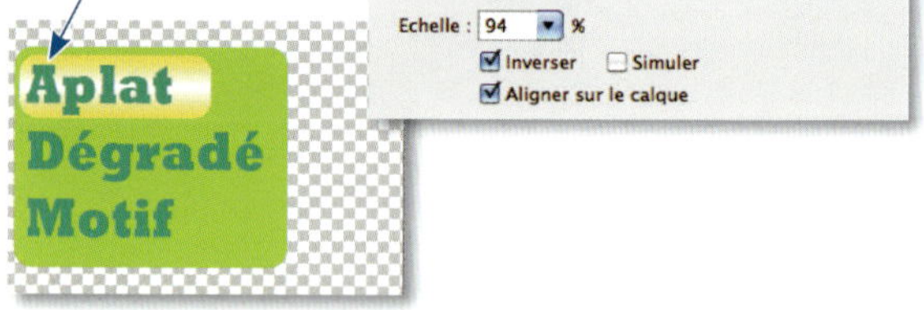

On choisit le style du dégradé ici et les changements apparaissent sur le calque.

- **Angle** : cette option définit l'orientation d'un dégradé linéaire. Par défaut, il est vertical (90). Tapez 0 pour l'avoir horizontal.
- **Échelle** : cette option permet de modifier l'étalement.
- **Inverser** : provoque l'inversion des couleurs du dégradé : la couleur de départ devient celle d'arrivée.
- **Aligner sur le calque** : cette option est cochée par défaut. Le dégradé est alors défini par rapport aux pixels présents sur le calque. Si vous décochez l'option, le dégradé sera défini par rapport aux limites du document.

Le remplissage par un motif

Dans la fenêtre de réglage du remplissage par un motif, choisissez-en-un en cliquant sur le triangle situé à droite de l'aperçu du motif en cours. Un panneau permettra de choisir parmi les motifs prédéfinis (et son menu d'accéder à d'autres panneaux).

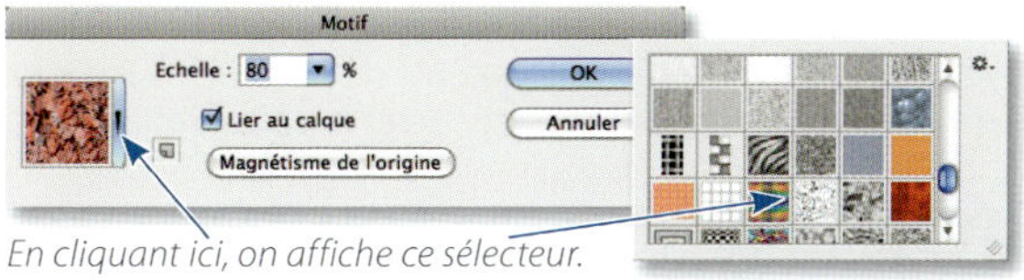

En cliquant ici, on affiche ce sélecteur.

L'option **Échelle** peut être utile pour agrandir ou réduire le motif. Si la case **Lien avec le calque** est cochée, tout déplacement du contenu du calque s'accompagne de celui du motif ; de plus, un clic sur **Magnétisme de l'origine** a pour effet de coller l'origine du motif contre celle du document. En revanche, si l'option n'est pas cochée, le clic sur **Magnétisme de l'origine** place l'origine contre l'angle supérieur gauche des pixels du calque.

On a utilisé un remplissage par un motif.

ASTUCE *Comme dans le cas d'un fond de dégradé, quand la fenêtre **Motif** est encore affichée, vous pouvez déplacer le motif directement sur l'image.*

Pour créer un motif prédéfini utilisant les réglages que vous avez mis au point, cliquez sur le bouton (nouveau motif). Vous pouvez également préparer un motif avant de créer le calque de remplissage. Pour cela, sélectionnez le dessin (ou la partie de photo) souhaité avec l'outil **Rectangle** et lancez la commande **Utiliser comme motif** du menu **Édition**.

LES ATTRIBUTS DU CALQUE DE FORME

L'édition et l'affectation d'attributs

Pour accéder à ces attributs un outil vectoriel (dessin ou sélection) doit être actif et pour qu'ils s'appliquent à la forme son calque doit être actif ; sinon, les attributs ainsi définis n'affecteront que les futurs tracés.

Les attributs de fond

Ps Dans la **Barre d'options** d'un outil vectoriel, dès que vous choisissez le mode **Forme**, une case colorée apparaît à droite de **Fond**. Quand vous cliquez sur cette case, un premier sélecteur ou nuancier de couleurs s'affiche.

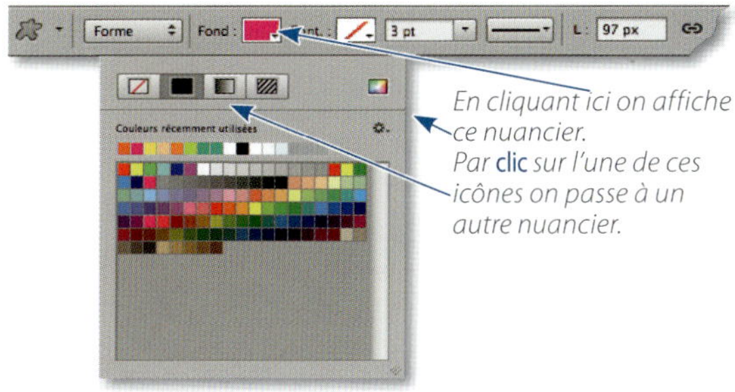

En cliquant ici on affiche ce nuancier.
Par clic sur l'une de ces icônes on passe à un autre nuancier.

Le haut du nuancier montre des icônes qui permettent d'activer un type d'attributs. On distingue :

- Cette option, **Sans**, permet de ne pas colorer le fond.
- L'icône **Couleur unie** affiche un nuancier de couleurs.
- L'icône **Dégradé** affiche le nuancier de dégradés.
- L'icône **Motif** affiche le nuancier de motifs.
- Cette option donne accès au sélecteur de couleurs qui s'affiche dans une autre fenêtre.

Un menu local permet de gérer l'affichage des vignettes et de charger ou d'enregistrer un nuancier.

Nuancier de dégradés et options.

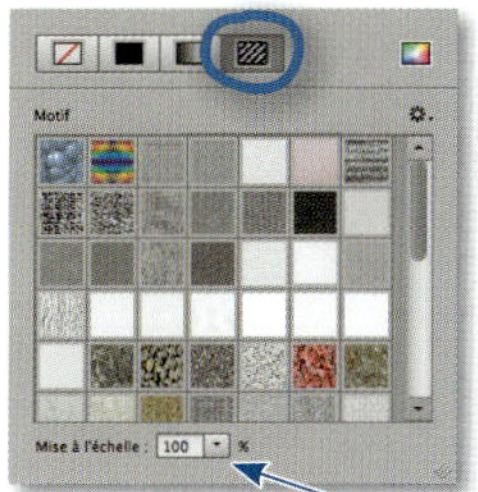

Nuancier de motifs et option.

Les attributs de contours

Ps La **Barre d'options** propose une zone **Contour** (**Cont.**) qui présente trois menus locaux. Le premier () donne accès aux nuanciers de contours, le deuxième à son épaisseur et le dernier à son type.

Les nuanciers de contour

Par défaut, l'attribut du contour est **Sans** (), mais par clic sur cette icône, vous accédez aux autres types de nuances, ce sont les mêmes que pour les fonds.

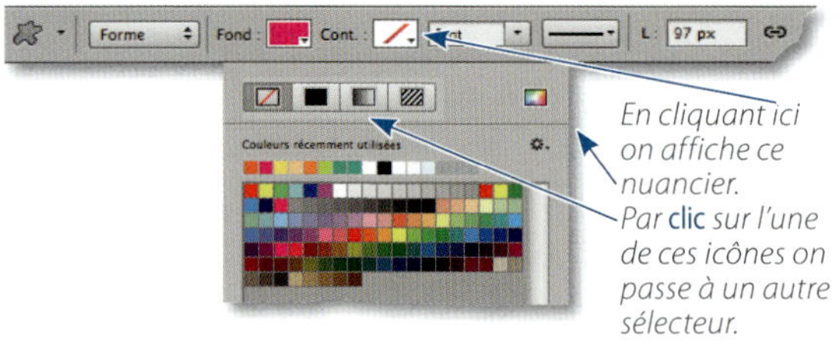

L'épaisseur du contour

Dès que vous modifiez cette valeur (sans choisir de nuance) un contour noir apparaît autour de la forme. Celle-ci peut prendre une valeur comprise entre 0,01 pt et 288,00 pt.

L'aspect du contour

Dans cette rubrique d'options de tracé, vous pouvez spécifier le **Type** de contour (continu ou pointillé), la position ou **Alignement** par rapport au tracé (au centre, à l'intérieur ou à l'extérieur), la forme des **Extrémités** ou des **Angles**. Un bouton (et une commande du menu local) donne accès à d'autres options parmi lesquels la possibilité de définir le pointillé (comme dans Illustrator) et d'enregistrer l'aspect ainsi défini en tant que paramètre prédéfini.

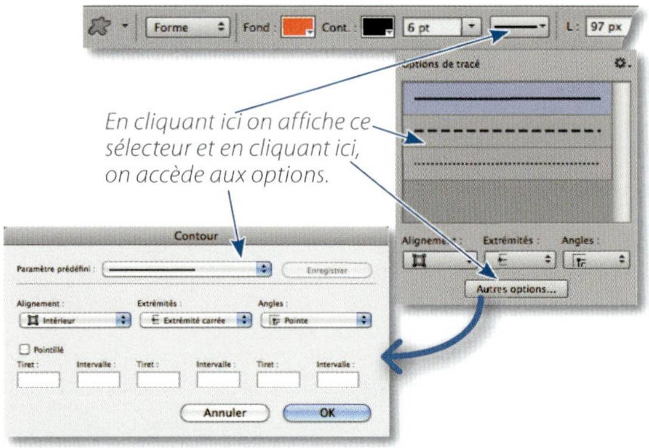

La pixellisation et le travail de la coloration

Par double-clic sur la vignette du calque, vous réaffichez les réglages du remplissage et pouvez selon le type en changer la couleur, le dégradé ou le motif. Afin d'être édité comme un calque «normal» (dessin, filtres, etc.), le calque de remplissage doit être pixellisé : menu **Calque/Pixellisation** ou menu contextuel déroulé sur son nom (panneau **Calques**).

Dans le cas des calques de formes, par clic droit sur le nom, il est possible de copier les attributs de forme en vue de les coller sur une autre forme (également par clic droit).

Les sélections à partir de calques

Il est parfois utile, pour remplir un calque ou préparer un masque de fusion, d'afficher la sélection correspondant aux parties opaques du calque, ou encore de réaliser une opération entre une sélection déjà affichée et celle issue d'un calque. Photoshop permet ces manipulations qui s'effectuent de la même manière qu'avec les panneaux **Couches** ou **Tracés**. En voici un résumé :

Opération	Touches	Aspect du curseur
Récupération	⌘[Ctrl]	
Addition	⇧⌘[⇧Ctrl]	
Soustraction	⌥⌘[Alt Ctrl]	
Intersection	⇧⌥⌘[⇧Alt Ctrl]	

Avec les calques pixellisés (et les calques de textes), les mêmes manipulations sont accessibles depuis le menu contextuel déroulé sur la vignette du calque (commande **Sélectionner les pixels** ou, avec une sélection affichée, des commande d'opération) ou depuis la commande **Récupérer la sélection** du menu **Sélection**.

Attention, si le calque comporte un masque de fusion, le résultat n'est pas le même selon que le menu est déroulé sur le masque ou sur le calque. Dans le cas d'un calque vectoriel, la sélection n'est correcte que si elle est obtenue par ⌘[Ctrl] clic sur la vignette du calque.

Astuce *Pour lancer **Récupérer la sélection** à partir du menu contextuel directement sur l'image, maintenez enfoncée la touche M (ou L) et effectuez un clic droit sur l'image. Cette touche M a pour effet d'activer temporairement l'outil **Sélection rectangulaire** (ou l'outil **Lasso** pour L) et le menu contextuel lié aux sélections.*

Le déplacement et la copie du contenu d'un calque

Le déplacement de la totalité du calque

Le déplacement et la copie manuels

S'il n'y a pas de sélection, avec l'outil **Déplacement** ou en enfonçant ⌘[Ctrl] (l'outil en cours devient), vous pouvez déplacer le contenu du calque actif en glissant la souris (avec ⇧, le déplacement restera vertical ou horizontal) ou en utilisant les touches fléchées du clavier (déplacement d'1 pixel, et de 10 avec ⇧). Dans les manipulations précédentes (au clavier ou à la souris), si vous ajoutez ⌥[Alt], il y aura une copie.

Si des parties du calque disparaissent hors de la fenêtre du document, elles ne sont pas perdues pour autant et pourront réapparaître à n'importe quel moment avec un déplacement de sens opposé, ou grâce à la commande **Tout faire apparaître** du menu **Image**.

Le déplacement programmé

Pour positionner précisément un élément par rapport à l'angle supérieur gauche du document (origine des règles par défaut) ou encore pour le déplacer d'une distance précise par rapport à sa position initiale, lancez la commande **Transformation manuelle** (menu **Édition** ou ⌘T [Ctrl T]) : dans la **Barre d'options**, choisissez le point de référence sur l'objet () et remplissez l'une des cases **X** et **Y** (avec l'unité de votre choix). Si vous cliquez sur l'icône **Position absolue** , il devient (**Position relative**) : le déplacement s'effectuera par rapport à la position actuelle de l'objet.

Pour que le déplacement s'effectue, vous devez valider l'opération en tapant Entrée (ou en cliquant sur); pour l'annuler, tapez esc [Echap] (ou cliquez sur).

La copie programmée

Si vous lancez la commande **Transformation manuelle** en enfonçant ⌥[Alt] ou en tapant ⌥⌘T [Alt Ctrl T], il y aura une copie : elle apparaît sur le même calque s'il y a une sélection et sur un nouveau calque s'il n'y a pas de sélection (comme avec la copie manuelle).

Le déplacement de plusieurs calques

Pour déplacer en même temps plusieurs calques, vous devez les sélectionner (sans avoir à les lier). Le déplacement s'effectue de la même manière qu'avec un seul calque. Si les calques appartiennent à un groupe (dossier), ils se déplacent comme un seul objet si le groupe est activé dans le panneau **Calques**.

Le déplacement et la copie d'une partie sélectionnée

Le déplacement d'une partie sur le même calque

Quand une sélection est réalisée, et l'outil **Déplacement** actif (⌘[Ctrl] ou V maintenue enfoncée), la souris devient pour indiquer que le calque va être découpé. Si vous déplacez cette sélection, il apparaîtra un trou dans la zone opaque, et la partie déplacée appartiendra toujours au même calque.

Astuce *La manipulation précédente et celles qui suivent ne s'appliquent qu'aux calques non vectoriels. Dans le cas du déplacement d'une sélection, si le calque est un objet dynamique, c'est la totalité du calque qui est déplacée.*

L'extraction d'une partie vers un nouveau calque

La partie sélectionnée d'un calque peut être envoyée sur un nouveau calque à l'aide du menu **Calque** (ou du menu contextuel) et de la commande **Calque par couper** (au clavier, ⇧⌘J [⇧Ctrl J] ou ⇧⌥⌘J [⇧Alt Ctrl J] pour renommer) : le calque d'origine présentera un trou.

La copie d'une partie sur un nouveau calque

Pour obtenir la copie d'une partie d'un calque sur un nouveau calque, lancez **Calque par copier** (⌘J [Ctrl J] ou ⌥⌘J [Alt Ctrl J] pour renommer). Cette opération est utile, pour faire passer une partie d'image sur un autre plan (ou un autre décor), pour appliquer un effet de calque (fx), localisé sur une partie d'une photo (*voir ci-après*).

L'application localisée d'un effet de calque

Voici un exemple illustrant une utilisation d'une copie d'une partie de calque ; elle va permettre l'application partielle d'un effet de calque (**Lueur externe**) autour du « S » du jouet. Sa réalisation comporte quelques étapes : le détourage et la copie, puis l'application de l'effet.

On souhaite placer un halo autour de cet écusson.

1. **Le détourage et la copie** : le détourage est réalisable de différentes manières. Ici, on utilise l'outil **Sélection rapide** (dans d'autres cas, cela peut être par dessin, puis remplissage depuis le **Mode Masque**, ou avec l'outil **Plume**, puis conversion en sélection). Quand la sélection est prête, on tape ⌘J [Ctrl J] pour en créer un clone sur un nouveau calque (ou ⌥⌘J [Alt Ctrl J] pour pouvoir le renommer).

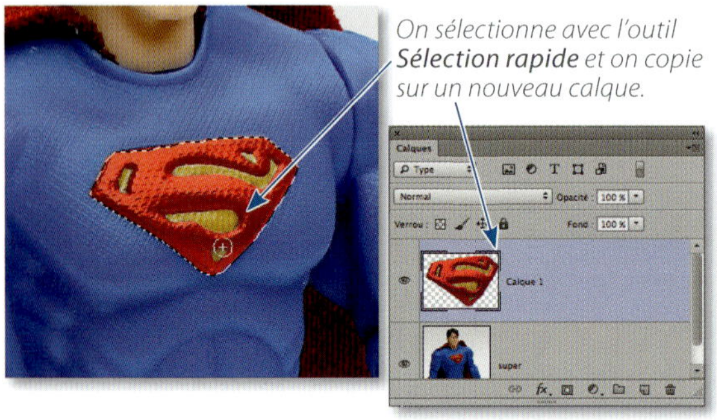

*On sélectionne avec l'outil **Sélection rapide** et on copie sur un nouveau calque.*

2. **L'application de l'effet de calque** fx : il s'agit de **Lueur externe** intensifiée avec les réglages suivants : mode **Densité linéaire –** ; opacité inchangée (75) ; couleur blanche ; grossi inchangé (0) ; taille = 90.

On obtient un effet localisé sur une partie du calque initial.

Selon la configuration de la partie copiée, on peut souhaiter que l'effet ne s'applique pas sur certaines parties.

Ci-contre, on ne souhaite pas voir l'effet sur le cou.

Dans ce cas, il faut ajouter à la copie précédemment réalisée, un masque de fusion (par le panneau **Calques** et son icône ▣) et utiliser le masquage par les options de fusion pour cacher certaines parties de l'effet. Pour cela, affichez les **Options de fusion** (fx) et cochez l'option **Effets masqués par le masque de fusion**. Il ne restera qu'à passer le pinceau avec le noir sur les zones où l'effet doit disparaître (dessinez en blanc pour le faire réapparaître).

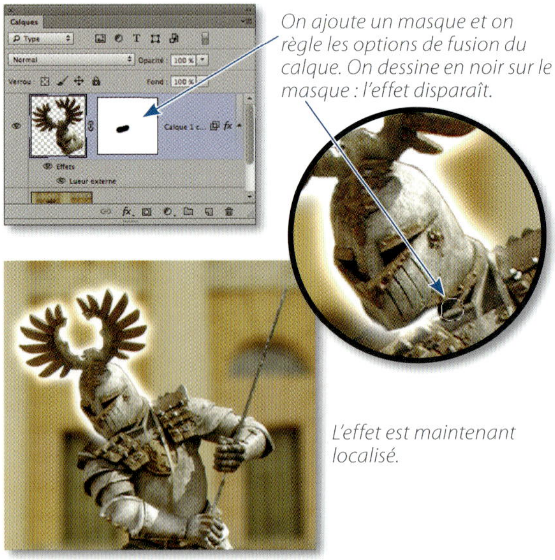

On ajoute un masque et on règle les options de fusion du calque. On dessine en noir sur le masque : l'effet disparaît.

L'effet est maintenant localisé.

La suppression de la frange

Lorsque vous collez un élément sur un nouveau calque, celui-ci, en fonction de la façon dont il a été sélectionné, peut contenir des pixels du fond où il a été extrait. Ces pixels peuvent devenir gênants selon les couleurs de l'arrière-plan où il est placé. Afin de les éliminer, utilisez la commande **Supprimer la frange** du menu **Calque/Cache** (cette commande est irréversible).

La transformation du contenu du calque

L'obtention de la transformation

Les transformations ont été abordées avec les sélections, les masques et les tracés. Au niveau des calques, les manipulations sont les mêmes : elles s'effectuent par la commande **Transformation manuelle** (⌘T [Ctrl T]) et les commandes du sous-menu **Transformation**, menu **Édition** ou du menu contextuel une fois la transformation manuelle lancée.

Les différentes transformations manuelles

Pour certaines transformations (homothétie, inclinaison…), vous devez ajouter certaines touches. Le tableau ci-dessus récapitule les manipulations possibles et les touches à utiliser.

> **Attention** *Pour certaines transformations, n'oubliez pas de définir l'axe de transformation par clic sur l'un des neuf points de l'icône de la **Barre d'options**. De plus, vous pouvez choisir le mode d'interpolation utilisé.*

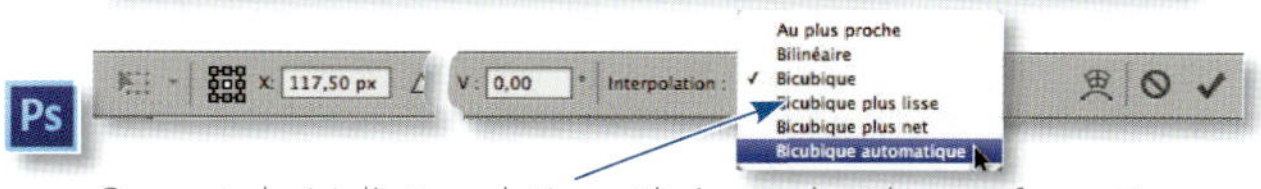

On peut choisir l'interpolation utilisée pendant la transformation.

Avec l'outil **Déplacement** actif, il est possible d'afficher le cadre de transformation sans lancer de transformation. En effet, si vous cochez l'option **Options de transf.** de la **Barre d'options**, vous pourrez directement redimensionner les objets ou les faire pivoter ; dès qu'une action est exercée, la **Barre d'options** bascule sur l'affichage des cases de transformation comme si vous aviez activé la transformation.

> **Astuce** *Avant toute transformation, convertissez le calque en objet dynamique. Ainsi, la manipulation ne sera pas destructive et vous pourrez revenir en arrière à tout instant ou retrouver vos réglages si vous relancez la transformation.*

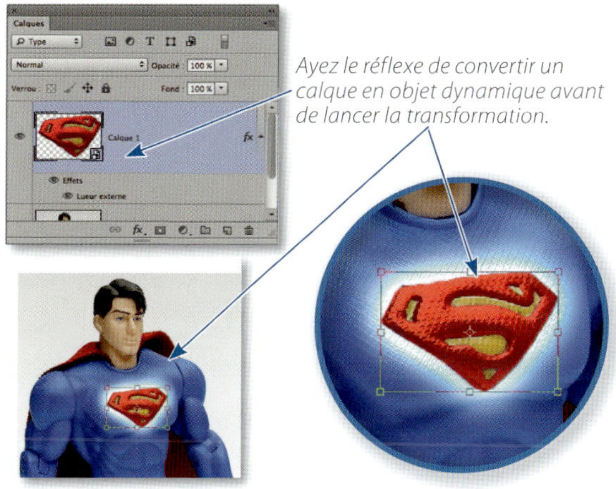

Ayez le réflexe de convertir un calque en objet dynamique avant de lancer la transformation.

Les déformations

Les déformations sont accessibles depuis le menu **Édition/Transformation**, depuis la **Barre d'options** et son icône, ou encore depuis le menu contextuel mais, dans les trois cas, une transformation manuelle doit être lancée. Les déformations se séparent en deux catégories : les déformations prédéfinies et les déformations personnalisées.

Les déformations prédéfinies

Pour choisir l'une d'elles, une fois la déformation activée, cliquez sur le menu **Personnalisée** de la **Barre d'options** pour afficher la liste des déformations. Quand une déformation est sélectionnée, vous pouvez la régler dans la **Barre d'options** en modifiant les valeurs des cases **Inflexion, H** et **V**. Cela peut s'effectuer avec les touches fléchées ou mieux, avec la molette de la souris (l'incrément de 0,1 passe à 1 avec ⇧). Vous pouvez également agir sur la poignée située sur le maillage de la déformation.

Transformation(1)	Localisation de l'action	Touche	Aspect	Contrainte
Déplacement	À l'intérieur du cadre	Aucune		⇧ déplacement vertical ou horizontal (seul)
Mise à l'échelle	Poignée d'angle ou latérale	Aucune		⇧ rapport L/H conservé ⌥ [Alt] centrage
Inclinaison	Poignée latérale	⇧ ⌘ [⇧ Ctrl]		⌥ [Alt] centrage
Perspective	Poignée d'angle	⇧ ⌥ ⌘ [⇧ Alt Ctrl]		
Torsion	Poignée d'angle	⌘ [Ctrl]		⇧ déplacement vert./horiz.
Rotation	Hors du cadre	Aucune		⇧ angle multiple de 15°

(1) Pour toutes les transformations mais surtout pour les rotations, vous pouvez changer la position de l'axe de transformation ( ) en le glissant.

Cliquez ici pour voir la liste des déformations.

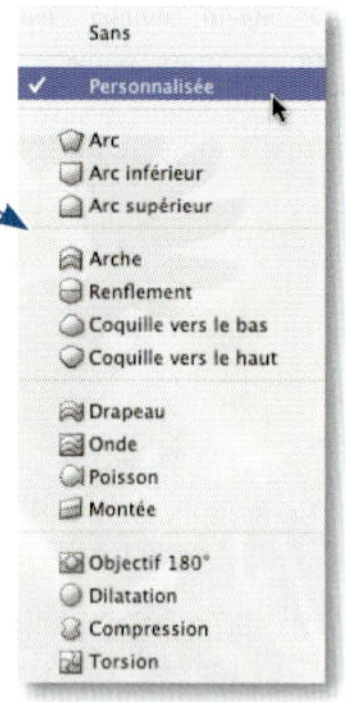

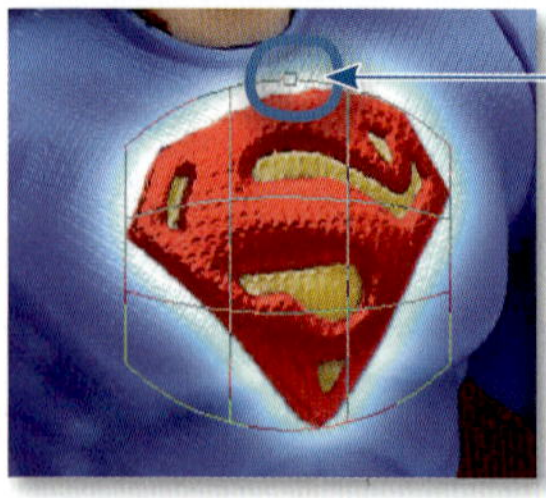

On peut changer les valeurs ici ou agir sur cette poignée.

Astuce *Pour changer l'orientation de la déformation, cliquez sur l'icône* .

Quand la déformation a l'aspect voulu, il est possible :

- de basculer vers une transformation manuelle en cliquant sur l'icône . Cela permet de redimensionner, pivoter…, puis, éventuellement, de revenir à la déformation en cliquant sur l'icône : le maillage de déformation réapparaît tel qu'il était.
- d'intervenir manuellement sur les lignes de déformation en sélectionnant **Personnalisée** dans la liste des déformations : des poignées apparaissent à différents endroits du maillage, il est possible d'intervenir dessus ou directement sur les lignes du maillage.

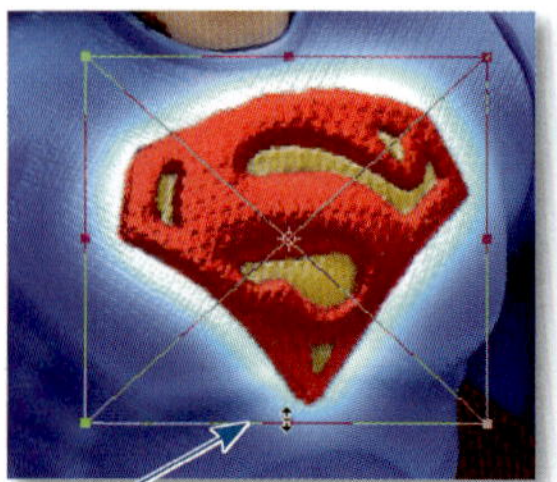

Ici, on a basculé vers la transformation manuelle (pour agrandir, par exemple).

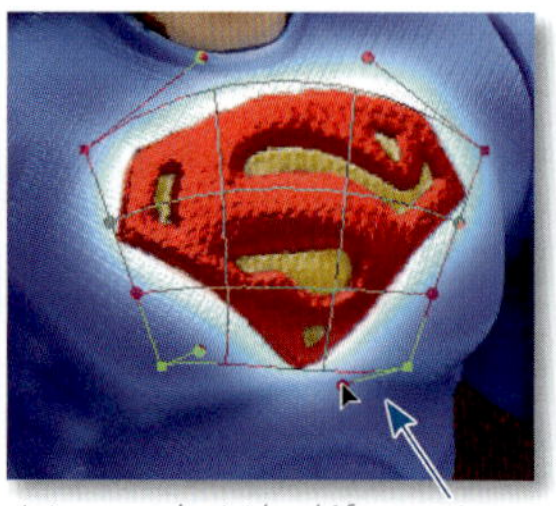

Ici, on a choisi la déformation personnalisée. On peut agir sur les poignées et les lignes.

La déformation personnalisée

On accède à cette déformation par clic sur l'icône (depuis une transformation manuelle) ou à partir de la commande **Déformation** du menu **Édition/Transformation** (affectez-lui un raccourci si vous l'utilisez fréquemment).

La déformation permettra de créer des effets de perspective particuliers ou encore de plaquer le contenu d'un calque sur un objet cylindrique. C'est ce que nous allons voir avec l'exemple décrit dans les lignes qui suivent : on souhaite plaquer sur la tasse la photo de la voiture.

Avec la déformation personnalisée, on va plaquer la photo de la voiture sur la tasse.

1. **La mise à l'échelle** : la première étape consiste à lancer la transformation manuelle (en tapant ⌘T [Ctrl T]) pour mettre à l'échelle la voiture (enfoncez ⇧ pour garder le rapport largeur/hauteur).
2. **La déformation** : placez la voiture vers le bas de la tasse pour profiter de l'arrondi de cette dernière, pour déformer les lignes. La déformation se réalise de deux façons :

- Par déplacement des points ❶ aux angles ou de ceux qui terminent les tangentes de déformation issues des angles du cadre de transformation (le curseur devient).
- Par glissement d'une face du maillage ❷ ou de l'une des lignes verticales ou horizontales (le curseur devient ▶). Il n'est pas possible d'ajouter une ligne ni un point.

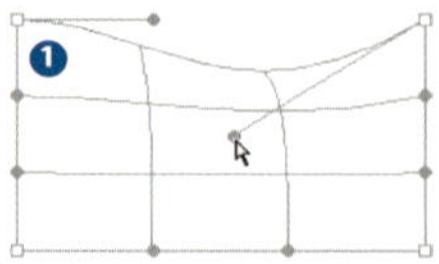

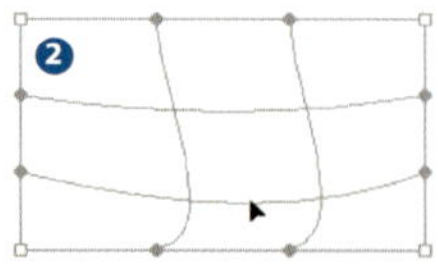

Avec la déformation personnalisée, on suit le bas de la tasse.

Astuce *Pour mieux visualiser la déformation en cours, masquez temporairement les lignes en tapant ⌘H [Ctrl H].*

3. **Les finitions** : une fois la voiture déformée, la finition comporte quelques étapes : le positionnement, le réglage des couleurs et, selon la position de la voiture, le masquage de ses zones hors de la tasse. Étudions-les en détail.

– **Le positionnement** : réactivez la transformation manuelle en cliquant sur [icône] et repositionnez la voiture sur la tasse. Si elle déborde de la tasse, il faudra peut-être réajuster ses lignes de déformation en cliquant à nouveau sur [icône]. Quand sa forme est correcte, validez la transformation pour passer à l'étape suivante.

– **Les couleurs** : pour fusionner les couleurs, appliquez le mode **Produit** au calque de la voiture.

Avec ce mode, le collage est plus réaliste.

L'opération précédente assombrit l'image. Pour l'éclaircir, ajoutez un calque de réglage **Niveaux** en cliquant sur l'icône [icône] avec ⌥[Alt] ; en effet, cela permet de cocher **Créer un masque d'écrêtage** pour que le réglage ne s'applique pas à la tasse. Éventuellement, dessinez un dégradé sur le masque pour atténuer certaines zones.

On éclaircit avec un réglage associé à un masque en dégradé.

– **Le masque** : la voiture peut déborder de la tasse. Pour éliminer les parties hors de la tasse, créez une sélection rectangulaire de la largeur de la tasse, lancez **Transformer la sélection** (menu **Sélection**) et ajustez les bords de la sélection sur ceux de la tasse en enfonçant ⌘[Ctrl]. Quand la sélection est prête, pour terminer ce montage, activez le calque de la voiture et cliquez sur l'icône [icône] pour créer le masque de fusion.

Avec ce masque, on a caché ce qui débordait de la tasse.

La déformation localisée et automatisée

La déformation personnalisée est intéressante à plus d'un titre. En effet, dans certains cas, au lieu d'utiliser le filtre **Fluidité**, vous pouvez utiliser les déformations. Pour cela, sélectionnez une partie de la photo avec un contour progressif, copiez-la sur un nouveau calque, et enfin modifiez-la par déformation. Si, une fois cette partie isolée sur un calque, ce dernier a été défini comme objet dynamique, les déformations deviennent réversibles (ce qui n'est pas le cas du filtre **Fluidité**).

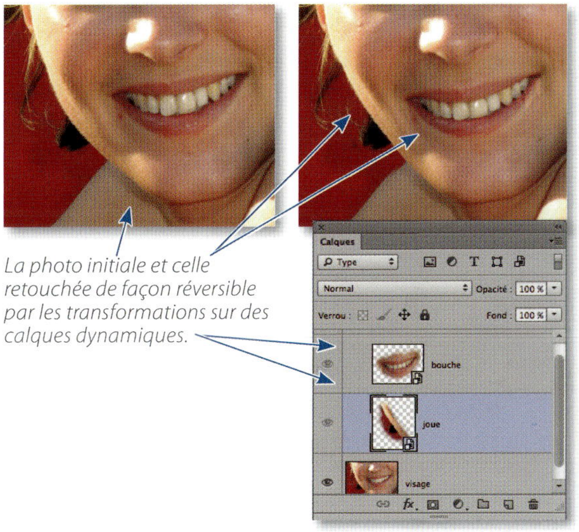

La photo initiale et celle retouchée de façon réversible par les transformations sur des calques dynamiques.

Voici les différentes étapes de la déformation localisée. La sélection de la partie à déformer peut faire appel au **Mode Masque** :

1. Activez le **Mode Masque** (en tapant la touche Q).

2. Réinitialisez les couleurs (en tapant D) pour avoir le noir au premier plan.

3. Activez l'outil **Pinceau** (touche B) et réglez son aspect directement sur l'image par glissement. Pour mémoire :

Réglages par glissement sur Mac puis sous Windows		
Taille	⌥ctrl + glisser horizontalement	Alt + glisser bouton droit horizontalement
Dureté	⌥ctrl + glisser verticalement	Alt + glisser bouton droit verticalement

4. Dessinez sur l'image la zone que vous souhaitez déformer : elle apparaît en rouge.

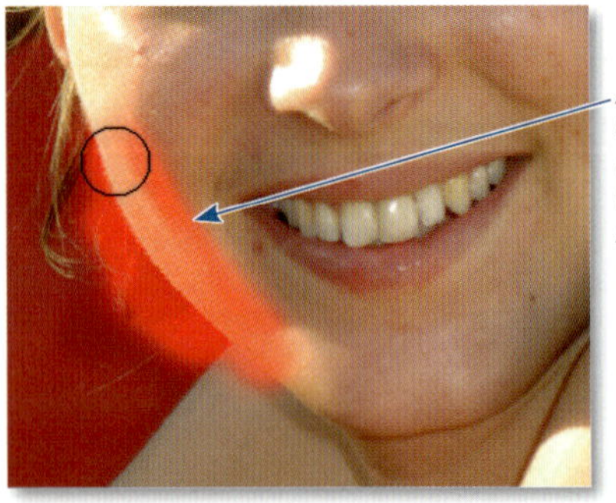

Avec le ***Mode Masque****, on dessine avec l'outil* ***Pinceau*** *la zone à modifier.*

5. Inversez les couleurs en tapant ⌘I [Ctrl I]. Quittez le **Mode Masque** (en tapant Q), la sélection doit apparaître.

6. Tapez ⌘J [Ctrl J] pour copier cette sélection sur un nouveau calque (ajoutez ⌥[Alt] pour le renommer). Si vous enfoncez la touche M, la commande **Calque par copier** devient accessible dans le menu contextuel.

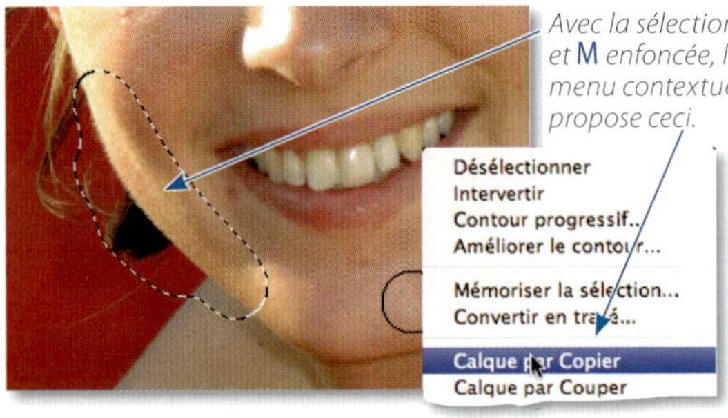

Avec la sélection et M *enfoncée, le menu contextuel propose ceci.*

7. Par clic droit sur la vignette du calque créé, lancez **Convertir en objet dynamique**.

Une fois la sélection copiée sur un calque, on convertit ce dernier en objet dynamique.

8. Dans le menu **Édition**, choisissez **Transformation/Déformation**. Le cadre de déformation apparaît, vous pouvez agir sur les lignes ou les poignées en respectant les raccordements avec le reste de la photo. Éventuellement, il sera possible d'ajouter un masque de fusion pour y masquer (au pinceau noir) certaines parties.

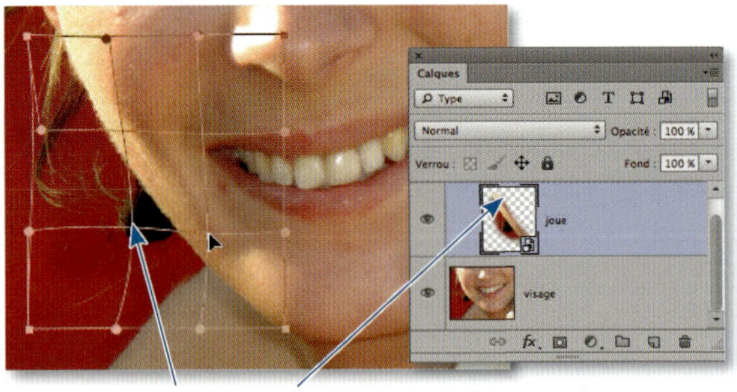

On peut déformer le calque en respectant les raccords.

Après le dessin sur le **Mode Masque**, l'ensemble des opérations (copier-coller sur un calque, conversion en calque dynamique et lancement de la déformation) peut être placé dans un script. Pour que l'automatisation soit davantage poussée, il faudra ajouter quelques instructions. *Ce script a été évoqué et commenté à la page 214 de la partie consacrée aux retouches.*

Les transformations paramétrées

Les transformations paramétrées s'effectuent dans la **Barre d'options** une fois la transformation manuelle lancée. Modifiez l'objet en agissant sur les valeurs de **L**, **H**... Cliquez sur le maillon 🔗 pour modifier **L** et **H** en même temps.

Pour changer les valeurs, vous pouvez : glisser la souris sur la lettre devant la case, on voit ↔ ; utiliser les touches fléchées, ou encore la molette de la souris. Dans tous les cas, l'incrément est multiplié par 10 avec ⇧ et vous pouvez choisir une autre unité par clic droit sur la case.

Les transformations des groupes et des calques liés ou sélectionnés

Quand on active un groupe, tous les calques du dossier subissent la transformation — celle-ci n'est pas accessible si l'un des calques est masqué. De même, quand les calques sont liés (🔗), ils se transforment ensemble. Quand vous sélectionnez plusieurs calques (affichés ou non) dans le panneau **Calques**, tous ces calques, ainsi que les calques liés à ceux de la sélection (même s'ils ne sont pas affichés), subissent la transformation.

Les transformations avec un texte

Quand vous transformez un texte, vous n'avez pas accès aux transformations de types **Torsion** et **Perspective**. Si vous souhaitez utiliser ces deux transformations, vous pouvez : convertir le texte en pixels avec le sous-menu **Pixellisation** (menu **Calque**) ou le convertir en forme par le sous-menu **Texte** (dans ce cas, c'est un tracé sur un masque vectoriel que vous manipulerez). La meilleure solution consiste à le convertir en objet dynamique. Il pourra ainsi subir toutes les transformations et restera éditable en tant que texte par double-clic sur la vignette du calque dynamique.

La répétition d'une transformation

Pour répéter une transformation, vous pouvez lancer la première commande du sous-menu **Transformation** (menu **Édition**), ou taper ⌘T [⇧Ctrl T].

La copie transformée sur un nouveau calque

Si vous lancez l'une des commandes de transformation en enfonçant ⌥[Alt] (au clavier, ⌘T [Alt Ctrl T] pour la transformation manuelle), vous obtiendrez une copie du calque actif (sauf si vous avez sélectionné une partie du calque).

Les compositions de calques

L'intérêt des compositions de calques

Lorsque vous élaborez un document, vous pouvez être amené à en créer plusieurs versions. Une fois mis en place les calques constituant votre illustration, vous avez réalisé une première version de votre document ; en effectuant des modifications sur les calques (ajout de calque, affichage, masquage, déplacement, modification d'effet…), vous en créerez une deuxième version, puis une troisième… Il est alors impératif d'assurer un retour rapide à cette première version (ou à la deuxième…) au cas où vous souhaiteriez comparer ces versions ou les présenter à un client.

Ce document comporte de multiples calques que l'on souhaite afficher ou masquer pour voir d'autres versions de l'illustration.

Le panneau **Compositions de calques** permet de créer, gérer et afficher plusieurs versions d'une illustration, dans un seul fichier Photoshop, à l'aide de compositions de calques. Une composition de calques constitue donc un instantané de la disposition du panneau **Calques**, mais contrairement à celui de l'historique, il est conservé et enregistré dans le document.

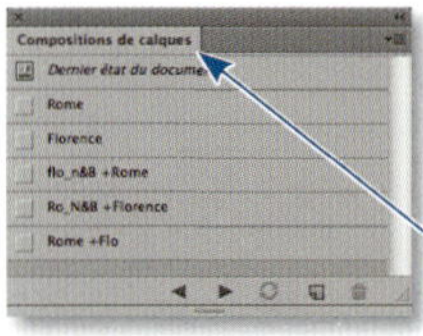

Pour passer rapidement d'une version à une autre, on définit des compositions de calques dans ce panneau.

On a affiché cette composition qui montre d'autres calques.

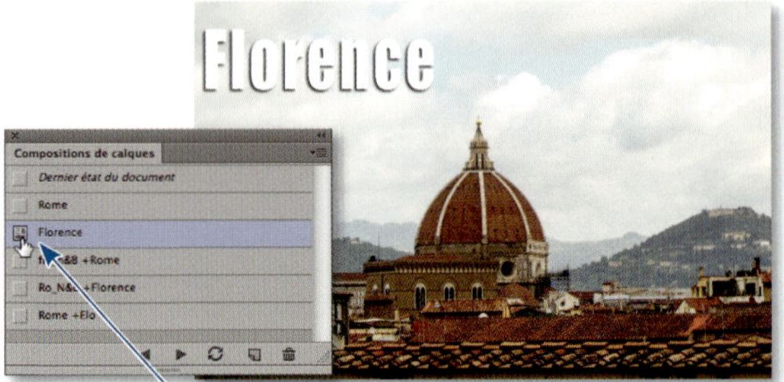

Avec cette composition, certains calques ont été masqués et d'autres affichés en remplacement.

On passe d'une composition à l'autre par clic sur ces triangles.

La gestion des compositions

La création d'une composition

Une composition de calques enregistre la disposition du panneau **Calques** en englobant trois types de caractéristiques pour chacun des calques : **visibilité**, **position** de son contenu et **aspect** des effets de calque.

Pour créer une composition, une fois les calques en place, cliquez sur l'icône située en bas du panneau **Compositions de calques**. Une fenêtre s'affiche, elle comporte trois options dont seule la première est active par défaut. La case **Commentaires** permet d'ajouter des précisions sur les éléments de la composition.

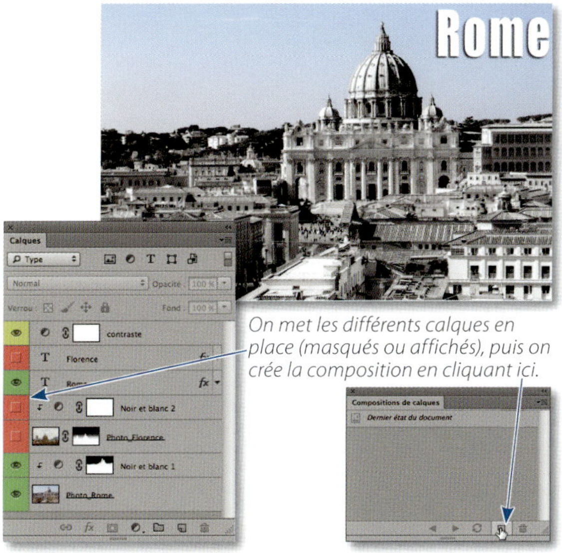

On met les différents calques en place (masqués ou affichés), puis on crée la composition en cliquant ici.

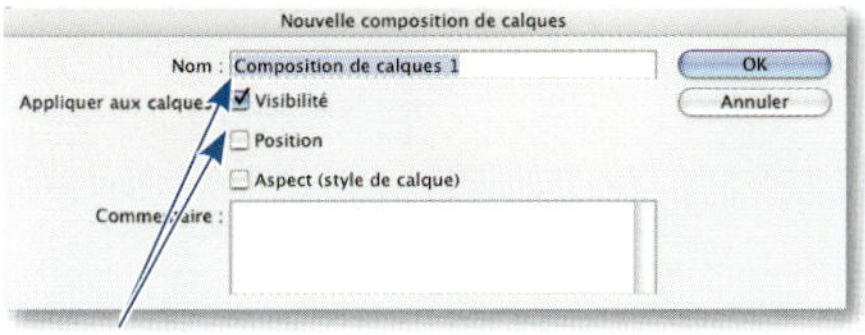

Cette fenêtre permet de nommer et de définir les options de la composition.

Au moins l'une des trois options doit être active. En effet, celles-ci définissent les éléments (**Visibilité**, **Position** et **Aspect**) des calques de la composition enregistrée, qui ne seront pas mis à jour automatiquement si des modifications sont apportées au document dans son dernier état, ou dans une autre composition de calques.

> **Attention** *Si le document comporte des filtres dynamiques, leur affichage/masquage ainsi que celui de son masque filtrant ne sont pas pris en compte par l'option de visibilité de la composition de calques. Le changement d'affichage se répercutera même sur toutes les compositions déjà réalisées.*

Une fois la composition créée, et en fonction des options cochées, dès que vous effectuez certains changements dans le panneau **Calques** ou sur l'image, le panneau **Compositions de calques** affiche l'icône ▣ devant la ligne **Dernier état du document** pour indiquer que le document affiché n'est plus identique à la composition sélectionnée (elle devra éventuellement être mise à jour).

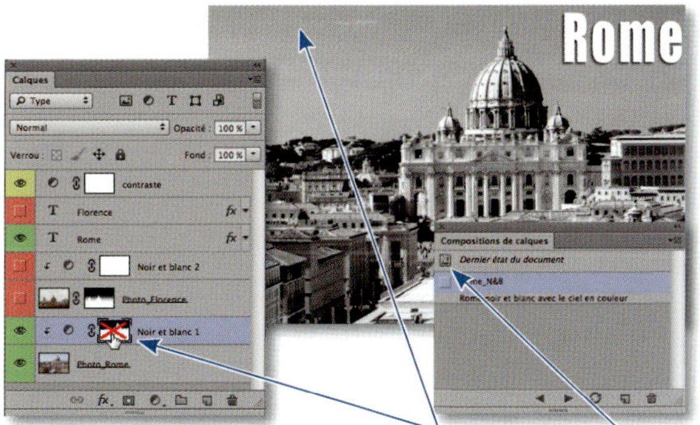

Dès que l'on fait le moindre changement (ici, désactiver un masque), la composition est modifiée, une icône l'indique ici.

Les options d'une composition de calques

La visibilité du calque

Cette option, active par défaut, signifie que tout changement de visibilité (affichage/masquage) d'un calque ou d'un masque n'entraîne aucune modification de la composition enregistrée avec cette option mais constitue une nouvelle composition qui pourra être enregistrée (elle prend temporairement le nom de **Dernier état du document**). Si vous désactivez **Visibilité** lors de l'enregistrement d'une composition, tous les changements effectués sur la visibilité d'un calque (ou masque) déjà présent dans le panneau **Calques** seront répercutés automatiquement dans cette composition. L'activation de cette option permet donc de créer des compositions dans lesquelles les calques (et les masques) ont des états de visibilité différents. Chaque composition devra être enregistrée après avoir réalisé un changement de visibilité.

Ces calques ont été affichés en vue de créer cette composition.

Dans les autres compositions, les éléments affichés (ou masqués) n'apparaissent pas (ou ne disparaissent pas) si les compositions ont été définies avec l'option **Visibilité** cochée.

> **Astuce** *Si vous ajoutez un nouveau calque, il ne sera affiché que dans les futures compositions. Pour les anciennes, il faudra mettre à jour la composition* (voir plus loin) *si l'on souhaite qu'il y soit visible.*

La position du calque

Si l'option **Position** a été cochée lors de la création de la composition, et que vous déplacez le contenu d'un calque existant, il n'y aura pas de mise à jour dans cette composition. Le fait de cocher cette option permet donc de créer différentes compositions dans lesquelles le contenu des calques peut se trouver à des positions différentes. Quand cette option a été activée dans une composition, tout déplacement du contenu d'un calque provoque le placement de l'icône devant la ligne **Dernier état du document**.

On a déplacé un calque, l'icône se place ici, car la composition active a été définie avec l'option **Position**.

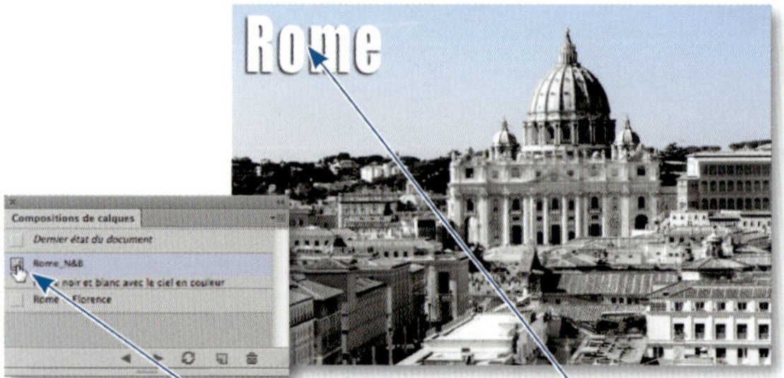

Si on réaffiche la première composition, il y a mise à jour car elle a été créée sans l'option **Position**,.

Si vous souhaitez qu'une composition particulière soit mise à jour lors d'un déplacement, avant de l'effectuer, vous pouvez double-cliquer sur le nom de cette composition pour afficher sa fenêtre d'options et décocher l'option **Position**.

> **Astuce** *Dans les compositions créées avec l'option* ***Position*** *cochée, si vous souhaitez qu'un déplacement de contenu d'un calque soit répercuté automatiquement dans ces compositions, sans avoir à modifier les options de la composition, réalisez-le en utilisant la commande* ***Transformation manuelle*** *à la place de l'outil* ***Déplacement***.

L'aspect des effets de calque

Cette option assure la gestion du style du calque, c'est-à-dire de l'opacité, des effets de calque (ombre portée...), des modes de fusion... Si elle n'est pas cochée, toutes les modifications effectuées dans la fenêtre **Style de calque** (affichée en cliquant sur l'icône fx), ou les équivalents dans le panneau **Calques** pour l'opacité et les modes de fusion, sont répercutées sur les calques des compositions existantes.

Le fait de cocher cette option permet donc de créer des compositions dans lesquelles des calques ont des effets différents (ombre, couleur, contour...) ou des valeurs d'opacité différentes. Avec cette option active, toute modification de réglage du style de calque entraîne le déplacement de l'icône devant la ligne **Dernier état du document**.

On a créé une troisième composition avec l'option **Aspect** *cochée, après avoir fait quelques modifications.*

On a ajouté des effets de calque sur le texte. L'icône se place ici sur **Dernier état du document** *car la composition active a été définie avec l'option* **Aspect**.

Les changements d'options

Avant de faire des changements sur le document, vous pouvez redéfinir les options d'une composition de calques afin que les modifications y soient répercutées automatiquement. Cette opération s'effectue en affichant la fenêtre **Options de composition de calques** par double-clic à droite du nom de la composition.

> **Astuce** *Dans les commentaires, ou même dans le nom de la composition, il peut être judicieux d'indiquer par des lettres (V, P et A) quelles sont les options activées.*

On peut changer les options et indiquer dans le nom lesquelles sont actives.

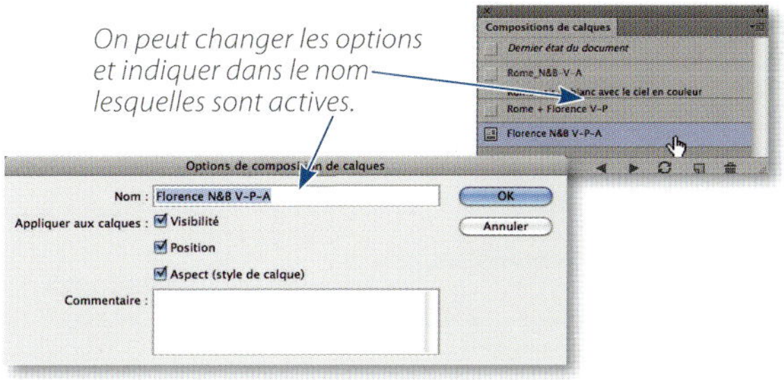

Les mises à jour des compositions de calques

La mise à jour automatique

Elle s'effectue par affichage de la composition, c'est-à-dire en cliquant sur la case vide située devant son nom ou par les boutons ◄ ►. Cependant, pour que cette mise à jour corresponde aux dernières modifications effectuées sur le document, il est impératif d'afficher la composition à mettre à jour, alors que l'icône se trouve devant la ligne **Dernier état du document**. En effet, l'ordre d'affichage des différentes compositions influe sur la façon dont la composition se met à jour automatiquement.

> **Attention** *Dans les mises à jour automatiques, l'ordre dans lequel vous affichez les compositions a une influence. En effet, si une composition doit être mise à jour (parce qu'elle a été définie sans l'une des options **Visibilité**, **Position** ou **Aspect**), elle prendra une partie de l'aspect de la composition qui a été affichée juste avant elle.*
>
> **Astuce** *Pour que la composition que vous venez d'afficher ne subisse plus aucune mise à jour automatique liée à l'affichage successif des compositions, affichez sa fenêtre d'options et activez ses trois options (**Visibilité**, **Position** et **Aspect**).*

Vous pouvez effectuer des copies d'une composition (par glissement sur l'icône) avec des options actives différentes, puis visualiser l'impact des mises à jour par changement de l'ordre d'affichage des compositions.

La mise à jour manuelle d'une composition

Si vous ajoutez de nouveaux calques, ou si vous avez fait d'autres modifications (déplacement, affichage, effet et opacité), certaines compositions devront parfois être mises à jour. Pour cela, cliquez sur le nom de la composition afin de la sélectionner, puis sur l'icône . Une fois mise à jour, l'icône se place devant le nom de la composition.

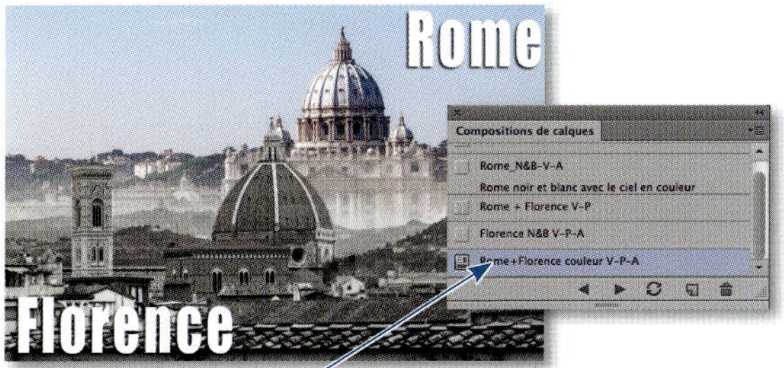

Après avoir créé cette composition, on a effectué des modifications. On peut en faire la mise à jour en cliquant là.

Si vous supprimez un calque (ou fusionnez des calques), l'icône s'affichera à droite du nom des compositions dans lesquelles il était visible, pour vous signaler que la mise à jour ne s'effectuera que partiellement.

> **Astuce** *Si l'un des calques d'une composition est un objet dynamique, la modification du contenu de ce dernier ne sera pas considérée comme une modification de la composition. La mise à jour sera automatique sur toutes les compositions où cet objet était visible.*

L'exportation des compositions de calques

Les scripts d'exportation

Quand vous avez réalisé une série de compositions de calques, en plus de les visualiser successivement par clics sur les boutons ◄ ► du panneau **Compositions de calques**, vous pouvez les exporter en fichiers sous différentes formes, afin de les soumettre à l'approbation d'un client ou de les conserver séparées.

Cette exportation se réalise par la commande du sous-menu **Scripts** (menu **Fichier**) qui permet de convertir chaque composition de calques en fichiers. Vous pouvez n'exporter que certaines compositions, à condition de les sélectionner dans le panneau **Compositions de calques**. L'exportation en fichier PDF est de retour, alors que l'exportation GWP se réalise désormais depuis Bridge.

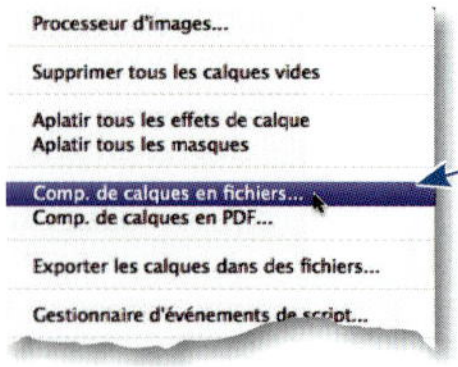

*Dans le menu **Fichier**, le sous-menu **Scripts** propose deux types d'exportations de compositions (la seconde affiche un message de redirection vers Bridge).*

LES FICHIERS À PARTIR DES COMPOSITIONS

Avant de lancer la commande **Comp. de calques en fichiers** du sous-menu **Scripts**, effectuez une copie de votre document (menu **Image/Dupliquer**). Dans cette copie du fichier, renommez chaque composition de calques avec des noms courts et supprimez les commentaires. En effet, quand Photoshop crée les fichiers, il les nomme en utilisant le nom de la composition et son commentaire ; en outre, si ces derniers comportent certains signes (tels que / ou :), ils provoqueront l'échec du script.

Quand vous lancez la commande, une fenêtre permet de choisir un dossier de destination et un format (avec des options pour certains). Si vous souhaitez exporter avec plusieurs formats, il faudra relancer la commande pour y choisir un second format de fichier.

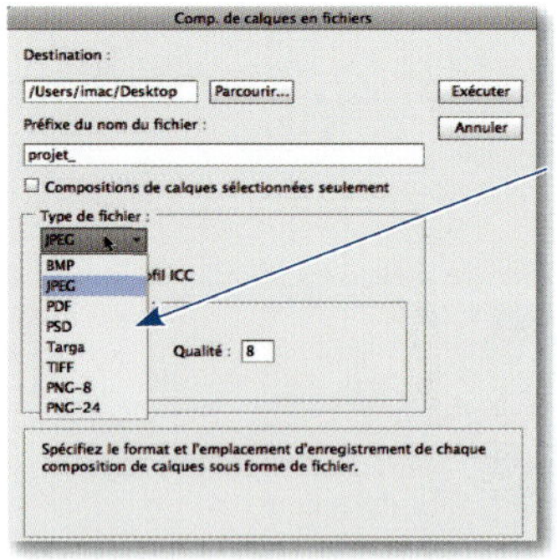

*La commande **Comp. de calques en fichiers** permet de choisir le format d'exportation.*

L'EXPORTATION EN FICHIER PDF

Ce type d'exportation avait disparu dans CS5 et nécessitait le passage par l'export précédent puis par Brdige. La commande **Comp. de calques en PDF** du sous-menu **Scripts**, permet d'obtenir un fichier PDF de présentation.

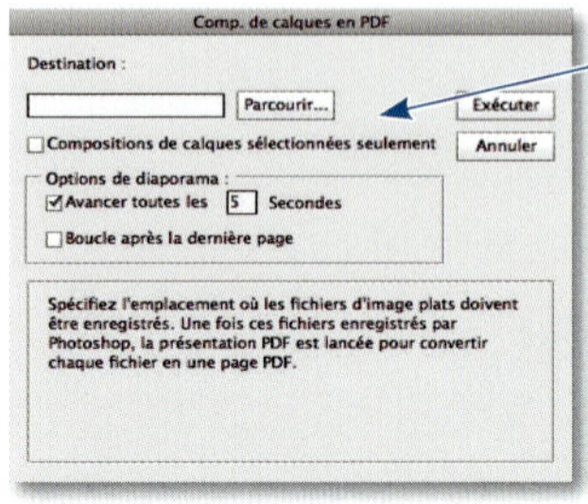

*La commande **Comp. de calques en PDF**.*

LA GALERIE WEB PHOTO (GWP)

La galerie se réalise en deux étapes. Dans un premier temps, utilisez le script **Comp. de calques en fichiers** pour obtenir la série de fichiers puis, dans un second temps, utilisez le module **Sortie** de Bridge pour réaliser une galerie Web à partir de fichiers sélectionnés ; Bridge permettra de prévisualiser cette galerie et de la télécharger directement dans votre site à l'aide d'une fonction FTP intégrée à ce module.

2 - Les calques et les détourages

Les détourages avec des masques

Le détourage avec les masques associés au calque

Photoshop propose deux types de masques : le **masque de fusion** (masque de pixels lié à la résolution de l'image) et le **masque vectoriel** (obtenu à partir d'un tracé, indépendant de la résolution). Ces deux masques peuvent être cumulés sur un même calque ou affectés à un groupe de calques, ce qui constitue un masque commun à plusieurs calques.

NOTE *Avec la version CS6, il n'est plus nécessaire de convertir le calque Arrière-plan pour ajouter un masque de fusion par le panneau* ***Calques****.*

Le détourage avec un masque de fusion

Rappel du principe du masque

Le masque de fusion agit (de façon réversible) sur un calque de manière à en cacher une partie sans altération des pixels. Il s'agit d'une couche alpha dont la vignette est visible à droite de celle du calque masqué dans le panneau **Calques**. Les parties blanches de la couche laissent voir le contenu du calque, les parties noires les cachent et les parties grises définissent les zones partiellement visibles du calque.

L'obtention d'un masque de fusion

Les opérations se réalisent à partir du menu **Calque/ Masque de fusion** ou du panneau **Calques**. Cependant, il y a plusieurs façons d'obtenir le masque : par un ajout direct (sans préparation), à partir d'une sélection, ou par collage.

L'ajout d'un masque sans préparation

Vous pouvez ajouter un masque qui ne cache rien (ou tout), puis le remplir pour masquer les parties voulues. L'ajout s'effectue depuis le panneau **Calques** : activez le calque et cliquez sur l'icône ◘ située en bas du panneau (en enfonçant ⌥ [Alt], le masque est inversé). Un masque pixellisé est ajouté et il apparaît une vignette blanche à droite de celle du calque ; Photoshop active ce masque (le cadre autour de sa vignette l'indique). Vous pouvez maintenant travailler sur la couche du masque. Le masque obtenu peut alors être couvert partiellement de noir (ou de blanc) s'il ne cachait rien (ou s'il cachait tout), et ainsi laisser voir les éléments voulus du calque.

Le masque de fusion à partir d'une sélection

Avec l'une des méthodes de votre choix (sélection, couche alpha, **Mode Masque**, tracé, etc.), effectuez ou récupérez la sélection des zones qui devront être visibles (ou celles à masquer). Activez, s'il ne l'était pas, le calque devant recevoir le masque de fusion et cliquez sur l'icône ◘ du panneau **Calques** (ajoutez ⌥ [Alt] si vous avez sélectionné les zones à cacher).

Le masque de fusion par collage spécial

Coller dedans

Si vous avez copié le contenu d'un calque (⌘A [Ctrl A], puis ⌘C [Ctrl C] ou ⇧⌘C [⇧Ctrl C] s'il y a plusieurs calques), vous pouvez le coller dans un autre document à l'intérieur d'une sélection, avec la commande **Coller dedans** (menu **Édition** puis **Collage spécial** ou ⇧⌘V [⇧Ctrl V]). Photoshop colle le calque et utilise cette sélection pour lui associer un masque de fusion qui cache une partie du collage.

Avec l'outil **Déplacement**, vous pouvez repositionner le contenu du collage (il bouge seul car il n'y a pas de liaison entre le calque et son masque).

On copie dans le document source. On fait, ici avec **Plage de couleurs**, une sélection dans le document de destination.

On colle dedans : un masque est créé automatiquement pour cacher une partie du collage qu'ici on a déplacé.

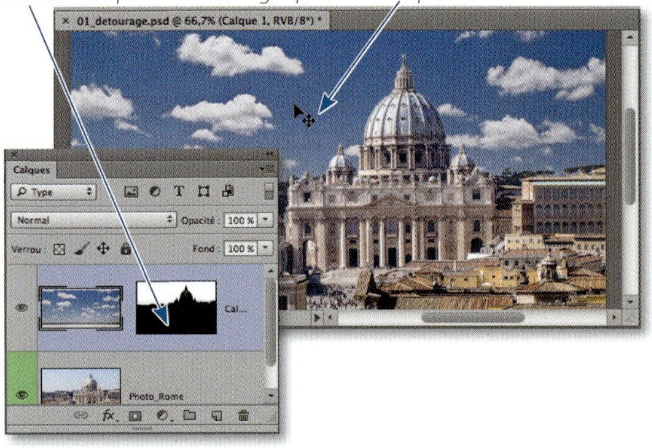

Astuce *Ce type de collage peut s'avérer intéressant mais au niveau du travail du masque, vous obtiendrez de meilleurs résultats (notamment lors de la décontamination) en plaçant le calque avec son détourage au-dessus du collage (dans l'exemple ci-dessus, le ciel sous la ville détourée par un masque,* voir plus loin*).*

Coller en dehors

Si votre sélection correspond à l'inverse de la zone à remplir, il n'est plus nécessaire de l'inverser. Photoshop propose un collage à l'extérieur de la sélection avec la commande **Coller en dehors** (menu **Édition/Collage spécial**). Il colle le calque et utilise l'inverse de la sélection pour créer un masque de fusion qui cache une partie du collage.

Le travail du masque de fusion ou du calque

L'édition du calque

Si vous cliquez sur le nom ou sur la vignette d'un calque comportant un masque de fusion, Photoshop affiche le calque et le rend actif, c'est-à-dire éditable : un cadre entoure sa vignette pour signaler que les modifications (sauf déplacements et transformations) n'affecteront que le calque (le nom de la fenêtre du document indique également que c'est le calque qui est actif).

*Ce cadre et ce nom indiquent que l'on travaille sur le calque (ici, avec l'outil **Tampon**).*

Astuce *L'activation du masque s'obtient également à partir du panneau **Propriétés**. Si le masque est inactif, il est indiqué **Aucun masque sélectionné** et un clic sur l'icône située à droite du panneau active le masque : l'icône devient.*

L'édition et l'affichage du masque

Le masque de fusion non affiché

Si vous cliquez sur la vignette du masque, Photoshop affiche le calque et rend le masque éditable. Le cadre autour de sa vignette signale que les modifications (sauf déplacements et transformations) n'affecteront que le masque. Le nom de la fenêtre du document indique que c'est le masque de fusion qui est actif.

*Ce cadre et ce nom indiquent un travail sur le masque (ici, avec l'outil **Pinceau**).*

Le masque de fusion affiché avec le calque

Pour voir le calque et le masque en superposition (dans sa couleur par défaut, le rouge), enfoncez ⇧⌥ [⇧Alt] et cliquez sur la vignette du masque. Celle-ci s'encadre pour indiquer que c'est le masque qui est éditable.

Le masque de fusion affiché seul

Pour visualiser seule la couche du masque de fusion à partir du panneau **Calques**, enfoncez ⌥ [Alt] et cliquez sur la vignette du masque.

Le masque de fusion affiché avec la couche RVB et affiché seul.

L'édition du masque de fusion

Les possibilités sont nombreuses ; elles ont été évoquées dans les chapitres sur les couches alpha, puis dans celui sur les calques de réglage. Toutes ces manipulations s'effectuent sur le masque, qu'il soit visible ou non ; en revanche, il doit être éditable (vignette encadrée). En voici un rappel.

Le travail du masque à partir du panneau Propriétés

Le panneau **Propriétés** propose des options pour travailler le masque telles que **Densité**, **Contour progressif**, **Contour du masque**, **Plage de couleurs** et **Inverser**. Ces différents traitements ont été abordés dans les chapitres précédents (*voir pages 288 à 305 et pages 316, puis 321 à 325*).

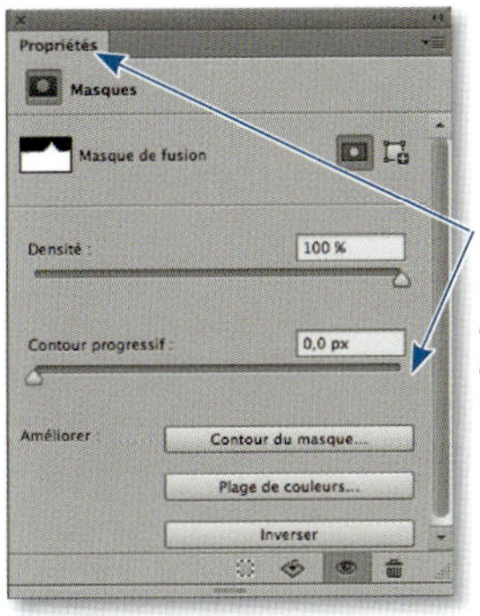

*De nombreux traitements du masque sont regroupés dans le panneau **Propriétés**. Les deux premiers s'appliquent également aux masques vectoriels.*

La densité du masque

Ce réglage réversible a pour effet d'éclaircir les zones sombres d'un masque de pixels. Cela fait réapparaître partiellement les pixels du calque correspondant à ces zones.

Le contour progressif

Ce réglage crée une zone de fondu sur les bords du masque. Étant plus facilement accessible, il est préférable de l'utiliser en remplacement de la même option **Contour progressif** de la commande **Contour du masque**.

La plage de couleurs

Le bouton **Plage de couleurs** affiche une fenêtre pour créer ou modifier le masque à partir de prélèvements de teintes sur l'image.

Le contour du masque

Le bouton **Contour du masque** s'applique directement sur le masque de fusion pour en affiner les bords. Toutes les manipulations possibles ont été étudiées dans le chapitre consacré aux couches alpha. Avec certains montages, une dilatation (ou contraction) des contours ou une décontamination permettra d'éliminer les pixels situés sur les bords du détourage.

Cette commande permet d'affiner le masque. Ci-dessous, on a amélioré les bords de l'image par décontamination. On a contrasté pour atténuer le flou qu'a provoqué la décontamination.

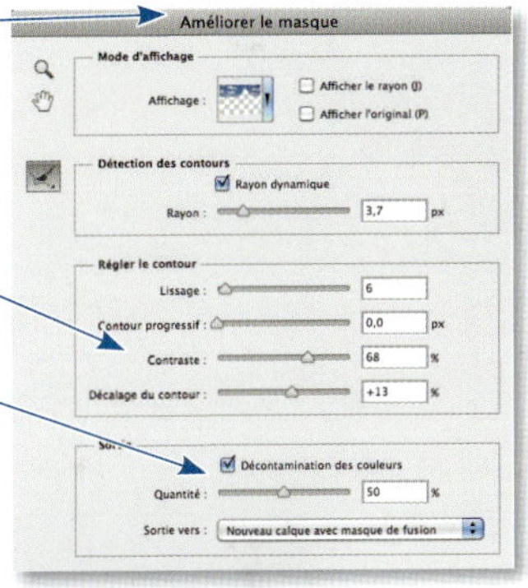

Avant et après décontamination.

Une décontamination donnera souvent des résultats plus intéressants, mais un nouveau calque avec un masque sera ajouté.

La décontamination a créé une copie du calque d'origine (qui ici n'est plus dynamique).

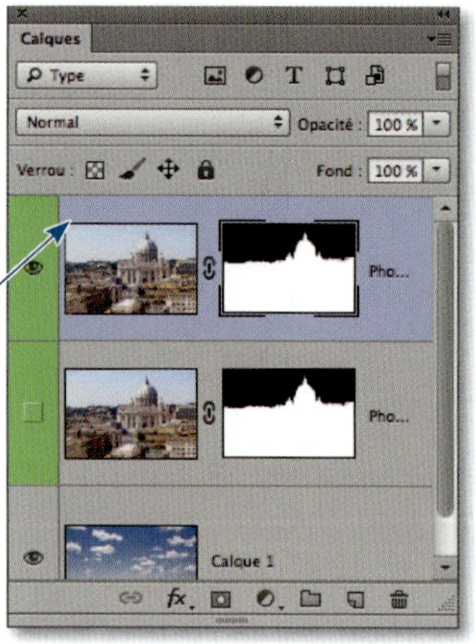

Le dessin sur le masque de fusion

Avant de modifier le masque, affichez les couleurs par défaut. Choisissez un outil de dessin : l'outil **Crayon** pour avoir des bords nets et l'outil **Pinceau** pour des bords adoucis (flous). Réglez-le (taille, dureté et opacité…) au clavier, par glissement (*voir le tableau ci-après*) ou dans la **Barre d'options**.

*Ici, on a activé l'outil **Pinceau** et réglé ses options de travail.*

Réglages par glissement sur Mac puis sous Windows		
Taille	⌥ ctrl + glisser horizontalement	Alt + glisser bouton droit horizontalement
Dureté	⌥ ctrl + glisser verticalement	Alt + glisser bouton droit verticalement

L'opacité se règle également au clavier en tapant la valeur souhaitée, sauf pour l'outil **Pinceau** avec le mode **Aérographe** où il faut ajouter ⇧.

> **Astuce** *Les couleurs par défaut s'obtiennent en tapant D, elles s'inversent en tapant X.*

L'application des outils de dessin (**Pinceau**, **Crayon**) avec le noir comme couleur de premier plan couvre la couche de noir et provoque une étendue des parties masquées ; le blanc « dévoile » l'image. Avec l'outil **Gomme**, c'est la couleur d'arrière-plan qui est utilisée.

> **Astuce** *Si, au cours du travail sur le masque, vous souhaitez alternativement utiliser les outils **Pinceau** et **Gomme** (pour bénéficier de deux outils avec des tailles différentes), pensez à activer temporairement cette dernière en maintenant enfoncée la touche E, l'outil **Pinceau** réapparaîtra en relâchant la touche.*

Les traitements chromatiques

Pour modifier l'aspect d'une partie d'un masque, utilisez les traitements chromatiques du sous-menu **Réglages** (menu **Image**). Seules ou cumulées, appliquées sur une partie ou sur la totalité du masque, certaines commandes peuvent s'avérer très utiles ; c'est le cas de **Négatif** (⌘I [Ctrl I]), **Seuil**, **Luminosité/Contraste** et **Niveaux** (⌘L [Ctrl L]).

Les traitements et les filtres

Quand l'action doit être localisée, à la place d'**Améliorer le contour**, utilisez des filtres tels que **Flou gaussien** (menu **Filtre/Atténuation**) pour créer un masque flou (contour progressif) ou **Maximum** et **Minimum** (menu **Filtre/Divers**) pour étendre ou réduire les zones blanches du masque.

Le remplissage ou la coloration du masque

Avec le pot de peinture

Pour remplir certaines zones, dessinez-en le contour (fermé) avec l'outil **Crayon** pour obtenir des contours nets, puis cliquez à l'intérieur du dessin créé avec l'outil **Pot de peinture**. Réglez la tolérance avec une valeur importante si le tracé a été dessiné avec l'outil **Pinceau**.

Avec une sélection

Vous pouvez récupérer une sélection (voire la créer) et la remplir de noir ou de blanc avec la commande **Remplir** (menu **Édition** ou ⇧Efface). Une fenêtre permettra de choisir la couleur de remplissage voulue pour le masque : le noir, le blanc, le gris à 50 % ou encore un motif. Au clavier, tapez Efface pour remplir avec la couleur d'arrière-plan ou ⌥Efface [Alt Effface] pour celle de premier plan.

Avec un dégradé : le fondu entre deux photos

Pour obtenir un fondu important sur un masque, utilisez l'outil **Dégradé** : ajustez ses paramètres dans la **Barre d'options** (type, opacité…) et glissez l'outil **Dégradé** sur la photo (une sélection préalable peut être réalisée pour limiter son action). Si vous superposez deux photos et affectez à celle du dessus un masque de fusion rempli d'un dégradé, vous obtiendrez la fusion progressive de l'une dans l'autre.

En dessinant un dégradé sur le masque de la photo ci-dessus, on fait apparaître celle en dessous avec un fondu.

Le placement ou le collage d'éléments

Pour affiner l'aspect du masque, vous pouvez placer (par création, importation ou collage) différents types d'objets tels que des tracés créés sur d'autres calques ou des dessins réalisés sur d'autres logiciels comme Illustrator. Vous pouvez également copier le contenu d'un calque ou d'une couche d'un autre document pour le coller directement sur la couche du masque ; cependant, celle-ci devra être affichée seule (par ⌥clic [Alt clic] sur sa vignette dans le panneau **Calques**), pour que le collage ne fasse pas apparaître un nouveau calque.

Le placement d'un texte

Il s'effectue avec l'outil **Masque de texte** : le document se couvre de la couleur du **Mode Masque** et la saisie apparaît en transparence — elle peut être déplacée par glissement à l'extérieur du texte. Pour changer sa typographie, sélectionnez-le par ⌘A [Ctrl A] et effectuez les réglages dans la **Barre d'options**. Une fois le texte réglé, validez (en tapant ↵) pour voir la sélection et colorez celle-ci de noir ou de blanc.

Les mémorisations de sélection

Si vous travaillez une sélection sur un autre calque ou une autre couche que celle du masque de fusion, il est possible de mémoriser cette sélection (menu **Sélection/Mémoriser la sélection**) directement sur la couche du masque, en la choisissant comme destination de mémorisation après avoir sélectionné son calque associé.

Les transformations du masque

Diverses transformations (mise à l'échelle, rotation, inclinaison, déformation...) sont réalisables sur le masque de fusion. Pour lancer la **Transformation manuelle**, tapez ⌘T [Ctrl T].

Les tracés sur le masque

Vous pouvez utiliser le dessin vectoriel sur le masque.

Le dessin avec l'outil Plume

Si une partie du masque doit être modifiée par un dessin avec l'outil **Plume**, il faut opérer en deux étapes : le dessin du tracé, puis sa coloration. Cette dernière s'effectue à partir du panneau **Tracés** par ⌥clic [Alt clic] sur l'icône (ou par la commande **Fond du tracé** du menu du panneau).

Le dessin avec les formes

Avant de dessiner sur la couche du masque de fusion, assurez-vous que la couleur de premier plan est correctement choisie. Pour utiliser convenablement l'outil de dessin vectoriel sur une couche, vous devez spécifier dans la **Barre d'options** la façon dont il va réagir sur le document. Vous avez deux options possibles :

- **Pixels** : pour obtenir une forme remplie de la couleur de premier plan, mais non modifiable, cliquez sur la troisième icône de la **Barre d'options** et spécifiez une opacité.
- **Tracé** : pour créer un tracé éditable (comme un tracé avec l'outil **Plume**), mais que vous devrez colorer (par ⌥clic [Alt clic] sur), cliquez sur la deuxième icône .

Le détourage avec un masque vectoriel

Le principe du masque vectoriel

Le **masque vectoriel** agit de façon réversible sur un calque, de manière à en cacher une partie sans en altérer les pixels. Il s'agit ici d'un tracé vectoriel dont la vignette est visible, dans le panneau **Calques**, à droite de celle du calque sur lequel elle agit. Les zones blanches de la vignette correspondent à l'intérieur du tracé. C'est à partir de ces dernières que l'on peut voir le contenu du calque, les parties grises cachant le calque.

L'obtention du masque vectoriel

L'ajout d'un masque vectoriel sans préparation

Vous pouvez ajouter un masque vectoriel (vide) qui ne cache rien (ou qui cache tout), puis dessiner avec l'outil **Plume** ou **Forme vectorielle** de façon à masquer les parties voulues. Pour cela effectuez les opérations suivantes :

1. Sélectionnez le calque et ajoutez ce masque à partir des commandes du menu **Calque/Masque vectoriel** ou par le panneau **Calques**, par ⌘clic [Ctrl clic] sur l'icône (avec ⌥⌘clic [Alt Ctrl clic], on masque tout). Dans les deux cas, il apparaît une vignette blanche à droite de celle du calque (ou grise si l'on masque tout).

2. Cliquez sur la vignette du masque pour l'activer.

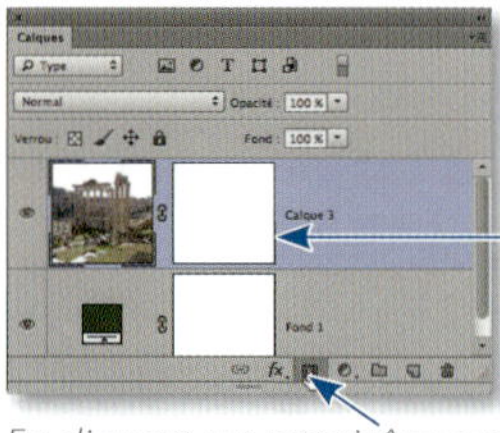

En cliquant sur cette icône avec ⌘[Ctrl], on a ajouté un masque vectoriel.

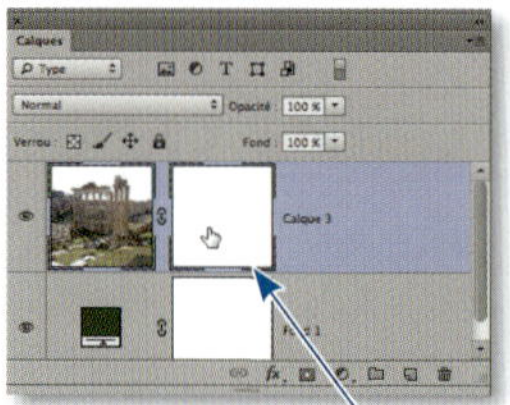

En cliquant sur sa vignette, on active le masque avant d'y dessiner.

3. Avec l'outil **Plume** (ou **Forme vectorielle**) et le mode **Tracé** (activé dans la **Barre d'options**), créez le tracé : il masque une partie de la photo dès qu'il est réalisé.

On dessine le tracé sur le masque masque vecoriel.

On voit le dessin du tracé en blanc sur fond gris et le calque est partiellement masqué.

> **Attention** *Avant de dessiner, vérifiez dans la* ***Barre d'options*** *que l'option active est* ***Ajouter à la zone du tracé*** *ou* ***Exclusion des intersections de tracés****, et ce, que la vignette du masque vectoriel soit blanche ou grise.*

> **Astuce** *Quand vous ajoutez un masque vectoriel pour y réaliser le dessin voulu, ces premiers segments masquent aussitôt une grande partie de la photo et vous empêchent de la visualiser convenablement pour poursuivre votre dessin. Pour pallier ce problème, réduisez la densité du masque dans le panneau* ***Propriétés*** *; quand le tracé sera terminé, vous ramènerez la densité à 100 % pour voir le masque agir correctement.*

Le masque à partir d'un tracé existant

Ps Dessinez avec l'outil **Plume** (ou avec l'outil **Forme vectorielle** ou par vectorisation d'un texte) et le mode **Tracé**, ou récupérez un tracé correspondant aux zones qui devront être visibles. Dans le panneau **Calques**, activez le calque devant recevoir le masque et dans la barre d'options de l'outil vectoriel, cliquez sur le bouton **Masque**.

Avec ce mode, on réalise un dessin vectoriel et on active le calque.

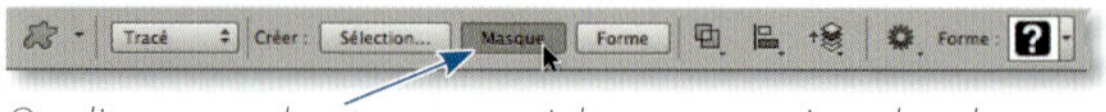

On clique sur ce bouton pour voir le masque agir sur le calque.

Si le bouton **Masque** n'est pas disponible, c'est que le calque en question est l'arrière-plan. Dans ce cas, opérez comme avec les versions précédentes de Photoshop : enfoncez ⌘[Ctrl] et cliquez sur l'icône pour ajouter le masque vectoriel.

Astuce *Si vous avez dessiné un tracé avec le mode **Forme** au lieu du mode **Tracé**, mémorisez le tracé (par double-clic sur sa vignette dans le panneau **Tracés**), supprimez le calque de forme et créez le masque vectoriel sur le calque voulu préalablement activé.*

Le travail du masque vectoriel ou du calque

Les traitements du calque

Dans tous les cas, que vous cliquiez sur la vignette du calque ou sur celle du masque vectoriel, Photoshop affiche le calque et le rend actif (éditable).

Le travail du masque à partir du panneau Propriétés

Le panneau **Propriétés** propose deux options (réversibles) pour travailler le masque : **Densité** et **Contour progressif**.

La densité du masque

Ce réglage réversible a pour effet de rendre l'application du réglage partielle sur les zones extérieures au tracé.

Le contour progressif

Ce réglage réversible permet de créer une zone de fondu sur les bords du masque.

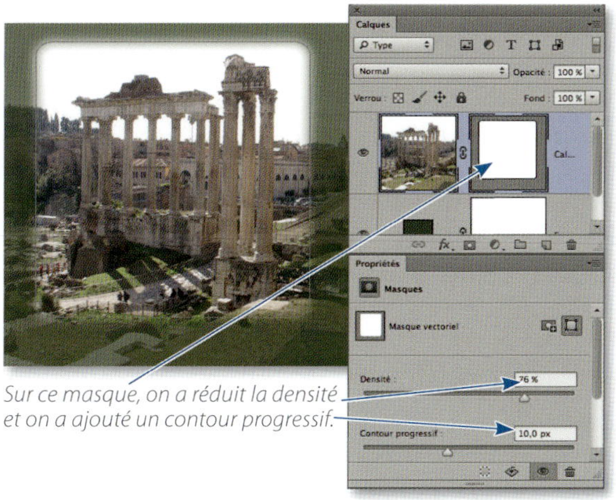

Sur ce masque, on a réduit la densité et on a ajouté un contour progressif.

Les traitements vectoriels du masque

En cliquant sur la vignette du masque, le tracé peut être affiché ou caché.

- Avec le tracé affiché : si vous activez un outil vectoriel, la **Barre d'options** permet de réaliser une combinaison (addition, soustraction, intersection et exclusion) entre le tracé affiché et celui que vous allez dessiner.
- Avec le tracé caché (désactivé) : dans la **Barre d'options**, avec le mode **Tracé**, vous pouvez choisir de créer un nouveau tracé de travail ; avec le mode **Forme**, de créer un calque de forme (c'est-à-dire un nouveau calque).

Vous pouvez aussi agir sur le tracé avec l'outil **Flèche blanche** pour sélectionner ou déplacer des points mais, dans ce cas, le tracé doit être visible.

La pixellisation du masque vectoriel

Un masque vectoriel peut être converti en masque de fusion par le sous-menu **Pixellisation**, puis **Masque vectoriel** du menu **Calque** (ou **Pixelliser le calque** du menu contextuel affiché sur la vignette du masque).

Astuce *La pixellisation d'un objet dynamique ayant un masque vectoriel entraîne celle de son masque.*

L'inversion du masque vectoriel

Pour inverser le masque, affichez le tracé et sélectionnez-le par ⌥[Alt] clic sur sa vignette dans le panneau **Tracés**, ou avec l'outil **Sélection de tracé** ou **Flèche noire** par encadrement, ou ⇧clic s'il comporte plusieurs parties. Dans la **Barre d'options** et son menu local d'opérations, choisissez l'icône **Soustraire de la forme avant** (ou tapez –).

*Les tracés sont affichés ; par ⌥[Alt] clic sur le nom ou sur la vignette on les sélectionne dans le panneau **Tracés**.*

Avec cette option, le masque s'inverse.

Les manipulations du masque du calque

L'ajout d'un second masque

Pour ajouter un second masque, cliquez sur l'icône (avec, selon le cas, une sélection ou un tracé affiché). Par la suite, vous pouvez éditer l'un des deux masques comme s'il était seul ; c'est leur intersection (zones communes) qui définit la zone visible du calque.

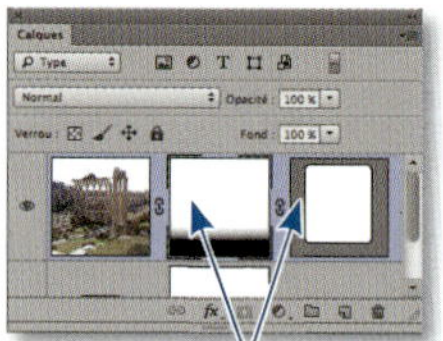

Le calque a deux masques.

La combinaison de masques

Quand vous réalisez un détourage, comportant des parties avec des courbures simples et d'autres avec des fondus, il est possible d'utiliser deux masques. L'un, vectoriel, destiné aux parties courbes ; l'autre, de pixels (masque de fusion), correspond au détourage des zones fondues. Comme le masque résultant est défini par l'intersection des deux masques, il faut prévoir que chaque masque déborde amplement sur la partie correspondant à l'autre masque.

Voici un exemple en images :

Pour réaliser ce montage, on a fait un détourage par combinaison d'un masque de fusion et d'un masque vectoriel.

L'intersection des deux masques (ci-dessus) produit le masque affiché ci-contre et crée le détourage de la photo à droite.

Avec ce masque de fusion, on a détouré la partie fondue (cheveux). La zone en bas à gauche déborde.

Avec ce tracé, on a détouré les parties lisses (épaules). Le tracé déborde sur la partie en haut à droite.

La désactivation du masque

Elle permet de rendre inopérant le masque. Pour cela, enfoncez ⇧ et cliquez sur la vignette du masque : une croix rouge barre sa vignette et vous voyez le calque tel qu'il est sans masque. Recommencez l'opération pour le réactiver. L'activation (ou désactivation) peut également s'effectuer à partir du panneau **Propriétés**. Une fois le masque sélectionné, il suffit de cliquer sur l'icône en forme d'œil située en bas du panneau.

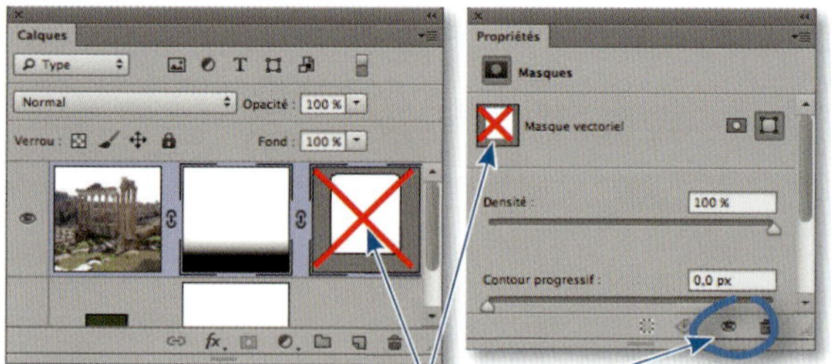

On a désactivé le masque vectoriel.

Les liens entre masque et calque

Les déplacements effectués avec l'outil **Déplacement** (ou ⌘ [Ctrl] enfoncée) et les transformations (manuelles ou paramétrées) affectent à la fois le calque et le masque qui, par défaut, sont liés. Pour que la manipulation ne s'applique qu'au masque ou qu'au calque, cliquez sur la vignette du masque ou du calque pour qu'elle apparaisse encadrée, puis sur le maillon situé entre les vignettes pour rompre le lien (pour les relier, cliquez à nouveau).

> **ATTENTION** *Avec un masque vectoriel, si le tracé est affiché, la transformation ne s'applique qu'au tracé, maillon présent ou non. En revanche, s'il n'est pas affiché et que le maillon est visible, la transformation affecte le calque et le tracé ; les poignées de transformation se placent alors autour des pixels du calque.*

Avec le tracé visible, la transformation n'affecte que le tracé, même si les liens sont actifs.

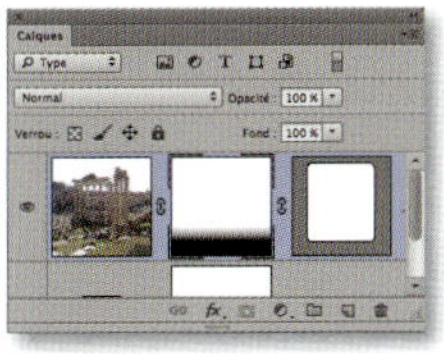

Avec le tracé caché, la transformation affecte le tracé et le calque.

Les transferts et les copies de masques

Ils s'effectuent dans le panneau **Calques** par glissement du masque associé à un calque (de réglage ou standard). Ces manipulations permettent de transférer un masque d'un calque vers un autre ou de le copier ; il pourra y avoir inversion du masque lors du transfert ou de la copie (la vignette reste visible pendant le transfert).

Manipulation	Glisser avec la touche
Transférer le masque	Aucune
Transférer et inverser*	⇧
Copier le masque	⌥ [Alt]
Copier et inverser*	⇧ ⌥ [⇧ Alt]

* **Attention** : avec le masque vectoriel, l'inversion n'est pas visible sur la vignette du masque.

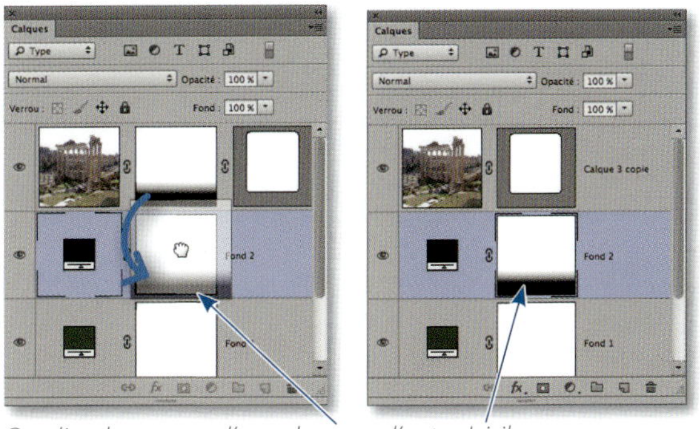

On glisse le masque d'un calque vers l'autre. Ici, il y a eu un remplacement (un message le signale).

Si le calque vers lequel on transfère ou on copie possède déjà un masque, un message demandera la confirmation du remplacement.

Astuce *Pour inverser un masque vectoriel, transférez-le vers un autre calque (éventuellement ajouté en tapant ⇧⌥⌘N [⇧Alt Ctrl N]), puis ramenez-le par glissement avec ⇧.*

La suppression du masque

Il y a plusieurs façons de supprimer un masque : dans le panneau **Propriétés**, activez le masque voulu et cliquez sur la corbeille ; dans le panneau **Calques**, glissez le masque sur la corbeille ; par le menu **Calque**, lancez **Supprimer** des sous-menus **Masque de fusion** ou **Masque vectoriel**.

Lors de la suppression d'un masque de fusion, une fenêtre demande confirmation et propose (sauf s'il est appliqué à un groupe) d'appliquer le masque au calque de façon définitive. Afin de pouvoir revenir en arrière, il est préférable de convertir le calque et son masque en un objet dynamique.

Le détourage par les options de fusion

Il s'agit d'une technique spéciale de détourage qui n'est pas applicable à tous les types de photo, mais présente l'avantage d'être très rapide. Elle pourra le plus souvent constituer une première étape dans la phase de détourage. En effet, quelques manipulations (qui pourront faire l'objet d'un script) permettront de convertir le détourage spécial en détourage par masque de fusion, ce qui rendra possibles les retouches du détourage avec les outils de dessin et/ou avec la commande **Améliorer le masque**.

Le réglage des options de fusion

LES TYPES DE PHOTO

Cette technique de détourage fonctionne d'autant mieux que la zone à détourer ne comporte que des couleurs que l'on ne retrouve pas dans la partie de l'image à conserver. Si ce n'est pas le cas, il faudra, après conversion du détourage, revenir sur le masque de fusion et faire réapparaître les zones disparues en dessinant en blanc avec l'outil **Pinceau**.

LE RÉGLAGE DE COMPARAISON SUR

La préparation du calque à détourer

Pour accéder aux options de fusion, le calque à détourer ne doit plus être un arrière-plan. Pour cela, dans le panneau **Calques**, double-cliquez sur son nom pour le renommer. Pour faciliter le travail, placez, à l'arrière-plan, une photo ou un calque de remplissage **Couleur unie** dont la teinte correspond à l'arrière-plan sur lequel sera placée l'image détourée.

On veut détourer le ciel : on a renommé le calque et placé un nouveau fond.

Les options de fusion

Dans le panneau **Calques**, double-cliquez à droite du nom du calque pour afficher la fenêtre de dialogues **Options de fusion** (vous pouvez également utiliser l'icône des effets de calques située en bas du panneau **Calques** et la première commande de son menu d'effets). Dans cette fenêtre les réglages s'effectuent dans la rubrique **Comparaison sur**, à l'aide des curseurs de la plage nommée **Ce calque**. Éventuellement, à l'aide du menu local vous pouvez faire ce réglage sur une des couches colorées (celle qui renferme les nuances qui doivent disparaître). Pour obtenir une transition douce, enfoncez la touche ⌥ [Alt] et glissez le demi-triangle extérieur vers l'extrémité de la plage de valeurs.

On a fait disparaître le ciel en réglant les options de fusion : rubrique **Comparaison sur** *(sur la couche du bleu) avec ces valeurs.*

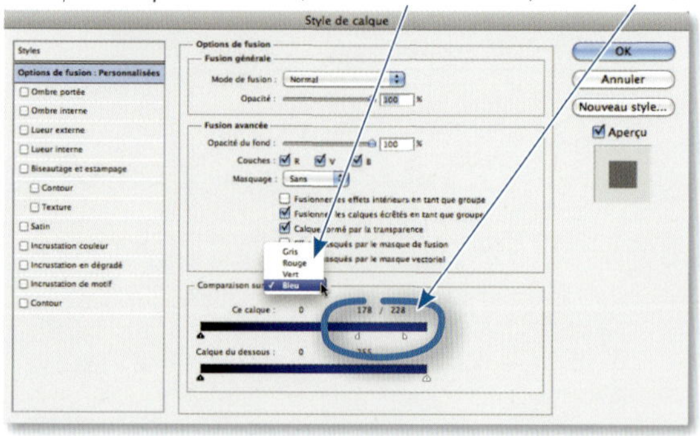

NOTE *Depuis la version CS6 de Photoshop, une icône placée à droite du nom du calque dans le panneau* ***Calques****, signale que les options de fusion ont été modifiées.*

La conversion du détourage en masque de fusion

Les manipulations de conversion

Pour cette conversion, il faut copier l'aspect du calque détouré par les options de fusion sur un nouveau calque, afin d'obtenir les pixels réels et non ceux vus après fusion des calques. Pour cela effectuez les opérations suivantes :

1. Masquez la photo ou le calque de remplissage que vous aviez placé sous l'image à détourer. Ajoutez un nouveau calque par clic sur l'icône du panneau **Calques**.

2. Dans le menu **Calque**, choisissez **Fusionner avec le calque inférieur** (⌘E [Ctrl E]). L'image apparaît réellement détourée. Des pixels transparents, visibles avec le damier affiché dans la vignette du calque, l'attestent.

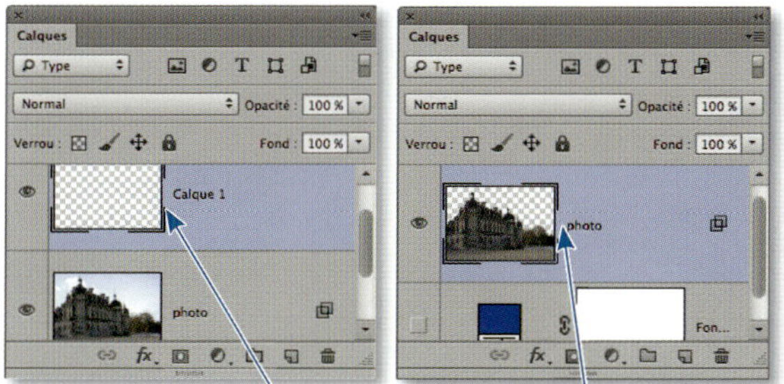

On a ajouté un nouveau calque que l'on a fusionné avec le calque inférieur (détouré).

3. Dans le menu **Calque** puis **Masque de fusion**, choisissez la commande **À partir de la transparence** : le panneau **Calques** montre alors deux vignettes, la photo entière et son masque de fusion.

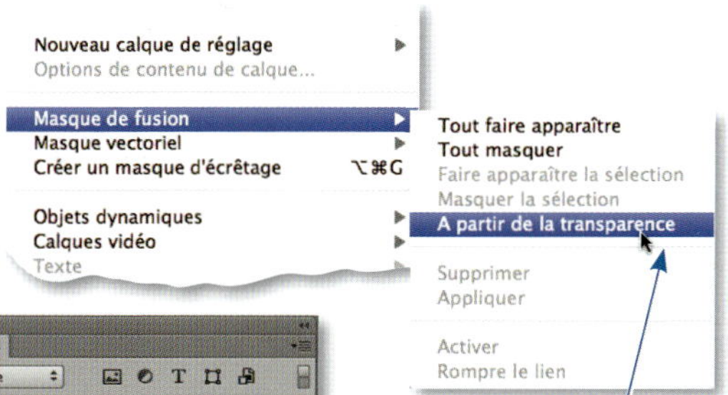

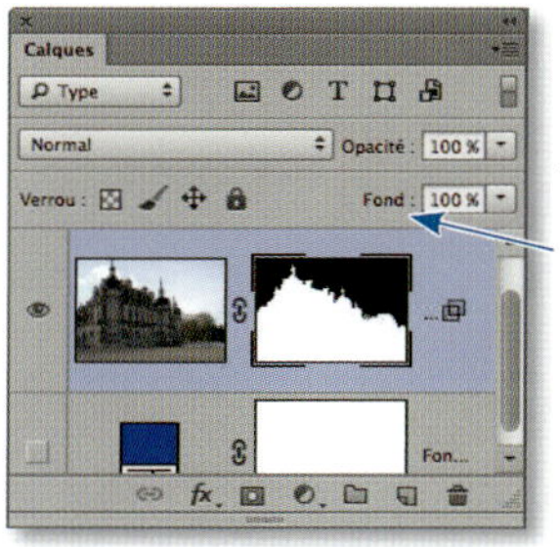

*À partir de cette commande du menu **Calque**, on a obtenu ce masque de fusion.*

4. Affichez le menu contextuel sur le nom du calque et choisissez la commande **Effacer** le style de calque : l'icône située à droite du nom du calque disparaîtra.

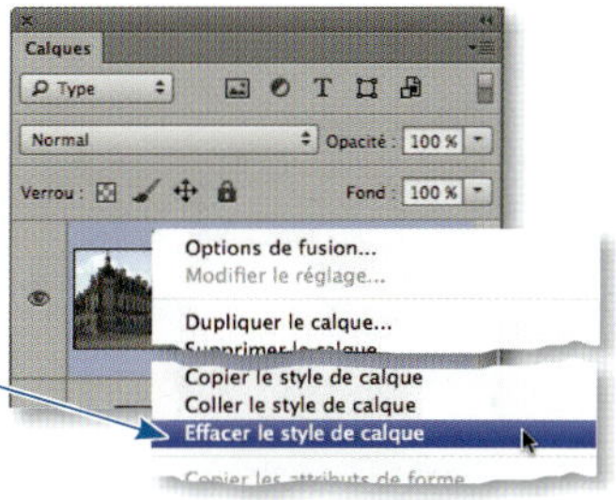

On réinitialise les options de fusion en lançant cette commande.

Les finitions du masque

La finition du masque par le dessin

Dans de nombreux cas, le réglage des options de fusion provoque la disparition de pixels dans la zone de l'image à conserver, car ils ont des couleurs identiques à celles qui ont été éliminées. Inversement, il se peut qu'il reste des couleurs qui n'ont pas été supprimées par les options de fusion. Il est facile de faire réapparaître (ou faire disparaître) ces pixels une fois que le masque est réalisé. Cette opération s'effectue avec l'outil **Pinceau** (ou l'outil **Crayon**), ou avec les outils vectoriels (outil **Plume**, par exemple).

*Des pixels ont disparu avec le réglage **Comparaison sur**. L'outil **Pinceau** en blanc sur le masque de fusion les fait réapparaître.*

Dans le cas où il faut faire disparaître des pixels, vous pouvez créer un masque de fusion vectoriel qui viendra se combiner au masque de fusion obtenu par les réglages de fusion.

Lors de ce détourage, ces pixels n'ont pas été supprimés.

On a affiné le détourage avec ce dessin à la plume utilisé comme masque vectoriel.

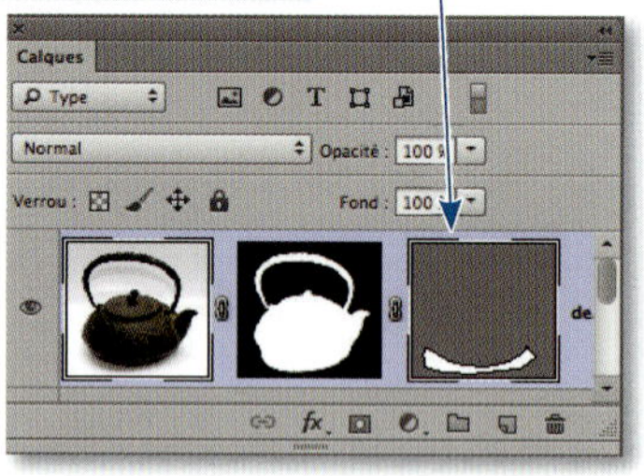

La finition par Améliorer le masque

Une des utilisations intéressantes de ce type de détourage réside dans le fait que le masque de fusion peut être affiné par la commande **Améliorer** le masque (disponible à partir du panneau **Propriétés**). En effet, une fois le masque de fusion obtenu, vous pouvez lancer cette commande pour travailler facilement les contours du masque et, éventuellement, les décontaminer (dans ce cas, un nouveau calque sera créé). Nous allons voir cela avec deux exemples.

Dans l'exemple de la photo ci-après, il faut utiliser **Détection des contours** pour affiner le masque sur la zone de fondu, puis **Décontamination** pour mieux incruster le détourage dans l'arrière-plan.

Dans ce détourage, l'examen de ce détail montre qu'une amélioration est nécessaire.

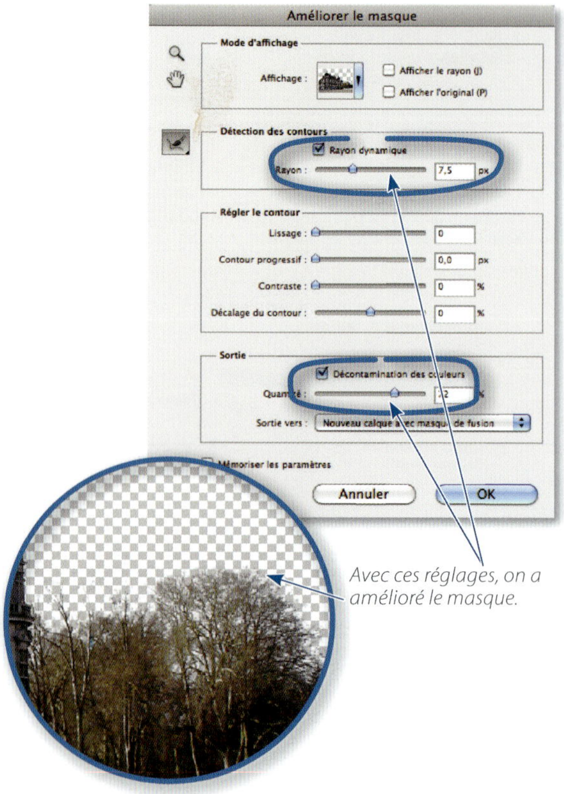

Avec ces réglages, on a amélioré le masque.

Ci-dessus, on peut voir le montage final après amélioration et décontamination des contours.

Dans l'exemple ci-après, le détourage par les options de fusion aura permis d'obtenir un masque plus facile à travailler avec la commande **Améliorer le masque**, que ce même type de masque obtenu à partir d'une sélection (dans ce cas, la détection des contours ne nécessite pas d'intervention au pinceau).

L'image initiale que l'on va détourer avec ces valeurs d'options de fusion.

*Pour faire réapparaître ces pixels, le masque obtenu nécessite un dessin en blanc au pinceau. Le détourage apparaîtra correct avec une amélioration du masque avec : **Détection des contours** et **Décontamination**.*

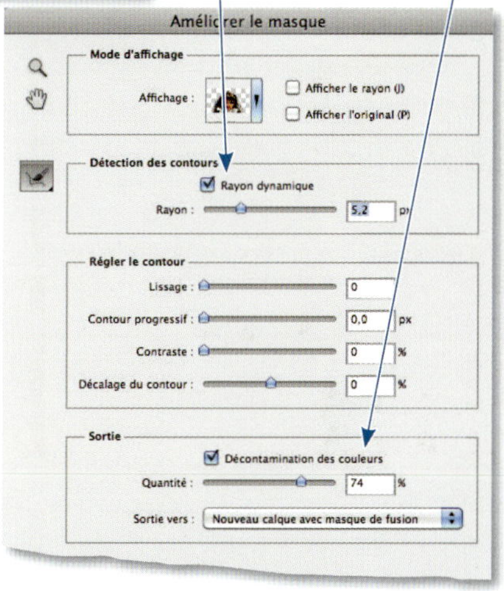

L'image finale détourée en quelques étapes.

Le script de détourage par fusion

Le script enchaîne les étapes du détourage depuis l'apparition de la fenêtre **Options de fusion** jusqu'à l'affichage de la fenêtre **Améliorer le masque** ; cependant, il faut l'interrompre pour laisser la possibilité de dessiner en blanc sur le masque afin de faire réapparaître certains pixels disparus.

Voici les étapes :

1. On renomme le calque actif pour faciliter sa sélection ultérieure.
2. On affiche la fenêtre **Options de fusion** (on fait un réglage quelconque et on coche la case de dialogue dans le panneau **Scripts**).
3. On ajoute un nouveau calque.
4. On sélectionne le calque renommé précédemment avec le calque actif (le nouveau).
5. On fusionne les calques sélectionnés (menu **Calque**).
6. On supprime l'effet de calque (**Options de fusion**).
7. On définit le masque de fusion d'après la transparence (menu **Calque/Masque de fusion**).
8. On sélectionne le masque de fusion.
9. On active l'outil **Pinceau**.
10. On ajoute un point d'arrêt (par le menu du panneau).
11. On affiche **Améliorer le masque** (puis sa fenêtre de dialogue dans le panneau **Scripts**).

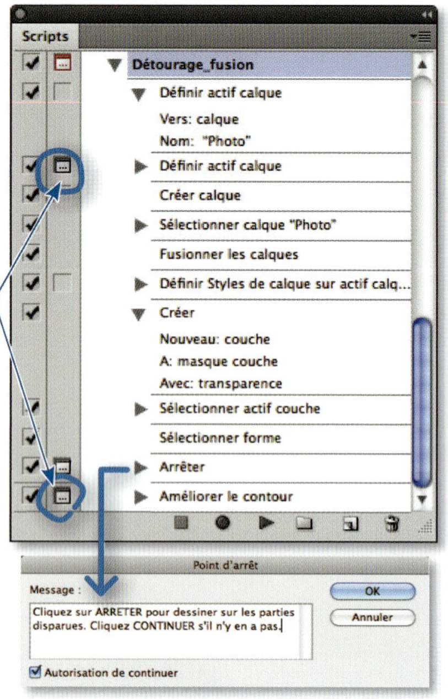

Les instructions du script dans le panneau Scripts.

On a cliqué sur ces cases pour afficher un dialogue de réglages.

On a ajouté un point d'arrêt pour interrompre le script.

Le masque d'écrêtage : détourage par un calque

Le principe du masque d'écrêtage

Il s'agit d'une pile de calques dans laquelle celui situé en bas de la pile joue le rôle de masque. Ce calque, dit **calque de base**, écrête les autres de manière que l'on ne voie les calques supérieurs que dans ses zones opaques. L'utilisation d'un masque de détourage est intéressante dans les cas suivants :

- utiliser un texte directement comme calque de base et ainsi le remplir par une photo ;
- modifier ou déplacer le calque de base sans toucher aux autres calques de la pile, voire lui appliquer un masque de fusion ou vectoriel ;
- lui affecter des options de fusion et des effets de calque ;
- modifier les calques écrêtés plus librement et leur affecter un masque indépendant.

La création du masque d'écrêtage

Commencez par positionner les différents éléments en créant une pile de calques dans laquelle celui situé en bas servira à écrêter (le calque de base). La méthode de création diffère un peu si le groupe ne comporte que deux calques ou davantage. Dans tous les cas, le nom du calque de base apparaît souligné et une flèche se place devant les calques écrêtés dont la vignette se décale vers la droite.

Le masque d'écrêtage avec deux calques

Si la pile ne comporte que deux calques, comme dans l'exemple ci-dessous, effectuez les opérations suivantes :

On veut remplir cet élément détouré avec la photo à l'arrière-plan.

1. Placez le calque de base (ici, l'élément détouré) en dessous du calque à écrêter (ici, la photo).

On change l'ordre, le calque à écrêter est au-dessus du calque-masque.

2. Activez celui qui est au-dessus (le calque à écrêter) et tapez ⌥⌘G [Alt Ctrl G] (ou menu **Calque/Créer un masque d'écrêtage**). L'opération se réalise aussi depuis le panneau **Calques** : enfoncez ⌥[Alt] et cliquez sur le trait séparant le nom de deux calques à associer (la souris devient).

La photo n'est visible qu'à l'intérieur du calque de base. Son calque s'est décalé.

Le masque d'écrêtage avec un calque de réglage

La création d'un masque d'écrêtage permet de limiter l'effet d'un calque de réglage au calque inférieur. Quand vous placez un calque de réglage, il agit sur tous les calques inférieurs ; une fois le masque d'écrêtage créé, il n'agit que sur celui par lequel il est écrêté (le calque de base). Cet écrêtage peut être réalisé dans le panneau **Propriétés** quand le calque de réglage est sélectionné.

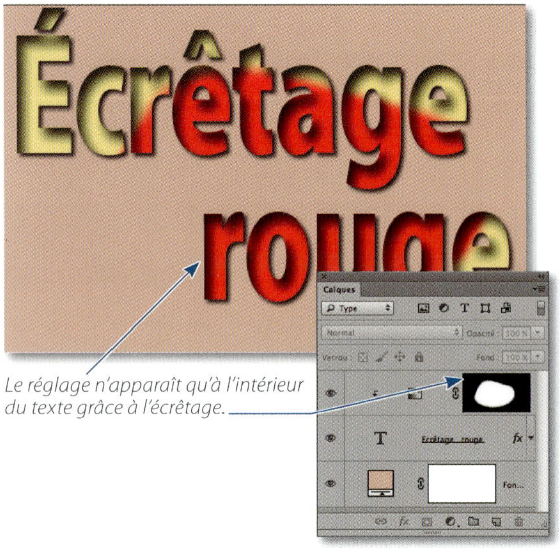

Le réglage n'apparaît qu'à l'intérieur du texte grâce à l'écrêtage.

Le masque d'écrêtage avec un ensemble de calques

Pour créer un masque d'écrêtage sur un ensemble de calques, vous devez opérer en plusieurs étapes. Plusieurs méthodes sont disponibles.

On veut écrêter les photos des masques par ce texte.

Le masque par écrêtages successifs

1. Réalisez une superposition de calques en plaçant le calque de base en bas de cette pile de calques.

On place le texte à l'arrière-plan de la pile.

2. Sélectionnez l'ensemble des calques de la pile sauf le calque de base (ici le texte) et créez le groupe d'écrêtage en tapant ⌥⌘G [Alt Ctrl G].

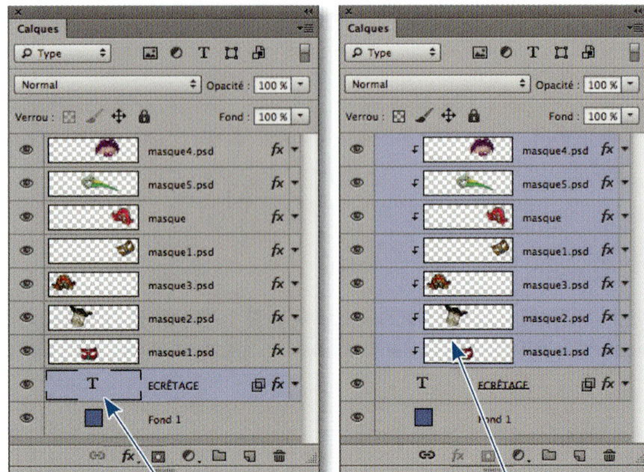

On a placé le texte à l'arrière-plan de la pile. *On sélectionne la pile sans le texte et on tape ⌥⌘G [Alt Ctrl G].*

L'écrêtage d'un objet dynamique

1. Réalisez une superposition de calques en plaçant le calque de base en bas de cette pile de calques.

2. Sélectionnez tous les calques, sauf le calque de base, et convertissez cette sélection en objet dynamique.

3. Tapez le raccourci ⌥⌘G [Alt Ctrl G] pour obtenir le masque d'écrêtage : le calque de base écrête l'objet dynamique.

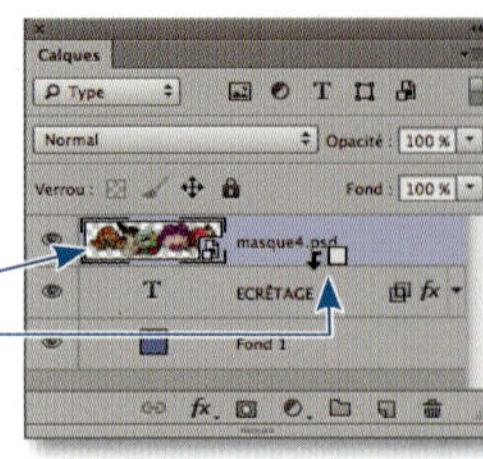

On a converti en objet dynamique, on peut alors écrêter avec ⌥ [Alt].

L'écrêtage par un groupe de calques

Ps Une pile de calques (standards, de réglages ou autres) peut être écrêtée par un groupe de calques. Pour obtenir l'écrêtage, dans le panneau **Calques**, placez le groupe de calques sous la pile de calques à écrêter, sélectionnez cette pile et tapez le raccourci d'écrêtage ⌥⌘G [Alt Ctrl G].

Par la suite, si vous glissez un calque dans le dossier du groupe, celui-ci écrêtera les calques au-dessus du groupe.

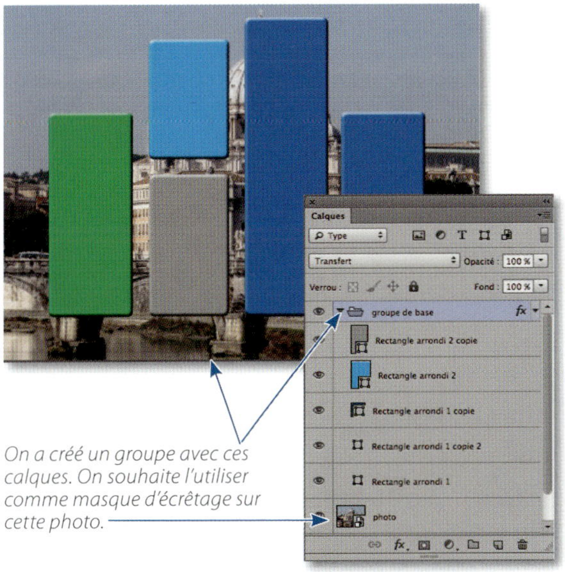

On a créé un groupe avec ces calques. On souhaite l'utiliser comme masque d'écrêtage sur cette photo.

On place le groupe sous le calque à écrêter.

*Pour obtenir l'écrêtage, on a sélectionné le calque de la photo et on a lancé la commande **Créer un masque d'écrêtage**.*

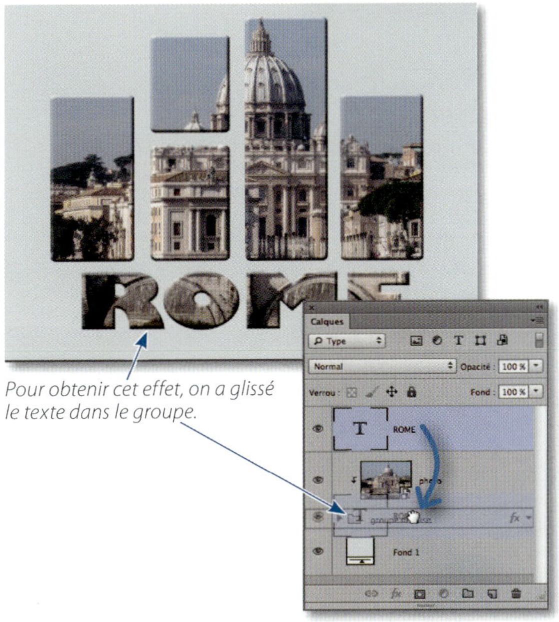

Pour obtenir cet effet, on a glissé le texte dans le groupe.

Les masques d'écrêtage imbriqués

La technique précédente de l'objet dynamique présente un avantage. En effet, tout calque qui fera partie de l'objet dynamique pourra lui-même servir de masque d'écrêtage sur un calque de réglage, par exemple.

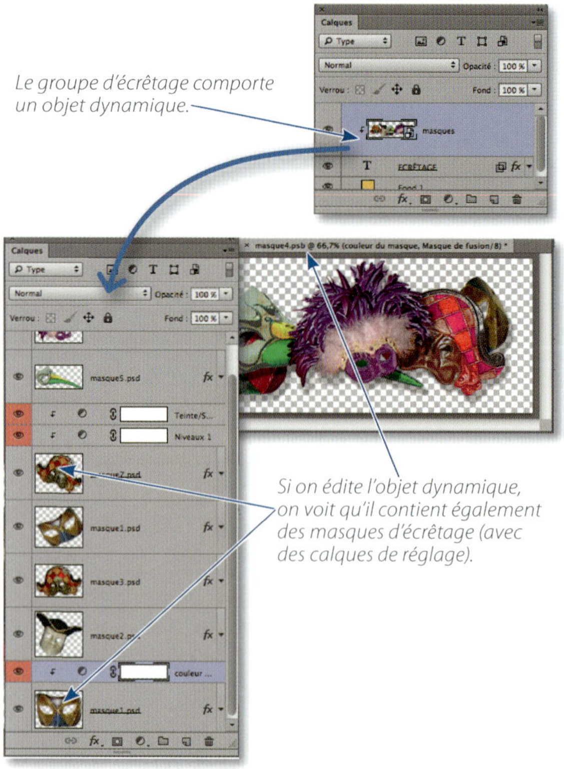

Le groupe d'écrêtage comporte un objet dynamique.

Si on édite l'objet dynamique, on voit qu'il contient également des masques d'écrêtage (avec des calques de réglage).

ASTUCE *Dans certains cas, il y a une alternative au masque d'écrêtage ; elle consiste à associer les calques dans un groupe auquel on affecte un masque de fusion ou vectoriel.*

Les styles de calque et le masque d'écrêtage

LES OPACITÉS DES CALQUES DU GROUPE D'ÉCRÊTAGE

Pour chaque élément du masque d'écrêtage, vous pouvez régler l'opacité. Si vous réduisez l'opacité du calque de base, les calques supérieurs, ainsi que leurs effets de calque, disparaîtront également partiellement. Pour éviter la disparition des effets de calque, vous pouvez, sur le calque de base, à partir du panneau **Calques**, laisser sa valeur d'**Opacité** à 100 % et réduire la valeur de **Fond**.

LES EFFETS APPLIQUÉS AU CALQUE DE BASE

Le groupe d'écrêtage est souvent placé sur un arrière-plan qui peut être constitué par un fond coloré ou une image quelconque. Pour que les bords du calque de base se détachent mieux sur ce fond, utilisez un des effets de calque (tels qu'ombre portée, ombre interne, contour..., c'est le cas des exemples des pages précédentes).

ATTENTION *Si vous utilisez des effets de calque de type intérieur (**Incrustation couleur, Incrustation en dégradé**...), les calques écrêtés risquent de ne plus être visibles. Ils seront recouverts par ces effets sauf si ces derniers ont une opacité ou un mode de fusion qui laisse transparaître les autres calques.*

LE MODE DE FUSION DANS UN MASQUE D'ÉCRÊTAGE

Un changement de mode de fusion permet de créer un effet particulier. Cependant, si vous changez le mode de fusion du calque de base, la modification sera appliquée à l'ensemble des calques du groupe. Si vous souhaitez que chaque calque garde son propre réglage, effectuez un double-clic sur le calque de base pour afficher la fenêtre d'options de fusion et décochez l'option **Fusionner les calques écrêtés en tant que groupe**.

LES OPTIONS DE FUSION AVANCÉES

Les options Comparaison sur

En utilisant les réglages des options de fusion **Comparaison sur**, (*voir page 503*), il est possible de faire disparaître certaines parties du calque de base pour qu'elles soient recouvertes par une partie de l'image.

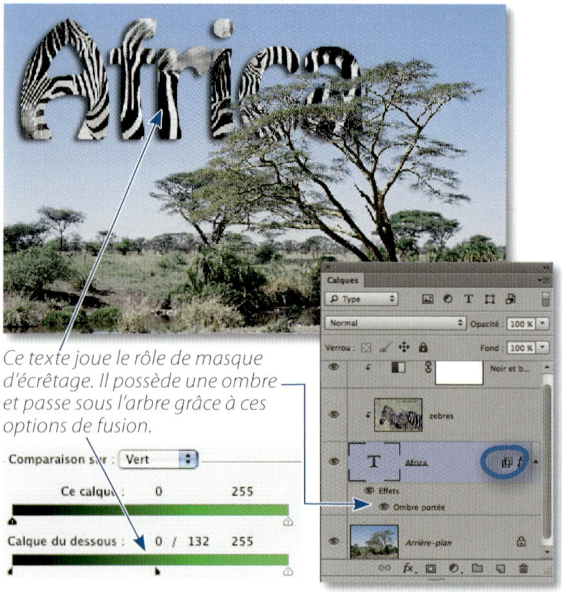

Ce texte joue le rôle de masque d'écrêtage. Il possède une ombre et passe sous l'arbre grâce à ces options de fusion.

Les options de fusion avancées avec un écrêtage par un texte

Quand un texte, utilisé comme calque de base, possède des effets de calques tels que ombre portée, biseautage, etc., ces effets peuvent être conservés et apparaître une fois l'écrêtage mis en place ou, au contraire, ne plus apparaître dans le groupe d'écrêtage réalisé. Par défaut c'est la première option qui est active, on le voit grâce à la coche présente devant l'option **Calque formé par la transparence** dans la fenêtre **Style de calque** (affichée par double-clic sur le nom du calque). Si vous décochez l'option, les effets intérieurs deviennent visibles sur la totalité du calque de base, les autres disparaissent.

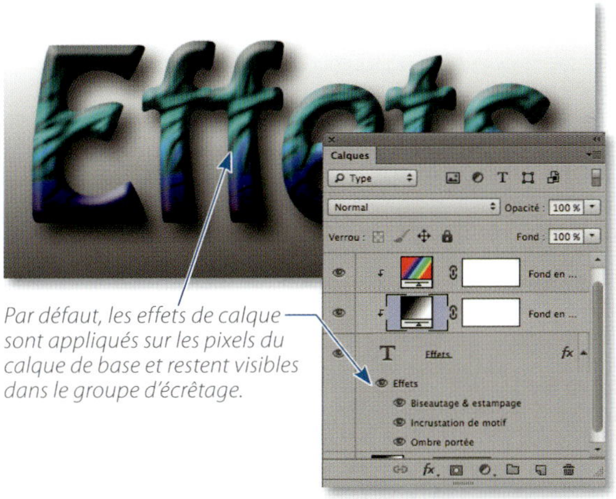

Par défaut, les effets de calque sont appliqués sur les pixels du calque de base et restent visibles dans le groupe d'écrêtage.

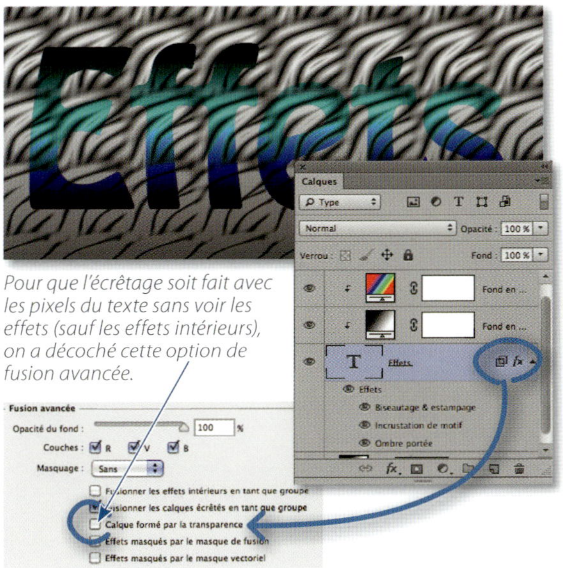

Pour que l'écrêtage soit fait avec les pixels du texte sans voir les effets (sauf les effets intérieurs), on a décoché cette option de fusion avancée.

Les manipulations des éléments du masque d'écrêtage

LE MASQUE SUR LE CALQUE DE BASE

Afin de cacher certaines parties des éléments intervenant dans le masque d'écrêtage, vous pouvez affecter un masque de fusion ou un masque vectoriel au calque de base. Vous pouvez aussi placer l'ensemble dans un groupe de calques et affecter à ce dernier le masque voulu.

*On a affecté un masque vectoriel au calque de base (on a réduit sa densité dans le panneau **Propriétés**).*

L'EXTENSION DU GROUPE D'ÉCRÊTAGE

Si vous glissez un calque entre deux calques de la pile des calques écrêtés, il fera partie de l'ensemble du masque d'écrêtage. De même, si vous créez un nouveau calque entre deux éléments du masque d'écrêtage, ce calque sera écrêté par le calque de base.

LES DÉPLACEMENTS ET LES TRANSFORMATIONS

Les possibilités sont multiples : le déplacement peut affecter le masque d'écrêtage, le calque de base seul ou encore ce dernier, et des calques n'appartenant pas au groupe d'écrêtage. Dans chaque cas, il suffit de sélectionner dans le panneau **Calques** les calques sur lesquels vous souhaitez agir par ⇧clic ou ⌘clic [Ctrl clic] selon leur position.

ASTUCE *Vous pouvez également verrouiller certains calques à l'intérieur du groupe d'écrêtage pour ne pas risquer de les déplacer ou, au contraire, les lier pour qu'ils se déplacent toujours ensemble.*

La gestion des plans avec un masque d'écrêtage

Le déplacement du calque de base

Si vous changez la position du calque de base dans le panneau **Calques**, vous risquez de détruire le masque d'écrêtage. Pour que l'ensemble change de plan, sélectionnez tous les calques.

> **Astuce** *Pour manipuler plus facilement un masque d'écrêtage constitué de nombreux calques, associez-les dans un groupe. Vous obtiendrez ainsi un dossier de calques qui se manipulera plus simplement dans le panneau **Calques**, notamment pour les changements de plan ou l'affectation de style (ombre). Vous pouvez aussi affecter des couleurs aux éléments associés dans un groupe d'écrêtage.*

Le changement de plan et l'exclusion du masque d'écrêtage

Le glissement d'un calque (autre que le calque de base) provoque son changement de plan, mais également la sortie du groupe d'écrêtage si cet élément est placé hors de la pile écrêtée.

L'insertion d'un calque dans le masque d'écrêtage

Si le calque extérieur au masque d'écrêtage est glissé dans la pile des calques écrêtés, il sera également écrêté et fera donc partie du groupe d'écrêtage.

La dissociation du masque d'écrêtage

Pour séparer un élément d'un groupe d'écrêtage, glissez-le, si c'est possible, hors de ce groupe (au-dessus ou en dessous), sinon placez-le en haut du groupe et tapez ⌥⌘G [Alt Ctrl G]. Pour dissocier tout le groupe, activez le calque de base et tapez également ⌥⌘G [Alt Ctrl G], ou lancez la commande **Annuler le masque d'écrêtage** du menu **Calque.**

Le calque perçant : détourage par un calque

Le perçage (défonce) par un calque

Le principe du perçage

Un calque peut percer un calque inférieur avec une option que l'on active dans la rubrique **Fusion avancée** de la fenêtre **Style de calque**. Selon le réglage appliqué au calque, celui-ci crée un perçage (défonce, ou trou plus ou moins profond) sur tous les calques inférieurs (sauf sur le calque d'arrière-plan) ou sur certains calques seulement. C'est à travers ce trou que certains calques inférieurs ou celui d'arrière-plan deviennent visibles.

Avec ce type de «détourage», contrairement au masque d'écrêtage, ce sont les zones opaques qui masquent (ou trouent) les calques inférieurs; de plus, le calque qui troue (**calque perçant**) se place au-dessus des autres.

Les avantages de ce type de perçage

Un masque d'écrêtage agit de façon unique sur un ensemble de calques qu'il écrête, alors qu'il est possible d'utiliser plusieurs calques simultanément pour percer un ensemble de calques. Le détourage par défonce est intéressant pour percer un masque d'écrêtage (ou un autre calque perçant) directement par un calque de texte, sans avoir à convertir le texte en sélection ou à le vectoriser.

En effet, sans ce type de perçage, il faudrait créer un masque de fusion (ou vectoriel) sur le calque d'écrêtage soit à partir d'une sélection, soit à partir d'une vectorisation du texte. Les modifications de saisie ou de typographie et les mises à jour seraient délicates.

Les paramètres du calque perçant

L'opacité de fond du calque perçant

Le calque perçant peut ne trouer que certains calques, mais le trou ne sera effectif, et les calques non troués visibles à l'intérieur du trou, que si l'opacité de **Fond** du calque perçant est réduite. Le plus souvent, elle sera nulle, ainsi les pixels du calque percent complètement les calques inférieurs, et leurs pixels deviennent transparents.

> **ASTUCE** *Quand vous définissez un calque pour qu'il perce les calques inférieurs, ajoutez à son nom une indication («perce», par exemple) pour le repérer facilement comme étant perçant.*

Les effets intérieurs sur le calque perçant

Le calque perçant ne doit pas avoir d'effets intérieurs (fx). Il s'agit d'effets qui couvrent le calque et qui demeureront visibles même si l'opacité de fond est nulle. Parmi ces effets, on trouve: **Incrustation couleur**, **Incrustation en dégradé** et **Incrustation de motif**, **Lueur interne** et **Satin**.

Les paramètres de perçage (ou masquage)

La profondeur de la percée dans les calques inférieurs dépend du paramètre spécifié dans la rubrique **Masquage**. Il y a trois possibilités: **Sans**, **Superficiel** et **Profond**.

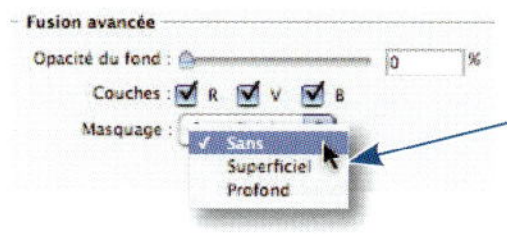

Les types de masquages.

- **Sans**: pas de perçage, donc il n'y a pas de trou.
- **Profond**: le trou s'étend jusqu'au calque d'arrière-plan ; ou laisse voir des pixels transparents s'il n'y a pas de fond.
- **Superficiel**: le calque perçant doit être placé dans un dossier (groupe de calques) afin que la «percée» se limite aux calques inférieurs situés dans ce dossier; sinon elle se poursuit jusqu'au calque d'arrière-plan (comme avec **Profond**).

La mise en place du calque perçant

Le masquage Profond (jusqu'à l'arrière-plan)

Le document doit comporter au moins trois calques: un arrière-plan, un calque qui sera percé et le calque perçant au-dessus de l'ensemble. Le calque percé peut être une copie de l'arrière-plan, que l'on a modifiée (rendue floue, blanchie ou les deux) ; dans ce cas, l'utilisation d'une copie d'un objet dynamique s'avérera très intéressante pour faciliter les mises à jour ultérieures.

Le document a cet aspect avant les réglages de masquage.

Il comporte un arrière-plan, au-dessus duquel on a une copie floue et blanchie et un texte.

Une fois les calques en place, réglez la valeur **Fond** de l'opacité du calque perçant (au premier plan) sur une valeur nulle ou très faible et choisissez l'option de masquage **Profond** (ou **Superficiel**) dans la rubrique **Fusion avancée** affichée par double-clic sur le nom du calque dans le panneau **Calques**.

On règle l'opacité de fond et les options de fusion pour trouer la photo floue par le texte.

Astuce *Les calques percés peuvent être des calques de réglage. Dans ce cas, le calque perçant permet de ne pas faire agir les réglages dans une zone donnée (celle qui ne contient pas de pixels transparents).*

On veut utiliser ce texte pour trouer ces calques de réglage.

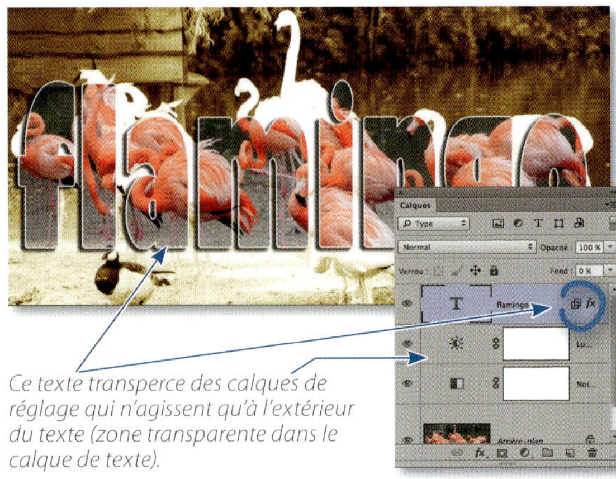

Ce texte transperce des calques de réglage qui n'agissent qu'à l'extérieur du texte (zone transparente dans le calque de texte).

Le masquage Superficiel (limité à un groupe)

Si le document ne possède pas d'arrière-plan, le trou s'effectue jusqu'à l'apparition des pixels transparents (damier). Pour que la percée s'arrête à un calque précis et ne se limite qu'à quelques calques, placez les calques à trouer et le calque perçant dans un groupe (pour cela, sélectionnez les calques et tapez ⌘G [Ctrl G]), puis appliquez au calque perçant le masquage **Superficiel** à la place de **Profond**.

Ci-dessus, on voit la transparence dans le trou car il n'y a plus d'arrière-plan.

On limite la percée en créant un groupe et en utilisant le masquage ***Superficiel****.*

Ce type de masquage trouve son intérêt si le calque à l'arrière-plan est un objet dynamique et si le calque troué est une copie de celui-ci (modifiée par des filtres dynamiques et des calques de réglage) ou un simple calque de réglage.

Les masquages multiples avec un groupe

Ps Comme pour le masque d'écrêtage, il était possible de créer un calque de base avec un groupe, pour le masquage, on peut également utiliser un groupe pour réaliser le perçage. Ici, c'est au groupe lui même que les options de masquage seront affectées (opacité Fond = 0 et masque **Profond** ou **Superficiel**).

Ce texte perce car il est dans un groupe réglé avec un masquage de calques.

Si par la suite, par glissement dans le panneau **Calques**, vous ajoutez des éléments dans le groupe, ils perceront les calques inférieurs. Inversement, si vous sortez un élément du groupe, il ne percera plus.

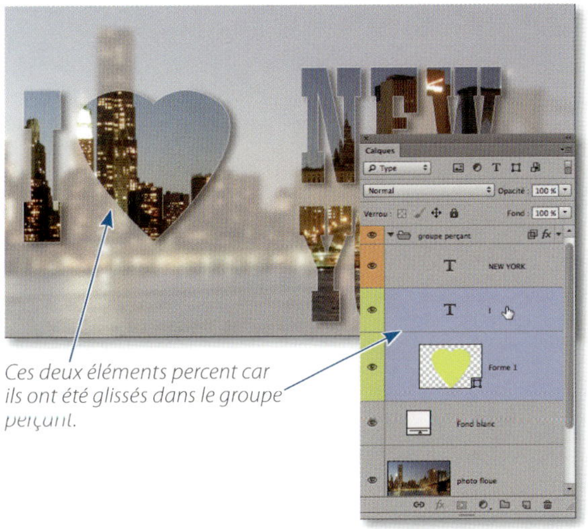

Ces deux éléments percent car ils ont été glissés dans le groupe perçant.

Si le document ne possède plus d'arrière-plan, on peut configurer le document en plaçant dans un groupe (groupe-père), d'une part, le groupe perçant (défini avec l'opacité **Fond** nulle et l'option de masquage **Superficiel**) et d'autre part, le groupe percé contenant tous les calques devant être troués par le groupe supérieur. Tous les calques inférieurs ou supérieurs au groupe-père resteront intacts.

Les calques perçants sont dans un groupe, les calques percés dans un autre groupe.

Le calque dans le groupe perçant peut être un objet dynamique. Si vous dupliquez cet objet dynamique, sa copie percera si elle se trouve dans le groupe. Elle retrouvera son aspect initial si elle se situe au-dessus du groupe.

Les masquages imbriqués

Ils permettent de percer par un texte (ou autre, éventuellement placé dans un groupe) un calque qui lui-même est perçant. Cela permet, par exemple, de trouer un rectangle par un texte. Attention, pour que le calque (ci-dessous le rectangle), puisse à son tour être troué, la zone contenant ses pixels doit être à l'extérieur (c'est-à-dire qu'avec une forme vectorielle, il faut inverser les tracés avec l'opération **Soustraire à la forme**).

Ce document ci-dessus comporte une série de calques perçants et percés dans des groupes.

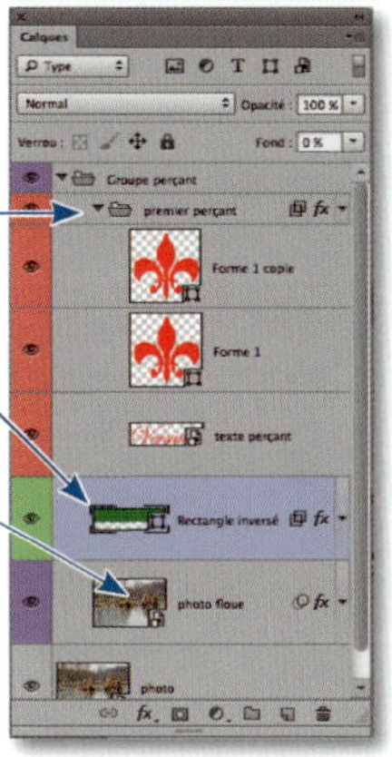

Ce groupe de trois calques perce ce calque de forme (inversée) qui, à son tour, transperce le calque dynamique (photo floue et blanchie par une incrustation couleur).

Le masque de fusion ou vectoriel sur le calque perçant

Si le calque perçant possède un masque (de fusion ou vectoriel), c'est ce dernier qui délimite la surface trouée.

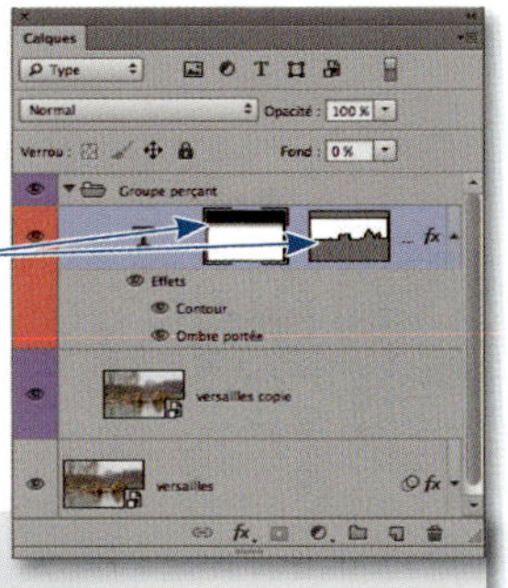

La présence des masques limite l'ampleur du trou sur les calques inférieurs.

Il est même possible que le trou ne soit réalisé que par ce masque. En effet, la rubrique **Fusion avancée** comporte l'option **Calque formé par la transparence** ; si vous la décochez, c'est la zone blanche du masque de fusion (ou le tracé pour un masque vectoriel) qui définit la surface du trou. Cette option peut constituer une alternative avec le masque d'écrêtage (ici, le calque de base se trouve au-dessus). Cela permet également d'appliquer à un ou plusieurs calques un masque dont l'opacité devient réglable.

Le perçage d'un masque d'écrêtage

Si vous avez réalisé un masque d'écrêtage, vous pouvez placer au-dessus de l'ensemble des calques écrêtés un calque perçant, et définir ce dernier de manière qu'il perce l'ensemble (opacité **Fond** réduite ou nulle, et option de masquage **Superficiel**). Comme indiqué dans les paragraphes précédents, si le perçage ne doit pas se faire jusqu'à l'arrière-plan, il faut placer les calques dans un groupe.

Astuce *Afin de faciliter la reprise d'un document de ce genre, je vous conseille de nommer correctement les calques en fonction de leur rôle, voire de leur affecter une couleur* (comme sur la copie d'écran de la page précédente).

3 - Les calques dynamiques ou objets dynamiques

Les calques ou objets dynamiques (*smart object* dans la version anglaise) sont particulièrement intéressants en raison du caractère réversible de certains traitements qui leur sont appliqués. Les paragraphes qui suivent vont développer les différentes manipulations réalisables avec ces éléments, depuis leur création jusqu'aux utilisations les plus variées.

La gestion des objets dynamiques

L'objet dynamique

Qu'est-ce qu'un objet dynamique ?

Un objet dynamique est un calque particulier. Il s'agit d'un conteneur dans lequel sont incorporées des données pixellisées ou vectorisées. Ces données proviennent d'un autre fichier, de calques de Photoshop ou d'un fichier ou collage d'Illustrator. Dans tous les cas, les données conservent leurs caractéristiques d'origine et restent entièrement éditables dans Photoshop, Camera Raw ou Illustrator selon leur provenance. Un objet dynamique constitue un fichier incorporé dans un autre. Lorsque vous le créez depuis un ou plusieurs calques sélectionnés, vous créez en réalité un nouveau fichier (enfant) qui est incorporé dans le document d'origine (parent).

Les avantages de l'objet dynamique

Les objets dynamiques présentent de nombreux avantages, en voici une liste :

- simplifier la gestion de documents multicalques ;
- limiter l'action des calques de réglage ;
- réaliser des transformations (notamment des déformations) non destructives ;
- appliquer des filtres de manière non destructive ;
- éviter de fusionner certains calques ;
- mettre à jour, en une opération, plusieurs occurrences d'objets présentes dans un document.

L'obtention de l'objet dynamique

Vous disposez de différentes méthodes pour obtenir un objet dynamique : à l'ouverture, par importation d'un fichier image (Illustrator ou Photoshop), par création à partir de calque(s) de Photoshop, par conversion pour un filtre dynamique et par collage depuis Illustrator.

La création à l'ouverture

Avec le menu Fichier

Le menu **Fichier** permet, à l'aide de la commande **Ouvrir en tant qu'objet dynamique**, d'ouvrir n'importe quel type de fichier sous la forme d'un objet dynamique. Le panneau **Calques** montrera, en bas de la vignette du calque, l'icône ⧉ caractéristiques des objets dynamiques.

Avec Camera Raw

Les fichiers au format RAW, JPEG et TIF peuvent s'ouvrir dans Camera Raw. Ce dernier peut ouvrir l'image en tant qu'objet dynamique. Ce choix se spécifie dans les options de flux de Camera Raw ou en enfonçant ou non la touche ⇧ pour basculer entre **Ouvrir un objet** et **Ouvrir une image**.

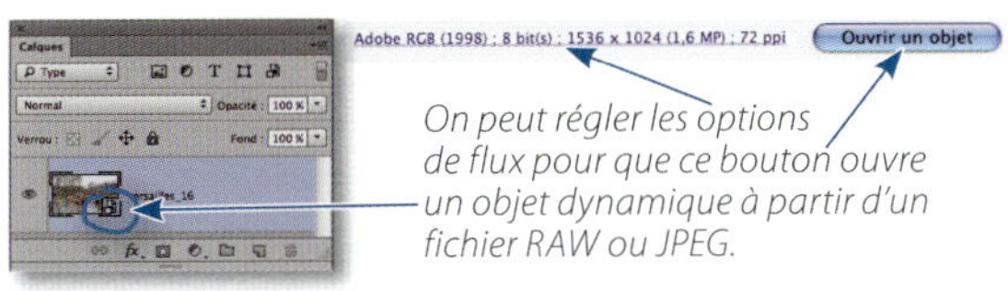

On peut régler les options de flux pour que ce bouton ouvre un objet dynamique à partir d'un fichier RAW ou JPEG.

L'obtention de l'objet par importation

Dès que vous importez dans un document Photoshop un fichier d'Illustrator ou de Photoshop, il apparaît d'abord sous la forme d'un rectangle barré d'une croix — correspondant à 100 % de sa taille de fabrication, ou réduit s'il est plus grand que le document destination. Vous pouvez le redimensionner, le déformer (sauf les fichiers Illustrator), le faire pivoter manuellement ou par les valeurs saisies dans la **Barre d'options**. Une fois l'importation validée, apparaît un calque d'**Objet dynamique** (repéré par son icône).

Ici, on a importé un fichier Illustrator. Il apparaît avec un cadre de transformation.

On peut le repositionner, le réduire… Quand son aspect est correct, on valide l'importation.

Astuce *Pour que l'importation s'effectue systématiquement à 100 %, sans redimensionnement de l'objet importé, décochez l'option* ***Redimensionner pendant l'importation*** *dans les préférences générales.*

Attention *Si vous comptez utiliser un fichier Photoshop dans un autre document en tant qu'objet dynamique, enregistrez-le au format PSD (ou PDF) avant de l'importer dans le document principal. Ainsi, les modifications de l'objet dynamique pourront être faites avec ajouts de calques, sans que l'enregistrement ne pose de problèmes de changement de format (JPG à PSD, par exemple).*

Quels que soient le type et le format du fichier importé (même RAW), il n'y a pas de lien entre ce fichier externe et le fichier incorporé (correspondant à l'objet dynamique), qui s'ouvre quand on édite l'objet dynamique créé lors de l'importation. Ce fichier est un fichier temporaire qui ne peut être localisé sur le disque que lorsqu'il est ouvert (c'est-à-dire quand on édite l'objet dynamique).

L'objet dynamique par glissement depuis Mini Bridge ou depuis le Finder/bureau

Depuis le panneau **Mini Bridge** (ou une fenêtre du Finder ou du bureau), vous pouvez glisser un ou plusieurs fichiers vers un document ouvert. Photoshop les placera comme si vous les aviez importés (il faudra valider chaque fichier pour qu'il se place dans le document). Par défaut, le fichier apparaît comme un objet dynamique, mais vous pouvez changer ce comportement de Photoshop dans les préférences à la rubrique **Général** (menu **Photoshop** ou **[Édition]** puis **Préférences/Général**).

La création d'un objet dynamique à partir de calques

Pour créer un objet dynamique, sélectionnez les calques et les dossiers voulus dans le panneau **Calques** (par ⇧clic sur leur vignette) et lancez la commande **Convertir en objet dynamique** (menu **Calque/Objets dynamiques** ou menu contextuel sur l'un des calques du panneau **Calques**). La sélection se transforme en un calque unique dont la vignette est marquée de l'icône , signalant que l'objet est dynamique (il porte le nom du calque supérieur).

L'opération permet de réunir un ensemble de calques (standards, de réglage…, voire dynamiques) ou de groupes, en un seul. Si la sélection contient des calques de réglage, leur étendue se limite au contenu de l'objet dynamique. Par la suite, il sera plus facile d'appliquer à ce calque unique une transformation non destructive, un filtre ou un effet de calque (ce qui n'est pas possible avec un groupe), de le transférer vers d'autres documents (*voir ci-après*), d'en créer plusieurs copies dynamiques, de l'utiliser dans un masque d'écrêtage ou de le percer par un autre calque.

À partir de plusieurs calques, on peut faire un objet dynamique pour obtenir un calque unique.

Quand vous ouvrez un fichier RAW (ou JPEG) en tant qu'objet dynamique, son édition par **double-clic** sur le calque réaffiche la fenêtre de Camera Raw ; si vous souhaitez que l'édition fasse apparaître un fichier de type Photoshop, afin de pouvoir y ajouter des calques ou appliquer des filtres…, vous devez convertir le calque dynamique issu de Camera Raw en objet dynamique de Photoshop. Vous avez alors des objets dynamiques imbriqués (le premier s'édite dans Photoshop et le calque qu'il contient s'édite dans Camera Raw).

> **ASTUCE** ***Convertir en objet dynamique*** *ne possède pas de raccourci. Si vous l'utilisez fréquemment, vous pouvez lui en ajouter un par le menu* ***Édition/Raccourcis clavier.***

L'OBJET DYNAMIQUE ET LES FILTRES DYNAMIQUES

Photoshop permet d'appliquer de manière dynamique des filtres sur un calque, à condition que ce dernier soit un objet dynamique. Pour obtenir ce type de calque, vous avez deux possibilités : par **clic droit** sur le nom du calque pour choisir **Convertir en objet dynamique**, ou par le menu **Filtre** et la commande **Convertir pour les filtres dynamiques**. Dans les deux cas, le résultat est le même et la vignette de l'objet dynamique présentera l'icône ▣. Il est possible de sélectionner plusieurs calques (par **⇧clic** ou **⌘clic [Ctrl clic]** sur leur nom) pour n'en faire qu'un seul dynamique. Ceci est intéressant quand vous avez utilisé plusieurs calques lors de retouches (avec l'outil **Tampon**, par exemple). Par la suite, on peut même envisager, une fois le ou les filtres dynamiques appliqués, convertir l'ensemble obtenu en objet dynamique pour appliquer un autre filtre qui aura son propre masque.

L'OBJET DYNAMIQUE PAR COLLAGE

Dans Illustrator, si vous copiez (**⌘C [Ctrl C]**) une partie de l'illustration pour la coller (**⌘V [Ctrl V]**) dans un document Photoshop, une fenêtre vous permettra de convertir le contenu du presse-papiers en **Objet dynamique**. Ce dernier sera éditable dans Illustrator (par **double-clic** sur la vignette de l'objet dynamique) de la même manière que si vous en aviez fait un fichier pour l'importer dans Photoshop.

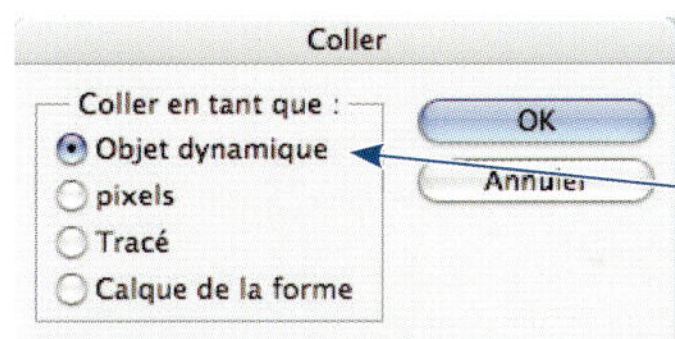

Lors d'un collage depuis Illustrator, on peut choisir la création d'un objet dynamique.

> **ASTUCE** *Pour effectuer ce type de collage, dans Illustrator, les options* ***PDF*** *et* ***AICB*** *des préférences* ***Gestion des fichiers et Presse-papiers*** *doivent être toutes deux cochées.*

Les utilisations des objets dynamiques

Le transfert de calques en tant qu'objet dynamique

Pour transférer plus facilement un ou plusieurs calques vers un autre document, il est particulièrement intéressant de sélectionner les calques à transférer afin d'en faire un objet dynamique. Les manipulations de ces calques pourront toujours se faire en éditant l'objet dynamique, et s'effectueront de manière indépendante des autres calques présents dans le document où a été placé l'objet dynamique. En utilisant ce transfert par objet dynamique, il deviendra possible de placer dans un document des objets de nature différente. Par exemple, on peut transférer vers un document RVB un document en niveaux de gris (voire une bichromie, mais qui ne sera plus imprimée en tant que telle) converti en objet dynamique.

Ce document possède de nombreux calques.

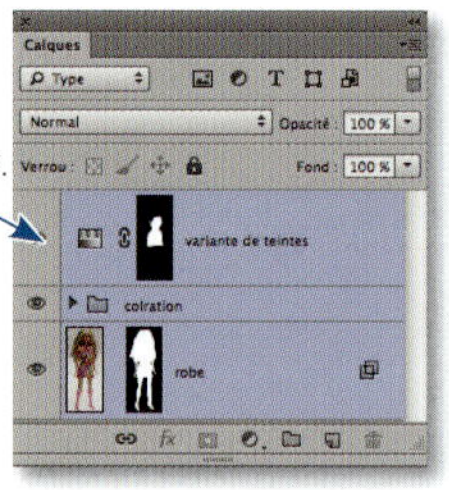

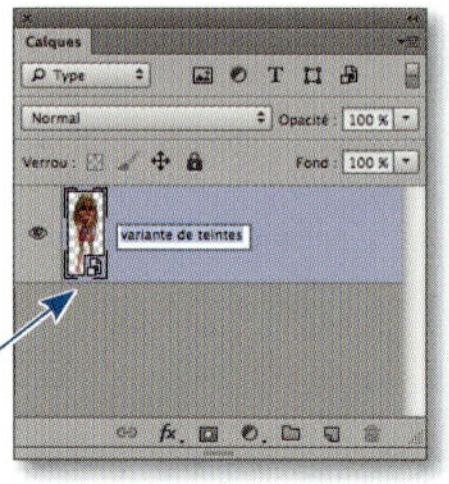

Pour les transférer plus facilement, on les a convertis en objet dynamique (il reste à renommer avant le transfert).

La limitation des calques de réglage

Dans un document, si vous placez un ou plusieurs calques de réglage, ils s'appliquent sur tous les calques inférieurs. Pour éviter cela, nous avons vu différentes méthodes. L'une d'entre elles consiste à sélectionner les calques de réglage et le ou les calques sur lesquels ils doivent agir, et de convertir cet ensemble en objet dynamique (*cette méthode a été développée page 430*).

La transformation non destructive de l'objet dynamique

Les objets dynamiques vous offrent la possibilité de mettre à l'échelle, de faire pivoter et de déformer des calques de manière non destructive. Parmi les transformations, certaines ne sont pas disponibles, notamment la perspective et la torsion ; cependant, en utilisant la déformation, il est souvent possible de pallier ce manque.

Voici deux exemples pour illustrer la notion de transformation non destructive : une mise à l'échelle et une déformation.

La mise à l'échelle non destructive

Pour comparer, nous allons appliquer la même transformation (mise à l'échelle) à deux calques : l'un ❶ contient des éléments pixellisés (c'est un calque standard), l'autre ❷ renferme un objet dynamique.

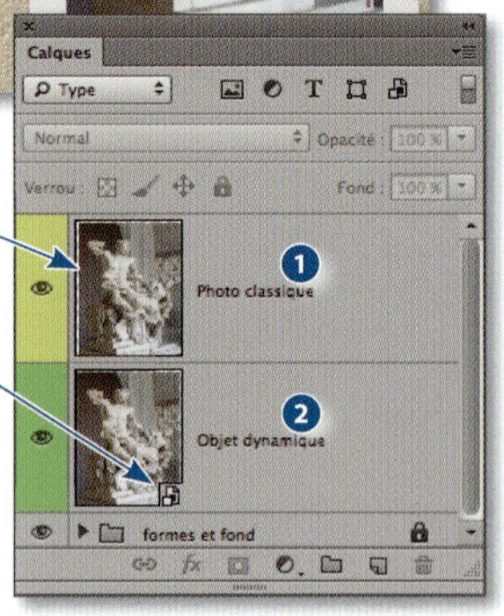

Dans l'illustration ci-dessus, la photo 1 est un calque standard et la photo 2 est un calque dynamique.

Si vous appliquez une réduction de taille aux deux calques, ils auront le même aspect, une fois la transformation validée.

On a appliqué une réduction, les deux éléments sont semblables.

Si, après cette réduction, vous appliquez une nouvelle transformation de manière à réagrandir l'élément précédemment réduit, le calque pixellisé ❶ montre une pixellisation plus forte (il y a eu rééchantillonnage), alors que l'objet dynamique ❷ garde sa définition d'origine : les transformations n'ont pas altéré ses données ; la **Barre d'options** affiche en permanence la valeur de déformation, ce qui permet de retrouver facilement la taille d'origine de l'objet.

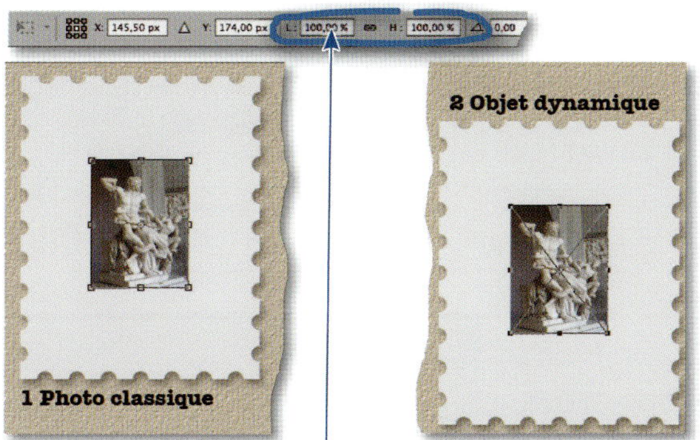

Pour le calque standard, il y a réinitialisation à 100 %. Avec l'objet dynamique, on retrouve la valeur de transformation.

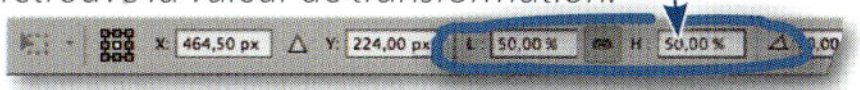

Quand on réagrandit, il apparaît une pixellisation sur le calque standard.

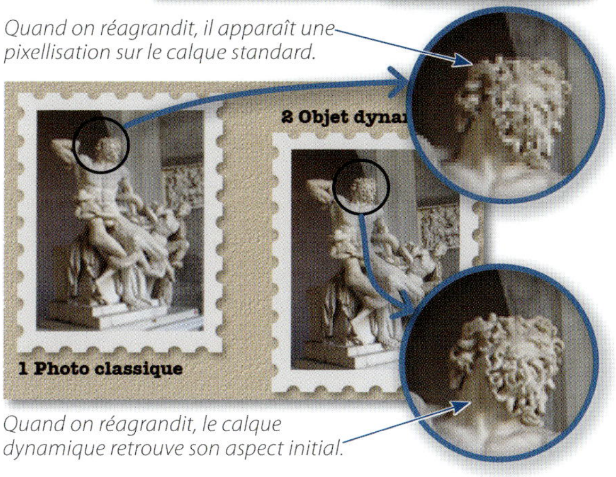

Quand on réagrandit, le calque dynamique retrouve son aspect initial.

> **Astuce** *Si vous comptez effectuer une mise à l'échelle d'un calque (pixellisé), convertissez-le en objet dynamique avant de le transformer. En opérant ainsi, vous pourrez le redimensionner sans perte de qualité.*

La déformation non destructive

Si vous appliquez une déformation (personnalisée ou prédéfinie) à un calque pixellisé ❶ et à un objet dynamique ❷, ils auront le même aspect une fois la transformation validée.

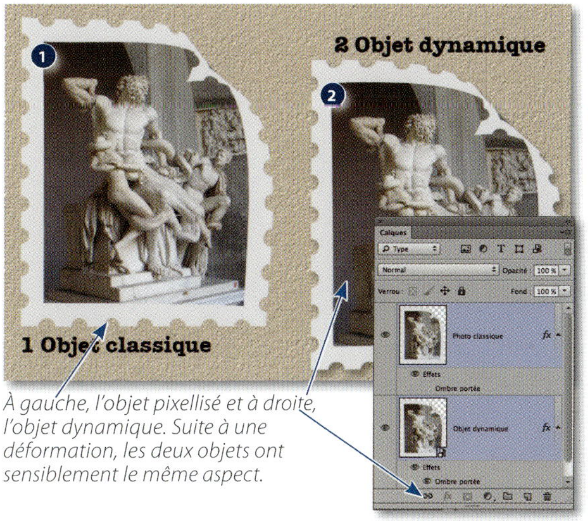

À gauche, l'objet pixellisé et à droite, l'objet dynamique. Suite à une déformation, les deux objets ont sensiblement le même aspect.

Si vous souhaitez intervenir à nouveau sur la déformation que vous venez de valider et relancer la transformation avec un calque pixellisé, les poignées de déformation sont réinitialisées sur les pixels actuels. Si vous effectuez la même opération sur un calque dynamique, vous retrouvez les poignées de déformation à l'endroit où vous les aviez laissées. La transformation n'a donc pas été destructive et n'a pas altéré les données de l'objet dynamique. Il est même possible de l'annuler avec l'option **Sans** de la **Barre d'options**.

Avec l'objet pixellisé, les poignées de déformation sont réinitialisées.

Avec l'objet dynamique, les poignées indiquent l'ancienne déformation.

> **Astuce** *Dès que vous comptez déformer un calque (pixelisé), convertissez-le en objet dynamique avant de le transformer. En opérant ainsi, vous pourrez réajuster la déformation à n'importe quel moment sans perte de qualité. De même pour un texte, sa conversion en objet dynamique permet d'accéder à la déformation personnalisée.*

La déformation dynamique de la marionnette

La déformation de la marionnette, apparue avec Photoshop CS5, peut être appliquée de manière destructive ou dynamique, à condition que le calque sur lequel on souhaite appliquer la déformation soit un objet dynamique.

La préparation de la partie à déformer

Pour réaliser la déformation de la marionnette, à partir du calque contenant la photo complète, vous pouvez effectuer les manipulations suivantes :

1. Par sécurité, commencez par réaliser une copie du calque (en tapant ⌘J [Ctrl J]) et cachez le calque qui a servi à faire la copie.

On veut faire une déformation du bras. On a créé et caché une copie de sécurité.

2. Détourez la zone à déformer avec l'outil **Sélection rapide** (ou par une autre méthode) puis affinez la sélection avec les outils de dessin et le **Mode Masque**.

On sélectionne la zone à déformer pour en faire une copie.

3. Lancez la commande **Améliorer le contour** : dilatez la sélection avec **Décalage du contour** et créez directement une copie de son contenu sur un nouveau calque en utilisant l'option **Nouveau calque** de la rubrique **Sortie**.

4. Convertissez le calque en objet dynamique par clic droit sur le nom du calque dans le panneau **Calques**.

On a copié la sélection sur un calque, puis on a converti ce dernier en objet dynamique.

Avant de réaliser la déformation, il faut remplacer la partie de la photo copiée sur le calque dynamique par l'arrière-plan qui l'entoure. Pour cela :

1. Temporairement, cachez le calque de l'objet dynamique. Récupérez sa sélection par ⌘clic [Ctrl clic] sur la vignette du calque.

2. Activez le calque de l'image entière et lancez la commande **Remplir** du menu **Édition** (ou tapez ⇧Efface) pour choisir l'option **Contenu pris en compte**.

Sur le calque de la photo, on a rempli la sélection avec l'option **Contenu pris en compte**.

Si le résultat de ce remplissage ne convient pas, relancez-le. Vous pouvez également utiliser l'outil **Correcteur localisé** (avec le mode **Contenu pris en compte**) pour rectifier certaines parties qui ne seraient pas correctement remplies.

La déformation dynamique

Le calque à déformer étant affiché et actif, la déformation peut être réalisée en lançant la commande **Déformation de la marionnette** du menu **Édition**.

Cette commande affiche un maillage qui couvre le calque. À l'aide des paramètres de la **Barre d'options**, il est possible d'obtenir un maillage plus dense ou plus espacé, voire de le cacher, ce qui s'avérera intéressant quand on aura commencé à déformer.

Pour déformer, il faut placer des points de contrôle (appelés **coins** par Photoshop). Ils apparaissent en jaune et sont marqués d'un point noir quand ils sont sélectionnés. Pour bloquer l'extrémité du bras au niveau du corps, on place deux points, puis un troisième sur la main.

Le maillage de ***Déformation de la marionnette****. On peut le régler dans cette barre.*

On peut alors glisser ce dernier pout obtenir la déformation voulue. Le cas échéant, vous pouvez placer d'autres points et les faire glisser pour rendre la déformation plus naturelle.

On place des points : certains pour bloquer, d'autres pour déformer par glissement.

On peut rajouter des points pour affiner la déformation avant de la valider.

Le panneau **Calques** montre une vignette sous celle du calque. Il s'agit du masque filtrant sous lequel figure le nom de la déformation. Par double-clic dessus, on réaffiche les points de déformation et l'on peut intervenir dessus.

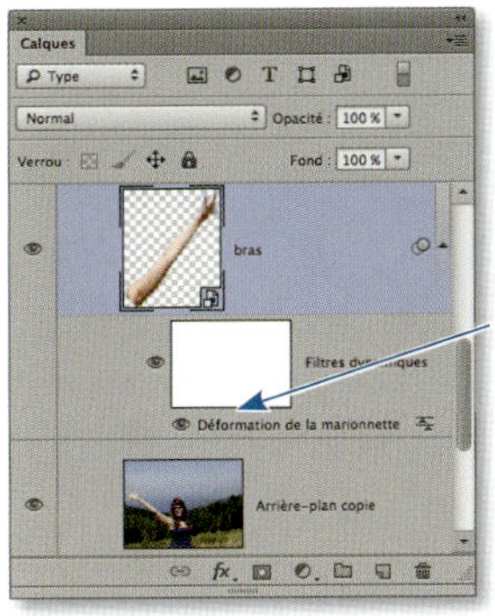

La déformation apparaît comme un filtre dynamique. On peut l'éditer par double-clic *sur son nom.*

Pour créer des variantes (et par la suite, une animation), vous pouvez (en tapant ⌘J [Ctrl J]) dupliquer le calque de l'objet dynamique avec sa déformation de la marionnette. Cette dernière restera éditable et indépendante sur chaque objet.

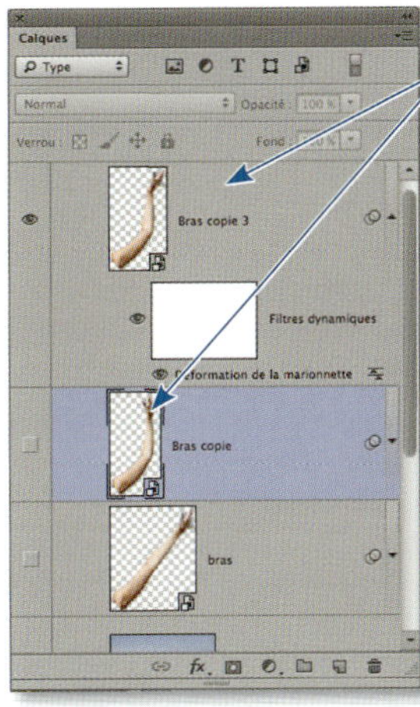

On a dupliqué (⌘J [Ctrl J]) le calque de l'objet dynamique déformé et créé des variantes. Si dessous, on a affiché l'une d'elles.

À ce stade, si vous constatez que le détourage de l'objet déformé n'est pas suffisamment précis, vous pouvez le rectifier. Pour cela, dans le panneau **Calques**, effectuez un double-clic sur la vignette de l'objet dynamique. Celui-ci s'ouvrira dans une nouvelle fenêtre dans laquelle vous pourrez faire les manipulations classiques (par exemple, ajouter un masque de fusion). Une fois les opérations terminées et le document enregistré, l'objet sera mis à jour dans le document initial. Toutes les copies réalisées avec cet objet dynamique le seront également.

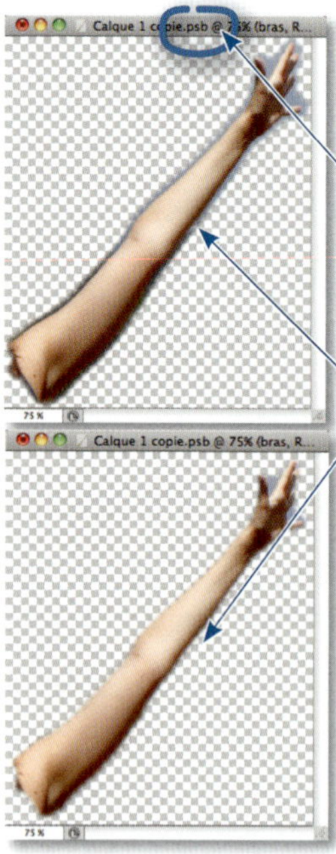

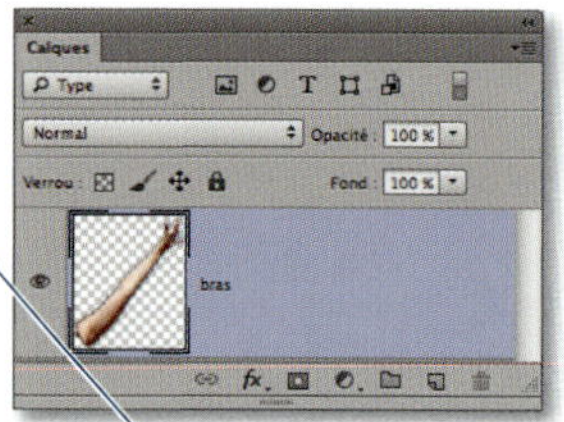

On édite l'objet dynamique. Pour cacher certaines parties trop visibles après déformation, on lui ajoute un masque de fusion.

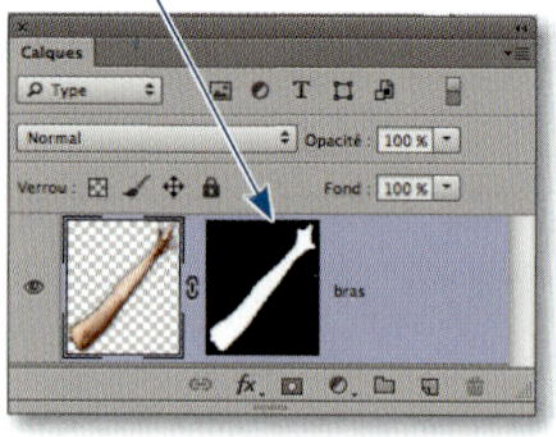

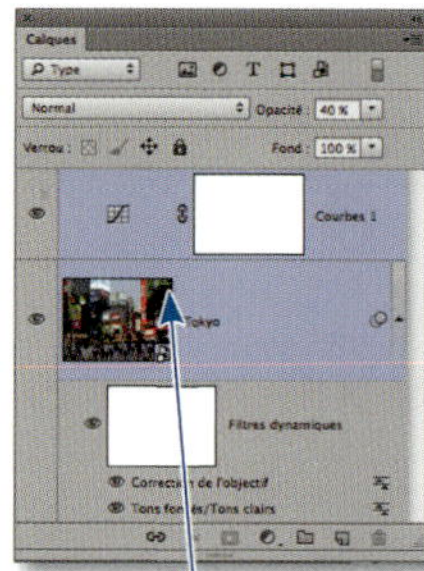

Dans le document RVB, on sélectionne tous les calques pour les convertir en un objet dynamique.

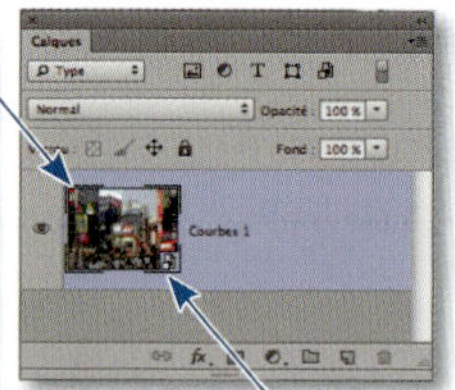

Par double-clic *ici, on pourra encore éditer le document RVB.*

On peut alors convertir le document en CMJN.

ASTUCE *Lors de la conversion en CMJN, il apparaît une boîte de dialogue ; choisissez l'option* ***Ne pas pixelliser*** *afin de pouvoir éditer pleinement l'objet dynamique RVB.*

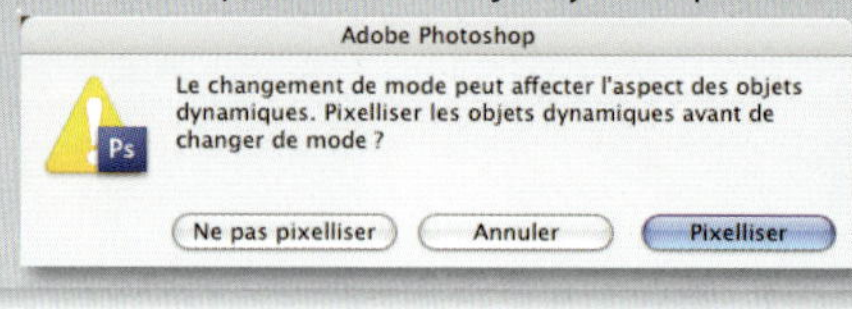

Les conversions colorimétriques

LA CONVERSION RVB/CMJN POUR L'IMPRESSION

Quand une image RVB est convertie en CMJN, selon les réglages de la commande **Convertir en profil** (*voir page 387*), il peut y avoir fusion de ses calques pour donner une image aplatie ou, si l'aplatissement n'est pas programmé, disparition des calques de réglage. Cette conversion fait perdre toute possibilité de travail des calques, des réglages ou des filtres dynamiques.

Pour éviter cet aplatissement, Photoshop offre une alternative. Elle consiste à travailler le document normalement (en RVB avec les calques, groupes, filtres dynamiques… voulus), à sélectionner tous les calques (par la commande **Tous les calques** du menu **Sélection**, par exemple) et à convertir cet ensemble en objet dynamique. La conversion vers le mode CMJN peut alors être réalisée. C'est par double-clic sur l'objet dynamique que vous retrouverez votre document RVB et pourrez y faire les modifications souhaitées (elles seront automatiquement répercutées sur le document CMJN).

Cette méthode de conversion par un objet dynamique permet donc de ne travailler qu'avec un seul fichier CMJN, dans lequel le fichier RVB est imbriqué, au lieu de deux fichiers indépendants avec des mises à jour fastidieuses.

L'IMAGE EN NIVEAUX DE GRIS À PARTIR DU RVB

Il existe de nombreuses possibilités pour obtenir une image en niveaux de gris à partir d'une image RVB. Elles font souvent appel à des calques de réglage, par exemple **Noir et blanc**. Si vous importez une image de ce type dans une page InDesign ou XPress, son impression s'effectuera en utilisant les quatre encres de la quadri et non pas uniquement l'encre noire. Pour obtenir l'impression avec une encre unique, il faut convertir le fichier du mode **RVB** au mode **Niveaux de gris**. Pour éviter que cette opération n'aplatisse l'image, sélectionnez les calques et convertissez-les en objet dynamique. Comme précédemment, si la conversion est réalisée avec l'option **Ne pas pixelliser**, vous pourrez à tout moment, en éditant l'objet dynamique, revenir sur les réglages s'ils ne vous convenaient plus.

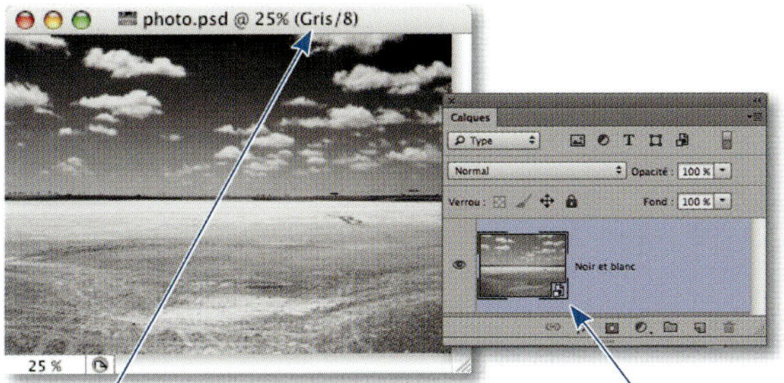

Cette image en niveaux de gris contient un objet dynamique créé à partir des calques de ce document RVB que l'on réaffiche en éditant l'objet dynamique.

La conversion pour un traitement Camera Raw

Un calque peut être converti en objet dynamique qui s'ouvrira dans Camera Raw afin d'y utiliser certaines de ses corrections (*développées dans la partie sur Camera Raw : pages 105 à 391*). Les corrections réalisées seront réversibles. Cette manipulation a déjà été évoquée dans ce livre et peut faire l'objet d'un script dont les paragraphes qui suivent rappellent le développement.

Les script de conversion du calque

Les opérations constituant le script sont les suivantes :

❶ On crée un instantané (opération facultative).

❷ On renomme le calque actif (par exemple « **OD** »).

❸ On duplique le calque vers un nouveau document (que l'on nomme « **image_RAW** »).

❹ On aplatit ce nouveau document. On l'enregistre en TIFF et on le ferme.

❺ On importe le fichier précédent (**image_RAW.tiff**), on ferme Camera Raw sans faire le moindre réglage et on valide l'importation.

❻ On sélectionne le calque nommé à l'étape **2** (**OD**) et on le supprime.

❼ On sélectionne le calque correspondant à l'image importée (**image_RAW**).

❽ Dans le menu du panneau **Scripts**, on sélectionne **Insérer une commande**, puis on choisit dans le menu du panneau **Calque**, **Modifier le contenu**. Cette commande ne serait pas enregistrée dans le script si on la lançait directement sans passer par **Insérer une commande**.

On arrête l'enregistrement du script. Vous devez obtenir un script qui a l'aspect ci-après.

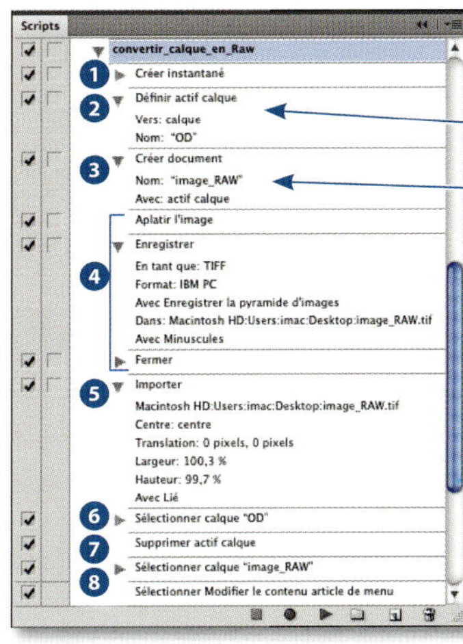

*On renomme le calque actif et, ici, on le duplique. Vous trouverez le fichier de ce script (**CONVERSION_Raw.atn**) dans le dossier des ressources de ce chapitre.*

Si vous souhaitez transmettre ce script à d'autres personnes, il faudra qu'elles réenregistrent les instructions 4 et 5 pour que les chemins soient corrects. Vous pouvez aussi cliquer sur la case vide devant ces instructions pour provoquer l'affichage des fenêtres de dialogue correspondantes.

> **Attention** *Pour que l'ouverture du fichier TIFF s'effectue dans Camera Raw, affichez les préférences de Photoshop (rubrique **Gestion des fichiers** puis le bouton **Préférences de Camera Raw**) : choisissez **Ouverture automatique de tous les fichiers TIFF pris en charge**.*

Le panneau de traitement d'un calque avec Camera Raw

Comme je l'ai déjà signalé, afin de faciliter la conversion pour un traitement Camera Raw, j'ai mis au point un panneau (à l'aide de Configurator) dont un des boutons enchaîne, dans un script JavaScript, les manipulations du script précédent (mais directement avec des chemins relatifs). À l'issue du traitement, un masque de fusion est ajouté, l'outil **Pinceau** est activé (avec les couleurs par défaut) de telle manière que vous pouvez masquer les zones où le traitement ne doit pas être appliqué.

Bien qu'initialement prévu pour les traitements de netteté et de flou (ce qui explique son nom), ce panneau peut être utilisé pour accéder à l'ensemble des fonctions de Camera Raw. Il se trouve dans le dossier des ressources de ce chapitre sous la forme d'un fichier zxp (**traitement_raw.zxp**) qui s'installe par double-clic (ne l'installez pas si vous aviez déjà ouvert le fichier **Panneau_NetFlou.zxp**).

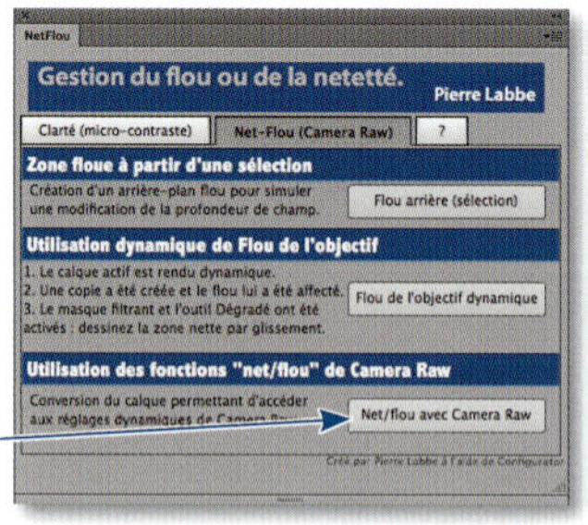

Le calque actif devient dynamique et s'ouvre dans Camera Raw grâce au bouton de ce panneau.

Les filtres et les objets dynamiques

Les filtres dynamiques

Nous avons déjà parlé des filtres dynamiques à l'occasion des retouches (*voir page 219*). Nous allons rappeler ici quelques-unes de leurs particularités.

Le principe du filtre dynamique

Les filtres dynamiques (tous ne le sont pas) s'appliquent comme les autres filtres. Cependant, ils laissent apparaître dans le panneau **Calques**, sous la vignette du calque dynamique, une vignette de masque de fusion (le masque filtrant). Le nom du filtre suivi de l'icône apparaît également sous ce masque. Il est possible d'appliquer plusieurs filtres : ils apparaissent listés sous le masque et leur ordre peut être modifié par glissement.

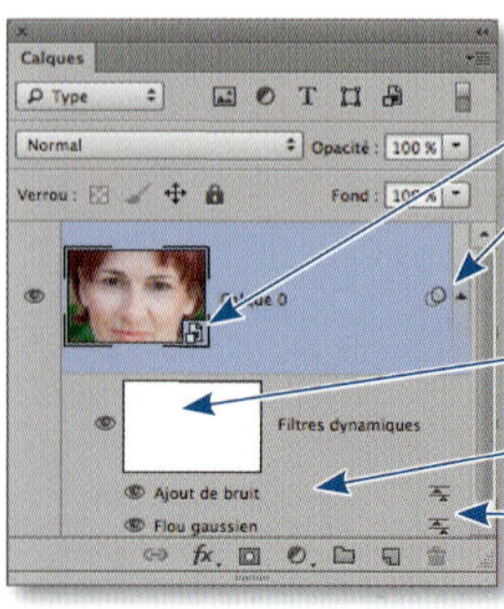

L'objet dynamique. Cette icône indique la présence de filtres quand l'affichage est réduit.

Le masque filtrant.

Les filtres appliqués et l'accès à leurs options de fusion.

Pour qu'un filtre n'agisse plus temporairement, masquez-le en cliquant sur l'œil situé devant son nom. Pour désactiver l'ensemble des filtres, cliquez sur l'œil du masque filtrant (vous pouvez obtenir ce résultat par clic droit sur **Filtres dynamiques** à droite de la vignette du masque filtrant).

Les réglages du filtre dynamique

Par double-clic sur le nom du filtre, vous accédez aux réglages du filtre et pouvez les modifier. C'est ce qui rend intéressante l'utilisation des filtres dynamiques : ils n'agissent plus de façon destructive. S'il y a plusieurs filtres superposés, l'aperçu ne montrera que les réglages du filtre sélectionné.

Les options de fusion du filtre dynamique

Par double-clic sur l'icône située à droite du nom du filtre, on accède à ses options de fusion. Elles permettent de définir un mode de fusion du filtre et de réduire l'opacité du « calque filtrant ». N'hésitez pas à appliquer le filtre avec un réglage un peu plus fort que prévu. Par la suite, vous pourrez l'ajuster par réduction de cette opacité. Attention, rien ne signale que vous avez changé les paramètres des options de fusion.

Le masque du filtre ou masque filtrant

Si une sélection est réalisée avant de lancer le filtre, elle définit l'aspect du masque filtrant (les zones sélectionnées donnent les parties blanches sur lesquelles le filtre agit, sur les noires le filtre n'agit pas et sur les grises, partiellement). Sans sélection, le masque est blanc et le filtre agit sur la totalité de l'image. Il est possible de modifier le masque de différentes façons (par traitement de sa couche alpha ou couche de détourage, *voir page 314 et suivantes*). Dans tous les cas, ce masque s'applique à la totalité des filtres, s'il y en a plusieurs.

L'application d'un filtre sur plusieurs calques

Il n'est pas possible d'appliquer un filtre en même temps à plusieurs calques. Pour pallier ce problème, sélectionnez les calques en question et convertissez-les en objet dynamique. Vous pourrez alors lancer le filtre ; non seulement il sera affecté à tous les calques de l'objet, mais son application sera également réglable et réversible. On retrouve ce même principe avec les effets de calque (ombre, lueur…).

Les filtres interdits selon les modes

Selon le mode du document, certains filtres peuvent être interdits. C'est par exemple le cas des modes **CMJN** et **Niveaux de gris** qui ne donnent pas accès au filtre **Point de fuite**, ou encore aux modes **CMJN** et **Lab** qui n'autorisent pas l'application de **galerie de filtres**.

Pour pallier ce problème, convertissez le calque à traiter par le filtre en objet dynamique, éditez cet objet (par double-clic sur sa vignette) et convertissez le document qui s'ouvre avec le mode **RVB** : tous les filtres y seront alors disponibles. L'enregistrement du fichier dynamique se répercutera sur l'objet dynamique dans le document père, et celui-ci aura l'aspect voulu (comme si le filtre avait été appliqué directement).

La fusion de calques

Conserver tous les calques crée des fichiers plus lourds ; en revanche, les convertir en objet dynamique n'accentue pas ce poids, mais rend plus simple l'aspect et la gestion du panneau **Calques**. Si le poids du document devient trop important en raison du nombre de calques, vous pouvez effectuer les opérations suivantes :

1. Convertissez les calques en cause en un objet dynamique.
2. Exportez cet objet dynamique sous la forme d'un fichier par clic droit sur son nom.
3. Pixellisez l'objet dynamique (il prend le poids d'un seul calque) et convertissez-le en calque dynamique.
4. Si vous avez besoin de retrouver l'ensemble de calques non fusionnés, effectuez un clic droit sur l'objet dynamique pour lancer **Remplacer le contenu** et ouvrez le fichier que vous aviez précédemment exporté.

Les manipulations d'objets dynamiques

Les masques sur un objet dynamique

La création du masque

Vous pouvez ajouter un masque de fusion (ou vectoriel) à un objet dynamique, comme sur tout calque. Comme avec un calque standard, il y a un lien entre le masque et l'objet. Ainsi, si vous comptez déplacer, transformer ou déformer l'objet, le masque subira les modifications.

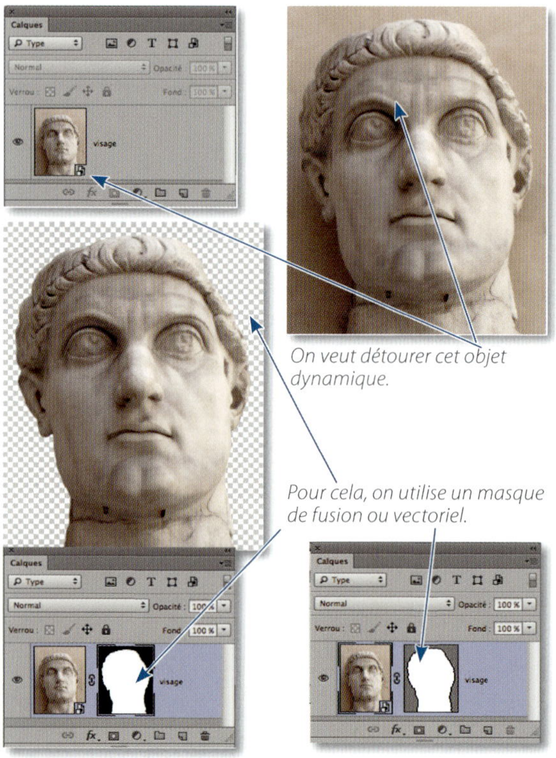

On veut détourer cet objet dynamique.

Pour cela, on utilise un masque de fusion ou vectoriel.

Les masques d'écrêtage et les objets dynamiques

Comme nous l'avons vu dans le chapitre précédent, il est possible d'écrêter un objet dynamique par un calque-masque, cet objet pouvant être composé d'un calque unique ou de plusieurs calques. Il est également possible de convertir un calque en objet dynamique avant ou après l'avoir utilisé comme calque-masque dans un écrêtage.

L'utilisation d'un objet dynamique dans un écrêtage peut s'avérer intéressante. En effet, en éditant le calque-masque (défini comme objet dynamique), il sera possible d'y placer plusieurs calques dont chacun (affiché seul) constituera une variante d'écrêtage facilement disponible.

Dans ce document, il y a un masque d'écrêtage créé par un texte défini comme objet dynamique.

Si on édite cet objet dynamique (par **double-clic** *sur sa vignette), on obtient ce document* ***.psb*** *contenant deux textes dont un seul est affiché.*

On peut alors modifier l'affichage des calques pour voir l'autre texte.

Dès que l'on enregistre le document ***.psb****, il y a mise à jour dans le groupe d'écrêtage initial qui utilise le nouveau masque.*

Astuce *Si le calque-masque possède un effet de calque (ombre...), supprimez-le avant sa conversion en objet dynamique et réappliquez-le une fois celle-ci réalisée. Le menu contextuel déroulé sur le nom du calque permet la copie, l'effacement et le collage du style de calque ; vous pouvez aussi glisser l'icône fx sur un autre calque qui en est dépourvu et le ramener après conversion.*

Les transformations d'objets dynamiques

Les liens calque-masque

Quand vous ajoutez un masque de pixels ou vectoriel, ce dernier est lié au calque. Un maillon indique cette liaison qui pourra être désactivée (en cliquant sur ce maillon) si le masque ou le calque doit être transformé ou déplacé seul.

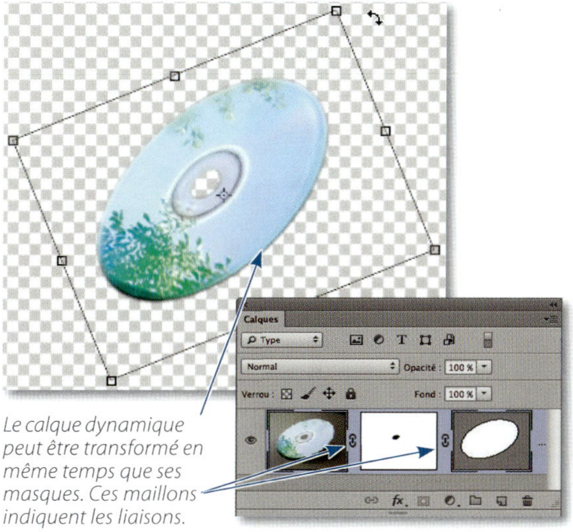

Le calque dynamique peut être transformé en même temps que ses masques. Ces maillons indiquent les liaisons.

Les transformations d'objets dynamiques

L'un des intérêts des objets dynamiques réside dans la possibilité de leur appliquer des transformations non destructives. Il est possible d'appliquer les transformations de type Perspective et Torsion aux objets dynamiques ; cependant, avec les données vectorielles d'Illustrator, qui sont automatiquement importées en tant qu'objet dynamique, les transformations Perspective et Torsion (ainsi que Déformation) ne sont toujours pas accessibles. Pour pallier ce manque, vous pouvez convertir le calque dynamique obtenu après importation en un calque dynamique (par clic droit sur sa vignette), il pourra alors subir tous types de transformations.

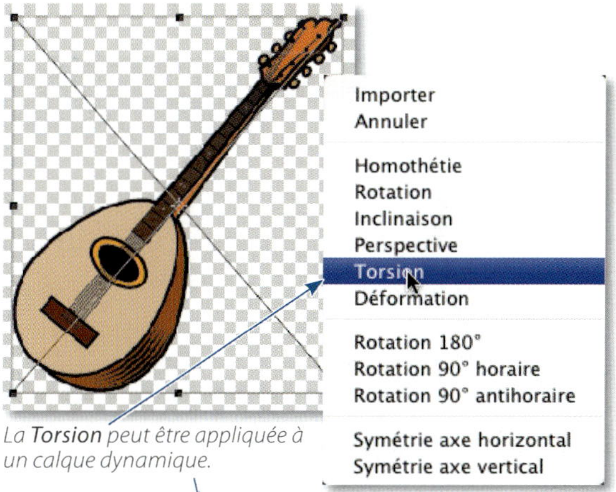

La Torsion *peut être appliquée à un calque dynamique.*

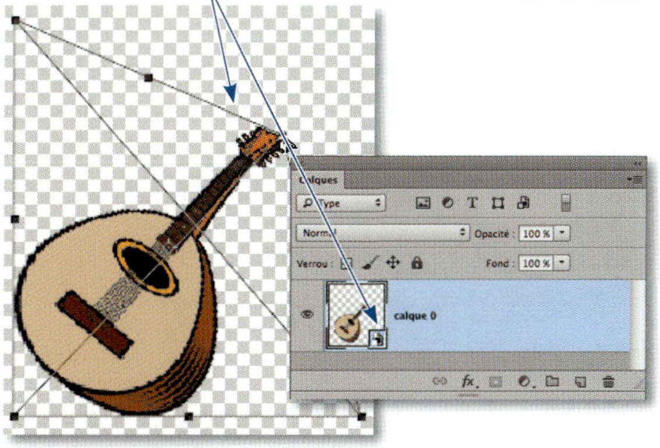

Attention *S'il s'agit d'un calque dynamique avec masques, afin de conserver la réversibilité complète de la transformation, il est préférable de convertir l'ensemble en objet dynamique avant de réaliser une transformation de type* ***Torsion****,* ***Perspective*** *ou* ***Déformation****. Sans cette conversion, la déformation est réinitialisée quand elle est relancée.*

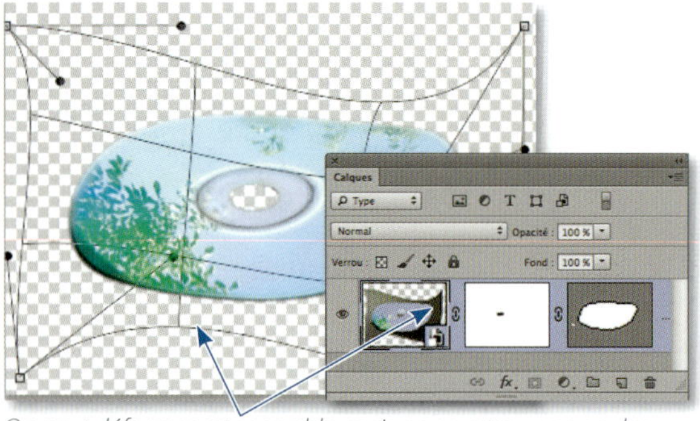

On peut déformer cet ensemble, mais on ne retrouvera pas les poignées de déformation.

Les mises à jour du contenu de l'objet dynamique

L'édition d'un objet dynamique

Le contenu de l'objet dynamique peut être modifié ; cependant, dans le cas d'un fichier au format RAW ou JPEG, cela se résume à l'ouverture de Camera Raw. Pour effectuer les modifications, double-cliquez sur la vignette du calque (ou lancez **Modifier le contenu** du menu **Calque/Objets dynamiques**), cette opération provoque l'affichage d'un fichier Illustrator ou Photoshop, selon la nature de l'objet.

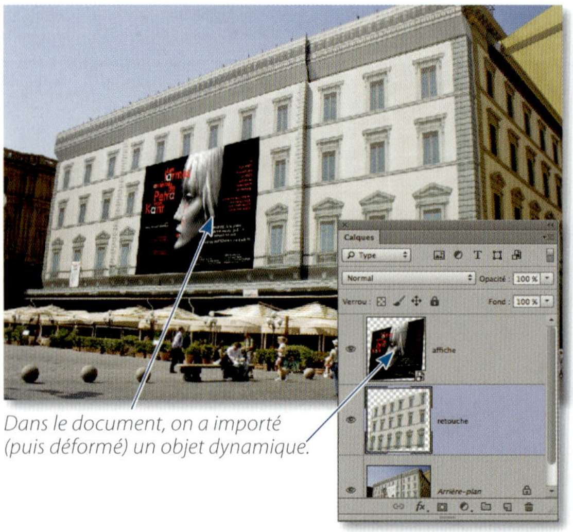

Dans le document, on a importé (puis déformé) un objet dynamique.

Astuce *Par le menu* ***Fenêtre****, puis le sous-menu* ***Réorganiser****, il est possible d'afficher côte à côte (▥ ou ▤) le document principal et son objet dynamique. Ainsi, à chaque enregistrement de l'objet dynamique, vous verrez immédiatement la mise à jour sur le document principal (ce qui facilite les mises au point).*

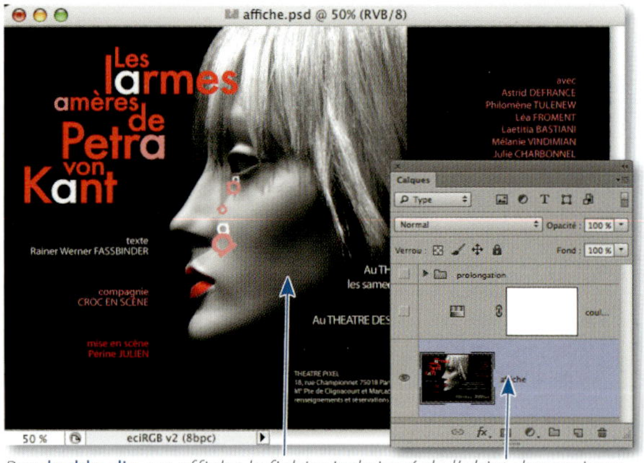

Par **double-clic***, on affiche le fichier imbriqué de l'objet dynamique que l'on peut alors éditer.*

Une fois les changements apportés, enregistrez le fichier Illustrator ou Photoshop (éventuellement, fermez-le) ; il y a mise à jour dans le fichier qui contenait l'objet dynamique.

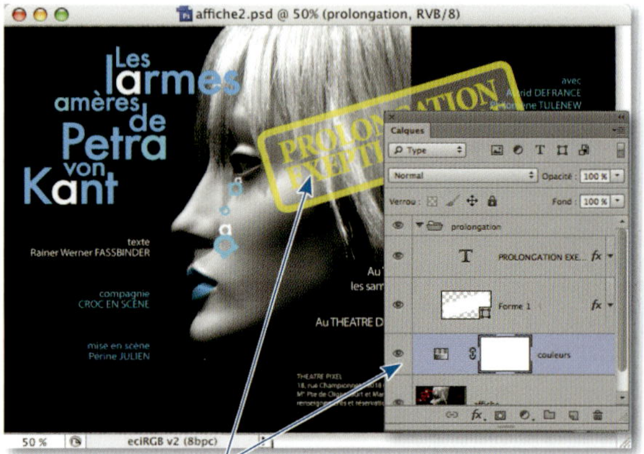

On réalise des modifications dans le fichier de l'objet dynamique (ici, affichage de calques).

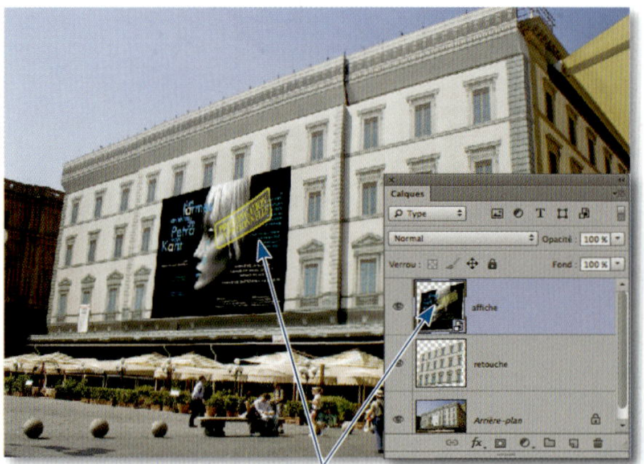

On enregistre pour voir la mise à jour de l'objet dans le fichier.

> **Astuce** *Dans certains cas (comme dans l'exemple ci-avant), l'objet dynamique a subi une déformation. Celle-ci remplace avantageusement l'utilisation du filtre* ***Point de fuite****. En effet, les mises à jour seront plus faciles qu'avec le filtre qui nécessitera la pixellisation du calque.*

Le contenu de l'objet dynamique

Dans le cas d'un objet dynamique de Photoshop, la modification peut se résumer à l'affichage de telle ou telle composition de calques. Avec les objets Illustrator, vous pouvez préparer des séries de calques (à afficher ou à masquer) correspondant aux différents aspects que l'illustration pourrait avoir dans Photoshop.

Quand l'objet dynamique est issu de Camera Raw, son édition affiche la fenêtre **Camera Raw**. Pour obtenir un calque dynamique pouvant subir d'autres traitements (tels que l'ajout de calque), lancez la commande **Convertir en calque dynamique**. Ainsi, vous obtenez un calque dynamique (qui lui-même contient un objet dynamique de type RAW) complètement éditable.

La mise à jour d'un objet dynamique présent dans plusieurs fichiers

Il n'est pas possible de partager un objet dynamique sur plusieurs fichiers Photoshop. En effet, même si vous importez le même fichier dans plusieurs documents, chacun d'eux possède un objet dynamique qui est indépendant des autres.

Si vous faites une modification sur l'un d'eux, elle ne sera pas répercutée sur les autres. Si vous souhaitez qu'elle le soit, effectuez les opérations suivantes :

1. Une fois les modifications réalisées et le fichier de l'objet dynamique fermé, effectuez un clic droit sur le nom de celui-ci dans le panneau **Calques** pour choisir **Exporter le contenu** (enregistrez ce fichier d'export sur le Bureau).
2. Ouvrez (s'il ne l'est pas) le second document contenant cet objet dynamique et, par clic droit sur son nom, choisissez **Remplacer le contenu** (désignez le fichier placé sur le Bureau). Recommencez l'opération avec les autres fichiers qui utilisent le même objet dynamique.

Les copies d'objets dynamiques

Il y a deux façons de créer une copie d'un objet dynamique. Tout dépend si vous souhaitez que la copie fasse référence ou non au même fichier imbriqué, ce qui leur confère des propriétés différentes au niveau des modifications et des mises à jour. Dans un cas, on parlera d'**occurrences**, dans l'autre cas, de **copie indépendante**.

Les occurrences d'un objet dynamique

Elles s'obtiennent, comme toute copie de calques, avec **Dupliquer** ou **Calque par copie** (⌘J [Ctrl J], du menu **Calque** ou menu contextuel), ou par glissement avec ⌥ [Alt] sur le document ou dans le panneau **Calques**. Cette copie est considérée comme une **occurrence** de l'objet dynamique, car elle fait référence au même fichier source, et la mise à jour est répercutée sur toutes les copies.

> **Attention** *La copie par ⌘J [Ctrl J] ne fonctionne pas s'il y a une sélection active.*
>
> **Astuce** *En tapant ⌥⌘J [Alt Ctrl J], vous pourrez renommer la copie du calque dynamique.*

Ci-dessous, on a placé cet élément en objet dynamique et on l'a déformé. Si l'on édite cet objet dynamique, il montre ces calques.

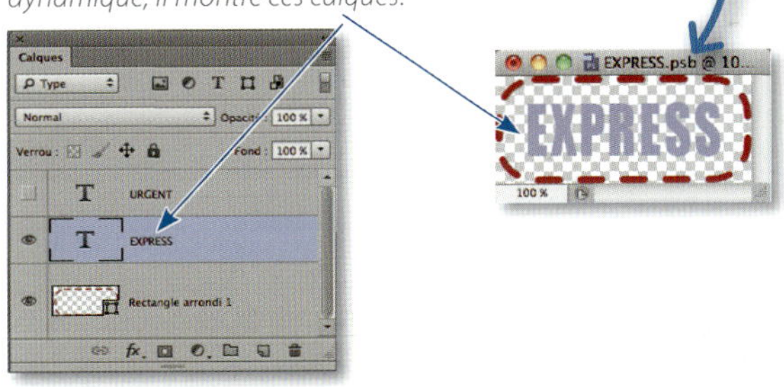

On a créé une copie de l'objet dynamique et on a déformé cette occurrence pour la mettre en place dans le document.

Avec cette occurrence d'objet dynamique, on retrouve le principe des symboles d'Illustrator ou de Flash ; cependant, si vous avez verrouillé le calque d'une occurrence, celle-ci ne sera plus mise à jour quand vous modifierez l'une des autres occurrences.

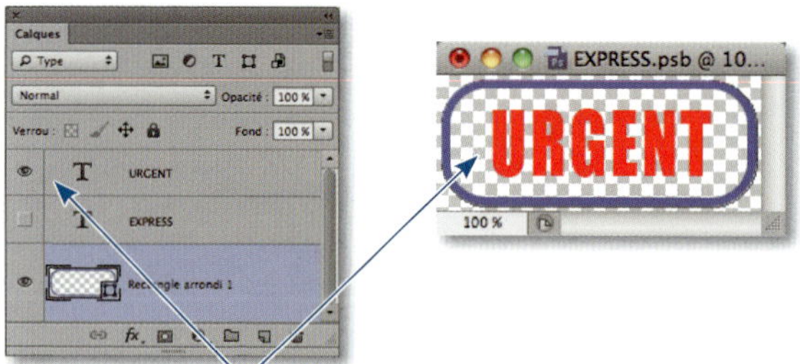

Si on modifie la constitution de l'objet dynamique, toutes ses occurrences sont mises à jour.

La copie indépendante

Cette copie spécifique d'objet dynamique se réalise par la commande **Nouvel objet dynamique par copier** (menu **Calque/Objets dynamiques** ou menu contextuel sur le nom ou la vignette du calque dynamique). Avec cette copie, le calque fait référence à un autre fichier: les objets dynamiques sont indépendants.

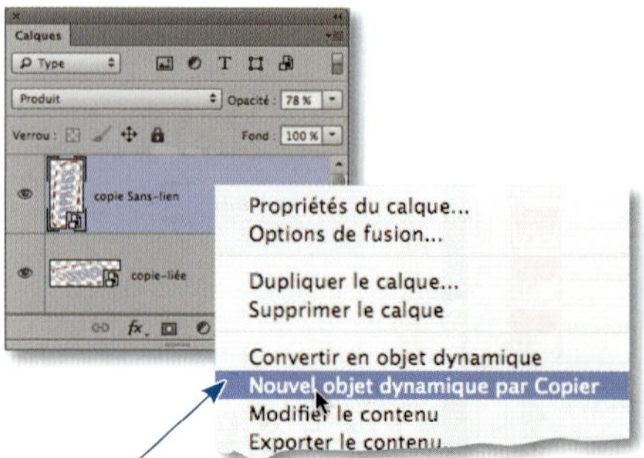

Avec cette commande, on a fait une copie de l'objet dynamique qui est indépendante, puis on l'a déformée.

Si on édite cette copie (par double-clic sur le nom du calque), l'objet dynamique qui a permis de la créer n'est pas mis à jour ; en revanche, les occurrences qui ont été créées à partir de cette copie le sont.

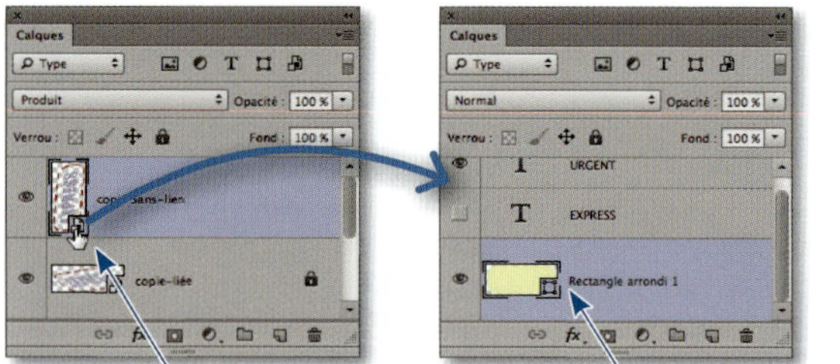

Si on édite l'objet (sans lien) et on modifie sa composition, seules ses occurrences sont mises à jour.

Attention *Le transfert d'un objet dynamique vers un autre document crée un objet indépendant de l'objet source. De même, si vous verrouillez une occurrence, elle ne sera plus mise à jour lors de la modification de l'une des autres occurrences.*

Le remplacement du contenu d'un objet dynamique

Au lieu d'éditer le contenu d'un objet dynamique, Photoshop propose une alternative, il s'agit de remplacer le contenu par celui d'un autre fichier.

Pour effectuer cette opération, sélectionnez le calque contenant l'objet dynamique et lancez la commande **Remplacer le contenu** (menu **Calque/Objets dynamiques** ou clic droit sur le nom du calque dynamique) : une fenêtre permet de choisir le nouveau fichier qui peut être vectoriel (Illustrator) ou non (Photoshop). Si le document comporte plusieurs occurrences de l'objet dynamique, elles seront toutes mises à jour.

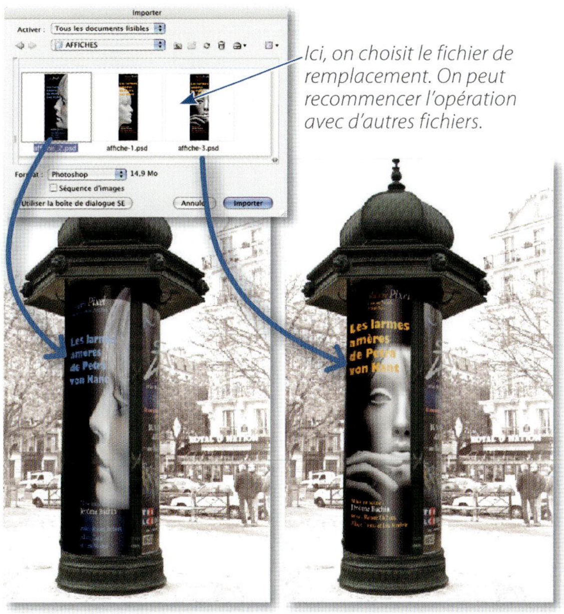

Il n'est pas possible d'utiliser cette fonction de remplacement pour préparer plusieurs compositions de calques dans un document.

> **Astuce** *Si l'objet dynamique dont vous allez remplacer le contenu possède plusieurs occurrences, et si vous souhaitez que l'une d'elles ne soit pas mise à jour lors de ce remplacement, créez une copie indépendante à partir de cette dernière et supprimez l'occurrence devenue inutile. Le verrouillage d'une occurrence n'empêche pas sa mise à jour lors du remplacement du contenu d'une autre occurrence.*

La pixellisation de l'objet dynamique

L'opération se réalise par la commande **Pixelliser** du menu **Calque/Objets dynamiques** ou par le menu contextuel déroulé sur la vignette de l'objet et sa commande **Pixelliser le calque**.

Si l'objet dynamique comportait plusieurs calques, la conversion provoque leur fusion en un seul calque. Dans ce cas, avant d'effectuer une pixellisation, pensez à exporter l'objet dynamique afin d'avoir une possibilité de retour en arrière (*voir ci-après*).

> **Astuce** *Si l'objet dynamique comporte un masque vectoriel, la pixellisation de l'objet entraîne automatiquement celle du masque (il devient alors masque de fusion).*

L'exportation d'un objet dynamique

La création d'un fichier externe

L'exportation s'effectue, une fois le calque de l'objet dynamique sélectionné, en lançant la commande **Exporter le contenu** (menu **Calque/Objets dynamiques**). Cette opération permet de créer un nouveau fichier (Photoshop ou Illustrator) qui pourra être utilisé indépendamment.

Il n'y a pas de lien entre le fichier exporté et l'objet dynamique déjà en place. Le fichier d'exportation pourra être utilisé pour remplacer le contenu d'un autre objet dynamique, être ouvert comme fichier à part entière, ou encore être importé dans un autre document Photoshop.

Une utilisation de Exporter/Remplacer : le modèle de déformation

Nous allons terminer l'étude des objets dynamiques par une technique particulière pour déformer un calque. En effet, quand vous devez réaliser une déformation, plutôt que de travailler directement avec le calque contenant l'image à déformer, vous pouvez utiliser la méthode suivante :

1. Activez l'outil **Forme personnalisée** et cliquez sur le triangle situé à droite de la forme active pour choisir la grille (si elle n'est pas affichée, utilisez le menu local pour charger le panneau **Carrelage**).

2. Avec le mode **Calque de forme**, dessinez une grille de la taille de l'image à déformer.

On veut placer une photo déformée sur cette affiche.

On utilise un modèle de déformation.

Avec cette forme personnalisée, on crée sur la zone à déformer une forme de la taille voulue.

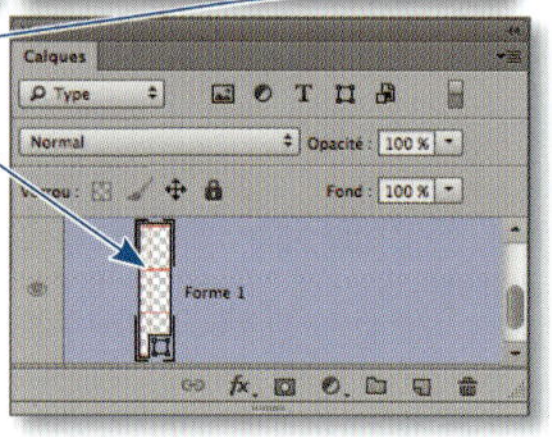

3. Convertissez le calque de forme en objet dynamique. Effectuez la déformation de cet objet dynamique en utilisant les lignes de la grille pour déformer correctement.

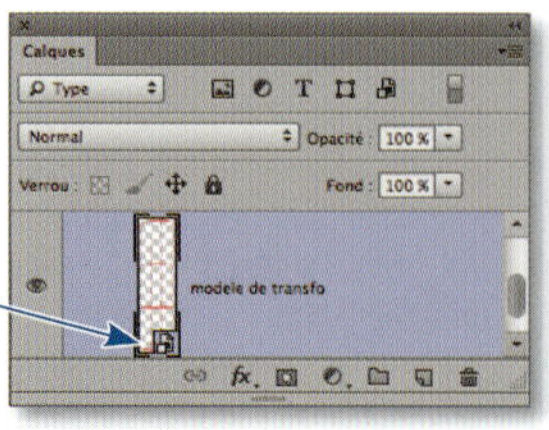

On convertit en objet dynamique le calque de forme avant de le déformer.

4. Sélectionnez le calque de l'image à déformer (convertissez-le en objet dynamique si ce n'est pas déjà un objet dynamique) et, par clic droit, lancez **Exporter le contenu** (placez le fichier sur le Bureau par exemple).

5. Effectuez un clic droit sur le calque de la grille (éventuellement, faites-en une copie indépendante) et lancez **Remplacer le contenu**. Choisissez le fichier précédent placé sur le Bureau, il remplacera la grille et prendra la déformation de celle-ci.

On déforme l'objet dynamique (ses lignes facilitent le travail).

On remplace le contenu (ici, on a réglé l'éclairage).

Si l'image à déformer n'est pas encore présente dans le document, comme indiqué précédemment, réalisez une copie indépendante du calque de forme qui sert de modèle de déformation (cachez cette copie), puis par clic droit effectuez un remplacement de contenu du calque précédent.

Dans certains cas, au lieu d'utiliser les déformations, on pourra utiliser des objets 3D sur lesquels il est possible de plaquer le contenu d'un calque.

4 - Les calques 3D

L'obtention d'objets 3D

L'ouverture ou le placement d'un objet 3D

Photoshop peut ouvrir et travailler des fichiers 3D créés avec des programmes tels que 3D Studio Max, Alias, Maya, Google Earth, etc. et utilisant les formats **.u3d**, **.3ds**, **.obj**, **.kmz**, **.dae**, etc. Ces fichiers peuvent inclure des textures et des composants 3D (filets, matière et éclairage). Dans Photoshop, les éléments 3D se gèrent à partir de trois panneaux **Calques**, **3D** et **Propriétés** ; Photoshop propose un espace de travail (nommé **3D**) qui met en avant ces trois panneaux et facilite la gestion des objets 3D (lors de la création de certains éléments 3D, il proposera de l'activer).

Un fichier 3D possède un calque spécifique marqué par l'icône , son contenu pourra être manipulé directement dans un espace 3D avec l'outil **Déplacement** qui devient contextuel (il active automatiquement l'outil 3D voulu dans la **Barre d'options** en fonction de la sélection), ou par les commandes du menu **3D**, du panneau **3D** (affiché par double-clic sur l'icône) et du panneau **Propriétés**.

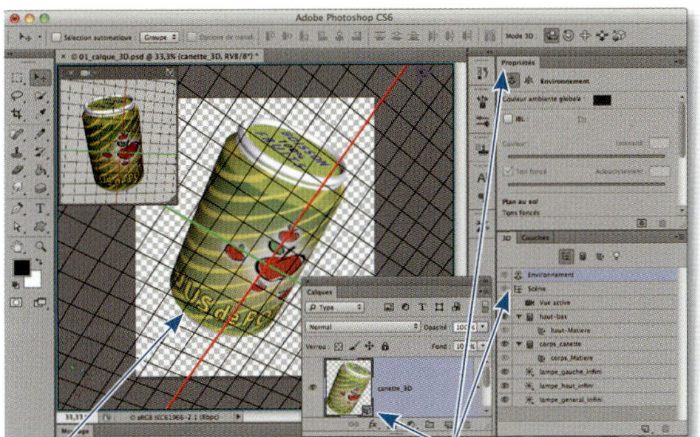

L'objet 3D dans l'espace 3D avec ses trois panneaux de gestion 3D.

Au lieu d'ouvrir un fichier 3D, il est possible, dans le document actif, d'utiliser le menu **3D** et sa commande **Nouveau calque d'après un fichier 3D**. Dans ce cas, le fichier s'ouvrira aux dimensions du document actif. Nous allons commencer par voir quelques méthodes d'obtention d'objets 3D.

La transformation d'un calque en objet 3D

Photoshop peut créer un objet 3D à partir d'un calque 2D. Une fois créé, vous pourrez le déplacer dans un espace 3D, modifier ses matières (textures plaquées), ses paramètres de rendu ou encore lui ajouter des éclairages. Photoshop propose quelques techniques pour obtenir ce type d'objet 3D : la création d'une carte postale 3D, d'une forme 3D ou d'un filet 3D. Pour obtenir l'objet 3D, vous pouvez utiliser les commandes du menu **3D** ou celles du panneau **3D**. En plus des techniques citées plus haut, Photoshop permet l'extrusion de texte, de tracé, de sélection....

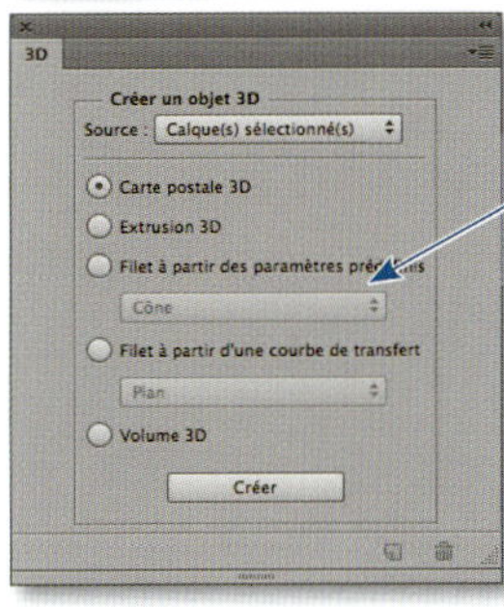

*Le menu **3D** et le panneau **3D** présentent les mêmes commandes. Pour accéder à certaines, il faudra sélectionner ou créer l'élément à convertir en objet 3D.*

La création d'une carte postale 3D

Pour obtenir l'objet 3D, effectuez les opérations suivantes :

1. Dans le document, sélectionnez le calque à convertir en carte postale (cela peut être un calque dynamique, voire un ensemble de calques converti en calque dynamique).

On sélectionne le calque à convertir en carte postale.

2. Dans le menu **3D**, choisissez la commande **Nouvelle carte postale 3D à partir d'un calque** (ou **Carte postale 3D** dans le panneau **3D**) : le calque 2D est converti en calque 3D (l'icône dans le panneau **Calques** l'atteste) et le contenu du calque 2D est défini comme texture plaquée de type **Diffusion** sur les deux faces de la carte postale. Cette texture est constituée par un fichier imbriqué en tant qu'objet dynamique dans le calque 3D ; par la suite, elle pourra être éditée.

On a obtenu un calque 3D (avec un sous-calque de texture plaquée). Ici, on a pivoté l'objet 3D.

3. Pour conserver le nouveau contenu 3D comme fichier indépendant, exportez le calque 3D par la commande du menu **3D** (ou du menu contextuel affiché sur le nom du calque 3D dans le panneau **Calques**).

La création d'une forme 3D

Pour obtenir l'objet 3D, effectuez les opérations suivantes :

1. Dans le document, sélectionnez le calque à plaquer sur une forme (ici aussi, cela peut être un calque dynamique).

2. Dans le menu **3D**, lancez **Nouveau filet à partir d'un calque**, puis **Filet prédéfini** et la forme souhaitée parmi : **Cône**, **Cube**, **Emballage cubique**, **Cylindre**, **Anneau**, **Chapeau**, **Pyramide**, **Rouleau**, **Canette de soda**, **Panorama sphérique** et **Bouteille de vin**. On retrouve cette liste de formes dans le panneau **3D**, dans le menu local **Forme 3D à partir d'un paramètre prédéfini**.

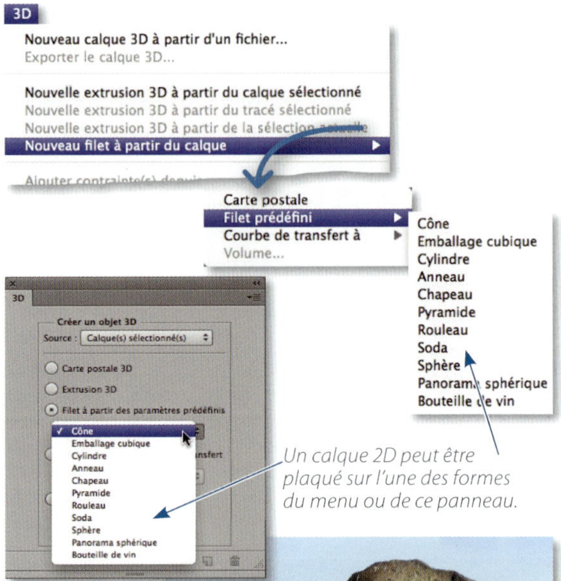

Un calque 2D peut être plaqué sur l'une des formes du menu ou de ce panneau.

Le calque 2D est converti en calque 3D, son contenu apparaît comme texture plaquée de diffusion, sur l'un des filets de l'objet 3D.

Cône.

Cube, Emballage cubique.

Cylindre.

Anneau.

Chapeau.

Pyramide.

Rouleau.

Soda.

Sphère.

Bouteille de vin.

L'option **Panorama sphérique** permet de projeter une image panoramique à l'intérieur d'une sphère 3D. Cette option permet de convertir un panorama sphérique complet de 360° en un calque 3D.

Si l'objet 3D comporte plusieurs filets (cas des formes **Cône**, **Cube**, **Cylindre**, **Soda** ou **Bouteille de vin**), l'image 2D est plaquée sur la surface constituant la face avant de l'objet ; les autres surfaces sont remplies avec une texture par défaut (couleur unie). Avec **Emballage cubique**, toutes les faces sont couvertes par la même image.

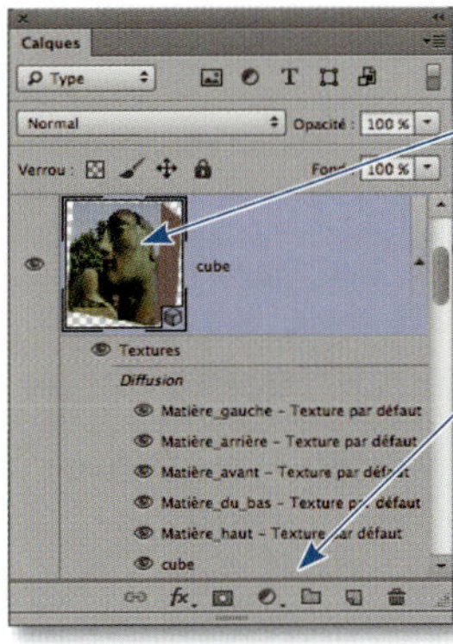

Certaines formes utilisent plusieurs textures, seule l'une d'elles est couverte par l'image du calque 2D.

Astuce *Lors de la création d'un objet 3D, le résultat est souvent foncé. Pour améliorer son aspect, modifiez l'éclairage :*

- *Affichez le panneau **3D** (par double-clic sur l'icône).*
- *Filtrez l'affichage sur l'éclairage en cliquant sur l'icône ;*
- *Cliquez sur **Éclairage infini 1**.*
- *Dans le panneau **Propriétés**, augmentez la valeur de l'option **Intensité** et, en cliquant sur la case **Couleur**, choisissez une couleur plus claire pour l'éclairage.*

(Voir plus loin d'autres manipulations pour affiner l'éclairage.)

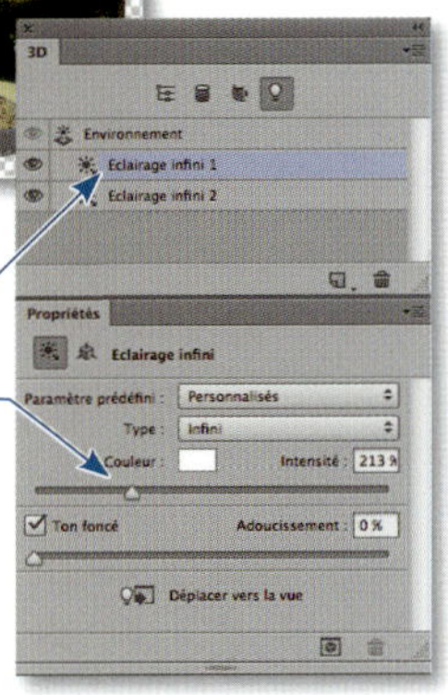

Ci-dessous, à gauche, le résultat 3D brut et à droite, le résultat avec l'éclairage sélectionné ici et modifié là.

La création d'un filet 3D

Ce type d'objet 3D s'obtient par la commande **Nouveau filet à partir du calque**, puis **Courbe de transfert** du menu **3D** ou le menu sous le bouton **Filet à partir d'une courbe de transfert** dans le panneau **3D**. Avec les niveaux de gris d'une image noir et blanc ou la couche verte pour une image couleur, Photoshop crée une courbe de transfert de profondeur pour convertir les valeurs de luminosité en une surface de profondeur variable. Les parties claires de l'image définissent les bosses de la surface, les parties foncées constituent les creux. Cette conversion s'effectue sur l'une des quatre formes proposées : **Plan**, **Plan à deux faces**, **Cylindre** et **Sphère**.

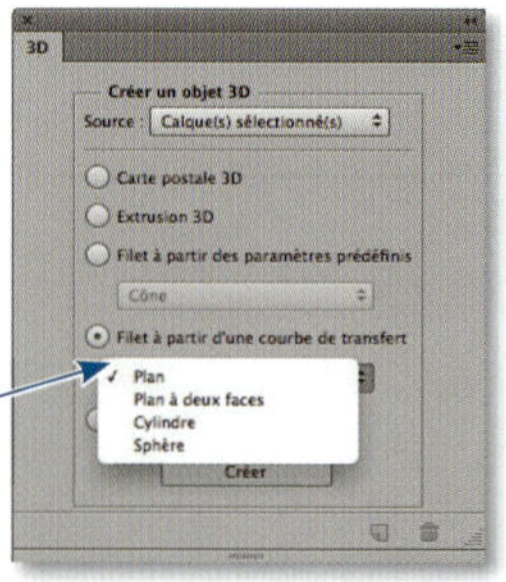

Ce menu propose quelques types de filets.

> **ASTUCE** *Avec les images couleur, vous pouvez appliquer un calque de réglage de type **Noir et blanc** pour affiner la conversion en niveaux de gris, puis sélectionner l'ensemble de deux calques pour créer l'objet 3D.*

Dans la majorité des cas, l'objet 3D est sombre, son éclairage nécessitera un ajustement. Des calques comportant des textures (en niveaux de gris) obtenues avec différents filtres (halo, nuages…), appliqués de façon dynamique, donnent des effets de relief exploitables pour créer des décors, par exemple. Des transitions plus douces entre les parties creuses et les bosses s'obtiennent en utilisant un filtre de flou ou, selon l'allure du calque, un effet de calque de type **Lueur externe**.

Pour obtenir l'objet 3D, effectuez les opérations suivantes :

1. Dans le document, sélectionnez le calque à convertir en objet 3D. Il peut s'agir d'une sélection de plusieurs calques ou d'un calque dynamique qui engloberait un ou plusieurs calques dont, éventuellement, un calque de réglage et un arrière-plan de couleur unie.

2. Dans le menu **3D** (ou le panneau **3D**), choisissez la commande **Nouveau filet à partir du calque/Courbe de transfert**, puis la forme souhaitée.

- **Plan** : le rendu 3D est réalisé sur une surface plane de taille légèrement réduite par rapport à celle du calque 2D.
- **Plan à deux faces** : l'effet est créé sur deux plans symétriques légèrement espacés l'un de l'autre. Il faut faire pivoter l'objet 3D pour visualiser ces deux plans.
- **Cylindre** : les données de la courbe de transfert de profondeur sont appliquées du centre de l'axe vertical du cylindre vers l'extérieur. L'étendue des luminosités doit être faible pour obtenir un résultat convenable.
- **Sphère** : les données de la courbe de transfert de profondeur sont appliquées en étoile à partir du centre.

> **ATTENTION** *Un contraste trop fort donne un relief très important et un résultat 3D souvent inexploitable. Pour améliorer le rendu, réduisez le contraste de l'image à l'aide d'un calque de réglage **Niveaux** (avec les curseurs des niveaux de sortie rapprochés l'un de l'autre pour limiter l'étendue des luminosités). Ce calque pourra être sélectionné avec le calque à convertir ou associé à ce dernier dans un objet dynamique.*

Cas d'une photo.

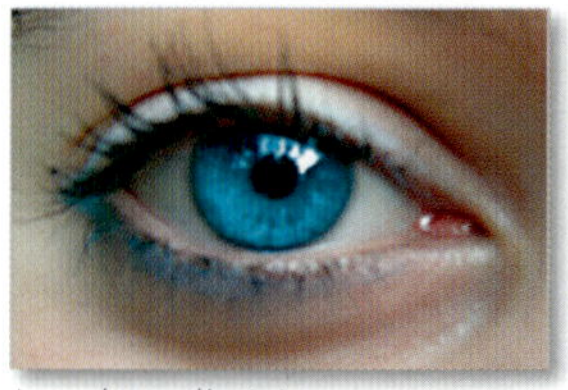

Le calque d'origine.

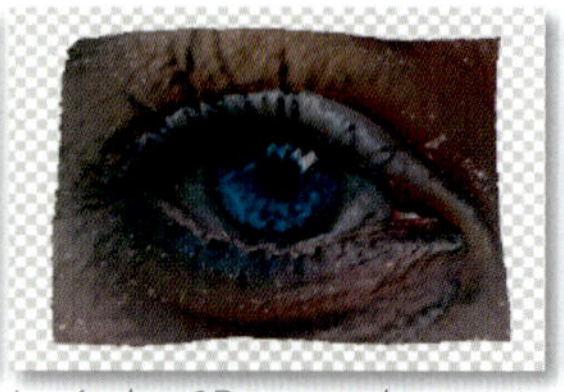

Le résultat 3D sur un plan.

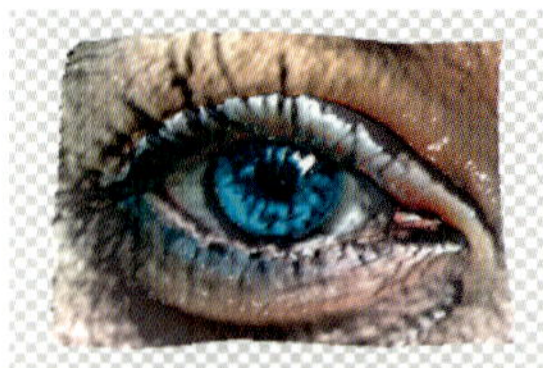

Ici, on a modifié l'éclairage.

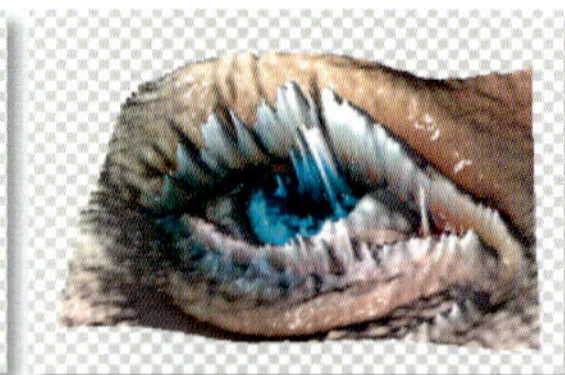

Ici, on a fait pivoter le plan 3D.

Cas d'une texture.

Texture obtenue avec des filtres de rendu (halo).

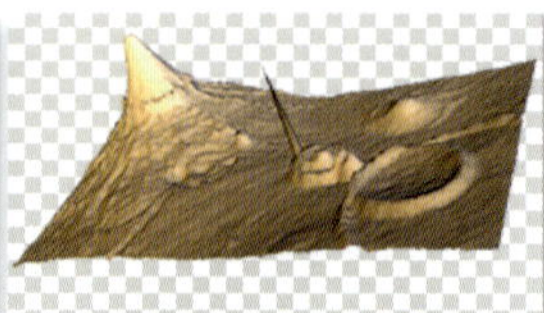

L'objet 3D sur un plan avec l'éclairage rectifié, un pivotement et une coloration.

La pile de calques en volume 3D

Ce type de création s'effectue à partir d'un fichier comportant plusieurs images ou encore une pile de calques, comme c'est le cas avec un fichier d'imagerie médicale de type DICOM.

Photoshop peut combiner les tranches (ou calques) sélectionnées du fichier DICOM en un objet 3D. Le volume 3D ainsi obtenu peut alors être manipulé, vu sous n'importe quel angle et se voir appliquer divers effets de rendu afin d'optimiser la visualisation des différentes matières (tissus osseux ou mous).

Les extrusions 3D

Dans la version CS5, la création et la gestion des extrusions se réalisaient à partir d'un module nommé **Repoussé**. Avec la version CS6, ce module disparaît, c'est par l'option **Extrusion 3D** et le panneau **Propriétés** que se gère désormais ce type de mise en volume. Cette option d'extrusion se lance à partir du menu 3D et de ses trois commandes ou du panneau **3D/Extrusion 3D** et le menu **Source**, puis le bouton **Créer**. Les réglages s'affinent à partir du panneau **Propriétés**. Au niveau des textes, la **Barre d'options** de l'outil **Texte** et le menu **Texte**, proposent également l'**Extrusion 3D**.

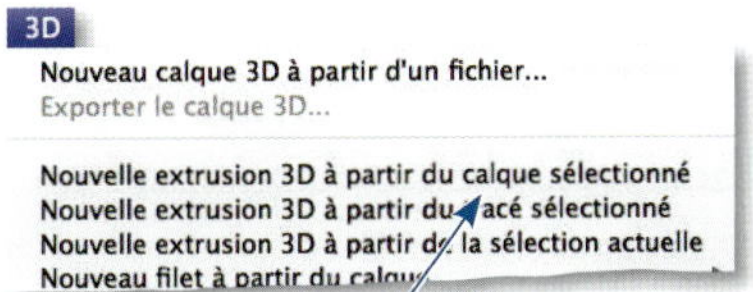

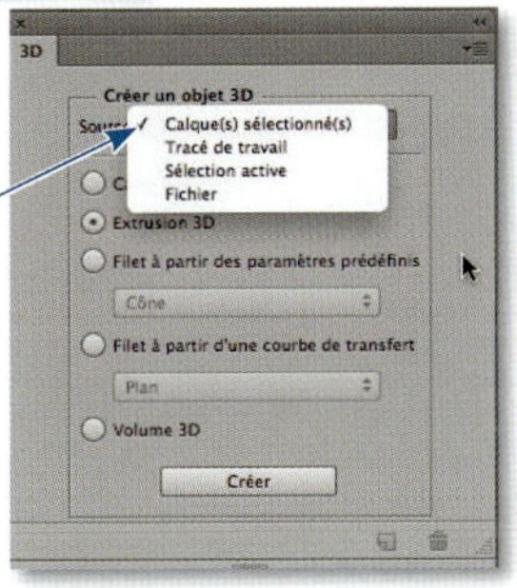

*Les trois commandes d'extrusion du menu **3D** et les options du panneau **3D**.*

L'extrusion 3D avec une sélection ou un calque sélectionné

Si une sélection est affichée sur le calque, elle peut être utilisée pour réaliser l'objet 3D ; cependant, le reste du calque disparaîtra. Pour éviter cette disparition, une fois la sélection, réalisée, créez-en une copie sur un calque (en tapant ⌘J [Ctrl J] ou ⌥⌘J [Alt Ctrl J] pour la nommer) et réalisez l'extrusion à partir de ce calque. Pour obtenir l'objet 3D, dans le menu **Source**, (pour le panneau **3D**), sélectionnez l'élément : **Calque(s) sélectionné(s)** ou **Sélection active**.

Astuce *Pour retrouver le calque initial avec sa sélection, affichez le panneau **Propriétés** et cliquez sur la première icône **Filet**, puis sur le bouton **Modifier la source** : le calque initial réapparaît ; par clic droit dupliquez-le vers le document contenant l'objet 3D, puis fermez-le.*

Le calque comporte une sélection, elle peut être utilisée pour créer l'objet 3D. Le reste du calque disparaîtra.

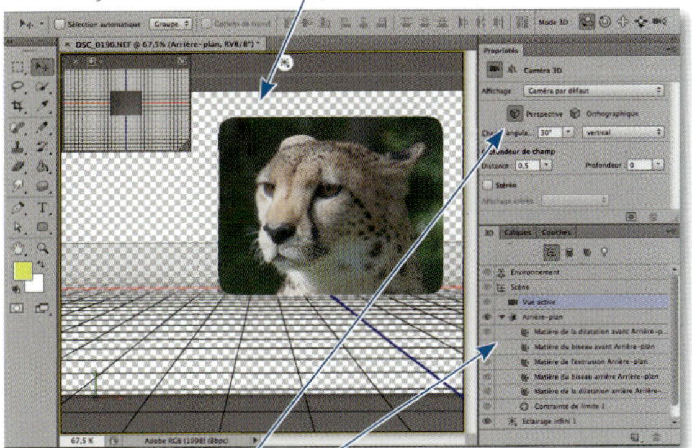

*Le panneau **Propriétés** et **3D** montrent des éléments de l'objet 3D qui apparaît dans un environnement 3D.*

Astuce *Pour repérer plus facilement les constituants de l'objet 3D (notamment dans le panneau **3D**), n'hésitez pas à renommer le calque avant de lancer l'extrusion.*

Dans la majorité des cas, pour mieux visualiser la mise en relief et les réglages que vous y apporterez, il est indispensable de pivoter l'objet 3D, puis éventuellement de réduire la profondeur d'extrusion. Bien d'autres réglages pourront être nécessaires, mais, pour l'instant, n'examinons que ces deux réglages.

– Pour pivoter l'objet, dans la **Barre d'options** de l'outil **Déplacement**, sélectionnez le premier outil 3D, **Pivoter l'objet 3D**, (s'il ne l'est pas déjà) et glissez-le pour pivoter l'objet et voir la profondeur de l'objet.

On active cet outil 3D et on le glisse légèrement pour pivoter l'objet jusqu'à en voir la tranche.

– Pour réduire la profondeur d'extrusion de l'objet (souvent trop importante et masquant une partie de l'ombre), avec l'outil **Déplacement** actif, effectuez un clic droit sur la surface de l'objet pour afficher un panneau **Propriétés** contextuel : réduisez la valeur de l'option **Profondeur d'extrusion** (bien que plus délicate, l'opération peut être réalisée à l'aide du curseur de cette option).

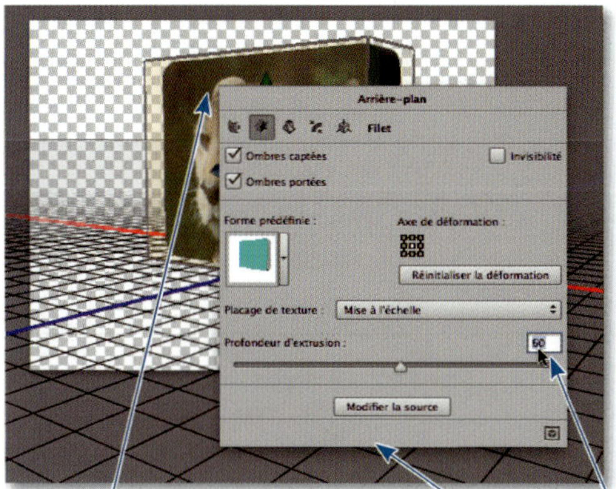

Par clic droit sur la surface de l'objet, on affiche ce panneau et on y règle la valeur de la profondeur d'extrusion.

L'extrusion d'un calque de forme ou d'un tracé

La nature de l'élément vectoriel

Photoshop permet la création d'objet 3D à partir d'un tracé de travail ou d'un calque de forme ; dans les deux cas ce tracé doit être fermé (un message le signale). Si le tracé est réalisé avec plusieurs parties, dont certaines sont en soustraction (ou exclusion), l'objet 3D apparaîtra troué.

Le calque de forme

Pour créer un objet 3D à partir d'un calque de forme, le principe est le même que pour les calques pixellisés. La commande est identique, il s'agit de **Calque(s) sélectionné(s)** du panneau **3D** ou du menu **3D** ; cependant, la commande est accessible à partir du menu contextuel si un outil vectoriel est encore actif.

Si la forme ne possède qu'un contour, l'extrusion ne se fera qu'à partir des éléments visibles du contour sur le calque de forme (l'objet 3D sera donc creux). Il n'est pas possible d'utiliser une forme ayant un fond et un contour.

S'il y a plusieurs calques de forme sélectionnés, pour conserver l'aspect initial des tracés (et éviter un remplissage des zones transparentes), réalisez l'extrusion en ne sélectionnant qu'un seul calque à la fois (par la suite, il sera toujours possible de fusionner les calques 3D obtenus par la commande du menu **3D** : **Fusionner les calques 3D**).

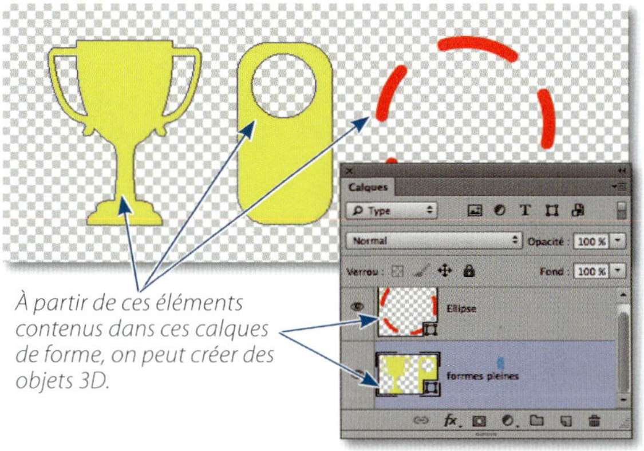

À partir de ces éléments contenus dans ces calques de forme, on peut créer des objets 3D.

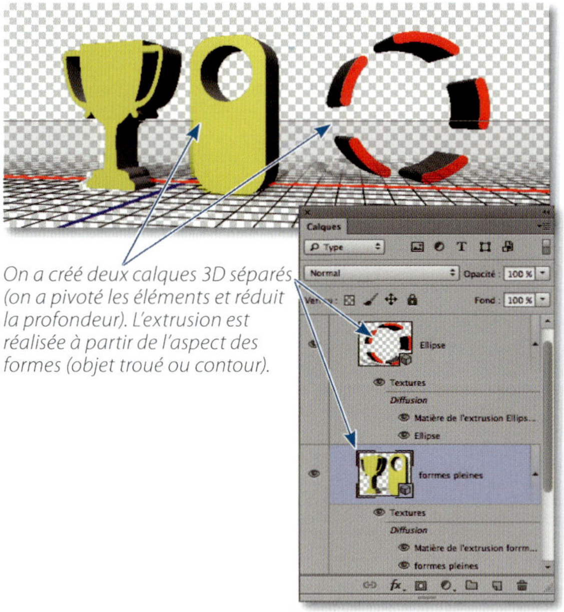

On a créé deux calques 3D séparés (on a pivoté les éléments et réduit la profondeur). L'extrusion est réalisée à partir de l'aspect des formes (objet troué ou contour).

Le tracé de travail

Dans le cas d'un tracé, avant de lancer l'extrusion, ajoutez un nouveau calque (en tapant ⇧⌘N [⇧Ctrl N] pour le renommer) et remplissez-le de la couleur souhaitée (par la commande **Remplir** du menu **Édition**, par exemple). Si vous ne remplissez pas le calque d'une couleur, le gris sera utilisé pour colorer sa face avant, mais cette couleur pourra être modifiée par la suite.

Pour obtenir l'extrusion du tracé, lancez **Nouvelle extrusion 3D à partir du tracé sélectionné** (du menu **3D** ou contextuel avec un outil vectoriel actif) ou **Tracé de travail** du panneau **3D** (rubrique **Source**).

Astuce *Qu'il soit ajouté ou déjà présent, n'hésitez pas à renommer le calque avant de lancer l'extrusion, son repérage parmi les constituants de l'objet 3D sera facilité (notamment dans le panneau **3D**).*

L'édition du tracé ou de la forme du calque 3D

Le travail du tracé

Quand le calque 3D a été obtenu, il est possible d'en modifier l'aspect en éditant le tracé qui a permis de le réaliser. Pour cela, dans le panneau **Calques**, sous le nom du calque 3D une liste de textures est visible, dans la série **Diffusion**, double-cliquez sur celle qui a le même nom que le calque (sauf si vous aviez renommé ce dernier après la création de l'objet 3D). Tel un objet dynamique, la texture, c'est-à-dire le calque de forme, s'affiche dans un fichier que vous pouvez éditer avec les outils vectoriels.

On veut éditer les tracés de ces objets 3D. On double-clique sur le calque de texture de diffusion pour afficher l'objet dynamique.

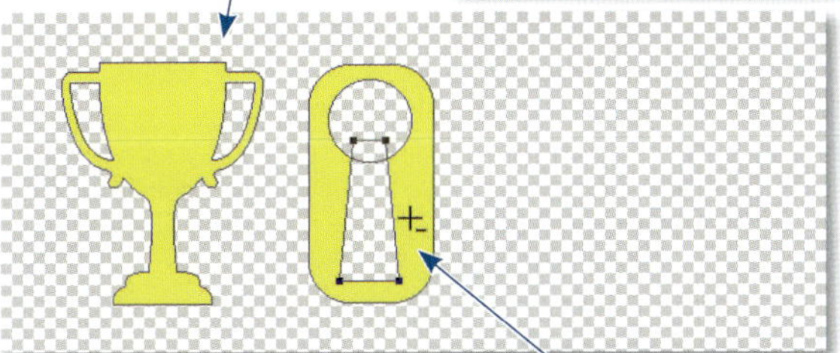

*Avec les outils vectoriels (mode **Forme**), on a réalisé une soustraction entre formes. Quand on enregistre l'objet dynamique de la forme, le calque 3D est mis à jour.*

Astuce *Si l'outil **Déplacement** et le calque de l'objet 3D sont tous deux actifs, l'environnement 3D s'affiche. Vous pouvez accéder à cet objet dynamique pour éditer la forme par clic droit sur la surface de l'objet 3D, puis par clic sur le bouton **Modifier la source** qui apparaît dans le minipanneau contextuel de propriétés (qui porte le nom du calque).*

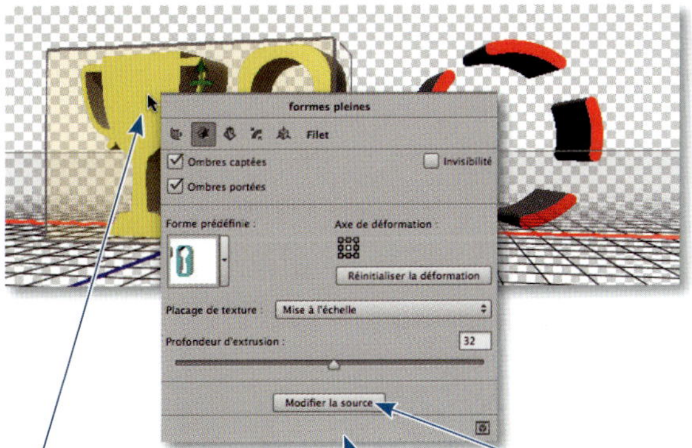

*Par clic droit sur l'objet, on affiche ceci et par clic sur ce bouton on ouvre l'objet dynamique de la source (ici, calque de forme). Attention, l'outil **Déplacement** et le calque 3D doivent être actifs.*

L'ajout de calque (coloration)

Si dans l'objet dynamique, vous ajoutez un calque de forme (d'une couleur différente) ou un calque pixellisé (pour y dessiner avec l'outil **Pinceau**, par exemple), la forme de l'objet 3D ne sera pas modifiée ; en revanche, sa couleur sera partiellement changée sur les zones de recouvrement du tracé initial par les calques ajoutés.

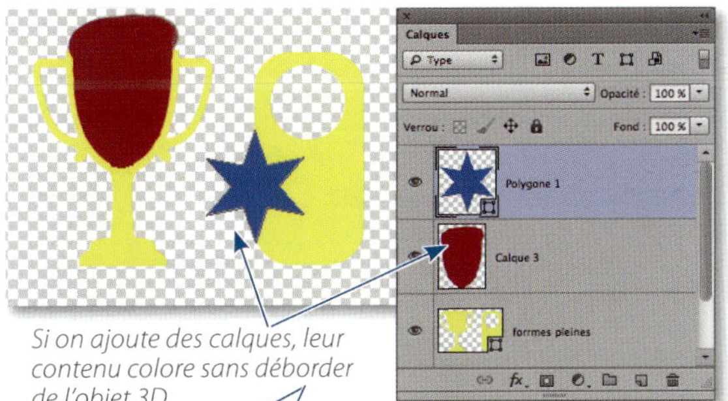

Si on ajoute des calques, leur contenu colore sans déborder de l'objet 3D.

Les contraintes ou les trous dans le calque 3D

Quand le calque de forme, le tracé ou le calque pixellisé comporte une zone intérieure transparente, dans l'objet 3D, Photoshop doit trouer sa face avant ; pour cela il utilise une contrainte interne. Le panneau **3D** liste les contraintes que contient le calque 3D. Quand l'une d'elles est sélectionnée, il est possible à partir du panneau **Propriétés** d'en changer le type (**Trou**, **Actif** ou **Inactif**) ou de la supprimer. Inversement, vous pouvez ajouter une contrainte interne ; pour cela, dessinez un tracé de travail ou une sélection à l'intérieur de la face avant de l'objet 3D (dite surface de dilatation).

Une fois votre dessin terminé et le calque 3D sélectionné, dans le menu **3D**, choisissez **Ajouter contrainte depuis/ Sélection active** ou **Tracé sélectionné** (selon le cas). Dans le panneau **Propriétés**, réglez le type de la contrainte pour qu'elle crée un trou.

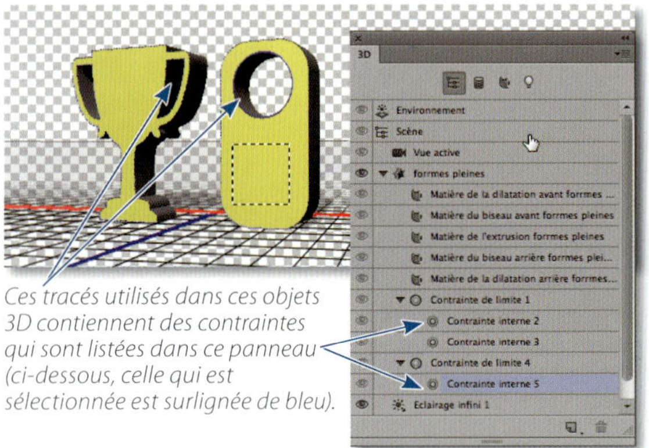

Ces tracés utilisés dans ces objets 3D contiennent des contraintes qui sont listées dans ce panneau (ci-dessous, celle qui est sélectionnée est surlignée de bleu).

Ce menu a permis l'ajout d'une contrainte à partir d'une sélection.

On a défini la contrainte pour qu'elle troue le calque.

L'objet 3D par révolution

Vous pouvez utiliser l'extrusion 3D pour créer un objet 3D par révolution. Dans ce cas, votre tracé doit correspondre au profil de l'objet qui sera alors pivoté de 360° par rapport à ses bords droit ou gauche.

La fermeture du tracé dans Illustrator

La réalisation du tracé fermé peut s'avérer délicate dans Photoshop. En revanche, elle est simple dans Illustrator (logiciel de dessin vectoriel). Pour l'obtenir, effectuez les opérations suivantes :

1. Réalisez votre tracé (ouvert) dans Photoshop et copiez-le.
2. Lancez Illustrator, ouvrez un nouveau document et collez le tracé (choisissez **Forme composée** dans la fenêtre de collage). Le tracé peut aussi être intégralement dessiné dans Illustrator.

Ce détail de cette extrémité montre que le tracé n'est pas fermé.

3. Dans Illustrator, sélectionnez le tracé ouvert et affectez-lui un contour de 0,5 pt. Dans le menu **Objet**, choisissez **Tracé** puis **Vectoriser le contour**.

> **Astuce** ***Si vous pensez avoir souvent besoin d'effectuer ce genre de manipulations dans Illustrator, vous pouvez y créer un script qui enchaînera les opérations.***

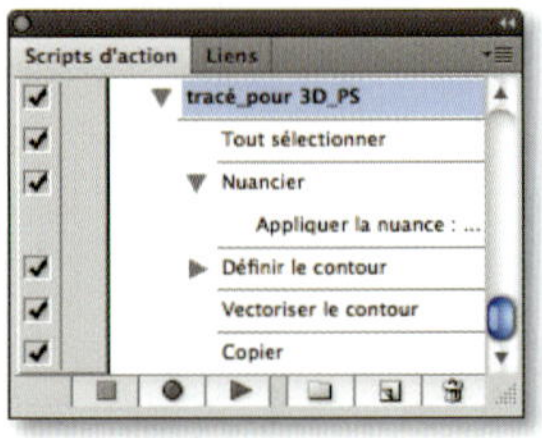

Pour automatiser les opérations réalisées dans Illustrator, on peut créer un petit script.

4. Le tracé étant toujours sélectionné, copiez-le et repassez dans Photoshop pour procéder à son collage avec l'option **Calque de forme**.

Ci-dessous, le détail montre que le tracé est désormais fermé.

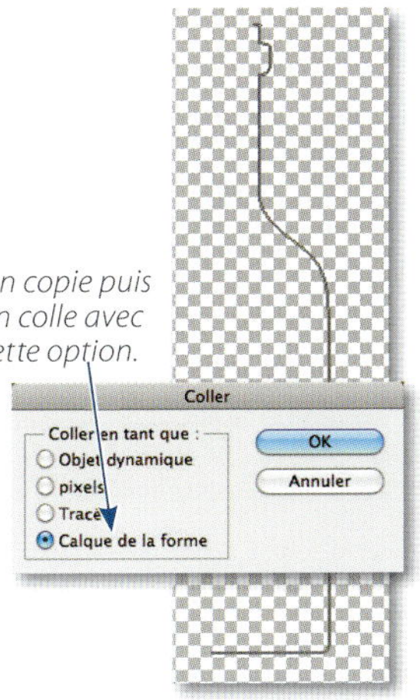

On copie puis on colle avec cette option.

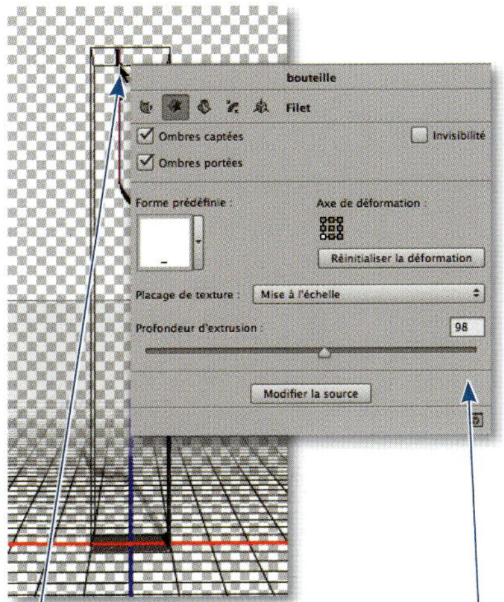

Par clic droit *sur une zone comportant des pixels de l'objet 3D, on affiche ce panneau.*

Quand le collage est réalisé, un calque de forme apparaît, vous pouvez le renommer, ce qui facilitera le repérage des éléments une fois l'objet mis en volume.

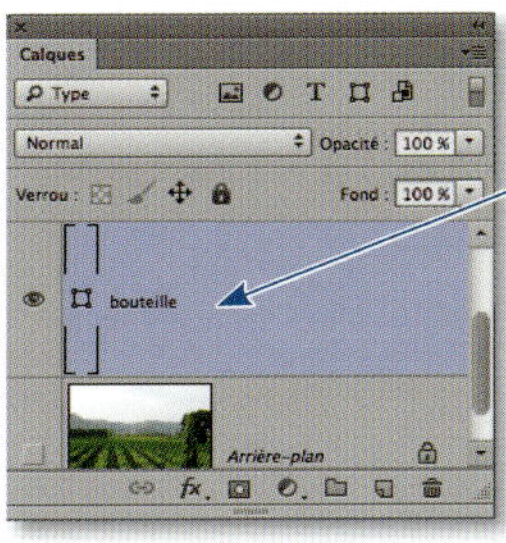

Pour repérer plus facilement les constituants de l'objet 3D, n'hésitez pas à renommer le calque avant de lancer l'extrusion.

La mise en volume par extrusion

Pour créer l'objet, sélectionnez le calque de forme et dans le panneau **3D**, cochez **Extrusion 3D** et choisissez l'option **Calque(s) sélectionné(s)** dans le menu local **Source**.

Quand l'objet 3D est obtenu, activez l'outil **Déplacement** et effectuez un clic droit sur les pixels de l'objet pour afficher sur cette face pour obtenir le panneau contextuel des propriétés de l'objet 3D. Sélectionnez l'icône **Déformer** et effectuez les réglages suivants :

- l'axe ou point de référence de déformation doit être placé en bas à gauche : ;
- la **Profondeur d'extrusion** doit être très faible ou nulle pour éviter l'apparition d'un trou dans le fond de l'objet :
- la valeur **Angle horizontal (X)** provoque la révolution du tracé, sa valeur doit être de 360°.

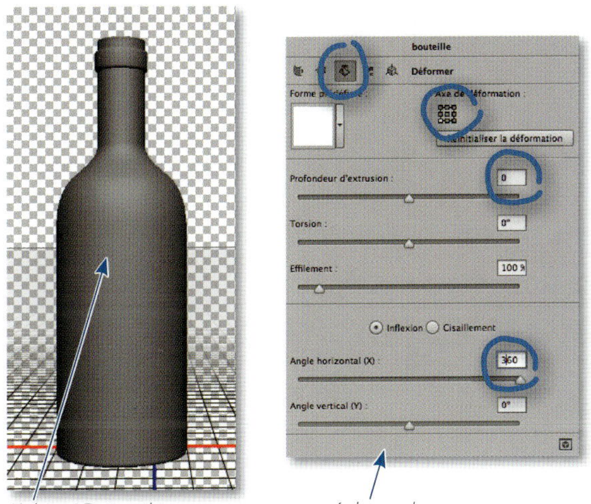

L'objet 3D prend cet aspect avec ces réglages de ce panneau.

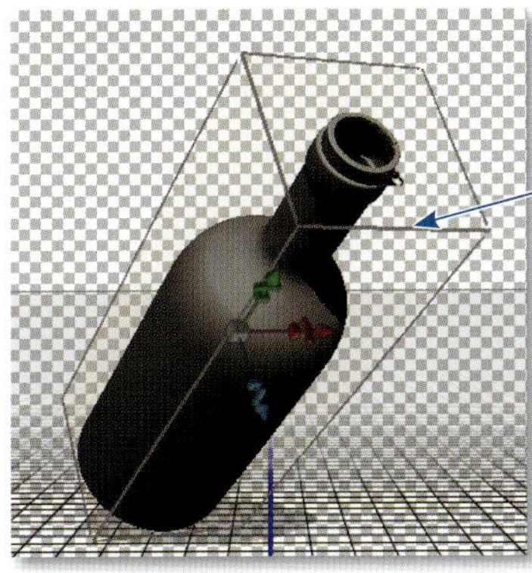

Ici, on a pivoté l'objet.

L'extrusion d'un ensemble de calques de forme

Si vous créez une extrusion en 3D à partir d'une sélection de plusieurs calques de forme, Photoshop élabore un objet 3D ayant les dimensions du document complet (les parties non couvertes par les formes sont remplies de gris). L'objet ainsi obtenu est difficilement exploitable.

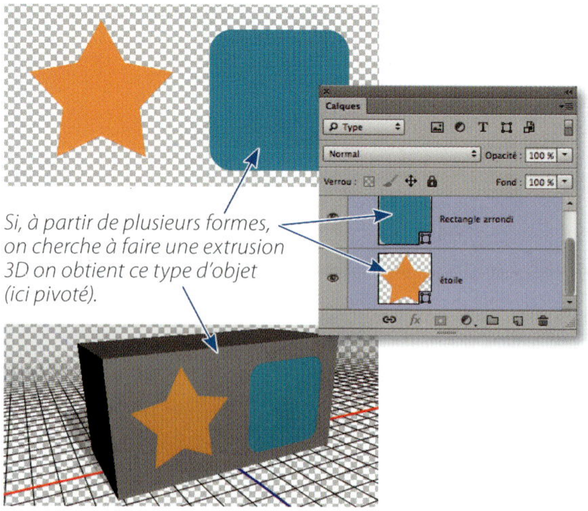

Si, à partir de plusieurs formes, on cherche à faire une extrusion 3D on obtient ce type d'objet (ici pivoté).

Pour pallier ce problème, vous pouvez utiliser l'astuce dont le déroulement des opérations est le suivant :

1. Dans le panneau **Calques**, sélectionnez les calques voulus. Enfoncez les touches ⇧ et ⌘ [⇧ et Ctrl] et cliquez sur les différentes vignettes des calques sélectionnés, pour obtenir une sélection qui englobe la totalité des formes de ces différents calques.

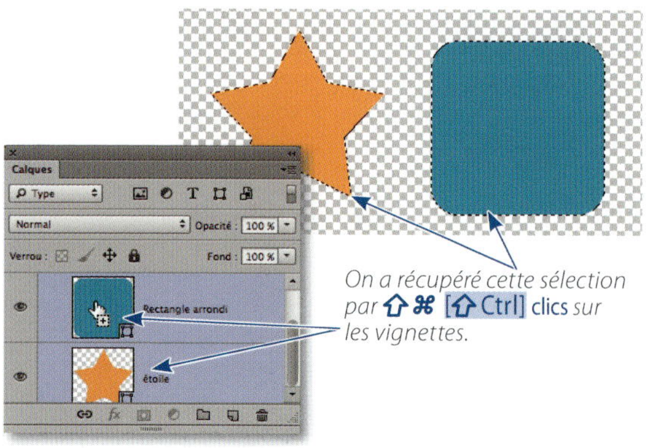

On a récupéré cette sélection par ⇧⌘ [⇧ Ctrl] clics sur les vignettes.

2. Lancez **Extrusion en 3D** avec l'option **Sélection active**, vous obtenez un objet 3D contenant un seul filet (voir les composants 3D, ci-après).

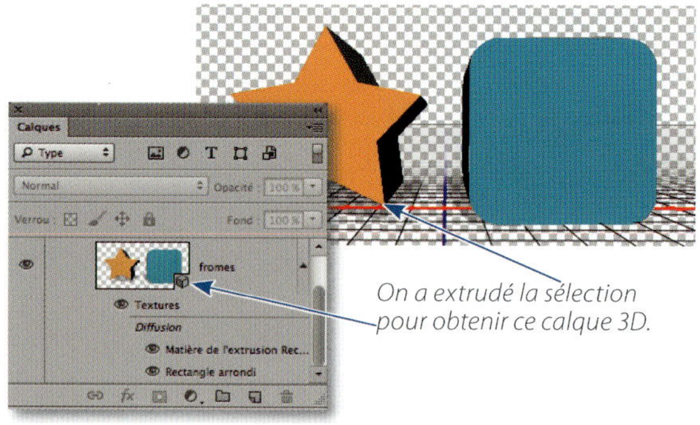

On a extrudé la sélection pour obtenir ce calque 3D.

3. Pour manipuler chacune des formes constituant l'objet 3D obtenu, il faudra scinder son filet par la commande **Scinder l'extrusion** du menu **3D** (*comme cela est indiqué plus loin, page 578, après la description du filet*).

Au lieu de ces manipulations, vous pouvez faire l'extrusion séparée de chaque calque de forme, puis utiliser la commande **Fusionner des calques 3D** du menu **3D** avec une sélection des deux calques (*voir page 578*).

L'EXTRUSION D'UN TEXTE

En plus des méthodes classiques évoquées dans les paragraphes précédents, l'extrusion d'un texte s'obtient de différentes manières, parmi celles-ci, on dispose de la commande **Extrusion en 3D** du menu **Texte** ou de l'icône d'extrusion 3D de la **Barre d'options** si l'outil **Texte** (et le calque de texte) est actif.

On sélectionne le calque de ce texte et on lance **Extrusion en 3D** *(du menu* **Texte***) pour obtenir ceci.*

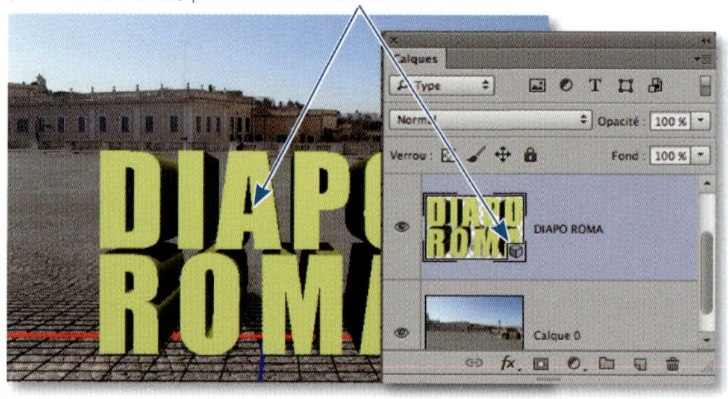

Dans la version CS6 de Photoshop, le texte n'est plus pixelisé. De plus, il reste éditable en couleur, en typographie avec le bouton **Panneau Caractère** et en saisie avec le bouton **Modifier la source**. On accède à ces éléments à partir du panneau **Propriétés**, cependant le nom du calque (précédé de l'icône) doit être sélectionné dans le panneau **3D**.

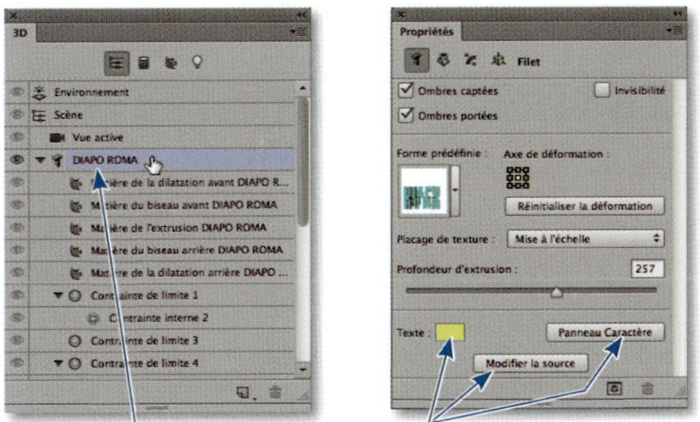

On active ceci pour voir les éléments de modifications du texte dans le panneau **Propriétés**.

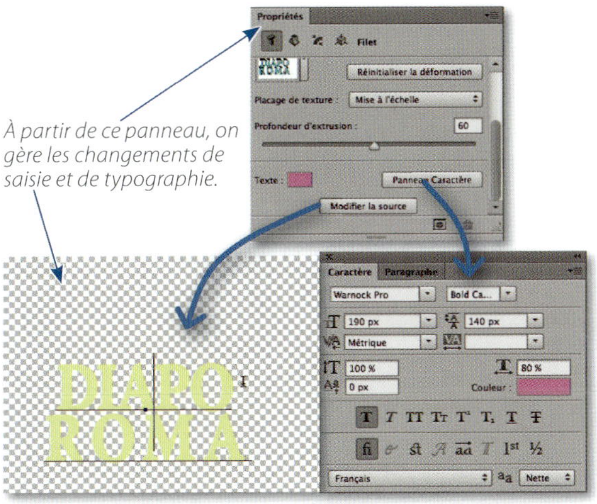

À partir de ce panneau, on gère les changements de saisie et de typographie.

Comme pour les autres objets 3D, vous pouvez rapidement faire quelques réglages (pivoter et changer la profondeur) pour mieux visualiser l'extrusion du texte.

Après quelques modifications du texte, on l'a pivoté et réduit la profondeur d'extrusion.

Nous venons de faire ici un tour d'horizon des méthodes disponibles pour obtenir un objet 3D. Quand cet objet 3D a été créé, il est devenu possible à tout moment d'en modifier l'aspect. Dans tous les cas, une partie du travail s'effectue avec les outils 3D que Photoshop met à votre disposition dans la barre d'options de l'outil **Déplacement** et des panneaux **3D** et **Propriétés**, mais beaucoup de réglages se réaliseront directement sur l'objet à l'aide de widgets contextuels. Avant de passer à l'étude de ces éléments, examinons la structure d'un objet 3D pour mieux comprendre comment en régler l'aspect.

Les composants du calque 3D et leurs paramètres

Les composants et les panneaux d'un flux 3D

L'objet 3D est l'élément central d'un calque 3D, il se positionne sur une **scène** 3D placée dans un **environnement** 3D. Dans cette scène, l'objet, composé de plusieurs éléments (les **filets**, associés à des **matières** qui gèrent leur aspect), est visualisé sous différentes **vues** définies par la camera 3D et sous différents **éclairages**.

La composition : panneau 3D

Dans le panneau **3D**, on visualise cette structure : **Environnement**, **Scène**, **Vue**, **Filet** et **Matière**, **Éclairage**. Un filtrage de l'affichage du panneau peut être réalisé à l'aide d'une des quatre icônes situées en haut du panneau. Ainsi, avec le filtre ▤, on affiche tous les composants ; avec ▮, on ne voit plus que les filets ; avec ▣, on n'affiche que les matières ; avec ♀, le panneau liste les éclairages et l'environnement.

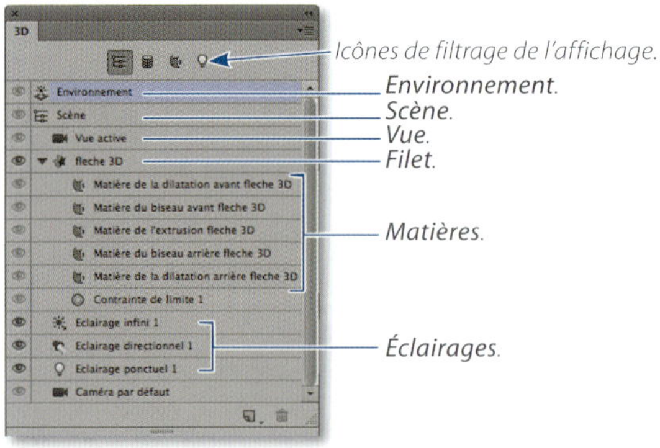

Les paramètres : panneau Propriétés

Ps Dans la version CS5, les paramètres d'un composant s'affichaient directement dans le panneau 3D. La version CS6 simplifie et sépare les données : la sélection d'un composant dans le panneau **3D** entraîne l'affichage de ses paramètres dans le panneau **Propriétés** ; c'est ce que nous allons voir dans les paragraphes qui suivent.

> **Astuce** *Par double-clic sur un composant dans le panneau **3D**, on affiche le panneau **Propriétés**. Certains composants peuvent être renommés pour faciliter leur repérage.*

L'environnement 3D

L'**environnement** définit l'ambiance de l'espace dans lequel est vu l'objet 3D. Il comprend les éclairages ambiants, globaux et basés sur image (IBL), les ombres et reflets de l'objet sur le sol. Quand il est actif (sélectionné dans le panneau **3D**), le cadre de l'application s'entoure d'un cadre bleu.

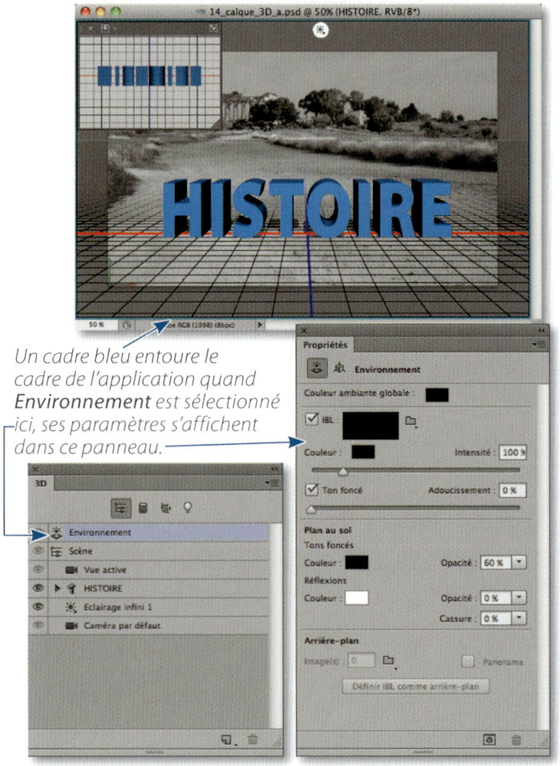

Si vous n'avez pas défini d'éclairage basé sur une image (avec un fichier de texture IBL), un travail avec **Environnement** sélectionné dans le panneau **3D** est équivalent à celui réalisé avec **Vue active** : il permet de manipuler l'ensemble 3D constitué de l'objet, du plan du sol et des éclairages. Ces manipulations s'effectuent avec l'un des quatre outils 3D, activé dans la **Barre d'options** de l'outil **Déplacement** (on passe de l'un à l'autre en tapant ⇧V).

La scène 3D

La **scène**, observable selon différentes vues, renferme deux éléments fondamentaux de l'univers 3D : les **filets** (qui définissent la forme de l'objet 3D) et les **éclairages** (sans lesquels l'objet apparaîtrait noir). Comme nous le verrons plus loin, un travail de la **scène** permet de manipuler l'objet sans toucher au plan du sol ni aux éclairages. Quand **Scène** est activée (sélectionnée dans le panneau **3D**), le cadre de l'application s'entoure d'un cadre vert. C'est également avec un sélection de la scène que vous pourrez choisir (ou définir) des paramètres prédéfinis (ou personnalisés) de rendu ; par exemple, l'objet 3D pourra être affiché sous la forme d'une structure filaire ou découpé selon une transversale.

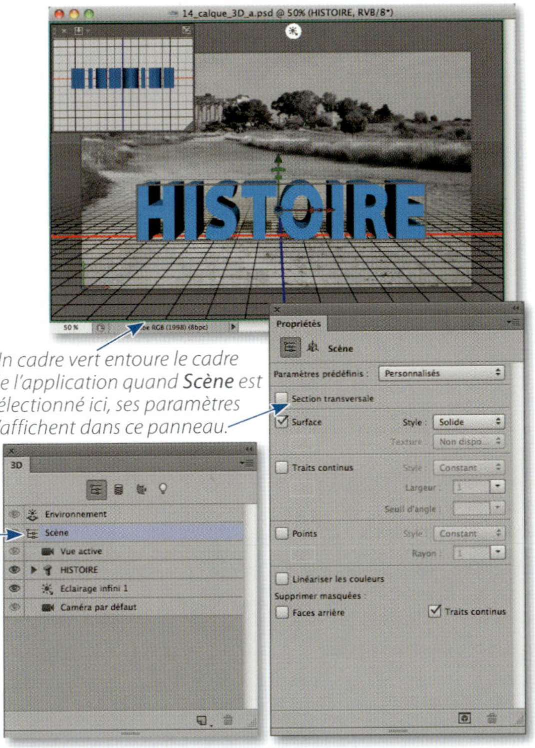

*Un cadre vert entoure le cadre de l'application quand **Scène** est sélectionné ici, ses paramètres s'affichent dans ce panneau.*

Les filets de l'objet 3D

Un objet 3D peut être constitué d'un seul **filet** (cas d'une carte postale ou d'une extrusion en 3D) ou de plusieurs filets (cas de la forme **Cylindre** qui comporte 3 filets : **Haut**, **Bas** et **Cylindre**). Ils peuvent être affichés dans divers modes de rendu (à l'aide des paramètres de **Scène**) et manipulés indépendamment les uns des autres.

Les polygones d'un filet ne peuvent être modifiés que dans un programme 3D ; cependant, vous pouvez, à l'aide d'outils 3D de Photoshop, changer l'orientation d'un filet, le mettre à l'échelle et le déformer selon un ou plusieurs axes…

> **Note** *Si l'objet 3D ne comporte qu'un seul filet, dans les panneaux **Propriétés** et **3D**, ce filet porte le nom du calque qui a permis de créer l'objet.*

Les filets prédéfinis

Si l'objet 3D a été obtenu à partir de la commande **Filet prédéfini** (cône, cylindre, anneau, etc.) du menu **3D** ou du panneau **3D**, l'aspect de ses filets n'est pas modifiable et le panneau **Propriétés**, qui présente une icône de filet prédéfini, ne donnera accès qu'à la visibilité du filet et à ses ombres (actives par défaut dans CS6).

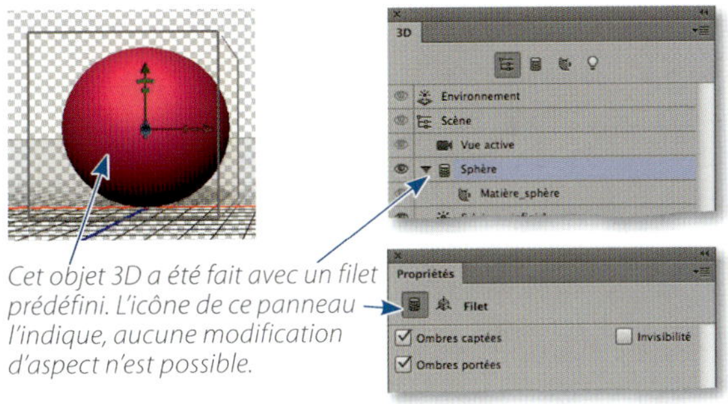

Cet objet 3D a été fait avec un filet prédéfini. L'icône de ce panneau l'indique, aucune modification d'aspect n'est possible.

Les filets d'extrusion en 3D

Si l'objet 3D a été obtenu par l'une des commandes **Extrusion en 3D**, l'aspect de son filet est modifiable. Le panneau **Propriétés** montre l'icône du filet d'extrusion ou ; il donne accès aux ombres et au contenu ainsi qu'à d'autres rubriques pour gérer l'aspect du filet (en déformation et en biseautage). Chaque rubrique de propriété est identifiée par une icône visible en haut du panneau : (ou) **Filet**, **Déformer**, **Extrémités** ; (on passe de l'une à l'autre en tapant **V**). L'icône **Coordonnées** est commune à toutes les propriétés.

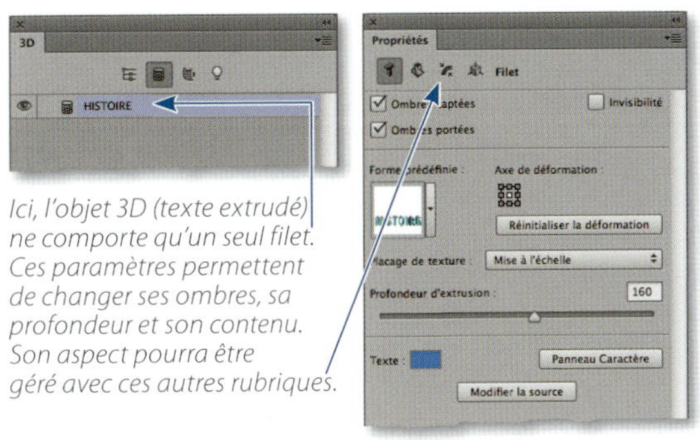

Ici, l'objet 3D (texte extrudé) ne comporte qu'un seul filet. Ces paramètres permettent de changer ses ombres, sa profondeur et son contenu. Son aspect pourra être géré avec ces autres rubriques.

Astuce *On passe d'une rubrique à l'autre du panneau **Propriétés** en tapant* V.

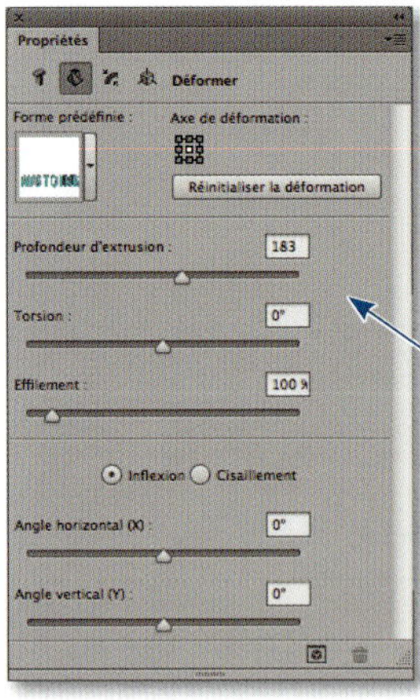

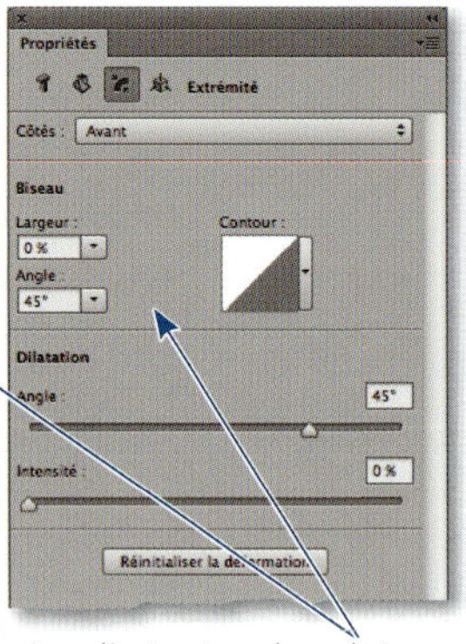

Avec l'extrusion, des rubriques permettent de régler l'aspect du filet.

L'affichage/masquage des filets

Quand un objet possède plusieurs filets, il est possible d'en masquer certains. Cette opération se réalise dans le panneau **3D** en cliquant sur l'œil situé devant le nom du filet ; cela permet de ne conserver que les filets intéressants pour votre illustration (au niveau des matières, cette opération n'est pas possible, il suffira alors de régler leur opacité à zéro). Dans l'exemple ci-dessous, l'objet 3D est obtenu à partir d'un calque avec un filet prédéfini de type **Cylindre** ; il comporte 3 filets : **Haut**, **Bas** et **Cylindre**. Seul ce dernier doit être conservé pour être utilisé dans un montage.

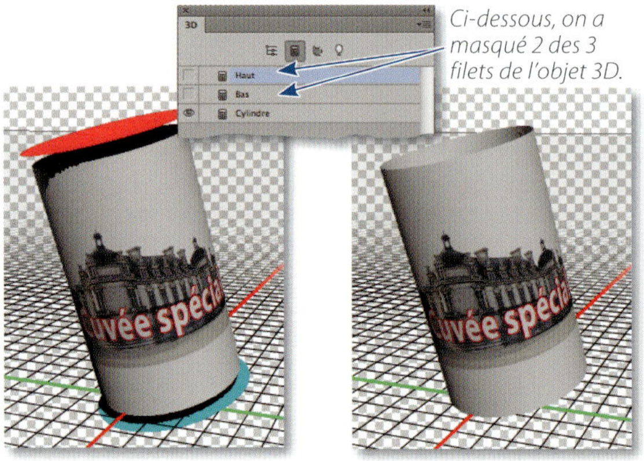

Ci-dessous, on a masqué 2 des 3 filets de l'objet 3D.

La modification du nombre de filets d'un objet 3D

Scinder un objet en extrusion 3D

Un objet 3D, obtenu à partir d'un texte, par exemple, n'est constitué que d'un seul filet. Ainsi toutes les lettres sont solidaires et se modifient toutes en même temps. Photoshop permet de les scinder de manière à obtenir autant de filets qu'il y a de lettres. Par la suite, il sera donc possible de ne sélectionner le filet que d'une seule lettre, pour le modifier avec les outils qui seront étudiés dans les paragraphes qui suivent.

Pour scinder l'objet 3D, sélectionnez son calque ; dans le menu **3D**, choisissez **Scinder l'extrusion** : le panneau **3D** montre alors, dans le cas d'un texte, autant de filets qu'il y avait de lettres dans le texte.

Ce texte extrudé ne comporte qu'un seul filet.

On a scindé l'extrusion pour obtenir autant de filets que de lettres. On peut les modifier séparément.

Fusionner des calques 3D

La fusion permet de manipuler, sur un seul calque 3D, plusieurs objets 3D fusionnés. Le panneau **3D** montrera les filets de chaque élément qui restent manipulables séparément. La fusion s'obtient, une fois les calques sélectionnés, avec la commande **Fusionner les calques 3D** du menu **3D**.

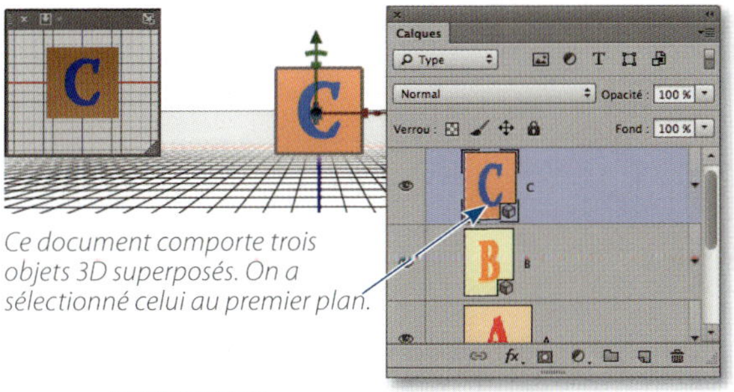

Ce document comporte trois objets 3D superposés. On a sélectionné celui au premier plan.

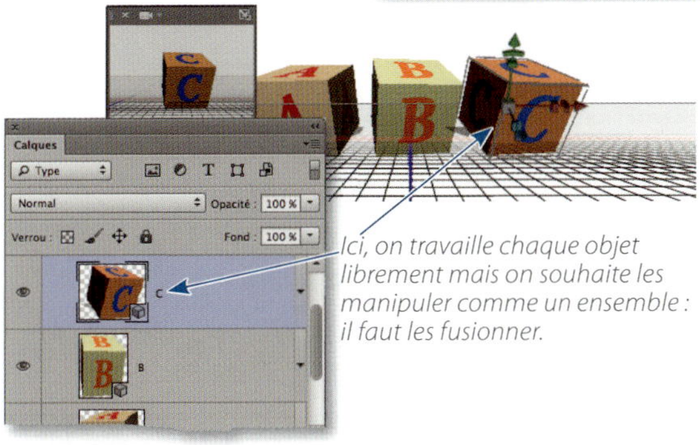

Ici, on travaille chaque objet librement mais on souhaite les manipuler comme un ensemble : il faut les fusionner.

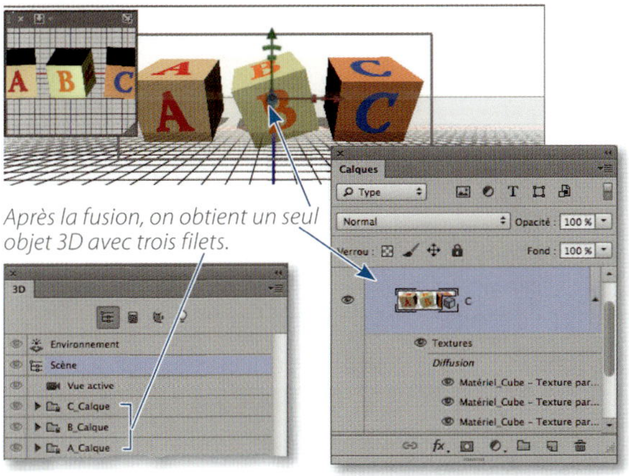

Après la fusion, on obtient un seul objet 3D avec trois filets.

Dans certains cas, la fusion nécessite quelques ajustements préalables ; par exemple, il est préférable de superposer les objets, puis de les repositionner après fusion (l'utilisation de la seconde vue s'avérera intéressante). Un réajustement des éclairages peut s'avérer nécessaire suite à la disparition de certains d'entre eux après la fusion.

Voici un autre exemple de fusion. On désire placer sur une forme extrudée un texte lui-même en extrusion 3D.

On souhaite réaliser une extrusion sur le texte et sur la forme.

1. On réalise l'extrusion de chaque calque (ici on a réduit la profondeur d'extrusion).

On a réalisé les extrusions successives des deux calques.

2. On sélectionne les deux calques 3D et on les fusionne pour n'en obtenir qu'un dans lequel un des objets est masqué par l'autre (texte masqué par rectangle arrondi). Dans le panneau **3D**, sélectionnez le filet du rectangle et glissez-le en arrière avec l'outil [icône], sélectionné dans la **Barre d'outils** de l'outil **Déplacement** (un contrôle dans la vue secondaire facilitera le travail).

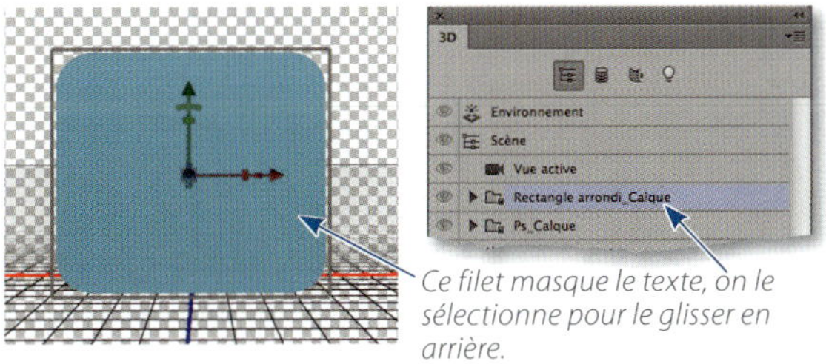

Ce filet masque le texte, on le sélectionne pour le glisser en arrière.

3. Par la suite, en les sélectionnant, on peut manipuler les deux filets en même temps.

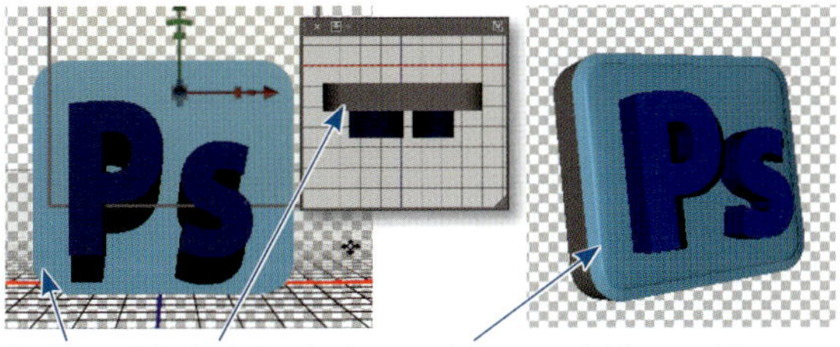

Ce filet a été glissé derrière le texte. Ici on a traité l'ensemble.

Les matières du filet 3D

LES MATIÈRES : SURFACE ET TEXTURES PLAQUÉES

Un filet est constitué de plusieurs «surfaces» (jusqu'à cinq, pour un objet en extrusion). Elles sont toutes présentes dans l'objet 3D, mais pas forcément visibles (face arrière de l'objet), ni définies (biseau nul).

Dans Photoshop, chacune des surfaces constitue une **Matière** (celles-ci sont listées dans le panneau **3D**) dont l'aspect est contrôlé par la superposition de textures plaquées sur la surface. Chaque texture, dont certaines peuvent être définies par un fichier image, correspond à une propriété de la surface (par exemple, la couleur pour la texture de type **Diffuse**).

> **NOTE** *Dans un objet obtenu en extrusion 3D, la surface avant (partie initialement visible du calque avant extrusion) est constituée par la* ***Matière de la dilatation avant****. La profondeur ou l'épaisseur de l'objet correspond à la* ***Matière de l'extrusion****.*

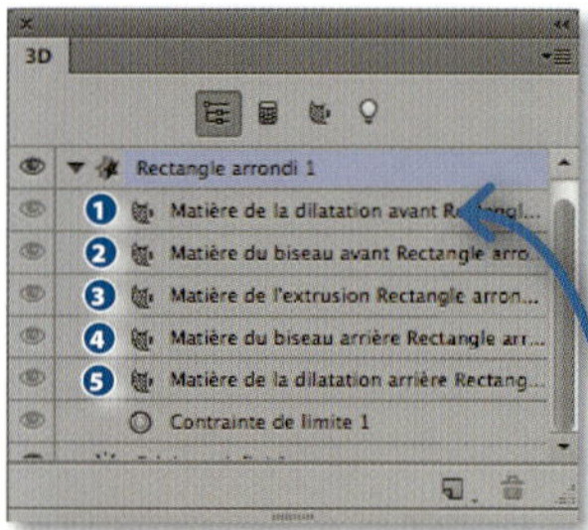

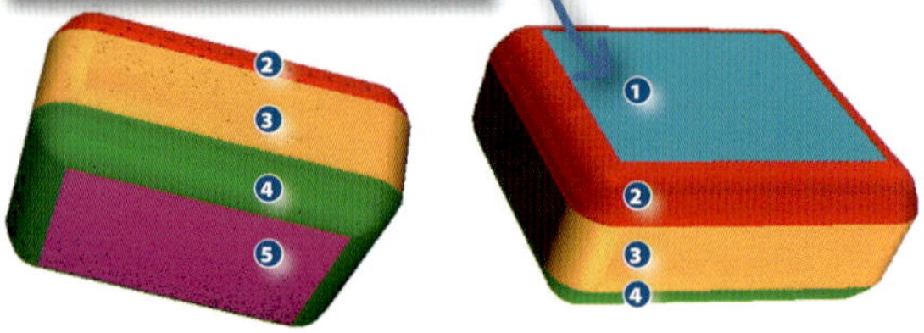

Les cinq matières d'un filet d'extrusion d'un objet vu sous deux angles différents. La surface ❺ est cachée selon l'orientation de l'objet, les surfaces ❷ et ❹ sont des biseaux pas toujours définis.

LES TYPES DE TEXTURE D'UNE MATIÈRE

Pour mettre au point l'aspect général d'une matière, dans le panneau **Propriétés**, il est possible d'utiliser jusqu'à douze types de textures plaquées réparties en trois catégories :

- **Diffuse** (par défaut, cette texture utilise un fichier visible sous forme de calque dans le panneau **Calques**), **Spéculaire**, **Illumination** et **Ambiante** ;
- **Brillance**, **Réflectivité**, **Cassure**, **Bosselage**, **Opacité** et **Réfraction** ;
- **Normale** et **Environnement**.

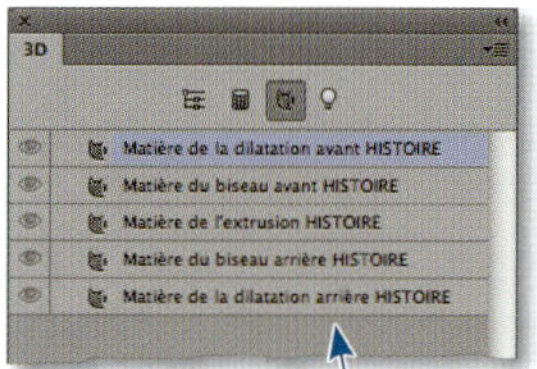

Le filet comporte cinq matières. Chacune d'elles possède ses paramètres. Elles définissent l'aspect des différentes faces de l'objet à l'aide de textures plaquées.

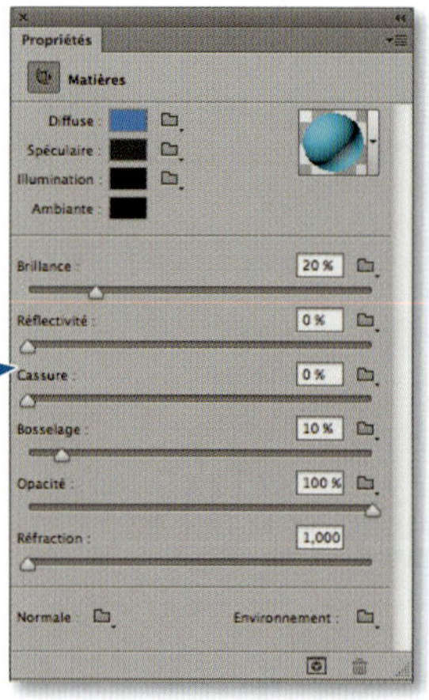

Les vues et la caméra 3D

Le cadre de l'application s'entoure d'un trait jaune quand **Vue active** est sélectionné dans le panneau **3D** ; les outils 3D permettent alors de manipuler l'ensemble objet, plan du sol et éclairages (comme si on déplaçait la caméra). Ces manipulations, identiques à celles réalisables avec **Environnement** sélectionné (sans éclairage basé sur une image définie avec un fichier), s'effectuent avec l'un des quatre outils 3D, activé dans la **Barre d'option**s de l'outil **Déplacement**. Le panneau **Propriétés** montre les paramètres **Caméra 3D** avec la liste des affichages disponibles et des options pour les personnaliser (champ angulaire, profondeur de champ et stéréo).

Un cadre jaune entoure le cadre de l'application quand ***Vue active*** *est sélectionné dans ce panneau ; les paramètres de* ***Camera 3D*** *s'affichent ici.*

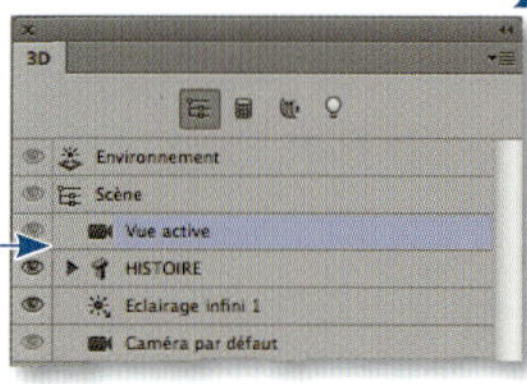

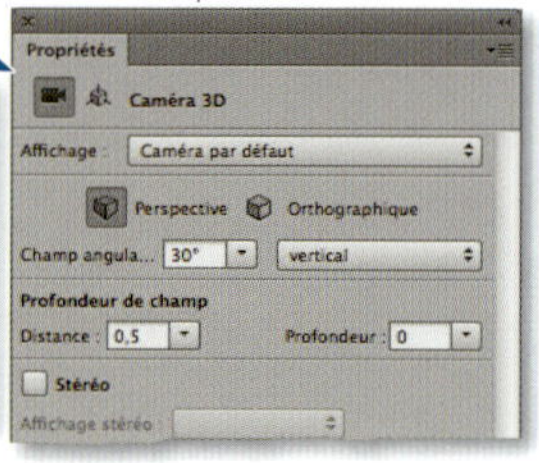

Quel que soit le composant sélectionné, une vue secondaire réduite (redimensionnable et déplaçable) apparaît dans l'angle supérieur gauche du document. Elle visualise l'objet 3D sous un autre angle ; un menu liste les vues possibles, leur contenu pouvant être agrandi (par glissement avec ⌥[Alt]) ou permuté avec celui de la vue principale par clic sur l'icône située en haut à droite de la vue secondaire.

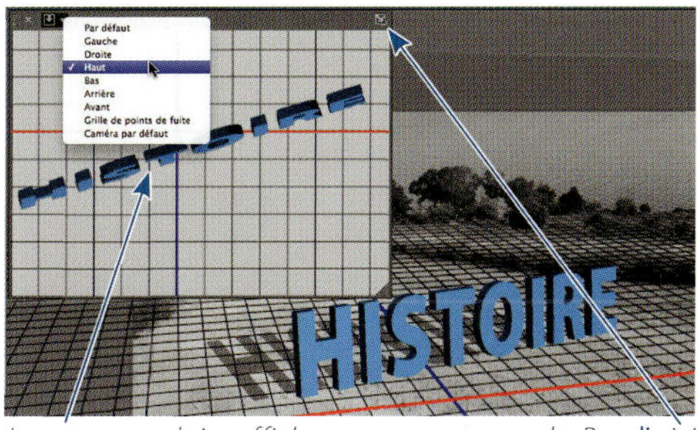

La vue secondaire affiche sous un autre angle. Par clic *ici, on permute les vues.*

Les éclairages de l'objet 3D

On distingue trois types d'éclairage : **ponctuel**, **infini**, **directionnel** et, au niveau de l'environnement, une lumière d'ambiance basée sur une image qui enveloppe la scène (éclairage créé à partir d'images ou **IBL** *image based lightning*). Dans le panneau **Propriétés**, pour chaque éclairage (par défaut ou ajouté), vous pouvez régler la couleur, l'intensité et la position (pour certains). Au niveau des positionnements, des améliorations ont été apportées afin de faciliter les opérations directement sur l'objet.

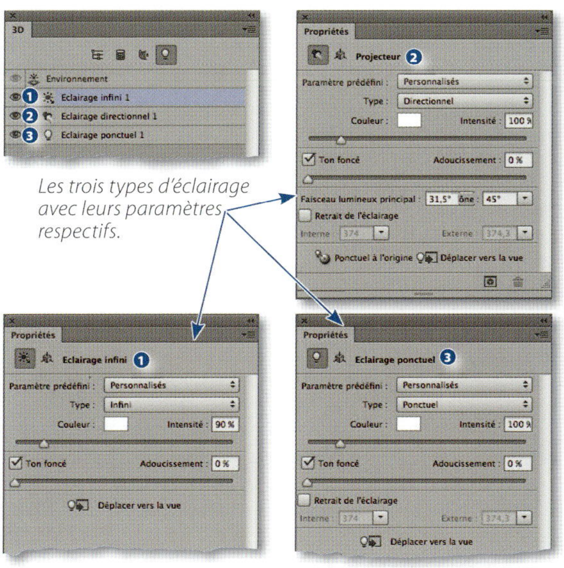

Les trois types d'éclairage avec leurs paramètres respectifs.

Avant de traiter un objet 3D, il est indispensable de faire une sélection de l'élément à traiter (bien sûr, celle-ci commence par une sélection du calque 3D). Selon le traitement envisagé, il faudra activer l'outil **Déplacement** (en tapant V, par exemple) afin d'accéder aux différents outils de traitement 3D ; sans cette activation, les opérations se limiteront à des interventions dans le panneau **Propriétés** (principalement sur la partie **Coordonnées** de ce dernier).

La sélection du composant 3D

LA SÉLECTION DANS LE PANNEAU 3D

Pour traiter l'un des composants, cliquez sur son nom dans le panneau **3D**. Pour accéder plus rapidement à certains composant, vous pouvez filtrer l'affichage des composants en utilisant les icônes en haut du panneau.

- , tous les composants ;
- , affichage des filets ;
- , affichage des matières ;
- , affichage des éclairages et de l'environnement.

LA SÉLECTION SUR L'OBJET

Si l'outil **Déplacement** est actif, la sélection peut être réalisée directement sur la fenêtre du document (par clic sur l'objet ou autour), elle sera automatiquement associée à celle du composant correspondant dans le panneau 3D. La plupart de ces sélections permettront par répétition du clic de basculer entre deux composants. Nous allons voir les différents cas possibles.

La sélection Environnement ou Vue active

Avec l'outil **Déplacement**, par défaut, quand vous activez un calque 3D dans le panneau **Calques**, c'est le composant **Vue active** qui est sélectionné dans le panneau **3D** (et le bord du cadre du document est jaune).

Si vous cliquez sur la zone autour de l'objet, vous obtenez la sélection du composant **Environnement** (et le bord du cadre du document devient bleu). Vous retrouvez la sélection de **Vue active** en cliquant à nouveau hors de l'objet (et ainsi de suite).

Par clics *successifs autour de l'objet, on bascule entre les sélections* **Vue active** *et* **Environnement**.

Dans ce cas, vous pouvez agir (*voir plus loin*) par glissement sur l'image avec l'un des quatre outils de la **Barre d'options** (on passe de l'un à l'autre en tapant ⇧V) ou modifier les paramètres dans le panneau **Propriétés** qui présente deux rubriques pour chaque type de sélection : **Environnement** ou **Camera 3D**, et **Coordonnées** (on passe de l'un à l'autre en tapant V). Cette dernière répercute les changements réalisés sur l'image ; cependant, si l'environnement ne possède pas d'éclairage basé sur une image (c'est le cas par défaut), les modifications n'affectent que la vue quelle que soit la sélection (les valeurs **Coordonnées** du panneau **Propriétés/Environnement** ne sont pas modifiées).

On passe d'un outil à l'autre en tapant ⇧V.

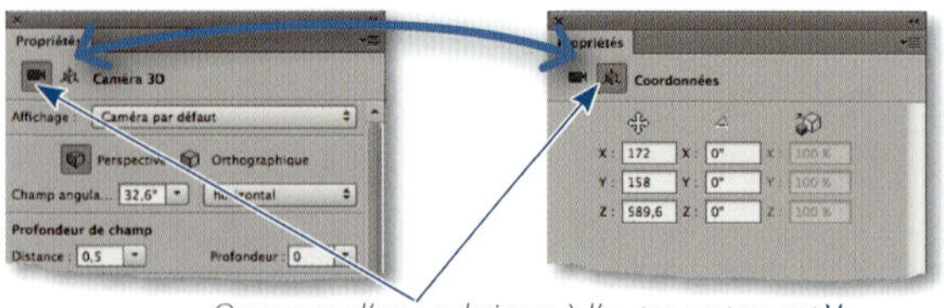

On passe d'une rubrique à l'autre en tapant V.

La sélection de la scène

La sélection de la scène ne se réalise qu'à partir du panneau **3D**. Elle deviendra la sélection par défaut quand vous passerez à un autre calque 3D. Avec cette sélection, le bord du cadre du document est vert et Photoshop entoure l'objet d'un parallélépipède qui montre son encombrement, celui de tous ses filets (avec une vue de face, on ne verra qu'un rectangle, la profondeur n'étant pas visible). Un widget d'axes 3D s'affiche pour permettre des manipulations (*décrites plus loin*) qui s'appliqueront à l'ensemble des filets. L'outil change d'aspect par rapport à une sélection de type **Vue active** et selon sa position sur le document : il passe de à +, ou hors de l'objet. De plus, si on survole une surface de filet, un rectangle de sélection 3D apparaît (*nous en reparlerons ci-après avec la sélection des filets et des matières*).

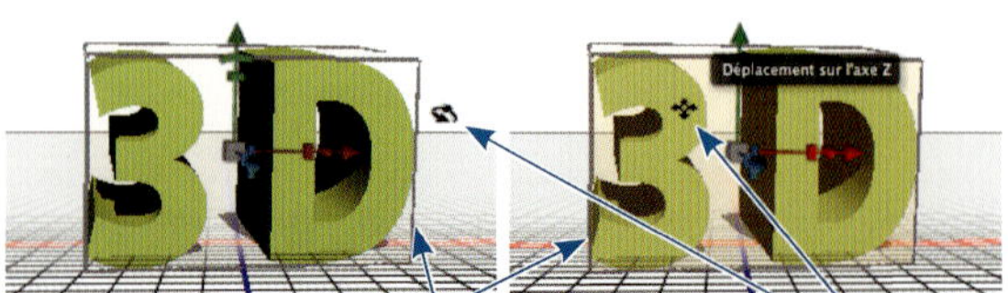

*Avec la sélection **Scène**, un parallélépipède montre l'encombrement et il y a un changement d'aspect de l'outil 3D.*

La sélection Filet ou Matière

À partir d'une sélection **Vue active** (ou **Environnement**), quand vous survolez un objet 3D, Photoshop l'entoure d'un parallélépipède qui montre l'encombrement du filet survolé. Si vous cliquez sur l'objet vous sélectionnez ce filet : un widget d'axes 3D s'affiche et l'outil change d'aspect (l'outil passe de à , ou hors de l'objet). En incrustation jaune-orangé, un rectangle de sélection 3D colore la face survolée du parallélépipède (il indique une des matières de ce filet).

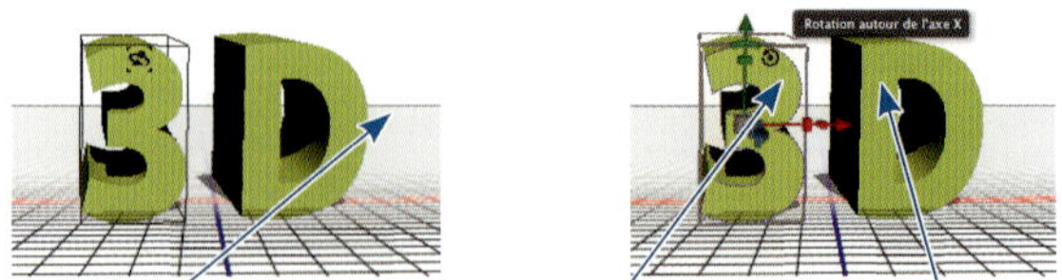

On voit ceci en survolant. Si on clique l'outil change, ce widget apparaît et un rectangle de sélection 3D colore une face du filet.

Si vous cliquez sur l'intersection de ce rectangle et de la surface de l'objet, vous sélectionnez la matière correspondante ; si vous cliquez à nouveau, vous basculez à la sélection du filet et ainsi de suite.

On a cliqué sur le filet pour sélectionner la matière (l'autre filet est estompé).

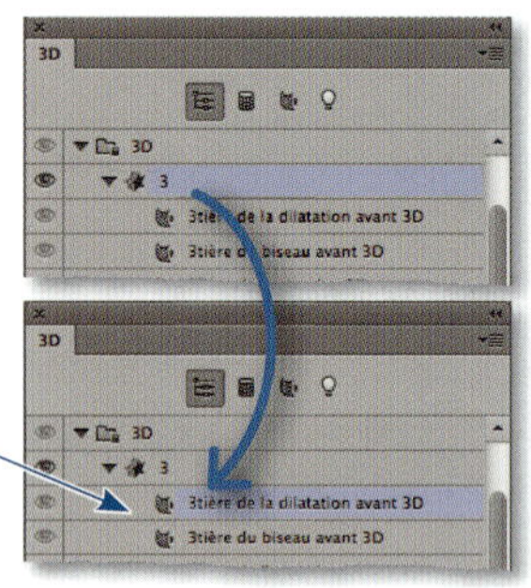

Si l'objet comporte plusieurs filets et qu'une matière est sélectionnée, les autres filets apparaissent estompés ; leur sélection peut être réalisée en cliquant dessus. En cliquant à nouveau, on accédera à une de ses matières ; cependant, si ce clic se situe hors d'une intersection entre un rectangle de sélection 3D et une surface de l'objet, c'est la vue active qui sera sélectionnée.

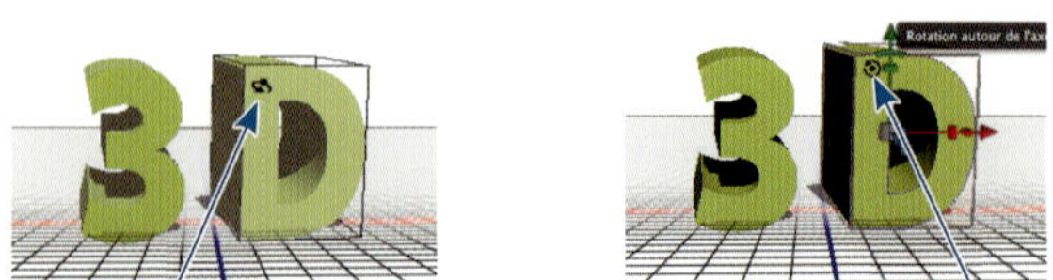

Si on survole un autre filet on en voit l'encombrement. Le premier clic sélectionne le filet, le second la matière.

Le plus souvent, la matière sélectionnée est la **Matière de la dilatation avant** (la première de la liste des matières dans le panneau **3D**), mais cela peut être celle d'extrusion si l'objet a été pivoté et qu'un rectangle de sélection 3D comporte une partie commune avec cette dernière.

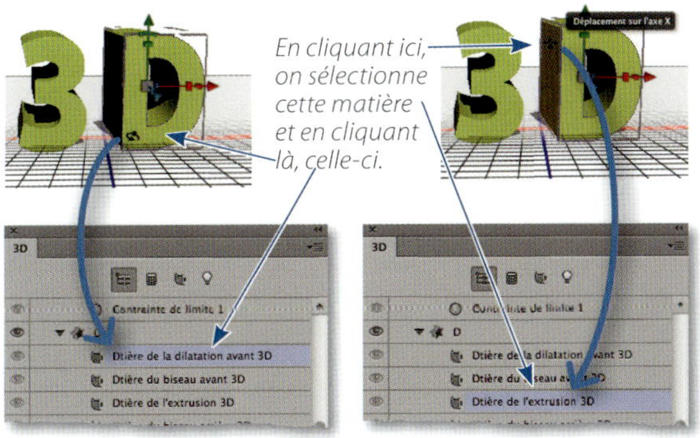

Note *Les différentes aides à la sélection et aux manipulations d'objets, telles que : vue secondaire 3D, plan au sol, éclairage, parallélépipède et rectangle de sélection 3D, widget d'axes 3D…) n'apparaissent que si vous n'avez pas décoché les options correspondantes dans le menu **Affichage/Afficher**. Elles peuvent être masquées temporairement en tapant* ⌘H [Ctrl H] *(ou menu **Affichage/Extras**).*

L'activation temporaire de la Vue active

Quand l'outil **Déplacement** et un calque 3D sont activés, un widget d'axes s'affiche en bas à gauche de la fenêtre du document (si la commande **Éclairage 3D** est cochée dans le menu **Affichage/Afficher**). En glissant l'outil 3D voulu sur ce widget (qui s'assombrit), il est possible de travailler l'objet 3D comme si le composant **Vue active** était sélectionné dans le panneau **3D**.

Cette manipulation est particulièrement intéressante car elle permet de travailler l'objet 3D (la caméra 3D) sans faire la sélection de **Vue active** (ou **Environnement**) ni même perdre la sélection en cours. Par exemple, quand on est en train de travailler un filet (qui est donc sélectionné), vous pouvez manipuler l'ensemble de l'objet par ce widget et retrouver le travail de votre filet en sortant de ce widget.

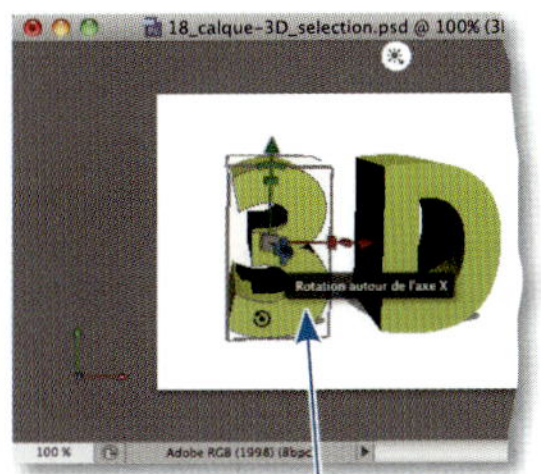

On a sélectionné un filet (ici, on a masqué le plan au sol).

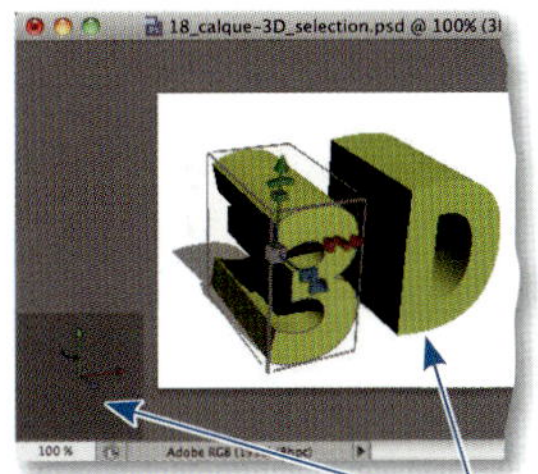

En glissant l'outil 3D dans ce widget, on modifie tout l'objet 3D.

Les traitements 3D de caméra, d'objet et de filet

Ces traitements se séparent en plusieurs catégories : les transformations (déplacer, pivoter, mettre à l'échelle...) et les déformations spécifiques aux filets (extruder, bomber, biseauter...). Les traitements des surfaces (applicables aux matières et qui permettront de leur plaquer une texture, définir une zone de transparence, de brillance...), ainsi que ceux des éclairages seront étudiés à part.

Les transformations 3D

L'étendue du traitement 3D

Ces transformations s'appliquent de manière identique à certains composants 3D. Leur étendue dépend de la sélection, il peut s'agir de traitements de caméra 3D (sélection de la **Vue active** ou **Environnement**), de traitements de l'objet complet (sélection de la **Scène 3D** ou sélections multiples de filets ou groupe 3D) ou de traitements d'un des filets de l'objet (sélection du **Filet**). Dans le cas de la caméra 3D, les traitements se ne réalisent qu'avec les outils ; pour les autres composants, en plus des outils, vous pouvez utiliser un widget d'axes qui permettra une permutation entre les différents outils.

Les transformations par les outils

Un des outils 3D s'active dès qu'un calque 3D est sélectionné avec l'outil **Déplacement**. Les autres outils deviennent accessibles depuis la partie droite de la **Barre d'options** ou au clavier en tapant ⇧V. L'aspect de l'icône de l'outil change selon le composant sur lequel il agit : il s'entoure d'une sorte de cadre (, , , ou) pour une application de type caméra 3D (avec la **Vue active** ou **Environnement** ; l'icône ne présente plus de cadre (, ou) dans le cas d'une application à la scène ou aux filets.

Nous allons voir une description de ces différents outils ; il sera possible d'affiner certaines valeurs dans le panneau **Propriétés** à la rubrique **Coordonnées** ().

L'outil Faire pivoter l'objet 3D

Le glissement vertical de l'outil fait tourner l'objet, le filet ou la caméra (objet + plan au sol) autour d'un axe horizontal. Un déplacement horizontal pivote selon un axe vertical et permet d'obtenir une vue à gauche ou à droite. Un déplacement en biais modifie l'orientation de l'objet 3D (seul ou avec son plan au sol) selon les deux axes. Si vous enfoncez la touche ⌥[Alt], le curseur change d'aspect, il passe de ou à ou et vous limiterez le pivotement sur un seul axe (perpendiculaire au plan de l'écran).

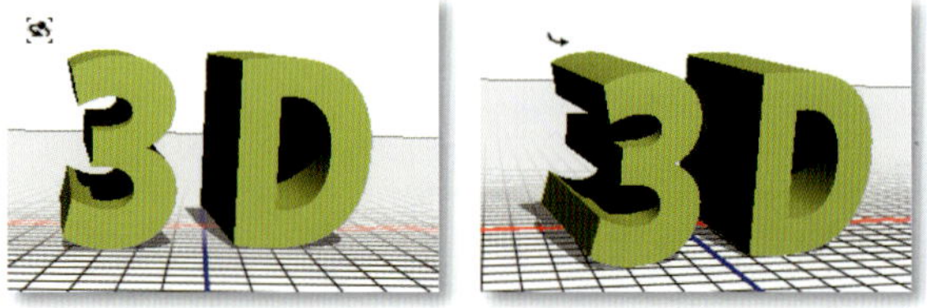

L'objet dans sa vue initiale et après pivotement de l'objet et du sol.

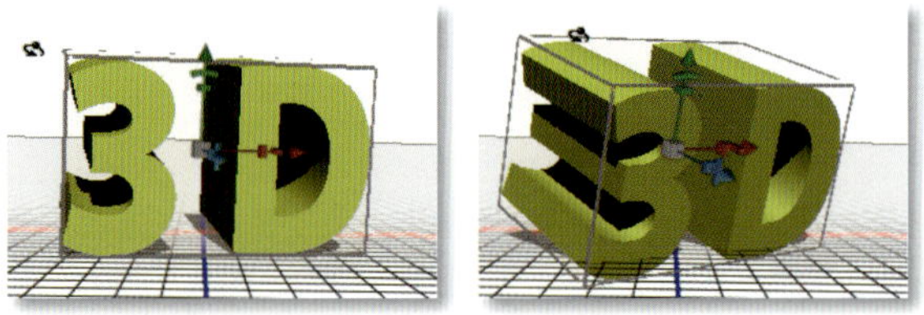

L'objet dans sa position initiale et après son pivotement (le plan reste fixe car il s'agit d'une sélection de la scène).

L'outil Faire rouler l'objet 3D

Le glissement du curseur vers la gauche, la droite, le haut ou le bas fait pivoter l'objet 3D ou la vue autour d'un axe perpendiculaire à l'écran. Pour le faire pivoter autour de l'axe dans le plan de l'écran (outil précédent), enfoncez la touche ⌥[Alt] avant de glisser l'outil (le curseur change d'aspect, il passe de ou à ou).

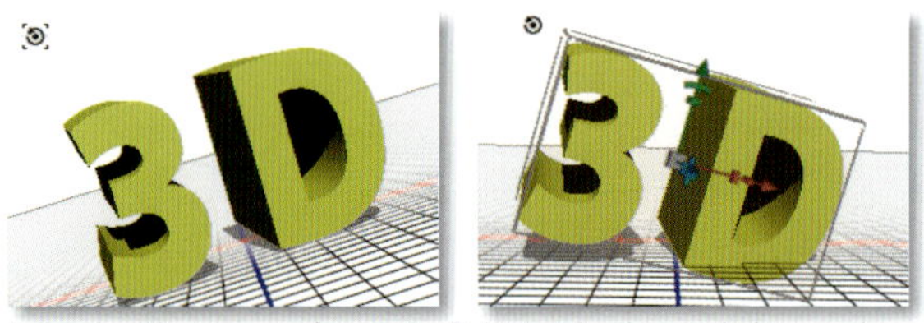

Selon la sélection, on fait rouler l'objet et le plan ou l'objet seul.

L'outil Faire glisser l'objet 3D

Cet outil modifie la position de la vue (déplacement de caméra) ou de l'objet 3D ou son filet sur le plan au sol (qui reste fixe). En effet, le glissement de l'outil vers la gauche ou la droite déplace la vue horizontalement ou l'objet 3D selon l'axe rouge du plan ; le glissement vers le haut ou le bas le déplace verticalement. Un glissement en biais provoque un déplacement dans le plan et avec ⇧, la translation ne s'effectue que sur un seul axe. Si vous enfoncez ⌥[Alt] avant de glisser l'outil, il se comporte comme l'outil **Faire coulisser l'objet 3D** et prend son aspect (il passe de ✛ ou ✛ à ✥ ou ✥).

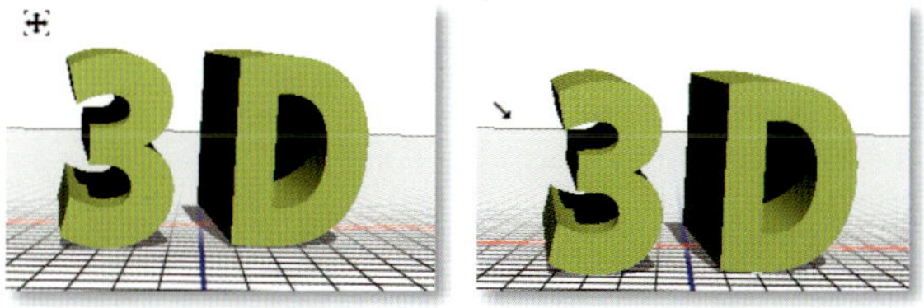

L'objet dans sa vue initiale et après glissement de l'objet et du sol.

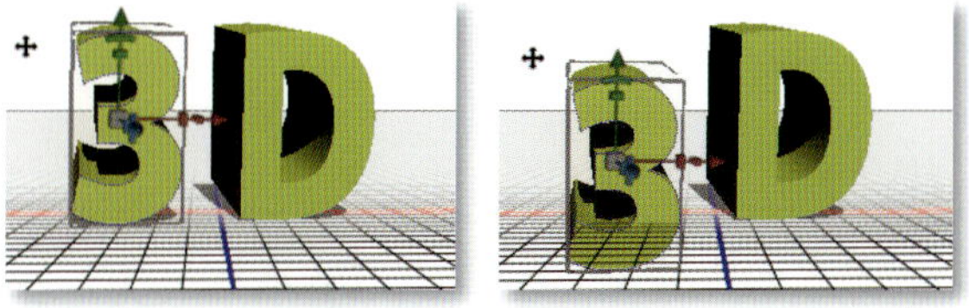

L'objet dans sa position initiale et après son déplacement (le plan reste fixe car il s'agit d'une sélection d'un filet).

L'outil Faire coulisser l'objet 3D

Le glissement de l'outil vers la gauche ou la droite provoque une translation horizontale, alors qu'un glissement vertical provoque une translation vers l'avant ou l'arrière : l'objet se rapproche ou s'éloigne, il semble donc changer de taille.

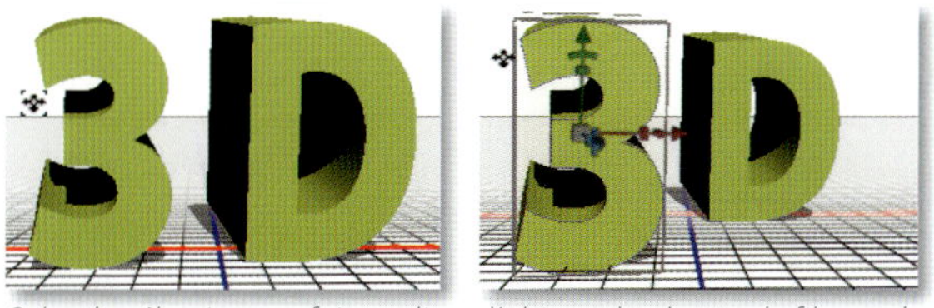

Selon la sélection, on fait coulisser l'objet et le plan ou le filet seul.

Quand l'objet ou un filet a été déplacé, il n'est plus toujours sur le plan au sol ; pour l'y repositionner, utilisez la commande **Magnétisme de l'objet sur le plan au sol** dans le menu **3D**.

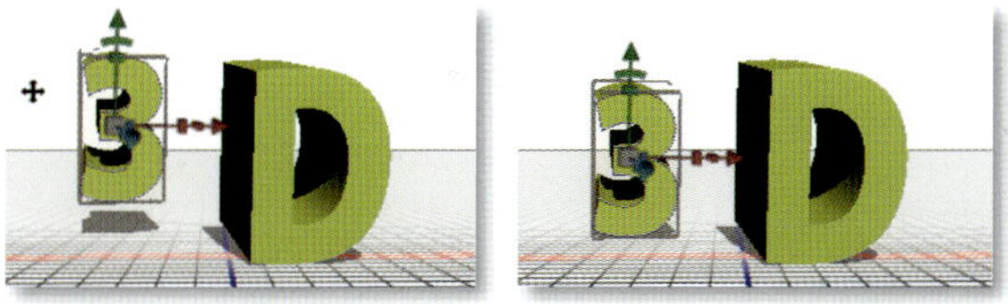

Selon la sélection, on fait coulisser l'objet et le plan ou le filet seul.

Note *Si vous souhaitez déplacer l'objet 3D entier de manière classique, placez le curseur sur l'objet, enfoncez la touche ⌘[Ctrl] (l'outil reprend l'aspect de l'outil **Déplacement**) et glissez l'objet (une étiquette de repères commentés indiquera la valeur du déplacement) ; avec ⌥[Alt] il y aura copie du calque.*

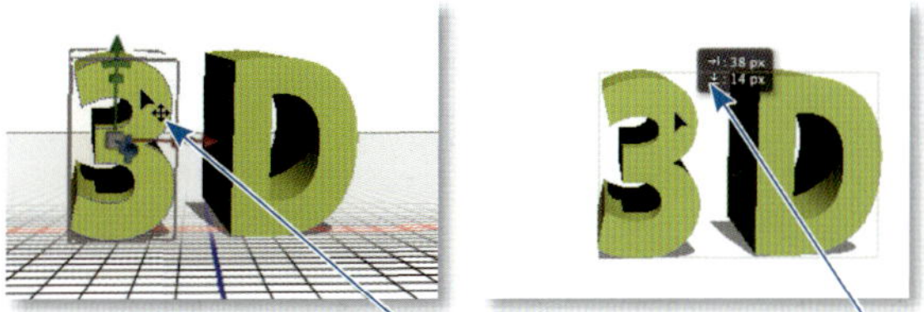

Avec ⌘ [Ctrl] on retrouve le déplacement de calque et ses valeurs.

L'outil Mettre à l'échelle l'objet 3D

Cas de la sélection Scène 3D ou Filet

Cet outil provoque un changement de taille homothétique de l'objet ou du filet sélectionné. En effet, le glissement de l'outil vers le haut (ou le bas) met à l'échelle en agrandissant (ou en diminuant) la taille dans les trois dimensions.

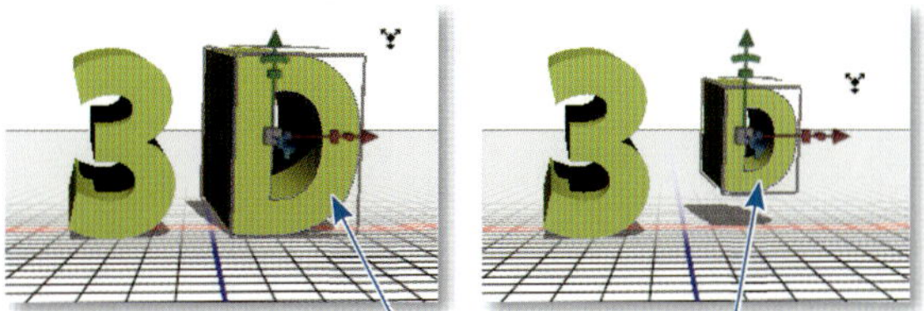

Par glissement de l'outil verticalement, il y a mise à l'échelle homothétique, ici d'un filet de l'objet 3D.

Un glissement vers la droite ou la gauche est sans action. En revanche, l'ajout de certaines touches ajoute des contraintes. Le tableau suivant liste les différents cas possibles :

Touche	Mise à l'échelle	Résultat
Aucune	Mise à l'échelle homothétique (sur trois axes)	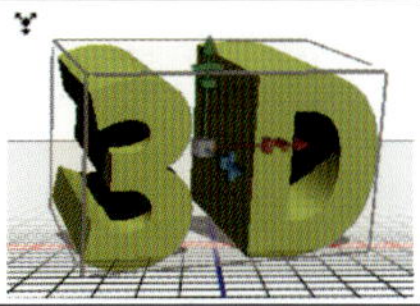
⇧ + glisser verticalement	Changement de la largeur (axe Y)	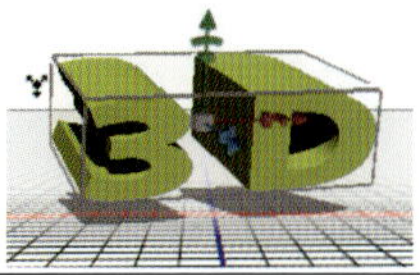

Touche	Mise à l'échelle	Résultat
⇧ + glisser horizontalement	Changement de la profondeur (axe X)	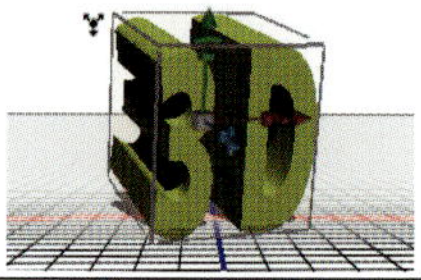
⌥ [Alt] + glisser verticalement (l'outil passe de ✥ à ✥z)	Changement de la hauteur (axe Z)	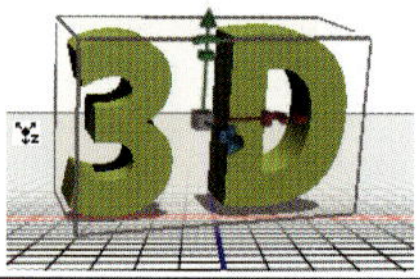

Le panneau **Propriétés** avec l'option **Coordonnées** indique les valeurs de réduction ou d'augmentation lors d'une mise à l'échelle d'objet ou de filet.

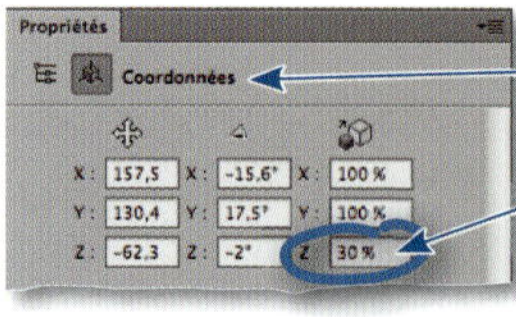

*Cette rubrique du panneau **Propriétés** indique les valeurs de mise à l'échelle.*

Cas de la sélection Vue active

Dans la **Barre d'options**, l'outil devient outil **Caméra 3D**, la taille de l'objet n'est pas modifiée mais il y a un effet de zoom avant ou arrière, c'est-à-dire un changement du champ angulaire de la caméra 3D dont la valeur est indiquée dans le panneau **Propriétés** à la rubrique **Caméra 3D** (la valeur maximale est de 180°).

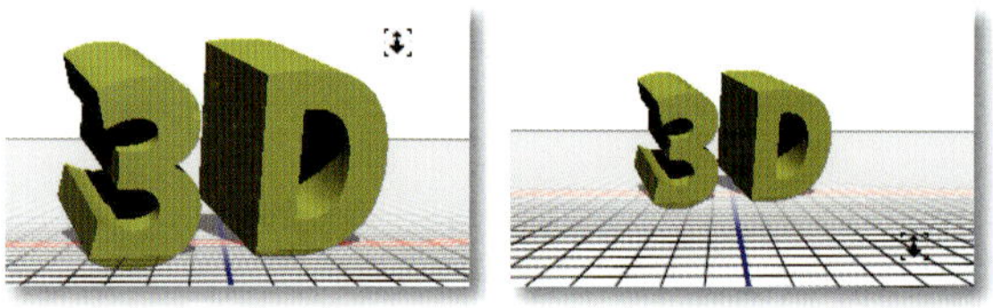

*Avec une sélection de la vue, l'outil **Mise à l'échelle de l'objet 3D** fait un zoom arrière lors d'un glissement vertical.*

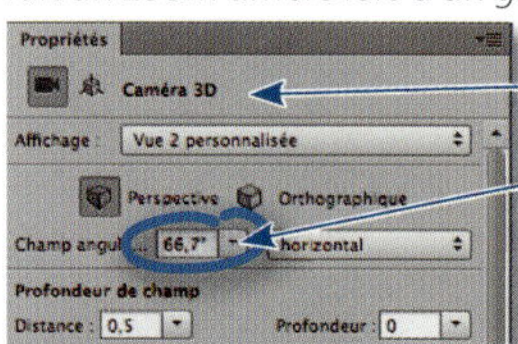

*Cette rubrique du panneau **Propriétés** indique la valeur de champ angulaire.*

Le panneau propose deux options : **Perspective** et **Orthographique**.

- **Perspective** : l'option affiche des lignes parallèles qui convergent vers des points de fuite. Une caméra perspective fonctionne comme un objectif normal de caméra : à mesure que les objets s'éloignent de la caméra, ils semblent plus petits.
- **Orthographique** : l'option conserve les lignes parallèles sans point de convergence, l'objet 3D est alors affiché à l'échelle exacte, sans déformation due à la perspective.

La transformation d'objet ou de filet avec les widgets 3D

Quand le composant 3D sélectionné est de type **Scène 3D** ou **Filet**, Photoshop affiche des widgets 3D qui facilitent les manipulations : d'une part, des **Axes 3D** et d'autre part, les **Rectangles de sélection 3D**. Dans certains cas, les manipulations sur les axes sont délicates et entraînent une désélection, vous pourrez toujours envisager des manipulations sur les rectangles de sélection 3D.

LES ACTIONS SUR LE WIDGET AXES 3D

Ce widget se centre sur la sélection et il est possible de l'agrandir par glissement de son centre avec la touche ⇧ enfoncée. Quel que soit l'outil actif, toute action sur l'un de ses axes est équivalente à l'utilisation de l'un des outils d'objet 3D.

Les Axes 3D.

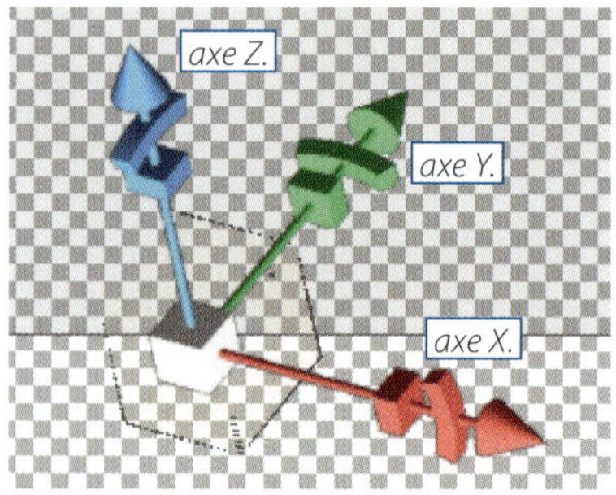

Les axes visualisés sur les **Axes 3D** indiquent l'orientation actuelle de l'objet ; leur origine est située au centre de l'objet (ou du filet) qui sert de référence. Chaque extrémité d'axe comporte trois éléments ( ) qui se colorent en jaune quand on les survole (, et). Chacun d'entre eux permet une manipulation particulière selon l'axe (ou le plan) sur lequel il se trouve. D'autres manipulations sont possibles depuis les **Axes 3D** : quand on approche le curseur de l'intersection de deux axes, il apparaît un carré orange ( ) qui devient jaune ( ) quand on le survole ; de même, le cube blanc situé à l'origine des axes devient jaune ( ) lors de son survol.

Le tableau suivant indique quelques manipulations obtenues en agissant sur les différents éléments des **Axes 3D** avec l'objet.

Élément	Manipulation	Résultat
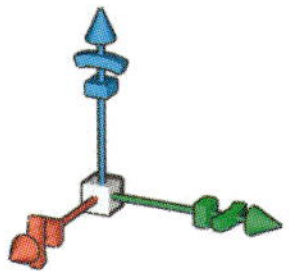	L'**Axe 3D** avant manipulation. Objet initial.	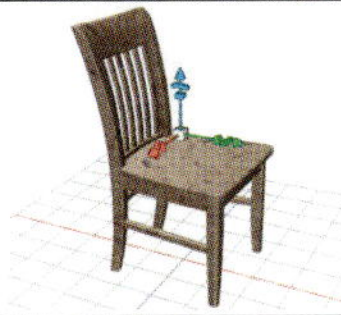
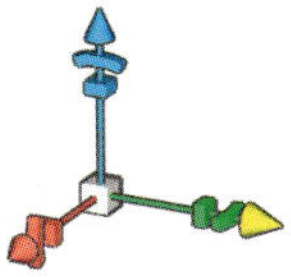	On déplace l'objet le long de l'axe (X, Y ou Z) par glissement du curseur dans la direction voulue.	
	Par glissement circulaire, on fait pivoter l'objet autour d'un axe perpendiculaire au cercle jaune (ici, Y).	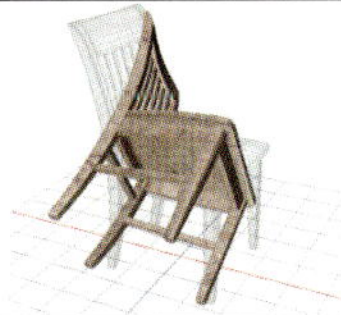
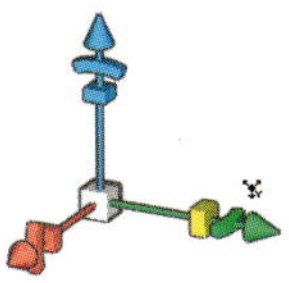	On réduit ou on agrandit l'objet sur une dimension correspondant à l'axe choisi (il est indiqué sur le curseur, ici Y).	
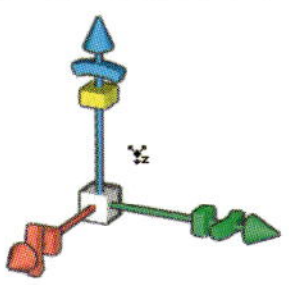	Ici, on a réduit sur l'axe Z (la transformation est toujours centrée).	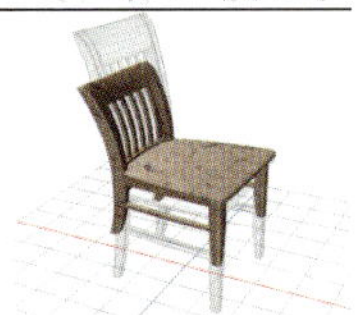
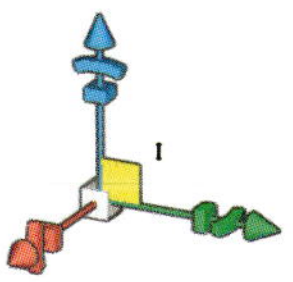	On glisse l'objet dans l'espace 3D sans le faire pivoter (translation).	
	Avec l'outil , on fait pivoter l'objet autour de son centre (glisser avec l'outil). Ici, les axes pivotent pour suivre le mouvement de l'objet.	
	On redimensionne dans les trois dimensions (homothétiquement).	

Les manipulations par les Rectangles de sélection 3D

Le fait de positionner le premier outil 3D (**Faire pivoter l'objet 3D**) à certains endroits du rectangle de sélection 3D (face, bord, centre du bord) permettra d'obtenir des transformations spécifiques avec des axes particuliers qui seront précisés à l'aide d'étiquettes de repères commentés. Les copies d'écran suivantes montrent quelques exemples.

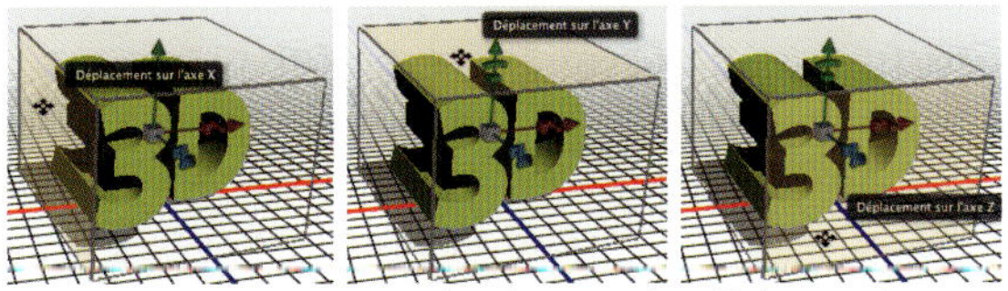

Un positionnement sur une face (qui se colore légèrement) permet un déplacement selon un seul axe.

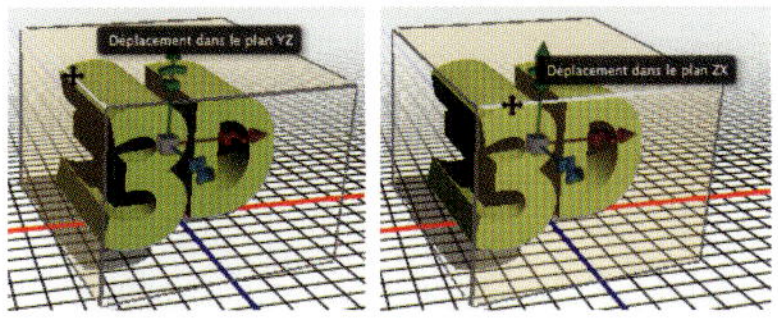

Un positionnement sur l'arête d'une face (qui devient blanche) permet un déplacement dans un plan.

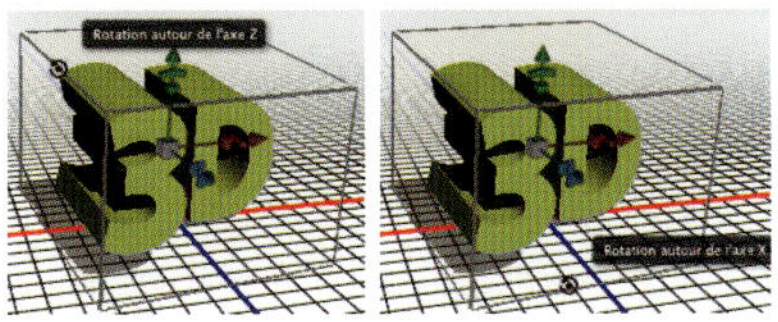

Un positionnement sur le centre d'une arête permet une rotation autour d'un axe.

Dans chaque cas, les repères commentés indiqueront l'ampleur du déplacement réalisé.

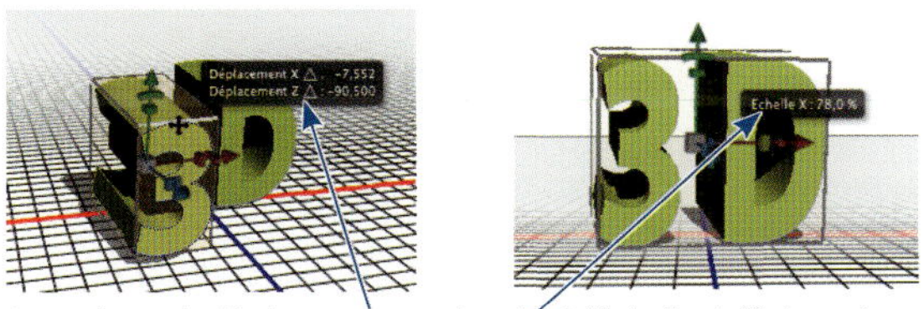

Les valeurs de déplacement ou de mise à l'échelle s'affichent dans les repères commentés.

Les traitements d'aspect du filet (déformer et biseauter)

Ces traitements spécifiques aux filets peuvent être réalisés à partir du panneau **Propriétés** ou du widget de déformation ou de biseautage qui apparaît quand vous activez la rubrique **Déformer** ou **Extrémité** de ce panneau **Propriétés** (on passe d'une rubrique à l'autre en tapant V). Les changements de valeurs sur le widget seront répercutés dans le panneau.

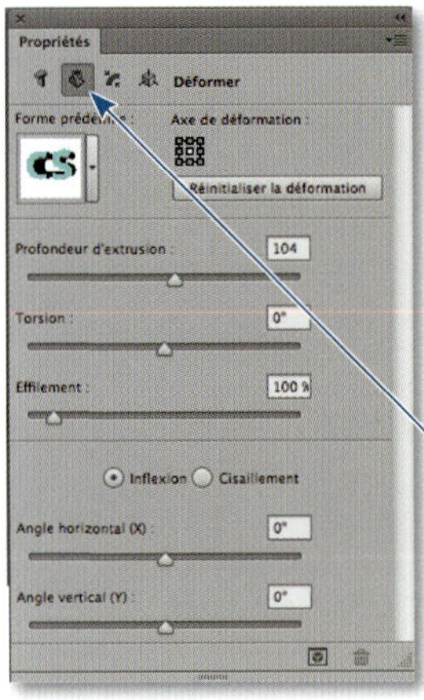

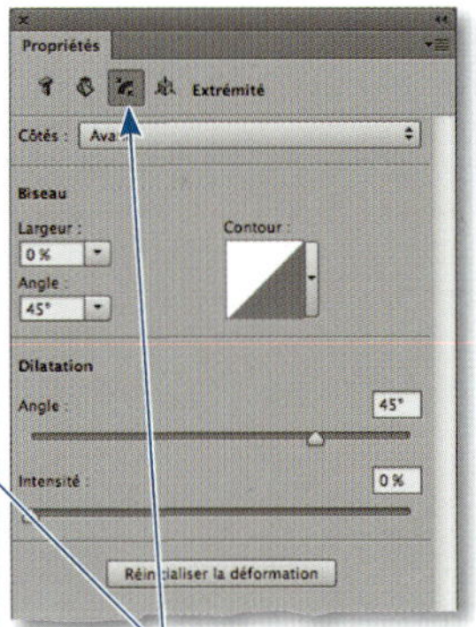

Ces rubriques permettent de régler l'aspect du filet (ci-dessous, les widgets 3D correspondants).

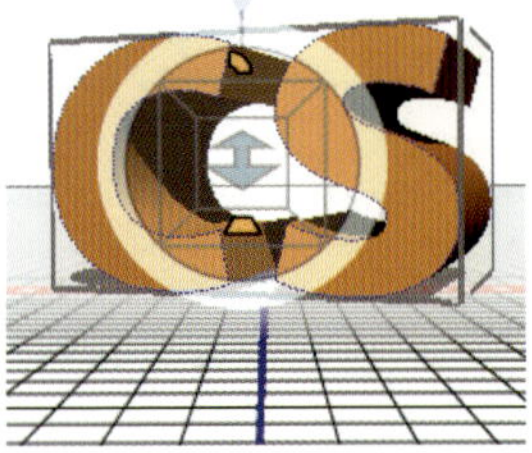

*Le widget **Déformer**.*

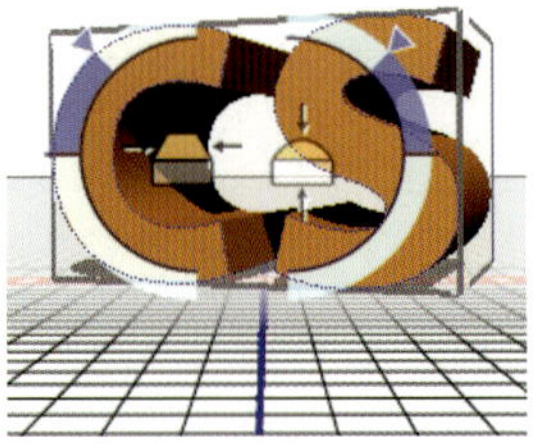

*Le widget **Extrémité**.*

Les déformations du filet

Selon la position du curseur sur le widget, celui-ci change d'aspect pour donner un accès direct sur l'objet 3D aux différents réglages disponibles dans le panneau **Propriétés**.

*Ci-contre, le widget **Déformer** par défaut et ses différents aspects selon le survol en cours.*

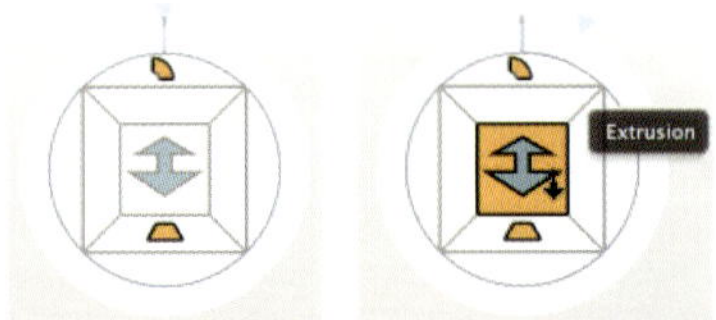

La profondeur d'extrusion

En survolant la partie centrale du widget, il apparaît une flèche bleue dans un carré orange qui donne accès à la profondeur d'extrusion. Par glissement vertical, vous la modifiez et contrôlez sa nouvelle valeur dans l'étiquette du repère commenté (ou dans le panneau **Propriétés**).

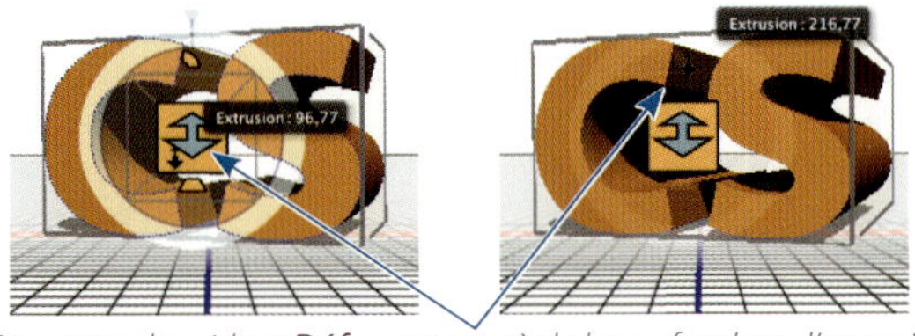

*Au centre du widget **Déformer**, on règle la profondeur d'extrusion.*

La torsion

L'extérieur du widget montre un anneau blanc au sommet duquel se trouve un triangle qui permet de gérer la torsion de l'objet 3D.

Avant de glisser ce triangle, choisissez un axe de déformation parmi les neuf proposés. Si la déformation obtenue ne convient pas, vous pouvez l'annuler à l'aide du bouton **Réinitialiser la déformation**.

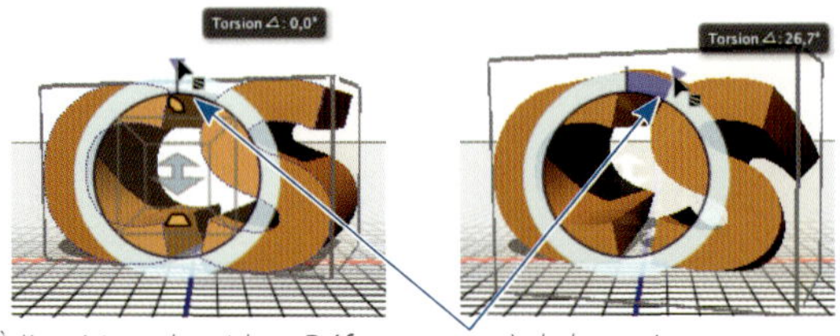

*À l'extérieur du widget **Déformer**, on règle la torsion.*

L'effilement

Dans le widget, l'effilement se définit par glissement partant du cadre (sa partie basse comporte l'icône ⏢). Ici aussi vous pouvez définir un point fixe et utiliser la vue secondaire pour visualiser sous un autre angle l'effilement de l'objet, c'est-à-dire son écartement vers l'intérieur (pour les valeurs inférieures à 100 %) ou vers l'extérieur.

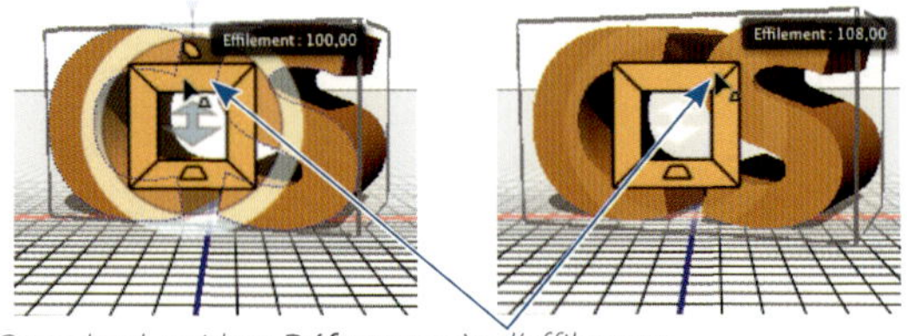

*Ce cadre du widget **Déformer** gère l'effilement.*

À partir de la vue secondaire, on visualise l'effilement du filet (ici, vers l'extérieur).

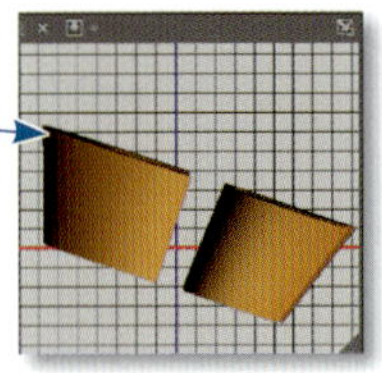

Les déformations par Inflexion et Cisaillement

Par défaut, les déformations sont de type **Inflexion**. Les réglages se réalisent à l'aide du widget en agissant sur l'une des quatre portions de cercle (celle du haut comporte l'icône). Pour contrôler la déformation, vous pouvez visualiser une vue **Haut** dans le panneau **Vue secondaire** (et, éventuellement, intervertir les vues le temps de la manipulation).

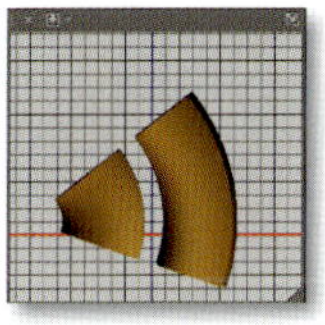

Une déformation par Inflexion vue du haut.

La déformation provoque une sorte d'enroulement autour de l'axe () défini dans le panneau **Propriétés**. Selon le sens du glissement, il peut être positif (de 0 à 360°) ou négatif, horizontal ou vertical (voire les deux). Le résultat varie également en fonction de la valeur de profondeur d'extrusion.

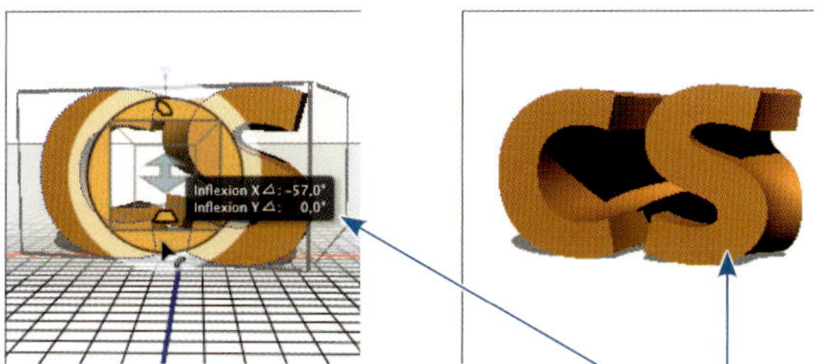

Une inflexion d'axe horizontal avec le widget affiché et masqué.

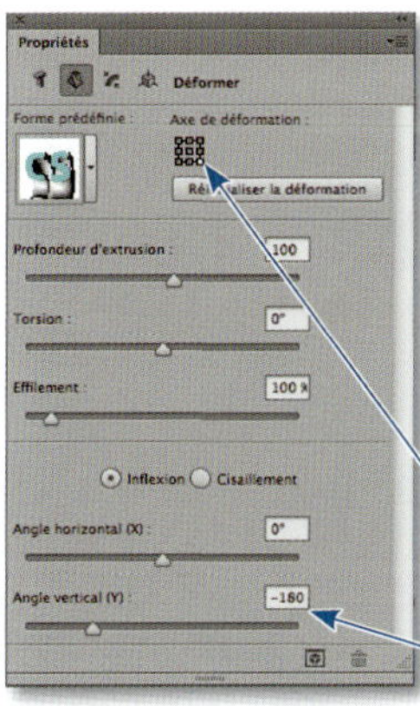

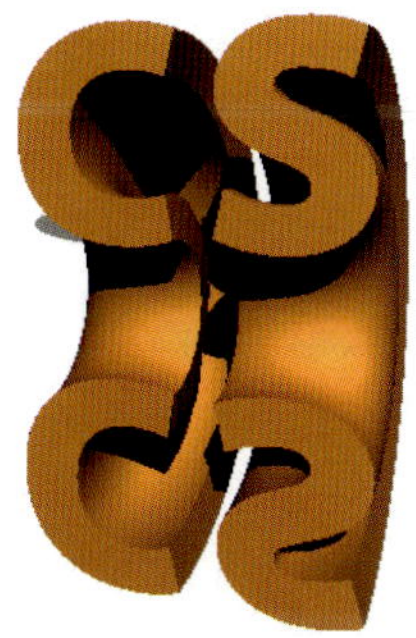

Avec cet axe, on a réalisé une inflexion verticale avec cette valeur.

Pour obtenir une déformation en **Cisaillement**, cochez l'option correspondante dans le panneau **Propriétés**. Par la suite, agissez sur le widget ou sur les curseurs situés en bas du panneau.

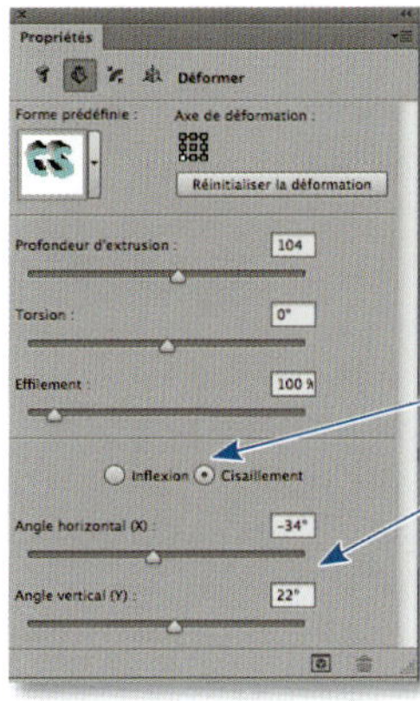

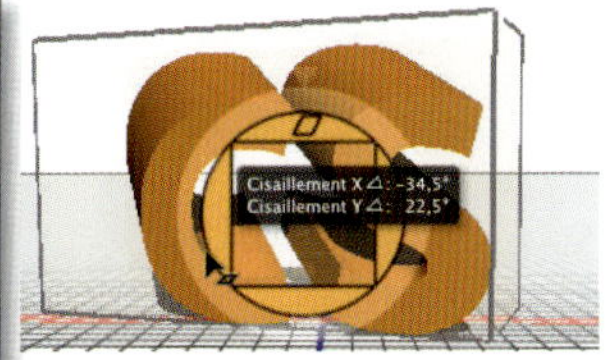

On choisit le type de déformation ici et on agit sur le widget (ci-dessus) ou sur ces deux curseurs.

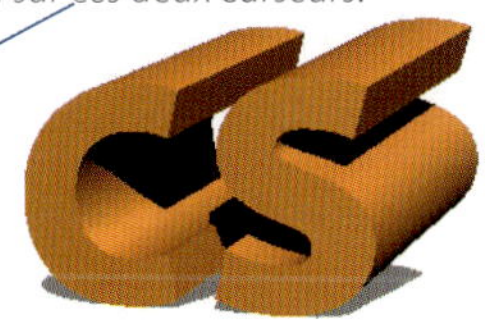

LES EXTRÉMITÉS OU BISEAU DU FILET

Pour passer de l'onglet **Déformer** à l'onglet **Extrémité**, tapez V (ou cliquez sur l'icône en haut du panneau **Propriétés**) : simultanément, si l'outil **Déplacement** est actif, le widget change d'aspect et donne accès aux quatre attributs du biseautage qui figurent également dans le panneau (largeur et angle du biseau, intensité et angle de dilatation).

Le panneau et le widget de gestion des extrémités ou biseautage.

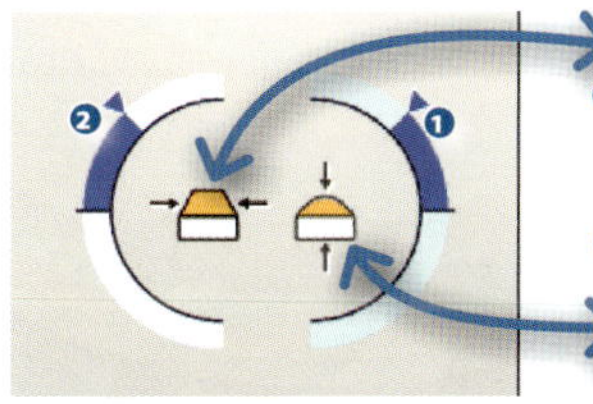

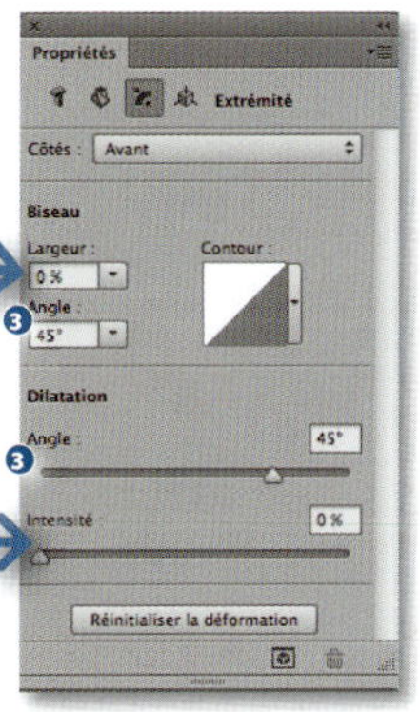

Par défaut, le biseau et la dilatation n'affectent que la face avant du filet. Si vous souhaitez modifier également la face arrière (ou ne modifier que cette dernière), utilisez le menu local **Côtés** du panneau **Propriétés** pour choisir sur quels éléments s'effectuera le changement. Dans le cas d'une action sur le côté arrière, le résultat ne sera visible qu'avec certaines vues de l'objet 3D.

Le biseau 3D

Il est défini à l'aide de deux attributs, **Largeur** et **Angle de biseautage**, réglés avec le widget par glissement horizontal pour le premier , et par glissement du triangle situé à gauche (ou de sa bande colorée périphérique) pour le second.

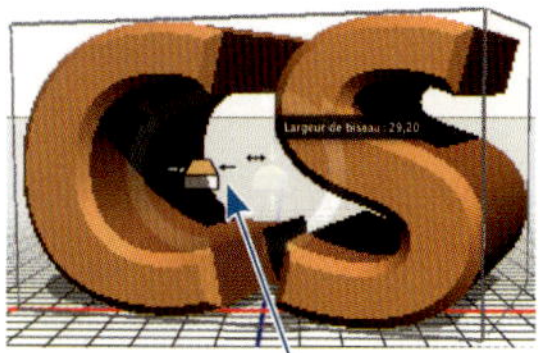

Par glissement horizontal on définit la largeur du biseau.

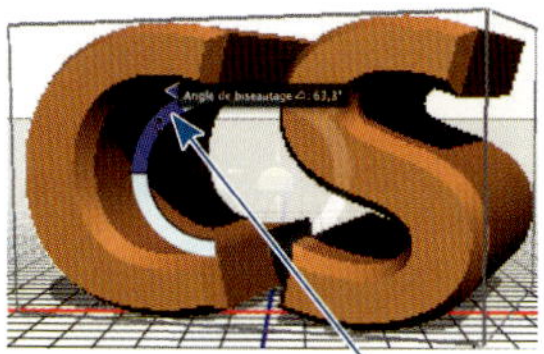

On ajuste l'angle par glissement de la bande colorée.

La dilatation du filet

Il est défini à l'aide de deux attributs, **Intensité** et **Angle de dilatation**, réglés avec le widget par glissement vertical pour le premier, et par glissement du triangle situé à droite (ou de la bande colorée périphérique) pour le second.

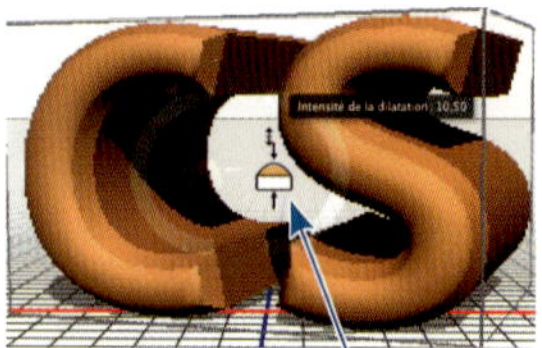

Par glissement vertical on définit l'aspect bombé.

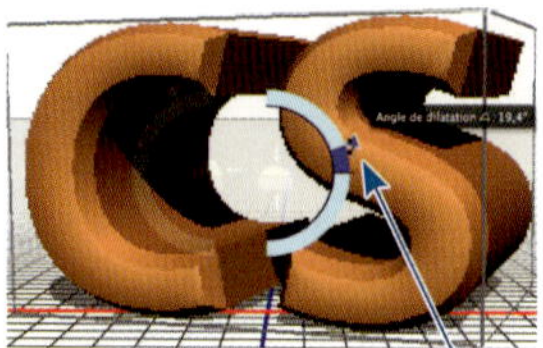

On ajuste la dilatation par glissement de la bande colorée.

Pour mieux visualiser le résultat, vous pouvez (comme pour tous les réglages) masquer le widget et le plan au sol en tapant ⌘H [Ctrl H] (tapez à nouveau ce raccourci pour les faire réapparaître) ou faire une visualisation avec le rendu 3D en cliquant sur l'icône situé en bas du panneau **Propriétés** (ou menu **3D**, puis **Rendu**).

On a lancé un rendu et masqué les extras pour mieux apprécier le résultat.

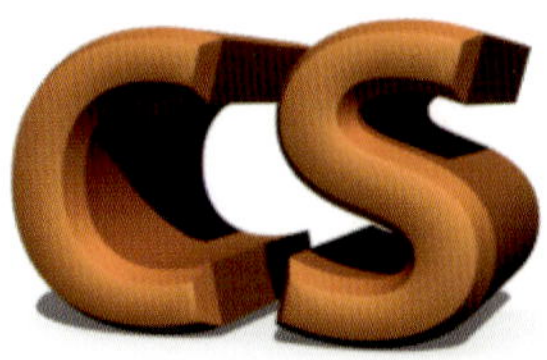

Le contour

Un sélecteur de contours, disponible dans le panneau **Propriétés**, permet de régler l'aspect du biseau selon différents contours prédéfinis (d'autres peuvent y être ajoutés par le menu local). Pour visualiser correctement et rapidement l'effet, vous pouvez réaliser une sélection d'une partie du filet (avec l'outil **Sélection rectangulaire**), puis cliquez sur l'icône de rendu (et éventuellement masquez les extras).

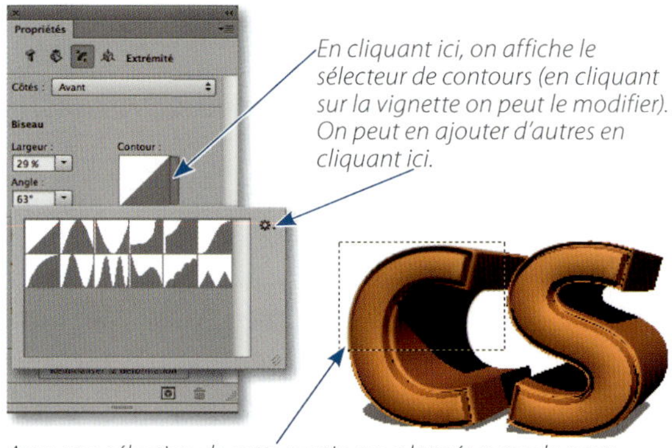

Avec une sélection de cette partie, on a lancé un rendu pour mieux voir le réglage de son contour.

LES FORMES PRÉDÉFINIES

Quand vous avez réalisé des déformations et des réglages d'extrémité (biseau et dilatation), vous pouvez les mémoriser en tant que forme prédéfinie de déformation. Cette opération se réalise à partir de l'onglet **Déformer** ou **Filet** du panneau **Propriétés** : en cliquant sur sa vignette d'aperçu, un minisélecteur de formes s'affiche ; la première commande de son menu, **Nouvelle extrusion prédéfinie**, permet de mémoriser les réglages de **Déformer** et **Extrémité** afin de les réappliquer plus facilement.

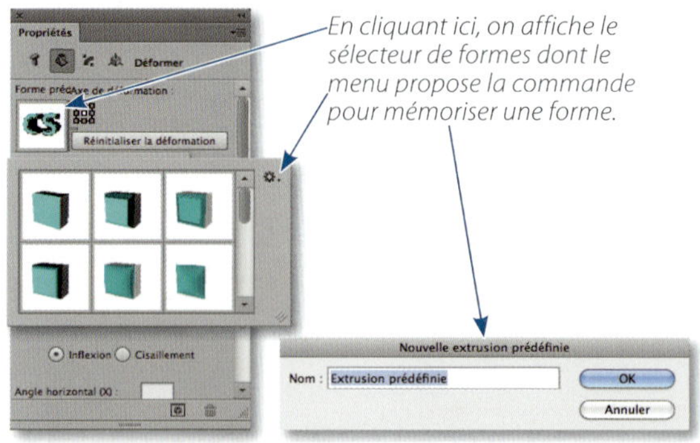

Le sélecteur de formes comporte d'autres formes prédéfinies que vous pouvez appliquer à différents filets sélectionnés dans le panneau **3D** ou directement sur l'objet 3D. Ceux que vous avez mémorisés figurent en bas du sélecteur.

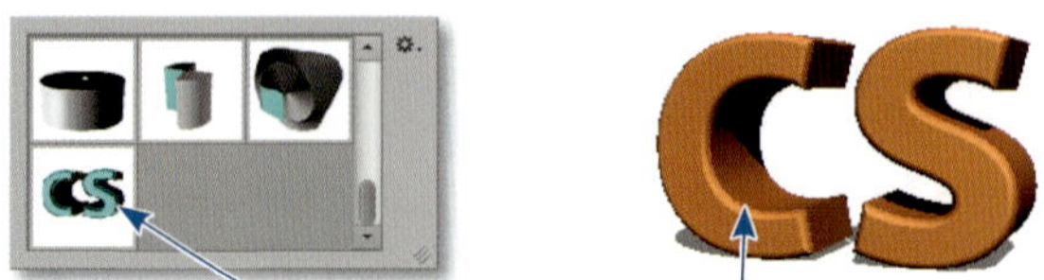

La forme mémorisée apparaît en fin de liste. Ici, on a appliqué une des autres formes prédéfinies.

Le traitement des matières 3D

Les types de textures plaquées

Un filet d'objet 3D est associé à une ou plusieurs matières (cinq pour une extrusion) qui contrôlent son aspect.

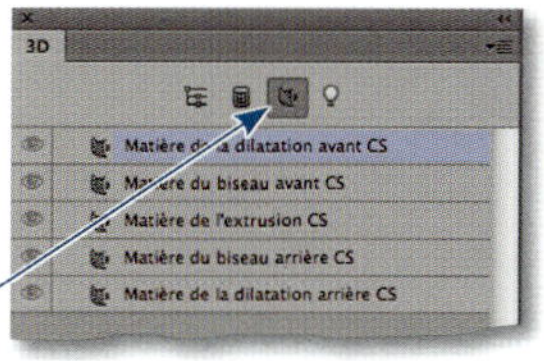

Un objet 3D comporte jusqu'à cinq matières. Ici, on a filtré leur affichage dans le panneau 3D.

Chaque matière est une combinaison de «**textures plaquées**» dont la superposition crée l'aspect de la matière. Selon son type, une texture est définie par un aplat de couleur, un fichier image (accessible par le panneau **Calques**), ou parfois les deux. Chaque texture correspond à une propriété (couleur, brillance, opacité, bosselage...). Pour définir l'aspect d'une matière, vous pouvez utiliser une combinaison comportant jusqu'à douze types de textures plaquées. Parmi les douze types de textures, on distingue : **Diffuse**, **Spéculaire**, **Illumination**, **Ambiante**, **Brillance**, **Réflectivité**, **Cassure**, **Bosselage**, **Opacité**, **Réfraction**, **Normale** et **Environnement**. On peut en visualiser la liste dans le panneau **Propriétés** quand la matière d'un filet est sélectionnée.

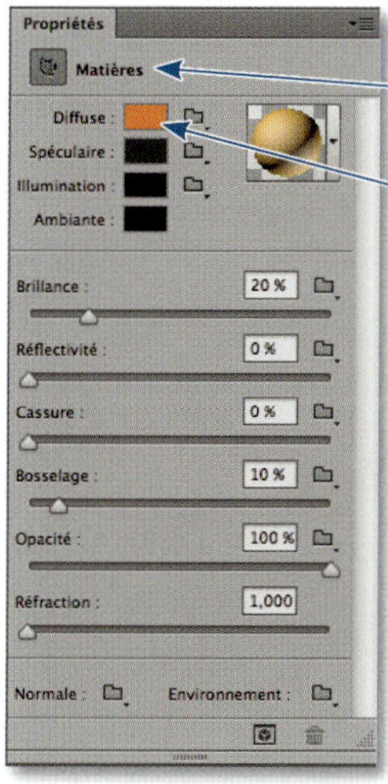

*Quand une matière est sélectionnée, le panneau **Propriétés** liste des textures plaquées.*
*Par défaut, **Diffuse** est la seule ayant un fichier associé. Certaines textures n'ont pas de fichier associé (**Spéculaire**, **Ambiante** et **Réfraction**).*

La plus courante d'entre elles est la texture **Diffuse** ; c'est la première de la liste, elle est systématiquement utilisée, car elle constitue l'aspect de base de l'objet 3D (couleur de la matière). Parmi les autres textures plaquées les plus utilisées, on peut citer : **Bosselage** qui permet de gérer le relief du filet 3D ; **Opacité** pour créer des zones transparentes (totalement ou partiellement) et des textures liées à la présence de reflets **Environnement**, **Réflectivité**, **Cassure** et **Brillance**.

Les matières ou combinaisons de textures prédéfinies

LA GESTION DES MATIÈRES PRÉDÉFINIES

Le sélecteur de matières prédéfinies

Le panneau **3D** propose une série de matières prédéfinies (ou combinaisons de textures principalement constituées de **Diffuse**, **Bosselage** et **Opacité**). Celles-ci se choisissent et s'appliquent à la matière sélectionnée en cliquant sur le triangle situé à droite de la vignette de l'échantillon de matière actif : un sélecteur de matières propose quelques échantillons de matière par défaut.

On a sélectionné une matière d'un filet puis, en cliquant ici, on affiche le sélecteur de matières prédéfinies.

L'ajout de matières prédéfinies

Ce sélecteur peut être enrichi en chargeant d'autres échantillons de matière qui viennent s'ajouter à ceux déjà présents (ou les remplacer). Ces opérations se réalisent à partir du menu local affiché en cliquant sur l'icône ⚙ située en haut à droite du sélecteur (*voir ci-après*).

On peut remplacer ou charger des matières prédéfinies.

Dans la version CS6, de nombreuses matières sont directement disponibles dans le bas du menu du sélecteur de matières pour faciliter leur chargement.

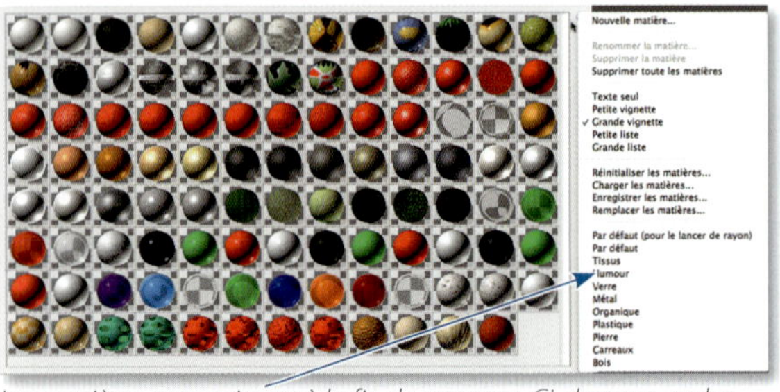

Les matières apparaissent à la fin de ce menu. Ci-dessous, on les a toutes chargées dans le sélecteur.

La mémorisation d'une matière personnalisée

Dans le panneau **Propriétés**, dès que vous modifiez les différentes options des textures plaquées (ou leur fichier associé), l'aperçu de la matière change, vous avez défini une matière personnalisée (*nous verrons plus loin les possibilités de personnalisation*). Cette nouvelle matière peut être mémorisée avec les autres matières prédéfinies afin d'être appliquée plus facilement à d'autres filets. Pour mémoriser une matière, le menu local du sélecteur de matières propose la commande **Nouvelle matière** : elle affiche une fenêtre pour nommer la matière qui se placera en fin du sélecteur.

L'application d'une matière prédéfinie

Vous disposez de trois méthodes pour appliquer un échantillon de matière. Les deux premières constituent des applications localisées à une seule matière, elles s'effectuent à partir du panneau **Propriétés** ou d'outil 3D spécifique.

L'application localisée

Elle s'effectue en deux étapes : sélection et application.

1. **Sélection** ; dans le panneau **3D**, filtrez selon les matières en cliquant sur icône du haut du panneau, puis sélectionnez la (ou les) matière(s) dont vous souhaitez régler l'aspect.

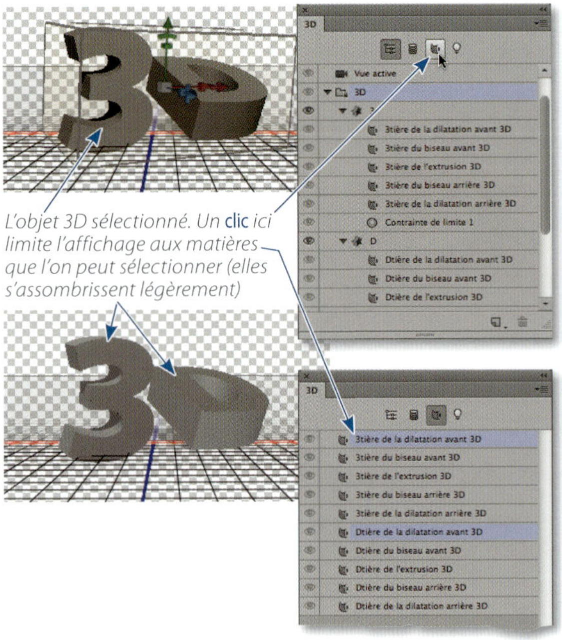

L'objet 3D sélectionné. Un clic ici limite l'affichage aux matières que l'on peut sélectionner (elles s'assombrissent légèrement)

2. **Application** : affichez le panneau **Propriétés**, cliquez sur la vignette d'aperçu pour voir le sélecteur, puis sur la matière à appliquer.

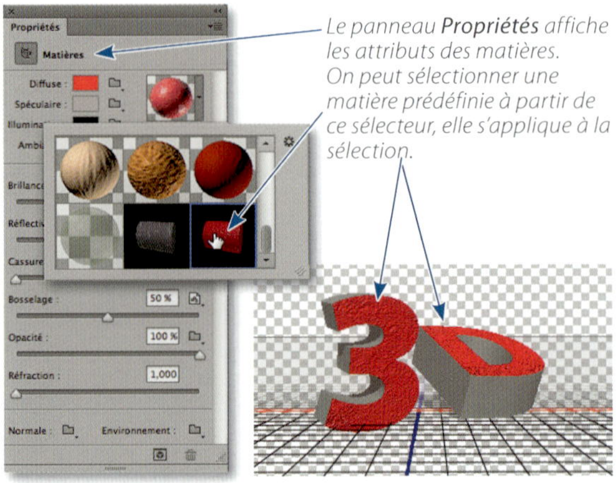

*Le panneau **Propriétés** affiche les attributs des matières. On peut sélectionner une matière prédéfinie à partir de ce sélecteur, elle s'applique à la sélection.*

L'application par l'outil Dépôt de matière

Deux outils peuvent être utilisés pour «colorer» les matières des objets 3D. Il s'agit de l'outil **Dépôt de matière 3D** (situé sous l'outil **Dégradé**) et l'outil **Pipette de matière 3D** (situé sous l'outil **Pipette**).

L'outil **Dépôt de matière 3D** fonctionne comme l'outil **Pot de peinture**. Sur l'image, le curseur prend l'aspect d'un pot de peinture et la matière survolée s'assombrit légèrement.

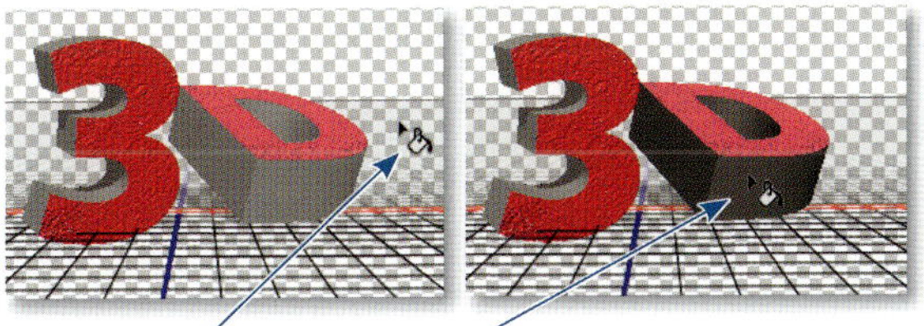

On a activé l'outil, quand il survole une matière, elle s'assombrit.

Par clic sur la matière survolée, vous affectez l'échantillon de matière affichée dans la **Barre d'options** de l'outil ; cependant, vous pouvez définir un autre échantillon à appliquer. Pour cela, vous disposez de quatre méthodes :

- par sélection dans le sélecteur de la **Barre d'options** ;
- par clic sur le bouton **Charger la sélection** si une matière est sélectionnée ;
- par prélèvement sur l'image : enfoncez la touche ⌥ [Alt] (le curseur devient alors pipette), survolez la matière et cliquez sur celle à échantillonner ;
- par prélèvement sur l'image avec l'outil **Pipette de matière 3D**.

*Par ⌥ clic [Alt clic], on prélève la matière (elle remplit l'échantillon de la **Barre d'options**), on peut alors l'appliquer.*

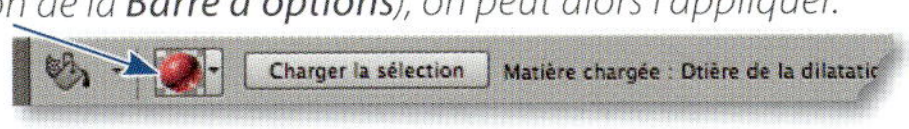

La texture Diffuse ou de Diffusion

Cette texture apparaît à deux endroits sous des noms différents : dans le panneau **Propriétés**, elle s'appelle **Diffuse** et dans le panneau **Calques**, elle est nommée **Diffusion**. Cette texture peut se travailler de différentes façons : de manière classique (comme un calque), par fusion de calques ou en dessinant directement sur la texture.

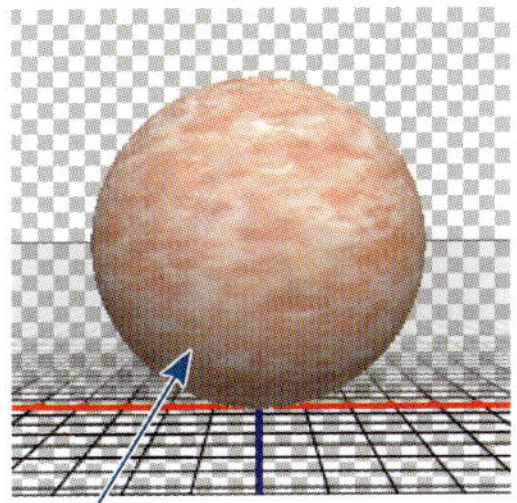

*Cet objet a une texture plaquée de **Diffusion** du calque 3D, qui est constituée par ce calque.*

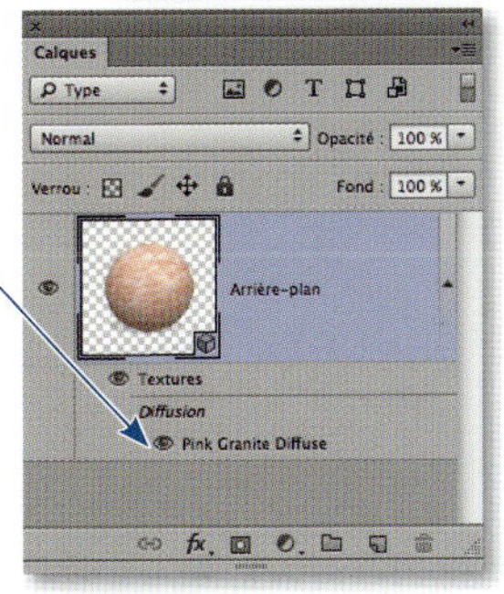

On peut masquer la texture, ou l'éditer par double-clic sur le nom.

LE TRAVAIL CLASSIQUE DE LA TEXTURE

Une texture plaquée de **Diffusion** apparaît sous la forme d'un calque de type dynamique. En effet, sous la rubrique **Textures**, visible sous le nom du calque, le panneau liste toutes les textures disponibles en commençant par celles de type **Diffusion** (*voir ci-dessus*). Pour éditer une texture, double-cliquez sur son nom. Une fois le contenu de son fichier affiché, ajoutez-y des calques, des réglages ou dessinez... Afin de faciliter le placement des objets (texte ou forme vectorielle, par exemple), affichez les documents (calque 3D et fichier de texture) en fenêtres juxtaposées, en utilisant le menu **Affichage** et les commandes de son sous-menu **Réorganiser**. Ainsi, chaque fois que le fichier de texture sera enregistré, il y aura une mise à jour sur l'objet 3D, vous contrôlerez rapidement le résultat.

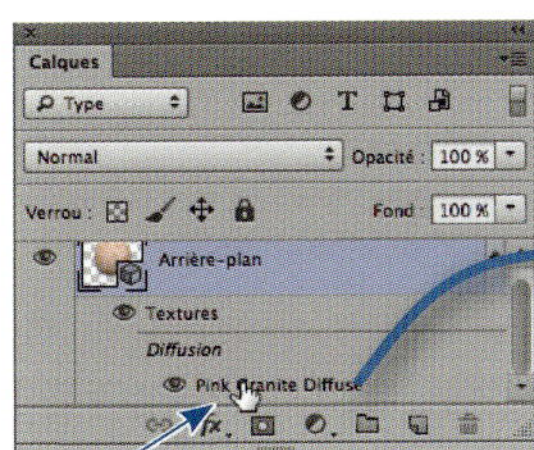

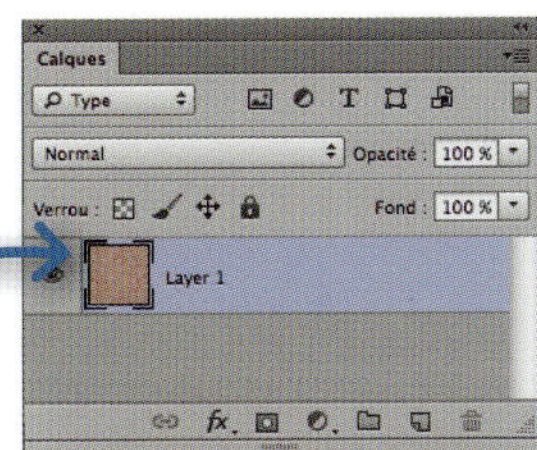

Par double-clic, on affiche le contenu du calque de texture.

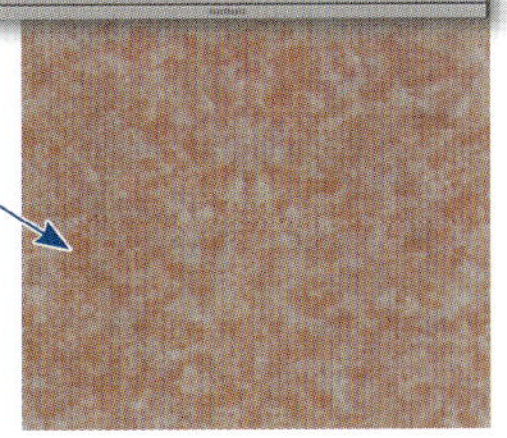

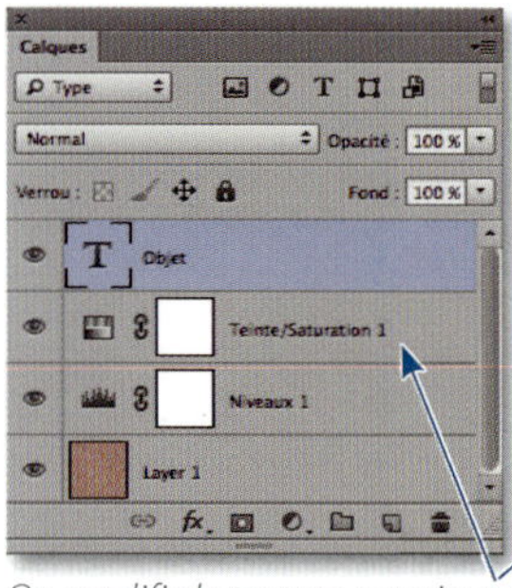

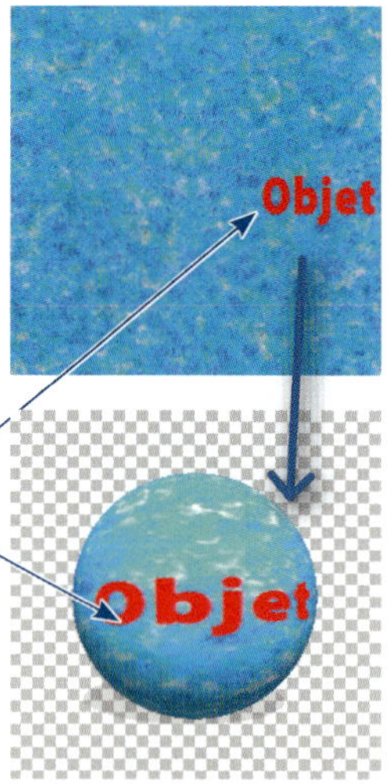

On modifie la texture par ajout de calques ou en dessinant. L'objet 3D est mis à jour à l'enregistrement du fichier.

> **NOTE** *Dans le panneau **Calques**, si vous placez le curseur sur le nom de la texture, Photoshop affiche une vignette montrant l'aspect de la texture utilisée par l'objet 3D.*

Un aperçu du fichier de texture s'affiche en survol.

LE DESSIN SUR UNE TEXTURE

Photoshop permet de dessiner directement sur l'objet 3D. Cependant, selon la configuration de sa texture, l'opération n'est pas toujours réalisable. Pour pallier ce problème, des réglages sont nécessaires :

- d'une part, vérifiez que l'option du sous-menu **Mode de peinture 3D** (menu **3D**) est réglée sur **Diffusion** (c'est l'option par défaut) ;

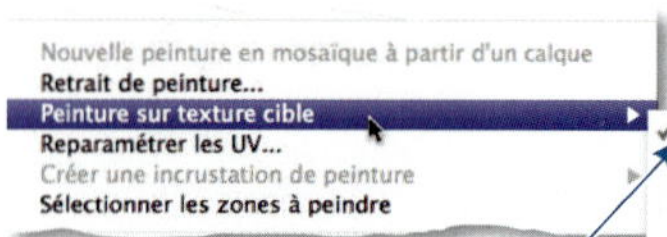

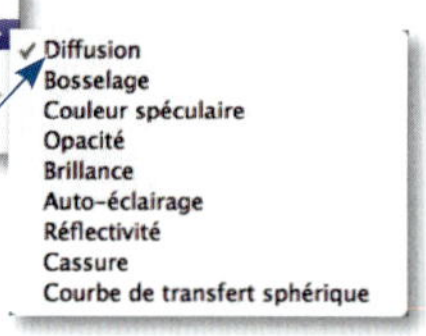

On peut peindre sur différentes textures. C'est le mode **Diffusion** *qui est actif par défaut.*

- d'autre part, le calque de la texture doit pouvoir recevoir la peinture (c'est le cas des objets 3D réalisés dans Photoshop à partir des commandes du menu **3D**).

Dès le premier coup de pinceau, un message d'erreur apparaît si le calque de texture n'est pas modifiable (il ne doit pas s'agir d'un calque dynamique, d'un texte, d'un calque 3D, ni de tout autre calque qui ne peut pas être édité directement au pinceau, au crayon...).

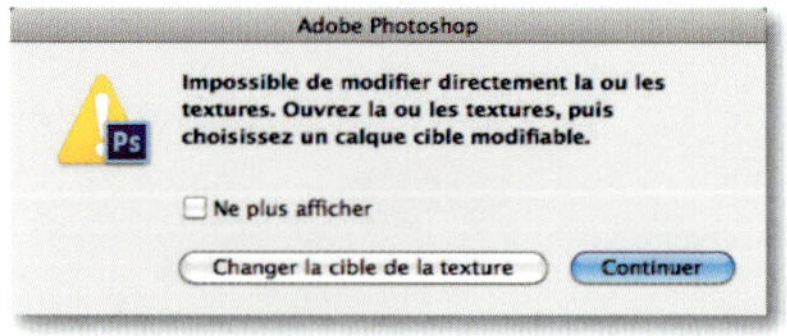

Ce message apparaît si le calque actif dans le fichier de texture ne peut pas recevoir des pixels.

En cliquant sur le bouton **Changer la cible de la texture**, Photoshop affiche le fichier du calque de texture : ajoutez un nouveau calque qui recevra la peinture (en opérant ainsi, il sera facile de le supprimer si le résultat ne convient pas).

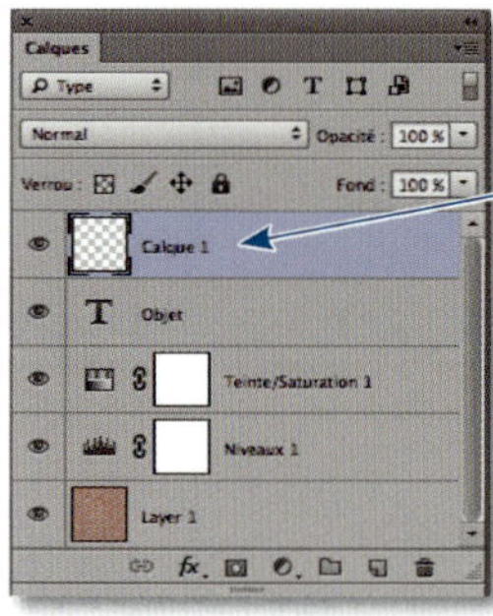

On a ajouté un calque vide dans le fichier de texture. On peut alors dessiner directement sur l'objet 3D.

Si l'objet 3D possède plusieurs textures plaquées, il faudra réaliser cette opération d'ajout de calque sur tous les calques de texture. Cependant, si on souhaite qu'une texture ne soit pas couverte, il suffit de cliquer sur **Continuer** quand le message s'affiche.

Dans certains cas, la peinture ne s'étale pas correctement (ou pas du tout) sur la texture. Pour pallier ce problème, annulez le coloriage et lancez la commande **Reparamétrer** dans le menu **3D** (validez avec l'une des deux options) et recommencez l'application du pinceau ou du crayon.

LES AUTRES TRAITEMENTS DU FICHIER DE TEXTURE

Il s'agit de traitements qui sont applicables à tous les fichiers 2D utilisés dans une texture, qu'elle soit de **Diffusion**, de **Bosselage**, d'**Opacité**...

L'utilisation d'un fichier par une texture est indiquée par la présence de l'icône à droite du nom de la texture dans le panneau **Propriétés** (affiché avec une matière sélectionnée). Le survol permet d'afficher la vignette du fichier de la matière. Le **clic** sur l'icône déroule un menu qui propose des traitements du fichier.

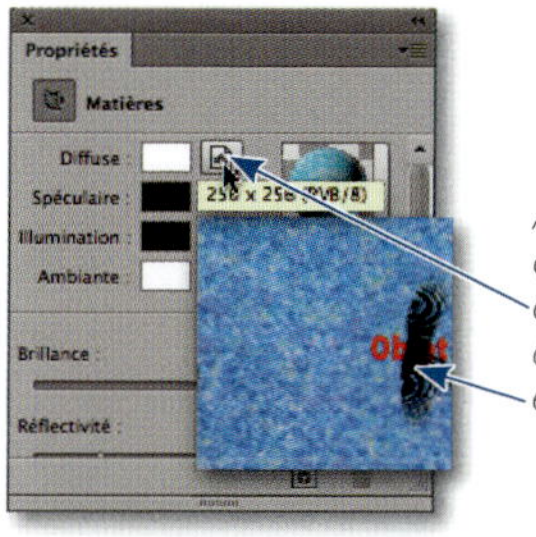

Avec une matière sélectionnée, ce panneau montre les attributs : cette icône indique l'utilisation d'un fichier dont l'aperçu s'affiche en survol.

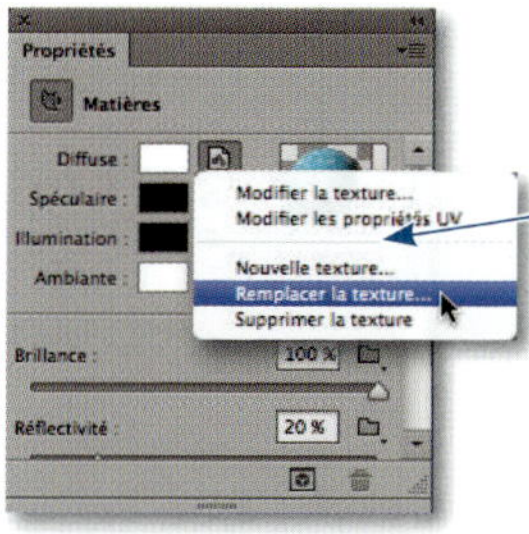

L'icône présente un menu local de traitement de la texture.

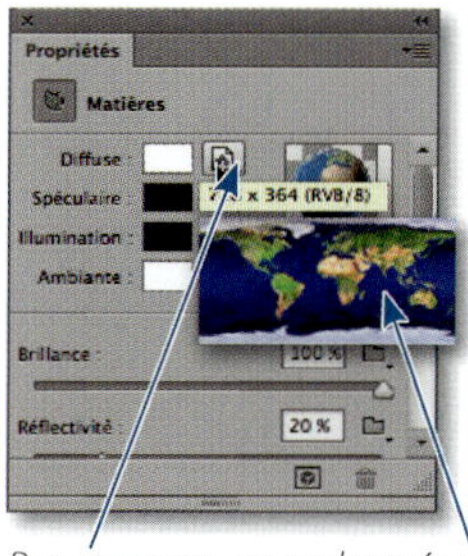

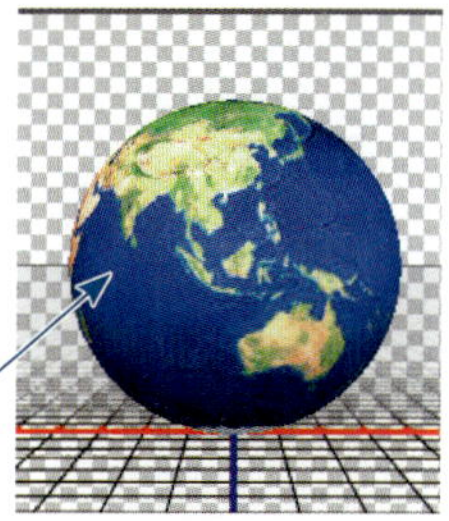

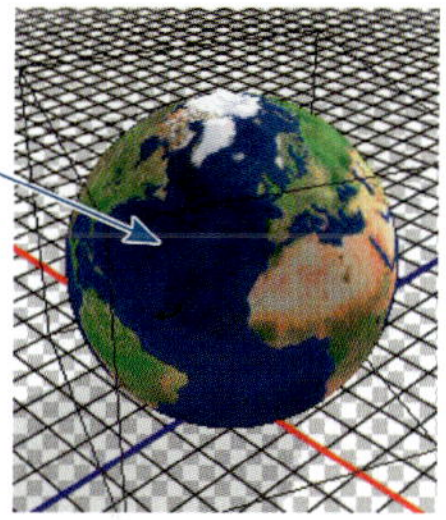

Par ce menu, on a chargé un fichier qui se plaque sur l'objet 3D. Par la suite, on peut faire pivoter ce dernier.

La nouvelle texture

Cette commande permet de créer un fichier vierge (dans certains cas, il viendra en remplacement du fichier vide placé automatiquement par Photoshop à la création de certains objets 3D). Par défaut, ce fichier a le nom de la matière sélectionnée, suivi du type de la texture. Sa taille peut être adaptée à celle du document actif (ou à tout autre fichier ouvert) en cliquant sur **Personnalisé**. Le fichier que vous venez de créer n'est pas ouvert. Pour l'ouvrir double-cliquez sur son nom dans le panneau **Calques**, vous pouvez alors placer les éléments voulus en les créant, en glissant des calques depuis un autre fichier de texture déjà ouvert, ou encore par collage ou importation.

Le chargement ou remplacement d'une texture

La commande **Charger une texture** ou **Remplacer la texture** (s'il y en a déjà une) permet de remplacer une texture existante par une autre. Si vous souhaitez renommer un fichier de texture existant, vous pouvez utiliser cette commande et faire les opérations suivantes : par **double-clic** sur le nom du fichier de texture, visible dans le panneau **Calques**, ouvrez le fichier. Lancez **Enregistrer sous** et renommez le fichier en le plaçant sur le bureau (par exemple). Fermez le fichier de texture, lancez la commande **Remplacer la texture** et sélectionnez le fichier précédemment enregistré.

L'ouverture ou la modification de la texture

Cette commande équivaut à un **double-clic** sur le nom de la texture dans le panneau **Calques**. Au lieu d'utiliser la commande précédente pour remplacer une texture, vous pouvez placer dans son fichier plusieurs fichiers en les important, et créer des compositions de calques de manière à avoir à disposition plusieurs versions de texture dans un seul fichier.

La suppression de la texture

Cette commande est définitive. Il est parfois préférable de masquer la texture en cliquant sur l'œil en regard de son nom dans le panneau **Calques** (ou en masquant la matière dans le panneau 3D).

Les propriétés du fichier de texture

Quand vous chargez un ficher de texture, sa taille n'est pas toujours adaptée à la matière qui l'utilise. Si un masque de fusion créé dans le fichier ou un recadrage peuvent pallier ce problème, dans certains cas, vous devrez avoir recours aux propriétés de la texture.

Pour modifier les propriétés du fichier, sélectionnez la matière voulue et dans le panneau **Propriétés**, lancez **Modifier les propriétés UV** dans le menu affiché sur l'icône de la texture.

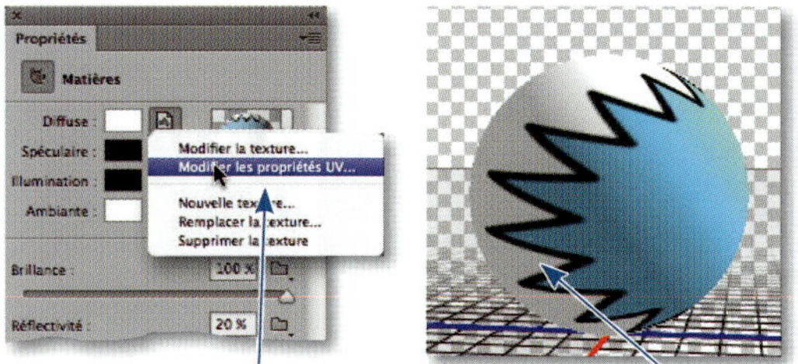

À l'aide de cette commande, on veut modifier la texture.

La fenêtre ci-dessous s'affiche. Si le fichier comporte plusieurs calques, il est possible de n'agir que sur l'un d'entre eux, mais par défaut les modifications s'appliquent à l'ensemble (**Composite**). Pour les champs **Mise à l'échelle**, les valeurs **U** agissent verticalement, celles de **V**, horizontalement (si elles sont supérieures à 100, elles provoquent une répétition de la texture). Le **Décalage U** agit horizontalement et le **Décalage V** verticalement. L'aperçu s'effectue à chaque changement de valeur, ce qui facilite l'ajustement de la texture.

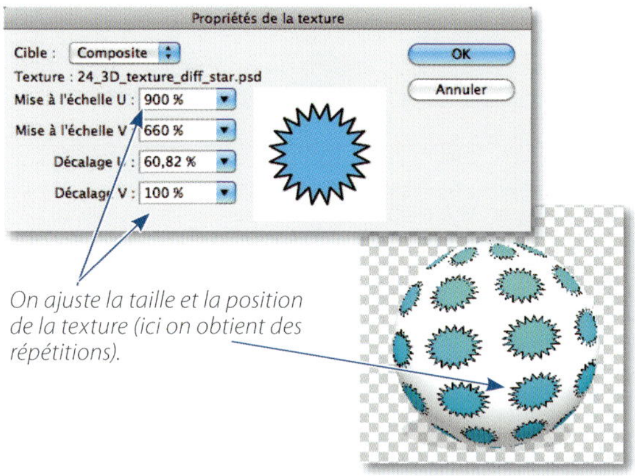

On ajuste la taille et la position de la texture (ici on obtient des répétitions).

La texture Opacité

Opacité du calque et opacité de la texture

Le réglage de l'opacité d'un objet 3D se réalise à différents niveaux. Vous pouvez réduire l'opacité globale du calque (comme pour tout calque, à partir du panneau **Calques**), mais des réglages plus poussés et plus localisés sont disponibles dans le panneau **Propriétés**, notamment quand l'objet 3D possède plusieurs textures.

La texture **Opacité** permet, sur la matière sélectionnée, d'intervenir globalement ou de façon localisée sur la matière à l'aide d'un fichier de texture qui agit tel un masque de fusion.

L'opacité globale de la texture

Dans ce réglage d'opacité, la première opération consiste à sélectionner la matière dont on souhaite modifier l'opacité. Selon le type de l'objet, il peut n'y en avoir qu'une seule.

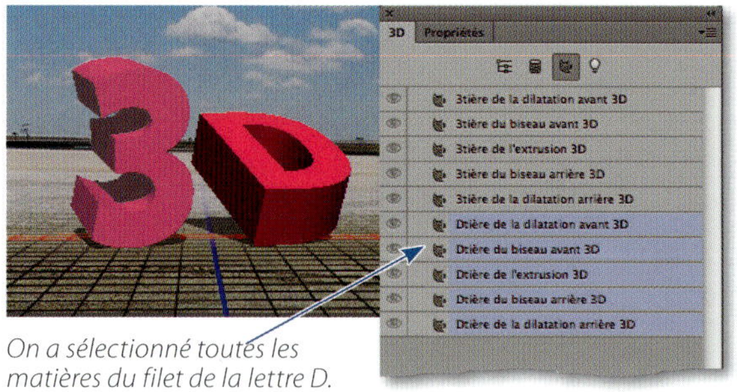

On a sélectionné toutes les matières du filet de la lettre D.

Une fois les matières sélectionnées, si vous réduisez la valeur de la case **Opacité**, les éléments sur les calques à l'arrière-plan deviennent visibles à travers la matière. Dans certains cas, pour améliorer le rendu, la valeur **Brillance** peut être réduite.

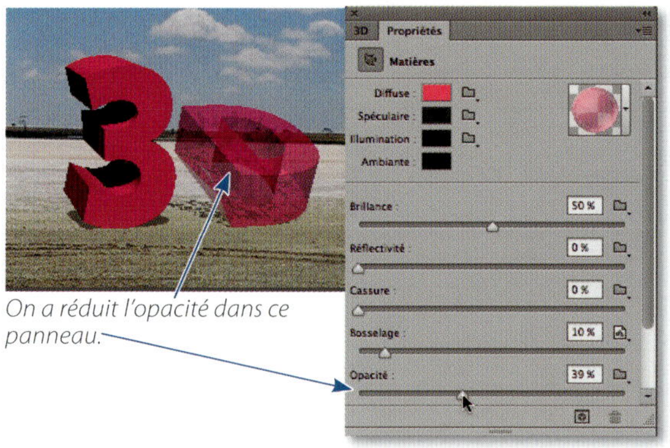

On a réduit l'opacité dans ce panneau.

Le fichier de texture

Par défaut, chaque matière n'a pas de fichier de texture d'opacité (sauf si, à partir du sélecteur de matières, vous avez affecté un échantillon qui en comporte un). Comme nous le verrons plus loin, celui-ci sera créé automatiquement si vous souhaitez dessiner avec le mode **Opacité**. Pour ajouter un fichier de texture d'opacité, cliquez sur l'icône située à droite de la rubrique **Opacité** et choisissez **Nouvelle texture** (ou, éventuellement, **Charger une texture** si vous en avez préparé une dans un fichier externe).

> **NOTE** *Si plusieurs matières sont sélectionnées, la fenêtre d'ouverture d'un nouveau fichier de texture apparaîtra plusieurs fois (autant de fois qu'il y a de textures sélectionnées). De préférence, choisissez une taille identique à celle du fichier 3D.*

> **Astuce** *Pensez à réorganiser les documents pour afficher côte à côte (menu **Fenêtre/Réorganiser** ou) l'objet 3D et le fichier de texture d'opacité. À chaque enregistrement de la texture, vous verrez le résultat sur l'objet 3D.*

Un seul fichier de texture peut être édité à la fois. L'opération se réalise par double-clic sur le nom de la texture dans le panneau **Calques** ou par le menu local de la rubrique **Opacité** dans le panneau **Propriétés** (en ayant sélectionné la matière voulue).

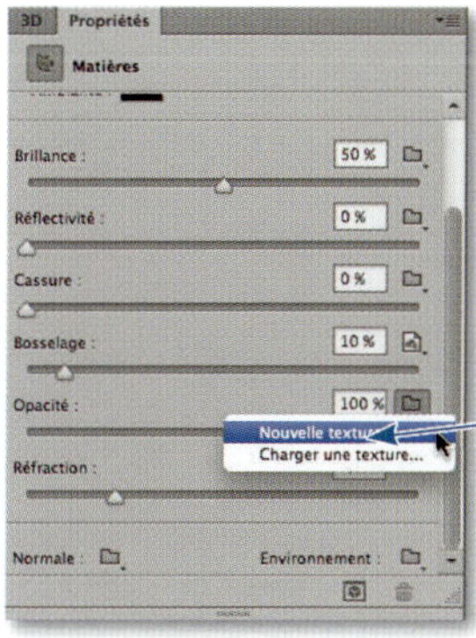

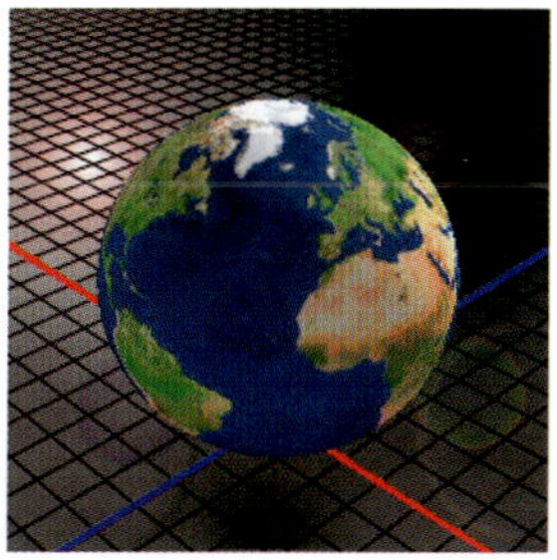

Pour ajouter le fichier de texture, on utilise ce menu local. Par la suite, il permettra d'éditer le fichier ajouté.

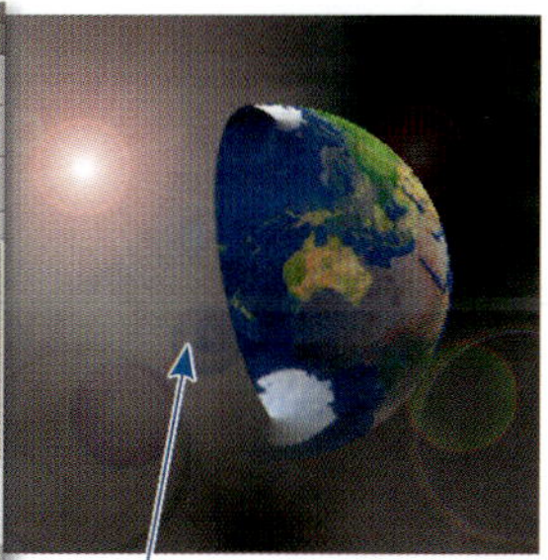

Par double-clic, on a édité le fichier de texture. Par la suite, un aperçu s'affichera en survol du nom de la texture.

Le fichier de texture d'opacité est un fichier comme les autres, cependant, gardez à l'esprit que les zones noires correspondront aux parties transparentes sur l'objet 3D, les zones blanches définissent les parties opaques, et les grises, les parties semi-transparentes.

Vous pouvez les dessiner avec les outils de dessin (**Pinceau**, **Crayon**...), placer des calques de réglage avec des masques de fusion, saisir des textes..., puis, éventuellement, réduire l'opacité de certains calques ajoutés ou leur affecter des masques de fusion.

Le dessin sur la texture d'opacité

Photoshop propose une solution intéressante qui consiste à peindre directement sur l'objet 3D (en noir pour une transparence à 100 %). Cependant, selon la configuration de sa texture, l'opération n'est pas toujours réalisable (parfois très délicate). Pour pallier ce problème, des réglages sont nécessaires :

- d'une part, vérifiez que l'option du sous-menu **Mode de peinture 3D** (menu **3D**) est réglée sur **Opacité** (par défaut, c'est l'option **Diffusion** qui est active) ;

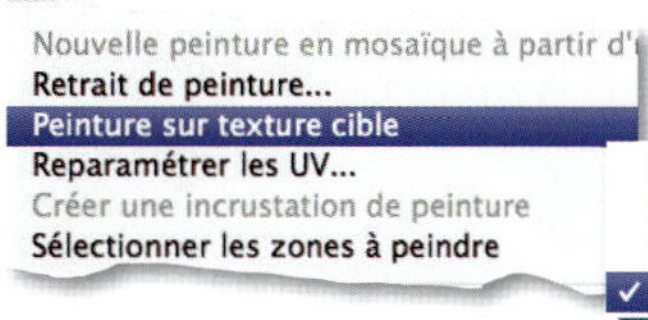

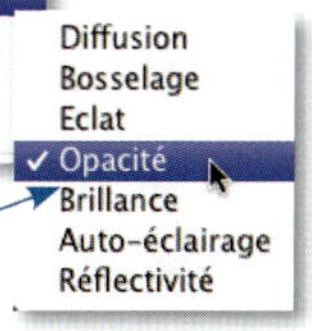

*On peut définir l'opacité en dessinant sur l'objet avec le mode **Opacité**.*

- d'autre part, le calque de la texture doit pouvoir recevoir la peinture et le noir doit être la couleur de premier plan.

Dès le premier coup de pinceau, un message d'erreur apparaît si le calque de texture n'est pas modifiable (il ne doit pas s'agir d'un calque dynamique, d'un texte, d'un calque 3D, ni de tout autre calque qui ne peut pas être édité directement au pinceau, au crayon...). En cliquant sur le bouton **Changer la cible de la texture**, Photoshop affiche le fichier du calque de texture : ajoutez un nouveau calque qui recevra la peinture (en opérant ainsi, il sera facile de le supprimer si le résultat ne convient pas).

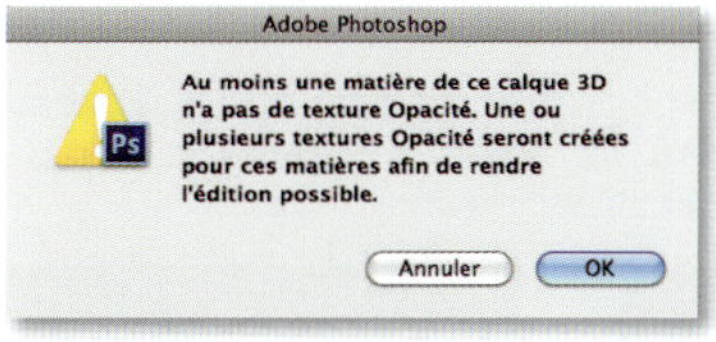

Quand on essaie de dessiner sur l'objet 3D, ce message peut apparaître.

Si l'objet 3D ne possède pas de textures d'opacité, à l'issue du premier coup de pinceau, Photoshop demandera l'autorisation de créer les fichiers de texture correspondant aux matières qui ont été survolées par le pinceau (elles pourront être renommées à la volée).

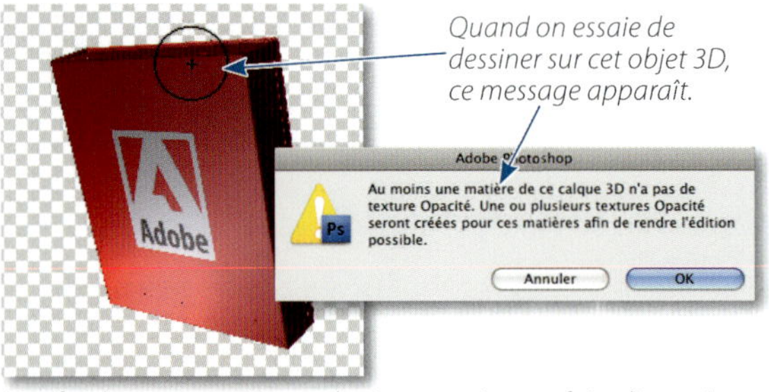

Quand on essaie de dessiner sur cet objet 3D, ce message apparaît.

Une fois la texture créée, on dessine en noir pour faire disparaître une partie de l'objet 3D. On pourra faire pivoter pour voir d'autres parties.

Par la suite, il est possible d'ouvrir le fichier de texture d'opacité (à partir du panneau **Calques**) pour affiner son aspect.

La texture Bosselage

Pour ajouter à un objet 3D une texture **Bosselage** définie par un fichier 2D, effectuez les opérations suivantes :

1. Dans le panneau **3D**, filtrez l'affichage par **Matières** en cliquant sur l'icône .
2. Sélectionnez l'une des matières du fichier 3D, puis à la rubrique **Bosselage**, augmentez la valeur de bosselage (nulle par défaut, elle rend le bosselage invisible). Cliquez sur l'icône pour choisir la commande **Nouvelle texture** : une fenêtre de création de document apparaît, elle indique les dimensions du fichier ; dans le menu **Paramètre prédéfini**, vous pouvez retrouver le nom du document actif pour utiliser ses dimensions.

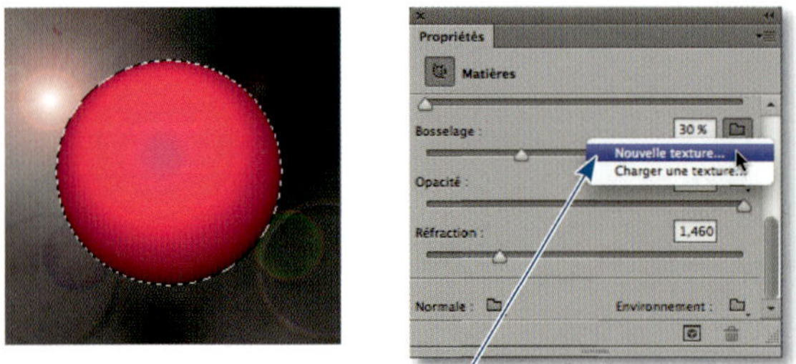

*On a sélectionné la texture et lancé cette commande dans le menu de la texture **Bosselage** dont la valeur a été augmentée.*

Astuce *Si vous souhaitez que le fichier prenne la taille exacte de l'objet 3D, réalisez une sélection de cet objet (par ⌘ [Ctrl] clic sur la vignette du calque), copiez cette sélection (⌘C [Ctrl C]) afin de pouvoir choisir l'option **Presse-papiers** dans le menu local **Paramètre prédéfini** de la fenêtre de la nouvelle texture.*

3. Dans la zone des textures du panneau **Calques** est apparue une rubrique **Bosselage**, qui comporte le calque correspondant au fichier précédemment créé. Double-cliquez sur ce calque pour l'éditer. Dans le fichier qui vient de s'ouvrir, en utilisant des niveaux de gris, dessinez l'allure que doit avoir le bosselage avec des zones sombres qui définiront les creux, des zones claires pour les bosses et du gris moyen pour les plats.
4. Enregistrez et fermez le fichier pour voir le résultat de ce bosselage sur l'objet 3D. Éventuellement, lancez un rendu () pour mieux voir l'effet.

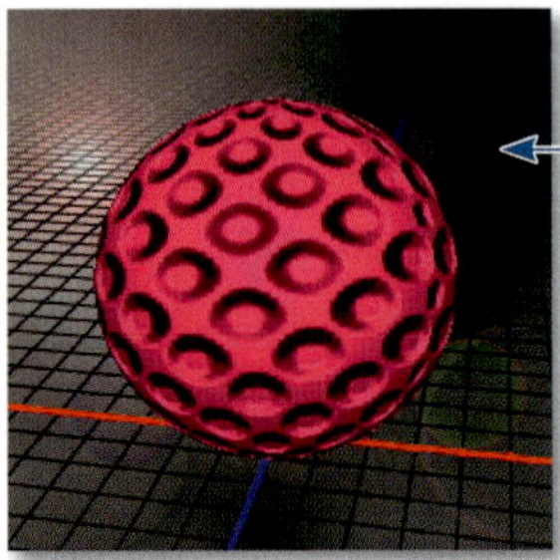

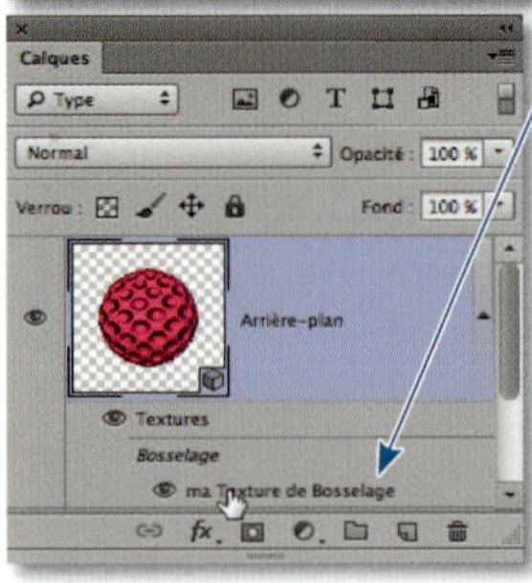

*Pour obtenir ce bosselage, on a créé un nouveau fichier de texture dont le fichier créé apparaît ici. On l'édite en le remplissant avec une image comme celle ci-dessous (obtenue avec un gris filtré par **Demi-teintes couleur/ Pixellisation**).*

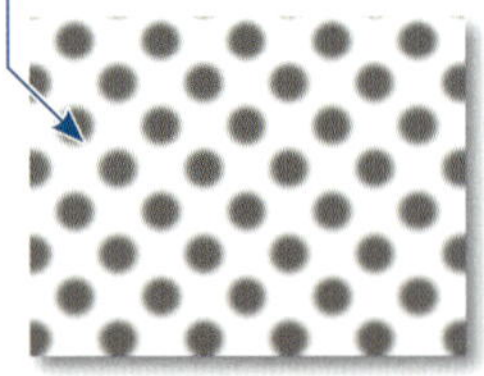

Astuce *Quand vous créez un fichier de bosselage, il est préférable de réduire fortement le contraste de l'ensemble du fichier. Pour cela, ajoutez un calque de réglage de type **Niveaux** et rapprocher les curseurs de sortie l'un de l'autre.*

Par la suite, il est possible de réduire ou d'intensifier le bosselage en saisissant une valeur dans la case **Bosselage**. De plus, si vous activez le mode **Bosselage** dans le menu **3D/ Peinture sur texture cible**, il est possible de dessiner directement sur la texture si son calque est modifiable (sinon un message l'indiquera et permettra d'ajouter un calque modifiable *via* le bouton **Changer la cible de la texture**).

Avec une matière sélectionnée, le panneau **Propriété** montre dans sa partie inférieure d'autres options de texture ou propriétés de matière : **Cassure**, **Brillance** ou **Réflectivité**. La plupart d'entre elles peuvent être réglées simplement en saisissant une valeur ou par glissement du curseur (✥) qui apparaît en plaçant la souris sur le nom de la propriété.

Les reflets avec les textures Environnement et Réflectivité

Le réglage de Réflectivité associé à celui d'environnement peut donner des effets très intéressants. Les mises au point peuvent s'avérer délicates. Les effets peuvent être combinés avec des effets d'opacité ou de bosselage comme dans l'exemple ci-dessous à gauche.

Avec les réglages d'environnement et de Réflectivité, on crée des effets de reflets intéressants.

La couleur de l'arrière-plan

La première étape consiste à donner à l'arrière-plan, c'est-à-dire à la texture **Diffusion**, des couleurs qui donneront les reflets voulus une fois la mise en place de l'environnement et de la réflectivité réalisée. Pour un reflet doré, choisissez une couleur jaune (très légèrement orangée) et pour un reflet chrome, un gris légèrement bleuté convient parfaitement.

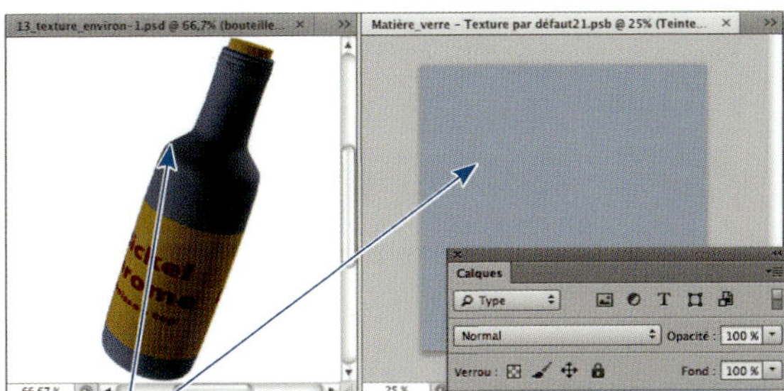
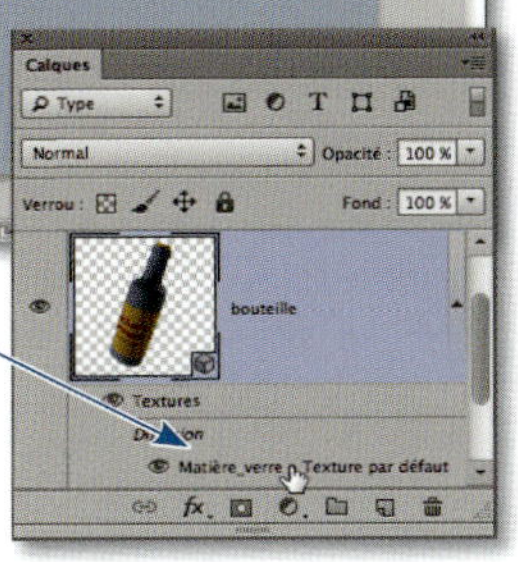

On a coloré la texture de diffusion de la partie où doit apparaître le reflet.

Si l'objet comporte plusieurs matières (comme pour la canette par exemple), il faudra attribuer les mêmes types de couleurs aux différentes parties.

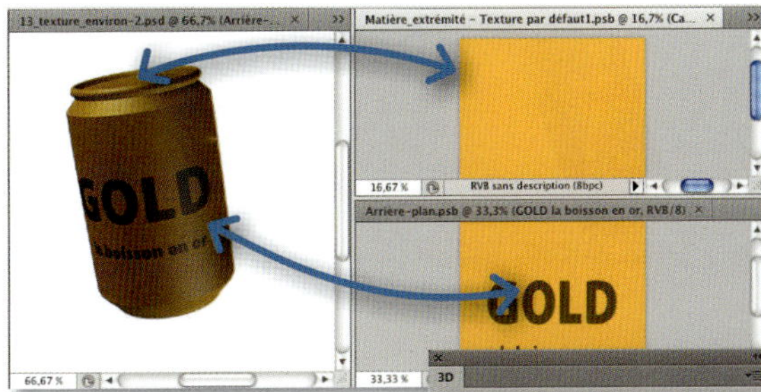
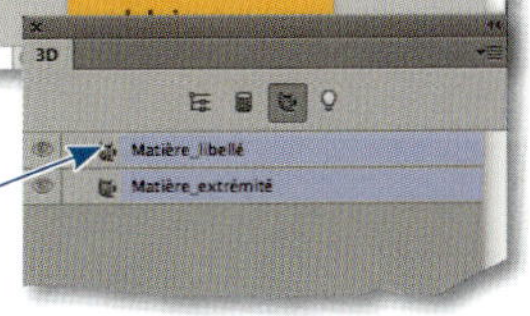

Ici, on a coloré les deux textures de diffusion des matières visibles dans ce panneau.

Le placement de l'environnement

Il s'agit d'un fichier qui correspond à un décor extérieur. Il doit présenter des zones claires pour obtenir des reflets. Selon les réglages, il peut apparaître à l'arrière-plan de l'objet 3D ; dans ce cas, il pourra être masqué en cliquant sur l'œil du calque correspondant dans le panneau **Calques**. Pour le mettre en place, activez l'option **Matières** dans le haut du panneau **3D**, puis la matière où doit apparaître le reflet. Dans la liste des rubriques, déroulez le menu local **Environnement** pour choisir **Charger une texture**. Sélectionnez le fichier voulu pour créer l'effet de reflet. Si le reflet doit apparaître sur plusieurs matières, recommencez l'opération en sélectionnant la seconde matière dans le haut du panneau **3D.**

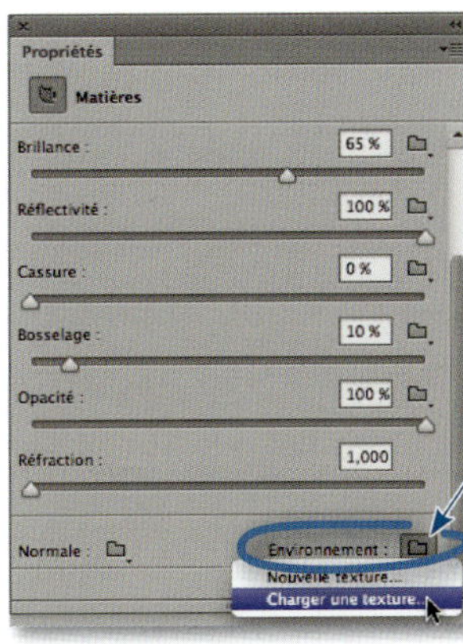

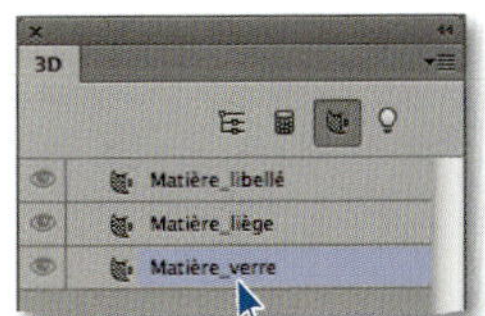

*On sélectionne ici la matière qui recevra la texture **Environnement**.*
Dans ce menu local, on charge le fichier correspondant au décor extérieur.

> **Attention** *Le reflet n'apparaît que si la valeur de **Réflectivité** n'est pas nulle (valeur par défaut) ou trop faible.*

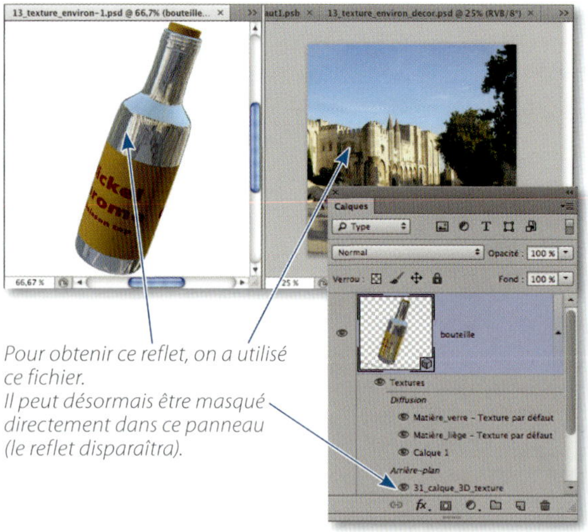

Pour obtenir ce reflet, on a utilisé ce fichier.
Il peut désormais être masqué directement dans ce panneau (le reflet disparaîtra).

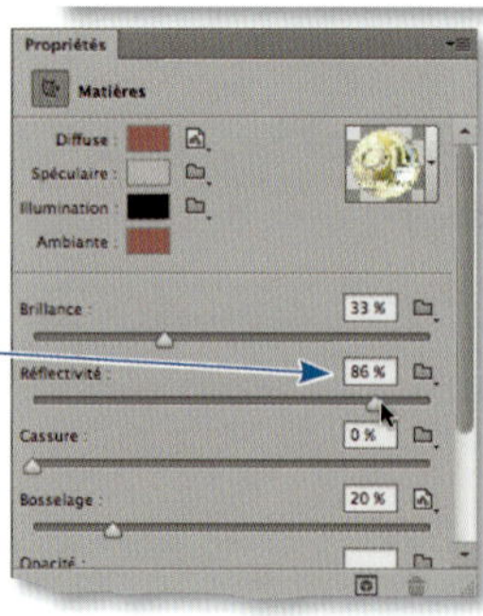

On a chargé le fichier d'environnement sur une seule matière.
À droite, il est en place sur la deuxième matière.
Pour atténuer le reflet, on peut réduire la ***Réflectivité*** *sur l'une des matières.*

On peut modifier la **Réflectivité** (également la **Cassure** et la **Brillance**) pour atténuer le reflet, lui ajouter une texture et y dessiner en noir (ou gris) les zones où le reflet ne doit pas être vu (ou atténué).

Si vous souhaitez repositionner le reflet, éditez le calque d'environnement : convertissez son contenu en calque dynamique et effectuez une transformation manuelle.

Les textures **Environnement** et **Réflectivité** peuvent être utilisées pour visualiser un vernis sélectif. Voici un exemple en détail.

1. À partir d'un ensemble de calques, on réalise une carte postale 3D.

À partir de cet ensemble de calques, on a réalisé cette carte postale 3D que l'on a pivotée.

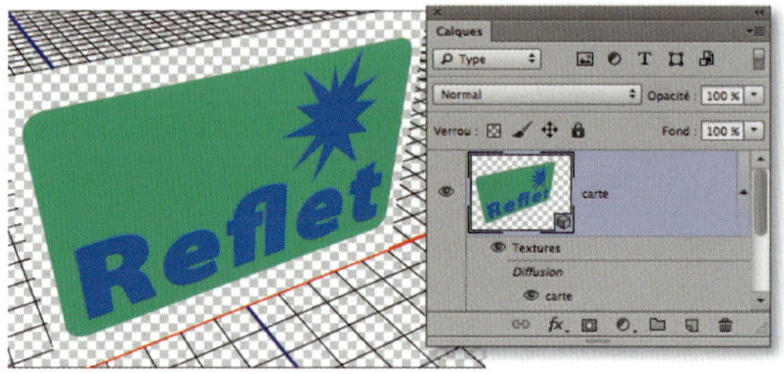

2. On souhaite créer un reflet qui n'apparaîtra que sur une partie de la matière (texte et picto). On charge une texture **Environnement** et on ouvre ce fichier pour le visualiser et le positionner sur la carte 3D (par transformation du calque converti en objet dynamique).

On positionne le fichier d'environnement en l'ayant ouvert puis transformé, une fois son calque converti en objet dynamique.

3. Pour ne visualiser le reflet que sur une partie de la carte, il faut associer à la propriété **Réflectivité** un fichier de texture. Ce fichier doit montrer en blanc (ou gris) sur fond noir la partie où doit se voir ce reflet. Un tel fichier peut s'obtenir à partir d'une copie du fichier de texture qu'utilise **Diffusion** (avec quelques modifications de couleur obtenues, par exemple, avec des effets de calques de type incrustation couleur).

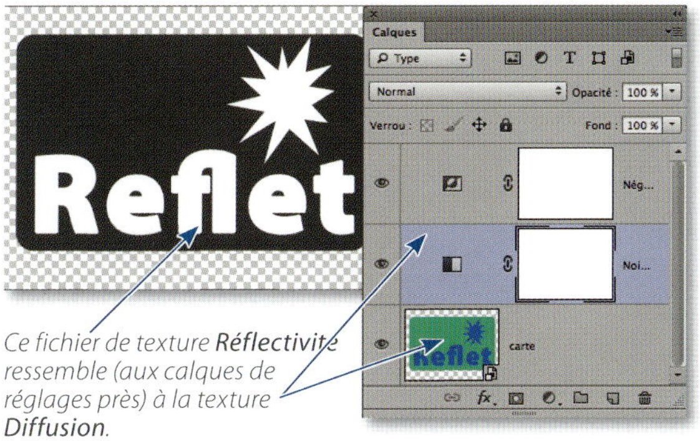

Ce fichier de texture ***Réflectivité*** *ressemble (aux calques de réglages près) à la texture* ***Diffusion****.*

4. Pour visualiser l'effet, il faudra parfois pivoter (puis redresser) la carte postale 3D (on pourrait envisager de faire une animation). On peut aussi ajouter un effet de relief, donc de bosselage, que l'on limitera sur la zone du reflet avec un fichier de texture **Bosselage** identique à celui de la Réflectivité.

Ci-contre, le reflet est localisé grâce au fichier de texture ***Réflectivité****. Ci-dessous on a créé une texture* ***Bosselage*** *pour ajouter du relief au reflet.*

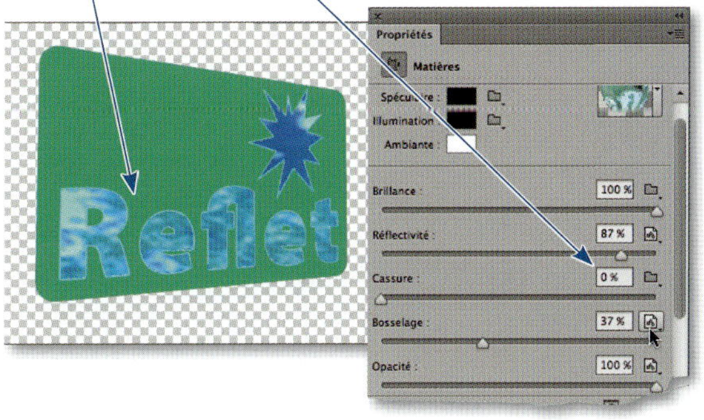

Les éclairages et les ombres

Les éclairages individuels

Les types d'éclairages

Par défaut, un objet 3D comporte un éclairage de type **infini**. On peut modifier cet éclairage ou lui en ajouter d'autres du même type ou d'un autre type (**Éclairage ponctuel** ou **Éclairage directionnel**). Tous ces éclairages sont listés dans le panneau **3D** et peuvent y être sélectionnés afin d'être manipulés et réglés à l'aide des options du panneau **Propriétés.**

Le document comporte un éclairage que l'on peut sélectionner ici dans ce panneau.

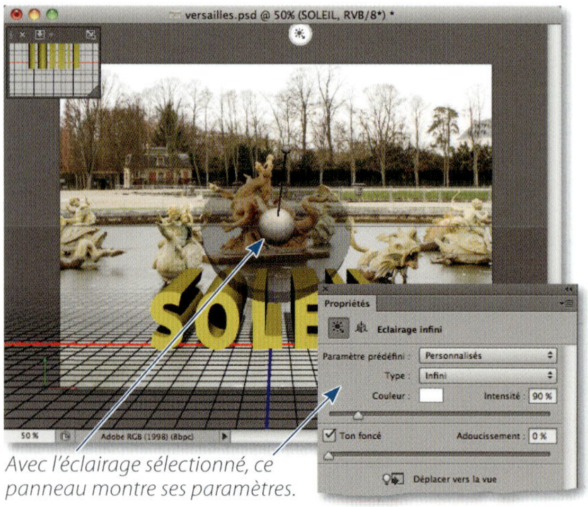

Avec l'éclairage sélectionné, ce panneau montre ses paramètres.

L'ajout d'un éclairage

Le menu du panneau **3D** ou l'icône située en bas permet d'ajouter un nouvel éclairage et d'en choisir le type. Il apparaît sélectionné dans la liste des éclairages et peut alors être modifié.

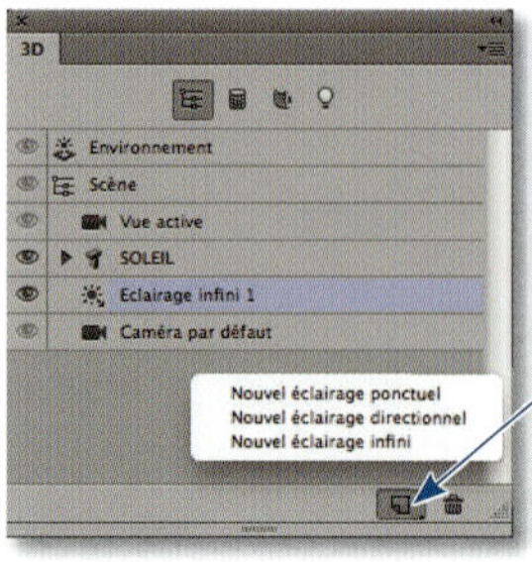

En cliquant ici, on peut ajouter un éclairage dont on choisit le type dans le menu local.

Pour supprimer un éclairage, sélectionnez-le dans la liste du panneau **3D** et cliquez sur le bouton en forme de corbeille au bas du panneau.

Voici une description rapide des trois types d'éclairage. À ceux-ci s'ajoute un éclairage ambiant, il est basé sur des images et projette une image illuminée autour de la scène 3D (*il est étudié plus loin*).

L'éclairage ponctuel : cet éclairage brille dans toutes les directions, à la manière d'une ampoule. Comme il est proche de l'objet, il provoque des ombres très larges.

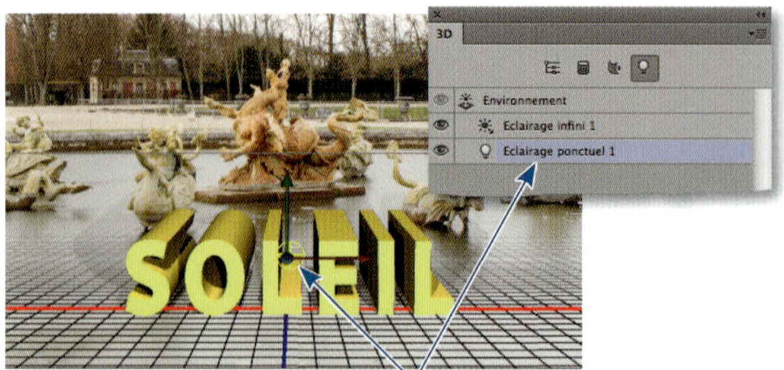

Ici, on a ajouté un ***éclairage ponctuel*** *dont les propriétés sont les mêmes que pour l'éclairage infini.*

L'éclairage infini : cet éclairage est au contraire très éloigné. Il brille à partir d'un plan directionnel unique, comme la lumière du soleil.

*Ici, on a ajouté un **éclairage infini** (selon les réglages des extras, une icône s'affiche également au-dessus de l'image).*

L'éclairage directionnel : il est également appelé spot ou projecteur. Il projette une lumière conique, que vous pouvez régler dans le panneau **Propriétés** ou directement sur l'image.

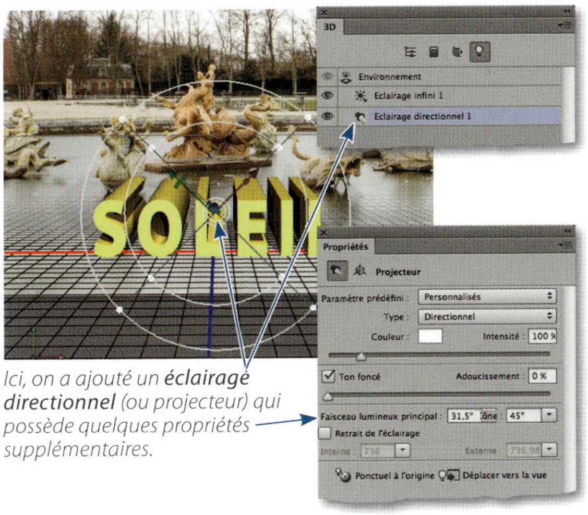

*Ici, on a ajouté un **éclairage directionnel** (ou projecteur) qui possède quelques propriétés supplémentaires.*

Le travail de l'éclairage

La sélection d'éclairage

Pour manipuler un éclairage, celui-ci doit être sélectionné. Cette opération se réalise de plusieurs façons : dans le panneau **3D** ou directement sur l'image ; naturellement, dans les deux cas le calque de l'objet 3D doit être sélectionné.

- **Sélection dans le panneau 3D** : affichez le panneau avec le filtre d'affichage **Éclairage**, vous pouvez alors sélectionner un ou plusieurs éclairages en cliquant sur leur nom (avec ⇧ ou ⌘[Ctrl]) afin de les traiter.
- **Sélection sur l'image** : si l'outil **Déplacement** est actif et l'éclairage de type **infini**, une icône est visible dans la zone grise entourant l'image, un clic dessus provoque la sélection de l'éclairage. Avec les autres types d'éclairage et selon la vue, une icône (pour le **directionnel** et pour le **ponctuel**) est parfois visible. S'il y a plusieurs icônes d'éclairage, celle sélectionnée s'entoure de blanc.

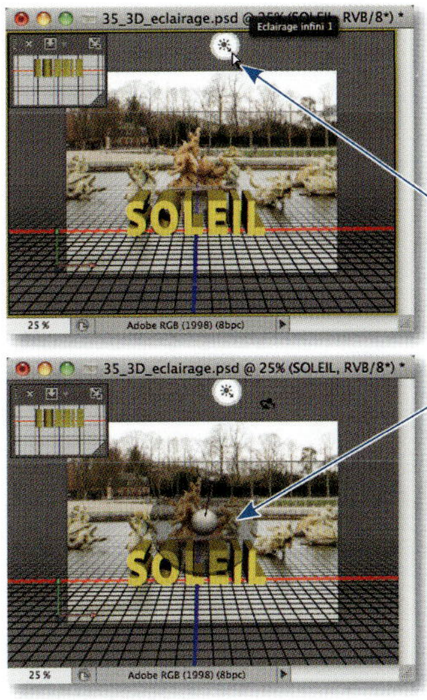

Une icône indique la présence d'un éclairage. Un clic dessus provoque la sélection de l'éclairage.

- **Sélection sur l'image à partir de l'ombre** : en enfonçant la touche ⇧ vous pouvez directement sélectionner l'éclairage en cliquant sur l'ombre. Selon l'outil actif, les manipulations de l'éclairage ou de son ombre seront directement réalisables (sans avoir à maintenir la touche ⇧ enfoncée).

En enfonçant ⇧, on peut glisser directement l'ombre (l'éclairage est déplacé en conséquence).

Le déplacement de l'éclairage et de l'ombre

Comme pour traiter les filets, vous disposez de quatre outils disponibles dans la **Barre d'options** de l'outil **Déplacement** qui vous permettront de glisser, rouler, pivoter… l'éclairage (passez d'un outil à l'autre en tapant ⇧V).

On a glissé l'éclairage, les ombres se modifient également.

Quand l'éclairage a été déplacé, il est possible de réinitialiser sa position en cliquant sur l'icône **Déplacer vers la vue** du bas du panneau **Propriétés**.

L'aspect de l'éclairage et de l'ombre

La couleur et l'intensité de la lumière peuvent être modifiées dans la partie haute du panneau **Propriétés**. Pour les projecteurs (éclairages directionnels), on pourra également modifier l'angle.

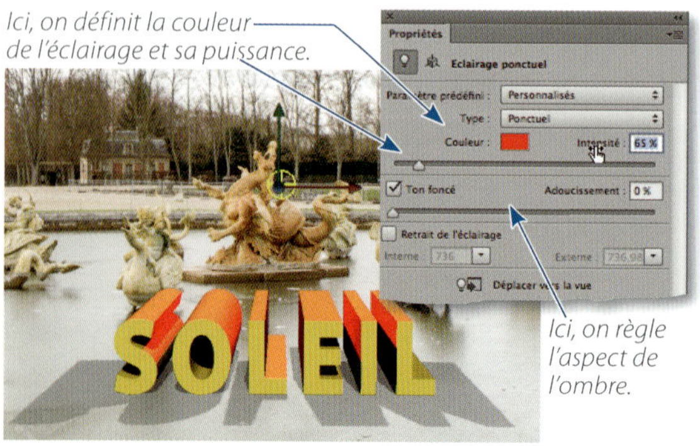

Ici, on définit la couleur de l'éclairage et sa puissance.

Ici, on règle l'aspect de l'ombre.

Dans la partie centrale, des options permettent de gérer l'ombre : elle peut être supprimée en décochant **Ton foncé**, ou estompée sur ses bords avec le curseur **Adoucissement**. Dans ce cas, l'effet sera plus visible en réalisant (éventuellement sur une partie sélectionnée) un rendu à l'aide de l'icône du bas du panneau.

Ombre supprimée et ombre adoucie.

Pour les éclairages directionnels, les options supplémentaires **Faisceau lumineux principal** et **Retrait de l'éclairage** permettent de définir l'aspect du cône lumineux et la largeur externe de l'éclairage.

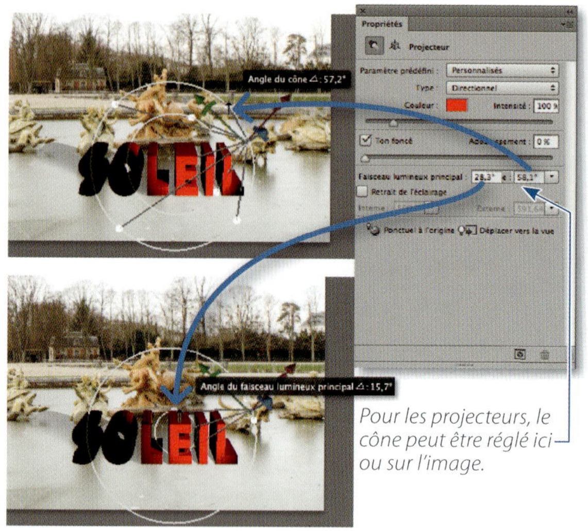

Pour les projecteurs, le cône peut être réglé ici ou sur l'image.

Les options **Interne** et **Externe** (actives avec le retrait) déterminent l'atténuation de l'intensité lumineuse en fonction de la position de l'objet : l'intensité est à son maximum si l'objet se trouve à une distance inférieure à la limite interne ; elle est nulle si objet se trouve au-delà de la limite externe.

Les éclairages prédéfinis

Photoshop est fourni avec une série d'éclairages que vous pouvez utiliser à volonté, voire personnaliser, puis mémoriser pour les réutiliser. Pour obtenir ces éclairages, filtrez l'affichage du panneau **3D** avec le bouton **Éclairage** (ou sélectionnez un éclairage de l'objet 3D), puis cliquez sur le menu local **Paramètre prédéfini** du panneau **Propriétés** pour afficher la liste des éclairages disponibles. Pour mémoriser votre éclairage personnalisé, utilisez la commande **Enregistrer** disponible dans la liste **Paramètre prédéfini**.

La liste des éclairages prédéfinis et les commandes pour les gérer.

Ci-dessous, on a appliqué le paramètre prédéfini ***Éclairage rouge*** *qui comporte trois éclairages de type* ***Infini****.*

L'éclairage ambiant

LES RÉGLAGES DE BASE

L'éclairage ambiant peut subir les mêmes réglages que les éclairages individuels. Pour les réaliser, vous devez sélectionner **Environnement** dans le panneau **3D**, le panneau **Propriétés** affichera alors les options disponibles, telles que la couleur, l'intensité...

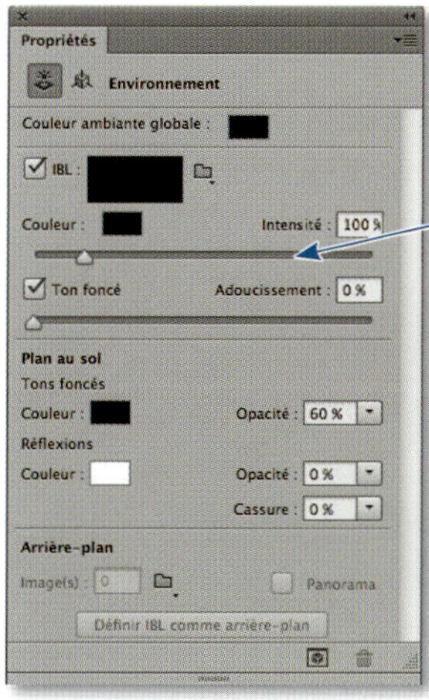

*Les propriétés de l'**Environnement** comportent des réglages identiques à ceux des éclairages.*

L'ÉCLAIRAGE CRÉÉ À PARTIR D'UNE IMAGE

Photoshop propose un type d'éclairage particulier, il s'agit de l'éclairage à partir d'une image. Cet éclairage s'applique à l'ensemble de la scène. Il est particulièrement intéressant si la Réflectivité de certaines matières est augmentée, de plus, un effet de reflet peut également être ajouté.

Avec une lumière basée sur une image (IBL) et un reflet, on peut créer des effets intéressants.

La mise en place de ce type d'éclairage se réalise en plusieurs étapes, d'une part, au niveau **Environnement** et, d'autre part, au niveau des **Matières** (chaque élément sera sélectionné dans le panneau **3D**).

Le réglage de l'Environnement

Un fois l'**Environnement** sélectionné dans le panneau **3D**, le panneau **Propriétés** montre les options et notamment la rubrique **IBL** (*Image Based Lights*) qui comporte une icône ▭ dont le menu local permet de charger un fichier de texture (ici, le fichier en question est constitué d'une copie du calque à l'arrière-plan de l'objet 3D).

Pour ajouter un éclairage basé sur une image, on sélectionne cet élément et on charge la texture de l'éclairage dans ce menu.

Une fois la texture chargée, si l'outil **Déplacement** est actif, l'image couvre l'écran ; elle peut être déplacée pour repositionner le reflet sur l'objet 3D. Dans le panneau **Calques**, il apparaît un calque de texture.

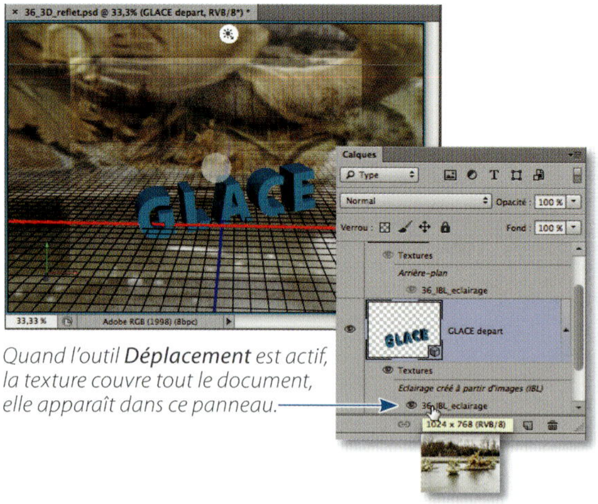

*Quand l'outil **Déplacement** est actif, la texture couvre tout le document, elle apparaît dans ce panneau.*

Après cette mise en place, il convient d'effectuer certains réglages pour que l'effet apparaisse correctement. Commencez par augmenter l'intensité de l'éclairage éventuellement, masquez les autres éclairages présents (ou réduisez leur intensité). Comme pour la texture **Environnement** appliquée sur une matière, l'éclairage créé à partir d'une image nécessite une réflectivité non nulle. Vous devez donc effectuer quelques réglages des matières.

Le réglage des matières

Dans le panneau **3D**, sélectionnez toutes les matières de l'objet 3D, puis dans le panneau **Propriétés**, augmentez la valeur de l'option **Réflectivité** pour faire apparaître le reflet (éventuellement, modifiez légèrement la valeur de **Cassure** pour obtenir un léger flou).

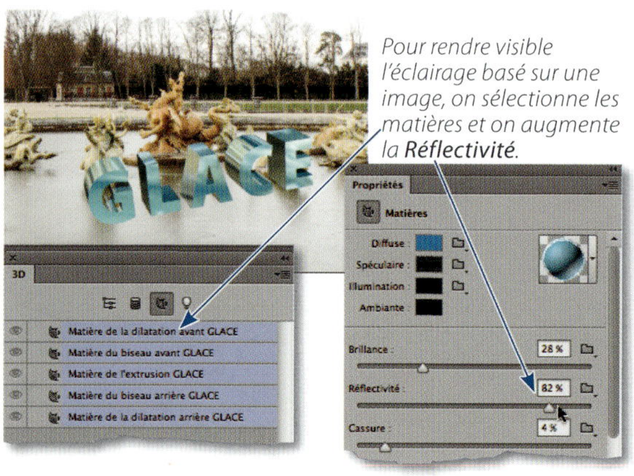

*Pour rendre visible l'éclairage basé sur une image, on sélectionne les matières et on augmente la **Réflectivité**.*

Si vous sélectionnez à nouveau **Environnement** dans le panneau **3D**, vous pourrez ajuster la position du reflet (de l'image de texture) avec l'outil **Déplacement** (qui s'est converti en outil 3D).

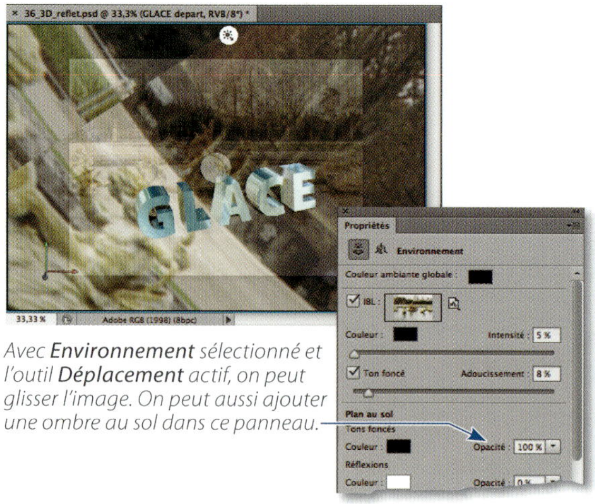

*Avec **Environnement** sélectionné et l'outil **Déplacement** actif, on peut glisser l'image. On peut aussi ajouter une ombre au sol dans ce panneau.*

Pour créer des effets particuliers, vous pouvez réduire l'opacité des différentes matières.

Un exemple d'effet avec les matières semi-transparentes (et un biseau léger).

Les réflexions sur le sol

La rubrique **Plan au sol** du panneau **Propriétés** (avec **Environnement** sélectionné), propose une option **Réflexions**, en agissant sur les champs **Couleur** et **Opacité**, il est possible d'obtenir une réflexion de l'objet 3D.

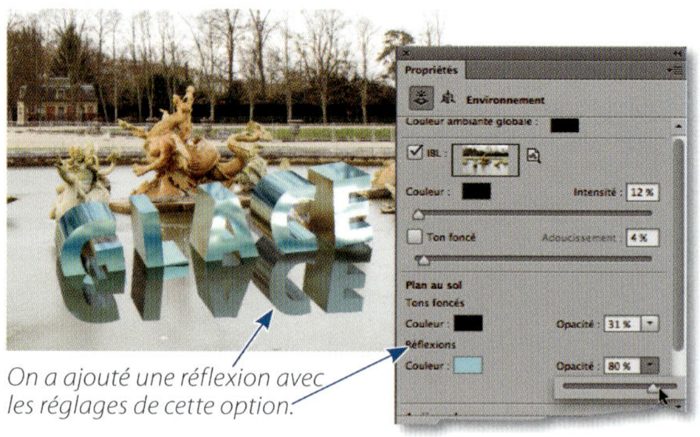

On a ajouté une réflexion avec les réglages de cette option.

Les paramètres de rendu de la scène 3D

Les paramètres prédéfinis

Ces paramètres, qui se règlent par calque, déterminent la façon dont les objets 3D sont affichés. Photoshop propose des paramètres de rendu prédéfinis dont la liste devient accessible dans le panneau **Propriétés** quand l'élément **Scène** est sélectionné dans le panneau **3D**. Vous pouvez les personnaliser puis, éventuellement, les enregistrer comme paramètres prédéfinis.

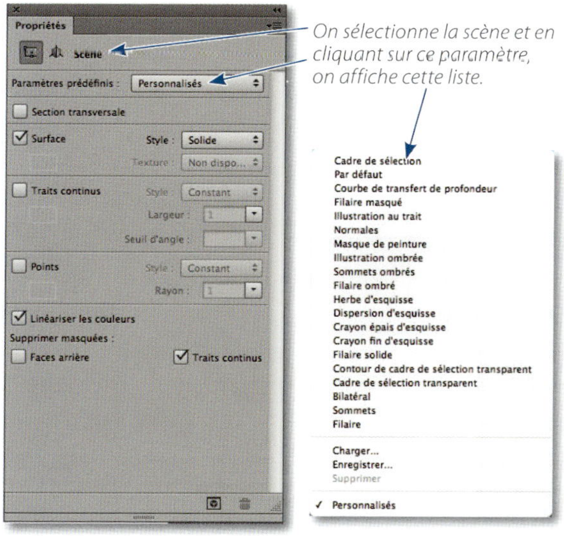

On sélectionne la scène et en cliquant sur ce paramètre, on affiche cette liste.

Parmi les paramètres les plus importants, on peut signaler : **Par défaut**, **Filaire** et **Filaire solide**.

- **Par défaut** : correspond au rendu standard, affiche les surfaces visibles des modèles (sans ombre ni reflet).
- **Filaire** : laisse apparaître la structure sous-jacente.
- **Filaire solide** : combine les rendus **Solide** et **Filaire**.

Les aspects du calque 3D avec les différents paramètres de rendu prédéfinis.

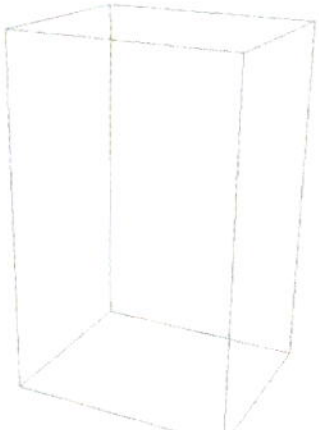

Cadre de sélection.

Courbe de transfert.

Filaire masqué.

Illustration au trait.

Normales.

Masque de peinture.

Lancer de rayon.

Illustration ombrée.

Sommets ombrés.

Filaire solide.

Par défaut.

Contour de cadre de sélection transparent.

Cadre de sélection transparent.

Bilatéral.

Sommets.

Filaire.

Il est possible de modifier les paramètres d'un rendu 3D et de les mémoriser. Les opérations se réalisent dans le menu local de **Paramètres prédéfinis**.

Il est possible de créer des effets particuliers en superposant deux calques avec des rendus différents, et en utilisant les options de découpe de la rubrique **Section transversale** (située en bas du panneau **3D**) pour ne montrer qu'une partie de chaque calque.

Lorsque vous avez fini le travail du fichier 3D, dans le panneau **Propriétés**, cliquez sur l'icône de **Rendu** pour mieux voir le résultat. Vous pouvez arrêter ce rendu en faisant une manipulation quelconque avec un outil 3D ou en tapant Espace.

L'exportation et l'enregistrement

Pour conserver la position, l'éclairage, le mode de rendu et les sections transversales d'un objet 3D, enregistrez les fichiers contenant les calques 3D au format PSD, PSB, TIFF ou PDF. Vous pouvez également exporter un calque 3D comme fichier dans un format de fichier 3D disponible (Collada DAE, Wavefront/**OBJ**, U3D et Google Earth 4 KMZ).

5 - Les calques de texte

Le texte sur une photo

Le travail avec un texte

Le texte et la résolution

Dans Photoshop, les textes sont définis de façon vectorielle. Il est ainsi possible de créer du texte avec des contours nets, indépendants de la résolution. Cela permet également d'effectuer facilement des transformations ou des déformations. Cette définition vectorielle est conservée lors de l'enregistrement du fichier au format PDF ou EPS, ou de son impression sur une imprimante PostScript.

Les types de textes et leurs attributs

Photoshop propose quatre catégories de texte : le texte libre appelé **texte de point**, le bloc de texte appelé **texte de paragraphe**, le **texte curviligne** lié à un tracé sur lequel se placent les caractères, et le **texte captif**, situé à l'intérieur d'un tracé. La coloration et les fonctions typographiques sont applicables à la totalité ou à une partie des caractères.

Texte de point et texte de paragraphe.

Les orientations du texte

Le texte peut être saisi horizontalement ou verticalement. Quelle que soit l'option choisie, une fois le calque de texte activé, vous pouvez passer d'une orientation à l'autre par le sous-menu **Texte** du menu **Calque**.

Texte curviligne et texte captif.

Le texte libre (texte de point)

Le texte libre, ou texte de point, permet de saisir un mot, une ou plusieurs lignes de caractères (séparées par un retour à la ligne), chacune étant indépendante de l'autre.

Pour créer un texte, activez l'outil **Texte** (**T** pour le texte horizontal ou **IT** pour le vertical). Réglez la typographie dans la **Barre d'options** : police, corps, etc., et cliquez sur l'image pour faire apparaître le point d'insertion de texte : effectuez la saisie — tapez ↵ (Retour [↵] au clavier alphanumérique du PC) pour démarrer une nouvelle ligne.

Pour déplacer le texte sur l'image, glissez la souris hors du texte. Pour indiquer à Photoshop que la saisie est terminée, tapez ↵ au clavier numérique (ou ⌘ ↵ sur un MacBook). Vous pouvez également cliquer sur la vignette du calque de texte (ou d'un autre calque).

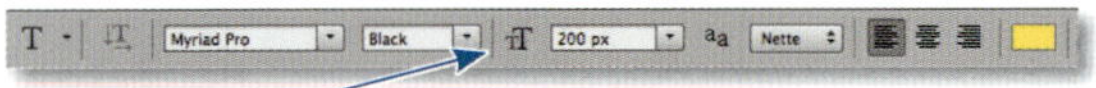

On règle le texte ici, puis on clique sur l'écran.

On saisit le texte. On le déplace en glissant en dehors de la saisie.

ASTUCE *Si vous enfoncez ⌘ [Ctrl], un cadre de transformation s'affiche autour du texte; vous pouvez le déplacer ou agir sur ses poignées (mise à l'échelle, inclinaison...).*

Le texte dans un bloc ou un paragraphe

Le texte de paragraphe permet de saisir et de mettre en forme un texte de plusieurs paragraphes. Les lignes ne sont pas indépendantes, le texte est composé dans le bloc et un changement de quelques mots entraîne la recomposition.

L'obtention du texte

Pour créer un texte, activez l'outil **Texte** et glissez-le pour tracer un cadre de texte (bloc). Il s'obtient également par ⌥clic [Alt clic] sur l'image : la fenêtre **Taille du texte de paragraphe** s'affiche. Saisissez les valeurs voulues dans les cases **Hauteur** et **Largeur**. Une fois le cadre affiché, réglez la typographie dans la **Barre d'options** et saisissez le texte.

ASTUCE *Une fois le tracé du cadre amorcé, si vous enfoncez la touche Espace, vous pouvez déplacer le cadre : avec ⌥[Alt], il se centre, et avec ⇧, il devient carré.*

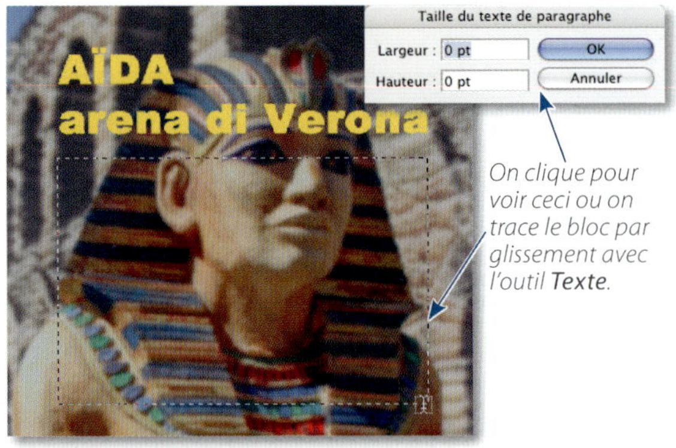

On clique pour voir ceci ou on trace le bloc par glissement avec l'outil Texte.

Lors de la saisie du texte, les lignes sont systématiquement ajustées aux dimensions du cadre du bloc, les passages à la ligne sont automatiques. Vous pouvez saisir plusieurs paragraphes en insérant des retours chariot avec la touche ↵ (Retour [↵] au clavier alphanumérique du PC), ou encore coller un texte.

On a collé un texte. On peut redimensionner le bloc.

Pendant ou après la saisie, si vous redimensionnez le bloc de texte, la composition se modifie dans le cadre. Vous pouvez le faire pivoter, le mettre à l'échelle et l'incliner en agissant sur les poignées du bloc. Cependant, vous devez indiquer à Photoshop que le traitement du texte est terminé en tapant ⌘↵ [Ctrl ↵] : le cadre du bloc de texte disparaît.

Les conversions entre les textes

Une fois le calque de texte actif, la conversion s'effectue par le sous-menu **Texte** du menu **Calque**. Lors de la conversion de texte de paragraphe en texte de point, un retour chariot est ajouté à la fin de chaque ligne (sauf la dernière).

Lors de la conversion inverse, vous devrez supprimer les retours chariot en fin de chaque ligne pour qu'elles se recomposent automatiquement dans le bloc.

> **NOTE** *La dernière commande du menu **Texte, Coller Lorem Ipsum**, permet d'insérer un faux texte dans le bloc sélectionné.*

Le texte le long d'un tracé

LES CARACTÉRISTIQUES

Le texte le long d'un tracé est dit **curviligne**. Il nécessite un tracé : la base de chaque lettre est tangente à ce tracé (ou perpendiculaire dans le cas d'un texte vertical). Toute modification du tracé (avec l'outil **Flèche blanche**, par exemple) entraîne la recomposition du texte.

L'OBTENTION DU TEXTE CURVILIGNE

Le texte sur un tracé ouvert

Dessinez un tracé de travail avec l'outil **Plume** ou **Forme vectorielle**, activez l'outil **Texte** et cliquez sur ce tracé avec l'outil devenu ⌶. Photoshop en crée aussitôt une copie pour y placer le texte, c'est le **tracé de texte**. Un calque de texte apparaît également (au-dessus du calque de forme si vous aviez créé un tracé de ce type). Sur ce tracé de texte apparaissent deux marques d'alignement : une croix à l'endroit cliqué pour marquer le début du texte ; un rond à l'extrémité du tracé pour indiquer la fin du texte. Saisissez le texte. Il ne pourra s'étaler qu'entre ces deux marques. Avec un texte centré, il y a une troisième marque : un losange situé au centre du segment défini par la croix et le rond.

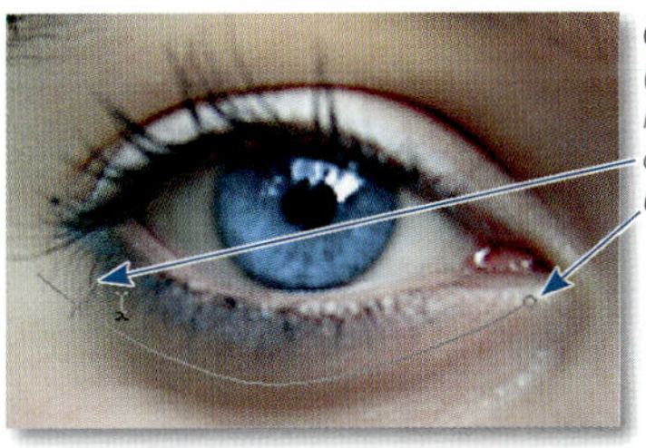

*On clique sur le tracé (ici, fait à la plume) avec l'outil **Texte** : on voit une croix (début du texte) et un rond (fin du texte).*

On peut saisir le texte entre ces deux marques. Une copie du tracé est créée pour le texte.

Si le texte est trop long par rapport au tracé, un petit signe + remplira le rond situé en fin du tracé ; sélectionnez le texte en tapant ⌘A [Ctrl A] et réduisez son encombrement, par exemple, en glissant la souris sur l'icône T devant la case **Corps** de la **Barre d'options**. Quand le texte est réapparu, validez en tapant ↵.

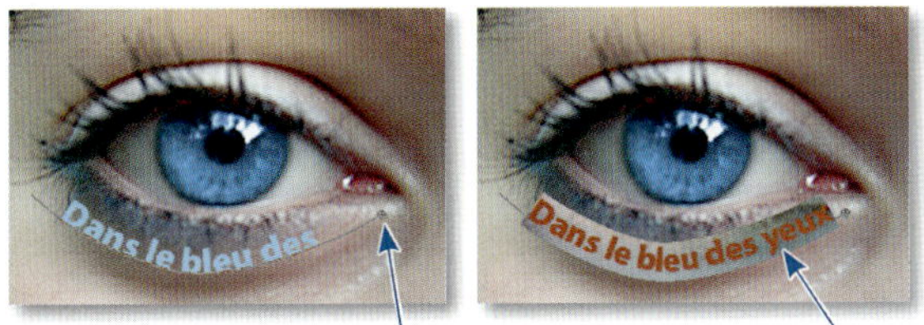

Si la saisie est trop longue, un + apparaît : on sélectionne tout et on réduit l'encombrement du texte (corps, approche...).

Le texte sur un tracé fermé

Dessinez un tracé de travail avec l'outil **Plume** ou l'un des outils **Forme vectorielle**. Placez l'outil **Texte** (horizontal ou vertical) sur le tracé (il devient ⌶) et cliquez dessus. Sur le tracé de texte fermé, la croix et le rond sont superposés. Ils apparaissent là où vous avez cliqué (le curseur y clignote).

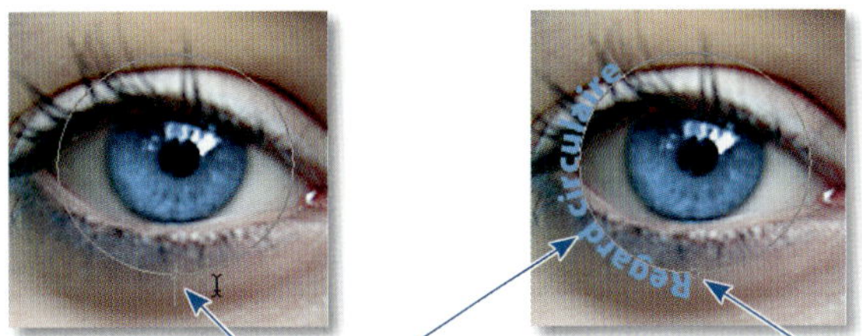

On clique sur le tracé et on saisit le texte. On voit la croix et le rond.

Si vous avez défini un alignement centré, le losange de centrage apparaît en face du rond et le curseur y clignote. Vous pouvez saisir le texte, il part de l'ensemble croix-carré (alignement à gauche) ou du losange (alignement centré).

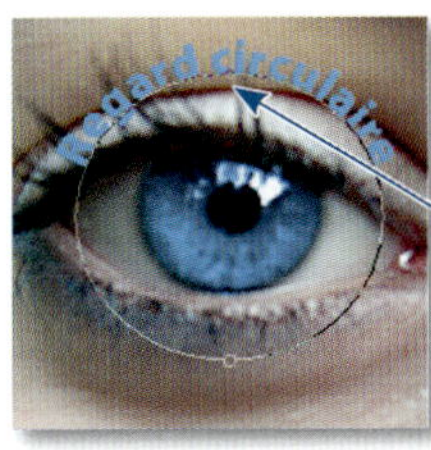

Le losange de centrage.

Le déplacement du texte

Le texte peut être déplacé en faisant glisser les marques d'alignement : la croix (début du texte), le carré (fin du texte) ou le losange (texte centré). Pour réaliser ce glissement, placez le point d'insertion dans le texte en cliquant dessus avec l'outil **Texte** (il doit avoir l'aspect I et non pas ⌶ qui correspond à une création). Enfoncez ⌘[Ctrl] et placez le curseur sur le point d'insertion.

Quand il change d'aspect (⌶ sur la croix, ⌶ sur le rond, ⌶ sur le losange ou un texte centré), vous pouvez le faire glisser pour déplacer le texte — des traits verticaux apparaissent sur les marques d'alignement.

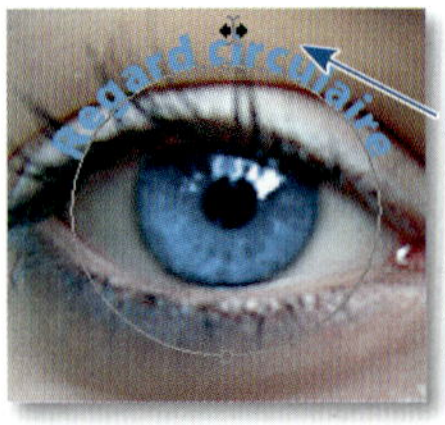

Avec ⌘[Ctrl], on fait glisser le texte. On peut le placer à l'intérieur du tracé.

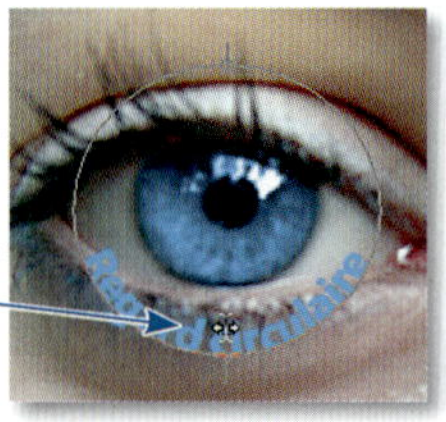

Astuce *Lors du glissement, le curseur change de couleur dès qu'il est aligné avec un point du tracé. De plus, il y a retournement du texte si le curseur traverse le tracé.*

Nous verrons plus loin que les déplacements des marques d'alignement (croix et rond) permettent également, avec un texte justifié, de définir la longueur de la justification du texte.

Le texte à l'intérieur d'un tracé (texte captif)

Les caractéristiques

Ce type de texte possède des caractéristiques voisines de celles du texte de paragraphe. Sa justification est délimitée par la présence d'un tracé qui définit la forme du pavé de texte. Toute modification du tracé (glissement de points avec l'outil **Flèche blanche** ou **Transformation manuelle**) entraîne la recomposition du texte.

L'obtention du texte captif

Dessinez un tracé de travail avec l'outil **Plume** ou **Forme vectorielle**. Activez l'outil **Texte** (horizontal ou vertical), cliquez à l'intérieur du tracé avec l'outil devenu ⌶ : le tracé est copié et un calque de texte apparaît.

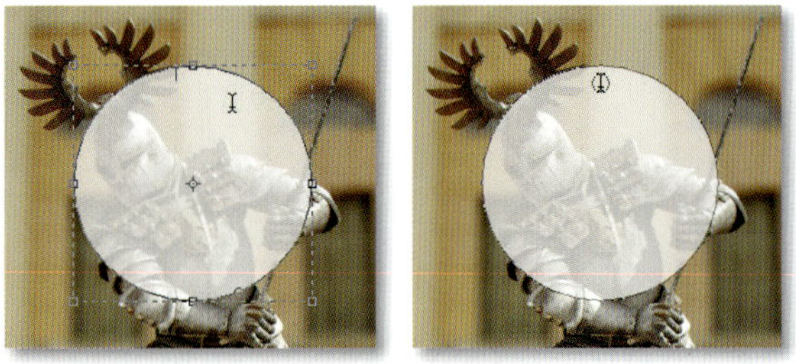

On affiche un calque de forme et on clique dessus avec l'outil **Texte**.

Vous pouvez saisir le texte ou le coller. Si vous avez cliqué dans un calque de forme, Photoshop crée une copie du tracé et ajoute un calque de texte (*voir ci-dessous*). Si le texte est trop long par rapport au tracé, un signe + remplira le rond situé en bas à droite du tracé.

On colle le texte, le trop-plein est indiqué par ce signe +.

Note *Comme pour les blocs de texte, la dernière commande du menu* ***Texte, Coller Lorem Ipsum****, permet d'insérer un faux texte dans le bloc sélectionné.*

Pour le voir complètement, sélectionnez le texte en tapant ⌘A [Ctrl A] et réduisez son encombrement (par réduction du corps dans la **Barre d'options**, de l'approche ou de l'interligne dans le panneau **Caractère**, ou par changement de l'alignement…). Quand le texte est réapparu, validez en tapant ↵.

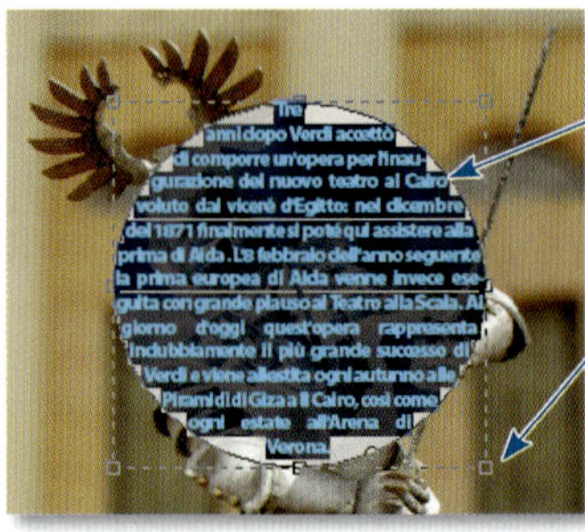

On a sélectionné le texte et on a changé sa typographie pour qu'il rentre dans le tracé (le signe + disparaît).

Au lieu de modifier l'encombrement du texte, c'est celui du tracé qui peut être ajusté. Pour cela, affichez le panneau **Tracés**, cliquez sur la vignette du tracé de texte pour l'afficher et utilisez la transformation manuelle (menu **Édition** ou ⌘T [Ctrl T]).

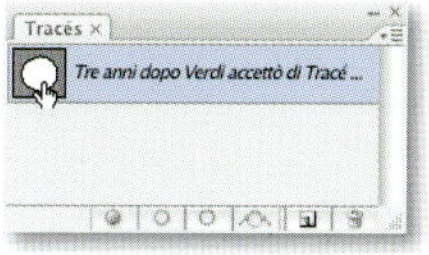

On affiche le tracé.

Quand le cadre de transformation apparaît, enfoncez ⇧⌥[⇧Alt] (pour obtenir le centrage et l'homothétie) et agrandissez le cadre. Il faut valider pour voir le texte se recomposer dans le tracé transformé. Si ce n'est pas correct, recommencez l'opération.

Ici, c'est la taille du tracé que l'on augmente. Le texte a ainsi plus de place.

Astuce *Le calque de forme peut être utilisé (une fois agrandi) pour constituer un fond coloré sous le texte captif.*

Ici, on a également agrandi, par transformation manuelle, la réserve blanche sous le texte.

La typographie

La sélection de texte

Une fois la saisie réalisée, pour modifier les attributs typographiques d'une partie d'un texte, vous devez en faire la sélection (le texte sélectionné apparaît en inversion vidéo). Pour cela, vous pouvez, avec n'importe quel outil actif, effectuer un double-clic sur la vignette du calque de texte dans le panneau **Calques** : l'outil **Texte** s'active et le texte est sélectionné en entier (surbrillance).

On a sélectionné tout le texte par double-clic sur le calque.

Astuce *Si les changements typographiques doivent s'appliquer à la totalité du texte, activez le calque du texte en cliquant (à nouveau) sur sa vignette (rien ne montre la sélection).*

Pour sélectionner une partie du texte, une fois le calque de texte activé dans le panneau **Calques**, vous pouvez :

1. Activer l'outil **Texte** et cliquer dans le texte avec le curseur.

Attention *Le curseur texte doit avoir l'aspect* I *et non pas* ⌶ *qui correspondrait à la création d'un nouveau texte.*

2. Utiliser les touches fléchées et ⇧ (*voir le tableau ci-après*) ou effectuer des ratissages. La sélection se réalise aussi par clics successifs : 2 pour un mot, 3 pour une ligne, 4 pour un paragraphe et pour la totalité ⌘A [Ctrl A].

Touches utilisées	Sélection obtenue
⇧ + → (ou ←)	Un caractère à droite (ou à gauche)
⇧ + → (ou ←) + ⌘ [Ctrl]	Un mot à droite (ou à gauche)
⇧ + ↘ (ou ↖) (touche fin et début)	Jusqu'à la fin (ou au début) de la ligne
⇧ + ↑ (ou ↓)	Une ligne au-dessus (ou en dessous)
⇧ + ↑ (ou ↓) + ⌘ [Ctrl]	Jusqu'au début du paragraphe précédent (ou suivant)
⇧ + ↘ (ou ↖) + ⌘ [Ctrl]	Jusqu'à la fin (ou au début) du texte

Astuce *Quand vous réalisez une saisie, choisissez d'abord tous les attributs puis tapez le texte. Celui-ci apparaît avec l'aspect souhaité sans avoir à le sélectionner.*

Le réglage des attributs typographiques

Photoshop propose de nombreux attributs de mise en forme typographique (les mêmes que ceux d'InDesign ou d'Illustrator). Ils se séparent en deux catégories : les attributs de caractères et les attributs de paragraphes. Les plus courants d'entre eux pourront être appliqués par l'intermédiaire de la **Barre d'options**. Quant aux autres, ils seront accessibles depuis les panneaux **Caractère** (il s'affiche en tapant ⌘T [Ctrl T] ou par clic sur l'icône de la **Barre d'options**) ou **Paragraphe**. Certains seront même proposés dans un menu contextuel.

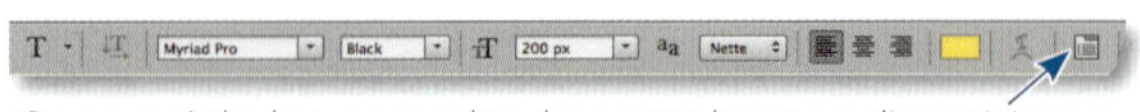

On peut régler la typographie dans cette barre ou cliquer ici pour afficher ces panneaux.

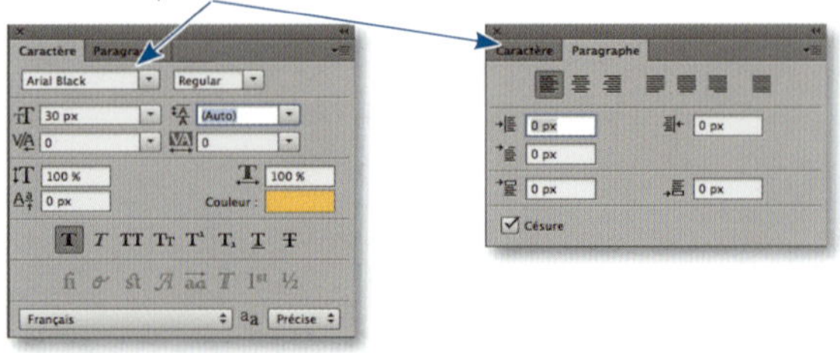

La mise en forme des caractères

Que le texte soit saisi dans Photoshop ou placé par collage, vous pouvez modifier ses attributs de caractères, c'est-à-dire :

- la police : dessin du caractère ;
- le corps : taille du caractère ;
- l'interligne : distance entre deux lignes consécutives ;
- les approches : le crénage et l'interlettrage ;
- l'échelle horizontale ou verticale : caractère étroitisé ou élargi ;
- le style : casse de la lettre (bas de casse, capitales...), graisse (gras, italique...) et position (normal, exposant...) ;
- l'inclinaison ;
- le décalage vertical : position par rapport à la ligne de base ;
- les attributs de coloration.

La police et son style

Pendant une saisie, ou lorsque vous sélectionnez du texte ou un calque de texte, Photoshop indique dans la **Barre d'options** (et dans le panneau **Caractère**) la police utilisée. Il est possible d'utiliser plusieurs polices dans un même bloc de texte. Cependant, si le texte sélectionné comporte plusieurs polices, rien ne sera mentionné dans la **Barre d'options**. Pour affecter une police au texte, cliquez sur le triangle situé à droite du nom de la police dans la **Barre d'options** (outil **Texte** actif) ou dans le panneau **Caractère**. La liste des polices apparaît avec son aspect réel (de taille plus ou moins grande selon le réglage du menu **Texte/Taille d'aperçu de la police**). Choisissez-en-une, puis un style (regular, bold, italic, etc.). Vous pouvez aussi taper son nom après avoir double-cliqué sur le nom de l'ancienne.

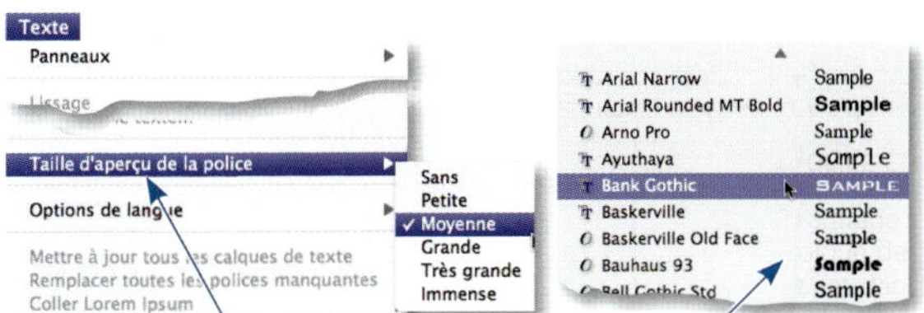

*Dans le menu **Texte/Taille d'aperçu de la police**, on définit l'aspect de ce menu.*

Le corps des caractères

Le réglage par la Barre d'options ou le panneau Caractère

Que ce soit à partir de la **Barre d'options** de l'outil **Texte** ou depuis le panneau **Caractère**, vous pouvez changer le corps de plusieurs façons :

- par clic sur le triangle situé en regard de la valeur de corps indiquée ;
- par clic sur la liste des corps ;
- par clic sur T, vous activez la case et pouvez taper une valeur, utiliser les touches Flèche vers le haut et Flèche vers le bas ou encore la molette de la souris. Chaque frappe augmente d'1 pt (10 avec ⇧) ;
- par glissement de la souris sur l'icône T : on voit ☝, l'incrément est d'1 pt, de 10 pt avec ⇧ et de 0,1 pt avec ⌥ [Alt].

Astuce *Quand vous saisissez une valeur, elle s'applique automatiquement au texte en surbrillance, mais il faut valider pour l'appliquer à un texte dont seul le calque est actif ; pour cela, tapez ↵ (ou ⇧ ↵ pour garder la case sélectionnée).*

Le changement par mise à l'échelle

Si le point d'insertion clignote dans le texte (l'outil **Texte** est donc actif) et que vous enfoncez ⌘ [Ctrl], un cadre de transformation entoure la totalité du texte et vous pouvez en modifier le corps en agissant sur une poignée d'angle. Cependant, il est impératif d'enfoncer ⇧ pour que la transformation soit homothétique. Sans cette touche, vous risquez de ne modifier que la largeur ou que la hauteur des lettres.

On clique sur le texte.

On enfonce ⌘ [Ctrl] pour voir le cadre de transformation.

On glisse une poignée pour changer la taille du texte.

Astuce *Si vous enfoncez ⇧ ⌥ [⇧ Alt], l'action sur une poignée d'angle donnera une modification homothétique et centrée.*

Attention *La plupart des manipulations avec l'outil **Texte** et ⌘ [Ctrl] s'annulent en tapant esc [Echap] (et non ⌘ Z [Ctrl Z]).*

Une autre méthode est disponible, quand le calque de texte est activé et que l'outil **Déplacement** est sélectionné, qui consiste à lancer la **Transformation manuelle** (⌘T [Ctrl T]) et à agir sur les poignées, ou à utiliser les cases de changement d'échelle **L** et **H** de la **Barre d'options** (cliquez sur le maillon entre les cases pour rendre la transformation homothétique).

L'interligne

L'interligne est égal à la distance qui sépare une ligne de base de celle qui la précède. Il existe deux types d'interlignes : l'un est automatique (il est relatif au corps), l'autre a une valeur absolue (non liée au corps).

L'interligne automatique

Par défaut, Photoshop fixe l'interligne en fonction du corps le plus grand dans la ligne : c'est l'interligne automatique. Sa valeur est égale à 120 % du corps le plus grand (dans la ligne). Par exemple, pour un texte en corps 12 pt, l'interligne est de 14,4 pt (12 + 20 % de 12, soit 12 + 2,4). Si, dans une ligne de texte, vous augmentez le corps d'un caractère, Photoshop ajuste l'interligne sur la taille de ce caractère (120 % de son corps). Il y aura un décalage par rapport aux autres lignes du paragraphe.

> **Astuce** *Le pourcentage de l'interligne automatique (120 % du corps) est réglable dans la fenêtre **Justification** affichée à partir du menu local du panneau **Paragraphe**.*

L'interligne absolu

Lorsqu'il y a différentes valeurs de corps, il vaut mieux fixer l'interligne sur une valeur absolue (c'est-à-dire non relative à une force de corps). Le réglage affecte la totalité du texte si c'est le calque qui est actif ou si vous avez double-cliqué sur sa vignette. En revanche, si le point d'insertion est dans le texte, il est impératif d'en sélectionner soit une partie (surbrillance), soit un paragraphe complet (par triple clic), soit un mot (par double-clic). Pour définir les valeurs d'interligne, utilisez le panneau **Caractère** ou les raccourcis clavier (les mêmes que InDesign ou Illustrator, *voir tableau ci-après*).

Dans le cas d'un texte de paragraphe (ou **captif**) sélectionné avec l'outil **Texte**, si l'encombrement du texte devient supérieur à celui du cadre du bloc (ou du tracé), un signe + s'affichera dans la poignée inférieure droite (ou dans le rond du tracé). Un agrandissement du bloc (ou du tracé) fera alors réapparaître le texte.

> **Astuce** *Le signe + n'apparaît pas si le calque n'a été qu'activé (panneau **Calques**), c'est-à-dire s'il n'y a pas de surbrillance.*

L'interligne par le panneau Caractère

Dans la case **Interligne**, vous pouvez :

- dérouler le menu local et choisir une valeur dans la liste (la coche devant **Auto** indique qu'il était appliqué au texte) ;
- cliquer dans la case et utiliser les touches Flèche vers le haut ou le bas (incrément d'1 pt et de 10 avec ⇧) ;
- entrer une valeur et valider (↵ ou ⇧↵) ;
- glisser la souris sur l'icône (on voit , l'incrément d'1 pt ; de 10 pt avec ⇧ et de 0,1 pt avec ⌥[Alt]).

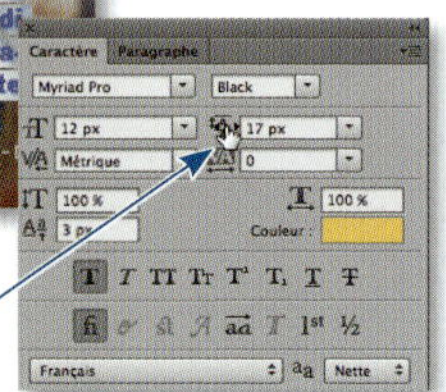

On a sélectionné la totalité du texte par double-clic sur la vignette du calque. On peut alors modifier l'interlignage.

Pour afficher le débordement du texte, on a agrandi le bloc.

L'interligne au clavier

Vous pouvez modifier l'interligne directement au clavier :

Variation* de l'interligne	Raccourcis clavier
Réduire de 2 pt	⌥[Alt] ↑ (Flèche vers le haut)
Augmenter de 2 pt	⌥[Alt] ↓ (Flèche vers le bas)

* L'incrément passe à 10 pt en ajoutant ⌘[Ctrl] aux combinaisons précédentes.

LE LISSAGE DU TEXTE

Ps Il se règle dans la **Barre d'options** de l'outil **Texte**, dans le panneau **Caractère**, ou encore directement à partir du menu **Texte** ou du menu contextuel affiché avec l'outil **Texte** actif. Il y a quatre types de méthodes de lissage possibles.

La méthode de lissage peut être définie dans la ***Barre d'options*** *(ou dans le bas du panneau* ***Caractère****).*

Le lissage permet d'obtenir du texte avec des contours plus ou moins fondus dans l'arrière-plan en ajoutant des pixels de couleurs intermédiaires. L'absence de lissage peut faire apparaître des « escaliers » dans un texte. Dans le cadre d'une utilisation Web, du fait de cet ajout de couleurs, le lissage empêche une optimisation au format GIF avec un nombre de couleurs réduit. Il sera souvent préférable d'augmenter légèrement le corps du texte et de supprimer le lissage.

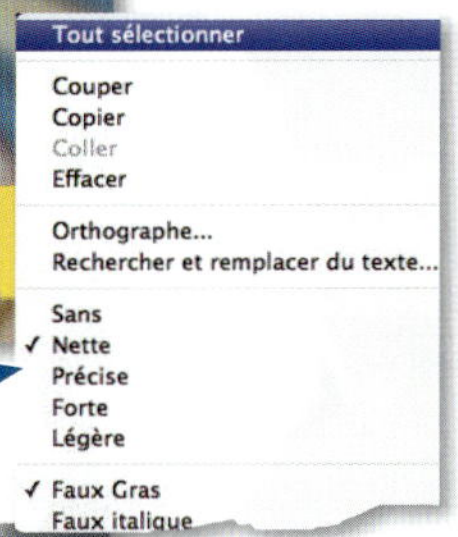

Avec l'outil ***Texte*** *actif, la méthode lissage se règle par le menu contextuel.*

Les attributs de caractères qui suivent se règlent dans le panneau **Caractère**, certains dans le menu contextuel.

LES APPROCHES

On distingue deux types d'approches : l'approche de paire, ou crénage, et l'approche de groupe (ou interlettrage). Toutes deux se règlent dans le panneau **Caractère**.

L'approche de paire ou crénage

La fonction qui permet d'ajuster l'espace entre deux lettres s'appelle le **crénage**. En effet, certaines paires de lettres nécessitent parfois d'être rapprochées (ou écartées) l'une de l'autre ; cet ajustement peut s'effectuer manuellement ou automatiquement.

Le crénage automatique métrique ou optique

Par défaut, le texte est composé sans crénage ; la case VA du panneau **Caractère** indique 0. Pour appliquer le crénage automatique intégré aux polices par leur créateur, activez le calque de texte et, dans le menu local de la case VA, choisissez **Métrique**. Pour certaines polices, si ce crénage ne vous convient pas ou si la police n'en possède pas, vous pouvez choisir **Optique**.

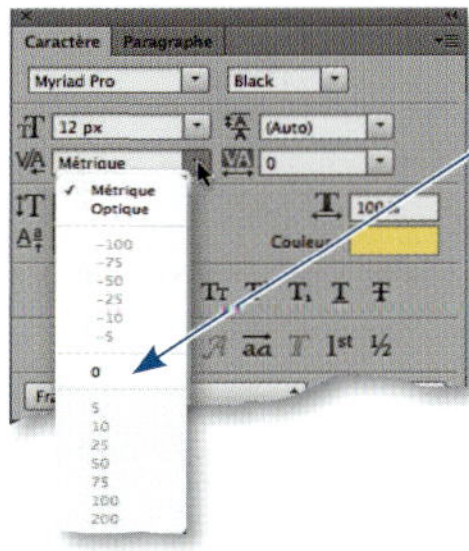

Cette valeur indique l'absence de crénage.

Pour désactiver le crénage automatique, sélectionnez l'ensemble du texte (par clic sur la vignette de son calque par exemple) et remplacez l'indication **Métrique** par la valeur 0.

Le crénage manuel

Le crénage est modifiable à volonté. Pour le régler, cliquez entre deux lettres avec l'outil **Texte** pour y placer le point d'insertion. La case de crénage (VA) indique l'option d'approche en cours (0, métrique ou optique). Vous pouvez :

- dérouler le menu local et choisir une valeur dans la liste ;
- cliquer dans la case et utiliser les touches Flèche vers le haut et Flèche vers le bas (incrément de 10, de 100 avec ⇧) ;
- entrer une valeur et valider (↵ ou ⇧↵) ;
- glisser la souris sur l'icône VA (on voit ☝, l'incrément est de 10, de 100 avec ⇧ et d'1 avec ⌥[Alt]) ;
- utiliser la molette de la souris après avoir cliqué dans la case (incrément de 10 et de 100 avec ⇧).

Si la valeur de crénage est positive, les caractères s'écartent ; si elle est négative, ils se rapprochent. L'unité de crénage est le 1/1 000 de cadratin — le cadratin est un carré dont la largeur est égale à la force du corps utilisé.

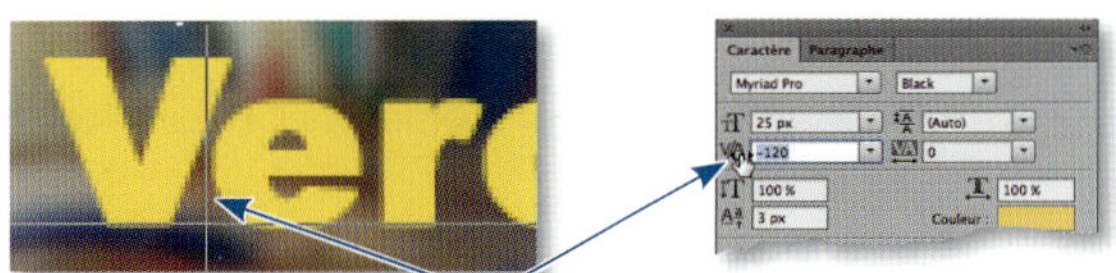

On a réduit l'approche entre le « V » et le « e ».

Il est également possible de travailler le crénage directement au clavier; l'incrément est de 10, le tableau ci-après indique les touches à utiliser.

Variation* de crénage	Raccourcis clavier
Écarter de 10	⌥ [Alt] ← (Flèche à droite)
Rapprocher de 10	⌥ [Alt] ← (Flèche à gauche)

* L'incrément passe à 100 en ajoutant ⌘[Ctrl].

L'approche de groupe

Elle permet d'espacer uniformément les caractères d'un texte sélectionné et donc de modifier son encombrement. L'approche peut s'appliquer à un mot (dans le cas d'un titre, par exemple), à une ligne de texte ou à tout un texte selon l'ampleur de la sélection. Une approche positive augmente l'encombrement du texte; négative, elle le réduit. Les réglages s'effectuent dans la case **Approche** (VA), de la même manière que pour le crénage. De plus, au clavier, les réglages d'approche de groupe sont identiques à ceux du crénage, indiqués précédemment (l'incrément est juste multiplié par 2).

On augmente l'approche de groupe pour étaler le texte sur le cercle.

Le changement d'échelle

Les réglages d'échelle du panneau Caractère

Il est possible de changer l'échelle verticale (hauteur des lettres) ou l'échelle horizontale (chasse ou largeur des lettres). Le premier réglage, ↕T, correspond à un changement du corps du texte sans modifier l'encombrement horizontal du texte (chasse du texte inchangée); le second, ↔T, entraîne une modification de l'encombrement.

Pour effectuer le réglage, cliquez sur la case ↕T ou ↔T selon la modification souhaitée. Vous pouvez:

- cliquer dans la case et utiliser les touches Flèche vers le haut ou vers le bas (incrément de 1 % et de 10 % avec ⇧);
- entrer une valeur et valider (↵ ou ⇧↵);
- glisser la souris sur l'icône ↔T (on voit ☝, l'incrément est d'1 % et de 10 % avec ⇧).

Le changement d'échelle par transformation

Pour obtenir un changement d'échelle sur l'ensemble du texte, activez l'outil **Déplacement**, lancez une transformation manuelle en tapant ⌘T [Ctrl T], placez l'axe de transformation en cliquant sur l'icône ▦ et utilisez les cases de changement d'échelle **L** ou **H** de la **Barre d'options** (les valeurs peuvent être exprimées avec une autre unité que celle affichée). Vous pouvez aussi agir sur l'une des poignées latérales pour faire une mise à l'échelle à l'œil.

La transformation manuelle se réalise également avec l'outil **Texte** actif (et le texte sélectionné ou le point d'insertion visible) en enfonçant ⌘[Ctrl] (ou ⌥⌘ [Alt Ctrl], pour une transformation centrée).

Attention *Bien que le texte subisse des modifications, les cases d'échelle du panneau* ***Caractère*** *ne les indiquent pas. De plus, ces manipulations s'annulent en tapant esc [Echap].*

Le décalage de la ligne de base

Cette option permet de placer un ou plusieurs caractères au-dessus ou au-dessous de la ligne de base ou du tracé, dans le cas d'un texte curviligne. Le décalage (en points, par défaut), se règle dans la case Aª du panneau **Caractère** de diverses façons:

- cliquez dans la case et utilisez les touches Flèche vers le haut ou vers le bas (incrément d'1 et de 10 avec ⇧);
- entrez une valeur et validez (↵ ou ⇧↵);
- glissez la souris sur l'icône Aª (on voit ☝, l'incrément est d'1, de 10 avec ⇧ et de 0,1 avec ⌥[Alt]);
- utilisez la molette de la souris après avoir cliqué dans la case (incrément d'1 et de 10 avec ⇧).

Le décalage se modifie également au clavier par incrément d'1 pt ou de 10 pt comme l'indique le tableau suivant.

Décalage	Touches	Décalage	Touches
Monter d'1 pt	⇧⌥ [⇧ Alt] ↑	Monter de 10 pt	⇧⌥⌘ [⇧ Alt Ctrl] ↑
Descendre d'1 pt	⇧⌥ [⇧ Alt] ↓	Descendre de 10 pt	⇧⌥⌘ [⇧ Alt Ctrl] ↓

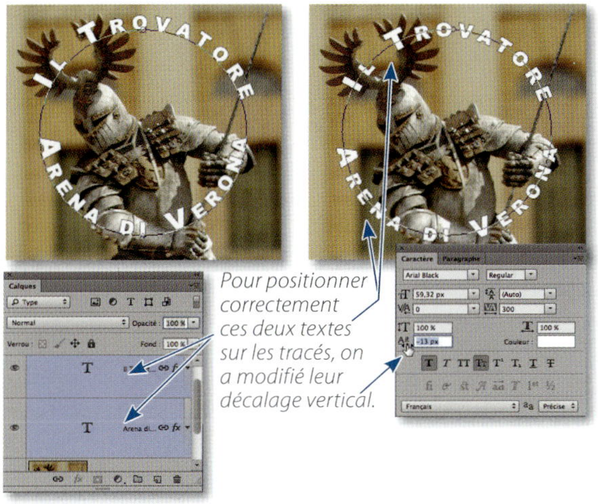

Pour positionner correctement ces deux textes sur les tracés, on a modifié leur décalage vertical.

La couleur du texte

Elle se règle selon la sélection, pour le texte entier ou lettre par lettre. Cliquez dans la case **Couleur** de la **Barre d'options** de l'outil **Texte** pour afficher le sélecteur de couleurs, et choisissez la nuance voulue ; elle peut aussi être choisie directement dans le **Nuancier** ou le panneau **Couleur**. Si vous souhaitez appliquer une coloration spéciale, il faudra créer un masque d'écrêtage dont le calque de texte servira de base ou, selon la coloration souhaitée, utiliser un effet de calque de type **Incrustation** (*voir plus loin*).

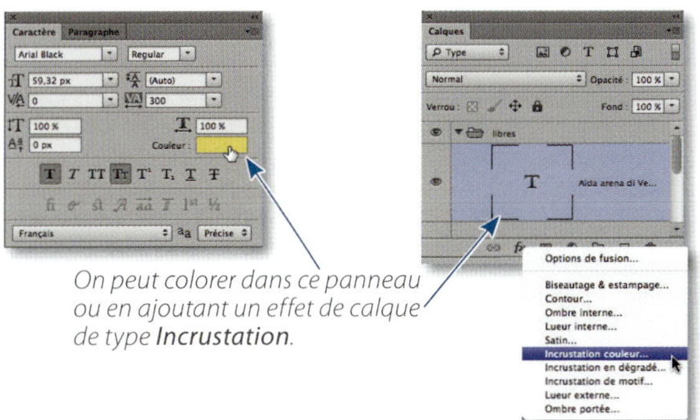

On peut colorer dans ce panneau ou en ajoutant un effet de calque de type **Incrustation**.

Les attributs particuliers

Ils se séparent en différentes catégories qui provoquent des changements plus ou moins prononcés de l'aspect du texte. On y accède à partir du menu local du panneau **Caractère**. Pour annuler l'effet, déroulez de nouveau le menu du panneau pour décocher l'attribut.

La rotation de texte vertical

L'option **Alignement romain vertical standard** ne s'applique qu'à du texte vertical. Elle permet de faire pivoter chaque lettre du texte de manière à en changer le sens de lecture.

Les attributs d'aspect et de position

Ils sont au nombre de huit : **Faux Gras**, **Faux Italique**, **Tout en capitales**, **Petites capitales**, **Supérieur/Exposant**, **Inférieur/Indice**, **Souligné** et **Barré**. Il s'agit des attributs classiques de la plupart des traitements de texte accessibles depuis le panneau **Caractère** (directement ou par le menu du panneau).

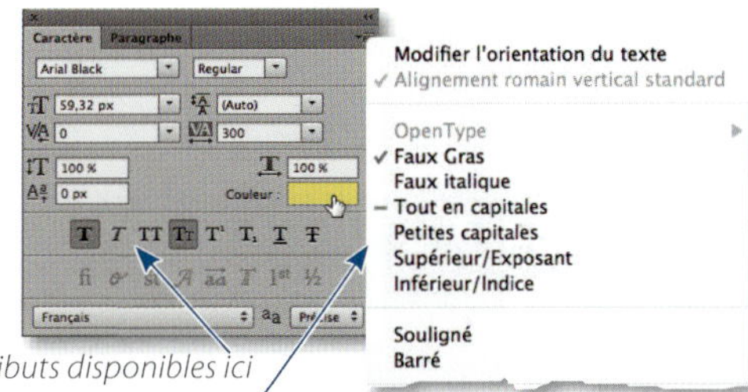

Les attributs disponibles ici et dans ce menu.

> **Astuce** ***Faux Gras*** *et* ***Faux Italique*** *sont incompatibles avec la déformation du texte ou l'application d'un filtre ; un message le signale et permet leur suppression.*

Les raffinements typographiques

Les ligatures et les chiffres en style ancien

Vous pouvez les utiliser s'ils sont disponibles dans la police choisie. Les ligatures sont des raffinements typographiques provoquant le remplacement de certains couples de lettres par un signe dans lequel les caractères sont « enchevêtrés » (par exemple, **fi** est remplacé par **ﬁ**). Quant aux chiffres en style ancien, ils sont plus courts que les chiffres ordinaires et certains s'étendent au-dessous de la ligne de base du texte.

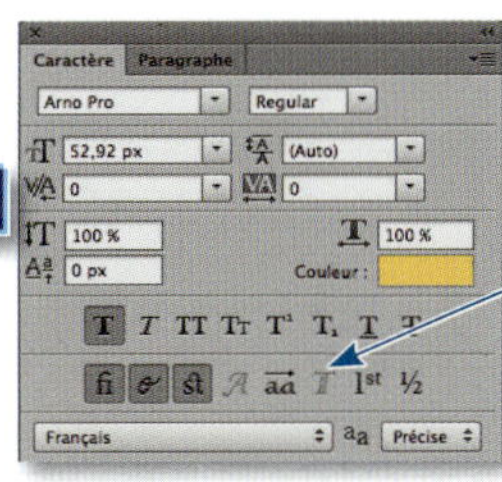

De nombreux attributs de raffinements typographiques sont directement accessibles dans ce panneau.

Les largeurs fractionnaires

Cette option s'applique à tous les caractères du calque de texte. Pour régler l'espacement entre certains caractères, Photoshop utilise des fractions de pixels. Désactivez-les pour utiliser un espacement fixe avec des valeurs entières et empêcher que le texte de petite taille ne soit trop rapproché.

Les polices OpenType

Si vous utilisez une police OpenType (icône *O* dans la liste des polices), le menu du panneau **Caractère** propose, à la rubrique **OpenType**, des enrichissements : chiffres arabes non alignés, ordinaux, lettres italiques ornées, caractères de titrage, formes de connexion, variantes stylistiques, ornements, ligatures, ligatures conditionnelles et fractions, si la police les fournit. On retrouve ces différentes options typographique dans le menu **Texte/OpenType**. Rappelons qu'une police OpenType est multi-plates-formes (Mac et PC).

L'automatisation de la mise en forme avec les styles de caractères

Ps La fonction **Styles de caractères** apparaît dans Photoshop. Il devient possible de préparer des styles de caractères afin de les appliquer à différents textes du document voire de les utiliser dans un autre document. On retrouve ici le principe de gestion des styles d'InDesign (ou d'Illustrator).

Les méthodes de création du style

La création à partir d'une mise en forme

Pour créer un style effectuez les opérations suivantes :

1. Sélectionnez le texte par double-clic sur le nom du calque de texte de manière à voir les caractères en surbrillance et mettez-le en forme de manière classique avec les attributs du panneau **Caractère** (ou ceux du menu **Texte** ou de la **Barre d'options**).

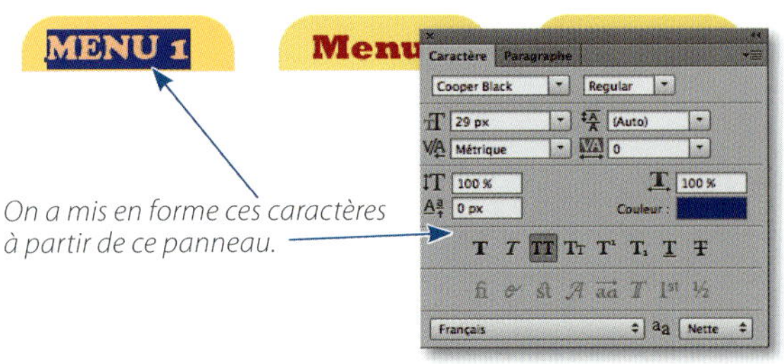

On a mis en forme ces caractères à partir de ce panneau.

2. Affichez le panneau **Styles de caractères** (menu **Texte/Panneaux** ou menu **Fenêtre**) et cliquez sur l'icône de création : le style est créé et appliqué.

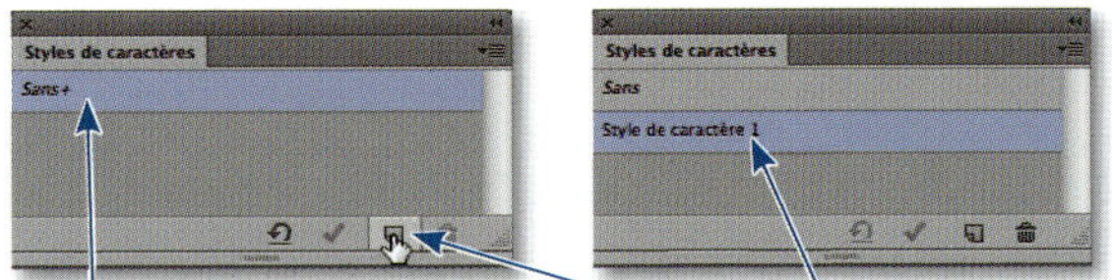

Le signe + indique qu'il y a une mise en forme.

Par clic, ici, on a créé et appliqué le style à la sélection de texte.

Attention *Si vous créez le style à partir d'un texte dont vous n'avez pas sélectionné les caractères mais seulement le calque, celui-ci ne sera pas appliqué au texte.*

3. Pour renommer le style, enfoncez ⌘[Ctrl], cliquez sur son nom pour le sélectionner, puis saisissez le nom voulu.

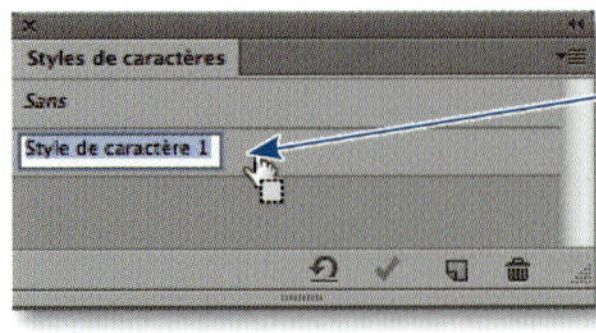

Par ⌘[Ctrl] clic on peut renommer le style.

La création par définition

1. Dans le panneau **Calques**, assurez-vous qu'aucun calque n'est sélectionné.

2. Affichez le panneau **Styles de caractères** (menu **Texte/Panneaux** ou menu **Fenêtre**) et cliquez sur l'icône de création : le style est créé.

3. Pour définir le style, effectuez un double-clic sur le nom du style pour afficher sa fenêtre de définition, renommez le style et choisissez ses attributs.

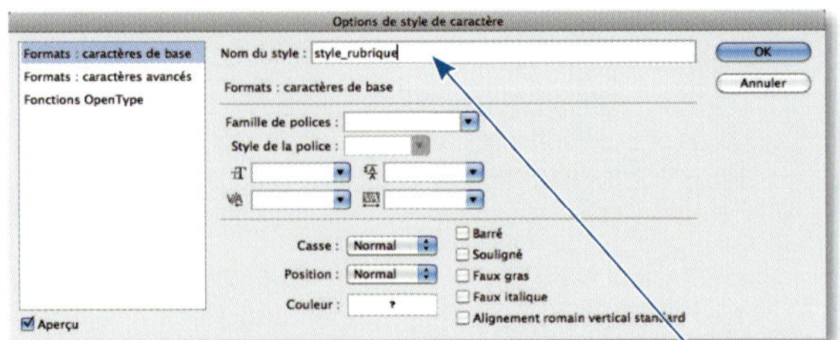

On affiche la fenêtre de définition par double-clic, on renomme et on règle sa typographie.

L'application du style

L'application automatique

Si un style est sélectionné dans le panneau **Styles de caractères** au moment où vous créez un texte, celui-ci est automatiquement affecté aux caractères saisis ou collés.

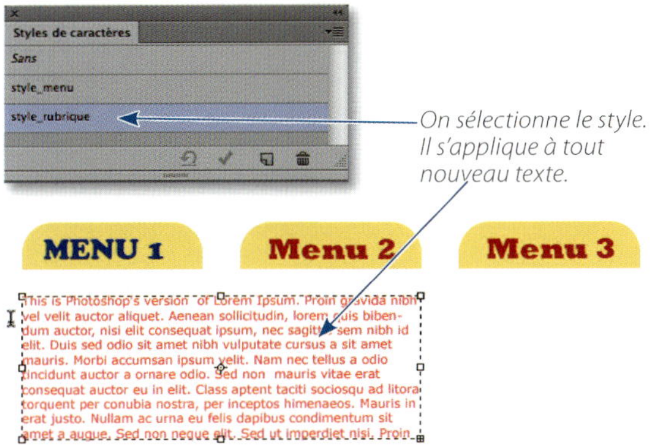

L'application personnalisée à une sélection

Après la sélection, l'application se réalise en deux étapes :

1. Dans le panneau **Calques**, sélectionnez les calques de texte dont vous souhaitez formater les caractères.

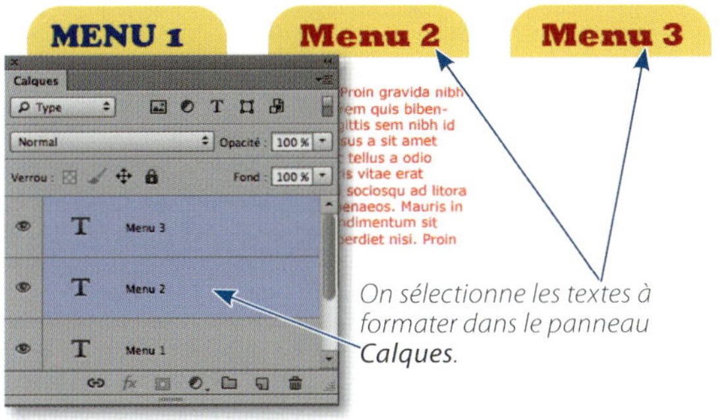

2. Dans le panneau **Styles de caractères**, cliquez sur le style à appliquer : le nom du style se marque d'un signe + qui indique que ce dernier possède des remplacements (attributs qui ne sont pas définis dans le style).

3. Cliquez sur l'icône située en bas du panneau pour supprimer les remplacements et ne formater le texte qu'avec les attributs qui composent le style.

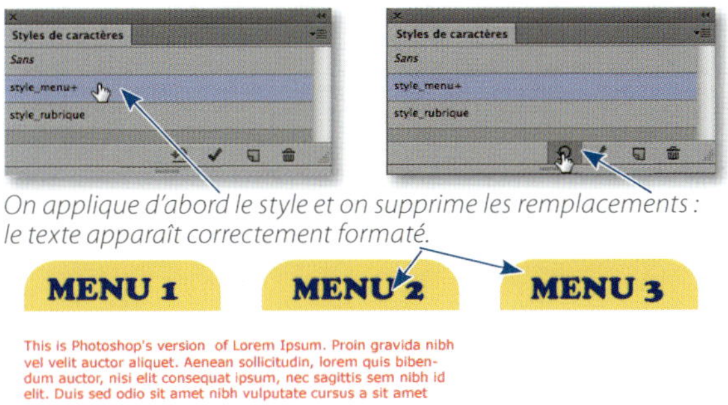

On applique d'abord le style et on supprime les remplacements : le texte apparaît correctement formaté.

LES MODIFICATIONS DU STYLE

Le changement de composition

Sans faire aucune sélection particulière, pour modifier un style, affichez sa fenêtre de définition (par double-clic sur le nom du style) et changez les attributs voulus. Si la case **Aperçu** est cochée, les modifications seront directement visibles sur les textes où le style est appliqué.

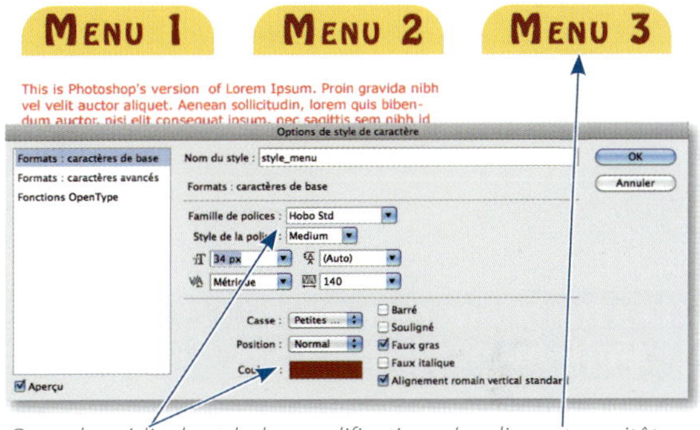

Quand on édite le style, les modifications s'appliquent aussitôt.

La suppression ou l'ajout des remplacements

Quand vous modifiez localement un texte formaté par un style de caractères, un signe + apparaît en regard du nom du style qui lui est appliqué. Deux icônes deviennent actives dans le bas du panneau : et .

Si vous cliquez sur , le texte retrouve le formatage tel qu'il est défini au départ dans le style : les remplacements sont supprimés, le texte est réinitialisé sur le style.

Si vous cliquez sur , le style est modifié et les remplacements sont incorporés dans le style. Le style est redéfini et tous les textes auxquels il est appliqué sont modifiés.

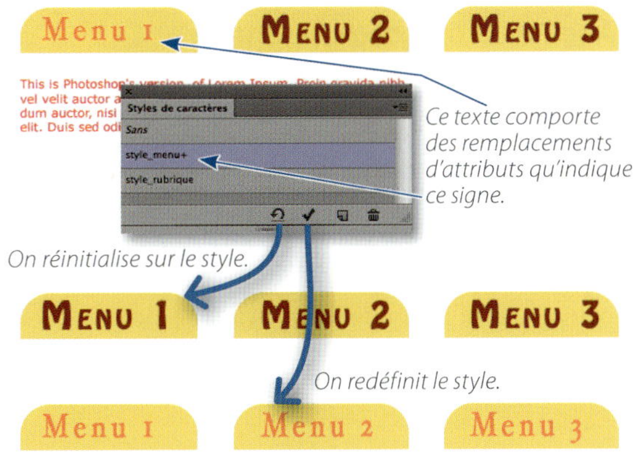

LA GESTION DES STYLES ENTRE DOCUMENTS

Les styles de caractères (et de paragraphes) sont intégrés dans le document. Quand vous ouvrez un autre document, celui-ci ne comporte que les styles que vous y avez créés. Pour retrouver des styles d'un autre document, dans le menu du panneau **Styles de caractères** utilisez la commande **Charger les styles de caractères** : les styles s'ajouteront à ceux déjà présents, en cas de conflit, un message vous préviendra et vous permettra de gérer la situation.

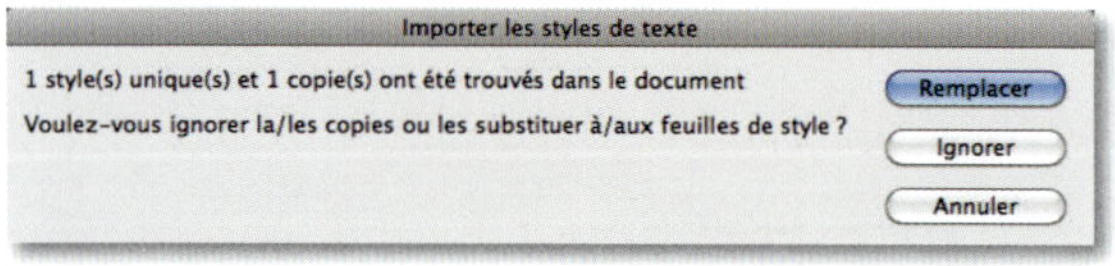

Ce message permet de gérer les conflits de styles lors de leur importation.

Les fonctions de type « traitement de texte »

Il s'agit de deux fonctions que l'on trouve habituellement dans les logiciels de traitement de texte ou de mise en page : la correction orthographique et la recherche de texte.

LA FONCTION DE CORRECTION ORTHOGRAPHIQUE

Pour vérifier l'orthographe, sélectionnez une langue dans le bas du panneau **Caractère**, puis, dans le panneau **Calques**, activez le calque à vérifier et lancez la commande **Orthographe** du menu **Édition**. Photoshop scanne le texte et affiche dans une fenêtre les mots ne figurant pas dans son dictionnaire (il ne corrige pas la grammaire). Vous pouvez alors passer au mot douteux suivant (**Ignorer**) ou choisir l'une des corrections possibles pour ce mot (**Remplacer**). Si aucune ne vous convient, tapez la correction dans la case correspondante ou consultez un vrai dictionnaire. Quand un mot correct est signalé, cliquez sur le bouton **Ajouter** pour qu'il soit placé dans le dictionnaire.

LA FONCTION DE RECHERCHE DE TEXTE

Le lancement de la recherche

Sans avoir à activer de calque de texte, lancez la fonction **Rechercher et remplacer du texte** située dans le menu **Édition**. Elle figure également dans le menu contextuel. Une fenêtre vous invite à saisir le texte à rechercher et, éventuellement, celui de remplacement. Une fois certains critères de recherche définis (*voir ci-après*), cliquez sur le bouton **Suivant** pour que commence la recherche ; quand le texte est trouvé, vous avez alors cinq possibilités :

– **Terminé** : provoque la fermeture de la fenêtre de recherche sans effectuer d'opération.

– **Suivant** : recherche à nouveau le texte indiqué sans modifier celui qu'il avait trouvé.

– **Remplacer** : le texte sélectionné est remplacé, Photoshop attend vos consignes — c'est cette option qu'il faut choisir si vous désirez voir comment s'effectue le remplacement avant de le lancer de façon systématique.

– **Tout remplacer** : Photoshop effectue le remplacement chaque fois qu'il rencontre le texte indiqué. Un message marque la fin du travail. Le nombre de remplacements y est indiqué.

– **Remplacer/rechercher** : le texte est remplacé (ou effacé s'il n'y avait pas de texte de remplacement). Photoshop poursuit la recherche et sélectionnera la suivante s'il y en a une.

Les critères de recherche

Le mot entier ou une partie de mot

La recherche peut s'effectuer sur une partie de mot ou sur un mot entier. Par exemple, dans le cas d'une recherche sur le mot « temps », Photoshop s'arrêtera sur les mots (s'ils sont présents !) : « printemps », « longtemps » et « temps » si vous n'avez pas coché l'option **Mot entier**, alors qu'il ne s'arrêtera que sur « temps » si vous avez coché **Mot entier**.

Le respect de la casse

Si l'option n'est pas cochée, Photoshop ne tient pas compte des majuscules en début de mot : il sélectionne le mot quel que soit l'aspect (capitale ou bas de casse) de la lettre initiale. En revanche, si vous cochez cette option, il ne sélectionne le mot que s'il a exactement la même saisie que celle de la case de recherche.

L'étendue de la recherche

Si le document comporte plusieurs calques, la recherche peut s'étendre à l'ensemble des calques.

La mise en forme des paragraphes

Le panneau **Paragraphe** permet de définir les attributs qui s'appliquent aux paragraphes entiers tels que l'alignement, le retrait… Pour le texte de point, chaque ligne constitue un paragraphe indépendant. Pour le texte de paragraphe ou captif, chaque paragraphe peut comporter plusieurs lignes.

LES ALIGNEMENTS ET LA JUSTIFICATION DE TEXTE

On distingue trois alignements pour les textes non justifiés, accessibles depuis la **Barre d'options** de l'outil **Texte** : aligner à gauche, centrer, aligner à droite ; et quatre pour les alignements justifiés dans les textes de paragraphe (accessibles dans le panneau **Paragraphe**) — la variation s'effectuant sur la dernière ligne qui peut être alignée à gauche, centrée, alignée à droite ou justifiée.

L'alignement au clavier s'obtient en tapant :

- ⇧⌘L [⇧Ctrl L] pour **Aligner à gauche** ;

  ⇧⌘C [⇧Ctrl C] pour **Centrer** ;
- ⇧⌘R [⇧Ctrl R] pour **Aligner à droite** ;
- ⇧⌘J [⇧Ctrl J] pour **Justifier**.

LA JUSTIFICATION AVEC UN TEXTE CURVILIGNE

Un texte curviligne possède des marques d'alignement : une croix pour le début du texte et un rond pour la fin du texte (elles sont superposées pour un tracé fermé).

Ici, le texte se centre entre ces deux marques.

Vous pouvez, en enfonçant ⌘[Ctrl], les faire glisser avec l'outil **Texte** (sur la croix, il devient et sur le rond) et préciser sur quelle partie du tracé est défini le centrage du texte, ou l'encombrement que prendra le texte si vous choisissez l'alignement **Justifié complètement**. Attention, l'étalement n'est correct que si le texte ne contient qu'un seul mot.

En glissant cette marque avec ⌘[Ctrl], on modifie le centrage.

Ci-dessous, avec l'option , le texte s'étale entre les deux marques.

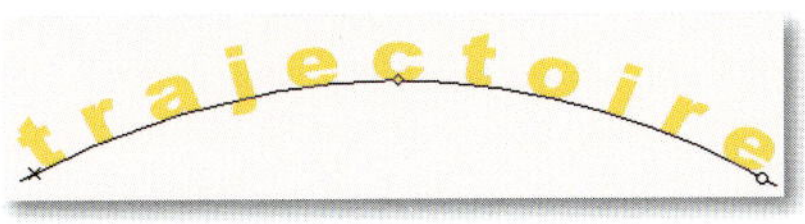

LES RETRAITS ET ALINÉAS DE PARAGRAPHE

Les retraits gauche et droit

Les retraits correspondent au décalage de l'ensemble du texte par rapport aux bords du bloc ou du tracé. Par défaut, ils sont nuls, ce qui place le texte contre les bords du bloc ou du tracé. Cette position se règle par les cases (**Retrait gauche**) ou (**Retrait droit**) du panneau **Paragraphe**. Cette opération se réalise de différentes façons :

- cliquez dans la case et utilisez les touches Flèche vers le haut ou vers le bas. L'incrément est de 0,05 (pt ou mm, menu **Préférences/Unités et règles**) et de 0,5 avec ⇧ ;
- entrez une valeur et validez (↵ ou ⇧↵) ;
- glissez la souris sur l'icône ou (on voit ; l'incrément est de 0,05, de 0,5 avec ⇧ et de 0,01 avec ⌥[Alt]).

ASTUCE *Les retraits peuvent être négatifs, le texte sort du bloc ou du tracé. Avec un texte curviligne, il dépasse la croix ou le rond.*

Le retrait de première ligne (ou alinéa)

C'est le décalage de la première ligne par rapport au retrait gauche. Il se définit par la case (panneau **Paragraphe**), il est positif vers la droite et négatif vers la gauche.

- **Alinéa négatif** : ce positionnement ne devient visible qu'à partir du moment où il y a une marge gauche. Il s'utilise pour les paragraphes numérotés ou démarrant par une puce ; le plus souvent, l'alinéa et la marge ont la même valeur au signe près.
- **Alinéa positif** : il est plus courant et permet de marquer le début d'un nouveau paragraphe.

LES ESPACES INTERPARAGRAPHES

Le panneau **Paragraphe** propose une case pour placer du blanc (ou espace) au-dessus d'un paragraphe. Le réglage s'effectue selon les méthodes utilisées pour les retraits.

LA PONCTUATION HORS JUSTIFICATION

La ponctuation hors justification permet de spécifier si les signes de ponctuation doivent se situer à l'intérieur ou à l'extérieur des marges. Si l'option **Ponctuation hors justification romaine** est activée dans le menu du panneau **Paragraphe**, les points, les virgules, les guillemets, les apostrophes, les tirets, les deux-points et les points-virgules apparaissent à l'extérieur des marges ; on obtient ainsi un pavé plus régulier.

Ponctuations dans et hors justification.

LES CÉSURES

Par défaut, l'option **Césure** du panneau **Paragraphe** est cochée, ce qui signifie que Photoshop peut couper les mots pour composer les lignes d'un paragraphe.

Cependant, vous pouvez spécifier la façon dont les césures doivent se faire en affichant la fenêtre de la commande **Césure** depuis le menu du panneau.

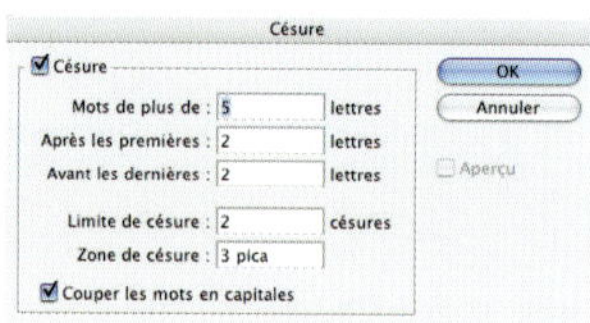

Les réglages de césure.

Les réglages de césure

Dans la fenêtre **Césure**, vous pouvez alors choisir :

- le nombre de caractères du plus petit mot coupé (plus le chiffre est grand, moins il y aura de coupures) ;
- le nombre minimal de caractères avant et après la coupure, c'est-à-dire avant et après le tiret de division ;
- le nombre de césures consécutives (**Limite de césure**), le plus souvent 2 ou 3 ;
- la césure ou non des mots en majuscules ;
- la zone de césure : elle ne concerne que les textes non justifiés utilisant le compositeur ligne par ligne. L'option **Zone de césure** permet de spécifier à quelle distance de la fin de la ligne doit s'effectuer la coupure du mot.

ASTUCE *Il n'est pas possible de gérer la coupure manuellement à l'aide de tirets conditionnels comme dans InDesign.*

L'annulation d'une coupure

Elle se règle à partir du menu local du panneau **Caractère**. En effet, pour supprimer la césure d'un mot en fin de ligne, sélectionnez-le et affectez-lui l'option **Sans retour automatique**.

L'absence de coupures de mots

Dans un paragraphe ayant un alignement à gauche, si vous désirez qu'aucune césure ne soit réalisée par Photoshop, supprimez la coche de l'option **Césure** du panneau **Paragraphe**.

LES RÉGLAGES DE JUSTIFICATION

Ils se séparent en deux catégories : d'une part, les espacements (entre mots et entre lettres) et d'autre part, la déformation du dessin des caractères (ou glyphe). Tous ces réglages s'effectuent à partir de la commande **Justification** du menu du panneau **Paragraphe**. Ils ont pour principal objectif de donner à Photoshop une liberté d'action dans la composition des lignes d'un texte justifié. En effet, celui-ci pourra utiliser une plage de valeurs (entre **Maximale** et **Minimale**) pour définir les espacements et les déformations, de manière à remplir la ligne.

Les intermots

La rubrique **Intermots** permet d'indiquer à Photoshop l'espacement entre les mots. Celui-ci est exprimé en pourcentage de l'espace intermot normal (pour la police et le corps utilisés). Il y a deux cas à envisager : celui de textes non justifiés et celui de textes justifiés.

Avec un texte non justifié

Dans le cas d'un texte non justifié, une valeur de 100 % correspond à une espace d'un quart de cadratin dans la police considérée ; elle est obtenue en tapant sur la barre d'espace. Photoshop espace les mots en utilisant systématiquement la valeur d'espacement **Souhaitée**. Néanmoins, celle-ci doit toujours demeurer supérieure à la valeur d'espacement **Minimale** et inférieure à la valeur d'espacement **Maximale**. En réduisant cette valeur, vous pouvez récupérer une quantité d'espaces, qui vous permettra d'aérer un texte et de le rendre plus lisible en augmentant la valeur **Souhaitée** de l'interlettrage.

Avec un texte justifié

Quand Photoshop justifie un texte, il essaie d'espacer les mots en utilisant la valeur d'espacement **Souhaitée**, et si cela n'est pas possible, il utilise la valeur la plus proche comprise entre **Minimale** et **Maximale**. La minimale est toujours respectée, mais la maximale peut être dépassée si Photoshop ne peut pas justifier la ligne autrement, comme dans le cas où il n'y aurait pas de coupure de mot.

L'interlettrage

Il s'agit là des valeurs concernant l'espacement souhaité entre les caractères. Elles sont exprimées en pourcentage d'un quart de cadratin. Pendant la justification, Photoshop espace en utilisant la valeur d'espacement **Souhaitée**. S'il ne le peut pas, il fait varier l'espace intercaractère entre les valeurs d'espacement **Minimale** (qui peut être négative) et **Maximale**. La minimale est toujours respectée. Comme pour l'intermot, seule la valeur de la case **Souhaitée** est utilisée pour les textes non justifiés.

La mise à l'échelle du dessin du caractère

Afin d'augmenter la liberté d'action de Photoshop dans la composition du texte (en évitant au maximum les césures de mots), vous pouvez, dans une limite à définir, l'autoriser à déformer les caractères en entrant des valeurs dans les cases **Minimale** et **Maximale** de la rubrique **Mise à l'échelle glyphe**. Pour les textes non justifiés, saisir une valeur dans la case **Souhaitée** reviendrait à modifier l'échelle des caractères depuis le panneau **Caractère**.

Dans le cas du compositeur ligne par ligne, la plage de valeurs doit être faible pour obtenir une composition régulière, alors qu'elle doit être plus élevée dans le cas du compositeur multiligne, de manière à favoriser les bons sauts de ligne par rapport aux mauvais.

LES COMPOSITEURS DE TEXTE

Dans le cas d'un texte de paragraphe, Photoshop peut composer les lignes d'un texte selon deux méthodes : **Compositeur ligne par ligne** ou **Compositeur multiligne**. Le choix s'effectue dans le menu local du panneau **Paragraphe**.

Le compositeur ligne par ligne Adobe

Ce compositeur fonctionne de manière traditionnelle : le texte est composé ligne par ligne. Utilisez ce compositeur si vous préférez contrôler manuellement les sauts de ligne. Le compositeur utilise les règles suivantes : avant de créer une coupure de mot, il commence par réduire ou augmenter les espaces intermot ; il coupe le mot plutôt que de réduire ou d'augmenter l'interlettrage. Si l'espacement doit être modifié, il se fera de préférence dans le sens d'une diminution.

Le compositeur multiligne Adobe

Ce compositeur prend en considération des coupures possibles sur une plage de lignes. Lors d'une saisie, les lignes précédentes sont recomposées et optimisées afin d'éliminer les coupures et les espacements inesthétiques. Les espacements intermot et interlettre sont redistribués sur plusieurs lignes de manière à obtenir un gris typographique plus harmonieux et plus régulier.

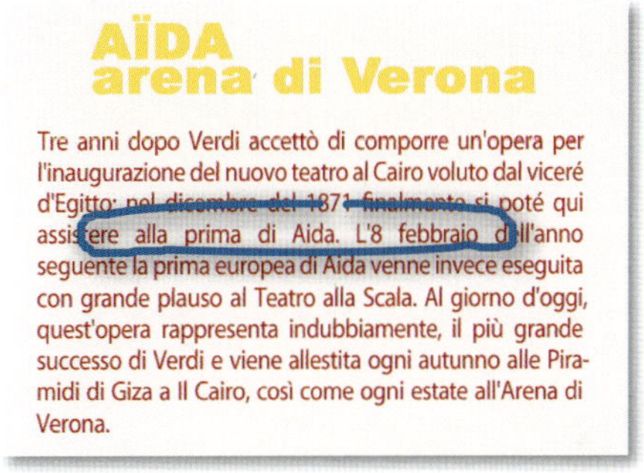
AÏDA
arena di Verona

Tre anni dopo Verdi accettò di comporre un'opera per l'inaugurazione del nuovo teatro al Cairo voluto dal viceré d'Egitto: nel dicembre del 1871 finalmente si poté qui assistere alla prima di Aida. L'8 febbraio dell'anno seguente la prima europea di Aida venne invece eseguita con grande plauso al Teatro alla Scala. Al giorno d'oggi, quest'opera rappresenta indubbiamente, il più grande successo di Verdi e viene allestita ogni autunno alle Piramidi di Giza a Il Cairo, così come ogni estate all'Arena di Verona.

Ci-dessus, le compositeur ligne par ligne. Ci-dessous, avec le compositeur multiligne, le texte est composé en tenant compte de l'ensemble des lignes, ce qui donne un pavé dont le gris est plus équilibré.

AÏDA
arena di Verona

Tre anni dopo Verdi accettò di comporre un'opera per l'inaugurazione del nuovo teatro al Cairo voluto dal viceré d'Egitto: nel dicembre del 1871 finalmente si poté qui assistere alla prima di Aida. L'8 febbraio dell'anno seguente la prima europea di Aida venne invece eseguita con grande plauso al Teatro alla Scala. Al giorno d'oggi, quest'opera rappresenta indubbiamente, il più grande successo di Verdi e viene allestita ogni autunno alle Piramidi di Giza a Il Cairo, così come ogni estate all'Arena di Verona.

Le principe du compositeur

Sur l'ensemble des lignes du paragraphe, Photoshop analyse les sauts de ligne possibles et leur attribue des pénalités plus ou moins importantes en fonction de critères prédéfinis. Une fois l'évaluation terminée, le programme compose les lignes en utilisant les sauts qui contiennent le moins de pénalités. Les principales pénalisations sont liées aux espacements et aux mesures. Pour les espacements, la plus grande importance étant accordée à la régularité de l'espacement des lettres et des mots, un saut de ligne est d'autant plus pénalisé qu'il entraîne un écart important par rapport à l'espacement idéal — défini dans la commande **Justification** du menu local du panneau **Paragraphe**. Pour les mesures, l'absence de césure étant privilégiée, le saut de ligne qui nécessite une césure est davantage pénalisé que celui qui crée un espacement irrégulier.

L'automatisation de la mise en forme avec les styles de paragraphes

Ps La fonction **Styles de paragraphe** apparaît dans Photoshop. Il devient possible de préparer des styles de paragraphes afin de les appliquer à différents textes du document voire de les utiliser dans un autre document. Comme pour les styles de caractères, on retrouve ici le principe de gestion des styles d'InDesign (ou d'Illustrator).

Les méthodes de création du style

La création à partir d'une mise en forme

Pour créer un style effectuez les opérations suivantes :

1. Si la totalité du texte à mettre en forme se trouve sur le même calque, sélectionnez-le par double-clic sur le nom du calque de texte de manière à voir les caractères en surbrillance ; sinon, sélectionnez le paragraphe concerné par triple-clic dessus avec l'outil **Texte**.

2. Mettez le texte en forme de manière classique avec les attributs des panneaux **Caractère** et **Paragraphe** (ou ceux du menu **Texte** et de la **Barre d'options**).

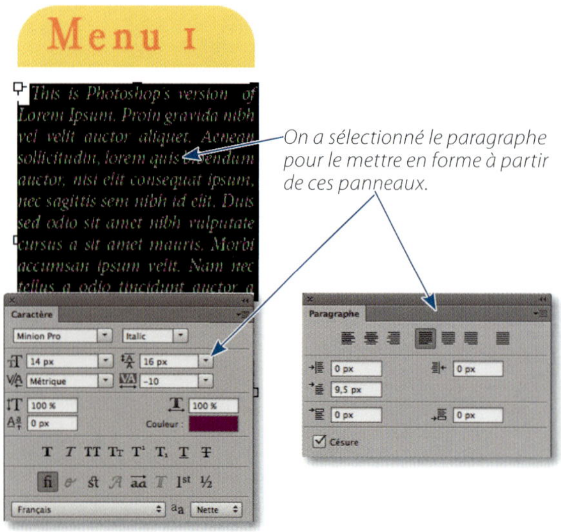

On a sélectionné le paragraphe pour le mettre en forme à partir de ces panneaux.

3. Affichez le panneau **Styles de paragraphes** (menu **Texte/Panneaux** ou menu **Fenêtre**) et cliquez sur l'icône de création : le style est créé et appliqué.

4. Pour renommer le style, enfoncez ⌘[Ctrl], cliquez sur son nom pour le sélectionner, puis saisissez le nom voulu.

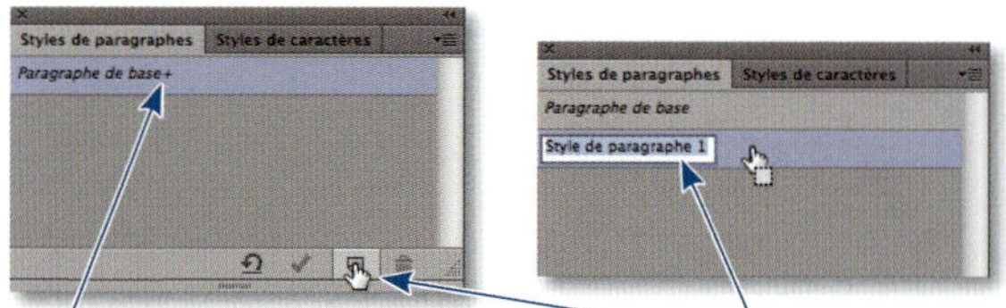

Le signe + indique qu'il y a une mise en forme.

Par clic ici, on a créé et appliqué le style à la sélection de texte (on peut le renommer).

> **Attention** *Comme pour les styles de caractères, si vous créez le style à partir d'un texte dont vous n'avez pas sélectionné les caractères (surbrillance) mais seulement le calque, celui-ci ne sera pas appliqué au texte.*

La création par définition

1. Dans le panneau **Calques**, assurez-vous qu'aucun calque n'est sélectionné. Affichez le panneau **Styles de paragraphes** (menu **Texte/Panneaux** ou menu **Fenêtre**) et cliquez sur l'icône de création : le style est créé.

2. Pour composer le style, effectuez un double-clic sur le nom du style pour afficher sa fenêtre de définition : renommez le style et choisissez ses attributs dans les différentes rubriques de caractères et de paragraphes.

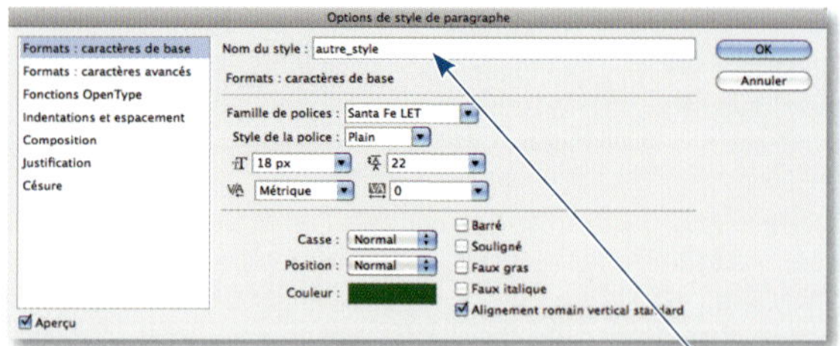

On affiche la fenêtre de définition par double-clic, on renomme et on règle sa typographie dans les différentes rubriques.

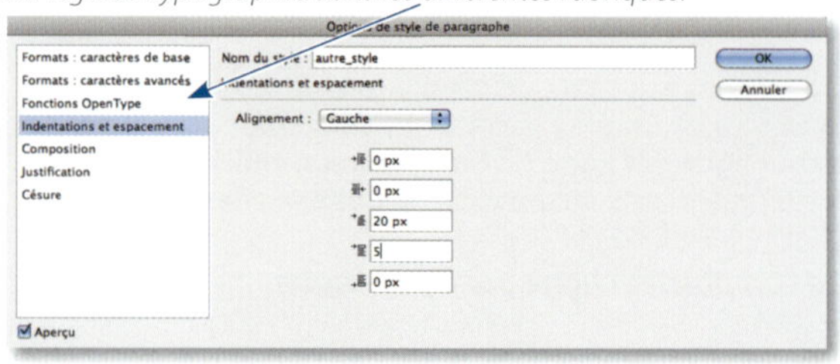

L'application du style

L'application automatique

Si un style est sélectionné dans le panneau **Styles de paragraphes** au moment où vous créez un texte, celui-ci est automatiquement affecté aux caractères saisis ou collés.

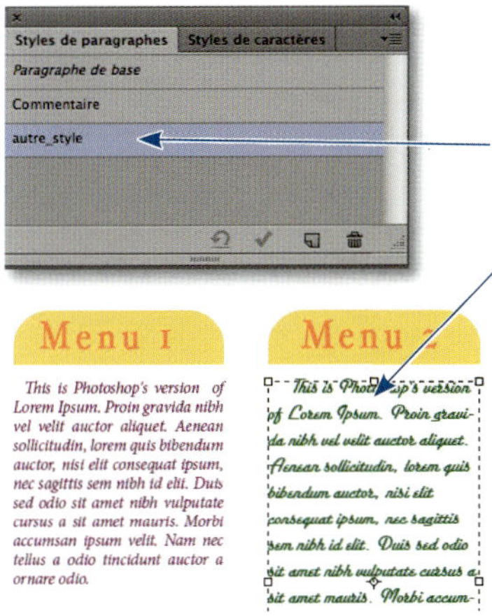

On sélectionne le style. Il s'applique à tout nouveau texte.

L'application personnalisée à une sélection

Après la sélection, comme pour les styles de caractères, selon le formatage initial du texte, l'application se réalise en deux étapes :

1. Sélectionnez le texte dont vous souhaitez formater les paragraphes. La sélection se réalise dans le panneau **Calques** (pour la totalité du texte) ou par clic dans le paragraphe avec l'outil **Texte** si la mise en forme se limite à un seul paragraphe (vous pouvez aussi ratisser le texte si plusieurs paragraphes sont concernés, dans les deux cas, le calque de texte doit être actif).

On sélectionne le texte à formater dans le panneau Calques ou en cliquant dans le paragraphe avec l'outil Texte.

2. Dans le panneau **Styles de paragraphes**, cliquez sur le style à appliquer : le texte se met en forme.

3. Si le paragraphe comportait une mise en forme locale, nom du style se marque d'un signe + qui indique que ce dernier possède des remplacements (attributs qui ne sont pas définis dans le style). Cliquez sur l'icône ⟲ située en bas du panneau pour supprimer les remplacements et formater correctement le texte.

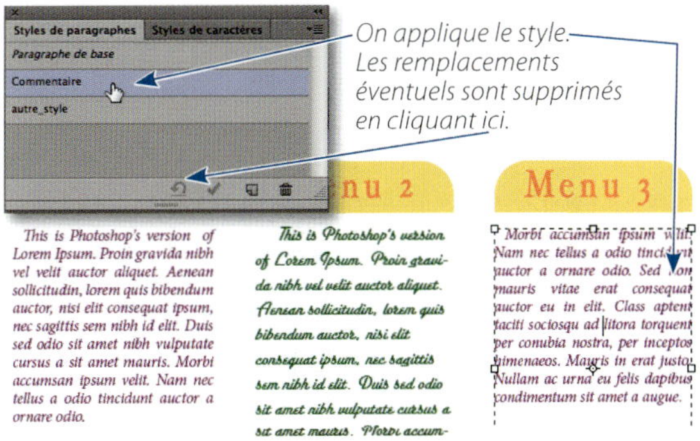

On applique le style. Les remplacements éventuels sont supprimés en cliquant ici.

LES MODIFICATIONS DU STYLE

Le changement de composition

Sans faire aucune sélection particulière, pour modifier un style, affichez sa fenêtre de définition (par double-clic sur le nom du style) et changez les attributs voulus. Si la case **Aperçu** est cochée, les modifications seront directement visibles sur les paragraphes où le style est appliqué.

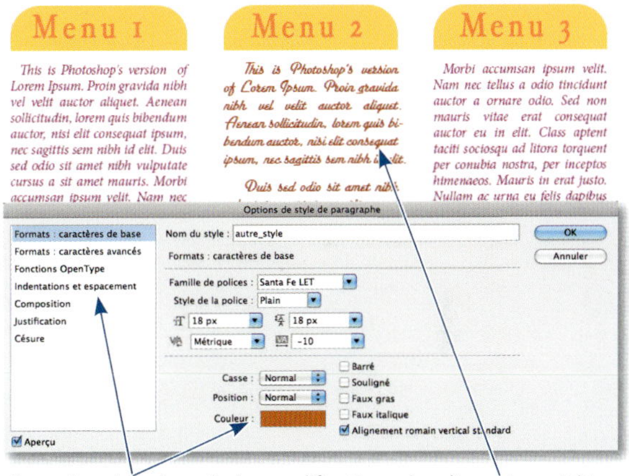

Quand on édite le style, les modifications s'appliquent aussitôt.

La suppression ou l'ajout des remplacements

Quand vous modifiez localement un texte formaté par un style de paragraphes, un signe + apparaît en regard du nom du style qui lui est appliqué. Deux icônes deviennent actives dans le bas du panneau : ⟲ et ✔.

Si vous cliquez sur ⟲, le texte retrouve le formatage tel qu'il est défini au départ dans le style : les remplacements sont supprimés, le texte est réinitialisé sur le style.

Si vous cliquez sur ✔, le style est modifié et les remplacements sont incorporés dans le style. Le style est redéfini et tous les textes auxquels il est appliqué sont modifiés.

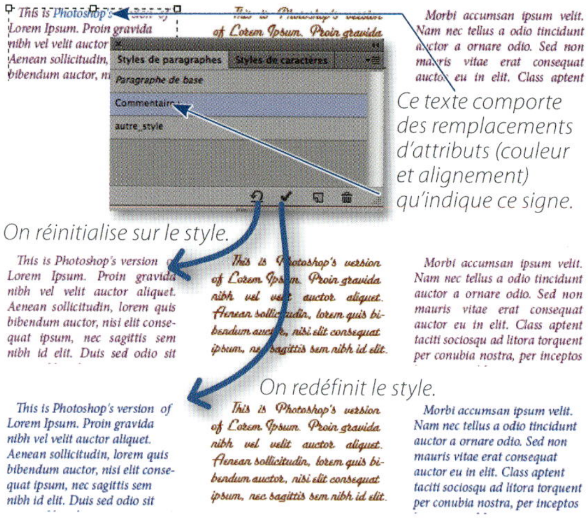

La gestion des styles entre documents

Les styles de paragraphes (et de caractères) sont intégrés dans le document. Quand vous ouvrez un autre document, celui-ci ne comporte que les styles que vous y avez créés. Pour retrouver des styles d'un autre document, dans le menu du panneau **Styles de paragraphes** utilisez la commande **Charger les styles de paragraphes** : les styles s'ajouteront à ceux déjà présents, en cas de conflit, un message vous préviendra et vous permettra de gérer la situation.

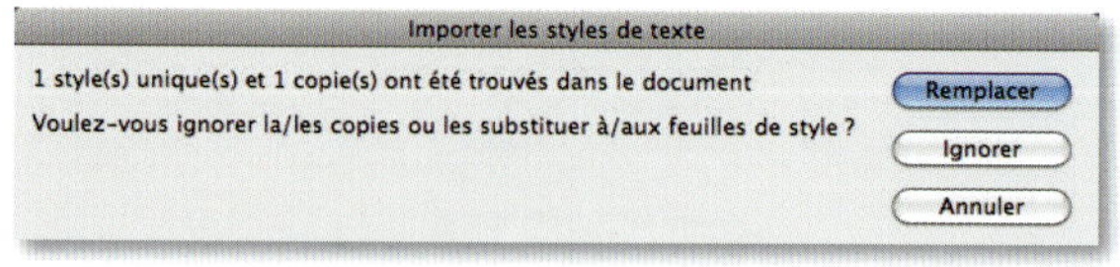

Ce message permet de gérer les conflits de styles lors de leur importation.

La déformation du texte

La mise en place d'une déformation du texte

Dans le cas d'un texte, il y a deux façons d'obtenir la déformation : la déformation du texte et la déformation du calque. Les deux méthodes donnent les mêmes résultats.

> **Astuce** *Vous ne pouvez pas déformer un texte ayant les attributs **Faux Gras** ou **Faux Italique** ou dans une police non vectorielle (un message le signale).*

La déformation de type texte

Pour créer la déformation, activez le calque de texte voulu. En cliquant sur sa vignette dans le panneau **Calques**, sélectionnez l'outil **Texte** et cliquez sur l'icône **Créer un texte déformé** dans la **Barre d'options** (ou déroulez le menu **Calque** puis **Texte/Déformer le texte**). Dans les deux cas, c'est la fenêtre **Déformer le texte** qui s'affiche, il n'y a pas de maillage de déformation visible autour du texte.

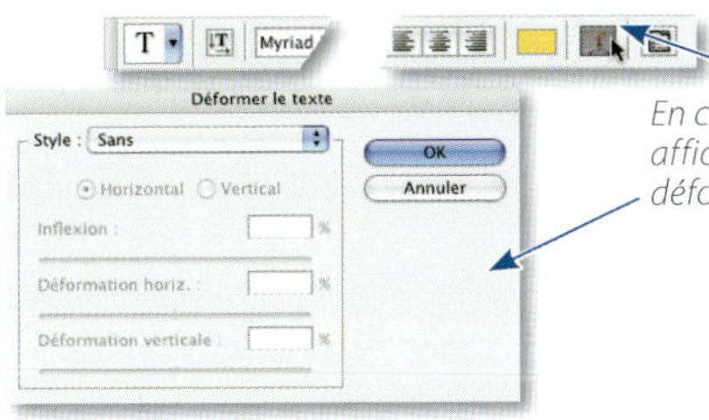

En cliquant ici, on affiche la fenêtre de déformation.

> **Astuce** *Si le texte est en surbrillance (texte sélectionné), le menu contextuel déroulé sur l'image propose la déformation (elle s'appliquera à la totalité du texte). La vignette du calque deviendra pour indiquer la déformation.*

La déformation de type calque

Pour cette déformation, la démarche est la même que pour un calque : activez le calque de texte voulu en cliquant sur sa vignette dans le panneau **Calques**, sélectionnez l'outil **Déplacement** et lancez la commande **Transformation manuelle** (au clavier, **⌘**T [Ctrl T]), puis cliquez sur l'icône de la **Barre d'options**. Vous pourrez alors choisir la déformation dans la liste qui s'affiche en cliquant sur **Sans**.

Par la transformation manuelle, on accède à la déformation.

Dans ce cas, quand vous avez choisi une déformation, un maillage de déformation apparaît sur le texte. Il comporte une poignée pour régler la déformation. Celle-ci se règle également à partir des cases de valeurs de la **Barre d'options**.

Les types de déformations

Avec l'option **Sans**, on compte douze déformations, elles sont montrées dans le tableau ci-dessous.

Sans déformation.

Arc.

Arc inférieur.

Arc supérieur.

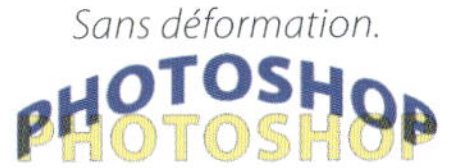

Arche.

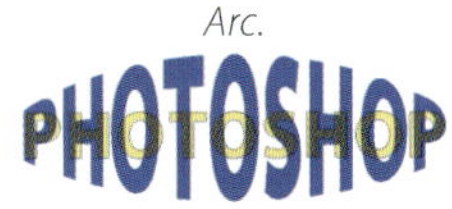

Renflement.

Coquille vers le bas.

Coquille vers le haut.

Drapeau.

Onde.

Poisson.

Montée.

Objectif 180°.

Dilatation.

Compression.

Torsion.

Certaines d'entre elles peuvent agir verticalement ou horizontalement, les autres (**Objectif 180°**, **Dilatation** et **Torsion**) agissent en même temps selon les deux axes.

Le paramétrage de la déformation

Les réglages de déformation

Quand une déformation est sélectionnée, vous pouvez la régler dans la **Barre d'options** en modifiant les valeurs des cases **Inflexion**, **H** et **V** (avec les touches fléchées ou avec la molette de la souris ; l'incrément est de 0,1 et d'1 avec ⇧). Vous pouvez également agir sur la poignée située sur le maillage de la déformation, cette action ne modifie que la valeur de la case **Inflexion**. S'il s'agit d'une déformation de type texte, le réglage s'effectue dans la fenêtre.

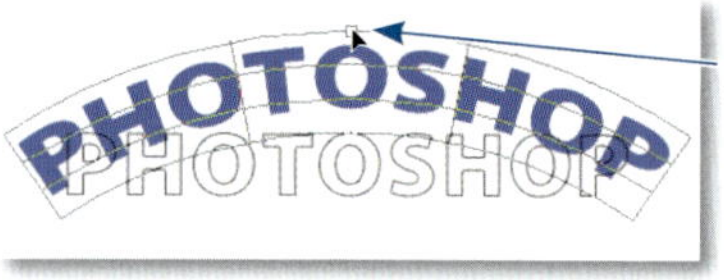

En agissant sur cette poignée, on peut déformer le texte (il s'agit ici d'une déformation de type calque).

L'orientation : déformation horizontale ou verticale

Par défaut, toutes les déformations qui possèdent une orientation sont horizontales. Avec les déformations **Coquille vers le bas** ou **vers le haut** (et uniquement avec celles-ci), les résultats sont intéressants lorsque l'orientation est inversée : on obtient respectivement **Coquille vers la droite** ou **vers la gauche** (dans le cas d'une déformation de type calque, cette opération se réalise par clic sur l'icône).

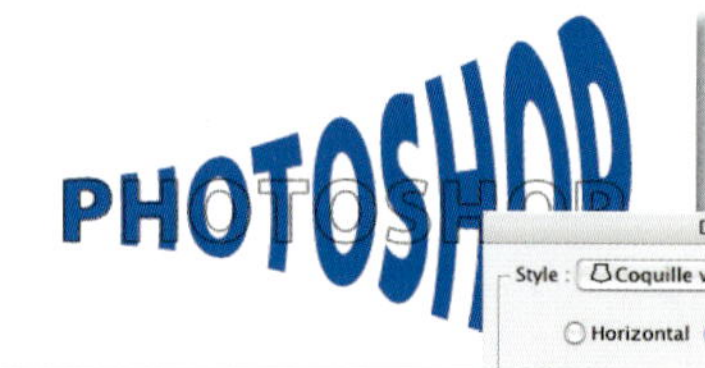

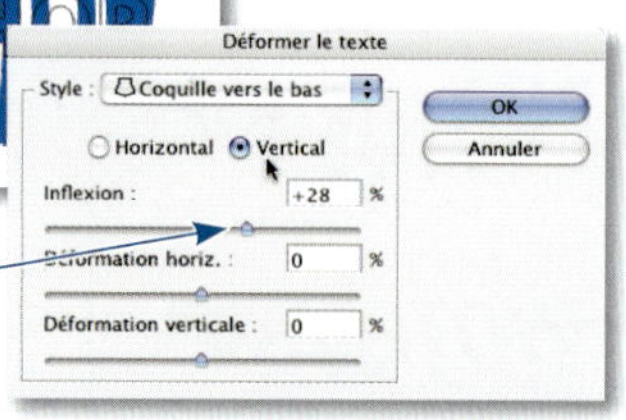

*On a changé l'axe par clic sur l'icône ou le bouton **Vertical** pour cette déformation de type **Coquille vers le bas**.*

> **Astuce** *Si vous agissez sur les valeurs des cases **H** et **V** ou **Déformation horiz.** (ou **verticale**), la poignée de déformation disparaît du maillage.*

Si le texte est saisi verticalement, il est souvent préférable de programmer une déformation verticale (sauf si le texte a subi une rotation en décochant l'option dans le menu local du panneau **Caractère**).

L'inflexion ou intensité de la déformation

Cette option permet de modifier l'intensité de la déformation ainsi que son sens si le signe est inversé.

Les effets de perspective

Les options **Déformation horizontale** et **verticale** permettent d'ajouter un effet de perspective à la déformation. En effet, toute déformation avec une inflexion nulle ne déforme pas : une augmentation de la valeur de déformation horizontale ou verticale crée alors un effet de perspective.

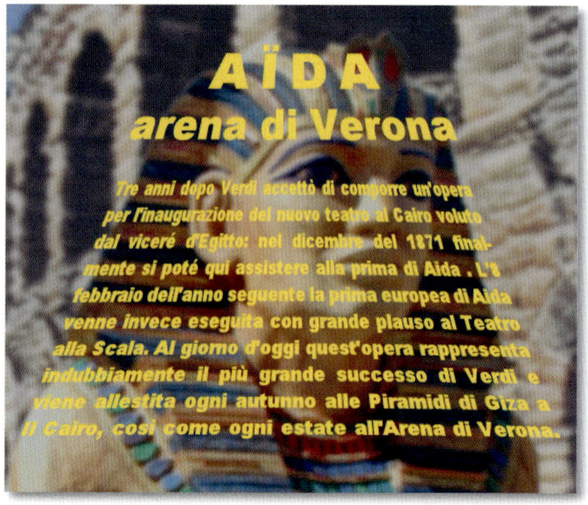

*Pour obtenir cet effet, on a utilisé une déformation avec une **Inflexion** nulle et une valeur de **Déformation verticale** de 20 %.*

La déformation personnalisée

La déformation personnalisée que nous avons vue avec les calques (ou les couches et les sélections) ne fonctionne pas avec les textes. En revanche, elle fonctionne si vous créez un objet dynamique à partir du calque de texte, qui restera ainsi éditable (par double-clic sur l'icône de l'objet dynamique).

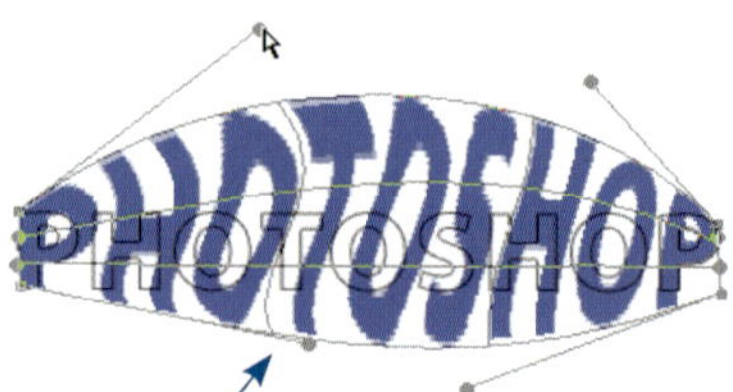

Pour déformer le texte librement, on a créé un objet dynamique (que l'on peut toujours éditer par double-clic).

Le travail d'un calque de texte

L'édition d'un texte

Si vous souhaitez changer la typographie du texte entier, il suffit d'activer son calque dans le panneau **Calques** en cliquant sur sa vignette, puis de choisir les nouveaux réglages dans les panneaux **Caractère**, **Paragraphe**, **Styles de caractères** ou **de paragraphes**. Pour reprendre la saisie ou modifier partiellement le texte, activez l'outil **Texte** et cliquez sur le texte, ou ratissez-le pour sélectionner la partie à modifier.

Le travail du calque

Un calque de texte possède les mêmes propriétés que les autres calques ; ainsi, vous pouvez :

- changer ses options, c'est-à-dire l'opacité du calque ou du fond, le mode de fusion et les plages de fusion ;
- lui associer un masque de fusion afin d'en cacher une partie ;
- lui associer un calque de réglage comme un calque **Teinte/Saturation** pour changer ses couleurs ;
- l'utiliser comme base dans un masque d'écrêtage afin de le remplir par le contenu d'autres calques ;

L'opacité du fond est nulle pour ne voir que les effets de calque.

- le lier à d'autres calques pour l'aligner, le transformer ou le déplacer avec ces autres calques ;
- lui appliquer un ou plusieurs effets de calque.

Les colorations du texte

Cela peut se réaliser de différentes façons selon qu'il s'agit d'un aplat de couleur appliqué à l'ensemble ou à une partie du texte, d'un motif, d'un dégradé, ou encore d'une texture quelconque. Les méthodes qui suivent s'appliquent sans avoir à convertir le calque de texte, ce qui préserve la possibilité de changer la saisie ou la typographie du texte.

LA COLORATION PAR UN APLAT

Pour colorer un texte, activez le calque de texte, puis l'outil **Texte**, et cliquez dans la case de couleur de la **Barre d'options** pour afficher le sélecteur de couleurs. Plus rapidement, au clavier, tapez ⌥Efface [Alt Efface] pour remplir avec la couleur de premier plan et ⌘Efface [Ctrl Efface] pour remplir avec la couleur d'arrière-plan.

LE REMPLISSAGE PAR LES EFFETS : APLAT, DÉGRADÉ OU MOTIF

La fenêtre **Style de calque**, qui s'affiche par double-clic sur le nom du calque, propose trois types de coloration d'un calque : **Incrustation couleur**, **Incrustation en dégradé** et **Incrustation de motif**. On accède également à ces trois colorations en cliquant sur l'icône *fx* située en bas du panneau **Calques** ou par le menu **Calque** et son sous-menu **Style de calque**.

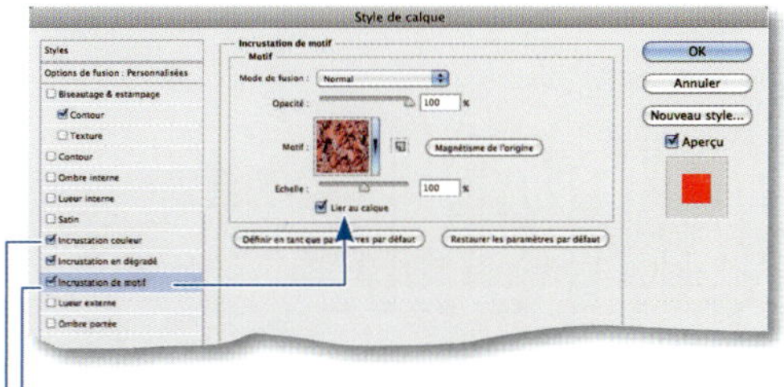

Les trois incrustations permettent de colorer le texte.

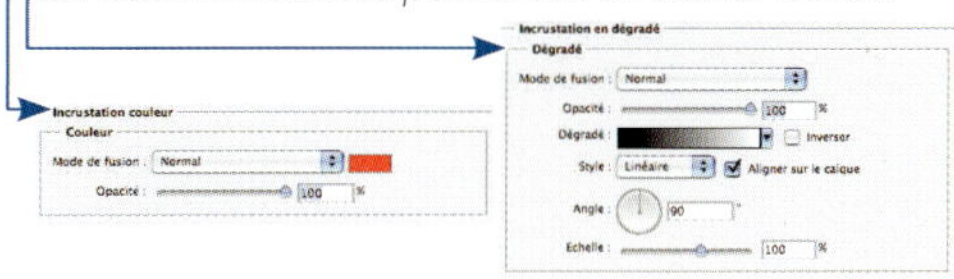

Pour chacune de ces incrustations, vous pouvez régler :

- l'**Opacité**, de manière à faire éventuellement réapparaître la couleur initiale du texte ;
- le **Mode de fusion**, pour mélanger les couleurs issues de l'incrustation avec celle du texte.

> **Astuce** *Pour que la couleur initiale du texte n'intervienne pas dans le réglage d'opacité ou de fusion de l'incrustation, réglez l'**Opacité du fond** avec une valeur nulle dans le panneau **Calques**. Au clavier, si l'outil **Déplacement** est actif (V), enfoncez ⇧ et tapez la valeur d'opacité du fond souhaitée ; sans ⇧, c'est l'**Opacité du calque** qui sera modifiée.*

Les incrustations en dégradé et de motifs possèdent des options qui leur sont propres. Tous ces paramètres sont sensiblement identiques à ceux des calques de remplissage ; leur étude a été abordée dans le chapitre précédent (*voir aussi le suivant sur les effets de calque*).

Le contour du texte

L'ajout d'un contour à un texte peut aussi être résolu par les effets de calque. En effet, la fenêtre **Style de calque** propose l'effet **Contour**. La zone de réglage de **Contour** permet non seulement de choisir l'épaisseur (**Longueur**) et la couleur du contour, mais également sa position (**Intérieur**, **Centre** et **Extérieur**) ainsi que son mode de fusion et son opacité. Le contour peut être rempli de trois façons : par un aplat de couleur (option par défaut), par un dégradé et par un motif (pour ces deux derniers, on retrouve les options respectives des dégradés ou des motifs).

> **Astuce** *Pour que le texte ne montre que son contour, activez l'outil **Déplacement** et tapez ⇧00 pour régler l'**Opacité du fond** à une valeur nulle dans le panneau **Calques** ; vous pouvez effectuer ce réglage en affichant les **Options de fusion** par un clic sur l'icône fx. du panneau **Calques**.*

À ce texte rempli d'un dégradé, on a affecté un contour.

Le remplissage avec un masque d'écrêtage

Si le texte doit être rempli de motifs, d'un dégradé ou de toute autre texture (voire d'une photo), placez un nouveau calque au-dessus du texte, remplissez-le tel que devra apparaître le texte et tapez ⌘G [Ctrl G] afin de créer un masque d'écrêtage dans lequel le calque de texte sert de base.

La transformation d'un texte

Qu'il s'agisse d'un texte de point, de paragraphe, captif ou curviligne, le contenu d'un calque de texte peut subir des transformations comme n'importe quel calque (même transformé, le texte reste éditable). Ces transformations s'appliquent à partir du menu **Édition** et des commandes de transformation, du menu contextuel, ou en tapant ⌘T [Ctrl T]. Une fois le cadre de transformation affiché, vous pouvez paramétrer la transformation depuis la **Barre d'options**.

> **Attention** *Si l'outil **Déplacement** est actif et l'option **Options de transf.** cochée, la première action sur les poignées du cadre ne fait que déplacer le texte ; cependant, elle active la transformation manuelle et ses options dans la **Barre d'options**.*

Quand vous agissez sur les poignées, l'emploi de certaines touches apporte des contraintes à la transformation :

Touche	Contrainte sur la transformation
⇧	Transformation homothétique ; dans le cas d'une rotation, elle s'effectue avec des pas de 15°.
⌥ [Alt]	Centrage de la transformation
⌘ [Ctrl]	Inclinaison

Les touches peuvent être cumulées pour augmenter les contraintes. Lors de certaines manipulations, n'oubliez pas de désigner l'axe de transformation en cliquant sur le point voulu de l'icône ▦ dans la **Barre d'options**.

La pixellisation du texte

Certains outils et certaines commandes (tels que les filtres et les outils de peinture) ne sont pas disponibles avec un calque de texte. Vous devez pixelliser le texte avant d'appliquer les commandes ou d'utiliser les outils. Cette pixellisation convertit le calque de texte en calque ordinaire et rend son contenu impossible à modifier en tant que texte. Un message d'avertissement apparaît si vous choisissez un outil ou une commande nécessitant un calque pixellisé ; dans certains cas, la pixellisation est proposée dans le message.

La commande **Pixellisation** est accessible par le menu contextuel (clic droit sur le nom du calque dans le panneau **Calques**) ou par le sous-menu **Pixellisation** du menu **Calque**. Le calque obtenu perd ses caractéristiques de texte, cependant les effets de calque (ombre portée…) lui restent appliqués.

> **ASTUCE** *Avant de pixelliser un texte, faites une copie du calque et cachez cette copie. Vous pourrez ainsi revenir sur le texte pour le modifier et le pixelliser à nouveau s'il le faut.*

La conversion en calque dynamique

Afin de pouvoir appliquer un filtre (ou une déformation), il peut être utile de convertir un texte en objet dynamique. Le texte restera accessible par double-clic sur la vignette du calque dynamique. Avant d'effectuer cette conversion, si le texte en possède, copiez son style de calque (par clic droit sur son nom), puis supprimez-le. Par la suite, vous pourrez le réaffecter à l'objet dynamique si nécessaire.

On a converti ce texte en objet dynamique et on lui a appliqué des filtres.
En éditant l'objet dynamique, on peut toujours éditer le texte.

La vectorisation du texte

La vectorisation du texte peut se réaliser de deux façons : soit on crée un tracé de travail, soit on crée une forme. Dans le premier cas, le calque de texte ne disparaît pas ; dans le second, le calque de texte disparaît ; aussi faut-il peut-être prévoir une copie du calque de texte (⌘J [Ctrl J]).

LA CRÉATION D'UN TRACÉ DE TRAVAIL

L'obtention d'un tracé de travail à partir d'un texte permet d'utiliser les caractères en tant que formes vectorielles. Cette vectorisation se réalise à partir du sous-menu **Texte** (menu **Calque**). Le tracé de travail obtenu est visible dans le panneau **Tracés**. Une fois qu'un tracé a été créé à partir d'un calque de texte, vous pouvez le mémoriser (c'est-à-dire le renommer dans le panneau **Tracés**), l'utiliser et le manipuler comme tout tracé (*revoir le chapitre sur les éléments vectoriels*).

> **ASTUCE** *Pour modifier la typographie des caractères dans le tracé, activez à nouveau le calque de texte d'origine, changez les attributs voulus et vectorisez à nouveau le texte.*

LA CONVERSION EN FORME

Cette conversion se réalise par la commande **Convertir en forme** du sous-menu **Texte** (menu **Calque**). Lors de la conversion, le calque de texte disparaît. Il est remplacé par un calque de remplissage **Couleur unie**, sur lequel agit un masque vectoriel constitué par le tracé du texte. Vous pouvez modifier le masque du calque et, éventuellement, pixelliser le masque de calque ou le calque de remplissage pour leur appliquer des filtres, par exemple.

> **ASTUCE** *Il n'est pas possible de changer la typographie des caractères du masque, aussi faut-il prévoir une copie du calque de texte pour pallier cet inconvénient.*

L'extrusion en 3D du texte

Ps Tout en restant éditable, le texte peut subir une extrusion 3D, cette opération, qui se réalise directement par la commande **Extrusion en 3D** du menu **Texte** (ou par l'icône 3D de la **Barre d'options**), a été développée au chapitre précédent consacré aux calques 3D.

6 - Les effets de calque

L'utilisation des effets

Photoshop permet d'affecter à un ou plusieurs calques (sauf à l'arrière-plan) un ou plusieurs effets de calque et des options de fusion (opacité, mode de fusion…). L'ensemble de ces éléments porte le nom de **style de calque**. Leurs réglages (et leurs attributions) se réalisent par la fenêtre **Style de calque**. C'est également par cette fenêtre qu'un ensemble peut être mémorisé sous la forme d'un style, qui apparaîtra alors dans le panneau **Styles** .

> **NOTE** *On peut définir les réglages personnalisés d'un effet comme valeurs par défaut. De plus, depuis la version CS6 de Photoshop, il est possible d'appliquer l'effet à plusieurs calques en même temps, voire à un groupe de calques.*

L'application d'un effet de calque

Les techniques d'application

Pour appliquer un effet, sélectionnez le ou les calques voulus dans le panneau **Calques**, cliquez sur l'icône **fx** pour afficher une liste d'effets (qui a été remaniée pour que certains effets soient plus accessibles) et y choisir celui souhaité. Ce choix fera apparaître la fenêtre **Style de calque** à laquelle vous pouvez également accéder par le menu **Calque/Style de calque** ou par double-clic à droite du nom du calque.

Si vous devez appliquer plusieurs effets, dans la zone gauche de la fenêtre **Style de calque** qui s'affiche avec le premier effet, cochez les effets à affecter au calque. Pour les régler, cliquez sur leur nom afin de visualiser leurs options. Quand le style est appliqué à un calque, le panneau **Calques** affiche sous le calque une barre d'effets sous laquelle vous pouvez voir les effets appliqués. Par double-clic sur l'un d'entre eux, vous affichez sa fenêtre de réglage. Avant d'étudier les réglages des différents effets, nous en ferons d'abord une description rapide.

L'application localisée d'un effet de calque

Pour mettre en évidence une zone particulière d'un calque, il est parfois utile d'appliquer un effet de calque localisé sur cette partie. Par défaut, un effet (ou style) de calque affecte la totalité du calque. Cependant, des méthodes permettent de localiser l'application de l'effet : avec un collage spécial ou avec des masques (de fusion ou vectoriel) sur le calque.

L'effet de calque localisé à l'aide d'une copie de calque et d'un masque

Ce type d'effet est utile pour mettre en évidence une partie d'une image en l'entourant, par exemple, d'un contour ou d'un halo.

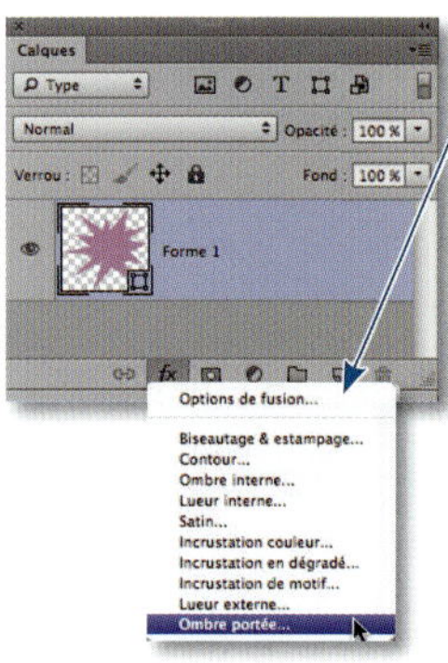

Ici, on choisit l'effet.

On peut appliquer plusieurs effets en même temps.

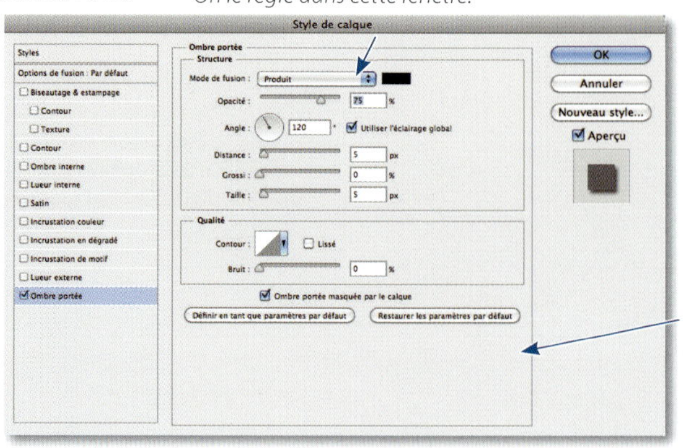

On le règle dans cette fenêtre.

L'effet apparaît listé ici.

On peut définir les réglages personnalisés de l'effet comme valeurs par défaut.

La méthode, décrite ci-après, comporte quelques étapes, mais s'applique aussi bien à un calque standard qu'à un objet dynamique (dans ce dernier cas, elle permet de conserver le dynamisme).

1. Copiez le calque actif en tapant ⌘J [Ctrl J] (menu Calque/Nouveau/Calque par copier).

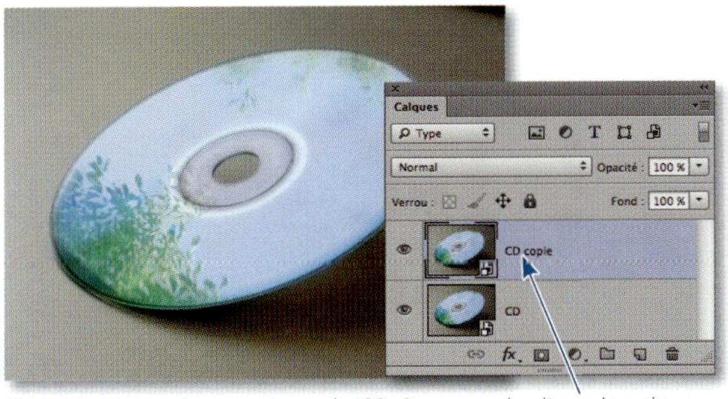

Pour placer une lueur autour du CD-Rom, on duplique le calque.

2. Sélectionnez, par la méthode de votre choix, la partie du calque sur laquelle l'effet doit apparaître et créez un masque de fusion en cliquant sur l'icône du panneau Calques.

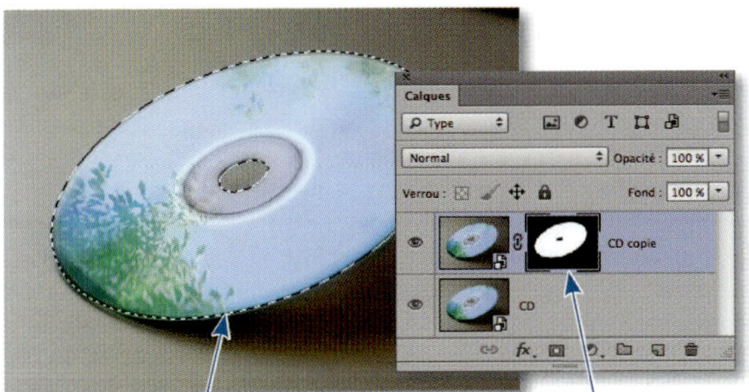

On crée une sélection que l'on utilise comme masque de fusion.

3. Appliquez l'effet souhaité.

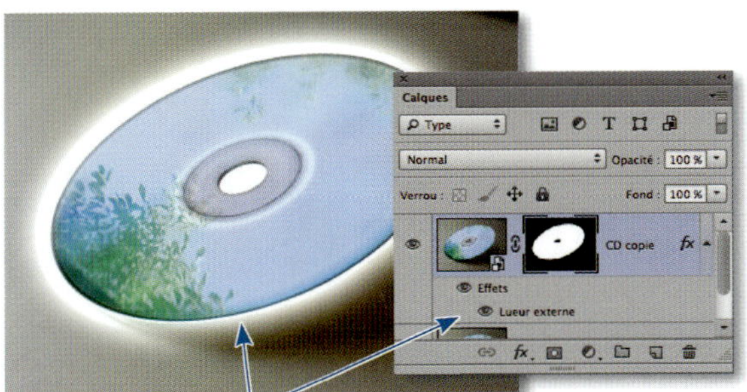

On affecte l'effet qui apparaît localisé sur le CD-Rom.

ASTUCE *Si le calque que vous copiez comporte un mode de fusion, sa copie héritera de ce mode. Une fois le masque en place, la zone de recouvrement des calques présentera une différence avec le reste du document. Pour annuler cette différence, dans le panneau* ***Calques****, réglez l'****Opacité du fond*** *à 0 %. Ainsi, seul l'effet de calque sera visible.*

L'effet de calque partiellement caché par un masque de fusion ou vectoriel

Pour cacher l'effet sur certaines zones de la copie du calque, vous devez utiliser un masque (de fusion ou vectoriel) et l'option Effets masqués par le masque de fusion (ou le masque vectoriel) que vous cochez dans la fenêtre Options de fusion (fx). Voici le détail des opérations avec un exemple : il s'agit d'une illustration dans laquelle figure un dessin (forme vectorielle) avec une ombre portée, et sur une partie duquel on souhaite ajouter un contour noir qui ne devra pas apparaître à l'intérieur.

On souhaite ajouter un contour sur ce dessin, mais il ne devra pas apparaître à l'intérieur.

1. Dupliquez le calque de la forme vectorielle. Le calque original ayant le mode Produit, réglez l'opacité du Fond à 0 sur la copie et supprimez l'ombre portée en cliquant son œil (ou en la glissant sur la corbeille).

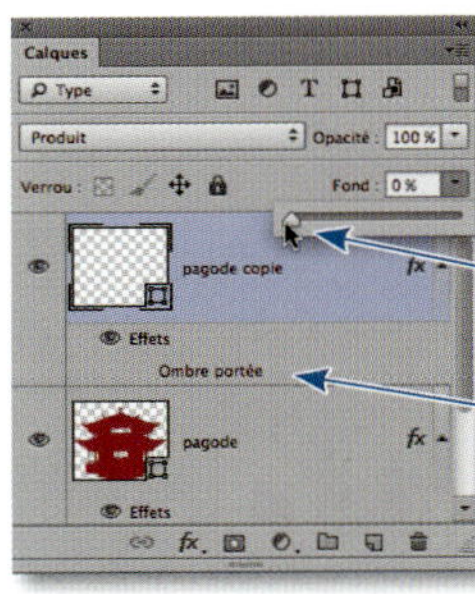

On a dupliqué le calque et réduit l'opacité du fond pour que les pixels du calque ne soient plus visibles.
On cache également cet effet.

2. Affectez l'effet de calque de type Contour (épaisseur de 3 pt, couleur noire, par exemple) : le contour apparaît sur la totalité du dessin.

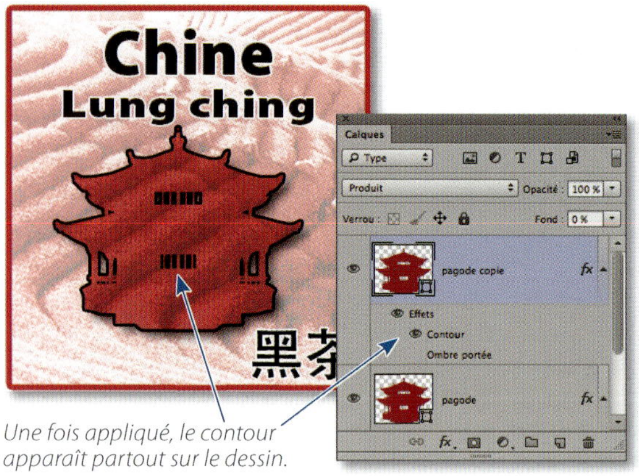

Une fois appliqué, le contour apparaît partout sur le dessin.

3. Affichez la fenêtre **Options de fusion** en double-cliquant sur l'icône *fx* située à droite du nom du calque et cochez l'option **Effets masqués par le masque de fusion**.

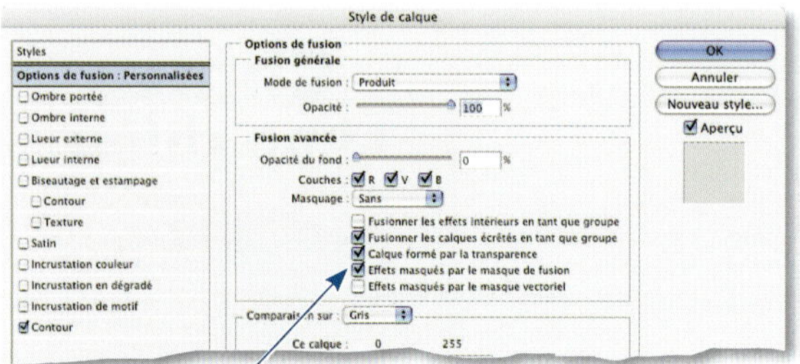

On coche cette option pour que le masque, une fois rempli de noir, cache le contour à l'intérieur du dessin.

4. Ajoutez le masque de fusion, cliquez sur l'icône [icône] (panneau **Calques**) : un masque blanc est ajouté. Cachez l'effet (le contour) en passant le pinceau (ou le crayon) réglé avec le noir sur la partie centrale du dessin. Si vous débordez, passez-le avec le blanc pour le faire réapparaître.

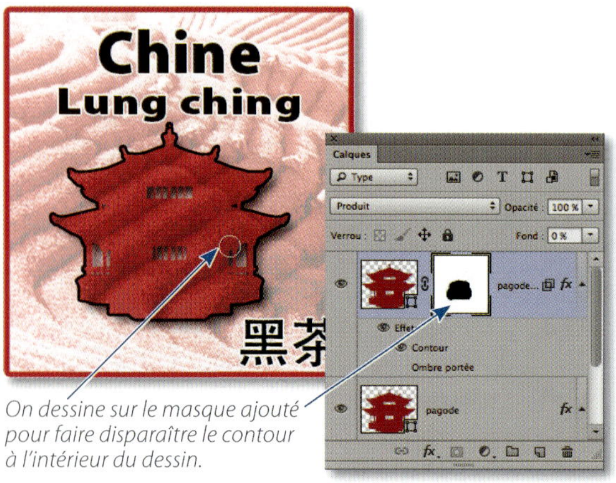

On dessine sur le masque ajouté pour faire disparaître le contour à l'intérieur du dessin.

L'effet appliqué partiellement sur un texte

Avec un texte (ou un calque de remplissage), il n'est pas possible de copier une partie du calque (sauf si vous le pixellisez). Pour pallier ce problème, convertissez le calque de texte en objet dynamique et dupliquez cet objet (⌘J [Ctrl J]). En opérant ainsi, la modification du texte s'effectuera par l'édition de l'objet dynamique, qui sera automatiquement répercutée sur la copie.

Pour appliquer un effet sur la première lettre de ce mot, on convertit d'abord le texte en un objet dynamique.

ATTENTION *Si le texte possède un mode de fusion, il faudra réappliquer ce mode une fois l'objet dynamique créé. De plus, l'opacité du fond de la copie devra être nulle.*

Une fois la copie réalisée, faites une sélection de la zone où doit s'appliquer l'effet (ou entourez-la dans un tracé vectoriel dessiné avec l'outil **Plume** ou avec l'un des outils **Forme vectorielle**) et créez un masque de fusion (ou vectoriel) en cliquant sur l'icône [icône] du panneau **Calques** (avec ⌘[Ctrl] pour un masque vectoriel). Appliquez l'effet et, éventuellement, affectez une opacité du fond nulle pour que l'effet apparaisse seul.

On a appliqué l'effet sur la lettre en utilisant une copie de l'objet dynamique associé à un masque qui cache les autres lettres.

ASTUCE *Quand vous affectez une couleur, un contour… à un calque ayant un mode de fusion, veillez à appliquer ce même mode de fusion à l'effet et, éventuellement, à réduire à 0 l'opacité du fond du calque.*

Les types d'effets de calque

Les effets peuvent se cumuler mais certains sont opposés.

Ombre portée

Cet effet place une ombre derrière le contenu du calque — celui-ci doit comporter des pixels transparents ; l'arrière-plan (calque inférieur) doit être plutôt clair.

Ombre interne

Cet effet ajoute une ombre qui se place sur le contour du contenu du calque, donnant un aspect de creux. Le contenu du calque doit être plutôt clair.

Lueur externe et Lueur interne

Ces effets ajoutent des effets de halo sur les bords (externes ou internes) du contenu du calque — celui-ci doit comporter des pixels transparents ; l'arrière-plan (lueur externe) ou le contenu du calque (lueur interne) doit être plutôt sombre.

Biseautage et estampage

Série d'effets qui ajoutent des reflets et des ombres combinés sur les bords du contenu du calque (qui doit comporter des pixels transparents), pour donner une impression de relief.

Satin

Cet effet remplit l'intérieur du calque d'une texture obtenue par superposition de copies décalées du contenu du calque, créant ainsi un fini satiné.

Incrustation couleur, en dégradé et de motif

Ces effets remplissent le calque d'un aplat de couleur, d'un dégradé ou d'un motif.

Contour

Cet effet marque les bords du contenu du calque d'un filet rempli d'un aplat de couleur, d'un dégradé ou d'un motif (le calque doit comporter des pixels transparents).

Le paramétrage des effets

Dans toutes les cases où une valeur est requise, vous pouvez cliquer et utiliser les touches Flèche vers le haut ou vers le bas (incrément d'1 et de 10 avec ⇧). Cette technique permet de porter votre attention sur l'image et non sur la case de saisie. Les valeurs que vous saisissez sont liées à la résolution de l'image.

Note *On peut définir les réglages personnalisés d'un effet comme valeurs par défaut.*

Astuce *Après avoir modifié certains réglages, pour retrouver les valeurs initiales, enfoncez ⌥ [Alt] et cliquez sur le bouton **Annuler** devenu **Rétablir** (ou tapez ⌥ esc [Alt Echap]).*

Les réglages de l'effet Ombre portée

Dans l'effet **Ombre portée**, et comme dans la plupart des autres effets, les options se répartissent en plusieurs catégories. Ici, on trouve deux rubriques : **Structure** et **Qualité**.

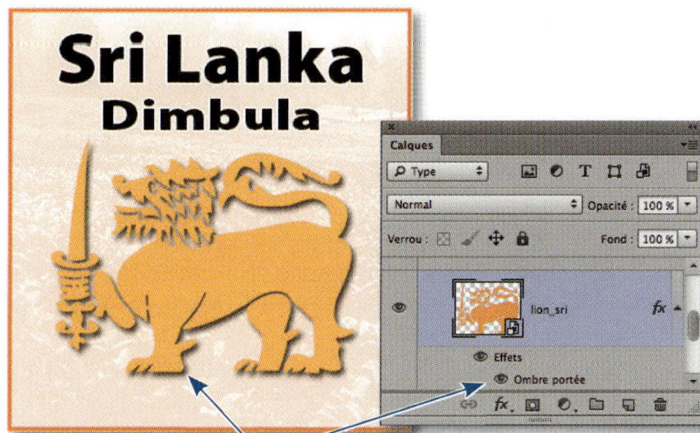

On a appliqué au calque l'ombre portée avec les valeurs par défaut.

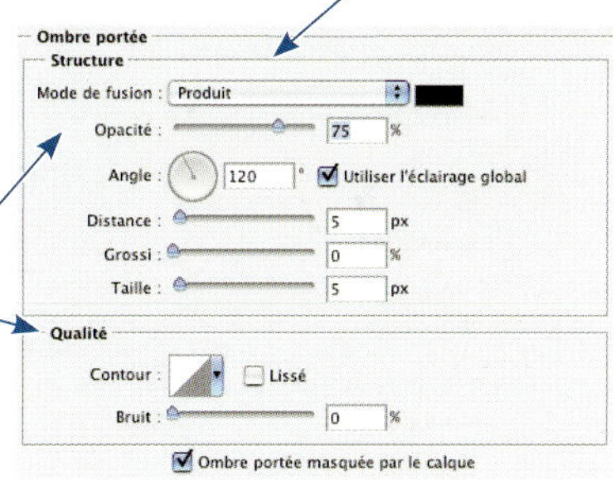

Les réglages montrent deux rubriques : Structure et Qualité.

Les paramètres de Structure

Dans cette rubrique, on retrouve quelques options communes à plusieurs effets (**Mode de fusion**, **Opacité** et **Angle**) et d'autres spécifiques à un effet (**Distance**, **Grossi** et **Longueur**).

Le mode de fusion

Il détermine la façon dont l'effet est fusionné avec les calques inférieurs. Dans le cas d'une ombre portée, c'est le mode **Produit** qui est appliqué par défaut.

Si vous changez la couleur de l'ombre (par défaut, **Noir**), il faudra peut-être choisir un autre mode. En effet, si la couleur est plutôt claire, **Produit** ne convient plus et c'est **Superposition** ou **Normal** qu'il faut choisir afin que l'effet soit visible.

L'opacité du calque, du fond ou de l'ombre

– **L'opacité de l'ombre** : la valeur par défaut est de 75 %, vous pouvez la réduire pour créer une ombre plus douce ; pour intensifier l'ombre, augmentez l'opacité — ou dupliquez le calque en tapant ⌘J [Ctrl J].

> **ASTUCE** ***Densité linéaire +** crée une ombre plus intense.*

– **L'opacité du calque** : pour réduire les deux en même temps, agissez sur l'opacité du calque dans le panneau **Calques** ou, si la fenêtre **Effet de calque** est encore affichée, réglez l'opacité à la rubrique **Options de fusion**, puis **Fusion générale**.

– **L'opacité du fond** : pour réduire l'opacité de l'objet (sans modifier l'ombre), réglez l'opacité du fond dans le panneau **Calques** ou à la rubrique **Fusion avancée** des **Options de fusion**.

On a augmenté l'opacité de l'ombre et réduit celle du fond pour voir à travers l'objet.

> **ASTUCE** *L'ombre est masquée par le contenu du calque (option cochée par défaut), c'est-à-dire qu'une réduction de l'opacité du calque (ou de son contenu) ne rend pas l'ombre visible sous l'objet devenu semi-transparent.*

L'angle d'éclairage

Sa valeur indique la provenance de la lumière et, par conséquent, la position de l'ombre. Celle-ci peut être déplacée directement sur l'image par simple glissement. Pour que tous les effets adoptent le même angle d'éclairage que celui que vous êtes en train de régler, laissez cochée l'option **Utiliser l'éclairage global**.

En revanche, décochez cette option si l'éclairage du calque actif doit être indépendant de celui des autres calques ayant un effet.

> **ASTUCE** *Vous pouvez régler la valeur d'angle par défaut à l'aide de la commande **Éclairage global** dans le sous-menu **Style de calque** (menu **Calque**).*

Les critères spécifiques

Pour créer l'ombre, Photoshop fait une copie du contenu du calque qu'il noircit : il la décale plus ou moins en fonction de la valeur de **Distance** ; il place dessus un masque de fusion plus ou moins large en fonction de la valeur de **Grossi** ; il la rend plus ou moins floue en fonction de la valeur de **Taille**.

– **Distance** : avec une valeur nulle, vous créez un effet de halo sombre autour de l'objet. Plus le grossi augmente, plus la zone sombre est étendue — cette augmentation est utile avec des éléments fins qui ont tendance à faire disparaître l'ombre ; elle permet d'intensifier l'ombre.

– **Taille** : si elle est faible, l'ombre est nette. Une atténuation légère est recommandée pour les objets détourés destinés à être enregistrés pour le Web avec des zones transparentes ; en effet, une atténuation trop forte engendre trop de couleurs intermédiaires.

> **ASTUCE** *Si l'objet est blanc sur fond blanc ou transparent (opacité du fond nulle dans le panneau **Calques**), une augmentation de la longueur et du grossi ainsi qu'une réduction de la distance permettent de mieux voir les bords de l'objet opposés à l'ombre.*

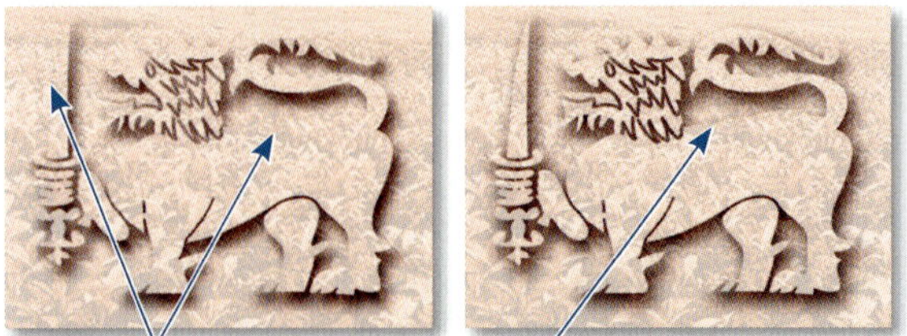

*Certains bords ne sont pas visibles ; avec la valeur de **Taille** supérieure à celle de **Distance**, ils le deviennent.*

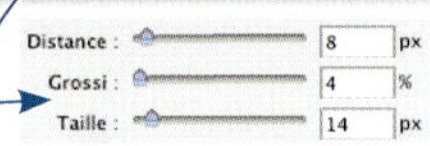

Les paramètres de Qualité

La rubrique **Qualité** est commune aux effets dans lesquels interviennent des éclairages qui créent soit une ombre, soit une lueur, ou encore un reflet (tels que **Ombre portée**, **Ombre interne**, **Lueur externe** et **interne**, **Biseautage et estampage**). Les options de **Qualité** permettent d'intervenir sur l'aspect des bords de l'ombre. On distingue deux options : **Contour** et **Bruit**.

Le bruit de l'effet

L'option **Bruit** a pour but de remplacer la zone de fondu de l'ombre par une juxtaposition plus ou moins dense de pixels sombres. Cet effet est indispensable pour certains types d'impression.

*Une ombre avec **Bruit**.*

Le contour de l'effet

Cette option de qualité est identique dans tous les effets qui proposent un **Contour** ; elle permet la création de transitions diverses sur les bords de l'effet. Ici, il a pour but de sculpter les bords de l'ombre. En effet, par défaut, la transition appelée **Contour** est linéaire mais Photoshop offre la possibilité d'en choisir une autre dans un panneau de contours (en cliquant sur le triangle ▾), voire de définir un nouveau contour (en cliquant sur le contour actif) en dessinant la courbe de transition.

Cette option est disponible dans de nombreux effets. Elle propose différents types de transitions.

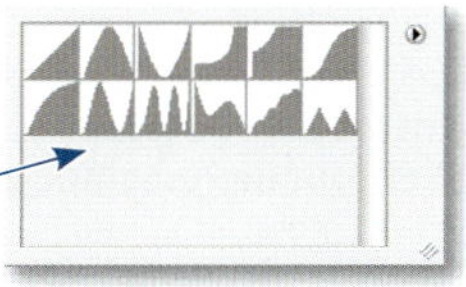

Bien que cela n'ait plus grand-chose à voir avec une ombre, les effets obtenus avec les différents contours peuvent s'avérer intéressants. Cependant, la présence de l'objet nuit à la visualisation de l'effet. Pour pallier ce problème, il faut faire disparaître le contenu du calque : pour cela, décochez l'option **Ombre portée masquée par le calque** dans la zone de réglage de l'ombre portée et réglez l'opacité **Fond** à zéro dans le panneau **Calques**.

L'ombre de base (bleue).

Contour gaussien.

Cône inversé.

Rouleau.

Double rouleau.

Dents de scie.

Les réglages de l'effet Ombre interne

Les réglages de l'effet **Ombre interne** sont sensiblement les mêmes que pour **Ombre portée**. Cependant, la fusion s'effectue sur le calque actif (et non pas sur les calques inférieurs) puisque l'effet est appliqué sur le dessus du calque. En outre, l'option **Grossi** est devenue **Maigri** ; pour l'**Ombre interne**, elle joue le même rôle.

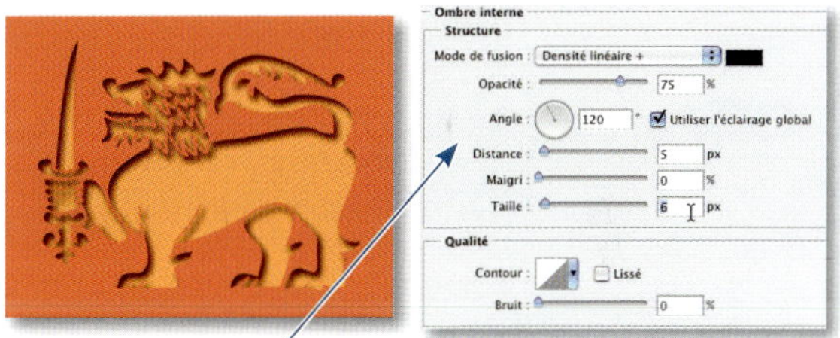

Les réglages de l'ombre interne. On obtient un effet de creux.

Les réglages des effets Lueurs externe et interne

Que les lueurs soient externes ou internes, hormis la position de l'éclairage par rapport à l'objet, les réglages sont identiques pour les deux. On retrouve les paramètres des effets d'ombre avec quelques options supplémentaires concernant l'aspect de l'éclairage.

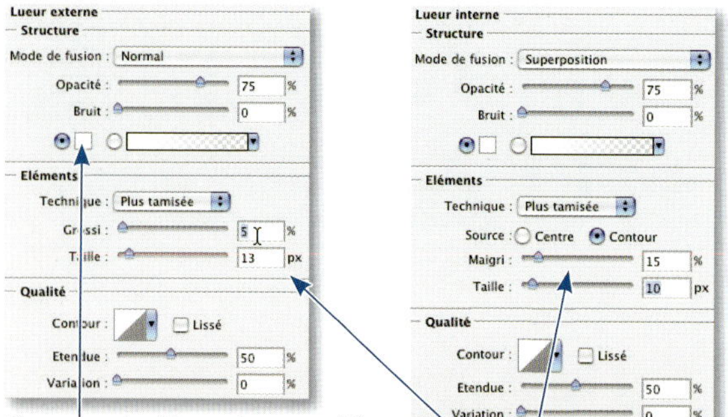

*On a remplacé la couleur par défaut par du blanc et on a modifié les options **Taille** et **Grossi** ou **Maigri**.*

Lueur externe et lueur interne.

La rubrique Structure

- **Le mode et l'opacité** : pour les lueurs, le mode de fusion est **Superposition** car la couleur est plutôt claire. Au niveau de l'opacité, il est souvent souhaitable de la pousser à 100 %, surtout si l'arrière-plan n'est pas assez foncé.

> **Astuce** *Selon l'arrière-plan, le mode **Densité linéaire –** donne une lueur plus intense. Si celle-ci n'est pas assez intense, dupliquez le calque (⌘J [Ctrl J]) pour la rendre plus forte.*

Si vous souhaitez ajouter une ombre interne supplémentaire, utilisez **Lueur interne** : réglez son opacité sur une valeur réduite (30 %, par exemple), sa couleur sur noir et son mode sur **Incrustation**.

- **Le bruit et la couleur** : dans cette rubrique, on règle l'aspect de la lueur (fondu par défaut, granuleux si l'on augmente la valeur de **Bruit**) et la couleur qui peut être unie ou un dégradé (à choisir dans le panneau en cliquant sur ▾ ou à définir en cliquant sur la bande dégradée).

> **Astuce** *Les lueurs en dégradé ne sont visibles que si la longueur est suffisamment augmentée.*

La rubrique Éléments

- **Taille** définit l'étendue de la lueur (par défaut, faible) alors que l'intensité est liée à la valeur de la case **Grossi**.
- **Technique** propose deux options qui permettent de modifier l'aspect du flou de la lueur. Avec l'option **Précise**, la lueur est plus intense et suit davantage les bords de l'objet ; elle convient mieux à des textes ou à des objets présentant des petits détails. L'option **Plus tamisée** crée un rendu plus doux qui convient, dans la plupart des cas, si l'objet ne présente pas trop de détails ; les contours sont lissés.

La rubrique Qualité et les options de contours

Avec une couleur unie et l'option **Précise**, certains contours placent une bande transparente entre la lueur et l'objet ou créent des effets de bandes multiples autour de l'objet. Avec un dégradé, on obtient la répétition du dégradé mais uniquement si l'option **Taille** a une valeur importante.

Les réglages de l'effet Biseautage et estampage

Il s'agit d'une série d'effets auxquels on peut associer des options supplémentaires qui affectent soit le contour du biseautage et/ou de l'estampage, soit le fond en lui appliquant une texture. L'effet **Biseautage et estampage** comporte deux rubriques d'options : **Structure** et **Ombrage**. L'une définit la taille et l'aspect du biseau, l'autre la position et les réglages de l'éclairage.

Les options de Structure

Le menu **Style** propose cinq types de biseaux : **Biseau interne** et **externe**, **Estampage**, **Estampage oreiller** et **Contour de l'estampage**.

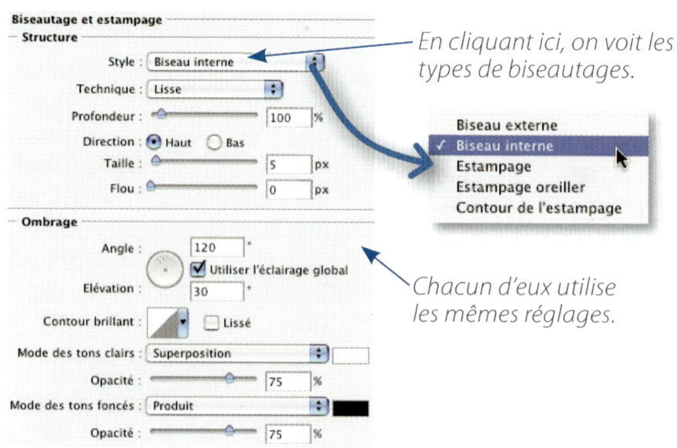

- **Biseau interne** : appliqué par défaut, crée un biseau qui bombe les bords intérieurs du contenu du calque.
- **Biseau externe** : crée un biseau sur les bords extérieurs.
- **Estampage** : produit un estampage du calque par rapport aux calques inférieurs.
- **Estampage oreiller** : crée un effet de creux sur les contours du calque dans les calques inférieurs.

– **Contour de l'estampage** : limite l'estampage au contour appliqué au calque (attention, cet effet n'est visible que si l'effet **Contour** est appliqué au calque).

Le calque sans effet.

Biseau interne.

Biseau externe.

Estampage.

Estampage oreiller.

Contour de l'estampage.

Astuce ***Avec ces effets de biseautage, en réglant l'opacité du fond sur une valeur nulle, vous ne verrez que l'effet qui donne du relief selon l'image d'arrière-plan.***

Avec une opacité du fond nulle, on ne voit plus que le biseautage. On peut l'utiliser pour créer un filigrane (tatouage numérique).

Pour chaque style de biseau, vous pouvez choisir différents paramètres (**Technique**, **Profondeur**, **Taille**…) pour modifier l'aspect du biais.

Le menu **Technique** propose trois options qui définissent la façon dont sont dessinés les bords du biseau. L'option **Lisse** crée un effet de flou sur les bords, qui donne un aspect bombé ; cette option peut faire disparaître certains détails de l'objet. Pour pallier ce défaut, utiliser **Ciselage marqué** qui crée un biseau avec des arêtes plus saillantes (cette option convient mieux aux textes). **Ciselage léger**, bien que moins précis, constitue un intermédiaire qui préserve mieux les détails que l'option **Lisse** (les différences avec **Ciselage marqué** sont faibles).

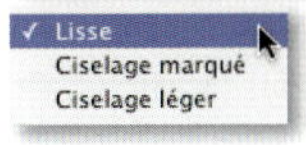

Ci-dessus, de gauche à droite : ***Lisse***, ***Ciselage marqué*** *et* ***Ciselage léger***.

Profondeur définit la hauteur du relief que provoque le biseau en augmentant le contraste entre les zones éclairées et les zones d'ombre. Son réglage n'est visible que si **Taille** n'est plus nulle. En effet, l'option **Taille** permet d'augmenter l'étendue du biseau.

– Avec l'option **Lisse**, l'effet de relief disparaît rapidement si la taille devient trop grande.

– Avec **Ciselage marqué** ou **léger**, on atteint un effet maximal dans lequel le biais devient pointu ; on peut adoucir les pointes en augmentant la valeur de l'option **Flou**.

Deux boutons, **Haut** et **Bas**, provoquent l'inversion de la position des zones claires et des zones sombres.

De gauche à droite : ***Taille*** *de 0, de 10 et de 10 avec* ***Flou*** *de 5.*

Les options d'Ombrage

L'**Élévation** permet de choisir la hauteur de la lumière, ce qui influe sur l'intensité des zones claires ou celle des zones sombres ; cependant, évitez les deux valeurs proches des extrêmes (horizon 0° et zénith 90°) car l'effet de biseautage n'est plus visible. Utilisez les curseurs de l'option **Opacité** pour augmenter ou réduire l'intensité des zones éclairées ou ombrées. Comme pour tous les effets qui utilisent des éclairages, les effets **Biseautage et estampage** peuvent être modifiés grâce à l'une des options de **Contour brillant** ; cependant, les possibilités ne sont pas toujours intéressantes.

Les options **Mode des tons clairs** et **Mode des tons foncés** permettent de spécifier le mode de fusion des tons clairs ou foncés : en général, **Superposition** pour les premiers, **Produit** pour les seconds. Vous pouvez les remplacer respectivement par les modes **Densité linéaire –** et **Densité linéaire +**.

Le contour et la texture du biseautage

Pour sculpter le biseau ou l'intérieur du calque, vous pouvez ajouter deux effets supplémentaires : **Contour** et **Texture**. Cependant, vous n'accédez aux réglages que si vous cliquez sur le mot.

Le contour du biseau

Le relief du biseau est changé à partir du moment où l'option **Étendue** est réduite. Une valeur de 50 % donne de bons résultats avec la plupart des contours choisis dans le panneau qui s'affiche en cliquant sur le triangle ▾. On retrouve ici des effets que l'on réalise avec le filtre **Éclairage** associé à une couche de texture.

La texture du biseau

L'effet **Texture** de **Biseautage et estampage** utilise un motif pour créer une texture en relief à l'intérieur de l'objet biseauté. La présence d'une texture atténue sensiblement l'effet de biseau, aussi n'hésitez pas soit à augmenter la profondeur du biseau, soit à réduire la valeur de **Relief**. Cette option fait varier le degré, mais également le sens (vers le haut ou vers le bas) de la texture appliquée.

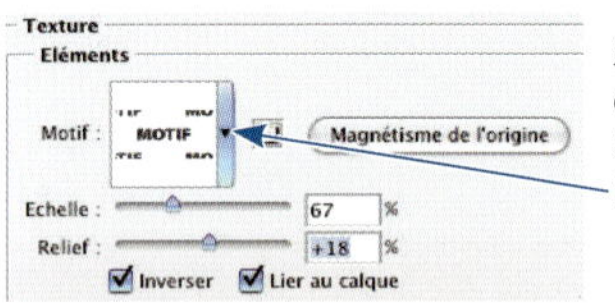

Si on a défini des motifs, on peut les utiliser comme textures en cliquant sur ce triangle.

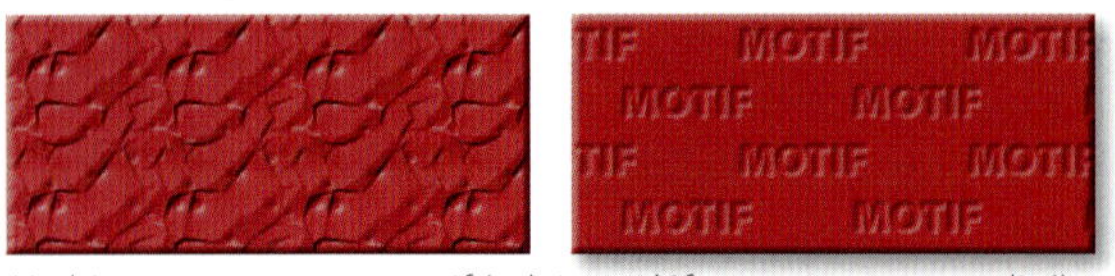

Un biseautage par un motif (celui par défaut et un personnalisé).

La plupart des réglages de cet effet sont les mêmes que pour **Incrustation de motif** (*voir plus loin*). Par exemple, **Lier au calque** permet à la texture de se déplacer avec le calque si celui-ci est repositionné. De même, pendant le réglage de l'effet, vous pouvez positionner la texture par glissement directement sur l'image.

LES RÉGLAGES DE L'EFFET SATIN

Pour réaliser cet effet satiné, Photoshop crée deux copies du contenu du calque qu'il remplit de la couleur spécifiée (si vous sélectionnez une couleur claire, choisissez le mode **Superposition**, **Densité linéaire –** ou **Normal**).

Les réglages de Satin.

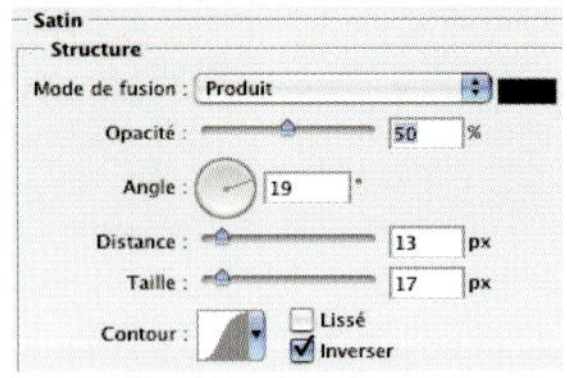

Ces copies peuvent subir différents traitements dont chacun correspond à l'une des options :

- **Opacité** : définit le degré de transparence des copies.
- **Distance** et **Angle** : correspondent au décalage des copies (l'une vers la droite et l'autre vers la gauche avec des angles opposés). Avec une **Distance** nulle, les copies sont superposées à l'original.

> **ASTUCE** *Il est possible d'agir simultanément sur la distance et l'angle directement sur l'image, par simple glissement de l'effet (comme pour une ombre portée).*

- **Taille** : l'option définit l'étendue du flou appliqué aux copies. Si la valeur est trop augmentée, l'effet disparaît.

Pour sculpter les bords, vous pouvez modifier les réglages de **Contour**.

> **ASTUCE** *Associé à un effet **Biseautage et estampage**, l'effet **Satin** permet d'ajouter des reflets de lumière si on l'applique avec le blanc et le mode **Normal**, et si on décoche l'option **Inverser**.*

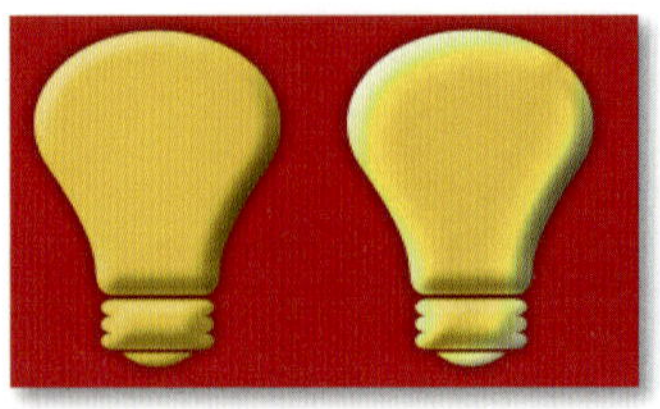

Un biseautage sans et avec un effet Satin pour ajouter un reflet de lumière.

Les réglages des effets Incrustation couleur, en dégradé, de motif

Ces trois effets permettent de remplir le contenu d'un calque de la même manière que lorsqu'on utilise les calques de remplissage. Ces effets s'avèrent particulièrement utiles pour remplir des textes, car ils ne nécessitent ni vectorisation ni pixellisation. Ils sont également utilisables sur des objets dynamiques. Il faudra parfois avoir recours à une copie associée à un masque de fusion si vous souhaitez limiter l'incrustation à une partie de l'image.

L'incrustation couleur

Avec ce type d'effet, cliquez sur la case colorée pour afficher le sélecteur de couleurs. Vous pouvez y définir une couleur de remplissage, cliquer sur **Personnalisé** (pour sélectionner un Pantone, par exemple), ou encore sur un échantillon du nuancier s'il est affiché.

> **Astuce** *Si vous coloriez un calque qui possède un mode de fusion, il faudra appliquer ce mode de fusion à la couleur incrustée.*

En vue de colorier un objet, l'effet **Incrustation couleur** peut remplacer un calque de réglage de type **Teinte/Saturation** associé à un masque de fusion ou vectoriel. En effet, il présente l'avantage de choisir plus facilement la couleur que l'on souhaite appliquer.

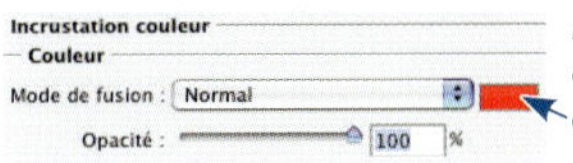

En dehors du mode de fusion et de l'opacité, il ne reste qu'à choisir la couleur.

L'incrustation en dégradé

L'effet comporte plusieurs réglages. Les deux premiers sont communs à **Incrustation couleur** : le mode de fusion et l'opacité. Par exemple, avec le mode **Superposition**, vous ferez disparaître les zones les plus sombres du dégradé.

Le choix et le réglage du dégradé

Si vous cliquez sur le triangle situé à droite du dégradé affiché, un sélecteur de dégradés apparaît, vous pouvez y choisir celui qui vous convient. Il est possible de voir d'autres sélecteurs à partir du menu local affiché par clic sur ▸.

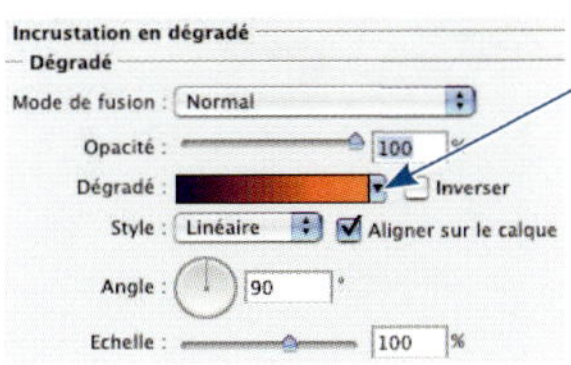

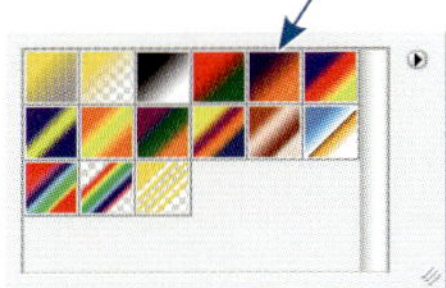

En cliquant ici, on voit le sélecteur de dégradés.

Pour préparer votre propre dégradé, cliquez sur la bande colorée. Une fenêtre d'édition s'affiche, qui montre les caractéristiques du dégradé actif. Pour en créer un nouveau, commencez par sélectionner celui qui ressemble le plus à celui que vous souhaitez créer.

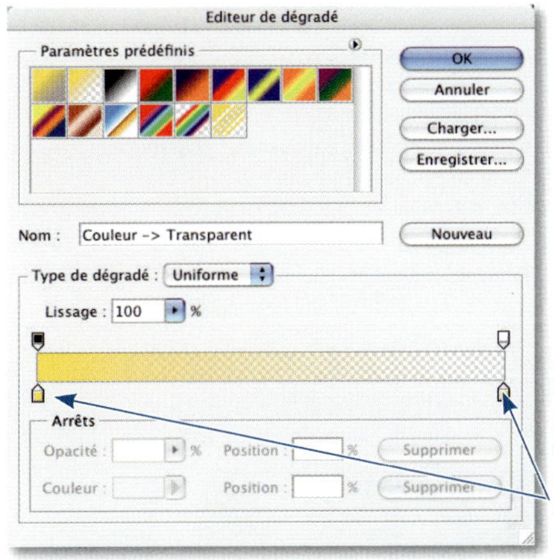

Dans cette fenêtre, on prépare le dégradé en cliquant sur les icônes.

Chaque dégradé possède une couleur de départ et une couleur d'arrivée (repérées par l'icône ■ ou □). Cliquez sur l'une d'elles pour changer sa composition — soit à partir de la case **Couleur**, soit depuis le panneau **Nuancier**, soit par prélèvement sur l'image. Vous pouvez glisser l'icône pour réduire l'étalement de dégradé ou le décaler en glissant le point médian (◆). Pour ajouter une couleur intermédiaire, cliquez entre les couleurs de départ et d'arrivée, puis réglez la couleur. Enfin, des effets de transparence peuvent être définis sur les couleurs. Pour cela, cliquez sur l'une des icônes situées à gauche et à droite au-dessus de la bande d'aperçu (■) : vous pouvez glisser l'icône et changer son opacité (elle devient blanche quand l'opacité est nulle). Quand votre dégradé est au point, avant de fermer l'éditeur de dégradé pour retrouver les autres options, vous pouvez l'ajouter à la zone des paramètres prédéfinis en cliquant sur le bouton **Nouveau** ou dans la zone grise située sous les dégradés existants.

Le style du dégradé

On retrouve les mêmes styles que pour l'outil **Dégradé** : **Linéaire**, **Radial**, **Angle**, **Réfléchi** et **Losange**. Quel que soit votre choix, vous pouvez glisser le dégradé directement sur l'objet pour le positionner à l'endroit voulu.

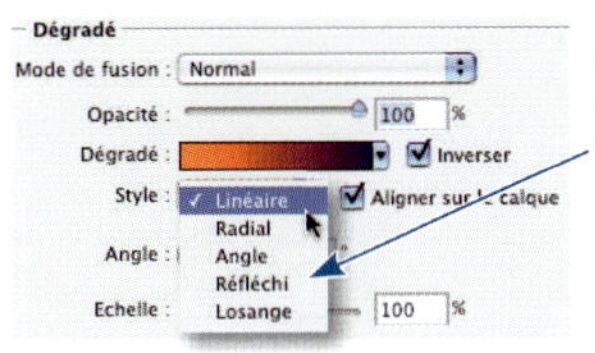

Dans cette fenêtre, on choisit ici le style du dégradé avec cette liste.

Les autres options du dégradé

- **Angle** : cette option permet de définir l'orientation d'un dégradé linéaire. Par défaut, il est vertical (90) ; tapez 0 pour qu'il soit horizontal.
- **Échelle** : pour modifier l'étalement du dégradé, changez la valeur de l'option **Échelle**.
- **Inverser** : provoque l'inversion des couleurs du dégradé, la couleur de départ devient la couleur d'arrivée.
- **Aligner sur le calque** : cette option est cochée par défaut, ainsi le dégradé est défini par rapport aux pixels qu'il contient. Si vous décochez l'option, le dégradé sera défini par rapport aux limites du document.

ASTUCE ***Quand la fenêtre d'effet est affichée, vous pouvez déplacer le dégradé directement sur l'image.***

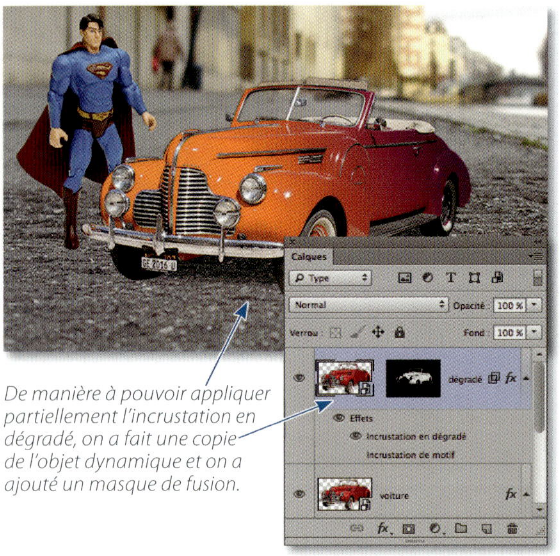

De manière à pouvoir appliquer partiellement l'incrustation en dégradé, on a fait une copie de l'objet dynamique et on a ajouté un masque de fusion.

L'INCRUSTATION DE MOTIF

Pour cette incrustation, on retrouve également les options classiques : **Opacité** et **Mode de fusion**. Cette dernière peut vous permettre de faire disparaître certaines zones du motif ; par exemple, avec **Produit**, ce sont les zones claires qui disparaissent, et les zones sombres avec **Superposition**.

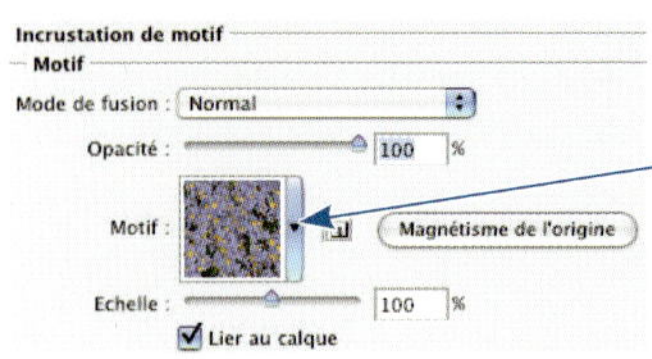

Les réglages d'incrustation d'un motif. En cliquant ici, on affiche le sélecteur de motifs.

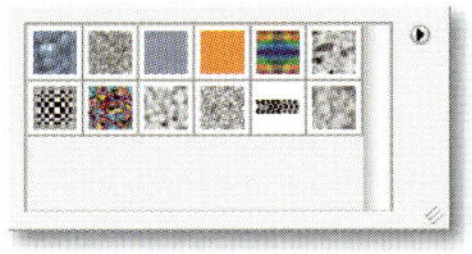

Le sélecteur de motifs.

Pour choisir un motif, cliquez sur le triangle : un sélecteur permet alors de choisir parmi les motifs prédéfinis. Son menu local donne accès à d'autres sélecteurs.

Le motif est réglable en taille et en position.

- **La taille du motif** : avec l'option **Échelle**, agrandissez ou réduisez le motif.
- **Le déplacement du motif** : quand la fenêtre de réglage du motif est affichée, vous pouvez glisser le motif directement sur l'image pour le positionner correctement (comme pour le dégradé). En cliquant sur le bouton **Magnétisme de l'origine**, le motif se replace sur l'origine (contre l'angle supérieur gauche des pixels du calque). Si vous fermez la fenêtre de réglage en ayant coché la case **Lier au calque**, tout déplacement du contenu du calque s'accompagne de celui du motif.
- **La mémorisation d'un réglage** : pour créer un nouveau motif prédéfini qui utilise les réglages que vous avez mis au point, cliquez sur le bouton de création d'un paramètre prédéfini.

Vous pouvez également préparer un motif avant d'affecter au calque un effet **Incrustation de motif**. Pour cela, sélectionnez le dessin (ou la partie de photo) souhaité avec l'outil **Rectangle** et lancez la commande **Utiliser comme motif** du menu **Édition**. Le motif ainsi créé deviendra accessible dans le panneau des motifs.

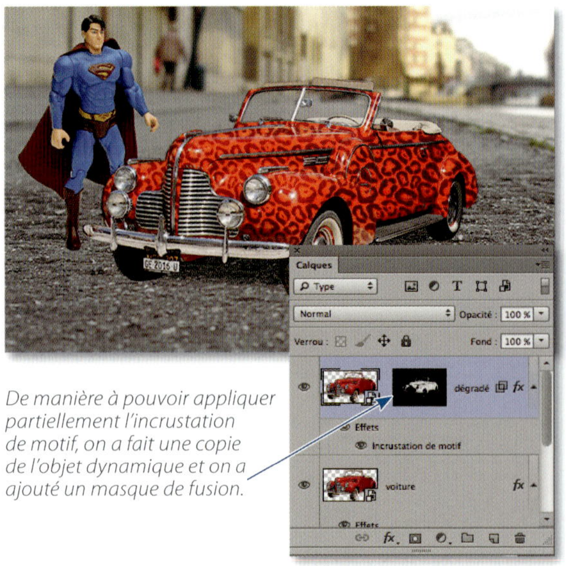

De manière à pouvoir appliquer partiellement l'incrustation de motif, on a fait une copie de l'objet dynamique et on a ajouté un masque de fusion.

Les réglages de l'effet Contour

Dans les réglages de l'effet **Contour**, définissez l'épaisseur (**Taille**) et la position (**Intérieur**, **Centre** et **Extérieur**), le mode de fusion et l'opacité. Au niveau du remplissage, il y a trois possibilités : aplat de couleur (par défaut), motif ou dégradé. Pour ces derniers, on retrouve les options respectives des motifs ou des dégradés. Ceux-ci comportent un type particulier, **Forme éclatée**, qui permet de placer le dégradé dans l'épaisseur du contour ; cependant, celle-ci doit être importante pour qu'il devienne visible.

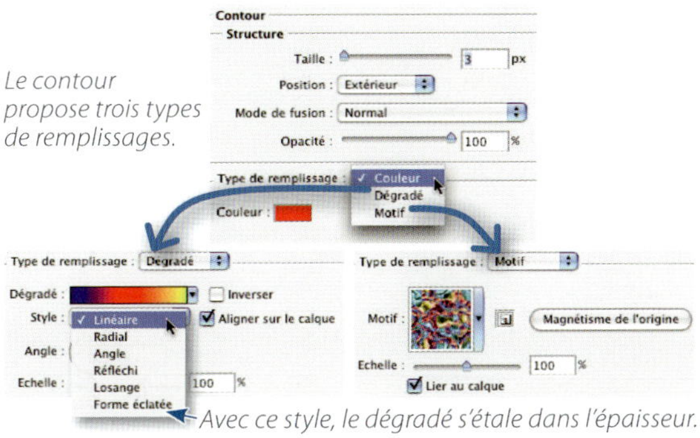

Le contour propose trois types de remplissages.

Avec ce style, le dégradé s'étale dans l'épaisseur.

> **Astuce** *Quand vous avez détouré une image et placé celle-ci sur un fond coloré, l'application temporaire d'un effet de contour (de couleur opposée à ce fond coloré) peut mettre en évidence certaines imperfections du détourage.*

Il est possible de faire des superpositions de contours. Pour cela, convertissez le calque en objet dynamique (pour faciliter les mises à jour), dupliquez l'objet plusieurs fois et appliquez à chaque copie un effet de contour différent. Dans certains cas, pour éviter que la couleur de fond de l'objet ne cache des contours, réglez l'opacité du fond à 0.

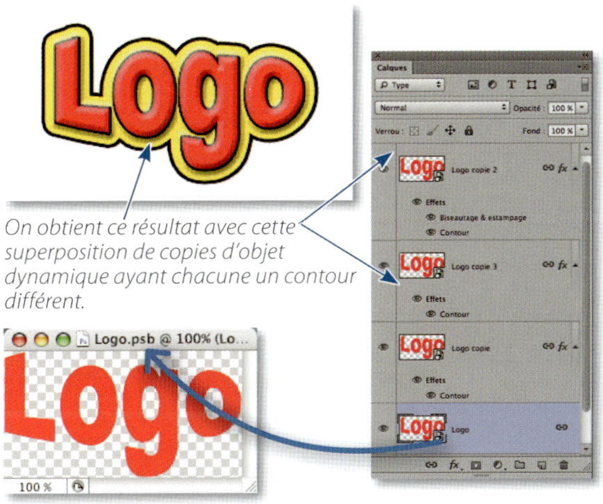

On obtient ce résultat avec cette superposition de copies d'objet dynamique ayant chacune un contour différent.

Afficher/masquer des effets

L'affichage dans le panneau Calques

Le panneau **Calques** répertorie la liste des effets appliqués à un calque — si elle n'est pas visible, cliquez sur le triangle de l'icône *fx*. Pour masquer un effet, cliquez sur l'œil situé en regard de son nom. Pour les masquer tous, cliquez sur l'œil situé devant le mot **Effets**. Pour en modifier le réglage, double-cliquez sur le nom du réglage ; un **double-clic** sur l'icône *fx* affiche les options de fusion.

On masque un effet en cliquant sur l'œil situé devant son nom.

L'affichage des effets seuls

Quand la couleur des pixels du calque (fond) nuit à l'esthétique d'un effet, faites-la disparaître : dans le panneau **Calques**, réglez l'opacité du fond avec une valeur nulle.

La gestion des effets de calque

La mise à l'échelle des effets de calque

La commande **Mise à l'échelle des effets** du menu **Calque/Style de calque** permet de régler l'échelle des effets sans mettre à l'échelle l'objet auquel l'effet est appliqué.

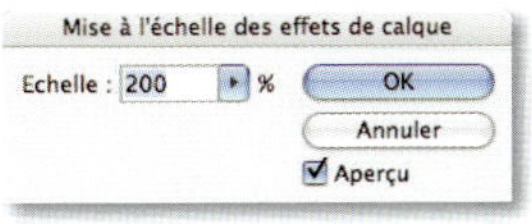

On modifie l'effet seul avec cette commande.

La suppression des effets

Pour supprimer un effet, dans le panneau **Calques**, glissez-le sur la corbeille du panneau. Pour supprimer tous les effets, sélectionnez le calque et glissez la barre **Effets** située sous le nom du calque sur la corbeille du panneau **Calques**. Vous pouvez également glisser l'icône **Aucun style** du panneau **Styles** sur le nom du calque.

Les transferts des effets

Pour affecter à un autre calque un effet (ou un ensemble) déjà appliqué à un calque, enfoncez ⌥[Alt] et glissez le nom de l'effet (ou la barre d'effets) sur le nom du calque voulu. Vous pouvez même glisser cet effet (ou la barre **Effets**) sur un autre document, c'est le calque actif de ce dernier qui prendra l'effet ainsi transféré.

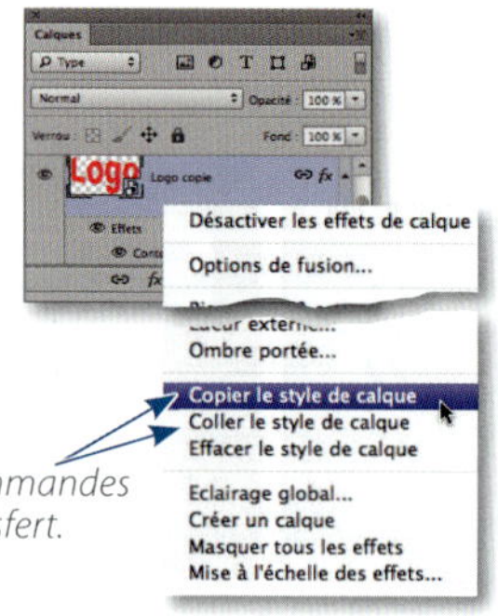

Les commandes de transfert.

Le transfert se réalise également par une sorte de « copier/coller » ; pour cela, utilisez la commande **Copier le style** du sous-menu **Style de calque** (menu **Calque**). On retrouve cette commande dans le menu contextuel déroulé sur les effets. Puis après sélection du ou des calques (du même ou d'un autre document), utilisez la commande **Coller le style**.

> **Astuce** *Avec ce type de transfert, c'est l'ensemble des effets et des options de fusion qui est transféré. Les effets copiés restent disponibles jusqu'à la fermeture de Photoshop.*

La conversion des effets de calque

Il est possible de convertir les styles de calque en calques standards afin de personnaliser ou de régler leur apparence (par exemple, en créant une ombre particulière). Une fois le style de calque converti en calque standard, vous pouvez modifier le calque en dessinant ou en appliquant des commandes et des filtres. Si l'effet était partiellement caché par un masque de fusion, il ne le sera plus une fois le calque créé. Il faudra faire un transfert du masque par glissement depuis le panneau **Calques**.

> **Astuce** *Selon les effets, il peut y avoir création d'un masque d'écrêtage. Dans tous les cas, les calques obtenus peuvent être liés afin d'être placés dans un même groupe de calques.*

Les effets de calque et les objets dynamiques

Quand vous créez un objet dynamique, certaines options de fusion peuvent disparaître ; de plus, les effets, bien qu'appliqués à l'objet, ne sont plus modifiables directement (il faut éditer l'objet pour y accéder). Pour pallier ces petits problèmes, effectuez les opérations suivantes :

1. Avant de créer l'objet, copiez les effets par le menu contextuel (ou mieux, créez un style comme nous le verrons ci-après).

2. Effacez l'effet par le menu contextuel.

3. Effectuez la conversion du calque en objet dynamique.

4. Collez les effets par le menu contextuel (ou réappliquez le style précédemment créé).

Les styles de calque

La création d'un style de calque

La création dans Photoshop

Lorsque vous avez réalisé des réglages d'effets et modifié les options de fusion d'un calque, vous pouvez enregistrer cet ensemble de réglages comme un style de calque prédéfini. Cette opération se réalise soit pendant les réglages, c'est-à-dire depuis la fenêtre de **Style de calque** en cliquant sur le bouton **Nouveau style**, soit après le réglage en affichant le panneau **Styles** (fx) et en cliquant dans une zone vide après avoir activé le calque contenant les effets, ou encore en cliquant sur l'icône du panneau **Styles**.

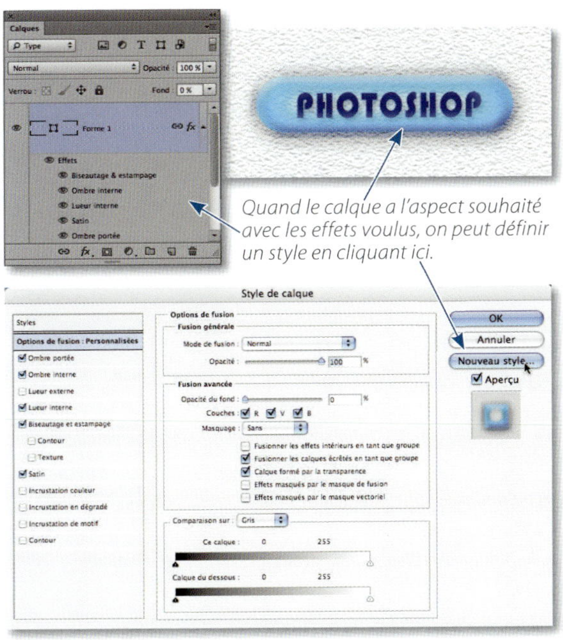

Quand le calque a l'aspect souhaité avec les effets voulus, on peut définir un style en cliquant ici.

Dans ces trois cas, une fenêtre apparaît. Vous pouvez alors nommer le style et choisir de ne pas inclure certaines options.

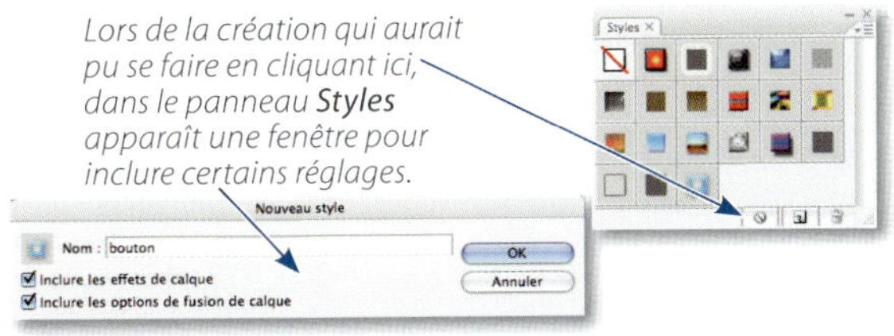

Lors de la création qui aurait pu se faire en cliquant ici, dans le panneau **Styles** *apparaît une fenêtre pour inclure certains réglages.*

L'application d'un style de calque prédéfini

Le style s'applique de deux façons : à partir de la fenêtre de réglage du style ou depuis le panneau **Styles**.

L'application pendant le réglage

Quand la fenêtre de réglage des effets (**Style de calque**) est affichée, si vous cliquez sur **Styles** dans la colonne de gauche, vous ferez apparaître un panneau comportant tous les styles prédéfinis. Un menu local, que l'on retrouvera dans le panneau **Styles**, permet d'ouvrir d'autres panneaux de styles pour ajouter leurs échantillons à ceux déjà affichés.

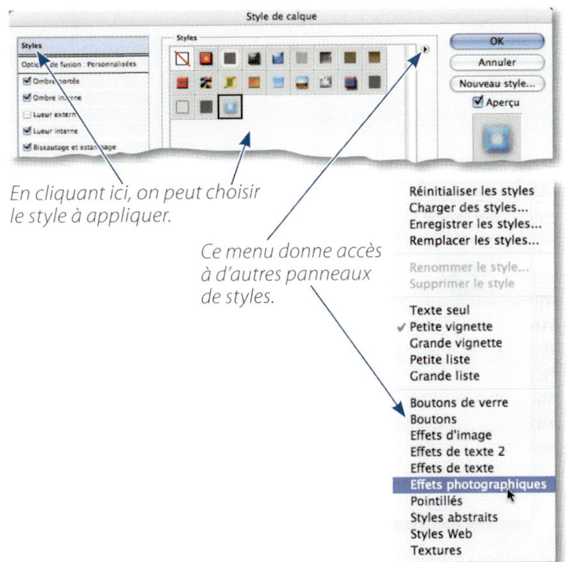

En cliquant ici, on peut choisir le style à appliquer.

Ce menu donne accès à d'autres panneaux de styles.

Astuce *Pour éviter d'avoir à faire cette manipulation à chaque fois, utilisez le* ***Gestionnaire des paramètres prédéfinis*** *(menu* ***Édition****). Ce dernier permet de charger tous les éléments prédéfinis voulus afin qu'ils s'affichent automatiquement dans les documents ouverts par la suite. Cette opération se réalise également pour les motifs et les formes.*

Le panneau Styles

L'application d'un style à un calque se réalise depuis le panneau **Styles** (affiché par le menu **Fenêtre**), par simple clic sur le style voulu, si le calque est sélectionné, ou en glissant l'aperçu du style sur le calque où il doit être appliqué.

Astuce *Un style de calque peut être affecté à plusieurs calques s'ils sont sélectionnés dans le panneau* ***Calques****.*

La suppression d'un style de calque

Si vous cliquez sur l'icône située en bas du panneau **Styles** ou sur l'aperçu, cela a pour effet de supprimer tous les styles appliqués au calque actif (effets et options de fusion).

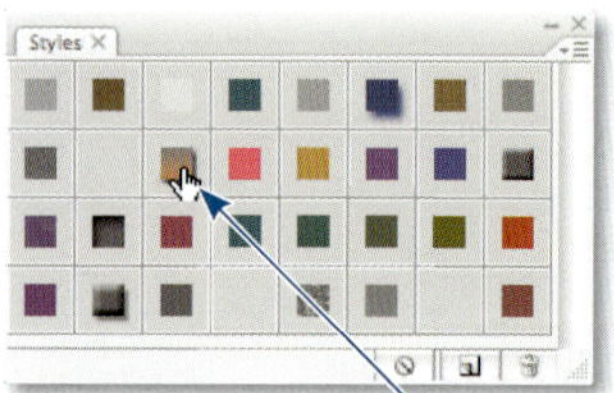

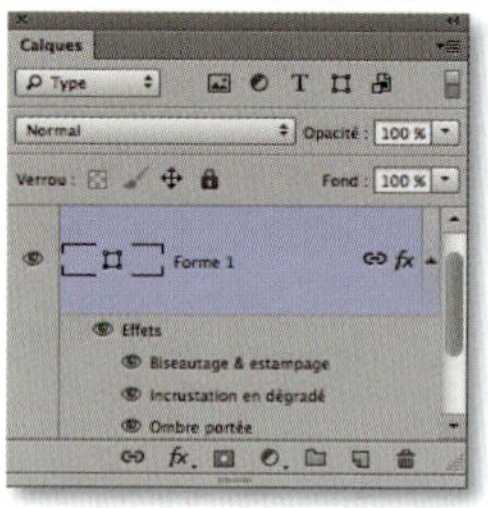

Pour appliquer un style, on glisse sa vignette sur le calque, ou on sélectionne le calque, puis on clique sur le style.

Les bibliothèques de styles

Photoshop est fourni avec une série de bibliothèques de styles que vous pouvez utiliser en remplacement du panneau **Styles** par défaut ou en complément de ce dernier. Certains des styles correspondent à des effets sur les textes, d'autres à des textures, d'autres encore à des boutons... Vous pouvez aussi créer les vôtres.

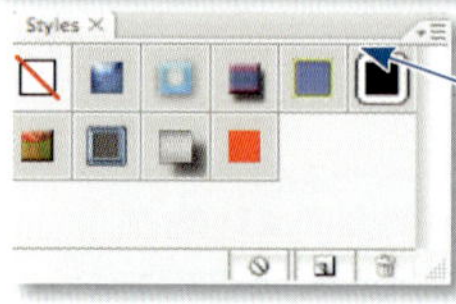

Un panneau de styles pour les textes et quelques exemples.

7 - La vidéo dans Photoshop

La plupart des appareils photo numériques sont capables de créer des séquences vidéo. Photoshop, dans sa version de base, propose des outils performants permettant de réaliser facilement des montages avec ces vidéos et de les travailler en utilisant les fonctionnalités classiques.

Le flux de production vidéo

L'espace de travail vidéo

Pour travailler les vidéos, Photoshop met à votre disposition (menu **Fenêtre/Espace de travail**) un espace de travail dédié, improprement nommé « **Mouvement** » (*Motion* dans la version anglaise). Avec cet espace, l'élément principal est le panneau **Montage**, il est installé en bas du cadre de l'application ; les panneaux **Calques**, **Réglages** et **Couches** sont développés contre le bord droit du cadre.

Si le panneau **Montage** est primordial dans un flux de production vidéo, vous pouvez également installer, en bas du cadre, le panneau **Mini Bridge** qui vous donnera un accès rapide à vos différents médias.

La mise en place du flux vidéo

La mise en place s'effectue de différentes manières : vous pouvez ouvrir un fichier vidéo directement, créer une pile de calques vidéo, définir un nouveau document pour y importer des vidéos.

Le nouveau document

Si vous lancez la commande **Nouveau** du menu **Fichier**, la fenêtre de configuration propose le menu **Paramètre prédéfini** dans lequel figure différentes options parmi lesquelles **Film et vidéo**. Ce paramètre donne accès à une série d'options de tailles de fichiers vidéo. D'autres formats sont également disponibles avec le paramètre prédéfini **Appareils mobiles**.

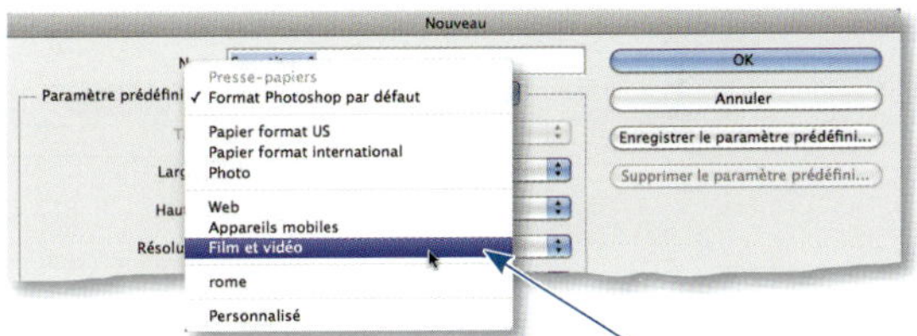

La fenêtre de configuration propose des paramètres prédéfinis à partir desquels vous pourrez définir des tailles de documents.

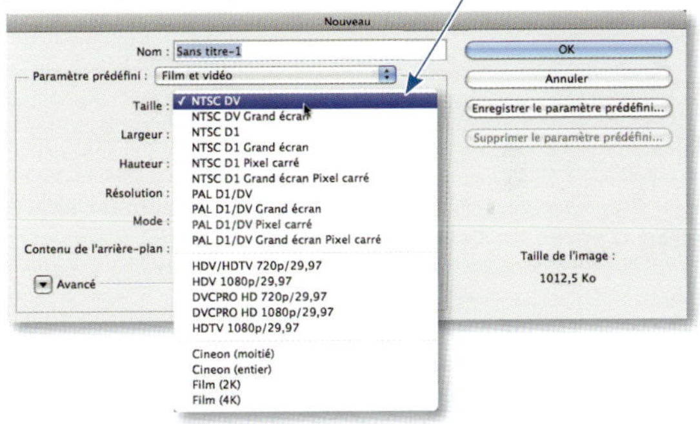

Quand le nouveau document est créé, vous disposez de plusieurs méthodes pour mettre en place le flux vidéo.

L'importation d'un fichier vidéo

Par le menu **Fichier**, vous pouvez importer une ou plusieurs vidéos, dans ce cas, le fichier est placé sous forme d'un objet dynamique contenant une séquence vidéo dans un groupe vidéo. Ce type d'importation peut être effectué par simple glissement depuis le panneau **Mini Bridge**. Dans les deux cas, la vidéo se redimensionne proportionnellement au document.

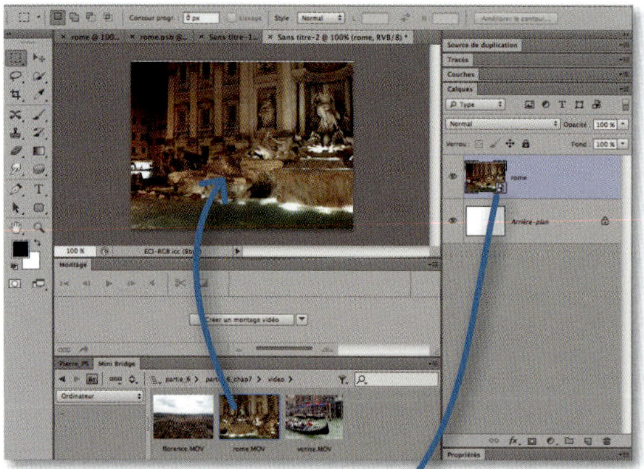

Par glissement, on place le fichier vidéo dans le nouveau document.

On peut éditer l'objet dynamique.

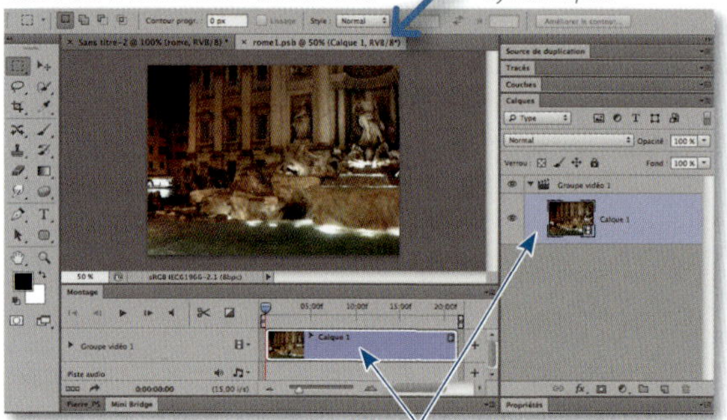

L'objet dynamique comporte un groupe vidéo renfermant une séquence vidéo.

L'ajout d'un calque vidéo

La mise en place du flux vidéo se réalise également à partir du menu **Calque**, puis **Calques vidéo** et **Nouveau calque vidéo d'après un fichier**. Dans ce cas, le fichier apparaît directement comme un calque vidéo : le panneau **Montage** montre une section correspondant à la séquence.

La création d'un montage vidéo

Dans le nouveau document, le panneau **Montage** (vide) présente un bouton **Créer un montage vidéo** qui permet de préparer un montage. Pour cela, cliquez sur le bouton : le panneau montre une séquence constituée par un calque vide (**Calque 0**).

Cliquez sur le signe + situé à droite du plan de montage pour ajouter la (ou les) vidéo(s) voulue(s). Dans le panneau **Calques**, elle apparaît dans un groupe vidéo (**Groupe vidéo 1**) et dans le panneau **Montage**, elle se place à droite du Calque 0 ; ce dernier, devenu inutile, peut être supprimé par glissement sur la corbeille du panneau **Calques**.

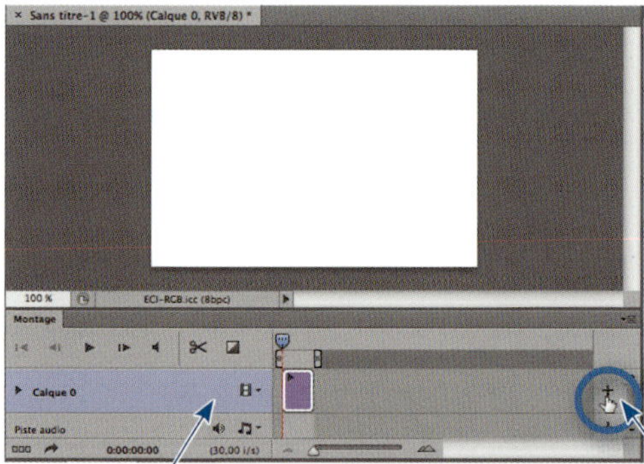

On obtient cette séquence en cliquant sur le bouton ***Créer un montage vidéo****.*

On a ajouté cette vidéo en cliquant ici.

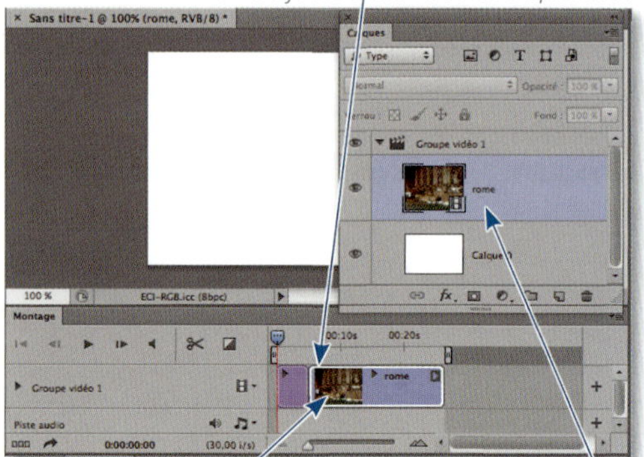

La vidéo apparaît dans le panneau ***Montage*** *et dans le panneau* ***Calques*** *(un groupe vidéo a été créé).*

L'OUVERTURE D'UNE VIDÉO

L'ouverture d'un fichier vidéo se réalise de différentes manières : par le menu **Fichier/Ouvrir**, par glissement depuis **Bridge** ou **Mini Bridge** ou encore à partir du panneau **Montage**.

En effet, si aucun document n'est ouvert et que le panneau **Montage** l'est, celui-ci présente une icône 🎞 qui donne accès à un menu dont la première commande, **Ajouter un support**, permet d'ouvrir des fichiers vidéo (*voir ci-après les formats gérés par Photoshop*). Si vous sélectionnez plusieurs fichiers, un groupe vidéo sera créé (les fichiers seront lus séquentiellement).

> NOTE ***Formats vidéo importés ou ouverts*** *: .264 ; 3GP, 3GPP ; AVC ; AVI (Audio Video Interleave) ; F4V ; FLV ; MOV (QuickTime) ; MPE ; MPEG-1 ; MPEG-4 ; MPEG-2 ; MTS ; MXF ; R3D ; TS ; VOB.*

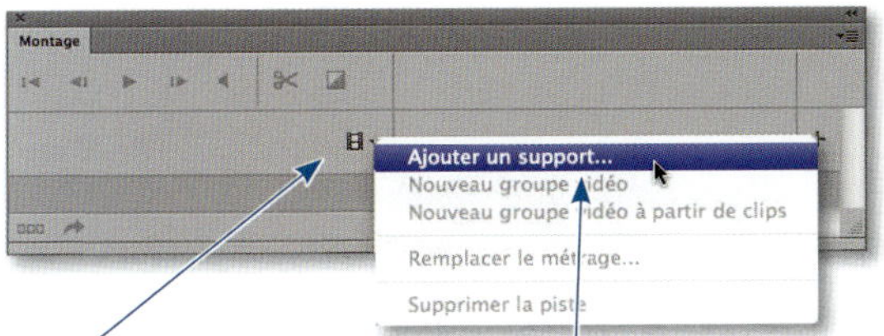

Par cette icône, le panneau propose d'ouvrir des fichiers. Ils apparaissent en séquences dans un groupe vidéo.

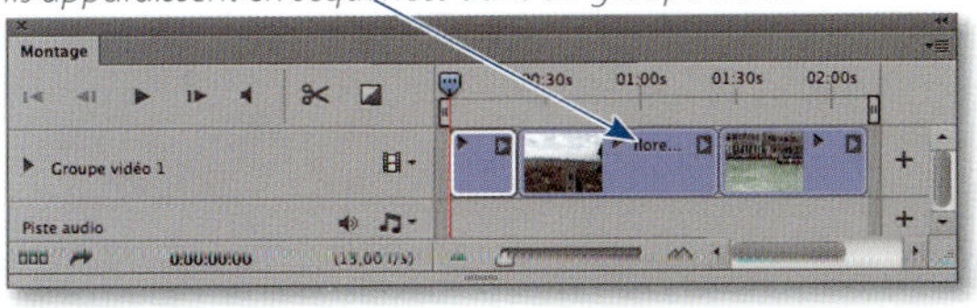

*Le panneau **Calques** montre le groupe vidéo constitué de trois calques vidéo.*

La gestion du groupe vidéo et des clips

Les groupes vidéo

La présentation du groupe vidéo

Un groupe vidéo est un ensemble d'éléments, appelés **clip**. Un clip peut être une vidéo, une image fixe, un calque de texte, un calque 3D, un objet dynamique… Les clips d'un même groupe vidéo sont joués l'un après l'autre (et non pas en même temps).

Dans le panneau **Calques**, les clips apparaissent l'un en dessous de l'autre dans un groupe dont l'icône est (*voir la copie d'écran ci-dessus*) ; le clip le plus haut dans la liste est le dernier lu.

Dans le panneau **Montage**, ils apparaissent sur une même ligne ou **piste** (qui a le nom du groupe). Les éléments sont placés l'un à côté de l'autre, de gauche à droite, selon l'ordre de lecture du montage vidéo (*voir la copie d'écran ci-dessus et ci-après*).

Le panneau de Montage

Dans les versions précédentes de Photoshop, ce panneau s'appelait **Animation**. Il a subi des modifications qui rendent plus simple la gestion des clips et du montage vidéo. Les manipulations s'apparentent davantage au travail que l'on peut faire dans les logiciels de traitement de la vidéo tels que Premiere Pro. Le panneau présente différentes zones.

Les boutons de lecture et les pistes

La partie supérieure gauche comporte des boutons de gestion de la lecture de l'animation. La lecture (bouton) s'effectue sur la totalité du montage, mais vous pouvez la limiter à une zone de travail plus réduite en glissant les icônes situées de part et d'autre de la ligne de temps (*voir ci-après*). Sous cette zone de boutons de lecture, on trouve les noms des pistes (avec les clips, les groupes vidéo et les éléments audio), avec leurs propriétés permettant de les animer (elles deviennent visibles en développant la piste avec l'icône).

La timeline et les clips

Au centre, la ligne de temps ou **timeline** avec sa tête de lecture en bleu . Elle peut être déplacée manuellement pour lire l'animation à un rythme personnalisé ou obtenir un positionnement particulier dans l'un des clips présents dans les pistes sous la timeline (l'aspect du document correspond à cette position). Quand une meilleure précision devient indispensable pour certaines manipulations, cette timeline peut être redimensionnée à l'aide du curseur entre les deux icônes et .

Les menus locaux et fenêtres de traitements

Des menus locaux et des boîtes de réglages sont accessibles à différents endroits (, ou) des éléments présents dans le panneau **Montage**.

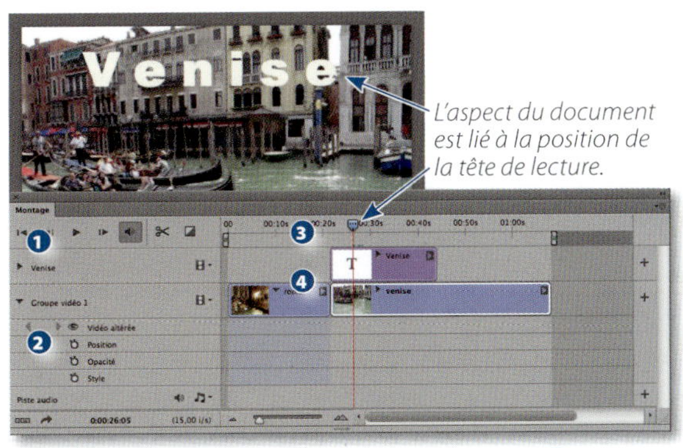

L'aspect du document est lié à la position de la tête de lecture.

*Le panneau de **Montage** : ❶ Les boutons de lecture ; ❷ les pistes et propriétés ; ❸ la ligne de temps et la tête de lecture ; ❹ les clips (indépendants ou dans un groupe vidéo).*

La création d'un groupe vidéo

Le groupe vidéo se crée automatiquement lors de l'ouverture d'un fichier de type vidéo (menu **Fichier/Ouvrir**). Vous pouvez également le créer à partir du menu local 🎞, dans ce cas, il sera vide et pourra être rempli comme indiqué un peu plus loin.

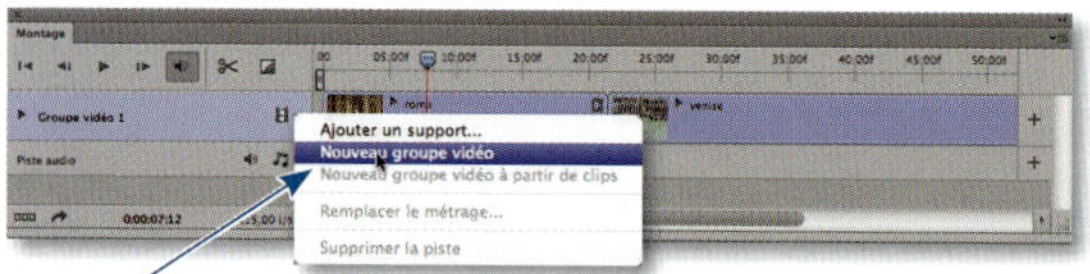

Ce menu permet d'ajouter un nouveau groupe vidéo.

De plus, pour créer un groupe à partir de plusieurs calques sélectionnés dans le panneau **Calque**, il suffit, dans le panneau **Montage**, de lancer la commande **Nouveau groupe à partir de clips** depuis le menu local 🎞 de l'icône de piste.

La gestion des clips

Selon le traitement souhaité, l'opération se réalise indifféremment dans le panneau **Calques** ou le panneau **Montage**.

L'ajout d'un clip dans un groupe vidéo

À l'extrémité de la piste se trouve un signe + qui permet d'ajouter un clip ou un autre élément au groupe actif. Comme cela a été indiqué précédemment, cet ajout peut se faire par d'autres méthodes, notamment par le menu local 🎞▾ et sa commande **Ajouter un support**.

Si un clip d'un groupe vidéo est sélectionné dans le panneau **Calques**, toute insertion (par collage, importation ou création d'un calque), placera l'élément inséré dans le groupe (au-dessus du clip actif). En revanche, dans un groupe vidéo vide, la position dans le temps du clip inséré coïncide avec celle de la tête de lecture.

Dans le panneau **Calques** ou le panneau **Montage**, si vous glissez un élément hors du groupe vidéo, il deviendra indépendant et sera lu simultanément aux autres groupes présents. Éventuellement, vous pouvez en faire un nouveau groupe vidéo, comme indiqué plus haut (ou en le glissant dans un autre groupe existant).

La suppression d'un clip

Pour le supprimer, sélectionnez le clip dans l'un des deux panneaux (**Calques** ou **Montage**) et tapez la touche Efface (ou Suppr).

La chronologie de lecture des clips

Un clip peut être repositionné dans le temps pour être lu avant ou après tel autre clip. Pour cela, changez l'ordre des superpositions dans le panneau **Calques** ou glissez le clip horizontalement dans le panneau **Montage**. Dans les deux cas, le groupe est recomposé dans les deux panneaux pour refléter l'ordre de lecture ainsi défini.

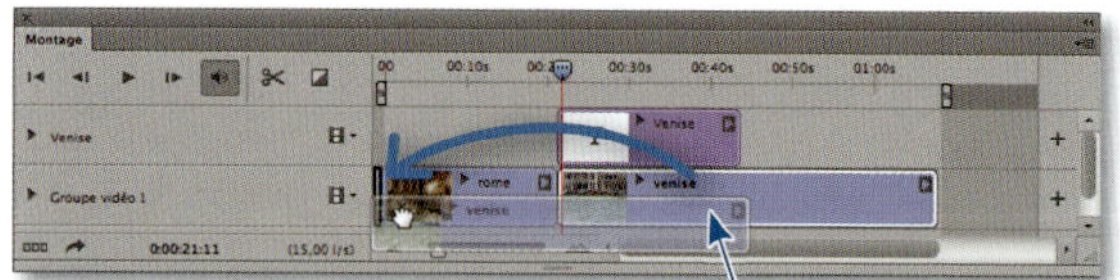

On change la chronologie par simple glissement des clips.

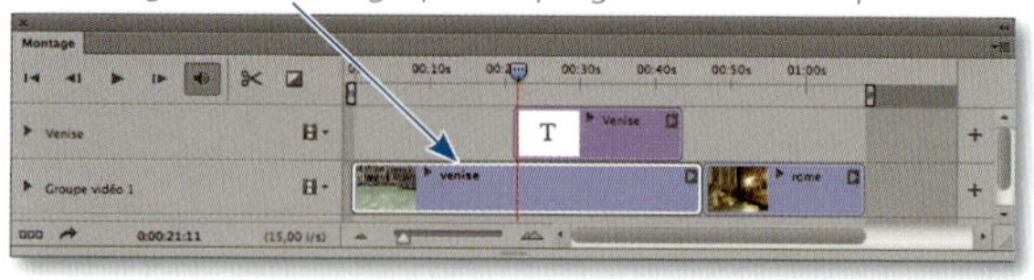

Les réglages du clip

Le début et la fin du clip vidéo

Photoshop permet de choisir sur quelle image doit démarrer (**Début** ou entrée) et/ou finir un clip vidéo (**Fin** ou sortie). Cette opération se réalise directement dans le panneau **Montage**. Cliquez d'abord sur le clip pour le sélectionner (il s'entoure de blanc) et amenez le pointeur sur le début (ou sur la fin) du clip. Quand il devient ⊞ (ou ⊞), glissez-le pour faire apparaître une vignette qui permettra de contrôler visuellement la première (ou la dernière) image du clip ainsi que ses coordonnées temporelles (**Début/Fin** et **Durée**).

On amène le pointeur sur le bord (début) du clip sélectionné (entouré de blanc)…

…on glisse en contrôlant avec la vignette.

On peut aussi glisser cette extrémité vers la gauche pour arrêter le clip plus tôt.

Si le clip traité fait partie d'un groupe vidéo, ce dernier sera automatiquement réajusté pour que les clips qui précèdent ou suivent le clip modifié se raccordent et se repositionne correctement dans le groupe.

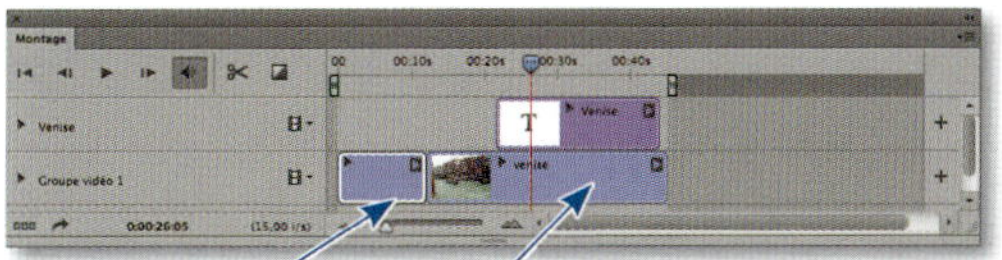

On a raccourci ce clip, celui-ci a été repositionné dans le groupe vidéo.

> **ASTUCE** *Pour supprimer une partie de clip qui ne serait pas située à une extrémité, fractionnez-le en plaçant la tête de lecture au début de la partie à éliminer et cliquant sur l'icône ✂ du panneau **Montage**, puis glissez l'extrémité du second morceau jusqu'à suppression de la partie souhaitée.*

La durée et la vitesse du clip vidéo

Une fois que vous avez déterminé la première image du clip, vous pouvez en définir la durée du clip plutôt que d'en choisir la dernière image. Pour cela, cliquez sur l'icône située sur la partie droite du clip pour faire apparaître une fenêtre de propriétés : saisissez la nouvelle valeur de durée ; vous pouvez également accélérer ou ralentir le débit d'images du clip avec l'option vitesse.

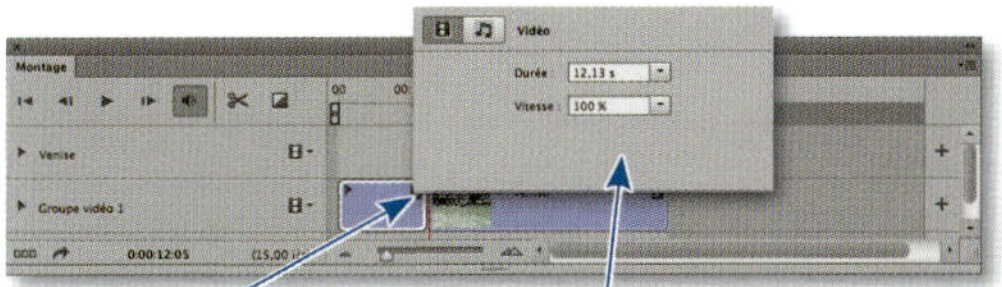

En cliquant ici ( ), on accède aux réglages de durée et de vitesse.

La chronologie des images fixes (début et durée)

Si l'image fixe (calque de texte ou autre) n'est pas dans un groupe vidéo, sa position (début) s'établit par glissement du clip ou de son extrémité gauche. Dans ce dernier cas, on change également sa durée qui peut alors être ajustée par glissement de son extrémité droite jusqu'à l'endroit désiré dans la timeline, ou l'apparition de la valeur souhaitée affichée dans le repère commenté.

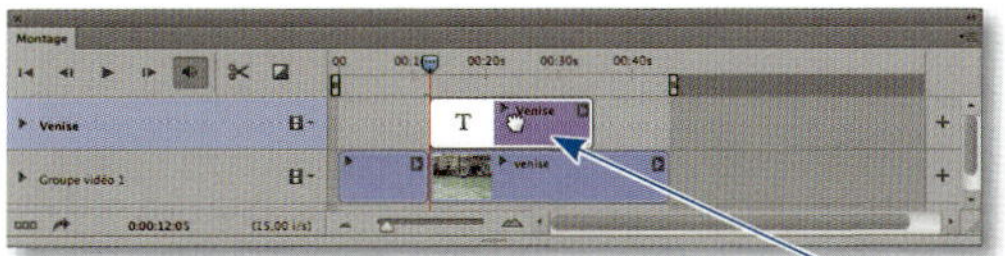

Pour une image fixe (ici un texte), on règle par glissement du clip ou de l'extrémité droite (ou peut contrôler dans ce repère).

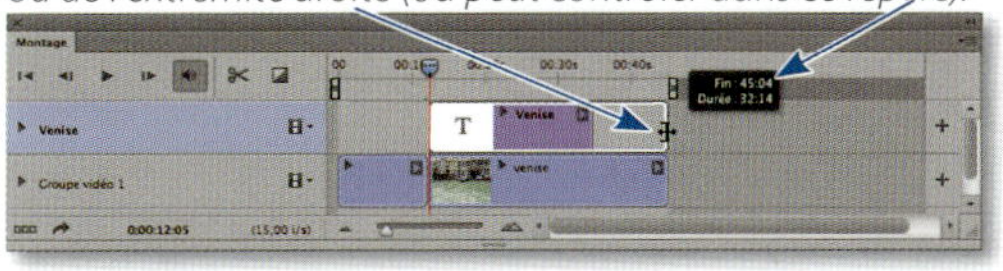

LES TRANSITIONS ENTRE CLIPS

L'ajout d'une transition

Afin de rendre plus agréable l'affichage du début d'un clip, le passage d'un clip à l'autre ou encore la fin d'un clip, il est possible d'ajouter des transitions (fondu, fondu enchaîné, fondu vers une couleur...). Pour placer cet élément de montage, cliquez sur l'icône du panneau **Montage** pour afficher la liste des effets de transition : saisissez une durée, puis glissez l'effet choisi au début d'un clip, entre deux clips ou à la fin d'un clip selon la nature de la transition.

Par clic, on affiche la liste des transitions.

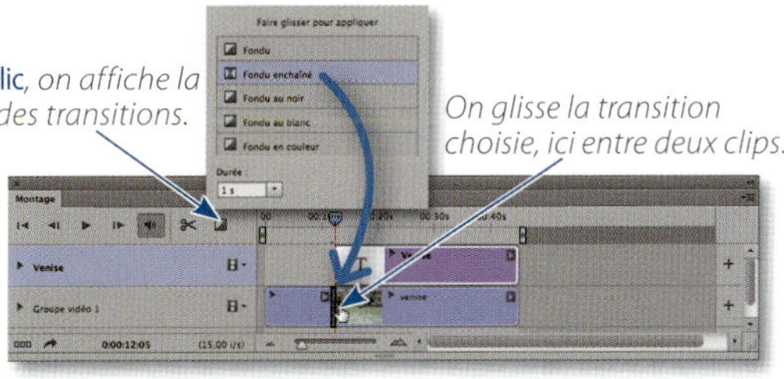

On glisse la transition choisie, ici entre deux clips.

Les réglages de la transition

Par la suite, pour modifier la transition (durée ou type), augmentez le taux d'affichage du panneau **Montage** pour mieux la visualiser et effectuez un clic droit pour afficher son panneau d'options.

Avec un affichage plus important, on voit la transition et un clic droit montre ses options que l'on peut régler.

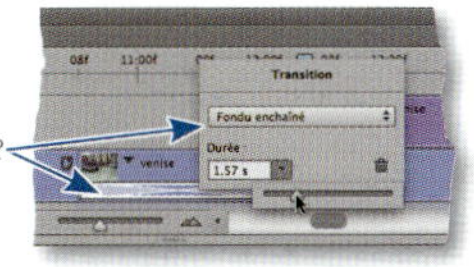

Dans le cas d'un fondu enchaîné entre deux clips, la durée du fondu peut être augmentée (ou réduite) en glissant l'un des clips vers l'autre de manière qu'ils se chevauchent davantage (ou moins).

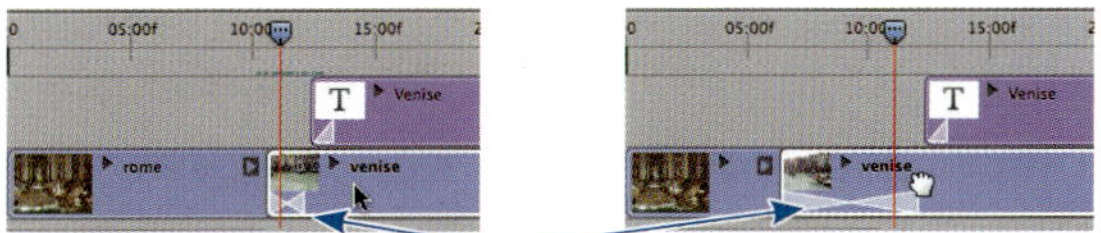

Par glissement, on a augmenté le fondu entre les deux clips.

Dans le cas des autres fondus, cliquez sur la transition pour la sélectionner (elle s'encadre de blanc), placez le pointeur sur le bord du fondu, il devient : la durée du fondu peut être augmentée (ou réduite) par glissement (un repère commenté indique la nouvelle durée).

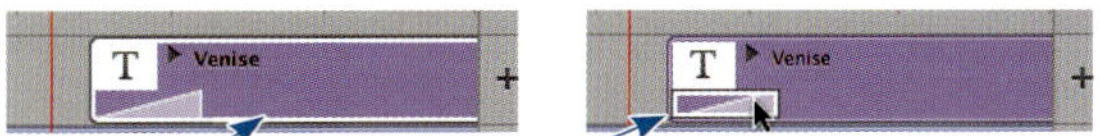

Sélection du clip et sélection de la transition.

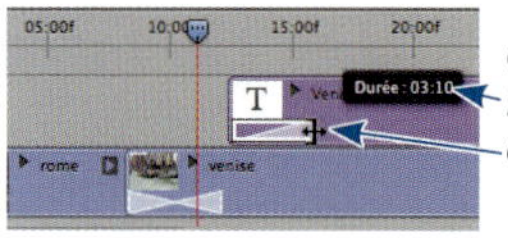

On modifie la durée du fondu indiquée ici par simple glissement de cette icône.

Pour contrôler l'aspect de la transition, glissez la tête de lecture ou cliquez sur le bouton de lecture (▶) pour visualiser le montage vidéo entier.

En glissant la tête de lecture, on visualise :

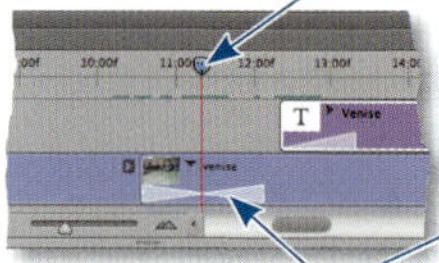

- le fondu enchaîné entre les deux clips ;

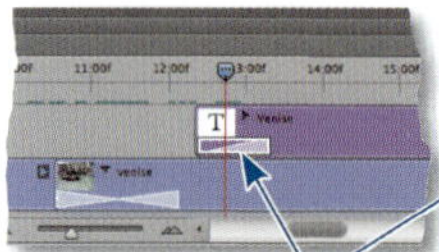

- le fondu d'entrée du texte.

Les réglages audio du montage vidéo

Les options audio d'un clip

Dans le panneau **Montage**, par clic droit sur un clip (ou clic sur l'icône ▣ située à la fin du clip), vous affichez un petit panneau d'options (vidéo et audio) dont le haut comporte une icône qui permet d'accéder aux options audio du clip. Dans ce panneau, vous pouvez affiner le volume sonore, ajouter des fondus audio (en entrée ou en sortie), voire couper le son si celui-ci est de qualité médiocre.

On a affiché les options audio par clic sur cette icône.

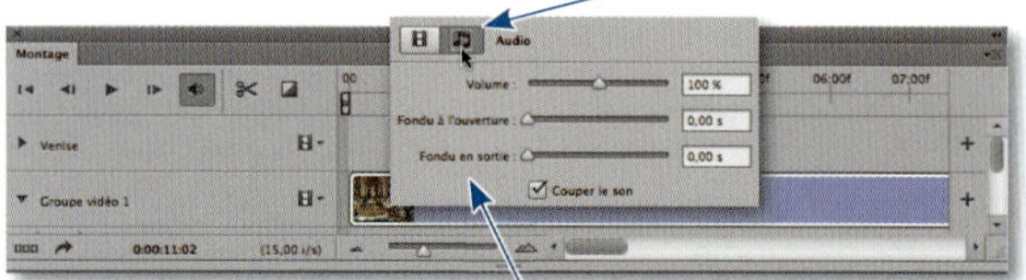

Par clic droit sur le clip, on affiche ce panneau : on peut y régler quelques options audio ou couper le son.

La sonorisation du montage vidéo

Si vous avez coupé ou réduit le volume sonore des clips vidéo ou si le montage est constitué d'images animées (texte de titrage, séquences d'images, 3D animé…), vous pouvez utiliser la piste audio pour sonoriser le montage. Pour cela, dans le panneau **Montage**, cliquez sur l'icône ♫ située sur la piste audio (ou sur le + à droite de cette piste) qui affiche le menu local, et choisissez **Ajouter audio**. Dans la fenêtre de placement, sélectionnez le fichier audio voulu.

> **NOTE** ***Formats audio importés*** *: AAC ; AIFF ; M2A ; M4A ; MP2 ; MP3.*

En cliquant ici, on peut ajouter un fichier audio.

La piste audio se remplira avec le clip audio choisi. Sa durée ne peut être modifiée que dans le sens d'une réduction. Par clic droit, une fenêtre d'options permettra d'ajuster le volume et d'ajouter des transitions d'ouverture et de fermeture. Lors des tests de visualisation, le son de cette piste peut être coupé (en cliquant sur l'icône 🔊) si temporairement, il n'est plus utile de l'entendre.

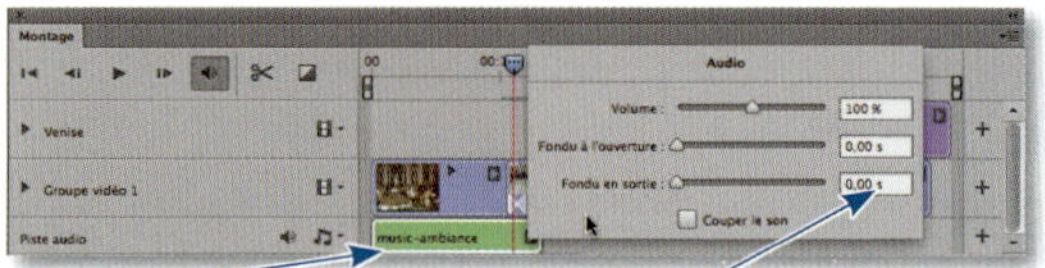

On voit ici le clip audio. On peut régler des effets par clic droit.

Le remplacement de la vidéo

Si vous souhaitez remplacer un fichier vidéo par un autre, sélectionnez le clip concerné dans le panneau **Calques** ou le panneau **Montage** et utilisez la commande **Remplacer le métrage** du menu déroulant du panneau **Montage** : une fenêtre d'importation permettra de sélectionner le fichier de remplacement. Vous retrouverez cette commande dans le menu **Calque/Calques vidéo** et dans le menu contextuel déroulé sur le nom du calque vidéo dans le panneau **Calques**.

Le traitement des vidéos

L'animation d'un calque

LES TYPES DE CALQUE

Un calque vidéo ou non peut être animé dans le panneau **Montage** grâce à des changements de réglages de ses options (ou propriétés). Certaines possibilités sont communes aux différents types de calques, cependant certains d'entre eux présentent des options spécifiques. Nous séparerons l'étude en deux catégories : d'une part, les calques de forme, de texte et d'objet dynamique et d'autre part, les calques 3D.

Dans tous les cas, les calques peuvent être placés dans un groupe vidéo ou isolés sur une piste vidéo, et la durée de leur animation (qui, contrairement aux vidéos, peut être rallongée) s'ajuste par glissement de leur extrémité droite. Par défaut, elle est d'environ 4 secondes avec une cadence de 30 i/s (image par seconde). Selon les cas (diffusion Web), cette cadence peut être réduite à 15 i/s à partir de la commande **Définir la cadence du montage** dans le menu du panneau **Montage**.

LES ANIMATIONS DE FORME, DE TEXTE, ET D'OBJET DYNAMIQUE

La visualisation des animations d'options

Pour voir les animations d'options envisageables pour le type de calque, cliquez sur le triangle devant le nom de la piste (▸) ou celui devant le nom du clip.

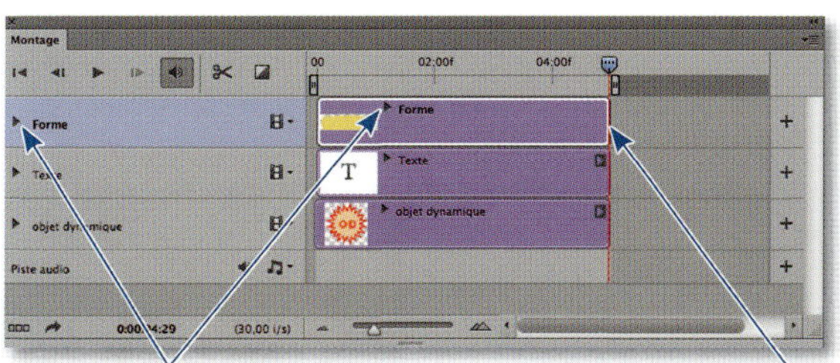

En cliquant ici, on affiche les options d'animation.

En glissant cette extrémité, on règle la durée.

Parmi les options communes, on distingue **Opacité** et **Style** (qui sont également des options du panneau **Calques**) et **Position** ou **Transformation**. Pour les options spécifiques des calques de forme et des calques de texte, on trouve respectivement : **Position du masque vectoriel** (qui remplacera l'option **Position**) et **Activation du masque vectoriel** ; **Déformer texte**.

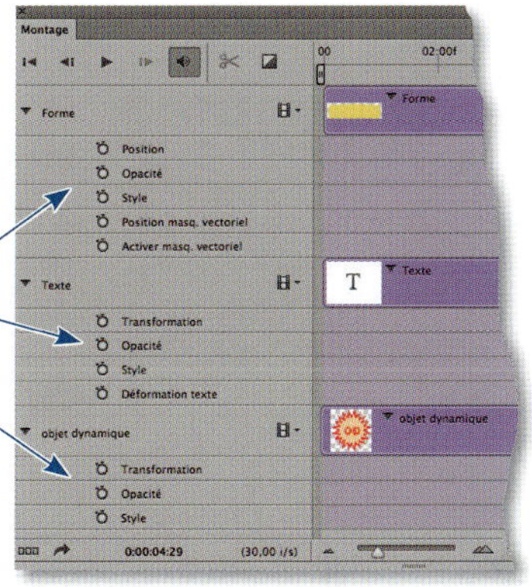

Les options d'animation des calques de forme, des calques de texte et des objets dynamiques.

Les réglages des options ou propriétés de calque

L'animation de Transformation

L'animation sera constituée par le passage d'un état 1 à un état 2 dans lequel on a modifié l'aspect du calque en lui appliquant une des transformations du menu **Édition/Transformation** ou **Transformation manuelle** (sauf la **Déformation**). La transformation peut également être utilisée pour déplacer le contenu du calque.

Si l'option de transformation n'est pas disponible pour le calque à animer, convertissez-le en objet dynamique.

L'animation d'Opacité

Cette option correspond à un changement du réglage de l'**Opacité** du calque dans le panneau **Calques** (un changement de l'opacité de **Fond** n'est pas pris en compte).

L'animation de Style

L'animation utilise le passage d'un état du calque à un autre dans lequel un effet de calque (ombre portée, contour, lueur, etc.) a été appliqué ou modifié. Certaines modifications ne sont pas prises en compte (par exemple, un changement de l'angle d'une ombre portée ne permet pas de créer une animation).

L'animation de Déformation de texte

Si le texte est sélectionné en tant que calque, vous pouvez l'animer en utilisant différentes valeurs de la fenêtre de déformation de texte qui apparaît en cliquant sur l'icône quand l'outil **Texte** est actif.

L'animation du masque de fusion

Si le calque (qui peut également être un calque standard rempli d'un dessin ou d'une une image fixe) comporte un masque de fusion (ou vectoriel), deux pistes d'options seront ajoutées afin de pouvoir créer une animation du calque qui utilisera un réglage de ce masque de fusion (position et activation).

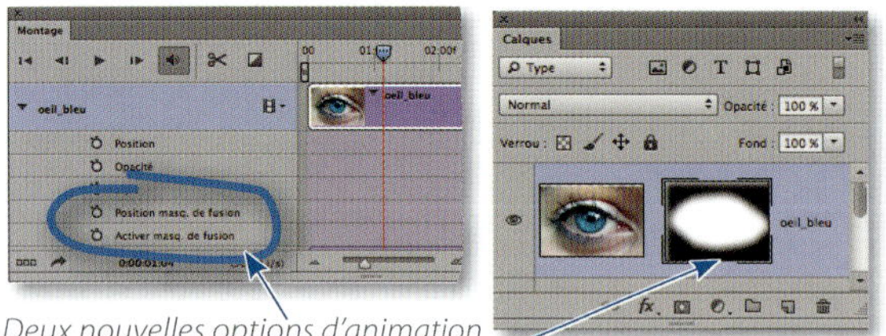

Deux nouvelles options d'animation apparaissent si le calque possède un masque de fusion.

LES ANIMATIONS D'OBJET 3D

Dans le cas d'un objet 3D, les propriétés sont beaucoup plus nombreuses car on pourra animer les différents constituants de l'objet 3D (**Filets**, **Éclairage 3D**, **Matières 3D** et **Effets 3D**).

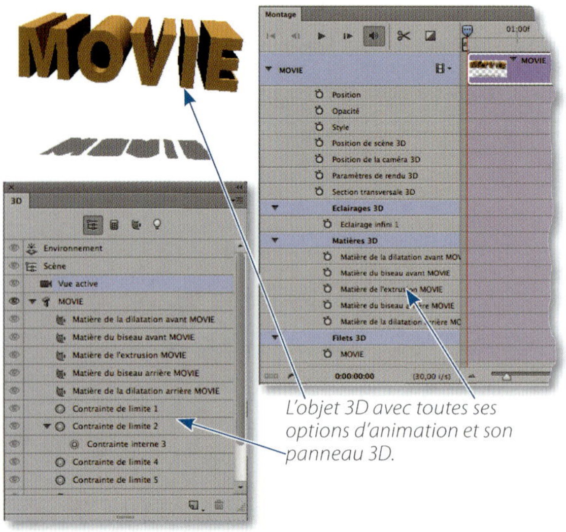

L'objet 3D avec toutes ses options d'animation et son panneau 3D.

Dans certains cas, les calques (notamment les calques vidéo) pourront être convertis en objet dynamique de manière à garder intactes les possibilités d'édition du calque.

LE PRINCIPE DE L'ANIMATION DU CALQUE

L'animation fait appel à des images-clés qui seront placées au début et à la fin de l'animation sur la piste de l'option qui sera modifiée au cours du temps. Examinons la procédure de création d'une animation.

Les étapes de l'animation

Nous allons examiner le cas de la création d'une animation de position. Elle s'effectue avec l'option **Transformation** dans le cas du texte ou de l'objet dynamique, et avec l'option **Position du masque vectoriel** dans le cas de l'animation du calque de forme.

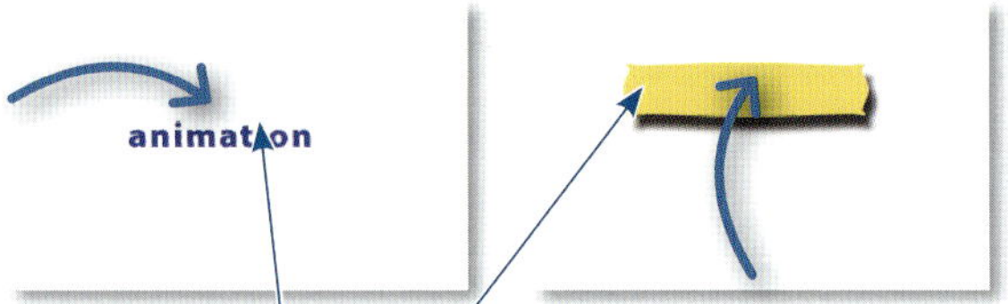

On veut animer ce texte et cette forme (selon les flèches).

Pour créer l'animation, effectuez les opérations suivantes :

1. Dans le panneau **Montage**, glissez la tête de lecture sur l'image (ou position sur l'échelle de temps) sur laquelle doit démarrer l'animation.

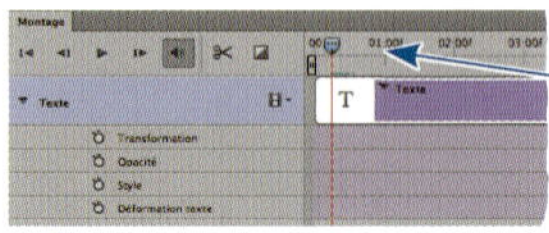

On a placé la tête de lecture là où doit démarrer l'animation.

2. Sur la piste de l'option d'animation, cliquez sur l'icône ⏱ (**Activer l'animation d'image-clé**) située devant le nom de l'option : une image-clé apparaît sur la piste à hauteur de la tête de lecture sous la forme d'un losange jaune.

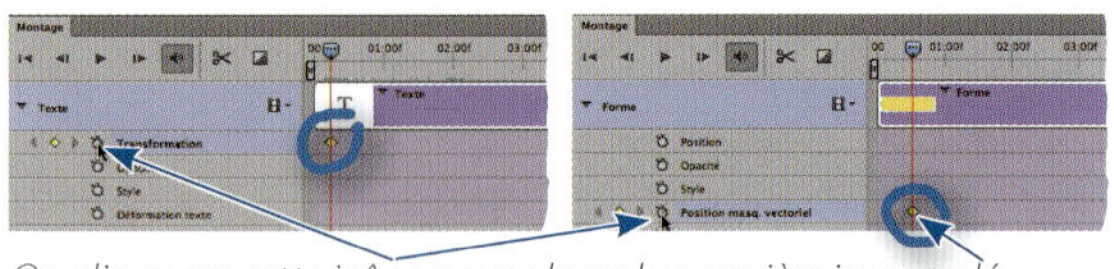

On clique sur cette icône pour placer la première image-clé.

3. Dans la fenêtre du document, glissez le contenu du calque jusqu'à la position voulue (elle peut se situer hors des limites de la photo).

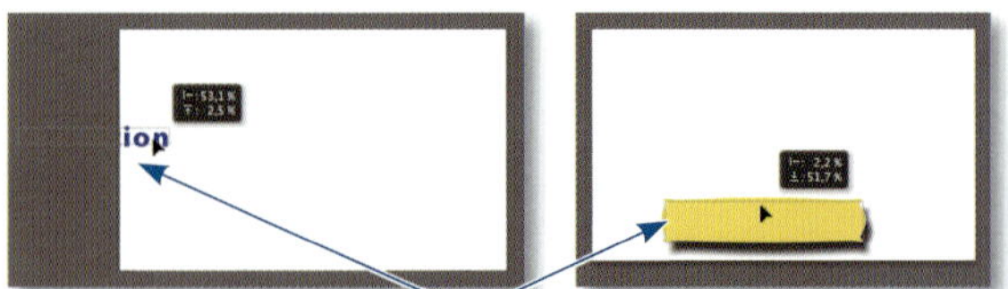

*Avec l'outil **Déplacement**, on positionne le calque.*

> **NOTE** *Pour réaliser un autre type d'animation, il faudra, à chaque image-clé, changer les réglages de l'option choisie pour faire l'animation (tels que **Opacité**, **Style**...).*

4. Glissez la tête de lecture sur l'image où doit s'arrêter l'animation, puis cliquez sur l'icône en forme de losange gris (située entre les deux triangles) située devant le nom de l'option (elle deviendra jaune :).

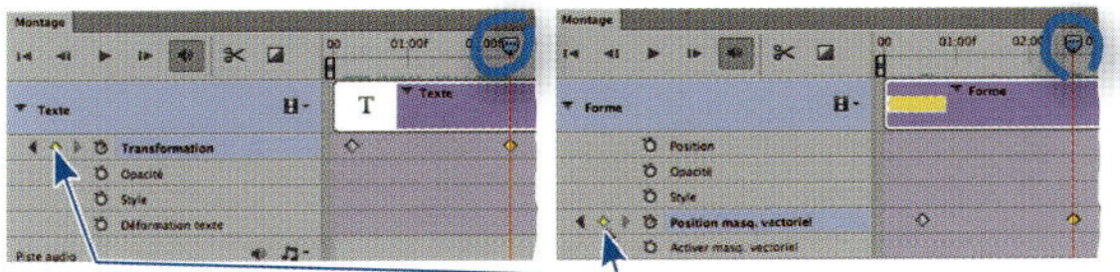

On glisse la tête de lecture, puis on clique sur cette icône pour insérer la deuxième image-clé.

5. Avec l'outil **Déplacement**, glissez le contenu du calque là où s'arrête l'animation.

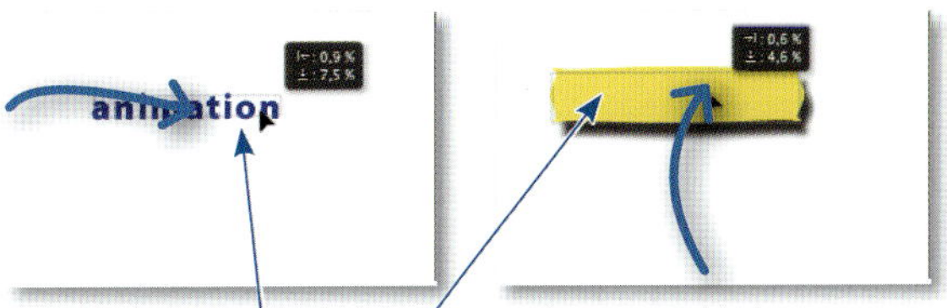

On positionne le texte et la forme à la position finale.

Quand l'animation est terminée, vous pouvez la visualiser en glissant la tête de lecture entre les deux images-clés.

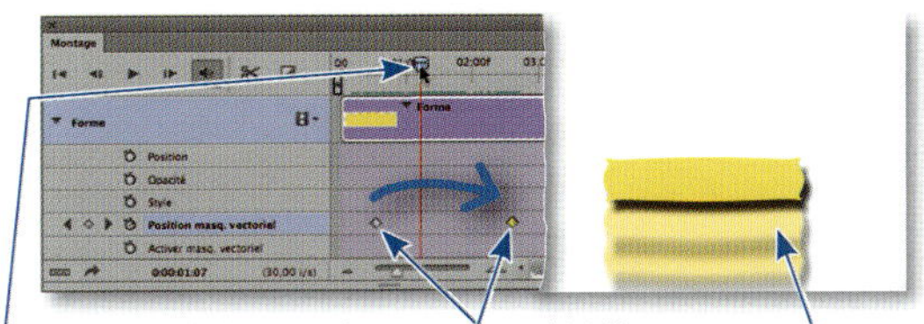

On glisse la tête de lecture d'une image-clé à l'autre pour voir l'animation du calque.

Les images-clés et les réglages des options d'animation

Lors de la création de l'animation, vous pouvez procéder d'une manière un peu différente.

1. Commencez par insérer les images-clés à différentes positions de la tête de lecture, sans modifier les éléments du calque. Il est possible de placer plus de deux images-clés si vous souhaitez, par exemple, faire passer le contenu du calque d'un état 1 à un état 2, puis revenir à cet état 1 (ou encore passer à un état 3).

2. Envoyez la tête de lecture sur l'image-clé voulue (en cliquant sur l'un des triangles) et changez les réglages de l'option d'animation (la position, l'opacité, le style…) du contenu du calque.

Voici deux exemples illustrant ce cas de figure : d'une part, une animation par déformation de texte cumulée avec une animation par changement d'opacité et, d'autre part, une animation d'objet 3D.

L'animation par déformation de texte

Le placement des images-clés :

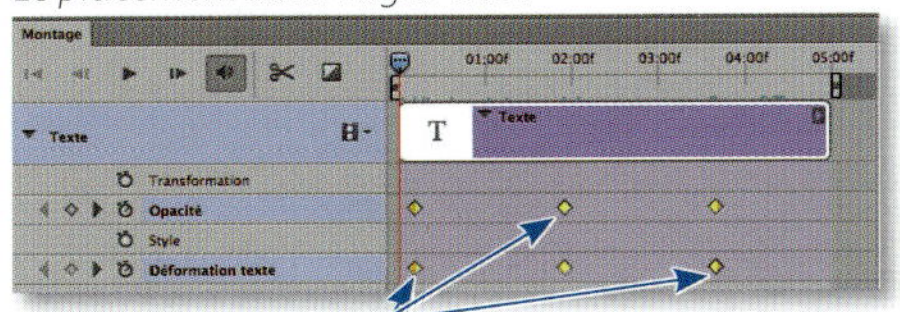

*On a inséré trois images-clés sur les pistes **Opacité** et **Déformation texte**. Le texte a conservé son aspect initial.*

Les modifications des options aux images-clés :

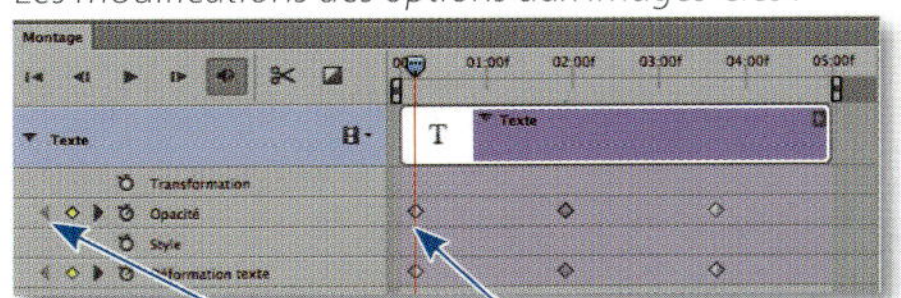

En cliquant ici, on place la tête sur la première image-clé, on change l'opacité.

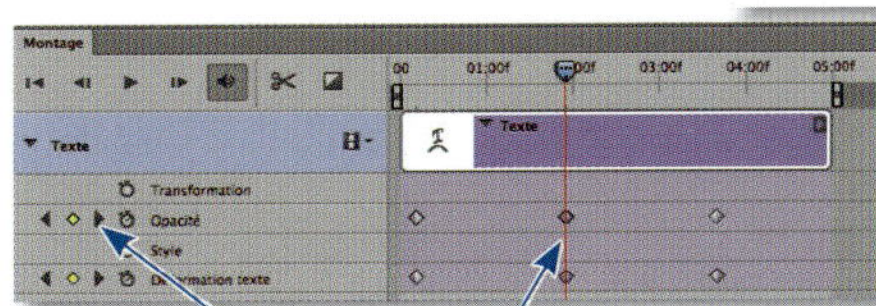

En cliquant ici, on place la tête sur l'image-clé suivante, on déforme le texte.

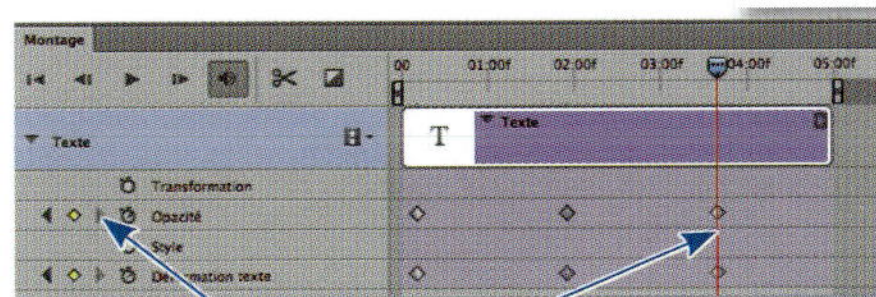

En cliquant ici, on place la tête sur la dernière image-clé, on change l'opacité.

Dans certains cas, si la tête de lecture n'est pas sur une image-clé et que vous réalisez une transformation, Photoshop ajoute une nouvelle image-clé (uniquement s'il y en a déjà une présente sur la piste).

L'animation d'un objet 3D

Avec un objet 3D, les possibilités sont nombreuses, mais gardez à l'esprit qu'une modification qui ne correspondrait pas à la piste d'options choisie entraînera un changement de l'objet sur tout le clip. Pour garder une bonne souplesse de réglages, n'hésitez pas à insérer suffisamment d'images-clés ; par la suite vous supprimerez celles qui seront inutiles.

On a placé des images-clés pour animer l'opacité et d'autres pour modifier la position de l'objet 3D.

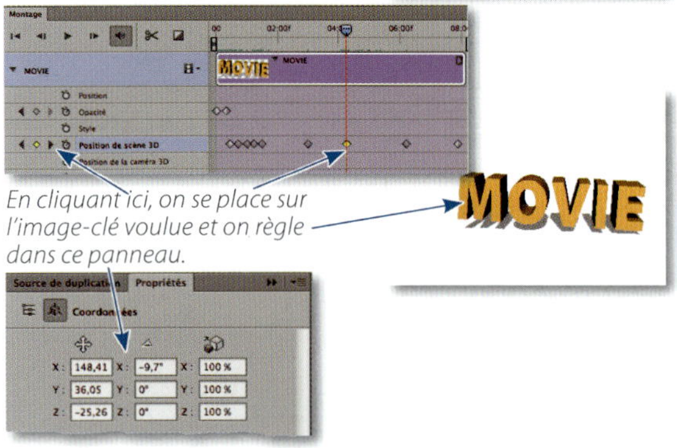

En cliquant ici, on se place sur l'image-clé voulue et on règle dans ce panneau.

Les manipulations d'images-clés

L'aspect des images-clés

Les images-clés peuvent se présenter sous la forme d'un losange ou d'un carré selon le paramètre d'interpolation choisi par clic droit sur l'image-clé (**Interpolation linéaire** ou **Interpolation par paliers**). Elles sont jaunes quand elle sont sélectionnées et leur aspect dépend de leur position : première, intermédiaire et dernière.

Le déplacement d'image-clé

Toute image-clé peut être glissée pour être repositionnée. Pour en glisser plusieurs en même temps, sélectionnez-les par ⇧ clic sur le losange (qui passe du gris au jaune) ou, pour les sélectionner toutes, lancez **Tout sélectionner** dans le menu contextuel affiché par clic droit sur une image-clé. Une fois la sélection réalisée, glissez-la jusqu'à la position voulue.

ATTENTION *Quand plusieurs images-clés sont sélectionnées (losange jaune), le changement de réglage de l'option se répercutera sur toutes les images-clés.*

La suppression d'image-clé

Pour supprimer une image-clé, effectuez un clic droit, puis lancez **Supprimer**. Pour les supprimer toutes (et effacer l'animation), cliquez sur l'icône en forme de chronomètre.

LES ANIMATIONS DE MOUVEMENT

Il s'agit d'une série d'animations prédéfinies qui produisent des transformations (zoom, déplacement, rotation…). Il est préférable de les appliquer à un calque préalablement converti en objet dynamique de manière à pouvoir réinitialiser plus facilement l'élément animé. Photoshop place automatiquement des images-clés sur les limites du clip ; celles-ci peuvent être déplacées et la transformation peut être modifiée à chaque image-clé pour personnaliser l'animation. Pour mettre en œuvre l'animation de mouvement, sélectionnez le clip dans le panneau **Montage** et effectuez un clic droit dessus (ou cliquez sur le triangle à son extrémité droite) : un minipanneau d'animation s'affiche et son menu local propose une liste d'animations de mouvement. Chacune d'elles possède des propriétés particulières.

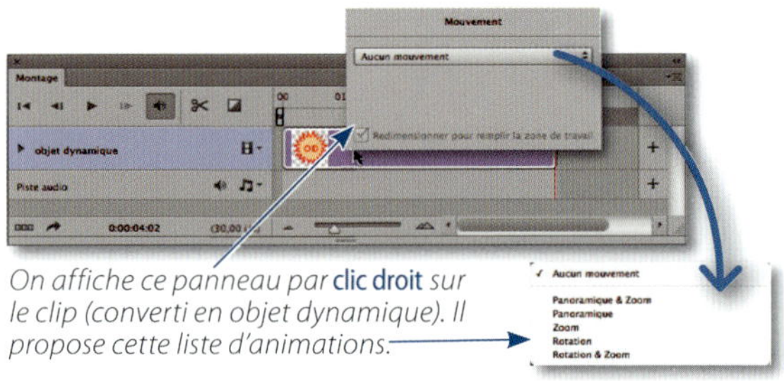

On affiche ce panneau par clic droit sur le clip (converti en objet dynamique). Il propose cette liste d'animations.

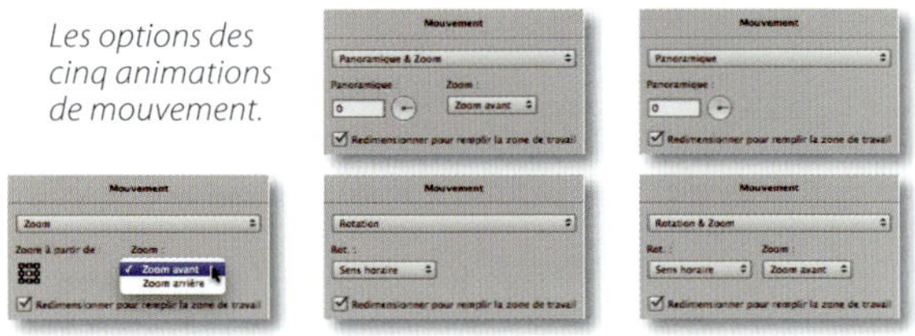

Les options des cinq animations de mouvement.

Quand l'animation est validée (en tapant ↵ pour fermer le mini panneau), des images-clés (rouges) sont placées aux extrémités du clip sur sa piste de transformation.

ASTUCE *Pour que l'animation de mouvement ne se réalise que sur une partie d'un clip, placez la tête de lecture à l'endroit où vous souhaitez fractionner le clip, et cliquez sur l'icône ✂ du panneau **Montage** pour le scinder.*

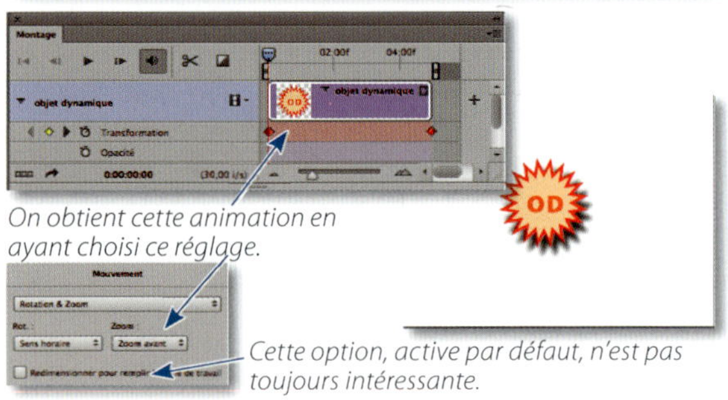

On obtient cette animation en ayant choisi ce réglage.

Cette option, active par défaut, n'est pas toujours intéressante.

Selon le nombre d'images que dure le clip, l'animation peut paraître incomplète (par exemple, pour un clip d'environ 4 secondes, le zoom sera de 15 % et la rotation de 10°) et nécessitera une personnalisation. Pour cela, cliquez sur le triangle de droite de l'icône ◆◇▶ pour placer la tête de lecture sur la dernière image-clé, tapez **⌘T [ctrl T]** et modifiez les valeurs des cases **L** et **H** dans le cas d'un zoom, **X** dans le cas d'un panoramique, ou encore l'angle pour une rotation.

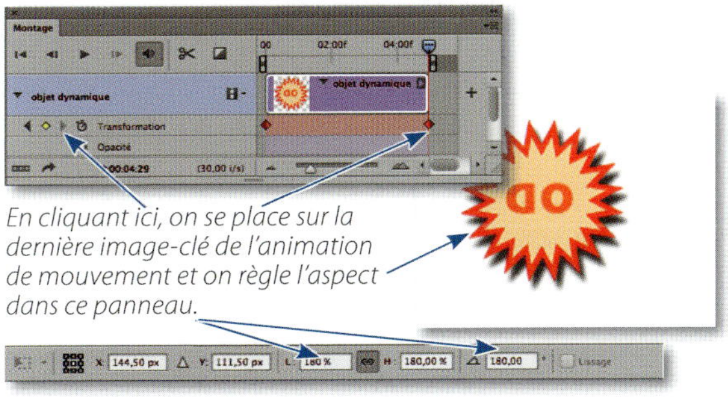

En cliquant ici, on se place sur la dernière image-clé de l'animation de mouvement et on règle l'aspect dans ce panneau.

Une fois personnalisée, l'animation apparaît comme une animation classique. Rien ne vous empêche de glisser l'une des images-clés ou d'en ajouter de nouvelles pour poursuivre l'animation.

L'application d'un calque de réglage

Si vous sélectionnez un clip faisant partie d'un groupe vidéo et ajoutez un calque de réglage, le clip écrêtera le calque de réglage de manière que celui-ci ne s'applique que sur lui sur toute la durée du clip.

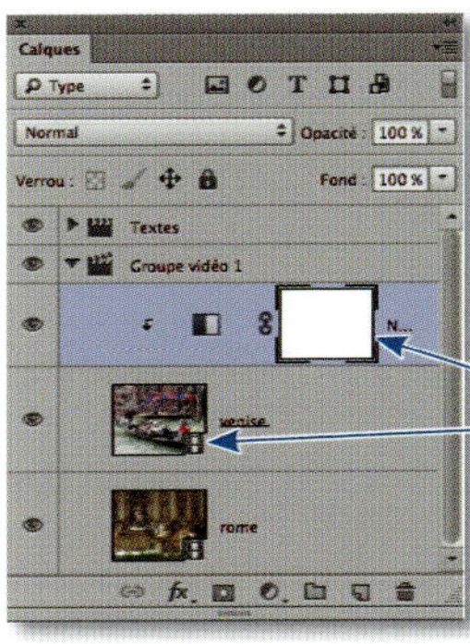

Ce calque de réglage est écrêté par ce clip et n'agit que sur lui.

Si vous souhaitez que le réglage s'applique à l'ensemble du groupe, dans le panneau **Calques**, glissez le calque de réglage au-dessus du groupe vidéo. Dans le panneau **Montage**, il apparaîtra sur une piste et vous pourrez modifier sa position et sa durée, lui ajouter des transitions et lui appliquer une animation d'opacité, de style ou autre.

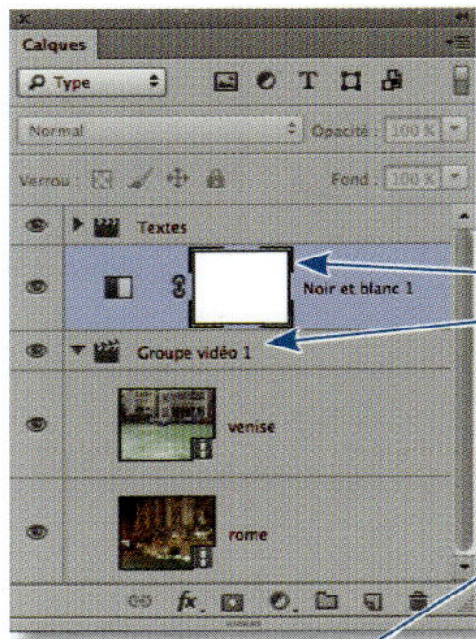

Ici, ce calque de réglage agit sur tout le groupe vidéo.

Le calque de réglage occupe une piste, on peut régler sa durée, ajouter des transitions, des animations…

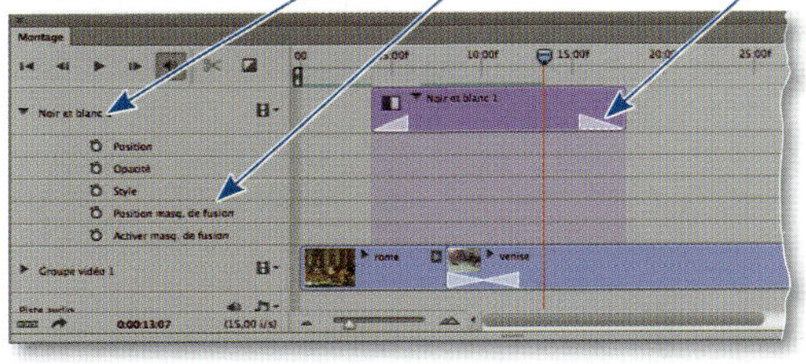

Le panneau **Calques** comporte un second groupe vidéo (ou d'autres calques inférieurs) sous le premier. Pour que celui-ci ne soit pas être affecté par le réglage, il suffira de créer un groupe d'écrêtage entre le calque de réglage et le premier groupe vidéo.

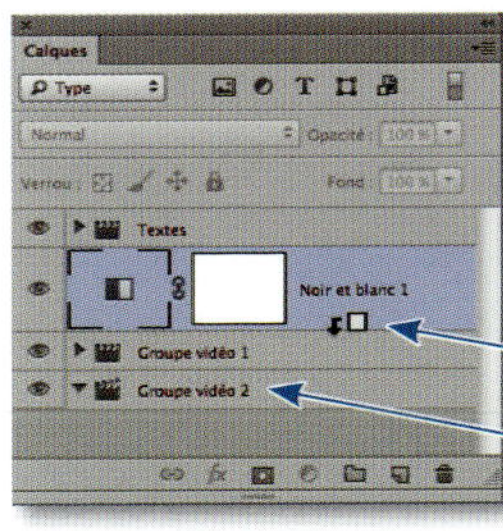

Si on crée un masque d'écrêtage, le calque de réglage n'agira plus sur le groupe inférieur.

L'application d'un masque

Si vous affectez un masque à un clip vidéo, celui-ci n'affectera que le clip et il sera possible d'utiliser les animations liées à la position du masque et à son activation.

Si vous sélectionnez le groupe vidéo dans le panneau **Calques**, comme pour les calques ou les groupes, il est également possible de lui affecter un masque de fusion et/ou un masque vectoriel. Le contenu du groupe ne sera visible qu'à l'intérieur du masque.

On a appliqué un masque vectoriel pour limiter l'affichage de la vidéo située dans le groupe vidéo.

L'application de filtres

Pour appliquer des filtres à toutes les images d'un calque vidéo (ou d'un groupe vidéo), vous devez d'abord convertir le calque en objet dynamique. Tous les filtres que vous appliquez par la suite deviennent des filtres dynamiques, ce qui offre une souplesse de travail en vous permettant de réajuster les paramètres des filtres à tout moment. Voici les étapes de la manipulation :

1. Sélectionnez le calque vidéo (ou le groupe vidéo) dans le panneau **Montage** ou le panneau **Calques**.
2. Choisissez dans le menu **Calque/Objets dynamiques**, puis **Convertir en objet dynamique**.
3. Appliquez les filtres voulus depuis le menu **Filtre**. Pour réajuster les paramètres, affichez le panneau **Calques**, puis cliquez deux fois sur le filtre dans la liste des filtres dynamiques du calque vidéo. Vous pouvez aussi remplir le masque filtrant si l'effet du filtre ne doit pas être visible partout.

> **Astuce** *Si vous souhaitez n'appliquer le filtre qu'à une partie d'un clip, vous pouvez le couper en morceaux. Pour cela, placez la tête de lecture à l'endroit où vous souhaitez fractionner le clip et cliquez sur l'icône ✂ du panneau* ***Montage*** *pour le scinder (recommencez éventuellement à un autre endroit selon le nombre de morceaux voulus). Un des morceaux sera alors converti en objet dynamique avant de lui appliquer le filtre.*

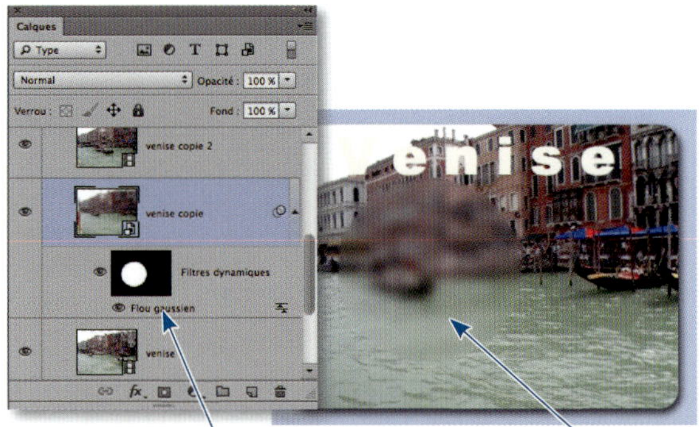

Pour appliquer ce filtre à une partie du clip (avec un masque), on a scindé le clip en trois morceaux.

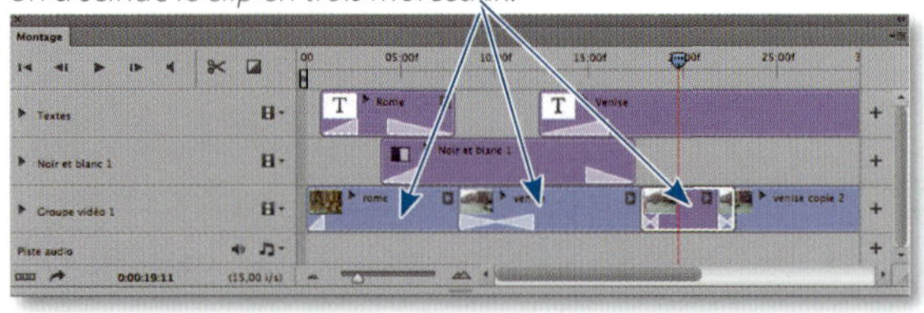

L'exportation vidéo

Elle s'effectue grâce à Adobe Media Encoder. Pour la réaliser, deux possibilités : dans le menu **Fichier** sélectionnez **Exportation**, puis la commande **Rendu vidéo** ; dans le menu du panneau **Montage**, choisissez **Rendu vidéo** (vous pouvez également cliquer sur l'icône ↗ située en bas à gauche du panneau). Dans le menu déroulant, sélectionnez **Adobe Media Encoder**, puis l'un des formats suivants :

- **DPX** (*Digital Picture Exchange*) est principalement conçu pour les séquences d'images que vous envisagez d'incorporer dans des projets vidéo professionnels à l'aide d'Adobe Premiere Pro.
- **H. 264 (MPEG-4)** est le plus polyvalent, il comprend notamment les paramètres prédéfinis pour la haute définition et la vidéo grand écran, ainsi qu'une sortie optimisée pour les tablettes ou la diffusion en ligne.
- **QuickTime (MOV)** est nécessaire pour l'exportation des couches alpha et la vidéo non compressée. Le menu **Paramètre prédéfini** fournit des options de compression supplémentaires.

Partie 7

Peindre et appliquer un filtre à une image

1 - Remplir avec un aplat de couleur, un motif ou un dégradé

2 - Peindre avec Photoshop

3 - Appliquer un filtre de Photoshop

1 - Remplir avec un aplat de couleur, un motif ou un dégradé

Les aplats et les couleurs

La préparation d'une couleur

Les couleurs dans le panneau Outils

Dans le panneau **Outils**, la zone des couleurs comporte deux carrés (*voir ci-contre*) : en haut à gauche, la couleur active de premier plan (par défaut, le noir sauf sur une couche alpha) ; en bas à droite, la couleur de l'arrière-plan (par défaut, le blanc sauf sur une couche alpha).

Ces deux couleurs servent à l'élaboration des dégradés. Lors d'un coloriage (**Remplir**, outils de dessin : **Crayon**, **Pinceau**...), la couleur de premier plan est utilisée. La couleur d'arrière-plan sert lors d'un effacement (**Gomme**).

- **Inversion des couleurs** : la flèche ↰ inverse les couleurs de premier plan et d'arrière-plan ; au clavier, tapez X.
- **Couleurs par défaut** : un clic sur l'icône ■ affiche les couleurs par défaut (noir et blanc sur un calque ; blanc et noir sur une couche alpha) ; au clavier, tapez D.

Le prélèvement d'une couleur sur l'image avec la pipette

La case couleur de premier plan se remplit avec l'outil **Pipette** (ou un outil de peinture et ⌥[Alt]), en cliquant sur la partie de l'image ayant la couleur à prélever. La pipette possède des réglages d'échantillonnage et de sensibilité. Ce premier n'est disponible que dans la **Barre d'options**, en revanche la sensibilité se règle également directement sur l'image par clic droit.

- L'échantillonnage peut se faire sur le calque actif ou sur tous les calques. Un menu local permet d'en faire le choix dans la **Barre d'options**.

Avec cette option, l'échantillonnage s'effectue sur ce que vous voyez à l'écran.

- La sensibilité du prélèvement définit la taille ou la surface de l'échantillonnage. Par défaut, il est ponctuel, c'est-à-dire d'un pixel. Il est préférable de définir une taille plus large, par exemple, **Moyenne 3 × 3**. Photoshop prendra la couleur moyenne dans cette surface.

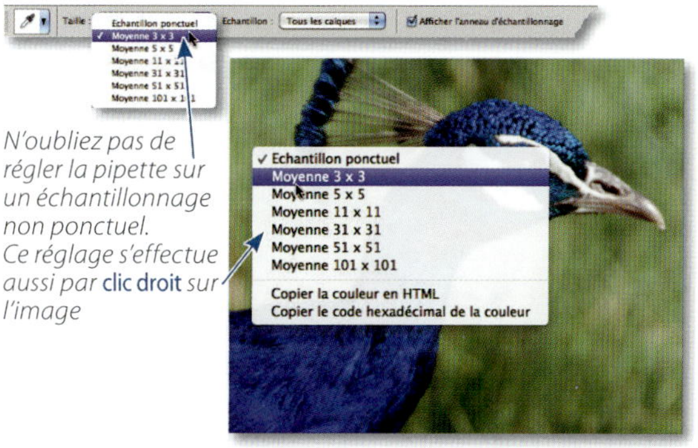

N'oubliez pas de régler la pipette sur un échantillonnage non ponctuel. Ce réglage s'effectue aussi par clic droit sur l'image

Quand vous effectuez ce prélèvement, un anneau d'échantillonnage apparaît (il peut être masqué en décochant l'option dans la **Barre d'options** de l'outil). Il se présente sous la forme d'un anneau gris encerclant deux demi-anneaux. Celui du haut indique la couleur qui va être prélevée ; celui du bas indique la couleur active avant le prélèvement.

L'anneau d'échantillonnage : en haut, la couleur prélevée ; en bas, l'ancienne couleur.

ASTUCE *L'outil **Pipette** peut prélever n'importe quelle couleur sur l'écran (même située dans une fenêtre d'un autre programme) ; cependant, dans ce cas, pressez sur un point du document Photoshop et glissez l'outil jusqu'à la couleur à prélever.*

Pour connaître la composition de la couleur avant de la prélever, affichez le panneau **Informations** ; selon les unités choisies, il vous donnera les renseignements voulus.

LA COULEUR AVEC LE SÉLECTEUR DE COULEURS HUD

Le sélecteur de couleurs HUD (Head up display, « affichage tête haute », en français) permet, dans Photoshop, la superposition d'informations de couleurs directement sur l'image (il requiert OpenGL). Il se présente sous deux formes : rectangulaire avec une bande verticale de teintes, ou rectangulaire avec une roue de teintes (ce choix, ainsi que sa taille, se règlent dans les préférences **Général**).

À partir de n'importe quel outil, ce sélecteur apparaît en enfonçant les touches ⇧ctrl ⌘ [⇧ Ctrl clic droit] et reste visible tant que le bouton de la souris est maintenu enfoncé, en revanche les touches peuvent être relâchées.

Le sélecteur HUD, avec bande ou roue de teintes, s'affiche en enfonçant ⇧ctrl ⌘ [⇧Ctrl clic droit].

Quand le sélecteur est affiché (bouton de la souris toujours enfoncé), en maintenant enfoncée la barre Espace, vous pouvez passer du sélecteur luminosité/saturation au sélecteur de teintes (vertical ou circulaire) ou réciproquement, en glissant la souris d'un anneau d'échantillonnage vers l'autre. Relâchez la touche Espace pour glisser l'anneau d'échantillonnage une fois que la pipette (ou le curseur) apparaît dessus, puis relâchez le bouton de la souris quand la couleur est convenablement réglée (ou éventuellement repassez à l'autre sélecteur avec Espace). Le fait d'utiliser Espace permet de ne pas perdre le réglage de luminosité/saturation quand on passe d'un sélecteur à l'autre.

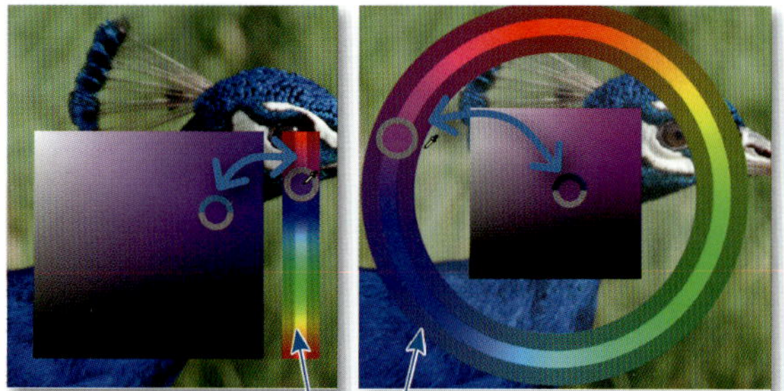

On passe d'un sélecteur luminosité/saturation au sélecteur teintes avec la barre d'Espace (et réciproquement).

LA COULEUR AVEC LE SÉLECTEUR DE COULEURS CLASSIQUE

Les couleurs de premier plan ou d'arrière-plan se définissent également en cliquant dans la case correspondante, dans le panneau **Outils** : une fenêtre de définition des couleurs apparaît, c'est le **sélecteur de couleurs**.

ASTUCE *Dans les **Préférences/Général** (⌘K [Ctrl K]), il est possible de choisir le sélecteur Adobe ou un sélecteur système (Apple [Windows]).*

Le sélecteur Adobe

Il comporte trois zones (de gauche à droite) : la fenêtre du spectre chromatique, le curseur vertical et la zone numérique, ainsi qu'un bouton d'accès aux nuanciers (**Bibliothèques de couleurs**) et un autre permettant d'ajouter la couleur au nuancier.

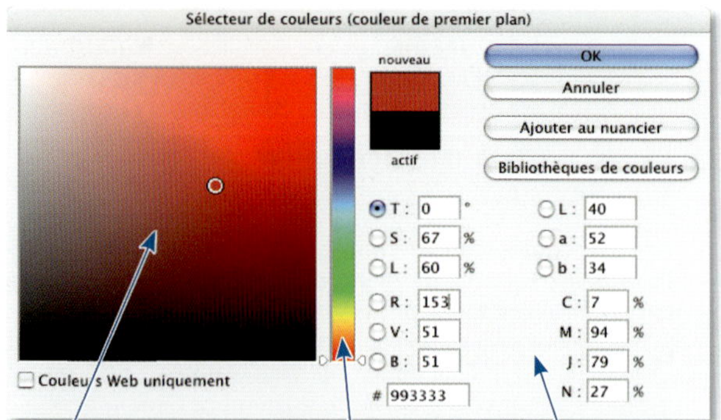

La zone de spectre chromatique. *Le curseur vertical.* *La zone numérique.*

ASTUCE *Par la commande **Raccourci clavier** du menu **Édition** (à la rubrique **Outils**), il est possible d'affecter un raccourci au sélecteur de couleurs. Utilisez, par exemple, / ; il remplacera le verrouillage de transparence d'un calque.*

La zone numérique du sélecteur de couleurs

Elle comporte les cases dans lesquelles vous pouvez entrer la composition selon le modèle voulu : **TSL** (Teinte de 0 à 360°, Saturation et Luminosité de 0 à 100) ; **RVB** (Rouge, Vert, Bleu de 0 à 255), **Lab** (Luminance de 0 à 100 ; a : magenta/vert ; b : jaune/bleu de –127 à 128) et **CMJN** (valeurs de 0 à 100 %).

Les couleurs Web

L'option **Couleurs Web uniquement** permet de limiter le choix des couleurs aux 216 couleurs communes des plates-formes et navigateurs Web n'affichant que 256 couleurs. Avec les navigateurs actuels, ce choix se justifie moins.

La zone du spectre chromatique et du curseur vertical

Ces deux zones changent d'aspect en fonction du modèle choisi (TSL, RVB ou Lab) et de l'option sélectionnée au sein de ce modèle.

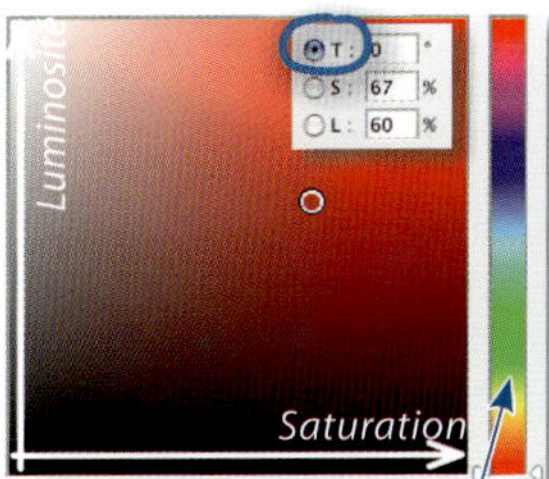

*On règle la **Teinte** dans cette bande verticale.*

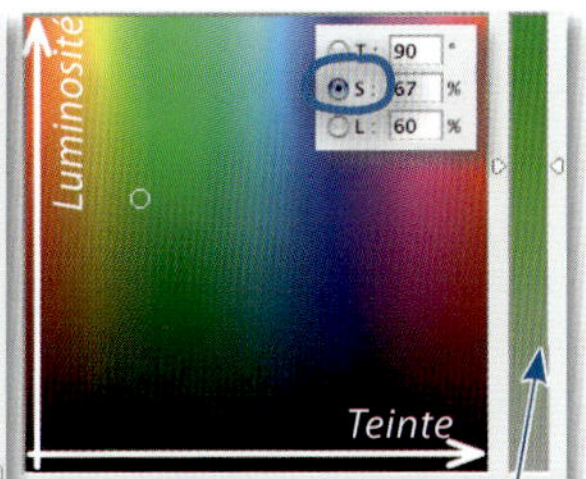

*La **Saturation** se règle dans cette bande verticale.*

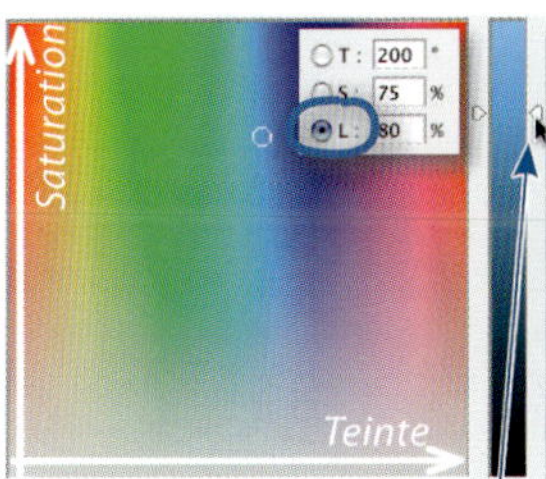

*On règle la **Luminosité** ici.*

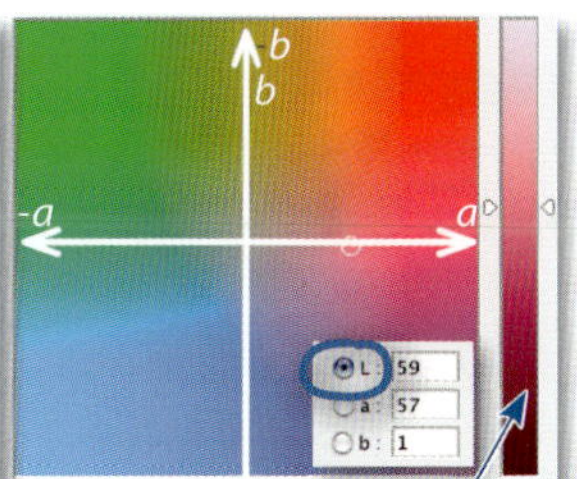

*On règle la **Luminance** ici.*

Les couleurs hors gamme

Les couleurs non imprimables

Quand vous définissez une couleur, si elle n'est pas imprimable (avec l'espace CMJN spécifié), un triangle le signale (le panneau **Informations** également). Si vous cliquez sur le triangle, elle est remplacée par la couleur la plus proche en quadri (sa composition est indiquée dans les cases CMJN). Ce type de couleur ne pose pas de problème lors d'un travail avec le mode **RVB** pour créer des images Web. En revanche, si vous travaillez dans le mode **CMJN**, elle sera remplacée par la couleur quadri la « plus proche ».

Dans le cadre d'un document à imprimer avec séparation quadrichromique, si vous créez des dégradés avec un mode de travail **RVB**, il y a des chances pour que certaines couleurs non imprimables fassent partie du dégradé. Quand vous convertirez le fichier en **CMJN**, votre dégradé perdra son éclat. Pour éviter ce problème, quand vous définissez des couleurs, visualisez directement dans le sélecteur de couleurs l'étendue des couleurs non imprimables, en lançant **Affichage/Couleurs non imprimables**. Lors d'un travail en RVB, utilisez **Couleurs d'épreuve** (après avoir défini un **Format d'épreuve CMJN**), vous limiterez les surprises. Dans le sélecteur, une zone grise définit les couleurs non imprimables ; celle-ci dépend de la teinte, de la luminosité et de la saturation choisies, mais également de l'espace de travail CMJN.

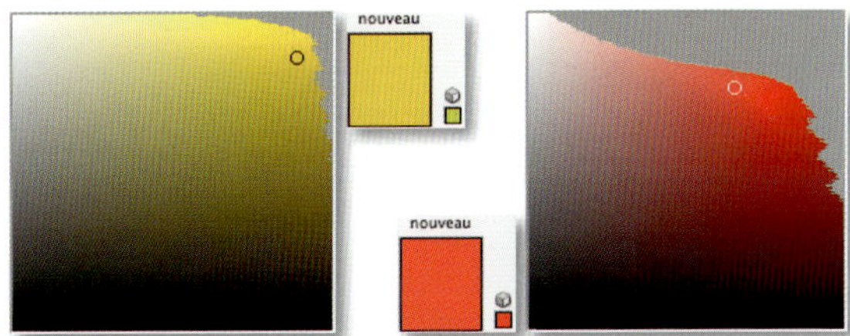

Il y a davantage de couleurs non imprimables dans le rouge, et surtout dans le vert, que dans le jaune ou le bleu.

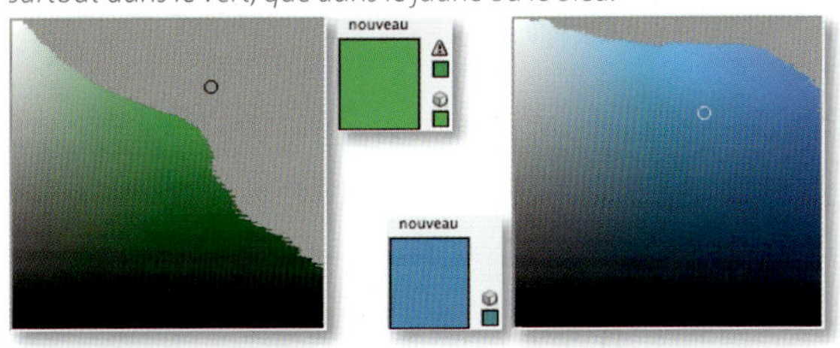

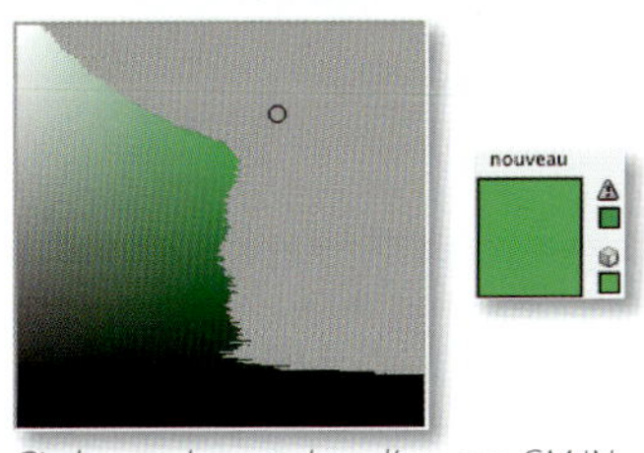

Ci-dessus, le vert dans l'espace CMJN standard pour les États-Unis.

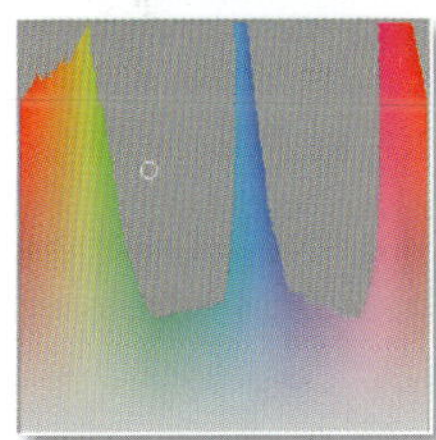
Ci-dessus, l'indication en fonction de la saturation.

Les couleurs pour le Web

Si votre choix ne correspond pas à l'une des 216 couleurs du Web, un signe l'indique dans le sélecteur de couleurs avec, sous ce signe, la couleur Web la plus proche ; elle se sélectionne en cliquant dessus. Pour éviter ce problème, cochez l'option **Couleurs Web uniquement**. De même, activez les options **Protéger la gamme Web** et **Curseur de couleurs Web** dans le menu local du panneau **Couleur**.

Les couleurs des nuanciers

Pour choisir votre couleur, vous pouvez vous référer à un nuancier; Photoshop en gère plusieurs. Pour utiliser l'un d'eux, cliquez sur **Bibliothèques de couleurs** dans le sélecteur, puis tapez la référence de couleur ou repérez sa teinte dans le curseur vertical, et affinez le choix dans la partie gauche de la fenêtre.

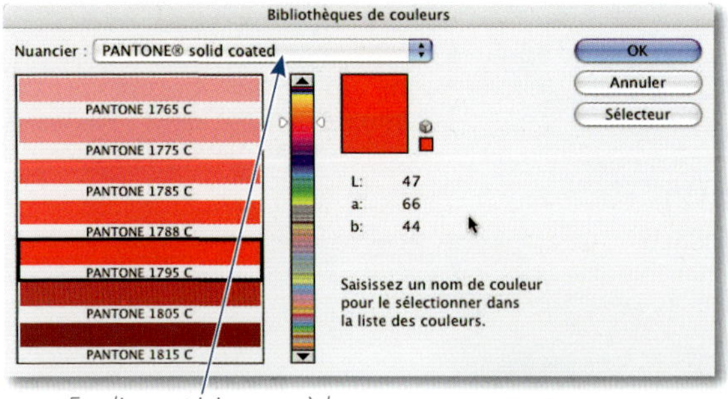

En cliquant ici, on accède aux autres nuanciers.

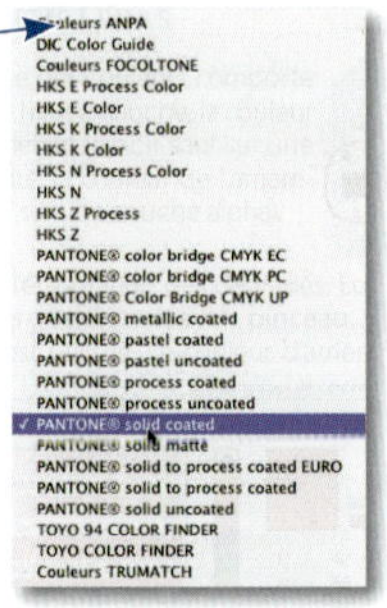

Inversement, si vous avez choisi une couleur dans le sélecteur et cliqué sur **Bibliothèques de couleurs** pour passer à un nuancier, le programme sélectionne le Pantone ayant la composition la plus proche de celle de la couleur précédemment choisie.

L'utilisation des panneaux de couleurs

La gestion des couleurs s'organise avec deux panneaux: **Couleur** (pour définir une couleur) et **Nuancier** (pour choisir et stocker les échantillons de couleur). Lors d'un travail sur les couches alpha ou dans un document en niveaux de gris, les couleurs s'affichent en niveaux de gris.

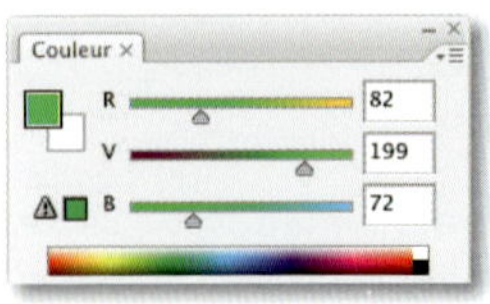

Les deux panneaux de gestion des couleurs.

Le panneau Couleur

Il comporte trois zones: à droite, les curseurs et les cases de composition leur correspondant; à gauche, les deux cases de sélection de couleur de premier et d'arrière-plan; en bas, une bande présentant une gamme de couleurs, ou spectre, à l'extrémité de laquelle figurent le blanc et le noir.

Pour choisir une couleur, commencez par cliquer sur la case de couleur de premier ou d'arrière-plan pour l'activer (elle s'encadre pour le signaler), puis composez la couleur par les curseurs ou prélevez-la dans la gamme de couleurs ou spectre.

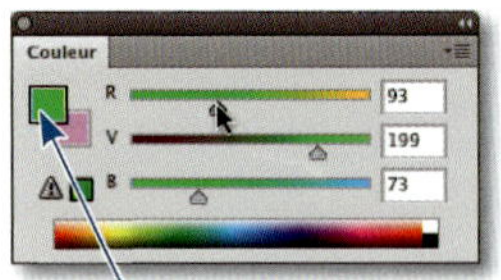

Premier plan actif.

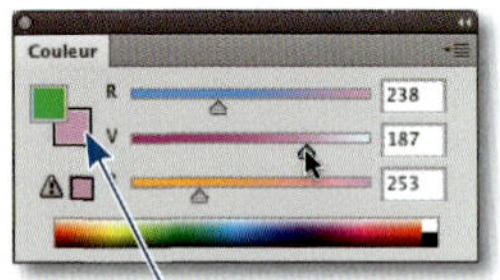

Arrière-plan actif.

La définition par la composition

Sélectionnez un modèle colorimétrique (RVB, CMJN...) par le menu du panneau et définissez la couleur en glissant les curseurs sous les bandes colorées, ou saisissez une valeur dans chaque case. Quand la couleur est hors gamme pour une impression quadri, un triangle le signale. À côté de celui-ci figure une case qui montre la couleur de substitution lors du passage au mode CMJN. Pour remplacer la couleur non imprimable par celle de substitution, cliquez dans le triangle.

La gamme de couleurs

Si vous amenez le curseur sur la gamme de couleurs, il se transforme en pipette, un clic sur une nuance remplit la case de couleur active; avec ⌥clic [Alt clic] remplissez celle qui n'est pas active. Photoshop propose plusieurs gammes: RVB, CMJN, niveaux de gris, couleurs courantes (dégradé du premier plan à l'arrière-plan). On passe de l'une à l'autre par ⇧clic ou par le menu contextuel.

Le panneau Nuancier

Le panneau **Nuancier** comporte un certain nombre de cases contenant chacune une couleur prédéfinie. Il est possible de stocker de nouvelles couleurs ou d'en prélever. Un menu local permet d'autres manipulations et notamment l'affichage de nuanciers parmi lesquels figurent les nuanciers Pantone. Pour utiliser l'une des couleurs, cliquez dans la nuance désirée, elle remplira la case active du panneau **Couleur**; si vous cliquez avec ⌘[Ctrl], vous remplirez celle qui n'est pas active. En plaçant la souris sur la partie blanche du bas du panneau, un petit pot de peinture apparaît: un clic permet d'y stocker une nuance. Vous pouvez également stocker la nuance par clic sur l'icône.

La préparation et l'exportation d'un panneau

La préparation d'un nuancier

Le nuancier se prépare de plusieurs façons décrites dans les paragraphes qui suivent.

– **Par des prélèvements** sur un dégradé (ou une photo). Affichez le sélecteur de couleurs et, après chaque prélèvement, cliquez le bouton **Ajouter au nuancier** pour y stocker la couleur.

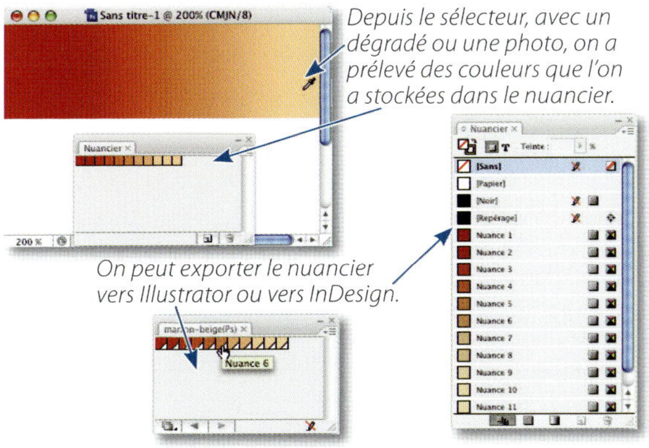

Depuis le sélecteur, avec un dégradé ou une photo, on a prélevé des couleurs que l'on a stockées dans le nuancier.

On peut exporter le nuancier vers Illustrator ou vers InDesign.

– **Par indexation** des couleurs d'un document. Pour cela, lancez la commande **Couleurs indexées** (menu **Image/Modes**) : un panneau est créé.

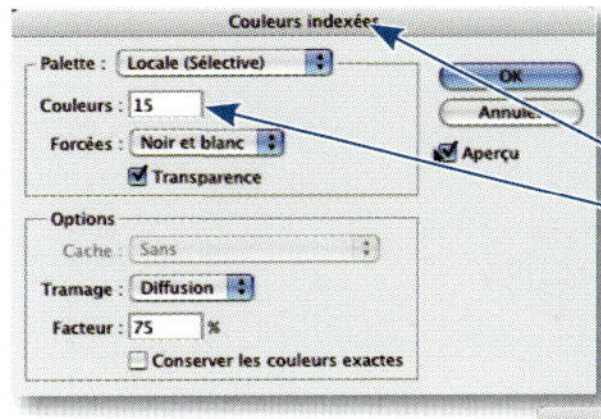

À partir d'une photo ou d'un dégradé, on lance cette commande (avec un nombre réduit de couleurs).

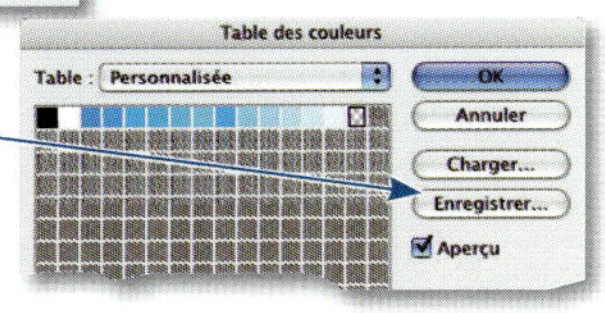

*On visualise le nuancier et on l'enregistre ici (on le chargera ensuite dans Photoshop par le panneau **Nuancier**).*

Pour le voir, puis l'enregistrer, utilisez **Table des couleurs** (menu **Image/Modes**). Pour faire apparaître ces couleurs dans le nuancier Photoshop, lancez **Charger un nuancier** ou **Remplacer le nuancier** (menu local du **Nuancier**).

L'exportation d'un nuancier

Une fois le panneau créé, vous pouvez l'exporter vers Illustrator et InDesign. Pour cela, utilisez la commande **Enregistrer le nuancier pour l'échange** et choisissez un nom et une destination pour le fichier de nuances. Le panneau ainsi enregistré constitue un fichier (extension **.ase**) et peut être ouvert dans InDesign ou Illustrator (commande **Charger un nuancier** ou **Ouvrir la bibliothèque de nuances/Autres** du menu du panneau **Nuancier** de ces logiciels).

Les techniques de remplissage

Nous allons voir différentes techniques de remplissage, certaines utilisent le clavier, d'autres une commande (**Remplir**) ou un outil (**Pot de peinture**), d'autres encore font appel à des tracés ou des sélections. Nous terminerons par l'utilisation des motifs, puis des dégradés.

Le remplissage au clavier

La couleur de premier plan a une importance considérable ; en effet, lorsque vous utilisez l'un des outils de peinture (**Crayon**, **Trait**, **Pinceau**, **Forme vectorielle**...), le tracé apparaît avec la couleur de premier plan. Si vous tapez un texte, il s'affiche également avec la couleur de premier plan. La couleur d'arrière-plan est utilisée par l'outil **Gomme** sur une partie du calque d'arrière-plan et lorsqu'on augmente la taille de la zone de travail. Le tableau ci-après liste les remplissages au clavier.

On tape	On colorie	Couleur
⌥ Efface [Alt Efface]	Tout le calque	Premier plan
⇧ ⌥ Efface [⇧ Alt Efface]	Les zones opaques	Premier plan
⌘ Efface [Ctrl Efface]	Tout le calque	Arrière-plan
⇧ ⌘ Efface [⇧ Ctrl Efface]	Les zones opaques	Arrière-plan

La commande Remplir

Cette commande permet de colorier : une zone sélectionnée, la totalité d'un calque, uniquement ses zones opaques ou ses zones transparentes. Pour cela, déroulez le menu **Édition** jusqu'à **Remplir** (ou tapez ⇧ Efface). Si vous avez réalisé une sélection, maintenez enfoncée la touche M et déroulez le menu contextuel jusqu'à la commande **Remplir**. Quelle que soit la manière dont la commande est lancée, vous devez spécifier des options de remplissage. Certaines concernent son contenu, d'autres la façon dont s'effectue le remplissage : l'opacité et le mode de fusion. La plupart des options sont communes aux outils de peinture ou de retouche.

La commande Remplir.

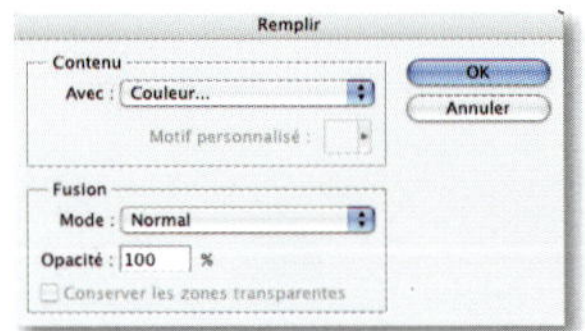

La technique de remplissage

Quand vous désirez remplir une sélection, plutôt que d'agir directement sur le calque d'arrière-plan ou sur un calque comportant une portion d'image, il est préférable d'ajouter un nouveau calque (⇧⌥⌘N [⇧Alt Ctrl N]) et d'utiliser la commande de remplissage sur ce calque. Ainsi, vous pourrez plus facilement revenir en arrière, en supprimant le calque, par exemple, ou modifier le remplissage en changeant les options du calque (opacité, mode de fusion, etc.).

Le contenu du remplissage

Un menu local permet de choisir le contenu du remplissage ; **Remplir avec** propose les choix suivants : **Couleur de premier plan**, **Couleur d'arrière-plan**, **Couleur...** (qui affiche le sélecteur), **Contenu pris en compte**, **Motif**, **Historique**, **Noir**, **50 % gris** et **Blanc**.

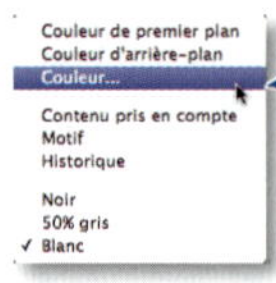

Ici, on affiche le sélecteur.

Le remplissage par l'Historique

Avant de lancer **Remplir**, définissez l'état (ou l'instantané) avec lequel vous souhaitez remplir la sélection ou le calque en cliquant dans la case vide devant le nom de cet état du panneau **Historique**.

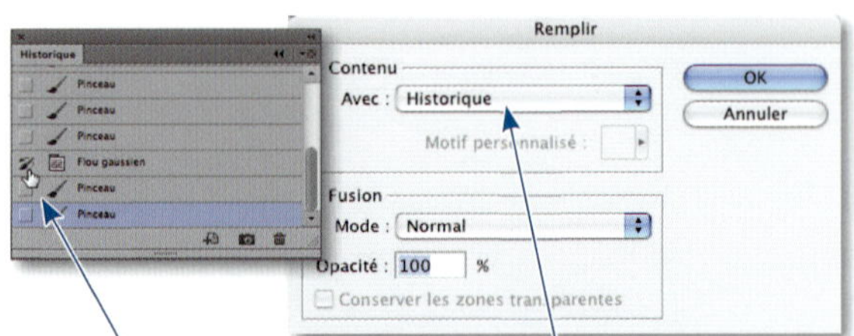

Cliquez ici pour définir l'état utilisé par cette option.

ASTUCE *Avec un calque actif autre que l'arrière-plan, si vous tapez* ⌥⌘Effface [Alt Ctrl Efface]*, vous le remplissez avec l'état désigné dans l'historique. Ce remplissage se limite aux zones opaques en tapant* ⇧⌥⌘Efface [⇧Alt Ctrl Efface].

Le remplissage par un motif

Quand vous choisissez **Motif**, vous accédez au panneau des motifs personnalisés en cliquant sur le triangle ▾ situé à droite du motif sélectionné par défaut.

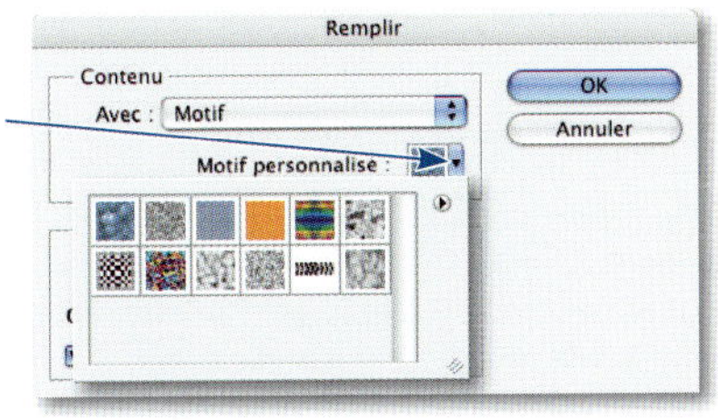

En cliquant ici, on accède au sélecteur de motifs.

Si aucun des motifs de la commande **Remplir** ne convient, vous pouvez en préparer un nouveau avant de lancer la commande de remplissage. *Quelques méthodes de préparation de motifs seront abordées plus loin dans ce chapitre.*

L'opacité du remplissage

La coloration par la commande **Remplir** peut s'effectuer avec une certaine opacité, c'est-à-dire que la couleur, ou le motif (ou l'historique...), sera atténuée de façon à laisser voir en transparence l'aspect initial de l'image.

ASTUCE *Un remplissage avec une opacité réduite est utile sur un masque de fusion lorsqu'on veut que celui-ci laisse voir partiellement le contenu du calque sur la partie remplie.*

Les modes de fusion des couleurs

Il y a plusieurs modes de fusion, ils sont tous semblables à ceux que l'on règle dans le panneau **Calques**. De plus, ils fonctionnent de façon identique avec la plupart des outils de dessin ; dans ce cas, vous les programmerez directement dans la **Barre d'options** de l'outil. Dans la commande **Remplir**, le mode se choisit en cliquant sur le menu local **Mode** réglé par défaut sur **Normal**, c'est-à-dire que la coloration s'effectue sur tous les pixels.

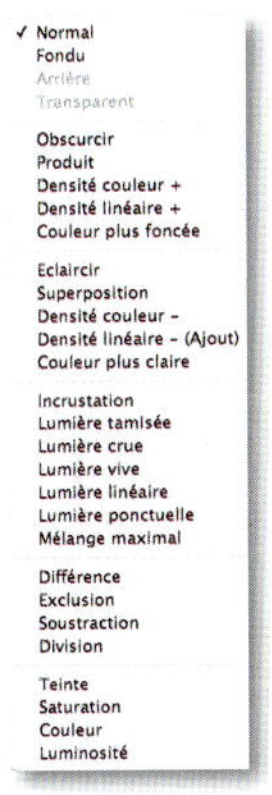

Les modes de fusion de **Remplir**.

Le mode Fondu

Ce mode n'a d'effet qu'avec les sélections ayant des contours progressifs ou avec des calques comportant des zones opaques dont l'opacité est inférieure à 100 %. Cette option agit sur le remplissage de la zone de fondu, qu'elle couvre de la couleur de remplissage avec un effet pointilliste.

Les deux modes, **Arrière** et **Transparent**, peuvent apparaître grisés, car ils ne sont utilisables qu'avec des calques comportant des zones transparentes non protégées (sans verrou sur la transparence).

Le mode Arrière

Ce mode permet de colorer les parties transparentes situées derrière les zones opaques du calque. Les zones opaques restent intactes lors de la coloration.

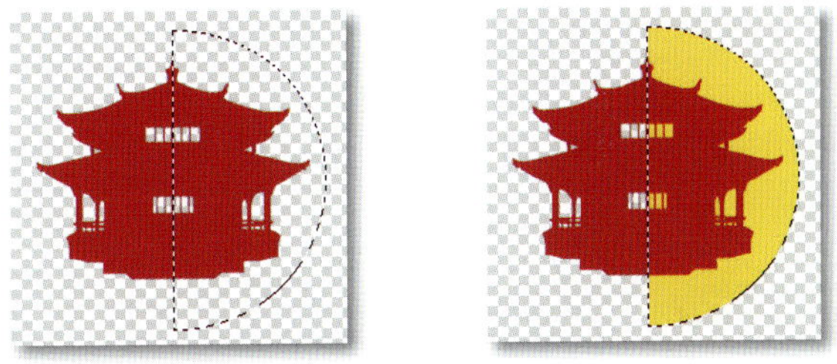

On sélectionne une partie et on remplit avec le mode **Arrière** *: seuls les pixels transparents sont recouverts.*

Le mode Transparent

Quelle que soit la couleur de remplissage choisie, chaque pixel sur lequel s'applique ce mode devient transparent comme lorsqu'on tape Efface, mais ici, il est possible de jouer sur l'opacité pour atténuer la transparence. Ce mode ne s'applique pas sur une sélection située sur une couche alpha, ni sur le calque d'arrière-plan, puisqu'il n'y a pas de transparence pour ce calque.

On sélectionne une partie et on remplit avec le mode **Transparent** *: seuls les pixels disparaissent.*

ASTUCE *Dans certains cas, vous obtiendrez le même résultat en utilisant l'outil* ***Gomme magique****. Ce dernier présente cet avantage que la sélection n'est pas toujours indispensable si la zone à rendre transparente est de couleur unie.*

Les résultats obtenus avec les modes qui suivent dépendent des couleurs (RVB, CMJN…) utilisées. D'une manière générale, l'aspect final ressemble à ce que l'on obtiendrait par superposition de calques avec les modes correspondants. Mais ici, une sélection peut limiter l'étendue de l'effet (comme le fait un masque de fusion sur un calque).

Les modes de fusion et l'ajout d'un calque

Les effets des modes de remplissage étant sensiblement équivalents à ceux des modes de superposition de calques, il est souvent préférable (sauf pour **Arrière** et **Transparent**) d'utiliser un nouveau calque, de remplir une sélection avec le mode **Normal**, puis de modifier l'option de superposition du calque pour obtenir l'effet voulu ; les modifications ultérieures seront plus faciles. *Reportez-vous à la page 490 et les suivantes pour revoir la façon dont les pixels fusionnent en fonction du mode utilisé.*

ASTUCE *Le mode de fusion,* ***Soustraction****, permet de remplir une sélection avec la teinte complémentaire de la couleur de remplissage.*

LE REMPLISSAGE DES ZONES TRANSPARENTES

Quand vous ajoutez un calque, celui-ci ne comporte pas de verrou sur la transparence. Cependant, vous pouvez l'ajouter dans la fenêtre de la commande **Remplir** en cochant **Conserver les zones transparentes**, afin que la coloration n'affecte que les zones opaques. Toutefois, si vous souhaitez utiliser les modes **Arrière** ou **Transparent**, il ne faut pas cocher l'option avant de lancer la commande **Remplir**, faute de quoi les deux modes seront accessibles.

ASTUCE *Si* ***Remplir*** *ne donne aucun résultat, vérifiez que l'option* ***Conserver les zones transparentes*** *n'est pas cochée et que la sélection ne comporte que des pixels transparents.*

Le remplissage avec l'outil Pot de peinture

LE PRINCIPE

L'outil **Pot de peinture** couvre, de la couleur de premier plan ou de motifs, tous les pixels dont les valeurs chromatiques sont voisines de celles du pixel sur lequel vous avez cliqué. Toutefois, s'il y a une sélection, le remplissage ne débordera pas de cette sélection.

LES UTILISATIONS DE L'OUTIL POT DE PEINTURE

Il permet de préparer certains masques et de colorer des images présentant des aplats de couleur.

La préparation d'un masque

Lors de la réalisation d'un détourage (sur une couche alpha ou avec le **Mode Masque**), après avoir réalisé un tracé fermé au crayon qui suit le contour de la zone à détourer, il faut remplir de noir (avec le **Mode Masque**, on verra du rouge) l'intérieur ou, selon les cas, l'extérieur du tracé afin de dégager en noir sur fond blanc la zone voulue *(voir page 251)*.

La coloration de dessin au trait

La valeur de tolérance doit être plus faible que dans le cas précédent. L'illustration à colorier peut être une image au trait scannée. Pour que l'outil **Pot de peinture** ne couvre pas les traits du dessin, utilisez le mode **Obscurcir** ou, mieux encore, ajoutez un calque réglé sur le mode **Obscurcir** et cochez l'option **Tous les calques** dans la **Barre d'options** de l'outil **Pot de peinture**.

LES OPTIONS DE L'OUTIL POT DE PEINTURE

Elles se règlent dans la **Barre d'options** de l'outil **Pot de peinture**. Les options se séparent en deux catégories : d'une part, les options propres à l'outil **Pot de peinture** (**Tolérance**, **Pixels contigus**, **Fond** avec couleur de premier plan ou motif, **Lissé** et **Tous les calques**) ; et d'autre part, les options **Opacité** et **Mode** qui sont totalement identiques à celles de **Remplir**. Tous les réglages peuvent être mémorisés en outils prédéfinis par ⌥**clic** [Alt clic] sur l'icône de l'outil.

Les options de l'outil ***Pot de peinture****.*

Le remplissage

Comme pour **Remplir**, choisissez un remplissage par la couleur de premier plan ou un motif (accédez au sélecteur de motifs en cliquant sur ▾). Pour changer de couleur par prélèvement sur une partie de l'image, enfoncez ⌥ [Alt] (le pot de peinture se transforme en pipette), puis cliquez sur l'image.

L'opacité

Elle se règle soit en déplaçant le triangle, soit en glissant la souris sur le mot **Opacité**, soit directement au clavier en tapant, par exemple, 65 pour obtenir 65 % d'opacité.

La tolérance

L'option **Tolérance** permet d'indiquer la plage des pixels affectés par le remplissage. Par exemple, si vous cliquez sur un pixel de valeur 100 avec une tolérance de 10, tous les pixels compris entre 90 et 110 seront coloriés.

Les valeurs de tolérance sont comprises entre 0 et 255 (255 provoque le remplissage de la totalité de la sélection).

> **Astuce** *Par glissement du curseur sur le mot **Tolérance** (ou **Opacité**), il apparaît qui permet de régler cette dernière.*

La fusion et le lissage

L'option **Lissage** adoucit les transitions entre les parties peintes par l'outil et le reste de l'image. Quant à l'option **Tous les calques**, lorsqu'elle est cochée, le remplissage s'effectue comme si l'image était aplatie sur un seul calque. Si elle n'est pas cochée, le remplissage ne s'effectue qu'en fonction des couleurs du calque actif (c'est-à-dire comme si le calque actif était le seul existant).

Les pixels contigus

Cette option est cochée par défaut. Si vous la désactivez, l'outil **Pot de peinture** remplit tous les pixels qui possèdent la même couleur que celui sur lequel vous avez cliqué.

> **Astuce** *L'outil **Pot de peinture** devient outil **Pipette** quand on enfonce ⌥[Alt]. Pour disposer d'une gamme de couleurs, préparez, sur des calques ajoutés, des dégradés des couleurs que vous comptez utiliser, et venez y prélever la teinte voulue avec l'outil **Pot de peinture** et ⌥[Alt].*

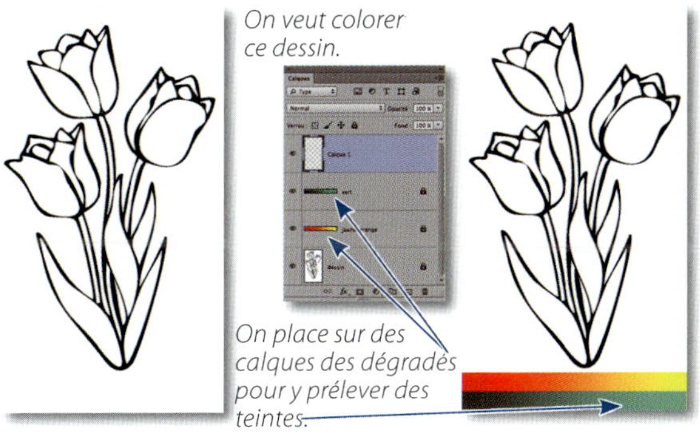

Le remplissage avec un tracé vectoriel

Les éléments dessinés avec le mode **Forme** se voient attribuer le fond et/ou le contour sélectionné dans la **Barre d'options** ; quant aux éléments dessinés avec le mode **Pixels**, leur traitement correspond à celui d'un calque contenant des pixels.

Le traitement d'un dessin avec le mode Pixels

Quand vous souhaitez dessiner avec l'outil **Forme** (prédéfinie ou personnalisée) et le mode **Pixels**, vous devez d'abord choisir une couleur de premier plan qui sera utilisée pour le remplissage. Pour changer la couleur appliquée, sélectionnez d'abord la zone voulue (en cliquant dessus avec l'outil **Baguette magique** réglé avec une tolérance faible, par exemple), puis utilisez la commande **Remplir** du menu **Édition**, ou encore tapez ⌥Efface [Alt Efface]. Si la forme a été dessinée seule sur un nouveau calque, il est inutile d'en faire la sélection. Utilisez directement la commande **Remplir** en cochant l'option **Conserver les zones transparentes**, ou au clavier tapez ⇧⌥Efface [⇧Alt Efface].

Le fond d'un dessin créé avec le mode Tracé

Si un tracé est affiché sur un calque (il est préférable d'ajouter un nouveau calque) ou sur une couche (alpha ou celle du **Mode Masque**), son fond peut être rempli par un aplat de couleur (ou par un motif…) sans qu'il soit nécessaire de convertir le tracé en sélection. Le remplissage s'obtient par la fenêtre **Fond du tracé** qui s'affiche depuis le panneau **Tracés**, soit avec son menu local ou son menu contextuel déroulé sur la vignette, soit par un clic sur l'icône du panneau avec ⌥[Alt] — sans cette touche, le tracé se remplit avec les derniers réglages utilisés.

La fenêtre **Fond du tracé** est du même type que celle de **Remplir** du menu **Édition**. Elle comporte une rubrique supplémentaire **Rendu** qui permet la création d'une zone de fondu (case **Rayon**) et l'obtention d'un lissage du tracé (option **Lissage**) pour adoucir les contours de ce dernier.

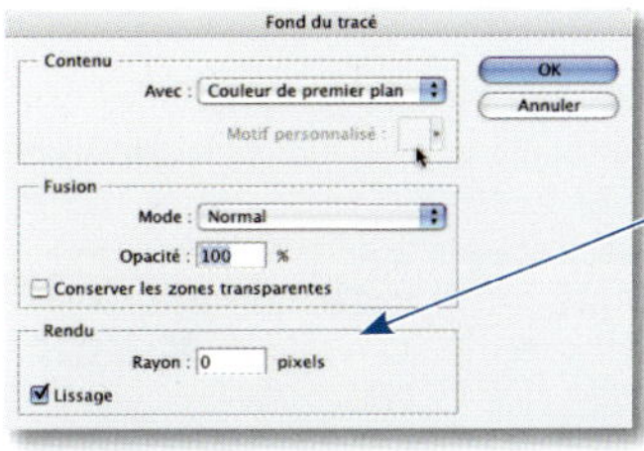

*Hormis cette rubrique, cette commande ressemble à **Remplir**.*

> **Astuce** *Pour certaines options (opacité ou mode de fusion), appliquez les valeurs par défaut (opacité à 100 et mode **Normal**) et réglez ces mêmes options au niveau du calque : le résultat sera le même, mais avec une réversibilité des réglages.*

Les motifs

La préparation d'un motif

LE MOTIF SIMPLE

Pour définir un motif, réalisez une sélection rectangulaire autour d'un dessin ou d'une partie de photo que vous souhaitez utiliser comme motif, et déroulez le menu **Édition** jusqu'à **Utiliser comme motif**. Renommez le motif et validez. Il sera disponible dans le sélecteur de motifs de la commande **Remplir** et de toutes celles qui utilisent les motifs.

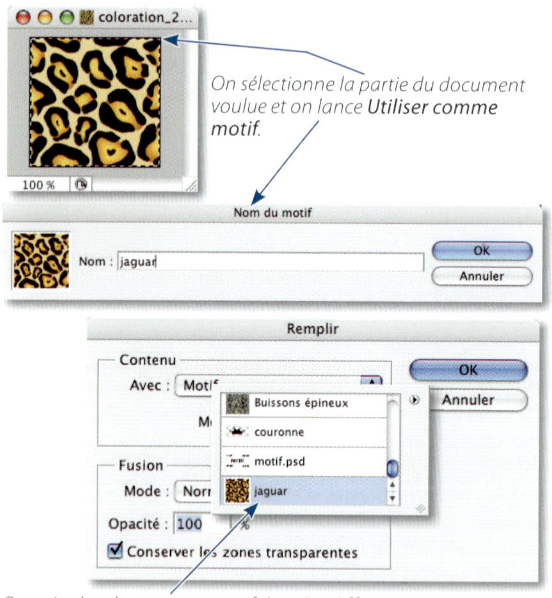

On sélectionne la partie du document voulue et on lance **Utiliser comme** *motif.*

On voit alors le nouveau motif dans les différentes commandes de remplissage.

Si le motif doit avoir un arrière-plan transparent, faites une sélection sur un calque (affiché seul) contenant un objet détouré par un masque de fusion ou vectoriel. Si l'objet n'est pas détouré, avant d'effectuer la sélection rectangulaire, isolez l'élément voulu sur un nouveau calque en réalisant sa sélection (son détourage), puis en tapant ⌘J [Ctrl J].

ASTUCE *En appliquant le motif avec un mode de fusion adapté, vous pouvez faire disparaître certains arrière-plans. Par exemple, avec le mode* ***Produit*** *ou* ***Obscurcir****, le blanc disparaît ; avec le mode* ***Superposition*** *ou* ***Éclaircir****, c'est le noir qui disparaît.*

LE MOTIF EN QUINCONCE

La création du motif

Il est possible de créer des motifs qui apparaissent décalés une ligne sur deux. Pour cela, il faut réaliser le motif en quinconce. Examinons une méthode avec des objets dynamiques, leur présence facilitera les modifications et permettra de créer très rapidement des variantes du motif.

1. Créez un nouveau document, éventuellement avec un fond transparent, ayant la taille souhaitée du motif final (elle doit être divisible par 2). Placez ou créez le dessin du motif (cela peut être un texte, un collage, un fichier importé ou un calque transféré d'un autre document).

2. Centrez le motif initial. Pour cela, tapez ⌘A [Ctrl A] (pour tout sélectionner), activez l'outil **Déplacement** et cliquez sur les icônes et de la **Barre d'options**.

3. Convertissez le calque contenant l'élément de base en objet dynamique (sauf pour l'élément importé). Éventuellement, réduisez sa taille par transformation manuelle (menu **Édition** ou au clavier, ⌘T [Ctrl T]) afin qu'il y ait de l'espace pour mettre une copie de l'élément à chaque angle, sans que les objets ne se touchent.

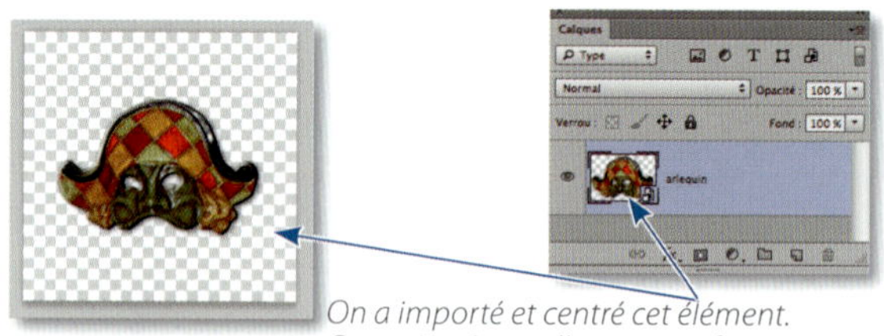

On a importé et centré cet élément.
On a ajusté sa taille par transformation.

4. Créez quatre copies de l'objet dynamique en tapant quatre fois ⌘J [Ctrl J].

5. Lancez la transformation manuelle, avec comme point de référence le centre, saisissez des valeurs pour amener ce point à l'angle supérieur gauche du document. Validez la transformation. Vous pouvez aussi glisser directement la copie (outil **Déplacement**), les repères commentés indiqueront en rose le positionnement correct.

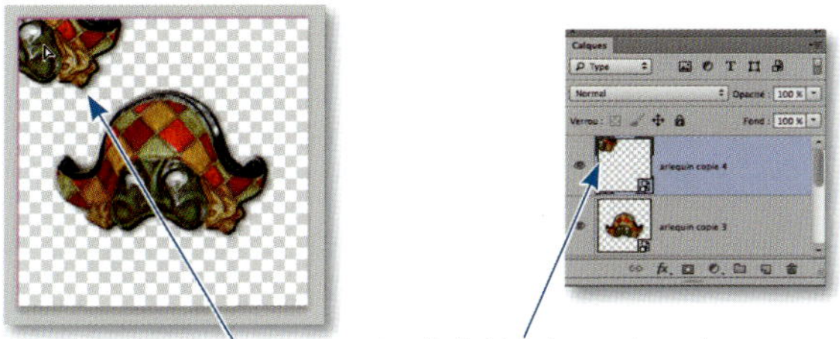

On glisse l'une des quatre copies de l'objet dynamique : les repères commentés roses indiquent le centrage dans l'angle.

6. Sélectionnez le calque d'une autre copie et, par transformation (ou glissement), amenez-la à l'angle supérieur droit. Recommencez l'opération pour placer une copie à l'angle inférieur gauche, puis à l'angle inférieur droit.

7. Quand chaque angle montre un quart du dessin, sélectionnez l'ensemble (⌘A [Ctrl A]) et lancez **Édition/Utiliser comme motif**.

Quand les copies sont en place, on sélectionne l'ensemble et on définit le motif par le menu ***Édition****.*

Les variantes du motif

Vous disposez de deux méthodes pour créer des variantes du motif. En effet, l'objet dynamique peut être remplacé par un autre, ou c'est son contenu qui peut être modifié.

La variante par remplacement de l'objet dynamique

Pour créer une variante du motif, dans la mesure où ce dernier est constitué de quatre objets dynamiques qui se réfèrent au même fichier, il suffit de remplacer le contenu de l'un d'eux par celui d'un autre objet dynamique : les quatre copies seront mises à jour et il n'y aura qu'à relancer **Utiliser comme motif**. Pour réaliser le changement de contenu, lancez **Calques/Remplacer le contenu** du menu du panneau (ou menu contextuel déroulé sur l'objet dynamique).

En remplaçant l'objet, on crée une variante à définir comme motif.

La variante par édition de l'objet dynamique

Un objet dynamique s'édite par **double-clic** sur sa vignette (ici aussi, toutes ses occurrences seront mises à jour). Lors de cette édition, vous pouvez appliquer des effets de calque, modifier le contenu... Ainsi, le document contenant les copies d'objet dynamique constitue une base de préparation de motifs en quinconce. Il suffit de l'ouvrir et d'éditer l'un des objets dynamiques pour créer facilement un nouveau motif.

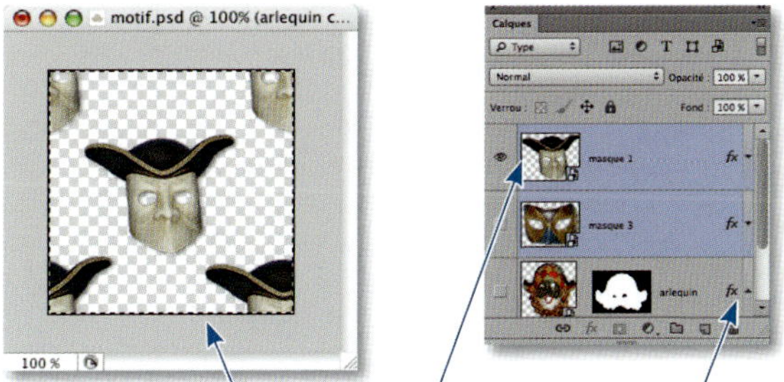

On peut créer des variantes en plaçant d'autres éléments dans l'objet dynamique ou en y ajoutant des effets de calque.

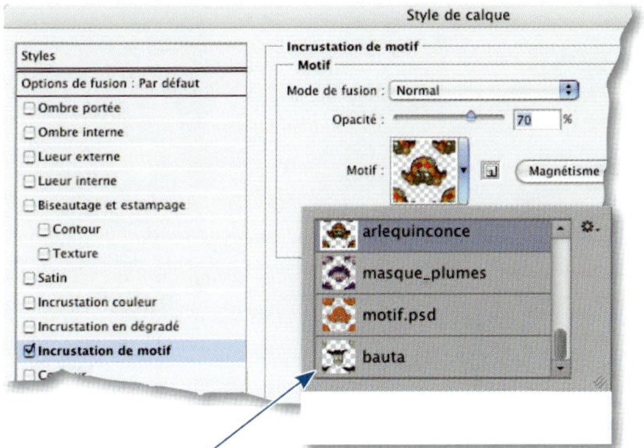

Une fois les variantes définies en motif, on les utilise sur différents calques avec ***Remplir*** *ou* ***Incrustation de motif****.*

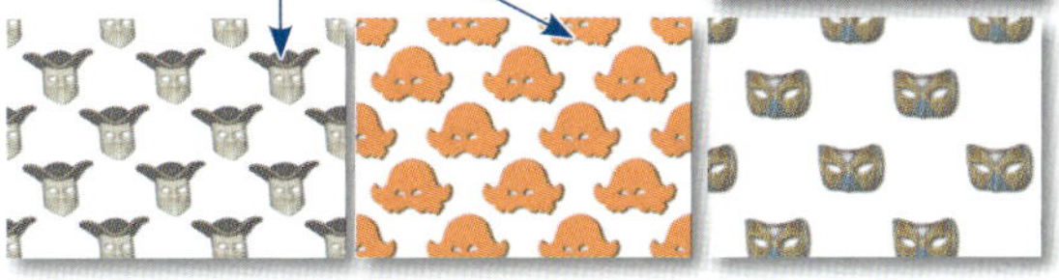

Le motif raccordé

Il s'agit d'un motif irrégulier dont les bords se raccordent. Pour réaliser ce motif, utilisez la méthode suivante :

1. Créez un document (par exemple, de 200 pixels par 200 pixels). Dessinez ou placez les éléments en ne remplissant que la partie droite et basse de la fenêtre. Sélectionnez l'ensemble des calques constituant cette partie de motif et convertissez-le en objet dynamique.

> **ATTENTION** *Si vous avez affecté des effets de calque qui ajoutent des pixels extérieurs (tels que* ***Ombre portée*** *ou* ***Contour...****), vérifiez qu'aucun d'eux ne déborde sur l'extérieur du document (utilisez* ***Tout faire apparaître****).*

2. Lancez le filtre **Translation** (**Filtre/Divers**) en programmant des déplacements de la moitié des dimensions du document (100 dans notre exemple) et en cochant l'option **Reboucler**. **Translation** s'applique ici comme filtre dynamique, ce qui permet de revenir sur les positions des constituants en éditant l'objet dynamique. Le document présente alors une partie vide que vous pouvez remplir en plaçant de nouveaux éléments.

Au centre, les éléments indépendants placés entre les autres constituants de l'objet dynamique, décalé par le filtre dynamique.

3. Le motif est prêt, sélectionnez l'ensemble et lancez la commande **Utiliser comme motif** du menu **Édition**. Procédez à des tests sur des documents de différentes tailles.

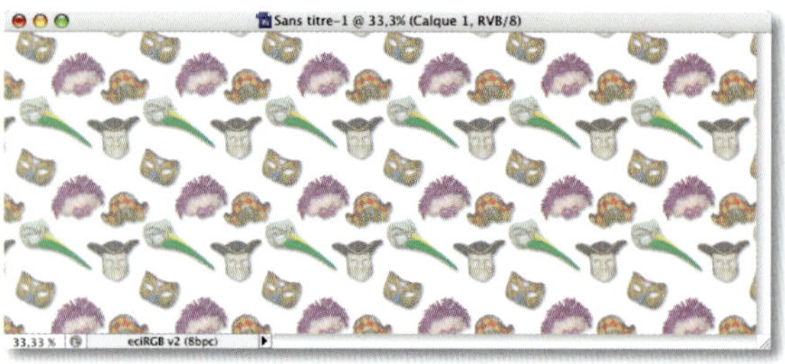

LES MOTIFS AVEC LES FONCTIONS 3D

En utilisant certaines fonctions 3D de la version Extended, il est possible de créer rapidement et facilement des motifs en quinconce ou non. Voici la démarche.

1. Créez un document correspondant à la taille souhaitée pour le motif (par exemple, 200 x 200).

2. Ajouter un nouveau calque en tapant ⇧⌘N [⇧Ctrl N] afin de pouvoir le renommer «motif».

3. Dans le menu **3D**, lancez la commande **Nouvelle peinture en mosaïque**. Un calque 3D est créé, il est visible dans le panneau **Calques**. Il comporte un fichier de texture de **Diffusion** (nommé **motif**) qui est répété dans l'objet 3D pour le remplir. C'est ce calque que nous allons éditer pour mettre au point le motif.

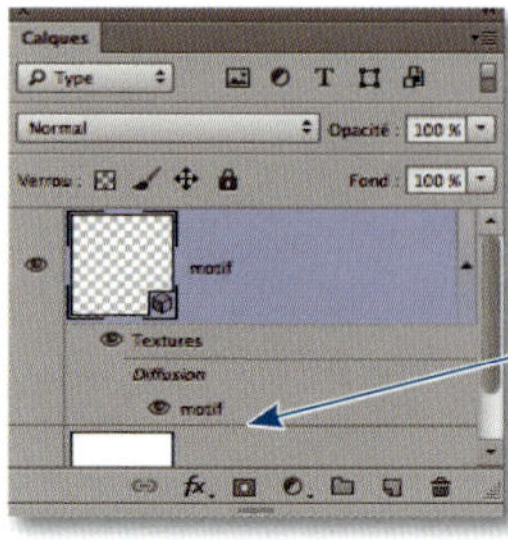

Quand on lance **Nouvelle peinture en mosaïque***, le fichier 3D comporte cette texture.*

4. Double-cliquez sur le nom du calque **motif** (sous **Diffusion**) pour l'afficher, puis réorganisez l'affichage (à l'aide du menu **Fenêtre/Réorganiser**, puis son option) pour voir simultanément le document principal (l'objet 3D) et le calque qui constituera le motif.

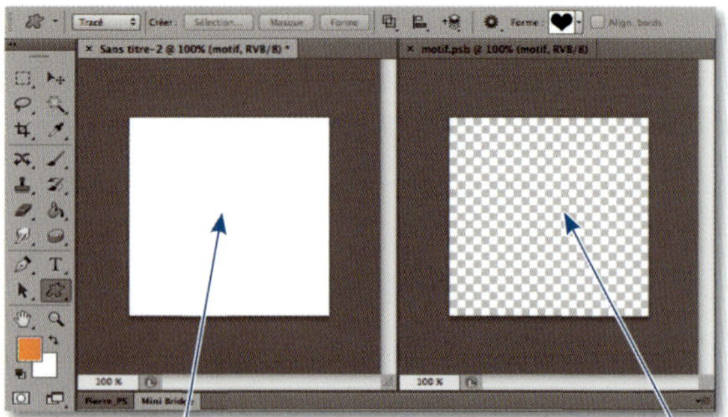

À gauche, la mosaïque constituée d'une juxtaposition du motif.

5. Dessinez sur le calque du motif les éléments voulus ou importez des fichiers. Pour obtenir un effet en quinconce, il faut placer un ou des éléments dans le quart supérieur gauche et d'autres (ou les mêmes éléments) dans le quart inférieur droit. Pour visualiser l'étendue de ces quarts, vous réalisez une sélection rectangulaire avec l'option **Taille fixe** et des valeurs de 50 %.

Dans la juxtaposition de motifs apparaissent les éléments placés dans le document de droite.

6. Vous pouvez également peindre directement sur l'objet 3D avec les outils de peinture classique (**Pinceau**, **Crayon** **Gomme**). Cependant, avant de dessiner, vérifiez que dans le document du motif, le calque actif peut recevoir un dessin (éventuellement, ajoutez un nouveau calque).

Ici, pour obtenir un raccord parfait, on dessine directement sur la mosaïque. Cette fois, c'est le motif à droite qui est mis à jour.

7. Quand le motif a l'aspect souhaité, sélectionnez sa fenêtre si elle n'est pas active, et lancez la commande **Définir comme motif** du menu **Édition**. Si le motif comporte des objets dynamiques, il est possible d'en faire des variantes selon les méthodes indiquées précédemment.

On peut définir le motif avec la commande du menu ***Édition****.*

Les motifs avec l'outil Tampon

L'outil Tampon de motif

Pour utiliser l'outil **Tampon de motif** (), vous devez choisir un motif dans le sélecteur de motifs affiché depuis la **Barre d'options**. Quand le motif est choisi, réglez les options de l'outil et, éventuellement, mémorisez-les par ⌥ clic [Alt clic] sur l'icône de l'outil dans la **Barre d'options**.

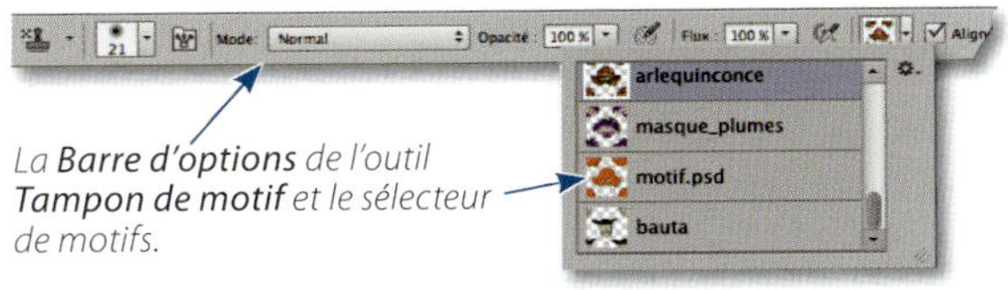

La ***Barre d'options*** *de l'outil* ***Tampon de motif*** *et le sélecteur de motifs.*

Les options de l'outil Tampon

On retrouve des options identiques à celles des outils de dessin : **Forme**, **Opacité**, **Mode de fusion** et deux options spécifiques : **Aligné** et **Impressionniste**.

Les motifs alignés

Si vous avez coché **Aligné**, les motifs seront juxtaposés si vous effectuez des applications successives : il y aura donc une continuité du motif et les alignements seront respectés.

Les motifs non alignés

Si vous n'avez pas coché **Aligné**, le motif sera centré sur l'endroit où s'effectue la nouvelle application, sans tenir compte des applications précédentes.

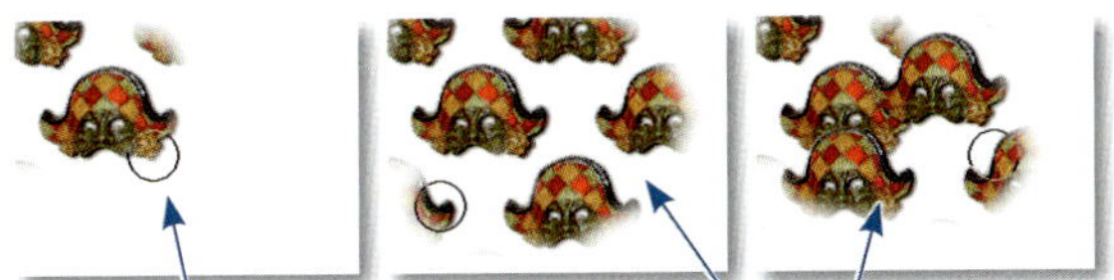

Premier passage de l'outil ***Tampon****.* *Second passage avec et sans* ***Aligné****.*

Les motifs dans une forme vectorielle

Ps Pour remplir à l'aide de motif, un dessin vectoriel réalisé avec le mode **Forme**, dans la **Barre d'options** de l'outil, cliquez sur la case **Fond** pour afficher le sélecteur de couleurs, puis sur l'icône de motifs en haut du sélecteur pour visualiser les motifs disponibles.

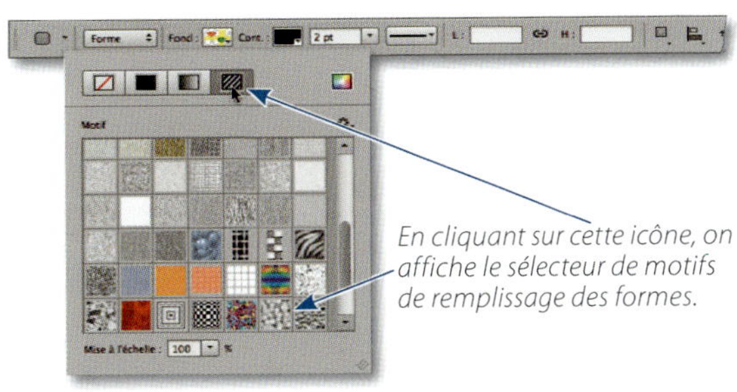

En cliquant sur cette icône, on affiche le sélecteur de motifs de remplissage des formes.

Le motif choisi pourra être remplacé par un autre à tout moment à partir de ce sélecteur en sélectionnant le calque de la forme vectorielle.

L'application de motifs à un calque

REMPLIR, CALQUE DE REMPLISSAGE OU INCRUSTATION DE MOTIF ?

Un motif peut être appliqué par la commande **Remplir** ou par les outils qui gèrent les motifs (**Pot de peinture** et **Tampon**), par un effet de calque (**Incrustation** et **Texture**) ou un calque de remplissage de type **Motif**.

Le remplissage avec Remplir

L'avantage de ce type de remplissage, dans le cas où il a été réalisé sur un nouveau calque, est de pouvoir éventuellement déplacer, effacer certains motifs et modifier certaines zones (couleur, taille...) après les avoir sélectionnées.

Le remplissage avec le calque de remplissage

Si une sélection est active au moment où le calque de remplissage est créé, il comportera un masque (modifiable) et ses options, **Opacité** et **Mode de fusion**, seront réglables de façon réversible depuis le panneau **Calques** (ce qui ne sera pas le cas avec **Remplir**). De plus, le motif d'un calque de remplissage est interchangeable, de même que sa position ou sa taille sont modifiables à tout moment en affichant la fenêtre de réglage du calque de remplissage.

Le remplissage avec l'effet Incrustation de motif

Si vous souhaitez remplir une partie d'un calque avec un motif, vous pouvez également utiliser la méthode suivante : sélectionnez la partie à colorier, copiez-la sur un nouveau calque en tapant ⌘J [Ctrl J] et appliquez l'effet de calque **Incrustation de motif**. On retrouve ici les mêmes avantages qu'offre le calque de remplissage.

> **ASTUCE** *Pour superposer deux motifs, l'incrustation de motif peut aussi s'appliquer à un calque de remplissage de type **Motif** (il faudra jouer sur les modes de fusion ou les opacités).*

LA SUPPRESSION D'UN DÉFAUT DE RACCORD

Pour voir si le motif ne posera pas de problème de raccord, vous pouvez appliquer le filtre **Translation** de la série **Divers** en programmant une valeur de translation égale à la moitié de la taille de l'image avec l'option **Reboucler**. Si vous constatez un léger défaut de raccord, vous pouvez le rectifier en lançant **Édition/Atténuer** (⇧⌘F [⇧Ctrl F]) avec une valeur de 50 %. Si le problème est plus important, il faudra opérer, par exemple, par applications locales du tampon en duplication.

Les contours

Pour affecter un contour à un objet, vous disposez de trois méthodes : appliquer le style de calque **Contour** (fx panneau **Calques**), créer une forme vectorielle et lui appliquer un contour, utiliser **Contour** du menu **Édition** (s'il y a une sélection, le contour n'apparaît qu'autour de cette dernière).

L'affectation d'un contour avec une sélection

Comme pour les remplissages de fonds, il est souvent préférable de placer le contour sur un nouveau calque. De plus, la commande **Contour** (comme **Remplir**) ne s'applique pas à un objet dynamique.

LE CONTOUR ET SES OPTIONS

Le menu **Édition** propose **Contour**, qui laisse apparaître une fenêtre dans laquelle se règlent quelques options.

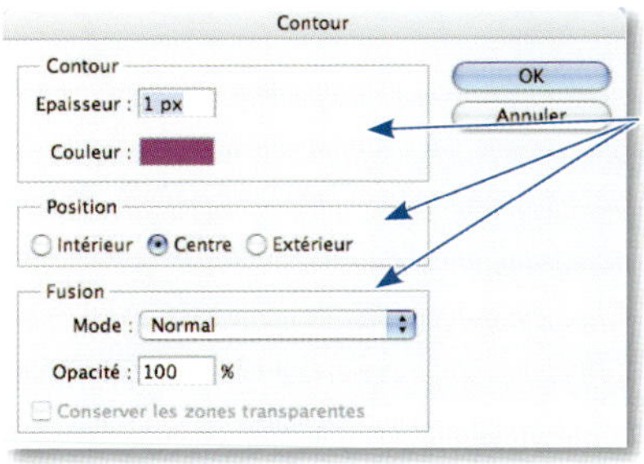

Les différentes options de la commande Contour.

L'épaisseur

L'épaisseur est réglable avec n'importe quelle unité gérée par Photoshop. Sa valeur sera automatiquement convertie en pixels (et arrondie au pixel supérieur). L'épaisseur du contour peut se régler en glissant la souris sur le mot **Épaisseur** dans la fenêtre de réglage.

La couleur

La case **Couleur** donne accès au sélecteur de couleurs. Quand ce dernier est affiché, vous pouvez prélever une couleur sur l'image.

La position

Par rapport aux bords de l'objet ou de la sélection, s'il y en a une, le contour se place selon trois positions : **Intérieur**, **Centre** et **Extérieur**.

Les options classiques : Opacité et Mode de fusion

Comme pour **Remplir**, spécifiez l'opacité de ce contour et la façon dont sa couleur doit être mélangée avec les calques inférieurs, c'est-à-dire son mode de fusion. Rappelons que le mode **Fondu** ne fonctionne que si vous réduisez l'opacité du contour. Les modes **Arrière** et **Transparent** ne sont pas disponibles sur le calque du fond. Ce dernier mode (**Transparent**) permet d'effacer une partie du calque en suivant le contour de la sélection.

ASTUCE *Si vous avez ajouté un calque pour y placer le contour, vous pouvez changer son mode de fusion ou son opacité en réglant les options du calque plutôt que celles de la commande **Contour** (sauf pour **Arrière** et **Transparent**).*

ATTENTION *Quand vous avez utilisé la commande **Contour** avec le mode **Transparent**, quelle que soit la couleur choisie, tous les contours que vous appliquerez auront pour effet d'effacer une partie de l'image, et ce, tant que vous n'aurez pas réactivé le mode **Normal**.*

LE CONTOUR DOUBLE OU TRIPLE

Pour créer des effets particuliers, il est possible de réaliser des superpositions de contours en modifiant la couleur, la position ou le mode. Par exemple, un contour double s'obtient en utilisant d'abord un contour coloré épais et centré, puis un contour plus fin toujours centré avec le mode de fusion **Transparent** : celui-ci aura pour effet de cacher une partie de l'intérieur du premier contour. Quant au contour triple, il s'obtient par superposition de plusieurs contours de taille et de position différentes.

L'application d'un contour à une forme vectorielle

Quand vous activez un outil de dessin de forme vectorielle, la **Barre d'options** propose trois options pour régler le contour : une case de coloration, un champ de paramétrage de l'épaisseur et un panneau d'options de tracé.

LES NUANCIERS DE CONTOUR

Par défaut, l'attribut du contour est **Sans** (⧄), mais par clic sur cette icône, vous accédez aux autres types de nuances, ce sont les mêmes que pour les fonds.

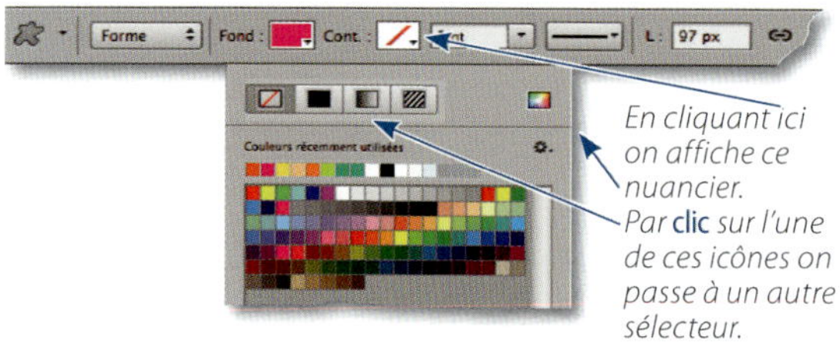

En cliquant ici on affiche ce nuancier.
*Par **clic** sur l'une de ces icônes on passe à un autre sélecteur.*

L'ÉPAISSEUR DU CONTOUR

Dès que vous modifiez cette valeur (sans choisir de nuance) un contour noir apparaît autour de la forme. Celle-ci peut prendre une valeur comprise entre 0,01 pt et 288,00 pt.

Dès qu'on saisit une valeur un contour noir s'affiche autour de la forme. On peut colorer le contour avec un dégradé.

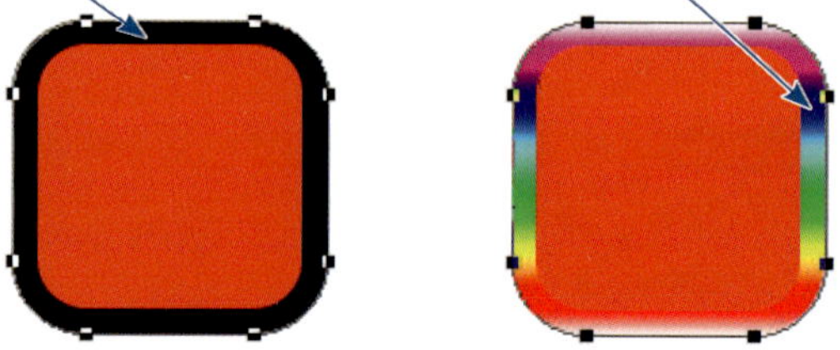

L'ASPECT DU CONTOUR

Dans cette rubrique d'options de tracé, vous pouvez spécifier le **Type** de contour (continu ou pointillé), la position ou **Alignement** par rapport au tracé (au centre, à l'intérieur ou à l'extérieur), la forme des **Extrémités** ou des **Angles**. Un bouton (et une commande du menu local ⚙) donne accès à d'autres options parmi lesquelles la possibilité de définir le pointillé (comme dans Illustrator) et d'enregistrer l'aspect ainsi défini en tant que paramètre prédéfini.

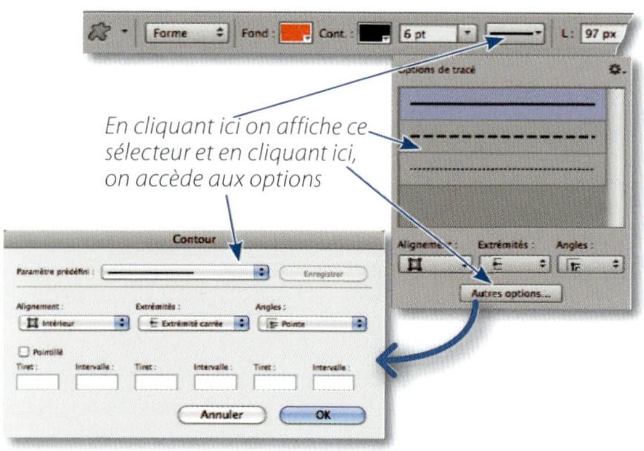

En cliquant ici on affiche ce sélecteur et en cliquant ici, on accède aux options

L'application d'un contour par l'effet de calque

Le panneau **Calques** propose l'effet de calque fx **Contour** (ou menu **Calque/Style de calque**). Cette notion a déjà été évoquée. Rappelons que la zone de réglage de **Contour** permet de choisir : l'épaisseur (**Taille**), la couleur, la position (**Intérieur**, **Centre** et **Extérieur**), le mode de fusion et l'opacité.

Le contour peut être rempli de trois façons : aplat de couleur, dégradé ou motif. Pour ces deux derniers, on retrouve les options respectives des dégradés ou des motifs (*ils ont été étudiés au chapitre précédent*).

En utilisant un calque de forme (dessin vectoriel) avec une opacité du fond nulle et un effet de calque **Contour**, on ne voit que le contour du tracé ; une partie de celui-ci peut même être cachée par un masque de fusion.

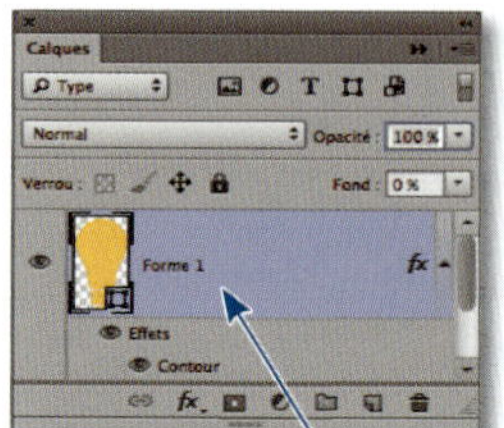

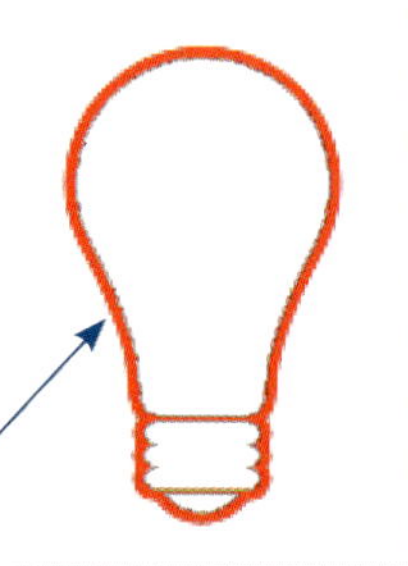

Un calque de forme avec une opacité du fond nulle ne montre que le contour appliqué par l'effet de calque.

L'application d'un contour à un tracé

LE CONTOUR PAR LES OUTILS DE PEINTURE OU DE RETOUCHE

Pour peindre le contour d'un tracé, le programme utilise l'un des outils de peinture ou de retouche (sélectionné dans le panneau **Outils** ou la fenêtre **Contour du tracé**) et applique cet outil le long du tracé (avec la couleur de premier plan ou un remplissage spécifique à l'outil). L'aspect de ce contour dépend des réglages spécifiés pour l'outil choisi (opacité, mode de remplissage...) et de la forme de l'outil sélectionnée dans la **Barre d'options** (ou le panneau **Formes**). C'est elle qui détermine l'épaisseur du contour.

Pour affecter un contour à un tracé, commencez par ajouter un nouveau calque pour recevoir la coloration, puis déroulez le menu du panneau **Tracés** jusqu'à **Contour du tracé**, ou enfoncez ⌥[Alt] et cliquez sur l'icône de contour ○ située en bas du panneau : la fenêtre **Contour du tracé** s'affichera (sans ⌥[Alt], c'est le dernier réglage qui est utilisé).

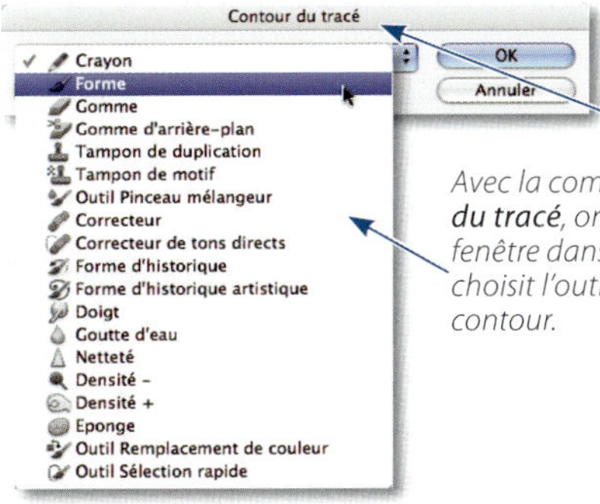

*Avec la commande **Contour du tracé**, on affiche cette fenêtre dans laquelle on choisit l'outil qui dessinera le contour.*

Si un outil de peinture est déjà sélectionné dans le panneau **Outils**, et que vous cliquez sur l'icône sans ⌥ [Alt], aucune fenêtre de contour n'apparaît et c'est l'outil sélectionné qui sera utilisé pour effectuer le tracé du contour.

Astuce *Lorsqu'un tracé est affiché, Photoshop en dessine automatiquement le contour si vous tapez Entrée (clavier numérique) et dès lors qu'un outil de dessin est actif.*

Le contour par les effets de calque

Si le tracé constitue un calque de forme, il est possible d'appliquer un contour à la totalité du tracé en utilisant un effet de calque de type **Contour**. Si vous souhaitez que le fond du tracé ne soit plus visible, réglez l'opacité du fond sur une valeur nulle dans le panneau **Calques**.

On active un outil de dessin et on affiche un tracé sur un calque.

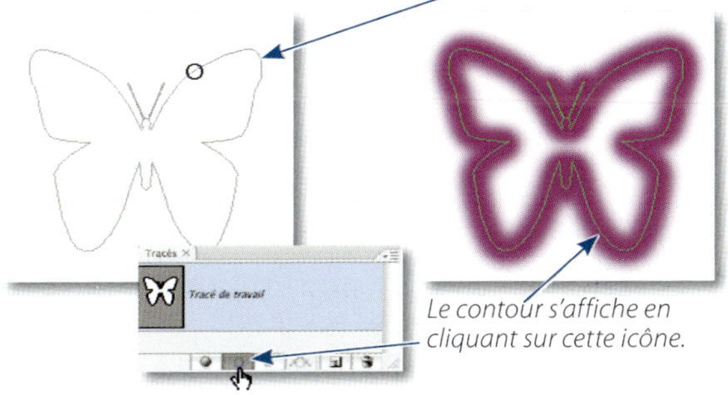

Le contour s'affiche en cliquant sur cette icône.

Quelques utilisations des contours du tracé

Les superpositions de contours

Les superpositions de contours d'aspects différents sont réalisables. En effet, entre deux applications de contour, vous pouvez changer la largeur de la forme, la couleur ou même l'outil.

Par exemple, pour créer un effet de type néon sur fond noir, superposez trois contours à l'aérographe : le premier est un tracé épais avec une forme à bords flous ; le deuxième, une forme à bords flous d'épaisseur plus faible et de couleur légèrement plus claire ; le troisième, une forme à bords nets plus petite et encore plus claire (presque blanche).

On peut créer des effets particuliers en superposant des contours de plus en plus clairs et de plus en plus fins.

Le contour intérieur

Pour que le contour ne déborde pas à l'extérieur du tracé, avant de cliquer sur l'icône de contour du tracé, cliquez sur l'icône de conversion d'un tracé en sélection dans le panneau **Tracés**, la sélection qui s'affiche en même temps que le tracé empêchera le débordement du contour.

Le contour extérieur

Pour que le contour n'apparaisse pas à l'intérieur du tracé, avant de cliquer sur l'icône de contour du tracé ( ), cliquez sur celle de conversion en sélection ( ), puis lancez **Intervertir** du menu **Sélection** (⇧⌘I [⇧Ctrl I]). Cette fois, grâce à la sélection, le contour ne sera visible qu'à l'extérieur du tracé. Ce type d'utilisation se rencontre avec certaines images détourées que l'on souhaite entourer d'un « halo » coloré ; cependant, si le contour doit s'appliquer à la totalité du calque, il est plus simple d'utiliser un effet de calque de type **Lueur externe**.

Les dégradés

Un dégradé s'applique à un calque de trois façons : à l'aide d'un calque de remplissage, avec un effet de calque de type **Incrustation en dégradé**, ou en utilisant l'outil **Dégradé** dans le panneau **Outils**. Nous allons voir cette dernière possibilité, les autres ayant déjà été abordées dans les chapitres précédents.

L'application du dégradé avec l'outil Dégradé

Quand vous activez l'outil **Dégradé** (en tapant plusieurs fois ⇧G ou par ⌥clic [Alt clic] sur l'outil **Pot de peinture** dans le panneau **Outils**), celui-ci, lors de sa première utilisation, crée une transition progressive entre la couleur de premier plan et la couleur d'arrière-plan. Il est donc indispensable, avant d'effectuer un dégradé, de définir ces deux couleurs.

L'obtention du dégradé est facile : avec l'outil **Dégradé**, glissez d'un endroit du calque (début du dégradé) jusqu'à un autre endroit de l'écran, qui peut être extérieur à l'image (fin du dégradé). La direction du trait ainsi tracé indique l'orientation du dégradé (avec ⇧, il sera vertical, horizontal ou à 45°) ; la longueur détermine l'étalement du dégradé : tous les pixels situés avant le point initial ont la couleur de premier plan (ou, selon le dégradé, la couleur du début) ; tous les pixels situés après le point de fin ont la couleur d'arrière-plan (ou de fin). Si le dégradé est radial, symétrique ou en losange, le point initial constitue le centre de symétrie du dégradé.

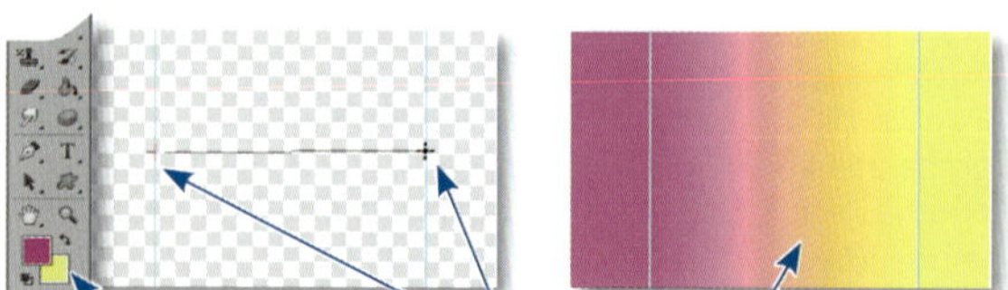

On glisse l'outil d'ici à là pour voir le dégradé du premier plan à l'arrière-plan.

Si le dégradé obtenu ne vous convient pas, annulez-le en tapant ⌘Z [Ctrl Z]. Si vous n'annulez pas le dégradé et que vous en recommencez un autre, il couvrira le premier (sauf si des options de transparence et de fusion ont été définies).

Pour avoir plus de souplesse de travail, il est conseillé de le réaliser sur un calque à part. Ainsi, vous pourrez le manipuler plus facilement sans altération de l'image, puis utiliser soit l'opacité du calque, soit un masque de fusion ou un masque d'écrêtage afin de le faire apparaître sur l'image finale.

Le paramétrage du dégradé

Les options se règlent dans la **Barre d'options** de l'outil **Dégradé**. On y retrouve les options classiques, telles que **Opacité** et **Mode** (accessibles par le menu contextuel directement sur le calque) et d'autres plus spécifiques à l'outil telles que :

- **L'éditeur de dégradé** : , en cliquant sur le triangle à droite, on fait apparaître un sélecteur de dégradés prédéfinis (*voir ci-après*).
- **Les types de dégradés** : , linéaire, radial (circulaire), incliné, réfléchi (symétrique) et en losange.

De gauche à droite et de haut en bas : linéaire, radial, incliné, réfléchi et en losange.

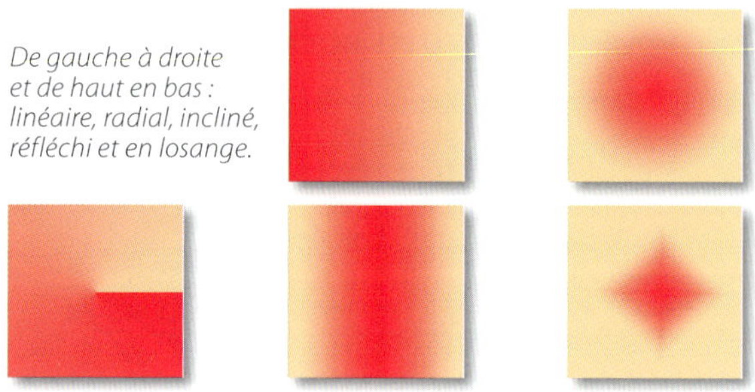

- **Inverser** : intervertit les couleurs de départ et d'arrivée.
- **Transparence** : affecte ou non le masque de transparence réglé dans la fenêtre de l'éditeur dont nous allons rappeler le principe dans les paragraphes qui suivent.

> **Astuce** *Vous pouvez mémoriser les réglages de l'outil par ⌥clic [Alt clic] sur son icône dans la **Barre d'options**. Il figurera dans le panneau des **Outils prédéfinis**.*

Le sélecteur de dégradés

En cliquant sur le triangle situé à droite du dégradé affiché dans la **Barre d'options**, apparaît un sélecteur de dégradés. Vous pouvez y choisir celui qui vous convient ou ajouter d'autres panneaux à partir du menu local affiché en cliquant sur l'icône .

Le sélecteur de dégradés et son menu local pour en afficher d'autres.

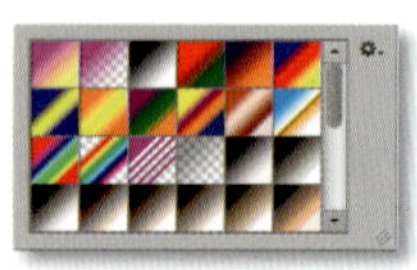

Astuce *Pour ajouter des dégradés au sélecteur par défaut, affichez la fenêtre* ***Gestionnaire de paramètres prédéfinis*** *(menu* ***Édition****) et, à la rubrique* ***Dégradés****, utilisez le menu local pour choisir les sélecteurs voulus.*

L'éditeur de dégradé

Pour personnaliser un dégradé, cliquez sur la bande colorée : une fenêtre montre alors les caractéristiques du dégradé actif. Dans le sélecteur de dégradés, sélectionnez celui qui ressemble le plus à celui que vous souhaitez créer.

Les couleurs

Chaque dégradé possède une couleur de départ et une couleur d'arrivée, matérialisées par les icônes situées sous la bande d'aperçu : (pour la couleur de premier plan) et (pour la couleur d'arrière-plan). Cliquez sur l'une d'elles pour définir la nouvelle couleur par la case **Couleur**, les panneaux **Couleur** ou **Nuancier**, ou par prélèvement sur l'image. Dès que vous choisissez une couleur, l'icône devient . Utilisez le menu de la case **Couleur** pour réaffecter le premier plan ou l'arrière-plan. Pour réduire l'étalement du dégradé et donner plus d'importance à l'une des couleurs, glissez son icône vers l'autre ou glissez le point médian (). Pour ajouter une couleur intermédiaire, cliquez entre les couleurs, puis réglez la nuance ajoutée.

La transparence

Des effets de transparence peuvent être définis sur les couleurs. Pour cela, cliquez sur l'une des icônes situées à gauche et à droite, au-dessus de la bande d'aperçu, glissez-la éventuellement et réglez son opacité (elle devient blanche quand elle est nulle). Vous pouvez ajouter des icônes intermédiaires de transparence et régler l'opacité médiane . L'éditeur montre l'aspect du dégradé compte tenu du masque de transparence : une opacité inférieure à 100 % laissera apparaître le damier de visualisation de la transparence.

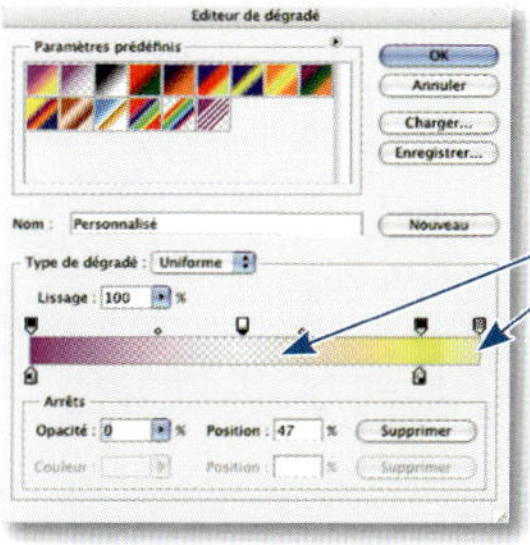

Le dégradé a été défini avec des options de transparence.

Astuce *Les réglages de transparence se désactivent directement depuis la* ***Barre d'options*** *de l'outil* ***Dégradé*** *en décochant l'option* ***Transparence****.*

Les dégradés spéciaux : Bruit

Si vous cliquez sur l'option **Uniforme**, Photoshop propose une autre option dans la définition des dégradés, il s'agit de l'option **Bruit**. Elle affiche un « dégradé » aléatoire comportant un grand nombre de nuances. Cliquez sur **Phase initiale aléatoire** pour changer le dégradé. Vous pouvez modifier certaines dominantes à partir des curseurs R, V et B. Le curseur noir (▲) agit sur les tons foncés de l'image : si on décale un curseur vers la droite, on ajoute la couleur complémentaire. De la même façon, le curseur blanc (△) agit sur les zones claires de l'image. Si on le déplace vers la gauche, on y ajoute la couleur complémentaire.

Quand votre dégradé est au point, avant de fermer l'éditeur de dégradé, vous pouvez l'ajouter au sélecteur de dégradés prédéfinis en cliquant dans la zone grise de ce dernier ou sur le bouton **Nouveau**. L'aperçu du dégradé s'affiche dans le sélecteur. Il peut être renommé et il sera également disponible pour l'effet **Incrustation en dégradé** ou pour un calque de remplissage avec l'option **Dégradé**.

L'application d'un dégradé

Un nouveau calque pour le dégradé

Comme pour les remplissages avec un aplat de couleur (ou un motif), utilisez les formes vectorielles pour obtenir un calque vectoriel ou ajoutez un nouveau calque pour dessiner le dégradé (vous obtenez un calque de pixels). Dans ce cas, réglez certaines des options du dégradé, non pas à partir de la **Barre d'options** de l'outil **Dégradé**, mais à partir du panneau **Calques**. De plus, utilisez un masque (de fusion ou vectoriel) pour masquer une partie du dégradé.

Le calque de remplissage et l'effet de calque

L'utilisation de l'outil **Dégradé** sur un calque a un caractère définitif. Si le dégradé ne convient pas en position, couleurs..., il faudra recommencer l'application de l'outil. Pour prévenir ce problème, utilisez les calques de remplissage (un masque de fusion ou vectoriel peut leur être affecté) ou les effets de calque **Incrustation en dégradé** ou **Contour** avec l'option **Dégradé**.

Avec ces types de dégradés, les réglages sont identiques, mais restent modifiables à tout instant. Dans le calque d'un effet **Incrustation en dégradé**, vous pouvez utiliser un calque standard rempli de n'importe quelle couleur, lui affecter une opacité du fond nulle, puis lui appliquer l'incrustation. Si le dégradé ne doit pas apparaître à certains endroits, ajoutez un masque (de fusion ou vectoriel) au calque et cochez les options **Effets masqués par le masque de fusion** ou **vectoriel** dans la fenêtre **Options de fusion**.

2 - Peindre avec Photoshop

Les outils de peinture

Les techniques de peinture

Les outils de peinture (**Crayon**, **Pinceau**, **Pinceau mélangeur** et **Remplacement de couleur**) peuvent s'utiliser de deux façons : d'une manière directe ou à l'aide d'un tracé à la plume (*voir le chapitre précédent*).

La peinture classique avec l'outil

La technique est simple : on sélectionne l'outil et on peint sur le document. S'il y a une sélection affichée à l'écran, la peinture n'apparaîtra qu'à l'intérieur de la sélection. Celle-ci agit comme un pochoir. Cette méthode est intéressante, mais peindre avec la souris est délicat et nécessite un certain coup de main ; une tablette graphique est la bienvenue, d'autant plus qu'elle ajoutera des fonctionnalités.

Ps Photoshop ajoute un nouveau type de brosse, il s'agit d'une pointe dont l'extrémité s'érode avec l'usage, comme un crayon dont la mine s'use.

Le dessin avec l'outil Plume

C'est une méthode indirecte : le dessin préliminaire s'effectue avec l'outil **Plume** (ou **Forme vectorielle**) et le mode de dessin **Tracés** (). On affecte ensuite un contour au tracé par l'intermédiaire du sous-menu du panneau **Tracés** (en ayant pris soin d'activer l'outil de peinture voulu et d'ajouter un calque). Cette méthode possède plusieurs avantages : les courbes harmonieuses sont faciles à réaliser avec la plume, les rectifications et les manipulations sont plus aisées. Quelle que soit la méthode choisie, les outils de peinture nécessitent des réglages préliminaires de formes et d'options d'outils (**Crayon**, **Pinceau** et **Pinceau mélangeur**).

Le paramétrage des outils de peinture

Les outils partagent les mêmes brosses ou formes et ont quelques options en commun (sauf l'outil **Pinceau mélangeur**). En effet, la **Barre d'options** montre :

- la forme sélectionnée (avec des variations de fonctionnement selon l'outil utilisé), l'accès au sélecteur de forme (, ou) et l'accès au panneau **Forme** ;
- les réglages classiques : **Mode de fusion**, **Opacité** (et **Flux** pour l'option **Aérographe**) ;
- les boutons liés à la tablette graphique : activation de la variation de l'opacité en fonction de la pression du stylet et de la taille en fonction de la pression ;
- quelques réglages spécifiques : pour l'outil **Pinceau**, pour l'option **Aérographe** ; pour l'outil **Crayon**, l'option **Inversion auto** qui provoque le remplacement de la couleur de premier plan par celle d'arrière-plan quand vous glissez l'outil **Crayon** sur un endroit où il est déjà passé. L'outil **Pinceau mélangeur** renferme un grand nombre d'options qui lui sont propres.

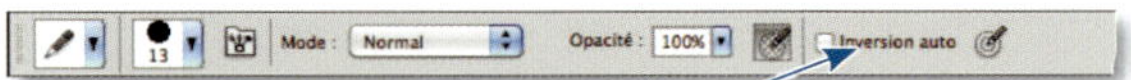

*L'outil **Crayon** avec son option spécifique.*

*L'outil **Pinceau** avec le mode **Aérographe**.*

*L'outil **Pinceau mélangeur** avec ses nombreuses options.*

Le réglage de la taille de la forme

Il peut s'effectuer de plusieurs façons : à partir du sélecteur de formes affiché en cliquant sur le triangle situé à droite de la forme active ou directement sur le document par glissement avec certaines touches ou avec le menu contextuel.

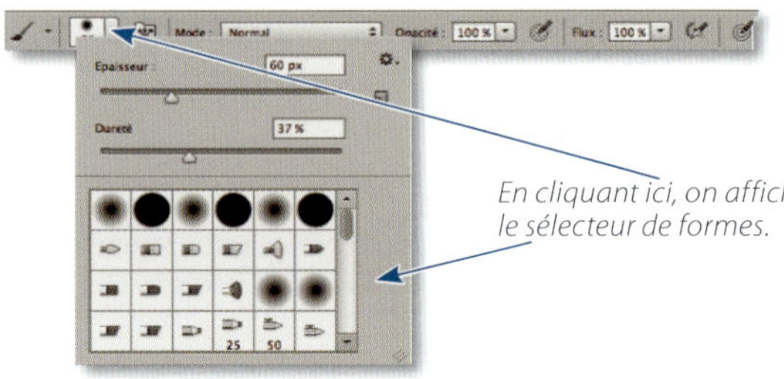

En cliquant ici, on affiche le sélecteur de formes.

Tous les réglages de forme sont détaillés un peu plus loin. Le tableau ci-dessous résume les raccourcis pour modifier la taille par glissement direct sur l'image.

Réglages par glissement sur Mac puis sous Windows		
Taille	⌥ ctrl + glisser horizontalement	Alt + glisser bouton droit horizontalement
Dureté	⌥ ctrl + glisser verticalement	Alt + glisser bouton droit verticalement

La différence entre les outils de peinture et **Remplir** réside dans le fait que ce dernier propose plusieurs types de remplissages (couleur de premier plan, d'arrière-plan, motif...) alors qu'ici, seule la couleur de premier plan est utilisée (on passe du premier plan à l'arrière-plan en tapant X).

LES MODES DE PEINTURE

Ils sont identiques aux modes de fusion des calques (ou ceux de la commande **Remplir**). Le mode se choisit en cliquant sur **Normal** dans la **Barre d'options** ou directement sur l'image ; en effet, le menu contextuel comportant tous les modes apparaît si vous le déroulez par ⇧ ctrl clic [⇧ clic droit]. Quel que soit le mode choisi, l'effet de l'outil dépend du type de l'image (niveaux de gris ou couleurs RVB...) et des valeurs chromatiques de la couleur.

Pour de plus amples détails sur les modes de fusion, reportez-vous à la page 490.

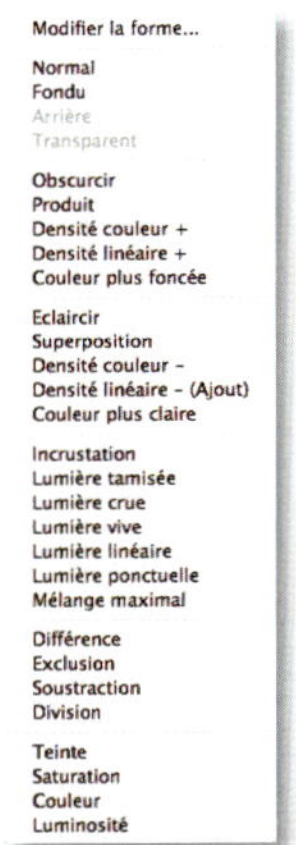

Par ⇧ clic droit sur l'image on affiche les modes de fusion.

> **ASTUCE** *Au clavier, quand un outil de dessin est actif (sauf pour l'outil **Pinceau mélangeur** qui n'en utilise pas), on passe d'un mode de fusion au suivant (ou au précédent) en tapant ⇧ + (ou ⇧ –) et au mode **Normal** en tapant ⇧ ⌥ N [⇧ Alt N].*

Les modes de coloration des outils de peinture étant équivalents aux modes de fusion des calques (et de **Remplir**), il est préférable d'ajouter un nouveau calque, de peindre avec l'outil réglé sur le mode **Normal**, puis de modifier le mode du calque pour obtenir l'effet voulu.

LES OPTIONS OPACITÉ OU FLUX

L'opacité, pour l'outil **Crayon**, comme pour l'outil **Pinceau**, permet d'atténuer l'effet de l'outil et d'obtenir une certaine transparence. Pour l'outil **Pinceau**, si l'option **Aérographe** est active, en plus de l'opacité, vous pouvez régler le flux ; c'est la quantité d'encre qui coule quand l'outil n'est plus déplacé.

Pour les deux outils, l'opacité se règle en glissant la souris sur le mot **Opacité** ou **Flux** (le curseur devient ☝) ou au clavier : pour l'outil **Crayon**, tapez, par exemple, 6 pour obtenir 60 % d'opacité. Dans le cas de l'outil **Pinceau**, le réglage d'opacité s'obtient en tapant, par exemple, ⇧ 6 pour 60 % ; si vous n'enfoncez pas ⇧, c'est le flux de l'aérographe qui sera modifié s'il a été activé.

LA MÉMORISATION DES RÉGLAGES DE L'OUTIL

Comme nous l'avons signalé à plusieurs reprises, vous pouvez mémoriser (par ⌥ clic [Alt clic] sur l'icône de l'outil) tous les réglages effectués dans la **Barre d'options**.

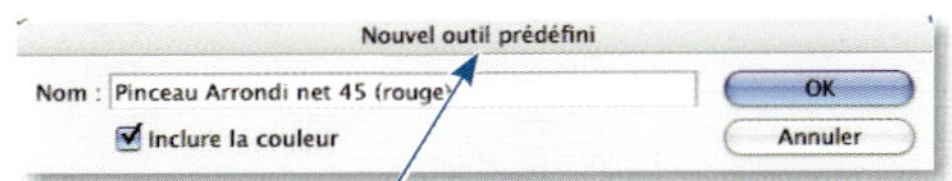

*On affiche cette fenêtre en cliquant avec ⌥ [Alt] sur l'icône de l'outil dans la **Barre d'options**.*

Cette mémorisation englobe également les paramétrages effectués dans le panneau **Forme** (*voir plus loin*). De plus, si vous choisissez une nouvelle couleur (dans le panneau **Couleur**, **Nuancier** ou le sélecteur de couleurs) avant de mémoriser, cette couleur peut être incluse dans l'outil prédéfini. Pour accéder à ces outils mémorisés, cliquez sur l'icône de l'outil ou utilisez le panneau **Outils prédéfinis** ⚒.

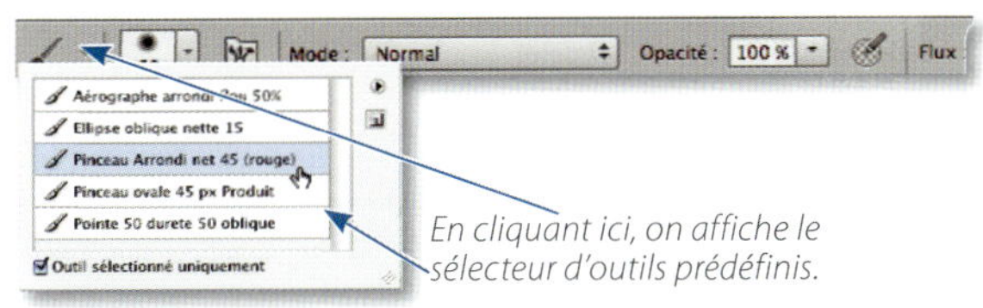

En cliquant ici, on affiche le sélecteur d'outils prédéfinis.

> **ASTUCE** *Dans le sélecteur d'outils prédéfinis, vous pouvez supprimer ou renommer un outil par clic droit sur son nom.*

L'utilisation des formes

La gestion (choix, création, modification) s'effectue dans les panneaux qui s'affichent depuis la **Barre d'options** ou par les menus (**Fenêtre** ou contextuels).

L'AFFICHAGE DE LA FORME

Par défaut, l'outil **Pinceau** (ou l'un des outils de peinture) montre (pour les formes simples) un cercle correspondant au rayon d'action de la forme choisie. Ce cercle ne définit que la zone qui sera couverte à plus de 50 % par la couleur. Par exemple, si une forme a une taille de 50 pixels, le cercle ne sera de 50 pixels que si la dureté est maximale (100 %, c'est-à-dire sans flou) ; si vous réduisez la dureté de la forme pour la rendre plus floue, le cercle diminuera également.

Photoshop propose un mode d'affichage qui montre la totalité de l'outil. Il se définit avec l'option **Taille réelle de la pointe** dans la fenêtre **Préférences/Curseurs** (menu **Photoshop [Édition]**). Si vous souhaitez voir l'icône de l'outil (un pinceau lors de l'utilisation de l'outil **Pinceau**), dans les préférences, choisissez l'option **Standard** à la place de **Pointe standard**. Avec l'option **Précis**, vous ne verrez qu'une croix (le réticule de la pointe) ; vous obtiendrez le même résultat, mais de manière temporaire, en enfonçant la touche de verrouillage des majuscules.

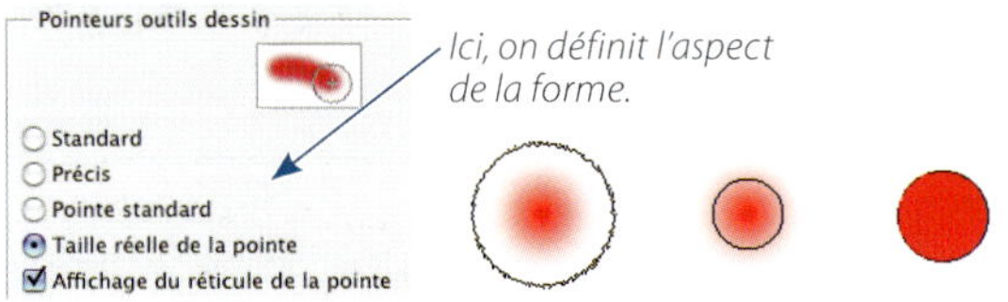

Pour une même taille et une dureté très faible, à gauche la forme avec ***Taille réelle****, au centre avec* ***Pointe standard****. À droite, avec une dureté de 100 %, l'aspect est identique pour les deux.*

Les formes par défaut

Par défaut, le sélecteur de formes, qui s'affiche en cliquant sur le triangle situé à droite de la forme active (45), comporte de nombreuses formes qui sont utilisables par les outils de peinture : **Crayon**, **Pinceau**... mais également par d'autres outils tels que **Tampon**, **Doigt**, **Goutte d'eau** (et **Netteté**), et enfin les outils **Densité** et **Saturation**.

Le sélecteur de formes, affiché depuis la ***Barre d'options****.*

Selon l'outil, leur aspect varie quelque peu ; par exemple, pour le crayon, il n'existe pas de forme à contour progressif. À l'aide du menu local du sélecteur, vous pouvez les visualiser sous différents aspects. Quand la forme est trop grande pour être affichée dans la case, Photoshop montre son aspect avec une taille unique sous laquelle est affichée une valeur correspondant à sa dimension en pixels.

Le chargement de formes

Photoshop est fourni avec plusieurs sélecteurs. Pour en charger un, affichez le sélecteur de formes en cliquant sur le triangle situé à droite de la forme active (45) et déroulez son menu local : le bas de ce dernier propose une liste, vous pouvez y choisir le panneau qui vous intéresse. Si vous avez enregistré un panneau de formes, vous pouvez également utiliser la commande **Charger des formes** dans le sous-menu du panneau : une fenêtre vous permettra d'indiquer au programme où se trouve le fichier correspondant au panneau.

Dans tous les cas, une fenêtre s'affiche pour vous permettre soit d'ajouter, soit de remplacer les formes affichées. Pour retrouver le panneau par défaut, lancez la commande **Réinitialiser les formes**.

La personnalisation d'une forme

Le panneau Forme

Les différents réglages d'une forme se réalisent à partir du panneau **Forme** qui s'affiche en cliquant sur l'icône située à droite de la **Barre d'options** (ou par le menu **Fenêtre** ou l'icône). Ce panneau présente deux rubriques : **Formes prédéfinies** et **Forme de la pointe**.

- **Formes prédéfinies** : c'est la rubrique affichée par défaut. Elle montre la liste des formes par défaut, c'est-à-dire le contenu du sélecteur de formes, mais avec une zone d'aperçu de la forme plus grande — celle-ci se modifie quand la souris survole une forme de la liste.

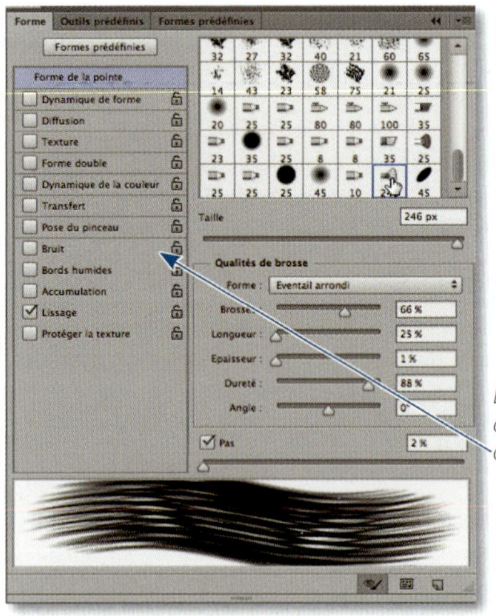

Le panneau ***Forme*** *avec ses différentes options.*

- **Forme de la pointe** : cette rubrique affiche des réglages de base tels que **Diamètre**, **Dureté**, **Angle** et **Arrondi**. Elle comporte également des réglages avancés pour modifier l'aspect de la pointe de la forme (**Dynamique de forme**, **Diffusion**, **Texture**...). Chacune de ces formes possède un paramétrage particulier ; la visualisation des réglages s'effectue dans l'aperçu situé en bas du panneau.

> **Attention** *Pour que les réglages soient conservés, il faudra mémoriser la forme (en cliquant sur l'icône).*

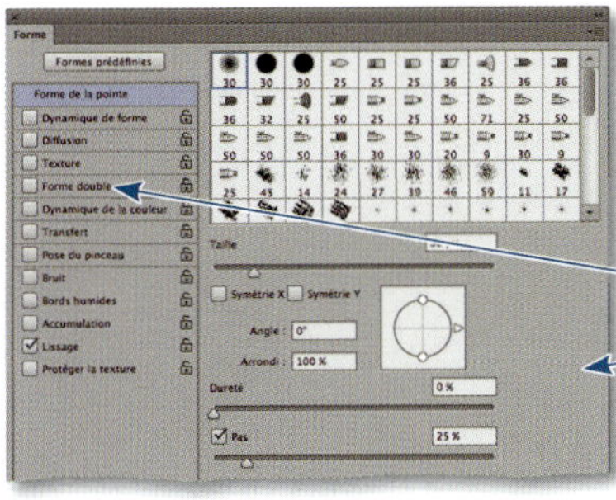

Les réglages avancés et les réglages de base.

LES RÉGLAGES DE BASE

Les options **Taille** (ou diamètre) et **Dureté** se règlent par glissement sur l'image (*voir ci-dessous*). Quant à **Angle**, **Arrondi** et **Pas**, elles se paramètrent par le panneau **Formes**.

Réglages par glissement sur Mac puis sous Windows		
Taille	⌥ ctrl + glisser horizontalement	Alt + glisser bouton droit horizontalement
Dureté	⌥ ctrl + glisser verticalement	Alt + glisser bouton droit verticalement

Quand vous enfoncez la combinaison de touches, il apparaît une zone rouge dans un cercle (blanc ou noir). Le cercle définit la taille de l'outil si la dureté était à 100 %, la zone rouge indique la taille réelle de l'outil compte tenu de sa dureté ; cette zone présente des bords fondus si la dureté n'est pas maximale. Le glissement horizontal modifie l'aspect du cercle et de la zone rouge pour un réglage de taille, ou de la zone rouge seule pour un réglage de dureté.

Aperçu de la forme.

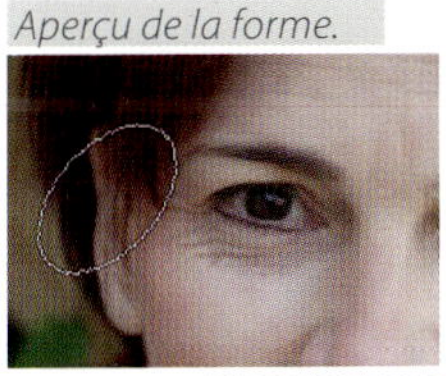

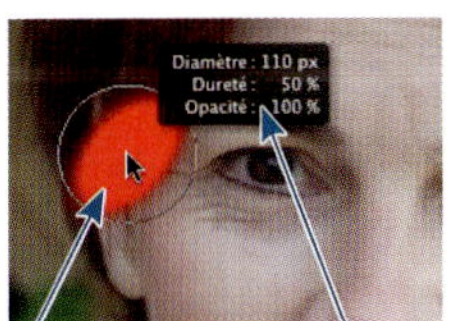

Avec ⌥ ctrl [Alt clic droit], *on voit la forme en rouge avec ses caractéristiques (bouton enfoncé, les touches peuvent être relâchées).*

Réglage de taille.

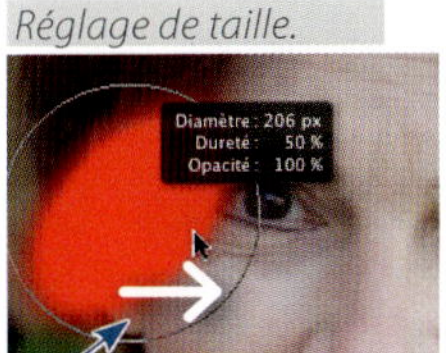

Avec ⌥ ctrl [Alt clic droit] *: on glisse horizontalement pour changer la taille.*

Réglage de dureté.

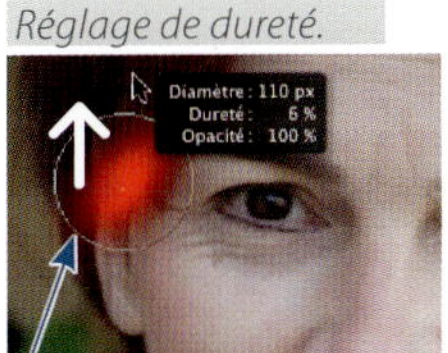

Avec ⌥ ctrl [Alt clic droit] *: on glisse verticalement pour changer la dureté.*

L'affichage de la zone rouge n'apparaît que si l'ordinateur possède une carte graphique qui gère l'OpenGL.

Certains réglages pourront être définis en fonction de critères liés à l'utilisation du stylet sur la tablette graphique. Quel que soit l'aspect de la forme obtenue, vous pouvez la définir comme forme prédéfinie en cliquant sur l'icône située en bas de la fenêtre de réglage.

La taille de la forme

Avec cette option, vous définissez la taille de la forme en pixels ; il s'agit en fait de sa plus grande dimension (de 1 à 2 500). En effet, par défaut, la forme est circulaire, mais celle-ci peut devenir elliptique avec les options **Angle** et **Arrondi**.

La dureté de la forme

Plus la dureté est élevée (valeur maximale 100 %), plus les contours de la forme sont nets. Cette option permet de créer un effet de fondu entre la zone traitée par l'outil et le reste de l'image. L'outil **Crayon** ne gère pas l'opacité.

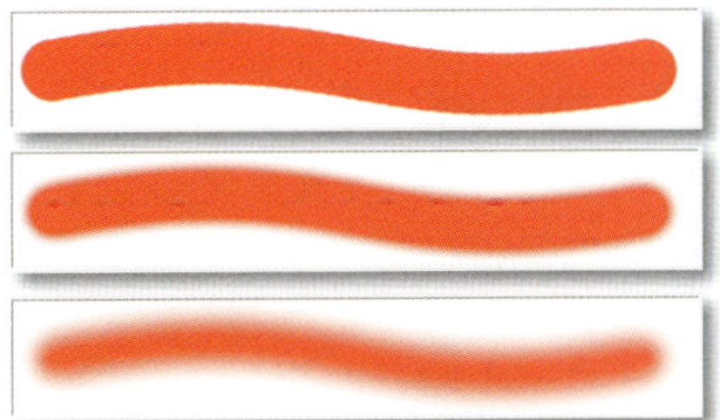

***Dureté** 100 %.*

***Dureté** de 50 %.*

***Dureté** de 0 %.*

L'angle et l'arrondi de la forme

La forme de base est circulaire ; pour l'aplatir, glissez l'un des cercles (-○-) vers le centre ou saisissez une valeur dans la case. Vous pouvez aussi glisser la souris sur le mot **Arrondi**. Une fois la forme aplatie, donnez-lui un angle d'attaque en glissant la pointe ou la souris sur le mot **Angle**. En ajoutant ⇧, les incréments augmentent de 10° ou 15° pour les angles et de 10 % pour les arrondis.

La forme avec un arrondi à 100 et un angle nul.

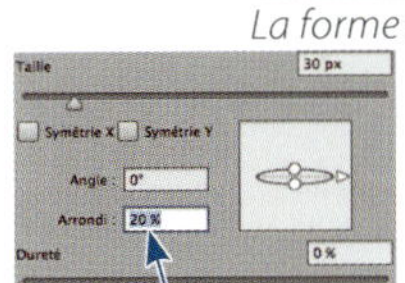

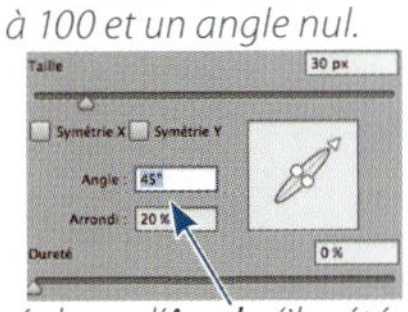

*Le réglage d'**Arrondi** (et son aperçu). Le réglage d'**Angle** (il a été cumulé avec l'arrondi ci-dessous).*

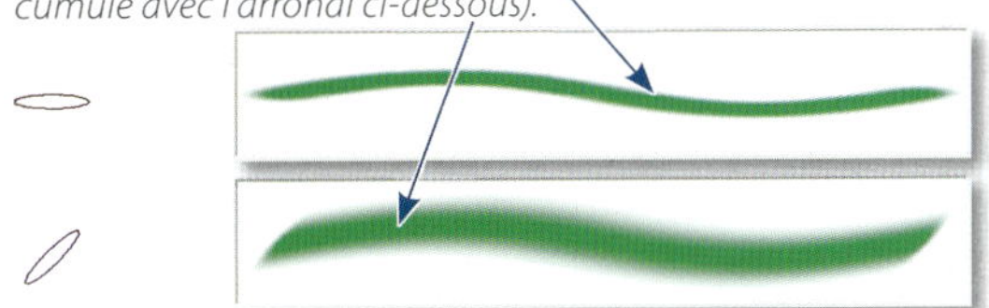

Le pas de la forme

Les valeurs de **Pas** sont comprises entre 1 et 1 000 %. Avec 1 %, «l'encre coule» en continu ; avec 100 %, Photoshop crée, entre deux applications, un espace égal à la taille de la forme. Si l'option **Pas** n'est pas cochée, la répartition des «touches» dépend de la rapidité du traçage.

Pas *par défaut (25 %).*

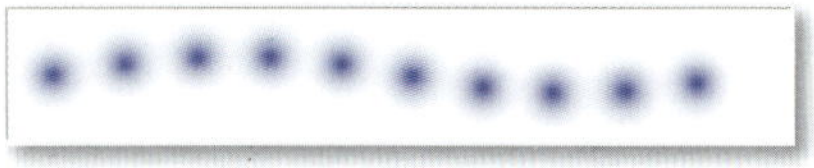

Pas *de 100 % avec* ***Dureté*** *de 0 %.*

Pas *de 100 % avec* ***Dureté*** *de 100 %.*

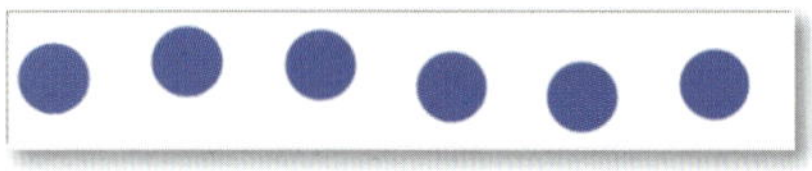

Pas *de 185 %.*

Les réglages avancés de la pointe de la forme

Le panneau **Forme** propose deux séries d'options : la première permet d'ajouter ou de modifier des éléments dynamiques dans les pointes de forme. La seconde ajoute des éléments non dynamiques (qui influent plus sur l'aspect du contour de la forme).

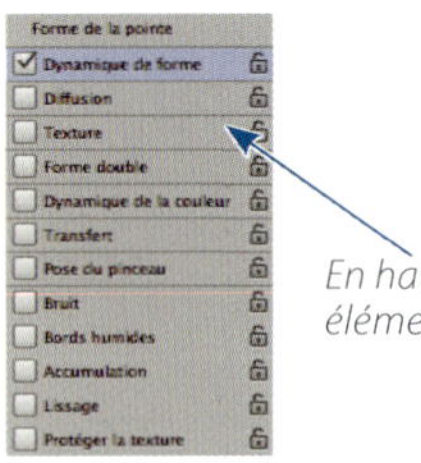

En haut de liste, les éléments dynamiques.

Les éléments dynamiques d'une forme

Au cours d'un même tracé, ils permettent une variation aléatoire d'un ou plusieurs éléments (tels que taille, couleur, opacité...). Cette variation peut être liée à la pression exercée par le stylet d'une tablette graphique. Les différentes options peuvent être cumulées ; la présence ou non d'une coche indique si l'option est activée ou non. La fenêtre de réglage s'affiche en cliquant sur le nom de la rubrique.

Le paramétrage des variations

Pour de nombreux éléments dynamiques, qui seront détaillés dans les paragraphes qui suivent, vous pouvez définir une variation aléatoire ou non, ou liée aux options de la tablette graphique.

En effet, si vous spécifiez une valeur non nulle dans la case **Variation de...**, l'élément désigné (**Taille** ou **Arrondi**, par exemple) va varier de façon aléatoire entre sa valeur initiale et la valeur que vous avez saisie dans la case (**Taille** ou **Arrondi**) **minimal**. Certaines options liées aux tablettes graphiques seront accessibles, sous forme de boutons, directement dans la **Barre de l'options** de l'outil (*nous en reparlerons plus loin*).

Il est possible de contrôler cette variation selon différents critères à l'aide du menu **Contrôle** :

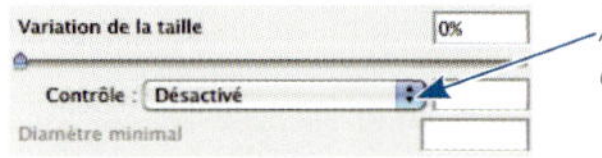

À l'aide de ce menu, on peut contrôler la variation.

- **Désactivé** : si la valeur de **Variation de...** n'est pas nulle, la variation est complètement aléatoire. Si cette valeur est nulle, il n'y a pas de variation, l'élément (la taille, par exemple) reste fixe.
- **Fondu** : la variation est aléatoire (selon la valeur de **Variation de...**) mais limitée à un certain nombre d'étapes à fixer (celui-ci correspond à une longueur de déplacement que l'aperçu permet de visualiser).
- **Pression de la plume** (ou stylet), **Inclinaison de la plume**, **Molette de stylet** : la variation est fonction d'une action sur le stylet de la tablette graphique.

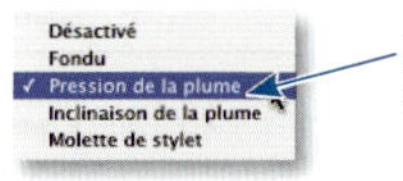

La tablette graphique peut intervenir dans le dynamisme des formes.

La dynamique de forme

Cette rubrique permet de modifier trois éléments de la forme : **Taille**, **Angle** et **Arrondi**. Des valeurs minimales de diamètre ou d'arrondi peuvent être spécifiées. La variation s'effectue de manière aléatoire (selon le contrôle choisi) entre la valeur initiale et la valeur minimale de l'élément.

Trois éléments variables de l'option ***Dynamique de forme****.*

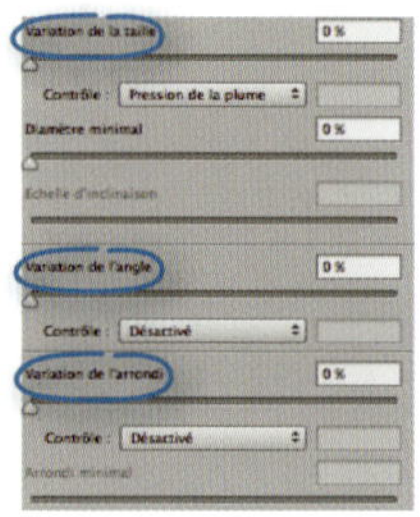

Voici deux exemples de dynamique de forme (ici, on modifie la taille), celui du haut a une variation liée à la pression du stylet sur la tablette graphique, et le second avec un fondu.

Variations avec l'option ***Pression de la plume*** *(ou stylet) et, en bas, avec* ***Fondu****.*

La diffusion de la forme

Trois éléments peuvent être modifiés aléatoirement dans cette rubrique : **Diffusion** (décalage de la forme par rapport à sa position initiale), **Nombre** (densité de forme dans l'espace) et **Variation numérique** (qui correspond à l'espacement). La variation de ces deux derniers n'est visible que s'il y a une diffusion programmée.

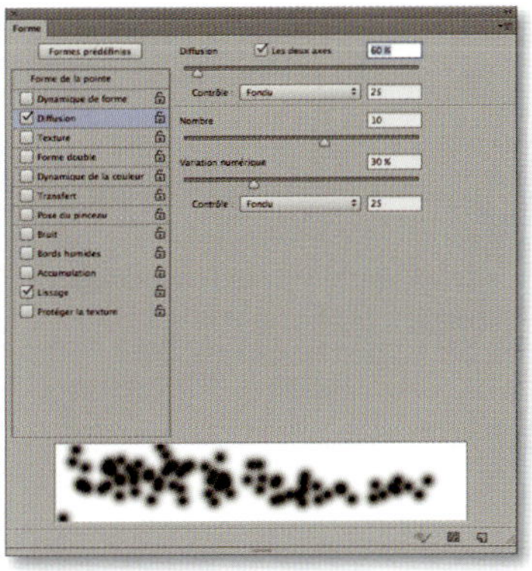

Les trois éléments dynamiques pour ***Diffusion****.*

La texture de la forme

Cette option donne un aspect texturé à la forme. Cette texture s'obtient en choisissant un motif dans le sélecteur de motifs. Les zones claires définissent les zones de la forme qui seront chargées en encre, alors que les zones noires n'ont pas d'encre (en cochant **Inverser**, on obtient le négatif du motif). La taille du motif se règle à la rubrique **Échelle**, ce dernier sera plus ou moins visible entièrement en fonction de l'épaisseur de la forme (réglée dans **Forme de la pointe**).

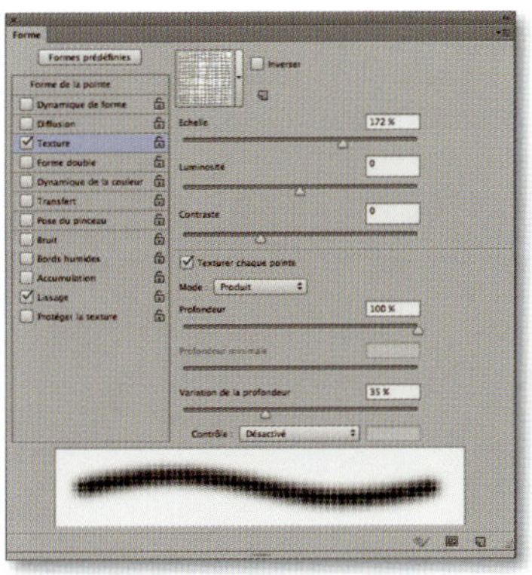

Les éléments dynamiques pour ***Texture****. Le motif utilisé crée une texture dans la forme.*

Un mode de fusion peut être affecté au motif pour éliminer, par exemple, des pixels sombres ou clairs de la forme. L'option **Profondeur** détermine le taux d'absorption de la peinture par la texture (opacité du motif) : avec 100 %, les zones sombres du motif correspondent aux parties sans encre de la forme, alors qu'avec 0 %, elles agissent comme les zones blanches (la texture disparaît). Des réglages permettent de contrôler les variations aléatoires de la profondeur.

Une forme texturée avec un motif de nuages.

La forme double

Comme son nom l'indique, la forme double est dessinée à l'aide de deux formes. L'une d'elles (la principale) est définie dans la rubrique **Forme de la pointe** du panneau **Formes** ; la seconde se paramètre dans la rubrique **Forme double**. Ainsi, vous pouvez définir son aspect, sa taille (**Diamètre**) et l'espacement entre les formes (**Pas**). Afin que les deux formes apparaissent, il est indispensable d'augmenter le décalage (**Diffusion**) et la densité (**Nombre**). De même, un changement du mode (par défaut **Produit**) peut améliorer l'aspect de la combinaison des formes.

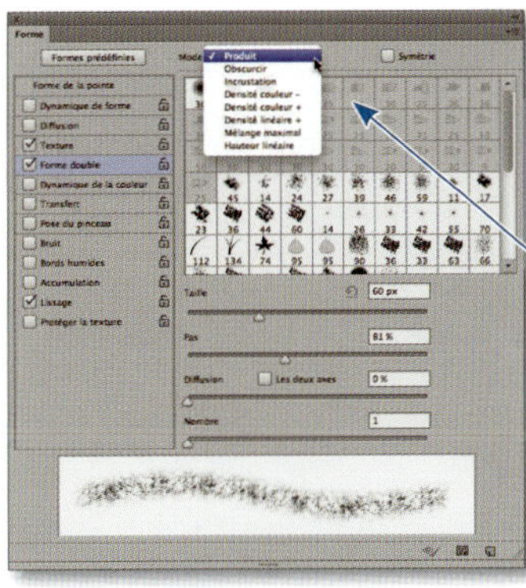

La première forme est définie à la rubrique ***Forme de la pointe*** *et la seconde dans* ***Forme double****. Un mode de fusion peut être spécifié en haut du panneau.*

La première forme définit la largeur de l'ensemble. La seconde forme n'apparaît qu'à l'intérieur de la première.

La dynamique de la couleur

Il s'agit ici de la variation aléatoire entre la couleur de premier plan et celle d'arrière-plan. À cette variation peuvent s'ajouter celles de la teinte, de la saturation, de la luminosité et de la pureté (augmentation ou réduction de la saturation). Un paramétrage de la variation de couleur peut être appliqué à l'aide du menu **Contrôle**. Par exemple, il est possible d'obtenir un estompage de la couleur de premier plan vers l'arrière-plan.

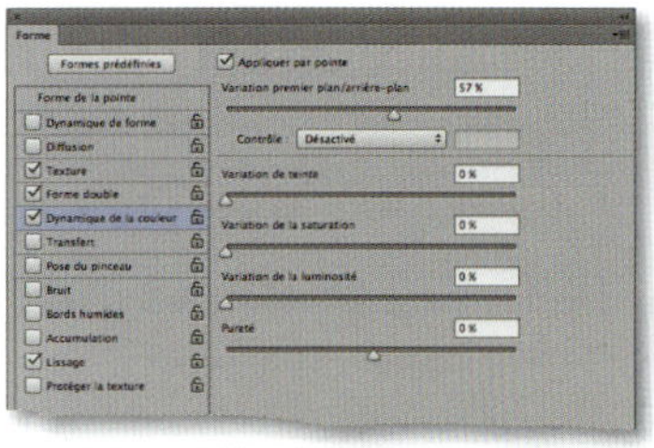

Pour l'option ***Dynamique de la couleur****, l'aperçu ne montre pas les variations de couleur.*

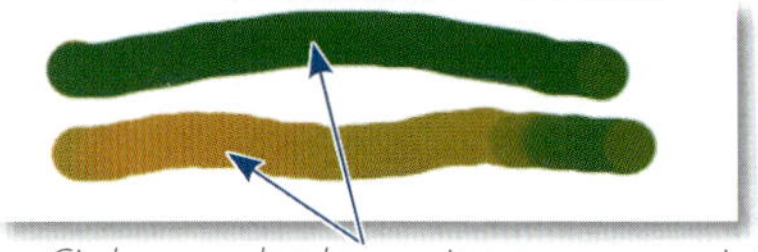

Ci-dessus, selon la pression, on a une variation entre le premier plan et l'arrière-plan.

La rubrique Transfert

Cette rubrique s'appelait **Autre dynamique** dans les versions précédentes de Photoshop. Elle permet notamment de faire varier l'opacité. On pourra ainsi estomper vers du transparent. On peut également faire varier le flux, c'est-à-dire la quantité d'encre.

Les éléments dynamiques pour ***Transfert*** *pour gérer l'opacité.*

Les formes et les tablettes graphiques

Avec certains outils de peinture, Photoshop ajoute dans la **Barre d'options** des boutons pour activer (ou désactiver) un paramètre de l'outil avec la pression du stylet.

- **Opacité** : le bouton activé équivaut à choisir **Pression de la plume** dans la rubrique **Transfert/Variation de l'opacité** du panneau **Forme**.

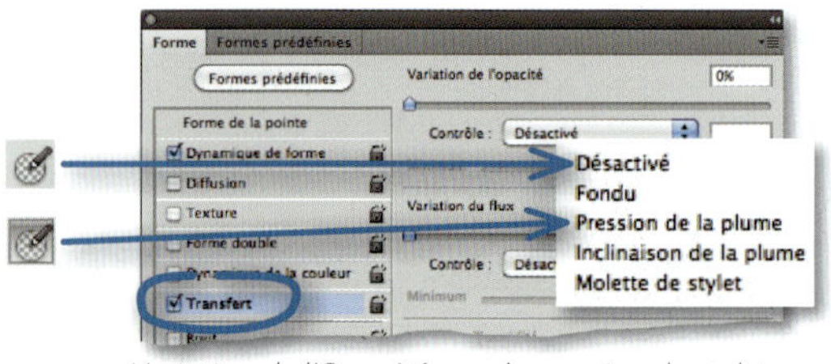

*Variation de l'****Opacité*** *avec la pression du stylet.*

- **Taille** : le bouton activé équivaut à choisir **Pression de la plume** dans la rubrique **Dynamique de la forme/Variation de la taille** du panneau **Forme**.

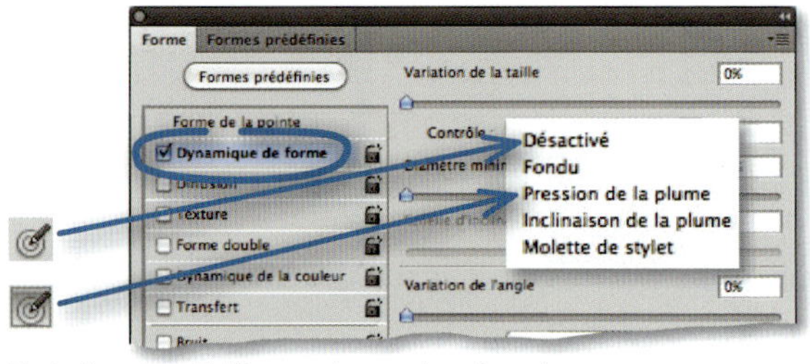

Variation de la ***Taille*** *avec la pression du stylet.*

- Le bouton désactivé (ou) revient à choisir **Désactivé** dans ces mêmes rubriques.

> **Astuce** *Sans tablette graphique, une réduction de l'opacité par* ***Fondu*** *(avec une variation à 0 %) est souvent pratique pour appliquer des outils dont l'effet s'estompe progressivement (dessin de reflets, par exemple). On peut y ajouter une réduction de taille (****Dynamique de forme****).*

Les éléments non dynamiques

Ici, le caractère aléatoire ayant disparu, il ne s'agit que de cases à cocher, il n'y a pas de paramétrage. On distingue cinq éléments de forme : **Bruit**, **Bords humides**, **Aérographe**, **Lissage** et **Protéger la texture**.

- **Bruit** : l'option s'utilise avec des formes floues, elle ajoute du grain de manière aléatoire sur les bords de la forme.
- **Bords humides** : quand la dureté de la forme est faible, cela permet de peindre avec une quantité d'encre plus importante sur les bords qu'au centre où l'opacité est plus réduite.

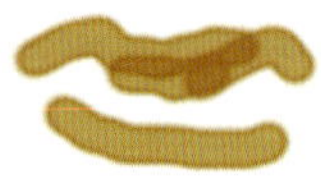

Un dessin aux bords humides.

- **Aérographe** : c'est l'option de la **Barre d'options**. Elle permet de laisser couler l'encre quand la forme n'est pas déplacée sur le document, comme avec une bombe de peinture.
- **Lissage** : cette option adoucit les courbes du tracé. Elle est efficace si l'on dessine rapidement avec un stylet.
- **Protéger la texture** : l'option s'utilise pour un dessin avec plusieurs formes texturées ; elle applique à toutes les formes le même motif et la même échelle, ce qui assure une cohérence.

LA FORME DE POINTE EN BROSSE

Photoshop propose des formes avec un nouveau type de pointe appelée **pointe en brosse**. Ces pointes possèdent des caractéristiques de brosses précises qui permettront de réaliser des tracés d'aspect naturel et très réaliste. Une pointe de brosse se définit dans le panneau **Forme**.

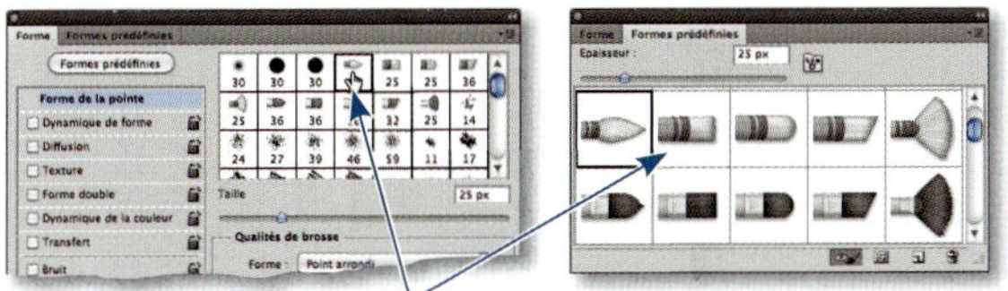

Un nouveau de type de forme avec des pointes en brosse.

L'aperçu de la forme

Quand vous sélectionnez une forme avec une pointe en brosse, le bas du panneau **Forme** (et également du panneau **Formes prédéfinies**), propose un bouton pour afficher un aperçu de la forme. Si vous utilisez une tablette graphique, cet aperçu montrera la déformation de la pointe (écrasement et inclinaison) en fonction de la pression exercée avec le stylet ou de l'inclinaison de ce dernier.

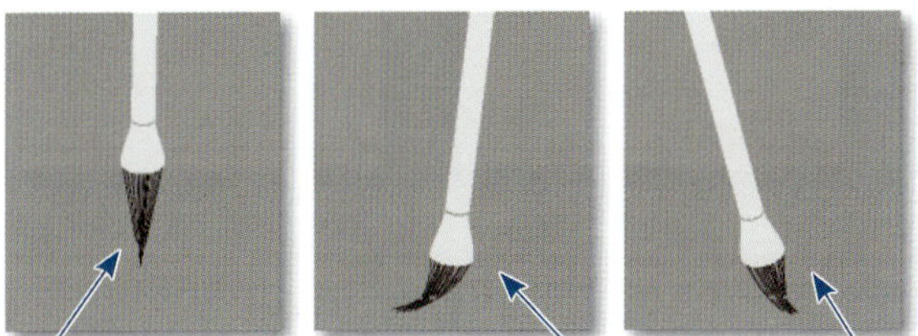

L'aperçu de la forme et l'impact de la pression ou de l'inclinaison du stylet sur l'aperçu et l'aspect sur le document (ci-dessous).

Les options de qualité de brosse

Quand une forme avec une pointe en brosse est sélectionnée, la rubrique **Forme de la pointe** propose une série d'options pour paramétrer de façon très fine l'aspect de la forme.

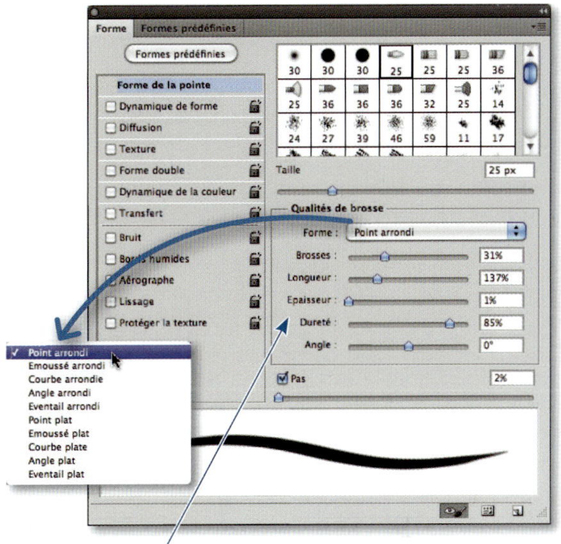

*Les nombreuses options de **Qualités de brosse** permettent un réglage très fin de la forme.*

– **Forme** : cette option définit l'allure générale de la brosse. On distingue dix formes qui seront visualisées dans l'aperçu, s'il est affiché, et sur le document.

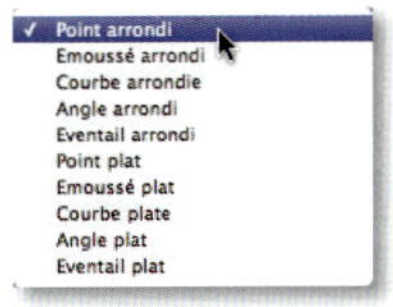

*Le menu local **Forme**.*

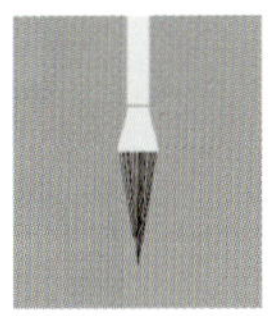

Point arrondi.

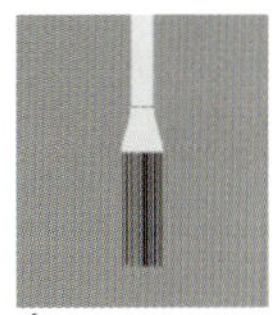

Émoussé arrondi.

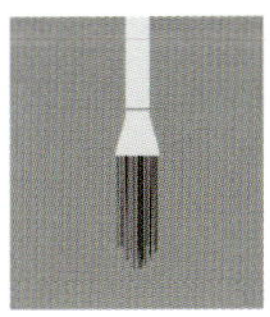

Courbe arrondie.

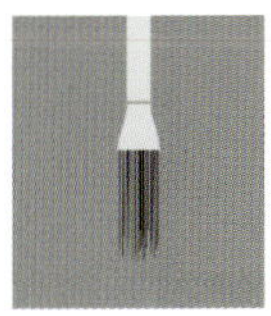

Angle arrondi.

Éventail arrondi.

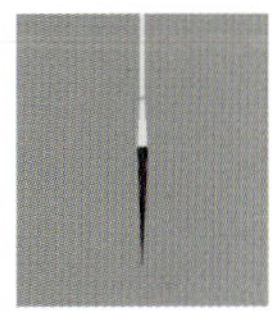

Point plat.

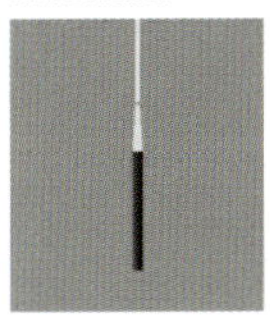

Émoussé plat.

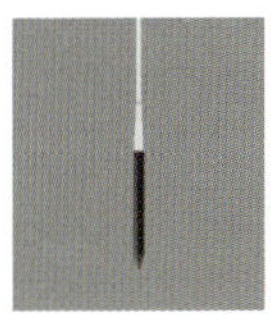

Courbe plate.

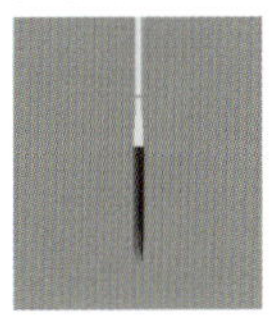

Angle plat.

Éventail plat.

> **ASTUCE** *Si vous cliquez sur la case d'aperçu de la forme, Photoshop vous la montre sous différents angles. Avec ⇧ clic, il la montre en 3D.*

- **Brosses** : avec ce réglage, on contrôle la densité des poils de la brosse et, en conséquence, la densité de peinture.
- **Longueur** : ceci permet de gérer la longueur des poils.
- **Épaisseur** : cette option définit la largeur de la brosse.
- **Dureté** : la souplesse de la brosse est spécifiée par cette option. Une valeur faible rend la déformation facile.
- **Angle** : lorsque vous peignez avec la souris, cette valeur définit l'angle de la pointe.

La création d'une forme de pointe en brosse

Quand vous créez une nouvelle forme, il n'est pas possible de lui définir des options de pointe en brosse. Pour pallier ce problème, effectuez les manipulations suivantes :

1. Dans le panneau **Forme**, sélectionnez une des formes prédéfinies existantes ayant déjà une pointe en brosse.
2. Modifiez ses options, notamment de pointe de brosse.
3. Enregistrez cette forme comme nouvelle forme prédéfinie en cliquant sur le bouton Créer **une forme** situé en bas à droite du panneau **Forme**.

La pointe érodable

Il s'agit d'une pointe qui s'apparente à celle d'un (vrai) crayon ou d'un pastel qui, au fur et à mesure du dessin, s'érode selon le critère choisi dans le panneau **Forme**. La fenêtre d'aperçu de la pointe montre le changement d'aspect de l'outil que l'on peut également repérer sur le dessin lui-même avec l'aspect du curseur.

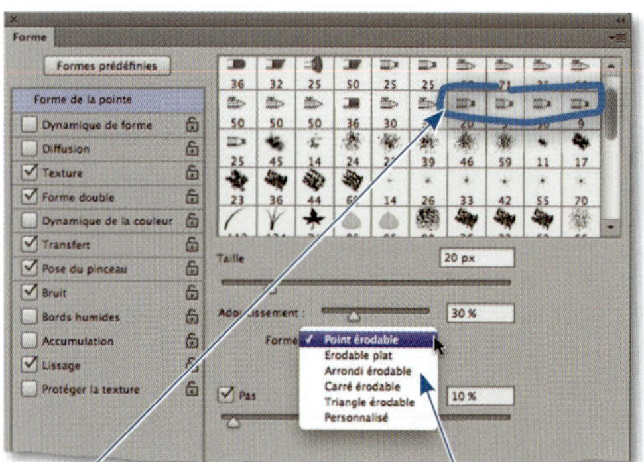

Quelques pointes érodables et les modes d'évolution.

La pointe au début du dessin et son évolution.

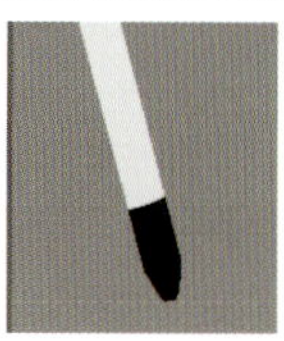

La pointe d'aérographe

Il s'agit d'une pointe dont les options définies dans le panneau **Forme** permettent de reproduire le comportement d'un aérographe ou d'une bombe de peinture.

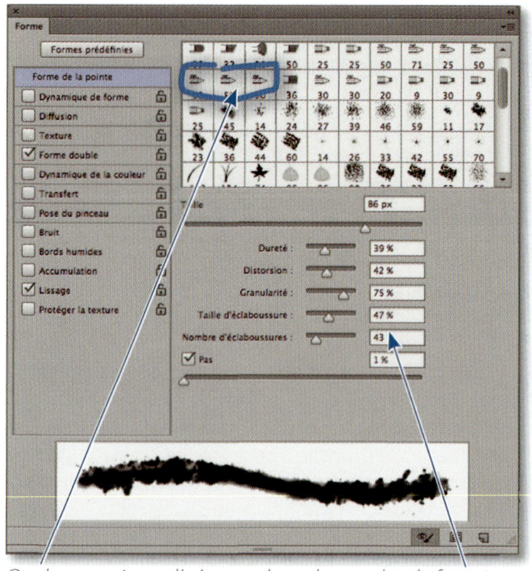

Quelques pointes d'aérographe et les modes de fonctionnement.

Une écriture à la bombe « qui bave ».

La gestion des formes

La création d'une nouvelle forme

Il y a deux façons de créer une nouvelle forme : par mémorisation ou par création d'une forme personnalisée.

La mémorisation des réglages de forme

Pour obtenir une nouvelle forme qui conserve tous les réglages effectués, cliquez sur l'icône du panneau **Forme**. Sans cette manipulation, les réglages ne sont conservés que le temps de l'utilisation de la forme, ils sont perdus dès que vous sélectionnez une autre forme dans le panneau.

La forme personnalisée

Pour réaliser une forme à partir d'une partie d'image ou d'un dessin (réalisé sur un calque vide ou sur un fond blanc), sélectionnez avec l'outil **Rectangle** la partie du dessin devant servir de forme et lancez la commande **Définir une forme prédéfinie** (menu **Édition**).

Si vous préparez une forme depuis une partie d'image, pour mieux contrôler, travaillez-la en niveaux de gris. En effet, les parties blanches du dessin seront transparentes dans la forme, les grises créeront le fondu, et les noires se rempliront de l'encre définie comme couleur de premier plan. La forme personnalisée apparaît en fin de liste dans la rubrique **Formes prédéfinies** du panneau **Forme**. Vous pouvez régler les options de la forme (forme de la pointe, éléments dynamiques ou non) dans les différentes rubriques du panneau **Forme**, mais n'oubliez pas de mémoriser ces réglages en créant une nouvelle forme par **clic** sur l'icône .

La suppression d'une forme

Pour supprimer une forme du panneau **Formes**, affichez la rubrique **Formes prédéfinies**, sélectionnez la forme en cliquant dessus et cliquez sur la corbeille du panneau — vous pouvez utiliser le menu contextuel. Cette opération se réalise aussi depuis la **Barre d'options** quand le sélecteur de formes est affiché. Attention, cette forme sera définitivement perdue. Enregistrez le contenu du panneau avant d'effectuer ce type de manipulation (**Enregistrer les formes** dans le menu local du panneau **Forme**).

La description des outils

Quel que soit l'outil utilisé, vous pouvez le transformer temporairement en outil **Pipette** pour prélever une couleur en enfonçant ⌥[Alt].

L'outil Crayon

La **Barre d'options** de l'outil **Crayon** possède une option, **Inversion Auto**, qui permet de peindre avec la couleur d'arrière-plan si son tracé démarre dans une zone qui a la couleur de premier plan. Avec ⇧, l'outil **Crayon** agit en traçant des polygones. Pour tracer un trait droit, cliquez sur l'écran, enfoncez ⇧ et cliquez à nouveau sur le document.

L'outil **Crayon** ne dessine qu'en aplat de couleur (sans zone de fondu). Aussi, quand vous activez cet outil, dans le panneau **Forme** (ou au clavier), certaines options sont inopérantes (**Dureté**) ou inactives (**Bords humides** et **Aérographe**). Si vous choisissez une forme ayant l'une de ces options, elles seront converties de manière à peindre sans zone floue.

L'outil Pinceau

La **Barre d'options** de l'outil **Pinceau** propose l'option **Aérographe** — celle-ci peut être définie directement par les options de la forme. Avec cette option, vous pouvez créer des tons progressifs mais, en plus, si vous restez sur place, bouton enfoncé, la «peinture» continue à couler comme avec un vrai aérographe (ou une bombe de peinture): la tache créée s'agrandira si vous ne déplacez pas la souris. Pour tracer des droites, utilisez ⇧.

L'outil Pinceau mélangeur

L'outil **Pinceau mélangeur** simule des techniques de peinture réalistes en créant des mélanges entre les couleurs présentes sur le document et celle contenue dans le pinceau, en tenant compte du degré d'humidité de la peinture présente sur le document.

La ***Barre d'options*** *de l'outil* ***Pinceau*** *mélangeur.*

ASTUCE *Ajoutez un calque et travaillez avec l'option* ***Échantill. tout*** *cochée dans la* ***Barre d'options*** *de l'outil. Le mélange se produira et cela donnera encore plus de souplesse à vos travaux de peinture avec l'outil* ***Pinceau mélangeur****.*

LE MÉLANGE DES PEINTURES UTILISÉES PAR L'OUTIL

L'outil **Pinceau mélangeur** utilise deux sources de peinture : celle récupérée de la toile et celle chargée dans la forme.

La peinture récupérée de la toile

Le document se comporte comme une toile de peinture fraîche, plus ou moins sèche. Le taux de récupération de la peinture est défini par l'option **Hum.** : de sèche (0) à très mouillée (100).

Si la peinture de la toile est sèche (**Hum.** = 0), le pinceau ne récupérera pas de peinture et il n'y aura aucun mélange : l'outil **Pinceau mélangeur** se comportera alors comme l'outil **Pinceau** classique.

Si la peinture de la toile est humide (voire très mouillée **Hum.** = 100), l'outil récupérera la peinture de la toile et la mélangera à celle contenue dans la forme (peinture chargée, *voir ci-après*) pour l'étaler sur la toile. La couleur de la peinture récupérée change en permanence en fonction du déplacement de l'outil, donc de la couleur survolée sur la toile et du mélange des peintures.

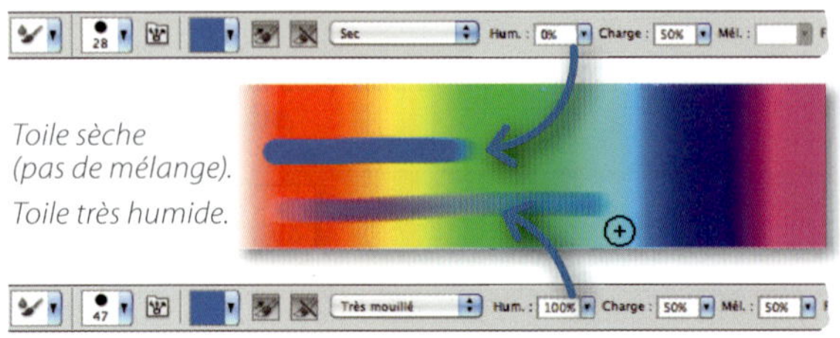

La peinture chargée de la forme

C'est la peinture chargée dans la forme au départ de l'outil. Celle-ci a la couleur définie au premier plan dans le panneau **Outils**. Avec les réglages par défaut de l'outil, cette peinture n'apparaît pas immédiatement, il faut repasser (parfois plusieurs fois) sur une zone déjà couverte par l'outil. Vous pouvez définir la quantité de peinture chargée dans la brosse avec l'option **Charge** de la **Barre d'options** (de 1 % à 100 %). Plus la charge est élevée, plus l'outil parcourra une grande distance avant que la peinture ne s'épuise.

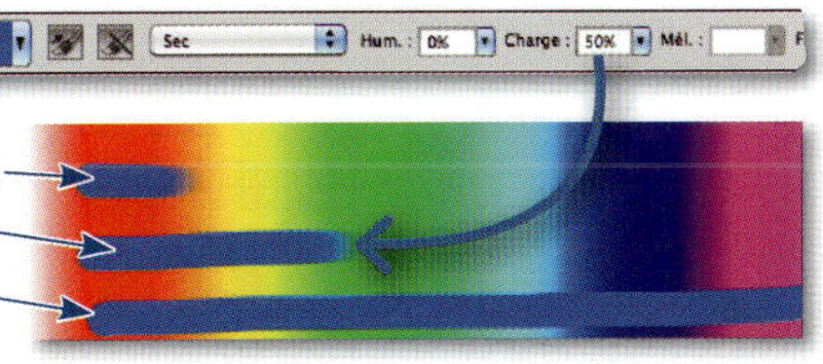

Sur toile sèche : charge faible (5), moyenne (50) et forte (100).

On peut aussi envisager de peindre avec un pinceau sec (il s'obtient avec une forme nettoyée ou un mélange très élevé, *voir ci-après*) ; dans ce cas, l'outil n'utilisera pas la couleur de premier plan.

Le mélange de la peinture chargée et de la peinture récupérée

Pour des valeurs d'humidité (**Hum.**) et chargée (**Charge**) données, le contrôle de la proportion et de l'ordre d'apparition des deux peintures est défini par les valeurs de l'option **Mel.** (mélange).

Si la valeur **Mel.** est faible, c'est la peinture chargée qui apparaît en premier. Quand cette peinture est épuisée (plus ou moins rapidement, en fonction de la valeur **Charge**), c'est celle de récupération qui apparaît.

Si la valeur **Mel.** est forte, c'est la couleur de la peinture récupérée qui apparaît d'abord, puis qui vient se mélanger à celle chargée. Avec une valeur de 100 % la peinture chargée n'apparaît pas : le pinceau agit comme s'il était sec sur une toile humide.

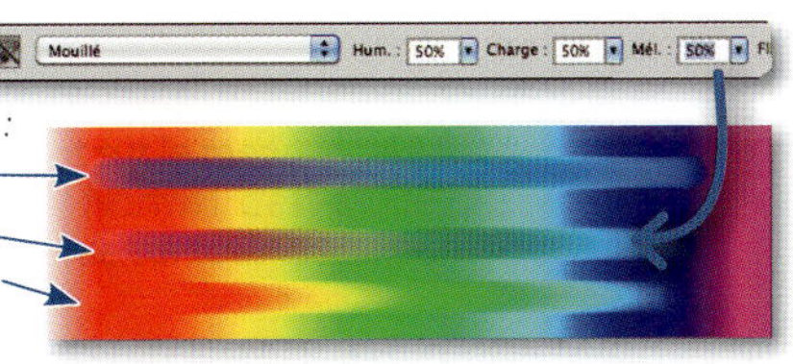

Sur toile mouillée : mélange nul (0), moyen (50) et très élevé (100).

Selon le type de composition que vous souhaitez réaliser, des valeurs élevées de mélange (**Mel.**) donneront des résultats intéressants. La **Barre d'options** regroupe, dans un menu local, des combinaisons courantes d'humidité, de charge et de mélange. Par exemple, **Mélange mouillé, épais** a pour valeurs : **Hum.** = 50 %, **Charge** = 50 % et **Mel.** = 100 %.

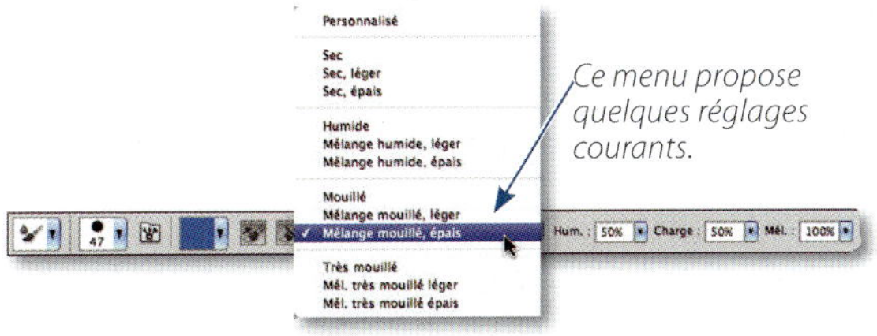

Ce menu propose quelques réglages courants.

Attention ***La résolution de l'image, mais surtout la taille de l'outil, influent sur son comportement (les pourcentages sont définis par rapport à la taille de l'outil). De plus, en fonction de l'aspect de la forme utilisée (pointe classique ou en brosse), vous pouvez réaliser des compositions totalement différentes avec un réalisme impressionnant.***

L'état du pinceau après un tracé

La conservation ou non de la peinture finale sur la brosse

Quand vous relâchez l'outil (comme un peintre lèverait son pinceau de la toile), celui-ci (comme le pinceau du peintre) conserve le mélange qui vient d'être déposé (ou **peinture finale**). Sa couleur est constituée d'une partie de la peinture prélevée combinée à celle chargée dans la forme au départ (s'il en reste).

Par défaut, après chaque tracé, la peinture finale est supprimée, c'est-à-dire que le pinceau est nettoyé automatiquement pour retrouver la peinture chargée initiale : dans la **Barre d'options**, c'est le bouton qui l'atteste.

Avec ces deux boutons activés (par défaut), la forme est mise à jour automatiquement (chargée et nettoyée).

Si vous souhaitez que la peinture finale soit conservée pour être étalée lors de la prochaine utilisation du pinceau, cliquez sur le bouton , il deviendra . Dans ce cas, le nettoyage peut être programmé manuellement dans la **Barre d'options** avec l'option **Nettoyer la forme** du menu local de la case, qui indique alors cette couleur finale.

Ici, les deux boutons sont désactivés.

Avec ces commandes on agit manuellement sur la forme (charger ou nettoyer).

On voit ici, la couleur finale. Elle correspond à l'endroit où on a relâché l'outil.

> **ASTUCE** *Par la commande **Raccourci clavier** du menu **Édition** (à la rubrique **Outils**), il est possible d'affecter des raccourcis d'activation/désactivation aux boutons de chargement et de nettoyage.*

La peinture finale comporte toutes les variations de couleur de la zone échantillonnée sur la toile. Si vous préférez une couleur uniforme, sélectionnez l'option **Charger les couleurs unies seulement** dans le menu de la case colorée de la **Barre d'options**.

Le remplacement de la peinture chargée

Quand vous relâchez l'outil, le pinceau se recharge automatiquement de la peinture de premier plan : dans la **Barre d'options**, c'est le bouton qui l'atteste. Si vous souhaitez que la forme ne soit pas rechargée par cette couleur initiale, mais garde la couleur finale, cliquez sur le bouton , il deviendra . Dans ce cas, le chargement pourra être programmé manuellement dans la **Barre d'options** avec l'option **Charger la forme** du menu local indiquant la couleur finale (*voir la copie d'écran précédente*). Vous pouvez remplir la forme d'une couleur prélevée sur le document (elle apparaîtra dans la case de couleur de la **Barre d'options**). Pour cela, désactivez le bouton de nettoyage automatique de la forme (il devient), enfoncez la touche ⌥[Alt] et cliquez sur l'image avec le curseur cible ⊕ : les couleurs échantillonnées apparaissent dans la case colorée de la **Barre d'options**.

Avec ce bouton désactivé, on peut prélever une couleur par ⌥ clic [Alt clic] *sur l'image.*
Elle apparaît ici.

Cette possibilité de prélèvement est fort utile quand vous travaillez avec un mélange à 100 % et souhaitez aller peindre une autre zone de l'image sans y faire apparaître la dernière peinture étalée.

En commençant par prélever la couleur sur cette nouvelle zone, la peinture s'intégrera mieux dans le document. Si l'option **Charger les couleurs unies seulement** a été cochée, c'est une couleur unie qui remplit la case. En effet, la touche ⌥[Alt] fait alors apparaître la pipette, comme avec un outil classique de peinture.

Ci-dessous, vous pouvez voir un exemple simple de réalisation (faite très rapidement) qui vous montre la photo originale et celle obtenue après traitement de l'outil **Pinceau mélangeur**. Selon votre sens artistique, vous pouvez envisager de démarrer votre peinture sur nouveau document, vous réaliserez une toile numérique.

*Ci-dessus, l'image initiale, et ci-dessous, l'image repeinte avec l'outil **Pinceau mélangeur** et ses réglages sur un calque ajouté.*

> **Astuce** *Dans l'exemple ci-dessus, l'effet toile a été obtenu en plaçant, au-dessus des calques, un calque avec le mode* ***Lumière tamisée*** *rempli de gris à 50 %, sur lequel j'ai appliqué le filtre* ***Placage de texture*** *de la série* ***Textures****.*

Les autres outils de peinture

Les outils qui suivent s'apparentent plus, pour certains d'entre eux, à des outils de retouche qu'à des outils de peinture, aussi pour clore cette partie sur la peinture, je voudrais vous rappeler que si vous réalisez souvent des travaux de type peinture, pensez à créer plusieurs espaces de travail dans lesquels figureront tous les panneaux indispensables à votre session de travail. Dans le cadre de travaux de peinture, les panneaux **Forme**, **Formes prédéfinies**, **Outils prédéfinis**, **Nuancier** et **Couleur** seront les bienvenus et mériteront d'être affichés ouverts sur la partie droite de votre écran. Photoshop propose, par le menu **Fenêtre/Espace de travail**, un espace nommé **Peinture** qui affiche les panneaux importants pour ce type de production.

L'outil Remplacement de couleur

Cet outil propose une alternative intéressante à l'utilisation de l'outil **Pinceau**. Son étude a déjà été développée (*voir page 462*).

Les outils plus spécialisés dans les retouches que dans le dessin sont au nombre de huit : **Gomme**, **Tampon**, **Doigt**, les outils de **Mise au point** (**Goutte d'eau** et **Netteté**) et les outils de **Maquillage** (**Densité +**, **Densité –** et **Éponge**). Certains ont déjà été étudiés dans la partie 3, aux chapitres : Les corrections localisées avec les outils (*page 216*) ; Les petites retouches colorimétriques *(page 201)* ; Les retouches locales de couleurs par les outils *(page 458*), dans la partie 5.

L'outil Gomme

L'outil **Gomme** possède deux autres variantes, **Gomme d'arrière-plan** et **Gomme magique**, dont l'étude a été faite au chapitre Les détourages destructifs (*page 357*). Nous ne parlerons ici que de la gomme normale.

Le principe de l'outil Gomme

L'outil **Gomme**, que l'on active en tapant plusieurs fois sur ⇧E, permet d'effacer certaines parties d'un dessin, qui sont en fait remplacées soit par la couleur de l'arrière-plan (si vous travaillez sur le calque **Arrière-plan** ou sur un calque dont les pixels transparents sont verrouillés), soit par de la transparence si vous travaillez sur un calque ajouté.

Sa taille et son type sont réglables à partir de la **Barre d'options** de l'outil **Gomme** ou directement sur la photo avec le menu contextuel déroulé avec ⇧ (⇧clic droit). Trois types de gommes sont accessibles : **Carré**, **Crayon** et **Forme**.

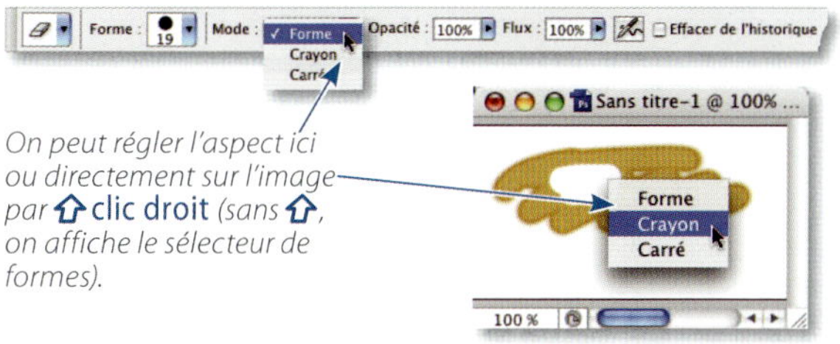

On peut régler l'aspect ici ou directement sur l'image par ⇧clic droit (sans ⇧, on affiche le sélecteur de formes).

Les types de gommes

La gomme Carré

La taille de cette gomme est unique ; en revanche, lorsque l'on augmente le taux d'affichage (par exemple, en tapant ⌘+ [Ctrl +]), la gomme gardant la même taille, on obtient l'équivalent d'une réduction de son rayon d'action (et inversement en réduisant le taux d'affichage). Avec les deux autres types, il est possible de modifier le degré d'effacement de l'outil en réglant l'**Opacité** (ou le **Flux**) de l'outil **Gomme** dans sa **Barre d'options**, et de choisir une forme d'outil comme lorsqu'on agit avec eux en tant qu'outils de dessin.

La gomme Crayon

Toutes les formes utilisables pour l'outil **Crayon** le deviennent pour l'outil **Gomme** ; l'effacement s'effectue avec des bords nets.

La gomme Forme

Avec cette option, l'outil **Gomme** efface comme si vous utilisiez l'outil **Pinceau**. L'option **Aérographe** devient disponible, elle permet de continuer à effacer même si l'outil n'est plus déplacé.

Les gommes prédéfinies

Comme pour tous les outils, il est intéressant de mémoriser les réglages de l'outil **Gomme**. Cette mémorisation (qui s'obtient par la vignette de l'outil dans la **Barre d'options**) conserve tous les réglages, aussi bien ceux qui sont visibles dans la **Barre d'options** que ceux du panneau **Formes**.

> **Astuce** *Si vous avez souvent de grandes zones à effacer, pensez à mémoriser un outil* ***Gomme*** *de grande taille.*

Les particularités de l'outil Gomme

Les pixels transparents verrouillés ou non

Si vous travaillez sur un calque standard, le fait de verrouiller la transparence fait apparaître la couleur d'arrière-plan quand vous passez l'outil **Gomme**. Sans ce verrouillage, les pixels transparents apparaissent.

L'effacement et le détourage

Un calque, une couche alpha ou celle du **Mode Masque** peuvent comporter des parties à éliminer. Cette opération peut correspondre à un détourage ou à un simple effacement de certaines parties. Selon l'élément à travailler, couche ou calque, il faudra choisir la couleur d'arrière-plan en conséquence pour que la gomme joue pleinement son rôle.

L'annulation d'un effacement

Si vous avez relâché la souris et que le résultat ne convient pas, annulez-le en tapant ⌘Z [Ctrl Z]. Si vous relâchez la souris entre les effacements, l'annulation ne fera réapparaître que la dernière partie effacée ; pour retrouver toute l'image, activez l'état correspondant dans le panneau **Historique**.

L'option Effacer de l'historique

Dans la **Barre d'options** de l'outil **Gomme** figure l'option **Effacer de l'historique**, qui permet de revenir localement à l'aspect qu'avait la photo à un état antérieur. Elle devient également active en enfonçant ⌥[Alt] — si la gomme est carrée ☐, elle devient . Son passage sur des parties effacées fait réapparaître les objets disparus.

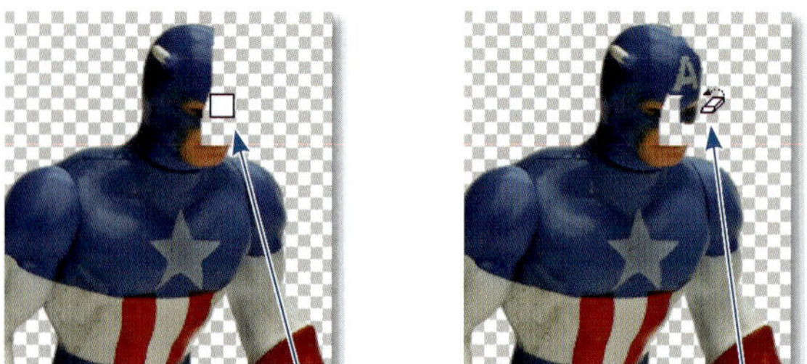

Après un coup de gomme malheureux, enfoncez ⌥[Alt] et faites réapparaître la partie disparue.

Pour savoir ce qui va réapparaître avec l'outil **Gomme** et l'option **Effacer de l'historique** activée, consultez le panneau **Historique**. L'icône située dans la première colonne indique quel état va être restitué par la gomme. Si ce n'est pas le bon, cliquez à gauche de l'état à faire réapparaître (attention, certains ne seront pas accessibles, notamment si vous avez ajouté un calque).

> **Astuce** *Quand vous utilisez un outil de dessin (tel que l'outil **Pinceau**), il est possible d'utiliser temporairement l'outil **Gomme** avec l'option **Effacer de l'historique** en maintenant enfoncées les touches E et ⌥[Alt]. Pour être sûr que l'outil **Gomme magique** ou **Gomme d'arrière-plan** n'apparaisse pas à sa place, vous pouvez supprimer leur raccourci dans le menu **Édition/Raccourci clavier**.*

Les outils qui suivent ont été étudiés dans les chapitres précédents (*page 169 et page 461*) ; les points les plus importants sont rappelés dans les paragraphes suivants.

Les outils d'éclairage

Pour retoucher un dessin, en dehors des outils classiques (**Pinceau**, **Crayon**), vous pouvez utiliser ceux de la série **Maquillage**. En effet, elle comporte trois outils (on passe d'un outil à l'autre en tapant plusieurs fois ⇧O) pour régler la densité des couleurs ou leur saturation :

- **Densité –** : augmente la luminosité, donc diminue la densité du noir.
- **Densité +** : réduit la luminosité, donc augmente la densité du noir.
- **Éponge** : modifie la saturation (réduction ou augmentation). Cet outil comporte une option **Vibrance** qui permet d'agir avec un meilleur contrôle des saturations.

Les outils Densité + et Densité –

Les réglages des outils Densité

Dans le cas des outils **Densité**, vous pouvez régler l'**Exposition** (intensité de l'outil) et la **Gamme** (zone tonale sur laquelle il agit). Par défaut, l'outil s'applique dans les **Tons moyens**, mais il peut s'appliquer sélectivement dans les tons clairs ou sombres.

Le choix de la tonalité s'effectue dans la **Barre d'options** de l'outil, directement sur l'écran à l'aide du menu contextuel déroulé avec ⇧ (⇧clic droit), ou encore au clavier : pour passer d'une plage tonale à l'autre, tapez ⇧+ ou ⇧–.

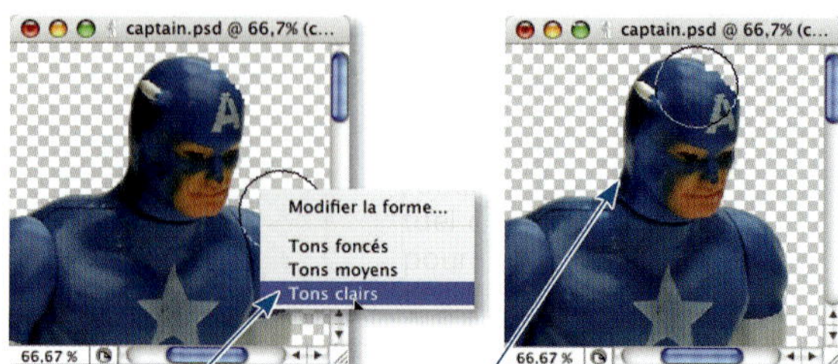

On règle l'outil et on passe sur la zone à corriger.

N'oubliez pas qu'une forme à contour flou assure une meilleure transition entre les parties traitées et celles qui les entourent, et que l'opacité se modifie directement au clavier. Pensez également à utiliser des formes dont la taille se réduit au cours du tracé à l'aide des réglages **Dynamique de forme** du panneau **Forme** (réduction contrôlée par **Fondu** ou par la pression du stylet sur la tablette graphique).

> **Astuce** *Pour passer directement sur l'image, d'un outil à un autre (de **Densité +** à **Densité –**), enfoncez ⌥ [Alt].*

Les utilisations : les reflets et les ombres

Ces outils permettent, lors de la création du dessin, de créer des ombres ou des reflets de lumière sur certaines zones. Pour cela, appliquez l'outil en glissant sur la zone de l'image à traiter. Si l'effet est trop important, annulez-le (⌘Z [Ctrl Z]) et recommencez l'application avec une opacité plus réduite (ou mieux, utilisez l'outil **Gomme** avec l'option **Effacer de l'historique** active et une opacité réduite).

Sur ce dessin, on veut ajouter des reflets et des ombres.

*Les outils **Densité** permettent d'ajouter facilement ces types d'effets de lumière.*

Pour ne pas altérer le dessin initial, il est possible d'obtenir un résultat voisin (sans modification des couleurs) en travaillant avec deux calques supplémentaires :

- **Pour les reflets** : ajoutez un calque rempli de noir avec le mode **Superposition**. Ainsi, seules les zones claires (reflets) y sont visibles ; elles sont obtenues en glissant l'outil **Densité –** (réglé pour les tons clairs).
- **Pour les ombres** : ajoutez un calque rempli de blanc, avec le mode **Produit**, de telle manière que les zones sombres (ombres) y soient visibles. Elles apparaissent par passage de l'outil **Densité +** (réglé pour les tons foncés).

> **Astuce** *Sur le calque des reflets, l'outil **Densité –** ajoute des reflets et l'outil **Densité +** les enlève. Sur le calque des ombres, l'outil **Densité +** ajoute des ombres et l'outil **Densité –** les supprime.*

Les avantages d'un travail par ajout de calques sont multiples. D'une part, les traitements sont réversibles et, d'autre part, les changements de coloration sur le dessin sont plus faciles puisque les reflets et les ombres sont indépendants.

> **Attention** *Après avoir ajouté et réglé les calques, pensez à créer un instantané. Il vous permettra de revenir en arrière avec l'outil **Gomme** et l'option **Effacer de l'historique** activée (ou l'outil **Forme d'historique**).*

Les saturations

L'outil **Éponge**, en plus d'un réglage de **Flux**, possède deux modes d'utilisation : **Saturer** et **Désaturer**. Ce dernier peut être intéressant à utiliser lorsqu'une photo RVB présente des couleurs non imprimables (affichables par le menu **Affichage**). En effet, l'application de l'outil **Éponge** permettra de les faire disparaître ou de les atténuer.

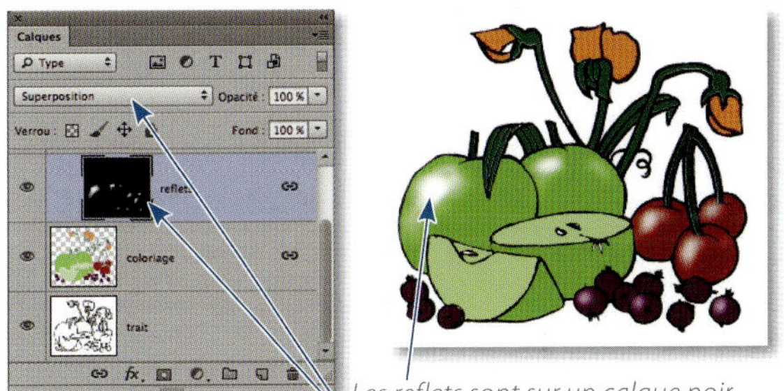

*Les reflets sont sur un calque noir avec le mode **Superposition**.*

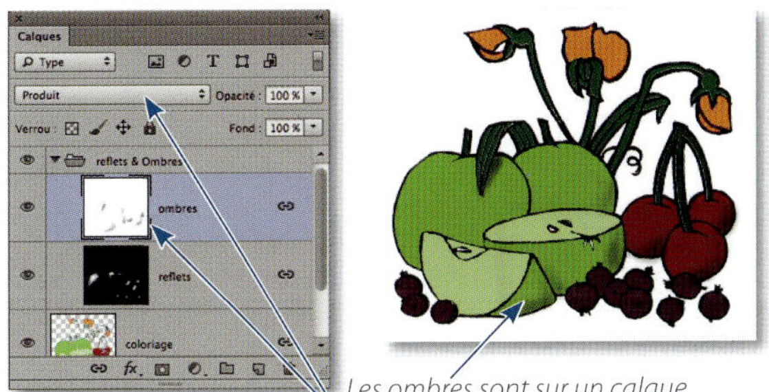

*Les ombres sont sur un calque blanc avec le mode **Produit**.*

Le script de dessin

Le menu local du panneau **Script** propose une option **Autoriser l'enregistrement de l'outil**, qui peut s'avérer intéressante lors de la production de dessin. En effet, une fois cette option activée, si vous lancez l'enregistrement d'un script au cours duquel vous réalisez un dessin avec l'outil **Pinceau**, par exemple, tous les déplacements réalisés avec l'outil pendant cet enregistrement sont mémorisés. Ainsi par la suite, il sera possible de lancer le script pour reproduire ce dessin, puis on pourra envisager de changer la forme de l'outil ou sa couleur, la résolution du document… et de relancer le script afin d'obtenir de manière automatique d'autres versions du dessin.

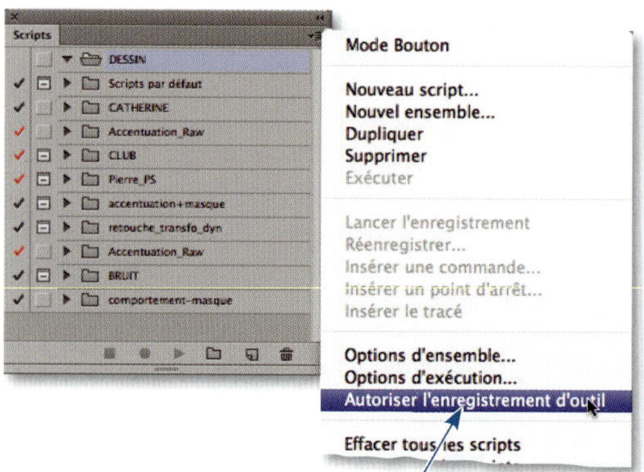

Avant la création du script, on lance ceci pour que la commande soit précédée d'une coche.

Afin que les dessins obtenus puissent être manipulés plus facilement par la suite (changement de couleur, d'opacité, de mode de fusion…), pensez à ajouter un nouveau calque comme première étape du script. Ainsi si vous lancez plusieurs fois le script (après chaque changement de forme ou de couleur), le nouveau dessin sera placé sur un nouveau calque et sera indépendant des dessins précédents.

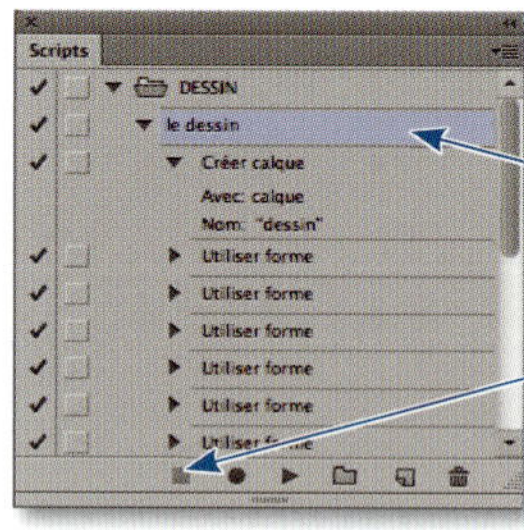

On commence par ajouter un nouveau calque et on enchaîne par un dessin (on a cliqué ici quand le dessin était terminé).

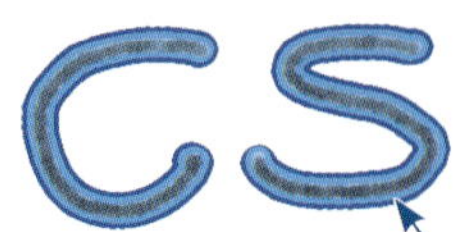

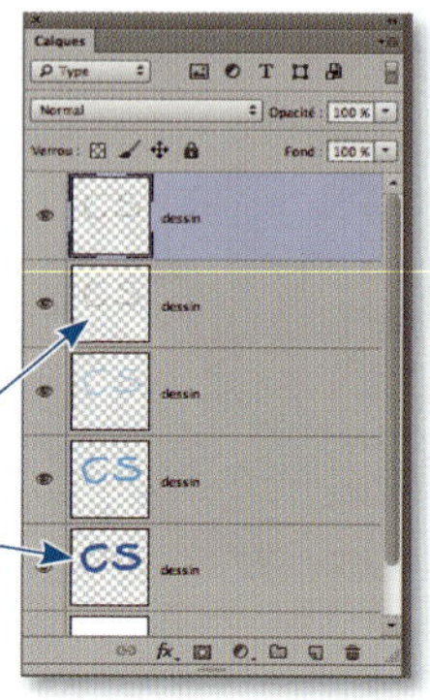

On obtient cette superposition de calques en relançant plusieurs fois le script. Chaque calque comporte une version de l'esquisse enregistrée.

3 - Appliquer un filtre de Photoshop

Le menu **Filtre** renferme des commandes qui permettent la réalisation de nombreux effets. Pour certains filtres, le mode d'application est devenu dynamique. Les filtres s'utilisent pour réaliser un effet particulier sur une image ou une partie de celle-ci (**Aquarelle**, **Pastels**, **Crayon Conté**…, la liste serait trop longue), pour créer une texture ou encore un fond de page (**Papier gaufré**, **Grain**, **Placage de texture**). Ils s'utilisent également en travail indirect dans la préparation de masque (**Flou gaussien**, **Estampage**, **Maximum**…).

Les modes d'application des filtres

Avant-propos sur les filtres

Le type du document (CMJN, RVB, 8 et 16 bits)

Certains filtres ne sont accessibles que pour les images RVB ; les séries correspondantes seront grisées quand les filtres ne seront pas disponibles. Si l'image est en mode **CMJN** (ou **Lab**), vous devrez la convertir en mode **RVB** et éventuellement prévisualiser ses couleurs en **CMJN** (menu **Affichage/Couleur d'épreuve** ou au clavier ⌘Y [Ctrl Y]). De même, quelques filtres ne sont pas utilisables avec les documents 16 bits.

La personnalisation du menu Filtre

Si vous n'utilisez jamais certains filtres, faites-les disparaître (temporairement) du menu **Filtre**. Vous pouvez également changer la couleur de certains d'entre eux (les nouveaux ou très utilisés) pour les repérer plus facilement. Ces opérations s'effectuent par la commande **Menus** (du menu **Édition**).

Quelques recommandations

Les valeurs en pixels

Certains filtres utilisent un paramétrage exprimé en pixels. La taille de celui-ci est liée à la résolution de l'image, qui est d'autant plus petite que la résolution est grande.

L'application par couche

Pour créer des effets spéciaux, vous pouvez appliquer à certaines couches du fichier un filtre (avec le même réglage ou des réglages différents).

L'application classique (destructive)

Il s'agit de la méthode d'application d'un filtre que l'on utilisait avec les anciennes versions de Photoshop. Elle reste toujours en vigueur, et c'est même la seule possible dans certains cas. Pour pallier son côté destructif, on pourra, soit utiliser une copie du calque à traiter, soit un calque spécial. Rappelons-en le principe.

Une application localisée sur une copie de calque

Pour localiser l'application d'un filtre, vous pouvez créer une sélection sur le calque, puis lancer le filtre. Cette technique rend impossible le déplacement (ou la modification) de la zone traitée par le filtre. Pour pallier ce problème, utilisez plutôt une copie du calque avec un masque de fusion en effectuant les opérations suivantes :

1. Tapez ⌘J [Ctrl J] pour dupliquer le calque à traiter.
2. Effectuez la sélection souhaitée.
3. Créez un masque de fusion et activez le calque pour appliquer le filtre.

Vous pouvez aussi ne pas faire de sélection et appliquer le filtre à la totalité de l'image, puis activer le masque pour y dessiner en noir sur les zones où le filtre ne doit plus être vu. Pour modifier la zone traitée, il suffira d'activer le masque de fusion en cliquant sur sa vignette et de le travailler : le déplacer, le transformer, dessiner en noir ou en blanc…, voire lui appliquer un filtre (pour adoucir ses contours, par exemple).

Les calques spéciaux avec une couleur neutre

Avec certains filtres, notamment ceux qui ajoutent des pixels sans lien avec l'image (**Ajout de bruit**, **Pointillisme**, **Nuages**, filtres de la série **Textures**…), il est possible d'ajouter un calque particulier pour y appliquer le filtre. Ce calque doit être rempli d'une couleur neutre du mode de fusion, c'est-à-dire invisible dans les superpositions avec les autres calques. La couleur neutre (noir, blanc ou gris à 50 %) dépend du mode choisi lors de la création du calque.

> **Attention** *Si les calques inférieurs au calque ajouté pour le filtre possèdent des zones transparentes, la couleur neutre apparaîtra sur ces zones; il faudra prévoir un masque pour les cacher.*

Pour obtenir un tel calque, enfoncez ⌥[Alt] et cliquez sur l'icône (panneau **Calques**) ou tapez ⇧⌘N [⇧Ctrl N]. Dans la fenêtre qui apparaît, choisissez l'un des modes cités précédemment et cochez **Couleur neutre pour le mode…** : le calque apparaît, il est rempli de la couleur neutre (noir, blanc ou gris à 50 %) correspondant au mode du calque.

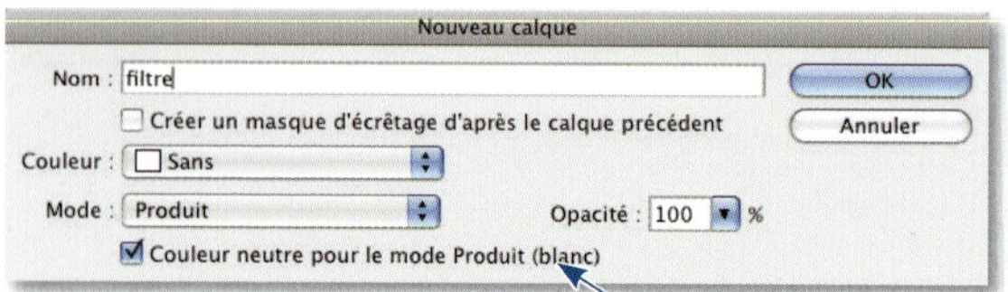

Un calque pour les filtres, rempli d'une couleur neutre.

Le calque est prêt, vous pouvez y appliquer le filtre, il n'altérera pas la photo. L'effet produit n'est pas exactement le même qu'avec une application directe sur la photo — il correspond davantage à un filtre atténué. Cependant, si vous souhaitez intensifier son effet, il vous suffira de réaliser une copie du calque en glissant son nom sur l'icône ; pour l'atténuer, vous pourrez modifier l'opacité du calque et, si vous souhaitez annuler l'effet du filtre, glissez le calque sur la corbeille .

Lorsqu'un calque «spécial filtre» a été utilisé, pour le remettre à zéro, c'est-à-dire enlever l'effet du filtre en le remplissant à nouveau avec la couleur neutre, lancez **Remplir** (menu **Édition** ou ⇧Efface) et choisissez, dans le menu local **Remplir Avec :**, la couleur neutre qui convient (noir, blanc ou gris à 50 %).

L'atténuation d'un filtre

Une fois le calque appliqué par l'une des méthodes indiquées ci-avant, il est possible de modifier et d'atténuer l'effet du filtre. En effet, si le filtre vient juste d'être appliqué à une image, vous pouvez estomper son effet en lançant la commande **Estomper** du menu **Édition** (au clavier, ⇧⌘F [⇧Ctrl F]).

Celle-ci laisse apparaître une fenêtre dans laquelle il suffit de régler l'opacité pour amoindrir l'effet du filtre sur l'image. De plus, il est possible de traiter cette image à l'aide d'un mode de dessin qui détermine quels pixels seront affectés par le filtre. Ce sont les mêmes modes que ceux que l'on retrouve dans les options de fusion d'un filtre dynamique (*voir plus loin*).

L'application dynamique du filtre

La mise en œuvre du filtre dynamique

Les filtres dynamiques ne sont applicables qu'à un calque dynamique. Pour obtenir ce type de calque, vous avez deux possibilités : par clic droit sur le nom du calque pour choisir **Convertir en objet dynamique** ou par le menu **Filtre** et la commande **Convertir pour les filtres dynamiques**. Quelle que soit la voie empruntée, le résultat est le même et la vignette de l'objet dynamique présente l'icône .

Il est possible de sélectionner plusieurs calques (par ⇧clic ou ⌘clic [Ctrl clic] sur leur nom) pour n'en faire qu'un seul dynamique. Par la suite, on peut même envisager, une fois le ou les filtres dynamiques appliqués, de convertir l'ensemble obtenu en objet dynamique pour appliquer un autre filtre avec son nouveau masque.

On convertit l'ensemble des calques en objet dynamique.

L'application du filtre

Un filtre dynamique s'applique comme un filtre classique; cependant, une fois appliqué, une vignette de masque de fusion (le masque filtrant) apparaît sous celle du calque, ainsi que le nom du filtre appliqué suivi de l'icône . Il est possible d'appliquer plusieurs filtres : ils apparaissent listés sous le masque et leur ordre peut être modifié par glissement. Pour qu'un filtre n'agisse plus temporairement, masquez-le en cliquant sur l'œil situé devant son nom.

Pour désactiver l'ensemble des filtres, cliquez sur l'œil du masque filtrant (ou clic droit sur **Filtres dynamiques** à droite de la vignette du masque filtrant).

Le nom des filtres appliqués apparaît sous le masque filtrant.

Le masque filtrant

Sans sélection, le masque est blanc et le filtre agit sur la totalité de l'image (*voir ci-dessus*). Il est possible de remplir le masque de différentes façons (comme pour n'importe quelle couche, *voir pages 314 à 331*), par exemple en y dessinant. Dans ce cas, les zones peintes en noir ne sont pas affectées par le filtre ; celles en gris ne le sont que partiellement, et celles en blanc totalement. Ce masque s'applique à la totalité des filtres s'il y en a plusieurs. Il est également possible d'utiliser certaines options du panneau **Propriétés** *(voir page 321)*. Si une sélection est réalisée avant de lancer le filtre, elle définit l'aspect du masque filtrant en faisant apparaître des parties blanches pour les zones sélectionnées sur lesquelles le filtre agit, des parties noires pour les zones non affectées par le filtre, et des parties grises pour les zones de transition (contour progressif de la sélection).

Ici, on réalise une sélection avant de lancer le filtre. Il n'agit qu'à l'intérieur de la sélection.

Pour désactiver le masque filtrant, enfoncez ⇧ et cliquez sur sa vignette dans le panneau **Calques** (une croix rouge la marquera). Cliquez à nouveau avec ⇧ pour supprimer cette croix. Vous pouvez également agir à partir du panneau **Propriétés** : une fois le masque filtrant activé, cliquez sur l'œil situé en bas du panneau (il apparaîtra alors barré de rouge).

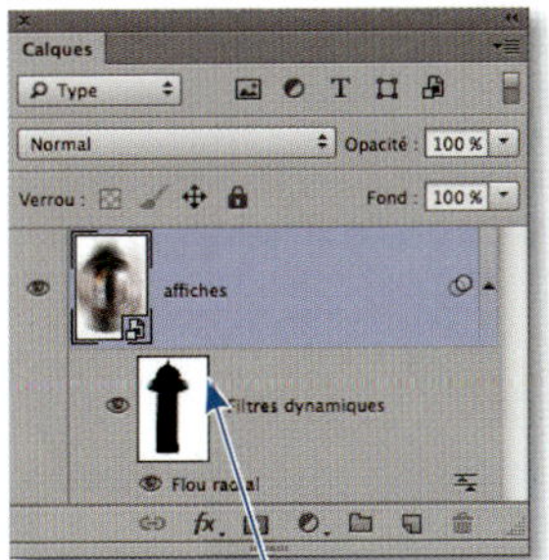

Le masque filtrant montre, en blanc, les zones qui étaient sélectionnées.

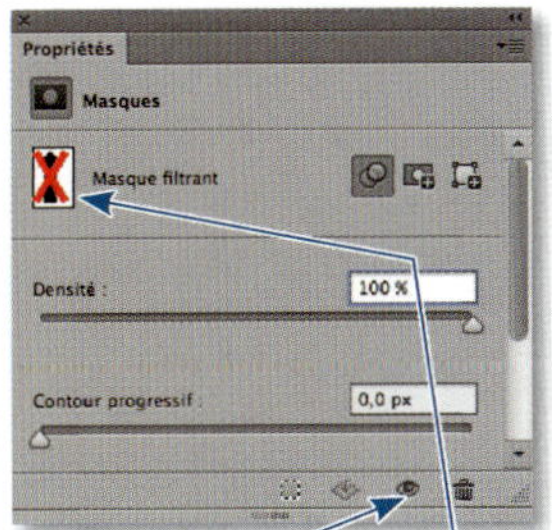

En cliquant ici, on a désactivé le masque filtrant.

Il faut distinguer, d'une part, le réglage du filtre, et d'autre part, les options de fusion du calque que constitue ce filtre.

Les réglages du filtre

Par double-clic sur le nom du filtre, vous accédez aux réglages du filtre et pouvez les modifier à volonté. C'est ce qui rend intéressante l'utilisation des filtres dynamiques : ils n'agissent plus de façon destructive. S'il y a plusieurs filtres superposés, l'aperçu ne montrera que les réglages du filtre que vous êtes en train d'éditer (un message le signale).

Les options de fusion du filtre

En double-cliquant sur l'icône située à droite du nom du filtre, on accède à ses options de fusion. Elles permettent de définir un mode de fusion du filtre et de réduire l'opacité du calque filtrant. Attention, rien ne signale que vous avez changé les paramètres des options de fusion.

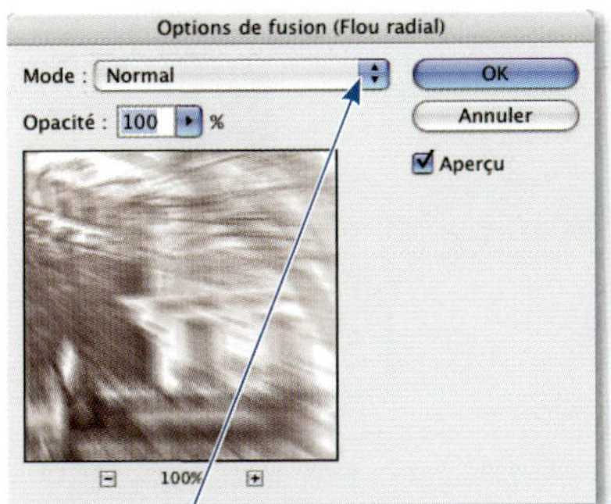

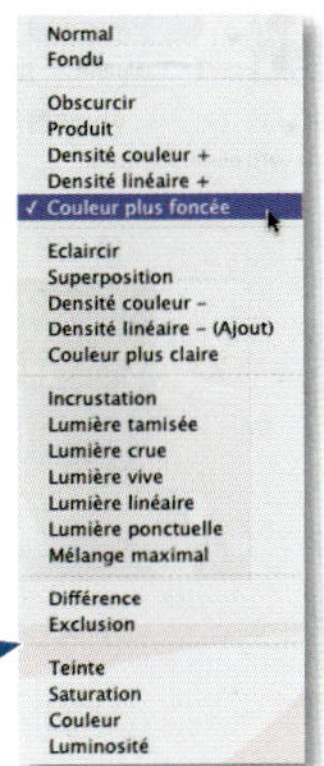

En cliquant ici, on affiche cette liste. Selon le filtre, certains modes sont sans effet.

L'opacité

Elle permet d'atténuer l'intensité du filtre. Ainsi, il est judicieux d'appliquer le filtre avec un réglage un peu plus fort que prévu et de le baisser par une réduction de cette opacité.

Les différents modes de fusion

Ces modes de fusion sont semblables à ceux des calques ou aux modes d'application des outils de dessin. Selon le mode, l'effet du filtre peut être totalement modifié (complètement ou partiellement atténué) ; certains modes sont sans effet.

- **Normal** : tous les pixels sont traités.
- **Fondu** : son effet n'est visible que lorsque l'opacité est inférieure à 100 %, un grain de répartition aléatoire couvre alors l'image et adoucit le rendu du filtre.
- **Obscurcir** : les pixels créés par le filtre n'apparaissent que s'ils sont plus sombres que les pixels de l'image.
- **Produit** : le résultat est souvent légèrement plus sombre et l'effet du filtre est adouci, mais il l'est davantage sur les pixels clairs que sur les pixels foncés.
- **Densité couleur +** : l'image est assombrie en fonction de la couleur des pixels ajoutés par le filtre. Les pixels blancs que crée ce dernier ne produisent aucun effet.
- **Densité linéaire +** : l'effet est plus prononcé qu'avec le mode précédent.
- **Couleur plus foncée** : seules les couleurs plus foncées ne subissent pas l'effet du filtre.

*Le filtre avec le mode **Normal** et le mode **Couleur plus foncée**.*

- **Éclaircir** : les pixels créés par le filtre n'apparaissent que s'ils sont plus clairs que les pixels de l'image.
- **Superposition** : l'image résultante est plus claire, l'atténuation du filtre affecte la totalité de l'image ; cependant, elle est plus importante sur les parties claires.
- **Densité couleur –** : l'image est éclaircie en fonction de la couleur des pixels ajoutés par le filtre. Les pixels noirs que crée ce dernier ne produisent aucun effet.
- **Densité linéaire –** : l'effet est plus prononcé qu'avec le mode précédent.
- **Couleurs plus claires** : seules les couleurs plus claires ne subissent pas l'effet du filtre.
- **Incrustation** : selon la couleur du fond, Photoshop applique **Produit** ou **Superposition**. Le contraste de l'image est augmenté car les zones claires sont éclaircies, et les zones sombres sont assombries. L'effet du filtre est surtout visible dans les tons moyens.
- **Lumière tamisée**, **Lumière ponctuelle** : le contraste de l'image résultante est légèrement réduit ; l'effet du filtre est adouci sur l'ensemble de l'image, principalement sur les zones présentant des aplats de couleur. Avec **Lumière ponctuelle**, l'effet est plus doux qu'avec **Lumière tamisée**.
- **Lumière crue** : l'effet est un peu semblable aux précédents, mais le filtre n'est plus estompé dans les zones de transition (présentant beaucoup de nuances de couleurs).
- **Lumière vive** : l'effet est plus prononcé qu'avec le précédent, les couleurs apparaissent plus vives et le contraste est renforcé. Ce mode est intéressant pour supprimer, sur les zones sombres du calque, les pixels clairs créés par le filtre et certains pixels clairs présents sur les zones sombres.
- **Lumière vive** : l'effet est voisin du précédent, mais la suppression de pixels ajoutés par le filtre est moins importante.
- **Différence** : entre le pixel de l'image et celui produit par le filtre, Photoshop prend celui ayant la valeur chromatique la plus élevée et lui soustrait la valeur de l'autre : il se produit des inversions des couleurs.
- **Exclusion** : le résultat est semblable au précédent (plus doux). Les pixels blancs créés par le filtre produisent une inversion des couleurs, les noirs deviennent transparents. L'image résultante contient principalement du rouge, du vert et du bleu.
- **Soustraction** : ce mode donne sensiblement le même effet que le mode **Produit** associé à une inversion des couleurs.
- **Division** : ce mode ressemble au mode **Densité couleur –** associé à une inversion des couleurs.
- **Teinte** : ce mode atténue totalement le filtre, seules les teintes des pixels que crée le filtre sont affectées aux pixels de l'image. Ils gardent leur saturation et leur luminosité.
- **Saturation** : ce mode atténue complètement le filtre, seule la saturation des pixels que crée le filtre est appliquée aux pixels de l'image, qui gardent leur saturation et leur luminosité.

- **Couleur** : ce mode atténue aussi complètement le filtre, seules les couleurs des pixels (teinte et saturation) que crée le filtre sont affectées aux pixels de l'image. Ces derniers ne gardent que leur luminosité.
- **Luminosité** : ce mode n'atténue que très faiblement le filtre, les zones de forte saturation sont plus marquées.

L'édition de l'objet dynamique

Pour éditer l'objet dynamique, effectuez un **double-clic** sur la vignette du calque : un second fichier s'ouvre (c'est le fichier temporaire d'extension **.psb**, incorporé au fichier de départ). Ce fichier présente le contenu de l'objet dynamique qui peut être un calque unique, un ensemble de calques ou encore un objet dynamique. Vous pouvez travailler ce fichier de manière classique comme dans tout autre fichier et, par exemple, lui ajouter des calques pour y faire des retouches. Une fois les modifications réalisées, enregistrez-les afin qu'elles soient répercutées dans le fichier de départ. Si l'objet dynamique est un fichier issu de Camera Raw, c'est la fenêtre de ce dernier qui s'affiche lorsqu'on édite l'objet, et il n'y a pas d'enregistrement à faire, il suffit de refermer la fenêtre de Camera Raw.

Les transferts de filtres dynamiques

Il est possible de transférer un filtre dynamique (et son masque) d'un document vers un autre. Cependant, deux conditions doivent être respectées : d'une part, le document de destination doit comporter un objet dynamique dont le calque est sélectionné, et d'autre part, le transfert doit être réalisé depuis le panneau **Calques** du document source vers la fenêtre du document de destination (affiché côte à côte avec l'option du menu **Fenêtre/Réorganiser**), par glissement de l'icône (à droite du nom de l'objet dynamique).

Les différentes séries de filtres

On distingue treize séries de filtres auxquelles s'ajoutent les filtres **Fluidité** (*voir page 206*), **Correction de l'objectif** (*voir pages 48, 136 et 141*), **Point de fuite** (*voir page 247*) et la commande **Galerie de filtres** qui regroupe un certain nombre de filtres — les séries comportant des filtres visibles dans la galerie de filtres sont marquées d'un astérisque *.

Les séries

Filtre	Comportement
Artistiques*	Ces filtres tendent à transformer la photo en dessin en lui donnant un rendu plus réaliste.
Atténuation	La famille comporte une série de flous divers utilisés pour créer des transitions douces ou pour la réalisation des ombres.
Bruit	Ces filtres ajoutent ou suppriment les pixels de valeurs aléatoires différentes de celles des autres pixels (pixels parasites).
Contours*	Ces filtres donnent une touche artistique en modifiant les contours de l'image (zone de fort contraste). Les effets sont intéressants avec les textes.
Déformation*	Ils provoquent des déplacements de pixels, des contractions, des distorsions, des déformations aléatoires, radiales, sphériques...
Esquisse*	Ces filtres suppriment les couleurs et transforment l'image en crayonné artistique avec des effets dignes des beaux-arts !
Esthétiques*	Ils permettent des effets spéciaux tels que le découpage en carré, l'extrusion, le gaufrage...
Pixellisation	Ces filtres regroupent les pixels en cellules de différentes formes (maille, mosaïque, trame de demi-teintes...).
Rendu	Ils créent des effets lumineux spectaculaires et des textures douces. Ils ne s'appliquent qu'aux images RVB.
Renforcement	Ces filtres rendent plus nets et soulignent les détails d'une image.
Textures*	Ils ajoutent une texture à l'image.
Vidéo	Ces deux filtres améliorent le rendu d'images provenant de vidéos.
Divers	Ils effectuent des translations, des changements de luminosité et créent des filtres personnels. Ils sont surtout utilisés dans la préparation des masques.

Note *Le nombre de filtres regroupés dans **Galerie de filtres** dépend du réglage de préférences, rubrique **Module externes**.*

La galerie de filtres

L'obtention

La **Galerie de filtres** s'affiche avec les images RVB, à partir du menu **Filtre**, puis **Galerie de filtres**, ou depuis l'un des filtres gérés par cette galerie (par exemple, **Aérographe** de la série **Contour**). Dans le premier cas, la fenêtre affichera la dernière combinaison de filtres utilisée ; dans le second cas, elle ne montre que l'application du filtre sélectionné.

Les réglages de la galerie de filtres

La structure de la galerie

La fenêtre comporte trois parties :

- **La zone d'aperçu** ❶ : c'est la partie gauche, l'image modifiée s'y affiche ;
- **La zone de sélection du filtre** ❷ : au centre s'effectue le choix du filtre visualisé dans une vignette ; les filtres sont rangés par dossier correspondant à chaque série ;
- **La zone de réglage** ❸ : dans la partie droite s'élabore le paramétrage du filtre ainsi que sa combinaison avec d'autres.

La zone de réglage comporte un triangle permettant de masquer la zone centrale afin d'obtenir un aperçu plus grand ; dans ce cas, le choix du filtre s'effectue par le menu local.

Les combinaisons de filtres

L'ajout d'un filtre

Quand vous avez appliqué un premier filtre, si vous en sélectionnez un autre, il remplace le premier. Si vous souhaitez faire une combinaison de filtres, c'est-à-dire voir l'effet de plusieurs filtres, avant de choisir le deuxième, vous devez dupliquer le premier en cliquant sur l'icône de la fenêtre. Il sera alors remplacé quand vous aurez sélectionné le deuxième filtre, qu'il est possible de choisir dans une autre série.

La modification de la combinaison

L'ajout de filtre peut être répété pour réaliser une superposition de filtres plus importante (dont certains peuvent être identiques ou non). La combinaison apparaît sous la forme d'une liste de filtres dans laquelle chacun reste interchangeable avec un autre à tout moment. Pour cela, cliquez sur son nom, puis choisissez celui qui le remplacera. Il est également possible de :

- modifier l'ordre d'application des filtres par glissement (celui-ci a une influence sur l'aspect de l'image) ;
- cacher, temporairement ou non, un filtre en cliquant sur l'icône ;
- changer le réglage d'un filtre en le sélectionnant dans la liste ;
- supprimer un filtre sélectionné en cliquant sur l'icône .

> **Astuce** *Pendant toutes les manipulations, les annulations multiples restent accessibles par le menu* ***Édition*** *ou au clavier par ⌥⌘Z [Alt Ctrl Z] (et ⌘Z [Ctrl Z] pour rétablir).*

Quand l'aperçu vous convient, vous pouvez appliquer la combinaison de filtres à la photo. Il n'est pas possible de l'enregistrer ; en revanche, la liste des filtres réapparaît si vous relancez la commande **Galerie de filtres** avec une autre image ou un autre calque. Appliqué en tant que filtre dynamique, le nom **Galerie de filtres** n'apparaît qu'une fois, même si cette galerie contient une combinaison de filtres.

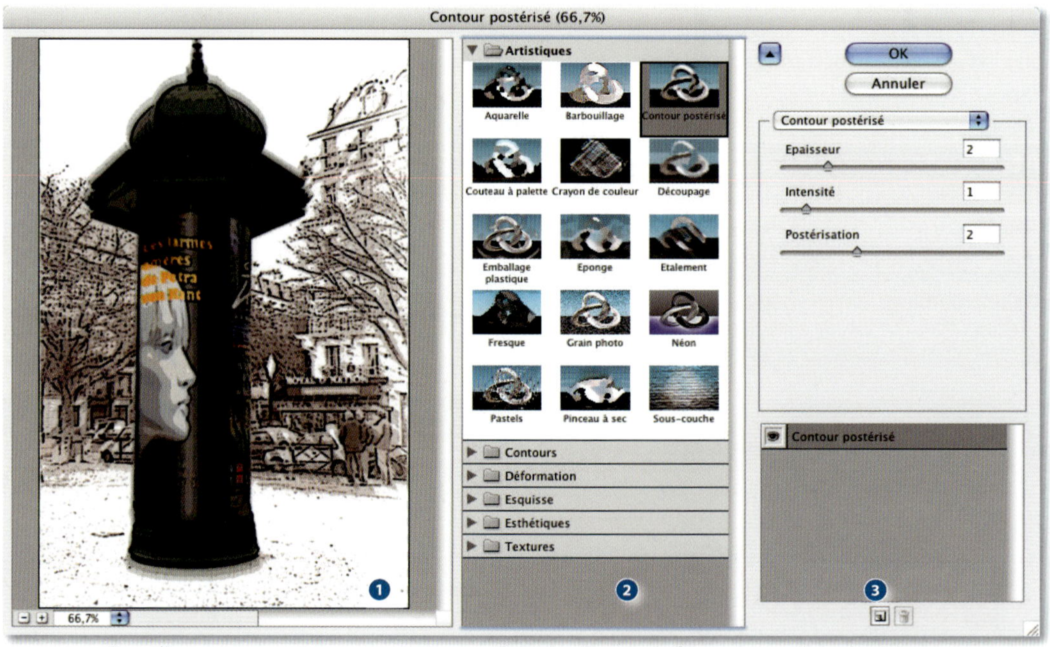

Zone d'aperçu. *Zone de sélection du filtre.* *Zone de réglage.*

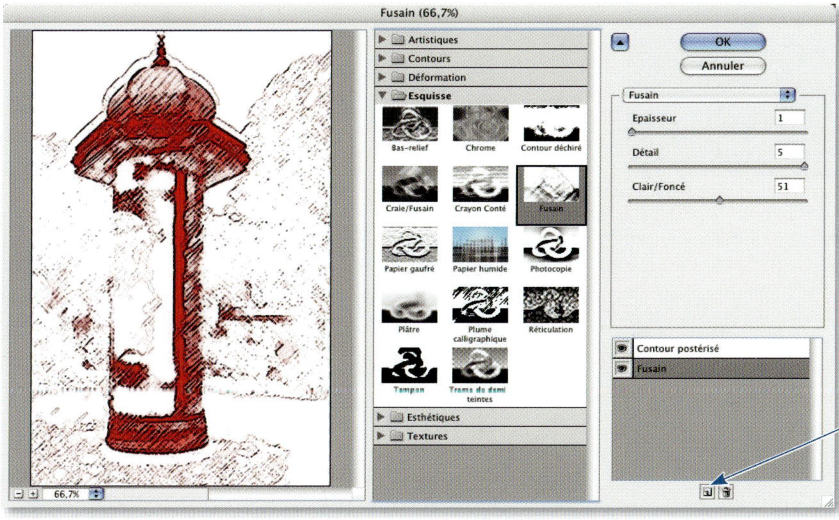

En cliquant ici, on ajoute un filtre que l'on choisit après dans la zone centrale.

En cliquant ici, on masque la zone centrale. Le choix peut se faire en cliquant sur ce menu.

On peut appliquer plusieurs fois le même filtre et en masquer certains autres.

La galerie de filtres et le texte

Pour appliquer correctement certains filtres à un texte, il faut que ces derniers possèdent un arrière-plan blanc. Avant de convertir le texte en objet dynamique, dessinez sur son arrière-plan une forme rectangulaire remplie de blanc (calque de forme centré sur le texte, par exemple) et créez l'objet dynamique avec ces deux éléments.

Une fois l'objet dynamique obtenu, affichez ses options de fusion (fx) et définissez (à l'aide de **Comparaison sur**) une plage qui masquera les parties blanches sous le texte. Le filtre peut alors être appliqué.

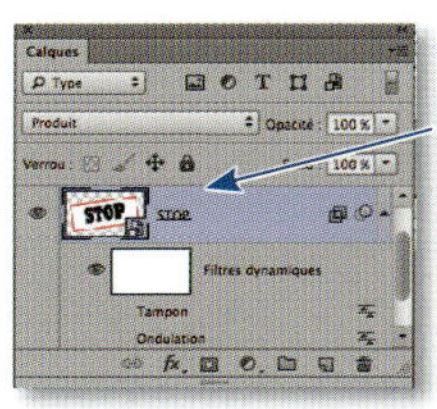

Ce texte est constitué de deux calques. Pour masquer le blanc, on a appliqué ceci.

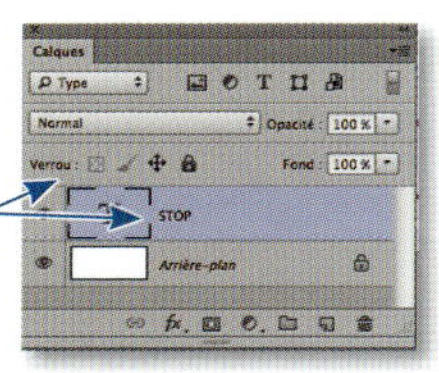

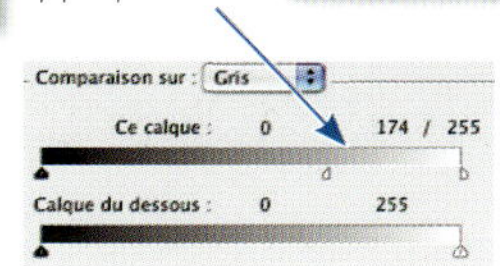

Le paramétrage des filtres

Les paragraphes qui suivent décrivent les options des fenêtres de dialogue des différents filtres en précisant l'importance de certains paramètres. Comme indiqué dans les paragraphes précédents, certains filtres s'appliquent par la commande **Galerie de filtres** et peuvent donc être cumulés avec d'autres afin d'obtenir de nouveaux effets. L'image initiale sera la même pour la plupart des filtres.

Les filtres Artistiques

Pas moins de quinze filtres constituent cette famille. Les effets que créent ces filtres sont très variés. Les résultats dépendent de l'image de départ, et hormis avec **Néon**, les couleurs initiales de l'image ne sont pas altérées.

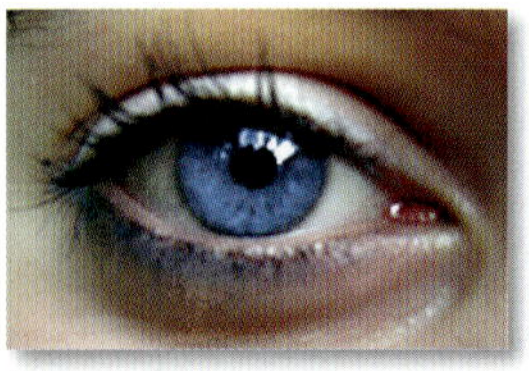

L'image initiale.

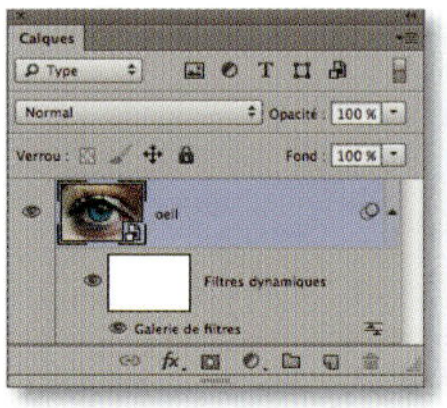

Le filtre Aquarelle

L'effet obtenu par l'application de ce filtre peut donner l'illusion d'un dessin à l'aquarelle. Selon la valeur donnée à **Ombres** (supérieure à 4), l'image finale peut apparaître nettement plus sombre. Pour marquer davantage l'effet, n'hésitez pas à appliquer deux fois le filtre. Quel que soit le mode d'application (dynamique ou classique), les options de filtre ou la commande **Atténuer** ne donnent pas de résultats intéressants, excepté, peut-être, le mode **Fondu** qui donne un aspect granuleux à l'image, mais celui-ci pourra être obtenu avec d'autres filtres.

Le filtre Barbouillage

L'effet obtenu est moins intense qu'avec le filtre **Aquarelle**. Il peut, selon l'option choisie dans le menu **Type**, s'accompagner d'un éclaircissement ou d'un assombrissement de l'image ou encore d'un flou artistique. Ici aussi, seule l'atténuation avec le mode **Fondu** donne des effets intéressants.

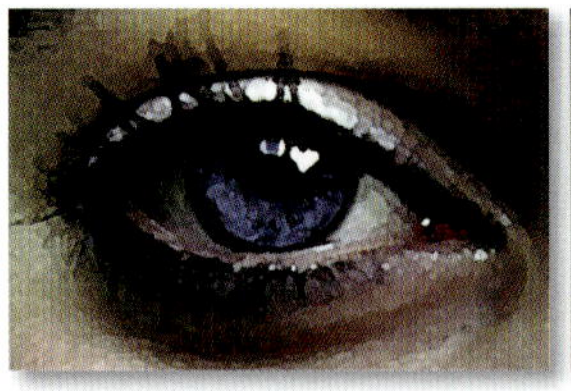

Aquarelle.

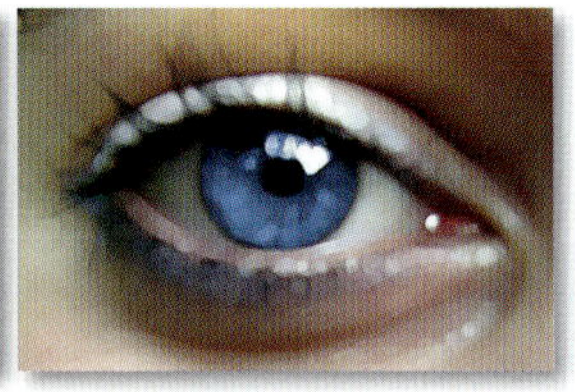

Barbouillage.

Le filtre Contour postérisé

Ce filtre supprime les zones de transition douce entre les couleurs en réduisant fortement le nombre de nuances comme lors de l'application d'un réglage de postérisation. Une augmentation de l'**Intensité** ou de l'option **Postérisation** entraîne un assombrissement des transitions et l'apparition de pointillés.

Le filtre Couteau à panneau

L'effet de peinture au couteau est plus ou moins prononcé selon l'**Épaisseur** et l'**Adoucissement**. L'image garde des détails si l'épaisseur n'est pas trop forte (inférieure à 15).

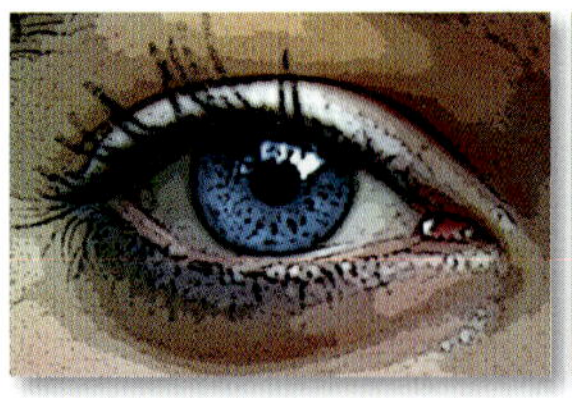

Contour postérisé.

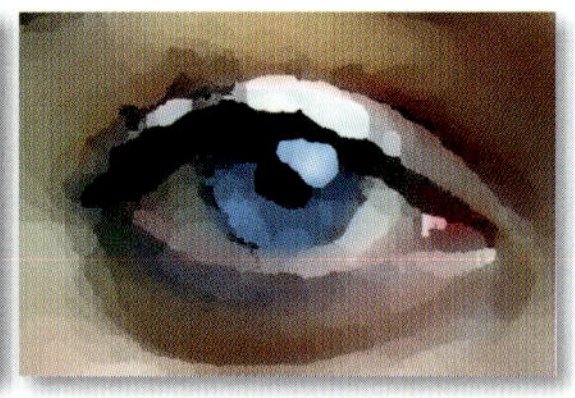

Couteau à panneau.

Le filtre Crayon de couleur

L'option **Clarté du papier** influe sur la couleur qui apparaît sous le dessin : une grande valeur (45 à 50) donne du blanc, une faible valeur (0 à 3) donne du noir. L'**Épaisseur** influe sur l'épaisseur du tracé. Si la **Pression** est faible, le dessin apparaît peu (on voit surtout le papier) ; si elle est forte, le dessin est plus prononcé.

Le filtre Découpage

La photo est découpée par zones de couleurs. On obtient une juxtaposition d'aplats qui reconstitue l'image, laquelle reste reconnaissable si la **Simplicité** est faible (une valeur élevée rend l'image méconnaissable même si la **Fidélité** est augmentée). L'image ressemble à un dessin vectoriel.

Crayon de couleur.

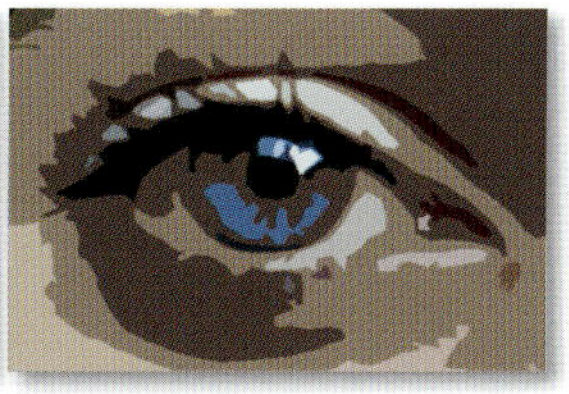

Découpage.

Le filtre Emballage plastique

L'image prend du relief et donne l'illusion que son contenu est embouti dans le plastique ou recouvert de plastique. Le facteur **Intensité** permet, s'il est faible, d'atténuer le reflet occasionné par la lumière sur le plastique.

Le filtre Éponge

L'image est recouverte de taches grises créées par le «tamponnement» de l'éponge sur le dessin. Ces taches se foncent avec la valeur de **Définition**. Le dessin est de plus en plus estompé en fonction de la valeur de **Lissage**.

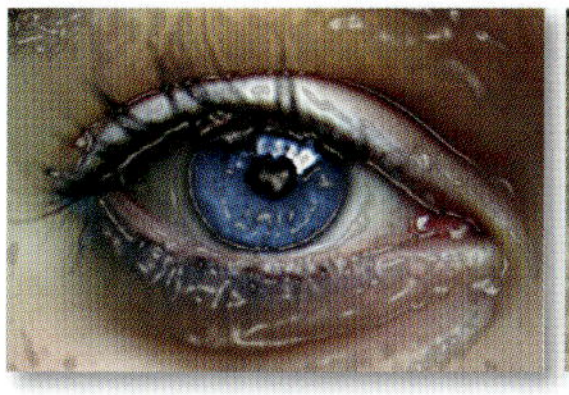

Emballage plastique.

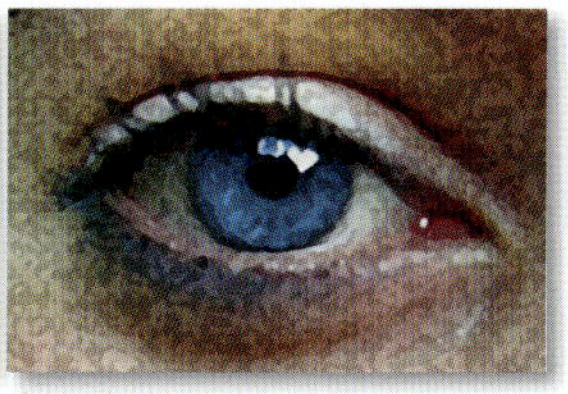

Éponge.

Le filtre Étalement

Deux cas sont possibles : étalement des zones de transition du foncé vers le clair, ou des zones claires sur les foncées.

Le filtre Fresque

L'effet ressemble à celui obtenu avec le filtre **Aquarelle** avec cependant un assombrissement plus léger de la photo.

Étalement.

Fresque.

Le filtre Grain photo

Ce filtre ajoute du grain à la photo. Ce grain, de taille réglable (**Grain**), n'apparaît que sur les parties sombres de l'image, sauf si le paramètre **Intensité** est réduit (inférieur à 3). Il y a également un éclaircissement qui augmente avec la valeur de l'option **Zones claires**.

Le filtre Néon

Ce filtre change les couleurs de l'image. En effet, il utilise trois couleurs :

- la couleur de premier plan (par défaut, le noir) définie en cliquant sur la case de couleur du panneau **Outils** ;
- la couleur d'arrière-plan (par défaut, le blanc, à définir en cliquant sur la case correspondante du panneau des outils ou par prélèvement dans le nuancier avec la touche ⌥[Alt] enfoncée). Il est préférable que cette couleur soit plus claire que la troisième couleur ;
- la troisième couleur se spécifie dans la fenêtre de dialogue du filtre (option **Couleur**).

Photoshop applique la couleur de premier plan aux tons les plus foncés ; il les entoure de la couleur d'arrière-plan et couvre partiellement cette dernière avec la couleur du filtre sur une distance à indiquer dans l'option **Taille** — avec une valeur négative, cette couleur couvre la couleur de premier plan.

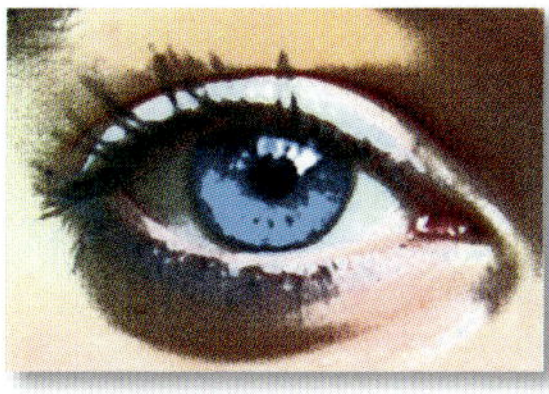

Grain photo.

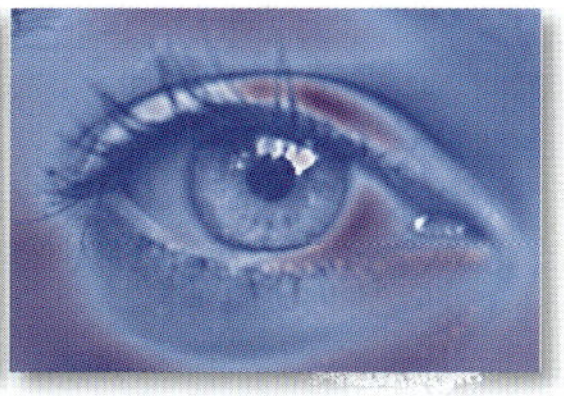

Néon.

Le filtre Pastels

Ce filtre transforme la photo en dessin aux pastels réalisé sur différents types de supports : **Brique**, **Sac**, **Toile**, **Grès**, ou toute autre texture que vous aurez chargée. Pour utiliser un fichier de texture, créez un document en niveaux de gris et remplissez-le de la texture voulue, enregistrez ce document au format Photoshop. Le paramètre **Échelle** permet d'adapter la taille du motif de texture ; dans le cas d'un fichier chargé, il est utilisé en juxtaposition si l'échelle est inférieure à 100 %. L'orientation des tracés ou effets d'éclairage se définit par le menu **Lumière**.

Le filtre Pinceau à sec

Ce filtre rejoint un peu l'effet obtenu par le filtre **Aquarelle**, mais ici l'image finale est plutôt éclaircie et davantage contrastée (surtout avec la troisième texture).

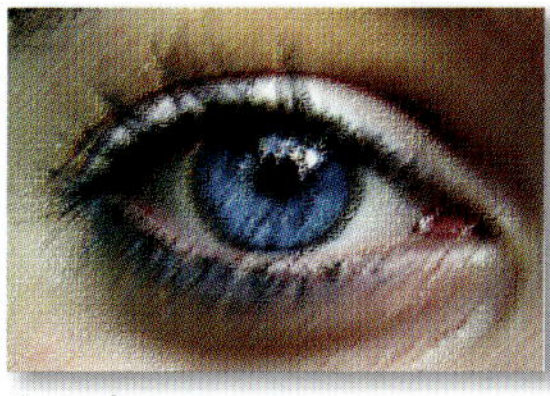

Pastels.

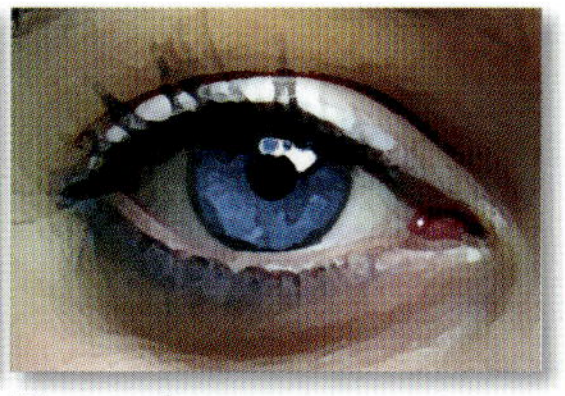

Pinceau à sec.

LE FILTRE SOUS-COUCHE

Le filtre crée un effet de flou assez prononcé et laisse apparaître une texture sur les zones de fort contraste — on retrouve dans ce filtre les textures utilisées par le filtre **Pastels**. La largeur de cette zone de texture peut être augmentée en fonction de la valeur spécifiée pour **Étendue**. Des menus locaux permettent de choisir une texture ou une orientation de l'éclairage.

Les filtres Atténuation

Il s'agit d'un ensemble de filtres dont l'effet est d'atténuer les différences de contraste entre les pixels voisins et, pour certains filtres, de supprimer le bruit (pixels parasites) dans les hautes fréquences de la photo (zone de fort contraste). Globalement, il en résulte un effet de flou plus ou moins prononcé selon une distribution particulière.

La plupart des filtres de la série ont déjà été étudiés (*voir pages 221, 235*), notamment les trois nouveaux filtres de flou : **Flou de profondeur de champ**, **Flou de diaphragme** et **Inclinaison-Décalage** (*voir pages 240 à 244*).

*Image originale. La liste des filtres d'**Atténuation**. Les filtres en gris ne s'appliquent pas à un objet dynamique.*

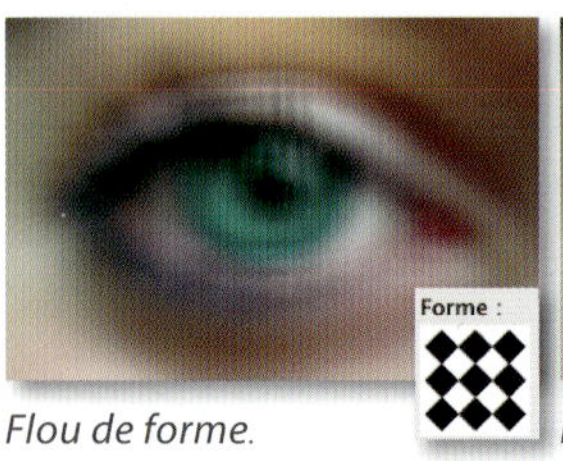

Flou de forme.

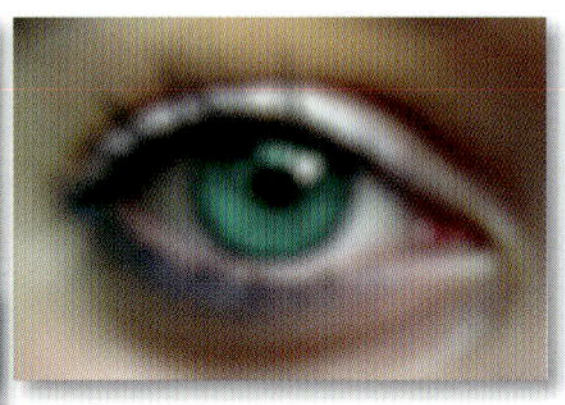

Flou de l'objectif.

Flou de surface.

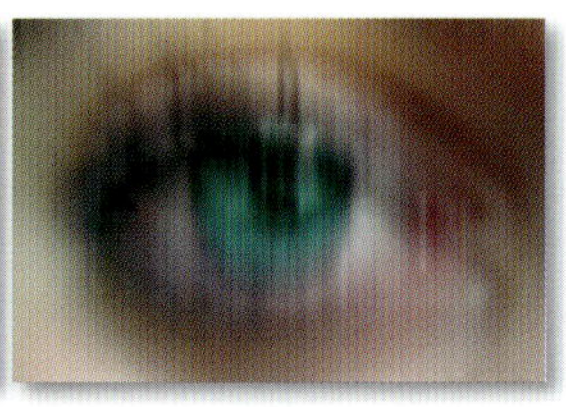

Flou directionnel.

Flou optimisé.

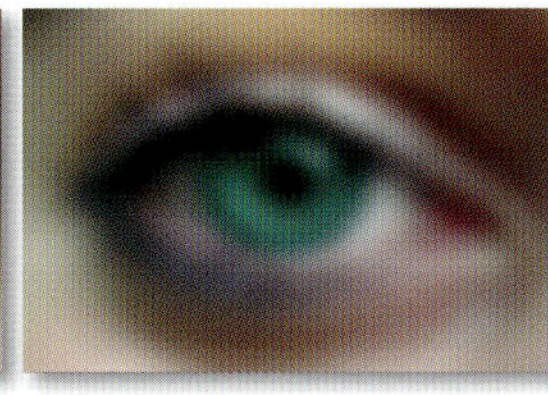

Flou gaussien.

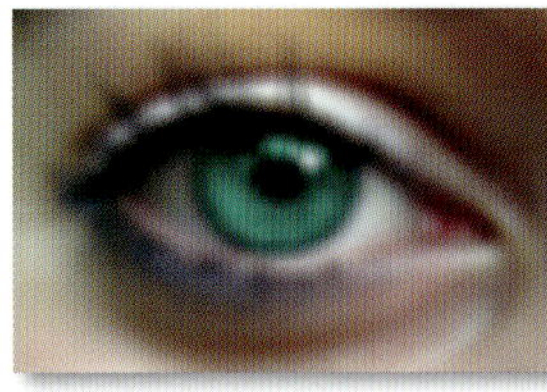

Flou par moyenne.

Flou radial (zoom).

LES FILTRES FLOU ET PLUS FLOU

Ces filtres créent un flou très faible (surtout **Flou**), qui peut être utile pour mélanger légèrement les pixels d'une image créée par photomontage, estomper le grain de peau, ou encore adoucir les bords d'un masque de sélection. Le filtre **Plus flou** correspond au filtre **Flou** appliqué trois fois.

LE FILTRE FLOU DE FORME

Ce filtre utilise une forme à choisir dans une liste de formes pour créer le flou — l'aspect de la forme n'a qu'une faible influence, sauf si l'on passe d'une forme pleine à une forme évidée. La valeur de l'option **Rayon** détermine la taille de la forme, laquelle définit l'intensité du flou appliqué. Selon la forme et le rayon choisis, ce filtre peut simuler un bougé de l'objectif lors de la prise de vue.

LE FILTRE FLOU DE L'OBJECTIF

Ce filtre peut rendre floue une partie de l'image afin de simuler une faible profondeur de champ. Il utilise les niveaux de gris d'une couche alpha pour définir les zones floues et les zones nettes.

LE FILTRE FLOU DE SURFACE

Il permet de diminuer le bruit de l'image en préservant les contours ; autrement dit, le flou ne s'applique pas aux contours de l'image qui en définissent le modelé — il est utile pour lisser une peau, par exemple.

> **ATTENTION** *L'option **Rayon** définit la taille de la zone échantillonnée pour appliquer flou ; plus sa valeur est faible, plus le flou est important. À l'inverse, **Seuil** définit un écart de valeurs chromatiques au-delà duquel les pixels situés dans la zone échantillonnée ne sont pas traités. Plus la valeur est faible, plus on retrouve les détails de l'image et moins le flou est intense.*

Le filtre Flou directionnel

Avec ce filtre, vous indiquez une direction afin d'obtenir le même effet que si vous photographiiez un objet en mouvement. Certains paramètres sont à spécifier : **Angle** (c'est-à-dire la direction du mouvement apparent) et **Distance** (amplitude du déplacement, le flou augmentant avec celle-ci). L'utilisation du flou directionnel est intéressante pour donner l'illusion d'un mouvement. Cet effet s'obtient en général par la superposition de deux calques (*voir page 235*). L'un contient l'objet original, et l'autre l'objet auquel on a appliqué le flou directionnel. Ce dernier calque est superposé avec une opacité légèrement réduite ou possède un masque de fusion — avec les filtres dynamiques, il est facile de modifier l'angle ou la distance pour optimiser l'effet.

Le filtre Flou gaussien

L'effet de flou est plus accentué. Le nombre de pixels subissant un changement de valeur chromatique est lié à une courbe de Gauss (courbe en cloche).

Le paramètre **Rayon** (de la cloche) permet d'indiquer l'intensité du flou. Plus la résolution de l'image est grande, plus le rayon doit être élevé pour créer le flou. Quand vous réalisez un masque de fusion pour détourer une partie d'image, l'application sur le masque actif du filtre **Flou gaussien** permet d'obtenir une transition douce entre la zone détourée et l'arrière-plan. Le résultat est équivalent à celui d'un masque créé avec une sélection ayant un contour progressif.

Le filtre Flou optimisé

Comme le filtre **Flou de surface**, mais en moins efficace, ce filtre (avec le mode **Normal**) permet de créer un flou tout en gardant intactes les zones de contour d'une image, c'est-à-dire les zones présentant une forte différence de luminosité entre les couleurs. Vous devez définir cette différence grâce à l'option **Seuil** qui permet ainsi de choisir quelles zones ne seront pas affectées par le flou — plus elle est faible, moins le flou est étendu. Le paramètre **Rayon** permet de modifier la «finesse» du flou ; avec des valeurs élevées, un effet de postérisation peut apparaître. Des modes d'application du filtre (**Contour seul** et **Masquage du contour**) donnent accès à des effets particuliers qui peuvent s'avérer utiles dans la préparation de certains masques.

Le filtre Flou par moyenne

Il atténue l'image d'après la valeur chromatique moyenne des pixels. Comme pour le flou gaussien, le flou appliqué augmente avec le rayon, mais il correspond davantage à un flou dû à une mauvaise mise au point.

Le filtre Flou radial

Comme pour le flou directionnel, il y a un effet de mouvement qui correspond à une rotation, dont on peut fixer le centre en le glissant dans la case de prévisualisation, ou à un effet de zoom. La qualité **Brouillon** permet de réaliser des essais plus rapidement visualisés.

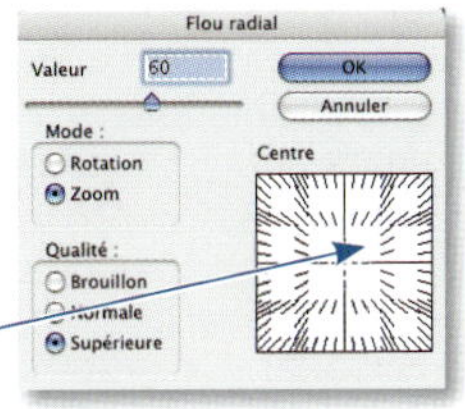

Avec le filtre dynamique, il est facile de modifier la position de ce centre.

Pour créer un effet de mouvement radial, utilisez une superposition de deux calques, l'un net et l'autre flou (avec une opacité réduite et un masque filtrant qui localise l'effet).

> **Astuce** *Avec ces filtres, l'utilisation des options de fusion du filtre dynamique permet d'ajouter une touche spéciale à l'effet obtenu.*

Les filtres Bruit

Dans la catégorie des bruits, on distingue cinq filtres dont les effets seront soit d'ajouter des pixels parasites (**Ajout de bruit**), soit de les éliminer .

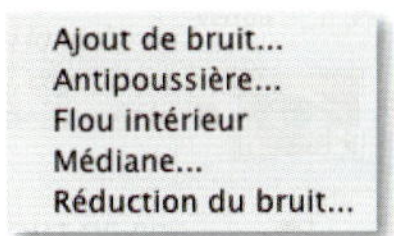

Les filtres de la série ***Bruit****.*

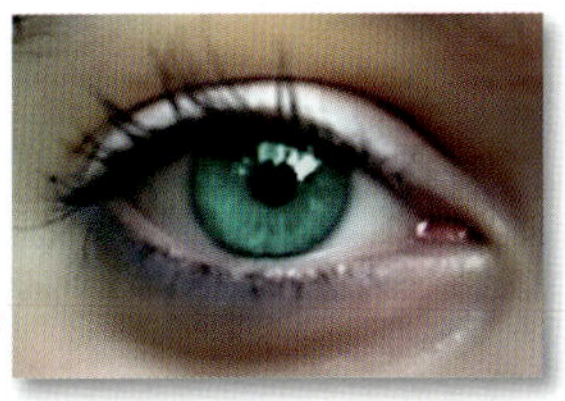

Réduction du bruit.

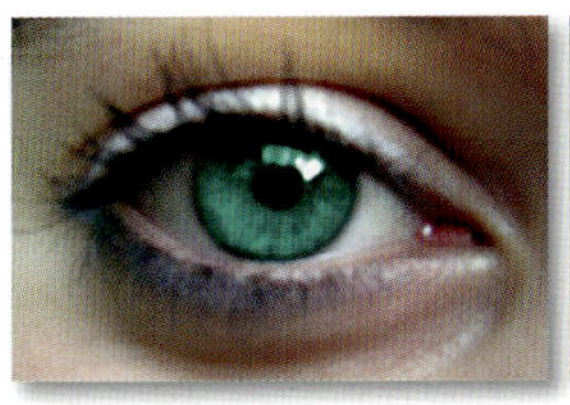

Antipoussière.

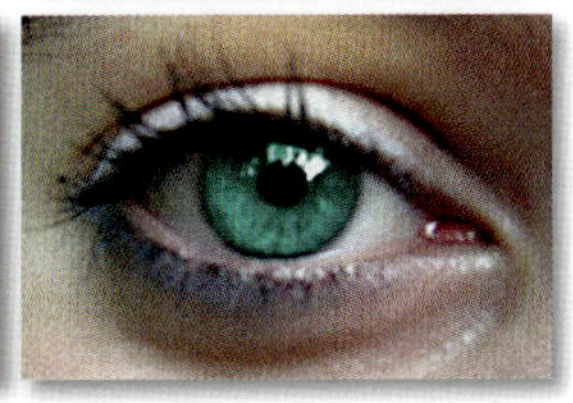

Ajout de Bruit.

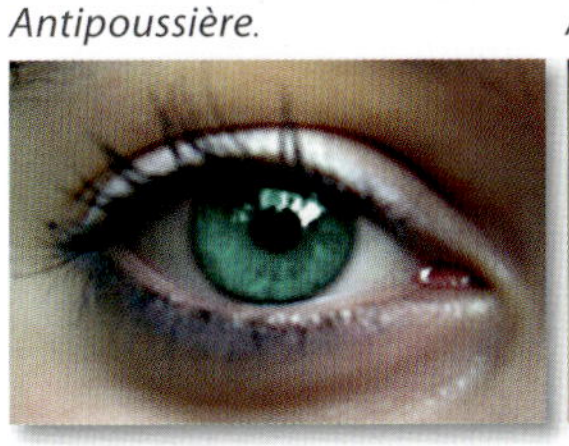

Flou intérieur.

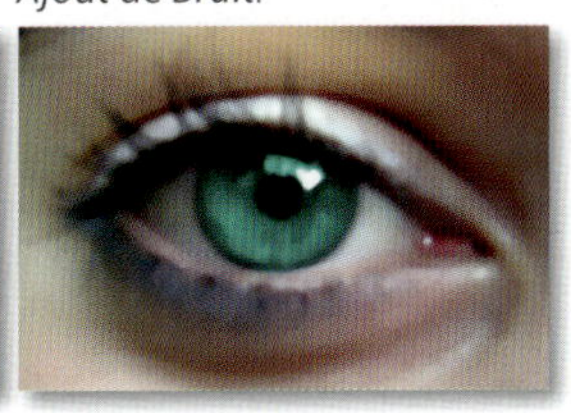

Médiane.

Le filtre Ajout de bruit

Ce filtre (*voir aussi page 258*) augmente le grain de la photo ; la finesse de celle-ci est amoindrie et certains détails sont estompés. En effet, le filtre ajoute des pixels de valeur chromatique aléatoire dont la répartition sur l'écran peut se faire de façon uniforme ou selon une courbe de Gauss (l'ajout est alors plus important). Avec des photos couleur, il est possible de n'ajouter que des pixels noirs ou gris en cochant l'option **Monochromatique**. L'ajout de bruit permet de créer des effets intéressants : certains photographes l'associent à une augmentation de luminosité (localisée ou non) ; on peut l'utiliser dans la préparation de textures de fond ; il permet d'estomper les différences entre les retouches et le reste de l'image, ou entre les éléments d'un photomontage.

Le filtre Antipoussière

Ce filtre est intéressant à appliquer à des images comportant des rayures, des poussières ou des petites taches dans le cadre d'une application dynamique. Si vous souhaitez l'utiliser de manière classique, vous devez d'abord sélectionner la zone comportant la tache.

Voici les étapes de son application :

1. Avec un outil de sélection, tracez une sélection qui englobe assez largement la tache ou l'élément à supprimer.
2. Lancez le filtre **Antipoussière** (série **Bruit**). Commencez par déplacer le curseur **Rayon** jusqu'à ce que la tache disparaisse, puis augmentez la valeur de **Seuil** jusqu'à ce que la tache soit sur le point de réapparaître. Cliquez sur **OK**.
3. Tracez une autre sélection sur une autre tache et tapez ⌘F [Ctrl F] pour réappliquer le filtre. Si le résultat ne convient pas, annulez (⌘Z [Ctrl Z]) et tapez ⌥⌘F [Alt Ctrl F] afin de réafficher la fenêtre du filtre **Antipoussière**.
4. Répétez l'étape **3** pour chaque poussière.

Astuce *L'augmentation de la valeur **Seuil** permet de ne pas supprimer trop de détails dans la photo. **Seuil** doit être le plus grand possible et **Rayon** le plus petit possible. Il faut faire des essais pour trouver le meilleur couple de valeurs ; éventuellement, si la tache ne disparaît pas, réduisez la taille de la sélection (qui, cependant, doit être la plus grande possible).*

Le filtre Flou intérieur

Ce filtre s'apparente à celui du **Flou optimisé** ; le bruit n'est supprimé que dans les zones de teintes claires, les parties sombres (contours ou zones présentant un fort contraste) ne sont pas modifiées, les détails sont donc conservés. Pour obtenir un effet visible, il est souvent indispensable de l'appliquer plusieurs fois. Ce genre de filtre peut être utile pour adoucir le grain d'une peau ; cependant, il ne possède pas de réglage et sera donc nettement moins efficace que le filtre **Flou de surface**.

Le filtre Médiane

Ce filtre supprime le bruit d'une photo. Les pixels parasites sont remplacés par des pixels dont la luminosité correspond à une valeur moyenne de celle des pixels situés dans un rayon à spécifier (compris entre 1 et 16 pixels). Des valeurs élevées permettent la réalisation d'effets particuliers dont le style peut ressembler aux effets obtenus par certains filtres de la série **Artistiques**.

Astuce *Ce filtre est utile dans la préparation de masques. Son application facilite l'utilisation ultérieure de l'outil **Baguette magique** ou la commande **Plage de couleurs**.*

Le filtre Réduction du bruit

Ce filtre (*voir aussi page 254*) réduit le bruit de l'image en préservant les contours. Il s'applique à l'image entière (option **De base**) ou à des couches (option **Avancé**), et selon des réglages différents.

Parmi les réglages, on distingue : deux options pour réduire le bruit (**Intensité** qui définit la quantité de réduction du bruit et **Réduire le bruit de la couleur** dont la valeur peut être élevée) et deux options pour améliorer la netteté (**Conserver les détails** et **Accentuer les détails**). Une dernière option supprime (atténue) les artefacts dus à l'enregistrement JPEG.

Les filtres Contours

La famille **Contours** (de la **Galerie de filtres**) contient des filtres qui agissent sur les zones de fort contraste (présentant des transitions abruptes entre les couleurs) : les contours de l'image. Ils sont redessinés selon un motif particulier.

L'image originale.

*La série **Contours**.*

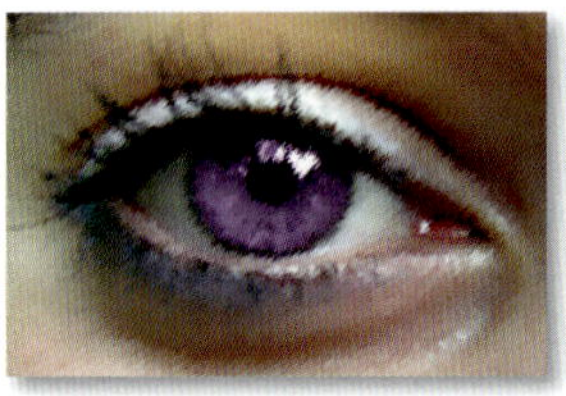

Aérographe.

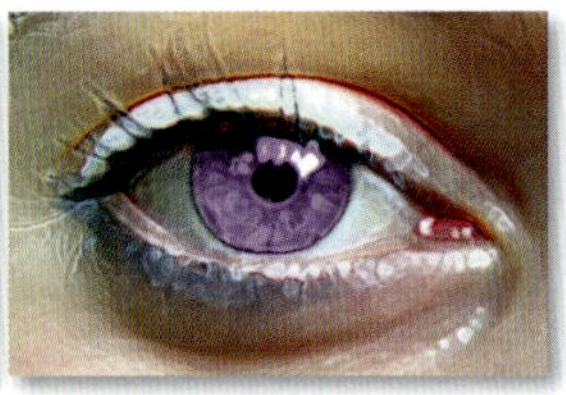

Contour accentué.

Contour encré.

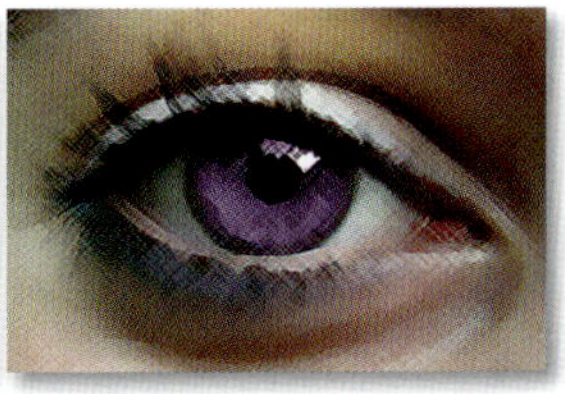

Croisillons.

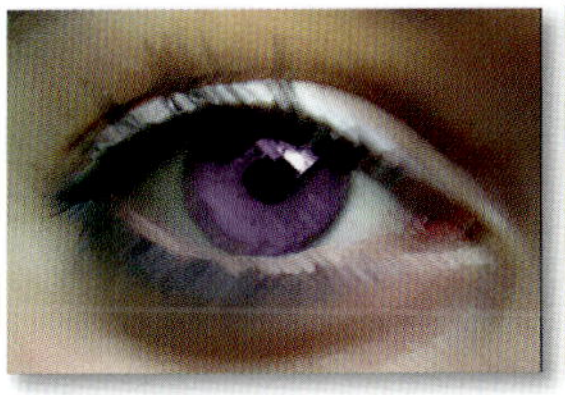

Diagonales.

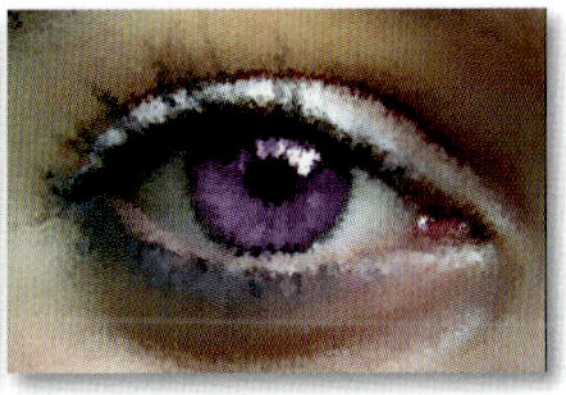

Pointillisme.

Noir et blanc.

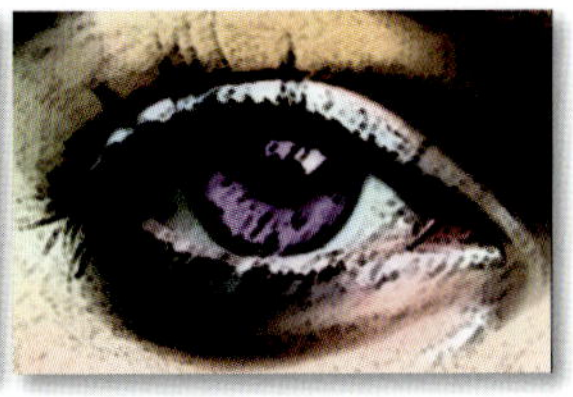

Sumi-e.

Le filtre Aérographe

Avec ce filtre, l'image est redessinée avec un aérographe qui zigzague le long des contours. La largeur du zigzag se définit avec le paramètre **Longueur** ; la taille de la buse de l'aérographe est liée au **Rayon**. Le menu **Direction** spécifie l'inclinaison du zigzag (diagonale, verticale ou horizontale).

Le filtre Contour accentué

Ce filtre marque d'un trait les contours de l'image qui apparaît alors plus floue. Ce trait est plus ou moins épais selon la valeur d'**Épaisseur**, plus ou moins foncé selon la valeur de **Luminosité**, et plus ou moins précis (selon le **Lissage**).

Le filtre Contour encré

Photoshop trace un trait à l'encre autour des contours de l'image ; celui-ci est d'autant plus foncé que le paramètre **Foncé** est élevé. Les zones de transition s'assombrissent quand la valeur de l'option **Clair** est faible.

Le filtre Croisillons

Toute l'image (mais plus particulièrement les contours) est redessinée à l'aide de petites croix plus ou moins estompées (selon le critère de **Netteté**) et dont la longueur est variable. La saturation des couleurs peut se régler selon trois intensités.

Le filtre Diagonales

Les contours de l'image sont retracés par juxtaposition de petites diagonales dont l'orientation reste la même partout si la balance est très faible ou très forte, ou varie d'incidence en fonction de la luminosité si la balance est moyenne.

Le filtre Effet pointilliste

Toute l'image est redessinée à l'aide de points de taille réglable. L'effet est davantage marqué sur les contours.

Le filtre Noir et blanc

Avec ce filtre, le contraste général de l'image est augmenté ; les contours sont épaissis, ils apparaissent flous si le facteur **Balance** est faible, et davantage marqués et contrastés si la balance est élevée. L'ensemble de la photo s'assombrit, et ce d'autant plus que la valeur **Noir** est forte. Le facteur blanc influe peu sur l'allure générale de l'image.

Le filtre Sumi-e

Résultat également surprenant pour ce filtre qui simule une technique de dessin d'Extrême-Orient. L'image apparaît floue et des taches noires plus ou moins grosses couvrent certaines parties de l'image.

Les filtres Déformation

La famille **Déformation** contient des filtres qui agissent sur les pixels en provoquant leur déplacement selon des lignes ou des formes particulières. Le filtre **Fluidité** du menu **Filtre** peut remplacer certains filtres de cette série en simulant une application localisée (mais non dynamique).

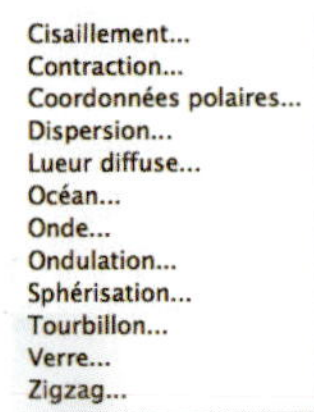

Les déformations.

> **Astuce** *L'option de transformation manuelle, **Déformation**, permet également de réaliser certaines des déformations obtenues par ces filtres. Elle s'applique de façon réversible et non destructive à un objet dynamique. La **Déformation de la marionnette** pourra aussi jouer ce rôle.*

Le filtre Cisaillement

Les pixels de la photo sont décalés selon une courbe d'axe vertical que vous devez définir. Celle-ci prend l'allure souhaitée en y plaçant des points et en les déplaçant. Pour retrouver la courbe initiale (droite verticale), cliquez dans la case **Rétablir**. Lors de leur déplacement, certains pixels à la périphérie de la photo disparaissent.

Ces pixels peuvent, avec l'option **Reboucler**, réapparaître dans la partie opposée de la photo ; en revanche, avec l'option **Pixels du contour**, ce sont les pixels déplacés vers le centre qui laisseront une traînée dans les zones non définies qu'ils créent sur les bords de l'image.

> **Astuce** *Il n'est pas possible d'obtenir une courbe déformée horizontalement ; cependant, si vous effectuez une rotation à 90° de la photo (**Image/Rotation de la zone de travail**), vous obtiendrez la déformation désirée. Par la suite, la photo sera redressée par pivotement de –90°.*

Le filtre Contraction

Les pixels de la photo sont décalés vers le centre (valeur positive) ou vers l'extérieur (valeur négative). L'effet résultant correspond à une distorsion de l'image telle qu'on pourrait l'obtenir avec certains miroirs déformants. Comme avec la plupart des filtres, l'application peut être limitée à une zone avec le masque filtrant.

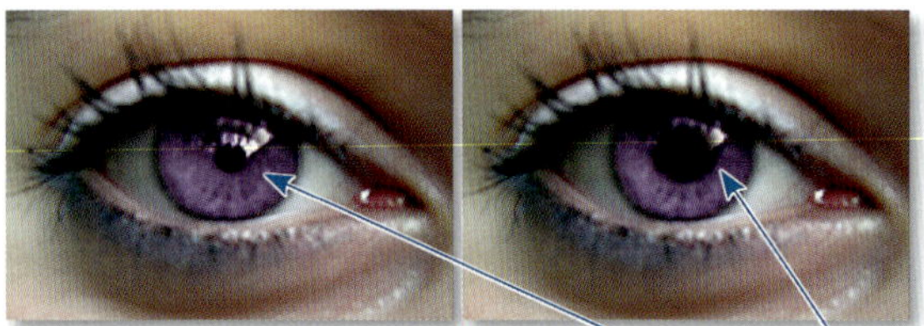

Le filtre appliqué sur une sélection (pupille) : contractée et dilatée.

Le filtre Coordonnées polaires

Ce filtre permet la conversion des coordonnées de chaque pixel. Les effets sont inattendus. Appliqué à un dégradé linéaire, le filtre **Cordonnées polaires** avec l'option **Rectangulaire en polaire** donne un dégradé radial.

Le filtre Dispersion

Ce filtre utilise une image de référence que le programme demande de localiser lorsque les premières options ont été validées. Cette image doit être au format Photoshop (PSD) ; la luminosité de ses pixels influe sur l'aspect final de l'image.

Les valeurs chromatiques de l'image de référence déterminent les décalages des pixels de l'image traitée :

- les zones claires (> 128) provoquent un décalage dans un sens ;
- les zones foncées (< 128) décalent dans le sens opposé ;
- les zones grises (valeur 128) ne provoquent aucun déplacement.

Si l'image de référence comporte plusieurs couches, la première règle la dispersion horizontale et la seconde, la dispersion verticale.

Si les dimensions de l'image de référence sont différentes de celles de l'image traitée, les options **Adapter** ou **Juxtaposer** permettent à Photoshop d'ajuster sa taille ou de l'utiliser plusieurs fois comme des images juxtaposées (comme avec un motif). Lorsque des pixels sont déplacés, des zones non définies apparaissent, qui peuvent être remplies par rebouclage (option **Reboucler** : les pixels perdus à droite réapparaissent à gauche, ou réciproquement) ou par traînée des pixels déplacés (option **Pixels du contour**).

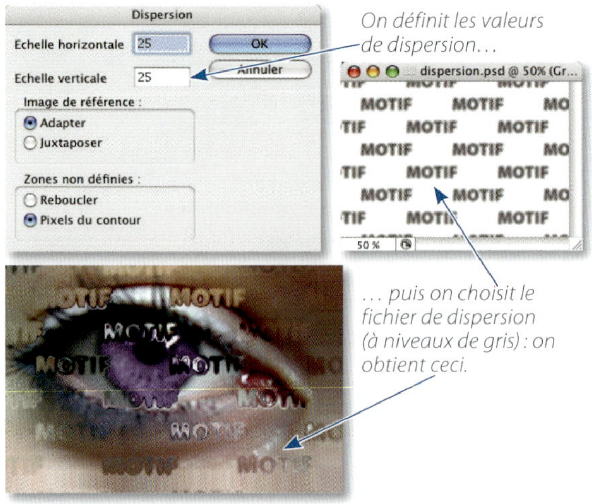

On définit les valeurs de dispersion…

… puis on choisit le fichier de dispersion (à niveaux de gris) : on obtient ceci.

> **Astuce** *Pour maîtriser plus facilement la position de l'effet de dispersion, vous pouvez créer l'image de référence en partant d'une copie de l'image originale (menu **Image/Dupliquer**), puis convertir la copie en niveaux de gris et la remplir des éléments voulus — le gris à 50 % est neutre pour le filtre.*

Les trois filtres suivants, **Lueur diffuse**, **Océan** et **Verre**, sont les seuls filtres de la série **Déformation** que l'on retrouve dans la **Galerie de filtres**.

De haut en bas et de gauche à droite :
*- **Lueur diffuse** avec le blanc en couleur d'arrière-plan ;*
*- **Océan** ;*
*- **Verre** (avec une texture fine).*

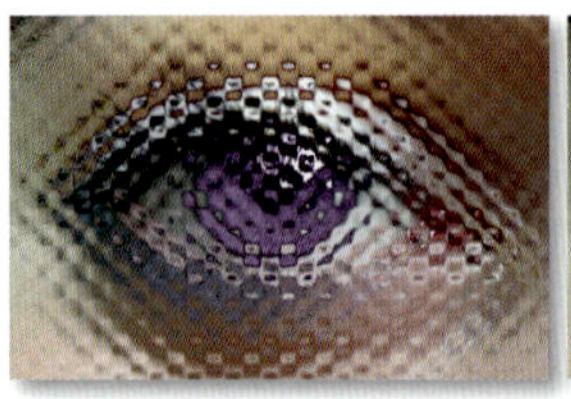

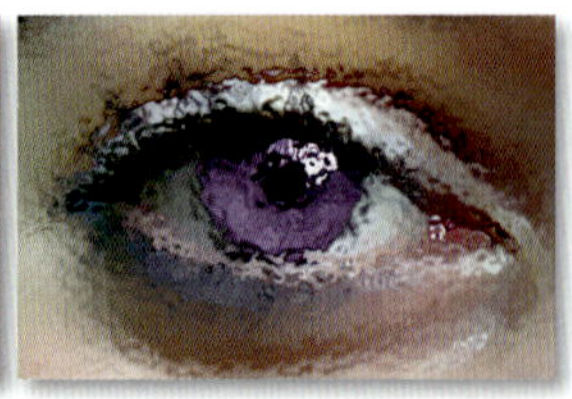

Le filtre Lueur diffuse

Ce filtre fait apparaître une lueur colorée qui s'étale sur la totalité de l'image si la valeur d'**Intensité** est forte ou si la valeur de **Clarté** est faible. Attention, les résultats varient en fonction de la couleur d'arrière-plan ; en effet, c'est elle qui définit la teinte de la lueur.

Le filtre Océan

Ce filtre donne un effet qui ressemble à ce que l'on peut obtenir avec le filtre **Dispersion**. L'image semble avoir été prise dans un reflet d'eau agitée par le vent (plus ou moins fort selon les valeurs **Intensité** et **Amplitude**).

Le filtre Verre

Ce filtre provoque des déplacements de pixels qui donnent l'illusion de regarder à travers certains carreaux de verre plus ou moins dépoli. Une texture peut être spécifiée à partir d'une liste ou d'un fichier à localiser.

Le filtre Onde

Les déformations obtenues sont aléatoires, l'aperçu de fenêtre de réglage permet de les contrôler. L'image résultante peut apparaître avec des lignes ondulées (forme **Sinusoïdale**), des lignes brisées (forme **Triangulaire**), ou encore des découpages en rectangles (forme **Rectangulaire**).

Une fois l'effet réglé, il est encore possible d'obtenir des variantes (une dizaine), en cliquant sur le bouton **Aléatoire**. Pour obtenir un effet peu prononcé, réglez **Générateurs** sur une valeur faible (1 à 3) et une échelle (horizontale et/ou verticale) réduite. Si vous souhaitez une ondulation assez régulière, donnez aux cases **Amplitude Min.** et **Max.** des valeurs voisines. Pour créer une ondulation allongée, choisissez une valeur assez élevée pour **Longueur d'onde** (200).

Onde (sinusoïdale).

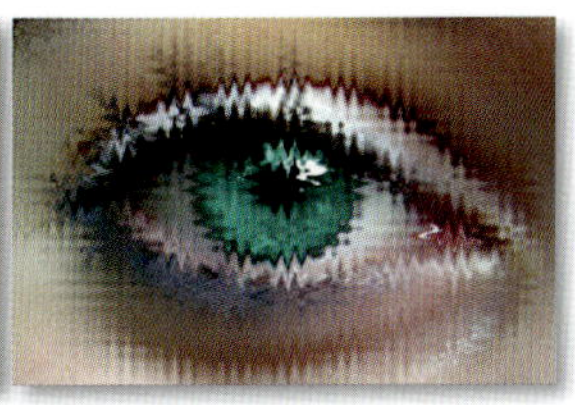

Onde (triangulaire).

Le filtre Ondulation

Si vous prenez une photo d'un reflet sur un étang un jour venté, vous obtiendrez le même genre d'image ; seulement, ici, vous pouvez régler l'amplitude (**Valeur** entre –999 et 999) et la fréquence des ondulations que crée le vent sur l'eau à l'aide du menu local (**Faible**, **Forte** ou **Moyenne**).

> **Astuce** *Les filtres **Onde** et **Ondulation** peuvent s'avérer utiles pour découper de façon irrégulière une photo à partir d'un masque d'écrêtage rectangulaire (dynamique).*

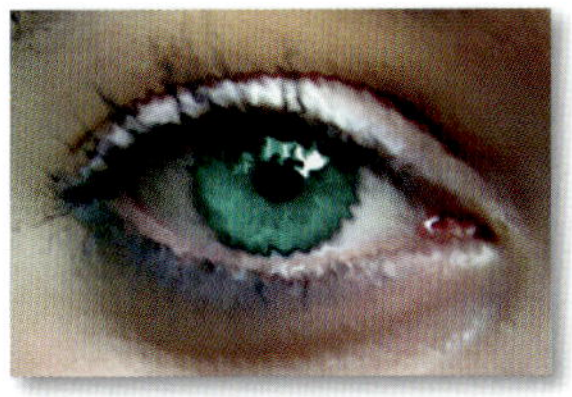

Ondulation sur la photo.

Les filtres sont appliqués sur le masque d'écrêtage.

Le filtre Sphérisation

L'image est déformée comme si elle était vue à travers une loupe (option **Normal**) ou un verre cylindrique (**Horizontal** ou **Vertical**). Les valeurs de sphérisation doivent être comprises entre 100 et –100.

Le filtre Tourbillon

En fonction des valeurs programmées, les pixels s'enroulent suivant une spirale dont l'angle (de ± 999) détermine l'allure.

Le filtre Zigzag

La déformation est de type radial : le déplacement des pixels se fait des bords vers le centre de l'image (ou inversement). L'option **Inflexions** détermine le nombre de « vagues » et l'option **Amplitude** correspond à leur hauteur.

Sphérisation avec un masque.

Tourbillon.

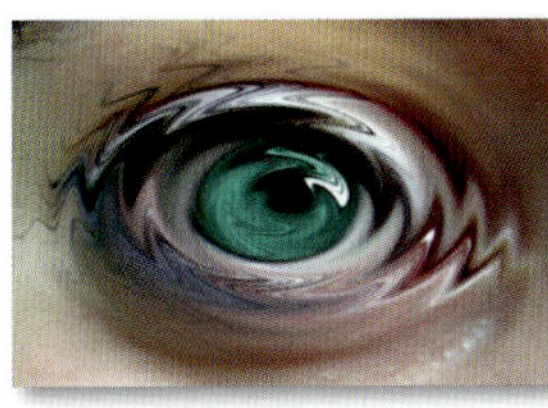

Zigzag.

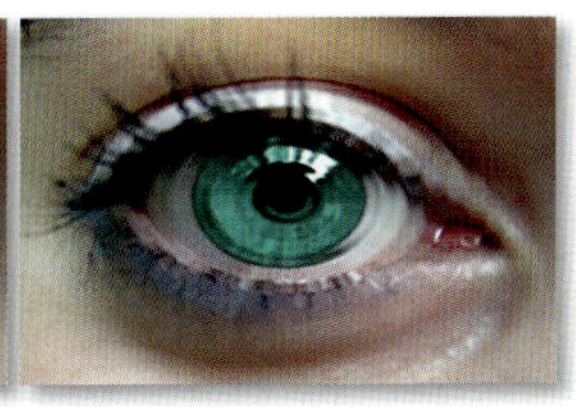

Zigzag (rond dans l'eau).

L'incrustation d'un logo avec le filtre Dispersion

Le point de départ du montage est un fichier constitué d'une feuille de papier froissée qui a été scannée, puis recolorée par un réglage de type **Teinte/Saturation** et un logo (créé sur Illustrator ou dans Photoshop). On souhaite incruster ce dernier dans la feuille de manière réaliste (en respectant les déformations de feuille).

Le document de base : deux calques constitués chacun d'un objet dynamique. On veut incruster le logo dans le papier.

Le document comporte des objets dynamiques, le calque **logo** et le calque **papier**. Le logo devant être déformé par le filtre **Déformation**, ce dernier sera appliqué de manière dynamique. Les rayures ajoutées sur le papier subiront le même filtre par copie du filtre appliqué au logo.

Il y a différentes façons de faire ce montage. La méthode que nous allons suivre se décompose en trois parties :

- la création des effets d'ombre et de lumière sur le logo pour simuler son incrustation ;
- les déformations du logo pour qu'il épouse les déformations de la feuille ;
- l'ajout de rayures sur le papier pour lui donner un aspect papier kraft.

Les effets d'ombre et de reflet

Les effets d'éclairage du logo vont être obtenus avec deux calques, l'un pour les ombres et l'autre pour les reflets. Tous deux proviennent des zones sombres et des zones claires du papier. Voici les étapes :

1. Commencez par créer un dossier ou groupe (par ⌥ clic [Alt clic] sur l'icône ▭ pour le nommer **éclairage**), pour y placer les calques qui définiront ces effets d'éclairage. Ce dossier est placé au-dessus du calque du logo que l'on cache temporairement.

Dans ce groupe ou dossier, on placera un calque pour les ombres et un autre pour les reflets.

2. Dupliquez le calque **papier** en cliquant sur son nom dans le panneau **Calques** et en tapant ⌥⌘J [Alt Ctrl J], de manière à pouvoir le renommer **ombres**, lui affecter le mode **Produit** et une opacité de 50 % (elle sera ajustée par la suite). Glissez cette copie dans le dossier **éclairage**.

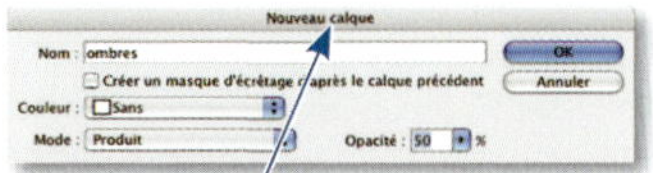

On affiche cette fenêtre en tapant ⌥⌘J [Alt Ctrl J]. On a ainsi créé une première copie avec les options voulues, que l'on a glissée dans le groupe.

3. Tapez ⌥⌘J [Alt Ctrl J], renommez la copie **reflets** et choisissez le mode **Incrustation** (l'opacité reste à 50 %).

Pour créer cette copie avec les options voulues, on a tapé à nouveau ⌥⌘J [Alt Ctrl J].

4. Nous allons afficher les zones sombres et claires du calque **reflets** sans leurs couleurs. Pour cela, dans le panneau **Réglages**, ajoutez un réglage **Noir et blanc** ◧ et cliquez sur le bouton **Automatique** dans le panneau **Propriétés**. Limitez l'action de ce réglage au calque inférieur (**reflets**) en cliquant sur l'icône ⬚ située en bas du panneau **Propriétés**.

5. Pour obtenir le même réglage sur les ombres, créez une copie : enfoncez ⌥ [Alt] et glissez le calque noir et blanc juste au-dessus du calque **ombres**. Pour obtenir l'écrêtage de ce réglage, enfoncez ⌥ [Alt] et cliquez sur la ligne située entre les deux calques.

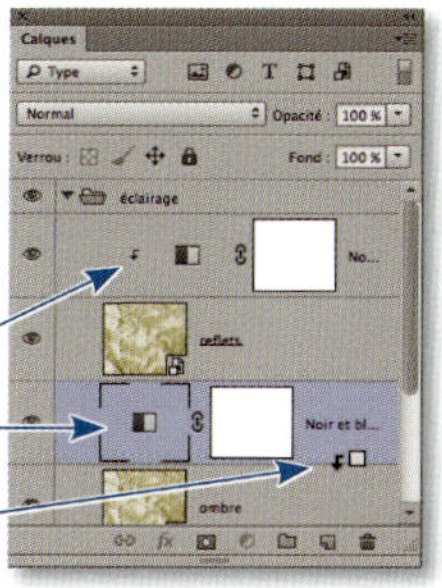

On a ajouté un premier réglage, puis (avec ⌥ [Alt]) on l'a copié ici. On limite son action par ⌥ clic [Alt clic] entre les deux calques.

Ici, il n'était pas possible d'utiliser un seul réglage et de limiter son action aux calques contenus dans le groupe par changement de son mode, car le passage du mode **Transfert** à **Normal** fait perdre les modes de fusion des calques à l'intérieur du groupe.

6. Les effets d'éclairage ne doivent pas déborder du logo. Réaffichez ce dernier et récupérez la sélection de ses zones opaques par ⌘clic [Ctrl clic] sur sa vignette. Utilisez cette sélection pour faire un masque de fusion (provisoire) sur le groupe : activez le groupe et cliquez sur l'icône du masque de fusion du panneau **Calques**.

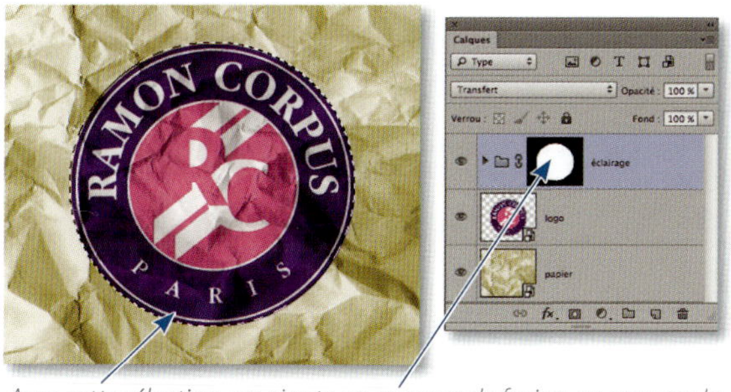

Avec cette sélection, on ajoute un masque de fusion au groupe : le logo s'intègre dans le papier, mais ne suit pas ses déformations.

Le montage prend forme (et on peut éventuellement modifier les opacités des calques **ombres** et **reflets**) ; cependant, le logo ne suit pas les déformations du papier. L'intervention du filtre **Déformation** rétablira la situation.

Les déformations du logo par le filtre Dispersion

La préparation du fichier de déformation

Les déformations du logo doivent suivre celles du papier. Or, son relief est défini par les zones d'ombre et de lumière du calque ; nous allons préparer un document à niveaux de gris qui les représente et l'utiliser avec le filtre **Dispersion**.

1. Pour créer la couche, sélectionnez le calque du logo, puis dans le menu **Image**, choisissez **Opérations** et réglez cette commande comme suit :

– Dans la liste de la rubrique **Source 1**, sélectionnez **papier**.

– Choisissez ce même calque pour la **Source 2**.

– L'opération doit se réaliser avec **Produit** et la destination **Nouvelle couche** (c'est l'option par défaut). Avant de valider l'opération, affinez la création de cette couche : à la place de **Gris**, sélectionnez la couche qui donne le meilleur contraste (qui semble être **Bleu**).

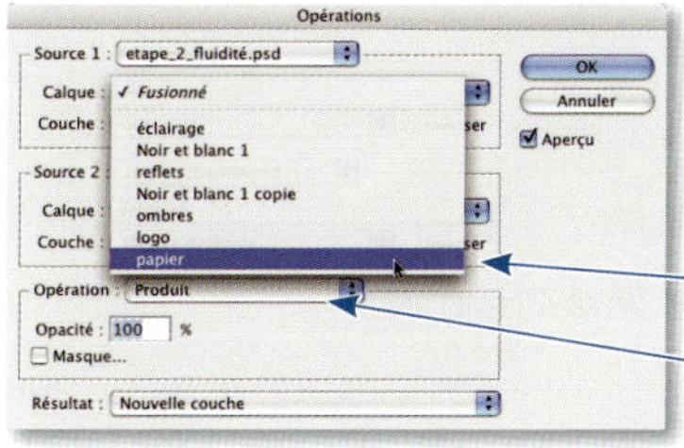

On crée la nouvelle couche à partir de la couche Bleu de ce calque (en sources 1 et 2) et de cette opération.

2. Afin de marquer davantage les zones sombres et claires, poussez le contraste avec la commande **Niveaux** (**Image/Réglages**) et appliquez le filtre **Flou gaussien** du menu **Filtre/Atténuation** (avec une valeur de 2,5) pour adoucir les transitions entre ces zones.

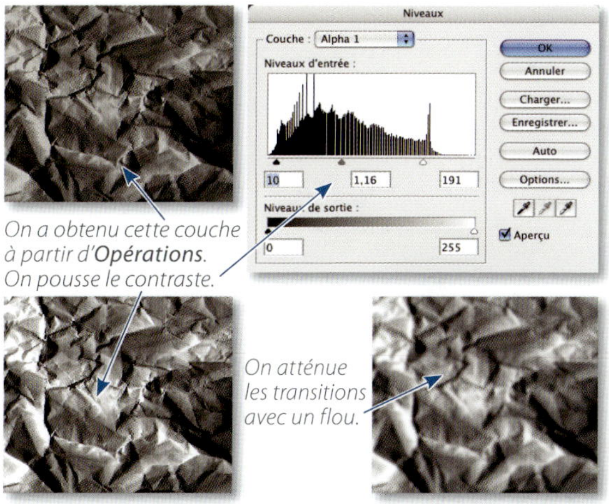

*On a obtenu cette couche à partir d'**Opérations**. On pousse le contraste.*

On atténue les transitions avec un flou.

3. La couche est prête, nous allons l'utiliser pour créer un document. Pour cela, par clic droit sur sa vignette dans le panneau **Couches**, choisissez **Dupliquer la couche**. La destination est un nouveau document qu'il faudra enregistrer en le nommant, par exemple, **dispersion_logo**.

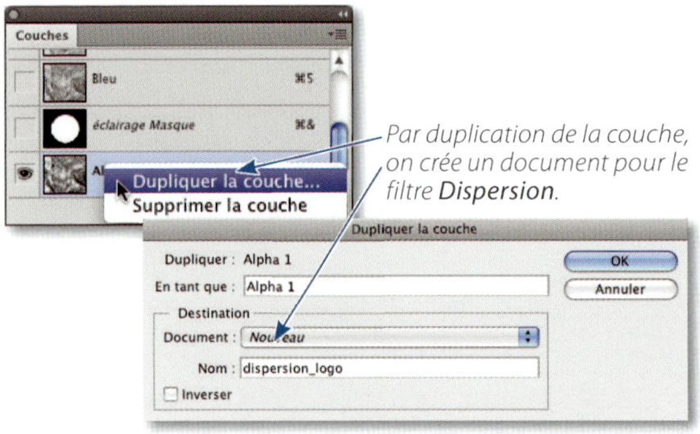

Par duplication de la couche, on crée un document pour le filtre Dispersion.

Le traitement par le filtre Dispersion

Sélectionnez le calque dynamique du logo et lancez le filtre **Dispersion** de la série **Déformation** : une première fenêtre apparaît, laissez les valeurs par défaut ou réduisez-les à 5. Une seconde fenêtre apparaît, spécifiez le fichier de déformation (image de référence) : **dispersion_logo**. Une fois le filtre appliqué, si vous estimez que la déformation est trop forte, comme le filtre a été appliqué de manière dynamique, vous pouvez le modifier : double-cliquez sur le nom du réglage et changez la valeur de la première fenêtre (la seconde indique toujours l'image de référence qui reste la même).

Le masque du groupe **éclairage** n'est plus tout à fait correct. Supprimez-le (par clic droit), affichez la sélection du calque du logo déformé (par ⌘clic [Ctrl clic] sur sa vignette) et créez à nouveau un masque de fusion sur le groupe.

Avec cette sélection, on a changé le masque de fusion du groupe ; maintenant, le logo déformé s'intègre dans le papier.

L'ajout des rayures sur le papier

Pour simuler les rayures du papier kraft, nous allons appliquer un filtre sur un calque rempli de blanc, mais comme ces rayures devront subir les déformations de fluidité, ce filtre doit être appliqué dynamiquement. Pour cela :

1. Dans le panneau **Calques**, ajoutez un nouveau calque et glissez-le au-dessus du groupe, en haut de la pile, s'il n'y est pas déjà, (nous réglerons ses options de fusion ultérieurement).
2. Remplissez le calque de blanc par la commande **Remplir** (**Édition**) et convertissez-le en calque dynamique.
3. Réaffichez les couleurs par défaut (en tapant D). Dans le menu **Filtre**, lancez **Galerie de filtres**, sélectionnez la série **Esquisse**, puis le filtre **Trame de demi-teintes**. Réglez-le comme suit : **Taille** de 3, **Contraste** nul et **Type** = **Segment**.

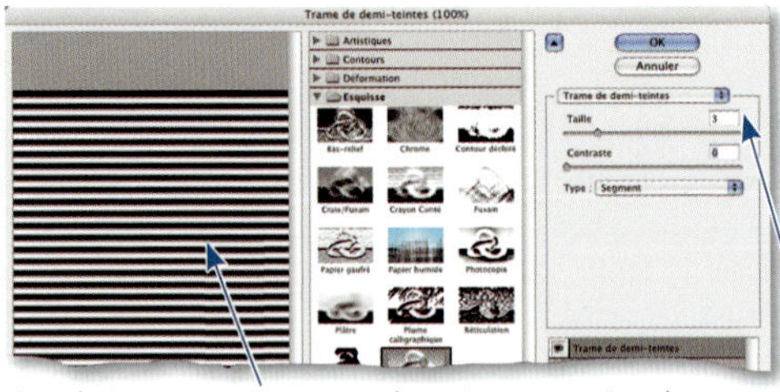

On obtient ces rayures avec le noir au premier plan et ces réglages.

4. Quand les rayures apparaissent, réduisez l'opacité du calque à 20 % environ et choisissez le mode **Produit**.

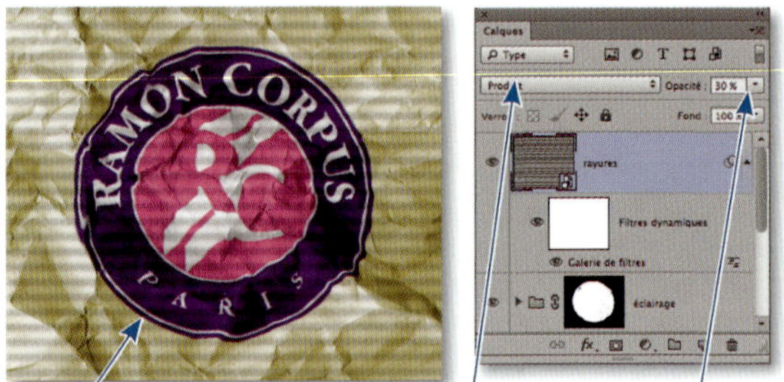

Pour voir les calques, on change le mode et on réduit l'opacité.

5. Ces rayures doivent subir les mêmes déformations que le papier. Pour copier ce filtre, enfoncez ⌥[Alt] et glissez son nom (**Dispersion**) au-dessus de celui du filtre **Trame de demi-teintes** des rayures (**Calque 1**). Le travail est maintenant terminé, vous pouvez voir le résultat ci-dessous.

On a créé la déformation des rayures par copie (⌥[Alt]) de ce filtre.

Les filtres Esquisse

Esquisse regroupe une série de filtres créant des effets artistiques. Certains filtres font perdre les couleurs et donnent une image finale en noir et blanc. Avec d'autres, il faut d'abord choisir une couleur de premier plan (par clic sur un échantillon du **Nuancier**) et une couleur d'arrière-plan (par ⌥[Alt] clic sur un échantillon du **Nuancier**). En effet, ces couleurs sont utilisées par le filtre pour créer le rendu final.

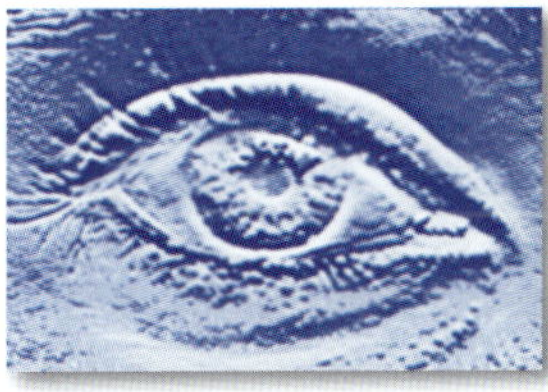

Bas-relief (bleu au premier plan).

Chrome.

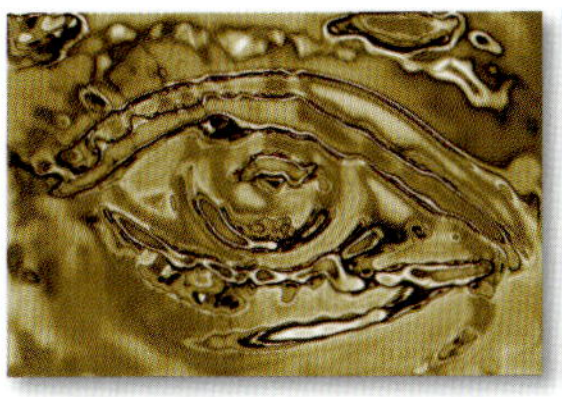

Chrome recoloré avec Teinte/Saturation.

Contour déchiré.

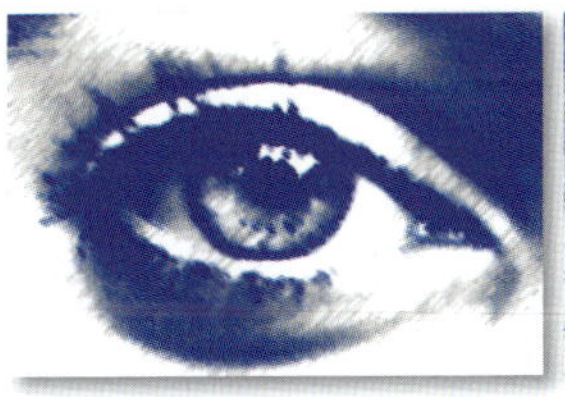

Craie/Fusain.

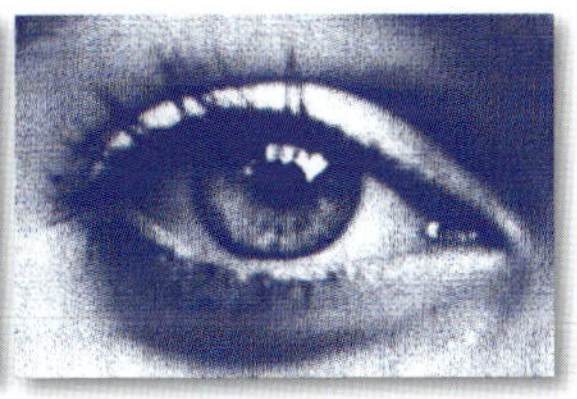

Crayon Conté.

Fusain.

Papier gaufré.

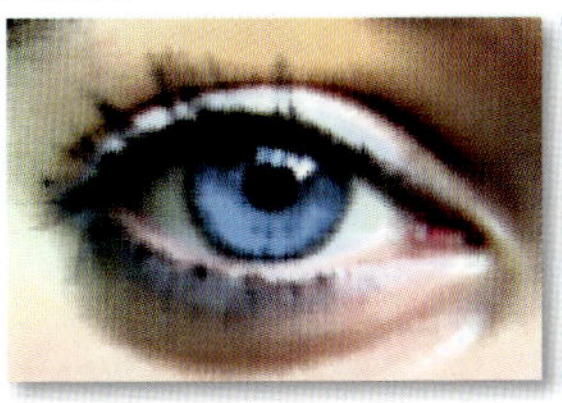

Papier humide.

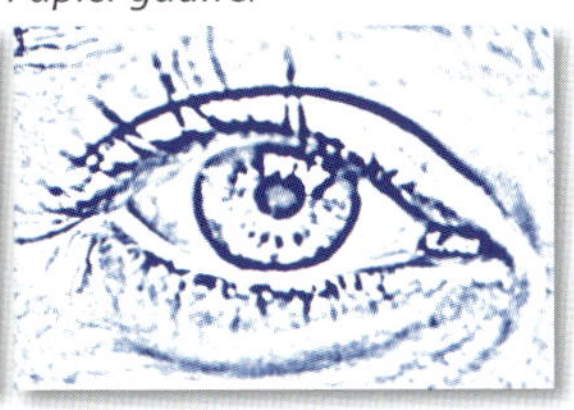

Photocopie.

Plâtre.

Plume calligraphique.

Réticulation.

Tampon.

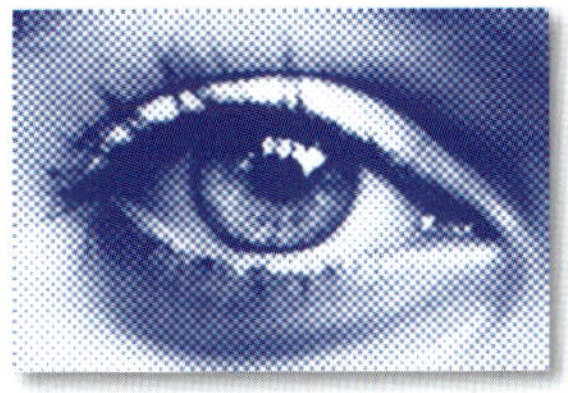

Trame de demi-teintes.

Le filtre Bas-relief

Commencez par choisir les couleurs de premier plan et d'arrière-plan, et lancez le filtre qui affiche alors la fenêtre de la commande **Galerie de filtres**. Un peu à la manière du filtre **Estampage** (de la série **Esthétiques**), le filtre réalise une mise en relief de l'image, les effets d'ombrage et de lumière sont réalisés avec les couleurs choisies. Il est possible de choisir la provenance de la lumière dans le menu local (**Lumière**).

Le filtre Chrome

Ce filtre fait perdre les couleurs à l'image. On obtient un effet de métal liquide brillant de type chrome. Pour créer un effet doré, ajoutez un calque de réglage **Teinte/Saturation** (avec une teinte jaune et l'option **Redéfinir**).

Le filtre Contour déchiré

La couleur de premier plan colore les zones les plus sombres, celle d'arrière-plan remplit les plus claires. L'option **Balance** permet de choisir la prédominance de la couleur de premier plan (valeur élevée) ou celle de l'arrière-plan (valeur faible). Pour marquer davantage les transitions, augmentez la valeur de **Contraste** ; pour les rendre floues, augmentez le **Lissage**.

LE FILTRE CRAIE/FUSAIN

La couleur de premier plan est utilisée par le fusain pour dessiner les parties sombres (le noir convient bien). La craie prend la couleur de l'arrière-plan et dessine les zones plus claires. L'option **Pression** permet d'augmenter le contraste entre la craie et le fusain. L'application double du filtre permet de renforcer l'effet de façon avantageuse.

LE FILTRE CRAYON CONTÉ

Ce filtre utilise la couleur d'arrière-plan pour colorer la texture utilisée comme fond de l'image (toile, grès, brique..., un menu local facilite le choix). L'image est comme redessinée au crayon avec la couleur de premier plan. Ici aussi, des effets intéressants peuvent être réalisés soit en appliquant le filtre à chaque couche, soit par recoloration du résultat obtenu avec le noir et le blanc, à l'aide d'un calque de réglage **Teinte/Saturation** et de l'option **Redéfinir**.

LE FILTRE FUSAIN

Les parties les plus foncées de l'image sont comme redessinées au fusain sur un papier ayant la couleur de l'arrière-plan. Le noir ou un gris foncé sont les bienvenus comme couleur de premier plan, c'est-à-dire du fusain ; pour augmenter son importance, déplacez le curseur **Clair/Foncé** vers la droite (ou la gauche pour atténuer).

LE FILTRE PAPIER GAUFRÉ

Le fond de l'image prend une texture granuleuse coloriée avec la couleur d'arrière-plan ; les parties sombres de l'image prennent du relief et se voient attribuer la couleur de premier plan. L'application du filtre à un fond blanc permet la création d'une texture pour un motif, pour remplir un texte à l'aide d'un masque d'écrêtage, par exemple.

LE FILTRE PAPIER HUMIDE

L'image finale (floue) garde ses couleurs ; les zones sombres de l'image sont redessinées avec des croix — d'autant plus sombres que la valeur de **Luminosité** est faible et que celle de **Contraste** est élevée — qui simulent les fibres du papier ou les contours d'un dessin sur un papier humide.

LE FILTRE PHOTOCOPIE

Photoshop simule une photocopie sur un papier, de la couleur de l'arrière-plan où les zones les plus sombres de l'image apparaissent photocopiées avec la couleur de premier plan.

LE FILTRE PLÂTRE

Ce filtre dessine l'empreinte creusée par les parties claires de l'image dans du plâtre encore liquide, ce dernier ayant la couleur de l'arrière-plan ; les zones sombres (en relief) ayant celle de premier plan. L'étendue des zones foncées peut être réduite en déplaçant le curseur **Balance** vers la gauche. L'effet de lumière peut être orienté de diverses façons à l'aide d'un menu **Lumière**. Appliqué à un texte sur un fond blanc, ce filtre crée un effet de lettres embouties dans le plastique.

LE FILTRE PLUME CALLIGRAPHIQUE

L'image est redessinée à l'aide de traits de plume d'orientation réglable (menu local **Direction**) de la couleur de premier plan. Le fond de l'image (parties claires) adopte la couleur de l'arrière-plan. D'autres effets peuvent être obtenus en appliquant le filtre à deux couches d'une image en couleurs RVB ou à une image en niveaux de gris convertie en image RVB.

LE FILTRE RÉTICULATION

L'image est redessinée avec une sorte de trame aléatoire dont la densité est réglable. Deux curseurs (**Noir** et **Blanc**) permettent de modifier l'étendue des zones sombres et claires.

LE FILTRE TAMPON

Ce filtre crée un effet de tampon encreur avec une encre ayant la couleur de premier plan ; celle d'arrière-plan donne la couleur du papier. Si vous souhaitez préserver légèrement les couleurs initiales de l'image, vous pouvez utiliser les options de fusion du filtre avec l'option **Luminosité**.

LE FILTRE TRAME DE DEMI-TEINTES

Avec la couleur de premier plan, des cercles concentriques (avec le type **Cercles**), des lignes horizontales (avec le type **Segments**) ou des points (avec le type **Points**) couvrent l'image. **Contraste** permet d'éclaircir les « motifs » de trame dont la largeur se règle avec l'option **Taille**. Pour obtenir des lignes verticales (ou inclinées), effectuez une rotation avant et après l'application du filtre. Appliqué à un fond blanc, ce filtre peut être intéressant à utiliser pour créer des motifs géométriques (quadrillage, lignes...) ou des images de référence pour le filtre **Dispersion** ; dans ce cas, l'application d'un léger flou gaussien améliorera le rendu de la dispersion.

Les filtres Esthétiques

Sous la rubrique **Esthétiques** est regroupée une série de filtres créant des effets spéciaux très différents les uns des autres. Le filtre **Contour lumineux** est le seul à figurer dans la **Galerie de filtres**.

La série de filtres ***Esthétiques****.*

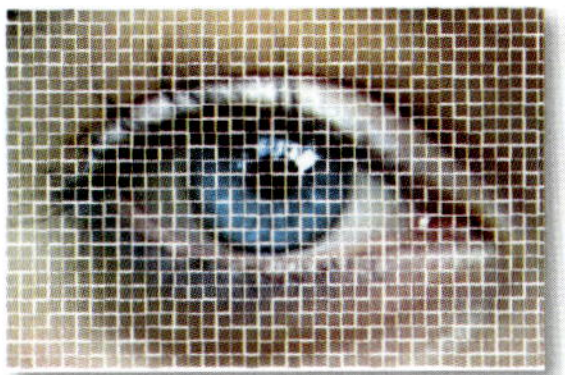

Carrelage.

Contour lumineux.

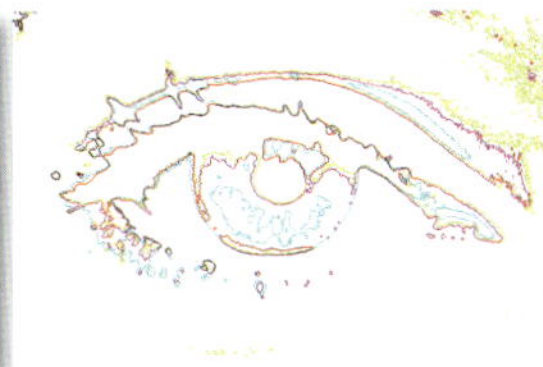

Courbes de niveau.

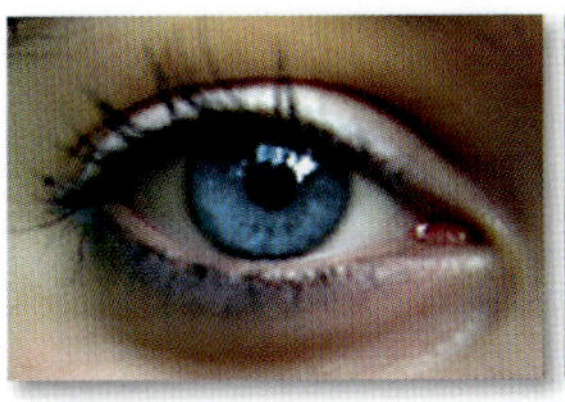

Diffusion *(appliqué deux fois).*

Estampage.

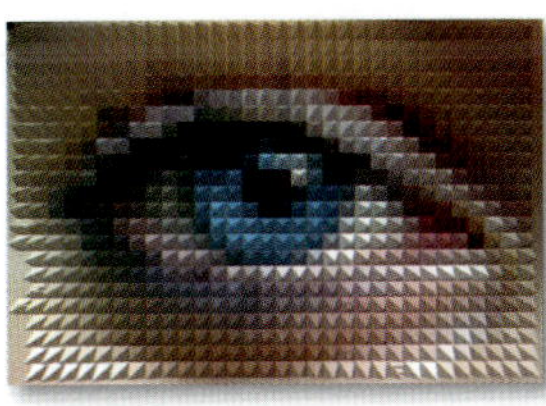

Extrusion.

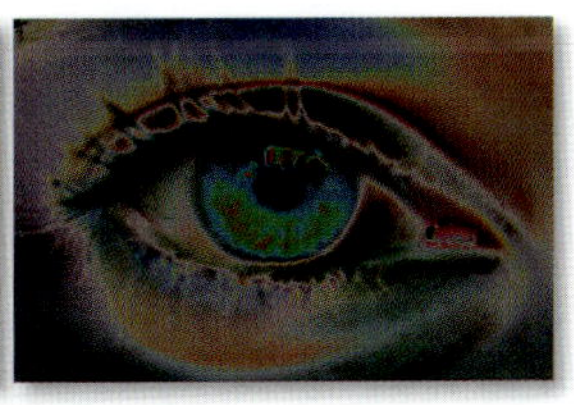

Solarisation.

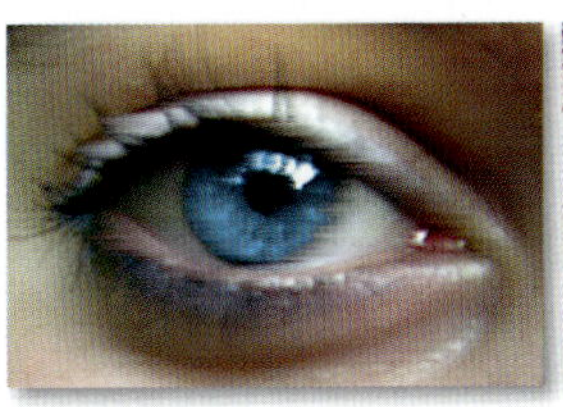

Soufflerie.

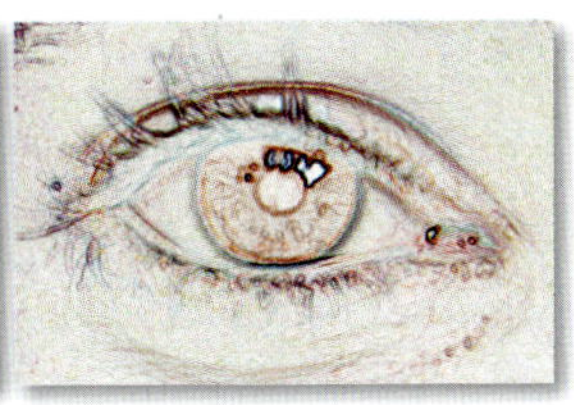

Tracé des contours.

Le filtre Carrelage

Avant de lancer ce filtre, il convient de choisir une couleur de premier plan et d'arrière-plan. En effet, Photoshop découpe l'image en carrés de taille variable, qui subissent un décalage aléatoire et créent une zone vide (sorte de joint du carrelage) ; c'est celle-ci qui peut prendre la couleur de premier plan ou de l'arrière-plan, ou encore être remplie par l'image d'origine ou son inverse.

Le filtre Contour lumineux

Ce filtre ne fonctionne qu'avec des images RVB. L'image est fortement assombrie et ses contours sont marqués par un tracé (de type néon) dont la couleur, voisine du négatif de l'original, varie avec l'option **Luminosité**. Avec un texte (objet dynamique avec un fond blanc), on obtient un effet outline blanc sur noir. Si vous remplissez le texte d'un dégradé de type spectre, le contour devient multicolore.

Le filtre Courbes de niveau

Fixez une valeur chromatique (de 0 à 255). Photoshop entoure les zones où la luminosité est supérieure (ou inférieure) à la valeur fixée ; le reste est blanchi. Ici aussi, l'inversion (**Négatif** du menu **Image**) peut s'avérer intéressante.

Le filtre Diffusion

Ce filtre provoque un mélange entre les pixels environnants et l'ensemble devient un peu moins net. Le mélange obtenu peut prendre la couleur des pixels les plus clairs ou les plus sombres. Les bords de l'image deviennent diffus. L'application répétée permet de marquer davantage l'effet.

Le filtre Estampage

L'estampage crée un effet de relief (ou de creux avec un angle négatif) en remplaçant la couleur de fond par un gris, et en traçant un contour autour des objets. Le paramètre **Facteur** permet d'augmenter le contraste entre l'ombre des objets que contient l'image et leur partie éclairée.

Le filtre Extrusion

Le filtre extrude l'image par juxtaposition de petits cubes ou de pyramides (l'effet est plus intéressant). Avec l'option **Faces frontales opaques** (cubes uniquement), chaque face du cube est remplie de la couleur moyenne du cube ; en revanche, si cette option n'est pas cochée, chaque face est remplie par une portion de l'image.

La profondeur peut varier de façon **Aléatoire**, ou de façon plus importante sur les zones claires que sur les sombres avec l'option **Fonction de la luminosité**.

Le filtre Solarisation

Il correspond à l'effet obtenu en photographie lorsqu'on expose une épreuve positive à la lumière, en cours de développement. Il y a un mélange dégradé entre l'image positive et négative. L'atténuation avec l'option **Luminosité** fait réapparaître les couleurs initiales.

Le filtre Soufflerie

Comme avec le filtre **Flou directionnel**, mais de façon plus importante, ce filtre ajoute des lignes horizontales simulant l'effet du vent. L'orientation et la force du vent sont réglables.

Astuce *Pour obtenir un effet vertical, effectuez une rotation à 90° dans le sens horaire (menu* ***Image/Rotation de la zone de travail****) avant l'application du filtre, puis à 90° dans le sens antihoraire après application du filtre.*

Pour appliquer ce filtre à un texte sur fond blanc, il faut d'abord créer un négatif de l'image, puis utiliser le principe des rotations avant et après pour obtenir un effet vertical et enfin relancer la commande **Négatif**.

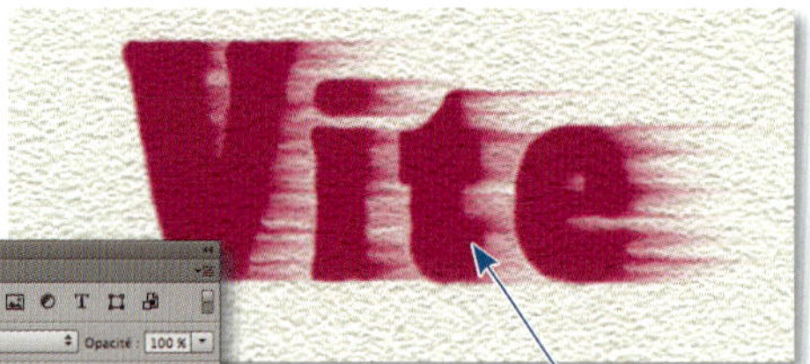

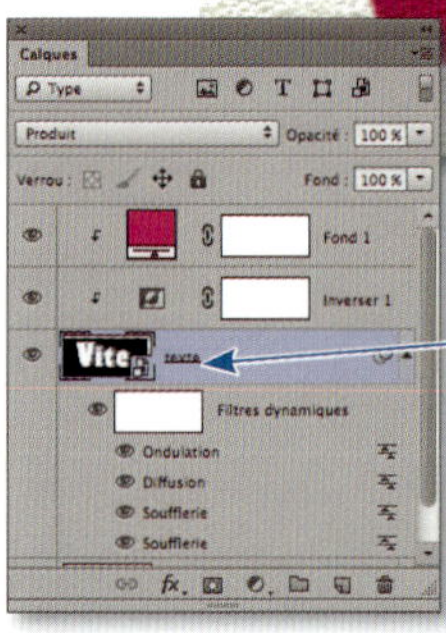

Pour obtenir ce texte, on a appliqué ces filtres (dont ***Soufflerie*** *plusieurs fois). On a affecté le mode* ***Produit*** *au calque dynamique (pour faire disparaître le blanc qu'il comporte). Le calque* ***Inverser*** *restitue le texte noir qui peut être alors coloré par le calque de remplissage (****Fond 1****) avec le mode* ***Superposition****.*

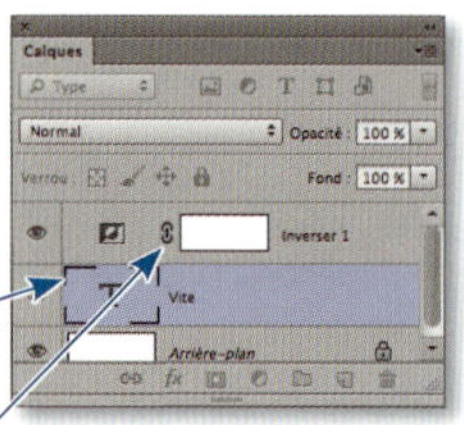

L'objet dynamique contient un texte et un fond blanc. Pour que l'effet du filtre ***Soufflerie*** *puisse s'appliquer, on a utilisé un calque de réglage* ***Inverser****.*

Le filtre Tracé des contours

Photoshop trace le contour des objets de l'image. Ce contour apparaît en blanc ou en couleur selon le type de l'image. Appliqué à une copie de calque (ou de couche), ce filtre marque les contours d'une photo afin d'en faciliter le détourage, par exemple. C'est le négatif du filtre **Contour lumineux** (selon les valeurs utilisées pour ce dernier).

Les filtres Pixellisation

La plupart des filtres de cette série provoquent des regroupements de pixels.

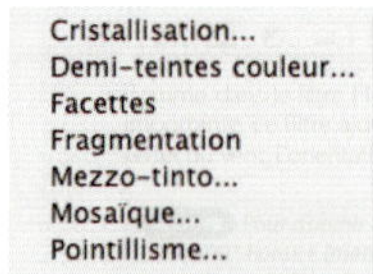

La série ***Pixellisation****.*

Cristallisation.

Demi-teintes couleur.

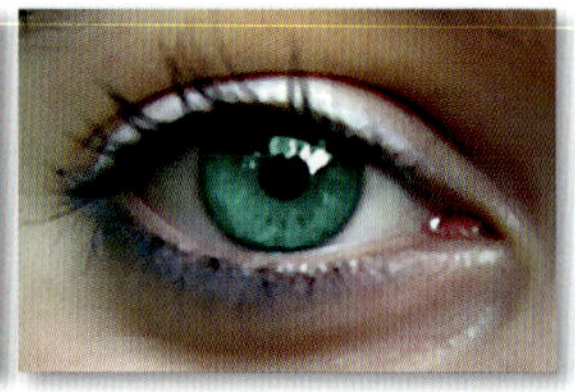

Facettes.

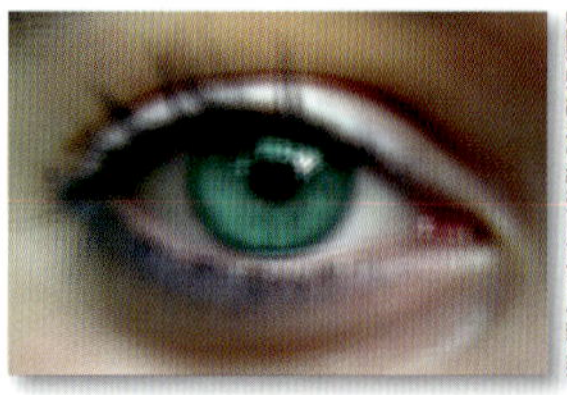

Fragmentation.

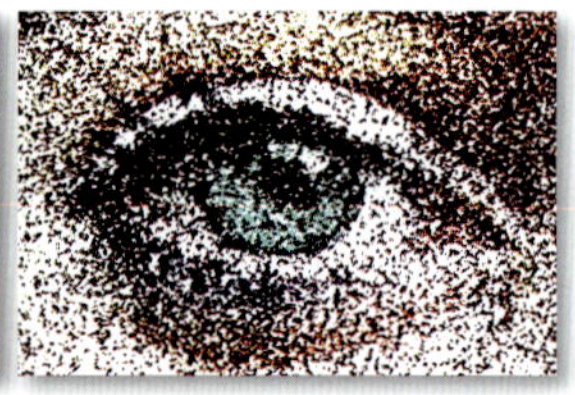

Mezzo-tinto.

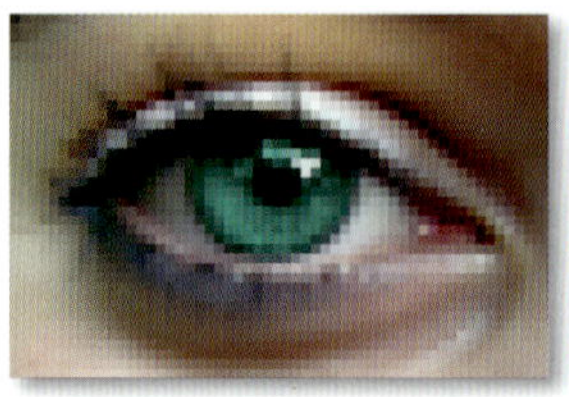

Mosaïque.

Pointillisme.

LE FILTRE CRISTALLISATION

Les pixels sont regroupés en polygones (de 3 à 999 pixels) auxquels une couleur de l'image est attribuée. Si la maille est grosse, l'image n'est plus reconnaissable ; si elle est petite, la photo prend l'aspect d'un tableau.

LE FILTRE DEMI-TEINTES COULEUR

L'image est comme photographiée à travers une trame de demi-teintes agrandie. Photoshop simule une trame d'impression avec des cercles dont le rayon diminue avec la luminosité. On obtient des effets intéressants avec les quatre angles identiques.

> **ASTUCE** *Ce filtre, appliqué à un aplat de gris ou à un dégradé, peut servir dans la préparation d'une référence pour le filtre **Distorsion** ou d'une couche de texture pour le filtre **Éclairage**.*

LE FILTRE FACETTES

Les pixels sont regroupés en petits blocs de même couleur. Appliqué plusieurs fois à une photo, ce filtre peut donner l'impression d'un dessin. Il peut, dans certains cas, atténuer la trame d'une photo scannée à partir d'un document imprimé ; appliqué sur un visage, il atténue le grain de la peau.

LE FILTRE FRAGMENTATION

La fragmentation crée quatre copies légèrement décalées les unes par rapport aux autres. L'ensemble paraît plutôt flou, comme une photo prise avec une mauvaise mise au point ou à travers certaines lentilles.

LE FILTRE MEZZO-TINTO

L'image est comme photographiée à travers une trame de motifs aléatoires qui se choisissent dans le menu local **Type** (points plus ou moins gros, lignes plus ou moins longues ou traits).

Pour obtenir les traits selon un angle de 45° (ou toute autre valeur), il faut opérer ainsi :

1. Effectuez une rotation paramétrée de l'image (menu **Édition/Transformation manuelle**) selon l'angle souhaité saisi dans la **Barre d'options** (45°, par exemple).
2. Appliquez le filtre **Mezzo-tinto** (avec des lignes, par exemple) et convertissez ce calque dynamique en objet dynamique.
3. Lancez la transformation manuelle pour définir une rotation avec un angle opposé à celui défini précédemment. (– 45°) : l'image se redresse, recadrez-la par le menu **Image**.

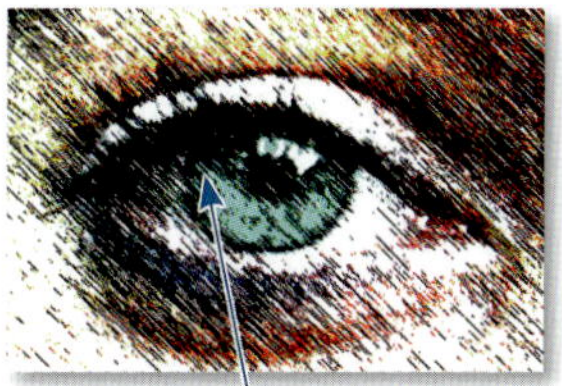

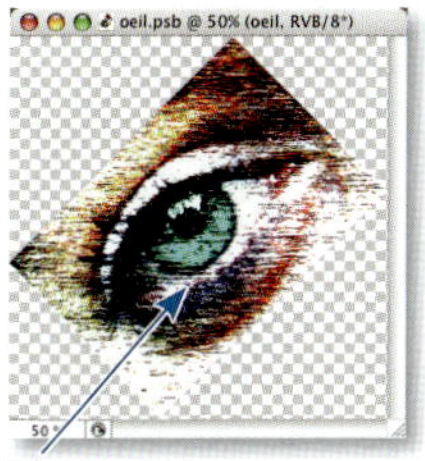

Pour obtenir cet effet, on a créé un objet dynamique avec l'objet dynamique (pivoté).

LE FILTRE MOSAÏQUE

L'image est redessinée en regroupant les pixels par des carrés de même couleur. La largeur d'un carré est comprise entre 2 et 64. Ce filtre permet de rendre méconnaissable une personne sur une photo ou de créer une image très pixellisée.

LE FILTRE POINTILLISME

Ce filtre recrée l'effet utilisé en peinture pointilliste. Les pixels sont regroupés en taches (de 3 à 999 pixels) entre lesquelles apparaît la couleur d'arrière-plan (c'est-à-dire le blanc avec les couleurs par défaut).

Les filtres Rendu

Photoshop propose, dans la série **Rendu**, deux catégories de filtres : **Éclairage** et **Halo** qui simulent différents types d'éclairages de la photo ; **Fibres**, **Nuages** et **Nuages par différence** : qui créent des effets de texture.

> **ATTENTION** *Le filtre **Halo** ne fonctionne qu'avec des images couleur RVB.*

Ps

> **NOTE** *Le filtre **Éclairage** est de retour dans cette version de Photoshop.*

LE FILTRE ÉCLAIRAGE

L'interface de filtre a été repensée, ce qui le rend plus facile à utiliser que dans les anciennes versions de Photoshop ; d'autant plus qu'il s'applique de manière dynamique.

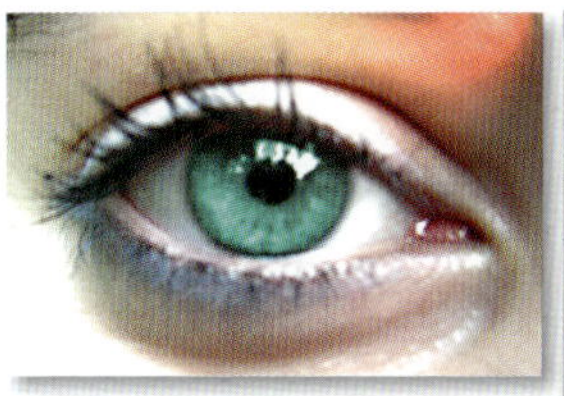

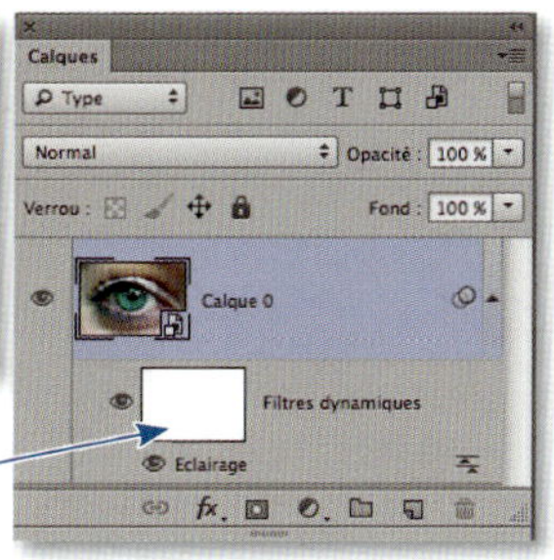

*Le filtre **Éclairage** peut s'appliquer de manière dynamique.*

La fenêtre du filtre occupe tout l'écran avec à droite, deux onglets de paramétrage (**Propriétés** et **Éclairage**), à gauche l'aperçu avec les éclairages qui se manipulent comme sur les objets 3D. En haut de la fenêtre, des icônes d'ajout d'éclairage (qui sont de trois types, directionnel, ponctuel et infini) et le menu **Paramètres prédéfinis** qui propose 17 styles, chacun d'eux pouvant être personnalisé en supprimant ou en déplaçant des sources lumineuses (de couleurs différentes). Chaque éclairage peut avoir un type particulier avec des paramétrages spécifiques (couleur, brillance, exposition, ambiance...) ; de plus, une texture (couche alpha, *voir ci-dessous*) peut être plaquée sur la photo afin de lui donner du relief ; elle est dynamique si le filtre l'est. Ces différents éléments se règlent dans l'onglet **Propriétés**.

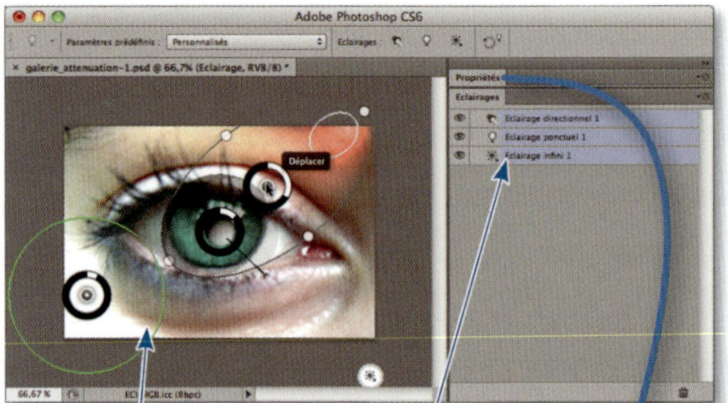

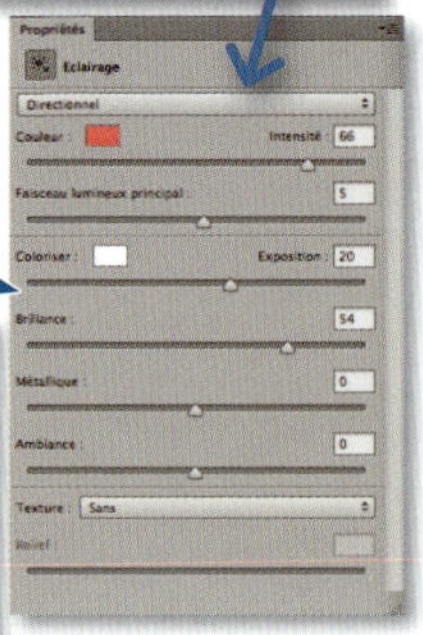

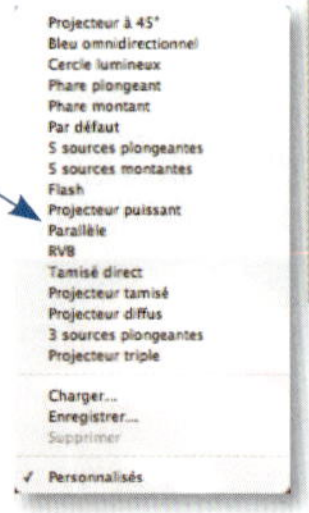

Cet aperçu montre les éclairages ; ils se manipulent comme ceux des calques 3D et sont listés dans cet onglet.
On peut aussi saisir les valeurs dans cet onglet ou utiliser les paramètres prédéfinis.

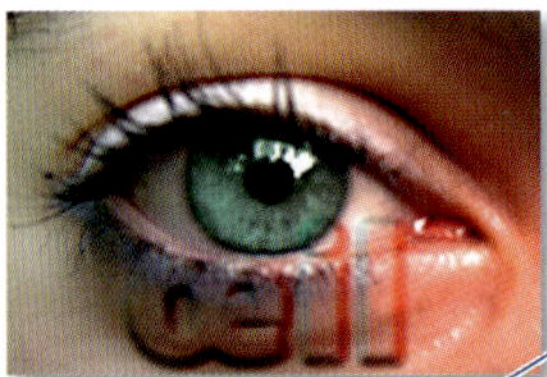

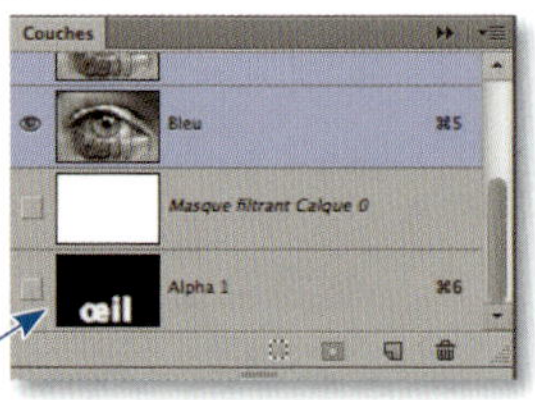

***Éclairage** utilise une couche alpha comme texture. Toute modification est répercutée sur le filtre (dynamique).*

Le filtre **Éclairage** constitue une véritable mine pour les réalisations les plus diverses, d'autant plus facilement s'il est appliqué dynamiquement.

Le filtre Fibres

Le filtre **Fibres** couvre l'image d'une texture fibreuse (verticale) en utilisant les couleurs de premier et d'arrière-plan ; cette dernière est prédominante si la **Variance** est faible. La distribution des fibres se modifie par le curseur **Intensité**.

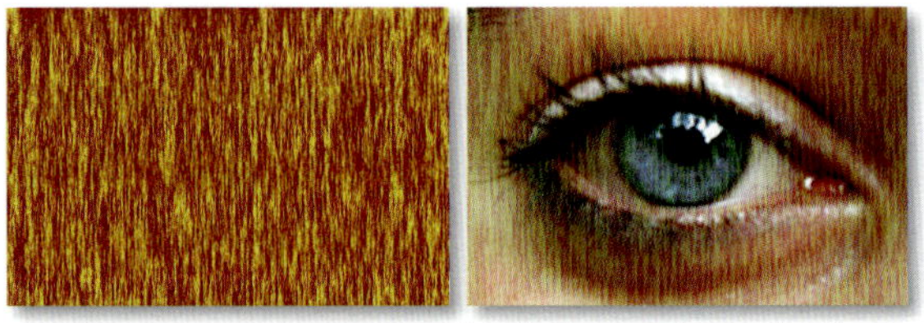

Les fibres couvrent l'image initiale, elle réapparaît sous les fibres en réduisant l'opacité et en changeant le mode du filtre.

Pour éviter que l'image ne disparaisse sous les fibres, affichez les options de fusion du filtre, réduisez l'opacité et choisissez un mode de fusion qui fasse réapparaître les couleurs de l'arrière-plan (**Lumière tamisée**, par exemple).

> **Astuce** *Si l'une des couleurs utilisées est le blanc, le noir ou le gris, il est possible de la faire disparaître en appliquant au filtre respectivement les modes **Superposition**, **Produit** ou **Lumière tamisée**.*

Le filtre Halo

Ce filtre crée un halo de lumière tel qu'on peut l'obtenir par réfraction de l'objectif lors d'une prise de vue comportant une lumière très vive. Une fenêtre permet de régler la position et l'intensité de la lumière ainsi que le type de l'objectif. Si le filtre est appliqué dynamiquement, il est facile de changer la position du halo sur la photo. Dans certains cas, vous pouvez modifier le masque filtrant pour empêcher l'action du filtre sur certaines parties de l'image.

Voici un exemple qui montre le détail des opérations.

La photo originale.

1. On veut ajouter un halo sur la photo ci-dessus. On convertit le calque d'arrière-plan (qui contient la photo) en objet dynamique et on lance le filtre.

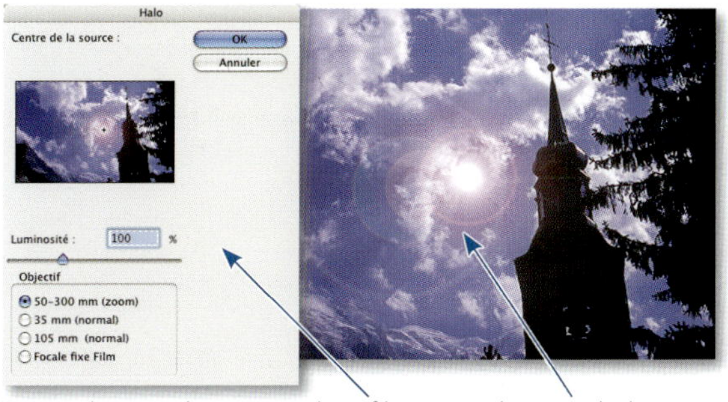

Par application dynamique de ce filtre, on a obtenu ce halo.

2. On ne souhaite pas que le halo se place sur le premier plan de l'église en contre-jour : on en fait la sélection (avec le sapin) avec l'outil **Sélection rapide**.

Avec l'outil ***Sélection rapide****, on sélectionne ce premier plan sombre.*

3. On intervertit la sélection (**Sélection/Intervertir**) et on la mémorise sur la couche du masque filtrant (menu **Sélection/Mémoriser la sélection**).

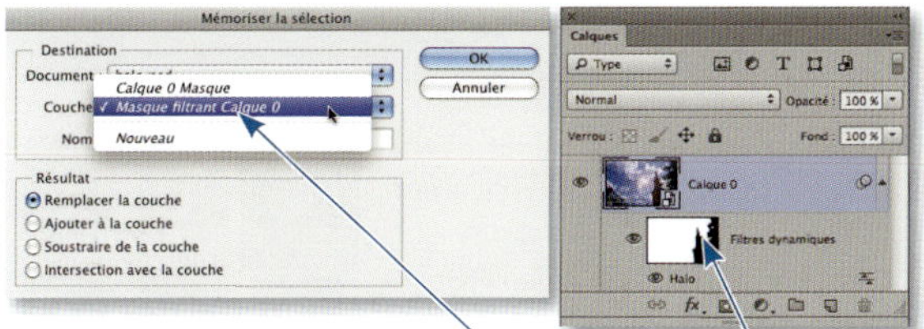

On mémorise la sélection sur la couche du masque filtrant. On obtient la mise à jour du masque et l'effet du filtre n'est plus sur la partie sombre de l'image.

Le filtre Nuages

Commencez par choisir la couleur de premier plan et celle d'arrière-plan. En effet, la couleur de premier plan (ou des nuances de celle-ci) sera affectée au ciel, les nuages prendront la couleur d'arrière-plan (ou des nuances de celle-ci).

Pour choisir ces couleurs, activez l'outil **Pipette**, affichez le panneau **Nuancier** et cliquez sur l'échantillon souhaité (voire dans l'image) pour définir la couleur de premier plan ; en revanche, enfoncez ⌥ [Alt] et cliquez sur les petites cases pour définir celle de l'arrière-plan.

Ce filtre s'applique à la totalité de l'image et la couvre complètement. Pour éviter cela, s'il a été appliqué dynamiquement, modifiez les options de fusion du filtre (mode **Lumière tamisée**, par exemple). SI vous ne souhaitez pas l'appliquer dynamiquement, ajoutez un calque rempli d'une couleur neutre (gris à 50 % pour le mode **Lumière tamisée**, par exemple). En opérant ainsi, vous pourrez modifier l'opacité du calque, le mode de fusion ou les options de fusion afin de créer des effets supplémentaires.

> **Astuce** *Si vous désirez marquer davantage les différences de teintes entre les nuages et le ciel, lancez le filtre* ***Nuages*** *en maintenant enfoncée la touche ⌥ [Alt].*

La photo originale.

On a appliqué le filtre ***Nuages*** *(gris au premier plan et blanc), puis le mode* ***Lumière crue*** *pour cacher le gris.*

Si l'aspect des nuages ne vous convient pas, double-cliquez sur le nom du filtre, s'il a été appliqué dynamiquement, ou relancez-le dans le cas contraire (⌘ F [Ctrl F]) jusqu'à ce que les nuages prennent l'apparence souhaitée. Il est aussi possible de changer les couleurs de premier et d'arrière-plan avant de réappliquer le filtre.

Le filtre Nuages par différence

Ce filtre crée également un motif de nuages à partir des nuances des couleurs de premier plan et d'arrière-plan, mais cette fois, il y a un mixage avec les couleurs déjà existantes sur l'image.

En effet, Photoshop fait une opération entre les valeurs chromatiques des «pixels des nuages» et les «pixels de l'image»; il s'agit d'une différence entre les valeurs (cela provoque une inversion des couleurs). Vous obtiendrez de nouveaux effets si vous modifiez le mode de fusion du filtre **Nuages par différence**.

Les filtres Renforcement

Les filtres **Renforcement** apportent l'effet opposé aux filtres de la série **Atténuation**. Ils permettent d'améliorer la netteté des images en augmentant le contraste entre les pixels voisins. Leur étude a été abordée dans la partie 3, Retoucher une photo : nettoyer, lisser... (*voir page 228*).

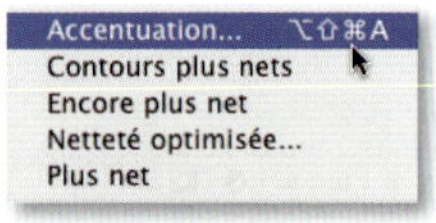

La série des filtres de Renforcement.

Les réglages du filtre Accentuation.

Le filtre Accentuation

L'application de ce filtre est recommandée pour redonner du piqué à l'image après une numérisation, un redimensionnement, un passage de RVB à CMJN. Il agit principalement sur les hautes fréquences de l'image en accentuant les différences de luminosité. Pour améliorer la netteté, Photoshop recherche dans un rayon donné les pixels voisins présentant une différence de luminosité (avec un seuil à spécifier); il augmente alors leur contraste en fonction du gain indiqué.

Pour les images à haute résolution (300 ppp), une valeur de gain entre 150 % et 200 % est recommandée avec un rayon voisin d'1 pixel — plus le rayon est grand, plus l'effet est prononcé (avec des images en basse résolution, le gain doit être plus faible).

L'option **Seuil** permet d'atténuer l'accentuation et d'éviter ainsi l'apparition de bruit; augmentez sa valeur pour faire disparaître l'aspect granuleux qui pourrait apparaître dans les tons chair, par exemple.

Le filtre Contours plus nets

Ce filtre n'agit que sur les contours des objets. Il les souligne et permet ainsi de marquer les transitions entre les couleurs, sans agir sur la totalité de l'image; sa définition s'en trouve améliorée. Selon la photo, l'effet n'est pas toujours perceptible.

Le filtre Netteté optimisée

Ce filtre permet de définir l'algorithme de renforcement (option **Supprimer**) et de spécifier une quantité de correction appliquée aux tons clairs et aux tons foncés. On distingue les options de base et les options avancées pour régler les tons foncés et clairs.

Les filtres Plus net et Encore plus net

Ces deux filtres améliorent la netteté d'une image. Le contraste entre les pixels voisins est augmenté. Le filtre **Encore plus net** produit le même effet que le filtre **Plus net** appliqué plusieurs fois.

Les filtres Textures

Cette série comporte six filtres qui peuvent aussi être appliqués à une couche, en vue de préparer une texture pour le filtre **Éclairage** ou **Dispersion**. Ces filtres font partie de la **Galerie de filtres**.

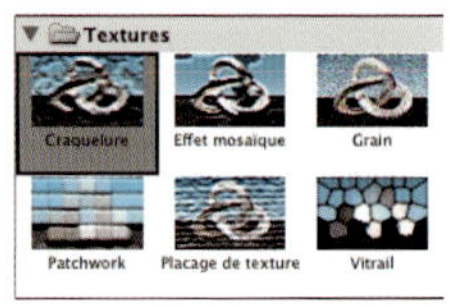

Le filtre Craquelure

Ce filtre crée des effets de craquelures, dont la répartition est réglée par l'option **Espacement** — plus les craquelures sont espacées, plus elles deviennent claires —, le relief avec l'option **Profondeur**. Elles peuvent devenir noires avec une luminosité très faible ou laisser transparaître la photo si la luminosité est plus forte.

Le filtre Effet mosaïque

L'image est reconstituée sous la forme d'une mosaïque dont la taille des carreaux, la largeur du joint et sa couleur, sont programmables (elle est noire si la luminosité est très faible, plus claire dans le cas contraire).

Craquelure.

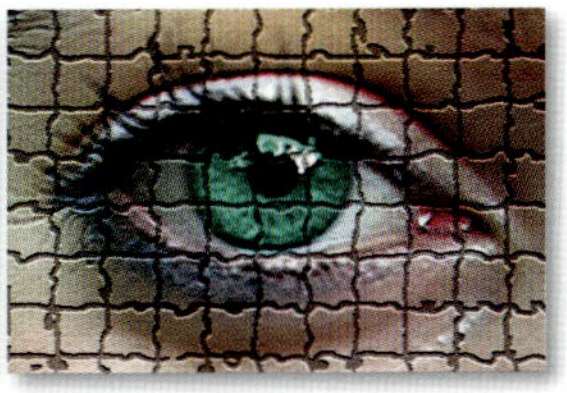

Effet mosaïque.

Le filtre Grain

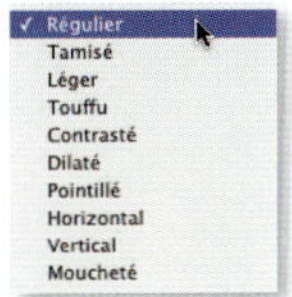

En plus de l'intensité du contraste du grain, un menu local permet de multiplier les effets — avec **Régulier**, **Tamisé**, **Contrasté**, **Touffu** et **Dilaté**, le grain est multicolore.

Avec **Pointillé**, l'image perd ses couleurs, le pointillé a la couleur de premier plan sur un fond ayant celle de l'arrière-plan. Avec **Léger**, l'image ne perd pas ses couleurs, mais le grain prend celle de l'arrière-plan. Avec **Vertical**, **Horizontal** et **Moucheté**, le grain appliqué est noir ou en niveaux de gris, quelles que soient les couleurs de premier plan et d'arrière-plan.

Le filtre Patchwork

L'image est redessinée sous la forme d'un patchwork ou plus exactement d'une mosaïque ancienne. En effet, il y a juxtaposition de petits carrés de couleurs différentes ; ceux-ci créent un effet de relief lié aux couleurs de l'image. Plus la taille est petite, plus l'image initiale est reconnaissable, mais le temps d'application est plus long.

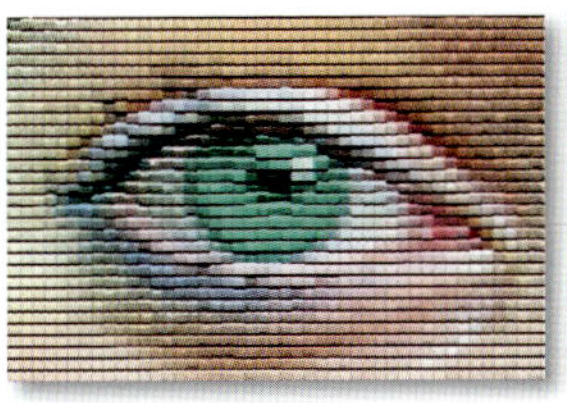

Patchwork.

Grain.

Le filtre Placage de texture

Ce filtre permet de plaquer une texture sur une image. Le choix de la texture se fait dans un menu local (vous pouvez même y ouvrir un fichier au format Photoshop). L'application dynamique facilite l'utilisation de ce filtre.

Le filtre Vitrail

La couleur de premier plan est utilisée par le filtre pour donner la couleur du plomb qui entoure le vitrail. Son épaisseur est également réglable. L'option **Luminosité**, si elle est élevée, permet de simuler la présence d'une source lumineuse derrière les vitraux.

Si la taille des vitraux est grande, l'image devient méconnaissable ; si les valeurs sont petites, l'image est longue à apparaître.

Placage de texture.

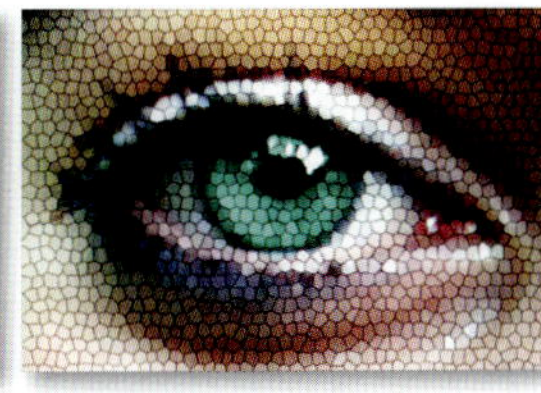

Vitrail (plomb noir) et le mode Incrustation.

Les filtres Divers

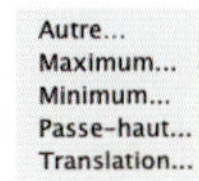

Il s'agit d'une série de filtres qui s'appliquent plutôt à des masques (sauf **Autre**). Hormis **Translation**, ces filtres ne provoquent que des modifications de la luminosité des pixels ou la suppression des zones où les transitions sont marquées.

Le filtre Autre

Ce filtre permet de créer et d'enregistrer vos propres filtres. Les chiffres entrés dans les cases de la matrice permettent d'effectuer des multiplications sur la luminosité des pixels.

Un filtre pour créer des effets personnalisés.

La case centrale correspond au pixel traité, les cases voisines à ceux qui l'entourent. La luminosité finale du pixel traité est liée aux valeurs affectées aux pixels voisins ; les options **Diviseur** et **Décalage** pondèrent le résultat final. Un décalage positif éclaircit l'image (un décalage négatif l'assombrit).

Les filtres Maximum et Minimum

Le filtre **Maximum** dilate les zones claires (de luminosité maximale). Le filtre **Minimum** a l'effet inverse : il dilate les zones sombres (de luminosité minimale). Dans les deux cas, le degré d'extension est lié à la valeur de **Rayon**. La luminosité finale des pixels est égale à la valeur maximale ou minimale des pixels situés dans un carré de dimensions proportionnelles au rayon.

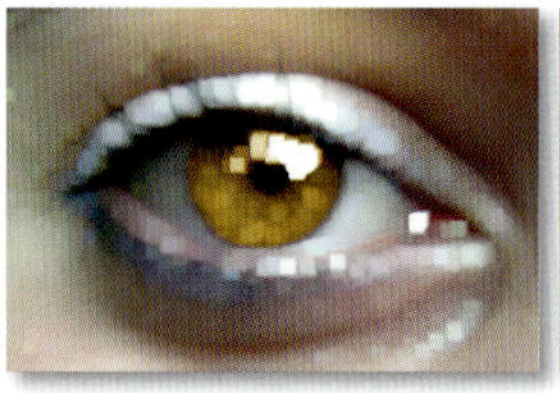

Maximum.

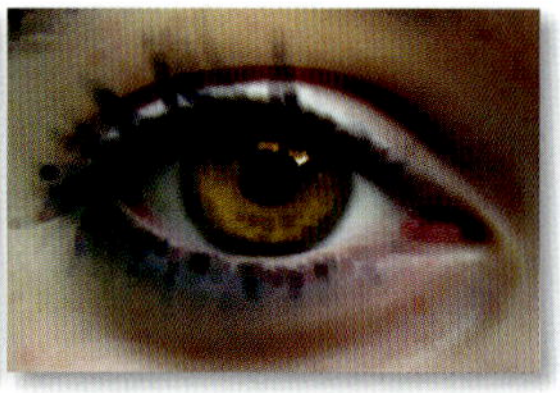

Minimum.

Le filtre Passe-haut

Ce filtre supprime les basses fréquences de l'image (zones où les transitions de luminosité sont douces). Plus la valeur spécifiée (entre 1 et 100) est grande, plus la suppression est importante. Si la valeur est faible, l'image devient grise. Ce filtre provoque l'effet inverse du flou gaussien en augmentant le contraste dans les zones de transition douce entre les luminosités. Il s'utilise également associé à un mode de fusion du filtre pour améliorer la netteté d'une image (*voir pages 234, 267 et 497*).

Le filtre Translation

Les pixels de la photo subissent un déplacement vertical et/ou horizontal. Quand on agit sur la totalité de l'image, la partie laissée vide (**Zones non définies**) peut être remplie de différentes façons. Par défaut, c'est l'option **Reboucler** qui est active : le remplissage s'effectue avec la partie de l'image qui a disparu de l'écran. On fait disparaître les pixels colorés (ou transparents) avec **Mettre en arrière-plan** (ou **Transparent** pour un calque standard). Avec **Pixels du contour**, on obtient un effet de traînée.

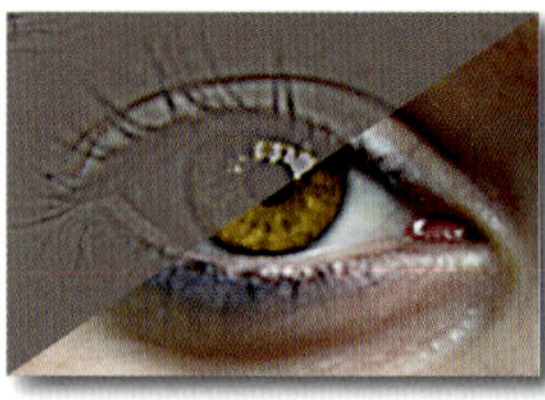

*Passe-haut (une moitié a le mode **Incrustation**).*

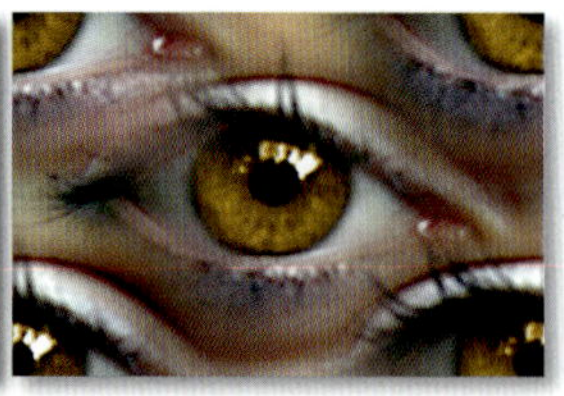

Translation (un masque protège le centre).

Le filtre Peinture à l'huile

Ps Ce filtre, qui peut s'appliquer de manière dynamique, apparaît avec la version CS6, il affiche une fenêtre de réglages qui permet de modifier l'effet du filtre pour créer un résultat artistique.

L'image initiale.

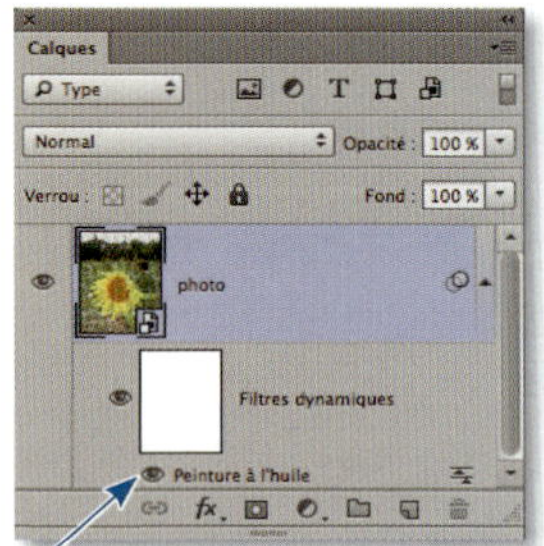

Le filtre s'applique de manière dynamique, il affiche cette fenêtre de réglages pour créer ce type d'effet.

Le filtre Point de fuite

Le travail avec les perspectives

Les utilisations

Quand une image comprend des éléments présentant des plans de perspective, vous pouvez utiliser le filtre **Point de fuite**. En effet, ce dernier propose non seulement des outils qui dupliquent les pixels en se jouant des perspectives (*voir page 247* dans la partie 3, Retoucher une photo : nettoyer, lisser…), mais permet d'autres manipulations telles que des collages, de la peinture et des transformations, qui épouseront et respecteront les plans de perspective (y compris s'ils comportent plusieurs parties).

Après une première correction classique pour éliminer ces éléments, on dessinera des lignes de perspective sur le bâtiment, on les utilisera pour supprimer le feu tricolore et coller cet élément.

Il est également possible d'exporter les grilles de perspective sur un calque et de convertir les éléments affichés dans la fenêtre du filtre sous forme d'objet 3D.

Le mode de fonctionnement du filtre

Pour bien utiliser le filtre **Point de fuite**, il est préférable de travailler en deux étapes, c'est-à-dire de lancer deux fois le filtre. La première fois, la seule opération réalisée consiste à construire le ou les plans de perspective ; la seconde, c'est le travail des corrections (dessiner, coller…), sur un nouveau calque ajouté pour recevoir les nouveaux éléments. Il pourra y avoir une sélection, ou mieux un masque de fusion, pour limiter les zones d'apparition des éléments.

La création des plans de perspective

Le dessin du plan

Lancez une première fois le filtre. Dans la fenêtre qui s'affiche, c'est l'outil **Création de plan** ( ) qui est actif.

Avec cet outil, on dessine la grille de perspective.

1. Placez cet outil sur un angle d'un plan défini par un élément de l'image, et cliquez pour placer le premier angle du cadre qui définira le plan de perspective.

2. Glissez l'outil sur un autre endroit de la photo, une ligne s'affiche pour faciliter le placement du deuxième angle ; cliquez pour placer ce point.

3. Glissez l'outil pour définir le troisième point.

4. De même pour le quatrième angle du cadre : le plan ainsi défini se remplira d'une grille dès que ce dernier point sera positionné.

Astuce *Lors du placement des points du plan de perspective, si vous enfoncez la touche X, vous doublez la taille d'affichage sur la zone où se trouve l'outil. Cela permet de mieux placer le point aux angles du plan.*

Les deux premiers points sont placés, le troisième est en cours.

En enfonçant la touche X, il y a un zoom temporaire.

Attention *Si le point est mal placé, il n'est pas possible de le modifier pour l'instant. Il faut tracer complètement le plan, puis l'annuler en tapant ⌘ Z [Ctrl Z].*

Les retouches et modifications du plan

Quand le plan de perspective est affiché avec la grille, c'est l'outil **Modification de plan** ( ) qui s'active automatiquement. Des retouches sont possibles :

- **Déplacement** : placez l'outil à l'intérieur du plan, il devient ; glissez-le pour ajuster la position de la grille.
- **Ajustement** : placez l'outil sur l'un des angles du plan, il devient ; glissez l'outil pour ajuster la position de l'angle.
- **Extension** : placez l'outil sur le centre d'un des côtés du plan, il devient ; glissez l'outil pour étendre sur une plus grande partie de l'image.
- La couleur de la grille (*voir ci-après*) indique si le plan est correct (bleu) ou non (rouge ou jaune). Si le plan n'est pas valide, utilisez l'outil **Flèche** du filtre et déplacez un angle jusqu'à ce que le cadre et la grille passent au bleu.

Par glissement des poignées, on a ajusté la taille de la grille.

- **Extension perpendiculaire** : enfoncez ⌘ [Ctrl] et placez l'outil sur le centre d'un des côtés du plan, il devient ; il est possible de définir un plan perpendiculaire qui pourra ensuite être étendu. Cela permet d'envisager des corrections sur deux plans (ou davantage).

Avec ⌘ [Ctrl], on a créé un autre plan perpendiculaire.

- **Pivotement d'un plan** : dès qu'un plan perpendiculaire est réalisé (avec ⌘ [Ctrl]), vous pouvez le faire pivoter en enfonçant la touche ⌥ [Alt] (le curseur devient). La case **Angle** permet également de faire pivoter le plan.

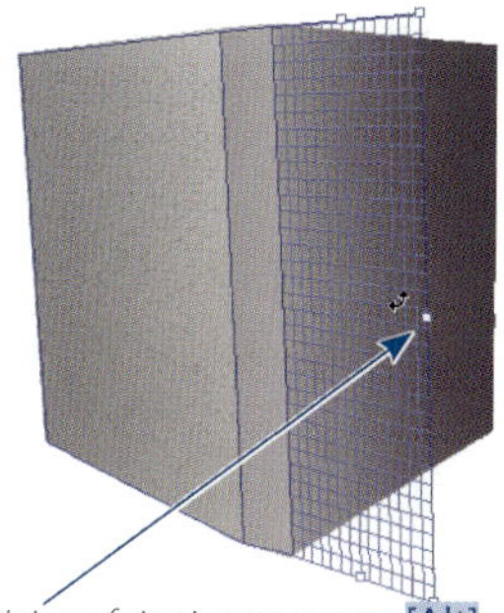

Ici, on fait pivoter avec ⌥ [Alt] un plan perpendiculaire créé avec ⌘ [Ctrl].

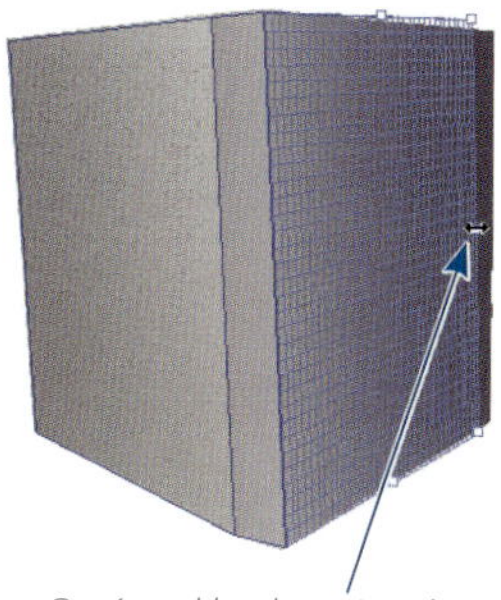

On étend le plan pivoté (il ne peut pas être modifié par ses poignées d'angles).

Vous pouvez annuler des manipulations effectuées sur la grille en tapant une ou plusieurs fois ⌘Z [Ctrl Z], ou la supprimer complètement en tapant Efface. Il est possible de dessiner plusieurs plans indépendants les uns des autres.

Quand les plans sont corrects, quittez la fenêtre en cliquant sur **OK**, ils seront ainsi mémorisés dans le filtre. Cependant, ils ne coïncideront plus avec l'image si vous changez la taille de cette dernière avec la commande du menu **Image**.

Si la grille vous semble correcte, cliquez OK, sinon, supprimez-la et recommencez en zoomant davantage.

> **ASTUCE** *Si les couleurs de l'image vous empêchent de bien voir le positionnement correct du plan de perspective, avant de lancer le filtre, ajoutez un calque de réglage Teinte/Saturation et augmentez fortement la luminosité ; vous supprimerez ce calque une fois le travail du filtre terminé.*

LES COULEURS DE LA GRILLE DU PLAN DE PERSPECTIVE

- **La grille bleue** : elle indique que le plan est valide, mais cela ne garantit pas que les résultats sont corrects. Vous devez vous assurer que le cadre et la grille s'alignent parfaitement (en zoomant suffisamment) sur les éléments géométriques de l'image.
- **La grille rouge** : le plan n'est pas valide et le filtre ne pourra pas calculer les proportions de l'illustration du plan et donc donner des résultats corrects. Il n'est pas possible de définir un plan perpendiculaire.
- **La grille jaune** : elle indique que le plan n'est pas valide. Il est possible de créer un plan perpendiculaire, mais les résultats ne seront pas orientés correctement.

Les corrections avec le filtre Point de fuite

Il y a quatre types de corrections possibles :

- avec une sélection réalisée dans le filtre ;
- avec le tampon du filtre ;
- avec le pinceau ;
- avec un collage.

Pour les deux premières manipulations, les éléments de correction sont pris dans l'image elle-même ; en revanche, dans le dernier type (collage), on fait appel à des éléments extérieurs placés par collage.

LES PRÉPARATIFS : LE CALQUE AJOUTÉ ET SON MASQUE

Pour recevoir les corrections tout en gardant intacte l'image, on ajoute un nouveau calque. Si vous souhaitez que les retouches ne débordent pas sur une partie de l'image, avant de relancer le filtre, réalisez une sélection et utilisez-la pour faire un masque de fusion sur le calque ajouté. Si vous vous contentez de faire une sélection, elle limitera bien l'apparition des retouches, mais les débordements disparaîtront de façon irréversible.

L'ÉTENDUE DES CORRECTIONS

Le filtre **Point de fuite** possède un menu local qui permet (entre autres) de maîtriser l'étendue des corrections. En effet, qu'il y ait un masque ou une sélection sur le calque ajouté, les corrections réalisées dans le filtre **Point de fuite** ne déborderont pas des grilles de perspective (sauf si vous décochez l'option **Écrêter les opérations selon le contour de la surface** dans le menu local du filtre). De plus, les corrections peuvent apparaître étalées sur plusieurs plans consécutifs de la grille (sauf si vous décochez l'option **Autoriser les opérations sur plusieurs surfaces** dans ce menu).

LES CORRECTIONS AVEC UNE SÉLECTION

Pour faire ces corrections, relancez le filtre **Point de fuite**; les plans de perspective y sont visibles, les retouches peuvent démarrer. Dans notre exemple, on va dupliquer la partie haute de la façade du bâtiment sur la partie basse; on a donc prévu un calque avec un masque délimitant cette zone. L'outil **Sélection** du filtre **Point de fuite** permet des corrections de plus grande taille que celles de l'outil **Tampon** (*décrit ci-après*). Pour ce type de correction (parfois plus efficace), effectuez les opérations suivantes :

1. Avec l'outil **Rectangle de sélection** ⬚ du filtre, et en partant de l'intérieur d'un plan, tracez un rectangle sur la zone à dupliquer : il apparaît selon la perspective définie par le plan (il ne peut pas déborder des grilles de perspective).

Avec cet outil, on crée une sélection. Ici, elle s'étale sur deux plans.

2. Éventuellement, réglez les options **Contour progressif** (pour obtenir un fondu) et **Mode de correction** (il pourra être modifié par la suite, ce sont les mêmes réglages que pour l'outil **Tampon**, *voir plus loin*). Spécifiez **Destination** pour **Mode de déplacement**.

3. Enfoncez ⌥ [Alt] et glissez la sélection vers la zone de destination en respectant l'alignement (ajoutez ⇧ pour l'ajuster) : la sélection se duplique. Relâchez pour obtenir la correction avec la fusion des pixels (selon le mode choisi).

4. Si la zone couverte n'est pas suffisante, enfoncez ⌥ [Alt], puis glissez à nouveau la sélection pour obtenir une copie. Il est possible de glisser la sélection sur un autre plan, celle-ci se déformera pour respecter la perspective.

Ici, on a fait une sélection plus petite (sur un seul plan).

Pour dupliquer, on glisse avec ⌥ [Alt], on recommence pour le haut.

ASTUCE ***Évitez de travailler sur des zones trop grandes (et parfois, sur plusieurs plans). N'hésitez pas à faire plusieurs corrections successives en réalisant, puis en glissant de nouvelles sélections sur d'autres plans (ou sur le même).***

5. Si la correction ne vous satisfait pas complètement, glissez à nouveau la sélection flottante sur une zone déjà corrigée et changez de mode.

Quand les plans ont été rectifiés, il est encore possible d'ajuster le masque de fusion du calque. Quand tout semble correct, vous pouvez affiner le travail en passant l'un des outils de correction sur le calque (**Correcteur**, **Correcteur de tons directs** ou **Tampon**).

La correction peut se réaliser sans déplacement de la sélection ; en effet, si vous enfoncez ⌘ [Ctrl] et glissez l'outil, la sélection reste sur place et se remplit de la zone corrigée.

LES MANIPULATIONS DE L'OUTIL TAMPON

L'outil **Tampon** du filtre (activé en tapant S) se comporte, selon ses réglages, comme les outils **Tampon de duplication** ou **Correcteur**. Il reproduit des pixels prélevés sur une zone définie à l'intérieur du plan de fuite par ⌥ clic [Alt clic]. La reproduction s'obtient par glissement de l'outil sur la zone à corriger ; elle s'effectue avec ou sans fusion entre les pixels copiés et les pixels remplacés ou voisins (*voir plus loin*). Une fois la zone source spécifiée, vous devez d'abord régler le tampon avant de le glisser. Le plan contenant la référence s'encadre de vert.

La zone de référence définie avec ⌥[Alt] se marque d'une croix verte.

On voit la taille du tampon qui s'adapte au plan de fuite.

Les réglages du tampon

On distingue trois réglages : la taille, le mode de correction et l'alignement. Tous se règlent dans le haut de la fenêtre ou au clavier. Les deux premiers réglages doivent être faits avant de glisser l'outil pour dupliquer ; le dernier s'effectue avant le deuxième glissement.

La taille

Les options concernant la taille se définissent dans la **Barre d'options** de l'outil et fonctionnent de la même manière que pour l'outil **Tampon** (ou tout autre outil). Cependant, dans l'aperçu, la taille de l'outil dépend de l'endroit où il se trouve par rapport au plan de perspective — en général, il faudra amener l'outil sur un plan voisin pour le voir. Pour définir sa taille, vous devez régler les options **Diamètre**, **Dureté** et **Opacité**.

Attention *Ces réglages de diamètre se réalisent au clavier, mais ils sont différents de ceux utilisés pour les autres outils.*

Taille	Touche
+ grande	;
+ petite	,

Les modes de correction

Les modes de correction permettent ou non de définir une fusion entre les pixels copiés et les pixels remplacés pour intégrer au mieux la correction. Le filtre propose trois modes : **Désactivé**, **Luminance** et **Activé**.

- **Désactivé** : ce mode permet de dupliquer les pixels prélevés sans tenir compte de ceux qui sont remplacés (pas de fusion).
- **Luminance** : il permet de dupliquer les pixels prélevés, mais en adaptant leur couleur en fonction de la lumière présente autour de la zone des pixels remplacés.
- **Activé** : il permet de dupliquer les pixels prélevés en les fusionnant avec la texture des pixels remplacés.

Astuce *Si, après un premier passage, vous souhaitez tester avec un autre mode de correction, tapez ⌘Z [Ctrl Z] pour annuler, changez le réglage et repassez l'outil sur la zone.*

L'alignement de l'échantillonnage

Quand vous avez réalisé un premier passage de l'outil sur la zone à corriger, vous devez choisir le type de l'alignement avec la source pour le second passage de l'outil. Le filtre en propose deux : ils correspondent à l'option **Aligné** qui peut être cochée ou non.

- **Aligné coché** : à chaque nouveau glissement de l'outil, le point d'échantillonnage (ou de référence) se déplace pour conserver la même distance qu'il y avait entre le point d'échantillonnage initial et le premier glissement de l'outil. Ce point de référence a une position relative.
- **Aligné non coché** : vous dupliquez les pixels prélevés en conservant toujours le même point d'échantillonnage. Ici, le point de référence a une position absolue.

Vous pouvez également redéfinir une nouvelle source — dans tous les cas, placez correctement le tampon pour respecter l'alignement.

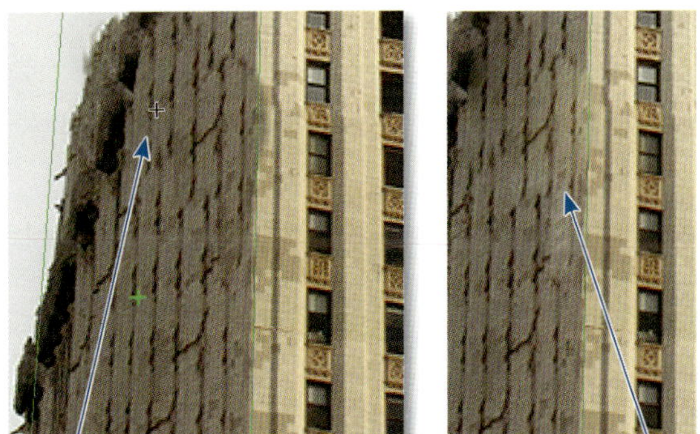

*Si la correction s'effectue en un seul passage, l'alignement n'intervient pas. À droite, on a changé le mode de fusion (**Activé**).*

Les manipulations en cours de correction

Il est possible d'annuler une ou plusieurs opérations (ou de les rétablir, *voir tableau ci-après*). Pour les annuler toutes, enfoncez ⌥[Alt], le bouton **Annuler** devient **Réinitialiser**, cliquez dessus pour retrouver l'aperçu du début des corrections ; le plan de perspective est conservé s'il avait été fait antérieurement.

Opération	Touche
Annuler	⌘Z [Ctrl Z]
Rétablir	⇧⌘Z [⇧Ctrl Z]

Une fois le filtre validé, les corrections se trouvant sur un calque ajouté, il est toujours possible d'effacer une partie de la correction ou de la sélectionner pour la déplacer.

Le travail de l'outil Forme (pinceau)

La fenêtre du filtre possède un outil **Forme** dont la taille est réglable comme pour l'outil **Tampon** (*voir précédemment*). Il permet de peindre en suivant les perspectives, notamment en enfonçant ⇧. La forme du pinceau s'adapte en fonction du plan dans lequel elle est utilisée. Afin de pouvoir intervenir sur le dessin, il est préférable ici aussi d'ajouter un calque pour recevoir les coups de pinceau.

Les collages dans le filtre Point de fuite

Pour réaliser un collage dans la fenêtre du filtre **Point de fuite**, une préparation est nécessaire, elle s'effectue de la façon suivante :

1. Affichez seuls les calques contenant les éléments à coller (ils peuvent être situés dans un autre document).
2. Sélectionnez la partie à coller ou tapez ⌘A [Ctrl A] pour sélectionner l'ensemble des éléments.
3. Procédez à la copie à l'aide de la commande **Copier avec fusion** (du menu **Édition**) ou tapez ⇧⌘C [⇧Ctrl C]. En effet, cette commande présente l'avantage de copier tout ce qui est affiché, y compris les calques de texte ou les objets dynamiques (sans avoir à pixelliser).

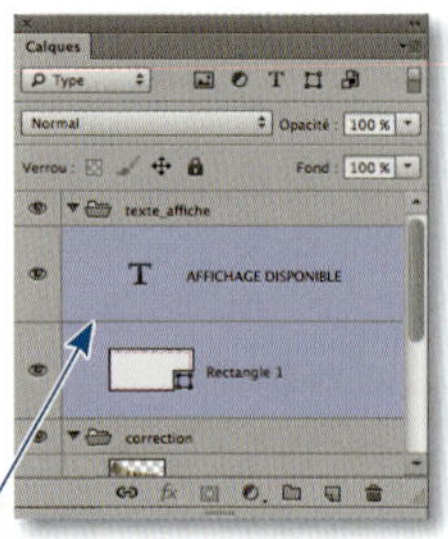

On sélectionne et on copie avec fusion en tapant ⇧⌘C [⇧Ctrl C].

4. Pour placer le collage, ajoutez un nouveau calque, éventuellement avec un masque de fusion (ou une sélection) et réaffichez les calques (sauf celui où a été effectuée la copie).

Après cette préparation, lancez le filtre. Dans la fenêtre **Point de fuite**, tapez ⌘V [Ctrl V] : le collage apparaît en haut à gauche de la fenêtre (sauf si le calque comportait une sélection ; dans ce cas, le collage ne sera visible qu'une fois glissé dans cette sélection). Glissez le collage dans l'un des plans de perspective, son aspect se modifie pour respecter les plans de fuite.

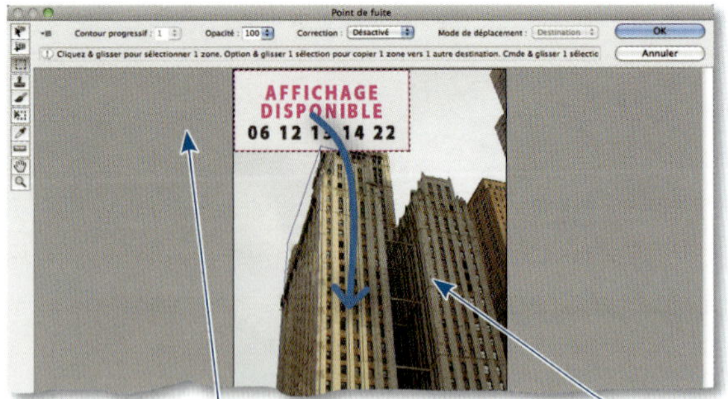

On a collé le texte. On va maintenant le glisser dans la grille.

Si ses dimensions sont trop importantes, ou s'il doit être pivoté, annulez ce premier déplacement (en tapant ⌘Z [Ctrl Z]) et utilisez l'outil **Transformation** (au clavier, ⌘T [Ctrl T]). Agissez sur les poignées (avec ⇧ pour garder le rapport largeur/hauteur et avec ⌥ [Alt] pour centrer la transformation). Certaines manipulations (symétrie) sont accessibles par les options situées en haut de la fenêtre du filtre.

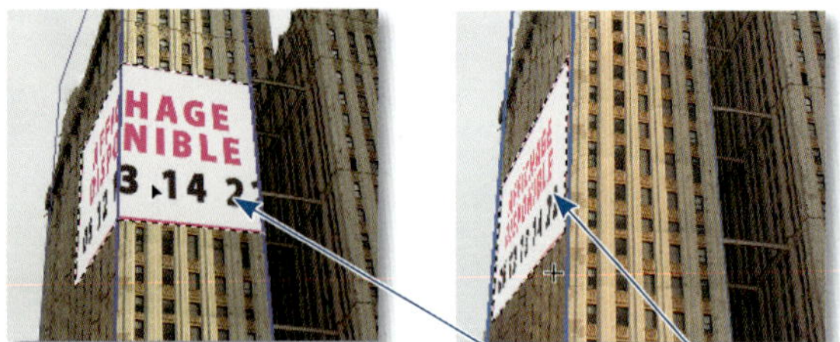

Selon sa position, le collage se place sur deux ou un plan.

Vous pouvez transformer le collage avant ou après l'avoir glissé dans le plan de perspective. Selon sa taille, les poignées ne sont pas toujours visibles.

Quand l'aspect du collage est correct, vous pouvez en faire un deuxième (il sera sur le même calque) ou valider le filtre. Éventuellement, changez le mode de fusion du calque ou son opacité, affectez des effets de calque…, pour mieux incruster le collage dans l'arrière-plan.

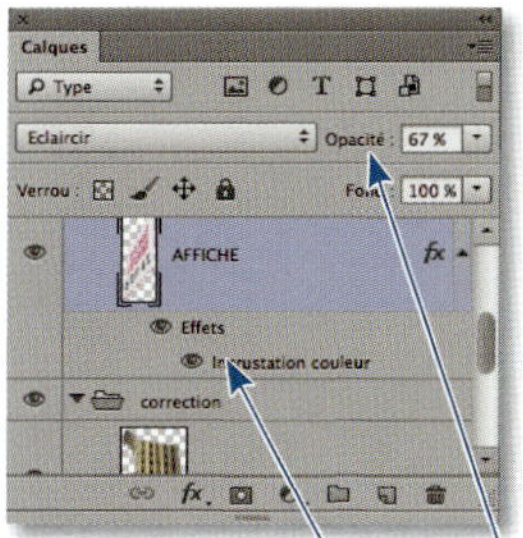

On ajuste avec les effets de calque, des modes de fusion ou encore l'opacité.

Les manipulations particulières

Le filtre **Point de fuite** est intéressant à plus d'un titre et propose d'autres possibilités, nous allons voir deux d'entre elles.

L'exportation des grilles de perspective et les objets dynamiques

Photoshop ne permet pas d'utiliser les objets dynamiques dans les collages, ce qui s'avère dommage et nécessite de reprendre le travail dans le filtre en cas de modification de la partie collée. On peut pallier ce problème en utilisant une fonction d'exportation que propose le filtre. En effet, quand les grilles de perspective sont réalisées, le menu local du filtre et la commande **Rendu des grilles vers Photoshop** permettent leur exportation sur le calque actif (qu'il faut penser à ajouter à cet effet).

Avec cette commande, on peut récupérer les grilles sur un calque.

Ces grilles pourront alors servir de modèle pour transformer un objet dynamique (un texte ou une photo) qui pourra facilement être mis à jour par la suite en étant édité. Dans certains cas, les transformations peuvent être relativement délicates et nécessiter plus de calques avec des masques de fusion. Ci-après vous pouvez voir deux exemples : l'un avec un texte, l'autre avec une photo.

Dans cet exemple en images, on déforme un texte dynamique en utilisant la grille récupérée sur un calque (et recolorée pour faciliter la visualisation).

On déforme le texte (converti en objet dynamique) en suivant la grille. Il y a mise à jour automatique si on le modifie.

Avec la photo, la déformation du calque dynamique à l'aide de la grille se réalise avec plusieurs calques. Une modification de la photo se répercute sur les calques déformés.

Des copies de cet objet dynamique ont été déformées en suivant la grille.

Si on modifie cet objet dynamique (ou on le remplace), il y a mise à jour.

Sur cette structure du livre, on colle cette couverture à l'aide du filtre **Point de fuite**.

L'exportation 3D

Quand vous avez dessiné les grilles de fuite (et éventuellement réalisé des retouches ou des collages), vous pouvez exporter le résultat affiché dans la fenêtre du filtre **Point de fuite** en tant qu'objet dynamique 3D. Cet objet est délimité par les surfaces des grilles de fuite. Avant de réaliser cette exportation, étant donné que les dimensions de l'objet 3D sont définies par les grilles, il ne faut pas hésiter, dans certains cas, à les rallonger. Les débordements inutiles seront supprimés par la suite en éditant les calques de texture de diffusion de l'objet 3D.

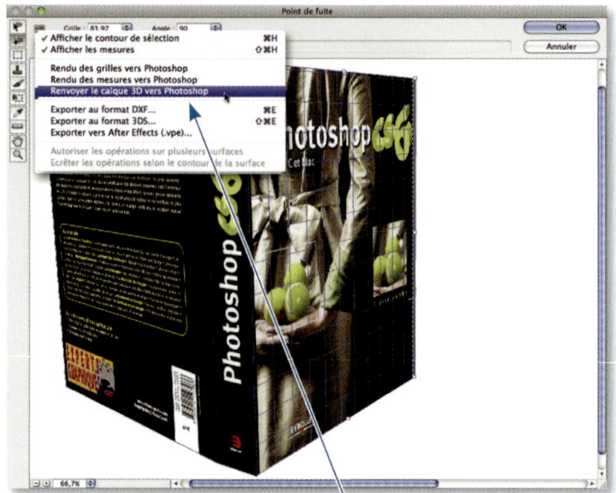

Une fois le collage réalisé dans ce menu du filtre **Point de fuite** *on choisit cette exportation.*

L'objet 3D obtenu par le filtre **Point de fuite**.

Pour obtenir cet objet 3D, réalisez un collage de la couverture dans le filtre **Point de fuite**, puis, dans son menu local, choisissez la commande **Renvoyer le calque 3D vers Photoshop**, puis cliquez sur **OK** pour que le programme crée l'objet sur un calque qu'il ajoute automatiquement.

Cet objet 3D possède une icône caractéristique (🗗) et présente un certain nombre de fichiers de texture (autant qu'il y avait de surfaces de grille). Il s'agit d'un calque dynamique.

L'objet 3D et ses fichiers de texture (un par surface).

Les manipulations 3D

L'objet 3D obtenu à partir du filtre **Point de fuite** peut être manipulé comme n'importe quel objet 3D. Il suffit d'activer un outil **Déplacement** pour accéder aux différents outils 3D et réaliser des traitements divers sur l'objet.

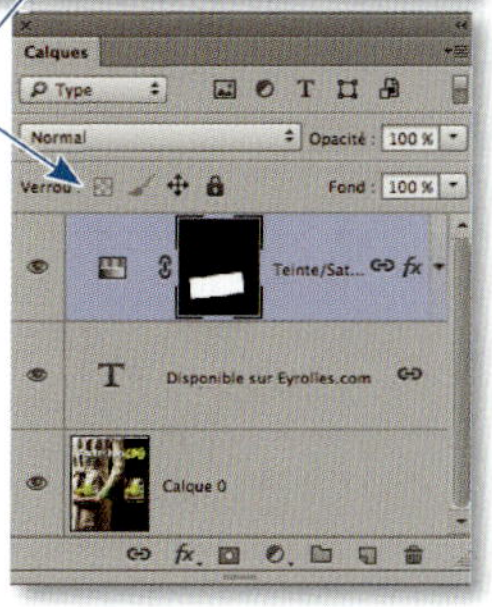

Les deux fichiers affichés. Quand on modifie le fichier d'une texture, il y a mise à jour sur l'objet 3D.

Le traitement des textures

Les fichiers de texture de diffusion sont nommés **temp0**, **temp1**... Vous pouvez éditer chacun d'eux par double-clic sur son nom. Un fichier à part entière apparaît, il peut être affiché à côté du fichier maître (à partir de l'icône menu **Fenêtre/Réorganiser**). Les changements réalisés sur la texture seront répercutés sur l'objet 3D.

D'autres textures (bosselage, environnement...) peuvent également être ajoutées pour modifier l'aspect de l'objet.

On peut également travailler les éclairages et les ombres, pour plus de détails reportez-vous au chapitre consacré aux calques 3D.

Partie 8

Distribuer les images

1 - La préparation des images pour l'impression

2 - La préparation des images pour le Web

3 - L'impression d'une image

1 - La préparation des images pour l'impression

L'échantillonnage des couleurs

À chaque utilisation d'un document (papier ou écran) correspond un mode colorimétrique, ou échantillonnage des couleurs de l'image.

Les modes et les conversions

Chaque pixel d'une image possède une profondeur des couleurs appelée également **échantillonnage des couleurs**; celui-ci détermine le poids et la qualité du fichier sur le disque. Dans Photoshop, à chaque échantillonnage, correspond un ou plusieurs modes colorimétriques, toute image pourra être convertie d'un mode à l'autre — cette opération s'effectue par le sous-menu **Mode** du menu **Image** et, pour certaines conversions, par la commande **Convertir en profil** du menu **Édition**. En dehors de quelques conversions indispensables pour réaliser des effets particuliers, le choix d'un mode colorimétrique et de son échantillonnage est lié au choix du format d'enregistrement du fichier qui, lui-même, dépend de l'utilisation qui sera faite du document : image à diffuser sur le papier (image à imprimer) ou sur l'écran (Web et multimédia).

Dans tous les cas, il est impératif de garder une copie du fichier dans le format d'origine (c'est-à-dire au format natif de Photoshop **.psd**). Avec la commande **Enregistrer pour le Web**, c'est forcément une copie du fichier natif dans un autre format qui sera créée ; en revanche, chaque mise à jour de ce fichier devra être effectuée en relançant **Enregistrer pour le Web** à partir du fichier natif.

Pour plus de détails sur les différents formats proposés par Photoshop et leurs particularités, reportez-vous au chapitre Les formats d'images, page 20.

Les échantillonnages colorimétriques

On distingue trois possibilités d'échantillonnage : **1 bit**, **8 bits** et **24** ou **32 bits**. À chacune d'elles correspondent certains types d'images :

Échantillonnage	Type d'image (mode)
1 bit	Noir et blanc (Bitmap)
8 bits	Niveaux de gris Bichromie Couleurs indexées
24/32 bits	RVB CMJN Lab

Les images 1 bit

Le mode correspondant s'appelle **Bitmap**. C'est l'échantillonnage des images noir et blanc (le pixel ne peut être que noir ou blanc) : images au trait destinées aux mises en page papier ou écran.

Les images 8 bits

Cet échantillonnage rassemble trois types d'images ; à chacun d'eux correspond un mode colorimétrique : **Niveaux de gris**, **Couleurs indexées** et **Bichromie**. Leurs points communs sont un nombre de couleurs et un poids de fichier réduits.

Les images en niveaux de gris

Il s'agit des similis destinés aux mises en page papier ou publication écran (multimédia, Web).

Les images aux couleurs indexées

Ce sont des images couleur destinées aux publications multimédias ou aux réseaux, c'est-à-dire des images à afficher ; elles ne comportent que de 2 à 256 couleurs.

Les bichromies

Ce sont les images imprimées à l'aide de plusieurs encres. Les vraies bichromies ne sont utilisées que dans le domaine de la PAO. Certaines images RVB peuvent avoir l'aspect de bichromies sans pour autant utiliser ce mode ; elles sont utilisées dans les publications multimédias ou imprimées avec les encres de la quadri.

Les images 24 et 32 bits

Cette profondeur convient à quatre types d'images et par conséquent correspond à quatre modes : **RVB**, **CMJN**, **Lab** et **Multicouche**.

Les images couleurs RVB

C'est la profondeur et le mode de couleurs de la plupart des images issues des scanners. Ce mode convient principalement aux images destinées à être affichées : images multimédias ou Web.

Quant à l'impression de telles images, elle peut s'effectuer directement sur certaines imprimantes couleur (type jet d'encre, par exemple), mais avec d'autres, il faudra utiliser un profil qui réalisera la conversion des couleurs en CMJN.

Les images couleurs CMJN

Cet échantillonnage correspond aux images couleur, appelées communément **quadri**, destinées à être imprimées avec séparation des couleurs.

Les images couleurs Lab

Ce mode peut constituer un mode transitoire utilisé de façon transparente par Photoshop. Pour les images à imprimer, la sortie n'est réalisable qu'avec les imprimantes PostScript qui gèrent ce type de couleurs.

Les images multicouches

Il s'agit, entre autres, d'images issues du mode **Bichromie** que l'on convertit afin de pouvoir travailler séparément chaque couche colorée de la bichromie.

Après avoir passé en revue les formats, nous étudierons, avec les deux destinations possibles (impression ou Web), la préparation des images.

Image au trait ou bitmap

Dans Photoshop, les images 1 bit sont appelées **images bitmap**. Elles ne possèdent que des pixels blancs ou noirs.

L'utilisation d'une image bitmap

Du fait que les pixels des images bitmap ont une profondeur des couleurs de 1 bit (noir ou blanc), leur poids sur le disque est faible. Dans une mise en page, le noir peut être remplacé par une autre couleur, ce qui ouvre des horizons vers la réalisation d'effets spéciaux.

De plus, avec une image bitmap enregistrée au format Photoshop EPS, il est possible de définir le blanc comme transparent, ce qui s'avère intéressant dès lors que la photo doit être placée sur un fond coloré ou sur une autre photo (le tracé de détourage n'est pas utile).

La conversion d'une image en image bitmap

Photoshop propose, dans la commande **Bitmap** du sous-menu **Mode** (menu **Image**), plusieurs méthodes de conversion regroupées dans une même fenêtre. Celle-ci n'est accessible qu'à partir d'une image en niveaux de gris.

D'une manière générale, il est conseillé de réaliser l'opération sur une copie de l'image originale — celle-ci s'obtient à partir de la commande **Dupliquer** du menu **Image** ou à partir de l'icône de création de document dans le panneau **Historique**.

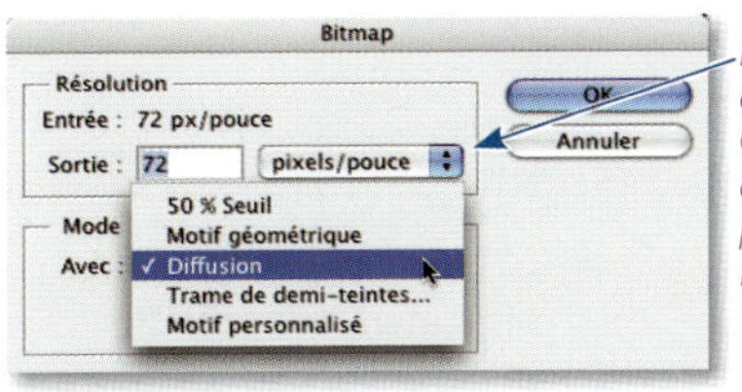

Les options de conversion. Cette fenêtre n'est accessible qu'à partir d'images en niveaux de gris.

Astuce *Ne réalisez la conversion qu'en fin de travail ; en effet, de nombreux outils et commandes (les filtres notamment) sont inaccessibles pour une image en mode* ***Bitmap****. Si le document comporte plusieurs calques, la conversion entraîne leur fusion en un seul (image aplatie).*

La résolution des images bitmap

Lors de la conversion, vous devez spécifier une résolution pour l'image finale. Dans le cadre de la création d'une image pour l'impression, n'hésitez pas à augmenter la valeur de manière à conserver suffisamment de détails de l'image initiale. Dans les exemples qui suivent, la résolution initiale est de 300 ppp, elle passe à 600 dans l'image finale. Si, au départ, l'image est affichée avec sa taille d'impression (menu **Affichage**), elle est vue à 24 %. Une fois converti en bitmap, l'affichage passe à 25 % et l'image apparaît beaucoup plus grande, car elle n'est plus affichée selon l'option **Taille d'impression**. Relancez cette commande pour la voir aux mêmes dimensions qu'à l'origine (donc à 12 % puisqu'on a doublé la résolution).

La conversion avec 50 % Seuil

L'image en niveaux de gris est transformée en image au trait ; elle ne comporte plus que des zones blanches et des zones noires. En effet, les pixels dont le niveau de gris est supérieur à 128 (c'est-à-dire moins de 50 % de noir) sont basculés en blanc, et ceux dont le niveau est inférieur deviennent noirs (rappelons que le niveau de noir = 0 et de blanc = 255).

L'image originale affichée à sa taille d'impression (24 %) et l'image convertie avec ***50 % Seuil*** *à sa taille d'impression (12 %).*

Astuce *Avec cette option, le seuil de conversion est imposé. Il est donc préférable d'utiliser un calque de réglage de type* ***Seuil*** *pour définir quels pixels deviendront noirs, puis de passer au mode* ***Bitmap*** (voir page suivante).

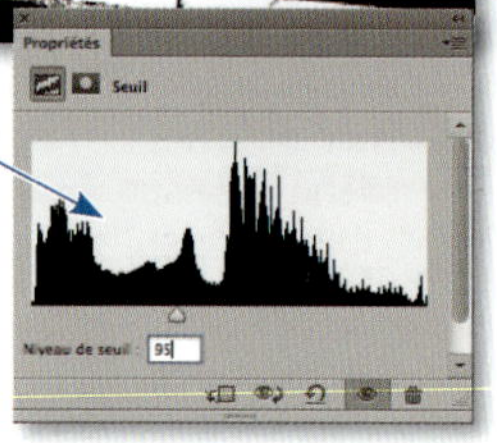

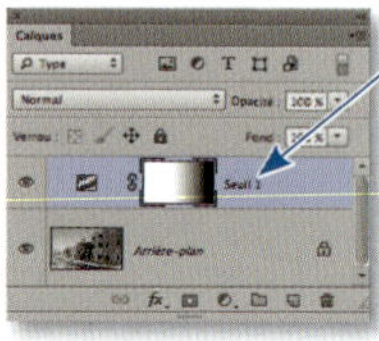

Pour obtenir cette image, avant la conversion bitmap, on a appliqué ce calque de réglage avec ce masque.

La conversion Motif géométrique

Pour réaliser cette conversion, Photoshop simule les niveaux de gris à l'aide des motifs triangulaires noirs et blancs. En fonction de la résolution, le motif n'est visible que si l'on zoome sur l'image.

L'image convertie avec **Motif géométrique** *et un détail de celle-ci.*

La conversion par Diffusion

Photoshop utilise une méthode de diffusion d'erreurs qui s'étend sur la totalité de l'image. On obtient une image avec une texture granuleuse qui ressemble à la trame d'impression aléatoire que produisent les imprimantes de type jet d'encre. C'est par ce type de conversion qu'il y a le moins de différences entre l'image en niveaux de gris et l'image bitmap.

L'image convertie avec **Diffusion** *et un détail de celle-ci.*

La conversion avec Trame de demi-teintes

On obtient l'effet d'une image en niveaux de gris imprimée au travers d'une trame de demi-teintes. Si vous choisissez cette option, une fenêtre de dialogue (*voir ci-dessous*) vous permettra de spécifier des paramètres de trame : linéature, angle et forme du motif de trame de demi-teintes.

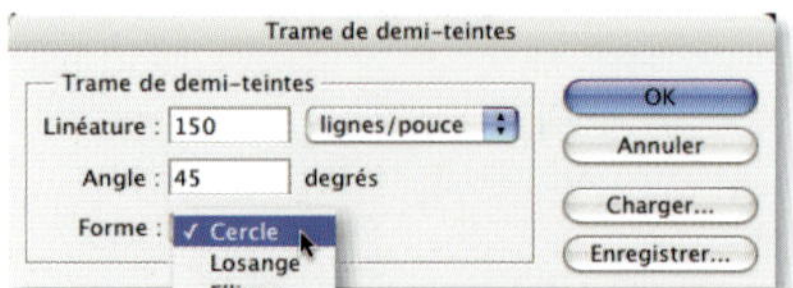

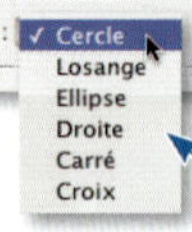

Lors de la conversion, il faut choisir le motif de trame de demi-teintes.

Si vous devez appliquer un même réglage de conversion à plusieurs images, vous pouvez l'enregistrer et ainsi le charger avec l'image suivante.

Vous pouvez également créer un script qui vous permettra un traitement par lots (*nous en reparlerons à la fin des conversions*). Cette conversion permet d'imprimer des images en demi-teintes sur des imprimantes non PostScript.

L'image convertie avec ***Trame de demi-teintes*** *avec une linéature de 150 et, ci-dessous, une linéature de 30.*

Détails d'une linéature faible.

Astuce ***Vous pouvez utiliser ce type de conversion pour créer des effets spéciaux en choisissant une linéature très faible. L'image sera alors convertie en RVB pour être recolorée.***

La conversion avec le Motif personnalisé

L'image en niveaux de gris est imprimée au travers d'une trame dont le motif a un dessin spécial. Avec cette option, vous devez donc choisir un motif dans le sélecteur de motifs personnalisés : soit l'un de ceux proposés par défaut par le programme, soit celui que vous avez préparé avant de lancer la commande de conversion.

Pour la préparation du motif, vous pouvez soit le dessiner dans un nouveau document, soit sélectionner une photo préalablement réduite, ou ouvrir les fichiers de motif PostScript fournis avec le programme. Quelle que soit la méthode choisie, vous devez définir le motif en effectuant une sélection rectangulaire et en lançant la commande **Utiliser comme motif** du menu **Édition**.

L'enregistrement d'une image bitmap

Les formats PSD ou PDF

Si vous travaillez avec InDesign (et XPress 8 ou +), choisissez **Photoshop** (**PSD**) ou **Photoshop PDF** (le format PDF est également importé par XPress 6 et +).

Les formats TIFF ou EPS

Pour l'impression, les formats les plus courants avec XPress sont TIFF et EPS (pour ce dernier, vous devrez cocher l'option **Blancs transparents** pour ne voir que les pixels noirs). Le format EPS permet de choisir le type du codage (ASCII ou binaire, qui est le plus employé). Le format TIFF permet une compression (sans perte) du fichier (LZW, le plus courant, ou ZIP moins reconnu).

Avec les deux formats, vous devez définir sur quelle plate-forme, Mac ou Windows (prévisualisation TIFF), le fichier sera utilisé — de préférence, choisissez plutôt **IBM PC** pour les fichiers TIFF ou **TIFF (1 bit/pixel)** pour les fichiers EPS, car les plates-formes Mac savent l'utiliser ; la réciproque n'étant pas vraie, cela posera des problèmes à certains metteurs en page sur Windows.

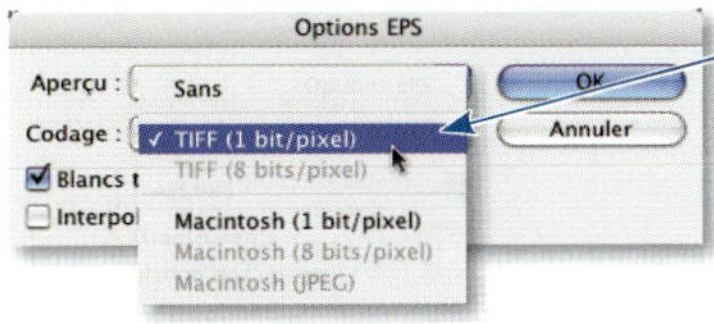

Avec ce choix, le fichier pourra être importé sur le Mac et le PC.

Les images bitmap recolorées

Les images bitmap destinées à une mise en page XPress ou InDesign peuvent être recolorées. Si cette opération doit être réalisée dans le logiciel de destination, l'image sera enregistrée au format PSD ou TIFF. Pour réaliser cette opération dans InDesign, c'est le contenu du bloc (l'image) qui devra être sélectionné.

Les images EPS et PDF ne sont pas coloriables. Si vous souhaitez les colorer dans Photoshop, il faudra les convertir en **Niveaux de gris**, puis en **Bichromie** (avec l'option **Monochrome** et la couleur d'encre voulue), pour enfin l'enregistrer au format EPS.

L'image en niveaux de gris

Deux cas possibles : la conversion de l'image bitmap en niveaux de gris et celle de l'image couleur en niveaux de gris.

La conversion d'une image bitmap en niveaux de gris

Ce type de conversion permet de créer une image en niveaux de gris à partir d'une photo numérisée au trait et ainsi d'accéder à tous les outils ou les filtres de Photoshop. Lorsque vous lancez la commande **Niveaux de gris** (menu **Image/Mode**), une fenêtre donne la possibilité de réduire la taille de l'image selon un rapport à spécifier. La valeur du taux de réduction dépend de la résolution initiale de l'image bitmap (qui est grande généralement) et de la résolution souhaitée pour l'image finale (le plus souvent 2 fois la linéature d'impression).

Par exemple, si vous réalisez l'image bitmap avec une résolution de 600 ppp, vous préparerez une image en niveaux de gris de 300 ppp en indiquant un rapport de 2. L'image finale apparaîtra quand même avec une résolution de 600 ppp, mais d'une taille réduite de moitié, et vous la ramènerez aux dimensions et à la résolution voulues par la commande **Taille de l'image** en décochant l'option **Rééchantillonnage**.

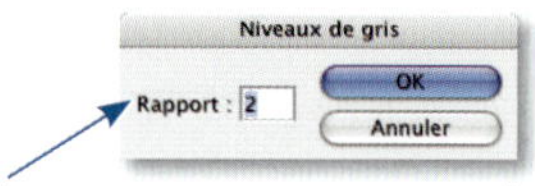

Cette fenêtre permettra un ajustement de la résolution qui s'effectue dans la fenêtre **Taille de l'image**.

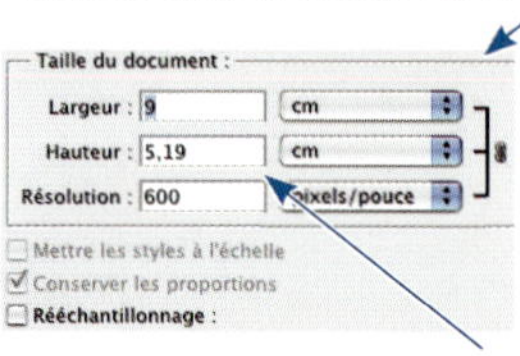

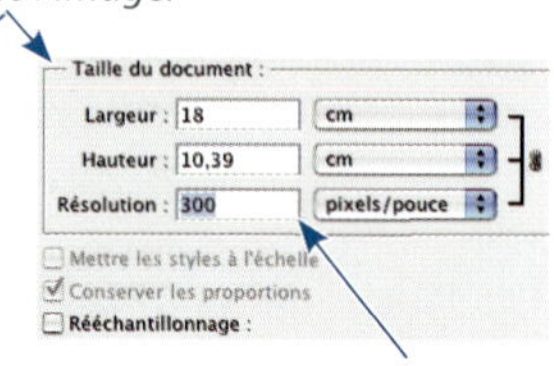

Après conversion, l'image est réduite. On redimensionne par changement de résolution sans rééchantillonnage.

La conversion d'une image couleur en niveaux de gris

La conversion peut être réalisée de différentes façons : par le menu **Mode** (du menu **Image**), par la commande **Mélangeur de couches** ou à l'aide d'un calque **Teinte/Saturation**.

L'image en niveaux de gris par le menu Mode

Pour réaliser la conversion d'une image couleur par la commande **Niveaux de gris** du menu **Image/Mode** — ou la commande **Convertir en profil** du menu **Édition** avec un profil de gris —, Photoshop utilise une formule de conversion standard qui consiste à combiner 30 % de rouge, 60 % de vert et 10 % de bleu. Ce mélange convient à certaines images mais nécessite des modifications pour d'autres.

> **Astuce** *Avec cette méthode, l'image change de mode, on obtient une image en niveaux de gris codée sur 8 bits. Avec les méthodes qui suivent, on peut garder une image RVB (24 bits) et des paramètres modifiables en utilisant des calques de réglage.*

L'image en niveaux de gris par les réglages

Mélangeur de couches ou **Noir et blanc** (sous forme de calque de réglage ou non) donnent accès à des paramétrages plus fins. *Les méthodes ont été décrites pages 405 et 406.*

L'image convertie en objet dynamique

Si vous exportez des images monochromes obtenues par les méthodes utilisant les calques de réglage (**Mélangeur de couches** ou **Noir et blanc**), dans le logiciel de PAO, les niveaux de gris de ces images RVB sont générés par un mélange d'encres CMJN au lieu de l'encre noire seule. Si vous convertissez en images en niveaux de gris, elles subiront un léger changement d'aspect. Pour éviter cela, effectuez les opérations décrites ci-après. Elles présentent l'avantage, par rapport à un changement de mode direct (par **Image/Mode**), de ne pas changer l'aspect du document et de permettre une impression avec une seule encre (noire).

1. Sélectionnez tous les calques à l'aide de la commande **Tous les calques** du menu **Sélection**.
2. Par clic droit sur l'un des calques dans le panneau **Calques**, lancez **Convertir en objet dynamique** : vous n'obtenez qu'un seul calque avec l'icône .
3. Dans le menu **Image/Mode**, choisissez **Niveaux de gris**, puis l'option **Ne pas pixelliser** (les modifications sur l'objet dynamique resteront ainsi possibles).
4. Enregistrez le fichier au format Photoshop PSD (ou PDF). Dans InDesign, il ne s'imprimera qu'avec une encre noire.

Par la suite, si vous rouvrez le document PSD en niveaux de gris, l'objet dynamique qu'il contient pourra être modifié par double-clic sur l'icône : la fenêtre d'un document RVB avec les calques de réglage s'affichera.

L'enregistrement des images en niveaux de gris

Pour les images en niveaux de gris destinées à l'impression, le choix du format dépend du contenu du document. Les formats les plus intéressants sont **Photoshop** et **Photoshop PDF** pour InDesign ou XPress 7 et +. Les formats **TIFF**, **Photoshop EPS** (obsolètes) restent encore très utilisés.

Le format Photoshop

Le format **Photoshop** (format natif) peut être utilisé pour des images en niveaux de gris destinées à une mise en page réalisée avec InDesign (et XPress selon la composition du fichier). Non seulement les calques sont conservés avec leur transparence complète, mais il sera possible dans InDesign ou XPress de masquer ou d'afficher certains d'entre eux. De même, si le document comporte des compositions de calques, vous pourrez, dans InDesign seulement, afficher celle qui vous convient le mieux directement par clic droit sur l'image, pour lancer **Options de calque d'objet**.

Le format Photoshop EPS

C'était le format classique de la PAO (surtout pour XPress et pour certaines impressions) mais ici l'image devait être aplatie ; aussi, Photoshop crée une copie du fichier pour garder intact le fichier multicalque. Pour obtenir un détourage, il faudra utiliser un masque vectoriel et renommer le tracé. Avec ce format, si vos connaissances dans le domaine le permettent, vous pouvez définir des options d'impression (trame et fonction de transfert).

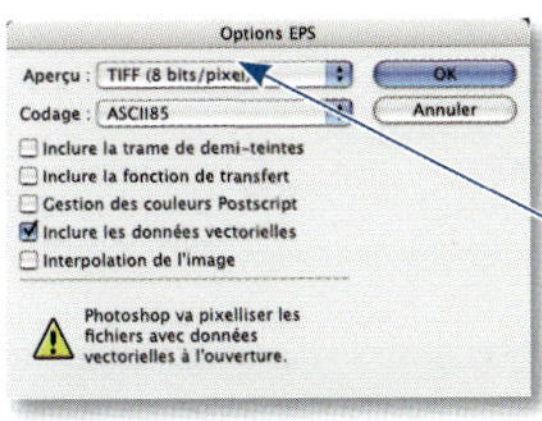

Pour obtenir un fichier Mac et PC, choisissez cette option.

Le format TIFF

Le format **TIFF** conserve la totalité des calques (et des couches alpha). Cependant, si cette option n'est plus disponible dans la fenêtre d'enregistrement, c'est que l'option **Choix avant l'enregistrement des fichiers TIFF multicalque** n'est plus cochée dans la fenêtre des préférences à la rubrique **Gestion des fichiers** (menu **Photoshop [Édition]**).

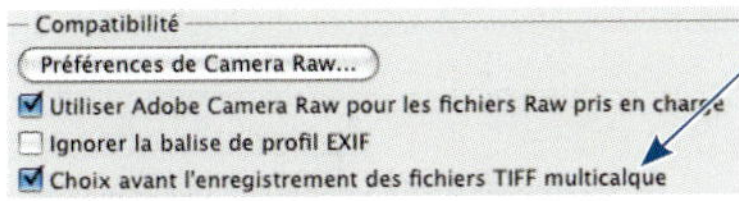

Une option d'enregistrement des fichiers TIFF.

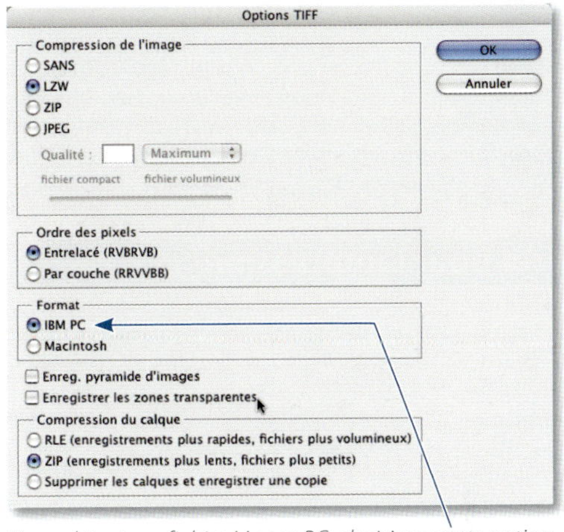

Pour obtenir un fichier Mac et PC, choisissez cette option.

Le format Photoshop PDF

Le format **Photoshop PDF** peut être utilisé pour des images en niveaux de gris destinées à une mise en page réalisée avec InDesign ou XPress. Ici également, les calques sont conservés ; de plus, avec le format **Photoshop PDF**, les données vectorielles (texte, masque de calque...) gardent leurs caractéristiques vectorielles et une protection peut être ajoutée au fichier pour le sécuriser.

La fenêtre d'enregistrement PDF est maintenant commune à la majorité des logiciels de la Creative Suite. Les options d'enregistrement PDF créées dans InDesign sont accessibles dans Photoshop (ou Illustrator), et réciproquement.

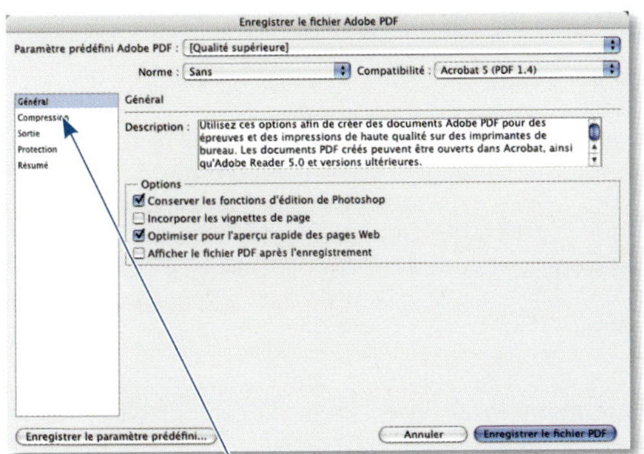

On peut ajouter une protection au fichier.

La bichromie

La conversion vers une image polychrome (**bichromie**) ne peut s'effectuer que si l'image est initialement en niveaux de gris. Les images couleur RVB ou CMJN devront donc d'abord être converties en images en niveaux de gris (on peut utiliser un objet dynamique, *voir page 431*).

L'intérêt pour l'impression

Pour une image en niveaux de gris, l'écran affiche un maximum de 256 tons de gris, mais les presses ne peuvent reproduire qu'environ 50 niveaux de gris par encre. Une image imprimée à partir d'une encre noire apparaîtrait moins fine que si elle est imprimée avec plusieurs. L'augmentation du nombre d'encres (deux, trois ou quatre) agrandit la plage des tonalités de l'image et permet d'en améliorer la qualité.

Dans le cas de l'impression d'une image bichrome, on peut utiliser une encre noire et une encre grise : la première reproduit les tons foncés de l'image, la seconde les demi-tons et les tons clairs. Souvent, l'encre grise est remplacée par une encre de couleur — de type Pantone ou par une couleur primaire (cyan, magenta ou jaune) — qui ne sera appliquée que dans les tons clairs. Cette seconde encre permet de produire une image légèrement teintée où les détails seront accentués. Selon les teintes des encres de la bichromie, l'ambiance de la photo peut être plus chaude (avec des tons rouges, orangés ou marron), plus froide (avec des tons bleus), plus profonde, vieillie avec un effet sépia…

La conversion d'une image en bichromie

La conversion

L'image étant en niveaux de gris, déroulez le sous-menu **Mode** (du menu **Image**) et lancez **Bichromie** ; une fenêtre apparaît. Vous devez y spécifier un certain nombre de réglages, certains d'entre eux étant facilités grâce à une option d'aperçu permettant de prévisualiser le résultat.

Les réglages

Parmi les réglages, vous devez : spécifier le nombre d'encres (dans le menu local **Type**), choisir la couleur de chacune d'elles et ajuster leur courbe d'encrage.

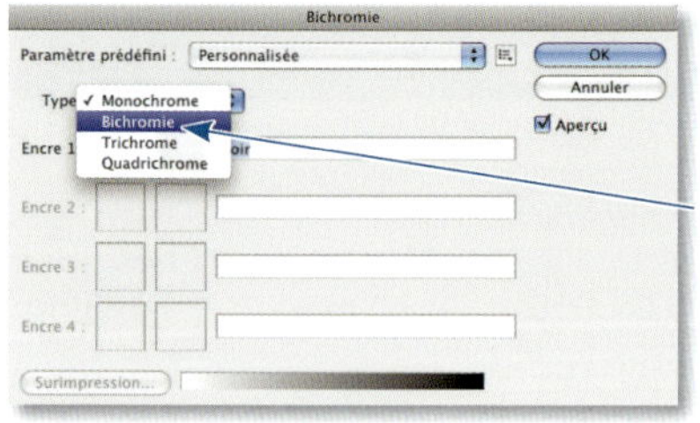

Dans la fenêtre **Bichromie**, *il faut choisir le nombre d'encres.*

La couleur des encres

Cliquez sur le second carré situé près du numéro de l'encre (celui qui est blanc) : le sélecteur de couleurs apparaît en affichant les Pantone.

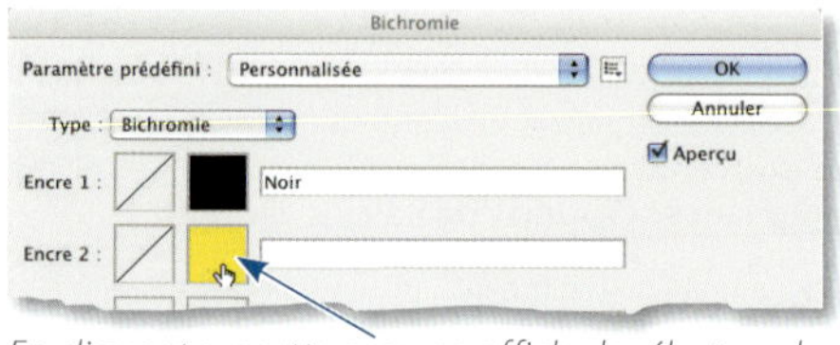

En cliquant sur cette case, on affiche le sélecteur de couleurs Pantone (le menu en haut permet de passer à un autre nuancier).

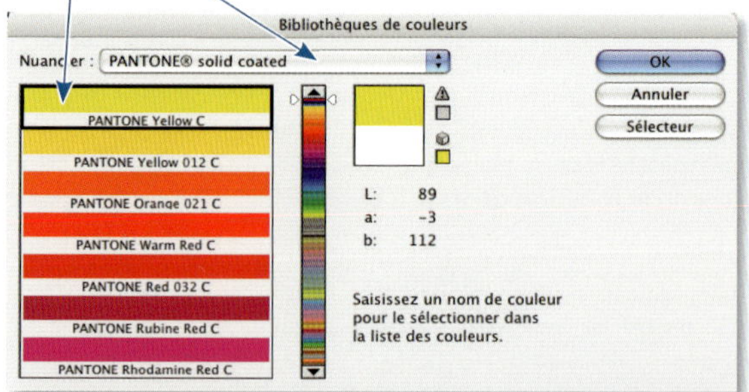

Le document affiche aussitôt le résultat (ici, avec ce Pantone jaune).

Pour choisir un Pantone, tapez son numéro au clavier ; Photoshop le sélectionne aussitôt et la photo change alors d'aspect pour refléter votre choix. Photoshop est fourni avec plusieurs séries de réglages de polychromie (avec deux, trois ou quatre encres) obtenues à partir de mélanges de noir avec du gris, de noir avec des primaires, de noir avec des Pantone. Vous accédez à ces fichiers de réglage en cliquant sur le menu local **Paramètre prédéfini** situé en haut de la fenêtre **Bichromie** : une liste de réglages y est disponible.

Les courbes d'encrage

Le réglage de la courbe de transfert de chaque encre s'effectue à partir d'une fenêtre qui s'affiche en cliquant sur la première case située près du numéro de l'encre. Celle-ci affiche une courbe dont l'axe horizontal détermine la tonalité d'entrée — du clair au foncé —, l'axe vertical correspond à la densité d'encrage. Ces réglages permettent, par exemple, d'amoindrir l'influence du noir dans les tons clairs, d'estomper la coloration des tons foncés par la seconde encre, etc. Ils peuvent s'effectuer de plusieurs façons : en tapant des valeurs dans les cases adjacentes à la courbe (si certaines ne sont pas remplies, Photoshop détermine leur valeur par interpolation des valeurs voisines) ; directement sur la courbe par déplacement de celle-ci avec la souris ou au clavier (touches fléchées avec ou sans ⇧).

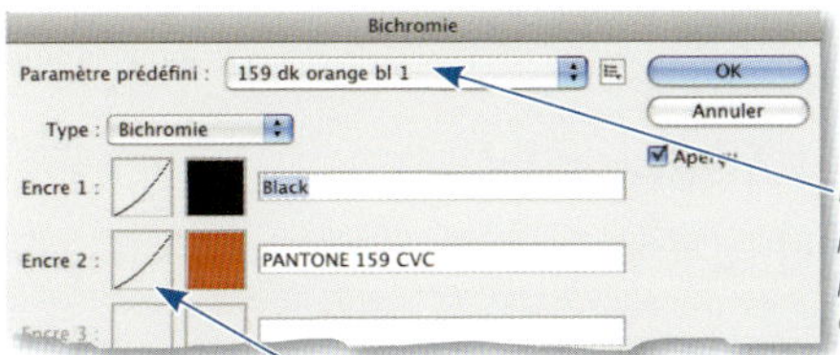

Ici, on voit le paramètre prédéfini choisi.

En cliquant dans cette case, on peut modifier la courbe d'encrage.

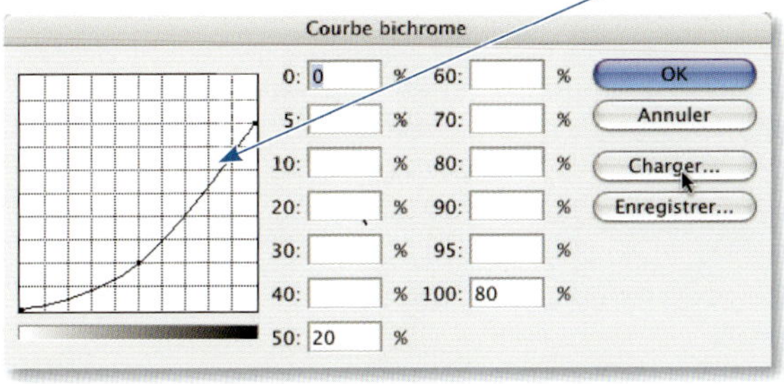

Les courbes de transfert peuvent être enregistrées en vue d'une utilisation ultérieure. Dès que vous quittez la fenêtre des courbes, l'aspect des cases est modifié. Afin de vous faciliter le travail, vous pouvez faire des essais de réglage en sélectionnant un paramètre prédéfini de bichromie et en remplaçant le Pantone chargé par celui de votre choix. Tous ces réglages peuvent être mémorisés par le menu local ≡ (ils s'ajouteront en bas de la liste des paramètres prédéfinis). Vous pourrez revenir sur les différents réglages à n'importe quel instant, tant que vous restez en mode **Bichromie**.

Les couches de la bichromie

L'AFFICHAGE

Photoshop traite les images en bichromie comme des images en niveaux de gris, et donc sur une seule couche 8 bits ; il détermine la répartition des encres grâce aux courbes de transfert. Il n'est pas possible de visualiser directement les couches séparées de l'image comme dans le cas d'une image RVB ou CMJN.

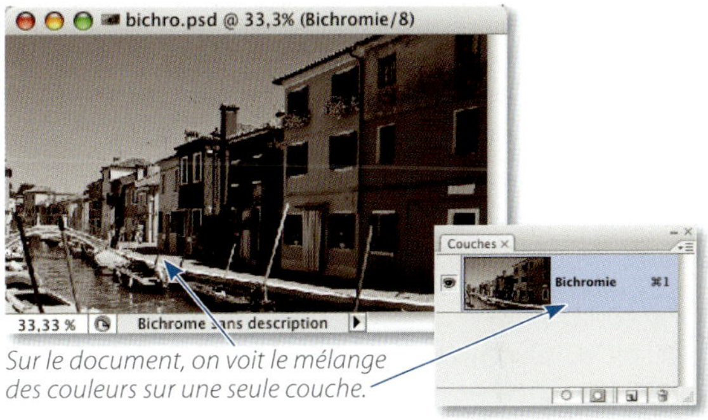

Sur le document, on voit le mélange des couleurs sur une seule couche.

LE TRAVAIL DES COUCHES

Si vous convertissez l'image bichrome en mode **Multicouche** par le menu **Mode**, la couche 1 affichera l'encre 1, la couche 2 celle de l'encre 2... Vous pourrez travailler séparément les couches, mais il ne vous sera plus possible de revenir au mode **Bichromie** (le document devra être enregistré avec le format DCS).

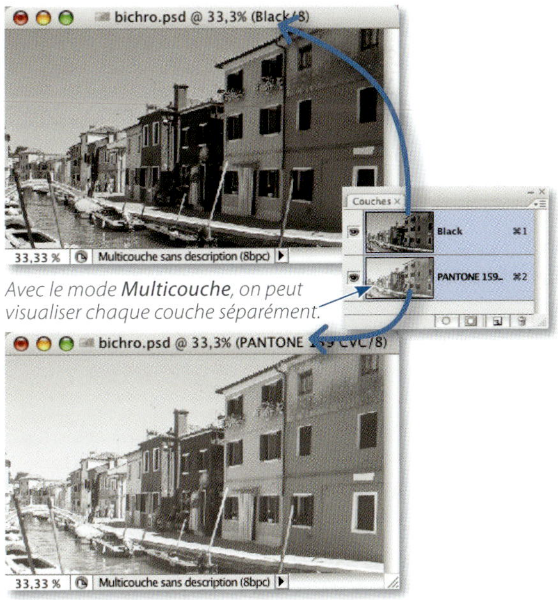

Avec le mode **Multicouche**, *on peut visualiser chaque couche séparément.*

Note *Lors du passage **Bichromie** vers **Multicouche**, il y a fusion des calques; si les niveaux de gris ont été obtenus avec un objet dynamique, celui-ci sera pixellisé.*

Le passage en mode **Multicouche** a pour effet de convertir les courbes bichromes en couches de ton direct, chacune d'elles correspondant exactement aux paramètres de bichromie. Toutefois, l'aperçu composite affiché à l'écran n'est pas aussi exact que celui que vous pouviez voir dans le mode **Bichromie**. Il est envisageable de travailler les couches séparément; par exemple, si vous souhaitez que l'effet de bichromie n'apparaisse que sur une partie de l'image, il vous suffit d'effacer la partie de la couche de ton direct où les zones doivent s'imprimer en tant que niveaux de gris.

Pour changer la couleur de l'une des couches, effectuez un double-clic sur le nom de celle-ci dans le panneau **Couches**, puis cliquez dans la case colorée afin de faire apparaître le sélecteur de couleurs où un autre Pantone pourra être sélectionné. *D'autres manipulations peuvent être réalisées; elles seront abordées un peu plus loin dans ce chapitre.*

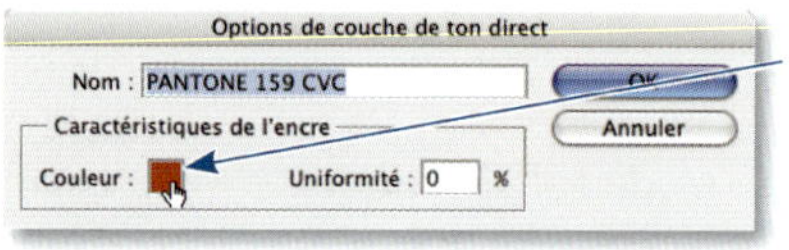

En cliquant dans cette case, on affiche le sélecteur de couleurs pour y choisir un autre Pantone.

L'impression d'une bichromie

Quand vous créez des images bichromes, vous devez respecter l'ordre des encres. En effet, pour obtenir des couleurs correctement saturées, l'impression doit débuter par l'encre la plus foncée pour se terminer par la plus claire. Pour respecter cet ordre, vous devez placer l'encre la plus sombre (encre 1) en haut de la fenêtre de dialogue **Bichromie**, et la plus claire en bas (encre 4).

L'ordre des encres affecte la façon dont Photoshop applique les trames. Pour qu'une encre s'imprime sur un film de séparation quadrichromique, renommez-la **cyan**, **magenta**, **jaune** ou **noir**.

L'enregistrement des bichromies

Vous disposez de quatre formats: **Photoshop**, **Photoshop PDF**, **Photoshop EPS** et, pour les multicouches, **Photoshop DCS 2.0** (*Desktop Color Separations*).

Les réglages dans Photoshop

Le format **Photoshop** peut être utilisé pour les mises en page InDesign, ce dernier faisant la séparation des couleurs.

Le format **Photoshop EPS** constitue un format courant (que le PSD devrait peu à peu remplacer dans le cadre d'un travail avec InDesign). Dans la fenêtre d'options d'enregistrement, décochez les options **Trame de demi-teintes** et **Fonction de transfert**, de manière à ce que les couches reflètent les réglages choisis dans la fenêtre de la commande **Bichromie**. Choisissez un codage binaire et une prévisualisation **TIFF (8 bits/pixel)** pour que le fichier soit utilisable sur Mac et sur PC.

Le format **Photoshop DCS 2.0** n'est accessible que si l'image a été convertie dans le mode **Multicouche**. Dans la fenêtre d'options, choisissez l'option **Fichier unique avec composite couleur** pour éviter les problèmes lors du rassemblement des données pour l'imprimeur; de plus, décochez les options **Trame de demi-teintes** et **Fonction de transfert**.

Les réglages XPress ou InDesign

Dans XPress et InDesign, lors de l'importation, le programme ajoute au document les couleurs que comporte la bichromie et les définit comme tons directs (couleurs non séparées).

Pour obtenir les films de séparation dans XPress, lancez la commande **Imprimer**: cochez **Séparations** et programmez le **Repérage**. Dans l'onglet **Sortie**, les encres cyan, magenta, jaune et noir apparaissent en plus de l'encre du ton direct (le Pantone); la coche qui les précède indique qu'elles feront chacune l'objet d'un film. De même, dans InDesign, la séparation et les réglages du Pantone se définissent à la rubrique **Sortie**.

Les tons directs

L'utilisation des tons directs

Un ton direct est une couleur obtenue par impression avec une encre spécifique (autre que celles de la quadri ; cela peut être un vernis ou une couleur spéciale fluo, dorée...). Il permet d'imprimer un élément (tel un logo) qui a une couleur spécifique définie par un Pantone, ou d'imprimer une zone d'une photo ayant une couleur non reproductible en CMJN. On utilise également, dans ce dernier cas, un Pantone dont la couleur est la plus voisine de celle à reproduire.

Sur cette photo RVB, la couleur de la robe se situe dans la zone (affichée en gris) des couleurs hors de la gamme pour l'impression en CMJN. Cette icône l'indique aussi.

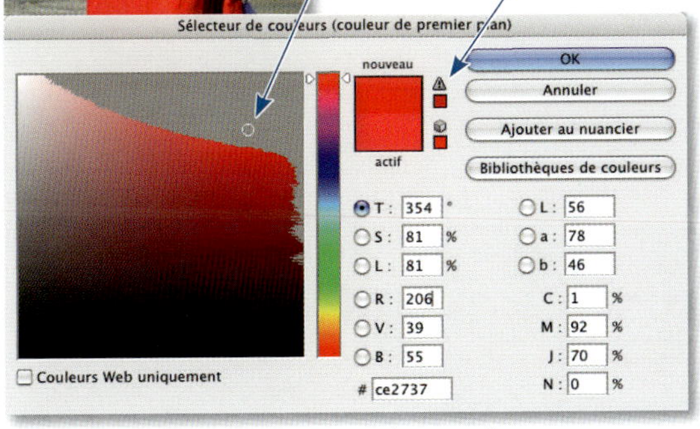

Pour obtenir à l'impression une couleur proche, on peut utiliser ce Pantone.

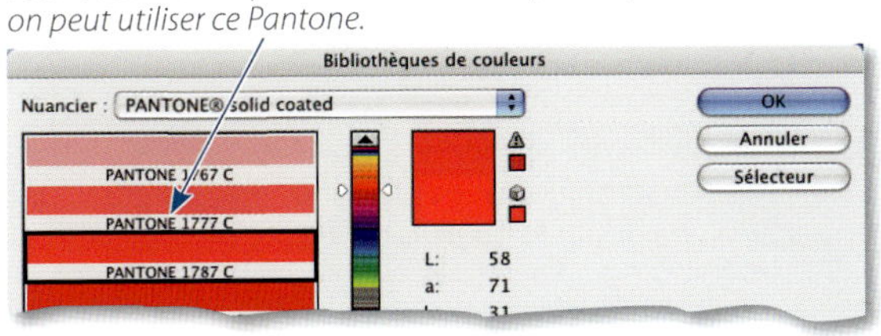

Dans le cas d'un logo, il est parfois possible (et préférable) de le créer dans Illustrator avec la couleur Pantone voulue, puis, dans le logiciel de mise en page, de placer cet élément sur l'image issue de Photoshop.

Avec toute image CMJN ou en niveaux de gris (et même RVB), vous pouvez ajouter une ou plusieurs couches de ton direct de manière à y placer des éléments qui devront être imprimés avec des encres particulières (appelées **couleurs d'accompagnement** ou **cinquième couleur**). Si le document est exporté dans InDesign au format **Photoshop PSD** ou **DCS 2.0** (ou XPress, avec le format **DCS 2.0**), ces couleurs seront définies en tons directs et s'ajouteront aux couleurs de la quadrichromie.

La création de la couche de ton direct

L'ajout de la couche de ton direct (vide) se réalise sur une copie du fichier RVB (obtenu avec **Image/Dupliquer**) converti en CMJN. Le fichier RVB peut rester affiché pour faire des comparaisons et faciliter la mise au point de la couche. Pour obtenir la couche, enfoncez ⌘[Ctrl] et cliquez sur l'icône ◘ située en bas du panneau **Couches** (vous pouvez aussi utiliser la commande **Nouvelle couche de ton direct** du menu local du panneau). Une fenêtre de paramétrage apparaît, cliquez sur la case colorée pour choisir la couleur voulue dans le nuancier qui s'affiche. Cette couleur avait été préalablement repérée par prélèvement sur l'image RVB. Photoshop sélectionnera le Pantone le plus proche.

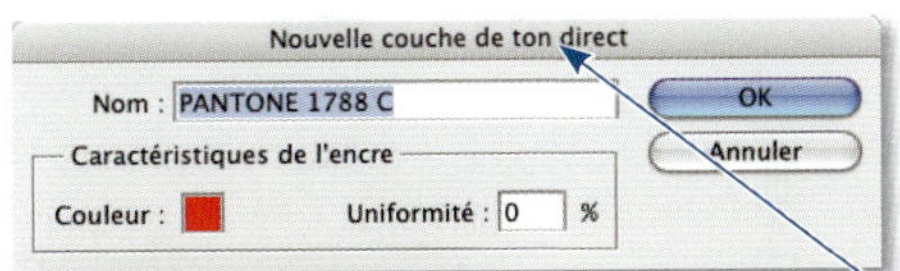

On a ajouté une couche de ton direct dans le document CMJN.

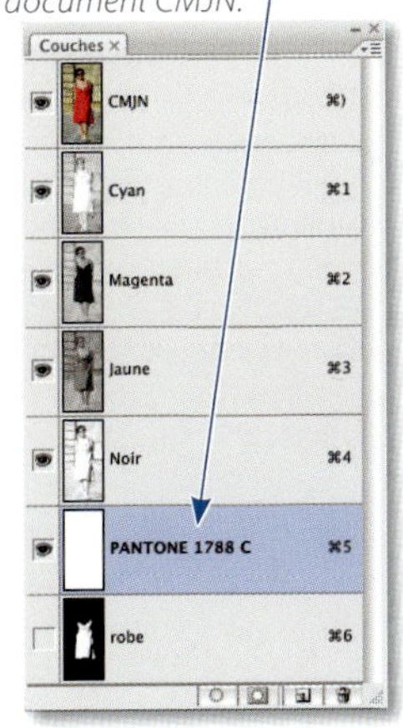

Une fois la couleur choisie, réglez l'option **Uniformité** : 0 % montre l'encre en surimpression (encre transparente) telle qu'elle apparaîtra à l'impression offset ; 100 % permet de la visualiser avec une simulation de défonce sur les autres couches (cas d'une impression en sérigraphie).

> **Attention** *Le réglage de l'option* ***Uniformité*** *avec une valeur de 100 % n'affecte que l'affichage et l'impression sur une imprimante composite. Il n'a aucun effet sur les séparations imprimées ; pour obtenir réellement l'effet, il faudra réaliser la défonce sur les couches.*

La mise au point du ton direct

Voici les différentes étapes de cette mise au point :

1. Dans le document CMJN, à l'aide de la commande **Plage de couleurs** (menu **Sélection**), on a effectué une sélection que l'on a mémorisée sur une couche alpha. Cette sélection correspond au détourage de la zone qui sera imprimée avec le ton direct (dans notre exemple, la robe). Par la suite, elle servira à limiter le remplissage de la couche de ton direct.

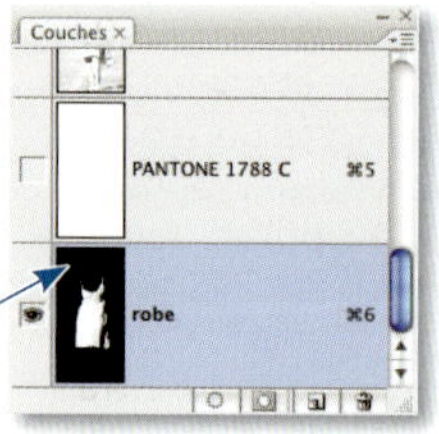

On a détouré la partie à recolorer et on a mémorisé la sélection sur une couche.

2. Le remplissage de la couche de ton direct va se réaliser par collage du contenu d'une couche. Celle-ci est obtenue (*voir ci-après*) par combinaison des couches du document qui montrent le modelé de l'élément à colorer.

   Pour élaborer cette couche, ajoutez un réglage **Mélangeur de couches** (icône du panneau **Réglages**), cochez **Monochrome** et réalisez un réglage en mélangeant les couleurs qui constituent le Pantone (dans notre exemple, le magenta et le jaune) et excluant les autres couleurs (le cyan et le noir).

Cette couche doit montrer suffisamment de détails de l'élément qui sera recoloré par le Pantone. Éventuellement, ajoutez un calque de réglage **Niveaux** pour améliorer légèrement le contraste.

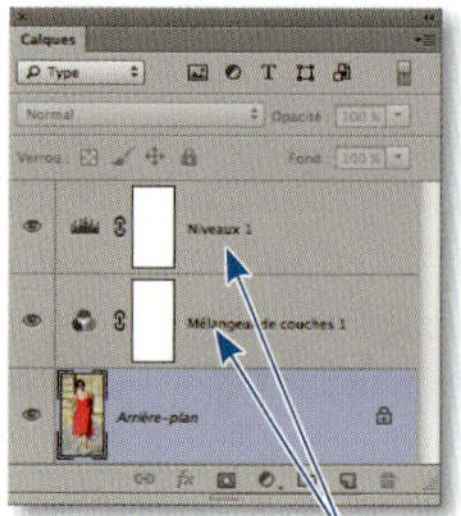

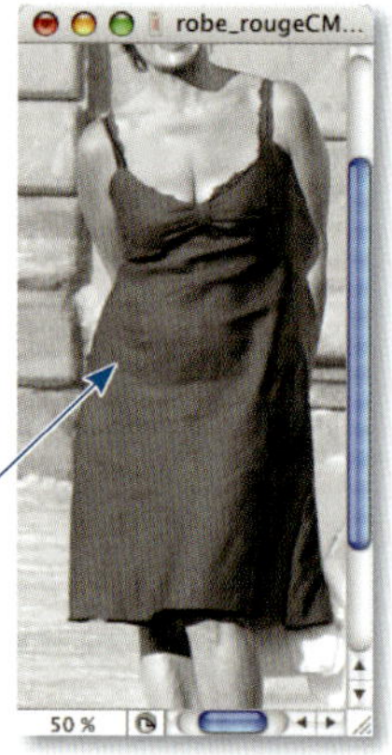

Avec ces deux réglages, on obtient ce résultat. On le copie avec fusion.

3. Sélectionnez tout et copiez avec fusion (⇧⌘C [⇧Ctrl C]). Cachez les calques de réglage précédents (on les supprimera plus tard), affichez la couche du Pantone et récupérez la sélection de la couche de détourage (de la robe) par ⌘clic [Ctrl clic] sur sa vignette. Lancez **Coller dedans** (menu **Édition** ou⇧⌘V [⇧Ctrl V]) pour remplir la couche de ton direct qui est maintenant prête.

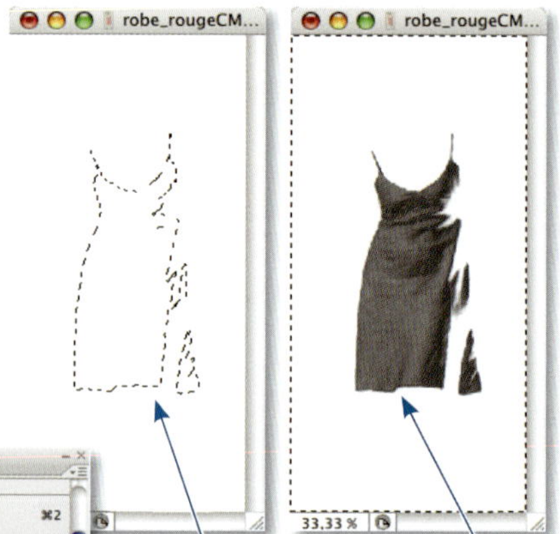

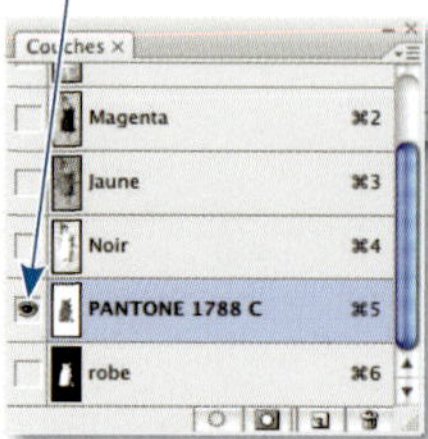

On affiche et on active la couche de ton direct…

… on récupère la sélection et on colle dedans.

4. Désélectionnez et réaffichez toutes les couches. La densité de l'ensemble étant trop forte, il faut retirer une partie du magenta et du jaune présente sous le Pantone. Récupérez à nouveau la sélection de la robe, ajoutez un calque de réglage de type **Courbes** pour réduire la densité du jaune et du magenta.

La densité est trop forte. À droite, on l'a rectifiée.

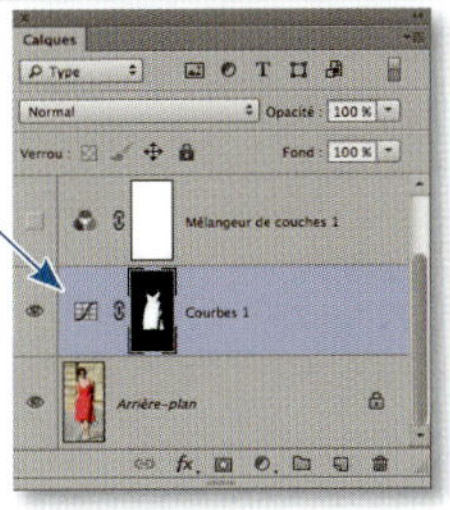

Avec la sélection de la robe, on a ajouté un calque de réglage **Courbes** *pour n'agir que sur le magenta et le jaune.*

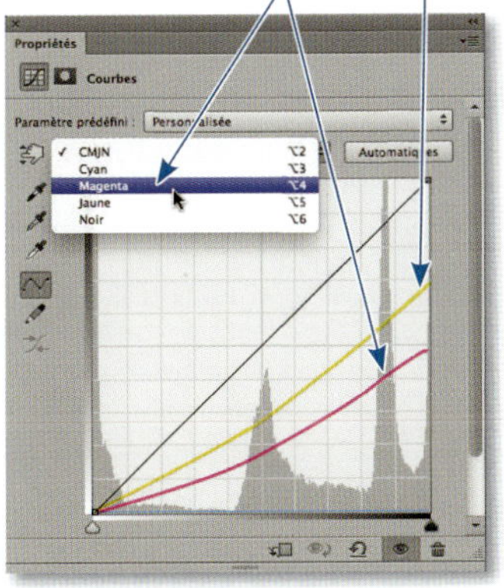

Si le résultat ne convient pas, vous pouvez: recommencer le remplissage de la couche de ton direct (à l'aide d'un autre réglage **Mélangeur de couches** et d'un collage...), changer la couleur du ton direct (par double-clic sur son nom dans le panneau **Couches**) ou modifier le retrait des couleurs sous le Pantone (par ajustement du calque **Courbes**). Dans tous les cas, vous pouvez comparer avec le fichier RVB.

Le travail d'une couche de ton direct

Une couche de ton direct se gère comme n'importe quelle couche alpha, à la différence près qu'elle restera plus souvent affichée simultanément avec les autres couches et qu'elle apparaîtra alors avec sa vraie couleur. Si la couche de ton direct est affichée seule, elle apparaît alors comme une couche en niveaux de gris, tous les éléments noirs (ou foncés) correspondant aux parties colorées par le ton direct. Ces éléments peuvent être dessinés, placés par collage ou par saisie pour les textes, ou encore importés... De plus, ils peuvent subir des transformations ou l'application de la plupart des filtres et des traitements chromatiques.

Pour que les éléments ajoutés sur la couche de ton direct ne s'impriment pas en surimpression avec les autres encres, il faudra prévoir d'en faire la défonce sur les autres couches.

L'enregistrement d'une image avec des tons directs

Dans la fenêtre d'enregistrement, pour l'exportation vers les logiciels de mise en page, vous pouvez utiliser le format **Photoshop DCS 2.0**. En effet, il conserve les couches de ton direct et permet, à partir de XPress ou InDesign, d'obtenir tous les films de séparation. Dans la fenêtre d'options **DCS 2.0**, choisissez l'option **Fichier unique avec composite couleur (72 ppp)** — attention, sélectionnez le codage **ASCII85** pour éviter des problèmes de séparation avec InDesign. Ne cochez les options **Inclure la trame de demi-teintes** et **Inclure la fonction de transfert** que si vous avez paramétré des réglages particuliers dans les rubriques **Trames** et **Transfert** de la fenêtre **Format d'impression**.

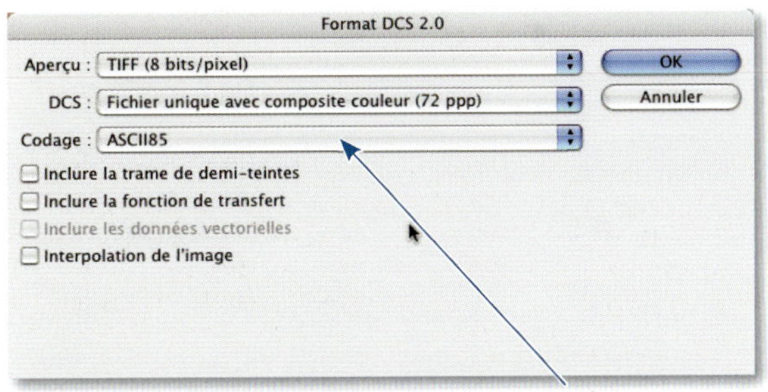

La fenêtre d'exportation en DCS 2. Choisissez ce codage.

Si le document est destiné à InDesign, vous pouvez exporter en enregistrant au format **Photoshop**. Le comportement sera le même qu'avec le DCS 2, mais le document pourra être rouvert avec tous ses calques non fusionnés (ce qui n'est pas le cas avec le format PostScript).

La quadrichromie (CMJN)

Travailler en RVB ou en CMJN ?

Le travail en RVB

Quelle que soit la destination finale de la mise en page, Web ou papier (PAO), vous pouvez choisir de travailler avec des images RVB au format natif Photoshop. En effet, dans le cadre d'un travail de PAO, c'est lors de l'impression ou de l'exportation en PDF qu'InDesign (ou XPress) convertira à la volée les images RVB dans l'espace CMJN en utilisant les profils spécifiés dans les fenêtres d'impression ou d'exportation. En opérant ainsi, il sera possible de choisir le profil en fonction de la destination du fichier et d'envisager plusieurs utilisations du fichier : impression d'épreuve avec le profil de l'imprimante ou impression sur presse avec un profil spécifique…

Astuce *Si l'impression d'une image couleur s'effectue sur une imprimante non PostScript (type jet d'encre sans RIP, par exemple), il ne faut pas convertir l'image RVB en CMJN, c'est l'imprimante qui fera la conversion — sauf si vous avez le profil ICC CMJN de l'imprimante, auquel cas il faut le sélectionner (menu **Édition/Couleurs**) pour que la conversion se fasse selon ses critères.*

Le travail en CMJN et les calques dynamiques

Pour imprimer sur certaines imprimantes numériques ou pour obtenir les films de séparation sur une flasheuse, vous devez convertir les images RVB en images CMJN ; cette conversion vous donnera accès à des formats de fichiers recommandés pour ces types de sorties. Avant d'effectuer ce passage, il est recommandé de réaliser une copie de sauvegarde du fichier aux couleurs RVB de façon à pouvoir éventuellement retravailler dessus.

Lors de la conversion des images RVB en CMJN (menu **Image/Mode** ou **Convertir en profil** du menu **Édition**), Photoshop propose l'aplatissement ou non des calques. Dans tous les cas, il y aura cependant disparition des calques de réglage. Un message le signale et permet éventuellement d'aplatir l'image pour les lui appliquer.

Pour éviter cet aplatissement, Photoshop offre une alternative. Elle consiste à sélectionner l'ensemble des calques (avec **Tous les calques** du menu **Sélection**) et à convertir cet ensemble en objet dynamique. La conversion vers le mode CMJN peut alors être réalisée. Par double-clic sur l'objet dynamique, vous retrouverez votre document RVB et pourrez y faire les modifications souhaitées.

Quand Photoshop transforme l'image RVB en CMJN, il utilise les profils de destination CMJN qui comportent des tables de séparation des couleurs pour déterminer les valeurs équivalentes en CMJN.

La gestion du problème des couleurs non imprimables

L'affichage des couleurs non imprimables

Avant d'effectuer la conversion vers le mode CMJN, il est possible, en vue de les atténuer ou non, voire de les éliminer, de prévisualiser les couleurs hors gamme (couleurs RVB non imprimables). Pour cela, lancez **Couleurs non imprimables** du menu **Affichage** (au clavier, ⇧⌘Y [⇧Ctrl Y]), les zones hors gamme apparaîtront avec une couleur particulière (par défaut le gris), mais cette dernière peut être spécifiée dans les **Préférences** (**Transparence et couleurs non imprimables**) du menu **Photoshop [Édition]**.

Le traitement des couleurs hors gamme

Selon l'étendue des couleurs hors gamme, leur suppression peut s'effectuer de différentes façons : pour les petites zones, de manière locale avec l'outil **Éponge** et/ou **Densité +** ; pour les zones plus étendues, avec un calque de réglage **Teinte/Saturation** (par modification de la luminosité et/ou de la saturation) ou **Vibrance.** Afin d'agir uniquement sur les zones contenant des couleurs hors gamme, vous pouvez définir l'aspect du masque de fusion sur le réglage à partir du panneau **Masques** à l'aide de son bouton **Plage de couleurs** dont le menu local propose l'option **Couleurs non imprimables**.

La personnalisation des séparations

Le CMJN personnalisé

Si vous avez des connaissances dans le domaine de la séparation des couleurs, Photoshop permet de personnaliser les tables de séparation (à l'aide de l'option **CMJN personnalisé** de la rubrique **CMJN** dans la fenêtre **Couleurs** du menu **Édition**). Il sera alors possible de régler les options d'encrage **UCR** ou **GCR** (*leur description rapide est faite ci-après*). N'hésitez pas à consulter le prestataire qui s'occupera de l'impression pour vérifier vos réglages.

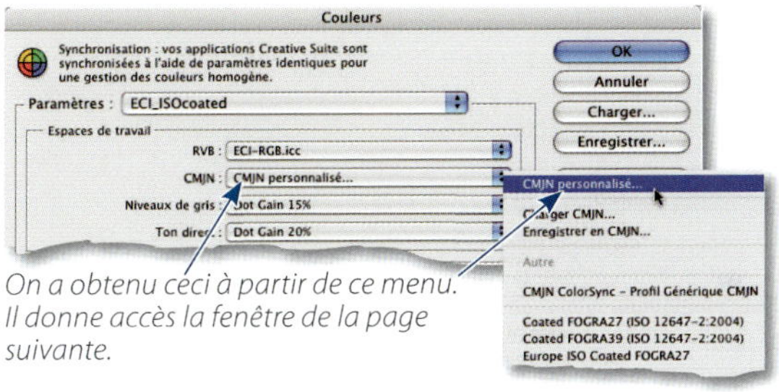

On a obtenu ceci à partir de ce menu. Il donne accès la fenêtre de la page suivante.

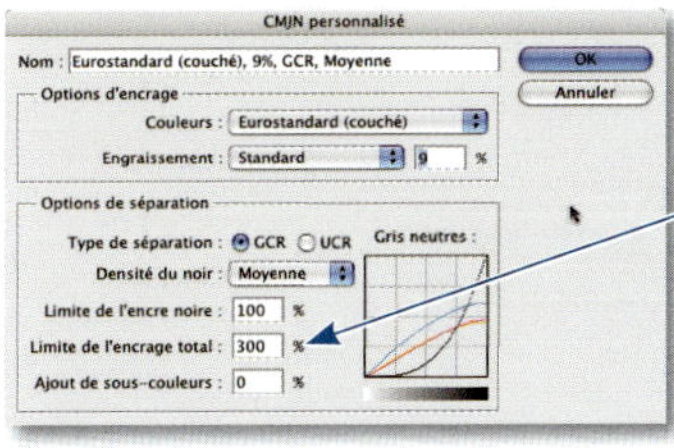

Les réglages délicats de séparation des couleurs.

Le choix de l'UCR ou du GCR est lié à la nature de l'image : image très colorée aux couleurs saturées ou avec peu d'ombre ; image aux couleurs peu saturées présentant de grandes surfaces d'ombre… Interviennent également les conditions d'impression : type de papier, temps de séchage des encres, valeur d'encrage maximale… Ces deux techniques ont pour but de limiter les quantités d'encre.

L'UCR ou retrait des sous-couleurs

L'UCR consiste à retirer un pourcentage de chaque composante de la trichromie (CMJ) dans les ombres et dans les tonalités les plus neutres et à le remplacer par du noir, celui-ci permettant de donner de la profondeur aux zones sombres en accentuant les contrastes. L'action de l'UCR est localisée ; elle n'est appliquée que dans les tons foncés (ombres).

Le GCR ou remplacement du composant gris

Le GCR a une action plus étendue que l'UCR : le noir est ajouté en remplacement des couleurs peu saturées sur une gamme plus importante de luminosité (selon les réglages des ¾ de tons aux ombres) ; la charge d'encre est donc plus faible et l'impression sera donc plus régulière. Le GCR donne à l'encre noire une importance chromatique plus grande qui se règle par l'option **Densité du noir**.

La conversion RVB vers CMJN

Elle s'effectue à partir du menu **Image/Mode** et de la commande **Couleurs CMJN**, ou mieux encore, par la commande **Convertir en profil** (**Édition**).

En effet, celle-ci permet de choisir un autre espace que celui des préférences (éventuellement, de définir une nouvelle table de conversion). De plus, le bouton **Avancé** affiche séparément les espaces de destination parmi lesquels **CMJN** listera tous les profils CMJN.

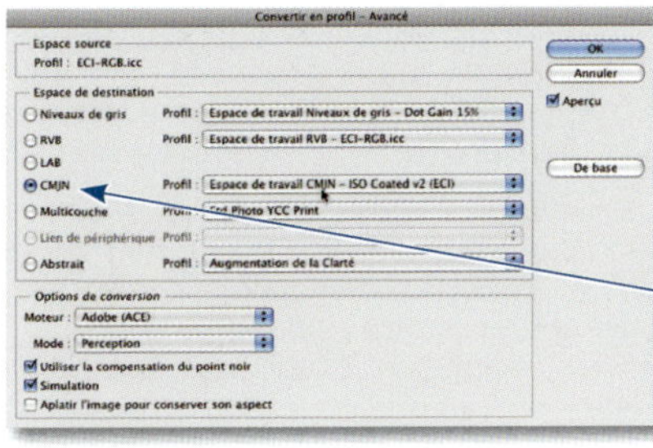

Les espaces de destination sont séparés.

Avant d'effectuer cette conversion, continuez à travailler dans l'espace RVB, mais visualisez l'image en CMJN en utilisant les commandes du menu **Affichage** : son sous-menu **Format d'épreuve** permet de choisir l'**Espace de travail CMJN** (celui des préférences) ou un espace **Personnalisé** ; la commande **Couleurs de l'épreuve** (⌘Y [Ctrl Y]) permet de voir l'image RVB selon les critères spécifiés dans **Format d'épreuve**. Le profil choisi comme format d'épreuve pourra être utilisé lors de l'impression.

L'enregistrement d'une image CMJN

Comme pour les autres types d'images, le format natif **Photoshop** peut être utilisé. Les formats **TIFF**, **Photoshop EPS** et **DCS 1** constituent (ou constituaient) les standards des images aux couleurs CMJN destinées à être exportées vers d'autres logiciels (dessin, mise en page). Les fichiers **TIFF** ou **EPS** seront séparés par XPress, InDesign ou même Illustrator. D'autres formats sont possibles : **Photoshop PDF**, **JPEG**, **Scitex CT**. Les paragraphes qui suivent en font la description. Les options qu'ils présentent sont sensiblement les mêmes pour des images qui utiliseraient un autre espace de couleurs. De plus, la plupart des formats sont désormais capables d'incorporer dans le fichier le profil ICC CMJN.

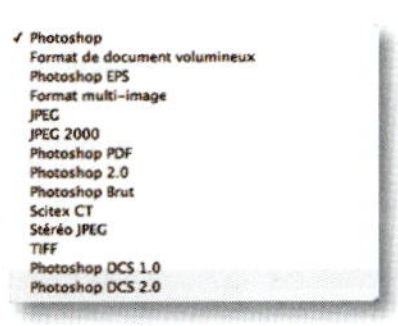

Les formats disponibles pour les images CMJN.

Le format TIFF

Le format TIFF (*Tagged Image File Format*) est à la base un format d'échange entre PC et Macintosh. Il est reconnu par la majorité des logiciels de mise en page, notamment XPress ou InDesign.

Ces logiciels réalisent la séparation des images TIFF (CMJN). De plus, le format TIFF permet l'utilisation d'un système d'impression à base de serveur OPI (*Open Prepress Interface*). Il s'agit d'un serveur d'impression piloté par un logiciel qui crée une version basse résolution de l'image ; celle-ci servira au placement dans le logiciel de mise en page mais, lors de l'impression, l'image basse résolution sera remplacée par l'image haute résolution (cette dernière subissant les traitements réalisés dans le logiciel de mise en page : recadrage, redimensionnement, rotation...).

Comme cela a été signalé à plusieurs reprises, rappelons que le format TIFF, à l'instar du format natif Photoshop, conserve les calques et les couches alpha (pas les compositions de calques qui ne sont pas exportées). Sa fenêtre affiche de nombreuses options que nous allons examiner.

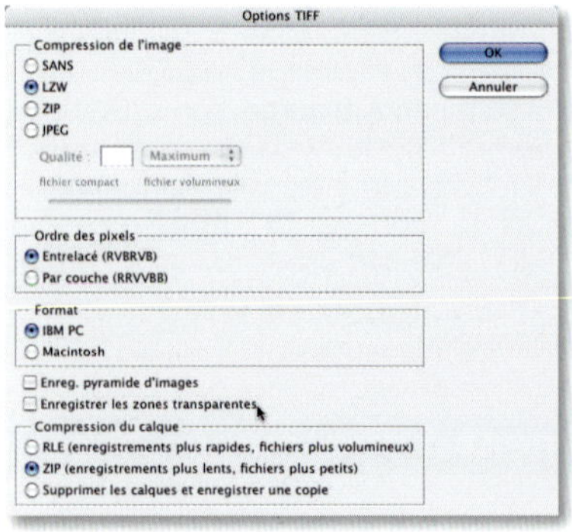

Les options d'enregistrement TIFF.

Les compressions

Plusieurs types de compressions sont disponibles : certaines sont sans perte, d'autres en comportent.

- LZW : il s'agit d'une compression sans perte, elle était déjà disponible dans les versions précédentes.

- ZIP : c'est une compression sans perte. Elle est plus efficace avec des images comportant de grandes zones monochromes. Cette compression n'est pas forcément reconnue par tous les logiciels.

- JPEG : il s'agit ici d'une compression destructive (avec perte). Pour éviter une altération trop importante de l'image, choisissez la qualité maximale. Avant d'utiliser ce type de compression, contactez l'imprimeur pour savoir si le RIP de son imprimante gère ce type de fichier.

Les transparences

Si le document CMJN n'a pas de fond, mais comporte un calque avec des pixels transparents ou un calque associé à un masque de fusion (ou un masque de calque), cochez l'option Enregistrer des zones transparentes dans la fenêtre Options TIFF.

Ainsi, Photoshop ajoutera au document une couche alpha. Celle-ci ne sera disponible que dans le logiciel de mise en page (dans XPress ou InDesign) ; elle permettra d'assurer le détourage de l'image.

Le format Photoshop EPS

Le document est décrit à l'aide du langage PostScript qui est le langage de la plupart des RIP d'impression des imprimantes. De ce fait, il est « apprécié » par de nombreuses applications de mise en page (XPress, InDesign) ou de dessin. Si le document est multicalque, Photoshop crée automatiquement une copie lors de l'enregistrement, dans laquelle il fusionne tous les calques.

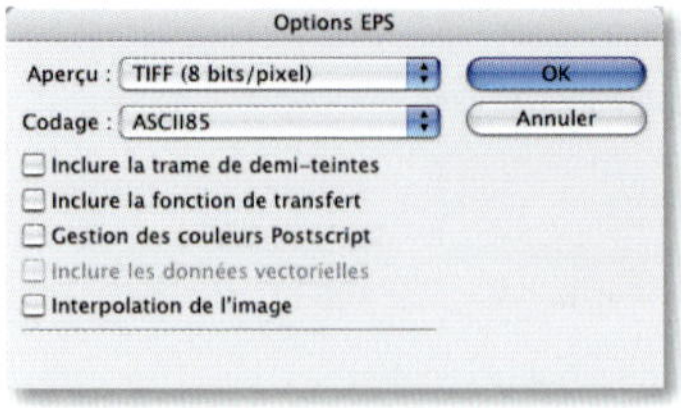

Les options d'enregistrement EPS.

Les options proposées varient en fonction du type de l'image. On distingue : **Aperçu** de l'image de placement ; **Codage** du fichier ; **Inclure la trame de demi-teintes** et **Inclure la fonction de transfert**. Si le document comporte des données vectorielles (textes ou formes), elles seront conservées dans le fichier et utilisées par les autres applications où l'image sera importée. En revanche, un message signalera que ces données seront pixellisées à la réouverture du document dans Photoshop.

L'image de prévisualisation

Un fichier EPS est constitué de deux parties : l'une, basse résolution à 72 ppp, qui sert à l'affichage lors d'une importation dans un logiciel de mise en page ; et l'autre, partie PostScript, qui contient les données haute résolution envoyées à l'imprimante lors de l'impression (certains logiciels utilisent ces données pour réaliser un affichage haute résolution). Il est possible de choisir le format de l'aperçu :

- Sans : il n'y a pas d'image de placement.

- TIFF : ce type permet l'importation d'images vers les logiciels fonctionnant sous Windows (mais aussi sur Mac OS). Avec 1 bit, la prévisualisation est en noir et blanc ; elle est en couleurs (256) avec 8 bits.

- Macintosh : si vous choisissez cette prévisualisation, l'image de placement sera au format PICT — en noir et blanc (1 bit), ou en couleurs (8 bits) et compressée (JPEG).

Astuce *Même si vous travaillez sur Mac, choisissez plutôt l'aperçu **TIFF**, l'image sera utilisable sur PC et sur Mac.*

Le codage

Quatre possibilités : **ASCII**, **ASCII 85**, **Binaire** et **JPEG**.

- **ASCII** : ce codage est plus long à être transféré vers l'imprimante ; cependant, vous devez le choisir si le gestionnaire d'impression ne reconnaît pas les autres codages, ou avec certaines imprimantes PostScript.
- **ASCII 85** : est un codage texte pour données binaires, plus compact que le codage **ASCII**.
- **Binaire** : c'est un codage plus compact, donc plus rapide, que le codage **ASCII** (mais certaines imprimantes, sur plate-forme Windows, le reconnaissent mal ; dans ce cas, utilisez le codage **ASCII**).
- **JPEG** : ce codage permet une compression. Avec **Qualité maximale**, on réduit la taille du fichier sans altérer la qualité de l'image. Avant de le choisir, assurez-vous que la séparation des couleurs sera possible avec la flasheuse.

Les trames et les fonctions de transfert

Si vous avez défini des fonctions de transfert et des paramètres de trame (linéature, angle...) dans les options d'impression, vous pouvez les affecter au fichier EPS en cochant la ou les options correspondantes.

Les formats Photoshop DCS

Il faut distinguer le format DCS 1.0 et le DCS 2.0. Le format **DCS** *(Desktop Color Separation)* permet la séparation des couleurs d'une photo. Dans le cas d'une image CMJN, le format **DCS 1.0** créera cinq fichiers : quatre fichiers (haute résolution) contenant les données sur chaque couleur séparée (cyan, magenta, jaune et noir) plus un cinquième : le fichier global ou composite, qui servira au tirage d'une épreuve de contrôle — celle-ci peut être en couleurs ou en niveaux de gris à 72 ppp. Si le document comporte des couches de couleurs en tons directs, c'est le format **DCS2.0** qu'il faudra choisir, de manière à ce que les tons directs fassent l'objet d'un film à part, en plus des couleurs de la quadri — pour les images destinées à InDesign, choisissez le codage **ASCII85**.

Le format Photoshop PDF

Comme le format TIFF, le format PDF conserve tous les calques. De plus, il permet de conserver le caractère vectoriel des éléments que comporte le document (texte, tracé vectoriel...). Les options d'enregistrement au format Photoshop PDF sont identiques dans les trois logiciels de la Creative Suite (Photoshop, InDesign, Illustrator). La fenêtre comporte quatre rubriques : **Général**, **Compression**, **Sortie** et **Protection** (la dernière rubrique récapitule les précédentes).

Le format Photoshop PDF, utilisable avec tous les types d'images (RVB, CMJN, Niveaux de gris...), propose des options permettant de rendre les documents conformes à la norme PDF/X utilisée pour l'impression des documents sur des presses et l'ajout de protection. Le haut de la fenêtre propose un menu comportant des paramètres prédéfinis. Vous pouvez y faire apparaître les vôtres en sauvegardant les paramètres d'enregistrement ; ils deviendront réutilisables dans les autres programmes de la Creative Suite.

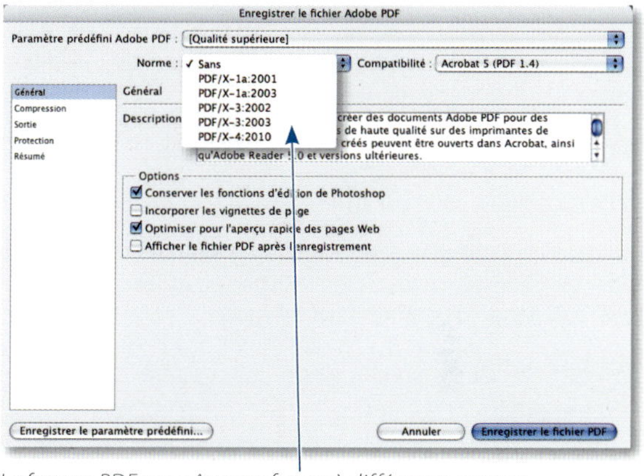

Le format PDF peut être conforme à différentes normes.

Les paramètres prédéfinis

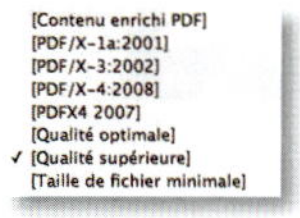

Par défaut, Photoshop en propose huit ; dans la liste, leur nom est entre crochets.

Qualité supérieure

Avec ce paramètre, les fichiers sont enregistrés avec une haute résolution. En effet, les images couleur et en niveaux de gris de résolution supérieure à 450 ppp sont sous-échantillonnées à 300 ppp (les images 1 bit de résolution supérieure à 1 800 ppp sont sous-échantillonnées à 1 200 ppp). Ce paramétrage permet d'imprimer à une plus haute résolution et préserve la quantité maximale d'informations du document d'origine. Les fichiers PDF obtenus ont la version 1.4 du format PDF ; ils peuvent être ouverts dans Acrobat 5 (et versions ultérieures).

PDF/X-1a:2001

Ce paramétrage permet de créer un fichier compatible PDF/X-1a. Il s'agit d'une norme ISO d'échange de contenus graphiques qui requiert l'incorporation de toutes les polices, la spécification des cadres de sélection PDF appropriés et l'affichage de la couleur en tant que CMJN et/ou couleurs avec tons directs.

Les fichiers compatibles PDF/X doivent contenir des informations décrivant leurs conditions d'impression spécifiques. PDF/X-1a:2001 utilise le profil U.S. Web Coated (SWOP) comme profil de rendu de la sortie. Les fichiers PDF sont dotés de la version 1.3 du format PDF, et peuvent être ouverts dans Acrobat 4 (et versions ultérieures).

PDF/X-3:2002

Ici, le fichier est compatible PDF/X-3. Il s'agit également d'une norme ISO d'échange de contenus graphiques ; la principale différence réside dans le fait que PDF/X-3 autorise l'utilisation de la gestion des couleurs avec des profils et les couleurs indépendantes des périphériques, en plus des couleurs CMJN et des tons directs (c'est-à-dire espaces RVB et Lab). Les fichiers PDF sont à la version 1.3.

PDF/X-4:2007, 2008 ou 2010

À l'instar du format précédent, le fichier est compatible PDF/X-4. Il respecte les dernières spécifications de la norme ISO d'échange de contenus graphiques.

Qualité optimale

Ce paramétrage permet de créer des fichiers PDF pour la production d'impression de haute qualité (impression numérique, séparations sur photocomposeuse ou imageuse de plaques), mais ne crée pas de fichiers compatibles PDF/X. Dans ce cas, la qualité du contenu est prioritaire. L'objectif est de conserver toutes les informations contenues dans un fichier PDF, nécessaires à l'imprimeur commercial ou au service de prépresse pour imprimer le document correctement.

Au niveau des compressions, comme pour le PDF/**X1a**:2001 et le PDF/**X3**:2002, les images couleur et en niveaux de gris, de résolution supérieure à 450 ppp, sont sous-échantillonnées à 300 ppp (les images 1 bit de résolution supérieure à 1 800 ppp sont sous-échantillonnées à 1 200 ppp). Les sous-ensembles de polices utilisées dans le document sont incorporés dans le PDF (si elles sont autorisées, sinon elles seront remplacées). Ces fichiers ont le format PDF 1.4, ils peuvent être ouverts dans Acrobat 5 (et versions ultérieures).

Taille de fichier minimale

C'est le paramétrage à utiliser avec des images pour le Web. Cet ensemble d'options utilise la compression, le sous-échantillonnage et une résolution d'image relativement basse. Il convertit toutes les couleurs en RVB et n'incorpore les polices que si elles sont absolument nécessaires. Il optimise également les fichiers pour le téléchargement page à page. Ces fichiers PDF (1.4) peuvent être ouverts dans Acrobat 5 et versions ultérieures.

Les options générales

Dans la fenêtre **Général** on distingue trois rubriques : **Standard** (ou Norme ISO), **Compatibilité** et **Options**.

Version PDF	Nom commercial	Fonctionnalités PDF
1.3	Acrobat 4	Gestion des polices. Gestion des couleurs d'accompagnement. Aplatissement des illustrations qui utilisent la transparence.
1.4	Acrobat 5	Gestion de la transparence et de la surimpression. Fonctions de sécurité avancées (cryptage 128 bits).
1.5	Acrobat 6	Outils améliorés pour le traitement de documents grand format. Intégration de traitements prépresse (PDF/X, séparation des couleurs, prévisualisation de la séparation...).
1.6 1.7 +	Acrobat 7 Acrobat 8 Acrobat 9-10	Outils améliorés pour le traitement de documents grand format. Intégration de traitements prépresse (PDF/X, séparation des couleurs, prévisualisation de la séparation...).

Compatibilité

Lors de la création du fichier, vous devrez choisir une compatibilité PDF ; le tableau ci-dessous récapitule les différents formats PDF. Si vous créez un document devant être diffusé à grande échelle, choisissez **Acrobat 4 (PDF 1.3)** ou **Acrobat 5 (PDF 1.4)** pour permettre à l'ensemble des utilisateurs de visualiser et d'imprimer le document.

> **Astuce** *Dans la majorité des cas, vous pouvez utiliser la version la plus récente (version 1.7 avec le paramètre **Qualité optimale**) ; le passage à une compatibilité inférieure avec une norme PDF/X s'effectuera dans le logiciel de mise en page (lors de l'impression depuis InDesign, par exemple).*

Standard

Le PDF/X (norme ISO 15 929) est un format défini par Adobe en partenariat avec des constructeurs, des associations d'utilisateurs et des organisations afin de normaliser les échanges de fichiers PDF, notamment à destination d'une impression professionnelle. En effet, les spécifications de ce format (obligations et interdictions) permettent d'éliminer de nombreuses variables de couleur, police et recouvrement pouvant entraîner des problèmes d'impression, et d'assurer ainsi l'échange de contenu en toute fiabilité.

ASTUCE *Un fichier PDF conforme à la norme PDF/X n'est pas forcément imprimable. En effet, certains points ne sont pas gérés dans la norme; ainsi, un fichier peut comporter des images basse résolution. Il est donc indispensable d'effectuer des contrôles supplémentaires (avec Acrobat Pro, par exemple) en utilisant un «profil de contrôle» lié à l'utilisation du PDF.*

Options

Pour retrouver les calques à la réouverture du document dans Photoshop, cochez **Conserver les fonctions d'édition de Photoshop**. Ceci est incompatible avec la norme PDF/X.

Les options de sous-échantillonnage et de compression

Les options permettent de définir s'il doit y avoir rééchantillonnage des images ou non si la résolution dépasse une valeur à fixer. Deux types de compression sont disponibles: l'une sans perte, codage **ZIP**, convient aux images présentant de grandes zones monochromes; l'autre avec perte, codage **JPEG**, permettra de réduire le poids du fichier au détriment de la qualité des éléments pixellisés du document.

Les options de la rubrique Sortie : Couleur et PDF/X

La rubrique **Sortie** se partage en deux séries d'options: **Couleur** et **PDF/X**. Ces différentes options de sortie varient selon l'activation de la conversion des couleurs et la norme PDF/X choisie. Il est possible de réaliser une conversion des couleurs (RVB vers CMJN ou CMJN vers CMJN). Pour cela, sélectionnez un profil de destination dans le menu déroulant — les tons directs sont préservés; seuls les équivalents quadri sont convertis vers l'espace colorimétrique désigné. Si une norme (ou un paramètre prédéfini) PDF/X est sélectionnée, la conversion avec le profil CMJN désigné est automatiquement activée. De plus, les options **PDF/X** sont accessibles. L'option **Nom du profil de rendu de la sortie** définit les conditions d'impression spécifiques du document (indications utiles pour la personne qui reçoit le PDF). Les options disponibles sont différentes selon que la gestion des couleurs est activée ou non.

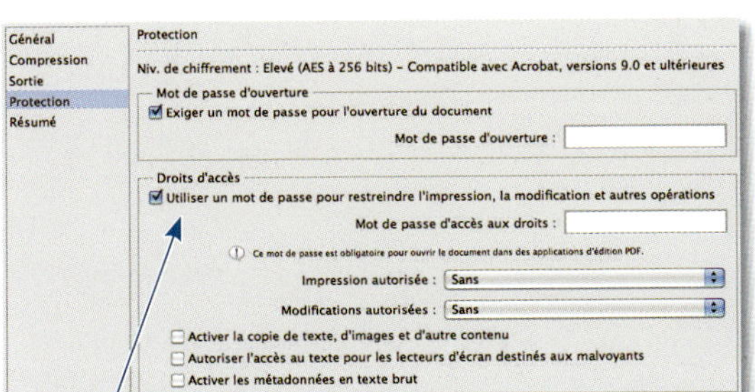

Des protections peuvent être ajoutées.

Les protections dans les fichiers PDF

Photoshop utilise les fonctions de protection d'Acrobat (version 5 à 8). Vous pouvez ainsi définir une sécurité plus rigoureuse (avec la version 5) pour vos fichiers Photoshop PDF avant de les partager en ligne avec d'autres internautes ou de les intégrer à un flux de production Adobe PDF. Vous pouvez protéger vos fichiers par mot de passe et empêcher ainsi leur accès.

Libre à vous de définir un mot de passe spécifique à une opération, telle que l'ouverture, l'impression ou l'édition d'un fichier. Deux niveaux de protection sont disponibles: le premier est à 40 bits, ce qui donne un niveau de protection bas, et le second à 128 bits, ce qui assure un niveau de protection très haut.

LE FORMAT SCITEX CT

Le format **Scitex CT** (Tons Continus) permet le transfert vers une plate-forme Scitex. Les images doivent être en CMJN, en niveaux de gris ou comporter quatre couches — cas des images bichromiques auxquelles on a ajouté des couches. Les fichiers pourront être transmis à un RIP d'impression pour l'écriture des films.

LE FORMAT JPEG

Bien que ce format soit plus spécifique au Web, les images **JPEG** peuvent être créées pour être importées dans les logiciels de mise en page. Vous pouvez utiliser ce format si vous imprimez sur une imprimante non PostScript. Si le document comporte des pixels transparents, le menu **Cache** permettra de les remplacer par une couleur à choisir dans une liste.

Les options de ce format proposent une compression de l'image; celle-ci étant destructive, il est conseillé de choisir une qualité maximale pour éviter toute altération irréversible de l'image, sauf si vous souhaitez créer un fichier compact.

NOTE *Si le document a un codage des couleurs sur 16 bits, lors de l'enregistrement au format JPEG, Photoshop crée automatiquement une version 8 bits du fichier. Dans les versions antérieures à CS5, il fallait commencer par faire cette conversion avant de lancer l'enregistrement.*

2 - La préparation des images pour le Web

Les images Web et multimédias

La gestion des enregistrements

Dans les images pour l'écran, on distingue celles pour le Web et celles pour le multimédia. On utilise sensiblement les mêmes formats dans les deux cas, mais avec une attention plus particulière pour minimiser le poids des images pour le Web. C'est à la commande **Enregistrer pour le Web et les périphériques** que l'on fera appel.

Les modifications d'un fichier enregistré

Les mises à jour par le fichier PSD

Enregistrer pour le Web crée une copie du fichier, convertie automatiquement à 72 ppp (sans rééchantillonnage) ; l'original pourra être enregistré au format natif Photoshop (PSD) pour conserver tous les éléments constitutifs (calque, couche, etc.).

Chaque fois que vous souhaiterez faire des modifications sur le fichier enregistré au format Web, vous rouvrirez le fichier PSD et relancerez **Enregistrer pour le Web** afin d'écraser l'ancienne version du fichier Web.

Les mises à jour directes

Pour certaines modifications, il est possible d'ouvrir le fichier GIF ou JPEG qui a été créé par **Enregistrer pour le Web**. Par exemple, vous pouvez changer la coloration d'une image GIF, modifier la luminosité d'une image JPEG... Cependant, ces manipulations présentent des inconvénients. En voici quelques-uns :

- avec le GIF, l'image est en 8 bits et il est impossible d'ajouter un calque ou d'utiliser les filtres ;
- avec le JPEG, chaque nouvel enregistrement provoque une nouvelle perte des détails (nouvelle compression).

Il sera préférable de manipuler le fichier PSD et de relancer **Enregistrer pour le Web** pour écraser le fichier GIF ou JPEG.

L'enregistrement pour le Web

Vous pourrez y choisir un format d'image, des critères d'optimisation de l'image et comparer le rapport poids/qualité à l'aide de plusieurs prévisualisations avant de valider l'enregistrement. **Enregistrer pour le Web** du menu **Fichier** affiche une fenêtre dans laquelle on visualise le document original avec un ou plusieurs aperçus montrant l'image qui sera obtenue à l'issue de l'enregistrement.

Celui-ci s'effectue selon des paramètres à spécifier tels que :

- pour le GIF, différents échantillonnages de couleurs ;
- pour le JPEG, différents taux de compression ;
- pour le PNG-8 ou PNG-24, différentes caractéristiques d'optimisation.

L'échantillonnage 8 bits ou 24 bits ?

Pour les images destinées à être publiées dans une page Web, il faut trouver un compromis entre qualité de l'image, quantité de couleurs affichées et poids du fichier afin d'assurer une bonne rapidité d'affichage de l'image. Pour obtenir un fichier léger, il faut donc demander à Photoshop de compresser l'image. Il y a deux possibilités : la compression des couleurs ou des données.

La compression des couleurs (GIF)

Elle garde tous les détails de l'image. En plus d'une compression LZW, le document est converti au mode **Couleurs indexées** et prend donc un échantillonnage des couleurs de 8 bits (256 couleurs maximum). L'image est enregistrée au format GIF.

La compression des données (JPEG)

Cette compression conserve toutes les couleurs de l'image qui reste donc dans le mode RVB avec un codage des couleurs sur 24 bits. En revanche, il y a une compression des données qui provoque une détérioration de l'image (perte des petits détails). L'image est enregistrée au format JPEG.

Le format PNG constitue une alternative performante aux solutions précédentes, il est de plus en plus reconnu par les navigateurs. Il pourra être utilisé dans Flash ou des productions multimédias (voire avec Word).

Les paramétrages de l'enregistrement pour le Web

La partie droite de la fenêtre comporte la zone de paramétrage. Vous choisissez un réglage dans le menu **Paramètres prédéfinis** (en cliquant sur **[Sans nom]** pour afficher une liste) ou réalisez le vôtre (et l'enregistrez par le menu situé à droite des paramètres prédéfinis afin qu'il figure dans la liste des paramètres prédéfinis).

La zone de prévisualisation et la zone d'optimisation.

Dans la zone de paramétrage, vous pouvez également convertir les images en couleur sRGB (espace standard des écrans PC) et prévisualiser sur différentes plates-formes. Si vous avez choisi l'aperçu multiple, vous pouvez connaître le temps de chargement de l'image en fonction du modem spécifié à partir du menu local de chaque vignette. La fenêtre **Enregistrer pour le Web** permet de choisir parmi les métadonnées du document (copyright, nom ou autres) celles qui doivent figurer dans le fichier enregistré.

Le choix du format pour le Web

La première étape du réglage consiste à choisir le format d'enregistrement GIF ou JPEG, éventuellement PNG. Si vous choisissez l'option **4 vignettes**, rien ne vous empêche de tester différents formats avec un réglage pour chaque fenêtre. Le bas de chaque vignette indiquera le temps de téléchargement (pour le modem désigné dans le menu local).

Astuce *Avec l'utilisation de l'ADSL, le poids de l'image est moins un critère de réglage que la qualité de cette dernière.*

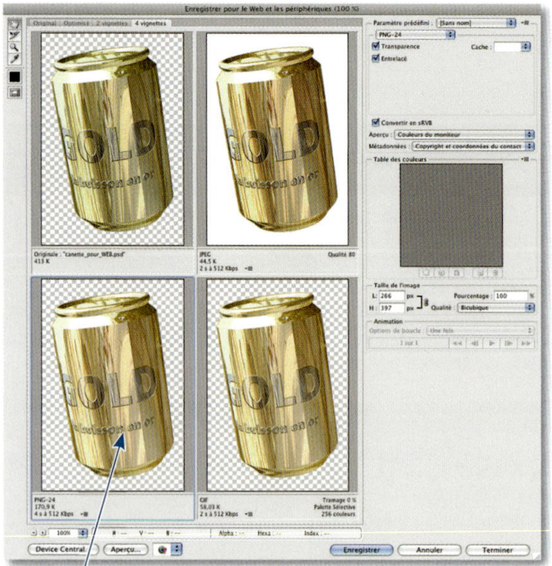

Avec quatre vignettes, il est possible de comparer plusieurs formats ou les mêmes, mais avec des paramétrages différents.

Le format GIF

Il s'adresse à certains types d'images, tels que :

- images comportant peu de couleurs ;
- images avec de grands aplats de couleur ;
- images ayant des détails (tels que les logos et les textes) qui risquent de disparaître avec une compression JPEG ;
- images dans lesquelles des zones transparentes doivent être définies quel que soit l'arrière-plan ;
- images qui seront utilisées pour créer une animation GIF ;
- et bien sûr, toutes les images dont l'aspect n'est pas satisfaisant avec le format JPEG.

Le format JPEG

Il s'adresse à certains types d'images, tels que :

- images comportant beaucoup de couleurs (avec des dégradés ou des effets d'ombre portée étendue) ;
- images de type photographique ;
- toutes les images dont le poids est trop important en GIF.

La seconde étape consiste, selon le format sélectionné, à définir la compression des couleurs (format GIF) ou la compression des données (format JPEG). Nous allons étudier chacun de ces cas.

Le format GIF

L'enregistrement avec ce format s'accompagne d'une compression des couleurs, sauf si le document était initialement dans l'un des modes ayant un échantillonnage de 8 bits ou moins (**Bitmap**, **Niveaux de gris**, **Bichromie** ou **Couleurs indexées**). Un document RVB peut posséder jusqu'à 16 millions de couleurs mais, dans le document GIF, ce nombre doit être réduit à 256 au maximum (échantillonnage de 8 bits) ; les couleurs étant alors indexées dans une table des couleurs, que vous pourrez éventuellement enregistrer pour la réutiliser ultérieurement avec d'autres images.

Les paramètres d'optimisation du format GIF.

Les tables des couleurs

Photoshop met à votre disposition des algorithmes de réduction des couleurs (ils sont au nombre de huit). Chacun d'eux sélectionne les couleurs à conserver en fonction d'un critère particulier pour générer une table des couleurs.

Les tables dynamiques

Les couleurs sont prises dans la gamme RVB, et varient dynamiquement avec l'image.

La table Perception

Les couleurs conservées dans le panneau sont celles auxquelles l'œil est le plus sensible.

La table Sélective

Option par défaut, la table des couleurs obtenue est voisine de celle de l'option précédente, mais ici, on privilégie les larges zones de couleurs et les couleurs Web. Cette table produit habituellement des images dont les couleurs sont fidèlement restituées.

La table Adaptative

La table des couleurs est créée à partir de combinaisons des couleurs de l'image, les plus couramment utilisées.

Les tables fixes

Ces tables ne renferment que des couleurs fixes; c'est-à-dire que la gamme de couleurs est limitée et constante. La table générée par l'algorithme ne contient que les couleurs de l'image appartenant à la gamme. Pour chacune de ces tables, le menu **Couleur** possède une option, **Auto**, qui dénombre dans les couleurs de l'image celles appartenant à la gamme et qui supprime les autres.

La table Restrictive (Web)

La table ne contient que les 216 couleurs communes aux panneaux 8 bits de Windows et Mac OS. Ce type de table assure un affichage identique sur les différentes plates-formes sans tramage sur un écran 8 bits.

Les tables Système : Mac OS et Windows

Elles utilisent les 256 couleurs des systèmes d'exploitation. Si l'image en renferme moins, les nuances inutilisées sont supprimées.

La table Niveaux de gris

L'image résultante est convertie en niveaux de gris. La table ne comporte que des nuances de gris présentes dans l'image.

La table Noir et blanc

L'image résultante est convertie au mode **Bitmap**. Les pixels sont blancs ou noirs. L'image a un échantillonnage de 1 bit. Par la suite, il sera possible de remplacer le noir et/ou le blanc par d'autres couleurs.

La gestion des couleurs

Une fois le type de table des couleurs spécifié, vous pouvez en modifier le nombre et la composition des couleurs. Avec les débits importants de la majorité des modems, les paramétrages qui suivent ont moins d'intérêt.

Le nombre de couleurs

- **Les tables fixes** : il s'agit des tables **Restrictive (Web)**, **Système**, **Niveaux de gris** et **Noir et blanc**. Le nombre des couleurs s'adapte automatiquement à celui contenu dans l'image. L'option **Auto** est activée dans la rubrique **Couleurs** et le nombre de couleurs retenu est indiqué en bas du panneau **Couleurs**.
- **Les tables dynamiques** : il s'agit de tables **Perception**, **Sélective** et **Adaptative**.

Avec ces tables, c'est à vous de spécifier le nombre de couleurs retenu. Plus il est élevé, mieux les couleurs sont restituées, mais plus le fichier est lourd.

Le réglage peut être affiné en saisissant le nombre voulu (entre 2 et 256) ou en agissant sur les petites flèches ⇕. Si le nombre de couleurs devient trop faible, des bandes colorées peuvent apparaître sur l'image ; pour les atténuer, vous pouvez simuler les couleurs disparues par un tramage.

Le verrouillage des couleurs

Avant de réduire le nombre de couleurs, vous pouvez en verrouiller certaines dans la table, afin qu'elles ne disparaissent pas suite à une réduction, et éviter ainsi leur simulation par d'autres. Pour verrouiller des couleurs, commencez par les sélectionner dans la table en cliquant dessus (avec ⇧ si elles sont consécutives et ⌘ [Ctrl] dans le cas contraire) ou directement sur l'image optimisée avec la pipette (⇧ permet de sélectionner une plage de couleurs). Vous pouvez aussi les sélectionner ou les trier par le menu local. Enfin, cliquez sur l'icône 🔒 située en bas de la table des couleurs.

Les couleurs Web

La table Web n'utilise que des couleurs Web. Avec les autres tables, vous pouvez convertir certaines couleurs en couleurs Web. Cette opération s'effectue en spécifiant le pourcentage de couleurs à convertir dans le menu local **Aligner sur Web**, ou en sélectionnant la couleur dans la table et en cliquant sur l'option 🌐 (dans la table, toutes les couleurs Web sécurisées sont marquées d'un point blanc).

Le tramage

Il simule les couleurs de l'image absentes de la table des couleurs. Quatre options sont possibles :

- **Sans tramage** : n'effectue aucune simulation.
- **Diffusion** : utilise un motif aléatoire. Les effets de tramage sont diffusés sur les pixels adjacents.

- **Motif** : simule les couleurs en appliquant un motif géométrique qui convient particulièrement bien aux tables Web et Système. Ce tramage et le suivant produisent des fichiers plus lourds.

- **Bruit** : applique également un motif aléatoire, mais sans diffuser le motif sur les pixels adjacents. L'image apparaît granuleuse. Photoshop le recommande dans le cas d'utilisation de tranches.

Les options d'affichage

Trois options, **Entrelacé**, **Transparence** et **Détourage**, définissent la façon dont l'image s'affiche dans le navigateur.

L'entrelacement des images GIF

Entrelacé permet d'obtenir un affichage progressif de l'image lors de son téléchargement (qui paraîtra plus court).

Le détourage par transparence ou sur un fond coloré

Avec l'option **Transparence** cochée, tous les pixels transparents que comporte l'image laisseront voir l'arrière-plan de la page HTML ; l'image est donc détourée. Avec l'option **Transparence** non cochée, les pixels transparents prennent la couleur spécifiée dans la case **Détourage** ; un menu local permet d'en choisir une autre, voire de la prélever sur l'image. L'image n'apparaîtra détourée que si la page HTML a la même couleur d'arrière-plan que celle désignée dans **Détourage**.

Le format JPEG

Les options de ce format sont moins nombreuses : on distingue principalement le taux de compression, l'atténuation, le détourage et diverses options d'affichage.

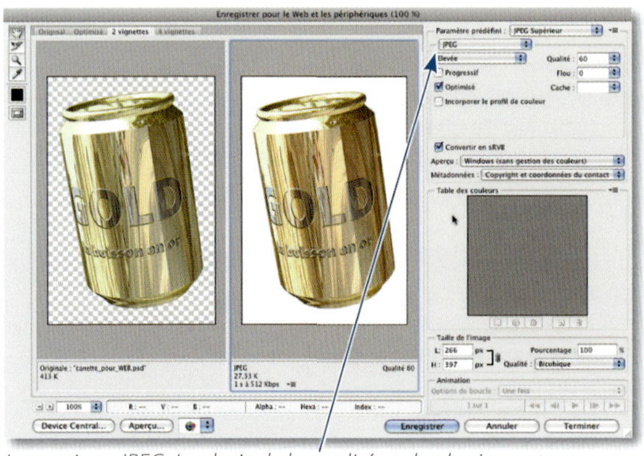

Les options JPEG. Le choix de la qualité est le plus important.

La qualité (compression)

Un menu local contient les différents niveaux de qualité du fichier (**Faible**, **Élevée**, **Moyenne** et **Maximum**). Plus la qualité est élevée, plus la compression est faible (plus le poids est grand). La case **Qualité** permet d'affiner le réglage en entrant une valeur comprise entre 0 et 100 (qualité maximale). En général, selon l'image, des valeurs entre 10 et 40 donnent un fichier de taille modérée pour une qualité satisfaisante ; cependant, la transparence a disparu.

Le flou

L'option **Flou** permet de réduire le poids du fichier en créant un flou sur l'image. Des valeurs de 0,1 à 0,4 sont recommandées. Au-delà, l'image risque de devenir trop floue.

Le détourage simulé

Une image au format JPEG ne peut pas avoir de transparence comme le format GIF. Cependant, vous pouvez définir la couleur d'arrière-plan, qui par défaut est le blanc. Ce choix s'effectue par le menu local **Cache**.

Les options d'affichage

En cochant **Progressif**, vous créez une image JPEG dont la qualité à l'écran s'améliore à mesure qu'elle se télécharge, ce qui permet de faire patienter les internautes. N'utilisez pas cette option si vous comptez utiliser ce fichier JPEG comme fichier externe avec Flash.

Selon les réglages de gestion des couleurs, vous pouvez imbriquer le profil (le plus souvent, sRGB) à l'image JPEG, de manière à obtenir des couleurs plus fidèles sur tous les ordinateurs qui utilisent une gestion des couleurs (le poids du fichier augmentera de 1 à 2 Ko). Même si vous n'intégrez pas le profil sRGB, vous avez intérêt à attribuer ce profil à l'image et à la convertir, pour que son aspect corresponde le mieux à ce que verra la majorité des internautes. Photoshop CS4 permet cette conversion directement dans la fenêtre **Enregistrer pour le Web**.

Le format PNG

Ce format s'applique aussi bien aux images RVB (24 bits) qu'aux images à couleurs indexées. Pour les premières, choisissez le **PNG-24**, pour les secondes le **PNG-8** (il reprend les options du GIF). Le PNG constitue une alternative au format GIF pour les images à couleurs indexées, et au format JPEG pour les images aux couleurs RVB, qui sera exporté en conservant ses zones transparentes. Le PNG utilise une compression sans perte de qualité de la photo (cependant, les fichiers sont plus lourds qu'en JPEG).

Vous pouvez enregistrer au format PNG à partir de la commande **Enregistrer pour le Web** ou de la commande **Enregistrer sous**. Ce format est particulièrement intéressant pour exporter vers Flash des images détourées ayant des ombres portées. La transparence sera conservée et l'aspect de l'image sera optimal, tel que vous pouvez le voir dans Photoshop. C'est Flash qui se chargera de la compression (avec perte JPEG ou sans PNG) selon les réglages des propriétés du bitmap importé dans Flash et les paramètres de publication.

La gestion de la taille de l'image

La fenêtre **Enregistrer pour le Web** propose l'onglet **Taille de l'image** qui, comme son nom l'indique, permet d'exporter une image de taille différente par rapport à l'original. Le réglage s'effectue en entrant une valeur en pixels ou en définissant un taux de réduction (ou d'agrandissement). Le bouton **Appliquer** permet la mise à jour des vignettes pour contrôler le poids des images ainsi créées.

La mémorisation et l'enregistrement des réglages

La mémorisation des paramètres

Quand un réglage est effectué, si vous fermez la fenêtre en cliquant sur **Terminer**, vous retrouverez ce réglage quand vous relancerez la commande.

Si vous souhaitez mémoriser temporairement ce réglage, enfoncez ⌥[Alt] et cliquez sur le bouton **Terminer** devenu **Rappeler**. Par la suite, pour réutiliser ce réglage, enfoncez ⌥[Alt] et cliquez sur **Annuler**, qui est devenu **Rétablir**.

L'enregistrement des paramètres

Pour conserver le réglage pour d'autres images, utilisez le menu local ▾≡ de la fenêtre **Paramètres prédéfinis** et la commande **Enregistrer les paramètres**. Par la suite, le réglage apparaîtra dans la liste des paramètres.

Les fichiers créés à l'enregistrement

Quand vous quittez **Enregistrer pour le Web** par le bouton **Enregistrer**, une fenêtre s'affiche : vous pouvez y nommer le fichier et demander, à la rubrique **Format**, qu'une page HTML soit créée (son code permettra de visualiser sur le Web l'image enregistrée). Les différents réglages utilisés pour créer cette page HTML et le fichier image peuvent être définis dans la fenêtre **Enregistrer pour le Web**, à l'aide de l'option **Autre** du menu local **Paramètres**.

3 - L'impression d'une image

L'imprimante et son format d'impression

Avant de lancer l'impression d'une image, il convient d'en régler le format et les options. Tous les réglages sont désormais devenus disponibles directement par la commande **Imprimer** (menu **Fichier** ou ⌘P [Ctrl P]). On peut accéder au choix de l'imprimante, aux réglages du format d'impression ou de mise en page et aux options d'impression (gestion des couleurs et de sortie) et à l'impression elle-même. L'aperçu est soumis à une gestion des couleurs ; ainsi, son affichage reflète mieux ce que donnera l'impression. Il est modifié en fonction des changements apportés à la sélection du profil d'imprimante ou aux modes de rendu.

NOTE *Il est possible d'envoyer des données en 16 bits (si l'imprimante les gère).*

Ps La fenêtre **Paramètres d'impression** (*voir ci-dessous*) a subi des modifications. Elle comporte trois zones : à gauche, l'aperçu et à droite deux zones de réglages (configuration de l'imprimante et options d'impression).

La configuration de l'imprimante

Les paramètres d'impression sur Mac

Sur Macintosh, les réglages s'effectuent directement depuis la fenêtre qui apparaît en cliquant sur le bouton **Paramètres d'impression**. Vous définirez :

- le format du papier et son orientation ;
- le réglage de la qualité du papier.

1. *La zone d'aperçu (avec les options permettant de voir le rendu des couleurs).*
2. *La zone de configuration de l'imprimante.*
3. *La zone de gestion des couleurs, des options de sortie et réglages d'impression et de mise en page.*

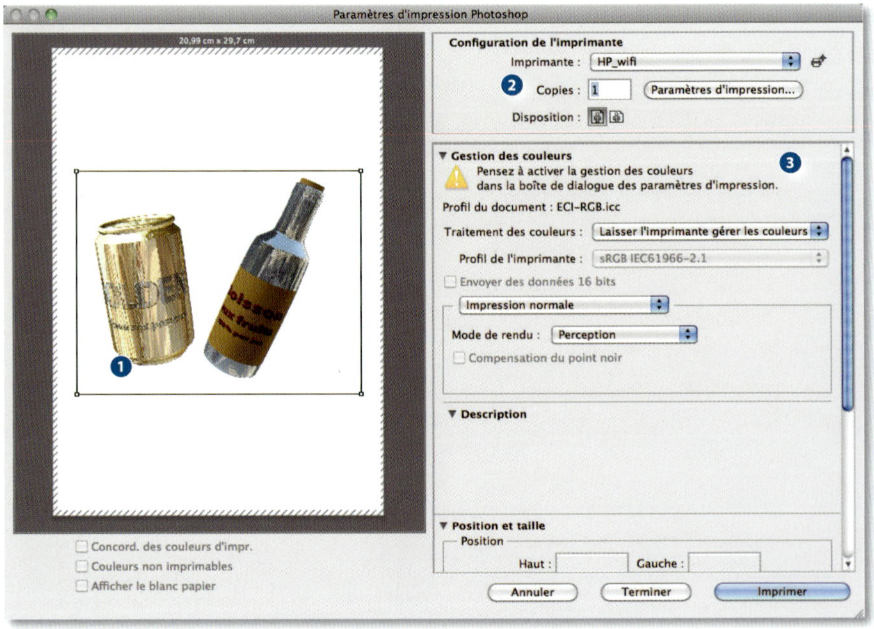

En effet, cette fenêtre comporte un menu local d'options dans lequel figurent le type et la qualité du papier. Une nouvelle fenêtre apparaîtra pour affiner votre choix en fonction du papier qui alimente l'imprimante.

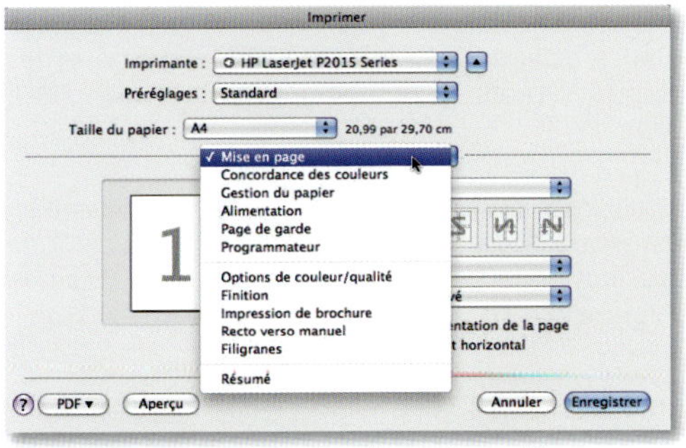

Format et orientation du papier sur Mac.

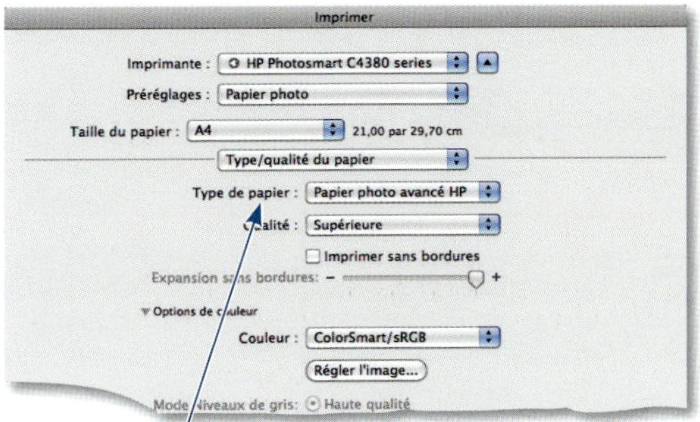

*On accède à ces options directement depuis la fenêtre **Imprimer**, en cliquant sur **Format d'impression**.*

LES PARAMÈTRES D'IMPRESSION SUR PC

Pour définir la qualité du papier, cliquez directement sur le bouton **Paramètres d'impression**. Une fenêtre comportant différents réglages de format et de type de papier s'affichera.

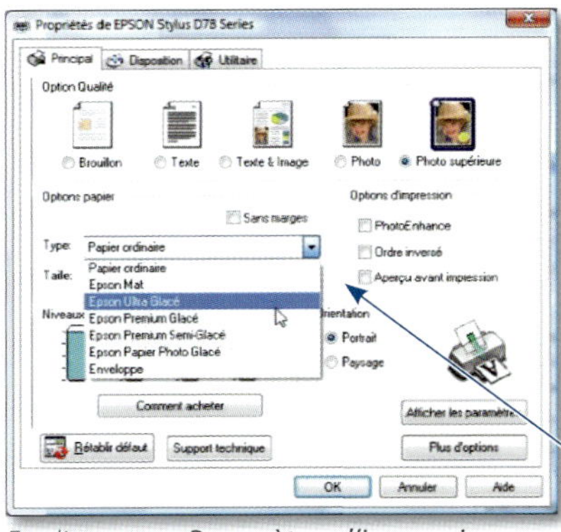

*En cliquant sur **Paramètres d'impression**, on affiche cette fenêtre. On y choisit le papier.*

La gestion des couleurs à l'impression

LE TYPE D'IMPRESSION : NORMALE OU ÉPREUVE

Photoshop propose deux types d'impression : la première, **Impression normale**, est l'impression classique ; la seconde, **Vérification d'épreuve sur papier**, permet d'utiliser votre imprimante pour obtenir une épreuve qui simulera les couleurs telles qu'elles apparaîtraient lors d'une sortie sur une autre imprimante ou sur une presse particulière. Dans ce cas, vous devez définir le format d'épreuve, c'est-à-dire l'espace CMJN qui serait utilisé par cette imprimante ou cette presse.

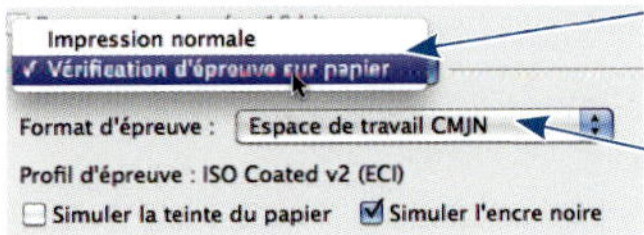

On a choisi d'imprimer une épreuve, il faut spécifier le format d'épreuve dans ce menu.

LE TRAITEMENT DES COULEURS

Dans les options **Gestion des couleurs** (partie droite de la fenêtre), on rencontre deux types de traitements selon que les couleurs sont gérées par l'imprimante ou par Photoshop.

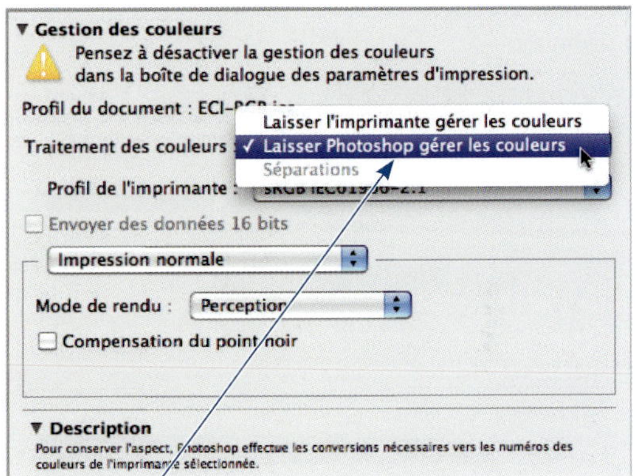

Les deux possibilités de gestion des couleurs.

Le mode de rendu

Dans les deux cas, vous devrez définir un **Mode de rendu**. Il précise comment les couleurs hors gamme vont être recalculées. Il y a, principalement, quatre choix possibles : **Colorimétrie relative**, **Perception**, **Saturation** et **Colorimétrie absolue**.

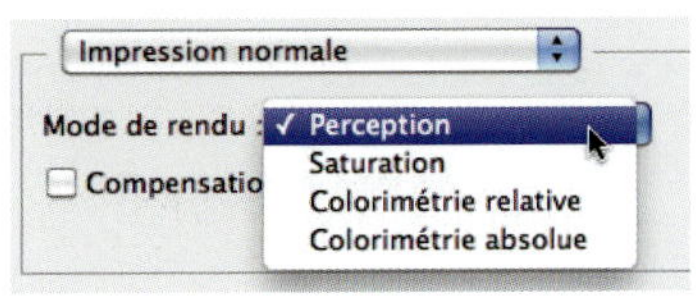

Les modes de rendu.

Voici les caractéristiques de chacun des modes de rendu (un commentaire apparaît dans la zone **Description** si vous maintenez le curseur sur l'option voulue.

Perception

Le blanc de l'espace source se cale sur le blanc de la destination. De même, la couleur en limite de gamme de l'espace source prend la valeur de celle en limite dans l'espace de destination. Les couleurs intermédiaires sont redistribuées (elles subissent une modification, certaines sont supprimées), mais les écarts relatifs de contraste sont conservés proportionnellement, ce qui permet de conserver le modelé et d'obtenir un rendu plus naturel.

Saturation

Ce mode s'utilise avec les images de type graphique. Il y a conservation des saturations relatives.

Colorimétrie relative

Le point blanc de l'espace de destination est calé sur celui de l'espace source ; il y a un écrêtage des couleurs hors gamme de la source : les couleurs écrêtées prennent la valeur de la couleur en bordure du gamut de destination. Ce mode préserve davantage les couleurs originales de l'image mais respecte moins les sensations visuelles de l'image initiale.

Modes de rendu des conversions

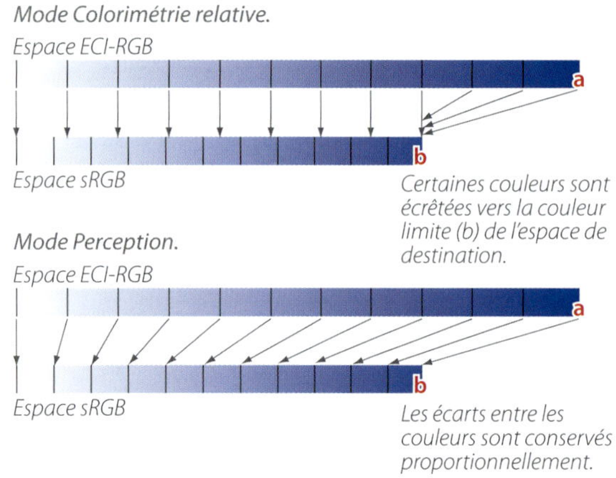

Colorimétrie absolue

Ce mode est intéressant pour les images dont les couleurs doivent être reproduites exactement (logo) ; les couleurs hors gamme sont modifiées mais gardent leur luminosité d'origine. Ce mode est utile pour les impressions d'épreuves. En effet, le blanc du profil de destination est pris en compte pour simuler le blanc du papier lors de l'épreuvage. Si vous cochez l'option **Compensation du point noir**, il y aura correspondance entre la couleur neutre la plus foncée de l'espace source avec celle de l'espace de destination, plutôt qu'avec du noir.

Les couleurs gérées par Photoshop

Si vous possédez le profil de votre imprimante et que celui-ci décrit avec précision le comportement du périphérique de sortie selon des conditions spécifiques d'impression (type de papier, etc.), dans le menu **Traitement des couleurs**, sélectionnez **Laisser Photoshop gérer les couleurs**, puis le profil de l'imprimante dans le menu correspondant.

Dans ce cas, c'est Photoshop qui procède à la conversion de toutes les couleurs et génère ainsi des données chromatiques spécifiques au périphérique de sortie en utilisant le profil désigné à la rubrique **Profil de l'imprimante**.

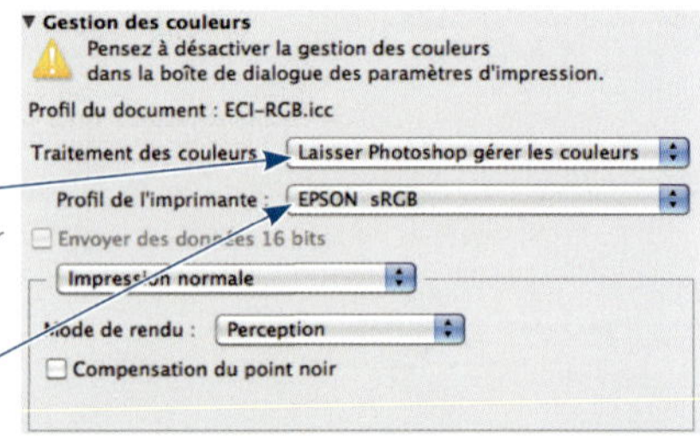

Ici, on laisse Photoshop gérer les couleurs en lui indiquant le profil de l'imprimante.

Note *Dans la liste des profils, Photoshop place en premier ceux correspondant aux imprimantes reliées à l'ordinateur.*

Attention *Dans la fenêtre des options du pilote de l'imprimante, désactivez la gestion des couleurs de l'imprimante pour éviter qu'elle ne remplace celle définie dans Photoshop.*

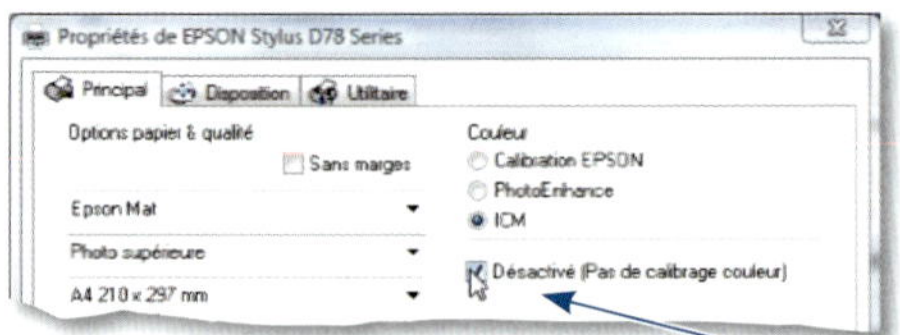

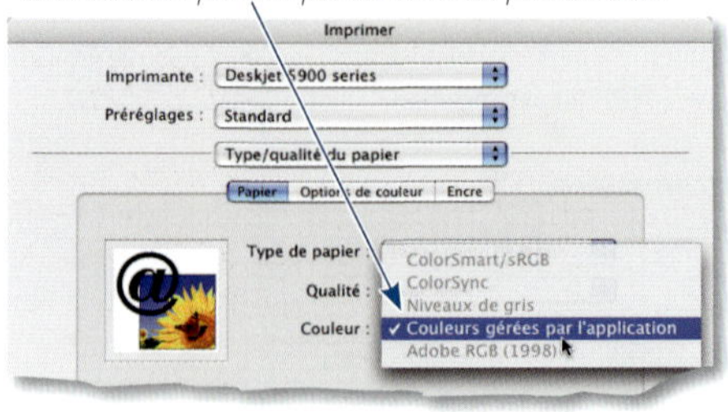

Dans ces fenêtres, n'oubliez pas de vérifier que la gestion des couleurs par l'imprimante n'est pas activée.

Les couleurs gérées par l'imprimante

Pour obtenir ce type d'impression, dans le menu **Traitement des couleurs**, sélectionnez **Laisser l'imprimante gérer les couleurs**. Dans la fenêtre de dialogue du pilote d'impression, n'oubliez pas d'activer la gestion des couleurs.

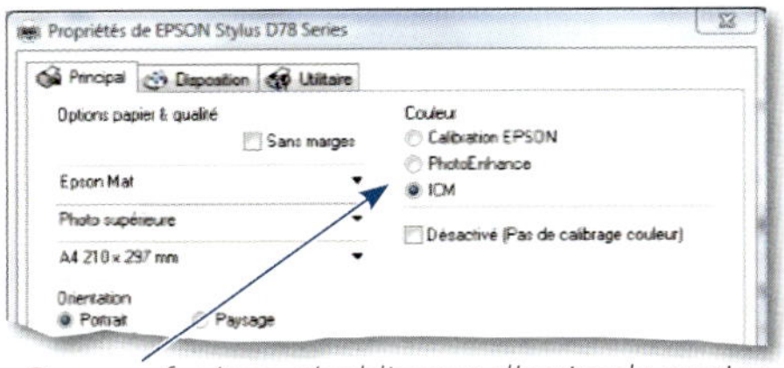

Dans ces fenêtres, n'oubliez pas d'activer la gestion par les profils (ICM sur PC, et ICC sur Mac).

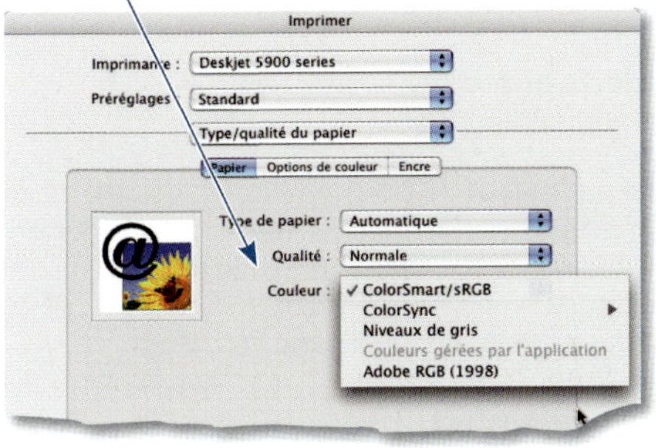

Avec ce choix, Photoshop ne convertit pas les couleurs, mais envoie toutes les informations de conversion nécessaires à l'imprimante. Cette méthode est utile lorsque vous imprimez vers des imprimantes photo à jet d'encre ; en effet, chaque combinaison d'impression (papier, résolution et paramètres) nécessite un profil différent. C'est l'imprimante qui sélectionne celui qui est le plus approprié parmi les profils intégrés au pilote (ces derniers sont très précis dans les nouvelles imprimantes).

Une option, **Couleurs non imprimables**, permet de voir en gris sur l'aperçu les couleurs hors gamme CMJN pour l'imprimante.

Les options Position et taille

Vous pouvez ajuster la position et l'échelle d'une image dans la zone centrale de la fenêtre de la commande **Imprimer** et prévisualiser l'impression de l'image en fonction du format du papier sélectionné. La bordure grise autour du papier représente les marges de la page. Un cadre entoure l'image pour montrer ses dimensions par rapport au format du papier.

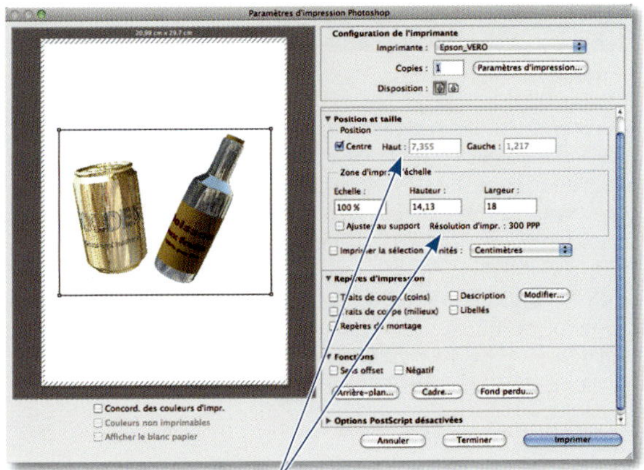

On gère ici les options de position et de taille de l'image.

La position de l'image imprimée

Si vous décochez **Centre**, vous pouvez changer la position du document en tapant des valeurs dans la case **Haut** et **Gauche**, ou en glissant la photo dans l'aperçu.

La mise à l'échelle de l'image imprimée

Si vous modifiez l'échelle d'une image, la taille et la résolution ne sont modifiées que dans l'image imprimée. Cela peut permettre d'imprimer avec une résolution mieux adaptée à l'imprimante (mais en plus petit). Par exemple, si vous spécifiez une taille de 25 % pour une image de résolution à 72 ppp, l'image s'imprime dans une résolution voisine de 300 ppp (4 × 72).

Vous pouvez changer la taille en saisissant les valeurs dans les cases correspondantes, ou directement sur l'aperçu de l'image en agissant sur les angles (les proportions sont toujours conservées). Attention, quand vous agrandissez l'image, sa résolution diminue.

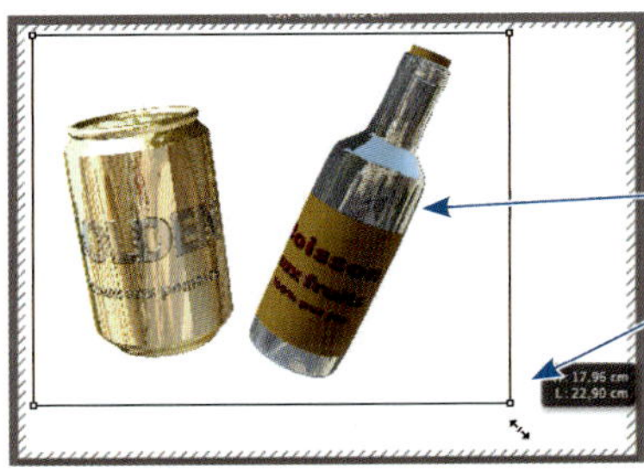

Par glissement on peut déplacer l'image et la redimensionner.

Les options de sortie

Elles concernent les réglages des trames et des fonctions de transfert, mais permettent d'ajouter sur la page imprimée : le nom du fichier, les traits de coupe, les repères de montage et une légende. Il est également possible d'imprimer l'image en négatif, de désigner la face du film qui porte l'émulsion et d'attribuer une couleur de fond à la page imprimée.

Les repères d'impression

Il s'agit de cases à cocher (options sans réglage) ou de boutons qui afficheront une fenêtre de paramétrage.

L'option Arrière-plan

Cette option est surtout utile pour l'impression des diapositives. Elle permet de placer un fond coloré autour de l'image. La couleur est à définir par l'intermédiaire du sélecteur de couleurs.

L'option Cadre

L'image peut être entourée d'un cadre dont vous devez spécifier l'épaisseur (de 1 à 10 pt) dans une fenêtre que laisse apparaître cette option.

Les diverses marques de repérage

- **Description** et **Libellés** : ces options permettent l'impression d'informations sur le fichier.
- **Traits de coupe** : permet l'impression des hirondelles ; elles peuvent être placées dans les angles et/ou au milieu de chaque côté de l'image.
- **Repères de montage** : imprime les croix de repérage et des rosaces afin de faciliter la superposition des films.

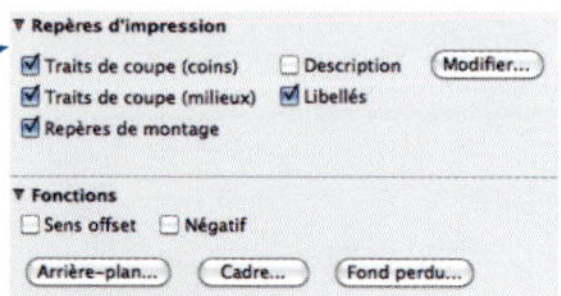

Les options de sortie sont désactivées par défaut. L'aperçu montre les différentes marques sélectionnées.

- **Gamme de nuances** : imprime une gamme de gris et une gamme de couleurs sur les films cyan, magenta et jaune. Cette option est disponible avec certaines imprimantes dans les **Fonctions PostScript**.

Les fonctions d'impression

- **Négatif** : permet l'inversion de l'impression.
- **Sens offset** : imprime dans le sens offset (retournement de l'image).
- **Interpolation** : cette option ne s'applique qu'à certaines imprimantes PostScript de niveau 2. Elles améliorent le rendu des images basse résolution.

Les autres fonctions

Elles apparaissent selon le type d'imprimante sélectionnée.

Les trames de demi-teintes

Si vous cliquez sur la case **Trame**, une fenêtre s'affiche. Par défaut, **Trame par défaut de l'imprimante** est cochée, c'est-à-dire que l'impression s'effectue avec les réglages programmés sur l'imprimante. Si vous souhaitez modifier les réglages des trames, enlevez la coche de cette option — ces réglages sont sans effet sur des imprimantes non PostScript.

Les fonctions de transfert

Les fonctions de transfert permettent, à l'aide de courbes, de régler l'engraissement des points, soit pour corriger leur altération liée à un mauvais étalonnage de la photocomposeuse, soit pour compenser leur modification de taille en raison de l'absorption de l'encre par le papier et personnaliser la courbe d'engraissement. En général, c'est en établissant les tables de séparation des couleurs **RVB/CMJN** ou à l'aide du profil ICC que l'on paramètre ces fonctions de transfert.

Le codage des données

Il y a quatre possibilités de codage des données envoyées à l'imprimante : **ASCII**, **ASCII85**, **Binaire** et **JPEG**. L'ASCII est le codage recommandé si vous utilisez certains gestionnaires d'impression ou des systèmes en réseau ; en effet, le codage binaire a un encombrement nettement plus faible, mais peut poser des problèmes avec certains systèmes d'impression. Le codage JPEG permet la compression de l'image ; cependant, assurez-vous que l'imprimante sera capable d'effectuer la décompression des données.

Les impressions

Les types d'impression

L'IMPRESSION CLASSIQUE

Pour lancer l'impression, cliquez sur **Imprimer** : selon la version du pilote d'impression et du système d'exploitation, on y accède par une fenêtre comportant des options génériques (nombre de copies...) et des options spécifiques à l'imprimante (choix du papier...). Parmi les options communes, vous avez la possibilité de créer un fichier sur le disque. Celui-ci contiendra toutes les données nécessaires à l'impression qui pourra être effectuée par une tierce personne.

L'IMPRESSION D'UNE ÉPREUVE

Lors de l'impression, au lieu d'utiliser le profil RVB, vous pouvez réaliser de l'épreuvage, c'est-à-dire générer une épreuve simulant une presse CMJN ou un périphérique d'épreuvage. Vous pouvez accéder à tous les paramètres de conditions d'épreuve personnalisées, enregistrés directement à partir de la boîte de dialogue **Imprimer**. Pour créer cette épreuve, sélectionnez l'option **Vérification d'épreuve sur papier** et le profil spécifié à la rubrique **Format d'épreuve**.

La mémorisation automatique des réglages

Quand vous quittez la fenêtre **Imprimer** en cliquant sur le bouton **Terminer** et **Imprimer**, Photoshop mémorise dans le fichier tous les réglages réalisés dans la fenêtre. La prochaine fois que vous ouvrirez le fichier et lancerez une impression, vous retrouverez tous vos paramètres.

Les impressions multiples

Afin de faciliter l'impression de plusieurs images simultanément, Bridge propose des solutions (elles ont été développées dans le chapitre sur la gestion des fichiers). Vous pouvez utiliser la commande **Planche Contact II** du menu **Fichier/Automatisation**.

Index

C

d

e

f

g

h, i

j, k, l

m

n

o

p

q, r

s

t

u, v, w

x, y, z

Imprimé en Slovénie par DZS
Numéro d'éditeur : 8847
Dépôt légal : Novembre 2012

Cet ouvrage a été imprimé sur des papiers issus de forêts gérées durablement.

MIX
Paper from responsible sources
FSC® C110418